WANDER GARCIA, ANA PAULA GARCIA
E RENAN FLUMIAN
COORDENADORES

9ª
EDIÇÃO
2020

COMO PASSAR

CONCURSOS DE TRIBUNAIS ANALISTA

3.400

QUESTÕES COMENTADAS

CB031899

EDITORA
FOCO

2020 © Editora Foco

Coordenadores: Wander Garcia, Ana Paula Garcia e Renan Flumian

Autores: Wander Garcia, Alice Satin, Ana Paula Garcia, André Nader Justo, André Nascimento, Ariane Wady, Arthur Trigueiros, Bruna Vieira, Daniel Pereira da Silva, Eduardo Dompieri, Elson Garcia, Enildo Garcia, Flávia Barros, Gabriela Rodrigues, Georgia Dias, Gustavo Nicolau, Helder Satin, Henrique Subi, Hermes Cramacon, Leni Mouzinho Soares, Licínia Rossi, Luiz Dellore, Luiz Fabre, Magally Dato, Márcio Alexandre Pereira, Renan Flumian, Roberta Densa, Robinson Barreirinhas, Savio Chalita e Teresa Melo

Diretor Acadêmico: Leonardo Pereira

Editor: Roberta Densa

Revisora Sênior: Georgia Renata Dias

Capa Criação: Leonardo Hermano

Diagramação: Ladislau Lima

Impressão miolo e capa: Gráfica EXPRESSÃO E ARTE

Dados Internacionais de Catalogação na Publicação (CIP) de acordo com ISBD

C735

Como passar em concursos de tribunais: analista / Alice Satin...[et al.] ; organizado por Ana Paula Dompieri Garcia, Renan Flumian, Wander Garcia. - 9. ed. - Indaiatuba, SP : Editora Foco, 2020.

608 p. ; 17cm x 24cm.

ISBN: 978-85-8242-423-0

1. Metodologia de estudo. 2. Concursos Públicos. 3. Tribunais. 4. Analista. I. Satin, Alice. II. Garcia, Ana Paula. III. Justo, André Nader. IV. Nascimento, André. V. Wady, Ariane. VI. Trigueiros, Arthur. VII. Vieira, Bruna. VII. Silva, Daniel Pereira da. VIII. Dompieri, Eduardo. IX. Garcia, Elson. X. Garcia, Enildo. XI. Barros, Flávia. XII. Rodrigues, Gabriela. XIII. Dias, Georgia. XIV. Nicolau, Gustavo. XV. Satin, Helder. XVI. Subi, Henrique. XVII. Cramacon, Hermes. XVIII. Soares, Leni Mouzinho. XIX. Rossi, Licínia. XX. Dellore, Luiz. XXI. Fabre, Luiz. XXII. Dato, Magally. XXIII. Pereira, Márcio Alexandre. XXIV. Flumian, Renan. XXV. Densa, Roberta. XXVI. Barreirinhas, Robinson. XXVII. Chalita, Savio. XXVIII. Melo, Teresa. XXIX. Garcia, Wander. XXX. Título.

2020-108   CDD 001.4   CDU 001.8

Elaborado por Vagner Rodolfo da Silva - CRB-8/9410

Índices para Catálogo Sistemático:

1. Metodologia de estudo 001.4   2. Metodologia de estudo 001.8

Impresso no Brasil (01.2020) – Data de Fechamento (01.2020)

2020

Todos os direitos reservados à

Editora Foco Jurídico Ltda.

Rua Nove de Julho, 1779 – Vila Areal

CEP 13333-070 – Indaiatuba – SP

E-mail: contato@editorafoco.com.br

www.editorafoco.com.br

Acesse JÁ os conteúdos *ON-LINE*

SHORT VIDEOS
Vídeos de curta duração com dicas de
DISCIPLINAS SELECIONADAS

Acesse o link:
www.editorafoco.com.br/short-videos

ATUALIZAÇÃO em PDF e VÍDEO
para complementar seus estudos*

Acesse o link:
www.editorafoco.com.br/atualizacao

www. CAPÍTULOS ON-LINE

Acesse o link:
www.editorafoco.com.br/atualizacao

* As atualizações em PDF e Vídeo serão disponibilizadas sempre que houver necessidade, em caso de nova lei ou decisão jurisprudencial relevante, durante o ano da edição do livro.
* Acesso disponível durante a vigência desta edição.

AUTORES

SOBRE OS COORDENADORES

Wander Garcia – @wander_garcia

É Doutor, Mestre e Graduado em Direito pela PUC/SP. Professor universitário e de cursos preparatórios para Concursos e Exame de Ordem, tendo atuado nos cursos LFG e DAMÁSIO, no qual foi Diretor Geral de todos os cursos preparatórios e da Faculdade de Direito. Foi diretor da Escola Superior de Direito Público Municipal de São Paulo. É um dos fundadores da Editora Foco, especializada em livros jurídicos e para concursos e exames. Escreveu mais de 50 livros publicados na qualidade de autor, coautor ou organizador, nas áreas jurídica e de preparação para concursos e exame de ordem. Já vendeu mais de 1,5 milhão de livros, dentre os quais se destacam os Best Sellers "Como Passar na OAB", "Como Passar em Concursos Jurídicos", "Exame de Ordem Mapamentalizado" e "Concursos: O Guia Definitivo". É também advogado desde o ano de 2000 e foi procurador do município de São Paulo por mais de 15 anos. É *Coach* com sólida formação certificado em *Coaching* pelo IBC e pela *International Association of Coaching*.

Ana Paula Garcia

Procuradora do Estado de São Paulo. Pós-graduada em Direito. Professora do IEDI. Escrevente do Tribunal de Justiça por mais de 10 anos. Ex-assistente Jurídico do Tribunal de Justiça. Autora de diversos livros para OAB e concursos.

Renan Flumian – @renanflumian

Mestre em Filosofia do Direito pela *Universidad de Alicante*. Cursou a *Session Annuelle D'enseignement* do Institut *International des Droits de L'Homme*, a Escola de Governo da USP e a Escola de Formação da Sociedade Brasileira de Direito Público. Professor e Coordenador Acadêmico do IEDI. Autor e coordenador de diversas obras de preparação para Concursos Públicos e o Exame de Ordem. Advogado.

SOBRE OS AUTORES

Alice Satin

Mestre em Direitos Difusos pela PUC/SP. Especialista em Direito Processual Civil pela PUC/SP. Palestrante e Professora Assistente na Graduação e Pós-Graduação em Direito da PUC/SP. Advogada.

André Nader Justo

Economista formado pela UNICAMP.

André Nascimento

Advogado e Especialista em Regulação na Agência Nacional do Petróleo, Gás Natural e Biocombustíveis. Coautor de diversas obras voltadas à preparação para Exames Oficiais e Concursos Públicos. Coautor do livro Estudos de Direito da Concorrência, da Editora Mackenzie, e de artigos científicos. Graduado em Direito pela Universidade Presbiteriana Mackenzie/SP. Graduando em Geografia pela Universidade de São Paulo.

Ariane Wady

Especialista em Direito Processual Civil (PUC-SP). Graduada em Direito pela PUC-SP (2000). Professora de pós-graduação e curso preparatório para concursos - PROORDEM - UNITÁ Educacional e Professora/Tutora de Direito Administrativo e Constitucional - Rede LFG e IOB. Advogada.

Arthur Trigueiros

Pós-graduado em Direito. Procurador do Estado de São Paulo. Professor da Rede LFG e do IEDI. Autor de diversas obras de preparação para Concursos Públicos e Exame de Ordem.

Bruna Vieira

Pós-graduada em Direito. Professora do IEDI, PRO-ORDEM, LEGALE, ROBORTELLA e ÊXITO. Professora de Pós-graduação em Instituições de Ensino Superior. Palestrante. Autora de diversas obras de preparação para Concursos Públicos e Exame de Ordem, por diversas editoras. Advogada.

Daniel Pereira da Silva

Graduado, Mestre e Doutorando em economia pela Universidade Estadual de Campinas, Professor de matemática e economia na Fundação Escola de Comércio Álvares Penteado.

Eduardo Dompieri

Pós-graduado em Direito. Professor do IEDI. Autor de diversas obras de preparação para Concursos Públicos e Exame de Ordem.

Elson Garcia

Professor e Engenheiro graduado pela Universidade Federal do Rio de Janeiro – UFRJ.

Enildo Garcia

Especialista em Matemática pura e aplicada (UFSJ). Professor tutor de Pós-graduação em Matemática (UFJS – UAB). Analista de sistemas (PUCRJ).

Flávia Barros

Procuradora do Município de São Paulo. Doutora em Direito do Estado pela Universidade de São Paulo. Mestre em Direito Administrativo pela PUC-SP. Especialista em Direito Administrativo pela PUC-SP/COGEAE. Especialista em Direitos Difusos e Coletivos pela ESMPSP. Coach de Alta Performance pela FEBRACIS. Practioneer e Master em Programação Neurolinguística - PNL. Analista de Perfil Comportamental - DISC Assessment. Professora de Direito Administrativo.

Gabriela Rodrigues

Pós-Graduada em Direito Civil e Processual Civil pela Escola Paulista de Direito. Professora Universitária e do IEDI Cursos On-line e preparatórios para concursos públicos exame de ordem. Autora de diversas obras jurídicas para concursos públicos e exame de ordem. Advogada.

Georgia Dias

Especialista em Direito Penal pela Faculdade de Direito Professor Damásio de Jesus. Autora e organizadora de diversas obras publicadas pela Editora Foco. Advogada.

Gustavo Nicolau

Mestre e Doutor pela Faculdade de Direito da USP. Professor de Direito Civil da Rede LFG/Praetorium. Advogado.

Helder Satin

Graduado em Ciências da Computação, com MBA em Gestão de TI. Professor do IEDI. Professor de Cursos de Pós-graduação. Desenvolvedor de sistemas Web e gerente de projetos.

Henrique Subi

Agente da Fiscalização Financeira do Tribunal de Contas do Estado de São Paulo. Mestrando em Direito Político e Econômico pela Universidade Presbiteriana Mackenzie. Especialista em Direito Empresarial pela Fundação Getúlio Vargas e em Direito Tributário pela UNISUL. Professor de cursos preparatórios para concursos desde 2006. Coautor de mais de 20 obras voltadas para concursos, todas pela Editora Foco.

Hermes Cramacon

Possui graduação em Direito pela Universidade Cidade de São Paulo (2000). Mestrando em Direito da Saúde pela Universidade Santa Cecília. Docente da Universidade Municipal de São Caetano do Sul e professor da Faculdade TIJUCUSSU. Professor de Direito do Trabalho e Direito Processual do Trabalho do IEDI Cursos online e Escolha Certa Cursos nos cursos preparatórios para Exame de Ordem. Tem experiência na área de Direito, com ênfase em Direito do Trabalho, Direito Processual do Trabalho, Direito Processual Civil e Prática Jurídica.

Leni Mouzinho Soares

Assistente Jurídico do Tribunal de Justiça do Estado de São Paulo.

Licínia Rossi

Mestre em Direito Constitucional pela PUC/SP. Especialista em Direito Constitucional pela Escola Superior de Direito Constitucional. Professora exclusiva de Direito Administrativo e Constitucional na Rede Luiz Flávio Gomes de Ensino. Professora de Direito na UNICAMP. Advogada.

Luiz Dellore

Doutor e Mestre em Direito Processual pela USP. Mestre em Direito Constitucional pela PUC/SP. Visiting Scholar na Syracuse Univesity e Cornell University. Professor do Mackenzie, da FADISP, da Escola Paulista do Direito (EPD), do CPJur e do Saraiva Aprova. Ex-assessor de Ministro do STJ. Membro do IBDP (Instituto Brasileiro de Direito Processual) e do Ceapro (Centro de Estudos Avançados de Processo). Advogado concursado da Caixa Econômica Federal.

Luiz Fabre

Professor de cursos preparatórios para concursos. Procurador do Trabalho.

Magally Dato

Professora de Língua Portuguesa. Agente de Fiscalização do Tribunal de Contas do Município de São Paulo.

Márcio Alexandre Pereira

Mestre pelo Mackenzie. Especialista pela Escola Superior do Ministério Público. Professor das disciplinas de Direito Civil e Direito Processual Civil em cursos preparatórios de Exame de Ordem e Concursos Públicos. Professor de cursos de extensão universitária e de pós-graduação da Escola Superior da Advocacia e da Escola Paulista de Direito. Advogado.

Roberta Densa

Doutora em Direitos Difusos e Coletivos. Professora universitária e em cursos preparatórios para concursos Públicos e OAB. Autora da obra "Direito do Consumidor", 9ª edição publicada pela Editora Atlas.

Robinson Barreirinhas

Secretário Municipal dos Negócios Jurídicos da Prefeitura de São Paulo. Professor do IEDI. Procurador do Município de São Paulo. Autor e coautor de mais de 20 obras de preparação para concursos e OAB. Ex-Assessor de Ministro do STJ.

Savio Chalita

Advogado. Mestre em Direitos Sociais, Difusos e Coletivos. Professor do CPJUR (Centro Preparatório Jurídico), Autor de obras para Exame de Ordem e Concursos Públicos. Professor Universitário. Editor do blog www.comopassarnaoab.com.

Teresa Melo

Procuradora Federal. Assessora de Ministro do STJ. Professora do IEDI.

SUMÁRIO

www. Acesse o conteúdo on-line. Siga as orientações disponíveis na página iil.

16. DIREITO PROCESSUAL DO TRABALHO — 559

Capítulos on-line

COMO USAR O LIVRO?

Para que você consiga um ótimo aproveitamento deste livro, atente para as seguintes orientações:

1º Tenha em mãos um *vademecum* ou **um computador** no qual você possa acessar os textos de lei citados.

Neste ponto, recomendamos o **Vade Mecum de Legislação FOCO** – confira em www.editorafoco.com.br.

2º Se você estiver estudando a teoria (fazendo um curso preparatório ou lendo resumos, livros ou apostilas), faça as questões correspondentes deste livro na medida em que for avançando no estudo da parte teórica.

3º Se você já avançou bem no estudo da teoria, leia cada capítulo deste livro até o final, e só passe para o novo capítulo quando acabar o anterior; vai mais uma dica: alterne capítulos de acordo com suas preferências; leia um capítulo de uma disciplina que você gosta e, depois, de uma que você não gosta ou não sabe muito, e assim sucessivamente.

4º Iniciada a resolução das questões, tome o cuidado de ler cada uma delas **sem olhar para o gabarito e para os comentários**; se a curiosidade for muito grande e você não conseguir controlar os olhos, tampe os comentários e os gabaritos com uma régua ou um papel; na primeira tentativa, é fundamental que resolva a questão sozinho; só assim você vai identificar suas deficiências e "pegar o jeito" de resolver as questões; marque com um lápis a resposta que entender correta, e só depois olhe o gabarito e os comentários.

5º **Leia com muita atenção o enunciado das questões**. Ele deve ser lido, no mínimo, duas vezes. Da segunda leitura em diante, começam a aparecer os detalhes, os pontos que não percebemos na primeira leitura.

6º **Grife as palavras-chave, as afirmações e a pergunta formulada.** Ao grifar as palavras importantes e as afirmações você fixará mais os pontos-chave e não se perderá no enunciado como um todo. Tenha atenção especial com as palavras "correto", "incorreto", "certo", "errado", "prescindível" e "imprescindível".

7º Leia os comentários e **leia também cada dispositivo legal** neles mencionados; não tenha preguiça; abra o *vademecum* e leia os textos de leis citados, tanto os que explicam as alternativas corretas, como os que explicam o porquê de ser incorreta dada alternativa; você tem que conhecer bem a letra da lei, já que mais de 90% das respostas estão nela; mesmo que você já tenha entendido determinada questão, reforce sua memória e leia o texto legal indicado nos comentários.

8º Leia também os **textos legais que estão em volta** do dispositivo; por exemplo, se aparecer, em Direito Penal, uma questão cujo comentário remete ao dispositivo que trata de falsidade ideológica, aproveite para ler também os dispositivos que tratam dos outros crimes de falsidade; outro exemplo: se aparecer uma questão, em Direito Constitucional, que trate da composição do Conselho Nacional de Justiça, leia também as outras regras que regulamentam esse conselho.

9º Depois de resolver sozinho a questão e de ler cada comentário, você deve fazer uma **anotação ao lado da questão**, deixando claro o motivo de eventual erro que você tenha cometido; conheça os motivos mais comuns de erros na resolução das questões:

DL – "desconhecimento da lei"; quando a questão puder ser resolvida apenas com o conhecimento do texto de lei;

DD – "desconhecimento da doutrina"; quando a questão só puder ser resolvida com o conhecimento da doutrina;

DJ – "desconhecimento da jurisprudência"; quando a questão só puder ser resolvida com o conhecimento da jurisprudência;

FA – "falta de atenção"; quando você tiver errado a questão por não ter lido com cuidado o enunciado e as alternativas;

NUT - "não uso das técnicas"; quando você tiver se esquecido de usar as técnicas de resolução de questões objetivas, tais como as da **repetição de elementos** ("quanto mais elementos repetidos existirem, maior a chance de a alternativa ser correta"), das **afirmações generalizantes** ("afirmações generalizantes tendem a ser incorretas" - reconhece-se afirmações generalizantes pelas palavras *sempre, nunca, qualquer, absolutamente, apenas, só, somente exclusivamente* etc.), dos **conceitos compridos** ("os conceitos de maior extensão tendem a ser corretos"), entre outras.

obs: se você tiver interesse em fazer um Curso de "Técnicas de Resolução de Questões Objetivas", recomendamos o curso criado a esse respeito pelo IEDI Cursos On-line: www.iedi.com.br.

10º Confie no **bom-senso**. Normalmente, a resposta correta é a que tem mais a ver com o bom-senso e com a ética. Não ache que todas as perguntas contêm uma pegadinha. Se aparecer um instituto que você não conhece, repare bem no seu nome e tente imaginar o seu significado.

11º Faça um levantamento do **percentual de acertos de cada disciplina** e dos **principais motivos que levaram aos erros cometidos**; de posse da primeira informação, verifique quais disciplinas merecem um reforço no estudo; e de posse da segunda informação, fique atento aos erros que você mais comete, para que eles não se repitam.

12º Uma semana antes da prova, faça uma **leitura dinâmica** de todas as anotações que você fez e leia de novo os dispositivos legais (e seu entorno) das questões em que você marcar "DL", ou seja, desconhecimento da lei.

13º Para que você consiga ler o livro inteiro, faça um bom **planejamento**. Por exemplo, se você tiver 30 dias para ler a obra, divida o número de páginas do livro pelo número de dias que você tem, e cumpra, diariamente, o número de páginas necessárias para chegar até o fim. Se tiver sono ou preguiça, levante um pouco, beba água, masque chiclete ou leia em voz alta por algum tempo.

14º Desejo a você, também, muita **energia**, **disposição**, **foco**, **organização**, **disciplina**, **perseverança**, **amor** e **ética**!

Wander Garcia, Ana Paula Garcia e Renan Flumian
Coordenadores

1. LÍNGUA PORTUGUESA

Magally Dato e Henrique Subi

1. INTERPRETAÇÃO DE TEXTOS

Texto CB1A1-II

1   Falar em desigualdade é falar também em pobreza.
    A reprodução social das desigualdades contribui para o
    aprofundamento das situações de pobreza, por isso uma
4   estratégia de enfrentamento deve considerar a conexão entre as
    duas pautas.
    É necessário compreender que a desigualdade se
7   expressa em diferentes dimensões na vida das pessoas e que
    apenas uma minoria se beneficia com a acumulação de riqueza
    e de poder. No caso do Brasil, há especificidades que devem
10   ser observadas. A história de colonização e de escravidão
    deixou heranças ainda presentes, que resguardam a condição
    desigual no acesso a bens, serviços e equipamentos públicos.
13   A desigualdade não é natural; ela é uma construção
    social. Quando a desigualdade é naturalizada, ela passa a
    instituir o poder da opressão social. Os mecanismos que
16   reproduzem as desigualdades devem ser revelados de forma
    que se possibilite seu enfrentamento pela sociedade civil por
    meio da cidadania ativa, buscando-se o aprofundamento da
19   democracia e a garantia da justiça de gênero, da igualdade
    racial e dos direitos humanos.

Kátia Maia. Vamos falar sobre desigualdade? Internet: <www.oxfam.org.br> (com adaptações).

(Analista – MPU – CESPE – 2018) Acerca das ideias e dos sentidos do texto CB1A1-II, julgue os itens a seguir.

(1) A história do Brasil é marcada por fatos cujos efeitos na sociedade até hoje contribuem para a manutenção de desigualdades.

(2) No texto, a palavra "minoria" (R.8) refere-se aos grupos sociais marginalizados, em situação de maior vulnerabilidade social, tal qual a população das periferias, por exemplo.

(3) Considerando que situações de pobreza são sensíveis ao grau de desigualdade de um país, a autora do texto argumenta que uma ação de enfrentamento da desigualdade consequentemente combate a pobreza.

1: correta. Essa é a ideia transmitida no trecho: "No caso do Brasil, há especificidades que devem ser observadas. A história de colonização e de escravidão deixou heranças ainda presentes, que resguardam a condição desigual no acesso a bens, serviços e equipamentos públicos"; **2:** incorreta. Ela se refere à minoria das pessoas que têm dinheiro e poder; **3:** incorreta. O que a autora sugere é um enfrentamento dos **mecanismos** que geram a desigualdade. HS

Gabarito 1C, 2E, 3E

Educação familiar

A família cumpre cada vez menos a sua função de instituição de aprendizagem e educação. Ouve-se dizer hoje, repetidamente, o mesmo a respeito dos filhos de famílias das camadas superiores da sociedade, "nada trouxeram de casa". Os professores universitários comprovam até que ponto é escassa a formação substancial, realmente experimentada pelos jovens, que possa ser considerada como pré-adquirida.

Mas isso depende do fato de que a formação cultural perdeu a sua utilidade prática. Mesmo que a família ainda se esforçasse por transmiti-la, a tentativa estaria condenada ao fracasso porque, com a certeza dos bens familiares hereditários, esvaziaram-se alguns motivos de insegurança e sentimento de desproteção. Por parte dos filhos, a tendência atual consiste em furtarem-se a essa educação, que se apresenta como uma introversão inoportuna, e em orientarem-se, de preferência, pelas exigências da chamada "vida real".

O momento específico da renúncia pessoal, que hoje mutila os indivíduos, impedindo a individuação, não é a proibição familiar, ou não o é inteiramente, mas a frieza, a indiferença tanto mais penetrante quanto mais desagregada e vulnerável a família se torna.

(Adaptado de: HORKHEIMER, Max, e ADORNO, Theodor (orgs.). Temas básicos da Sociologia. São Paulo: Cultrix, 1973, p. 143)

(Analista – TRF/4 – FCC – 2019) De acordo com o primeiro parágrafo do texto,

(A) a irrelevância da família na formação educativa de seus filhos deve-se ao papel assumido pelos professores universitários.

(B) a frase "nada trouxeram de casa" situa com precisão a causa de a educação familiar ter perdido toda a sua relevância.

(C) a crescente irrelevância da família como instituição educativa transparece na escassa formação apresentada pelos jovens.

(D) o cumprimento da função educativa que cabe à família compromete-se por conta de uma formação pré-adquirida.

(E) as camadas superiores da sociedade têm repetido que seus filhos já nada podem levar de casa como processo educativo.

A ideia central do texto é destacar que os jovens apresentam-se ao ensino superior, ao mercado de trabalho, enfim, à vida adulta com precária formação para esta "vida real", sem carregar consigo tópicos de aprendizagem e educação que cabem tradicionalmente à família. HS

Gabarito "C".

(Analista – TRF/4 – FCC – 2019) No segundo parágrafo, a expressão introversão inoportuna indica

(A) o juízo que fazem os jovens de hoje de uma eventual iniciativa educacional da família.

(B) a maneira pela qual reage a sociedade quando está em risco a educação familiar.

(C) a reação dos pais quando solicitados a se encarregarem de iniciativas educacionais.

(D) o programa que antigamente pautava a escolarização dos estudantes universitários.

(E) o modo pelo qual se planeja reconstituir a importância da educação familiar.

A expressão está ligada à avaliação feita pelos jovens sobre a tentativa de ensinar-lhes os valores familiares defendidos no texto. HS

Gabarito "A".

[Pai e filho]

No romance **Paradiso** o grande escritor cubano José Lezama Lima diz que um ser humano só começa a envelhecer depois da morte do pai. Freud atribui a essa morte um dos grandes traumas de um filho.

A amizade e a cumplicidade quase sempre prevalecem sobre as discussões, discórdias e outras asperezas de uma relação às vezes complicada, mas sempre profunda. Às vezes você lamenta não ter conversado mais com o seu pai, não ter convivido mais tempo com ele. Mas há também pais terríveis, opressores e tirânicos.

Exemplo desse caso está na literatura, na **Carta ao pai**, de Franz Kafka. É esse um dos exemplos notáveis do pai castrador, que interfere nas relações amorosas e na profissão do filho. Um pai que não se conforma com um grão de felicidade do jovem Franz. A **Carta** é o inventário de uma vida infernal. É difícil saber até que ponto o pai de Kafka na **Carta** é totalmente verdadeiro. Pode se tratar de uma construção ficcional ou um pai figurado, mais ou menos próximo do verdadeiro. Mas isso atenua o sofrimento do narrador? O leitor acredita na figuração desse pai. Em cada página, o que prevalece é uma alternância de sofrimento e humilhação, imposta por um homem prepotente e autoritário.

(Adaptado de: HATOUM, Milton. **Um solitário à espreita**. São Paulo: Companhia das Letras, 2013, p. 204-205)

(Analista – TRF/4 – FCC – 2019) Se bem observados na sequência do texto, os três parágrafos constituem

(A) uma progressão lógica para a tese defendida por Freud, segundo a qual a morte de um pai é um grande trauma para o filho.

(B) a defesa da tese geral do escritor José Lezama Lima, a partir da qual se considera a existência opressiva de pais tirânicos.

(C) uma trajetória que parte da constatação e da afirmação do valor de um pai para culminar num caso de paternidade cruel e prepotente.

(D) o desenvolvimento de um raciocínio que apresenta uma tese no primeiro parágrafo, contradita-a no segundo e a retoma no terceiro.

(E) diferentes posições que, ao enfocarem o fenômeno da paternidade, não estabelecem relação entre si.

O texto apresenta a seguinte estrutura: constatação de um fato (a posição do autor cubano), a confirmação desse fato por outro ponto de vista, superando as contraditoriedades apuradas e a contraposição dessas conclusões com a existência de pais cruéis e prepotentes, como o apresentado por Franz Kafka em sua obra. HS

Gabarito "C".

(Analista – TRF/4 – FCC – 2019) O autor relativiza uma percepção positiva da relação entre pai e filho para dar início a uma percepção inteiramente contrária com esta frase:

(A) um ser humano só começa a envelhecer depois da morte do pai (1º parágrafo).

(B) Às vezes você lamenta não ter conversado mais com o seu pai (2º parágrafo).

(C) A Carta é o inventário de uma vida infernal (3º parágrafo).

(D) Mas há também pais terríveis, opressores e tirânicos (2º parágrafo).

(E) A amizade e a cumplicidade quase sempre prevalecem (2º parágrafo).

O enunciado pede que se aponte o trecho do texto no qual o autor irá introduzir algo contrário (a existência de pais tirânicos) àquilo que acabou de dizer (a importância da relação entre pais e filhos). Isso só pode ser feito pelo uso de conjunção adversativa, sendo que a única opção que atende a esse requisito é a letra "D". HS

Gabarito "D".

[Valores da propaganda]

Na sociedade moderna, a mesma voz que prega sobre as coisas superiores da vida, tais como a arte, a amizade ou a religião, exorta o ouvinte a escolher uma determinada marca de sabão. Os panfletos sobre como melhorar a linguagem, como compreender a música, como ajudar-se etc. são escritos no mesmo estilo de propaganda que exalta as vantagens de um laxativo. Na verdade, um redator hábil pode ter escrito qualquer um deles.

Na altamente desenvolvida divisão de trabalho, a expressão tornou-se um instrumento utilizado pelos técnicos a serviço do mercado. Um romance é escrito tendo-se em mente as suas possibilidades de filmagem, uma sinfonia ou poema são compostos com um olho no seu valor de propaganda. Outrora pensava-se que cada expressão, palavra, grito ou gesto tivesse um significado intrínseco; hoje é apenas um incidente em busca de visibilidade.

(Adaptado de: HORKHEIMER, Max. Eclipse da razão. Trad. Sebastião Uchoa Leite. Rio de Janeiro: Editorial Labor do Brasil, 1976, p. 112)

(Analista – TRF/4 – FCC – 2019) No primeiro parágrafo do texto, o autor

(A) valoriza a arte dos grandes redatores, a partir da qual se torna possível distinguir um texto comercial de um texto convincente.

(B) acusa a discriminação que atinge os publicitários, em vez de criticar mais duramente os maus profissionais de outras áreas.

(C) afirma que aqueles que dominam a linguagem da propaganda comercial estão aptos a propagar matérias de maior relevância.

(D) defende a ideia de que marcas de sabão ou laxativos não podem vender tão bem quanto produtos sobre os quais pesa menos preconceito.

(E) atesta que os panfletos redigidos com maior arte são aqueles cujos autores também dominam a linguagem das artes ou da religião.

A questão é criticável porque nenhuma das alternativas resume com precisão a ideia central do primeiro parágrafo, que é fazer uma crítica à padronização da linguagem comercial para qualquer tipo de divulgação, serviço ou produto. A opção "menos errada" é a letra "C", conforme constou do gabarito oficial, ainda que não se possa inferi-la tal como está redigida a partir do texto. HS

Gabarito "C".

(Analista – TRF/4 – FCC – 2019) No centro da argumentação desenvolvida no texto, está suposto que

(A) é o aprendizado de técnicas de propaganda que melhor serve à compreensão das artes.

(B) para a linguagem da propaganda é indiferente o produto que se disponha a vender.

(C) na venda de um produto de excelência a propaganda torna-se dispensável.

(D) a eventual ineficácia de um produto é compensada pela eficácia da propaganda.

(E) o trabalho dos publicitários modernos deve tudo ao que as grandes artes lhe legaram.

O cerne da crítica exposta no texto é a padronização da linguagem comercial, o fato dela ter se tornado uma habilidade que pode ser ensinada e aprendida e que se vale de técnicas comerciais para atingir seu público, quem quer que seja ele. HS

Gabarito "B".

TEXTO – Sem tolerância com o preconceito

Átila Alexandre Nunes, O Globo, 23/01/2018 (adaptado)

Diante do número de casos de preconceito explícito e agressões, somos levados ao questionamento se nossa sociedade corre o risco de estar tornando-se irracionalmente intolerante. Ou, quem sabe, intolerantemente irracional. Intolerância é a palavra do momento. Da religião à orientação sexual, da cor da pele às convicções políticas.

O tamanho desse problema rompeu fronteiras e torna-se uma praga mundial. Líderes políticos, em conluio com líderes religiosos, ignoram os conceitos de moral, ética, direitos, deveres e justiça. As redes sociais assumiram um papel cruel nesse sistema. Se deveriam servir para mostrar indignação, mostram, muitas vezes, um preconceito medieval.

No campo da religiosidade, o fanatismo se mostra cada dia mais presente no Rio de Janeiro. No último ano, foram registradas dezenas de casos de intolerância religiosa por meio da Secretaria de Estado de Direitos Humanos. Um número ainda subnotificado, pois, muitas ocorrências que deveriam ser registradas como "intolerância religiosa" são consideradas brigas de vizinhos.

A subnotificação desses casos é um dos maiores entraves na luta contra a intolerância religiosa. O registro incorreto e a descrença de grande parte da população na punição a esse tipo de crime colaboram para maquiar o retrato dos ataques promovidos pelo fanatismo religioso em nossa sociedade. A perseguição às minorias religiosas está cada vez mais organizada com braços políticos e até de milícias armadas como o tráfico de drogas.

No último ano recebemos denúncias de ataques contra religiões de matriz africana praticados pelo tráfico de drogas, que não só destruíam terreiros, como também proibiam a realização de cultos em determinada região, segundo o desejo do chefe da facção local.

Não podemos regredir a um estado confessional. A luta de agora pela liberdade religiosa é um dever de todos para garantir o cumprimento da Constituição Federal. Quando uma pessoa de fé é humilhada, agredida ou discriminada devido à sua crença, ela tem seus direitos humanos e constitucionais violados. Hoje, fala- se muito sobre intolerância religiosa, mas, muito mais do que sermos tolerantes, precisamos aprender a respeitar a individualidade e as crenças de cada um.

Até porque, nessa toada, a intolerância irracional ganha terreno, e nós vamos ficando cada vez mais irracionalmente intolerantes com aquilo que não deveríamos ser. Numa sociedade onde o preconceito se mostra cada dia mais presente, a única saída é a incorporação da cultura do respeito. Preconceito não se tolera, se combate.

(Analista Judiciário – TJ/AL – 2018 – FGV) O título dado ao texto é "Sem tolerância com o preconceito"; esse posicionamento presente no título se liga:

(A) à maioria absoluta da sociedade moderna;

(B) à opinião pessoal do autor do texto;

(C) às redes sociais;

(D) aos fanáticos religiosos em nossa sociedade;

(E) a grande parte de nossa população.

O título antecipa a posição pessoal defendida pelo autor em seu texto: não se pode tolerar o preconceito contra quem quer que seja, sob pena de regredirmos nossas relações sociais à época medieval. HS

Gabarito "B".

(Analista Judiciário – TJ/AL – 2018 – FGV) "Diante do número de casos de preconceito explícito e agressões, / somos levados ao questionamento se nossa sociedade corre o risco de estar tornando-se irracionalmente intolerante".

Os segmentos que compõem essa parte inicial do texto indicam, respectivamente:

(A) consequência / causa;

(B) fatos / explicação;

(C) opinião / justificativa;

(D) problema / reflexão;

(E) informação / discussão.

O primeiro segmento traz um fato, mas há de se ter cuidado, porque o que se segue não é a explicação desse fato. Portanto, a alternativa "B" está errada. A saída para solucionar a questão é perceber que esse fato é, na verdade, um problema a ser resolvido, seguindo-se a ele uma reflexão sobre o fato e os perigos que ele acarreta. Por isso, está correta a letra "D". Vale salientar que ela se enquadra melhor no contexto do que a proposta da letra "E": teríamos uma "discussão" se houvesse argumentos opostos, o que não se vê no texto, que é totalmente baseado nas reflexões e opiniões pessoais do autor. **HS**

Gabarito "D".

(Analista Judiciário – TJ/AL – 2018 – FGV) "No último ano, foram registradas dezenas de casos de intolerância religiosa..."; considerando-se objetivamente o termo "dezenas", devem ter sido registrados:

(A) entre 10 e 99 casos;

(B) entre 1 e 10 casos;

(C) entre 20 e 99 casos;

(D) menos de 100 casos;

(E) um número indeterminado de casos.

A questão é extremamente difícil, porque envolve raciocínio lógico. Objetivamente falando, qualquer número pode ser expresso em "dezenas": 200 são 20 dezenas, por exemplo. Logo, o número de casos é, na verdade, indeterminado. **HS**

Gabarito "E".

(Analista Judiciário – TJ/AL – 2018 – FGV) "Ou, quem sabe, intoleramente irracional". O segmento sublinhado tem valor de:

(A) dúvida;

(B) opinião;

(C) certeza;

(D) interrogação;

(E) retificação.

A expressão "quem sabe" exprime uma dúvida, algo que o autor não pode afirmar categoricamente e convida o leitor a pensar a respeito. (HS)

Gabarito "A".

(Analista Judiciário – TJ/AL – 2018 – FGV) "Um número ainda subnotificado..."; o adjetivo sublinhado, no texto, se refere ao número de ocorrências de preconceitos que:

(A) foram registradas como fatos distintos;

(B) nunca foram registradas;

(C) foram oficialmente registradas;

(D) receberam registro oficial com atraso;

(E) foram notificadas com precisão.

O termo "subnotificado" indica algo que foi objeto de menos notificações do que deveria. O autor, no trecho, se refere aos casos de intolerância religiosa, que são em grande número registrados como fatos distintos, como "briga de vizinhos". **HS**

Gabarito "A".

(Analista Judiciário – TJ/AL – 2018 – FGV) No texto, a intolerância preconceituosa se deve a uma série de fatores; NÃO se inclui entre eles:

(A) lideranças políticas;

(B) fanatismo religioso;

(C) secretarias de Estado;

(D) redes sociais;

(E) lideranças religiosas.

As únicas instituições não mencionadas no texto como envolvidas ou responsáveis pela intolerância são as secretarias de Estado. **HS**

Gabarito "C".

(Analista Judiciário – TJ/AL – 2018 – FGV) Ainda que, no título, o texto fale de "preconceito", no corpo do artigo ocorre:

(A) a focalização de preconceito religioso entre grupos de fé distinta;

(B) uma discussão ampla sobre vários tipos de preconceito;

(C) uma particularização do preconceito voltado para as religiões de matriz africana;

(D) uma apreciação sociológica do preconceito, sem particularizações;

(E) um debate sobre o preconceito religioso em geral.

Durante a leitura, percebemos que o autor introduz o tema da intolerância de forma genérica para depois focar sua atenção exclusivamente à questão do preconceito sobre as religiões de matriz africana. **HS**

Gabarito "C".

(Analista Judiciário – TJ/AL – 2018 – FGV)

O texto abaixo que se refere mais diretamente aos elementos representados na imagem acima é:

(A) "A perseguição às minorias religiosas está cada vez mais organizada com braços políticos e até de milícias armadas";

(B) "Até porque, nessa toada, a intolerância irracional ganha terreno, e nós vamos ficando cada vez mais irracionalmente intolerantes com aquilo que não deveríamos ser";

(C) "Quando uma pessoa de fé é humilhada, agredida ou discriminada devido à sua crença, ela tem seus direitos humanos e constitucionais violados";

(D) "Numa sociedade onde o preconceito se mostra cada dia mais presente, a única saída é a incorporação da cultura do respeito";

(E) "Hoje, fala-se muito sobre intolerância religiosa, mas, muito mais do que sermos tolerantes, precisamos aprender a respeitar a individualidade e as crenças de cada um".

A letra "D" foi considerada correta como gabarito oficial, porém dele discordamos e apontamos que a alternativa a ser assinalada é a letra "B". Isso porque, a nosso ver, a charge não prega a cultura do respeito: o segundo quadrinho usa o termo de maneira sarcástica, numa evidente crítica ao fanatismo religioso. Além disso, o personagem ateu não está a respeitar o seu interlocutor: ao contrário, reage com violência à violência que sofreu. HS

Gabarito "D".

Texto 1

Stephen Hawking, A Mente Que Superou Tudo

Em reverência ao gênio que revolucionou o estudo da cosmologia, o mundo prestou tributo a Stephen Hawking no dia seguinte a sua morte. O cientista britânico, símbolo da superação, teve papel decisivo na divulgação científica e virou um ícone pop. (O Globo, 15/3/2018)

(Analista – TJ/SC – FGV – 2018) Na estruturação da notícia do texto 1, o jornal deu principal destaque ao seguinte papel de Stephen Hawking:

(A) possuir uma mente privilegiada;

(B) ter revolucionado o estudo da cosmologia;

(C) ser um símbolo de superação;

(D) ter tido papel decisivo na divulgação científica;

(E) ter virado um ídolo pop.

O destaque é dado ao papel de "símbolo de superação" do cientista. Isso se faz colocando as palavras entre vírgulas, que determinam uma pausa enfática na leitura. HS

Gabarito "C".

(Analista – TJ/SC – FGV – 2018) Ao dizer que o cientista inglês "virou um ícone pop", o autor do texto 1 quer dizer que ele:

(A) tornou-se temática de muitos filmes modernos;

(B) realizou tarefas ligadas à arte popular;

(C) alcançou popularidade acima das expectativas;

(D) obteve uma fama comparável à de artistas populares;

(E) conquistou um espaço nas artes plásticas.

"Ícone pop" é a personalidade que alcança uma grande parcela da população, que é reconhecido por sua atividade entre as pessoas comuns. A alternativa "D", portanto, é mais precisa em relação ao sentido da expressão utilizada, porém, como estamos tratando de um astrofísico, em uma interpretação mais ampla poderíamos considerar a letra "C" como correta também. HS

Gabarito "D".

(Analista – TJ/SC – FGV – 2018) Observe a charge a seguir:

A charge acima é uma homenagem a Stephen Hawking, destacando o fato de o cientista:

(A) ter alcançado o céu após sua morte;

(B) mostrar determinação no combate à doença;

(C) ser comparado a cientistas famosos;

(D) ser reconhecido como uma mente brilhante;

(E) localizar seus interesses nos estudos de Física.

A charge destaca as habilidades intelectuais de Stephen Hawking, considerando que sua doença degenerativa retirou-lhe todos os movimentos corporais. HS

Gabarito "D".

(Analista – TJ/SC – FGV – 2018) Essa charge traz elementos verbais – a fala de Einstein – e elementos imagísticos; entre os significados construídos pelos dados da imagem, NÃO está correta a seguinte afirmação:

(A) as asas na cadeira de rodas indicam a pureza angelical do cientista falecido;

(B) a aparência da cadeira de rodas indica a alta tecnologia de que dispunha o cientista morto;

(C) a gestualidade de Einstein mostra alegria na recepção a Stephen Hawking;

(D) a espécie de luneta em uma das mãos de Galileu se refere à sua atividade de observador astronômico;

(E) as roupas dos cientistas estão adequadas à época em que viveram.

A única alternativa que apresenta interpretação incorreta dos elementos gráficos da charge é a letra "A", que deve ser assinalada. As asas não pretendem transformar Hawking em anjo, apenas demonstrar que ele ainda está voando a caminho das nuvens. HS

Gabarito "A".

Um juízo de valor tem como origem uma percepção individual: alguém julga algo ou outra pessoa tomando por base o que considera um critério ético ou moral. Isso significa que diversos indivíduos podem emitir diversos juízos de valor para uma mesma situação, ou julgar de diversos modos uma mesma pessoa. Tais controvérsias são perfeitamente naturais; o difícil é aceitá-las com naturalidade para, em seguida, discuti-las. Tendemos a fazer do nosso juízo de valor um atestado de realidade: o que dissermos que é, será o que dissermos. Em vez da naturalidade da controvérsia a ser ponderada, optamos pela prepotência de um juízo de valor dado como exclusivo.

Com o fenômeno da expansão das redes sociais, abertas a todas as manifestações, juízos de valor digladiam-se o tempo todo, na maior parte dos casos sem proveito algum. Sendo imperativa, a opinião pessoal esquiva-se da controvérsia, pula a etapa da mediação reflexiva e instala-se no posto da convicção inabalável. À falta de argumentos, contrapõem-se as paixões do ódio, do ressentimento, da calúnia, num triste espetáculo público de intolerância.

Constituem uma extraordinária orientação para nós todos estas palavras do grande historiador Eric Hobsbawm: "A primeira tarefa do historiador não é julgar, mas compreender, mesmo o que temos mais dificuldade para compreender. O que dificulta a compreensão, no entanto, não são apenas as nossas convicções apaixonadas, mas também a experiência histórica que as formou." A advertência de Hobsbawm não deve interessar apenas aos historiadores, mas a todo aquele que deseja dar consistência e legitimidade ao juízo de valor que venha a emitir.

(Péricles Augusto da Costa, inédito)

(Analista Jurídico – TRF5 – FCC – 2017) Os juízos de valor são considerados naturalmente controversos pelo fato de que

(A) simulam uma convicção quando apenas presumem o que seja um atributo da realidade.

(B) expressam a prepotência de quem se nega a discuti-los levando em conta a argumentação alheia.

(C) exprimem pontos de vista originários de percepções essencialmente subjetivas.

(D) correspondem a verdades absolutas que a realidade mesma dos fatos não é suficiente para comprovar.

(E) traduzem percepções equivocadas do que se considera a verdade autêntica de um fato.

O autor traz conceitos e noções sobre o juízo de valor para demonstrar que são resultado de uma operação intelectual bastante individual. Isso acarreta que dois juízos de valor sobre a mesma coisa tendem a ter resultados diferentes, porque as convicções e experiências de cada pessoa influenciam na sua percepção ética. HS
Gabarito "C."

(Analista Jurídico – TRF5 – FCC – 2017) O violento embate entre juízos de valor nas redes sociais poderia ser bastante amenizado no caso de se aceitar, conforme recomenda o historiador Hobsbawm, a disposição de

(A) evitar o julgamento de fenômenos históricos de difícil interpretação, sobretudo os que nos são contemporâneos.

(B) aceitar como legítimos os juízos de valor já consolidados na alta tradição dos historiadores mais experientes.

(C) definir com bastante precisão qual o juízo de valor a ser adotado como critério para a compreensão de um fato.

(D) preceder o juízo de valor do exame das condições históricas que determinam a atribuição de sentido ao objeto de julgamento.

(E) pressupor que a compreensão de um fato histórico depende da emissão de juízos de valor já legitimados socialmente.

O texto aponta que os duelos entre os juízos de valor nas redes sociais decorrem da supressão da etapa de reflexão sobre eles: atualmente,

cada pessoa atribui como verdade absoluta aquilo que pensa e não dialoga com as demais. Eric Hobsbawn adverte que, se cada um pudesse considerar as condições históricas que levaram cada pessoa a pensar como pensa, os debates teriam melhor qualidade. HS
Gabarito "D."

[Em torno da memória]

Na maior parte das vezes, lembrar não é reviver, mas refazer, reconstruir, repensar, com imagens e ideias de hoje, as experiências do passado. A memória não é sonho, é trabalho. Se assim é, deve-se duvidar da sobrevivência do passado "tal como foi", e que se daria no inconsciente de cada sujeito. A lembrança é uma imagem construída pelos materiais que estão, agora, à nossa disposição, no conjunto de representações que povoam nossa consciência atual.

Por mais nítida que nos pareça a lembrança de um fato antigo, ela não é a mesma imagem que experimentamos na infância, porque nós não somos os mesmos de então e porque nossa percepção alterou-se. O simples fato de lembrar o passado, no presente, exclui a identidade entre as imagens de um e de outro, e propõe a sua diferença em termos de ponto de vista.

(Adaptado de Ecléa Bosi. Lembranças de velhos. S. Paulo: T. A. Queiroz, 1979, p. 17)

(Analista Jurídico – TRF5 – FCC – 2017) Entende-se que a memória não é sonho, é trabalho quando se aceita o fato de que as lembranças nossas

(A) requerem esforço e disciplina para que venham corresponder às reais experiências vividas no passado.

(B) exigem de nós a difícil manutenção dos mesmos pontos de vista que mantínhamos no passado.

(C) libertam-se do nosso inconsciente pela ação da análise que, no passado, não éramos capazes de elaborar.

(D) mostram-se trabalhosas por conta do esquecimento que as relega ao plano do nosso inconsciente.

(E) produzem-se como construções imagéticas cuja elaboração se dá com elementos do momento presente.

A ideia central do texto é destacar que nossas memórias não são replicações exatas do que vivemos, mas imagens que nosso cérebro complementa com aspectos e fatores que nele temos oriundos do momento presente. HS
Gabarito "E."

A importância do imperfeito

O conceito de perfeição guia muitas aspirações nossas, seja em nossas vidas privadas, seja nos diversos espaços profissionais. Falamos ou ouvimos falar de "relações perfeitas" entre duas pessoas como modelos a serem seguidos, ou de almejar sempre a realização perfeita de um trabalho. Em algumas religiões, aprendemos que nosso objetivo é chegar ao paraíso, lar da perfeição absoluta, final de jornada para aqueles que, se não conseguiram atingir a perfeição em vida, pelo menos a perseguiram com determinação.

Historicamente, o perfeito está relacionado com a estética, andando de mãos dadas com o belo, conforme rezam os preceitos da arte clássica. Muito da criatividade humana, tanto nas artes como nas ciências, é inspi-

rado por esse ideal de perfeição. Mas nem tudo. Pelo contrário, várias das ideias que revolucionaram nossa produção artística e científica vieram justamente da exaltação do imperfeito, ou pelo menos da percepção de sua importância.

Nas artes, exemplos de rompimento com a busca da perfeição são fáceis de encontrar. De certa forma, toda a pintura moderna é ou foi baseada nesse esforço de explorar o imperfeito. Romper com o perfeito passou a ser uma outra possibilidade de ser belo, como ocorre na música atonal ou na escultura abstrata, em que se encontram novas perspectivas de avaliação do que seja harmônico ou simétrico. Na física moderna, o imperfeito ocupa um lugar de honra. De fato, se a Natureza fosse perfeita, o Universo seria um lugar extremamente sem graça. Do microcosmo das partículas elementares da matéria ao macrocosmo das galáxias e mesmo no Universo como um todo, a imperfeição é fundamental. A estrutura hexagonal dos flocos de neve é uma manifestação de simetrias que existem no nível molecular, mas, ao mesmo tempo, dois flocos de neve jamais serão perfeitamente iguais. Não faltam razões, enfim, para que nos aceitemos como seres imperfeitos. Por que não?

(Adaptado de: GLEISER, Marcelo. Retalhos cósmicos. São Paulo: Companhia das Letras, 1999, p. 189-190)

(Analista – TRT2 – FCC – 2018) Os três parágrafos do texto organizam-se de modo a constituírem, na ordem dada, as seguintes operações argumentativas:

(A) relativização do conceito de perfeito; valorização absoluta do conceito de perfeito; inclusão do conceito de imperfeito.

(B) valorização absoluta do conceito de perfeito; valorização absoluta do conceito de imperfeito; nova valorização do conceito de perfeito.

(C) reconhecimento do conceito de perfeito; relativização do conceito de perfeito; demonstração do valor do imperfeito.

(D) defesa dos conceitos de perfeito e imperfeito; valorização máxima do conceito de imperfeito; conclusão acerca da superioridade do imperfeito.

(E) recuperação histórica do conceito de perfeito; predomínio do imperfeito nas artes e nas ciências; reavaliação positiva do conceito de perfeito.

A ideia central do primeiro parágrafo é destacar o conceito de "perfeito", para, no segundo, o texto relativizar esse conceito (expondo que coisas podem ser belas sem serem perfeitas). Ao final, no último parágrafo, demonstra o valor da imperfeição nas artes, na vida e no universo. **HS** Gabarito "C".

(Analista – TRT2 – FCC – 2018) No terceiro parágrafo, uma escultura abstrata e a estrutura hexagonal dos flocos de neve são exemplos de que o autor do texto se serve para demonstrar que

(A) as artes e a física moderna valem-se dos mesmos modelos de perfeição e de beleza.

(B) o imperfeito pode representar-se tanto na criação estética como na ordem natural.

(C) a imperfeição final é a ordem a partir da qual tudo se organiza na arte e na natureza.

(D) sob o aspecto de uma aparente imperfeição há o primado das leis que regem o perfeito.

(E) por trás das formas belas e das estruturas físicas encontra-se a razão mesma de ser do que é perfeito.

Ambos são exemplos de imperfeições: a escultura porque não tem forma definida e o floco de neve porque não existem dois iguais na natureza. Assim, demonstra o autor que a imperfeição não é algo exclusivamente humano, fonte de sua própria criação, mas também algo natural. **HS** Gabarito "B".

Em torno do bem e do mal

Quando nos referimos ao Bem e ao Mal, devemos considerar que há uma série de pequenos satélites desses grandes planetas, e que são a pequena bondade, a pequena maldade, a pequena inveja, a pequena dedicação... No fundo é disso que se faz a vida das pessoas, ou seja, de fraquezas e virtudes minúsculas. Por outro lado, para as pessoas que se importam com a ética, há uma regra simples e fundamental: não fazer mal a outrem. A partir do momento em que tenhamos a preocupação de respeitar essa simples regra de convivência humana, não será preciso perdermo-nos em grandes filosofias especulativas sobre o que seja o Bem e o Mal.

"Não faças aos outros o que não queres que te façam a ti" parece um ponto de vista egoísta, mas é uma diretriz básica pela qual deve o comportamento humano se orientar para afastar o egoísmo e cultivar verdadeiramente o que se precisa entender por relação humana. Pensando bem, a formulação dessa diretriz bem pode ter uma versão mais positiva: "Faz aos outros o que quiseres que façam a ti". Não é apenas mais simpático, é mais otimista, e dissolve de vez a suspeita fácil de uma providência egoísta.

(A partir de José Saramago. As palavras de Saramago. São Paulo: Companhia das Letras, 2010, p. 111-112, passim)

(Analista – TRT2 – FCC – 2018) Ao se referir aos pequenos satélites desses grandes planetas, José Saramago está considerando

(A) o valor maior que se atribui ao Bem e ao Mal e a consideração menor com que vemos as suas práticas miúdas.

(B) a órbita dos pequenos satélites, girando em torno da grandeza indiscutivelmente superior dos planetas Bem e Mal.

(C) uma relação já reconhecida entre a pequenez dos gestos baratos e a magnitude dos grandes sacrifícios.

(D) a ilusão de imaginarmos que podemos galgar os valores absolutos cultivando os valores apenas relativos.

(E) uma relação entre a esfera superior do Bem e as pequenas manifestações do Mal, que giram em sua órbita.

Ao comparar o bem e o mal absolutos com planetas e suas pequenas manifestações cotidianas como satélites desses planetas, Saramago quer destacar a relevância que damos à primeira ideia e a menor consideração que damos àquilo que realmente acontece em nossas vidas. **HS** Gabarito "A".

[O poeta e a política]

Sou um animal político ou apenas gostaria de ser? Estou preparado? Posso entrar na militância sem me engajar num partido? Nunca pertencerei a um partido, isto eu já decidi. Resta o problema da ação política com bases individualistas, como pretende a minha natureza. Há uma contradição insolúvel entre minhas ideias ou o que suponho minhas ideias, e talvez sejam apenas utopias consoladoras, e minha inaptidão para o sacrifício do ser particular, crítico e sensível, em proveito de uma verdade geral, impessoal, às vezes dura, senão impiedosa. Não quero ser um energúmeno, um sectário, um passional ou um frio domesticado, conduzido por palavras de ordem. Como posso convencer a outros se não me convenço a mim mesmo? Se a inexorabilidade, a malícia, a crueza, o oportunismo da ação política me desagradam, e eu, no fundo, quero ser um intelectual político sem experimentar as impurezas da ação política?

(ANDRADE, Carlos Drummond de. O observador no escritório. Rio de Janeiro: Record, 1985, p. 31)

(Analista – TRT2 – FCC – 2018) Está pressuposta na argumentação de Carlos Drummond de Andrade a ideia de que a ação política

(A) deve assentar-se em sólidas bases individuais, a partir das quais se planejam e se executam as ações mais consequentes.

(B) permite que um indivíduo dê sentido às suas convicções mais pessoais ao dotá-las da universalidade representada pelas linhas de ação de um partido.

(C) costuma executar-se segundo diretrizes partidárias, às quais devem submeter-se as convicções mais particulares de um indivíduo.

(D) impede um indivíduo de formular para si mesmo utopias consoladoras, razão pela qual ele procurará criá-las com base numa ideologia partidária.

(E) liberta o artista de seu individualismo estrito, fornecendo-lhe utopias que se formulam a partir dos ideais coletivistas de um partido.

O texto é uma crítica, não tão velada, à atuação dos partidos políticos. O autor deixa entrever sua opinião de que a ação política foi tomada pelos grupos partidários, que comandam a atuação de sua militância, afastando a possibilidade de cada indivíduo expor seus pensamentos. HS

Gabarito "C".

A representação da "realidade" na imprensa

Parece ser um fato assentado, para muitos, que um jornal ou um telejornal expresse a "realidade". Folhear os cadernos de papel de ponta a ponta ou seguir pacientemente todas as imagens do grande noticiário televisivo seriam operações que atualizariam a cada dia nossa "compreensão do mundo". Mas esse pensamento, tão disseminado quanto ingênuo, não leva em conta a questão da perspectiva pela qual se interpretam todas e quaisquer situações focalizadas. Submetermo-nos à visada do jornalista que compôs a notícia, ou mesmo à do câmera que flagra uma situação (e que, aliás, tem suas tomadas sob o controle de um editor de imagens), é desfazermo-nos da nossa própria capacidade de análise, é renunciarmos à perspectiva de sujeitos da nossa interpretação.

Tanto quanto os propalados e indiscutíveis "fatos", as notícias em si mesmas, com a forma acabada pela qual se veiculam, são parte do mundo: convém averiguar a quem interessa o contorno de uma análise política, o perfil criado de uma personalidade, o sentido de um levante popular ou o alcance de uma medida econômica. O leitor e o espectador atentos ao que leem ou veem não têm o direito de colocar de lado seu senso crítico e tomar a notícia como espelho fiel da "realidade". Antes de julgarmos "real" o "fato" que já está interpretado diante de nossos olhos, convém reconhecermos o ângulo pelo qual o fato se apresenta como indiscutível e como se compõe, por palavras ou imagens, a perspectiva pela qual uma bem particular "realidade" quer se impor para nós, dispensando-nos de discutir o ponto de vista pelo qual se construiu uma informação.

(Tibério Gaspar, *inédito*)

(Analista Judiciário – TRT/24 – FCC – 2017) Diante das informações que habitualmente nos oferecem os jornais e os noticiários, devemos, segundo o autor do texto,

(A) considerar como fatos efetivos apenas aqueles que ganham igual dimensão em todos os veículos.

(B) imaginar que os interesses existentes na divulgação dos fatos acabam por destituí-los de importância.

(C) interpretar as notícias de modo a excluir delas o que nos pareça mais problemático ou inverossímil.

(D) ponderar que tais informações são construídas a partir de um ponto de vista necessariamente particular.

(E) avaliar os fatos noticiados segundo o ângulo que melhor se afine com os nossos valores pessoais.

O texto chama a atenção do leitor para o fato de que as notícias são veiculadas sempre a partir de um ponto de vista particular, do próprio órgão de imprensa que a publica. Assim, não se trata de "realidade" em sentido estrito, mas da "realidade" que aquele determinado veículo de comunicação quer divulgar. HS

Gabarito "D".

1   Há um traço fundamental na história indígena do rio Amazonas, cuja percepção é necessária ao entendimento do passado e do presente da região. É um fenômeno demográfico e cultural de longa duração que acompanha os primeiros duzentos anos da ocupação europeia e que irá resultar, em meados do século XVIII, numa realidade etnográfica substancialmente distinta da que havia sido observada pelos primeiros exploradores quinhentistas.

5   Trata-se do desaparecimento das nações que viviam ao longo do rio Amazonas e da sua substituição por novos contingentes indígenas que foram sendo descidos dos afluentes para a calha amazônica pelos agentes da colonização. Desaparecimento, em sentido étnico, é o termo adequado, e ver-se-á mais adiante de que forma ele se deu. Neste processo de despovoamento maciço e repovoamento parcial, dois aspectos devem ser assinalados: a) *o desaparecimento dos padrões adaptativos* (demográficos, organizacionais e ergológicos) *da população original, que não chegam a se reconstituir, a não ser parcial-*

10 mente, quando do povoamento induzido pelo colonizador; neste segundo momento ocorre b) *a formação de um estrato que* chamaremos neo-indígena, inserido na sociedade colonial e marcado pelo desenraizamento e pela aculturação intertribal e interétnica.

Obs.: ergológico: relativo à ergologia, ramo da etnologia que estuda a cultura material.

(PORRO, Antônio. **História indígena do alto e médio Amazonas: séculos XVI a XVIII**. In: CUNHA, Manuela C. (org.). **História dos índios no Brasil**. 2. ed. São Paulo, Companhia das Letras; Secretaria Municipal de Cultura; FAPESP,1998, p. 175)

(Analista Judiciário – TRT/11 – FCC – 2017) Entende-se corretamente do trecho acima transcrito:

(A) Os exploradores quinhentistas e dos duzentos anos de vivência na região amazônica não foram competentes ao pesquisar o passado indígena, o que determinou graves equívocos na ocupação europeia.

(B) A existência de um fenômeno demográfico e cultural que se desenvolveu de especial modo estendido, no tempo e no espaço, provocou mudanças relevantes no processo inicial de ocupação europeia na Amazônia.

(C) A migração de certas nações indígenas que habitavam ao longo do rio Amazonas, em busca de melhores condições de sobrevivência, foi concomitante à migração de outros grupos para esse mesmo espaço.

(D) Em processo determinado pelo decurso da colonização, desapareceram nações indígenas que viviam ao longo do rio Amazonas e outros grupos de autóctones foram formados, em ato e efeito de aculturação.

(E) O desaparecimento, em sentido étnico, caracteriza-se por despovoamento em larga escala e sucessivo e imediato repovoamento, este em patente escala bem menor do que se teve no povoamento primeiro.

O texto trata dos efeitos da colonização europeia junto às tribos indígenas que habitavam ao longo do curso do Rio Amazonas. O processo de desaparecimento étnico mudou a sociedade indígena local por implicar o desaparecimento daqueles que ordinariamente se encontravam nas margens do rio para, vagarosa e parcialmente, serem substituídos por outros grupos que convergiram dos afluentes para o rio principal, estes já mais habituados aos modos do colonizador. HS

Gabarito "D".

1   Três em cada quatro brasileiros se consideram católicos. Pelas contas do Censo 2000, para uma população total em torno de 170 milhões de habitantes, o Brasil entra no século XXI aproximadamente com 125 milhões de católicos declarados, praticamente três quartos da população residente total.

Quer dizer que no início do terceiro milênio ainda é possível a esse país, o maior e mais populoso da "América cató-

5   lica", continuar ostentando com fundamento em dados estatísticos cientificamente controlados e religiosamente isentos sua histórica posição de nação com hegemonia católica, que um dia lhe valeu o desgastado título que o aclama como "o maior país católico do mundo". Tradicionalmente autoaplicado por seus habitantes em conotações que, a bem da verdade, sofrem polarizações e inflexões de toda espécie e grau, que vão do contentamento envaidecido sem ressalvas ao lamento aborrecido sem reservas, a plausibilidade desse superlativo identitário pode estar com os dias contados.

10 Não obstante a permanência ininterrupta da enorme desigualdade em tamanho e estatura das religiões no Brasil, não é mais possível, nos dias que correm, desconhecer que a sociedade brasileira está passando por um processo de transição religiosa que é notório. Visível a olho nu. Mas não só, uma vez que se trata de um processo que tem sido há décadas acompanhado atentamente, e comprovado a frio reiteradamente, pelas estatísticas censitárias. Esse lento vir a ser, ao mesmo tempo matemático e falastrão, vai pouco a pouco desfigurando nosso velho semblante cultural com a introdução

15 gradual, mas nem por isso menos corrosiva, de estranhamentos e distâncias, descontinuidades e respiros no batido ramerrão do imaginário religioso nacional. Com efeito, hoje se assiste em nosso país a um vigoroso movimento de transição demográfico-religiosa que já assumiu a forma de progressiva migração de contingentes católicos para outras religiões. Ou mesmo para nenhuma.

(Adaptado de: PIERUCCI, Antonio Flávio. Religiões no Brasil. In: BOTELHO, André e SCHWARCZ, Lilia Moritz (orgs.). **Agenda Brasileira: temas de uma sociedade em mudança**. Companhia das Letras, 2011, p. 472-473)

(Analista Judiciário – TRT/11 – FCC – 2017) É legítimo afirmar: no texto,

(A) o argumento a favor da demonstração de que o Brasil deixará de ser em breve hegemonicamente católico é sustentado pelos rigorosos dados do recenseamento de 2000 mencionados pelo autor.

(B) é reconhecível o ponto de vista favorável ao fato de os brasileiros assumirem-se como católicos em levantamento demográfico, assunção de identidade que legitima a preservação do título de maior país católico do mundo atribuído ao Brasil.

(C) o emprego das aspas na expressão *"América católica"* sinaliza que, por meio da ironia, o autor censura o apego dos brasileiros a títulos de supremacia, adesão que ele nota até mesmo quando se trata de religião.

(D) admite-se que à expressão *"o maior país católico do mundo"* empregada pelos brasileiros se têm atribuído sentidos distintos, o que justifica o fato de o uso do título estar em extinção.

(E) avalia-se que, sob o fato manifesto e contínuo de brasileiros virem deixando a religião católica, ao migrar ou não para alguma outra, o superlativo que historicamente individualiza o Brasil do ponto de vista religioso está perdendo a razoabilidade.

A: incorreta. Os dados do censo, ao contrário, confirmam que a população é majoritariamente católica; **B:** incorreta. Não se pode deduzir que a declaração de religião tem por objetivo manter o título em questão; **C:** incorreta. Não se trata de ironia, mas de citação de um termo criado por outra pessoa. As aspas indicam uma citação literal; **D:** incorreta. Não é por isso que o título está se extinguindo, mas sim porque há um movimento de migração entre religiões; **E:** correta, conforme comentário à alternativa anterior. **HS**
Gabarito "E".

(Analista Judiciário – TRT/11 – FCC – 2017) No segundo parágrafo,

(A) a expressão *Quer dizer* introduz exposição mais detalhada do que se apresenta no primeiro parágrafo, esclarecimento realizado sob o padrão da neutralidade científica.

(B) os segmentos *cientificamente controlados* e *religiosamente isentos* subordinam-se diretamente à palavra *fundamento*.

(C) o emprego de *um dia* sugere que a ideia de *desgastado*, atribuída à palavra *título*, teve breve duração.

(D) a caracterização de *conotações* evidencia que os brasileiros, ainda que possam manifestar emoções antagônicas ao fazer uso da qualificação *"o maior país católico do mundo"*, o fazem com a mesma intensa adesão ao seu particular sentimento.

(E) o emprego da expressão *a bem da verdade* sinaliza a introdução de uma específica correção, retificação que remete diretamente ao segmento *sua histórica posição de nação com hegemonia católica*.

A: incorreta. O autor não foi neutro em suas palavras, porque o parágrafo em questão já direciona os argumentos para a defesa de seu ponto de vista; **B:** incorreta. Os termos em destaque remetem a dados estatísticos; **C:** incorreta. A expressão "um dia" significa que o fato aconteceu em algum momento não especificado no passado; **D:** correta. Esta é a ideia central exposta no segundo parágrafo do texto; **E:** incorreta. A expressão remete a "conotações", esclarecendo as diferentes abordagens sobre o tema.
Gabarito "D".

Um povo entre duas tiranias

Pelo alto, a população do leste de Alepo, na Síria, foi castigada por bombas de barril lançadas por helicópteros e aviões do regime de *Bashar Assad* e por caças russos. Ao explodirem, esses artefatos espalham rolamentos, pregos e pedaços de metal ao redor, destruindo prédios e perfurando pessoas. Na noite de 17 de agosto, o menino *Omran Daqneesh*, de 4 anos, estava dormindo com os irmãos de 1, 6 e 10 anos quando uma bomba caiu sobre sua casa. As imagens do vídeo que mostram *Omran* coberto de poeira e sangue dentro de uma ambulância chocaram o mundo pelo contraste entre inocência e brutalidade. Seu irmão mais velho morreu no hospital.

Em terra, os moradores eram acossados pelos grupos extremistas ligados à *Al Qaeda*, que criaram tribunais para aplicar a lei islâmica. As mulheres foram obrigadas a usar o véu. Quem reclamava do fechamento das rádios ou das escolas ou tentava fugir era preso, torturado e até assassinado.

Com a coalizão liderada pelos EUA bombardeando os terroristas do Estado Islâmico em outras cidades, a Rússia e o Irã ficaram livres para ajudar *Assad* a retomar territórios ocupados por outros grupos armados, o que deixou a guerra ainda mais sangrenta. Duzentos mil sírios somaram-se aos 4,5 milhões que já haviam deixado o país nos anos anteriores. O fluxo de refugiados para a Europa caiu de 1 milhão em 2015 para 300.000 neste ano, em parte devido às barreiras físicas erguidas nas fronteiras e às restrições para aceitação de asilo. O drama da maioria dos sírios que fogem da tirania de *Assad* e dos rebeldes acabou represado nos campos lamacentos da Turquia.

(**Veja**, 28 de dezembro de 2016.)

(Analista Judiciário – TRF/2 – Consulplan – 2017) Após a leitura do texto, é possível afirmar que

(A) as informações apresentadas possuem características alarmantes através de uma linguagem apelativa e enfática, de acordo com o público a que se destina e seu suporte textual.

(B) a redução significativa do número de refugiados é um fator capaz de comprovar que a implementação de ações humanitárias na região afetada pelos conflitos citados tem sido favorável às vítimas de tal cenário.

(C) a finalidade informativa do texto pode ser identificada através do encadeamento lógico de ideias revelando fatos com clareza e exatidão; utilizando, predominantemente, a ordem direta, a voz ativa e os verbos de ação.

(D) as tiranias às quais é feita referência no título do texto, apesar de apresentarem níveis diferentes de ênfase no contexto apresentado, atuam estrategicamente de forma semelhante para alcançar os objetivos que lhes são propostos.

A: incorreta. O texto é elaborado em linguagem jornalística, mantendo a sobriedade apesar da gravidade dos fatos narrados; **B:** incorreta. A redução dos refugiados, ao contrário, é fruto da imposição de barreiras a sua entrada, o que os deixa encurralados na guerra; **C:** correta, conforme comentários à alternativa "A"; **D:** incorreta. As duas tiranias, de Bashar al Assad e do Estado Islâmico, são tratadas com a mesma objetividade e destaque no texto. **HS**
Gabarito "C".

Amizade

A amizade é um exercício de limites afetivos em permanente desejo de expansão. Por mais completa que pareça ser uma relação de amizade, ela vive também do que lhe falta e da esperança de que um dia nada venha a faltar. Com o tempo, aprendemos a esperar menos e a nos satisfazer com a finitude dos sentimentos nossos e alheios, embora no fundo de nós ainda esperemos a súbita novidade que o amigo saberá revelar. Sendo um exercício bem-sucedido de tolerância e paciência – amplamente recompensado, diga-se – a amizade é também a ansiedade e a expectativa de descobrirmos em nós, por intermédio do amigo, uma dimensão desconhecida do nosso ser.

Há quem julgue que cabe ao amigo reconhecer e estimular nossas melhores qualidades. Mas por que não esperar que o valor maior da amizade está em ser ela um necessário e fiel espelho de nossos defeitos? Não é preciso contar com o amigo para conhecermos melhor nossas mais agudas imperfeições? Não cabe ao amigo a sinceridade de quem aponta nossa falha, pela esperança de que venhamos a corrigi-la? Se o nosso adversário aponta nossas faltas no tom destrutivo de uma acusação, o amigo as identifica com lealdade, para que nos compreendamos melhor.

Quando um amigo verdadeiro, por contingência da vida ou imposição da morte, é afastado de nós, ficam dele, em nossa consciência, seus valores, seus juízos, suas percepções. Perguntas como "O que diria ele sobre isso?" ou "O que faria ele com isso?" passam a nos ocorrer: são perspectivas dele que se fixaram e continuam a agir como um parâmetro vivo e importante. As marcas da amizade não desaparecem com a ausência do amigo, nem se enfraquecem como memórias pálidas: continuam a ser referências para o que fazemos e pensamos.

(CALÓGERAS, Bruno, *inédito*)

(Analista Judiciário – TRE/SP – FCC – 2017) A frase inicial *A amizade é um exercício de limites afetivos em permanente desejo de expansão* deixa ver, no contexto, que em uma relação entre amigos

(A) os sentimentos mútuos são restritos, devido à desconfiança que sempre estamos a alimentar uns dos outros.

(B) a afetividade é indispensável, embora alimentemos dentro de nós o desejo de uma plena autossuficiência.

(C) a afetividade é verdadeira, conquanto se estabeleça em contornos restritivos que gostaríamos de ver eliminados.

(D) os sentimentos predominantes passam a ser indesejáveis quando se percebe o quanto podem ser falsos.

(E) a afetividade, aparentemente real, revela-se ilusória, diante dos modelos ideais de afeto que conservamos do nosso passado.

A ideia central do texto é destacar que a amizade é, por definição, restrita a limites impostos pelas pessoas à verdadeira afetividade, mas que, com o tempo, busca-se eliminar esses limites para que os laços de confiança e companheirismo cresçam continuamente. HS

Gabarito "C".

(Analista Judiciário – TRE/SP – FCC – 2017) Considere as seguintes afirmações:

I. No primeiro parágrafo, há a sugestão de que a tolerância e a paciência, qualidades positivas mas dispensáveis entre amigos verdadeiros, dão lugar à recompensa da incondicionalidade do afeto.

II. No segundo parágrafo, expressa-se a convicção de que o amigo verdadeiro não apenas releva nossos defeitos como também é capaz de convertê-los em qualidades nossas.

III. No terceiro parágrafo, considera-se que da ausência ocasional ou definitiva do amigo não resulta que seus valores e seus pontos de vista deixem de atuar dentro de nossa consciência.

Em relação ao texto está correto o que se afirma em

(A) I, II e III.

(B) I e II, apenas.

(C) II e III, apenas.

(D) I e III, apenas.

(E) III, apenas.

I: incorreta. O autor não afirma que tais qualidades são dispensáveis. Ao contrário, destaca que são parte integrante da amizade; II: incorreta. Não é bem isso que o autor diz. Para ele, cabe ao amigo apontar os defeitos do outro de forma construtiva para que a pessoa mesma seja capaz de mudar e melhorar sua conduta; III: correta. Esta é a ideia central exposta no terceiro parágrafo. HS

Gabarito "E".

INSTRUÇÃO: Leia o trecho abaixo do artigo Presidente: líder ou gerente?, de Maílson da Nóbrega, e responda às questões a seguir.

[...]

A meu juízo, o Brasil precisa de líderes políticos transformadores, capazes de empreender reformas e assim ampliar o potencial de crescimento e bem-estar. São pessoas aptas a mobilizar a sociedade e a classe política para enfrentar e resolver problemas, o que implica motivar, seduzir, agregar, organizar, orientar, focalizar. O líder virtuoso precisa ter visão de futuro, habilidade para construir maiorias no Congresso e capacidade para identificar e atacar os problemas mais relevantes de sua época.

Rever opiniões, reconhecer erros e considerar novas realidades são igualmente atributos do líder sensato e verdadeiro. Fluência verbal, carisma e capacidade de se comunicar são características requeridas nas modernas democracias de massas, pois é assim que o líder transmite mensagens, ideias, estímulos.

Valorizar a experiência administrativa para o exercício do cargo de presidente é menosprezar a boa política.

(Revista *Veja*, 17/09/2014.)

(Analista Judiciário – TJ/MT – UFMT – 2016) O fragmento anuncia várias características de um líder político atual na ótica do autor. Em resumo, esse líder

(A) precisa dedicar-se à construção de um país do futuro.

(B) deve transmitir confiança ao povo para conquistar a sociedade e a classe política.

(C) deve ter visão do futuro, agir sobre o passado e enfrentar o presente.

(D) precisa usar linguagem popular de modo a comunicar-se com a massa.

A: incorreta. O autor destaca que os principais problemas a serem resolvidos são os do presente; **B:** incorreta. Não se pode inferir isso de qualquer passagem do texto; **C:** correta. O autor afirma expressamente a "visão de futuro"; por "agir sobre o passado" podemos entender o dever de "rever opiniões" e "reconhecer erros"; por fim, "enfrentar o presente" é o mesmo que "atacar os problemas mais relevantes de sua época"; **D:** incorreta. O autor não diz que a linguagem deve ser popular. Ele ressalta que o líder deve saber se comunicar, ou seja, falar o linguajar apropriado conforme sua audiência. HS

Gabarito "C".

[Civilização e sofrimento]

É uma afirmação corrente que boa parte da culpa dos sofrimentos humanos vem do que é chamado de nossa civilização. Seríamos bem mais felizes se a abandonássemos e retrocedêssemos a condições primitivas, satisfazendo nossos instintos básicos. Tal asserção me parece espantosa, porque é fato estabelecido – como quer que se defina o conceito de civilização – que tudo aquilo com que nos protegemos da ameaça das fontes do sofrer é parte da civilização.

Como é que tantas pessoas chegaram a partilhar esse ponto de vista de surpreendente hostilidade à civilização? Acho que uma profunda insatisfação com o estado civilizacional existente preparou o solo no qual, em determinadas ocasiões históricas, formou-se essa condenação.

(Adaptado de: FREUD. Sigmund. *O mal-estar na civilização.* Trad. Paulo César de Souza. São Paulo: Penguin & Companhia das Letras. 2011. p. 31)

(Analista Judiciário – TRT/20 – FCC – 2016) Explora-se, no texto, uma **flagrante contradição**, expressa formalmente no seguinte enunciado:

(A) Muitas pessoas revelam uma posição inteiramente hostil aos princípios da civilização.

(B) Destinada a nos proteger dos sofrimentos, a civilização é por vezes inculpada do nosso sofrer.

(C) Em determinadas situações históricas, há quem se insurja contra o estado civilizacional.

(D) Acredita-se que a satisfação dos instintos primitivos nos tornaria mais felizes.

(E) Para muitos, o retorno a condições mais primitivas seria preferível ao estágio atual da civilização.

O autor confronta dois fatos aparentemente inconciliáveis: (i) a civilização foi desenvolvida para nos proteger das ameaças das fontes de sofrimento; e (ii) ao mesmo tempo, evoluiu-se uma ideia de que ela é a culpada por todos os nossos sofrimentos. Portanto, está correta a letra "B". É importante frisar que as alternativas "C", "D" e "E" também estão de acordo com o texto, porém **não** atendem ao que é pedido no enunciado: elas não trazem a contradição explorada pelo autor, mas sim conclusões diretas que se extraem da leitura. HS

Gabarito "B".

Texto 1 – Coordenação entre órgãos gestores

Um Plano de Contingência para o Trânsito necessita de planejamento prévio para lidar com situações emergenciais e atuar em casos que venham a causar transtornos nos principais corredores viários de uma cidade.

O aumento progressivo da frota de veículos provoca congestionamentos que muitas vezes impedem que os procedimentos planejados de emergência sejam adotados.

Nesses casos, passam a exigir ações mais criativas e diferenciadas, devendo ser planejadas por equipes de técnicos especializados, com a parceria das universidades.

O gerenciamento de acidentes de trânsito, como a velocidade que se desfaz o local de uma batida numa via estrutural, envolve o uso de equipamentos especiais, como helicópteros, e de pessoal devidamente treinado para isso. É crucial haver integração e coordenação entre os órgãos gestores da mobilidade urbana, para solucionar rapidamente as demandas dessa natureza.

Situações como obras, fechamento de ruas e de faixas de tráfego, enchentes, alagamentos das vias e quedas de encostas e árvores, que impedem a circulação normal de veículos, necessitam de sinalização adequada, de informação relevante e bem veiculada em várias mídias, de agentes de trânsito devidamente preparados, de cavaletes e indicação dos desvios possíveis, para diminuir os impactos negativos.

Podemos fazer analogia com um infarto e um AVC, que impedem o fluxo de sangue e exigem providências urgentes para que a pessoa não morra. O mesmo fenômeno ocorre com o trânsito, para que o fluxo seja restabelecido o mais rápido possível.

(Eva Vider, *O Globo*, 9/10/2015 – adaptado)

(Analista Judiciário – TJ/PI – FGV – 2015) O título dado ao texto 1 – Coordenação entre órgãos gestores – funciona como:

(A) constatação de uma realidade;

(B) crítica de uma deficiência;

(C) ideal a ser atingido;

(D) ironia diante de fatos repetidos;

(E) alerta para perigos iminentes.

O texto fala da necessidade de que um plano de contingências para o trânsito, para que seja efetivo, deve contar com soluções pensadas por técnicos dos órgãos de trânsito e por pesquisadores das universidades. Logo, o título reafirma um ideal proposto pelo texto, algo que deve ser buscado pelas autoridades para que os resultados sejam concretos. HS

Gabarito "C".

Atenção: As questões de abaixo referem-se ao texto que segue.

A matéria abaixo, que recebeu adaptações, é do jornalista Alberto Dines, e foi veiculada em 09.05.2015, um dia após as comemorações pelos 70 anos do fim da Segunda Guerra Mundial.

Quando a guerra acabar...

1   Abre parêntese: há momentos – felizmente raros – em que a história pessoal se impõe às percepções conjunturais e o
relato na primeira pessoa, embora singular, parcial, às vezes suspeito, sobrepõe-se à narrativa impessoal, ampla, genérica.
Fecha parêntese.

O descaso e os indícios de esquecimento que, na sexta-feira (8/5), rodearam os setenta anos do fim da fase europeia da
5   Segunda Guerra Mundial sobressaltaram. O ano de 1945 pegou-me com 13 anos e a data de 8 de maio incorporou-se ao meu
calendário íntimo e o cimentou definitivamente às efemérides históricas que éramos obrigados a decorar no ginásio.
Seis anos antes (1939), a invasão da Polônia pela Alemanha hitlerista – e logo depois pela Rússia soviética – empurrou
a guerra para dentro da minha casa através dos jornais e do rádio: as vidas da minha avó paterna, tios, tias, primos e primas
dos dois lados corriam perigo. Em 1941, quando a Alemanha rompeu o pacto com a URSS e a invadiu com fulminantes
10   ataques, inclusive à Ucrânia, instalou-se a certeza: foram todos exterminados.
A capitulação da Alemanha tornara-se inevitável, não foi surpresa, sabíamos que seria esmagada pelos Aliados. Nova
era a sensação de paz, a certeza que começava uma nova página da história e perceptível mesmo para crianças e
adolescentes. A prometida quimera embutida na frase "quando a guerra acabar" tornara-se desnecessária, desatualizada.
A guerra acabara para sempre. Enquanto o retorno dos combatentes brasileiros vindos da Itália era saudado
15   delirantemente, matutinos e vespertinos – mais calejados do que a mídia atual – nos alertavam que a guerra continuava feroz
não apenas no Extremo Oriente, mas também na antiquíssima Grécia, onde guerrilheiros de direita e de esquerda, esquecidos
do inimigo comum – o nazifascismo – se enfrentavam para ocupar o vácuo de poder deixado pela derrotada barbárie.
Sete décadas depois – porção ínfima da história da humanidade –, aquele que foi chamado Dia da Vitória e comemorado
loucamente nas ruas do mundo metamorfoseou-se em Dia das Esperanças Perdidas: a guerra não acabou. Os Aliados
20   desvincularam-se, tornaram-se adversários. A guerra continua, está aí, espalhada pelo mundo, camuflada por diferentes
nomenclaturas, inconfundível, salvo em breves hiatos sem hostilidades, porém com intensos ressentimentos.

(Reproduzido da **Gazeta do Povo** (Curitiba, PR) e do **Correio Popular** (Campinas, SP), 9/5/2015; intertítulo do *Observatório da Imprensa*, edição 849)

(Analista – TRT/3ª – 2015 – FCC) Nesse texto, o jornalista,

(A) ao organizar minuciosa e cronologicamente os episódios da Segunda Guerra Mundial, ressalta os fatos que foram mal retratados nas comemorações dos 70 anos do fim do conflito.

(B) ao trazer sua visão pessoal sobre os principais acontecimentos da Segunda Guerra Mundial, defende que a imprensa privilegie o ângulo particular com que o profissional observa os fatos.

(C) ao apresentar informações e comentários sobre a Segunda Guerra Mundial, toma-a como legítima justificativa para a publicação de matéria que tem como objeto questões pessoais e íntimas.

(D) ao confessar sobressalto pelo que tinha ocorrido no dia anterior, 8/5, explica-o tanto pela associação de fatos históricos a questões pessoais, quanto pela interpretação de que há um Dia das Esperanças Perdidas.

(E) ao citar a volta dos combatentes brasileiros, critica a euforia das saudações, pois evidenciava que o povo não tinha percebido que o conflito, na mesma configuração de 1939 a 1945, continuava.

A: incorreta. Sua narrativa nos fatos não é minuciosa ou cronológica, mas sim lembranças um tanto desordenadas. Além disso, sua intenção não é ressaltar os fatos que foram mal retratados nas comemorações, mas a total ausência de comentários sobre o tema; B: incorreta. Seu comentário sobre a visão pessoal serve para justificar a ausência de objetividade com a qual tratará do tema; C: incorreta. O texto trata do atual cenário beligerante em que o mundo se encontra, fazendo uma alegoria com a data considerada final da guerra em 1945; D: correta. A alternativa reflete bem as ideias passadas pelo texto; E: incorreta. Não houve crítica à euforia das saudações, mas uma evidenciação da desilusão com a notícia de que, ao contrário do que todos imaginavam, a guerra não havia acabado.

Gabarito "D".

(Analista – TRT/3ª – 2015 – FCC) O excerto legitima a seguinte compreensão:

(A) Dines considera a imprensa de 1945 menos aperfeiçoada do que a imprensa contemporânea.

(B) O primeiro parágrafo é apresentado como "entre parênteses" porque é tomado como simples anexo, de conteúdo genérico, sobre a análise de conjunturas, sem conter menção ao que virá no texto.

(C) Dada a natureza do texto, expressões como *empurrou a guerra para dentro da minha casa* devem ser desaprovadas, pois, ferindo o rigor lógico, prejudicam a compreensão.

(D) Dines considera a Segunda Guerra Mundial conflito constituído por mais de um estágio.

(E) Em sua análise de ambientes de guerra, Dines trata a Grécia como exemplo de conflito interno, descolado do contexto da Guerra Mundial.

A: incorreta. O termo "calejados" foi utilizado para indicar que a imprensa da época não tinha o "jogo de cintura" para narrar os fatos de forma menos abrupta, menos chocante; B: incorreta. Os "parênteses" foram utilizados para justificar as impressões e experiências pessoais que permeariam o texto; C: incorreta. Expressões como a selecionada não atingem a lógica do texto. Servem, ao contrário, para deixá-lo mais informal e aproximar o autor do leitor; D: correta. Isso se vê pela sua abordagem do conflito atual como uma sucessão do anterior; E: incorreta. O conflito interno na Grécia somente começou pelo vácuo de poder deixado pela guerra – logo, não estava dela descolado.

Gabarito "D".

(Analista – TRT/3ª – 2015 – FCC) *Sete décadas depois – porção ínfima da história da humanidade –, aquele que foi chamado Dia da Vitória e comemorado loucamente nas ruas do mundo metamorfoseou-se em Dia das Esperanças Perdidas: a guerra não acabou. Os Aliados desvincularam--se, tornaram-se adversários. A guerra continua, está aí, espalhada pelo mundo, camuflada por diferentes nomenclaturas, inconfundível, salvo em breves hiatos sem hostilidades, porém com intensos ressentimentos.*

Comenta-se com propriedade sobre o parágrafo acima, em seu contexto:

(A) Os travessões encerram forte argumento para a defesa das ideias de Dines, pois o segmento alerta para o fato de que, em muito breve intervalo de tempo, a humanidade conheceu significativo revés de sentimentos.

(B) As expressões *Dia da Vitória* e *Dia das Esperanças Perdidas* concentram a crítica que Dines faz aos profissionais do jornalismo brasileiro e internacional, ao cunharem bordões que pouco explicam a natureza dos fatos.

(C) O emprego do adjetivo *camuflada* retoma o que se diz anteriormente por meio da expressão *metamorfoseou--se*.

(D) A expressão *tornaram-se adversários* exprime a consequência inevitável da ação mencionada anteriormente na frase.

(E) Em *salvo em breves hiatos sem hostilidades*, a substituição do segmento destacado por "a exceção de" preserva o sentido e a correção originais.

A: correta. Os travessões foram utilizados para dar destaque ao argumento de que o intervalo de tempo é suficientemente breve para a humanidade viver uma reviravolta tão grande em seus sentimentos; **B:** incorreta. Não se pode extrair essa conclusão do texto, até porque o "dia das esperanças perdidas" é criação do próprio autor; **C:** incorreta. São imagens diferentes do texto, a transformação do significado da data e a guerra sorrateira que hoje está instalada; **D:** incorreta. Ao se desvincularem, os Aliados não precisavam necessariamente ter se tornado adversários – poderiam permanecer neutros uns aos outros. Logo, não é uma "consequência inevitável"; **E:** incorreta. Deveria haver o acento grave indicativo da crase em "à exceção de".
Gabarito "A".

(Analista – TRT/3ª – 2015 – FCC) *A capitulação da Alemanha tornara-se inevitável, não foi surpresa, sabíamos que seria esmagada pelos Aliados. Nova era a sensação de paz, a certeza que começava uma nova página da história e perceptível mesmo para crianças e adolescentes. A prometida quimera embutida na frase "quando a guerra acabar" tornara-se desnecessária, desatualizada.*

É correta a seguinte assertiva sobre o que se tem no trecho acima:

(A) A causa de o fato ser *inevitável* está expressa em *não foi surpresa*.

(B) O emprego de *mesmo* confirma que era natural esperar que crianças e adolescentes, como os adultos, tivessem a certeza de que um novo período da história começava.

(C) A palavra *quimera* equivale, quanto ao sentido, a "utopia".

(D) Em *tornara-se desnecessária, desatualizada*, as palavras destacadas estão dispostas em ordem crescente de valor.

(E) O emprego de *Nova* justifica-se somente pelo contexto em que as três linhas acima estão inseridas, pois, nelas, não há nenhuma palavra ou expressão a que a palavra *Nova* possa ser associada.

A: incorreta. A ausência de surpresa é consequência do fato ser inevitável; **B:** incorreta. Ao contrário, o uso da palavra "mesmo" indica a surpresa do autor ao verificar o sentimento em crianças e adolescentes; **C:** correta. "Quimera" é sinônimo de "utopia", "sonho", "devaneio"; **D:** incorreta. Não há gradação nesse caso, nem positiva nem negativa. As palavras têm significados diferentes; **E:** incorreta. A palavra "nova" está associada a "sensação de paz".
Gabarito "C".

Instruções: Para responder às questões seguintes, considere o texto a seguir.

1   *Desde A democracia na América (1835), de Alexis de Tocqueville, tornou-se corrente comparar os Estados Unidos com a América ibérica, constituindo este exercício uma fonte de inspiração da imaginação*
5   *social no continente. Nessa obra, a América do Sul é descrita como lugar em que a pujança da natureza debilitaria o homem, enquanto, na América do Norte, a natureza se revestiria de outro aspecto, onde tudo "era grave, sério, solene; dissera-se que fora criada para se*
10 *tornar província da inteligência, enquanto a outra era a morada dos sentidos".*
    O caso bem-sucedido da América do Norte apontaria para um processo em que o atraso ibérico, sob o impacto das diferentes influências exercidas pelo seu vizinho
15 *anglo-americano, modernizar-se-ia, rompendo com os fundamentos da sua própria história.*
    A reflexão social latino-americana no século XIX, já testemunha dos sucessos econômicos e políticos dos Estados Unidos, tomou-os como um paradigma em sua
20 *luta orientada contra o que seria o seu atraso constitutivo, resultante do caudilhismo e do patrimonialismo vigentes em seus espaços nacionais. Entre tantos outros, os argentinos Sarmiento e Alberdi desenvolveram uma publicística centrada na comparação entre as duas*
25 *Américas e o que nos cumpriria fazer para, livrando-nos dos nossos males históricos, lograrmos sucesso no ingresso ao mundo moderno. [...]*
    No caso do Brasil, a comparação com os Estados Unidos também esteve presente ao longo de nossa história,
30 *influenciando diretamente os embates sobre o processo da modernização brasileira. Nossa herança ibérica, marcada por um Estado forte e pela valorização do público, seria compatível com os valores do mundo moderno então emergente? Ou, de forma alternativa, ela*
35 *teria nos legado uma carga tão excessiva, cuja superação em direção à modernidade exigiria uma ruptura com esse passado? Desde já, é importante ressaltar que, ainda que os conceitos iberismo e americanismo tenham sido formulados a posteriori, não*
40 *estando presentes no vocabulário dos autores consagrados como fundadores da tradição de interpretar o Brasil, eles fornecem uma chave interpretativa para o estudo do processo de nossa formação histórica.*

(VIANNA, Luis Werneck; PERLATTO, Fernando. Iberismo e americanismo. In: BOTELHO, André; SCHWARCZ, Lilia Moritz (orgs.). **Agenda brasileira:** *temas de uma sociedade em mudança. São Paulo: Companhia das Letras, 2011, p. 248-249)*

(Analista – TRT/2ª – 2014 – FCC) Considere o texto e as assertivas que seguem.

I. O cotejo entre o emprego de certas formas verbais, por exemplo, (linha 7) *debilitaria* e (linha 8) *era* evidencia a distinção entre o ponto de vista, respectivamente, de quem comenta uma hipótese lançada por outrem e o ponto de vista de quem propõe essa mesma hipótese.

II. Considerada a lógica e o contexto, merece reparo o que se tem no segmento *O caso bem-sucedido da América do Norte apontaria para um processo em que o atraso ibérico* [...] *modernizar-se-ia*: em lugar do que está destacado, seria adequado haver, por exemplo, "a América ibérica, atrasada,".

III. No parágrafo 4, a presença de duas indagações no excerto deve-se ao fato de cada uma delas enfatizar uma específica polêmica a respeito de nossa história, correspondendo, então, uma em relação à outra, a um caminho alternativo na definição da prioridade a ser enfrentada no processo de modernização do Brasil.

Está correto o que se afirma em

(A) III, apenas.
(B) I, apenas.
(C) I, II e III.
(D) II e III, apenas.
(E) I e II, apenas.

I: correta. O uso do futuro do pretérito indica que a pessoa que fala não pode assegurar a correção daquilo que foi dito por outra pessoa; diferentemente, o pretérito imperfeito representa um fato efetivamente ocorrido, do qual o falante pode dar certeza; II: correta. A expressão "atraso ibérico" torna o texto dúbio, porque pode se referir tanto à América Ibérica (latino-americana) ou à península ibérica na Europa (Portugal e Espanha). Para evitar a confusão, a alteração sugerida seria bem aceita; III: incorreta. Não se trata de polêmicas diferentes sobre nossa história. As duas indagações são, na verdade, dois lados da mesma moeda – duas hipóteses sobre qual seria a influência da tradição ibérica sobre o Brasil.
˙„Ǝ‟ oʇᴉɹɐqɐƃ

(Analista – TRT/2ª – 2014 – FCC) Observada a organização do texto, e especialmente a última frase, cria-se uma expectativa de que as linhas seguintes ao fragmento trarão

(A) considerações sobre o processo de formação do Brasil, iluminadas por matrizes de pensamento que, a partir de certo momento, foram conceituadas como "americanismo" e "iberismo".

(B) retificações dos textos inaugurais da tradição de interpretar o Brasil, determinadas pelo fato de que os autores não contavam, em seu vocabulário, com as palavras "americanismo" e "iberismo".

(C) a categoria "iberismo" como fundamento do primeiro bloco de estudos sobre a formação histórica do Brasil, dando lugar, a seguir, à categoria "americanismo".

(D) os conceitos de "iberismo" e de "americanismo" sempre em oposição, visto que são resultado de momentos históricos antagônicos e bastante afastados no tempo.

(E) crítica a autores equivocadamente consagrados como fundadores da tradição de interpretar o Brasil, equívoco gerado pelo desconhecimento de que eles muito tardiamente se valeram da chave necessária à análise da cultura.

O texto todo está construído sobre os conceitos de "americanismo" e "iberismo", formas de reler a história das Américas e encontrar os passos comuns e antagônicos na evolução de cada uma das regiões. Ao final, ele destaca que tais teorias foram desenvolvidas posteriormente à maioria das reflexões sobre o tema, passando a categorizá-las dentro dessa nova doutrina. Correta, portanto, a alternativa "A".
˙„A‟ oʇᴉɹɐqɐƃ

(Analista – TRT/2ª – 2014 – FCC) Considere as informações prestadas pelo verbete abaixo transcrito.

publicística *Datação:* c1950

• substantivo feminino

1 a imprensa jornalística; periodismo

2 Rubrica: termo jurídico, política. literatura de direito civil, política e/ou temas sociais

3 Rubrica: termo jurídico.a ciência do direito público

4 Derivação: por metonímia.o conjunto de autores de textos sobre direito público, política ou assuntos sociais

Etimologia: emprt. it. [palavra emprestada do italiano] *publicistica* 'atividade desenvolvida por jornalistas na publicação de artigos pela imprensa, conjunto das publicações da atualidade'.

(Dicionário eletrônico Houaiss da língua portuguesa)

Sobre o uso dessa palavra "publicística" no texto, é correto afirmar:

(A) O excerto e a rubrica denotam a possibilidade, mais provável do que todas as outras, de ter sido empregada na acepção 3, levando em conta a natureza da obra de onde foi extraído o trecho.

(B) O contexto evidencia que está, de maneira a excluir outra possibilidade, empregada na acepção 4, como o comprova o uso da expressão *Entre tantos outros*, que remete a muitos autores.

(C) Levando em conta a datação, isto é, a época em que ela parece ter surgido na Língua Portuguesa, não poderia ter sido empregada em um texto que se refere a pensadores do século XIX.

(D) Aquilo que se informa acima sobre a origem da palavra e os dados oferecidos no texto comprovam a impossibilidade de ter sido empregada com acepção diferente da indicada em 1.

(E) O contexto e a rubrica sugerem que está empregada na acepção 2, mas a falta de indicações precisas sobre a natureza dos trabalhos dos autores citados impede uma conclusão decisiva sobre o seu sentido no *texto*.

A: incorreta. O texto trata majoritariamente da ciência política e da sociologia, pouco se reportando ao direito; **B**: incorreta. A interpretação do texto permite deduzir que a palavra foi empregada tanto na acepção 4 quanto no acepção 2, de sorte que não podemos excluir diretamente uma ou outra; **C**: incorreta. O texto se refere a pensadores do século XIX, mas foi escrito em 2011 – data em que a palavra já existia há muito tempo; **D**: incorreta. Ao contrário, a acepção 1 pode ser facilmente eliminada, tendo em vista que o texto não trata de artigos jornalísticos, mas de pensamentos sociais e filosóficos; **E**: correta, conforme o comentário à alternativa "B".
˙„Ǝ‟ oʇᴉɹɐqɐƃ

Instruções: Para responder às questões seguintes, considere o texto a seguir.

1 A áspera controvérsia sobre a importância da liberdade
   política é bem capaz de ocultar o essencial nessa
   matéria, ou seja, a liberdade existe como um valor ético
   em si mesmo, independentemente dos benefícios con-
5 cretos que a sua fruição pode trazer aos homens. [...]
   A liberdade tem sido, em todos os tempos, a causa
   das maiores conquistas do ser humano. E, efetivamente,
   que valor teriam a descoberta da verdade, a criação
   da beleza, a invenção das utilidades ou a realização da
10 justiça, se os homens não tivessem a possibilidade de
   escolher livremente o contrário de tudo isso?
   Heródoto foi um dos primeiros a sublinhar que o estado
   de liberdade torna os povos fortes, na guerra e na
   paz. Ao relatar a estupenda vitória que os atenienses,
15 sob o comando de Cleômenes, conquistaram contra os
   calcídeos e os beócios, ele comenta: "Aliás, verifica-se,
   sempre e em todo lugar, que a igualdade entre os cidadãos
   é uma vantagem preciosa: submetidos aos tiranos,
   os atenienses não tinham mais valor na guerra que
20 seus vizinhos; livres, porém, da tirania, sua superioridade
   foi manifesta. Por aí se vê que na servidão eles se
   recusavam a manifestar seu valor, pois labutavam para
   um senhor; ao passo que, uma vez livres, cada um no
   seu próprio interesse colaborava, por todas as maneiras,
25 para o triunfo do empreendimento coletivo".
   O mesmo fenômeno de súbita libertação de energias
   e de multiplicação surpreendente de forças humanas
   voltou a repetir-se vinte e quatro séculos depois, com a
   Revolução Francesa. Pela primeira vez na história mo-
30 derna, as forças armadas de um país não eram compostas
   de mercenários, nem combatiam por um príncipe,
   sob o comando de nobres, mas eram formadas de
   homens livres e iguais, comandados por generais plebeus,
   sendo todos movidos tão só pelo amor à pátria.

(COMPARATO, Fábio Konder. A liberdade como valor ético.
Ética: direito, moral e religião no mundo moderno. São Paulo:
Companhia das Letras, 2006, p. 546-547)

(**Analista – TRT/2ª – 2014 – FCC**) O texto abona o seguinte comentário: o autor, na defesa de seu ponto de vista,

(A) cita Cleômenes e episódio histórico que deu a esse ateniense experiência para reconhecer não só o valor da liberdade, mas, em próprias palavras do conquistador, que *a igualdade entre os cidadãos é uma vantagem.*

(B) faz uso de uma indagação que é meramente retórica, pois a resposta a ela está implícita na própria pergunta: o valor de descobertas, invenções e demais realizações está em impor a todos os homens o mesmo direito de usufruir delas.

(C) contrapõe distintos momentos históricos para evidenciar que a discussão sobre a importância da liberdade política contém contradições.

(D) opta por fazer um relato de como a liberdade se manifestou em diferentes momentos históricos, o que lhe permitiu concluir, ao final do texto, que a liberdade é um valor ético em si mesmo.

(E) vale-se de um testemunho de prestígio, sem, entretanto, tomá-lo como suficiente, dado que acrescenta comentário que o ratifica.

A: incorreta. As palavras não são de Cleômenes, mas do historiador Heródoto; **B:** incorreta. A retórica consiste em colocar em destaque a liberdade de escolher o oposto das vantagens narradas; **C:** incorreta. O uso do exemplo histórico serve para demonstrar que a necessidade humana de liberdade não é própria de um dado estágio da civilização, mas comum a todos eles; **D:** incorreta. Não se pode concluir isso do último parágrafo do texto. Nessa passagem o autor apenas se vale de mais um exemplo de como a liberdade determina as ações humanas; **E:** correta. Inicialmente ele cita o exemplo grego e, logo após, ratifica-o com a menção à Revolução Francesa, ambos com a mesma intenção: destacar o valor da liberdade como vantagem em uma guerra.

Gabarito "E".

Atenção: Para responder às questões seguintes, considere o texto abaixo.

Distorção negligenciada

1 *Embora poucas vezes mencionadas nos debates sobre desigualdades, as doenças negligenciadas demonstram com*
   perfeição a necessidade de haver mecanismos capazes de corrigir distorções globais.
   Em entrevista a esta Folha, Eric Stobbaerts, diretor – executivo da Iniciativa de Medicamentos para Doenças Negligenciadas
   (DNDi, na sigla em inglês), lembrou que tais enfermidades ameaçam uma em cada seis pessoas do planeta; não
5 *obstante, entre 2000 e 2011, apenas 4% dos 850 novos medicamentos aprovados no mundo tratavam dessas moléstias.*
   As listas de moléstias variam de acordo com a agência que tenta capitanear sua causa. Têm em comum o fato de
   serem endêmicas em regiões pobres da África, da Ásia e das Américas. Nem sempre fatais, são bastante debilitantes.
   Estão nesse grupo, por ordem de prevalência, helmintíase, esquistossomose, filariose, tracoma, oncocercose,
   leishmaniose, doença de Chagas e hanseníase. As três últimas e a esquistossomose são as mais relevantes para o Brasil.
10 *A maioria desses distúrbios pode ser prevenida e conta com tratamentos efetivos pelo menos para a fase aguda, mas,*
   por razões econômicas e políticas, eles nem sempre chegam a quem precisa.
   Há, além disso, uma dificuldade relativa à ciência. Algumas das terapias disponíveis já têm quatro ou cinco décadas de
   existência. Investimentos em pesquisa poderiam levar a estratégias de prevenção e cura mais efetivas. Como essas doenças
   não são rentáveis, porém, os grandes laboratórios raras vezes se interessam por esse nicho.
15 *Organizações como a DNDi e outras procuram preencher as lacunas. A situação tem melhorado, mas os avanços são*
   insuficientes.
   Seria sem dúvida ingenuidade esperar que a indústria farmacêutica se entregasse de corpo e alma à resolução do

problema. Seu compromisso primordial é com seus acionistas – e essa é a regra do jogo. Isso não significa, contudo, que não possam fazer parte do esforço.

20 *O desejo de manter boas relações públicas combinado com uma política de estímulos governamentais pode produzir grandes resultados. Também seria desejável envolver com maior intensidade universidades e laboratórios públicos (onde os há, como é o caso do Brasil).*

Mais de 1 bilhão de humanos ainda sofrem, em pleno século 21, com doenças cujo controle é não só possível, mas também relativamente barato – eis um fato que depõe contra o atual estágio de nossa organização global.

(**Folha de S. Paulo. Opinião**. p. A3, 14/03/2014)

(**Analista – TRT/16ª – 2014 – FCC**) No processo argumentativo adotado no edital,

(**A**) o segmento *Embora poucas vezes mencionadas nos debates sobre desigualdades* exprime ideia em relação tal de antinomia com o restante da frase, que desqualifica a alegação de que as *doenças negligenciadas* falam a favor da correção de distorções globais.

(**B**) a caracterização destacada em *demonstram com perfeição* evidencia que, numa escala de valores, as doenças negligenciadas ocupam alto nível no que se refere à exposição da *necessidade de haver mecanismos capazes de corrigir distorções globais*.

(**C**) a oferta da informação *(DNDi, na sigla em inglês)* deve ser atribuída à necessidade do jornalista de angariar credibilidade para a organização, confiabilidade de que depende, sobretudo, o grau de convencimento do leitor deste texto.

(**D**) o fato de que *tais enfermidades ameaçam uma em cada seis pessoas do planeta* é apontado como causa próxima de que, *entre 2000 e 2011, apenas 4% dos 850 novos medicamentos aprovados no mundo tratavam dessas moléstias*.

(**E**) o título – ***Distorção negligenciada*** –, tirando proveito da expressão *doenças negligenciadas*, tem a função restrita de qualificar o que se tem na frase inicial do texto: o fato de essas doenças serem poucas vezes mencionadas nos debates sobre desigualdades.

A: incorreta. A conjunção "embora", de valor concessivo, indica que as doenças negligenciadas buscam superar o obstáculo de serem poucas vezes mencionadas nos debates; **B**: correta. A interpretação fornecida pela alternativa está totalmente de acordo com o texto; **C**: incorreta. O autor fornece a sigla unicamente para deixar claro ao leitor seu significado, porque ela aparecerá outras vezes ao longo do texto; **D**: incorreta. O texto critica justamente a contradição entre o fato de tais doenças afetarem tantas pessoas e tão pouco ter se avançado na descoberta de medicamentos para seu tratamento; **E**: incorreta. O título quer chamar a atenção para a negligência dos laboratórios internacionais com essas doenças pelo fato delas não trazerem lucro para seus acionistas.
Gabarito "B".

(**Analista – TRT/16ª – 2014 – FCC**) É fiel ao que se tem no 3º parágrafo a seguinte afirmação:

(**A**) As moléstias negligenciadas são listadas de modos distintos, visto que as agências regulam, a seu modo, cada uma dessas doenças.

(**B**) Na dependência da agência que ganha a concorrência, uma ou outra doença é retirada da lista oficial de moléstias negligenciadas e passa a ser tratada.

(**C**) Um fator aproxima as doenças negligenciadas: ocorrem habitualmente e com incidência significativa em populações pobres da África, da Ásia e das Américas.

(**D**) Doenças negligenciadas são aquelas moléstias infecciosas comuns e rápidas que se manifestam em surto periódico em populações pobres de regiões como a África, Ásia e Américas.

(**E**) Em todos os continentes é comum ocorrerem doenças de caráter transitório, que atacam simultaneamente grande número de indivíduos.

A: incorreta. As agências não regulam as doenças. O texto menciona que, a depender da entidade que busca recursos e conscientização sobre uma determinada doença negligenciada, ela tende a colocar essa moléstia como mais importante do que as outras para chamar mais a atenção para sua causa; **B**: incorreta, nos termos do comentário à alternativa anterior; **C**: correta. Tal fato está expresso diretamente no terceiro parágrafo do texto; **D**: incorreta. As moléstias negligenciadas são endêmicas, termo que identifica moléstias típicas de um determinado grupo ou local, disseminando-se apenas entre os membros desse grupo; **E**: incorreta. Tal informação não pode ser depreendida de nenhuma passagem do texto.
Gabarito "C".

(**Analista – TRT/16ª – 2014 – FCC**) O texto abona o seguinte comentário:

(**A**) (linha 7) Na frase *Nem sempre fatais, são bastante debilitantes,* em que se apresenta o perfil das doenças negligenciadas, indicam-se dois relevantes traços possíveis de sua constituição.

(**B**) (linha 10) A frase *A maioria desses distúrbios [...] conta com tratamentos efetivos* é passível de ser transposta para a voz passiva.

(**C**) (linha 9) Infere-se corretamente que o desafio do Brasil é enfrentar tanto a prevenção, quanto a cura de quatro das doenças negligenciadas, visto que não há ocorrências das demais em solo brasileiro.

(**D**) (linha 10) O comentário *pelo menos para a fase aguda* constitui uma restrição, assim como é restritiva a expressão *A maioria desses distúrbios*, mas, no contexto, esses limites estão associados a avanços, ainda que nem sempre garantidos.

(**E**) (linha 10) A correlação entre *pode ser prevenida* e *conta com tratamentos efetivos* evidencia, por meio das formas verbais, a incoerência, respectivamente, entre as possibilidades técnicas e as ações levadas a efeito.

A: incorreta. Na passagem destacada, a única característica relevante apresentada sobre as doenças negligenciadas é que são debilitantes. Sobre o índice de fatalidade, ao contrário, indica-se que esse não é um traço típico das doenças; **B**: incorreta. A transposição para a voz passiva depende da oração original ter três elementos: sujeito, verbo transitivo direto e objeto direto, o que não ocorre no trecho selecionado; **C**: incorreta. O texto não nega a ocorrência das demais doenças no Brasil. Ele apenas anota que quatro delas são as mais relevantes para o país, porque mais comuns em nossa população; **D**: correta. O comentário expõe uma interpretação correta e coerente com os fatos trazidos pelo texto; **E**: incorreta. A correlação apresentada no trecho é coerente – tanto os distúrbios podem ser prevenidos que contam com tratamentos efetivos (ainda que não cheguem, muitas vezes, até os necessitados).

Gabarito "D".

Atenção: Para responder às questões abaixo, considere o texto de Barbosa e Rabaça.

Leia com atenção o verbete abaixo, transcrito do **Dicionário de comunicação**, e as assertivas que o seguem.

Responsabilidade social

• *(mk,rp) Adoção, por parte da empresa ou de qualquer instituição, de políticas e práticas organizacionais socialmente responsáveis, por meio de valores e exemplos que influenciam os diversos segmentos das comunidades impactadas por essas ações. O conceito de responsabilidade social fundamenta-se no compromisso de uma organização dentro de um ecossistema, onde sua participação é muito maior do que gerar empregos, impostos e lucros. Seu objetivo básico é atuar no meio ambiente de forma absolutamente responsável e ética, inter-relacionando-se com o equilíbrio ecológico, com o desenvolvimento econômico e com o equilíbrio social. Do ponto de vista mercadológico, a responsabilidade social procura harmonizar as expectativas dos diferentes segmentos ligados à empresa: consumidores, empregados, fornecedores, redes de venda e distribuição, acionistas e coletividade. Do ponto de vista ético, a organização que exerce sua responsabilidade social procura respeitar e cuidar da comunidade, melhorar a qualidade de vida, modificar atitudes e comportamentos através da educação e da cultura, conservar a vitalidade da terra e a biodiversidade, gerar uma consciência nacional para integrar desenvolvimento e conservação, ou seja, promover o desenvolvimento sustentável, o bem-estar e a qualidade de vida. Diz-se tb.* **responsabilidade social corporativa ou RSC**. *V.* **ecossistema social**, **ética corporativa**, **empresa cidadã** *e* **marketing social**.

(BARBOSA, Gustavo e RABAÇA, Carlos Alberto. 2.ed. rev. e atualizada. Rio de Janeiro: Elsevier, 2001 – 10ª reimpressão, p. 639-40)

(Analista – TRT/16ª – 2014 – FCC)

I. Para que o leitor leigo tenha acesso adequado a todas as informações que o texto acima disponibiliza, basta que, após a sua leitura, cumpra as remissões indicadas; são remissões indicadas as que estão expressas nos segmentos iniciados por *Diz-se tb.* e *V*.

II. Para o entendimento do verbete deste dicionário especializado, contrariamente ao que ocorre com os verbetes dos dicionários da língua portuguesa, é imprescindível que o leitor se aproprie de todas as convenções utilizadas na obra; neste caso, que saiba que "mk" significa "*marketing*" e que "rp" significa "relações públicas".

III. O verbete, neste dicionário especializado, é aberto por uma expressão; a sinonímia, igualmente assentada em expressão, é relevante nessa estrutura de vocabulário técnico.

Está correto o que se afirma APENAS em

(A) I.

(B) II.

(C) III.

(D) I e II.

(E) II e III.

I: incorreta. "Diz-se tb." Introduz os sinônimos da expressão definida pelo dicionário. As remissões são unicamente as palavras introduzidas por "V." (abreviatura de *vide*); **II**: incorreta. Não é absolutamente necessário o conhecimento dessas abreviaturas para a compreensão da definição exposta pelo dicionário. Conhecê-las aumenta o alcance da obra, mas não afasta o leitor comum do conhecimento ali disseminado; **III**: correta. A afirmação descreve acertadamente a estrutura utilizada pelo dicionário para definir o verbete em questão.

Gabarito "C".

(Analista – TRT/16ª – 2014 – FCC) Infere-se corretamente do verbete:

(A) Políticas e práticas socialmente responsáveis são de competência constitutiva de empresas e de qualquer instituição.

(B) Valores e exemplos que influenciam os diversos segmentos que constituem uma comunidade neutralizam os impactos deletérios de empresas instaladas no entorno dessa comunidade.

(C) É dever de empresas, por determinação legal, a organização de um sistema que, incluindo os seres vivos e o ambiente, garanta inter-relacionamento harmônico entre todos os envolvidos.

(D) É pressuposto que uma empresa participe da geração de empregos, impostos e lucros.

(E) É inerente à atividade empresarial atuar no meio ambiente de forma absolutamente responsável e ética.

A: incorreta. A responsabilidade social, segundo o texto, é uma característica de algumas empresas e instituições que veem sua posição no mercado de forma diferenciada, com o dever de zelar pela qualidade do meio ambiente em paralelo aos seus interesses econômicos; **B**: incorreta. Não se pode concluir isso de nenhuma passagem do texto; **C**: incorreta. Não há qualquer obrigação legal para tanto. A responsabilidade social é uma conduta opcional por parte das empresas e organizações; **D**: correta. "Pressuposto", aqui, foi utilizado no sentido de "fato", "informação inconteste". Não se discute que a empresa deve gerar empregos, impostos e lucros. Isso já está pressuposto. O que elas também podem fazer é agir com responsabilidade social; **E**: incorreta, conforme comentários às alternativas anteriores.

Gabarito "D".

2. VERBO

(Analista – TRF/4 – FCC – 2019) Há ocorrência de forma verbal na voz passiva e pleno atendimento às regras de concordância na frase:

(A) As funções educativas que em nossos dias deveriam assumir a família do jovem passaram a ocupar um plano inteiramente secundário.

(B) No caso de ser assumido pelas famílias seu papel educativo, os jovens passariam a ser os grandes beneficiários dessa iniciativa.

(C) Assumir a família um papel complementar no processo educacional corresponde a uma das iniciativas de que não podem se esquivar.

(D) Ainda que não caibam às famílias assumir o protagonismo do processo educacional, não há como se furtarem a participar desse processo.

(E) Imagina-se que em algum momento as famílias venham a assumir o papel que delas se esperam ao longo de um processo educacional.

A: incorreta. Não há verbo na voz passiva no período apresentado; **B:** correta. Encontra-se a voz passiva em "ser assumido" e foram respeitadas integralmente as regras de concordância; **C:** incorreta. Não há verbo na voz passiva no período apresentado ("esquivar-se" é verbo reflexivo); **D:** incorreta. Não há verbo na foz passiva no período apresentado; **E:** incorreta. Não há verbo na voz passiva no período apresentado ("imagina-se" é oração com sujeito indeterminado). HS

Gabarito "B".

TEXTO – Sem tolerância com o preconceito

Átila Alexandre Nunes, O Globo, 23/01/2018 (adaptado)

Diante do número de casos de preconceito explícito e agressões, somos levados ao questionamento se nossa sociedade corre o risco de estar tornando-se irracionalmente intolerante. Ou, quem sabe, intolerantemente irracional. Intolerância é a palavra do momento. Da religião à orientação sexual, da cor da pele às convicções políticas.

O tamanho desse problema rompeu fronteiras e torna-se uma praga mundial. Líderes políticos, em conluio com líderes religiosos, ignoram os conceitos de moral, ética, direitos, deveres e justiça. As redes sociais assumiram um papel cruel nesse sistema. Se deveriam servir para mostrar indignação, mostram, muitas vezes, um preconceito medieval.

No campo da religiosidade, o fanatismo se mostra cada dia mais presente no Rio de Janeiro. No último ano, foram registradas dezenas de casos de intolerância religiosa por meio da Secretaria de Estado de Direitos Humanos. Um número ainda subnotificado, pois, muitas ocorrências que deveriam ser registradas como "intolerância religiosa" são consideradas brigas de vizinhos.

A subnotificação desses casos é um dos maiores entraves na luta contra a intolerância religiosa. O registro incorreto e a descrença de grande parte da população na punição a esse tipo de crime colaboram para maquiar o retrato dos ataques promovidos pelo fanatismo religioso em nossa sociedade. A perseguição às minorias religiosas está cada vez mais organizada com braços políticos e até de milícias armadas como o tráfico de drogas.

No último ano recebemos denúncias de ataques contra religiões de matriz africana praticados pelo tráfico de drogas, que não só destruíam terreiros, como também proibiam a realização de cultos em determinada região, segundo o desejo do chefe da facção local.

Não podemos regredir a um estado confessional. A luta de agora pela liberdade religiosa é um dever de todos para garantir o cumprimento da Constituição Federal. Quando uma pessoa de fé é humilhada, agredida ou discriminada devido à sua crença, ela tem seus direitos humanos e constitucionais violados. Hoje, fala-se muito sobre intolerância religiosa, mas, muito mais do que sermos tolerantes, precisamos aprender a respeitar a individualidade e as crenças de cada um.

Até porque, nessa toada, a intolerância irracional ganha terreno, e nós vamos ficando cada vez mais irracionalmente intolerantes com aquilo que não deveríamos ser. Numa sociedade onde o preconceito se mostra cada dia mais presente, a única saída é a incorporação da cultura do respeito. Preconceito não se tolera, se combate.

(Analista Judiciário – TJ/AL – 2018 – FGV) A frase do texto que NÃO exemplifica a ocorrência de voz passiva é:

(A) "Diante do número de casos de preconceito explícito e agressões, somos levados ao questionamento...";

(B) "...corre o risco de estar tornando-se irracionalmente intolerante";

(C) "No último ano, foram registradas dezenas de casos de intolerância religiosa...";

(D) "Preconceito não se tolera, se combate";

(E) "...muitas ocorrências que deveriam ser registradas como 'intolerância religiosa'...".

A única frase que não está redigida na voz passiva é a letra "B", que deve ser assinalada. "Tornar-se" é verbo reflexivo, não voz passiva sintética. HS

Gabarito "B".

(Analista Judiciário – TJ/AL – 2018 – FGV) "O tamanho desse problema rompeu fronteiras e torna-se uma praga mundial".

Nesse segmento do texto, as duas formas verbais pertencem a tempos diferentes; isso ocorre por:

(A) erro nesse emprego, já que ambos deveriam ser do mesmo tempo verbal;

(B) indicação respectiva de uma ação passada e de um fato atual;

(C) tentativa de dar destaque a uma realidade do presente;

(D) demonstração de um fato já completado e outro que se encontra em fase inicial;

(E) desejo de mostrar que fatos atuais são decorrentes de ações passadas.

O uso do primeiro verbo no pretérito e o segundo no presente quer demonstrar que a primeira situação antecedeu à atual, ou seja, algo que ocorreu no passado e levou à situação presente. HS

Gabarito "B".

A importância do imperfeito

O conceito de perfeição guia muitas aspirações nossas, seja em nossas vidas privadas, seja nos diversos espaços profissionais. Falamos ou ouvimos falar de "relações perfeitas" entre duas pessoas como modelos a serem seguidos, ou de almejar sempre a realização perfeita de um trabalho. Em algumas religiões, aprendemos que nosso objetivo é chegar ao paraíso, lar da perfeição absoluta, final de jornada para aqueles que, se não conseguiram atingir a perfeição em vida, pelo menos a perseguiram com determinação.

Historicamente, o perfeito está relacionado com a estética, andando de mãos dadas com o belo, conforme rezam os preceitos da arte clássica. Muito da criatividade humana, tanto nas artes como nas ciências, é inspirado por esse ideal de perfeição. Mas nem tudo. Pelo contrário, várias das ideias que revolucionaram nossa produção artística e científica vieram justamente da exaltação do imperfeito, ou pelo menos da percepção de sua importância.

Nas artes, exemplos de rompimento com a busca da perfeição são fáceis de encontrar. De certa forma, toda a pintura moderna é ou foi baseada nesse esforço de explorar o imperfeito. Romper com o perfeito passou a ser uma outra possibilidade de ser belo, como ocorre na música atonal ou na escultura abstrata, em que se encontram novas perspectivas de avaliação do que seja harmônico ou simétrico. Na física moderna, o imperfeito ocupa um lugar de honra. De fato, se a Natureza fosse perfeita, o Universo seria um lugar extremamente sem graça. Do microcosmo das partículas elementares da matéria ao macrocosmo das galáxias e mesmo no Universo como um todo, a imperfeição é fundamental. A estrutura hexagonal dos flocos de neve é uma manifestação de simetrias que existem no nível molecular, mas, ao mesmo tempo, dois flocos de neve jamais serão perfeitamente iguais. Não faltam razões, enfim, para que nos aceitemos como seres imperfeitos. Por que não?

(Adaptado de: GLEISER, Marcelo. Retalhos cósmicos. São Paulo: Companhia das Letras, 1999, p. 189-190)

(Analista – TRT2 – FCC – 2018) Há forma verbal na voz passiva e pleno atendimento às normas de concordância na frase:

(A) Sempre houve aspirações cuja meta era a perfeição, mas que não se cumpria por falta de determinação de quem as alimentavam.

(B) Por vezes caminham juntas a sede de perfeição e esforço pelo belo, tal como se podem constatar nas obras de arte clássicas.

(C) As obras de arte modernas comportam, com frequência, a ação de algum elemento imperfeito, que as elevam a patamares insólitos.

(D) O exemplo dos flocos de neve é trazido ao texto para ilustrar um caso em que mesmo uma rigorosa simetria pode produzir diferenças.

(E) A exaltação das formas imperfeitas, nas artes plásticas ou na música, ocorrem sobretudo na modernidade, em que recusa a composição harmônica.

A: incorreta. O verbo "cumprir" deve ir para o plural para concordar com "aspirações"; **B:** incorreta. A construção "tal como" é singular, portanto o verbo se conjuga "pode constatar"; **C:** incorreta. A concordância verbal está de acordo com a norma padrão, mas o enunciado pede que, além disso, haja verbo na voz passiva no período – neste caso, não encontramos nenhum; **D:** correta. A construção "é trazido" está na voz passiva e a concordância verbal foi respeitada; **E:** incorreta. O verbo "ocorrer" deve permanecer no singular para concordar com "exaltação". HS
Gabarito "D".

[Civilização e sofrimento]

É uma afirmação corrente que boa parte da culpa dos sofrimentos humanos vem do que é chamado de nossa civilização. Seríamos bem mais felizes se a abandonássemos e retrocedêssemos a condições primitivas, satisfazendo nossos instintos básicos. Tal asserção me parece espantosa, porque é fato estabelecido – como quer que se defina o conceito de civilização – que tudo aquilo com que nos protegemos da ameaça das fontes do sofrer é parte da civilização.

Como é que tantas pessoas chegaram a partilhar esse ponto de vista de surpreendente hostilidade à civilização? Acho que uma profunda insatisfação com o estado civilizacional existente preparou o solo no qual, em determinadas ocasiões históricas, formou-se essa condenação.

(Adaptado de: FREUD, Sigmund. O mal-estar na civilização. Trad. Paulo César de Souza. São Paulo: Penguin & Companhia das Letras. 2011. p. 31)

(Analista Judiciário – TRT/20 – FCC – 2016) Todas as formas verbais têm emprego plenamente adequado na seguinte frase:

(A) Teríamos sido bem mais felizes se abandonarmos as normas da civilização, vindo a retroceder aos hábitos primitivos.

(B) Seremos mais felizes se havermos de satisfazer nossos instintos mais primários, que há tanto abandonáramos.

(C) Não importa como se a defina, é imperativo que a civilização se mantenha consolidada como projeto humano.

(D) Deverão haver ainda mais hostilidades contra a civilização, caso se viesse a insistir no bem maior da vida primitiva.

(E) Será espantoso se, em pleno processo civilizatório, virmos a renunciar ao que já nos guiara por tanto tempo.

A: incorreta. O verbo "abandonar" deveria estar conjugado na primeira pessoa do plural do pretérito imperfeito do subjuntivo – "abandonássemos"; **B:** incorreta. A primeira pessoa do plural do futuro do subjuntivo do verbo "haver" é "houvermos"; **C:** correta. Todos os verbos foram conjugados conforme dispõe a norma padrão; **D:** incorreta. O verbo "haver", com sentido de "existir", é impessoal, estendendo-se essa regra aos seus auxiliares. Portanto, "deverá haver ainda mais hostilidades (...)"; **E:** incorreta. A conjugação da primeira pessoa do plural do pretérito imperfeito do subjuntivo do verbo "vir" é "viéssemos".
Gabarito "C".

(Analista – TRT/6ª – 2012 – FCC) Atente para as seguintes frases:

I. Seria ótimo que a Igreja Católica venha a escolher, no próximo ano, um tema tão importante como o que já elegera para a campanha da fraternidade deste ano.

II. Se todas as religiões adotassem exatamente o mesmo sentido para o termo **dignidade**, este alcançaria o valor universal que cada uma delas postula.

III. Quando viermos a nos entender quanto ao que fosse **dignidade**, esse termo poderia ser utilizado sem gerar tantas controvérsias.

Ocorre adequada correlação entre os tempos e os modos verbais no que está em

(A) I, II e III.

(B) I e II, apenas.

(C) II e III, apenas.

(D) I e III, apenas.

(E) II, apenas.

I: incorreta. Deveria constar "viesse" em vez de "venha" e "elegeu" no lugar de "elegera"; **II:** correta. Todos os verbos foram conjugados conforme as normas gramaticais; **III:** incorreta. Deveria constar "seja" no lugar de "fosse" e "poderá" em vez de "poderia".
Gabarito "E".

O mito napoleônico baseia-se menos nos méritos de Napoleão do que nos fatos, então sem paralelo, de sua carreira. Os homens que se tornaram conhecidos por terem abalado o mundo de forma decisiva no passado tinham começado como reis, como Alexandre, ou patrícios, como Júlio César, mas Napoleão foi o "pequeno cabo" que galgou ao comando de um continente pelo seu puro talento pessoal. Todo homem de negócios daí em diante tinha um nome para sua ambição: ser – os próprios clichês o denunciam – um "Napoleão das finanças" ou "da indústria". Todos os homens comuns ficavam *excitados pela visão, então sem paralelo, de um homem comum maior do que aqueles que tinham nascido para usar coroas. Em síntese, foi a figura com que todo homem que partisse os laços com a tradição podia se identificar em seus sonhos.*

Para os franceses ele foi também algo bem mais simples: o mais bem-sucedido governante de sua longa história. Triunfou gloriosamente no exterior, mas, em termos nacionais, também estabeleceu ou restabeleceu o mecanismo das instituições francesas como existem hoje. Ele trouxe estabilidade e prosperidade a todos, exceto para os 250 mil franceses que não retornaram de suas guerras, embora até mesmo para os parentes deles tivesse trazido a glória. Sem dúvida, os britânicos se viam como lutadores pela causa da liberdade contra a tirania; mas em 1815 a maioria dos ingleses era mais pobre do que o fora em 1800, enquanto a maioria dos franceses era quase certamente mais rica.

Ele destruíra apenas uma coisa: a Revolução de 1789, o sonho de igualdade, liberdade e fraternidade, do povo se erguendo na sua grandiosidade para derrubar a opressão. Este foi um mito mais poderoso do que o dele, pois, após a sua queda, foi isto e não a sua memória que inspirou as revoluções do século XIX, inclusive em seu próprio país.

(Adaptado de Eric. J. Hobsbawm. **A era das revoluções – 1789-1848.** 7ª ed. Trad. de Maria Tereza Lopes Teixeira e Marcos Penchel. Rio de Janeiro: Paz e Terra, 1989, p.93-4)

(Analista – TRT9 – 2012 – FCC) Sem dúvida, os britânicos se <u>viam</u> como lutadores pela causa da liberdade contra a tirania ...

O verbo empregado nos mesmos tempo e modo que o verbo grifado acima está em:

(A) Todos os homens comuns ficavam excitados pela visão ...

(B) O mito napoleônico baseia-se menos nos méritos de Napoleão ...

(C) ... exceto para os 250 mil franceses que não retornaram de suas guerras ...

(D) Ele destruíra apenas um coisa ...

(E) ... os próprios clichês o denunciam ...

A: correta. Ambos os verbos estão na terceira pessoa do plural do pretérito imperfeito do indicativo; **B:** incorreta. Na alternativa, o verbo está na terceira pessoa do singular do presente do indicativo; **C:** incorreta. Na alternativa, o verbo está na terceira pessoa do plural do pretérito perfeito do indicativo; **D:** incorreta. Na alternativa, o verbo está na terceira pessoa do singular do pretérito mais-que-perfeito do indicativo; **E:** incorreta. Na alternativa, o verbo está na terceira pessoa do plural do presente do indicativo.

Gabarito "A".

Em outubro de 1967, quando Gilberto Gil e Caetano Veloso apresentaram as canções Domingo no parque *e* Alegria, Alegria, *no Festival da TV Record, logo houve quem percebesse que as duas canções eram influenciadas pela narrativa cinematográfica: repletas de cortes, justaposições e flashbacks. Tal suposição seria confirmada pelo próprio Caetano quando declarou que fora "mais influenciado por Godard e Glauber do que pelos Beatles ou Dylan". Em 1967, no Brasil, o cinema era o que havia de mais intenso e revolucionário, superando*

o próprio teatro, cuja inquietação tinha incentivado os cineastas a iniciar o movimento que ficou conhecido como Cinema Novo.

O Cinema Novo *nasceu na virada da década de 1950 para a de 1960, sobre as cinzas dos estúdios Vera Cruz (empresa paulista que faliu em 1957 depois de produzir dezoito filmes). "Nossa geração sabe o que quer", dizia o baiano Glauber Rocha já em 1963. Inspirado por* Rio 40 graus *e por* Vidas secas, *que Nelson Pereira dos Santos lançara em 1954 e 1963, Glauber Rocha transformaria, com* Deus e o diabo na terra do sol, *a história do cinema no Brasil. Dois anos depois, o cineasta lançou* Terra em Transe, *que talvez tenha marcado o auge do* Cinema Novo, *além de ter sido uma das fontes de inspiração do* Tropicalismo.

A ponte entre Cinema Novo e Tropicalismo *ficaria mais evidente com o lançamento, em 1969, de* Macunaíma, *de Joaquim Pedro de Andrade. Ao fazer o filme, Joaquim Pedro esforçou-se por torná-lo um produto afinado com a cultura de massa. "A proposição de consumo de massa no Brasil é algo novo. A grande audiência de TV entre nós é um fenômeno novo. É uma posição avançada para o cineasta tentar ocupar um lugar dentro dessa situação", disse ele.*

Incapaz de satisfazer plenamente as exigências do mercado, o Cinema Novo *deu os seus últimos suspiros em fins da década de 1970 – período que marcou o auge das potencialidades comerciais do cinema feito no Brasil.*

(Adaptado de Eduardo Bueno. **Brasil: uma história**. Ed. Leya, 2010. p. 408)

(Analista – TRT9 – 2012 – FCC) ... *Glauber Rocha* <u>transformaria</u>, com Deus e o Diabo na terra do sol, *a história do cinema no Brasil.*

O verbo que exige o mesmo tipo de complemento que o grifado acima está empregado em:

(A) *A ponte entre* Cinema Novo e Tropicalismo *ficaria mais evidente ...*

(B) *O* Cinema Novo *nasceu na virada da década de 1950 para a de 1960 ...*

(C) *Dois anos depois, o cineasta lançou* Terra em transe ...

(D) *A grande audiência de TV entre nós é um fenômeno novo.*

(E) ... *empresa paulista que faliu em 1957 ...*

"Transformar" é verbo transitivo direto, que exige como complemento o objeto direto (quem transforma, transforma alguma coisa). **A:** incorreta. "Ficar", nesse caso, é verbo de ligação e "mais evidente" é predicativo do sujeito; **B:** incorreta. "Nascer" é verbo intransitivo, não exige complemento; **C:** correta. "Lançar" é também verbo transitivo direto; **D:** incorreta. "Ser" é verbo de ligação e "um fenômeno novo", predicativo do sujeito; **E:** incorreta. "Falir" é verbo intransitivo, não exige complemento.

Gabarito "C".

(Analista – TRT/11ª – 2012 – FCC) O verbo indicado entre parênteses deverá ser flexionado no **plural** para preencher corretamente a lacuna da frase:

(A) Nem todos discriminam, numa foto, os predicados mágicos que a ela se ...... (**atribuir**) nesse texto.

(B) Os tempos que ...... (**documentar**) uma simples foto, aparentemente congelada, são complexos e estimulantes.

(C) A associação entre músicos e fotógrafos profissionais ...... (**remeter**) às especificidades de cada tipo de sintaxe.

(D) A poucos ...... (**costumar**) ocorrer que as fotografias podem enfeixar admiráveis atributos estéticos, como obras de arte que são.

(E) Imaginem-se os sustos que não ...... (**ter**) causado aos nativos de tribos remotas a visão de seus rostos fotografados!

A: correta. Deve-se conjugar "atribuem", na terceira pessoa do plural, para concordar com "predicados mágicos"; **B:** incorreta. Essa é uma "pegadinha" perigosa. O verbo deve ser conjugado como "documenta", no singular, para concordar com "uma simples foto", seu sujeito. "Os tempos" é sujeito do verbo "ser", deslocado para o fim do período; **C:** incorreta. O verbo deve ser conjugado como "remete", no singular, para concordar com "associação"; **D:** incorreta. Outra "pegadinha". "A poucos" é adjunto adverbial, portanto não determina a concordância do verbo. Na verdade, "costuma" deve ser flexionado no singular porque estamos diante de uma oração com sujeito indeterminado; **E:** incorreta. Outra alternativa difícil. O núcleo do sujeito de "ter", que se flexionará "terá", é "a visão", substantivo singular.

Gabarito "A".

(Analista – TRT/11ª – 2012 – FCC) _Estamos vivendo uma época em que a bandeira da discriminação se apresenta em seu sentido mais positivo: trata-se de aplicar políticas afirmativas para promover aqueles que vêm sofrendo discriminações históricas._

Mantém-se adequada correlação entre tempos e modos verbais com a substituição das formas sublinhadas no trecho acima, na ordem dada, por:

(A) Estávamos – apresentava – tratava-se – vinham

(B) Estaríamos – apresentara – tratava-se – viessem

(C) Estaremos – apresente – tratar-se-ia – venham

(D) Estávamos – apresentou – tratar-se-á – venham

(E) Estaremos – apresentara – tratava-se – viessem

Como no trecho original os verbos estão todos no presente, precisamos encontrar a alternativa que mantém o tempo verbal em todos os verbos propostos. **A:** correta. Todos os verbos estão conjugados no pretérito imperfeito do indicativo; **B:** incorreta. "Estaríamos" e "apresentara" são formas do pretérito mais-que-perfeito do indicativo, "tratava-se" é pretérito imperfeito do indicativo e "viessem" é pretérito imperfeito do subjuntivo; **C:** incorreta. "Estaremos" pertence ao futuro do presente do indicativo, "apresente" e "venham" são conjugações do presente do subjuntivo e "tratar-se-ia" está no futuro do pretérito do indicativo; **D:** incorreta. Na ordem indicada, encontramos pretérito imperfeito do indicativo, pretérito perfeito do indicativo, futuro do presente do indicativo e presente do subjuntivo; **E:** incorreta. Respectivamente, temos futuro do presente do indicativo, pretérito mais-que-perfeito do indicativo, pretérito imperfeito do indicativo e pretérito imperfeito do subjuntivo.

Gabarito "A".

3. PONTUAÇÃO

(Analista – TRF/4 – FCC – 2019) Está plenamente adequada a pontuação da seguinte frase:

(A) O grande escritor cubano José Lezama Lima no romance Paradiso, tece uma consideração, a respeito da morte do pai.

(B) Freud ao tratar da morte do pai, considera-a um dos grandes traumas, que podem acometer a um filho.

(C) Embora haja asperezas, na relação de um pai e um filho, há também, por outro lado muita amizade e cumplicidade.

(D) Ao escrever a Carta ao pai em que faz uma espécie de inventário infernal, Kafka não deixa de mostrar-se alternadamente, sofrido e humilhado.

(E) Ainda que afastada da figura do pai real, sua construção ficcional, promovida por Kafka, expressa em alto grau o sofrimento de um filho.

A: incorreta. Deveria haver vírgula após "Lima" e não há vírgula após "consideração"; **B:** incorreta. Deveria haver vírgula após "Freud" e não há vírgula após "traumas"; **C:** incorreta. Não há vírgula após "asperezas" e deveria haver vírgula após "lado"; **D:** incorreta. Deveria haver vírgula após "pai" e não há vírgula após "alternadamente"; **E:** correta. O padrão culto da língua foi integralmente respeitado no período. **HS**

Gabarito "E".

(Analista Judiciário – TRE/SP – FCC – 2017) Atente para as frases abaixo.

I. Sendo a amizade, um exercício de limites afetivos, há que se considerar alguma insatisfação, que disso decorra.

II. A própria passagem do tempo faz com que, nossas amizades, venham a encontrar uma boa forma de depuração.

III. Uma amizade, ainda que imperfeita, não nos decepcionará, a menos que lhe dermos um valor absoluto.

É inteiramente adequada a virgulação do que está APENAS em

(A) I.

(B) II.

(C) I e III.

(D) III.

(E) II e III

I: incorreta. Não há vírgula depois de "amizade" nem depois de "insatisfação"; **II:** incorreta. Não há vírgulas a separar "nossas amizades"; **III:** correta. As vírgulas foram todas usadas conforme a norma-padrão.

Gabarito "D".

Texto CG1A1AAA

1 No quadro da democracia liberal, cidadania
   corresponde ao conjunto das liberdades individuais — os
   chamados direitos civis de locomoção, pensamento e
4 expressão, integridade física, associação etc. O advento da
   democracia social acrescentou, àqueles direitos do indivíduo,
   os direitos trabalhistas ou direitos a prestações de natureza
7 social reclamadas ao Estado (educação, saúde, seguridade e
   previdência). Em ambos os casos, o cidadão é titular de direitos
   e liberdades em relação ao Estado e a outros particulares –
10 mas permanece situado fora do campo estatal, não assumindo
   qualquer titularidade quanto a funções públicas. Preserva-se,
   assim, a perspectiva do constitucionalismo clássico: direitos do
13 homem e do cidadão são exercidos frente ao Estado, mas não
   dentro do aparelho estatal.
   Na teoria constitucional moderna, cidadão é o
16 indivíduo que tem um vínculo jurídico com o Estado, sendo
   portador de direitos e deveres fixados por determinada
   estrutura legal (Constituição, leis), que lhe confere, ainda, a
19 nacionalidade. Cidadãos, em tese, são livres e iguais perante a
   lei, porém súditos do Estado.
   Como lembra Marilena Chaui, a cidadania se define
22 pelos princípios da democracia, significando necessariamente
   conquista e consolidação social e política. A cidadania requer
   instituições, mediações e comportamentos próprios,
25 constituindo-se na criação de espaços sociais de lutas
   (movimentos sociais, sindicais e populares) e na definição de
   instituições permanentes para a expressão política, como
28 partidos, legislação e órgãos do poder público. Distingue-se,
   portanto, a cidadania passiva, aquela que é outorgada pelo
   Estado, com a ideia moral do favor e da tutela, da cidadania
31 ativa, aquela que institui o cidadão como portador de direitos
   e deveres, mas essencialmente criador de direitos para abrir
   novos espaços de participação política.

Maria Victoria de Mesquita Benevides. **Cidadania e democracia**. Internet: <www.scielo.br> (com adaptações).

(Analista Judiciário – TRE/PE – CESPE – 2017) Seriam mantidas a correção gramatical e o sentido original do texto CG1A-1AAA, caso, no trecho "Como lembra Marilena Chaui, a cidadania se define pelos princípios da democracia, significando necessariamente conquista e consolidação social e política" (l. 21 a 23),

(A) o vocábulo "necessariamente" fosse isolado por vírgulas.

(B) fosse suprimida a vírgula empregada logo após "Chaui".

(C) fosse inserida uma vírgula logo após "significando".

(D) a vírgula empregada logo após "democracia" fosse substituída por ponto e vírgula.

(E) o trecho "pelos princípios da democracia" fosse isolado por vírgulas.

A: correta. Ainda que deslocado da ordem direta, a separação por vírgulas do adjunto adverbial torna-se facultativa se ele for curto, como nesse caso; **B:** incorreta. A vírgula em questão é obrigatória, porque a oração subordinada adverbial foi deslocada da ordem direta do período; **C:** incorreta. Uma vírgula apenas seria erro de pontuação. Como registrado no comentário à alternativa "A", é possível separar o termo "necessariamente" por vírgulas, mas nunca usar uma só; **D:** incorreta. O ponto e vírgula divide orações e períodos, de sorte que seu uso interromperia a mensagem ainda em andamento. É caso de vírgula mesmo; **E:** incorreta. O adjunto adverbial está colocado na ordem direta, portanto não há razão para separá-lo com vírgulas.

Gabarito "A".

INSTRUÇÃO: Leia o trecho abaixo do artigo Presidente: líder ou gerente?, de Maílson da Nóbrega, e responda às questões a seguir.

[...]

A meu juízo, o Brasil precisa de líderes políticos transformadores, capazes de empreender reformas e assim ampliar o potencial de crescimento e bem-estar. São pessoas aptas a mobilizar a sociedade e a classe política para enfrentar e resolver problemas, o que implica motivar, seduzir, agregar, organizar, orientar, focalizar. O líder virtuoso precisa ter visão de futuro, habilidade para construir maiorias no Congresso e capacidade para identificar e atacar os problemas mais relevantes de sua época.

Rever opiniões, reconhecer erros e considerar novas realidades são igualmente atributos do líder sensato e verdadeiro. Fluência verbal, carisma e capacidade de se comunicar são características requeridas nas modernas democracias de massas, pois é assim que o líder transmite mensagens, ideias, estímulos.

Valorizar a experiência administrativa para o exercício do cargo de presidente é menosprezar a boa política.

(Revista *Veja*, 17/09/2014.)

(Analista Judiciário – TJ/MT – UFMT – 2016) No trecho o que implica motivar, seduzir, agregar, organizar, orientar, focalizar, as ações são separadas por vírgula porque

(A) isolam o predicado verbal do sujeito.

(B) constituem uma sequência enumerativa com a mesma função sintática.

(C) constituem orações subordinadas substantivas.

(D) destacam que um termo foi usado fora de seu lugar canônico.

As vírgulas foram usadas para separar os elementos de uma lista, de uma enumeração, permitindo suprimir a conjunção aditiva "e" e, assim, enriquecer o texto.
Gabarito "B".

A competência do escritor

O grande ficcionista russo Anton Tchékhov tinha posições bastante maduras sobre a função essencial de um escritor. Numa das cartas que escreveu a um amigo, dizia, em síntese, que, ao exigirmos do artista uma atitude consciente em relação ao seu trabalho, costumamos confundir dois conceitos: a solução do problema de que ele trata e a colocação correta desse problema, pela qual se esclarecem quais são as questões nele implicadas. Apenas o segundo conceito é obrigatório para o artista. Há nisso alguma semelhança com o julgamento de um tribunal: as partes envolvidas devem colocar as questões corretamente, e que os jurados resolvam, cada um à sua maneira.

O grande escritor russo formula aqui uma proposição cuja prática exemplar representa-se, entre nós, na obra madura de Machado de Assis. Também este parece adotar a tese de que mais vale formular bem uma questão do que tentar de qualquer modo sua solução. Quem lê os contos e romances maduros de Machado de Assis fica a sensação de que cabe a ele, como leitor, o juízo de valor final a ser aplicado à forma de pensar e de agir das personagens.

(Juracy Colombo, *inédito*)

(Analista Judiciário – TRT/20 – FCC – 2016) Atente para a construção das seguintes frases:

I. Para o caso do escritor, apenas o segundo conceito é obrigatório.

II. A solução de um problema não cabe aos escritores, cuja preocupação maior está em sua exposição.

III. Ele não confia muito nos escritores, que apresentam soluções mais ou menos óbvias.

A supressão da vírgula altera significativamente o sentido da frase que está em

(A) I. II e III.

(B) I e II. apenas.

(C) II e III. apenas.

(D) I e III. apenas.

(E) II. apenas.

I: incorreta. Não há alteração de sentido nem prejuízo à correção gramatical, vez que se trata de vírgula facultativa; **II:** correta. É obrigatório o uso da vírgula nesse caso; **III:** correta. A supressão da vírgula mudaria o sentido da mensagem, porque a oração subordinada adjetiva deixaria de ter função explicativa para ter função restritiva (representaria apenas aqueles escritores que "apresentam soluções mais ou menos óbvias", e não todos os escritores).
Gabarito "C".

(Analista – TRT/3ª – 2015 – FCC) A frase pontuada em conformidade com as orientações da gramática normativa é:

(A) Não fica muito claro, como os veteranos estudiosos da área poderiam abrigar o pensamento desse jovem pesquisador, porque o ponto de vista dele é agudo e sobretudo, excêntrico.

(B) Seria um equívoco atribuir ao procurador, daquela pessoa idosa, doente, e fragilizada a responsabilidade pelos malfeitos que foram descobertos, pois ele a tem em alta consideração.

(C) Se é justo valorizar a experiência de nossos antepassados, o saber advindo de nossas próprias vivências, não deve ser tido como menos valoroso; ao contrário pode harmonizar-se com o saber herdado.

(D) O conferencista comprovou que a contextualização é o traço mais forte na área da história das ideias que mais avançou na última década: a história do pensamento político.

(E) Sempre voltou seu olhar para as flores mais sensíveis e, de cultivo mais difícil, porém, ao longo de sua trajetória valeu-se de cautelas mais adequadas ao cultivo de espécies mais resistentes.

A: incorreta. A vírgula depois de "claro" está errada e deveria haver o mesmo sinal antes de "sobretudo"; **B:** incorreta. Não deve ser colocada vírgula depois de "procurador" nem de "doente", que deve ser retirada e colocada após "fragilizada"; **C:** incorreta. Não há vírgula após "vivências" e deveria haver uma após "contrário"; **D:** correta. O período atende a todas as normas de pontuação da gramática; **E:** incorreta. Não há vírgula antes de "de cultivo" e deveria haver uma após "trajetória".
Gabarito "D".

(Analista – TRT/1ª – 2012 – FCC) Está plenamente adequada a pontuação do seguinte período:

(A) Acredita-se sobretudo entre os estudiosos da linguagem, que por não haver dois sinônimos perfeitos, há que se empregar com toda a precisão os vocábulos de uma língua, ainda que com isso, se corra o risco de passar por pernóstico.

(B) Acredita-se, sobretudo entre os estudiosos da linguagem que, por não haver dois sinônimos perfeitos há que se empregar, com toda a precisão, os vocábulos de uma língua ainda que com isso, se corra o risco de passar por pernóstico.

(C) Acredita-se sobretudo entre os estudiosos da linguagem que, por não haver dois sinônimos perfeitos, há que se empregar com toda a precisão, os vocábulos de uma língua ainda que, com isso, se corra o risco de passar por pernóstico.

(D) Acredita-se, sobretudo, entre os estudiosos da linguagem, que, por não haver dois sinônimos perfeitos, há que se empregar com toda a precisão, os vocábulos de uma língua, ainda que com isso, se corra o risco de passar por pernóstico.

(E) Acredita-se, sobretudo entre os estudiosos da linguagem, que, por não haver dois sinônimos perfeitos, há que se empregar com toda a precisão os vocábulos de uma língua, ainda que com isso se corra o risco de passar por pernóstico.

As vírgulas devem ser usadas somente para separar as orações "sobretudo entre os estudiosos da linguagem", "por não haver dois sinônimos perfeitos" e "ainda que com isso se corra o risco de passar por pernóstico", por serem orações subordinadas adverbiais deslocadas da ordem direta do período. A colocação da vírgula em qualquer outro lugar desatende as normas gramaticais.
Gabarito "E".

(Analista – TRT/6ª – 2012 – FCC) A pontuação está plenamente adequada no período:

(A) Muito se debate, nos dias de hoje, acerca do espaço que o ensino religioso deve ou não ocupar dentro ou fora das escolas públicas; há quem não admita interferência do Estado nas questões de fé, como há quem lembre a obrigação que ele tem de orientar as crianças em idade escolar.

(B) Muito se debate nos dias de hoje, acerca do espaço, que o ensino religioso deve ou não ocupar dentro ou fora das escolas públicas: há quem não admita interferência do Estado, nas questões de fé, como há quem lembre, a obrigação que ele tem de orientar as crianças em idade escolar.

(C) Muito se debate nos dias de hoje, acerca do espaço que o ensino religioso, deve ou não ocupar dentro ou fora das escolas públicas, há quem não admita interferência do Estado nas questões de fé, como há quem lembre a obrigação: que ele tem de orientar as crianças em idade escolar.

(D) Muito se debate, nos dias de hoje, acerca do espaço que o ensino religioso deve, ou não, ocupar dentro, ou fora, das escolas públicas; há quem não admita interferência, do Estado, nas questões de fé; como há quem lembre a obrigação, que ele tem de orientar as crianças em idade escolar.

(E) Muito se debate, nos dias de hoje acerca do espaço que o ensino religioso deve, ou não, ocupar dentro ou fora das escolas públicas: há quem não admita interferência do Estado, nas questões de fé, como há quem lembre, a obrigação, que ele tem de orientar as crianças, em idade escolar.

O adjunto adverbial "nos dias de hoje" deve estar entre vírgulas, porque está deslocado da ordem direta da oração. Após "públicas", o sinal de pontuação pode tanto ser o ponto e vírgula, para indicar uma interrupção no raciocínio, quanto os dois-pontos, para anunciar a enumeração dos argumentos. Após "fé", é indiferente o uso de ponto e vírgula ou vírgula, diante da função de separar as orações coordenadas. Quaisquer outras vírgulas adicionadas ou faltantes ofendem as regras de pontuação, porque, principalmente as primeiras, acabam por separar o sujeito do verbo ou esse de seus complementos.
Gabarito "A".

(Analista – TRT/6ª – 2012 – FCC) A pontuação está plenamente adequada na seguinte frase:

(A) O autor ainda que de modo respeitoso, não deixa de discordar de dom Odilo Scherer, que se pronunciou numa entrevista recente, a respeito da cobrança segundo ele inadmissível por serviços de saúde.

(B) O autor, ainda que de modo respeitoso não deixa de discordar de dom Odilo Scherer, que se pronunciou, numa entrevista recente a respeito da cobrança, segundo ele inadmissível, por serviços de saúde.

(C) O autor, ainda que, de modo respeitoso, não deixa de discordar de dom Odilo Scherer, que se pronunciou numa entrevista recente a respeito da cobrança, segundo ele inadmissível, por serviços de saúde.

(D) O autor, ainda que de modo respeitoso, não deixa de discordar de dom Odilo Scherer, que se pronunciou, numa entrevista recente, a respeito da cobrança, segundo ele inadmissível, por serviços de saúde.

(E) O autor, ainda que de modo respeitoso não deixa de discordar, de dom Odilo Scherer, que se pronunciou, numa entrevista, recente, a respeito da cobrança segundo ele, inadmissível, por serviços de saúde.

Os trechos "ainda que de modo respeitoso", "numa entrevista recente" e "segundo ele inadmissível" devem estar entre vírgulas, porque estão deslocados da ordem direta nas respectivas orações; e há vírgula após "Scherer" para separar a oração subordinada adjetiva explicativa que lhe prossegue. A colocação do sinal de pontuação em qualquer outro ponto do período desatende aos preceitos gramaticais.
Gabarito "D".

O mito napoleônico baseia-se menos nos méritos de Napoleão do que nos fatos, então sem paralelo, de sua carreira. Os homens que se tornaram conhecidos por terem abalado o mundo de forma decisiva no passado tinham começado como reis, como Alexandre, ou patrícios, como Júlio César, mas Napoleão foi o "pequeno cabo" que galgou ao comando de um continente pelo seu puro talento pessoal. Todo homem de negócios daí em diante tinha um nome para sua ambição: ser – os próprios clichês o denunciam – um "Napoleão das finanças" ou "da indústria". Todos os homens comuns ficavam excitados pela visão, então sem paralelo, de um homem comum maior do que aqueles que tinham nascido para usar coroas. Em síntese, foi a figura com que todo homem que partisse os laços com a tradição podia se identificar em seus sonhos.

Para os franceses ele foi também algo bem mais simples: o mais bem-sucedido governante de sua longa história. Triunfou gloriosamente no exterior, mas, em termos nacionais, também estabeleceu ou restabeleceu o mecanismo das instituições francesas como existem hoje. Ele trouxe estabilidade e prosperidade a todos, exceto para os 250 mil franceses que não retornaram de suas guerras, embora até mesmo para os parentes deles tivesse trazido a glória. Sem dúvida, os britânicos se viam como lutadores pela causa da liberdade contra a tirania; mas em 1815 a maioria dos ingleses era mais pobre do que o fora em 1800, enquanto a maioria dos franceses era quase certamente mais rica.

Ele destruíra apenas uma coisa: a Revolução de 1789, o sonho de igualdade, liberdade e fraternidade, do povo se erguendo na sua grandiosidade para derrubar a opressão. Este foi um mito mais poderoso do que o dele, pois, após a sua queda, foi isto e não a sua memória que inspirou as revoluções do século XIX, inclusive em seu próprio país.

(Adaptado de Eric. J. Hobsbawm. **A era das revoluções – 1789-1848.** 7ª ed. Trad. de Maria Tereza Lopes Teixeira e Marcos Penchel. Rio de Janeiro: Paz e Terra, 1989, p.93-4)

(Analista – TRT9 – 2012 – FCC) Atente para as seguintes afirmações sobre a pontuação empregada no texto.

I. *Os homens que se tornaram conhecidos por terem abalado o mundo de forma decisiva no passado tinham começado como reis, como Alexandre, ou patrícios, como Júlio César ...* (1º parágrafo)
O segmento em destaque poderia ser isolado por vírgulas, sem prejuízo para o sentido e a correção.

II. *Para os franceses ele foi também algo bem mais simples: o mais bem-sucedido governante de sua longa história.* (2º parágrafo)
Uma vírgula poderia ser colocada imediatamente depois do termo franceses, sem prejuízo para a correção e a lógica.

III. *Ele destruíra apenas uma coisa: a Revolução de 1789, o sonho de igualdade, liberdade e fraternidade, do povo se erguendo na sua grandiosidade para derrubar a opressão.* (3º parágrafo)
Os dois-pontos introduzem no contexto um segmento explicativo.

Está correto o que se afirma em

(A) I e II, apenas.

(B) I, apenas.

(C) I, II e III.

(D) III, apenas.

(E) II e III, apenas.

I: incorreta. A colocação das vírgulas daria ao trecho conotação adjetiva explicativa, alterando seu sentido original que é restritivo (fala-se apenas dos homens que se tornaram conhecidos por terem abalado o mundo, não de todos os homens); II: correta. O adjunto adverbial pode ser facultativamente separado por vírgula quando está deslocado para o início da oração sem qualquer prejuízo para o sentido do texto ou para a correção gramatical; III: correta. Os dois-pontos foram realmente usados para anunciar o aposto.

Gabarito "E".

(Analista – TRT/11ª – 2012 – FCC) Está plenamente adequada a pontuação da seguinte frase:

(A) As fotografias, por prosaicas que possam ser, representam um corte temporal, brecha no tempo por onde entra nosso olhar, capturado que foi pela magia da imagem e por ela instado a uma viagem imaginária.

(B) As fotografias, por prosaicas que possam ser representam um corte temporal; brecha no tempo, por onde entra nosso olhar capturado, que foi pela magia da imagem, e por ela instado a uma viagem imaginária.

(C) As fotografias por prosaicas, que possam ser, representam um corte temporal: brecha no tempo por onde entra nosso olhar, capturado que foi, pela magia da imagem, e por ela instado a uma viagem imaginária.

(D) As fotografias por prosaicas, que possam ser representam, um corte temporal, brecha no tempo por onde entra nosso olhar capturado, que foi pela magia da imagem e por ela instado a uma viagem imaginária.

(E) As fotografias por prosaicas que possam ser, representam um corte temporal, brecha no tempo por onde entra nosso olhar, capturado que foi pela magia da imagem e, por ela, instado a uma viagem imaginária.

As orações "por prosaicas que possam ser" e "brecha no tempo por onde entra nosso olhar", por serem orações adverbiais deslocadas da ordem direta do período, devem estar entre vírgulas. Quaisquer variações na pontuação desatenderão aos preceitos gramaticais.

Gabarito "A".

Atenção: Para responder às questões abaixo, considere o texto de Barbosa e Rabaça.

Leia com atenção o verbete abaixo, transcrito do ***Dicionário de comunicação***, e as assertivas que o seguem.

Responsabilidade social

• *(mk,rp) Adoção, por parte da empresa ou de qualquer instituição, de políticas e práticas organizacionais socialmente responsáveis, por meio de valores e exemplos que influenciam os diversos segmentos das comunidades impactadas por essas ações. O conceito de responsabilidade social fundamenta-se no compromisso de uma organização dentro de um ecossistema, onde sua participação é muito maior do que gerar empregos, impostos e lucros. Seu objetivo básico é atuar no meio ambiente de forma absolutamente responsável e ética, inter-relacionando-se com o equilíbrio ecológico, com o desenvolvimento econômico e com o equilíbrio social. Do ponto de vista mercadológico, a responsabilidade social procura harmonizar as expectativas dos diferentes segmentos ligados à empresa: consumidores, empregados, fornecedores, redes de venda e distribuição, acionistas e coletividade. Do ponto de vista ético, a organização que exerce sua responsabilidade social procura respeitar e cuidar da comunidade, melhorar a qualidade de vida, modificar atitudes e comportamentos através da educação e da cultura, conservar a vitalidade da terra e a biodiversidade, gerar uma consciência nacional para integrar desenvolvimento e conservação, ou seja, promover o desenvolvimento sustentável, o bem-estar e a qualidade de vida. Diz-se tb. **responsabilidade social corporativa** ou **RSC**. V. ecossistema social, ética corporativa, **empresa cidadã** e **marketing social**.*

(BARBOSA, Gustavo e RABAÇA, Carlos Alberto. 2.ed. rev. e atualizada. Rio de Janeiro: Elsevier, 2001 – 10ª reimpressão, p. 639-40)

(Analista – TRT/16ª – 2014 – FCC) Segmentos do texto receberam nova pontuação. O que mantém a adequação à norma-padrão é:

(A) *Adoção, por parte da empresa ou de qualquer instituição, de políticas e práticas organizacionalmente responsáveis / Adoção por parte da empresa ou de qualquer instituição, de políticas e práticas organizacionais, socialmente responsáveis.*

(B) *Do ponto de vista mercadológico, a responsabilidade social procura harmonizar as expectativas dos diferentes segmentos ligados à empresa / Do ponto de vista, mercadológico, a responsabilidade social procura harmonizar as expectativas dos diferentes segmentos, ligados à empresa.*

(C) *a organização que exerce sua responsabilidade social procura respeitar e cuidar da comunidade, melhorar a qualidade de vida / a organização – que exerce sua responsabilidade social – procura, respeitar e cuidar, da comunidade, melhorar a qualidade de vida.*

(D) *gerar uma consciência nacional para integrar desenvolvimento e conservação / gerar uma consciência nacional, para integrar, desenvolvimento e conservação.*

(E) *para integrar desenvolvimento e conservação, ou seja, promover o desenvolvimento sustentável, o bem-estar e a qualidade de vida* / para integrar desenvolvimento e conservação, ou seja: promover o desenvolvimento sustentável, o bem-estar e a qualidade de vida.

A: incorreta. Deveria haver vírgula após "adoção" e ser retirada a que consta após "organizacionais"; **B:** incorreta. Não há vírgula após "vista" nem após "segmentos"; **C:** incorreta. O uso dos travessões, apesar de correto, altera o sentido original do texto. Além disso, não há vírgula após "procura" e após "cuidar"; **D:** incorreta. Não há vírgula após "integrar"; **E:** correta. O período atende a todas as normas de pontuação.
Gabarito "E".

4. REDAÇÃO, COESÃO E COERÊNCIA

[Pai e filho]

No romance **Paradiso** o grande escritor cubano José Lezama Lima diz que um ser humano só começa a envelhecer depois da morte do pai. Freud atribui a essa morte um dos grandes traumas de um filho.

A amizade e a cumplicidade quase sempre prevalecem sobre as discussões, discórdias e outras asperezas de uma relação às vezes complicada, mas sempre profunda. Às vezes você lamenta não ter conversado mais com o seu pai, não ter convivido mais tempo com ele. Mas há também pais terríveis, opressores e tirânicos.

Exemplo desse caso está na literatura, na **Carta ao pai**, de Franz Kafka. É esse um dos exemplos notáveis do pai castrador, que interfere nas relações amorosas e na profissão do filho. Um pai que não se conforma com um grão de felicidade do jovem Franz. A **Carta** é o inventário de uma vida infernal. É difícil saber até que ponto o pai de Kafka na **Carta** é totalmente verdadeiro. Pode se tratar de uma construção ficcional ou um pai figurado, mais ou menos próximo do verdadeiro. Mas isso atenua o sofrimento do narrador? O leitor acredita na figuração desse pai. Em cada página, o que prevalece é uma alternância de sofrimento e humilhação, imposta por um homem prepotente e autoritário.

(Adaptado de: HATOUM, Milton. **Um solitário à espreita**. São Paulo: Companhia das Letras, 2013, p. 204-205)

(Analista – TRF/4 – FCC – 2019) A frase **Pode se tratar de uma construção ficcional ou um pai figurado, mais ou menos próximo do verdadeiro** ganha nova redação, na qual mantém seu sentido básico, em:

(A) Tratando-se provavelmente de uma construção de ficção, ou mesmo de um pai figurante, pode ainda estar próxima da verdade.

(B) É possível que se trate de uma operação ficcional ou da figuração de um pai que lembre aproximadamente o pai real.

(C) Tratando-se de uma ficção, pela qual se reproduz a figura do pai, pode ainda assim estar perto de ser convincente.

(D) Considerando como construção ficcional tal figura do pai, trata-se de se aproximar um tanto da verdadeira.

(E) Pode-se considerar que tal construção, sendo fictícia, venha a preservar a imagem verdadeira do pai assim figurado.

A: incorreta. A inserção do advérbio "provavelmente" altera o sentido original do texto; **B:** correta. A nova redação preserva a mensagem original; **C:** incorreta. A primeira oração da nova redação do período transmite uma certeza que não se vê no trecho original; **D:** incorreta. A nova redação está obscura e confusa, de sorte que não consegue manter o sentido original; **E:** incorreta, pela mesma razão exposta no comentário à alternativa "C".
Gabarito "B".

[Valores da propaganda]

Na sociedade moderna, a mesma voz que prega sobre as coisas superiores da vida, tais como a arte, a amizade ou a religião, exorta o ouvinte a escolher uma determinada marca de sabão. Os panfletos sobre como melhorar a linguagem, como compreender a música, como ajudar-se etc. são escritos no mesmo estilo de propaganda que exalta as vantagens de um laxativo. Na verdade, um redator hábil pode ter escrito qualquer um deles.

Na altamente desenvolvida divisão de trabalho, a expressão tornou-se um instrumento utilizado pelos técnicos a serviço do mercado. Um romance é escrito tendo-se em mente as suas possibilidades de filmagem, uma sinfonia ou poema são compostos com um olho no seu valor de propaganda. Outrora pensava-se que cada expressão, palavra, grito ou gesto tivesse um significado intrínseco; hoje é apenas um incidente em busca de visibilidade.

(Adaptado de: HORKHEIMER, Max. Eclipse da razão. Trad. Sebastião Uchoa Leite. Rio de Janeiro: Editorial Labor do Brasil, 1976, p. 112)

(Analista – TRF/4 – FCC – 2019) Na frase Na altamente desenvolvida divisão de trabalho, a expressão tornou-se <u>um instrumento utilizado pelos técnicos a serviço do mercado</u> (2º parágrafo), o segmento sublinhado pode ser substituído, sem prejuízo para o sentido básico do contexto, por:

(A) uma ferramenta do uso de especialistas em operações comerciais.

(B) um utensílio desenvolvido por trabalhadores servis do sistema de negócios.

(C) um atributo próprio de quem gerencia as operações do mercado.

(D) uma operação que beneficia os especialistas empresariais.

(E) um fator decisivo para que os acionistas de uma empresa façam-na lucrativa.

A única paráfrase que não altera o sentido original do texto é a letra "A", que deve ser assinalada. Nas demais, as palavras substitutas não têm exatamente o mesmo valor das substituídas, transmitindo ideias diferentes daquela defendida pelo autor. **HS**
Gabarito "A".

TEXTO – Sem tolerância com o preconceito

Átila Alexandre Nunes, O Globo, 23/01/2018 (adaptado)

Diante do número de casos de preconceito explícito e agressões, somos levados ao questionamento se nossa sociedade corre o risco de estar tornando-se irracionalmente intolerante. Ou, quem sabe, intolerantemente irracional. Intolerância é a palavra do momento. Da religião à orientação sexual, da cor da pele às convicções políticas.

O tamanho desse problema rompeu fronteiras e torna-se uma praga mundial. Líderes políticos, em conluio com líderes religiosos, ignoram os conceitos de moral, ética, direitos, deveres e justiça. As redes sociais assumiram um papel cruel nesse sistema. Se deveriam servir para mostrar indignação, mostram, muitas vezes, um preconceito medieval.

No campo da religiosidade, o fanatismo se mostra cada dia mais presente no Rio de Janeiro. No último ano, foram registradas dezenas de casos de intolerância religiosa por meio da Secretaria de Estado de Direitos Humanos. Um número ainda subnotificado, pois, muitas ocorrências que deveriam ser registradas como "intolerância religiosa" são consideradas brigas de vizinhos.

A subnotificação desses casos é um dos maiores entraves na luta contra a intolerância religiosa. O registro incorreto e a descrença de grande parte da população na punição a esse tipo de crime colaboram para maquiar o retrato dos ataques promovidos pelo fanatismo religioso em nossa sociedade. A perseguição às minorias religiosas está cada vez mais organizada com braços políticos e até de milícias armadas como o tráfico de drogas.

No último ano recebemos denúncias de ataques contra religiões de matriz africana praticados pelo tráfico de drogas, que não só destruíam terreiros, como também proibiam a realização de cultos em determinada região, segundo o desejo do chefe da facção local.

Não podemos regredir a um estado confessional. A luta de agora pela liberdade religiosa é um dever de todos para garantir o cumprimento da Constituição Federal. Quando uma pessoa de fé é humilhada, agredida ou discriminada devido à sua crença, ela tem seus direitos humanos e constitucionais violados. Hoje, fala-se muito sobre intolerância religiosa, mas, muito mais do que sermos tolerantes, precisamos aprender a respeitar a individualidade e as crenças de cada um.

Até porque, nessa toada, a intolerância irracional ganha terreno, e nós vamos ficando cada vez mais irracionalmente intolerantes com aquilo que não deveríamos ser. Numa sociedade onde o preconceito se mostra cada dia mais presente, a única saída é a incorporação da cultura do respeito. Preconceito não se tolera, se combate.

(Analista Judiciário – TJ/AL – 2018 – FGV) "Da religião à orientação sexual, da cor da pele às convicções políticas".

Esse é um dos períodos do texto construídos sem verbo; a reescritura adequada desse segmento em que acrescentássemos verbo e conector é:

(A) A intolerância ocorre da religião à orientação sexual do mesmo modo que da cor da pele às convicções políticas;

(B) Há intolerância na religião e na orientação sexual à proporção que também ocorre na cor da pele e nas convicções políticas;

(C) Existe intolerância na religião e na orientação sexual embora exista também na cor da pele e nas convicções políticas;

(D) Somos intolerantes no que diz respeito à religião e à orientação sexual, mas não na cor da pele e nas convicções políticas;

(E) Ocorre intolerância ora da religião à orientação sexual, ora da cor da pele às convicções políticas.

O sentido original do texto é revelar que há igualdade, identidade, nos casos de intolerância, por isso temos como melhor paráfrase a alternativa "A". A letra "B" propõe uma relação de proporcionalidade, não de igualdade, e por isso pode confundir o candidato. Nas demais houve flagrante alteração de sentido. HS

Gabarito "A".

(Analista Judiciário – TJ/AL – 2018 – FGV) "Hoje, fala-se muito sobre intolerância religiosa"; essa frase apresenta reescritura inadequada em:

(A) Fala-se muito, hoje, sobre intolerância religiosa;

(B) Sobre intolerância religiosa, hoje fala-se muito;

(C) Hoje muito é falado sobre intolerância religiosa;

(D) Muito é falado, hoje, sobre intolerância religiosa;

(E) Fala-se hoje muito sobre intolerância religiosa.

A única paráfrase que não respeita a norma padrão é a letra "E", que deve ser assinalada. A colocação do adjunto adverbial de tempo "hoje" antes dos demais elementos sintáticos prejudicou a clareza da mensagem. Além disso, ainda que se quisesse manter essa estrutura não recomendada, ele (o adjunto adverbial) deveria estar entre vírgulas, como na alternativa anterior. HS

Gabarito "E".

Texto 1

Stephen Hawking, A Mente Que Superou Tudo

Em reverência ao gênio que revolucionou o estudo da cosmologia, o mundo prestou tributo a Stephen Hawking no dia seguinte a sua morte. O cientista britânico, símbolo da superação, teve papel decisivo na divulgação científica e virou um ícone pop. (O Globo, 15/3/2018)

(Analista – TJ/SC – FGV – 2018) O texto 1 é uma pequena notícia de primeira página de O Globo, cujo conteúdo é ampliado em reportagem no interior do jornal.

A marca mais característica de ser este um texto resumido é:

(A) a presença marcante de frases curtas;

(B) a preferência por sinais de pontuação em lugar de conectivos;

(C) a ausência de adjetivos e advérbios;

(D) a seleção de temas de destaque;

(E) a utilização de verbos indicadores de ação rápida.

No texto jornalístico, é bastante comum o uso do resumo para chamar a atenção do leitor e levá-lo à versão integral do texto que se encontra dentro do periódico. Para atingir seu objetivo, o resumo se vale de palavras-chave que aludem aos principais temas que serão tratados na notícia. HS

Gabarito "D".

Juízo de valor

Um juízo de valor tem como origem uma percepção individual: alguém julga algo ou outra pessoa tomando por base o que considera um critério ético ou moral. Isso significa que diversos indivíduos podem emitir diversos juízos de valor para uma mesma situação, ou julgar de diversos modos uma mesma pessoa. Tais controvérsias são perfeitamente naturais; o difícil é aceitá-las com naturalidade para, em seguida, discuti-las. Tendemos a fazer do nosso juízo de valor um atestado de realidade: o que dissermos que é, será o que dissermos. Em vez da naturalidade da controvérsia a ser ponderada, optamos pela prepotência de um juízo de valor dado como exclusivo.

Com o fenômeno da expansão das redes sociais, abertas a todas as manifestações, juízos de valor digladiam-se o tempo todo, na maior parte dos casos sem proveito algum. Sendo imperativa, a opinião pessoal esquiva-se da controvérsia, pula a etapa da mediação reflexiva e instala-se no posto da convicção inabalável. À falta de argumentos, contrapõem-se as paixões do ódio, do ressentimento, da calúnia, num triste espetáculo público de intolerância.

Constituem uma extraordinária orientação para nós todos estas palavras do grande historiador Eric Hobsbawm: "A primeira tarefa do historiador não é julgar, mas compreender, mesmo o que temos mais dificuldade para compreender. O que dificulta a compreensão, no entanto, não são apenas as nossas convicções apaixonadas, mas também a experiência histórica que as formou." A advertência de Hobsbawm não deve interessar apenas aos historiadores, mas a todo aquele que deseja dar consistência e legitimidade ao juízo de valor que venha a emitir.

(Péricles Augusto da Costa, inédito)

(Analista Jurídico – TRF5 – FCC – 2017) Está clara, coesa e correta a redação deste livre comentário sobre o texto:

(A) Quanto maior o índice de preconceito, revelado numa opinião, o julgamento se torna manifestação de um valor que não cabe sustentar-se.

(B) Embora nem sempre se leve isso em conta, é enorme a distância entre argumentos que se discutam e juízos de valor que se emitam com paixão.

(C) A precedência de uma análise histórica, diante da qual um fato sucedido se subordina, é indiscutível para se avaliá-lo de modo sério e consequente.

(D) As pessoas mais autoritárias tendem a radicalizar suas opiniões, conquanto obtenham logo o aval dos contendores, quando então afetam alguma condenscendência.

(E) Eles não gostam muito de polêmica, acham mais preferível impor seus pontos de vista, em cujos costumam haver traços de um partidarismo fútil.

A: incorreta. Além de erros gramaticais, há grave prejuízo à clareza. Melhor seria escrever: "Quanto maior o índice de preconceito revelado numa opinião, o julgamento se torna manifestação de um valor que não se sustenta"; **B:** correta. A redação é clara e coerente, além de atender à gramática normativa; **C:** incorreta. "(...), é **imprescindível** para avaliá-lo de modo sério e **diligente**"; **D:** incorreta. A redação é tão confusa que é difícil propor uma nova. Provavelmente seria: "As pessoas mais autoritárias tendem a radicalizar suas opiniões, **para que** obtenham logo o aval dos contendores, quando então afetam alguma **condescendência**"; **E:** incorreta. Melhor seria: "Eles não gostam muito de polêmica, acham preferível impor seus pontos de vista, **nos quais costuma** haver traços de um partidarismo fútil." HS
Gabarito "B".

Em torno do bem e do mal

Quando nos referimos ao Bem e ao Mal, devemos considerar que há uma série de pequenos satélites desses grandes planetas, e que são a pequena bondade, a pequena maldade, a pequena inveja, a pequena dedicação... No fundo é disso que se faz a vida das pessoas, ou seja, de fraquezas e virtudes minúsculas. Por outro lado, para as pessoas que se importam com a ética, há uma regra simples e fundamental: não fazer mal a outrem. A partir do momento em que tenhamos a preocupação de respeitar essa simples regra de convivência humana, não será preciso perdermo-nos em grandes filosofias especulativas sobre o que seja o Bem e o Mal.

"Não faças aos outros o que não queres que te façam a ti" parece um ponto de vista egoísta, mas é uma diretriz básica pela qual deve o comportamento humano se orientar para afastar o egoísmo e cultivar verdadeiramente o que se precisa entender por relação humana. Pensando bem, a formulação dessa diretriz bem pode ter uma versão mais positiva: "Faz aos outros o que quiseres que façam a ti". Não é apenas mais simpático, é mais otimista, e dissolve de vez a suspeita fácil de uma providência egoísta.

(A partir de José Saramago. As palavras de Saramago. São Paulo: Companhia das Letras, 2010, p. 111-112, passim)

(Analista – TRT2 – FCC – 2018) Está clara, correta e coerente a redação deste livre comentário sobre o texto:

(A) O festejado escritor Saramago, de cujas virtudes de pensador e ficcionista não haja quem reconheça, dedica-se nesse texto à uma reflexão de alto caráter ético.

(B) É fato, que quando se trata da ética, pensemos em altos valores, nos esquecendo que nos pequenos gestos têm as mesmas qualidades inerentes dos grandes.

(C) As formulações ressaltadas no texto, sobre um ponto de vista ético, evidencia-se como uma preocupação de afastar o sentido supostamente egoísta de uma frase.

(D) Saramago prefere a simplicidade de uma formulação sintética à ambição da filosofia que busca constituir um sofisticado sistema de diretrizes éticas.

(E) Costumam advir das preocupações éticas um cuidado extremo com os mais altos valores em vez de se preocupar com a prática que cabem aos pequenos.

A: incorreta. Há incoerência no trecho "de cujas virtudes de pensador e ficcionista não haja quem reconheça" e também não ocorre crase antes de pronome indefinido; **B:** incorreta. Melhor seria: "É fato que, quando se trata da ética, pensamos em altos valores, esquecendo-nos que os pequenos gestos têm as mesmas qualidades inerentes aos grandes"; **C:** incorreta. O verbo "evidenciar" deveria estar no plural para concordar com "formulações"; **D:** correta. A redação está clara, correta e respeita o padrão culto da linguagem. HS
Gabarito "D".

A importância do imperfeito

O conceito de perfeição guia muitas aspirações nossas, seja em nossas vidas privadas, seja nos diversos espaços profissionais. Falamos ou ouvimos falar de "relações perfeitas" entre duas pessoas como modelos a serem seguidos, ou de almejar sempre a realização perfeita de um trabalho. Em algumas religiões, aprendemos que nosso objetivo é chegar ao paraíso, lar da perfeição absoluta, final de jornada para aqueles que, se não conseguiram atingir a perfeição em vida, pelo menos a perseguiram com determinação.

Historicamente, o perfeito está relacionado com a estética, andando de mãos dadas com o belo, conforme rezam os preceitos da arte clássica. Muito da criatividade humana, tanto nas artes como nas ciências, é inspirado por esse ideal de perfeição. Mas nem tudo. Pelo contrário, várias das ideias que revolucionaram nossa produção artística e científica vieram justamente da exaltação do imperfeito, ou pelo menos da percepção de sua importância.

Nas artes, exemplos de rompimento com a busca da perfeição são fáceis de encontrar. De certa forma, toda a pintura moderna é ou foi baseada nesse esforço de explorar o imperfeito. Romper com o perfeito passou a ser uma outra possibilidade de ser belo, como ocorre na música atonal ou na escultura abstrata, em que se encontram novas perspectivas de avaliação do que seja harmônico ou simétrico. Na física moderna, o imperfeito ocupa um lugar de honra. De fato, se a Natureza fosse perfeita, o Universo seria um lugar extremamente sem graça. Do microcosmo das partículas elementares da matéria ao macrocosmo das galáxias e mesmo no Universo como um todo, a imperfeição é fundamental. A estrutura hexagonal dos flocos de neve é uma manifestação de simetrias que existem no nível molecular, mas, ao mesmo tempo, dois flocos de neve jamais serão perfeitamente iguais. Não faltam razões, enfim, para que nos aceitemos como seres imperfeitos. Por que não?

(Adaptado de: GLEISER, Marcelo. Retalhos cósmicos. São Paulo: Companhia das Letras, 1999, p. 189-190)

(Analista – TRT2 – FCC – 2018) *várias das ideias que revolucionaram nossa produção artística e científica vieram justamente da exaltação do imperfeito...*

Uma nova redação do segmento acima, que preserve sua correção e seu sentido, e que se inicie por *a exaltação do imperfeito...*, poderá ter como adequada complementação

(A) possibilitou que várias ideias revolucionárias impactassem nossas artes e nossas ciências.

(B) proveniente por várias ideias acabaram por revolucionar tanto as nossas artes quanto as nossas ciências.

(C) entendida como nova revolução, acabou por influenciarem as artes e as ciências, com outras ideias.

(D) abriu portas revolucionárias para que lhe surgissem artes e ciências com ideias originais inclusas.

(E) incutiu nas artes e nas ciências, graças à seus ideais revolucionários, novas e produtivas ideias.

A: correta. O novo trecho é claro, coerente e respeita a gramática normativa; **B**: incorreta. "Proveniente" rege a preposição "de", mas além disso a redação teria sérios problemas de clareza; **C**: incorreta. "Acabou por **influenciar**", para concordar com "exaltação", e não há vírgula antes de "com outras ideias"; **D**: incorreta. O pronome "lhe" não tem qualquer função e compromete a clareza da redação; **E**: incorreta. Não ocorre crase antes de palavra masculina. **HS**
Gabarito "A".

(Analista – TRT2 – FCC – 2018) Numa reelaboração de um segmento do texto, mantêm-se a correção da frase e uma adequada correlação entre os tempos e modos verbais em:

(A) Em algumas religiões, tomávamos consciência de que o nosso objetivo era chegar ao paraíso, visto como um espaço de plenitude e perfeição.

(B) Algumas teses de que iriam revolucionar a produção artística têm a haver com a incorporação, das formas imperfeitas.

(C) Muitos casos de ruptura com a sede de perfeição verifica-se na exploração de novos modelos artísticos, aonde predominasse a imperfeição.

(D) Se numa relação afetiva entre duas pessoas poderiam ocorrer discensões, o que de fato se pretendia eram uma troca de afetos harmoniosos.

(E) Não apenas na arte, como assim também na física, o lugar do imperfeito existiria como um fator que proporcione o equilíbrio de uma determinada estrutura.

A: correta. A redação é clara, coerente e respeita as normas gramaticais; **B**: incorreta. Melhor seria: "Algumas teses que iriam revolucionar a produção artística têm a ver com a incorporação das formas imperfeitas"; **C**: incorreta. Melhor seria: "Verificam-se muitos casos de ruptura com a sede de perfeição na exploração de novos modelos artísticos, onde predomina a imperfeição"; **D**: incorreta. Melhor seria: "Se numa relação afetiva entre duas pessoas poderia haver dissensões, o que de fato se pretendia era uma troca de afetos harmoniosos"; **E**: incorreta. Melhor seria: "Não apenas na arte, assim como na física, o lugar do imperfeito existiria como um fator que proporcionasse (ou "existe como um fator que proporciona") o equilíbrio de uma determinada estrutura". **HS**
Gabarito "A".

A representação da "realidade" na imprensa

Parece ser um fato assentado, para muitos, que um jornal ou um telejornal expresse a "realidade". Folhear os cadernos de papel de ponta a ponta ou seguir pacientemente todas as imagens do grande noticiário televisivo seriam operações que atualizariam a cada dia nossa "compreensão do mundo". Mas esse pensamento, tão disseminado quanto ingênuo, não leva em conta a questão da perspectiva pela qual se interpretam todas e quaisquer situações focalizadas. Submetermo-nos à visada do jornalista que compôs a notícia, ou mesmo à do câmera que flagra uma situação (e que, aliás, tem suas tomadas sob o controle de um editor de imagens), é desfazermo-nos da nossa própria capacidade de análise, é renunciarmos à perspectiva de sujeitos da nossa interpretação.

Tanto quanto os propalados e indiscutíveis "fatos", as notícias em si mesmas, com a forma acabada pela qual se veiculam, são parte do mundo: convém averiguar a quem interessa o contorno de uma análise política, o perfil criado de uma personalidade, o sentido de um levante popular ou o alcance de uma medida econômica. O leitor e o espectador atentos ao que leem ou veem não têm o direito de colocar de lado seu senso crítico e tomar a notícia como espelho fiel da "realidade". Antes de julgarmos "real" o "fato" que já está interpretado diante de nossos olhos, convém reconhecermos o ângulo pelo qual o fato se apresenta como indiscutível e como se compõe, por palavras ou imagens, a perspectiva pela qual uma bem particular "realidade" quer se impor para nós, dispensando-nos de discutir o ponto de vista pelo qual se construiu uma informação.

(Tibério Gaspar, *inédito*)

(Analista Judiciário – TRT/24 – FCC – 2017) Considere este segmento do texto:

Submetermo-nos à visada do jornalista que compôs a notícia [...] é desfazermo-nos da nossa própria capacidade de análise [...]

Está inteiramente clara, coerente e correta esta nova redação dada ao segmento acima:

(A) Caso não nos desfazermos da nossa capacidade de analisar, nos inclinaremos diante do olhar próprio do jornalista que deu a notícia.

(B) Se aceitarmos inteiramente a perspectiva de quem redigiu a notícia, não nos valeremos de nossa própria faculdade de interpretá-la.

(C) Quem se compraz a ver uma reportagem do ângulo jornalístico, acaba por renunciar à possibilidade de compreendê-lo a partir de si mesmo.

(D) À medida em que nos curvamos pelo poder de quem noticia, deixamo-nos de avaliar por nós mesmos nossa capacidade de análise.

(E) Estaremos divergindo da nossa possibilidade de interpretar, caso nos deixássemos levar pelo ângulo das notícias com que nos submetemos.

A: incorreta. Deveria constar "desfizermos", o pronome "nos" deveria estar enclítico ("inclinaremo-nos") e o uso da preposição "diante" atrapalha a clareza do texto; **B:** correta. A redação respeita todas as normas gramaticais e preserva a clareza e coerência do texto original; **C:** incorreta. A nova redação sofre de prolixidade, ou seja, uso de muitas palavras para dizer algo para o qual poucas seriam suficientes: "quem se compraz a ver uma reportagem, renuncia à possibilidade de compreendê-la por si mesmo". Além disso, há erro de concordância ao final: deveria constar "compreendê-la", para concordar com "reportagem"; **D:** incorreta. A preposição "pelo" diminui a clareza do texto (melhor seria "perante" ou "diante"), além do que a parte final também está totalmente obscura (ao mencionar "avaliar nossa capacidade de análise"); **E:** incorreta. "Estaremos divergindo" é o vício de linguagem conhecido como gerundismo. Além disso, a parte final também carece de clareza ("levar pelo ângulo com que nos submetemos" não faz qualquer sentido).

Gabarito "B".

---

1   Há um traço fundamental na história indígena do rio Amazonas, cuja percepção é necessária ao entendimento do passado e do presente da região. É um fenômeno demográfico e cultural de longa duração que acompanha os primeiros duzentos anos da ocupação europeia e que irá resultar, em meados do século XVIII, numa realidade etnográfica substancialmente distinta da que havia sido observada pelos primeiros exploradores quinhentistas.

5   Trata-se do desaparecimento das nações que viviam ao longo do rio Amazonas e da sua substituição por novos contingentes indígenas que foram sendo descidos dos afluentes para a calha amazônica pelos agentes da colonização. Desaparecimento, em sentido étnico, é o termo adequado, e ver-se-á mais adiante de que forma ele se deu. Neste processo de despovoamento maciço e repovoamento parcial, dois aspectos devem ser assinalados: a) *o desaparecimento dos padrões adaptativos* (demográficos, organizacionais e ergológicos) *da população original, que não chegam a se reconstituir, a não ser parcial-*

10   mente, quando do povoamento induzido pelo colonizador; neste segundo momento ocorre b) *a formação de um estrato que* chamaremos neo-indígena, inserido na sociedade colonial e marcado pelo desenraizamento e pela aculturação intertribal e interétnica.

Obs.: ergológico: relativo à ergologia, ramo da etnologia que estuda a cultura material.

(PORRO, Antônio. **História indígena do alto e médio Amazonas: séculos XVI a XVIII**. In: CUNHA, Manuela C. (org.). **História dos índios no Brasil**. 2. ed. São Paulo, Companhia das Letras; Secretaria Municipal de Cultura; FAPESP,1998, p. 175)

(Analista Judiciário – TRT/11 – FCC – 2017) *Visível a olho nu. Mas não só, uma vez que se trata de um processo que tem sido há décadas acompanhado atentamente, e comprovado a frio reiteradamente, pelas estatísticas censitárias.*

Propõe-se reescrever o trecho acima eliminando o ponto final e iniciando a frase por "Trata-se de um processo". Uma formulação aceitável, por não prejudicar o sentido e a correção originais, deve conter o seguinte segmento:

(A) ainda que também seja visível a olho nu.

(B) à medida que é visível a olho nu.

(C) sendo, pois, visível a olho nu.

(D) entretanto será visível a olho nu.

(E) quando visível a olho nu.

A melhor redação possível com as condições postas é: "Trata-se de um processo que, ainda que também seja visível a olho nu, tem sido há décadas acompanhado atentamente, e comprovado a frio reiteradamente, pelas estatísticas censitárias".

Gabarito "A".

(Analista Judiciário – TRT/11 – FCC – 2017) A redação em que as ideias estão expostas de modo claro e correto é:

(A) Era uma casa que ao redor todos conheciam a história dos últimos moradores, que não era nem totalmente verdadeira ou muito fictícia, mas assombrava quem quer que ouvia o relato.

(B) Várias técnicas práticas foram desenvolvidas desde muitos anos a fim de coleta de informações detalhadas sobre a doença, sendo rara na região, por isso pouco conhecida e divulgada.

(C) Diante de uma trajetória tão movimentada e desafiadora, só se pode, na verdade, admirar a constância com que os refugiados souberam preservar sua coesão e os pequenos rituais que os fortaleciam.

(D) Quanto ao futuro do projeto recém-anunciado e delineado por especialistas da área, situado entre os interesses dos donos da terra e dos assalariados, é evidentemente impossível prever.

(E) O conflito se deu, como visto à exaustão, decorrente do peso sempre crescente dos que protestavam e o contrário, que diminuía, dos defensores das novas normas de organização da empresa estatal.

A leitura atenta de todas as alternativas deixa clara a falta de clareza e coerência que aflige todas elas, com exceção da letra "C", que deve ser assinalada. Enquanto as demais proposições nada dizem, ou não se pode compreender o que querem dizer, a alternativa "C" traz uma mensagem clara, objetiva e coerente.
Gabarito "C".

O mundo e os refugiados

[...] Na discussão dos extremos no século 21 cabe um paralelismo com os do século 20. Lembro, assim, a análise de *Hannah Arendt* a respeito daqueles que na Europa pós--1ª Guerra Mundial se viram, por obra dos totalitarismos, expulsos da trindade Estado-povo-território, tornaram-se indesejáveis não documentados em quase todos os lugares e tidos como descartáveis – ponto de partida dos campos de refugiados, facilitadores dos campos de concentração.

Foi a reação diplomática a essas catástrofes que levou à "ideia a realizar", que está na origem da ONU, de institucionalizar uma comunidade internacional atenta aos direitos fundamentais e à dignidade do ser humano. Partiu--se conceitualmente do pressuposto *kantiano* de um direito à hospitalidade universal, lastreado na hipótese de que a violação do direito num ponto da Terra seria efetivamente sentida em todos os demais. É esta, a "ideia a realizar" de uma comunidade internacional tuteladora do direito à hospitalidade universal, que está hoje em questão de maneira dramática.

Na perspectiva do efeito destrutivo atual dos extremos, cabe sublinhar a trágica precariedade que assola a vida de pessoas nas regiões do que pode ser qualificado de o arco da crise. No Oriente Médio e em partes da África há Estados falidos (como o Iraque e a Líbia), Estados em estado pré-falimentar, conflitos e guerras civis que se prolongam com intervenções extrarregionais, como a que desagrega a Síria, a precariedade e artificialidade de fronteiras interestatais, que instigam conflitos étnicos e religiosos. Tudo isso, em conjunto, vem catalisando a existência dessa enorme população de excluídos do mundo comum, refugiados que fogem do arco da crise, sem encontrar destino e acolhida.

O número de pessoas que buscam asilo, estão internamente deslocadas nos seus países ou são refugiadas por obra de guerras e perseguições, se elevou de 59.6 milhões em 2014 para 65.3 milhões de pessoas no final de 2015. Isso significa que uma em cada 113 pessoas da população mundial está fora do mundo comum e não tem acesso ao direito à hospitalidade universal. Cerca de 51% de refugiados do mundo são crianças, muitas separadas dos pais e viajando sozinhas à procura de destino. A situação da Síria, a do Sudão do Sul, a do Iêmen, do Burundi, da República Centro-Africana são forças alimentadas desse fluxo de pessoas de países de baixa renda que enfrentam essa dura realidade.

O limbo em que se encontram os excluídos do mundo comum, mais tenebroso que os círculos do inferno de Dante, é, na perspectiva de uma razão abrangente da humanidade, a mais grave tensão difusa que permeia a vida internacional.

(Celso Lafer, 17 Julho 2016. Disponível em: http://opiniao. estadao.com.br/noticias/geral,o-mundo-e-os- refugiados,10000063317. Acesso em: janeiro de 2017. Adaptado.)

(**Analista Judiciário – TRF/2 – Consulplan – 2017**) Concernente às características da linguagem adequadamente utilizada nos textos do gênero "Correspondência oficial" (conforme Manual de Redação da Presidência da República) e da utilizada no texto em análise pode-se afirmar que é comum aos dois textos:

(A) Ausência de impressões individuais do enunciador; mantendo, desse modo, padronização e uniformidade necessárias.

(B) Caráter impessoal do assunto tratado pelo fato de se restringir a questões que dizem respeito ao interesse público de forma geral.

(C) Uso do padrão da língua; estando acima das diferenças lexicais, morfológicas ou sintáticas regionais, assim como dos modismos vocabulares.

(D) Uso predominante de uma linguagem restrita – técnica – a determinados grupos, tendo em vista que tais textos têm como público alvo especialistas na área referente aos assuntos tratados.

A: incorreta. O texto expressa claramente uma opinião do autor, com alto grau de subjetividade, o que não se coaduna com a redação oficial; **B:** incorreta, pelas mesmas razões expostas no comentário anterior; **C:** correta. Realmente o texto se vale com precisão do padrão culto da língua, assim como recomendado no Manual de Redação Oficial; **D:** incorreta. Nem o texto, nem o Manual de Redação visam a públicos especializados ou foram escritos em linguagem técnica de compreensão restrita.
Gabarito "C".

Amizade

A amizade é um exercício de limites afetivos em permanente desejo de expansão. Por mais completa que pareça ser uma relação de amizade, ela vive também do que lhe falta e da esperança de que um dia nada venha a faltar. Com o tempo, aprendemos a esperar menos e a nos satisfazer com a finitude dos sentimentos nossos e alheios, embora no fundo de nós ainda esperemos a súbita novidade que o amigo saberá revelar. Sendo um exercício bem-sucedido de tolerância e paciência – amplamente recompensadas, diga-se – a amizade é também a ansiedade e a expectativa de descobrirmos em nós, por intermédio do amigo, uma dimensão desconhecida do nosso ser.

Há quem julgue que cabe ao amigo reconhecer e estimular nossas melhores qualidades. Mas por que não esperar que o valor maior da amizade está em ser ela um necessário e fiel espelho de nossos defeitos? Não é preciso contar com o amigo para conhecermos melhor nossas mais agudas imperfeições? Não cabe ao amigo a sinceridade de quem aponta nossa falha, pela esperança de que venhamos a corrigi-la? Se o nosso adversário aponta nossas faltas no tom destrutivo de uma acusação, o amigo as identifica com lealdade, para que nos compreendamos melhor.

Quando um amigo verdadeiro, por contingência da vida ou imposição da morte, é afastado de nós, ficam dele, em nossa consciência, seus valores, seus juízos, suas percepções. Perguntas como "O que diria ele sobre isso?" ou "O que faria ele com isso?" passam a nos ocorrer: são perspectivas dele que se fixaram e continuam a agir como um parâmetro vivo e importante. As marcas da amizade não desaparecem com a ausência do amigo, nem se enfraquecem como memórias pálidas: continuam a ser referências para o que fazemos e pensamos.

(CALÓGERAS, Bruno, *inédito*)

(**Analista Judiciário – TRE/SP – FCC – 2017**) Está clara e correta a redação deste livre comentário sobre o texto:

(A) Sendo falíveis, somos também sujeitos à toda sorte de imperfeições, inclusive a própria amizade não se furta aquela verdade.

(B) O autor do texto considera que, por maior e mais leal que seja, uma amizade tem de contar com os limites da afetividade humana.

(C) A prática das grandes amizade supõem que os amigos interajam através de sentimentos leais, de cujo valor não é fácil discernir.

(D) Não se devem imaginar que os nossos defeitos escapem na observação do amigo, por onde, aliás, devemos ter boas expectativas.

(E) Requer muita paciência e muita compreensão os momentos em que nosso amigo surpreende-nos os defeitos que imaginávamos ocultos.

A: incorreta. Não ocorre crase em "a toda sorte", bem como deveria haver acento grave em "àquela"; **B:** correta. A redação está clara, coerente e obedece ao padrão culto da língua; **C:** incorreta. "Amizade" deveria estar no plural, para concordar com "das grandes", porém o verbo "supor" deveria estar na terceira pessoa do singular para concordar com "prática". Além disso, nada rege a preposição "de" antes de "cujo", de modo que ela não poderia estar ali; **D:** incorreta. Como se trata de sujeito indeterminado, o verbo "dever" deveria estar no singular: "não se deve imaginar". O verbo "escapar" rege a preposição "de": "escapem da observação (...)"; **E:** incorreta. O sujeito da oração é "os momentos", portanto o verbo deveria estar no plural: "requerem";

Além disso, há falha grave na clareza pelo uso do verbo "surpreender", que compromete o entendimento da mensagem.

Gabarito "B".

(**Analista Judiciário – TRE/SP – FCC – 2017**) Por apresentar deficiência de redação, deve-se corrigir a frase:

(A) Não viesse um bom amigo apontar com sinceridade os nossos maiores defeitos, fazendo com que nos conheçamos melhor, quem o faria com igual propósito?

(B) Nossos maiores defeitos não são relevados pelo amigo leal, que os identifica para que possamos aperfeiçoar nosso caráter e nossa conduta.

(C) Por que haveríamos de nos irritar quando, com a melhor das intenções, o amigo nos apontasse nossos defeitos, para que os reconhecêssemos e os suprimíssemos?

(D) Ao identificar em nossa conduta os defeitos que não enxergamos, a importância da amizade torna-se necessária desde que venha a se pautar pelo sentimento de lealdade.

(E) Por mais contrariados que possamos ficar com o amigo que aponta nossas falhas, acabaremos reconhecendo que esse seu gesto é prova de lealdade.

Todos os períodos atendem ao padrão culto da língua, com exceção da alternativa "D", que deve ser assinalada. Há redundância (pleonasmo) na passagem "a importância da amizade torna-se necessária". Se algo é importante, ele é necessário e vice-versa.

Gabarito "D".

Texto CG1A1AAA

1　No quadro da democracia liberal, cidadania
　　corresponde ao conjunto das liberdades individuais — os
　　chamados direitos civis de locomoção, pensamento e
4　expressão, integridade física, associação etc. O advento da
　　democracia social acrescentou, àqueles direitos do indivíduo,
　　os direitos trabalhistas ou direitos a prestações de natureza
7　social reclamadas ao Estado (educação, saúde, segurança e
　　previdência). Em ambos os casos, o cidadão é titular de direitos
　　e liberdades em relação ao Estado e a outros particulares —
10　mas permanece situado fora do campo estatal, não assumindo
　　qualquer titularidade quanto a funções públicas. Preserva-se,
　　assim, a perspectiva do constitucionalismo clássico: direitos do
13　homem e do cidadão são exercidos frente ao Estado, mas não
　　dentro do aparelho estatal.
　　Na teoria constitucional moderna, cidadão é o
16　indivíduo que tem um vínculo jurídico com o Estado, sendo
　　portador de direitos e deveres fixados por determinada
　　estrutura legal (Constituição, leis), que lhe confere, ainda, a
19　nacionalidade. Cidadãos, em tese, são livres e iguais perante a
　　lei, porém súditos do Estado.
　　Como lembra Marilena Chaui, a cidadania se define
22　pelos princípios da democracia, significando necessariamente
　　conquista e consolidação social e política. A cidadania requer
　　instituições, mediações e comportamentos próprios,
25　constituindo-se na criação de espaços sociais de lutas
　　(movimentos sociais, sindicais e populares) e na definição de
　　instituições permanentes para a expressão política, como

28　partidos, legislação e órgãos do poder público. Distingue-se,
portanto, a cidadania passiva, aquela que é outorgada pelo
Estado, com a ideia moral do favor e da tutela, da cidadania
31　ativa, aquela que institui o cidadão como portador de direitos
e deveres, mas essencialmente criador de direitos para abrir
novos espaços de participação política.

Maria Victoria de Mesquita Benevides. **Cidadania e democracia**. Internet: <www.scielo.br> (com adaptações).

(Analista Judiciário – TRE/PE – CESPE – 2017) Em cada uma das opções a seguir é apresentada uma proposta de reescrita para o seguinte trecho do texto CG1A1AAA: "Em ambos os casos, o cidadão é titular de direitos e liberdades em relação ao Estado e a outros particulares — mas permanece situado fora do campo estatal" (l. 8 a 10). Assinale a opção em que a proposta apresentada, além de estar gramaticalmente correta, mantém o sentido original do texto.

(A) Nos dois casos, o cidadão, em relação ao Estado e à outros particulares, é titular de direitos e liberdades — mas permanece situado fora do campo estatal

(B) Em ambos os casos, o cidadão é titular de direitos e liberdades em relação ao Estado e aos outros particulares mas, permanecendo situado fora do campo estatal

(C) Nos dois casos, o cidadão é titular de direitos e liberdades em relação ao Estado e a outros particulares; no entanto, permanece situado fora do campo estatal

(D) Em ambos os casos, o cidadão que é titular de direitos e liberdades em relação ao estado e a outros particulares permanece situado fora do estado

(E) Em ambos casos, o cidadão, que é titular de direitos e liberdades em relação ao Estado e a outros particulares apesar de permanecer alheio ao campo estatal

A: incorreta. Não ocorre crase antes de pronome indefinido, muito menos masculino: "a outros"; **B:** incorreta. A vírgula deve vir antes, não depois, de "mas": **C:** correta. O padrão culto da língua foi respeitado e o sentido do texto, mantido; **D:** incorreta. Para que se mantivesse o sentido original do texto, seria necessário colocar vírgula depois de "cidadão" e depois de "particulares", para que a oração subordinada adjetiva tivesse valor explicativo; **E:** incorreta. Deveria haver vírgula depois de "particulares" e deveria ter sido usada uma conjunção adversativa ("mas", "porém", "contudo" etc.).
Gabarito "C".

(Analista Judiciário – TJ/MT – UFMT – 2016) Leia abaixo partes de um ofício encaminhado ao reitor de uma universidade pelo coordenador de atividades de ensino direcionadas a cidades do interior.

Temos o prazer de encaminhar a Vossa Excelência o Relatório de Atividades da Universidade do Estado de XXXXXXX relativo ao ano de 2015.

Tomamos a liberdade de chamar vossa atenção para o programa de interiorização desenvolvido pela universidade, que cumpre, assim, na plenitude, a finalidade primeira de uma instituição universitária de caráter estadual.

Atenciosamente,

Sobre aspectos da redação desse ofício, analise as afirmativas.

I. Por tratar-se de ofício ao reitor de uma universidade, o pronome no trecho vossa atenção está correto.

II. O espaçamento entre as linhas deve ser simples e entre parágrafos deve haver uma linha em branco, corretamente observado no ofício acima.

III. A finalização do ofício deve vir centralizada, logo acima do nome do remetente, assim o Atenciosamente está em local impróprio.

IV. A forma Atenciosamente não cabe, pois quem envia é coordenador e o destinatário é pessoa de respeito pelo cargo, deveria ser Respeitosamente.

V. O pronome de tratamento correto para reitores é Vossa Magnificência, assim o usado no ofício está incorreto.

Estão corretas as afirmativas

(A) I, III e IV, apenas.

(B) I, II, III e V, apenas.

(C) II, III, IV e V, apenas.

(D) II, IV e V, apenas.

I: incorreta. O termo "vossa" é utilizado apenas como parte do pronome de tratamento, não sendo replicado no texto. Vale lembrar que "vosso (a)", é pronome da 2ª pessoa do plural, então não pode ser usado para se referir a uma pessoa específica, no singular; **II:** correta, conforme item 3.2, "h", do Manual de Redação da Presidência da República; **III:** incorreta. O fecho deve ser alinhado com todos os demais parágrafos, ou seja, a 4cm da margem direita (item 3.2 do Manual de Redação da Presidência da República); **IV:** correta. Se o destinatário possui cargo superior ao do remetente, o fecho correto é "respeitosamente", nos termos do 2.2 do Manual; **V:** correta, conforme item 2.1.3 do Manual. III: "D".
Gabarito "D".

Texto 1 – Coordenação entre órgãos gestores

Um Plano de Contingência para o Trânsito necessita de planejamento prévio para lidar com situações emergenciais e atuar em casos que venham a causar transtornos nos principais corredores viários de uma cidade.

O aumento progressivo da frota de veículos provoca congestionamentos que muitas vezes impedem que os procedimentos planejados de emergência sejam adotados.

Nesses casos, passam a exigir ações mais criativas e diferenciadas, devendo ser planejadas por equipes de técnicos especializados, com a parceria das universidades.

O gerenciamento de acidentes de trânsito, como a velocidade que se desfaz o local de uma batida numa via estrutural, envolve o uso de equipamentos especiais, como helicópteros, e de pessoal devidamente treinado para isso. É crucial haver integração e coordenação entre os órgãos gestores da mobilidade urbana, para solucionar rapidamente as demandas dessa natureza.

Situações como obras, fechamento de ruas e de faixas de tráfego, enchentes, alagamentos das vias e quedas de encostas e árvores, que impedem a circulação normal de veículos, necessitam de sinalização adequada, de informação relevante e bem veiculada em várias mídias, de agentes de trânsito devidamente preparados, de cavaletes e indicação dos desvios possíveis, para diminuir os impactos negativos.

Podemos fazer analogia com um infarto e um AVC, que impedem o fluxo de sangue e exigem providências urgentes para que a pessoa não morra. O mesmo fenômeno ocorre com o trânsito, para que o fluxo seja restabelecido o mais rápido possível.

(Eva Vider, *O Globo*, 9/10/2015 – adaptado)

(Analista Judiciário – TJ/PI – FGV – 2015) "Um Plano de Contingência para o Trânsito necessita de planejamento prévio para lidar com situações emergenciais". Nesse segmento do texto 1 há um problema de escritura; o problema está devidamente apontado em:

(A) "Plano de Contingência" deve ser substituído por "Plano contingente";

(B) o termo "trânsito" deve ser substituído por "tráfego", pois este último se refere à movimentação de veículos e pessoas;

(C) o termo "situações emergenciais" pode ser reduzido ao termo "situações", já que todas as situações referidas são emergenciais;

(D) o verbo "lidar" deve ser substituído por "combater", já que há um movimento de oposição;

(E) "planejamento prévio" é redundante e o termo "prévio" poderia ser retirado.

A única alternativa que aponta um problema real no uso da norma padrão da língua é a letra "E", que deve ser assinalada. Com efeito, todo planejamento é prévio, porque só se pode planejar algo antes que isso aconteça.
Gabarito "E".

(Analista – TRT/3ª – 2015 – FCC) Considerando a norma-padrão da língua e o emprego de forma verbal, é correta a seguinte frase:

(A) Embora não apoiemos, não nos opomos a que gaste tanto tempo com assuntos supérfluos, contanto que não interrompe a faculdade.

(B) Independentemente de onde provierem os recursos, convirjam ou não os pareceres dos técnicos consultados, eles, sempre destemidos, iniciarão a obra.

(C) Eles proveem de uma região em que a destruição de bens naturais ou culturais de importância reconhecida é considerada crime de lesa-pátria.

(D) Os jogadores pleitearam que os juízes não intervissem a cada pequena confusão provocada por um choque de corpos ou por discussão banal.

(E) Enquanto aquela norma vigiu, não houve como solucionar o impasse e retirar o depósito que a justiça reteve em prol dos menores de idade.

A: incorreta. A conjugação do verbo "interromper" na terceira pessoa do singular do presente do subjuntivo é "interrompa"; **B:** correta. O período está redigido e os verbos conjugados conforme a norma padrão; **C:** incorreta. O verbo "provir" é derivado de "vir" e como ele se conjuga – na terceira pessoa do plural do presente do indicativo fica "provêm"; **D:** incorreta. "Intervir" também é derivado de "vir", portanto temos "interviessem" na terceira pessoa do plural do presente do subjuntivo; **E:** incorreta. A terceira pessoa do singular do pretérito perfeito do indicativo do verbo "viger" conjuga-se "vigeu".
Gabarito "B".

(Analista – TRT/3ª – 2015 – FCC) Considere o trecho abaixo, extraído da **Nova gramática do português contemporâneo**, de Celso Cunha e Luís F. Lindley Cintra.

...o gerúndio apresenta duas formas: uma simples [...], outra composta [...].

A forma composta é de caráter perfeito e indica uma ação concluída anteriormente à que exprime o verbo da oração principal

[...].

O que está exposto acima justifica o emprego do gerúndio na frase:

(A) Sendo considerada em plena posse de seu juízo no momento de depor, pôde falar a favor da sobrinha.

(B) Combinamos que, no horário das 13 às 15h, estarei atendendo aos fornecedores de laticínios.

(C) Os alunos estão indo para o laboratório porque já vai começar a aula de Biologia.

(D) Tendo já se consumido em lágrimas, despediu-se de todos e partiu.

(E) A professora lia sorrindo a narrativa do aluno espirituoso.

A, C e E: incorretas. O gerúndio foi utilizado para indicar um fato contemporâneo ao narrado; **B:** incorreta. O gerúndio aqui foi utilizado de forma indevida, no grave erro gramatical conhecido como "gerundismo". O verbo "atender" deveria estar conjugado no futuro do presente do indicativo ("atenderei"); **D:** correta. Note que primeiro a pessoa se consumiu em lágrimas e só depois de ter parado de chorar é que se despediu e partiu. Logo, o gerúndio composto indica um fato pretérito e já acabado, como na definição do enunciado.
Gabarito "D".

(Analista – TRT/3ª – 2015 – FCC) Dentre as frases abaixo, a que está clara e correta, segundo a norma-padrão, é:

(A) Pelo o que distintas matérias informaram, o artista encerrou de modo brilhante o espetáculo que ele havia cobrado apenas uma libra esterlina de cachê para tocar.

(B) Considerado eleições fraudulentas pelo partido Amarelo vencidas pelo partido Branco, o pleito poderá ser anulado se assim o considerar o tribunal.

(C) No depoimento, acentuava a fragilidade da infância e repetiu várias vezes "Sou filha de pais separados desde os 10 anos de idade".

(D) Dando preferência pelo projeto comunitário, comentou que um dos projetos individuais havia sido excluído por fraude e que o surgimento da denúncia estava ligada a plágio, sempre condenável.

(E) A oficina gráfica é muito mais bem conhecida do que os outros estágios da produção e difusão de livros, por ser um tema de estudos muito valorizado no campo da bibliografia analítica.

A: incorreta. Deve-se retirar o artigo definido "o" em "pelo o que" (ele já está aglutinado na palavra "pelo") e deveria haver a preposição "em" na passagem "no espetáculo em que ele havia..."; **B:** incorreta. O período peca pela falta de clareza. A melhor redação seria: "consideradas fraudulentas pelo Partido Amarelo as eleições vencidas pelo Partido Branco, o pleito poderá ser anulado se assim o considerar o tribunal"; **C:** incorreta. Há dubiedade no fim do período: não está claro se os pais são separados desde os 10 anos de idade dele ou da filha. Além disso, a melhor técnica de redação não autoriza a mistura de tempos verbais: o ideal seria constar "acentuou" e "repetiu" ou "acentuava" e "repetia"; **D:** incorreta. Há repetição desnecessária da palavra "projeto" e erro de concordância em "surgimento da denúncia estava ligado..."; **E:** correta. O período está claro e atende a todas as normas gramaticais.

Gabarito "E".

(Analista – TRT/3ª – 2015 – FCC) A redação que está clara, concisa e, segundo a norma-padrão, correta é:

(A) A pesquisa concluiu por um lugar-comum que muitos estudiosos da área também concordam, a saber: que o século XVIII realmente, pensava de modo burguês.

(B) O que tornou-se um lugar-comum entre muitos estudiosos da área – o século XVIII realmente pensava de modo burguês – foi a conclusão da pesquisa, indo ao encontro daquele.

(C) A conclusão da pesquisa vai ao encontro do que se tornou um lugar-comum entre muitos estudiosos da área – a saber, o século XVIII realmente pensava de modo burguês.

(D) O século XVIII, que pensava de modo burguês, é a conclusão da pesquisa e isso tornou-se um lugar--comum entre muitos estudiosos da área, o que veio ao encontro desses últimos.

(E) Um lugar-comum que a pesquisa concluiu, a saber: muitos estudiosos da área vão ao encontro de que o século XVIII realmente pensava de modo burguês, demonstrando concordância com isso.

O único período que está claro, conciso e correto é o da alternativa "C", que deve ser assinalada. Perceba que somente nessa configuração que as ideias estão concatenadas de forma lógica e permitem a perfeita compreensão da mensagem que se quer transmitir.

Gabarito "C".

(Analista – TRT/16ª – 2014 – FCC) *Também seria desejável envolver com maior intensidade universidades e laboratórios públicos (onde os há, como é o caso do Brasil).*

A redação alternativa à frase acima, que se apresenta clara, correta e fiel às ideias nela expostas, é:

(A) Igualmente desejável seriam universidades e laboratórios públicos que se envolvessem mais intensamente, pois no caso do Brasil eles têm presença.

(B) Da mesma maneira, seria desejável que fossem envolvidos mais intensamente universidades e laboratórios públicos, em lugares, como o Brasil, em que eles existem.

(C) Em lugares em que estes existem (sendo o Brasil um caso de ter universidades e laboratórios públicos), seria também desejável seu intenso envolvimento.

(D) Inclui-se no raciocínio que é desejável ter-se envolvimento de maior intensidade, de universidades e laboratórios aonde se encontram, como o caso do Brasil.

(E) Equivalentemente, seria envolvimento desejável e intenso o das universidades e laboratórios públicos (em que, como o caso do Brasil, eles existem).

A única alternativa em que a redação proposta está clara e correta é a letra "B", que deve ser assinalada. Somente ali as ideias estão concatenadas de forma lógica e de acordo com as normas gramaticais, de forma a permitir sua perfeita compreensão.

Gabarito "B".

(Analista – TRT/2ª – 2014 – FCC) Considerada a norma-padrão escrita, a frase que exige correção é:

(A) O representante dos escritores agraciados pelo ambicionado prêmio fez longo discurso, no qual se apontaram os itens mais candentes do embate entre eles e as editoras, deixando manifesto as ácidas críticas que há muito lhes são dirigidas por não manter os compromissos assumidos.

(B) Fala-se de Sua Excelência, o Ministro do Meio Ambiente, que, com o intuito de dirimir sejam quais forem as dúvidas dos jornalistas, deve conceder-lhes entrevista coletiva daqui a duas semanas, sem discriminação de ordem alguma.

(C) Mal atinando com a razão da impugnação, temendo a consequência de seu ato intempestivo, e julgando estar sozinho para combatê-las, como achar um modo de considerá-las sem sentir desolação?

(D) Aos sapientes e pacientes recomendo o belo trabalho que podem escrever pesquisando o conto do vigário pelos séculos atrás: encontrarão um misto de historinhas banais e pequenas obras-primas que ocupariam lugar eminente nas obras de ficção.

(E) Não se deve entender os movimentos reivindicatórios como balões de ensaio que, ao primeiro golpe de vento, despencam e se destroem; são a argamassa que se molda à pressão da sociedade, e com que se fará uma sólida e legítima construção.

Todas as alternativas respeitam integralmente as normas gramaticais, com exceção da letra "A", que deve ser assinalada. "Manifesto" é adjetivo, sinônimo de "claro", "expresso", portanto deve concordar com "críticas": "deixando manifestas as ácidas críticas". O verbo "manter" deve concordar com "compromissos" e ser conjugado na terceira pessoa do plural do infinitivo pessoal: "por não manterem os compromissos".

Gabarito "A".

(Analista – TRT/2ª – 2014 – FCC) A frase que está clara e em conformidade com a norma-padrão escrita é:

(A) Sempre taxado de inseguro, ousou levantar hipóteses que sortiram tal efeito entre seus pares, que passaram não só a lhe considerar um profissional responsável, como também a prognosticar-lhe um futuro bastante promissor.

(B) Em conversas insossas como essas que soem acontecer em situações formais, nada mais admissível que, se antevermos um assunto palpitante, nos agarremos à possibilidade de introduzi-lo e distendê-lo o máximo possível.

(C) Têm havido grandes discussões sobre as principais intervenções do poder público naquela área, mas o que observa-se é que todos buscam mesmo ocupar um discreto lugarzinho na administração.

(D) Continue a evitar comentários espontâneos que podem constituir risco, pois basta, segundo nos consta, a ponderação dos advogados para ver que o melhor jeito de enfrentar a polêmica é abster-se de declarações capciosas.

(E) Quaisquer que possa ser as opiniões dos líderes da comunidade, os últimos acontecimentos mostram que, quanto mais os jovens se aglutinem em prol de uma causa, mais se afastam daqueles.

A: incorreta. A oração exige o verbo "surtir", sinônimo de "causar", e não "sortir", equivalente a "misturar": "que surtiram tal efeito". Além disso, "considerar" é verbo transitivo direto, portanto impõe o pronome oblíquo "o", preferencialmente enclítico – "não só a considera-lo"; **B:** incorreta. O verbo "antever" é derivado de "ver" e como ele se conjuga. Logo, na primeira pessoa do plural do futuro do subjuntivo temos "antevirmos". Após vírgula, recomenda-se a ênclise, seguindo a regra de que não se inicia oração com pronome oblíquo ("agarremo-nos"). Melhor que "distender", que transmite a ideia de exagero, algo que passou do ponto ideal, seria o verbo "estender"; **C:** incorreta. O verbo "haver", no sentido de "existir", é impessoal, mesmo na voz passiva. Portanto, o verbo auxiliar permanece no singular: "tem havido". A grafia correta é "intervenções". Após o pronome relativo "que" deve haver próclise: "o que se observa"; **D:** correta. O período atende a todas as normas do padrão culto da língua; **E:** incorreta. O verbo "poder" deve concordar com "opiniões": "quaisquer que possam ser as opiniões". O verbo "aglutinar" deve ser conjugado na terceira pessoa do plural do presente do indicativo, não do subjuntivo: "se aglutinam".
Gabarito "D".

Cada um fala como quer, ou como pode, ou como acha que pode. Ainda ontem me divertiu este trechinho de crônica do escritor mineiro Humberto Werneck, de seu livro Esse inferno vai acabar:

"– Meu cabelo está pendoando – anuncia a prima, apalpando as melenas.

Tenho anos, décadas de Solange, mas confesso que ela, com o seu solangês, às vezes me pega desprevenido.

– Seu cabelo está o quê?

– Pendoando – insiste ela, e, com a paciência de quem explica algo elementar a um total ignorante, traduz:

– Bifurcando nas extremidades.

É assim a Solange, criatura para a qual ninguém morre, mas falece, e, quando sobrevém esse infausto acontecimento, tem seu corpo acondicionado num ataúde, num esquife, num féretro, para ser inumado em alguma necrópole, ou, mais recentemente, incinerado em crematório. Cabelo de gente assim não se torna vulgarmente quebradiço: pendoa."

Isso me fez lembrar uma visita que recebemos em casa, eu ainda menino. Amigas da família, mãe e filha adolescente vieram tomar um lanche conosco. D. Glorinha, a mãe, achava meu pai um homem intelectualizado e caprichava no vocabulário. A certa altura pediu ela a mim, que estava sentado numa extremidade da mesa:

- Querido, pode alcançar-me uma côdea desse pão?

Por falta de preparo linguístico não sabia como atender a seu pedido. Socorreu-me a filha adolescente:

- Ela quer uma casquinha do pão. Ela fala sempre assim na casa dos outros.

A mãe ficou vermelha, isto é, ruborizou, enrubesceu, rubificou, e olhou a filha com reprovação, isto é, dardejou-a com olhos censórios.

Veja-se, para concluir, mais um trechinho do Werneck:

"Você pode achar que estou sendo implicante, metido a policiar a linguagem alheia. Brasileiro é assim mesmo, adora embonitar a conversa para impressionar os outros. Sei disso. Eu próprio já andei escrevendo sobre o que chamei de ruibarbosismo: o uso de palavreado rebarbativo como forma de, numa discussão, reduzir ao silêncio o interlocutor ignaro. Uma espécie de gás paralisante verbal."

(Cândido Barbosa Filho, inédito)

(Analista – TRT/1ª – 2012 – FCC) Está clara e correta a redação deste livre comentário sobre um aspecto do texto:

(A) Nem todas as pessoas que utilizam um vocabulário rebuscado alcançam por isso qualquer ganho que se possa atribuir à seu poder de comunicação.

(B) O autor do texto acredita que muita gente se vale de um palavreado rebuscado para intimidar ou mesmo calar os interlocutores menos cultos.

(C) Ficou evidente que D. Glorinha buscava ilustrar as pessoas cujo vocabulário menos reduzido as deixasse impressionadas com tamanho requinte.

(D) O termo "solangês", tratando-se de um neologismo, aplica-se aos casos segundo os quais quem fala de modo rebarbativo parece aludir a tal Solange.

(E) Não é difícil encontrar, aqui e ali, pessoas cujo intento é se apoderar de um alto vocabulário, tendo em vista o propósito de vir a impressionar quem não tem.

A: incorreta. Além da falta de clareza e excesso de palavras para transmitir a ideia, há erro gramatical na colocação do acento grave antes de "seu poder" (não ocorre crase antes de palavra masculina); **B:** correta. A redação está clara, coerente e cumpre todas as regras gramaticais; **C:** incorreta. A redação está obscura e incoerente. Ela não faz sentido algum; **D:** incorreta. O excesso de pronomes torna o texto obscuro e prolixo; **E:** incorreta. O uso de palavras em sentido conotativo, como em "se apoderar de um alto vocabulário", compromete a clareza da redação.
Gabarito "B".

Economia religiosa

Concordo plenamente com Dom Tarcísio Scaramussa, da CNBB, quando ele afirma que não faz sentido nem obrigar uma pessoa a rezar nem proibi-la de fazê-lo. A declaração do prelado vem como crítica à professora de uma escola pública de Minas Gerais que hostilizou um aluno ateu que se recusara a rezar o pai-nosso em sua aula.

É uma boa ocasião para discutir o ensino religioso na rede pública, do qual a CNBB é entusiasta. Como ateu, não abraço nenhuma religião, mas, como liberal, não pretendo que todos pensem do mesmo modo. Admitamos, para efeitos de argumentação, que seja do interesse do Estado que os jovens sejam desde cedo expostos ao ensino religioso. Deve-se então perguntar se essa é uma tarefa que cabe à escola pública ou se as próprias organizações são capazes de supri-la, com seus programas de catequese, escolas dominicais etc.

A minha impressão é a de que não faltam oportunidades para conhecer as mais diversas mensagens religiosas, onipresentes em rádios, TVs e também nas ruas. Na cidade de São Paulo, por exemplo, existem mais templos (algo em torno de 4.000) do que escolas públicas (cerca de 1.700). Creio que aqui vale a regra econômica, segundo a qual o Estado deve ficar fora das atividades de que o setor privado já dá conta. Outro ponto importante é o dos custos. Não me parece que faça muito sentido gastar recursos com professores de religião, quando faltam os de matemática, português etc. Ao contrário do que se dá com a religião, é difícil aprender física na esquina.

Até 1997, a Lei de Diretrizes e Bases da Educação acertadamente estabelecia que o ensino religioso nas escolas oficiais não poderia representar ônus para os cofres públicos. A bancada religiosa emendou a lei para empurrar essa conta para o Estado. Não deixa de ser um caso de esmola com o chapéu alheio.

(Hélio Schwartsman. **Folha de S. Paulo**, 06/04/2012)

(Analista – TRT/6ª – 2012 – FCC) Está clara e correta a redação deste livre comentário sobre o texto: O articulista da **Folha de S. Paulo**

(A) propugna de que tanto o liberalismo quanto o ateísmo podem convergir, para propiciar a questão do ensino público da religião.

(B) defende a tese de que não cabe ao Estado, inclusive por razões econômicas, promover o ensino religioso nas escolas públicas.

(C) propõe que se estenda à bancada religiosa a decisão de aceitar ou rejeitar, segundo seus interesses, o ensino privado da religião.

(D) argumenta que no caso do ensino religioso, acatado pelos liberais, não se trata de ser a favor ou contra, mas arguir a real competência.

(E) insinua que o ensino público da religião já se faz a contento, por que as emissoras de comunicação intentam-no em grande escala.

A: incorreta. O autor cita sua condição de ateu e liberal sem misturá-las: a primeira serve para criticar o ensino religioso em si, a segunda para afastar a obrigação do Estado de ministrá-lo; **B:** correta, nos termos do comentário à alternativa anterior; **C:** incorreta. Não há qualquer proposta nesse sentido no texto. Ademais, o autor critica o papel das bancadas religiosas no Poder Legislativo; **D:** incorreta. O autor não afirma que os liberais concordam com o ensino religioso. Ele mesmo, um liberal, é contra a imposição dele pelo Estado; **E:** incorreta. O autor não insinua, ele afirma. Defende abertamente que os meios de comunicação e os próprios templos já cumprem o papel de expor todos, principalmente as crianças, aos conceitos religiosos.
Gabarito "B".

Fora com a dignidade

Acho ótimo que a Igreja Católica tenha escolhido a saúde pública como tema de sua campanha da fraternidade deste ano. Todas as burocracias – e o SUS não é uma exceção – têm a tendência de acomodar-se e, se não as sacudirmos de vez em quando, caem na abulia. É bom que a Igreja use seu poder de mobilização para cobrar melhorias.

Tenho dúvidas, porém, de que o foco das ações deva ser o combate ao que dom Odilo Scherer, numa entrevista, chamou de terceirização e comercialização da saúde. É verdade que colocar um preço em procedimentos médicos nem sempre leva ao melhor dos desfechos, mas é igualmente claro que consultas, cirurgias e drogas têm custos que precisam ser gerenciados. Ignorar as leis de mercado, como parece sugerir dom Odilo, provavelmente levaria o sistema ao colapso, prejudicando ainda mais os pobres.

Para o religioso, é "a dignidade do ser humano" que deve servir como critério moral na tomada de decisões relativas a vida e morte. O problema com a "dignidade" é que ela é subjetiva demais. A pluralidade de crenças e preferências do ser humano é tamanha que o termo pode significar qualquer coisa, desde noções banais, como não humilhar desnecessariamente o paciente (forçando-o, por exemplo, a usar aqueles horríveis aventais vazados atrás), até a adesão profunda a um dogma religioso (há confissões que não admitem transfusões de sangue).

Numa sociedade democrática não podemos simplesmente apanhar uma dessas concepções e elevá-la a valor universal. E, se é para operar com todas as noções

possíveis, então já não estamos falando de dignidade, mas, sim, de respeito à autonomia do paciente, conceito que a substitui sem perdas.

(Hélio Schwartsman. **Folha de S. Paulo**, março/2012)

(Analista – TRT/6ª – 2012 – FCC) Está clara e correta a **redação** deste livre comentário sobre o texto.

(A) Presume-se que o autor não defenda a ideia de que deva o Estado assumir inteira responsabilidade pela prestação de quaisquer serviços públicos de alto custo.

(B) Não seria possível, para o autor, que os serviços mais onerosos aos cofres públicos compitam ao Estado resolver com seus próprios meios.

(C) Uma vez que se atendam as leis do mercado, até mesmo o Estado poderia precaver as ações na área da saúde, sem desmerecer uma sociedade democrática.

(D) Entre o que se prega nas religiões e o que implica as leis de mercado, as questões de saúde nada têm a haver com a suposta dignidade humana.

(E) Apenas nas crenças que não operam restrições a medidas de saúde, leva-se em conta o valor universal da dignidade humana, para ser bem demonstrado.

A: correta. A redação está clara e atende a todos os preceitos gramaticais; **B:** incorreta. Falta clareza na redação. Melhor seria retirar o trecho: "resolver com seus próprios meios", que é redundante e não acrescenta nada ao argumento; **C:** incorreta. O trecho é incoerente, porque a conclusão não decorre logicamente dos argumentos apresentados. Além disso, os verbos "precaver" e "desmerecer" estão "soltos" no período, não sendo possível compreender seu uso; **D:** incorreta. Mais uma vez, a conclusão apresentada não guarda coerência com as premissas; **E:** incorreta. Não há vírgula após "saúde" e deveria ser suprimida a expressão "para ser bem demonstrado", que está completamente desvinculada do texto.
Gabarito "A".

O mito napoleônico baseia-se menos nos méritos de Napoleão do que nos fatos, então sem paralelo, de sua carreira. Os homens que se tornaram conhecidos por terem abalado o mundo de forma decisiva no passado tinham começado como reis, como Alexandre, ou patrícios, como Júlio César, mas Napoleão foi o "pequeno cabo" que galgou ao comando de um continente pelo seu puro talento pessoal. Todo homem de negócios daí em diante tinha um nome para sua ambição: ser – os próprios clichês o denunciam – um "Napoleão das finanças" ou "da indústria". Todos os homens comuns ficavam excitados pela visão, então sem paralelo, de um homem comum maior do que aqueles que tinham nascido para usar coroas. Em síntese, foi a figura com que todo homem que partisse os laços com a tradição podia se identificar em seus sonhos.

Para os franceses ele foi também algo bem mais simples: o mais bem-sucedido governante de sua longa história. Triunfou gloriosamente no exterior, mas, em termos nacionais, também estabeleceu ou restabeleceu o mecanismo das instituições francesas como existem hoje. Ele trouxe estabilidade e prosperidade a todos, exceto para os 250 mil franceses que não retornaram de suas guerras, embora até mesmo para os parentes deles tivesse trazido a glória. Sem dúvida, os britânicos se viam como lutadores pela causa da liberdade contra a tirania; mas em 1815 a maioria dos ingleses era mais pobre do que o fora em 1800, enquanto a maioria dos franceses era quase certamente mais rica.

Ele destruíra apenas uma coisa: a Revolução de 1789, o sonho de igualdade, liberdade e fraternidade, do povo se erguendo na sua grandiosidade para derrubar a opressão. Este foi um mito mais poderoso do que o dele, pois, após a sua queda, foi isto e não a sua memória que inspirou as revoluções do século XIX, inclusive em seu próprio país.

(Adaptado de Eric. J. Hobsbawm. **A era das revoluções – 1789-1848.** 7ª ed. Trad. de Maria Tereza Lopes Teixeira e Marcos Penchel. Rio de Janeiro: Paz e Terra, 1989, p.93-4)

(Analista – TRT9 – 2012 – FCC) *Todos os homens comuns ficavam excitados pela visão [...] de um homem comum maior do que aqueles que tinham nascido para usar coroas.*

Uma nova redação para a frase acima, em que se preservam a correção e a clareza, está em:

(A) Os homens comuns, quando viam que um homem comum como eles era maior do que os nascidos para usar coroas, não tendo como não ficar excitados.

(B) Ver os homens comuns que um homem também comum era maior do que os nascidos para usar coroas eram o que os deixavam excitados.

(C) A visão de um homem comum maior do que aqueles nascidos para usar coroas, deixavam excitados todos os homens que eram tão comuns como ele.

(D) Não havia homem comum que não ficasse excitado pela visão de um homem também comum que se tornara maior do que os nascidos para usar coroas.

(E) À medida em que via um homem comum maior do que aqueles nascidos para usar coroas, todo homem comum ficava excitado com a visão que tivesse.

A: incorreta. A redação, além de apresentar repetições desnecessárias de termos, está incorreta no último trecho. Deveria constar "tinham" em vez de "tenham"; **B:** incorreta. A redação está confusa. Além disso, deveria constar "era" em vez de "eram"; **C:** incorreta. Não deveria haver vírgula após "coroas" e o verbo deveria estar no singular ("deixava"); **D:** correta. A redação está clara, mantém o sentido original do texto e respeita todos os preceitos gramaticais; **E:** incorreta. A redação está repleta de repetições desnecessárias, tornando-a prolixa e um tanto confusa.
Gabarito "D".

Em outubro de 1967, quando Gilberto Gil e Caetano Veloso apresentaram as canções Domingo no parque *e* Alegria, Alegria, *no Festival da TV Record, logo houve quem percebesse que as duas canções eram influenciadas pela narrativa cinematográfica: repletas de cortes, justaposições e flashbacks. Tal suposição seria confirmada pelo próprio Caetano quando declarou que fora "mais influenciado por Godard e Glauber do que pelos Beatles ou Dylan". Em 1967, no Brasil, o cinema era o que havia de mais intenso e revolucionário, superando o próprio teatro, cuja inquietação tinha incentivado os cineastas a iniciar o movimento que ficou conhecido como* Cinema Novo.

O Cinema Novo nasceu na virada da década de 1950 para a de 1960, sobre as cinzas dos estúdios Vera Cruz (empresa paulista que faliu em 1957 depois de produzir dezoito filmes). "Nossa geração sabe o que quer", dizia o baiano Glauber Rocha já em 1963. Inspirado por Rio 40

graus e por Vidas secas, *que Nelson Pereira dos Santos lançara em 1954 e 1963, Glauber Rocha transformaria, com* Deus e o diabo na terra do sol, *a história do cinema no Brasil. Dois anos depois, o cineasta lançou* Terra em Transe, *que talvez tenha marcado o auge do* Cinema Novo, *além de ter sido uma das fontes de inspiração do Tropicalismo.*

A ponte entre Cinema Novo *e Tropicalismo ficaria mais evidente com o lançamento, em 1969, de* Macunaíma, *de Joaquim Pedro de Andrade. Ao fazer o filme, Joaquim Pedro esforçou-se por torná-lo um produto afinado com a cultura de massa. "A proposição de consumo de massa no Brasil é algo novo. A grande audiência de TV entre nós é um fenômeno novo. É uma posição avançada para o cineasta tentar ocupar um lugar dentro dessa situação", disse ele.*

Incapaz de satisfazer plenamente as exigências do mercado, o Cinema Novo *deu os seus últimos suspiros em fins da década de 1970 – período que marcou o auge das potencialidades comerciais do cinema feito no Brasil.*

(Adaptado de Eduardo Bueno. **Brasil: uma história**. Ed. Leya, 2010. p. 408)

(Analista – TRT9 – 2012 – FCC) *Incapaz de satisfazer plenamente as exigências do mercado, o* Cinema Novo *deu os seus últimos suspiros em fins da década de 1970 – período que marcou o auge das potencialidades comerciais do cinema feito no Brasil.*

Uma redação alternativa para a frase acima, em que se mantêm a correção, a lógica e, em linhas gerais, o sentido original, é:

(A) Como não fosse capaz de satisfazer plenamente as exigências do mercado, o *Cinema Novo* acabou no final da década de 197**0**: período que se destaca, as potencialidades comerciais, do cinema feito no Brasil.

(B) Conquanto não pudesse satisfazer plenamente as exigências do mercado, o *Cinema Novo* terminou no final da década de 1970, período que, marcou o auge das potencialidades comerciais do cinema feito no Brasil.

(C) Como não pôde satisfazer plenamente as exigências do mercado, o *Cinema Novo* acabou em fins da década de 1970, período em que as potencialidades comerciais do cinema feito no Brasil atingiram o seu apogeu.

(D) O *Cinema Novo*, incapaz de satisfazer plenamente as exigências do mercado não resistiu e terminou no final da década de 1970, onde as potencialidades comerciais do cinema feito no Brasil atingiria o seu apogeu.

(E) O cinema feito no Brasil, atinge o seu potencial comercial máximo no final da década de 1970, quando, não podendo satisfazer plenamente as exigências do mercado terminava o *Cinema Novo*.

A: incorreta. O erro está no último trecho, onde deveria constar: "período em que se destacam as potencialidades comerciais do cinema feito no Brasil"; **B:** incorreta. "Conquanto" é sinônimo de "embora", "não obstante", ou seja, tem valor concessivo. Seu uso indica que, após a enunciação de um fato, falaremos de outro que lhe é contrário, que aconteceu apesar dos obstáculos impostos pelo primeiro. No caso, o fim do Cinema Novo é consequência de sua incapacidade de satisfazer as exigências do mercado; **C:** correta. A redação está clara, coerente e correta, mantendo o sentido original do texto; **D:** incorreta. Aqui, os erros são gramaticais. Deveria haver vírgula após "mercado", deveria constar "quando" em vez de "onde" e o verbo "atingir" deveria estar conjugado no plural; **E:** incorreta. Há também diversos erros gramaticais. Não deveria haver vírgula depois de "Brasil" e faltou o mesmo sinal de pontuação após "mercado".

Gabarito "C".

Fotografias

Toda fotografia é um portal aberto para outra dimensão: o passado. A câmara fotográfica é uma verdadeira máquina do tempo, transformando o que é naquilo que já não é mais, porque o que temos diante dos olhos é transmudado imediatamente em passado no momento do clique. Costumamos dizer que a fotografia congela o tempo, preservando um momento passageiro para toda a eternidade, e isso não deixa de ser verdade. Todavia, existe algo que descongela essa imagem: nosso olhar. Em francês, imagem e magia contêm as mesmas cinco letras: image e magie. Toda imagem é magia, e nosso olhar é a varinha de condão que descongela o instante aprisionado nas geleiras eternas do tempo fotográfico.

Toda fotografia é uma espécie de espelho da Alice do País das Maravilhas, e cada pessoa que mergulha nesse espelho de papel sai numa dimensão diferente e vivencia experiências diversas, pois o lado de lá é como o albergue espanhol do ditado: cada um só encontra nele o que trouxe consigo. Além disso, o significado de uma imagem muda com o passar do tempo, até para o mesmo observador.

Variam, também, os níveis de percepção de uma fotografia. Isso ocorre, na verdade, com todas as artes: um músico, por exemplo, é capaz de perceber dimensões sonoras inteiramente insuspeitas para os leigos. Da mesma forma, um fotógrafo profissional lê as imagens fotográficas de modo diferente daqueles que desconhecem a sintaxe da fotografia, a "escrita da luz". Mas é difícil imaginar alguém que seja insensível à magia de uma foto.

(Adaptado de Pedro Vasquez, em **Por trás daquela foto.** São-Paulo: Companhia das Letras, 2010)

(Analista – TRT/11ª – 2012 – FCC) No contexto do primeiro parágrafo, o segmento *Todavia, existe algo que descongela essa imagem* pode ser substituído, sem prejuízo para a correção e a coerência do texto, por:

(A) Tendo isso em vista, há que se descongelar essa imagem.

(B) Ainda assim, há mais que uma imagem descongelada.

(C) Apesar de tudo, essa imagem descongela algo.

(D) Há, não obstante, o que faz essa imagem descongelar.

(E) Há algo, outrossim, que essa imagem descongelará.

"Todavia" é sinônimo de "mas", "porém", "contudo", "não obstante". Essa informação é suficiente para identificar a alternativa "D" como correta, porque todas as outras trazem conjunções que transmitem ideias diferentes. Além disso, nas demais alternativas, a alteração dos tempos verbais e da colocação dos termos da oração promoveu mudanças de sentido.

Gabarito "D".

(Analista – TRT/11ª – 2012 – FCC) Está clara e correta a redação deste livre comentário sobre o texto:

(A) Apesar de se ombrearem com outras artes plásticas, a fotografia nos faz desfrutar e viver experiências de natureza igualmente temporal.

(B) Na superfície espacial de uma fotografia, nem se imagine os tempos a que suscitarão essa imagem aparentemente congelada...

(C) Conquanto seja o registro de um determinado espaço, uma foto leva-nos a viver profundas experiências de caráter temporal.

(D) Tal como ocorrem nos espelhos da Alice, as experiências físicas de uma fotografia podem se inocular em planos temporais.

(E) Nenhuma imagem fotográfica é congelada suficientemente para abrir mão de implicâncias semânticas no plano temporal.

A: incorreta. O vocabulário excessivamente rebuscado e o uso das palavras em sentido conotativo comprometem a clareza do texto; **B:** incorreta. A prolixidade do trecho compromete sua clareza; **C:** correta. A redação está clara e respeita todos os preceitos gramaticais; **D:** incorreta. Há erro de concordância no trecho. Deveria constar "ocorre" em vez de "ocorrem"; **E:** incorreta. O trecho chega a ser incoerente de tão confuso. Não é possível discernir a mensagem que está sendo transmitida.

Gabarito "C".

(Analista – TRT/11ª – 2012 – FCC) É preciso **reelaborar**, para sanar falha estrutural, a redação da seguinte frase:

(A) O autor do texto chama a atenção para o fato de que o desejo de promover a igualdade corre o risco de obter um efeito contrário.

(B) Embora haja quem aposte no critério único de julgamento, para se promover a igualdade, visto que desconsideram o risco do contrário.

(C) Quem vê como justa a aplicação de um mesmo critério para julgar casos diferentes não crê que isso reafirme uma situação de injustiça.

(D) Muitas vezes é preciso corrigir certas distorções aplicando-se medidas que, à primeira vista, parecem em si mesmas distorcidas.

(E) Em nossa época, há desequilíbrios sociais tão graves que tornam necessários os desequilíbrios compensatórios de uma ação corretiva.

Todas as alternativas apresentam redações corretas e claras, com exceção da letra "B", que deve ser assinalada. Há falha na escolha das conjunções, as quais tornam o texto incoerente, no uso da vírgula e na obscuridade do fecho. Melhor seria redigir: "Aqueles que apostam no critério único de julgamento para se promover a igualdade entendem que não se pode desconsiderar o risco de prejuízo com o uso de parâmetros diferenciados".

Gabarito "B".

(Analista – STM – 2011 – CESPE) Nos itens a seguir, são apresentados trechos de correspondências oficiais. Julgue-os com relação à língua portuguesa padrão e à forma e ao estilo requeridos na redação oficial.

(1) Senhor Coronel José Silva, Vossa Senhoria está convidado a comparecer ao ato solene em 30 de janeiro de 2010.

(2) Requeiro informação sobre o processo licitatório dos equipamentos de informática do tribunal.

1: incorreta, "Senhor Coronel José Silva, convidamos o senhor a comparecer"; **2:** incorreta, "Requeremos informação" ou "O Departamento de Informática da Cidade X – DIX requer informação". Não se utiliza a 1ª pessoa do singular. De qualquer modo, lembrar que o verbo *requerer* na 1ª pessoa do singular do presente do indicativo tem a forma: *requeiro*.
Gabarito 1E, 2E

(Analista – TRT/14ª – 2011 – FCC) A frase redigida de modo claro e condizente com o padrão culto escrito é:

(A) Não posso atribuir unicamente a precária condição de acesso à Educação a apenas a condição de miscigenação dos que desejam ascender à sua dignidade.

(B) Os resultados da pesquisa científica levada a efeito no ano passado deve ser aberta àquele núcleo que a instigou, não devendo ficar restrito aos especialistas.

(C) A criação, coordenação e assessoria a cursos profissionalizantes está a cargo de ambos os formados na área, de cujo conhecimento de ponta muito se depende.

(D) Advoguei junto ao chefe do rapaz que sua atuação tanto profissional como em sociedade não deixava nada à desejar, o que lhe ajudou bastante naquela pendência.

(E) Ele era o único que espontaneamente se dignava de ouvir-nos a todos, sem exceção, e consentia prazeroso até o depoimento mais insosso ou desajeitado.

A: incorreta, oração truncada, sem sentido. Há várias possibilidades de construção, dependendo do que o autor quer comunicar; **B:** incorreta, "Os resultados da pesquisa científica, levada a efeito no ano passado, devem ser abertos àquele núcleo que a motivou. Os resultados não devem ficar restritos aos especialistas." Notem que nem sempre é possível omitir termos e tornar a construção mais enxuta; **C:** incorreta, "estão a cargo". O sujeito do verbo *estar* é composto: "A criação, coordenação e assessoria"; **D:** incorreta, um redação possível é "Advoguei junto ao chefe do rapaz. Quanto à sua atuação, tanto profissional como em sociedade, não deixava nada a [*não ocorre a crase antes do verbo*] desejar, fato que o [*objeto direto do verbo ajudar*] ajudou bastante naquela pendência."
Gabarito "E".

Texto para as próximas duas questões.

Os homens-placa

Uma cabeleira cor-de-rosa ou verde, um nariz de palhaço, luvas de Mickey gigantescas, pouco importa. Eis que surge numa esquina, e replica-se em outras dez, o personagem mais solitário de nossas ruas, o homem-placa das novas incorporações imobiliárias. Digo homem-placa, não porque ele seja vítima do velho sistema de ficar ensanduichado entre duas tábuas de madeira anunciando remédios ou espetáculos de teatro, nem porque, numa versão mais recente, amarrem-lhe ao corpo um meio colete de plástico amarelo para avisar que se compra ouro ali por perto. Ele é homem-placa porque sua função é mostrar, a cada encruzilhada mais importante do caminho, a direção certa para o novo prédio de apartamentos que está sendo lançado. Durante uma época, a prática foi encostar carros velhíssimos, verdadeiras sucatas, numa vaga de esquina, colocando o anúncio do prédio em cima da capota. O efeito era ruim, sem dúvida. Como acreditar no luxo e na distinção do edifício Duvalier, com seu espaço gourmet e seu depósito de vinho individual, se todo o sonho estava montado em cima de um Opala 74 cor de tijolo com dois pneus no chão?

Eliminaram-se os carros-placa, assim como já pertencem ao passado os grandes lançamentos performáticos do mercado

imobiliário. A coisa tinha, cerca de dez anos atrás, proporções teatrais. Determinado prédio homenageava a Nova York eterna: mocinhas eram contratadas para se fantasiarem de Estátua da Liberdade, com o rosto pintado de verde, a tocha de plástico numa mão, o folheto colorido na outra. Ou então era o Tio Sam, eram Marilyns e Kennedys, que ocupavam a avenida Brasil, a Nove de Julho, as ruas do Itaim.

Esses homens e mulheres-placa não se comparam sequer ao guardador de carros, que precisa impor certa presença ao cliente incauto. Estão ali graças à sua inexistência social. Só que sua função, paradoxalmente, é a de serem vistos; um cabelo azul, um gesto repetitivo apontando o caminho já bastam.

(Adaptado de: Marcelo Coelho, **www.marcelocoelho.folha. blogspot.uol.com**)

(Analista – TRT/14ª – 2011 – FCC) É preciso corrigir, devido à má estruturação, a redação da seguinte frase:

(A) Os homens-placa ficam ensanduichados entre tábuas ou pranchas de metal, transportando-as pelas ruas reduzidos à condições de suporte.

(B) Sensibilizou-se o autor do texto com a condição humilhante desses homens e mulheres-placa, tratados como se fossem coisas, destituídos de sua humanidade.

(C) Não se sabe a quem ocorreu a ideia, uma vez que condomínios de luxo certamente não combinam com sucata, de que usaram como base de anúncio.

(D) Alguém, num momento infeliz, teve a lamentável ideia de usar carros velhos como suporte de propaganda para a venda de imóveis de luxo.

(E) Definitivamente, quem procura imóvel com espaço *gourmet* ou depósito de vinho individual não se deixará atrair pela propaganda apoiada num velho Opala de cor berrante.

Preste atenção em questões como essa. Logo na alternativa A encontramos erro quanto ao uso da crase ("reduzidos à condições"), porém o que se pede é correção quanto à estruturação da redação. **A:** assertiva correta, quanto ao termo "ensanduichados", embora não haja registro de sua ocorrência em dicionários, certamente se trata de um neologismo que o autor do texto criou. Nesse momento, ignorar o termo "ensanduichados". Nessa alternativa há necessidade de correção em "reduzidos a condições". O termo "reduzidos" exige preposição a, porém a palavra regida "condições" está no plural e não há o artigo definido feminino. A crase não ocorre; **B**, **D** e **E:** assertivas corretas; **C:** assertiva incorreta, devendo ser assinalada, a correlação entre as orações está truncada. Não é possível identificar claramente os sujeitos a que os verbos se referem, nem seus complementos. A redação não é inteligível.
Gabarito "C".

(Analista – TRT/14ª – 2011 – FCC) Está clara e correta a redação deste livre comentário sobre o texto:

(A) Quando o corpo humano se reduz em suporte exclusivamente material para qualquer coisa, nossa dignidade deixa de ter preço.

(B) Requer-se de um guardador de carros, diferentemente do que ocorre com um homem-placa, que tenha iniciativa e presença.

(C) Há momentos onde o afã de se fazer propaganda não mede esforços para lançar mão dos mais grotescos recursos.

(D) Ainda se vê em grandes cidades as figuras antagônicas de pobres entalados em cartazes nos quais se diz venderem ouro.

(E) Muitos acreditam ter requinte em morar num edifício de nome estrangeiro, além das novidades ligadas à onda de gastronomia.

A: incorreta, "Quando o corpo humano se reduz a um suporte"; **B:** correta; **C:** incorreta, "Há momentos em que [*usar o pronome* onde *somente quando há referência a lugar*]"; **D:** incorreta, "Ainda se veem (...) as figuras (...) de pobres entalados em cartazes nos quais se diz vender ouro"; **E:** incorreta, "Muitos acreditam haver algum requinte em morar em um edifício de nome estrangeiro". O período "além das novidades ligadas à onda de gastronomia", parece fora de contexto. Gabarito "B".

Do homicídio*

Cabe a vós, senhores, examinar em que caso é justo privar da vida o vosso semelhante, vida que lhe foi dada por Deus. Há quem diga que a guerra sempre tornou esses homicídios não só legítimos como também gloriosos. Todavia, como explicar que a guerra sempre tenha sido vista com horror pelos brâmanes, tanto quanto o porco era execrado pelos árabes e pelos egípcios? Os primitivos aos quais foi dado o nome ridículo de quakers** fugiram da guerra e a detestaram por mais de um século, até o dia em que foram forçados por seus irmãos cristãos de Londres a renunciar a essa prerrogativa, que os distinguia de quase todo o restante do mundo. Portanto, apesar de tudo, é possível abster-se de matar homens.

Mas há cidadãos que vos bradam: um malvado furou-me um olho; um bárbaro matou meu irmão; queremos vingança; quero um olho do agressor que me cegou; quero todo o sangue do assassino que apunhalou meu irmão; queremos que seja cumprida a antiga e universal lei de talião.

Não podereis acaso responder-lhes: "Quando aquele que vos cegou tiver um olho a menos, vós tereis um olho a mais? Quando eu mandar supliciar aquele que matou vosso irmão, esse irmão será ressuscitado? Esperai alguns dias; então vossa justa dor terá perdido intensidade; não vos aborrecerá ver com o olho que vos resta a vultosa soma de dinheiro que obrigarei o mutilador a vos dar; com ela vivereis vida agradável, e além disso ele será vosso escravo durante alguns anos, desde que lhe seja permitido conservar seus dois olhos para melhor vos servir durante esse tempo. Quanto ao assassino do seu irmão, será vosso escravo enquanto viver. Eu o tornarei útil para sempre a vós, ao público e a si mesmo".

É assim que se faz na Rússia há quarenta anos. Os criminosos que ultrajaram a pátria são forçados a servir à pátria para sempre; seu suplício é uma lição contínua, e foi a partir de então que aquela vasta região do mundo deixou de ser bárbara.

(Voltaire – **O preço da justiça**. São Paulo: Martins Fontes, 2001, pp. 15/16. Trad. de Ivone Castilho Benedetti)

*   Excerto de texto escrito em 1777, pelo filósofo iluminista francês Voltaire (1694-1778).

**   Quaker – associação religiosa inglesa do séc. XVI, defensora do pacifismo.

(Analista – TRT/23ª – 2011 – FCC) Deve-se CORRIGIR, por deficiência estrutural, a redação deste livre comentário sobre o texto:

(A) O tratamento de *vós*, que hoje nos soa tão cerimonioso, ecoa uma época em que se aliavam boa argumentação e boa retórica.

(B) Voltaire não hesita em lembrar as vantagens reais da aplicação de penas que poupam a vida do criminoso para que pague pelo que fez.

(C) Como sempre há quem defenda os castigos capitais, razão pela qual Voltaire buscou refutá-los, através de alternativas mais confiáveis.

(D) Note-se a preocupação que tem esse iluminista francês em escalonar as penas de modo a que nelas se preserve adequada relação com o crime cometido.

(E) Na refutação aos que defendem a pena de talião, Voltaire argumenta que o mal já causado não se sana com um ato idêntico ao do criminoso.

Uma redação possível, menos truncada seria: "Como sempre há quem defenda os castigos capitais, refutados por Voltaire, que defendia alternativas a esses castigos." Gabarito "C".

Assim como os antigos moralistas escreviam máximas, deu-me vontade de escrever o que se poderia chamar de mínimas, ou seja, alguma coisa que, ajustada às limitações do meu engenho, traduzisse um tipo de experiência vivida, que não chega a alcançar sabedoria mas que, de qualquer modo, é resultado de viver.

Andei reunindo pedacinhos de papel em que estas anotações vadias foram feitas e ofereço-as ao leitor, sem que pretenda convencê-lo do que penso nem convidá-lo a repensar suas ideias. São palavras que, de modo canhestro, aspiram a enveredar pelo avesso das coisas, admitindo-se que elas tenham um avesso, nem sempre perceptível mas às vezes curioso ou surpreendente.

C.D.A.(Carlos Drummond de Andrade. **O avesso das coisas** [aforismos]. 5.ed. Rio de Janeiro: Record, 2007, p. 3)

(Analista – TRF/1ª – 2011 – FCC) ...admitindo-se que elas tenham um avesso...

Respeitando a situação em que foi empregada a frase acima, a ÚNICA reformulação INCORRETA para o segmento destacado é:

(A) no caso de se admitir que.

(B) caso se admita que.

(C) tomando-se como pressuposto que.

(D) visto que é patente que.

(E) aceitando como hipótese que.

Pelo contexto: "São palavras que, de modo canhestro, aspiram a enveredar pelo avesso das coisas, admitindo-se que elas tenham um avesso" vemos que trata-se de uma hipótese. A única alternativa que não tem apresenta um termo condicional é "visto que é patente que". Gabarito "D".

(Analista – TRF/1ª – 2011 – FCC) Está redigida de modo claro e em conformidade com o padrão culto escrito a seguinte frase:

(A) Idôneo, com extraordinário senso de medida, e sempre atuando com discrição, era o mais cotado para ascender ao cargo a cuja disputa ninguém jamais se furtava.

(B) Quem quizesse afagar o ego do velho casmurro, lhe bastava oferecer dois dedos de prosa e toda a paciência para ouvir-lhe em suas detalhadas lembranças do tempo da guerra.

(C) A estrutura do setor de compras possui aspectos que sem dúvida, faz o funcionário perder-se ao fazer os lançamentos, deixando para a chefia que o façam.

(D) Todos devem ter o direito da integração cultural, o que depende, em última instância, dos que tomam decisões respeitarem o princípio universal da igualdade de oportunidades.

(E) Surpreende a proposta feita anteontem, na diretoria pela secretária geral, segundo a qual, porque não prouvemos o depósito de material de limpeza, tenhamos de providenciá-lo a nossas próprias expensas.

B: incorreta, verifique ortografia (quisesse); colocação pronominal (bastava oferecer-lhe; para ouvi-lo); **C:** incorreta, verifique a concordância verbal ("aspectos que, sem dúvida, fazem o funcionário perder-se ao fazer os lançamentos, deixando que a chefia os [os lançamentos] faça [sujeito é chefia]"); **D:** incorreta, verifique a regência nominal ("direito à integração cultural"); **E:** incorreta, reescreva o trecho: "Surpreendeu a proposta feita anteontem, na diretoria, pela secretária geral. Segundo ela, pelo fato de não termos provido o depósito de material de limpeza, teremos de providenciá-lo às nossas próprias expensas".
Gabarito "A".

5. CONCORDÂNCIA

(Analista Judiciário – TRT/24 – FCC – 2017) Observam-se plenamente as normas de concordância verbal e a adequada articulação entre os tempos e os modos na frase:

(A) Caso atinássemos com o fato de que é pela perspectiva autoral que se produz as notícias, não seremos

tentados a confundir uma reportagem com a realidade mesma.

(B) Quando passarmos a analisar não apenas os fatos noticiados, mas o ponto de vista que neles se incutiram, estamos interpretando também a perspectiva pela qual se enunciaram.

(C) Fará parte do processo de leitura das notícias de um jornal, se não quisermos ser manipulados pela interpretação já inclusa, o reconhecimento do ponto de vista de quem as redigiu.

(D) Se houvéssemos acreditado que a responsabilidade dos fatos noticiados cabiam aos indivíduos nomeados, teremos de inculpar os inocentes e inocentar os culpados.

(E) O que costumamos chamar de "compreensão do mundo" não seria senão confundir o que se traduzem nas palavras com os fatos que efetivamente ocorreriam.

A: incorreta. Deveria constar "se produzem", para concordar com "notícias", e o verbo "ser" deveria estar conjugado no futuro do pretérito do indicativo – "seríamos"; **B:** incorreta. Deveria constar "incutiu", para concordar com "ponto de vista", e o verbo "estar" deveria estar conjugado no futuro do presente do indicativo – "estaremos"; **C:** correta. Todas as normas de concordância e conjugação verbal foram atendidas; **D:** incorreta. Deveria constar "cabia", para concordar com "responsabilidade", e o verbo "ter" deveria estar conjugado no futuro do pretérito do indicativo – "teríamos"; **E:** incorreta. Os verbos "ser" e "ocorrer" deveriam estar conjugados, respectivamente, no presente e no pretérito perfeito do indicativo – "é" e "ocorreram". Além disso, deveria constar "traduz" por se tratar de sujeito indeterminado.
Gabarito "C".

---

1 Há um traço fundamental na história indígena do rio Amazonas, cuja percepção é necessária ao entendimento do passado e do presente da região. É um fenômeno demográfico e cultural de longa duração que acompanha os primeiros duzentos anos da ocupação europeia e que irá resultar, em meados do século XVIII, numa realidade etnográfica substancialmente distinta da que havia sido observada pelos primeiros exploradores quinhentistas.

5 Trata-se do desaparecimento das nações que viviam ao longo do rio Amazonas e da sua substituição por novos contingentes indígenas que foram sendo descidos dos afluentes para a calha amazônica pelos agentes da colonização. Desaparecimento, em sentido étnico, é o termo adequado, e ver-se-á mais adiante de que forma ele se deu. Neste processo de despovoamento maciço e repovoamento parcial, dois aspectos devem ser assinalados: a) *o desaparecimento dos padrões adaptativos* (demográficos, organizacionais e ergológicos) *da população original, que não chegam a se reconstituir, a não ser parcial-*

10 mente, quando do povoamento induzido pelo colonizador; neste segundo momento ocorre b) *a formação de um estrato que* chamaremos neo-indígena, inserido na sociedade colonial e marcado pelo desenraizamento e pela aculturação intertribal e interétnica.

Obs.: ergológico: relativo à ergologia, ramo da etnologia que estuda a cultura material.

(PORRO, Antônio. **História indígena do alto e médio Amazonas: séculos XVI a XVIII**. In: CUNHA, Manuela C. (org.). **História dos índios no Brasil**. 2. ed. São Paulo, Companhia das Letras; Secretaria Municipal de Cultura; FAPESP,1998, p. 175)

(Analista Judiciário – TRT/11 – FCC – 2017) Palavras utilizadas no texto motivaram as frases que seguem, que, entretanto, devem ser analisadas independentemente dele. A que se apresenta em conformidade com as normas de concordância é:

(A) Certamente podem ter havido entre os leitores-pesquisadores muitas dúvidas sobre a magnitude do citado desaparecimento de nações indígenas que viviam ao longo do rio Amazonas.

(B) Fenômenos demográficos e culturais, em qualquer época da história da humanidade, sempre pôde

produzir efeitos insuspeitados, e muitas vezes o fez.

(C) O capítulo evidencia que vários aspectos da história indígena amazonense devem merecer ainda cuidadosa reflexão, porque, apesar da curiosidade que suscita, muito dela ainda permanece obscuro.

(D) Grupos indígenas, principalmente inserido no contexto do rio Amazonas, vem chamando a atenção de pesquisadores de distintas áreas do saber, estudiosos que os julgam detentores de muitos segredos.

(E) Adepto ou não desse entendimento sobre a formação de um estrato neo-indígena, especialistas em etnografia muito se dedicam a interpretar os dados apresentados na pesquisa recém-publicada.

A: incorreta. O verbo "haver", com sentido de "existir", é impessoal, valendo a mesma regra para os seus auxiliares – "pode ter havido"; **B:** incorreta. O verbo "poder" deveria estar conjugado na terceira pessoa do plural para concordar com "fenômenos" – "puderam". No mesmo sentido, o verbo "fazer" – "fizeram"; **C:** correta. Todas as normas de concordância foram respeitadas no período; **D:** incorreta. O particípio do verbo "inserir" deveria estar no plural para concordar com "grupos" – "inseridos". Além disso, o verbo "vir" conjugado na terceira pessoa do plural do presente do indicativo se grafa com acento circunflexo – "vêm"; **E:** incorreta. Deveria constar "Adeptos", para concordar com "especialistas". Além disso, conforme o Novo Acordo Ortográfico, "neoindígena" deve ser grafada sem hífen.
Gabarito "C".

(Analista Judiciário – TRT/11 – FCC – 2017) *Visível a olho nu. Mas não só, uma vez que se trata de um processo que tem sido há décadas acompanhado atentamente, e comprovado a frio reiteradamente, pelas estatísticas censitárias.*

A única alternativa INCORRETA sobre o trecho acima transcrito, em seu contexto, é:

(A) A expressão *Visível a olho nu,* que constitui caracterização da palavra que a antecede, dá oportunidade para que se introduza outro argumento a favor da ideia expressa por *notório.*

(B) Se o assunto fosse não *um processo,* mas "processos", a correção exigiria a forma "se tratam de processos".

(C) O verbo "haver", na frase, está empregado como indica o seguinte verbete do Dicionário eletrônico Houaiss: *transitivo direto* [impessoal] *ter transcorrido ou ser decorrido (tempo).*

(D) Transpondo a voz passiva presente na frase para a voz ativa, a forma correta a ser grafada é "têm acompanhado".

(E) A retirada da vírgula após a palavra *reiteradamente* prejudica o sentido original da frase.

A única alternativa incorreta é a letra "B", que deve ser assinalada. E expressão "trata-se de" não está na voz passiva sintética, mas sim é oração com sujeito indeterminado. Logo, não se flexiona o verbo em número, justamente porque "processo" não é sujeito da oração.
Gabarito "B".

INSTRUÇÃO: Leia o trecho abaixo do artigo Presidente: líder ou gerente?, de Maílson da Nóbrega, e responda às questões a seguir.

[...]

A meu juízo, o Brasil precisa de líderes políticos transformadores, capazes de empreender reformas e assim ampliar o potencial de crescimento e bem-estar. São pessoas aptas a mobilizar a sociedade e a classe política para enfrentar e resolver problemas, o que implica motivar, seduzir, agregar, organizar, orientar, focalizar. O líder virtuoso precisa ter visão de futuro, habilidade para construir maiorias no Congresso e capacidade para identificar e atacar os problemas mais relevantes de sua época.

Rever opiniões, reconhecer erros e considerar novas realidades são igualmente atributos do líder sensato e verdadeiro. Fluência verbal, carisma e capacidade de se comunicar são características requeridas nas modernas democracias de massas, pois é assim que o líder transmite mensagens, ideias, estímulos.

Valorizar a experiência administrativa para o exercício do cargo de presidente é menosprezar a boa política.

(Revista *Veja*, 17/09/2014.)

(Analista Judiciário – TJ/MT – UFMT – 2016) O uso de adjetivos em um texto é um recurso que evidencia a intencionalidade do autor, inserindo marcas apreciativas e valores ideológicos. Em geral, o adjetivo flexiona-se de forma a concordar com o substantivo a que se refere; há casos em que o adjetivo não se flexiona em gênero, somente em número. No texto, quais apresentam essa concordância?

(A) virtuoso, transformadores, aptas

(B) modernas, administrativa, política

(C) capazes, relevantes, verbal

(D) políticos, novas, sensato

Em outras palavras, o enunciado quer saber qual dos adjetivos não sofre variação de masculino/feminino, mas somente de singular/plural. É o que ocorre com "capazes", "relevantes" e "verbal". Perceba que as três palavras são as mesmas se usarmos para nos referir a substantivos masculinos ou femininos (homem capaz, mulher capaz; fato relevante, notícia relevante; contrato verbal, agressão verbal).
Gabarito "C".

(Analista Judiciário – TJ/MT – UFMT – 2016) Leia as frases abaixo.

I. Enquanto houver leitores, haverá livros.

II. Mais de um terço dos jovens no Brasil nunca desliga o celular.

III. Vossa Senhoria tomou posse de seu mandato em dia auspicioso.

IV. Hoje são 08 de março, dia da mulher.

Sobre a concordância verbal empregada nas frases, assinale a afirmativa INCORRETA.

(A) Em II, o verbo desligar deveria ser pluralizado visto que a expressão mais de é indicativa de plural.

(B) O verbo haver no sentido de existir flexiona-se somente na 3ª pessoa do singular, como ocorre em I.

(C) Com pronomes de tratamento, a concordância verbal se dá na 3ª pessoa; em III, no singular, pois o pronome está no singular.

(D) Em IV, o verbo ser concorda com o numeral, mas também poderia concordar com a palavra dia, subentendida antes do numeral.

A: incorreta, devendo ser assinalada. A palavra que determina a concordância é "um terço", singular por definição. Logo, não é possível utilizar o verbo no plural com esta construção; **B:** correta. É verbo impessoal, ou seja, não concorda em número com a pessoa do verbo; **C:** correta. O pronome, no caso, determina a concordância; **D:** correta. As duas construções são aceitas pela norma padrão da língua.
Gabarito "A".

(Analista – TRT/1ª – 2012 – FCC) As normas de concordância verbal estão plenamente observadas na frase:

(A) Cabem a cada um dos usuários de uma língua escolher as palavras que mais lhes parecem convenientes.

(B) D. Glorinha valeu-se de um palavrório pelo qual, segundo lhe parecia certo, viessem a impressionar os ouvidos de meu pai.

(C) As palavras que usamos não valem apenas pelo que significam no dicionário, mas também segundo o contexto em que se emprega.

(D) Muita gente se valem da prática de utilizar termos, para intimidar o oponente, numa polêmica, que demandem uma consulta ao dicionário.

(E) Não convém policiar as palavras que se pronuncia numa conversa informal, quando impera a espontaneidade da fala.

A: incorreta. Deveria constar "cabe" e "parece", no singular, para concordar com "cada um"; **B:** incorreta. Deveria constar "viesse", no singular, para concordar com "palavrório"; **C:** correta. As normas de concordância verbal foram integralmente respeitadas no trecho; **D:** incorreta. Deveria constar "vale", no singular, para concordar com "muita gente"; **E:** incorreta. Deveria constar "pronunciam", no plural, para concordar com "palavras".
Gabarito "C".

(Analista – TRT/6ª – 2012 – FCC) A concordância verbal está plenamente observada na frase:

(A) Provocam muitas polêmicas, entre crentes e materialistas, o posicionamento de alguns religiosos e parlamentares acerca da educação religiosa nas escolas públicas.

(B) Sempre deverão haver bons motivos, junto àqueles que são contra a obrigatoriedade do ensino religioso, para se reservar essa prática a setores da iniciativa privada.

(C) Um dos argumentos trazidos pelo autor do texto, contra os que votam a favor do ensino religioso na escola pública, consistem nos altos custos econômicos que acarretarão tal medida.

(D) O número de templos em atividade na cidade de São Paulo vêm gradativamente aumentando, em proporção maior do que ocorrem com o número de escolas públicas.

(E) Tanto a Lei de Diretrizes e Bases da Educação como a regulação natural do mercado sinalizam para as inconveniências que adviriam da adoção do ensino religioso nas escolas públicas.

A: incorreta. O verbo "provocar" deveria estar no singular ("provoca") para concordar com o sujeito "o posicionamento"; **B:** incorreta. "Haver", com sentido de existir, é impessoal e não se flexiona mesmo quando acompanhado de verbo auxiliar. Com isso, o correto é "deve haver"; **C:** incorreta. "Consistir" deveria permanecer no singular ("consiste"), para concordar com a expressão "um dos (...)"; **D:** incorreta. O verbo "vir" deve permanecer no singular ("vem") para concordar com "o número"; **E:** correta. Todos os verbos atendem aos preceitos da concordância determinados pela gramática.
Gabarito "E".

(Analista – TRT/6ª – 2012 – FCC) O verbo indicado entre parênteses deve flexionar-se no **plural** para preencher corretamente a lacuna da seguinte frase:

(A) Nenhuma das concepções de dignidade, postuladas por diferentes crenças, ... (**alcançar**) uma validade efetivamente universal.

(B) Não se ...... (**atribuir**) às burocracias, nesse texto, o mérito de tomar a iniciativa de atender aos interesses públicos.

(C) A terceirização e a comercialização da saúde, para dom Odilo Scherer, ... (**constituir**) um profundo desrespeito aos mais pobres.

(D) Raramente se ...... (**dispensar**) aos mais pobres o mesmo cuidado médico das clínicas particulares.

(E) Quantas vezes já se ...... (**aplicar**) aos burocratas dos serviços essenciais alguma sanção por sua negligente abulia?

A: incorreta. O verbo "alcançar" deve ser flexionado no singular para concordar com "nenhuma"; **B:** incorreta. O verbo "atribuir" deve ser conjugado no singular porque se trata de sujeito indeterminado; **C:** correta. Com efeito, o verbo "constituir" vai para o plural para concordar com "a terceirização e a comercialização", sujeito composto; **D:** incorreta. A oração está na voz passiva sintética, cujo sujeito é "o mesmo cuidado médico" – singular, portanto; **E:** incorreta. "Aplicar" deve concordar com "alguma sanção", ou seja, fica no singular.
Gabarito "C".

(Analista – TRT9 – 2012 – FCC) A frase em que todos os verbos estão corretamente flexionados é:

(A) Quem se dispor a ler a obra seminal de Hobsbawm sobre as revoluções do final do século XVIII à primeira metade do XIX jamais protestará contra o tempo gasto e o esforço despendido.

(B) As reflexões sobre a Revolução Francesa de 1789 requerem muito cuidado para que não se perca de vista a complexidade que as afirmações categóricas tendem a desconsiderar.

(C) Os revolucionários de 1789 talvez não previssem, ou sequer imaginassem, o impacto que o movimento iniciado na França teria na história de praticamente toda a humanidade.

(D) Se as pessoas não se desfazerem da imagem que cultivam de Napoleão, nunca deixarão de acreditar que o talento pessoal é o principal ou mesmo a único requisito para a obtenção do sucesso.

(E) Quando se pensa na história universal, nada parece tão disseminado no imaginário popular, sobretudo no ocidente, do que as imagens que adviram da Revolução Francesa de 1789.

A: incorreta. A conjugação da terceira pessoa do singular do verbo "dispor" no futuro do subjuntivo é "dispuser"; **B:** correta. Todos os verbos estão conjugados corretamente nesse período; **C:** incorreta. A conjugação da terceira pessoa do plural do verbo "prever" no pretérito imperfeito do subjuntivo é "previssem"; **D:** incorreta. A conjugação da terceira pessoa do plural do verbo "desfazer" do futuro do subjuntivo é "desfizerem"; **E:** incorreta. A conjugação da terceira pessoa do plural do verbo "advir" no pretérito perfeito do indicativo é "advieram".
Gabarito "B".

(Analista – TRT9 – 2012 – FCC) As normas de concordância estão plenamente respeitadas na frase:

(A) Cada um dos filmes dirigidos por Glauber Rocha apresentavam um caráter revolucionário único.

(B) A maioria dos integrantes do movimento conhecido como Cinema Novo estava profundamente interessada nos problemas sociais do país.

(C) Muitas expressões artísticas, como o neorrealismo italiano, contribuiu para o desenvolvimento do Cinema Novo.

(D) A maior parte dos cineastas envolvidos com o Cinema Novo integravam um grupo que tentavam novos caminhos para o cinema nacional.

(E) O Tropicalismo, em que Caetano Veloso e Gilberto Gil se projetou, e o Cinema Novo, cujo principal expoente foi Glauber Rocha, se configura como movimentos artísticos expressivos no século XX.

A: incorreta. O certo seria "apresentava", para rimar com "cada um"; **B:** correta. Todas as normas de concordância foram respeitadas no período; **C:** incorreta. O certo seria "contribuíram", para concordar com "muitas expressões artísticas"; **D:** incorreta. O certo seria "tentava", para concordar com "a maior parte"; **E:** incorreta. O certo seria "configuram", para concordar com "O Tropicalismo (...) e o Cinema Novo" (sujeito composto).

Gabarito "B".

(Analista – TRT/11ª – 2012 – FCC) As normas de concordância verbal encontram-se plenamente observadas em:

(A) A utilidade dos dicionários, mormente quando se trata de palavras polissêmicas, manifestam-se nas argumentações ideológicas.

(B) Não se notam, entre os preconceituosos, qualquer disposição para discutir o sentido de um juízo e as consequências de sua difusão.

(C) Não convém aos injustiçados reclamar por igualdade de tratamento quando esta pode levá-los a permanecer na situação de desigualdade.

(D) Como *discernimento* e *preconceito* são duas acepções de *discriminação*, hão que se esclarecer o sentido pretendido.

(E) Uma das maneiras mais odiosas de refutar os argumentos de alguém surgem na utilização de preconceitos já cristalizados.

A: incorreta. Deveria constar "manifesta-se", no singular, para concordar com "a utilidade"; **B:** incorreta. Deveria constar "nota", no singular, para concordar com "qualquer disposição"; **C:** correta. Todas as normas de concordância verbal foram respeitadas no período; **D:** incorreta. Deveria constar "há", no singular, para concordar com "o sentido"; **E:** incorreta. Deveria constar "surge", no singular, para concordar com o numeral "uma".

Gabarito "C".

(Analista – TRT/14ª – 2011 – FCC) A redação correta é:

(A) Em se cuidando dessa doença no início, não existe dúvidas de que haverá cura – é o que os Estados Unidos, recentemente, provou ao mundo.

(B) Desejando intensamente alçar-se diretor e ele passou a agir com zelo e discrição, não exitando em exceder suas funções e o horário do fim do expediente.

(C) A regente insistiu junto à auxiliar que caberia à ela falar com a imprensa e nós, não aquiecendo, impusemos que a mídia tem de lidar com nós mesmos, os funcionários.

(D) Diz-se que o tio é mais bom do que preparado, mas o convívio com a adolescente tem sido dulcíssimo, em que lhe pesem os excessivos maus humores da jovem.

(E) Pai extremoso, ele soe ser o melhor conselheiro dos filhos, salvo se o exacerbam os ânimos ao reincidirem pela enésima vez no mesmo erro.

A: incorreta, "não existem dúvidas (...) os Estados Unidos, recentemente, provaram ao mundo"; **B:** incorreta, "alçar-se a diretor (...) não hesitando"; **C:** incorreta, "que caberia a ela [não ocorre a crase. O verbo regente *caber* exige a preposição *a*, porém não há artigo antes de pronome pessoal] (...) não aquiecendo [não consentindo], impusemos que a mídia teria de lidar"; **D:** correta, note que o vocábulo bom está sendo usado como adjetivo na comparação "o tio é mais bom [bondoso] do que preparado"; **E:** incorreta, o verbo defectivo *soer* ("ele sói ser

o melhor conselheiro") tem a acepção de "habituar, costumar". É um verbo pouquíssimo usado hodiernamente.

Gabarito "D".

(Analista – TRT/14ª – 2011 – FCC) Estão plenamente observadas as normas de concordância verbal na frase:

(A) Ao se revogarem o emprego de carros-placa na propaganda imobiliária, poupou-se a todos uma demonstração de mau gosto.

(B) Não sensibilizavam aos possíveis interessados em apartamentos de luxo a visão grotesca daqueles velhos carros-placa.

(C) Destinam-se aos homens-placa um lugar visível nas ruas e nas praças, ao passo que lhes é suprimida a visibilidade social.

(D) As duas tábuas em que se comprimem o famigerado homem-placa carregam ditos que soam irônicos, como "compro ouro".

(E) Não se compara aos vexames dos homens-placa a exposição pública a que se submetem os guardadores de carros.

A: incorreta, "Ao se revogar o emprego"; "pouparam-se a todos"; **B:** incorreta, "Não sensibiliza (...) a visão" – o sujeito do verbo transitivo direto *sensibilizar* é "a visão". Podemos reescrever a oração na ordem direta, facilitando a compreensão: "A visão grotesca daqueles velhos carros-placa não sensibilizava os [*sem preposição*] possíveis interessados"; **C:** incorreta, "Destina-se aos homens-placa [*objeto indireto do verbo* destinar] um lugar visível [*o verbo concorda com "um lugar visível"*] nas ruas e nas praças"; **D:** incorreta, "em que se famigerado homem-placa se comprime". O sujeito do verbo *comprimir* é "famigerado homem-placa", sujeito no singular, verbo no singular. **E:** correta, fica mais clara a oração da alternativa E se alterarmos a ordem: "A exposição pública [a que os guardadores de carros se submetem] não se compara aos vexames dos homens-placa." Essa é a alternativa correta.

Gabarito "E".

Meios e fins

O crítico José Onofre disse uma vez que a frase "não se faz uma omelete sem quebrar ovos" é muito repetida por gente que não gosta de omelete, gosta do barulhinho dos ovos sendo quebrados. Extrema esquerda e extrema direita se parecem não porque amam seus ideais, mas porque amam os extremos, têm o gosto pelo crec-crec.

A metáfora da omelete é "o fim justifica os meios", em linguagem de cozinha. O fim justificaria todos os meios extremos de catequização e purificação, já que o fim é uma humanidade melhor – só variando de extremo para extremo o conceito de "melhor".

Todos os fins são nobres para quem os justifica, seja uma sociedade sem descrentes, sem classes ou sem raças impuras. O próprio sacrifício de ovos pelo sacrifício de ovos tem uma genealogia respeitável, a ideia de regeneração (dos outros) pelo sofrimento e pelo sangue acompanha a humanidade desde as primeiras cavernas. Ou seja, até os sádicos têm bons argumentos. Mas o fim das ideologias teria decretado o fim do horror terapêutico, do mito da salvação pela purgação que o século passado estatizou e transformou no seu mito mais destrutivo.

O fracasso do comunismo na prática acabou com a desculpa, racional ou irracional, para o stalinismo. O tempo não redimiu o horror, o fim foi só a última condenação dos meios.

(Adaptado de: Luis Fernando Verissimo, **O mundo é bárbaro**)

(Analista – TRT/14ª – 2011 – FCC) O verbo indicado entre parênteses deverá flexionar-se numa forma do plural para preencher adequadamente a lacuna da frase:

(A) Agrada aos extremistas propagar que, a menos que se ...... (quebrar) ovos, nunca se fará uma omelete.

(B) Aos sádicos ...... (dever) agradar ouvir os ovos quebrando-se, como preâmbulo de uma omelete.

(C) Os ovos de que se ...... (compor) a omelete ilustram o caso em que a violência de um ato se justifica pela causa a que serve.

(D) A todos os meios extremos ...... (costumar) corresponder, segundo os radicais, uma justificativa aceitável.

(E) Mesmo aos maiores sádicos ...... (poder) ocorrer uma certa direção de argumentos para justificar seus horrores.

A: correta, em "a menos que se quebrem ovos", o verbo transitivo direto *quebrar* concorda no plural com o sujeito da passiva ("ovos sejam quebrados"); **B:** incorreta, o sujeito da locução verbal "deve agradar" é oracional: "ouvir os ovos quebrando deve agradar". O verbo deve permanecer no singular; **C:** incorreta, em "de que se compõe a omelete", o verbo transitivo direto *compor* concorda no singular com o sujeito da passiva ("a omelete é composta"): "Os ovos de que é composta a omelete ilustram (os ovos ilustram)" ou "Os ovos de que se compõe a omelete ilustram". O sujeito do verbo *ilustrar* é "ovos"; **D:** incorreta, "Uma justificativa aceitável costuma corresponder, segundo os radicais, a todos os meios extremos". A oração foi colocada na ordem direta. Veja que o sujeito do verbo *costumar* é "Uma justificativa aceitável" e o objeto indireto é "a todos os meios extremos". O verbo concorda, no singular, como sujeito; **E:** incorreta, o sujeito da locução "pode ocorrer" é "uma certa direção de argumentos". O núcleo do sujeito é singular, a locução verbal fica no singular.

Gabarito "A".

(Analista – TRT/20ª – 2011 – FCC) As normas de concordância verbal estão plenamente atendidas na frase:

(A) Interessava aos antigos professores de português suscitar nos alunos o gosto pelos efeitos de retórica nas redações.

(B) A nenhum dos professores do ginásio ocorreriam imaginar que a linguagem falada pode ser um registro de alto valor estético.

(C) Nos dois trechos citados de Graciliano Ramos encontram-se elementos da linguagem falada a que não faltam vivacidade.

(D) O autor faz votos de que aos bons gramáticos se reservem, por justas razões, acomodação privilegiada no céu.

(E) Graças às convicções de que Graciliano não abriam mão, acabou produzindo uma obra-prima em estilo seco e incisivo.

A: correta, o sujeito do verbo *interessar* é oracional "suscitar nos alunos o gosto (...) interessava aos antigos professores". A concordância no singular está correta; **B:** incorreta, o verbo *ocorrer* deve ficar o singular, concordando com "A nenhum dos professores" (sujeito); **C:** incorreta,

"a que não falta vivacidade"; o sujeito do verbo faltar é "vivacidade"; **D:** incorreta, "aos bons gramáticos se reserve (...) acomodação privilegiada no céu"; o verbo *reservar* concorda com o sujeito da passiva ("acomodação"), no singular; **E:** incorreta, o sujeito do verbo *abrir* é "Graciliano". Sujeito singular, verbo no singular: "de que Graciliano não abria mão".

Gabarito "A".

(Analista – TRT/23ª – 2011 – FCC) As normas de concordância verbal estão plenamente respeitadas na frase:

(A) Havendo quem vos pretendam convencer de que a pena de morte é necessária, perguntem onde e quando ela já se provou indiscutivelmente eficaz.

(B) Entre os cidadãos de todos os países nunca deixarão de haver, por força do nosso instinto de violência, os que propugnam pela pena de morte.

(C) Destaca-se, entre as qualidades de Voltaire, suas tiradas irônicas e seu humor ferino, armas de que se valia em suas pregações de homem liberal.

(D) Embora remontem aos hábitos das sociedades mais violentas do passado, a pena de talião ainda goza de prestígio entre cidadãos que se dizem civilizados.

(E) Opõe-se às ideias libertárias de Voltaire, um lúcido pensador iluminista, a violência das penas irracionais que se aplicam em nome da justiça.

A: incorreta, "quem pretenda convencer [a vós] (...) pergunte"; **B:** incorreta, deixará de haver; **C:** incorreta, "Destacam-se (...) suas tiradas"; **D:** incorreta, "Embora [a pena de talião] remonte"; **E:** correta, o verbo *opor* concorda com "a violência", no singular. O verbo *aplicar* concorda com "penas irracionais", no plural.

Gabarito "E".

(Analista – TRT/24ª – 2011 – FCC) As normas de concordância verbal estão plenamente respeitadas na frase:

(A) No passado, com as qualificações *escrita*, *falada* e *televisada* pretendiam-se designar toda a abrangência das formas de comunicação jornalística.

(B) A multiplicação de tantos autores anônimos de *blogs* acabaram por representar uma séria concorrência para os profissionais da comunicação.

(C) Em nossos dias, cabem a quaisquer cidadãos tomar a iniciativa de criar um *blog* para neles desenvolverem seus temas e pontos de vista.

(D) Já não se opõem, num *blog*, a instância do que seja de interesse privado e a instância do que seja de interesse público.

(E) Permitem-se aos seguidores de um *blog* levantar discordância quanto às linhas de argumentação desenvolvidas por seu autor.

A: incorreta, "pretendia-se designar"; **B:** incorreta, "A multiplicação (...) acabou por representar"; **C:** incorreta, "tomar a iniciativa (...) cabe a quaisquer"; **D:** correta, o sujeito do verbo opor é composto "instância do (...) privado" e "instância do (...) público"; **E:** incorreta, "Permite-se (...) levantar".

Gabarito "D".

6. CONJUNÇÃO

Texto CG1A1AAA

1   No quadro da democracia liberal, cidadania
      corresponde ao conjunto das liberdades individuais — os
      chamados direitos civis de locomoção, pensamento e
4   expressão, integridade física, associação etc. O advento da
      democracia social acrescentou, àqueles direitos do indivíduo,
      os direitos trabalhistas ou direitos a prestações de natureza
7   social reclamadas ao Estado (educação, saúde, seguridade e
      previdência). Em ambos os casos, o cidadão é titular de direitos
      e liberdades em relação ao Estado e a outros particulares –
10   mas permanece situado fora do campo estatal, não assumindo
      qualquer titularidade quanto a funções públicas. Preserva-se,
      assim, a perspectiva do constitucionalismo clássico: direitos do
13   homem e do cidadão são exercidos frente ao Estado, mas não
      dentro do aparelho estatal.
      Na teoria constitucional moderna, cidadão é o
16   indivíduo que tem um vínculo jurídico com o Estado, sendo
      portador de direitos e deveres fixados por determinada
      estrutura legal (Constituição, leis), que lhe confere, ainda, a
19   nacionalidade. Cidadãos, em tese, são livres e iguais perante a
      lei, porém súditos do Estado.
      Como lembra Marilena Chaui, a cidadania se define
22   pelos princípios da democracia, significando necessariamente
      conquista e consolidação social e política. A cidadania requer
      instituições, mediações e comportamentos próprios,
25   constituindo-se na criação de espaços sociais de lutas
      (movimentos sociais, sindicais e populares) e na definição de
      instituições permanentes para a expressão política, como
28   partidos, legislação e órgãos do poder público. Distingue-se,
      portanto, a cidadania passiva, aquela que é outorgada pelo
      Estado, com a ideia moral do favor e da tutela, da cidadania
31   ativa, aquela que institui o cidadão como portador de direitos
      e deveres, mas essencialmente criador de direitos para abrir
      novos espaços de participação política.

Maria Victoria de Mesquita Benevides. **Cidadania e democracia**. Internet: <www.scielo.br> (com adaptações).

(**Analista Judiciário – TRE/PE – CESPE – 2017**) No último período do texto CG1A1AAA, o vocábulo "portanto" (l. 29) introduz uma ideia de

(A) tempo.

(B) consequência.

(C) conclusão.

(D) explicação.

(E) adição.

"Portanto" é conjunção conclusiva, sinônima de "logo", "destarte".

Gabarito "C".

A matéria abaixo, que recebeu adaptações, é do jornalista Alberto Dines, e foi veiculada em 09.05.2015, um dia após as comemorações pelos 70 anos do fim da Segunda Guerra Mundial.

Quando a guerra acabar...

1   *Abre parêntese: há momentos – felizmente raros – em que a história pessoal se impõe às percepções conjunturais e o relato na primeira pessoa, embora singular, parcial, às vezes suspeito, sobrepõe-se à narrativa impessoal, ampla, genérica. Fecha parêntese.*

O descaso e os indícios de esquecimento que, na sexta-feira (8/5), rodearam os setenta anos do fim da fase europeia da
5   *Segunda Guerra Mundial sobressaltaram. O ano de 1945 pegou-me com 13 anos e a data de 8 de maio incorporou-se ao meu calendário íntimo e o cimentou definitivamente às efemérides históricas que éramos obrigados a decorar no ginásio. Seis anos antes (1939), a invasão da Polônia pela Alemanha hitlerista – e logo depois pela Rússia soviética – empurrou a guerra para dentro da minha casa através dos jornais e do rádio: as vidas da minha avó paterna, tios, tias, primos e primas dos dois lados corriam perigo. Em 1941, quando a Alemanha rompeu o pacto com a URSS e a invadiu com fulminantes*
10 *ataques, inclusive à Ucrânia, instalou-se a certeza: foram todos exterminados.*

A capitulação da Alemanha tornara-se inevitável, não foi surpresa, sabíamos que seria esmagada pelos Aliados. Nova era a sensação de paz, a certeza que começava uma nova página da história e perceptível mesmo para crianças e adolescentes. A prometida quimera embutida na frase "quando a guerra acabar" tornara-se desnecessária, desatualizada. A guerra acabara para sempre. Enquanto o retorno dos combatentes brasileiros vindos da Itália era saudado
15 *delirantemente, matutinos e vespertinos – mais calejados do que a mídia atual – nos alertavam que a guerra continuava feroz não apenas no Extremo Oriente, mas também na antiquíssima Grécia, onde guerrilheiros de direita e de esquerda, esquecidos do inimigo comum – o nazifascismo – se enfrentavam para ocupar o vácuo de poder deixado pela derrotada barbárie. Sete décadas depois – porção ínfima da história da humanidade –, aquele que foi chamado Dia da Vitória e comemorado loucamente nas ruas do mundo metamorfoseou-se em Dia das Esperanças Perdidas: a guerra não acabou. Os Aliados*
20 *desvincularam-se, tornaram-se adversários. A guerra continua, está aí, espalhada pelo mundo, camuflada por diferentes nomenclaturas, inconfundível, salvo em breves hiatos sem hostilidades, porém com intensos ressentimentos.*

(Reproduzido da **Gazeta do Povo** (Curitiba, PR) e do **Correio Popular** (Campinas, SP), 9/5/2015; intertítulo do *Observatório da Imprensa*, edição 849)

(Analista – TRT/3ª – 2015 – FCC) *Abre parêntese: há momentos – felizmente raros – em que a história pessoal se impõe às percepções conjunturais e o relato na primeira pessoa, embora singular, parcial, às vezes suspeito, sobrepõe-se à narrativa impessoal, ampla, genérica. Fecha parêntese.*

Sem que haja prejuízo do sentido e correção originais, a conjunção acima destacada pode ser substituída por:

(A) contudo.
(B) apesar de.
(C) quando.
(D) porque.
(E) já que.

"Embora" é conjunção concessiva, sinônima de "apesar de", "ainda que", "conquanto".
Gabarito "B".

1   A áspera controvérsia sobre a importância da liberdade política é bem capaz de ocultar o essencial nessa matéria, ou seja, a liberdade existe como um valor ético em si mesmo, independentemente dos benefícios con-
5   cretos que a sua fruição pode trazer aos homens. [...] A liberdade tem sido, em todos os tempos, a causa das maiores conquistas do ser humano. E, efetivamente, que valor teriam a descoberta da verdade, a criação da beleza, a invenção das utilidades ou a realização da
10 justiça, se os homens não tivessem a possibilidade de escolher livremente o contrário de tudo isso? Heródoto foi um dos primeiros a sublinhar que o estado de liberdade torna os povos fortes, na guerra e na paz. Ao relatar a estupenda vitória que os atenienses,

15 sob o comando de Cleômenes, conquistaram contra os calcídeos e os beócios, ele comenta: "Aliás, verifica-se, sempre e em todo lugar, que a igualdade entre os cidadãos é uma vantagem preciosa: submetidos aos tiranos, os atenienses não tinham mais valor na guerra que
20 seus vizinhos; livres, porém, da tirania, sua superioridade foi manifesta. Por aí se vê que na servidão eles se recusavam a manifestar seu valor, pois labutavam para um senhor; ao passo que, uma vez livres, cada um no seu próprio interesse colaborava, por todas as maneiras,
25 para o triunfo do empreendimento coletivo".
O mesmo fenômeno de súbita libertação de energias e de multiplicação surpreendente de forças humanas voltou a repetir-se vinte e quatro séculos depois, com a Revolução Francesa. Pela primeira vez na história mo-
30 derna, as forças armadas de um país não eram compostas de mercenários, nem combatiam por um príncipe, sob o comando de nobres, mas eram formadas de homens livres e iguais, comandados por generais plebeus, sendo todos movidos tão só pelo amor à pátria.

(COMPARATO, Fábio Konder. A liberdade como valor ético. *Ética*: direito, moral e religião no mundo moderno. São Paulo: Companhia das Letras, 2006, p. 546-547)

(Analista – TRT/2ª – 2014 – FCC) Análise da correlação entre frases do texto evidencia que,

(A) (linhas 23 a 25) em *ao passo que, uma vez livres, cada um no seu próprio interesse colaborava [...] para o triunfo do empreendimento coletivo*, a locução destacada equivale a "enquanto", exprimindo oposição.

(B) (linhas 30 a 32) em *as forças armadas de um país não eram compostas de mercenários, nem combatiam por um príncipe*, a inserção da conjunção "e" antes da conjunção destacada determinaria que as ideias expostas tivessem o mesmo peso na argumentação, o que não ocorre com a formulação original.

(C) (linha 32 e 33) em *mas eram formadas de homens livres e iguais*, a conjunção destacada tem valor consecutivo.

(D) (linhas 20 e 21) em *livres, porém, da tirania, sua superioridade foi manifesta*, o deslocamento da conjunção para o início da frase altera significativamente o sentido original.

(E) (linhas 22 e 23) em *pois labutavam para um senhor*, a conjunção equivale a "quando".

A: correta. Substituindo a expressão destacada por "enquanto", fica claro que ambas são sinônimas e que expressam uma comparação entre as duas situações; **B**: incorreta. A inserção da conjunção aditiva "e" não mudaria a ênfase na segunda ideia exposta – sua supressão ou colocação é mera questão de estilo; **C**: incorreta. "Mas" é conjunção adversativa, exprime ideias contrárias; **D**: incorreta. Não há qualquer alteração de sentido ao se deslocar a conjunção adversativa "porém" para o início da oração – novamente, é mera questão estilística; **E**: incorreta. "Pois" é conjunção explicativa, equivale a "porque".
Gabarito "A".

(Analista – TRT/1ª – 2012 – FCC) Por falta de preparo linguístico não sabia como atender a seu pedido.

Caso se dê uma nova redação à frase acima, iniciando-se por ***Não sabia como atender a seu pedido,*** a complementação que não traz prejuízo para o sentido e a correção é:

(A) mesmo porque não teria preparo linguístico.

(B) haja visto minha despreparação linguística.

(C) tendo em mira minha despreparação linguística.

(D) em razão de meu despreparo linguístico.

(E) não obstante meu despreparo na linguística.

A preposição "por" no trecho original expõe a relação de explicação entre as orações (a falta de preparo linguístico é a razão de não saber como agir). Dentre todas as locuções conjuntivas apresentadas nas alternativas, a única que introduz o mesmo valor é "em razão de". As locuções "mesmo porque" e "não obstante" têm valor concessivo; já "haja visto" tem valor causal e "tendo em mira", final.
Gabarito "D".

O mito napoleônico baseia-se menos nos méritos de Napoleão do que nos fatos, então sem paralelo, de sua carreira. Os homens que se tornaram conhecidos por terem abalado o mundo de forma decisiva no passado tinham começado como reis, como Alexandre, ou patrícios, como Júlio César, mas Napoleão foi o "pequeno cabo" que galgou ao comando de um continente pelo seu puro talento pessoal. Todo homem de negócios daí em diante tinha um nome para sua ambição: ser – os próprios clichês o denunciam – um "Napoleão das finanças" ou "da indústria". Todos os homens comuns ficavam excitados pela visão, então sem paralelo, de um homem comum maior do que aqueles que tinham nascido para usar coroas. Em síntese, foi a figura com que todo homem que partisse os laços com a tradição podia se identificar em seus sonhos.

Para os franceses ele foi também algo bem mais simples: o mais bem-sucedido governante de sua longa história.

Triunfou gloriosamente no exterior, mas, em termos nacionais, também estabeleceu ou restabeleceu o mecanismo das instituições francesas como existem hoje. Ele trouxe estabilidade e prosperidade a todos, exceto para os 250 mil franceses que não retornaram de suas guerras, embora até mesmo para os parentes deles tivesse trazido a glória. Sem dúvida, os britânicos se viam como lutadores pela causa da liberdade contra a tirania; mas em 1815 a maioria dos ingleses era mais pobre do que o fora em 1800, enquanto a maioria dos franceses era quase certamente mais rica.

Ele destruíra apenas uma coisa: a Revolução de 1789, o sonho de igualdade, liberdade e fraternidade, do povo se erguendo na sua grandiosidade para derrubar a opressão. Este foi um mito mais poderoso do que o dele, pois, após a sua queda, foi isto e não a sua memória que inspirou as revoluções do século XIX, inclusive em seu próprio país.

(Adaptado de Eric. J. Hobsbawm. **A era das revoluções – 1789-1848.** 7ª ed. Trad. de Maria Tereza Lopes Teixeira e Marcos Penchel. Rio de Janeiro: Paz e Terra, 1989, p.93-4)

(Analista – TRT9 – 2012 – FCC) *Ele trouxe estabilidade e prosperidade a todos, <u>exceto</u> para os 250 mil franceses que não retornaram de suas guerras, <u>embora</u> até mesmo para os parentes deles tivesse trazido a glória.*

Sem prejuízo para o sentido e a correção, os elementos em destaque na frase acima podem ser substituídos, respectivamente, por:

(A) se não – apesar de

(B) a não ser – conquanto

(C) aparte – não obstante

(D) à exceção – porém

(E) afora – contanto que

O advérbio "exceto", que no trecho exerce função de conjunção, indica ressalva, exclusão. Têm a mesma natureza as expressões "senão" (junto), "a não ser", "à exceção" e "fora" (não "afora"). "Embora" tem valor concessivo e é sinônimo de "apesar de", "conquanto", "não obstante". A alternativa "B" é a única que apresenta, portanto, ambas as correlações corretas.
Gabarito "B".

(Analista – TRT/14ª – 2011 – FCC) Pode-se substituir o elemento sublinhado pelo que está negritado entre parênteses, sem prejuízo para a correção e o sentido da frase, no seguinte caso:

(A) (...) o fim é uma humanidade melhor – <u>só variando</u> de extremo para extremo o conceito de melhor. (a menos que varie)

(B) O fim justificaria todos os meios extremos, <u>já que</u> o fim é uma humanidade "melhor". (porquanto)

(C) Extrema esquerda e extrema direita se parecem não porque amam seus ideais, <u>mas porque</u> amam os extremos. (não obstante)

(D) Todos os fins são nobres <u>para quem</u> os justifica. (com aquele que)

(E) O próprio sacrifício de ovos <u>pelo sacrifício de ovos</u> tem uma genealogia respeitável. (extrinsecamente)

Todas as orações sofrerão alteração de sentido, exceto a B. A conjunção "já que" pode ser substituída pela equivalente explicativa "porquanto".
Gabarito "B".

(Analista – TRT/14ª – 2011 – FCC) No contexto, o segmento que expressa uma causa é:

(A) (linhas 8 e 9) uma certa dose de paixão acabou se intrometendo na receita.

(B) (linhas 14 e 15) as informações foram buscadas em primeira mão.

(C) (linha 2) que a fizeram.

(D) (linhas 3 e 4) que se pretende o mais factual e objetivo possível.

(E) (linha 5) tendo sido escrito por alguém.

Para que se possa melhor visualizar o texto e analisar os trechos da questão: *"Esta é uma história da Bossa Nova e dos rapazes e moças que a fizeram (...). É também um livro que se pretende o mais factual e objetivo possível. Evidente que, tendo sido escrito por alguém que vem ouvindo Bossa Nova desde que ela ganhou este nome (...), uma certa dose de paixão acabou se intrometendo na receita – sem interferir, espero, pró ou contra, na descrição da trajetória de qualquer personagem. (...) Para compor essa história, as informações foram buscadas em primeira mão, entre os protagonistas, coadjuvantes..."*. Vemos que *"tendo sido escrito"* se trata de uma oração subordinada adverbial causal reduzida de gerúndio.

Gabarito "E".

De volta à Antártida

A Rússia planeja lançar cinco novos navios de pesquisa polar como parte de um esforço de US$ 975 milhões para reafirmar a sua presença na Antártida na próxima década. Segundo o blog Science Insider, da revista Science, um documento do governo estabelece uma agenda de prioridades para o continente gelado até 2020. A principal delas é a reconstrução de cinco estações de pesquisa na Antártida, para realizar estudos sobre mudanças climáticas, recursos pesqueiros e navegação por satélite, entre outros. A primeira expedição da extinta União Soviética à Antártida aconteceu em 1955 e, nas três décadas seguintes, a potência comunista construiu sete estações de pesquisa no continente. A Rússia herdou as estações em 1991, após o colapso da União Soviética, mas pouco conseguiu investir em pesquisa polar depois disso. O documento afirma que Moscou deve trabalhar com outras nações para preservar a "paz e a estabilidade" na Antártida, mas salienta que o país tem de se posicionar para tirar vantagem dos recursos naturais caso haja um desmembramento territorial do continente.

(**Pesquisa Fapesp**, dezembro de 2010, no 178, p. 23)

(Analista – TRE/TO – 2011 – FCC) *A principal delas é a reconstrução de cinco estações de pesquisa na Antártida, <u>para realizar estudos sobre mudanças climáticas, recursos pesqueiros e navegação por satélite, entre outros</u>.*

O segmento grifado na frase acima tem sentido

(A) adversativo.

(B) de consequência.

(C) de finalidade.

(D) de proporção.

(E) concessivo.

"Para realizar estudos" tem o mesmo valor que "a fim de realizar estudos. O sentido é de finalidade.

Gabarito "C".

7. PRONOMES

(Analista – TRF/4 – FCC – 2019) É plenamente adequado o emprego de pronomes e do sinal indicativo de crase em:

(A) Diante da morte do pai, o filho não apenas lhe lamenta como se vê submetido à culpas inconsoláveis e a profundos remorsos.

(B) Kafka escreveu uma Carta ao pai, carregando-lhe de sentimentos duros, que o leitor à muito custo acompanhará.

(C) Ninguém se sentirá alheio às provações que Kafka nos conta em sua carta, a propósito das dores que o pai lhe infligiu.

(D) As emoções que provoca no leitor à leitura da carta de Kafka ao pai devem-se ao poder da ficção que lhe captura.

(E) As palavras da Carta conduzem o leitor, passo à passo, pelas dores e humilhações que o pai de Kafka fez-lhe passar.

A: incorreta. Como o verbo "lamentar" é transitivo direto, o pronome que lhe antecede deveria ser "a". Além disso, como o "a" está no singular antes de "culpas", fica claro que se trata de preposição isolada, sem artigo, de maneira que não ocorre crase; **B:** incorreta. Não ocorre crase antes de advérbio; **C:** correta. Os pronomes e o acento grave indicativo da crase foram corretamente utilizados; **D:** incorreta. O "a" antes de "leitura" é artigo isolado, sem preposição, logo não ocorre crase. Além disso, como o verbo "capturar" é transitivo direto, o pronome que o antecede deveria ser "a"; **E:** incorreta. Não ocorre crase antes de palavra masculina. **HS**

Gabarito "C".

Texto CG1A1AAA

1   No quadro da democracia liberal, cidadania
corresponde ao conjunto das liberdades individuais — os
chamados direitos civis de locomoção, pensamento e

4   expressão, integridade física, associação etc. O advento da
democracia social acrescentou, àqueles direitos do indivíduo,
os direitos trabalhistas ou direitos a prestações de natureza

7   social reclamadas ao Estado (educação, saúde, seguridade e
previdência). Em ambos os casos, o cidadão é titular de direitos
e liberdades em relação ao Estado e a outros particulares —

10 mas permanece situado fora do campo estatal, não assumindo
qualquer titularidade quanto a funções públicas. Preserva-se,
assim, a perspectiva do constitucionalismo clássico: direitos do

13 homem e do cidadão são exercidos frente ao Estado, mas não
dentro do aparelho estatal.
Na teoria constitucional moderna, cidadão é o

16 indivíduo que tem um vínculo jurídico com o Estado, sendo
portador de direitos e deveres fixados por determinada
estrutura legal (Constituição, leis), que lhe confere, ainda, a

19 nacionalidade. Cidadãos, em tese, são livres e iguais perante a
lei, porém súditos do Estado.
Como lembra Marilena Chaui, a cidadania se define

22 pelos princípios da democracia, significando necessariamente
conquista e consolidação social e política. A cidadania requer
instituições, mediações e comportamentos próprios,

25 constituindo-se na criação de espaços sociais de lutas
(movimentos sociais, sindicais e populares) e na definição de
instituições permanentes para a expressão política, como

28 partidos, legislação e órgãos do poder público. Distingue-se,
portanto, a cidadania passiva, aquela que é outorgada pelo
Estado, com a ideia moral do favor e da tutela, da cidadania

31 ativa, aquela que institui o cidadão como portador de direitos
e deveres, mas essencialmente criador de direitos para abrir
novos espaços de participação política.

Maria Victoria de Mesquita Benevides. **Cidadania e democracia**. Internet: <www.scielo.br> (com adaptações).

(Analista Judiciário – TRE/PE – CESPE – 2017) No segundo parágrafo do texto CG1A1AAA, o pronome "lhe" (l. 18) faz referência a

(A) "cidadão" (l. 15).
(B) "Estado" (l. 16).
(C) "portador de direitos e deveres" (l. 17).
(D) "nacionalidade" (l. 19).
(E) "teoria constitucional moderna" (l. 15).

O pronome indicado resgata, como elemento de coesão, o termo "cidadão", evitando repetições que tornariam a linguagem mais pobre.
Gabarito "A".

(Analista Judiciário – TRT/20 – FCC – 2016) Criamos a nossa civilização e <u>atribuímos à nossa civilização</u> o papel de dirimir nossos sofrimentos, <u>fazendo da nossa civilização</u> uma espécie de escudo contra o furor dos nossos instintos, para que não <u>reconheçamos os nossos instintos</u> como forças que não podem ser controladas.

Evitam-se as viciosas repetições da frase acima, substituindo-se os elementos sublinhados, na ordem dada, por:

(A) lhe atribuímos   – fazendo dela   – os reconheçamos
(B) a atribuímos   – fazendo com ela   – reconheçamos-lhes

(C) atribuímo-la   – fazendo dela   – lhes reconheçamos
(D) a ela atribuímos   – fazendo-a   – reconheçamo-los
(E) lhe atribuímos   – fazendo-lhe   – os reconheçamos

Na primeira passagem, o termo a ser substituído é objeto indireto do verbo, portanto deve ser usado o pronome oblíquo "lhe". Após, veja que o verbo "fazer" rege a preposição "de", logo ela também deve estar presente antes do pronome substituto – "fazendo dela". Por fim, "instintos" é objeto direto do verbo "reconhecer" e, como tal, deve ser substituído pelo pronome oblíquo "o" proclítico ao verbo em face da presença do advérbio de negação "não" – "os reconheçamos".
Gabarito "A".

O mito napoleônico baseia-se menos nos méritos de Napoleão do que nos fatos, então sem paralelo, de sua carreira. Os homens que se tornaram conhecidos por terem abalado o mundo de forma decisiva no passado tinham começado como reis, como Alexandre, ou patrícios, como Júlio César, mas Napoleão foi o "pequeno cabo" que galgou ao comando de um continente pelo seu puro talento pessoal. Todo homem de negócios daí em diante tinha um nome para sua ambição: ser – os próprios clichês o denunciam – um "Napoleão das finan-

ças" ou "da indústria". Todos os homens comuns ficavam excitados pela visão, então sem paralelo, de um homem comum maior do que aqueles que tinham nascido para usar coroas. Em síntese, foi a figura com que todo homem que partisse os laços com a tradição podia se identificar em seus sonhos.

Para os franceses ele foi também algo bem mais simples: o mais bem-sucedido governante de sua longa história. Triunfou gloriosamente no exterior, mas, em termos nacionais, também estabeleceu ou restabeleceu o mecanismo das instituições francesas como existem hoje. Ele trouxe estabilidade e prosperidade a todos, exceto para os 250 mil franceses que não retornaram de suas guerras, embora até mesmo para os parentes deles tivesse trazido a glória. Sem dúvida, os britânicos se viam como lutadores pela causa da liberdade contra a tirania; mas em 1815 a maioria dos ingleses era mais pobre do que o fora em 1800, enquanto a maioria dos franceses era quase certamente mais rica.

Ele destruíra apenas uma coisa: a Revolução de 1789, o sonho de igualdade, liberdade e fraternidade, do povo se erguendo na sua grandiosidade para derrubar a opressão. Este foi um mito mais poderoso do que o dele, pois, após a sua queda, foi isto e não a sua memória que inspirou as revoluções do século XIX, inclusive em seu próprio país.

(Adaptado de Eric. J. Hobsbawm. **A era das revoluções – 1789-1848.** 7ª ed. Trad. de Maria Tereza Lopes Teixeira e Marcos Penchel. Rio de Janeiro: Paz e Terra, 1989, p.93-4)

(Analista – TRT9 – 2012 – FCC) ... tinham nascido para usar <u>coroas</u>.

Ele trouxe estabilidade e prosperidade <u>a todos</u> ...

... que inspirou <u>as revoluções do século XIX</u> ...

A substituição dos elementos sublinhados pelo pronome correspondente, com os necessários ajustes, tem como resultado correto, na ordem dada:

(A) tinham nascido para as usar – Ele lhes trouxe estabilidade e prosperidade – que lhes inspirou

(B) tinham nascido para lhes usar – Ele trouxe-os estabilidade e prosperidade – que inspirou-as

(C) tinham nascido para usá-las – Ele lhes trouxe estabilidade e prosperidade – que as inspirou

(D) tinham nascido para usá-las – Ele os trouxe estabilidade e prosperidade – que lhes inspirou

(E) tinham nascido para as usar – Ele trouxe-os estabilidade e prosperidade – que as inspirou

No primeiro trecho, a substituição deve ser feita pelo pronome oblíquo "as", porque "coroas" é objeto direto, posposto ao verbo (ênclise), considerando que não ocorre nenhum caso de próclise obrigatória. No segundo trecho, a substituição deve ser feita pelo pronome "lhes", porque "a todos" é objeto indireto, anteposto ao verbo (próclise), que se recomenda diante do pronome reto "eles". No terceiro trecho, a substituição deve ser feita pelo pronome oblíquo "as", porque "as revoluções..." é objeto direto, anteposto ao verbo (próclise), obrigatória diante do pronome relativo "que".
Gabarito "C".

(Analista – TRT/14ª – 2011 – FCC) Está correta a seguinte frase:

(A) O presidente advertiu Vossa Excelência para que não deixeis passar o prazo previsto no acordo, caso em que sereis responsabilizado legalmente pelo decurso.

(B) Tenho exausto minhas forças nesse pretencioso projeto, mas nem que consiga o octagésimo lugar no concurso, que é o último, espero vê-lo analisado.

(C) Já está inserto na obra o trecho em que ele afirma acreditar muito na água que considera benta, pois diz que, tendo sido benzida em dia de muito fervor, é miraculosa.

(D) Urge, e ninguém discorda disso, as medidas já anunciadas, porém se o secretário dispuser de imediato de toda a verba prometida, poderá haver problemas mais à frente.

(E) Tratam-se de advertências as mais singulares, entre elas a que incita os cidadãos a que remediem por si sós os danos cuja reparação está legalmente sob o dever do estado.

A: incorreta, "O presidente advertiu Vossa Excelência para que não deixe [ao se utilizar pronome de tratamento, o verbo deve concordar na 3ª pessoa], caso em que será responsabilizado"; **B:** incorreta, "Tenho exaurido [a palavra exausto é adjetivo] minhas forças nesse pretensioso projeto... octogésimo"; **C:** correta, o nome "inserto" é sinônimo de inserido... **D:** incorreta, "Urgem (...) as medidas já anunciadas"; **E:** incorreta, "Trata-se [o verbo é transitivo indireto. O se é índice de indeterminação do sujeito. Se o sujeito é indeterminado, o verbo fica na 3ª pessoa do singular] de advertências as mais singulares, entre elas as [advertências] que incitam os cidadãos a remediar por si sós os danos cujas reparações estão legalmente".
Gabarito "C."

8. CRASE

(Analista – TRT/24ª – 2011 – FCC) Justifica-se plenamente o emprego de ambos os sinais de crase em:

(A) Ela pode voltar à qualquer momento, fiquemos atentos à sua chegada.

(B) Dispôs-se à devolver o livro, à condição de o liberarem da multa por atraso.

(C) Postei-me à entrada do cinema, mas ela faltou também à esse compromisso.

(D) Àquela altura da velhice já não assistia à filmes trágicos, apenas aos de humor.

(E) Não confie à priminha os documentos que obtive à revelia do nosso advogado.

A: incorreta, em "a qualquer momento" não ocorre crase. Esse a é preposição. Não há o artigo. Já em "atentos à sua chegada", o uso do acento grave é facultativo diante de pronome possessivo; **B:** incorreta, em "a devolver", não ocorre a crase antes de verbo; **C:** incorreta, não ocorre a crase. O verbo postar não utiliza a preposição a em sua regência. Em "faltou...a esse compromisso", o a é preposição, porém não há a possibilidade de um artigo diante do pronome demonstrativo esse, portanto não ocorre a crase; **D:** incorreta, o verbo assistir exige preposição a, porém a palavra "filmes" é um substantivo masculino e plural. Não cabe o artigo definido feminino, não ocorre a crase. **E:** correta, os verbos confiar e obter exigem preposição a, os substantivos "priminha" e "revelia" aceitam o artigo definido feminino. Ocorre a crase.
Gabarito "E".

(TRT/23ª – 2011 – FCC) Gabriel García Marquez cresceu em meio ... plantações de banana de Arataca, situada ... poucos quilômetros do vilarejo de Macondo, que ele se dedicou ... retratar na obra Cem anos de solidão.

Preenchem corretamente as lacunas da frase acima, na ordem dada:

(A) as – à – a

(B) as – à – à

(C) às – a – a

(D) às – à – à

(E) as – a – à

"(...) cresceu em meio a (preposição. Também poderia ser às, porém não existe essa opção nas alternativas. Não ocorre a crase. A palavra "plantações" está no plural e não há o artigo definido feminino) plantações (...), situada a (preposição) poucos quilômetros do vilarejo de Macondo, que ele se dedicou a (preposição. Antes de verbo nunca há artigo, logo, nunca ocorre a crase) retratar na obra *Cem anos de solidão*.

Gabarito "C".

1   O começo foi lá atrás e não foi fácil. A profissão que
     hoje dá orgulho a Tião, aos 32 anos de idade, já foi motivo de
     vergonha. Ele começou a catar lixo com onze anos, com a
4   família. "Para mim, catar lixo era natural", diz. Para os outros,
     não. Sua mãe deu uma entrevista e ele passou a ser perseguido
     pelos colegas da escola. No dia seguinte ao da entrevista,
7   chegou à sala de aula e viu escrito na lousa: "Tião, filho da
     xepeira", uma referência à xepa, prática de pegar os restos de
     feiras para levar para casa. Em uma festa da escola, Tião
10   dançava com a namoradinha, quando um menino anunciou pelo
     microfone: "Olha, ela está dançando com o filho da xepeira."
     Humilhado, Tião saiu da festa correndo. Saiu também da
13   escola. Ficou cinco anos sem estudar. Agora cursa o
     segundo ano do ensino médio. Seu sonho é cursar sociologia.
     No documentário Lixo Extraordinário, Tião diz que
16   gosta de Nietzsche e Maquiavel. Ele encontrou um exemplar de
     O Príncipe, de Maquiavel, no meio do chorume do aterro.
     Depois de ler, ficou comparando os príncipes descritos por
19   Maquiavel com líderes do tráfico. Ele conta que a obra foi
     fundamental quando estava começando sua própria liderança.
     Depois da indicação ao Oscar, ele acha que sua voz vai chegar
22   muito mais longe que os trezentos metros quadrados do galpão
     sufocante da associação dos catadores. "Quem nunca teve voz
     agora vai ter, agora vão nos ouvir", diz ele.

Sebastião Carlos dos Santos. **Do lixo ao Oscar.***In:* **Época**, 31/1/2011, p. 12 (com adaptações).

(Analista – TJ/ES – 2011 – CESPE) Com referência às ideias do texto acima e às estruturas nele empregadas, julgue o item seguinte.

(1) Nos trechos "chegou à sala de aula" (l.7) e "uma referência àxepa" (l.8), o emprego do sinal indicativo de crase, opcional em ambos os casos, justifica-se pela regência, respectivamente, da forma verbal "chegou" e do substantivo "referência".

O verbo regente *chegar* e o termo regente *referência* exigem a preposição a, as palavras regidas aceitam o artigo definido feminino. Ocorre a crase.

Gabarito 1C

9. SEMÂNTICA

Juízo de valor

Um juízo de valor tem como origem uma percepção individual: alguém julga algo ou outra pessoa tomando por base o que considera um critério ético ou moral. Isso significa que diversos indivíduos podem emitir diversos juízos de valor para uma mesma situação, ou julgar de diversos modos uma mesma pessoa. Tais controvérsias são perfeitamente naturais; o difícil é aceitá-las com naturalidade para, em seguida, discuti-las. Tendemos a fazer do nosso juízo de valor um atestado de reali-

dade: o que dissermos que é, será o que dissermos. Em vez da naturalidade da controvérsia a ser ponderada, optamos pela prepotência de um juízo de valor dado como exclusivo.

Com o fenômeno da expansão das redes sociais, abertas a todas as manifestações, juízos de valor digladiam-se o tempo todo, na maior parte dos casos sem proveito algum. Sendo imperativa, a opinião pessoal esquiva-se da controvérsia, pula a etapa da mediação reflexiva e instala-se no posto da convicção inabalável. À falta de argumentos, contrapõem-se as paixões do ódio, do ressentimento, da calúnia, num triste espetáculo público de intolerância.

Constituem uma extraordinária orientação para nós todos estas palavras do grande historiador Eric Hobsbawm: "A primeira tarefa do historiador não é julgar, mas compreender, mesmo o que temos mais dificuldade para compreender. O que dificulta a compreensão, no entanto, não são apenas as nossas convicções apaixonadas, mas também a experiência histórica que as formou." A advertência de Hobsbawm não deve interessar apenas aos historiadores, mas a todo aquele que deseja dar consistência e legitimidade ao juízo de valor que venha a emitir.

(Péricles Augusto da Costa, inédito)

(Analista Jurídico – TRF5 – FCC – 2017) Considerando-se o contexto, traduz-se adequadamente o sentido de um segmento do texto em:

(A) emitir diversos juízos de valor (1º parágrafo) → incitar julgamentos diversificados.

(B) naturalidade da controvérsia (1º parágrafo) →espontaneidade da insubmissão.

(C) juízos de valor digladiam-se (2º parágrafo) →aferições vão ao encontro.

(D) Sendo imperativa (2º parágrafo) →Uma vez autoritária.

(E) deseja dar consistência (3º parágrafo) → volta-se para o que consiste.

A: incorreta. "Emitir" é sinônimo de "exprimir", "expor"; **B:** incorreta. "Controvérsia" é sinônimo de "debate", "discordância"; **C:** incorreta. "Digladiar" significa "combater", "duelar", portanto é sinônimo de "de encontro"; **D:** correta. O texto reescrito preserva o sentido do primeiro trecho; **E:** incorreta. "Consistência" é subjetivo, sinônimo de "robustez", "conteúdo", não pode ser substituído por verbo. **HS**
Gabarito "D".

Em torno do bem e do mal

Quando nos referimos ao Bem e ao Mal, devemos considerar que há uma série de pequenos satélites desses grandes planetas, e que são a pequena bondade, a pequena maldade, a pequena inveja, a pequena dedicação... No fundo é disso que se faz a vida das pessoas, ou seja, de fraquezas e virtudes minúsculas. Por outro lado, para as pessoas que se importam com a ética, há uma regra simples e fundamental: não fazer mal a outrem. A partir do momento em que tenhamos a preocupação de respeitar essa simples regra de convivência humana, não será preciso perdermo-nos em grandes filosofias especulativas sobre o que seja o Bem e o Mal.

"Não faças aos outros o que não queres que te façam a ti" parece um ponto de vista egoísta, mas é uma diretriz básica pela qual deve o comportamento humano se orientar para afastar o egoísmo e cultivar verdadeiramente o que se precisa entender por relação humana. Pensando bem, a formulação dessa diretriz bem pode ter uma versão mais positiva: "Faz aos outros o que quiseres que façam a ti". Não é apenas mais simpático, é mais otimista, e dissolve de vez a suspeita fácil de uma providência egoísta.

(A partir de José Saramago. As palavras de Saramago. São Paulo: Companhia das Letras, 2010, p. 111-112, passim)

(Analista – TRT2 – FCC – 2018) Considerando-se o contexto, traduz-se adequadamente o sentido de um segmento do texto em:

(A) fraquezas e virtudes minúsculas (1º parágrafo) → mazelas e sanções mínimas

(B) grandes filosofias especulativas (1º parágrafo) → totalizações filosóficas redundantes

(C) uma diretriz básica (2º parágrafo) → um postulado conveniente

(D) uma versão mais positiva (2º parágrafo) → um paralelismo menos relutante

(E) dissolve de vez a suspeita (2º parágrafo) → desfaz terminantemente a desconfiança

A: incorreta. "Sanções" é sinônimo de "punição", "castigo"; **B:** incorreta. "Especulativa" é sinônimo de "teórico", "abstrato"; **C:** incorreta. "Conveniente" é sinônimo de "útil", "apropriado"; **D:** incorreta. "Menos relutante" é sinônimo de "menos rebelde", "menos obstinado"; **E:** correta. Os termos utilizados são sinônimos e podem ser usados no lugar um do outro. **HS**
Gabarito "E".

A representação da "realidade" na imprensa

Parece ser um fato assentado, para muitos, que um jornal ou um telejornal expresse a "realidade". Folhear os cadernos de papel de ponta a ponta ou seguir pacientemente todas as imagens do grande noticiário televisivo seriam operações que atualizariam a cada dia nossa "compreensão do mundo". Mas esse pensamento, tão disseminado quanto ingênuo, não leva em conta a questão da perspectiva pela qual se interpretam todas e quaisquer situações focalizadas. Submetermo-nos à visada do jornalista que compôs a notícia, ou mesmo à do câmera que flagra uma situação (e que, aliás, tem suas tomadas sob o controle de um editor de imagens), é desfazermo-nos da nossa própria capacidade de análise, é renunciarmos à perspectiva de sujeitos da nossa interpretação.

Tanto quanto os propalados e indiscutíveis "fatos", as notícias em si mesmas, com a forma acabada pela qual se veiculam, são parte do mundo: convém averiguar a quem interessa o contorno de uma análise política, o perfil criado de uma personalidade, o sentido de um levante popular ou o alcance de uma medida econômica. O leitor e o espectador atentos ao que leem ou veem não têm o direito de colocar de lado seu senso crítico e tomar a notícia como espelho fiel da "realidade". Antes de julgarmos "real" o "fato" que já está interpretado diante de nossos olhos, convém reconhecermos o ângulo pelo qual o fato se apresenta como indiscutível e como se compõe, por palavras ou imagens, a perspectiva pela qual uma bem particular "realidade" quer se impor para nós, dispensando-nos de discutir o ponto de vista pelo qual se construiu uma informação.

(Tibério Gaspar, *inédito*)

(Analista Judiciário – TRT/24 – FCC – 2017) Têm sentido próximo ou equivalente, no contexto da argumentação desenvolvida, os segmentos

(A) *a questão da perspectiva pela qual se interpretam todas e quaisquer situações / o ângulo pelo qual o fato se apresenta*

(B) *desfazermo-nos da nossa própria capacidade de análise / reconhecermos o ângulo pelo qual o fato se apresenta*

(C) *Submetermo-nos à visada do jornalista / averiguar a quem interessa o contorno de uma análise política*

(D) *tomar a notícia como espelho fiel da "realidade" / O leitor e o espectador atentos ao que leem ou veem*

(E) *os propalados e indiscutíveis "fatos" / como se compõe, por palavras ou imagens, a perspectiva*

Apenas a alternativa "A" apresenta trechos que se equivalem em sentido. Com efeito, falar em "perspectiva de interpretação" ou "ângulo de apresentação" dos fatos transmite a mesma ideia: a partir do ponto de vista de quem expõe a notícia, a percepção da realidade pode mudar.
Gabarito "A".

1   Há um traço fundamental na história indígena do rio Amazonas, cuja percepção é necessária ao entendimento do passado e do presente da região. É um fenômeno demográfico e cultural de longa duração que acompanha os primeiros duzentos anos da ocupação europeia e que irá resultar, em meados do século XVIII, numa realidade etnográfica substancialmente distinta da que havia sido observada pelos primeiros exploradores quinhentistas.

5   Trata-se do desaparecimento das nações que viviam ao longo do rio Amazonas e da sua substituição por novos contingentes indígenas que foram sendo descidos dos afluentes para a calha amazônica pelos agentes da colonização. Desaparecimento, em sentido étnico, é o termo adequado, e ver-se-á mais adiante de que forma ele se deu. Neste processo de despovoamento maciço e repovoamento parcial, dois aspectos devem ser assinalados: a) *o desaparecimento dos padrões adaptativos* (demográficos, organizacionais e ergológicos) *da população original, que não chegam a se reconstituir, a não ser parcial-*

10   mente, quando do povoamento induzido pelo colonizador; neste segundo momento ocorre b) *a formação de um estrato que* chamaremos neo-indígena, inserido na sociedade colonial e marcado pelo desenraizamento e pela aculturação intertribal e interétnica.

Obs.: ergológico: relativo à ergologia, ramo da etnologia que estuda a cultura material.

(PORRO, Antônio. **História indígena do alto e médio Amazonas: séculos XVI a XVIII**. In: CUNHA, Manuela C. (org.). **História dos índios no Brasil**. 2. ed. São Paulo, Companhia das Letras; Secretaria Municipal de Cultura; FAPESP,1998, p. 175)

(Analista Judiciário – TRT/11 – FCC – 2017) O segmento do texto que está traduzido de maneira a não prejudicar o sentido original é:

(A) *Esse lento vir a ser* / Esse fugaz começar a ser o que não era antes.

(B) *ao mesmo tempo matemático e falastrão* / simultaneamente preciso e de superlativa eficiência.

(C) *vai pouco a pouco desfigurando nosso velho semblante cultural* / vai paulatinamente atualizando nosso antiquado perfil cultural.

(D) *no batido ramerrão do imaginário religioso nacional*/ na surrada e monótona repetição do imaginário religioso nacional.

(E) *introdução gradual, mas nem por isso menos corrosiva* / inserção pontual, mas nem por isso menos avassaladora.

A: incorreta. "Fugaz" é aquilo que é rápido, passageiro. Não é sinônimo de "lento"; **B:** incorreta. "Falastrão" é quem "fala muito e faz pouco", exagerado. Não é sinônimo de "eficiente"; **C:** incorreta. "Desfigurar" significa "alterar substancialmente". Não é sinônimo de "atualizar"; **D:** correta. Todos os termos da nova redação são sinônimos dos usados na anterior; **E:** incorreta. "Gradual" é aquilo que se faz pouco a pouco, continuamente. Não é sinônimo de "pontual".

Gabarito "D".

Amizade

A amizade é um exercício de limites afetivos em permanente desejo de expansão. Por mais completa que pareça ser uma relação de amizade, ela vive também do que lhe falta e da esperança de que um dia nada venha a faltar. Com o tempo, aprendemos a esperar menos e a nos satisfazer com a finitude dos sentimentos nossos e alheios, embora no fundo de nós ainda esperemos a súbita novidade que o amigo saberá revelar. Sendo um exercício bem-sucedido de tolerância e paciência – amplamente recompensadas, diga-se – a amizade é também a ansiedade e a expectativa de descobrirmos em nós, por intermédio do amigo, uma dimensão desconhecida do nosso ser.

Há quem julgue que cabe ao amigo reconhecer e estimular nossas melhores qualidades. Mas por que não esperar que o valor maior da amizade está em ser ela um necessário e fiel espelho de nossos defeitos? Não é preciso contar com o amigo para conhecermos melhor

nossas mais agudas imperfeições? Não cabe ao amigo a sinceridade de quem aponta nossa falha, pela esperança de que venhamos a corrigi-la? Se o nosso adversário aponta nossas faltas no tom destrutivo de uma acusação, o amigo as identifica com lealdade, para que nos compreendamos melhor.

Quando um amigo verdadeiro, por contingência da vida ou imposição da morte, é afastado de nós, ficam dele, em nossa consciência, seus valores, seus juízos, suas percepções. Perguntas como "O que diria ele sobre isso?" ou "O que faria ele com isso?" passam a nos ocorrer: são perspectivas dele que se fixaram e continuam a agir como um parâmetro vivo e importante. As marcas da amizade não desaparecem com a ausência do amigo, nem se enfraquecem como memórias pálidas: continuam a ser referências para o que fazemos e pensamos.

(CALÓGERAS, Bruno, *inédito*)

(Analista Judiciário – TRE/SP – FCC – 2017) Considerando-se o contexto, traduz-se adequadamente o sentido de um segmento em:

(A) *exercício de limites afetivos* (1º parágrafo) = frequência dos traços amistosos

(B) *amplamente recompensadas* (1º parágrafo) = resgatadas a contento

(C) *mais agudas imperfeições* (2º parágrafo) = mais intensas irrelevâncias

(D) *aponta nossas faltas* (2º parágrafo) = indica nossas máculas

(E) *por contingência da vida* (3º parágrafo) = na ocasião premeditada

A: incorreta. "Exercício" não é sinônimo de "frequência", nem "limites" é sinônimo de "traços"; **B:** incorreta. "Amplamente" não é sinônimo de "contento", nem "recompensadas" é sinônimo de "resgatadas"; **C:** incorreta. "Imperfeições" são defeitos, erros. Não é sinônimo de "irrelevância", que indica aquilo que não é importante; **D:** correta. A nova redação apresenta termos sinônimos aos usados na anterior, de modo que podem ser substituídos sem alteração de sentido; **E:** incorreta. "Contingência" é um fato de acontece de forma abrupta, sem planejamento. Não é sinônimo de "premeditado", que indica algo que foi calculado, previsto.

Gabarito "D".

Texto CG1A1AAA

1　No quadro da democracia liberal, cidadania
　corresponde ao conjunto das liberdades individuais — os
　chamados direitos civis de locomoção, pensamento e
4　expressão, integridade física, associação etc. O advento da
　democracia social acrescentou, àqueles direitos do indivíduo,
　os direitos trabalhistas ou direitos a prestações de natureza
7　social reclamadas ao Estado (educação, saúde, seguridade e
　previdência). Em ambos os casos, o cidadão é titular de direitos
　e liberdades em relação ao Estado e a outros particulares —
10　mas permanece situado fora do campo estatal, não assumindo
　qualquer titularidade quanto a funções públicas. Preserva-se,
　assim, a perspectiva do constitucionalismo clássico: direitos do
13　homem e do cidadão são exercidos frente ao Estado, mas não
　dentro do aparelho estatal.
　Na teoria constitucional moderna, cidadão é o
16　indivíduo que tem um vínculo jurídico com o Estado, sendo
　portador de direitos e deveres fixados por determinada
　estrutura legal (Constituição, leis), que lhe confere, ainda, a
19　nacionalidade. Cidadãos, em tese, são livres e iguais perante a
　lei, porém súditos do Estado.
　Como lembra Marilena Chaui, a cidadania se define
22　pelos princípios da democracia, significando necessariamente
　conquista e consolidação social e política. A cidadania requer
　instituições, mediações e comportamentos próprios,
25　constituindo-se na criação de espaços sociais de lutas
　(movimentos sociais, sindicais e populares) e na definição de
　instituições permanentes para a expressão política, como
28　partidos, legislação e órgãos do poder público. Distingue-se,
　portanto, a cidadania passiva, aquela que é outorgada pelo
　Estado, com a ideia moral do favor e da tutela, da cidadania
31　ativa, aquela que institui o cidadão como portador de direitos
　e deveres, mas essencialmente criador de direitos para abrir
　novos espaços de participação política.

Maria Victoria de Mesquita Benevides. **Cidadania e democracia**. Internet: <www.scielo.br> (com adaptações).

(Analista Judiciário – TRE/PE – CESPE – 2017) Sem prejuízo da correção gramatical e do sentido original do texto CG1A-1AAA, a forma verbal "permanece" (l. 10) poderia ser corretamente substituída por

(A) continua.
(B) se mantêm
(C) quedar-se-á.
(D) sentir-se-á.
(E) surge.

_____

"Permanecer" é sinônimo de "continuar", "prosseguir".
Gabarito: "A".

(Analista Judiciário – TJ/MT – UFMT – 2016) INSTRUÇÃO: Leia a reportagem e responda às questões abaixo.

A fuga dos rinocerontes

Espécie ameaçada de extinção escapa dos caçadores da maneira mais radical possível – pelo céu.

Os rinocerontes-negros estão entre os bichos mais visados da África, pois sua espécie é uma das preferidas pelo turismo de caça. Para tentar salvar alguns dos 4.500 espécimes que ainda restam na natureza, duas ONG ambientais apelaram para uma solução extrema:e transportar os rinocerontes de helicóptero. A ação utilizou helicópteros militares para remover 19 espécimes – com 1,4 toneladas cada um – de seu habitat original, na província de Cabo Oriental, no sudeste da África do Sul, e transferi-los para a província de Lampopo, no norte do país, a 1.500 quilômetros de distância, onde viverão longe dos caçadores. Como o trajeto tem áreas inacessíveis de carro, os rinocerontes tiveram de voar por 24 quilômetros. Sedados e de olhos vendados (para evitar sustos caso acordassem), os rinocerontes foram içados pelos tornozelos e voaram entre 10 e 20 minutos. Parece meio brutal? Os responsáveis pela operação dizem que, além de mais eficiente para levar os paquidermes a locais de difícil acesso, o procedimento é mais gentil.

(BADÔ, F. A fuga dos rinocerontes. *Superinteressante*, nº 229, 2011.)

(Analista Judiciário – TJ/MT – UFMT – 2016) A palavra radical pode ser empregada com várias acepções, por isso denomina--se polissêmica. Assinale o sentido dicionarizado que é mais adequado no contexto acima.

(A) Que existe intrinsecamente num indivíduo ou coisa.
(B) Brusco; violento; difícil.
(C) Que não é tradicional, comum ou usual.
(D) Que exige destreza, perícia ou coragem.

O transporte dos rinocerontes foi feito de forma pouco usual, bastante surpreendente, porque ninguém pensaria em levar os animais voando em helicópteros. Correta, portanto, a letra "C". Uma boa estratégia para responder este tipo de questão é substituir a palavra no texto pelos sinônimos apresentados nas alternativas e verificar se a construção original continua fazendo sentido.

Gabarito "C".

(Analista Judiciário – TJ/MT – UFMT – 2016) Na construção da coesão textual, a relação entre hiperônimos e hipônimos é fundamental, pois contribuem para a retomada de sentido no texto. Marque com 1 as palavras que no texto funcionam como hiperônimos e com 2 as que funcionam como hipônimos.

(   )Espécie
(   )Espécimes
(   )Rinocerontes-negros
(   )Bichos

Assinale a sequência correta.

(A) 1, 1, 2, 1
(B) 2, 2, 1, 1
(C) 1, 2, 1, 2
(D) 2, 1, 1, 2

Hiperônimos são palavras de significado mais abrangente, que representam uma série de outras coisas, coisas estas que são consideradas seus hipônimos – ou seja, palavras que têm significado menos abrangente, mais específicos. Exemplos: a palavra "fruta" pode representar "maçã", "pera", "banana" – "fruta" é hiperônimo de "maçã", "pera" e "banana", ao passo que essas todas são hipônimos de "fruta". No texto, temos uma narrativa de trata de rinocerontes-negros (um hipônimo, porque representa um animal específico). Para evitar repetições do termo, o que empobreceria o texto, o autor usa vários hiperônimos de rinoceronte: "espécie", "espécime", "bichos", "paquidermes".

Gabarito "A".

Texto 1 – Coordenação entre órgãos gestores

Um Plano de Contingência para o Trânsito necessita de planejamento prévio para lidar com situações emergenciais e atuar em casos que venham a causar transtornos nos principais corredores viários de uma cidade.

O aumento progressivo da frota de veículos provoca congestionamentos que muitas vezes impedem que os procedimentos planejados de emergência sejam adotados.

Nesses casos, passam a exigir ações mais criativas e diferenciadas, devendo ser planejadas por equipes de técnicos especializados, com a parceria das universidades.

O gerenciamento de acidentes de trânsito, como a velocidade que se desfaz o local de uma batida numa via estrutural, envolve o uso de equipamentos especiais, como helicópteros, e de pessoal devidamente treinado para isso. É crucial haver integração e coordenação entre os órgãos gestores da mobilidade urbana, para solucionar rapidamente as demandas dessa natureza.

Situações como obras, fechamento de ruas e de faixas de tráfego, enchentes, alagamentos das vias e quedas de encostas e árvores, que impedem a circulação normal de veículos, necessitam de sinalização adequada, de informação relevante e bem veiculada em várias mídias, de agentes de trânsito devidamente preparados, de cavaletes e indicação dos desvios possíveis, para diminuir os impactos negativos.

Podemos fazer analogia com um infarto e um AVC, que impedem o fluxo de sangue e exigem providências urgentes para que a pessoa não morra. O mesmo fenômeno ocorre com o trânsito, para que o fluxo seja restabelecido o mais rápido possível.

(Eva Vider, *O Globo*, 9/10/2015 – adaptado)

(Analista Judiciário – TJ/PI – FGV – 2015) O primeiro parágrafo do texto 1 fala de um Plano de Contingência para o Trânsito; o termo "contingência" tem como melhor definição para o contexto:

(A) incerteza sobre se uma coisa acontecerá ou não;
(B) política econômica fundada no princípio da compensação;
(C) imposição de limite ou quota para a importação de determinada mercadoria;
(D) controle e fiscalização legal de problemas;
(E) impedimento de ações irregulares e perturbadoras da ordem pública.

"Contingência" é sinônimo de "acaso", "casualidade", "hipótese", "possibilidade", ou seja, um evento futuro e incerto, algo que não se sabe se acontecerá.

Gabarito "A".

Texto 1 – Coordenação entre órgãos gestores

Um Plano de Contingência para o Trânsito necessita de planejamento prévio para lidar com situações emergenciais e atuar em casos que venham a causar transtornos nos principais corredores viários de uma cidade.

O aumento progressivo da frota de veículos provoca congestionamentos que muitas vezes impedem que os procedimentos planejados de emergência sejam adotados.

Nesses casos, passam a exigir ações mais criativas e diferenciadas, devendo ser planejadas por equipes de técnicos especializados, com a parceria das universidades.

O gerenciamento de acidentes de trânsito, como a velocidade que se desfaz o local de uma batida numa via estrutural, envolve o uso de equipamentos especiais, como helicópteros, e de pessoal devidamente treinado para isso. É crucial haver integração e coordenação entre os órgãos gestores da mobilidade urbana, para solucionar rapidamente as demandas dessa natureza.

Situações como obras, fechamento de ruas e de faixas de tráfego, enchentes, alagamentos das vias e quedas de encostas e árvores, que impedem a circulação normal de veículos, necessitam de sinalização adequada, de informação relevante e bem veiculada em várias mídias, de agentes de trânsito devidamente preparados, de cavaletes e indicação dos desvios possíveis, para diminuir os impactos negativos.

Podemos fazer analogia com um infarto e um AVC, que impedem o fluxo de sangue e exigem providências urgentes para que a pessoa não morra. O mesmo fenômeno ocorre com o trânsito, para que o fluxo seja restabelecido o mais rápido possível.

(Eva Vider, *O Globo*, 9/10/2015 – adaptado)

(Analista Judiciário – TJ/PI – FGV – 2015) Abaixo estão vários pares formados por um substantivo seguido de um adjetivo; o par em que o significado do adjetivo mostra-se inadequado é:

(A) situações emergenciais / referente a um acontecimento perigoso ou fortuito;

(B) corredores viários / referente ao conjunto de estradas ou caminhos;

(C) ações diferenciadas / referente a alguma coisa que diverge de outra;

(D) via estrutural / referente a algo fundamental num conjunto;

(E) órgãos gestores / referente a algo que gerencia ou administra.

"Diferenciadas", na letra "C", são ações especiais, notórias, que estão além do que é comum. Vale dizer, no presente caso, não foi usada como sinônimo de "diferentes", que é o termo explicado na alternativa.
Gabarito "C".

(Analista – TRT/24ª – 2011 – FCC) As leis religiosas têm mais sublimidade; as leis civis dispõem de mais extensão.

A respeito da construção da frase acima, é correto afirmar que

(A) o verbo *dispor* foi empregado no mesmo sentido que assume na frase A solidão dispõe o homem à melancolia.

(B) da comparação entre leis civis e leis religiosas, expressa pelo termo mais, resulta a superioridade inconteste de uma delas.

(C) entre os dois segmentos separados pelo ponto e vírgula estabelece-se uma relação de sentido equivalente ao da expressão ao passo que.

(D) entre os dois segmentos separados por ponto e vírgula estabelece-se uma relação de sentido equivalente ao da expressão por conseguinte.

(E) o verbo dispor foi empregado no mesmo sentido que assume na frase O sacristão dispôs o altar para a missa.

A: em "as leis civis dispõem", o verbo *dispor* tem acepção de "conter, ter parte constituinte"; já em "A solidão dispõe", o verbo tem a acepção de predispor-se; **B** e **C:** entre as oração estabelece-se uma relação de proporcionalidade; **D:** "por conseguinte" é uma conjunção que anuncia uma consequência; **E:** na oração dessa alternativa, o verbo *dispor* tem a acepção de arrumar.
Gabarito "C".

(Analista – TRE/TO – 2011 – FCC) ... *capaz de fornecer as mais diferentes soluções para questões humanas eminentes.* (último parágrafo) Considerando-se o par de palavras **eminentes / iminentes**, é correto afirmar que se trata de exemplo de

(A) homofonia.

(B) antonímia.

(C) sinonímia.

(D) paronímia.

(E) homonímia.

A: incorreta, homofonia é relação entre duas ou mais palavras que, sendo diversas no significado e na grafia, se pronunciam de modo idêntico antonímia é a qualidade das palavras antônimas; **B:** incorreta, antonímia refere-se a significados contrários, que se excluem; **C:** incorreta, sinonímia é a qualidade dos vocábulos que têm significação muito próxima, permitindo que um seja escolhido pelo outro em alguns contextos; **D:** correta, paronímia é semelhança entre palavras, quer por motivos etimológicos, quer por convergência fonética parcial; **E:** incorreta, homonímia é relação entre formas linguísticas com significados diferentes, mas com a mesma forma gráfica e fônica ou apenas fônica.
Gabarito "D".

(Analista – TRE/TO – 2011 – FCC) ... escolherei a dedo seu guarda-roupa e livros sérios para você ler.

A expressão grifada na frase acima pode ser substituída, sem prejuízo para o sentido original, por:

(A) pessoalmente.

(B) de modo incisivo.

(C) apontando.

(D) entre outras coisas.

(E) cuidadosamente.

A expressão "a dedo" tem a acepção de algo feito com cuidado, criteriosamente.
Gabarito "E".

10. VOZES VERBAIS

Para a transposição das vozes verbais, siga sempre o esquema:

– o verbo tem que ser transitivo direto;

– objeto da ativa = sujeito da passiva analítica;

– sujeito da ativa = agenda da passiva analítica;

– o verbo sempre se mantém no mesmo tempo e modo;

– se o sujeito for indeterminado, o verbo da ativa ficará na 3ª pessoa do plural.

VOZ VERBAL	SUJEITO	VERBO TRANSITIVO DIRETO	OBJETO DIRETO	AGENTE DA PASSIVA
ATIVA	Z	verbo concordando com o sujeito	Y	
Passiva analítica	Y	ver ser no mesmo tempo e modo que o verbo da ativa + principal no particípio		Z
ATIVA	sujeito indeterminado	verbo na 3ª pessoa do plural quando o sujeito for indeterminado	Y	
Passiva sintética		verbo no tempo e modo que o verbo da ativa + SE	Y	

(Analista Judiciário – TRE/SP – FCC – 2017) A frase em que há emprego da voz passiva e em que todas as formas verbais estão adequadamente correlacionadas é:

(A) Um amigo de verdade seria sempre necessário para que fôssemos impelidos a acreditar mais em nós mesmos.

(B) A ausência do amigo seria uma lacuna insanável caso não venhamos a contar com nossa memória, que nos povoa com imagens.

(C) Ao passarmos a olhar as coisas com os olhos do amigo que perdemos, estaríamos convencidos do valor que déramos à sua perspectiva.

(D) São falsos amigos aqueles que, em qualquer ocasião, passassem a desfiar elogios quando, de fato, merecermos recriminações.

(E) Teríamos tido decepções com alguns amigos se esperarmos que eles possam nos oferecer todo o afeto de que precisássemos.

A: correta. Todos os verbos estão correlacionados corretamente e a composição "fôssemos impelidos" está na voz passiva; **B:** incorreta. Não há verbo na voz passiva; **C:** incorreta. Não há verbo na voz passiva; **D:** incorreta. Não há verbo na voz passiva. Além disso, os tempos verbais não se relacionam corretamente: "seriam falsos amigos aqueles que, em qualquer ocasião, passassem a desfiar elogios quando, de fato, merecêssemos recriminações"; **E:** incorreta. "Teríamos tido" está na voz passiva, mas há erro na correlação nos tempos verbais: "teríamos tido decepções com alguns amigos se esperássemos que eles pudessem nos oferecer todo o afeto que precisássemos".
Gabarito "A".

(Analista – TRT/1ª – 2012 – FCC) É exemplo de construção na voz **passiva** o segmento sublinhado na seguinte frase:

(A) Ainda ontem <u>fui tomado de risos</u> ao ler um trechinho de crônica.

(B) A Solange <u>toma especial cuidado</u> com a escolha dos vocábulos.

(C) D. Glorinha e sua filha <u>não partilham do mesmo gosto</u> pelo requinte verbal.

(D) O enrubescimento da mãe <u>revelou seu desconforto</u> diante da observação da filha.

(E) Lembro-me de uma visita <u>que recebemos em casa</u>, há muito tempo.

Chama-se **voz passiva** a construção na qual o sujeito, ao invés de agir, *recebe a ação verbal*. Ela está presente somente na alternativa "A", que deve ser assinalada. Note que o sujeito oculto "eu" não diz que "riu" (praticando, assim, a ação verbal), mas que "foi tomado de risos", ou seja, recebeu a ação do verbo "tomar". Em todas as demais, temos **voz ativa**, isto é, o próprio sujeito praticando a ação (tomar cuidado, partilhar, revelar). A letra "E" merece atenção, porque é voz ativa. O sujeito da oração sublinhada está oculto ("nós") e ele pratica a ação verbal de "receber".
Gabarito "A".

(Analista – TRT/6ª – 2012 – FCC) Transpondo-se para a voz passiva a frase **Sempre haverá quem rejeite a interferência do Estado nas questões religiosas**, mantendo-se a correta correlação entre tempos e modos verbais, ela ficará:

(A) Terá havido sempre quem tem rejeitado que o Estado interferisse nas questões religiosas.

(B) A interferência do Estado nas questões religiosas sempre haverá de ser rejeitada por alguém.

(C) Sempre haverá de ter quem rejeite que o Estado interferisse nas questões religiosas.

(D) A interferência do Estado nas questões religiosas sempre tem encontrado quem a rejeita.

(E) As questões religiosas sempre haverão de rejeitar que o Estado venha a interferir nelas.

A transposição para a voz passiva é feita deslocando o sujeito da voz ativa como agente da passiva; o complemento verbal da voz ativa se torna o sujeito paciente; e o verbo na voz ativa é conjugado em seu particípio composto ao lado de um verbo auxiliar. No nosso caso, como a oração na voz ativa não tem sujeito, ao realizar a transposição ela pode ser facultativamente complementada por "alguém": "A interferência do Estado nas questões religiosas sempre haverá de ser rejeitada (por alguém)".
Gabarito "B".

Em outubro de 1967, quando Gilberto Gil e Caetano Veloso apresentaram as canções Domingo no parque e Alegria, Alegria, no Festival da TV Record, logo houve quem percebesse que as duas canções eram influenciadas pela narrativa cinematográfica: repletas de cortes, justaposições e flashbacks. Tal suposição seria confirmada pelo próprio Caetano quando declarou que fora "mais influenciado por Godard e Glauber do que pelos Beatles ou Dylan". Em 1967, no Brasil, o cinema era o que havia de mais intenso e revolucionário, superando o próprio teatro, cuja inquietação tinha incentivado os cineastas a iniciar o movimento que ficou conhecido como Cinema Novo.

O Cinema Novo *nasceu na virada da década de 1950 para a de 1960, sobre as cinzas dos estúdios Vera Cruz (empresa paulista que faliu em 1957 depois de produzir dezoito filmes). "Nossa geração sabe o que quer", dizia o baiano Glauber Rocha já em 1963. Inspirado por* Rio 40 graus *e por* Vidas secas, *que Nelson Pereira dos Santos lançara em 1954 e 1963, Glauber Rocha transformaria, com* Deus e o diabo na terra do sol, *a história do cinema no Brasil. Dois anos depois, o cineasta lançou* Terra em Transe, *que talvez tenha marcado o auge do* Cinema Novo, *além de ter sido uma das fontes de inspiração do Tropicalismo.*

A ponte entre Cinema Novo *e* Tropicalismo *ficaria mais evidente com o lançamento, em 1969, de* Macunaíma, *de Joaquim Pedro de Andrade. Ao fazer o filme, Joaquim Pedro esforçou-se por torná-lo um produto afinado com a cultura de massa. "A proposição de consumo de massa no Brasil é algo novo. A grande audiência de TV entre nós é um fenômeno novo. É uma posição avançada para o cineasta tentar ocupar um lugar dentro dessa situação", disse ele.*

Incapaz de satisfazer plenamente as exigências do mercado, o Cinema Novo *deu os seus últimos suspiros em fins da década de 1970 – período que marcou o auge das potencialidades comerciais do cinema feito no Brasil.*

(Adaptado de Eduardo Bueno. **Brasil: uma história**. Ed. Leya, 2010. p. 408)

(Analista – TRT9 – 2012 – FCC) Em outubro de 1967, quando <u>Gilberto Gil e Caetano Veloso apresentaram as canções Domingo no parque e Alegria</u>, Alegria, no Festival da TV Record, logo houve quem percebesse que <u>as duas can-</u>

ções eram influenciadas pela narrativa cinematográfica ...

Transpondo-se a primeira das frases grifadas acima para a **voz passiva** e a segunda para a **voz ativa**, as formas verbais resultantes serão, respectivamente:

(A) se apresentaram – influencia

(B) foi apresentado – se influenciaram

(C) eram apresentadas – influenciou

(D) foram apresentadas – influenciava

(E) são apresentadas – influenciou

Com a primeira oração na voz passiva, teremos: "As canções 'Domingo no parque' e 'Alegria, alegria' foram apresentadas por Gilberto Gil e Caetano Veloso no Festival da TV Record". Com a segunda oração na voz ativa, teremos: "A narrativa cinematográfica influenciava as duas canções".
,.D„ oμ∩ɒdɒɔ

(Analista – TRT/11ª – 2012 – FCC) Existe transposição de uma voz verbal para outra em:

(A) Variam os níveis de percepção de uma fotografia = São vários os níveis de percepção de uma fotografia.

(B) As fotografias são uma espécie de espelhos = As fotografias tornam-se uma espécie de espelhos.

(C) A percepção de uma imagem muda com o passar do tempo = O passar do tempo muda a percepção de uma imagem.

(D) Os olhares hão de descongelar cada imagem = Cada imagem há de ser descongelada pelos olhares.

(E) Certas fotos se assemelham a espelhos = Há espelhos aos quais certas fotos se tornam semelhantes.

A, B e **E**: incorretas. Os verbos permaneceram na voz ativa. As alterações apenas substituíram verbos de ação por verbos de ligação, transformando os predicados verbais em nominais; **C**: incorreta. Houve apenas inversão dos elementos da oração; **D**: correta. No segundo trecho, o verbo foi transposto para a voz passiva analítica.
,.D„ oμ∩ɒdɒɔ

(Analista – TRT/20ª – 2011 – FCC) A transposição para a voz ativa da frase *Foi assim que sempre se fez a literatura* tem como resultado:

(A) Sempre foi assim que a literatura fez.

(B) Assim é que sempre foi feita a literatura.

(C) Terá sido feito sempre assim, a literatura.

(D) Foi sempre assim que a literatura tem feito.

(E) Foi assim que sempre fizeram a literatura.

Temos "se fez a literatura". O verbo *fazer* é transitivo direto. O pronome *se* é apassivador. A oração está na voz passiva sintética. A voz passiva analítica seria: A literatura foi feita ["por eles"]. O sujeito é indeterminado. A forma verbal "foi feita" está no pretérito perfeito do indicativo. Na transposição da voz passiva para a ativa, o agente da passiva torna-se sujeito da ativa (nesse caso, será sujeito indeterminado); o sujeito da passiva torna-se objeto da ativa. O verbo do sujeito indeterminado fica na 3ª. pessoa do plural. O verbo ficará no mesmo tempo e modo da oração na passiva. Desse modo teremos: "fizeram [verbo no pretérito perfeito do indicativo] a literatura".
,.E„ oμ∩ɒdɒɔ

Veja a resolução esquematizada:

VOZ VERBAL	SUJEITO	VERBO TRANSITIVO DIRETO	OBJETO DIRETO	AGENTE DA PASSIVA
Passiva analítica	A literatura	foi feita (verbo *ser* no pretérito perfeito do indicativo + particípio)		
ATIVA	*sujeito indeterminado*	Fizeram (pretérito perfeito do indicativo na 3ª. pessoa do plural)	a literatura	
Passiva sintética		"que se fez" = fez-se (pretérito perfeito do indicativo)	a literatura	

(Analista – TRT/23ª – 2011 – FCC) Tanto as fontes quanto a própria historiografia falavam a linguagem do poder ...

Transpondo-se a frase acima para a voz passiva, a forma verbal resultante será:

(A) eram faladas.

(B) foi falada.

(C) se falaram.

(D) era falada.

(E) tinha-se falado.

O verbo falar em "falavam a linguagem do poder" está no pretérito imperfeito do indicativo. Ao transpor a oração para a voz passiva, a forma verbal resultante ficará no mesmo tempo e modo: "A linguagem do poder era falada tanto pelas fontes quanto pela própria historiografia."
,.D„ oμ∩ɒdɒɔ

Veja a resolução esquematizada:

VOZ VERBAL	SUJEITO	VERBO TRANSITIVO DIRETO	OBJETO DIRETO	AGENTE DA PASSIVA
Passiva ana-lítica	A linguagem do poder	era falada (verbo *ser* no pretérito imperfeito do indicativo + particípio)		
ATIVA	*sujeito indetermi-nado*	Falavam (pretérito imperfeito do indicativo na 3ª pessoa do plural)	a linguagem do poder	

(Analista – TRT/24ª – 2011 – FCC) Transpondo-se para a voz passiva a frase *Hoje a autoria institucional enfrenta séria concorrência dos autores anônimos*, obter-se-á a seguinte forma verbal:

(A) são enfrentados.

(B) tem enfrentado.

(C) tem sido enfrentada.

(D) têm sido enfrentados.

(E) é enfrentada.

Na transposição da voz ativa para a passiva, o sujeito da ativa (*"a autoria institucional"*) será o agente da passiva (*"pela autoria institucional"*) e o objeto da ativa ("séria concorrência") será o sujeito da passiva. O verbo auxiliar da passiva estará no mesmo tempo e modo que o verbo *enfrentar* na ativa (presente do indicativo): "Hoje a séria concorrência dos autores anônimos é enfrentada pela autoria institucional".

Gabarito "E".

Veja a resolução esquematizada:

VOZ VERBAL	SUJEITO	VERBO TRANSITIVO DIRETO	OBJETO DIRETO	AGENTE DA PASSIVA
Passiva analítica	Séria concorrência	é enfrentada (verbo *ser* no presente do indicativo + particípio)		pela autoria institucional
ATIVA	A autoria institucional	enfrenta (presente do indicativo)	séria concorrência	

(Analista – TRE/TO – 2011 – FCC) Com a substituição do segmento grifado pela expressão entre parênteses no final da transcrição, o verbo **que deverá ser mantido no singular** está em:

(A) ... *um tema que se discuta nos bares* ... (daqueles temas)

(B) ... *o raciocínio conservacionista tem sido puramente contábil* ... (o raciocínio dos conservacionistas)

(C) Mas, ainda que seja *um assunto cada vez mais popular* ... (assuntos cada vez mais populares)

(D) ... *de quem* está mergulhado nas decisões mais prosaicas do dia a dia. (daqueles que)

(E) ... nunca, na história do planeta, registrou-se *um número tão grande de espécies ameaçadas*. (tantas espécies ameaçadas)

A: incorreta, "daqueles temas que se discutiam nos bares"; **B:** correta, o núcleo do sujeito [*raciocínio*] continua sendo singular; **C:** incorreta, "ainda que sejam assuntos"; **D:** incorreta, "daqueles que estão mergulhando"; **E:** incorreta, "tantas espécies foram registradas" (voz passiva analítica) ou "registraram-se tantas espécies" (voz passiva sintética). Lembre-se que quando há o verbo transitivo direto + se, essa partícula é apassivadora. A oração está na voz passiva sintética. Assim, o verbo concorda com o sujeito da passiva analítica que é igual ao objeto direto da passiva sintética ou da ativa.

Gabarito "B".

Veja a resolução esquematizada da alternativa E, com a opção no singular: *"registrou-se um número tão grande de espécies ameaçadas"*

VOZ VERBAL	SUJEITO	VERBO TRANSITIVO DIRETO	OBJETO DIRETO	AGENTE DA PAS-SIVA
Passiva analítica	Um número tão grande...	foi registrado (verbo *ser* no pretérito perfeito do indicativo + particípio)		
ATIVA	*sujeito indetermi-nado*	Registraram (pretérito perfeito do indicativo na 3ª. pessoa do plural)	um número tão grande...	
Passiva sin-tética		Registrou-se (pretérito perfeito do indicativo + SE)	um número tão grande...	

Veja a resolução esquematizada da alternativa E, com a substituição sugerida: "tantas espécies ameaçadas"

VOZ VERBAL	SUJEITO	VERBO TRANSITIVO DIRETO	OBJETO DIRETO	AGENTE DA PASSIVA
Passiva analítica	Tantas espécies ameaçadas	foram registradas (verbo *ser* no pretérito perfeito do indicativo + particípio)		
ATIVA	*sujeito indeterminado*	Registraram (pretérito perfeito do indicativo na 3ª. pessoa do plural)	tantas espécies ameaçadas	
Passiva sintética		Registraram-se (pretérito perfeito do indicativo + SE)	tantas espécies ameaçadas	

Assim como os antigos moralistas escreviam máximas, deu-me vontade de escrever o que se poderia chamar de mínimas, ou seja, alguma coisa que, ajustada às limitações do meu engenho, traduzisse um tipo de experiência vivida, que não chega a alcançar sabedoria mas que, de qualquer modo, é resultado de viver.

Andei reunindo pedacinhos de papel em que estas anotações vadias foram feitas e ofereço-as ao leitor, sem que pretenda convencê-lo do que penso nem convidá-lo a repensar suas ideias. São palavras que, de modo canhestro, aspiram a enveredar pelo avesso das coisas, admitindo-se que elas tenham um avesso, nem sempre perceptível mas às vezes curioso ou surpreendente.

C.D.A.(Carlos Drummond de Andrade. **O avesso das coisas** [aforismos].5.ed. Rio de Janeiro: Record, 2007, p. 3)

(Analista – TRF/1ª – 2011 – FCC) ...em que estas anotações vadias foram feitas...

Observando o contexto em que a frase acima foi empregada, a sua transposição para a voz ativa produz corretamente a seguinte forma verbal:

(A) fizeram-se.

(B) tinha feito.

(C) fiz.

(D) faziam.

(E) poderia fazer.

Pelo contexto sabe-se que as anotações foram feitas pelo escritor. Veja trecho: "[Eu] Andei reunindo pedacinhos de papel em que estas anotações vadias foram feitas e [eu] ofereço-as ao leitor".
Gabarito "C".

11. ORTOGRAFIA

(Analista Judiciário – TJ/MT – UFMT – 2016) Na língua portuguesa, há muitas palavras parecidas, seja no modo de falar ou no de escrever. A palavra sessão, por exemplo, assemelha-se às palavras cessão e seção, mas cada uma apresenta sentido diferente. Esse caso, mesmo som, grafias diferentes, denomina-se homônimo homófono. Assinale a alternativa em que todas as palavras se encontram nesse caso.

(A) conserto, pleito, ótico

(B) cheque, descrição, manga

(C) serrar, ratificar, emergir

(D) taxa, cesta, assento

Somente a letra "D" traz todas as palavras contempladas com homônimos homófonos: "taxa" (tributo) e "tacha" (prego); "cesta" (de pães, de basquete" e "sexta" (dia da semana); "assento" (lugar para sentar) e "acento" (sinal gráfico).
Gabarito "D".

(Analista – TRT/20ª – 2011 – FCC) Está clara e correta a redação deste livre comentário sobre o texto:

(A) Muita gente imagina que literatura é aonde se escreve como se fala, embora hajam autores que consigam fazê-lo com arte.

(B) O gosto literário dos antigos professores de português não sucitava qualquer dúvida quanto ao brilho da retórica exagerada.

(C) A formulação mesma dos temas de redação era um indubitável encaminhamento do aluno para o estilo grandiloquente.

(D) A linguagem rude de Paulo Honório não desestimulou-lhe de escrever um romance que se notabilizaria como literário.

(E) Embora Graciliano Ramos ache mais preferível uma linguagem concisa do que a empolada, ele é um escritor bastante culto.

A: incorreta, "Muita gente imagina que na literatura se escreve como se fala, embora haja autores que consegue fazê-lo com arte."; **B**: incorreta, "suscitava"; **D**: incorreta, "não o desestimulou a escrever"; **E**: incorreta, "ache preferível".
Gabarito "C".

(Analista – TRE/AP – 2011 – FCC) A alternativa que apresenta frase correta é:

(A) – Senhor Ministro, peço sua licença para advertir que Vossa Excelência se equivocais no julgamento dessa lei tão polêmica.

(B) Seus companheiros, até os recém-contratados, não lhe atribuem nenhum deslize e creem que esse é mais um injusto empecilho entre tantos com que ele já se defrontou.

(C) Se eles não satisfazerem todas as exigências, não se têm como contratá-los sem enveredar pelo caminho da irregularidade.

(D) O traumático episódio gerou grande ansiedade, excitação desmedida que lhe fez xingar e investir contra a pessoa mais cumpridora com seus deveres.

(E) Caso ele venha a se opor, será uma compulsão a que ninguém deve compartilhar, sob perigo de todos os envolvidos se virem em situação de risco na empresa.

A: incorreta, "se equivocou" (3ª pessoa do singular); **B:** correta, o Novo Acordo Ortográfico determina a supressão do acento circunflexo das formas verbais terminadas em "-eem"; **C:** incorreta, a forma verbal "satisfazerem" existe. Trata-se do infinitivo conjugado. Preste atenção que a oração desse alternativa começa com um pronome condicional ("se"). Desse modo, usaremos o futuro do subjuntivo "satisfizerem". A oração corretamente redigida fica: "Se eles não satisfizerem todas as exigências". Na língua falada é muito comum essa troca. Dê especial atenção a isso, pois é tema comum nas questões de concursos. **D:** incorreta, a oração poderia ser reescrita. Uma possibilidade é: "O traumático episódio gerou grande ansiedade e excitação desmedida. Xingaram e investiram contra a pessoa mais cumpridora com seus deveres."; **E:** incorreta, "será uma compulsão que ninguém deve compartilhar".

Gabarito "B".

(Analista – TRE/AP – 2011 – FCC) Está correta a seguinte frase:

(A) Ainda que os méritos pela execução do projeto não coubessem àquele engenheiro, foram-lhe logo atribuídos, mas ele, com humildade, não hesitou em recusá-los.

(B) Parecia haver muitas razões para que seus estudos de metereologia não convencesse, mas a mais excêntrica era inventar pretextos inverossímeis para seus erros.

(C) Devem fazer mais de seis meses que ele não constroe nenhuma maquete, talvez por estresse; por isso, muitos são a favor de que lhe seja concedido as férias acumuladas.

(D) Ele é especialista em vegetais euros-siberianos, motivo das suas análizes serem feitas em extensa faixa da Europa e dele viajar tão à vontade.

(E) Ao que me disseram, tratam-se de questões totalmente irrelevante para o pesquisador, mas, mesmo assim, jornalistas tentam assessorá-lo na divulgação delas.

B: incorreta, verifique a ortografia: meteorologia; **C:** incorreta, o verbo *fazer* quando indica tempo decorrido é impessoal: "Deve fazer mais de seis meses que ele não construi [*nota a ortografia da 3ª pessoa do singular do presente do indicativo*] (...) muitos são a favor de que lhe sejam concedidas as férias [verifique a concordância verbal – 'que as férias sejam concedidas']"; **D:** incorreta, ortografia: análises; o pronome *dele* é possessivo e não funciona como sujeito, porém há algumas gramáticas que já aceitam o seu uso. De qualquer modo, sejamos conservadores considerando como forma correta: "de ele viajar". O pronome pessoa "ele" é o sujeito do verbo viajar; **E:** incorreta, o verbo *tratar* é transitivo indireto em "trata-se de questões", o *se* é índice de indeterminação do sujeito. Nesse caso, o verbo sempre permanece no singular, uma vez que não o sujeito não está determinado para indicar a concordância. Quanto à concordância nominal, o adjetivo concorda em gênero (quando for o caso) e número com o substantivo: "questões irrelevantes".

Gabarito "A".

---

12. REGÊNCIAS VERBAL E NOMINAL

Texto 1 – Coordenação entre órgãos gestores

Um Plano de Contingência para o Trânsito necessita de planejamento prévio para lidar com situações emergenciais e atuar em casos que venham a causar transtornos nos principais corredores viários de uma cidade.

O aumento progressivo da frota de veículos provoca congestionamentos que muitas vezes impedem que os procedimentos planejados de emergência sejam adotados.

Nesses casos, passam a exigir ações mais criativas e diferenciadas, devendo ser planejadas por equipes de técnicos especializados, com a parceria das universidades.

O gerenciamento de acidentes de trânsito, como a velocidade que se desfaz o local de uma batida numa via estrutural, envolve o uso de equipamentos especiais, como helicópteros, e de pessoal devidamente treinado para isso. É crucial haver integração e coordenação entre os órgãos gestores da mobilidade urbana, para solucionar rapidamente as demandas dessa natureza.

Situações como obras, fechamento de ruas e de faixas de tráfego, enchentes, alagamentos das vias e quedas de encostas e árvores, que impedem a circulação normal de veículos, necessitam de sinalização adequada, de informação relevante e bem veiculada em várias mídias, de agentes de trânsito devidamente preparados, de cavaletes e indicação dos desvios possíveis, para diminuir os impactos negativos.

Podemos fazer analogia com um infarto e um AVC, que impedem o fluxo de sangue e exigem providências urgentes para que a pessoa não morra. O mesmo fenômeno ocorre com o trânsito, para que o fluxo seja restabelecido o mais rápido possível.

(Eva Vider, *O Globo*, 9/10/2015 – adaptado)

(Analista Judiciário – TJ/PI – FGV – 2015) A oração adjetiva abaixo sublinhada que deveria vir introduzida com um pronome relativo precedido de preposição é:

(A) "lidar com situações emergenciais e atuar em casos <u>que venham a causar transtornos nos principais corredores viários de uma cidade</u>".

(B) "O aumento progressivo da frota de veículos provoca congestionamentos <u>que muitas vezes impedem</u> que os procedimentos planejados de emergência sejam adotados".

(C) "O gerenciamento de acidentes de trânsito, como a velocidade <u>que se desfaz o local de uma batida numa via estrutural</u>".

(D) "Situações como obras, fechamento de ruas e de faixas de tráfego, enchentes, alagamentos das vias e quedas de encostas e árvores, <u>que impedem a circulação normal de veículos</u>".

(E) "Podemos fazer analogia com um infarto e um AVC, <u>que impedem o fluxo de sangue</u>...".

A única oração adjetiva que deveria vir antecedida de preposição é a constante na letra "C", porque o termo "velocidade", neste caso, rege a preposição "em". Nas demais, o período respeita integralmente os ditames da norma padrão.

Gabarito "C".

(Analista – TRT/6ª – 2012 – FCC) *O Estado deve ficar fora das atividades de que o setor privado já dá conta.*

A nova redação da frase acima estará correta caso se substitua o elemento sublinhado por

(A) a que o setor privado já vem colaborando.

(B) com as quais o setor privado já vem cuidando.

(C) nas quais o setor privado já vem interferindo.

(D) em cujas o setor privado já vem demonstrando interesse.

(E) pelas quais o setor privado já vem administrando.

A: incorreta. "Colaborar" rege a preposição "com", não "a"; **B:** incorreta. "Cuidar" rege a preposição "de", não "com"; **C:** correta. "Interferir" rege, realmente, a preposição "em"; **D:** incorreta. "Cujas" é pronome relativo que indica posse, o que não faz sentido nessa construção. Além disso, "interesse" rege a preposição "por"; **E:** incorreta. "Administrar" é verbo transitivo direto, ou seja, não rege preposição.
Gabarito "C".

(Analista – TRT9 – 2012 – FCC) *Em 1992, a indústria cinematográfica do país entrou numa crise ...... só começou a se recuperar na segunda metade da década de 1990.* (Adaptado de Eduardo Bueno, *op.cit.*)

Preenche corretamente a lacuna da frase acima:

(A) *a qual*

(B) *a que*

(C) *na qual*

(D) *onde*

(E) *da qual*

O verbo "recuperar" rege a preposição "de" (quem se recupera, recupera-se de alguma coisa). Portanto, tal preposição deve aparecer junto com o pronome relativo feminino para concordar com "crise" – daí temos "da qual".
Gabarito "E".

(Analista – TRT9 – 2012 – FCC) Costuma-se atribuir ...... originalidade da obra de Glauber Rocha o êxito do movimento denominado *Cinema Novo*, cujos filmes ajudaram ...... alavancar temporariamente ...... indústria cinematográfica nacional.

Preenchem corretamente as lacunas da frase acima, na ordem dada:

(A) à – à – a

(B) a – à – a

(C) a – a – à

(D) a – à – à

(E) à – a – a

Ocorre crase no primeiro caso, porque o verbo "atribuir" rege a preposição "a" e seu complemento é palavra feminina singular antecedida do artigo definido "a". No segundo caso, não há acento grave, porque não ocorre crase antes de verbo. No terceiro caso, não ocorre crase porque "alavancar" é verbo transitivo direto, ou seja, seu complemento (no caso, "indústria") não vem antecedido de preposição.
Gabarito "E".

(Analista – TRT/11ª – 2012 – FCC) Está correto o emprego da expressão sublinhada em:

(A) Os dicionários são muito úteis, sobretudo para bem discriminarmos o sentido das palavras em cujas resida alguma ambiguidade.

(B) O texto faz menção ao famoso caso das *cotas*, pelas quais muitos se contrapuseram por considerá-las discriminatórias.

(C) Por ocasião da defesa de *políticas afirmativas*, com as quais tantos aderiram, instaurou-se um caloroso debate público.

(D) Um dicionário pode oferecer muitas surpresas, dessas em que não conta quem vê cada palavra como a expressão de um único sentido.

(E) Esclarece-nos o texto as acepções da palavra *discriminação*, pela qual se expressam ações inteiramente divergentes.

A: incorreta. "Cujo" remete a posse, propriedade. No caso, deveria ter sido usado "nas quais"; **B:** incorreta. O verbo "contrapor" rege a preposição "a", portanto o correto seria "às quais"; **C:** incorreta. O verbo "aderir" rege a preposição "a", portanto o correto seria "às quais"; **D:** incorreta. Não há nenhum verbo a reger a preposição "em". Deveria constar apenas "que" ou "quais"; **E:** correta. O uso do pronome relativo e da preposição atendem aos preceitos gramaticais.
Gabarito "E".

(Analista – TRT/23ª – 2011 – FCC) Está adequado o emprego de **ambos** os elementos sublinhados na frase:

(A) Os argumentos de que devemos nos agarrar devem se pautar nos limites da racionalidade e da justiça.

(B) Os casos históricos em que Voltaire recorre em seu texto ajudam-no a demonstrar de que a pena de morte é ineficaz.

(C) A pena de talião é um recurso de cuja eficácia muitos defendem, ninguém se abale em tentar demonstrá-la.

(D) Os castigos a que se submetem os criminosos devem corresponder à gravidade de que se reveste o crime.

(E) As ideias liberais, de cuja propagação Voltaire se lançou, estimulam legisladores em quem não falte o senso de justiça.

A: incorreta, "a que devemos nos agarrar"; **B:** incorreta, "a que Voltaire recorre"; "a demonstrar que"; **C:** incorreta, "recurso cuja eficácia muitos defendem"; "se abale ao tentar"; **D:** correta, "submeter-se a"; "revestir-se de"; **E:** incorreta, "a cuja propagação se lançou"; "a quem não falte o senso de justiça".
Gabarito "D".

(Analista – TRT/24ª – 2011 – FCC) Está adequado o emprego de ambos os elementos sublinhados na frase:

(A) Os recursos da internet, dos quais podemos nos valer a qualquer momento, permitem veicular mensagens por cujo conteúdo seremos responsáveis.

(B) Artistas plásticos, que suas obras lhes interessa divulgar, frequentam os espaços da internet, mediante aos quais promovem a divulgação de seu trabalho.

(C) Jornalistas veteranos, de cujas colunas tantos leitores já frequentaram, passaram a criar seus próprios *blogs*, pelos quais acrescentam uma dose de subjetivismo.

(D) É comum que, num *blog*, os assuntos públicos, a cujo interesse social ninguém duvida, coabitem aos assuntos particulares, que a poucos interessará.

(E) As múltiplas formas de linguagem com que o autor de um *blog* pode lançar mão obrigam-no a se familiarizar com técnicas de que jamais cogitou dominar.

A: correta, valer-se de; responsáveis por; **B:** incorreta, redação truncada. Uma opção é "Artistas plásticos, interessados em divulgar suas obras, frequentam os espaços da internet, mediante os quais"; **C:** incorreta, cujas colunas; aos quais acrescentam; **D:** incorreta, "de cujo interesse social ninguém duvida" (verto transitivo indireto); **E:** incorreta, "de que o autor de um blog pode lançar" (verto transitivo indireto) mão"; "técnicas que jamais cogitou dominar" (verto transitivo direto).

Gabarito "A".

(Analista – TRE/TO – 2011 – FCC) ... *para a preservação das espécies e das áreas em que elas se encontram.* (último parágrafo)

A expressão pronominal grifada acima preenche corretamente a lacuna da frase:

(A) É necessário ampliar o conhecimento sobre a importância da biodiversidade para a vida no planeta, ... se amplie o campo das pesquisas genéticas.

(B) O número de espécies de um bioma garante a matéria genética ...... dispõem os pesquisadores para estudos nas mais diversas áreas do conhecimento.

(C) Material genético disponível para estudos mais aprofundados na área da saúde humana é tudo aquilo ...... possam sonhar os cientistas.

(D) Justifica-se uma preocupação maior com a sustentabilidade do planeta, tendo em vista ...... se acelera o ritmo da degradação de diversos biomas.

(E) As inúmeras espécies que constituem os biomas oferecem material de estudo ...... se fundamentam os cientistas para descobrir a cura de doenças.

A: incorreta, que se amplie" **B:** incorreta, de que dispõem; **C:** incorreta, "com que possam sonhar"; **D:** incorreta, "tenho em vista que"; **E:** correta, "em que se fundamentam".

Gabarito "E".

13. TEMAS COMBINADOS E OUTROS TEMAS

Texto CB1A1-I

```
1     A impossibilidade de manter silêncio sobre um
      assunto é uma observação que pode ser feita a respeito de
      muitos casos de patente injustiça que nos enfurecem de um
4     modo até difícil de ser capturado por nossa linguagem. Ainda
      assim, qualquer estudo sobre a injustiça também demanda uma
      enunciação clara e uma análise arrazoada.
7     A necessidade de uma teoria da justiça está
      relacionada com a disciplina de argumentar racionalmente
      sobre um assunto. Afirma-se, às vezes, que a justiça não diz
10    respeito à argumentação racional. É fácil ficar tentado a pensar
      nessa linha. Quando nos defrontamos, por exemplo, com uma
      alastrada fome coletiva, parece natural protestar em vez de
13    raciocinar de forma elaborada sobre a justiça e a injustiça.
      Contudo, uma calamidade seria um caso de injustiça apenas se
      pudesse ter sido evitada, em especial se aqueles que poderiam
16    ter agido para tentar evitá-la tivessem deixado de fazê-lo. Entre
      os requisitos de uma teoria da justiça inclui-se o de permitir
      que a razão influencie o diagnóstico da justiça e da injustiça.
```

Amartya Sen. A ideia de justiça. Denise Bottmann e Ricardo D. Mendes (Trad.). São Paulo: Companhia das Letras, 2011 (com adaptações).

(Analista – MPU – CESPE – 2018) Julgue os próximos itens, relativos aos sentidos e aos aspectos linguísticos do texto CB1A1-I.

(1) Os sentidos e a correção gramatical do texto seriam preservados caso o trecho "uma calamidade seria um caso de injustiça apenas se pudesse ter sido evitada" (R. 14 e 15) fosse reescrito da seguinte maneira: apenas uma calamidade que poderia ter sido evitada é um caso de injustiça.

(2) Na expressão "fazê-lo" (R.16), a forma pronominal "lo" retoma a ideia de agir para tentar evitar uma calamidade.

(3) Na forma "Afirma-se" (R.9), o emprego do pronome "se" indica que não existe um agente responsável pela ação de afirmar.

(4) A correção gramatical do texto seria mantida se, no trecho "Quando nos defrontamos, por exemplo, com uma alastrada fome coletiva" (R. 11 e 12), a forma pronominal "nos" fosse suprimida.

(5) Na linha 3, o adjetivo "patente" tem o significado de impressionante.

(6) Na linha 9, caso a expressão "às vezes" fosse deslocada para imediatamente após "justiça", feitos os devidos ajustes de pontuação, a correção gramatical seria mantida, mas o sentido original do texto seria alterado.

(7) A substituição de "relacionada com a disciplina" (R.8) por relacionada à disciplina, embora mantivesse o sentido do texto, prejudicaria sua correção gramatical.

1: incorreta. A nova redação proposta altera o sentido do texto, limitando as injustiças aos casos de calamidades evitáveis; 2: correta. Trata-se do uso do pronome como elemento de coesão do texto; 3: incorreta. Os casos de sujeito indeterminado, como este, indicam que existe alguém praticando a ação verbal, só não sabemos quem é; 4: correta. O verbo "defrontar" pode aparecer tanto na forma intransitiva quanto pronominal; 5: incorreta. Nesse caso, "patente" é sinônimo de "óbvia", "manifesta"; 6: correta. A posição da locução adverbial é relevante para indicar qual o outro elemento da oração que ela está alterando: "afirma-se" ou "justiça"; 7: incorreta. Também a correção gramatical seria mantida. **HS**

Gabarito 1E, 2C, 3E, 4C, 5E, 6C, 7E

Texto CB1A1-II

1   Falar em desigualdade é falar também em pobreza.
       A reprodução social das desigualdades contribui para o
       aprofundamento das situações de pobreza, por isso uma
4   estratégia de enfrentamento deve considerar a conexão entre as
       duas pautas.
       É necessário compreender que a desigualdade se
7   expressa em diferentes dimensões na vida das pessoas e que
       apenas uma minoria se beneficia com a acumulação de riqueza
       e de poder. No caso do Brasil, há especificidades que devem
10   ser observadas. A história de colonização e de escravidão
       deixou heranças ainda presentes, que resguardam a condição
       desigual no acesso a bens, serviços e equipamentos públicos.
13   A desigualdade não é natural; ela é uma construção
       social. Quando a desigualdade é naturalizada, ela passa a
       instituir o poder da opressão social. Os mecanismos que
16   reproduzem as desigualdades devem ser revelados de forma
       que se possibilite seu enfrentamento pela sociedade civil por
       meio da cidadania ativa, buscando-se o aprofundamento da
19   democracia e a garantia da justiça de gênero, da igualdade
       racial e dos direitos humanos.

Kátia *Maia. Vamos falar sobre desigualdade?*
*Internet: <w*ww.oxfam.org.br> (com adaptações).

(Analista – MPU – CESPE – 2018) A respeito dos aspectos linguísticos do texto CB1A1-II, julgue os itens subsecutivos.

(1) A substituição da forma verbal "compreender" (R.6) por **compreendermos** prejudicaria a correção gramatical do texto, assim como alteraria os seus sentidos originais.

(2) A introdução de uma vírgula imediatamente após a palavra "revelados" (R.16) manteria a correção gramatical do texto.

(3) Os termos "de gênero" (R.19), "da igualdade racial" (R. 19 e 20) e "dos direitos humanos" (R.20) complementam a palavra "justiça" (R.19).

1: incorreta. A conjugação no plural indicaria a silepse de número, figura de linguagem na qual o narrador se inclui entre os receptores da mensagem, o que é aceito pela norma culta; **2:** correta. Trata-se de vírgula facultativa, de forma que sua presença não traz qualquer vício à redação do texto; **3:** incorreta. Apenas "de gênero" complementa "justiça". As demais complementam "garantia". HS

Gabarito: 1E; 2C; 3E

Educação familiar

A família cumpre cada vez menos a sua função de instituição de aprendizagem e educação. Ouve-se dizer hoje, repetidamente, o mesmo a respeito dos filhos de famílias das camadas superiores da sociedade, "nada trouxeram de casa". Os professores universitários comprovam até que ponto é escassa a formação substancial, realmente experimentada pelos jovens, que possa ser considerada como pré-adquirida.

Mas isso depende do fato de que a formação cultural perdeu a sua utilidade prática. Mesmo que a família ainda se esforçasse por transmiti-la, a tentativa estaria condenada ao fracasso porque, com a certeza dos bens familiares hereditários, esvaziaram-se alguns motivos de insegurança e sentimento de desproteção. Por parte dos filhos, a tendência atual consiste em furtarem-se a

essa educação, que se apresenta como uma introversão inoportuna, e em orientarem-se, de preferência, pelas exigências da chamada "vida real".

O momento específico da renúncia pessoal, que hoje mutila os indivíduos, impedindo a individuação, não é a proibição familiar, ou não o é inteiramente, mas a frieza, a indiferença tanto mais penetrante quanto mais desagregada e vulnerável a família se torna.

(Adaptado de: HORKHEIMER, Max, e ADORNO, Theodor (orgs.). Temas básicos da Sociologia. São Paulo: Cultrix, 1973, p. 143)

(Analista – TRF/4 – FCC – 2019) Está plenamente clara e correta a redação deste livre comentário sobre o texto:

(A) No caso de a educação formal for insuficiente, apelem-se para as providências que cabem à família tomar.

(B) Aos jovens de hoje reserva-se poucos cuidados no que tocam à sua educação, restringindo à bem poucas iniciativas.

(C) Os filhos de hoje recusam-se à admitir que lhes cabe alguma educação que provisse de seus pais ou responsáveis.

(D) A razão onde melhor se justifica a irrelevância da presente educação familiar estima-se que é a frieza dos que são indiferentes.

(E) Os indivíduos de nosso tempo, impedidos de se determinarem como tais, são como que mutilados por essa privação de si mesmos.

A: incorreta. O verbo "ser" deveria estar no infinitivo na primeira parte do período e o verbo "caber" deveria estar no singular; **B:** incorreta. "Reservam-se", porque estamos diante de verbo na voz passiva sintética, logo ele deve concordar com "cuidados" ("poucos cuidados são reservados", se transpusermos para a voz ativa). Além disso, o verbo "tocar" deveria estar no singular e não ocorre crase antes de "bem"; **C:**

incorreta. Não ocorre crase antes de verbo e o verbo "provir" na terceira pessoa do singular do pretérito imperfeito do subjuntivo conjuga-se "proviesse"; **D**: incorreta. A redação é confusa e obscura, de forma que se perde inclusive o sentido da mensagem; **E**: correta. O trecho é claro, coerente e atende ao padrão culto da língua. HS

Gabarito "E".

(Analista – TJ/SC – FGV – 2018) Observe a charge a seguir:

(Analista – TJ/SC – FGV – 2018) Sobre a frase dita por Einstein, é correto afirmar que:

(A) o termo "Galileu", por ser um vocativo, deveria ser colocado no início da frase;

(B) o adjetivo "brilhante", por ser um adjetivo qualificativo, deveria vir antes do substantivo "mente";

(C) o pronome "nós", implícito em "estávamos esperando" se refere a todos os habitantes do céu;

(D) o termo "Galileu" deveria aparecer entre vírgulas, por ser um vocativo;

(E) o emprego da forma "olha" é desaconselhável por pertencer à linguagem coloquial.

A: incorreta. Não é obrigatório que o vocativo apareça no início da frase. O essencial, caso esteja deslocado para outro ponto, é apenas que seja separado dos demais elementos sintáticos por vírgulas; **B**: incorreta. Na ordem direta da oração, a colocação do adjetivo é realmente posposta ao substantivo; **C**: incorreta. Refere-se somente aos dois cientistas, conforme o contexto criado pela charge; **D**: correta, conforme comentário à alternativa "A"; **E**: incorreta. A charge retrata justamente uma conversa informal entre os dois cientistas, então não há qualquer incoerência no uso dessa forma verbal. HS

Gabarito "D".

A representação da "realidade" na imprensa

Parece ser um fato assentado, para muitos, que um jornal ou um telejornal expresse a "realidade". Folhear os cadernos de papel de ponta a ponta ou seguir pacientemente todas as imagens do grande noticiário televisivo seriam operações que atualizariam a cada dia nossa "compreensão do mundo". Mas esse pensamento, tão disseminado quanto ingênuo, não leva em conta a questão da perspectiva pela qual se interpretam todas e quaisquer situações focalizadas. Submetermo-nos à visada do jornalista que compôs a notícia, ou mesmo à do câmera que flagra uma situação (e que, aliás, tem suas tomadas sob o controle de um editor de imagens), é desfazermo-nos da nossa própria capacidade de análise, é renunciarmos à perspectiva de sujeitos da nossa interpretação.

Tanto quanto os propalados e indiscutíveis "fatos", as notícias em si mesmas, com a forma acabada pela qual se veiculam, são parte do mundo: convém averiguar a quem interessa o contorno de uma análise política, o perfil criado de uma personalidade, o sentido de um levante popular ou o alcance de uma medida econômica. O leitor e o espectador atentos ao que leem ou veem não têm o direito de colocar de lado seu senso crítico e tomar a notícia como espelho fiel da "realidade". Antes de julgarmos "real" o "fato" que já está interpretado diante de nossos olhos, convém reconhecermos o ângulo pelo qual o fato se apresenta como indiscutível e como se compõe, por palavras ou imagens, a perspectiva pela qual uma bem particular "realidade" quer se impor para nós, dispensando-nos de discutir o ponto de vista pelo qual se construiu uma informação.

(Tibério Gaspar, *inédito*)

(Analista Judiciário – TRT/24 – FCC – 2017) Na frase *Parece ser* um fato *assentado que* um jornal *expresse a "realidade",* os termos sublinhados

(A) prendem-se ao mesmo verbo, do qual constituem adjuntos.

(B) são sujeitos de uma mesma forma verbal.

(C) integram duas orações distintas.

(D) exercem, respectivamente, a função de complemento nominal e a de complemento verbal.

(E) estão empregados como predicativos do sujeito.

"Um fato" é predicativo do sujeito "que um jornal expresse a realidade", enquanto "um jornal" é sujeito do verbo "expressar". Logo, fica claro que integram orações distintas: "um fato" compõe a oração subordinada substantiva predicativa e "um jornal" integra a oração principal do período composto por subordinação.

Gabarito "C".

1 Três em cada quatro brasileiros se consideram católicos. Pelas contas do Censo 2000, para uma população total em torno de 170 milhões de habitantes, o Brasil entra no século XXI aproximadamente com 125 milhões de católicos declarados, praticamente três quartos da população residente total.

Quer dizer que no início do terceiro milênio ainda é possível a esse país, o maior e mais populoso da "América cató-
5 lica", continuar ostentando com fundamento em dados estatísticos cientificamente controlados e religiosamente isentos sua histórica posição de nação com hegemonia católica, que um dia lhe valeu o desgastado título que o aclama como "o maior país católico do mundo". Tradicionalmente autoaplicado por seus habitantes em conotações que, a bem da verdade, sofrem polarizações e inflexões de toda espécie e grau, que vão do contentamento envaidecido sem ressalvas ao lamento aborrecido sem reservas, a plausibilidade desse superlativo identitário pode estar com os dias contados.

10 Não obstante a permanência ininterrupta da enorme desigualdade em tamanho e estatura das religiões no Brasil, não é mais possível, nos dias que correm, desconhecer que a sociedade brasileira está passando por um processo de transição religiosa que é notório. Visível a olho nu. Mas não só, uma vez que se trata de um processo que tem sido há décadas acompanhado atentamente, e comprovado a frio reiteradamente, pelas estatísticas censitárias. Esse lento vir a ser, ao mesmo tempo matemático e falastrão, vai pouco a pouco desfigurando nosso velho semblante cultural com a introdução
15 gradual, mas nem por isso menos corrosiva, de estranhamentos e distâncias, descontinuidades e respiros no batido ramerrão do imaginário religioso nacional. Com efeito, hoje se assiste em nosso país a um vigoroso movimento de transição demográfico-religiosa que já assumiu a forma de progressiva migração de contingentes católicos para outras religiões. Ou mesmo para nenhuma.

(Adaptado d**E**: PIERUCCI, Antonio Flávio. Religiões no Brasil. In: BOTELHO, André e SCHWARCZ, Lilia Moritz (orgs.). **Agenda BrasileirA: temas de uma sociedade em mudança**. Companhia das Letras, 2011, p. 472-473)

(Analista Judiciário – TRT/11 – FCC – 2017) (3º parágrafo) *Não obstante a permanência ininterrupta da enorme desigualdade em tamanho e estatura das religiões no Brasil, não é mais possível, nos dias que correm, desconhecer que a sociedade brasileira está passando por um processo de transição religiosa que é notório. Visível a olho nu.*

Considerado o trecho acima, no contexto em que está inserido, é apropriado afirmar:

(A) As incontestes desigualdades estruturais do Brasil impossibilitam leituras mais pontuais e consistentes acerca da vida dos brasileiros, principalmente no que se refere a seus hábitos religiosos.

(B) A inclusão de uma vírgula depois de *Não obstante* mantém a correção e a clareza da frase, visto que o emprego desse sinal de pontuação, nessa específica formulação, é facultativo.

(C) Em *a permanência ininterrupta da enorme desigualdade em tamanho e estatura das religiões no Brasil*, a substituição de *ininterrupta* por "intermitente" mantém o sentido original da frase.

(D) A expressão *nos dias que correm* expressa um fator condicionante.

(E) A locução verbal em que está presente o gerúndio indica uma ação durativa em tempo não marcado.

A: incorreta. Não se pode inferir do texto qualquer crítica a questões sociais e desigualdades estruturais; **B**: incorreta. Não há vírgula depois de conjunção; **C**: incorreta. "Intermitente" é antônimo de "ininterrupto", ou seja, remete a algo que apresenta pausas, interrupções, ao longo de seu curso; **D**: correta. A expressão destaca que o argumento vale somente para a condição posta, ou seja, é uma análise válida para os dias de hoje; **E**: incorreta. O momento está determinado pela expressão "nos dias que correm".
Gabarito "D".

(Analista Judiciário – TRT/11 – FCC – 2017) Considerada a norma--padrão da língua, a frase que se apresenta correta é:

(A) Sua averção a novidades da tecnologia poderá fazer com que ele pleitee uma transferência para outro setor, em que não precise ser tão desafiado por elas.

(B) Eles reouveram todos os documentos que haviam sido extraviados e espontaneamente ofereceram indenização ao rapaz que os achou e se empenhou em devolvê-los.

(C) Os mais jovens se absteram de votar a favor da mudança de horário, em flagrante oposição ao coordenador da sessão que não conseguiu disfarçar sua decepção.

(D) Com tal quantidade de produtos perecível, ninguém entendeu o porquê de a carga ter sido despachada, em caminhões convencionais, sem refrigeração.

(E) As segunda-feiras, impreterivelmente, o encarregado envia ao grupo de analistas todo o material recebido, cabendo-lhes então, a tarefa de avaliar o quê deverá ser encaminhado ao conselho gestor.

A: incorreta. Grafa-se "aversão" e o verbo "pleitear" se conjuga, na terceira pessoa do singular do presente do subjuntivo, "pleiteie"; **B**: correta. A ortografia e as conjugações verbais respeitam integralmente a norma-padrão; **C**: incorreta. O verbo "abster" na terceira pessoa do plural do pretérito imperfeito do indicativo se conjuga "abstiveram"; **D**: incorreta. O adjetivo deveria estar no plural para concordar com "produtos" – "perecíveis"; **E**: incorreta. O plural de "segunda-feira" é "segundas-feiras". Além disso, ocorre crase em "Às segundas-feiras".
Gabarito "B".

O mundo e os refugiados

[...] Na discussão dos extremos no século 21 cabe um paralelismo com os do século 20. Lembro, assim, a análise de *Hannah Arendt* a respeito daqueles que na Europa pós-1ª Guerra Mundial se viram, por obra dos totalitarismos, expulsos da trindade Estado-povo-território, tornaram-se indesejáveis não documentados em quase todos os lugares e tidos como descartáveis – ponto de partida dos campos de refugiados, facilitadores dos campos de concentração.

Foi a reação diplomática a essas catástrofes que levou à "ideia a realizar", que está na origem da ONU, de institucionalizar uma comunidade internacional atenta aos direitos fundamentais e à dignidade do ser humano. Partiu-se conceitualmente do pressuposto *kantiano* de um direito à hospitalidade universal, lastreado na hipótese de que a violação do direito num ponto da Terra seria efetivamente sentida em todos os demais. É esta, a "ideia a realizar" de uma comunidade internacional tuteladora do direito à hospitalidade universal, que está hoje em questão de maneira dramática.

Na perspectiva do efeito destrutivo atual dos extremos, cabe sublinhar a trágica precariedade que assola a vida de pessoas nas regiões do que pode ser qualificado de o arco da crise. No Oriente Médio e em partes da África há Estados falidos (como o Iraque e a Líbia), Estados em estado pré-falimentar, conflitos e guerras civis que se prolongam com intervenções extrarregionais, como a que desagrega a Síria, a precariedade e artificialidade de fronteiras interestatais, que instigam conflitos étnicos e religiosos. Tudo isso, em conjunto, vem catalisando a existência dessa enorme população de excluídos do mundo comum, refugiados que fogem do arco da crise, sem encontrar destino e acolhida.

O número de pessoas que buscam asilo, estão internamente deslocadas nos seus países ou são refugiadas por obra de guerras e perseguições, se elevou de 59.6 milhões em 2014 para 65.3 milhões de pessoas no final de 2015. Isso significa que uma em cada 113 pessoas da população mundial está fora do mundo comum e não tem acesso ao direito à hospitalidade universal. Cerca de 51% de refugiados do mundo são crianças, muitas separadas dos pais e viajando sozinhas à procura de destino. A situação da Síria, a do Sudão do Sul, a do Iêmen, do Burundi, da República Centro-Africana são forças alimentadoras desse fluxo de pessoas de países de baixa renda que enfrentam essa dura realidade.

O limbo em que se encontram os excluídos do mundo comum, mais tenebroso que os círculos do inferno de Dante, é, na perspectiva de uma razão abrangente da humanidade, a mais grave tensão difusa que permeia a vida internacional.

(Celso Lafer, 17 Julho 2016. Disponível em: http://opiniao.estadao.com.br/noticias/geral,o-mundo-e-os- refugiados,10000063317. Acesso em: janeiro de 2017. Adaptado.)

(Analista Judiciário – TRF/2 – Consulplan – 2017) De acordo com a norma-padrão da língua portuguesa, quanto às estruturas linguísticas do período *"O número de pessoas que buscam asilo, estão internamente deslocadas nos seus países ou são refugiadas por obra de guerras e perse-*

guições, se elevou de 59.6 milhões em 2014 para 65.3 milhões de pessoas no final de 2015." (4º§), analise as afirmativas a seguir.

I. A forma do reflexivo *"se"* foi empregada para exprimir a reciprocidade da ação, indicando que tal ação é mútua entre mais de dois indivíduos.

II. A expressão *"estão deslocadas"* é uma referência ao termo *"número"* cujo sentido coletivo permite que a concordância seja estabelecida no plural.

III. Ao verbo *"buscar"*, no trecho destacado, faculta-se a variação quanto ao número – singular ou plural – de acordo com a concordância estabelecida.

Está(ão) correta(s) apenas a(s) afirmativa(s)

(A) I.

(B) III.

(C) I e II.

(D) II e III.

I: incorreta. A partícula "se" atua como pronome reflexivo, porque se refere ao próprio "número de pessoas que buscam asilo (,,,)", sujeito do verbo "elevar", mas não é recíproco, já que a ação de "elevar" não é mútua. Exemplo de pronome reflexivo recíproco ocorre em: "eles se abraçaram"; **II:** incorreta. A expressão destacada se refere a "pessoas"; **III:** correta. É aceita a concordância por atração, com "pessoas", o termo mais próximo, ou a concordância tradicional com a palavra determinante – "número", que imporia o verbo no singular.
Gabarito "B".

(Analista Judiciário – TRE/SP – FCC – 2017) As *marcas da amizade não desaparecem com a ausência do amigo.*

Ao reescrever a frase acima iniciando-se com *A ausência do amigo,* estará correta a seguinte complementação:

(A) não implica desaparecer as marcas da amizade.

(B) não faz desaparecerem as marcas de amizade.

(C) impede a que as marcas da amizade cheguem a desaparecer.

(D) não fazem as marcas da amizade desaparecerem.

(E) impossibilita de que venham a desaparecer as marcas da amizade.

A: incorreta, porque o verbo "desaparecer" deveria estar no plural para concordar com "marcas"; **B:** correta. As expressões são sinônimas e o padrão culto da língua foi respeitado; **C:** incorreta. O verbo "impedir" não rege a preposição "a" e, além disso, falta clareza na construção pelo excesso de palavras; **D:** incorreta. O verbo "fazer" deveria estar no singular para concordar com "ausência"; **E:** incorreta. Houve alteração de sentido da oração com o uso do verbo "impossibilitar".
Gabarito "B".

Texto CG1A1AAA

1　No quadro da democracia liberal, cidadania
　corresponde ao conjunto das liberdades individuais — os
　chamados direitos civis de locomoção, pensamento e
4　expressão, integridade física, associação etc. O advento da
　democracia social acrescentou, àqueles direitos do indivíduo,
　os direitos trabalhistas ou direitos a prestações de natureza
7　social reclamadas ao Estado (educação, saúde, seguridade e
　previdência). Em ambos os casos, o cidadão é titular de direitos
　e liberdades em relação ao Estado e a outros particulares —
10　mas permanece situado fora do campo estatal, não assumindo
　qualquer titularidade quanto a funções públicas. Preserva-se,
　assim, a perspectiva do constitucionalismo clássico: direitos do
13　homem e do cidadão são exercidos frente ao Estado, mas não
　dentro do aparelho estatal.
　Na teoria constitucional moderna, cidadão é o
16　indivíduo que tem um vínculo jurídico com o Estado, sendo
　portador de direitos e deveres fixados por determinada
　estrutura legal (Constituição, leis), que lhe confere, ainda, a
19　nacionalidade. Cidadãos, em tese, são livres e iguais perante a
　lei, porém súditos do Estado.
　Como lembra Marilena Chaui, a cidadania se define
22　pelos princípios da democracia, significando necessariamente
　conquista e consolidação social e política. A cidadania requer
　instituições, mediações e comportamentos próprios,
25　constituindo-se na criação de espaços sociais de lutas
　(movimentos sociais, sindicais e populares) e na definição de
　instituições permanentes para a expressão política, como
28　partidos, legislação e órgãos do poder público. Distingue-se,
　portanto, a cidadania passiva, aquela que é outorgada pelo
　Estado, com a ideia moral do favor e da tutela, da cidadania
31　ativa, aquela que institui o cidadão como portador de direitos
　e deveres, mas essencialmente criador de direitos para abrir
　novos espaços de participação política.

Maria Victoria de Mesquita Benevides. **Cidadania e democracia**. Internet: <www.scielo.br> (com adaptações).

(Analista Judiciário – TRE/PE – CESPE – 2017) No texto CG1A1AAA, a expressão "os direitos trabalhistas" (l. 6)

(A) restringe a referência da expressão "direitos do indivíduo" (l. 5).

(B) exerce a função de sujeito da forma verbal "acrescentou" (l. 5).

(C) exemplifica os "direitos do indivíduo" (l. 5).

(D) exerce a função de aposto.

(E) exerce a função de complemento direto da forma verbal "acrescentou" (l. 5).

A: incorreta. Ao contrário, a expressão amplia o sentido da outra, aumentando o rol de direitos protegidos; **B:** incorreta. Ela é objeto direto do verbo "acrescentou"; **C:** incorreta. Não se trata de exemplificação, mas de ampliação de significado; **D:** incorreta, conforme comentário à alternativa "B"; **E:** correta. Objeto direto ou complemento direto são expressões sinônimas, que identificam o complemento não preposicionado do verbo.
Gabarito "E".

Texto 1 – Coordenação entre órgãos gestores

Um Plano de Contingência para o Trânsito necessita de planejamento prévio para lidar com situações emergenciais e atuar em casos que venham a causar transtornos nos principais corredores viários de uma cidade.

O aumento progressivo da frota de veículos provoca congestionamentos que muitas vezes impedem que os procedimentos planejados de emergência sejam adotados.

Nesses casos, passam a exigir ações mais criativas e diferenciadas, devendo ser planejadas por equipes de técnicos especializados, com a parceria das universidades.

O gerenciamento de acidentes de trânsito, como a velocidade que se desfaz o local de uma batida numa via estrutural, envolve o uso de equipamentos especiais, como helicópteros, e de pessoal devidamente treinado para isso. É crucial haver integração e coordenação entre os órgãos gestores da mobilidade urbana, para solucionar rapidamente as demandas dessa natureza.

Situações como obras, fechamento de ruas e de faixas de tráfego, enchentes, alagamentos das vias e quedas de encostas e árvores, que impedem a circulação normal de veículos, necessitam de sinalização adequada, de informação relevante e bem veiculada em várias mídias, de agentes de trânsito devidamente preparados, de cavaletes e indicação dos desvios possíveis, para diminuir os impactos negativos.

Podemos fazer analogia com um infarto e um AVC, que impedem o fluxo de sangue e exigem providências urgentes para que a pessoa não morra. O mesmo fenômeno ocorre com o trânsito, para que o fluxo seja restabelecido o mais rápido possível.

(Eva Vider, *O Globo*, 9/10/2015 – adaptado)

(Analista Judiciário – TJ/PI – FGV – 2015) Quando o autor de um texto emprega um substantivo coletivo que não é específico, necessita especificá-lo, que é o que ocorre em "frota de veículos"; o mesmo ocorre no seguinte caso:

(A) uso de equipamentos;

(B) equipes de técnicos;

(C) parceria das universidades;

(D) procedimentos de emergência;

(E) circulação de veículos,

A questão parece complexa, mas é só observarmos que nas letras "A", "C", "D" e "E" não temos substantivos coletivos, portanto não poderiam ser a resposta correta. "Equipe" é um coletivo que pode representar muitas realidades: equipe de futebol, de funcionários etc.. Logo, precisou ser especificada no texto para "equipe de técnicos". Gabarito "B".

(Analista – TRT/3ª – 2015 – FCC) O texto e a norma-padrão legitimam a seguinte afirmação:

(A) (linha 1) Em *há momentos*, se o verbo viesse acompanhado de auxiliar, a forma a ser empregada seria "devem haver".

(B) (linhas 15 e 16) Em *a guerra continuava feroz não apenas no Extremo Oriente, mas também na antiquíssima Grécia*, a correlação estabelecida entre as regiões se dá por meio dos segmentos destacados.

(C) (linha 17) Em *se enfrentavam para ocupar o vácuo de poder*, a substituição da palavra grifada por "afim de" mantém o sentido e a correção originais.

(D) (linhas 16 e 17) Em *onde guerrilheiros de direita e de esquerda [...] se enfrentavam*, a palavra destacada pode ser substituída por "pela qual", sem prejuízo do sentido e da correção originais.

(E) (linhas 14 e 15) Transpondo a frase *o retorno dos combatentes brasileiros vindos da Itália era saudado delirantemente* para a voz ativa, pode-se ter a forma verbal "saudava" ou "saudavam", na dependência de se considerar como agente da ação, por exemplo, "o povo" ou "as pessoas".

A: incorreta. Quando utilizado no sentido de "existir", o verbo "haver" é impessoal mesmo que acompanhado de verbo auxiliar, permanecendo sempre na terceira pessoa do singular. O correto, portanto, seria "deve haver"; B: incorreta. A correlação é feita pelas expressões "não apenas" e "mas também"; C: incorreta. "Para" é sinônimo de "a fim de", separado, com o sentido de "com o fim de", "com a finalidade de"; D: incorreta. O pronome "onde" transmite ideia de lugar, ao passo que "pela qual" indica finalidade, objetivo; E: correta. Como o agente da passiva não está expresso na oração, é possível utilizar qualquer dos exemplos dados como sujeito, o que pode alterar a conjugação do verbo. Gabarito "E".

(Analista – TRT/3ª – 2015 – FCC) *Perguntando-me a mim mesmo por que processo de associação ela me viera à memória, não atinei com o porquê. Pensei, então, no motivo de eu lastimar sua ausência e não obtive de imediato a resposta. Passaram-se muitos meses quando, de repente, percebi o sentido disso tudo: ela era, sempre fora e sem-*

pre seria a concretização da fantasia primeira da minha adolescência.

Considere o trecho acima e as afirmações que seguem:

I. Em *Perguntando-me a mim mesmo*, há duas formas – *me* e a *mim mesmo* – que expressam reflexividade da ação, motivo pelo qual uma delas pode ser elidida sem prejuízo do sentido.

II. Em *por que processo de associação ela me viera à memória*, o segmento destacado está grafado segundo as normas gramaticais.

III. Em *não atinei com o porquê*, a palavra destacada apresenta erro de grafia: o acento gráfico não é justificável.

IV. Em *percebi o sentido disso tudo*, a palavra destacada resume as razões citadas após os dois-pontos.

Está correto o que se afirma APENAS em

(A) I.

(B) I e II.

(C) II e III.

(D) III e IV.

(E) II e IV.

I: correta. Trata-se de pleonasmo literário, figura de estilo que pretende dar ênfase ao que se fala usando elementos redundantes, de forma que qualquer deles pode ser suprimido sem alterar o sentido do texto; II: correta. Nessa passagem, temos a preposição "por" associada ao pronome relativo "que", sinônimo de "qual" ("por qual razão..."); III: incorreta. A grafia está certa: "porquê", junto e com acento, é substantivo – sinônimo de "motivo", "razão"; IV: incorreta. O advérbio "tudo" refere-se aos fatos descritos **antes** dos dois-pontos. Gabarito "B".

Instruções: Para responder às questões seguintes, considere o texto a seguir.

1 Desde *A democracia na América (1835)*, de Alexis de Tocqueville, tornou-se corrente comparar os Estados Unidos com a América ibérica, constituindo este exercício uma fonte de inspiração da imaginação
5 social no continente. Nessa obra, a América do Sul é descrita como lugar em que a pujança da natureza debilitaria o homem, enquanto, na América do Norte, a natureza se revestiria de outro aspecto, onde tudo "era grave, sério, solene; dissera-se que fora criada para se
10 tornar província da inteligência, enquanto a outra era a morada dos sentidos".
O caso bem-sucedido da América do Norte apontaria para um processo em que o atraso ibérico, sob o impacto das diferentes influências exercidas pelo seu vizinho
15 anglo-americano, modernizar-se-ia, rompendo com os fundamentos da sua própria história.
A reflexão social latino-americana no século XIX, já testemunha dos sucessos econômicos e políticos dos Estados Unidos, tomou-os como um paradigma em sua
20 luta orientada contra o que seria o seu atraso constitutivo, resultante do caudilhismo e do patrimonialismo vigentes em seus espaços nacionais. Entre tantos outros, os argentinos Sarmiento e Alberdi desenvolveram uma publicística centrada na comparação entre as duas
25 Américas e o que nos cumpriria fazer para, livrando-nos dos nossos males históricos, lograrmos sucesso no ingresso ao mundo moderno. [...]

No caso do Brasil, a comparação com os Estados
Unidos também esteve presente ao longo de nossa história,
30 influenciando diretamente os embates sobre o processo
da modernização brasileira. Nossa herança ibérica,
marcada por um Estado forte e pela valorização do
público, seria compatível com os valores do mundo moderno
então emergente? Ou, de forma alternativa, ela
35 teria nos legado uma carga tão excessiva, cuja
superação em direção à modernidade exigiria uma
ruptura com esse passado? Desde já, é importante
ressaltar que, ainda que os conceitos iberismo e
americanismo tenham sido formulados a posteriori, não
40 estando presentes no vocabulário dos autores consagrados
como fundadores da tradição de interpretar o
Brasil, eles fornecem uma chave interpretativa para o
estudo do processo de nossa formação histórica.

*(VIANNA, Luis Werneck; PERLATTO, Fernando. Iberismo
e americanismo. In: BOTELHO, André; SCHWARCZ, Lilia
Moritz (orgs.).* **Agenda brasileira:** *temas de uma sociedade em
mudança. São Paulo: Companhia das Letras, 2011, p. 248-249)*

(Analista – TRT/2ª – 2014 – FCC) Afirma-se com correção:

(A) (linhas 23 e 24) Transpondo para a voz passiva o
segmento *os argentinos Sarmiento e Alberdi desenvolveram uma publicística,* a forma correta obtida é
"tinha sido desenvolvida".

(B) (linhas 15 e 16) *Em rompendo com os fundamentos
da sua própria história,* o pronome destacado indica
que a história é a da América ibérica.

(C) (linhas 2 e 3) Desenvolvendo a forma destacada em
tornou-se *corrente comparar os Estados Unidos com
a América ibérica,* estaria em concordância com as
normas gramaticais a formulação "comparando".

(D) (linha 28) O emprego da expressão *No caso do Brasil*
pode ser considerado redundância, pois o conteúdo
anterior já está organizado sob essa perspectiva, como
o comprova o uso de (linha 25) *nos cumpriria [...],
livrando-nos.*

(E) (linha 9) Em dissera-se que fora criada, a substituição
das formas verbais preserva o sentido original se forem
trocadas, respectivamente, por "haviam dito" e "teria
sido criada".

A: incorreta. O correto seria "foi desenvolvida"; **B:** correta. O pronome
possessivo "sua" foi utilizado como ferramenta de coesão para resgatar
a ideia da América Ibérica representada no trecho "atraso ibérico"; **C:**
incorreta. A substituição correta seria "compara-se"; **D:** incorreta. Até
então, o texto trata da América Ibérica como um todo, para só depois
especificar o caso brasileiro. Não há, pois, redundância; **E:** incorreta.
A primeira substituição está correta, porque ambas as construções
representam o sujeito indeterminado. A segunda, porém, altera o sentido
da oração, porque "fora criada" exprime ideia de certeza, enquanto "teria
sido criada" traz ínsita a ideia de dúvida sobre o que se está afirmando.
Gabarito "B".

1   A áspera controvérsia sobre a importância da liberdade
política é bem capaz de ocultar o essencial nessa
matéria, ou seja, a liberdade existe como um valor ético
em si mesmo, independentemente dos benefícios con-
5   cretos que a sua fruição pode trazer aos homens. *[...]*
A liberdade tem sido, em todos os tempos, a causa
das maiores conquistas do ser humano. E, efetivamente,

que valor teriam a descoberta da verdade, a criação
da beleza, a invenção das utilidades ou a realização da
10 justiça, se os homens não tivessem a possibilidade de
escolher livremente o contrário de tudo isso?
Heródoto foi um dos primeiros a sublinhar que o estado
de liberdade torna os povos fortes, na guerra e na
paz. Ao relatar a estupenda vitória que os atenienses,
15 sob o comando de Cleômenes, conquistaram contra os
calcídeos e os beócios, ele comenta: "Aliás, verifica-se,
sempre e em todo lugar, que a igualdade entre os cidadãos
é uma vantagem preciosa: submetidos aos tiranos,
os atenienses não tinham mais valor na guerra que
20 seus vizinhos; livres, porém, da tirania, sua superioridade
foi manifesta. Por aí se vê que na servidão eles se
recusavam a manifestar seu valor, pois labutavam para
um senhor; ao passo que, uma vez livres, cada um no
seu próprio interesse colaborava, por todas as maneiras,
25 para o triunfo do empreendimento coletivo".
O mesmo fenômeno de súbita libertação de energias
e de multiplicação surpreendente de forças humanas
voltou a repetir-se vinte e quatro séculos depois, com a
Revolução Francesa. Pela primeira vez na história mo-
30 derna, as forças armadas de um país não eram compostas
de mercenários, nem combatiam por um príncipe,
sob o comando de nobres, mas eram formadas de
homens livres e iguais, comandados por generais plebeus,
sendo todos movidos tão só pelo amor à pátria.

(COMPARATO, Fábio Konder. A liberdade como valor ético.
Ética: direito, moral e religião no mundo moderno. São Paulo:
Companhia das Letras, 2006, p. 546-547)

(Analista – TRT/2ª – 2014 – FCC) Observadas as orientações da
gramática normativa, é pertinente o seguinte comentário:

(A) (linha 18) No segmento *submetidos aos tiranos,* tem-se
exemplo de emprego de particípio atribuindo à frase
valor temporal.

(B) (linhas 16 a 21) Tanto em *ele comenta,* quanto em
Por aí se vê, observa-se o emprego do tempo presente
pelo pretérito (presente histórico), para dar vivacidade
a fatos ocorridos no passado.

(C) (linhas 4 e 5) Outra redação para *independentemente
dos benefícios concretos que a sua fruição pode trazer
aos homens* estará clara e correta se tiver a formulação
"em nada dependendo dos benefícios concretos que
podem advirem da sua fruição aos homens".

(D) (linhas 7 a 9) Em *E, efetivamente, que valor teriam a
descoberta da verdade (...) ou a realização da justiça,*
o valor da sequência implica uma vírgula obrigatória
depois da conjunção "ou".

(E) (linha 8) Se as normas preveem a possibilidade de
ocorrer o verbo no singular no caso de haver uma
sucessão de substantivos que indicam gradação de
um mesmo fato, seria correto empregar "teria", em
vez de *teriam.*

A: correta. O uso do particípio do verbo "submeter" transmite a ideia
de que o fato ocorreu no passado; **B:** incorreta. O tempo presente foi
utilizado por ser o gramaticalmente adequado, não por recurso de estilo;
C: incorreta. A redação clara e correta seria: "em nada dependendo dos
benefícios concretos que podem advir da sua fruição pelos homens";
D: incorreta. A vírgula é facultativa nesse caso; **E:** incorreta. A regra
enunciada está certa, mas o trecho indicado não é uma gradação, e
sim uma enumeração.
Gabarito "A".

(Analista – TRT/16ª – 2014 – FCC) *Há, além disso, uma dificuldade relativa à ciência. Algumas das terapias disponíveis já têm quatro ou cinco décadas de existência. Investimentos em pesquisa poderiam levar a estratégias de prevenção e cura mais efetivas. Como essas doenças não são rentáveis, porém, os grandes laboratórios raras vezes se interessam por esse nicho.*

Considerado o trecho acima, é adequado o seguinte comentário:

(A) A supressão da vírgula após a palavra *Há* preserva a correção da frase.

(B) A correlação entre as formas verbais *Há* e *poderiam levar* evidencia a relação estabelecida entre o que efetivamente existe e a hipótese considerada bastante improvável.

(C) Formulação alternativa ao uso de *têm* está correta assim – "existe a".

(D) A expressão *mais efetivas,* em virtude do segmento que caracteriza, pode ser deslocada para depois da palavra *estratégias,* sem prejudicar o sentido original.

(E) No contexto, o emprego de *já* contribui para a construção da ideia de que certas terapias têm longevidade que comprova sua eficiência.

A: incorreta. A expressão "além disso", por estar deslocada da ordem direta, deve vir entre vírgulas; **B:** incorreta. Dada a correlação entre as duas formas verbais, evidencia-se que a possibilidade aventada pelo autor é bastante provável de acontecer; **C:** incorreta. "Têm", com acento circunflexo, é conjugação da terceira pessoa do **plural** do presente do indicativo do verbo "ter". Logo, a substituição deveria ser por "existem a"; **D:** correta. A alteração da colocação como proposta não altera o sentido ou a clareza do texto; **E:** incorreta. Ao contrário, "já" foi utilizada para evidenciar o longo tempo transcorrido desde o desenvolvimento das terapias e, consequentemente, sua menor efetividade quando comparadas com as possibilidades atuais da medicina e da farmácia.
Gabarito "D".

(Analista – TRT/16ª – 2014 – FCC) *Seria sem dúvida ingenuidade esperar que a indústria farmacêutica se entregasse de corpo e alma à resolução do problema. Seu compromisso primordial é com seus acionistas – e essa é a regra do jogo. Isso não significa, contudo, que não possam fazer parte do esforço.*

Afirma-se com correção sobre aspecto do trecho acima:

(A) Se, em vez de *resolução do problema,* houvesse "resolver o problema", seria correto manter o acento indicativo da crase – "se entregasse [...] à resolver o problema".

(B) A palavra *primordial* está corretamente empregada, assim como está em "É primordial para o setor, sem dúvida alguma, as mudanças relativas à área de recursos humanos".

(C) Justifica-se o uso do sinal de pontuação, na linha 2 do trecho acima, assim: "Não é raro o emprego de um só travessão para indicar que a parte final de um enunciado constitui um comentário marginal, de reduzida força para o desenvolvimento do raciocínio".

(D) A substituição da conjunção *contudo* por "ainda que" não altera a relação que originalmente está estabelecida entre as frases do texto.

(E) A substituição da forma verbal *possam fazer* por "possa fazer" estaria correta e adequada ao contexto.

A: incorreta. Não ocorre crase antes de verbo; **B:** incorreta. Na oração proposta, "primordial" deveria estar no plural para concordar com "mudanças"; **C:** incorreta. Essa não é a razão para o uso do travessão. Ele substitui os dois-pontos na introdução do aposto; **D:** incorreta. "Ainda que" tem valor concessivo; já "contudo" é conjunção adversativa que pode ser substituída por "mas", "porém", "todavia"; **E:** correta. A alteração faria com que o verbo se referisse à "indústria farmacêutica" em vez de "acionistas", mas de qualquer forma correta.
Gabarito "E".

(Analista – TRT/16ª – 2014 – FCC) *Mais de 1 bilhão de humanos ainda sofrem, em pleno século 21, com doenças cujo controle é não só possível, mas também relativamente barato – eis um fato que depõe contra o atual estágio de nossa organização global.*

Na frase acima,

(A) a correlação estabelecida por *não só... mas também* pode ser igualmente estabelecida por "tanto ... quanto também".

(B) *cujo* pode ser substituído, sem prejuízo da correção e do sentido, por "de que seu".

(C) o emprego de *sofrem,* no plural, é a única forma aceitável de concordância, segundo a norma-padrão.

(D) a expressão *com doenças* exprime ideia de "conformidade".

(E) o emprego de *depõe* é que infunde o sentido de negatividade ao segmento final.

A: correta. As expressões são realmente sinônimas e estabelecem relação de comparação; **B:** incorreta. A alteração proposta não se coaduna com as regras de regência da gramática normativa; **C:** incorreta. É aceita a concordância com "um bilhão", no singular; **D:** incorreta. A ideia é de união, ligação; **E:** incorreta. O sentimento de negatividade vem da preposição "contra".
Gabarito "A".

(Analista – TRT/16ª – 2014 – FCC) A alternativa que apresenta frase redigida de modo claro e condizente com a norma-padrão é:

(A) Assim que ele viu-os sair apressados e com semblante sério, indagou-se sobre o que teria acontecido durante aqueles tensos minutos que estiveram na sala da diretoria?

(B) Exequibilidade à parte, o projeto do coordenador dos eventos exibia tanta riqueza de informação, a prenunciar sucesso, que não havia quem não os quisesse custear.

(C) Não se tratava de excrescências a serem relegadas mas, de ítens absolutamente imprescindíveis ao bom encaminhamento das secções em que se fosse debater tantos e tão controversos temas.

(D) Levantada a hipótese de os assessores se contrapuserem à decisão intempestiva do diretor, ninguém hesitaria em lhes apoiar, pois sabiam que ele determinava, depois ponderava sobre o assunto decidido.

(E) Primeiramente em prioridade absoluta, tornar-se-ia necessário que se revisasse as últimas determinações do ministro, mas nada parecia indicar que o fizessem à tempo.

A: incorreta. A conjunção integrante "que" determina a próclise em "assim que ele os viu sair"; **B:** correta. O período está redigido de forma clara e atende a todas as prescrições da gramática; **C:** incorreta. A vírgula deveria estar antes, e não depois, de "mas". Além disso, não há acento na palavra "itens". Mais ainda, "seção" é sinônimo de

"reunião"; "secção" é sinônimo de "corte"; **D:** incorreta. A conjugação correta do verbo "contrapor-se" é a terceira pessoa do plural do presente do subjuntivo: "contraponham". O maior problema, porém, é a falta de clareza da redação; **E:** incorreta. Há grave pleonasmo logo no início do período e o verbo "revisar" deveria estar no plural ("revisassem"), para concordar com "determinações".
Gabarito "B".

(Analista – TRT/16ª – 2014 – FCC) Não faltam clareza e correção, segundo a norma-padrão, à seguinte frase:

(A) Eu estou entre aqueles que foi mau tratado pelo adjunto do secretário geral, por isso pretendo envidar todos os esforços para que ele responda pelos seus atos na medida exata da justiça.

(B) Estando emerso em decisões a tomar, não previu a possibilidade de, tempo findo, ser chamado a prestar contas e enumerar os impecilhos que o tornaram vulnerável a uma suspensão.

(C) Crêa você, ou não, o fato é que dissensões existem até na hora de organizar as homenagens decididas por consenso, pois os mais expontâneos, a rigor, são sempre os mais influentes nas deliberações finais.

(D) A homogenização dos ingredientes no tacho de cobre, é determinante de um bom ou medíocre resultado da receita, motivo porque muitos cozinheiros reservam toda a atenção e tempo a esse quesito.

(E) Acometido de forte disenteria, de que a palidez era sinal inequívoco, viu-se na iminência de ser internado, o que o impediu de comparecer ao julgamento como a testemunha mais importante da defesa.

A: incorreta. Deveria constar "mal", antônimo de "bem", e não "mau", contrário de "bom". O período é também bastante prolixo, o que causa prejuízo à clareza; **B:** incorreta. Deveria constar "imerso", sinônimo de "afundado", "submerso", e não "emerso", equivalente a "na superfície". Há também erro de grafia em "empecilhos"; **C:** incorreta. A conjugação da terceira pessoa do singular do presente do subjuntivo do verbo "crer" se escreve "creia". A grafia correta é "espontâneos". E o texto peca pela total falta de clareza – não se pode compreender a mensagem que quer transmitir; **D:** incorreta. Faltou uma letra em "homog**e**neização". Não há vírgula depois de "cobre"; **E:** correta. Todas as palavras estão grafadas corretamente e há clareza na redação.
Gabarito "E".

Cada um fala como quer, ou como pode, ou como acha que pode. Ainda ontem me divertiu este trechinho de crônica do escritor mineiro Humberto Werneck, de seu livro Esse inferno vai acabar:

"– Meu cabelo está pendoando – anuncia a prima, apalpando as melenas.

Tenho anos, décadas de Solange, mas confesso que ela, com o seu solangês, às vezes me pega desprevenido.

– Seu cabelo está o quê?

– Pendoando – insiste ela, e, com a paciência de quem explica algo elementar a um total ignorante, traduz:

– Bifurcando nas extremidades.

É assim a Solange, criatura para a qual ninguém morre, mas falece, e, quando sobrevém esse infausto acontecimento, tem seu corpo acondicionado num ataúde, num esquife, num féretro, para ser inumado em alguma necrópole, ou, mais recentemente, incinerado em crematório. Cabelo de gente assim não se torna vulgarmente quebradiço: pendoa."

Isso me fez lembrar uma visita que recebemos em casa, eu ainda menino. Amigas da família, mãe e filha adolescente vieram tomar um lanche conosco. D. Glorinha, a mãe, achava meu pai um homem intelectualizado e caprichava no vocabulário. A certa altura pediu ela a mim, que estava sentado numa extremidade da mesa:

– Querido, pode alcançar-me uma côdea desse pão?

Por falta de preparo linguístico não sabia como atender a seu pedido. Socorreu-me a filha adolescente:

– Ela quer uma casquinha do pão. Ela fala sempre assim na casa dos outros.

A mãe ficou vermelha, isto é, ruborizou, enrubesceu, rubificou, e olhou a filha com reprovação, isto é, dardejou-a com olhos censórios.

Veja-se, para concluir, mais um trechinho do Werneck:

"Você pode achar que estou sendo implicante, metido a policiar a linguagem alheia. Brasileiro é assim mesmo, adora embonitar a conversa para impressionar os outros. Sei disso. Eu próprio já andei escrevendo sobre o que chamei de ruibarbosismo: o uso de palavreado rebarbativo como forma de, numa discussão, reduzir ao silêncio o interlocutor ignaro. Uma espécie de gás paralisante verbal."

(Cândido Barbosa Filho, inédito)

(Analista – TRT/1ª – 2012 – FCC) Atente para as seguintes afirmações:

I. Na frase "Isso me fez lembrar uma visita que recebemos em casa, <u>eu ainda menino</u>", o segmento sublinhado pode ser corretamente substituído por **aonde eu ainda era menino**.

II. Transpondo-se para a voz **passiva** a frase "Socorreu-me a filha adolescente", a forma verbal resultante será **tendo-me socorrido**.

III. No contexto, a expressão "Brasileiro é assim mesmo" é um caso típico de generalização abusiva, como a que também ocorre em **os alemães são pragmáticos.**

Está correto o que se afirma APENAS em

(A) I.

(B) II.

(C) III.

(D) I e II.

(E) II e III.

I: incorreta. A justaposição da preposição "a" com o advérbio "onde" (a+onde) indica o movimento de um lugar para outro. A expressão sublinhada no texto exerce função de adjunto adverbial de **tempo**, ou seja, refere-se ao momento em que o fato aconteceu, não onde ele aconteceu; **II:** incorreta. A voz passiva analítica ficaria: "Eu fui socorrido pela filha adolescente"; **III:** correta. A generalização excessiva, desprovida de fundamentos, é uma falha na argumentação.
Gabarito "C".

(Analista – TRT/1ª – 2012 – FCC) "Ruibarbosismo" é um neologismo <u>do qual se valeu</u> o autor do texto para lembrar o estilo retórico <u>pelo qual se notabilizou</u> o escritor baiano.

Não haverá prejuízo para a correção da frase acima ao se substituírem os segmentos sublinhados, na ordem dada, por:

(A) a que recorreu – que fez notável.

(B) do qual incorreu – com que se afamou.

(C) a cujo recorreu – o qual celebrizou.

(D) em que fez uso – em cujo deu notabilidade.

(E) em cujo incorreu – com o qual se propagou.

A: correta. Os pronomes relativos referem-se ao mesmo termo da oração, respeitam as normas de regência verbal e as palavras substituídas são efetivamente sinônimas; **B:** incorreta. "Incorrer" significa "cometer", "incidir", "ficar compreendido"; **C:** incorreta. "Cujo" é pronome relativo que indica posse, relação que não se estabelece no trecho destacado; **D:** incorreta. Há erro de regência na alternativa na primeira substituição (deveria constar "de que") e, na segunda, "cujo" remete a posse, propriedade, ideia que não está contida no texto original; **E:** incorreta. Os mesmos erros relativos a regência, "cujo" e "incorrer" já analisados nas alternativas anteriores aparecem aqui.

Gabarito "A".

Economia religiosa

Concordo plenamente com Dom Tarcísio Scaramussa, da CNBB, quando ele afirma que não faz sentido nem obrigar uma pessoa a rezar nem proibi-la de fazê-lo. A declaração do prelado vem como crítica à professora de uma escola pública de Minas Gerais que hostilizou um aluno ateu que se recusara a rezar o pai-nosso em sua aula.

É uma boa ocasião para discutir o ensino religioso na rede pública, do qual a CNBB é entusiasta. Como ateu, não abraço nenhuma religião, mas, como liberal, não pretendo que todos pensem do mesmo modo. Admitamos, para efeitos de argumentação, que seja do interesse do Estado que os jovens sejam desde cedo expostos ao ensino religioso. Deve-se então perguntar se essa é uma tarefa que cabe à escola pública ou se as próprias organizações são capazes de supri-la, com seus programas de catequese, escolas dominicais etc.

A minha impressão é a de que não faltam oportunidades para conhecer as mais diversas mensagens religiosas, onipresentes em rádios, TVs e também nas ruas. Na cidade de São Paulo, por exemplo, existem mais templos (algo em torno de 4.000) do que escolas públicas (cerca de 1.700). Creio que aqui vale a regra econômica, segundo a qual o Estado deve ficar fora das atividades de que o setor privado já dá conta. Outro ponto importante é o dos custos. Não me parece que faça muito sentido gastar recursos com professores de religião, quando faltam os de matemática, português etc. Ao contrário do que se dá com a religião, é difícil aprender física na esquina.

Até 1997, a Lei de Diretrizes e Bases da Educação acertadamente estabelecia que o ensino religioso nas escolas oficiais não poderia representar ônus para os cofres públicos. A bancada religiosa emendou a lei para empurrar essa conta para o Estado. Não deixa de ser um caso de esmola com o chapéu alheio.

(Hélio Schwartsman. **Folha de S. Paulo**, 06/04/2012)

(Analista – TRT/6ª – 2012 – FCC) (...) ele afirma que não faz sentido _nem obrigar uma pessoa a rezar nem proibi-la de fazê-lo_.

Mantém-se, corretamente, o sentido da frase acima substituindo-se o segmento sublinhado por:

(A) nem impor a alguém que reze, nem impedi-la de fazer o mesmo.

(B) deixar de obrigar uma pessoa a rezar, ou lhe proibir de o fazer.

(C) seja obrigar que uma pessoa reze, ou mesmo que o deixe de o praticar.

(D) coagir alguém a que reze, ou impedi-lo de o fazer.

(E) forçar uma pessoa para que reze, ou não fazê-la de modo algum.

A: incorreta. A maioria dos gramáticos condena o uso do advérbio "mesmo" como um pronome. Melhor seria, segundo eles, "fazê-lo". Além disso, o pronome "alguém" é masculino, o que determina o uso do pronome oblíquo "o" em "impedi-lo"; **B:** incorreta. "Proibir" é verbo transitivo direto, portanto determina o uso do pronome oblíquo "a", não "lhe". Mais ainda, "deixar de obrigar" não tem o mesmo sentido exposto no trecho transcrito no enunciado; **C:** incorreta. O pronome oblíquo "o" está desnecessária e erroneamente repetido. Bastaria dizer: "ou mesmo que deixe de fazê-lo"; **D:** correta. Os sinônimos empregados e a colocação pronominal estão perfeitos; **E:** incorreta. O advérbio de negação "não" determina a próclise, além de o pronome oblíquo estar errado, porque ele não se refere a "pessoas", mas ao verbo "fazer". O correto seria: "ou não o fazer de modo algum".

Gabarito "D".

2. INFORMÁTICA

Helder Satin

1. HARDWARE

(Analista Judiciário – TJ/MT – UFMT – 2016) A principal vantagem do padrão USB 3.0 em relação aos padrões anteriores de portas USB é:

(A) Possibilidade de conectarem-se, sem a necessidade de adaptadores, num único tipo de porta, dispositivos USB e HDMI.

(B) Remoção da compatibilidade com os dispositivos USB 2.0, o que elimina as restrições do padrão 3.0.

(C) Aumento da taxa de transferência de dados entre dispositivos que utilizam o padrão 3.0.

(D) Redução da quantidade de fios utilizados para conectar dois dispositivos, o que torna o cabo de diâmetro mais reduzido.

A: Errada, a interface HDMI é usada para transmissão de imagens em alta resolução, enquanto o USB é uma interface de troca de dados. **B:** Errada, dispositivos USB 3.0 são compatíveis com interfaces do tipo 2.0, apenas não se beneficiando de suas melhorias. **C:** Correta, as interfaces USB 3.0 possuem taxas de transferência de dados superiores à sua antecessora, chegando a até 4.8Gb/s contra 0.480Gb/s do USB 2.0. **D:** Errada, ambas as versões desta tecnologia permitem conectar dispositivos através de um único cabo.
Gabarito "C".

(Analista – TRE/SP – 2012 – FCC) Em relação a *hardware* e *software*, é correto afirmar:

(A) Para que um *software* aplicativo esteja pronto para execução no computador, ele deve estar carregado na memória *flash*.

(B) O fator determinante de diferenciação entre um processador sem memória *cache* e outro com esse recurso reside na velocidade de acesso à memória RAM.

(C) Processar e controlar as instruções executadas no computador é tarefa típica da unidade de aritmética e lógica.

(D) O *pendrive* é um dispositivo de armazenamento removível, dotado de memória *flash* e conector USB, que pode ser conectado em vários equipamentos eletrônicos.

(E) Dispositivos de alta velocidade, tais como discos rígidos e placas de vídeo, conectam-se diretamente ao processador.

A: Errada, memória Flash é um tipo de memória de armazenamento, o aplicativo pode estar no disco rígido ou em alguma outra mídia. **B:** Correta, a memória cache é uma memória de alta velocidade, fazendo o intermédio entre o processador e a memória principal, transferindo mais rapidamente dados ao processador que a memória RAM. **C:** Errada, esta é uma tarefa típica dos registradores, a unidade de aritmética e lógica é um dos componentes da Unidade Central de Processamento (CPU) responsável pelas operações lógicas e aritméticas; **D:** Correta, a afirmativa descreve corretamente o funcionamento de um *pendrive*. **E:** Errada, todos os dispositivos do computador são conectados à placa-mãe, e não ao processador.
Gabarito "B e D".

(Analista – TRE/SP – 2012 – FCC) João possui uma pasta em seu computador com um conjunto de arquivos que totalizam 4GB. A mídia de *backup* adequada, dentre outras, para receber uma cópia da pasta é

(A) DVD-RW.

(B) CD-R.

(C) Disquete de 3 e 1/2 polegadas de alta densidade.

(D) Memória CACHE.

(E) Memória RAM.

A: Correta, os DVD-RWs possuem em geral 4.7GB de espaço para armazenamento. **B:** Errada, os CD-Rs possuem apenas 0,7GB de espaço de armazenamento. **C:** Errada, os disquetes possuem espaço extremamente menores que 4 *Gigabytes*. **D:** Errada, a memória *cache* é usada pelo processador durante a realização de suas tarefas. **E:** Errada, a memória RAM é usada apenas durante o uso do computador, ela guarda informações voláteis.
Gabarito "A".

(Analista – TJAM – 2013 – FGV) A figura a seguir ilustra um equipamento especificado como Impressora multifuncional Epson Wireless 4532.

Tendo por foco a especificação desse equipamento, pode-se concluir que

(A) imprime com velocidades de até 4532 bps.

(B) gera listagens impressas a laser.

(C) suporta comunicação sem fios.

(D) possui capacidade de armazenamento de 4532 GB.

(E) é conectada a um microcomputador por meio da interface PCI-Express.

A: Errada, não há referência à velocidade de impressão no nome desta impressora. **B:** Errada, não há nenhuma referência ao modo de impressão no nome desta impressora. **C:** Correta, a palavra Wireless contida no nome da impressora indica que ela pode se conectar à redes sem fio. **D:** Errada, não há referência à capacidade de armazenamento no nome da impressora. **E:** Errada, interfaces PCI-Express são usadas para placas de vídeo, em geral.
Gabarito "C".

2. MICROSOFT OFFICE

2.1. Excel (planilha eletrônica)

(Analista Judiciário – TRT/24 – FCC – 2017) A planilha abaixo, criada no Microsoft Excel 2007, em português, mostra hipoteticamente os encargos trabalhistas sobre o salário de um funcionário de uma empresa optante pelo Simples Nacional.

	A	B	C
1	**Encargos Sociais**	**(%)**	**(%)**
2	13º Salário		8,33%
3	Férias		11,11%
4	INSS	20,00%	
5	SAT até	3,00%	
6	Salário Educação	2,50%	
7	INCRA/SENAI/SESI/SEBRAE	3,30%	
8	FGTS (a partir de 01.01.2007)	8,00%	
9	FGTS/Provisão de Multa para Rescisão	4,00%	
10	Total Previdenciário		40,80%
11	Previdenciário sobre 13º / Férias / DSR		7,93%
12	Total		68,17%
13			
14	Funcionário	João Pedro	
15	Salário	2100,00	
16	Encargos	1431,57	

Na célula C12 foram somados os valores percentuais de C2 a C11 e na célula B16 foram calculados os encargos com base no percentual contido na célula C12 sobre o salário contido na célula B15. As fórmulas digitadas nas células C12 e B16 são, respectivamente,

(A) =SOMA(C2;C11) e=B15*C12/100

(B) =SOMA(C2;C11) e=MULTIPLICA(B15;C12)

(C) = C A L C U L A R (S O M A (C 2 : C 1 1)) e=CALCULAR(B15*C12)

(D) =SOMA(C2:C11) e=MULTIPLICA(B15*C12)

(E) =SOMA(C2:C11) e=B15*C12

Para calcular a soma dos valores do intervalo de C2 a C11 podemos utilizar a fórmula =SOMA(C2:C11) onde o símbolo de dois pontos indica todo o intervalo entre as células informadas. Para o cálculo da célula B16, devemos aplicar o percentual obtido sobre o valor do salário (localizado em B15), para isso basta multiplicar ambos os valores, o que pode ser feito através da equação =B15*C12. Portanto, apenas a alternativa E está correta.

„Ǝ„ otᴉɹɐqɐ⅁

(Analista Judiciário – TRT/11 – FCC – 2017) Considere a planilha abaixo, digitada no Microsoft Excel 2010 em português, ou no LibreOffice Calc versão 5, em português. Os dados da planilha são, hipoteticamente, de despesas com diárias pagas a magistrados, em Outubro de 2016.

	A	B	C
1	Favorecido	Mauro da Silva	André Alves
2	CPF	469.725.804-03	430.882.465-70
3	Cargo	Desembargador	Juiz
4	Origem	Manaus	Manaus
5	Destino	Brasília	Brasília
6	Data Partida	19/10/2016	19/10/2016
7	Data retorno	23/10/2016	22/10/2016
8	Motivo	Seminário	Seminário
9	Meio de Transporte	Avião	Avião
10	Processo	79/2016	780/2016
11	Portaria	794/2016/SGP	797/2016/SGP
12	Número de diárias	3,5	2
13	Valor por diária	R$ 321,00	R$ 250,00
14	**Despesas totais**		
15		R$ 1.623,50	

Na célula A15, deseja-se calcular as despesas totais geradas pelos dois favorecidos das colunas B e C. A fórmula que deverá ser digitada nessa célula é:

(A) =[B12*B13]+[C12*C13]

(B) =B13+C12

(C) =(B12^B13)+(C12^C13)

(D) =(B12+C12)*(B13+C13)

(E) =B12*B13+C12*C13

Para realizar o cálculo das despesas totais dos dois favorecidos é necessário multiplicar o valor da diária de cada um (células B13 e C13) pelo número de diárias (células B12 e C12) e após isso somar ambos os resultados. Lembrando que o Excel respeita a ordem matemática de realização de operações. Assim o resultado pode ser alcançado através da fórmula =B12*B13+C12*C13, portanto, apenas a alternativa E está correta.

„Ǝ„ otᴉɹɐqɐ⅁

(Analista Judiciário – TRE/SP – FCC – 2017) Considere a planilha abaixo, digitada no LibreOffice Calc versão 5.1.5.2 em português.

	A	B	C
1	Candidato	Percentual (%)	Número de votos
2	A	53,29	3085187
3	B	16,70	967190
4	C	13,64	789986
5	D	10,14	587220
6	E	3,18	184000
7	F	2,02	116870
8	G	0,45	25993
9	H	0,37	21705
10	I	0,10	6006
11	J	0,08	4715
12	K	0,02	1019
13	Total	100,00	5789891

A planilha mostra o resultado das eleições em uma cidade, onde o total de votos aparece na célula C13. Os valores que aparecem nas células da coluna B são resultado de cálculos que utilizam os valores da coluna C para obter o percentual de votos de cada candidato. Na célula B2 foi digitada uma fórmula que depois foi arrastada até a célula B13, realizando automaticamente todos os cálculos dessa coluna. A fórmula digitada foi

(A) =(C2*100)/C13

(B) =PERCENT(C2;C13)

(C) =(C2*100)/C$13

(D) =PERCENTUAL(C2;C13)

(E) =VP(C2;C13)

Para se calcular o percentual de votos de cada candidato, considerando uma operação matemática de regra de três simples, é necessário multiplicar o número de votos de cada candidato por 100 e dividir o resultado pelo total de votos. Como iremos utilizar a alça de preenchimento, é importante realizar uma referência absoluta à célula que contém o total de votos, neste caso C13, utilizando o símbolo $ antes do número de célula, logo, a fórmula a ser usada em B2 e usada para preencher as outras deveria ser =(C2*/100)/C$13, portanto, apenas a alternativa C está correta.
Gabarito "C".

(Analista Judiciário – TJ/MT – UFMT – 2016) A figura abaixo apresenta um grupo de células de uma planilha eletrônica do LibreOffice Calc versão 4.4.3. Com base na figura, marque V para as afirmativas verdadeiras e F para as falsas.

	A	B	C
1	1	5	9
2	3	7	16
3	5	9	35

( ) Na célula C1 inseriu-se a fórmula =2*B1 -A1

( ) Na célula C2 inseriu-se a fórmula = B2 -A1 + 2*A2

( ) Na célula C3 inseriu-se a fórmula =A3 * MÉDIA(A1:B3)

Assinale a sequência correta

(A) V, F, F

(B) V, V, F

(C) F, V, V

(D) F, F, V

(I) a fórmula =2*B1-A1 equivale a =2*5-1 que resulta em 9; (I) a fórmula =B2-A1+2*A2 equivale a =7-1+2*3 que resulta em 12; (III) a fórmula =A3+MÉDIA(A1:B3) equivale a =5+((1+2+5+5+7+9)/6) que resulta em 10. Portanto, a forma correta de preencher as lacunas é V, F, F, assim, apenas a alternativa A está correta.
Gabarito "A".

(Analista Judiciário – TRT/20 – FCC – 2016) Considere a planilha abaixo editada no Microsoft Excel 2007 em português.

	A	B
1	Percentual gasto com Recursos Humanos por tipo de Justiça	
2	Poder Judiciário	89,50%
3	Tribunais Superiores	83,80%
4	Justiça Eleitoral	84,10%
5	Justiça Militar Estadual	87,80%
6	Justiça Estadual	89,00%
7	Justiça Federal	89,80%
8	Justiça do Trabalho	93,50%
9		
10	Maior percentual	93,50%
11	Menor percentual	83,80%
12	Média dos percentuais	88,21%

(Disponível em: http://www.cnj.jus.br/programas-e-acoes/ pj--justica-em-numeros)

Para a apresentação dos valores das células B10, B11 e B12 foram digitadas, correta e respectivamente, as fórmulas:

(A) =MAIOR(B2:B8) = MENOR(B2:B8) = MÉDIA(B2:B8)

(B) =MAIOR(B2:B8;1) = MENOR(B2:B8;1) = MÉDIA(B2:B8)

(C) =MAIOR(B2:B8;0) = MENOR(B2:B8;0) = ED(B2:B8; 7)

(D) =MAIORVAL(B2:B8) = MENORVAL(B2:B8) = MÉDIAVAL(B2:B8

(E) =MÁXIMO(B2:B8;1) = MÍNIMO(B2:B8;1) = MED(B2:B8)

A fórmula que permite encontrar o maior número em um conjunto de células é a função =MAIOR() que recebe um parâmetro com o conjunto de células e outro, separado por ponto e vírgula, indicando qual a posição maior número a ser retornado, logo, o correto neste caso seria =MAIOR(B2:B8;1), onde B2:B8 indica o intervalo de células entre B2 e B8 e 1 indica o primeiro maior número do conjunto. A mesma sintaxe se aplica a função =MENOR() para obtenção do menor número, logo, o correto seria =MENOR(B2:B8;1). Por fim o cálculo da média é feito pela função =MÉDIA() que também recebe o mesmo intervalo de células, neste caso =MÉDIA(B2:B8). Portanto apenas a alternativa B está correta.
Gabarito "B".

	A	B	C
1	**Aluno**	**Nota**	
2	Bernardo	84	
3	Giovana	82	
4	Hugo	81	
5	João	82	
6	José	72	
7	Maria	86	
8	Patrícia	80	
9	MÉDIA	81	

(Analista Judiciário – TRE/PI – CESPE – 2016) Considerando que a figura acima mostra parte de uma planilha em processo de edição no Excel, na qual estão contidas notas de sete alunos, assinale a opção que apresenta a fórmula correta para se calcular a média dessas notas, apresentada na célula B9 da planilha.

(A) =MÉDIA(B2:B8)

(B) =MÉDIA(B23B8)

(C) =MÉDIA(B2,B8)

(D) =MÉDIA(B2;B8)

(E) =MÉDIA(3B2:3B8)

A função que permite realizar o cálculo da média de valores no Excel é =MÉDIA() que pode receber intervalos ou conjuntos de células. Neste caso, como são células adjacentes, podemos utilizar o símbolo de dois pontos para indicar o intervalo de B2 até B8, logo, a fórmula correta seria =MÉDIA(B2:B8), portanto, apenas a alternativa A está correta.
Gabarito "A".

(Analista – TRT/16ª – 2014 – FCC) Luiza trabalha no Tribunal Regional do Trabalho da 16ª Região do estado do Maranhão e recebeu uma planilha criada no Microsoft Excel 2010 em português, com apenas os nomes e os cargos dos magistrados que compõem o Tribunal, dados também presentes no *site* da instituição. A tarefa de Luiza é, a partir desta planilha, criar mais 2 colunas, uma com o primeiro nome dos magistrados e a outra com seu último sobrenome.

	A	B	C	D
1	**Nome completo**	**Cargo**	**Primeiro Nome**	**Sobrenome**
2	Luiz Cosmo da Silva Júnior	Presidente	Luiz	Júnior
3	James Magno Araújo Farias	Vice-Presidente	James	Farias
4	Américo Bedê Freire	Desembargador	Américo	Freire
5	José Evandro de Souza	Desembargador	José	Souza
6	Gerson de Oliveira Costa Filho	Desembargador	Gerson	Filho
7	Márcia Andrea Farias da Silva	Desembargadora	Márcia	Silva

Para exibir o primeiro nome dos magistrados, Luiza digitou na célula C2 uma fórmula que obteve e exibiu apenas a primeira parte do nome contido na célula A2, neste caso, "Luiz". Em seguida Luiza arrastou a fórmula para as células abaixo, obtendo o primeiro nome de todos os demais membros do Tribunal. A fórmula correta digitada por Luiza na célula C2 foi

(A) =SEERRO(DIREITA(A2;PROCURAR("-";A2)-1);A2)

(B) =PROCURAR(ESQUERDA(A2,1);A2)

(C) =SEERRO(ESQUERDA(A2;PROCURAR(" ";A2)-1);A2)

(D) =SEERRO(LEFT(A2;PROCURAR(A2)-1);A2)

(E) =SEERRO(ESQUERDA(A2;PROCURAR(" ";A2)+1);A2)

Para obter o primeiro nome de cada magistrado é necessário extrair os primeiros caracteres em cada uma das células da coluna A até o primeiro espaço em braco. Para isso, podemos usar a função PROCURAR, que retorna a posição inicial de uma sequência de caracteres dentro de outra. Neste caso queremos encontrar um espaço vazio dentro da célula que contém os nomes. Portanto, a função deverá ser escrita como PROCURAR(" ";A2), onde o primeiro parâmetro é o caractere procurado e o segundo se refere ao local onde ele deve ser procurado. Além disso, podemos usar a função ESQUERDA para obter uma sequência de caracteres a partir do primeiro caractere a esquerda até a posição onde se encontra o espaço vazio encontrado pela função anterior de modo que obtemos ESQUERDA(A2;PROCURAR(" ";A2)-1). Note que é necessário subtrair um da posição onde se encontra o espaço vazio para que ele não seja incluído na célula que armazenará o resultado final. A função SEERRO tem como objetivo estabelecer um valor alternativo pré-definido caso haja algum erro resultante das outras funções. Se uma das células da coluna A contiver apenas o primeiro nome (sem espaços vazios), a função PROCURAR retornaria um erro. Utilizando a expressão =SEERRO(ESQUERDA(A2;PROCURAR(" ";A2)-1);A2), quando a função PROCURAR não for bem sucedida (não encontrar o caractere espaço), o resultado final será o valor presente na célula A2. Note que o separador usado nos parâmetros das funções é o ponto e vírgula. Além disso, como a versão do MS Excel está em português os nomes das funções também aparecem na mesma língua. Portanto, apenas a alternativa C está correta.
Gabarito "C".

(Analista – TRT/1ª – 2012 – FCC) Considere que a planilha abaixo foi criada por Paulo utilizando-se o *Microsoft Excel 2010* em português.

	A	B	C	D	E
1		Planilha de contagem do inventário físico			
2					
3	Número da planilha:	00001		Data:	10/11/2012
4	Executado por:	Paulo da Silva		Dep.:	Compras
5					
6	Nº do inventário	Descrição do item	Preço de compra	Quantidade	Total
7	001/2012	Cadeira executiva para escritório	R$ 539,56	200	R$ 107.912,00
8	001/2013	Mesa para escritório em L - linha executiva	R$ 1.580,00	156	R$ 246.480,00
9	001/2014	Impressora LaserJet Pro 400	R$ 1.017,00	20	R$ 20.340,00
10	001/2015	Computador com processador Intel Atom	R$ 2.230,78	78	R$ 174.000,84

As células da planilha, por padrão, são configuradas com formato Geral, o que significa que não é definido um formato de número específico para elas. Nessas condições, ao se digitar o valor 00001 na célula B3, esse valor seria modificado automaticamente para 1. Porém, como pode-se notar, o valor visível nessa célula é 00001. Para que os zeros à esquerda não desaparecessem, foi digitado

nessa célula **I** .

Note que o título da planilha, na célula A1, está centralizado e estendido por 5 colunas. Isso foi conseguido por

meio da utilização da ferramenta **II** .

A fórmula presente na célula E7, que foi arrastada para as células E8, E9 e E10 de forma que os cálculos foram

feitos automaticamente, é **III** .

As lacunas **I**, **II** e **III** deverão ser preenchidas, correta e respectivamente, por

	I	II	III
A	'00001'	Mesclar e Centralizar	=C7*D7
B	CHAR(00001)	Mesclar Células	=C7*D7
C	String(00001)	Mesclar Células	=C$7*D$7
D	'00001	Agrupar Células	=C7*D7
E	'00001	Mesclar e Centralizar	=C7*D7

Adicionar uma apóstrofe antes de um número faz com que este seja considerado texto, a função Mesclar e Centralizar permite que várias células sejam mescladas e seu conteúdo centralizado entre elas e o cálculo usado multiplica as colunas C e D, logo a fórmula deve ser =C7*D7. Portanto apenas a alternativa E está correta.
Gabarito "E".

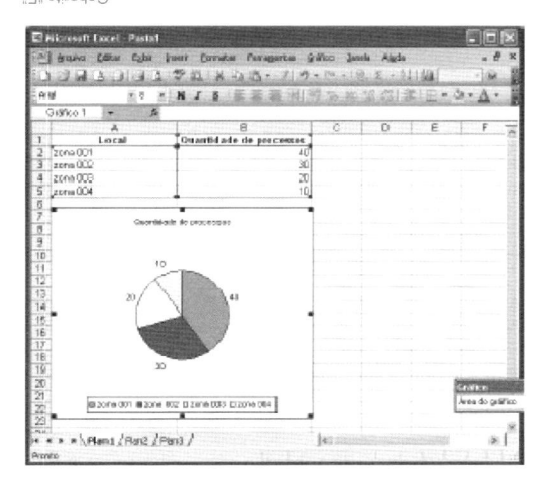

(Analista – TRT/10ª – 2013 – CESPE) Com base na figura acima, que ilustra uma planilha em edição no Excel, a partir da qual foi gerado o gráfico mostrado, julgue os itens que se seguem.

(1) O gráfico em questão pode ser colado em um relatório editado no *Writer* do Br*Office* sem que haja perda de dados.

(2) É possível calcular a média aritmética dos valores contidos nas células B2, B3, B4 e B5 a partir da fórmula =∑Média(B2:B5).

(3) Ao se aplicar duplo clique no gráfico, selecionar o menu Dados de Origem e clicar a opção Linhas, nessa ordem, alterar-se-á o estilo do gráfico, que se tornará um gráfico de linha.

(4) Depois de se salvar a planilha juntamente com o gráfico, será impossível abrir o arquivo no aplicativo Calc do Br*Office* sem que haja perda de dados.

(5) De acordo com os dados mostrados na figura, é correto afirmar que 30% dos processos pertencem à zona 002.

1: Correta, o gráfico pode ser transportado entre os programas sem perda de dados. **2:** Errada, para o cálculo da média basta utilizar a fórmula =MÉDIA(B2:B5). **3:** Errada, para alterar o estilo do gráfico é necessário selecionar a área do gráfico, clicar no menu Gráficos e na opção Tipo de Gráfico. **4:** Errada, o Calc tem a capacidade de abrir arquivos do tipo xls. **5:** Correta, como pode ser comprovado pelos valores das células A3 e B3, a Zona 002 possui 30% dos processos.
Gabarito "1C, 2E, 3E, 4E, 5C".

2.2. Word (editor de texto)

(Analista – TRT2 – FCC – 2018) Um Analista selecionou o título de um texto digitado no Microsoft Word 2013, em português, e pressionou simultaneamente a combinação de teclas Ctrl + Shift + C. Em seguida, selecionou um fragmento do texto em outro local da página e pressionou simultaneamente a combinação de teclas Ctrl + Shift + V. Estas ações do Analista

(A) substituíram o fragmento de texto pelo título.

(B) colocaram o título centralizado e o fragmento de texto justificado na página.

(C) copiaram somente a formatação do título para o fragmento de texto.

(D) colocaram o título em negrito e o fragmento do texto sublinhado.

(E) incluíram o título no sumário do documento e o associaram ao fragmento de texto.

A: incorreta. Os atalhos mencionados acionam uma ferramenta que aplica formatações ao texto, não removendo ou substituindo-o por outro; **B:** incorreta. Para isso deveria ser utilizado os atalhos Ctrl + E para centralizar o texto e Ctrl + J para aplicar o alinhamento justificado; **C:** correta. Os atalhos mencionados acionam a função do Pincel de Formatação, que copia a formatação de um trecho de texto e a aplica a outro trecho; **D:** incorreta. Para colocar o título em negrito deveria ser utilizado o atalho Ctrl + N e para aplicar o efeito sublinhado o atalho Ctrl + S; **E:** incorreta. As teclas mencionadas ativam a função Pincel de formatação que copia formatações de um trecho de texto para outro.
Gabarito "C".

(Analista – TRT/16ª – 2014 – FCC) Ana possui instalado em seu *notebook* de trabalho o Microsoft Office Professional Plus 2010, em português, na sua configuração padrão. Foi solicitada por seu chefe a escrever a ata de uma reunião com início em cinco minutos. Como não se recordava do formato adequado de uma ata de reunião formal, lembrou-se que o aplicativo Word possui um conjunto de modelos de documentos que inclui currículos, atas, convites, formulários etc. Para abrir um destes modelos de ata, Ana entrou no Microsoft Word, clicou

(A) na guia Inserir, selecionou a opção Modelos de Documentos na divisão Modelos, clicou na opção Atas para abrir a pasta com os modelos de atas, selecionou o modelo de ata de sua preferência e clicou no botão Baixar.

(B) na guia Página Inicial, selecionou Modelos do Office. com na divisão Estilo, clicou na opção Modelos Formais, clicou na opção Atas de Reunião, selecionou o modelo de ata de sua preferência e clicou em Abrir.

(C) na opção Modelos de Documentos da guia Inserir, selecionou a opção Atas na divisão Modelos do Office.com, abriu a pasta com os modelos de atas, selecionou o modelo de ata de sua preferência e clicou em Abrir.

(D) no menu Arquivo, em seguida, na opção Abrir, selecionou a opção Atas na divisão Modelos do Office.com, abriu a pasta com os modelos de atas, selecionou o modelo de ata de sua preferência e clicou na opção Abrir.

(E) no menu Arquivo, em seguida, na opção Novo, selecionou a opção Atas na divisão Modelos do Office. com, abriu a pasta com os modelos de atas, selecionou o modelo de ata de sua preferência e clicou em Baixar.

A inserção de modelos do MS Word 2010 pode ser feita ao clicar no menu Arquivo (atalho de teclado Alt + A) e então selecionar a opção Novo para gerar um novo documento. Será então exibida a tela de Modelos Disponíveis, divida em 'Página Inicial' e 'Modelos do Office. com'. Existem diversas opções de documentos pré-formatados, entre elas o modelo de Ata. Portanto, apenas a alternativa E está correta.
Gabarito "E".

(Analista – TRE/PR – 2012 – FCC) Com a utilização do editor *Microsoft Word* é possível proteger arquivos com senhas, definindo a permissão de acesso ao arquivo, para modificação ou somente leitura. Para proteger um arquivo no *Word*, em sua versão 2010, é possível entrar no menu

(A) Editar, clicar em Segurança e em seguida Proteger Arquivo.

(B) Editar, clicar em Exportar e selecionar a caixa de checagem de Exportar com Senha.

(C) Arquivo, clicar em Informações e em seguida Proteger Documento e definir o modo de proteção do arquivo.

(D) Formatar, clicar em Propriedades e em seguida escolher Proteção.

(E) Inserir, e clicar em Senha de Proteção.

No MS Word 2010 as opções de proteção podem ser acessadas através do menu Arquivo, opção Informações e então escolher Proteger Documento; são então apresentadas várias opções de proteção, entre elas esta adição de uma senha para o arquivo, portanto apenas a alternativa C está correta.
Gabarito "C".

(Analista – TRE/SP – 2012 – FCC) Muitas vezes o alinhamento justificado de parágrafos no *Microsoft Word* deixa grandes espaços entre as palavras, numa mesma linha ou em várias linhas do texto, que podem, além de comprometer a estética do texto, dificultar a leitura. Uma solução para esse problema, no *Microsoft Word 2010*, é habilitar a

hifenização automática do texto. Isso pode ser feito por meio da opção Hifenização da guia

(A) *Layout* da Página.

(B) Inserir.

(C) Página Inicial.

(D) Exibição.

(E) Parágrafo.

As opções referentes à hifenização, no MS Word 2010, encontram-se na aba *Layout* de Página, portanto apenas a alternativa A está correta.
Gabarito "A".

(Analista – TRT/11ª – 2012 – FCC) Ao dar um duplo clique no botão esquerdo do *mouse*, quando o cursor do *mouse* estiver apontando para a direita e posicionado na margem esquerda do texto de um documento no *Word 2010*, será

(A) posicionado o cursor de texto no início da linha.

(B) selecionado todo o texto do documento.

(C) selecionada a primeira palavra da linha.

(D) selecionado todo o parágrafo.

(E) selecionada toda a linha.

Quando o ponteiro do mouse está apontando para a direita (posição inversa da normal) e posicionado antes do parágrafo, um clique duplo irá selecionar todo o parágrafo, portanto apenas a letra D está correta.
Gabarito "D".

(Analista – TJAM – 2013 – FGV) Um funcionário do Tribunal de Justiça do Amazonas digitou um texto no Word 2010 BR para Windows. Para corrigir alguns aspectos no texto, executou os procedimentos listados a seguir.

•   Selecionou o título, configurado na cor preta, e acionou o ícone IC_1 para aplicar a cor azul;

•   Selecionou o segundo parágrafo e acionou o ícone IC_2 para aumentar o nível de recuo do parágrafo. Os ícones IC_1 e IC_2 são, respectivamente:

(A) e

(B) e

(C) e

(D) e

(E) e

A: Errada, o ícone ativa o realce de texto e o ícone diminui o recuo de texto. B: Errada, o ícone ativa o realce de texto. C: Errada, o ícone ativa a função alterar estilos. D: Correta, o ícone permite alterar a cor do texto e aumenta o recuo do texto. E: Errada, o ícone diminui o recuo do texto.
Gabarito "D".

(Analista – TJAM – 2013 – FGV) O MS Word 20100 BR para Windows oferece diversos recursos para a correção do texto digitado. Dentre esses recursos, o atalho de teclado Shift + F3 deve ser utilizado com a finalidade de

(A) alterar o texto de minúsculo para maiúsculo e vice-versa.

(B) alterar o texto de subscrito para sobrescrito e vice-versa.

(C) alterar o texto configurado em uma coluna para duas colunas e vice-versa.

(D) alterar o texto com determinado espaçamento vertical em outro e vice-versa.

(E) alterar o texto com fonte de determina do tamanho para outro maior e vice-versa.

Dentro do MS Word 2010, o atalho Shift + F3 alterna um texto de minúsculo para maiúsculo e vice-versa, portanto apenas a alternativa A está correta.
Gabarito "A".

(Analista – TREMG – 2012 – CONSULPLAN) Marcos possui um importante documento redigido no aplicativo *Microsoft Office Word 2007* (configuração padrão). Como ele trabalha em uma empresa em que diferentes pessoas têm acesso ao mesmo computador, o procedimento para que ele proteja o seu arquivo com uma senha, evitando o acesso indevido, é clicar no botão

(A) *Microsoft Office* / apontar para menu Preparar / Criptografar Documento e, em seguida, digitar a senha desejada no campo senha.

(B) *Microsoft Office* / apontar para menu Segurança / Proteger Documento e, em seguida, digitar a senha desejada no campo senha.

(C) *Microsoft Office* / apontar para menu Segurança / Proteger Documento e, em seguida, digitar a senha desejada no campo senha de acesso.

(D) *Microsoft Office* / apontar para menu Configurações / Segurança / Senhas e, em seguida, digitar a senha desejada no campo senha de acesso.

(E) *Microsoft Office* / apontar para menu Preparar / Criptografar Documento e, em seguida, digitar a senha desejada no campo chave de segurança.

Para adicionar uma senha a um arquivo do Word 2007 é necessário clicar no ícone do *Office* no canto superior esquerdo, selecionar a opção Preparar e depois Criptografar Documento e então digitar a senha desejada no campo senha, portanto apenas a alternativa A está correta.
Gabarito "A".

(Analista Judiciário – TRE/PE – CESPE – 2017) Com referência aos ícones da interface de edição do MS Word disponíveis na guia Página Inicial, assinale a opção que apresenta, na respectiva ordem, os ícones que devem ser acionados para se realizarem as seguintes ações: aumentar em um ponto o tamanho da fonte; ativar estrutura de tópicos; alinhar texto à direita; alterar o espaçamento entre linhas de texto.

(A)

(B)

(C)

(D)

(E)

A: Correta, os ícones representam, nesta ordem, as funções Aumentar Fonte, Marcadores, Alinhas Texto à Direita e Espaçamento de Linha e Parágrafo. **B:** Errada, nesta alternativa temos as funções Tamanho da Fonte, Aumentar Recuo, Justificar e Espaçamento de Linha e Parágrafo. **C:** Errada, nesta alternativa temos as funções Tamanho da Fonte, Aumentar Recuo, Marcadores, Subscrito e Sobrescrito. **D:** Errada, nesta alternativa temos as funções Classificar, Lista de Vários Níveis, Subscrito, Sobrescrito e Justificar. **E:** Errada, nesta alternativa temos as funções: Maiúsculas e Minúsculas, Alinhar Texto à Esquerda, Aumentar Recuo e Tamanho da Fonte.
Gabarito "A".

2.3. Powerpoint (*slides*)

(VUNESP– 2015) No MS-PowerPoint 2010, um usuário deseja efetuar a verificação da ortografia do conteúdo presente em seus *slides*. Uma das formas para realizar tal tarefa é acessar o botão Verificar Ortografia, que, na configuração padrão do MS-PowerPoint 2010, é acessível por meio da aba

(A) Exibição.

(B) Revisão.

(C) Inserir.

(D) Início.

(E) Animações.

A: Errada, nesta aba se encontram apenas opções relacionadas à exibição do documento atual, como modo de exibição, zoom, régua, organização de janela, entre outras. **B:** Correta, na aba Revisão se encontram as opções de idioma, dicionário de sinônimos, verificação de ortografia e edição de comentários e alterações. **C:** Errada, na guia Inserção é possível adicionar à apresentação tabelas, imagens, ilustrações, links, textos, símbolos e itens de mídia. **D:** Errada, não há uma aba denominada Início no MS PowerPoint, mas sim Página Inicial. **E:** Errada, a aba Animações permite a criação e gerenciamento das animações internas e de transição dos slides da apresentação.
Gabarito "B".

(VUNESP– 2015) No MS-PowerPoint 2010, a finalidade da função Ocultar Slide, acionável por meio do botão de mesmo nome, é fazer com que o *slide* selecionado

(A) tenha bloqueadas tentativas de alteração de seu conteúdo.

(B) seja designado como o último a ser exibido na apresentação de *slides*.

(C) tenha sua resolução reduzida até o mínimo suportado pelo computador em uso.

(D) não seja exibido no modo de apresentação de *slides*.

(E) tenha sua velocidade de transição entre *slides* fixada no valor médio.

A ordem dos slides durante a apresentação pode ser alterada arrastando-o no painel de slides na lateral esquerda. A velocidade das transições é ajustada através da aba Transições por meio da alteração do tempo de transição do slide. Por fim a função Ocultar Slide presente no grupo Configurar da aba Apresentação de Slides faz com que o slide selecionado seja ocultado da apresentação de slides no modo tela inteira e não bloqueia o slide contra alteração de conteúdo, portanto apenas a alternativa D está correta.
Gabarito "D".

(Analista – TRE/AC – 2010 – FCC) Uma apresentação elaborada no *MS Powerpoint 2003* pode ser impressa na forma de folhetos para consultas. Espaços em linhas para que se façam anotações sobre as apresentações são reservados no folheto de

(A) um *slide* por página.

(B) dois *slides* por página.

(C) três *slides* por página.

(D) quatro *slides* por página.

(E) seis *slides* por página.

A: Errada, na impressão de um slide por página não há linhas reservadas para comentários. **B:** Errada, na impressão de dois slides por página não há linhas reservadas para comentários. **C:** Correta, apenas na impressão de folhetos com três slides por página é reservado um espaço com linhas para a realização de comentários. **D:** Errada, na impressão de folhetos com quatro slides por folha não há espaço reservado para comentários. **E:** Errada, na impressão de folhetos com seis *slides* por folha não há espaço reservado para comentários.

Gabarito "C".

3. BR OFFICE

3.1. Writer (editor de texto)

(Analista – TRE/AC – 2010 – FCC) Para alternar entre o modo de inserção e o modo de sobrescrever textos em um documento no BrOffice.org Writer

(A) pressione a tecla *Insert* ou a tecla *Scroll*.

(B) pressione a tecla *Insert*, apenas.

(C) pressione a tecla *Scroll*, apenas.

(D) pressione a tecla *Insert* ou clique na área INSERIR/SOBRE da barra de *Status*.

(E) clique na área INSER/SOBRE da barra de *Status*.

A: Errada, a tecla *Scroll* não altera o modo de inserção em nenhum programa de edição de texto. **B:** Errada, além da tecla *Insert* pode-se utilizar a opção INSERIR/SOBRE da barra de *Status*. **C:** Errada, a tecla *Scroll* não altera o modo de inserção em nenhum programa de edição de texto. **D:** Correta, ambas as teclas *Insert* e a opção INSERIR/SOBRE da barra de Status permitem a alteração do modo de inserção de texto. **E:** Errada, pode-se também utilizar a tecla *Insert*.

Gabarito "D".

(Analista – TRE/BA – 2010 – CESPE) Com relação aos conceitos e aplicativos dos ambientes Microsoft Office e BROffice, julgue o item que se segue.

(1) No BROffice Writer, a partir do menu Exibir, é possível inserir, no documento em edição, um objeto do tipo gráfico, fórmula, som ou vídeo.

1: Errada, estas opções estão disponíveis a partir do menu Inserir.

Gabarito 1E.

(Analista – TRE/CE – 2012 – FCC) No BrOffice Writer, para apagar de uma só vez a palavra à esquerda do cursor utiliza-se

(A) <Shift> + <Seta para esquerda>.

(B) <Backspace>.

(C) <Del>.

(D) <Ctrl> + <Del>.

(E) <Ctrl> + <Backspace>.

A: Errada, este atalho apenas seleciona o primeiro caractere, símbolo ou espaço que está à esquerda do cursor. **B:** Errada, a tecla *Backspace* apaga o último caractere digitado. **C:** Errada, a tecla Del apaga o primeiro caractere à direita do cursor. **D:** Errada, este atalho apaga a primeira palavra à direita do cursor. **E:** Correta, o atalho Ctrl + *Backspace* apaga a primeira palavra à esquerda do cursor.

Gabarito "E".

3.2. Planilhas eletrônicas

(Analista – TRT/21ª – 2010 – CESPE) Acerca dos sistemas operacionais, dos aplicativos de edição de textos, das planilhas e apresentações nos ambientes Windows e Linux, julgue o item abaixo.

(1) Em uma planilha em edição no Calc do BrOffice, se uma célula for preenchida com número e, em seguida, a alça de preenchimento dessa célula for arrastada para células seguintes na mesma linha ou coluna, as células serão automaticamente preenchidas com uma sequência numérica iniciada com número digitado.

1: Correta, utilizando-se a alça de preenchimento, as células conseguintes são preenchidas respeitando a progressão dos primeiros números selecionados.

Gabarito 1C.

(Analista – TRE/AC – 2010 – FCC) O recurso de Autofiltro em uma planilha no BrOffice.org Calc pode ser usado por meio do acesso ao menu

(A) Dados e da seleção dos itens Filtro e Autofiltro.

(B) Formatar e da seleção dos itens Filtro e Autofiltro.

(C) Inserir e da seleção do item Autofiltro.

(D) Dados e da seleção do item Autofiltro.

(E) Formatar e da seleção do item Autofiltro.

A: Correta, o recurso de Autofiltro se encontra no item Filtro dentro do menu Dados. **B:** Errada, o menu correto seria o menu Dados e não o formatar. **C:** Errada, o menu correto é o menu Dados e não o menu Inserir. **D:** Errada, o menu está correto, porém o recurso se encontra dentro do item Filtro. **E:** Errada, o menu correto é o menu Dados e não o menu Formatar.

Gabarito "A".

(Analista – TRT1 – 2018 – AOCP) Uma aplicação exportou dados de um banco de dados para um arquivo de extensão '.csv'. Esse arquivo contém algumas centenas de linhas e várias colunas. Será necessário ordenar os dados contidos no arquivo e manipular alguns valores. No seu computador, estão disponíveis as ferramentas do Microsoft Office e LibreOffice. Qual das seguintes alternativas de software é a recomendada para realizar a tarefa necessária?

(A) Bloco de notas.

(B) Impress.

(C) PowerPoint.

(D) Calc.

(E) Thunderbird.

A: Errada, o Bloco de notas, além de não fazer parte do Microsoft Office ou do LibreOffice, é um editor de textos simples e não seria recomendado para manipular dados de uma planilha eletrônica. **B:** Errada, o Impress é o editor de apresentação de slides do LibreOffice e não pode manipular planilhas eletrônicas em formato csv. **C:** Errada, semelhante ao Impress, o PowerPoint é o editor de apresentações de slides do Microsoft Office e não deve ser usado para manipular planilhas eletrônicas. **D:** Correta, o Calc é o editor de planilhas eletrônicas do pacote LibreOffice e pode realizar as manipulações mencionadas normalmente em arquivos do tipo csv. **E:** Errada, o Thunderbird é um gerenciador de correio eletrônico e não pode ser usado para manipular arquivos do tipo csv.

Gabarito "D".

3.3. BROffice – Impress

(Analista – TRE/AC – 2010 – FCC) NÃO é um componente que se apresenta na janela principal do *BrOffice.org Impress*:

(A) Estrutura de tópicos.

(B) Painel de slides.

(C) Classificador de slides.

(D) Folheto.

(E) Notas.

A: Errada, o item Estrutura de tópicos está presente como uma aba no painel central do programa. **B:** Correta, o Painel de Slides não faz parte dos componentes presentes na janela principal do programa. **C:** Errada, o Classificador de slides também é uma das abas presentes no painel central da janela principal do programa. **D:** Errada, o Folheto também é uma das abas presentes no painel central da janela principal do programa. **E:** Errada, Notas também é uma das abas presentes no painel central da janela principal do programa.
Gabarito „B".

(Analista – TRE/CE – 2012 – FCC) Para salvar uma apresentação do *BrOffice Impress* com senha,

(A) clica-se no menu Arquivo e em seguida na opção Salvar como. Na janela que se abre, dá-se o nome ao arquivo no campo Nome, seleciona-se a opção Ferramentas, em seguida Opções Gerais e digita-se a senha. Para concluir, clica-se no botão Salvar.

(B) pressiona-se a combinação de teclas *Ctrl + Shift + S* e, na tela que se abre, digita-se o nome do arquivo no campo Nome, a senha no campo Senha e clica-se no botão Salvar.

(C) clica-se no menu Arquivo e em seguida na opção Salvar. Na tela que se abre, digita-se o nome do arquivo no campo Nome, a senha no campo Senha e clica-se no botão Salvar.

(D) pressiona-se a combinação de teclas *Ctrl* + S e, na tela que se abre, digita-se o nome do arquivo no campo Nome, seleciona-se a caixa de combinação Salvar com senha e clica-se no botão Salvar. Para concluir, digita-se e redigita-se a senha e clica-se no botão OK.

(E) clica-se no menu Arquivo e em seguida na opção Salvar. Na janela que se abre, dá-se o nome do arquivo no campo Nome, seleciona-se a opção Ferramentas, em seguida Salvar com senha. Na janela que se abre, digita-se e redigita-se a senha e clica-se no botão Salvar.

No Impress, para salvar uma apresentação com senha, basta salvar o documento normalmente, por exemplo com o atalho Cltr + S; na janela exibida deve-se marcar a caixa Salvar com senha e então digitar a senha desejada, portanto apenas a alternativa D está correta.
Gabarito „D".

(Analista – TRT/11ª – 2012 – FCC) Em um *slide* mestre do *BrOffice. org* Apresentação (*Impress*), NÃO se trata de um espaço reservado que se possa configurar a partir da janela Elementos mestres:

(A) Número da página.

(B) Texto do título.

(C) Data/hora.

(D) Rodapé.

(E) Cabeçalho.

Nos slides mestres, número da página, data/hora, rodapé e cabeçalho são espaços reservados que podem ser configurados, apenas o Texto do título não pode ser alterado pela janela de Elementos mestres.
Gabarito „B".

4. INTERNET

4.1. Ferramentas e aplicativos de navegação

(Analista – TRT2 – FCC – 2018) No navegador Google Chrome, um Analista pressionou simultaneamente a combinação de teclas Ctrl + Shift + N para

(A) abrir uma nova janela para navegação anônima.

(B) fechar a aba (guia) atual.

(C) ir direto ao final da página, evitando o uso da barra de rolagem.

(D) imprimir o conteúdo da página.

(E) adicionar a página aberta na guia atual à lista de sites favoritos.

A: correta. No Google Chrome o atalho Ctrl + Shift + N abre uma nova janela de navegação anônima; **B:** incorreta. O atalho usado para fechar a aba atual é o Ctrl + F4; **C:** incorreta. Para ir direto ao final de uma página sem o uso de barra de rolagem é necessário utilizar a tecla End; **D:** incorreta. Para imprimir o conteúdo da página atual é usado o atalho Ctrl + P; **E:** incorreta. Para adicionar uma página aos favoritos deve-se utilizar o atalho Ctrl + D.
Gabarito „A".

(Analista – TREMG – 2012 – CONSULPLAN) Carlos Augusto, responsável pelo setor de compras e vendas de uma grande loja de peças automotivas, estabelece diariamente contatos com fornecedores a procura dos melhores preços para aquisição de peças.

Para que seu trabalho seja realizado, ele utiliza um computador com o aplicativo *Microsoft Outlook 2007*, a fim de estabelecer contato com os fornecedores.

Considerando que Carlos Augusto entrará de férias, o responsável pelas suas atividades será outro funcionário, cujo endereço de *e-mail* é diferente do de Carlos. Através do Outlook 2007, uma forma eficiente de notificar os clientes de que os contatos deverão ser estabelecidos através do outro endereço é a

(A) criação de um *feed* de notícias.

(B) suspensão da conta de *e-mail* de Carlos.

(C) criação de um *log* automático, registrando as tentativas de envio a Carlos.

(D) criação de um macro instantâneo endereçado a cada destinatário com uma mensagem padrão.

(E) criação de uma regra para enviar uma resposta automática com uma mensagem padrão, a cada tentativa de envio de um fornecedor a Carlos.

A: Errada, o *feed* de notícias tem como função receber informações de um provedor de conteúdo. **B:** Errada, suspender a conta não fará com que seus contatos saibam para onde enviar as mensagens eletrônicas. **C:** Errada, um log não informaria seus remetentes que devem enviar a mensagem para outro endereço. **D:** Errada, esta forma não seria eficiente, pois talvez nem todo contato tentará enviar uma mensagem no período mencionado e ele também pode se esquecer deste fato caso o período seja maior. **E:** Correta, desta forma é garantido que o usuário que enviou a mensagem saberá para quem enviar a mensagem e não haverá desperdício de recursos.
Gabarito „E".

(Analista – TREMG – 2012 – CONSULPLAN) Os *cookies* são pequenos arquivos de texto que os *sites* podem enviar aos navegadores, anexando-os a qualquer conexão. A funcionalidade dos *cookies* está em distinguir usuários e memorizar preferências em acessos posteriores, mas, também, podem colocar em risco a privacidade do usuário ao rastrear os *sites* que foram visitados. O procedimento para excluir os *cookies* mantendo apenas os que pertencem aos *sites* adicionados na lista de favoritos, é abrir o navegador *Internet Explorer 8* (configuração padrão) e

(A) clicar no botão de segurança / clicar em Excluir Histórico de Navegação / clicar em Dados / clicar em Limpar *Cookies* / clicar em Excluir.

(B) clicar no botão de segurança / clicar em Excluir Histórico de Navegação / marcar a caixa de seleção ao lado de *Cookies* / clicar em Excluir.

(C) clicar no botão de segurança / clicar em Excluir Histórico de Navegação / clicar em Arquivos / clicar em Limpar *Cookies* / clicar em Excluir.

(D) clicar no botão de segurança / clicar em Excluir Histórico de Navegação / clicar em Arquivos / marcar a caixa de seleção "Preservar dados de *sites* favoritos" / clicar em Excluir.

(E) clicar no botão segurança / clicar em Excluir Histórico de Navegação / marcar a caixa de seleção ao lado de Cookies / marcar a caixa de seleção "Preservar dados de sites favoritos" / clicar em Excluir.

Para excluir os cookies através do Internet Explorer 8 é necessário clicar no botão Segurança e escolher a opção Excluir Histórico de Navegação, então a caixa referente aos Cookies deve ser marcada, para manter os cookies do sites favoritos é necessário marcar também a caixa "Preservar dados de *sites* favoritos" e por fim clicar em Excluir. Portanto apenas a alternativa E está correta.
Gabarito "E".

(Analista – TRE/CE – 2012 – FCC) Sobre o Filtro *SmartScreen* do Internet *Explorer 9*, analis**e:**

I. Enquanto você navega pela Web, ele analisa as páginas da Web e determina se elas têm alguma característica que possa ser considerada suspeita. Se encontrar páginas da Web suspeitas, o *SmartScreen* exibirá uma mensagem dando a você a oportunidade de enviar um comentário e sugerindo que você proceda com cautela.

II. Verifica os *sites* visitados e os compara com uma lista dinâmica de *sites* de *phishing* e *sites* de *softwares* mal-intencionados relatados. Se encontrar uma correspondência, o Filtro *SmartScreen* exibirá um aviso notificando-o que o site foi bloqueado para a sua segurança.

III. Verifica os arquivos baixados da Web e os compara com uma lista de sites de *softwares* mal-intencionados relatados e programas conhecidos como inseguros. Se encontrar uma correspondência, o Filtro *SmartScreen* o avisará que o *download* foi bloqueado para a sua segurança.

IV. É um recurso no *Internet Explorer* que ajuda a detectar *sites* de *phishing*. Pode ajudar também a protegê-lo contra o download ou a instalação de *malware* (*software* mal-intencionado).

Está correto o que se afirma em

(A) I, II, III e IV.

(B) I e II, apenas.

(C) I, II e III, apenas.

(D) III e IV, apenas.

(E) IV, apenas.

Todas as afirmativas sobre o *SmartScreen* estão corretas, portanto apenas a alternativa A está correta.
Gabarito "A".

(Analista – TRE/PR – 2012 – FCC) Devido ao modo de armazenamento do histórico de acesso em navegadores, é possível para diferentes usuários acessando um mesmo computador visualizar e até utilizar informações de outro usuário deste histórico ou arquivos armazenados pelos navegadores (*Cookies*). No *Internet Explorer* 9 é possível navegar de forma privada onde não será mantido o histórico de navegação por uso do modo *InPrivate*. Uma das maneiras de iniciar a navegação nesse modo é clicar no botão

(A) Arquivo, clicar na opção Segurança e clicar em *InPrivate*.

(B) Segurança e clicar em Modo de Compatibilidade.

(C) Arquivo e clicar em *InPrivate*.

(D) Modo de Compatibilidade e clicar em Navegação *InPrivate*.

(E) Nova Guia e, no corpo da página, clicar em Navegação *InPrivate*.

Para iniciar a navegação *InPrivate* no IE9 basta abrir uma nova guia, a opção de Navegação InPrivate estará no corpo da página, portanto apenas a alternativa E está correta.
Gabarito "E".

(Analista – TRT/1ª – 2012 – FCC) Sabendo que uma *intranet* utiliza a infraestrutura de rede da empresa e fazendo uso das informações contidas no texto, considere que o computador de Paulo pode se comunicar com o computador servidor do Tribunal porque os recursos necessários estão fisicamente localizados em um raio de até 500 metros dentro do prédio do Tribunal, incluindo o computador de Paulo e o servidor. Isso significa que a rede utilizada é do tipo

(A) WAN.

(B) CAN.

(C) LAN.

(D) MAN.

(E) ADSL.

A: Errada, WAN (*Wide Area Network*) designa uma rede de grande abrangência, neste caso temos uma rede de abrangência local. **B:** Errada, uma CAN é uma rede composta por dispositivos controlados por um micro controlador. **C:** Correta, uma LAN (*Local Area Network*) designa uma rede de abrangência local. **D:** Errada, uma MAN (*Metropolitan Area Network*) designa uma rede que conecta locais distintos porem dentro de uma mesma área metropolitana. **E:** Errada, ADSL é uma tecnologia de acesso a Internet.
Gabarito "C".

Paulo trabalha como Analista Judiciário no Tribunal Regional do Trabalho e no dia a dia executa um conjunto de tarefas que utilizam os recursos computacionais de hardware e software.

O computador utilizado por Paulo e pelos demais funcionários do Tribunal (exceto os computadores servidores)

são padronizados com a seguinte configuração:

– *Processador Intel Atom Dual Core D525 com Clock Speed de 1.8 GHz, L2 Cache de 1 MB, 64-bits;*

– *4 GB de memória DDR3 (2x2GB);*

– *HD de 400 GB;*

– *Leitor e gravador CD/DVD;*

– *Placa de vídeo integrada 384 MB;*

– *Placa de som integrada;*

– *Placa de rede 10/100;*

– *6 Portas USB;*

– *Teclado, mouse e caixas de som padrão;*

– *Fonte de alimentação de 250 W;*

– *Voltagem suportada de 110/220;*

– *Consumo de energia de 10 Kw/h;*

– *Monitor LED 15,6".*

[...]

(Analista – TRT/1ª – 2012 – FCC) De acordo com o texto, a placa de rede do computador de Paulo tem velocidade de transmissão de 10/100. Isso significa que a transmissão de dados pela rede entre o computador de Paulo e um computador servidor com placa de rede de mesma velocidade pode ser de até

(A) 100 megabits por segundo.

(B) 100 megabytes por segundo.

(C) 10 megabytes por segundo.

(D) 100 megabits por minuto.

(E) 1000 megabits por segundo.

A transmissão de dados é sempre dada em megabits por segundo, a nomenclatura 10/100 significa a capacidade de uso em redes de 10 e 100 megabits, portanto apenas a alternativa A está correta.
Gabarito "A".

(Analista – TRT/10ª – 2013 – CESPE) Com relação a sistema operacional (ambientes Linux e Windows) e redes de computadores, julgue os itens seguintes.

(1) Os grupos de discussão são um tipo de rede social utilizada exclusivamente por usuários conectados à Internet.

(2) A infraestrutura utilizada no armazenamento de dados em nuvem privada é própria e atende, exclusivamente, a uma única organização.

(3) Uma das vantagens do Windows 8 é sua capacidade de realizar automaticamente armazenamento em nuvem.

(4) Uma mensagem enviada através do Outlook Express pode ser lida pelo destinatário final no Mozilla *Thunderbird*.

1: Errada, grupos de discussão podem existir também em uma *Intranet* e não são redes sociais. **2:** Correta, nuvens privadas são de propriedade de uma organização e atendem suas necessidades próprias. **3:** Errada, não há função de armazenamento em nuvem de forma nativa ainda que existam vários programas que possam fazer isso. **4:** Correta, o *software* gerenciador de mensagens eletrônicas é apenas uma interface para o envio e recebimento, o que será usado pelo remetente ou destinatário não interfere no processo de envio e leitura.
Gabarito 1E, 2C, 3E, 4C.

(Analista Judiciário – TRT/24 – FCC – 2017) Um Oficial de Justiça vai utilizar um computador público para navegar na Internet utilizando o Firefox versão 50.1.0, em português, e deseja utilizar um modo de navegação para evitar que seu histórico, senhas e preferências sejam salvos e acessados por outras pessoas e para bloquear *cookies*, evitando que *sites* fraudulentos rastreiem seu comportamento. Para abrir uma nova janela em branco nesse modo de navegação, ele deve clicar no botão Abrir menu, que fica no canto superior direito da tela, representado por um ícone com três pequenas linhas verticais paralelas, e depois na opção

(A) Navegação *in-private*, ou pode pressionar a combinação de teclas Ctrl + P.

(B) Nova janela privativa, ou pode pressionar a combinação de teclas Ctrl + Shift + P.

(C) Navegação segura, ou pode pressionar a combinação de teclas Ctrl + Alt + P.

(D) Nova janela privativa, ou pode pressionar a tecla F12.

(E) Nova janela segura, ou pode pressionar a combinação de teclas Ctrl + Tab.

No Firefox, a navegação anônima é feita através do recurso de janela privativa, que também pode ser acessada pelo atalho Ctrl + Shift + P. Outros navegadores também possuem este recurso, como a navegação in-private do Internet Explorer e a anônima do Google Chrome. Portanto, apenas a alternativa B está correta.
Gabarito "B".

(Analista Judiciário – TRT/11 – FCC – 2017) Considere a barra de endereços do navegador, abaixo, exibida no Google Chrome.

Os ícones do cadeado fechado e da estrela servem, respectivamente, para mostrar que o portal do TRT11

(A) é seguro e para adicionar este portal aos favoritos.

(B) está criptografado e para acessar as configurações do navegador.

(C) está bloqueado para acesso e para adicionar este portal aos favoritos.

(D) é certificado digitalmente e para acionar o modo de navegação anônima.

(E) é seguro e para acessar as configurações do navegador.

O ícone de cadeado exibido ao lado de um endereço URL no navegador, muitas vezes na cor verde, indica que o site criptografa a comunicação entre o computador e o servidor através de um certificado SSL e, portanto, tem maior segurança; o ícone da estrela é usado para adicionar o site atual à lista de favoritos do navegador, portanto, apenas a alternativa A está correta.
Gabarito "A".

(Analista Judiciário – TJ/MT – UFMT – 2016) No Internet Explorer 11, a janela para excluir o histórico de navegação pode ser acessada ao clicar no botão Ferramentas e em seguida

(A) Opções da Internet, guia/aba Privacidade, botão Excluir...

(B) Opções de Privacidade, guia/aba Histórico, botão Excluir...

(C) Opções da Internet, guia/aba Geral, botão Excluir...

(D) Opções de Privacidade, guia/aba Geral, botão Excluir...

No Internet Explorer 11, para excluir o histórico de navegação do usuário é necessário utilizar a função Excluir, que permite excluir não só o histórico de navegação mas também os cookies, informações de formulários, senhas e arquivos temporários. Essa função se encontra na aba Geral do item Opções da Internet, que pode ser acessado pelo Painel de controle ou através do menu Ferramentas do software. Portanto, apenas a alternativa C está correta.
Gabarito "C".

(Analista Judiciário – TRT/20 – FCC – 2016) Um Analista realizou a seguinte sequência de comandos em um navegador *web* em sua versão em português:

– clicou no botão Ferramentas e em Opções da Internet

– na guia Geral, em Home page, digitou http://www.trt20.jus.br/

– clicou em Aplicar e OK

O Analista

(A) estava utilizando o Google Chrome e incluindo a *home page* digitada nos Favoritos.

(B) estava utilizando o Mozilla Firefox e marcando a *home page* digitada como página confiável.

(C) terá a *home page* digitada carregada automaticamente nas próximas vezes que abrir o navegador.

(D) estava utilizando o Internet Explorer 11 e liberando a *home page* digitada da verificação do antivírus.

(E) fará a *home page* digitada bloquear *cookies* automaticamente na próxima vez que abrir o navegador.

O item Opções da Internet pode ser acessado pelo Painel de Controle ou pelo navegador Internet Explorer através do menu Ferramentas. Nesta janela é possível modificar uma série de configurações relacionadas a navegação, como uso de proxy, informações de segurança e privacidade, entre outros. Na guia Geral, em Home page é possível definir um ou mais sites como a página inicial do navegador, sites que serão abertos automaticamente sempre que o navegador for aberto. Portanto, apenas a alternativa C está correta.
Gabarito "C".

(Analista Judiciário – TRT/20 – FCC – 2016) *Smartphones, tablets, ultrabooks* etc. impulsionaram o uso de redes móveis e o conceito de BYOD – *Bring Your Own Device* no meio corporativo. Neste cenário, é correto afirmar que

(A) com a disponibilidade de tecnologias VPN (rede pública construída sobre uma rede privada) para dispositivos móveis, o meio corporativo passou a aceitar que acessar ferramentas de trabalho pelo dispositivo mais confortável para o funcionário pode trazer aumento de produtividade.

(B) ao invés do *client-server* passa-se a ter *client-cloud* – o cliente utiliza as funcionalidades nativas dos sistemas operacionais para *desktop* como iOS e Android com esquemas de segurança e criptografia, integrando outras ferramentas nativas dos dispositivos.

(C) novos *apps* estão explorando o uso da câmera e do GPS e para isso há um componente importante na arquitetura das novas aplicações corporativas: o *Firmwhere*, que é uma camada de *software* entre a aplicação e o sistema operacional, que facilita o seu desenvolvimento.

(D) utilizar *apps* que permitem o trabalho *offline* e, quando a rede fica disponível, promovem a sincronização dos dados com a nuvem, é uma característica que as

aplicações corporativas podem ter para evitar paradas no trabalho caso a rede não esteja disponível.

(E) aplicativos como *digital vallets* (carteiras digitais) permitem compras seguras através do dispositivo móvel e todos os bancos já oferecem um *app* para celulares que utiliza o *bluetooth* para ler o *QR Code* (código de barras) e pagar uma conta.

A: Errada, esta questão inverteu a definição dada às redes VPN, que na verdade são redes privadas construídas sobre uma rede pública. **B:** Errada, os sistemas operacionais iOS e Android são usados por dispositivos mobile e não desktop. **C:** Errada, Firmwhere não descreve nenhum tipo de componente ou camada de software, embora exista o Firmware, um conjunto de instruções, programas diretamente no hardware de equipamentos eletrônicos com informações importantes para seu funcionamento. **D:** Correta, aplicativos que permitem a realização de atividades mesmo quando sem conexão à Internet e posterior sincronização das atividades realizadas com o servidor funcionam como uma boa forma de evitar interrupções nas atividades. **E:** Errada, o termo correto é digital wallet e não digital vallet, além disso, o QR Code funciona como um código de barras que pode conter mais informações e para que seja lido é usada uma câmera e não a tecnologia bluetooth, que é uma tecnologia de transmissão de dados a curta distância. A tecnologia usada para o pagamento através de dispositivos móveis é o NFC (Near frequency communication), que permite a troca de informações apenas com a aproximação de um dispositivo.
Gabarito "D".

(Analista - TRT1 - 2018 - AOCP) Um sistema de uma empresa está acessível aos seus colaboradores através da sua Intranet. Isso significa que

(A) o sistema pode ser acessado somente por colaboradores internos ou usuários previamente autorizados, e somente através da rede local da organização (o usuário deve estar fisicamente nas instalações da empresa).

(B) qualquer usuário na Internet pode acessar o sistema.

(C) faz parte da Deep Web.

(D) o sistema pode ser acessado somente por usuários previamente autorizados, mas também pode ser possível o acesso através da Internet, dependendo de como a Intranet foi configurada.

(E) as tecnologias utilizadas pela rede que armazena o sistema são diferentes das utilizadas na Internet.

A: Errada, uma Intranet é uma rede restrita porém não tem seu acesso restrito a um ambiente físico, sendo possível acessá-la de outras localidades a depender das configurações de segurança definidas por seus administradores. **B:** Errada, uma Intranet é uma rede de acesso restrito, que mesmo quando está conectada a Internet pode possuir bloqueios ou restrições de acesso de acordo com as regras de segurança da rede. **C:** Errada, a Deep Web é uma parte da Internet que não é visível pelos protocolos usuais utilizados pelos navegadores comerciais mais comuns. **D:** Correta, o acesso a uma Intranet é restrito a pessoas autorizadas e pode ser feito localmente ou de forma externa de acordo com as regras definidas pelo administrador da rede, uma possibilidade por exemplo seria o uso de uma VPN, uma rede privada virtual que poderia ser usada para garantir a segurança do acesso. **E:** Errada, tanto a Internet quanto a Intranet são redes baseadas nos mesmos protocolos e tecnologias.
Gabarito "D".

(Analista - TRT1 - 2018 - AOCP) No Mozilla Firefox versão 57.x, com as configurações que são padrão de instalação, toda vez que o usuário realiza um download de um arquivo, este é salvo automaticamente no diretório "Download", que está dentro do diretório padrão do usuário. Para que o usuário possa escolher o diretório onde quer salvar os arquivos baixados, qual das opções do menu ele deve escolher?

(A) Personalizar.

(B) Preferências.

(C) Web Developer.

(D) Editar.

(E) Extensões.

No Firefox o diretório padrão para receber os arquivos baixados pelo usuário pode ser alterado no grupo Arquivos e Aplicativos das preferências do navegador, que pode ser acessado digitando a URL about:preferences na barra de endereços ou, no Windows, através do item Opções do menu Ferramentas. Em computadores rodando o sistema operacional MacOS o item tem seu nome alterado para Preferências. Portanto, a alternativa B está correta.
Gabarito "B".

4.2. Correio eletrônico

(**Analista – TRT2 – FCC – 2018**) No Microsoft Outlook 2013, em português, após clicar na opção Novo Email da guia Página Inicial, uma janela se abre para a digitação da nova mensagem de e-mail. Nessa janela há opções que possibilitam criar uma assinatura personalizada que será mostrada em toda nova mensagem. Essa assinatura pode ser criada a partir de um clique em

(A) Mensagem > Assinatura > Assinaturas > Assinatura de Email > Novo

(B) Identificação > Assinaturas > Criar assinatura

(C) Opções > Identificação > Assinaturas > Nova assinatura

(D) Inserir > Assinatura > Identificação > Nova assinatura

(E) Personalizar > Identificação > Assinatura > Nova assinatura

A, B, C, D e **E:** A partir da janela de nova mensagem é possível acessar as configurações de assinatura para criar uma nova assinatura. Para isso deve-se clicar no item Assinatura, localizada na aba Mensagem, e selecionar a opção Assinaturas, na janela que for aberta, e na aba Assinatura de Email clicar na opção Novo. Portanto apenas a alternativa A está correta.
Gabarito "A".

(**Analista – TRE/SP – 2012 – FCC**) Sobre *webmail* é INCORRETO afirmar:

(A) É a forma de acessar o correio eletrônico através da *Web*, usando para tal um navegador (*browser*) e um computador conectado à Internet.

(B) Exige validação de acesso, portanto requer nome de usuário e senha.

(C) Via de regra, uma de suas limitações é o espaço em disco reservado para a caixa de correio, que é gerenciado pelo provedor de acesso.

(D) HTTP (Hypertext Transfer Protocol) é o protocolo normalmente utilizado no *webmail*.

(E) É a forma de acessar o correio eletrônico através da *Web*, desde que haja um *software* cliente de *e-mail* instalado no computador.

E: assertiva incorreta, devendo ser assinalada pois, não é necessário nenhum tipo de *software* além do navegador para utilizar um webmail.
Gabarito "E".

(**Analista – TJ/ES – 2011 – CESPE**) Com referência a aplicativos e conceitos relacionados à Internet, julgue os itens que se seguem.

(1) O Microsoft Outlook é uma ferramenta de correio eletrônico que facilita o gerenciamento de mensagens por meio de opções avançadas. Porém, sua desvantagem é a necessidade de o computador estar conectado à Internet ou à *intranet* da organização quando for preciso acessar as pastas de mensagens recebidas.

(2) O Mozilla *Thunderbird* é um programa livre e gratuito de *e-mail* que, entre outras funcionalidades, possui um recurso de *anti-spam* que identifica as mensagens indesejadas. Essas mensagens podem ser armazenadas em uma pasta diferente da caixa de entrada de *e-mail* do usuário.

(3) No Internet Explorer, a opção Adicionar a Favoritos permite armazenar localmente uma página visitada frequentemente. Assim, em acessos futuros, essa página adicionada a Favoritos estará disponível, mesmo que o computador não esteja conectado à Internet.

1: Errada, as mensagens que já foram recebidas pelo Outlook podem ser acessadas normalmente sem a necessidade de uma conexão com a internet ou qualquer outra rede. **2:** Correta, o Mozilla *Thundebird* é o gerenciador de *e-mails* do projeto Mozilla, que produz uma série de produtos gratuitos para uso na internet. **3:** Errada, a opção Adicionar ao Favoritos apenas cria um link para fácil acesso a página adicionada, não ficando ela salva no computador local.
Gabarito 1E, 2C, 3E

(**Analista Judiciário – TRT/24 – FCC – 2017**) Um Oficial de Justiça deseja definir regras para o Microsoft Outlook executar automaticamente em mensagens de *e-mail* enviadas ou recebidas com base em condições que ele deseja especificar (por exemplo, mover todas as mensagens de uma pessoa específica para uma pasta diferente de sua caixa de entrada). Para isso, ele consultou a documentação do Microsoft Outlook 2013, em português, e encontrou as seguintes orientações:

– Na caixa de diálogo Regras e Alertas, na guia Regras de E-mail, clicar em Nova Regra.

– Em Iniciar com base em uma regra em branco, clicar em Aplicar regras em mensagens que eu receber ou em Aplicar regras em mensagens que eu enviar.

– Clique em Avançar.

– Em Etapa 1: selecionar as condições que as mensagens devem satisfazer para aplicação da regra.

– Em Etapa 2: editar a descrição da regra, clicando em um valor sublinhado para qualquer condição adicionada e especificando o valor.

– Clique em Avançar.

– Em Etapa 1: selecionar as ações a serem realizadas para a mensagem.

– Em Etapa 2: editar a descrição da regra, clicando em um valor sublinhado para qualquer condição adicionada e especificando o valor.

– Clique em Avançar.

– Em Etapa 1: selecionar as exceções à regra, se houverem.

– Em Etapa 2: editar a exceção da regra, clicando em um valor sublinhado para qualquer exceção adicionada e especificando o valor.

– Clique em Avançar.

– Em Etapa 1: especificar um nome para a regra.

– Em Etapa 2: em configure as opções da regra, marcar as caixas de seleção para as opções que desejar.

– Clique em Concluir.

Para abrir a caixa de diálogo Regras e Alertas, a partir de onde todos esses passos podem ser seguidos, o Oficial de Justiça deve clicar na guia

(A) Página Inicial e na opção Criar Novas Regras.

(B) Arquivo e na opção Opções.

(C) Página Inicial e na opção Ferramentas e Regras.

(D) Arquivo e na opção Gerenciar Regras e Alertas.

(E) Ferramentas e na opção Definir Regras e Alertas.

No Microsoft Outlook, a caixa de diálogo Regras e Alertas pode ser acessada através da opção Gerenciar Regras e Alertas localizada no menu Arquivo, que também pode ser acessada a partir do item Regras no grupo Mover da aba Página Inicial, portanto, apenas a alternativa D está correta.
Gabarito "D".

5. SEGURANÇA

(Analista – TRT2 – FCC – 2018) Um Analista descobriu que seu computador estava infectado por bots maliciosos. A primeira ação que o Analista deve realizar para proteger os dados deve ser:

(A) Instalar um antivírus e examinar o computador com seus recursos após a sua instalação.

(B) Instalar um antibot, que é uma variação de antivírus específica para proteger o computador contra bots e botnets.

(C) Reiniciar o computador para que o bot seja eliminado da memória.

(D) Abrir uma ordem de serviço para que o suporte técnico examine o computador.

(E) Desconectar o computador da rede o mais rápido possível.

A, B, C, D e E: Bots são programas maliciosos que realizam ações definidas por um usuário que o controla remotamente, portanto a primeira ação a ser feita é desconectar-se da rede para impedir que os Bots recebam instruções do usuário malicioso e assim minimizar os danos que poderiam ser causados pelos bots. Portanto, apenas a alternativa E está correta.
Gabarito "E".

(Analista – TRE/CE – 2012 – FCC) São ações para manter o computador protegido, EXCETO:

(A) Evitar o uso de versões de sistemas operacionais ultrapassadas, como *Windows 95* ou 98.

(B) Excluir *spams* recebidos e não comprar nada anunciado através desses *spams*.

(C) Não utilizar *firewall*.

(D) Evitar utilizar perfil de administrador, preferindo sempre utilizar um perfil mais restrito.

(E) Não clicar em *links* não solicitados, pois *links* estranhos muitas vezes são vírus.

A: assertiva correta, pois, versões ultrapassadas possuem falhas de segurança que foram corrigidas somente em versões posteriores. **B:** assertiva correta, pois anúncios de spam podem conter vírus ou

outras ameaças de maneira oculta. **C:** assertiva incorreta, devendo ser assinalada pois, não usar *firewall* é uma falha de segurança, uma vez que estes são responsáveis pelo monitoramento da entrada e saída de dados do computador. **D:** assertiva correta, pois o perfil de administrador possui acesso total à máquina, caso este usuário seja infectado, todo o sistema será comprometido. **E:** assertiva correta, pois, links não solicitados também podem ocultar ameaças à segurança do sistema.
Gabarito "C".

(Analista – TRT/11ª – 2012 – FCC) Quando o cliente de um banco acessa sua conta corrente através da internet, é comum que tenha que digitar a senha em um teclado virtual, cujas teclas mudam de lugar a cada caractere fornecido. Esse procedimento de segurança visa evitar ataques de:"

(A) *spywares* e *adwares*.

(B) *keyloggers* e *adwares*.

(C) *screenloggers* e *adwares*.

(D) *phishing* e *pharming*.

(E) *keyloggers* e *screenloggers*.

Essas ações visam evitar ataques de keyloggers, ameaças que gravam as teclas digitadas pelo usuário, e de *screenloggers*, que captam imagens da tela do usuário, portanto apenas a alternativa E está correta.
Gabarito "E".

(Analista – TRT/10ª – 2013 – CESPE) Acerca de segurança da informação, julgue os itens a seguir.

(1) A transferência de arquivos para *pendrives* constitui uma forma segura de se realizar *backup*, uma vez que esses equipamentos não são suscetíveis a *malwares*.

(2) As características básicas da segurança da informação — confidencialidade, integridade e disponibilidade — não são atributos exclusivos dos sistemas computacionais.

(3) O vírus de computador é assim denominado em virtude de diversas analogias poderem ser feitas entre esse tipo de vírus e os vírus orgânicos.

(4) Um computador em uso na Internet é vulnerável ao ataque de vírus, razão por que a sua instalação e a constante atualização de antivírus são de fundamental importância para se evitar contaminações.

1: Errada, *pendrives* também podem ser infectados por *malwares*. **2:** Correta, essas características podem ser atribuídas a comunicação física por exemplo. **3:** Correta, o comportamento de ambos é análogo e muitas características são parecidas. **4:** Correta, a manutenção de um antivírus é importante para evitar e prevenir a infecção por vírus, seja pela Internet ou por outras formas.
Gabarito 1E, 2C, 3C, 4C.

(Analista – TJDFT – 2013 – CESPE) No que se refere à segurança da informação, julgue os itens que se seguem.

(1) *Worm* é um *software* que, de forma semelhante a um vírus, infecta um programa, usando-o como hospedeiro para se multiplicar e infectar outros computadores.

(2) A autoridade certificadora, que atua como um tipo de cartório digital, é responsável por emitir certificados digitais.

(3) *Firewall* é um equipamento para redes que armazena e gerencia o *software* de antivírus, para garantir que toda a rede estará isenta de ataques maliciosos realizados por programas de computador.

1: Errada, os *Worms* não necessitam de um hospedeiro para agir. **2:** Correta, todo certificado digital deve ser emitido e controlado por uma autoridade certificadora. **3:** Errada, *Firewall* é um sistema que monitora as portas de um computador ou de uma rede para evitar que acessos não autorizados sejam realizados.

Gabarito 1E, 2C, 3E.

(Analista Judiciário – TRE/PE – CESPE – 2017) Os mecanismos que contribuem para a segurança da informação em ambientes computacionais incluem

(A) certificado digital, criptografia e cavalo de troia.

(B) *backdoor, firewall* e criptografia.

(C) *rootkits*, arquivos de configuração e becape.

(D) *firewall, worm* e *proxy*.

(E) VPN, *honeypot* e senha.

A: Errada, os cavalos de troia são ameaças virtuais que abrem uma porta de conexão do computador para um usuário malicioso. **B:** Errada, o backdook é um recurso usado por ameaças virtuais para manterem o acesso a um sistema infectado. **C:** Errada, o rootkit é um software que tem por objetivo camuflar a existência de outro software ou processo de ferramentas de detecção. **D:** Errada, o worm é um tipo de ameaça virtual capaz de se propagar através de redes de computadores sem a necessidade de um software hospedeiro. **E:** Correta, a VPN é rede privada criada sobre uma rede pública, o honeypot é uma ferramenta que simula falhas de segurança na tentativa de obter informações sobre um invasor e a senha é uma forma de restringir o acesso a informações apenas a pessoas autorizadas.

Gabarito "E".

(Analista Judiciário – TJ/MT – UFMT – 2016) A respeito de segurança na Internet, marque V para as afirmativas verdadeiras e F para as falsas.

(   ) Por meio do uso da criptografia, pode-se proteger os dados sigilosos armazenados em um computador, como o arquivo de senhas, por exemplo.

(   ) Ao utilizar-se os navegadores, é fundamental que se habilite o uso de cookies, os quais ajudam a manter sua privacidade.

(   ) Ao enviar uma mensagem, para proteger os dados e informações enviadas, é recomendado utilizar-se criptografia para assegurar-se de que somente o destinatário poderá lê-la.

(   ) A assinatura digital permite comprovar a autenticidade e a integridade de uma informação, ou seja, que ela foi realmente gerada por quem diz ter feito isto e que ela não foi alterada.

Assinale a sequência correta.

(A) V, V, F, F

(B) V, F, V, V

(C) F, F, V, F

(D) F, V, F, V

(I) As técnicas de criptografia permitem proteger arquivos e pastas de um usuário escondendo o seu real conteúdo de terceiros; (II) o uso de cookies através de navegadores não tem como função aumentar a segurança da navegação, mas sim armazenar informações da navegação do usuário para usuário futuro pelo site acessado; (III) as técnicas de criptografia também podem ser aplicadas a mensagens de correio eletrônico durante seu envio para garantir a segurança na transmissão da informação; (IV) por fim, a assinatura digital permite garantir que um documento foi criado pela pessoa que alega ser sua autora e também garantir que seu conteúdo não foi modificado sem autorização. Portanto, apenas a segunda afirmativa está incorreta. A

forma correta de preencher as lacunas é V, F, V, V, assim, apenas a alternativa B está correta.

Gabarito "B".

(Analista Judiciário – TRT/20 – FCC – 2016) Considere as duas situações em que a proteção e a segurança da informação foram violadas:

I. O número do CPF de um trabalhador foi alterado, deixando seu CPF inválido.

II. Um dado sigiloso de uma causa trabalhista foi acessado por uma pessoa não autorizada.

Nas situações I e II ocorreram, respectivamente, violação da

(A) autenticação e da autorização das informações.

(B) confidencialidade e da integridade das informações.

(C) confidencialidade e da disponibilidade das informações.

(D) identificação e da autorização das informações.

(E) integridade e da confidencialidade das informações.

Na situação I, quando uma informação é alterada de forma que perca suas características originais, ela tem sua integridade violada. Na situação II, quando uma informação é acessada por alguém que não deveria ter acesso a ela, é violada a confidencialidade da informação. Portanto, apenas a alternativa E está correta.

Gabarito "E".

(Analista Judiciário – TRE/PI – CESPE – 2016) A remoção de códigos maliciosos de um computador pode ser feita por meio de

(A) *anti-spyware*.

(B) detecção de intrusão.

(C) *anti-spam*.

(D) *anti-phishing*.

(E) filtro de aplicações.

A: Correta, os softwares do tipo anti-spyware têm por objetivo prevenir a infecção e remover softwares maliciosos do tipo spyware, que monitoram as ações do usuário e as enviam para outra pessoa. **B:** Errada, detecção de intrusão não é um nome que classifique uma categoria de software. **C:** Errada, o anti-spam tem como objetivo prevenir o recebimento de mensagens indesejadas em uma caixa de correio eletrônico. **D:** Errada, o anti-phishing tem como objetivo proteger o usuário contra ataques de phishing, onde mensagens são enviadas para o usuário tentando se passar por uma entidade real para obtenção de dados de acesso do usuário. **E:** Errada, filtro de aplicação não é um nome que classifique uma categoria de software usado para remoção ou prevenção de softwares maliciosos.

Gabarito "A".

(Analista Judiciário – STJ – CESPE – 2015) Julgue os itens seguintes, relativos a computação em nuvem, organização e gerenciamento de arquivos e noções de vírus, *worms* e pragas virtuais.

(1) O que diferencia uma nuvem pública de uma nuvem privada é o fato de aquela ser disponibilizada gratuitamente para uso e esta ser disponibilizada sob o modelo *pay-per-usage* (pague pelo uso).

(2) Embora seja uma tecnologia que prometa resolver vários problemas relacionados à prestação de serviços de tecnologia da informação e ao armazenamento de dados, a computação em nuvem, atualmente, não suporta o processamento de um grande volume de dados.

(3) O Windows 7 Professional possibilita que o usuário copie um arquivo de um dispositivo móvel, como, por exemplo, um *pendrive*, para uma pasta qualquer que já contenha esse arquivo. Nesse caso, serão exibidas algumas opções, entre as quais uma que permite ao usuário optar por copiar, mas manter os dois arquivos; se o usuário escolher essa opção, o arquivo será copiado e armazenado na mesma pasta, porém será renomeado.

1: Errada, nuvem pública é definida como uma série de serviços de computação oferecidos por terceiros à Internet pública, os quais são disponibilizados a qualquer pessoa que queira utilizá-los ou comprá-los. Eles podem ser gratuitos ou vendidos sob demanda, permitindo que os clientes paguem apenas pelo seu consumo. Nuvem privada, ou nuvem interna ou corporativa, refere-se aos serviços de computação em nuvem oferecidos pela Internet ou por uma rede interna privada somente a usuários selecionados e não ao público geral; **2**: Errada, os serviços de nuvem atualmente podem possuir grande capacidade de armazenamento e processamento de informações a custos relativamente baixos para os consumidores, o que os torna uma alternativa excelente para empresas que buscam melhoria em seus serviços de tecnologia; **3**: Correta: Ao copiar um arquivo em um diretório que já contenha um arquivo de mesma extensão e mesmo nome, será apresentada ao usuário uma caixa de diálogo a partir da qual o usuário pode definir se irá cancelar a ação, sobrescrever o arquivo ou copiar o arquivo renomeando-o.
Gabarito 1E, 2E, 3C

(Analista – TRT1 – 2018 – AOCP) Em uma época em que cada vez mais as informações trafegam e são armazenadas em meios digitais, tornaram-se comuns notícias sobre os prejuízos causados por ameaças como vírus, spywares e ransomwares. Essas ameaças também podem ser classificadas como:

(A) Bugs.
(B) Malwares.
(C) Spam.
(D) Badwares.
(E) Phishing.

A: Errada, um bug se refere a um erro em um código de um programa e não a ameaças virtuais. **B:** Correta, o termo malware é usado para descrever um conjunto de ameaças virtuais que danificam, afetam negativamente o uso de um computador ou tem por objetivo extrair informações destes sem o consentimento do usuário. **C:** Errada, spam é a definição dada a mensagens não solicitadas enviadas via correio eletrônico. **D:** Errada, badware é o nome que pode ser dado a um conjunto de malwares que se propagam por websites ou anúncios web infectados. **E:** Errada, phishing são tentativas de obter dados de acesso de um usuário criando páginas ou e-mails que imitam determinado site, porém direcionam os dados fornecidos para um usuário mal-intencionado.
Gabarito "B"

6. SISTEMAS OPERACIONAIS

6.1. Windows

(Analista – TRT/16ª – 2014 – FCC) A seguinte figura apresenta um ícone presente na Área de trabalho do sistema operacional Windows em suas versões mais recentes.

Na figura, o ícone com a sobreposição do símbolo com a seta

(A) indica que o ícone foi criado a partir de um download de programa da Internet.
(B) representa um arquivo criado no Bloco de Notas.
(C) indica que o ícone é um Atalho para o programa Bloco de Notas.
(D) representa uma cópia do programa Bloco de Notas.
(E) indica que o ícone é um Atalho para um arquivo criado no Bloco de Notas.

A: Errada, não há indicações em um ícone que permitam afirmar que foi criado a partir de um download pela Internet. **B:** Errada, o ícone do bloco de notas não contém a seta. **C:** Correta, o ícone com um bloco de anotações está associado ao programa Bloco de notas. A seta presente na imagem indica que se trata de um atalho para o programa. **D:** Errada, não existem indicações para cópias de arquivos em seus ícones de exibição, em geral a indicação está no próprio nome do arquivo. **E:** Errada, os ícones de arquivos gerados pelo Bloco de Notas e o programa que os gera é muito similar. O ícone usado para os arquivos provenientes do Bloco de Notas é Por outro lado, o programa utiliza o ícone
Gabarito "C"

(Analista – TRE/CE – 2012 – FCC) Sobre sistemas operacionais, é INCORRETO afirmar:

(A) O sistema operacional é uma camada de *hardware* que separa as aplicações do *software* que elas acessam e fornece serviços que permitem que cada aplicação seja executada com segurança e efetividade.

(B) Na maioria dos sistemas operacionais um usuário requisita ao computador que execute uma ação (por exemplo, imprimir um documento), e o sistema operacional gerencia o *software* e o *hardware* para produzir o resultado esperado.

(C) Um usuário interage com o sistema operacional via uma ou mais aplicações de usuário e, muitas vezes, por meio de uma aplicação especial denominada *shell* ou interpretador de comandos.

(D) Primordialmente, são gerenciadores de recursos – gerenciam *hardware* como processadores, memória, dispositivos de entrada/saída e dispositivos de comunicação.

(E) O *software* que contém os componentes centrais do sistema operacional chama-se núcleo *(kernel)*.

A: assertiva incorreta, devendo ser assinalada pois o sistema operacional não é um item de *hardware*, mas sim de *software*.
Gabarito "A"

(Analista – TRE/PR – 2012 – FCC) No *Windows XP*, sempre que um programa, pasta ou um arquivo é aberto, ele aparece na tela em uma caixa ou moldura chamada janela, e um botão associado a essa janela é criado na barra de tarefas. Para selecionar a janela corrente, basta clicar no botão correspondente na barra de tarefas. A alternância entre a última janela aberta e a janela corrente é possível por um atalho de teclado, pressionando-se simultaneamente as teclas

(A) ALT e TAB.
(B) CTRL e ALT.
(C) CTRL e SHIFT.
(D) SHIFT e DEL.
(E) CTRL, ALT e DEL.

O atalho que, no Windows, permite alternar entre todas as janelas abertas na sessão de uso atual é o Alt + Tab, portanto apenas a alternativa A está correta.
Gabarito "A"

(Analista – TRE/PR – 2012 – FCC) Sobre o *Firewall* do *Windows XP*, considere:

I.   É um recurso para ajudar a impedir que *hackers* ou *softwares* mal-intencionados obtenham acesso ao seu computador através de uma rede ou da Internet.

II. Pode impedir, quando corretamente configurada, que o computador envie *software* mal-intencionado para outros computadores.
III. Pode analisar o conteúdo de mensagens enviadas por uma rede local e bloqueá-las, caso partes da mensagem apresentem conteúdo nocivo.

(A) II e III, apenas.
(B) I, II e III.
(C) I e III, apenas.
(D) I e II, apenas.
(E) III, apenas.

As afirmativas I e II estão corretas, porém o *firewall* não tem capacidade de verificar o conteúdo de mensagens enviadas, logo a afirmativa III está incorreta e, portanto, apenas a alternativa D está correta.
Gabarito "D."

(Analista – TRE/PR – 2012 – FCC) Sobre o Sistema Operacional *Windows XP*, considere:

I. No *Windows Explorer* é possível criar atalhos para arquivos em sua área de trabalho ao clicar com o botão direito do mouse sobre o arquivo desejado e escolher a opção **Enviar para** e em seguida **Área de Trabalho**.
II. Além de adicionar atalhos à área de trabalho, também é possível adicionar atalhos ao menu Iniciar. Os atalhos para os arquivos favoritos podem aparecer ao lado dos programas.
III. Os atalhos incluem uma imagem chamada de ícone, que pode ajudá-lo a localizar o programa ou arquivo com mais rapidez. Quando você altera o tema do *Windows*, o novo tema pode incluir um conjunto de ícones personalizados que complementam a aparência da nova área de trabalho.
IV. Os atalhos são *links* para programas, documentos, arquivos ou *sites*. Em vez de pesquisar pastas ou a Internet, sempre que você quiser abrir um arquivo ou um *site* em particular, basta criar um atalho.

Está correto o que consta em

(A) I, II e III, apenas.
(B) I, II, III e IV.
(C) I e IV, apenas.
(D) II, III e IV, apenas.
(E) II e III, apenas.

Todas as afirmativas apresentadas estão corretas, logo temos somente a alternativa B correta.
Gabarito "B."

(Analista – TRE/SP – 2012 – FCC) Em relação à organização de arquivos, é correto afirmar:

(A) Uma pasta pode conter apenas arquivos.
(B) Arquivos e pastas de sistemas podem ser renomeados ou movidos, mas nunca excluídos.
(C) Dois arquivos com o mesmo nome podem coexistir desde que estejam em pastas ou subpastas diferentes.
(D) Arquivos podem ser classificados e exibidos de diversas formas, exceto por data da criação.
(E) Arquivos e pastas de documentos do usuário podem ser renomeados, mas não podem ser movidos.

A: Errada, uma pasta também podem conter outras pastas. B: Errada, alguns arquivos de sistema não podem ser renomeados ou movidos ou excluídos de seus locais de origem. C: Correta, estando em pastas diferentes podem haver vários arquivos que possuam o mesmo nome. D: Errada, os arquivos podem também ser organizados por data de criação. E: Errada, arquivos e pastas de documentos do usuário podem ser renomeados, movidos e excluídos livremente.
Gabarito "C."

(Analista – TRT/11ª – 2012 – FCC) No *Windows Vista*

(A) uma janela maximizada só pode ter suas dimensões alteradas através do botão Restaurar, exibido no canto superior direito ou clicando duas vezes, rapidamente, na barra de título.
(B) todas as janelas podem ser maximizadas e redimensionadas.
(C) é possível alternar entre as duas últimas janelas ativadas ou navegar através de todas as janelas abertas, usando conjuntamente as teclas *Alt* e *Tab*.
(D) para fechar uma janela minimizada é necessário torná-la ativa, clicando no seu respectivo botão da barra de tarefas.
(E) é possível, manualmente, organizar as janelas de várias maneiras na área de trabalho. Porém, podem ser organizadas automaticamente pelo *Windows*, apenas nas formas em cascata e lado a lado.

A: Errada, existem atalhos que também permitem tais ações como o botão Windows e a seta para cima ou para baixo. B: Errada, algumas janelas possuem essa opção bloqueada pelo sistema operacional. C: Correta, o atalho Alt + Tab permite alternar entre todas as janelas abertas de forma rápida e fácil. D: Errada, não é necessário que ela esteja ativa, um simples clique com o botão direito já exibe a opção de fechar a janela. E: Errada, existem ainda outras formas de organização.
Gabarito "C."

(Analista – TJDFT – 2013 – CESPE) Com relação ao ambiente Windows e a aplicativos de edição de textos e de navegação na Internet, julgue os itens a seguir.

(1) No Windows XP, a função de gerenciamento do computador permite que diversas atividades de manutenção em computadores locais e remotos sejam realizadas, como, por exemplo, gerenciar recursos compartilhados, visualizar usuários conectados e interromper serviços do sistema.
(2) No Windows, quando um ícone associado a um arquivo for arrastado para um disco diferente do atual, será criada uma cópia do arquivo, sendo mantido o arquivo no disco de origem.
(3) O Word possui recurso de inserir, de forma automática, sem interferência do usuário, índice no documento em edição, o que é feito quando são reconhecidos os títulos dos itens do documento.

1: Correta, o gerenciamento do computador permite uma grande gama de atividades de manutenção como o gerenciamento de recursos e serviços. **2:** Correta, arrastar um ícone para outro local dentro da mesma unidade apenas o move porém quando o local de destino fica em outra unidade é feita uma cópia do arquivo. **3:** Errada, a função existe porem requer interferência do usuário.
Gabarito 1C, 2C, 3E.

(Analista – TJAM – 2013 – FGV) Um funcionário do Tribunal de Justiça do Amazonas, seleciona a pasta **C:\TJ_AM** no Windows Explorer, na qual estão armazenados diversos arquivos, e executa o atalho de teclado Ctrl + A. Esse atalho de teclado gera o seguinte resultado:

(A) Exclui todos os arquivos armazenados na pasta **C:** TJ_AM de forma permanente.

(B) Transfere todos os arquivos armazenados na pasta **C:** TJ__AM para a Lixeira.

(C) Ordena todos os arquivos armazenados na pasta **C:** TJ__AM por nome.

(D) Classifica todos os arquivos armazenados na pasta **C:**TJ__AM por data.

(E) Seleciona todos os arquivos armazenados na pasta **C:**TJ_AM.

O atalho Ctrl + A, no Windows Explorer, tem por função selecionar todos os arquivos e diretórios presentes no diretório atual, portanto apenas a alternativa E está correta.
Gabarito "E".

(Analista – TREMG – 2012 – CONSULPLAN) Considere as seguintes afirmativas sobre o Sistema Operacional *Microsoft Windows 7 Ultimate* (configuração padrão – português Brasil).

I. Na área de trabalho deste Sistema é possível instalar pequenos programas como medidores de utilização do processador e memória, termômetro e outros. Esses recursos são conhecidos como *Gadgets*.

II. O recurso de modo de compatibilidade está disponível e tem a finalidade de tentar executar programas antigos que funcionavam em versões anteriores, mas não estão funcionando no *Windows 7*.

III. Para bloquear o acesso ao Sistema Operacional devem ser pressionadas simultaneamente as teclas *Windows* e B.

IV. Para abrir uma nova janela de um aplicativo que já está aberto na barra de tarefas, deve-se pressionar a tecla *Ctrl* e clicar no ícone do programa desejado.

Estão corretas apenas as afirmativas

(A) I e II.
(B) II e III.
(C) III e IV.
(D) I, II e III.
(E) II, III e IV.

As afirmativas III e IV estão incorretas, o atalho para bloquear o acesso ao sistema é Windows + L e para abrir uma nova janela de um aplicativo que já está aberto deve ser usada a tecla Shift. Portanto apenas a alternativa A está correta.
Gabarito "A".

(Analista – TREMG – 2012 – CONSULPLAN) Considere os componentes do Sistema Operacional *Microsoft Windows XP* (configuração padrão – português Brasil).

I.

II.

III.

Os componentes apresentados são, respectivamente,

(A) barra de tarefas, barra de aplicativos e menu iniciar.
(B) área de notificação, barra de inicialização e menu iniciar.
(C) barra de notificação, barra de inicialização e menu iniciar.
(D) área de notificação, barra de inicialização rápida e botão iniciar.

(E) gerenciador de tarefas, barra de inicialização rápida e iniciar sistema.

O primeiro componente representa a área de notificação onde pode ser encontrar o relógio e programas sendo executados em segundo plano, o segundo componente representa a barra de inicialização onde se encontram atalhos para programas e o terceiro componente representa o menu Iniciar, portanto apenas a alternativa B está correta.
Gabarito "B".

(Analista – TRT/1ª – 2012 – FCC) Considere as tarefas realizadas por Paulo e os respectivos *softwares* necessários para realizá-las. Tarefas realizadas:

A. Edição de contratos, emissão de pareceres e confecção de atas de reunião.

B. Navegação e trabalho na *intranet*.

C. Criação de documentos para controle e cálculo de materiais, inventários, orçamentos e demais controles financeiros.

D. Apresentação em slides de resultados de demonstrativos e de pautas de treinamento e reuniões.

E. Criação, compartilhamento e gerenciamento de pastas e arquivos em diversas unidades de disco.

F. Geração de gráficos demonstrativos.

G. Gravação de CDs e DVDs.

H. Navegação na internet e uso de mecanismos de busca.

I. Configuração de compartilhamento de impressora.

Softwares:

1. Windows 7.
2. Microsoft Word 2010.
3. Microsoft Excel 2010.
4. Microsoft Power Point 2010.
5. Mozilla Firefox.
6. Internet Explorer.

Corresponde a uma associação correta:

(A) 1-E-G; 2-A; 3-C; 4-F; 5 e 6-B-H-I.
(B) 1-E-I; 2-A-G; 3-F-C; 4-D; 5-H; 6-B.
(C) 1-G-I; 2-A-F; 3-C; 4-D-E; 5-B; 6-H.
(D) 1-E-G-I; 2-A; 3-C-F; 4-D; 5 e 6-B-H.
(E) 1-B-E-G-I; 2-A; 3-C; 4-D-I; 5 e 6-H-F.

O Windows, como sistema operacional, permite a criação, compartilhamento e gerenciamento de arquivos e pastas no disco, gravar CDs e DVDs e compartilhar impressoras; o Word 2010 é um editor de textos, portanto pode editar contratos, realizar a emissão de pareceres e atas de reunião; o Excel 2010 por ser um *software* de planilha eletrônica permite a criação de documentos para controles e cálculo de materiais, inventários, orçamentos e criar gráficos demonstrativos; sendo um *software* de criação de apresentações, o *Powerpoint* 2010 permite criar apresentações de slides de demonstrativos e pautas de treinamento; sendo um navegadores web, tanto o Firefox como o Internet Explorer permitem a navegação em páginas web e uso de mecanismos de busca. Portanto a associação correta é 1-E-G-I; 2-A; 3-C-F; 4-D; 5 e 6-B-H e por isso apenas a alternativa D está correta.
Gabarito "D".

(Analista Judiciário – TRT/24 – FCC – 2017) Um Oficial de Justiça utiliza um computador com o sistema operacional Windows 7 Professional, em português, e deseja criar na área de trabalho um atalho para um documento que necessita abrir e utilizar com frequência. Para isso, clicou no botão

Iniciar, na opção Computador e abriu a pasta no HD onde o documento está salvo. Para criar um atalho para esse documento na área de trabalho ele deve clicar

(A) com o botão direito do *mouse* sobre o nome do arquivo, selecionar a opção Enviar para e a opção Área de Trabalho (criar atalho).

(B) no menu Organizar, na opção Criar Atalho e na opção Área de Trabalho.

(C) com o botão direito do *mouse* sobre o nome do arquivo, selecionar a opção Criar Atalho e a opção Área de Trabalho.

(D) no menu Arquivo, na opção Atalho e na opção Criar na área de trabalho.

(E) com o botão esquerdo do *mouse* sobre o nome do arquivo, selecionar a opção Criar atalho e a opção Área de Trabalho.

Para se criar um atalho para um arquivo ou pasta na área de trabalho pode-se clicar com o botão direito do mouse na área de trabalho, seleciona a opção Novo e o item Atalho e indicar o local do arquivo ou clicar com o botão direito do mouse sobre o arquivo desejado, selecionar a opção Enviar e o item Área de trabalho (criar atalho). Portanto, apenas a alternativa A está correta.
Gabarito "A".

(Analista Judiciário – TRT/11 – FCC – 2017) Considerando-se que o Windows 7 Professional, em português, está instalado na unidade C de um computador,

(A) não será permitido salvar arquivos na raiz desta unidade, mas somente em pastas e subpastas criadas a partir da raiz.

(B) clicando-se com o botão direito do *mouse* sobre esta unidade, será possível acessar uma opção para particionar (dividir) o disco.

(C) será permitido formatar esta unidade a partir do Windows, porém, todos os arquivos e pastas serão apagados e não poderão ser recuperados.

(D) se uma pasta que contém 9 MB em documentos for apagada do HD, ela será enviada para a lixeira e poderá ser posteriormente recuperada.

(E) a pasta onde o Windows está instalado ficará oculta e não poderá ser acessada, para evitar que arquivos importantes sejam apagados.

A: Errada, não há restrição quanto a salvar arquivo na raiz de uma unidade de disco. **B:** Errada, o particionamento de um disco só pode ser realizado durante a instalação do sistema operacional ou por programas específicos após a instalação do Windows. **C:** Errada, a formatação do disco onde o Windows se encontra instalado só pode ser feita antes da inicialização do sistema. **D:** Correta, uma pasta ou arquivo que seja excluída pelo usuário será movida para a Lixeira até que seja recuperada ou excluída permanentemente. **E:** Errada, o diretório de instalação do Windows não é oculto por padrão e pode ser acessada pelo usuário.
Gabarito "D".

(Analista Judiciário – TRE/SP – FCC – 2017) No Windows 7 Professional em português foram exibidos arquivos no formato abaixo.

Para mudar a forma de exibição, mostrando além do ícone e do nome dos arquivos a data de modificação, tipo e

tamanho, deve-se clicar

(A) com o botão direito do mouse sobre a área de exibição, selecionar a opção Relatório e, em seguida, a opção Analítico.

(B) no menu Exibir e selecionar a opção Propriedades.

(C) com o botão direito do mouse sobre o nome de um dos arquivos e selecionar a opção Exibir Tudo.

(D) no menu Arquivo e selecionar a opção Exibir Detalhes.

(E) com o botão direito do mouse sobre a área de exibição, selecionar a opção Exibir e, em seguida, a opção Detalhes.

No Windows Explorer é possível visualizar o conteúdo de uma pasta de diversas formas. Na figura em questão temos a exibição em Bloco, que exibe apenas o nome e ícone do arquivo. Para exibir informações como data de modificação, tipo de arquivo e seu tamanho, devemos utilizar a visualização de Detalhes, para isso devemos clicar com o botão direito na área de exibição da pasta e selecionar o modo mencionado localizado no item Exibir. Portanto, apenas a alternativa E está correta.
Gabarito "E".

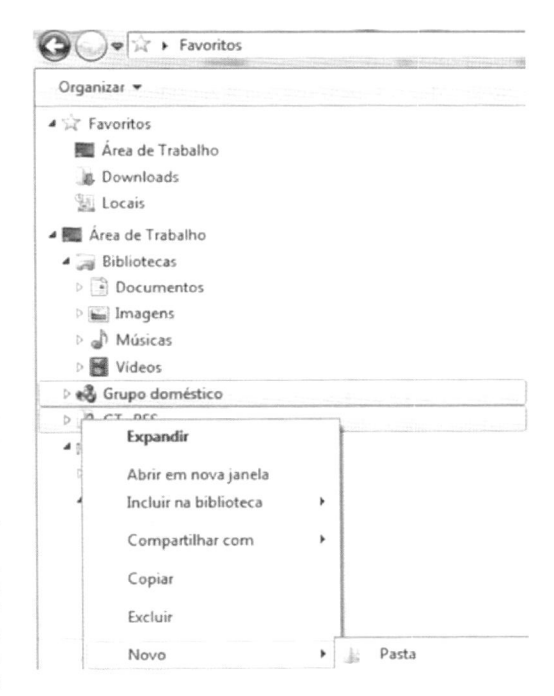

(Analista Judiciário – TRE/PE – CESPE – 2017) Com relação à figura precedente, que mostra parte de uma janela do Windows Explorer, assinale a opção correta.

(A) A pasta Downloads, por padrão, armazena os arquivos que o usuário deseje guardar temporariamente antes de enviá-los para uma unidade externa.

(B) A opção Expandir permite aumentar a área de armazenamento disponível no computador.

(C) No menu Novo, a opção Pasta permite a criação de uma nova pasta de arquivos dentro da unidade ou da pasta que tiver sido selecionada.

(D) A área 🖳 **Locais** é destinada ao compartilhamento de arquivos da máquina com outros usuários.

(E) É possível excluir a 🖥 **Área de Trabalho** clicando-se com o botão direito na opção **Excluir** .

A: Errada, a pasta Downloads armazena os arquivos baixados pelos navegadores instalados no computador. **B:** Errada, a opção Expandir fará com que os elementos colapsados sob o item selecionado sejam exibidos. **C:** Correta, no menu Novo é possível selecionar a opção Pasta para a criação de um novo diretório dentro da unidade ou pasta selecionada. **D:** Errada, a área Locais exibirá os locais recentes acessados pelo usuário, como as últimas pastas abertas. **E:** Errada, a Área de trabalho é um elemento inerente do sistema operacional que não pode ser excluída pelo usuário.
„Ɔ„ oʇᴉɹɐqɐ⅁

(Analista Judiciário – STJ – CESPE – 2015) Julgue os próximos itens, acerca do sistema operacional Windows 7.0, do editor de textos Microsoft Word 2013 e do programa de navegação Internet Explorer 10.

(1) No Word 2013, para se centralizar o texto em uma célula de uma tabela qualquer, é suficiente realizar a seguinte sequência de ações: selecionar a célula que contém o texto; clicar com o botão direito do *mouse* sobre essa célula; finalmente, acionar a opção Texto Centralizado.

(2) Os atalhos de teclado ajudam o usuário de computador a executar uma funcionalidade em determinado *software* de forma rápida, eliminando a necessidade de vários cliques com o *mouse*, em determinados casos. No programa de navegação Internet Explorer 10, por exemplo, o uso do atalho constituído pelas teclas ⌨ Ctrl e ⌨ J fará que uma lista de *downloads* seja exibida.

(3) O Windows 7 foi lançado em quatro versões, cada uma direcionada a um público específico. A versão *Starter* possibilita a encriptação de dados mediante o uso do recurso conhecido como BitLocker.

1: Errada, para centralizar o texto em uma célula deve-se selecionar a opção Centralizar no item Alinhamento de Célula, ao clicar com o botão direito sobre a célula desejada ou utilizar o atalho Ctrl + E que ativa a função Centralizar; **2**: Correta: No Internet Explorer 10, assim como no Google Chrome e Mozilla Firefox, o atalho Ctrl + J faz com que sejam exibidos os últimos downloads realizados pelo usuário no navegador; **3**: Errada, o BitLocker, tecnologia que criptografa as unidades de disco rígido no computador para fornecer proteção avançada contra roubo ou a exposição de dados, está presente na versão Windows 7 Ultimate, e não na Starter.
∃Ɛ 'Ɔᄅ 'ƎႱ oʇᴉɹɐqɐ⅁

(Analista – TRT1 – 2018 – AOCP) Visualizadores de imagens podem ser utilizados para abrir arquivos como fotos, logos e desenhos. Das alternativas a seguir, qual possui somente extensões de arquivos utilizadas por visualizadores de imagens, para imagens sem animação?

(A) .gif e .mp3
(B) .jpg e .ppt
(C) .img e .mkv
(D) .mp4 e .tiff
(E) .jpg e .png

A: Errada, arquivos do tipo mp3 são usados para áudio e a extensão gif é usada para arquivos de imagens com animação. **B:** Errada, arquivos do tipo ppt são usados pelo Microsoft PowerPoint para apresentações de slides. **C:** Errada, arquivos do tipo mkv são usados para vídeos de alta qualidade. **D:** Errada, arquivos do tipo mp4 são usados para multimídia. **E:** Correta, as extensões jpg e png são as mais utilizadas para salvar imagens estáticas.
„Ǝ„ oʇᴉɹɐqɐ⅁

6.2. Linux

(FCC – 2015) O sistema operacional Linux, em todas as suas distribuições (versões), utiliza uma estrutura de diretórios (pastas) padronizada, na qual diferentes tipos de arquivos são armazenados em diferentes diretórios. O diretório para a instalação de programas não oficiais da distribuição é o:

(A) /etc
(B) /bin/tmp
(C) /dev
(D) /usr/local
(E) /sbin

A: Errada, o diretório /etc é usado para arquivos de configuração do sistema e de programas instalados. **B:** Errada, não existe diretório /tmp dentro do diretório /bin, que armazena programas usados frequentemente pelos usuários. **C:** Errada, o diretório /dev armazena dispositivos de hardware, sendo um arquivo para cada dispositivo. **D:** Correta, o diretório /usr/local atualmente é usado para armazenar programas de terceiros ou programas auto compilados. **E:** Errada, o diretório /sbin armazena programas utilizados pelo usuário root para administração e controle do funcionamento do sistema.
„Ꭰ„ oʇᴉɹɐqɐ⅁

(Analista Judiciário – TRE/PI – CESPE – 2016) Assinale a opção que apresenta o comando que um usuário deve utilizar, no ambiente Linux, para visualizar, em um arquivo de texto (nome-arquivo), apenas as linhas que contenham determinada palavra (nome-palavra).

(A) pwd nome-arquivo | locate nome-palavra
(B) find nome-palavra | ls -la nome-arquivo
(C) cat nome-arquivo | grep nome-palavra
(D) lspci nome-arquivo | find nome-palavra
(E) cd nome-arquivo | search nome-palavra

A: Errada, o comando pwd apenas informa o nome do diretório atual e o comando locate é usado para encontrar um arquivo no sistema. **B:** Errada, o comando find é usado para encontrar arquivos na hierarquia de pastas e o comando ls para listar os arquivos de uma determinada pasta. **C:** Correta, o comando cat permite imprimir o conteúdo de um arquivo e combinado com o comando grep que permite filtrar um conteúdo por uma palavra-chave é possível obter o resultado desejado. **D:** Errada, o comando lspci é usado para listar dispositivos conectados através de interfaces PCI. **E:** Errada, o comando cd é usado para mudar o diretório sendo explorado pelo usuário.
„Ɔ„ oʇᴉɹɐqɐ⅁

3. Matemática e Raciocínio Lógico

Enildo Garcia, André Nader Justo e Daniel Pereira da Silva

1. RACIOCÍNIO LÓGICO

1.1. Introdução e Estruturas Lógicas

(Analista – TRF/4 – FCC – 2019) Em um jogo de pôquer, independentemente do valor das fichas, uma ficha preta equivale a 5 fichas verdes, uma verde equivale a duas azuis, uma azul equivale a 2 vermelhas e uma vermelha a 5 brancas. Dessa forma, 8 fichas verdes são equivalentes a

(A) 1 preta, 5 azuis e 2 vermelhas.

(B) 1 preta, 5 azuis e 5 brancas.

(C) 1 preta, 5 azuis e 15 brancas.

(D) 10 azuis, 10 vermelhas e 5 brancas.

(E) 10 azuis, 15 vermelhas e 10 brancas.

1ª solução
Ao calcular em termos de fichas vermelhas tem-se
8 verdes = 16 amarelas = 32 vermelhas
1 preta = 5 verdes = 10 azuis = 20 vermelhas
1 verde= 2 azuis = 4 vermelhas
1 amarela = 2 vermelhas
Assim, as 8 verdes que equivalem a 32 vermelhas também são equivalentes a
1 preta, 5 azuis e 2 vermelhas: 20 + 10 + 2.
2ª solução
A: 20+2x5+2 =32 vermelhas = 8 verdes. Correto Letra A
B: 20+5x2+1 = 31; Errado.
C: 20+5x2+15 = 45; Errado.
D: 10x2+10+1 = 31; Errado.
E: 10x2+15+2 = 37; Errado.

Gabarito "A".

(Analista – TRF/4 – FCC – 2019) Sabendo-se que é verdadeira a afirmação "Todos os filhos de José sabem inglês", então é verdade que

(A) José sabe inglês.

(B) José não sabe inglês.

(C) se Mário sabe inglês então ele é filho de José.

(D) se Murilo não sabe inglês então ele não é filho de José.

(E) se Marcos não é filho de José então ele não sabe inglês.

1ª solução
Pelo diagrama de Venn:

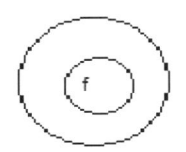 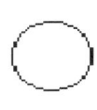

sabem inglês   não sabem inglês
(f: filhos de José)
Tem-se que as opções de resposta
A e **B:** são incorretas pois o enunciado nada afirma sobre José saber ou não inglês; **C:** errado pois Mário pode não ser filho de José; **E:** errado

pois Marcos não é filho de José e ele pode saber inglês.
2ı solução
A afirmativa "Todos os filhos de José sabem inglês" é equivalente à afirmativa
"Se é filho de José então sabe inglês", ou seja, tem-se a condicional

p $\nearrow$ q com as premissas
p: filho de José e
q: sabe inglês.
Essa condicional é equivalente à sua contrapositiva
~q -> p, ou seja,
"se não sabe inglês então não é filho de José".

Gabarito "D".

(Analista – TRF/4 – FCC – 2019) Alberto, Breno e Carlos têm, ao todo, 40 figurinhas. Alberto e Breno têm a mesma quantidade de figurinhas e Carlos tem a metade da quantidade de figurinhas de Breno. A quantidade de figurinhas que Alberto e Carlos têm juntos é

(A) 16

(B) 8

(C) 24

(D) 32

(E) 20

Resolução
Sejam A, B e C as quantidades respectivas de figurinhas de Alberto, Breno e Carlos.
Tem-se
A + B + C = 40
A = B
C = B/2
Assim,
B + B + B/2 = 40
2B + B/2 = 40
4B + B)/2 = 40
5B = 80
B = 16
Então C = B/2 = 8
Daí,
B + C = 16 + 8 = 24 figurinhas.

Gabarito "C".

(Analista – TRT/2ª – 2014 – FCC) Uma pessoa nasceu em 1º de janeiro do ano 19XY e morreu em 2 de janeiro do ano 19YX, sendo X e Y algarismos diferentes entre si. A idade dessa pessoa quando ela morreu era igual à soma dos algarismos do ano de seu nascimento. Dessa forma, podemos concluir que o ano 19XY está entre

(A) 1960 e 1980.

(B) 1980 e 2000.

(C) 1920 e 1940.

(D) 1900 e 1920.

(E) 1940 e 1960.

Temos que X ≠ Y e 9 ≥ X , Y ≥ 0.

As datas podem ser escritas 19XY = 1900 + 10X + Y e 19YX = 1900 + 10Y + X e a idade I será

I = 19YX − 19XY = (1900 + 10Y + X) − (1900 + 10X + Y)

I = 9Y − 9X e **I** é igual à soma dos algarismos do ano de seu nascimento, isto é, **I** = 1 + 9 + X + Y.

Então, 9Y − 9X = 10 + X + Y ou 8Y = 10 + 10X.

Ao simplificar, obtém-se 4Y = 5 + 5X =5(X + 1).

Logo, 4| 5(X+ 1), isto é, 4 divide o produto 5(X + 1).

Temos, para X, os valores 3, 7, 11, …

Quando X = 3, Y será 5 e o ano 19XY = 1935. =>Letra C

E, para X = 7 e superiores, Y assume valores iguais ou superiores a 10 com mais de um algarismo.

Gabarito "C".

1.2. Lógica de Argumentação

(Analista – TRF/4 – FCC – 2019) Sabendo-se que é verdadeira a afirmação "Todos os filhos de José sabem inglês", então é verdade que

(A) José sabe inglês.

(B) José não sabe inglês.

(C) se Mário sabe inglês então ele é filho de José.

(D) se Murilo não sabe inglês então ele não é filho de José.

(E) se Marcos não é filho de José então ele não sabe inglês.

1ª solução
Pelo diagrama de Venn:

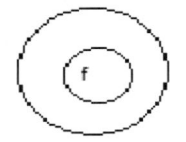

sabem inglês   não sabem inglês
(f: filhos de José)
Tem-se que as opções de resposta
A e **B**: são incorretas pois o enunciado nada afirma sobre José saber ou não inglês; **C**: errado pois Mário pode não ser filho de José; **E**: errado pois Marcos não é filho de José e ele pode saber inglês.
2ı solução
A afirmativa "Todos os filhos de José sabem inglês" é equivalente à afirmativa
 "Se é filho de José então sabe inglês", ou seja, tem-se a condicional

p ✍ q com as premissas
p: filho de José e
q: sabe inglês.
Essa condicional é equivalente à sua contrapositiva
~q -> p, ou seja,
"se não sabe inglês então não é filho de José".

Gabarito "D".

(Analista – TRF/4 – FCC – 2019) Sabendo-se que é verdadeira a afirmação "Todos os filhos de José sabem inglês", então é verdade que

(A) José sabe inglês.

(B) José não sabe inglês.

(C) se Mário sabe inglês então ele é filho de José.

(D) se Murilo não sabe inglês então ele não é filho de José.

(E) se Marcos não é filho de José então ele não sabe inglês.

1ª solução
Pelo diagrama de Venn:

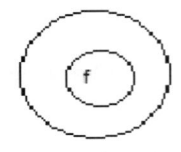

 sabem inglês   não sabem inglês
(f: filhos de José)
Tem-se que as opções de resposta
A e **B**: são incorretas pois o enunciado nada afirma sobre José saber ou não inglês; **C**: errado pois Mário pode não ser filho de José; **E**: errado pois Marcos não é filho de José e ele pode saber inglês.
2ı solução
A afirmativa "Todos os filhos de José sabem inglês" é equivalente à afirmativa
 "Se é filho de José então sabe inglês", ou seja, tem-se a condicional

p ✍ q com as premissas
p: filho de José e
q: sabe inglês.
Essa condicional é equivalente à sua contrapositiva
~q -> p, ou seja,
"se não sabe inglês então não é filho de José".

Gabarito "D".

(Analista – TJ/SC – FGV – 2018) Considere a sentença: "Todo catarinense gosta de camarão ou é torcedor do Figueirense".

A negação lógica da sentença dada é:

(A) Nenhum catarinense gosta de camarão ou é torcedor do Figueirense;

(B) Todo catarinense gosta de camarão, mas não é torcedor do Figueirense;

(C) Todo catarinense não gosta de camarão e não é torcedor do Figueirense;

(D) Algum catarinense não gosta de camarão e não é torcedor do Figueirense;

(E) Algum catarinense não gosta de camarão ou não é torcedor do Figueirense.

Resolução
Sejam as premissas
p: "Todo catarinense gosta de camarão "
q: "Todo catarinense é torcedor do Figueirense"
E a disjunção
P: p v q.
Pede-se a negação de P: ~(p v q).
Pela regra de de Morgan sabe-se que
~(p v q) =~p e ~q, ou seja,
A negação de p é "Algum catarinense não gosta de camarão"
E a negação de q é "não é torcedor do Figueirense".

Gabarito "D".

(Analista – TJ/SC – FGV – 2018) Uma sentença logicamente equivalente à sentença "Se Pedro é torcedor da Chapecoense, então ele nasceu em Chapecó" é:

(A) Se Pedro não é torcedor da Chapecoense, então ele não nasceu em Chapecó;

(B) Se Pedro nasceu em Chapecó, então ele é torcedor da Chapecoense;

(C) Pedro é torcedor da Chapecoense e não nasceu em Chapecó;

(D) Pedro não é torcedor da Chapecoense ou nasceu em Chapecó;

(E) Pedro é torcedor da Chapecoense ou não nasceu em Chapecó.

1ᵢ solução

Sejam as premissas

p: Pedro é torcedor da Chapecoense

q: Pedro nasceu em Chapecó

e a condicional

p ⟋ q

Pede-se a equivalência lógica de P.

Tem-se

i) Contrapositiva de P: ~q -> p.

ii) Equivalência da condicional ii): ~q v p, ou seja,

"Pedro não é torcedor da Chapecoense ou nasceu em Chapecó"

2ᵢ solução

Constrói-se a tabela verdade para as opções de resposta:

q	~p	~q	P: p --> q	A ~p --> ~ q	B q -> p	C p e ~q	D ~p v q	E ~p v ~q
V	F	F	**V**	F	V	V	**V**	F
F	F	V	**F**	F	V	F	**F**	V
V	V	F	**V**	V	F	F	**V**	V
F	V	V	**V**	V	V	F	**V**	V

A letra "D" está correta, pois a sua tabela verdade possui os mesmos valores da proposição P indicando a equivalência.

Gabarito "D".

(Analista Judiciário – TRT/20 – FCC – 2016) Do ponto de vista da lógica, a proposição "se tem OAB, então é advogado" é equivalente à

(A) tem OAB ou é advogado.

(B) se não tem OAB, então não é advogado.

(C) se não é advogado, então não tem OAB.

(D) é advogado e não tem OAB.

(E) se é advogado, então tem OAB.

Resolução

Sejam as proposições

p: tem OAB

q: é advogado

O enunciado pede a proposição equivalente a

r: p → q.

Sabe-se, da Lógica Formal, que a proposição contrapositiva de p → q é ~q → ~p, que é equivalente à condicional r:

p	q		~p	~q	~q ~p
V	V	V	F	F	V
V	F	F	F	V	F
F	V	V	V	F	V
F	F	V	V	V	V

Logo, a resposta é a letra C: se não é advogado, então não tem OAB.

Gabarito "C".

(Analista Judiciário – TRT/20 – FCC – 2016) Marina, Kátia, Carolina e Joana se sentam em uma mesa hexagonal (seis assentos), conforme indica a figura abaixo.

Sabe-se que Carolina se senta imediatamente à direita de Marina e em frente à Kátia; e que Joana não se senta em frente a um lugar vazio. Dessa forma, é correto afirmar que, necessariamente,

(A) Kátia se senta imediatamente ao lado de dois lugares vazios.

(B) Joana se senta imediatamente ao lado de Kátia.

(C) Marina se senta em frente à Kátia.

(D) Carolina se senta imediatamente ao lado de dois lugares vazios.

(E) Carolina está tão distante de Kátia na mesa quanto está de Marina.

Resolução

Colocando-se os dados do enunciado temos:

Primeiro Marina em frente a Kátia.

E Joana, que não se senta em frente a um lugar vazio:

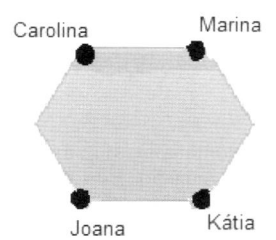

Então, necessariamente, é correto afirmar que Joana se senta imediatamente ao lado de Kátia. => Letra B

Gabarito "B".

(Analista – TJ/SC – FGV – 2018) Considere a sentença sobre os números racionais x e y : " x > = 3 e x + y =< 7".

Um cenário no qual a sentença dada é verdadeira é:

(A) x = 3 e y = 2;

(B) x = 3 e y = 7;

(C) x = 2 e y = 5;

(D) x = 4 e y = 4;

(E) x = 5 e y = 3.

Resolução

A: para x = 3 tem-se 3 + y =< 7

y =< 4

B: x = 3 e y = 7

3 + y =< 7

Y =< 4

Errado pois y não pode ser 7.

C: x= 2

2 + y <= 7
Y <= 5 mas x não pode ser 2.
D: x = 4 e y =4
4 + y =< 7
Y =< 3
Errado pois y não pode ser 4.
E: x = 5 e y= 3
Y =< 2
Errado porque y não pode valer 3.

EG
„A" oµɹɐqɐ⅁

(Analista – TJ/SC – FGV – 2018) Há 10 anos, a soma das idades de Fernanda e de sua filha Isadora era 40 anos.

Daqui a 10 anos, a soma das idades delas será:

(A) 50 anos;
(B) 60 anos;
(C) 70 anos;
(D) 80 anos;
(E) 90 anos.

1ₐ solução
Sejam F e I as idades, há 10 anos, de Fernanda e I e de sua filha Isadora.
Tem-se
F + I = 40
Hoje a soma das idades é de
(F + 10) + (I+ 10) = F + I + 20 = 40 + 20 = 60
Daqui a 10 anos a soma será de
60 + 20 = 80 anos.
2ₐ solução
Por exemplo, tenha-se
F = 30 e I = 10: com soma F + I = 40.
Hoje (30 + 10) + (10 + 10) = 60: Fernanda com 40 e Isadora, 20.
Daqui a 10 anos: 60 + 20 = 80

EG
„D" oµɹɐqɐ⅁

(Analista – TJ/SC – FGV – 2018) Antônio comprou uma caixa com 42 comprimidos de um remédio. Ele tomou um comprimido por dia, sem interrupções, até terminar os comprimidos da caixa.

Se ele tomou o primeiro comprimido em uma sexta-feira, o último comprimido foi tomado em:

(A) uma quarta-feira;
(B) uma quinta-feira;
(C) uma sexta-feira;
(D) um sábado;
(E) um domingo.

Resolução
Em cada semana tem-se
Sex Sb D Seg. T Qua Qui tomou 7
    "   7
    "   7
    "   7
    "   7   => total até aqui: 35 comprimidos

O 42 foi tomado numa quinta-feira.

EG
„B" oµɹɐqɐ⅁

(Analista Judiciário – TRT/20 – FCC – 2016) Uma entidade assistencial pretende montar kits com vestimentas de inverno para distribuir em creches da cidade. Para a montagem dos kits, a entidade dispõe de 60 cobertores idênticos, 72 casacos idênticos e 108 calças idênticas. Se todos os kits são iguais e se todas as 240 vestimentas são utilizadas nos kits, o número máximo de kits que a entidade conseguirá montar é igual a

(A) 24.
(B) 180.
(C) 60.
(D) 12.
(E) 6.

Solução
Resolve-se esta questão calculando-se o máximo divisor comum (mdc) das quantidades:

$$
\begin{array}{ccc|c}
60, & 72, & 108 & 2 \\
30, & 36, & 54 & 2 \\
15, & 18, & 27 & 3 \\
5, & 6, & 9 & 1
\end{array}
$$

$$mdc = 2 \times 2 \times 3 = 12$$

Resposta: o número máximo de kits que a entidade conseguirá montar é igual a 12. => Letra D
Ou seja,
Cada kit conterá 60/12 = 5 cobertores, 72/12 = 6 casacos e 108/12 = 9 calças, num total de 20 vestimentas por kit.
E os 12 kits perfazem o total de 20x12 = 240 vestimentas, isto é, utilizam todas elas.

EG
„D" oµɹɐqɐ⅁

(Analista – TJ/SC – FGV – 2018) Sérgio pagou uma conta vencida, com 6% de juros, no valor total (juros incluídos) de R$ 371,00.

Se Sérgio tivesse pagado essa conta até o vencimento, o valor seria:

(A) R$ 346,00;
(B) R$ 348,74;
(C) R$ 350,00;
(D) R$ 351,68;
(E) R$ 360,00.

Resolução
Tem-se
VF = VI(1 + i)
371 = VI(1 + 0,06)
VI = 371/1,06
VI = 350,00

EG
„C" oµɹɐqɐ⅁

(Analista Judiciário – TRT/20 – FCC – 2016) Um comerciante resolveu incrementar as vendas em sua loja e anunciou liquidação de todos os produtos com desconto de 30% sobre o preço das etiquetas. Ocorre que, no dia anterior à liquidação, o comerciante havia remarcado os preços das etiquetas para cima de forma que o desconto verdadeiro, durante a liquidação, fosse de 16% sobre o preço anterior ao aumento com a remarcação. Sendo assim, o aumento do preço feito na remarcação das etiquetas no dia anterior à liquidação foi de

(A) 24%.

(B) 20%.

(C) 21%.

(D) 32%.

(E) 34%.

1ª Solução

Queria vender por com um desconto de 16%, isto é, 0,84 do preço, mas vendeu por 0,70 com desconto de 30% do preço.

Então, houve a remarcação de

= 1,2, ou seja, houve 20% de majoração no dia anterior. => Letra B

2ª Solução

Suponha, por exemplo, p = R$ 300,00 o preço, aumentado pelo comerciante, na etiqueta.

Então, na liquidação, venderá por 300 – 300x x 0,3 = 300x0,3 = 210.

Porém, ele desejava um desconto verdadeiro de 16%, ou seja, 0,84 do preço.

Assim,

preço verdadeiro = = 250.

Como estava marcado 300, a majoração foi de

= 250=1,2, ou seja, houve 20% de majoração. => Letra B

Gabarito "B".

(Analista – TRT/2ª – 2014 – FCC) Um dia antes da reunião anual com os responsáveis por todas as franquias de uma cadeia de lanchonetes, o diretor comercial recebeu um relatório contendo a seguinte informação:

Todas as franquias enviaram o balanço anual e nenhuma delas teve prejuízo neste ano.

Minutos antes da reunião, porém, ele recebeu uma mensagem em seu celular enviada pelo gerente que elaborou o relatório, relatando que a informação não estava correta. Dessa forma, o diretor pôde concluir que, necessariamente,

(A) nem todas as franquias enviaram o balanço anual ou todas elas tiveram prejuízo neste ano.

(B) nem todas as franquias enviaram o balanço anual ou pelo menos uma delas teve prejuízo neste ano.

(C) nenhuma franquia enviou o balanço anual e todas elas tiveram prejuízo neste ano.

(D) alguma franquia não enviou o balanço anual e todas elas tiveram prejuízo neste ano.

(E) nenhuma franquia enviou o balanço anual ou pelo menos uma delas teve prejuízo neste ano.

Sejam as afirmações

p: Todas as franquias enviaram o balanço anual

q: nenhuma delas teve prejuízo neste ano

Como houve a negação de p ∧ q, isto é, a negação da conjunção, temos

¬ (p ∧ q) = ¬ p ∨ ¬ q

, ou seja,

¬ p: nem todas as franquias enviaram o balanço anual OU

¬ q: pelo menos uma delas teve prejuízo neste ano => Letra B

Gabarito "B".

(Analista Judiciário – TRT/24 – FCC – 2017) Uma afirmação que corresponda à negação lógica da afirmação: todos os programas foram limpos e nenhum vírus permaneceu é:

(A) Se pelo menos um programa não foi limpo, então algum vírus não permaneceu.

(B) Existe um programa que não foi limpo ou pelo menos um vírus permaneceu.

(C) Nenhum programa foi limpo e todos os vírus permaneceram.

(D) Alguns programas foram limpos ou algum vírus não permaneceu

(E) Se algum vírus permaneceu, então nenhum programa foi limpos.

Resolução

Seja a afirmação correspondente ao enunciado

p:

A negação do quantificador universal é o quantificador existencial , e a negação

de pela Lei de de Morgan, é pelo menos um programa não foi limpo ou pelo menos um .

Logo, a negação de p, ~p, é equivalente à afirmação de que,

(existe pelo menos um programa não foi limpo ou pelo menos um

=> Letra B

Ou, em termos de Lógica Formal,

q:

r:

p: ,

E a negação de

 (de Morgan).

Temos, então,

~p = programa , isto é,

(existe pelo menos um programa não foi limpo ou pelo menos um

=> Letra B

Gabarito "B".

1.3. Compreensão e Elaboração da Lógica das Situações por Meio de Raciocínio Matemático

(Analista – TRT/2ª – 2014 – FCC) Considere as três afirmações a seguir, todas verdadeiras, feitas em janeiro de 2013.

I. Se o projeto X for aprovado até maio de 2013, então um químico e um biólogo serão contratados em junho do mesmo ano.

II. Se um biólogo for contratado, então um novo congelador será adquirido.

III. Se for adquirido um novo congelador ou uma nova geladeira, então o chefe comprará sorvete para todos.

Até julho de 2013, nenhum biólogo havia sido contratado. Apenas com estas informações, pode-se concluir que, necessariamente, que

(A) não foi adquirida uma nova geladeira.

(B) o chefe não comprou sorvete para todos.

(C) o projeto X não foi aprovado até maio de 2013.

(D) nenhum químico foi contratado.

(E) não foi adquirido um novo congelador.

Sejam as afirmações

p: projeto X foi aprovado até maio de 2013

q: um químico e um biólogo foramcontratados em junho do mesmo ano.

r: um novo congelador foi adquirido

s: o chefe comprou sorvete para todos

Temos p → q, q → r e r → s.

No entanto, ocorreu não q(~q) o que implica a ocorrência de não p(~p).

Gabarito "C".

(Técnico – VUNESP – 2015) Em um laboratório, há 40 frascos contendo amostras de drogas distintas. Esses frascos estão numerados de 01 a 40, sendo que os frascos de numeração par estão posicionados na prateleira Q e os de numeração ímpar estão posicionados na prateleira R. Sabe-se que o volume, em cm^3, de cada amostra é igual à soma dos algarismos do número de cada frasco.

Nessas condições, é correto afirmar que a quantidade de frascos cujas amostras têm mais de 8 cm^3 é

(A) maior na prateleira R do que na Q.

(B) maior na prateleira Q do que na R.

(C) igual em ambas as prateleiras.

(D) igual a 8.

(E) maior que 13.

Os frascos que têm mais de 8cm^3 são os de numeração 09, 19, 27, 29, 37 e 39, da prateleira R e 18, 28 e 36, da Q.
Logo, a quantidade de frascos cujas amostras têm mais de 8 cm^3 é maior na prateleira R do que na Q.
Gabarito "A".

Atenção: Utilize o texto a seguir para responder às duas questões a seguir.

Em uma das versões do jogo de Canastra, muito popular em certos Estados brasileiros, uma canastra é um jogo composto de sete cartas. Existem dois tipos de canastras: a canastra real, formada por sete cartas normais iguais (por exemplo, sete reis) e a canastra suja, formada por quatro, cinco ou seis cartas normais iguais mais a quantidade de coringas necessária para completar as sete cartas. São exemplos de canastras sujas: um conjunto de seis cartas "9" mais um coringa ou um conjunto de quatro cartas "7" mais três coringas.

As canastras reais e sujas valem, respectivamente, 500 e 300 pontos, mais o valor das cartas que as compõem. Dentre as cartas normais, cada carta "4", "5", "6" e "7" vale 5 pontos, cada "8", "9", "10", valete, dama e rei vale 10 pontos e cada ás vale 20 pontos. Já dentre os coringas, existem dois tipos: o "2", que vale 20 pontos cada, e o joker, que vale 50 pontos cada.

Uma carta "3" não pode ser usada em uma canastra. A Canastra é jogada com dois baralhos, o que resulta em oito cartas de cada tipo ("2", "3", "4", ... , "10", valete, dama, rei e ás) mais quatro coringas joker.

(Analista – TRT/2ª Região – 2014 – FCC) Ao fazer uma canastra do jogo de Canastra, um jogador conseguirá uma quantidade de pontos, no mínimo, igual a

(A) 335.

(B) 350.

(C) 365.

(D) 375.

(E) 380.

Para pontuação no jogo temos as seguintes regras:

Canastra Real	500 pontos	7 cartas iguais
Canastra Suja	300 pontos	4 cartas iguais + 3 coringas; 5 cartas iguais + 2 coringas; 6 cartas iguais + 1 coringa
Cartas baixas	5 pontos	4, 5, 6 e 7
Cartas altas	10 pontos	8, 9, 10, J, Q e K
"Ás"	20 pontos	-
Coringa Joker	50 pontos	-
Coringa "2"	20 pontos	-

Para fazer uma canastra com quantidade mínima de pontos será necessário fazer uma canastra suja com 6 cartas baixas + 1 coringa "2", pois:
Canastra Suja = 300 pontos;
6 cartas baixas = 6 x 5 = 30 pontos;
1 coringa "2" = 20 pontos;
Somando os pontos teremos: 300 + 30 + 20 = 350 pontos
Gabarito "B".

(Analista – TRT/2ª Região – 2014 – FCC) Ao fazer uma canastra do jogo de Canastra usando apenas sete cartas, um jogador conseguirá uma quantidade de pontos, no máximo, igual a

(A) 530.

(B) 535.

(C) 570.

(D) 615.

(E) 640.

Para fazer uma canastra com quantidade máxima de pontos, devemos fazer uma canastra real com 7 cartas "Ás".
Canastra Real = 500 pontos;
7 cartas "Ás" = 7 x 20 = 140 pontos;
500 + 140 = 640 pontos.
Gabarito "E".

(Analista – TRT/19ª Região – 2014 – FCC) P, Q, R, S, T e U são seis departamentos de uma repartição pública, sendo que cada um ocupa exatamente um andar inteiro do prédio de seis andares dessa repartição (os andares vão do 1º ao 6º). A respeito da localização de cada departamento nos andares do prédio, sabe-se que:

- R está a "tantos andares" de Q como Q está de P;
- S está no andar logo abaixo de R;
- T e U não estão em andares adjacentes;
- T não está no 1º andar;
- U está em andar imediatamente acima de P.

Nas condições descritas, o segundo andar do prédio da repartição pública é ocupado pelo departamento

(A) Q.

(B) T.

(C) S.

(D) R.

(E) U.

Vamos analisar as informações:
(I) R está a "tantos andares" de Q como Q está de P:

Hipóteses	"a"	"b"	"c"	"d"
6º	R	P		
5º			R	P
4º	Q	Q		
3º			Q	Q
2º	P	R		
1º			P	R

(II). S está no andar abaixo de R:

Hipóteses	"a"	"b"	"c"	"d"
6º	R	P		
5º	**S**		R	P
4º	Q	Q	**S**	
3º			Q	Q
2º	P	R		
1º		**S**	P	R

Portanto a hipótese "d" fica afastada.
Vamos "pular" para a informação (V).
(V) U está em andar imediatamente acima de P.

Hipóteses	"a"	"b"	"c"
6º	R	P	T
5º	S		R
4º	Q	Q	S
3º	**U**		Q
2º	P	R	**U**
1º	T	S	P

Inserimos também T com as possibilidades de estar no 1º ou no 6º andar.
(III) T e U não estão em andares adjacentes

Hipóteses	"a"	"c"
6º	R	**T**
5º	S	R
4º	Q	S
3º	**U**	Q
2º	P	**U**
1º	**T**	P

As hipóteses "a" e "c" atendem esta condição.
(IV) T não está no 1º andar.
Fica eliminada a hipótese "a".

Hipóteses	"a"	"c"
6º	R	**T**
5º	S	R
4º	Q	S
3º	**U**	Q
2º	P	**U**
1º	**T**	P

Portanto, a hipótese correta é a "c" e o segundo andar do prédio da repartição pública é ocupado pelo departamento U.
Gabarito "E".

(Analista – TRF/3ª Região – 2014 – FCC) O número de ordens judiciais decretadas pelo Órgão 1, há quatro anos, era igual ao número de ordens judiciais decretadas pelo Órgão 2, hoje. Daquela época para a atual, o número de ordens judiciais decretadas pelo Órgão 1 não mudou, mas o número de ordens judiciais decretadas pelo Órgão 2 cresceu 20%. Sabendo que os órgãos 1 e 2 somam, hoje, 6 000 ordens judiciais, então há quatro anos o número de ordens judiciais decretadas pelo Órgão 2 era igual a

(A) 2 400.
(B) 2 600.
(C) 2 500.
(D) 2 900.
(E) 2 800.

1) Vamos chamar de X o número de ordens judiciais do Órgão 1 há quatro anos. X é, portanto, igual ao número de ordens judiciais do Órgão 2 hoje.
Construindo uma tabela com os dados teremos:

	Há 4 anos	Hoje
Órgão 1	X	
Órgão 2		X
Soma		

2) Daquela época para a atual, o número de ordens judiciais decretadas pelo Órgão 1 não mudou e, sabendo que os órgãos 1 e 2 somam hoje 6 000 ordens judiciais, então:

	Há 4 anos	Hoje
Órgão 1	X	**X**
Órgão 2		X
Soma		**6.000**

3) Portanto, 2X = 6000 e X = 3000. Sabemos que o número de ordens judiciais decretadas pelo Órgão 1 cresceu 20% nos últimos 4 anos, ou seja, passou de Y para 1,2.Y.

	Há 4 anos	Hoje
Órgão 1	X	X
Órgão 2	**Y**	**X = 3.000 = 1,2.Y**
Soma		6.000

4) Como 1,2Y = 3000, Y = 3000/1,2 = 2500, ou seja, há quatro anos atrás, o número de ordens judiciais decretadas pelo Órgão 2 era igual a 2500.
Gabarito "C".

(Analista – TRF/3ª Região – 2014 – FCC) Um tanque com 5 000 litros de capacidade estava repleto de água quando, às 00:00 hora de um certo dia, a água começou a escapar por um furo à vazão constante. À 01:00 hora desse mesmo dia, o tanque estava com 4 985 litros de água, e a vazão de escape da água permaneceu constante até o tanque se esvaziar totalmente, dias depois. O primeiro instante em que o tanque se esvaziou totalmente ocorreu em um certo dia às

(A) 14 horas e 20 minutos.
(B) 21 horas e 20 minutos.
(C) 18 horas e 40 minutos.
(D) 14 horas e 40 minutos.
(E) 16 horas e 20 minutos.

Em 1 hora o tanque de 5000 litros esvaziou 5000 – 4985 = 15 litros.
Utilizando a regra de três:
1 hora ------- 15 litros
X horas ------- 5000 litros X = 5000/ 15
Portanto, serão necessárias 333,333 horas para esvaziar 5.000 litros. Temos que dividir 333,333 por 24 para sabermos o número de dias até o esvaziamento completo. O resultado desta divisão é igual a 13,889.
Subtraindo os 13 dias completos, chegamos à conclusão de que o tanque esvaziou no 14º dia, às 00h00 + 0,889*24 h.
Multiplicando 0,889 por 24, chegamos ao valor de 21,333 horas, ou seja, às 21 + 0,333*1h. Multiplicando 0,333 por 60 chegamos a aproximadamente 20 minutos.

Portanto, o instante em que o tanque se esvazia totalmente ocorre no 14º dia, às 21 horas e 20 minutos.

Gabarito "B".

(Analista – MP/MS – 2013 – FGV) Em certo ano, o 100º dia caiu em um domingo.

Então, nesse ano, o 200º dia foi uma:

(A) segunda-feira.

(B) terça-feira.

(C) quarta-feira.

(D) quinta-feira.

(E) sexta-feira.

Do 100º ao 200º dia transcorrerão 100 dias. Neste período teremos 100/7 semanas.
Efetuando esta operação encontraremos um quociente de 14 semanas e um resto de 2 dias. Portanto o 200º ocorrerá após dois dias do domingo, ou seja numa 3ª feira.

Gabarito "B".

Em uma antiga fazenda foi encontrada uma caixa com 15 moedas de aparência idêntica. As moedas eram dobrões portugueses do século XVIII como o que se vê abaixo. Junto com as moedas havia um bilhete do antigo fazendeiro dizendo que uma dessas moedas é falsa, pois todas as moedas verdadeiras têm mesmo peso e a falsa tem peso um pouco menor.

dobrão português   **balança de dois pratos**

(Analista – MP/MS – 2013 – FGV) Utilizando uma balança de dois pratos e sem depender da sorte, o número mínimo de pesagens que permite identificar, com certeza, a moeda falsa é:

(A) 3.

(B) 5.

(C) 6.

(D) 7.

(E) 9.

1ª pesagem: Colocar 7 moedas no prato esquerdo da balança e 7 no prato direito:
– Se os pratos de equilibrarem a moeda falsa é a que não entrou na pesagem.
–Se o prato direito pender para baixo, a moeda falsa estará entre aquelas que estão no prato esquerdo e vice-versa.
2ª pesagem: Tomar o conjunto de 7 moedas que apresentou menor peso, colocar 3 das moedas no prato esquerdo da balança e 3 no prato direito:
– Se os pratos de equilibrarem a moeda falsa é a que não entrou na pesagem.
– Se o prato direito pender para baixo, a moeda falsa estará entre aquelas que estão no prato esquerdo e vice-versa.
3ª pesagem: Tomar o conjunto de 3 moedas que apresentou menor peso, colocar 1 das moedas no prato esquerdo da balança e 1 no prato direito:
– Se os pratos de equilibrarem a moeda falsa é a que não entrou na pesagem.

– Se o prato direito pender para baixo, a moeda falsa será aquela que está no prato esquerdo e vice-versa.
O número mínimo de pesagens é, portanto, igual a 3.

Gabarito "A".

(Analista – TJ/SC – FGV – 2018) Dois atendentes atendem 32 clientes em 2h40min.

Com a mesma eficiência, três atendentes atenderão 60 clientes em:

(A) 2h40min;

(B) 2h48min;

(C) 3h10min;

(D) 3h20min;

(E) 3h30min.

Resolução
Monta-se a Regra de Três composta
atendentes clientes tempo
2   32   2h40min = 160 min
3   60   T
Note que as grandezas são todas diretamente proporcionais.
Assim, tem-se
T = (2x60x160)/(3x32)
T = 200 min
T = 3h 20min.

EG

Gabarito "D".

(FGV – 2013) Em um fórum há 60 processos judiciais, sendo que o menor tem 30 páginas e o maior tem 42 páginas.

Considere que cada processo tenha um número inteiro de páginas. Sobre esses 60 processos judiciais, é obrigatoriamente verdadeiro que

(A) o total de páginas é maior que 2400.

(B) cada processo tem, em média, 36 páginas.

(C) nenhum processo tem exatamente 36 páginas.

(D) pelo menos um processo tem exatamente 36 páginas.

(E) há pelo menos cinco processos com exatamente o mesmo número de páginas.

1ª solução
Ao analisar as alternativas, observa-se que
A: Incorreto pois se são, por exemplo, 58 processos de 31p=1.798, 1 de 30p e 1 de 42p temos 1.870 páginas;
B: Incorreto porque não há afirmação que confirme isso;
C: Também incorreto por não haver afirmação que confirme isso;
D: Idem – nada confirma tal afirmação;
E: Correto – fora os processos de 30 e de 42 p. temos 11 quantidades diferentes de páginas, de 31 a 41 que, ao dividir-se 58 por 11, dá 5 processos com o mesmo número de páginas.
2ª solução
Há 12 números distintos de quantidade de páginas (42-30 = 12) e existem 60 processos. Assim: 60/12 = 5. Quer dizer que existem no mínimo 5 processos com o mesmo número de páginas.

Gabarito "E".

(FGV – 2013) A respeito de um conjunto de cem processos judiciais, sabe-se que

I. pelo menos um deles é de 2º grau;

II. entre quaisquer quatro desses processos, pelo menos um é de 1º grau.

Sobre esse conjunto de processos judiciais tem-se que

(A) exatamente setenta e cinco são de 1º grau.

(B) no máximo noventa e sete são de 2° grau.

(C) no mínimo noventa e sete são de 1° grau.

(D) no máximo vinte e cinco são de 2° grau.

(E) no máximo setenta e cinco são de 1° grau.

1ª solução

Como não podem haver 4 processos quaisquer todos de 2° grau porque se alguém os verificasse, não encontraria, entre eles, um de 1° grau ou seja, dos 100 processos, tem-se, até agora, no mínimo, que 96 são de 1° grau.

Restam, portanto, 4 processos e, entre eles, um é, pelo menos, de 1° grau. Logo, no mínimo, noventa e sete de 1° grau. => Letra C

2ª solução

Como devem haver um ou mais processos de 2° grau, isto é,

1 processo de 2° grau, restariam 99 de 1° grau ou

2 processos, restariam 98 ou

3 restariam 97 de 1° grau ou

4 restariam 96 – não pode ocorrer pois não teríamos entre quaisquer quatro desses processos, pelo menos um é de 1° grau.

Com isso, no mínimo, noventa e sete são de 1° grau. => Letra C

Gabarito "C".

(FGV – 2013) Em um determinado fórum, dezessete processos foram analisados em uma semana, de 2ª feira a 6ª feira.

Assim, é necessariamente verdade que

(A) em algum dia da semana foram analisados quatro ou mais processos.

(B) em cada dia da semana foi analisado pelo menos um processo.

(C) em cada dia da semana foram analisados pelo menos dois processos.

(D) em nenhum dia da semana foram analisados mais de dez processos.

(E) em algum dia da semana não foi analisado processo algum.

Ao analisar as alternativas, observa-se que

B: Incorreto porque não há afirmação que confirme isso;

C: Também incorreto por não haver afirmação que confirme isso;

D: Idem – nada confirma tal afirmação;

E: Incorreto – não há afirmação que confirme isso.

A: com a média de 3 e pouco processos por dia: 17 = 3x5 + 2, é verdade que, em algum dia da semana, foram analisados quatro ou mais processos. => Letra A

Gabarito "A".

(FGV – 2013) Dona Maria tem quatro filhos: Francisco, Paulo, Raimundo e Sebastião.

A esse respeito, sabe-se que

I. Sebastião é mais velho que Raimundo.

II. Francisco é mais novo que Paulo.

III. Paulo é mais velho que Raimundo.

Assim, é obrigatoriamente verdadeiro que

(A) Paulo é o mais velho.

(B) Raimundo é o mais novo.

(C) Francisco é o mais novo.

(D) Raimundo não é o mais novo.

(E) Sebastião não é o mais novo.

1ª solução

Temos, indicando ">" como sendo mais velho que,

S>R

P>F

P>R

---

que leva ás ordens decrescentes de idades, por exemplo,

S,P,R,F ou S,P,F,R ...

Logo, a alternativa correta é a da letra E.

2ª solução

(a) errado – a sequência SPRF pode existir

(b) errado – a sequência SPRF pode existir

(c) errado – a sequência SPFR pode existir

(d) a sequência SPFR pode existir

(e) a sequencia com S no final não pode existir já que S>R => Letra E

Gabarito "E".

(FGV – 2013) Abel, Bruno, Carlos, Diogo, Elias e Fernando estão, respectivamente, sobre os vértices A, B, C, D, E e F de um hexágono regular, dispostos nessa ordem e no sentido horário.

Sejam a, b, c, d e e as distâncias de Fernando, respectivamente, a Abel, Bruno, Carlos, Diogo e Elias, então é correto afirmar que

(A) $a = b = c = d = e$

(B) $a < b < c < d < e = 2a$

(C) $a = e < b = d < c = 2a$

(D) $a = b < d = e < c = 2a$

(E) $a = c < b = d < e = 2a$

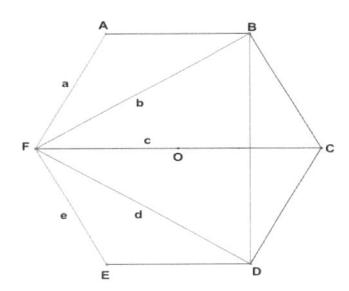

Temos

. os comprimentos **OA**, **e** e **a** são iguais: OA = a = e por serem lados dos triângulos equiláteros OAF e OEF;

. c = CF = 2OA = 2a;

. b=d pois são lados do triângulo equilátero BDF;

. como a=e tem-se que e < 2a=c.

Assim a alternativa correta é a da letra C.

Gabarito "C".

(Analista – TRF/4 – FCC – 2019) Os inscritos em um congresso receberam crachás com identificações que começam pelas letras A ou B, seguidas de três números. Do total de inscritos, 3/7 receberam crachás com a letra A. Em uma palestra 2/5 dos inscritos que receberam crachás com a letra A compareceram e todos os inscritos que receberam crachás com a letra B também compareceram. Havia 260 participantes nessa palestra. O total de inscritos nesse congresso é de

(A) 300

(B) 520

(C) 560

(D) 350

(E) 260

Resolução

Seja A o número dos que receberam crachás com a letra A e B os com a letra B, num total T de inscritos.

Tem-se
A = (3/7)T = A e B (4/7)T.
Na palestra compareceram
(2/5)A + B = 260
Ou seja,
(2/5)(3/7) T (4/7)T = 260
(6/35)T + (4/7)T = 260
(6 + 20)/35)T = 260
26T = 35×260
T = 350 inscritos.

(Analista Judiciário – TRT/24 – FCC – 2017) Francisco verificou que havia x pastas em um diretório. Ele abriu 1/3 dessas pastas, deixou as restantes fechadas e foi embora. Geraldo encontra as pastas como Francisco havia deixado, abre 5/7 das pastas que ainda estavam fechadas e foi embora. Humberto observa a situação das pastas após a intervenção de Geraldo, fecha 7/34 das pastas que encontrou abertas e abre metade das pastas que encontrou fechadas. Após a intervenção de Humberto, a fração, das x pastas, que ficaram abertas é igual a

(A) 31/42
(B) 5/34
(C) 13/21
(D) 15/34
(E) 9/21

1ª solução
Suponha que o número x de pastas do diretório seja 714, que é o produto dos denominadores das frações do enunciado:
3×7×34 = 714.
Assim,
i) Francisco abriu $\frac{714}{3} = \frac{714}{3}$ = 238 pastas e permaneceram fechadas 714 – 238 = 476,

ii) Geraldo abre $\left(\frac{5}{7}\right)\left(\frac{5}{7}\right)$476 = 340 pastas e permanecem 238 + 340 = 578 pastas abertas e 714 – 578 = 136 fechadas.
iii) Humberto:
– fecha $\left(\frac{7}{34}\right)\left(\frac{7}{34}\right)$578 = 119 pastas,
– abre $\left(\frac{1}{2}\right)\left(\frac{1}{2}\right)$136 = 68 pastas e deixa outras 68 fechadas.
Neste momento, têm-se
119 + 68 = 187 pastas fechadas e
714 – 187 = 527 pastas abertas.
Então, A fração, das x pastas, que ficaram abertas é igual a
$\frac{527}{714} = \frac{527}{714}$ que, simplificada dividindo-se por 17, resulta em $\frac{31}{42} = \frac{31}{42}$
=> Letra A
Ou
2ª solução

Em termos algébricos tem-se, com **a** pastas abertas e **f**, fechadas:
i) a = $\frac{x}{3}\frac{x}{3}$ e, f = 1 - $\frac{x}{3}\frac{x}{3}$ = $\frac{2x}{3}\frac{2x}{3}$
ii) a= $\frac{x}{3}\frac{x}{3}$+ $\left(\frac{5}{7}\right)\left(\frac{2x}{3}\right)\left(\frac{5}{7}\right)\left(\frac{2x}{3}\right)$= $\frac{x}{3}$ + $\frac{10x}{21}$ = $\frac{17x}{21}$

$= \frac{x}{3} + \frac{10x}{21} = \frac{17x}{21}$

f = $X - \frac{17x}{21} = \frac{4x}{21}X - \frac{17x}{21} = \frac{4x}{21}$
iii) Humberto:
– fecha $\left(\frac{7}{34}\right)\frac{17x}{21}\left(\frac{7}{34}\right)\frac{17x}{21} \frac{xx}{} = 66$ pastas,
– abre $\left(\frac{1}{2}\right)\frac{4x}{21}\left(\frac{1}{2}\right)\frac{4x}{21}\frac{2x2x}{} = \frac{2x2x}{2121}$ pastas e deixa outras $\frac{2x2x}{2121}$ fechadas.
Neste momento, têm-se
$\frac{xx}{66} + \frac{2x2x}{2121} = \frac{7x+4x}{42} = \frac{11x}{42}\frac{7x+4x}{42} = \frac{11x}{42}$ pastas fechadas e
x - $\frac{11x11x}{42 \ 42} -= \frac{42x-11x}{42} = \frac{42x-11x}{42} = \frac{31x31x}{42 \ 42}$
pastas abertas.
Então,
A fração, das x pastas, que ficaram abertas é igual a

$\frac{\frac{31x31x}{42 \ 42}}{x \ x} = \frac{31}{42} = \frac{31}{42}$ => Letra A

(Analista Judiciário – TRT/24 – FCC – 2017) Em determinada semana o preço do tomate é 80% do preço da batata. Na semana seguinte o preço da batata cai 48% e o preço do tomate sobe 30%. Nessa segunda situação, para que o preço da batata se iguale ao preço do tomate, ele deverá subir

(A) 80%.
(B) 100%
(C) 90%.
(D) 75%.
(E) 50%.

1ª Solução
Seja **ti** o preço do tomate e **bi** o da batata na semana i.
Tem- se t1 = 0,8b1 na primeira semana.
Na segunda semana,
b2 = 0,52b1, ou b1 = $\frac{b2}{0,52} = \frac{b2}{0,52}$, pois o preço da batata caiu 48% e t2 = 1,3t1 uma vez que o preço do tomate subiu 30%.
Temos
t2 = 1,04 $\left(\frac{b2}{0,52}\right)$ 1,04 $\left(\frac{b2}{0,52}\right)$ = 2b2.
t2 =
Então, para que o preço da batata se iguale ao preço do tomate, ele deverá subir 100%, isto é, t2 passa a 2t2 e, então, t2 fica igual a b2. => Letra B
Ou
2ª Solução
Suponha que a batata, na primeira semana, custe b1 = R$ 10,00. E o tomate, t1 = R$ 8,00.
Na segunda semana, temos
b2 = 0,52b1 = 0,52×10 = 5,20, pois o preço da batata caiu 48% e t2 = 1,3t1 = 1,3×8 = 10,40 (o preço do tomate subiu 30%).
Logo,
Para que o preço da batata se iguale ao preço do tomate ele deverá subir 100%, isto é, 5,20 passa a 10,40. => Letra B

(**Analista Judiciário – TRT/24 – FCC – 2017**) Um veículo trafegando a uma velocidade média de 75 km/h percorre determinada distância em 4 horas e 20 minutos. Se a sua velocidade média cair para 45 km/h, o tempo necessário para percorrer a mesma distância será acrescido de um valor que é

(**A**) menor do que uma hora.

(**B**) maior que uma hora e menor que duas horas.

(**C**) maior que quatro horas.

(**D**) maior que três horas e menor que quatro horas.

(**E**) maior que duas horas e menor que três horas.

Resolução

Tem-se

e = v1t1 (distância é igual a velocidade vezes tempo)

t1 = 4h20min = 260min

$v_1 = 75$ km/h = $\frac{\cancel{75}}{\cancel{60}}$ km/min

Daí

$$e = \left(\frac{75}{60}\right)\left(\frac{75}{60}\right)\times 260$$

Se sua velocidade média cair para 45 km/h, tem-se

$$e = \left(\frac{75}{60}\right)\left(\frac{75}{60}\right)\times 260 = \left(\frac{45}{60}\right)\left(\frac{45}{60}\right)t_2 \text{ ou}$$

$$t_2 = \frac{\left(\frac{75}{60}\right)\times 260}{\left(\frac{45}{60}\right)}\frac{\left(\frac{75}{60}\right)\times 260}{\left(\frac{45}{60}\right)} = \frac{\left(\frac{75\times 260}{\cancel{60}}\right)}{\left(\frac{45}{\cancel{60}}\right)}\frac{\left(\frac{75\times 260}{\cancel{60}}\right)}{\left(\frac{45}{\cancel{60}}\right)} = \frac{75\times 260}{45}$$

$$\frac{75\times 260}{45}$$

Então,

$$t_2 - t_1 = \frac{75\times 260}{45}\frac{75\times 260}{45} - 260 =$$

$$= 260\left(\frac{\cancel{75}}{\cancel{45}} - 1\right) = 260\left(\frac{\cancel{30}}{\cancel{45}}\right) = 260\left(\frac{2}{3}\right) \text{ min} =$$

$$= \left(\frac{\cancel{520}}{3}\frac{\cancel{520}}{3}\right)(\frac{1}{\cancel{60}}\frac{1}{\cancel{60}}) = \frac{26}{3}\frac{26}{3} \text{ h} \approx \approx 2,9 \text{ h} => \text{Letra E}$$

Gabarito "E".

(**Analista Judiciário – TRT/11 – FCC – 2017**) Alexandre, Breno, Cleide e Débora saíram vestindo camisas do seu time de futebol. Sabe-se que cada pessoa torce por um time diferente, e que os times são: Flamengo, Corinthians, São Paulo, Vasco, não necessariamente nessa ordem. Cleide é corintiana, Breno não torce pelo Flamengo nem pelo São Paulo, Débora é são-paulina. Sendo assim, conclui-se que Alexandre e Breno, respectivamente, torcem para

(**A**) Flamengo e Corinthians.

(**B**) Vasco e Flamengo.

(**C**) São Paulo e Vasco.

(**D**) Flamengo e Vasco.

(**E**) Vasco e Corinthians.

Solução

Breno torce então, pelo Corinthians ou pelo Vasco,

Uma vez que Cleide já é corintiana, resta, assim, o Vasco para o Breno torcer.

E, para Alexandre, só resta um time diferente, o Flamengo.

Conclui-se, então, que Alexandre e Breno, respectivamente, torcem para Flamengo e Vasco. => Letra D

Gabarito "D".

(**Analista Judiciário – TRT/11 – FCC – 2017**) Marlene, Jair, Renata, Alexandre e Patrícia fizeram uma prova de um concurso obtendo cinco pontuações diferentes. Sabe-se ainda que, nessa prova:

– Marlene obteve mais pontos do que Alexandre, mas menos pontos do que Patrícia;

– Jair obteve mais pontos do que Renata, que por sua vez obteve mais pontos do que Marlene.

Sendo assim, é necessariamente correto que

(**A**) Marlene obteve mais pontos do que Renata.

(**B**) Jair obteve menos pontos do que Patrícia.

(**C**) Renata obteve menos pontos do que Patrícia.

(**D**) Alexandre foi o que obteve menos pontos.

(**E**) Patrícia foi a que obteve mais pontos.

Resolução

Sejam J, R, A e P os pontos obtidos por Jair, Renata, Alexandre e Patrícia, respectivamente.

– Marlene obteve mais pontos do que Alexandre, mas menos pontos do que Patrícia: P > M > **A** (i)

– Jair obteve mais pontos do que Renata, que por sua vez obteve mais pontos do que Marlene: J > R e R > M

Ou seja,

J > R > M (ii).

No entanto, M > A, pela relação (ii), o que resulta

J > R > M > **A** (iii).

As relações (i) e (iii) mostram que Alexandre foi o que obteve menos pontos. => Letra D

Gabarito "D".

(**Analista Judiciário – TRT/11 – FCC – 2017**) Para um concurso foram entrevistados 970 candidatos, dos quais 527 falam inglês, 251 falam francês, 321 não falam inglês nem francês. Dos candidatos entrevistados, falam inglês e francês, aproximadamente,

(**A**) 13%.

(**B**) 18%.

(**C**) 9%.

(**D**) 11%.

(**E**) 6%.

Resolução

C

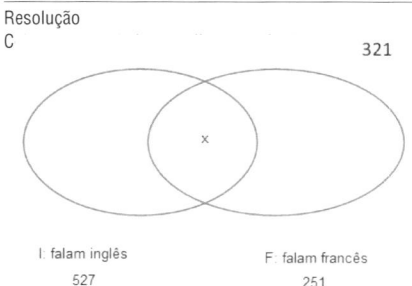

I: falam inglês   F: falam francês
527   251

Sendo # a cardinalidade de um conjunto, ié, o número de seus elementos, temos

$x = \#(\mathbf{I} \cap \mathbf{F})$: falam inglês e francês, e

$\#(I^{UFUF}) = \#I + \#F - \#(I \cap \cap_F)$

$527 + 251 - \#(I \cap \cap_F) + 321 = 970$

$1099 - \#(I \cap \cap_F) = 970$

$\#(I \cap \cap_F) = 1099 - 970$
Falam inglês e francês:

$\#(I \cap \cap_F) = 129$
Seja, agora, a regra de três
970 -- 129
100 -- p
=> Tem-se, então,

$p = \dfrac{100 \times 129}{970} = \dfrac{12901290}{97\ 97} \approx \approx 13{,}3$ => Letra A

EG

Gabarito "A".

(Analista Judiciário – TRF/2 – Consulplan – 2017) Analise a figura a seguir.

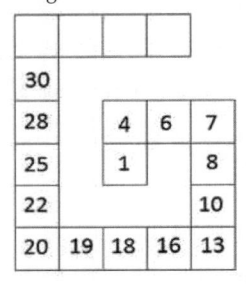

30			
28	4	6	7
25	1		8
22			10
20	19	18	16	13

A soma dos números que preenchem os 4 quadrinhos em branco é:

(A) 133.
(B) 134.
(C) 135.
(D) 136.

Resolução
A figura represnta ua espécie de espiral conforme o esboço:

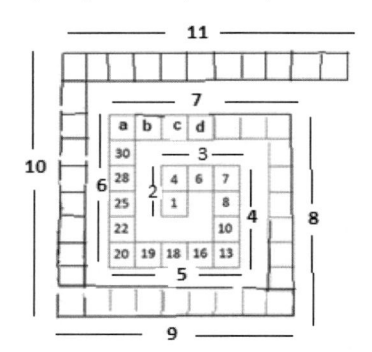

Observa-se uma lógica nos números inscritos na figura:
os números nela inclúídos seguem uma lei de formação de somas de um elemento de uma sêxtupla;
começando com 1, logo após soma-se aos próximos 3,2,1,1, 2,3:
1
$1 + 3 \to 4$
$4 + 2 \to 6$

$6 + 1 \to 7$
$7 + 1 \to 8$
$8 + 2 \to 10$
$10 + 3 \to 13$
E assim por diante.
Em detalhes:
1 + 3
4 + 2
6 + 1
7 + 1
8 + 2
10 +3
13 +3
16 +2
18 +1
19 +1
20 +2
22 +3
25 +3
28 +2
30 +1
a
b
c
d
...

1 + 3
4 +2
6 +1
7 +1
8 +2
10 +3

13 +3
16 +2
18 +1
19 +1
20 +2
22 +3

25 +3	
28 +2	
30 +1	=31
31+ 1	= 32
32+ 2	= 34
34+ 3	= 37
A+b+c+d =	**134**

Consequentemente, a soma dos números que preenchem os 4 quadrinhos em branco é:
a + b + c + d = 31 +32 +34 +37 = **134** => Letra B

EG

Gabarito "B".

(Analista Judiciário – TRF/2 – Consulplan – 2017) No estoque de uma loja de eletrodomésticos encontram-se três tipos de ventiladores: de mesa, de teto e de parede. No total são 60 unidades, de forma que: o número de ventiladores de teto corresponde a três quartos do número de ventiladores de mesa e há 10 ventiladores de parede a mais que os de teto. Se forem acrescentados nesse estoque 9 ventiladores de parede e retirados um terço dos ventiladores de teto e metade dos ventiladores de mesa, quantos ventiladores o estoque passará a conter?

(A) 51.
(B) 52.
(C) 54.
(D) 55.

Resolução
Sejam m1, t1 e p1 as quantidades de ventiladores de mesa, de teto e de parede, respectivamente, no estoque inicial.
Tem-se, também,

$$\begin{cases} m_1 + t_1 + p_1 = 60 \\ t_1 = \dfrac{3}{4} m_1 \\ p_1 = t_1 + 10 \end{cases}$$

Então, substituindo o valor de $p_1 p_1$, resulta

$m_1 m_1 + t_1 t_1 + t_1 t_1 + 10 = 60$

$m_1 m_1 + 2t_1 2t_1 = 50$
ou

$m_1 m_1 + 2\dfrac{3}{4} m_1 \dfrac{3}{4} m_1 = 50$

$m_1 m_1 + \dfrac{3}{2} m_1 \dfrac{3}{2} m_1 = 50$

$\frac{5}{2}\,m_1\frac{5}{2}\,m_1 = 50$

$m_1m_1 = 20$

E

$t_1 = \frac{3}{4}\,m_1t_1 = \frac{3}{4}\,m_1 = 15,$

$p_1 = t_1 + p_1 = t_1 + 10 = 25$

Na nova situação,

$p_2p_2 = p_1p_1 + 9 => p_2p_2 = 25 + 9 = 34$

$t_2\ t_2\ = t_1\ t_1{-}\frac{1}{3}\,t_1\frac{1}{3}\,t_1 = \frac{2}{3}\,t_1\frac{2}{3}\,t_1 => t_2t_2 = \frac{2}{3}\,15\frac{2}{3}\,15 = 10$

$\frac{1}{2}20\ m_2 = m_1\ m_1 - \frac{1}{2}\,m_1\frac{1}{2}\,m_1 = \frac{1}{2}\,m_1 = \frac{1}{2}\,m_1 = \frac{1}{2}20$
$\frac{1}{2}20 = 10$

Logo,
o estoque passará a conter
p2 + t2 + m2 = 34 + 10 + 10 = 54 ventiladores. => Letra C

EG

(Analista Judiciário – TRF/2 – Consulplan – 2017) Observe a sequência de figuras a seguir:

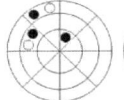 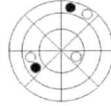 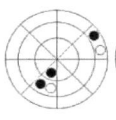 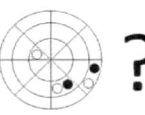

A figura que substitui corretamente a interrogação é:

A)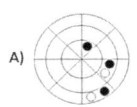

B)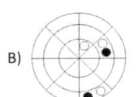

C)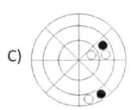

D)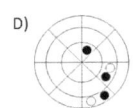

Solução
1) Observe as bolinhas assinaladas que estão se posicionando no sentido horário:

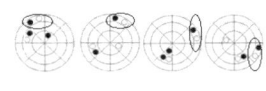

A próxima posição delas será

2) Note as bolinhas assinaladas:

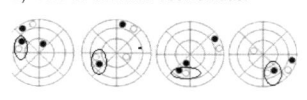

A próxima posição dessas

será
3) Observe a bolinha assinalada, alternando de preta para branca:

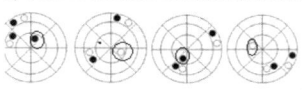

que estará na posição

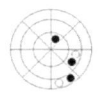

Resposta: Letra D

EG

1.4. Conceitos Básicos de Raciocínio Lógico

(Analista – TRT/16ª Região – 2014 – FCC) Se nenhum XILACO é COLIXA, então

(A) todo XILACO é COLIXA.
(B) é verdadeiro que algum XILACO é COLIXA.
(C) alguns COLIXA são XILACO.
(D) é falso que algum XILACO é COLIXA.
(E) todo COLIXA é XILACO.

Como nenhum membro do conjunto XILACO é membro do conjunto COLIXA, analisando as afirmativas, concluímos que:
(A) Falso, pois nenhum XILACO é COLIXA
(B) Falso, pois não é verdadeiro que algum XILACO é COLIXA
(C) Falso, pois nenhum COLIXA é XILACO
(D) Verdadeiro, pois é falso que alguma XILACO é COLIXA.
(E) Falso, pois nenhum XILACO é COLIXA.

(Analista – TRT/16ª Região – 2014 – FCC) Uma urna contém 14 bolas vermelhas, 15 pretas, 5 azuis e 11 verdes. Retirando-se ao acaso uma bola por vez dessa urna, o número mínimo de retiradas para se ter certeza que uma bola azul esteja entre as que foram retiradas é

(A) 6.
(B) 20.
(C) 1.
(D) 41.
(E) 40.

Na pior das hipóteses, poderíamos tirar todas as bolas vermelhas, todas as pretas e todas as verdes sem tirar nenhuma azul. Ou seja, tiraríamos 40 bolas no total. Neste caso, c a bola seguinte, a 41ª, será azul, pois só restariam bolas desta cor na urna. Precisaríamos tirar, portanto, no mínimo 41 bolas para termos uma bola azul.

(Analista – TRT/19ª Região – 2014 – FCC) Álvaro, Bianca, Cléber e Dalva responderam uma prova de três perguntas, tendo que assinalar verdadeiro (V) ou falso (F) em cada uma. A tabela indica as respostas de cada uma das quatro pessoas às três perguntas.

	Pergunta 1	Pergunta 2	Pergunta 3
Álvaro	V	V	F
Bianca	V	F	F
Cléber	F	F	V
Dalva	F	V	F

Dentre as quatro pessoas, sabe-se que apenas uma acertou todas as perguntas, apenas uma errou todas as perguntas, e duas erraram apenas uma pergunta, não necessariamente a mesma. Sendo assim, é correto afirmar que

(A) Bianca acertou todas as perguntas.

(B) Álvaro errou a pergunta 3.

(C) Cléber errou todas as perguntas.

(D) Dalva acertou todas as perguntas.

(E) duas pessoas erraram a pergunta 3.

Vamos ensaiar as seguintes hipóteses:

---

1) Álvaro acertou todas as questões.
Portanto, Bianca: acertou 2 questões, Cléber: errou todas e Dalva: acertou 2.
Essa hipótese satisfaz as condições informadas na questão, que são: "uma acertou todas as perguntas, apenas uma errou todas as perguntas, e duas erraram apenas uma pergunta".
2) Bianca acertou todas as questões.
Portanto, Álvaro: acertou 2 e Cléber: acertou 1 (errou duas)
Essa suposição não satisfaz as condições.
3) Cléber acertou todas as questões.
Portanto,
Álvaro: errou todas, Bianca: acertou 1, portanto errou duas.
Essa suposição não satisfaz as condições.
4) Dalva acertou todas as questões.
Portanto,
Álvaro: Acertou 2, Bianca: acertou 1 portanto errou duas.
Essa suposição não satisfaz as condições.
Conclusão: Como a 1ª hipótese está correta e nela, Cléber errou todas as perguntas, a afirmativa correta é a letra C.
Gabarito "C".

Três pessoas, X, Y e Z conversam na sala de espera de um consultório médico. A secretária, que está ouvindo a conversa, sabe que uma delas nasceu em Corumbá, outra em Ponta Porã e outra em Coxim. Em certo momento, cada uma das três pessoas faz uma declaração:

- X diz: *"Eu nasci em Coxim"*.

- Y diz: *"Eu não nasci em Ponta Porã"*.

- Z diz: *"Eu não nasci em Coxim"*.

(Analista – MP/MS – 2013 – FGV) A secretária sabe que apenas uma delas disse a verdade. Então, é correto concluir que:

(A) X nasceu em Corumbá.

(B) Y nasceu em Coxim.

(C) Z nasceu em Ponta Porã.

(D) X nasceu em Ponta Porã.

(E) Y não nasceu em Corumbá.

O que disseram os três pacientes:

Nasceu em:	Corumbá	Ponta Porã	Coxim
X			Sim
Y		Não	
Z			Não

1) Vamos supor que X tenha dito a verdade:

Nasceu em:	Corumbá	Ponta Porã	Coxim
X- Verdade			**Sim**
Y-Mentira		**Não à Sim**	
Z-Mentira			**Não à Sim**

Esta hipótese não é aceitável, pois X e Z não poderiam ter nascido na mesma cidade.
2) Supondo que Y tenha dito a verdade:

Nasceu em:	Corumbá	Ponta Porã	Coxim
X-Mentira	**Não**	**Sim**	Sim à **Não**
Y-Verdade	**Sim**	**Não**	**Não**
Z-Mentira	**Não**	**Não**	Não à **Sim**

Se Z nasceu em Coxim, X e Y não nasceram lá e Z não nasceu em Corumbá ou Ponta Porã. Então Y teria nascido em Corumbá e X em Ponta Porã. Esta situação é aceitável, mas antes de confirmá-la vamos analisar a terceira hipótese.
3) Supondo que Z tenha dito a verdade:

Nasceu em:	Corumbá	Ponta Porã	Coxim
X-Mentira			Sim à **Não**
Y-Mentira		Não à **Sim**	**Sim**
Z-Verdade			**Não**

Se X e Z não nasceram em Coxim então Y nasceu lá. Mas Y teria nascido em Ponta Porã. Esta situação não é aceitável. Portanto, a hipótese correta é que Y tenha dito a verdade.
Analisando as alternativas:
(A) Errado pois, X nasceu em Ponta Porã.
(B) Errado pois, Y nasceu em Corumbá.
(C) Errado pois, Z nasceu em Coxim.
(D) Correto pois, X nasceu em Ponta Porã.
(E) Errado pois Y, nasceu em Corumbá.
Gabarito "D".

(CESPE –2013) Julgue os itens seguintes, relativos à lógica proposicional.

(1) A sentença "um ensino dedicado à formação de técnicos negligencia a formação de cientistas" constitui uma proposição simples.

(2) A sentença "A indicação de juízes para o STF deve ser consequência de um currículo que demonstre excelência e grande experiência na magistratura" pode ser corretamente representada na forma P à Q, em que P e Q sejam proposições simples convenientemente escolhidas.

---

(1) Correta. Esta sentença é constituída por somente uma proposição e não apresenta nenhum conectivo. Portanto, é uma proposição simples.
(2) Errada, pois a seta → é um conectivo condicional, que simboliza

"se"... "então". Portanto a sentença poderia ser representado na forma P → Q se fosse redigida da forma abaixo ou de forma similar: "**Se** um juiz possuir um currículo que demonstre excelência e grande experiência na magistratura **então** poderá ser indicado para o STF".
Gabarito 1C, 2E

(Analista Judiciário – TRT/11 – FCC – 2017) Em 2015 as vendas de uma empresa foram 60% superiores as de 2014. Em 2016 as vendas foram 40% inferiores as de 2015. A expectativa para 2017 é de que as vendas sejam 10% inferiores as de 2014. Se for confirmada essa expectativa, de 2016 para 2017 as vendas da empresa vão

(A) diminuir em 6,25%.

(B) aumentar em 4%.

(C) diminuir em 4%.

(D) diminuir em 4,75%

(E) diminuir em 5,5%.

Resolução
Seja v14 as vendas em 2014.
Tem-se
v15 = 1,6 v14
v16 = 0,6v15
v17 = 0,9v14
Então
V16 = 0,6x1,6 v14 = 0,96v14
E

$$\frac{v_{17}v_{17}}{v_{16}v_{16}} = \frac{0,9v_{14}}{0,96v_{14}}\frac{0,9v_{14}}{0,96v_{14}} = \frac{9090}{9696} = 0,9375 \text{ ou}$$

v17 = 0,9375v16
As vendas de 2017 serão de 0,9375 das vendas de 2016.
Ou seja, haverá um decréscimo de 6,25%. => Letra A
Ou v17 - V16 = 0,9375v16 - V16 = -0,0625v16.
EG
Gabarito "A".

1.5. Implicações Lógicas

(Analista Judiciário – TJ/PI – FGV – 2015) Renato falou a verdade quando disse:

• Corro ou faço ginástica.

• Acordo cedo ou não corro.

• Como pouco ou não faço ginástica.

Certo dia, Renato comeu muito.

É correto concluir que, nesse dia, Renato:

(A) correu e fez ginástica;

(B) não fez ginástica e não correu;

(C) correu e não acordou cedo;

(D) acordou cedo e correu;

(E) não fez ginástica e não acordou cedo.

Resolução
Sejam as afirmações
p: corro
q: faço ginástica
r: acordo cedo
s: como pouco
O enunciado diz que é verdade:
(1) Corro ou faço ginástica: (p ⊻ q)
(2) Acordo cedo ou não corro, ou seja, (r ⊻ ~p)
(3) Como pouco ou não faço ginástica, isto é, (s ⊻ ~q)
Sendo ⊻ o 'ou exclusivo', isto é, não ambos os termos são verdadeiros.
Afirma-se que Renato comeu muito, ~s, logo temos que, a partir de (3), ocorreu ~q.

Ou seja, como s é falso, netão ~q é verdadeiro.
Então, de (1),
p é verdadeiro uma vez que q é falso.
E, de (2), como ~p é falso, segue que **r** é verdadeiro.
Conclusão: acordou cedo e correu. => letra D
EG
Gabarito "D".

(Analista Judiciário – TJ/PI – FGV – 2015) Considere a afirmação:

"Mato a cobra e mostro o pau"

A negação lógica dessa afirmação é:

(A) não mato a cobra ou não mostro o pau;

(B) não mato a cobra e não mostro o pau;

(C) não mato a cobra e mostro o pau;

(D) mato a cobra e não mostro o pau;

(E) mato a cobra ou não mostro o pau.

Resolução
Sejam as proposições
p: mato a cobra
q: mostro o pau
O enunciado pede a negação de $(p \wedge q)(p \wedge q)$.
Temos
$\sim(p \wedge q) = \sim p \vee \sim q$ $\sim(p \wedge q) = \sim p \vee \sim q)$ (Lei de Morgan).
Logo, a resposta é
não mato a cobra ou não mostro o pau. => Letra A
EG
Gabarito "A".

(Analista – TRT/2ª Região – 2014 – FCC) No próximo ano, uma enfermeira deverá estar de plantão em 210 dos 365 dias do ano. No hospital em que ela trabalha, só se permite que uma enfermeira fique de plantão por, no máximo, 3 dias consecutivos. Nessas condições, combinando adequadamente os dias de plantão e de folga, o número máximo de dias consecutivos que ela poderá tirar de folga nesse ano é igual a

(A) 78.

(B) 85.

(C) 87.

(D) 90.

(E) 155.

Se a enfermeira tem por meta ficar de folga no máximo número de dias consecutivos, ela deverá cumprir os plantões com o máximo número de dias possível (3 dias). Portanto, deverá cumprir 210/3 = 70 plantões no ano. Deverá, também, ter folgas de 1 dia entre os plantões, de modo que ocorra um acúmulo de dias a folgar. Deverá iniciar o plantão no dia primeiro seguindo o esquema:

P¹	1	P²	1	..	...	..	...	..	...	...	1	P⁷⁰

Desta forma, o período de trabalho mais o período de folga será de 210 + 69 = 279 e restarão, portanto, 365 – 279 = 86 dias para folgar. Ela poderá ainda acumular qualquer dos dias de folga já esquematizados com os outros 86, resultando num período máximo consecutivo de 86 + 1 = 87 dias.
Gabarito "C".

(Analista – TRT/2ª Região – 2014 – FCC) Durante um comício de sua campanha para o Governo do Estado, um candidato fez a seguinte afirmação:

"Se eu for eleito, vou asfaltar 2.000 quilômetros de estradas e construir mais de 5.000 casas populares em nosso Estado."

Considerando que, após algum tempo, a afirmação revelou-se falsa, pode-se concluir que, necessariamente,

(A) o candidato não foi eleito e não foram asfaltados 2.000 quilômetros de estradas no Estado.

(B) o candidato não foi eleito, mas foram construídas mais de 5.000 casas populares no Estado.

(C) o candidato foi eleito, mas não foram asfaltados 2.000 quilômetros de estradas no Estado.

(D) o candidato foi eleito e foram construídas mais de 5.000 casas populares no Estado.

(E) não foram asfaltados 2.000 quilômetros de estradas ou não foram construídas mais de 5.000 casas populares no Estado.

Analisando a questão:

p: Serei eleito;

q: Asfaltarei 2.000 quilômetros de estradas;

r: Construirei mais de 5.000 casas populares em nosso Estado.

De acordo com o enunciado, esta afirmação é falsa.

$p \rightarrow (q \wedge r)$ (F)

Tabela-Verdade para proposição condicional:

p	q ∧ r	p → (q ∧ r)
V	V	V
V	**F**	**F**
F	V	V
F	F	V

Para que a proposição condicional seja falsa, o antecedente p deve ser verdadeiro e o consequente (q ∧ r) deve ser falso.

$p = (V) \rightarrow (q \wedge r) = (F)$

Tabela-Verdade para proposição conjuntiva:

q	r	q ∧ r
V	V	V
V	**F**	**F**
F	**V**	**F**
F	F	F

São 3 situações em que a proposição pode ser falsa.

– q deve ser verdadeira e r deve ser falsa;

– q deve ser falsa e r deve ser verdadeira;

– ambas as proposições q e r devem ser falsas.

(Analista – TRT/2ª Região – 2014 – FCC) Considere as três afirmações a seguir, todas verdadeiras, feitas em janeiro de 2013.

I. Se o projeto X for aprovado até maio de 2013, então um químico e um biólogo serão contratados em junho do mesmo ano.

II. Se um biólogo for contratado, então um novo congelador será adquirido.

III. Se for adquirido um novo congelador ou uma nova geladeira, então o chefe comprará sorvete para todos.

Até julho de 2013, nenhum biólogo havia sido contratado. Apenas com estas informações, pode-se concluir que, necessariamente, que

(A) o projeto X não foi aprovado até maio de 2013.

(B) nenhum químico foi contratado.

(C) não foi adquirido um novo congelador.

(D) não foi adquirida uma nova geladeira.

(E) o chefe não comprou sorvete para todos.

Afirmação I:

p: O projeto X foi aprovado até maio de 2.013

q ∧ r : um químico e um biólogo serão contratados em junho do mesmo ano.

Portanto:

p	q ∧ r	p → (q ∧ r)
V	V	V
V	F	F
F	V	V
F	F	V

Logo o projeto não foi aprovado até maio/2013.

Afirmações II e III:

II. Se um biólogo for contratado (**Falso**), então um novo congelador será adquirido (**pode ser Verdadeiro ou Falso**).

III. Se for adquirido um novo congelador (**?**) ou uma nova geladeira, então o chefe comprará sorvete para todos (**?**).

Ambas não possuem relação com a questão

(Analista – TRT/2ª Região – 2014 – FCC) Um dia antes da reunião anual com os responsáveis por todas as franquias de uma cadeia de lanchonetes, o diretor comercial recebeu um relatório contendo a seguinte informação:

Todas as franquias enviaram o balanço anual e nenhuma delas teve prejuízo neste ano.

Minutos antes da reunião, porém, ele recebeu uma mensagem em seu celular enviada pelo gerente que elaborou o relatório, relatando que a informação não estava correta. Dessa forma, o diretor pôde concluir que, necessariamente,

(A) nenhuma franquia enviou o balanço anual e todas elas tiveram prejuízo neste ano.

(B) alguma franquia não enviou o balanço anual e todas elas tiveram prejuízo neste ano.

(C) nenhuma franquia enviou o balanço anual ou pelo menos uma delas teve prejuízo neste ano.

(D) nem todas as franquias enviaram o balanço anual ou todas elas tiveram prejuízo neste ano.

(E) nem todas as franquias enviaram o balanço anual ou pelo menos uma delas teve prejuízo neste ano.

Chamemos:

p: Todas as franquias enviaram o balanço anual

q: nenhuma delas teve prejuízo neste ano.

Como a mensagem era falsa, pede-se a negação da mesma.

p: A negação de "todas" é "nem todas".

q: A negação de "nenhuma" é "pelo menos uma".

Assim podemos encontrar facilmente a alternativa correta:

"Nem todas as franquias enviaram o balanço anual ou pelo menos uma delas teve prejuízo neste ano".

1.6. Raciocínio sequencial

(Analista Judiciário – TJ/PI – FGV – 2015) Em um prédio há três caixas d'água chamadas de A, B e C e, em certo momento, as quantidades de água, em litros, que cada uma contém aparecem na figura a seguir.

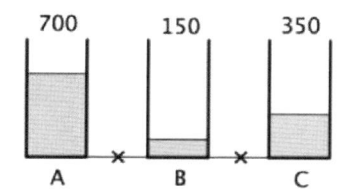

Abrindo as torneiras marcadas com x no desenho, as caixas foram interligadas e os níveis da água se igualaram.

Considere as seguintes possibilidades:

1. A caixa A perdeu 300 litros.
2. A caixa B ganhou 350 litros.
3. A caixa C ganhou 50 litros.

É verdadeiro o que se afirma em:

(A) somente 1;

(B) somente 2;

(C) somente 1 e 3;

(D) somente 2 e 3;

(E) 1, 2 e 3.

Solução
A quantidade total de água, em litros, nas três caixas, é de
700 + 150 + 350 = 1.200.
Essa quantidade ficará contida nas caixas igualmente, ou seja, 400 litros em cada uma.
Sendo assim, temos que
1. A caixa A perdeu 300 litros: **Verdadeiro**;
2. A caixa B ganhou 350 litros: Falso e
3. A caixa C ganhou 50 litros: **Verdadeiro**.
Resposta na letra C.

EG

Gabarito "C".

(Analista Judiciário – TJ/PI – FGV – 2015) Um grupo de 6 estagiários foi designado para rever 50 processos e cada processo deveria ser revisto por apenas um dos estagiários. No final do trabalho, todos os estagiários trabalharam e todos os processos foram revistos.

É correto afirmar que:

(A) um dos estagiários reviu 10 processos;

(B) todos os estagiários reviram, cada um, pelo menos 5 processos;

(C) um dos estagiários só reviu 2 processos;

(D) quatro estagiários reviram 7 processos e dois estagiários reviram 6 processos;

(E) pelo menos um dos estagiários reviu 9 processos ou mais.

Resolução
Ao verificar as opções de resposta da questão, observa-se:
A: Incorreta, uma vez que o enunciado não assegura essa resposta. Pode ocorrer que 4 estagiários analisaram 10 processos e os outros 2

reviram 5 processos dada um; **B:** Errada, pelo por raciocínio idêntico ao de cima; **C:** Incorreta, uma vez que o enunciado não assegura essa resposta; **D:** Errada, uma vez que o enunciado não garante essa resposta; E: Correta: suponha que cada estagiário reviu, a princípio, 8 processos. Restam, então, 2 processos a serem revistos.
Logo, pelo menos um dos estagiários reviu 9 processos ou mais. =>
Letra E **EG**

Gabarito "E".

(Analista Judiciário – TJ/PI – FGV – 2015) A figura abaixo mostra uma pista circular de ciclismo dividida em 5 partes iguais pelos pontos A, B, C, D e E.

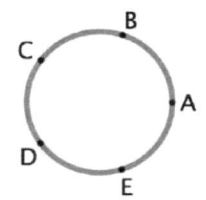

Os ciclistas Marcio e Paulo partem simultaneamente do ponto A, percorrendo a pista em sentidos opostos. Marcio anda no sentido horário com velocidade de 10km/h, Paulo no sentido anti-horário com velocidade de 15km/h, e eles se cruzam várias vezes.

Marcio e Paulo se cruzam pela terceira vez no ponto:

(A) A;

(B) B;

(C) C;

(D) D;

(E) E.

1ª Solução
Suponha, por exemplo, que as partes AB, BC, CD, DE e EA da pista tenham a distância de 5 km, pois 5 é divisor de 10
e de 15.
Sabendo-se que Marcio anda no sentido horário com velocidade de 10 km/h, então ele percorre 2 trechos em 1 h, ou
seja, ele estará em D. E assim por diante.
O mesmo ocorrendo com Paulo, em sentido oposto, com 3 trechos em 1 h.
Temos as posições dos ciclistas após o tempo t:

t (horas)	Posição de Marcio (ponto)	Posição de Paulo(ponto)	Posição relativa dos dois
1	D	D	1ª vez que se cruzam
2	B	B	2ª vez que se cruzam
3	E	E	3ª vez que se cruzam
4	C	C	...
5	A	A	
6	D	D	
7	B	B	
8	E	E	
9	C	C	
10	A	A	
...	...	...	...

Resposta: Marcio e Paulo se cruzam pela terceira vez no ponto E.

=> Letra E

2ª Solução (genérica)

Suponha que as partes AB, BC, CD, DE e EA da pita tenham a distância de x km.

Sendo e = vt: espaço percorrido = velocidade vezes tempo, temos

eM = 10t (distância percorrida por Marcio e eP = 15t (distância percorrida por Paulo, tem-se

$$\frac{eM}{eM} = \frac{eP}{eP}$$

$$t = \frac{10}{10} = \frac{15}{15}$$

ou

3eM, para um mesmo tempo t, em sentidos opostos.

Seja, por hipótese, que eP percorra 3x no tempo t, ou seja, estará no ponto D.

Então,

eM percorre 3eM = 2(3x)

eM = 2x, estará também no ponto D, isto é, 1ª vez que se cruzam.

Com mais um tempo t, estarão em B, 2º encontro, e, após mais um tempo t, será a 3ª vez que se cruzam, o que acontece no ponto E. => Letra E

no ponto E. => Letra E

Gabarito "E".

(Analista Judiciário – TJ/MT – UFMT – 2016) Um pet shop colocou à venda 12.750 números para realizar um sorteio de um cachorro buldogue francês. Sabendo-se que a venda semanal dos números obedece a uma progressão geométrica e que, na primeira semana foram vendidos 50 números, na segunda 100 números, na terceira 200 números, e assim sucessivamente até que todos os números fossem vendidos, quantas semanas foram necessárias para que todos os números fossem vendidos?

(A) 9

(B) 15

(C) 12

(D) 8

Resolução

A razão q desta progressão geométrica vale $\frac{50}{50} = \frac{100}{100} = 2$.

Uma vez que a soma dos termos da progressão é $S_n = \frac{a_1(q^{n-1})}{q-1}$

$\frac{a_1(q^{n-1})}{q-1}$, temos

$12750 = \frac{50 \times 2^{n-1}}{2-1} = \frac{50 \times 2^{n-1}}{2-1}$

Daí,

$255 = 2^n 2^{n-1} - 1$

$2^n 2^n = 256$

$2^{2n} = 256$

$N = 8$ => Letra D

Gabarito "D".

(Analista – TRT/19ª Região – 2014 – FCC) Quatrocentos processos trabalhistas estão numerados de 325 até 724. Sabe-se que cada processo foi analisado por, pelo menos, um juiz. A numeração dos processos analisados por cada juiz seguiu a regra indicada na tabela abaixo.

Juiz 1

(primeiro a receber processos para análise)

Analisou apenas os processos cuja numeração deixava resto 2 na divisão por 4.

Juiz 2

(segundo a receber processos para análise)

Analisou apenas os processos cuja numeração era um múltiplo de 3.

Juiz 3

(terceiro a receber processos para análise)

Analisou apenas os demais processos que estavam sem análise de algum juiz.

Do total de processos numerados, a porcentagem (%) de processos que foram analisados por menos do que dois juízes foi de

(A) 97,25.

(B) 68,75.

(C) 82,25.

(D) 91,75.

(E) 41,75.

1) Seja n¹, o número de processos analisados somente pelo Juiz 1:

Iniciando pelo processo de número 326 e terminando com o processo de número 722 a cada 4 números iremos encontrar um resto 2 , na divisão por 4.

Portanto temos uma progressão aritmética com $a^1 = 326$, $a^n = 722$ e $r = 4$

Cuja fórmula de cálculo é $a^n = a^1 + (n^1-1)r$

Portanto $722 = 326 + (n^1-1).4$ $n^1 = 100$.

2) Seja n², o número de processos analisados somente pelo Juiz 2:

Iniciando pelo processo de número 327 e terminando com o processo de número 723 a cada 3 encontraremos números divisíveis por 3.

Portanto temos uma progressão aritmética com $a^3 = 327$, $a^n = 723$ e $r = 3$

Cuja fórmula de cálculo é $a^n = a^3 + (n^3-1)r$ Portanto $723 = 327 + (n^2-1).3$ $n^2 = 133$.

3)Agora temos que verificar quantos processos foram analisados tanto pelo juiz 1 quanto pelo juiz 2:

Seja n³, o número de processos analisados pelos Juízes 2 e 3:

Iniciando pelo processo de número 330 (primeiro número da sequência que é divisor de 4 com resto igual a dois e múltiplo de 3) e terminando com o processo de número 714 (último número da sequência que é divisor de 4 com resto igual a 2 e múltiplo de 3),a cada 12 elementos encontraremos um número que satisfaça as imposições de ambos os juízes.

Portanto, temos uma progressão aritmética com $a^3 = 330$, $a^n = 714$ e $r = 12$

Cuja fórmula de cálculo é $a^n = a^3 + (n^3-1)r$

Portanto $720 = 336 + (n^3-1).12$ $n^3 = 33$.

Conclusões:

- O juiz 1 analisou individualmente = 100 − 33 = 67 processos
- O juiz 2 analisou individualmente = 133 − 33 = 100 processos
- Portanto, o juiz 3 vai analisar = 400 − 100 − 67 − 33(processos que foram analisados pelos dois juízes) = 200
- Total analisando por apenas um juiz = 67 + 100 + 200= 367

Por regra de três:

400 processos ------100%

367 processos ------ X

$400X = 367 \times 100$ e $X = 36.700/400 = 91,75\%$

Gabarito "D".

Analista Judiciário – TJ/PI – FGV – 2015) Cada um dos 160 funcionários da prefeitura de certo município possui nível de escolaridade: fundamental, médio ou superior. O quadro a seguir fornece algumas informações sobre a quantidade de funcionários em cada nível:

	Fundamental	Médio	Superior
Homens	15	30	
Mulheres	13		36

Sabe-se também que, desses funcionários, exatamente 64 têm nível médio. Desses funcionários, o número de homens com nível superior é:

(A) 30;

(B) 32;

(C) 34;

(D) 36;

(E) 38.

Solução

Para completar o quadro, colocamos células de totais:

	Fundamental	Médio	Superior	Total
Homens	15	30	x	
Mulheres	13	y	36	
Total	28	64	z	160

Logo,

28 + 64 + z = 160

z = 68

Mas z = 36 + x.

Daí,

x = 68 – z

= 68 – 36

x = 32

Então,

o número de homens com nível superior é:32. => Letra B

E o quadro completo fica

	Fundamental	Médio	Superior	Total
Homens	**15**	**30**	**32**	**77**
Mulheres	**13**	**34**	**36**	**83**
Total	**28**	**64**	**68**	**160**

Gabarito "B".

(Analista Judiciário – TJ/PI – FGV – 2015) O conselho diretor de uma empresa teve os mesmos 5 membros desde o ano 2012. Na última reunião deste ano de 2015 o membro mais velho, que tinha 58 anos, foi substituído por um mais jovem, mas a média de idade dos membros do conselho ficou igual à média das idades na mesma época de 2012.

Na reunião de 2015, a idade do novo membro do conselho era de:

(A) 40 anos;

(B) 41 anos;

(C) 42 anos;

(D) 43 anos;

(E) 44 anos.

Resolução

Sejam a, b, c, d, e dos conselheiros em 2012, com média m de idades:

$$m = \frac{a+b+c+d+e}{5} \quad \frac{a+b+c+d+e}{5}$$

O membro que tinha a idade de 58 anos em 2015, tinha a = 55 anos em 2012, isto é

$$m = \frac{55+b+c+d+e}{5} \quad \frac{55+b+c+d+e}{5}$$

O novo conselheiro com idade x manteve a mesma média das idades mas os outros membros tiveram as suas idades aumentadas em 3 anos

cada pois se passaram três anos.

Ou seja,

$$\frac{55+b+c+d+e}{x+b+3+c+3+d+3+e+3} \quad \frac{55+b+c+d+e}{3x+b+3+c+3+d+3+e+3}$$
5 \qquad 5

daí,

55 + a + b + c + d + e = x + b + c + d + d + e + +12

55 = x + 12

x = 43 anos. => Letra D

Gabarito "D".

(Analista Judiciário – TJ/PI – FGV – 2015) Em uma empresa com 40 funcionários, um funcionário é considerado novo quando está na empresa há menos de 5 anos e é considerado antigo quando está há 5 anos ou mais.

Atualmente, há 14 funcionários novos na empresa, 18 funcionários com curso superior e 16 funcionários antigos que não possuem curso superior.

O número de funcionários novos com curso superior é:

(A) 4;

(B) 6;

(C) 8;

(D) 10;

(E) 12.

1ª Solução

Dos 40 funcionários, 14 são novos.

Logo, há 40 – 14 = 26 funcionários antigos.

Dos antigos, 16 não têm curso superior o que resulta em 26 – 16 = 10 funcionários antigos com curso superior

Uma vez que o total de funcionários com curso superior é de 18, tem-se 18 – 10 = 8 funcionários novos om curso superior. => Letra C

2ª Solução

Quadro com os dados da questão:

	antigos	novos	Total
Com curso superior		x	18
Sem curso superior	16		
Total	26	14	40

Completamos a tabela de funcionários:

	antigos	novos	Total
Com curso superior	10	8	18
Sem curso superior	16	6	22
Total	26	14	40

Resposta:

Há 8 funcionários novos om curso superior. => Letra C

Gabarito "C".

(Analista Judiciário – TJ/PI – FGV – 2015) A partir do ano de 1852, quando a cidade de Teresina foi fundada, certa igreja resolveu promover, de 7 em 7 anos, uma festa em homenagem a Nossa Senhora do Amparo, a padroeira da cidade. Essa festa ocorre, então em 1859, 1866, e assim por diante, estabelecendo uma tradição.

Mantendo-se a tradição, a próxima festa será realizada em:

(A) 2017;

(B) 2018;

(C) 2019;

(D) 2020;

(E) 2021.

Resolução

Uma vez que a festa ocorre de 7 em 7anos anos a partir de 1852, o ano da próxima festa, subtraído de 1852, deve ser

divisível por 7.

Das datas das opções de resposta da questão, o único ano que satisfaz esse cálculo é 2020 pois

2020 − 1852 = 168 = 24x7 => Letra D

Matematicamente, deve ocorrer

(ano − 1852) ≡ 0(mod7), isto é, ano − 1852) é múltiplo de 7. **EG**

Gabarito "D".

(Analista Judiciário – TJ/PI – FGV – 2015) Francisca tem um saco com moedas de 1 real. Ela percebeu que, fazendo grupos de 4 moedas, sobrava uma moeda, e, fazendo grupos de 3 moedas, ela conseguia 4 grupos a mais e sobravam 2 moedas.

O número de moedas no saco de Francisca é:

(A) 49;

(B) 53;

(C) 57;

(D) 61;

(E) 65.

Seja x o número de moedas.

1ª solução

Para grupos de 3 moedas temos, sendo g o número de grupos,

x = 4g + 1 (i)

Para grupos de 4 moedas tem-se

x = 3(g + 4) + 2

x = 3g +12 + 2

x = 3g + 14 (ii)

De (i) e (ii), obtém-se

4g + 1 = 3g + 14

Ou seja,

g = 13

Daí, colocando o valor de g em (i), resulta

x = 4x13 + 1

x = 52 + 1

x = 53 => Letra B

2ª solução (verificar cada opção apresentada como resposta)

A: 49 = 4x12 + 1 mas 49 = 16x3 + 1: sobrou 1 mas devia sobrar 2: Errada; **B:** 53 = 4x13 + 1 e 53= 17x3 + 1, com 4 grupos a mais: Correta => Letra B; **C:** 57= 4x14 + 1 e 57 = 19x3 com 5 grupos a mais: Errada; **D:** 61= 4x15 + 1 e 61= 20x3 + 1: sobrou 1 mas devia sobrar 2: Errada; **E:** 65= 4x16 + 1 e 65 = 21x3 + 2 porém com 5 grupos a mais: Errada. Resposta na Letra B.

EG

Gabarito "B".

2. MATEMÁTICA BÁSICA

2.1. Álgebra e geometria analítica

(Analista – TRT/2ª Região – 2014 – FCC) O número A é composto por 2000 algarismos, todos eles iguais a 1, e o número B é composto por 1000 algarismos, todos eles iguais a 3. Se o número C é igual à soma dos números A e B, então a soma de todos os algarismos que compõem C é igual a

(A) 5000.

(B) 4444.

(C) 4000.

(D) 3333.

(E) 3000.

A = 111111111.....111111........

B = ...33333........+

C = 11111.....44444.....

C possui 1000 algarismos "1" e 1000 algarismos "4". A soma deles vale 1000 + 4000 = 5000.

Gabarito "A".

João comprou em uma loja de roupas esportivas uma bermuda e duas camisetas iguais pagando por tudo R$40,00. Sabe-se que a bermuda custou R$4,00 a mais do que uma camiseta.

(Analista – MP/MS – 2013 – FGV) O preço de uma camiseta é:

(A) R$6,00.

(B) R$10,00.

(C) R$12,00.

(D) R$14,00.

(E) R$16,00.

Supondo B o preço da bermuda e C, o preço da camiseta.

Sabe-se que, B + 2C = 40 e B = 4 + C, conforme o enunciado da questão.

Substituindo B por 4 + C teremos:

4 + C + 2C = 40   3C = 40 − 4 = 36   C = 12   e B = 16.

O preço da camiseta C é R$ 12,00.

Gabarito "C".

2.2. Geometria Básica

(Analista Judiciário – TJ/PI – FGV – 2015) A figura abaixo mostra a planta de um salão. Os ângulos A, B, C, D e E são retos e as medidas assinaladas estão em metros.

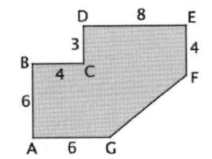

A área desse salão em m² é:

(A) 81;

(B) 86;

(C) 90;

(D) 94;

(E) 96.

1ª Solução

Dividimos o salão:

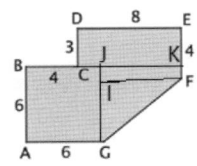

A área do salão é, então, a soma das áreas de

1) Retângulo CDEF:

Área = 3x8 = **24**

2) quadrado ABJG,

Área do quadrado = 6x6 = **36**

3) tira retangular FIJK

Área = FKxJK
FK = EF − CD = 4 − 3 = 1
JK = DE − CJ = 8 − CJ
CJ = AC − BC = 6 − 4 = 2
Logo,
JK = 8 − 2 = 6
Área da tira: 1x6 = **6**
4) e triângulo FGI.

$$\text{Área} = \frac{GI \times FGI \times FI}{2 \quad 2}$$

GI = 6 − FK = 6 − 1 = 5
FI = 8 − CJ = 8 − 2 = 6

Daí, área do triângulo FGI = $\dfrac{5 \times 6}{2} \dfrac{5 \times 6}{2}$ = **15**
Ou seja, área do salão = 24 + 36 + 6 + 15 = 81 m². => Letra A
Ou
2ª Solução
Completamos a figura com as áreas x e y:

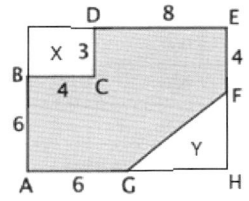

Forma-se, então, um retângulo cuja área a base vezes a altura:
A base mede BC + DE = 4 + 8 = 12 e
a altura, AB + CD = 6+3 = 9.
Assim,
A área S do retângulo vale 9x12 = 108.
Por outro lado, S = área do salão + X + Y.
X = 3x4 =12 e

$$Y = \frac{FH \times CH}{2} \frac{FH \times CH}{2} = \frac{5 \times 6}{2} \frac{5 \times 6}{2} = 15 \text{ pois } FH = EH - - 4 = 9 - 4 =$$

5, e CH = AH − 6 = 12 - 6 = 6.
Logo,
área do salão + X + Y = 108
área do salão 108 − X − Y
área do salão 108 −12 − 15
área do salão 81 m². => Letra A

Gabarito "A".

(Analista Judiciário – TJ/PI – FGV – 2015) As fotos dos 60 funcionários de certa seção da prefeitura serão colocadas em um quadro retangular, arrumadas em linhas e colunas. Sabe-se que o quadro deve ter pelo menos 3 linhas e pelo menos 3 colunas.

O número de formatos diferentes (número de linhas e número de colunas) que esse quadro poderá ter é:

(A) 5;

(B) 6;

(C) 7;

(D) 8;

(E) 10.

Solução
Existem 12 divisores de 60: 1, 2, 3, 4, 5, 6, 10, 12, 15, 20, 30, 60.
Então, os possíveis formatos diferentes que atendem às exigências da questão têm as dimensões
3x20 20x3
4x15 15x4

5x12 12x5
6x10 10x6
Num total de 8. => Letra D

Gabarito "D".

(Analista – TRT/2ª Região – 2014 – FCC) Uma costureira precisa cortar retalhos retangulares de 15 cm por 9 cm para decorar uma bandeira. Para isso, ela dispõe de uma peça de tecido, também retangular, de 55 cm por 20 cm. Considerando que um retalho não poderá ser feito costurando dois pedaços menores, o número máximo de retalhos que ela poderá obter com essa peça é igual a

(A) 8.

(B) 9.

(C) 6.

(D) 7.

(E) 10.

A peça de tecido tem 55 cm de comprimento e 20 cm de largura tem uma área de 1.100 cm² e os pedaços de retalhos retangulares têm área de 15x9 = 135 cm². Dessa forma, se fosse possível costurar pedaços menores poderia se obter até 8 pedaços. Como não se pode costura-los, vamos verificar se é possível obter 7 pedaços.
Coloquemos 6 pedaços no sentido horizontal, conforme abaixo, ocupando uma área de 15x3 = 45 cm por 9x2 = 18 cm. Sobrará, portanto, uma faixa vertical de 55 - 45 = 10 cm por 20 cm.

1	2	3
4	5	6

Desta faixa poderá ser recortado o sétimo pedaço na vertical, conforme a seguir:

1	2	3	
4	5	6	7

Portanto é possível obter 7 pedaços.
Gabarito "D".

2.3. Contagens, Combinações, Arranjos e Permutação

(Analista – TRT/6ª – 2012 – FCC) Para fazer um trabalho, um professor vai dividir os seus 86 alunos em 15 grupos, alguns formados por cinco, outros formados por seis alunos. Dessa forma, sendo C o número de grupos formados por cinco e S o número de grupos formados por seis alunos, o produto C.S será igual a

(A) 56.

(B) 54.

(C) 50.

(D) 44.

(E) 36.

Como C é o número de grupos de cinco pessoas, 5C é o total de pessoas nesses grupos, e 6S, o total de pessoas nos de 6. logo temos

15 = C + S
86 = 5C + 6S
Ao substituir C = 15 – S, que é a quantidade total de grupos menos a quantidade de grupos de 6 pessoas, na segunda equação, obtemos
86 = 5(15 – S) + 6S
86 = 75 – 5S + 6S => 11 = S e C = 4. Logo, C.S = 4.11 = 44.
Gabarito "D".

(Analista – TRT/6ª – 2012 – FCC) Em um torneio de futebol, as equipes ganham 3 pontos por vitória, 1 ponto por empate e nenhum ponto em caso de derrota. Na 1ª fase desse torneio, as equipes são divididas em grupos de quatro, realizando um total de seis jogos (dois contra cada um dos outros três times do grupo). Classificam-se para a 2ª fase as duas equipes com o maior número de pontos. Em caso de empate no número de pontos entre duas equipes, prevalece aquela com o maior número de vitórias.

A tabela resume o desempenho dos times de um dos grupos do torneio, após cada um ter disputado cinco jogos.

Equipe	Jogos realizados	Vitórias	Empates	Derrotas
Arranca Toco	5	3	1	1
Bola Murcha	5	2	0	3
Canela Fina	5	1	3	1
Espanta Sapo	5	1	2	2

Sabendo que, na última rodada desse grupo, serão realizados os jogos Arranca Toco X Espanta Sapo e Bola Murcha X Canela Fina, avalie as afirmações a seguir.

I. A equipe Arranca Toco já está classificada para a 2ª fase, independentemente dos resultados da última rodada.
II. Para que a equipe Canela Fina se classifique para a 2ª fase, é necessário que ela vença sua partida, mas pode não ser suficiente.
III. Para que a equipe Espanta Sapo se classifique para a 2ª fase, é necessário que ela vença sua partida, mas pode não ser suficiente.

Está correto o que se afirma em

(A) I, II e III.
(B) I, apenas.
(C) I e II, apenas.
(D) II e III, apenas.
(E) I e III, apenas.

Tem-se na 1ª fase:
AT: 3x3 + 1x1 + 1x0 = 10 pts
BM: 2x3 + 0x1 + 3x0 = 6 pts
CF: 1x3 + 3x1 + 1x0 = 6 pts
ES: 1x3 + 2x1 + 2x0 = 5 pts
I: correto, pois o AT já está classificado para a 2ª fase pois os outros times não passarão de 10 pontos;
II: incorreto, pois se a equipe Canela Fina vencer, irá para 9 pontos e 2 vitórias passando a equipe Bola Murcha que continuará com 6 pontos. Isto é suficiente, ao contrário do que afirma a sentença.
III: correto – Espanta Sapo precisa vencer e o outro jogo tem de empatar. para que Espanta Sapo fique com 8 pontos e as equipes Bola Murcha e Canela Fina fiquem com 7 pontos.
Gabarito "E".

(Analista – TRT9 – 2012 – FCC) Em uma loja de bijuterias, todos os produtos são vendidos por um dentre os seguintes preços: R$ 5,00, R$ 7,00 ou R$ 10,00. Márcia gastou R$ 65,00 nessa loja, tendo adquirido pelo menos um produto de cada preço. Considerando apenas essas informações, o número mínimo e o número máximo de produtos que Márcia pode ter comprado são, respectivamente, iguais a

(A) 9 e 10.
(B) 8 e 11.
(C) 8 e 10.
(D) 9 e 13.
(E) 7 e 13.

Sejam a,b e c as quantidades de cada produto comprado por ela.
Temos, então, $5a + 7b + 10c = 65$ (*).
1ª solução
Procuram-se valores possíveis, variando c:

tentativa	c	a equação fica	certo?	a+ b + c
1	6	$5a + 7b = 5$	não	-
2	5	$5a + 7b = 15$	não	-
3	4	$5a + 7b = 25$	não	-
4	3	$5a + 7b = 35$	não	-
5	2	$5a + 7b = 45$	Sim a=2 e b=5	9
6	1	$5a + 7b = 55$	Sim a=4 e b=5	10

=> Letra A
2ª solução
Ao verificar as alternativas, constata-se que
A) i) número mínimo
a + b + c = 9 (x5)
5a + 5b + 5c = 45 que, subtraído de (*), dá
2b + 5c = 20
Onde b não pode ser 1, 2, 3, 4. Com b = 5, temos c =2 e a solução (2,5,2). ii) número máximo
a + b + c = 10 (x5)
5a + 5b + 5c = 50 que, subtraído de (*), dá
2b + 5c = 15
Onde b não pode ser 1, 2, 3, 4. Com b = 5, temos c =1 e a solução (4,5,1). Opção correta. => Letra A
3ª solução
Ao agrupar os múltiplos de 5 na equação (*) temos
7b = 65 – 5a – 10c = 5(13 -a – 2c)
Donde 5 divide b => b =5 e a equação fica 5a + 10c = 30 => a + 2c = 6.
E, para c=1, a = 4 e, para c=2, a = 2.
Com as soluções (2,5,2) e (4,5,2). => Letra A
Gabarito "A".

(Analista – TRT/1ª – 2012 – FCC) A rede de supermercados "Mais Barato" possui lojas em 10 estados brasileiros, havendo 20 lojas em cada um desses estados. Em cada loja, há 5.000 clientes cadastrados, sendo que um mesmo cliente não pode ser cadastrado em duas lojas diferentes. Os clientes cadastrados recebem um cartão com seu nome, o nome da loja onde se cadastraram e o número "Cliente Mais Barato", que é uma sequência de quatro algarismos. Apenas com essas informações, é correto concluir que, necessariamente,

(A) existe pelo menos um número "Cliente Mais Barato" que está associado a 100 ou mais clientes cadastrados.

(B) os números "Cliente Mais Barato" dos clientes cadastrados em uma mesma loja variam de 0001 a 5000.

(C) não há dois clientes cadastrados em um mesmo estado que possuam o mesmo número "Cliente Mais Barato".

(D) existem 200 clientes cadastrados no Brasil que possuem 0001 como número "Cliente Mais Barato".

(E) não existe um número "Cliente Mais Barato" que esteja associado a apenas um cliente cadastrado nessa rede de supermercados.

Ao analisar as alternativas, observa-se que
B: Incorreto porque, em uma loja, os números podem variam de 0000 à 9999, não sendo cadastrados necessariamente em ordem ou iniciando em 0001, isto é, pode haver outra sequência, como 0000 a 4999 ou outras;
C: Também incorreto, pois pode ocorrer em duas lojas diferentes;
D: Incorreto – nada confirma tal afirmação;
E: Incorreto – pode existir tal número e Isso ocorre quando apenas uma das lojas da rede o utiliza, não sendo utilizado pelas outras lojas da rede.
A: Correto – como existem 200 lojas com 5.000 clientes cadastrados em cada uma, num total de 1.000.000 clientes cadastrados e há 10.000 números possíveis, então existe pelo menos um número "Cliente Mais Barato" que está associado a 100 ou mais clientes cadastrados pois \1 milhão/10.000 = 100 clientes com o mesmo número, no mínimo.
Gabarito "A".

2.4. Operações, propriedades, problemas envolvendo as quatro operações nas formas fracionária e decimal

(Analista – TRT/2ª Região – 2014 – FCC) Efetuando as multiplicações x

2×2 , 4×4 , 6×6 , 8×8 , ... ,

obtemos uma sequência de números representada a seguir pelos seus quatro primeiros elementos:

$(4 , 16 , 36 , 64 , ...)$.

Seguindo a mesma lógica, o 1000º elemento dessa sequência será 4.000.000 e o 1001º elemento será 4.008.004. Dessa forma, o 1002º elemento será

(A) 4.008.016.

(B) 4.016.016.

(C) 4.016.008.

(D) 4.008.036.

(E) 4.016.036.

A sequência pode ser escrita como: 2^2, 4^2, 6^2, 8^2 .... , ou seja, as bases das potências formam uma progressão aritmética.
O termo 1.000 desta PA pode ser calculado pela fórmula: $a^n = a^1 + (n-1)$ r onde a^1 é 2 e r também é 2.
$A^{1.000} = 2 + (1.000 - 1)(2) = 2.000$ e $A1.000^2 = 4.000.000$
$A^{1.001} = 2 + (1.001 - 1)(2) = 2.002$ e $A1.001^2 = 4.008.004$
$A^{1.002} = 2 + (1.002 - 1)(2) = 2.004$ e $A1.000^2 = 4.016.016$
Gabarito "B".

2.5. Conjuntos numéricos complexos; números e grandezas proporcionais; razão e proporção; divisão proporcional; regra de três simples e composta; porcentagem

(Analista – TJ/SC – FGV – 2018) Um pintor pintou uma parede retangular com 3m de altura por 4m de largura em uma hora.

Com a mesma eficiência, esse pintor pintaria uma parede com

3,5m de altura por 6m de largura em:

(A) 1h45min;

(B) 1h40min;

(C) 1h35min;

(D) 1h30min;

(E) 1h25min.

Resolução
Tem-se a regra de três
3x4= 12 m2 --- 1 h
3,5x6 = 21 m2 --- T
T = 21x1/12
T = 7/4 h
T = (7/4)60 min
T = 105 min
T = 1h 45 min
Gabarito "A".

(Analista – TJ/SC – FGV – 2018) Uma pequena empresa tem 10 funcionários. A média salarial dos 6 funcionários com menores salários é R$ 2600,00 e a média salarial dos 4 funcionários com maiores salários é R$ 4200,00.

A média salarial dos 10 funcionários dessa empresa é:

(A) R$ 3480,00;

(B) R$ 3440,00;

(C) R$ 3400,00;

(D) R$ 3360,00;

(E) R$ 3240,00.

Resolução
Total dos salários T = 6x2.600 + 4x4.200
T = 15.600 + 16.800
T = 32.400
Logo, média salarial dos 10 funcionários dessa empresa é
T/10 = 32.400/10 = R$ 3.240,00
Gabarito "E".

(Analista – TRT/15 – FCC – 2018) Os 240 formandos de uma faculdade de Direito participaram de uma pesquisa que os inquiria sobre suas pretensões profissionais, de modo que podiam optar por nenhuma, uma ou mais das seguintes possibilidades: trabalhar em um escritório bem estabelecido, ingressar em um cargo público, abrir o próprio escritório. Os dados coletados foram os seguintes:

? 10% não indicaram nenhuma das possibilidades contidas na pesquisa;

? 30% almejam ingressar em um cargo público;

? 50 têm interesse tanto em um cargo público quanto em trabalhar em um escritório bem estabelecido, mas não cogitam abrir seu próprio negócio;

? 50% têm interesse em trabalhar em um escritório bem estabelecido ou em abrir seu próprio escritório, mas não se interessam por cargos públicos;

? 20 têm interesse exclusivamente por trabalhar em um escritório bem estabelecido.

Sendo assim, a quantidade daqueles que, entre esses formandos, têm interesse exclusivo por abrir seu próprio escritório é

(A) 8.

(B) 16.

(C) 24.

(D) 4.

(E) 12.

Resolução

Do total 240 de participantes da pesquisa subtraem-se
24: 10 % que não indicaram nenhuma das possibilidades;
72: 30 % que almejam ingressar em um cargo público;
120: 50 a% que têm interesse em trabalhar em um escritório bem estabelecido ou em abrir seu próprio escritório, mas não se interessam por cargos públicos;
20 têm interesse exclusivamente por trabalhar em um escritório bem estabelecido.
Ou seja,
240 – 24 – 72 – 120 – 20 = 240 – 236 = 4
Resposta: 4 têm interesse exclusivo por abrir seu próprio escritório.

EG
Gabarito "D".

(Analista – TRT/15 – FCC – 2018) Os funcionários de um Tribunal estão alocados em 21 equipes de trabalho distintas, cada uma delas com pelo menos um funcionário. A média da quantidade de funcionários de cada uma dessas equipes é 13. Assim, a quantidade de funcionários da maior equipe de trabalho desse Tribunal é,

(A) no mínimo, 18.

(B) no máximo, 13.

(C) no mínimo, 14.

(D) no máximo, 26.

(E) no mínimo, 13.

Resolução

A maior equipe deve ter, no mínimo, a média das equipes, ou seja, 13 funcionários.

EG
Gabarito "E".

(Analista – TRT/15 – FCC – 2018) André, Bruno, Carla e Daniela eram sócios em um negócio, sendo a participação de cada um, respectivamente, 10%, 20%, 20% e 50%. Bruno faleceu e, por não ter herdeiros naturais, estipulara, em testamento, que sua parte no negócio deveria ser distribuída entre seus sócios, de modo que as razões entre as participações dos três permanecessem inalteradas.

Assim, após a partilha, a nova participação de André no negócio deve ser igual a

(A) 20%.

(B) 8%.

(C) 12,5%.

(D) 15%.

(E) 10,5%.

Resolução

As participações relativas, sem o Bruno, são
10% 20% 50% ou
 1   2   5, num total de 1 + 2 + 5 = 8.
Assim, os 20% de Bruno devem ser somados às participações dos outros sócios nas razões
 1 x 20 % / 8 = +2,5 %
 2 x 20 % / 8 = +5 %
 5 x 20 % / 8 = +12,5 %
A nova participação de André no negócio deve ser 10% + 2,5% = 12,5% para manter as razões.

EG
Gabarito "C".

(Analista – TRT/15 – FCC – 2018) Dez pastas diferentes devem ser guardadas em duas caixas diferentes. Se a única regra é que cada uma das caixas contenha pelo menos uma pasta, então a quantidade de maneiras distintas como se pode guardar essas pastas nas caixas é

(A) 510.

(B) 1022.

(C) 126.

(D) 2048.

(E) 256.

Resolução

Tem-se a o somatório da Combinação de 10 elementos 2 a 2 mais Combinação de 9 elementos 2 Combinação de 8 elementos 2 a 2 a 2 etc.:
$C_{10,2} + {}.C_{9,2} + C_{8,2} + ...$
Excluem-se caixas com 0 pastas e também a caixa com 10 pastas.
$(\Sigma C_{10,i}) – C_{10,0} – C_{10,10} =$
$2^{10} – 1 – 1 = 1.024 – 2 = 1.022$

EG
Gabarito "B".

(Analista – TRT/15 – FCC – 2018) A, B, C e D são alguns dos candidatos à presidência de um certo país. Um analista político, em entrevista a um programa de rádio, fez três previsões sobre o 1º turno das eleições:

? Se A ficar em primeiro lugar, então nem B e nem C ficarão entre os três primeiros.

-? Se B ficar entre os três primeiros, então A não ficará entre os três primeiros.

? Se D ficar entre os três primeiros, então C ficará entre os três primeiros.

Assim, se A ficar em primeiro lugar no 1º turno e se as previsões do analista estiverem corretas, então, sobre B, C e D, pode-se concluir que

(A) certamente nenhum deles estará entre os três primeiros.

(B) D poderá ou não estar entre os três primeiros.

(C) certamente apenas D estará entre os três primeiros.

(D) C ou D, mas não ambos, poderão estar entre os três primeiros.

(E) certamente apenas B e C não estarão entre os três primeiros.

Resolução

Se A ficar em primeiro lugar, então nem B e nem C ficarão entre os três primeiros e sim D;
Se B ficar entre os três primeiros, então A não ficará entre os três primeiros: ficam C e D;
Se D ficar entre os três primeiros, então C ficará entre os três primeiros => ocorre conflito com a 1ª previsão.
Assim, certamente nenhum deles estará entre os três primeiros.

EG
Gabarito "A".

(Analista – TJ/SC – FGV – 2018) Um pintor pintou uma parede retangular com 3m de altura por 4m de largura em uma hora.

Com a mesma eficiência, esse pintor pintaria uma parede com

3,5m de altura por 6m de largura em:

(A) 1h45min;

(B) 1h40min;

(C) 1h35min;

(D) 1h30min;

(E) 1h25min.

Resolução

Tem-se a regra de três

3x4= 12 m2   --- 1 h

3,5x6 = 21 m2   --- T

T = 21x1/12

T = 7/4 h

T = (7/4)60 min

T = 105 min

T = 1h 45 min

EG

Gabarito "A".

(Analista – TJ/SC – FGV – 2018) Uma pequena empresa tem 10 funcionários. A média salarial dos 6 funcionários com menores salários é R$ 2600,00 e a média salarial dos 4 funcionários com maiores salários é R$ 4200,00.

A média salarial dos 10 funcionários dessa empresa é:

(A) R$ 3480,00;

(B) R$ 3440,00;

(C) R$ 3400,00;

(D) R$ 3360,00;

(E) R$ 3240,00.

Resolução

Total dos salários T = 6x2.600 + 4x4.200

T = 15.600 + 16.800

T = 32.400

Logo, média salarial dos 10 funcionários dessa empresa é

T/10 = 32.400/10 = R$ 3.240,00

EG

Gabarito "E".

(Analista – TRT/15 – FCC – 2018) Os 240 formandos de uma faculdade de Direito participaram de uma pesquisa que os inquiria sobre suas pretensões profissionais, de modo que podiam optar por nenhuma, uma ou mais das seguintes possibilidades: trabalhar em um escritório bem estabelecido, ingressar em um cargo público, abrir o próprio escritório. Os dados coletados foram os seguintes:

?   10% não indicaram nenhuma das possibilidades contidas na pesquisa;

?   30% almejam ingressar em um cargo público;

?   50 têm interesse tanto em um cargo público quanto em trabalhar em um escritório bem estabelecido, mas não cogitam abrir seu próprio negócio;

?   50% têm interesse em trabalhar em um escritório bem estabelecido ou em abrir seu próprio escritório, mas não se interessam por cargos públicos;

?   20 têm interesse exclusivamente por trabalhar em um escritório bem estabelecido.

Sendo assim, a quantidade daqueles que, entre esses formandos, têm interesse exclusivo por abrir seu próprio escritório é

(A) 8.

(B) 16.

(C) 24.

(D) 4.

(E) 12.

Resolução

Do total 240 de participantes da pesquisa subtraem-se

24: 10 % que não indicaram nenhuma das possibilidades;

72: 30 % que almejam ingressar em um cargo público;

120: 50 a% que têm interesse em trabalhar em um escritório bem estabelecido ou em abrir seu próprio escritório, mas não se interessam por cargos públicos;

20 têm interesse exclusivamente por trabalhar em um escritório bem estabelecido.

Ou seja,

240 – 24 – 72 – 120 – 20 = 240 – 236 = 4

Resposta: 4 têm interesse exclusivo por abrir seu próprio escritório.

EG

Gabarito "D".

(Analista – TRT/15 – FCC – 2018) Os funcionários de um Tribunal estão alocados em 21 equipes de trabalho distintas, cada uma delas com pelo menos um funcionário. A média da quantidade de funcionários de cada uma dessas equipes é 13. Assim, a quantidade de funcionários da maior equipe de trabalho desse Tribunal é,

(A) no mínimo, 18.

(B) no máximo, 13.

(C) no mínimo, 14.

(D) no máximo, 26.

(E) no mínimo, 13.

Resolução

A maior equipe deve ter, no mínimo, a média das equipes, ou seja, 13 funcionários.

EG

Gabarito "E".

(Analista – TRT/15 – FCC – 2018) André, Bruno, Carla e Daniela eram sócios em um negócio, sendo a participação de cada um, respectivamente, 10%, 20%, 20% e 50%. Bruno faleceu e, por não ter herdeiros naturais, estipulara, em testamento, que sua parte no negócio deveria ser distribuída entre seus sócios, de modo que as razões entre as participações dos três permanecessem inalteradas.

Assim, após a partilha, a nova participação de André no negócio deve ser igual a

(A) 20%.

(B) 8%.

(C) 12,5%.

(D) 15%.

(E) 10,5%.

Resolução

As participações relativas, sem o Bruno, são

10% 20% 50% ou

 1   2   5, num total de 1 + 2 + 5 = 8.

Assim, os 20% de Bruno devem ser somados às participações dos outros sócios nas razões

 1 x 20 % / 8 = +2,5 %

 2 x 20 % / 8 = +5 %

 5 x 20 % / 8 = +12,5 %

A nova participação de André no negócio deve 10% + 2,5% = 12,5% para manter as razões.

EG

Gabarito "C".

(Analista – TRT/15 – FCC – 2018) Dez pastas diferentes devem ser guardadas em duas caixas diferentes. Se a única regra é que cada uma das caixas contenha pelo menos uma pasta, então a quantidade de maneiras distintas como se pode guardar essas pastas nas caixas é

(A) 510.

(B) 1022.

(C) 126.

(D) 2048.

(E) 256.

Resolução

Tem-se a o somatório da Combinação de 10 elementos 2 a 2 mais Combinação de 9 elementos 2 Combinação de 8 elementos 2 a 2 a 2 etc.:
$C_{10,2} + .C_{9,2} + C_{8,2} + ...$
Excluem-se caixas com 0 pastas e também a caixa com 10 pastas.
$(\Sigma C_{10,i}) - C_{10,0} - C_{10,10} =$
$2^{10} - 1 - 1 = 1.024 - 2 = 1.022$

EG

Gabarito "B".

(Analista – TRT/15 – FCC – 2018) A, B, C e D são alguns dos candidatos à presidência de um certo país. Um analista político, em entrevista a um programa de rádio, fez três previsões sobre o 1º turno das eleições:

? Se A ficar em primeiro lugar, então nem B e nem C ficarão entre os três primeiros.

-? Se B ficar entre os três primeiros, então A não ficará entre os três primeiros.

? Se D ficar entre os três primeiros, então C ficará entre os três primeiros.

Assim, se A ficar em primeiro lugar no 1º turno e se as previsões do analista estiverem corretas, então, sobre B, C e D, pode-se concluir que

(A) certamente nenhum deles estará entre os três primeiros.

(B) D poderá ou não estar entre os três primeiros.

(C) certamente apenas D estará entre os três primeiros.

(D) C ou D, mas não ambos, poderão estar entre os três primeiros.

(E) certamente apenas B e C não estarão entre os três primeiros.

Resolução

Se A ficar em primeiro lugar, então nem B e nem C ficarão entre os três primeiros e sim D;
Se B ficar entre os três primeiros, então A não ficará entre os três primeiros: ficam C e D;
Se D ficar entre os três primeiros, então C ficará entre os três primeiros => ocorre conflito com a 1ª previsão.
Assim, certamente nenhum deles estará entre os três primeiros.

EG

Gabarito "A".

(Analista Judiciário – TRT/11 – FCC – 2017) A altura máxima, em metros, que um guindaste é capaz de içar uma carga é inversamente proporcional ao peso dessa carga, em toneladas. Sabe-se que esse guindaste iça uma carga de 2,4 toneladas a uma altura máxima de 8,5 metros. Sendo assim, se a altura máxima que o guindaste consegue içar uma carga é de 12 metros, o peso máximo da carga, que pode ser içada a essa altura, é igual a 1 tonelada e

(A) 500 kg

(B) 800 kg

(C) 600 kg

(D) 900 kg

(E) 700 kg

Solução

Temos

Carga(ton.)   Altura máxima(m)

2,4   8,5
p   12

Uma vez que a altura é inversamente proporcional à carga, deve-se inverter a proporção:

Carga(ton.)   Altura máxima(m)
2,4   12
p   8,5

Logo,

$$p = \frac{2,4 \times 8,5}{12} \quad \frac{2,4 \times 8,5}{12} = \frac{20,4}{12} \quad \frac{20,4}{12} = 1,7 \text{ ton.}$$

Então,
o peso máximo da carga, que pode ser içada a essa altura, é igual a 1 tonelada e 700 kg. => Letra E

EG

Gabarito "E".

(Analista Judiciário – TRT/11 – FCC – 2017) José Souza, Paulo Almeida e Claudio Prinot são três funcionários que têm que realizar, no total para os três, 72 tarefas diariamente. Cada dia eles escolhem um critério diferente para repartir as tarefas. Por exemplo, no dia de ontem eles decidiram que as 72 tarefas seriam divididas entre eles diretamente proporcional às consoantes do sobrenome de cada um. Sendo assim, ontem Paulo Almeida teve que realizar o total de tarefas igual a

(A) 15.

(B) 12.

(C) 18.

(D) 9.

(E) 24.

Solução

Sejam **a**, **b** e **c** os números de tarefas deles de acordo com as consoantes do sobrenome de cada um:
José Souza: 2 consoantes
Paulo Almeida: 3 e
Claudio Prinot: 4.
Temos as tarefas diretamente proporcionais:

$$\frac{a}{2} \quad \frac{b}{3} \quad \frac{c}{4}$$

Então,

$$\begin{cases} 3a = 2b & (1) \\ 4a = 2c & (2) \\ 4b = 3c & (3) \end{cases}$$

Tem-se a + b + c = 72 (4).
E pede-se o valor de b:

De (1), $a = \dfrac{2b}{3} \quad \dfrac{2b}{3}$

De (3), $c = \dfrac{4b}{3} \quad \dfrac{4b}{3}$.

Logo, em (4), resulta

$\underline{2b2b}$ $\underline{4b4b}$

$\underline{3\ 3}$ + b + $\underline{3\ 3}$ = 72

3b = 72

b = 24 => Letra E

(Analista – TRT/16ª Região – 2014 – FCC) Em um encontro de 60 colegas, 20% são homens, e o restante mulheres. Sabe-se que 37,5% das mulheres presentes no encontro têm mais de 50 anos de idade, e que 25% dos homens presentes no encontro têm mais de 50 anos de idade. Apenas com relação às pessoas com 50 anos de idade ou menos, presentes no encontro, os homens correspondem à

(A) 25% das mulheres.

(B) 30% das mulheres.

(C) 20% das mulheres.

(D) 35% das mulheres.

(E) 15% das mulheres.

Preenchendo a tabela:

Idade	Maiores de 50 anos	Com 50 anos ou menos	Soma
Homens	(25%)(12) = 3	(75%)(12) = 9	(20%)(60) = 12
Mulheres	(37,5%)(48) = 18	(62,5%)(48) = 30	(80%)(60) = 48
Soma	21	39	60

Portanto, com relação às mulheres com 50 anos de idade ou menos, presentes no encontro (30 pessoas), os homens com 50 anos de idade ou menos (9 pessoas) correspondem à (9)(100)/(30) = 30%.

2.6. Progressões Aritmética e Geométrica e sequências numéricas

(Analista – TRT/2ª – 2014 – FCC) Efetuando as multiplicações

2×2 , 4×4 , 6×6 , 8×8 , ... ,

obtemos uma sequência de números representada a seguir pelos seus quatro primeiros elementos:

(4 , 16 , 36 , 64 , ...).

Seguindo a mesma lógica, o 1000° elemento dessa sequência será 4.000.000 e o 1001° elemento será 4.008.004. Dessa forma, o 1002° elemento será

(A) 4.016.008.

(B) 4.008.036.

(C) 4.016.036.

(D) 4.008.016.

(E) 4.016.016.

Observe que a sequência S = (4 , 16 , 36 , 64 , ...) é formada por múltiplos de 4.

Daí, simplificando-a, obtemos 4S = (1, 4, 9, 16, ...), ou seja, 4S é constituída pela sequência dos quadrados perfeitos (1, 2^2, 3^2, 4^2, ...).

Conclui-se, então, que o enésimo elemento de S é $4n^2$.

Logo, temos, para n = 1000 o elemento 4x 1000^2 = 4.000.000 e, para n =1001, o valor 4x 1001^2 = 4.008.004.

E, quando n= 1002, o elemento será 4x 1002^2 = 4.016.016.

2.7. Questões de conteúdo variado de matemática. básica

(Analista – TRT/16ª Região – 2014 – FCC) André pensou que realizaria uma tarefa em 20 dias, porém, levou 20 dias a mais porque trabalhou 3 horas a menos por dia. Se a produtividade de André por hora se manteve sempre a mesma durante a realização da tarefa, o número de horas diárias que André dedicou à realização da tarefa foi igual a

(A) 6.

(B) 5.

(C) 5,5.

(D) 3,5.

(E) 3.

O tempo para a realização da tarefa t é igual ao número de dias trabalhados multiplicado pelo número de horas trabalhadas diariamente.

Ou seja, conforme previsão inicial, t = (20 dias)(X horas/dia)

Conforme a redução da jornada inicial, t = (40 dias)(X – 3 horas/dia)

Portanto: 20X = 40(X-3) X = 2X – 6 X = 6 horas/dia.

A carga horária inicial, t, sofreu redução de 3h. Deste modo, André trabalhou (X – 3) = 3 horas/dia.

(Analista – TRT/16ª Região – 2014 – FCC) Em uma floresta com 1002 árvores, cada árvore tem de 900 a 1900 folhas. De acordo apenas com essa informação, é correto afirmar que, necessariamente,

(A) ao menos duas árvores dessa floresta têm o mesmo número de folhas.

(B) apenas duas árvores dessa floresta têm o mesmo número de folhas.

(C) a diferença de folhas entre duas árvores dessa floresta não pode ser maior do que 900.

(D) não há árvores com o mesmo número de folhas nessa floresta.

(E) a média de folhas por árvore nessa floresta é de 1400.

Como cada árvore tem entre 900 a 1900 folhas, temos (1900 – 900 + 1) = 1001 possibilidades de quantidades de folhas para as árvores. Se tivermos 1002 árvores, pelo menos duas delas terão a mesma quantidade de folhas.

(Analista – TRF/3ª Região – 2014 – FCC) Um funcionário tem que executar 500 tarefas do tipo A, 150 do tipo B e 300 do tipo C no prazo de alguns dias, sendo necessário finalizar as tarefas dos tipos A, B, e C simultaneamente ao final do último dia. De acordo com as instruções que recebeu, ele tem que realizar, por dia, sempre o mesmo número de tarefas A, o mesmo número de tarefas B e o mesmo número de tarefas C, sendo que a soma diária da quantidade de tarefas A, B e C realizadas seja a maior possível. Em tais condições, esse funcionário terá que realizar um total de tarefas diárias igual a

(A) 10.

(B) 21.

(C) 15.

(D) 19.

(E) 25.

Para este exercício deveremos determinar o máximo divisor comum (m.d.c) das tarefas de cada tipo (maximizando a soma diária da quantidade destas tarefas). Ou seja, o m.d.c dos números 500, 150 e 300.

Isso pode ser feito através da decomposição destes números em fatores primos.

5 0 0   =   2 x 2 x 5 x 5 x 5
150 = 2x3x5x5
300 = 2x2x3x5x5
O m.d.c. é o produto dos fatores primos comuns => m.d.c.(500,150,300)
= 2x5x5
Portanto, m.d.c.(500,150,300) = 50.
As tarefas diárias do tipo A são: 500/50 = 10, do tipo B são: 150/50 = 3
e do tipo C são: 300/50 = 6. Somando 10 + 3 + 6 = 19 tarefas por dia.
Gabarito "D".

(**Analista Judiciário – TJ/MT – UFMT – 2016**) O gráfico abaixo mostra o progresso da transição que tem ocorrido nas matrizes energéticas, representada pela substituição das fontes sujas (como carvão e petróleo) pelas limpas (a exemplo da energia solar e da eólica) e projeta o momento em que a mudança se dará por completo, em 2050 – o que deve ocorrer se todas as nações cumprirem a totalidade das metas estabelecidas pelo pacto firmado em Paris, destinado a combater os efeitos das mudanças climáticas.

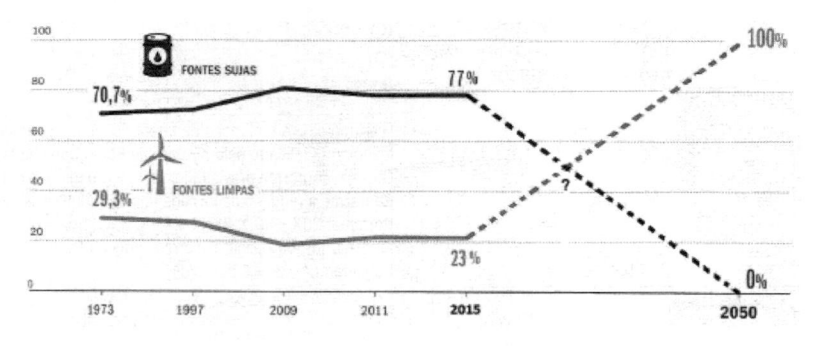

(Revista *Veja*, dezembro/2015. Adaptado.)

Admitindo que, a partir de 2015, o progresso de transição das fontes limpas e das fontes sujas, respectivamente, cresça e decresça segundo uma função do 1° grau, como ilustrado no gráfico, em quantos anos, aproximadamente, após 2015, ambas as fontes atingirão o mesmo patamar (50%)?

(**A**) 14,3

(**B**) 12,2

(**C**) 15,1

(**D**) 14,8

Solução
Sendo x o ano após 2000, e y o patamar, tem-se a equação do 1° grau
y = ax + b
Tabelam-se os valores:

x(anos após 2000)	y(patamar alcançado)
15	77
50	0

Assim,
77 = 15a + b
0 = 50a + b
Subtraídas, resultam em
77 = -35a
a = $\frac{-77}{35} \frac{-77}{35} = \frac{-11}{5} \frac{-11}{5}$
b = - 50a = -50($\frac{-11}{5} \frac{-11}{5}$) = 110

Então
y = ($\frac{-11}{5} \frac{-11}{5}$)x + 110
Pede-se o valor de x para o patamar y = 50%:

50 = ($\frac{-11}{11} \frac{-11}{11}$)x + 110

$\frac{5}{300} \frac{5}{300}$ x = 60

x = $\frac{11}{300} \frac{11}{300} \approx\approx$ 27,2 (uma casa após a vírgula e sem arredondamentos) anos após 2000, ou seja,
aproximadamente, 12,2 anos após 2015. => Letra B EG
Gabarito "B".

(**Analista Judiciário – TJ/MT – UFMT – 2016**) Sobre propriedades de logaritmos, marque V para as verdadeiras e F para as falsas.

( ) Sendo a, b e c números reais positivos, a ≠ 1, então: loga(b . c) = loga b – loga c.

( ) Sendo a e b números reais positivos, a ≠ 1, e m um número real então: loga b^m = m loga b.

( ) Sendo a, b e c números reais positivos, a Þ 1, então: loga (b / c) = loga b + loga c.

Assinale a sequência correta.

(**A**) F, F, V

(**B**) F, V, F

(**C**) V, V, F

(**D**) V, F, V

Solução
Sabe-se que
loga(b . c) = loga b + loga c. Logo, a, a primeira afirmação é **Falsa**;
a segunda afirmação é **Verdadeira**;
Como loga (b / c) = loga b – loga c, a terceira afirmação é **Falsa**;
Resposta: F, V, F. => Letra B
EG
Gabarito "B".

Em todos os cálculos, considerar somente uma casa após a vírgula e sem arredondamentos.

(Analista Judiciário – TJ/MT – UFMT – 2016) Em uma carteira, há R$ 1.570,00 em notas de 20 reais e 50 reais. Sabendo-se que existem 9 notas de 50 reais a mais do que as de 20 reais, qual é o número total de notas existentes na carteira?

(A) 41

(B) 42

(C) 43

(D) 44

Resolução
Seja x o número de notas de 20 reais e y o de 50 reais.
Tem-se, então,
20x + 50y = 1570
y = x + 9
Logo,
20x + 50(x + 9) = 1570
20x + 50x + 450 = 1570
70x = 1120
x = 16
E,
y = 16 + 9 = 25
Então
o número total de notas existentes na carteira é 16 + 25 = 41. => Letra A
EG
Gabarito "A".

3. MATEMÁTICA FINANCEIRA

3.1. Juros simples. Montante e juros. Taxa real e taxa efetiva.Taxas equivalentes. Capitais equivalentes

(Analista Judiciário – TJ/PI – FGV – 2015) Francisco vendeu seu carro e, do valor recebido, usou a quarta parte para pagar dívidas, ficando então com R$ 21.600,00. Francisco vendeu seu carro por:

(A) R$27.600,00;

(B) R$28.400,00;

(C) R$28.800,00;

(D) R$29.200,00;

(E) R$29.400,00.

Solução
Seja R o valor recebido e R/4 utilizou para pagar dívidas.
Então,
R = R/4 + 21.600
R – R/4 = 1.600
3R/4 = 21.600
R/4 = 7.200
R = 28.800 => Letra C
EG
Gabarito "C".

(Analista Judiciário – TRT/20 – FCC – 2016) Uma situação judicial exige que o valor de R$ 810.000,00 seja repartido em três partes de forma que a segunda seja igual ao dobro da primeira e a terça parte da terceira. Feita a repartição dessa maneira, a diferença entre a maior e a menor das três partes foi, em reais, de

(A) 480.000,00.

(B) 420.000,00.

(C) 460.000,00.

(D) 380.000,00.

(E) 450.000,00.

Resolução
Sejam a, b, c as partes.
Tem-se

$$\begin{cases} a + b + c = 810.000 \\ b = 2a \\ b = \dfrac{c}{3} \end{cases}$$

De $b = 2a$, $b = 2a$, temos $a = \dfrac{b}{2}$ e

de $b = \dfrac{c}{3}$, $b = \dfrac{c}{3}$, tem-se que c = 3b.

Daí

$\dfrac{b}{2} + b + 3b = 810.000$

$\dfrac{9b}{2} = 810.000$

b = 180.00

Então

$a = \dfrac{b}{2} = 90.000$ e

c = 3b = 540.000

Logo,
diferença entre a maior e a menor das três partes foi, em reais, de
540.000 – 90.000 = 450.000. => Letra E
EG
Gabarito "E".

3.2. Juros compostos. Montante e juros. Taxa real e taxa efetiva. Taxas equivalentes. Capitais equivalentes. Capitalização contínua

(Analista – TRF/4ª – 2010 – FCC) Considere uma aplicação referente a um capital no valor de R$ 15.000,00, durante 2 anos, a uma taxa de juros compostos de 10% ao ano. Este mesmo capital aplicado a uma taxa de juros simples de 18% ao ano, durante um certo período, apresenta o mesmo valor de juros que o da primeira aplicação. O tempo de aplicação a que se refere o regime de capitalização simples é de, em meses,

(A) 14.

(B) 15.

(C) 16.

(D) 18.

(E) 20.

Seja "n" o tempo da aplicação, "i" a taxa de juros, "C" o capital inicial e "M" o montante final (capital +juros). O cálculo da aplicação com juros compostos é:

$M = C(1 + i)^n$

$M = R\$ 15.000.(1+10\%)^2$

$M = R\$ 15.000.(1,1)^2 = R\$ 15.000.(1,21)$

$M = R\$ 18.150$

Para os cálculos da segunda aplicação, é útil transformar a taxa de juros anual em mensal. Como a taxa é de juros simples, basta dividir 18% por 12 meses (= 1,5% ao mês = 0,015). Sabendo que a segunda aplicação, com juros simples, deve resultar nesse mesmo montante já calculado acima, temos:

$M = C + C.(i).n$

$R\$ 18.150 = R\$ 15.000 + R\$ 15.000(0,015).n$

$n = \dfrac{3.150}{225}$

$n = 14$ meses

Gabarito "A".

3.3. Descontos: simples, composto. Desconto racional e desconto comercial

(Analista – TRF/4ª – 2010 – FCC) Uma duplicata é descontada em um banco 40 dias antes de seu vencimento, segundo uma operação de desconto comercial simples. O valor atual desta duplicata é igual a 97% de seu valor nominal. Considerando a convenção do ano comercial, tem-se que a taxa anual de desconto utilizada foi de

(A) 15%.

(B) 18%.

(C) 21%.

(D) 24%.

(E) 27%.

Foi utilizado um desconto de 3% em um saque 40 dias antes do vencimento, o que é equivalente a 3 ÷ 40 = 0,075% ao dia. Sendo assim, a taxa anual de desconto utilizada foi de: 365.(0,075%) = 27%.

Gabarito "E".

4. ESTATÍSTICA

4.1. Estatística Descritiva: gráficos, tabelas, medidas de posição e de variabilidade

(Analista Judiciário – TJ/MT – UFMT – 2016) O gráfico a seguir apresenta o número de atletas de times do Brasil transferidos para os gramados chineses.

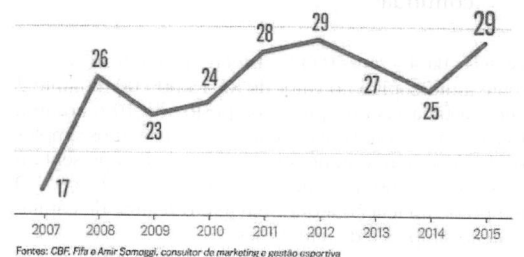

ATLETAS DE TIMES DO BRASIL TRANSFERIDOS PARA OS GRAMADOS CHINESES

Fontes: CBF, Fifa e Amir Somoggi, consultor de marketing e gestão esportiva

(Revista Veja, Jan/2016)

A partir das informações apresentadas no gráfico, marque V para as afirmativas verdadeiras e F para as falsas.

(   ) A mediana do número de atletas de times do Brasil transferidos de 2007 a 2015 é igual ao número de atletas transferidos em 2013.

(   ) A média aritmética simples do número de atletas de times do Brasil transferidos nos anos de 2007, 2008, 2011 e 2015 é igual ao número de atletas transferidos em 2014.

(   ) A moda do número de atletas de times do Brasil transferidos de 2007 a 2015 é 29.

Assinale a sequência correta.

(A) V, F, F

(B) F, F, V

(C) V, V, F

(D) F, V, V

Resolução

1) Para calcular a mediana colocam-se os dados em ordem crescente:

17
23
24
25
26
27
28
29
29

Uma vez que há nove valores – um número ímpar – a mediada está no 5º valor: 26.

A mediana é 26 e a primeira afirmativa é **F**alsa.

2) A média aritmética simples dos atletas nos anos de 2007, 2008, 2011 e 2015 é

$17 + 26 + 28 + 29 = \dfrac{100}{4} \quad \dfrac{100}{4} = 25$ e a segunda afirmativa é **V**erdadeira.

3) A moda desses valores é 29, o que ocorre mais vezes, e a terceira afirmativa é **V**erdadeira.

Resposta: F, V, V. => letra D

EG

Gabarito "D".

(Analista – TJ/SC – FGV – 2018) Em uma urna há 5 bolas amarelas, 7 bolas verdes e 4 bolas azuis.

O número mínimo de bolas a ser retirado aleatoriamente da urna, sem lhes ver a cor, para se ter certeza de que serão retiradas pelo menos duas bolas verdes é:

(A) 14;

(B) 13;

(C) 11;

(D) 9;

(E) 8.

Resolução

Retirando-se 10 bolas há pelo menos 1 bola verde pois se tem as 5 amarelas, as 4 azuis e 1 verde nessa retirada.

Portanto, para se ter certeza de que serão retiradas pelo menos 2 bolas verdes o número mínimo a ser retirado é de 11 bolas.

EG

Gabarito "C".

(Analista Judiciário – TJ/PI – FGV – 2015) No primeiro turno do campeonato piauiense de futebol 6 times participam, mas somente 4 chegam às semifinais.

O número de possibilidades diferentes para o conjunto dos 4 times que estarão nas semifinais é:

(A) 10;

(B) 12;

(C) 15;

(D) 18;

(E) 30.

Resolução

Trata-se de cálculo de combinações simples: C6,4.

$$C_{6,4} = \frac{6x5x4x36x5x4x3}{4x3x2x14x3x2x1} = 15 => \text{Letra C}$$

Gabarito "C".

4.2. Probabilidades: conceito, axiomas e distribuições (binominal, normal, Poisson, qui-quadrado etc.)

(Analista Judiciário – TJ/PI – FGV – 2015) Em um saco há 3 bolas brancas, 3 bolas amarelas e 3 bolas vermelhas. Duas delas são retiradas ao acaso.

A probabilidade de que essas bolas sejam de cores diferentes é:

(A) 3/4;

(B) 3/5;

(C) 4/5;

(D) 2/3;

(E) 1/2.

1ª Solução

1) Temos o total de 9 bolas.

Há, portanto, $C_{9,2} = \frac{9x8}{2x1} = 36$ possibilidades de se retirar duas bolas.

2) Suponha que as bolas sejam b1, b2, b3, a1, a2, a3, v1, v2, v3.

As possibilidades de extração de duas bolas de cores i**guais** são

b1b2, b1b3, b2b3

a1a2, a1a3, a2a3

v1v2, v1v3, v2v3

em um total de 9 possibilidades

Logo,

Probabilidade (extração de duas bolas de cores **iguais**) = $\frac{9}{36} = \frac{1}{4}$.

$\frac{9}{36} = \frac{1}{4}$.

Daí,

Probabilidade (extração de duas bolas de cores diferentes) $==$ 1

$-\frac{1}{4} = \frac{3}{4}. -\frac{1}{4} = \frac{3}{4}.$ => Letra A

Ou

2ª Solução (árvore de probabilidades)

Escolha de 2 bolas brancas:

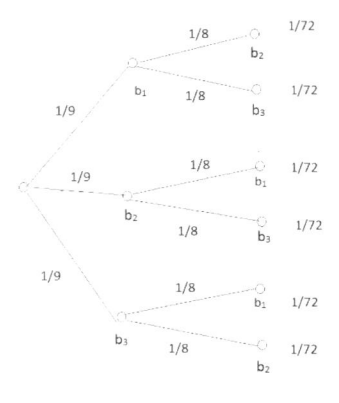

Probabilidade = 6x(1/72) = 1/12.

O mesmo se dá para a bolas amarelas e as bolas vermelhas.

O total será, então, de

Probabilidade (extração de duas bolas de cores **iguais**) = $\frac{3}{12} = \frac{1}{4}$.

Daí,

Probabilidade (extração de duas bolas de cores diferentes) $=$ 1

$-\frac{1}{4} = \frac{3}{4}.$ => Letra A

Gabarito "A".

(Analista – TRF/3ª Região – 2014 – FCC) Álvaro, Benedito, Cléber e outros dois amigos participam de uma corrida. Se apenas os cinco participaram dessa corrida, o número de possibilidades diferentes de maneira que Álvaro chegue antes que Benedito e este, por sua vez, chegue antes de Cléber é igual a

(A) 20.

(B) 24.

(C) 18.

(D) 22.

(E) 26.

Vamos chamar Álvaro, Benedito, Cléber de respectivamente: A, B e C. Chamaremos os dois outros participantes de X e Y. Primeiramente, construiremos a tabela com as possíveis posições de A, B e C:

1º	A	B	C		
2º	A	B		C	
3º	A	B			C
4º	A		B	C	
5º	A		B		C
6º	A			B	C
7º		A	B	C	
8º		A	B		C
9º		A		B	C
10º			A	B	C

Portanto temos 10 possibilidades de posições para A, B e C. Vamos incluir agora X e Y:

1º	A	B	C	**X ou Y**	**Y ou X**
2º	A	B	**X ou Y**	C	**Y ou X**
3º	A	B	**X ou Y**	**Y ou X**	C
4º	A	**X ou Y**	B	C	**Y ou X**
5º	A	**X ou Y**	B	**Y ou X**	C
6º	A	**X ou Y**	**Y ou X**	B	C
7º	**X ou Y**	A	B	C	**Y ou X**
8º	**X ou Y**	A	B	**Y ou X**	C
9º	**X ou Y**	A	**Y ou X**	B	C
10º	**X ou Y**	**Y ou X**	A	B	C

Os dois outros amigos, X e Y duplicam o número de possibilidades, pois poderemos ter duas combinações X e Y ou Y e X em cada posição não ocupada. Portanto, o número total de possibilidades é igual a 20.

Gabarito "A".

4. ADMINISTRAÇÃO PÚBLICA

Robinson Barreirinhas

1. TEORIAS E CORRENTES DOUTRINÁRIAS

(Analista Judiciário – TRE/PE – CESPE – 2017) O modelo de administração pública implantado no Brasil, que preza por impessoalidade, profissionalismo e racionalidade técnica para combater a corrupção e o nepotismo, ficou conhecido como modelo

(A) burocrático.

(B) gerencial.

(C) de bem-estar.

(D) oligárquico.

(E) patrimonialista.

Impessoalidade, profissionalismo e racionalidade técnica para combater o nepotismo e a corrupção são diretrizes da administração burocrática, razão pela qual a alternativa "A" é a correta.

A doutrina se refere à *administração pública patrimonialista*, à *administração pública burocrática* e à *administração pública gerencial*. A *administração pública patrimonialista* é aquela arcaica, anterior à *administração pública burocrática* (descrita por Max Weber) e à moderna *administração pública gerencial*. Na administração pública patrimonialista, "o aparelho do Estado funciona como uma extensão do poder do soberano". A *administração pública burocrática* é uma resposta ao patrimonialismo anterior, visando a combater a corrupção e o nepotismo, enfatizando os controles prévios, nos procedimentos. Tem como características a profissionalização, a ideia de carreira, a hierarquia funcional, a impessoalidade, o formalismo. Entretanto, a *administração pública burocrática* caracteriza-se também pelo direcionamento de esforços para a própria manutenção do poder estatal (o governo voltado para si mesmo, não para o cidadão). Isso tende a levar ao engessamento da estrutura do governo, refratária à evolução e à eficiência. Após as experiências da *administração pública patrimonialista* e da *administração pública burocrática*, ganhou força, nos anos 1990, o conceito de *administração pública gerencial* como paradigma a ser adotado, buscando redução de custos e aumento da qualidade dos serviços, tendo sempre em foco seu beneficiário: o cidadão. A estratégia da moderna *administração pública gerencial* exige (i) definição precisa dos objetivos que o administrador público deverá atingir em sua unidade, (ii) garantia de autonomia do administrador na gestão dos recursos humanos, materiais e financeiros que lhe forem colocados à disposição para que possa atingir os objetivos contratados, e (iii) controle ou cobrança *a posteriori* dos resultados, além da (iv) competição administrada no interior do próprio Estado, quando há a possibilidade de estabelecer concorrência entre unidades internas (Capítulo 2 do Plano Diretor da Reforma do Aparelho do Estado – PDRAE/1995). RB
Gabarito "A".

(Analista – TRT/10ª – 2013 – CESPE) Tendo em vista que a administração pública é uma matéria essencial para a efetivação das políticas públicas e para a gestão governamental, julgue os itens a seguir.

(1) A moderna gestão pública trata essencialmente da eficiência e da eficácia do sistema de administração governamental.

(2) A perspectiva da nova gestão pública ressalta que o interesse público é uma representação da agregação de interesses individuais.

(3) O modelo de administração burocrática adotado no Brasil separou serviços de controle e passou a definir, medir e analisar resultados.

1: incorreta, pois a moderna gestão pública foca os resultados, sempre relacionados ao interesse público, mais do que os processos. Assim, tanto ou mais que a eficiência e a eficácia, a moderna gestão pública (administração pública gerencial) foca a efetividade, que pressupõe eficiência e eficácia e implica comparação entre: (a) os objetivos e metas fixados e (b) os resultados efetivamente alcançados; **2:** correta. A análise da administração pública gerencial procura abandonar a cultura anterior, em que os indivíduos são vistos como essencialmente egoístas e antiéticos, de forma que só o controle a *priori*, passo a passo, dos processos administrativos permitiria proteção da coisa pública e, embora "não se part[a] para o oposto, para uma confiança ingênua na humanidade", busca "dar um voto de confiança provisório aos administradores, e controlar a *posteriori* os resultados" (item 7.4 do Plano Diretor da Reforma do Aparelho do Estado – PDRAE/1995 – pode ser encontrado no site da Presidência da República e em http://www. bresserpereira.org.br/Documents/MARE/PlanoDiretor/planodiretor. pdf). Essa diretriz indica um viés de valorização do indivíduo e de suas necessidades nessa nova cultura da administração pública gerencial; **3:** incorreta, pois essa é uma diretriz da administração pública gerencial, não da burocrática. A doutrina se refere à *administração pública patrimonialista*, à *administração pública burocrática* e à *administração pública gerencial*. A *administração pública patrimonialista* é aquela arcaica, anterior à *administração pública burocrática* (descrita por Max Weber) e à moderna *administração pública gerencial*. Na administração pública patrimonialista, "o aparelho do Estado funciona como uma extensão do poder do soberano". A *administração pública burocrática* é uma resposta ao patrimonialismo anterior, visando a combater a corrupção e o nepotismo, enfatizando os controles prévios, nos procedimentos. Tem como características a profissionalização, a ideia de carreira, a hierarquia funcional, a impessoalidade, o formalismo. Entretanto, a *administração pública burocrática* caracteriza-se também pelo direcionamento de esforços para a própria manutenção do poder estatal (o governo voltado para si mesmo, não para o cidadão). Isso tende a levar ao engessamento da estrutura do governo, refratária à evolução e à eficiência. Após as experiências da *administração pública patrimonialista* e da *administração pública burocrática*, ganhou força, nos anos 1990, o conceito de *administração pública gerencial* como paradigma a ser adotado, buscando redução de custos e aumento da qualidade dos serviços, tendo sempre em foco seu beneficiário: o cidadão. A estratégia da moderna *administração pública gerencial* exige (i) definição precisa dos objetivos que o administrador público deverá atingir em sua unidade, (ii) garantia de autonomia do administrador na gestão dos recursos humanos, materiais e financeiros que lhe forem colocados à disposição para que possa atingir os objetivos contratados, e (iii) controle ou cobrança *a posteriori* dos resultados, além da (iv) competição administrada no interior do próprio Estado, quando há a possibilidade de estabelecer concorrência entre unidades internas (Capítulo 2 do Plano Diretor da Reforma do Aparelho do Estado – PDRAE/1995). A *administração pública gerencial* não abandona as conquistas da *administração pública burocrática*, em especial o combate aos vícios da *administração pública patrimonialista* (corrupção, personalismo, confusão entre o patrimônio do soberano e o público, nepotismo etc.).
Gabarito 1E, 2C, 3E

2. RECURSOS HUMANOS

(Analista - Área Administrativa - TRT1 - 2018 - AOCP) O planejamento estratégico de pessoas nas organizações se refere à maneira como a função de RH

(A) pode contribuir para o alcance dos objetivos organizacionais e, simultaneamente, favorecer e incentivar o alcance dos objetivos individuais dos funcionários.

(B) determina a priorização dos objetivos organizacionais em detrimento do favorecimento e incentivo dos objetivos individuais dos funcionários.

(C) influencia na definição dos objetivos individuais dos funcionários, para que esses objetivos estejam alinhados com a realização dos objetivos organizacionais.

(D) condiciona, subordina e controla a realização dos objetivos individuais dos funcionários ao alcance e cumprimento de todos os objetivos organizacionais.

(E) coloca a necessidade de alcance dos objetivos organizacionais e, ao mesmo tempo, desestimula o alcance dos objetivos individuais dos funcionários.

O planejamento é um modelo teórico para a ação futura, composto por objetivos e planos detalhados de como atingir seus objetivos da melhor maneira possível (gabarito da FGV). É o ato de determinar os objetivos da organização e os meios para alcançá-los (gabarito da FUNRIO). O planejamento pode ser classificado em estratégico, tático ou operacional, pelo critério de abrangência. O planejamento estratégico é o mais amplo, relativo aos objetivos e estratégias de longo prazo para toda a organização. O planejamento tático refere-se a cada área funcional da organização. O planejamento operacional corresponde ao nível básico da organização, a suas atividades rotineiras. O planejamento estratégico busca definir ou reconhecer a missão, a visão, os valores e os objetivos da organização, com análise global da situação interna e externa e formulação de estratégias, voltando-se ao longo prazo. A missão é o objetivo fundamental da organização, sua razão de existência. A visão volta-se para o futuro, para onde a organização pretende ir, o que ela quer ser num futuro previsível e está ligada à missão da organização, ao seu objetivo fundamental. As etapas do planejamento estratégico são (1ª) análise da situação atual (recursos humanos, financeiros, materiais disponíveis, possibilidades do mercado), (2ª) análise do ambiente externo (ameaças e oportunidades), (3ª) análise do ambiente interno (pontos fortes e fracos dentro da organização), (4ª) definição do plano estratégico (objetivos e estratégias) – depois disso vêm a implementação da estratégica, seu monitoramento e controle.

No que se refere especificamente ao planejamento estratégico de pessoal, busca-se o atingimento harmônico dos objetivos da organização e dos objetivos individuais dos colaboradores, de modo que a alternativa "A" é a melhor. As alternativas "B", "D" e "E" são claramente incorretas, pois subordinam uma espécie de objetivo ao outro, ou prioriza um em relação ao outro.

Gabarito "A".

(Analista - Área Administrativa - TRT1 - 2018 - AOCP) Na atuação de suas atividades, você é submetido à avaliação e desempenho. Se nesse processo de sua avaliação no trabalho participarem o seu chefe, seus colegas, seus subordinados e também os fornecedores e os clientes, enfim, participarem todas as pessoas que mantêm alguma interação com você, qual será o método de avaliação desenvolvido?

(A) Avaliação pela equipe.

(B) Avaliação para cima.

(C) Avaliação pela comissão.

(D) Avaliação 360 graus.

(E) Avaliação autossuficiente.

A assertiva descreve a avaliação 360 graus, em que há troca de impressões entre superiores, subordinados, colegas, clientes internos etc. (*stakeholders*), de modo que a alternativa "D" é a correta.

Gabarito "D".

(Analista - TRT/15 - FCC - 2018) A aplicação da metodologia de gestão por competências no âmbito de uma organização contempla, em sua fase inicial, uma etapa de mapeamento, na qual devem ser identificados(as)

(A) os principais processos de trabalho envolvidos na atuação da organização e as medidas para otimizá-los.

(B) os melhores profissionais existentes em seus quadros, os quais deverão ser alçados a posições de gestão.

(C) as competências individuais de todos os colaboradores, de forma a melhor alocá-los nos diferentes postos de trabalho.

(D) os profissionais de destaque no mercado, para formação de um benckmarking para os seus colaboradores.

(E) as habilidades não só técnicas, mas também comportamentais, para cada posição funcional da organização.

Gestão por competência é a gestão da capacitação orientada para o desenvolvimento do conjunto de conhecimentos, habilidades e atitudes necessárias ao desempenho das funções dos servidores, visando ao alcance dos objetivos da instituição – art. 2º, II, do Decreto 5.707/2006. O mapeamento de competências serve para detectar as necessidades da organização, as competências essenciais que faltam para que ela realize adequadamente seus objetivos.

Esse mapeamento se dá de diversas maneiras, por métodos e técnicas complementares e não excludentes, como (a) pesquisa documental, (b) entrevistas, (c) grupos focais, que são entrevistas coletivas com moderador e (d) questionários estruturados com escalas de avaliação. Por essas razões, a alternativa "E" é a correta.

Gabarito "E".

(Analista - TRT/15 - FCC - 2018) Considere que determinada entidade da Administração tenha contratado uma consultoria especializada para avaliação de desempenho de seus integrantes. O consultor propôs a aplicação da metodologia conhecida como Pesquisa de Campo. Contudo, os gestores da organização optaram pela adoção do método denominado Escala Gráfica. Tal decisão reflete uma opção

(A) pela precisão, eis que a Escala Gráfica reduz significativamente os erros e desvios de avaliação, como o denominado efeito halo.

(B) por um método mais simples e de fácil execução, em detrimento de outro mais completo, porém de execução mais longa e complexa.

(C) por um método mais personalizado e aderente aos objetivos estratégicos da organização, bastante similar à Avaliação Participativa por Objetivos.

(D) por maior abrangência, eis que o método escolhido envolve a participação de todos os que interagem com o avaliado, mediante entrevistas individuais.

(E) pela autoavaliação, que é o diferencial do método de Escala Gráfica, além do acompanhamento da evolução do avaliado.

Pesquisa de campo é considerado um dos métodos tradicionais mais completos de avaliação de desempenho. Baseia-se no princípio da responsabilidade de linha e da função de *staff* no processo de avaliação do desempenho. Consiste em entrevistas entre um especialista em avaliação com os gerentes, para, em conjunto, avaliarem o desempenho dos respectivos funcionários (Gabarito FCC).

No método das escalas gráficas, o examinador anota, em linhas horizontais, a posição do avaliado em relação ao aspecto avaliado (por exemplo, escala de 1 a 10 em produtividade). Há representação das escalas gráficas contínuas (em que apenas os extremos são prefixados e o avaliador poderá indicar qualquer ponto entre eles) e semicontínuas (método intermediário, em que há indicação de determinados pontos entre os extremos, para simplificar e orientar o trabalho do avaliador). Por essas razões, a alternativa "B" é a correta, considerando que o método da escala gráfica é muito mais simples e de fácil execução. Gabarito "B".

(Analista Judiciário – TRT/11 – FCC – 2017) Considere que determinado órgão integrante da Administração pública pretenda implementar uma política de valorização de pessoal baseada na meritocracia, utilizando, como ferramenta, a avaliação de desempenho. Para tanto, pretende privilegiar, entre as metodologias disponíveis, a que contemple a auto-avaliação e também permita que o avaliado receba *feedbacks* (retornos) de todas as pessoas com as quais se relaciona. A metodologia mais adequada para o escopo pretendido seria a

(A) APPO - Avaliação Participativa por Objetivos.

(B) Comparação Binária.

(C) Pesquisa de Campo.

(D) Avaliação 360°.

(E) Lista de Verificação.

Trata-se da avaliação 360 graus, em que há troca de impressões entre superiores, subordinados, colegas, clientes internos etc. *(stakeholders)*. Somente o avaliado recebe as informações a seu respeito e não fica sabendo quem o avaliou. Por essa razão, a alternativa "D" é a correta. Gabarito "D".

(Analista Judiciário – TRE/SP – FCC – 2017) Motivação corresponde a um estado psicológico caracterizado por um elevado grau de disposição de realizar uma tarefa ou perseguir uma meta. Constitui um dos fatores fundamentais para o bom desempenho organizacional e é objeto de diversas teorias que buscam explicar quais os fatores determinantes ou como ela se processa. Uma dessas teorias é a da expectativa (ou expectância), desenvolvida por Victor Vroom, segundo a qual,

(A) as pessoas são mais influenciadas pela expectativa de recompensas (reforço positivo), do que por recompensas objetivas.

(B) o comportamento humano é sempre orientado para resultados, sendo o conceito de valência correspondente ao valor atribuído ao resultado.

(C) a expectativa de punição constitui fator indutor do comportamento do indivíduo, podendo ser usada como ferramenta motivacional.

(D) a motivação independe de fatores externos ou de resultados objetivos, sendo uma característica eminentemente pessoal.

(E) o indivíduo prioriza, inconscientemente, a realização pessoal, ainda que em detrimento de necessidades básicas.

A teoria da expectativa ou da expectância, da qual Victor Vroom é referência, indica que a motivação é orientada pela expectativa de um resultado positivo, baseada nos conceitos de (a) valência, (b) instrumentalidade e (c) expectativa. A valência se refere à atração que

determinado resultado exerce sobre o indivíduo, a importância que ele dá às recompensas; a instrumentalidade tem relação com a convicção que esse indivíduo tem de que suas ações e a realização do desempenho esperado levarão ao resultado positivo, à recompensa esperada por ele; e a expectativa atine à convicção de que determinado esforço implica bom desempenho, ou seja, que se ele aumentar esse esforço, melhorará o desempenho.

A: incorreta, pois a motivação decorre da percepção do indivíduo quanto à probabilidade de alcançar determinado resultado; **B:** correta, conforme comentários anteriores; **C:** incorreta, pois a teoria se refere à expectativa quanto ao atingimento de resultados; **D:** incorreta, pois a motivação refere-se diretamente à expectativa em relação aos resultados, que são externos ao indivíduos e dependem também de fatores externos; **E:** incorreta, pois a teoria não se refere a isso, sendo que as necessidades básicas (conforme Maslow – fisiológicas, segurança etc.) tendem a ser priorizadas. RB Gabarito "B".

(Analista Judiciário – STJ – CESPE – 2015) Com relação à evolução da administração pública e à reforma do Estado, julgue o item a seguir.

Inspirada no gerencialismo inglês, a reforma do Estado brasileiro deflagrada em 1995 teve como principal objetivo manter as contas públicas equilibradas e reduzir o poder da ação gerencial do Estado.

Incorreta, pois as reformas a partir de 1995 tiveram exatamente a intenção de adotar o conceito de *administração pública gerencial* como paradigma, buscando redução de custos e aumento da qualidade dos serviços, tendo sempre em foco seu beneficiário: o cidadão. Ou seja, a ideia era ampliar a ação gerencial do Estado, não reduzi-la. Ver o Plano Diretor da Reforma do Aparelho do Estado – PDRAE/1995. RB Gabarito "E".

(Analista Judiciário – STJ – CESPE – 2015) Com referência à gestão de pessoas, julgue os itens que se seguem.

Em geral, as organizações têm utilizado modelos de gestão de desempenho cuja fundamentação restringe-se aos comportamentos, dado que os resultados podem ser previstos a partir da avaliação desses comportamentos.

Incorreta, pois a tendência da moderna gestão de desempenho é focar nos resultados. RB Gabarito "E".

Blended learning é uma modalidade de ensino que combina a aprendizagem face a face com a aprendizagem mediada pela Internet. Adoção dessa modalidade de aprendizagem requer o redesenho de cursos e a redução do tempo gasto em sala de aula. Tais cursos não eliminam completamente a sala de aula, apenas reduzem a sua ocorrência.

Correta, sendo que o *blended learning* procura mitigar a total falta de contato pessoal do ensino à distância puro (EAD) com determinadas práticas presenciais, em sala de aula. RB Gabarito "C".

Os estilos de liderança podem ser classificados em duas dimensões: orientação para relacionamentos, que engloba os estilos dominante, diretivo e autocrático; e orientação para tarefas, com a classificação em estilos participativo, estimulador e apoiador.

É comum a classificação dos estilos de liderança em autocrática (centralização das decisões, sem participação dos subordinados, focada nas tarefas), democrática (com participação dos liderados nas decisões) e liberal ("laissez-faire", decisões tomadas por cada indivíduo).

É também comum, especialmente nos gabaritos da CESPE, a abordagem da liderança centrada nas tarefas, em contraposição à liderança centrada nas pessoas (relacionamento). O estilo centrado nas tarefas refere-se à preocupação com a execução dessas tarefas e com o atingimento dos resultados, adotando-se métodos preestabelecidos de trabalho. O líder centrado nas tarefas tende a planejar e definir quem realizará e como cada colaborador realizará suas tarefas, além de monitorar seu desempenho. O estilo centrado nas pessoas refere-se à preocupação com as características e competências dos subordinados, com ênfase no trabalho em equipe e nas metas a serem atingidas, mais do que nos métodos. O líder centrado nas pessoas busca apoiar os subordinados, respeitando suas características, necessidades e privilegia as relações interpessoais.

Fica claro pela assertiva que as classificações não se relacionam com os estilos de liderança (estilos participativo, estimulador e apoiador referem-se a liderança centrada nas pessoas), de modo que é incorreta. **RB**

Gabarito "E."

Veja a seguinte tabela, com características de dois estilos de liderança (gabarito da CESPE):

Líder centrado nas tarefas	Líder centrado nas pessoas
– preocupa-se com os métodos de trabalho das pessoas; – define claramente os padrões de trabalho a serem desenvolvidos pelas pessoas; – atribui as responsabilidades de acordo com a tarefa desenvolvida pelas pessoas; – focaliza a produtividade e a qualidade das atividades das pessoas; – monitora os resultados do desempenho das pessoas;	– expõe os objetivos do trabalho para as pessoas; – atua como apoio e retaguarda para as pessoas; – respeita os sentimentos das pessoas; – procura ensinar as tarefas e desenvolver as pessoas; – demonstra confiança nas pessoas; – preocupa-se com as metas mais do que com os métodos.

Aproveitamos para apresentar esta outra tabela, com atitudes típicas de três tipos de personalidade de líderes executivos, conforme Richard W. Wallen, o Batalhador, o Auxiliador e o Crítico (gabarito da FCC):

Características	Batalhador	Auxiliador	Crítico
Julga os outros por:	Poder	Afetividade	Aptidão cognitiva
Influencia os outros pela:	Intimidação	Compreensão	Argumentação
Receia:	Dependência	Rejeição	Emoções
Necessita de:	Afeto	Firmeza	Conscientização de sentimentos

(**Analista – TRT/10ª – 2013 – CESPE**) Julgue os itens subsequentes, relativos a planejamento, ferramentas organizacionais, gestão da qualidade e assuntos correlatos.

(**1**) Para assegurar maior controle sobre as operações da instituição, é essencial concentrar esforços para desconstruir os grupos informais presentes em sua estrutura.

Incorreta, pois a estrutura informal é algo natural, inevitável e até desejável em qualquer organização. É aquela estrutura formada naturalmente pelas relações interpessoais, por afinidade, independentemente da hierarquia e da subordinação formais. Os líderes da estrutura informal podem, por exemplo, vir a ser aproveitados futuramente pela estrutura formal, inclusive por gozarem de legitimidade entre os colaboradores.

Gabarito 1E

Veja a tabela abaixo com características distintivas das estruturas organizacionais formais e informais:

Estrutura formal	Estrutura informal
– formalizada por regulamentos, normas jurídicas – relações de autoridade e hierarquia – liderança formal – papéis definidos previamente, há planejamento, divisão do trabalho segundo capacidades – impessoalidade nas relações – estabilidade, racionalidade – representada graficamente pelo organograma – prioriza os canais formais de comunicação – objeto das teorias clássicas de administração e estruturalistas	– relações não convencionais, não há formalização em regulamentos ou normas jurídicas – relações de afinidade, interesses comuns, prestígio relacionado à aceitação pelos outros (não pela hierarquia) – liderança informal – surge da interação social, com espontaneidade, não por planejamento – pessoalidade nas relações – instabilidade – prioriza os canais informais de comunicação – objeto das teorias das relações humanas e estruturalistas

(**Analista – TRT/10ª – 2013 – CESPE**) No que se refere a gestão de pessoas, julgue o item seguinte.

(**1**) A descrição de cargos é o processo de planejamento de recursos humanos que descreve os talentos, conhecimentos, habilidades e outras características necessárias ao desempenho do cargo.

Incorreta. A descrição de cargos é processo que consiste em enumerar tarefas ou atribuições que compõem cada cargo e o torna distinto dos demais existentes na organização (Chiavenato), de modo que é providência anterior à descrição dos talentos, conhecimento, habilidades e outras características para seu desempenho.

Gabarito 1E

(**Analista – TRT/10ª – 2013 – CESPE**) Julgue os itens a seguir, acerca da gestão de pessoas.

(**1**) O desenvolvimento dos servidores públicos que se baseia na noção de competência é um exemplo de como a administração por objetivos tem-se tornado tendência na administração pública brasileira.

(**2**) Entre os resultados possíveis de um mapeamento de competências, o principal deles é a lacuna de competências. A partir desse resultado, podem-se estabelecer as prioridades da gestão de pessoas. Quando há lacunas grandes de competências e não há mão de obra qualificada disponível, recomenda-se o desenvolvimento e a capacitação das pessoas. Porém, quando há lacuna de competência, mas há mão de obra qualificada disponível, pode-se priorizar a seleção ou a movimentação nas organizações.

(**3**) As funções administrativas características da gestão de pessoas nas organizações públicas incluem a realização de rotinas típicas de departamento pessoal e a elaboração de políticas de desenvolvimento e de gestão de desempenho de pessoas.

(4) A divisão de um processo organizacional em partes e a designação de cargos para a realização de cada parte é um exemplo de como os cargos são abordados no modo clássico, enquanto que a vinculação de um cargo amplo a um processo e aos seus respectivos níveis de complexidade revela a tendência contemporânea na análise de cargos.

(5) O mapeamento de competências nas organizações procura identificar as competências relevantes para o alcance dos objetivos organizacionais a partir de técnicas de coleta e análise de dados como entrevistas, grupos focais, questionários e estatísticas, entre outros mecanismos.

1: incorreta. A formulação de objetivos consensuais, o comprometimento pessoal com relação à busca desses objetivos e a negociação quanto à alocação de recursos e meios necessários ao seu alcance são estratégias de administração do desempenho relacionadas à nova roupagem da administração por objetivos (Gabarito Administrador – Ministério do Esporte – 2008 – CESPE); 2: correta. O *treinamento* foca o desempenho do colaborador nas atividades atuais, enquanto o *desenvolvimento* volta-se às habilidades necessárias para atividades futuras. Os meios de recrutamento são (a) interno, dentre os funcionários da própria organização, (b) externo, com candidatos de fora da organização, e (c) misto, abrangendo pessoas de dentro e de fora. Os modelos de seleção são (i) colocação, quando há apenas um candidato para a única vaga, (ii) seleção, com vários candidatos para a mesma vaga e (iii) classificação, quando há diversos candidatos para cada vaga e várias vagas para cada candidato (Chiavenato); 3: incorreta, pois a elaboração de políticas de desenvolvimento e de gestão de desempenho de pessoas não é função puramente administrativa, mas de planejamento organizacional; 4: correta, pois tendência moderna é envolver os cargos nos processos de maneira completa, não restringindo-os a partes do todo; 5: correta, descrevendo adequadamente o mapeamento de competências.
Gabarito 1E, 2C, 3E, 4C, 5C

(Analista – TRT/10ª – 2013 – CESPE) Com referência a comportamento organizacional, julgue os itens que se seguem.

(1) Os conflitos no trabalho têm sido gerenciados sob diversos enfoques, uma vez que, de acordo com suas características funcionais e disfuncionais, pode haver necessidade do uso de abordagens em que o enfrentamento seja mais adequado ou em que a evitação seja mais apropriada para a solução do problema.

(2) A qualidade de vida no trabalho é uma importante dimensão da vida organizacional e sua gestão deve-se dar com ênfase nos aspectos específicos da satisfação humana, bem como considerando os aspectos mais gerais da avaliação que as pessoas fazem sobre sua satisfação no trabalho.

(3) A motivação para o trabalho, sob o enfoque das necessidades humanas, é resultado do quanto a pessoa se percebe capaz de realizar uma determinada tarefa de forma autônoma e exemplar.

1: correta. O confronto e a evitação podem ser, a depender do caso, adequados para a solução de conflitos, considerando a prioridade para a organização. Indicam-se como modos de administração de conflitos: (a) acomodação, evitando-se o confronto, (b) dominação, quando uma das partes impõe a solução, (c) compromisso, quando há concessões mútuas para solução do conflito, (d) solução integrativa dos problemas, em que

se busca aquela que atenda integralmente as pretensões das partes. A competição pode ser a melhor solução para o conflito, com resolução ganha-perde, quando a prioridade é o resultado, e não o relacionamento interpessoal. Caso o foco no relacionamento seja mais importante, a solução poderia ser a cooperação (perde-ganha). Se ambos forem igualmente relevantes (resultado e relacionamento), a negociação seria indicada, para se buscar o ganha-ganha. Finalmente, se a questão não focasse o resultado, nem o relacionamento, a solução poderia ser evitar o conflito, simplesmente; 2: correta. A qualidade de vida no trabalho refere-se a aspectos físicos e ambientais (condições ambientais e de segurança do trabalho) e a aspectos psicológicos no local de trabalho (grau de satisfação das pessoas); 3: incorreta. O entendimento pelo qual as pessoas são motivadas por necessidades humanas não se refere especificamente à percepção da capacidade de realização a que se refere a assertiva, mas sim à percepção de que o indivíduo consegue atender a essas necessidades. A sequência das necessidades humanas para Maslow são, (do mais necessário ao menos necessário): fisiológicas, segurança, sociais, estima, autorrealização.
Gabarito 1C, 2C, 3E

Eis uma representação gráfica dos níveis hierárquicos de necessidade, segundo Maslow, da base para o topo:

(Analista – TRT/10ª – 2013 – CESPE) Com referência a comportamento organizacional, julgue o item que se segue.

(1) Quando uma chefia valoriza de modo mais evidente as habilidades interpessoais de um subordinado em detrimento de sua capacidade de realização e entrega de desempenho, pode estar havendo a predominância de um estilo de liderança que se baseia na execução de tarefas e atividades.

1: incorreta, pois esse estilo é claramente centrado nos relacionamentos interpessoais, e não na execução de tarefas e atividades. É comum a abordagem da liderança centrada nas tarefas, em contraposição à liderança centrada nas pessoas (relacionamento). O estilo centrado nas tarefas refere-se à preocupação com a execução dessas tarefas e com o atingimento dos resultados, adotando-se métodos preestabelecidos de trabalho. O líder centrado nas tarefas tende a planejar e definir quem realizará e como cada colaborador realizará suas tarefas, além de monitorar seu desempenho. O estilo centrado nas pessoas refere-se à preocupação com as características e competências dos subordinados, com ênfase no trabalho em equipe e nas metas a serem atingidas, mais do que nos métodos. O líder centrado nas pessoas busca apoiar os subordinados, respeitando suas características, necessidades e privilegia as relações interpessoais. Perceba que a descrição no problema indica apenas enfoque nos relacionamentos, sem menção a tarefas.
Gabarito 1E

3. GESTÃO E LIDERANÇA

(Analista - TRT/15 - FCC - 2018) Entre os diferentes tipos de decisões tomadas no âmbito de uma organização, existem aquelas classificadas pela literatura como "não programadas", aplicáveis a situações

(A) vivenciadas no dia a dia da organização, mas que demandam, para sua solução, a adoção de um processo intuitivo.

(B) não rotineiras, cuja resolução não é viável com a mera utilização do acervo de soluções disponíveis na organização.

(C) que não comportam uma solução individual, demandando um processo coletivo de construção de consenso.

(D) de grande impacto, porém que comportam solução com base em procedimentos sistematizados e já utilizados no âmbito da organização.

(E) exógenas à organização e que demandam, para sua solução, da intervenção de um agente externo.

As decisões rotineiras, para questões reiteradas são as *programadas*. Decisões *não programadas* são aquelas para demandas específicas, que não seguem procedimento estruturado. A alternativa que descreve as decisões não programadas é a "B", de modo que é a correta.
Gabarito "B".

(Analista Judiciário – TRT/11 – FCC – 2017) A tomada de decisão é uma das atividades mais típicas do administrador. Existem diferentes tipos de decisão, sendo que algumas delas se realizam por meio de um conjunto de normas preestabelecidas, com base em um acervo de soluções da organização. Tais decisões são as denominadas

(A) Programadas.

(B) Padronizadas

(C) Recorrentes.

(D) Impróprias.

(E) Consultivas.

As decisões rotineiras, para questões reiteradas, como descritas na assertiva, são as *programadas*, de modo que a alternativa "A" é a correta. Decisões *não programadas* são aquelas para demandas específicas, que não seguem procedimento estruturado. **RB**
Gabarito "A".

(Analista Judiciário – TRT/11 – FCC – 2017) Uma das etapas relevantes para implementação da gestão por competências consiste no mapeamento de competências. Entre o rol de instrumentos preconizados pela literatura para a realização desse mapeamento se inclui o grupo focal, utilizado

(A) como sucedâneo das entrevistas individuais, na forma de uma entrevista coletiva onde o entrevistador atua como moderador.

(B) para substituir a análise documental, tornando mais dinâmico o processo de identificação dos objetivos institucionais.

(C) como técnica de pesquisa, voltada à identificação das competências relevantes dentro de determinado contexto.

(D) para identificação das atribuições de cada cargo ou função, constituindo insumo fundamental para identificação das competências propriamente ditas.

(E) na forma de questionário, para segregar as competências técnicas, apartando-as das comportamentais e situacionais.

Gestão por competência é a gestão da capacitação orientada para o desenvolvimento do conjunto de conhecimentos, habilidades e atitudes necessárias ao desempenho das funções dos servidores, visando ao alcance dos objetivos da instituição – art. 2º, II, do Decreto 5.707/2006. O mapeamento de competências serve para detectar as necessidades da organização, as competências essenciais que faltam para que ela realize adequadamente seus objetivos.
Esse mapeamento se dá de diversas maneiras, por métodos e técnicas complementares e não excludentes, como (a) pesquisa documental, (b) entrevistas, (c) grupos focais, que são entrevistas coletivas com moderador e (d) questionários estruturados com escalas de avaliação.
A: correta, descrevendo adequadamente os grupos focais, normalmente realizados após as entrevistas individuais e a pesquisa documental; **B:**

incorreta, pois não há substituição da análise documental, normalmente realizada no início do mapeamento; **C:** não é a melhor alternativa, já que a "A" descreve exatamente os grupos focais; **D:** incorreta, pois as atribuições de cada cargo ou função são mais facilmente detectadas pela pesquisa documental ou pelas entrevistas individuais; **E:** incorreta, pois os grupos focais não se confundem com os questionários, conforme comentários iniciais. **RB**
Gabarito "A".

(Analista Judiciário – TRT/11 – FCC – 2017) Os estudos sobre liderança desenvolvidos pela Universidade de Ohio nos anos de 1940, buscaram identificar dimensões independentes do comportamento do líder, descrevendo duas categorias de liderança, que são:

(A) diretiva e colaborativa.

(B) democrática e autocrática.

(C) autocentrada e cooperativa.

(D) ênfase nas pessoas e ênfase na produção.

(E) estrutura de iniciação e consideração.

É importante que o estudante saiba que há inúmeras classificações de líderes e estilos de liderança, conforme comentários a outras questões. No caso especificamente da classificação da Universidade de Ohio, dos anos 1940, há (a) estrutura de iniciação, referente à capacidade de o líder definir seu papel e de seus subordinados para atingimento dos resultados e (b) consideração, relativa à capacidade de manter a confiança dos colaboradores.
Por essas razões, a alternativa "E" é a correta. **RB**
Gabarito "E".

(Analista Judiciário – TRE/PE – CESPE – 2017) Decisões descentralizadas, flexibilização de recursos, apuração de desempenho, monitoramento de execução de gestão e definição de indicadores são ações típicas da estratégia de gestão pública denominada gestão

(A) da mudança.

(B) por competências.

(C) da qualidade.

(D) social.

(E) por resultados.

Quando os gestores descentralizam as decisões, fixam metas e indicadores de resultados, estamos diante de características da gestão por resultados, de modo que a alternativa "E" é a correta.
Importante lembrar que a gestão por competências se refere a identificação e desenvolvimento das competências essenciais para que a organização atinja seus objetivos.
Em relação à gestão de qualidade, os 14 princípios de Deming para a qualidade total são, em resumo: (1) estabelecer constância de propósitos, (2) adotar a nova filosofia, acordar para o novo desafio, (3) a qualidade deve fazer parte do produto ou serviço desde o início, afastando a dependência pela inspeção; (4) importância da redução do custo total favorecendo relacionamento de longo prazo e exclusivos com fornecedores (não mais aprovar orçamentos com base exclusivamente em preço); (5) constante melhoria no processo e serviço para aumento de produtividade e qualidade, (6) treinamento no local de trabalho, (7) instituição da liderança, (8) eliminação do medo, (9) trabalho conjunto, eliminação de barreiras entre departamentos (10) eliminação de metas do tipo "zero defeito", *slogans*, exortações, (11) gestão por processos e substituição das quotas na linha de produção por liderança, (12) abolição da avaliação por números absolutos (avaliações de desempenho e administração por objetivos), passando à avaliação por qualidade, possibilitando que o trabalhador tenha orgulho do que faz, (13) sólido programa de educação e autoaprimoramento, (14) envolvimento de todos no processo de transformação. **RB**
Gabarito "E".

(Analista Judiciário – TRE/PI – CESPE – 2016) Tendo em vista que o planejamento organizacional engloba uma série de etapas e tem por finalidade auxiliar a administração no alcance de objetivos, assinale a opção correta relativamente aos conteúdos de um planejamento. Nesse sentido, considere que a sigla TRE, sempre que empregada, se refere a tribunal regional eleitoral.

(A) A proatividade do servidor de um TRE para solucionar pendências operacionais do órgão caracteriza uma iniciativa estratégica.

(B) Garantir a legitimidade do processo eleitoral define a missão de um TRE, por se tratar da finalidade para a qual o órgão foi criado.

(C) Os indicadores das iniciativas estratégicas orientam e direcionam o comportamento das pessoas no desenvolvimento das atividades, conferindo coerência e unidade na atuação institucional.

(D) Ser reconhecido pela excelência na efetividade da gestão do processo eleitoral define um objetivo tático de um TRE, pois se refere àquilo que o órgão pretende ser no futuro.

(E) Sustentabilidade, cidadania e eficiência operacional são exemplos de objetivos operacionais de um TRE porque são objetivos globais, amplos e definidos para longo prazo.

A: incorreta, pois, como a própria assertiva indica, a ação do servidor está no nível operacional, não estratégico. Interessante lembrar que os três níveis organizacionais, administrativos ou de responsabilidade são (a) institucional ou estratégico (nível mais elevado, em que se realiza o planejamento estratégico), (b) intermediário, gerencial ou tático (recebe as decisões estratégicas e permite sua implementação pelo nível operacional, realizando o planejamento tático) e (c) operacional ou técnico (administra a execução da operação, realiza o planejamento operacional); **B:** correta, já que missão é exatamente essa razão de ser da organização, a finalidade, como descrito na assertiva; **C:** incorreta, pois os indicadores atinentes ao nível estratégico são de médio e longo prazo, não aqueles atinentes à atividade operacional; **D:** incorreta, pois esse objetivo de reconhecimento costuma ser identificado com a visão da organização, não com objetivo tático; **E:** incorreta, pois essas referências indicam melhor os valores da organização, não objetivos operacionais. **RB**
Gabarito "B".

(Analista Judiciário – TRE/PI – CESPE – 2016) Em relação à gestão por competências, assinale a opção correta.

(A) Comparativamente a outras modalidades avaliativas, a avalição de desempenho por competências é vantajosa porque elimina a subjetividade do avaliador.

(B) O mapeamento de competências é um processo periódico para avaliar o desempenho das pessoas quanto a conhecimentos, habilidade e atitudes.

(C) As competências individuais são o conjunto de capacidades cuja observação independe da mobilização do indivíduo para a realização de uma ação específica.

(D) As pessoas concretizam as competências organizacionais e fazem sua adequação ao contexto ao colocarem em prática o patrimônio de conhecimentos da organização.

(E) O processo de gestão por competências é focado nas competências das pessoas, desconsiderando-se a articulação com as competências corporativas por estas serem patrimônio organizacional.

A: incorreta, pois há sempre algum nível de subjetividade do avaliador, mesmo no caso da avaliação do desempenho por competência; **B:** incorreta, pois o mapeamento é, em regra, pressuposto para a gestão por competências, não necessariamente ligado à avaliação de desempenho; **C:** incorreta, pois as competências individuais são exatamente aquelas relacionadas à atividade da organização, necessárias para que o indivíduo aja em benefício da organização; **D:** correta, descrevendo a atuação individual como concretizadora das competências da organização em que estão inseridos; **E:** incorreta, pois a gestão por competências lida com as competências organizacionais e individuais, de maneira indissociável, como vista no comentário anterior. **RB**
Gabarito "D".

(Analista Judiciário – TRE/PI – CESPE – 2016) Assinale a opção correta no que se refere a modelos de gestão que favorecem o alcance de melhores resultados e a excelência organizacional no cenário da administração pública.

(A) A administração por resultados focaliza os meios para o alcance dos resultados, enquanto a administração por objetivos prioriza os resultados tangíveis ou alcançados.

(B) A excelência nos serviços públicos relaciona-se à capacidade contínua de serem estabelecidas melhorias no atendimento prestado ao cidadão, o que inclui a qualidade do serviço oferecido e a capacidade e motivação dos servidores.

(C) No modelo de gestão por competências, o conceito de competência essencial está alicerçado no de competência individual.

(D) O modelo de excelência em gestão proposto pela Fundação Nacional de Qualidade estabelece fundamentos e critérios específicos para os órgãos públicos buscarem o reconhecimento da excelência em gestão pelo poder público demandante.

(E) Ao adotar um modelo de gestão por resultados, a administração pública prioriza procedimentos característicos de uma administração burocrática, haja vista que o planejamento passa a ser orientado à ação para o alcance de resultados.

A: incorreta, pois em ambos os casos o foco é nos resultados, não no procedimento. No caso especificamente da administração por objetivos, há ênfase nas metas pessoais, alinhadas com os objetivos da organização; **B:** correta, sendo que o objetivo maior na prestação dos serviços públicos é, evidentemente, atender as necessidades dos cidadãos, o que demanda servidores motivados; **C:** incorreta, pois a gestão por competência foca naquelas essenciais para o sucesso organizacional em todos os níveis, não apenas individual (dos colaboradores), mas também grupal e organizacional (o nível mais amplo); **D:** incorreta, pois o modelo de excelência da gestão – MEG, da FNQ, não é baseado ou orientado especificamente para os órgãos públicos, sendo modelo de referência e aprendizagem aplicável a qualquer tipo de organização – ver na página www.fnq.org.br; **E:** incorreta, pois enquanto a administração burocrática foca no controle dos procedimentos, é a moderna administração gerencial que prestigia o controle *a posteriori* dos resultados. **RB**
Gabarito "B".

(Analista Judiciário – STJ – CESPE – 2015) Acerca da abordagem por processos e da mensuração de indicadores de processos, julgue os próximos itens.

Tendo em vista que informação constitui o principal insumo para a mensuração do desempenho, o processo de medição deve garantir que tal informação atenda aos requisitos de precisão, exatidão, completude, temporalidade e inadaptabilidade, de modo a não comprometer a qualidade e confiabilidade do indicador.

Incorreta, pois os indicadores precisam ser adaptáveis, não inadaptáveis, o que tornaria o processo inflexível e, possivelmente, de menor utilidade em determinadas situações. RB

Gabarito "E".

A efetividade de um processo organizacional está relacionada com a sua capacidade de se manter estável, tornando-se referência, o que facilita a aplicação do conceito de melhoria contínua do processo.

Incorreta, pois a estabilidade do processo, com sua normatização, que permite a reprodução do modelo, é elemento que favorece sua efetividade dentro da organização, mas não exatamente a melhoria contínua do processo, que pressupõe a modificação desse modelo, sua evolução. RB

Gabarito "E".

A avaliação de um processo de negócios por analistas de sistemas com foco em automação denomina-se modelagem técnica e conta com um refinamento maior que o do modelo redesenhado.

Correta, pois a modelação, a criação de um novo modelo automatizado, em substituição a um modelo anterior manual, é muito mais complexa, em regra, que o simples redesenho ou adaptação de um modelo já existente. RB

Gabarito "C".

(Analista Judiciário – STJ – CESPE – 2015) Julgue os itens a seguir, relativos ao processo de análise dos cenários interno e externo de uma organização e à gestão de projetos.

Na administração de projetos, o escopo do produto faz parte do escopo do projeto, mas com ele não deve ser confundido. O escopo do produto refere-se às características, ou seja, às especificações funcionais e técnicas do produto.

Correta, descrevendo adequadamente o escopo do produto, o resultado do projeto. RB

Gabarito "C".

Os escritórios de projeto podem ser estruturados em três níveis distintos, que são o operacional, o tático e o estratégico, de acordo com o incremento de responsabilidades que recebem.

Correto. Interessante lembrar que os três níveis organizacionais, administrativos ou de responsabilidade são (a) institucional ou estratégico (nível mais elevado, em que se realiza o planejamento estratégico), (b) intermediário, gerencial ou tático (recebe as decisões estratégicas e permite sua implementação pelo nível operacional, realizando o planejamento tático) e (c) operacional ou técnico (administra a execução da operação, realiza o planejamento operacional). RB

Gabarito "C".

Durante o diagnóstico organizacional, são identificados, no ambiente interno, os fatores que constituem os pontos fortes e fracos da organização, assim como os pontos neutros, que são as variáveis internas e controláveis, mas que, por falta de informações adequadas, não podem ser classificadas como favoráveis ou desfavoráveis à organização.

Correta, demonstrada na popular matriz *swot*, com pontos fortes e fracos relativos ao ambiente interno, e as ameaças e oportunidades relacionadas ao ambiente externo. RB

Gabarito "C".

Uma instituição que deseje adotar as práticas previstas no PMBOK deverá submeter-se à utilização de todos os cinco grupos de processos principais desse guia, além das nove áreas de conhecimentos correlatos e dos processos menores nele apresentados.

Incorreta, já que o PMBOK é um guia de boas práticas, não uma metodologia rígida de gestão. O guia PMBOK (*Project Management Body of Knowledge*), conjunto de práticas em gerência de projetos, descreve nove áreas: gestão de (i) integração do projeto, (ii) escopo do projeto, (iii) tempo do projeto, (iv) custos do projeto, (v) qualidade do projeto, (vi) recursos humanos do projeto, (vii) comunicações do projeto, (viii) riscos do projeto e (ix) aquisições do projeto. O PMBOK refere-se também a cinco grandes grupos de processos de gerenciamento: processos de (a) iniciação, (b) planejamento, (c) execução, (d) monitoramento e controle, e (e) de encerramento. RB

Gabarito "E".

(Analista Judiciário – STJ – CESPE – 2015) Julgue os itens subsequentes, a respeito do processo racional de solução de problemas.

No modelo de racionalidade limitada, propõe-se que a racionalidade é sempre relativa ao sujeito que decide, não existindo uma única racionalidade tida como superior.

Correta, referindo-se ao modelo administrativo ou de Carnigie. RB

Gabarito "C".

(Analista Judiciário – STJ – CESPE – 2015) Acerca do processo de mudança organizacional, do papel do agente de mudança e das características das organizações formais modernas, julgue os itens que se seguem.

O processo de mudança organizacional pressupõe o envolvimento de todos aqueles afetados pela mudança e pode ser feito de duas formas: mudança imposta e mudança participativa, as quais não se excluem, mas se completam.

Correta, considerando que a mudança imposta tende a ter resposta mais rápida, no curto prazo, mas tende a ser menos duradoura, com menor grau de internalização, enquanto a mudança participativa tende a ser mais duradoura, mas exige mais tempo para ser assimilada e produzir resultados. RB

Gabarito "C".

Governança corporativa, além de um modelo de gestão, também pode ser considerada como um tipo de departamentalização, como um processo estruturado, interativo e consolidado de desenvolver e operacionalizar as atividades de planejamento, organização, direção e avaliação de resultados, visando o crescimento e desenvolvimento sustentado da organização.

Correta, descrevendo adequadamente aspectos da governança corporativa. RB

Gabarito "C".

Em um processo de mudança planejado, o agente de mudanças será o responsável pela administração das atividades de mudança dentro da organização, podendo ser um executivo, um funcionário da organização ou mesmo um consultor externo.

Correta, deixando claro que o agente de mudança, aquele que conduz o processo de mudança em uma organização, pode ser membro dela (interno) ou consultor externo. RB

Gabarito "C".

Entre os principais passos normalmente indicados para se conduzir um processo de mudança em uma organização, destaca-se a recomendação para que se evite recompensar o cumprimento de metas de curto prazo, para não criar um clima de animosidade entre os contrários à mudança.

Incorreta, pois a necessidade de consolidação das mudanças, a incorporação das novas práticas, sugere a adoção de recompensas, inclusive imediatas, de curto prazo, pelo atingimento dos objetivos e metas. RB

Gabarito "E".

(Analista – TRT/10ª – 2013 – CESPE) A respeito de gestão de projetos e de processos, julgue os itens que se seguem.

(1) Um dos principais objetivos da gestão de processos é investir qualitativamente em suas variáveis (pessoal, material, método e máquina) com o objetivo de reduzir a entropia do sistema.

(2) De acordo com o PMBOK, existem quatro grupos principais de processos para gerenciamento de projetos: iniciação, planejamento, execução e encerramento.

(3) O gráfico de Gantt é uma ferramenta muito eficaz para o controle do progresso de projetos, pois permite visualizar o avanço de cada etapa da estrutura analítica do projeto sob controle.

(4) A gestão de escopo é a área de conhecimento definida no PMBOK como responsável por delimitar o que será feito ou não em determinado projeto e, ainda, por mapear, analisar e definir planos de mitigação para os riscos encontrados.

1: correta. Entropia refere-se à tendência para a desordem interna na organização, que leva à desintegração. Os sistemas abertos buscam afastar a entropia por meio de importação de energia e informação (entropia negativa ou negentropia), que é a que se refere a assertiva. Anotamos que *homeostase* (equilíbrio dinâmico) refere-se à capacidade de manutenção do sistema em face das influências externas; **2:** incorreta, pois, segundo o PMBOOK (Project Management Body of Knowledge), são cinco os processos de gerenciamento de projetos: iniciação, planejamento, execução, controle e encerramento; **3:** correta, definindo precisamente o gráfico de Gantt; **4:** incorreta, pois a gestão do escopo refere-se a garantir que o projeto inclua todo o trabalho exigido para completá-lo adequadamente, mas apenas os trabalhos necessários, evitando desvio do foco. Mapear, analisar e definir planos de mitigação para os riscos refere-se à gestão de riscos do projeto, e não especificamente à gestão de escopo.

Gabarito 1C, 2E, 3C, 4E

4. ESTRUTURAS ORGANIZACIONAIS

(Analista - TRT/15 - FCC - 2018) Considere que determinada organização possua, em sua estrutura, alguns órgãos permanentes e outros de duração limitada e atrelados a projetos específicos do setor em que autua. A opção por esse tipo de estrutura mostrou-se, ao longo do tempo, bastante eficiente, notadamente em função da autonomia concedida a tais órgãos, denominados centros de resultados. Trata-se de estrutura do tipo

(A) Gerencial, que se diferencia da Funcional em face da alocação de recursos humanos e financeiros em cada área, que se relacionam por meio de cadeia escalar.

(B) Divisional, que constitui uma evolução da matricial justamente pelo seu enfoque em projetos.

(C) Funcional, com horizontalização e autonomia das unidades, sendo, pois, uma evolução do anterior modelo Divisional.

(D) Matricial, que tem como uma de suas características, assim como a do tipo Divisional, a apuração de lucros ou prejuízos por centro de resultados.

(E) Sistêmica, com alto grau de integração entre as unidades, constituindo um aprimoramento do modelo Funcional.

A assertiva descreve a estrutura organizacional matricial, que combina a estrutura funcional (divisão por funções na organização – por exemplo, departamentos comercial, financeiro, jurídico etc.) com a estrutura por projetos, serviços ou produtos. Na estrutura matricial, determinados departamentos relacionam-se horizontal e diagonalmente com outros, gerando múltiplas subordinações, o que, embora dê agilidade e flexibilidade à organização, não tem como característica evitar ambiguidade. Por essas razões, a alternativa "D" é a correta.

Gabarito "D".

(Analista Judiciário – TRE/PE – CESPE – 2017) Os conselhos de gestão responsáveis por estabelecer as diretrizes para as políticas públicas em suas respectivas áreas de atuação são conhecidos como

(A) deliberativos.

(B) executivos.

(C) fiscalizadores.

(D) normativos.

(E) consultivos.

A: incorreta, pois conselhos deliberativos são instâncias decisórias; **B:** incorreta, pois, em geral, conselhos não têm funções executivas, de efetiva execução das políticas; **C:** incorreta, pois conselhos fiscalizadores atuam no controle da execução das políticas; **D:** correta, pois a função normativa refere-se à fixação de balizas para a execução das políticas; **E:** incorreta, pois conselhos consultivos são opinativos, orientadores apenas. RB

Gabarito "D".

(Analista – TRT/10ª – 2013 – CESPE) Julgue o item subsequente, relativo a planejamento, ferramentas organizacionais, gestão da qualidade e assuntos correlatos.

(1) Embora confira dinamicidade aos projetos de uma organização, o modelo de departamentalização matricial costuma gerar múltiplas subordinações e ambiguidade na definição de papeis e relações.

Correta. A estrutura organizacional matricial combina a estrutura funcional (divisão por funções na organização – por exemplo, departamentos comercial, financeiro, jurídico etc.) com a estrutura por projetos, serviços ou produtos. Na estrutura matricial, determinados departamentos relacionam-se horizontal e diagonalmente com outros, gerando múltiplas subordinações, o que, embora dê agilidade e flexibilidade à organização, não tem como característica evitar ambiguidade.

Gabarito 1C

(Analista – TRT/6ª – 2012 – FCC) Na estrutura organizacional de tipo linear

(A) a autoridade é baseada na especialização e no conhecimento, e não na hierarquia.

(B) entre o superior e os subordinados existem linhas diretas e únicas de autoridade e responsabilidade.

(C) os órgãos de linha estão diretamente relacionados com os objetivos vitais da empresa.

(D) a hierarquia é flexível e mutável, capaz de se adaptar rapidamente às necessidades de cada projeto.

(E) combinam-se a departamentalização funcional e por projeto, sacrificando o princípio da unidade de comando.

A estrutura organizacional linear (típica das organizações militares, por exemplo) é aquela em que há clara e direta gradação hierárquica desde o gestor em posição mais alta até o subordinado em posição mais baixa. O conceito de que cada subordinado recebe ordens e presta contas a somente um superior é conhecido como princípio da unidade de comando. Na estrutura linear, de forma triangular (autoridade máxima no topo, seguido de níveis cada vez maiores em direção à base, cada órgão ou indivíduo é subordinado diretamente a apenas um superior), não se prestigia, em princípio, a divisão por especializações (típica da estrutura funcional) ou a interação entre os departamentos (típica da estrutura matricial). A estrutura linear é a clássica, hierarquizada e estável. **A:** incorreta, pois, conforme comentários iniciais, o enfoque nas especializações é típico das estruturas funcionais; **B:** correta, conforme comentários iniciais; **C:** incorreta, pois se refere à distinção entre órgãos de linha e de *staff*, e não diretamente à estrutura organizacional linear. Os órgãos de linha são aqueles inseridos na hierarquia organizacional tradicional. Já os órgãos de *staff*, ou seja, assessorias e serviços especializados, afastam-se da estrutura linear de subordinação, atendendo a diversos departamentos; **D:** incorreta, pois a estrutura linear é caracterizada pela rigidez; **E:** incorreta, pois a unidade de comando é essencial na estrutura linear.
„Gabarito "B".

(Analista – TRT/6ª – 2012 – FCC) A gestão adequada para evitar a difusão de boatos que distorcem as mensagens entre a direção e os níveis intermediários de gestão deve focar prioritariamente os fluxos de informação

(A) laterais ou horizontais.

(B) verticais ascendentes.

(C) verticais descendentes.

(D) formais impressos.

(E) formais eletrônicos.

Os fluxos de comunicação são classificados em (a) descendente, quando a informação vem de cima para baixo na estrutura hierárquica, abrangendo ordens, instruções, avisos etc.; (b) ascendente, de baixo para cima, incluindo relatórios, respostas, esclarecimentos, sugestões, solicitações; (c) horizontal, entre membros do mesmo nível hierárquico, favorecendo a coordenação do trabalho, a integração, o compartilhamento de informações, a solução de problemas interdepartamentais; e (d) diagonal, entre gestores e empregados de outros departamentos, buscando simplificar o acesso à informação, sem percorrer desnecessariamente a estrutura formal. A comunicação horizontal amplia o acesso à informação, não restringindo-a a apenas uma linha vertical, de modo que tende a reduzir boatos e distorções, razão pela qual a alternativa "A" é a correta.
„Gabarito "A".

(Analista – TRT/6ª – 2012 – FCC) As redes organizacionais se caracterizam por

(A) enfatizar a especialização do conhecimento por meio de estruturas matriciais.

(B) possuir mecanismos de controle formais, orientados por comandos hierárquicos claramente individualizados.

(C) priorizar interações interindividuais, segmentadas e orientadas para o curto prazo.

(D) funcionar por meio de mecanismos de coordenação linear e vertical.

(E) constituir unidades interdependentes orientadas para identificar e solucionar problemas.

A: incorreta, pois a especialização do conhecimento remete às organizações funcionais, não às redes organizacionais; **B:** incorreta, pois refere-se às estruturas organizacionais lineares tradicionais; **C:** incorreta, pois as redes organizacionais não se referem ao curto prazo; **D:** incorreta, pois as redes organizacionais são horizontais, com autonomia e isonomia; **E:** correta, definindo adequadamente as redes organizacionais.
„Gabarito "E".

(Analista – TREMG – 2012 – CONSULPLAN) Os componentes de uma estrutura organizacional têm seus sistemas de responsabilidades constituídos por departamentalização, linha e assessoria e especialização do trabalho, que são representados graficamente através de um organograma. Sobre os critérios de departamentalização, analise.

I. A departamentalização funcional tem como uma desvantagem a resistência ao ambiente pró-inovação, devido à alta estabilidade e baixa adaptabilidade, propiciando ainda que ideias novas não sejam aproveitadas.

II. A departamentalização por processo surgiu como uma forma intermediária entre dois tipos de departamentalização, a funcional e por projetos, reduzindo as desvantagens de cada uma e procurando usufruir as vantagens dos respectivos tipos.

III. Uma empresa para atender a sua realidade pode estabelecer uma departamentalização baseada no critério de diferenciação e na integração de suas atividades.

Está(ão) correta(s) apenas a(s) afirmativa(s)

(A) I.

(B) II.

(C) III.

(D) I e II.

(E) I e III.

I: correta, pois a estrutura funcional tende à estabilidade e à baixa adaptabilidade, diferentemente da departamentalização matricial ou mesmo por projetos; **II:** incorreta, pois a assertiva adéqua melhor à estrutura matricial, que combina a estrutura funcional (divisão por funções na organização – por exemplo, departamentos comercial, financeiro, jurídico etc.) com a estrutura por projetos, serviços ou produtos. Organização funcional remete à ideia de estrutura cujas unidades (departamentos) são definidas conforme a especialização dos ocupantes dos cargos, sua função na organização, permitindo clara visualização das divisões de trabalho, responsabilidades e autoridades no organograma (por exemplo, departamento financeiro, departamento comercial, departamento jurídico etc.). A organização por projetos é aquela estruturada por projetos, cada um deles subordinado a um gerente, totalmente flexível (não há departamento funcionais, especializados por funções). A organização por processos orienta seus recursos em razão de seus processos básicos da organização (por exemplo, desenvolvimento de produtos, atendimento ao cliente etc.); **III:** correta. A departamentalização baseada na diferenciação pode ser por função ou geográfica, por exemplo. Já a baseada na integração tende a ser a matricial ou até por projetos ou processos. Por essas razões, a alternativa "E" é a correta.
„Gabarito "E".

(Analista – STM – 2011 – CESPE) A respeito da evolução da administração pública e de suas divergências em relação a gestão privada e respectiva estrutura organizacional, julgue o item seguinte.

(1) A departamentalização funcional, forma estrutural predominante no setor público, é caracterizada pela construção de departamentos em torno dos programas executados pelo órgão.

Incorreta, pois a departamentalização funcional, como diz o nome, refere-se às funções exercidas pelos servidores (departamento jurídico, contábil, administrativo), e não aos programas a serem executados.
Gabarito 1E

(**Analista – TRT/24ª – 2011 – FCC**) O desenho departamental, ou departamentalização, apresenta uma variedade de tipos, dentre eles o

(**A**) linear.

(**B**) *staff*.

(**C**) funcional.

(**D**) programático.

(**E**) empresarial.

Os tipos de departamentalização dependem do critério adotado pela organização, sendo comuns: funcional, geográfica, por clientes, por processos, por produtos e serviços, por projetos. Por essa razão, a alternativa "C" é a correta.
Gabarito "C"

(**Analista – TRT/24ª – 2011 – FCC**) Tipo de estrutura organizacional em que cada superior tem autoridade única e absoluta sobre seus subordinados e que não a reparte com ninguém:

(**A**) gerencial.

(**B**) funcional.

(**C**) *staff*.

(**D**) linear.

(**E**) operacional.

A e **E**: incorretas, pois não se referem a estruturas organizacionais organizadas hierarquicamente; **B**: incorreta, pois a estrutura funcional baseia-se na departamentalização pelo critério da função exercida (por exemplo, departamento comercial, departamento financeiro, departamento jurídico etc.), não se caracterizando pela hierarquia linear descrita na questão; **C**: incorreta. A estrutura organizacional linha-staff combina características da estrutura linear (cada órgão ou indivíduo subordina-se a apenas um superior) com as da estrutura funcional, pois há assessores especializados (*staff*). As áreas de execução correspondem aos órgãos de linha (hierarquizados), enquanto as assessorias e os serviços especializados correspondem aos órgãos de staff; **D**: essa é a assertiva correta. Na estrutura linear, de forma triangular (autoridade máxima no topo, seguido de níveis cada vez maiores em direção à base, cada órgão ou indivíduo é subordinado diretamente a apenas um superior), não se prestigia, em princípio, a divisão por especializações (típica da estrutura funcional) ou a interação entre os departamentos (típica da estrutura matricial). A estrutura linear é a clássica, hierarquizada e estável.
Gabarito "D"

5. FERRAMENTAS E TÉCNICAS GERENCIAIS

(**Analista - Área Administrativa - TRT1 - 2018 - AOCP**) Dentro do que se considera como pilares para um modelo de gestão pública de excelência, o papel do Ciclo PDCA nesse modelo é garantir que as realizações

(**A**) alcançarão os objetivos.

(**B**) acompanharão os planos.

(**C**) serão eficazes e atuais.

(**D**) cumprirão o programa.

(**E**) atenderão aos interesses.

O ciclo PDCA, de Shewhart ou de Deming é uma ferramenta de gestão (de processos, de qualidade etc.), que parte do planejamento, passa pela execução, pelo controle do que foi executado e, por fim, pelas ações corretivas e realimentação do círculo, para que as próximas ações sejam aprimoradas. O ciclo PDCA indica quatro passos, correspondendo a cada quadrante do círculo: Planejar (Plan), Executar (Do), Verificar (Check) e Agir (Act). Note que, dentre as alternativas, a única que contempla os aspectos de atualização ou correção contínua é a "C" (as realizações serão "atuais"), de modo que é a correta.
Gabarito "C"

(**Analista - Área Administrativa - TRT1 - 2018 - AOCP**) Assinale a alternativa que apresenta o instrumento criado pelo Governo Federal do Brasil cuja missão é promover a gestão pública de excelência, visando contribuir para a qualidade dos serviços públicos prestados ao cidadão e para o aumento da competitividade do país.

(**A**) Programa de Qualidade e Participação na Administração Pública (QPAP).

(**B**) Programa de Qualidade no Serviço Público (PQSP).

(**C**) Programa Nacional de Desburocratização.

(**D**) Comissão de Simplificação Burocrática.

(**E**) Gespública.

A assertiva se refere ao Programa Nacional de Gestão Pública e Desburocratização – Gespública. Consulte em www.gespublica.gov.br, salientando que o Programa Nacional de Gestão Pública e Desburocratização (Gespública) foi descontinuado pelo Decreto 9.904/2017.
Gabarito "E"

(**Analista - TRT/15 - FCC - 2018**) A ferramenta Program Evaluation and Review Technique denominada PERT é aplicável

(**A**) no gerenciamento de projetos, trabalhando, de forma probabilística, com o cálculo do tempo de execução a partir de uma média ponderada de cenários, do mais otimista ao mais pessimista.

(**B**) na gestão de processos, identificando, a partir de um fluxograma, as principais entradas (insumos) e saídas (produtos e serviços) e buscando a redução de ineficiências.

(**C**) na busca da excelência na gestão da qualidade da organização, tomando por base as melhorias identificadas a partir de uma avaliação estruturada.

(**D**) na gestão de equipes, com foco na eficiência, eficácia e efetividade, buscando a anulação de redundâncias e adequada aplicação dos insumos disponíveis.

(**E**) na elaboração do planejamento estratégico da organização, com identificação de seus principais objetivos, metas e indicadores.

A gestão de projetos por meio da rede PERT/COM considera os tempos estimados para realização de cada tarefa, considerando o encadeamento possível e necessário entre elas. Há tarefas que somente podem ser iniciadas após o término de outras. Por outro lado, muitas vezes é possível antecipar o início de outras, ou iniciar algumas simultaneamente. Perceba que se o gestor realizasse cada uma das atividades individual e sucessivamente, o tempo total para a conclusão do projeto seria muito provavelmente mais longo.
Entretanto, o gestor eficiente perceberá que é possível realizar diversas tarefas simultaneamente, desde que as atividades precedentes já tenham sido concluídas.
Para visualizar a realização das diversas atividades, é comum desenhar-se a representação gráfica da rede PERT/COM, com cada uma das atividades indicadas em um nó (círculo) com o número de dias para sua realização.

A seguir, pode-se elaborar uma tabela com a indicação de cada um dos caminhos e o correspondente tempo para realização (basta somar o número de dias apontado em cada nó do caminho):

Perceba que o caminho com maior duração indicará o tempo previsto para a conclusão do projeto. Isso porque todos os demais caminhos deverão ser percorridos antes, ou seja, as demais tarefas deverão ser realizadas antes. Esse caminho mais longo é denominado caminho crítico e corresponde ao tempo de duração previsto para a execução total do projeto.

A alternativa "A" é a única que descreve os objetivos e a sistemática PERT, de modo que é a correta.

Gabarito "A".

(Analista Judiciário – TRE/SP – FCC – 2017) Segundo o Gespública (2011), a gestão de processos é um mecanismo utilizado para identificar, representar, minimizar riscos e implementar processos de negócios, dentro e entre organizações. O modelo preconizado pela Society for Design and Process Science – SDPS, considera, como etapas do ciclo do processo:

(A) mapeamento, desenho, execução e monitoramento.

(B) desenho, implementação, monitoramento e otimização.

(C) identificação, conceituação, execução e refinamento.

(D) modelagem, simulação, emulação e encenação.

(E) mapeamento, modelagem, implementação e monitoramento.

Segundo o Guia para o Gerenciamento de Processos de Negócio (CBOK), o ciclo de gerenciamento de processos abrange: planejamento, análise, desenho e modelagem, implementação, monitoramento e refinamento. Segundo o SDPS, o ciclo de gerenciamento de processos consiste nas etapas de: modelagem, simulação, emulação e encenação, de modo que a alternativa "D" é a correta. Consulte em www.gespublica.gov.br, salientando que o Programa Nacional de Gestão Pública e Desburocratização (Gespública) foi descontinuado pelo Decreto 9.904/2017. RB

Gabarito "D".

(Analista Judiciário – TRE/PI – CESPE – 2016) O BSC (*balanced scorecard*) preserva a mensuração de resultados financeiros e agrega como perspectivas não financeiras para a descrição de estratégias e para a criação de valor as perspectivas

(A) funcional, de inovação e de capital intelectual.

(B) do cliente, interna e de aprendizado e crescimento.

(C) estratégica, de mercado e de aprendizado e crescimento.

(D) de qualidade, de gestão de processos e de crescimento.

(E) externa, interna e do capital humano.

O *balanced scorecard* – BSC é método de avaliação da performance organizacional e também ferramenta de gestão estratégica. Por meio do BSC é possível verificar e alinhar as operações da organização à estratégia definida pela alta administração, sua missão e visão. São adotados indicadores financeiros e não financeiros para fins de comparação da realidade da organização com determinadas metas. O modelo mais disseminado abrange quatro perspectivas (dimensões): (1) Financeira, (2) Clientes, (3) Negócio interno e (4) Inovação e aprendizagem. Por essas razões, a alternativa "B" é a correta. RB

Gabarito "B".

(Analista Judiciário – STJ – CESPE – 2015) Julgue os itens seguintes, referentes a planejamento estratégico e estratégias organizacionais.

Entre as estratégias organizacionais mais praticadas, destacam-se a estratégia de sobrevivência, para quando o ambiente e a empresa estiverem em situação inadequada ou apresentarem perspectivas caóticas; a estratégia de manutenção, para o caso de a empresa identificar um ambiente com ameaças, mas dispor de uma série de pontos fortes; a estratégia de crescimento, para quando a empresa tiver predominantemente pontos fracos, mas o ambiente proporcionar situações favoráveis; e a estratégia de desenvolvimento, para quando houver predominância de pontos fortes e de oportunidades.

Gabarito "C".

Correta. Veja como ficam essas estratégias na matriz *swot*:

		Ambiente interno	
		Pontos fortes (Streghts)	**Pontos fracos** (Weaknesses)
Ambiente externo	**Oportunidades** (Opportunities)	– a organização deve capitalizar as oportunidades; – Estratégias de Desenvolvimento: de mercado, de produtos e serviços, financeiro, de capacidades, de estabilidade, de diversificação;	– a organização deve melhorar, corrigir seus pontos fracos e identificar as oportunidades que podem ser aproveitadas; – Estratégias de Crescimento: inovação, internacionalização, parceria, expansão;
	Ameaças (Threats)	– a organização deve monitorar as ameaças; – Estratégias de Manutenção: estabilidade, nicho, especialização;	– a organização deve eliminar os pontos fracos; – Estratégias de Sobrevivência: redução de custos, desinvestimento, liquidação.

Embora não exista uma metodologia universalmente aceita, é muito utilizado o planejamento estratégico em quatro fases básicas, quais sejam: elaboração do diagnóstico estratégico; definição da missão da empresa; determinação de instrumentos prescritivos e quantitativos; e controle e avaliação.

Correta, descrevendo adequadamente o faseamento básico do planejamento estratégico. É comum também identificarem-se como etapas do planejamento estratégico: (1ª) análise da situação atual (recursos humanos, financeiros, materiais disponíveis, possibilidades do mercado), (2ª) análise do ambiente externo (ameaças e oportunidades), (3ª) análise do ambiente interno (pontos fortes e fracos dentro da organização), (4ª) definição do plano estratégico (objetivos e estratégias) – depois disso vêm a implementação da estratégica, seu monitoramento e controle. RB

Gabarito "C".

(Analista Judiciário – STJ – CESPE – 2015) Com relação aos indicadores de desempenho, julgue os itens subsequentes.

A subjetividade dos indicadores sociais restringe sua utilização a sistemas abrangentes de acompanhamento de transformações sociais, o que torna sua utilização inconsistente com metodologias de avaliação como o *Balanced Scorecard*, que requer indicadores mais objetivos.

Incorreta, sendo amplamente utilizado o BSC e seus indicadores para o acompanhamento de políticas públicas, com adequadas adaptações. RB

Gabarito "E".

A adoção do *Balanced Scorecard* em um contexto público requer adaptações desde a adequação das perspectivas até o rearranjo de indicadores relevantes, válidos e confiáveis, o que, por sua vez, potencializa as chances de sucesso do processo de formulação e implementação de políticas públicas.

Correta, sendo erro comum a adoção no âmbito público das ferramentas de gestão desenvolvidas a partir da experiência da gestão privada sem qualquer adaptação. [RB]
Gabarito "C".

O indicador social é uma medida dotada de significado social substantivo que torna palpável um conceito social abstrato e vem adquirindo relevância no processo de tomada de decisão no setor público, pois auxilia o gestor no acompanhamento do resultado efetivo dos programas.

Correta, descrevendo adequadamente o indicador social como métrica essencial para a gestão pública. [RB]
Gabarito "C".

(Analista – TRT/10ª – 2013 – CESPE) Acerca de noções de administração, julgue os itens a seguir.

(1) A gestão de pessoas na atualidade tem adotado formas organizacionais com base na confiança, rompendo com a filosofia tradicional que privilegia apenas os aspectos econômicos da relação entre o indivíduo e o trabalho.

(2) Os modos de conversão do conhecimento (externalização, internalização, socialização e combinação) são operacionalizados nas organizações a partir dos espaços de interação, chamados de Ba, em que conhecimentos, experiências, habilidades e demais recursos valiosos são combinados nas interações entre as pessoas.

(3) O diagrama de Ishikawa é recomendado para avaliar os principais aspectos e recursos valiosos que permitirão que os processos e projetos possam ter sucesso quando colocados em prática nas organizações.

(4) A alavancagem é uma estratégia oriunda da combinação entre os pontos fortes e as oportunidades identificados na análise SWOT.

1: correta. A concepção do *homo economicus* é aquela das teorias clássicas (Taylor e Fayol). A Teoria das Relações Humanas rompeu com a ideia clássica do homem como uma peça na máquina industrial (homem econômico), visualizando-o como ser humano complexo, suscetíveis às influências sociais, dos grupos, das organizações informais etc. (homem social); **2:** correta, indicando adequadamente o conceito de Ba, espaço compartilhado que serve como base para a criação do conhecimento; **3:** incorreta. O Diagrama Ishikawa, Diagrama de Causa e Efeito, Diagrama 6M ou Diagrama Espinha de Peixe é uma ferramenta gráfica que indica as causas e os efeitos de determinado evento. As causas podem ser classificados em 6 tipos, no caso da indústria (método, matéria-prima, mão de obra, máquinas, medição e meio-ambiente); **4:** correta. A Matriz SWOT é ferramenta de análise do ambiente interno, no que se refere às forças (Strenghts) e às fraquezas (Weaknesses) da organização, e do ambiente externo, quanto às oportunidades (Opportunities) e às ameaças (Threats). Alavancagem é termo utilizado para a situação de ponto forte interno combinado com oportunidade externa. Problema há na situação de ponto fraco interno combinado com ameaça externa. Restrição na situação de ponto fraco interno combinado com oportunidade externa. Vulnerabilidade quando há ponto forte interno combinado com ameaça externa.
Eis um modelo de Matriz SWOT:

Ambiente interno		
	Pontos fortes (Streghts)	**Pontos fracos** (Weaknesses)
Ambiente externo / **Oportunidades** (Opportunities)	– a organização deve capitalizar as oportunidades; – Estratégias de Desenvolvimento: de mercado, de produtos e serviços, financeiro, de capacidades, de estabilidade, de diversificação; – Alavancagem.	– a organização deve melhorar, corrigir seus pontos fracos e identificar as oportunidades que podem ser aproveitadas; – Estratégias de Crescimento: inovação, internacionalização, parceria, expansão – Restrição.
Ameaças (Threats)	– a organização deve monitorar as ameaças; – Estratégias Manutenção: estabilidade, nicho, especialização; – Vulnerabilidade.	– a organização deve eliminar os pontos fracos; – Estratégias de Sobrevivência: redução de custos, desinvestimento, liquidação; – Problema.

Gabarito 1C, 2C, 3E, 4C

(Analista – TRT/10ª – 2013 – CESPE) Julgue os itens subsequentes, relativos a planejamento, ferramentas organizacionais, gestão da qualidade e assuntos correlatos.

(1) O modelo de redução de custos elaborado por Deming tem como base a melhora contínua do sistema de produção com o fim de incrementar a qualidade e produtividade e assim reduzir constantemente os custos.

(2) O BSC (**Balanced Scorecard**) possui perspectivas bem definidas: financeira, processos internos, inovação, clientes e aprendizagem e crescimento.

1: correta. Os 14 princípios de Deming, em resumo, são: (1) estabelecer constância de propósitos; (2) adotar a nova filosofia, acordar para o novo desafio; (3) a qualidade deve fazer parte do produto ou serviço desde o início, afastando a dependência pela inspeção; (4) importância da redução do custo total, favorecendo relacionamentos de longo prazo e exclusivos com fornecedores (não mais aprovar orçamentos com base exclusivamente em preço); (5) constante melhoria no processo e serviço para aumento de produtividade e qualidade; (6) treinamento no local de trabalho; (7) instituição da liderança; (8) eliminação do medo; (9) trabalho conjunto; (10) eliminação de metas do tipo "zero defeito"; (11) gestão por processos e substituição das quotas na linha de produção por liderança; (12) abolição da avaliação por números absolutos (avaliações de desempenho e administração por objetivos), passando à avaliação por qualidade, possibilitando que o trabalhador tenha orgulho do que faz; (13) sólido programa de educação e autoaprimoramento; (14) envolvimento de todos no processo de transformação. O ciclo PDCA, de Shewhart ou de Deming é uma ferramenta de gestão (de processos, de qualidade etc.), que parte do planejamento, passa pela execução, pelo controle do que foi executado e, por fim, pelas ações corretivas e realimentação do círculo, para que as próximas ações sejam aprimoradas. O ciclo PDCA indica quatro passos, correspondendo a cada quadrante do círculo: Planejar (Plan), Executar (Do), Verificar (Check) e Agir (Act); **2:** incorreta, pois o BSC não possui essas perspectivas bem definidas. O *balanced scorecard* – BSC é um método de avaliação da performance organizacional e também uma ferramenta de gestão estratégica. Por meio do BSC é possível verificar e alinhar as operações da organização à estratégia definida pela alta administração, sua missão e visão. São adotados indicadores financeiros e não financeiros para fins de comparação da realidade da organização com determinadas metas. O modelo mais disseminado abrange quatro perspectivas (dimensões): (1) Financeira, (2) Clientes, (3) Negócio interno e (4) Inovação e aprendizagem.

A seguir, apresentamos uma representação gráfica simplificada do Ciclo PDCA:

Gabarito 1C, 2E

6. ADMINISTRAÇÃO PÚBLICA FEDERAL

(Analista – TREMG – 2012 – CONSULPLAN) O Decreto-Lei 200, de 25/02/1967, ao regular a estrutura Administrativa Federal, dividiu a Administração Pública em Administração Pública Direta e Administração Pública Indireta, o que foi recepcionado pelo Art. 37, da Constituição Federal de 1988, ampliando a abrangência para *"qualquer dos Poderes da União, dos Estados, do Distrito Federal e dos Municípios"*. De acordo com a legislação que rege a Administração Pública, é correto afirmar que

(A) as autarquias estão autorizadas legalmente a exercerem tanto atividades típicas da Administração Pública, quanto atividades econômicas que o governo compreenda convenientes para o Estado.

(B) os entes da Administração Pública Indireta, mesmo detendo autonomia administrativa e financeira, estão sujeitos ao controle exercido pelos órgãos da Administração Pública Direta, na forma de supervisão ministerial.

(C) os entes da Administração Indireta, tais como autarquias, fundações públicas, empresas públicas e sociedades de economia mista, apresentam vinculação administrativa e subordinação hierárquica aos órgãos da Administração Direta.

(D) os entes da Administração Indireta, criados para dar mais eficiência na prestação de serviços públicos, não são dotados de personalidade jurídica própria, pois são subordinados administrativamente aos órgãos da Administração Pública Direta.

(E) os entes da Administração Indireta, tais como autarquias, fundações públicas, empresas públicas e sociedades de economia mista, detêm autonomia administrativa e financeira, não apresentando vinculação administrativa e subordinação hierárquica em relação aos órgãos da Administração Pública Direta.

A: incorreta, pois autarquias são entidades de direito público, que executam atividades típicas da administração pública, e não econômicas – art. 5º, I, do Dec.-lei 200/1967; **B:** correta, pois a autonomia administrativa, operacional e financeira das entidades da administração indireta não afasta a supervisão ministerial que, a rigor, presta-se também a assegurar essa autonomia – arts. 19 e 26, IV, do Dec.-lei 200/1967; **C:** incorreta, pois não há essa hierarquia, mas sim autonomia, conforme comentários à alternativa "B"; **D:** incorreta, pois as entidades da administração indireta possuem personalidade jurídica própria e autonomia – art. 4º, II, do Dec.-lei 200/1967; **E:** discutível, pois, embora as entidades da administração indireta gozem de autonomia administrativa, operacional e financeira, inexistindo hierarquia, portanto, pode-se argumentar que a supervisão ministerial indica espécie de vinculação administrativa, o que torna a alternativa incorreta.

Gabarito "B"

(Analista – TRT/11ª – 2012 – FCC) Dentre os objetivos estratégicos definidos pela Resolução 70 de 18 de março de 2009 do Conselho Nacional de Justiça, aquele que mais contribui para tornar efetiva a gestão das pessoas no âmbito do Poder Judiciário é aquele que propõe

(A) incentivar o desenvolvimento de conhecimentos especializados entre os magistrados e servidores.

(B) garantir a agilidade nos trâmites judiciais e administrativos.

(C) motivar e comprometer magistrados e servidores com a execução da Estratégia.

(D) buscar a excelência na gestão de custos operacionais.

(E) promover a efetividade no cumprimento das decisões.

Perceba que as únicas assertivas que indicam gestão de pessoas são a "A" e a "C". As demais se relacionam com eficiência, eficácia e efetividade na prestação dos serviços. Ocorre que a Resolução 70/2009 não se refere ao incentivo ao desenvolvimento de conhecimentos especializados (assertiva "A"), mas apenas a motivar e comprometer magistrados e servidores com a execução da Estratégia (assertiva "C" – objetivo estratégico 12). Por essa razão, a alternativa "C" é a correta.

Gabarito "C"

(Analista – TRT/11ª – 2012 – FCC) Para evitar o crescimento descontrolado das atividades governamentais e concentrar os recursos do estado nas suas tarefas essenciais, o Decreto-Lei 200 de 1967

(A) propôs a venda das empresas estatais como a Vale do Rio Doce e a Petrobrás.

(B) previu a possibilidade de a Administração desobrigar-se da execução de tarefas executivas mediante a execução indireta, ou seja, por meio de contrato celebrado com terceiros.

(C) permitiu que, no âmbito da Administração Pública Federal direta, autárquica e fundacional, as atividades materiais acessórias, instrumentais ou complementares aos assuntos que constituíssem área de competência legal do órgão ou entidade em questão poderiam ser objeto de execução indireta.

(D) determinou que a Administração Indireta iria substituir gradualmente a Administração Direta onde esta fosse menos eficiente.

(E) definiu que as atividades inerentes às categorias funcionais abrangidas pelo plano de cargos do órgão ou entidade poderiam ser objeto de execução indireta.

A: incorreta, pois não há previsão nesse sentido. Interessante notar que a Petrobrás é ainda hoje sociedade de economia mista controlada pela União e que a Vale foi privatizada na década de 1990; **B:** correta. O art. 10, § 1º, do Dec.-lei 200/1967 prevê a descentralização em três planos principais: (a) dentro dos quadros da administração federal, distinguindo-se claramente o nível de direção do de execução, (b) da administração federal para a das unidades federadas, quando estejam devidamente aparelhadas e mediante convênio, (c) da administração federal para a órbita privada, mediante contratos ou concessões; **C** e **E:** incorretas, pois o art. 10, § 7º, do Dec.-lei 200/1967 prevê a execução indireta de tarefas executivas; **D:** incorreta, pois a ideia é liberar a administração para as tarefas de planejamento, coordenação, supervisão e controle – art. 10, § 7º, do Dec.-lei 200/1967.

Gabarito "B"

7. OUTRAS MATÉRIAS E TEMAS COMBINADOS

(Analista Judiciário – TRE/PE – CESPE – 2017) Governança pública refere-se à forma de gerenciamento de recursos de um país. Um de seus princípios basilares é a

(A) transparência, que envolve a disponibilização de informações como estratégia de combate à corrupção.

(B) cidadania, que é obtida com a participação compulsória de cidadãos em conselhos populares.

(C) *accountability*, que se refere à capacidade do Estado de executar sua gestão e implementar políticas públicas.

(D) responsabilidade civil, que se refere à pressão popular para o cumprimento das normas da administração pública.

(E) economia de custos, o que exige que o Estado privilegie o menor custo em todas as suas compras e contratos.

A: correta, sendo a transparência aspecto essencial e cada vez mais priorizado na governança pública; **B:** incorreta, pois não há participação compulsória, apenas facultativa; **C:** incorreta, pois *accountability* se refere à prestação de contas de modo transparente e acessível, e à correspondente ampliação e facilitação do controle social; **D:** incorreta, pois responsabilidade civil se refere à responsabilidade e dever de indenizar por eventuais danos causados; **E:** incorreta, pois economia de custos não é essencialmente ligado à governança pública, sendo prestigiados nas compras e contratos, também, transparência, igualdade de condições e exclusão de fornecedores ou prestadores de serviços inidôneos. **RB**
Gabarito "A".

(Analista Judiciário – TRE/PE – CESPE – 2017) A formulação e o desenvolvimento de políticas públicas seguem etapas sequenciais no chamado ciclo de políticas públicas. Nesse ciclo, uma tarefa típica da etapa de construção de agendas consiste em

(A) organizar as demandas sociais.

(B) realizar estudo técnico de soluções para um problema público.

(C) construir alianças políticas.

(D) julgar os efeitos previstos para uma política pública.

(E) designar atores responsáveis pela execução de tarefas intermediárias para a implementação de um programa público.

A: correta, sendo a percepção das demandas e necessidades da população premissa essencial para a formulação e o desenvolvimento de políticas públicas; **B:** incorreta, pois a solução de problemas públicos não se refere especificamente à etapa de construção de agendas, podendo surgir na fase de formulação da política; **C:** incorreta, pois, embora essas alianças possam ser necessárias para a aprovação legislativa de normas necessárias para a instituição e execução de políticas públicas, não podem ser considerada tarefas atinente à etapa de construção de agendas; **D:** incorreta, pois, embora a análise dos efeitos de uma política seja essencial, não se trata da tarefa típica da etapa de construção, mas sim da fase de avaliação; **E:** incorreta, pois se refere à fase de implementação as políticas públicas. **RB**
Gabarito "A".

(Analista Judiciário – TRE/PI – CESPE – 2016) Em relação às políticas públicas e ao processo de comunicação, assinale a opção correta.

(A) A implementação de uma política pública é o momento em que se efetiva a ação e se coloca em prática a decisão política, inexistindo pré-condição para tanto.

(B) A abordagem racional refere-se à análise e formulação de políticas públicas e consiste em dar foco ao processo político.

(C) A partir da predefinição do problema, o processo ou ciclo de políticas públicas contempla os seguintes

momentos: agenda, elaboração, formulação, implementação, execução, acompanhamento e avaliação.

(D) A comunicação pública recebe essa denominação por estar diretamente vinculada à comunicação praticada pelos entes públicos.

(E) Devido ao caráter permanente de utilização, as redes de comunicação organizacionais são formalizadas e caracterizadas pela verticalização de poderes entre os interlocutores.

A: incorreta, pois a implementação da política pública é fase que deve ser precedida das fases de formação da agenda, de formulação da política e de tomada de decisão; **B:** incorreta, pois o foco no processo político não é relacionado diretamente à formulação das políticas públicas, em que se definem seus objetivos, suas possíveis linhas de ação; **C:** correta, descrevendo adequadamente as fases do ciclo das políticas públicas; **D:** incorreta, pois a comunicação pública, que envolve a sociedade civil, não se confunde com a comunicação governamental, praticada pelos entes públicos; **E:** incorreta, pois há sempre forte comunicação pelos canais informais, dentro da estrutura informal de qualquer organização. Ademais, mesmo na estrutura formal, a comunicação não é apenas vertical, havendo também a horizontal, entre membros do mesmo nível hierárquico, favorecendo a coordenação do trabalho, a integração, o compartilhamento de informações, a solução de problemas interdepartamentais, além da comunicação diagonal, entre gestores e empregados de outros departamentos, buscando simplificar o acesso à informação. **RB**
Gabarito "C".

(Analista Judiciário – TRE/PI – CESPE – 2016) A respeito de desenvolvimento e disponibilização de novas tecnologias, celeridade dos meios de comunicação e transparência das informações, tanto no âmbito privado quanto no público, assinale a opção correta.

(A) As ações do governo eletrônico, relacionadas especialmente ao e-governança, e-democracia e e-governo, embora favoreçam a transparência, limitam a participação do cidadão e o fortalecimento da cidadania.

(B) O uso de tecnologias da informação, que possibilita a elevação da eficiência administrativa e a melhoria tanto dos serviços internos como daqueles prestados ao cidadão, deu origem ao chamado governo eletrônico.

(C) O Programa Sociedade da Informação, do governo federal, relacionado ao governo eletrônico, visava promover o *accountability* governamental e a transparência das contas públicas.

(D) A adoção do *accountability* governamental minimiza a responsabilização dos governantes, devido à eficiência das tecnologias utilizadas para sistematizar os meios de prestação de contas.

(E) O uso de tecnologias da informação e comunicação, especialmente após a ampliação do acesso à Internet, dificulta a transparência da administração pública devido ao excesso de informações cuja avaliação, em termos de veracidade, depende de conhecimentos técnicos.

A: incorreta, pois as ampliação dos canais eletrônicos de transparência e participação favorecem inequivocamente a cidadania; **B:** correta, descrevendo adequadamente fundamentos do governo eletrônico; **C:** incorreta, pois o objeto era bem mais amplo, de integrar, coordenar e fomentar ações para a utilização de tecnologias de informação e comunicação, de forma a contribuir para a inclusão social de todos os brasileiros na nova sociedade e, ao mesmo tempo, contribuir para que a economia do país tenha condições de competir no mercado global; **D:** incorreta, pois não há redução da responsabilização dos governantes, mas sim prestação de contas mais ampla e transparente, além de facilitar o controle social; **E:** incorreta, pois é reconhecido que o uso das tecnologias de informação amplia a transparência e favorece a participação e o controle social. **RB**

Gabarito "B".

(Analista Judiciário – TRE/PI – CESPE – 2016) A respeito dos elementos que caracterizam governabilidade, governança e *accountability* na administração pública, assinale a opção correta.

(A) A governança pública é caracterizada pelo atendimento dos interesses dos cidadãos por meio da implantação de políticas públicas, preservando-se o equilíbrio financeiro e os interesses do governo.

(B) Governabilidade refere-se à capacidade de governar, à eficiência na gestão da máquina pública e à implantação das políticas públicas.

(C) O termo *accountability* está relacionado aos lançamentos contábeis das receitas e despesas de um órgão público para controle orçamentário, cuja finalidade primordial é a elaboração de demonstrações financeiras.

(D) As câmaras setoriais existentes no Brasil, por possuírem integrantes de sindicatos e empresariados, são exemplos de corporativismo e visam reforçar a governabilidade, embora representem ameaça para a governança do país.

(E) As entidades sindicais, legitimadas pelo governo, retratam um exemplo típico de clientelismo, uma vez que possuem poderes para representar classes trabalhistas e defender os interesses governamentais.

A: correta, sendo a governança pública intimamente ligada à implantação de políticas públicas de maneira transparente e responsável; **B:** incorreta. *Governança* refere-se à capacidade de governo do Estado de implementar as decisões tomadas, de viabilizar as condições financeiras e administrativas indispensáveis à execução das decisões que o governo toma. *governabilidade* refere-se ao poder para governar, dada sua legitimidade democrática e o apoio com que conta na sociedade civil; **C:** incorreta, pois *accountability* se refere à prestação de contas de modo transparente e acessível, e a correspondente ampliação e facilitação do controle social; **D:** incorreta, pois as câmaras setoriais buscam refletir a heterogeneidade da sociedade, dando voz a diversos setores, o que não pode ser considerado ameaça à governança; **E:** incorreta, pois não há defesa automática dos interesses governamentais pelas entidades sindicais, que possuem suas agendas própria, muito menos poderes específicos para isso. **RB**

Gabarito "A".

5. ADMINISTRAÇÃO FINANCEIRA E ORÇAMENTÁRIA

Robinson Barreirinhas

1. PRINCÍPIOS E NORMAS GERAIS

(Analista - TRT2 - FCC - 2018) Suponha que o chefe do Poder Executivo de um Estado brasileiro incluiu no Projeto de Lei Orçamentária Anual um dispositivo que determina a forma de utilização da Reserva de Contingência para o atendimento dos passivos contingentes e outros riscos e eventos fiscais imprevistos. Entretanto, a inclusão de tal dispositivo na Lei Orçamentária Anual

(A) não deve ser aprovada porque fere o princípio orçamentário da exclusividade.

(B) não deve ser aprovada porque deve constar na Lei do Plano Plurianual.

(C) deve ser aprovada para atender o princípio orçamentário do orçamento bruto.

(D) deve ser aprovada e o montante da Reserva de Contingência deve ser autorizado pelo Poder Judiciário.

(E) deve ser aprovada, desde que o texto seja exatamente igual ao que consta na Lei de Diretrizes Orçamentárias.

A: correta, pois, embora a LOA deva conter reserva de contingência, a forma de utilização e o montante serão estabelecidos na LDO, conforme o art. 5º, III, da LRF. A LOA deve apenas conter previsão de receita e fixação de despesa (princípio da exclusividade), sendo admitida apenas excepcionalmente a autorização para abertura de créditos suplementares e para contratação de operações de crédito – art. 165, § 8º, da CF; **B:** incorreta, pois embora a LOA deva conter reserva de contingência, a forma de utilização e o montante serão estabelecidos na LDO, conforme o art. 5º, III, da LRF; **C:** incorreta, conforme comentários anteriores; **D:** incorreta, pois o montante da reserva deve ser estabelecido na LDO – art. 5º, III, da LRF; E: incorreta, conforme comentários anteriores. RB
Gabarito "A".

Veja a seguinte tabela com os mais importantes princípios orçamentários, para estudo e memorização:

Princípios orçamentários	
Anualidade	A lei orçamentária é anual (LOA), de modo que suas dotações orçamentárias referem-se a um único exercício financeiro – art. 165, § 5º, da CF
Universalidade	A LOA inclui todas as despesas e receitas do exercício – arts. 3º e 4º da Lei 4.320/1964
Unidade	A LOA refere-se a um único ato normativo, compreendendo os orçamentos fiscal, de investimento e da seguridade social – art. 165, § 5º, da CF e art. 1º da Lei 4.320/1964. Ademais, cada esfera de governo (União, Estados, DF e Municípios) terá uma única LOA para cada exercício, o que também é indicado como princípio da unidade

Exclusividade	A LOA não conterá dispositivo estranho à previsão da receita e à fixação da despesa, admitindo-se a autorização para abertura de créditos suplementares e para contratação de operações de crédito – art. 165, § 8º, da CF
Equilíbrio	Deve haver equilíbrio entre a previsão de receitas e a autorização de despesas, o que deve também ser observado na execução orçamentária. Isso não impede a realização de *superávits* – ver art. 48, *b*, da Lei 4.320/1964 e art. 31, § 1º, II, da LRF (LC 101/2000)
Especificação, especialização ou discriminação	Deve haver previsão pormenorizada de receitas e despesas, não cabendo dotações globais ou ilimitadas – art. 167, VII, da CF e art. 5º da Lei 4.320/1964
Unidade de tesouraria	**As receitas devem ser recolhidas em caixa único, sendo vedada qualquer fragmentação para criação de caixas especiais – art. 56 da Lei 4.320/1964**
Não afetação ou não vinculação da receita dos impostos	É vedada a vinculação de receita de impostos a órgão, fundo ou despesa, com as exceções previstas no art. 167, IV, da CF

(Analista Judiciário – STJ – CESPE – 2015) Tendo como referência os conceitos e as normas aplicáveis ao orçamento público, julgue o item a seguir.

(1) A transferência da contabilização de uma obrigação resultante de despesa realizada no exercício atual para o subsequente está associada à quebra dos princípios da totalidade e da publicidade.

1: Incorreta, pois se refere aos princípios da anualidade e da universalidade, pelos quais as dotações da LOA se referem a um único exercício financeiro (anualidade) e inclui todas as despesas desse exercício (universalidade), lembrando que a despesa onera o orçamento em que foi empenhada (regime de competência) – art. 35, II, da Lei 4.320/1964. RB
Gabarito 1E

(Analista – TRT/6ª – 2012 – FCC) O Princípio Orçamentário que determina a inclusão na Lei Orçamentária Anual de todas as receitas e despesas orçamentárias é o da

(A) Competência.

(B) Unidade.

(C) Exclusividade.

(D) Universalidade.

(E) Anualidade.

A: incorreta, pois competência não é, a rigor, princípio, podendo se referir simplesmente ao regime de realização das despesas públicas – art. 35, II, da Lei 4.320/1964; **B:** incorreta, pois o princípio da unidade indica que a Lei Orçamentária Anual – LOA é um único ato normativo, compreendendo os orçamentos fiscal, de investimento e da seguridade social – art. 165, § 5º, da CF/1988 e art. 1º da Lei 4.320/1964. Ademais, cada esfera de governo (União, Estados, Distrito Federal e Municípios) terá uma única LOA para cada exercício, o que também é indicado como princípio da unidade; **C:** incorreta, pois o princípio da exclusividade indica que a LOA não conterá dispositivo estranho à previsão da receita e à fixação da despesa, admitindo-se a autorização para abertura de créditos suplementares e para contratação de operações de crédito – art. 165, § 8º, da CF/1988; **D:** correta, pois a questão define adequadamente o princípio da universalidade; **E:** incorreta, pois anualidade indica que as dotações de cada LOA referem-se a um único exercício financeiro – art. 165, § 5º, da CF/1988.

Veja a seguinte tabela com os mais importantes princípios orçamentários para estudo e memorização:

Princípios orçamentários	
Anualidade	A lei orçamentária é anual (LOA), de modo que suas dotações orçamentárias referem-se a um único exercício financeiro – art. 165, § 5º, da CF/1988.
Universalidade	A LOA inclui todas as despesas e receitas do exercício – arts. 3º e 4º da Lei 4.320/1964.
Unidade	A LOA refere-se a um único ato normativo, compreendendo os orçamentos fiscal, de investimento e da seguridade social – art. 165, § 5º, da CF/1988 e art. 1º da Lei 4.320/1964. Ademais, cada esfera de governo (União, Estados, DF e Municípios) terá uma única LOA para cada exercício, o que também é indicado como princípio da unidade.
Exclusividade	A LOA não conterá dispositivo estranho à previsão da receita e à fixação da despesa, admitindo-se a autorização para abertura de créditos suplementares e para contratação de operações de crédito – art. 165, § 8º, da CF/1988.
Equilíbrio	Deve haver equilíbrio entre a previsão de receitas e a autorização de despesas, o que deve também ser observado na execução orçamentária. Isso não impede a realização de *superávits* – ver art. 48, *b*, da Lei 4.320/1964 e art. 31, § 1º, II, da LRF.
Especificação, especialização ou discriminação	Deve haver previsão pormenorizada de receitas e despesas, não cabendo dotações globais ou ilimitadas – art. 167, VII, da CF/1988 e art. 5º da Lei 4.320/1964.
Não afetação de receitas de impostos	Vedada a vinculação de receita de impostos a órgão, fundo ou despesa, nos termos e com as exceções previstas no art. 167, IV, da CF/1988.

Gabarito "D".

(Analista – TREMG – 2012 – CONSULPLAN) Os Princípios Orçamentários visam estabelecer regras norteadoras básicas, a fim de conferir racionalidade, eficiência e transparência para os processos de elaboração, execução e controle do Orçamento Público. Válidos para os Poderes Executivo, Legislativo e Judiciário de todos os entes federativos – União, Estados, Distrito Federal e Municípios – são estabelecidos e disciplinados por normas constitucionais, infraconstitucionais e pela doutrina. Sobre os Princípios Orçamentários, assinale a afirmativa INCORRETA.

(A) A Lei Orçamentária Anual de cada ente federado deverá conter todas as receitas e despesas de todos os poderes, órgãos, entidades, fundos e fundações instituídas e mantidas pelo poder público em cumprimento ao estabelecido de forma expressa na legislação.

(B) O princípio da unidade ou totalidade expressa que todas as receitas previstas e despesas fixadas, em cada exercício financeiro, devem integrar um único documento legal dentro de cada esfera federativa: a Lei Orçamentária Anual (LOA), exclusivamente, para os Orçamentos Fiscal e da Seguridade Social, não se aplicando ao Orçamento de Investimento das Empresas Estatais.

(C) Na elaboração e execução do orçamento público considera-se o exercício financeiro orçamentário: período de tempo ao qual a previsão das receitas e a fixação das despesas registradas na Lei Orçamentária Anual (LOA) irão se referir. No caso brasileiro, o exercício financeiro coincidirá com o ano civil e, por isso, será de 1º de janeiro até 31 de dezembro de cada ano, em atendimento ao princípio da anualidade e da periodicidade.

(D) As disposições contidas nos artigos 48, 48-A e 49 da Lei de Responsabilidade Fiscal (LRF), que determinam ao governo, por exemplo: divulgar o orçamento público de forma ampla à sociedade; publicar relatórios sobre a execução orçamentária e a gestão fiscal; disponibilizar, para qualquer pessoa, informações sobre a arrecadação da receita e a execução da despesa, as quais expressam o mesmo que o princípio orçamentário da transparência.

(E) A elaboração da proposta ou projeto da Lei Orçamentária Anual (LOA) é de iniciativa exclusiva do Chefe do Poder Executivo. Cabe ao Poder Público fazer ou deixar de fazer somente aquilo que a lei expressamente autorizar, ou seja, se subordina aos ditames da lei. A aprovação do projeto de orçamento ocorre quando convertido em lei, em cumprimento ao princípio da legalidade aplicado à Administração Pública, segundo o qual a Constituição Federal de 1988, no seu Art. 165, estabelece a necessidade de formalização legal das leis orçamentárias.

A: correta, referindo-se ao princípio da universalidade; **B:** correta, indicando adequadamente o princípio da unidade; **C:** adequada, indicando o princípio da anualidade. Embora não seja comum referir-se ao termo "periodicidade", não há dúvida de que há essa característica na LOA; **D:** imprecisa. O trecho "as quais expressam o mesmo" indica identidade, o que não é correto, pois os dispositivos listados não correspondem exatamente ao princípio da transparência, sendo apenas instrumentos para sua efetividade; **E:** imprecisa. Não é correto afirmar que cabe ao Poder Público deixar de fazer somente o que a lei autorizar, o que não faz sentido. O poder Público não pode fazer o que a lei não autorize, o que não tem o mesmo sentido da assertiva. Observação: discordamos do gabarito, pois não nos parece que a alternativa "C" esteja incorreta, e as alternativas "D" e "E" são no mínimo imprecisas.

Gabarito "C".

(Analista – TRT/11ª – 2012 – FCC) A Lei nº 4.320/1964 estabelece, em seu art. 5, que a Lei de Orçamento não consignará dotações globais destinadas a atender indiferentemente a despesas de pessoal, material, serviços de terceiros, transferências ou quaisquer outras, ressalvado o caso de programas especiais de trabalho mencionados no seu artigo 20 e seu parágrafo único. Essa disposição da Lei está em consonância com o princípio orçamentário da

(A) exclusividade.

(B) unidade orçamentária.

(C) discriminação.

(D) não afetação de receitas.

(E) programação.

A: incorreta, pois o princípio da exclusividade indica que a Lei Orçamentária Anual – LOA não conterá dispositivo estranho à previsão da receita e à fixação da despesa, admitindo-se a autorização para abertura de créditos suplementares e para contratação de operações de crédito – art. 165, § 8°, da CF/1988; **B:** incorreta, pois, segundo a unidade orçamentária, a LOA refere-se a um único ato normativo, compreendendo os orçamentos fiscal, de investimento e da seguridade social – art. 165, § 5°, da CF/1988 e art. 1° da Lei 4.320/1964. Ademais, cada esfera de governo (União, Estados, Distrito Federal e Municípios) terá uma única LOA para cada exercício, o que também é indicado como princípio da unidade; **C:** correta. O princípio da especificação, especialização ou discriminação indica que a LOA deve indicar pormenorizadamente receitas e despesas, não cabendo dotações globais ou ilimitadas – art. 167, VII, da CF/1988 e art. 5° da Lei 4.320/1964; **D:** incorreta, pois a não afetação refere-se à proibição de vinculação de receita de impostos a órgão, fundo ou despesa, com as exceções previstas no art. 167, IV, da CF/1988 (ademais, os arts. 80 e 82 do ADCT preveem outras hipóteses de vinculação de receitas de impostos específicas); **E:** incorreta, pois programação orçamentária não é princípio, mas apenas o planejamento da execução orçamentária durante o exercício, com cronograma de desembolsos.
Gabarito "C".

2. LOA, LDO, PPA

(Analista - TRT2 - FCC - 2018) Considere hipoteticamente que um Deputado Estadual propôs uma emenda ao Projeto de Lei Orçamentária Anual, cuja finalidade é a construção de um estádio poliesportivo em um dos municípios que compõem a sua base eleitoral. A execução da obra terá duração superior a um exercício financeiro. De acordo com a Constituição Federal de 1988, a emenda poderá ser aprovada caso

(A) os recursos necessários para a consecução da obra sejam provenientes da elevação de alíquotas de tributos.

(B) os recursos necessários para a consecução da obra sejam provenientes da anulação de despesa com pessoal e encargos sociais.

(C) a execução da obra seja compatível com o Plano Plurianual e com a Lei de Diretrizes Orçamentárias.

(D) os recursos necessários para a consecução da obra sejam provenientes da anulação de despesa com serviço da dívida.

(E) a execução da obra seja compatível com o Plano Plurianual e com os Créditos Adicionais abertos no exercício anterior a que se refere o Projeto de Lei Orçamentária Anual.

A: incorreta, pois os recursos que devem ser indicados são apenas aqueles provenientes de anulação de despesa, nos termos do art. 166,

§ 3°, II, da CF; **B:** incorreta, pois não se admite anulação de despesa relativa a pessoal e a encargos sociais – art. 166, § 3°, II, *a*, da CF; **C:** correta, conforme o art. 166, § 3°, I, da CF; **D:** incorreta, pois não se admite anulação de despesa relativa a serviço da dívida – art. 166, § 3°, II, *b*, da CF; **E:** incorreta, pois exige-se compatibilidade apenas com o PPA e com a LDO – art. 166, § 3°, I, da CF.
Gabarito "C".

(Analista Judiciário – STJ – CESPE – 2015) Com relação a sistema e processo de orçamentação, classificações orçamentárias, estrutura programática e créditos ordinários e adicionais, julgue os próximos itens.

(1) As categorias de programação são identificadas por programas, projetos, atividades ou operações especiais e seus respectivos subtítulos. O projeto, em particular, deve constar de cada uma das diversas esferas orçamentárias a que pertence, sob programas diversos.

(2) Situação hipotética: Determinado ente da administração pública, que necessita da abertura de um crédito especial, dispõe dos seguintes dados:

• diferença entre a receita realizada e a prevista: R$ 400;

• ativo financeiro no balanço patrimonial do exercício anterior: R$ 180;

• passivo financeiro no balanço patrimonial do exercício anterior: R$ 140;

• créditos extraordinários abertos no exercício: R$ 230;

• créditos adicionais reabertos: R$ 10.

Assertiva: Nessa situação, há margem para abertura do crédito especial de R$ 200.

(3) A vedação ao início de um investimento que ultrapasse o exercício financeiro antes de sua inclusão no PPA evidencia o modelo integrado entre o planejamento e o orçamento concebido e incorporado à Constituição Federal de 1988.

(4) Um aspecto na classificação orçamentária por fontes de recursos é o estabelecimento de uma vinculação entre a origem e a aplicação de determinados recursos, de tal modo que estes tenham uma destinação exclusiva. Isso pode, eventualmente, provocar ociosidade ou escassez de recursos para financiar determinadas ações.

1: Incorreta, pois o projeto (instrumento de programação que envolve conjunto de operações limitadas no tempo, do qual resulta produto determinado) deve constar de uma única esfera orçamentária, sob um único programa – ver art. 5°, § 6°, da Lei 13.408/2016 (LDO federal para 2017). Por seu valor didático, eis as definições previstas no art. 5° da Lei 13.408/2016 (LDO federal para 2017), consolidadas na seguinte tabela:

Programa	Instrumento de organização da ação governamental visando à concretização dos objetivos pretendidos, sendo mensurado por indicadores estabelecidos no plano plurianual.
Atividade	Instrumento de programação para alcançar o objetivo de um programa, envolvendo um conjunto de operações que se realizam de modo contínuo e permanente, das quais resulta um produto necessário à manutenção da ação de governo.

Projeto	Instrumento de programação para alcançar o objetivo de um programa, envolvendo um conjunto de operações, limitadas no tempo, das quais resulta um produto que concorre para a expansão ou aperfeiçoamento da ação de governo.
Operação especial	Despesas que não contribuem para a manutenção, expansão ou aperfeiçoamento das ações do Governo Federal, das quais não resulta um produto e não gera contraprestação direta sob a forma de bens ou serviços.
Subtítulo	O menor nível da categoria de programação, sendo utilizado, especialmente, para especificar a localização física da ação.
Unidade orçamentária	O menor nível da classificação institucional.
Órgão orçamentário	O maior nível da classificação institucional, que tem por finalidade agrupar unidades orçamentárias.
Concedente	Órgão ou entidade da Administração Pública Federal direta ou indireta responsável pela transferência de recursos financeiros, inclusive os decorrentes de descentralização de créditos orçamentários.
Convenente	Órgão ou entidade da Administração Pública direta ou indireta dos governos federal, estaduais, municipais ou do Distrito Federal e as entidades privadas, com os quais a Administração Federal pactue a execução de ações com transferência de recursos financeiros.

2: Correta. Para abertura de créditos adicionais suplementares e especiais é preciso comprovar existência de recursos não comprometidos (art. 43, § 1º, da Lei 4.320/1964), que podem decorrer de excesso de arrecadação (R$ 400, no caso) e superávit financeiro apurado em balanço patrimonial do exercício anterior (R$ 40, no caso = diferença entre o ativo e o passivo financeiro do exercício anterior = R$ 180 – R$ 140). Há, portanto, um total de R$ 440 brutos que poderiam sustentar a abertura desses créditos. Entretanto, deve ser abatido desse valor bruto os valores já comprometidos, no caso, os créditos abertos e reabertos (- R$ 240 = soma dos créditos extraordinários abertos e os adicionais reabertos). Assim, a disponibilidade financeira efetiva a suportar a abertura de novos créditos adicionais é de R$ 200.**3:** Correta. O PPA é a ferramenta que impõe ao gestor público o planejamento a médio prazo, a que deve se subordinar a elaboração e execução dos orçamentos anuais – art. 165, § 1º e art. 167, § 1º, da CF. **4:** Correta. A classificação por fontes de recursos é uma classificação da receita segundo a destinação legal dos recursos arrecadados, que permite aferir se estão sendo gastos com a finalidade correta. Por serem recursos vinculados a determinadas finalidades, eles não podem ser remanejados (não podem ser utilizados para suportar outras despesas, por mais importantes que sejam), o que, em tese, pode causar ociosidade ou escassez. Perceba, portanto, que esse efeito decorre da própria vinculação legal das receitas a determinadas finalidades. Ver, entre outros, art. 52, I, *a*, e II, *a*, da LRF. RB

Gabarito 1E, 2C, 3C, 4C

(Analista Judiciário – STJ – CESPE – 2015) Tendo como referência os conceitos e as normas aplicáveis ao orçamento público, julgue os itens a seguir.

(1) Ao reconhecer-se, ao final de um bimestre, a frustração na realização da receita, pode ser necessário rever as metas fiscais estabelecidas na lei de diretrizes orçamentárias (LDO), uma vez que, dependendo das dimensões do problema, o descumprimento de tais metas poderia comprometer também o cumprimento dos objetivos do plano plurianual (PPA). Isso evidencia que, mesmo durante a execução do orçamento anual, é possível e por vezes necessário promover alterações na LDO e no PPA.

(2) O chamado orçamento impositivo se caracteriza, entre outros aspectos, pela obrigatoriedade de execução das emendas parlamentares individuais, até o limite de 1,2% da receita corrente líquida anual prevista no projeto de lei orçamentária encaminhado pelo Poder Executivo ao Poder Legislativo.

(3) A medição dos resultados da ação governamental é um elemento-chave do orçamento-programa. Nos níveis intermediários da administração, a mensuração é feita com base nos resultados dos programas, mediante o estabelecimento de metas ou produtos, o que constitui uma medida da eficiência da organização.

1: Correta, conforme o art. 9º da LRF; **2:** Incorreta, pois o orçamento impositivo instituído pela EC 86/2015 refere-se ao limite de 1,2% da receita corrente líquida realizada no exercício anterior (não a do projeto de lei orçamentária encaminhado) – art. 166, § 11, da CF. **3:** Incorreta, pois todo programa, projeto, atividade ou operação especial e respectivos subtítulos terá indicação, quando for o caso, do produto, da unidade de medida e da meta física – ver art. 5º, § 1º, da Lei 13.408/2016 (LDO federal para 2017). RB

Gabarito 1C, 2E, 3E

(Analista Judiciário – STJ – CESPE – 2015) No que diz respeito ao sistema de planejamento e de orçamento federal, às diretrizes orçamentárias e ao orçamento anual, julgue o item subsequente.

(1) O projeto e a lei orçamentária de 2015 discriminam, em categorias de programação específicas, as dotações destinadas ao pagamento de precatórios judiciários e de sentenças judiciais de pequeno valor, além das destinações para o cumprimento de sentenças judiciais constantes do orçamento de investimentos das empresas estatais.

1: Incorreta, pois, nos termos do art. 12, IX, da LDO de 2015 (Lei 13.080/2015), a LOA discrimina, em categorias de programação específicas, as dotações destinadas ao pagamento de precatórios judiciários, de sentenças judiciais de pequeno valor e ao cumprimento de sentenças judiciais de empresas estatais dependentes (não relativas ao orçamento de investimento de todas as estatais). RB

Gabarito 1E.

(Analista – TRT/6ª – 2012 – FCC) Em relação ao Plano Plurianual, considere:

I. Lei que estabelece, de forma regionalizada, as diretrizes, objetivos e metas da administração pública federal para as despesas correntes e outras delas decorrentes e para as relativas aos programas de duração continuada.

II. Nenhum investimento cuja execução ultrapasse um exercício financeiro poderá ser iniciado sem prévia inclusão no Plano Plurianual, ou sem lei que autorize a inclusão, sob pena de crime de responsabilidade.

III. Lei que dispõe sobre o Plano Plurianual estabelece as normas relativas ao controle de custos e à avaliação dos resultados dos programas financiados com recursos dos orçamentos e das operações de créditos para as despesas de capital.

IV. Os planos e programas nacionais, regionais e setoriais previstos nesta Constituição serão elaborados em consonância com o Plano Plurianual e apreciados pelo Congresso Nacional.

Está correto o que se afirma apenas em

(A) II e III.

(B) III e IV.

(C) II e IV.

(D) I e III.

(E) I e II.

I: incorreta, pois o PPA refere-se a despesas de capital, não a despesas correntes – art. 165, § 1º, da CF/1988; **II:** correta, correspondendo ao disposto no art. 167, § 1º, da CF/1988; **III:** incorreta, pois não há essa previsão em relação ao PPA – art. 165, § 1º, da CF/1988; **IV:** correta, nos termos do art. 165, § 4º, da CF/1988.
Gabarito "C".

(Analista – TRT/6ª – 2012 – FCC) No Anexo de Metas Fiscais, parte integrante do projeto de lei de diretrizes orçamentárias, estão estabelecidas metas anuais, em valores correntes e constantes, relativas a receitas, despesas, resultados nominal e primário e montante da dívida pública, para o exercício a que se referirem e para os dois seguintes. O Anexo de Metas Fiscais contém

(A) demonstrativo da estimativa e compensação da renúncia de receita nos últimos três exercícios.

(B) avaliação da situação financeira e atuarial nos últimos três exercícios.

(C) avaliação do cumprimento da execução financeira relativa aos últimos três exercícios.

(D) evolução do patrimônio líquido nos últimos três exercícios.

(E) reserva de contingências nos últimos três exercícios.

O conteúdo do Anexo de Metas Fiscais é definido pelo art. 4º, §§ 1º e 2º, da LRF, sendo que das alternativas, apenas a "D" indica corretamente elemento desse documento (inciso III, do art. 4º, § 2º), devendo ser anotado pelo candidato.
Gabarito "D".

(Analista – TRT/11ª – 2012 – FCC) Em relação à elaboração, discussão, votação e aprovação da proposta orçamentária, é correto afirmar que"

(A) os órgãos do Poder Judiciário, por terem assegurada a sua autonomia administrativa e financeira pela Constituição Federal, não precisam elaborar suas propostas orçamentárias dentro dos limites fixados pela Lei de Diretrizes Orçamentárias.

(B) o projeto da lei orçamentária anual deve ser elaborado pelos órgãos técnicos do Poder Legislativo, a partir das propostas que lhe forem encaminhadas pelas unidades orçamentárias do Poder Executivo e do Poder Judiciário.

(C) a lei orçamentária anual poderá conter dispositivo que autorize a utilização de recursos do orçamento fiscal e do orçamento da seguridade social para suprir

necessidade ou cobrir déficit de empresas, fundações e fundos, desde que seja sancionada pelo chefe do poder Executivo.

(D) as emendas ao projeto de lei do orçamento anual somente podem ser aprovadas caso sejam compatíveis com o plano plurianual e com a lei das diretrizes orçamentárias e indiquem os recursos necessários para a implementação da despesa correspondente.

(E) a lei orçamentária anual deverá conter Anexo de Metas Fiscais, em que serão estabelecidas metas para os resultados nominal e primário e Anexo de Riscos Fiscais, onde serão avaliados os passivos contingentes capazes de afetar as contas públicas.

A: incorreta, pois os tribunais elaborarão suas propostas orçamentárias dentro dos limites estipulados conjuntamente com os demais Poderes na LDO – art. 99, § 1º, da CF/1988; **B:** incorreta, pois os projetos de leis orçamentárias (PPA, LDO e LOA) são de iniciativa privativa do Chefe do Poder Executivo – art. 165 da CF/1988; **C:** incorreta, pois a Constituição veda expressamente a utilização, sem autorização legislativa específica (não basta autorização na LOA), de recursos dos orçamentos fiscal e da seguridade social para suprir necessidade ou cobrir déficit de empresas, fundações e fundos – art. 167, VIII, da CF/1988; **D:** correta, nos termos do art. 166, § 3º, da CF/1988; **E:** incorreta, pois esses anexos integram a LDO, não a LOA – art. 4º, §§ 1º e 3º, da LRF.
Gabarito "D".

3. RECEITAS

(Analista - TRT2 - FCC - 2018) Considere hipoteticamente que em abril de 2018, um determinado Tribunal Regional do Trabalho arrecadou R$ 350.000,00 referentes a receitas imobiliárias (Exploração do Patrimônio Imobiliário) e empenhou R$ 900.000,00 com o planejamento e a execução de obras. De acordo com as determinações da Lei no 4.320/1964, a receita arrecadada e a despesa empenhada pelo Tribunal Regional do Trabalho, em abril de 2018, devem ser classificadas, respectivamente, como

(A) Receitas de Capital - Alienação de Bens e Despesas Correntes - Despesas de Custeio.

(B) Receitas Correntes - Receita Patrimonial e Despesas de Capital - Investimentos.

(C) Receitas de Capital - Alienação de Bens e Despesas de Capital - Investimentos.

(D) Receitas Correntes - Transferências Correntes e Despesas Correntes - Despesas de Custeio.

(E) Receitas de Capital - Receita Patrimonial e Despesas Correntes - Inversões Financeiras.

A receita com exploração do patrimônio (por exemplo, aluguéis recebidos) é classificada como receita corrente patrimonial – art. 11, § 1º, da Lei 4.320/1964. As despesas com planejamento e execução de obras (excetos as de conservação e adaptação) são classificadas como despesas de capital, como investimentos – art. 12, § 4º, da Lei 4.320/1964. Por essas razões, a alternativa "B" é a correta. RB
Gabarito "B".

Veja a seguinte tabela, com a classificação das receitas por diversos critérios:

Classificações da Receita Pública			
Critério	**Espécies**	**Definição**	**Exemplos**
Previsão orçamentária	Orçamentária	Prevista (ou deveria) no orçamento	Tributos, transferências
	Extraorçamentária	À margem do orçamento	Depósitos, cauções, consignações, fianças, superávit, restos a pagar, operações de ARO
Origem	Originária	Decorre da exploração do patrimônio estatal e da prestação de serviço em regime privado	Recebimento de aluguel, preço pela venda de imóvel ou veículo da administração, juros em aplicações financeiras
	Derivada	Decorre da imposição legal	Tributos, multas
	Transferida	Auferida por outra entidade política e transferida para quem vai utilizá-la	Advinda dos Fundos de Participação dos Estados e dos Municípios
Regularidade	Ordinária	Usual, comum	Tributos
	Extraordinária	Esporádica, eventual	Doações, preço pela venda de bem, imposto extraordinário
Categoria econômica	Corrente	Listagem no art. 11, § 1º, da Lei 4.320/1964 – muito próximo das receitas ordinárias	Tributos, transferências correntes
	De Capital	Listagem no art. 11, § 2º, da Lei 4.320/1964 – muito próximo das receitas extraordinárias	Decorrente de operação de crédito (empréstimo), preço pela alienação de bens, transferências de capital

Veja a seguinte tabela, para estudo e memorização da classificação das receitas por categorias econômicas – art. 11, § 4º, da Lei 4.320/1964:

RECEITAS	Correntes	Receita tributária (Impostos, Taxas, Contribuições de melhoria) Receita de contribuições Receita patrimonial Receita agropecuária Receita industrial Receita de serviços Transferências correntes Outras receitas correntes
	de Capital	Operações de crédito Alienação de bens Amortização de empréstimos Transferências de capital Outras receitas de capital

(Analista Judiciário – STJ – CESPE – 2015) Com fundamento nos princípios e nas normas emanados da Lei de Responsabilidade Fiscal (LRF), julgue o seguinte item.

(1) **Situação hipotética:** Nas previsões de receita de determinado ente para o exercício subsequente, tomou-se como referência a arrecadação estimada para o exercício em curso, que corresponde a R$ 100 bilhões, considerando-se uma inflação de 20%, o crescimento do PIB de 5% e alterações na legislação tributária com efeitos residuais na arrecadação. **Assertiva:** Nessa situação, as previsões da receita para o próximo exercício deverão ser de R$ 120 bilhões.

1: Incorreta. A rigor, as previsões de receita devem observar o disposto no art. 12 da LRF, que inclui os efeitos da variação inflacionária e do crescimento econômico, mas não se restringem a eles. Ademais, considerando apenas esses dois fatores, inflação e crescimento do PIB, de maneira singela, o aumento da receita seria superior a 20%. [RB]

Gabarito "E".

(Analista Judiciário – STJ – CESPE – 2015) Julgue os itens subsecutivos, referentes a conceitos e normas aplicáveis à receita pública.

(1) A inscrição de um crédito em dívida ativa se configura como um fato contábil modificativo aumentativo para o ente público como um todo, pois faz surgir um ativo que não existia.

(2) Empréstimos tomados pelo poder público para atender eventuais insuficiências de caixa, até que se regularize

o fluxo de receitas previstas, representam entradas compensatórias e, como tal, são ingressos extraorçamentários. Esses empréstimos constituem passivos exigíveis e devem ser quitados no próprio exercício.

1: Incorreta, não se tratando de fato contábil modificativo, já que não há variação patrimonial quantitativa. Dito de outra forma, os valores continuam os mesmos, apenas que o crédito da administração contra o devedor foi inscrito em dívida ativa, permitindo a execução fiscal do montante; **2:** Correta, tratando-se de operações de crédito por antecipação de receita orçamentária – ARO, nos termos do art. 38 da LRF, com as características indicadas na assertiva. Trata-se de receita extraorçamentária, conforme art. 3º, parágrafo único, da Lei 4.320/1964. **RB**
Gabarito "1E.2C".

(Analista Judiciário – STJ – CESPE – 2015) Com fundamento nos princípios e nas normas emanados da Lei de Responsabilidade Fiscal (LRF), julgue o seguinte item.

(1) Um parlamentar que pretenda apresentar projeto de lei estendendo por mais dez anos os subsídios destinados à produção de determinados alimentos deverá, entre outras exigências, apresentar a estimativa dos gastos correspondentes ao período dos dez anos seguintes e introduzir disposição que obrigue o Poder Executivo a incluir os valores correspondentes nas respectivas propostas orçamentárias.

1: Incorreta. O subsídio é considerado renúncia de receita e, como tal, deverá estar acompanhado de estimativa do impacto orçamentário-financeiro no exercício em que deva iniciar sua vigência e nos dois seguintes, além de atender às demais disposições do art. 14 da LRF. **RB**
Gabarito "E".

(Analista – TREMG – 2012 – CONSULPLAN) Os ingressos de recursos financeiros nos cofres do Estado denominam-se Receitas Públicas. Sobre as Receitas Públicas, marque V para as afirmativas verdadeiras e F para as falsas.

( ) Ingressos Extraorçamentários são recursos financeiros de caráter temporário, em que o Estado é mero depositário desses recursos, que constituem passivos exigíveis e cujas restituições não se sujeitam à autorização legislativa.

( ) Operações Intraorçamentárias são aquelas realizadas entre órgãos e demais entidades da Administração Pública integrantes do orçamento fiscal e do orçamento da seguridade social do mesmo ente federativo, por isso, não representam novas entradas de recursos nos cofres públicos do ente, mas apenas movimentação de receitas entre seus órgãos.

( ) O cancelamento de Restos a Pagar consiste na baixa da obrigação constituída em exercícios anteriores e equivale ao recebimento de recursos provenientes do ressarcimento ou da restituição de despesas pagas em exercícios anteriores, que devem ser reconhecidos como receita orçamentária do exercício.

( ) As etapas da receita orçamentária são planejamento e execução. Na execução, a realização da receita se dá em três estágios: o lançamento, a arrecadação e o recolhimento. Sendo a arrecadação a transferência dos valores arrecadados à conta específica do Tesouro, observando-se o Princípio da Unidade de Tesouraria ou de Caixa.

( ) As transferências constitucionais e legais são aquelas que, quando arrecadadas por um ente, deverão ser transferidas a outros entes por disposição constitucional ou legal.

A sequência está correta em

(A) V, V, V, F, F
(B) F, F, F, V, V
(C) V, V, F, F, V
(D) F, V, V, V, F
(E) V, V, V, V, V

1ª: correta, sendo definição adequada das chamadas receitas ou ingressos extraorçamentários. As entradas decorrentes de operações de Antecipação de Receitas Orçamentárias – ARO, apesar de ser espécie de operação de crédito, são também, consideradas receitas extraorçamentárias (a receita orçamentária é a do tributo, cujo recebimento está sendo antecipado pelo Poder Público). Ademais, segundo a legislação brasileira, são também receitas extraorçamentárias (i) o superávit do orçamento corrente e (ii) as decorrentes da inscrição dos restos a pagar – arts. 11, § 3º, e 36 da Lei 4.320/1964; **2ª:** correta. As receitas intraorçamentárias são ingressos provenientes do pagamento das despesas realizadas na modalidade de aplicação "91 – Aplicação Direta Decorrente de Operação entre Órgãos, Fundos e Entidades Integrantes dos Orçamentos Fiscal e da Seguridade Social". Dessa forma, na consolidação das contas públicas, essas despesas e receitas são identificadas, evitando-se as duplas contagens decorrentes de sua inclusão no orçamento – ver item 5 do Manual de Receita Nacional, aprovado pela Portaria Conjunta STN/SOF 3/2008; **3ª:** incorreta, pois o cancelamento de despesas inscritas em Restos a Pagar consiste na baixa da obrigação constituída em exercícios anteriores, tratando-se, portanto, de restabelecimento de saldo de disponibilidade comprometida, originária de receitas arrecadadas em exercícios anteriores e não de uma nova receita a ser registrada – ver item 10.2 Manual de Receita Nacional; **4ª:** incorreta. As etapas da gestão da receita orçamentária são: (1) planejamento, (2) execução e (3) controle e avaliação – ver o item 8 do Manual de Receita Nacional. De fato, são estágios da execução da receita orçamentária o lançamento, a arrecadação e o recolhimento. Entretanto, arrecadação é a entrega, realizada pelos contribuintes ou devedores, aos agentes arrecadadores ou bancos autorizados pelo ente, dos recursos devidos ao Tesouro. Recolhimento é que é a transferência dos valores arrecadados à conta específica do Tesouro, responsável pela administração e controle da arrecadação e programação financeira, observando-se o Princípio da Unidade de Caixa, representado pelo controle centralizado dos recursos arrecadados em cada ente; **5ª:** correta, nos termos do item 11.3.3 do Manual de Receita Nacional. Obs.: discordamos da anulação e entendemos que a alternativa "C" é a correta.
Gabarito "anulada".

---

4. DESPESAS

(Analista - TRT2 - FCC - 2018) Considere as seguintes informações quanto à despesa total com pessoal que foram extraídas do sistema contábil do Poder Judiciário de um determinado Estado e que se referem ao exercício financeiro de 2017.

– Despesa empenhada: R$ 143.000.000,00

– Despesa liquidada: R$ 141.000.000,00

– Despesa paga: R$ 140.900.000,00

– Despesa reconhecida no resultado patrimonial conforme o regime de competência: R$ 141.000.000,00

A Receita Corrente Líquida do Estado referente ao exercício financeiro de 2017 foi R$ 2.500.000.000,00. De acordo com as determinações da Lei Complementar no 101/2000, o Poder Judiciário, em 31/12/2017,

(A) estava vedado a contratar horas extras, pois a despesa total com pessoal excedeu o limite prudencial.

(B) estava vedado a conceder vantagens, aumentos, reajustes ou adequar a remuneração a qualquer título, pois a despesa total com pessoal excedeu o limite total.

(C) estava impedido de obter garantia, direta ou indireta, de outro ente, pois a despesa total com pessoal excedeu o limite de alerta.

(D) não estava vedado a criar cargo, emprego ou função, pois a despesa total com pessoal não excedeu o limite prudencial.

(E) não estava impedido de alterar a estrutura de carreira que implicasse aumento de despesa, pois a despesa total com pessoal não excedeu o limite de alerta.

A despesa com pessoal no exercício de 2017 correspondeu a 5,64% da receita corrente líquida naquele ano (= 144/2.500*100). Não se ultrapassou, portanto, o limite total fixado pelo art. 20, II, b, da LRF que é de 6% para o Judiciário Estadual. Não se ultrapassou, tampouco o limite prudencial, que corresponde a 95% do limite total (o limite prudencial, portanto, é de 5,7%), previsto no art. 22, parágrafo único, da LRF. Caso se adotasse o valor empenhado como referência (não o liquidado), poder-se-ia entender que se ultrapassou o limite prudencial, mas isso não nos parece correto, considerando o valor reconhecido no resultado patrimonial (presume-se que o valor empenhado e não liquidado deve ter sido cancelado), daí porque entendemos que há mais de uma alternativa correta e, portanto, a questão deveria ter sido anulada. A: incorreta, pois não se ultrapassou o limite prudencial (que é de 95% do limite total), exceto se considerado o valor total empenhado; B: incorreta, pois não se ultrapassou o limite total, conforme comentários iniciais; C: incorreta, pois foi ultrapassado o limite total, conforme comentários iniciais; D: correta, pois não se ultrapassou o limite prudencial, conforme comentários iniciais; E: correta, pois não se ultrapassou o limite prudencial, conforme comentários iniciais. Interessante anotar que "limite de alerta" não é expressão tão usual para se referir ao limite de 95% previsto no art. 22, parágrafo único, da LRF, prevalecendo "limite prudencial". [RB]

Gabarito "D".

Para estudo e memorização, veja a seguinte tabela com os limites para despesas com pessoal em relação à receita corrente líquida de cada ente político, com a repartição entre Executivo, Legislativo e Judiciário (arts. 19 e 20 da LRF):

Limites para despesas com pessoal % sobre a receita corrente líquida		
União	50%	2,5% para o Legislativo, incluindo o Tribunal de Contas da União
		6% para o Judiciário
		40,9% para o Executivo
		0,6% para o Ministério Público da União
Estados e Distrito Federal	60%	3% para o Legislativo, incluindo o Tribunal de Contas Estadual
		6% para o Judiciário
		49% para o Executivo
		2% para o Ministério Público Estadual
Municípios	60%	6% para o Legislativo, incluindo o Tribunal de Contas Municipal, quando houver
		54% para o Executivo.

(Analista Judiciário – STJ – CESPE – 2015) Com relação a conceitos e normas aplicáveis à despesa pública, julgue os itens a seguir.

(1) As operações de crédito contraído pelo poder público integram a dívida pública fundada, independentemente do prazo de amortização, desde que a receita correspondente conste do respectivo orçamento.

(2) Uma transferência efetuada pela União a um município, para aquisição de equipamentos médicos, é uma despesa de capital efetiva, de forma que não se exige contrapartida do município.

(3) De acordo com o relatório resumido de execução orçamentária divulgado pela Secretaria do Tesouro Nacional, no balanço orçamentário do encerramento do exercício, consideram-se como executadas tanto as despesas liquidadas como as empenhadas e não liquidadas, inscritas em restos a pagar não processados.

(4) São passíveis de inscrição em restos a pagar as despesas empenhadas e liquidadas, mas não pagas. Logo, o empenho da despesa não liquidada será considerado anulado, salvo em situações específicas, como, por exemplo, se for do interesse do gestor efetuar a inscrição sem que o serviço tenha sido executado, por estarem as partes em fase de negociação para assinatura de um contrato.

(5) São pagas à conta de despesa de exercícios anteriores as despesas anteriormente inscritas em restos a pagar, depois canceladas e posteriormente reinscritos, por reconhecimento do direito do credor, sem que haja necessidade de novos créditos orçamentários.

1: Discordamos do gabarito oficial, pois entendemos que a assertiva é incorreta. O art. 29, I, da LRF é expresso ao definir dívida fundada como aquela decorrente de obrigações financeiras, inclusive operações de crédito, com prazo de amortização superior a doze meses. A assertiva busca afastar as operações financeiras do tipo ARO (antecipação de receita orçamentária), que compõem a dívida flutuante e devem ser quitadas no mesmo exercício, já que elas implicam receitas extraorçamentárias. Entretanto, é possível, ao menos em tese, outras operações financeiras de curto prazo, que compõem também a dívida flutuante (não a fundada), sendo possível que constem do respectivo orçamento (lembrando que a LRF equipara uma série de situações a operações de crédito – ver art. 37 da LRF). 2: Discordamos do gabarito oficial, pois exige-se previsão orçamentária de contrapartida como pressuposto para a realização de transferência voluntária, nos termos do art. 25, § 1º, IV, d, da LRF. A assertiva parece ter pretendido se referir a alguma contraprestação do município em favor da União, que não existe em caso de transferência voluntária. Mas "contrapartida" é termo técnico específico, que não se confunde com contraprestação. 3: Correta, pois, durante o exercício, somente as despesas liquidadas são consideradas executadas, mas, no encerramento do exercício, as despesas não liquidadas inscritas em restos a pagar não processados são também consideradas executadas. Até porque, se foram inscritas em restos a pagar, considera-se que houve realização da despesa efetivamente, embora não tenha sido concluída a liquidação até o final do exercício. 4: Incorreta, pois o empenho da despesa não liquidada somente pode ser cancelado se a despesa efetivamente não tiver sido realizada. Caso contrário, caso a despesa tenha sido realizada, mas não tenha havido tempo para liquidação até o final do exercício, deverá ser inscrita como restos a pagar não processados – art. 36 da Lei 4.320/1964. 5: Incorreta, pois o pagamento de restos a pagar é despesa extraorçamentária, enquanto a conta de despesa de exercícios anteriores refere-se a despesa orçamentária. Caso os restos a pagar sejam cancelados e, posteriormente, a despesa para pagamento do credor seja feito à conta de despesas de exercícios anteriores, há dispêndio de créditos orçamentários. [RB]

Gabarito 1C, 2C, 3C, 4E, 5E

(Analista – TREMG – 2012 – CONSULPLAN) A despesa pública é o conjunto de dispêndios realizados pelos entes públicos para o funcionamento e manutenção dos serviços públicos prestados à sociedade. A respeito da despesa pública, analise as afirmativas.

I. O orçamento Federal está organizado em programas, a partir dos quais se relacionam as ações sob a forma de atividades, projetos ou operações especiais, especificando os respectivos valores e metas e as unidades orçamentárias responsáveis pela realização da ação.

II. A reserva de contingência destinada ao atendimento de passivos contingentes e outros riscos, bem como eventos fiscais imprevistos, poderá ser utilizada para abertura de créditos adicionais, visto que não há execução direta da reserva.

III. O orçamento anual pode ser alterado por meio de créditos adicionais. Por crédito adicional, entendem-se as autorizações de despesas não computadas ou insuficientemente dotadas na lei orçamentária.

IV. Despesas de exercícios anteriores são despesas fixadas, no orçamento vigente, decorrentes de compromissos assumidos em exercícios anteriores àquele em que deva ocorrer o pagamento, desde que, dentro do prazo estabelecido, o credor tenha cumprido sua obrigação.

V. O suprimento de fundos é caracterizado por ser um adiantamento de valores a um servidor para futura prestação de contas. Esse adiantamento constitui despesa orçamentária, ou seja, para conceder o recurso ao suprido é necessário percorrer os três estágios da despesa orçamentária: empenho, liquidação e pagamento.

Estão corretas as afirmativas

(A) I, II, III, IV e V.
(B) I e V, apenas.
(C) I e III, apenas.
(D) II e IV, apenas.
(E) II, III e V, apenas.

I: correta, pois essa é a forma como o orçamento federal está organizado – ver, por exemplo, o art. 5º da Lei 12.465/2011 (LDO federal para 2012); II: correta, nos termos do art. 91 do Dec.-lei 200/1967; III: correta, nos termos do art. 40 da Lei 4.320/1964; IV: correta, nos termos do art. 37 da Lei 4.320/1964; V: correta, nos termos do art. 68 da Lei 4.320/1964 e do art. 74, § 3º, do Dec.-lei 200/1967. Observação: entendemos que a alternativa "A" é a correta.
Gabarito "D".

Por se valor didático, eis as definições previstas no art. 5º da Lei 12.465/2011 (LDO federal para 2012), consolidadas na seguinte tabela:

Programa	Instrumento de organização da ação governamental visando à concretização dos objetivos pretendidos, sendo mensurado por indicadores estabelecidos no plano plurianual.
Atividade	Instrumento de programação para alcançar o objetivo de um programa, envolvendo um conjunto de operações que se realizam de modo contínuo e permanente, das quais resulta um produto necessário à manutenção da ação de governo.
Projeto	Instrumento de programação para alcançar o objetivo de um programa, envolvendo um conjunto de operações, limitadas no tempo, das quais resulta um produto que concorre para a expansão ou aperfeiçoamento da ação de governo.
Operação especial	Despesas que não contribuem para a manutenção, expansão ou aperfeiçoamento das ações do Governo Federal, das quais não resulta um produto e não gera contraprestação direta sob a forma de bens ou serviços.
Subtítulo	O menor nível da categoria de programação, sendo utilizado, especialmente, para especificar a localização física da ação.
Unidade orçamentária	O menor nível da classificação institucional.
Órgão orçamentário	O maior nível da classificação institucional, que tem por finalidade agrupar unidades orçamentárias.
Concedente	Órgão ou entidade da Administração Pública Federal direta ou indireta responsável pela transferência de recursos financeiros, inclusive os decorrentes de descentralização de créditos orçamentários.
Convenente	Órgão ou entidade da Administração Pública direta ou indireta dos governos federal, estaduais, municipais ou do Distrito Federal e as entidades privadas, com os quais a Administração Federal pactue a execução de ações com transferência de recursos financeiros.

(Analista – STM – 2011 – CESPE) A respeito da Lei nº 4.320/1964, julgue o item a seguir.

(1) Caso a União destine recursos para atender aos gastos com manutenção de uma fundação estadual que tenha como objetivo principal o controle de epidemias, essa dotação deverá ser classificada no orçamento federal como despesa de custeio.

1: incorreta, pois se trata de Transferências Correntes, pois destinadas a outras entidades (a União transfere recursos para a fundação estadual) – art. 12, § 2º, da Lei 4.320/1964.
Gabarito 1E.

5. CRÉDITOS ADICIONAIS E EXECUÇÃO ORÇAMENTÁRIA

(Analista - TRT2 - FCC - 2018) Considere hipoteticamente que determinado Tribunal Regional do Trabalho constatou, em novembro de 2017, que seria necessária a abertura de crédito adicional no valor de R$ 500.000,00 para reforço da dotação orçamentária referente a auxílio moradia a agentes públicos. Assim, de acordo com a Lei no 4.320/1964, o crédito adicional utilizado pelo Tribunal Regional do Trabalho foi

(A) autorizado por lei e aberto por decreto do Poder Legislativo, sendo sua vigência adstrita aos exercícios financeiros de 2017 e 2018.

(B) autorizado por lei e aberto por decreto do Poder Executivo, sendo sua vigência adstrita aos exercícios financeiros de 2017 e 2018.

(C) autorizado por lei e aberto por decreto do Poder Executivo, sendo sua vigência adstrita ao exercício financeiro de 2017.

(D) aberto por decreto do Poder Executivo, que dele deu imediato conhecimento ao Poder Legislativo, sendo sua vigência adstrita ao exercício financeiro de 2017.

(E) aberto por decreto do Poder Executivo, que dele deu imediato conhecimento ao Poder Legislativo, sendo sua vigência adstrita aos exercícios financeiros de 2017 e 2018.

A: incorreta, pois o crédito adicional suplementar é autorizado por lei e aberto por decreto do Executivo, não do Legislativo – art. 42 da Lei 4.320/1964; **B:** incorreta, pois o crédito adicional suplementar tem vigência adstrita ao exercício correspondente (2017) – art. 45 da Lei 4.320/1964; **C:** correta, nos termos dos arts. 42 e 45 da Lei 4.320/1964; **D:** incorreta, pois o crédito adicional suplementar depende de prévia autorização legislativa, não bastando a posterior notícia ao Legislativo (esse último é o caso do crédito adicional extraordinário) – art. 42 da Lei 4.320/1964; **E:** incorreta, pois o crédito adicional suplementar depende de prévia autorização legislativa, não bastando a posterior notícia ao Legislativo (esse último é o caso do crédito adicional extraordinário) – art. 42 da Lei 4.320/1964. Ademais, o crédito adicional suplementar tem vigência adstrita ao exercício correspondente (2017) – art. 45 da Lei 4.320/1964. **RB**

Gabarito "C".

Veja a seguinte tabela, para estudo e memorização dos créditos adicionais – art. 41 da Lei 4.320/1964 e art. 167, § 3º, da CF:

Créditos Adicionais		
Suplementares	Destinados a reforço de dotação orçamentária já existente	– autorizados por lei e abertos por decreto executivo – depende da existência de recursos disponíveis para ocorrer a despesa
Especiais	Destinados a despesas para as quais não haja dotação orçamentária específica	
Extraordinários	Para atender a despesas imprevisíveis e urgentes, como as decorrentes de guerra, comoção interna ou calamidade pública	– abertos por decreto do Executivo, que deles dará imediato conhecimento ao Legislativo

(Analista Judiciário – STJ – CESPE – 2015) Com respeito a programação e execução orçamentária e financeira, julgue o item que se segue.

(1) A transferência por parte do STJ de um crédito e de seu respectivo recurso para o CNJ, com vistas à realização de treinamento de seus servidores, representa uma descentralização caracterizada, respectivamente, por um destaque e por um repasse.

1: Correta. Descentralização de créditos orçamentários é transferência de uma unidade orçamentária para outra, para que essa última possa utilizar tais créditos. O destaque é descentralização externa, para outro Ministério ou órgão equivalente, caso do repasse do STJ para o CNJ. A provisão é descentralização interna, para unidades no âmbito do mesmo Ministério ou órgão equivalente. **RB**

Gabarito 1C

(Analista – TRT/6ª – 2012 – FCC) A prefeitura ABC precisa executar no exercício de 2012 uma despesa orçamentária relativa a obras NÃO incluída na Lei Orçamentária do referido exercício. A prefeitura deverá utilizar o crédito adicional

(A) de fixação.

(B) suplementar.

(C) extraordinário.

(D) adicional.

(E) especial.

Os créditos adicionais destinados a despesas para as quais não haja dotação orçamentária específica são os especiais, de modo que a alternativa "E" é a correta – art. 41, II, da Lei 4.320/1964.

Veja a seguinte tabela com as espécies de créditos adicionais:

Créditos Adicionais		
Suplementares	– Destinados a reforço de dotação orçamentária já existente.	– autorizados por lei e abertos por decreto executivo; – dependem da existência de recursos disponíveis para suportar a despesa.
Especiais	– Destinados a despesas para as quais não haja dotação orçamentária específica.	
Extraordinários	– Para atender a despesas imprevisíveis e urgentes, como as decorrentes de guerra, comoção interna ou calamidade pública.	– abertos por decreto do Poder Executivo, que dele dará imediato conhecimento ao Poder Legislativo (o art. 167, § 3º, da CF/1988 refere-se à Medida Provisória – art. 62 da CF).

Gabarito "E".

(Analista – TRT/6ª – 2012 – FCC) Os dados a seguir foram obtidos do Estado Riacho Verde em 31.12.2011:

Em R$ (mil)

Fixação do Crédito Especial 10.000,00

Execução do Crédito Especial 7.000,00

Ativo Financeiro 50.000,00

Passivo Financeiro 5.000,00

Previsão da Receita 90.000,00

Execução da Receita.................................110.000,00

Com base nessas informações e considerando os recursos para a abertura de créditos adicionais, é fonte de recursos para abertura de crédito adicional no exercício seguinte a 2011

(A) o superávit financeiro de R$ (mil) 45.000,00.

(B) o excesso de arrecadação de R$ (mil) 20.000,00.

(C) a economia orçamentária da R$ (mil) 7.000,00.

(D) a insuficiência de arrecadação de R$ (mil) 3.000,00.

(E) o déficit financeiro de R$ (mil) 45.000,00.

A abertura de créditos adicionais suplementares e especiais depende da existência de recursos disponíveis, que podem ser (i) o superávit financeiro apurado em balanço patrimonial do exercício anterior; (ii) os provenientes de excesso de arrecadação, (iii) os resultantes de

anulação parcial ou total de dotações orçamentárias ou de créditos adicionais, autorizados em lei ou (iv) o produto de operações de crédito autorizadas, em forma que juridicamente possibilite ao Poder Executivo realizá-las – art. 43 da Lei 4.320/1964. Com essa informação é possível concluir que a alternativa "A" é a correta. Adicionalmente, é interessante anotar que superávit financeiro é a diferença positiva entre o ativo financeiro e o passivo financeiro, conjugando-se, ainda, os saldos dos créditos adicionais transferidos e as operações de crédito a eles vinculadas – art. 43, § 2º, da Lei 4.320/1964. Na questão apresentada, portanto, o superávit financeiro é a diferença positiva entre R$ 50 mil (ativo financeiro) e R$ 5 mil (passivo financeiro), ou seja, R$ 45 mil, o que confirma ser correta a alternativa "A".
Gabarito "A".

(Analista – TRT/11ª – 2012 – FCC) Segundo a Lei nº 4.320/1964,

(A) a despesa é liquidada por meio de despacho exarado por autoridade competente, determinando que a despesa seja paga.

(B) salvo as exceções nela previstas, para cada empenho, deverá ser extraído um documento denominado nota de empenho que indicará o nome do credor, a representação e a importância da despesa bem como a dedução desta do saldo da dotação própria.

(C) o regime de adiantamento é aplicável aos casos de despesas expressamente definidos em lei e consiste na entrega de numerário a servidor, dispensado o prévio empenho na dotação própria, para o fim de realizar despesas que não possam subordinar-se ao processo normal de aplicação.

(D) o pagamento da despesa consiste na verificação do direito adquirido pelo credor tendo por base os títulos e documentos comprobatórios do respectivo crédito.

(E) a liquidação da despesa é o ato emanado de autoridade competente que cria para o Estado obrigação de pagamento pendente ou não de implemento de condição.

A: incorreta, pois a assertiva refere-se à ordem de pagamento, conforme definida pelo art. 64 da Lei 4.320/1964; B: correta, pois reflete o disposto no art. 61 da Lei 4.320/1964; C: incorreta, pois o adiantamento é sempre precedido de empenho na dotação própria – art. 68 da Lei 4.320/1964; D: incorreta, pois a assertiva refere-se à liquidação – art. 63 da Lei 4.320/1964; E: incorreta, pois essa é a definição de empenho dada pelo art. 58 da Lei 4.320/1964.
Gabarito "B".

(Analista – TRT/11ª – 2012 – FCC) Os créditos adicionais cuja autorização para abertura pode constar da própria Lei Orçamentária Anual são denominados créditos

(A) especiais.

(B) contingentes.

(C) extraordinários.

(D) com prescrição interrompida.

(E) suplementares.

Segundo o princípio da exclusividade, a LOA não conterá dispositivo estranho à previsão da receita e à fixação da despesa, admitindo-se a autorização para abertura de créditos suplementares e para contratação de operações de crédito – art. 165, § 8º, da CF/1988. Por essa razão, a alternativa "E" é a correta.
Gabarito "E".

6. LEI DE RESPONSABILIDADE FISCAL – LRF

(Analista Judiciário – STJ – CESPE – 2015) Com fundamento nos princípios e nas normas emanados da Lei de Responsabilidade Fiscal (LRF), julgue os seguintes itens.

(1) O projeto da LRF foi concebido no bojo da busca pela estabilidade fiscal, visando à obtenção de superávits primários compatíveis com a estabilização da relação entre dívida externa e reservas internacionais.

(2) O relatório resumido da execução orçamentária deverá contar, de acordo com as circunstâncias, com justificativas para a frustração de receitas, e especificar as providências adotadas em matéria de fiscalização e cobrança dos créditos da fazenda pública, assim como em matéria de combate à evasão e à sonegação.

1: Incorreta, pois, embora a estabilidade fiscal seja, de fato, uma das razões básicas para a aprovação da LRF (ver art. 1º), é incorreto restringi-la à obtenção de superávits primários, ainda mais relacioná-los diretamente à estabilização a relação entre dívida externa e reservas internacionais. 2: Correta, conforme art. 53, § 2º, II, da LRF.
Gabarito 1E, 2C

(Analista Judiciário – STJ – CESPE – 2015) Com respeito a programação e execução orçamentária e financeira, julgue o item que se segue.

(1) A condição para o desbloqueio, em 2015, dos restos a pagar não processados é o compromisso de conclusão da execução das respectivas despesas até o final do exercício.

1: Incorreta, pois o Decreto 8.507/2015 previu, como pressuposto para desbloqueio de restos a pagar não processados, o início de execução das despesas até 31 de outubro daquele ano.
Gabarito 1E

(Analista Judiciário – STJ – CESPE – 2015) No que diz respeito ao sistema de planejamento e de orçamento federal, às diretrizes orçamentárias e ao orçamento anual, julgue o item subsequente.

(1) Considerando que a lei orçamentária para 2015 incluiu, tanto na estimativa da receita como na fixação da despesa, a importância aproximada de R$ 905 bilhões a título de refinanciamento da dívida pública federal, é correto afirmar que a União poderá emitir o referido montante em títulos públicos para rolar o mesmo montante em títulos vencíveis durante o exercício.

1: Correta, tratando-se de refinanciamento da dívida (art. 29, V, da LRF), que não se sujeita a restrições atinentes a limite de endividamento (art. 31, § 1º, I, *in fine*, da LRF).
Gabarito 1C

(Analista – TRT/11ª – 2012 – FCC) Analise as afirmações a seguir:

I. É vedado ao titular do Poder Executivo, nos últimos dois quadrimestres do seu mandato, contrair obrigação de despesa que não possa ser cumprida integralmente dentro dele, ou que tenha parcelas a serem pagas no exercício seguinte sem que haja suficiente disponibilidade de caixa para este efeito.

II. A Lei Orçamentária não consignará dotação para investimento com duração superior a um exercício financeiro que não esteja previsto no plano plurianual ou em lei que autorize a sua inclusão.

III. Somente é considerada despesa obrigatória de caráter continuado aquela derivada de lei, medida provisória ou ato administrativo normativo que fixem para o ente público a obrigação legal de sua execução por, pelo menos, cinco exercícios consecutivos.

IV. O relatório da gestão patrimonial do ente público conterá demonstrativo dos resultados nominal e primário obtidos no semestre respectivo.

De acordo com as disposições da Lei da Responsabilidade Fiscal, está correto o que se afirma APENAS em

(A) I e II.

(B) I e III.

(C) II e III.

(D) II e IV.

(E) III e IV.

I: correta, pois essa vedação é expressamente prevista no art. 42, *caput*, da LRF; **II:** correta, nos termos do art. 5º, § 5º, da LRF c/c o art. 167, § 1º, da CF/1988; **III:** incorreta. Nos termos do art. 17, *caput*, da LRF, considera-se obrigatória de caráter continuado a despesa corrente derivada de lei, medida provisória ou ato administrativo normativo que fixem para o ente a obrigação legal de sua execução por um período superior a dois exercícios (não cinco, como consta da assertiva); **IV:** incorreta, pois essa informação deverá constar do relatório resumido da execução orçamentária, que é bimestral – art. 165, § 3º, da CF/1988 e art. 53, III, da LRF.
Gabarito "A".

7. OUTRAS MATÉRIAS E COMBINADAS

(Analista - TRT2 - FCC - 2018) De acordo com a Lei Complementar no 101/2000,

(A) a Lei do Plano Plurianual disporá sobre normas relativas ao controle de custos e à avaliação dos resultados dos programas financiados com recursos dos orçamentos.

(B) a despesa de capital derivada de ato normativo que fixe para o ente a obrigação legal de sua execução por um período superior a dois exercícios financeiros é denominada despesa obrigatória de caráter continuado.

(C) a Lei Orçamentária Anual disporá sobre condições e exigências para transferências de recursos a entidades públicas e privadas.

(D) o refinanciamento da dívida pública constará separadamente na Lei Orçamentária Anual e nos documentos referentes a suprimentos de fundos.

(E) os recursos legalmente vinculados a finalidade específica serão utilizados exclusivamente para atender ao objeto de sua vinculação, ainda que em exercício diverso daquele em que ocorrer o ingresso.

A: incorreta, pois isso deve constar da LDO – art. 4º, I, *e*, da LRF; **B:** incorreta, pois somente a despesa corrente pode ser classificada como obrigatória de caráter continuado – art. 17 da LRF; **C:** incorreta, pois isso deve constar da LDO – art. 4º, I, *e*, da LRF; **D:** incorreta, pois o refinanciamento da dívida pública constará separadamente na lei orçamentária e nas de crédito adicional, conforme o art. 5º, § 2º, da LRF; **E:** correta, nos exatos termos do art. 8º, parágrafo único, da LRF. (RB)
Gabarito "E".

(Analista Judiciário – STJ – CESPE – 2015) No que diz respeito ao sistema de planejamento e de orçamento federal, às diretrizes orçamentárias e ao orçamento anual, julgue o item subsequente.

(1) O Ministério do Planejamento, Orçamento e Gestão, como órgão central do Sistema de Planejamento e de Orçamento Federal, é responsável pela orientação normativa aos órgãos setoriais e específicos, às unidades de planejamento e orçamento das entidades vinculadas aos ministérios, e às unidades responsáveis pelos orçamentos de outros poderes.

1: Correta, conforme art. 4º, I, e § 4º, da Lei 10.180/2001. RB
Gabarito 1C

(Analista – TRT/10ª – 2013 – CESPE) Tendo em vista que o crescimento dos gastos públicos e o consequente aumento do peso do governo na economia tornam o planejamento da ação governamental cada vez mais importante, julgue os itens subsequentes, relativos à evolução do orçamento público e ao papel do Estado na economia.

(1) A regulação econômica é uma das formas de intervenção da administração na economia, sendo que o bem-estar do consumidor e a melhoria nos níveis de eficiência alocativa podem ser definidos como alguns dos objetivos fundamentais da regulação.

(2) Concomitantemente ao aumento dos gastos, o orçamento público evoluiu como peça de planejamento, ao mesmo tempo em que perdeu a sua forma de programa de operação e apresentação dos meios de financiamento desse programa, assumindo características contábeis formais, determinadas por lei.

(3) O orçamento-programa é uma técnica ambiciosa de conciliação entre planejamento e controle político na peça orçamentária. É sua eficácia como instrumento de controle político que torna difícil sua implantação, já que não há grandes dificuldades técnicas para a sua operacionalização.

(4) A maneira como a legislação observa o princípio do equilíbrio orçamentário é útil para a compreensão dos instrumentos de intervenção econômica disponíveis ao governo, principalmente no tocante à geração de déficits. Na abordagem desse princípio, a CF, ao limitar as possíveis razões de endividamento do governo, interferiu na questão do déficit das operações correntes.

(5) A alteração das preferências da sociedade é uma possível explicação para a mudança na forma de atuação do Estado na economia e a consequente expansão de suas funções.

1: correta. A intervenção indireta por *indução* se refere à normatização e à regulação, com estímulos e desestímulos a determinadas condutas, conforme as leis que regem os mercados – art. 174 da CF/1988; **2:** incorreta, pois o orçamento atual é considerado orçamento-programa, sendo plano de trabalho, instrumento de planejamento da ação do governo, por meio da identificação dos seus programas de trabalho, projetos e atividades, além do estabelecimento de objetivos e metas a serem implementados, bem como a previsão dos custos relacionados; **3:** incorreta, pois o orçamento-programa é o que vem sendo utilizado no Brasil; **4:** correta, sendo interessante notar, por exemplo, que é vedada a realização de operações de créditos que excedam o montante das despesas de capital, ressalvadas as autorizadas mediante créditos suplementares ou especiais com finalidade precisa, aprovados pelo Poder Legislativo por maioria absoluta – art. 167, III, da CF/1988. Isso tende a impedir que operações de crédito sejam contratadas para diminuir déficits correntes; **5:** correta, pois a ampliação ou redução do Estado na economia depende, em larga medida, das preferências da sociedade. Gabarito 1C, 2E, 3E, 4C, 5C

(Analista – TRT/10ª – 2013 – CESPE) Problemas financeiros originados no Estado provocaram diversas crises econômicas ao longo da história brasileira. A Lei Complementar nº 101/2000 – Lei de Responsabilidade Fiscal (LRF) – representou uma resposta a essa realidade, tendo sido um esforço organizado no sentido de garantir um melhor equilíbrio nas contas públicas. À luz desse instrumento legal e da legislação pertinente ao orçamento público no Brasil, julgue os itens que se seguem, referentes à receita e à despesa pública.

(1) A impossibilidade de se realizar uma despesa sem prévio empenho compromete o uso do orçamento como ferramenta de planejamento do gasto, visto que, em muitos casos, não é possível determinar precisamente o montante de recursos que deverá ser empenhado para a execução de certas atividades.

(2) A concessão de incentivos ou benefícios de natureza tributária é um instrumento comum de estímulo econômico utilizado pelo governo em momentos de crise. Quando o incentivo ou benefício concedido origina renúncia de receita, a LRF exige a adoção das seguintes medidas de compensação: elevação de alíquotas, ampliação da base de cálculo, majoração ou criação de tributo ou contribuição.

(3) No âmbito federal, a classificação por fontes de recursos permite a visualização de eventuais vinculações existentes entre receitas e despesas, cuja principal base legal encontra-se na lei de diretrizes orçamentárias.

1: incorreta, pois é exatamente o oposto. A exigência de prévio empenho impede que o gestor público realize despesas dissociadas do orçamento-programa – art. 60 da Lei 4.320/1964; **2:** incorreta, pois essa é uma das condições possíveis, mas não a única, para concessão ou ampliação do incentivo ou benefício, sendo possível também aquela prevista no art. 14, I, da LRF; **3:** correta – ver o item 4.2.3 do Manual Técnico de Orçamento Federal – MTO e o item 9.3.3 do Manual de Receita Nacional (Portaria Conjunta STN/SOF 3/2008). Gabarito 1E, 2E, 3C

(Analista – TRT/10ª – 2013 – CESPE) Considerando que, entre outros instrumentos, a integração entre planejamento e orçamento no Brasil se serve do tripé composto pelo plano plurianual (PPA), pela lei de diretrizes orçamentárias (LDO) e pela lei orçamentária anual (LOA), julgue os itens seguintes.

(1) Sendo os três poderes da República independentes e as leis orçamentárias iniciativa do Poder Executivo, há, naturalmente, uma relação polêmica quanto ao encaminhamento das propostas remuneratórias dos Poderes Legislativo e Judiciário. Para que eventuais litígios e ingerências nesse âmbito sejam minimizados, a legislação determina que os parâmetros para a fixação da remuneração no Poder Legislativo, assim como os limites para a proposta orçamentária do Poder Judiciário e do Ministério Público, sejam incluídos no PPA.

(2) Em virtude das fortes diferenças regionais existentes no país, a CF impôs a regionalização do PPA com base na divisão tradicional das cinco regiões brasileiras.

1: incorreta, pois os Tribunais e o Ministério Público elaboram suas propostas orçamentárias dentro dos limites estipulados conjuntamente com os demais Poderes na LDO (não no PPA), e encaminham para a consolidação pelo Poder Executivo (arts. 99, § 1º, e 127, § 3º, da CF/1988); **2:** incorreta, pois, embora o art. 165, § 1º, da CF/1988 preveja que o PPA estabelecerá a diretrizes, objetivos e metas da Administração de forma regionalizada, não detalhou os limites territoriais correspondentes. Gabarito 1E, 2E

(Analista – TREMG – 2012 – CONSULPLAN) Paulo, Analista Judiciário, vinculado a Tribunal Federal, é responsável pela elaboração dos planos de custeio que irão constar do orçamento do Tribunal, bem como deve zelar pelo regular cumprimento das normas orçamentárias aprovadas pelo Congresso Nacional. De acordo com as normas constitucionais, o servidor integra o(a)

(A) organização nacional de controle do orçamento público.

(B) rede integrada de servidores que controlam o orçamento.

(C) atividade de controle externo de fiscalização orçamentária.

(D) sistema de controle interno orçamentário do Poder Judiciário.

(E) estrutura de controle autônomo orçamentário dos servidores públicos.

Questão discutível, pois o servidor integra o sistema de controle interno, em seu sentido mais amplo, nos termos do art. 74 da CF/1988, sendo que as normas constitucionais não trazem a classificação ou denominações constantes das alternativas (a organizadora pede "de acordo com as normas constitucionais"). Embora a alternativa "B" realmente esteja correta, pois é bastante genérica, parece-nos que a "D" é igualmente adequada. Gabarito "B"

6. REGIMENTO INTERNO E LEGISLAÇÃO LOCAL

Leni Mouzinho Soares

1. TRIBUNAIS SUPERIORES

(Analista Judiciário – STJ – CESPE – 2015) Em processo de indicação para o preenchimento de um cargo vago de ministro do STJ, a Corte recebeu lista sêxtupla de candidatos do órgão de representação da classe correspondente. Em primeira votação, o candidato A recebeu vinte e nove votos; o candidato B, dezesseis votos; o candidato C, quinze votos; o candidato D, quatorze votos; o candidato E, treze votos; e o candidato F, doze votos.

Acerca dessa situação hipotética, julgue os próximos itens à luz do RI/STJ.

(1) Os candidatos E e F não participarão do segundo escrutínio.

(2) A votação para a última vaga na lista tríplice, quando ocorrer, contará com até três candidatos.

(3) Ainda estão em disputa duas vagas na lista tríplice a ser formada pelo STJ.

1: Errada – A assertiva está errada porque, tendo apenas o candidato A obtido a maioria absoluta dos votos, a votação para os demais integrantes da lista tríplice dar-se-á, conforme art. 27, § 3º, do RI, com a realização do segundo escrutínio e, se necessário, novos escrutínios, concorrendo, em cada um, candidatos em número correspondente ao dobro dos nomes a serem inseridos, ainda, na lista, de acordo com a ordem da votação alcançada no escrutínio anterior, ou seja, como já eleito o candidato A, os outros quatro participarão da votação para a definição dos segundo e terceiro candidatos; **2:** Certa – De acordo com o art. 27, § 4º, do Regimento Interno, quando restarem duas ou mais vagas a serem providas, o Tribunal deliberará, preliminarmente, se as listas se constituirão, cada uma, com três nomes distintos, ou se, composta a primeira com três nomes, a segunda e subsequentes deverão ser integradas pelos dois nomes remanescentes da lista anterior, acrescidos de mais um nome". Sendo assim, pode-se afirmar que a votação poderá contar com até três candidatos. Assim, excluindo-se os candidatos A (escolhido para integrar a lista, por maioria absoluta), na sequência, o candidato eleito, em segundo escrutínio, para ser o próximo integrante da lista tríplice, restarão os três que não obtiverem a maioria absoluta ou não foram escolhidos na segunda votação. **3:** Certa – Considerando que o candidato A recebeu a maioria absoluta dos votos, na medida em que o Superior Tribunal de Justiça é constituído por trinta e três Ministros e ele recebeu vinte e nove da votação, portanto seu nome está garantido na lista tríplice, sobrarão duas outras vagas. 🔲

Gabarito 1E, 2C, 3C

(Analista Judiciário – STJ – CESPE – 2015) Julgue os itens seguintes com base no Regimento Interno do STJ (RI/STJ).

(1) A Corte Especial detém competência exclusiva para a edição de súmulas de jurisprudência no âmbito do STJ.

(2) A despeito de prever que, ordinariamente, ao vice-presidente do STJ não compete o julgamento de processos, o RI/STJ excepciona situação em que o vice-presidente poderá exercer tal competência.

(3) Entre outros aspectos, o Plenário do STJ caracteriza-se por deter competência jurisdicional e por constituir a instância máxima dos julgamentos dessa corte de justiça.

1: Errada – As súmulas poderão ser editadas tanto pela Corte como pelas Seções (art. 131, III, do RI). **2:** Certa – Prevê o art. 276, § 2º, do Regimento Interno que "em matéria penal, nos processos de competência originária da Corte Especial, será relator o Presidente do Tribunal ou o Vice-Presidente se aquele for o acusado". **3:** Errada – A competência do Plenário está elencada no art. 10 do Regimento Interno, não incluída a competência jurisdicional. 🔲

Gabarito 1E, 2C, 3E

(Analista Judiciário – STJ – CESPE – 2015) Acerca da Agenda Ambiental na Administração Pública (A3P) e do Plano de Logística Sustentável no âmbito do Poder Judiciário (PLS-PJ), julgue os itens que se seguem.

(1) A A3P preconiza a adoção da política dos três erres (reduzir, reutilizar e reciclar) e o foco na reciclagem dos materiais consumidos nos mais diversos órgãos e instituições da administração pública. Nessa política, o primeiro erre (reduzir) refere-se à máxima redução possível do resíduo produzido, de modo a facilitar seu manuseio pelos coletores e o seu transporte para usinas de reciclagem.

(2) O STJ tem a atribuição de monitorar e avaliar os PLSs dos órgãos que compõem o Poder Judiciário.

(3) O acompanhamento das práticas de sustentabilidade nos órgãos e conselhos do Poder Judiciário ainda depende da criação de indicadores mínimos para a avaliação do desempenho ambiental e econômico do PLS-PJ.

(4) A agenda em questão constitui uma ação voluntária que visa promover a responsabilidade socioambiental como política governamental, contribuindo para a integração da agenda do crescimento econômico à agenda do desenvolvimento sustentável.

1: Errada – A Agenda Ambiental da Administração Pública baseia-se em seis eixos temáticos, que são: uso dos recursos naturais; qualidade de vida no ambiente de trabalho; sensibilização dos servidores para a sustentabilidade; compras sustentáveis; construções sustentáveis; e gestão de resíduos sólidos. **2:** Errada – O Programa A3P, conforme informação constante do sítio eletrônico do Ministério do Meio Ambiente, destina-se aos órgãos públicos das três instâncias: federal, estadual e municipal; e aos três poderes da República: executivo, legislativo e judiciário. Contudo, esta agenda é voluntária, não existindo norma que a imponha ou, ainda, previsão de sanção para quem não siga tais diretrizes. Dessa forma, não há que se falar em monitoramento e avaliação. **3:** Errada – O PLS já foi instituído, sendo o relatório de desempenho fornecido ao final de cada ano, conforme art. 4º da Resolução STJ/GP 17/2015. Além disso, os resultados obtidos a partir da implantação do programa deverão ser publicados a cada semestre no sítio eletrônico do STJ. **4:** Certa – O PLS permite estabelecer e avaliar práticas de sustentabilidade, racionalização e qualidade que promovem a eficiência do gasto público e melhor gestão dos processos de trabalho, sendo a Agenda de ação voluntária, com base em informações constantes dos sítios eletrônicos do Ministério do Meio Ambiente e do Superior de Tribunal de Justiça (https:// bdjur.stj.jus.br/jspui/bitstream/2011/96886/ Anexo_Plano_logistica_sustentavel.pdf). **LM**

Gabarito 1E, 2E, 3E, 4C

2. CONHECIMENTOS COMPLEMENTARES

(Analista – STM – 2011 – CESPE) Acerca do Superior Tribunal Militar (STM), julgue os itens a seguir.

(1) Em razão de seu foro privilegiado, um oficial-general que, em gozo de férias, cometa crime comum deverá ser processado e julgado originariamente pelo STM.

(2) O oficial-general da Marinha que for nomeado ministro do STM passará, automaticamente, a ser militar da reserva.

(3) Compete ao STM o julgamento dos feitos originários de conselho de justificação.

(4) Se um processo distribuído no STM estiver na fase relativa ao aguardo de inclusão em pauta para julgamento e surgir questão prejudicial a esse processo, a competência para resolvê-la será do respectivo relator.

1: errado, o foro é privilegiado apenas para os crimes militares (art. 73, d, do Estatuto dos Militares – Lei 6.880/1980); **2:** errado, será considerado em serviço ativo, quando por mais de seis meses permanecer como ministro do STM (art. 81, V, do Estatuto dos Militares – Lei 6.880/1980); **3:** certo, (art. 48, § 2°, do Estatuto dos Militares – Lei 6880/1980); **4:** certo, (art. 8°, parágrafo único, da LOJM – Lei de Organização Judiciária Militar – Lei 8.457/1992).

Gabarito 1E, 2E, 3C, 4C

(Analista – STM – 2011 – CESPE) Julgue os itens subsecutivos, referentes aos magistrados da justiça militar.

(1) Os ministros civis do STM são substituídos por juiz-auditor corregedor, ou, na falta deste, por juiz-auditor sorteado pelo presidente do STM entre os cinco mais antigos.

(2) Juiz-auditor pode afastar-se de suas funções para realizar cursos, a critério do STM, por um período de até dois anos, contando o tempo de afastamento como de efetivo exercício.

1: Errado. Com a edição da Lei 13.774/2018, o art. 62, III, da LOJM, passou a ter a seguinte redação: "os Ministros civis pelo Juiz-Corregedor Auxiliar e, na falta deste, por convocação do Presidente do Tribunal, após sorteio público ao qual concorrerão os 5 (cinco) juízes federais da Justiça Militar mais antigos; **2:** certo (art. 49, X, da LOJM).

Gabarito 1E, 2C

(Analista – STM – 2011 – CESPE) Com relação aos serviços auxiliares no âmbito da justiça militar, julgue os itens que se seguem.

(1) Mensalmente, os diretores de secretarias das auditorias devem fornecer aos respectivos juízes-auditores a relação de inquéritos e demais processos que se encontrarem parados em suas respectivas secretarias.

(2) A aplicação de pena disciplinar aos servidores auxiliares da justiça militar da União pode preceder-se de advertência.

(3) Caso o diretor-geral da Secretaria do STM aplique pena disciplinar a servidor que lhe seja subordinado,

o recurso da penalidade deverá ser encaminhado ao vice-presidente do STM.

(4) Para ocupar cargo em um dos três primeiros níveis do grupo-direção e assessoramento superior do quadro da Secretaria do STM, o servidor deve ser ocupante de cargo de nível superior do respectivo quadro.

1: errado, a relação de inquéritos e demais processos deve ser fornecida de três em três meses, de acordo com o previsto no art. 79, XV, da LOJM, que tem a seguinte redação, a partir da edição da Lei 13.774/2018: "fornecer ao juiz federal da Justiça Militar, trimestralmente, a relação de inquéritos e demais processos que se encontrem parados na Secretaria; **2:** certo (art. 87 da LOJM); **3:** errado, o recurso deve ser encaminhado ao Presidente do Tribunal (art. 85, c, c/c o art. 88, parágrafo único, da LOJM); **4:** errado, devem ser atendidos os demais requisitos do art. 74 da LOJM).

Gabarito 1E, 2C, 3E, 4E

(Analista – STM – 2011 – CESPE) Acerca de serviços auxiliares da justiça militar da União, julgue os itens que se seguem.

(1) Compete privativamente ao presidente do STM aplicar pena de suspensão a servidor da justiça militar da União.

(2) Servidor de secretaria que atue em processo específico subordina-se ao juiz que trabalhar nesse processo.

(3) Durante uma audiência, compete ao servidor técnico judiciário que estiver trabalhando no processo lavrar procuração *apud acta*.

(4) O servidor do STM que for negligente no cumprimento dos deveres do seu cargo poderá ser punido disciplinarmente sem prévia advertência.

1: errado, a competência para aplicação da pena de suspensão será privativa do Presidente do STM quando exceder 30 dias (art. 85, § 1°, da LOJM); **2:** certo (art. 78 da LOJM); **3:** certo. Com a redação da Lei 13.774/2018, a competência para a lavratura da procuração *apud acta* passou a ser do Analista Judiciário (art. 80, III, da LOJM); **4:** certo (art. 87 da LOJM).

Gabarito 1E, 2C, 3C, 4C

(Analista – STM – 2011 – CESPE) No que se refere aos órgãos de primeira instância da justiça militar, julgue os itens a seguir.

(1) O conselho especial de justiça deve constituir-se para cada processo e dissolver-se após a sua conclusão. Já o conselho permanente de justiça, após a sua constituição, deve funcionar durante três meses consecutivos.

(2) Caso um oficial superior e um sargento sejam acusados do mesmo crime militar, por coautoria, o correspondente processo deverá tramitar perante o mesmo conselho especial de justiça, a despeito da diferença hierárquica existente entre os militares.

(3) Compete ao juiz-auditor decidir acerca de livramento condicional.

(4) Em quaisquer circunstâncias, veda-se aos conselhos especiais e permanente de justiça funcionar fora das sedes das respectivas auditorias.

1: certo (art. 23, § 1°, e art. 24 da LOJM); **2:** certo (art. 23, § 3°, da LOJM). OBS: com a edição da Lei 13.774/2018, foi excluído o civil da previsão constante do dispositivo legal mencionado; **3:** certo (art. 30, XIV, da LOJM); **4:** errado. Em determinadas situações, de acordo com o previsto no art. 17 da LOJM, será vedado o funcionamento dos conselhos especiais e permanente da justiça, conforme pode-se observar de sua redação: "Os Conselhos Especial e Permanente funcionarão na sede das Auditorias, salvo casos especiais por motivo relevante de ordem pública ou de interesse da Justiça e pelo tempo indispensável, mediante deliberação do Superior Tribunal Militar".

Gabarito 1C, 2C, 3C, 4E

(**Analista – STM – 2011 – CESPE**) Com relação aos magistrados da justiça militar, julgue os itens a seguir.

(1) De acordo com disposições legais, não há impedimento de juiz-auditor do STM servir conjuntamente com um primo legítimo que seja membro do Ministério Público Militar.

(2) Candidato aprovado em concurso para a magistratura da justiça militar dispõe do prazo de trinta dias, contados da publicação do ato de provimento no órgão oficial, improrrogáveis, para tomar posse.

(3) Caso dois oficiais-generais tomem posse, simultaneamente, como ministros do STM, no desempate da antiguidade a ser considerada entre eles, nos novos cargos, deve-se levar em consideração a antiguidade na carreira militar.

1: certo, pois primos são parentes em quarto grau (art. 61 da LOJM); 2: errado, o prazo pode ser prorrogado a critério do Tribunal ou do seu Presidente (art. 40, parágrafo único, da LOJM); 3: certo (art. 50, parágrafo único, I, da LOJM).

Gabarito 1C, 2E, 3C

(**Analista – STM – 2011 – CESPE**) A respeito dos serviços auxiliares da justiça militar, julgue os itens a seguir.

(1) Um dos requisitos para que servidor ocupe cargo de segundo nível do grupo-direção e assessoramento superior do quadro da secretaria da correspondente auditoria é ter experiência para o respectivo exercício.

(2) O presidente do STM tem competência para aplicar pena disciplinar de suspensão a servidor auxiliar da justiça militar da União, contudo, apenas no limite máximo de trinta dias.

(3) Compete aos diretores da Secretaria do STM expedir certidão de pregões e de fixação de editais.

1: errado. À época da aplicação da prova, o art. 74 da LOJM não incluía como um dos requisitos a necessidade de experiência. Contudo, com a edição da Lei 13.774/2018, o dispositivo passou a ter a seguinte redação: "O provimento dos cargos em comissão classificados nos 3 (três) primeiros níveis é feito dentre os ocupantes de cargos de nível superior do respectivo quadro que atendam aos seguintes requisitos: a) qualificação específica para a área relativa ao cargo em comissão, mediante graduação em curso de nível superior; b) experiência para o respectivo exercício, de acordo com as normas regulamentares expedidas pelo Tribunal; 2: errado, pois no caso de a suspensão exceder os trinta dias, ele será a única autoridade competente para sua aplicação (art. 85, § 1º, da LOJM); 3: errado, a atribuição é do Oficial de Justiça Avaliador Federal (art. 81, VIII, da LOJM).

Gabarito 1E, 2E, 3E

(**Analista – STM – 2011 – CESPE**) Julgue os itens seguintes, referentes ao Código de Ética dos Servidores da Justiça Militar da União.

(1) É permitido ao servidor do STM manter sob a sua subordinação hierárquica um primo.

(2) Servidor do STM que exerça cargo em comissão classificado como CJ-1, ao realizar transferência patrimonial para um filho, deverá informá-la à comissão de ética da Justiça Militar da União.

(3) Autoridade da justiça militar da União pode consultar, posteriormente, a comissão de ética caso tenha dúvida sobre ato específico da gestão de bens que tenha realizado, para que não incida em desvio ético.

(4) As informações referentes ao patrimônio da autoridade da justiça militar da União devem ser disponibilizadas para consulta pública de qualquer cidadão que assim o desejar. Qualquer restrição nesse sentido caracteriza desvio ético.

(5) A ausência de publicidade nos atos administrativos enseja, necessariamente, comprometimento ético.

(6) Servidor do STM que exerce sua função de forma estranha à finalidade pública não contraria dever fundamental, caso siga as formalidades legais e não cometa violação expressa à lei.

1: certo, pois o parentesco entre primos é de quarto grau (art. 7º, XV, do Código de Ética dos Servidores da Justiça Militar da União – Resolução 159/2009); 2: certo (art.10, I, do Código de Ética dos Servidores da Justiça Militar da União); 3: errado. A consulta deve ser realizada previamente (art. 10, § 2º, do Código de Ética dos Servidores da Justiça Militar da União); 4: errado. A fim de preservar o caráter sigiloso das informações pertinentes à situação patrimonial da autoridade, as comunicações e consultas, após conferidas e respondidas, serão acondicionadas em envelope lacrado, que somente poderá ser aberto por determinação da Comissão (art. 10, § 3º, do Código de Ética dos Servidores da Justiça Militar da União); 5: errado. A norma faz ressalvas sobre a publicidade dos atos (art. 4º do Código de Ética dos Servidores da Justiça Militar da União); 6: errado. Dentre os deveres dos servidores do STM, está o de abster-se de exercer sua função, poder ou autoridade com finalidade estranha ao interesse público, mesmo que observando as formalidades legais e não cometendo violação expressa à lei (art. 6º, XV, do Código de Ética dos Servidores da Justiça Militar da União).

Gabarito 1C, 2C, 3E, 4E, 5E, 6E

(**Analista – STM – 2011 – CESPE**) Julgue os próximos itens, a respeito da comissão de ética da justiça militar da União.

(1) A comissão de ética deve contar, em sua composição, necessariamente, com um servidor do quadro permanente, designado pelo ministro presidente.

(2) A presidência da comissão de ética cabe ao secretário de controle interno.

(3) É vedado aos membros da comissão se manifestar publicamente sobre situação específica que possa ser ainda objeto de deliberação na comissão de ética.

(4) Membro da comissão de ética que venha a ser indiciado civilmente deverá ser automaticamente excluído da comissão.

(5) Os integrantes da comissão de ética deverão, durante o desempenho das atividades de membro da comissão, se afastar do exercício de outras funções.

1: certo. A Comissão de Ética da Justiça Militar da União será composta por três membros e respectivos suplentes, todos servidores efetivos e estáveis, designados pelo Presidente do Tribunal dentre aqueles que nunca sofreram punição administrativa, civil ou penal. (Redação dada pela Resolução 200, de 20 de março de 2014) (art. 20 do Código de Ética dos Servidores da Justiça Militar da União); 2: certo. À época da aplicação da prova, a assertiva estava correta. Contudo, atualmente, o art. 20, § 1º, do Código de Ética dos Servidores da Justiça Militar da União, prevê que: "O Presidente da Comissão será indicado pelo Presidente do Tribunal dentre os membros designados. (Redação dada pela Resolução 200, de 20 de março de 2014)"; 3: certo (art. 33 do Código de Ética dos Servidores da Justiça Militar da União);

4: errado. O membro da comissão só será excluído automaticamente no caso de vir a ser responsabilizado (art. 21 do Código de Ética dos Servidores da Justiça Militar da União); **5:** errado. Os integrantes das Comissões desempenharão suas atribuições sem prejuízo daquelas inerentes a seus cargos efetivos, cargos em comissão ou funções comissionadas (art. 24 do Código de Ética dos Servidores da Justiça Militar da União).

Gabarito 1C, 2C, 3C, 4E, 5E

(**Analista – STM – 2011 – CESPE**) Acerca de procedimentos apuratórios da comissão de ética, julgue os itens subsequentes.

(**1**) Servidor do STM que cometer desvio ético que se caracterize também como crime estará sujeito, na esfera da comissão de ética, à pena máxima que lhe poderá ser aplicada, a censura.

(**2**) No procedimento apuratório da comissão de ética, devem ser garantidos o contraditório e a ampla defesa ao indiciado.

(**3**) O servidor convocado para prestar informações sobre um desvio ético poderá se recusar a prestá-las, por não se tratar, necessariamente, de uma transgressão legal.

(**4**) Recurso de decisão proferida pela comissão de ética que não seja reconsiderado em até cinco dias deverá ser encaminhado ao presidente do STM.

1: certo (art. 43 e art. 44, ambos do Código de Ética dos Servidores da Justiça Militar da União); **2:** certo. Os procedimentos adotados para verificação de descumprimento ao Código de Ética serão promovidos, respeitando-se, sempre, as garantias do contraditório e da ampla defesa, e terão rito sumário (art. 36 do Código de Ética dos Servidores da Justiça Militar da União); **3:** errado. É irrecusável a prestação de informações por parte de servidor convocado pela Comissão, sob pena de abertura de sindicância ou instauração de processo administrativo disciplinar, nos termos da Lei 8.112, de 11 de dezembro de 1990 (art. 41 do Código de Ética dos Servidores da Justiça Militar da União); **4:** certo (art. 45, § 2º, do Código de Ética dos Servidores da Justiça Militar da União).

Gabarito 1C, 2C, 3E, 4C

3. TRIBUNAIS REGIONAIS DO TRABALHO

(**Analista – TRT1 – 2018 – AOCP**) A respeito dos deveres assumidos pelos servidores do Tribunal Regional do Trabalho da 1ª Região, assinale a alternativa correta.

(**A**) Sendo o único filho com formação em ensino superior, e, na hipótese de falecimento de seus pais, o servidor público poderá representar os interesses do comércio de sua família, na condição de mandatário, para o que poderá ser remunerado.

(**B**) O servidor não poderá ser questionado se cometer alguma infração ética por orientação e pedido de seus superiores hierárquicos.

(**C**) O servidor deverá dar atenção especial ao atendimento ao público quando verificada a existência de filas ou qualquer outra espécie de atraso que possa resultar em espera excessiva.

(**D**) Considerando as vantagens de um meio ambiente de trabalho saudável, sem brigas ou desconfianças, o servidor público que presenciar o vazamento de informações sigilosas, por parte de um colega de seu convívio diário, não será obrigado a comunicar a situação à chefia.

(**E**) Se o servidor público também exercer atividade acadêmica, será permitido que ele participe de seminários, congressos e eventos semelhantes, na condição de palestrante, ainda que durante o expediente exercido perante o Tribunal, inexistindo qualquer obrigação de prestar contas ou divulgar a eventual remuneração recebida.

A: Incorreta. Prevê o art. 10 do Código de Ética dos Servidores do Tribunal Regional do Trabalho da 1ª Região que é permitido ao servidor o exercício não remunerado de encargo de mandatário, desde que não implique a prática de atos de comércio ou outros incompatíveis com o exercício do cargo, nos termos da lei; **B:** Incorreta. Ao contrário da afirmativa, o servidor tem o dever de resistir a pressões de superiores hierárquicos, de contratantes e de outros que visem a obter favores, benesses ou vantagens indevidas em decorrência de ações imorais, ilegais ou aéticas, e denunciá-las (art. 6º, VI, do Código de Ética dos Servidores do TRT-1); **C:** Correta. Estabelece o art. 6º, XVII, do Código de Ética que é dever de todo servidor do Tribunal Regional do Trabalho da 1ª Região exercer suas atribuições com rapidez, perfeição e rendimento, pondo fim ou procurando prioritariamente resolver situações procrastinatórias, principalmente diante de filas ou de qualquer outra espécie de atraso na prestação dos serviços pelo setor em que exerça suas atribuições, com o fim de evitar dano ao usuário; **D:** Incorreta. Um dos deveres dos servidores do TRT-1 é manter sob sigilo dados e informações de natureza confidencial obtidos no exercício de suas atividades ou, ainda, de natureza pessoal de colegas e subordinados que só a eles digam respeito, às quais, porventura, tenha acesso em decorrência do exercício profissional, informando à chefia imediata ou à autoridade responsável quando tomar conhecimento de que assuntos sigilosos estejam ou venham a ser revelados (art. 6º, XVI, do Código de Ética); **E:** Incorreta. É permitida a participação em seminários, congressos e eventos semelhantes, desde que tornada pública eventual remuneração, bem como o pagamento das despesas de viagem pelo promotor do evento, o qual não poderá ter interesse em decisão a ser tomada pelo servidor (art. 9º, parágrafo único, do Código de Ética).

Gabarito "C".

(**Analista – TRT1 – 2018 – AOCP**) Valendo-se dos preceitos éticos a serem observados pelos servidores do Tribunal Regional do Trabalho da 1ª Região, assinale a alternativa correta.

(**A**) Considerando as atribuições específicas da Comissão de Ética, caso determinada investigação aponte em direção, para além de violações éticas, a existência de corrupção ativa por parte do investigado, caberá ao presidente da Comissão deliberar pela comunicação, ou não, das autoridades competentes.

(**B**) Por não se tratar de um processo com previsão expressa no Código de Processo Civil, a Comissão de Ética não será obrigada a observar princípios como o contraditório e a ampla defesa como regra.

(**C**) A presença, na condição de parte, em processo administrativo disciplinar, não prejudicará o regular exercício de suas atribuições na referida Comissão.

(**D**) Os integrantes da Comissão de Ética desempenharão suas atribuições concomitantemente com as de seus respectivos cargos.

(**E**) Caso um servidor do Tribunal Regional do Trabalho receba uma proposta de emprego por um conceituado escritório de advocacia, somente deverá comunicar o Tribunal quanto ao ocorrido se tiver interesse em aceitar o convite.

A: Incorreta. A Comissão de Ética, sempre que constatar a possível ocorrência de ilícitos penais, de improbidade administrativa ou de infração disciplinar, encaminhará cópia dos autos às autoridades competentes para apuração de tais fatos, sem prejuízo da adoção das demais medidas de sua competência (art. 29 do Código de Ética do TRT-1); **B:** Incorreta. O processo de apuração de prática de ato em desrespeito ao preceituado no Código de Ética será instaurado, de ofício ou em razão de denúncia fundamentada, respeitando-se sempre as garantias do contraditório e da ampla defesa pela Comissão de Ética (art. 25); **C:** Incorreta. O membro da Comissão que vier a ser indiciado criminalmente, responder a processo administrativo disciplinar ou transgredir a qualquer dos preceitos deste Código ficará suspenso, até o trânsito em julgado (art. 15, § 3º); **D:** Correta, A assertiva está de acordo com o previsto no art. 18 do Código de Ética dos Servidores do TRT-1; **E:** Incorreta. É vedado ao servidor do Tribunal Regional do Trabalho da 1ª Região exercer advocacia, de forma direta ou mediante a prestação de auxílio (art. 7º, VIII).

Gabarito "D".

(Analista – TRT1 – 2018 – AOCP) Assinale a alternativa que NÃO se enquadra dentre as proibições estabelecidas aos servidores pelo Código de Ética do Tribunal Regional do Trabalho da 1ª Região.

(A) Praticar ou compactuar com, por ação ou omissão, direta ou indiretamente, ato contrário à ética e ao interesse público, mesmo que tal ato observe as formalidades legais e não cometa violação expressa à lei.

(B) Manter sob subordinação hierárquica cônjuge, companheiro ou parente em linha reta, colateral ou por afinidade.

(C) Manter em sigilo questões médicas de outros servidores, das quais tiver conhecimento por motivos alheios à função que ocupa.

(D) Utilizar sistemas e canais de comunicação do Tribunal para a propagação e divulgação de questões assemelhadas a propagandas político-partidárias.

(E) Acompanhar, inerte, perseguições a jurisdicionados administrativos ou a servidores do Tribunal.

A questão foi anulada pela empresa organizadora, nos seguintes termos: "Prezados Candidatos, em resposta aos recursos interpostos, temos a esclarecer que a questão será anulada, tendo em vista a existência de duas alternativas corretas, sendo elas "B" e "C", pois, embora a alternativa "C" apontada pelo gabarito preliminar de fato esteja correta, já que não se enquadra dentre as proibições estabelecidas aos servidores pelo Código de Ética, também a alternativa "B", que versa sobre a subordinação hierárquica de cônjuge, companheiro ou parente em linha reta, colateral ou por afinidade, pode ser considerada correta, visto que a supressão da parte final do artigo 7º, inciso XVI, do Código de Ética, na redação da alternativa, permite a equivocada conclusão de que a proibição também se estenderia aos parentes para além de 3º grau".

Gabarito Anulada

(Analista – TRT1 – 2018 – AOCP) De acordo com o que dispõe o Regimento Interno do Tribunal Regional do Trabalho da 1ª Região, a nomeação, posse e exoneração dos ocupantes dos cargos do grupo de Direção, no que se refere à nomeação dos diretores de secretaria de Vara do Trabalho, compete ao

(A) Corregedor Regional.

(B) Vice-Corregedor Regional.

(C) Presidente.

(D) Vice-Presidente.

(E) Presidente da Seção Especializada em Dissídios Individuais.

As competências do Presidente do Tribunal Regional do Trabalho da 1ª Região estão elencadas no art. 25 do Regimento Interno, constando entre elas, no inciso XXII, a de nomear, dar posse e exonerar os ocupantes dos cargos do grupo de Direção e Assessoramento Superiores, dos cargos em comissão e funções comissionadas, bem como designar seus substitutos, observada a indicação, pelo respectivo juiz titular, dentre servidores que integrem o quadro do Tribunal e satisfaçam os requisitos de competência previamente estabelecidos para o cargo, no que se refere à nomeação dos diretores de secretaria de Vara do Trabalho. Deve, portanto, ser assinalada como correta a alternativa C.

Gabarito "C".

(Analista – TRT1 – 2018 – AOCP) Referente à vacância de cargos, promoções e indicações, bem como sobre a presidência das Turmas, consoante às disposições do Regimento Interno do Tribunal Regional do Trabalho da 1ª Região, assinale a alternativa correta.

(A) Na vacância de cargos da administração do Tribunal, o Presidente será substituído pelo Vice-Presidente e este, pelo Corregedor Regional, assumindo o Vice-Corregedor Regional a Corregedoria Regional, cabendo ao desembargador mais antigo, desde que não eleito para quaisquer cargos de direção por quatro anos, ou o de Presidente, o exercício da Vice-Corregedoria Regional.

(B) Em caso de vacância no cargo de Presidente da Seção Especializada em Dissídios Individuais, em qualquer tempo, do mandato do titular, assumi-lo-á o desembargador mais antigo do órgão, ainda que seja Presidente de Turma.

(C) As Turmas serão presididas pelo mais antigo dentre os desembargadores que as compõem, fazendo-se a substituição, em caso de ausência, impedimento ou suspeição, por meio de sorteio.

(D) No preenchimento das vagas para promoção de juízes substitutos e para o acesso de juízes titulares, será observado, unicamente, o critério da antiguidade.

(E) Compete ao Órgão Especial indicar os juízes titulares de Vara do Trabalho para acesso ao Tribunal por antiguidade.

A: Correta. A assertiva está de acordo com o previsto no art. 23 do Regimento Interno do TRT-1; **B:** Incorreta. Conforme dispõe o art. 33, parágrafo único, do referido Regimento, em caso de vacância no cargo de Presidente da Seção Especializada em Dissídios Individuais, em qualquer tempo, do mandato do titular, assumi-lo-á o desembargador mais antigo do órgão, desde que não seja Presidente de Turma, procedendo-se à eleição do novo Presidente, na forma do § 1º do artigo 23 deste Regimento; **C:** Incorreta. As Turmas serão presididas pelo mais antigo dentre os desembargadores que as compõem, fazendo-se a substituição, em caso de ausência, impedimento ou suspeição, segundo a ordem de antiguidade e não por sorteio como constou da assertiva (art. 34); **D:** Incorreta. De acordo com disposição do art. 52, no preenchimento das vagas para promoção de juízes substitutos e para o acesso de juízes titulares, serão observados, alternadamente, os critérios de antiguidade e merecimento; **E:** Incorreta. A competência para indicação de juízes titulares de Vara de Trabalho para acesso ao Tribunal por antiguidade e, nas vagas a serem preenchidas por merecimento, organizar as respectivas listas tríplices, é do Tribunal Pleno (art. 14, IV).

Gabarito "A".

(Analista – TRT/15 – FCC – 2018) As Varas do Trabalho têm sede e jurisdição fixadas em lei e estão administrativamente subordinadas ao Tribunal. Após instalada a Vara do Trabalho, o Tribunal

(A) não poderá alterar e estabelecer nova jurisdição; no entanto, poderá transferir a sede de um Município para outro, desde que seja com a finalidade exclusiva de atender aos Juízes do Trabalho, no que se refere à viabilidade de progressão na carreira.

(B) não poderá alterar e estabelecer nova jurisdição, sendo vedado, ainda, transferir a sede de um Município para outro, em qualquer hipótese.

(C) poderá alterar e estabelecer nova jurisdição, sendo vedado, porém, transferir a sede de um Município para outro.

(D) não poderá alterar e estabelecer nova jurisdição; no entanto, poderá transferir a sede de um Município para outro, de acordo com a necessidade de agilização da prestação jurisdicional.

(E) poderá alterar e estabelecer nova jurisdição, bem como transferir a sede de um Município para outro, de acordo com a necessidade de agilização da prestação jurisdicional.

É permitido ao Tribunal Regional do Trabalho da 15ª Região, conforme dispõe o art. 3º, parágrafo único, de seu Regimento Interno, após instalada a Vara, alterar e estabelecer nova jurisdição, bem como transferir a sede de um Município para outro, de acordo com a necessidade de agilização da prestação jurisdicional, conforme previsto no art. 28 da Lei 10.770/2003. Dessa forma, está correta a alternativa E.
Gabarito "E".

(Analista – TRT/15 – FCC – 2018) Considere a seguinte situação hipotética: Carlos é Desembargador do Trabalho do Tribunal Regional do Trabalho da 15ª Região e pretende concorrer ao cargo de Corregedor Regional do referido Tribunal. A eleição para o mencionado cargo far-se-á mediante escrutínio

(A) secreto, em sessão ordinária do Tribunal Pleno, a ser realizada na primeira quinta-feira do mês de outubro dos anos pares.

(B) aberto, em sessão ordinária do Tribunal Pleno, a ser realizada na primeira quinta-feira do mês de novembro dos anos ímpares.

(C) aberto, em sessão extraordinária do Órgão Especial, a ser realizada na primeira terça-feira do mês de outubro dos anos pares.

(D) secreto, em sessão extraordinária do Tribunal Pleno, a ser realizada na primeira terça-feira do mês de outubro dos anos pares.

(E) secreto, em sessão ordinária do Órgão Especial, a ser realizada na primeira segunda-feira do mês de novembro dos anos ímpares.

O artigo 14 do Regimento Interno prevê que a eleição para os cargos de direção do Tribunal far-se-á mediante escrutínio secreto, em sessão ordinária do Tribunal Pleno, a ser realizada na primeira quinta-feira do mês de outubro dos anos pares, tomando posse os eleitos e prestando compromisso perante os demais Desembargadores integrantes da Corte, em sessão plenária reunida, extraordinariamente, no dia 9 de dezembro dos anos pares ou no primeiro dia útil seguinte, se for o caso. Portanto, deve ser assinalada a alternativa A.
Gabarito "A".

(Analista – TRT/15 – FCC – 2018) Considere a seguinte situação hipotética: Mirna é Desembargadora do Trabalho do Tribunal Regional do Trabalho da 15ª Região e integra a Seção de Dissídios Coletivos (SDC) do aludido Tribunal. A SDC é constituída por

(A) 15 Desembargadores e será dirigida pelo Presidente do Tribunal ou, na sua ausência, pelo Vice-Presidente Judicial, substituídos pelo Desembargador mais antigo da Seção quando ambos estiverem ausentes.

(B) 13 Desembargadores e será dirigida pelo Desembargador mais antigo da Seção ou, na sua ausência, pelo Vice-Presidente Administrativo, substituídos pelo Corregedor Regional quando ambos estiverem ausentes.

(C) 15 Desembargadores e será dirigida pelo Presidente do Tribunal ou, na sua ausência, pelo Vice-Presidente Administrativo, substituídos pelo Desembargador mais antigo da Seção quando ambos estiverem ausentes.

(D) 13 Desembargadores e será dirigida pelo Desembargador mais antigo da Seção ou, na sua ausência, pelo Vice-Presidente Judicial, substituídos pelo Corregedor Regional quando ambos estiverem ausentes.

(E) 13 Desembargadores e será dirigida pelo Presidente do Tribunal ou, na sua ausência, pelo Vice-Presidente Administrativo, substituídos pelo Vice-Presidente Judicial quando ambos estiverem ausentes.

Conforme previsão do art. 46 do Regimento Interno do TRT-15, a Seção de Dissídios Coletivos (SDC) é constituída de 15 (quinze) Desembargadores e será dirigida pelo Presidente do Tribunal, a quem incumbirá conciliar e instruir os dissídios originários e de revisão, ou, na sua ausência, pelo Vice-Presidente Judicial, substituídos pelo Desembargador mais antigo da Seção quando ambos estiverem ausentes. Deve, portanto, ser assinalada a alternativa A.
Gabarito "A".

(Analista – TRT/15 – FCC – 2018) Em matéria administrativa, compete ao Tribunal Pleno

(A) deliberar, referendar e determinar o processamento de exoneração e aposentadoria de Desembargadores.

(B) processar e julgar as questões e os recursos de natureza administrativa, originários de atos do Presidente do Tribunal, da Corregedoria, de quaisquer de seus Desembargadores, dos Juízes de primeiro grau e de seus servidores.

(C) organizar, mediante votação aberta, nominal e motivada, as listas tríplices dos candidatos ao preenchimento de vagas destinadas ao quinto constitucional.

(D) propor ao Tribunal Superior do Trabalho a criação, com a fixação dos vencimentos correspondentes, e a extinção de cargos ou funções, além de outros órgãos.

(E) aprovar o regulamento da secretaria e serviços auxiliares, assim como as alterações necessárias.

A: Incorreta. Os atos descritos na assertiva, com fulcro no art. 21-F, II, "b", 1, do Regimento Interno, são de competência do Órgão Especial; **B:** Incorreta. Compete ao Órgão Especial processar e julgar as questões e os recursos de natureza administrativa, originários de atos do Presidente do Tribunal, da Corregedoria, de quaisquer de seus Desembargadores, dos Juízes de primeiro grau e de seus servidores (art. 21-F, II, a); **C:** Correta. A assertiva estava correta, antes das alterações trazidas pelo Assento Regimental n. 3, de 3 de julho de 2019, passando o art. 20, II, "e" a ter a seguinte redação: Compete ao Tribunal Pleno: e) organizar as listas tríplices dos candidatos ao preenchimento de vagas destinadas ao quinto constitucional; **D:** Incorreta.

Dispõe o art. 21-F, II, "o", do Regimento Interno que compete ao Órgão Especial a propositura ao Tribunal Superior do Trabalho de criação, com a fixação dos vencimentos correspondentes, assim como a extinção de cargos ou funções, além de outros órgãos; **E:** Incorreta. Compete ao Órgão Especial a aprovação do regulamento da secretaria e secretarias auxiliares, assim como as alterações necessárias (art. 21-F, II, "s"). Por fim, cabe esclarecer que o Órgão Especial, nos termos do art. 21-A do Regimento Interno, é composto pelo Presidente do Tribunal, além de 12 (doze) Desembargadores mais antigos e de 12 (doze) Desembargadores eleitos na forma do art. 21-B, enquanto que o Tribunal Pleno é constituído pela totalidade dos Desembargadores do Tribunal (art. 17).

Gabarito "C".

(Analista – TRT/15 – FCC – 2018) Considere a seguinte situação hipotética: Aquiles foi eleito Presidente do Tribunal Regional do Trabalho da 15ª Região e pretende designar Juízes Auxiliares para o seu Gabinete, para exercício durante sua gestão. Nesse caso,

(A) o Presidente do Tribunal poderá designar até cinco Juízes Auxiliares para o seu Gabinete.

(B) os Juízes Auxiliares devem ser Juízes Titulares de Vara do Trabalho, vitalícios ou não.

(C) o Presidente do Tribunal poderá designar até três Juízes Auxiliares para o seu Gabinete.

(D) não poderá ser indicado para Auxiliar Juiz que já tenha sido designado para a mesma função por dois biênios.

(E) não poderá ser indicado para Auxiliar Juiz que já tenha sido designado para a mesma função, independentemente do período em que exerceu tal mister.

Estabelece o art. 23 do Regimento Interno do TRT-15 que o Presidente do Tribunal poderá designar, dentre os Juízes Titulares de Vara do Trabalho Vitalícios, até dois Juízes Auxiliares para o seu Gabinete, para exercício durante sua gestão, enquanto que em seu parágrafo único está previsto que não poderá ser indicado para Auxiliar, Juiz que já tenha sido designado por dois biênios. Portanto, a alternativa D está correta.

Gabarito "D".

(Analista Judiciário – TRT/11 – FCC – 2017) Considere os seguintes atos:

I. Prestar informações sobre os assentamentos funcionais dos juízes e servidores para fins de promoção por merecimento ou aplicação de penalidades.

II. Julgar mandados de segurança contra atos das Turmas.

III. Julgar ações rescisórias.

IV. Homologar desistências e acordos nos dissídios individuais, apresentados antes da distribuição e após o julgamento do feito.

V. Presidir a Comissão de Uniformização da Jurisprudência.

Nos termos do Regimento Interno do TRT da 11ª Região, a competência para a prática desses atos, respectivamente, é do

(A) Presidente do Tribunal, Tribunal Pleno, Presidente do Tribunal, Presidente da Turma e Corregedor.

(B) Corregedor, Presidente do Tribunal, Tribunal Pleno, Presidente do Tribunal e Vice-Presidente.

(C) Corregedor, Tribunal Pleno, Tribunal Pleno, Presidente da Turma e Vice-Presidente.

(D) Presidente do Tribunal, Tribunal Pleno, Presidente da Turma, Tribunal Pleno e Presidente do Tribunal

(E) Presidente do Tribunal, Tribunal Pleno, Tribunal Pleno, Vice-Presidente e Corregedor.

O item I descreve uma das competências do Corregedor (art. 38, VI, do RI); II: Compete ao Tribunal Pleno julgar os mandados de segurança contra atos das Turmas, assim como mandados de segurança e *habeas data* contra atos do Tribunal, dos juízes do Trabalho, ou de quaisquer de seus desembargadores ou juízes convocados, inclusive aqueles provenientes das Comissões de Concursos para provimento de cargos do Quadro de juízes e servidores do Tribunal (art. 24, I, "c", do RI); III: Neste caso, a competência também é do Tribunal Pleno (art. 24, I, "e"); IV: Conforme previsão constante do art. 33, XIV, do RITRT11, compete Presidente de Turma homologar desistências e acordos nos dissídios individuais, apresentados antes da distribuição e após o julgamento do feito (art. 33, XIV); V: A Presidência da Comissão de Uniformização da Jurisprudência compete ao Vice-Presidente do Tribunal (art. 36, III). Assim, portanto, a alternativa correta é a C. LM

Gabarito "C".

(Analista Judiciário – TRT/11 – FCC – 2017) Um Desembargador e um Juiz de Primeira Instância sofreram pena de advertência em processos iniciados por membros do Tribunal, após deliberação do Pleno. O Juiz de Primeira Instância deixou de figurar em lista de promoção por merecimento pelo prazo de um ano, contado da imposição da pena. A forma como foi conduzida a sessão contrariou o Regimento Interno do TRT da 11a Região em

(A) dois aspectos, uma vez que a pena de advertência somente é aplicável a Juízes de Primeira Instância e a exclusão da lista de promoção por merecimento é prevista para o caso da pena de censura.

(B) dois aspectos, uma vez que a pena de advertência somente é aplicável a Desembargadores e não depende da deliberação do Pleno se o processo for iniciado por membros do Tribunal.

(C) um aspecto, uma vez que não há previsão legal para a exclusão da lista de promoção por merecimento.

(D) três aspectos, uma vez que a pena de advertência somente é aplicável a Juízes de Primeira Instância, a exclusão da lista de promoção por merecimento é prevista para o caso da pena de censura e não depende da deliberação do Pleno se o processo for iniciado por membros do Tribunal.

(E) um aspecto, uma vez que não depende da deliberação do Pleno se o processo for iniciado por membros do Tribunal.

De acordo com disposição constante do art. 56 do RI-TRT11, "as penas de advertência e de censura somente são aplicáveis aos juízes de primeira instância e nos casos previstos na Lei Orgânica da Magistratura Nacional"; enquanto que o juiz que houver sofrido a pena de censura não poderá figurar em lista de promoção por merecimento, pelo prazo de 1 (um) ano, contado da imposição da pena (art. 238, § 1º, do RI-TRT11). Por fim, consta do art. 57 que "o processo respectivo terá início pelo Presidente do Tribunal, por provocação de qualquer de seus membros, seguida de deliberação do Pleno, pelo Ministério Público, ou ainda, mediante representação fundamentada, do Conselho Federal ou Seccional da Ordem dos Advogados do Brasil". LM

Gabarito "A".

(Analista Judiciário – TRT/11 – FCC – 2017) No que se refere à ordem dos serviços no TRT da 11ª Região, seu Regimento Interno estabelece que:

(A) recurso mandado subir em agravo de instrumento não gera distribuição mediante compensação ao relator do acórdão.

(B) serão encaminhados ao Ministério Público do Trabalho somente os processos em que figurar como parte a Fazenda Pública, o próprio Órgão Ministerial ou, ainda, se versar sobre interesse de incapaz sem assistência ou representação.

(C) os processos de competência originária terão como revisor nato o Desembargador Vice-Presidente.

(D) conflito de competência ou de atribuições depende de publicação e pauta.

(E) haverá revisor nos processos de competência recursal.

A: incorreta – Será distribuído, mediante compensação, ao relator do acórdão, o recurso mandado subir em agravo de instrumento (art. 64 do RI-TRT11); **B:** correta – Art. 61 do RI-TRT11; **C:** incorreta – O Vice-Presidente será o Relator nato de todos os processos de competência originária do Tribunal, exceto de Ação Rescisória quando tiver sido o relator da decisão rescindenda (art. 37, I); **D:** incorreta – Os conflitos de competência ou de atribuições independem de publicação e pauta (art. 80, IV); **E:** incorreta – Não haverá revisor nos processos de competência recursal (art. 68). LM

Gabarito "B".

(Analista Judiciário – TRT/8ª – 2016 – CESPE) Assinale a opção correta de acordo com o Código de Ética do Tribunal Regional do Trabalho (TRT) da 8.ª Região.

(A) A Comissão de Ética compõe-se por cinco membros e respectivos suplentes, designados pelo corregedor-geral do tribunal, entre os servidores efetivos e estáveis, que não tiverem sofrido, nos últimos cinco anos, punição penal ou administrativa.

(B) As disposições constantes do Código de Ética aplicam-se a todos os servidores do tribunal e ainda àqueles que, mesmo sendo de outra instituição, prestem serviços de natureza permanente ao tribunal, mas não aos vinculados indiretamente e em caráter excepcional que estarão submetidos à regulação específica de seu órgão de origem.

(C) A prática de ações com visibilidade plena integra a gestão democrática que deve ser observada pelo servidor no cumprimento de suas atribuições.

(D) Os servidores nomeados ou designados para o exercício dos cargos em comissão, de direção ou chefia, dada a natureza das atribuições, obedecerão a regras específicas, além das demais normas constantes do Código de Ética.

(E) É vedado ao servidor manter sob sua subordinação hierárquica cônjuge, companheiro ou parente em linha reta, colateral ou por afinidade, até o quarto grau, inclusive.

A: incorreta, pois, de acordo do com art. 18 da Resolução 88/2012, alterada pela Resolução 89/2017, a Comissão de Ética será composta por três membros e respectivos suplentes, designados pelo Presidente do Tribunal dentre os servidores efetivos das carreiras do Poder Judiciário que não sofreram, nos últimos cinco anos, punição penal ou administrativa, com a finalidade de implementar e gerir o Código de Ética; **B:** incorreta, pois as disposições do Código de Ética do TRT-8 aplicam-se a todos os servidores que, por força de lei ou qualquer outro ato jurídico, mesmo pertencendo a outra instituição, presta serviço de natureza permanente, temporária ou excepcional, vinculados direta ou indiretamente ao Tribunal (art. 3º do Código de Ética); **C:** incorreta, a prática destas ações não está elencada no rol de deveres dos servidores contido no Código de Ética, além de que o art. 6º, I, do Código de Ética faz menção à gestão estratégica do Tribunal e não gestão democrática,

como constou da questão; **D:** correta, art. 8º do Código de Ética; **E:** incorreta, a vedação de subordinação de parentes alcança até o terceiro grau (art. 7º, XIII, do Código de Ética).

Gabarito "D".

(Analista Judiciário – TRT/8ª – 2016 – CESPE) Acerca dos dispositivos constantes do Regimento Interno do TRT da 8.ª Região, assinale a opção correta.

(A) É de competência exclusiva da Seção Especializada II do TRT da 8.ª Região processar e julgar, originariamente, os dissídios coletivos de natureza econômica ou jurídica, bem como homologar os acordos neles celebrados.

(B) É da competência originária do vice-presidente do TRT da 8.ª Região a concessão de licença para servidor acompanhar cônjuge ou de licença capacitação, bem como a concessão de dispensa do ponto.

(C) Compete originalmente ao presidente do TRT da 8.ª Região, a coordenação da escala de férias dos juízes de primeiro grau e a direção do foro trabalhista.

(D) O depósito público é órgão externo auxiliar do Foro de Belém, não o integrando, portanto.

(E) A Escola da Magistratura, o Conselho da Ordem do Mérito Jus et Labor e a Corregedoria Regional são órgãos do TRT da 8.ª Região.

A: incorreta, de acordo com o art. 30, I, "a" do Regimento Interno do Egrégio Tribunal Regional do Trabalho da Oitava Região, a competência para processar e julgar, originariamente, os dissídios coletivos de natureza econômica ou jurídica, bem como a homologação dos acordos neles celebrados é da Seção Especializada I e não da Seção II; **B:** incorreta, pois a competência é do Presidente do Tribunal (art. 37, LXVII, "c", "a" e "i", do RI do TRT-8); **C:** ao presidente do TRT compete a submissão da escala de concessão de férias das autoridades judiciárias da Região ao Tribunal Pleno para aprovação, antes do início do ano forense (art. 37, XXVIII do RI); **D:** incorreta, o depósito público integra o Foro de Belém (art. 58, III, do RI); **E:** correta, os órgãos do Tribunal Regional do Trabalho da Oitava Região estão elencados no art. 3º do RI.

Gabarito "E".

(Analista Judiciário – TRT/8ª – 2016 – CESPE) No que concerne aos trâmites processuais descritos no Regimento Interno do TRT da 8.ª Região, assinale a opção correta.

(A) Nas sessões de julgamento da pauta judiciária, o pronunciamento do desembargador relator precede a manifestação do Ministério Público do Trabalho.

(B) A pauta de julgamento será organizada pela ordem cronológica de entrada do processo na distribuição local.

(C) Os julgamentos acerca de dissídios coletivos, embargos de declaração, *habeas corpus* e mandados de segurança preferem aos demais julgamentos, independentemente de requerimento da parte.

(D) As partes serão notificadas dos julgamentos mediante publicação da pauta no órgão oficial, com antecedência mínima de setenta e duas horas.

(E) Independem de publicação e inclusão em pauta de julgamento: *habeas corpus*, conflito de competência e processo administrativo disciplinar.

A: incorreta, porque nos julgamentos da pauta judiciária a sequência a ser observada é a seguinte: relatório; defesa oral; manifestação do Ministério Público do Trabalho; pronunciamento do Desembargador Relator; (alínea alterada por meio da Emenda Regimental nº 001,

de 13.02.2017); discussão; votação e proclamação do resultado do julgamento (art. 132 do RI); **B:** Incorreta. A pauta de julgamento observará a ordem cronológica de entrada do processo na Secretaria e não na distribuição local (art. 120, § 1º, do RI); **C:** Correta. Com base no previsto no art. 120, § 2º, do RI, preferem aos demais julgamentos, os dissídios coletivos, os embargos de declaração, *os habeas corpus* e os mandados de segurança; **D:** incorreta, na medida em que as partes serão notificadas dos julgamentos mediante publicação da pauta no órgão oficial, com antecedência mínima de 48 (quarenta e oito) horas (art. 121 do RI); **E:** Incorreta, porque, com base no disposto no art. 122, V, do RI, independem de publicação e inclusão em pauta, além dos demais procedimentos incluídos nos incisos do referido artigo, matéria administrativa e processo administrativo, exceto Processo Administrativo Disciplinar (PAD) e Recurso Administrativo (RA).
Gabarito "C".

(Analista – TRT/3ª – 2015 – FCC) São órgãos da Justiça do Trabalho da 3ª Região e do Tribunal Regional do Trabalho da 3ª Região, respectivamente,

(A) os Juízes do Trabalho e o Tribunal Pleno.

(B) o Tribunal Pleno e o Órgão Especial.

(C) a Presidência do Tribunal e o Tribunal Pleno.

(D) o Órgão Especial e a Corregedoria.

(E) as Turmas e o Tribunal Pleno.

Com base no art. 5º do RI, os órgãos que integram o Tribunal são: o Tribunal Pleno; o Órgão Especial; a Presidência; a Corregedoria; as Seções Especializadas em Dissídios Coletivos e em Dissídios Individuais; as Turmas; e os Desembargadores do Trabalho.
Gabarito "A".

(Analista – TRT/3ª – 2015 – FCC) Sobre a eleição para os cargos de direção, é correto afirmar que

(A) serão eleitos para mandato de um ano.

(B) será por aclamação, se houver apenas um candidato, desde que haja aprovação da maioria absoluta dos presentes.

(C) ocorrerão na mesma data a posse e o exercício.

(D) deverá haver novo escrutínio, caso nenhum Desembargador obtenha o voto da maioria absoluta dos membros efetivos do Tribunal.

(E) é vedada a votação por carta e permitida a por representação.

A: Incorreta. O Presidente, o 1º Vice-Presidente, o 2º Vice-Presidente, o Corregedor e o Vice-Corregedor serão eleitos pelos Desembargadores para um mandato de dois anos (art. 12, *caput*, do RI); **B:** Incorreta. A aprovação da eleição dar-se-á por aclamação deve ser prévia e por unanimidade dos presentes (art. 12, § 2º, do RI); **C:** Incorreta. A eleição realizar-se-á na terceira quinta-feira do mês de outubro ou, não havendo expediente, no primeiro dia útil subsequente (art. 12, § 3º, do RI); **D:** Correta. Repetir-se-á o escrutínio, na mesma sessão, desde que o Desembargador não obtenha o voto da maioria absoluta dos membros efetivos do Tribunal (art. 12, §§ 7º, 8º, do RI); **E:** Incorreta. ´vedada a votação tanto por carta como por representação (art. 12, 10, do RI-TRT3).
Gabarito "D".

(Analista – TRT/3ª – 2015 – FCC) No caso do Tribunal Pleno, considere as seguintes hipóteses:

I. *Habeas corpus* e *habeas data* em processos de sua competência.

II. Os recursos administrativos interpostos por Desembargadores.

III. As ações rescisórias de seus acórdãos.

IV. Os embargos de declaração opostos a seus acórdãos.

Compete ao Tribunal Pleno julgar, originalmente, o que consta em

(A) I, II, III e IV.

(B) I e II, apenas.

(C) III e IV, apenas.

(D) II, III e IV, apenas.

(E) I, II e III, apenas.

De acordo com previsão constante do art. 21, V, "*b*", "d" e "e", do RI-TRT3 estão corretas as assertivas I, II e III. A assertiva IV está incorreta, pois os embargos e declaração opostos aos acórdãos do Tribunal Pleno serão julgados por este órgão, mas não originariamente (art. 21, VI, "a", do RI).
Gabarito "E".

(Analista – TRT/3ª – 2015 – FCC) Sobre as sessões é correto afirmar que

(A) podem ser públicas ou secretas.

(B) pode haver sustentação oral, permitindo-se a inscrição por meio de fax, correio eletrônico ou pessoalmente.

(C) a inscrição para sustentação oral deve ser recebida até às doze horas do dia antecedente à respectiva sessão.

(D) a sessão somente será aberta após a formação do quórum.

(E) a prestação de esclarecimentos sobre matéria fática pelo advogado independe de autorização pelo Presidente da sessão.

A: Incorreta. As sessões do Tribunal Pleno serão públicas (art. 17 do RI), assim como as do Órgão Especial (art. 22, § 5º, do RI) e dos demais Órgãos do Tribunal (art. 100 do RI); **B:** Correta. À época da aplicação da prova o *caput* do art. 101 do RI trazia a previsão constante da assertiva. Contudo, após as alterações sofrida com edição do Ato Regimental TRT3 n. 7/2015, passou a ter a seguinte redação: "Admitir-se-á sustentação oral, presencial ou a distância, mediante inscrição realizada pelo formulário disponibilizado no site do Tribunal, por correio eletrônico ou pessoalmente"; **C:** Incorreta. A inscrição para sustentação oral presencial poderá ser feita até o início da sessão de julgamento (art. 101, § 1º, do RI); **D:** Incorreta. Aberta a sessão, aguardar-se-á, por dez minutos, a formação do quórum (art. 102 do RI); **E:** Incorreta. É facultado ao Advogado prestar esclarecimentos sobre matéria fática, desde que autorizado pelo Presidente (art. 108, parágrafo único, do RI).
Gabarito "B".

4. TRIBUNAIS REGIONAIS ELEITORAIS

(Analista – TRE/AP – 2011 – FCC) Em matéria de distribuição dos processos, os feitos serão registrados mediante numeração contínua, em cada uma das classes previstas no Regimento Interno, entre outras, o Recurso Eleitoral (RE), código 30. Nesse caso, é certo que:

(A) o agravo de instrumento não poderá ser autuado com a indicação do feito no qual foi interposto, sendo facultado seu apensamento a este quando devolvido pela Instância superior.

(B) o registro na respectiva classe processual terá como parâmetro a classe eventualmente indicada pela parte no recurso, não cabendo sua alteração pela Secretaria Judiciária.

(C) caberá ao Relator solucionar as dúvidas que surgirem na classificação do feito e o Vice-Presidente do Tribunal fará o controle do andamento e das decisões do feito mediante sistema eletrônico.

(D) os recursos e pedidos incidentes ou acessórios poderão ser juntados aos autos principais, mediante termo genérico, porém alterando-se a classe e a numeração do feito.

(E) se o processo for de competência da Corregedoria Regional Eleitoral e que deva ser apreciado pelo Tribunal será registrado em outra classe processual e distribuído pela Secretaria Judiciária ao respectivo Relator.

Regimento Interno do TRE/AP, atualizado, com as alterações da Resolução 402, de 20/03/2012.
A: incorreta, a distribuição será por prevenção (art. 43, § 3º, IV, do RI-TRE/AP); **B:** correta (art. 42, § 1º, do RI-TRE/AP); **C:** incorreta, o Presidente solucionará as dúvidas na classificação do feito (art. 42, § 5º, do RI-TRE/AP); **D:** incorreta, serão juntados aos autos principais, mediante termo específico (art. 42, § 2º, do RI-TRE/AP); **E:** incorreta, serão registrados na respectiva classe processual (art. 42, § 4º, do RI-TRE/AP).
„.B„ oṭɹɐqɐƃ

(Analista – TRE/AP – 2011 – FCC) No que se refere aos recursos de decisão do Presidente e do Relator, é correto afirmar que:

(A) é vedado à parte prejudicada por tais despachos requerer que se apresentem os autos em mesa para que a decisão seja alterada ou confirmada.

(B) o prazo para a interposição desses recursos será de 3 (três) dias, contados da publicação ou da intimação do despacho.

(C) esse recurso regimental, por sua natureza, é sempre administrativo e sem quaisquer restrições.

(D) as partes e o Ministério Público disporão de 10 (dez) minutos, improrrogáveis, para fins de sustentação oral.

(E) se apresentada a petição, e for confirmado o despacho recorrido, o Relator não poderá tomar parte no julgamento na sessão oportuna.

A: incorreta, a parte poderá requerer que se apresentem os autos em mesa para alteração ou confirmação da decisão (art. 93 do RI-TRE/AP); **B:** correta (art. 93, § 2º, do RI-TRE/AP); **C:** incorreta, o agravo é processado nos próprios autos (art. 94 do RI-TRE/AP); **D:** incorreta. À época da aplicação da prova, as partes e o Ministério Público tinham vinte minutos para sustentação oral (art. 54, parágrafo único, do RI-TRE/AP). Contudo, com base na redação atual do art. 54, *caput*, do RI, feito o pregão e concluído o relatório, as partes poderão produzir sustentação oral durante dez minutos; **E:** incorreta, confirmado o despacho recorrido o relator fará parte do julgamento (art. 94 do RI-TRE/AP).
„.B„ oṭɹɐqɐƃ

(Analista – TRE/AP – 2011 – FCC) Com relação às competências, analise:

I. Convocação à sua presença do Juiz Eleitoral da Zona que deva pessoalmente prestar informações de interesse para a Justiça Eleitoral, ou indispensáveis à solução do caso concreto.

II. Propor ao Tribunal o arquivamento do processo da originária competência deste, se a resposta ou defesa prévia do acusado, nos casos em que for admitida, convencer da improcedência da acusação.

III. Presidir a Comissão Apuradora do Tribunal.

IV. Defender a jurisdição do Tribunal.

São atribuições, respectivamente, do:

(A) Presidente, Procurador-Regional, Corregedor-Regional Eleitoral e Relator.

(B) Corregedor-Regional Eleitoral, Procurador-Regional, Presidente e Relator.

(C) Corregedor-Regional Eleitoral, Relator, Vice-Presidente e Procurador-Regional.

(D) Presidente, Relator, Vice-Presidente e Revisor.

(E) Relator, Revisor, Presidente e Corregedor-Regional Eleitoral.

C: correta, sendo o item I atribuição do Corregedor (art. 19, IV, do RI-TRE/AP), o item II atribuição do Relator (art. 51, XIII, do RI-TRE/AP), o item III atribuição do Vice-Presidente (art. 17, III, do RI-TRE/AP), e o item IV atribuição do Procurador-Regional (art. 33, V, do RI-TRE/AP).
„.Ɔ„ oṭɹɐqɐƃ

(Analista – TRE/AP – 2011 – FCC) Dentre as atribuições da Corregedoria Regional Eleitoral, consta a de:

(A) conhecer, em grau de recurso, das decisões administrativas da Secretaria e impor aos funcionários destas penas de suspensão.

(B) assistir às sessões, de qualquer natureza, do Tribunal, tomando parte nas discussões, assinando suas resoluções e acórdãos.

(C) representar ao Tribunal sobre a fiel observância das leis eleitorais e sua aplicação uniforme em toda a Circunscrição.

(D) levar os processos judiciais e administrativos à mesa para julgamento de incidentes por ela ou pelas partes suscitadas.

(E) investigar se há crimes eleitorais a reprimir e se as denúncias já oferecidas têm curso normal.

A: Incorreta. Os atos de conhecer, em grau de recurso, das decisões administrativas da Secretaria e de impor aos servidores penas de suspensão competem ao Presidente do Tribunal (art. 16, XIV e XV, do RI); **B:** Incorreta, é atribuição do Procurador Regional (art. 33, I, do RI-TER/AP); **C:** Incorreta. A atribuição será do Procurador Regional junto ao Tribunal (art. 33, VI, do RI); **D:** Incorreta. O ato compete ao relator, de acordo com o art. 51, XVIII, do RI; **E:** Correta. De acordo com o previsto atualmente no art. 18, V, do RI-TRE/AP, incumbe ao Corregedor determinar a apuração de notícia de crime eleitoral e verificar se as denúncias já oferecidas têm curso normal.
„.Ǝ„ oṭɹɐqɐƃ

(Analista – TRE/CE – 2012 – FCC) Com relação à organização do Tribunal considere:

I. Vagando o cargo de presidente e faltando mais de cento e oitenta dias para o término do biênio, proceder-se-á à eleição para complementação dos mandatos de presidente e vice-presidente.

II. O Tribunal Regional Eleitoral do Estado do Ceará elegerá seu presidente e vice-presidente dentre os dois desembargadores que o compõem, cabendo ao presidente o exercício cumulativo da Corregedoria Regional Eleitoral.

III. O Supremo Tribunal Federal indicará primeiro e segundo substitutos para a categoria de desembargador.

IV. Regula a antiguidade no Tribunal: a data da posse; a data da nomeação ou indicação; o anterior exercício como efetivo ou substituto; a idade.

De acordo com o Regimento, está correto o que se afirma APENAS em:

(A) I, II e III.

(B) I e IV.

(C) III e IV.

(D) II, III e IV.

(E) I e II.

As respostas estão fundamentadas no Regimento Interno do TRE--CE – Resolução 708/2018, (Alterada pela Resolução TRE-CE 737, de 26.4.2019).
I: correta (art. 8º, do RI-TRE/CE); **II:** incorreta, a eleição será em sessão pública, mediante votação nominal, aberta e fundamentada e cabe ao vice-presidente o exercício cumulativo da Corregedoria Regional Eleitoral (art. 7º do RI-TRE/CE); **III:** incorreta, a indicação caberá ao Tribunal de Justiça e não ao STF (art. 2º, § 1º, do RI-TRE/CE); **IV:** correta. I – a data da posse; II – a data da nomeação ou indicação; III – o anterior exercício da jurisdição eleitoral como efetivo ou substituto do Pleno; IV – a idade (art. 10 do RI-TRE/CE).
Gabarito "B".

(Analista – TRE/CE – 2012 – FCC) Ao presidente é facultado decidir monocraticamente as questões relativas a direitos e deveres dos servidores ou submetê-las à apreciação do Tribunal. Das decisões do presidente caberá:

(A) pedido de reconsideração e, do seu indeferimento, não caberá recurso para o Tribunal.

(B) pedido de reconsideração e, do seu indeferimento, caberá recurso para o Tribunal, ambos no prazo de trinta dias a contar da publicação ou da ciência dada ao interessado.

(C) apenas recurso para o Tribunal no prazo de trinta dias a contar da publicação ou da ciência dada ao interessado.

(D) pedido de reconsideração e, do seu indeferimento, caberá recurso para o Tribunal, ambos no prazo de até dez dias a contar da publicação ou da ciência dada ao interessado.

(E) apenas recurso para o Tribunal no prazo de até dez dias a contar da publicação ou da ciência dada ao interessado.

A, C, D e E: Incorretas. Vide comentário da alternativa B; **B:** Correta. Das decisões do presidente caberá pedido de reconsideração e, do seu indeferimento, caberá recurso para o Tribunal, no prazo previsto em lei, a contar da publicação da decisão ou da ciência do interessado (art. 24, § 2º, do RI).
Gabarito "B".

(Analista – TRE/CE – 2012 – FCC) O Tribunal reunir-se-á em sessões:

(A) ordinárias e administrativas, dezesseis vezes por mês.

(B) ordinárias e administrativas, vinte vezes por mês.

(C) ordinárias e administrativas, oito vezes por mês.

(D) ordinárias, uma vez ao mês.

(E) administrativas, cinco vezes ao mês.

De acordo com disposição constante do art. 60, *caput*, do RI, "O Tribunal reunir-se-á em sessões ordinárias, oito vezes por mês, e, em administrativas e extraordinárias, sempre que se fizer necessário, por convocação do presidente ou do próprio Tribunal, com designação de dia e hora em que se realizarão". Portanto, a alternativa C está correta.
Gabarito "C".

(Analista – TRE/CE – 2012 – FCC) Dentre os processos abaixo indicados, os que serão primeiramente julgados na sessão ordinária são os:

(A) que visam o cancelamento de Registro de Partido Político.

(B) extrapauta.

(C) que possam resultar em perda de mandato eletivo.

(D) adiados, iniciando-se por aqueles com pedido de vista.

(E) que possam resultar em inelegibilidade por prazo superior a dois anos.

Os processos julgados em primeiro lugar na sessão ordinária são os processos adiados, iniciando-se por aqueles com pedido de vista (art. 48, I, do RI-TRE/CE).
Gabarito "D".

(Analista Judiciário – TRE/PI – CESPE – 2016) Paulo, com sessenta anos de idade, juiz eleitoral substituto desde 5/5/2012, foi indicado para o exercício efetivo da função eleitoral em 5/10/2014. No dia 10/10/2014, ele foi nomeado juiz eleitoral efetivo e tomou posse em 19/10/2014, entrando em exercício em 23/10/2014.

Nessa situação hipotética, será considerada primeiro critério, para efeitos regimentais, a ser utilizada para verificar a antiguidade, a data em que Paulo

(A) entrou em exercício: 23/10/2014.

(B) tomou posse: 19/10/2014.

(C) iniciou a substituição: 5/5/2012.

(D) foi indicado: 5/10/2014.

(E) foi nomeado: 10/10/2014.

De acordo com o disposto no art. 6º, I, do Regimento Interno, o primeiro critério para verificação da antiguidade é a data da posse. Na sequência, serão verificados a data da nomeação ou indicação, o anterior exercício como efetivo ou substituto, a idade maior e, por fim, o sorteio. **LM**
Gabarito "B".

(Analista Judiciário – TRE/PI – CESPE – 2016) De acordo com o Regimento Interno do TRE/PI, a homologação, para fins de pagamento, da relação dos promotores eleitorais em exercício nas zonas eleitorais cabe ao

(A) procurador regional eleitoral.

(B) corregedor regional eleitoral.

(C) vice-presidente do TRE/PI.

(D) juiz auxiliar do corregedor regional eleitoral.

(E) presidente do TRE/PI.

O art. 32, XIV, do Regimento Interno prevê que a homologação, para fins de pagamento da gratificação eleitoral, a relação dos promotores eleitorais em exercício nas respectivas zonas, encaminhadas pela Procuradoria-Geral de Justiça do Estado, e com base na certidão de frequência expedida pelo Chefe de Cartório Eleitoral da respectiva zona, é atribuição do Procurador Regional Eleitoral. **LM**
Gabarito "A".

(Analista Judiciário – TRE/PI – CESPE – 2016) Conforme o Regimento Interno do TRE/PI, a revisão criminal na qual o que se peça seja a reiteração de outro pedido, sem a existência de provas novas, deverá ser

(A) distribuída ao presidente, o qual, se não a indeferir liminarmente, submetê-la-á à distribuição.

(B) imediatamente distribuída para julgamento na primeira sessão subsequente.

(C) liminarmente indeferida pelo relator.

(D) remetida ao procurador regional e, após o pronuncia-mento deste, distribuída.

(E) submetida ao vice-presidente do tribunal para inde-ferimento liminar ou arquivamento.

Conforme disposto no art. 51, VII, "a", do Regimento Interno, incumbe ao Relator indeferir, liminarmente, as revisões criminais, quando for incompetente o Tribunal, ou o pedido for reiteração de outro, salvo se fundado em novas provas. Desse modo, a alternativa C está correta. **LM**

(Analista Judiciário – TRE/PI – CESPE – 2016) Com base no disposto no Código de Ética do TRE/PI, assinale a opção correta relativamente aos direitos e deveres do servidor.

(A) É facultativa a utilização de crachá de identificação funcional nas dependências do TRE/PI.

(B) No exercício de seu cargo ou função, o servidor do TRE/PI deve atuar com neutralidade religiosa.

(C) É direito de todo servidor do TRE/PI ter tratamento diferenciado no sistema de avaliação e reconheci-mento, de acordo com o cargo ocupado, bem como ter acesso às informações a eles inerentes.

(D) A divulgação de informação sobre alteração de lotação no mural do TRE/PI é suficiente para a cien-tificação do servidor.

(E) É direito do servidor do TRE/PI omitir seu impedimento nas situações que possam afetar suas decisões e o desempenho de suas funções.

A: incorreta – De acordo com o art. 5º, XVII, do Código de Ética, a utilização do crachá de identificação funcional, enquanto estiver nas dependências do Tribunal Regional Eleitoral do Piauí, é um dos deveres do servidor; **B:** correta – Uma das premissas éticas fundamentais a serem observadas pelos servidores no exercício do cargo ou função é a atuação com neutralidade religiosa (art. 3º, VII); **C:** incorreta – O direito do servidor é de ser tratado com equidade e não receber tratamento diferenciado (art. 4º, II); **D:** incorreta – A cientificação do servidor deve ser prévia e direta sobre exoneração de cargo em comissão ou dispensa de função comissionada, bem como de alteração de sua lotação (art. 4º, VI); **E:** incorreta – Ao contrário, é dever do servidor "declarar seu impedimento nas situações que possam afetar o desempenho de suas funções com independência e imparcialidade" (art. 5º, VI). **LM**

(Analista Judiciário – TRE/PI – CESPE – 2016) De acordo com os dispositivos do Código de Ética do TRE/PI, assinale a opção correta.

(A) Pressão de superiores ou a obtenção de favores não precisam ser comunicadas ao tribunal, podendo o ser-vidor que delas souber comunicar o fato, via petição, à polícia judiciária.

(B) O servidor do TRE/PI terá de prestar o compromisso de comprometimento com as normas do Código de Ética assim que concluir o período de estágio probatório.

(C) O Código de Ética será aplicado exclusivamente nos contratos de prestação de serviços e na atuação dos servidores públicos concursados.

(D) Um dos objetivos desse código é preservar a imagem e reputação do servidor cuja conduta esteja de acordo com as normas estabelecidas.

(E) É direito de todo servidor conhecer as informações médicas dos servidores que trabalhem em sua repar-tição.

A: incorreta – Um dos deveres dos servidores é "denunciar pressões de superiores hierárquicos, interessados ou outros que visem à obtenção de favores, benesses ou vantagens indevidas em decorrência de ações ou omissões imorais, ilegais ou antiéticas" (art. 5º, VII); **B:** incorreta – O compromisso deverá ser prestado no ato da posse ou do exercício (art. 5º, XII); **C:** incorreta – O Código de Ética será aplicado "aos servidores efetivos do quadro do TRE/PI, aos ocupantes de cargo ou função comissionada, aos removidos, cedidos, requisitados e a quaisquer servidores lotados provisoriamente, inclusive os colabo-radores, durante o período em que estejam auxiliando nas atividades do órgão" (art. 1º, § 1º); **D:** correta – Art. 2º, II; **E:** incorreta – Um direito do servidor é o de "ter respeitado, na forma da lei, o sigilo das informações de ordem pessoal, que somente a ele digam respeito, inclusive médicas, ficando restritas somente ao próprio servidor e aos responsáveis pela guarda, manutenção e tratamento destas informações" (art. 4º, V). **LM**

(Analista – TRE/PR – 2012 – FCC) Relativamente às reclamações dirigidas ao Tribunal Regional Eleitoral do Paraná, prevê seu Regimento Interno que:

(A) apenas o Procurador Regional, partido político com representação na Assembleia Legislativa ou interes-sados em qualquer causa atinente à matéria eleitoral estão legitimados a promover reclamação.

(B) o Tribunal cassará a decisão exorbitante de seu julgado ou determinará medida adequada à preservação de sua competência, se julgar procedente a reclamação.

(C) o Procurador Regional acompanhará os processos respectivos em seus termos e terá vista das reclamações que não houver formulado, antes do prazo para informações, para que, em cinco dias, apresente parecer ou emende a representação, se necessário.

(D) o Relator requisitará informações da autoridade a quem for imputada a prática do ato impugnado, que as prestará no prazo de dez dias, ordenando, se necessário, para evitar dano irreparável, a suspensão do processo ou do ato impugnado.

(E) a reclamação poderá ter por objeto a preservação da competência do Tribunal ou a garantia das decisões do Tribunal e dos juízes eleitorais.

A: incorreta. Será admitida reclamação do Procurador Regional Eleitoral, de Partido Político ou de interessados em qualquer causa pertinente à matéria eleitoral, a fim de preservar a competência do Tribunal ou para garantir a autoridade de suas decisões (art. 114 do RI). **B:** Correta. Julgada procedente a reclamação, o Tribunal cassará a decisão impugnada ou determinará medida adequada à preservação de sua competência, esta é a atual redação do art. 117 do RI. Quando da aplicação da prova, a assertiva estava justificada pela previsão constante do art. 129 do RI, que previa: "julgada proce-dente a Reclamação, o Tribunal cassará a decisão exorbitante de seu julgado ou determinará a medida adequada à preservação de sua competência". **C:** incorreta. O Procurador Regional Eleitoral acompanhará o processo em todos os seus termos, dele tendo vista após o prazo das informações, para apresentar parecer em 5 (cinco) dias, quando não houver formulado a reclamação (art. 116 do RI-TRE/PR); **D:** incorreta. O prazo para a autoridade impugnada prestar as informações é de cinco dias (art. 115, caput, RI); **E:** incorreta. A finalidade da reclamação é a de preservar a competência do Tribunal ou para garantir a autoridade de suas decisões, ou seja, as decisões do Tribunal, não incluída a previsão referente aos juízes eleitorais (art. 114 do RI).

Atenção: Para responder às questões abaixo, considere a Resolução 367/2016 que estabelece o Plano Estratégico do Tribunal Regional Eleitoral de São Paulo – TRE-SP.

(Analista Judiciário – TRE/SP – FCC – 2017) Em conjunto com o Plano Estratégico do TRE-SP, comporão o núcleo da Gestão da Estratégia do TRE-SP, os Cadernos de

(A) Planejamento e de Análise socioeconômica.

(B) Planejamento e de Indicadores da Sociedade globalizada.

(C) Planejamento e de Indicadores do Planejamento Estratégico.

(D) Indicadores do Planejamento Estratégico e de Análise socioeconômica.

(E) Indicadores do Planejamento e Indicadores interdisciplinares.

Há um trecho do Plano Estratégico do Tribunal Regional Eleitoral de São Paulo que dispõe que "em conjunto com o presente Plano, outros dois documentos comporão o núcleo da Gestão da Estratégia do TRE-SP: o Caderno de Planejamento que norteará as futuras revisões e elaborações de Planos Estratégicos e o Caderno de Indicadores do Planejamento Estratégico que subsidiará as medições dos indicadores estratégicos e a elaboração dos Relatórios de Desempenho da Estratégia". **LM**
Gabarito "C".

(Analista Judiciário – TRE/SP – FCC – 2017) A formulação, implantação e monitoramento de estratégias flexíveis e aderentes às especificidades regionais e próprias de cada segmento de Justiça, produzidas de forma colaborativa pelos órgãos da Justiça e pela sociedade, visando à eficiência operacional, à transparência institucional, ao fortalecimento da autonomia administrativa e financeira do Poder Judiciário e à adoção das melhores práticas de comunicação da Estratégia, de gestão documental, da informação, de processos de trabalho e de projetos, correspondem especificamente à descrição do macrodesafio de

(A) instituir a governança jurídica.

(B) melhorar a governança e infraestrutura de TIC.

(C) fortalecer a segurança do processo eleitoral.

(D) combater a corrupção e a improbidade administrativa.

(E) garantir os direitos plenos da cidadania.

A: correta – Trata-se do macrodesafio de instituir a governança judiciária; **B:** incorreta – O macrodesafio de melhorar a governança e infraestrutura de TIC consiste "no uso racional dos instrumentos de tecnologia da informação e comunicação, alinhado às políticas de TIC definidas pelo Conselho Nacional de Justiça, que visa a garantir confiabilidade, integralidade e disponibilidade das informações, dos serviços e sistemas essenciais da Justiça, por meio do incremento e modernização dos mecanismos tecnológicos, controles efetivos dos processos de segurança e de riscos, assim como a otimização de recursos humanos, orçamentários e tecnológicos"; **C:** incorreta – Este macrodesafio tem por objetivo medir "a relação entre eleitores com cadastro biométrico e o eleitorado total"; **D:** incorreta – A alternativa descreve o macrodesafio que integra "o conjunto de atos que tem por escopo a proteção da coisa pública, a lisura nos processos eleitorais, a preservação da probidade administrativa e a persecução dos crimes contra a Administração Pública e eleitorais, entre outros. Para tanto, deve-se priorizar a tramitação dos processos judiciais que tratem do desvio de recursos públicos e de improbidade e de crimes eleitorais, além de medidas administrativas relacionadas à melhoria do controle e fiscalização do gasto público no âmbito do Poder Judiciário"; **E:**

incorreta – Este, por sua vez, "refere-se ao desafio de garantir no plano concreto os direitos da cidadania (CF, art. 1º, inc. II), em sua múltipla manifestação social: cidadão-administrado (usuário dos serviços públicos), cidadão-eleitor, cidadão trabalhador-produtor, cidadão-consumidor e cidadão-contribuinte, buscando-se atenuar as desigualdades sociais e garantir os direitos de minorias, observando-se, para tanto, práticas socioambientais sustentáveis e uso de tecnologia limpa". **LM**
Gabarito "A".

Atenção: Para responder às questões abaixo, considere a Portaria 214/2015, que institui o Código de Ética dos Servidores do Tribunal Regional Eleitoral de São Paulo – TRE-SP.

(Analista Judiciário – TRE/SP – FCC – 2017) Considere a seguinte situação hipotética: Rubião é Técnico Judiciário do TRE-SP, ocupante de cargo em comissão no citado Tribunal, e pretende ocupar a Presidência da Comissão Permanente de Ética do TRE-SP. Já Marcel é servidor membro da Comissão Permanente de Ética do TRE-SP há um ano e pretende sua recondução para permanecer por mais um ano na Comissão. Nesse caso,

(A) nenhuma das situações é possível, ou seja, Rubião não poderá exercer a Presidência da Comissão, e Marcel não pode ser reconduzido à Comissão, tendo em vista que o Código de Ética veda expressamente a recondução.

(B) ambas as situações são possíveis, ou seja, Rubião pode exercer a Presidência da Comissão de Ética e Marcel poderá ser reconduzido por mais um ano.

(C) apenas a primeira situação é possível.

(D) apenas a segunda situação é possível.

(E) nenhuma das situações é possível, ou seja, Rubião não poderá exercer a Presidência da Comissão, e Marcel não pode ser reconduzido à Comissão, pois a recondução é admissível apenas pelo período máximo de seis meses.

Rubião não poderá exercer a Presidência da Comissão Permanente de Ética por ser ocupante do cargo de Técnico Judiciário, na medida em que a norma exige que a Presidência deve ser ocupada pelo titular do cargo de Analista Judiciário (art. 24). No que diz respeito a Marcel, sua recondução é admitida, com base no disposto no art. 25, *caput*, *in fine*. **LM**
Gabarito "D".

(Analista Judiciário – TRE/SP – FCC – 2017) Considere a seguinte situação hipotética: Mara é Analista Judiciária do TRE-SP e, no exercício de suas atribuições, tomou conhecimento de que assuntos sigilosos do Tribunal estão prestes a serem revelados. Nesse caso, Mara deverá informar

(A) à Comissão Permanente de Ética, exclusivamente.

(B) à chefia imediata ou à Comissão Permanente de Ética.

(C) à chefia mediata, exclusivamente.

(D) à chefia imediata ou ao Presidente do Tribunal Regional Eleitoral do Estado de São Paulo.

(E) tão somente ao Presidente do Tribunal Regional Eleitoral do Estado de São Paulo.

De acordo com o previsto no art. 5º, XV, do Código de Ética, Mara deverá informar à chefia imediata ou à Comissão Permanente de Ética. Portanto, a alternativa B está correta. **LM**
Gabarito "B".

(Analista Judiciário – TRE/SP – FCC – 2017) Com relação à composição do TRE-SP, considere:

I. Faz parte da sua composição, dentre outros, mediante eleição em escrutínio secreto, dois Juízes escolhidos pelo Tribunal Regional Federal da 3ª Região.

II. Faz parte da sua composição, dentre outros, mediante eleição em escrutínio secreto, dois Juízes, indicados em listas tríplices pelo Tribunal de Justiça, dentre seis Advogados de notável saber jurídico e idoneidade moral, nomeados pelo Presidente do Tribunal Superior Eleitoral.

III. Não podem fazer parte do Tribunal cônjuges, companheiros ou parentes consanguíneos ou afins, em linha reta ou colateral, até o quarto grau, excluindo-se, neste caso, o que tiver sido escolhido por último.

IV. No período compreendido entre a homologação da convenção partidária destinada à escolha de candidatos e a apuração final da eleição, não poderão servir como Juízes no Tribunal o cônjuge, companheiro, parente consanguíneo ou afim, até o segundo grau, de candidato a cargo eletivo na circunscrição.

De acordo com o Regimento Interno do TRE-SP, está correto o que consta APENAS em

(A) I, II e III.

(B) I e II.

(C) III e IV.

(D) II, III e IV.

(E) I e IV.

A assertiva I é falsa porque apenas um juiz será escolhido pelo Tribunal Regional Federal da 3ª Região e não há imposição de escrutínio secreto (art. 2º, II, do RI); A segunda afirmativa também é falsa, na medida em que o Regimento Interno dispõe que farão parte de sua composição "dois Juízes, indicados em listas tríplices pelo Tribunal de Justiça, dentre seis Advogados de notável saber jurídico e idoneidade moral, que não sejam incompatíveis por lei, nomeados pelo Presidente da República" e não pelo Presidente do TSE (art. 2º, III, do RI); Por seu turno, as assertivas III e IV são verdadeiras, com fundamento no art. 2º, §§ 1º e 2º. **LM**
ꞁQꞁ"ɔ„ oʇꞁɹɐqɐƐ

(Analista Judiciário – TRE/SP – FCC – 2017) De acordo com o Regimento Interno do TRE-SP, avocar reclamações e representações instauradas perante Juízos Eleitorais, bem como julgar os recursos interpostos contra decisões que impuserem penalidades e presidir sindicâncias contra Juízos Eleitorais, nas quais é obrigatória a presença do Procurador Regional Eleitoral são competências do

(A) Procurador Regional Eleitoral e do Presidente do Tribunal, respectivamente.

(B) Presidente do Tribunal, apenas.

(C) Corregedor Regional Eleitoral e do Presidente do Tribunal, respectivamente.

(D) Presidente do Tribunal e Corregedor Regional Eleitoral, respectivamente.

(E) Corregedor Regional Eleitoral, apenas.

As atribuições descritas são de competência do Corregedor Regional Eleitoral, conforme art. 30 e seus incisos XVIII e XX do Regimento Interno do TRE-SP. **LM**
„Ǝ„ oʇꞁɹɐqɐƐ

(Analista – TRE/SP – 2012 – FCC) Considere:

I. Conhecer, processar e relatar reclamações e representações contra Juízos Eleitorais, encaminhando-as ao Tribunal para julgamento.

II. Presidir sindicâncias contra Juízos Eleitorais, nas quais é obrigatória a presença do Procurador Regional Eleitoral.

III. Relatar as tomadas de contas de verbas federal e estadual e os recursos administrativos.

IV. Mandar publicar, no prazo legal, listagem dos candidatos registrados, comunicando aos partidos interessados eventuais cancelamentos.

Compete ao Presidente do TRE-SP as condutas indicadas APENAS em:

(A) I e II.

(B) I e III.

(C) III e IV.

(D) I, III e IV.

(E) II, III e IV.

Regimento Interno do Tribunal Regional Eleitoral de São Paulo, atualizado até o Assento Regimental AR 07, de 13.03.2014.
I: incorreta, a competência é do Corregedor Regional Eleitoral (art. 30, XIV, do RI-TRE/SP); **II:** incorreta, a competência é do Corregedor Regional Eleitoral (art. 30, XX, do RI-TRE/SP); **III:** correta, a competência é do Presidente (art. 24, X, do RI-TRE/SP); **IV:** correta, a competência é do Presidente (art. 24, XXVIII, do RI-TRE/SP).
„ɔ„ oʇꞁɹɐqɐƐ

(Analista – TRE/SP – 2012 – FCC) Deocleciano, Desembargador do Tribunal de Justiça de São Paulo, fará parte da composição do Tribunal Regional Eleitoral de São Paulo. De acordo com o Regimento do TRE-SP, o prazo para a posse, contados da publicação oficial da nomeação, será de:

(A) trinta dias, improrrogáveis.

(B) trinta dias prorrogáveis excepcionalmente pelo TRE-SP por, no máximo, sessenta dias.

(C) quarenta e cinco dias, improrrogáveis.

(D) quarenta e cinco dias prorrogáveis excepcionalmente pelo TRE-SP por igual período.

(E) sessenta dias prorrogáveis excepcionalmente pelo TRE-SP por, no máximo, noventa dias.

O Desembargador terá o prazo de trinta dias para a posse, contados da publicação oficial de sua nomeação, prorrogáveis por no máximo sessenta dias (art. 13 do RI-TRE/SP).
„Ɛ„ oʇꞁɹɐqɐƐ

(Analista – TRE/MG – 2012 – CONSULPLAN) O Regimento Interno do Tribunal Regional Eleitoral/MG elenca algumas atribuições jurisdicionais do referido Tribunal. Dentre elas, é correto afirmar que NÃO compete ao TRE/MG, processar e julgar, originariamente,

(A) os conflitos de competência entre Juízos Eleitorais do Estado.

(B) os pedidos de mandado de segurança contra atos administrativos do Tribunal.

(C) o registro e a impugnação do registro de candidatos aos cargos de Governador, Vice-Governador e membro do Congresso Nacional e da Assembleia Legislativa.

(D) as ações de impugnação de mandato eletivo apresentadas contra candidato eleito em pleitos federal, exceto para os cargos de Presidente e Vice-Presidente da República, e estadual.

(E) o afastamento do critério da antiguidade apurado entre os Juízes que não hajam exercido a titularidade na zona eleitoral, pelo voto de cinco dos seus componentes, por conveniência objetiva do serviço eleitoral e no interesse da administração judiciária.

OBS: a alternativa a ser assinalada é aquela em que NÃO compete originariamente ao TRE/MG processar e julgar. As respostas estão de acordo com a RESOLUÇÃO TRE 1.014, de 16 de junho de 2016, com as alterações trazidas pelas Resoluções TRE-MG nos 1.018/2016, 1.028/2016, 1.080/2018 e 1.117/2019.
A: incorreta (art. 15, I, *k*, do RI-TRE/MG); **B:** incorreta (art. 15, I, *c*, do RI-TRE/MG); **C:** incorreta (art. 15, I, *f*, do RI-TRE/MG); **D:** incorreta (art. 15, I, *h*, do RI-TRE/MG); **E:** correta. A atribuição jurisdicional apresentada na alternativa não está prevista no Regimento Interno do TRE/MG.
„'Ǝ„ oʇᴉɹɐqɐפ

(Analista – TRE/MG – 2012 – CONSULPLAN) Sobre o tratamento que o Regimento Interno do Tribunal Regional Eleitoral dá ao Ministério Público Eleitoral, assinale a alternativa INCORRETA.

(A) Compete ao Procurador Regional Eleitoral expedir instruções aos Promotores Eleitorais.

(B) As funções do Ministério Público junto ao Tribunal serão exercidas pelo Ministério Público Federal, que atuará em todas as fases do processo eleitoral.

(C) Quando não fixado diversamente em lei, no próprio regimento interno ou pelo Relator, será de 10 dias o prazo para o Procurador Regional manifestar-se.

(D) O Procurador Regional Eleitoral, intervindo como fiscal da lei, terá vista dos autos depois das partes, passando a correr o prazo para manifestação após sua intimação pessoal.

(E) Independentemente da juntada de parecer aos autos e da manifestação escrita do Procurador Regional Eleitoral, a este é assegurado manifestar-se oralmente na sessão. Nesse caso fica suprida eventual falta de manifestação escrita.

OBS: atentar-se para o fato de a alternativa a ser assinalada ser a incorreta.
A: correta (art. 35, XII, do RI-TRE/MG); **B:** correta (art. 31 do RI-TRE/MG); **C:** incorreta, devendo ser assinalada. O prazo será de 5 (cinco) dias (art. 36, § 1º, do RI-TRE/MG); **D:** correta (art. 36, *caput*, do RI-TRE/MG); **E:** correta (art. 36, § 4º, do RI-TRE/MG).
„'Ɔ„ oʇᴉɹɐqɐפ

5. TRIBUNAIS REGIONAIS FEDERAIS

(Analista Jurídico – TRF5 – FCC – 2017) Em razão da campanha nacional de conscientização sobre o câncer de próstata, conhecido como Novembro Azul, a Associação "A" está distribuindo camisetas azuis de excelente qualidade e marca conhecida, para a divulgação do exame preventivo objetivando a redução de casos de câncer de próstata no País. Já a Associação "B" está distribuindo brindes sem valor comercial da campanha nacional educativa e da mobilização pelo fim da violência contra

as mulheres, visando a proteção da mulher em face da violência doméstica. Vale salientar que ambas as Associações pretendem prestar serviços para determinado Tribunal Regional Federal. Nestes casos, de acordo com a Resolução no 147/2011 do Conselho da Justiça Federal, Caio e Gabriel, servidores públicos efetivos da Justiça Federal,

(A) poderão aceitar as camisetas e os brindes, uma vez que caracterizam hipóteses de exceção à proibição de aceitar presentes previstas na referida Resolução.

(B) não poderão aceitar as camisetas e os brindes, uma vez que é vedado aos servidores públicos efetivos da Justiça Federal aceitarem qualquer tipo de presente, sem qualquer exceção.

(C) somente poderão aceitar as camisetas, uma vez que se trata da única exceção à proibição de aceitar presentes prevista na referida Resolução.

(D) somente poderão aceitar os brindes, uma vez que se trata da única exceção à proibição de aceitar presentes prevista na referida Resolução.

(E) não poderão aceitar as camisetas e os brindes, uma vez que é vedado aos servidores públicos efetivos da Justiça Federal aceitarem qualquer tipo de presente, com exceção aos brindes natalinos sem valor comercial.

A: correta. Conforme previsão constante do art. 9º, parágrafo único, da Resolução 147/2011, não são considerados presentes: os brindes sem valor comercial ou aqueles atribuídos por entidades de qualquer natureza a título de cortesia, propaganda ou divulgação, por ocasião de eventos especiais ou datas comemorativas. Dessa forma, Caio e Gabriel poderão aceitar as camisetas e brindes ofertados pelas campanhas.
„'∀„ oʇᴉɹɐqɐפ

(Analista Jurídico – TRF5 – FCC – 2017) De acordo com a Resolução no 147/2011, do Conselho da Justiça Federal, no que concerne especificamente ao Comitê Gestor do Código de Conduta, cada Tribunal Regional Federal terá

(A) dois comitês gestores formados por servidores nomeados pelo seu presidente; um comitê gestor no Conselho da Justiça Federal, sendo que as atribuições dos comitês gestores do Código de Conduta serão formalizadas por ato do presidente do Conselho da Justiça Federal.

(B) dois comitês gestores formados por servidores nomeados pelo seu presidente; outros dois no Conselho da Justiça Federal, sendo que as atribuições dos comitês gestores do Código de Conduta serão formalizadas por ato do presidente do Conselho da Justiça Federal.

(C) um comitê gestor formado por servidores nomeados pelo Corregedor Geral de Justiça; outro tanto no Conselho da Justiça Federal, sendo que as atribuições do comitê gestor do Código de Conduta serão formalizadas por ato do presidente do Supremo Tribunal Federal.

(D) dois comitês gestores formados por servidores nomeados pelo Corregedor Geral de Justiça; outros dois no Conselho da Justiça Federal, sendo que as atribuições dos comitês gestores do Código de Conduta serão formalizadas por ato do presidente do Supremo Tribunal Federal.

(E) um comitê gestor formado por servidores nomeados pelo seu presidente; outro tanto no Conselho da Justiça Federal, sendo que as atribuições do comitê gestor do Código de Conduta serão formalizadas por ato do presidente do Conselho da Justiça Federal.

E: correta. O art. 19 da Resolução 147/2011 institui que "cada tribunal terá um comitê gestor formado por servidores nomeados pelo seu presidente; outro tanto no Conselho da Justiça Federal". Enquanto que o art. 20 da mesma norma dispõe que "as atribuições do comitê gestor do Código de Conduta serão formalizadas por ato do presidente do Conselho da Justiça Federal".
Gabarito "E".

(Analista – TRF/1ª – 2011 – FCC) Analise:

I. Orientar iniciativas de coleta e divulgação dos trabalhos de desembargadores federais que já se afastaram definitivamente do Tribunal.

II. Opinar em procedimento administrativo, quando consultado pelo Presidente do Tribunal.

Em conformidade com o Regimento Interno do TRF 1ª Região, essas incumbências são, respectivamente, das Comissões

(A) Permanentes de Jurisprudência e de Regimento.

(B) Permanentes de Acervo Jurídico e de Jurisprudência.

(C) Permanentes de Acervo Jurídico e de Promoção.

(D) Temporárias criadas pelo Plenário e de Promoção.

(E) Temporárias de Jurisprudência e criadas pelo Presidente do Tribunal.

Regimento Interno do Tribunal Regional Federal da 1ª Região atualizado até a Emenda Regimental 2, de 13.09.2019.
*I: Os atos descritos na assertiva incumbem à Comissão de Jurisprudência e Gestão de Precedentes (art. 84, III, do RITRF1); II: A opinião em procedimento administrativo, quando consultado pelo Presidente do Tribunal incumbe à Comissão de Regimento (art. 83, II, do RI). Desse modo, a alternativa **A** está correta.* **LM.**
Gabarito "A".

(Analista – TRF/1ª – 2011 – FCC) Dentre outras, NÃO é considerada competência do Conselho de Administração:

(A) atuar como instância recursal das decisões administrativas do Presidente, do Vice-Presidente e do Corregedor-Regional.

(B) julgar e decidir no sentido da aplicação de pena de perda do cargo do juiz federal de primeira instância da 1ª Região.

(C) aprovar e alterar as propostas de criação ou extinção de cargos e fixação de vencimentos a serem encaminhados ao Poder Legislativo.

(D) deliberar sobre a organização de serviços administrativos da Justiça Federal de primeiro grau da 1ª Região, inclusive quanto a horário de funcionamento.

(E) impor, aos servidores da Justiça Federal de primeiro grau da 1a Região, penas disciplinares de cassação de aposentadoria e de disponibilidade.

As atribuições do Conselho de Administração estão enumeradas no art. 75 do RI-TRF/1ª, cabendo à Corte Especial Administrativa ordenar a instauração de procedimento administrativo especial para decretação da perda de cargo de juiz federal e de juiz federal substituto (art. 95, I, primeira parte, da Constituição Federal), bem como julgar o respectivo processo (art. 11, V, do RI).
Gabarito "B".

(Analista – TRF/1ª – 2011 – FCC) No que se refere aos Gabinetes dos desembargadores federais, é certo que:

(A) no caso de afastamento definitivo do desembargador federal, o chefe da assessoria não mais poderá, em qualquer hipótese, permanecer no exercício dessas funções.

(B) os assessores do desembargador federal, com nível universitário e especialização em áreas específicas, serão indicados pelo Corregedor-Regional para fins de nomeação.

(C) ao chefe da assessoria do desembargador federal cabe, dentre outras atribuições, a de fazer pesquisa de legislação, doutrina e jurisprudência.

(D) as secretarias dos gabinetes terão seus trabalhos supervisionados pelo chefe da assessoria do desembargador federal.

(E) ao chefe de gabinete, nomeado em comissão cabe, dentre outras funções, a de coordenar as atividades da assessoria do gabinete.

A: incorreta, permanecerá no exercício das respectivas funções até sua substituição por indicação do novo titular ou por motivo justificado, a pedido do juiz convocado em substituição. (art. 96, § 2º, do RI-TRF/1ª); B: incorreta. Os assessores do desembargador federal, bacharéis em direito, serão nomeados em comissão pelo presidente, mediante indicação do desembargador federal. (art. 96, caput, do RI-TRF/1ª); C: correta (art. 96, § 1º, V, do RI-TRF/1ª); D: incorreta. As secretarias dos gabinetes terão seus trabalhos supervisionados por um chefe de gabinete, nomeado em comissão, cabendo-lhe ainda enviar, após revisão, as decisões para publicação no Diário Eletrônico da Justiça Federal da 1ª Região, sem prejuízo das demais atribuições que lhe forem dadas (art. 97 do RI-TRF/1ª); E: incorreta, a competência é do chefe da assessoria (art. 96, § 1º, I, do RI-TRF/1ª).
Gabarito "C".

(Analista – TRF/1ª – 2011 – FCC) Em relação à Secretaria do Tribunal considere:

I. Não cabe ao diretor-geral comparecer às sessões administrativas do Plenário, por ser atribuição privativa do Corregedor-Regional.

II. Incumbe ao diretor-geral da Secretaria, dentre outras atribuições, impor pena disciplinar de advertência e de suspensão até trinta dias aos servidores do Tribunal.

III. O diretor-geral será substituído, em suas férias ou impedimentos, pelo vice-diretor-geral designado pela Corte Especial Administrativa.

IV. Cabe ao diretor-geral da Secretaria comparecer às sessões administrativas, dentre outras, do Conselho de Administração, salvo dispensa do presidente.

Nesses casos, são corretos SOMENTE o que se afirma em:

(A) II e IV.

(B) I e III.

(C) I e IV.

(D) I, II e III.

(E) II, III e IV.

I: incorreto (art.109, § 1º, IV, do RI-TRF/1ª); II: correto (art. 109, § 1º, V, do RI-TRF/1ª); III: incorreto (art. 109, § 2º, do RI-TRF/1ª); IV: correto (art. 109, § 1º, IV, do RI-TRF/1ª).
Gabarito "A".

(Analista – TRF/1ª – 2011 – FCC) Ocorrendo infração à lei penal na sede ou nas dependências do Tribunal, envolvendo autoridade, ou pessoa sujeita à jurisdição do Presidente, deverá ser instaurado inquérito pelo:

(A) Vice-Presidente, ou, no seu impedimento, pelo desembargador federal mais antigo, vedada a delegação dessa atribuição.

(B) Corregedor-Regional, não sendo possível a delegação dessa atribuição por tratar-se de atribuição exclusiva.

(C) Ministério Público Federal, por um dos procuradores regionais da República, privativamente, face a titularidade da ação penal.

(D) Procurador-Geral da República, exclusivamente, não sendo possível a delegação a qualquer procurador regional da República.

(E) referido Presidente, que poderá delegar essa atribuição a outro desembargador federal.

Nos termos do art. 88 do RI-TRF/1ª, "ocorrendo infração à lei penal na sede ou nas dependências do Tribunal, o presidente instaurará inquérito, se envolver autoridade ou pessoa sujeita a sua jurisdição, ou delegará essa atribuição a outro desembargador federal".

Gabarito "E".

6. TRIBUNAIS DE JUSTIÇA

(Analista Judiciário – TJ/AL – 2018 – FGV) O Código de Organização Judiciária do Estado de Alagoas estabelece que o órgão de apoio operacional, diretamente vinculado à presidência, que exerce a direção, a coordenação, a supervisão e a fiscalização dos serviços de apoio judiciário é denominado:

(A) Direção-Geral do Tribunal de Justiça, a quem ficam subordinadas todas as Diretorias Adjuntas de Apoio Administrativo, bem como as Coordenadorias e Programas do Poder Judiciário;

(B) Secretaria-Geral do Tribunal de Justiça, a quem ficam subordinadas as Diretorias Adjuntas de Assuntos Judiciários, as Secretarias de Câmaras, inclusive, a da Seção Especializada, além dos setores afins àquelas vinculadas;

(C) Secretaria Especial da Presidência do Tribunal de Justiça, a quem ficam subordinadas a Chefia de Gabinete, a Diretoria de Comunicação Social, a Assessoria do Cerimonial, e todos os setores afins àqueles vinculados;

(D) Secretaria-Geral da Corregedoria-Geral da Justiça, a quem ficam subordinadas todas as Diretorias Adjuntas de Apoio Administrativo, todas as Coordenadorias e todos os programas vinculados ao referido órgão censor;

(E) Chefia de Gabinete do Presidente do Tribunal de Justiça, a quem ficam subordinadas todas as Diretorias Adjuntas de Apoio Administrativo, bem como as Coordenadorias e Programas do Poder Judiciário.

A: Incorreta. Ficam subordinadas à Direção-Geral do Tribunal de Justiça, todas as Diretorias Adjuntas de Apoio Administrativo, bem como as Coordenadorias e Programas do Poder Judiciário, com exceção das relativas à atividade jurisdicional e às atividades Político-Sociais do Presidente do Tribunal de Justiça (art. 60, § 1º, do COJ/AL), cumprindo a esta Direção exercer a direção, a coordenação, a supervisão e a fiscalização dos serviços de apoio administrativo, observado o que dispuser o regimento interno e ainda respeitadas às diretrizes estabelecidas pelo presidente do Tribunal de Justiça e as deliberações do Tribunal Pleno, não cabendo, ao contrário do que consta da assertiva, fiscalizar os serviços de apoio judiciário; **B:** Correta. Nos termos do art. 61, §

1º, do COJ/AL, ficam subordinadas à Secretaria-Geral do Tribunal de Justiça, órgão de apoio operacional, diretamente vinculado à presidência, as Diretorias Adjuntas de Assuntos Judiciários, as Secretarias de Câmaras, inclusive, a da Seção Especializada, além dos setores afins àquelas vinculadas; **C:** Incorreta. Cumpre à Secretaria Especial da Presidência do Tribunal de Justiça exercer a direção, a coordenação, a supervisão e a fiscalização dos serviços de apoio Político-Social do Chefe do Poder Judiciário e do Vice-Presidente do Tribunal de Justiça, observado o que dispuser o Regimento Interno e ainda respeitadas às diretrizes estabelecidas pelo Presidente do Tribunal de Justiça e as deliberações do Tribunal Pleno (art. 62 do COJ/AL); **D:** Incorreta. Cumpre à Secretaria-Geral da Corregedoria-Geral da Justiça, órgão de apoio operacional, diretamente vinculado à Corregedoria, exercer a direção, a coordenação, a supervisão e a fiscalização dos serviços de apoio judiciário e administrativo, observado o disposto nesta Lei, no regimento interno e ainda respeitadas às diretrizes estabelecidas pelo Corregedor-Geral da Justiça e as deliberações do Tribunal Pleno (art. 64 do COJ/AL); **E:** Incorreta. Os setores descritos na assertiva estão subordinados à Diretoria-Geral do Tribunal de Justiça (art. 60, § 1º, do COJ/A).

Gabarito "B".

(Analista Judiciário – TJ/AL – 2018 – FGV) De acordo com Código de Organização Judiciária do Estado de Alagoas, o Conselho Estadual da Magistratura:

(A) expede os atos convocatórios de concursos públicos para ingresso na Magistratura e para provimento de cargos da estrutura do Tribunal de Justiça;

(B) é competente para julgar as sentenças e decisões dos Juízes de Direito, ou de Juízes Substitutos, nos processos de suscitação de dúvida;

(C) tem atribuição para fazer publicar, mensalmente, os dados estatísticos expressivos do desempenho do Tribunal, referentes ao mês imediatamente anterior;

(D) constitui órgão superior de inspeção e disciplina das atividades judiciárias na segunda instância, que promove inspeções e correições permanentes dos serviços judiciários;

(E) determina a suspensão dos serviços judiciários, ou ainda o antecipado encerramento do expediente forense, quando motivo relevante o justifique.

A: Incorreta. Compete ao Presidente do Tribunal de Justiça expedir os atos convocatórios de concursos públicos para ingresso na Magistratura e para provimento de cargos da estrutura do Tribunal de Justiça (art. 39, XVII, do COJ/AL); **B:** Correta. Art. 106, I, "b", do COJ/AL; **C:** Incorreta. A assertiva descreve uma das atribuições do Presidente do Tribunal de Justiça, nos termos do art. 39, XXVI, do COJ; **D:** Incorreta. O Conselho Estadual da Magistratura, com sede no Tribunal de Justiça, é o órgão superior de inspeção e disciplina das atividades judiciárias na primeira instância, bem assim do planejamento da organização da administração judiciária da primeira e da segunda instâncias (art. 104 do COJ/AL); **E:** Incorreta. A determinação da suspensão dos serviços judiciários, ou ainda o antecipado encerramento do expediente forense, quando motivo relevante o justifique é de competência do Presidente do Tribunal de Justiça (art. 39, XXVII, do COJ/AL).

Gabarito "B".

(Analista Judiciário – TJ/AL – 2018 – FGV) Com base no seu Código de Organização Judiciária, em matéria de composição dos órgãos jurisdicionais do Tribunal de Justiça de Alagoas:

(A) o Tribunal Pleno é formado pelo Presidente do Tribunal e Corregedor-Geral de Justiça, como membros natos, bem como por cinco Desembargadores eleitos;

(B) o Presidente da Seção Especializada Cível funcionará como relator nato nos processos de competência do referido órgão, cabendo-lhe a condução dos trabalhos;

(C) as Câmaras Isoladas Cíveis serão individualmente compostas por três Desembargadores, e a Câmara Criminal por quatro Desembargadores;

(D) a Presidência de cada Câmara Isolada Cível ou Criminal será exercida pelo seu membro decano, que não funcionará como relator, cabendo-lhe, apenas, o voto de desempate;

(E) a Seção Especializada Criminal é composta por três Desembargadores e é competente para processo e julgamento de ações penais originárias e revisões criminais.

A: Incorreta. O Tribunal é composto por todos os Membros do Tribunal de Justiça (art. 15); **B:** Incorreta. O Presidente da Seção Especializada Cível não funcionará como Relator ou revisor nos processos de competência do referido órgão, cabendo-lhe, apenas, o voto de desempate (art. 22); **C:** Correta. As Câmaras Isoladas Cíveis serão individualmente compostas por três Desembargadores, e a Câmara Criminal por quatro Desembargadores, todos devidamente escolhidos e designados pelo Tribunal Pleno (art. 16); **D:** Incorreta. A Presidência de cada Câmara Isolada será exercida por um dos seus membros, eleito por seus pares, com mandato de dois anos (art. 18); **E:** Incorreta. Nos termos do art. 16 do COJ/AL, a Câmara Criminal será composta por quatro Desembargadores. Aos seus integrantes serão distribuídos para julgamento os processos de mandado de segurança, quando a autoridade apontada como coatora for Juiz de Direito ou Juiz Substituto em Vara Criminal, os *habeas corpus*, os desaforamentos, os conflitos de competência entre Juízes Criminais, as ações penais originárias, os embargos infringentes em matéria criminal e as revisões criminais (art. 21 do COJ/AL). Gabarito "C".

(Analista Judiciário – TJ/AL – 2018 – FGV) A Lei Estadual 7.889/2017 estabelece normas sobre o plano de cargos, carreiras e salários dos servidores do Poder Judiciário do Estado de Alagoas.

Ao tratar dos cargos em comissão, o citado diploma legal dispõe que serão:

(A) remunerados com o valor dos vencimentos do cargo efetivo acrescido de 50% (cinquenta por cento do valor do cargo em comissão);

(B) destinados apenas às atribuições de direção, chefia e assessoramento, bem como exercidos exclusivamente por servidores ocupantes de cargo ou emprego público;

(C) declarados em lei de livre nomeação e exoneração, bem como destinados, no mínimo, oitenta por cento para servidores integrantes da Carreira Judiciária;

(D) preenchidos, pelo menos 50% (cinquenta por cento), por servidores efetivos integrantes de seu quadro de pessoal;

(E) exercidos exclusivamente por servidores ocupantes de cargo efetivo, investidos com prévio concurso público.

A: Incorreta. Ao titular de cargo efetivo ocupante de cargo de provimento em comissão do Quadro do Poder Judiciário do Estado de Alagoas fica assegurada a opção entre a percepção do vencimento referente ao respectivo cargo permanente, acrescido de 65% (sessenta e cinco por cento) do valor do cargo em comissão ocupado, ou, exclusivamente, o valor correspondente ao respectivo cargo comissionado (art. 59, parágrafo único); **B:** Incorreta. Os cargos de provimento em comissão são destinados, específica e obrigatoriamente, à direção, à chefia e ao

assessoramento, sendo que pelo menos 50% (cinquenta por cento) dos cargos de provimento em comissão da estrutura do Poder Judiciário do Estado de Alagoas serão preenchidos por servidores efetivos integrantes de seu quadro de pessoal (art. 59, *caput);* **C:** Incorreta. Prevê o art. 58 da Lei Estadual 7.889/2017 que serão destinados, no mínimo, 80% (oitenta por cento) do total das funções de confiança (grifo nosso) para serem exercidas por servidores integrantes da Carreira Judiciária, podendo designar-se para as restantes, servidores ocupantes de cargos de provimento efetivo que não integrem essa carreira ou que sejam titulares de empregos públicos, observados os requisitos de qualificação e de experiência previstos em regulamento. **D:** Correta. De acordo com o previsto no art. 59, *caput,* pelo menos 50% (cinquenta por cento) dos cargos de provimento em comissão da estrutura do Poder Judiciário do Estado de Alagoas serão preenchidos por servidores efetivos integrantes de seu quadro de pessoal; **E:** Incorreta. Exige-se que, no mínimo, 50% dos cargos em comissão sejam preenchidos por servidores efetivos integrantes do quadro de pessoal do Tribunal de Justiça. Gabarito "D".

(Analista Judiciário – TJ/AL – 2018 – FGV) Antônio, Analista Judiciário do Tribunal de Justiça de Alagoas, no exercício de suas funções, praticou incontinência pública e conduta escandalosa na repartição onde está lotado.

De acordo com a Lei Estadual n. 5.247/91, que versa sobre o Regime Jurídico Único dos servidores públicos civis de Alagoas, após regular processo administrativo disciplinar, Antônio, em tese, está sujeito à sanção de:

(A) advertência, que é aplicada pelo chefe do cartório;

(B) suspensão, que não pode exceder noventa dias;

(C) suspensão, que pode ser convertida em multa por necessidade do serviço;

(D) demissão, que é aplicada pelo Presidente do Tribunal de Justiça;

(E) demissão, que é aplicada pelo Corregedor-Geral de Justiça.

Com base no disposto no art. 134, V, da referida Lei, será aplicada a pena de demissão ao servidor público que praticar incontinência pública e conduta escandalosa na repartição onde está lotado e, conforme o previsto no art. 39, XVI, do COJ, compete ao Presidente do Tribunal de Justiça nomear, exonerar, demitir e aposentar Servidores da Justiça, bem assim dar posse aos funcionários do Tribunal de Justiça. Desse modo, está correta a alternativa D. Gabarito "D".

(Analista Judiciário – TJ/AL – 2018 – FGV) Rodrigo, Analista Judiciário do Tribunal de Justiça de Alagoas, foi eleito presidente do sindicato dos servidores do Poder Judiciário de Alagoas.

De acordo com as disposições da Lei Estadual n. 5.247/91, Rodrigo:

(A) não tem direito à licença para o desempenho do mandato, que deverá ser exercido sem prejuízo de seu trabalho, cujo horário de expediente será reduzido à metade, garantida a integralidade de sua remuneração;

(B) não tem direito à licença para o desempenho do mandato, que deverá ser exercido sem prejuízo de seu trabalho, mas tem garantida sua inamovibilidade, até seis meses após o final do mandato, exceto se a pedido;

(C) tem direito à licença para o desempenho do mandato, sem prejuízo de sua remuneração, além de garantida sua inamovibilidade, até um ano após o final do mandato, exceto se a pedido;

(D) tem direito à licença para o desempenho do mandato, sem prejuízo de sua remuneração, mas não goza de qualquer tipo de garantia de inamovibilidade, que é aplicável exclusivamente aos magistrados;

(E) tem direito à licença para o desempenho do mandato, com redução de metade de sua remuneração, além de garantida sua inamovibilidade, até seis meses após o final do mandato, exceto se a pedido.

O Art. 95 da Lei Estadual 5.247/91 de Alagoas estabelece que é assegurado ao servidor o direito a licença para o desempenho de mandato em confederação, federação, associação de classe de âmbito nacional, sindicato representativo da categoria ou entidade fiscalizadora da profissão a que pertença em função do cargo ocupado, sem prejuízo de sua remuneração, enquanto que no art. 234 da mesma Lei está previsto que "ao servidor público civil é assegurado, nos termos da Constituição Federal, o direito à livre associação sindical e os seguintes direitos, entre outros, dela decorrentes: a) de ser representado pelo sindicato, inclusive como substituto processual; b) de inamovibilidade do dirigente sindical, até 01 (um) ano após o final do mandato, exceto se a pedido". Portanto, deve ser assinalada a alternativa C como sendo correta.
Gabarito "C".

(Analista Judiciário – TJ/AL – 2018 – FGV) Em relação à investidura do servidor público civil do Estado de Alagoas, o regime jurídico único instituído pela Lei Estadual n. 5.247/91 estabelece que:

(A) o concurso público para provimento de cargo efetivo terá validade de até três anos, podendo ser prorrogada, uma única vez, por igual período;

(B) o prazo para o servidor entrar em exercício é de trinta dias, contados da data da posse e, escoado tal prazo sem o início do exercício, será o ato de nomeação revogado;

(C) a posse ocorrerá necessariamente mediante assinatura pessoal do concursado em termo próprio, vedada a utilização de instrumento de procuração para tal fim;

(D) a posse ocorrerá dentro do prazo de trinta dias, contados da publicação do ato de provimento, prorrogável por mais sessenta dias, a requerimento do interessado, com a devida justificativa;

(E) a posse dar-se-á pela assinatura do respectivo termo, no qual deverão constar as atribuições, os deveres e as responsabilidades do cargo, independentemente de prévia inspeção médica oficial.

A: Incorreta. O prazo de validade do concurso público é de dois anos, prorrogável, uma única vez, por igual período (art. 12); **B:** Correta. Prevê o art. 27, § 1º, da Lei Estadual 5.247/1991 que é de 30 (trinta) dias o prazo para o servidor entrar em exercício, contando da data da posse; **C:** Incorreta. É admitida a posse por procuração, que é condicionada à apresentação de instrumento público de mandato, com outorga de poderes especiais para tal fim (art. 13, § 6º); **D:** Incorreta. -O início da contagem do prazo de 30 dias para o exercício será contado a partir da data de posse e, quando ultrapassado este prazo, o ato de nomeação será revogado (art. 27, § 2º); **E:** Incorreta. Estabelece o art. 13, *caput*, que *a* posse dar-se-á pela assinatura do respectivo termo, no qual deverão constar as atribuições, os deveres, as responsabilidades e os direitos inerentes ao cargo ocupado que não poderão ser alterados unilateralmente, por qualquer das partes, ressalvados os atos de ofício previstos em lei. Por sua vez, consta do art. 14 que "a posse dependerá de prévia inspeção médica oficial, em que se comprove a aptidão física e mental do candidato para o exercício do cargo".
Gabarito "B".

(Analista Judiciário – TJ/AL – 2018 – FGV) De acordo com a Constituição do Estado de Alagoas, compete ao Tribunal de Justiça, precipuamente, a guarda da Constituição Estadual, cabendo-lhe, de forma privativa, processar e julgar, originariamente:

(A) Juiz Eleitoral, pela prática de ato de improbidade administrativa;

(B) Juiz de Paz, pela prática de crime cometido no exercício das funções públicas;

(C) Delegado de Polícia estadual, pela prática de ato de improbidade administrativa;

(D) Promotor de Justiça estadual, pela prática de crime comum;

(E) Desembargador estadual, pela prática de crime comum.

De acordo com o previsto no art. 133, IX, "a", da Constituição do Estado de Alagoas prevê que cabe ao Tribunal de Justiça processar e julgar, originariamente os juízes estaduais e os membros do Ministério Público, bem como os Procuradores do Estado e os Defensores Públicos, nos crimes comuns e de responsabilidade, ressalvada a competência da Justiça Eleitoral. Portanto, a alternativa D está correta.
Gabarito "D".

(Analista Judiciário – TJ/AL – 2018 – FGV) Consoante ensina a doutrina de Direito Constitucional e com base no Código de Organização Judiciária do Estado de Alagoas e na Constituição Estadual de Alagoas, a garantia da vitaliciedade é:

(A) adquirida pelos magistrados no primeiro e segundo graus de jurisdição, após dois anos de exercício, dependendo a perda do cargo, nesse período, de deliberação do Tribunal de Justiça, e, nos demais casos, de sentença judicial transitada em julgado, com prévio parecer da Procuradoria-Geral de Justiça;

(B) adquirida pelos magistrados, após três anos de efetivo exercício, de maneira que, após tal período, s podem perder o cargo em virtude de sentença judicial transitada em julgado, mediante processo administrativo em que lhe seja assegurada a ampla defesa ou por meio de procedimento de avaliação periódica de desempenho, com ampla defesa;

(C) inerente a todos os membros dos tribunais, independentemente da forma de acesso, sendo que um advogado ou membro do Ministério Público que ingresse na magistratura por meio da regra do quinto constitucional adquire a vitaliciedade no exato momento da posse, não tendo de passar por qualquer estágio probatório;

(D) inerente a todos os membros da magistratura, após o período de estágio probatório de três anos, em que será avaliado o comportamento profissional do Juiz Substituto, e, por consequência, a sua aptidão ao desempenho da magistratura, considerando-se-lhe a idoneidade moral, que implica a dignidade funcional, a probidade e a independência;

(E) inerente a todos os membros da magistratura, seja do primeiro grau de jurisdição, seja dos que ingressarem diretamente no Tribunal por meio da regra do quinto constitucional, somente após o período de estágio probatório de dois anos, com avaliação de desempenho pelo Conselho Estadual da Magistratura, ouvida a Corregedoria de Justiça.

O art. 124, I, da Constituição do Estado de Alagoas prevê que a vitaliciedade, que, no primeiro grau, só será adquirida após dois anos de exercício, dependendo a perda do cargo, nesse período, de deliberação do Tribunal de Justiça, e, nos demais casos, de sentença judicial transitada em julgado e, de acordo com previsão constante do art. 10 do Código de Organização Judiciária de Alagoas, os Desembargadores gozarão da vitaliciedade assim que empossados. Conclui-se que a alternativa correta é a C.

"Gabarito "C".

(Analista Judiciário – TJ/MT – UFMT – 2016) Sobre os requisitos essenciais para a criação e instalação de Comarcas, marque V para as afirmativas verdadeiras e F para as falsas.

(   ) População mínima de 30.000 (trinta mil) habitantes, no município ou municípios abrangidos por ela.

(   ) Mínimo de 10.000 (dez mil) eleitores inscritos.

(   ) Movimento forense, nos municípios que comporão a Comarca, equivalente, no mínimo, à distribuição de 1.000 (mil) processos contenciosos, excluídos os executivos fiscais e cartas precatórias.

(   ) Casa para moradia do Juiz, dotada das condições de conforto que a situação local permitir e com acomodações para a família de 05 (cinco) membros, pelo menos.

Assinale a sequência correta.

(A) V, V, F, F
(B) F, F, V, V
(C) F, F, F, V
(D) V, F, V, F

O item I é falso porque, de acordo com o art. 5º, I, a, do Código de Organização Judiciária do Tribunal de Justiça do Mato Grosso, um dos requisitos essenciais para a criação e instalação de uma Comarca é uma população mínima de 18.000 (dezoito mil) habitantes na comarca. Por seu turno, ao alínea c do mesmo dispositivo exige que exista um número superior a 13.000 (treze mil) eleitores, sendo portanto falsa a assertiva II. A terceira assertiva também é falsa pois, conforme art. 5º, I, c, movimento forense anual, nos municípios que compõem a comarca, deverá ser de, no mínimo, quatrocentos feitos judiciais, conforme estabelecer resolução do órgão competente do Tribunal de Justiça. À época da aplicação da prova, a quarta afirmativa era verdadeira, com base no art. 11, IV, do COJ-TJMT. Assim, a alternativa correta era a "C". Contudo, o atual COJ não trata sobre a casa para moradia do Juiz. LM

"Gabarito "C".

(Analista Judiciário – TJ/MT – UFMT – 2016) Sobre a suspeição e o impedimento de Desembargadores, conforme dispõe o Regimento Interno do Tribunal de Justiça de Mato Grosso, marque V para as afirmativas verdadeiras e F para as falsas.

(   ) Os Desembargadores declarar-se-ão impedidos ou suspeitos nos casos previstos em lei.

(   ) Poderá o Desembargador, ainda, dar-se por suspeito se afirmar a existência de motivo de ordem íntima que, em consciência, o iniba de julgar.

(   ) Se a suspeição ou impedimento for do Revisor, será encaminhado o processo ao Presidente para nova distribuição.

(   ) Se a suspeição ou impedimento for do Relator do processo, passará ao Desembargador que o seguir na ordem de antiguidade.

Assinale a sequência correta.

(A) F, V, F, V
(B) F, F, V, V

(C) V, V, F, F
(D) V, F, V, F

A assertiva I é verdadeira, com base no art. 215 do RI-TJMT, também estando correto o item II, conforme o parágrafo único do mesmo dispositivo legal. A terceira e a quarta afirmações são falsas, pois o art. 216, § 2º, dispõe que "em caso de suspeição de revisor, o processo será remetido ao Desembargador que o seguir na ordem de antiguidade", enquanto que o § 1º do mesmo artigo estabelece que "em caso de suspeição do relator, o feito será encaminhado para nova distribuição". Desse modo, a alternativa "C" é a correta. LM

"Gabarito "C".

(Analista Judiciário – TJ/MT – UFMT – 2016) A coluna da esquerda apresenta a nomenclatura dos atos de competência do Tribunal e a da direita, seus objetivos, conforme Regimento Interno do Tribunal de Justiça de Mato Grosso. Numere a coluna da direita de acordo com a da esquerda.

1   – Emenda Regimental

2   – Ato Regimental

3   – Ato Regulamentar

4   – Provimento

5   – Resolução

Marque a sequência correta.

(A) 3, 4, 1, 5, 2
(B) 4, 2, 3, 1, 5
(C) 2, 3, 1, 5, 4
(D) 2, 4, 5, 1, 3

(   ) Disciplinar as deliberações do Conselho da Magistratura e da Corregedoria-Geral da Justiça.

(   ) Emendar o Regimento Interno, suprimindo-lhe, acrescentando-lhe ou modificando-lhe disposições.

(   ) Exprimir deliberações do Tribunal Pleno.

(   ) Complementar o Regimento Interno.

(   ) Introduzir modificações no regulamento da Secretaria, bem assim para dispor normativamente, quando necessário ou conveniente, sobre matéria correlata com a que nele se regula.

A primeira assertiva descreve o objetivo do provimento (art. 289, II, "d"), que representa o número 4, enquanto que o descrito na afirmativa II, a função da Emenda Regimental (art. 289, I, "a"), que foi incluída no bojo da questão como opção 1. A terceira assertiva expõe o objetivo das resoluções (art. 289, II, "c"), indicadas pela opção 5. A complementação do Regimento Interno é o objetivo do Ato Regimental (art. 289, I, "b"), representado pelo número 2. Por fim, a última assertiva descreve o objetivo do ato regulamentar (art. 289, II, "b"), que representa a alternativa 3. Como é de se notar, nenhuma das sequências seguiu a ordem correta, razão por que a questão foi Anulada. LM

"Gabarito "Anulada".

(Analista Judiciário – TJ/MT – UFMT – 2016) Em relação às vagas no Tribunal de Justiça do Mato Grosso destinadas ao quinto constitucional, reservadas a advogados ou a membros do Ministério Público, assinale a assertiva correta, conforme o Regimento Interno do Tribunal de Justiça de Mato Grosso.

(A) Nos vinte e cinco dias seguintes à ocorrência, o Presidente oficiará ao Presidente do Conselho Seccional da Ordem dos Advogados do Brasil ou ao Procurador-Geral de Justiça, dando ciência da vaga, a fim de que sejam indicadas as listas sêxtuplas respectivas, observados os requisitos constitucionais. Recebida a lista sêxtupla, o Presidente a enviará ao Governador do Estado.

(B) Nos cinco dias seguintes à ocorrência, o Presidente oficiará ao Presidente do Conselho Seccional da Ordem dos Advogados do Brasil ou ao Procurador-Geral de Justiça, dando ciência da vaga, a fim de que sejam indicadas as listas sêxtuplas respectivas, observados os requisitos constitucionais. Recebida a lista sêxtupla, convocará o Presidente sessão do Tribunal Pleno para elaboração da lista tríplice, enviando-a ao Governador do Estado. Somente constará da lista tríplice o candidato que obtiver a maioria absoluta dos votos dos membros do colegiado.

(C) Nos cinco dias seguintes à ocorrência, o Presidente oficiará ao Presidente do Conselho Seccional da Ordem dos Advogados do Brasil ou ao Procurador-Geral de Justiça, dando ciência da vaga, a fim de que sejam indicadas as listas sêxtuplas respectivas, observados os requisitos constitucionais. Recebida a lista sêxtupla, o Presidente a enviará ao Governador do Estado.

(D) Nos vinte e cinco dias seguintes à ocorrência, o Presidente oficiará ao Presidente do Conselho Seccional da Ordem dos Advogados do Brasil ou ao Procurador-Geral de Justiça, dando ciência da vaga, a fim de que sejam indicadas as listas sêxtuplas respectivas, observados os requisitos constitucionais. Recebida a lista sêxtupla, convocará o Presidente sessão do Tribunal Pleno para elaboração da lista tríplice, enviando-a ao Governador do Estado. Somente constará da lista tríplice o candidato que obtiver a maioria absoluta dos votos dos membros do colegiado.

A: incorreta – O prazo para que o Presidente oficie ao Conselho Seccional da OAB ou para o Procurador-Geral de Justiça é de cinco dias (art. 5º do RI); **B:** correta – Art. 5º, *caput* e § 1º, do RI-TJMT; **C:** incorreta – ver comentário anterior; **D:** incorreta – idem ao comentário referente à alternativa "A". [LM]
Gabarito "B".

(Analista Judiciário – TJ/PI – FGV – 2015) A denominada exoneração do serviço público é uma forma de dissolução do vínculo funcional passível de ocorrer quando o servidor público estadual:

(A) for condenado, em decisão administrativa irrecorrível, pela prática de uma infração disciplinar;

(B) requerer a sua aposentadoria voluntária, por ter preenchido os requisitos etário e de tempo de serviço;

(C) for promovido para cargo diverso, inserido na mesma carreira a que pertence;

(D) tomar posse no cargo público e não tiver um exercício funcional contínuo pelo prazo de seis meses;

(E) não satisfizer as condições estabelecidas para o seu estágio probatório.

A: incorreta – Ao servidor condenado, em decisão administrativa irrecorrível, poderá ser aplicada a pena de demissão, não de exoneração; **B:** incorreta – A aposentadoria não é uma forma de penalidade (art. 127 da Lei 8.112/1990); **C:** incorreta – A promoção consiste em uma forma de provimento de cargo público e não de punição; **D:** incorreta – O servidor será exonerado quando, "tendo tomado posse, não entrar em exercício no prazo estabelecido" (art. 34, parágrafo único, II, da Lei 8.112/1990); **E:** correta – Art. 34, parágrafo único, I, da Lei 8.112/1990). [LM]
Gabarito "E".

(Analista Judiciário – TJ/PI – FGV – 2015) A respeito da organização interna do Tribunal de Justiça do Piauí, para fins de prestação da tutela constitucional, é correto afirmar que ele funcionará:

(A) em plenário, em seções cíveis e criminais, bem como em câmaras especializadas, sendo três cíveis e duas criminais;

(B) em plenário, em câmaras especializadas, sendo quatro cíveis e duas criminais, e em câmaras reunidas;

(C) em seções cíveis e criminais, em câmaras especializadas, sendo duas cíveis e duas criminais, e em câmaras reunidas;

(D) em seções cíveis e criminais e em câmaras reunidas, sendo três cíveis e três criminais;

(E) em plenário e em câmaras especializadas, sendo duas cíveis e duas criminais.

Conforme redação dada pelo art. 1º da Resolução nº 64, de 27/04/2017 ao art. 3º do Regimento Interno, "o Tribunal de Justiça, na prestação da tutela jurisdicional, funcionará em Plenário, em seis Câmaras de Direito Público, em Câmaras Especializadas, sendo quatro Cíveis e duas Criminais, e em Câmaras Reunidas, com as atribuições e competências que lhes são cometidas neste Regimento Interno, com observância das normas de processo e das garantias processuais das partes". No entanto, no momento da aplicação da prova estava em vigor a previsão de que "o Tribunal de Justiça, na prestação da tutela jurisdicional, funcionará em Plenário, em Câmaras Especializadas, sendo quatro Cíveis e duas Criminais, e em Câmaras Reunidas, com as atribuições e competências que lhes são cometidas neste Regimento Interno, com observância das normas de processo e das garantias processuais das partes" (art. 3º do Regimento Interno). [LM]
Gabarito "B".

(Analista Judiciário – TJ/PI – FGV – 2015) Considerando a sistemática estabelecida no Regimento Interno do Tribunal de Justiça do Estado do Piauí, a respeito dos limites das decisões monocráticas passíveis de serem proferidas pelo relator, é correto afirmar que ele:

(A) não pode denegar ou decretar a prisão preventiva nos processos criminais;

(B) pode julgar o mérito dos recursos sempre que estiver convencido da correção da tese sustentada;

(C) pode determinar que o Ministério Público ajuíze a ação penal cabível sempre que demonstrada a autoria de crime;

(D) pode denegar a ordem em mandado de segurança, desde que siga a jurisprudência consolidada do Tribunal;

(E) não pode expedir alvarás de soltura, o que é de competência exclusiva do colegiado.

O art. 91 do Regimento Interno elenca as atribuições dos relatores, constando como uma delas apenas a de "denegar ou conceder a ordem de mandado de segurança, desde que a matéria versada no *writ* em questão constitua objeto de jurisprudência consolidada no tribunal" (art. 91, XXVI). [LM]
Gabarito "D".

(Analista Judiciário – TJ/PI – FGV – 2015) A respeito das atribuições da carreira de Analista Processual, afeta à área judiciária do grupo funcional de Analista Judiciário, é correto afirmar que, no seu rol de competências está:

(A) redigir, em forma legal, os ofícios e mandados;

(B) comparecer às audiências ou designar substituto;

(C) realizar diligências e cumprir os mandados judiciais;

(D) responder a consulta jurídica quando solicitado;

(E) prestar assistência técnica e apoio na área de informática.

Consta do art. 8º, I, "d", da Lei Complementar 115/2008, que dispõe sobre o plano de carreiras e remunerações dos servidores, que uma das atribuições do analista processual da área judiciária é a de "responder a consulta jurídica mediante elaboração de parecer quando solicitado" carreira de analista judiciário: atividades de planejamento, organização, coordenação, supervisão técnica, assessoramento, direção de unidade, estudo, pesquisa, elaboração de laudo, parecer, prática de ato processual, cumprimento de decisão judicial e administrativa, prestação de informação de complexidade. As demais atribuições são: exercer atividades de maior complexidade, na respectiva área de atuação; realizar serviços de natureza técnica-administrativa ou judiciária na respectiva área de atuação, envolvendo matéria que exija conhecimentos jurídicos; analisar contratos, convênios, editais de licitação pública e justificativas para a contratação direta, além de elaborar as respectivas minutas, quando solicitado pelo Administrador Superior; manter sob sua guarda e responsabilidade os autos dos processos, não permitindo que saiam da secretaria, exceto nos casos autorizados em lei; integrar comissão de sindicância e de processo administrativo disciplinar; assessorar a Presidência na apreciação de processos de sua competência nos termos da Lei de Organização Judiciária e executar atividades afins determinadas pelo Secretário Jurídico. **LM**
Gabarito "D".

(Analista Judiciário – TJ/PI – FGV – 2015) A respeito da responsabilização administrativa dos servidores, é correto afirmar, nos termos do Plano de Carreiras e Remuneração dos Servidores do Poder Judiciário do Estado do Piauí, que a instauração do respectivo processo administrativo ou sindicância punitiva cabe:

(A) conforme a instância de atuação do servidor, ao Presidente do Tribunal de Justiça ou ao Corregedor-Geral da Justiça;

(B) ao Juiz de Direito ao qual o servidor implicado está subordinado ou ao Juiz Diretor do Fórum;

(C) concorrentemente, ao Corregedor-Geral da Justiça ou ao Juiz de Direito ao qual o servidor está subordinado;

(D) exclusivamente ao Presidente do Tribunal de Justiça, que pode delegar a instrução a um Juiz de Direito;

(E) exclusivamente ao Corregedor-Geral da Justiça, que pode delegar a instrução a um Juiz de Direito.

De acordo com previsão constante do art. 51, § 1º, incisos I e II, da Lei Complementar 115/2008 – que dispõe sobre o Plano de Carreiras e Remuneração dos Servidores –, a instauração do procedimento administrativo disciplinar caberá "ao Presidente do Tribunal de Justiça, quanto aos ilícitos administrativos atribuídos a servidores do Poder Judiciário em exercício no Tribunal de Justiça (2º grau) ou ao "Corregedor-Geral da Justiça, quanto aos ilícitos administrativos imputados a servidores do Poder Judiciário em exercício no 1º grau de jurisdição". **LM**
Gabarito "A".

(Analista Judiciário – TJ/PI – FGV – 2015) Em razão do escalonamento funcional existente no serviço público estadual e da correlata organização dos cargos públicos em carreira, é correto afirmar que:

(A) a transposição de cargos públicos é uma forma de elevação na respectiva carreira;

(B) tanto o servidor estável como aquele em estágio probatório podem ser livremente promovidos;

(C) a avaliação do servidor, para fins de promoção, é realizada exclusivamente pelo superior hierárquico;

(D) na promoção na carreira, o critério de antiguidade tem precedência sobre o de merecimento;

(E) é exigido um interstício mínimo de dois anos para a promoção de um nível para outro da carreira.

A: incorreta – O art. 18, § 2º, do Plano de Carreiras descreve a promoção como sendo a elevação do servidor da última referência de um nível para a primeira referência do nível seguinte, observado o interstício mínimo de um ano em relação à progressão funcional imediatamente anterior, dependendo do resultado de avaliação de desempenho. Assim, portanto, a elevação de nível na mesma carreira dá-se por meio de promoção e não transposição; **B:** incorreta – Os servidores em estágio probatório ou em cumprimento de suspensão ou qualquer outro modo de afastamento do efetivo exercício não poderão participar do processo de promoção por merecimento, com base no art. 19; **C:** incorreta – A avaliação de desempenho ocorrerá a cada ano e seus procedimentos serão orientados e acompanhados pela Comissão Central de Avaliação (art. 20, § 1º), que será composta pelo Secretário de Administração e Pessoal, que a presidirá, e por mais 04 (quatro) servidores efetivos do Poder Judiciário. No entanto, quando impossível a composição da Comissão, a avaliação será realizada pelo chefe imediato do servidor; **D:** incorreta – A promoção na carreira obedecerá alternadamente aos critérios de antiguidade e merecimento (art. 18); **E:** correta, segundo o gabarito oficial. No entanto, penso que o que se afirma na assertiva está em desconformidade com previsão constante do art. 18, § 2º, do Plano de Carreiras, segundo o qual deverá "observado o interstício mínimo de um ano" da progressão funcional imediatamente anterior, dependendo do resultado de avaliação de desempenho. **LM**
Gabarito "E".

(Analista Judiciário – TJ/PI – FGV – 2015) A respeito da sistemática afeta ao cargo de Secretário de Serviços Cartorários Cíveis, é correto afirmar, de acordo com a sistemática do Plano de Carreiras e Remuneração dos Servidores do Poder Judiciário do Estado do Piauí, que:

(A) é um cargo de provimento efetivo, o que exige a prévia aprovação em concurso público;

(B) é um cargo em comissão, que tem como requisito a conclusão do ensino médio;

(C) do valor da respectiva gratificação, 10% correspondem ao vencimento e 90% à representação;

(D) o substituto legal ou eventual do Secretário deve ter cursado, no mínimo, o segundo ano do ensino médio;

(E) o servidor público efetivo designado para o cargo pode acumular a remuneração com a do cargo que ocupa.

A: incorreta – O cargo de Secretário de Serviços Cartorários trata-se de cargo em comissão (art. 48, § 2º, da Lei Complementar 115/2008); **B:** incorreta – Exige-se diploma de curso superior para o ocupante do cargo de Secretário de Serviços Cartorários, sendo exigida o mesmo grau de escolaridade do substituto legal ou eventual (art. 48, *caput*); **C:** correta – Art. 49 do Plano de Carreiras e Remunerações dos Servidores; **D:** incorreta – Vide comentário do item B; **E:** incorreta – Servidor público efetivo designado para cargo em comissão terá de optar entre o vencimento ou subsídio do cargo efetivo que ocupa e o vencimento da gratificação do cargo em comissão (art. 49, parágrafo único). **LM**
Gabarito "C".

(Analista – TJ/DFT – 2013 – CESPE) Após a representação fundamentada subscrita por desembargador e o transcurso do prazo regimental para defesa prévia, sem que esta fosse apresentada, o Conselho Especial do TJDFT, por iniciativa do corregedor da justiça e por decisão de sua maioria absoluta, instaurou procedimento de apuração de falta punível com pena disciplinar contra Roberto, magistrado de primeiro grau.

Tendo como referência essa situação hipotética, julgue os itens subsequentes.

(1) A não apresentação de defesa prévia por parte de Roberto não obsta a convocação do Conselho Especial para decisão a respeito da instauração do processo.

(2) No caso em tela, instaurado o procedimento, competirá ao corregedor relatar a acusação perante o Conselho Especial.

(3) Há vício formal na instauração de processo contra o magistrado, já que, recebida a representação, caberia ao presidente do TJDFT a iniciativa da instauração do procedimento, e não ao corregedor.

1: certo. Conforme previsto no art. 412, § 2º, do RI-TJDFT, "Findo o prazo concedido para a defesa prévia, haja ou não sido apresentada, o Presidente convocará o Conselho Especial para que decida sobre a instauração do processo ou o arquivamento do procedimento, encaminhando, previamente, aos seus integrantes cópias do teor da acusação e da defesa prévia, se apresentada, bem como cópias das provas existentes"; **2:** certo (art. 412, § 3º, do RI-TJ/DFT); **3:** errado, a iniciativa da instauração de processo cabe ao Corregedor (art. 412, *caput*, do RI-TJ/DFT). Gabarito 1C, 2C, 3E

(Analista – TJ/ES – 2011 – CESPE) Com base na Constituição do estado do Espírito Santo e nas Leis Complementares Estaduais n. 46/1994 e n. 234/2002, julgue os itens a seguir. Nos itens em que for empregada, considere que a sigla TJ/ES refere-se ao Tribunal de Justiça do Estado do Espírito Santo.

(1) O vencimento, a remuneração e os proventos não sofrerão descontos além dos previstos em lei, nem serão objeto de arresto, sequestro ou penhora, ainda que se trate de prestação de alimentos resultante de decisão judicial.

(2) A penalidade de demissão será aplicada em caso de reincidência em faltas punidas com advertência, acarretando o cancelamento automático do pagamento da remuneração do servidor público.

(3) É vedada a acumulação remunerada de cargos públicos, exceto quando houver compatibilidade de horários e os cargos forem um de professor e o outro de natureza técnica ou científica.

(4) Compete ao TJ/ES processar e julgar, originariamente, nos crimes comuns, ressalvada a competência da justiça eleitoral, o vice-governador do estado, os deputados estaduais, os prefeitos municipais, os juízes de direito e os membros do Ministério Público.

(5) O TJ/ES, órgão supremo do Poder Judiciário estadual, com sede na capital e jurisdição em todo o estado, compõe-se de vinte e seis desembargadores, que devem estar em maioria absoluta para que seja declarada inconstitucionalidade de lei ou ato normativo do poder público.

1: errado (art. 73, I, da LC 46/1994 – Regime Jurídico dos Servidores Públicos do Estado do Espírito Santo – atualizada até a LC 500 de 2009); **2:** errado. A penalidade a ser aplicada é a de suspensão (art. 233 da LC 46/94 – atualizada até a LC 500 de 2009); **3:** certo (art. 32, XVII, da Constituição do Estado do Espírito Santo; art. 222, II, da LC 46/1994 e art. 164, § 1º, da LC 234/2002 – Código de Organização Judiciária do Estado do Espírito Santo); **4:** errado (art. art. 19 da LC 234/2002); **5:** certo (resposta na data da prova), arts. 1º e 2º do antigo RI-TJ/ES. Sobre a declaração de inconstitucionalidade de lei ou ato normativo do poder público, determina o novo RI-TJ/ES (atualizado até 19.06.2018) que no Tribunal Pleno, o pronunciamento sobre a arguição de inconstitucionalidade, suscitada perante ele ou remetida por outro órgão, dependerá da presença de 2/3 (dois terços) dos membros do Tribunal aptos a votar, inclusive o Presidente.. Além disso, dispõe o art. 167, § 1º, do RI, que será declarada a inconstitucionalidade se nesse sentido se pronunciar a maioria dos membros aptos a votar (art. 167, *caput* e § 1º). Gabarito 1E, 2E, 3C, 4E, 5C

(Analista – TJ/ES – 2011 – CESPE) Considerando o plano de carreiras e vencimentos dos servidores efetivos do Poder Judiciário do estado do Espírito Santo, julgue os itens seguintes.

(1) Grupo ocupacional é o conjunto de cargos cujas atividades profissionais são da mesma natureza ou ramo de conhecimento.

(2) O vencimento básico é a retribuição pecuniária pelo efetivo exercício do cargo, conforme o padrão da classe e o nível em que o servidor esteja enquadrado, sobre o qual incidirão os cálculos de adicionais e outras vantagens.

(3) Cargo é a unidade básica da estrutura da carreira, responsável pelo estabelecimento da evolução funcional, de acordo com a complexidade e o grau de responsabilidade das funções do cargo.

1: certo (art. 3º, X, da Lei 7.854/2004 – dispositivo vigente na data da prova). A Lei 9.497/2010 alterou grande parte do Plano de Carreiras e de Vencimentos dos Servidores Efetivos do Poder Judiciário do Estado do Espírito Santo e, atualmente, os grupos ocupacionais estão previstos no art. 4º da Lei 7.854/2004; **2:** certo (art. 3º, XIII, da Lei 7.854/2004); **3:** errado (art. 3º, III, da Lei 7.854/2004). Gabarito 1C, 2C, 3E

(Analista – TJ/ES – 2011 – CESPE) Julgue os próximos itens, a respeito do regime jurídico dos servidores públicos do estado do Espírito Santo.

(1) O regime jurídico único tem natureza de direito público e regula as condições de provimento dos cargos, os direitos e as vantagens, os deveres e as responsabilidades dos servidores públicos civis.

(2) Os servidores do TJ/ES ocupantes de cargo efetivo devem cumprir seis horas diárias de serviço e os ocupantes de cargo comissionado e função gratificada, oito horas diárias, ressalvada a possibilidade de cumprimento de sete horas ininterruptas, a critério do tribunal.

1: certo (art. 1º, parágrafo único, da LC 46/94); **2:** certo (art. 22, parágrafo único, da Lei Complementar 566/2010 – Lei de reestruturação e modernização da estrutura organizacional e administrativa do TJ/ES). Gabarito 1C, 2C

(Analista – TJ/ES – 2011 – CESPE) Considerando a Lei de Organização Judiciária do Estado do Espírito Santo (LOJ/ES), julgue os itens seguintes.

(1) Cada comarca, que compreende um município, ou mais de um, desde que contíguos, deve receber a denominação da respectiva sede, podendo ser dividida em varas.

(2) O cargo comissionado de secretário de gestão do foro deve ser preenchido, exclusivamente, por bacharel em direito.

(3) O Tribunal de Justiça do Estado do Espírito Santo (TJ/ES), composto por vinte e um desembargadores, deve funcionar, em sessão plenária, com a presença de, no mínimo, um terço de seus membros.

1: certo. À época da aplicação da prova, o art. 2º, § 2º, da LC 234/2002, tinha exatamente esta redação. Contudo, após a edição da LC 788/2014, passou a vigorar nos seguintes termos: "Cada Comarca compreenderá um município, ou mais de um, desde que contíguos, podendo ser dividida em Varas"; **2:** errado. De acordo com o previsto no art. 39-H, § 10, da LC 234/2002, com as alterações trazidas pela LC 624/2012, o cargo comissionado de Secretário de Juízo passará a se chamar Secretário de Gestão do Foro e será preenchido por profissional com formação superior em Direito ou Administração, fazendo jus ao recebimento de 60% (sessenta por cento) do vencimento padrão PJ.2.A.07; **3:** errado. O Tribunal compõe-se de 30 (trinta) desembargadores, nomeados na forma da Constituição e das leis, tendo como órgãos julgadores, podendo ocorrer deliberações com a presença mínima de dois terços (2/3) de seus membros efetivos. (art. 2º c.c. art. 5º do RI-TJ/ES).
Gabarito 1C, 2E, 3E

(Analista – TJ/ES – 2011 – CESPE) Com base no que dispõe a lei de reestruturação e modernização da estrutura organizacional e administrativa do TJ/ES, julgue os itens que se seguem.

(1) A secretaria de câmara do TJ/ES deve ser presidida pelo desembargador mais antigo da respectiva câmara.

(2) O percentual mínimo de 25% das vagas correspondentes às funções gratificadas existentes deve ser reservado a servidores efetivos do quadro de pessoal do Poder Judiciário do estado do Espírito Santo.

(3) Cabe a desembargador designado pelo Tribunal Pleno a supervisão da coordenadoria das varas de infância e juventude.

1: certo (art. 3º da Lei Complementar 566/2010); **2:** errado (art. 16 da Lei Complementar 566/2010); **3:** certo (art. 5º da Lei Complementar 566/2010).
Gabarito 1C, 2E, 3C

(Analista – TJAM – 2013 – FGV) A Lei n. 1.762/86 – Estatuto dos Funcionários Públicos Civis do Estado do Amazonas – traz algumas definições a serem adotadas no âmbito de sua incidência.

Dentre as definições listadas a seguir, assinale a **incorreta**.

(A) *Classe* – é o conjunto de cargos de diferentes denominações e com atribuições, responsabilidades e padrões de vencimento diversos.

(B) *Lotação* – é o número de cargos e funções gratificadas fixado para cada repartição, ou ainda o número de servidores que devem ter exercício em cada unidade administrativa.

(C) *Série de Classes* – é o conjunto de classes da mesma denominação dispostas, hierarquicamente, de acordo com o grau de complexidade das atribuições, nível de responsabilidade, e constitui a linha natural de promoção do funcionário.

(D) *Funcionário* – é a pessoa legalmente investida em cargo público.

(E) *Cargo* – é a designação do conjunto de atribuições e responsabilidades cometidos a um funcionário identificando-se pelas características de criação por lei, denominação própria, número certo e pagamento pelos cofres do Estado.

A: incorreta. Classe é o conjunto de cargos de igual denominação e com atribuições, responsabilidades e padrões de vencimento (art. 2º, III, da Lei 1.762/1986). Todas as demais alternativas estão corretamente definidas nos incisos do art. 2º da Lei 1.762/1986.
Gabarito "A".

(Analista – TJAM – 2013 – FGV) Compete aos Juízes de Direito de 1ª Entrância, originariamente, em matéria cível, na forma da Lei Complementar n. 17/97, processar e julgar os itens listados a seguir, **à exceção de um**. Assinale-o.

(A) Os feitos de jurisdição contenciosa ou voluntária de natureza cível ou comercial e os correlatos, processos cautelares e de execução.

(B) As ações concernentes à comunhão de interesse entre portadores de debêntures e ao cancelamento de hipoteca em garantia destas.

(C) Os feitos que, por força da Lei, devem ter curso no juízo universal de falência ou concordata.

(D) As justificações, vistorias, notificações, protestos, interpelações e demais processos preparatórios destinados a servir de documentos.

(E) As ações diretas de inconstitucionalidade.

As alternativas **A**, **B**, **C** e **D** estão corretas e contempladas como competência dos Juízes de Primeira Entrância, pelo art. 98, I, a, 1, 2, 3 e 5, da LC 17/1997. **E:** incorreta – a competência é do Tribunal Pleno (art. 30, II, a, da LC 17/1997).
Gabarito "E".

(Analista – TJAM – 2013 – FGV) São deveres do funcionário, segundo o Estatuto dos Funcionários Públicos Civis do Estado do Amazonas, além do exercício das atribuições de seu cargo,

I. a assiduidade e a pontualidade.

II. o sigilo sobre os assuntos da repartição.

III. a urbanidade com companheiros de serviços e público em geral.

Assinale:

(A) se somente o item I estiver correto.

(B) se somente o item II estiver correto.

(C) se somente os itens I e II estiverem corretos.

(D) se somente os itens II e III estiverem corretos.

(E) se todos os itens estiverem corretos.

Todos os itens estão corretamente definidos como deveres do funcionário público (art.149, II, V e VII, da Lei 1.762/1986).
Gabarito "E".

(TJ/CE – 2014 – CESPE) Fernando, serventuário da justiça, lotado em vara no interior, obteve licença para cursar mestrado em Fortaleza-CE; Júlio, serventuário da justiça, lotado em vara da capital, obteve licença para cursar doutorado em Fortaleza-CE; Carlos, serventuário da justiça, lotado em vara no interior, obteve licença para cursar doutorado em Fortaleza-CE; e Caio, serventuário da justiça, lotado em vara da capital, obteve licença para cursar mestrado em Fortaleza-CE.

Nessa situação hipotética,

(A) apenas as licenças de Júlio e Caio serão consideradas afastamento das respectivas funções.

(B) apenas as licenças de Fernando e Caio serão consideradas afastamento das respectivas funções.

(C) as licenças de todos os serventuários citados serão consideradas afastamento das respectivas funções.

(D) apenas as licenças de Fernando e Carlos serão consideradas afastamento das respectivas funções.

(E) nenhuma das licenças citadas será considerada afastamento das respectivas funções.

Conforme previsão inserida no § 4º do art. 447 do Código de Organização Judiciária do Estado do Ceará, nenhuma das alternativas será considerada afastamento das respectivas funções.
Gabarito "E".

(TJ/CE – 2014 – CESPE) Para a composição do Tribunal Regional Eleitoral do Estado do Ceará (TRE/CE), deverão ser indicados desembargadores do TJCE escolhidos pelo

(A) governador do estado do Ceará.

(B) Tribunal Pleno do TJCE, mediante eleição, pelo voto aberto, entre os seus membros.

(C) Tribunal Pleno do TJCE, mediante eleição, pelo voto secreto, entre os seus membros.

(D) presidente do TJCE.

(E) Conselho da Magistratura do TJCE.

Os desembargadores serão escolhidos pelo Tribunal de Justiça em sua composição plenária (art. 35, XXI, § 1º, do Código de Organização Judiciária do Estado do Ceará.
Gabarito "C".

(TJ/CE – 2014 – CESPE) Se, em determinado processo que esteja tramitando originariamente em uma das câmaras cíveis no TJCE, for arguida, por meio de exceção, a suspeição do desembargador relator, a relatoria da arguição caberá

(A) ao desembargador mais antigo da câmara cível onde tramita o processo originário.

(B) ao vice-presidente do TJCE.

(C) ao corregedor-geral da justiça do TJCE.

(D) a qualquer desembargador do TJCE, por designação do respectivo presidente.

(E) ao presidente do TJCE.

O Presidente funcionará como relator nas exceções de suspeição do desembargador (art. 53, IV, *a*, do Código de Organização Judiciária do Estado do Ceará.
Gabarito "E".

(TJ/CE – 2014 – CESPE)) Em relação às varas da comarca de Fortaleza-CE, assinale a opção correta.

(A) O diretor de secretaria de cada vara pode ser bacharel em ciências sociais.

(B) O diretor de secretaria de cada uma das varas da comarca é nomeado por livre escolha do presidente do TJCE.

(C) Cada uma dessas varas é supervisionada e dirigida pelo respectivo juiz titular.

(D) O diretor de secretaria de cada uma dessas varas é nomeado em comissão pelo respectivo juiz titular.

(E) O cargo de diretor de secretaria de cada uma dessas varas deve ser ocupado pelo analista judiciário mais antigo da vara.

Cada Vara da Comarca de Fortaleza terá sua Secretaria, supervisionada pelo Juiz Titular e dirigida por um Diretor de Secretaria, DNS-3 nomeado em comissão pelo Presidente do Tribunal de Justiça após livre indicação por escrito do respectivo Juiz Titular da Vara, dentre Bacharéis em Direito, Administração, Ciências Contábeis, Economia e Ciências Sociais (art. 387 do Código de Organização Judiciária do Estado do Ceará).
Gabarito "A".

(TJ/CE – 2014 – CESPE) Servidor nomeado para o TJCE somente entrará em exercício no cargo caso o título de nomeação seja devidamente anotado na

(A) Secretaria de Recursos Humanos do TJCE.

(B) Divisão de Apoio Administrativo do TJCE.

(C) Secretaria de Administração e Finanças do TJCE.

(D) Secretaria Judiciária do TJCE.

(E) Secretaria de Gestão de Pessoas do TJCE.

A previsão da necessidade de anotação do título na Secretaria de Administração e Finanças do Tribunal está contida no art. 430 do Código de Organização Judiciária do Estado do Ceará.
Gabarito "C".

Ana foi aprovada e nomeada para o cargo de servidora do TJCE; Joaquina, servidora do TJCE, foi promovida para outro cargo no mesmo órgão; Cristina foi designada para ocupar função gratificada no TJCE; Elaine, servidora do TJCE, foi removida para outro cargo em outra comarca.

(TJ/CE – 2014 – CESPE) Nessa situação, a obrigatoriedade de prestar compromisso de desempenhar com honra e lealdade as funções do cargo a ser assumido atinge

(A) Joaquina e Elaine.

(B) somente Cristina.

(C) somente Ana.

(D) somente Elaine.

(E) Ana e Cristina.

Somente Ana, já que a obrigatoriedade imposta pelo art. 430, § 1º, do Código de Organização Judiciária do Estado do Ceará, refere-se ao ingresso para o exercício do cargo e Joaquina, Elaine e Cristina já são servidoras da Justiça.
Gabarito "C".

Argemiro, serventuário de justiça no interior, necessita de seis meses de licença para tratamento de saúde; Tito, serventuário de Justiça lotado no TJCE, necessita de três meses de licença para tratamento de saúde; e Gabriel, serventuário de justiça lotado em secretaria de vara na capital, necessita de três meses de licença para tratamento de saúde.

(TJ/CE – 2014 – CESPE) Nessa situação hipotética, é competente para conceder a(s) licença(s)

(A) de Gabriel, o vice-presidente do TJCE.

(B) de Argemiro, o juiz titular da vara no interior.

(C) de Argemiro e de Gabriel, o diretor do fórum.

(D) de Tito, o vice-presidente do TJCE.

(E) de Argemiro e de Tito, o presidente do TJCE.

As licenças de Argemiro e Tito deverão ser concedidas pelo Presidente do Tribunal, conforme determinação do art. 444, "a" e parágrafo único, do Código de Organização Judiciária do Estado do Ceará.
Gabarito "E".

(Escrevente – TJ/SP – 2015 – VUNESP) Escrivão-Diretor da 1ªVara Cível da Comarca X determina que Escrevente Técnico Judiciário, a ele subordinado, destrua um documento, colocando-o em uma fragmentadora de papel. O Escrevente Técnico Judiciário percebe que o documento é uma petição assinada e devidamente protocolada, que deveria ser encartada em um processo que tramitava naquela Vara e que ainda não havia sido sentenciado. O Escrevente Técnico Judiciário deverá, nos termos do Estatuto dos Funcionários Públicos Civis do Estado de São Paulo,

(A) cumprir a ordem, pois é dever do servidor público cooperar e manter espírito de solidariedade com os companheiros de trabalho.

(B) utilizar-se do documento como papel de rascunho para seu trabalho, considerando que é dever do servidor público zelar pela economia do material do Estado.

(C) representar ao Juiz da Vara, já que é dever do servidor público representar contra ordens manifestamente ilegais.

(D) desempenhar com zelo e presteza os trabalhos de que for incumbido, destruindo o documento.

(E) proceder conforme ordenado pelo Escrivão-Diretor, nada dizendo sobre o assunto, pois é dever do servidor público guardar sigilo sobre os assuntos da repartição.

O inc. II do art. 241 da Lei 10.261/1968 – o Estatuto dos Funcionários Públicos Civis do Estado de São Paulo é expresso no sentido de que o servidor deve cumprir as ordens de superiores, havendo ainda a ressalva do dever de representar as que forem manifestamente ilegais. O cumprimento da ordem ilegal, todavia, não pode ser exigido do servidor, em razão do princípio da legalidade, com previsão na CF/1988.
Gabarito "C".

(Escrevente – TJ/SP – 2015 – VUNESP) Acerca das penalidades previstas pelo Estatuto dos Funcionários Públicos Civis do Estado de São Paulo, é correto afirmar que

(A) a pena de repreensão será aplicada verbalmente, nos casos de indisciplina ou falta de cumprimento dos deveres.

(B) praticar ato definido como crime contra a administração pública enseja a aplicação da demissão a bem do serviço público.

(C) a pena de suspensão, que não excederá 30 (trinta) dias, será aplicada em caso de falta grave ou de reincidência.

(D) a autoridade que aplicar a pena de suspensão poderá converter essa penalidade em multa, na base de 75% (setenta e cinco por cento) por dia de remuneração.

(E) em restando configurado o abandono de cargo, caberá a aplicação da pena de suspensão.

A: incorreta, a pena de repreensão será aplicada por escrito (art. 253 do Estatuto dos Funcionários Públicos); **B**: correta, o art. 257, II, do Estatuto dos Funcionários Públicos, determina a aplicação da pena de demissão a bem do serviço público de funcionário público que pratica ato definido como crime contra a administração pública; **C**: incorreta,

a pena de suspensão não poderá exceder a 90 (noventa) dias (art. 254 do Estatuto dos Funcionários Públicos Civis do Estado de São Paulo); **D**: incorreta: a autoridade poderá converter a penalidade em multa na base de 50% (cinquenta por cento) por dia de remuneração (art. 254, § 2º, do Estatuto dos Funcionários Públicos Civis do Estado de São Paulo; **E**: incorreta: a pena aplicada no caso de abandono é a de demissão (art. 256, I, do Estatuto dos Funcionários Públicos Civis do Estado de São Paulo).
Gabarito "B".

(Escrevente – TJ/SP – 2015 – VUNESP) João, Escrevente Técnico Judiciário lotado em uma Vara Criminal, praticou ato de insubordinação grave, em 20 de janeiro de 2012. Iniciou-se a apuração preliminar dos fatos de imediato, logo no dia 22 de janeiro de 2012. Mas esta somente veio a ser concluída em dezembro de 2014, concluindo pela prática da infração disciplinar consistente na insubordinação grave, com a ressalva de que João sempre foi um servidor exemplar sem nunca ter sofrido qualquer penalidade disciplinar anteriormente. Nesse caso, a conduta a ser adotada pela autoridade competente, na data de hoje, nos termos do Estatuto dos Funcionários Públicos Civis do Estado de São Paulo, é a

(A) declaração da extinção da punibilidade pela prescrição, que, neste caso, em razão da natureza menos grave da insubordinação, ocorreu em dois anos.

(B) decisão do processo pela aplicação da pena de demissão a bem do serviço público, face à natureza grave do ato de insubordinação.

(C) aplicação imediata da pena de suspensão a João, pois esta é a penalidade cabível para ato de insubordinação.

(D) instauração do processo administrativo disciplinar, assegurados o contraditório e a ampla defesa, para que se decida acerca da penalidade aplicável.

(E) aplicação imediata da pena de repreensão a João, pois esta é a penalidade cabível para ato de insubordinação.

Considerando o histórico do servidor e que na aplicação das penas disciplinares serão consideradas a natureza e a gravidade da infração e os danos que dela provierem para o serviço público (art. 252), a pena aplicada neste caso não seria a de demissão, mas a de repreensão (art. 253). Assim, estaria extinta a punibilidade pela prescrição (art. 261, I).
Gabarito "D".

(Escrevente – TJ/SP – 2015 – VUNESP) Em relação aos Procedimentos Disciplinares, nos termos do Estatuto dos Funcionários Públicos Civis do Estado de São Paulo, é correto afirmar que

(A) a contagem do prazo será efetuada computando-se o dia inicial, antecipando-se o vencimento, que incidir em sábado, domingo, feriado ou facultativo, para o primeiro dia útil anterior.

(B) o servidor absolvido pela Justiça, mediante simples comprovação do trânsito em julgado de decisão que o absolveu por falta de provas, será reintegrado ao serviço público, no cargo que ocupava e com todos os direitos e vantagens devidas.

(C) o pedido de reconsideração, que não poderá ser renovado, poderá ser deduzido diante de decisão tomada por Secretário do Estado em única instância, no prazo de 15 (quinze) dias.

(D) o prazo para recorrer da decisão em sindicância é de 10 (dez) dias, contados da publicação da decisão impugnada no Diário Oficial do Estado ou da intimação pessoal do servidor, quando for o caso.

(E) o processo administrativo deverá ser instaurado por portaria, no prazo improrrogável de 8 (oito) dias do recebimento da determinação, e concluído no de 90 (noventa) dias da citação do acusado.

A: incorreta, conforme dispõe o parágrafo único do art. 323, não se computará no prazo o dia inicial, prorrogando-se o vencimento, que incidir em sábado, domingo, feriado ou facultativo, para o primeiro dia útil seguinte; **B**: incorreta, somente será reintegrado ao serviço público se a absolvição do servidor for decorrente de decisão que negue a existência de sua autoria ou do fato que deu origem à sua demissão (art. 250, § 2º); **C**: incorreta. Caberá pedido de reconsideração, que não poderá ser renovado, de decisão do Governador do Estado em única instância, no prazo de 30 (trinta) dias (art. 313); **D**: incorreta. O prazo de recuso é de 30 (trinta) dias (art. 312, § 1º); **E**: correta, disposição expressa neste sentido contida no art. 277 do Estatuto dos Funcionários Públicos Civis do Estado de São Paulo.
Gabarito "E".

7. NORMAS DA CORREGEDORIA GERAL DA JUSTIÇA

(Escrevente – TJ/SP – 2015 – VUNESP) Os servidores da justiça darão atendimento prioritário às pessoas portadoras de deficiência, aos idosos, às gestantes, às lactantes e às pessoas acompanhadas por crianças de colo, mediante, exemplificativamente,

(A) garantia de lugar privilegiado em filas ou distribuição de senhas com numeração adequada ao atendimento preferencial.

(B) atendimento imediato obrigatório quando da chegada das pessoas em tais condições ao balcão de atendimento.

(C) instalação de cadeiras para que as pessoas em tais condições esperem sentadas, pelo tempo que for necessário.

(D) triagem para atendimento das pessoas em tais condições em sala separada do restante do público, que deverá existir em todos os fóruns.

(E) fila única para atendimento em balcão, atendendo-se às pessoas rigorosamente por ordem de chegada, independentemente de sua condição.

A alternativa correta é a "A", conforme determinação do art. 27 das NSCGJ.
Gabarito "A".

(Escrevente – TJ/SP – 2015 – VUNESP) Acerca da autuação, abertura de volumes e numeração de feitos, preveem as Normas da Corregedoria Geral da Justiça que

(A) todas as conclusões ao juiz serão anotadas no sistema informatizado, acrescendo-se a carga, em meio físico ou eletrônico, no número máximo de 50 (cinquenta) processos por dia.

(B) deverá ser feita conclusão dos autos no prazo de 48 (quarenta e oito) horas e executados os atos processuais no prazo de 3 (três) a 5 (cinco) dias, dependendo da complexidade do ato a ser realizado.

(C) os autos de processos não excederão de 200 (duzentas) folhas em cada volume, salvo determinação judicial expressa em contrário ou para manter peça processual com seus documentos anexos, podendo, nestes casos, ser encerrado com mais ou menos folhas.

(D) para a juntada, na mesma oportunidade, de duas ou mais petições ou documentos, será confeccionado um termo de juntada para cada uma das peças, com a devida descrição pormenorizada do conteúdo delas.

(E) ao receber a petição inicial ou a denúncia, o ofício de justiça providenciará, em 48 (quarenta e oito) horas, a autuação, nela afixando a etiqueta que, gerada pelo sistema informatizado e oriunda do distribuidor, atribui número ao processo.

O art. 89 das NSCGJ determina o limite de 200 (duzentas) folhas em cada volume.
Gabarito "C".

(Escrevente – TJ/SP – 2015 – VUNESP) Consoante as Normas da Corregedoria Geral da Justiça, os mandados de prisão

(A) não serão entregues aos oficiais de justiça, mas encaminhados ao Instituto de Identificação Ricardo Gumbleton Daunt – IIRGD.

(B) não serão objeto de recolhimento de guias de despesas, mas deverão ser cumpridos pelos oficiais de justiça a serviço daquele juízo.

(C) serão entregues diretamente, por meio eletrônico, ao Departamento de Capturas da Polícia Civil do Estado, que tomará as providências cabíveis.

(D) serão distribuídos aos oficiais de justiça que realizaram as devidas buscas com o apoio da Polícia Civil.

(E) serão remetidos por sistema eletrônico ao Comando de Operações – COPOM da Polícia Militar, responsável pelas medidas cabíveis.

O parágrafo único do art. 108 das NSCGJ contém disposição expressa neste sentido.
Gabarito "A".

(Escrevente – TJ/SP – 2015 – VUNESP) Nos termos das Normas da Corregedoria Geral da Justiça, o uso inadequado do sistema de processamento eletrônico do Tribunal de Justiça do Estado de São Paulo que venha a causar prejuízo às partes ou à atividade jurisdicional importará

(A) desconto nos vencimentos do usuário que for servidor público.

(B) bloqueio do cadastro do usuário, sem prejuízo das demais cominações legais.

(C) a devolução dos prazos às partes e a anulação dos atos judiciais.

(D) suspensão do processo para a realização de incidente de saneamento.

(E) a aplicação de medida disciplinar, não havendo responsabilização civil ou criminal.

O uso inadequado do sistema de processamento eletrônico do Tribunal de Justiça do Estado de São Paulo que venha a causar prejuízo às partes ou à atividade jurisdicional importará bloqueio do cadastro do usuário, sem prejuízo das demais cominações legais (parágrafo único do art. 1.191 das NSCGJ).
Gabarito "B".

8. LEGISLAÇÃO APLICADA AO MPU

(Analista – MPU – CESPE – 2018) No que se refere à Lei Complementar n.º 75/1993, julgue os itens a seguir.

(1) Membro do Ministério Público da União poderá renunciar à promoção, em qualquer tempo, se houver vaga na categoria imediatamente anterior.

(2) Conflito de atribuição de determinado caso envolvendo um membro do Ministério Público Federal e um membro do Ministério Público Militar deverá ser submetido à Câmara de Coordenação e Revisão do Ministério Público Federal, e por ela decidido.

(3) No exercício do controle externo da atividade policial, o Ministério Público pode ter acesso a qualquer documento produzido pelo órgão da polícia, bem como ter livre ingresso em estabelecimentos policiais ou prisionais.

(4) Quando um membro do Ministério Público da União comete alguma falta disciplinar, a consequente instauração de processo administrativo deve interromper o prazo prescricional para aplicação da sanção.

1: Certa: De acordo com o disposto no art. 199, § 4º, da LC 75/1993, "é facultada a renúncia à promoção, em qualquer tempo, desde que haja vaga na categoria imediatamente anterior"; **2:** Errada: É de atribuição do Procurador-Geral da República dirimir os conflitos de atribuição entre membros de ramos diferentes do Ministério Público da União, conforme previsto no art. 128, I, e seus incisos, e art. 26, VII, da LC 75/1993. Cabe esclarecer que, de acordo com o disposto no art. 24 da mesma Lei, o Ministério Público da União compreende o Ministério Público Federal, o Ministério Público do Trabalho, o Ministério Público Militar e o Ministério Público do Distrito Federal e Territórios; **3:** Errada: Prevê o art. 9º da Lei Complementar 75/1993 que "O Ministério Público da União exercerá o controle externo da atividade policial por meio de medidas judiciais e extrajudiciais podendo ter livre ingresso em estabelecimentos policiais ou prisionais; ter acesso a quaisquer documentos relativos à atividade-fim policial; representar à autoridade competente pela adoção de providências para sanar a omissão indevida, ou para prevenir ou corrigir ilegalidade ou abuso de poder; e requisitar à autoridade competente para instauração de inquérito policial sobre a omissão ou fato ilícito ocorrido no exercício da atividade policial; e promover a ação penal por abuso de poder. Como é de se notar, o Ministério Público poderá ter acesso aos documentos relativos à atividade-fim policial e não a qualquer documento; **4:** Certa: A interrupção do prazo prescricional ocorre com a instauração de processo administrativo e a citação para a ação de perda do cargo (art. 245, parágrafo único). Gabarito 1C, 2E, 3E, 4C

(Analista – MPU – CESPE – 2018) Com relação ao conceito do Ministério Público, aos princípios institucionais, à autonomia funcional e administrativa, à elaboração da proposta orçamentária e aos vários ministérios públicos, julgue os itens subsecutivos.

(1) Ao Ministério Público, órgão essencial à função jurisdicional do Estado, incumbe a defesa dos interesses sociais e individuais disponíveis e indisponíveis.

(2) Dado o princípio da indivisibilidade, um membro do Ministério Público da União não pode substituir outro que exerça a mesma função, pois haverá implicações práticas nas atividades desenvolvidas.

(3) A autonomia funcional abrange todos os órgãos que compõem o Ministério Público e garante que seus membros não se submetam aos Poderes Legislativo, Executivo e Judiciário nem a outro órgão ou autoridade pública.

(4) Se o Ministério Público apresentar ao Poder Executivo proposta orçamentária em desacordo com a lei de diretrizes orçamentárias, o Poder Executivo estará vedado de realizar os ajustes necessários, devendo a proposta ser restituída ao Ministério Público para que este proceda, no prazo de trinta dias, a tais ajustes.

(5) Tanto o Ministério Público do Trabalho quanto o Ministério Público do Distrito Federal e Territórios integram o Ministério Público da União.

1: Errada: Entre as funções institucionais do Ministério Público da União está a defesa da ordem jurídica, do regime democrático, dos interesses sociais e dos interesses individuais indisponíveis, não estando, portanto, compreendidos os interesses disponíveis (art. 5º, I, da LC 75/1993); **2:** Errada: O princípio da indivisibilidade, ao contrário da assertiva, permite que os membros do Ministério Público sejam substituídos uns pelos outros; **3:** Certa. A autonomia funcional é justamente a liberdade que o Ministério Público possui no desempenho de suas funções; **4:** Errada. O Ministério Público da União elaborará sua proposta orçamentária dentro dos limites da lei de diretrizes orçamentárias (art. 23). Sendo que a fiscalização contábil, financeira, orçamentária, operacional e patrimonial do Ministério Público da União será exercida pelo Congresso Nacional, mediante controle externo, com o auxílio do Tribunal de Contas da União, segundo o disposto no <u>Título IV, Capítulo I, Seção IX, da Constituição Federal</u>, e por sistema próprio de controle interno (art. 23, § 2º, da LC 75/1993). Por fim, de acordo com o art. 127, § 5º, da Constituição Federal, se a proposta orçamentária for encaminhada em desacordo com os limites estipulados na forma do § 3º do mesmo dispositivo legal, o Poder Executivo procederá aos ajustes necessários para fins de consolidação da proposta orçamentária anual; **5:** Certa. Está previsto tanto no art. 128, I, e suas alíneas da CF como no art. 24 da LC 75/1993 que o Ministério Público da União compreende o Ministério Público Federal, o Ministério Público do Trabalho, o Ministério Público Militar e o Ministério Público do Distrito Federal e Territórios. Gabarito 1E, 2E, 3C, 4E, 5C

(Analista – MPU – CESPE – 2018) No que se refere ao procurador-geral da República, aos demais procuradores-gerais e às garantias dos membros do Ministério Público da União, julgue os itens seguintes.

(1) Somente depois de aprovado pelo Senado Federal, o procurador-geral da República deverá ser nomeado pelo presidente da República.

(2) O procurador-geral do Distrito Federal e Territórios deverá ser nomeado pelo chefe do Poder Executivo, e seu mandato será de dois anos, sendo permitida somente uma recondução.

(3) Um membro do Ministério Público adquire estabilidade após três anos de efetivo exercício, podendo, contudo, perder o cargo por sentença judicial transitada em julgado ou por processo administrativo específico.

1: Certa. Conforme disposto no art. 84, XIV, da CF, compete privativamente ao Presidente da República nomear, após aprovação pelo Senado Federal, os Ministros do Supremo Tribunal Federal e dos Tribunais Superiores, os Governadores de Territórios, <u>o Procurador-Geral da República</u> (grifo nosso), o presidente e os diretores do banco central e outros servidores, quando determinado em lei; **2 :** Certa. De acordo com o previsto no art. 128, § 3º, da CF, "os Ministérios Públicos dos Estados e o do Distrito Federal e Territórios formarão lista tríplice dentre integrantes da carreira, na forma da lei respectiva, para escolha de seu Procurador-Geral, que será nomeado pelo Chefe do Poder Executivo, para mandato de dois anos, permitida uma recondução"; **3:** Errada. Prevê o art. 128, § 5º, I, "a", da CF que a vitaliciedade dos membros do Ministério Público é alcançada após dois anos de exercício e que a perda do cargo somente dar-se-á por sentença judicial transitada em julgado. Gabarito 1C, 2C, 3E

(Analista – MPU – CESPE – 2018) No que diz respeito à composição e às atribuições constitucionais do Conselho Nacional do Ministério Público (CNMP), julgue os itens que se seguem.

(1) Dos membros que compõem o CNMP, o procurador-geral da República é o único que prescinde de nomeação específica para exercer atividades nesse órgão.

(2) O CNMP pode atuar de ofício para apreciar a legalidade dos atos administrativos e jurisdicionais praticados por membros do Ministério Público da União e dos estados.

1: Anulada. A questão foi anulada pela banca examinadora com a seguinte justificativa: "Nos termos do art. 130-A da Constituição Federal de 1988, todos os membros do Conselho Nacional do Ministério Público são nomeados pelo presidente da República. No entanto, como a nomeação do procurador-geral como presidente do Conselho, prejudicou-se o julgamento objetivo do item"; **2:** Errada : Conforme dispõe o art. 130-A, § 2º, II, da Constituição Federal, cabe ao Conselho Nacional do Ministério Público zelar pela observância do art. 37 e apreciar, de ofício ou mediante provocação, a legalidade dos atos administrativos praticados por membros ou órgãos do Ministério Público da União e dos Estados, podendo desconstituí-los, revê-los ou fixar prazo para que se adotem as providências necessárias ao exato cumprimento da lei, sem prejuízo da competência dos Tribunais de Contas. No entanto, sua atuação não poderá ocorrer em relação aos atos jurisdicionais.

Gabarito: 1 Anulada, 2E

(Analista – MPU – CESPE – 2018) No que concerne ao conceito de racismo institucional, julgue os itens subsecutivos, considerando a Recomendação CNMP n. 40/2016.

(1) Situação hipotética: Dois policiais militares faziam ronda em uma comunidade carente quando avistaram dois jovens negros caminhando juntos. Os policiais foram na direção dos jovens e jogaram bruscamente a viatura contra eles. Ao saírem do veículo, fizeram a abordagem de ambos. Um dos policiais apontava uma arma para um dos jovens, enquanto o outro policial, sem mandado judicial específico, revistava o outro jovem. Por não ter sido constatada nenhuma prática de ato ilícito, os jovens foram liberados. Assertiva: Os jovens poderão buscar o Ministério Público, que poderá atuar de maneira repressiva, judicial ou extrajudicialmente, para a apuração dos fatos.

(2) No contexto institucional, a mera apelidação de empregado negro em razão de seu fenótipo racial caracteriza discriminação racial indireta, ainda que ele não se oponha a ser chamado pelo apelido.

1: Certa. De acordo com o que dispõe o art. 1º da Recomendação CNMP 40/2016, "Os ramos do Ministério Público da União e dos Estados, que ainda não os disponham, constituam, com a brevidade possível, órgãos especializados na promoção da igualdade étnico-racial, com atuação preventiva e repressiva, com atribuição extrajudicial e judicial cível e criminal. Parágrafo único. Para o cumprimento do previsto no caput, podem ser criados, por exemplo, unidades ministeriais, núcleos, coordenadorias ou grupos de atuação especial"; **2:** Anulada. A banca examinadora anulou a questão nos seguintes termos: "Considerando-se haver alguma subjetividade no conceito de discriminação direta e indireta, prejudicou-se o julgamento objetivo do item".

Gabarito: 1C, 2 Anulada

7. Lei 8.112/1990

Wander Garcia, Flávia Barros e Georgia Dias

1. PROVIMENTO, VACÂNCIA, REMOÇÃO, DISTRIBUIÇÃO E SUBSTITUIÇÃO

1.1. Provimento

(Analista Judiciário – TRT/8ª – 2016 – CESPE) De acordo com a Lei 8.112/1990, que trata do regime jurídico dos servidores públicos federais, a reversão

(A) não se aplica ao servidor aposentado que já tiver completado setenta anos de idade.

(B) ocorrerá quando a demissão do servidor for anulada por decisão administrativa ou judicial.

(C) ocorre quando o servidor estável retorna ao cargo anterior, em decorrência de inabilitação em estágio probatório relativo a outro cargo.

(D) pode ocorrer no interesse do requerente aposentado, desde que haja solicitação nos últimos cinco anos.

(E) poderá ser aplicada quando o servidor aposentado por invalidez ou por tempo de contribuição tiver a sua aposentadoria anulada por decisão judicial.

A: correta (art. 27 da Lei 8.112/1990); **B:** incorreta, pois nesse caso tem-se a *reintegração* (art. 28, *caput*, da Lei 8.112/1990), e não a *reversão*; **C:** incorreta, pois nesse caso tem-se a *recondução* (art. 29, I, da Lei 8.112/1990), e não a *reversão*; **D:** incorreta, pois, mesmo que o aposentado tenha solicitado a reversão, está no interesse da Administração (art. 25, II, da Lei 8.112/1990); **E:** incorreta, pois esse caso não está previsto no art. 25 da Lei 8.112/1990. **WG**
Gabarito "A".

(STM – 2011 – CESPE) Acerca do regime jurídico dos servidores públicos civis da União, julgue os itens a seguir.

(1) As formas de provimento de cargo incluem a readaptação, que consiste no retorno de servidor aposentado por invalidez à atividade, em decorrência de comprovação, por junta médica oficial, de cessação dos motivos da aposentadoria.

(2) Aplica-se suspensão em caso de reincidência de falta punida com advertência e de violação de proibição que não tipifique infração sujeita à penalidade de demissão, não podendo a suspensão exceder a noventa dias.

1: errada, pois embora a readaptação seja uma forma de provimento de cargo público (art. 8°, V, da Lei 8.112/1990), ela é "a investidura do servidor em cargo de atribuições e responsabilidades compatíveis com a limitação que tenha sofrido em sua capacidade física ou mental verificada em inspeção médica" (art. 24, *caput*, da Lei 8.112/1990); **2:** certa (art. 130 da Lei 8.112/1990). **WG**
Gabarito 1E, 2C

(Analista – TRT/11ª – 2012 – FCC) Com a extinção do órgão público "X", foi extinto o cargo público ocupado por João, que é servidor público federal estável. No entanto, com tal extinção, João foi colocado em disponibilidade. Nos termos da Lei 8.112/1990, João

(A) deveria obrigatoriamente ter sido redistribuído, não sendo possível sua colocação em disponibilidade pela Administração Pública.

(B) será aproveitado em vaga que vier a ocorrer em órgãos ou entidades da Administração Pública Federal ou Estadual, mediante determinação do órgão Central do Sistema de Pessoal Civil.

(C) retornará à atividade mediante aproveitamento obrigatório em cargo de atribuições e vencimentos compatíveis com o anteriormente ocupado.

(D) terá cassada sua disponibilidade e tornado sem efeito eventual aproveitamento, caso não entre em exercício no prazo legal, ainda que por motivo de doença comprovada por junta médica oficial.

(E) não poderá ser mantido sob responsabilidade do órgão central do Sistema de Pessoal Civil da Administração Federal-SIPEC, até seu adequado aproveitamento.

A: incorreta, pois o caso é de colocação em disponibilidade (art. 37, § 3°, da Lei 8.112/1990); **B:** incorreta, pois será aproveitado em vaga que vier a ocorrer na esfera federal, e não na esfera estadual (art. 31, *caput*, da Lei 8.112/1990); **C:** correta (art. 30 da Lei 8.112/1990); **D:** incorreta, pois essa cassação se dá como regra, mas é excepcionada se houver doença comprovada por junta médica oficial (art. 32 da Lei 8.112/1990); **E:** incorreta, pois será mantido, sim, sob responsabilidade do órgão central do SIPEC, até seu adequado aproveitamento (art. 31, parágrafo único, da Lei 8.112/1990). **WG**
Gabarito "C".

(Analista – TREMG – 2012 – CONSULPLAN) Acerca do tratamento que a Lei 8.112/1990 dá à posse e à entrada em exercício do servidor público federal no cargo público, marque a alternativa INCORRETA.

(A) A posse poderá dar-se mediante procuração específica.

(B) Só haverá posse nos casos de provimento de cargo por nomeação.

(C) A posse ocorrerá no prazo de trinta dias contados da publicação do ato de provimento.

(D) É de trinta dias o prazo para o servidor empossado em cargo público entrar em exercício, contados da posse.

(E) No ato da posse, o servidor apresentará declaração de bens e valores que constituem seu patrimônio e declaração quanto ao exercício ou não de outro cargo, emprego ou função.

A: correta (art. 13, § 3°, da Lei 8.112/1990); **B:** correta (art. 13, § 4°, da Lei 8.112/1990); **C:** correta (art. 13, § 1°, da Lei 8.112/1990); **D:** incorreta (devendo ser assinalada), pois o prazo, no caso, é de 15 dias (art. 15, § 1°, da Lei 8.112/1990); **E:** correta (art. 13, § 5°, da Lei 8.112/1990). **WG**
Gabarito "D".

(Analista – TREMG – 2012 – CONSULPLAN) Quanto às normas aplicáveis aos servidores públicos federais (Lei 8.112/1990), analise as afirmativas.

I. A jurisprudência majoritária, inclusive do Supremo Tribunal Federal e do Superior Tribunal de Justiça, entende que não há direito adquirido do servidor público à manutenção do regime jurídico-funcional.

II. Segundo precedentes do Superior Tribunal de Justiça, o servidor público estável que desiste do estágio probatório a que foi submetido em razão de ingresso em novo cargo público não tem direito a ser reconduzido ao cargo anteriormente ocupado.

III. A reintegração é o retorno do servidor estável ao cargo anteriormente ocupado, quando invalidada a sua demissão por decisão administrativa ou judicial. Se o cargo ocupado tiver sofrido transformação, o retorno deve ocorrer para o cargo resultante da transformação. O servidor, com a reintegração, tem direito ao ressarcimento de todas as vantagens.

Está(ão) correta(s) a(s) afirmativa(s)

(A) I, II e III.

(B) II, apenas.

(C) I e II, apenas.

(D) I e III, apenas.

(E) II e III, apenas.

I: correta, nos termos dos entendimentos pacíficos desses tribunais (exs: STF, ARE 756.281, DJ 07.11.13; STJ, AgRg no REsp 1.162.963, DJ 13.08.12); **II:** incorreta, pois o STJ entende que há direito à recondução nesse caso, ainda que o servidor não tenha sido regularmente inabilitado para o cargo (RMS 30.973, DJ 01/02/12); **III:** correta, nos termos do art. 28 da Lei 8.112/1990. 🆆🅶
„D". Gabarito

(Analista – TRT/6ª – 2012 – FCC) De acordo com a Lei Federal nº 8.112, de 11 de dezembro de 1990, que dispõe sobre o regime jurídico dos servidores públicos civis da União, das autarquias e das fundações públicas federais, a investidura em cargo público ocorre com

(A) a nomeação.

(B) a aprovação em concurso público.

(C) a posse.

(D) o provimento.

(E) a habilitação, após a comprovação da aptidão física.

O art. 7º da Lei 8.112/1990 dispõe que a investidura em cargo público ocorrerá com a posse. 🆆🅶
„C". Gabarito

(Analista – TRT/8ª – 2010 – FCC) A Lei 8.112/1990 estabelece que a reintegração

(A) quando provido o cargo do servidor estável objeto desta, o seu eventual ocupante será reconduzido ao cargo de origem, sem direito à indenização ou aproveitado em outro cargo, ou ainda, posto em disponibilidade.

(B) é a investidura do servidor em cargo de atribuições e responsabilidades compatíveis com a limitação que tenha sofrido em sua capacidade física ou mental verificada em inspeção médica.

(C) será efetivada em cargo de atribuições afins, respeitada a habilitação exigida, nível de escolaridade e equivalência de vencimentos e, na hipótese de inexistência

de cargo vago, o servidor exercerá suas atribuições como excedente, até a ocorrência de vaga.

(D) é o retorno à atividade de servidor aposentado por invalidez, quando junta médica oficial declarar insubsistentes os motivos da aposentadoria.

(E) é o retorno à atividade de servidor, mediante aproveitamento obrigatório em cargo de atribuições e vencimentos compatíveis com o anteriormente ocupado.

Art. 28, §§ 1º e 2º, da Lei 8.112/1990. 🆆🅶
„A". Gabarito

(Analista – TRT/9ª – 2010 – FCC) Em razão de doença, Alberto, funcionário público federal efetivo, ficou com a sua capacidade física reduzida para o exercício do cargo de que era titular, o que foi constatado por inspeção médica. Em razão disso, precisou ser investido em novo cargo, compatível com a sua condição física, o que ocorreu, segundo a Lei 8.112/1990, pela forma de provimento denominada

(A) readaptação.

(B) transferência.

(C) reversão.

(D) reintegração.

(E) recondução.

Art. 24, *caput*, da Lei 8.112/1990. 🆆🅶
„A". Gabarito

(Analista – TRT/11ª – 2005 – FCC) A investidura em cargo público ocorre com a

(A) nomeação; o provimento de cargo público dar-se-á com a posse e o exercício.

(B) posse; constitui forma de provimento de cargo público, além de outras, a readaptação.

(C) reintegração; a reversão caracteriza o provimento de cargo público.

(D) posse; o provimento de cargo público dependerá do aproveitamento e do exercício.

(E) nomeação; a promoção acarretará, dentre outras formas, o provimento de cargo público.

A: incorreta, pois a investidura ocorre com a posse (art. 7º da Lei 8.112/1990), e não com a nomeação; além disso o provimento que ocorre antes da posse é a nomeação; assim, cronologicamente falando, temos nomeação (que é uma forma de provimento), depois posse (que é a aceitação do cargo, gerando o fenômeno da investidura) e depois exercício (que é o início do desempenho das atribuições do cargo); sobre o provimento por nomeação *vide* o art. 8º, I, da Lei 8.112/1990; sobre a posse leia os arts. 13 e 14 da Lei 8.112/1990; e sobre o exercício leia os arts. 15 a 20 da Lei 8.112/1990; **B:** correta, pois a investidura ocorre com a posse (art. 7º da Lei 8.112/1990) e a readaptação é, de fato, uma das formas de provimento (art. 8º, V, da Lei 8.112/1990); **C:** incorreta, pois a investidura ocorre com a posse (art. 7º da Lei 8.112/1990), e não com a reintegração; esta, na verdade, é uma forma de provimento (art. 8º, VIII, da Lei 8.112/1990); a segunda parte da alternativa está correta (art. 8º, VI, da Lei 8.112/1990); **D:** incorreta, a primeira parte da afirmativa é verdadeira; porém, é falsa a afirmativa de que o provimento do cargo depende do aproveitamento e do exercício; como se viu, primeiro vem a nomeação (uma forma de provimento), depois vem a posse e apenas depois vem o exercício; e o aproveitamento do servidor é uma intercorrência que pode acontecer caso este seja colocado em disponibilidade (pela extinção do cargo que ocupa, por exemplo) e apareça a oportunidade de aproveitá-lo em outro cargo; **E:** incorreta, pois a investidura ocorre com a posse (art. 7º da Lei 8.112/1990), e não com a nomeação; além disso, a promoção não acarreta um provimento, mas é uma forma de provimento (art. 8º, II, da Lei 8.112/1990). WG

Gabarito "B".

(Analista – TRT/13ª – 2005 – FCC) No que diz respeito ao exercício, é certo que

(A) o prazo para o servidor entrar em exercício é de 5 (cinco) dias e, se não atender, ficará em disponibilidade.

(B) o exercício poderá dar-se mediante procuração por instrumento público ou particular.

(C) a promoção interrompe e, em certos casos, suspende o tempo de exercício.

(D) o início do exercício de função de confiança, de regra, coincidirá com a data da publicação do ato de designação.

(E) o servidor público, entrando em exercício, poderá ser dispensado do estágio probatório.

A: incorreta, art. 15, §§ 1º e 2º, da Lei 8.112/1990; **B:** incorreta, a posse pode se dar por procuração (art. 13, § 3º, da Lei 8.112/1990); o exercício, porém, deve se dar pelo próprio servidor, não sendo possível que alguém trabalhe em seu lugar; **C:** incorreta, art. 17 da Lei 8.112/1990; **D:** correta, art. 15, § 4º, da Lei 8.112/1990; **E:** incorreta, art. 20 da Lei 8.112/1990. WG

Gabarito "D".

(Analista – TRT/19ª – 2008 – FCC) Ulisses, como ocupante de cargo em comissão na administração pública federal foi nomeado para ter exercício, interinamente, em outro cargo de confiança, sem prejuízo das atribuições que atualmente ocupa. Nesse caso, é correto afirmar que a acumulação remunerada dos cargos públicos não estará vedada, porque Ulisses

(A) deverá optar pelo de menor remuneração entre eles, após o término do período de interinidade.

(B) poderá ficar em exercício pelo prazo de até 60 dias, com a remuneração de ambos os cargos.

(C) poderá receber o vencimento de um dos cargos, em qualquer hipótese, ainda que tenha remuneração em órgão de deliberação coletiva.

(D) deverá optar pela remuneração de um deles durante a interinidade.

(E) está sendo nomeado, sem qualquer condição, para cargo de confiança vago, não importando o valor da remuneração.

Art. 9º, parágrafo único, da Lei 8.112/1990. WG

Gabarito "D".

(Analista – TRT/22ª – 2010 – FCC) Nos termos da Lei 8.112/1990, Maurício, servidor do Tribunal Regional do Trabalho, em razão de ter sido removido para outro município, onde deva ter exercício, terá no

(A) mínimo, quinze e, no máximo, quarenta e cinco dias de prazo, contados do ato de nomeação, para a retomada do efetivo desempenho das atribuições do cargo, excluído deste prazo o tempo necessário para o deslocamento para a nova sede.

(B) máximo, quinze dias de prazo, contados da posse, para a retomada do efetivo desempenho das atribui-

ções do cargo, incluído nesse prazo o tempo necessário para o deslocamento para a nova sede.

(C) mínimo, dez e, no máximo, trinta dias de prazo, contados da publicação do ato, para a retomada do efetivo desempenho das atribuições do cargo, incluído nesse prazo o tempo necessário para o deslocamento para a nova sede.

(D) máximo, sessenta dias de prazo, contados da posse, para a retomada do efetivo exercícios de suas funções, excluído deste prazo o tempo necessário para o deslocamento para a nova sede.

(E) mínimo, cinco e, no máximo, dez dias de prazo, contados da publicação do ato de exercício, para a retomada do efetivo desempenho das atribuições da função, incluído nesse prazo o tempo necessário para o deslocamento para a nova sede.

Art. 18, *caput*, da Lei 8.112/1990. WG

Gabarito "C".

(Analista – TRT/23ª – 2007 – FCC) Considere:

I. A investidura em cargo público ocorrerá com a nomeação.

II. A exoneração de cargo em comissão e a dispensa de função de confiança dar-se-á, dentre outras hipóteses, quando não satisfeitas as condições do estágio probatório.

III. Os servidores ocupantes de cargo de natureza especial terão substitutos indicados no regimento interno ou, no caso de omissão, previamente designados pelo dirigente máximo do órgão ou entidade.

IV. O servidor ocupante de cargo em comissão poderá ser nomeado para ter exercício, interinamente, em outro cargo de confiança, sem prejuízo das atribuições do que atualmente ocupa, hipótese em que deverá optar pela remuneração de um deles durante o período da interinidade.

V. A reversão é a reinvestidura do servidor estável no cargo resultante de sua transformação, quando invalidada a sua demissão por decisão judicial, sem ressarcimento de vantagens.

Estão corretas APENAS as afirmativas

(A) I, II e III.

(B) I, IV e V.

(C) I e V.

(D) II, III e IV.

(E) III e IV.

I: incorreta, pois a investidura se dá com a posse (art. 7º da Lei 8.112/1990); **II:** incorreta, pois não há estágio probatório nos dois vínculos citados (cargo em comissão e função de confiança); **III:** correta (art. 38 da Lei 8.112/1990); **IV:** correta (art. 9º, parágrafo único, da Lei 8.112/1990); **V:** incorreta (art. 25 da Lei 8.112/1990), reversão é o retorno à atividade de servidor aposentado por invalidez ou por interesse da administração. WG

Gabarito "E".

(Analista – TRT/23ª – 2007 – FCC) Quanto ao regime jurídico dos servidores públicos, considere:

I. Cargo público é o conjunto de atribuições e responsabilidades previstas na estrutura organizacional que devem ser cometidas a um servidor.

II. Os cargos públicos, acessíveis a todos os brasileiros natos, são criados por lei ou decreto, para provimento exclusivo em caráter efetivo.

III. São requisitos básicos para investidura em cargo público, dentre outros, a idade mínima de 21 anos.

IV. A investidura em cargo público ocorrerá com a nomeação do servidor, quando publicada no Diário Oficial da União.

V. A nomeação far-se-á em caráter efetivo, quando se tratar de cargo isolado de provimento efetivo ou de carreira.

Está correto o que se afirma APENAS em

(A) III e V.

(B) II, III e IV.

(C) II e III.

(D) I e V.

(E) I, II e IV.

I: correta (art. 3º da Lei 8.112/1990); II: incorreta (art. 3º, parágrafo único, da Lei 8.112/1990); III: incorreta (art. 5º, V, da Lei 8.112/1990); IV: incorreta (art. 7º da Lei 8.112/1990); V: correta (art. 9º, I, da Lei 8.112/1990). WG
Gabarito "D".

(Analista – TRT/24ª – 2006 – FCC) A autoridade competente, alegando insubordinação grave em serviço, demitiu determinado servidor estável. Contudo, este comprovou judicialmente a inexistência dos motivos que culminaram com referida penalidade, o que resultou em sua invalidação. Em virtude do ocorrido, o servidor será

(A) reconduzido a qualquer cargo com atribuições compatíveis com as exercidas anteriormente, com integral ressarcimento dos prejuízos suportados.

(B) reintegrado no cargo anteriormente ocupado, ou no resultante de sua transformação, com ressarcimento de todas as vantagens.

(C) readaptado no cargo ocupado anteriormente, com plena restauração dos direitos violados e integral ressarcimento dos prejuízos sofridos.

(D) posto em disponibilidade, com recebimento de remuneração proporcional ao tempo de serviço, até seu adequado aproveitamento em outro cargo.

(E) reinvestido no cargo anteriormente ocupado em virtude da forma de provimento originário denominada reversão.

Art. 28 da Lei 8.112/1990. WG
Gabarito "B".

(Analista – TRT/1ª – 2008 – CESPE) No que concerne aos servidores públicos, regidos pela Lei 8.112/1990, assinale a opção correta.

(A) Os cargos públicos são acessíveis apenas aos brasileiros natos ou naturalizados.

(B) O regime de trabalho do servidor se sujeita ao limite mínimo de 6 horas diárias.

(C) É garantido a todo servidor público o exercício do direito de greve.

(D) O concurso de títulos, mediante seleção por currículos, para provimento de cargo isolado, terá validade de um ano, prorrogável por igual período.

(E) A impossibilidade física de entrar em exercício acarreta a possibilidade de fazê-lo por meio de procuração pública.

A: admite-se também estrangeiros (v. art. 37, I, da CF e também o art. 5º, § 3º, da Lei 8.112/1990); cuidado com expressões muito fortes como "apenas"; B: art. 19 da Lei 8.112/1990; C: o art. 37, VII, da CF estabelece o direito de greve ao servidor público; porém não são todos os servidores que têm esse direito; os militares não têm essa prerrogativa (art. 142, § 3º, IV, da CF); cuidado com expressão muito fortes como "todo"; D: não existe concurso só de "títulos"; os concursos são de "provas" ou de "provas e títulos" (art. 37, II, da CF; art. 10 da Lei 8.112/1990); E: a posse pode se dar por procuração (art. 13, § 3º, da Lei 8.112/1990), mas o exercício, não. WG
Gabarito "B".

(Analista – TRT/21ª – 2010 – CESPE) No que se refere ao regime jurídico dos servidores públicos civis da União, julgue o item que se segue.

(1) Se determinado servidor não puder estar presente no dia da posse, ela poderá ocorrer mediante procuração específica.

1: correta, (art. 13, § 3º, da Lei 8.112/1990). WG
Gabarito 1C

(Analista – TRE/AC – 2010 – FCC) Em relação ao provimento do cargo público é correto afirmar que,

(A) a posse e o exercício ocorrerão no prazo de trinta dias contados da publicação do ato de proclamação dos aprovados no concurso, podendo ser prorrogado por igual prazo, uma única vez.

(B) a nomeação far-se-á, dentre outras hipóteses, em comissão, quando se tratar de cargo isolado de provimento efetivo ou de carreira, inclusive na condição de interino para cargos de confiança vagos.

(C) o servidor que deva ter exercício em outro município em razão de ter sido posto em exercício provisório terá, no mínimo, dez e, no máximo, trinta dias de prazo, contados da publicação do ato, para a retomada do efetivo desempenho das atribuições do cargo, incluído nesse prazo o tempo necessário para o deslocamento para a nova sede.

(D) pela posse há o efetivo desempenho das atribuições da função de confiança, sendo de trinta dias o prazo para o servidor aprovado em cargo público entrar em exercício, contados da data do ato de provimento.

(E) a recondução é a reinvestidura do servidor efetivo ou comissionado no cargo anteriormente ocupado, ou no cargo resultante de sua transformação, quando invalidada a sua aposentadoria por decisão administrativa ou judicial, sem ressarcimento de eventuais vantagens.

A: incorreta (art. 15, § 1º, da Lei 8.112/1990); B: incorreta (no caso de nomeação para cargo isolado de provimento efetivo ou de carreira, a nomeação será em caráter efetivo – art. 9º, I, da Lei 8.112/1990); C: correta (art. 18, *caput*, da Lei 8.112/1990); D: incorreta (art. 15 da Lei 8.112/1990); E: incorreta (art. 29 da Lei 8.112/1990). WG
Gabarito "C".

(Analista – TRE/AL – 2010 – FCC) Benedita aposentou-se por invalidez. Entretanto, junta médica oficial julgou insubsistente os motivos de sua aposentadoria. Nesse caso, é certo que, dentre outras situações pertinentes,

(A) o tempo de até cento e oitenta dias em que a servidora estiver em exercício não poderá ser contado para a concessão da aposentadoria.

(B) a servidora poderá reverter em qualquer cargo, a critério da Administração.

(C) a reversão far-se-á no mesmo cargo ou no cargo resultante de sua transformação.

(D) poderá dar-se a reversão, ainda que a servidora tenha completado setenta anos de idade.

(E) encontrando-se provido o cargo, a servidora ficará em disponibilidade pelo período de até dois anos.

Art. 25, I, da Lei 8.112/1990. WG
Gabarito "C".

(Analista – TRE/AM – 2010 – FCC) Nos termos da Lei 8.112/1990, quanto à posse e ao exercício em cargo público, é correto que

(A) a promoção interrompe o tempo de exercício, que é contado no novo posicionamento na carreira a partir da data da posse do servidor.

(B) à autoridade competente do órgão ou entidade para onde for nomeado ou designado o servidor compete dar-lhe exercício.

(C) a posse e o exercício poderão dar-se através da nomeação da autoridade do órgão como procurador do servidor, mediante procuração específica.

(D) a posse ocorrerá no prazo de quinze dias contados da data do ato de nomeação.

(E) é de trinta dias o prazo para o servidor empossado em cargo público entrar em exercício, contados da data da publicação do ato de provimento.

A: incorreta (art. 17 da Lei 8.112/1990); **B:** correta (art. 15, § 3º, da Lei 8.112/1990); **C:** incorreta (art. 13, § 3º, da Lei 8.112/1990); **D:** incorreta (a posse ocorrerá no prazo de 30 dias - art. 13, § 1º, da Lei 8.112/1990); **E:** incorreta (o prazo para entrar em exercício é de 15 dias - art. 15, § 1º, da Lei 8.112/1990). WG
Gabarito "B".

(Analista – TRE/AP – 2011 – FCC) Lupércio é servidor ocupante do cargo em comissão X. A autoridade administrativa competente pretende nomeá-lo para ter exercício interinamente, em outro cargo de confiança, o cargo Y, sem prejuízo das atribuições do que atualmente ocupa. Está hipótese é

(A) vedada pela Lei 8.112/1990, exatamente pelo fato de Lupércio ser servidor ocupante de cargo em comissão.

(B) permitida pela Lei 8.112/1990, mas Lupércio deverá optar pela remuneração de um dos cargos durante o período da interinidade.

(C) permitida pela Lei 8.112/1990, mas Lupércio receberá obrigatoriamente a remuneração do cargo X.

(D) permitida pela Lei 8.112/1990, mas Lupércio receberá obrigatoriamente a remuneração do cargo Y.

(E) permitida pela Lei 8.112/1990, mas Lupércio receberá 50% da remuneração do cargo X e 50% da remuneração do cargo Y.

Art. 9º, parágrafo único, da Lei 8.112/1990. WG
Gabarito "B".

(Analista – TRE/MG – 2005 – FCC) Não ocorrendo a posse no prazo de trinta dias, contados do ato de nomeação para o cargo,

(A) poderá ser revogado o ato de designação.

(B) deverá ser anulado o ato de investidura.

(C) será tornado sem efeito o ato de provimento.

(D) a declaração de vacância do cargo dependerá de sindicância.

(E) o ato de provimento deverá ser reconsiderado.

Art. 13, § 6º, da Lei 8.112/1990. WG
Gabarito "C".

(Analista – TRE/MG – 2005 – FCC) O servidor público ocupante de cargo em comissão ou de natureza especial poderá ser nomeado para ter exercício, interinamente, em outro cargo de confiança,

(A) após o decurso do prazo de cinco anos de efetivo exercício no cargo anteriormente ocupado, com prejuízo da correspondente remuneração.

(B) com prejuízo das atribuições inerentes ao cargo que atualmente ocupa, passando a perceber a remuneração correspondente ao segundo cargo.

(C) desde que no ato da posse no novo cargo, apresente e tenha deferido o seu pedido de exoneração do cargo anteriormente ocupado.

(D) limitada esta hipótese para os servidores que tenham cumprido o período de estágio probatório no cargo anteriormente ocupado.

(E) sem prejuízo das atribuições do que atualmente ocupa, hipótese em que deverá optar pela remuneração de um deles durante o período da interinidade.

Art. 9º, parágrafo único, da Lei 8.112/1990. WG
Gabarito "E".

(Analista – TRE/MG – 2005 – FCC) Encontrando-se vago o cargo de origem, o servidor público estável, não sendo aprovado em estágio probatório referente a outro cargo,

(A) poderá ser demitido do segundo cargo, com a consequente reversão ao cargo anterior.

(B) será exonerado deste último e reconduzido ao cargo anteriormente ocupado.

(C) deverá ser reintegrado ao cargo anteriormente ocupado, com a consequente vacância do segundo cargo.

(D) poderá requerer a readmissão no cargo ocupado anteriormente, desde que concorde com a exoneração do segundo cargo.

(E) será transferido para o cargo inicialmente ocupado, com a consequente exoneração do segundo cargo.

Art. 29, I, da Lei 8.112/1990. WG
Gabarito "B".

(Analista – TRE/MS – 2007 – FCC) "X", Servidor Público, na qualidade de Analista Judiciário – estável – do Tribunal Regional de Mato Grosso do Sul, teve invalidada por sentença judicial a sua demissão. Assim, será ele

(A) transferido para o cargo de origem, nomeado ou readaptado a outro de livre provimento, sem direito a indenização, a critério da Administração.

(B) colocado em disponibilidade, com remuneração proporcional ao tempo de serviço, até seu adequado aproveitamento em outro cargo de livre nomeação.

(C) aposentado, com a remuneração integral do cargo anteriormente em exercício, caso o cargo de origem esteja ocupado por outro funcionário estável.

(D) readaptado em cargo semelhante, sem direito a indenização, caso ocupado o de origem por servidor, ainda que não estável.

(E) reintegrado, e o eventual ocupante da vaga, se estável, reconduzido ao cargo de origem, sem direito a indenização, aproveitado em outro cargo ou posto em disponibilidade com remuneração proporcional ao tempo de serviço.

Art. 28 da Lei 8.112/1990. WG
Gabarito "E".

(Analista – TRE/PB – 2007 – FCC) Virgílio, servidor público federal, estável, foi reintegrado no cargo que ocupava anteriormente. Porém, esse cargo estava provido por Sócrates. Nesse caso, o servidor Sócrates, também estável, será

(A) reconduzido ao cargo de origem, sem direito à indenização ou aproveitado em outro cargo, ou, ainda, posto em disponibilidade.

(B) exonerado do cargo de origem, com direito a indenização, ou transferido para outro cargo, ou, ainda, colocado à disposição.

(C) revertido ao cargo de origem, com direito à indenização, ou redistribuído para outro cargo, ou, ainda, posto em disponibilidade.

(D) removido para o cargo de origem, com direito a indenização, readaptado para outro cargo, ou, ainda, colocado à disposição.

(E) reintegrado também ao cargo de origem, com direito a indenização, ou exonerado, com indenização, ou, ainda, posto em disponibilidade.

Art. 28, § 2º, da Lei 8.112/1990. WG
Gabarito "A".

(Analista – TRE/PI – 2009 – FCC) A respeito da posse e do exercício, considere:

I. A posse ocorrerá no prazo de trinta dias contados da publicação do ato de provimento.

II. Só haverá posse nos casos de provimento de cargo por nomeação.

III. É de trinta dias o prazo para o servidor empossado em cargo público entrar em exercício, contados da data da posse.

IV. Se o servidor estiver afastado por motivo legal o início do exercício de função de confiança recairá no primeiro dia útil após o término do impedimento, que não poderá exceder a trinta dias da publicação.

De acordo com a Lei 8.112/1990, está correto o que se afirma APENAS em

(A) I, II e III.

(B) I, II e IV.

(C) I e IV.

(D) II e III.

(E) II, III e IV.

I: correta (art. 13, § 1º, da Lei 8.112/1990); II: correta (art. 13, § 4º, da Lei 8.112/1990); III: incorreta (art. 15, § 1º, da Lei 8.112/1990); IV: correta (art. 15, § 4º, da Lei 8.112/1990). WG
Gabarito "B".

(Analista – TRE/PR – 2012 – FCC) São formas de provimento de cargo público, de acordo com a Lei Federal 8.112/1990:

(A) Nomeação e indicação.

(B) Ascensão e reversão.

(C) Transferência e readaptação.

(D) Reintegração e readaptação.

(E) Recondução e ascensão.

Art. 8º, V e VIII, da Lei 8.112/1990. WG
Gabarito "D".

(Analista – TRE/RN – 2005 – FCC) Considerando o Regime Jurídico dos Servidores Públicos Civis da União, das Autarquias e das Fundações Públicas Federais, quanto à posse do servidor público, é INCORRETO afirmar:

(A) A posse poderá ocorrer mediante procuração específica.

(B) A posse dar-se-á no prazo de 30 (trinta) dias, contado da publicação do ato de provimento.

(C) Ocorrerá posse em todos os tipos de provimento.

(D) No ato da posse, o servidor apresentará declaração de bens e valores que constituem seu patrimônio.

(E) A posse dependerá de prévia inspeção médica oficial.

A: correta, art. 13, § 3º, da Lei 8.112/1990; **B:** correta, art. 13, § 1º, da Lei 8.112/1990; **C:** incorreta (art. 13, § 4º, da Lei 8.112/1990); **D:** correta, art. 13, § 5º, da Lei 8.112/1990; **E:** correta, art. 14 da Lei 8.112/1990. WG
Gabarito "C".

(ANALISTA – TRE/RN – 2005 – FCC) Considerando as normas previstas no Regime Jurídico dos Servidores Públicos Civis da União, das Autarquias e das Fundações Públicas Federais, no que tange ao exercício do cargo, analise as afirmações abaixo.

I. É de 30 (trinta) dias o prazo para o servidor empossado em cargo público entrar em exercício, contado da data da posse.

II. A promoção não interrompe o tempo de exercício, que é contado no novo posicionamento na carreira a partir da data da publicação do ato que promover o servidor.

III. Em regra, não é exigível do ocupante de cargo em comissão o cumprimento do regime de integral dedicação ao serviço.

Está correto o que se afirma APENAS em

(A) I.

(B) I e II.

(C) I e III.

(D) II.

(E) II e III.

I: incorreto (art. 15, § 1º, da Lei 8.112/1990); **II:** correto (art. 17 da Lei 8.112/1990); **III:** incorreto (art. 19, § 1º, da Lei 8.112/1990). WG
Gabarito "D".

(Analista – TRE/RS – 2010 – FCC) De acordo com a Lei Federal 8.112/1990, NÃO são formas de provimento de cargo público a

(A) ascensão e transferência.

(B) promoção e readaptação.

(C) readaptação e reversão.

(D) aproveitamento e reintegração.

(E) nomeação e recondução.

Art. 8º da Lei 8.112/1990. WG
Gabarito "A".

(Analista – TRE/SE – 2007 – FCC) Considere as hipóteses abaixo:

I. Junta médica oficial declarou insubsistentes os motivos que proporcionaram a aposentadoria por invalidez do analista judiciário Alberto, que, em consequência, retornou à atividade.

II. Mévio, submetido a prévia inspeção médica oficial, tomou posse no cargo de analista judiciário, porém não entrou em exercício no prazo legal estabelecido.

Nesses casos ocorrem, respectivamente, a

(A) reversão e a exoneração de ofício.

(B) readmissão e a demissão voluntária.

(C) readaptação a remoção para outro órgão.

(D) reintegração e a colocação em disponibilidade.

(E) recondução e a readaptação para outra função.

I: reversão (art. 25, I, da Lei 8.112/1990); **II:** exoneração de ofício (art. 34, parágrafo único, II, da Lei 8.112/1990). WG
Gabarito "A".

(Analista – TRE/SE – 2007 – FCC) O ato de provimento referente a Aquiles, para o cargo de analista judiciário, foi regularmente publicado. Nesse caso, Aquiles terá o prazo de trinta dias para

(A) tomar posse, cujo prazo é prorrogável por até noventa dias, findo o qual o servidor ficará em disponibilidade não remunerada, até que entre em exercício no prazo legal.

(B) tomar posse, cujo prazo é prorrogável por igual período, findo o qual o servidor será exonerado e impedido de prestar novo concurso por um ano.

(C) a posse, sendo que, se esta não ocorrer, o ato de provimento continuará vigorando durante um ano, desde que por motivo justificado.

(D) a posse, em regra, sendo que será tornado sem efeito o ato de provimento se essa posse não ocorrer no prazo legal.

(E) ser empossado no cargo e entrar no respectivo exercício, improrrogáveis, sendo o que o desatendimento desse prazo implica a demissão do servidor.

O prazo para tomar posse não é mais prorrogável no âmbito da Lei 8.112/1990 (art. 13, § 1º). Findo prazo de 30 dias sem que se tome posse, o ato de nomeação será tornado sem efeito (art. 13, § 6º, da Lei 8.112/1990). WG
Gabarito "D".

(Analista – TRE/SP – 2006 – FCC) Com relação ao provimento de cargo público, de acordo com a Lei 8.112/1990, considere as seguintes assertivas:

I. As universidades e instituições de pesquisa científica e tecnológica federais poderão prover seus cargos com professores, técnicos e cientistas estrangeiros.

II. A reversão, o aproveitamento, a reintegração e a recondução são formas de provimento de cargo público.

III. O concurso público terá validade de até um ano, podendo ser prorrogado uma única vez, por igual período.

É correto o que consta APENAS em

(A) II e III.

(B) I e III.

(C) I e II.

(D) III.

(E) II.

I: correta (art. 5º, § 3º, da Lei 8.112/1990); **II:** correta (art. 8º, VI, VII, VIII e IX, da Lei 8.112/1990); **III:** incorreta (art. 12 da Lei 8.112/1990). WG
Gabarito "C".

(Analista – TRE/SP – 2006 – FCC) De acordo com a Lei 8.112/1990, o retorno à atividade de servidor aposentado por invalidez, quando, por junta médica oficial, forem declarados insubsistentes os motivos da aposentadoria, é considerado, especificamente, hipótese de

(A) reintegração.

(B) readaptação.

(C) reversão.

(D) aproveitamento.

(E) recondução.

Art. 25, I, da Lei 8.112/1990. WG
Gabarito "C".

(Analista – TRE/TO – 2011 – FCC) É forma de provimento do cargo público, dentre outras, a

(A) substituição.

(B) disponibilidade.

(C) ascensão.

(D) readaptação.

(E) aposentadoria.

Art. 8º, V, da Lei 8.112/1990. WG
Gabarito "D".

(Analista – TRE/TO – 2011 – FCC) Quanto à posse e ao exercício:

(A) exercício é o efetivo desempenho das atribuições do cargo público ou da função de confiança.

(B) é de quinze dias o prazo para o servidor nomeado em cargo público entrar em exercício, contados da data da publicação da sua posse.

(C) é vedada a posse em cargo público efetivo ou em comissão, por procuração.

(D) a posse em cargo público efetivo independerá de prévia inspeção médica oficial.

(E) a promoção interrompe o tempo de exercício, sendo descontado do posicionamento na carreira a partir da data da posse.

A: correta (art. 15, *caput*, da Lei 8.112/1990); **B:** incorreta, pois o prazo de quinze dias é contado da data da posse (art. 15, § 1º, da Lei 8.112/1990); **C:** incorreta, pois a posse poderá dar-se mediante procuração específica (art. 13, § 3º, da Lei 8.112/1990); **D:** incorreta, pois a posse depende de prévia inspeção médica oficial (art. 14, *caput*, da Lei 8.112/1990); **E:** incorreta, pois a promoção não interrompe o tempo de exercício (art. 17 da Lei 8.112/1990). WG
Gabarito "A".

(Analista – TRE/GO – 2008 – CESPE) Considere a situação descrita a seguir.

I. Paulo prestou concurso público para um cargo federal e, após aprovado, tomou posse.

II. Após 4 anos de exercício, Paulo foi acometido de uma lesão por esforço repetitivo, pois estava exercendo uma função que demandava muita digitação. Após inspeção médica, ele foi remanejado para outro cargo de atribuições compatíveis com o problema de saúde que o atingiu.

III. Paulo ficou por três anos no novo posto até que foi aposentado por invalidez, tendo em vista o fato de não haver melhorado e de seu problema ter-se agravado.

IV. Após 4 anos de aposentadoria, uma junta médica oficial declarou insubsistentes os motivos da aposentadoria de Paulo e este retornou à atividade.

Acerca da situação hipotética apresentada e à luz da Lei 8.112/1990, assinale a opção correta.

(A) Na situação I, a nomeação de Paulo não é requisito para a posse.

(B) A situação II configura readaptação.

(C) Antes da ocorrência da aposentadoria relatada na situação III, não se exige, obrigatoriamente, prévia licença para tratamento de saúde e a aposentadoria será realizada com proventos proporcionais.

(D) A situação IV configura caso de reintegração.

A: incorreta, pois a nomeação é requisito para a posse (art. 13, § 4º, da Lei 8.112/1990); **B:** correta, pois a narrativa prevista na situação II configura a readaptação (art. 24 da Lei 8.112/1990); **C:** incorreta, nos termos do art. 188, § 1º, da Lei 8.112/1990; **D:** incorreta, pois a situação configura caso de reversão (art. 25, I, da Lei 8.112/1990). WG
„B„ oʇиɹɐqɐƆ

(Analista – TRE/MA – 2009 – CESPE) Considerando a Lei 8.112/1990, que dispõe sobre o regime jurídico dos servidores públicos civis da União, das autarquias e das fundações públicas federais, assinale opção incorreta.

(A) O servidor que ocupa cargo em comissão ou de natureza especial pode ser nomeado para ter exercício, interinamente, em outro cargo de confiança, sem prejuízo das atribuições que atualmente ocupa, hipótese em que deve optar pela remuneração de um deles enquanto durar a interinidade.

(B) As universidades e instituições de pesquisa científica e tecnológica federais podem prover seus cargos com professores, técnicos e cientistas de outros países, segundo as normas e os procedimentos dessa lei.

(C) Os cargos públicos são acessíveis a todos os brasileiros e criados por lei, com denominação própria e vencimento pago pelos cofres públicos, com vistas ao provimento em caráter efetivo ou em comissão.

(D) Não é permitida a prestação de serviços gratuitos, salvo nos casos previstos em lei.

(E) A investidura em cargo público ocorre com a nomeação.

A: correta (art. 9º, parágrafo único, da Lei 8.112/1990); **B:** correta (art. 5, § 3º, da Lei 8.112/1990); **C:** correta (art. 3º, parágrafo único, da Lei 8.112/1990); **D:** correta (art. 4º da Lei 8.112/1990); **E:** incorreta, pois a investidura ocorre com a posse (art. 7º da Lei 8.112/1990), e não com a nomeação. WG
„Ǝ„ oʇиɹɐqɐƆ

(Analista – TRE/MA – 2009 – CESPE) Nos casos de reorganização ou extinção de órgão ou entidade, extinto o cargo ou declarada sua desnecessidade no órgão ou entidade, o servidor que não for redistribuído é colocado em disponibilidade ou, ainda, fica sob a tutela do Sistema de Pessoal Civil (SIPEC). Essa forma de provimento denomina-se

(A) recondução.

(B) aproveitamento.

(C) readaptação.

(D) reversão.

(E) reintegração.

Art. 31 da Lei 8.112/1990. WG
„B„ oʇиɹɐqɐƆ

(Analista – TRE/MA – 2009 – CESPE) Em relação à Lei 8.112/1990, assinale a opção correta quanto ao regime jurídico dos servidores públicos civis da União.

(A) O servidor em estágio probatório pode exercer quaisquer cargos de provimento em comissão ou funções de direção, chefia ou assessoramento no órgão ou entidade de lotação e somente pode ser cedido a outro órgão ou entidade para ocupar cargo de natureza especial ou cargo de provimento em comissão do grupo direção e assessoramento superiores (DAS) de níveis 6, 5 e 4 ou equivalentes.

(B) O servidor não aprovado no estágio probatório deverá ser reintegrado ao cargo anteriormente ocupado, se estável.

(C) O servidor será exonerado do cargo ou o ato de sua designação para função de confiança será tornado sem efeito, se ele não entrar em exercício no prazo improrrogável de quinze dias, contados da data da posse.

(D) Ao entrar em exercício, o servidor nomeado para cargo de provimento efetivo sujeita-se a estágio probatório durante o qual a sua aptidão e capacidade são objeto de avaliação para o desempenho do cargo, observados os fatores de assiduidade, responsabilidade, capacidade interpessoal, disciplina, produtividade e iniciativa.

(E) Respaldada pela CF, a lei em questão determina que o servidor habilitado em concurso público e empossado em cargo de provimento efetivo adquire estabilidade no serviço público ao completar dois anos de efetivo exercício.

A: correta, art. 20, § 3º, da Lei 8.112/1990; **B:** incorreta, trata-se de caso de recondução (art. 29 da Lei 8.112/1990), e não de reintegração; **C:** incorreta, o caso é de exoneração (art. 34, parágrafo único, II, da Lei 8.112/1990), pois o servidor já tomou posse; se se tratasse de caso em que a pessoa tivesse sido nomeada, mas não tivesse tomado posse, aí sim poder-se-ia falar em tornar sem efeito o ato de nomeação (art. 13, § 6º, da Lei 8.112/1990); **D:** incorreta, a capacidade interpessoal não está prevista no art. 20 da Lei 8.112/1990; **E:** incorreta, a estabilidade requer três anos de efetivo exercício, nos termos da atual redação do art. 41 da CF; o texto da Lei 8.112/1990 ainda não foi atualizado nesse sentido (art. 21 da Lei 8.112/1990). WG
„∀„ oʇиɹɐqɐƆ

(Analista – TRE/MT – 2010 – CESPE) Acerca da Lei 8.112/1990 e suas alterações, assinale a opção correta em relação às formas de provimento de cargo público.

(A) Não se admite que a posse no cargo público ocorra mediante procuração específica.

(B) O prazo para o servidor empossado em cargo público entrar em exercício é de trinta dias, contados da data da posse.

(C) A reintegração é o retorno do servidor estável ao cargo anteriormente ocupado em decorrência de inabilitação em estágio probatório relativo a outro cargo.

(D) A reversão como forma de provimento em cargo público é o retorno à atividade do servidor público aposentado, no interesse da administração.

(E) O servidor em estágio probatório não pode exercer cargo de provimento em comissão, ainda que seja no seu órgão de lotação.

A: incorreta (admite-se a posse mediante procuração - art. 13, § 3º, da Lei 8.112/1990); **B:** incorreta (o prazo é de 15 dias - art. 15, § 1º, da Lei 8.112/1990); **C:** incorreta (art. 28, *caput*, da Lei 8.112/1990); **D:** correta (art. 25, II, da Lei 8.112/1990); **E:** incorreta (art. 20, § 3º, da Lei 8.112/1990). Gabarito "D".

(Analista – TRE/MT – 2010 – CESPE) Acerca da Lei 8.112/1990, assinale a opção correta.

(A) Todos os cargos públicos são acessíveis apenas aos brasileiros, sejam estes natos ou naturalizados.

(B) O servidor que não puder, após ocorrência de fato que lhe provoque limitações físicas ou mentais, atuar no seu cargo será declarado como desnecessário ao órgão ou à entidade e ficará sob tutela do Sistema de Pessoal Civil (SIPEC) até o seu adequado reposicionamento. Tal forma de provimento denomina-se aproveitamento.

(C) Os servidores públicos podem, além do vencimento, receber como vantagens indenizações, gratificações e adicionais. As indenizações referem-se a ajuda de custo, diárias e indenização de transporte. O auxílio-moradia é categorizado como vantagem adicional.

(D) A Lei 11.770/2008 permite a prorrogação da licença-maternidade tão somente às servidoras gestantes, excluindo desse benefício as servidoras adotantes.

(E) O ato de posse refere-se ao ato administrativo solene e formal que torna válida a investidura em um cargo público de provimento efetivo ou não. No entanto, somente com a posse é que a nomeação se consolida, salvo nos casos de formas de provimento derivadas.

A: incorreta (art. 12, § 3º, da CF); **B:** incorreta, pois no caso de eventual limitação física ou mental o servidor será readaptado ou aposentado, conforme inspeção médica (art. 24 da Lei 8.112/1990); **C:** incorreta, pois o auxílio-moradia também é uma das formas de indenização (art. 51, IV, da Lei 8.112/1990); **D:** incorreta, pois o benefício se estende, na mesma proporção, à empregada e ao empregado que adotar ou obtiver guarda judicial para fins de adoção de criança (art. 1º, § 2º, da Lei 11.770/2008); **E:** correta, pois a alternativa conceitua corretamente o ato de posse (art. 13, § 4º, da Lei 8.112/1990). Gabarito "E".

(Analista – TRE/PA – 2005 – CESPE) A respeito da nomeação de servidores públicos federais, segundo a Lei 8.112/1990, assinale a opção correta.

(A) A nomeação para cargo de confiança que estiver vago deve ser realizada em caráter efetivo.

(B) A nomeação para cargo isolado de provimento efetivo pode ocorrer sem prévia habilitação em concurso público.

(C) A recondução é uma forma de nomeação de servidor público.

(D) O servidor ocupante de cargo efetivo e que exerce cargo em comissão poderá ser nomeado para ter exercício, interinamente, em outro cargo de confiança.

(E) A nomeação é direito adquirido do candidato aprovado em concurso público.

A: incorreta, o cargo de confiança não admite nomeação em caráter efetivo; o cargo efetivo, sim, tem esse atributo (art. 9º, I e II, da Lei 8.112/1990); **B:** incorreta, art. 10 da Lei 8.112/1990; **C:** incorreta, a nomeação é a forma originária de provimento; tudo começa com ela; as demais formas de provimento (promoção, recondução etc.) são todas derivadas; **D:** correta, art. 9º, parágrafo único, da Lei 8.112/1990; **E:** incorreta, a aprovação em concurso público não gera direito adquirido à nomeação; a aprovação só confere direito à nomeação com relação às vagas previstas no edital, segundo entendimento atual do STF e do STJ. Gabarito "D".

(Analista – TRE/PA – 2005 – CESPE) Célio tomou posse e entrou em exercício em cargo público federal em 21/10/2000. Sua aptidão e capacidade para o cargo passaram a ser avaliadas em função do estágio probatório. Quatro meses antes de findar o período de estágio probatório, a homologação da sua avaliação de desempenho foi submetida à autoridade competente. Considerando a situação hipotética apresentada, assinale a opção incorreta a respeito do estágio probatório.

(A) Os fatores que serão levados em consideração para avaliação do desempenho de Célio no exercício do cargo são a sua assiduidade, disciplina, capacidade de iniciativa, produtividade e responsabilidade.

(B) A avaliação de desempenho de Célio não deveria ser submetida à homologação antes do término do período de estágio probatório.

(C) Caso Célio não seja aprovado no estágio probatório, ele poderá ser exonerado.

(D) Enquanto a estabilidade tem como característica principal o preenchimento de critério objetivo (decurso do tempo), o estágio probatório tem como característica da avaliação o preenchimento de critérios subjetivos.

(E) No curso de todo o período em que Célio ficar submetido ao estágio probatório, será possível a ele o exercício de cargo em comissão ou de função de direção no órgão ou entidade em que estiver lotado.

A: correta (art. 20 da Lei 8.112/1990); **B:** incorreta (art. 20, § 1º, da Lei 8.112/1990); **C:** correta (art. 34, parágrafo único, I, da Lei 8.112/1990); **D:** correta (art. 20 da Lei 8.112/1990); de qualquer forma, é bom esclarecer que o STJ vem entendendo que o período de 3 anos de efetivo exercício (necessário para a estabilidade) deve também se aplicar ao estágio probatório; **E:** correta, art. 20, § 3º, da Lei 8.112/1990. Gabarito "B".

(Analista – TRF/1ª – 2011 – FCC) João, servidor público federal, estável, retorna a cargo anteriormente ocupado em virtude de inabilitação em estágio probatório relativo a outro cargo. Maria, servidora pública federal, aposentada por invalidez, retorna à atividade, tendo em vista que a junta médica oficial declarou insubsistentes os motivos de sua aposentadoria.

Os exemplos narrados correspondem, respectivamente, às seguintes formas de provimento de cargo público:

(A) readaptação e aproveitamento.

(B) reintegração e recondução.

(C) reversão e readaptação.

(D) recondução e reversão.

(E) aproveitamento e reintegração.

Arts. 29, I e 25, I, da Lei 8.112/1990. WG
Gabarito "D".

(Analista – TRF/2º – 2007 – FCC) A reintegração é a reinvestidura do servidor estável no cargo anteriormente ocupado, ou no cargo resultante de sua transformação, quando invalidada a sua demissão por decisão administrativa ou judicial, com ressarcimento de todas as vantagens. Encontrando-se provido o cargo, o seu eventual ocupante será

(A) revertido ao cargo de origem, com direito à indenização, vedado o seu aproveitamento em outro cargo e a sua colocação em disponibilidade.

(B) removido ao cargo de origem, com direito à indenização ou aproveitado em outro cargo, vedada a sua colocação em disponibilidade.

(C) reconduzido ao cargo de origem, sem direito à indenização ou aproveitado em outro cargo, ou, ainda, posto em disponibilidade.

(D) aproveitado obrigatoriamente em cargo diverso, mas de atribuições e vencimentos compatíveis com o anteriormente ocupado.

(E) transferido ao cargo de origem, sem direito à indenização ou aproveitado em outro cargo, vedada a sua colocação em disponibilidade.

Art. 28, § 2º, da Lei 8.112/1990. WG
Gabarito "C".

(Analista – TRF/3ª – 2007 – FCC) Willian, servidor público, teve anulado o ato de sua nomeação. Assim, deverá ele, se estiver de

(A) má-fé, ficar isento da obrigação da devolução dos vencimentos percebidos ilegalmente, declarando-se, porém, inválidos todo e qualquer ato por ele praticado no desempenho de suas atribuições administrativas.

(B) boa ou má-fé, repor parceladamente os vencimentos percebidos ilegalmente, declarando-se inválidos os atos por ele praticados no desempenho de suas atribuições funcionais, ainda que os destinatários de tais atos sejam terceiros em relação ao ato nulo.

(C) boa-fé, ficar isento da obrigação da devolução dos vencimentos percebidos ilegalmente, declarando-se, porém, inválidos os atos por ele praticados no desempenho de suas atribuições funcionais, ainda que os destinatários de tais atos sejam terceiros em relação ao ato nulo.

(D) má-fé, repor os vencimentos percebidos ilegalmente, mas permanecem válidos os atos por ele praticados no desempenho de suas atribuições funcionais, porque os destinatários de tais atos são terceiros em relação ao ato nulo.

(E) boa ou má-fé, ficar isento da obrigação da devolução dos vencimentos percebidos ilegalmente, decla-

rando- se, porém, inválidos todo e qualquer ato por ele praticado no desempenho de suas atribuições administrativas.

A má-fé justifica a punição do servidor, fazendo com que ele tenha de repor os vencimentos recebidos. A boa-fé, por sua vez, reclama a não exigência de devolução das quantias pagas, sob pena de configuração de enriquecimento sem causa. Por outro lado, para preservar o princípio da segurança jurídica, os atos praticados pelo servidor devem ser mantidos, em qualquer caso, não havendo outra ilegalidade. WG
Gabarito "D".

(Analista – TRF/3ª – 2007 – FCC) Considere as seguintes assertivas a respeito do provimento de cargo público:

I. Reintegração é o retorno à atividade de servidor aposentado por invalidez, quando, por junta médica oficial, forem declarados insubsistentes os motivos da aposentadoria.

II. Reversão é a reinvestidura do servidor estável no cargo anteriormente ocupado, quando invalidada a sua demissão por decisão administrativa ou judicial, com ressarcimento de todas as vantagens.

III. Em regra, as universidades e instituições de pesquisa científica e tecnológica federais poderão prover seus cargos com professores, técnicos e cientistas estrangeiros.

IV. O retorno à atividade de servidor em disponibilidade far-se-á mediante aproveitamento obrigatório em cargo de atribuições e vencimentos compatíveis com o anteriormente ocupado.

De acordo com a Lei 8.112/1990 está correto o que se afirma APENAS em

(A) I e II.

(B) I, II e III.

(C) I e IV.

(D) II, III e IV.

(E) III e IV.

I: incorreta, pois esse é conceito de reversão (art. 25, I, da Lei 8.112/1990); II: incorreta, pois esse é conceito de reintegração (art. 28 da Lei 8.112/1990); III: correta (art. 5º, § 3º, da Lei 8.112/1990); IV: correta (art. 30 da Lei 8.112/1990). WG
Gabarito "E".

(Analista – TRF/4ª – 2010 – FCC) A investidura em cargo público ocorrerá com a

(A) posse.

(B) nomeação.

(C) transferência.

(D) ascensão.

(E) promoção.

Art. 7º da Lei 8.112/1990. WG
Gabarito "A".

(Analista – TRF/4ª – 2010 – FCC) A reinvestidura do servidor estável no cargo anteriormente ocupado, ou no cargo resultante de sua transformação, quando invalidada a sua demissão por decisão administrativa ou judicial, com ressarcimento de todas as vantagens, é

(A) a reversão.

(B) a readaptação.

(C) a reintegração.

(D) a recondução.

(E) o aproveitamento.

Art. 28, *caput*, da Lei 8.112/1990. WG
Gabarito "C".

(Analista – TRF/4ª – 2010 – FCC) Analise:

I. O retorno do servidor estável ao cargo anteriormente ocupado e decorrente de inabilitação em estágio probatório relativo a outro cargo ou reintegração do anterior ocupante.

II. O deslocamento do servidor a pedido, no âmbito do mesmo quadro, com mudança de sede.

Tais situações configuram, respectivamente,

(A) transferência e recondução.

(B) remoção e transferência.

(C) ascenção e reintegração.

(D) recondução e remoção.

(E) reversão e ascenção.

A alternativa **D** está correta, pois o retorno do servidor estável ao cargo anteriormente ocupado e decorrente de inabilitação em estágio probatório relativo a outro cargo ou reintegração do anterior ocupante configura a recondução (art. 29, I e II, da Lei 8.112/1990), e o deslocamento do servidor a pedido, no âmbito do mesmo quadro, com mudança de sede configura a remoção (art. 36, *caput*, da Lei 8.112/1990). WG
Gabarito "D".

(Analista – TRF/4ª – 2010 – FCC) O Tribunal Regional Federal da 4ª Região publicou ato de provimento dos candidatos aprovados no concurso para Analista Judiciário, dentre os quais está José. Sobre o caso, é INCORRETO afirmar:

(A) A posse de José ocorrerá no prazo de trinta dias contados da publicação do ato de provimento.

(B) José, para tomar posse, não é obrigado a submeter-se à inspeção médica em órgão oficial.

(C) A posse de José poderá dar-se mediante procuração específica.

(D) O prazo para José, empossado em cargo público, entrar em exercício, é de quinze dias, contados da data da posse.

(E) À autoridade competente do órgão ou entidade para onde for nomeado ou designado José compete dar-lhe exercício.

A: correta (art. 13, § 1º, da Lei 8.112/1990); **B:** incorreta (art. 14, *caput*, da Lei 8.112/1990); **C:** correta (art. 13, § 3º, da Lei 8.112/1990); **D:** correta (art. 15, § 1º, da Lei 8.112/1990); **E:** correta (art. 15, § 3º, da Lei 8.112/1990). WG
Gabarito "B".

(Analista – TRF/4ª – 2010 – FCC) O retorno do servidor estável ao cargo anteriormente ocupado, em decorrência de inabilitação em estágio probatório relativo a outro cargo é denominado

(A) readaptação.

(B) reintegração.

(C) reversão.

(D) transferência.

(E) recondução.

Art. 29, I, da Lei 8.112/1990. WG
Gabarito "E".

(Analista – TRF/5ª – 2008 – FCC) Para os fins da Lei 8.112 de 11.12.1990, que dispõe sobre o regime jurídico dos servidores públicos civis da União, analise:

I. Interesse da Administração; equivalência de vencimentos; vinculação entre os graus de responsabilidade e complexidade das atividades; mesmo nível de escolaridade; e especialidade ou habilitação profissional.

II. Assiduidade; disciplina; capacidade de iniciativa; produtividade; e responsabilidade.

III. Retorno do servidor estável ao cargo anteriormente ocupado, decorrente de inabilitação em estágio probatório relativo a outro cargo ou reintegração do anterior ocupante.

IV. Modalidade consistente em pedido de deslocamento do servidor, para outra localidade, independentemente do interesse da Administração, em virtude de processo seletivo promovido, na hipótese em que o número de interessados for superior ao número de vagas, de acordo com normas preestabelecidas pelo órgão ou entidade em que aqueles estejam lotados.

Tais situações dizem respeito, respectivamente, aos institutos seguintes:

(A) investidura; substituição; reversão; e remoção.

(B) nomeação; promoção; estabilidade; redistribuição.

(C) substituição; estabilidade; estágio probatório; transferência.

(D) redistribuição; estágio probatório; recondução; e remoção.

(E) provimento; estágio probatório; reintegração; e aproveitamento.

I: art. 37 da Lei 8.112/1990; **II:** art. 20 da Lei 8.112/1990; **III:** art. 29 da Lei 8.112/1990; **IV:** art. 36, parágrafo único, III, *c*, da Lei 8.112/1990. WG
Gabarito "D".

(Analista – TRF/5ª – 2008 – FCC) Para fins da Lei 8.112 de 11/12/1990, que dispõe sobre o regime jurídico dos servidores públicos civis da União, analise:

I. A reintegração é a reinvestidura de servidor no cargo anteriormente ocupado, ou em cargo vago, quando invalidada a sua demissão, desde que por decisão judicial, com ou sem ressarcimento de vantagens.

II. Se julgado incapaz para o serviço público, o readaptando será aposentado, sendo que a reversão por invalidez ocorre quando junta médica oficial declarar insubsistentes os motivos da aposentadoria.

III. O retorno à atividade de servidor em disponibilidade pode ser feita mediante aproveitamento ou substituição em qualquer cargo, com atribuições e vencimentos a critério da Administração.

IV. O estágio probatório ficará suspenso, dentre outros casos, durante certas licenças e afastamentos para serviços em organismo internacional de que o Brasil participe ou coopere, e será retomado a partir do término do último impedimento.

Nesses casos, APENAS são corretos:

(A) I, III e IV.

(B) II e III.

(C) I e IV.

(D) II e IV.

(E) I, II e III.

I: incorreta, pois a reintegração pode ser dar por decisão judicial ou administração e se dará com ressarcimento de todas as vantagens (art. 28 da Lei 8.112/1990); **II:** correta (arts. 24, § 1º, e 25, I, da Lei 8.112/1990); **III:** incorreta (art. 30 da Lei 8.112/1990); **IV:** correta (arts. 20, § 5º, e 96 da Lei 8.112/1990). WG

Gabarito "D".

(Analista – MPU – 2010 – CESPE) Julgue o seguinte item, acerca dos agentes públicos.

(1) A vacância do cargo público decorre de: exoneração, demissão, promoção, ascensão, transferência, readaptação, aposentadoria, posse em outro cargo inacumulável e falecimento.

1: incorreta, pois a ascensão e a transferência não são mais formas de vacância do cargo público. Os incisos IV e V do art. 33 da Lei 8.112/1990, que previam essas duas formas de vacância, foram revogados pela Lei 9.527/1997. WG

Gabarito 1E

(Analista – MPU – 2007 – FCC) Quanto à posse e ao exercício do cargo do servidor público civil da União, é correto que:

(A) Ao tomar posse, em cargo de provimento efetivo ou em comissão, ficará sujeito a estágio probatório pelo prazo de 12 (doze) meses, computando-se eventual período de afastamento por motivo de doença.

(B) Empossado em cargo público, deverá entrar em exercício no prazo de 30 (trinta) dias, contados da nomeação.

(C) A posse ocorrerá no prazo de até 15 (quinze) dias contados do ato que o julgou apto física e mentalmente para o exercício do cargo.

(D) O prazo para entrar em exercício é de 45 (quarenta e cinco) dias, contados da posse, no caso de função de confiança.

(E) O servidor que deva ter exercício em outro Município, em razão de ter sido removido terá, no mínimo, 10 (dez) e, no máximo, 30 (trinta) dias de prazo contados da publicação do ato, para a retomada do efetivo desempenho das atribuições do cargo, incluído nesse prazo o tempo necessário para o deslocamento para a nova sede.

A: incorreta, o período do estágio probatório é de 24 meses, segundo o texto da lei (art. 20, *caput*, da Lei 8.112/1990); porém o STJ vem entendendo que o período de estágio probatório corresponde ao período de efetivo exercício para fins de aquisição de estabilidade, no caso, de 3 anos, art. 41, da CF; **B:** incorreta, empossado, o servidor deverá entrar em exercício em 15 dias, contados da data da pose (art. 15, § 1º, da Lei 8.112/1990); **C:** incorreta, a posse ocorrerá em 30 dias contados da data da publicação do ato de provimento (art. 13, § 1º, da Lei 8.112/1990); **D:** incorreta, art. 15, § 4º, da Lei 8.112/1990; **E:** correta, art. 18, *caput*, da Lei 8.112/1990. WG

Gabarito "E".

1.2. Vacância

(Analista – TRT/1ª – 2012 – FCC) Durante estágio probatório, determinado servidor que acabou de entrar no serviço público, praticou atos incompatíveis com a assiduidade e disciplina esperados. Em consequência, nos termos da legislação vigente, ele não deve ser confirmado no cargo e, dessa forma, será

(A) readaptado.

(B) demitido

(C) reconduzido.

(D) expulso.

(E) exonerado.

A: incorreta, pois a readaptação se dá quando servidor passa a ter uma limitação física ou mental que torne incompatível que continue num cargo público, fazendo com que seja readaptado para outro cargo público mais compatível com essa limitação superveniente (art. 24 da Lei 8.112/1990); **B:** incorreta, pois a demissão só se aplica a faltas mais graves, como as previstas no art. 132 da Lei 8.112/1990); no caso, o servidor está em estágio probatório e percebeu-se que não está apto a conseguir a estabilidade, impondo-se, assim, a sua exoneração (sem caráter punitivo) e não a demissão (que tem caráter punitivo), tudo nos termos do art. 20, I e II, e § 2º, da Lei 8.112/1990; **C:** incorreta, pois a recondução é o retorno do servidor já estável (que não é o caso, pois o servidor ainda está em estágio probatório), ao cargo anteriormente ocupado e decorrerá de inabilitação em estágio probatório relativo a outro cargo ou reintegração do anterior ocupante (art. 29, I e II, da Lei 8.112/1990), situações essas que também não foram narradas no enunciado; **D:** incorreta, pois não há previsão de expulsão para o caso (instituto que nem está previsto na Lei 8.112/1990), mas de exoneração (art. 20, § 2º, da Lei 8.112/1990); **E:** correta (art. 20, § 2º, da Lei 8.112/1990). WG

Gabarito "E".

(Analista – TRT/16ª – 2014 – FCC) Poliana, após tomar posse em determinado cargo público, não entrou em exercício no prazo estabelecido. Nos termos da Lei 8.112/1990, a conduta de Poliana acarretará sua

(A) demissão.

(B) exoneração de ofício.

(C) cassação de disponibilidade.

(D) suspensão por noventa dias, até que regularize a falta cometida.

(E) advertência, compelindo-a a regularizar a falta cometida.

A, C, D e E: incorretas, pois se o servidor não entrar em exercício no prazo legal, será exonerado do cargo (art. 15, § 2º, da Lei 8.112/1990); **B:** correta (art. 15, § 2º, da Lei 8.112/1990). WG

Gabarito "B".

(Analista – TRE/MG – 2005 – FCC) A exoneração de cargo efetivo poderá ocorrer mediante

(A) aposentadoria ou decisão administrativa.

(B) readaptação ou por ato da Administração.

(C) recondução, ou a critério da autoridade competente.

(D) transposição ou sentença judicial.

(E) pedido do servidor ou de ofício.

Art. 34, *caput*, da Lei 8.112/1990. WG

Gabarito "E".

(Analista – TRE/MA – 2009 – CESPE) Se um servidor público estável for aprovado em outro concurso público que ofereça melhor remuneração, em cargo inacumulável, após sua posse no novo cargo, ficará caracterizada, em relação ao cargo anterior,

(A) demissão do servidor, gerando a vacância no antigo cargo.

(B) exoneração do cargo.

(C) redistribuição.

(D) vacância por posse.

(E) remoção.

Art. 33, VIII, da Lei 8.112/1990. **WG**

Gabarito "D".

1.3. Remoção, redistribuição, recondução, reversão, readaptação e substituição

(Analista - TRT2 - FCC - 2018) Lara, servidora pública federal, no interesse do serviço, passou a ter exercício em nova sede, ocorrendo mudança de domicílio em caráter permanente. Neste caso, dispõe a Lei no 8.112/1990, que a ajuda de custo

(A) será calculada sobre a remuneração de Lara, conforme se dispuser em regulamento, não podendo exceder a importância correspondente a três meses.

(B) não será devida à família de Lara se esta vier a falecer na nova sede, uma vez que esta vantagem é paga exclusivamente ao servidor.

(C) será devida, correndo por conta da Administração as despesas de transporte do servidor e de sua família, não compreendendo bagagem e bens pessoais.

(D) será devida inclusive na hipótese de o cônjuge de Lara, que detém também a condição de servidor, vier a ter exercício na mesma sede, uma vez que é uma vantagem personalíssima perfeitamente acumulável.

(E) não é devida, uma vez que o direito ao recebimento da ajuda de custo está condicionado à transferência temporária.

A: correta. Segundo o art. 53 da Lei 8.112/1991, "a ajuda de custo destina-se a compensar as despesas de instalação do servidor que, no interesse do serviço, passar a ter exercício em nova sede, com mudança de domicílio em caráter permanente, vedado o duplo pagamento de indenização, a qualquer tempo, no caso de o cônjuge ou companheiro que detenha também a condição de servidor, vier a ter exercício na mesma sede". Essa ajuda de custo é calculada sobre a remuneração do servidor, não podendo exceder a importância correspondente a três meses – art. 54 da Lei 8.112/1991. **FMB**

Gabarito "A".

(Analista Judiciário – TJ/PI – FGV – 2015) Um ex-servidor público estadual procurou a Administração Pública e afirmou que desejava ser reconduzido ao cargo.

É possível que tal ocorra no caso de:

(A) servidor público inativo, quando cessarem os motivos da aposentadoria por invalidez;

(B) servidor estável, quando inabilitado em estágio probatório relativo a outro cargo;

(C) ocupante de cargo em comissão, que é nomeado para outro cargo;

(D) servidor público inativo, quando a sua aposentadoria for anulada por decisão judicial transitada em julgado;

(E) servidor estável, quando invalidada a decisão administrativa que aplicou a sanção de demissão.

Conforme Wander Garcia (*Super-Revisão OAB*, 7ª edição, São Paulo: Editora Foco, 2017, p. 529) "recondução é o retorno do servidor estável ao cargo que antes titularizava, por ter sido inabilitado no estágio probatório de outro cargo ou por ter sido desalojado pela reintegração daquele cuja vaga ocupou. A recondução, na primeira hipótese, depende de previsão expressa no estatuto local". **GD**

Gabarito "B".

(Analista Judiciário – TJ/PI – FGV – 2015) Determinado servidor público sofreu grave acidente de trabalho e foi afastado do serviço público. Após um período de recuperação, foi sensível a redução de sua capacidade laborativa. Apesar disso, era plenamente possível que viesse a exercer atribuição diversa, compatível com suas atuais condições físicas. Nesse caso, o referido servidor:

(A) será readaptado e, caso inexista cargo vago, exercerá suas atribuições como excedente até a ocorrência de vaga;

(B) quando retornar ao serviço público, deve exercer, necessariamente, as mesmas atribuições que exercia quando do acidente;

(C) não pode retornar ao serviço público, devendo ser necessariamente aposentado por invalidez;

(D) pode ocupar qualquer outro cargo público compatível com suas condições físicas, independentemente do nível de escolaridade exigido;

(E) somente poderá ser reintegrado quando criado um cargo público semelhante ao que ocupava, de modo que possa provê-lo.

Referido servidor deverá ser readaptado: "Readaptação é o ato de designação para titularizar cargo compatível com a limitação física ou mental que advier ao agente público. É uma espécie de transferência para um cargo compatível e com funções, escolaridade e vencimentos equivalentes. Caso o agente revele incapacidade permanente para o trabalho, conceder-lhe-á a aposentadoria por invalidez, não se falando em readaptação" (*Super-Revisão OAB*, 7ª edição, São Paulo: Editora Foco, 2017, p. 529). **GD**

Gabarito "A".

(Analista Judiciário – TJ/PI – FGV – 2015) A respeito da denominada "reversão", é correto afirmar que:

(A) consubstancia uma forma de provimento terceirizado do cargo público;

(B) reflete o retorno do servidor em gozo de férias à atividade regular;

(C) é forma de retorno a um estágio anterior da respectiva carreira;

(D) pode ocorrer quando insubsistentes os motivos da aposentadoria por invalidez;

(E) somente pode ocorrer após a declaração de invalidade do ato de exoneração.

De acordo o art. 25, I, da Lei 8.112/1990, a reversão é o retorno à atividade de servidor aposentado "por invalidez, quando junta médica oficial declarar insubsistentes os motivos da aposentadoria". **GD**

Gabarito "D".

(Analista Judiciário – TRT/24 – FCC – 2017) Adriana, servidora pública federal, deverá ter exercício em outro Município em razão de ter sido removida. Nos termos da Lei nº 8.112/1990, o prazo para Adriana retomar efetivamente o desempenho das atribuições de seu cargo, considerando que não pretende declinar de tal prazo, e que não está de licença ou gozando de afastamento será, contado da publicação do ato, de, no mínimo,

(A) dez e, no máximo, trinta dias, incluído nesse prazo o tempo necessário para o deslocamento para a nova sede.

(B) cinco e, no máximo, sessenta dias, excluído desse prazo o tempo necessário para o deslocamento para a nova sede.

(C) cinco e, no máximo, trinta dias, excluído desse prazo o tempo necessário para o deslocamento para a nova sede.

(D) dez e, no máximo, sessenta dias, incluído nesse prazo o tempo necessário para o deslocamento para a nova sede.

(E) dez e, no máximo, noventa dias, incluído nesse prazo o tempo necessário para o deslocamento para a nova sede.

Dispõe o art. 18 da Lei 8.112/1990: "O servidor que deva ter exercício em outro município em razão de ter sido removido, redistribuído, requisitado, cedido ou posto em exercício provisório terá, no mínimo, dez e, no máximo, trinta dias de prazo, contados da publicação do ato, para a retomada do efetivo desempenho das atribuições do cargo, incluído nesse prazo o tempo necessário para o deslocamento para a nova sede". **GD**

Gabarito "A".

(Analista Judiciário – TRT/11 – FCC – 2017) Joana, servidora pública federal, detentora de cargo efetivo em determinado órgão do Poder Judiciário, será redistribuída para outro órgão, de acordo com as disposições previstas na Lei nº 8.112/1990. Nesse caso, a redistribuição

(A) seria admissível ainda que Joana não fosse detentora de cargo efetivo, mas sim de cargo em comissão, dada a paridade aplicável às modalidades de cargos.

(B) não exige a manutenção da essência das atribuições do cargo.

(C) exige apreciação do órgão central do SIPEC, que será prévia à redistribuição ou posterior, dependendo da urgência.

(D) deverá ocorrer obrigatoriamente para outro órgão do Poder Judiciário.

(E) dar-se-á no interesse da Administração ou do servidor, conforme os demais requisitos aplicáveis ao caso concreto.

A: incorreta, "redistribuição é o deslocamento de *cargo de provimento efetivo*" (art. 37 da Lei 8.112/1990); **B:** incorreta, pois exige a manutenção da essência das atribuições dos cargos (art. 37, III, da Lei 8.112/1990); **C:** incorreta, a apreciação será prévia (art. 37, *caput*, parte final, da Lei 8.112/1990), **D:** correta, conforme previsto no *caput* do art. 37 da Lei 8.112/1990; **E:** incorreta, dar-se-á no interesse da Administração (art. 37, I, da Lei 8.112/1990). **GD**

Gabarito "D".

(Analista – TSE – 2006 – CESPE) Na hipótese de redistribuição, não é o servidor que é deslocado de um cargo para outro, mas é o próprio cargo que é deslocado para outro órgão ou entidade, dentro do mesmo poder. Essa afirmação é

(A) correta.

(B) errada, pois, na redistribuição, o servidor é deslocado do seu cargo original para outro cargo vago.

(C) errada, pois o deslocamento do cargo somente ocorre na hipótese de readaptação.

(D) errada, pois a redistribuição implica passagem do cargo dos quadros de um poder para outro.

Art. 37, *caput*, da Lei 8.112/1990. **WG**

Gabarito "A".

(Analista – TRT/4ª – 2006 – FCC) No que diz respeito à remoção do servidor público federal, considere as assertivas abaixo:

I. O retorno do servidor estável ao cargo anteriormente ocupado é uma das características do ato de remoção.

II. É considerada modalidade de remoção quando for a pedido, para outra localidade, independentemente do interesse da Administração.

III. É também modalidade de remoção quando for de ofício, no interesse da Administração.

IV. A cessão do servidor para ter exercício em outro órgão ou entidade pública é um dos requisitos para o ato de remoção.

Estão corretas APENAS o que se afirma em

(A) I e II.

(B) I e III.

(C) II e III.

(D) II e IV.

(E) III e IV.

I: incorreta, pois a remoção não é o retorno, mas a saída, o deslocamento para outro cargo (art. 36 da Lei 8.112/1990); **II:** correta (art. 36, parágrafo único, III, da Lei 8.112/1990); **III:** correta (art. 36, parágrafo único, I, da Lei 8.112/1990); **IV:** incorreta, pois a remoção se dá no âmbito do mesmo quadro (art. 36, *caput*, da Lei 8.112/1990). **WG**

Gabarito "C".

(Analista – TRT/14ª – 2011 – FCC) De acordo com a Lei 8.112/1990, que dispõe sobre o regime jurídico dos servidores públicos civis da União, das autarquias e das fundações públicas federais, a remoção de servidor público

(A) pressupõe sempre mudança de sede ou função.

(B) é cabível, a pedido, para outra localidade, em razão de processo seletivo promovido, na hipótese em que o número de interessados for inferior ao número de vagas, de acordo com normas preestabelecidas pelo órgão ou entidade em que aqueles estejam lotados.

(C) não é cabível, a pedido, para outra localidade, a fim de acompanhar companheiro, também servidor público civil da União, que foi deslocado no interesse da Administração Pública.

(D) pode se dar de ofício ou a pedido, sendo, nesta segunda hipótese, sempre dependente do interesse da Administração Pública.

(E) ocorre somente no âmbito do mesmo quadro.

A: incorreta, pois a remoção independe da mudança de sede (art. 36, *caput*, da Lei 8.112/1990); **B:** incorreta, pois o número de interessados terá que ser superior ao número de vagas (art. 36, parágrafo único, III, *c*, da Lei 8.112/1990); **C:** incorreta, pois é possível a remoção na hipótese descrita na alternativa (art. 36, parágrafo único, III, *a*, da Lei 8.112/1990); **D:** incorreta, pois há previsão de remoção a pedido, para outra localidade, independentemente do interesse da Administração (art. 36, parágrafo único, III, da Lei 8.112/1990); **E:** correta (art. 36, *caput*, da Lei 8.112/1990). **WG**

Gabarito "E".

(Analista – TRT/14ª – 2011 – FCC) É cabível remoção a pedido, para outra localidade, independentemente do interesse da Administração, em virtude de processo seletivo promovido, na hipótese em que o número de interessados for

(A) inferior ao número de vagas, a critério da autoridade competente, quando necessário ao atendimento de situações emergenciais do órgão ou entidade.

(B) igual ao número de vagas, de acordo com normas estabelecidas pelo órgão público independentemente do local da respectiva designação.

(C) superior ao número de vagas, de acordo com normas preestabelecidas pelo órgão ou entidade em que aqueles estejam lotados.

(D) inferior ao número de vagas, em conformidade com normas estabelecidas pelo Poder Público em que aqueles estejam designados.

(E) superior ao número de vagas, a critério da autoridade competente, desde que presente o interesse público, independentemente da respectiva lotação.

Art. 36, parágrafo único, III, *c*, da Lei 8.112/1990. WG

Gabarito "C."

2. DIREITOS E VANTAGENS

2.1. Vencimentos e remuneração

(**Analista - TRF5 - FCC - 2017**) Os servidores efetivos, cujo regime jurídico é disciplinado pela Lei n2 8.112/90, têm previstos os conceitos de vencimento e remuneração, que se distinguem

(A) em razão da origem dos pagamentos, devidos aos ativos no caso dos vencimentos, e aos inativos, no caso de remuneração.

(B) porque os vencimentos abrangem a remuneração e vantagens de caráter não indenizatório.

(C) porque os vencimentos abrangem gratificações e indenizações, estas que se incorporam àqueles e, somados com as gratificações compõem a remuneração total do servidor.

(D) caso à remuneração em questão tenham sido incorporadas verbas de outras naturezas, de caráter retributivo ou indenizatório.

(E) em razão da abrangência, pois a remuneração considera não só os vencimentos, mas as vantagens pecuniárias legal mente previstas, como gratificações e indenizações.

E: correta. Conforme o regime jurídico estabelecido na Lei 8.112/1991, vencimento é a retribuição pecuniária pelo exercício de cargo público, com valor fixado em lei. Já a remuneração é mais ampla, abrangendo esse conceito de vencimento, mais as vantagens pecuniárias permanentes estabelecidas em lei – art. 41 da Lei 8.112/1991. FMB

Gabarito "E."

(**Analista – TRT/4ª – 2006 – FCC**) Cristiane Vasconcelos, analista judiciário, está em débito com o erário e teve sua disponibilidade cassada. Nesse caso, a servidora deverá quitar o débito no prazo legal de

(A) sessenta dias, sendo que a não quitação do débito no prazo implicará sua inscrição em dívida ativa.

(B) cento e vinte dias, sendo que a não quitação do débito no prazo implicará sua inscrição em dívida passiva.

(C) noventa dias, sob pena de ser instaurado processo administrativo disciplinar por retenção de valores.

(D) trinta dias, prorrogável por igual período, sendo que a sua não quitação implicará o bloqueio de sua remuneração.

(E) quarenta e cinco dias, prorrogável por igual período, e não quitando nesse prazo sofrerá penalidade estatutária.

Art. 47 da Lei 8.112/1990. WG

Gabarito "A."

(**Analista – TRT/8ª – 2010 – FCC**) Quanto às férias e às licenças do servidor público, considere:

I. A critério da Administração, poderão ser concedidas ao servidor ocupante de cargo efetivo ou em estágio probatório, licenças para tratar de assuntos particulares pelo prazo de até três anos consecutivos, com ou sem remuneração.

II. O servidor exonerado do cargo efetivo, ou em comissão, perceberá indenização relativa ao período das férias a que tiver direito e ao incompleto, na proporção de um doze avos por mês de efetivo exercício, ou fração superior a quatorze dias.

III. As férias poderão ser parceladas em até três etapas, desde que assim requeridas pelo servidor, e no interesse da administração pública.

IV. A licença concedida dentro de sessenta dias do término de outra da mesma espécie não será considerada como prorrogação.

V. O servidor terá direito a licença, com remuneração, durante o período que mediar entre a sua escolha em convenção partidária, como candidato a cargo eletivo, e a véspera do registro de sua candidatura perante a Justiça Eleitoral.

Está correto o que se afirma APENAS em:

(A) I, III e V.

(B) I e IV.

(C) II e III.

(D) II, IV e V.

(E) III e V.

I: incorreta (a licença para tratar de assuntos particulares poderá ser concedida ao servidor ocupante de cargo efetivo, desde que não esteja em estágio probatório, sem remuneração – art. 91 da Lei 8.112/1990); II: correta (art. 78, § 3º, da Lei 8.112/1990); III: correta (art. 77, § 3º, da Lei 8.112/1990); IV: incorreta (art. 82 da Lei 8.112/1990); V: incorreta (a licença, nesse caso, será sem remuneração – art. 86, *caput*, da Lei 8.112/1990). WG

Gabarito "C."

(**Analista – TRT/14ª – 2011 – FCC**) Para os fins da Lei 8.112/1990, o servidor público federal investido em cargo em comissão de órgão ou entidade diversa da de sua lotação, receberá a remuneração do órgão

(A) cessionário dos Estados, exclusivamente, quando a cessão for por prazo superior a 90 (noventa) dias.

(B) cedente, devendo os Estados, o Distrito Federal e os Municípios, na condição de cessionários, ressarcirem os cofres da entidade cedente ao término da cessão.

(C) cedente, desde que essa condição esteja prevista no respectivo ato e a cessão seja exclusivamente para órgão ou entidade do Distrito Federal.

(D) cedente, quando a cessão for exclusivamente, para órgão ou entidade do Distrito Federal.

(E) ou entidade cessionária quando a cessão for para órgãos dos Estados, do Distrito Federal ou dos Municípios.

Art. 93, § 1º, da Lei 8.112/1990. WG

Gabarito "E".

(Analista – TRT/22ª – 2010 – FCC) De acordo com a Lei 8.112/1990, em relação ao vencimento, remuneração e vantagens dos Servidores Públicos Civis da União:

(A) As indenizações se incorporam ao vencimento ou provento para qualquer efeito.

(B) As faltas justificadas decorrentes de caso fortuito não poderão ser compensadas, sendo assim não consideradas como efetivo exercício.

(C) Quando o pagamento indevido houver ocorrido no mês anterior ou posterior ao do processamento da folha, não haverá reposição, salvo se para o erro contribuiu o servidor, ao menos culposamente.

(D) As gratificações e os adicionais incorporam-se ao vencimento ou provento, nos casos e condições indicados em lei.

(E) O vencimento, a remuneração e o provento poderão ser objeto de arresto, sequestro ou penhora, salvo nos casos de prestação de alimentos resultante de decisão judicial.

A: incorreta (art. 49, § 1º, da Lei 8.112/1990); B: incorreta (art. 44, parágrafo único, da Lei 8.112/1990); C: incorreta (art. 46, § 2º, da Lei 8.112/1990); D: correta (art. 49, § 2º, da Lei 8.112/1990); E: incorreta (art. 48 da Lei 8.112/1990). WG

Gabarito "D".

(Analista –TRT/23ª – 2007 – FCC) Quanto aos direitos e vantagens do servidor público é correto que

(A) as vantagens pecuniárias serão computadas ou acumuladas, para efeito de concessão de quaisquer outros acréscimos pecuniários ulteriores, desde que sob o mesmo título ou idêntico fundamento.

(B) o vencimento, a remuneração e o provento não serão objeto de arresto, sequestro ou penhora, exceto nos casos de prestação de alimentos resultante de decisão judicial.

(C) não será concedida ajuda de custo àquele que, sendo servidor da União, for nomeado para cargo em comissão, com mudança de domicílio.

(D) nos casos em que o deslocamento da sede constituir exigência permanente do cargo, o servidor fará jus a diárias.

(E) somente será permitido serviço extraordinário para atender a situações permanentes, respeitado o limite máximo de 4 (quatro) horas por jornada.

A: incorreta, art. 50 da Lei 8.112/1990; B: correta, art. 48 da Lei 8.112/1990; C: incorreta, art. 56 da Lei 8.112/1990; D: incorreta, art. 58, § 2º, da Lei 8.112/1990; E: incorreta, art. 74 da Lei 8.112/1990. WG

Gabarito "B".

(Analista – TRE/AC – 2010 – FCC) Quanto aos direitos, vantagens e adicionais do servidor público civil da União, considere:

I. Vencimento é a remuneração do cargo efetivo ou comissionado, descontadas as vantagens pecuniárias permanentes estabelecidas em lei.

II. Mediante expressa solicitação do servidor, será pago por ocasião das férias, um adicional correspondente

a um terço da remuneração de férias, sendo que no caso de cargo em comissão, a respectiva vantagem não será considerada no cálculo das férias.

III. As faltas justificadas decorrentes de caso fortuito ou de força maior poderão ser compensadas a critério da chefia imediata, sendo assim consideradas como efetivo exercício.

IV. As indenizações não se incorporam ao vencimento ou provento para qualquer efeito, sendo que as gratificações e os adicionais incorporam-se ao vencimento ou provento, nos casos e condições indicados em lei.

V. O serviço extraordinário será remunerado com acréscimo de cinquenta por cento em relação à hora normal de trabalho e somente será permitido para atender a situações excepcionais e temporárias, respeitado o limite máximo de duas horas por jornada.

Está correto o que se afirma APENAS em

(A) I, II e III.

(B) I e III.

(C) II, IV e V.

(D) III, IV e V.

(E) IV e V.

I: incorreta (art. 40 da Lei 8.112/1990); II: incorreta (art. 76, *caput*, da Lei 8.112/1990); III: correta (art. 44, parágrafo único, da Lei 8.112/1990); IV: correta (art. 49, §§ 1º e 2º, da Lei 8.112/1990); V: correta (arts. 73 e 74 da Lei 8.112/1990). WG

Gabarito "D".

(Analista – TRE/AL – 2010 – FCC) Silvana atua como instrutora em curso de formação, regularmente instituído no âmbito da Administração Pública Federal. Nesse caso, no que se refere à gratificação por encargo de curso, é certo que essa vantagem

(A) incorpora-se à remuneração da servidora para alguns efeitos como a aposentadoria e disponibilidade, podendo ser utilizada como base de cálculo para outras vantagens a que tiver direito.

(B) não se incorpora ao vencimento da servidora para qualquer efeito e não poderá ser utilizada como base de cálculo dos proventos da aposentadoria.

(C) incorpora-se ao vencimento da servidora para todos os efeitos, mas não poderá ser utilizada como base de cálculo para as demais vantagens, inclusive para os proventos da aposentadoria.

(D) não se incorpora aos vencimentos da servidora para qualquer efeito, mas poderá ser utilizada como base de cálculo dos proventos da aposentadoria.

(E) não se incorpora à remuneração ou salário da servidora, salvo para efeito da aposentadoria ou disponibilidade, vedada sua utilização como base de cálculo de outras vantagens e adicionais.

Art. 76-A, § 3º, da Lei 8.112/1990. WG

Gabarito "B".

(Analista – TRF/4ª – 2007 – FCC) Tendo em vista certos direitos dos servidores públicos federais, é correto afirmar que

(A) o servidor em débito com o erário, entre outras situações, que foi exonerado ou que tiver sua aposentadoria cassada, terá o prazo de sessenta dias para quitar o débito.

(B) o vencimento do cargo efetivo é irredutível, mas não pode ser acrescido de vantagens de caráter permanente.

(C) o servidor não perderá a remuneração do dia em que faltar ao serviço, sem motivo justificado, mas ficará prejudicado no período aquisitivo de férias.

(D) as faltas justificadas decorrentes de caso fortuito ou força maior não podem ser compensadas e nem consideradas como de efetivo exercício.

(E) os valores percebidos pelo servidor em razão de decisão liminar deverão ser repostos no prazo de noventa dias, contados da notificação para fazê-lo.

A: correta, art. 47 da Lei 8.112/1990; **B:** incorreta, art. 41, § 3º, da Lei 8.112/1990; **C:** incorreta, art. 44, I, da Lei 8.112/1990; **D:** incorreta, art. 44, parágrafo único, da Lei 8.112/1990; **E:** incorreta, arts. 46, § 3º, e 47, da Lei 8.112/1990. WG
Gabarito "A".

(Analista – TRF/5ª – 2008 – FCC) Nos casos em que o pagamento indevido ao servidor ativo, aposentado ou pensionista, houver ocorrido no mês anterior ao do processamento da folha, a reposição ao erário será feita

(A) imediatamente, em uma única parcela.

(B) em parcelas, desde que o servidor seja estável.

(C) parceladamente, no máximo de 90 (noventa) dias.

(D) imediatamente ou em parcelas, a critério da Administração.

(E) em parcelas, proporcional à remuneração do servidor.

Art. 46, § 2º, da Lei 8.112/1990. WG
Gabarito "A".

2.2. Vantagens (indenização, ajuda de custo, diária, indenização de transporte, auxílio-moradia, gratificações e adicionais, retribuição, gratificação natalina, adicionais, gratificação por encargo de cursos ou concurso)

(Analista – TRT/10ª – 2013 – CESPE) Julgue os itens seguintes, a respeito da Lei 8.112/1990.

(1) Ao servidor é facultado abater de suas férias as faltas injustificadas, de modo a preservar a remuneração referente aos dias em que deixar de comparecer ao serviço.

(2) O servidor público civil que fizer jus aos adicionais de insalubridade e periculosidade acumulará ambos os acréscimos sobre seu vencimento.

1: incorreta, pois não há previsão legal nesse sentido; aliás, mesmo quanto às faltas justificadas, estas só podem ser compensadas a critério da chefia imediata, em situações de caso fortuito ou de força maior (art. 44, parágrafo único, da Lei 8.112/1990); **2:** incorreta, pois o servidor que fizer jus aos adicionais de insalubridade e de periculosidade deverá optar por um deles (art. 68, § 1º, da Lei 8.112/1990). WG
Gabarito 1E, 2E

(Analista – TRT/11ª – 2012 – FCC) Joana, servidora pública federal, recebeu algumas diárias, porém, não se afastou da sede. Nos termos da Lei 8.112/1990, Joana

(A) independentemente do motivo, não precisará restituí-las, haja vista tratar-se de verba de natureza alimentar.

(B) dependendo do motivo, não precisará restituí-las.

(C) independentemente do motivo, deverá restituí-las integralmente, no prazo de trinta dias.

(D) ficará obrigada a restituí-las apenas parcialmente, no prazo de dez dias.

(E) ficará obrigada a restituí-las integralmente, no prazo de cinco dias.

Joana ficará obrigada a restituí-las integralmente, no prazo de cinco dias (art. 59 da Lei 8.112/1990). WG
Gabarito "E".

(Analista – TRE/BA – 2010 – CESPE) Acerca do regime jurídico dos servidores públicos, estabelecido na Lei 8.112/1990, julgue os itens que se seguem.

(1) Os substitutos dos servidores investidos em cargo ou função de direção ou chefia e dos ocupantes de cargo em natureza especial devem ser indicados no regimento interno ou, no caso de omissão, designados previamente pela chefia imediata do substituído.

(2) As diárias são devidas ao servidor que se ausenta a serviço da sede da repartição para outro ponto do território nacional em caráter eventual ou transitório. Se o deslocamento em caráter eventual ou transitório se der para o exterior, o servidor fará jus ao recebimento de ajuda de custo.

1: Errada, pois, no caso de omissão do regimento interno, os substitutos serão previamente designados pelo dirigente máximo do órgão ou entidade (art. 38, *caput*, da Lei 8.112/1990); **2:** Errada, pois no caso de deslocamento eventual ou transitório para o exterior também serão devidas diárias (art. 58, *caput*, da Lei 8.112/1990). WG
Gabarito 1E, 2E

(Analista – TRE/CE – 2012 – FCC) De acordo com a Lei 11.416/2006, o Adicional de Qualificação – AQ relativo a título de Mestre e Doutor é, respectivamente, de

(A) 7,5% e 10% incidindo sobre vencimento básico do servidor.

(B) 12,5% e 15% sobre o salário do servidor.

(C) 10% e 12,5% incidindo sobre vencimento básico do servidor.

(D) 5% e 7,5% incidindo sobre os vencimentos do servidor.

(E) 15% e 17,5% sobre o salário do servidor.

Art. 15, II e I, da Lei 11.416/2006, respectivamente. WG
Gabarito "C".

(Analista – TRE/CE – 2012 – FCC) De acordo com a Lei 11.416/2006, a Gratificação de Atividade Externa – GAE é devida exclusivamente aos ocupantes

(A) do cargo de Técnico Judiciário.

(B) do cargo de Analista Judiciário – área administrativa.

(C) dos cargos de Analista Judiciário – área judiciária e Auxiliar Judiciário.

(D) do cargo de Analista Judiciário – área judiciária Oficial de Justiça Avaliador Federal.

(E) dos cargos de Técnico Judiciário e Auxiliar Judiciário.

Art. 16, *caput*, da Lei 11.416/2006. WG
Gabarito "D".

(Analista – TRE/CE – 2012 – FCC) O servidor das Carreiras dos Quadros de Pessoal do Poder Judiciário cedido

(A) perceberá, durante o afastamento, a Gratificação de Atividade Judiciária – GJA, salvo na hipótese de cessão para órgãos da União, na condição de optante pela remuneração do cargo efetivo.

(B) não perceberá, durante o afastamento, a Gratificação de Atividade Judiciária – GJA, salvo na hipótese de cessão para órgãos da União, na condição de optante pela remuneração do cargo efetivo.

(C) não perceberá, durante o afastamento, a Gratificação de Atividade Judiciária – GJA, inclusive na hipótese de cessão para órgãos da União, na condição de optante pela remuneração do cargo efetivo.

(D) não perceberá, durante o afastamento, a Gratificação de Atividade Judiciária – GJA, em qualquer hipótese.

(E) perceberá, durante o afastamento, 50% da Gratificação de Atividade Judiciária – GJA, em qualquer hipótese.

Art. 13, § 3.º, da Lei 11.416/2006, cuja atual redação, dada pela Lei 13.317/2016, acrescenta a hipótese de cessão para a Fundação de Previdência Complementar do Servidor Público Federal do Poder Judiciário – FUNPRESP-JUD. WG
Gabarito "B".

(Analista – TRE/CE – 2012 – FCC) Considere:

I. Nenhuma outra pessoa que resida com o servidor receba auxílio-moradia.

II. O deslocamento tenha sido por força de alteração de lotação ou nomeação para cargo efetivo.

III. O deslocamento tenha ocorrido após 30 de junho de 2006.

IV. O cônjuge do servidor ocupe imóvel funcional.

De acordo com a Lei 8.112/1990, conceder-se-á auxílio-moradia ao servidor se atendidos, dentre outros, os requisitos mencionados APENAS em

(A) I, III e IV.

(B) II e IV.

(C) I e III.

(D) I e IV.

(E) II e III.

I: correta (art. 60-B, IV, da Lei 8.112/1990); II: incorreta (art. 60-B, VIII, da Lei 8.112/1990); III: correta (art. 60-B, IX, da Lei 8.112/1990); IV: incorreta (art. 60-B, II, da Lei 8.112/1990). WG
Gabarito "C".

(Analista – TRE/MT – 2010 – CESPE) No que diz respeito aos direitos e às vantagens do servidor público consoante estabelece a Lei 8.112/1990, assinale a opção correta.

(A) Podem ser pagas ao servidor, além do vencimento, indenizações, como as diárias, que se incorporam ao vencimento conforme estabelecido em lei.

(B) O servidor que, a serviço, afastar-se da sede, em caráter eventual ou transitório, para outro ponto do território nacional fará jus a ajuda de custo destinada a indenizar as parcelas de despesas com pousada, alimentação e locomoção urbana.

(C) As gratificações e os adicionais incorporam-se ao vencimento, nos casos e nas condições indicados em lei.

(D) Nada impede que o servidor exerça atividade remunerada durante o período da licença por motivo de doença em família.

(E) O servidor pode receber simultaneamente o adicional de insalubridade e o adicional de periculosidade, desde que trabalhe com habitualidade em locais insalubres ou em contato permanente com substâncias tóxicas, radioativas ou com risco de morte.

A: incorreta (art. 49, § 1º, da Lei 8.112/1990); **B:** incorreta, a alternativa trata do conceito de diária – art. 58, *caput*, da Lei 8.112/1990; **C:** correta (art. 49, § 2º, da Lei 8.112/1990); **D:** incorreta (art. 81, § 3º, da Lei 8.112/1990); **E:** incorreta (art. 68, § 1º, da Lei 8.112/1990). WG
Gabarito "C".

(Analista – TRE/SP – 2012 – FCC) O Adicional de Qualificação AQ foi concedido aos analistas judiciários Sérgio e Olga, em razão dos conhecimentos adicionais adquiridos em títulos, diplomas e certificados de cursos de pós-graduação, em sentido amplo ou estrito em áreas de interesse dos órgãos do Poder Judiciário. Nesses casos, analise:

I. Esse adicional será devido a partir da conclusão do título, diploma ou certificado.

II. Serão considerados, para os efeitos desse adicional, os cursos e as instituições de ensino reconhecidos por quaisquer órgãos públicos de educação.

III. Serão admitidos cursos de pós-graduação *lato sensu* somente com duração mínima de 360 (trezentas e sessenta) horas.

IV. O adicional mencionado não será concedido quando o curso constituir requisito para ingresso no cargo.

Diante disso, está correto o que consta APENAS em

(A) I e III.

(B) I e IV.

(C) II e III.

(D) II e IV.

(E) III e IV.

I: incorreta (art. 15, § 3º, da Lei 11.416/2006); II: incorreta (art. 14, § 3º, da Lei 11.416/2006); III: correta (art. 14, § 4º, da Lei 11.416/2006); IV: correta (art. 14, § 1º, da Lei 11.416/2006). WG
Gabarito "E".

2.3. Licenças

(Analista Judiciário – TRT/20 – FCC – 2016) Joana, servidora pública do Tribunal Regional do Trabalho da 20ª Região, é casada com Augusto há cinco anos. Com eles, vive seu sobrinho Gabriel que possui nove anos. Há quinze dias, Gabriel foi acometido por uma grave doença, razão pela qual Joana pretende requerer licença por motivo de doença em pessoa da família. No que concerne à mencionada licença e nos termos da Lei nº 8.112/1990,

(A) Joana não tem direito à licença, pois a doença deve recair apenas sobre cônjuge ou companheiro, pais ou filhos.

(B) desde que preenchidos os requisitos legais, a licença será deferida ainda que a assistência direta de Joana não seja indispensável, mas se mostre de grande relevância sobretudo para a parte psicológica de Gabriel.

(C) Joana tem direito à licença, desde que, dentre outros requisitos, Gabriel viva às suas expensas e conste do seu assentamento funcional, mediante comprovação por perícia médica oficial.

(D) ainda que a assistência direta de Joana possa ser prestada simultaneamente com o exercício do cargo ou mediante compensação de horário, isso não inviabiliza o seu direito à licença pretendida, desde que preenchidos os demais requisitos legais.

(E) desde que preenchidos os requisitos legais, referida licença poderá ser concedida por até 90 (noventa) dias, consecutivos ou não, mantida a remuneração de Joana.

A: incorreta, pois a doença pode recair em dependente que viva as suas expensas (art. 83 da Lei 8.112/1990); **B:** incorreta, "a licença somente será deferida se a assistência direta do servidor for indispensável e não puder ser prestada simultaneamente com o exercício do cargo ou mediante compensação de horário" (art. 83, § 1º, da Lei 8.112/1990); **C:** correta, conforme caput do art. 83 da Lei 8.112/1990; **D:** incorreta, vide comentário à letra B; **E:** incorreta, nesse caso será sem remuneração (art. 83, § 2º, II, da Lei 8.112/1990). GD

Gabarito "C".

(Analista – STM – 2011 – CESPE) A respeito dos servidores públicos e do regime estabelecido pela Lei 8.112/1990, julgue os itens a seguir.

(1) Servidor público federal que esteja cumprindo o período de estágio probatório pode obter licença para exercer mandato classista em um sindicato.

(2) A remuneração de servidor público pode ser fixada ou alterada apenas mediante lei específica.

1: errada, pois o servidor público em estágio probatório não pode obter licença para exercer mandado classista (art. 20, § 4º, da Lei 8.112/1990); **2:** certa (art. 37, X, da CF). WG

Gabarito 1E, 2C

Ana, servidora pública, solicitou a concessão de licença para capacitação, com o objetivo de cursar, por dois meses, um curso de língua inglesa na Austrália. O pedido foi indeferido porque a autoridade competente, Bartolomeu, considerou que, embora presentes os requisitos formais que permitissem a concessão desse tipo de licença, não havia interesse da administração em liberar servidores para efetuarem esse tipo de curso. Ana, então, apresentou pedido de reconsideração, argumentando que a capacitação dos servidores para falar outras línguas era relevante para a administração, mas esse pedido foi indeferido por Bartolomeu, que reiterou a inexistência de interesse administrativo. Irresignada, Ana ingressou com recurso contra o indeferimento do pedido de reconsideração, dirigindo-o à autoridade imediatamente superior a Bartolomeu.

(Analista – TSE – 2006 – CESPE) Com relação ao direito de Ana à referida licença, bem como à decisão que indeferiu o pedido de concessão, assinale a opção correta.

(A) Para ter direito à referida licença, Ana necessita ser servidora estável com um mínimo de cinco anos de efetivo exercício.

(B) A decisão indeferitória é válida porque é dispensável a motivação expressa de atos discricionários.

(C) A decisão indeferitória é inválida em virtude da aplicabilidade ao caso da teoria dos motivos determinantes.

(D) A decisão indeferitória é inválida, pois há violação do princípio da legalidade.

Art. 87 da Lei 8.112/1990. WG

Gabarito "A".

(Analista – TRT/11ª – 2012 – FCC) Marcelo, servidor público federal, ocupante de cargo efetivo, pretende solicitar licença para tratar de interesses particulares. Referida licença, nos termos da Lei 8.112/1990, será concedida

(A) por prazo indeterminado.

(B) a critério da Administração Pública.

(C) com remuneração.

(D) pela Administração Pública, podendo ser interrompida, a qualquer tempo, exclusivamente no interesse do serviço.

(E) mesmo que Marcelo esteja em estágio probatório.

A: incorreta, pois essa licença é pelo prazo de até 3 anos consecutivos (art. 91, *caput*, da Lei 8.112/1990); **B:** correta (art. 91, *caput*, da Lei 8.112/1990); **C:** incorreta, pois é sem remuneração (art. 91, *caput*, da Lei 8.112/1990); **D:** incorreta, pois essa licença também pode ser interrompida a qualquer tempo a pedido do servidor (art. 91, parágrafo único, da Lei 8.112/1990); **E:** incorreta, pois essa licença só pode ser dada em favor de quem já não esteja em estágio probatório (art. 91, *caput*, da Lei 8.112/1990). WG

Gabarito "B".

(Analista – TRT/4ª – 2006 – FCC) João Silva é servidor público federal e candidato a Prefeito de Porto Alegre, local onde desempenha suas funções, exercendo cargo de assessoramento em órgão público. Diante disso, João será afastado desse cargo

(A) a partir do dia imediato ao do registro de sua candidatura perante a Justiça Eleitoral, até o décimo dia seguinte ao do pleito.

(B) um mês antes de sua candidatura protocolada junto à Justiça Eleitoral, até o mês seguinte ao do pleito.

(C) a partir do terceiro dia ao do registro de sua escolha perante o partido político a que for filiado, até o terceiro dia seguinte ao do pleito.

(D) quinze dias antes de sua candidatura perante o órgão competente, até o décimo quinto dia seguinte ao do pleito.

(E) durante três meses após a data de sua escolha pelo partido político a que for filiado, prorrogável a critério da Justiça Eleitoral.

Art. 86, § 1º, da Lei 8.112/1990. WG

Gabarito "A".

(Analista – TRT/9ª – 2010 – FCC) Sobre as licenças previstas na Lei 8.112/1990, é correto afirmar:

(A) O servidor terá direito à licença, sem remuneração, para atividade política, durante o período que mediar entre a sua escolha em convenção partidária, como candidato a cargo eletivo, e à véspera do registro de sua candidatura perante a Justiça Eleitoral.

(B) Concluído o serviço militar, o servidor terá até sessenta dias sem remuneração para reassumir o exercício do cargo.

(C) A licença por motivo de afastamento do cônjuge pode ser concedida, no máximo, por dois anos consecutivos.

(D) Após cada triênio de efetivo exercício, o servidor poderá, no interesse da Administração, afastar-se do exercício do cargo efetivo, com a respectiva remuneração, por até três meses, para participar de curso de capacitação profissional.

(E) Não faz jus à licença por motivo de doença em pessoa da família se a doença for do padrasto ou madrasta do servidor.

A: correta (art. 86, *caput*, da Lei 8.112/1990); **B:** incorreta (concluído o serviço militar, o servidor terá até trinta dias sem remuneração para reassumir o exercício do cargo – art. 85, parágrafo único, da Lei 8.112/1990); **C:** incorreta (a licença será por prazo indeterminado – art. 84, § 1º, da Lei 8.112/1990); **D:** incorreta (após cada quinquênio de efetivo exercício, o servidor poderá, no interesse da Administração, afastar-se do cargo efetivo, com a respectiva remuneração, por até três meses, para participar de curso de capacitação profissional – art. 87, *caput*, da Lei 8.112/1990); **E:** incorreta (art. 83, *caput*, da Lei 8.112/1990). WG
Gabarito "A".

(Analista – TRT/11ª – 2005 – FCC) No interesse da Administração, o servidor poderá afastar-se do cargo efetivo para participar de curso de capacitação profissional,

(A) após cada quinquênio, por até três meses, com a respectiva remuneração.

(B) após cumprido o período de dois anos do estágio probatório, com prejuízo de 50% da respectiva remuneração, por até seis meses.

(C) por até seis meses, sem prejuízo do respectivo vencimento.

(D) após doze meses de efetivo exercício, com prejuízo da remuneração, pelo período de até noventa dias.

(E) observado o período do estágio probatório, com prejuízo do vencimento.

Art. 87 da Lei 8.112/1990. WG
Gabarito "A".

(Analista – TRT/20ª – 2011 – FCC) A licença por motivo de doença em pessoa da família, incluídas as prorrogações, poderá ser concedida a cada período de doze meses, dentre outras, na seguinte condição, por até

(A) 120 dias, consecutivos ou não, sem remuneração.

(B) 100 dias, consecutivos ou não, sem remuneração.

(C) 120 dias, consecutivos, mantida a remuneração do servidor.

(D) 60 dias, consecutivos ou não, mantida a remuneração do servidor.

(E) 90 dias, consecutivos, mantida a remuneração do servidor.

Art. 83, § 2º, I, da Lei 8.112/1990. WG
Gabarito "D".

(Analista – TRT/23ª – 2011 – FCC) Considere as assertivas abaixo sobre as licenças dos servidores públicos civis federais, nos termos da Lei 8.112/1990.

I. É vedado o exercício de atividade remunerada durante o período da licença por motivo de doença em pessoa da família.

II. A licença para atividade política exige que o servidor candidato a cargo eletivo na localidade onde desempenha suas funções e que exerça cargo de direção, chefia, assessoramento, arrecadação ou fiscalização, dele seja afastado, a partir do quinto dia seguinte ao do registro de sua candidatura perante a Justiça Eleitoral, até o quinto dia seguinte ao do pleito.

III. Para os fins da licença para capacitação, após cada quinquênio de efetivo exercício, o servidor poderá, no interesse

da Administração, afastar-se do exercício do cargo efetivo, com a respectiva remuneração, por até três meses, para participar de curso de capacitação profissional.

Está correto o que se afirma APENAS em

(A) II e III.

(B) I.

(C) II.

(D) I e III.

(E) I e II.

I: correta (art. 81, § 3º, da Lei 8.112/1990); **II:** incorreta, pois o servidor candidato a cargo eletivo na localidade onde desempenha suas funções e que exerça cargo de direção, chefia, assessoramento, arrecadação ou fiscalização, dele será afastado, a partir do dia imediato ao do registro de sua candidatura perante a Justiça Eleitoral, até o décimo dia seguinte ao do pleito (art. 86, § 1º, da Lei 8.112/1990); **III:** correta (art. 87, *caput*, da Lei 8.112/1990). WG
Gabarito "D".

(Analista – TRT/23ª – 2011 – FCC) Considere as seguintes assertivas sobre as licenças dos servidores públicos civis federais, nos termos da Lei 8.112/1990:

I. A partir do registro da candidatura e até o décimo dia seguinte ao da eleição, o servidor fará jus à licença para atividade política, assegurados os vencimentos do cargo efetivo, somente pelo período de dois meses.

II. A licença poderá ser concedida ao servidor por motivo de doença do cônjuge ou companheiro por até trinta dias, consecutivos ou não, mantida a remuneração do servidor, e por até sessenta dias, consecutivos ou não, sem remuneração.

III. A critério da Administração poderão ser concedidas ao servidor ocupante de cargo efetivo, desde que não esteja em estágio probatório, licenças para o trato de assuntos particulares pelo prazo de até três anos consecutivos, sem remuneração.

Está correto o que se afirma APENAS em

(A) I e III.

(B) II e III.

(C) I e II.

(D) II.

(E) III.

I: incorreta, pois a partir do registro da candidatura e até o décimo dia seguinte ao da eleição, o servidor fará jus à licença, assegurados os vencimentos do cargo efetivo, somente pelo período de três meses (art. 86, § 2º, da Lei 8.112/1990); **II:** incorreta, pois a licença tratada na alternativa, incluídas as prorrogações, poderá ser concedida a cada período de doze meses nas seguintes condições: I – por até 60 (sessenta) dias, consecutivos ou não, mantida a remuneração do servidor; e II – por até 90 (noventa) dias, consecutivos ou não, sem remuneração (art. 83, § 2º, da Lei 8.112/1990); **III:** correta (art. 91, *caput*, da Lei 8.112/1990). WG
Gabarito "E".

(Analista – TRE/CE – 2012 – FCC) Poderá ser concedida licença ao servidor para acompanhar cônjuge ou companheiro que foi deslocado para outro ponto do território nacional, para o exterior ou para o exercício de mandato eletivo dos Poderes Executivo e Legislativo. De acordo com a Lei 8.112/1990, esta licença será

(A) por prazo indeterminado e sem remuneração.

(B) de até 120 dias consecutivos, com remuneração.

(C) de até 180 dias consecutivos, sem remuneração.

(D) de, no máximo, 90 dias, com remuneração na sua integralidade.

(E) de, no máximo, 90 dias, com remuneração de 50% dos vencimentos líquidos.

Art. 84, § 1°, da Lei 8.112/1990. WG

Gabarito "A".

(Analista – MPU – 2004 – ESAF) O afastamento de servidor para servir em organismo internacional de que o Brasil participe ou com o qual coopere dar-se-á

(A) com ressarcimento de sua remuneração pelo organismo cessionário.

(B) com perda total da remuneração.

(C) mediante licença para tratar de assuntos particulares.

(D) com remuneração proporcional ao tempo de serviço.

(E) sem prejuízo de sua remuneração.

Art. 96 da Lei 8.112/1990. WG

Gabarito "B".

(Analista – MPU – 2004 – ESAF) Não se considera como de efetivo exercício o afastamento decorrente de

(A) missão ou estudo no exterior, quando autorizado o afastamento, nos termos do regulamento.

(B) exercício de cargo em comissão nos poderes dos Estados e Municípios.

(C) licença para tratamento de saúde, até o limite de três anos.

(D) participação em competição desportiva nacional, conforme disposto em lei específica.

(E) deslocamento para nova sede em que for servir.

A: art. 102, VII, da Lei 8.112/1990; **B:** art. 102, II, da Lei 8.112/1990; **C:** art. 102, VIII, *b*, da Lei 8.112/1990; **D:** art. 102, X, da Lei 8.112/1990; **E:** art. 102, IX, da Lei 8.112/1990. WG

Gabarito "C".

2.4. Direito de petição

(Analista Judiciário – TRE/PI – CESPE – 2016) Quanto ao direito de petição, assinale a opção correta nos termos do regime jurídico dos servidores públicos civis da União, das autarquias e das fundações públicas federais.

(A) Assim como ocorre com o recurso tempestivo, o pedido de reconsideração interrompe a prescrição.

(B) Caso tenha sido excluída vantagem do contracheque, o requerimento para a defesa do direito deverá ser dirigido à autoridade a que estiver subordinado o servidor.

(C) Recurso interposto contra decisão que aplicar penalidade de suspensão ao servidor deverá ser recebido com efeito suspensivo.

(D) O recurso será cabível contra ato decisório praticado, sendo inadmissível a sua interposição contra decisão que indeferir o pedido de reconsideração.

(E) O prazo para a interposição de pedido de reconsideração de ato que aplicar penalidade de demissão não poderá ser relevado pela administração.

A: correta, conforme dispõe o art. 111 da Lei 8.112/1990: "o pedido de reconsideração e o recurso, quando cabíveis, interrompem a prescrição"; **B:** incorreta, "o requerimento será dirigido à autoridade competente para

decidi-lo e encaminhado por intermédio daquela a que estiver imediatamente subordinado o requerente" (art. 105 da Lei 8.112/1990); **C:** incorreta, "o recurso *poderá* ser recebido com efeito suspensivo, a juízo da autoridade competente" (art. 109 da Lei 8.112/1990); **D:** incorreta, pois é cabível recurso contra decisão que indeferir pedido de reconsideração (art. 107, I, da Lei 8.112/1990); **E:** incorreta, pode ser relevado por motivo de força maior (art. 115 da Lei 8.112/1990). GD

Gabarito "A".

(Analista – TRT/4ª – 2006 – FCC) No que diz respeito ao direito de petição, é correto afirmar que

(A) a prescrição poderá ser relevada pela Administração em se tratando de caso excepcional ou interesse público.

(B) os prazos estabelecidos para assegurar o direito de petição são absolutos, ou sempre fatais e improrrogáveis;

(C) o pedido de reconsideração e o recurso, quando cabíveis, interrompem a prescrição.

(D) o direito de requerer prescreve em 120 (cento e vinte) dias, quanto ao ato de demissão.

(E) o prazo de prescrição será contado da data da ocorrência que deu causa ao ato impugnado.

A: incorreta, art. 112 da Lei 8.112/1990; **B:** incorreta, art. 115 da Lei 8.112/1990 ("salvo motivo de força maior"); **C:** correta, art. 111 da Lei 8.112/1990; **D:** incorreta, art. 110, I, da Lei 8.112/1990; **E:** incorreta, art. 110, parágrafo único, da Lei 8.112/1990. WG

Gabarito "C".

(Analista – TRT/7ª – 2009 – FCC) Em tema de Direito de Petição assegurado ao servidor público nos termos da Lei 8.112/1990, considere:

I. O direito de requerer aos Poderes Públicos, em defesa de direito ou interesse legítimo é imprescritível.

II. A administração deverá rever seus atos, a qualquer tempo, quando eivados de ilegalidade.

III. Cabe pedido de reconsideração à autoridade que houver expedido o ato ou proferido a primeira decisão, não podendo ser renovado.

IV. Caberá recurso, dentre outras hipóteses, do deferimento de pedido de reconsideração sucessivamente interposto.

V. O prazo para a interposição de recurso é de quinze dias, a contar do ato que deferiu ou indeferiu o pedido de reconsideração.

É correto o que se afirma APENAS em

(A) I, II e IV.

(B) I e IV.

(C) IV e V.

(D) II e III.

(E) II, III e V.

I: incorreta (art. 110 da Lei 8.112/1990); **II:** correta (art. 114 da Lei 8.112/1990); **III:** correta (art. 106 da Lei 8.112/1990); **IV:** incorreta (art. 107, I e II, da Lei 8.112/1990); **V:** incorreta (art. 108 da Lei 8.112/1990). WG

Gabarito "D".

(Analista – TRT/8ª – 2010 – FCC) Nos termos da Lei 8.112/1990, é assegurado ao servidor o direito de requerer aos Poderes Públicos, em defesa de direito ou interesse legítimo. Diante disso,

(A) não caberá recurso das decisões sobre os recursos sucessivamente interpostos.

(B) o prazo para interposição de pedido de reconsideração é de quinze dias, a contar da intimação do interessado ou do seu representante legal.

(C) não cabe pedido de reconsideração à autoridade que houver expedido o ato ou proferido a primeira decisão.

(D) o pedido de reconsideração e o recurso, quando cabíveis, não suspendem ou interrompem a prescrição.

(E) o prazo de prescrição do direito de requerer será contado da data da publicação do ato impugnado ou da data da ciência pelo interessado, quando o ato não for publicado.

A: incorreta (art. 107, II, da Lei 8.112/1990); **B:** incorreta (o prazo para interposição do pedido de reconsideração é de 30 dias – art. 108 da Lei 8.112/1990); **C:** incorreta (art. 106, *caput*, da Lei 8.112/1990); **D:** incorreta (art. 111, *caput*, da Lei 8.112/1990); **E:** correta (art. 110, parágrafo único, da Lei 8.112/1990). **WG**
Gabarito "E".

(Analista – TRT/20ª – 2006 – FCC) Considere as seguintes proposições referentes ao direito de petição:

I. A administração deverá rever seus atos, a qualquer tempo, quando eivados de ilegalidade.

II. Desde que hajam novos argumentos, caberá pedido de reconsideração dirigido à autoridade superior àquela que tiver emitido o ato.

III. Para o exercício do direito de petição, é assegurada vista do processo ou documento, na repartição, ao servidor ou procurador legalmente constituído.

IV. O pedido de reconsideração e o recurso, quando cabíveis, interrompem a prescrição.

É correto APENAS o que se afirma em:

(A) I, II e III.

(B) I, III e IV.

(C) I e IV.

(D) II e III.

(E) II e IV.

I: correta (art. 114 da Lei 8.112/1990); **II:** incorreta (art. 106 da Lei 8.112/1990); **III:** correta (art. 113 da Lei 8.112/1990); **IV:** correta (art. 111 da Lei 8.112/1990). **WG**
Gabarito "B".

(Analista – TRT/21ª – 2010 – CESPE) No que se refere a servidores públicos e ao regime jurídico dos servidores civis da União, julgue o item subsecutivo.

(1) É assegurado ao servidor o exercício do direito de petição, sendo cabível pedido de reconsideração à autoridade que houver expedido o ato ou proferido a primeira decisão; não se admite, contudo, a renovação do pedido de reconsideração.

1: certa (arts. 104 e 106 da Lei 8.112/1990). **WG**
Gabarito 1C.

(Analista – MPU – 2004 – ESAF) Quanto ao direito de petição, previsto no Estatuto dos Servidores Públicos da União, Lei 8.112/1990, assinale a afirmativa verdadeira.

(A) O recurso interposto quanto ao indeferimento do pedido de reconsideração será recebido com efeito suspensivo.

(B) O direito de requerer prescreve em três anos quanto aos atos de demissão.

(C) A prescrição é de ordem pública, não podendo ser relevada pela administração.

(D) O pedido de reconsideração e o recurso, em qualquer caso, interrompem a prescrição.

(E) O pedido de reconsideração deve ser dirigido à autoridade que houver proferido a primeira decisão, podendo ser renovado uma única vez.

A: incorreta, art. 109, *caput*, da Lei 8.112/1990; **B:** incorreta, art. 110 da Lei 8.112/1990; **C:** correta, art. 112 da Lei 8.112/1990; **D:** incorreta, art. 111 da Lei 8.112/1990; **E:** incorreta, o pedido de reconsideração não pode ser renovado (art. 106, *caput*, da Lei 8.112/1990). **WG**
Gabarito "C".

3. REGIME DISCIPLINAR

3.1. Deveres

(Analista – TRT/12ª – 2010 – FCC) De acordo com a Lei 8.112/1990, é dever do servidor público

(A) guardar sigilo sobre assunto da repartição de que teve ciência em razão do cargo, mesmo que referido assunto envolva irregularidades.

(B) representar contra omissão, sendo que tal representação será apreciada pela autoridade contra a qual é formulada, assegurando-se ao representando ampla defesa.

(C) cumprir as ordens superiores, ainda que manifestamente ilegais.

(D) atender com presteza à expedição de certidões para o atendimento do interesse público, exceto para esclarecimento de situação de interesse pessoal.

(E) atender com presteza ao público em geral, prestando as informações requeridas, ressalvadas as protegidas por sigilo.

A: incorreta (art. 116, VI, da Lei 8.112/1990); **B:** incorreta (art. 116, XII, parágrafo único, da Lei 8.112/1990); **C:** incorreta (art. 116, IV, da Lei 8.112/1990); **D:** incorreta (art. 116, V, *b*, da Lei 8.112/1990); **E:** correta (art. 116, V, *a*, da Lei 8.112/1990). **WG**
Gabarito "E".

(Analista – TRE/MA – 2006 – CESPE) Ainda com base nas disposições da Lei 8.112/1990, assinale a opção correta.

(A) Um servidor público tem o dever de cumprir as ordens de seus superiores hierárquicos, ainda que elas sejam manifestamente ilegais.

(B) Para aplicação de penalidades ao servidor, devem-se levar em conta a natureza e a gravidade da infração, desconsiderando-se os antecedentes funcionais.

(C) São deveres dos servidores públicos: exercer com zelo e dedicação as atribuições do cargo bem como levar ao conhecimento da autoridade superior as irregularidades de que tiver ciência em razão do cargo.

(D) Deverá ser reintegrado o servidor público que, ao sofrer limitação em sua capacidade de trabalho, torne-se inapto para o cargo que ocupa, mas possa ainda exercer outro cargo para o qual a limitação sofrida não o inabilite.

(E) Deverá ser reconduzido o servidor aposentado por invalidez permanente que tiver declaradas insubsistentes, por junta médica oficial, as causas que determinaram a sua aposentadoria.

A: incorreta, art. 116, IV, da Lei 8.112/1990; **B:** incorreta, art. 128 da Lei 8.112/1990; **C:** correta, art. 116, I e VI, da Lei 8.112/1990; **D:** incorreta, no caso, o servidor deve ser readaptado (art. 24 da Lei 8.112/1990);

E: incorreta, no caso, o servidor deve sofrer reversão (art. 25, I, da Lei 8.112/1990). WG
Gabarito "C".

(Analista – TRE/PR – 2012 – FCC) A um engenheiro ocupante de cargo público foi encaminhado processo administrativo para proferimento de parecer técnico. Identificou, contudo, que se tratava de processo administrativo no qual havia atuado como perito, na época contratado para tanto. Nessa situação,

(A) deverá abster-se de atuar, comunicando o fato à autoridade superior, sob pena de cometimento de falta grave.

(B) poderá atuar normalmente, devendo, contudo, manter-se fiel ao entendimento proferido quando era perito.

(C) poderá atuar normalmente, na medida em que ocupante de cargo público goza de boa-fé, não importando a atuação anterior ao provimento.

(D) deverá abster-se de atuar oficialmente, podendo lançar parecer meramente opinativo e não vinculatório nos autos, cabendo à autoridade superior a decisão sobre a questão.

(E) poderá abster-se de atuar caso não se repute isento o suficiente para proferir parecer técnico sobre o caso.

Arts. 18 e 19 da Lei 9.784/1999. WG
Gabarito "A".

(Analista – TRE/PR – 2012 – FCC) Iniciado o processo administrativo por provocação do interessado, este

(A) não poderá desistir do pedido, ainda que renuncie aos direitos invocados no processo.

(B) não poderá desistir do pedido se houver mais interessados no processo, sob pena de influenciar a decisão.

(C) poderá desistir do pedido, não atingindo os direitos dos demais interessados.

(D) poderá desistir do pedido, não podendo a administração prosseguir com o processo por motivo de interesse público.

(E) poderá desistir do processo, mas não renunciar a qualquer direito, ainda que disponível.

Art. 51, *caput* e § 1º, da Lei 9.784/1999. WG
Gabarito "C".

3.2. Proibições

(Analista – TRT/7ª – 2009 – FCC) Nos termos da Lei 8.112/1990, ao servidor público civil é proibido, dentre outras hipóteses,

(A) participar de sociedade privada na qualidade de comanditário, salvo como gerente ou administrador.

(B) ausentar-se do serviço durante o expediente, sem prévia autorização do chefe imediato.

(C) retirar, sem anuência da autoridade competente, qualquer documento ou objeto da repartição.

(D) dar fé a documentos públicos.

(E) promover manifestação de apreço ou desapreço no recinto da repartição.

Art. 117, V, da Lei 8.112/1990. WG
Gabarito "E".

(Analista – TRT/14ª – 2011 – FCC) Nos termos da Lei 8.112/1990, o ex-servidor público fica incompatível para nova investidura em cargo público federal, pelo prazo de cinco anos, quando tiver sido demitido por

(A) aplicar irregularmente o dinheiro público.

(B) crime contra a Administração Pública.

(C) improbidade administrativa.

(D) valer-se do cargo para lograr proveito pessoal ou de outrem, em detrimento da dignidade da função pública.

(E) lesar os cofres públicos e dilapidar o patrimônio nacional.

Arts. 137 e 117, IX, da Lei 8.112/1990. WG
Gabarito "D".

(Analista – TRT/22ª – 2010 – FCC) Quanto a acumulação de cargos, a Lei 8.112/1990, estabelece que

(A) a proibição de acumular estende-se apenas a cargos e não empregos ou funções em autarquias, fundações públicas, empresas públicas e sociedades de economia mista.

(B) o servidor que acumular licitamente dois ou mais cargos em comissão, quando investido em cargo efetivo, ficará afastado de ambos os cargos, ainda que houver compatibilidade de horário.

(C) em qualquer hipótese é vedada a acumulação remunerada de cargos públicos.

(D) se considera acumulação proibida a percepção de vencimento de cargo com proventos da inatividade, salvo quando os cargos de que decorram essas remunerações não forem acumuláveis na atividade.

(E) a acumulação de cargos, ainda que lícita, fica condicionada à comprovação da compatibilidade de horários.

A: incorreta (art. 118, § 1º, da Lei 8.112/1990) e art.37, XVII da CF; **B:** incorreta (art. 120 da Lei 8.112/1990); **C:** incorreta (art. 118, *caput*, da Lei 8.112/1990) e art. 37, XVI da CF; **D:** incorreta (art. 118, § 3º, da Lei 8.112/1990); **E:** correta (art. 118, § 2º, da Lei 8.112/1990). WG
Gabarito "E".

(Analista – TRT/23ª – 2007 – FCC) Nos termos da Lei 8.112/1990, NÃO é proibido ao servidor público, entre outras condutas,

(A) ausentar-se do serviço durante o expediente, sem prévia autorização do chefe imediato.

(B) cometer a outro servidor atribuições estranhas ao cargo que ocupa, quando se tratar de situações de emergência e transitórias.

(C) promover manifestação de apreço ou desapreço no recinto da repartição.

(D) recusar fé a documentos públicos.

(E) retirar, sem prévia anuência da autoridade competente, qualquer documento ou objeto da repartição.

Art. 117, I, XVII, V, III e II, respectivamente, da Lei 8.112/1990. WG
Gabarito "B".

(Analista – TRE/MS – 2007 – FCC) Considere as seguintes proibições:

I. Recusar fé a documentos públicos.

II. Promover manifestação de apreço ou desapreço no recinto da repartição.

III. Proceder de forma desidiosa.

IV. Praticar usura sob qualquer de suas formas.

De acordo com a Lei 8.112/1990, será aplicada ao servidor público a penalidade de demissão quando ocorrer a transgressão das proibições indicadas APENAS em

(A) I, II e III.

(B) I, II e IV.

(C) I e IV.

(D) II, III e IV.

(E) III e IV.

Art. 117, XIV e XV, c/c art. 132, XIII, da Lei 8.112/1990. WG
Gabarito "E".

(Analista – TRE/SE – 2007 – FCC) Observa-se que, dentre outras proibições, o servidor público federal NÃO poderá

(A) cometer, de regra, a outro servidor atribuições estranhas ao cargo que ocupa.

(B) descumprir qualquer ordem de superior hierárquico.

(C) ministrar aulas de nível superior ou universitário.

(D) candidatar-se a mandato eletivo municipal.

(E) recusar comissão ou pensão de estado estrangeiro.

Art. 117, VI, da Lei 8.112/1990. WG
Gabarito "A".

(Analista – TRF/4ª – 2004 – FCC) A pena de advertência será aplicada por escrito, dentre outras situações, nos casos de violação da proibição de

(A) retirar, sem prévia anuência da autoridade competente, qualquer documento ou objeto da repartição e utilizar pessoal ou recursos materiais da repartição em atividades particulares.

(B) ausentar-se do serviço durante o expediente, sem prévia autorização do chefe imediato ou manter sob sua chefia imediata, em cargo ou função de confiança, cônjuge, companheiro ou parente até o segundo grau civil.

(C) recusar-se a atualizar seus dados cadastrais quando solicitado, ou proceder de forma desidiosa para com suas atribuições legais.

(D) aceitar comissão, emprego ou pensão de estado estrangeiro e promover manifestação de apreço ou desapreço no recinto da repartição.

(E) opor resistência injustificada ao andamento de documento e processo e praticar usura sob qualquer de suas formas.

Art. 117, I e VIII, c/c art. 129, da Lei 8.112/1990. WG
Gabarito "B".

3.3. Acumulação

(Analista – TST – 2008 – CESPE) Considere que Carlos seja servidor público ocupante de cargo comissionado em um tribunal regional do trabalho (TRT). Nessa situação hipotética, julgue o item que segue.

(1) Carlos não pode acumular remuneradamente esse cargo público com outro cargo comissionado na administração pública federal.

1: correta, art. 119 da Lei 8.112/1990. WG
Gabarito 1C

3.4. Responsabilidades

(Analista – TRT/8ª – 2010 – FCC) Nos termos da Lei 8.112/1990, a prática de determinado ato considerado irregular por servidor público em face de suas atribuições, implica a

(A) inafastabilidade da responsabilidade administrativa do servidor no caso de absolvição criminal que negue a existência do fato ou sua autoria.

(B) obrigação de reparar o dano estendida aos sucessores e contra eles executada, até o limite do valor da herança recebida.

(C) responsabilização civil-administrativa, somente se resultante de ato comissivo e não omissivo, praticado em razão da qualidade de funcionário público e não em razão da sua função.

(D) inaplicabilidade das sanções civis, penais e administrativas cumulativamente, por serem independentes entre si.

(E) não responsabilização do servidor perante a Fazenda Pública, em ação regressiva, tratando-se de dano causado a terceiros.

A: incorreta (art. 126 da Lei 8.112/1990); B: correta (art. 122, § 3º, da Lei 8.112/1990); C: incorreta (art. 124 da Lei 8.112/1990); D: incorreta (art. 125 da Lei 8.112/1990); E: incorreta (art. 122, § 2º, da Lei 8.112/1990). WG
Gabarito "B".

(Analista – MPU – 2004 – ESAF) Nos termos da Lei 8.112/1990, assinale a assertiva correta a respeito da responsabilidade do servidor.

(A) O servidor só responde civil e administrativamente pelo exercício irregular de suas atribuições.

(B) Tratando-se de dano causado à Administração, responderá o servidor perante a Fazenda Pública em ação regressiva.

(C) A responsabilidade administrativa do servidor será afastada no caso de absolvição criminal por falta de provas.

(D) As sanções civis, penais e administrativas não poderão cumular-se, sendo independentes entre si.

(E) A obrigação de reparar o dano estende-se aos sucessores e contra eles será executada, até o limite do valor da herança recebida.

A: incorreta, o servidor responde também penalmente (art. 121 da Lei 8.112/1990); B: incorreta, tratando-se de dano causado a terceiro (art. 122, § 2º, da Lei 8.112/1990); C: incorreta, a responsabilidade administrativa somente será afastada no caso de absolvição criminal que negue a existência do fato ou sua autoria (art. 126 da Lei 8.112/1990); D: incorreta, as sanções podem se cumular (art. 125 da Lei 8.112/1990); E: correta, art. 122, § 3º, da Lei 8.112/1990. WG
Gabarito "E".

3.5. Penalidades

(Analista – TRT/2ª – 2008 – FCC) Tício, funcionário público da União, opôs resistência injustificada ao andamento de processo que deveria movimentar. Considerando que foi a primeira vez que praticou tal conduta, ele está sujeito à penalidade prevista na Lei que dispõe sobre o regime jurídico dos servidores públicos civis da União, que consiste em

(A) demissão.

(B) advertência verbal.

(C) suspensão.

(D) advertência, por escrito.

(E) desconto de um dia dos seus vencimentos.

Art. 117, IV, c/c art. 129, da Lei 8.112/1990. **WG**
Gabarito "D".

(Analista – TRT/4ª – 2006 – FCC) Em matéria de penalidades disciplinares, considere:

I. Celso Carvalho, analista judiciário, ausentou-se, durante o expediente, das dependências do Tribunal Regional do Trabalho, onde prestava serviço, para tratar de assuntos particulares, sem prévia autorização de Ana Beatriz, sua chefe imediata. Em razão disso, sofreu pena de advertência. Após alguns dias, Celso reiterou aquela conduta de ausência sem autorização.

II. Célia Neves, analista judiciário, praticou ato de insubordinação grave no Tribunal Regional do Trabalho, do qual é servidora pública.

Diante disso, os analistas judiciários Celso e Célia estão sujeitos, respectivamente, às penalidades de

(A) exoneração e multa na base de 50% (cinquenta por cento) por dia de remuneração.

(B) multa na base de 50% (cinquenta por cento) por dia de vencimento e suspensão por 60 (sessenta) dias.

(C) repreensão por escrito e disponibilidade.

(D) advertência reiterada e demissão.

(E) suspensão até 90 (noventa) dias, de regra, e demissão.

Arts. 130 e 132, VI, respectivamente, da Lei 8.112/1990. **WG**
Gabarito "E".

(Analista – TRT/6ª – 2012 – FCC) De acordo com a Lei 8.112/1990, o servidor público sujeita-se à penalidade de

(A) advertência, aplicada verbalmente, no caso de ausentar-se do serviço sem autorização do chefe imediato.

(B) suspensão, no caso de reincidência de faltas punidas com advertência, não podendo exceder 90 dias.

(C) suspensão, de até 60 dias, quando recusar-se, injustificadamente, a ser submetido a inspeção médica determinada pela autoridade competente.

(D) demissão, no caso de opor resistência injustificada ao andamento de processo ou execução de serviço.

(E) cassação de aposentadoria na hipótese de prática, na inatividade, de falta punível com pena de demissão.

A: incorreta, pois a advertência será aplicada por escrito (art. 129 da Lei 8.112/1990); **B:** correta (art. 130, *caput*, da Lei 8.112/1990); **C:** incorreta, pois a suspensão, no caso, é de até 15 dias (art. 130, § 1º, da Lei 8.112/1990); **D:** incorreta, pois esse caso reclama a aplicação de advertência por escrito (art. 117, IV, c/c art. 129, ambos da Lei 8.112/1990); **E:** incorreta, pois a cassação da aposentadoria depende da prática de falta punível com demissão, desde que praticada na atividade e não na inatividade (art. 134 da Lei 8.112/1990). **WG**
Gabarito "B".

(Analista – TRT/7ª – 2009 – FCC) A pena de suspensão do servidor público, conforme a Lei 8.112/1990,

(A) não poderá exceder de cento e vinte dias, salvo na hipótese de abandono de cargo ou improbidade administrativa.

(B) não poderá ser convertida em pena de multa, salvo no caso de inassiduidade habitual.

(C) será de até quinze dias, quando injustificadamente recusar-se a ser submetido a inspeção médica determinada pela autoridade competente.

(D) terá seu registro suspenso, após o decurso de três anos no cargo, se o servidor não houver nesse período praticado nova infração passível de suspensão.

(E) e a ação disciplinar pela prática de crime de corrupção prescreverá em cinco anos, contados da data do fato.

Arts. 130, § 1º, da Lei 8.112/1990. **WG**
Gabarito "C".

(Analista – TRT/13ª – 2005 – FCC) Em matéria de penalidades a que estão sujeitos os servidores públicos, é previsto que

(A) a destituição do cargo em comissão sempre implica a indisponibilidade de bens e ressarcimento de danos.

(B) será cassada a aposentadoria do inativo que houver praticado, na atividade, falta punível com demissão.

(C) o servidor público que se recusar a ser submetido a inspeção médica será suspenso até 30 (trinta dias).

(D) a penalidade de suspensão não poderá ser convertida em multa, o que será possível na pena de advertência.

(E) a demissão do cargo efetivo não implica a indenização por danos, em face da perda definitiva desse cargo.

A: incorreta, indisponibilidade se dá apenas nos casos de destituição do cargo em comissão mencionados no art. 136 da Lei 8.112/1990; **B:** correta, art. 134 da Lei 8.112/1990; **C:** incorreta, art. 130, § 1º, da Lei 8.112/1990; **D:** incorreta, art. 130, § 2º, da Lei 8.112/1990; **E:** incorreta, a esfera civil é independente da esfera administrativa (art. 125 da Lei 8.112/1990). **WG**
Gabarito "B".

(Analista – TRT/14ª – 2011 – FCC) Alcebíades, servidor do Tribunal Regional do Trabalho, 4a Região, vem acumulando, ilegalmente, seu cargo de analista judiciário com emprego em sociedade de economia mista federal, enquanto Ana Maria, também analista judiciário, vem exercendo atividades incompatíveis com o exercício do cargo e com o respectivo horário de trabalho. Nesses casos, esses servidores públicos estarão sujeitos, respectivamente, às penas de

(A) disponibilidade não remunerada e de advertência conversível em multa.

(B) suspensão não conversível em multa e de destituição do cargo.

(C) destituição do cargo e de disponibilidade.

(D) demissão e de suspensão, podendo esta ser convertida em multa.

(E) exoneração de ofício do cargo ou emprego e de demissão.

A acumulação ilegal de cargos é punida com demissão (art. 132, XII, da Lei 8.112/1990) e o exercício de atividades incompatíveis com o exercício do cargo e com o respectivo horário de trabalho é punido com suspensão (arts. 117, XVIII, e 130, *caput* e § 2º, da Lei 8.112/1990). **WG**
Gabarito "D".

(Analista – TRT/15ª – 2009 – FCC) Ressalvada a hipótese de reincidência, a pena de suspensão prevista na Lei 8.112/1990, é cabível quando o servidor

(A) participar de gerência ou administração de sociedade privada, personificada ou não personificada, exercer o comércio, exceto na qualidade de acionista, cotista ou comanditário.

(B) recusar-se a atualizar seus dados cadastrais quando solicitado.

(C) cometer a outro servidor atribuições estranhas ao cargo que ocupa, exceto em situações de emergência e transitórias.

(D) atuar, como procurador ou intermediário, junto a repartições públicas, salvo quando se tratar de benefícios previdenciários ou assistenciais de parentes até o segundo grau, e de cônjuge ou companheiro.

(E) cometer a pessoa estranha à repartição, fora dos casos previstos em lei, o desempenho de atribuição que seja de sua responsabilidade ou de seu subordinado.

A: incorreta, pois a alternativa não contempla proibição (art. 117, parágrafo único, II, da Lei 8.112/1990); B: incorreta (a infração prevista no art. 117, XIX, da Lei 8.112/1990 é punida com pena de advertência – art. 129 da Lei 8.112/1990); C: correta, pois a infração descrita está prevista no art. 117, XVII, da Lei 8.112/1990 e, de acordo com o disposto no art. 130 da mesma Lei, será aplicada a pena de suspensão; D: incorreta, pois trata de hipótese de infração sujeita à penalidade de demissão (art. 132, I, da Lei 8.112/1990); E: incorreta (a infração prevista no art. 117, VI, da Lei 8.112/1990 é punida com pena de advertência – art. 129 da Lei 8.112/1990). WG

Gabarito "C".

(Analista – TRT/20ª – 2006 – FCC) No que tange às penalidades disciplinares previstas na Lei 8.112/1990, a suspensão será aplicada, dentre outras hipóteses, quando o agente público

(A) praticar ato de improbidade administrativa que resulte em prejuízo ao erário, caso em que ficará afastado até ressarcir integralmente os bens ou valores acrescidos ao seu patrimônio.

(B) praticar crime contra a administração pública, hipótese em que ficará afastado por período igual ao do cumprimento da pena na esfera penal.

(C) ausentar-se do serviço durante o expediente, sem prévia autorização do chefe imediato, não podendo a pena exceder de 30 dias.

(D) acumular ilegalmente cargos, empregos ou funções públicas, não podendo a pena ultrapassar 30 dias.

(E) reincidir nas faltas punidas com advertência, não podendo exceder de 90 dias.

Art. 130, caput, da Lei 8.112/1990. WG

Gabarito "E".

(Analista – TRT/24ª – 2006 – FCC) Com relação às penalidades disciplinares previstas na Lei 8.112/1990, é INCORRETO afirmar que

(A) o ato de imposição da penalidade mencionará sempre o fundamento legal e a causa da sanção disciplinar.

(B) a suspensão será aplicada em caso de reincidência das faltas punidas com advertência, não podendo ultrapassar 90 dias.

(C) a ausência intencional do servidor ao serviço por mais de 30 dias consecutivos configura abandono de cargo.

(D) será cassada a aposentadoria ou a disponibilidade do inativo que houver praticado, na atividade, falta punível com a demissão.

(E) o servidor de plantão que se ausentar do serviço durante o expediente, sem prévia autorização do chefe imediato, será suspenso por até 120 dias.

A: correta, art. 128, parágrafo único, da Lei 8.112/1990; B: correta, art. 130 da Lei 8.112/1990; C: correta, art. 138 da Lei 8.112/1990; D: correta, art. 134 da Lei 8.112/1990; E: incorreta, o caso é de advertência (art. 117, I, c/c art. 129, ambos da Lei 8.112/1990). WG

Gabarito "E".

(Analista – TRT/1ª – 2008 – CESPE) Assinale a opção que apresenta situações que geram a aplicação de penalidade de demissão.

(A) Aliciar subordinados a filiarem-se a partido político e ausentar-se do serviço durante o expediente, sem prévia autorização do chefe imediato.

(B) Aceitar comissão ou pensão de Estado estrangeiro e apresentar inassiduidade habitual.

(C) Promover manifestação de desapreço no recinto da repartição e abandonar o cargo.

(D) Abandonar o cargo e recusar fé a documento público.

(E) Opor resistência injustificada ao andamento de documento na repartição e revelar segredo do qual se apropriou em razão do cargo.

Art. 132, III e XIII, da Lei 8.112/1990. WG

Gabarito "B".

(Analista – TRT/9ª – 2007 – CESPE) Pedro, servidor público federal ocupante de cargo efetivo, faltou ao trabalho por mais de 30 dias consecutivos, no período de 2/5/2002 a 10/6/2002. Em razão disso, foi aberto contra ele um processo administrativo disciplinar, em 15/8/2006. Com base nessa situação hipotética, julgue o item seguinte, considerando o regime jurídico dos servidores públicos.

(1) Se Pedro for punido com a penalidade de suspensão, os seus registros serão cancelados com o decurso de prazo de 3 anos de efetivo exercício, desde que não pratique, nesse período, nova infração.

1: art. 131 da Lei 8.112/1990. WG

Gabarito 1E.

(Analista – TRE/AL – 2010 – FCC) Carlos, titular de cargo efetivo junto ao Tribunal Regional Eleitoral, está sendo responsabilizado por valer-se do exercício de suas funções para lograr proveito pessoal em detrimento da dignidade da função pública. Nesse caso, o servidor estará sujeito à pena de

(A) demissão, incompatibilizando-o para nova investidura em cargo público federal, pelo prazo de cinco anos.

(B) destituição do cargo público, ficando vedado seu retorno ao serviço público federal, mas podendo concorrer a cargo estadual ou municipal.

(C) destituição de suas funções e declaração de sua inidoneidade para o serviço público.

(D) suspensão de noventa dias, vedada a conversão da pena em multa pecuniária.

(E) demissão, ficando vedada sua investidura em cargo público pelo prazo de dois anos.

Art. 137 da Lei 8.112/1990. WG

Gabarito "A".

(Analista – TRE/AM – 2010 – FCC) Quanto às penalidades aplicáveis aos servidores públicos civis nos termos da Lei 8.112/1990, considere:

I. Entende-se por inassiduidade habitual a falta ao serviço, sem causa justificada, por sessenta dias, interpoladamente, durante o período de doze meses.

II. A demissão de cargo em comissão daquele que se vale do cargo para lograr proveito pessoal em detrimento da dignidade da função pública incompatibiliza o ex-servidor para nova investidura em cargo público federal, pelo prazo de 5 (cinco) anos.

III. A ação disciplinar prescreverá em 3 (três) anos, quanto à suspensão, e em 180 (cento e oitenta) dias, quanto à advertência.

IV. As penalidades disciplinares serão aplicadas pelo chefe da repartição e outras autoridades na forma dos respectivos regimentos ou regulamentos, nos casos de advertência ou de suspensão de até 30 (trinta) dias.

V. Será cassada a aposentadoria do inativo que houver praticado, na atividade ou inatividade, falta punível com a suspensão superior a 30 (trinta) dias.

Estão corretas APENAS

(A) I, II e IV.

(B) I e IV.

(C) III e V.

(D) II, III e V.

(E) II, IV e V.

I: correta (art. 139 da Lei 8.112/1990); **II:** correta (art. 137, *caput*, da Lei 8.112/1990); **III:** incorreta (a ação disciplinar prescreverá em 2 anos quanto à suspensão – art. 142, II, da Lei 8.112/1990); **IV:** correta (art. 141, III, da Lei 8.112/1990); **V:** incorreta (será cassada a aposentadoria do inativo que houver praticado, na atividade, falta punível com demissão – art. 134 da Lei 8.112/1990). WG

Gabarito "A".

(Analista – TRE/AP – 2011 – FCC) De acordo com a Lei 8.112/1990, em regra, João, servidor público civil efetivo, que nunca praticou qualquer infração administrativa, terá a penalidade de advertência escrita aplicada se

(A) praticar usura sob qualquer de suas formas.

(B) utilizar pessoal ou recursos materiais da repartição em serviços ou atividades particulares.

(C) manter sob sua chefia imediata, em cargo ou função de confiança, cônjuge, companheiro ou parente até o segundo grau civil.

(D) receber propina, comissão, presente ou vantagem de qualquer espécie, em razão de suas atribuições.

(E) proceder de forma desidiosa.

A: incorreta, pois para a prática de usura será aplicada a pena de suspensão (arts. 117, XIV e 130, da Lei 8.112/1990); **B:** incorreta, pois no caso de utilização de pessoal ou recursos materiais da repartição em serviços ou atividades particulares será aplicada a pena de suspensão (arts. 117, XVI e 130, da Lei 8.112/1990); **C:** correta (arts. 117, VIII e 129, da Lei 8.112/1990); **D:** incorreta, pois para o recebimento de propina, comissão, presente ou vantagem de qualquer espécie, em razão de suas atribuições será aplicada a pena de suspensão (arts. 117, XII e 130, da Lei 8.112/1990); **E:** incorreta, no caso de o funcionário proceder de forma desidiosa será aplicada a pena de suspensão (arts. 117, XV e 130, da Lei 8.112/1990). WG

Gabarito "C".

(Analista – TRE/MS – 2007 – FCC) Lúcia, servidora do Tribunal Regional Eleitoral de Mato Grosso do Sul, foi destituída de seu cargo em comissão por ter dilapidado o Patrimônio Nacional. Neste caso, de acordo com a Lei 8.112/1990, Lúcia

(A) não poderá retornar ao serviço público federal, havendo dispositivo legal expresso neste sentido.

(B) está incompatibilizada para nova investidura em cargo público federal pelo prazo de 5 anos.

(C) está incompatibilizada para nova investidura em cargo público federal pelo prazo de 2 anos.

(D) está incompatibilizada para nova investidura em cargo público federal pelo prazo de 8 anos.

(E) poderá retornar ao serviço público federal, não havendo incompatibilização para nova investidura.

Art. 132, X, c/c art. 137, parágrafo único, ambos da Lei 8.112/1990. WG

Gabarito "A".

(Analista – TRE/MS – 2007 – FCC) Helena, analista judiciária, aliciou subordinados no sentido de se filiarem a seu partido político e Maria, técnica judiciária, utilizou recursos materiais da repartição em atividades particulares. Neste caso, Helena e Maria estão sujeitas respectivamente às penalidades de

(A) demissão e advertência.

(B) advertência e demissão.

(C) suspensão e demissão.

(D) advertência e remoção.

(E) demissão e suspensão.

Aliciar leva à advertência (arts. 117, VII, e 129, da Lei 8.112/1990) e utilizar recursos leva à demissão (arts. 117, XVI, e 132, XIII, da Lei 8.112/1990). WG

Gabarito "B".

(Analista – TRE/PB – 2007 – FCC) Madalena, na qualidade de servidora pública federal, é reincidente de duas faltas punidas com advertência. Diante disso, foi agora punida com suspensão pelo período de 45 (quarenta e cinco) dias. Entretanto, sempre demonstrou eficiência, prestando serviços com dedicação. Nesse caso, havendo conveniência para o serviço a pena de suspensão poderá ser

(A) interrompida por período não superior a 30 (trinta) dias, considerando que a pena de suspensão aplicada foi superior a 30 (trinta), e igual ou inferior a 60 (sessenta) dias.

(B) interrompida pelo prazo máximo de 15 (quinze) dias, considerando que a pena de suspensão aplicada foi igual ou inferior a 60 (sessenta) dias.

(C) substituída pela multa correspondente a 30% (trinta por cento), por dia de vencimento, ficando a servidora obrigada a cumprir metade da jornada de trabalho.

(D) convertida em multa, na base de 50% (cinquenta por cento) por dia de vencimento ou remuneração, ficando a servidora obrigada a permanecer em serviço.

(E) reduzida pela metade, mas com fixação de uma multa, também na base de 50% (cinquenta por cento) da remuneração, podendo a servidora permanecer no serviço se solicitada pela chefia.

Art. 130, § 2º, da Lei 8.112/1990. WG

Gabarito "D".

(Analista – TRE/PI – 2009 – FCC) Maria, João e José são Analistas Judiciários do Tribunal Regional Eleitoral do Piauí. Maria recusou fé a documentos públicos; João utilizou recursos materiais da repartição em atividades particulares e José valeu-se do cargo para lograr proveito de outrem, em detrimento da dignidade da função pública. Considerando que Maria, João e José jamais praticaram qualquer outra infração disciplinar, lhes serão aplicadas, respectivamente, as penalidades de

(A) suspensão, demissão e suspensão.

(B) advertência, demissão e suspensão.

(C) suspensão, demissão e demissão.

(D) advertência, demissão e demissão.

(E) suspensão, suspensão e demissão.

Recusar fé leva à advertência (arts. 117, III, e 129, da Lei 8.112/1990), utilizar recursos leva à demissão (arts. 117, XVI, e 132, XIII, da Lei 8.112/1990), lograr proveito de outrem em detrimento da dignidade da função pública leva à demissão (arts. 117, IX, e 132, XIII, da Lei 8.112/1990). WG
Gabarito "D".

(Analista – TRE/RN – 2005 – FCC) Nos termos da Lei 8.112/1990, que dispõe sobre o regime jurídico dos servidores públicos da União, o servidor público que coage seu subordinado, para filiar-se a determinada associação profissional, está sujeito à penalidade administrativa disciplinar de

(A) demissão.

(B) advertência.

(C) suspensão de até 15 (quinze) dias.

(D) demissão do cargo comissionado.

(E) suspensão superior a 15 (quinze) dias.

Arts. 117, VII, e 129, da Lei 8.112/1990. WG
Gabarito "B".

(Analista – TRE/RN – 2005 – FCC) Com relação à prescrição da ação disciplinar, é correto afirmar:

(A) Os prazos de prescrição previstos na lei penal não se aplicam às infrações disciplinares capituladas também como crime.

(B) O prazo prescricional da ação disciplinar, nos casos de cassação de aposentadoria ou disponibilidade, é de 5 (cinco) anos.

(C) O prazo prescricional da ação disciplinar, nos casos de cassação de aposentadoria ou disponibilidade, é de 2 (dois) anos.

(D) O prazo prescricional da ação disciplinar, nos casos em que a pena prevista for de advertência, é de 2 (dois) anos.

(E) O prazo de prescrição começa a correr sempre da data em que o fato punível ocorreu.

A: incorreta, art. 142, § 2º, da Lei 8.112/1990; **B:** correta, art. 142, I da Lei 8.112/1990; **C:** incorreta, art. 142, I, da Lei 8.112/1990; **D:** incorreta, art. 142, III, da Lei 8.112/1990; **E:** incorreta, art. 142, § 1º, da Lei 8.112/1990. WG
Gabarito "B".

(Analista – TRE/SP – 2012 – FCC) André é titular de cargo em comissão de natureza gerencial no Tribunal Regional Eleitoral. Em razão de sua conduta inadequada foi responsabilizado por lesão aos cofres públicos.

Assim, André foi punido com a destituição do cargo em comissão. Nesse caso, a penalidade aplicada implica a

(A) indisponibilidade de bens e o ressarcimento ao erário, com prejuízo da ação penal.

(B) indisponibilidade dos bens e o ressarcimento ao erário, sem prejuízo da ação penal cabível.

(C) instauração de ação penal e multa pecuniária, com prejuízo das medidas de natureza cível.

(D) incompatibilização do servidor para nova investidura no cargo público federal, pelo prazo de 10 (dez) anos.

(E) incompatibilização do servidor para nova investidura em cargo público federal, pelo prazo de 5 (cinco) anos.

Arts. 132, X e 136 da Lei 8.112/1990. WG
Gabarito "B".

(Analista – TRE/SP – 2006 – FCC) De acordo com a Lei 8.112/1990, a ação disciplinar, com relação às infrações puníveis com demissão e suspensão, prescreverá, respectivamente, em

(A) seis anos e três anos.

(B) três anos e um ano.

(C) um ano e três anos.

(D) quatro anos e dois anos.

(E) cinco anos e dois anos.

Art. 142, I e II, da Lei 8.112/1990. WG
Gabarito "E".

(Analista – TRE/MA – 2006 – CESPE) Considerando, ainda, o regime jurídico dos servidores públicos da União, assinale a opção correta.

(A) A ausência de um servidor, sem justa causa, ao serviço por mais de trinta dias consecutivos não deve ser considerada abandono de cargo.

(B) Os prazos de prescrição de lei penal aplicam-se às infrações disciplinares previstas também como crime.

(C) Os meios de apuração de irregularidades cometidas pelos servidores públicos no exercício de suas atribuições são a sindicância e o inquérito civil público.

(D) A abertura de sindicância ou a instauração de processo administrativo disciplinar não interrompem a prescrição, até a decisão final proferida pela autoridade competente.

(E) Sanções civis, penais e administrativas aplicadas a servidor público jamais podem cumular-se.

A: incorreta, art. 138 da Lei 8.112/1990; **B:** correta, art. 142, § 2º, da Lei 8.112/1990; **C:** incorreta, art. 143 da Lei 8.112/1990; **D:** incorreta, art. 142, § 3º, da Lei 8.112/1990; **E:** incorreta, art. 125 da Lei 8.112/1990. WG
Gabarito "B".

(Analista – TRE/MT – 2010 – CESPE) Com base na Lei 8.112/1990, assinale a opção correta.

(A) A ascensão funcional é forma de provimento de cargo público atualmente vigente.

(B) A contagem do tempo de estágio probatório não será interrompida caso o servidor entre em gozo de licença por motivo de doença de cônjuge ou filhos, mas será interrompida caso ele entre em gozo de licença para participação em curso de formação.

(C) A licença por motivo de doença em pessoa da família será concedida ao servidor, sem prejuízo da remuneração, pelo prazo de três meses, podendo haver uma única prorrogação por igual prazo, mediante justificativa, sem a remuneração.

(D) As penalidades de advertência e de suspensão terão seus registros cancelados, após o decurso de três e cinco anos de efetivo exercício, respectivamente, se o servidor não houver, nesse período, praticado nova infração disciplinar, mas o cancelamento não surtirá efeitos retroativos.

(E) As sanções civis, penais e administrativas podem cumular-se e são independentes entre si, razão pela qual, ainda que haja absolvição criminal que negue a existência do fato ou sua autoria, poderá restar configurada a responsabilidade administrativa do servidor público.

A: incorreta, pois a ascensão funcional é forma de provimento que foi revogada pela Lei 9.527/1997; **B:** incorreta, pois a contagem do tempo de estágio probatório também será interrompida em caso de licença por motivo de doença de cônjuge ou filhos (art. 20, § 5º, da Lei 8.112/1990); **C:** incorreta (art. 83 da Lei 8.112/1990); **D:** correta (art. 131 da Lei 8.112/1990); **E:** incorreta, pois embora as sanções civis, penais e administrativas podem cumular-se e são independentes entre si (art. 125 da Lei 8.112/1990), no caso de absolvição criminal que negue a existência do fato ou sua autoria, a responsabilidade administrativa do servidor será afastada (art. 126 da Lei 8.112/1990). WG
Gabarito "D".

(Analista – TRE/ES – 2005 – ESAG) Inassiduidade habitual é:

(A) a ausência intencional do servidor ao serviço por mais de 30 (trinta) dias consecutivos.

(B) a falta ao serviço, sem causa justificada, por 60 (sessenta) dias, interpoladamente, durante o período de 12 (doze) meses.

(C) a falta ao serviço, ainda que com causa justificada, por 60 (sessenta) dias, interpoladamente, durante o período de 2 (dois) anos.

(D) a falta ao serviço, sem causa justificada, por 15 (quinze) dias consecutivos ou por 60 (sessenta) dias interpoladamente, durante o período de 12 (doze) meses.

Art. 139 da Lei 8.112/1990. WG
Gabarito "B".

(Analista – TRE/SC – 2005 – FAPEU) Assinale a alternativa COR-RETA.

Segundo as disposições do Regime Jurídico dos Servidores Públicos Civis da União (Lei 8.112, de 11/12/1990),

(A) o processo disciplinar poderá ser revisto, no prazo de 180 (cento e oitenta dias), a pedido ou de ofício, quando se aduzirem fatos novos ou circunstâncias suscetíveis de justificar a inocência do punido ou a inadequação da penalidade aplicada.

(B) sempre que o ilícito praticado pelo servidor ensejar a imposição de qualquer uma das seguintes penalidades: suspensão por mais de 30 (trinta) dias, demis-

são, cassação de aposentadoria ou disponibilidade, destituição de cargo em comissão, será obrigatória a instauração de processo disciplinar.

(C) as denúncias sobre irregularidades serão objeto de apuração, não havendo necessidade de identificação e de endereço do denunciante.

(D) o julgamento fora do prazo legal implica nulidade do processo disciplinar.

A: incorreta, art. 174 da Lei 8.112/1990; **B:** correta, art. 146 da Lei 8.112/1990; **C:** incorreta, art. 144 da Lei 8.112/1990; **D:** incorreta, art. 169, § 1º, da Lei 8.112/1990. WG
Gabarito "B".

(Analista – MPU – 2004 – ESAF) Sobre as penalidades aplicáveis aos servidores públicos federais por infração disciplinar, é correto afirmar que

(A) incluem a suspensão de direitos políticos.

(B) preveem a imposição de multa.

(C) são elencadas em *numerus clausus*.

(D) não guardam relação com a gravidade da falta praticada.

(E) dispensam, em certas hipóteses, a garantia da ampla defesa.

A: incorreta, pois a Lei 8.112/1990, no seu art. 127 não contempla esta assertiva; **B:** incorreta, a imposição de multa não está no rol do art. 127 da Lei 8.112/1990; **C:** correta, art. 127 da Lei 8.112/1990; **D:** incorreta, art. 128, *caput*, da Lei 8.112/1990; **E:** incorreta, art. 143, *caput*, da Lei 8.112/1990. WG
Gabarito "C".

4. PROCESSO DISCIPLINAR

4.1. Disposições gerais

(Analista – MPU – 2004 – ESAF) No processo administrativo disciplinar, conforme expressa previsão contida na Lei 8.112/1990, a indiciação do servidor será formulada,

(A) no ato de constituição da comissão.

(B) após tipificada a infração, para citação do indiciado.

(C) no relatório final, para julgamento.

(D) após inquisição das testemunhas para orientar o interrogatório do acusado.

(E) na ata de instalação da comissão.

Art. 161, § 1º, da Lei 8.112/1990. WG
Gabarito "B".

4.2. Processo disciplinar (em geral, inquérito, julgamento e revisão)

(Analista – TRT/4ª – 2006 – FCC) No que tange à atividade de instrução no processo administrativo no âmbito da Administração Pública Federal, é INCORRETO afirmar que

(A) cabe à Administração Pública a prova dos fatos alegados pelo interessado em virtude do princípio do interesse público e da eficiência.

(B) o interessado poderá, antes de tomada a decisão, juntar documentos e pareceres, requerer diligências e perícias, bem como aduzir alegações referentes à matéria objeto do processo.

(C) somente poderão ser recusadas, mediante decisão fundamentada, as provas propostas pelos interessados quando ilícitas, impertinentes, desnecessárias ou protelatórias.

(D) encerrada a instrução, o interessado terá o direito de manifestar-se no prazo máximo de 10 (dez) dias, salvo se outro for legalmente fixado.

(E) antes de tomada a decisão, a juízo da autoridade, diante da relevância da questão, poderá ser realizada audiência pública para debates sobre a matéria do processo.

A: correta, no processo disciplinar o ônus da prova é a da Administração; no entanto, uma vez julgado o processo e não mais cabendo recurso administrativo, o ingresso com pedido de revisão administrativa importará no ônus da prova em desfavor do requerente (art. 175 da Lei 8.112/1990); **B:** correta, art. 156 da Lei 8.112/1990; **C:** correta, art. 156, § 1º, da Lei 8.112/1990; **D:** incorreta, art. 161, § 1º, da Lei 8.112/1990; **E:** correta, art. 150, parágrafo único, da Lei 8.112/1990. WG

Gabarito "D".

(Analista – TRT/14ª – 2011 – FCC) De acordo com a Lei 8.112/1990, que dispõe sobre o regime jurídico dos servidores públicos civis da União, das autarquias e das fundações públicas federais, sobre a prescrição quanto ao direito de petição, é correto afirmar:

(A) Por ser de ordem pública, a prescrição não pode ser relevada pela Administração.

(B) O pedido de reconsideração e o recurso, mesmo quando cabíveis, não interrompem a prescrição.

(C) O direito de requerer prescreve em dez anos quanto ao ato de cassação de aposentadoria.

(D) O direito de requerer prescreve em dois anos quanto aos atos que afetem interesse patrimonial e créditos resultantes das relações de trabalho.

(E) O prazo de prescrição será contado da data da ciência pelo interessado, ainda que o ato tenha sido devidamente publicado.

A: correta (art. 112 da Lei 8.112/1990); **B:** incorreta, pois o pedido de reconsideração e o recurso, quando cabíveis, interrompem a prescrição (art. 111 da Lei 8.112/1990); **C:** incorreta, pois o prazo é de 5 anos (art. 110, I, da Lei 8.112/1990); **D:** incorreta, pois o prazo é de 5 anos (art. 110, I, da Lei 8.112/1990); **E:** incorreta, pois o prazo de prescrição será contado da data da publicação do ato impugnado ou da data da ciência pelo interessado, quando o ato não for publicado (art. 110, parágrafo único, da Lei 8.112/1990). WG

Gabarito "A".

(Analista – TRE/AL – 2010 – FCC) Encerrada uma sindicância, instaurada em razão do conhecimento de irregularidades no serviço de um determinado setor do Tribunal Regional Eleitoral, o relatório conclui que a infração está capitulada como ilícito penal. Nesse caso, Marcelo, analista judiciário, como autoridade competente, em conformidade com a Lei 8.112/1990, encaminhará cópia dos autos ao

(A) Delegado de Polícia local, aguardando-se suas investigações para a instauração do processo disciplinar.

(B) Ministério Público, independentemente da imediata instauração do processo disciplinar.

(C) Presidente do Tribunal Regional Eleitoral, para que determine, ou não, a instauração do processo disciplinar.

(D) Corregedor Regional Eleitoral, para fins de conhecimento e instauração do processo disciplinar.

(E) Presidente da Comissão, para que determine o afastamento preventivo e a instauração da ação penal.

Art. 154, parágrafo único, da Lei 8.112/1990. WG

Gabarito "B".

(Analista – TRE/PE – 2004 – FCC) Tipificada a infração disciplinar, será formulada a indiciação do servidor público. Posteriormente, será citado para apresentar defesa escrita, no prazo de

(A) 5 (cinco) dias, admitida a prorrogação por mais 10 (dez) dias, no caso de comprovada necessidade.

(B) 10 (dez) dias, podendo ser prorrogado pelo dobro, para diligências reputadas indispensáveis.

(C) 15 (quinze) dias, podendo ser prorrogado pelo dobro, a critério do Presidente da Comissão Processante.

(D) 20 (vinte) dias, admitida a prorrogação por mais 10 (dias), por exclusivo interesse público.

(E) 30 (trinta) dias, improrrogáveis, ainda que dependa de alguma diligência, uma vez que pode ser cumprida oportunamente.

Art. 161, §§ 1º e 3º, da Lei 8.112/1990. WG

Gabarito "B".

(Analista – TRE/PR – 2004 – ESAG) O artigo 143, da Lei 8.112/1990, estabelece que a autoridade que tiver ciência de irregularidade no serviço público é obrigada a promover a sua apuração imediata, mediante sindicância ou processo administrativo disciplinar, assegurada ao acusado ampla defesa, sob supervisão e fiscalização do órgão central do Sistema de Pessoal Civil da Administração Federal – SIPEC. Sobre a apuração da irregularidade, NÃO É CORRETO afirmar que:

(A) O processo disciplinar se desenvolve nas seguintes fases: instauração, com a publicação do ato que constituir a comissão; inquérito administrativo, que compreende instrução, defesa e relatório; e julgamento.

(B) Quando o fato narrado não configurar evidente infração disciplinar ou evidente ilícito penal, a denúncia (desde que não seja anônima e que seja autêntica) será encaminhada para o Ministério Público Federal para o competente inquérito civil.

(C) Processo disciplinar é o instrumento destinado a apurar responsabilidade de servidor por infração praticada no exercício de suas atribuições, ou que tenha relação com as atribuições do cargo em que se encontre investido.

(D) Da sindicância poderá resultar o arquivamento do processo, a aplicação de penalidade de advertência ou suspensão até 30 (trinta) dias, ou a instauração de processo disciplinar.

A: art. 151 da Lei 8.112/1990; **B:** art. 144, parágrafo único, da Lei 8.112/1990; **C:** art. 148 da Lei 8.112/1990; **D:** art. 145 da Lei 8.112/1990. WG

Gabarito "B".

(Analista – TRE/SC – 2005 – FAPEU) Leia com atenção as afirmativas abaixo:

I. No inquérito administrativo, é assegurado ao servidor o direito de acompanhar o processo pessoalmente ou por intermédio de procurador, arrolar e reinquirir testemunhas, produzir provas e contraprovas e formular quesitos, quando se tratar de prova pericial.

II. O servidor que responder a processo disciplinar poderá ser exonerado a pedido, ou aposentado voluntariamente, antes da conclusão do processo e do cumprimento da penalidade, caso aplicada.

III. O procurador do acusado poderá assistir ao interrogatório, bem como à inquirição das testemunhas, sendo-lhe vedado interferir nas perguntas e respostas, facultando-se-lhe, porém, reinquiri-las, por intermédio do presidente da comissão.

IV. O prazo para a conclusão do processo disciplinar não excederá 30 (trinta) dias, contados da data de publicação do ato que constituir a comissão, admitida a sua prorrogação por igual período, quando as circunstâncias o exigirem.

Assinale a alternativa CORRETA.

(A) Somente as afirmativas I e IV estão corretas.

(B) Somente as afirmativas II, III e IV estão corretas.

(C) Somente as afirmativas I e III estão corretas.

(D) Somente as afirmativas I, II e IV estão corretas.

I: correta (art. 156 da Lei 8.112/1990); II: incorreta (art. 172 da Lei 8.112/1990); III: correta (art. 159, § 2º, da Lei 8.112/1990); IV: incorreta (art. 152 da Lei 8.112/1990; *vide* também o art. 133, § 7º, da Lei 8.112/1990 – rito sumário). [WG]
Gabarito "C".

(Analista – TRF/1ª – 2011 – FCC) Sobre o processo administrativo disciplinar, previsto na Lei 8.112/1990, é correto afirmar que

(A) da sindicância poderá resultar aplicação de penalidade de advertência ou suspensão de até sessenta dias.

(B) o processo disciplinar poderá ser revisto, a qualquer tempo, a pedido ou de ofício, quando, dentre outras hipóteses, se aduzirem circunstâncias suscetíveis de justificar a inadequação da penalidade aplicada.

(C) o prazo para conclusão da sindicância não excederá vinte dias, podendo ser prorrogado por igual período, a critério da autoridade superior.

(D) o afastamento preventivo do servidor, para evitar que influa na apuração da irregularidade, poderá ser prorrogado por igual prazo, findo o qual cessarão os seus efeitos, salvo se não concluído o processo.

(E) quando o relatório da Comissão contrariar as provas dos autos, a autoridade julgadora poderá, motivadamente, abrandar a penalidade proposta ou isentar o servidor de responsabilidade, não podendo, todavia, agravar a pena.

A: incorreta, pois da sindicância poderá resultar aplicação de penalidade de advertência ou suspensão de até trinta dias (art. 145, II, da Lei 8.112/1990); B: correta (art. 174, *caput*, da Lei 8.112/1990); C: incorreta, pois o prazo não excederá a trinta dias (art. 145, parágrafo único, da Lei

8.112/1990); D: incorreta, pois findo o prazo, cessarão os efeitos do afastamento, ainda que não concluído o processo (art. 147, parágrafo único, da Lei 8.112/1990); E: incorreta, pois a autoridade poderá também agravar a pena (art. 168, parágrafo único, da Lei 8.112/1990). [WG]
Gabarito "B".

(Analista – TRF/1º – 2006 – FCC) Túlio, servidor público federal, sofreu pena disciplinar em julho de 2003, sendo que seis meses depois teve declarada sua ausência na esfera cível. Nesse caso, tendo em vista a Lei 8.112 de 11/12/1990, esse processo administrativo

(A) não é mais passível de revisão tendo em vista a ocorrência da prescrição e decadência.

(B) poderá ser revisto a qualquer tempo, e por requerimento de qualquer pessoa da família.

(C) estará sujeito a revisão desde que o servidor seja encontrado ou justifique seu desaparecimento.

(D) não poderá ser revisto porque esse direito é personalíssimo, salvo se houver comprovação de seu falecimento.

(E) não pode ser revisto de ofício, porque depende de pedido formal e exclusivo dos sucessores ou terceiros interessados.

Art. 174, § 1º, da Lei 8.112/1990. [WG]
Gabarito "B".

(Analista – TRF/2º – 2007 – FCC) Considere as seguintes assertivas a respeito do Processo Disciplinar:

I. O processo disciplinar será conduzido por comissão composta de cinco servidores estáveis designados pela autoridade competente, que indicará, dentre eles, o seu presidente.

II. O presidente da comissão de sindicância deverá, necessariamente, ser ocupante de cargo efetivo superior ou ter nível de escolaridade superior ao do indiciado.

III. Não poderá participar de comissão de sindicância ou de inquérito, cônjuge, companheiro ou parente do acusado, consanguíneo ou afim, em linha reta ou colateral, até o terceiro grau.

IV. O prazo para a conclusão do processo disciplinar não excederá sessenta dias, contados da data de publicação do ato que constituir a comissão, admitida a sua prorrogação por igual prazo, quando as circunstâncias o exigirem.

De acordo com a Lei 8.112/1990, está correto o que consta APENAS em

(A) I e II.

(B) I, II e III.

(C) I e IV.

(D) II, III e IV.

(E) III e IV.

I: incorreto (art. 149, *caput*, da Lei 8.112/1990); II: incorreto (art. 149, *caput*, da Lei 8.112/1990); III: correto (art. 149, § 2º, da Lei 8.112/1990); IV: correto (art. 152 da Lei 8.112/1990). [WG]
Gabarito "E".

5. SEGURIDADE SOCIAL DO SERVIDOR – BENEFÍCIOS (APOSENTADORIA, AUXÍLIO-NATALIDADE, SALÁRIO-FAMÍLIA, LICENÇA PARA TRATAMENTO DE SAÚDE, LICENÇA À GESTANTE, À ADOTANTE E POR PATERNIDADE, LICENÇA POR ACIDENTE EM SERVIÇO, PENSÃO, AUXÍLIO-FUNERAL E AUXÍLIO-RECLUSÃO)

(Analista – TST – 2008 – CESPE) Considere que Carlos seja servidor público ocupante de cargo comissionado em um tribunal regional do trabalho (TRT). Nessa situação hipotética, julgue o item que segue.

(1) Caso Carlos e sua esposa adotem uma criança, ele terá direito a licença-paternidade de cinco dias, independentemente da idade da criança adotada.

1: art. 208 da Lei 8.112/1990. WG

Gabarito 1C

(Analista – TRE/GO – 2008 – CESPE) Com relação à Lei 8.112/1990 e acerca das regras relativas à aposentadoria, assinale a opção correta.

(A) Para fins de cálculo dos proventos da aposentadoria, não poderá ser utilizada a gratificação por encargo de curso ou concurso percebida pelo servidor durante a atividade.

(B) A aposentadoria compulsória ocorre quando o servidor completa setenta anos e os proventos são integrais.

(C) Quando proporcional ao tempo de serviço, o provento não será inferior à metade da remuneração da atividade.

(D) O pagamento da gratificação natalina ao servidor aposentado deve ser feito em primeira parcela até o mês de junho e em segunda parcela até o dia vinte do mês de dezembro, em valor equivalente ao respectivo provento, deduzido o adiantamento recebido.

A: correta, a aposentadoria é calculada de acordo com a remuneração (art. 189 da Lei 8.112/1990); e esta consiste no vencimento do cargo efetivo, acrescido das vantagens pecuniárias permanentes estabelecidas em lei (art. 41 da Lei 8.112/1990); a gratificação por encargo de curso ou concurso é devida em caráter eventual, e não permanente (art. 76-A da Lei 8.112/1990); dessa forma, tal gratificação não deve ser utilizada para fins de cálculo dos proventos de aposentadoria; **B:** incorreta, os proventos são proporcionais (art. 186, II, da Lei 8.112/1990); **C:** incorreta, art. 191 da Lei 8.112/1990; **D:** incorreta, art. 194 da Lei 8.112/1990. WG

Gabarito "A"

6. TEMAS COMBINADOS

(Analista Judiciário – TRE/PE – CESPE – 2017) Com relação ao Regime Jurídico Único dos Servidores Públicos Civis da União (RJU), assinale a opção correta.

(A) A regra que estabelece a nacionalidade brasileira como requisito básico para a investidura em cargo público não comporta exceções.

(B) O RJU não é aplicável aos servidores das entidades da administração indireta, mas apenas aos órgãos públicos.

(C) Constitui competência comum dos Poderes Executivo e Legislativo a iniciativa de lei que verse sobre o RJU dos servidores da administração direta da União.

(D) As diversas categorias de servidores públicos, nelas incluídos os membros da magistratura e da advocacia pública, submetem-se ao regime estatutário previsto na Lei nº 8.112/1990.

(E) A relação jurídica estatutária não tem natureza contratual, tratando-se de relação própria de direito público.

A: incorreta, pois comporta exceções: "as universidades e instituições de pesquisa científica e tecnológica federais poderão prover seus cargos com professores, técnicos e cientistas estrangeiros, de acordo com as normas e os procedimentos desta Lei" (art. 5º, § 3º, da Lei 8.112/1990); **B:** incorreta, "esta Lei institui o Regime Jurídico dos Servidores Públicos Civis da União, das autarquias, inclusive as em regime especial, e das fundações públicas federais" (art. 1º da Lei 8.112/1990); **C:** incorreta, é competência privativa do Presidente da República, conforme art. 61, § 1º, c, da CF; **D:** incorreta, vide LC 73/1193 (Lei Orgânica da Advocacia-Geral da União) e LC 35/1973 (Lei Orgânica da Magistratura); **E:** correta, a relação jurídica não é contratual, mas sim estatutária. GD

Gabarito "E"

(Analista Judiciário – STJ – CESPE – 2015) Em relação aos agentes públicos, julgue os próximos itens.

(1) Os servidores públicos gozam de todos os direitos sociais previstos no texto constitucional para os trabalhadores da iniciativa privada.

(2) O diploma ou habilitação legal exigido para o exercício do cargo deve ser apresentado pelo candidato no ato de inscrição do concurso público pleiteado.

(3) No que se refere ao exame psicotécnico, além de previsão legal, são exigidos mais três requisitos para que seja válida a sua exigência em certames públicos: ser pautado em critérios objetivos e científicos, ser compatível com as atribuições normais do cargo e ser ofertado direito de recurso na via administrativa.

1: incorreta, pois não gozam de todos os direitos sociais previstos no texto constitucional. Vide art. 39, § 3º, da CF. **2:** incorreta. "O diploma ou habilitação legal para o exercício do cargo deve ser exigido na posse e não na inscrição para o concurso público" (Súmula 266 do STJ). **3:** correta. Vide trecho de notícia disponibilizada no site do STF [http://m.stf.gov.br/portal/noticia/verNoticiaDetalhe.asp?idConteudo=209217], acesso em: 12.12.2017: "em seu voto, o ministro relator Ricardo Lewandowski invocou jurisprudência do STF no sentido de que a legalidade dos exames psicotécnicos em prova de concurso público está submetida a três requisitos indispensáveis: previsão legal, adoção de critérios objetivos e possibilidade de revisão do resultado. Segundo ele, se o teste psicológico aplicado no concurso não preenche o pressuposto da objetividade em seus critérios de avaliação deve ser declarado nulo". GD

Gabarito 1E, 2E, 3C

8. Lei 8.666/1993

Wander Garcia e Georgia Dias

1. LICITAÇÃO

1.1. Princípios

(Analista – MPU – CESPE – 2018) No que se refere aos princípios que regem o procedimento licitatório, julgue os itens a seguir, com base nas disposições da Lei n. 8.666/1993.

(1) Dado o princípio da competitividade, é vedada, em licitações, a exigência de qualificação técnica.

(2) O princípio da vedação à oferta de vantagens proíbe que licitante apresente benefícios não previstos no edital, inclusive financiamentos subsidiados e a fundo perdido.

(3) Em regra, as provas de regularidade fiscal e trabalhista dos participantes nos processos licitatórios são apresentadas na fase de habilitação.

1: incorreta. O inciso I do § 1º, do art. 3º, da Lei nº 8.666/93 ressalta ser vedado aos agentes públicos admitir, prever, incluir ou tolerar, nos atos de convocação, cláusulas ou condições que comprometam, restrinjam ou frustrem o seu caráter competitivo, inclusive nos casos de sociedades cooperativas, e estabeleçam preferências ou distinções em razão da naturalidade, da sede ou domicílio dos licitantes ou de qualquer outra circunstância impertinente ou irrelevante para o específico objeto do contrato. O inciso II do mesmo parágrafo possui resquício dessa vedação ante a proibição de se estabelecer tratamento diferenciado de natureza comercial, legal, trabalhista, previdenciária ou qualquer outra entre empresas brasileiras e estrangeiras. Não existe qualquer previsão legal que vede a exigência de qualificação técnica e o art. 30 da Lei 8.666/1993 trata da documentação necessária para a habilitação técnica em procedimento licitatório. Ali estão listados todos os elementos necessários para que uma empresa apresente à Administração Pública de modo a atestar que está apta a executar as obras ou serviços que serão contratados pelo Poder Público; **2:** correta. Nos termos do art. 44, § 2º, da Lei 8.666/1993, temos a proibição de que os licitantes apresentem propostas vinculadas às propostas dos demais concorrentes. Também não é permitido o acolhimento de proposta baseada em vantagens não previstas no ato convocatório; **3:** correta – Art. 27 da Lei 8.666/1993.[FB]
Gabarito 1E, 2C, 3C.

(Analista – TRT/10ª – 2013 – CESPE) Com base na Lei de Licitações (Lei n.º 8.666/1993), julgue os próximos itens.

(1) Uma entidade controlada indiretamente por município da Federação que pretenda alugar um imóvel para nele funcionar estará dispensada da observância das normas gerais sobre licitações e contratos administrativos impostas pela lei em questão, devido ao fato de esta lei ser um diploma federal, não alcançando, portanto, a esfera da municipalidade.

(2) A licitação objetiva garantir o princípio constitucional da isonomia, selecionar a proposta mais vantajosa para a administração e promover o desenvolvimento nacional sustentável.

1: incorreto, pois a Administração Direta e Indireta de todos os entes da federação, inclusive dos municípios, está sujeita à Lei 8.666/1993 (art. 1º, parágrafo único, da Lei 8.666/1993); **2:** correto (art. 3º, *caput*, da Lei 8.666/1993)[WG]
Gabarito "1E,2C".

(Analista – TRE/AL – 2010 – FCC) São princípios da licitação expressamente citados na Lei nº 8.666/1993, dentre outros,

(A) julgamento objetivo, competitividade e sigilo das propostas.

(B) vinculação ao instrumento convocatório, competitividade e sigilo das propostas.

(C) adjudicação compulsória, competitividade e igualdade.

(D) probidade administrativa, julgamento objetivo e igualdade.

(E) probidade administrativa, sigilo das propostas e adjudicação compulsória.

De acordo com o art. 3º, *caput*, da Lei 8.666/1993, são princípios básicos da licitação, a legalidade, impessoalidade, moralidade, igualdade, publicidade, probidade administrativa, vinculação ao instrumento convocatório e julgamento objetivo. [WG]
Gabarito "D".

(Analista – TRE/MS – 2007 – FCC) No que diz respeito às licitações NÃO é correto o que se afirma em:

(A) A Administração não pode descumprir as normas e condições do edital, ao qual se acha estritamente vinculada.

(B) Conceitua-se licitação como um procedimento administrativo pelo qual a Administração Pública procura selecionar a proposta mais vantajosa para os interesses da coletividade.

(C) O julgamento das propostas deve ser realizado com observância em critérios objetivos.

(D) Terminada a licitação, a Administração deve contratar o vencedor, pois este passa a ter direito adquirido.

(E) A Administração não pode contratar com terceiros que não aquele que venceu a licitação.

A: correto (art. 41 da Lei 8.666/1993); **B:** correto (art. 3º, *caput*, da Lei 8.666/1993); **C:** correto (art. 3º, *caput*, da Lei 8.666/1993 – "julgamento objetivo"); **D:** incorreto, pois a Administração celebrará o contrato de acordo com critérios de conveniência e oportunidade; **E:** correto, pois a contratação de terceiros que não o vencedor do certamente importaria em fraude à lei; no entanto, o candidato deve conhecer a regra que permite que a Administração contrate com outros licitantes, que não o vencedor, quando este não assinar o contrato. [WG]
Gabarito "D".

(Analista –TRE/PE – 2004 – FCC) A Lei nº 8.666/1993, que dispõe sobre Licitações e Contratos da Administração Pública, estabelece que

(A) o procedimento licitatório caracteriza ato administrativo material quando praticado na esfera da Administração Pública federal e estadual.

(B) as normas são específicas quando tratar de licitações e contratos administrativos pertinentes a obras, compras, alienações e serviços, salvo os de publicidade.

(C) as licitações não serão sigilosas, mas sempre públicas e acessíveis ao público, em qualquer hipótese, de todos os atos de seu procedimento.

(D) ficam subordinados a seu regime, entre outros, os fundos especiais e demais entidades controladas direta ou indiretamente pelo Distrito Federal.

(E) todos os participantes das licitações têm direito público subjetivo à observância do procedimento licitatório, vedado a qualquer outro cidadão acompanhar o seu desenvolvimento.

A: incorreto, pois a licitação é um *procedimento*, e não um *ato administrativo*; **B:** incorreto, pois as matérias citadas nas afirmativas não dizem respeito a assuntos de interesse específicos das administrações públicas, mas sim a assuntos de interesse geral, de modo que as normas respectivas são normas gerais, e não especiais (*vide* art. 1º da Lei 8.666/1993); **C:** incorreto, pois há exceção da publicidade dos atos quanto ao conteúdo das propostas até a abertura do procedimento licitatório (art. 3º, § 3º, da Lei 8.666/1993); **D:** correto (art. 1º, parágrafo único, da Lei 8.666/1993); **E:** incorreto, pois qualquer cidadão poderá acompanhar o desenvolvimento do procedimento licitatório (art. 4º da Lei 8.666/1993). WG
Gabarito "D".

(Analista –TRE/TO – 2011 – FCC) No que concerne aos princípios das licitações, é correto afirmar:

(A) O desrespeito ao princípio da vinculação ao instrumento convocatório não torna inválido o procedimento licitatório.

(B) Apenas o licitante lesado tem direito público subjetivo de impugnar judicialmente procedimento licitatório que não observou ditames legais.

(C) A licitação não será sigilosa, sendo públicos todos os atos de seu procedimento, como por exemplo, o conteúdo das propostas, inclusive quando ainda não abertas.

(D) É possível a abertura de novo procedimento licitatório, ainda que válida a adjudicação anterior.

(E) A Administração não poderá celebrar o contrato com preterição da ordem de classificação das propostas, sob pena de nulidade.

A: incorreto, pois o desrespeito é causa de nulidade do procedimento, eis que infringe princípio previsto no art. 3º da Lei 8.666/1993; **B:** incorreto, pois qualquer cidadão é parte legítima para impugnar judicialmente procedimento licitatório que não observou ditames legais (art. 41, § 1º, da Lei 8.666/1993); **C:** incorreto, pois o conteúdo das propostas, antes da abertura, será sigiloso (art. 3º, § 3º, da Lei 8.666/1993); **D:** incorreto, pois a compulsoriedade veda também que se abra nova licitação enquanto válida a adjudicação anterior. Além disso, o direito do vencedor limita-se à adjudicação, ou seja, a atribuição a ele do objeto da licitação, e não ao contrato imediato (art. 50 da Lei 8.666/1993). WG
Gabarito "E".

(Analista – TRF/1ª – 2006 – FCC) Com relação à licitação, considere:

I. A Administração não pode, concluído o procedimento, atribuir o objeto da licitação a outrem que não o vencedor.

II. O julgamento das propostas há de ser feito de acordo com os critérios fixados no edital.

As proposições citadas correspondem, respectivamente, aos princípios licitatórios da

(A) isonomia e julgamento objetivo.

(B) impessoalidade e vinculação ao instrumento convocatório.

(C) moralidade e legalidade.

(D) adjudicação compulsória e julgamento objetivo.

(E) adjudicação compulsória e publicidade.

I: princípio da adjudicação compulsória, previsto no art. 38, VII, da Lei 8.666/1993; **II:** a proposição contida nesse item abrange tanto a ideia de vinculação ao instrumento convocatório, como a ideia de julgamento objetivo, pois este tipo de julgamento requer, também, atenção exclusiva aos critérios previstos no edital, evitando critérios subjetivos. WG
Gabarito "D".

1.2. Contratação direta (licitação dispensada, dispensa e inexigibilidade)

(Analista Judiciário – TRE/SP – FCC – 2017) Suponha que o Estado tenha instaurado diversas licitações, na modalidade concorrência, para alienação de imóveis não vocacionados ao uso pela Administração, objetivando a obtenção de receita adicional para aplicar na expansão de ações prioritárias de governo, notadamente na área de saúde e segurança. Ocorre que alguns certames restaram desertos, sem que aos mesmos tenham acorrido interessados. Diante de tal situação, o Estado

(A) deverá instaurar tantas licitações quantas necessárias para alienação, podendo adotar a modalidade convite.

(B) poderá adotar a modalidade leilão, apenas para os imóveis remanescentes de desapropriação.

(C) está autorizado a oferecer desconto em relação ao valor da avaliação do imóvel, adotando o menor desconto como critério de julgamento.

(D) poderá proceder à venda direta, mantidas todas as condições preestabelecidas, se comprovar que a repetição do certame causará prejuízo para a Administração.

(E) poderá efetuar permuta, desde que com imóveis privados vocacionados para utilização pela Administração, independentemente de licitação.

A hipótese narrada trata-se de licitação deserta, dispensável, disposta no art. 24, V, da Lei 8.666/1993, que ocorre "caso não haja interessado à licitação e esta não possa ser repetida sem prejuízo, mantidas as condições do edital. Obs.: não se deve confundir licitação deserta com licitação fracassada; na última, aparecem interessados, mas esses ou são inabilitados ou são desclassificados, não cabendo dispensa, mas concessão de prazo para os licitantes apresentarem nova documentação" (Wander Garcia, Super-Revisão OAB, 7ª edição, São Paulo, Editora Foco, 2017, p. 577). GD
Gabarito "D".

(Analista Judiciário – TRE/PE – CESPE – 2017) Acerca da inexigibilidade de licitação, assinale a opção correta.

(A) As hipóteses de inexigibilidade de licitação estão taxativamente previstas na lei.

(B) A lei prevê hipótese de contratação direta por inexigibilidade em caso de guerra ou grave perturbação da ordem.

(C) A inexigibilidade de licitação é prevista para situações excepcionais em que a realização da licitação violaria o interesse público em razão da extrema urgência em obter determinados bens ou serviços.

(D) Comprovada a ocorrência de superfaturamento, o fornecedor ou o prestador de serviços e o agente público responsável responderão solidariamente pelo dano causado ao erário.

(E) É inexigível a licitação em situações em que a competição é possível, mas a sua realização pode não ser conveniente e oportuna para a administração, à luz do interesse público.

A: incorreta, as hipóteses de inexigibilidade de licitação são exemplificativas; B: incorreta, é hipótese de contratação direta por dispensa (art. 24, III, da Lei 8.666/1993); C: incorreta, é hipótese de contratação direta por dispensa (art. 24, IV, da Lei 8.666/1993); D: correta, (art. 25, § 2º, da Lei 8.666/1993); E: incorreta, é inexigível a licitação em situações em que há inviabilidade de competição (art. 25 da Lei 8.666/1993). GD
Gabarito "D".

(Analista Jurídico – TCE/PR – 2016 – CESPE) Acerca da alienação de bens pela administração pública, assinale a opção correta.

(A) A alienação de bens imóveis desafetados da administração pública direta para outro órgão da administração pública far-se-á por contratação direta, uma vez que a licitação é inexigível.

(B) Não é possível a alienação de bens da administração pública direta.

(C) Não é possível a alienação de bens imóveis da administração pública direta, mesmo que desafetados.

(D) É possível a alienação de bens móveis e imóveis da administração pública direta, desde que haja autorização legislativa.

(E) É possível a alienação de bens móveis desafetados da administração pública direta se houver demonstração de interesse público, avaliação prévia do bem e prévia licitação.

A: incorreta, pois o caso não é de inexigibilidade (art. 25 da Lei 8.666/1993), mas de licitação dispensada (art. 17, I, "e", da Lei 8.666/1993); B e C: incorretas, pois é possível, desde que preenchidos os requisitos do art. 17 da Lei 8.666/1993; D: incorreta, pois não é necessário autorização legislativa na alienação de bens móveis (art. 17, II, da Lei 8.666/1993); E: correta (art. 17, caput e II, da Lei 8.666/1993). WG
Gabarito "E".

(Analista – STJ – 2008 – CESPE) Acerca das licitações e dos contratos administrativos, julgue o seguinte item.

(1) A concessão de direito real de uso de bens públicos imóveis construídos, destinados ou efetivamente utilizados no âmbito de programas habitacionais desenvolvidos por órgãos ou entidades da administração pública, não precisa ser licitada.

1: art. 17, I, f, da Lei 8.666/1993. WG
Gabarito 1C

(Analista – STJ – 2004 – CESPE) Julgue o seguinte item.

(1) A licitação pressupõe pluralidade de objetos, pluralidade de ofertantes e inexigibilidade em algumas situações de singularidade do objeto e do ofertante.

1: incorreta - A licitação pressupõe pluralidade de ofertantes. É necessário também atendimento ao interesse público e a outros pressupostos de ordem lógica e fática. Está incorreto dizer que licitação pressupõe inexigibilidade. É o contrário: havendo inexigibilidade, não há que se falar em licitação. WG
Gabarito 1E

(Analista – TRT/6ª – 2012 – FCC) De acordo com a Lei nº 8.666/1993, constitui hipótese de inexigibilidade de licitação

(A) contratação de profissional do setor artístico, desde que consagrado pela crítica ou opinião pública.

(B) contratação de serviços de publicidade, desde que comprovada a notória especialização do contratado.

(C) para aquisição de bens produzidos por um único fabricante de marca de preferência da Administração.

(D) contratação de profissional de notória especialização, dispensando-se, nesse caso, a comprovação da singularidade do objeto.

(E) aquisição ou alienação de obras de arte ou venda de bens adjudicados em processo judicial.

A: correto (art. 25, III, da Lei 8.666/1993); B: incorreto, pois é vedada expressamente a inexigibilidade para serviços de publicidade e divulgação (art. 25, II, parte final, da Lei 8.666/1993); C: incorreto, pois é vedada, como regra, a preferência de marca (art. 25, I, da Lei 8.666/1993); D: incorreto, pois somente a singularidade do objeto é que justificará a contratação de profissional com notória especialização, sem licitação (art. 25, II, da Lei 8.666/1993); E: incorreto, pois a aquisição de obras de arte enseja dispensa e não inexigibilidade de licitação (art. 24, XV, da Lei 8.666/1993). WG
Gabarito "A".

(Analista – TRT/15ª – 2009 – FCC) É inexigível a licitação quando houver inviabilidade de competição, em especial

(A) quando não acudirem interessados à licitação anterior e esta, justificadamente, não puder ser repetida sem prejuízo para a Administração, mantidas, neste caso, todas as condições preestabelecidas.

(B) para contratação de profissional de qualquer setor artístico, diretamente ou através de empresário exclusivo, desde que consagrado pela crítica especializada ou pela opinião pública.

(C) quando a União tiver que intervir no domínio econômico para regular preços ou normalizar o abastecimento.

(D) quando houver possibilidade de comprometimento da segurança nacional, nos casos estabelecidos em decreto do Presidente da República, ouvido o Conselho de Defesa Nacional.

(E) para a aquisição de bens ou serviços nos termos de acordo internacional específico aprovado pelo Congresso Nacional, quando as condições ofertadas forem manifestamente vantajosas para o Poder Público.

A: dispensa (art. 24, V, da Lei 8.666/1993); B: inexigibilidade (art. 25, III, da Lei 8.666/1993); C: dispensa (art. 24, VI, da Lei 8.666/1993); D: dispensa (art. 24, IX, da Lei 8.666/1993); E: dispensa (art. 24, XIV, da Lei 8.666/1993). WG
Gabarito "B".

(Analista – TRT/24ª – 2011 – FCC) Para a contratação de serviço técnico de treinamento e aperfeiçoamento de pessoal, de natureza singular, com empresa de notória especialização,

(A) exige-se, obrigatoriamente, licitação na modalidade tomada de preços.

(B) é inexigível a licitação.

(C) é dispensável a licitação.

(D) exige-se, obrigatoriamente, licitação na modalidade convite.

(E) exige-se, obrigatoriamente, licitação na modalidade concurso.

Art. 25, II, da Lei 8.666/1993. WG
Gabarito "B".

(Analista – TRT/24ª – 2006 – FCC) Sobre as hipóteses de dispensa e inexigibilidade de licitação, é correto afirmar:

(A) É dispensável a licitação quando houver inviabilidade jurídica de se instaurar competição entre eventuais interessados no objeto do certame.

(B) A União discricionariamente decidirá sobre a dispensa de licitação quando pretender vender um imóvel de sua propriedade a uma autarquia federal.

(C) Para a aquisição de bens necessários ao atendimento de determinada situação emergencial, o Poder Público poderá dispensar o procedimento licitatório.

(D) Na licitação deserta verifica-se a inviabilidade de competição ante a inabilitação de todos os concorrentes.

(E) É inexigível a licitação para a contratação de empresa de notória especialização, prestadora de serviços de publicidade, de natureza singular.

A: Incorreto, pois é caso de inexigibilidade (art. 25, *caput*, da Lei 8.666/1993); B: Incorreto, pois é situação de licitação dispensada (art. 17, I, *e*, da Lei 8.666/1993); C: Correto, trata-se de dispensa por emergência (art. 24, IV, da Lei 8.666/1993); D: Incorreto, pois a situação narrada diz respeito à licitação fracassada; a licitação deserta se dá quando não aparecem interessados e é caso de dispensa (art. 24, V, da Lei 8.666/1993); E: Incorreto, pois a contratação de serviço singular é causa de inexigibilidade (art. 25, II, da Lei 8.666/1993), porém o caso em tela (publicidade) não admite a contratação sem licitação. WG
Gabarito "C".

(Analista – TRE/AP – 2011 – FCC) NÃO constitui hipótese de inexigibilidade de licitação a

(A) aquisição de materiais que só possam ser fornecidos por empresa exclusiva.

(B) contratação de serviço técnico de restauração de obras de arte e bens de valor histórico, de natureza singular, com empresa de notória especialização.

(C) contratação de profissional do setor artístico, consagrado pela opinião pública.

(D) contratação de instituição dedicada à recuperação social do preso, de inquestionável reputação ético-profissional e sem fins lucrativos.

(E) contratação de parecer, de natureza singular, com profissional de notória especialização.

A: incorreto, pois se trata de hipótese de inexigibilidade (art. 25, I, da Lei 8.666/1993); B: incorreto, pois se trata de hipótese de inexigibilidade (art. 25, II, da Lei 8.666/1993); C: incorreto, pois se trata de hipótese de inexigibilidade (art. 25, III, da Lei 8.666/1993); D: correto, pois se trata de hipótese de dispensa (art. 24, XIII, da Lei 8.666/1993); E: incorreto, pois se trata de hipótese de inexigibilidade (art. 25, II, da Lei 8.666/1993). WG
Gabarito "D".

(Analista – TRE/MG – 2005 – FCC) A contratação de instituição brasileira incumbida regimental ou estatutariamente da pesquisa, do ensino ou do desenvolvimento institucional, ou de instituição dedicada à recuperação social do preso, desde que a contratada detenha inquestionável reputação ético-profissional e não tenha fins lucrativos,

(A) ocorrerá mediante licitação dispensada, desde que o valor da contratação seja correspondente à modalidade tomada de preços.

(B) deverá ser realizada mediante inexigibilidade de licitação.

(C) será objeto de licitação vedada.

(D) poderá ser precedida de licitação dispensável.

(E) deverá ser objeto de licitação na modalidade convite, independentemente do valor estimado do futuro contrato.

A alternativa "D" está de acordo com o disposto no art. 24, XIII, da Lei 8.666/1993. WG
Gabarito "D".

(Analista – TRE/MG – 2005 – FCC) Destinada a garantir a observância do princípio constitucional da isonomia, o procedimento licitatório

(A) será realizado sob a modalidade denominada pregão, quando objetivar a alienação de bens imóveis.

(B) é dispensável, quando houver inviabilidade de competição e nos casos de guerra ou de grave perturbação da ordem.

(C) é inexigível, dentre outras hipóteses, para a contratação de artistas, desde que consagrado pela crítica especializada.

(D) sempre atribuirá seu objeto àquele que ofertar o menor preço, independentemente do tipo adotado.

(E) deverá ser realizado sob a modalidade de convite, quando destinado à escolha de trabalho técnico ou artístico, mediante a instituição de prêmio ao vencedor.

A: Incorreto, pois o pregão se destina a *aquisição* de bens e serviços *comuns* (art. 1º da Lei 10.520/2002), e não à *alienação* de imóveis; esta deve se dar por concorrência pública (art. 17, I, da Lei 8.666/1993) e, em alguns casos, por leilão (art. 19, III, da Lei 8.666/1993); B: incorreto, pois a inviabilidade de competição é caso de *inexigibilidade* e não de dispensa (art. 25, *caput*, da Lei 8.666/1993); C: art. 25, III, da Lei 8.666/1993; D: Incorreto, há vários *tipos* de licitação, quais sejam, menor preço, melhor técnica e melhor técnica e preço; nas duas últimas, o preço não é o fato único para a determinação da melhor proposta; E: nesse caso deve-se utilizar a *modalidade* concurso (art. 22, § 4º, da Lei 8.666/1993). WG
Gabarito "C".

(Analista – TRE/PB – 2007 – FCC) Com o propósito de definir as causas de um deslizamento de vultosa quantidade de terra sobre várias casas, a Administração Pública pretende contratar uma empresa de engenharia para a realização de perícia e apresentação de laudo técnico. Nesse caso, a Administração Pública

(A) deverá sempre contratar por meio de processo licitatório, ficando o agente público competente incumbido de escolher a modalidade.

trata de hipótese de dispensa (art. 24, XIII, da Lei 8.666/1993); **E:** incorreto, pois se trata de hipótese de inexigibilidade (art. 25, II, da Lei 8.666/1993). WG
Gabarito "D".

(B) poderá contratar, sem licitação, desde que se trate de um trabalho singular e a empresa a ser contratada tenha notória especialização.

(C) poderá escolher a empresa de engenharia por meio de convite, por ser a modalidade de licitação mais célere.

(D) deverá dispensar a licitação, porquanto trata-se de hipótese de emergência.

(E) poderá escolher a empresa de engenharia por meio de tomada de preços.

Como a Administração Pública, pretende contratar uma empresa de engenharia para realização de perícia e apresentação de laudo técnico, em vista da obtenção de conclusões acerca de um deslizamento de terra, por tratar de situação atípica que pode exigir um conhecimento especializado, poderá contratar sem licitação, visto que neste caso, a licitação será inexigível, nos termos do Art. 25, II da Lei 8.666/1993, desde que fique comprovada a singularidade do serviço e que a empresa seja efetivamente de notória especialização. WG

Gabarito "B".

(Analista – TRE/PR – 2012 – FCC) Determinada Secretaria de Estado autuou processo administrativo para formalizar a aquisição de equipamentos fornecidos por produtor exclusivo, hipótese que se enquadrava em inexigibilidade de licitação. Efetuada a compra, por ocasião de regular fiscalização do contrato, verificou-se que não foi providenciada a ratificação da inexigibilidade de licitação e a respectiva publicação no Diário Oficial. De acordo com a Lei nº 8.666/1993, o ato é

(A) regular, uma vez que a ratificação e a publicação da inexigibilidade no Diário Oficial visam apenas a atender o princípio da publicidade.

(B) ineficaz, na medida em que o ato de ratificação da inexigibilidade e sua respectiva publicação no Diário Oficial constituem condição para a eficácia do ato.

(C) eficaz, na medida em que a exigência de ratificação e respectiva publicação do ato no Diário Oficial são necessários apenas em caso de dispensa de licitação.

(D) irregular, tendo em vista que a inexigibilidade de licitação deve ser declarada ao final do certame que deve ser realizado.

(E) regularizável, caso a autoridade fiscalizadora ratifique a inexigibilidade, suprindo a ausência do ato.

Conforme disposto no art. 26, *caput*, da Lei 8.666/1993, a ratificação e publicação no Diário Oficial são condições para eficácia do ato. WG

Gabarito "B".

(Analista – TRE/RN – 2005 – FCC) Nos termos da Lei nº 8.666/1993, considera-se inexigível a licitação para a contratação de serviço

(A) na hipótese de licitação deserta e não sendo possível novo certame sem prejuízo para a Administração.

(B) de publicidade e divulgação.

(C) de impressão de diário oficial.

(D) de profissional do setor artístico, desde que consagrado pela crítica especializada.

(E) de engenharia no valor de R$ 10.000,00 (dez mil reais).

Art. 25, III, da Lei 8.666/1993. WG
Gabarito "D".

(Analista – TRE/SP – 2006 – FCC) Objetivando adquirir material destinado à construção civil, o Tribunal Regional de São Paulo, por meio do órgão responsável, instaurou regular procedimento licitatório. Entretanto, nenhum interessado apresentou-se, o que provocou a frustração da disputa. Assim, diante da constatação de que o interesse público sofreria prejuízos irreparáveis ante novo procedimento, a licitação será, em tese,

(A) revogada, em virtude da verificação de vício quanto ao sujeito.

(B) declarada inexigível, hipótese em que o Tribunal contratará diretamente com qualquer fornecedor.

(C) dispensável, mantidas todas as condições preestabelecidas no instrumento convocatório.

(D) dispensada, oportunidade em que o Tribunal fixará prazo de 8 (oito) dias para a apresentação de novas propostas.

(E) anulada por motivos de conveniência e oportunidade.

Como nenhum interessado apresentou-se, provocando a frustração da disputa e a consequente constatação de que o interesse público sofreria prejuízos irreparáveis, há de se notar a previsão do Art. 24, V, da Lei 8.666/1993, que garante a dispensa de licitação nestes casos. WG
Gabarito "C".

(Analista – TRE/GO – 2008 – CESPE) De acordo com a Lei n.º 8.666/1993 (Lei das Licitações), assinale a opção correta.

(A) Nos casos em que for cabível a modalidade convite, a administração não poderá utilizar a tomada de preços, tampouco a concorrência.

(B) É vedado conceder preferência, como critério de desempate, aos bens e serviços produzidos ou prestados por empresas brasileiras de capital nacional.

(C) É dispensável a licitação para contratação de fornecimento ou suprimento de energia elétrica e gás natural com concessionário, permissionário ou autorizado.

(D) Nos casos de guerra ou grave perturbação da ordem, a licitação é inexigível.

A: incorreto, pois a tomada de preços e a concorrência são modalidades que abrangem a modalidade convite; **B:** incorreto, conforme se verifica a partir da disposição do art. 3º, § 2º, da Lei 8.666/1993; **C:** correto, conforme estabelece o art. 24, XXII, da Lei 8.666/1993; **D:** incorreto, pois trata-se de caso de dispensa (art. 24, III, da Lei 8.666/1993), e não de inexigibilidade. WG
Gabarito "C".

(Analista – TRE/MA – 2009 – CESPE) No que concerne aos institutos da licitação e dos contratos no âmbito da administração pública, assinale a opção correta.

(A) A adjudicação é ato administrativo discricionário.

(B) A licitação fracassada autoriza a contratação direta por parte da administração, por constituir hipótese de dispensa de licitação.

(C) Os contratos administrativos devem ser formalizados por instrumento lavrado em cartório de notas, sob pena de invalidade.

(D) Nenhuma cláusula estranha ao edital de licitação pode ser acrescentada ao contrato posteriormente celebrado pela administração pública, sob pena de nulidade do ato.

(E) Constitui hipótese de dispensa de licitação a contratação de serviços técnicos, de natureza singular, de profissionais de notória especialização.

A: incorreto, pois a adjudicação consiste na atribuição do objeto da licitação ao seu vencedor; tal ato deve levar em conta um critério objetivo, qual seja, a verificação de quem é o vencedor; não há critérios subjetivos a serem analisados, de modo que não se trata de ato discricionário; **B:** incorreto, pois a licitação deserta, é aquela que autoriza a contratação direta (art. 24, V, da Lei 8.666/1993); a licitação fracassada é aquela em que apareceram interessados na disputa, mas todos foram inabilitados ou desclassificados, o que justifica a providência prevista no art. 48, § 3º, da Lei 8.666/1993; **C:** incorreto, pois essa determinação só existe para contratos relativos a direitos reais sobre imóveis (art. 60, *caput*, parte final da Lei 8.666/1993); **D:** correto, pois de fato, o princípio da vinculação ao edital impede que do contrato conste cláusula não prevista no edital; **E:** incorreto, pois trata-se de hipótese de inexigibilidade de licitação (art. 25, II, da Lei 8.666/1993). WG
Gabarito "D".

(Analista – TRE/MT – 2010 – CESPE) Assinale a opção correta acerca da Lei de Licitações.

(A) Com exceção dos casos de obras executadas e exploradas sob o regime de concessão, é vedado incluir no objeto da licitação a obtenção de recursos financeiros para sua execução, qualquer que seja a sua origem.

(B) Convite é o tipo de licitação direcionada para interessados pré-cadastrados ou que manifestem o seu interesse até 72 horas antes da apresentação das propostas, desde que comprovem atender as demais exigências do certame.

(C) É admitida a inclusão no objeto da licitação de fornecimento de materiais e serviços sem previsão de quantidades ou cujos quantitativos não correspondam às previsões reais do projeto básico ou executivo.

(D) É inexigível a licitação quando a União tiver de intervir no domínio econômico para regular preços ou normalizar o abastecimento.

(E) É facultada à administração, nas concorrências de âmbito internacional, estabelecer apenas em favor dos licitantes estrangeiros a possibilidade de promover cotação de preços em moeda estrangeira.

A: correto (art. 7º, § 3º, da Lei 8.666/1993); **B:** incorreto, pois convite é a modalidade de licitação entre interessados do ramo pertinente ao seu objeto, cadastrados ou não, escolhidos e convidados em número mínimo de 3 (três) pela unidade administrativa, a qual afixará, em local apropriado, cópia do instrumento convocatório e o estenderá aos demais cadastrados na correspondente especialidade que manifestarem seu interesse com antecedência de até 24 (vinte e quatro) horas da apresentação das propostas (art. 22, § 3º, da Lei 8.666/1993); **C:** incorreto (art. 7º, § 4º, da Lei 8.666/1993); **D:** incorreto, pois se trata de hipótese de dispensa de licitação (art. 24, VI, da Lei 8.666/1993); **E:** incorreto (art. 42, § 1º, da Lei 8.666/1993). WG
Gabarito "A".

(Analista – TRF/5ª – 2008 – FCC) Sobre dispensa e inexigibilidade de licitação, é certo que,

(A) a dispensa de licitação ocorre ante a impossibilidade de competição.

(B) a inexigibilidade decorre da impossibilidade de competição.

(C) as causas de dispensa de licitação previstas na legislação são meramente exemplificativas.

(D) a alienação de bens imóveis da Administração adquiridos por meio de dação em pagamento pode ser feita com dispensa de licitação.

(E) para a compra de imóvel destinado ao atendimento das finalidades precípuas da Administração, cujas necessidades de localização condicionem a sua escolha, sendo o preço compatível com o mercado, é inexigível a licitação.

A e B: a inviabilidade ou impossibilidade de competição diz respeito ao instituto da inexigibilidade (art. 25, *caput*, da Lei 8.666/1993); **C:** o rol do art. 24 da Lei 8.666/1993 é taxativo; **D:** a *alienação* desses bens depende de licitação (art. 19, III, da Lei 8.666/1993); **E:** trata-se de caso de *dispensa* (art. 24, X, da Lei 8.666/1993). WG
Gabarito "B".

(Analista – TJ/MT – 2008 – VUNESP) A Administração Pública pretende contratar uma determinada dupla de cantores sertanejos, consagrada pela opinião pública, para apresentação em show popular em praça pública, no evento comemorativo ao Dia do Trabalho. Nesta hipótese, segundo a Lei de licitações,

(A) deverá ser realizada a licitação por meio da concorrência.

(B) deverá ser realizada a licitação por meio de tomada de preços.

(C) deverá ser realizada a licitação por meio do concurso.

(D) poderá ser dispensada a licitação.

(E) a licitação será inexigível.

Art. 25, III, da Lei 8.666/1993. WG
Gabarito "E".

(Analista – MPU – 2007 – FCC) No que se refere à licitação, observa-se que ela será inexigível no caso de

(A) aquisição de bens destinados exclusivamente à investigação científica e tecnológica, com recursos concedidos por instituições oficiais de fomento à pesquisa.

(B) impossibilidade jurídica de competição entre contratantes, quer pela natureza específica do negócio, quer pelos objetivos sociais visados pela administração.

(C) contratação de instituição brasileira de pesquisa, ensino ou desenvolvimento institucional, ou dedicada à recuperação social do preso.

(D) aquisição de componentes, ou peças, necessários à manutenção de equipamentos, durante o período de garantia técnica.

(E) serviços prestados por associações de portadores de deficiência física, sem fins lucrativos e de comprovada idoneidade, desde que os preços sejam compatíveis com o mercado.

A: incorreto, pois trata-se de hipótese de dispensa de licitação (art. 24, XXI, da Lei 8.666/1993); **B:** Correto, conforme estabelecido no art. 25, *caput*, da Lei 8.666/1993; **C:** incorreto, pois trata-se de hipótese de dispensa de licitação (art. 24, XIII, da Lei 8.666/1993); **D:** incorreto, pois trata-se de hipótese de dispensa de licitação (art. 24, XVII, da Lei 8.666/1993); **E:** incorreto, pois trata-se de hipótese de dispensa de licitação (art. 24, XX, da Lei 8.666/1993). WG
Gabarito "B".

(Analista – MPU – 2004 – ESAF) Não se inclui no rol legal de hipóteses de dispensa de licitação a seguinte situação:

(A) aquisição de bens ou serviços nos termos de acordo internacional específico aprovado pelo Poder Executivo, quando as condições ofertadas forem manifestamente vantajosas para o Poder Público.

(B) compras de hortifrutigranjeiros, pão e outros gêneros perecíveis, no tempo necessário para a realização dos processos licitatórios correspondentes, realizadas diretamente com base no preço do dia.

(C) quando houver possibilidade de comprometimento da segurança nacional, nos casos estabelecidos em decreto do presidente da República, ouvido o Conselho de Defesa Nacional.

(D) quando não acudirem interessados à licitação anterior e essa, justificadamente, não puder ser repetida sem prejuízo para a Administração, mantidas, nesse caso, todas as condições preestabelecidas.

(E) aquisição ou restauração de obras de arte e objetos históricos, de autenticidade certificada, desde que compatíveis ou inerentes às finalidades do órgão ou entidade.

A: incorreta, devendo ser assinalada, visto que o acordo deve ser aprovado pelo Congresso Nacional e não Pelo Poder Executivo (art. 24, XIV, da Lei 8.666/1993; **B:** correto, de acordo com o art. 24, XII, da Lei 8.666/1993; **C:** correto, de acordo com o art. 24, IX, da Lei 8.666/1993; **D:** correto, de acordo com o art. 24, V, da Lei 8.666/1993; **E:** correto, de acordo com o art. 24, XV, da Lei 8.666/1993. WG

Gabarito "A".

1.3. Modalidades e tipos

(Analista – TJ/SC – FGV – 2018) Sobre o procedimento licitatório, analise as afirmativas a seguir. 1ª modalidade: não há fase de habilitação, uma vez que os licitantes já estão previamente cadastrados; 2ª modalidade: não há publicação de edital, sendo suficiente o envio do instrumento convocatório aos convidados, com posterior afixação no átrio da repartição pública e em local visível ao público.

De acordo com a Lei nº 8.666/93, as descrições das modalidades acima se referem, respectivamente, à licitação por:

(A) convite e concorrência;

(B) tomada de preços e pregão;

(C) pregão e convite;

(D) concorrência e tomada de preços;

(E) tomada de preços e convite.

As modalidades referidas na assertiva são, respectivamente, a tomada de preços e o convite. Tomada de preços é a modalidade de licitação entre interessados devidamente cadastrados ou que atenderem a todas as condições exigidas para cadastramento até o terceiro dia anterior à data do recebimento das propostas, observada a necessária qualificação. Já o Convite é a modalidade de licitação entre interessados do ramo pertinente ao seu objeto, cadastrados ou não, escolhidos e convidados em número mínimo de 3 (três) pela unidade administrativa, a qual afixará, em local apropriado, cópia do instrumento convocatório e o estenderá aos demais cadastrados na correspondente especialidade que manifestarem seu interesse com antecedência de até 24 (vinte e quatro) horas da apresentação das propostas – Art. 22, §§ 2º e 3º da Lei 8.666/1993 FB

Gabarito "E".

(Analista – MPU – CESPE – 2018) Com base nos dispositivos do Decreto 7.892/2013, que regulamenta o sistema de registro de preços, julgue o próximo item.

(1) Se o preço registrado por determinado fornecedor estiver acima do praticado pelo mercado, o registro de preço desse fornecedor será cancelado caso ele não concorde em reduzir o preço.

1: correta – Art. 20, III , do Decreto 7892/2013. FB

Gabarito 1C

(Analista – TRF/4 – FCC – 2019) Em uma licitação na modalidade tomada de preços, verificou-se que todas as propostas apresentadas estavam incompatíveis com as exigências do edital de licitação e, por essa razão, foram desclassificadas. Em vista do ocorrido, a Comissão de licitação deve

(A) propor à autoridade que autorizou o certame a contratação direta, por se tratar de licitação deserta.

(B) fixar aos licitantes o prazo de oito dias úteis para a apresentação de novas propostas, devidamente saneadas das incompatibilidades que justificaram a desclassificação.

(C) propor à autoridade que autorizou o certame a contratação do licitante que ofereceu a proposta mais vantajosa, relevando as incompatibilidades, em vista do princípio da economicidade.

(D) anular a licitação e propor à autoridade que autorizou o certame a republicação do edital, para coleta de novas propostas.

(E) revogar a licitação e propor à autoridade que autorizou o certame a contratação direta, por inexigibilidade de licitação.

Licitação fracassada é aquela em que há interessados no processo licitatório, mas que não preenchem os requisitos necessários, sendo, portanto, inabilitados ou desclassificados, não sendo possível a dispensa de nova licitação, devendo assim ser realizado novo processo licitatório pela Administração. O § 3º do art. 48 da Lei 8666/93 ainda determina que: "quando todos os licitantes forem inabilitados ou todas as propostas forem desclassificadas, a administração poderá fixar aos licitantes o prazo de oito dias úteis para a apresentação de nova documentação ou de outras propostas escoimadas das causas referidas neste artigo, facultada, no caso de convite, a redução deste prazo para três dias úteis". FB

Gabarito "B".

(Analista Judiciário – TRT/24 – FCC – 2017) Considere as assertivas abaixo concernentes à licitação para registro de preços.

I. O edital poderá admitir, como critério de julgamento, o menor preço aferido pela oferta de desconto sobre tabela de preços praticados no mercado, desde que tecnicamente justificado.

II. Quando o edital previr o fornecimento de bens ou prestação de serviços em locais diferentes, é facultada a exigência de apresentação de proposta diferenciada por região, de modo que aos preços sejam acrescidos custos variáveis por região.

III. O exame e a aprovação das minutas do instrumento convocatório e do contrato serão efetuados exclusivamente pela assessoria jurídica do órgão gerenciador.

IV. Após o encerramento da etapa competitiva, os licitantes não poderão reduzir seus preços ao valor da proposta do licitante mais bem classificado.

Nos termos do Decreto n. 7.892/2013, está correto o que se afirma APENAS em

(A) III e IV.

(B) II.

(C) I, II e III.

(D) IV.

(E) I, II e IV.

I: correto, art. 9º, § 1º, do Decreto 7.892/2013; **II:** correto, art. 9º, § 2º, do Decreto 7.892/2013, **III:** correta, art. 9º, § 4º, do Decreto 7.892/2013, **IV:** incorreta, pois poderão reduzir seus preços (art. 10 do Decreto 7.892/2013). GD

Gabarito "C".

(Analista Judiciário – TRT/24 – FCC – 2017) Em determinada licitação, na modalidade concorrência, umas das empresas licitantes impugnou, tempestivamente, cláusula do edital, alegando a existência de ilegalidade no instrumento convocatório. Nos termos da Lei n. 8.666/1993, a impugnação tempestiva da empresa

(A) constitui impeditivo para a participação nas próximas fases do certame, independentemente do momento em que ocorrerá o julgamento da impugnação.

(B) não a impedirá de participar do processo licitatório até o trânsito em julgado da decisão a ela pertinente.

(C) não a impedirá de participar do processo licitatório até ser proferida a primeira decisão acerca da impugnação.

(D) não a impedirá de participar do processo licitatório em nenhum momento da licitação, independentemente da decisão acerca da impugnação.

(E) não a impedirá de participar do processo licitatório até a última decisão a ela pertinente, não se exigindo o trânsito em julgado, mas que seja a última decisão proferida.

Determina o art. 41, § 3º, da Lei 8.666/1993 que: "A impugnação feita tempestivamente pelo licitante não o impedirá de participar do processo licitatório até o trânsito em julgado da decisão a ela pertinente". GD

Gabarito "B".

(Analista Judiciário – TRF/2 – Consulplan – 2017) "A Superintendência de Contratos de determinado órgão da Administração Pública Federal verifica a baixa quantidade de resmas de papel para impressora em seu almoxarifado, decidindo, então, por utilizar Sistema de Registro de Preços para realizar a aquisição do material." Sobre a hipótese, assinale a alternativa correta.

(A) Na licitação por Sistema de Registro de Preços não será necessário indicar a dotação orçamentária, a qual somente será exigida para a formalização do contrato.

(B) O Sistema de Registro de Preços não pode ser realizado no caso, uma vez que há vedação de sua utilização quando a aquisição puder se dar por meio de pregão, para aquisição de bens comuns.

(C) Após a realização do Sistema de Registro de Preços, a Administração Pública vincula-se ao instrumento convocatório, obrigando o órgão gerenciador a firmar as contratações que deles poderão advir.

(D) O Sistema de Registro de Preços somente pode ser utilizado em caráter excepcional, devidamente justificado na economicidade da aquisição, tendo em vista que limita a competitividade do certame.

A: correta, art. 7º, § 2º, do Decreto 7.892/2013; **B:** incorreta, pois pode ser realizado, conforme art. 7º, caput, do Decreto 7.892/2013 que assim dispõe: "a licitação para registro de preços será realizada na modalidade de concorrência, do tipo menor preço, nos termos da Lei n. 8.666, de

1993, ou na modalidade de pregão, nos termos da Lei n. 10.520, de 2002, e será precedida de ampla pesquisa de mercado"; **C:** incorreta, "a existência de preços registrados não obriga a administração a contratar, facultando-se a realização de licitação específica para a aquisição pretendida, assegurada preferência ao fornecedor registrado em igualdade de condições" (art. 16 do Decreto 7.892/2013); **D:** incorreta, as hipóteses de cabimento estão previstas no art. 3º, I a IV, do Decreto 7.892/2013, a seguir transcrito: "Art. 3º O Sistema de Registro de Preços poderá ser adotado nas seguintes hipóteses: I – quando, pelas características do bem ou serviço, houver necessidade de contratações frequentes; II – quando for conveniente a aquisição de bens com previsão de entregas parceladas ou contratação de serviços remunerados por unidade de medida ou em regime de tarefa; III – quando for conveniente a aquisição de bens ou a contratação de serviços para atendimento a mais de um órgão ou entidade, ou a programas de governo; ou IV – quando, pela natureza do objeto, não for possível definir previamente o quantitativo a ser demandado pela Administração". GD

Gabarito "A".

(Analista Judiciário – TRE/PI – CESPE – 2016) Assinale a opção correta acerca do Sistema de Registro de Preços.

(A) A licitação para registro de preços de equipamentos eletrônicos essenciais à atividade finalística de determinada instituição, deve ser feita na modalidade tomada de preços, com julgamento do tipo técnica e preço.

(B) É admissível que um órgão ou entidade da administração pública, direta ou indireta, utilize o mesmo registro de preços para adquirir o dobro do quantitativo total publicado no edital, independentemente de anuência do órgão gerenciador.

(C) A ata de registro de preços deve ser assinada com validade de doze meses, prorrogável por igual período.

(D) Por se tratar de ato discricionário da autoridade competente, a adoção do Sistema de Registro de Preços deverá ser decidida unilateralmente pela administração pública, não havendo restrições legais que impeçam sua admissão.

(E) A existência de preços registrados não obriga a administração pública a contratar, devendo-se, no entanto, no caso de o objeto ser novamente licitado, dar-se preferência ao fornecedor registrado em igualdade de condições.

A: incorreta, art. 7º, caput, do Decreto 7.892/2013 dispõe: "a licitação para registro de preços será realizada na modalidade de concorrência, do tipo menor preço, nos termos da Lei n. 8.666, de 1993, ou na modalidade de pregão, nos termos da Lei n. 10.520, de 2002, e será precedida de ampla pesquisa de mercado"; **B:** incorreta, pois cabe ao órgão gerenciador a prática de todos os atos de controle e administração do Sistema de Registro de Preços (, art. 5º do Decreto 7.892/2013), ou seja, depende de sua anuência; **C:** incorreta, "o prazo de validade da ata de registro de preços não será superior a doze meses, incluídas eventuais prorrogações" (art. 12 do Decreto 7.892/2013); **D:** incorreta, Sistema de Registro de Preços poderá ser adotado nas hipóteses previstas no art. 3º, I a IV, do Decreto 7.892/2013; **E:** correta, conforme determina o art. 16 do Decreto 7.892/2013. GD

Gabarito "E".

(Analista Judiciário – TRT/8ª – 2016 – CESPE) O órgão X, integrante da administração pública federal, lançou um edital de licitação do tipo técnica e preço, para a formação de regime de preços e a compra de 350 unidades de determinado equipamento para serem usadas em sua finalidade institucional. Compareceram ao certame as duas únicas empresas fabricantes desse tipo de equipamento. Embora a primeira empresa tenha apresentado a melhor proposta de preço, no valor unitário de R$ 45.000, a segunda empresa saiu-se vencedora, considerando--se que os equipamentos comercializados por essa empresa, no valor unitário de R$ 46.000, a despeito de serem importados, seriam mais apropriados ao objeto do contrato, já que teriam qualidade bem superior e um valor pouco acima do da concorrente. Por sua vez, uma autarquia do estado Y, com finalidade institucional semelhante à do órgão X, também demonstrou interesse nesse tipo de equipamento e resolveu usar o regime de preços daquele órgão e comprar 100 unidades do mesmo fabricante. Foi firmado o contrato de compra e venda, e os equipamentos foram montados e colocados no almoxarifado da autarquia estadual. Antes do recebimento do objeto do contrato, porém, o governador do estado, ciente do fato pela mídia, determinou a suspensão da licitação, em razão do não esclarecimento da necessidade de aquisição de um produto mais caro em detrimento de um mais barato.

Acerca dessa situação hipotética e do que estabelece a legislação relativamente a licitações e contratos e ao exercício do poder de polícia, assinale a opção correta.

(A) A modalidade de licitação no sistema de registro de preços deverá ser a concorrência, haja vista a adoção do julgamento por técnica e preço.

(B) Em vista dos fatos na situação hipotética em apreço, há direito subjetivo da autarquia estadual de rescindir unilateralmente o contrato, ao verificar que a aquisição dos equipamentos não é conveniente ou oportuna para a administração pública.

(C) No caso do estado Y, se for comprovada a ilegalidade no procedimento licitatório, sem culpa da contratada, o governador poderá anular o contrato e, consequentemente, a licitação, sem necessidade de indenizar o contratante pela montagem e pela entrega dos equipamentos.

(D) Se a finalidade institucional do órgão X fosse a atividade de policiamento de rodovias, seria correto relacioná-la com o conceito subjetivo de administração pública.

(E) A especificação de marcas de produtos em editais de licitação é permitida para compras pela administração pública, quando a licitação for do tipo técnica e preço.

A: correta (art. 15, § 3°, I, da Lei 8.666/1993); **B:** incorreta, pois a revogação da licitação é permitida e estabelecida em lei (art. 49, *caput*, da Lei 8.666/1993), mas no caso já se tem um contrato firmado e este deve ser respeitado, sendo que a exceção do art. 78, XII, da Lei 8.666/1993 requer também os requisitos "alta relevância" e "amplo conhecimento"; **C:** incorreta; primeiro porque a autarquia tem autonomia administrativa e em geral não há permissão legal para o ente político criador de uma autarquia determinar a anulação de atos administrativos desta; segundo porque a licitação foi feita pela esfera federal e a estadual não pode anulá-la; e terceiro porque, quando se anula a licitação por ilegalidade sem culpa da contratada, esta deve ser indenizada (art. 59, parágrafo único, da Lei 8.666/1993); **D:** incorreta, pois o conceito subjetivo de Administração Pública foca na *entidade*, no *sujeito*, e não na *atividade* do ente; **E:** incorreta, pois nas compras não é permitida a indicação de marcas (art. 15, § 7°, I, da Lei 8.666/1993). **WG**
Gabarito "A".

(Analista – TRT/6ª – 2012 – FCC) A respeito das modalidades licitatórias previstas na Lei nº 8.666/1993 e legislação correlata, é correto afirmar que se aplica

(A) leilão, para alienação de bens móveis inservíveis para a Administração, independentemente do valor.

(B) pregão, para alienação de bens móveis adquiridos pela Administração em procedimento judicial.

(C) concurso, para a contratação de obras e serviços de engenharia de alta complexidade.

(D) leilão, para alienação de bens apreendidos ou penhorados, desde que avaliados em até R$ 80.000,00 (oitenta mil reais).

(E) concurso, para escolha de trabalho científico ou artístico, vedada a instituição de prêmio.

A: correto (art. 22, § 5°, da Lei 8.666/1993); **B:** incorreto, pois o pregão se destina à aquisição e não à alienação de bens pela Administração (art. 1° da Lei 10.520/2002); **C:** incorreto, pois o concurso se destina à escolha de trabalho técnico, científico ou artístico, mediante a instituição de prêmio ou remuneração (art. 22, § 4°, da Lei 8.666/1993), e não à contratação de obras e serviços de engenharia de alta complexidade; **D:** incorreto, pois não há limite de valor para o uso de leilão para a alienação de bens móveis apreendidos ou penhorados (art. 22, § 5°, da Lei 8.666/1993); **E:** incorreto, pois, nos concursos, escolhe-se trabalho técnico, científico ou artístico, mediante a instituição de prêmio ou remuneração (art. 22, § 4°, da Lei 8.666/1993). **WG**
Gabarito "A".

(Analista – TRE/AL – 2010 – FCC) De acordo com a Lei nº 8.666/1993, constituem tipos de licitação, EXCETO na modalidade concurso, dentre outros,

(A) empreitada por preço global e empreitada integral.

(B) menor preço e técnica e preço.

(C) convite e tomada de preços.

(D) execução direta e execução indireta.

(E) menor preço e tarefa.

Art. 45, § 1°, I e III, da Lei 8.666/1993. **WG**
Gabarito "B".

(Analista – TRE/AP – 2011 – FCC) Nos termos da Lei de Licitações (Lei 8.666/1993), constituem, dentre outras, hipóteses em que será possível a licitação na modalidade tomada de preços:

(A) licitações internacionais, mesmo que o órgão ou entidade não disponha de cadastro internacional de fornecedores.

(B) compras e serviços, com exceção dos serviços de engenharia, cujo valor seja de setecentos mil reais.

(C) casos em que couber convite.

(D) obras e serviços de engenharia cujo valor seja de um milhão e seiscentos mil reais.

(E) concessões de direito real de uso.

A: incorreto, pois na hipótese caberá apenas a modalidade concorrência (art. 23, § 3°, da Lei 8.666/1993); **B:** incorreto, pois para compras e serviços acima de R$ 650.000,00 será adotada a modalidade concorrência (art. 23, II alíneas "b" e "c" da Lei 8.666/1993); **C:** correto (art. 23, § 4°, da Lei 8.666/1993); **D:** incorreto, pois para obras e serviços de engenharia que ultrapassem R$ 1.500.000,00 será adotada a modalidade concorrência (art. 23, I, da Lei 8.666/1993); **E:** incorreto, pois para a concessão de direito real de uso será adotada a modalidade concorrência (art. 23, § 3°, da Lei 8.666/1993). **WG**
Gabarito "C".

(Analista – TRE/CE – 2012 – FCC) O Estado do Ceará pretende realizar procedimento licitatório para a realização de obra de engenharia no valor de R$ 1.550.000,00 (um milhão, quinhentos e cinquenta mil reais). A modalidade de licitação para tal hipótese é

(A) concorrência ou tomada de preços.

(B) tomada de preços, apenas.

(C) concorrência, apenas.

(D) tomada de preços ou convite.

(E) convite, apenas.

De acordo com o disposto no art. 23, I, *c*, da Lei 8.666/1993, no caso de obras e serviços de engenharia com valor estimado da contratação acima de R$ 1.500.000,00 (um milhão e quinhentos mil reais), a modalidade de licitação será de concorrência. **WG**

Gabarito "C"

(Analista – TRE/MS – 2007 – FCC) Considere as afirmativas abaixo.

I. Quando obrigatória a licitação, o administrador poderá escolher livremente a sua modalidade.

II. Em havendo ilegalidade, o Poder Judiciário pode anular o processo de licitação, com efeitos *ex tunc*.

III. O Poder Judiciário pode revogar processo licitatório, com efeitos *ex tunc*, desde que por razões de conveniência e oportunidade.

IV. Modalidade de licitação pela qual participam interessados devidamente cadastrados, observada a necessária qualificação, denomina-se tomada de preços.

É correto o que se afirma apenas em:

(A) I e III.

(B) I e II.

(C) I, II e IV.

(D) II e IV.

(E) III e IV.

I: incorreto, pois existe uma modalidade adequada a cada situação; confira o disposto nos §§ do art. 22 da Lei 8.666/1993 e também o disposto no art. 1º da Lei 10.520/2002; **II:** correto, pois o Judiciário tem o poder de anular atos ilegais; **III:** incorreto, pois o Judiciário não pode revogar atos administrativos da Administração Pública, pois a revogação implica a análise de conveniência e oportunidade (aspectos de competência exclusiva da Administração), diferentemente da anulação, que implica a análise de legalidade e ilegalidade (aspectos em relação aos quais o Judiciário tem competência); **IV:** correto (art. 22, § 2º, da Lei 8.666/1993). **WG**

Gabarito "D"

(Analista – TRE/RS – 2010 – FCC) Dentre as modalidades de licitação previstas na Lei nº 8.666/1993, NÃO se inclui:

(A) leilão.

(B) concorrência.

(C) convite.

(D) concurso.

(E) técnica e preço.

A, B, C e **D:** são modalidades de licitação (art. 22 da Lei 8.666/1993); **E:** técnica e preço é um **tipo** de licitação (art. 45, § 1º, III, da Lei 8.666/1993). **WG**

Gabarito "E"

(Analista – TRE/SE – 2007 – FCC) A modalidade de licitação adequada para eleição de um trabalho científico, por meio de instituição de prêmio ou remuneração ao vencedor, é

(A) tomada de preços.

(B) concorrência.

(C) convite.

(D) concurso.

(E) leilão.

Art. 22, § 4º, da Lei 8.666/1993. **WG**

Gabarito "D"

(Analista – TRE/SE – 2007 – FCC) O leilão é uma modalidade de licitação

(A) adequada para a venda de bens móveis inservíveis para a administração ou de produtos legalmente apreendidos ou penhorados, a quem oferecer o maior lance, independentemente do valor da avaliação.

(B) adequada somente para a alienação de bens imóveis, a quem oferecer o maior lance, igual ou superior ao valor da avaliação.

(C) que a Administração Pública pode utilizar para a alienação de qualquer bem imóvel, a quem oferecer o maior lance, igual ou superior ao valor da avaliação.

(D) que a Administração Pública pode utilizar para a alienação de bem imóvel, a quem oferecer o maior lance, independentemente do valor da avaliação.

(E) adequada para a venda de bens móveis inservíveis para a administração ou de produtos legalmente apreendidos ou penhorados, a quem oferecer o maior lance, igual ou superior ao valor da avaliação.

A: Incorreto, pois o bem será arrematado a quem oferecer o maior lance, igual ou superior o valor da avaliação, conforme previsão do Art. 22, § 5º, da Lei 8.666/1993. **B:** Incorreto, é modalidade de licitação também para a venda de bens móveis inservíveis para a administração ou de produtos legalmente apreendidos ou penhorados; **C:** Incorreto, visto que a Administração pode utilizar o leilão para alienação de bens imóveis prevista no art. 19 da Lei 8.666/1993, e não para alienação de qualquer bem imóvel (art. 22 § 5º da Lei 8.666/1993); **D:** Incorreto, pois a Administração Pública pode utilizar para a alienação de bem imóvel a quem oferecer maior lance, desde que igual ou superior ao valor da avaliação; **E:** Correto, conforme preceitua o art. 22 § 5º da Lei 8.666/1993. **WG**

Gabarito "E"

(Analista – TRE/SP – 2006 – FCC) No que tange à licitação, é correto afirmar:

(A) Para a compra e alienação de bens imóveis, a Administração Pública pode se valer do tipo de licitação denominado pregão.

(B) A concorrência é a modalidade de licitação obrigatória nas concessões de direito real de uso.

(C) Havendo interesse público, a autoridade competente pode substituir a tomada de preços pelo convite.

(D) O concurso destina-se à escolha de trabalho técnico, científico, artístico ou contratação de serviço ou fornecimento de bens.

(E) O leilão é o tipo de licitação entre quaisquer interessados para a venda de bens sem utilidade para a Administração.

A: Incorreto, pois pregão é uma modalidade de licitação, e não um tipo. Ademais, o pregão é utilizado para aquisição de bens e serviços, e não alienação, e o que estabelece o art. 1º da Lei 10.520/2002; **B:** correto, conforme estabelecido no art. 23, § 3º, da Lei 8.666/1993; **C:** a tomada de preços é mais abrangente que o convite, de modo que quando couber este caberá a tomada de preços, mas o contrário não é possível; **D:** o concurso não se destina à "contratação de serviço ou fornecimento de bens" (art. 22, § 4º, da Lei 8.666/1993); **E:** leilão não é *tipo* de licitação; é *modalidade* de licitação; os tipos são menor preço, melhor técnica e melhor técnica e preço; as modalidades são concorrência, tomada de preços, convite, concurso, leilão e pregão. [WG]

Gabarito "B".

(Analista – TRF/1ª – 2006 – FCC) A Administração Pública, objetivando vender produtos legalmente apreendidos, deverá realizar procedimento licitatório sob a modalidade de

(A) convite, desde que demonstre a ausência de utilidade pública dos bens em disputa.

(B) concurso, cujo vencedor será aquele que oferecer maior lance, igual ou superior ao valor da avaliação do bem.

(C) leilão, cujo edital deve ser amplamente divulgado principalmente no município em que se realizará.

(D) tomada de preços, cujos interessados devem estar cadastrados até o dia anterior à data do recebimento das propostas.

(E) concorrência pública, aberta a quaisquer interessados que, na fase de julgamento, comprovem possuir os requisitos mínimos de qualificação exigidos no edital.

Art. 22, § 5º, da Lei 8.666/1993. [WG]

Gabarito "C".

(Analista – TJ/PI – 2009 – FCC) A modalidade de licitação que é realizada entre interessados previamente cadastrados, ou que preencham os requisitos para cadastramento até o terceiro dia anterior à data do recebimento das propostas, observada a necessária qualificação, é

(A) o convite.

(B) o pregão.

(C) a tomada de preço.

(D) a concorrência.

(E) o concurso.

Art. 22, § 2º, da Lei 8.666/1993. [WG]

Gabarito "C".

(Analista – TJ/PE – 2007 – FCC) No que tange à licitação, observe as seguintes afirmações:

I. Ao declarar a licitação dispensável, o órgão responsável deverá demonstrar a inviabilidade de competição ante a existência de um único objeto ou pessoa que atenda às necessidades da Administração.

II. Verifica-se a licitação deserta quando não acudirem interessados na licitação anterior e esta, justificadamente, não puder ser repetida sem prejuízo para a Administração, mantidas, neste caso, todas as condições preestabelecidas.

III. Dentre os tipos de licitação, o convite destina-se a escolha de trabalho técnico, artístico ou científico, mediante a instituição de um prêmio.

IV. A concorrência é obrigatória, dentre outras hipóteses, para as concessões de direito real de uso.

É correto o que se afirma APENAS em

(A) I e II.

(B) I e III.

(C) I, III e IV.

(D) II, III e IV.

(E) II e IV.

I: incorreto, pois a inviabilidade caracteriza inexigibilidade (art. 25 da Lei 8.666/1993); **II:** correto (art. 24, V, da Lei 8.666/1993); **III:** incorreto, pois essa é a definição de concurso (*vide* art. 22, §§ 3º e 4º, da Lei 8.666/1993); **IV:** correto (art. 23, § 3º, da Lei 8.666/1993). [WG]

Gabarito "E".

(Analista – MPU – 2004 – ESAF) Entre as modalidades de licitação, assinale a opção que se refere à tomada de preços.

(A) Modalidade de licitação entre quaisquer interessados que, na fase inicial de habilitação preliminar, comprovem possuir requisitos mínimos de qualificação exigidos no edital para a execução de seu projeto.

(B) Modalidade de licitação entre quaisquer interessados, para a escolha de trabalho técnico, científico ou artístico, mediante a instituição de prêmios ou remuneração aos vendedores.

(C) Modalidade de licitação entre interessados do ramo pertinente a seu objeto, cadastrados ou não, escolhidos e convidados em número mínimo de três pela unidade administrativa a qual afixará, em local apropriado, cópia do instrumento convocatório.

(D) Modalidade de licitação entre quaisquer interessados para a venda de bens móveis inservíveis para a Administração Pública ou de produtos legalmente apreendidos ou penhorados.

(E) Modalidade de licitação entre interessados devidamente cadastrados ou que atenderem a todas as condições exigidas para o cadastramento até o terceiro dia anterior à data de recebimento das propostas, observada a necessária qualificação.

A: Incorreto, pois tal descrição refere-se à modalidade concorrência (art. 22, § 1º, da Lei 8.666/1993); **B:** Incorreto, pois tal descrição refere-se à modalidade concurso (art. 22 § 4º da Lei 8.666/1993); **C:** Incorreto, pois tal descrição refere-se à modalidade, convite (art. 22, § 3º, da Lei 8.666/1993) **D:** Incorreto, pois tal descrição refere-se à modalidade leilão (art. 22, § 5º, da Lei 8.666/1993) **E:** Correto, visto que está de acordo com o estabelecido no art. 22, § 2º, da Lei 8.666/1993. [WG]

Gabarito "E".

(Analista – MPU – 2004 – ESAF) A legislação das agências reguladoras estabeleceu a possibilidade de se utilizar, para a aquisição de bens e contratação de serviços por essas entidades, uma modalidade especial de licitação, prevista tão somente para essa categoria organizacional. Tal modalidade denomina-se:

(A) pregão

(B) consulta

(C) convite

(D) credenciamento

(E) registro de preços

Art. 37 da Lei 9.986/2000. [WG]

Gabarito "B".

1.4. Fases/Procedimento (edital, habilitação, julgamento, adjudicação e homologação)

(Analista Judiciário – TRT/20 – FCC – 2016) O Estado de Sergipe, após o encerramento de licitação na modalidade concorrência, celebrou contrato administrativo com a empresa vencedora do certame. A publicação resumida do instrumento do contrato na imprensa oficial

(A) será providenciada pela Administração até o décimo dia útil do mês seguinte ao de sua assinatura.

(B) é condição indispensável para a eficácia do contrato administrativo.

(C) ocorrerá no prazo de trinta dias após a providência da Administração de remeter o texto do resumo ou extrato do contrato para a Imprensa Oficial.

(D) não se faz necessária, dependendo do valor contratual.

(E) não é exigida para eventuais aditamentos contratuais subsequentes, sob pena de gerar ônus desproporcionais à empresa contratada.

A: incorreta, será providenciada até o quinto dia útil do mês seguinte (art. 61, parágrafo único, da Lei 8.666/1993); B: correta (art. 61, parágrafo único, da Lei 8.666/1993); C: incorreta, vide comentários à letra A; D: incorreta, pois é necessária, qualquer que seja seu valor (art. 61, parágrafo único, da Lei 8.666/1993); E: incorreta, pois é exigida (art. 61, parágrafo único, da Lei 8.666/1993). GD
Gabarito "B".

(Analista – STJ – 2004 – CESPE) Julgue o seguinte item.

(1) Qualquer ato licitatório deve ser editado, habilitado, julgado, classificado, homologado, adjudicado e avaliado por uma comissão de três membros.

1: há modalidades de licitações em que não há a fase de habilitação e que não há comissão de licitação; no pregão, por exemplo, existe o pregoeiro e a equipe de apoio (art. 3º, IV e § 1º, da Lei 10.520/2002). WG
Gabarito 1E

(Analista – TST – 2008 – CESPE) Considere-se que o TST tenha realizado licitação do tipo técnica e preço para adquirir vinte impressoras e que o resultado da licitação tenha sido homologado, mas ainda não tenham sido celebrados os respectivos contratos. Com base nessa situação, julgue os itens subsequentes.

(1) Uma vez homologada a licitação, ela deixa de ser sujeita a revogação ou anulação por parte da administração pública.

(2) A homologação da licitação confere ao licitante direito a que os contratos sejam celebrados no prazo de trinta dias, contados da publicação do ato homologatório.

(3) Uma vez adquiridas pelo TST, as referidas impressoras se tornarão bens públicos de uso especial.

1: incorreto, pois a homologação da licitação (verificação de sua regularidade formal) não impede, por exemplo, que, posteriormente, esta seja anulada pela descoberta de uma ilegalidade, até porque o princípio da legalidade determina que a Administração anule os atos ilegais; 2: incorreto, pois o licitante não tem direito à contratação; por outro lado, a Administração só pode obrigar o vencedor da licitação a celebrar o contrato se este for convocado em até 60 dias da entrega das propostas (art. 64, § 3º, da Lei 8.666/1993); 3: correto, pois os bens públicos utilizados em um serviço público são bens de uso especial, e não de uso comum do povo ou meramente dominiais. WG
Gabarito 1E, 2E, 3C

(Analista – TRT/11ª – 2005 – FCC) A desclassificação do licitante, motivada pelo não atendimento às exigências constantes no instrumento convocatório do certame, está diretamente relacionada com o princípio da

(A) competitividade.

(B) igualdade entre os licitantes.

(C) sigilo na apresentação das propostas.

(D) economicidade.

(E) vinculação ao edital.

Quando não se atende ao edital, viola-se o princípio da vinculação ao edital. WG
Gabarito "E".

(Analista – TRT/20ª – 2006 – FCC) No caso da licitação do tipo menor preço, após ordenar as propostas em ordem crescente dos preços propostos, constata-se empate entre três licitantes brasileiros que produzem o objeto do certame dentro do território nacional. Neste caso, a escolha do vencedor se dará

(A) por sorteio, em ato público.

(B) por critério de antiguidade.

(C) de acordo com aferições técnicas e fiscais.

(D) mediante a instauração de nova licitação.

(E) de acordo com a melhor técnica e preço.

Art. 45, § 2º, da Lei 8.666/1993. WG
Gabarito "A".

(Analista – TRT/23ª – 2007 – FCC) Considerando o que dispõe a Lei nº 8.666/1993, especialmente quanto à fase de habilitação, o registro ou inscrição do engenheiro no conselho regional de engenharia, diz respeito à sua

(A) qualificação jurídica.

(B) qualificação técnica.

(C) regularidade fiscal.

(D) habilitação econômica-financeira.

(E) qualificação social.

Art. 30, I, da Lei 8.666/1993. WG
Gabarito "B".

(Analista – TRE/CE – 2012 – FCC) A empresa "Y" sagrou-se vencedora de determinado procedimento licitatório. Em razão disso, a Administração Pública convocou-a regularmente para assinar o termo de contrato, dentro do prazo e condições estabelecidos. No entanto, a empresa "Y", injustificadamente, não compareceu para a assinatura do termo de contrato.

Diante do fato narrado e nos termos da Lei de Licitações (Lei nº 8.666/1993),

(A) é facultado à Administração convocar os licitantes remanescentes, na ordem de classificação, para fazê-lo em igual prazo e nas mesmas condições propostas pelo primeiro classificado.

(B) a Administração está obrigada a revogar a licitação.

(C) o prazo de convocação poderá ser prorrogado uma vez.

(D) a Administração deverá anular a licitação.

(E) o fato narrado caracteriza descumprimento parcial da obrigação assumida, ficando a empresa "Y" proibida de participar de novo certame pelo prazo de dois anos.

Art. 64, § 2º, da Lei 8.666/1993. WG
Gabarito "A".

(Analista – TRE/TO – 2011 – FCC) De acordo com a Lei 8.666/1993 (Lei de Licitações), os interessados em participar de licitação, na modalidade convite:

(A) São convocados obrigatoriamente por meio da publicação do edital na Imprensa Oficial.

(B) Como regra, são convidados em número mínimo de três pela unidade administrativa.

(C) Não precisam ser necessariamente do ramo pertinente ao objeto do convite.

(D) Devem ser previamente cadastrados.

(E) Não poderão participar, os cadastrados na correspondente especialidade, ainda que manifestem interesse até vinte e quatro horas antes da apresentação das propostas.

Art. 22, § 3º, da Lei 8.666/1993. WG
Gabarito "B".

(Analista – MPU – 2007 – FCC) A respeito do procedimento licitatório, considere:

I. O pedido de impugnação de edital de licitação deve ser protocolado até 15 dias úteis antes da data fixada para a abertura dos envelopes de habilitação.

II. A impugnação feita tempestivamente pelo licitante não o impedirá de participar do processo licitatório até o trânsito em julgado da decisão a ela pertinente.

III. A inabilitação do licitante importa preclusão do seu direito de participar das fases subsequentes.

IV. Decairá do direito de impugnar o edital de licitação o licitante que não o fizer até o quinto dia útil que anteceder a abertura dos envelopes de habilitação em concorrência.

Está correto o que consta APENAS em

(A) I e II.

(B) I, II e III.

(C) II e III.

(D) III e IV.

(E) II, III e IV.

I: incorreto, o prazo é de até 5 dias úteis (art. 41, § 1º, da Lei 8.666/1993); II: correto (art. 41, § 3º, da Lei 8.666/1993); III: correto (art. 41, § 4º, da Lei 8.666/1993); IV: incorreto, o prazo é até o segundo dia útil (art. 41, § 2º, da Lei 8.666/1993). WG
Gabarito "C".

(Analista – MPU – 2004 – ESAF) Dos atos da Administração, decorrentes de aplicação da Lei nº 8.666/1993, em matéria de licitação ou contrato, no caso de julgamento das propostas, cabe recurso administrativo, no prazo de

(A) 5 dias úteis, sem efeito suspensivo.

(B) 10 dias úteis, sem efeito suspensivo.

(C) 15 dias consecutivos, sem efeito suspensivo.

(D) 10 dias úteis, com efeito suspensivo.

(E) 5 dias úteis, com efeito suspensivo.

Art. 109, I, *b*, e § 2º, da Lei 8.666/1993. WG
Gabarito "E".

2. CONTRATOS

2.1. Disposições preliminares

(Analista – TRT/13ª – 2005 – FCC) É INCORRETO afirmar que é considerada característica dos contratos administrativos, dentre outras, a

(A) ausência de cláusulas exorbitantes.

(B) natureza de contratos de adesão.

(C) natureza, de regra, *intuitu personae*.

(D) finalidade pública.

(E) sua mutabilidade.

A: Incorreto, devendo ser assinalada, pois o contrato administrativo contém, sim, cláusulas exorbitantes, ou seja, cláusulas em que a Administração Pública tem prerrogativas especiais (art. 58 da Lei 8.666/1993). **B:** Correto, visto que os contratos administrativos são contratos de adesão, pois a Administração estipula as cláusulas unilateralmente. **C:** Correto, já que os contratos administrativos são, em regra, *intuito personae*, ou seja, devem ser cumpridos pessoalmente pelo contrato. **D:** Correto, haja vista que os contratos administrativos têm, por óbvio, finalidade pública. **E:** Correto, pois os contratos administrativos podem ser modificados no curso de sua execução (art. 65 da Lei 8.666/1993). WG
Gabarito "A".

(Analista – TRT/20ª – 2006 – FCC) Em relação aos contratos administrativos, as cláusulas

(A) essenciais são fixadas por meio de acordo celebrado entre as partes.

(B) que fixam sua imutabilidade podem ser impostas pelo contratante, desde que com isso concorde a Administração.

(C) exorbitantes se exteriorizam, dentre outras hipóteses, por meio da inoponibilidade da exceção do contrato não cumprido.

(D) econômico-financeiras podem ser alteradas unilateralmente pelo particular, para melhor adequar o ajuste às finalidades públicas.

(E) que estipulam a fiscalização pela administração, não possuem incidência se não previstas expressamente nos contratos.

A: Incorreto, pois as cláusulas são fixadas unilateralmente pela Administração; **B:** incorreto, pois os contratos administrativos podem ser modificados ou alterados (art. 65 da Lei 8.666/1993); **C:** o art. 78, XIV e XV, da Lei 8.666/1993 não permite a alegação de exceção de contrato não cumprido pelo prazo de 120 e 90 dias, respectivamente; **D:** incorreto, pois o equilíbrio econômico do contrato, expresso nas cláusulas econômicas, não pode ser alterado por qualquer das partes; **E:** incorreto, pois a Administração tem o direito de fiscalizar o contrato, nos termos do estabelecido na própria lei, pouco importando se está ou não previsto no contrato (arts. 66 e ss. da Lei 8.666/1993). WG
Gabarito "C".

(Analista – TRE/AP – 2011 – FCC) Uma das características dos contratos administrativos denomina-se *comutatividade*, que consiste em

(A) presença de cláusulas exorbitantes.

(B) equivalência entre as obrigações ajustadas pelas partes.

(C) sinônimo de bilateralidade, isto é, o contrato sempre há de traduzir obrigações para ambas as partes.

(D) obrigação *intuitu personae*, ou seja, que deve ser executada pelo próprio contratado.

(E) sinônimo de consensualidade, pois o contrato administrativo consubstancia um acordo de vontades e não um ato impositivo da Administração.

De fato, o conceito de comutatividade é a equivalência entre as obrigações assumidas pelas partes e é, ao lado de outras, uma das características do contrato administrativo. WG
Gabarito "B".

(Analista – TJ/MT – 2008 – VUNESP) O Tribunal de Justiça, ao elaborar um contrato administrativo para aquisição de serviços, introduziu nele as seguintes cláusulas: (1.ª) que no caso de atraso injustificado do início do serviço, o poder público poderá rescindir unilateralmente o contrato; e (2.ª) que a declaração de nulidade do contrato operará efeitos apenas a partir dessa declaração, mantendo íntegros os efeitos jurídicos já produzidos. Sobre essas cláusulas, é correto dizer que

(A) ambas são nulas de pleno direito.

(B) ambas são anuláveis.

(C) a primeira é válida, e a segunda, nula.

(D) ambas são válidas.

(E) a primeira é nula, e a segunda, válida.

De fato, o atraso mencionado justifica a rescisão unilateral do contrato (art. 78, IV, da Lei 8.666/1993). Porém, a declaração de nulidade do contrato tem efeitos retroativos, atingindo os efeitos já produzidos (art. 59 da Lei 8.666/1993). WG

Gabarito "C".

(Analista – MPU – 2004 – ESAF) De regra, os contratos administrativos, regidos pela Lei nº 8.666/1993, devem ter sua duração adstrita à vigência dos respectivos créditos orçamentários, mas entre as exceções incluem-se os relativos à prestação de serviços, a serem executados de forma continuada, que poderão tê-la

(A) prorrogada, por iguais e sucessivos períodos, até 60 meses.

(B) fixada em 10 anos.

(C) prorrogada, por iguais e sucessivos períodos, até 48 meses.

(D) fixada em 5 anos.

(E) prorrogada, por iguais e sucessivos períodos, até 10 anos.

Art. 57, II, da Lei 8.666/1993. WG

Gabarito "A".

2.2. Formalização dos contratos

(Analista – TRT9 – 2012 – FCC) A propósito dos contratos administrativos regidos pela Lei nº 8.666/1993, tem-se como necessário estipular cláusula que trate da vigência, sendo relevante destacar, quanto a esse aspecto a

(A) vigência por prazo não superior a 24 meses, salvo exceções expressas, como na prestação de serviços contínuos, cuja duração pode ser por prazo indeterminado devendo ser comprovada, anualmente, a existência de recursos orçamentários para realização das despesas.

(B) regra geral de vigência dos contratos tendo termo final coincidindo com o término do exercício financeiro, salvo exceções expressas, como na prestação de serviços contínuos.

(C) duração adstrita à vigência dos créditos orçamentários, salvo nas hipóteses de contratações de fornecimento por meio de pregão, cuja duração pode ser por prazo indeterminado devendo ser comprovada, anualmente, a existência de recursos orçamentários para realização das despesas.

(D) obrigação de vincular a duração das avenças à vigência dos créditos orçamentários autorizados para fazer frente às respectivas vigências, em especial quando se tratar de contratação de serviços contínuos, comprovando-se anualmente a existência de recursos para fazer frente às despesas previstas.

(E) possibilidade de estabelecer a vigência por prazo indeterminado quando se tratar de contratação de serviços contínuos, devendo ser comprovada, anualmente, a existência de recursos orçamentários para realização das despesas.

A: incorreto, pois a duração está limitada, como regra, à vigência dos respectivos créditos orçamentários (art. 57, *caput*, da Lei 8.666/1993), que, no caso de crédito decorrente de lei orçamentária simples, limita-se a 12 meses (exercício financeiro) e não a 24 meses (art. 57 § 4º, da Lei 8.666/1993); **B:** correto (art. 57, *caput*, e inciso II da Lei 8.666/1993); **C:** incorreto, pois a aquisição por pregão não exime o administrador de cumprir o disposto no art. 57, *caput*, da Lei 8.666/1993; **D:** incorreto, pois, no caso de serviços contínuos, pode-se prorrogar a duração do contrato de maneira a se chegar ao prazo máximo de 60 meses de contratação; **E:** incorreto, pois o limite, como se viu, é de 60 meses e não por prazo indeterminado (art. 57, II, da Lei 8.666/1993). WG

Gabarito "B".

(Analista – TRE/SC – 2005 – FAPEU) Assinale a alternativa CORRETA.

(A) Os contratos administrativos firmados pela Administração Pública terão a duração adstrita à vigência dos respectivos créditos orçamentários, observadas as exceções legalmente admitidas.

(B) Todo contrato verbal com a Administração Pública é nulo.

(C) O contratado não é obrigado a aceitar alterações contratuais que caracterizem supressões nas obras, serviços e compras.

(D) A variação do valor contratual, ainda que decorrente de reajuste de preços previsto no contrato, exige a celebração de aditamento.

A: correto (art. 57 da Lei 8.666/1993); **B:** incorreto, pois os contratos verbais de pequenas compras de pronto pagamento poderão ser estabelecidos, respeitadas as previsões legais (art. 60, parágrafo único, da Lei 8.666/1993); **C:** incorreto, pois o contratado é obrigado a aceitar tais alterações acima mencionadas (art. 65, § 1º, da Lei 8.666/1993); **D:** incorreto, a variação do valor contratual, decorrente de reajuste de preços previsto no contrato, não caracteriza alteração do mesmo, dispensando a celebração de aditamento (art. 65, § 8º, da Lei 8.666/1993). WG

Gabarito "A".

(Analista – TRE/TO – 2011 – FCC) Nos contratos administrativos,

(A) nenhum contrato com a Administração Pública pode ser de forma verbal.

(B) o instrumento de contrato é obrigatório nos casos de concorrência e tomada de preços, sendo dispensável em algumas hipóteses de inexigibilidade e dispensa de licitação.

(C) é permitida a qualquer interessado a obtenção gratuita de cópia autenticada de contrato administrativo.

(D) a minuta do futuro contrato integrará sempre o edital ou ato convocatório da licitação.

(E) decorridos cinquenta dias da data da entrega das propostas, sem convocação para a contratação, ficam os licitantes liberados dos compromissos assumidos.

A: incorreto, pois os contratos de pequenas compras de pronto pagamento, assim entendidas aquelas de valor não superior a 5% (cinco por cento) do limite estabelecido no art. 23, inciso II, alínea "a" da Lei 8.666/1993, feitas em regime de adiantamento (art. 60, parágrafo único, da Lei 8.666/1993); **B:** incorreto, pois o instrumento de contrato é obrigatório nos casos de concorrência e de tomada de preços, bem como nas dispensas e inexigibilidades cujos preços estejam compreendidos nos limites destas duas modalidades de licitação, e facultativo nos demais em que a Administração puder substituí-lo por outros instrumentos hábeis, tais como carta--contrato, nota de empenho de despesa, autorização de compra ou ordem de execução de serviço (art. 62, *caput*, da Lei 8.666/1993); **C:** incorreto, pois é permitido, a qualquer interessado, a obtenção de cópia autenticada, mediante o pagamento dos emolumentos devidos (art. 63 da Lei 8.666/1993); **D:** correto (art. 62, § 1º, da Lei 8.666/1993); **E:** incorreto, pois o prazo é de 60 (sessenta) dias (art. 64, § 3º, da Lei 8.666/1993). WG
Gabarito "D".

(**Analista – TRF/1ª – 2011 – FCC**) É nulo o contrato verbal com a Administração, salvo, no caso de pequenas compras de pronto pagamento, com valor não superior a

(**A**) 2.000 reais.

(**B**) 4.000 reais.

(**C**) 5.000 reais.

(**D**) 6.000 reais.

(**E**) 8.000 reais.

Art. 60, parágrafo único, da Lei 8.666/1993 (5% de R$ 80.000,00 = R$ 4.000,00). WG
Gabarito "B".

(**Analista – TRF/1ª – 2011 – FCC**) O contrato administrativo, na administração pública brasileira

(**A**) não pode ser alterado em razão de acréscimos e supressões nas obras, serviços ou compras contratadas.

(**B**) pode ser estabelecido por prazo indeterminado.

(**C**) não pode ser prorrogado por meio de aditivos.

(**D**) pode ser alterado unilateralmente sem a anuência do contratante.

(**E**) não pode findar sem anuência do particular.

A: incorreto, pois poderão ser alterados com a devida justificativa (art. 65, I, *b*, da Lei 8.666/1993); **B:** incorreto, pois é vedado o contrato com prazo de vigência indeterminado (art. 57, § 3º, da Lei 8.666/1993); **C:** incorreto, pois há previsão da possibilidade de prorrogação de prazo (art. 57, § 2º, da Lei 8.666/1993); **D:** correto (art. 58, I, da Lei 8.666/1993); **E:** incorreto, pois o regime jurídico dos contratos administrativos, confere à Administração, rescindi-lo, unilateralmente (art. 58, II, da Lei 8.666/1993). WG
Gabarito "D".

(**Analista – TRF/4ª – 2010 – FCC**) De acordo com a Lei 8.666/1993, analise:

I. O instrumento de contrato não é obrigatório nos casos de concorrência e de tomada de preços, bem como nas dispensas e inexigibilidades cujos preços estejam compreendidos nos limites dessas duas modalidades de licitação.

II. O instrumento de contrato é facultativo nos casos em que a Administração puder substituí-lo por outros instrumentos hábeis, tais como carta-contrato, nota de empenho de despesa, autorização de compra ou ordem de execução de serviço.

III. O instrumento de contrato deve estabelecer com clareza e precisão as condições para sua execução, expressas em cláusulas que definam os direitos, obrigações e responsabilidade das partes, com conformidade com os termos da licitação e da proposta a que se vinculam.

IV. A duração dos contratos ficará adstrita à vigência dos respectivos créditos orçamentários, exceto quanto aos relativos aos projetos contemplados nas metas do Plano Plurianual; à prestação de serviço de forma contínua; ao aluguel de equipamentos e à utilização de programas de informática.

V. Os contratos decorrentes de dispensa ou de inexigibilidade de licitação não precisam atender aos termos do ato que os autorizou e da respectiva proposta.

É correto o que consta APENAS em

(**A**) I e IV.

(**B**) I, II e III.

(**C**) III, IV e V.

(**D**) II, III e IV.

(**E**) II e V.

I: incorreto, pois o instrumento de contrato é obrigatório nos casos de concorrência e de tomada de preços, bem como nas dispensas e inexigibilidades cujos preços estejam compreendidos nos limites dessas duas modalidades de licitação (art. 62, *caput*, da Lei 8.666/1993); **II:** correto (art. 62, *caput*, da Lei 8.666/1993); **III:** correto (art. 54, § 1º, da Lei 8.666/1993); **IV:** correto (art. 57, I, II e IV, da Lei 8.666/1993); **V:** incorreto, pois os contratos decorrentes de dispensa ou de inexigibilidade de licitação precisam atender aos termos do ato que os autorizou e da respectiva proposta (art. 54, § 2º, da Lei 8.666/1993). WG
Gabarito "D".

2.3. Alteração dos contratos

(**Analista – STJ – 2004 – CESPE**) Julgue o seguinte item.

(**1**) Nos contratos administrativos, o reajuste ocorre nos casos de existência de situações novas que coloquem em xeque o equilíbrio econômico-financeiro do ajuste, enquanto a recomposição de preço significa a alteração do valor a ser pago em função da variabilidade do valor determinante da composição do preço.

1: as situações novas que desequilibram o contrato justificam a *revisão* do contrato, e não o *reajuste* deste. WG
Gabarito 1E

(**Analista – TRT/6ª – 2012 – FCC**) No curso da execução de contrato administrativo regido pela Lei nº 8.666/1993 para a construção de uma rodovia, identificou-se a necessidade de alteração do projeto inicial para melhor adequação técnica. A alteração importou majoração dos encargos do contratado, em relação àqueles tomados por base para o oferecimento de sua proposta na fase de licitação. Diante dessa situação, a Administração contratante

(**A**) poderá alterar unilateralmente o contrato, desde que a alteração do projeto não importe acréscimo de mais de 50% do objeto.

(**B**) poderá alterar o contrato de forma consensual com o contratado, assegurado o reequilíbrio econômico--financeiro, que não poderá superar 25% do valor do contrato.

(C) poderá alterar unilateralmente o contrato, sem necessidade de recomposição do equilíbrio econômico-financeiro, que somente é devido nas hipóteses de álea econômica extraordinária.

(D) poderá alterar unilateralmente o contrato, reestabelecendo o seu equilíbrio econômico-financeiro por aditamento contratual.

(E) somente poderá alterar o contrato se contar com a concordância do contratado e assegurado o seu reequilíbrio econômico-financeiro.

A: incorreto, pois o limite de acréscimo é de 25% no valor do contrato (art. 65, § 1º, da Lei 8.666/1993; **B:** incorreto, pois a Administração pode determinar a modificação contratual no caso de modo unilateral (e não consensual), nos termos do art. 65, I, da Lei 8.666/1993, assegurado, por óbvio, o reequilíbrio econômico-financeiro; **C:** incorreto, pois cabe modificação unilateral, mas é obrigatória a recomposição do equilíbrio econômico-financeiro (art. 65,§ 6º , da Lei 8.666/1993); **D:** correto (art. 65 §6º da Lei 8.666/1993); **E:** incorreto, pois a Administração pode determinar a modificação contratual, no caso, de modo unilateral (e não consensual), nos termos do art. 65, I, da Lei 8.666/1993, assegurado, por óbvio, o reequilíbrio econômico-financeiro. WG
Gabarito "D".

(Analista – TRE/MG – 2005 – FCC) Durante a execução de determinado contrato administrativo entre o Município de Santa Luzia e a empresa Solution Informática Ltda., verificou-se a majoração de determinado tributo municipal que acabou por onerar substancialmente os encargos do contratado. Diante dessa determinação estatal, geral, imprevista e imprevisível, houve necessidade de recomposição do ajuste ante o surgimento da causa justificadora da inexecução do contrato denominada

(A) interferência imprevista.

(B) caso fortuito.

(C) força maior.

(D) fato da administração.

(E) fato do príncipe.

O aumento de tributos é um fato geral da Administração, que interfere em contratos, o que se encaixa no conceito de *fato do príncipe*. Já quando há um fato específico da Administração que se dirige especificamente sobre determinado contrato (ex.: a determinação de suspensão de um dado contrato), tem-se o instituto do *fato da administração*. WG
Gabarito "E".

(Analista – TRE/MG – 2005 – FCC) Com relação às características dos contratos administrativos, considere as proposições abaixo.

I. A Administração Pública pode modificar, unilateralmente, o contrato administrativo visando melhor adequação às finalidades de interesse público, respeitados os direitos do contratado.

II. O descumprimento de cláusulas contratuais por parte do Poder Público sempre autoriza o particular a cessar imediatamente a execução do avençado.

III. A Administração Pública somente pode alterar, unilateralmente, o contrato, se este mencionar expressamente a referida prerrogativa.

IV. Havendo a paralisação da execução do contrato, a Administração Pública pode assumir provisória ou definitivamente a execução do objeto.

Está correto o que contém APENAS em

(A) I e III.

(B) I e IV.

(C) II e III.

(D) II e IV.

(E) III e IV.

I: correto (art. 58, I, da Lei 8.666/1993); **II:** incorreto, pois admite-se que a Administração atrase o pagamento até 90 dias, sem que o particular possa pedir a rescisão do contrato (art. 78, XV, da Lei 8.666/1993); **III:** incorreto, pois a possibilidade de alteração unilateral decorre da própria lei (art. 65, I, da Lei 8.666/1993); **IV:** correto, pois incide, no caso, o princípio da continuidade do serviço público. WG
Gabarito "B".

(Analista – TRE/PE – 2004 – FCC) Em relação aos contratos regidos pela Lei das Licitações, os prazos de início de etapas de execução, de conclusão e de entrega admitem prorrogação, mantidas as demais cláusulas do contrato e assegurada a manutenção de seu equilíbrio econômico-financeiro. Nesses casos, é INCORRETO afirmar que a referida prorrogação só poderá ocorrer por força de algum motivo, devidamente autuado em processo, a exemplo da

(A) omissão ou atraso de providências a cargo da Administração Pública.

(B) alteração do projeto ou especificações, pela Administração.

(C) interrupção da execução do contrato por ordem e no interesse da Administração.

(D) diminuição do ritmo de trabalho por determinação e no interesse da Administração.

(E) diminuição das quantidades inicialmente previstas no contrato, e dentro dos limites permitidos em lei.

Art. 57, § 1º, da Lei 8.666/1993. WG
Gabarito "E".

(Analista – TRE/PR – 2012 – FCC) Determinado ente público locou um imóvel para instalar suas atividades. Contratou, regularmente, obras de reforma para adequação do prédio ao fluxo das pessoas atendidas. Durante a execução das referidas obras identificou-se que seria necessário aditar o contrato em 35% (trinta e cinco por cento) do valor inicial. Nesse caso,

(A) o contratado fica desobrigado de aceitar o acréscimo, tendo em vista que excedeu o limite de 25% legalmente previsto para majoração do contrato.

(B) a administração pública deverá realizar nova licitação para contratar o acréscimo de serviços identificado, visto não ser legal a majoração do contrato original em montante superior a 25%.

(C) a administração deverá aditar o contrato original para alterar seu objeto, na medida em que o montante do acréscimo excede o percentual legal de majoração.

(D) o contratado deverá aceitar a majoração, tendo em vista que o percentual de aumento está dentro do limite legalmente previsto para majoração de contrato de obras de reforma.

(E) o contratado terá preferência para participar do novo certame que obrigatoriamente deverá ser realizado, tendo em vista a necessidade de alteração do objeto original do contrato.

De acordo com o disposto no art. 65, § 1º, da Lei 8.666/1993, o contratado é obrigado a aceitar, nas mesmas condições contratuais, os acréscimos que se fizerem nas obras, serviços ou compras, no caso particular de reforma de edifício ou de equipamento, até o limite de 50% (cinquenta por cento) para os seus acréscimos. WG

Gabarito "D".

(Analista – TRE/SP – 2012 – FCC) O Estado contratou, mediante prévio procedimento licitatório, a construção de um conjunto de unidades escolares em diferentes localidades. No curso da execução do contrato, identificou decréscimo na demanda escolar em Município no qual seria construída uma das unidades. Diante dessa situação, decidiu reduzir, unilateralmente, o objeto inicialmente contratado, não contando, contudo, com a concordância da empresa contratada. De acordo com a Lei 8.666/1993, a contratada

(A) está obrigada a aceitar a supressão quantitativa determinada pela Administração, desde que não ultrapasse 25% do valor inicial atualizado do contrato.

(B) não está obrigada a aceitar a supressão, em face do princípio da vinculação ao edital, exceto quando decorrente de contingenciamento de recursos orçamentários.

(C) está obrigada a aceitar a supressão quantitativa determinada pela Administração, desde que não ultrapasse 50% do valor do contrato, assegurado o direito ao recebimento por materiais já adquiridos e eventuais prejuízos devidamente comprovados.

(D) não está obrigada, em nenhuma hipótese, a aceitar a supressão do objeto do contrato, que somente poderá ser implementada por acordo entre as partes e observado o limite de 50% do valor inicial atualizado do contrato.

(E) poderá rescindir o contrato, unilateralmente, desde que comprove que a sua execução tornou-se economicamente desequilibrada, fazendo jus à indenização por prejuízos comprovados e lucros cessantes.

De acordo com o art. 65, § 1º, da Lei 8.666/1993, o contratado fica obrigado a aceitar, nas mesmas condições contratuais, os acréscimos ou supressões que se fizerem nas obras, serviços ou compras, até 25% (vinte e cinco por cento) do valor inicial atualizado do contrato. WG

Gabarito "A".

(Analista – TRE/SP – 2006 – FCC) Uma empresa de equipamentos eletrônicos foi contratada pelo Tribunal Regional Eleitoral para fornecer acessórios a determinadas repartições eleitorais. Após dar início ao pactuado, foi surpreendida com o aumento exacerbado, imprevisto e imprevisível, do imposto sobre importação de produtos estrangeiros incidente sobre um dos componentes de informática, de origem japonesa, essencial ao cumprimento do ajuste. Tal fato, que onerou extraordinariamente os encargos do particular, dificultando sobremaneira a execução do contrato, implica

(A) rescisão do contrato em virtude da constatação do fato da administração.

(B) aditamento do ajuste em razão da constatação da interferência imprevista.

(C) rescisão unilateral do contrato pelo particular.

(D) alteração unilateral do ajuste pelo particular, ante a ocorrência de força maior.

(E) revisão do contrato em virtude da ocorrência do fato do príncipe.

O exemplo envolve um fato geral (e imprevisível), que acaba afetando significativamente o contrato, o que configura o fato do príncipe, justificando a revisão contratual (art. 65, II, d, da Lei 8.666/1993). WG

Gabarito "E".

(Analista – TRF/1ª – 2011 – FCC) Os contratos regidos pela Lei 8.666/1993 poderão ser alterados, entre outros motivos,

(A) para adequar a remuneração do contratante à taxa de juros média do mercado.

(B) sempre que a inflação superar os índices anuais superiores a 12 pontos percentuais.

(C) quando necessária a modificação do valor contratual – e por acordo das partes – em decorrência de acréscimo ou diminuição quantitativa de seu objeto, nos limites permitidos por esta Lei.

(D) unilateralmente pela Administração, quando conveniente a substituição da garantia de execução.

(E) para restabelecer o equilíbrio econômico-financeiro inicial do contrato.

Art. 65, II, d, da Lei 8.666/1993. WG

Gabarito "E".

(Analista – TRF/4ª – 2010 – FCC) Os contratos regidos pela Lei 8.666/1993 poderão ser alterados, unilateralmente pela administração, com as devidas justificativas, quando

I. houver modificação do projeto ou das especificações, para melhor adequação técnica aos seus objetivos.

II. for necessária a modificação de valor contratual em decorrência de acréscimos ou diminuição quantitativa de seu objeto, nos limites permitidos pela Lei.

III. for conveniente a substituição da garantia de execução.

IV. for necessária a modificação da forma de pagamento, por imposição de circunstâncias supervenientes, mantido o valor inicial atualizado, vedada a antecipação do pagamento, com relação ao cronograma financeiro fixado, sem a correspondente contraprestação de fornecimento de bens ou execução de obra ou serviço.

V. for necessária a modificação do regime de execução da obra ou serviço, bem como do modo de fornecimento, em face de verificação técnica da inaplicabilidade dos termos contratuais originários.

É correto o que consta APENAS em

(A) I e II.

(B) III e IV.

(C) II, IV e V.

(D) I e V.

(E) III, IV e V.

I: correto (art. 65, I, a, da Lei 8.666/1993); II: correto (art. 65, I, b, da Lei 8.666/1993); III: incorreto, pois se trata de modificação por acordo das partes (art. 65, II, a, da Lei 8.666/1993); IV: incorreto, pois se trata de modificação por acordo das partes (art. 65, II, c, da Lei 8.666/1993); V: incorreto, pois se trata de modificação por acordo das partes (art. 65, II, b, da Lei 8.666/1993). WG

Gabarito "A".

2.4. Execução dos contratos

(Analista – Judiciário – TRE/PI – 2016 – CESPE) A empresa Alfa Ltda. firmou com a administração pública federal contrato de prestação de serviços comuns e contínuos, com vigência de quarenta e oito meses. Em dispositivo do edital havia sido fixado o preço global do contrato e o prazo improrrogável de implantação dos serviços. O edital previa, ainda, a possibilidade de rescisão amigável do contrato, bastando, para tanto, a manifestação de uma das partes, com antecedência mínima de sessenta dias, sem prejuízo à execução dos serviços. A partir dessa situação hipotética, assinale a opção correta, considerando a legislação que trata das compras e contratações públicas.

(A) O prazo de implantação de serviços contínuos pode ser livremente alterado pelos executores ou fiscais do referido contrato, ainda que isso contrarie o disposto inicialmente no edital, uma vez que retrata momento ulterior à fase licitatória.

(B) Ao concordar com a rescisão amigável do contrato, a administração pública fica impedida de rescindi-lo unilateralmente.

(C) Nesse caso, para a contratação de serviços comuns mediante licitação, admite-se a modalidade pregão eletrônico.

(D) O referido contrato poderia ter sido firmado com vigência inicial de setenta e dois meses, caso representasse maior vantagem para a administração.

(E) O preço global fixado inicialmente poderá sofrer variações unilaterais por vontade do administrador, independentemente de limites e consentimento da contratada.

A: incorreta, pois há de se observar o princípio da vinculação ao instrumento convocatório (art. 3º, *caput*, da Lei 8.666/1993); **B:** incorreta, pois o poder de rescisão unilateral é estabelecido em lei e pode ser exercido pela Administração sempre que presentes os requisitos legais (art. 79, I, da Lei 8.666/1993); **C:** correta (art. 1º, *caput*, c/c o art. 2º, § 2º, da Lei 8.666/1993); **D:** incorreta, pois o limite inicial de prazo contratual para a prestação de serviços a serem executados de forma contínua é de 60 meses (art. 57, II, da Lei 8.666/1993); **E:** incorreta, pois devem ser respeitados os limites previstos em lei (art. 65, §§ 1º e 2º, da Lei 8.666/1993). **WG**

Gabarito "C".

(Analista – TRT/11ª – 2005 – FCC) A natureza *intuitu personae* dos contratos administrativos corresponde à execução pessoal pelo contratado,

(A) passível de cessão ou transferência para atender o interesse público, mediante termo de reti-ratificação.

(B) razão pela qual é vedado prever no edital e no contrato a cessão parcial.

(C) sendo legítima a subcontratação total ou parcial, mediante termo aditivo ao contrato.

(D) admitida a subcontratação parcial no limite admitido pela Administração no edital e no contrato.

(E) não sendo legítima a subcontratação, mesmo quando prevista no edital.

Art. 72 da Lei 8.666/1993. **WG**
Gabarito "D".

(Analista – TRT/15ª – 2009 – FCC) O contrato administrativo deverá ser executado fielmente pelas partes, de acordo com as cláusulas avençadas e as normas legais, observadas, dentre outras, a seguinte regra:

(A) Executado o contrato, o seu objeto será recebido provisoriamente e, depois, definitivamente, vedado, em qualquer hipótese, o recebimento definitivo sem o provisório.

(B) A execução do contrato deverá ser acompanhada e fiscalizada por um representante da Administração especialmente designado, vedada a contratação de terceiros ainda que para assisti-lo.

(C) A inadimplência do contratado, com referência aos encargos trabalhistas, fiscais e comerciais transfere à Administração Pública a responsabilidade por seu pagamento.

(D) Na execução do contrato, o contratado pode, sem prejuízo das responsabilidades contratuais e legais, subcontratar partes da obra, serviço ou fornecimento, até o limite de 25%, sem necessidade de autorização ou anuência da Administração.

(E) O contratado é responsável pelos danos causados diretamente à Administração ou a terceiros, decorrentes de sua culpa ou dolo na execução do contrato, não excluindo ou reduzindo essa responsabilidade a fiscalização ou o acompanhamento pelo órgão interessado.

A: Incorreto, pois existe a possibilidade de se receber definitivamente o objeto, sem o provisório (art. 74 da Lei 8.666/1993); **B:** Incorreto, pois é permitida a contratação de terceiros com a função de assistência (art. 67 da Lei 8.666/1993); **C:** incorreto, pois a inadimplência do contratado, nos casos supracitados, não transfere à Administração Pública a responsabilidade por seu pagamento (art. 71, § 1º, da Lei 8.666/1993); **D:** Incorreto, art. 72 da Lei 8.666/1993; **E:** correto, art. 70 da Lei 8.666/1993. **WG**
Gabarito "E".

(Analista – TRT/23ª – 2007 – FCC) Executado o contrato administrativo decorrente de concorrência, o seu objeto será recebido, definitivamente, em se tratando de obras,

(A) pelo responsável por seu acompanhamento e fiscalização, mediante termo circunstanciado, assinado pelas partes em até quinze dias da comunicação escrita do contratado.

(B) por servidor ou comissão designada pela autoridade competente, mediante recibo, firmado pelas partes, após o decurso do prazo de observação que comprove a adequação do objeto aos termos contratuais.

(C) por servidor ou comissão designada pela autoridade competente, mediante termo circunstanciado, firmado pelas partes, após o decurso do prazo de observação que comprove a adequação do objeto aos termos contratuais.

(D) pelo responsável por seu acompanhamento e fiscalização, mediante termo circunstanciado, assinado pelas partes em até trinta dias da comunicação escrita do contratado.

(E) pela autoridade contratante, mediante termo circunstanciado, firmado pelas partes, após cinco dias do prazo em que foi entregue o objeto.

Art. 73, I, *b*, da Lei 8.666/1993. **WG**
Gabarito "C".

(Analista – TRE/BA – 2010 – CESPE) Julgue o item a seguir.

(1) Entre as peculiaridades dos contratos administrativos, destaca-se a faculdade da administração pública de exigir a prestação de garantia nos contratos de obras, serviços e compras, cabendo ao contratado a escolha da modalidade de garantia.

1: Certa (art. 56, § 1°, da Lei 8.666/1993). WG
Gabarito 1C

(Analista – TRE/RJ – 2012 – CESPE) Julgue os itens que se seguem, referentes aos contratos administrativos.

(1) Contratos de compra de pequeno valor e com pagamento imediato podem ser celebrados verbalmente pela administração pública.

(2) Os contratos administrativos, ressalvadas as espécies de contratos previstas em lei, devem, necessariamente, conter cláusula que identifique o crédito orçamentário que responderá pela despesa. Portanto, considerando-se as normas vigentes no país, a duração e a execução dos contratos administrativos não podem, via de regra, ultrapassar o prazo de um ano.

(3) Os contratos relativos à constituição, modificação e extinção de direitos reais sobre imóveis, como os demais contratos administrativos, devem ser lavrados e arquivados em ordem cronológica na repartição interessada.

1: correto, nos termos do art. 60, parágrafo único, da Lei 8.666/1993; **2:** errada, pois em todos os contratos administrativos deverá conter cláusula que estabeleça o crédito pelo qual correrá a despesa (art. 55, V, da Lei 8.666/1993). A lei de licitações, ressalva, porém, que a duração do contrato poderá ser superior à vigência do respectivo crédito orçamentário nos casos descritos em seu art. 57; **3:** correto, nos termos do art. 60, *caput*, da Lei 8.666/1993. WG
Gabarito 1C, 2E, 3C

(Analista – TRF/4ª – 2010 – FCC) A critério da autoridade competente, em cada caso, e desde que prevista no instrumento convocatório, poderá ser exigida prestação de garantia nas contratações de obras, serviços e compras.

Analise:

I. Caberá ao contratado optar por uma das seguintes modalidades de garantia: caução em dinheiro ou títulos da dívida pública; seguro-garantia; fiança bancária.

II. A garantia prestada pelo contratado não será liberada ou restituída após a execução do contrato, e, quando em dinheiro, não será atualizada monetariamente.

III. Nos casos de contratos que importem entrega de bens pela Administração, dos quais o contratado ficará depositário, ao valor da garantia não será necessário acrescer o valor desses bens.

IV. A garantia não excederá a cinco por cento do valor do contrato e terá seu valor atualizado nas mesmas condições daquele, ressalvado o previsto no parágrafo 3° do art.56 da Lei.

V. Para obras, serviços e fornecimentos de grande vulto envolvendo alta complexidade técnica e riscos financeiros consideráveis, demonstrados através de parecer tecnicamente aprovado pela autoridade competente, o limite de garantia previsto poderá ser elevado para até dez por cento do valor do contrato.

De acordo com a Lei, é correto o que consta APENAS em

(A) II, III.

(B) I, IV e V.

(C) III, IV e V.

(D) I, III e V.

(E) I e II.

I: correto (art. 56, § 1°, I, II e III, da Lei 8.666/1993); **II:** incorreto, pois a garantia será liberada ou restituída após a execução do contrato (art. 56, § 4°, da Lei 8.666/1993); **III:** incorreto, pois ao valor da garantia deverá ser acrescido o valor desses bens (art. 56, § 5°, da Lei 8.666/1993); **IV:** correto (art. 56, § 2°, da Lei 8.666/1993); **V:** correto (art. 56, § 3°, da Lei 8.666/1993). WG
Gabarito "B".

(Analista – MPU – 2010 – CESPE) A respeito da Lei n.° 8.666/1993, julgue o item que se segue.

(1) Toda prorrogação de contrato deve ser previamente justificada pela autoridade detentora da atribuição legal específica; portanto, é nula toda cláusula contratual que disser ser a avença automaticamente prorrogável.

1: certa (art. 57, § 2°, da Lei 8.666/1993). WG
Gabarito 1C

2.5. Inexecução e rescisão dos contratos

(Analista Judiciário – TRT/11 – FCC – 2017) A União Federal celebrou contrato administrativo com a empresa vencedora de determinado procedimento licitatório para a construção de importante obra pública. No entanto, no curso da execução contratual, houve a paralisação da obra, sem justa causa e sem prévia comunicação à Administração, razão pela qual foi determinada a rescisão do contrato administrativo por ato unilateral e escrito da Administração. Uma das consequências da rescisão contratual será a retenção dos créditos decorrentes do contrato até

(A) 100% do valor contratual, isto é, serão retidos todos os créditos ainda existentes, sem qualquer limitação de valor.

(B) metade do valor contratual, independentemente de prejuízos eventualmente causados à Administração.

(C) o limite dos prejuízos causados à Administração.

(D) 90% do valor contratual, pois destinam-se ao pagamento de todos os valores devidos à Administração.

(E) um terço do valor contratual, independentemente de prejuízos eventualmente causados à Administração.

A letra C corresponde ao disposto no art. 80, IV, da Lei 8.666/1993. GD
Gabarito "C"

(Analista – TJ/DFT – 2013 – CESPE) Julgue o item seguinte.

(1) Suponha que, na execução de determinada obra pública, o contratado paralise a obra sem justa causa e sem prévia comunicação à administração. Nesse caso, a administração estará legitimada a promover a rescisão do contrato após obter autorização judicial em ação proposta com essa finalidade específica.

1: incorreto, pois a Administração não precisa de buscar o Judiciário para rescindir um contrato administrativo. WG
Gabarito 1E

(Analista – TRT/24ª – 2006 – FCC) Observe as seguintes proposições referentes às características dos contratos administrativos:

I. O contratado poderá arguir a exceção do contrato não cumprido quando a Administração atrasar, por mais de 30 dias, o pagamento estipulado no ajuste.

II. A Administração poderá rescindir unilateralmente o contrato quando o particular atrasar injustificadamente o início da obra.

III. As cláusulas econômico-financeiras dos contratos administrativos poderão ser alteradas unilateralmente pela Administração.

IV. Todos os contratos para os quais a lei exige licitação são firmados *intuitu personae*.

Está correto o que se afirma APENAS em

(A) II e IV.

(B) II e III.

(C) I e IV.

(D) I, II e III.

(E) I, II e IV.

I: incorreto, pois constitui motivo para rescisão do contrato, o atraso superior a 90 dias dos pagamentos devidos pela Administração (art. 78, XV, da Lei 8.666/1993); II: correto (art. 78, IV, da Lei 8.666/1993); III: incorreto, pois a Administração só pode alterar unilateralmente aspectos relativos a projeto, às especificações e à diminuição do acréscimo no objeto do contrato (art. 65, I, da Lei 8.666/1993); IV: correto; a execução pessoal do contrato é a regra; admite-se apenas a subcontratação e, mesmo assim, nos termos da lei (art. 72 da Lei 8.666/1993). WG

Gabarito "A".

(Analista – TRE/AL – 2010 – FCC) De acordo com a Lei nº 8.666/1993, NÃO é causa justificadora da inexecução do contrato administrativo por parte do contratado:

(A) Fato do príncipe.

(B) Força maior.

(C) Os acréscimos que se fizerem nas obras até vinte e cinco por cento do valor inicial atualizado do contrato.

(D) Fato da Administração.

(E) Caso fortuito.

De acordo com o disposto no art. 65, § 1º, da Lei 8.666/1993, o contratado fica obrigado a aceitar os acréscimos ou supressões que se fizerem nas obras, serviços ou compras, até 25% do valor inicial atualizado do contrato. As demais alternativas trazem causas justificadoras da inexecução do contrato. WG

Gabarito "C".

(Analista – TRE/PB – 2007 – FCC) Acerca dos contratos administrativos e sua inexecução,

(A) após a assinatura do contrato, em regra, a execução da obra pode ser integralmente transferida a terceiros pela empresa contratada, sob sua exclusiva responsabilidade.

(B) a rescisão de contrato administrativo por interesse público, pela administração, exclui a possibilidade de eventual indenização ao contratado.

(C) cabe à Administração proceder a rescisão unilateral da avença, caso o contratado dê causa, injustificadamente, a atrasos no cumprimento do cronograma definido.

(D) não se permite a edição de cláusulas exorbitantes que concedam vantagem à administração.

(E) somente poderá ser rescindido ou alterado se houver previsão em cláusula específica.

A: incorreto, pois a execução pessoal do contrato é a regra; admite-se apenas a subcontratação e, mesmo assim, nos termos da lei (art. 72 da Lei 8.666/1993); B: incorreto, pois o particular que tiver prejuízo terá direito de ser indenizado; C: correto, de acordo com o art. 78, IV, da Lei 8.666/1993; D: incorreto, pois as cláusulas exorbitantes têm por característica peculiar justamente trazer vantagens à administração; E: incorreto, pois a possibilidade de rescisão e alteração decorre da própria lei, não sendo necessária sua previsão em contrato. WG

Gabarito "C".

(Analista – TRE/PR – 2012 – FCC) A Lei nº 8.666/1993 prevê a possibilidade de rescisão unilateral do contrato administrativo pela administração pública. Segundo essa Lei, ao particular é assegurado

(A) a faculdade de rescindir o contrato unilateralmente no caso de inadimplemento da administração pública, ainda que se trate de serviço público essencial.

(B) o poder de paralisar a execução do contrato sem qualquer penalidade, independentemente de provocação administrativa ou judicial, ainda que se trate de serviço público essencial, no caso de infringência, por parte da administração, de cláusula contratual.

(C) a suspensão de suas obrigações contratuais no caso de atraso superior a 90 (noventa) dias dos pagamentos devidos pela administração pública em decorrência de serviços já executados.

(D) o desfazimento dos serviços já executados, caso seja materialmente possível, e a rescisão unilateral da avença.

(E) poder de requerer administrativamente a rescisão unilateral e o pagamento de indenização pelos serviços já executados, caso não seja **possível** o desfazimento material dos mesmos e o retorno ao *status quo ante*.

Art. 78, XV, da Lei 8.666/1993. WG

Gabarito "C".

(Analista – TRF/2º – 2007 – FCC) Sobre a inexecução do contrato administrativo, considere:

I. Se houver sustação do contrato, o cronograma de execução será prorrogado automaticamente por igual tempo.

II. Em regra, se houver atraso superior a sessenta dias dos pagamentos devidos pela Administração, o contratado tem o direito de optar pela suspensão do cumprimento de suas obrigações até que seja normalizada a situação.

III. Se ocorrer caso fortuito ou de força maior, regularmente comprovado e que impeça a execução do contrato, poderá a Administração Pública rescindir unilateralmente.

Está correto o que consta APENAS em

(A) I.

(B) II.

(C) III.

(D) I e III.

(E) II e III.

I: correto (art. 79, § 5º, da Lei 8.666/1993); **II:** incorreto, pois o prazo é de noventa dias, e não sessenta (art. 78, XV, da Lei 8.666/1993); **III:** correto (art. 78, XVII, da Lei 8.666/1993). WG
Gabarito "D".

2.6. Sanções administrativas

(Analista – TRT/9ª – 2010 – FCC) Sobre as sanções administrativas previstas na Lei nº 8.666/1993, considere:

I. Pela inexecução total ou parcial do contrato, a Administração poderá aplicar ao contratado, dentre outras penalidades, suspensão temporária de participação em licitação e impedimento de contratar com a Administração, por prazo não superior a dois anos.

II. A aplicação de multa de mora por atraso injustificado na execução do contrato impede a Administração de rescindir unilateralmente o contrato.

III. A multa de mora por atraso injustificado na execução do contrato, aplicada após regular processo administrativo, não pode ser descontada da garantia contratual.

IV. As sanções de advertência, suspensão temporária de participação de licitação e declaração de inidoneidade para licitar ou contratar com a Administração Pública impostas pela inexecução total ou parcial do contrato, podem ser aplicadas juntamente com a multa prevista no instrumento convocatório ou no contrato.

V. A sanção de declaração de inidoneidade para licitar ou contratar com a Administração Pública é de competência do gestor do contrato.

Está correto o que consta APENAS em

(A) III, IV e V.
(B) I, II e V.
(C) II e III.
(D) I e IV.
(E) IV e V.

I: correto (art. 87, III, da Lei 8.666/1993); **II:** incorreto, pois a aplicação de multa de mora por atraso injustificado na execução do contrato não impede que a Administração rescinda unilateralmente o contrato (art. 86, § 1º, da Lei 8.666/1993); **III:** incorreto, pois a multa aplicada será descontada da garantia do respectivo contrato (art. 86, § 2º, da Lei 8.666/1993); **IV:** correto (art. 87, § 2º, da Lei 8.666/1993); **V:** incorreto, pois a competência, nesse caso, será exclusiva do Ministro de Estado, Secretário Estadual ou Municipal (art. 87, § 3º, da Lei 8.666/1993). WG
Gabarito "D".

(Analista – TRT/23ª – 2011 – FCC) Segundo a Lei 8.666/1993, pela inexecução total ou parcial do contrato a Administração poderá, garantida a prévia defesa, aplicar ao contratado, dentre outras sanções administrativas, a pena de suspensão temporária de participação em licitação e impedimento de contratar com a Administração, por prazo de até

(A) quatro anos.
(B) cinco anos.
(C) dois anos.
(D) dez anos.
(E) três anos.

Art. 87, III, da Lei 8.666/1993. WG
Gabarito "C".

(Analista – TRF/2º – 2007 – FCC) Se houver inexecução total ou parcial do contrato, é INCORRETO afirmar que a Administração poderá, garantida a prévia defesa, aplicar ao contratado a sanção de

(A) multa, na forma prevista no instrumento convocatório ou no contrato.
(B) suspensão temporária de participação em licitação e impedimento de contratar com a Administração, por prazo não superior a três anos.
(C) advertência.
(D) declaração de inidoneidade para licitar ou contratar com a Administração Pública enquanto perdurarem os motivos determinantes da punição.
(E) advertência, cumulada com multa, na forma prevista no instrumento convocatório ou no contrato.

Art. 87, III, da Lei 8.666/1993. WG
Gabarito "B".

(Analista – TRF/5ª – 2008 – FCC) O prazo para defesa na aplicação da sanção de "declaração de inidoneidade para licitar ou contratar com a Administração Pública" é de

(A) 05 (cinco) dias.
(B) 07 (sete) dias.
(C) 10 (dez) dias.
(D) 15 (quinze) dias.
(E) 30 (trinta) dias.

Art. 87, § 3º, da Lei 8.666/1993. WG
Gabarito "C".

3. LEI 10.520/2002 – PREGÃO

(Analista – Área Administrativa – TRT1 – 2018 – AOCP) De acordo com a Lei do Pregão (Lei 10.520/2002), assinale a alternativa correta.

(A) A equipe de apoio deverá ser integrada em sua totalidade por servidores ocupantes de cargo efetivo, preferencialmente pertencentes ao quadro permanente da entidade promotora do evento.
(B) É vedado adotar a modalidade de pregão nas compras e contratações de bens e serviços comuns quando efetuadas pelo sistema de registro de preços.
(C) O prazo fixado para apresentação das propostas, contado a partir da publicação do aviso, não pode ser inferior a 5 (cinco) dias úteis.
(D) Para bens e serviços comuns acima de R$ 150.000,00 (cento e cinquenta mil reais) é facultado exigir garantia da proposta no valor de 5% (cinco por cento) do objeto.
(E) O acolhimento de eventual recurso interposto contra a declaração do vencedor acarreta a invalidação apenas dos atos insuscetíveis de aproveitamento.

A: incorreta. A equipe de apoio deverá ser integrada em sua maioria por servidores ocupantes de cargo efetivo ou emprego da administração, preferencialmente pertencentes ao quadro permanente do órgão ou entidade promotora do evento – Art. 3º, § 1º, da Lei 10.520/2002; **B:** incorreta. As compras e contratações de bens e serviços comuns, no âmbito da União, dos Estados, do Distrito Federal e dos Municípios, quando efetuadas pelo sistema de registro de preços previsto no art. 15 da Lei 8.666, de 21 de junho de 1993, poderão adotar a modalidade de pregão, conforme regulamento específico – Art. 11 da Lei 10.520/2002; **C:** incorreta, o prazo não pode ser inferior a oito dias úteis – Art. 4º, V, da Lei 10.520/2002; **D:** incorreta. É vedada a exigência de garantia da proposta – Art. 5º, I, da Lei 10.520/2002; **E:** correta. Art. 4º, XIX, da Lei 10.520/2002. FB

Gabarito "E".

(Analista – TRT/15 – FCC – 2018) Determinada Secretaria de Administração municipal precisa adquirir projetores multimídia para instalação nos auditórios das diversas secretarias, bem como no centro de convenções recentemente concedido para exploração pela iniciativa privada. A aquisição desse material

(A) deve ser feita mediante inexigibilidade de licitação, tendo em vista que a especificação técnica pouco usual impede a competitividade entre potenciais interessados.

(B) pode ser feita por meio de dispensa de licitação individualizadamente, ou seja, considerado cada destino de instalação e observado o limite legal de R$ 8.000,00.

(C) pode ser feita por meio de pregão presencial ou concorrência, vedada a realização de pregão eletrônico, em razão da necessidade de exigência de amostra pelos licitantes.

(D) deve ser feita por meio de concorrência, em razão da natureza atípica dos bens, cuja complexidade de especificação recomenda o estabelecimento de requisitos de habilitação técnica para a contratação.

(E) pode ser feita por meio de pregão, eletrônico ou presencial, em sendo possível a especificação e descrição objetiva dos itens pretendidos, justificando-se tecnicamente eventual descrição não usualmente praticada.

O objeto a ser licitado é claramente um bem comum, isto é, um bem cujo padrão de desempenho e qualidade possa ser objetivamente definido no edital por meio de especificações usuais no mercado. Nesse caso, pode ser feita mediante pregão – Art. 1º da Lei 10.520/2002. FB

Gabarito "E".

(Analista – TRT/6ª – 2012 – FCC) De acordo com a Lei nº 10.520/2002, que trata da modalidade licitatória pregão,

(A) o pregoeiro poderá interromper a fase de lances caso verificada que a menor proposta atingiu redução superior a 20% do valor de referência.

(B) a fase da negociação com o autor da melhor proposta inicia-se após a verificação do atendimento das condições de habilitação previstas no edital.

(C) no curso da sessão o autor da melhor oferta e daquelas com preços até 10% superiores àquela poderão fazer novos lances verbais e sucessivos, até a proclamação do vencedor.

(D) encerrada a fase competitiva, se a oferta melhor classificada não for aceitável ou o seu autor desatender as exigências habilitatórias, o pregoeiro reabrirá a etapa de lances chamando os 3 licitantes melhor classificados.

(E) declarado o vencedor do certame, será aberto o prazo de 8 dias para interposição de recursos, que suspenderá a adjudicação do objeto ao licitante vencedor.

A: incorreto, pois não há regra nenhuma nesse sentido; aliás, há de se buscar o melhor preço possível nas compras feitas pela Administração, não sendo pertinente, assim, interromper os lances verbais só porque se atingiu uma redução superior a 20% no valor

de referência do objeto licitado; **B:** incorreto, pois a fase de negociação se dá logo após ao último lance dado chegando-se à melhor proposta (art. 4º, XI, da Lei 10.520/2002); de posse dessa melhor proposta, o pregoeiro verifica a sua aceitabilidade, abrindo uma negociação caso entenda que o valor dessa melhor proposta ainda não atende a um valor razoável para o Poder Público, considerando os preços praticados no mercado; somente depois dessa eventual negociação e da aceitação do valor proposto é que se passará à fase de habilitação (art. 4º, XII, da Lei 10.520/2002); **C:** correto (art. 4º, VIII, da Lei 10.520/2002); **D:** incorreto, pois o pregoeiro deve, nesses casos, examinar as ofertas subsequentes, na ordem de classificação, e assim sucessivamente, até a apuração de uma que atenda ao edital (art. 4º, XVI, da Lei 10.520/2002); **E:** incorreto, pois, declarado o vencedor do certame, o recurso deve ser interposto na própria sessão de pregão (e não em 8 dias), sendo que haverá 3 dias para o recorrente apresentar as suas razões de recurso e mais 3 dias para os demais licitantes apresentarem contrarrazões (art. 4º, XVIII, da Lei 10.520/2002). WG

Gabarito "C".

(Analista – TREMG – 2012 – CONSULPLAN) A Administração Pública estadual pretende realizar licitação para a contratação de serviço de dedetização, decidindo-se pela utilização da modalidade de pregão. Diante do exposto, é correto afirmar que

(A) o pregão, como modalidade de procedimento licitatório, não pode ser utilizado pelos Estados, uma vez que foi criado pela Lei Federal nº 10.520/2002 e direcionado à União Federal.

(B) no caso não é necessária a realização de licitação em qualquer de suas modalidades, uma vez que o objeto da contratação caracteriza-se como de urgência, configurando hipótese de licitação dispensada.

(C) é possível a sua utilização, sendo certo que o pregão é um procedimento licitatório exclusivamente documental, em que as propostas são abertas e julgadas em sessão única, o que garante a celeridade do certame.

(D) é possível a utilização do pregão, de modo que somente se procederá à verificação da habilitação do licitante vencedor, etapa que sucederá a de julgamento, em contraposição ao que ocorre regularmente na Lei nº 8.666/1993.

(E) não é possível a sua utilização, uma vez que não há previsão de utilização do pregão para contratação de serviços, mas exclusivamente para a aquisição de bens comuns, quais sejam, aqueles cujos padrões de desempenho sejam objetivamente definidos.

A: incorreto, pois a Lei de Pregão (Lei 10.520/2002) se aplica no âmbito da União, Estados, DF e Municípios; **B:** incorreto, pois o serviço em questão é corriqueiro, devendo ser feito de tempos em tempos, não sendo adequado dizer que, por si só, só se deve realizar em situações de urgência (a caracterizar a licitação dispensada); **C:** incorreto, pois o pregão é um certame com momentos orais também (e não somente documentais), como na possibilidade de lances verbais e recurso na própria sessão (art. 4º, VIII, IX e XVIII, da Lei 10.520/2002); **D:** correto, pois, por se tratar de serviço comum, cabe pregão (art. 1º, caput, da Lei 10.520/2002); ademais, de fato, a habilitação só ocorre após o julgamento das propostas (art. 4º, XII, da Lei 10.520/2002), diferentemente do que ocorre nas modalidades regidas pela Lei 8.666/1993; **E:** incorreto, pois o serviço de dedetização é serviço comum, podendo ser objetivamente definido no edital e existindo parâmetros no mercado para a sua devida especificação e possibilidade de disputa entre licitantes (art. 1º da Lei 10.520/2002). WG

Gabarito "D".

(Analista – TSE – 2006 – CESPE) Na licitação realizada na modalidade pregão, é inviável a opção pelo tipo técnica e preço. Essa afirmação é

(A) correto.

(B) errada, pois o pregão não é uma modalidade de licitação e sim uma espécie de tomada de preços.

(C) errada, pois o pregão não é uma modalidade licitatória e sim uma espécie de leilão.

(D) errada, pois a opção pelo tipo técnica e preço é viável sempre que se tratar de pregão para a contratação de serviços de natureza predominantemente intelectual.

A letra A está correta, pois o art. 4º, X, da Lei 10.520/2002 estabelece o tipo *menor preço*. WG

Gabarito "A".

(Analista – TRT/7ª – 2009 – FCC) A fase externa do pregão presencial (Lei nº 10.520/2002) será iniciada com a convocação dos interessados e observará, dentre outras, à seguinte regra:

(A) O acolhimento de recurso interposto por qualquer licitante importará a invalidação de todo o processo licitatório.

(B) O prazo fixado para a apresentação das propostas, contado a partir da publicação do aviso, não será superior a oito dias úteis.

(C) Para julgamento e classificação das propostas, será adotado o critério de menor preço, independentemente dos prazos para fornecimento, das especificações técnicas e dos parâmetros mínimos de desempenho e qualidade definidos no edital.

(D) Do aviso de convocação constarão a definição do objeto da licitação, a indicação do local, dia e horário da seção pública, e a íntegra do edital.

(E) No curso da sessão, o autor da oferta de valor mais baixo e os das ofertas com preços até dez por cento superiores àquela poderão fazer novos lances verbais e sucessivos, até a proclamação do vencedor.

A: incorreto, pois o acolhimento de recurso importará a invalidação apenas dos atos insuscetíveis de aproveitamento, e não de todo o processo licitatório (art. 4º, XIX, da Lei 10.520/2002); **B:** incorreto, pois o prazo não será *inferior, diferente do que estabelece a assertiva acima* (art. 4º, V, da Lei 10.520/2002); **C:** incorreto, pois deverão ser observados os prazos máximos para fornecimento (art. 4º, X, da Lei 10.520/2002); **D:** incorreto, " do aviso constarão a definição do objeto da licitação, a indicação do local, dias e horários em que poderá ser lida ou obtida a íntegra do edital" (art. 4º, II, da Lei 10.520/2002); **E:** art. 4º, VIII, da Lei 10.520/2002. WG

Gabarito "E".

(Analista – TRT/7ª – 2009 – FCC) Ao pregão eletrônico (Decreto n. 5.450/2005), aplica-se, dentre outras, a seguinte regra:

(A) A designação do pregoeiro, a critério da autoridade competente, poderá ocorrer para período de dois anos, vedada recondução, ou para licitação específica.

(B) No âmbito do Ministério da Defesa, as funções de pregoeiro e de membro da equipe de apoio não poderão ser desempenhadas por militares.

(C) A licitação na modalidade de pregão eletrônico não se aplica às contratações de obras de engenharia nem às locações imobiliárias.

(D) Todos os horários estabelecidos no edital, no aviso e durante a sessão pública observarão, para todos os efeitos, o horário do local onde se realiza o pregão, inclusive para contagem de tempo e registro no sistema eletrônico e na documentação relativa ao certame.

(E) Até cinco dias úteis antes da data fixada para abertura da sessão pública, qualquer pessoa poderá impugnar o ato convocatório do pregão, na forma eletrônica.

A: incorreto, pois poderá ocorrer para o período de 1 ano (e não 2 anos), admitindo-se recondução (art. 10, § 3º, do Decreto 5.450/2005); **B:** incorreto, pois tais funções podem, sim, ser exercidas por militares (art. 10, § 2º, do Decreto 5.450/2005); **C:** correto (art. 6º do Decreto 5.450/2005); **D:** incorreto, pois será utilizado o horário de Brasília-DF (art. 17, § 5º, do Decreto 5.450/2005); **E:** incorreto, pois o prazo é de até 2 dias úteis da data fixada para a abertura da sessão pública (art. 18, *caput*, do Decreto 5.450/2005). WG

Gabarito "C".

(Analista – TRT/9ª – 2010 – FCC) Tendo em vista expressa previsão da Lei nº 10.520/2002, é incorreto afirmar que ficará impedido de licitar e contratar com a União, Estados, Distrito Federal ou Municípios e será descredenciado no SICAF, ou nos sistemas semelhantes mantidos por Estados, Distrito Federal ou Municípios, pelo prazo de até 5 (cinco) anos, quem

(A) deixar de entregar documentação exigida para o certame.

(B) não celebrar o contrato, ainda que convocado dentro do prazo de validade da sua proposta.

(C) não apresentar garantia da proposta.

(D) não mantiver a proposta.

(E) ensejar o retardamento da execução do objeto do contrato.

O art. 7º da Lei 10.520/2002 não traz previsão de que quem não apresentar garantia da proposta ficará impedido de licitar e contratar com a União, Estados, Distrito Federal ou Municípios e será descredenciado no SICAF, razão pela qual a alternativa **C** está incorreta. WG

Gabarito "C".

(Analista – TRT/16ª – 2009 – FCC) Na esfera Federal, a fase externa do pregão presencial será iniciada com a convocação dos interessados e observará, dentre outras, às seguintes regras:

(A) Para julgamento e classificação das propostas, será adotado o critério de maior preço, observados os prazos máximos para fornecimento, as especificações técnicas e parâmetros mínimos de desempenho e qualidade definidos no edital.

(B) Cópias do edital e do respectivo aviso serão colocadas à disposição de qualquer pessoa para consulta e divulgadas na internet na *homepage* do Tribunal de Contas da União.

(C) Os licitantes deverão apresentar os documentos de habilitação mesmo que já constem do Sistema de Cadastramento Unificado de Fornecedores – Sicaf.

(D) O prazo fixado para a apresentação das propostas, contado a partir da publicação do aviso, não será superior a 08 dias úteis.

(E) O recebimento das propostas será feita em sessão fechada, no dia, hora e local designados.

A: incorreto, pois será adotado o critério menor preço (art. 4º, X, da Lei 10.520/2002); **B:** correto (art. 4º, IV, da Lei 10.520/2002); **C:** incorreto, pois os licitantes poderão deixar de apresentar os documentos de habilitação que já constem no SICAF (art. 4º, XIV, da Lei 10.520/2002); **D:** incorreto, pois o prazo não será inferior a oito dias úteis (art. 4º, V, da Lei 10.520/2002); **E:** incorreto, pois o recebimento das propostas será feita em sessão pública (art. 4º, VI, da Lei 10.520/2002). WG
Gabarito "B".

(Analista – TRT/23ª – 2011 – FCC) No que concerne ao pregão, é INCORRETO afirmar:

(A) Admite, como uma de suas modalidades, o pregão eletrônico, que se processa, em ambiente virtual, por meio da internet.

(B) Destina-se à aquisição de bens e serviços comuns.

(C) Os lances ocorrem em sessão pública no pregão denominado presencial.

(D) Poderá dar-se no âmbito da União, Estados, Distrito Federal e Municípios.

(E) Existe, em regra, limitação de valor para a contratação.

A: correto (art. 2º, § 1º, da Lei 10.520/2002 e art. 2º, *caput*, do Decreto 5.450/2005); **B:** correto (art. 1º da Lei 10.520/2002); **C:** correto (art. 4º, VI e VIII, da Lei 10.520/2002); **D:** correto (art. 11 da Lei 10.520/2002); **E:** incorreto, pois não há previsão de limite de valor na Lei 10.520/2002. WG
Gabarito "E".

(Analista – TRT/23ª – 2007 – FCC) Em se tratando de licitação na modalidade pregão, é INCORRETO que

(A) na fase preparatória do pregão seja observada a definição do objeto com precisão, de forma clara, vedadas especificações que, por excessivas, irrelevantes ou desnecessárias, limitem a competição.

(B) qualquer licitante poderá manifestar imediata e motivadamente a intenção de recorrer, logo após ter sido declarado o vencedor, quando lhe será concedido o prazo de cinco dias para apresentação das razões do recurso.

(C) o prazo fixado para a apresentação das propostas, contado a partir da publicação do aviso, não será inferior a oito dias úteis.

(D) no curso da sessão, o autor da oferta de valor mais baixo e os das ofertas com preços até dez por cento superiores àquela poderão fazer novos lances verbais e sucessivos, até a proclamação do vencedor.

(E) os licitantes poderão deixar de apresentar os documentos de habilitação que já constem do Sistema de Cadastramento Unificado de Fornecedores – SICAF.

A: correto (art. 3º, II, da Lei 10.520/2002); **B:** incorreta, devendo ser assinalada, pois o prazo será de três dias (art. 4º, XVIII, da Lei 10.520/2002; **C:** correto (art. 4º, V, da Lei 10.520/2002); **D:** correto (art. 4º, VIII, da Lei 10.520/2002); **E:** correto (art. 4º, XIV, da Lei 10.520/2002). WG
Gabarito "B".

(Analista – TRT/24ª – 2006 – FCC) O pregão é a modalidade de licitação

(A) destinada à venda de produtos legalmente apreendidos, a quem oferecer o maior lance.

(B) em que a habilitação do vencedor ocorre após a classificação das propostas.

(C) entre quaisquer interessados para a escolha de trabalho técnico, mediante a instituição de prêmios aos vencedores.

(D) realizada entre interessados previamente cadastrados e convocados mediante carta-convite.

(E) reservada à compra de bens de pequeno valor e alienação de produtos legalmente apreendidos ou penhorados.

A: incorreto, pois o pregão é modalidade de licitação para aquisição de bens e serviços comuns, e não destinado à venda de produtos legalmente apreendidos (art. 1º da Lei 10.520/2002); **B:** de fato, no pregão há inversão de fase (art. 4º, XII, da Lei 10.520/2002; **C** a **E:** art. 1º da Lei 10.520/2002. WG
Gabarito "B".

(Analista – TRF/4ª – 2010 – FCC) A respeito da modalidade pregão, o prazo fixado para a apresentação das propostas, contado a partir da publicação do aviso, **não** será inferior a

(A) 15 dias úteis.

(B) 10 dias úteis.

(C) 8 dias úteis.

(D) 20 dias úteis.

(E) 30 dias úteis.

Art. 4º, V, da Lei 10.520/2002. WG
Gabarito "C".

(Analista – TRF/4ª – 2010 – FCC) A fase preparatória do pregão observará o seguinte:

I. A autoridade competente justificará a necessidade de contratação e definirá o objeto do certame, as exigências de habilitação, os critérios de aceitação das propostas, as sanções por inadimplemento e as cláusulas do contrato, inclusive com fixação dos prazos para fornecimento.

II. A definição do objeto deverá ser precisa, suficiente e clara, não sendo vedadas especificações que, por excessivas, irrelevantes ou desnecessárias, limitem a competição.

III. Dos autos do procedimento constarão a justificativa das definições referidas e os indispensáveis elementos técnicos sobre os quais estiverem apoiados, bem como o orçamento, elaborado pelo órgão ou entidade promotora da licitação dos bens ou serviços a serem licitados.

IV. A autoridade competente designará, dentre os servidores do órgão ou entidade promotora da licitação, apenas o pregoeiro.

V. A equipe de apoio não deverá ser integrada por servidores ocupantes de cargo efetivo ou emprego da administração.

De acordo com a Lei, é correto o que consta APENAS em

(A) III e V.

(B) II, III e IV.

(C) IV e V.

(D) I, II e V.

(E) I e III.

I: correto (art. 3º, I, da Lei 10.520/2002); **II:** incorreto, pois são vedadas especificações que, por excessivas, irrelevantes ou desnecessárias, limitem a competição (art. 3º, II, da Lei 10.520/2002); **III:** correto (art. 3º, III, da Lei 10.520/2002); **IV:** incorreto, pois a autoridade competente designará, dentre os servidores do órgão ou entidade promotora da licitação, além do pregoeiro e respectiva equipe de apoio, cuja atribuição inclui, dentre outras, o recebimento das propostas e lances, a análise de sua aceitabilidade e sua classificação, bem como a habilitação e a adjudicação do objeto do certame ao licitante vencedor (art. 3º, IV, da Lei 10.520/2002); **V:** incorreto, pois a equipe de apoio deverá ser integrada em sua maioria por servidores ocupantes de cargo efetivo ou emprego da administração, preferencialmente pertencentes ao quadro permanente do órgão ou entidade promotora do evento (art. 3º, § 1º, da Lei 10.520/2002). WG

Gabarito "E".

(Analista – TRF/5ª – 2008 – FCC) Para o julgamento e classificação das propostas no pregão, será adotado o critério de

(A) melhor qualidade do produto ou serviço.

(B) menor prazo de entrega.

(C) melhor técnica.

(D) técnica e preço.

(E) menor preço.

Art. 4º, X, da Lei 10.520/2002. WG

Gabarito "E".

4. TEMAS COMBINADOS

(Analista – TJ/SC – FGV – 2018) Sobre o procedimento licitatório, analise as afirmativas a seguir. 1ª modalidade: não há fase de habilitação, uma vez que os licitantes já estão previamente cadastrados; 2ª modalidade: não há publicação de edital, sendo suficiente o envio do instrumento convocatório aos convidados, com posterior afixação no átrio da repartição pública e em local visível ao público.

De acordo com a Lei nº 8.666/93, as descrições das modalidades acima se referem, respectivamente, à licitação por:

(A) convite e concorrência;

(B) tomada de preços e pregão;

(C) pregão e convite;

(D) concorrência e tomada de preços;

(E) tomada de preços e convite.

As modalidades referidas na assertiva são, respectivamente, a tomada de preços e o convite. Tomada de preços é a modalidade de licitação entre interessados devidamente cadastrados ou que atenderem a todas as condições exigidas para cadastramento até o terceiro dia anterior à data do recebimento das propostas, observada a necessária qualificação. Já o Convite é a modalidade de licitação entre interessados do ramo pertinente ao seu objeto, cadastrados ou não, escolhidos e convidados em número mínimo de 3 (três) pela unidade administrativa, a qual afixará, em local apropriado, cópia do instrumento convocatório e o estenderá aos demais cadastrados na correspondente especialidade que manifestarem seu interesse com antecedência de até 24 (vinte e quatro) horas da apresentação das propostas – Art. 22, §§ 2º e 3º da Lei 8.666/1993. FB

Gabarito "E".

(Analista Jurídico – TRF5 – FCC – 2017) Durante um procedimento licitatório para contratação de empresa para construção de uma arena destinada a sediar os jogos de abertura de importante campeonato internacional de futebol, a Administração pública, alegando motivo superveniente, de conveniência e oportunidade, qual seja, a alteração do município sede da abertura dos referidos jogos, decidiu desfazer a licitação, pois o projeto havia sido concebido para ser executado em terreno específico situado no município que seria, originalmente, se- de dos referidos

jogos. O ato administrativo a ser produzido pela autoridade competente é o

(A) anulatório, suscetível tanto a controle interno como externo e limitado, em ambos os casos, à competência da autoridade que o exarou.

(B) anulatório, suscetível apenas de controle interno, com efeitos ex nunc, por se cuidar de atividade contratual da Administração.

(C) revocatório, suscetível de controle pelo Poder Judiciário quanto à competência, à forma e ao motivo, neste último caso em razão da teoria dos motivos determinantes.

(D) revocatório, suscetível de controle interno apenas e com efeitos ex tunc.

(E) anulatório, não suscetível de controle pelo judiciário, que está impedido de analisar o mérito das decisões administrativas, em razão do princípio da separação dos poderes.

A: incorreta. No caso, tem-se situação em que um procedimento licitatório, e note-se que sequer houve ainda a contratação, foi revogado em razão de fato superveniente que não poderia prever: a mudança de sede de determinado campeonato. Assim sendo, não há que se falar em nulidade do certame, pois não houve o cometimento de qualquer ilícito ou invalidade. A revogação pode ser **conceituada** como a *extinção de um ato administrativo legal ou de seus efeitos por outro ato administrativo pela ocorrência de fato novo que torna o ato inconveniente ou inoportuno, respeitando-se os efeitos anteriormente produzidos (ex nunc).* É o desfazimento de ato lícito e perfeito por razões de conveniência e oportunidade da Administração Pública, razão pela qual produz efeitos ex nunc, ou seja, sem retroagir ao momento de produção e formação do ato; B: incorreta. Trata-se de caso de revogação e não de anulação do certame, na medida em que não ocorreu qualquer invalidade ou ilicitude que o pudesse macular; C: correta. No caso em tela, diante da ocorrência da ocorrência de fato novo que tornou o prosseguimento do certame inconveniente e inoportuno, sua revogação pode ser realizada pela Administração Pública. Ressalte-se que a Administração Pública tem, nesse ponto, poderes de invalidação mais amplos que os do Poder Judiciário: ela tanto pode revogar um ato legítimo e eficaz por não ser mais conveniente sua existência (revogação), como deve anular os atos administrativos ilegítimos ou ilegais. O Poder Judiciário, de outra banda, não pode revogar os atos administrativos do Poder Executivo, mas tão somente anulá-los, quando eivados de vícios que afetem sua legalidade, nos termos da Súmula 473 STF. Cabe ao Poder Judiciário tão somente apreciar, em relação ao ato discricionário de revogação, questões afetas à legalidade, à razoabilidade e à proporcionalidade do ato; D: incorreta. Trata-se de revogação do certame, mas sujeita a controle interno e externo e, como visto acima, com produção de efeitos ex nunc por se tratar de ato lícito e perfeito tido por inconveniente ou inoportuno pela Administração Pública em razão de fato novo; E: incorreta. Não tendo ocorrido qualquer ilegalidade, não há que se falar em anulação do certame. FMB

Gabarito "C".

(Analista Jurídico – TRF5 – FCC – 2017) Numa licitação para contratação de serviços de desassoreamento de uma represa, a autarquia responsável pelo serviço desclassificou uma das licitantes sob o fundamento de que não teria preenchido os requisitos necessários para prestação da garantia da proposta. Restou, com isso, apenas uma licitante no procedimento, cabendo à Administração

(A) revogar a licitação e reiniciar o procedimento, com revisão das condições impostas no edital, tendo em vista que a habilitação de apenas um licitante não cumpre a exigência legal de observância do princípio da competitividade.

(B) a possibilidade de concentrar as próximas fases da licitação, antecipando o resultado, porque já conhecido, como forma de privilegiar o princípio da eficiência.

(C) prosseguir com a licitação até final decisão, pois ainda que já se conheça o possível resultado do certame, é necessário verificar o atendimento de todos os requisitos e o cumprimento de todas as fases.

(D) reavaliar a decisão de desclassificação, para possibilitar o aditamento da documentação apresentada no caso do vício ser sanável, de modo a garantir que o certame prossiga com efetiva disputa.

(E) anular a licitação, diante do vício de legalidade referente à ausência de competidores, republicando-se o edital, com possibilidade de aproveitamento dos atos já praticados no procedimento.

C: correta. A hipótese prevista na questão não enseja anulação ou revogação do certame a princípio. Note-se que restou uma licitante não desclassificada, de modo que não se trata de licitação fracassada, em que todos os licitantes restaram inabilitados ou desclassificados. Há uma licitante restante, de modo que o certame deve prosseguir até o final e, se a licitante preencher todos os requisitos legais, é o caso de sagrar-se vencedora. FMB

Gabarito "C".

(Analista Judiciário – STJ – CESPE – 2015) Com referência à adoção de critérios de sustentabilidade nas licitações e contratações sustentáveis no âmbito da administração pública, julgue os itens a seguir.

(1) Em comparação aos certames que se valem fundamentalmente do critério de menor preço, as licitações que adotam critérios e práticas de sustentabilidade, como, por exemplo, a aquisição de produtos e serviços com maior vida útil e menor custo de manutenção, podem dispensar o caráter competitivo do certame.

(2) A administração pública poderá exigir, no instrumento convocatório para a aquisição de bens, que estes sejam constituídos por material reciclado, atóxico ou biodegradável, entre outros critérios de sustentabilidade.

(3) As licitações realizadas pelo STJ devem estabelecer critérios de preferência para as propostas que impliquem maior economia de recursos naturais e a redução da emissão de gases de efeito estufa.

1: incorreta. "A adoção de critérios e práticas de sustentabilidade deverá ser justificada nos autos e preservar o caráter competitivo do certame" (art. 2º, parágrafo único, do Decreto 7.746/2012). **2: correta**, corresponde ao disposto no art. 5º do Decreto 7.746/2012. **3: correta**, conforme art. 6º da Portaria STJ 293/2012. GD

Gabarito 1E, 2C, 3C

(Analista Judiciário – STJ – CESPE – 2015) No que se refere aos contratos e licitações e à responsabilidade civil, julgue os itens subsequentes.

(1) As hipóteses de dispensa de licitação estão previstas em rol exemplificativo, cabendo ao agente público justificar a necessidade de contratação direta.

(2) A aquisição de bens imóveis pela administração pública, em regra, somente pode ser realizada pela modalidade de licitação tomada de preços, independentemente do valor do imóvel.

(3) Os contratos administrativos celebrados pelo poder público podem ter tanto prazo determinado quanto indeterminado.

1: incorreta, pois nas hipóteses de dispensa de licitação o rol é taxativo (art. 24 da Lei 8.666/1993). **2: incorreta**, o procedimento licitatório adotado será a concorrência ou leilão (art. 19, III, da Lei 8.666/1993). **3: incorreta**, pois é vedada a celebração de contratos administrativos por prazo indeterminado (art. 57, § 3º, da Lei 8.666/1003). GD

Gabarito 1E, 2E, 3E

9. Direito Administrativo

Wander Garcia , Flávia Barros e Ariane Wady

1. REGIME JURÍDICO ADMINISTRATIVO E PRINCÍPIOS DO DIREITO ADMINISTRATIVO

(Analista Judiciário – TJ/AL – 2018 – FGV) Pelo princípio da motivação, o Administrador Público deve motivar as suas decisões, expondo os fundamentos de fato e de direito que embasaram a prática daquele ato administrativo.

Quando o agente público motiva seu ato mediante declaração de concordância com fundamentos de anteriores pareceres, informações, decisões ou propostas, como parte integrante do ato, de acordo com a jurisprudência e com a Lei Federal 9.784/99, sua conduta é:

(A) ilícita, devendo o ato ser invalidado porque o ordenamento jurídico exige motivação expressa e idônea específica para cada ato administrativo;

(B) ilícita, devendo o ato ser revogado porque o ordenamento jurídico exige motivação legítima, expressa e idônea para cada ato administrativo;

(C) ilícita, devendo o ato ser invalidado por ofensa aos princípios da administração pública da legalidade, da transparência e da finalidade;

(D) lícita, pois é possível a utilização da motivação aliunde dos atos administrativos, quando a motivação do ato remete a de ato anterior que embasa sua edição;

(E) lícita, pois a exigência de fundamentação não recai no campo da validade do ato administrativo, e sim no de sua eficácia, cabendo sua convalidação, com posterior complementação da motivação.

Trata-se da chamada motivação alliunde ou *per relationem*, ou seja, feita por referência, que se caracteriza pela motivação feita pela Administração Pública ao tomar uma decisão remetendo a fundamentação a outro documento. É prevista no Art. 50, § 1º, da Lei 9.874/1999. **FB**
Gabarito "D".

(Analista Jurídico – TCE/PR – 2016 – CESPE) Quando a União firma um convênio com um estado da Federação, a relação jurídica envolve a União e o ente federado e não a União e determinado governador ou outro agente. O governo se alterna periodicamente nos termos da soberania popular, mas o estado federado é permanente. A mudança de comando político não exonera o estado das obrigações assumidas. Nesse sentido, o Supremo Tribunal Federal (STF) tem entendido que a inscrição do nome de estado-membro em cadastro federal de inadimplentes devido a ações e(ou) omissões de gestões anteriores não configura ofensa ao princípio da administração pública denominado princípio do(a)

(A) intranscendência.

(B) contraditório e da ampla defesa.

(C) continuidade do serviço público.

(D) confiança legítima.

(E) moralidade.

A questão diz respeito ao princípio da instranscendência, decorrente do art. 5º, XLV, da CF e pelo qual nenhuma pena passará da pessoa do apenado. Porém, a Administração Pública é impessoal e pouco importa a mudança de "governo" caso um ente público tenha sido apenado, devendo permanecer intacta a apenação. Assim, não há ofensa ao princípio na inscrição do nome de estado-membro em cadastro federal de inadimplentes devido a ações e/ou omissões de gestões anteriores. **WG**
Gabarito "A".

(Analista – TJ/CE – 2014 – CESPE) Acerca do regime jurídico dos serviços públicos, assinale a opção correta.

(A) O Estado pode transferir, eventualmente, mediante contrato, a titularidade do serviço público para empresa concessionária ou permissionária. Nessa situação, o serviço continuará sendo prestado sob o regime de direito público.

(B) A concessão de serviço público difere da permissão, entre outros fatores, pelo instrumento, haja vista que a concessão é formalizada mediante contrato e a permissão, mediante termo.

(C) São princípios que regem os serviços públicos: atualidade, universalidade, continuidade, modicidade das tarifas e cortesia na prestação.

(D) É vedada a subconcessão do contrato de concessão de serviços públicos, dado seu caráter personalíssimo, conforme expressa previsão legal.

(E) Enquadram-se no conceito de serviço público apenas as atividades de oferecimento de utilidade ou comodidade material à coletividade que o Estado desempenha por si próprio, com exclusividade, sob o regime de direito público.

A: Incorreta, pois a outorga do serviço, ou seja, a transferência da titularidade somente ocorrerá por meio de Lei. Já a delegação do serviço público, que consiste na transferência da execução do serviço, poderá ser realizada por meio de contrato; **B**: Incorreta, pois a concessão e a permissão serão formalizadas por meio de contrato (arts. 4º e 40 da Lei 8.987/1995); **C**: Correta, nos termos do § 1º do art. 6º da Lei 8.987/1995; **D**: Incorreta, pois é **admitida** a subconcessão, nos termos previstos no contrato de concessão, desde que expressamente autorizada pelo poder concedente (art. 26 da Lei 8.987/1995); **E**: Incorreta, pois, conforme Celso Antonio Bandeira de Mello, "serviço público é toda a atividade de oferecimento de utilidade ou comodidade material destinada à satisfação da coletividade em geral, mas fruível **singularmente pelos administrados, que Estado assume como pertinente a seus deveres e presta por si ou por quem lhe faça as vezes**, sob um regime de Direito Público – portanto, consagrador de prerrogativas de supremacia e de restrições especiais – instituído em favor dos interesses definidos como públicos no sistema normativo (**Curso de Direito Administrativo**. 26. ed. São Paulo: Malheiros Editores, p. 665). **WG**
Gabarito "C".

(Analista – TJ/CE – 2014 – CESPE) No que se refere ao regime jurídico administrativo, assinale a opção correta.

(A) A criação de órgão público deve ser feita, necessariamente, por lei; a extinção de órgão, entretanto, dado não implicar aumento de despesa, pode ser realizada mediante decreto.

(B) A autotutela administrativa compreende tanto o controle de legalidade ou legitimidade quanto o controle de mérito.

(C) A motivação deve ser apresentada concomitantemente à prática do ato administrativo.

(D) De acordo como princípio da publicidade, que tem origem constitucional, os atos administrativos devem ser publicados em diário oficial.

(E) No Brasil, ao contrário do que ocorre nos países de origem anglo-saxã, o costume não é fonte do direito administrativo.

A: Incorreta, pois a criação ou extinção de órgãos públicos deve ser realizada por meio de Lei, conforme art. 84, VI, *a*, da CF; **B:** Correta, pois a autotutela administrativa abrange o controle dos atos tanto pelo mérito administrativo quanto pela legalidade; **C:** Incorreta, pois conforme lição de Celso Antônio Bandeira de Mello, "perece-nos que a exigência de a motivação dos atos administrativos, contemporânea à prática do ato, ou pelo menos anterior a ela, há de ser tida como uma regra geral (...)" **(Curso de Direito Administrativo.** 26. ed. São Paulo: Malheiros Editores, p. 396); **D:** Incorreta, pois a lei só poderá restringir a publicidade dos atos processuais quando a defesa da intimidade ou o interesse social o exigirem (art. 5º, LX, da CF); **E:** Incorreta, pois são fontes do direito administrativo o costume, juntamente com a jurisprudência, doutrina e os princípios gerais do direito. WG

Gabarito „B".

(Analista – TRT/10ª – 2013 – CESPE) A respeito da Administração Pública e seus princípios, julgue os itens subsecutivos.

(1) Considere a seguinte situação hipotética. Determinado prefeito, que é filho do deputado federal em exercício José Faber, instituiu ação político-administrativa municipal que nomeou da seguinte forma: Programa de Alimentação Escolar José Faber. Nessa situação hipotética, embora o prefeito tenha associado o nome do próprio pai ao referido programa, não houve violação do princípio da impessoalidade, pois não ocorreu promoção pessoal do chefe do Poder Executivo municipal.

(2) A nomeação, pelo presidente de um tribunal de justiça, de sua companheira para o cargo de assessora de imprensa desse tribunal violaria o princípio constitucional da moralidade.

(3) Os princípios constitucionais da Administração Pública se limitam à esfera do Poder Executivo, já que o Poder Judiciário e o Poder Legislativo não exercem função administrativa.

1: assertiva incorreta, pois a promoção pessoal também está caracterizada no caso, já que o Prefeito usou o nome do próprio pai para designar um programa político-administrativo, o que faz com que as pessoas associem o programa ao Prefeito, ferindo o princípio da impessoalidade e seu corolário previsto no art. 37, § 1º, da CF; **2:** assertiva correta, nos termos da Súmula Vinculante STF 13 ("A nomeação de cônjuge, companheiro ou parente em linha reta, colateral ou por afinidade, até o terceiro grau, inclusive, da autoridade nomeante ou de servidor da mesma pessoa jurídica investido em cargo de direção, chefia ou assessoramento, para o exercício de cargo em comissão ou de confiança ou, ainda, de função gratificada na administração pública direta e indireta em qualquer dos Poderes da União, dos Estados, do Distrito Federal e dos Municípios, compreendido o ajuste mediante designações recíprocas, viola a Constituição Federal"); **3:** assertiva incorreta, pois o próprio art. 37, *caput*, da CF dispõe que tais princípios se impõem à

"Administração Pública direta e indireta de qualquer dos Poderes (...)", abarcando, assim, a Administração Pública dos Poderes Judiciário e Legislativo; vale lembrar que tais Poderes também praticam, ainda que atipicamente, atos administrativos, como quando contratam pessoal e compram materiais para uso interno. WG

Gabarito 1E, 2C, 3E

(Analista – TRT/10ª – 2013 – CESPE) Julgue os itens a seguir, acerca dos princípios e das fontes do direito administrativo.

(1) O princípio da supremacia do interesse público é, ao mesmo tempo, base e objetivo maior do direito administrativo, não comportando, por isso, limites ou relativizações.

(2) Em decorrência do princípio da legalidade, a lei é a mais importante de todas as fontes do direito administrativo.

1: assertiva incorreta, pois são dois os princípios basilares do direito administrativo, o mencionado e o princípio da indisponibilidade do interesse público; vale lembrar, outrossim, que esse princípio deve ser compatibilizado com os direitos e as garantias individuais, não podendo o Poder Público invocar o princípio da supremacia do interesse público sobre o privado, para eliminar os direitos fundamentais; **2:** assertiva correta; de fato, a lei, em sentido amplo (o que inclui a Constituição Federal), é a maior fonte de direito administrativo, por força do princípio da legalidade, previsto no art. 37, *caput*, da CF. WG

Gabarito 1E, 2C

(Analista – TRT/10ª – 2013 – CESPE) Julgue os itens que se seguem, a respeito do controle da Administração Pública.

(1) O Poder Judiciário, no exercício da atividade administrativa, pode exercer controle administrativo, inclusive para revogar seus próprios atos administrativos.

(2) Por força do princípio da separação de Poderes, não se admite o controle da Administração Pública pelo Poder Legislativo.

1: assertiva correta, pois o Poder Judiciário tem a autotutela de seus atos administrativos, podendo anular seus atos ilegais e revogar seus atos inconvenientes ou inoportunos; o que não é possível é o Poder Judiciário revogar atos administrativos de outros Poderes; **2:** assertiva incorreta, pois esse controle não só é possível, como é uma das principais funções do Poder Legislativo (arts. 49 e 71, *caput*, da CF). WG

Gabarito 1C, 2E

(Analista – TRE/MG – 2012 – CONSULPLAN) A Administração Pública de todos os níveis federais está sujeita a uma série de princípios, sendo correto afirmar que

(A) não é possível extrair do ordenamento jurídico brasileiro o princípio da razoabilidade, tendo em vista a indeterminação de sua conceituação e a falta de aplicabilidade prática.

(B) o princípio da publicidade assegura a todos os cidadãos o direito de receber dos órgãos públicos informações não só de interesse particular como de interesse geral da coletividade.

(C) o princípio da moralidade visa a preservar a estabilidade nas relações jurídicas, vedando a retroatividade dos atos administrativos e impedindo a aplicação de nova interpretação a situações pretéritas.

(D) o princípio da eficiência, expresso na Constituição, tem como foco a mudança de paradigma na prestação de serviços e produção de bens pelo Estado, que passam a ter finalidade essencialmente lucrativa.

(E) o princípio da supremacia do interesse público sobre o privado, expressamente incluído no texto constitucional pela EC 19/1998, inviabiliza que direitos fundamentais individuais sejam opostos em face do Estado.

A: assertiva incorreta, pois esse princípio está expresso no art. 2º, *caput*, da Lei 9.784/1999; **B**: assertiva correta, pois esses são os sentidos do princípio da publicidade, garantir o conhecimento de informações de interesse particular e público; **C**: assertiva incorreta, pois a definição dada é do princípio da segurança jurídica e não da moralidade; **D**: assertiva incorreta, pois o princípio da eficiência não muda o foco do Estado para que este passe a buscar o lucro, mas impõe que o Estado preste seu serviço de modo a atender satisfatoriamente aos interesses dos administrados; **E**: assertiva incorreta, pois esse princípio, apesar de estar presente no sistema jurídico como um todo, não está expresso na Constituição Federal; ademais, não se pode, sob o pretexto de atender a esse princípio, inviabilizar direitos individuais fundamentais. WG
Gabarito "B".

(Analista – TRE/AP – 2011 – FCC) A conduta do agente público que se vale da publicidade oficial para realizar promoção pessoal atenta contra os seguintes princípios da Administração Pública:

(A) razoabilidade e legalidade.

(B) eficiência e publicidade.

(C) publicidade e proporcionalidade.

(D) motivação e eficiência.

(E) impessoalidade e moralidade.

Essa conduta fere a *moralidade*, por não ser honesta e proba, e fere a *impessoalidade*, pois uma das facetas desse princípio é a que determina que o agente público não faça autopromoção. WG
Gabarito "E".

(Analista – TRE/AP – 2011 – FCC) O Jurista Celso Antônio Bandeira de Mello apresenta o seguinte conceito:

Este princípio enuncia a ideia de que as competências administrativas só podem ser validamente exercidas na extensão e intensidade correspondentes ao que seja realmente demandado para cumprimento da finalidade de interesse público a que estão atreladas.

Trata-se do princípio da

(A) moralidade.

(B) eficiência.

(C) proporcionalidade.

(D) impessoalidade.

(E) legalidade.

O princípio da proporcionalidade reclama "adequação entre meios e fins", vedando a "imposição de obrigações, restrições e sanções em medida superior àquelas estritamente necessárias ao atendimento do interesse público" (art. 2º, parágrafo único, VI, da Lei 9.784/1999). Isso significa que as competências só podem ser exercidas na "extensão e intensidade" correspondentes ao que seja realmente necessário ao atendimento do interesse público. WG
Gabarito "C".

(Analista – TJAM – 2013 – FGV) A Administração, revendo interpretação de determinada lei, suprimiu direitos adquiridos por servidores. A esse respeito, assinale a afirmativa correta.

(A) A atitude é correta pois a Administração pode agir da forma mencionada com base na autotutela.

(B) A Administração agiu corretamente com base no princípio da indisponibilidade do interesse público.

(C) A Administração agiu corretamente com base no princípio da impessoalidade.

(D) A Administração agiu corretamente com base no princípio da supremacia do interesse público.

(E) A Administração agiu incorretamente, pois violou a segurança jurídica.

A a **D**: assertivas incorretas, pois nova interpretação não pode retroagir (art. 2º, parágrafo único, XIII, da Lei 9.784/1999); **E**: assertiva correta, pois é vedada a aplicação retroativa de nova interpretação (art. 2º, parágrafo único, XIII, da Lei 9.784/1999), sob pena de violação do princípio da segurança jurídica, que não admite sequer que uma nova lei prejudique direitos adquiridos (art. 5º, XXXVI, da CF), quanto mais uma interpretação nova de lei. WG
Gabarito "E".

(Analista – TJ/PE – 2007 – FCC) Com relação aos princípios constitucionais da Administração Pública, considere:

I. A Constituição Federal proíbe expressamente que conste nome, símbolo ou imagens que caracterizem promoção pessoal de autoridade ou servidores públicos em publicidade de atos, programas, obras, serviços e campanhas dos órgãos públicos.

II. Todo agente público deve realizar suas atribuições com presteza, perfeição e rendimento funcional.

As afirmações citadas correspondem, respectivamente, aos princípios da

(A) impessoalidade e eficiência.

(B) publicidade e moralidade.

(C) legalidade e impessoalidade.

(D) moralidade e legalidade.

(E) eficiência e publicidade.

I: tal proibição diz respeito à impessoalidade (art. 37, § 1º, da CF e art. 2º, parágrafo único, III, da Lei 9.784/1999), que tem como um de seus aspectos a vedação da autopromoção; **II**: trata-se de clara menção ao princípio da eficiência. WG
Gabarito "A".

(Analista – TJ/RJ – 2008 – CESPE) Acerca dos princípios informativos do direito administrativo, assinale a opção correta.

(A) A previsibilidade no emprego do poder, por instituições e órgãos, previamente estabelecidos, não decorre do princípio da segurança jurídica.

(B) Pelo princípio da motivação, é possível a chamada motivação aliunde, ou seja, a mera referência, no ato, à sua concordância com anteriores pareceres, informações, decisões ou propostas, como forma de suprimento da motivação do ato.

(C) O princípio da ampla defesa e do contraditório tem sua aplicação, no âmbito administrativo, limitada aos processos administrativos punitivos.

(D) A publicidade é elemento formativo do ato administrativo, uma vez que, sem ela, o ato não chega a se formar e, por isso, não pode gerar efeitos.

(E) A violação ao princípio da finalidade não gera o chamado abuso de poder, que é aplicado nos casos em que o ato administrativo é praticado por agente incompetente.

A: assertiva incorreta, pois a previsibilidade guarda relação com o princípio da segurança jurídica; **B:** assertiva correta (art. 50, § 1º, da Lei 9.784/1999); **C:** assertiva incorreta, pois tal princípio se aplica a todos os processos administrativos; **D:** assertiva incorreta, pois a publicidade não é requisito de existência (requisito formativo), mas requisito de eficácia dos atos administrativo; **E:** assertiva incorreta, pois o abuso do poder tem duas espécies, quais sejam, excesso de poder (problema na competência) e desvio de poder (problema na finalidade). **WG**

Gabarito "B".

(**Analista – MPU – 2007 – FCC**) Tendo em vista a matéria administrativa, é correto afirmar:

(**A**) Ato de império é todo aquele que ordena a conduta interna da Administração e de seus servidores, ou cria direitos e obrigações entre ela e os administrados, tais como as autorizações, permissões e os contratos em geral.

(**B**) É legal a realização de atos de império ou gestão por agente simplesmente designado para "responder pelo expediente", na vaga ou ausência temporária do titular.

(**C**) Pelo princípio da indisponibilidade do interesse público, a Administração Pública não pode dispor do interesse geral nem renunciar a poderes que a lei lhe deu para tal tutela, uma vez que o titular de tal interesse é o Estado.

(**D**) Na Administração Pública há liberdade de vontade pessoal do agente político encarregado da gestão, enquanto na administração particular só é lícito ao particular fazer o que a lei autoriza.

(**E**) A publicidade do ato administrativo não é requisito de sua eficácia ou moralidade, mas se constitui elemento formativo do próprio ato, que só produz efeitos jurídicos através da divulgação no órgão oficial ou pela imprensa particular.

A: assertiva incorreta, pois *atos de império* são os atos praticados pela Administração no gozo de prerrogativas de autoridade. Nesse sentido, os *contratos em geral*, por exemplo, não podem ser considerados atos de império; há diversos contratos celebrados pela Administração em que esta não atua com prerrogativas públicas, tais como a compra e venda, a locação, o seguro e o financiamento; nesses casos, se está diante de *atos de gestão*, que são os atos praticados pela Administração Pública sem o uso de prerrogativas públicas, na administração de bens e serviços; **B:** assertiva incorreta, pois os atos administrativos só podem ser praticados por quem tem competência; nesse sentido, somente quando houver delegação de competência (arts. 12 a 14 da Lei 9.784/1999) pode-se passar esta para outrem; **C:** assertiva correta; há dois princípios basilares no direito administrativo, quais sejam, o da *indisponibilidade do interesse público* e o da *supremacia do interesse público sobre o privado*; quanto ao primeiro princípio, ele prega justamente que o interesse geral, expressado na lei, não pode ser objeto de renúncia, de disposição; assim, um agente público que deixa de exercer seus deveres numa dada situação concreta está ferindo o princípio da indisponibilidade do interesse público; **D:** assertiva incorreta, pois é justamente o contrário que deve ser; os particulares têm liberdade para fazerem o que quiserem, salvo proibição legal; já os agentes públicos só podem fazer o que a lei determinar ou autorizar; **E:** assertiva incorreta, a publicidade é requisito de *eficácia* do ato administrativo, não sendo, portanto, requisito de existência ou de validade deste; um ato legal não publicado *existe* e é *válido*, porém não tem eficácia. **WG**

Gabarito "C".

2. PODERES DA ADMINISTRAÇÃO PÚBLICA

(**Analista Judiciário – TJ/AL – 2018 – FGV**) As atividades que envolvem a consecução do poder de polícia são sumariamente divididas em quatro grupos, a saber:

(**I**) legislação;

(**II**) consentimento;

(**III**)fiscalização; e

(**IV**)sanção.

Sobre a delegação do poder de polícia a uma sociedade de economia mista, a jurisprudência consolidada do Superior Tribunal de Justiça é no sentido de sua:

(**A**) possibilidade em relação aos atos de fiscalização e sanção, porque decorrem do poder discricionário da Administração Pública, mas não pode ocorrer delegação dos atos de legislação e consentimento, pois derivam do poder vinculado;

(**B**) possibilidade em relação aos atos de legislação, consentimento, fiscalização e sanção, diante da autonomia dos entes federativos, que ostentam o poder discricionário para decidir a forma como prestam os serviços públicos;

(**C**) possibilidade em relação aos atos de consentimento e fiscalização, pois estão ligados ao poder de gestão do Estado, mas não pode ocorrer delegação dos atos de legislação e sanção, pois derivam do poder de coerção;

(**D**)impossibilidade, em qualquer das fases de legislação, consentimento, fiscalização e sanção, pois apenas os órgãos da administração direta e os que ostentem personalidade jurídica de direito público da administração indireta exercem legitimamente a autoexecutoriedade de seus atos;

(**E**) impossibilidade, em qualquer das fases de legislação, consentimento, fiscalização e sanção, pois qualquer forma de exercício de poder de polícia traz implícito o atributo da imperatividade do ato administrativo, que só pode ser legitimamente exercido pela administração direta.

A questão trata do chamado ciclo do poder de polícia, segundo o qual o poder de polícia seria composto por 04 fases: a legislação, o consentimento, a fiscalização e a sanção. A legislação refere-se à obrigatoriedade inafastável de que o poder de polícia, como limitação à liberdade e à propriedade que é ser prevista em lei. É claramente indelegável, na medida em que cabe tão somente ao Poder Legislativo essa função, sob pena de ilegalidade. O consentimento é ciclo por meio do qual o próprio administrado solicita o exercício do poder de polícia da Administração, que o consente ou não mediante análise do preenchimento dos requisitos legais. É o caso de alvarás e licenciamentos, por exemplo. Por se tratarem de atos vinculados, existe o entendimento de que essa parte do ciclo do poder de polícia pode ser delegada, visto que não há margem de discricionariedade no caso em tela. A sanção, ou seja, a aplicação da penalidade, só pode ser feita pela autoridade competente prevista em lei e é tida por indelegável. Por fim, a fiscalização é o ato de verificação da conformidade ou não com as restrições à liberdade e a propriedade previstas na lei, com a aplicação de sanção em caso de não conformidade. É justamente esse o caso da questão, para o qual vale a pena replicar o acórdão paradigmático do STJ a respeito do tema, aceitando a sua delegabilidade: Administrativo. Poder de polícia. Trânsito. Sanção pecuniária aplicada por sociedade de economia mista. Impossibilidade. 1. Antes de adentrar o mérito da controvérsia, convém afastar a preliminar de conhecimento levantada pela parte recorrida. Embora o fundamento da origem tenha sido a lei local, não há dúvidas que a tese sustentada pelo recorrente em sede de especial (delegação de poder de polícia) é retirada, quando o assunto é trânsito, dos dispositivos do Código de Trânsito Brasileiro arrolados pelo recorrente (arts. 21 e 24), na medida em que estes artigos tratam da competência dos órgãos de trânsito. O enfrentamento da tese pela instância ordinária também tem por consequência o cumprimento do requisito do prequestionamento. 2. No que tange ao mérito, convém assinalar que, em sentido amplo, poder de polícia pode ser conceituado como o dever estatal de limitar-se o exercício da propriedade e da liberdade em favor do interesse público. A controvérsia em debate é a possibilidade de exercício do poder de polícia por particulares (no caso, aplicação de multas de trânsito por sociedade de economia mista). 3. As atividades que envolvem a consecução do poder de polícia podem ser sumariamente divididas em quatro grupo, a saber: (i) legislação, (ii) consentimento, (iii) fiscalização e (iv) sanção. 4. No âmbito da limitação do exercício da propriedade e da liberdade no trânsito, esses grupos ficam bem definidos: o CTB estabelece normas genéricas e abstratas para a obtenção da Carteira Nacional de Habilitação (legislação); a emissão da carteira corporifica a vontade o Poder Público (consentimento); a Administração instala equipamentos eletrônicos para verificar se há respeito à velocidade estabelecida em lei (fiscalização); e também a Administração sanciona aquele que não guarda observância ao CTB (sanção). 5. Somente os atos relativos ao consentimento e à fiscalização são delegáveis, pois aqueles referentes à legislação e à sanção derivam do poder de coerção do Poder Público. 6. No que tange aos atos de sanção, o bom desenvolvimento por particulares estaria, inclusive, comprometido pela busca do lucro – aplicação de multas para aumentar a arrecadação. 7. Recurso especial provido. (REsp 817.534/MG, Rel. Ministro Mauro Campbell Marques, Segunda Turma, julgado em 10.11.2009, DJe 10.12.2009). FB

Gabarito "C".

(Analista – TJ/SC – FGV – 2018) Poder de Polícia pode ser conceituado como atividade da Administração Pública que se expressa por meio de seus atos normativos ou concretos, com fundamento na supremacia geral do interesse público, para, na forma da lei, condicionar a liberdade e a propriedade dos indivíduos mediante ações fiscalizadoras, preventivas e repressivas.

Nesse contexto, de acordo com modernas doutrina e jurisprudência, o poder de polícia é:

(A) delegável na fase de fiscalização de polícia, pois está ligado ao poder de gestão do Estado;

(B) delegável na fase de sanção de polícia, pois está ligado ao poder de império do Estado;

(C) delegável em qualquer fase, pois decorre do poder hierárquico do Estado;

(D) indelegável em qualquer fase, pois decorre da auto-executoriedade administrativa;

(E) indelegável em qualquer fase, pois decorre da discricionariedade administrativa.

A: correta. A questão trata do chamado ciclo do poder de polícia, segundo o qual o poder de polícia seria composto por 04 fases: a legislação, o consentimento, a fiscalização e a sanção. A legislação refere-se à obrigatoriedade inafastável de que o poder de polícia, como limitação à liberdade e à propriedade que é, ser prevista em lei. É claramente indelegável, na medida em que cabe tão somente ao Poder Legislativo essa função, sob pena de ilegalidade. O consentimento é ciclo por meio do qual o próprio administrado solicita o exercício do poder de polícia da Administração, que o consente ou não mediante análise do preenchimento dos requisitos legais. É o caso de alvarás e licenciamentos, por exemplo. Por se tratarem de atos vinculados, existe o entendimento de que essa parte do ciclo do poder de polícia pode

ser delegada, visto que não há margem de discricionariedade no caso em tela. O ciclo de polícia chamado fiscalização é o ato de verificação da conformidade ou não com as restrições à liberdade e a propriedade previstas na lei, com a aplicação de sanção em caso de não conformidade. Vejamos jurisprudência contida em acordão paradigmático do STJ a respeito do tema, aceitando a sua delegabilidade: Administrativo. Poder de polícia. Trânsito. Sanção pecuniária aplicada por sociedade de economia mista. Impossibilidade. 1. Antes de adentrar o mérito da controvérsia, convém afastar a preliminar de conhecimento levantada pela parte recorrida. Embora o fundamento da origem tenha sido a lei local, não há dúvidas que a tese sustentada pelo recorrente em sede de especial (delegação de poder de polícia) é retirada, quando o assunto é trânsito, dos dispositivos do Código de Trânsito Brasileiro arrolados pelo recorrente (arts. 21 e 24), na medida em que estes artigos tratam da competência dos órgãos de trânsito. O enfrentamento da tese pela instância ordinária também tem por consequência o cumprimento do requisito do prequestionamento. 2. No que tange ao mérito, convém assinalar que, em sentido amplo, poder de polícia pode ser conceituado como o dever estatal de limitar-se o exercício da propriedade e da liberdade em favor do interesse público. A controvérsia em debate é a possibilidade de exercício do poder de polícia por particulares (no caso, aplicação de multas de trânsito por sociedade de economia mista). 3. As atividades que envolvem a consecução do poder de polícia podem ser sumariamente divididas em quatro grupo, a saber: (i) legislação, (ii) consentimento, (iii) fiscalização e (iv) sanção. 4. No âmbito da limitação do exercício da propriedade e da liberdade no trânsito, esses grupos ficam bem definidos: o CTB estabelece normas genéricas e abstratas para a obtenção da Carteira Nacional de Habilitação (legislação); a emissão da carteira corporifica a vontade o Poder Público (consentimento); a Administração instala equipamentos eletrônicos para verificar se há respeito à velocidade estabelecida em lei (fiscalização); e também a Administração sanciona aquele que não guarda observância ao CTB (sanção). 5. Somente os atos relativos ao consentimento e à fiscalização são delegáveis, pois aqueles referentes à legislação e à sanção derivam do poder de coerção do Poder Público. 6. No que tange aos atos de sanção, o bom desenvolvimento por particulares estaria, inclusive, comprometido pela busca do lucro – aplicação de multas para aumentar a arrecadação. 7. Recurso especial provido. (REsp 817.534/MG, Rel. Ministro Mauro Campbell Marques, Segunda Turma, julgado em 10/11/2009, DJe 10.12.2009). Por fim, temos a sanção, ou seja, a aplicação da penalidade, só pode ser feita pela autoridade competente prevista em lei e é tida por indelegável. FB

Gabarito "A".

(Analista Jurídico – TRT2 – FCC – 2018) A edição de um decreto pelo Chefe do Executivo instituindo proibição de circulação de veículos por determinado perímetro da cidade

(A) encontra fundamento no poder regulamentar, porque este se presta a suprir lacunas legais.

(B) insere-se dentre as atribuições inerentes ao poder hierárquico, considerando a supremacia do interesse público sobre o particular, que permite a limitação da liberdade dos administrados, em prol da coletividade.

(C) configura expressão do poder disciplinar, posto que se presta a pacificar as relações entre a Administração pública e os administrados.

(D) excede os limites do poder regulamentar, na medida em que inova o ordenamento jurídico ao estabelecer nova restrição a direitos sem que conste haver o devido fundamento em lei.

(E) excede os limites do poder de polícia, tendo em vista que esta atuação se presta apenas a imposição de obrigações, não sendo admitido o estabelecimento de limitação ou restrição a direitos dos administrados.

A: incorreta. A questão refere-se efetivamente ao exercício de poder regulamentar e o erro contido nessa assertiva encontra-se no fato de que o limite desse poder de emitir atos administrativos para a correta execução da lei encontra-se precisamente na proibição de normatizar *contra legem* (contra a lei) ou *praeter legem* (além da lei). O administrador público no exercício do poder regulamentar só pode atual *secundum legem* (segundo a lei); **B:** incorreta. O poder hierárquico é conferido ao administrador a fim de distribuir e escalonar as funções de seus órgãos, bem como **ordenar** e rever a atuação de seus agentes , estabelecendo uma relação de hierarquia, de subordinação; **C:** incorreta. **Poder disciplinar** é a faculdade de punir internamente as infrações funcionais dos servidores e demais pessoas sujeitas à disciplina dos órgãos e serviços da Administração; **D:** correta. A questão refere-se efetivamente ao exercício do poder regulamentar e ao fato de que o limite desse poder de emitir atos administrativos para a correta execução da lei encontra-se precisamente na proibição de normatizar *contra legem* (contra a lei) ou *praeter legem* (além da lei). O administrador público no exercício do poder regulamentar só pode atual *secundum legem* (segundo a lei); **E:** incorreta. O poder de polícia consiste no dever-poder que possui a Administração Pública de, nos termos da lei, impor limites à liberdade e à propriedade em prol do bem comum. **FMB**

Gabarito "D"

(Analista – TRF5 – FCC – 2017) A Superintendência de uma autarquia municipal do setor de transportes editou um decreto estabelecendo a redução da velocidade em determinado trecho de uma estrada, como forma de prevenção de acidentes, cuja violação passou a configurar nova infração de trânsito passível de ser apenada com multa e pontuação na carteira de habilitação dos condutores. Identificou-se, em razão de apuração de denúncia anônima, que o trecho da estrada onde havia sido determinada a redução da velocidade coincidia com o local onde recentemente haviam sido fixados outdoors de propaganda, precedidos de contratação com a Municipalidade. Parecia conveniente, portanto, que a velocidade fosse reduzida naquele trecho, o que potencializaria a exposição dos outdoors. Considerando os fatos narrados,

(A) a atuação da autarquia é independente e autônoma e, como tal, não pode ser questionada, considerando que referido ente possui personalidade jurídica própria, em especial porque o ente não captura ganhos porventura direcionados ao Município.

(B) o ato editado pela autarquia excedeu os limites formais do poder normativo atribuído ao Executivo, tendo em vista que decreto é ato privativo do Chefe do Executivo, bem como materiais, dado que a esse ato não seria permitido inovar no ordenamento jurídico, independentemente da competência constitucional para legislar nessa matéria.

(C) o decreto editado possui vícios apenas de cunho material, porque instituiu nova infração, passíveis de serem sanados com a revogação desta consequência, remanescendo válida a redução de velocidade operada.

(D) a atuação da autarquia pode ter excedido os limites do poder de polícia e editado ato com desvio de finalidade, sendo necessária prova do dolo e, em especial, do abuso de poder praticado, para que seja viável o desfazimento do ato.

(E) violou os poderes conferidos à Administração pública, porque ainda que o conteúdo seja inerente ao poder disciplinar, dirigido a todos os administrados, o ato praticado deveria ter adotado a forma de Resolução ou Portaria.

A questão tangencia os limites do exercício do poder de polícia e o ato administrativo eivado de desvio de finalidade, uma vez que dá a entender que a redução da velocidade em determinado trecho da estrada se deu mais por uma questão de interesse na exposição de outdoors do que na prevenção de acidentes. Ainda, refere-se aos limites do poder regulamentar. Com efeito, o limite desse poder de emitir atos normativos para a correta execução da lei encontra-se precisamente na proibição de normatizar *contra legem* (contra a lei) ou *praeter legem* (além da lei). O administrador público no exercício do poder regulamentar só pode atual *secundum legem* (segundo a lei). Logo, não poderia de modo algum ter estipulado sem previsão legal a proibição de uma dada conduta e a sanção correspondente à infração a essa. **FMB**

Gabarito "B"

(Analista Jurídico – TRF5 – FCC – 2017) O chefe do departamento pessoal de uma determinada autarquia federal, para o bom funcionamento dos serviços afetos à sua unidade, editou ato normativo interno estabelecendo horários de saída para o almoço, respeitando, para tanto, as especificidades das jornadas de trabalho de cada subordinado. Justificou o ato na necessidade de a unidade contar, sempre, com pelo menos um servidor. A edição do ato encontra fundamento no poder

(A) de polícia, que é próprio da função administrativa, e assim denominado por cuidar-se, na hipótese, de pessoa jurídica integrante da Administração pública indireta.

(B) hierárquico, que é próprio da função administrativa, e por meio do qual a Administração pública mantém a disciplina e impõe o cumprimento de deveres funcionais.

(C) disciplinar, que obriga o cumprimento, pelos subordinados, das ordens dos superiores, sob pena de punição.

(D) hierárquico, que, no entanto, deixou de ser próprio da função administrativa, em razão do princípio da eficiência, que exclui a ingerência dos superiores.

(E) disciplinar, que se sobrepõe e se confunde com o poder hierárquico, pois atribui competência ao administrador para aplicar penalidade aos seus subordinados.

A: incorreta. O poder de polícia consiste no dever-poder que possui a Administração Pública de, nos termos da lei, impor limites à liberdade e à propriedade em prol do bem comum; **B:** correta. O poder hierárquico é conferido ao administrador a fim de distribuir e escalonar as funções de seus órgãos, bem como **ordenar** e rever a atuação de seus agentes , estabelecendo uma relação de hierarquia, de subordinação. No caso da presente questão, o que o chefe fez foi precisamente editar ato para ordenar os horários de saída e entrada dos servidores a ele subordinados; **C:** incorreta. **Poder disciplinar** é a faculdade de punir internamente as infrações funcionais dos servidores e demais pessoas sujeitas à disciplina dos órgãos e serviços da Administração; **D:** incorreta. Como vimos acima, o poder hierárquico consiste em um dos poderes da Administração Pública, referente ao poder dado ao administrador para distribuir e escalonar as funções de seus órgãos, bem como **ordenar** e rever a atuação de seus agentes, estabelecendo uma relação de hierarquia, de subordinação; **E:** incorreta. O poder hierárquico não se confunde com o poder disciplinar, na medida em que o primeiro refere-se ao poder dado ao administrador de distribuir e escalonar as funções de seus órgãos, bem como **ordenar** e rever a atuação de seus agentes, estabelecendo uma relação de hierarquia, de subordinação; ao passo que o poder disciplinar é aquele conferido à Administração Pública e que lhe permite punir, apenar a prática de infrações funcionais aos servidores e de todos os que estiverem sujeitos à disciplina de seus órgãos e serviços. **FMB**

(Analista Judiciário – STJ – CESPE – 2015) No tocante aos poderes administrativos, julgue os seguintes itens.

(1) O fenômeno da deslegalização, também chamada de *delegificação,* significa a retirada, pelo próprio legislador, de certas matérias do domínio da lei, passando-as para o domínio de regulamentos de hierarquia inferior.

(2) O poder de polícia dispõe de certa discricionariedade, haja vista o poder público ter liberdade para escolher, por exemplo, quais atividades devem ser fiscalizadas para que se proteja o interesse público.

(3) O desvio de finalidade é uma espécie de abuso de poder em que o agente público, apesar de agir dentro dos limites de sua competência, pratica determinado ato com objetivo diverso daquele pautado pelo interesse público.

(4) A relação entre a administração direta e as entidades que integram a administração indireta pressupõe a existência do poder hierárquico entre ambas.

1: Correto. A doutrina dominante entende que a deslegalização ou delegificação é a retirada, pelo próprio Legislador, de certas matérias do domínio da lei, passando-se ao domínio do regulamento ou outro ato infralegal, sendo um processo de "queda de hierarquia" da matéria, que era regulada por um ato normativo de hierarquia superior e passa para um ato normativo de hierarquia inferior. **2:** Correta. O Poder de Polícia é discricionário, podendo o agente escolher, dentre as atividades previstas em lei, as que melhores se adéquam para que exista a proteção do interesse público. **3:** Correta. O abuso de poder é gênero, abrange o desvio de poder ou de finalidade e o excesso de poder. O desvio de poder é exatamente o que descreve o enunciado, ou seja, é o ato com vício de finalidade, em que o agente, mesmo competente, realiza ato violando o interesse público. **4:** Incorreta. Não há relação hierárquica ou de subordinação entre as pessoas jurídicas da Administração Direta e as integrantes da Administração Indireta. O que existe é apenas o controle de legalidade, também denominado de "tutela". **AW**

(Analista Judiciário – TJ/PI – FGV – 2015) Em tema de poderes administrativos, são hipóteses de regular emprego do poder de polícia quando o agente público competente determina, observadas as formalidades legais, com a finalidade de coagir o infrator a cumprir a lei, a:

(A) demissão de servidor público estável ocupante de cargo efetivo, após processo administrativo disciplinar, pela prática de falta funcional;

(B) edição de um decreto, contendo atos normativos que regulamentem determinada lei sobre a imposição de penalidades administrativas;

(C) interdição de atividade privada irregular, a apreensão de mercadorias deterioradas ou a demolição de construção ilegal com risco iminente de desabamento;

(D) instauração de sindicância sumária para apurar o desaparecimento de armas de fogo e munições de dentro do departamento da Secretaria de Segurança Pública;

(E) remoção de agente da Defesa Civil da área operacional para área administrativa, diante de sua baixa produtividade evidenciada em relatório de atividades funcionais.

A: Incorreta. Nesse caso, temos hipótese de Poder Disciplinar, que é o responsável por apurar atos infracionais e aplicar sanções aos agentes públicos. **B:** Incorreta. Mais uma vez, temos a incidência de um Poder Disciplinar, consistente na imposição de penalidades administrativas aos seus agentes. **C:** Correta. Essa é uma hipótese de aplicação do Poder de Polícia, que é o responsável por frear, condicionar, limitar os atos dos administrados, tendo em vista a finalidade ou interesse público ou da coletividade. Ao interditar um estabelecimento irregular, busca-se o impedimento dessa atividade em prol da segurança sanitária da coletividade (mercadorias deterioradas), e ainda, evitando o desmoronamento do estabelecimento, está-se evitando danos aos administrados (a segurança da população vizinha). **D:** Incorreta. Sindicância é ato de procedimento disciplinar, decorrente de Poder Disciplinar, portanto. **E:** Incorreta. O fundamento na "baixa produtividade" de agente público tem por escopo a busca da eficiência, assim como a adequação do mesmo ao serviço, sendo também decorrência do Poder Disciplinar (problemas de desempenho do servidor). **AW**

(Analista – TJ/CE – 2014 – CESPE) Em relação aos poderes administrativos, assinale a opção correta.

(A) O poder discricionário não é passível de controle pelo Poder Judiciário.

(B) O desvio de poder configura-se quando o agente atua fora dos limites de sua competência administrativa.

(C) Nenhum ato inerente ao poder de polícia pode ser delegado, dado ser expressão do poder de império do Estado.

(D) O poder hierárquico restringe-se ao Poder Executivo, uma vez que não há hierarquia nas funções desempenhadas no âmbito dos Poderes Legislativo e Judiciário.

(E) As prerrogativas do Poder Legislativo incluem a sustação dos atos normativos do Poder Executivo que exorbitem do poder regulamentar.

A: Incorreta. O STJ já solidificou entendimento de que cabe ao Poder Judiciário, apenas, o controle da legalidade dos atos administrativos: "é defeso ao Poder judiciário apreciar o mérito do ato administrativo, cabendo-lhe unicamente examiná-lo sob o aspecto de sua legalidade, isto é, se foi praticado conforme ou contrariamente à lei. Esta solução se funda no princípio da separação dos poderes, de sorte que a verificação das razões de conveniência ou de oportunidade dos atos administrativos escapa ao controle jurisdicional do Estado" (STJ, RO em MS 1288/91, 4ª T. rel. Min. Cesar Asfor Rocha, *DJ* 02.05.1994). **B:** Incorreta. O abuso de poder subdivide-se em **excesso de poder** e **desvio de poder**. Ocorre **excesso de poder** na hipótese em que há atuação fora dos limites de sua competência. Já no **desvio de poder**, o agente, em que pese atue nos limites de sua competência, se afasta do interesse público norteador do direito administrativo. Portanto, a descrição da alternativa subsume-se à hipótese de excesso de poder. **C:** Incorreto. José dos Santos Carvalho Filho entende que "Indispensável, todavia, para a validade dessa atuação é que a delegação seja feita por lei formal, originária da função regular do Legislativo. Observe-se que a existência da lei é o pressuposto de validade da polícia administrativa exercida pela própria Administração Direta e, desse modo, nada obstaria que servisse também como respaldo da atuação de entidades paraestatais, mesmo que sejam elas dotadas de personalidade jurídica de direito privado. O que importa, repita-se, é que haja expressa delegação na lei pertinente e que o delegatário seja entidade integrante da Administração Pública (**Manual de Direito Administrativo**. 27. ed. São Paulo: Atlas, 2014, p. 80); **D:** Incorreta. O Poder Hierárquico está presente em todos os poderes da União e, também, no MP e nas Defensorias **E:** Correta, nos termos do art. 49, V, da CF. **WG**

(Analista – TRT/10ª – 2013 – CESPE) Com relação aos poderes da Administração Pública, julgue os próximos itens.

(1) Encontra-se dentro do poder regulamentar do Presidente da República a edição de decreto autônomo para a criação de autarquia prestadora de serviço público.

(2) A conduta abusiva da administração pode ocorrer quando o servidor atua fora dos limites de sua competência ou quando, embora dentro de sua competência, ele se afasta do interesse público exigido legalmente.

1: assertiva errada, pois tal hipótese não está prevista no dispositivo constitucional que autoriza alguns decretos autônomos (art. 84, VI, da CF); no mais, a Constituição Federal é clara no sentido de que somente por lei (na verdade, lei específica) é que se pode criar uma autarquia (art. 37, XIX, da CF); **2:** assertiva certa, pois a ideia de conduta abusiva (abuso de direito) abrange o excesso de poder (quando o servidor atua fora dos limites de sua competência) e o desvio de poder ou de finalidade (quando o servidor se afasta do interesse público exigido legalmente). **WG**
Gabarito 1E, 2C

(Analista – TRT/11ª – 2012 – FCC) A Administração Pública, ao tomar conhecimento de infrações, cometidas por estudantes de uma escola pública, utiliza-se de um de seus poderes administrativos, qual seja, o *poder disciplinar*. Nesse caso, a Administração Pública

(A) poderia utilizar-se de tal poder contra os estudantes da escola pública.

(B) não poderia utilizar-se de tal poder, porém, pode impor sanções aos estudantes, com fundamento no poder de polícia do Estado.

(C) poderia utilizar-se de tal poder, no entanto, ele está limitado à fase de averiguação, não cabendo à Administração, nessa hipótese, punir.

(D) não poderia utilizar-se de tal poder, vez que ele somente é aplicável aos servidores públicos.

(E) poderia utilizar-se de tal poder, que, nessa hipótese, será discricionário, ou seja, pode a Administração escolher entre punir e não punir.

A: assertiva correta, pois o poder disciplinar se dirige não só em relação aos agentes públicos, como também a outras pessoas que têm vínculo específico com a Administração Pública, como é o caso dos estudantes de escolas públicas; **B:** assertiva incorreta, pois o poder de polícia atinge pessoas indeterminadas e não pessoas com vínculos específicos com a Administração; **C:** assertiva incorreta, pois a Administração, em tendo o poder disciplinar, deve exercê-lo por completo, não só apurando, como também aplicando as sanções cabíveis; **D:** assertiva incorreta, pois, conforme já mencionado, esse poder se aplica a todas as pessoas que têm vínculo específico com a Administração Pública; **E:** assertiva incorreta, pois a Administração, em se deparando com hipótese que determina a aplicação de sanção disciplinar, é obrigada a aplicá-la, em respeito à indisponibilidade do interesse público. **WG**
Gabarito "A"

(Analista – TRT/16ª – 2014 – FCC) Considere as afirmações abaixo.

I. O poder disciplinar não abrange as sanções impostas a particulares não sujeitos à disciplina interna da Administração.

II. Os órgãos consultivos, embora incluídos na hierarquia administrativa para fins disciplinares, fogem à relação hierárquica no que diz respeito ao exercício de suas funções.

III. A discricionariedade existe, ilimitadamente, nos procedimentos previstos para apuração da falta funcional, pois os Estatutos funcionais não estabelecem regras rígidas como as que se impõem na esfera criminal.

A propósito dos poderes disciplinar e hierárquico, está correto o que se afirma em

(A) III, apenas.

(B) I, II e III.

(C) I e II, apenas.

(D) II, apenas.

(E) I e III, apenas.

I: correta, pois o poder disciplinar se limita a sanções aplicadas a particulares sujeitos à disciplina interna da Administração, tais como servidores públicos e outros com relação jurídica direta e específica com a Administração, como os registradores e tabeliães; **II:** correta; os órgãos consultivos, como o próprio nome diz, tem por função receber consultar e dar opiniões, e não tomar decisões, o que impede que seus atos sejam revistos por razão hierárquica, já que expedem meros atos opinativos; no mais, por terem em seu interior agentes públicos, tais agentes respondem disciplinarmente por eventual ato que fira os deveres funcionais; **III:** incorreta, pois não se pode confundir "discricionariedade" (que é margem de liberdade) com "arbitrariedade" (que é ilimitada liberdade), ainda mais em se tratando de procedimentos punitivos, como é o disciplinar, em que a lei traz regras rígidas e o mais objetivas possível, para que não haja punições com alta carga subjetiva e sem o devido processo legal. **WG**
Gabarito "C".

(Analista – TRT/6ª – 2012 – FCC) A interdição de estabelecimento comercial privado por autoridade administrativa constitui exemplo do exercício do poder

(A) disciplinar.

(B) regulamentar.

(C) normativo.

(D) hierárquico.

(E) de polícia.

A interdição de estabelecimento comercial é típica medida de poder de polícia, já que se trata do condicionamento de atividades das pessoas às exigências do interesse público. **WG**
Gabarito "E".

(Analista – TJAM – 2013 – FGV) Em regra, o poder regulamentar deve ser exercido pelo chefe do Executivo, tendo como base de sustentação uma lei prévia. No entanto, a Constituição da República permite que o Presidente da República faça uso do chamado *decreto autônomo*, que é editado sem fundamento em uma lei anterior.

Assinale a alternativa que apresenta o caso em que esse decreto poderá ser utilizado sem que se configure uma ofensa à separação de Poderes.

(A) Na criação de cargos públicos.

(B) Na criação de órgãos públicos.

(C) Na extinção de órgãos e cargos públicos vagos.

(D) Na extinção de cargos públicos vagos.

(E) Na alteração da organização da Administração Pública, ainda que haja aumento de despesas e desde que não haja a extinção ou criação de órgãos.

A: assertiva incorreta, pois somente a extinção de cargos vagos é que pode se dar por decreto autônomo (art. 84, VI, "b", da CF); a criação de cargos públicos depende lei; **B:** assertiva incorreta, pois há vedação desdobramentos a exigibilidade e a executoriedade, é correto afirmar:

(A) A discricionariedade está presente em todos os atos emanados do poder de polícia.

(B) A exigibilidade compreende a necessidade de provocação judicial para adoção de medidas de polícia.

(C) A autoexecutoriedade prescinde da coercibilidade, que pode ou não estar presente nos atos de polícia.

(D) A coercibilidade traduz-se na caracterização do ato de polícia como sendo uma atividade negativa, na medida em que se presta a limitar a atuação do particular.

(E) O poder de polícia pode ser exercido por meio de atos vinculados ou de atos discricionários, neste caso quando houver certa margem de apreciação deixada pela lei.

A: assertiva incorreta, pois apenas quando a lei conferir margem de liberdade ao agente público é que se terá discricionariedade, circunstância que nem sempre acontece nas competências legais instituídas para o exercício do poder de polícia; **B:** assertiva incorreta, pois a exigibilidade é atributo que permite a adoção de *coação indireta* para fazer valer os atos administrativos; um exemplo de exigibilidade é a aplicação de uma multa ao infrator da lei; **C:** assertiva incorreta, pois os atos de polícia são dotados do atributo autoexecutoriedade, que consiste na possibilidade de a Administração Pública impor seus atos independentemente de pronunciamento do Poder Judiciário; **D:** assertiva incorreta, pois coercibilidade consiste no atributo que permite a adoção de *coação direta* (uso da força) para fazer valer os atos administrativos; **E:** assertiva correta, pois, como se viu, apenas quando a lei conferir margem de liberdade ao agente público é que se terá discricionariedade, circunstância que nem sempre acontece nas competências legais instituídas para o exercício do poder de polícia; dessa forma, o poder de polícia pode ser exercido por atos vinculados ou discricionários, de acordo com o que dispuser a lei que o regulamentar. **WG**

Gabarito "E"

(Analista – TRE/SP – 2012 – FCC) A atividade da Administração consistente na limitação de direitos e atividades individuais em benefício do interesse público caracteriza o exercício do poder

(A) regulamentar, exercido mediante a edição de atos normativos para fiel execução da lei e com a prática de atos concretos, dotados de autoexecutoriedade.

(B) de polícia, exercido apenas repressivamente, em caráter vinculado e com atributos de coercibilidade e autoexecutoriedade.

(C) disciplinar, exercido com vistas à aplicação da lei ao caso concreto, dotado de coercibilidade e autoexecutoriedade.

(D) de polícia, exercido por meio de ações preventivas e repressivas dotadas das restrições legais ao caso concreto, o que corresponde à denominada autoexecutoriedade.

(E) disciplinar, consistente na avaliação de conveniência e oportunidade para aplicação das restrições legais ao caso concreto, o que corresponde à denominada autoexecutoriedade.

A definição dada no enunciado é de poder de polícia, devendo ser assinalada a alternativa **D**, que complementa, trazendo outras informações corretas sobre o instituto. **WG**

Gabarito "D"

expressa de criar órgãos públicos por meio de decreto (art. 84, VI, "a", da CF); **C:** assertiva incorreta, pois apenas a extinção de cargos públicos vagos é que pode se dar por decreto (art. 84, VI, "b", da CF); quanto à extinção de órgãos, há vedação expressa de criar órgãos por meio de decreto (art. 84, VI, "a", da CF); **D:** assertiva correta (art. 84, VI, "b", da CF); **E:** assertiva incorreta, pois, em havendo aumento de despesa, não cabe decreto autônomo na disposição sobre a organização e o funcionamento da Administração Pública. **WG**

Gabarito "D"

(Analista – TRT9 – 2012 – FCC) Decreto do Poder Executivo Municipal restringiu a circulação de veículos em determinado horário em perímetro identificado da cidade, sob o fundamento de que a restrição seria necessária para melhoria da qualidade do ar na região, comprovadamente inadequada por medidores oficiais. A medida, considerando que o poder executivo municipal tenha competência material para dispor sobre a ordenação do tráfego e seja constitucionalmente obrigado a tutela do meio ambiente,

(A) é expressão da faceta disciplinar do poder regulamentar, que pode se prestar a restringir a esfera de interesses dos administrados, com vistas ao atendimento do interesse público.

(B) é expressão do poder disciplinar, na medida em que houve limitação, ainda que legal, dos direitos individuais dos administrados.

(C) insere-se no poder normativo do Executivo Municipal, que pode editar atos normativos autônomos disciplinando os assuntos de interesse local da comunidade.

(D) excede o poder regulamentar, que se restringe à disciplina da organização administrativa do ente, devendo essas disposições constarem de lei formal.

(E) insere-se no poder regulamentar do Executivo, se as disposições do decreto municipal estiverem explicitando normas legais que estabeleçam as diretrizes de ordenação do sistema viário com vistas a preservação da qualidade do ar.

A: assertiva incorreta, pois o poder regulamentar não pode inovar na ordem jurídica, restringindo direitos alheios; **B:** assertiva incorreta, pois, no caso, tem-se poder de polícia (condicionamento dos direitos das pessoas ao interesse coletivo) e poder regulamentar, lembrando que é fundamental que o Decreto esteja apenas a explicitar o que a lei tiver inovado na ordem jurídica, não sendo possível que o decreto inove na ordem jurídica, criando direitos ou deveres às pessoas; **C:** assertiva incorreta, pois o decreto é expressão do poder regulamentar (que insere no poder normativo em sentido amplo), mas não pode atuar, como regra, de forma autônoma, devendo se limitar a explicitar e a explicar o disposto na lei, pois, como regra, só a lei pode inovar na ordem jurídica; **D:** assertiva incorreta, pois o poder regulamentar (ou seja, o poder de expedir decreto para explicar a lei) pode se dar em múltiplas matérias e não somente em matéria de organização administrativa; o que não é possível é que o poder regulamentar extravase seu âmbito de atuação e acabe por inovar na ordem jurídica, passando por cima da lei; **E:** assertiva correta, pois o decreto não pode, como regra, inovar na lei, de modo que, caso o decreto em questão nada mais faça do que explicitar e explicar comandos legais, terá sido expedido conforme o poder regulamentar conferido ao Executivo. **WG**

Gabarito "E"

(Analista – TRE/PR – 2012 – FCC) Considerando que sejam atributos do poder de polícia a discricionariedade, a coercibilidade e a autoexecutoriedade, da qual são

(Analista – TJ/AM – 2013 – FGV) A Administração Pública, ao desempenhar suas atribuições com a finalidade de atender ao interesse público, pode usar o Poder Hierárquico e o Poder de Polícia.

Em relação a esses poderes, analise as afirmativas a seguir.

I. O Poder Hierárquico tem incidência sobre os agentes que se encontram dentro na Administração Pública em relação de subordinação dentro da mesma pessoa jurídica.

II. o Poder de Polícia incide de forma geral sobre toda a coletividade.

III. o Poder Hierárquico será aplicado na relação entre uma autarquia e o ente criador.

Assinale:

(A) se somente as afirmativas I e II estão corretas.

(B) se somente as afirmativas I e III estão corretas.

(C) se somente as afirmativas II e III estão corretas.

(D) se somente a afirmativa III estiver correta.

(E) se todas as afirmativas estiverem corretas.

I: afirmativa correta, pois o poder hierárquico, de fato, se dá de órgão para órgão (ou de agente para a agente), diferentemente do poder de controle, que se dá de pessoa jurídica para pessoa jurídica; II: afirmativa correta, pois o poder de polícia é o poder de condicionar, de forma geral, a liberdade e a propriedade das pessoas, condicionando-as aos ditames do interesse público; III: afirmativa incorreta, pois, nesse caso, temos o chamado poder de controle (ou supervisão ministerial ou tutela). WG
Gabarito "A".

(Analista Ciências Jurídicas – Sudene – 2013 – FGV) Dentre os poderes inerentes à Administração Pública encontra-se o poder regulamentar. Com relação a esse poder, analise as afirmativas a seguir.

I. O poder regulamentar sofre controle por parte do poder legislativo.

II. O poder regulamentar sofre controle judicial.

III. A Constituição Federal veda completamente a figura do Decreto Autônomo.

Assinale:

(A) se apenas afirmativa I estiver correta.

(B) se apenas a afirmativa II estiver correta.

(C) se apenas a afirmativa III estiver correta.

(D) se apenas as afirmativas II e III estiverem corretas.

(E) se apenas as afirmativas I e II estiverem corretas.

I: correta, cabendo ao legislativo sustar os atos normativos do Poder Executivo que exorbitem do poder regulamentar (art. 49, V, da CF); II: correta, cabendo controle de constitucionalidade concentrado e judicial sobre tais atos; III: incorreta, pois há exceções no art. 84, VI, da CF. WG
Gabarito "E".

(Analista – TJDFT – 2013 – CESPE) A respeito da hierarquia na Administração Pública e da atuação da polícia administrativa, julgue os próximos itens.

(1) No que se refere ao exercício do poder de polícia, denomina-se exigibilidade a prerrogativa da Administração de praticar atos e colocá-los em imediata execução, sem depender de prévia manifestação judicial.

(2) Um dos efeitos do sistema hierárquico na Administração é a avocação de competência, possível somente entre órgãos e agentes do mesmo nível hierárquico ou entre os quais haja relação de subordinação, em razão de circunstâncias de índole técnica, social, econômica, jurídica ou territorial.

1: assertiva errada, pois esta característica é a autoexecutoriedade e não a exigibilidade; 2: assertiva errada, pois a avocação se dá necessariamente entre órgão superior e órgão hierarquicamente inferior (art. 15 da Lei 9.784/1999). WG
Gabarito 1E, 2E

3. ATO ADMINISTRATIVO

3.1. Conceito e atributos do ato administrativo

Para resolver as questões sobre os requisitos e atributos do ato administrativo, vale a pena trazer alguns elementos doutrinários. Confira:

Atributos do ato administrativo (são as qualidades, as prerrogativas dos atos)

– **Presunção de legitimidade** *é a qualidade do ato pela qual este se presume verdadeiro e legal até prova em contrário*; ex.: uma multa aplicada pelo Fisco presume-se verdadeira quanto aos fatos narrados para a sua aplicação e se presume legal quanto ao *direito aplicado*, à pessoa tida como infratora e ao valor aplicado.

– **Imperatividade** *é a qualidade do ato pela qual este pode se impor a terceiros, independentemente de sua concordância*; ex.: uma notificação da fiscalização municipal para que alguém limpe um terreno ainda não objeto de construção, que esteja cheio de mato.

– **Exigibilidade** *é a qualidade do ato pela qual, imposta a obrigação, esta pode ser exigida mediante coação indireta*; ex.: no exemplo anterior, não sendo atendida a notificação, cabe a aplicação de uma multa pela fiscalização, sendo a multa uma forma de *coação indireta*.

– **Autoexecutoriedade** *é a qualidade pela qual, imposta e exigida a obrigação, está pode ser implementada mediante coação direta, ou seja, mediante o uso da coação material, da força, independentemente de apreciação jurisdicional*; ex.: no exemplo anterior, já tendo sido aplicada a multa, mais uma vez sem êxito, pode a fiscalização municipal ingressar à força no terreno particular, fazer a limpeza e mandar a conta, o que se traduz numa *coação direta*. A autoexecutoriedade não é a regra. Ela existe quando a lei expressamente autorizar ou quando não houver tempo hábil para requerer a apreciação jurisdicional.

Obs. 1: a expressão "autoexecutoriedade" também é usada no sentido da qualidade do ato que enseja sua imediata e direta execução pela própria Administração, independentemente de ordem judicial, reservando-se a expressão "coercibilidade" para designar a possibilidade de usar a força para a concretização do ato, conforme lição de Hely Lopes Meirelles.

Obs. 2: repare que esses atributos não existem normalmente no direito privado; um particular não pode, unilateralmente, valer-se desses atributos; há exceções, em que o particular tem algum desses poderes; mas essas exceções, por serem exceções, confirmam a regra de que os atos administrativos se diferenciam dos atos privados pela ausência nestes, como regra, dos atributos acima mencionados.

(Analista – TJ/CE – 2014 – CESPE) No que se refere aos atos administrativos, assinale a opção correta.

(A) São convalidáveis tanto os atos administrativos vinculados quanto os discricionários.

(B) A autoexecutoriedade é um atributo presente em todos os atos administrativos.

(C) A autorização configura-se como ato discricionário e gratuito.

(D) As formas de extinção do ato administrativo incluem a cassação, a anulação e a reintegração.

(E) Os atos administrativos distinguem-se dos atos legislativos, entre outros fatores, por serem individuais, enquanto os atos legislativos são atos gerais.

A: Correta. O art. 55 da Lei 9.784/1999 dispõe que em decisão na qual se evidencie não acarretarem lesão ao interesse público nem prejuízo a terceiros, os atos [vinculados ou discricionários] que apresentarem defeitos sanáveis poderão ser convalidados pela própria Administração; **B**: Incorreta. O atributo da autoexecutoriedade só é aplicável aos atos administrativos quando previstos em lei (exemplo: art. 80, IV, da Lei 8.666/1993) ou, ainda, segundo Maria Sylvia Zanella Di Pietro, "quando se tratar de medida urgente que, se não adotada de imediato, possa ocasionar prejuízo maior para o interesse público; isso acontece no âmbito também da polícia administrativa, podendo-se citar, como exemplo, a demolição de prédio que ameaça ruir, o internamento de pessoa com doença contagiosa, a dissolução de reunião que ponha em risco a segurança de pessoas e coisas" (DI PIETRO, Maria Sylvia Zanella. **Direito Administrativo**. 25. ed. São Paulo: Atlas, 2012. p. 207 e 208). Importante lembrar a disposição do art. 5º, XXXV, da CF; **C**: Incorreta para a banca examinadora, pois a autorização, instrumento jurídico de outorga do uso privativo de bem público ao particular, poderá ser gratuito ou oneroso (exemplo: art. 4º, § 1º, da Lei 10.826/2003 – Estatuto do Desarmamento). É importante lembrar que o art. 131, § 1º, da Lei 9.472/1997 dispõe que "autorização de serviço de telecomunicações é o ato administrativo vinculado que faculta a exploração, no regime privado, de modalidade de serviço de telecomunicações, quando preenchidas as condições objetivas e subjetivas necessárias"; **D**: Incorreta. São formas de extinção do ato administrativo a cassação, a anulação e a revogação. A reintegração consiste em uma das formas de provimento expressamente prevista na Constituição (art. 41, § 1º, da CF); **E**: Incorreta. Hely Lopes Meirelles classifica **os atos administrativos**, quanto aos seus destinatários, em atos individuais (ou especiais) ou atos gerais (ou regulamentares). **WG**
Gabarito "A".

(Analista – TJ/AM – 2013 – FGV) Com relação à *exequibilidade do ato administrativo*, assinale a afirmativa correta.

(A) O ato pode ser pendente e eficaz.

(B) O ato pode ser perfeito e ineficaz.

(C) O ato pode ser imperfeito e pendente.

(D) O ato pode ser imperfeito e exaurido.

(E) O ato pode ser pendente e exaurido.

A e E: assertivas incorretas, pois ato pendente é aquele que ainda não cumpriu seu ciclo de formação, ou seja, que ainda não existe; assim, quanto a um ato pendente, não há que se falar em ato eficaz (que já está apto a produzir efeitos) ou ato exaurido (que já cumpriu seus efeitos); **B**: assertiva correta, pois ato perfeito é aquele que já cumpriu o seu ciclo formativo, ou seja, que já existe; e nada impede que um ato já existente ainda seja ineficaz, bastando que esteja presente um termo ou uma condição suspensiva; **C**: assertiva incorreta, pois ato imperfeito e pendente está na mesma situação, ou seja, ainda não existe; **D**: assertiva incorreta, pois, se o ato é imperfeito (não existe ainda), não há como já estar com seus efeitos já cumpridos. **WG**
Gabarito "B".

3.2. Requisitos do ato administrativo

Para resolver as questões sobre os requisitos do ato administrativo, vale a pena trazer alguns elementos doutrinários. Confira:

Requisitos do ato administrativo (são requisitos para que o ato seja válido)

– **Competência:** *é a atribuição legal de cargos, órgãos e entidades*. São vícios de competência: a1) usurpação de função: alguém se faz passar por agente público sem o ser. Ato será inexistente; a2) excesso de poder: alguém que é agente público acaba por exceder os limites de sua competência. Ex.: fiscal do sossego que multa um bar que visita por falta de higiene; o ato será nulo; a3) função de fato: exercida por agente que está irregularmente investido no cargo público, apesar de a situação ter aparência de legal. Os praticados serão válidos se houver boa-fé.

– **Objeto:** *é o conteúdo do ato, aquilo que o ato dispõe, decide, enuncia, opina ou modifica na ordem jurídica*. O objeto deve lícito, possível e determinável, sob pena de nulidade. Ex.: a autorização e a permissão dadas.

– **Forma:** *são as formalidades necessárias para a seriedade do ato*. A seriedade do ato impõe a) respeito à forma propriamente dita; e b) motivação.

– **Motivo:** *fundamento de fato e de direito que autoriza a expedição do ato*. Ex.: o motivo da interdição de estabelecimento consiste no fato de não ter licença (motivo de fato) e de a lei proibir o funcionamento sem licença (motivo de direito). Pela *Teoria dos Motivos Determinantes, o motivo invocado para a prática do ato condiciona sua validade*. Se se provar que o motivo é inexistente, falso ou mal qualificado, o ato será nulo.

– **Finalidade:** *é o bem jurídico objetivado pelo ato*. Ex.: proteger a paz pública, a salubridade, a ordem pública. Cada ato administrativo tem uma finalidade. Desvio de poder (ou de finalidade): *ocorre quando um agente exerce uma competência que possuía, mas para alcançar finalidade diversa daquela para a qual foi criada*. Não confunda o *excesso de poder* (vício de sujeito) com o *desvio de poder* (vício de finalidade), espécies do *gênero abuso de autoridade*.

(Analista Judiciário – TRE/PE – CESPE – 2017) Um servidor público praticou um ato administrativo para cuja prática ele é incompetente. Tal ato não era de competência exclusiva.

Nessa situação, o ato praticado será

(A) inexistente.

(B) irregular.

(C) válido.

(D) nulo.

(E) anulável.

A: Incorreta. Se há um vício de competência o ato existe, mas foi realizado em desconformidade com a lei, sendo nulo, portanto. **B**: Incorreta. O ato é anulável, porque realizado contrariamente à lei, não sendo utilizada essa expressão "irregular" quanto aos vícios do ato jurídico administrativo. **C**: Incorreta. O ato é inválido, porque viola a lei quanto às regras de competência por ela definidas. **D**: Incorreta. O ato é anulável, porque vício de competência admite convalidação. **E**: Correta. Como dito acima, o ato é anulável, porque o vício de competência e forma são considerados relativos e admitem convalidação (art. 55, da Lei 9.784/1999). **AW**
Gabarito "E".

(Analista Judiciário – TRT/11 – FCC – 2017) Melinda, servidora pública, praticou ato administrativo com vício de competência. Cumpre salientar que a hipótese não trata de competência outorgada com exclusividade pela lei, mas o ato administrativo competia a servidor público diverso. Em razão do ocorrido, determinado particular impugnou expressamente o ato em razão do vício de competência. Nesse caso, o ato

(A) não comporta convalidação, pois o vício narrado não admite tal instituto.

(B) comporta convalidação que, na hipótese, dar-se-á com efeitos *ex tunc*.

(C) não comporta convalidação, em razão da impugnação feita pelo particular.

(D) comporta convalidação que, na hipótese, dar-se-á com efeitos *ex nunc*.

(E) comporta exclusivamente a aplicação do instituto da revogação, com efeitos *ex tunc*.

A: Incorreta. O vício de competência admite convalidação ou saneamento (art. 55 da Lei 9.784/1999), sendo esse o entendimento da doutrina dominante, conforme Maria Sylvia Zanella de Pietro, Direito Administrativo. 28ª Ed.pp. 229-230. **B:** Incorreta. Realmente, o vício de competência pode ser convalidado, mas a convalidação só produz efeitos "ex nunc". **C:** Correta. Se o ato foi impugnado, logicamente perde-se o interesse de ser convalidado, sendo esse o entendimento da doutrina, conforme MELLO, Celso Antônio Bandeira. Curso de Direito Administrativo. 30ª edição. Malheiros: São Paulo, 2012, p. 482. **D:** Incorreta. O ato com vício de competência admite convalidação, mas como foi impugnado, não há interesse nessa, enquanto não se decide o recurso. **E:** Incorreta. O enunciado fala em vício, por isso pode ser anulado, e não revogado. A anulação tem eficácia "ex tunc", sendo que a revogação tem eficácia "ex nunc". **AW**
„Gabarito "C"

(Analista – TRT/3ª – 2015 – FCC) Dentre os requisitos de validade do ato administrativo, alguns são de cunho geral, facilmente identificáveis em todos os atos, outros nem tanto. A identificação de vícios nos elementos do ato administrativo pode ensejar diferentes consequências, pois há ilegalidades insuperáveis. A motivação do ato administrativo, por sua vez,

(A) constitui indispensável elemento do ato administrativo, pois se consubstancia nos fatos que ensejaram a prática do ato, representando verdadeira expressão dos princípios do contraditório e da ampla defesa, sendo obrigatória em todos os atos administrativos, em maior ou menor extensão.

(B) distingue-se do motivo, embora com ele esteja relacionada, pois consiste na explicitação do motivo – pressuposto fático – e dos fundamentos da prática do ato, mas não constitui elemento do ato administrativo.

(C) é exigível somente quando houver disposição expressa de lei, interferência direta na esfera de direitos dos administrados e quando se tratar da edição de atos administrativos decorrentes do poder normativo e regulamentar da Administração.

(D) prepondera sobre o vício quanto ao motivo, tanto de inexistência, quanto de inadequação, sempre que a finalidade do ato, de interesse público, for atingida, independentemente de não ser o resultado pretendido com aquele ato.

(E) tanto quanto a finalidade, enquadram-se como elementos discricionários do ato administrativo, porque cabe ao administrador atender genericamente a finalidade de interesse público e explicitar as razões que o levaram a tal, ainda que não seja exatamente o caminho e o resultado previstos na lei.

A: incorreta, pois a definição dada na alternativa é de "motivo" (que é o próprio pressuposto de fato que autoriza a prática do ato) e não de "motivação" (que é a explicitação dos fundamentos que autorizam a prática do ato); **B:** correta, pois de fato o "motivo" é o próprio pressuposto de fato que autoriza a prática do ato e a "motivação" é a explicitação dos fundamentos que autorizam a prática do ato; **C:** incorreta, pois a motivação é a regra, já que decorre de um princípio (com o mesmo nome: princípio da motivação); portanto, é justamente o contrário, ou seja, somente quando a lei dispensar é que a motivação deve ser dispensada; **D:** incorreta, pois tanto o vício relacionado à "motivação" (que é um vício na "forma"), como o vício no "motivo" são vícios graves e que ensejam a nulidade do ato; porém, o vício na motivação (que, repito, é gravíssimo) pode até ser relevado em atos vinculados e sob determinados requisitos, mas o vício relacionado à inadequação ou à falsidade do motivo é fatal, de modo que, nesse sentido é mais grave; **E:** incorreta, pois a motivação não pode ser genérica, devendo ser específica e conter os fundamentos de fato e de direito que autorizam a prática do ato. **WG**
„Gabarito "B"

(Analista – TRT/11ª – 2012 – FCC) O motivo do ato administrativo

(A) não interfere na sua validade.

(B) pode ser vinculado.

(C) quando viciado, permite a sua convalidação.

(D) se inexistente, acarreta a sua revogação.

(E) é a exposição dos fatos e do direito que serviram de fundamento para a prática do ato.

A: assertiva incorreta, pois, havendo vício no motivo (ou seja, este é falso quanto aos fatos ou inadequado quanto ao direito), o ato será inválido; **B:** assertiva correta, pois o motivo pode ser vinculado ou discricionário, a depender do que dispuser a regra de competência trazida na lei; **C:** assertiva incorreta, pois o vício no motivo é muito grave e causa a nulidade absoluta do ato, ou seja, um defeito não sanável, de modo que não é possível a convalidação (art. 55 da Lei 9.784/1999); **D:** assertiva incorreta, pois provado que o motivo invocado para a prática do ato não existe (vício no motivo), o ato é considerado nulo, o que enseja a sua *anulação* e não a sua *revogação*; **E:** assertiva incorreta, pois esse é o conceito de *motivação* e não de *motivo*; a motivação é um verbo (é a exposição), o motivo é um substantivo (é próprio fato/direito que serve de fundamento para o ato). **WG**
„Gabarito "B"

(Analista – TRT/6ª – 2012 – FCC) No que diz respeito à convalidação dos atos administrativos, é correto afirmar que

(A) é sempre possível, por razões de interesse público, independentemente da natureza do vício.

(B) alcança atos que apresentem defeitos sanáveis, desde que não acarrete lesão ao interesse público nem prejuízo a terceiros.

(C) é obrigatório quando se trata de vício sanável, não podendo, contudo, retroagir seus efeitos à edição do ato convalidado.

(D) é facultativa nos casos de vício de forma e de finalidade, retroagindo seus efeitos à data do ato convalidado.

(E) somente é possível nas hipóteses de vícios de forma, retroagindo seus efeitos à data de edição do ato convalidado.

A: assertiva incorreta, pois se o vício é insanável, não cabe convalidação (art. 55 da Lei 9.784/1999); **B:** assertiva correta (art. 55 da Lei 9.784/1999); **C:** assertiva incorreta, pois a convalidação retroage seus efeitos para o dia da prática do ato, tornando válidos os efeitos ocorridos entre a data da prática do ato e a data da convalidação; **D:** assertiva incorreta, pois, cabendo a convalidação no caso concreto, esta é um imperativo (e não algo facultativo), o que vale quando se tem um vício sanável de forma; quanto ao vício na finalidade (assim como o vício quanto ao motivo e ao objeto), dificilmente se terá um ato sanável, pois tais vícios são gravíssimos e geram a nulidade do ato; **E:** assertiva incorreta, pois também é cabível no caso de vício de competência, por exemplo. **WG**

Gabarito "B".

(Analista – TJDFT – 2013 – CESPE) No que concerne aos atos administrativos, julgue o item abaixo.

(1) São sempre convalidáveis os atos administrativos com vícios de competência, forma e motivo, mas não os atos com vícios de finalidade e objeto.

1: assertiva errada, pois a palavra "sempre" compromete a afirmativa, já que a convalidação depende da existência de interesse público na medida, bem como ausência de prejuízo a terceiros, de maneira que nem sempre acontecerá (art. 55 da Lei 9.784/1999). **WG**

Gabarito 1E

3.3. Classificações e espécies de ato administrativo

Antes de verificarmos as questões deste item, vale trazer um resumo das principais espécies de atos administrativos.

Espécies de atos administrativos segundo Hely Lopes Meirelles:

— **Atos normativos** *são aqueles que contêm comando geral da Administração Pública, com o objetivo de executar a lei.* Ex.: regulamentos (da alçada do chefe do Executivo), instruções normativas (da alçada dos Ministros de Estado), regimentos, resoluções etc.

— **Atos ordinatórios** *são aqueles que disciplinam o funcionamento da Administração e a conduta funcional de seus agentes.* Ex.: instruções (são escritas e gerais, destinadas a determinado serviço público), circulares (escritas e de caráter uniforme, direcionadas a determinados servidores), avisos, portarias (expedidas por chefes de órgãos – trazem determinações gerais ou especiais aos subordinados, designam alguns servidores, instauram sindicâncias e processos administrativos etc.), ordens de serviço (determinações especiais ao responsável pelo ato), ofícios (destinados às comunicações escritas entre autoridades) e despacho (contém decisões administrativas).

— **Atos negociais** *são declarações de vontade coincidentes com a pretensão do particular.* Ex.: licença, autorização e protocolo administrativo.

— **Atos enunciativos** *são aqueles que apenas atestam, enunciam situações existentes.* Não há prescrição de conduta por parte da Administração. Ex.: certidões, atestados, apostilas e pareceres.

— **Atos punitivos** *são as sanções aplicadas pela Administração aos servidores públicos e aos particulares.* Ex.: advertência, suspensão e demissão; multa de trânsito.

Confira mais classificações dos atos administrativos:

— **Quanto à liberdade de atuação do agente**

Ato vinculado *é aquele em que a lei tipifica objetiva e claramente a situação em que o agente deve agir e o único comportamento que poderá tomar.* Tanto a situação em que o agente deve agir como o comportamento que vai tomar são únicos e estão clara e objetivamente definidos na lei, de forma a inexistir qualquer margem de liberdade ou apreciação subjetiva por parte do agente público. Ex.: licença para construir, concessão de aposentadoria.

Ato discricionário *é aquele em que a lei confere margem de liberdade para avaliação da situação em que o agente deve agir ou para escolha do melhor comportamento a ser tomado.*

Seja na situação em que o agente deve agir, seja no comportamento que vai tomar, o agente público terá uma margem de liberdade na escolha do que mais atende ao interesse público. Neste ponto se fala em mérito administrativo, ou seja, na valoração dos motivos e escolha do comportamento a ser tomado pelo agente.

Vale dizer, o agente público fará apreciação subjetiva, agindo segundo o que entender ser mais conveniente e oportuno ao interesse público. Reconhece-se a discricionariedade, por exemplo, quando a regra que traz a competência do agente traz conceitos fluidos, como *bem comum, moralidade, ordem pública* etc. Ou ainda, quando a lei não traz um motivo que enseja a prática do ato, como, por exemplo, a que permite nomeação para cargo em comissão, de livre provimento e exoneração. Também se está diante de ato discricionário quando há mais de uma opção para o agente quanto ao momento de atuar, à forma do ato (ex.: verbal, gestual ou escrita), sua finalidade ou conteúdo (ex.: advertência, multa ou apreensão).

A discricionariedade sofre alguns temperamentos. Em primeiro lugar é bom lembrar que todo ato discricionário é parcialmente regrado ou vinculado. A competência, por exemplo, é sempre vinculada (Hely diz que competência, forma e finalidade são sempre vinculadas, conforme vimos). Ademais, só há discricionariedade nas situações marginais, nas zonas cinzentas. Assim, se algo for patente, como quando, por exemplo, uma dada conduta fira veementemente a moralidade pública (ex.: pessoas fazendo sexo no meio de uma rua), o agente, em que pese estar diante de um conceito fluido, deverá agir reconhecendo a existência de uma situação de imoralidade. Deve-se deixar claro, portanto, que a situação concreta diminui o espectro da discricionariedade (a margem de liberdade) conferida ao agente.

Assim, o Poder Judiciário até pode apreciar um ato discricionário, mas apenas quanto aos aspectos de legalidade, razoabilidade e moralidade, não sendo possível a revisão dos critérios adotados pelo administrador (mérito administrativo), se tirados de dentro da margem de liberdade a ele conferida pelo sistema normativo.

— **Quanto às prerrogativas da Administração**

Atos de império *são os praticados no gozo de prerrogativas de autoridade.* Ex.: interdição de um estabelecimento.

Atos de gestão *são os praticados sem uso de prerrogativas públicas, em igualdade com o particular, na administração de bens e serviços.* Ex.: contrato de compra e venda ou de locação de um bem imóvel.

Atos de expediente *são os destinados a dar andamentos aos processos e papéis que tramitam pelas repartições, preparando-os para decisão de mérito a ser proferida pela autoridade.* Ex.: remessa dos autos à autoridade para julgá-lo.

A distinção entre ato de gestão e de império está em desuso, pois era feita para excluir a responsabilidade do Estado pela prática de atos de império, de soberania. Melhor é distingui-los em atos regidos pelo direito público e pelo direito privado.

– **Quanto aos destinatários**

Atos individuais *são os dirigidos a destinatários certos, criando-lhes situação jurídica particular.* Ex.: decreto de desapropriação, nomeação, exoneração, licença, autorização, tombamento.

Atos gerais *são os dirigidos a todas as pessoas que se encontram na mesma situação, tendo finalidade normativa.*

São diferenças entre um e outro as seguintes:

– só ato individual pode ser impugnado individualmente; normativos só por ADIN ou após providência concreta.

– ato normativo prevalece sobre o ato individual.

– ato normativo é revogável; individual deve respeitar direito adquirido.

– ato normativo não pode ser impugnado administrativamente; só após providência concreta.

– **Quanto à formação da vontade**

Atos simples: *decorrem de um órgão, seja ele singular ou colegiado.* Ex.: nomeação feita pelo Prefeito; deliberação de um conselho ou de uma comissão.

Atos complexos: *decorrem de dois ou mais órgãos, em que as vontades se fundem para formar um único ato.* Ex.: decreto do Presidente, com referendo de Ministros.

Atos compostos: *decorrem de dois ou mais órgãos, em que vontade de um é instrumental à vontade de outro, que edita o ato principal.* Aqui existem dois atos pelo menos: um principal e um acessório. Ex.: nomeação do Procurador Geral da República depende de prévia aprovação pelo Senado; atos que dependem de aprovação ou homologação. Não se deve confundi-los com atos de um procedimento, em que há vários atos acessórios.

– **Quanto aos efeitos**

Ato constitutivo *é aquele em que a Administração cria, modifica ou extingue direito ou situação jurídica do administrado.* Ex.: permissão, penalidade, revogação, autorização.

Ato declaratório *é aquele em que a Administração reconhece um direito que já existia.* Ex.: admissão, licença, homologação, isenção, anulação.

Ato enunciativo *é aquele em que a Administração apenas atesta dada situação de fato ou de direito.* Não produz efeitos jurídicos diretos. São juízos de conhecimento ou de opinião. Ex.: certidões, atestados, informações e pareceres.

– **Quanto à situação de terceiros**

Atos internos são *aqueles que produzem efeitos apenas no interior da Administração.* Ex.: pareceres, informações.

Atos externos *são aqueles que produzem efeitos sobre terceiros.* Nesse caso, dependerão de publicidade para terem eficácia. Ex.: admissão, licença.

– **Quanto à estrutura.**

Atos concretos *são aqueles que dispõem para uma única situação, para um caso concreto.* Ex.: exoneração de um agente público.

Atos abstratos *são aqueles que dispõem para reiteradas e infinitas situações, de forma abstrata.* Ex.: regulamento.

Confira outros atos administrativos, em espécie:

– **Quanto ao conteúdo:** a) **autorização:** *ato unilateral, discricionário e precário pelo qual se faculta ao particular, em proveito desse, o uso privativo de bem público ou o desempenho de uma atividade, os quais, sem esse consentimento, seriam legalmente proibidos.* Ex.: autorização de uso de praça para festa beneficente; autorização para porte de arma; b) **licença:** *ato administrativo unilateral e vinculado pelo qual a Administração faculta àquele que preencha requisitos legais o exercício de uma atividade.* Ex.: licença para construir; c) **admissão:** *ato unilateral e vinculado pelo qual se reconhece ao particular que preencha requisitos legais o direito de receber serviço público.* Ex.: aluno de escola; paciente em hospital; programa de assistência social; d) **permissão:** *ato administrativo unilateral, discricionário e precário, pelo qual a Administração faculta ao particular a execução de serviço público ou a utilização privativa de bem público, mediante licitação.* Ex.: permissão para perueiro; permissão para uma banca de jornal. Vale lembrar que, por ser precária, pode ser revogada a qualquer momento, sem direito à indenização; e) **concessão:** *ato bilateral e não precário, pelo qual a Administração faculta ao particular a execução de serviço público ou a utilização privativa de bem público, mediante licitação.* Ex.: concessão para empresa de ônibus efetuar transporte remunerado de passageiros. Quanto aos bens públicos, há também a *concessão de direito real de uso,* oponível até ao Poder Concedente, e a *cessão de uso,* em que se transfere o uso para entes ou órgãos públicos; f) **aprovação:** *ato de controle discricionário.* Vê-se a conveniência do ato controlado. Ex.: aprovação pelo Senado de indicação para Ministro do STF; g) **homologação:** *ato de controle vinculado.* Ex.: homologação de licitação ou de concurso público; h) **parecer:** *ato pelo qual órgãos consultivos da Administração emitem opinião técnica sobre assunto de sua competência.* Tipos: *facultativo* (parecer solicitado se a autoridade quiser); *obrigatório* (autoridade é obrigada a solicitar o parecer, mas não a acatá-lo) e *vinculante* (a autoridade é obrigada a solicitar o parecer e a acatar o seu conteúdo; ex.: parecer médico).

– **Quanto à forma:** a) **decreto:** *é a forma de que se revestem os atos individuais ou gerais, emanados do Chefe do Poder Executivo.* Ex.: nomeação e exoneração (atos individuais); regulamentos (atos gerais que têm por objeto proporcionar a fiel execução da lei – art. 84, IV, da CF); b) **resolução e portaria:** *são as formas de que se revestem os atos, gerais ou individuais, emanados de autoridades que não sejam o Chefe do Executivo;* c) **alvará:** *forma pela qual a Administração confere licença ou autorização para a prática de ato ou exercício de atividade sujeita ao poder de polícia do Estado.* Ex.: alvará de construção (instrumento da licença); alvará de porte (instrumento da autorização).

(Analista – Área Administrativa – TRT1 – 2018 – AOCP) "Ato administrativo unilateral e vinculado pelo **qual a Administração faculta àquele que preencha os requisitos legais o exercício de uma atividade"** (**Di** Pietro, Maria Sylvia Zanella. Direito administrativo. 30.ed. Rev., atual. e ampl– Rio de Janeiro: Forense, 2017.)

O trecho acima faz referência a que espécie de ato administrativo?

(A) Admissão.

(B) Licença.

(C) Autorização.

(D) Permissão.

(E) Aprovação.

A: incorreta. **Admissão** é *o ato unilateral e vinculado pelo qual a Administração reconhece ao particular que preencha requisitos legais o direito à prestação de um serviço público*. Ex.: admissão de aluno em escola ou universidade pública; admissão de paciente em hospital; admissão de pessoa carente em programa de assistência social; **B:** correta. **Licença** é *o ato administrativo unilateral e vinculado pelo qual a Administração faculta àquele que preencha requisitos legais o exercício de uma atividade*. Ex.: licença para construir; licença para dirigir veículos automotores. A licença também se baseia no poder de polícia, havendo juízo de legalidade somente. Trata-se de ato *declaratório*, daí porque, enquanto na autorização se fala em interesses, na licença se fala em direitos subjetivos, pois cumpridos os requisitos para a licença o interessado tem direito de exigi-la, diferentemente do que acontece quanto à autorização; **C:** incorreta. **Autorização** é *o ato administrativo unilateral, discricionário e precário pelo qual a Administração faculta ao particular, em proveito deste, o uso privativo de bem público ou o desempenho de uma atividade, os quais, sem esse consentimento, seriam legalmente proibidos*. Ex.: autorização de uso de praça para realização de festa beneficente ou evento cultural; autorização para compra e registro ou para porte de arma. A autorização se baseia no poder de polícia, fazendo-se juízo de conveniência e oportunidade acerca da sua concessão ou não; **D:** incorreta. **Permissão** é *o ato administrativo unilateral, discricionário e precário, pelo qual a Administração faculta ao particular a execução de serviço público ou a utilização privativa de bem público, mediante licitação*. Exs.: permissão para taxista ou perueiro efetuar transporte remunerado de passageiros; permissão para que uma banca de jornal se instale numa calçada ou praça públicas. Vale lembrar que, por ser precária, pode ser revogada a qualquer momento sem que o particular tenha direito à indenização. Ademais, diferentemente da autorização, a permissão depende de licitação; **E:** incorreta. **Aprovação** é o ato administrativo pelo qual o Poder Público exerce o controle de legalidade e mérito de outro ato ou de situações e realizações materiais de seus próprios órgãos, outras entidades ou ainda particulares, dependentes de seu controle, a consente na sua execução ou manutenção. Justamente por sua amplitude de objeto, a aprovação pode ser prévia ou subsequente, vinculada ou discricionária, segundo o que dispuser a lei. Ex.: aprovação dada pelo Senado à indicação do Presidente para nomeação de Ministro para o Supremo Tribunal Federal. Em tese, o Senado pode rejeitar a indicação, não a aprovando, por considerá-la não conveniente, em vista de não ter o indicado reputação ilibada, por exemplo. **FB**
Gabarito "B".

(Analista Judiciário – TRE/PI – CESPE – 2016) O chefe do Poder Executivo federal expediu decreto criando uma comissão nacional para estudar se o preço de determinado serviço público delegado estaria dentro dos padrões internacionais, tendo, na ocasião, apontado os membros componentes da referida comissão e sua respectiva autoridade superior. Nesse decreto, instituiu que a comissão deveria elaborar seu regimento interno, efetuar ao menos uma consulta pública e concluir a pesquisa no prazo de cento e vinte dias e que não poderia gerar despesas extraordinárias aos órgãos de origem de cada servidor integrante da referida comissão.

A partir dessa situação hipotética, assinale a opção correta no que se refere a atos administrativos e seu controle judicial.

(A) O decreto federal é uma fonte primária do direito administrativo, haja vista o seu caráter geral, abstrato e impessoal.

(B) Uma vez instituído o referido decreto, não poderá o chefe do Poder Executivo revogá-lo de ofício.

(C) O Poder Judiciário, em sede de controle judicial, poderá revogar o referido decreto por motivos de oportunidade e conveniência.

(D) O referido ato presidencial é inconstitucional, pois é vedado instituir comissões nacionais que visem à promoção de estudo de preços públicos mediante decreto do chefe do Poder Executivo federal.

(E) A expedição do decreto é ato vinculado do chefe do Poder Executivo federal.

A: Correta. Nesse caso, temos um decreto autônomo (art. 84, VI, CF), que é um ato administrativo normativo constitucional, geral e abstrato, como as leis, por isso comparado a ela. **B:** Incorreta. Os decretos são atos normativos com caráter político, por isso admitem revogação, eis que editados com base em pressupostos discricionários. **C:** Incorreta. O Poder Judiciário não pode revogar atos administrativos, sendo esse ato privativo da própria Administração Pública. **D:** Incorreta. O ato normativo é constitucional, pois fundamentado no art. 84, VI, CF, ou seja, dispõe sobre o funcionamento e organização da Administração Pública. **E:** Incorreta. Trata-se de ato discricionário, político. **AW**
Gabarito "A".

(Analista – STM – 2011 – CESPE) Julgue o seguinte item.

(1) Denomina-se ato composto aquele que ocorre quando existe a manifestação de dois ou mais órgãos e as vontades desses órgãos se unem para formar um só ato.

1: assertiva errada, pois essa é a definição de ato complexo; no ato composto há dois ou mais órgãos criando dois ou mais atos; no ato complexo, há dois ou mais órgãos criando um só ato. **WG**
Gabarito 1E

(Analista – TRF/1ª – 2011 – FCC) Dentre outros, são exemplos de ato administrativo negocial:

(A) a deliberação e o apostilamento.

(B) a aprovação e o protocolo administrativo.

(C) o provimento e o atestado.

(D) o parecer e o provimento.

(E) a portaria e a resolução.

A: assertiva incorreta, pois o apostilamento é *ato enunciativo*, e a deliberação, a depender seu conteúdo, pode ser *ato normativo* ou de outra natureza; **B:** assertiva correta, pois *atos negociais* são declarações de vontade coincidentes com a pretensão do particular, e, nos dois casos citados na alternativa, temos essa circunstância; **C:** assertiva incorreta, pois o provimento pode ter conteúdo variado, inclusive *normativo*, e o atestado é um *ato enunciativo*; **D:** assertiva incorreta, pois o parecer é ato *enunciativo*; **E:** assertiva incorreta, pois a portaria é *ato ordinatório* e as resoluções são *atos normativos*. **WG**
Gabarito "B".

(Analista – TJ/ES – 2011 – CESPE) Julgue o seguinte item.

(1) A autorização é ato administrativo vinculado pelo qual a Administração consente que o particular exerça atividade ou utilize bem público no seu próprio interesse.

1: assertiva errada, pois a definição de autorização falha no ponto em que diz que esta é ato *vinculado*, pois a autorização é ato administrativo *discricionário.* **WG**
Gabarito 1E

3.4. Discricionariedade e vinculação

(Analista – TRF5 – FCC – 2017) Recém empossado ao cargo de Chefe do Executivo Municipal, o novo Prefeito de determinado município iniciou a implementação de seu plano de governo, que continha, dentre outras providências, plano para expansão do sistema viário, a fim de possibilitar o desenvolvimento urbano da cidade. O Ministério Público ajuizou ação questionando a atuação municipal, sob o funda mento de que outras políticas públicas antes prioritárias haviam sido substituídas. O Poder Judiciário, quando da análise da ação judicial ajuizada pelo Ministério Público,

(A) poderá analisar a política pública do novo prefeito, adentrando a verificação da melhor decisão a ser adotada, a ampliação do sistema viário ou os programas anteriormente em execução.

(B) não poderá dar procedência à ação, tendo em vista que o controle dos atos administrativos somente pode se dar sob os aspectos de legalidade, tanto no âmbito do Poder Judiciário, quanto no Legislativo, com auxílio do Tribunal de Contas.

(C) poderá analisar os atos do Poder Executivo sob o prisma da legalidade, mas não poderá adentrar ao mérito da escolha da Administração, vez que é inerente à discricionariedade administrativa a possibilidade de decisão perante mais de uma opção igualmente válida.

(D) poderá decidir pela procedência da ação, a fim de analisar a adoção das políticas públicas identificadas como prioritárias, considerando que o Ministério Público possui poderes para controle de mérito e de legalidade da Administração pública, ainda que o Judiciário não possa adentrar o mérito das escolhas do Executivo.

(E) não poderá prover a ação em razão de não ter sido indicado, especificamente, qual a medida que deveria ter sido adotada pela Administração pública, pois ao Judiciário caberia decidir entre uma ou outra opção apresentada para sua análise.

C: correta. A questão refere-se aos limites da apreciação dos atos administrativos discricionários pelo Poder Judiciário. Com efeito, nos dias atuais, diferentemente do que antes a doutrina tradicional propagava, o Poder Judiciário pode adentrar até mesmo na análise da questão do mérito administrativo, mas tão somente para manifestar-se sobre sua razoabilidade e proporcionalidade. Ou seja, a análise judicial se dá quanto à legalidade, razoabilidade e proporcionalidade do ato. A discricionariedade consiste na liberdade dada pela lei ao administrador para, diante do caso concreto, decidir qual a solução que atinge otimamente a finalidade legal, o que se chama "juízo de conveniência e oportunidade". Sendo esse juízo lícito, razoável e proporcional, não é dado ao juiz adentrar ao mérito da decisão administrativa, pois não lhe cabe substituir a função do administrador. **FMB**
Gabarito "C"

(Analista – TRT/11ª – 2012 – FCC) Considere as seguintes assertivas concernentes ao tema *discricionariedade* e *vinculação* dos atos administrativos:

I. A fonte da discricionariedade é a própria lei; aquela só existe nos espaços deixados por esta.

II. No poder vinculado, o particular não tem direito subjetivo de exigir da autoridade a edição de determinado ato administrativo.

III. A discricionariedade nunca é total, já que alguns aspectos são sempre vinculados à lei.

IV. Na discricionariedade, a Administração Pública não tem possibilidade de escolher entre atuar ou não.

Está correto o que se afirma APENAS em

(A) I, II e III.

(B) I e III.

(C) I e IV.

(D) II, III e IV.

(E) II e IV.

I: assertiva correta, pois, pelo princípio da legalidade, só se pode fazer o que lei a autorizar; dessa forma, mesmo quando se tem uma margem de liberdade para o administrador público (discricionariedade), tem-se, por traz, uma lei determinado a extensão dessa margem de liberdade; **II:** assertiva incorreta, pois, em se tratando de ato vinculado, tem-se uma situação em que a lei estabelece requisitos objetivos para a concessão de algo em favor do particular, de modo que, caso este comprove que atendeu a todos os requisitos objetivamente definidos na lei (ex.: querendo um alvará para construir uma casa, o particular demonstra que está respeitando a lei de zoneamento, os recuos, afastamentos e demais regras objetivas), terá direito subjetivo a que o ato administrativo seja praticado em seu favor, podendo acionar o Poder Judiciário para pleitear a edição do ato, caso este não seja praticado; **III:** assertiva correta, pois, na esfera administrativa, não existe arbitrariedade (liberdade total), mas discricionariedade (margem de liberdade), sendo que uma parte do ato administrativo discricionário é sempre regrada, ou seja, é sempre vinculada, trazendo deveres objetivos aos administradores, que, em contrapartida, atuam com subjetividade em relação a certos pontos da competência discricionária; assim, quando a lei permite que um administrador público, diante de um dado fato, aplique a sanção "A" ou "B", a vinculação está no ponto em que o administrador só tem duas opções ("A" ou "B", não podendo aplicar uma outra ação, a "C", por exemplo) e a discricionariedade está no ponto em que compete ao administrador escolher se aplica a sanção "A" ou a sanção "B"; **IV:** assertiva incorreta, pois, muitas vezes, a lei possibilita exatamente isso, ou seja, que, diante de uma dada hipótese, a Administração Pública escolha se deve ou não atuar. **WG**
Gabarito "B"

(Analista – TRT9 – 2012 – FCC) Maria Helena requereu que lhe fosse concedida licença para construir em seu terreno. Observou a legislação municipal, contratou a execução do competente projeto e apresentou à Administração pública para aprovação. O pedido, no entanto, foi indeferido, sob o fundamento de que na mesma rua já existia uma obra em curso, o que poderia ocasionar transtornos aos demais administrados. Maria Helena, inconformada, ajuizou medida judicial para obtenção da licença, no que foi atendida. A decisão judicial:

(A) é regular manifestação do poder de controle do ato administrativo, desde que comprovado o preenchimento dos requisitos de edição do ato vinculado.

(B) excede os limites do controle judicial do ato administrativo, na medida em que interfere em juízo discricionário da Administração Pública.

(C) excede os limites do controle judicial do ato administrativo, na medida em que a atuação do Judiciário deve ficar adstrita a análise de legalidade, não podendo substituir o ato administrativo como no caso proposto.

(D) é regular manifestação do poder de controle do ato administrativo, com exceção da concessão da licença, atividade privativa da administração, que não poderia ser suprida pelo Judiciário, ainda que diante de recusa da autoridade.

(E) é regular manifestação do poder de controle do ato administrativo, tendo em vista que contemporaneamente vem sendo admitido o controle dos aspectos discricionários do ato administrativo.

A: assertiva correta; a licença administrativa é ato vinculado da Administração, ou seja, é ato que a Administração pratica sem margem de liberdade, de modo que, no particular demonstrado que seguiu rigorosamente os requisitos objetivos previstos na lei, tem direito subjetivo à licença solicitada, podendo ingressar no Poder Judiciário para que este, apreciando a legalidade do ato vinculado praticado, veja se o particular tem ou não o direito pleiteado; **B** e **C**: incorretas, pois, como se viu, a licença administrativa é ato vinculado e não discricionário, de modo que o Poder Judiciário se limitará a apreciar a legalidade desse ato, não havendo risco de se imiscuir em mérito administrativo, vez que, no caso, só se tem requisitos objetivos a serem apreciados pelo Poder Judiciário; **D**: incorreta, pois, por ser a licença ato vinculado, o Poder Judiciário poderá apreciar a legalidade do ato praticado pela Administração, determinando a correção do ato (inclusive no sentido de determinar seja expedida a licença), caso o Poder Judiciário verifique que o ato praticado violou a lei; **E**: assertiva incorreta, pois não há que se falar no caso em ato discricionário, pois a licença é ato vinculado. **WG**

Gabarito "A".

3.5. Extinção

Segue resumo acerca das formas de extinção dos atos administrativos

– Cumprimento de seus efeitos: como exemplo, temos a autorização da Prefeitura para que seja feita uma festa na praça da cidade. Este ato administrativo se extingue no momento em que a festa termina, uma vez que seus efeitos foram cumpridos.

– Desaparecimento do sujeito ou do objeto sobre o qual recai o ato: morte de um servidor público, por exemplo.

– Contraposição: *extinção de um ato administrativo pela prática de outro antagônico em relação ao primeiro.* Ex.: com o ato de exoneração do servidor público, o ato de nomeação fica automaticamente extinto.

– Renúncia: extinção do ato por vontade do beneficiário deste.

– Cassação: *extinção de um ato que beneficia um particular por este não ter cumprido os deveres para dele continuar gozando.* Não se confunde com a revogação – que é a extinção do ato por não ser mais conveniente ao interesse público. Também difere da anulação – que é a extinção do ato por ser nulo. Como exemplo desse tipo de extinção tem-se a permissão para banca de jornal se instalar numa praça que é cassada porque seu dono não paga o preço público devido; ou a autorização de porte de arma de fogo que é cassada porque o beneficiário é detido ou abordado em estado de embriaguez ou sob efeito de entorpecentes (art. 10, § 2º, do Estatuto do Desarmamento – Lei 10.826/2003).

– Caducidade: *extinção de um ato porque a lei não mais o permite.* Trata-se de extinção por invalidade superveniente. Ex.: autorização para condutor de perua praticar sua atividade que se torna caduca por conta de lei posterior que não mais permite tal transporte na cidade; autorizações de porte de arma que caducaram 90 dias após a publicação do Estatuto do Desarmamento, conforme reza seu art. 29.

– Revogação: *extinção de um ato administrativo legal ou de seus efeitos por outro ato administrativo, efetuada somente pela Administração, dada a existência de fato novo que o torne inconveniente ou inoportuno, respeitando-se os efeitos precedentes* ("ex nunc"). Ex.: permissão para a mesma banca de jornal se instalar numa praça que é revogada por estar atrapalhando o trânsito de pedestres, dado o aumento populacional, não havendo mais conveniência na sua manutenção.

O sujeito ativo da revogação é a *Administração Pública*, por meio de autoridade administrativa competente para o ato, podendo ser seu superior hierárquico. O Poder Judiciário nunca poderá revogar um ato administrativo, já que se limita a apreciar aspectos de legalidade (o que gera a anulação), e não de conveniência, salvo se se tratar de um ato administrativo da Administração Pública dele, como na hipótese em que um provimento do próprio Tribunal é revogado.

Quanto ao tema objeto da revogação, tem-se que este recai sobre o ato administrativo ou relação jurídica deste decorrente, salientando-se que o ato administrativo deve ser válido, pois, caso seja inválido, estaremos diante de hipótese que enseja anulação. Importante ressaltar que não é possível *revogar* um ato administrativo já extinto, dada a falta de utilidade em tal proceder, diferente do que se dá com a *anulação* de um ato extinto, que, por envolver a retroação de seus efeitos (a invalidação tem efeitos *ex tunc*), é útil e, portanto, possível.

O fundamento da revogação é a *mesma regra de competência que habilitou o administrador à prática do ato que está sendo revogado*, devendo-se lembrar que só há que se falar em revogação nas hipóteses de ato discricionário.

Já o motivo da revogação é a *inconveniência ou inoportunidade* da manutenção do ato ou da relação jurídica gerada por este. Isto é, o administrador público faz apreciação ulterior e conclui pela necessidade da revogação do ato para atender ao interesse público.

Quanto aos efeitos da revogação, esta suprime o ato ou seus efeitos, mas respeita os efeitos que já transcorreram. Trata-se, portanto, de eficácia *ex nunc*.

Há limites ao poder de revogar. São atos irrevogáveis os seguintes: os que a lei assim declarar; os atos já exauridos, ou seja, que cumpriram seus efeitos; os atos vinculados, já que não se fala em conveniência ou oportunidade neste tipo de ato, em que o agente só tem uma opção; os meros ou puros atos administrativos (ex.: certidão, voto dentro de uma comissão de servidores); os atos de controle; os atos complexos (praticados por mais de um órgão em conjunto); e atos que geram direitos adquiridos. Os atos gerais ou regulamentares são, por sua natureza, revogáveis a qualquer tempo e em quaisquer circunstâncias, respeitando-se os efeitos produzidos.

– Anulação (invalidação): *extinção do ato administrativo ou de seus efeitos por outro ato administrativo ou por decisão judicial, por motivo de ilegalidade, com efeito retroativo (ex tunc)*. Ex.: anulação da permissão para instalação de banca de jornal em bem público por ter sido conferida sem licitação.

O sujeito ativo da invalidação pode ser tanto o *administrador público* como o *juiz*. A Administração Pública poderá invalidar de ofício ou a requerimento. O Poder Judiciário, por sua vez, só poderá invalidar por provocação ou no bojo de uma lide. A possibilidade de o Poder Judiciário anular atos administrativos decorre do fato de estarmos em um Estado de Direito (art. 1º da CF), em que a lei deve ser obedecida por todos, do princípio da inafastabilidade da jurisdição ("a lei não poderá excluir da apreciação do Poder Judiciário lesão ou ameaça de lesão a direito" – art. 5º, XXXV, da CF) e da previsão constitucional do mandado de segurança, do *habeas data* e da ação popular.

O objeto da invalidação é o ato administrativo inválido ou os efeitos de tal ato (relação jurídica).

Seu fundamento é o dever de obediência ao princípio da legalidade. Não se pode conviver com a ilegalidade. Portanto, o ato nulo deve ser invalidado.

O motivo da invalidação é a *ilegalidade* do ato e da eventual relação jurídica por ele gerada. Hely Lopes Meirelles diz que o motivo é a ilegalidade ou ilegitimidade do ato, diferente da revogação, que tem por motivo a inconveniência ou inoportunidade.

Quanto ao prazo para se efetivar a invalidação, o art. 54 da Lei 9.784/1999 dispõe "O direito da Administração de anular os atos administrativos de que decorram efeitos favoráveis para os destinatários decai em 5 (cinco) anos, contados da data em que foram praticados, salvo comprovada má-fé". Perceba-se que tal disposição só vale para atos administrativos em geral de que decorram efeitos favoráveis ao agente (ex.: permissão, licença) e que tal decadência só aproveita ao particular se este estiver de boa-fé. A regra do art. 54 contém ainda os seguintes parágrafos: "§ 1º No caso de efeitos patrimoniais contínuos, o prazo de decadência contar-se-á da percepção do primeiro pagamento; § 2º Considera-se exercício do direito de anular qualquer medida de autoridade administrativa que importe impugnação à validade do ato".

No que concerne aos efeitos da invalidação, como o ato nulo já nasce com a sanção de nulidade, a declaração se dá retroativamente, ou seja, com efeito *ex tunc*. Invalidam-se as consequências passadas, presentes e futuras do ato. Do ato ilegal não nascem direitos. A anulação importa no desfazimento do vínculo e no retorno das partes ao estado anterior. Tal regra é atenuada em face dos terceiros de boa-fé. Assim, a anulação de uma nomeação de um agente público surte efeitos em relação a este (que é parte da relação jurídica anulada), mas não em relação aos terceiros que receberam atos por este praticados, desde que tais atos respeitem a lei quanto aos demais aspectos.

(Analista – TRF5 – FCC – 2017) Às decisões que extinguem os atos administrativos por vício de legalidade e por razões de conveniência e oportunidade, dá-se os nomes, respectivamente, de

(A) anulação e revogação, não retroagindo seus efeitos à data da edição dos atos viciados, razão pela qual ficam preservados todos os efeitos produzidos até a data da extinção.

(B) anulação e invalidação, retroagindo seus efeitos à data da edição dos atos viciados, acarretando, portanto, a desconstituição dos efeitos até então produzidos.

(C) revogação, cujos efeitos retroagem à data da edição do ato viciado, e anulação, cujos efeitos passam a ser produzidos somente quando de sua edição.

(D) anulação, cujos efeitos não retroagem à data da edição do ato anulado, e invalidação, cujos efeitos retroagem à data do ato invalidado, declarando-se, na sequência, a reconstituição da situação jurídica anterior, com a manutenção de efeitos.

(E) anulação, retroagindo, como regra, seus efeitos à data da edição do ato, com a desconstituição deste, e revogação, cujos efeitos são produzidos a partir de então.

E: correta. Trata-se da anulação, com efeitos *ex tunc*; e da revogação, com efeitos *ex nunc*. A anulação se dá quando um ato administrativo suprime um outro ato ou relação jurídica diante da constatação de que esse foi produzido em desconformidade com o ordenamento jurídico. A revogação, de outra banda, é a extinção de um ato administrativo e seus efeito por outro ato administrativo por razões de conveniência e oportunidade, respeitando-se os efeitos produzidos pelo ato válido até então. Vejamos o que diz a Súmula 473 do STF: "A administração pode anular seus próprios atos, quando eivados de vícios que os tornam ilegais, porque deles não se originam direitos; ou revogá-los, por motivo de conveniência ou oportunidade, respeitados os direitos adquiridos, e ressalvada, em todos os casos, a apreciação judicial". FMB
Gabarito "E".

(Analista Judiciário – TJ/MT – UFMT – 2016) A Administração pública municipal abriu edital de concurso público para diferentes cargos. Ainda no prazo das inscrições, a administração resolve, por motivo de conveniência ou oportunidade, cancelar o concurso apenas para o cargo de procurador municipal, devolvendo os valores referentes às inscrições dos candidatos que já tivessem realizado a inscrição. Em relação ao caso descrito, marque V para as afirmativas verdadeiras e F para as falsas.

( ) A administração pode anular o concurso para o cargo de procurador municipal por motivo de conveniência ou oportunidade, respeitados os direitos adquiridos.

( ) A administração pode revogar o concurso para o cargo de procurador municipal por motivo de conveniência ou oportunidade, respeitados os direitos adquiridos.

( ) A administração não pode anular nem revogar o concurso para o cargo de procurador municipal para os candidatos que já haviam realizado a inscrição, pois os direitos adquiridos devem ser respeitados.

( ) A administração não pode anular nem revogar o concurso para o cargo de procurador municipal, enquanto durar o período de inscrições, pois os direitos adquiridos devem ser respeitados.

Assinale a sequência correta.

(A) F, V, F, V

(B) V, F, F, V

(C) F, V, F, F

(D) V, F, V, F

Para responder essa questão, vamos primeiramente analisar cada assertiva para que possamos ser o mais didático possível. **1:** falsa. A anulação tem como fundamento a ilegalidade, e não a inconveniência e inoportunidade, que são próprias da revogação do ato ou do procedimento administrativo. **2:** verdadeira. Caso não exista mais interesse público em dar continuidade ao processo licitatório, revelando-se ele inconveniente e inoportuno, poderá ser feita a sua revogação, conforme disposto no art. 49, da Lei 8.666/1993, desde que respeitados os direitos adquiridos. **3:** falsa. É possível a revogação e a anulação do procedimento administrativo licitatório, conforme disposto no art. 49, da Lei 8.666/1993, sempre respeitados os direitos adquiridos, ressarcindo o prejudicado, se comprovado o dano. **4:** falsa. Tanto a anulação quanto a revogação são possíveis no processo licitatório, sendo previstos na Lei de Licitações, art. 49.
Portanto, a alternativa correta é a letra C. **AW**

Gabarito "C".

(Analista Judiciário – TRE/SP – FCC – 2017) Pedro, servidor público de um órgão municipal encarregado da fiscalização de obras civis, emitiu autorização para Saulo construir um muro de arrimo e também demolir uma pequena edícula, comprometendo-se a providenciar, junto a seu superior, a formalização do correspondente alvará. Ocorre que Jair, morador de imóvel vizinho, sentiu-se prejudicado pelas obras, que causaram abalo em seu imóvel e denunciou a situação à autoridade competente, requerendo a nulidade do ato, face a incompetência de Pedro para emissão da autorização. Diante desse cenário,

(A) não há que se falar em convalidação, haja vista que o ato é discricionário, cabendo, exclusivamente, à autoridade competente a sua edição.

(B) a autorização conferida é passível de convalidação pela autoridade competente, se preenchidos os requisitos legais e técnicos para concessão da licença.

(C) a autorização dada por Pedro pode ser revogada pela autoridade competente, se verificadas razões de ordem técnica ou anulada judicialmente.

(D) o ato administrativo praticado por Pedro é viciado, passível de revogação, a qualquer tempo, pela autoridade competente para sua emissão.

(E) o ato praticado por Pedro é nulo, não passível de convalidação, haja vista que esta somente é cabível quando presentes vícios de forma e de motivação.

A: Incorreta. Não temos, no caso, um ato discricionário, e sim, um ato vinculado denominado "licença para construir". Essa autorização constante do alvará é um ato vinculado, mesmo com o nome de "autorização", e ainda que fosse ato discricionário, seria possível a convalidação, pois essa analisa o vício do ato, que pode existir no ato vinculado ou no ato discricionário. **B:** Correta. Como dito acima, deve cumprir o que determina a lei quanto às regras de competência, forma, finalidade, objeto e motivo, razão pela qual admite convalidação. **C:** Incorreta. Tratando-se de ato vinculado, essa autorização não admite revogação, e sim, anulação, que pode ser feita pela própria Administração ou pelo Poder Judiciário. **D:** Incorreta. O ato é vinculado e não admite revogação. **E:** Incorreta. O ato tem vício de competência, que admite convalidação, eis que um vício relativo e convalidável. **AW**

Gabarito "B".

(Analista Judiciário – TRT/24 – FCC – 2017) Fabio, servidor público federal e chefe de determinada repartição, concedeu licença a seu subordinado Gilmar, pelo período de um mês, para tratar de interesses particulares. No último dia da licença em curso, Fabio decide revogá-la por razões de conveniência e oportunidade. A propósito dos fatos, é correto afirmar que a revogação

(A) não é possível, pois o ato já exauriu seus efeitos.

(B) não é possível, pois apenas o superior de Fabio poderia assim o fazer.

(C) é possível, em razão da discricionariedade administrativa e da possibilidade de ocorrer com efeitos *ex tunc*.

(D) não é possível, pois somente caberia o instituto da revogação se houvesse algum vício no ato administrativo.

(E) é possível, desde que haja a concordância expressa de Gilmar.

A: Correta. Considerando que a licença já foi usufruída e que a revogação opera efeitos " ex nunc", ou seja, não retroativos, ela será inviável, por isso considerada pelo examinador como impossível. **B:** Incorreta. Fábio seria competente para revogar a licença, sendo que o problema é que a revogação é inócua, pois o servidor já cumpriu o período todo dessa licença, sendo um ato jurídico perfeito, exaurido, não podendo ser revogado. Poderia, outrossim, ser anulado. **C:** Incorreta. A revogação sempre opera efeitos " ex nunc" (não retroativos), não havendo a possibilidade de ser alterada essa característica intrínseca desse ato jurídico administrativo. **D:** Incorreta. A revogação tem por fundamento razões de inconveniência e inoportunidade, sendo esse o erro da assertiva. No caso de vício, teremos hipótese de anulação. **E:** Incorreta. Não há necessidade de concordância do destinatário do ato. A concessão da licença é um ato unilateral, independe, portanto, de manifestação de vontade do seu destinatário. **AW**

Gabarito "A".

(Analista Jurídico – TCE/PR – 2016 – CESPE) A revogação do ato administrativo é a supressão de um ato legítimo e eficaz, seja por oportunidade, seja por conveniência, seja por interesse público; entretanto, o poder de revogar da administração pública não é absoluto, pois há situações insuscetíveis de modificação por parte da administração. Tendo as considerações apresentadas como referência inicial, assinale a opção que apresenta ato suscetível de revogação.

(A) parecer emitido por órgão público consultivo

(B) ato de concessão de licença para exercer determinada profissão, segundo requisitos exigidos na lei

(C) ato de posse de candidato nomeado após aprovação em concurso público

(D) ato administrativo praticado pelo Poder Judiciário

(E) ato de concessão de licença funcional já gozada pelo servidor

A: incorreta, pois um parecer consultivo é uma mera opinião técnica sobre um determinado assunto, não havendo que se falar em revogação dessa opinião; **B:** incorreta, pois a licença é *ato vinculado* e esse tipo de ato; ao contrário do *ato discricionário*, não pode ser revogado; **C:** incorreta, pois a posse é a mera aceitação do cargo pelo candidato, não havendo que se falar em ato administrativo revogável; **D:** correta; os atos administrativos do Poder Judiciário tem o mesmo regime jurídico dos atos administrativos do Poder Executivo, o que inclui a possibilidade de serem revogados nos casos em que a revogação é admitida; **E:** incorreta, pois, se a licença já foi gozada, o ato administrativo em questão já se extinguiu pelo decurso de seus efeitos e, uma vez já extinto, não há que se falar em nova extinção pela revogação, que é uma forma de extinção do ato administrativo. **WG**

Gabarito "D".

(Analista Jurídico –TCE/PA – 2016 – CESPE) Em relação às formas de anulação de atos ou contratos administrativos e à perda de função pública, julgue os itens a seguir.

(1) Em se tratando de ação de improbidade, a perda da função pública é uma sanção administrativa decorrente de sentença de procedência dos pedidos.

(2) A revogação aplica-se a atos praticados no exercício da competência discricionária.

1: incorreta, pois as sanções não são cumulativas, podendo ser aplicadas isolada ou cumulativamente (art. 12, *caput*, da Lei 8.429/92); **2:** correta, pois a revogação é a extinção do ato pela existência de um motivo novo que o torne inconveniente ou inoportuno, e tal possibilidade só existe quando se trata de um ato discricionário, já que este é o tipo de ato que autoriza que a Administração tenha mais de uma opção, podendo ora praticar o ato, ora não praticar, ora modificá-lo e ora extingui-lo. WG
Gabarito 1E, 2C

(Analista – TREMG – 2012 – CONSULPLAN) Ao verificar que determinado servidor público federal vinha percebendo mensalmente verbas de maneira irregular, sem que o mesmo soubesse da irregularidade, a Administração Pública instaurou processo administrativo, a fim de possibilitar o exercício do contraditório e da ampla defesa antes do cancelamento da parcela. Sobre o processo administrativo federal, é correto afirmar que

(A) não é possível a supressão de qualquer verba já incorporada aos vencimentos de servidor público, sob pena de violação ao direito adquirido.

(B) para poder apresentar defesa no processo administrativo, o servidor deve prestar caução no valor equivalente ao da verba irregularmente percebida.

(C) ultrapassado o prazo decadencial legalmente previsto, não se mostra mais possível a anulação do ato, mesmo que comprovada a má-fé do servidor beneficiado.

(D) a instauração de processo administrativo é desnecessária, uma vez que a Administração Pública é dotada de autotutela, de modo que pode revogar o ato ilegal.

(E) a Administração Pública possui prazo decadencial de cinco anos para anular o ato de concessão dos valores percebidos, contado da percepção do primeiro pagamento.

A: assertiva incorreta, pois, de atos ilegais, não nascem direitos, quanto mais direitos adquiridos; **B:** assertiva incorreta, pois a exigência de caução é incompatível com o princípio da ampla defesa; aliás, até mesmo para recorrer de decisões administrativas não se pode exigir caução (art. 56, § 2º, da Lei 9.784/1999), quanto mais antes mesmo de uma decisão administrativa ser tomada; **C:** assertiva incorreta, pois o prazo decadencial de 5 anos beneficia apenas quem está de boa-fé (art. 54, *caput*, da Lei 9.784/1999); **D:** assertiva incorreta, pois a Administração não pode subtrair direito alheio sem o devido processo legal, que impõe, no caso, respeito ao contraditório e à ampla defesa; vale lembrar, também, que atos ilegais não são revogados, mas sim anulados; **E:** assertiva correta (art. 54, *caput* e § 1º, da Lei 9.784/1999). WG
Gabarito "E"

(Analista – TRT/20ª – 2011 – FCC) Os atos administrativos

(A) discricionários não podem ser objeto de anulação.

(B) vinculados podem ser objeto de revogação.

(C) ilegais não podem ser objeto de convalidação.

(D) ilegais podem ser objeto de revogação.

(E) vinculados não podem ser objeto de anulação.

A: assertiva incorreta, pois atos discricionários que ferem a legalidade, a moralidade ou a razoabilidade podem ser objeto de anulação; **B:** assertiva incorreta, pois atos vinculados são aqueles em que a Administração tem apenas uma opção, de modo que não há se falar em revogação; esta só se dá quanto a atos discricionários; **C:** assertiva incorreta, pois se se tratar de uma ilegalidade que gera uma nulidade relativa, ou seja, de uma nulidade que pode ser sanada, é cabível a convalidação; **D:** assertiva correta, pois, de fato, se um ato é ilegal, o caso é de anulação; **E:** assertiva incorreta, pois um ato vinculado que viola o disposto na lei deve ser anulado. WG
Gabarito "D".

(Analista – TRT/23ª – 2011 – FCC) No que se refere à anulação, revogação e convalidação do ato administrativo pela Administração Pública, é correto afirmar que

(A) o ato administrativo produzido com vício relativo à finalidade é passível de convalidação pela Administração.

(B) a revogação do ato administrativo é o ato discricionário pelo qual a Administração extingue um ato inválido, por razões de conveniência e oportunidade.

(C) a anulação do ato administrativo é o desfazimento do ato administrativo por razões de ilegalidade.

(D) a convalidação é o ato administrativo pelo qual é suprido vício existente em um ato ilegal, produzindo efeitos *ex nunc*.

(E) a revogação do ato administrativo poderá atingir os atos discricionários, bem como aqueles que já exauriram seus efeitos.

A: assertiva incorreta, pois o desvio de finalidade gera a nulidade absoluta do ato administrativo, e esse tipo de nulidade não pode ser sanada pela convalidação, que recai sobre ato anulável; **B:** assertiva incorreta, pois atos inválidos são objeto de *anulação*, e não de *revogação*; **C:** assertiva correta, pois, de fato, o motivo da anulação é justamente a ilegalidade do ato; **D:** assertiva incorreta, pois a convalidação produz efeitos *ex tunc*; **E:** assertiva incorreta, pois são irrevogáveis os seguintes atos: i) os que a lei assim declarar; ii) **os atos já exauridos**, ou seja, que cumpriram seus efeitos; iii) os atos vinculados, já que não se fala em conveniência ou oportunidade neste tipo de ato, em que o agente só tem uma opção; iv) os meros ou puros atos administrativos (ex.: certidão, voto dentro de uma comissão de servidores); v) os atos de controle; vi) os atos complexos (praticados por mais de um órgão em conjunto); e vii) os atos que geram direitos adquiridos. WG
Gabarito "C".

(Analista – TRF/1ª – 2011 – FCC) A anulação do ato administrativo

(A) não pode ser decretada pela Administração Pública.

(B) pressupõe um ato legal.

(C) produz efeitos *ex nunc*.

(D) ocorre por razões de conveniência e oportunidade.

(E) pode, em casos excepcionais, não ser decretada, em prol do princípio da segurança jurídica.

A: assertiva incorreta, pois a anulação pode ser feita tanto pelo Poder Judiciário, como pela Administração Pública; **B:** assertiva incorreta, pois a anulação pressupõe um ato *ilegal*; **C:** assertiva incorreta, pois a anulação produz efeitos *ex tunc*; **D:** assertiva incorreta, pois a anulação ocorre por motivo de *ilegalidade*, não se confundindo com a revogação, que se dá por motivo de conveniência e oportunidade; **E:** assertiva correta, valendo citar como exemplo os atos ilegais que beneficiam particulares de boa-fé produzidos há mais de 5 anos, sobre os quais não cabe anulação, em homenagem ao princípio da segurança jurídica, e conforme norma expressa no art. 54 da Lei 9.784/1999. WG
Gabarito "E".

(Analista – TJ/ES – 2011 – CESPE) Julgue o seguinte item.

(1) O ato administrativo pode extinguir-se pela cassação, situação em que a retirada do ato se dá porque sobrevém norma jurídica que torna inadmissível a situação antes permitida pelo direito e outorgada pelo ato precedente.

1: assertiva errada, pois a definição dada na afirmativa não é de *cassação*, mas de *caducidade*; a cassação é a extinção do ato pelo fato de seu beneficiário não estar cumprindo com as obrigações para continuar gozando deste. WG
Gabarito 1E

4. ORGANIZAÇÃO ADMINISTRATIVA

4.1. Temas gerais (Administração Pública, órgãos e entidades, desconcentração e descentralização, controle e hierarquia, teoria do órgão)

Segue um resumo sobre essa parte introdutória:

O objetivo deste tópico é efetuar uma série de distinções, de grande valia para o estudo sistematizado do tema. A primeira delas tratará da relação entre pessoa jurídica e órgãos estatais.

Pessoas jurídicas estatais *são entidades integrantes da estrutura do Estado e dotadas de personalidade jurídica*, ou seja, de aptidão genérica para contrair direitos e obrigações.

Órgãos públicos *são centros de competência integrantes das pessoas estatais instituídos para o desempenho das funções públicas por meio de agentes públicos*. São, portanto, parte do corpo (pessoa jurídica). Cada órgão é investido de determinada competência, dividida entre seus cargos. Apesar de não terem personalidade jurídica, têm prerrogativas funcionais, o que admite até que interponham mandado de segurança, quando violadas (tal capacidade processual, todavia, só têm os órgãos independentes e os autônomos). Todo ato de um órgão é imputado diretamente à pessoa jurídica da qual é integrante, assim como todo ato de agente público é imputado diretamente ao órgão à qual pertence (trata-se da chamada "teoria do órgão", que se contrapõe à teoria da representação ou do mandato, conforme se verá no capítulo seguinte). Deve-se ressaltar, todavia, que a representação legal da entidade é atribuição de determinados agentes, como o Chefe do Poder Executivo e os Procuradores. Confiram-se algumas classificações dos órgãos públicos, segundo o magistério de Hely Lopes Meirelles:

Quanto à **posição**, podem ser órgãos *independentes* (originários da Constituição e representativos dos Poderes do Estado: Legislativo, Executivo de Judiciário – aqui estão todas as corporações legislativas, chefias de executivo e tribunais e juízo singulares); *autônomos* (estão na cúpula da Administração, logo abaixo dos órgãos independentes, tendo autonomia administrativa, financeira e técnica, segundo as diretrizes dos órgãos a eles superiores – cá estão os Ministérios, as Secretarias Estaduais e Municipais, a AGU etc.), *superiores* (detêm poder de direção quanto aos assuntos de sua competência, mas sem autonomia administrativa e financeira – ex.: gabinetes, procuradorias judiciais, departamentos, divisões etc.) e *subalternos* (são os que se acham na base da hierarquia entre órgãos, tendo reduzido poder decisório, com atribuições de mera execução – ex.: portarias, seções de expediente).

Quanto à **estrutura**, podem ser *simples* ou *unitários* (constituídos por um só centro de competência) e *compostos* (reúnem outros órgãos menores com atividades-fim idênticas ou atividades auxiliares – ex.: Ministério da Saúde).

Quanto à **atuação funcional**, podem ser *singulares* ou *unipessoais* (atuam por um único agente – ex.: Presidência da República) e *colegiados* ou *pluripessoais* (atuam por manifestação conjunta da vontade de seus membros – ex.: corporações legislativas, tribunais e comissões).

Outra distinção relevante para o estudo da estrutura da Administração Pública é a que se faz entre desconcentração e descentralização. Confira-se.

Desconcentração *é a distribuição interna de atividades administrativas, de competências*. Ocorre de órgão para órgão da entidade. Ex.: competência no âmbito da Prefeitura, que poderia estar totalmente concentrada no órgão Prefeito Municipal, mas que é distribuída internamente aos Secretários de Saúde, Educação etc.

Descentralização *é a distribuição externa de atividades administrativas, que passam a ser exercidas por pessoa ou pessoas distintas do Estado*. Dá-se de pessoa jurídica para pessoa jurídica como técnica de especialização. Ex.: criação de autarquia para titularizar e executar um dado serviço público, antes de titularidade do ente político que a criou.

Na descentralização **por serviço** a lei atribui ou autoriza que outra pessoa detenha a *titularidade* e a execução do serviço. Depende de lei. Fala-se também em *outorga* do serviço.

Na descentralização **por colaboração** o contrato ou ato unilateral atribui à outra pessoa a *execução* do serviço. Aqui o particular pode colaborar, recebendo a execução do serviço, e não a titularidade. Fala-se também em *delegação* do serviço e o caráter é transitório.

É importante também saber a seguinte distinção.

Administração direta *compreende os órgãos integrados no âmbito direto das pessoas políticas (União, Estados, Distrito Federal e Municípios)*.

Administração indireta *compreende as pessoas jurídicas criadas pelo Estado para titularizar e exercer atividades públicas (autarquias e fundações públicas) e para agir na atividade econômica quando necessário (empresas públicas e sociedades de economia mista)*.

Outra classificação relevante para o estudo do tema em questão é a que segue.

As **pessoas jurídicas de direito público** *são os entes políticos e mais as autarquias e fundações públicas, uma vez que todas essas pessoas são criadas para exercer típica atividade administrativa, o que impõe tenham, de um lado, prerrogativas de direito público, e, de outro, restrições de direito público, próprias de quem gere coisa pública*.

As **pessoas jurídicas de direito privado** *são as empresas púbicas e as sociedades de economia mista, visto que são criadas para exercer atividade econômica, devendo ter os mesmos direitos e restrições das demais pessoas jurídica privadas, em que pese terem algumas restrições adicionais, pelo fato de terem sido criadas pelo Estado*.

Para fecharmos essa introdução, tem-se que saber a seguinte distinção.

Hierarquia *consiste no poder que um órgão superior tem sobre outro inferior, que lhe confere, dentre outras prerrogativas, uma ampla possibilidade de fiscalização dos atos do órgão subordinado.*

Controle (tutela ou supervisão ministerial) consiste no poder de fiscalização que a pessoa jurídica política tem sobre a pessoa jurídica que criou, que lhe confere tão somente a possibilidade de submeter a segunda ao cumprimento de seus objetivos globais, nos termos do que dispuser a lei. Ex.: a União não pode anular um ato administrativo de concessão de aposentadoria por parte do INSS (autarquia por ela criada), por não haver hierarquia; mas pode impedir que o INSS passe a comercializar títulos de capitalização, por exemplo, por haver nítido desvio dos objetivos globais para os quais fora criada a autarquia. Aqui não se fala em subordinação, mas em vinculação administrativa.

(Analista Judiciário – TJ/AL – 2018 – FGV) Os órgãos públicos são centros de competência especializada criados por lei, sem personalidade jurídica, com escopo de garantir maior eficiência no exercício de suas funções.

Nesse sentido, de acordo com a doutrina de Direito Administrativo e a jurisprudência do Superior Tribunal de Justiça, uma Câmara Municipal:

(A) apesar de não ter personalidade jurídica própria, goza de capacidade processual para demandar em juízo, defendendo seus direitos institucionais;

(B) apesar de não ter personalidade jurídica autônoma, goza de capacidade processual para demandar em juízo sobre qualquer assunto que seu Presidente decidir discricionariamente;

(C) ostenta personalidade jurídica de direito público, como integrante da Administração Direta, e possui capacidade processual para demandar em juízo na defesa de seus interesses;

(D) ostenta personalidade jurídica de direito público, como integrante da Administração Indireta, e possui capacidade processual para demandar em juízo na defesa de seus interesses;

(E) ostenta personalidade jurídica de direito público, como integrante da Administração Direta, e possui capacidade processual para demandar em juízo sobre qualquer assunto que seu Presidente decidir discricionariamente.

As câmaras municipais e assembleias legislativas têm apenas personalidade judiciária, e não jurídica. Assim, só podem participar de processo judicial na defesa de direitos institucionais próprios. Para o STJ, como as casas legislativas são órgãos integrantes de entes políticos, têm capacidade processual limitada, podendo atuar apenas na defesa de interesses estritamente institucionais. Nos demais casos, cabe ao estado representar judicialmente a Assembleia Legislativa e, no caso das câmaras de vereadores, aos respectivos municípios. **FB** Gabarito "A".

(Analista – TRT1 – 2018 – AOCP) Sobre os órgãos públicos, analise as assertivas e assinale a alternativa que aponta as corretas.

I. Quanto à estrutura, os órgãos podem ser classificados em singulares e coletivos.

II. Órgão é a unidade de atuação integrante da estrutura da Administração direta e da estrutura da Administração indireta.

III. Os Ministérios e as Secretarias de Estado e de Municípios podem ser classificados, quanto à posição estatal, como órgãos autônomos.

IV. Segundo a teoria eclética, o órgão é formado por dois elementos, quais sejam, o agente e o complexo de atribuições.

(A) Apenas I e IV.

(B) Apenas II e III.

(C) Apenas I, II e III.

(D) Apenas I, III e IV.

(E) Apenas II, III e IV.

I: incorreta, quanto à estrutura, os órgãos podem ser classificados como simples ou unitários, ou compostos; **II**: correta – **órgãos públicos** *são centros de competência integrantes das pessoas estatais instituídos para o desempenho das funções públicas por meio de agentes públicos. São, portanto, parte do corpo* (pessoa jurídica); **III**: correta, órgãos *autônomos* são os que estão na cúpula da Administração, logo abaixo dos órgãos independentes, tendo autonomia administrativa, financeira e técnica, segundo as diretrizes dos órgãos a eles superiores; aqui estão os Ministérios, as Secretarias Estaduais e Municipais, a AGU, dentre outros; **IV**: correta. Segundo a teoria eclética, o órgão é formado por dois elementos, a saber, o agente e o complexo de atribuições; com isso, pretende-se superar as objeções, superando a teoria subjetiva, que identifica os órgãos com os agentes públicos, o que implica que, desaparecendo o funcionário, deixará de existir o órgão, segundo Maria di Pietro (2006, p. 495), essa é uma grande falha da presente teoria. **FB** Gabarito "E".

(Analista Jurídico – TRF5 – FCC – 2017) A estruturação da Administração pública em Administração direta e indireta traz implicações para o exercício das atividades que devem ser disponibilizadas aos administrados, direta ou indiretamente. Para tanto,

(A) as pessoas jurídicas que integram a Administração indireta são dotadas dos mesmos poderes típicos da Administração indireta, a exemplo do poder de polícia, com a peculiaridade de que todos os aspectos de seu exercício devem estar expressamente previstos em lei.

(B) a Administração central remanesce exercendo o poder hierárquico sobre as pessoas jurídicas que integram a Administração indireta, como forma de garantir o alinhamento do escopo institucional desses entes com as diretrizes do Poder Executivo.

(C) o poder normativo inerente ao Chefe do Poder Executivo não pode ser delegado aos entes que integram a Administração indireta, independentemente da matéria ou da natureza jurídica dos mesmos, por se tratar de competência exclusiva.

(D) os entes que integram a Administração pública indireta ficam adstritos ao escopo institucional previsto nas leis ou atos que os instituíram, cabendo à Administração Central o acompanhamento dessa atuação, no regular exercício do poder de tutela, que não implica, contudo, ascendência hierárquica sobre os mesmos, salvo expressa disposição nesse sentido.

(E) a discricionariedade, inerente à atuação da Administração pública direta, não se estende aos entes que integram a Administração pública indireta, cuja atuação deve vir prevista em lei, à exceção das agências reguladoras, que exercem poder normativo autônomo.

A: incorreta. A criação de uma pessoa jurídica de direito público ou privado que vá compor a chamada Administração Indireta é fruto da chamada descentralização administrativa, por meio da qual o ente federativo, considerando o grande leque de atribuições e responsabilidades que possui e buscando maior eficiência e especialização no exercício da função pública, transfere o exercício de atividades administrativas que lhe são pertinentes para pessoas jurídicas auxiliares por ele criadas. São elas: as autarquias, fundações públicas, empresas públicas, sociedades de economia mista, bem como a pessoa jurídica oriunda da formação de um consórcio público. Essas pessoas podem exercer poder de polícia, mas deve estar previsto em lei. A "pegadinha" da questão, no caso, refere-se à afirmação de que **todos** os aspectos do exercício desses poderes devam estar previstos em lei; **B:** incorreta. O ente da Administração Indireta possui personalidade jurídica própria e não está subordinado à ente da Administração Direta, ou seja, não estão sujeitos a seu poder hierárquico, mas tão somente a controle (o chamado poder de tutela); **C:** incorreta. No âmbito de sua competência estatuída em lei que cria o ente da Administração Indireta ou que autoriza a sua criação, é perfeitamente possível que essa pessoa jurídica exerça poder normativo, desde que não exorbite do que consta na lei. Como exemplo podemos citar as agências reguladoras, que são autarquias especiais que editam normas e de ordem técnica no âmbito de suas competências; **D:** correta. As pessoas da Administração Indireta possuem em comum as seguintes características: 1- personalidade jurídica própria, respondendo por seus atos, com patrimônio e receita próprios; 2- autonomia técnica, administrativa e financeira; 3- criação e extinção condicionada à previsão em lei; 3- finalidade específica prevista em lei que criou ou autorizou sua criação; 4- sem finalidade lucrativa, ainda que exercente de atividade econômica, o que não significa que não possa auferir lucro; 5- **sem subordinação hierárquica à Administração Direta, mas sujeita a seu controle por meio do poder de tutela; E:** incorreta. A questão tenta confundir o candidato ao vedar a possibilidade da edição de atos administrativos discricionários pelos entes que compõem a Administração Indireta, como se essa só pudesse praticar atos de natureza vinculada, isto é, atos administrativos em que todos os aspectos estão previstos em lei, não deixando qualquer margem de liberdade ao administrador. Isso não é verdade. Tanto os entes da Administração Direta como Indireta, uma vez autorizados pela lei, possuem discricionariedade, que nada mais é do que a liberdade dada pela lei ao administrador público para, diante do caso concreto, escolher dentre as hipóteses possíveis aquela que atinge otimamente a finalidade legal. **FMB**
Gabarito "D".

(Analista Judiciário – TRE/SP – FCC – 2017) Suponha que o Secretário de Transportes de determinado Estado tomou conhecimento, por intermédio de matéria jornalística, da existência de longas filas para carregamento dos cartões de utilização dos trens administrados por uma sociedade de economia mista vinculada àquela Pasta. Diante dos fatos apurados, decidiu avocar, para área técnica da Secretaria, algumas atividades de gerenciamento e logística desempenhadas por uma das Diretorias da referida empresa. Fundamentou sua decisão no exercício dos poderes hierárquico e disciplinar. Considerando a situação narrada,

(A) a atuação do Secretário justifica-se do ponto de vista da hierarquia, porém não sob aspecto disciplinar, eis que não identificada infração administrativa.

(B) a decisão baseia-se, legitimamente, apenas no poder disciplinar, que compreende o controle e a supervisão.

(C) descabe a invocação dos poderes citados, sendo certo que a atuação da Secretaria deve se dar nos limites do poder de tutela.

(D) a decisão somente será justificável, sob o fundamento de poder hierárquico, se constada a existência de desvio de conduta pelos administradores da empresa.

(E) a decisão extrapolou a competência disciplinar, que somente pode ser exercida para corrigir desvios na organização administrativa da entidade.

A: Incorreta. Só é possível a avocação de ato de inferior hierárquico, conforme disposto no art. 15, da Lei 9.784/1999. Portanto, como não há hierarquia entre a Administração Direta, à qual está vinculado o Secretário e a Administração Indireta (sociedade de economia mista), não é possível ao Secretário realizar esse ato administrativo avocatório. **B:** Incorreta. O Poder Disciplinar é o que possibilita a aplicação de sanções em decorrência de infrações disciplinares cometidas por agentes públicos, não se relacionando, portanto, com a situação descrita no enunciado. **C:** Correta. Como dito acima, não havendo hierarquia entre a Administração Direta e a Indireta, não há como existir avocação de competência (art. 15, da Lei 9.784/1999), podendo haver, no entanto, tutela ou supervisão ministerial, conforme afirmado na alternativa. **D:** Incorreta. Se houvesse desvio de conduta teríamos o Poder Disciplinar, que é o competente para aplicação sanções em casos de infrações disciplinares, e não o Poder Hierárquico que compreende a delegação, avocação de competências, assim como o escalonamento das atribuições internas de cada órgão ou entidade administrativa. **E:** Incorreta. Não houve aplicação do Poder Disciplinar, eis que não houve aplicação de qualquer sanção em decorrência de ato infracional. **AW**
Gabarito "C".

(Analista – TRT/10ª – 2013 – CESPE) Julgue os próximos itens, relativos à Administração indireta e à descentralização administrativa.

(1) As autarquias federais detêm autonomia administrativa relativa, estando subordinadas aos respectivos ministérios de sua área de atuação.

(2) A concessão de serviço público a particulares é classificada como descentralização administrativa por delegação ou por colaboração.

1: assertiva errada, pois as autarquias têm, sim, autonomia; assim, elas não estão sujeitas à subordinação dos respectivos Ministérios, apesar de estarem sujeitas à supervisão ministerial, também chamada de controle ou tutela; vale ressaltar que, enquanto a subordinação confere ao superior hierárquico grande poder de revisão dos atos do subordinado, a supervisão ministerial permite que o ente que a detém apenas faça uma fiscalização finalística nos termos da lei, em relação ao ente controlado; **2:** assertiva certa; de fato, é descentralização, pois é passagem de atribuições de uma pessoa jurídica para outra pessoa jurídica (diferentemente da desconcentração, que é a passagem de atribuições de um órgão para outro órgão) e é do tipo "por delegação" (ou "por colaboração"), pois as atribuições não passam a ser do ente concessionário (quando se teria descentralização "por outorga"), recebendo o ente concessionário apenas o direito-dever de prestar o serviço público, serviço esse que continua com a titularidade do Poder Público. **WG**
Gabarito 1E, 2C

(Analista – TRT/10ª – 2013 – CESPE) Julgue os itens seguintes, relativos à organização administrativa do Estado.

(1) As empresas públicas devem ser constituídas obrigatoriamente sob a forma de sociedade anônima.

(2) O fato de uma autarquia federal criar, em alguns Estados da Federação, representações regionais para aproximar o Poder Público do cidadão caracteriza o fenômeno da descentralização administrativa.

1: assertiva errada, pois as empresas públicas podem ser constituídas sob qualquer forma societária (art. 5º, II, do Dec.-Lei 200/1967); **2:** assertiva errada, pois tais representações nada mais são do que órgãos dessa autarquia, de maneira que temos uma desconcentração (distribuição interna de atribuições), diferentemente da situação em que um ente político cria uma outra pessoa jurídica (e não um órgão), caso em que teríamos a descentralização (distribuição externa de atribuições). **WG**
Gabarito 1E, 2E

(Analista – TJ/CE – 2014 – CESPE) A respeito de organização administrativa, assinale a opção correta.

(A) Os consórcios públicos sob o regime jurídico de direito público são associações públicas sem personalidade jurídica criadas para a gestão associada de serviços públicos de interesse de mais de um ente federativo.

(B) Tratando-se de órgão público, a competência é irrenunciável e intransferível.

(C) As autarquias são entidades criadas pelos entes federativos para a execução atividades que requeiram gestão administrativa e financeira descentralizada, porém, o ente federativo continuará titular do serviço, sendo responsável, dessa forma, pelos atos praticados pela autarquia.

(D) As organizações sociais são pessoas jurídicas de direito público que celebram contrato de gestão como poder público para a prestação de serviços públicos de natureza social.

(E) São consideradas agências executivas as autarquias, fundações, empresas públicas e sociedades de economia mista que apresentam regime jurídico especial que lhes concede maior autonomia em relação ao ente federativo que as criou.

A: Incorreta, pois o consórcio público adquirirá personalidade jurídica de direito público, no caso de constituir associação pública, mediante a vigência das leis de ratificação do protocolo de intenções (art. 6º, I, da Lei 11.107/2005); **B:** Correta, conforme arts. 11 a 15 da Lei 9.784/1999; **C:** Incorreta. Carvalho Filho entende que há descentralização por outorga e por delegação, entendendo-se que pela primeira o Poder **Público transfere a própria titularidade do serviço**, ao passo que pela segunda a transferência tem por alvo apenas a execução do serviço. Nesse caso, a delegação somente ocorreria quando o Estado firmasse negócio jurídico, **mas não quando criasse entidade para sua Administração Indireta** (Carvalho Filho, José dos Santos. **Manual de Direito Administrativo**. 27. ed. São Paulo: Atlas, 2014, p. 353); **D:** Incorreta, pois as Organizações Sociais são pessoas jurídicas de direito privado (art. 1º da Lei 9.637/1998); **E:** Incorreta, pois apenas as autarquias e fundações integrantes da Administração Pública federal poderão, observadas as diretrizes do Plano Diretor da Reforma do Aparelho do Estado, ser qualificadas como Agências Executivas (art. 1º do Decreto 2.487/1998). **WG**
Gabarito "B"

(Analista – TRT/6ª – 2012 – FCC) A respeito do regime jurídico das entidades integrantes da Administração Pública indireta é correto afirmar que é

(A) de direito privado para as empresas públicas e sociedades de economia mista que explorem atividade econômica, sem prejuízo da aplicação dos princípios constitucionais da Administração Pública.

(B) de direito público para as fundações, autarquias e empresas públicas e de direito privado para as sociedades de economia mista.

(C) sempre de direito privado, parcialmente derrogado pelas prerrogativas e sujeições decorrentes dos princípios aplicáveis à Administração Pública.

(D) sempre de direito público, exceto para as entidades caracterizadas como agências executivas ou autarquias de regime especial.

(E) sempre de direito privado, em relação à legislação trabalhista e tributária, e de direito público em relação aos bens afetados ao serviço público.

A: assertiva correta, pois as empresas estatais têm regime jurídico de direito privado especial, aplicando-se, como regra, o regime de direito privado, mas, em alguns aspectos, o regime de direito público; este se aplica, por exemplo, no dever de respeitar os princípios da Administração Pública (art. 37, *caput*, da CF), no dever de promover licitação e concursos públicos, na submissão à fiscalização dos Tribunais de Contas, dentre outros aspectos; **B:** assertiva incorreta, pois as empresas públicas têm regime de direito privado (art. 5º, II, do Dec.--Lei 200/1967); **C:** assertiva incorreta, pois as autarquias tradicionais, as fundações públicas de direito público (entidades autárquicas), as agências reguladoras e as associações públicas (consórcios públicos de direito público) também têm regime jurídico de direito público (art. 41, IV e V, do CC); **D:** assertiva incorreta, pois as exceções (em que o regime é de direito privado) são concernentes às empresas públicas, sociedades de economia mista, fundações estatais de direito privado e consórcios públicos de direito privado; **E:** assertiva incorreta, pois na Administração Indireta há instituições com regime de direito público (autarquias, fundações públicas de direito público, agências reguladoras e associações públicas) e instituições com regime de direito privado (empresas públicas, sociedades de economia mista, fundações estatais de direito privado e consórcios públicos de direito privado). **WG**
Gabarito "A"

(Analista – TRT/20ª – 2011 – FCC) Considere a seguinte afirmação, acerca da classificação dos órgãos públicos:

São os que se localizam na cúpula da Administração, subordinados diretamente à chefia dos órgãos independentes; gozam de autonomia administrativa, financeira e técnica e participam das decisões governamentais.

A afirmação trata dos órgãos públicos denominados

(A) dependentes.

(B) independentes.

(C) superiores.

(D) subalternos.

(E) autônomos.

Trata-se da definição de órgãos autônomos. **WG**
Gabarito "E"

(Analista – TRT/20ª – 2011 – FCC) Quanto à classificação dos órgãos públicos, considere as seguintes assertivas:

I. Órgãos públicos "locais" são aqueles que atuam sobre uma parte do território, como as Delegacias Regionais da Receita Federal, as Delegacias de Polícia, os Postos de Saúde, entre outros.

II. Os órgãos públicos denominados superiores são órgãos de direção, controle e comando; gozam de autonomia administrativa e financeira.

III. A Presidência da República e a Diretoria de uma escola são exemplos de órgãos públicos singulares.

Está correto o que se afirma em

(A) I, apenas.

(B) I e II, apenas.

(C) I e III, apenas.

(D) II e III, apenas.

(E) I, II e III.

I: assertiva correta, pois traz a exata definição e os exemplos corretos de órgãos locais; **II:** assertiva incorreta, pois essa definição é de órgãos autônomos; **III:** assertiva correta, pois os órgãos citados são órgãos singulares ou unipessoais, pois atuam por meio de apenas um agente. WG

Gabarito "C".

(Analista – TRT/23ª – 2011 – FCC) No que concerne à classificação quanto à posição estatal, os órgãos públicos autônomos são

(A) órgãos de direção, controle e comando, mas sujeitos à subordinação e ao controle hierárquico de uma chefia; não gozam de autonomia administrativa nem financeira.

(B) os que se localizam na cúpula da Administração, subordinados diretamente à chefia dos órgãos independentes; gozam de autonomia administrativa, financeira e técnica e participam das decisões governamentais.

(C) os originários da Constituição e representativos dos três Poderes do Estado, sem qualquer subordinação hierárquica ou funcional, sujeitos apenas aos controles constitucionais de um sobre o outro, e suas atribuições são exercidas por agentes políticos.

(D) os que se acham subordinados hierarquicamente a órgãos superiores de decisão, exercendo principalmente funções de execução.

(E) órgãos de direção e comando, não sujeitos à subordinação e ao controle hierárquico de uma chefia, gozando de autonomia administrativa e financeira, como, por exemplo, as Casas Legislativas.

A: assertiva incorreta, pois esses são órgãos superiores; **B:** assertiva correta, pois traz a exata definição de órgãos autônomos; **C:** assertiva incorreta, pois esses órgãos são órgãos independentes; **D:** assertiva incorreta, pois esses órgãos são órgãos subalternos; **E:** assertiva incorreta, pois os órgãos autônomos têm subordinação em relação aos órgãos independentes. WG

Gabarito "B".

(Analista – TRT/23ª – 2011 – FCC) Analise as características abaixo.

I. Personalidade jurídica de direito público.

II. Criação por lei.

III. Capacidade de autoadministração.

IV. Especialização dos fins ou atividades.

V. Sujeição a controle ou tutela.

Trata-se de

(A) empresa pública.

(B) fundação.

(C) autarquia.

(D) sociedade de economia mista.

(E) órgão público.

A: assertiva incorreta, pois a empresa pública tem personalidade de direito *privado*; **B:** assertiva incorreta, pois a fundação estatal pode ser tanto de direito público, como de direito privado, sendo que a criação de uma fundação (ao menos a de direito privado estatal), não se dá diretamente pela lei, mas mediante autorização legal, fazendo-se

necessário levar os atos constitutivos a registro (art. 37, XIX, da CF); **C:** assertiva correta, pois o enunciado traz afirmativas pertinentes às autarquias; **D:** assertiva incorreta, pois a sociedade de economia mista tem personalidade de direito *privado*; **E:** assertiva incorreta, pois o órgão público não tem personalidade jurídica, já que não é pessoa jurídica. WG

Gabarito "C".

(Analista – TRE/MG – 2012 – CONSULPLAN) Acerca da organização da Administração Pública estruturada na Constituição da República de 1988, é correto afirmar que

(A) na organização administrativa brasileira, há uma divisão vertical e hierárquica entre os entes federal, distrital, estadual e municipal.

(B) não obstante ter o chefe do Poder Executivo a direção superior da Administração Pública, somente lei específica pode criar autarquias.

(C) dentro do sistema federativo criado pela Constituição da República de 1988, União, Estados, Distrito Federal e Municípios são entes dotados de soberania.

(D) dentro da capacidade de autogoverno, o chefe do Poder Executivo de cada ente pode decidir pela descentralização do poder, através da criação de órgãos públicos.

(E) os órgãos públicos, criados como mecanismo de desconcentração administrativa, possuem personalidade jurídica própria, apesar de subordinar-se à Administração central.

A: assertiva incorreta, pois não há hierarquia entre os entes políticos; **B:** assertiva correta (art. 37, XIX, da CF); **C:** assertiva incorreta, pois tais entes têm autonomia, e não soberania, atributo este próprio da República Federativa do Brasil, e não de entes políticos internos, isoladamente; **D:** assertiva incorreta, pois a criação de órgãos públicos consiste no fenômeno da desconcentração, e não da descentralização; **E:** incorreta, pois os órgãos públicos não têm personalidade jurídica. WG

Gabarito "B".

(Analista – TRE/TO – 2011 – FCC) Os órgãos públicos

(A) são compostos quando constituídos por vários agentes, sendo exemplo, o Tribunal de Impostos e Taxas.

(B) confundem-se com as pessoas físicas, porque congregam funções que estas vão exercer.

(C) são singulares quando constituídos por um único centro de atribuições, sem subdivisões internas, como ocorre com as seções integradas em órgãos maiores.

(D) não são parte integrante da estrutura da Administração Pública.

(E) não têm personalidade jurídica própria.

A: assertiva incorreta, pois a definição dada é de *órgãos singulares*; *órgãos compostos* são aqueles que reúnem outros órgãos menores com atividades-fim idênticas ou atividades auxiliares; **B:** assertiva incorreta, não se confundem os agentes públicos (pessoas físicas) com os órgãos (centros de competência);**C:** assertiva incorreta, pois os órgãos são singulares quando constituídos de um único agente; **D:** assertiva incorreta, pois os órgãos públicos são partes integrantes dos entes políticos e também das pessoas jurídicas de direito público da Administração Indireta; **E:** assertiva correta, pois os órgãos públicos não são pessoas jurídicas, mas são partes integrantes das pessoas jurídicas. WG

Gabarito "E".

(Analista – TRE/TO – 2011 – FCC) Os órgãos públicos

(A) são centros de competência instituídos para o desempenho de funções estatais.

(B) são classificados como entidades estatais.

(C) têm autonomia política.

(D) têm personalidade jurídica.

(E) são soberanos.

A: assertiva correta, pois traz a exata definição de órgãos públicos; **B:** assertiva incorreta, pois os órgãos públicos não são entes, ou seja, não são pessoas jurídicas; **C:** assertiva incorreta, pois os órgãos públicos, em geral, não têm autonomia política, a não ser os órgãos independentes (Poderes Legislativo, Executivo e Judiciário); **D:** assertiva incorreta, pois os órgãos públicos não são pessoas jurídicas e, portanto, não têm personalidade jurídica; **E:** assertiva incorreta, pois os órgãos públicos não têm soberania, atributo que só um País tem. WG
Gabarito „A".

(Analista – TRE/TO – 2011 – FCC) Considerando a Organização Administrativa Brasileira, é correto afirmar que

(A) a União, os Estados-membros, o Distrito Federal e os Municípios são entidades estatais.

(B) o Brasil é uma confederação formada pela união indissolúvel dos Estados-membros, dos Municípios e do Distrito Federal

(C) os poderes e competências dos Municípios são delimitados por ato do Presidente da República.

(D) as empresas públicas e as sociedades de economia mista integram a administração direta da União, dos Estados-membros e dos Municípios.

(E) Os Ministérios são órgãos autônomos, unipessoais, integrantes da administração indireta, porém vinculados à Presidência da República

A: assertiva correta, pois todos os entes citados são pessoas jurídicas, ou seja, são entidades; **B:** assertiva incorreta, pois o Brasil é uma República Federativa (art. 1º, *caput*, da CF), e não uma confederação; **C:** assertiva incorreta, pois os municípios têm autonomia (art. 18, *caput*, da CF); **D:** assertiva incorreta, pois tais pessoas integram a Administração *indireta* dos entes políticos citados; **E:** assertiva incorreta, pois os Ministérios são órgãos integrantes da Administração *direta*. WG
Gabarito „A".

(Analista – TRE/TO – 2011 – FCC) Na organização administrativa da União, a defesa sanitária animal e vegetal é competência do Ministério

(A) do Desenvolvimento Agrário.

(B) do Desenvolvimento Social e Combate à Fome.

(C) do Meio Ambiente.

(D) da Agricultura, Pecuária e Abastecimento.

(E) da Saúde.

Art. 27, I, *e*, da Lei 10.683/2003. WG
Gabarito „D".

(Analista – TRE/TO – 2011 – FCC) A repartição de funções entre os vários órgãos de uma mesma pessoa jurídica da Administração Pública é conceito de

(A) desconcentração.

(B) descentralização.

(C) descentralização por serviços.

(D) delegação de competência.

(E) desmembramento.

A repartição de funções interna a uma pessoa jurídica leva o nome de desconcentração. Já a repartição de funções externa a uma pessoa jurídica leva o nome de descentralização. No caso, como o enunciado pergunta sobre a repartição interna de funções, tem-se o instituto da desconcentração. WG
Gabarito „A".

(Analista – TJ/AM – 2013 – FGV) Com relação ao sentido da expressão Administração Pública, analise as afirmativas a seguir.

I. Administração Pública, em sentido formal, relaciona-se à pessoa que executa atividades da administração.

II. Administração Pública, em sentido material, relaciona-se à atividade administrativa desempenhada pelo Estado.

III. Administração Pública, em sentido subjetivo, relaciona-se às pessoas jurídicas que executam a Administração Pública em sentido objetivo, às atividades de execução desempenhadas pelo Estado.

Assinale:

(A) se somente a afirmativa I estiver correta.

(B) se somente a afirmativa III estiver correta.

(C) se somente as afirmativas I e a III estiverem corretas.

(D) se somente as afirmativas II e a III estiverem corretas.

(E) se todas as afirmativas estiverem corretas.

As três afirmativas estão corretas, pois trazem adequadas relações entre os sentidos formal, material e subjetivo da Administração Pública. WG
Gabarito „E".

4.2. Administração indireta e suaS entidades

(Analista – TRT1 – 2018 – AOCP) Assinale a alternativa correta no tocante à organização da Administração Pública.

(A) A sociedade de economia mista possui como característica ser pessoa jurídica de direito privado com capital inteiramente público, sendo organizada sob a forma de sociedade anônima.

(B) É dispensável a autorização legislativa para a criação de empresas subsidiárias, desde que haja previsão para esse fim na própria lei que instituiu a sociedade de economia mista matriz.

(C) O consórcio público consiste em pessoa jurídica de direito público ou privado criada por duas ou mais autarquias para a gestão associada de serviços públicos.

(D) Agência executiva é a qualificação dada à autarquia ou fundação que celebre contrato de rateio com o órgão da Administração Direta a que se acha vinculada, para a melhoria da eficiência e redução de custos.

(E) As fundações de direito privado, instituídas ou mantidas pelo Poder Público, não gozam da imunidade tributária referente ao imposto sobre o patrimônio, a renda ou serviços vinculados às suas finalidades essenciais ou às delas decorrentes.

A: incorreta. Seu capital não precisa ser inteiramente público. As **sociedades de economia mista** são pessoas jurídicas de direito privado, cuja criação foi autorizada em lei, constituídas necessariamente sob a forma de sociedade por ações e cujo capital majoritariamente deve ser formado por recursos de pessoas públicas de direito interno ou de pessoas integrantes de suas respectivas administrações indiretas, sendo possível que as demais ações sejam de propriedade privada. Portanto, são empresas estatais com as seguintes peculiaridades: a) constituídas somente pela forma de sociedade anônima (S/A); b)   possuem necessariamente capital privado e público, sendo que a maioria das ações com direito a voto é do Poder Público; c) a Justiça Comum é o foro próprio de tais sociedades mesmo sendo federais; d) são exemplos desse tipo de empresa o Banco do Brasil, a Petrobras e a Sabesp; B: correta. Restou definido pelo STF na ADI 1649 que não é necessária a autorização legislativa para a criação de empresas públicas subsidiárias, desde que haja previsão para esse fim na própria lei que instituiu a empresa de economia mista matriz, e que, a Constituição Federal, ao referir-se à expressão autorização legislativa, "em cada caso", o faz relativamente a um conjunto de temas, dentro de um mesmo setor. "A autorização legislativa, na espécie, abrange o setor energético resultante da política nacional de petróleo definida pela Lei 9.478/97", definiu a ementa do julgamento da medida cautelar; C: incorreta. Pela Lei 11.107/2005, duas novas pessoas jurídicas estatais foram criadas. Ambas têm o nome de *consórcio público*, mas uma é de direito público (associação pública) e outra é de direito privado (consórcio público de direito privado). Consórcios consistem na *reunião de entes políticos* (União, Estados, DF e Municípios) para formação de *pessoas jurídicas com vistas à gestão associada de serviços públicos*; D: incorreta, agência executiva é qualificação cuja previsão tem assento constitucional no art. 37 § 8º, da CF/1988, a qual estabelece que: "a autonomia gerencial, orçamentária e financeira dos órgãos e entidades da administração direta e indireta poderá ser ampliada mediante contrato, a ser firmado entre seus administradores e o poder público, que tenha por objeto a fixação de metas de desempenho para o órgão ou entidade, cabendo à lei dispor sobre: I – o prazo de duração do contrato; II – os controles e critérios de avaliação de desempenho, direitos, obrigações e responsabilidade dos dirigentes; III – a remuneração do pessoal". Tal possibilidade de qualificação veio a partir da introdução do princípio da eficiência pela EC 19/1998; E: incorreta, artigo 150, VI, § 2º CF/1988. `FB`

(Analista Judiciário – TRF/2 – Consulplan – 2017) "O Governador do Estado X pretende criar uma Agência Reguladora, entidade administrativa integrante da administração indireta, para fiscalizar a prestação de serviço de transporte público de passageiros." A referida Agência Reguladora deve possuir algumas prerrogativas, dentre as quais:

I. Apreciação de lei de diretrizes orçamentárias.
II. Competência tributária.
III. Iniciativa legislativa.
Assinale se:

(A) Nenhuma alternativa estiver correta.
(B) Estiverem corretas as alternativas I e II.
(C) Somente a alternativa I estiver correta.
(D) Somente a alternativa III estiver correta.

Para a criação de uma Agência Reguladora é necessário lei específica, eis que se trata de uma autarquia de regime especial e por isso se submete ao disposto no art. 37, XIX, CF, como todas as demais autarquias. Também, essas Agências Reguladoras são criadas para a prestação de serviços públicos e possuem, além dessa atribuição fiscalizatória, a regulatória, sendo essa consistente na edição de atos normativos infralegais. Não estão entre suas prerrogativas as apreciação de lei de diretrizes orçamentárias, nem possuem competência tributária (essa é somente de Ente Federativo, art. 145, CF), muito menos iniciativa de lei, já que, como dito acima, só podem editar atos infralegais. Portanto, as três assertivas são incorretas. `AW`

(Analista – TJ/DFT – 2013 – CESPE) Acerca das autarquias, empresas públicas e sociedades de economia mista, julgue os itens a seguir.

(1) As sociedades de economia mista podem revestir-se de qualquer das formas em direito admitidas, a critério do poder público, que procede à sua criação.

(2) Nos litígios comuns, as causas que digam respeito às autarquias federais, sejam estas autoras, rés, assistentes ou oponentes, são processadas e julgadas na Justiça Federal.

(3) Pessoas jurídicas de direito privado integrantes da Administração indireta, as empresas públicas são criadas por autorização legal para que o governo exerça atividades de caráter econômico ou preste serviços públicos.

1: assertiva errada, pois as sociedades de economia mista somente admitem a forma de sociedade anônima (art. 5º, III, do Dec.-Lei 200/1967); **2:** assertiva correta (art. 109, I, da CF); **3:** assertiva correta (art. 37, XIX, da CF c/c art. 5º, II, do Dec.-Lei 200/1967). `WG`

(Analista – TRE/MG – 2012 – CONSULPLAN) Em determinado município, o Prefeito verifica que o sistema de coleta de lixo, a cargo da Administração Pública Direta, está se mostrando ineficiente. Para solucionar o problema, edita medida provisória criando empresa pública específica para esse fim, de modo a realizar o serviço de forma mais eficiente, a qual admitirá pessoal através de concurso público. Sobre o caso, é correto afirmar que a situação

(A) é irregular, uma vez que o município somente pode criar empresas públicas após autorização de lei estadual de iniciativa do chefe do Poder Executivo.

(B) é irregular, uma vez que as empresas públicas, não obstante sujeitarem-se ao regime jurídico próprio das empresas privadas, devem ter sua criação previamente autorizada por lei.

(C) está incorreta, já que não há necessidade de admissão de pessoal por meio de concurso público, tendo em vista que as empresas públicas se submetem à mesma disciplina jurídica das empresas privadas.

(D) é irregular, uma vez que a empresa pública municipal não poderia ser criada para prestação de serviço público, mas tão somente para prestação de atividade econômica, respeitando o princípio da subsidiariedade.

(E) está incorreta, uma vez que o serviço público em questão deveria ser realizado pela Administração Direta ou autarquia criada para este fim, pessoas jurídicas de direito público, uma vez que trata-se de atividade típica de Estado.

A: incorreta, pois os municípios têm autonomia política e podem criar empresas públicas sem que tenha de pedir autorização a qualquer ente político; **B:** correta, pois o art. 37, XIX, da CF impõe autorização de lei específica para a criação de uma empresa estatal, não sendo possível que a criação se dê por medida provisória; **C:** incorreta, pois a admissão de pessoal em toda a administração direta e indireta (o que inclui as empresas estatais) depende de concurso público (art. 37, II, da CF); **D:** incorreta, pois uma empresa estatal pode ser criada tanto para prestação de serviço público, como para exploração de atividade econômica; **E:** incorreta, pois a mera prestação de serviço público (diferentemente da regulação e fiscalização do serviço público) pode ser feita por pessoa de direito privado, podendo ser tanto uma pessoa privada estatal (como uma empresa pública), como uma pessoa privada não estatal (ex: as empresas concessionárias de telefonia). **WG**

Gabarito "B".

(Analista – TRT/2ª – 2014 – FCC) A propósito de semelhanças ou distinções entre as empresas públicas e as sociedades de economia mista sabe-se que,

(A) as empresas públicas submetem-se integralmente ao regime jurídico de direito público, na medida em que seu capital é 100% público, enquanto as sociedades de economia mista podem se submeter ao regime jurídico de direito privado, caso a participação privada no capital represente maioria com poder de voto.

(B) as sociedades de economia mista admitem participação privada em seu capital, enquanto as empresas públicas não; ambas se submetem ao regime jurídico típico das empresas privadas, embora possam ter que se submeter à regra de exigência de licitação para contratação de bens e serviços.

(C) as duas pessoas jurídicas de direito público integram a Administração indireta e podem ser constituídas sob quaisquer das formas disponíveis às empresas em geral, distinguindo-se pela composição do capital, 100% público nas sociedades de economia mista e com participação privada empresas públicas.

(D) as duas pessoas jurídicas de direito público submetem-se ao regime jurídico de direito privado, com exceção à forma de constituição, na medida em que são criadas por lei específica, enquanto as empresas não estatais são instituídas na forma da legislação societária vigente.

(E) ambas submetem-se ao regime jurídico de direito público, não se lhes aplicando, contudo, algumas normas, a fim de lhes dar celeridade e competitividade na atuação, tal como a lei de licitações e a realização de concurso público para contratação de seus servidores.

A: incorreta, pois tanto as empresas públicas como as sociedade de economia mista são pessoas jurídicas de direito privado estatais e, assim, se submetem a um regime jurídico de direito privado, na forma do disposto no art. da CF (art. 173, § 1º, II); **B**: correta, pois ambas de fato seguem o regime jurídico de direito privado (art. 173,§ 1º, II, da CF), também se tratando de informações corretas as de que tais empresas obedecem ao dever de licitar (art. 1º, parágrafo único, da Lei 8.666/93) e a composição de seu capital permite participação privava na sociedade de economia mista, mas não permite na empresa pública (art. 5º, II e III, do Decreto-lei 200/67); **C**: incorreta; pois as sociedades de economia mista só podem ter a forma societária "S/A" (art. 5º, III, do Decreto-lei 200/67) e a participação privada no capital só é admitida nas sociedades de economia mista (art. 5º, III, do Decreto-lei 200/67); **D**: incorreta, pois as duas não são criadas por lei especificação, mas tem a autorização de criação dada por lei específica (art. 37, XIX, da CF); **E**: incorreta; é justamente o contrário; ambas se submetem, na verdade, ao regime de direito privado (art. 173, § 1º, II, da CF), sendo que se submetem ao regime público em alguns pontos, como são o dever de licitar e o dever de contratar agentes mediante concurso público. **WG**

Gabarito "B".

(Analista – TRT/16ª – 2014 – FCC) Facundo, Auditor Fiscal da Receita Federal, pretende multar a Fundação "Vida e Paz", fundação instituída e mantida pelo Poder Público, haja vista que a mesma jamais pagou imposto sobre seu patrimônio, renda e serviços. Nesse caso,

(A) Facundo apenas pode cobrar tributo pelos serviços exercidos pela fundação, mas não sobre a renda e o patrimônio, os quais detém imunidade tributária.

(B) correta a postura de Facundo, vez que a citada fundação não detém imunidade tributária.

(C) correta a postura de Facundo, pois apenas as autarquias possuem imunidade tributária.

(D) incorreta a postura de Facundo, vez que a fundação possui imunidade tributária relativa aos impostos sobre seu patrimônio, renda e serviços, vinculados a suas finalidades essenciais ou as delas decorrentes.

(E) Facundo apenas pode cobrar tributo sobre a renda da fundação, mas não sobre seus serviços e patrimônio, os quais detém imunidade tributária.

A, B, C e E: incorreta, pois a imunidade recíproca entre os entes políticos é extensiva não só às autarquias, como também às fundações instituídas e mantidas pelo Poder Público, no que se refere ao patrimônio, à renda e aos serviços, vinculados a suas finalidades essenciais ou às delas decorrentes (art. 150, § 2º, da CF); **D**: correta (art. 105, § 2º, da CF). **WG**

Gabarito "D".

(Analista – TRT/9ª – 2012 – FCC) As empresas estatais submetem-se ao regime jurídico típico das empresas privadas, aplicando-se a elas, no entanto, algumas normas de direito público, como

(A) submissão à regra do concurso público para contratação de servidores públicos.

(B) submissão à regra geral de obrigatoriedade de licitação, para atividades meio e atividades fim da empresa.

(C) juízo privativo.

(D) regime especial de execução, sujeito a pagamento por ordem cronológica de apresentação de precatórios.

(E) impenhorabilidade e imprescritibilidade de seus bens, independentemente de afetação ao serviço público.

A: assertiva correta, pois o concurso público, de fato, é obrigatório, inclusive para a investidura em emprego público (típico das empresas estatais), nos termos do art. 37, II, da CF; **B**: assertiva incorreta, pois a licitação é obrigatória nos termos do art. 28 da Lei 13.303/16, mas ficam ressalvadas as hipóteses em que ela não atender ao pressuposto jurídico – de ser conveniente ao interesse público – como no caso em que tais entidades, em sua atuação no mercado, desejem fazer contratos ligados à sua atividade-fim, e a realização da licitação possa comprometer as atividades da estatal, impedindo que ela atue no mercado em condições paritárias com as demais empresas; assim, as contratações ligadas à atividade-fim de estatais exploradoras de atividade econômica podem, diferentemente de contratações ligadas à atividade-meio destas, não ser precedidas de licitação; **C**: assertiva incorreta, pois tais empresas são julgadas pela Justiça Comum e não por juízo próprio da Fazenda Pública, valendo salientar que tais entidades não gozam das prerrogativas processuais desta; **D**: assertiva incorreta, pois tal regime só se aplica à Fazenda Pública (leia-se: pessoas jurídicas de direito público) que, por terem exclusivamente bens públicos (impenhoráveis), devem ser executadas mediante a expedição de precatório; **E**: assertiva incorreta, pois somente os bens pertencentes às pessoas jurídicas de direito público e os bens afetados ao serviço público são bens públicos; dessa forma, bens das empresas estatais (pessoas jurídicas de direito privado) que não estiverem afetados ao serviço público são bens privados. **WG**

Gabarito "A".

(Analista – TRT/10ª – 2013 – CESPE) Julgue os itens seguintes, acerca de organização da Administração Pública e das entidades que prestam serviço público.

(1) Pessoa jurídica de direito privado pode ser concessionária de serviço público, mas deve responder objetivamente pelos danos que seus agentes, nessa qualidade, causarem a terceiros.

(2) Empresas públicas são pessoas jurídicas de direito privado integrantes da Administração indireta do Estado, criadas mediante prévia autorização legal, que exploram atividade econômica ou, em certas situações, prestam serviço público.

(3) As sociedades de economia mista não estão sujeitas ao controle externo realizado pelos respectivos tribunais de contas.

1: assertiva correta (art. 37, § 6º, da CF); **2:** assertiva correta, nos termos da combinação dos arts. 37, IX, da CF (quanto à autorização legal para a sua criação), e 173, § 3º, da CF e art. 5º, II, do Dec.-Lei 200/1967 (possibilidade de exploração de atividade econômica), lembrando que a doutrina admite que uma empresa estatal (seja ela empresa pública ou sociedade de economia mista) também preste serviço público, já que qualquer empresa privada poderia fazê-lo, quanto mais uma empresa estatal; são exemplos de empresas estatais exploradoras de atividade econômica a Petrobras, o Banco do Brasil e a Caixa Federal; é exemplo de empresa estatal prestadora de serviço público os Correios, lembrando que o serviço postal é um serviço público excepcional, que só pode ser prestado por empresa estatal; companhias de água e metrô também costumam ser exemplos de empresas estatais prestadoras de serviço público; **3:** assertiva errada, pois o art. 71, II, da CF, estabelece esse controle externo. **WG**
Gabarito 1C, 2C, 3E

(Analista – TRT/11ª – 2012 – FCC) Considere as seguintes assertivas:

I. Pode adotar uma das modalidades de sociedade disciplinadas pela legislação comercial.

II. Seja de âmbito federal, estadual ou municipal, tem capital inteiramente público, ou seja, dele somente podem participar pessoas jurídicas de direito público.

III. Não pode adotar a forma de sociedade unipessoal.

IV. Se for de âmbito federal, terá seus litígios processados e julgados obrigatoriamente na Justiça Federal.

No que concerne à empresa pública, está correto o que se afirma APENAS em

(A) I, II e IV.

(B) I e III.

(C) I e IV.

(D) II e III.

(E) III e IV.

I: assertiva correta, pois, de fato, a empresa pública pode adotar qualquer forma societária (art. 5º, II, do Dec.-Lei 200/1967); **II:** assertiva incorreta, pois o art. 5º do Dec.-Lei 900/69 ("Desde que a maioria do capital votante permaneça de propriedade da União, será admitida, no capital da Empresa Pública, a participação de outras pessoas jurídicas de direito público interno bem como de entidades da Administração Indireta da União, dos Estados, Distrito Federal e Municípios") admite que entidades da Administração Indireta dos entes políticos faça parte do capital de uma empresa pública, sem distinguir entre estatais de direito público e estatais de direito privado; **III:** assertiva incorreta, pois poderá ter apenas um ente público na sua constituição, como na hipótese de todo o capital ser formado por recursos da União; **IV:** assertiva correta (art. 109, II, da CF). **WG**
Gabarito "C".

(Analista – TRT/1ª – 2012 – FCC) Distinguem-se as autarquias das sociedades de economia mista que exploram atividade econômica, dentre outras características, em função de

(A) não serem dotadas de autonomia e personalidade jurídica própria, embora submetidas ao regime jurídico de direito privado.

(B) seu regime jurídico de direito público, exceto quanto ao processo de execução ao qual se submetem, típico do direito privado.

(C) sua criação ser autorizada por lei, bem como por se submeterem tanto ao regime jurídico público, quanto ao regime jurídico privado.

(D) serem criadas por lei, bem como em função de seu regime jurídico de direito público.

(E) se submeterem a processo especial de execução, que excetua o regime dos precatórios, embora não afaste a prescritibilidade de seus bens.

A: assertiva incorreta, pois as autarquias também têm autonomia e personalidade jurídica própria (já que não são meros órgãos, mas pessoas jurídicas) e o seu regime é de direito público e não de direito privado; **B:** assertiva incorreta, pois a autarquia, de fato, é pessoa jurídica de direito público, regime esse que se aplica também ao processo de execução ao qual se submete, seja na execução que promover (podendo intentar execução fiscal, nos casos cabíveis), seja na execução em que for executada (aplicando-se o regime da execução contra a fazenda pública, que impõe, inclusive, o uso de precatórios); **C:** assertiva incorreta, pois a autarquia é "criada" pela própria lei específica (e não "autorizada pela lei" – art. 37, XIX, da CF) e o seu regime é totalmente de direito público; **D:** assertiva correta, pois as autarquias são criadas por lei específica (art. 37, XIX, da CF) e o seu regime é de direito público; **E:** assertiva incorreta, pois o seu regime de execução é público, inclusive com expedição de precatório, e os seus bens são imprescritíveis sim, ou seja, não estão sujeitos à usucapião, já que se tratam de bens públicos, por serem as autarquias pessoas jurídicas de direito público (arts. 98 e 102 do CC). **WG**
Gabarito "D".

(Analista – TRT/23ª – 2011 – FCC) NÃO é característica da sociedade de economia mista:

(A) criação autorizada por lei.

(B) personalidade jurídica de direito privado.

(C) derrogação parcial do regime de direito privado por normas de direito público.

(D) estruturação sob qualquer forma societária admitida em direito.

(E) desempenho de atividade econômica.

A única característica que não é da sociedade de economia mista é a estruturação sob qualquer forma societária (assertiva **D**), vez que a primeira deve ter, necessariamente, a forma de sociedade anônima (art. 5º, III, do Dec.-Lei 200/1967). **WG**
Gabarito "D".

(Analista – TRT/24ª – 2011 – FCC) São características das autarquias e fundações públicas:

(A) Processo especial de execução para os pagamentos por elas devidos, em virtude de sentença judicial; Impenhorabilidade dos seus bens.

(B) Imunidade tributária relativa aos impostos sobre o patrimônio, renda ou serviços vinculados às suas finalidades essenciais ou às delas decorrentes; Prazos simples em juízo.

(C) Presunção de veracidade, imperatividade e executoriedade dos seus atos; Não sujeição ao controle administrativo.

(D) Prazos dilatados em juízo; Penhorabilidade dos seus bens.

(E) Processo de execução regido pelas normas aplicáveis aos entes privados; Imunidade tributária relativa aos impostos sobre o patrimônio, renda ou serviços vinculados às suas finalidades essenciais ou às delas decorrentes.

A: assertiva correta, pois, como as autarquias e as fundações públicas são pessoas jurídicas de direito público, seus bens são públicos e não admitem penhora, devendo a execução contra essas pessoas se dar segundo o disposto no art. 100 da CF; **B:** assertiva incorreta, pois as autarquias e as fundações públicas, por serem pessoas jurídicas de direito público e, portanto, serem consideradas "Fazenda Pública", têm as prerrogativas de prazos em quádruplo (contestação) e em dobro (recurso); **C:** assertiva incorreta, pois essas pessoas estão, sim, sujeitas ao controle, tutela ou supervisão ministerial; **D:** assertiva incorreta, pois os bens dessas pessoas são impenhoráveis; **E:** assertiva incorreta, pois, enquanto Fazenda Pública, essas entidades estão sujeitas a regras específicas no processo de execução. WG
Gabarito "A".

(Analista – TRE/AP – 2011 – FCC) Considere as seguintes proposições acerca das entidades políticas e administrativas:

I. As entidades estatais são pessoas jurídicas de direito público que integram a estrutura constitucional do Estado e têm poderes políticos e administrativos, como, por exemplo, os Estados-membros.

II. As autarquias desempenham suas atividades sem subordinação hierárquica, no entanto, estão sujeitas a controle administrativo, indispensável para assegurar que elas não se desviem de seus fins institucionais.

III. As entidades paraestatais, também denominadas entes de cooperação com o Estado, são autônomas, administrativa e financeiramente; têm, entre outras características, patrimônio próprio, sendo que não se sujeitam a qualquer controle estatal.

Está correto o que se afirma SOMENTE em

(A) III.

(B) I e II.

(C) II e III.

(D) II.

(E) I e III.

I: assertiva correta, pois traz ideia e exemplo corretos sobre as entidades estatais; **II:** assertiva correta, pois, apesar de não haver hierarquia, há controle (tutela ou supervisão ministerial); **III:** assertiva incorreta, pois essas entidades, por receberem recursos estatais, estão sujeitas, sim, a controle estatal, devendo prestar contas quanto ao uso de recursos públicos. WG
Gabarito "B".

(Analista – TRE/TO – 2011 – FCC) Constitui traço distintivo entre sociedade de economia mista e empresa pública:

(A) forma de organização, isto é, forma jurídica.

(B) desempenho de atividade de natureza econômica.

(C) criação autorizada por lei.

(D) sujeição a controle estatal.

(E) personalidade jurídica de direito privado.

Somente a alternativa **A** traz uma diferença entre a sociedade de economia mista e a empresa pública. No caso, a primeira só pode ter a forma jurídica de sociedade anônima (art. 5°, III, do Dec.-Lei 200/1967), ao passo que a segunda pode ter qualquer forma jurídica (art. 5°, II, do Dec.-Lei 200/1967), como, por exemplo, a de sociedade limitada. WG
Gabarito "A".

(Analista – TRF/1° – 2006 – FCC) Com relação às autarquias, é correto afirmar que

(A) são pessoas jurídicas de direito privado estruturadas, obrigatoriamente, sob a forma de sociedade anônima.

(B) são pessoas jurídicas de direito público, criadas por lei específica para a prestação de determinado serviço público descentralizado.

(C) possuem capacidade de autoadministração e são constituídas mediante capital público e privado.

(D) se sujeitam ao regime próprio das empresas privadas, inclusive quanto aos direitos e obrigações cíveis, comerciais, trabalhistas e tributários.

(E) gozam de privilégios fiscais extensivos às empresas do setor privado, quando exploram atividades econômicas.

A: assertiva incorreta; são pessoas de direito público; **B:** assertiva correta, pois corresponde à definição de autarquia; **C:** assertiva incorreta; a autarquia é pessoa jurídica constituída totalmente por capital público; **D:** assertiva incorreta; essa afirmação diz respeito às empresas estatais (art. 173, § 1°, II, da CF); **E:** assertiva incorreta; as empresas do setor privado não gozam de privilégios fiscais, diferente da autarquia, que goza de alguns privilégios (art. 150, § 2°, da CF). WG
Gabarito "B".

(Analista –TJ/DFT – 2013 – CESPE) Julgue os itens seguintes, relativos a consórcios públicos e concessão de serviço público.

(1) O contrato de concessão de serviço público pode ser rescindido por iniciativa da concessionária, mediante ação judicial especialmente intentada para esse fim, no caso de descumprimento das normas contratuais pelo poder concedente.

(2) Os consórcios públicos são ajustes firmados por pessoas federativas, com personalidade de direito público ou de direito privado, mediante autorização legislativa, com vistas à realização de atividades e metas de interesse comum dos consorciados.

1: assertiva certa (art. 39, *caput*, da Lei 8.987/1995); **2:** assertiva certa (arts. 1° e 5°, *caput*, da Lei 11.107/2005). WG
Gabarito 1C, 2C.

4.3. Entes de cooperação

(Analista Jurídico – TRF5 – FCC – 2017) A União, por meio do Ministério do Educação, formalizou termo de colaboração, regido pela Lei no 13.019 de 2014, com organização da sociedade civil, firmado após seleção por meio de chamamento público, com vista à implementação de projeto voltado à formação e qualificação de multiplicadores de conhecimento na área de prevenção de doenças sexualmente transmissíveis em adolescentes. Estabeleceu-se que a remuneração da equipe encarregada da execução do plano de trabalho, durante a vigência da parceria, seria paga com recursos públicos vinculados à parceria. O Tribunal de Contas da União solicitou esclarecimentos ao Poder Público sob a alegação de que os recursos públicos não poderiam ser empregados na remuneração de pessoal próprio da Organização da Sociedade Civil parceira. O apontamento do TCU

(A) procede, porquanto os recursos públicos repassados à entidade parceira somente podem remunerar equipe de trabalho contratada, jamais própria, cujo custo deve ser suportado pela entidade privada a título de contrapartida.

(B) improcede, pois a Lei no 13.019 de 2014 permite expressamente que a remuneração da equipe de trabalho, tanto contratada como própria da entidade parceria, possa ser feita com recursos públicos vinculados à parceria.

(C) procede, pois a Lei no 13.019 de 2014 veda expressamente o pagamento da equipe encarregada da execução do plano de trabalho, seja pessoal próprio da organização, seja contratado para execução da parceria.

(D) improcede, porque a lei não dispõe quanto à natureza das despesas que podem ou não ser custeadas com recursos vinculados à parceria, cabendo aos instrumentos jurídicos disciplinar a questão livremente, em razão do controle de resultados introduzido pelo novo marco regulatório.

(E) procede, pois a lei veda expressamente o pagamento com recursos da parceria da equipe de trabalho e de todos os custos indiretos necessários à execução do objeto, qualquer que seja sua proporção em relação à parceria.

B: correta. Eis o que diz a Lei 13.019/2014, com a redação dada pela Lei 13.204/2015: "Poderão ser pagas, entre outras despesas, com recursos vinculados à parceria: I – remuneração da equipe encarregada da execução do plano de trabalho, inclusive de pessoal próprio da organização da sociedade civil, durante a vigência da parceria, compreendendo as despesas com pagamentos de impostos, contribuições sociais, Fundo de Garantia do Tempo de Serviço – FGTS, férias, décimo terceiro salário, salários proporcionais, verbas rescisórias e demais encargos sociais e trabalhistas" – art. 46, I, da Lei 13.019/14. **FMB**
Gabarito "B".

(Analista Jurídico – TRF5 – FCC – 2017) Objetivando consecução de finalidade de interesse público, autarquia federal lançou chamamento público para selecionar organização da sociedade civil sem fins lucrativos interessada em firmar parceria para execução, em regime de mútua cooperação, de projeto, cujo plano de trabalho foi desenvolvido e ofertado pela Administração, com a previsão de repasse de recursos financeiros e ausência de contrapartida. Levando em consideração o regime jurídico das parcerias estabelecido pela Lei no 13.019 de 2014, o futuro ajuste será instrumentalizado por

(A) termo de colaboração, que é o instrumento legalmente previsto para formalização de parcerias propostas pela Administração, que envolvam transferência de recursos financeiros, desde que não haja previsão de contrapartida.

(B) termo de fomento, que é o instrumento legalmente previsto para formalização de parcerias propostas pela Administração, que envolvam transferência de recursos financeiros, estabeleçam ou não contrapartida.

(C) acordo de cooperação, que é o instrumento legalmente previsto para formalização de parcerias propos-

tas pela Administração, que envolvam transferência de recursos financeiros e previsão de contrapartida, que se constitui requisito para celebração da avença.

(D) termo de colaboração, que é o instrumento legalmente previsto para formalização de parcerias propostas pela Administração, que envolvam transferência de recursos financeiros, com ou sem previsão de contrapartida.

(E) termo de fomento ou termo de colaboração, que são instrumentos hábeis, nos termos da lei, para formalização de parcerias que envolvam transferência de recursos, independentemente da origem da proposta.

A: incorreta. No caso da presente questão, a "pegadinha" encontra-se em sua segunda parte, na medida em que, segundo o art. 2º, VII da Lei 13.019/2014, termo de colaboração é o "instrumento por meio do qual são formalizadas as parcerias estabelecidas pela administração pública com organizações da sociedade civil para a consecução de finalidades de interesse público e recíproco propostas pela administração pública que envolvam a transferência de recursos financeiros". Note-se que não pode ou não haver contrapartida; **B:** incorreta. nesse caso, a incorreção refere-se tanto ao fato de que não se trata de um termo de fomento, na medida em que a Administração Pública quem propôs a parceria, bem como pelo fato de que o próprio conceito constante na letra "b" está errado, pois termo de fomento é "instrumento por meio do qual são formalizadas as parcerias estabelecidas pela administração pública com organizações da sociedade civil para a consecução de finalidades de interesse público e recíproco **propostas pelas organizações da sociedade civil**, que envolvam a transferência de recursos financeiros"; **C:** incorreta. o caso constante na questão trata de uma proposta de parceria oriunda da Administração Pública, tratando-se, desta arte, de uma termo de colaboração. Ademais, segundo o Art. 2º inciso VIII-A da Lei 13.019/2014, acordo de cooperação consiste no " instrumento por meio do qual são formalizadas as parcerias estabelecidas pela administração pública com organizações da sociedade civil para a consecução de finalidades de interesse público e recíproco **que não envolvam a transferência de recursos financeiros**"; **D:** correta – Art. 2º, VII da Lei 14.019/2014; **E:** incorreta. como visto acima, se a proposta partir da Administração Pública e envolver a transferência de recursos, teremos um caso de termo de colaboração; ao passo que se a proposta partir da organização da sociedade civil, também com transferência de recursos públicos, estar-se-á diante de uma parceria celebrada mediante termo de fomento. **FMB**
Gabarito "D".

(Analista – TRF5 – FCC – 2017) Para que a construção e operação de um novo ramal ferroviário para transporte de passageiros possam ser contratados por meio de parceria público privada é necessário observar, dentre outros requisitos, que

(A) os custos da obra sejam exclusivamente suportados pelo concessionário, que deve se remunerar integralmente pela exploração do serviço no âmbito de uma concessão patrocinada.

(B) o valor originalmente cobrado dos usuários como tarifa nas concessões comuns seja custeado pelo poder concedente sob a forma de contraprestação.

(C) a repartição de riscos entre as partes estabeleça a qual delas será atribuído o custo pelas obras de implantação, sendo necessariamente dever do concessionário a realização material das mesmas.

(D) haja contraprestação paga pelo poder concedente, devida somente após o início da prestação dos serviços, cuja utilização também deverá ser objeto de remuneração por meio de tarifa cobrada dos usuários no âmbito de uma concessão patrocinada.

(E) haja previsão de receitas acessórias ou complementares em favor do concessionário para que seja viável manter o equilíbrio econômico-financeiro do contrato sem onerar demasiadamente o valor da tarifa.

A: incorreta. A parceria público-privada é o contrato administrativo de concessão que pode ocorrer na modalidade patrocinada ou administrativa. Ela foi criada pela Lei 11.079/2004 e se caracteriza pela existência de contraprestação pecuniária da entidade estatal, além da existência de compartilhamento dos riscos da atividade executada. Não se confunde com a concessão comum, regulada pela Lei 8.987/1995, em que a concessionária se remunera unicamente pela exploração do serviço, por sua conta e risco, sem uma contraprestação do Poder Público; **B:** incorreta. A parceria público-privada pode ser do tipo patrocinada ou administrativa, ou seja, é necessário saber qual a espécie de concessão para que se determine o regime jurídico aplicável. A concessão patrocinada é aquela em que, adicionalmente à tarifa paga pelos usuários, há uma contraprestação do Poder Público ao parceiro privado. O contrato de concessão patrocinada é celebrado com empresas e consórcios privados que executarão o serviço por sua conta e risco, cobrando as tarifas pelo oferecimento da atividade e percebendo, ainda, uma remuneração adicional pelo Poder Público concedente. Já a concessão administrativa, de outra banda, é uma espécie de concessão de serviço público, na qual a própria Administração é responsável pelo pagamento das tarifas, ostentando a qualidade de usuária direta ou indireta do serviço público; **C:** incorreta. A lei de parcerias público-privadas estabelece como uma de suas diretrizes a repartição objetiva de riscos entre as partes (art. 4º, VI da Lei 11.079/2004), os quais devem constar expressamente do contrato, até mesmo quanto a caso fortuito, força maior, fato do príncipe e álea econômica extraordinária. Não consta na lei qualquer determinação no sentido de que as obras devam ser executadas materialmente pelo concessionário; **D:** correta. O que difere a parceria público-privada da concessão comum é precisamente o fato de que sempre haverá a contraprestação por parte do Poder Público, que pode se dar tanto pela espécie de concessão do tipo patrocinada como administrativa, ou seja, é necessário saber qual a espécie de concessão para que se determine o regime jurídico aplicável. A concessão patrocinada é aquela em que, adicionalmente à tarifa paga pelos usuários, há uma contraprestação do Poder Público ao parceiro privado. O contrato de concessão patrocinada é celebrado com empresas e consórcios privados que executarão o serviço por sua conta e risco, cobrando as tarifas pelo oferecimento da atividade e percebendo, ainda, uma remuneração adicional pelo Poder Público concedente. Já a concessão administrativa, de outra banda, é uma espécie de concessão de serviço público, na qual a própria Administração é responsável pelo pagamento das tarifas, ostentando a qualidade de usuária direta ou indireta do serviço público; **E:** incorreta. Não há a imposição de que as chamadas receitas derivadas sejam sempre em favor do concessionário. Trata-se de uma faculdade do Poder Público. O art. 11 da Lei 11.079/2004 remete à Lei 8.987/1995 (lei de concessões), que disciplina as receitas acessórias nos artigos 11 e 18 dispondo que: "No atendimento às peculiaridades de cada serviço público, poderá o poder concedente prever, em favor da concessionária, no edital de licitação, a possibilidade de outras fontes provenientes de receitas alternativas, complementares, acessórias ou de projetos associados, com ou sem exclusividade, com vistas a favorecer a modicidade das tarifas, observado o disposto no art. 17 desta Lei", sendo complementado pelo seu parágrafo único que assim dispõe: "Parágrafo único. As fontes de receita previstas neste artigo serão obrigatoriamente consideradas para a aferição do inicial equilíbrio econômico-financeiro do contrato". O art. 18, por sua vez, não vai muito além, apenas estabelecendo por meio do inciso VI que: "Art. 18. O edital de licitação será elaborado pelo poder concedente, observados, no que couber, os critérios e as normas gerais da legislação própria sobre licitações e contratos e conterá, especialmente: (...) VI – as possíveis fontes de receitas alternativas, complementares ou acessórias, bem como as provenientes de projetos associados". **FMB**

(Analista Judiciário – TRE/PE – CESPE – 2017) Pessoa jurídica de direito privado sem fins lucrativos, não integrante da administração pública, que atua na área de ensino e pode contratar diretamente com o poder público por dispensa de licitação, para a prestação de serviços contemplados no contrato de gestão firmado com o ente público, é denominada

(A) sociedade de economia mista.

(B) instituição comunitária de educação superior.

(C) organização da sociedade civil.

(D) organização social.

(E) organização da sociedade civil de interesse público.

A: Incorreta. Nesse caso, temos a aplicação do disposto no art. 24, XXIV, da Lei 8.666/1993, que estabelece a contratação de Organizações Sociais, exatamente com essas características. **B:** Incorreta. Como dito acima, tratam-se de Organizações Sociais, sendo que essas é que possuem contratos de gestão e são dispensadas de licitação, conforme disposto no art. 24, XXIV, da Lei 8.666/1993. **C:** Incorreta. As Organizações da Sociedade Civil celebram Termos de Parcerias, e não contratos de gestão, por isso estão excluídas da hipótese. **D:** Correta. Como já explicado nas respostas acima, temos o caso de Organizações Sociais, tanto porque essas é que celebram contratos de gestão, quanto pelo disposto no art. 24, XXIV, da Lei 8.666/1993. **E:** Incorreta. As OSCIP (Organizações da Sociedade Civis de Interesse Público) não foram contempladas nessa hipótese do art. 24, XXIV, da Lei 8.666/1993 e também celebram Termos de Parcerias, não contemplado no enunciado. **AW**

(Analista Judiciário – TRE/SP – FCC – 2017) A figura do contrato de gestão está prevista no ordenamento para disciplinar diferentes relações jurídicas, entre as quais figuram:

I. a fixação de metas de desempenho visando à ampliação da autonomia gerencial, orçamentária e financeira dos órgãos e entidades da Administração direta e indireta.

II. a disciplina para permissão de serviço público em caráter precário, não passível de concessão.

III. o estabelecimento de indicadores de desempenho para fins de participação nos lucros ou resultados de empregados públicos submetidos ao regime celetista.

Está correto o que consta APENAS em

(A) II.

(B) I e II.

(C) I.

(D) I e III.

(E) II e III.

A: Incorreta. O contrato de gestão disciplina a contratação de pessoas jurídicas paraestatais, não sendo o caso de permissionários, que são delegatários de serviços públicos regidos pela Lei 8.987/1995, seja por meio de um ato unilateral e precário, ou contrato precário, conforme disposto por aquele diploma legal. **B:** Incorreta. O item II é incorreto, conforme explicado acima. **C:** Correta. Trata-se do disposto no art. 37, § 8º, CF, sendo esse contrato celebrado entre pessoas jurídicas de direito privado, paraestatais, como as Organizações Sociais. **D:** Incorreta. O item III está errado. Esse não é o conceito de contrato de gestão, não havendo definição para essa participação nos lucros de empregado públicos nesse tipo de contrato (art. 37, § 8º, III, CF). **AW**

(Analista – TRE/TO – 2011 – FCC) De acordo com a Organização Administrativa Brasileira, o SESI, o SESC e o SENAI são entidades

(A) empresariais.

(B) estatais.

(C) paraestatais.

(D) autárquicas.

(E) fundacionais.

Tais entidades são chamadas de entidades paraestatais. A doutrina também as chama de entes de cooperação. Elas não fazem parte da Administração Pública Direta e Indireta, mas, como não têm fins lucrativos e atuam em atividades de utilidade pública, recebem recursos públicos e, por isso, são estudadas em Direito Administrativo. **WG**
Gabarito "C".

5. AGENTES PÚBLICOS

5.1. Conceito, classificação, vínculos, provimento e vacância

A cidade de Parintins, no Amazonas, detém a maior proporção do Brasil de funcionários públicos em relação ao total de trabalhadores formais – lá são 3.971 servidores públicos, que correspondem a 62,71% desse total, considerados apenas os estatutários.

Internet: <http://exame.abril.com.br > (com adaptações).

(Analista Judiciário – TRE/PI – CESPE – 2016) Tendo o texto acima como referência inicial e supondo que a notícia apresentada tenha sido confirmada por diversos organismos renomados pelo elevado grau assertivo em suas pesquisas e que a realidade apresentada permaneça até o presente, assinale a opção correta acerca de aspectos diversos do direito administrativo.

(A) As contratações de agentes públicos para o exercício de cargo efetivo e permanente no referido município devem ocorrer mediante concurso, cuja validade inicial pode ser de até dois anos, prorrogável, uma vez, por igual período.

(B) A existência do elevado número de servidores públicos é suficiente para concluir que o chefe do Poder Executivo municipal, por utilizar a técnica administrativa da concentração, agiu contrariamente ao princípio da eficiência, estando, pois, sujeito à ação de improbidade, cuja prescrição ocorre no prazo de cinco anos, a contar da abertura do respectivo processo administrativo disciplinar.

(C) O mesário convocado para servir no dia das eleições é considerado servidor público estatutário.

(D) A administração pública, em sentido objetivo, compreende as pessoas jurídicas de direito público e seus agentes.

(E) Com base no entendimento do STF, é correto afirmar que o prefeito de Parintins pode nomear sobrinha para ocupar cargo de confiança em órgão da administração, uma vez que a vedação à nomeação de parentes alcança apenas aqueles em linha reta ou por afinidade.

A: Correta. Temos a exigência constitucional do concurso público para ingresso em cargos e empregos públicos da Administração Pública, disposta no art. 37, II, CF. **B:** Incorreta. Não se pode concluir que há ineficiência no serviço público, pois só temos o número de servido-res, sem quaisquer resultados quanto aos seus trabalhos, ofícios, desempenhos, qualidade do serviço, etc. **C:** Incorreta. O mesário é agente público em colaboração com o Estado, sendo agente honorífico, especificamente, sem vínculo direto com o Poder Público. **D:** Incorreta. Em sentido objetivo, a Administração Pública é constituída de órgãos e pessoas jurídicas que desempenham a função administrativa estatal. **E:** Incorreta. Trata-se da vedação ao nepotismo imposta pela súmula vinculante 13, do STF, que proíbe parentes em linha reta e colateral até terceiro grau (inclui a sobrinha) ocuparem cargos em comissão de agentes públicos já detentores de outros cargos já em andamento. **AW**
Gabarito "A".

(Analista – Judiciário – TRE/PI – 2016 – CESPE) A cidade de Parintins, no Amazonas, detém a maior proporção do Brasil de funcionários públicos em relação ao total de trabalhadores formais – lá são 3.971 servidores públicos, que correspondem a 62,71% desse total, considerados apenas os estatutários.

Internet: <http://exame.abril.com.br > (com adaptações).

Tendo o texto acima como referência inicial e supondo que a notícia apresentada tenha sido confirmada por diversos organismos renomados pelo elevado grau assertivo em suas pesquisas e que a realidade apresentada permaneça até o presente, assinale a opção correta acerca de aspectos diversos do direito administrativo.

(A) As contratações de agentes públicos para o exercício de cargo efetivo e permanente no referido município devem ocorrer mediante concurso, cuja validade inicial pode ser de até dois anos, prorrogável, uma vez, por igual período.

(B) A existência do elevado número de servidores públicos é suficiente para concluir que o chefe do Poder Executivo municipal, por utilizar a técnica administrativa da concentração, agiu contrariamente ao princípio da eficiência, estando, pois, sujeito à ação de improbidade, cuja prescrição ocorre no prazo de cinco anos, a contar da abertura do respectivo processo administrativo disciplinar.

(C) O mesário convocado para servir no dia das eleições é considerado servidor público estatutário.

(D) A administração pública, em sentido objetivo, compreende as pessoas jurídicas de direito público e seus agentes.

(E) Com base no entendimento do STF, é correto afirmar que o prefeito de Parintins pode nomear sobrinha para ocupar cargo de confiança em órgão da administração, uma vez que a vedação à nomeação de parentes alcança apenas aqueles em linha reta ou por afinidade.

A: correta (art. 37, II e III, da CF); **B:** incorreta, por vários motivos; primeiro porque o enunciado não diz que esses funcionários todos são municipais, podendo ser também estaduais e federais; segundo porque não se sabe se o Chefe do Executivo Municipal usou mesmo com exagero a técnica administrativa da concentração; terceiro porque essa técnica não é necessariamente causa de inchação de servidores públicos; quarto porque o prazo prescricional no caso, se houvesse improbidade administrativa, seria de 5 anos contados do término do mandato do Prefeito e não no prazo indicado no enunciado; **C:** incorreta, pois o mesário é considerado particular em colaboração com a Administração; **D:** incorreta, pois o conceito dado no enunciado é de administração pública em sentido objetivo; **E:** incorreta, pois tal nomeação violaria a Súmula Vinculante STF n. 13, já que a sobrinha é parente em 3º grau do Prefeito. **WG**
Gabarito "A".

(Analista – TRT/14ª – 2011 – FCC) Ricardo foi designado para o exercício de determinada função de confiança no âmbito da Administração Pública Federal. A respeito do fato narrado, é correto afirmar:

(A) Para assumir a mencionada função, Ricardo deve ser ocupante de cargo em comissão.

(B) A função de confiança destina-se a atender necessidade temporária de excepcional interesse público, ou seja, destina-se a situação emergencial e provisória.

(C) Exige-se concurso público para a investidura na mencionada função de confiança.

(D) Ricardo não poderá exercer atribuição de chefia, uma vez que as funções de confiança destinam-se somente às atribuições de direção e assessoramento.

(E) Para assumir a mencionada função, Ricardo deve ser servidor público ocupante de cargo efetivo.

A: assertiva incorreta, pois as funções de confiança são exercidas exclusivamente por servidores ocupantes de cargo efetivo (art. 37, V, da CF); **B:** assertiva incorreta, pois a função de confiança destina-se às atribuições de direção, chefia e assessoramento (art. 37, V, da CF); **C:** assertiva incorreta, pois a autoridade nomeante escolhe segundo critérios de confiança, como o próprio nome do instituto diz (art. 37, V, da CF); **D:** assertiva incorreta, pois a função de confiança também se destina às atribuições de chefia (art. 37, V, da CF); **E:** assertiva correta, nos termos do art. 37, V, da CF. **WG**
Gabarito "E".

(Analista – TRE/CE – 2012 – FCC) Provimentos são *atos administrativos internos, contendo determinações e instruções que a Corregedoria ou os tribunais expedem para a regularização e uniformização dos serviços, com o objetivo de evitar erros e omissões na observância da lei.*

Segundo o conceito acima, de Hely Lopes Meirelles, trata-se de atos administrativos

(A) punitivos.

(B) declaratórios.

(C) enunciativos.

(D) negociais.

(E) ordinatórios.

A: assertiva incorreta, pois atos punitivos são *sanções aplicadas pela Administração aos servidores públicos e aos particulares, sendo que os provimentos mencionados não importam em sanções*; **B:** assertiva incorreta, pois atos declaratórios são *aqueles que apenas atestam uma situação preexistente*, o que não se dá em relação aos provimentos, já que estes contêm ordens e não declarações; **C:** assertiva incorreta, pois atos enunciativos são *aqueles que apenas atestam, enunciam situações existentes, o que não se dá em relação aos provimentos, que importam em ordens, determinações, prescrições de conduta e não em mera enunciação de situação existente*; **D:** assertiva incorreta, pois os atos negociais *são declarações de vontade coincidentes com pretensão do particular* e os provimentos não são expedidos para atender à vontade do particular; **E:** assertiva correta, pois atos ordinatórios são *aqueles que disciplinam o funcionamento da Administração e a conduta funcional de seus agentes*, conceito que abrange os provimentos. **WG**
Gabarito "E".

5.2. Concurso público

(Analista – TJ/AM – 2013 – FGV) A Constituição Federal trouxe em seu corpo uma disciplina específica sobre a questão do concurso público para o ingresso na Administração Pública.

Tendo como base o regramento constitucional, assinale a afirmativa correta.

(A) O ingresso em qualquer cargo, emprego ou função pública depende de prévia aprovação em concurso público de provas ou provas e títulos.

(B) O ingresso em cargo público de provimento efetivo depende de prévia aprovação em concurso público de provas ou provas e títulos ao contrário do ingresso em cargos em comissão e a empregos públicos.

(C) O ingresso em emprego público depende de concurso público, ao contrário do que ocorre com o cargo em comissão que é de livre nomeação e exoneração.

(D) O ingresso em cargos e empregos públicos depende de prévia aprovação em concurso público de provas ou provas e títulos, ao contrário do cargo em comissão de livre nomeação e livre demissão.

(E) O ingresso em cargos, empregos e funções públicas é livre aos estrangeiros nas mesmas condições aplicáveis aos brasileiros, segundo expressa disposição constitucional.

A: assertiva incorreta, pois não é necessário concurso público para o provimento de cargo em comissão (art. 37, II, da CF); **B:** assertiva incorreta, pois o ingresso a "empregos públicos" também depende de concurso público (art. 37, II, da CF); **C:** assertiva correta (art. 37, II, da CF); **D:** assertiva incorreta, pois, quanto ao cargo em comissão, é livre a nomeação e a "exoneração" (e não a nomeação e "demissão"), nos termos do art. 37, II, da CF; a diferença é que a exoneração é o desligamento sem caráter punitivo, que pode ser feita sem apresentação de justificativa, ao passo que a demissão é o desligamento com caráter punitivo, com as garantias de ampla defesa e contraditório e não podendo ser feita livremente, ou seja, sem justa razão expressa em lei; **E:** assertiva incorreta, pois, quanto aos brasileiros, o acesso é amplo (salvo os requisitos que a lei trouxer), ao passo que, quanto aos estrangeiros, é necessário que exista uma lei autorizando e traçando os requisitos para a admissão destes (art. 37, I, da CF). **WG**
Gabarito "C".

5.3. Efetividade, estabilidade e vitaliciedade

(Analista – TRE/AL – 2010 – FCC) Mélvio, analista judiciário, será reintegrado no cargo anteriormente ocupado. Porém, esse cargo anterior já encontra-se provido e ocupado por Isabela, servidora pública estável. Nesse caso, entre outras hipóteses, Isabela

(A) ficará em disponibilidade, esteja ou não, o cargo de origem provido por outro servidor.

(B) será nomeada em outro cargo de sua livre escolha, mas compatível com suas funções.

(C) será reintegrada no cargo de origem ou ficará em disponibilidade, a critério da Administração.

(D) será reconduzida ao cargo de origem, sem direito à indenização, ou aproveitada em outro cargo.

(E) poderá, a critério da Administração, ser readmitida ao cargo de origem ou transferida para outro órgão público federal.

Art. 41, § 2º, da CF. **WG**
Gabarito "D".

5.4. Acumulação remunerada e afastamento

(Analista – TRT/6ª – 2012 – FCC) João, servidor público da Administração direta federal, foi eleito para o cargo de Prefeito em seu Município. De acordo com as disposições constitucionais e legais aplicáveis à espécie, ele

(A) poderá solicitar afastamento do cargo ou licença parcial com redução proporcional da remuneração.

(B) deverá ser exonerado do cargo, pois se trata de cumulação vedada com impossibilidade de afastamento.

(C) poderá solicitar exoneração a pedido e reversão ao cargo de origem ao final do mandato.

(D) ficará afastado do cargo durante o período de mandato, podendo optar entre a remuneração do cargo público ou do eletivo.

(E) poderá permanecer em exercício no cargo de origem, desde que comprove a compatibilidade de horários e atribuições.

Segundo o art. 38, II, da CF, o servidor, "investido no mandato de Prefeito, será afastado do cargo, emprego ou função, sendo-lhe facultado optar pela sua remuneração". Assim, a alternativa **D** é a correta. WG
Gabarito "D".

(Analista – TRF/1ª – 2011 – FCC) Será possível a acumulação remunerada de cargos públicos quando houver compatibilidade de horários na hipótese de

(A) dois cargos de professor com outro, de natureza científica.

(B) um cargo de professor com outro de qualquer natureza.

(C) dois cargos de analista judiciário de Tribunais distintos.

(D) três cargos de professor.

(E) dois cargos ou empregos privativos de profissionais de saúde, ambos com profissões regulamentadas.

A: assertiva incorreta, pois a exceção admite 1 cargo de professor e 1 cargo de natureza científica, e não 2 cargos de professor e 1 de natureza científica (art. 37, XVI, *b*, da CF); **B:** assertiva incorreta, pois só se for 2 cargos de professor, ou 1 cargo de professor com outro técnico ou científico; não cabe acumulação de 1 cargo de professor com 1 cargo qualquer (art. 37, XVI, *a* e *b*, da CF); **C:** assertiva incorreta, pois não há essa exceção no art. 37, XVI, da CF; **D:** assertiva incorreta, pois o limite é de 2 cargos de professor (art. 37, XVI, *a*, da CF); **E:** assertiva correta (art. 37, XVI, *c*, da CF). WG
Gabarito "E".

5.5. Remuneração e subsídio

(Analista – MPU – 2010 – CESPE) Com relação ao vencimento e à remuneração dos servidores públicos, julgue o próximo item.

(1) Assegura-se a isonomia de vencimentos para cargos de atribuições iguais ou assemelhadas do mesmo Poder, ou entre servidores dos três Poderes, ressalvadas as vantagens de caráter individual e as relativas à natureza ou ao local de trabalho.

1: assertiva certa (art. 41, § 4º, da Lei 8.112/1990). WG
Gabarito 1C.

5.6. Previdência dos servidores: aposentadoria, pensão e outros benefícios

SERVIDOR

(Analista – TJ/SC – FGV – 2018) João, Oficial de Justiça do Tribunal de Justiça de Santa Catarina, se aposentou. Três meses depois, foi informado que o Tribunal de Contas Estadual não aprovou o ato administrativo de sua aposentadoria, eis que faltam dois meses para completar o tempo de contribuição necessário.

A interferência da Corte de Contas, no caso em tela, em tese, é:

(A) ilegítima, eis que o ato administrativo de aposentadoria é simples, e o Tribunal de Contas não tem competência para interferir em ato administrativo do Poder Judiciário;

(B) ilegítima, eis que o ato administrativo de aposentadoria é composto, sendo formado pela manifestação do Diretor de Recursos Humanos e Presidente do TJSC, sem controle pelo Tribunal de Contas;

(C) ilegítima, eis que o ato administrativo de aposentadoria é composto, e a apreciação da legalidade do ato de concessão inicial de aposentadoria do Tribunal de Contas imprescinde do contraditório e da ampla defesa;

(D) legítima, eis que o ato administrativo de aposentadoria é simples e deve ser praticado somente pelo agente público competente para tal, qual seja, o Presidente do Tribunal de Contas;

(E) legítima, eis que o ato administrativo de aposentadoria é complexo, e a apreciação da legalidade do ato de concessão inicial de aposentadoria do Tribunal de Contas prescinde do contraditório e da ampla defesa.

Temos aqui polêmico tema sobre a natureza do ato de registro da aposentadoria pelo Tribunal de Contas. Segundo o artigo 71 da CF/88, compete ao Tribunal de Contas apreciar, para fins de registro, a legalidade dos atos de admissão de pessoal, ressalvados para os cargos em comissão, bem como a das concessões de aposentadorias, reformas e pensões. Tal "apreciação, para fins de registro", consiste na verificação, sem caráter jurisdicional, da legalidade ou, num sentido mais amplo, da validade dos atos administrativos benéficos àqueles que são investidos em funções públicas, inativados ou pensionados pela Administração Pública. Pois bem. De acordo com a classificação ordinariamente feita pela maioria dos doutrinadores pátrios quanto à formação dos atos administrativos, podem eles ser simples, complexos e compostos. O ato complexo é o que se forma pela conjugação de vontades de mais de um órgão administrativo, isto é, tem-se o concurso de vontades de órgãos diferentes para a formação de um único ato. O ato composto, por sua vez, é o que resulta da vontade de um órgão, mas depende da verificação por parte de outro, para se tornar exequível. Partindo das definições acima exaradas, temos, portanto, que um ato administrativo complexo não se completa, nem se torna exequível, isto é, não tem existência enquanto não se formarem as vontades dos órgãos de cujo concurso depende. Passado para o caso em tela – e segundo o entendimento do Supremo Tribunal Federal – a aposentadoria, pensão ou reforma sequer se configuram senão quando devidamente registradas pelos Tribunais de Contas. Em outras palavras, haveria um ato complexo e não composto, de sorte que, como o ato não teria se completado até então, não haveria necessidade de se salvaguardar a ampla defesa e o contraditório até então. Eis a dicção da Súmula Vinculante 3 do STF, a qual prevê que: "Nos processos perante o Tribunal de Contas da União asseguram-se o contraditório e a ampla defesa quando da decisão puder resultar anulação ou revogação de ato administrativo que beneficie o interessado, *exceptuada a apreciação da legalidade do ato de concessão inicial de aposentadoria, reforma e pensão*". A partir desse entendimento, e da constatação de que anos se passam entre a concessão de aposentadoria pelo Estado (com toda uma situação jurídica firmada na prática, até porque há o recebimento de proventos) e seu registro pelos tribunais de contas, tem-se mantido as aposentadorias ulteriormente consideradas nulas e se evitado decisões teratológicas com fundamento no princípio da segurança jurídica. FB

Gabarito "E".

5.7. Processo disciplinar e comunicabilidade de instâncias

(**Analista Jurídico – TRF5 – FCC – 2017**) Determinado servidor público federal, lotado no Ministério da Educação, responde na justiça criminal por suposta prática de crime contra a Administração pública. Em razão dos mesmos fatos, instaurou-se junto ao referido Ministério processo disciplinar para apuração da prática de ilícito administrativo relacionado ao exercício funcional. O servidor, em defesa, alegou que a Administração pública está impedida de aplicar sanção derivada do suposto ilícito administrativo, em razão da precedente instauração, pelos mesmos fatos, da ação criminal. A defesa do servidor

(**A**) procede, devendo o processo administrativo disciplinar ser sobrestado até decisão final na instância criminal que, se for condenatória, repercutirá obrigatoriamente na relação funcional e implicará perda do cargo.

(**B**) procede, pois na hipótese de o servidor ser absolvido, mesmo que por ausência de provas, a Administração está impedida de prosseguir na apuração da falta funcional.

(**C**) improcede, pois o exercício do poder de polícia, de competência da esfera administrativa, não se subordina à esfera criminal, em razão do princípio da independência das instâncias.

(**D**) improcede, em razão do princípio da independência das instâncias, estando, o administrador, obrigado a aplicar a pena disciplinar prevista para o ilícito, pois vige no direito disciplinar o princípio do dever de punir obrigatório.

(**E**) improcede, pois vige o princípio da independência das instâncias, não tendo a sanção disciplinar natureza criminal, o que implica reconhecer a possibilidade de aplicação, pelo mesmo fato, de pena criminal e sanção administrativa, sem que, na hipótese, se configure bis in idem.

E: correta. A punição administrativa ou disciplinar não depende de processo civil ou criminal a que se sujeite o servidor pela mesma falta cometida, e nem obriga a Administração a aguardar o desfecho dos demais processos, nem mesmo em face da presunção de não culpabilidade. O ilícito administrativo independe do criminal. A absolvição criminal só afastará o ato punitivo se ficar provada, na ação penal, a inexistência do fato ou que o acusado não foi seu autor. Sobre o tema, vale a pena replicar os arts. 125 e 126 da Lei 8.112/1990, os quais, respectivamente, estabelecem que: "As sanções civis, penais e administrativas poderão cumular-se, sendo independentes entre si" e "A responsabilidade administrativa do servidor será afastada no caso de absolvição criminal que negue a existência do fato ou sua autoria". FMB

Gabarito "E".

(**Analista Jurídico – TRF5 – FCC – 2017**) A Secretaria da Educação de determinado Estado identificou aumento significativo no número de licenças-saúde solicitadas pelos professores da rede estadual de ensino. Solicitada auditoria interna, apurou-se que a grande maioria dos laudos médicos que embasavam os pedidos foram subscritos pelo mesmo profissional, também servidor público. Diante de regular apuração, constatou-se que o profissional em questão estava, em verdade, cobrando pela confecção dos laudos para que aqueles servidores se beneficiassem com as licenças. Esse cenário

(**A**) demonstra a prática, pelo subscritor dos laudos médicos, de ato de improbidade que gera enriquecimento ilícito, ainda que não seja possível a demonstração de dolo, dada a gravidade da infração.

(**B**) demonstra o dolo na prática da modalidade que gera enriquecimento ilícito e possibilita a tipificação de ato de improbidade ao médico subscritor dos laudos, estendendo-se as imputações aos servidores beneficiados pelos referidos atos.

(**C**) atesta a configuração de infração disciplinar pelos servidores envolvidos, mas não se consubstancia em fundamento para imputação de ato de improbidade, diante da ausência de conduta dolosa por parte dos mesmos.

(**D**) atesta a configuração de ato de improbidade que causa prejuízo ao erário, porque demonstrado o dolo tanto do médico responsável pela elaboração dos laudos, quanto dos servidores que pagavam pela confecção dos referidos trabalhos.

(**E**) indica a prática de infração criminal, passível de ser apenada com demissão na esfera administrativa, o que torna prejudicada eventual imputação de ato de improbidade.

A: incorreta. A primeira parte da resposta está correta, na medida em que o subscritor dos laudos médicos claramente cometeu ato de improbidade administrativa que importa em enriquecimento ilícito, na medida em que auferiu vantagem indevida em razão de seu cargo. O que está errado, no caso, é o fato de que tais atos foram claramente cometidos com dolo, ou seja, com a vontade consciente do agente de agir e causar o resultado danoso; **B:** correta. Tanto o subscritor dos laudos como os servidores beneficiados devem responder por ato de improbidade administrativa, na medida em que dele se beneficiaram de forma direta – art. 1º c/c 3º da Lei 8.429/1992; **C:** incorreta. A emissão de laudos médicos constitui ato de improbidade administrativa que importa enriquecimento ilícito – art. 9º, I da Lei 8.429/1992; **D:** incorreta. O subscritor dos laudos cometeu ato de improbidade administrativa que importa enriquecimento ilícito. No caso dos servidores que pagavam pela confecção dos trabalhos, todavia, estamos diante de caso de ato de improbidade administrativa que causa prejuízo ao erário; **E:** incorreta. O ato de improbidade administrativa possui natureza jurídica civil, independente da configuração de eventual cometimento concomitante de ato ilícito na área penal. FMB

Gabarito "B".

(**Analista Judiciário – TRE/PI – CESPE – 2016**) Com base na legislação que rege o processo administrativo disciplinar (PAD), assinale a opção correta.

(**A**) No PAD, não se admitem provas contra os agentes públicos investigados obtidas por meios ilícitos.

(**B**) O comparecimento e ciência do agente público investigado em PAD não supre a falta de sua intimação, haja vista o seu direito de ser citado pelo menos três dias antes da data para cumprimento do objeto da intimação.

(C) É obrigatória a cobrança de custas processuais dos agentes públicos apontados como responsáveis pela infração investigada, além da exigência de depósito em garantia aos cofres públicos, em montante a ser estipulado pela autoridade superior, compatível com o valor do objeto investigado.

(D) Não representa prejuízo para o PAD o fato de servidor nomeado para apurar o ocorrido litigar em juízo contra o agente público investigado, se não houver sentença transitada em julgado.

(E) Em razão do princípio da solenidade, o PAD deverá obedecer à forma, aos requisitos e aos demais ritos processuais, inclusive quanto à correta invocação das peças utilizadas em suas manifestações, sob pena de não serem conhecidas em juízo de admissibilidade.

A: Correta. Trata-se do disposto no art. 30, da Lei 9.784/1999, decorrência de sua subserviência à norma constitucional disposta no art. 5º, LVI, CF. **B:** Incorreta. O art. 26, § 5º, da Lei 9.784/1999 é expresso ao determinar que o comparecimento pessoal supre a falta da intimação. **C:** Incorreta. Não há custas em processo administrativo, assim como é inconstitucional a cobrança de depósito prévio para garantia de juízo, conforme disposto na súmula vinculante 21, do STF. **D:** Incorreta. Temos hipótese de impedimento prevista no art. 18, III, da Lei 9.784/1999. **E:** Incorreta. A forma no processo administrativo deve ser simples, conforme disposto no art. 2º, parágrafo único, IX, da Lei 9.784/1999. AW
Gabarito "A".

5.8. Temas combinados de servidor público

(Analista Judiciário – TRE/PE – CESPE – 2017) Com relação às carreiras dos servidores do Poder Judiciário da União, conforme disposto na Lei 11.416/2006, assinale a opção correta.

(A) Considera-se promoção funcional a movimentação do servidor de um padrão de uma classe para o padrão seguinte dentro da mesma classe.

(B) Competem ao ocupante do cargo de analista judiciário, entre outras atribuições, as atividades de pesquisa, elaboração de laudos, pareceres ou informações e a execução de tarefas de elevado grau de complexidade.

(C) Todos os cargos em comissão do Poder Judiciário da União devem ser ocupados por servidores efetivos que integrem o seu quadro de pessoal.

(D) As funções comissionadas de natureza gerencial devem ser preenchidas exclusivamente por servidores que tenham formação de nível superior.

(E) A regra que veda a nomeação, para cargos comissionados, de cônjuge, companheiro ou parente, até o terceiro grau, dos respectivos membros e juízes a eles vinculados, não proíbe que o ocupante de cargo efetivo seja designado para servir a magistrado com o qual tenha relação de parentesco.

A: Incorreta. De acordo com o art. 9º, § 2o, da Lei 11.416/2006, esse seria o conceito de progressão funcional, pois o conceito de promoção é " (...) a movimentação do servidor do último padrão de uma classe para o primeiro padrão da classe seguinte, observado o interstício de um ano em relação à progressão funcional imediatamente anterior, dependendo, cumulativamente, do resultado de avaliação formal de desempenho e da participação em curso de aperfeiçoamento oferecido, preferencialmente, pelo órgão, na forma prevista em regulamento". **B:** Correta. Trata-se

do disposto no art. 4º, I, que assim dispõe: "I – Carreira de Analista Judiciário: atividades de planejamento; organização; coordenação; supervisão técnica; assessoramento; estudo; pesquisa; elaboração de laudos, pareceres ou informações e execução de tarefas de elevado grau de complexidade". **C:** Incorreta. Não são todos os cargos em comissão que devem ser ocupados por servidores efetivos, e sim, os determinados em lei e nas porcentagens que essa determina, conforme disposto no art. 37, V, CF. **D:** Incorreta. Essas funções, conforme disposto no art. 5º, § 2º, da Lei 11.416/2006, devem ser ocupadas "preferencialmente" por quem detém diploma superior, sendo esse o erro da assertiva. **E:** Incorreta. O art. 6º da Lei 11.416/2006 também veda aos parentes titulares de cargos efetivos a servirem magistrados com os quais tenha essa relação de parentesco, estando incorreta a assertiva, portanto. AW
Gabarito "B".

(Analista Judiciário – STJ – CESPE – 2015) A respeito da organização administrativa do Estado e do ato administrativo, julgue os itens a seguir.

(1) Os agentes putativos são aqueles que praticam e executam atos e atividades em situações de emergência e em colaboração com o poder público como se fossem agentes estatais.

(2) O princípio da especialidade na administração indireta impõe a necessidade de que conste, na lei de criação da entidade, a atividade a ser exercida de modo descentralizado.

(3) O simples fato de o poder público passar a deter a maioria do capital social de uma empresa privada a transforma em sociedade de economia mista, independentemente de autorização legal.

(4) O atributo da tipicidade do ato administrativo impede que a administração pratique atos sem previsão legal.

(5) Os efeitos prodrômicos do ato administrativo são efeitos atípicos que existem enquanto perdura a situação de pendência na conclusão desse ato.

(6) O prazo para anulação dos atos administrativos é de cinco anos, independentemente da boa-fé do administrado que se tenha beneficiado com tais atos.

1: incorreta. Os agentes públicos putativos são os que desempenham uma atividade pública na presunção de que há legitimidade, embora não tenha havido investidura dentro do procedimento legalmente exigido. É o caso, por exemplo, do servidor que pratica inúmeros atos de administração, tendo sido investido sem aprovação em concurso. Não são os que realizam atos em situação de emergência, somente, podendo realizar quaisquer outros atos, como se fossem legítimos. **2:** Correta. Para aumentar a eficiência e especialidade na atividade administrativa, o Poder Público deve descentralizar a prestação do serviço ou dessa atividade, pois assim , cada pessoa jurídica criada a partir do ente centralizado poderá se especializar numa determinada área de atuação, aumentando a eficiência, inclusive. **3:** Incorreta. Para se ter uma sociedade de economia mista é necessário que o tipo empresarial dessa empresa seja a S/A, ou seja, sociedade anônima, por isso não basta a maioria do capital, sendo necessário cumprir-se esse outro requisito. **4:** correta. O princípio da estrita legalidade determina que o Poder Público só pode fazer o que a lei determina. Mais ainda, a tipicidade é atributo do ato administrativo que determina que o ato deve corresponder a uma das figuras definidas previamente pela lei, como aptas a produzir determinados resultados, sendo corolário, portanto, do princípio da legalidade. A sua função é impossibilitar que a Administração venha a praticar atos inominados, representando, pois, uma garantia ao administrado, já que impede que a Administração pratique um ato unilateral e coercitivo sem a prévia previsão legal. Representa, também, a segurança de que o ato administrativo não pode ser totalmente discricionário, pois a lei define os limites em que a discricionariedade poderá ser exercida. **5:** correta. Os atos administrativos possuem efeitos típicos e atípicos. Quanto aos efeitos atípicos, podem ser reflexos ou prodrômicos. O prodrômico ocorre nos atos complexos ou compostos, e surge antes do ato concluir seu ciclo de formação, consubstanciando-se em situação de pendência de alguma outra formalidade. O efeito prodrômico do ato se dá, por exemplo, quando a primeira autoridade se manifesta e surge a obrigação de um segundo também fazê-lo, constatado neste meio tempo. **6:** Incorreta. O prazo é de 5 anos para anular atos administrativos, mas ressalva-se a má-fé, ou seja, o art. 54, da Lei 9.784/1999 dispõe ser o prazo para anulação de atos administrativos 5 anos, desde que não realizado com má-fé, caso em que não haverá prazo para anulá-lo. **AW**

Gabarito 1E, 2C, 3E, 4C, 5C, 6E

(Analista Jurídico – TCE/PR – 2016 – CESPE) Determinado órgão da administração pública pretende disponibilizar, mediante contrato por prazo determinado, uma área do prédio de sua sede – um bem público – para um particular instalar refeitório destinado aos servidores desse órgão. Nessa situação, de acordo com a doutrina pertinente, o instituto legalmente adequado para se disponibilizar o uso privativo do bem público por particular é a

(A) concessão de uso.

(B) cessão de uso.

(C) autorização de uso.

(D) concessão de direito real de uso.

(E) permissão de uso.

A: correta, pois esta tem natureza contratual e o investimento necessário para instalar um refeitório impõe que se proteja o particular concessionário com um instrumento com essa natureza, que lhe assegurará uma indenização na hipótese de a administração revogar o contrato antes do prazo; **B:** incorreta, pois esse nome em geral é utilizado para passagem de um bem de um ente para outro da Administração Pública; **C:** incorreta, pois esse instituto é utilizado para uso muitíssimo curto de um bem público por um particular; um exemplo é uma autorização para alguém instalar uma barraquinha para vender bebidas numa festa em uma rua pública durante um final de semana; **D:** incorreta, pois não é necessário estabelecer um direito real em favor do particular num caso desses, bastando uma concessão comum, que já o protege caso a Administração queira revogar a concessão antes do término de seu prazo; **E:** incorreta, pois a permissão é um ato unilateral e, a qualquer tempo, revogável, não tendo natureza contratual, o que não é compatível com o investimento necessário para instalar um refeitório, que impõe que se proteja o particular interessado com um instrumento contratual, como é a concessão, garantindo-lhe uma indenização no caso de a administração revogar o contrato antes do prazo. **WG**

Gabarito "A".

(Analista Jurídico – TCE/PA – 2016 – CESPE) Com base no disposto nas súmulas do Supremo Tribunal Federal relativas a direito administrativo, julgue os itens subsequentes.

(1) Tratando-se de processo administrativo disciplinar, se o acusado não tiver advogado, deve ser providenciado um *ad hoc* para formulação da sua defesa técnica, sob pena de nulidade do procedimento, por cerceamento de defesa.

(2) Insere-se na esfera de poder discricionário da administração pública a decisão de incluir o exame psicotécnico como fase de concurso para provimento de cargos públicos, o que pode ser feito mediante previsão em edital.

1: incorreta, pois a Súmula Vinculante STF n. 5 dispõe que a falta de defesa técnica por advogado no processo disciplinar não ofende a Constituição; **2:** incorreta, pois todo e qualquer requisito para ingresso de novos servidores nos quadros públicos depende de expressa previsão legal, nos termos do art. 37, I, da CF; ademais, a Súmula 686 do STF dispõe que só por lei se pode sujeitar a exame psicotécnico a habilitação de candidato a cargo público; nesse sentido é também a Súmula Vinculante STF n. 44: "Só por lei se pode sujeitar a exame psicotécnico a habilitação de candidato a cargo público". **WG**

Gabarito 1E, 2E

6. IMPROBIDADE ADMINISTRATIVA

6.1. Disposições gerais

(Analista Judiciário – TRF/2 – Consulplan – 2017) "João, estagiário de economia em uma Organização Social (OS), para cujo custeio o Poder Público Estadual concorre com 40% da receita anual, recebeu irregularmente comissão, repassada integralmente para seu chefe imediato, em decorrência de operação financeira realizada." Sobre o caso narrado, assinale a alternativa correta.

(A) João não responderá por improbidade administrativa, na medida em que o Poder Público concorre com menos de 50% da receita anual da Organização Social (OS).

(B) João não responderá por improbidade administrativa, uma vez que não foi beneficiário direto do ato, mas seu chefe imediato, que deve responder pelo enriquecimento ilícito na medida da vantagem obtida.

(C) João responderá por improbidade administrativa, na medida da repercussão do ilícito sobre a contribuição dos cofres públicos, sendo competentes o Ministério Público e o Ente Federativo prejudicado a propor a ação de improbidade.

(D) João responderá por improbidade administrativa, ainda que não seja beneficiário direto do ato, podendo haver suspensão dos seus direitos políticos, sendo a pena aplicada independentemente da extensão do dano e do proveito patrimonial obtido.

A: Incorreta. O art. 1º, parágrafo único da Lei 8.429/1992 é expresso que também é sujeito passivo do ilícito de improbidade civil a "daquelas para cuja criação ou custeio o erário haja concorrido ou concorra com menos de cinquenta por cento do patrimônio ou da receita anual, limitando-se, nestes casos, a sanção patrimonial à repercussão do ilícito sobre a contribuição dos cofres públicos. **B:** Incorreta. João praticou ato de improbidade, pois concorreu para que o mesmo ocorresse (art. 3º, da Lei 8.429/1992). **C:** Correta. Trata-se do disposto na parte final do Parágrafo único, do art. 1º, da Lei 8.429/1992, ou seja, a sanção patrimonial é limitada à repercussão do ilícito sobre a contribuição dos cofres públicos. **D:** Incorreta. O erro está na afirmação de que a sanção independe da extensão do dano, conforme disposto na parte final do art. 1º, parágrafo único, da Lei 8.429/1992. **AW**

Gabarito "C".

(Analista – TRT/10ª – 2013 – CESPE) Apuração interna realizada descobriu que um empregado público federal de uma sociedade de economia mista recebeu vantagem indevida de terceiros, em troca do fornecimento de informações privilegiadas e dados sigilosos do ente de que ele fazia parte. O relatório de conclusão da apuração foi enviado ao Ministério Público para providências cabíveis. Considerando essa situação hipotética, julgue os itens que se seguem.

(1) O terceiro beneficiado poderá ser responsabilizado nas esferas cível e criminal, mas não por improbidade administrativa, visto que esta não abrange particulares.

(2) Eventual ação de improbidade administrativa contra o empregado deverá ser ajuizada pelo Ministério Público na justiça estadual.

1: assertiva errada, pois os beneficiários de ato de improbidade administrativa, mesmo que não sejam agentes públicos, também respondem nos termos da Lei de Improbidade Administrativa (art. 3º da Lei 8.429/1992); **2:** assertiva certa, pois questões afetas às sociedades de economia mista federal não atraem a Justiça Federal, diferentemente do que ocorre com as empresas públicas federais (art. 109, I, da CF). 🔲
Gabarito 1E, 2C

(Analista – TRT/14ª – 2011 – FCC) Em conformidade com a Lei de Improbidade Administrativa, (Lei nº 8.429/1992), é INCORRETO afirmar que estão sujeitos às penalidades previstas nesse diploma legal, dentre outros, os atos praticados contra o patrimônio de entidade

(A) que recebe incentivo fiscal de órgão público, bem como de entidade cuja criação ou custeio o erário haja concorrido ou concorra com menos de cinquenta por cento do patrimônio.

(B) que recebe incentivo creditício de órgão público, bem como de entidades cujo custeio o erário haja concorrido com menos de cinquenta por cento do patrimônio.

(C) que receba benefício de órgão público, bem como da entidade cuja criação o erário concorra com menos de cinquenta por cento do patrimônio ou da receita anual.

(D) que receba subvenção de órgão público, bem como de entidade cujo custeio o erário haja concorrido com menos de cinquenta por cento da receita anual.

(E) para cuja criação ou custeio o erário concorra com percentual inferior a cinquenta por cento do patrimônio ou do orçamento, inexistindo, nesse caso, limitações à sanção patrimonial.

A única alternativa que não está de acordo com o art. 1º da Lei 8.429/1992 é a **E**, pois, nesse caso (concorrência de percentual inferior a 50%), a sanção patrimonial limita-se à repercussão do ilícito sobre a contribuição dos cofres públicos (art. 1º, parágrafo único, da Lei 8.429/1992). 🔲
Gabarito "E".

(Analista – TJ/DFT – 2013 – CESPE) Considerando as disposições legais a respeito de improbidade administrativa, julgue o item seguinte.

(1) Somente são sujeitos ativos do ato de improbidade administrativa os agentes públicos, assim entendidos os que exercem, por eleição, nomeação, designação ou qualquer outra forma de investidura ou vínculo, mandato, cargo, emprego ou função na administração direta, indireta ou fundacional de qualquer dos poderes da União, dos estados, do DF e dos municípios.

1: assertiva errada, pois a definição de agente público prevista no art. 2º, da Lei 8.429/1992 abrange pessoas que exercem tais vínculos em entidades não estatais também, que venham a receber recursos públicos nos termos do art. 1º da Lei 8.429/1992. 🔲
Gabarito 1E

6.2. Atos de improbidade administrativa

(Analista Judiciário – TJ/AL – 2018 – FGV) João, ocupante do cargo efetivo de Analista Judiciário, no exercício de suas funções, recebeu, para si, mensalmente, durante um ano, a quantia de mil reais em dinheiro, a título de presente de Márcio, que figura como réu em determinado processo que tramita na Vara onde João está lotado. Em contrapartida, o Analista Judiciário deixou de dar andamento ao processo que potencialmente poderia causar prejuízo econômico a Márcio.

No caso descrito, a ação civil pública por ato de improbidade administrativa:

(A) não pode ser ajuizada em face de nenhum personagem, eis que não houve danos ao erário, restando a responsabilização em âmbito disciplinar e criminal;

(B) não pode ser ajuizada em face de Márcio, porque não é agente público, mas deve ser promovida em desfavor do Analista Judiciário, por ofensa ao princípio da moralidade;

(C) deve ser ajuizada em face de ambos os personagens, eis que praticaram conjuntamente o ato ilícito, independentemente de ter ocorrido dano ao erário, e será processada e julgada originariamente no Tribunal de Justiça;

(D) deve ser ajuizada em face do agente público que praticou o ato ímprobo, por conduta dolosa e omissiva, bem como do particular que se beneficiou do ilícito, independentemente de ter ocorrido dano ao erário;

(E) deve ser ajuizada em face de ambos os personagens, eis que praticaram conjuntamente o ato ilícito, com domínio final do fato, e será processada e julgada na Vara Criminal competente.

Trata-se de ato de improbidade administrativa do agente público, que importa em enriquecimento ilícito, nos termos do artigo 9º da Lei 8.429/1992. Ainda, responderá por ato de improbidade o particular que se beneficiou do ato, tal como previsto no Artigo 3º: "As disposições desta lei são aplicáveis, no que couber, àquele que, mesmo não sendo agente público, induza ou concorra para a prática do ato de improbidade ou dele se beneficie sob qualquer forma direta ou indireta". 🔲
Gabarito "D".

(Analista – TJ/SC – FGV – 2018) De acordo com a jurisprudência do Superior Tribunal de Justiça, para configuração dos atos de improbidade administrativa que atentem contra os princípios da Administração Pública (art. 11, da Lei 8.429/92), é necessária a demonstração do:

(A) dano ao erário, o qual deverá ser objeto de ressarcimento aos cofres públicos;

(B) enriquecimento sem causa, o qual deverá ser objeto de multa civil;

(C) dolo, o qual não precisa ser específico, sendo suficiente o dolo genérico;

(D) dolo ou da culpa, os quais precisam ser específicos para comprovação do elemento subjetivo;

(E) prejuízo ao erário, o qual deverá ser objeto de multa civil ou perda dos valores acrescidos ilicitamente ao patrimônio.

A modalidade de ato de improbidade que importe em violação aos princípios da Administração Pública (**art. 11**) consiste em o agente violar dolosamente deveres de honestidade, imparcialidade, legalidade e lealdade às instituições. São exemplos de improbidade nessa modalidade os seguintes: praticar ato visando a fim proibido em lei ou diverso daquele previsto na regra de competência (desvio de finalidade), retardar ou deixar de praticar ato de ofício, revelar fato que deva permanecer em segredo, negar publicidade aos atos oficiais, deixar de prestar contas. O STJ é pacífico no sentido de que é necessário dolo para a configuração dessa modalidade. A jurisprudência do STJ afastou todas as teses de responsabilidade objetiva em qualquer das modalidades de improbidade e, nos casos em que se exige dolo, a jurisprudência desse tribunal esclareceu que se trata do *dolo genérico*, consistente na "vontade de realizar fato descrito na norma incriminadora" (REsp 765.212/AC, j. em 02.03.2010).

Gabarito "C".

(**Analista – TRF5 – FCC – 2017**) A tipificação de determinada conduta como ato de improbidade depende, conforme a situação, da demonstração de dolo por parte do sujeito ativo, este que

(A) para fins de enquadramento como autor de ato de improbidade não precisa ocupar cargo efetivo ou emprego público, admitindo-se, por exemplo, que tenha sido nomeado para cargo de confiança.

(B) caso tenha praticado ato que venha a causar lesão ao erário público, ficará sujeito à sanção de perda da função pública, penalidade a que não estão sujeitos os agentes públicos que pratiquem ato de improbidade que atentem contra os princípios que regem a Administração pública.

(C) em sendo incurso tanto na prática de ato de improbidade que gera enriquecimento ilícito, quanto que causa lesão ao erário, ficará sujeito à penalidade de suspensão dos direitos políticos pela somatória dos prazos impostos a cada uma das modalidades.

(D) depende da comprovação de prejuízo ao erário para que possa ser incurso em qualquer das modalidades de ato de improbidade.

(E) pode ser responsabilizado por improbidade, bastando conduta culposa, nas modalidades de ato de improbidade que geram enriquecimento ilícito e que causam prejuízo ao erário.

A: correta. Reputa-se agente público, para os efeitos desta lei, todo aquele que exerce, ainda que transitoriamente ou sem remuneração, por eleição, nomeação, designação, contratação ou qualquer outra forma de investidura ou vínculo, mandato, cargo, emprego ou função nas entidades mencionadas no artigo anterior – art. 2º da Lei 8.429/1992; **B:** incorreta. Há a previsão de perda da função pública também no caso da prática de ato de improbidade administrativa que atende contra os Princípios da Administração Pública – art. 12, III da Lei 8.429/1992; **C:** incorreta. No caso da prática de ato de improbidade administrativa que importe enriquecimento ilícito a pena de suspensão dos direitos políticos pode ser dar pelo prazo de 08 a 10 anos, e no caso de ato de improbidade administrativa que importe prejuízo ao erário, a pena de suspensão dos direitos políticos pode variar de 05 a 8 anos – art. 12, I e II da Lei 8.429/1992; **D:** incorreta. A prática de ato de improbidade administrativa não possui como requisito essencial o prejuízo ao erário, tanto que existe até mesmo na modalidade de ato de improbidade administrativa que atente contra os princípios da Administração Pública; **E:** incorreta. A modalidade culposa só é prevista em lei no caso de ato de improbidade administrativa que causa prejuízo ao erário – art. 10 da Lei 8.429/1992.

Gabarito "A".

(**Analista Judiciário – TRE/PE – CESPE – 2017**) Um empregado de determinada sociedade de economia mista permitiu que terceiro enriquecesse ilicitamente, em detrimento do patrimônio público, embora não tenha facilitado a prática do ato que resultou no enriquecimento do terceiro nem tenha concorrido para a sua prática.

Nessa situação, o empregado

(A) cometeu ato de improbidade administrativa que importa em enriquecimento ilícito.

(B) cometeu ato de improbidade administrativa que causa lesão ao erário.

(C) não cometeu ato de improbidade administrativa, pois empregados de sociedade de economia mista não estão sujeitos às cominações da Lei de Improbidade Administrativa.

(D) não cometeu ato de improbidade, pois o ato de permitir o enriquecimento ilícito de terceiro não está expressamente configurado como improbidade administrativa no ordenamento jurídico brasileiro.

(E) não cometeu ato de improbidade administrativa que atenta contra os princípios da administração pública, pois agiu mediante omissão culposa.

A: Incorreta. Trata-se de ato de improbidade previsto no art. 10, XII, da Lei 8.429/1992, sendo ato que causa prejuízo ao erário, que independe do enriquecimento ilícito, portanto. **B:** Correta. Como explicado acima, trata-se de hipótese expressamente prevista no art. 10, XII, da Lei de Improbidade, sendo ato de improbidade que causa lesão ao erário público. **C:** Incorreta. Cometeu ato de improbidade, pois concorreu para que terceiro enriquecesse ilicitamente, conforme previsto no art. 10, XII, da Lei 8.429/1992. **D:** Incorreta. O ato é de improbidade e consta expressamente do art. 10, XII, da Lei 8.429/1992. **E:** Incorreta. A conduta é expressamente prevista no art. 10, XII, da Lei 8.429/1992, sendo ato de improbidade que causa prejuízo ao erário, portanto.

Gabarito "B".

(**Analista Judiciário – TJ/MT – UFMT – 2016**) Sobre atos de improbidade administrativa, marque V para as afirmativas verdadeiras e F para as falsas.

( ) Liberar verba pública sem a estrita observância das normas pertinentes ou influir de qualquer forma para a sua aplicação irregular configura ato de improbidade administrativa que atenta contra os princípios da administração pública.

( ) Revelar ou permitir que chegue ao conhecimento de terceiro, antes da respectiva divulgação oficial, teor de medida política ou econômica capaz de afetar o preço de mercadoria, bem ou serviço configura ato de improbidade administrativa que causa prejuízo ao erário.

( ) Receber vantagem econômica de qualquer natureza, direta ou indiretamente, para omitir ato de ofício, providência ou declaração a que esteja obrigado configura ato de improbidade administrativa que importa enriquecimento ilícito.

( ) Revelar fato ou circunstância de que tem ciência em razão das atribuições e que deva permanecer em segredo configura ato de improbidade administrativa que atenta contra os princípios da administração pública.

Assinale a sequência correta.

(A) F, F, V, V

(B) F, V, F, V

(C) V, V, F, F

(D) V, F, V, F

Para respondermos a essa questão, primeiramente, vamos responder a cada assertiva para escolher a alternativa correta.
1: falsa. Temos o determinado no art. 10, XI, da Lei 8.429/1992, ou seja, ato de improbidade que causa dano ao erário. **2:** falsa. Temos a incidência do art. 11, VII, da Lei 8.429/1992, ou seja, ato que viola os princípios. **3:** verdadeira. Trata-se de conduta descrita no art. 9º, X, da Lei 8.429/1992, sendo ato de improbidade que causa enriquecimento ilícito. **4:** verdadeira. Trata-se do disposto no art. 11, III, da Lei 8.429/1992, ou seja, ato de improbidade que viola os princípios administrativos. Portanto, a resposta correta é a letra A. [imagem]

Gabarito "A".

(Analista Judiciário – TRT/11 – FCC – 2017) Maurício, Diretor de autarquia federal, doou à pessoa jurídica que presta serviços assistenciais, bens do patrimônio da autarquia, sem observância das formalidades legais e regulamentares aplicáveis à espécie, razão pela qual foi processado por improbidade administrativa, haja vista que a conduta enquadra-se em dispositivo expresso previsto na Lei 8.429/1992. Para que reste afastado o ato ímprobo, Maurício deverá comprovar, dentre outros requisitos, a ausência de

(A) conduta comissiva.

(B) prejuízo ao erário.

(C) dolo.

(D) beneficiamento de terceiros.

(E) enriquecimento ilícito.

A: Incorreta. A conduta descrita pode ser tipificada no art. 10, III, da Lei 8.429/1992, sendo ato de improbidade que causa prejuízo ao erário, punido na forma comissiva ou omissiva, por isso não é suficiente afastar a conduta comissiva. **B:** Correta. Como o ato causa prejuízo ao erário, caso comprovada a sua ausência, o ato ímprobo poderá ser afastado, eis que não haverá elemento suficiente para sua tipificação. **C:** Incorreta. O ato é punido a título de dolo ou culpa, por isso não é suficiente o afastamento do dolo. **D:** Incorreta. Essa conduta independe de beneficiamento ou não de terceiro, por isso não pode afastar o ato ímprobo. **E:** Incorreta. O ato ímprobo descrito é o que causa prejuízo ao erário, independentemente o enriquecimento ilícito. [imagem]

Gabarito "B".

(Analista – TRT/16ª – 2014 – FCC) Beltrano, agente público, foi processado por improbidade administrativa, haja vista ter praticado ato ímprobo que atenta contra os princípios da Administração pública. Em sua defesa, alega que agiu sem qualquer intenção de praticar o ato ímprobo, isto é, com conduta meramente culposa, razão pela qual pleiteou a improcedência da demanda. A tese de defesa de Beltrano, caso efetivamente comprovada,

(A) constitui causa de agravamento das sanções previstas na Lei de Improbidade.

(B) não afasta o ato ímprobo.

(C) constitui causa de redução das sanções previstas na Lei de Improbidade.

(D) afasta o ato ímprobo.

(E) afasta única e exclusivamente a aplicação da sanção de suspensão dos direitos políticos.

A, B, C e **E:** incorretas, pois essa modalidade de improbidade administrativa, prevista no art. 11 da Lei 8.429/92, depende de dolo para

se configurar, o que afasta o cometimento de ato ímprobo, ficando prejudicada a análise de haver ou não causa de agravamento no caso ou de haver redução das sanções, afastando qualquer tipo de aplicação de sanção no caso; **D:** correta, pois essa modalidade de improbidade administrativa, prevista no art. 11 da Lei 8.429/92, depende de dolo para se configurar, o que afasta o cometimento de ato ímprobo. [imagem]

Gabarito "D".

(Analista – TJ/AM – 2013 – FGV) A Lei n.º 8.429/1992 dispõe a respeito dos atos de improbidade administrativa, sendo objeto de regramento constitucional. A esse respeito, assinale a alternativa que dispõe corretamente sobre a disciplina da *improbidade administrativa* no ordenamento jurídico brasileiro.

(A) Para se configurar o ato de improbidade administrativa é necessário que haja prejuízo ao erário público.

(B) A lei de improbidade administrativa apenas é aplicável aos agentes públicos, únicos que podem praticar ou concorrer para a pratica do ato de improbidade administrativa.

(C) Uma vez transferido ao seu sucessor o patrimônio do agente público que tenha cometido ato de improbidade, a ação de ressarcimento fica prejudicada.

(D) Uma vez sancionado o agente público por ato de improbidade administrativa não poderá sofrer sanção penal pelo mesmo fato sob pena de *bis in idem*.

(E) Os atos que causem prejuízo ao erário exigem dolo ou culpa para serem considerados atos de improbidade administrativa.

A: assertiva incorreta, pois há casos de enriquecimento ilícito (art. 9º da Lei 8.429/1992) e de violação a princípios da administração (art. 11 da Lei 8.429/1992) que não importam em prejuízo ao erário, que, segundo a própria lei, não é necessário para a configuração de ato de improbidade (art. 21, I, da Lei 8.429/1992); **B:** assertiva incorreta, pois qualquer pessoa que, mesmo não sendo agente público, concorrer, induzir ou se beneficiar de um ato de improbidade, responderá nos termos da Lei 8.429/1992, nos termos do art. 3º da referida Lei; **C:** assertiva incorreta, pois "o sucessor daquele que causar lesão ao patrimônio público ou se enriquecer ilicitamente está sujeito às cominações desta lei até o limite do valor da herança" (art. 8º da Lei 8.429/1992); **D:** assertiva incorreta, pois a Constituição Federal, em seu art. 37, § 4º, estabelece que os atos de improbidade importarão nas sanções previstas no dispositivo, "sem prejuízo da ação penal cabível", deixando claro que as sanções de improbidade são independentes das sanções penais, como o art. 12, *caput*, da Lei 8.429/1992, que também deixa claro a independência das sanções civis e administrativas; **E:** assertiva correta (art. 10, *caput*, da Lei 8.429/1992). [imagem]

Gabarito "E".

(Analista – TRT/6ª – 2012 – FCC) De acordo com a Lei nº 8.429/1992, os atos de improbidade administrativa

(A) que causem enriquecimento ilícito ou lesão ao patrimônio público ensejam a possibilidade de obter a indisponibilidade de bens do indiciado.

(B) somente podem ser considerados lesivos ao patrimônio público quando decorrentes de conduta dolosa do agente.

(C) permitem a aplicação de sanções pecuniárias apenas na hipótese de ensejarem enriquecimento ilícito.

(D) que atentem contra os princípios da Administração pública pressupõem, como sujeito ativo, agente público.

(E) que ensejam lesão ao patrimônio público pressupõem o enriquecimento ilícito pelo agente público.

A: assertiva correta (art. 7º da Lei 8.429/1992); **B:** assertiva incorreta, pois a modalidade de improbidade prevista no art. 10 da Lei 8.429/1992 se configura mediante conduta culposa em sentido estrito também; **C:** assertiva incorreta, pois nos demais casos também cabem sanções pecuniárias, como o ressarcimento integral do dano e a multa civil (art. 12, II e III, da Lei 8.429/1992); **D:** assertiva incorreta, pois também pode ser sujeito ativo do ato de improbidade a pessoa que, mesmo não sendo agente público, *induza* ou *concorra* para a prática do ato ou dele se *beneficie* de forma direta ou indireta (art. 3º da Lei 8.429/1992); **E:** assertiva incorreta, pois a modalidade referente à lesão ao patrimônio público (art. 10 da Lei 8.429/1992) não traz como elemento indispensável para a sua configuração o enriquecimento ilícito do agente público, elemento esse próprio da modalidade do art. 9º da Lei 8.429/1992. **WG**

Gabarito "A".

6.3. Penas

(Analista – TRT1 – 2018 – AOCP) De acordo com a Lei de Improbidade (Lei 8.429/1992), os atos de improbidade administrativa decorrentes de concessão ou aplicação indevida de benefício financeiro ou tributário estão sujeitos a quais penas?

(A) Perda da função pública, suspensão dos direitos políticos de 8 (oito) a 10 (dez) anos e multa civil de até quatro vezes o valor do benefício financeiro ou tributário concedido.

(B) Perda da função pública, suspensão dos direitos políticos de 8 (oito) a 10 (dez) anos e pagamento de multa civil de até cem vezes o valor da remuneração percebida pelo agente.

(C) Perda da função pública, suspensão dos direitos políticos de 5 (cinco) a 8 (oito) anos e pagamento de multa civil de até cem vezes o valor da remuneração percebida pelo agente.

(D) Perda da função pública, suspensão dos direitos políticos de 5 (cinco) a 8 (oito) anos e multa civil de até três vezes o valor do benefício financeiro ou tributário concedido.

(E) Perda da função pública, suspensão dos direitos políticos de 3 (três) a 5 (cinco) anos e multa civil de até duas vezes o valor do benefício financeiro ou tributário concedido.

Gabarito "D".

Os atos de improbidade administrativa decorrentes de concessão ou aplicação indevida de benefício financeiro ou tributário (Art. 10-A), ensejará a perda da função pública, suspensão dos direitos políticos de 5 (cinco) a 8 (oito) anos e multa civil de até 3 (três) vezes o valor do benefício financeiro ou tributário concedido – Art. 12, IV da Lei 8.429/1992. **FB**

(Analista – Área Administrativa – TRT1 – 2018 – AOCP) A respeito da Lei de Improbidade Administrativa (Lei 8.429/1992), analise as assertivas e assinale a alternativa que aponta as corretas.

I. O agente público que frustra a licitude de concurso público está sujeito às cominações dos atos de improbidade administrativa que atentam contra os princípios da Administração Pública.

II. Será punido, com pena de suspensão, o agente público que se recusar a prestar declaração dos bens dentro do prazo determinado.

III. A perda da função pública e a suspensão dos direitos políticos só se efetivam com o trânsito em julgado da sentença condenatória.

IV. A aplicação das sanções previstas nesta Lei independe da aprovação ou rejeição das contas pelo Tribunal de Contas.

(A) Apenas I e IV.

(B) Apenas II e III.

(C) Apenas I, II e III.

(D) Apenas I, III e IV.

(E) Apenas II, III e IV.

I: correta. Art. 11, V da Lei nº 8.429/1992; **II:** incorreta. Art. 13, § 3º, da Lei nº 8.429/1992 – a pena é de demissão, a bem do serviço público, sem prejuízo de outras sanções cabíveis, ao agente público que se recusar a prestar declaração dos bens, dentro do prazo determinado, ou que a prestar falsa; **III:** correta. Art. 20 da Lei 8.429/1992; **IV:** correta. Art. 21, II da Lei nº 8.429/1992. **FB**

Gabarito "D".

(Analista Judiciário – TRE/SP – FCC – 2017) Considere a seguinte situação hipotética: Cristiana, Diretora de uma autarquia federal, foi condenada, em primeira instância, pela prática de ato de improbidade administrativa. Segundo o entendimento do magistrado, Cristiana, ao determinar a contratação direta de cinco servidores para integrarem os quadros da entidade, frustrou a licitude de concurso público. Inconformada com a condenação, Cristiana interpôs recurso ao Tribunal competente. Nos termos da Lei 8.429/1992, para que seja afastada a caracterização do ato ímprobo, é necessário, dentre outros requisitos, a comprovação da ausência de

(A) dolo.

(B) prejuízo ao erário.

(C) enriquecimento ilícito.

(D) culpa.

(E) benefícios indevidos aos servidores contratados.

A: Correta. Temos hipótese do art. 11, V, da Lei 8.429/1992, ou seja, ato de improbidade que viola os princípios administrativos e que só pode ser punido a título de dolo. Por isso, afastado o dolo, o ato estará descaracterizado. **B:** Incorreta. O ato ímprobo não pressupõe prejuízo ao erário, por isso esse não pode ser considerado um elemento para sua ocorrência. **C:** Incorreta. O ato é de violação dos princípios (art. 11, V, da Lei 8.429/1992), por isso o enriquecimento ilícito não é uma condição ou requisito para a sua configuração. **D:** Incorreta. Todas as condutas previstas no art. 11, da Lei de Improbidade são punidas a título de dolo, razão pela qual a culpa não influencia sua tipificação. **E:** Incorreta. O ato previsto no art. 11, V, da Lei 8.429/1992 independe da obtenção ou não de benefícios indevidos, razão pela qual esse não será um elemento importante para sua descaracterização. **AW**

Gabarito "A".

(Analista Judiciário – TRT/24 – FCC – 2017) Wagner é Analista Judiciário de determinado Tribunal Regional do Trabalho, sendo uma de suas atribuições inserir e atualizar informações processuais em base de dados. Ocorre que um dos processos sob sua responsabilidade pertence a um desafeto seu, razão pela qual retardou, indevidamente, a prática do ato de ofício. Nos termos da Lei 8.429/1992, caso preenchidos os demais requisitos legais para a configuração do ato ímprobo, Wagner estará sujeito, dentre outras, à cominação de

(A) proibição de contratar com o Poder Público pelo prazo máximo de 5 anos.

(B) suspensão dos direitos políticos de 8 a 10 anos.

(C) multa civil de até duzentas vezes o valor da remuneração percebida por Wagner.

(D) proibição de contratar com o Poder Público pelo prazo máximo de 3 anos.

(E) suspensão dos direitos políticos de 5 a 8 anos.

A: Incorreta. Trata-se se ato de improbidade violador dos princípios, tipificado no art. 11, II, da Lei 8.429/1992, sendo a penalidade máxima de contratar com o Poder Público pelo prazo de 3 anos, conforme disposto no art. 12, III, do referido diploma legal. **B:** Incorreta. Sendo o caso de ato de improbidade previsto no art. 11, II, da Lei 8.429/1992, a penalidade de suspensão de direitos políticos será de 3 a 5 nos, conforme disposto no art. 12, III, do mesmo diploma legal. **C:** Incorreta. O valor da multa civil para esse ato de improbidade violador de princípios (art. 11, II, da Lei 8.429/1992) é de até 100 vezes o valor da remuneração. **D:** Correta. Conforme explicado acima, o prazo máximo para a penalidade de proibição de contratação com o Poder Público é de 3 anos, sendo o expressamente previsto no art. 12, III, da Lei 8.429/1992. **E:** Incorreta. A penalidade de suspensão dos direitos políticos prevista no art. 12, III, da Lei 8.429/1992 é de 3 a 5 anos, estando incorreta essa assertiva, portanto. 🔲
Gabarito "D".

(Analista – TRT/11ª – 2012 – FCC) No curso de determinada ação de improbidade administrativa, um dos réus vem a falecer, razão pela qual é chamado a intervir na lide, seu único sucessor Felipe, empresário do ramo hoteleiro. Ao final da demanda, todos os réus são condenados pela prática de ato ímprobo previsto no artigo 11, da Lei n.º 8.429/1992 (violação aos princípios da Administração Pública), sendo-lhes impostas as seguintes sanções: ressarcimento integral do dano, perda da função pública e suspensão dos direitos políticos por cinco anos. Nesse caso, Felipe"

(A) responderá apenas pelo ressarcimento do dano, devendo arcar, obrigatoriamente, com a reposição integral do prejuízo causado ao erário.

(B) estará sujeito à suspensão dos direitos políticos e ao ressarcimento integral do dano.

(C) não está sujeito às cominações previstas na Lei de Improbidade Administrativa.

(D) estará sujeito às três sanções impostas.

(E) responderá apenas pelo ressarcimento do dano, até o limite do valor da herança.

A: assertiva incorreta, pois o sucessor (Felipe) só tem que arcar com a reposição do prejuízo ao erário até o limite do valor da herança (art. 8° da Lei 8.429/1992); **B** e **D:** assertivas incorretas, pois o sucessor não está sujeito às sanções personalíssimas aplicadas ao agente ímprobo, como é o caso da perda da função pública e da suspensão dos direitos políticos; **C:** assertiva incorreta, pois, como se viu, o sucessor está sujeito às cominações pecuniárias previstas na Lei 8.429/1992 (art. 8° da referida Lei); **E:** assertiva correta (art. 8° da Lei 8.429/1992). 🔲
Gabarito "E".

(Analista – TRE/GO – 2015 – CESPE) Acerca de improbidade administrativa e controle da administração pública, julgue os itens a seguir.

(1) Embora possa corresponder a crime definido em lei, o ato de improbidade administrativa, em si, não constitui crime.

1: correta, pois, para que um ato praticado no mundo fenomênico seja, além de ato de improbidade, ato criminoso, esse ato deve se enquadrar também num tipo penal. 🔲
Gabarito 1C

6.4. Declaração de bens

(Analista – TRE/TO – 2011 – FCC) De acordo com a Lei n° 8.429/1992 (Lei de Improbidade Administrativa), é correto afirmar que

(A) as ações destinadas a levar a efeitos as sanções previstas na lei podem ser propostas até dois anos após o término do exercício de mandato.

(B) será punido com a pena de demissão, a bem do serviço público, sem prejuízo de outras sanções cabíveis, o agente público que se recusar a prestar declaração dos bens, dentro do prazo determinado, ou que a prestar falsa.

(C) a perda da função pública e a suspensão dos direitos políticos se efetivam com a publicação da sentença condenatória, ainda que recorrível.

(D) às cominações da lei, impostas ao responsável pelo ato de improbidade administrativa, não podem, em qualquer hipótese, ser aplicadas cumulativamente.

(E) em qualquer fase do processo, ainda que reconhecida a inadequação da ação de improbidade, não poderá o juiz extinguir o processo sem julgamento do mérito.

A: assertiva incorreta, pois as ações podem ser propostas até 5 anos após o término do exercício do mandato (art. 23, I, da Lei 8.429/1992); **B:** assertiva correta (art. 13, § 3°, da Lei 8.429/1992); **C:** assertiva incorreta, pois se efetivam somente com o trânsito em julgado da sentença condenatória (art. 20, caput, da Lei 8.429/1992); **D:** assertiva incorreta, pois o STJ entende que nos casos mais graves todas as sanções poderão ser aplicadas cumulativamente; aliás, o próprio art. 12, caput, da Lei 8.429/1992 é claro nesse sentido; **E:** assertiva incorreta, pois é possível a extinção do processo sem julgamento de mérito a qualquer tempo, no caso mencionado (art. 17, § 11, da Lei 8.429/1992). 🔲
Gabarito "B".

6.5. Processo administrativo, judicial e disposições penais

(Analista Judiciário – TRE/PE – CESPE – 2017) Considerando, por mera hipótese, que Sérgio seja servidor público da autarquia X e que, no desempenho de atividades do seu cargo, pratique ato de improbidade administrativa, assinale a opção correta.

(A) Qualquer pessoa terá legitimidade para, perante a autoridade administrativa competente, apresentar representação solicitando a instauração de investigação para apurar a prática do ato de improbidade.

(B) Caso o referido ato cause lesão ao erário, Sérgio poderá ter os direitos políticos suspensos de oito a dez anos.

(C) Sérgio somente sofrerá as sanções previstas em lei se houver efetiva ocorrência de dano ao patrimônio público.

(D) A ação de improbidade contra Sérgio somente poderá ser proposta pela pessoa jurídica lesada, ou seja, a autarquia X.

(E) Se o ato em questão atentar contra os princípios da administração pública, Sérgio responderá tanto por ação quanto por omissão, tenha ele agido de forma dolosa ou culposa.

A: Correta. Trata-se do disposto no art. 14, da Lei 8.429/1992, que admite a representação de qualquer pessoa à autoridade competente para a instauração do ato de improbidade. **B:** Incorreta. Se configurado o ato de improbidade que causa lesão ao erário (art. 10, da Lei 8.429/1992) a suspensão dos direitos políticos será de 5 a 8 anos, conforme disposto no art. 12, II, da Lei de Improbidade. **C:** Incorreta. O ato pode ser de violação de princípios (art. 11, da Lei de Improbidade) ou de enriquecimento ilícito (art. 9º), hipóteses que independem de ocorrência do dano ao erário. **D:** Incorreta. O Ministério Público também tem legitimidade para propor Ação de Improbidade Administrativa, conforme disposto no art. 17, da Lei 8.429/1992. **E:** Incorreta. Se o ato for o tipificado no art. 11, da Lei 8.429/1992, somente se admite a punição a título de dolo. **AW**
Gabarito "A."

6.6. QUESTÕES PROCESSUAIS

(Analista Judiciário – TRT/20 – FCC – 2016) O Ministério Público Federal ajuizou ação de improbidade administrativa contra José, agente público, imputando-lhe a dispensa indevida de procedimento licitatório, bem como a ocorrência de dano ao patrimônio público. José foi intimado para apresentar defesa preliminar e, após tal manifestação, o juiz rejeitou a ação por ficar convencido da inexistência de ato ímprobo. A propósito dos fatos narrados e nos termos da Lei 8.429/1992,

(A) o recurso cabível na hipótese de rejeição da demanda, tal como narrado no enunciado, é o Agravo de Instrumento.

(B) o juiz não poderia ter julgado o mérito nessa fase preliminar, pois a constatação de eventual inexistência de ato ímprobo é própria de uma análise apurada, típica da fase de instrução da demanda.

(C) o prazo para o juiz apreciar a defesa preliminar e decidir sobre o recebimento ou não da petição inicial é de trinta dias.

(D) ainda que afastado o ato de improbidade administrativa, caso comprovado dano ao patrimônio público, a ação de improbidade não poderia ter sido rejeitada.

(E) o ato ímprobo narrado no enunciado não comporta a medida de indisponibilidade de bens, típica dos atos ímprobos exclusivamente dolosos.

A: Incorreta. O art. 17, § 10, da Lei 8.429/1992 somente permite o Agravo de Instrumento da decisão que recebe a Petição Inicial, não havendo recurso para a decisão que não a recebe, portanto. **B:** Incorreta. O juiz poderá analisar o mérito antes de receber a Petição Inicial, eis que permitida a defesa prévia e análise da procedência ou improcedência da demanda, conforme disposto no art. 17, § 8º, da Lei 9.784/1999. **C:** Correto. Trata-se do disposto no art. 17, § 8º, da Lei 9.784/1999. **D:** Incorreta. Se afastado o ato de improbidade, havendo o dano ao erário, o agente poderia ser responsabilizado penalmente, civilmente, administrativamente, por exemplo, eis que as instâncias são todas independentes (art. 12, "caput", da Lei 8.429/1992). **E:** incorreta. O art.7º, da Lei 8429/92 dispõe que no caso de ato de improbidade que cause enriquecimento ilícito ou causar lesão ao erário pode ser decretada a indisponibilidade dos bens, sendo esses tipos dolosos ou culposos, eis que não há especificação quanto ao elemento subjetivo do da conduta. **AW**
Gabarito "C."

(Analista Judiciário – TRT/8ª – 2016 – CESPE) Maria praticou ato de improbidade administrativa em 5/3/2010, por violar os princípios da administração pública, sem ter causado dano ao erário, enquanto ainda ocupava exclusivamente

cargo em comissão na administração direta da União. Depois da notícia do fato pela imprensa, em 6/3/2015, Maria foi exonerada do cargo em comissão e do serviço público. Com referência a essa situação hipotética, assinale a opção correta com base na Lei n.º 8.429/1992 (Lei de Improbidade Administrativa).

(A) A titularidade da ação civil por ato de improbidade administrativa, no caso, é exclusiva do Ministério Público Federal.

(B) A eventual aprovação das contas de Maria, como gestora pública, pelo Tribunal de Contas da União afasta a possibilidade de propositura da ação de improbidade administrativa.

(C) Antes do recebimento da ação de improbidade, o juiz competente deverá notificar Maria para apresentar defesa prévia, no prazo de quinze dias, e poderá rejeitar liminarmente a ação, se estiver convencido da inexistência da improbidade, da improcedência da ação ou da inadequação da via eleita.

(D) A eventual condenação de Maria por ato de improbidade administrativa não impede nova investidura em cargo público estadual ou municipal, dentro do prazo de suspensão dos direitos políticos.

(E) Na data da exoneração de Maria, já estava prescrita a pretensão condenatória por ato de improbidade administrativa, pois o ato ilícito fora cometido havia mais de cinco anos.

A: incorreta, pois a pessoa jurídica interessada (no caso, a União) também tem legitimidade ativa para a ação de improbidade (art. 17, *caput*, da Lei 8.429/92); **B:** incorreta, pois a aplicação das sanções da Lei de Improbidade independe da aprovação ou rejeição de contas pelo órgão de controle interno ou pelo Tribunal de Contas (art. 21, II, da Lei 8.429/92); **C:** correta, nos termos do art. 17, §§ 7º e 8º, da Lei 8.429/92; **D:** incorreta, pois o gozo dos direitos políticos costuma ser requisito para o ingresso no serviço público também nos outros entes políticos, como o é na esfera da União (art. 5º, II, da Lei 8.112/90); **E:** incorreta, pois, quando o servidor que comete ato de improbidade detinha cargo em comissão, o prazo de 5 anos para aplicação das sanções da Lei de Improbidade é contado da data do término do exercício do cargo (art. 23, I, da Lei 8.429/92), que se deu apenas em 2015, sendo que a questão é do ano de 2016. **WG**
Gabarito "C."

6.7. Questões de conteúdo variado

(Analista Judiciário – STJ – CESPE – 2015) Acerca do processo administrativo e da improbidade administrativa, julgue os itens que se seguem.

(1) Os sucessores da pessoa que causar lesão ao patrimônio público ou enriquecer-se ilicitamente poderão sofrer as consequências das sanções patrimoniais previstas na Lei de Improbidade Administrativa até o limite do valor da herança.

(2) A ação de improbidade administrativa só pode ser proposta pelo Ministério Público.

(3) O órgão público não pode delegar sua competência para a edição de atos normativos.

(4) Admite-se, em caráter excepcional, a avocação definitiva de competência atribuída a órgão hierarquicamente inferior.

(5) No processo administrativo, após o encerramento da fase de instrução probatória, o poder público tem prazo de trinta dias para tomar a decisão, sendo possível a prorrogação por igual período, desde que devidamente motivada.

(6) Em regra, os recursos administrativos, quando interpostos pelos interessados, têm efeito suspensivo.

1: Correta. Trata-se do art. 8º, da Lei 8.429/1992, que admite a punição do sucessor, nos limites das forças da herança. **2:** incorreta. Pode a Ação Civil de Improbidade ser proposta pela pessoa jurídica interessada, conforme disposto no art. 17, da Lei de Improbidade Administrativa. **3:** correta. É vedada a delegação de competência para a edição de atos normativos, conforme disposto no art. 13, I, da Lei 9.784/1999. **4:** incorreta. A avocação é sempre temporária, conforme disposto no art. 15 da Lei 9.784/1999. **5:** correta. O art. 49, da Lei 9.784/1999 prevê essa possibilidade de prorrogação do prazo de 30 dias para emissão de decisão, por ato motivado da autoridade administrativa. **6:** Incorreta. Os recursos, salvo disposição em contrário, não possuem efeito suspensivo (art. 61, da Lei 9784/99). **AW**

Gabarito: 1C, 2E, 3C, 4E, 5C, 6E

7. BENS PÚBLICOS

(Analista – TRT2 – FCC – 2018) Tendo o Poder Público decidido transferir a prestação de serviço público de transporte de passageiros a empresa privada, optou por fazê-lo mediante permissão e não por concessão, o que significa que

(A) a exploração se dará por conta e risco do permissionário, mediante cobrança de tarifa do usuário.

(B) está dispensado o prévio procedimento licitatório para seleção das empresas permissionárias.

(C) se trata de serviço público não exclusivo, passível de exploração privada por autorização administrativa.

(D) a exploração não poderá ultrapassar o prazo de 2 anos, prorrogável, justificadamente, por igual período.

(E) será transferida a titularidade do serviço ao permissionário, para sua exploração mediante cobrança de taxa.

A: correta. Segundo o art. 2º, IV da Lei 8.987/1995, a permissão de serviço público consiste na delegação, a título precário, mediante licitação, da prestação de serviços públicos, feita pelo poder concedente à pessoa física ou jurídica que demonstre capacidade para seu desempenho, por sua conta e risco; **B:** incorreta. Segundo o art. 2º, IV da Lei 8.987/1995, "a permissão de serviço público consiste na delegação, a título precário, **mediante licitação**, da prestação de serviços públicos, feita pelo poder concedente à pessoa física ou jurídica que demonstre capacidade para seu desempenho, por sua conta e risco"; **C:** incorreta. Serviços públicos não exclusivos são aqueles em que tanto o Estado quando o particular o prestam, sem a necessidade de delegação. O particular presta esse serviço, mas o Estado também está obrigado a fazê-lo. São exemplos de serviços públicos não exclusivos os serviços de saúde, de educação e de previdência. Quando prestados por particulares, o STF os entende como serviços de relevância pública; **D:** incorreta. Uma das características doutrinárias da permissão é justamente quanto à estabilidade do vínculo, que é precária. Há que se ressaltar, todavia, que existem autores que reconhecem a possibilidade de fixação de prazo na permissão, o que a tornaria uma permissão condicionada ou qualificada. Nesse caso, praticamente desapareceria a diferença entre o instituto da permissão e da concessão; **E:** incorreta. Mediante a permissão e mesmo via concessão, não ocorre nunca a transferência da titularidade do serviço público, que remanesce do Estado: o que ocorre é a delegação de sua execução. **FMB**

Gabarito: "A".

(Analista Jurídico – TRT2 – FCC – 2018) O regime jurídico aplicável aos imóveis públicos se presta à proteção dos mesmos, especialmente porque estes devem se destinar ao atingimento do interesse público e à prestação de utilidades em favor dos administrados. Nesse sentido, dentre as prerrogativas e proteções impostas aos bens públicos,

(A) a inalienabilidade não permite venda ou doação de bens de uso comum do povo, de bens especiais ou de bens dominicais, independentemente de o titular integrar a Administração pública direta ou indireta.

(B) a impenhorabilidade impede que os bens públicos sejam compulsoriamente penhorados, admitindo essa garantia apenas quando em caráter voluntário por parte da Administração pública.

(C) a inalienabilidade protege os bens públicos afetados a uma finalidade pública, inclusive aqueles pertencentes a autarquias.

(D) não se incluem os bens pertencentes às autarquias, salvo quando expressamente previstos em lei.

(E) não se inclui a inalienabilidade dos bens de uso especial, tendo em vista que somente os bens de uso comum do povo são indisponíveis.

A: incorreta. Os bens públicos gozam de certas prerrogativas decorrentes do regime jurídico que lhes é peculiar. Dentre essas prerrogativas encontra-se a inalienabilidade, ou melhor, a alienabilidade condicionada, pois os bens públicos podem ser alienados, desde que atendidos os requisitos estampados no art. 17 da Lei 8.666/1993, quais sejam: 1- seja o bem desafetado de sua destinação pública, 2- haja a demonstração do interesse público na alienação desse bem, 3- ocorra a avaliação prévia do bem; e 4- mediante a regular realização de procedimento licitatório prévio à alienação. Segundo o art. 98 do Código Civil, "são públicos os bens do domínio nacional pertencentes às pessoas jurídicas de direito público interno; todos os outros são particulares"; **B:** incorreta. Não existe exceção a essa regra, que determina que os bens públicos não podem ser penhorados em juízo para fins de garantia; **C:** correta. Sendo pessoa de direito público interno, como é o caso das autarquias, o bem é considerado público e possui todas as prerrogativas decorrentes dessa situação; **D:** incorreta. Segundo o art. 98 do Código Civil, "são públicos os bens do domínio nacional pertencentes a pessoas jurídicas de direito público interno; todos os outros são particulares", de modo que as autarquias, como pessoas de direito público que são, têm seus bens submetidos a esse regime jurídico; **E:** incorreta. Os bens públicos, sejam eles de uso comum do povo, de uso especial ou mesmo dominicais (nesse último caso, já desafetados), gozam de certas prerrogativas decorrentes do regime jurídico que lhes é peculiar. Dentre essas prerrogativas encontra-se a inalienabilidade, ou melhor, a alienabilidade condicionada, pois os bens públicos podem ser alienados, desde que atendidos os requisitos estampados no art. 17 da Lei 8.666/1993, quais sejam: 1- seja o bem desafetado de sua destinação pública, 2- haja a demonstração do interesse público na alienação desse bem, 3- ocorra a avaliação prévia do bem; e 4- mediante a regular realização de procedimento licitatório prévio à alienação. **FMB**

Gabarito "C".

(Analista Jurídico – TRF5 – FCC – 2017) A Administração pública federal, buscando angariar receita para investir em políticas públicas prioritárias, decidiu alienar alguns de seus bens. Para tanto, objetivando dar transparência ao processo e legitimar a política pública, publicou relação dos bens que seriam, respeitadas as formalidades legais, alienados. É juridicamente viável que dessa relação constem:

(A) os rios navegáveis, em razão da pujança econômica do país, que produz grãos e precisa escoá-los.

(B) os imóveis, independentemente da destinação legal, porquanto podem perder o caráter da inalienabilidade por meio da afetação.

(C) os bens do domínio público, porquanto, na hipótese, o princípio da eficiência se sobrepõe ao da legalidade, autorizando, assim, a alienação.

(D) os bens dominicais também denominados de bens do domínio privado do estado.

(E) todos os imóveis, desde que suscetíveis de valoração patrimonial, mesmo que afetados à prestação de serviços públicos, em especial nas hipóteses de bens administrados por concessionárias de serviço público, que têm a obrigação de realizar investimentos como forma de compensação pelo direito de explorar, por prazos longos, serviços públicos.

A: incorreta. Os bens de uso comum do povo são aqueles que se destinam à utilização geral pelos indivíduos, tal destinação pode decorrer da natureza do bem ou de previsão legal, e são voltados à coletividade. Os rios navegáveis são bem de uso comum do povo e, pela própria natureza, devem manter essa destinação em prol do bem comum, de modo que ilícita como regra geral sua eventual desafetação e alienação ulterior; B: incorreta. Os imóveis pertencentes ao ente público são, dependendo de sua destinação, bens de uso comum, de uso especial ou de uso dominial. Os bens de uso comum do povo são aqueles que se destinam à utilização geral pelos indivíduos. Tal destinação pode decorrer da natureza do bem ou de previsão legal, e são voltados à coletividade. Os chamados bens de uso especial ou do patrimônio administrativo são os destinados à execução dos serviços públicos, direta ou indiretamente. Já os chamados bens dominiais são os bens do patrimônio disponível do Estado, isto é, que não possuem destinação especial, sem finalidade pública. Ou seja, apenas com a aferição de sua destinação legal é que se pode ou não determinar se é o caso de desafetação e perda do caráter de inalienabilidade; C: incorreta. Os bens do domínio público, aqui entendido no sentido de bem de uso comum do povo, são aqueles que se destinam à utilização geral pelos indivíduos. Tal destinação pode decorrer da natureza do bem ou de previsão legal, e são voltados à coletividade. Esses bens são dotados da característica de inalienabilidade, a qual só poderá ser alterada mediante desafetação em que comprovado o atendimento ótimo ao interesse público; D: correta. Os chamados bens dominiais são os bens do patrimônio disponível do Estado, isto é, que não possuem destinação especial, sem finalidade pública. Eles são os bens públicos passíveis de alienação por excelência; E: incorreta. Os imóveis pertencentes ao ente público são, dependendo de sua destinação, bens de uso comum, de uso especial ou de uso dominial. Os bens de uso comum do povo são aqueles que se destinam à utilização geral pelos indivíduos. Tal destinação pode decorrer da natureza do bem ou de previsão legal, e são voltados à coletividade. Os chamados bens de uso especial ou do patrimônio administrativo são os destinados à execução dos serviços públicos, direta ou indiretamente. Já os chamados bens dominiais são os bens do patrimônio disponível do Estado, isto é, que não possuem destinação especial, sem finalidade pública. Ou seja, apenas com a aferição de sua destinação legal é que se pode ou não determinar se é o caso de desafetação e perda do caráter de inalienabilidade. Vale aqui ressaltar que são considerados bens de uso especial aqueles que, objetivando a prestação de serviços público, estejam sendo utilizados por particulares. FMB

Gabarito "D".

(Analista – TJ/DFT – 2013 – CESPE) Julgue o item seguinte.

(1) Consideram-se bens públicos dominicais os que constituem o patrimônio das pessoas jurídicas de direito público, como objeto de direito pessoal ou real de cada uma delas, os quais se submetem a um regime de direito privado, pois a administração pública age, em relação a eles, como um proprietário privado.

1: assertiva certa (art. 99, III, do CC). WG

Gabarito 1C.

8. INTERVENÇÃO DO ESTADO NA PROPRIEDADE

8.1. Servidão administrativa

(Analista Judiciário – TRT/8ª – 2016 – CESPE) Assinale a opção que indica a modalidade interventiva do Estado na propriedade que tenha como características natureza jurídica de direito real, incidência sobre bem imóvel, caráter de definitividade, indenização prévia e condicionada à existência de prejuízo e constituição mediante acordo ou decisão judicial.

(A) requisição

(B) tombamento

(C) servidão administrativa

(D) ocupação temporária

(E) desapropriação

A: incorreta, pois a requisição é *temporária*, pode incidir sobre imóvel ou *móvel, não* constitui direito real, é constituída por ato administrativo e a indenização, quando cabível, é **ulterior** (posterior); **B:** incorreta, pois o tombamento pode incidir sobre imóvel ou móvel, só em casos excepcionais enseja indenização e em geral é constituído por *ato administrativo*; **C:** correta, pois a servidão tem todas as características apontadas no enunciado, em especial o fato de que é direito real incidente apenas sobre imóvel, o que vai diferenciá-la da desapropriação, pois esta recai tanto sobre imóvel, como sobre bem móvel; **D:** **i**ncorreta, pois esta é temporária e é constituída por ato administrativo; E: incorreta, pois a desapropriação recai tanto sobre imóvel, como sobre bem móvel. WG

Gabarito "C".

9. RESPONSABILIDADE DO ESTADO

(Analista – MPU – CESPE – 2018) Acerca da responsabilidade civil do Estado, julgue os seguintes itens.

(1) Na hipótese de prejuízo gerado por ato omissivo de servidor público, a responsabilidade deste será subjetiva.

(2) A vítima que busca reparação por dano causado por agente público poderá escolher se a ação indenizatória será proposta diretamente contra o Estado ou em litisconsórcio passivo entre o Estado e o agente público causador do dano.

1: correta. **No caso de ato omissivo,** não se pode dizer que o Estado causou materialmente um dano, pois uma omissão não é capaz de "causar" coisa alguma, situação que impede a aplicação da responsabilidade objetiva prevista no art. 37, § 6º, da CF, que se aplica quando o Estado, por seus agentes, "causa" um dano a terceiro; por outro lado, não é possível simplesmente aplicar o Código Civil nesse tipo de situação (omissiva), pois esse Código é fundado em princípios de Direito Privado, e a responsabilidade estatal deve ser fundada em princípios de Direito Público; assim sendo, em caso de conduta omissiva do Estado, esse responderá **subjetivamente**, mas com fundamento na **culpa administrativa** e não na culpa do funcionário público; **2:** incorreta, não há litisconsórcio passivo porque o fundamento da responsabilidade é diverso: o Estado responde por responsabilidade objetiva, ao passo que o agente público responderá caso reste comprovado seu dolo ou culpa, ou seja, uma vez configurada a responsabilidade subjetiva; FB

(Analista – TJ/SC – FGV – 2018) Imagine duas hipóteses em que um cidadão é vítima de roubo em via pública. O primeiro crime ocorre em uma rua deserta de madrugada, e o segundo, em rua movimentada, na parte da tarde, em frente à delegacia, onde havia policiais na entrada, que nada fizeram.

De acordo com jurisprudência e doutrina modernas, em tese, incide a responsabilidade civil:

(A) objetiva em ambas as hipóteses, e a omissão estatal acarreta o dever de indenizar o cidadão, sem necessidade de comprovação do elemento subjetivo do agente público;

(B) subjetiva em ambas as hipóteses, e a omissão estatal acarreta o dever de indenizar o cidadão, com necessidade de comprovação do elemento subjetivo do agente público;

(C) objetiva na segunda hipótese, e a omissão específica estatal acarreta o dever de indenizar o cidadão, sem necessidade de comprovação do elemento subjetivo do agente público;

(D) subjetiva na primeira hipótese, e a omissão genérica estatal acarreta o dever de indenizar o cidadão, sem necessidade de comprovação do elemento subjetivo do agente público;

(E) objetiva na primeira hipótese, e a omissão específica estatal acarreta o dever de indenizar o cidadão, sem necessidade de comprovação do elemento subjetivo do agente público.

A assertiva traz a questão da omissão estatal específica, que enseja a responsabilidade do Estado objetiva, e a omissão genérica, que enseja a responsabilidade na modalidade subjetiva, desde que efetivamente comprovada a culpabilidade estatal. Para caracterização dessa última, há que existir a omissão, o nexo causal entre essa omissão e o resultado danoso, o dano, a omissão no dever legal de agir e a culpabilidade. No caso da assertiva em tela, a primeira hipótese é omissão genérica que demanda a comprovação da culpabilidade e a segunda é omissão específica a ensejar a responsabilidade objetiva do Estado. **FB**
Gabarito "C".

(Analista – TRT2 – FCC – 2018) Suponha que determinado cidadão tenha sofrido ferimentos enquanto aguardava uma audiência em um prédio do Poder Judiciário, ocasionados por um servidor que buscava conter um tumulto que se formou no local em razão de protestos de determinada categoria de funcionários públicos. Referido cidadão buscou a responsabilização civil do Estado pelos danos sofridos. De acordo com o que predica a teoria do risco administrativo, o Estado

(A) possui responsabilidade objetiva pelos danos sofridos pelo cidadão, descabendo qualquer excludente de responsabilidade, como força maior, culpa da vítima ou de terceiros.

(B) apenas responde pelos danos causados em caráter comprovadamente doloso ou culposo pelos seus agentes, assegurado o direito de regresso contra o agressor.

(C) não responde pelos danos causados, salvo se comprovada omissão no dever de fiscalizar a prestação do serviço público envolvido e suas condições de segurança.

(D) possui responsabilidade subjetiva pelos danos sofridos pelo cidadão, a quem compete comprovar o nexo de causalidade e a culpa anônima do serviço.

(E) pode ser responsabilizado, independentemente de culpa ou dolo de seus agentes, excluindo-se tal responsabilidade se comprovada culpa de terceiros.

B: correta. A Constituição Federal consagra a teoria da responsabilidade objetiva do Estado, estabelecendo que: "as pessoas jurídicas de direito público e as de direito privado prestadoras de serviços públicos responderão pelos danos que seus agentes, nessa qualidade, causarem a terceiros, assegurado o direito de regresso contra o responsável nos casos de dolo ou culpa" – art. 37, § 6º CF/88. Mas essa responsabilidade, ainda que objetiva, tem limites. O direito administrativo brasileiro não adota a teoria do risco integral, mas sim a do risco administrativo, o que implica a existência de excludentes da responsabilidade estatal, quais sejam: a culpa exclusiva da vítima, em caso fortuito ou de força maior. **FMB**
Gabarito "B".

(Analista Judiciário – TRE/SP – FCC – 2017) Suponha que tenha ocorrido o rompimento de uma adutora de empresa prestadora de serviço público de saneamento básico, causando prejuízos materiais a diversas famílias que residem na localidade, as quais buscaram a responsabilização civil da empresa objetivando a reparação dos danos sofridos. De acordo com o regramento constitucional aplicável, referida empresa

(A) será responsável pelos danos sofridos pelos moradores desde que comprovada culpa dos agentes encarregados pela operação ou falha na prestação do serviço.

(B) sujeita-se, sendo pública ou privada, à responsabilização subjetiva, baseada na teoria da culpa administrativa.

(C) não poderá ser responsabilizada pelos prejuízos causados, eis que, em se tratando de responsabilidade subjetiva, o caso fortuito seria excludente da responsabilidade.

(D) sujeita-se, ainda que concessionária privada de serviço público, à responsabilização objetiva, que admite, em certas hipóteses, algumas causas excludentes de responsabilidade, como força maior.

(E) somente estará sujeita à responsabilização objetiva se for uma empresa pública, aplicando-se a teoria do risco administrativo.

A: Incorreta. A empresa, sendo prestadora de serviços públicos, responde objetivamente por essa atividade, na forma do disposto no art. 37, § 6º, CF, por isso, independe da responsabilização do agente, que só lhe interessará para fins de ação de regresso. **B:** Incorreta. Sujeita-se, como dito acima, à responsabilidade objetiva, conforme expressamente disposto no art. 37, § 6º, CF. **C:** Incorreta. Temos hipótese de empresa prestadora de um serviço público, por isso sua responsabilidade é objetiva (art. 37, § 6º, CF), não havendo nada no enunciado que afaste a incidência dessa teoria. **D:** Correta. Como nosso ordenamento jurídico adota a Teoria do Risco Administrativo quanto à responsabilidade objetiva do Estado, admite-se a existência das excludentes de responsabilidade, razão pela qual, a força maior poderia ser alegada pela empresa. **E:** Incorreta. Tanto pessoas físicas quanto jurídicas, prestadoras de serviços públicos respondem objetivamente, na forma do disposto no art. 37, § 6º, CF. **AW**
Gabarito "D".

(Analista Judiciário – TRT/8ª – 2016 – CESPE) Marcos, motorista de um ônibus de transporte público de passageiros de determinado município, ao conduzir o veículo, por sua culpa, atropelou e matou João. A família da vítima ingressou com uma ação de indenização contra o município e a concessionária de transporte público municipal, que administra o serviço. Citada, a concessionária municipal denunciou à lide Marcos, por entender que ele deveria ser responsabilizado, já que fora o causador do dano. O município alegou ilegitimidade passiva e ausência de responsabilidade no caso. A respeito dessa situação hipotética, assinale a opção correta conforme o entendimento doutrinário e jurisprudencial relativamente à responsabilidade civil do Estado.

(A) A denunciação à lide, no caso, não será obrigatória para se garantir o direito de regresso da concessionária contra Marcos.

(B) A culpa exclusiva ou concorrente da vítima afasta a responsabilidade civil objetiva da concessionária.

(C) A reparação civil do dano pelo município sujeita-se ao prazo prescricional de vinte anos.

(D) A responsabilidade civil da concessionária, na hipótese, será subjetiva, pois João não era usuário do serviço público de transporte coletivo.

(E) A responsabilidade civil do município, no caso, será objetiva, primária e solidária.

A: correta, pois a jurisprudência já se pacificou no sentido de que a denunciação à lide não é obrigatória para se garantir o direito de regresso da concessionária de serviço público em face de seu funcionário; **B:** incorreta, pois a culpa concorrente da vítima não afasta a responsabilidade objetiva da concessionária; **C:** incorreta, pois o prazo prescricional para reparação civil em face do município é de 5 anos; **D:** incorreta, pois o STF pacificou o entendimento no sentido de que a responsabilidade do prestador de serviço público é objetiva tanto em favor do usuário do serviço quanto em favor do não usuário do serviço vítima de dano pela prestação do serviço público; **E:** incorreta, pois a responsabilidade do Município é *subsidiária*, devendo-se acionar a empresa concessionária e, caso esta não possa suportar o pagamento da indenização, o município deverá assumir esse pagamento. WG
Gabarito "A."

(Analista – TRT/10ª – 2013 – CESPE) No tocante à responsabilidade civil da Administração, julgue o item subsequente.

(1) Pela teoria da *faute du service*, ou da culpa do serviço, eventual falha é imputada pessoalmente ao funcionário culpado, isentando a administração da responsabilidade pelo dano causado.

1: assertiva errada, pois, de acordo com essa teoria, aplicável apenas nas omissões estatais que propiciam dados a terceiros, o Estado responderá subjetivamente nesses casos, sendo necessário comprovar que o serviço estatal é defeituoso, comprovação essa que não recairá sobre eventual culpa de um determinado funcionário público, mas sim sobre se o serviço estatal foi mesmo prestado e, se o foi, tratou-se de serviço que funcionou mal ou tardiamente; enfim, verificar-se-á se há ou não a chamada culpa anônima do serviço (anônima, pois não se analisará a conduta individual de funcionários); dessa forma, comprovado que o serviço estatal foi defeituoso, o Estado é quem responderá (e não um funcionário público, que sequer pode ser acionado diretamente pela vítima), podendo até entrar com ação de regresso contra algum agente público se eventualmente ficar demonstrado que o agente, no caso concreto, agiu com culpa ou dolo na causação do dano ao particular. WG
Gabarito 1E

(Analista – TRT/10ª – 2013 – CESPE) Todos os anos, na estação chuvosa, a região metropolitana de determinado município é acometida por inundações, o que causa graves prejuízos a seus moradores. Estudos no local demonstraram que os fatores preponderantes causadores das enchentes

são o sistema deficiente de captação de águas pluviais e o acúmulo de lixo nas vias públicas. Considerando essa situação hipotética, julgue os itens subsequentes.

(1) Caso algum cidadão pretenda ser ressarcido de prejuízos sofridos, poderá propor ação contra o Estado ou, se preferir, diretamente contra o agente público responsável, visto que a responsabilidade civil na situação hipotética em apreço é solidária.

(2) De acordo com a jurisprudência e a doutrina dominante, na hipótese em pauta, casa haja danos a algum cidadão e reste provada conduta omissiva por parte do Estado, a responsabilidade deste será subjetiva.

1: assertiva errada, pois o STF não admite que se ingresse com ação diretamente em face do agente público, devendo a ação ser ajuizada em face do Estado, que, caso haja culpa do agente público, pode acionar este de forma regressiva; **2:** assertiva certa, pois este é o posicionamento dos Tribunais Superiores a respeito do tema. WG
Gabarito 1E, 2C

(Analista – TRE/GO – 2015 – CESPE) Em decorrência do lançamento indevido de condenação criminal em seu registro eleitoral, efetuado por servidor do TRE/GO, um cidadão que não havia cometido nenhum crime, ficou impedido de votar na eleição presidencial, razão por que ajuizou contra o Estado ação pleiteando indenização por danos morais. Apurou-se que o erro havia ocorrido em virtude de homonímia e que tal cidadão, instado pelo TRE/GO em determinado momento, havia se recusado a fornecer ao tribunal o número de seu CPF. Considerando a situação hipotética apresentada, julgue os itens seguintes, referentes à responsabilidade civil do Estado.

(1) Em sua defesa, o poder público poderá alegar culpa do cidadão na geração do erro, uma vez que ele não forneceu o número de seu CPF. Nesse caso, conforme a teoria do risco administrativo, demonstrada culpa da vítima, a indenização poderá ser atenuada ou excluída.

(2) Para garantir o seu direito de regresso, o poder público, ao responder à ação de indenização, deverá promover a denunciação da lide ao servidor causador ao suposto dano.

(3) Na referida ação, fundamentada na responsabilidade objetiva do Estado, constarão como corréus o servidor responsável pelo erro e o poder público.

1: correta; de fato, como não se adota a Teoria do Risco Integral como fundamento para a responsabilidade do Estado no Brasil, admite-se então que este invoque excludentes ou mitigadores de sua responsabilidade; no caso, comprovada a culpa concorrente, a indenização a ser paga pelo Estado diminuiria de valor e comprovada a culpa exclusiva da vítima, a responsabilidade do Estado restaria excluída ; **2:** incorreta, pois é pacífico na jurisprudência que o Estado não é obrigado a denunciar da lide o servidor não ação em que o primeiro é acionado, até porque não poderia uma norma infraconstitucional que determinasse a denunciação da lide superar a própria norma constitucional (art. 37, § 6º, da CF), que dá o direito do Estado agir em regresso, sem fixar que isso deve se dar na demanda em que o Estado é acionado pela vítima; **3:** incorreta, pois o STF é pacífico no sentido de que a vítima só poderá ingressar com ação contra o Estado, não podendo acionar diretamente o agente público, que só poder será acionado pelo Estado (em ação de regresso) se houver agido com culpa ou dolo. WG
Gabarito 1C, 2E, 3E

(**Analista – TJ/AM – 2013 – FGV**) A responsabilidade civil do Estado atualmente é regida pela teoria do risco administrativo. Embora a questão seja controvertida, parte da doutrina aceita aplicar, em alguns casos, a *teoria do risco integral*. A respeito dessa teoria, assinale a afirmativa correta.

(**A**) O Estado apenas deixaria de indenizar provando-se culpa exclusiva da vítima.

(**B**) Não há excludentes de responsabilização; havendo relação entre o dano e a atividade desenvolvida a indenização se impõe.

(**C**) Havendo fortuito ou força maior, o Estado deixaria de indenizar.

(**D**) As mesmas excludentes do risco administrativo são aplicáveis ao risco integral, mas nesse caso não se exige a prova de dolo ou culpa ao contrário do primeiro.

(**E**) O risco integral é uma teoria objetiva, ao contrário do risco administrativo de índole subjetiva.

A, **C** e **D**: assertivas incorretas, pois, pela teoria do risco integral, não há excludentes de responsabilidade em favor do Estado; **B**: assertiva correta, pois, pela teoria do risco integral basta a relação entre o dano e atividade desenvolvida para a configurar a responsabilização patrimonial estatal, não sendo possível que o Estado oponha qualquer tipo de excludente para afastar a sua responsabilidade; **E**: assertiva incorreta, pois ambas as teorias são de índole objetiva, ou seja, são no sentido de que o Estado responde objetivamente, vale dizer, independentemente de culpa ou dolo. WG
Gabarito "B".

(**Analista – TJ/AM – 2013 – FGV**) A responsabilidade civil da Administração Pública tem como fundamento jurídico o art. 37, § 6º, da CF, que consagra a teoria do risco administrativo. Assinale a alternativa que indica as pessoas que são sujeitas à responsabilização pelo mencionado dispositivo.

(**A**) Toda a administração direta e indireta.

(**B**) Apenas a administração indireta.

(**C**) Apenas as pessoas jurídicas prestadoras de serviço público.

(**D**) Apenas a administração direta.

(**E**) Apenas a administração direta, as pessoas jurídicas de direito público e as pessoas jurídicas privadas prestadoras de serviço público.

A: assertiva incorreta, pois respondem assim somente as pessoas jurídicas de direito público e de direito privado prestadores de serviço público (art. 37, § 6º, da CF); dessa forma, há pessoas que sequer são da Administração Direta e Indireta, mas que respondem da forma mencionada (ex.: concessionários privados de serviços públicos) e há pessoas que são da Administração Indireta e que não respondem dessa forma (ex.: pessoas jurídica de direito privado estatal não prestadora de serviço público, como um banco estatal, que é explorador de atividade econômica); **B**: assertiva incorreta, pois a União, os Estados, o Distrito Federal e os Municípios são da Administração Direta e, por serem pessoas jurídicas de direito público, respondem da forma mencionada; **C**: assertiva incorreta, pois as pessoas jurídicas de direito público também respondem da forma mencionada (art. 37, § 6º, da CF); **D**: incorreta, pois pessoas jurídicas da Administração Indireta, desde que de direito público (ex.: autarquias e agências reguladoras) ou de direito privado prestadoras de serviço público (ex.: empresa estatal concessionária de serviço público), respondem objetivamente nos termos do art. 37,

§ 6º, da CF; **E**: assertiva correta (art. 37, 6º, da CF), lembrando que os entes da Administração Direta são também pessoas jurídicas de direito público. WG
Gabarito "E".

(**Analista – TRT/6ª – 2012 – FCC**) De acordo com o ordenamento jurídico brasileiro, a responsabilidade civil do Estado depende necessariamente

(**A**) da comprovação de conduta comissiva dolosa ou omissiva culposa do agente público.

(**B**) do nexo de causalidade entre a ação ou omissão de seus agentes e o dano causado a terceiros.

(**C**) da prévia condenação do agente público em procedimento disciplinar.

(**D**) da comprovação da falha na prestação do serviço ou conduta dolosa do agente público.

(**E**) da omissão de agente público, consubstanciada na negligência na prestação do serviço.

A: assertiva incorreta, pois a responsabilidade do Estado, como regra, é objetiva, dependendo apenas de "conduta + dano + nexo de causalidade", não sendo necessário comprovar culpa ou dolo do agente (art. 37, § 6º, da CF); vale salientar que a responsabilidade do Estado por condutas omissivas é subjetiva, o que faz com que se tenha de demonstrar, além dos elementos citados, o elemento "serviço defeituoso", também chamado de "falta do serviço"; **B**: assertiva correta, pois, de fato, esses elementos são necessários; **C**: assertiva incorreta, pois a responsabilidade civil é totalmente independente da responsabilidade administrativa; **D**: assertiva incorreta, pois a comprovação da falha no serviço só é necessária no caso de omissões estatais, em que a responsabilidade é subjetiva; como regra, tem-se responsabilidade objetiva, pela qual não é necessário comprovar nem a falha no serviço, nem conduta culposa ou dolosa do agente público; **E**: assertiva incorreta, pois a omissão culposa do agente público só é pertinente quando se está analisando a responsabilidade subjetiva do Estado, que é exceção; como regra, tem-se a responsabilidade objetiva, que só requer "conduta + dano + nexo de causalidade". WG
Gabarito "B".

(**Analista – TRE/PR – 2012 – FCC**) Durante uma perseguição a suspeitos, uma viatura policial estadual avançou o sinal vermelho e colidiu com outro veículo, particular, causando danos de grande monta e também lesões corporais nos integrantes do veículo. Nessa hipótese, com base na Constituição Federal e com as informações constantes deste preâmbulo, o Estado

(**A**) responde apenas subjetivamente, desde que haja culpa do agente público, uma vez que este estava no regular desempenho de sua função.

(**B**) responde subjetivamente pelos danos sofridos pelos particulares, desde que reste comprovada negligência do condutor da viatura.

(**C**) responde objetivamente pelos danos sofridos pelos particulares, cabendo direito de regresso contra o condutor da viatura na hipótese de ser comprovada culpa ou dolo.

(**D**) responde subjetivamente, caso seja demonstrado o nexo de causalidade, e o servidor responde objetivamente pelos danos causados.

(**E**) e o servidor respondem objetivamente, uma vez que avançar sinal vermelho significa negligência de natureza gravíssima.

A: assertiva incorreta, pois o caso revela ato comissivo estatal, que impõe responsabilização *objetiva* do Estado (e não subjetiva), ou seja, independentemente da existência de culpa ou dolo ou da demonstração de falta do serviço; nem mesmo a alegação de exercício regular da função afasta a responsabilidade estatal, se demonstrados os requisitos da responsabilidade objetiva (conduta comissiva, dano e nexo de causalidade); **B e D:** assertivas incorretas, pois, como seu viu, a responsabilidade é objetiva e não subjetiva; **C:** assertiva correta, pois reflete o disposto no art. 37, § 6°, da CF; **E:** assertiva incorreta, pois, em sendo a responsabilidade objetiva, não há que se discutir se há conduta culposa, de maneira que é totalmente impertinente dizer que a responsabilidade existe porque houve negligência (espécie de culpa). WG

Gabarito "C"

(Analista – TRE/SP – 2012 – FCC) De acordo com a Constituição Federal brasileira, as pessoas jurídicas de direito público e as de direito privado prestadoras de serviço público respondem pelos danos que seus agentes, nessa qualidade, causarem a terceiros. Isso significa que a responsabilidade extracontratual do Estado

(A) independe da comprovação de dolo ou culpa do agente, bastando a comprovação do nexo de causalidade entre a ação do agente público e o dano e a ausência de condições excludentes.

(B) depende da comprovação do dolo ou culpa do agente público, caracterizadora da falha na prestação do serviço público.

(C) independe da comprovação de dolo ou culpa do agente, o qual responde pelos danos causados perante os terceiros, podendo exercer direito de regresso em face da Administração na hipótese de causas excludentes da ilicitude da sua conduta.

(D) é de natureza objetiva, sendo afastada quando comprovada a culpa ou dolo exclusivo do agente que, em tal hipótese, responde diretamente perante o particular.

(E) é de natureza subjetiva, condicionada à comprovação de culpa exclusiva do agente público.

A: assertiva correta, pois reflete o disposto no art. 37, § 6°, da CF, que estabelece a responsabilidade objetiva do Estado, ou seja, a responsabilidade independentemente de comprovação de culpa ou dolo do agente; **B:** assertiva incorreta, pois a responsabilidade objetiva independem da comprovação de culpa ou dolo do agente público ou qualquer outro tipo de prova que visa a caracterizar a falha no serviço público, comprovação esta típica do caso em que o Estado responde subjetivamente, ou seja, dos casos de condutas omissivas estatais; **C:** assertiva incorreta, pois o agente público não poderá ser acionado diretamente pela vítima; esta só se pode ingressar com ação em face do Estado e este, em caso de culpa ou dolo do agente, poderá agir regressivamente; **D:** assertiva incorreta, pois, como seu viu, o agente público não pode ser acionado diretamente pela vítima; **E:** assertiva incorreta, pois a responsabilidade do Estado por condutas comissivas é objetiva. WG

Gabarito "A"

10. SERVIÇOS PÚBLICOS

10.1. Conceito, classificação e características

(Analista – MPU – CESPE – 2018) Acerca de serviços públicos, julgue o item a seguir.

(1) A encampação é a denominação dada a uma forma de se extinguir a concessão para a prestação de serviço

público e ocorre quando a concessão é extinta em decorrência de atuação culposa do concessionário.

1: incorreta – encampação ou resgate é o encerramento da concessão por ato do Poder Concedente, durante o transcurso do prazo inicialmente fixado, *por motivo de conveniência e oportunidade administrativa* (espécie de revogação) sem que o concessionário haja dado causa ao ato extintivo. Depende de lei específica que o autorize, como forma de proteção ao concessionário e também porque geralmente enseja grandes custos. É necessária prévia indenização, que compense o investimento ainda não amortizado, bem como que faça frente aos lucros cessantes pela extinção prematura do contrato de concessão, já que não há culpa do concessionário. Bens revertem ao Poder Concedente. Ex.: fim dos bondes. FB

Gabarito 1E

(Analista – TRT/2ª – 2014 – FCC) A prestação de serviços públicos de natureza essencial

(A) pode ser prestada direta ou indiretamente pelo poder público, admitindo-se mais de uma forma de negócio jurídico prestante a essa finalidade, quaisquer delas submetidas aos princípios que regem os serviços públicos.

(B) submete-se integralmente ao princípio da continuidade do serviço público, quando prestado diretamente pelo poder público ou por terceiros, afastando-se, contudo, o princípio da igualdade dos usuários, na medida em que é inerente à mutabilidade do regime permitir que se estabeleça distinção entre os administrados.

(C) pode ser prestada indiretamente, por meio de instrumento jurídico de outorga legalmente previsto, hipótese em que ficam afastados os princípios que informam a Administração pública e a execução dos serviços públicos, submete-se ao regime jurídico transmuta-se para privado, para maior competitividade.

(D) submete-se ao princípio da continuidade do serviço público quando executado diretamente pela Administração pública, tendo em vista que não se pode impor ao privado prejuízos decorrentes dessa obrigação.

(E) quando desempenhada pelos privados, com base em regular outorga por meio de ato unilateral legalmente previsto, submete-se ao princípio da continuidade do serviço público, afastando-se, contudo, o princípio da igualdade dos usuários, na medida em que a mutabilidade do regime permite estabelecer distinção entre os administrados, para otimização de receita.

A: correta, pois a CF admite a prestação do serviço público diretamente pelo Estado ou por terceiro (art. 175, *caput*) e a própria CF admite mais de uma forma dessa delegação, como permissão e concessão (art. 175, *caput*); **B:** incorreta, pois o princípio da igualdade dos usuários, corolário do grande princípio da isonomia não pode ser afastado, sob pena de violação ao princípio de índole constitucional; **C:** incorreta, pois, em se tratando de um serviço que a lei ou a Constituição qualifica como "público", de cara o regime aplicável é um regime público, obedecendo-se as leis administrativas, tal como a Lei de Concessões (Lei 8.987/95); **D e E:** incorretas, pois tanto o princípio da continuidade do serviço, como o princípio da igualdade dos usuários devem ser obedecidos pelo concessionário privado; aliás, não é porque houve concessão, que o serviço passou a ser privado; o serviço continua público e, assim, deve obediência aos princípios e regras que regem aquele tipo de serviço. WG

Gabarito "A"

(Analista – TRT/6ª – 2012 – FCC) A respeito dos princípios e regime jurídico aplicável ao serviço público é correto afirmar que

(A) o princípio da universalidade veda a exploração por regime de concessão de serviços de natureza essencial.

(B) a modicidade tarifária impõe a obrigação do poder concedente de subsidiar a prestação de serviço público por concessionários ou permissionários quando o mesmo se mostrar deficitário.

(C) o princípio da universalidade e da igualdade dos usuários veda a suspensão da prestação de serviço público por inadimplemento do usuário.

(D) o princípio da continuidade do serviço público impede a Administração de encampar o serviço enquanto não selecionar, por procedimento licitatório, nova concessionária ou permissionária.

(E) o princípio da continuidade do serviço público impede o concessionário de rescindir unilateralmente o contrato no caso de descumprimento das normas contratuais pelo poder concedente, devendo intentar ação judicial para esse fim.

A: assertiva incorreta, pois esse princípio tem outro sentido, qual seja, o de impor que os serviços públicos estejam à disposição de todos; ademais, a lei não impede que um serviço essencial seja objeto de concessão; **B:** assertiva incorreta, pois a modicidade impõe uma tarifa acessível, o que não significa que o poder concedente tenha que subsidiar o serviço; o fato de um serviço se mostrar deficitário tem que ser analisado com calma, podendo ser que o modelo escolhido tenha sido inadequado (já que se deve usar a parceria público-privada quando as tarifas são insuficientes) ou que a concessionária esteja gerindo mal o serviço; problemas de déficit devem ser resolvidos, num primeiro momento, pelo aumento de tarifa (sem que esta deixa de ser acessível); outra possibilidade é verificar se o edital permite que se institua outras fontes de renda, como a publicidade; **C:** assertiva incorreta, pois, em caso de não pagamento, a Lei 8.987/1995, que disciplina o regime de concessão e permissão de serviços públicos previsto no art. 175 da CF, admite a interrupção no fornecimento do serviço (art. 6º, § 3º, II, da Lei 8.987/1995); **D:** assertiva incorreta, pois o art. 37 da Lei 8.987/1995 não estabelece esse requisito prévio à encampação; **E:** assertiva correta (art. 39 da Lei 8.987/1995). WG
Gabarito "E".

10.2. Concessão de serviço público E PPP

(Analista Judiciário – TJ/AL – 2018 – FGV) O Estado de Alagoas delegou a prestação de determinado serviço público à sociedade empresária, mediante contrato de concessão celebrado na forma da Lei 8.987/95, com prévia licitação, na modalidade de concorrência. Ocorre que o poder concedente vem descumprindo as normas contratuais por prazo já superior a noventa dias.

Na hipótese narrada, de acordo com o texto da Lei 8.987/95, não havendo acordo entre as partes, a concessionária pode promover a extinção do contrato, por meio da:

(A) encampação, com direto à indenização pelos investimentos feitos e ainda não compensados, em razão do princípio do equilíbrio econômico e financeiro do contrato de concessão;

(B) rescisão unilateral, de acordo com cláusula exorbitante existente implicitamente no contrato, baseada no princípio da exceção do contrato não cumprido;

(C) anulação, através de ação judicial especialmente intentada para esse fim, com direito de contraditório e ampla defesa ao poder público;

(D) rescisão judicial, e os serviços prestados pela concessionária não poderão ser interrompidos ou paralisados, até a decisão judicial transitada em julgado;

(E) caducidade, com o retorno ao poder concedente de todos os bens reversíveis, direitos e privilégios transferidos ao concessionário conforme previsto no edital e no contrato.

A: incorreta – **encampação ou resgate é** o encerramento da concessão por ato do Poder Concedente, durante o transcurso do prazo inicialmente fixado, *por motivo de conveniência e oportunidade administrativa* (espécie de revogação) sem que o concessionário haja dado causa ao ato extintivo. Depende de lei específica que o autorize, como forma de proteção ao concessionário e também porque geralmente enseja grandes custos. É necessária prévia indenização, que compense o investimento ainda não amortizado, bem como que faça frente aos lucros cessantes pela extinção prematura do contrato de concessão, já que não há culpa do concessionário. Bens revertem ao Poder Concedente; **B:** incorreta, cláusula exorbitante só existe a favor do Poder concedentes; **C:** incorreta, **anulação da concessão** é o encerramento da concessão quando esta for outorgada com vício jurídico. Se não houve má-fé por parte do concessionário, este terá direito à indenização pelas despesas que teve e para a amortização do investimento; **D:** correta, **rescisão judicial é** forma de extinção feita a pedido de qualquer um dos "contratantes". Como o Poder Público pode extinguir de ofício a concessão, geralmente a rescisão judicial será pedida pelo concessionário, por culpa do Poder Concedente. Na ação pode-se pleitear indenização por não ter havido, ainda, amortização do investimento feito pelo concessionário. Os serviços prestados pela concessionária não poderão ser interrompidos ou paralisados até a decisão judicial transitar em julgado; **E:** incorreta, **caducidade ou decadência é o** encerramento da concessão antes do prazo, *por inadimplência do concessionário*. Depende de prévio processo administrativo, com direito a ampla defesa, para apuração da falta grave do concessionário, processo que só poderá ser acionado após comunicação detalhada à concessionária dos descumprimentos contratuais referidos no § 1º do art. 38 da Lei, dando-lhe prazo para regularização. FB
Gabarito "D".

(Analista – TJ/SC – FGV – 2018) O Estado de Santa Catarina está em situação reiterada e atual de inadimplemento com a concessionária prestadora do serviço público de fornecimento de energia elétrica, no que tange ao pagamento das faturas mensais relativas a contas de luz de diversos prédios públicos.

De acordo com a jurisprudência do Superior Tribunal de Justiça, o corte no fornecimento desse serviço essencial é:

(A) legítimo, em qualquer hipótese, desde que seja precedido de processo judicial, ainda que em sede de tutela de urgência incidental;

(B) legítimo, em qualquer hipótese, desde que seja precedido de processo administrativo, assegurados o contraditório e a ampla defesa;

(C) legítimo, desde que seja precedido de notificação e que a interrupção não atinja unidades prestadoras de serviços indispensáveis à população;

(D) ilegítimo, eis que o Estado também figura como poder concedente, devendo ocorrer compensação no equilíbrio econômico-financeiro do contrato;

(E) ilegítimo, em qualquer hipótese, pela supremacia do interesse público sobre o privado, e pelo princípio da continuidade do serviço público.

É legítimo o corte no fornecimento de serviços públicos essenciais quando inadimplente pessoa jurídica de direito público, desde que precedido de notificação e a interrupção não atinja as unidades prestadoras de serviços indispensáveis à população. Julgados: AgRg no AgRg no AREsp 152296/AP, Rel. Ministro Mauro Campbell Marques, Segunda Turma, julgado em 15/08/2013, DJe 11/12/2013; AgRg no Ag 1270130/RJ, Rel. Ministro Benedito Gonçalves, Primeira Turma, julgado em 16/08/2011, DJe 19/08/2011; AgRg na SS 1764/PB, Rel. Ministro Barros Monteiro, Rel. p/ Acórdão Ministro Ari Pargendler, Corte Especial, julgado em 27/11/2008, DJe 16/03/2009; EAREsp 281559/AP (decisão monocrática), Rel. Ministro Herman Benjamin, julgado em 24/02/2014, DJe 28/02/2014; REsp 992040/RN (decisão monocrática), Rel. Ministro Sérgio Kukina, julgado em 03/10/2013, DJe 09/10/2013; AREsp 276036/MA (decisão monocrática), Rel. Ministro Humberto Martins, julgado em 18/02/2013, DJe 01/02/2013. **FB**
Gabarito "C".

(Analista – TRT1 – 2018 – AOCP) Acerca da Lei 8.987/1995, que dispõe a respeito do regime de concessão e permissão da prestação de serviços públicos, bem como em relação à jurisprudência dos Tribunais Superiores sobre a temática dos serviços públicos, assinale a alternativa correta.

(A) As concessões comuns são caracterizadas pela circunstância de que o concessionário recebe, do poder concedente, determinada contraprestação pecuniária.

(B) As tarifas não poderão ser diferenciadas em função das características técnicas e dos custos específicos provenientes do atendimento aos distintos segmentos de usuários.

(C) O corte no fornecimento de energia elétrica somente pode recair sobre o imóvel que originou o débito, e não sobre outra unidade de consumo do usuário inadimplente.

(D) A transferência de concessão ou do controle societário da concessionária, sem prévia anuência do poder concedente, implicará a rescisão da concessão.

(E) É ilegítimo o corte no fornecimento de serviços públicos essenciais quando inadimplente pessoa jurídica de direito público.

A: incorreta. A concessão de serviço público pode ser conceituada como a *atribuição pelo Estado, mediante licitação, do exercício de um serviço público de que é titular, a alguém que aceita prestá-lo em nome próprio, por sua conta e risco, nas condições fixadas e alteráveis unilateralmente pelo Poder Público, ressalvada a manutenção do equilíbrio econômico-financeiro do contrato;* **B:** *incorreta.* "As tarifas poderão ser diferenciadas em função das características técnicas e dos custos específicos provenientes do atendimento aos distintos segmentos de usuários" – Art. 13 da Lei 8.987/1995; **C:** correta. O corte no fornecimento de energia elétrica somente pode recair sobre o imóvel que originou o débito, e não sobre outra unidade de consumo do usuário inadimplente. Julgados: REsp 662214/RS, Rel. Ministro Teori Albino Zavascki, Primeira Turma, julgado em 06/02/2007, DJ 22/02/2007; REsp 1379083/RS (decisão monocrática), Rel. Ministro Herman Benjamin, Segunda Turma, julgado em 17/05/2013, DJe 04/06/2013; **D:** incorreta. A transferência de concessão ou do controle societário da concessionária sem prévia anuência do poder concedente implicará a <u>caducidade</u> da concessão – Art. 27 da Lei 8.987/1995; **E:** incorreta. É legítimo o corte no fornecimento de serviços públicos essenciais quando inadimplente pessoa jurídica de direito público, <u>desde que precedido de notificação e a interrupção não atinja as unidades prestadoras de serviços indispensáveis à população.</u> Julgados: AgRg no AgRg no AREsp 152296/AP, Rel. Ministro Mauro Campbell Marques, Segunda Turma, julgado em 15/08/2013, DJe 11/12/2013; AgRg no Ag 1270130/RJ, Rel. Ministro Benedito Gonçalves, Primeira Turma, julgado em 16/08/2011, DJe 19/08/2011; AgRg na SS 1764/PB,

Rel. Ministro Barros Monteiro, Rel. p/ Acórdão Ministro Ari Pargendler, Corte Especial, julgado em 27/11/2008, DJe 16/03/2009; EAREsp 281559/AP (decisão monocrática), Rel. Ministro Herman Benjamin, julgado em 24/02/2014, DJe 28/02/2014; REsp 992040/RN (decisão monocrática), Rel. Ministro Sérgio Kukina, julgado em 03/10/2013, DJe 09/10/2013; AREsp 276036/MA (decisão monocrática), Rel. Ministro Humberto Martins, julgado em 18/02/2013, DJe 01/02/2013. **FB**
Gabarito "C".

(Analista – TRT/15 – FCC – 2018) A reversibilidade dos bens utilizados para a prestação dos serviços públicos pela iniciativa privada, mediante concessão regida pela Lei 8.987/1995, caracteriza-se

(A) pelo retorno dos bens afetados ao serviço público ao patrimônio do poder concedente, em razão do custo de aquisição dos mesmos ter sido suportado por recursos públicos mediante aporte.

(B) pela necessidade ou não da continuidade da utilização dos referidos bens para a prestação dos serviços públicos, não havendo que se falar em indenização pela aquisição ou não amortização, tendo em vista que a concessão regida pela Lei 8.987/1995 se presta por conta e risco da concessionária.

(C) pela exigência de que os bens adquiridos pela concessionária sejam de titularidade do poder concedente desde o início da vigência do contrato, sendo vedado ao privado que o registro ou a contabilização do ativo sejam feitos em sua titularidade, sob pena de irreversibilidade material.

(D) pela afetação dos bens ao serviço público prestado, ensejando o retorno dos mesmos à propriedade do poder concedente ao término da concessão, para permitir a continuidade da prestação, direta ou mediante nova delegação a iniciativa privada.

(E) pelo conjunto de bens adquiridos pelo concessionário de serviço público ao longo da concessão contratada, sendo obrigatória a indenização pelo valor dos mesmos ao término da concessão, corrigidos monetariamente desde a data em que ingressaram no patrimônio do privado.

A reversão de bens consiste na *passagem ao Poder Concedente dos bens do concessionário afetados ao serviço público como consequência da extinção da concessão, cuja finalidade é manter a continuidade do serviço público.* Só abrange os bens, de qualquer natureza, vinculados ao serviço público. A reversão se dará nos limites definidos no edital de convocação para a licitação, assegurando-se ao concessionário a amortização do investimento que fez. **FB**
Gabarito "D".

(Analista Judiciário – TRF/2 – Consulplan – 2017) Lei Federal define que determinado serviço público será prestado por particulares, através de concessão, após licitação na modalidade de concorrência. Sobre o tema, assinale a alternativa correta.

(A) O contrato de concessão poderá prever o emprego de arbitragem para resolução de disputas relacionadas ao contrato.

(B) Lei Federal não pode definir que o serviço será prestado por delegação a particulares, por implicar em afronta ao princípio da separação de Poderes.

(C) Com relação à política tarifária do serviço público concedido, qualquer elevação na tarifa cobrada dos usuários deve respeitar a anterioridade tributária.

(D) O concessionário poderá contratar com terceiros para o desenvolvimento de atividades acessórias, sendo esses contratos regidos pelo direito público.

A: Correta. Trata-se do disposto no art. 23-A, da Lei 8.987/1999. **B:** Incorreta. A delegação de serviços impróprios é permitida, inclusive, constitucionalmente, conforme dispõe o art. 175, e parágrafo único, CF, sendo esse o erro da alternativa. **C:** Incorreta. As tarifas cobradas em decorrência de serviços públicos concedidos não são tributos, por isso não seguem o art. 145, CF. **D:** Incorreta. O art. 25, § 1º, da Lei 8.987/1995 dispõe que tanto atividades inerentes, quanto as acessórias e complementares podem ser contratadas por terceiros, sendo esse o erro da assertiva. AW
Gabarito "A".

(Analista Judiciário – TRT/8ª – 2016 – CESPE) A modalidade de extinção da concessão fundada na perda, pela concessionária de serviços públicos, das condições econômicas, técnicas ou operacionais para manter a adequada prestação do serviço concedido denomina-se

(A) encampação.

(B) caducidade.

(C) anulação.

(D) revogação.

(E) rescisão.

A: incorreta, pois a encampação se dá quando o poder concedente deseja retomar o serviço público por motivo de interesse público (não relacionado às faltas contratuais da concessionária), nos termos do art. 37 da Lei 8.987/95; **B:** correta (art. 38, § 1º, IV, da Lei 8.987/95); **C:** incorreta, pois a anulação se dá quando o ato de concessão da licitação é ilegal, o que não acontece no caso trazido no enunciado; **D:** incorreta, pois esse instituto não é aplicado em matéria de concessão de serviço público, sendo que o instituto que mais se aproxima da revogação na concessão é o da encampação (art. 37 da Lei 8.987/95); **E:** incorreta, pois no caso incide especificamente o instituto da caducidade, nos termos do art. 38, § 1º, IV, da Lei 8.987/95. WG
Gabarito "B".

(Analista Jurídico – TCE/PR – 2016 – CESPE) Após prévio e regular certame licitatório, um estado da Federação celebrou contrato de concessão de serviço público. No decorrer da execução do contrato, a administração, após a concessão do direito de ampla defesa, verificou que a empresa concessionária paralisou o serviço contratado sem motivo justificável. Nessa situação hipotética, com respaldo na Lei n.º 8.987/1995, o ente federativo poderá extinguir o contrato mediante o instituto da

(A) rescisão.

(B) reversão.

(C) encampação.

(D) anulação.

(E) caducidade.

A: incorreta, pois no caso incide especificamente o instituto da *caducidade*, nos termos do art. 38, § 1º, III, da Lei 8.987/95; **B:** incorreta, pois a reversão não é propriamente uma *hipótese* de extinção da concessão, mas, sim, o *efeito* da extinção da concessão consistente no retorno ao poder concedente dos bens utilizados na prestação do serviço público; **C:** incorreta, pois a encampação se dá quando o poder concedente deseja retomar o serviço público por motivo de interesse público (não relacionado a faltas contratuais da concessionária), nos termos do art. 37 da Lei 8.987/95; **D:** incorreta, pois a anulação se dá quando o ato de concessão da licitação é ilegal, o que não acontece no caso trazido no enunciado; **E:** correta (art. 38, § 1º, III, da Lei 8.987/95). WG
Gabarito "E".

(Analista – TRT/1ª – 2012 – FCC) Não dispondo de recursos financeiros, o Poder Público pretende delegar a execução material de serviço público de sua titularidade a particular para que ele possa explorá-lo e dele se remunerar. De acordo com o ordenamento jurídico vigente, o Poder Público pode

(A) firmar contrato de concessão de serviço público, precedido de licitação.

(B) outorgar a titularidade do serviço público por meio de ato normativo, precedido de licitação.

(C) editar decreto transferindo a concessão do serviço público ao particular, independentemente de licitação.

(D) celebrar convênio para trespasse da exploração do serviço público, precedido de licitação.

(E) celebrar contrato de permissão de serviço público, declarando-se prévia inexigibilidade de licitação.

A: assertiva correta, pois o caso é de concessão de serviço público (art. 2º, II, da Lei 8.987/1995) e esta depende de licitação (arts. 2º, II, e 14 da Lei 8.987/1995); **B:** assertiva incorreta, pois a concessão de serviço público apenas transfere o direito/dever de execução material do serviço público, mantendo-se esse como um serviço de titularidade do Poder Público, que continua com o poder de regulamentá-lo e fiscalizá-lo; **C:** assertiva incorreta, pois a licitação é obrigatória para a concessão (e também a permissão) de serviço público (arts. 2º, II, e 14 da Lei 8.987/1995); **D:** assertiva incorreta, pois a concessão é um contrato (art. 4º da Lei 8.987/1995) e não um convênio; **E:** assertiva incorreta, pois, mesmo que fosse o caso de permissão de serviço público, a licitação é indispensável (art. 2º, II e IV, da Lei 8.987/1995). WG
Gabarito "A".

(Analista – TRE/MG – 2012 – CONSULPLAN) O Estado X pretende delegar a exploração de rodovia estadual, por meio de contrato de concessão. Sobre a situação apresentada, é correto afirmar que

(A) não é possível a delegação no caso, uma vez que a exploração de rodovia sequer pode ser considerada serviço público, visto ser remunerada por meio de tarifa.

(B) não é viável a delegação de serviços públicos a pessoas jurídicas de direito privado, uma vez que os serviços públicos devem ser prestados pela Administração Pública Direta ou Indireta.

(C) é possível a delegação, de modo que a Administração Pública transfere a titularidade do serviço ao concessionário, que pode, nos termos do contrato de concessão, executar o serviço ou subdelegá-lo à agência executiva.

(D) tendo em vista a sua execução por entidade não pertencente à Administração, a prestação do serviço se sujeitará ao regime jurídico próprio das empresas privadas, inclusive quanto à fixação das tarifas, que fica a cargo do concessionário.

(E) a delegação da execução do serviço público em referência é jurídica, em atendimento ao princípio da eficiência, podendo a prestação de serviço ser encampada pela Administração a qualquer momento, por motivo de interesse público.

A: assertiva incorreta, pois tem-se no caso serviço público; ademais, é bom lembrar que um serviço público pode ser remunerado tanto por taxa, como tarifa, a depender de sua obrigatoriedade ou não, ou seja, de seu caráter tributário ou não; **B:** assertiva incorreta, pois a própria Constituição deixa claro que a prestação de serviços públicos pode ser feita diretamente pelo Estado ou por meio de concessão ou permissão (art. 175, *caput*, da CF); **C:** assertiva incorreta, pois a Administração não transfere ao concessionário a titularidade do serviço público, mas apenas a incumbência de o concessionário executar o serviço público, permanecendo a titularidade do serviço com o Estado, que permanecerá responsável pela regulação e fiscalização do serviço; **D:** assertiva incorreta, pois, por se tratar de serviço público, o regime jurídico a ser observado é de direito público, ditado pelo poder concedente, que, inclusive, é quem definirá a política tarifária; **E:** assertiva correta, pois, de fato, conforme autoriza a Constituição (art. 175, *caput*), é possível promover a concessão de serviço público para o particular, sendo certo que, nos termos do autorizado no art 37 da Lei 8.987/1995, caberá encampação (retomada) do serviço em caso de interesse público. WG

Gabarito "E".

11. CONTROLE DA ADMINISTRAÇÃO

(Analista Jurídico – TRF5 – FCC – 2017) A Assembleia Legislativa de determinado estado, após concluir estudos técnicos, decidiu desfazer-se da frota própria de veículos e, para atender às necessidades do órgão, optou por contratar empresa especializada na prestação de serviço de locação de veículos com motorista. Para tanto, realizou licitação, na modalidade leilão, para alienação dos veículos e, na modalidade pregão eletrônico, para contratação dos serviços. A decisão administrativa foi questionada em ação popular, sob a alegação de má gestão administrativa, causadora de prejuízo, porque implicou a venda de bens públicos e a terceirização de atividade. A ação judicial

(A) não procede, porque o ato é político e exarado pelo Poder Legislativo, imune ao controle externo.

(B) procede, pois a escolha da política pública é passível de controle judicial, inclusive de mérito, em razão do princípio democrático.

(C) será admitida e julgada procedente, porque as escolhas de conveniência e oportunidade da Administração somente são válidas se previamente autorizadas por lei específica, especialmente os atos administrativos exarados pelo Poder Legislativo.

(D) não procede, porque os atos administrativos discricionários submetem-se a controle de legalidade, mas não de mérito, sendo passíveis de anulação, pelo judiciário, se contrários à lei ou ao direito.

(E) não procede, porque os atos emanados pelo Poder Legislativo, mesmo que na função administrativa atípica, somente se submetem a controle do Tribunal de Contas.

A: incorreta. O ato aqui não é de natureza política, isto é, não possui a natureza de ato governamental praticado por agentes políticos, seja no exercício de função administrativa, legislativa ou judicial, com fundamento direto na Constituição Brasileira. Trata-se de ato administrativo de natureza discricionária; **B:** incorreta. No caso em tela, a ação não procede na medida em que se está diante de um ato administrativo discricionário, isto é, de um ato jurídico praticado pela Administração Pública, ou por quem lhe faça as vezes, no exercício da função administrativa, e na qual a lei dá certa margem de liberdade ao administrador para, dentre as opções possíveis e diante do caso concreto, escolher aquela que atinge otimamente a finalidade legal. Não se trata de uma ato de natureza política e, ademais, a sindicabilidade dos atos dessa natureza pelo Poder Judiciário limita-se ao

controle da legalidade, da razoabilidade e da proporcionalidade, não cabendo ao juiz substituir o "administrador" no exercício da função administrativa; **C:** incorreta. A ação será julgada improcedente, pois se trata de um ato administrativo discricionário, ou seja, de um ato jurídico praticado pela Administração Pública, ou por quem lhe faça as vezes, no exercício da função administrativa, e na qual a lei dá certa margem de liberdade ao administrador para, dentre as opções possíveis e diante do caso concreto, escolher aquela que atinge otimamente a finalidade legal. A sindicabilidade dos atos dessa natureza pelo Poder Judiciário limita-se ao controle da legalidade, da razoabilidade e da proporcionalidade, não cabendo ao juiz substituir o "administrador" no exercício da função administrativa; **D:** correta. A sindicabilidade dos atos dessa natureza pelo Poder Judiciário limita-se ao controle da legalidade, da razoabilidade e da proporcionalidade, não cabendo ao juiz substituir o "administrador" no exercício da função administrativa; **E:** incorreta. Os atos emanados do Poder Legislativo, quando no exercício de função administrativa, submetem-se tanto ao controle interno, quanto ao controle externo, aí abrangendo tanto os Tribunais de Contas quanto o Poder Judiciário. FMB

Gabarito "D".

(Analista – TRT/10ª – 2013 – CESPE) Em relação ao controle da Administração Pública, julgue o item seguinte.

(1) Portaria de caráter normativo editada pelo Ministério da Educação que seja ilegal poderá ser sustada pelo Congresso Nacional.

1: assertiva correta, nos termos da autorização contida no art. 49, V, da CF. WG

Gabarito 1C

(Analista – TRT/10ª – 2013 – CESPE) Em relação a controle e responsabilização da Administração, julgue os itens a seguir.

(1) Se um agente editar ato administrativo em desconformidade com súmula vinculante do STF, caberá reclamação a esse tribunal, que, se julgá-la procedente, deverá anular referido ato.

(2) O controle prévio dos atos administrativos do Poder Executivo é feito exclusivamente pelo Poder Executivo, cabendo aos Poderes Legislativo e Judiciário exercer o controle desses atos somente após sua entrada em vigor.

(3) Os atos administrativos do Poder Executivo não são passíveis de revogação pelo Poder Judiciário.

(4) Ao Tribunal de Contas da União não cabe julgar as contas dos administradores de sociedades de economia mista e empresas públicas, visto que a participação majoritária do Estado na composição do capital não transmuda em públicos os bens dessas entidades.

1: assertiva certa (art. 7º, § 2º, da Lei 11.417/2006); **2:** assertiva errada, pois o Poder Judiciário, fundado no princípio da inafastabilidade da jurisdição (art. 5º, XXXV, da CF), pode controlar o ato administrativo mesmo antes deste ser praticado, em caso de ameaça de lesão a direito; **3:** assertiva certa, pois somente a Administração Pública que expede o ato pode revogá-lo; dessa forma, atos administrativos do Poder Executivo só podem ser revogados por este, atos administrativos do Poder Judiciário só pode ser revogados pelo próprio Judiciário e atos administrativos do Poder Legislativo só pode ser revogados pelo Legislativo; **4:** assertiva errada, pois compete ao Tribunal de Contas apreciar as contas de toda e qualquer sociedade instituída e mantida pelo Poder Público (art. 71, II, da CF), o que inclui as empresas estatais. WG

Gabarito 1C, 2E, 3C, 4E

(Analista – TJ/AM – 2013 – FGV) *A Administração Pública encontra-se sujeita a várias formas de controle*. Com relação às formas de controle sobre a Administração, assinale a afirmativa correta.

(A) O controle judicial tem como principal função assegurar a legalidade da atuação da Administração Pública.

(B) O Judiciário poderá rever o mérito administrativo quando esse se mostrar inconveniente ou inoportuno, a critério do juiz.

(C) A palavra final sobre as contas do chefe do Executivo em todas as esferas federativas pertence ao Tribunal de Contas que emite o parecer conclusivo sobre essas contas.

(D) As decisões judiciais possibilitam a revogação e a anulação de atos da Administração Pública.

(E) O Legislativo apenas exerce controle prévio sobre a Administração Pública, o controle sobre a administração é posteriormente exercido pelo Tribunal de Contas e pelo Judiciário.

A: assertiva correta, valendo salientar que nenhuma lesão a direito (ilegalidade) será subtraída a apreciação do Poder Judiciário (art. 5°, XXXV, da CF); **B:** assertiva incorreta pois a revogação (extinção do ato por motivo de inconveniência ou inoportunidade) só pode ser feito pela própria Administração que tiver praticado o ato; **C:** assertiva incorreta, pois compete ao Poder Legislativo (que é quem faz o controle externo, com o auxílio do Tribunal de Contas, nos termos do art. 71, *caput*, da CF) essa palavra final; **D:** assertiva incorreta, pois, conforme já dito, o Poder Judiciário não pode revogar atos da Administração, podendo, apenas, anular esses atos, quando eivados de ilegalidade; **E:** assertiva incorreta, pois tanto o Judiciário como o Legislativo fazem os controles prévio e posterior dos atos administrativos. WG
Gabarito "A".

(Analista – TRT/6ª – 2012 – FCC) Um dos instrumentos existentes para o exercício do controle judicial da atividade administrativa é a ação popular, sendo correto afirmar que

(A) determina a integração obrigatória, no polo passivo da lide, da pessoa jurídica de direito público da qual emanou o ato impugnado.

(B) determina a integração obrigatória, no polo ativo da lide, da pessoa de direito público da qual emanou o ato impugnado.

(C) pressupõe a comprovação da lesão ao patrimônio público, não sendo suficiente a lesão à moralidade administrativa.

(D) somente pode ser intentada por cidadão no gozo dos direitos políticos.

(E) pode ser intentada por qualquer cidadão brasileiro, nato ou naturalizado, e pelo Ministério Público.

A: assertiva incorreta, pois a pessoa jurídica cujo ato seja objeto de impugnação poderá abster-se de contestar o pedido (ou seja, não se integrar ao polo passivo da lide) ou poderá atuar ao lado do autor (ou seja, integrar-se ao polo ativo da lide), nos termos do art. 6° § 3°, da Lei 4.717/1965; **B:** assertiva incorreta, pois a pessoa jurídica poderá ficar no polo passivo (polo da qual, a princípio, constará – art. 6°, *caput*, da Lei 4.717/1965), poderá se abster de integrar da lide e, como terceira opção, poderá integrar ao polo ativo da lide (art. 6°, *caput*, da Lei 4.717/1965); **C:** assertiva incorreta, pois cabe ação popular em quatro casos (lesão ao patrimônio público, à moralidade administrativa, ao meio ambiente e ao patrimônio histórico e cultural), cada caso suficiente por si só para que ingresse com ação popular (art. 5°, LXXIII, da CF); **D:** assertiva correta (art. 1°, *caput* e § 3°, da Lei 4.717/1965); **E:** assertiva incorreta, pois

só pode ser intentada por cidadão com gozo dos direitos políticos, não podendo ser intentada pelo Ministério Público. WG
Gabarito "D".

12. PROCESSO ADMINISTRATIVO (LEI 9.784/1999)

12.1. Disposições gerais

(Analista Judiciário – TRE/PE – CESPE – 2017) Conforme a Lei 9.784/1999, nos processos administrativos, a administração pública está proibida de aplicar nova interpretação de forma retroativa, em decorrência do princípio do(a)

(A) segurança jurídica.

(B) legalidade.

(C) informalismo ou formalismo mitigado.

(D) oficialidade.

(E) finalidade.

A: Correta. Trata-se do disposto no art. 2°, parágrafo único, XIII, da Lei 9.784/1999, tendo em vista o princípio da segurança jurídica, que também é um princípio norteador de todo o procedimento administrativo (art. 2°, "caput", da Lei 9.784/1999). **B:** Incorreta. Como dito acima, o princípio mais adequado é o da segurança jurídica, que garante a estabilidade das relações jurídicas e, no caso, do procedimento administrativo como um todo. O princípio da legalidade também está assegurado na vedação da interpretação retroativa, mas o que primeiramente se adéqua à hipótese é a segurança jurídica (art. 2°, parágrafo único, XIII, da Lei 9.784/1999). **C:** Incorreta. Muito pelo contrário do informalismo, no caso, temos a formalidade, garantindo a segurança jurídica. **D:** Incorreta. Não se trata de oficialidade na proibição da retroatividade interpretativa, e sim, da segurança jurídica das relações estabelecidas entre o administrado e o administrador diante de um processo administrativo já instaurado. **E:** Incorreto. O princípio da finalidade pública é secundariamente buscado, já que, seguindo-se a segurança jurídica, logicamente a finalidade também estará sendo atingida. AW
Gabarito "A".

(Analista Judiciário – TRT/11 – FCC – 2017) Mauro, servidor público federal, responsável por determinado processo administrativo de âmbito federal, deve, de acordo com a Lei 9.784/1999, praticar ato no prazo de cinco dias, quando inexistir disposição legal específica, bem como quando inexistir motivo de força maior que justifiquem prazo diverso. De acordo com a mesma Lei, o referido prazo

(A) pode ser dilatado até o dobro, mediante comprovada justificação.

(B) não comporta dilatação.

(C) pode ser dilatado até o triplo, não sendo necessária justificação para tanto.

(D) pode ser dilatado até o dobro, não sendo necessária justificação para tanto.

(E) pode ser dilatado para o prazo máximo de trinta dias, mediante comprovada justificação.

A: Correta. Trata-se do disposto no art. 24, parágrafo único, da Lei 9.784/1999, que assim dispõe: "Art. 24. Inexistindo disposição específica, os atos do órgão ou autoridade responsável pelo processo e dos administrados que dele participem devem ser praticados no prazo de cinco dias, salvo motivo de força maior. Parágrafo único. O prazo previsto neste artigo pode ser dilatado até o dobro, mediante comprovada justificação". **B:** Incorreta. O art. 24, parágrafo único, da Lei 9.784/1999 é expresso quanto à possibilidade de dilação desse prazo

WANDER GARCIA , FLÁVIA BARROS E ARIANE WADY

geral de 5 dias, estando incorreta a assertiva, portanto. **C:** Incorreta. Conforme explicado nas alternativas anteriores, o prazo é de 5 dias, quando não expressamente previsto, podendo ser prorrogado até o dobro. **C:** Incorreta. O art. 24, parágrafo único, da Lei 9.784/1999 é expresso quanto à necessidade de justificativa para a prorrogação ou dilação desse prazo. **D:** Incorreta. O prazo máximo de prorrogação é até o dobro dos 5 dias inicialmente previstos, conforme disposto no parágrafo único, art. 24, da Lei 9.784/1999. AW

Gabarito "A"

(Analista Judiciário – TRT/8ª – 2016 – CESPE) Acerca dos atos administrativos e do processo administrativo, assinale a opção correta conforme a Lei n.° 9.784/1999.

(A) O direito da administração de anular os seus próprios atos decai em cinco anos, ainda que constatada a má-fé do destinatário do ato.

(B) A convalidação dos atos administrativos que apresentem defeitos sanáveis pode ser feita pela administração, desde que esses atos não acarretem lesão ao interesse público ou prejuízo a terceiros.

(C) O ato de exoneração do servidor público ocupante de cargo em comissão e os atos administrativos que decidam recursos administrativos dispensam motivação.

(D) A competência para a edição de atos normativos poderá ser delegada.

(E) A revogação do ato administrativo ocorre nas hipóteses de ilegalidade, devendo retroagir com efeitos *ex tunc* para desconstituir as relações jurídicas criadas com base no ato revogado.

A: incorreta, pois, em caso de má-fé do destinatário do ato, este não se beneficia desse curto prazo de 5 anos (art. 54, *caput*, da Lei 9.784/99); **B:** correta (art. 55 da Lei 9.784/99); **C:** incorreta, pois os atos administrativos que decidam recursos devem ser motivados (art. 50, V, da Lei 9.784/99); **D:** incorreta, pois não pode ser objeto de delegação a edição de atos de caráter normativo (art. 13, I, da Lei 9.784/99); **E:** incorreta, pois a definição dada é de *anulação*, e não de *revogação*, já que esta se dá no caso de *inconveniência* ou *inoportunidade* (e não de *ilegalidade*), não havendo retroação de efeitos (*ex nunc*). WG

Gabarito "B"

(Analista Jurídico – TCE/PR – 2016 – CESPE) Acerca do recurso administrativo e tendo como base as disposições da Lei n.° 9.784/1999, assinale a opção correta.

(A) O recurso não será conhecido quando interposto em órgão incompetente, mas, nesse caso, terá de ser indicada ao recorrente a autoridade competente, sendo-lhe devolvido o prazo para recurso.

(B) É de trinta dias o prazo para a interposição de recurso administrativo, contado a partir da divulgação da decisão recorrida em diário oficial.

(C) O recurso administrativo terá, como regra geral, efeitos devolutivo e suspensivo.

(D) Contra as decisões administrativas cabe recurso que verse sobre a legalidade, mas não sobre o mérito administrativo.

(E) O recurso administrativo tramitará por uma única instância administrativa, devendo ser interposto à autoridade superior àquela que tiver proferido a decisão.

A: correta (art. 63, § 1°, da Lei 9.784/99); **B:** incorreta, pois o prazo é de 10 dias (salvo disposição legal específica) e é contado da ciência ou

divulgação oficial da decisão recorrida (art. 59, *caput*, da Lei 9.784/99); **C:** incorreta, pois em regra só terá efeito devolutivo (art. 61, *caput*, da Lei 9.784/99); **D:** incorreta, pois o recurso pode versar tanto sobre a legalidade, como sobre o mérito administrativo, sendo que, quanto a este último aspecto, a própria lei prevê que a autoridade competente para julgar o recurso pode modificar ou revogar a decisão recorrida (art. 64, *caput*, da Lei 9.784/99); **E:** incorreta, pois o recurso administrativo tramitará no máximo por três instâncias administrativas, salvo disposição legal diversa. WG

Gabarito "A"

(Analista – TRT/11ª – 2012 – FCC) A Administração Pública Federal, ao conduzir determinado processo administrativo, aplica retroativamente nova interpretação acerca de norma administrativa, sob o fundamento de ser mais vantajosa ao interesse público. Nos termos da Lei n° 9.784/1999,

(A) a postura da Administração Pública é ilegal, por violar um dos critérios que devem ser observados nos processos administrativos.

(B) é possível, em qualquer hipótese, a aplicação retroativa de nova interpretação de norma administrativa.

(C) é vedada a aplicação retroativa de nova interpretação da norma administrativa, salvo para o melhor atendimento do fim público a que se dirige.

(D) o fundamento da Administração Pública para justificar sua postura não está previsto em lei, sendo necessário o preenchimento de outro requisito legal para que possa aplicar retroativamente nova interpretação de norma administrativa.

(E) independentemente da retroatividade de nova interpretação, é vedada a interpretação da norma administrativa da forma que melhor garanta o atendimento do fim público.

A: assertiva correta, pois, de fato, viola o princípio da segurança jurídica, bem como o critério previsto no art. 2°, parágrafo único, XIII, da Lei 9.784/1999; **B:** assertiva incorreta, pois é "vedada aplicação retroativa de nova interpretação" (art. 2°, parágrafo único, XIII, da Lei 9.784/1999); **C e D:** assertivas incorretas, pois mesmo na situação mencionada é vedada nova interpretação retroativa por conta da vedação expressa no art. 2°, parágrafo único, XIII, da Lei 9.784/1999; **E:** assertiva incorreta, pois é dever da Administração interpretar a "norma administrativa da forma que melhor garanta o atendimento do fim público a que se dirige" (art. 2°, parágrafo único, XIII, da Lei 9.784/1999). WG

Gabarito "A"

12.2. Direitos e deveres do administrado

(Analista – TRT/14ª – 2011 – FCC) Nos termos da Lei n° 9.784/1999, que regula o processo administrativo no âmbito da Administração Pública Federal, é correto afirmar:

(A) É possível a impulsão, de ofício, do processo pela Administração e, assim ocorrendo, dar-se-á com prejuízo da atuação de interessados, por prevalecer o interesse público.

(B) Autoridades e servidores deverão facilitar o exercício dos direitos dos administrados.

(C) Não é dever do administrado prestar informações solicitadas pela Administração, pois caracterizaria afronta a princípios constitucionais, como a liberdade e a democracia.

(D) É possível, como regra, a renúncia de competências.

(E) Considera-se entidade a unidade de atuação sem personalidade jurídica.

A: assertiva incorreta, pois a impulsão, de ofício, não prejudica a atuação dos interessados (art. 2º, parágrafo único, XII, da Lei 9.784/1999); **B:** assertiva correta (art. 3º, I, da Lei 9.784/1999); **C:** assertiva incorreta, pois é dever do administrado, sim, prestar as informações que lhe forem solicitadas (art. 4º, IV, da Lei 9.784/1999); **D:** assertiva incorreta, pois a competência é irrenunciável (art. 11 da Lei 9.784/1999); **E:** assertiva incorreta, pois entidade é a unidade de atuação dotada de personalidade jurídica. WG
Gabarito "B".

12.3. Início do processo e interessados

(Analista – TRT/18ª – 2008 – FCC) De acordo com a Lei que regula o processo administrativo no âmbito da Administração Pública Federal, NÃO se incluem, dentre os legitimados como interessados no processo administrativo,

(A) as organizações e associações representativas, no tocante a direitos e interesses coletivos.

(B) as pessoas físicas ou jurídicas que o iniciem como titulares de direitos ou interesses individuais ou no exercício do direito de representação.

(C) aqueles que, sem terem iniciado o processo, têm direitos ou interesses que possam ser afetados pela decisão a ser adotada.

(D) quaisquer pessoas do povo, mesmo que não possam ser atingidas pela decisão a ser adotada.

(E) as pessoas ou as associações legalmente constituídas quanto a direitos ou interesses difusos.

A: assertiva correta (art. 9º, III, da Lei 9.784/1999); **B:** assertiva correta (art. 9º, I, da Lei 9.784/1999); **C:** assertiva correta (art. 9º, II, da Lei 9.784/1999); **D:** assertiva incorreta, devendo ser assinalada, pois não existe essa previsão legal; **E:** assertiva correta (art. 9º, IV, da Lei 9.784/1999). WG
Gabarito "D".

(Analista – TRE/AL – 2010 – FCC) Maurício apresentou, no órgão competente do Tribunal Regional Eleitoral, um requerimento para início de um processo administrativo. Ricardo, analista judiciário, encarregado de examinar o expediente, deve saber que

(A) a Administração poderá, imotivadamente, recusar o recebimento de documentos, tendo em vista o atributo da supremacia do Estado e seu poder discricionário.

(B) é vedada à Administração recusar imotivadamente o recebimento de documentos, no entanto, esta não tem obrigação de comunicar o interessado para suprir eventuais falhas.

(C) a Administração poderá recusar, ainda que imotivadamente o recebimento de documentos, sem comunicar o interessado para o suprimento de eventuais falhas.

(D) a Administração poderá recusar imotivadamente o recebimento de documentos, mas tem a obrigação de orientar o interessado quanto ao suprimento de eventuais falhas.

(E) é vedada à Administração a recusa imotivada de recebimento de documentos, devendo o servidor orientar o interessado quanto ao suprimento de eventuais falhas.

Art. 6º, parágrafo único, da Lei 9.784/1999. WG
Gabarito "E".

12.4. Competência

(Analista – TRT2 – FCC – 2018) No que concerne à competência das autoridades administrativas e sua delegação, nos termos disciplinados pela Lei Federal no 9.784, de 1999, que disciplina o processo administrativo no âmbito da Administração Pública Federal, tem-se que

(A) a delegação somente é admitida para órgão hierarquicamente subordinado àquele detentor da competência legal.

(B) não é admissível a delegação de competência para decisão de recursos administrativos.

(C) admite-se a delegação para a edição de atos normativos, desde que não gerem efeitos perante terceiros.

(D) a avocação de competência de órgão hierarquicamente inferior é sempre cabível, independentemente de ato específico.

(E) não é passível de delegação a competência exclusiva, salvo para a prática de atos declaratórios.

A: incorreta. "Um órgão administrativo e seu titular poderão, se não houver impedimento legal, delegar parte da sua competência a outros órgãos ou titulares, ainda que estes não lhe sejam hierarquicamente subordinados, quando for conveniente, em razão de circunstâncias de índole técnica, social, econômica, jurídica ou territorial" – art. 12 da Lei 9.784/1999; **B:** correta. Art. 13, II da Lei 9.784/1999; **C:** incorreta. Art. 13, I da Lei 9.784/1999; **D:** incorreta. "Será permitida, em caráter excepcional e por motivos relevantes devidamente justificados, a avocação temporária de competência atribuída a órgão hierarquicamente inferior" – art. 15 da Lei 9.784/1999; **E:** incorreta. Art. 13, III da Lei 9.784/1999. FMB
Gabarito "B".

(Analista Judiciário – TRE/PI – CESPE – 2016) A respeito da competência no processo administrativo no âmbito da administração pública federal, assinale a opção correta à luz da Lei 9.784/1999.

(A) Inexistindo competência legal, o processo será iniciado perante a autoridade de maior grau hierárquico.

(B) A competência poderá ser delegada a órgão que não seja subordinado ao do delegante.

(C) A renúncia parcial de competência poderá ser exercida nos limites do interesse público.

(D) Em situações específicas, elencadas na lei em questão, a decisão acerca de recursos administrativos poderá ser delegada.

(E) É vedada a inclusão, no ato de delegação, de ressalva de exercício da atribuição delegada.

A: Incorreta. O art. 17, da Lei 9.784/1999 dispõe que inexistindo competência legal específica, o ato se inicia pela autoridade de menor grau para decidir. **B:** Correta. Trata-se do disposto no art. 12, da Lei 9.784/1999, tendo como exemplo os recursos hierárquicos impróprios, endereçados a outros órgãos, de outras pessoas jurídicas. **C:** Incorreta. A competência é irrenunciável, conforme dispõe o art. 11, da Lei 8.987/1999. **D:** Incorreta. As decisões de recursos administrativos são sempre indelegáveis (art. 13, II, da Lei 9.784/1999). **E:** Incorreta. O art. 14, § 1º, da Lei 9.784/1999 admite a ressalva no ato de delegação. AW
Gabarito "B".

(Analista Judiciário – TRT/20 – FCC – 2016) Considere a seguinte situação hipotética: Heitor, é chefe de determinada repartição pública, de âmbito federal, e responsável por decidir os recursos administrativos interpostos. No momento de prolatar decisão em recurso administrativo, Heitor recebeu ligação de sua esposa alegando que seu filho não estava bem e precisaria ser internado. Em razão da circunstância fática ocorrida, Heitor precisou ausentar-se do serviço público pelo prazo de três dias. Nos termos da Lei 9.784/1999, a decisão do recurso administrativo

(A) não pode ser objeto de delegação.

(B) pode ser objeto de delegação, não sendo necessário que o ato de delegação seja publicado no meio oficial.

(C) pode ser objeto de delegação, no entanto, o ato de delegação não poderá ser revogado a qualquer momento, havendo períodos próprios para tanto.

(D) não admite delegação, como regra, no entanto, na hipótese narrada, comportará delegação desde que proferida pela autoridade hierarquicamente inferior a Heitor.

(E) pode ser proferida por delegação e considerar-se-á editada pelo delegante.

A: Correta. A decisão de recursos administrativos são indelegáveis, conforme disposto no art. 13, II, da Lei 9.784/1999. **B:** Incorreta. A Lei 9.784/1999 (Lei Geral dos Procedimentos Administrativos) é expressa quanto a impossibilidade de delegação desse ato administrativo consistente no julgamento de recursos administrativos. **C:** Incorreta. Conforme já explicado na letra A, o art. 13, II, da Lei 9.784/1999 é expresso ao determinar que o ato é indelegável. **D:** Incorreta. Não há exceções quanto à regra da indelegabilidade no julgamento de recursos (art. 13, II, da Lei 9.784/1999). **E:** Incorreta. Impossível a delegação, diante da vedação legal disposta no art. 13, II, da Lei 9.784/1999. **AW**
Gabarito "A".

(Analista – STM – 2011 – CESPE) Julgue o seguinte item.

(1) No âmbito do processo administrativo, um órgão e seu titular podem, se não houver impedimento legal, delegar parte da sua competência a outros órgãos ou titulares, devendo, tanto o ato de delegação quanto sua eventual revogação, ser objeto de publicação em meio oficial.

1: assertiva certa (arts. 12, *caput*, e 14, *caput*, da Lei 9.784/1999). **WG**
Gabarito 1C

12.5. Impedimentos e suspeição

(Analista Judiciário – TRE/PI – CESPE – 2016) No curso de um processo administrativo, poderá ser arguida a suspeição de servidor que

(A) tiver participado como perito.

(B) estiver litigando administrativamente com o companheiro do interessado.

(C) estiver litigando judicialmente com o interessado.

(D) tiver amizade íntima com o cônjuge do interessado.

(E) tiver interesse indireto na matéria.

A: Incorreta. O art. 18, da Lei 9.784/1999 trata essa hipótese como de impedimento, e não como de suspeição. No impedimento há enumeração taxativa de hipóteses de parcialidade, ou seja, em que o servidor seria parcial, subjetivo ao julgar ou atuar no processo, sendo critérios objetivos que a acarretam. Na suspeição, há apenas a suspeita de parcialidade da autoridade que tenha amizade íntima ou inimizade evidente

com algum dos interessados ou com os seus cônjuges, parentes e afins até o terceiro grau. **B:** Incorreta. O art. 18, III, da Lei 9.784/1999, mais uma vez, reconhece ser hipótese de impedimento, e não de suspeição. **C:** incorreta. Temos hipótese objetiva de impedimento (art. 18, III, da Lei 9.784/1999). **D:** Correta. Essa é uma hipótese de suspeição em virtude de relação de parentesco ou amizade existente entre as partes interessadas e o administrador. **E:** Incorreta. Mais uma vez, temos caso de impedimento disposto no art. 18, I, da Lei 9.784/1999. **AW**
Gabarito "D".

12.6. Forma, tempo, lugar dos atos do processo e prazos

domingo	segunda	terça	quarta	quinta	sexta	sábado
		1	2	3	4	5
6	7	8	9	10	11	12
13	14	15	16	17	18	19
20	21	22	23	24	25	26
27	28	29	30			

(Analista Judiciário – TRE/PI – CESPE – 2016) Na tabela anterior, que mostra o calendário do mês de setembro do ano hipotético X, o dia na célula hachurada é declarado por lei como feriado. Considerando que, no dia 1º — terça-feira — do referido mês, um servidor tome ciência de notificação, o prazo para a apresentação de defesa terá início no dia

(A) 2 e findará no dia 8 de setembro.

(B) 1º e findará no dia 10 de setembro.

(C) 2 e findará no dia 9 de setembro.

(D) 1º e findará no dia 8 de setembro.

(E) 1º e findará no dia 9 de setembro.

A: Correta. O art. 66, e seu § 1º, da Lei 9.784/1999 determinam que os atos do processo devem ser contados de forma contínua, excluindo-se o dia do início e computando-se o ultimo dia. O art. 24, do mesmo diploma legal, determina que são de 5 dias, quando inespecíficos. Como o enunciado não especifica para o qual do o sujeito foi notificado, consideraremos os 5 dias, contados do dia 2, incluído esse dia, terminando dia 6 que, por ser domingo, prorroga para o dia útil seguinte (art. 66, § 1º, da Lei 9.784/1999), que será dia 8 de setembro. **B:** Incorreta, conforme consta da explicação da alternativa A. **C:** Incorreta. O termo final é dia 8, conforme explicação dada na alternativa A. **D:** Incorreta. O termo inicial é o primeiro dia útil subseqüente à notificação, ou seja, dia 2. **E:** Incorreta. O termo final é dia 8, pois o prazo termina dia 6 e prorroga-se para o primeiro dia útil subseqüente, que será dia 8. **AW**
Gabarito "A".

12.7. Comunicação dos atos

(Analista – TRF/1ª – 2011 – FCC) No que concerne à comunicação dos atos, prevista na Lei nº 9.784/1999, é correto afirmar que

(A) os atos do processo que resultem para o interessado em imposição de deveres, ônus, sanções ou outras restrições devem ser objeto de intimação, o mesmo não ocorrendo para os atos de outra natureza, ainda que de interesse do administrado.

(B) a intimação pode ser efetuada por ciência no processo, por via postal com aviso de recebimento, ou ainda, por telegrama, não sendo cabível por outro meio, ainda que assegure a certeza da ciência do interessado.

(C) no caso de interessados indeterminados, desconhecidos ou com domicílio indefinido, a intimação deve ser efetuada por meio de publicação oficial.

(D) as intimações serão nulas quando feitas sem observância das prescrições legais, e o comparecimento do administrado não supre sua falta ou irregularidade.

(E) a intimação observará a antecedência mínima de cinco dias úteis quanto à data de comparecimento.

A: assertiva incorreta, pois deve ser objeto de intimação do interessado a ciência de qualquer decisão ou a efetivação de diligências (art. 26, *caput*, da Lei 9.784/1999), bem como os atos de outra natureza, de interesse do primeiro (art. 28 da Lei 9.784/1999); **B:** assertiva incorreta, pois a intimação também cabe por outros meios que assegurem a certeza da ciência do interessado (art. 26, § 3º, da Lei 9.784/1999); **C:** assertiva correta (art. 26, § 4º, da Lei 9.784/1999); **D:** assertiva incorreta, pois o comparecimento do administrado supre a falta ou a irregularidade da intimação (art. 26, § 5º, da Lei 9.784/1999); **E:** assertiva incorreta, pois observará a antecedência mínima de 3 dias úteis (art. 26, § 2º, da Lei 9.784/1999). **WG**

Gabarito "C".

12.8. Instrução, decisão, motivação, desistência, extinção

(Analista – Área Administrativa – TRT1 – 2018 – AOCP) No tocante à instrução do processo administrativo federal (Lei 9.784/1999), assinale a alternativa correta.

(A) Quando deva ser obrigatoriamente ouvido um órgão consultivo, o parecer deverá ser emitido no prazo máximo de 15 (quinze) dias, salvo norma especial ou comprovada necessidade de maior prazo.

(B) O comparecimento à consulta pública confere, por si, a condição de interessado do processo, outorgando o direito de obter da Administração resposta fundamentada sobre o caso.

(C) Somente podem ser recusadas sem a devida fundamentação as provas propostas pelos interessados quando forem ilícitas, impertinentes, desnecessárias ou protelatórias.

(D) Encerrada a instrução, o interessado terá o direito de manifestar-se no prazo máximo de 20 (vinte) dias, salvo se outro prazo for legalmente fixado.

(E) Se um parecer obrigatório e não vinculante deixar de ser emitido no prazo fixado, o processo não terá seguimento até a respectiva apresentação, responsabilizando-se quem der causa ao atraso.

A: correta. Art. 42 da Lei 9.784/1999; **B:** incorreta. Eis o que diz o Art. 31: "Quando a matéria do processo envolver assunto de interesse geral, o órgão competente poderá, mediante despacho motivado, abrir período de consulta pública para manifestação de terceiros, antes da decisão do pedido, se não houver prejuízo para a parte interessada. § 1º A abertura da consulta pública será objeto de divulgação pelos meios oficiais, a fim de que pessoas físicas ou jurídicas possam examinar os autos, fixando-se prazo para oferecimento de alegações escritas. § 2º O comparecimento à consulta pública não confere, por si, a condição de interessado do processo, mas confere o direito de obter da Administração resposta fundamentada, que poderá ser comum a todas as alegações substancialmente iguais"; **C:** incorreta, a recusa só poderá ocorrer mediante decisão fundamentada. Vejamos o que diz o Art. 38, § 2º : "O interessado poderá, na fase instrutória e antes da tomada da decisão, juntar documentos e pareceres, requerer diligências e perícias, bem como aduzir alegações referentes à matéria objeto do processo" (...) § 2º Somente poderão ser recusadas, mediante decisão fundamentada, as provas propostas pelos interessados quando sejam ilícitas, impertinentes, desnecessárias ou protelatórias"; **D:** incorreta, a lei fala em máximo de 10 dias – Art.

44 da Lei 9.784/1999; **E:** incorreta. Se um parecer obrigatório e não vinculante deixar de ser emitido no prazo fixado, o processo poderá ter prosseguimento e ser decidido com sua dispensa, sem prejuízo da responsabilidade de quem se omitiu no atendimento – Art. 42, § 2º, da Lei 9.784/1999. **FB**

Gabarito "A".

(Analista – TRT/14ª – 2011 – FCC) As atividades de instrução destinadas a averiguar e comprovar os dados necessários a tomada de decisão devem atender a certos requisitos. E, no que se refere à consulta e audiência pública, é correto afirmar que,

(A) a consulta pública é cabível em todas as matérias do processo, ainda que envolvam assuntos de matéria individual, salvo os de natureza difusa em razão das peculiaridades da consulta e da audiência pública.

(B) os órgãos e entidades administrativas, em matéria relevante, poderão estabelecer outros meios de participação de administrados, diretamente ou por meio de associações legalmente reconhecidas.

(C) é vedada aos órgãos e entidades administrativas, em qualquer hipótese, o estabelecimento de outros meios de participação de administrados.

(D) os resultados da audiência pública devem ser apresentados com a indicação do procedimento adotado, condição desnecessária quando tratar-se de consulta pública.

(E) tendo em vista a natureza informal da consulta pública, são admitidas no processo administrativo quaisquer espécies de provas, inclusive as obtidas por meio ilícitos.

A: assertiva incorreta, pois a consulta pública poderá ser aberta em caso e matéria que envolva assunto de interesse geral, e não em caso de assunto de interesse individual (art. 31, *caput*, da Lei 9.784/1999); **B:** assertiva correta (art. 33 da Lei 9.784/1999); **C:** assertiva incorreta, pois, como se viu, o art. 33 da Lei 9.784/1999 admite, em matéria relevante, o estabelecimento de meios de participação de administrados; **D:** assertiva incorreta, pois tanto o resultado da audiência pública, como o de outros meios de participação de administrados (como a consulta pública) deverão ser apresentados com a indicação do procedimento adotado (art. 34 da Lei 9.784/1999); **E:** assertiva incorreta, pois são inadmissíveis no processo as provas obtidas por meios ilícitos (art. 30 da Lei 9.784/1999). **WG**

Gabarito "B".

12.9. Recurso administrativo e Revisão

(Analista – TRE/GO – 2015 – CESPE) Acerca dos atos administrativos e do processo administrativo sob o regime da Lei n.º 9.784/1999, julgue os itens a seguir.

(1) Conforme expressa disposição da Lei n.º 9.784/1999, se ocorrer equivocada interposição de recurso administrativo perante autoridade incompetente, será indicada ao recorrente a autoridade competente e devolvido o prazo recursal.

(2) Conforme entendimento consolidado do Supremo Tribunal Federal, a revogação de ato administrativo que já gerou efeitos concretos exige regular processo administrativo.

1: correta (art. 63, § 1º, da Lei 9.784/99); **2:** correta (STF, STF – RE 594.296/MG). **WG**

Gabarito 1C, 2C.

(Analista – TRE/AP – 2011 – FCC) De acordo com a Lei n° 9.784/1999, o recurso administrativo

(A) deverá ser interposto no prazo de quinze dias, contado a partir da ciência ou divulgação oficial da decisão recorrida, salvo disposição legal específica.

(B) será dirigido à autoridade que proferiu a decisão, a qual, se não a reconsiderar no prazo de quarenta e oito horas, o encaminhará à autoridade superior.

(C) tramitará no máximo por duas instâncias administrativas, salvo disposição legal diversa.

(D) deverá ser decidido no prazo máximo de noventa dias, a partir do recebimento dos autos pelo órgão competente, quando a lei não fixar prazo diferente.

(E) poderá ser interposto, dentre outros, por organizações e associações representativas, no tocante a direitos e interesses coletivos e por cidadãos ou associações, quanto a direitos ou interesses difusos.

A: assertiva incorreta, pois o prazo para o recurso é de 10 dias (art. 59, *caput*, da Lei 9.784/1999); B: assertiva incorreta, pois a autoridade tem 5 dias para reconsiderar a decisão (art. 56, § 1º, da Lei 9.784/1999); C: assertiva incorreta, pois tramitará por, no máximo, 3 instâncias (art. 57 da Lei 9.784/1999); D: assertiva incorreta, pois deverá ser decidido no prazo máximo de 30 dias (art. 59, § 1º, da Lei 9.784/1999); E: assertiva correta (art. 58, III e IV, da Lei 9.784/1999). **WG**
Gabarito "E".

13. OUTROS TEMAS E TEMAS COMBINADOS

(Analista – TRT/9 – 2012 – FCC) O Poder Público adquiriu um imóvel para instalação de diversas repartições públicas, vinculadas a distintas Secretarias de Estado. Haverá grande fluxo de servidores e de administrados no local. No térreo do imóvel funcionava uma lanchonete, que tinha contrato firmado com o antigo proprietário. O dono desse estabelecimento pretende manter a exploração no local, razão pela qual propôs ao administrador responsável pelo prédio que fosse firmado vínculo contratual diretamente com o ente público. A proposta

(A) não poderá ser atendida porque a contratação pretendida dependeria de licitação, salvo se o ente público proprietário do imóvel for empresa pública, dispensada a observância desse procedimento porque se submete a regime jurídico de direito privado.

(B) poderá ser atendida até o término do contrato que vigia entre o dono do estabelecimento e o antigo proprietário, uma vez que o novo adquirente do imóvel deve respeitar os contratos em curso.

(C) poderá ser atendida, na medida em que a prorrogação do vínculo com o estabelecimento atende ao interesse público, representado pelo grande número de servidores e de administrados que frequentará o local, demandando a disponibilização de serviços de suporte a essa ocupação.

(D) não poderá ser atendida, na medida em que o ente público está obrigado a licitar o uso dos espaços públicos, ciente de que seria possível estabelecer competição entre os diversos interessados na exploração da atividade.

(E) poderá ser atendida, uma vez que o adquirente do imóvel sub-roga-se integralmente nos direitos do antigo proprietário do imóvel, podendo, no entanto, promover a alteração do contrato, que passa a ser regido pelo regime jurídico de direito público.

A: assertiva incorreta, pois a licitação é de rigor no caso, inclusive em se tratando de imóvel de empresa estatal, pois esta, em relação às contratações relacionadas à sua atividade-meio, é obrigada a celebrar certame licitatório; B: assertiva incorreta, pois a supremacia do interesse público sobre o privado e o caráter de aquisição originária da propriedade quando se tem desapropriação fazem com que o Poder Público tenha direito de não respeitar o contrato em curso, sem prejuízo de eventualmente ter de pagar uma indenização por conta da perda do ponto comercial, face à responsabilidade objetiva estatal; C: assertiva incorreta, pois, em que pese ser verdade que há conveniência na manutenção de um estabelecimento dessa natureza no local, os princípios da isonomia, da legalidade e da moralidade impõem a realização de licitação para a escolha da empresa que fará tal exploração de atividade econômica no local; D: assertiva correta, nos termos do comentário à alternativa anterior; E: assertiva incorreta, pois, de um lado, tem-se, na desapropriação, aquisição originária da propriedade, a afastar do bem qualquer tipo de vínculo anteriormente existente, e, de outro, tem-se o dever de licitar no caso, face aos princípios da isonomia, da legalidade e da moralidade. **WG**
Gabarito "D".

(Analista – TRT/10ª – 2013 – CESPE) Julgue os itens a seguir, referentes a atos administrativos.

(1) Consoante a doutrina, são requisitos ou elementos do ato administrativo a competência, o objeto, a forma, o motivo e a finalidade.

(2) Em razão da característica da autoexecutoriedade, a cobrança de multa aplicada pela administração não necessita da intervenção do Poder Judiciário, mesmo no caso do seu não pagamento.

(3) Com base no princípio da autotutela administrativa, a administração pública pode revogar os seus atos discricionários, independentemente do respeito aos direitos adquiridos.

(4) A Administração está obrigada a divulgar informações a respeito dos seus atos administrativos, ressalvadas aquelas cujo sigilo seja imprescindível à segurança da sociedade e do Estado e à proteção da intimidade das pessoas.

1: assertiva certa, pois, de fato, esses são os elementos ou requisitos do ato administrativo; 2: assertiva errada, pois a lei não autoriza a autoexecutoriedade para o fim de a Administração executar, por si só, o particular, constrangendo-o, mediante o uso da força, a pagar a multa; a lei prevê que, no caso, o Poder Público ingresse com ação de execução fiscal, ocasião em que o Poder Judiciário poderá usar a força para executar o devedor; 3: assertiva errada, pois nem mesmo a lei pode prejudicar um direito adquirido (art. 5º, XXXVI, da CF), quanto mais um mero ato administrativo, que, assim, como a lei, deve respeitar os direitos subjetivos das pessoas (art. 53 da Lei 9.784/1999); 4: assertiva certa (art. 5º, XXXIII, da CF e arts. 23 e 31 da Lei 12.527/2011). **WG**
Gabarito 1C, 2E, 3E, 4C

(Analista – TRE/SP – 2012 – FCC) Diferentes órgãos públicos necessitam adquirir, periodicamente, material hospitalar para o desempenho de suas atividades, não sendo possível, contudo, estabelecer, a priori, a quantidade exata de cada aquisição e sendo conveniente, em razão dos prazos de validade, a compra parcelada para entregas futuras. De acordo com a legislação que rege as licitações e contratos públicos, referidos órgãos

(A) poderão valer-se do Sistema de Registro de Preços, realizando, cada um deles, obrigatoriamente, licitação na modalidade pregão.

(B) poderão valer-se do Sistema de Registro de Preços, ainda que não tenham participado do certame licitatório, mediante consulta ao órgão gerenciador, desde que devidamente comprovada a vantagem.

(C) poderão valer-se do Sistema de Registro de Preços, mediante a realização, por apenas um dos órgãos, de licitação exclusivamente na modalidade pregão.

(D) não poderão valer-se do Sistema de Registro de Preços, que apenas se aplica a compras para entrega imediata, devendo adotar, cada um deles, a licitação na modalidade pregão.

(E) somente poderão valer-se do Sistema de Registro de Preços se realizarem licitação conjunta, na moda- lidade concorrência, indicando os quantitativos pretendidos e o preço unitário máximo admitido por cada órgão.

A: incorreta, pois, segundo o art. 22, *caput*, do Decreto 7.892/2013, "Desde que devidamente justificada a vantagem, a ata de registro de preços, durante sua vigência, poderá ser utilizada por qualquer órgão ou entidade da administração pública federal que não tenha participado do certame licitatório, mediante anuência do órgão gerenciador."; **B:** correta (art. 22, *caput*, do Decreto 7.892/2013); **C:** incorreta, pois cabe pregão ou concorrência (art. 7º, *caput*, do Decreto 7.892/2013); **D:** incorreta, pois o sistema de registro de preços se aplica a entregas frequentes e parceladas, portanto, diferentes do caso mencionado, que menciona entrega imediata (art. 3º, I e II, do Decreto 7.892/2013); **E:** incorreta, pois, conforme a previsão do art. 22 do Decreto 7.892/2013, basta que um órgão promova a licitação. **WG**

Gabarito "B"

10. DIREITO CONSTITUCIONAL

André Nascimento, Bruna Vieira, Licínia Rossi e Teresa Melo

1. TEORIA GERAL DA CONSTITUIÇÃO, NORMAS CONSTITUCIONAIS E PODER CONSTITUINTE

(Analista Judiciário - TJ/AL - 2018 - FGV) De acordo com o Art. 5º, LVIII, da Constituição da República de 1988, "o civilmente identificado não será submetido a identificação criminal, salvo nas hipóteses previstas em lei".

Considerando os aspectos afetos à supremacia e à aplicabilidade das normas constitucionais, a partir da interpretação do referido preceito obtém-se uma norma constitucional de eficácia:

(A) contida e aplicabilidade imediata;

(B) plena e aplicabilidade imediata;

(C) programática e aplicabilidade mediata;

(D) limitada e aplicabilidade imediata;

(E) plena e aplicabilidade mediata.

As **normas constitucionais de eficácia plena** são aquelas aptas a produzir todos os efeitos previstos desde a sua entrada em vigor, independentemente de legislação posterior que complemente seu alcance ou sentido. Possuem aplicabilidade direta, imediata e integral. As **normas constitucionais de eficácia contida** também são aptas a produzir todos seus efeitos desde a entrada em vigor, todavia podem ter a sua abrangência reduzida por atuação do legislador infraconstitucional. Possuem aplicabilidade direta, imediata, mas não integral, porque sujeitas a restrições que limitem sua eficácia e aplicabilidade. Já as **normas constitucionais de eficácia limitada (ou reduzida)** somente produzem os seus efeitos essenciais após uma complementação normativa a cargo do legislador infraconstitucional. Possuem aplicabilidade indireta, mediata e reduzida, porque só incidem totalmente a partir de uma norma infraconstitucional ulterior que lhes confira eficácia. São subdivididas em: **normas de princípio institutivo**, que trazem esquemas gerais de estruturação e atribuições de órgãos, entidades ou institutos, para que o legislador ordinário os estruture em definitivo; e **normas programáticas**, que estabelecem diretrizes, princípios e fins a serem atingidos pelo Estado, impõe uma tarefa, um dever para os poderes públicos. O art. 5º, LVIII, da CF é exemplo de norma constitucional de eficácia contida, pois estabelece um direito de aplicação imediata – ao proibir a identificação criminal da pessoa identificada civilmente –, mas abre ensejo a que o legislador ressalve casos em que a identificação criminal poderá ocorrer, mesmo em se tratando de pessoa com registro civil. **AN**

Gabarito "A".

(Analista Judiciário - TJ/AL - 2018 - FGV) Após um conflito armado interno, o grupo vitorioso elaborou nova Constituição para o País Delta. Ato contínuo, submeteu o texto a plebiscito popular, daí resultando a sua aprovação por larga maioria. A Constituição assim aprovada dispôs que parte de suas normas somente poderia ser alterada com observância de um processo legislativo qualificado, mais rigoroso que o das demais espécies legislativas, enquanto que a outra parte poderia ser alterada com observância do processo legislativo adotado para as leis ordinárias.

À luz da classificação das Constituições, a Constituição do País Delta pode ser classificada como:

(A) democrática, material e rígida;

(B) cesarista, formal e semirrígida;

(C) promulgada, material e flexível;

(D) participativa, formal e semirrígida;

(E) popular, material e rígida.

As Constituições podem ser classificadas sob vários enfoques ou critérios. Quanto à origem, a Constituição pode ser: **outorgada** (quando é imposta, de maneira unilateral, pelo detentor do poder político ou por agente revolucionário, sem contar com participação popular); **promulgada, democrática ou popular** (quando nasce da deliberação de uma Assembleia Nacional Constituinte eleita diretamente pelo povo); **cesarista** (quando nasce de um projeto elaborado por um Imperador ou um Ditador e submetido à participação popular para ratificação, por meio de plebiscito ou referendo); **pactuada** (quando decorre de um acordo entre grupos sociais, havendo mais de um titular do poder constituinte). Quanto ao conteúdo, a Constituição pode ser: **material ou substancial** (considera o conteúdo, de forma que são constitucionais apenas as normas fundamentais e estruturais do Estado, a organização de seus órgãos e os direitos e garantias fundamentais); **formal** (considera o processo de sua formação, de modo que são constitucionais todas as normas contidas no texto escrito e solene, independentemente do seu conteúdo). Quanto à estabilidade ou mutabilidade, a Constituição pode ser classificada em: **imutável ou permanente** (é aquela inalterável, que jamais poderá ser modificada); **rígida** (aquela que exige para a sua alteração um processo legislativo mais solene e dificultoso do que o processo de alteração das normas infraconstitucionais); **flexível** (aquela que não exige um processo legislativo de alteração mais solene e dificultoso do que o processo de elaboração das normas infraconstitucionais); **semirrígida ou semiflexível** (aquela que é, ao mesmo tempo, rígida e flexível, isto é, algumas matérias exigem um processo legislativo de alteração mais dificultoso do que o processo legislativo ordinário, enquanto outras não requerem tal formalidade); **super-rígida** (além de possuir um processo legislativo qualificado para a alteração das suas normas, possui algumas matérias que são imutáveis, como as cláusulas pétreas); **fixa** (aquela que somente pode ser alterada por um poder de competência igual àquele que a criou, isto é, pelo poder constituinte originário).

Em face disso, a Constituição do País Delta pode ser classificada como cesarista, formal e semirrígida. **AN**

Gabarito "B".

(Analista Judiciário – TRE/PI – CESPE – 2016) Acerca do direito constitucional, assinale a opção correta.

(A) As várias reformas já sofridas pela CF, por meio de emendas constitucionais, são expressão do poder constituinte derivado decorrente.

(B) De acordo com a doutrina dominante, a CF, ao se materializar em um só código básico, afasta os usos e costumes como fonte do direito constitucional.

(C) O neoconstitucionalismo, ao promover a força normativa da Constituição, acarretou a diminuição da atividade judicial, dado o alto grau de vinculação das decisões judiciais aos dispositivos constitucionais.

(D) A derrotabilidade de uma norma constitucional ocorrerá caso uma norma jurídica deixe de ser aplicada em determinado caso concreto, permanecendo, contudo, no ordenamento jurídico para regular outras relações jurídicas.

(E) A interpretação da Constituição sob o método teleológico busca investigar as origens dos conceitos e institutos pelo próprio legislador constituinte.

A: incorreta. O Poder Constituinte Originário (PCO) é o poder de *criar* o Estado, sendo dotado das seguintes características: inicial porque inaugura uma nova ordem jurídica; ilimitado porque não se submete aos limites impostos pela ordem jurídica anterior; autônomo porque exercido livremente por seu titular (o povo) e incondicionado por não se submeter a nenhuma forma preestabelecida para sua manifestação (nem mesmo a tratados internacionais). Importante ressaltar que, para a doutrina jusnaturalista, o direito natural impõe limites ao PCO que, por essa razão, não seria totalmente autônomo. Já o Poder Constituinte Derivado é o de *recriar* o Estado, podendo ser Reformador, hipótese da questão (por meio de emenda constitucional ou de emenda de revisão), como também pode ser Derivado Decorrente (aquele que permite aos Estados-membros elaborarem e alterarem as suas próprias constituições); **B:** incorreta. Os usos e costumes podem ser fonte do direito, desde que não conflitem com a ordem constitucional vigente; **C:** incorreta. Um dos efeitos do neoconsitucionalismo foi a ascensão do Poder Judiciário, que a partir do reconhecimento da força normativa dos princípios e da necessidade de sua concretização, passou a realizar atividade concretizadora da vontade constitucional; **D:** correta. A derrotabilidade das normas jurídicas (*defeasibility*, de Herbert Hart) refere-se à possibilidade de uma norma que preencha todas as condições para sua aplicação ao caso concreto seja, entretanto, afastada, por conta de uma exceção relevante não prevista de forma exaustiva. Dá-se como exemplo a decisão do STF sobre possibilidade de antecipação terapêutica do parto (aborto) em casos de gravidezes de fetos anencefálicos, exceção não prevista no Código Penal, mas relevante o suficiente para afastar a aplicação da sanção penal; **E:** incorreta. A hipótese narrada aproxima-se muito mais da interpretação autêntica que da teleológica, que visa alcançar os fins previstos na norma. TM

Gabarito "D".

(Analista Jurídico – TCE/PR – 2016 – CESPE) A respeito do poder constituinte, assinale a opção correta.

(A) O caráter ilimitado do poder constituinte originário não impede o controle de constitucionalidade sobre norma constitucional originária quando esta conflitar com outra norma constitucional igualmente originária.

(B) Se não houver ressalva expressa no seu próprio texto, a Constituição nova atingirá os efeitos pendentes de situações jurídicas consolidadas sob a égide da Carta anterior.

(C) O poder constituinte originário não desaparece com a promulgação da Constituição, permanecendo em convívio estreito com os poderes constituídos.

(D) As assembleias nacionais constituintes são as entidades que titularizam o poder constituinte originário.

(E) O poder constituinte originário é incondicionado, embora deva respeitar os direitos adquiridos sob a égide da Constituição anterior, ainda que esses direitos não sejam salvaguardados pela nova ordem jurídica instaurada.

A: incorreta. Não há controle de constitucionalidade em relação à norma advinda do poder constituinte originário, já que ela é o padrão de confronto. Sendo assim, se houver conflito entre normas constitucionais originárias, caberá ao intérprete da Constituição, em especial ao STF,

compatibilizá-las, a fim de que tais normas permaneçam vigentes; **B:** correta. De fato, como a nova Constituição rompe por completo o ordenamento jurídico anterior, não havendo disposição sobre a não incidência de suas normas em relação a situações jurídicas consolidadas sob a égide da Carta anterior, os efeitos pendentes serão dados pela nova Constituição; **C:** incorreta. No Brasil, a promulgação de uma nova Constituição faz com que a antiga seja totalmente revogada, sendo assim, o poder constituinte originário antigo não permanece; **D:** incorreta. O titular do poder é o povo. Determina o art. 1º, parágrafo único, da CF que todo o poder emana do povo, que o exerce por meio de representantes eleitos ou diretamente, nos termos desta Constituição. Desse modo, o povo, detentor do poder, delega às assembleias nacionais constituintes a atribuição de elaborar uma nova Constituição, por meio da manifestação do poder constituinte originário; **E:** incorreta. Como mencionado, o poder constituinte rompe a antiga e existente ordem jurídica de forma integral, instaurando uma nova. É ele quem impõe uma nova ordem jurídica para o Estado. Tal poder é incondicionado e ilimitado porque não encontra condições, limitações ou regras preestabelecidas pelo ordenamento jurídico anterior. Portanto, os direitos adquiridos sob a égide da Constituição anterior, não salvaguardados pela nova ordem jurídica, não precisam ser respeitados. É o entendimento majoritário. TM

Gabarito "B".

(Analista Judiciário – TRT/8ª – 2016 – CESPE) Acerca do poder constituinte e dos princípios fundamentais da CF, assinale a opção correta.

(A) Nas relações internacionais, o Brasil rege-se, entre outros princípios, pela soberania, pela dignidade da pessoa humana e pelo pluralismo político.

(B) O preâmbulo da CF constitui vetor interpretativo para a compreensão do significado de suas prescrições normativas, de modo que também tem natureza normativa e obrigatória.

(C) O titular do poder constituinte é aquele que, em nome do povo, promove a instituição de um novo regime constitucional ou promove a sua alteração.

(D) Embora seja, em regra, ilimitado, o poder constituinte originário pode sofrer limitações em decorrência de ordem supranacional, sendo inadmissível, por exemplo, uma nova Constituição que desrespeite as normas internacionais de direitos humanos.

(E) O poder constituinte derivado reformador efetiva-se por emenda constitucional, de acordo com os procedimentos e limitações previstos na CF, sendo passível de controle de constitucionalidade pelo Supremo Tribunal Federal (STF).

A: incorreta. De acordo com o art. 4º da CF, o Brasil é regido nas suas relações internacionais pelos seguintes princípios: I - independência nacional; II - prevalência dos direitos humanos; III - autodeterminação dos povos; IV - não-intervenção; V - igualdade entre os Estados; VI - defesa da paz; VII - solução pacífica dos conflitos; VIII - repúdio ao terrorismo e ao racismo; IX - cooperação entre os povos para o progresso da humanidade; e X - concessão de asilo político. Por outro lado, a soberania, a dignidade da pessoa humana e o pluralismo político são considerados **fundamentos** da República Federativa do Brasil, conforme determina o art. 1º, I, III e V, da CF; **B:** incorreta. O preâmbulo, de fato, deve ser utilizado como vetor interpretativo para o busca do significado e compreensão de todo o texto constitucional. Todavia, embora o preâmbulo tenha de ser utilizado como alicerce, segundo o Supremo, ele não tem força normativa, não cria direitos e obrigações e não pode ser utilizado como parâmetro para eventual declaração de inconstitucionalidade. Por exemplo: uma lei que fira tão somente o preâmbulo não pode ser objeto de ação direta de inconstitucionalidade no STF, nem de outro mecanismo de controle de constitucionalidade;

C: incorreta. O titular do poder constituinte é o povo. O fundamento é encontrado no parágrafo único do art. 1º da CF. Por outro lado, a manifestação e o exercício desse poder são delegados aos governantes que, em nome do povo, promovem a instituição de um novo regime constitucional e as suas alterações; **D:** incorreta. Alternativa polêmica, pois parte da doutrina entende dessa forma, embora não seja a doutrina majoritária. Enfim, como a questão não foi anulada, é bom lembrar que o poder constituinte originário é ilimitado juridicamente, pois no Brasil adota-se a teoria positivista; **E:** correta. De fato, o poder de reformar a Constituição se manifesta por meio do processo legislativo das emendas constitucionais, previsto no art. 60 da CF, e as normas advindas desse poder estão sujeitas ao controle de constitucionalidade. ▨

Gabarito "E".

(Analista Jurídico – TCE/PR – 2016 – CESPE) Assinale a opção correta no que concerne às classificações das constituições.

(A) As Constituições cesaristas são elaboradas com base em determinados princípios e ideais dominantes em período determinado da história.

(B) Constituição escrita é aquela cujas normas estão efetivamente positivadas pelo legislador em documento solene, sejam leis esparsas contendo normas materialmente constitucionais, seja uma compilação que consolide, em um só diploma, os dispositivos alusivos à separação de poderes e aos direitos e garantias fundamentais.

(C) A classificação ontológica das Constituições põe em confronto as pretensões normativas da Carta e a realidade do processo de poder, sendo classificada como nominativa, nesse contexto, a Constituição que, embora pretenda dirigir o processo político, não o faça efetivamente.

(D) As Constituições classificadas como populares ou democráticas são materializadas com o tempo, com o arranjo e a harmonização de ideais e teorias outrora contrastantes.

(E) As Constituições semânticas possuem força normativa efetiva, regendo os processos políticos e limitando o exercício do poder.

A: incorreta. As Constituições **cesaristas**, também conhecidas como plebiscitárias, referendárias ou bonapartistas, são aquelas que, embora elaboradas de maneira unilateral, impostas, após sua criação são **submetidas a um referendo** popular; **B:** incorreta. As Constituições **escritas** são aquelas sistematizadas **num único texto**, criadas por um órgão constituinte. Esse texto único é a única fonte formal do sistema constitucionalista. Exemplo: Constituição Federal de 1988. Por outro lado, as não escritas não estão sistematizadas e codificadas num único texto, são baseadas em textos esparsos, jurisprudências, costumes, convenções, atos do parlamento etc. Há várias fontes formais do direito constitucional no país de constituição não escrita. Exemplo: Constituição Inglesa; **C:** correta. De fato, o critério ontológico leva em conta a correspondência com a realidade. Pedro Lenza, em Direito Constitucional Esquematizado, 19ª Ed. 2015, Saraiva, p. 115, menciona que "Karl Loewenstein distinguiu as Constituições normativas, nominalistas (nominativas ou nominiais) e semânticas. Trata-se do critério ontológico que busca identificar a correspondência entre a realidade política do Estado e o texto constitucional" e continua "... Enquanto nas Constituições **normativas** a pretendida limitação ao poder se implementa na prática, havendo, assim, correspondência com a realidade, nas **nominalistas** busca-se essa concretização, porém, sem sucesso, não se conseguindo uma verdadeira normatização do processo real do poder. Nas **semânticas**, por sua vez, mas sequer se tem essa pretensão, buscando-se conferir legitimidade meramente formal aos detentores do poder, em seu próprio benefício"; **D:** incorreta. As Constituições

promulgadas, populares ou democráticas são aquelas advindas de uma Assembleia Constituinte composta por representantes do povo. Sua elaboração se dá de maneira consciente e livre, diferentemente das Constituições outorgadas, que são criadas de forma imposta; **E:** incorreta. Como mencionado, as semânticas apenas buscam conferir "legitimidade meramente formal aos detentores do poder, em seu próprio benefício". ▨

Gabarito "C".

(Analista Judiciário – TRT/8ª – 2016 – CESPE) Acerca do conceito de Constituição, da classificação das Constituições, da classificação das normas constitucionais e dos princípios estabelecidos na Constituição Federal de 1988 (CF), assinale a opção correta.

(A) Normas constitucionais de eficácia plena são autoaplicáveis ou autoexecutáveis, como, por exemplo, as normas que estabelecem o mandado de segurança, o *habeas corpus*, o mandado de injunção e o *habeas data*.

(B) Quanto à estabilidade, a CF classifica-se como super-rígida, porque, em regra, pode ser alterada por processo legislativo ordinário diferenciado, sendo, excepcionalmente, imutável em alguns pontos (cláusulas pétreas).

(C) A repristinação ocorre quando uma norma infraconstitucional revogada pela anterior ordem jurídica é restaurada tacitamente pela nova ordem constitucional.

(D) A CF, compreendida como norma jurídica fundamental e suprema, foi originalmente concebida como um manifesto político com fins essencialmente assistencialistas, tendo a atuação do constituinte derivado positivado direitos políticos e princípios de participação democrática no texto constitucional.

(E) Decorrem do princípio da supremacia das normas constitucionais tanto a exigência de que os estados-membros se organizam obedecendo ao modelo adotado pela União quanto a de que as unidades federativas estruturem seus governos de acordo com o princípio da separação de poderes.

A: correta. De fato, as normas de eficácia plena são autoaplicáveis ou autoexecutáveis. São aquelas que, por si só, produzem todos os seus efeitos no mundo jurídico e de forma imediata. Não dependem da interposição do legislador para que possam efetivamente produzir efeitos e não admitem que uma norma infraconstitucional limite ou reduza seu conteúdo. Além dos exemplos citados, podemos mencionar as previstos nos seguintes dispositivos constitucionais: o 1º – que trata dos fundamentos da República Federativa do Brasil, o 2º – que trata da independência e harmonia que deve existir entre os poderes Legislativo, Executivo e Judiciário, o 13 – que diz que a língua portuguesa é o idioma oficial do Brasil, o 18, § 1º, que menciona que Brasília é a capital do Brasil, dentre outros; **B:** incorreta. Há quem entenda dessa forma, mas não é o que prevalece. Segundo a doutrina majoritária, a CF/88 é classificada como rígida, pois o seu processo de alteração depende de um procedimento mais solene, mais dificultoso que o processo de alteração das demais normas, ditas infraconstitucionais. O mecanismo hábil para essa alteração, processo legislativo das emendas constitucionais, vem previsto no art. 60 da CF; **C:** incorreta. A repristinação é o fenômeno jurídico pelo qual se restabelece a vigência de uma lei que foi revogada pelo fato de a lei revogadora ter sido posteriormente revogada. No Brasil não existe repristinação automática ou tácita. Se o legislador, porventura, quiser restabelecer a vigência de uma lei anteriormente revogada por outra, terá de fazê-lo expressamente, conforme dispõe o § 3º do art. 2º da Lei de Introdução às Normas do Direito Brasileiro (Decreto-Lei 4657/1942); **D:** incorreta. Os direitos políticos e os princípios de participação democrática foram colocados no Texto Constitucional pelo constituinte originário; **E:** incorreta. Tais regras decorrem do princípio da simetria constitucional. Os princípios e as normas trazidas pela Constituição Federal devem servir de diretrizes para os Estados quando da elaboração de suas Constituições, ou seja, deve haver um paralelismo entre a Constituição Federal e as Constituições Estaduais. **TM** Gabarito "A".

(Analista Jurídico – TCE/PR – 2016 – CESPE) Assinale a opção correta acerca da interpretação constitucional.

(A) Como as Constituições regulam direitos e garantias fundamentais e o exercício do poder, deve-se priorizar o emprego de linguagem técnica em seu texto, restringindo-se a sofisticada atividade interpretativa às instâncias oficiais.

(B) A interpretação constitucional deve priorizar o espírito da norma interpretada em detrimento de expressões supérfluas ou vazias; por isso, a atividade do intérprete consiste em extrair o núcleo essencial do comando constitucional, ainda que isso implique desconsiderar palavras, dispositivos ou expressões literais.

(C) Sendo a Constituição impregnada de valores, sua interpretação é norteada essencialmente por diretrizes políticas, em detrimento de cânones jurídicos.

(D) Na interpretação da Constituição, prepondera a teleologia, de modo que a atividade do hermeneuta deve priorizar a finalidade ambicionada pela norma; o texto da lei, nesse caso, não limita a interpretação nem lhe serve de parâmetro.

(E) O caráter aberto e vago de muitas das disposições constitucionais favorece uma interpretação atualizadora e evolutiva, capaz de produzir, por vezes, uma mutação constitucional informal ou não textual.

A: incorreta. A função de interpretar a Constituição não deve ser restringida por meio da utilização de linguagem técnica. Pelo contrário, há posição doutrinária no sentido de que a **interpretação** deve ser **aberta à sociedade**, além de ser feita pelos órgãos estatais. Nesse sentido, Dirley da Cunha Júnior, em Curso de Direito Constitucional, 6ª edição, p. 237 e 238, resume bem a teoria sustentada por Haberle: "propõe o festejado autor a substituição de uma 'sociedade fechada dos intérpretes da Constituição' para uma 'sociedade aberta', sob o argumento de que todo aquele que vive no contexto regulado pela norma constitucional e que vive com este contexto é, direta ou indiretamente, um intérprete dessa norma, pois o destinatário da norma é participante ativo do processo hermenêutico". E continua: "Para Haberle, a interpretação constitucional deve ser desenvolvida sob a influência da teoria democrática, no âmbito da qual todo cidadão ativo, grupos, opinião pública e demais potências públicas representam forças produtivas da interpretação, de modo que são intérpretes constitucionais em sentido lato, atuando pelo menos como pré-intérpretes da Constituição"; **B:** incorreta. Sob o argumento de que a interpretação constitucional deve priorizar o espírito da norma interpretada em detrimento de expressões supérfluas ou vazias, **não pode** o intérprete simplesmente desconsiderar palavras, dispositivos ou expressões literais. Tal comportamento faria com que o intérprete usurpasse função legislativa; **C:** incorreta. Não são essencialmente diretrizes políticas que norteiam a interpretação da Constituição. Preceitos jurídicos, combinados com outros, são utilizados na interpretação da Constituição; **D:** incorreta. De fato a visão teleológica busca os **objetivos e as finalidades** da norma, mas, ao contrário do mencionado, o texto da lei serve de parâmetro e limita a sua interpretação; **E:** correta. De fato, as disposições constitucionais favorecem uma interpretação atualizadora que pode se dar por meio de **mutação constitucional**. Esse fenômeno tem relação não com o aspecto formal do texto constitucional, mas com a interpretação dada à Constituição. É a alteração informal da

Constituição. Não podemos interpretar a CF/88 da mesma maneira que a interpretávamos quando ela foi feita, a mudança social, que se deu com o passar do tempo, fez e faz com que a interpretação seja modificada. Por exemplo: O STF, na ADI 4277/2011, ampliou o conceito de família ao acrescentar os casais homoafetivos. Mencionou que "A Constituição de 1988, ao utilizar-se da expressão família, não limita sua formação a casais heteroafetivos nem a formalidade cartorária, celebração civil ou liturgia religiosa. Família como instituição privada que, voluntariamente constituída entre pessoas adultas, mantém com o Estado e a sociedade civil uma necessária relação tricotômica". **TM** Gabarito "E".

Em determinado país, como resultado de uma revolução popular, os revolucionários assumiram o poder e declararam revogada a Constituição então em vigor. Esse mesmo grupo estabeleceu uma nova ordem constitucional consistente em norma fundamental elaborada por grupo de juristas escolhido pelo líder dos revolucionários.

(Analista – TRT/10ª – 2013 – CESPE) Com base nessa situação hipotética, julgue os itens a seguir.

(1) Caso a nova Constituição estabeleça que algumas leis editadas sob a égide da ordem constitucional anterior permaneçam em vigor, ocorrerá o fenômeno da repristinação.

(2) A nova Constituição desse país não pode ser considerada uma legítima manifestação do poder constituinte originário, visto que sua outorga foi feita sem observância a nenhum procedimento de aprovação predeterminado.

1: incorreta. O fenômeno que ocorre nessa hipótese é o da recepção. Desse modo, com a entrada em vigor de uma nova Constituição as normas infraconstitucionais que se mostrarem compatíveis com o novo texto, permanecerão válidas, serão recepcionadas. Para tanto, sequer há necessidade de disposição expressa. Sobre a repristinação, um exemplo, trazido por Pedro Lenza, em sua obra Curso de Direito Constitucional Esquematizado, 17. ed., São Paulo: Saraiva, 2013, p. 217, é o seguinte: "uma norma produzida na vigência da CF/1946 não é recepcionada pela de 1967, pois incompatível com ela. Promulgada a CF/1988, verifica-se que aquela lei, produzida na vigência da CF/1946 (que fora revogada – não recepcionada – pela de 1967), em tese poderia ser recepcionada pela CF/1988, visto que totalmente compatível com ela. Nessa situação, poderia aquela lei, produzida durante a CF/1946, voltar a produzir efeitos? Ou seja, repristinaria? Como regra geral, o Brasil adotou a impossibilidade do fenômeno da repristinação, salvo se a nova ordem jurídica expressamente assim se pronunciar". É justamente o que determina o art. 2º, § 3º, da Lei de Introdução às normas do Direito Brasileiro (Decreto-Lei 4.657/1942); **2:** incorreta. A nova Constituição, embora classificada como outorgada, pois foi imposta pelos detentores do poder, configura manifestação do poder constituinte originário, já que adveio de uma revolução popular. Gabarito 1E, 2E

(Analista – TRT/10ª – 2013 – CESPE) No que concerne à aplicabilidade das normas constitucionais, julgue os itens seguintes.

(1) As normas programáticas são dotadas de eficácia plena e independem de programas ou providências estatais para a sua concretização.

(2) As normas constitucionais de eficácia limitada, embora, para produzirem todos os seus efeitos, demandem lei integrativa, têm o poder de vincular o legislador ordinário, podendo servir como parâmetro para o controle de constitucionalidade.

1: incorreta. Ao contrário, as normas programáticas são as que trazem em seu corpo programas a serem, necessariamente, concretizados pelos governantes e órgãos estatais. São espécie do gênero normas constitucionais de eficácia *limitada* e, portanto, não possuem eficácia plena. Mas, ainda que tais programas não tenham sido implementados, essas regras são dotadas de eficácia mínima. Impedem, por exemplo, que sejam editadas leis contrárias aos comandos da Lei Maior. As Constituições marcadas por essas normas são denominadas Constituições dirigentes. Os arts. 211, 215 e 226, § 2º, da CF são exemplos de normas programáticas. **2:** correta. As normas de eficácia limitada, de fato, vinculam a atuação do legislador ordinário. É necessária a sua regulamentação para que o direito nela previsto possa ser exercido. A mora do Poder Legislativo em regulamentar a norma gera inconstitucionalidade por omissão, sujeita a controle de constitucionalidade. Nessa hipótese, o parâmetro a ser utilizado será justamente a norma de eficácia limitada que não foi regulamentada. Vale lembrar que tais normas, ainda que limitadas, produzem ao menos dois efeitos: o inibidor e o revogador. Pelo primeiro, a atuação legislativa fica condicionada ao mandamento constitucional, de modo que o legislador não possa criar leis que o contrariem, ainda que esse mandamento possua eficácia limitada. Por outro lado, o efeito revogador torna inaplicável qualquer norma infraconstitucional que colida com o enunciado da norma constitucional. Sendo assim, tais regras vinculam o legislador ordinário. Gabarito 1E, 2C

(Analista – TJAM – 2013 – FGV) O *Poder Constituinte Reformador* encontra limites na ordem constitucional vigente. A esse respeito, assinale a afirmativa correta.

(A) Como limites temporais, a Constituição não pode ser emendada na vigência de intervenção federal, estado de sítio ou durante o recesso parlamentar.

(B) Todas as limitações ao Poder Constituinte Reformador encontram-se expressas no texto constitucional.

(C) A Constituição de 1988 não admitiu, em hipótese alguma, alteração constitucional tendente a substituir o sistema presidencialista pelo parlamentarista.

(D) A matéria constante de proposta de emenda rejeitada ou havida por prejudicada não pode ser objeto de nova proposta durante o mesmo mandato parlamentar.

(E) Não será objeto de deliberação a proposta de emenda tendente a abolir o voto direto, secreto, universal e periódico e os direitos e garantias individuais.

A: incorreta. De acordo com o art. 60, § 1º, da CF, a Constituição não poderá ser emendada na vigência de intervenção federal, de estado de defesa ou de estado de sítio. São os chamados limites *circunstanciais*, ou seja, nessas situações, em que o país está em crise, não é admitida a elaboração de emendas constitucionais. Segundo Pedro Lenza, em sua obra **Curso de Direito Constitucional esquematizado**, 17. ed., São Paulo: Saraiva, 2013, p. 632: "As limitações *temporais*, na história brasileira, foram previstas apenas na Constituição do Império, de 1824, não se verificando nas que se seguiram. Trata-se de previsão de prazo durante o qual fica vedada qualquer alteração da Constituição. O exemplo único é o art. 174 da citada Constituição Política do Império, que permitia a reforma da Constituição somente após 4 anos de vigência. Assim, não há limitação expressa temporal prevista na Constituição Federal de 1988. Convém lembrar que a regra do art. 3º do ADCT (poder constituinte derivado revisor), que determinou a revisão constitucional após 5 anos da promulgação da Constituição, pelo voto da maioria absoluta dos membros do Congresso Nacional, em sessão unicameral, não configurou qualquer limitação temporal ao poder de reforma, mas apenas a previsão de prazo para a malfeita revisão constitucional já esgotada. Durante esse período de pelo menos 5 anos, como se sabe, a Constituição, observados os limites já expostos, poderia, como foi (ECs 1 a 4), ser reformada por emendas constitucionais, através da manifestação do poder constituinte derivado reformador"; **B:** incorreta.

Há limitações *implícitas* que são as que decorrem do próprio sistema constitucional. Uma emenda constitucional que alterasse a titularidade do poder de reforma seria considerada inconstitucional, pois feriria uma limitação implícita; **C:** incorreta. Ao contrário do mencionado, há previsão expressa nesse sentido. O art. 2º do ADCT previu que no dia 7 de setembro de 1993 o eleitorado definisse, por meio de plebiscito, a forma (república ou monarquia constitucional) e o sistema de governo (parlamentarismo ou presidencialismo) que deveriam vigorar no País; **D:** incorreta. De acordo com o art. 60, § 5º, da CF, a matéria constante de proposta de emenda rejeitada ou havida por prejudicada não pode ser objeto de nova proposta na mesma *sessão legislativa*. O art. 57, *caput*, da CF define esse período como sendo de 2 de fevereiro a 17 de julho e de 1º de agosto a 22 de dezembro; **E:** correta. De fato, não podem ser objeto de emenda, pois tais assuntos fazem parte das denominadas cláusulas pétreas ou limitações materiais, previstas no art. 60, § 4º, da CF.
Gabarito "E".

2. PRINCÍPIOS FUNDAMENTAIS E DIREITOS E GARANTIAS FUNDAMENTAIS

(Analista - TRT/15 - FCC - 2018) Empregado de empresa pública federal, em efetivo serviço há mais de três anos, foi eleito a cargo de direção do sindicato de sua categoria profissional. Considerando que o empregado era titular de função de confiança de livre nomeação e exoneração, não sendo seu vínculo jurídico-trabalhista decorrente de concurso público, a empresa houve por bem demiti-lo, independentemente do cometimento de qualquer falta, assim que iniciou seu mandato sindical. Essa demissão mostra-se

(A) compatível com a Constituição Federal, uma vez que o empregado público não tem direito à estabilidade funcional nos moldes daquela prevista aos servidores titulares de cargos públicos efetivos.

(B) incompatível com a Constituição Federal, uma vez que o referido empregado público já havia adquirido estabilidade funcional, nos moldes daquela especificamente prevista aos servidores titulares de cargos públicos efetivos.

(C) incompatível com a Constituição Federal, uma vez que o referido empregado público não cometeu falta grave, nos termos da lei, que pudesse amparar juridicamente sua demissão como dirigente sindical eleito.

(D) compatível com a Constituição Federal por tratar-se de empregado público ocupante exclusivamente de função de confiança.

(E) compatível com a Constituição Federal, uma vez que o exercício do mandato sindical não confere ao referido empregado público direito a qualquer estabilidade no emprego.

Consoante o art. 8º, VIII, da CF, é vedada a dispensa do empregado sindicalizado a partir do registro da candidatura a cargo de direção ou representação sindical e, se eleito, ainda que suplente, até um ano após o final do mandato, salvo se cometer falta grave nos termos da lei. Logo, com base na literalidade desse dispositivo, a demissão mostra-se incompatível com a Constituição Federal, uma vez que o referido empregado público não cometeu falta grave, nos termos da lei, que pudesse amparar juridicamente sua demissão como dirigente sindical eleito. Ressalte-se, todavia, que o tema é bastante controvertido na jurisprudência. Há precedente do STF no sentido de que "*a estabilidade provisória de representante sindical, prevista no artigo 8º, VIII, da Carta da República, é assegurada aos empregados celetistas e não ao servidor estatutário*" (RMS 24347, Relator: Min. Maurício Corrêa, Segunda Turma, julgado em 11/03/2003), bem como há precedente no sentido de que a estabilidade sindical provisória (art. 8º, VIII, CF) *"não alcança o servidor público, regido por regime especial, ocupante de cargo em comissão e, concomitantemente, de cargo de direção no sindicato da categoria"* (RE 183884, Relator: Min. Sepúlveda Pertence. Primeira Turma, julgado em 08/06/1999). AN

Gabarito "C".

(Analista - Área Administrativa - TRT1 - 2018 - AOCP) Tício, Analista Judiciário – Área Administrativa no TRT, trabalha no setor de recursos humanos do tribunal e conhece as previsões constitucionais acerca dos direitos sociais. Sobre esse assunto, assinale a alternativa correta.

(A) É permitido no texto constitucional, ainda que excepcionalmente, o trabalho para menores de dezesseis anos.

(B) Em que pese ser proibida a diferença de critério de admissão por motivo de sexo, cor ou estado civil, é possível, na forma da lei, a diferença de critério de admissão por idade.

(C) A Constituição Federal, apesar de prever a licença--maternidade como direito social, não garante, de forma expressa, o mesmo direito aos trabalhadores do sexo masculino.

(D) É garantido o direito ao aviso prévio proporcional ao tempo de serviço, sendo de, no mínimo, oito dias, se o pagamento for efetuado por semana ou tempo inferior.

(E) A Constituição Federal garante o direito à indenização por acidente de trabalho, a ser paga pelo empregador que incorrer em dolo ou culpa, salvo se este arcar com o seguro contra acidentes de trabalho.

A: correta, pois a Constituição prevê a proibição de trabalho noturno, perigoso ou insalubre a menores de dezoito e de qualquer trabalho a menores de dezesseis anos, <u>salvo na condição de aprendiz, a partir de quatorze anos</u> (art. 7º, XXXIII). Logo, é permitido, excepcionalmente (na condição de aprendiz), o trabalho para menores de dezesseis anos; **B:** incorreta, porque a Constituição prevê a proibição de diferença de salários, de exercício de funções e de critério de admissão por motivo de sexo, idade, cor ou estado civil, sem estabelecer qualquer exceção (art. 7º, XXX); **C:** incorreta, já que a Constituição garante, de forma expressa, a licença-paternidade (art. 7º, XIX); **D:** incorreta, pois a Constituição garante o aviso prévio proporcional ao tempo de serviço, sendo no mínimo de **trinta dias**, nos termos da lei (art. 7º, XXI); **E:** incorreta, já que a Constituição garante o seguro contra acidentes de trabalho, a cargo do empregador, <u>sem excluir a indenização a que este está obrigado, quando incorrer em dolo ou culpa</u> (art. 7º, XXVIII). AN

Gabarito "A".

(Analista - Área Administrativa - TRT1 - 2018 - AOCP) Paulo, Analista Judiciário – Área Administrativa no TRT, é o responsável pela folha de pagamentos do tribunal e, portanto, precisa dominar as disposições constitucionais acerca do salário e remuneração do trabalho. Sobre esse assunto, assinale a alternativa que NÃO representa um direito social previsto expressamente na Constituição Federal.

(A) Piso salarial proporcional à extensão e à complexidade do trabalho.

(B) Participação nos lucros, ou resultados, vinculada à remuneração, e, excepcionalmente, participação na gestão da empresa, conforme definido em lei.

(C) Irredutibilidade do salário, salvo o disposto em convenção ou acordo coletivo.

(D) Remuneração do trabalho noturno superior à do diurno.

(E) Décimo terceiro salário com base na remuneração integral ou no valor da aposentadoria.

A: incorreta, por ser direito social previsto expressamente no art. 7º, V, da CF; **B:** correta, porque é direito social a participação nos lucros, ou resultados, <u>desvinculada da remuneração</u>, e, excepcionalmente, participação na gestão da empresa, conforme definido em lei (art. 7º, XI, da CF); **C:** incorreta, por ser direito social previsto expressamente no art. 7º, VI, da CF; **D:** incorreta, por ser direito social previsto expressamente no art. 7º, IX, da CF; **E:** incorreta, por ser direito social previsto expressamente no art. 7º, VIII, da CF. AN

Gabarito "B".

(Analista - Área Administrativa - TRT1 - 2018 - AOCP) No exercício de suas atividades como Analista Judiciário – Área Administrativa, José recebeu um pedido de informações acerca dos servidores do TRT, para fins de instrução de mandado de segurança coletivo impetrado em face do tribunal. Acerca do mandado de segurança coletivo, de acordo com o que dispõe a Constituição Federal, assinale a alternativa correta.

(A) O mandado de segurança coletivo pode ser impetrado por partido político independentemente de este possuir representação no Congresso Nacional.

(B) O mandado de segurança coletivo deve ser impetrado para assegurar o conhecimento de informações relativas à pessoa do impetrante, constantes de registros ou bancos de dados de entidades governamentais ou de caráter público.

(C) Qualquer cidadão é parte legítima para impetrar mandado de segurança coletivo, ficando o autor, salvo comprovada má-fé, isento de custas judiciais e do ônus da sucumbência.

(D) O mandado de segurança coletivo pode ser impetrado por organização sindical, entidade de classe ou associação legalmente constituída e em funcionamento há pelo menos um ano, em defesa dos interesses de seus membros ou associados.

(E) O mandado de segurança coletivo deve ser impetrado para a retificação de dados, quando não se prefira fazê-lo por processo sigiloso, judicial ou administrativo.

A: incorreta, pois o mandado de segurança coletivo pode ser impetrado por partido político <u>com representação no Congresso Nacional</u> (art. 5º, LXX, "a", da CF); **B:** incorreta, porque o *habeas data* deve ser impetrado para assegurar o conhecimento de informações relativas à pessoa do impetrante, constantes de registros ou bancos de dados de entidades governamentais ou de caráter público (art. 5º, LXXII, "a", da CF); **C:** incorreta, pois qualquer cidadão é parte legítima para propor **ação popular** que vise a anular ato lesivo ao patrimônio público ou de entidade de que o Estado participe, à moralidade administrativa, ao meio ambiente e ao patrimônio histórico e cultural, ficando o autor, salvo comprovada má-fé, isento de custas judiciais e do ônus da sucumbência (art. 5º, LXXIII, da CF); **D:** correta, nos termos do art. 5º, LXX, "b", da CF; **E:** incorreta, porque o *habeas data* deve ser impetrado para a retificação de dados, quando não se prefira fazê-lo por processo sigiloso, judicial ou administrativo (art. 5º, LXXII, "b", da CF). AN

Gabarito "D".

(Analista - TJ/SC - FGV - 2018) Pedro, servidor público estadual, respondeu a processo administrativo disciplinar e recebeu, ao final, a sanção de suspensão de 10 (dez) dias, o que também lhe acarretou outros prejuízos estatutários, como a impossibilidade de ser promovido por merecimento nos dois anos seguintes. Apesar da gravidade das consequências, Pedro não foi defendido por advogado.

Considerando as garantias constitucionais asseguradas aos brasileiros em geral, a ausência de defesa por advogado:

(A) não afronta a ordem constitucional, desde que tenham sido assegurados o contraditório e a ampla defesa;

(B) não afronta a ordem constitucional, desde que Pedro tenha renunciado ao direito à defesa por advogado;

(C) afronta a garantia constitucional do devido processo legal;

(D) afronta a garantia constitucional da ampla defesa;

(E) afronta a garantia constitucional do contraditório.

A Súmula Vinculante 5 do STF prevê que a falta de defesa técnica por advogado no processo administrativo disciplinar não ofende a Constituição. Apesar disso, devem ser assegurados ao acusado o contraditório e a ampla defesa, conforme preconiza o inciso LV do art. 5º da CF. **AN**

Gabarito "A".

(Analista Judiciário - TJ/AL - 2018 - FGV) Eraldo, que jamais deixara de votar em uma eleição, cumprindo fielmente os seus deveres cívicos, tomou conhecimento de que o Prefeito Municipal estava realizando diversos gastos de forma irregular, sem a prévia realização de processo licitatório e sem qualquer motivo idôneo à contratação direta.

Com o objetivo de responsabilizar o Prefeito pelos danos causados ao patrimônio público, Eraldo procurou um advogado e solicitou que fosse informado da ação que poderia ajuizar.

À luz da sistemática constitucional, essa ação é:

(A) o mandado de segurança;

(B) a ação penal;

(C) o mandado de injunção;

(D) a ação popular;

(E) a reclamação constitucional.

A: incorreta, pois o mandado de segurança serve para proteger direito líquido e certo, não amparado por *habeas corpus* ou *habeas data*, quando o responsável pela ilegalidade ou abuso de poder for autoridade pública ou agente de pessoa jurídica no exercício de atribuições do Poder Público (art. 5º, LXIX, da CF); **B:** incorreta, pois compete ao Ministério Público promover, privativamente, a ação penal pública nos casos de crime contra a licitação (art. 129, I, da CF e art. 100 da Lei 8.666/1993); **C:** incorreta, pois o mandado de injunção é cabível quando a falta de norma regulamentadora tornar inviável o exercício dos direitos e liberdades constitucionais e das prerrogativas inerentes à nacionalidade, à soberania e à cidadania (art. 5º, LXXI, da CF); **D:** correta, porque qualquer cidadão é parte legítima para propor ação popular que vise a anular ato lesivo ao patrimônio público ou de entidade de que o Estado participe, à moralidade administrativa, ao meio ambiente e ao patrimônio histórico e cultural (art. 5º, LXXIII, da CF); **E:** incorreta, pois a reclamação constitucional é uma ação que objetiva preservar a competência e garantir a autoridade das decisões dos Tribunais Superiores, como o STF, o STJ e o TST (art. 102, I, "I" e art. 103-A, § 3º; art. 105, I, "f"; art. 111-A, § 3º, todos da CF). **AN**

Gabarito "D".

(Analista - MPU - CESPE - 2018) Julgue os itens a seguir, à luz das disposições da Lei n. 12.288/2010, da Lei n. 10.639/2003 e da Convenção Internacional sobre Eliminação de Todas as Formas de Discriminação Racial.

(1) Embora a legislação brasileira preveja proteção contra discriminação racial, não existe definição legal para o termo população negra, uma vez que a miscigenação característica da população brasileira inviabiliza tal definição.

(2) Situação hipotética: O professor de história de uma escola pública de ensino fundamental está temporariamente impedido pela direção de continuar ministrando conteúdos sobre história e cultura da África. A medida foi tomada após a associação de pais ter alegado que o professor havia abordado o tema religiões africanas em uma aula, o que, para a associação, é incompatível com a educação formal. Assertiva: Embora o professor, por força da lei, deva ministrar conteúdos sobre história e cultura da África, o ordenamento jurídico veda que ele trate de temas de cunho religioso, porque isso fere o princípio da laicidade do Estado.

(3) Medidas que visem garantir a certo grupo de minorias a superação de barreiras resultantes de desigualdade histórica e impeditivas ao exercício pleno de direitos e garantias fundamentais não devem ser consideradas discriminatórias, pois representam compromisso com a promoção de valores universais concernentes à paz e à igualdade entre diferentes povos, raças e nações.

1: errado, pois o art. 1º, parágrafo único, inciso IV, da Lei 12.288/2010 – Estatuto da Igualdade Racial – define população negra como o conjunto de pessoas que se autodeclaram pretas e pardas, conforme o quesito cor ou raça usado pela Fundação Instituto Brasileiro de Geografia e Estatística (IBGE), ou que adotam autodefinição análoga; **2:** errado, visto que o STF entende que o ensino religioso nas escolas públicas brasileiras pode ter natureza confessional, ou seja, vinculado às diversas religiões. De acordo o precedente do STF, a "previsão constitucional de ensino religioso, de matrícula facultativa, observado o binômio Laicidade do Estado (CF, art. 19, I)/Consagração da Liberdade religiosa (CF, art. 5º, VI), implica regulamentação integral do cumprimento do preceito constitucional previsto no artigo 210, § 1º, autorizando à rede pública o oferecimento, em igualdade de condições (CF, art. 5º, *caput*), de ensino confessional das diversas crenças" (ADI 4439, Relator: Min. Roberto Barroso, Relator p/ Acórdão: Min. Alexandre de Moraes, Tribunal Pleno, julgado em 27/09/2017); **3:** certo, de acordo com o art. 1º, § 4º, da Convenção Internacional sobre a Eliminação de todas as Formas de Discriminação Racial, que dispõe: "*não serão consideradas discriminação racial as medidas especiais tomadas com o único objetivo de assegurar progresso adequado de certos grupos raciais ou étnicos ou de indivíduos que necessitem da proteção que possa ser necessária para proporcionar a tais grupos ou indivíduos igual gozo ou exercício de direitos humanos e liberdades fundamentais, contando que, tais medidas não conduzam, em consequência, à manutenção de direitos separados para diferentes grupos raciais e não prossigam após terem sidos alcançados os seus objetivos.*" **AN**

Gabarito 1E, 2E, 3C.

(Analista Judiciário – TRT/24 – FCC – 2017) Felício é proprietário da empresa "ABC" Ltda. que possui, atualmente, 233 empregados em razão da fusão com a empresa "DEF" Ltda. Preocupado com o aumento de empregados, uma vez que antes da fusão a empresa "ABC" Ltda. possuía 102 empregados, Felício consultou sua advogada, Carolina, a respeito. Com relação à Constituição Federal, Carolina informou que no tocante aos direitos sociais,

(A) o aumento do número de empregados não acarreta nenhuma consequência, uma vez que já era assegurada a eleição de um representante destes com a finalidade exclusiva de promover-lhes o entendimento direto com os empregadores.

(B) nas empresas com mais de duzentos empregados, é assegurada a eleição de um representante destes com a finalidade exclusiva de promover-lhes o entendimento direto com os empregadores.

(C) o aumento do número de empregados não acarreta nenhuma consequência, uma vez que somente nas empresas com mais de trezentos empregados, é assegurada a eleição de um representante destes com a finalidade exclusiva de promover-lhes o entendimento direto com os empregadores.

(D) nas empresas com mais de cento e oitenta empregados, é assegurada a eleição de um representante destes com a finalidade exclusiva de promover-lhes o entendimento direto com os empregadores.

(E) o aumento do número de empregados não acarreta nenhuma consequência, uma vez que somente nas empresas com mais de duzentos e cinquenta empregados, é assegurada a eleição de um representante destes com a finalidade exclusiva de promover-lhes o entendimento direto com os empregadores.

A questão exigiu o conhecimento da norma prevista no art. 11 da CF: "Nas empresas de mais de duzentos empregados, é assegurada a eleição de um representante destes com a finalidade exclusiva de promover-lhes o entendimento direto com os empregadores". TM

Gabarito "B".

(Analista Judiciário – TRT/11 – FCC – 2017) O pai de Almir, Adalberto, faleceu deixando dívida referente à reparação de danos decorrente de condenação criminal que lhe foi imposta. Almir, preocupado com seu patrimônio, consultou a Constituição Federal para saber se seus bens respondem pela dívida deixada pelo seu pai e descobriu que

(A) nenhuma pena passará da pessoa do condenado, não podendo a obrigação de reparar o dano ser estendida aos sucessores e contra eles executadas, salvo nos casos que envolvam credores menores de idade, situação na qual responderão o patrimônio particular e o transferido, ilimitadamente.

(B) nenhuma pena passará da pessoa do condenado, não podendo a obrigação de reparar o dano ser estendida aos sucessores e contra eles executada, pois deixa de existir com a morte do condenado.

(C) a pena poderá passar da pessoa do condenado, podendo a obrigação de reparar o dano ser estendida aos sucessores e contra eles executada, ilimitadamente, respondendo o seu patrimônio particular e o patrimônio transferido.

(D) a pena poderá passar da pessoa do condenado, podendo, a obrigação de reparar o dano por ele causado, ser estendida não apenas aos sucessores, mas a todos os parentes, ilimitadamente.

(E) nenhuma pena passará da pessoa do condenado, podendo a obrigação de reparar o dano ser, nos termos da lei, estendida aos sucessores e contra eles executadas, até o limite do valor do patrimônio transferido.

A questão exigiu conhecimento da norma do art. 5º, XLV, da CF: "XLV – nenhuma pena passará da pessoa do condenado, podendo a obrigação de reparar o dano e a decretação do perdimento de bens ser, nos termos da lei, estendidas aos sucessores e contra eles executadas, até o limite do valor do patrimônio transferido". TM

Gabarito "E".

(Analista Judiciário – TRF/2 – Consulplan – 2017) "João e Pedro, estudantes de direito, travaram intenso debate a respeito do alcance e da essência dos denominados direitos sociais e de sua distinção em relação aos clássicos direitos de defesa. Para João, os direitos sociais são aqueles analisados sob a perspectiva da sociedade como um todo, não dos indivíduos em particular. Além disso, exigem, como regra geral, a realização de despesas para que se tornem efetivos. Pedro, por sua vez, afirmou que os clássicos direitos de defesa estão previstos, regra geral, em normas programáticas." À luz da sistemática constitucional, é correto afirmar que

(A) João e Pedro estão totalmente equivocados.

(B) João está totalmente equivocado e Pedro está correto.

(C) João está parcialmente equivocado, já que os direitos sociais não exigem a realização de despesas; e Pedro está correto.

(D) João está parcialmente equivocado, já que os direitos sociais também são titularizados pelos indivíduos; e Pedro está equivocado.

Na visão clássica, os direitos sociais correspondem aos direitos individuais de segunda geração, haja vista que exigem uma atuação, uma ação do Estado para sua concretização (são direitos prestacionais). Os direitos de defesa (contra o Estado) são os direitos individuais de primeira geração, ligados à liberdade e à concepção de que ao Estado cabe se abster de agir para que as liberdades públicas dos cidadãos sejam exercidas em plenitude. TM

Gabarito "D".

Lei Complementar n. 105/2001: Art. 6º As autoridades e os agentes fiscais tributários da União, dos estados, do Distrito Federal e dos municípios somente poderão examinar documentos, livros e registros de instituições financeiras, inclusive os referentes a contas de depósitos e aplicações financeiras, quando houver processo administrativo instaurado ou procedimento fiscal em curso e tais exames forem considerados indispensáveis pela autoridade administrativa competente.

(Analista Judiciário – TRE/PE – CESPE – 2017) Conforme o entendimento do STF, o dispositivo anteriormente transcrito

(A) fere o direito à privacidade e à intimidade.

(B) é inconstitucional, pois o acesso a dados bancários pelo fisco depende de autorização judicial.

(C) não ofende o direito ao sigilo bancário.

(D) trata especificamente da quebra de sigilo bancário.

(E) baseia-se no princípio da transparência dos tributos.

Ao julgar os processos que questionavam o dispositivo em referência, prevaleceu no STF o entendimento de que a norma não resulta em quebra de sigilo bancário, mas sim em transferência de sigilo da órbita bancária para a fiscal, ambas protegidas contra o acesso de terceiros. A transferência de informações é feita dos bancos ao Fisco, que tem o dever de preservar o sigilo dos dados, portanto, não há ofensa à Constituição Federal. TM

Gabarito "C".

(Analista Judiciário – TRT/20 – FCC – 2016) Uma fila de pessoas esperando às 10 horas da manhã a chegada de um ônibus em uma rodoviária para embarcar para a cidade de São Paulo não constitui uma reunião, para os fins previstos no artigo 5º, inciso XVI, da Constituição Federal (Direito de Reunião). No exemplo, em específico, o direito de reunião NÃO está configurado porque falta especificamente o elemento

(A) teleológico.

(B) temporal.

(C) espacial.

(D) objetivo e circunstancial.

(E) civilista independente.

Art. 5º, XVI, CF. Conforme explicado pela doutrina, o direito previsto constitucionalmente pressupõe uma manifestação formada por um conjunto de pessoas (*elemento subjetivo*), reunidas, temporariamente (*elemento temporal*), para um determinado fim (*elemento teleológico*), em locais abertos ao público (*elemento espacial*), de forma pacífica e sem armas (*elemento objetivo*), independentemente de autorização estatal, sendo apenas exigido o aviso prévio e a não frustação de outra reunião anteriormente convocada para o mesmo local (*elemento formal*). TM

Gabarito "A".

(Analista Judiciário – TJ/PI – FGV – 2015) A Constituição de 1988, ao enunciar os seus princípios fundamentais, fez menção, em seu art. 1º, à "República Federativa do Brasil" e ao "Estado Democrático de Direito". Considerando a essência dessas expressões, é correto afirmar que a forma de Estado adotada é a:

(A) composta;

(B) republicana;

(C) unitária;

(D) presidencial;

(E) representativa.

A: correta. O Brasil adota a forma federativa de Estado, sendo a Federação uma forma de Estado composta; B: incorreta. República é espécie de forma de governo; C: incorreta. São formas de Estado: unitário, federal e confederação, sendo que o Brasil não é Estado Unitário, mas Estado Federal; D: incorreta. O presidencialismo é sistema de governo (ao lado do parlamentarismo e do semipresidencialismo); E: incorreta. O regime representativo não é forma de Estado, mas regime político. TM

Gabarito "A".

(Analista Judiciário – TJ/PI – FGV – 2015) O art. 5º, LXI, da Constituição da República Federativa do Brasil, dispõe que *"ninguém será preso senão em flagrante delito ou por ordem escrita e fundamentada de autoridade judiciária competente, salvo nos casos de transgressão militar ou crime propriamente militar, definidos em lei".* À luz dos referenciais de aplicabilidade e eficácia, é correto afirmar que, a partir desse enunciado linguístico, se obtém uma norma constitucional:

(A) programática;

(B) de eficácia plena e aplicabilidade imediata;

(C) de eficácia contida e aplicabilidade imediata;

(D) preceptiva;

(E) de eficácia limitada e aplicabilidade imediata.

A: errada. As normas programáticas estabelecem um programa de atuação para o legislador infraconstitucional e indicam os fins a serem alcançados pelos órgãos estatais, sendo típicas de Constituições ditas dirigentes; B: errada. De acordo com José Afonso da Silva, há: a) normas constitucionais de eficácia plena (ou absoluta) e aplicabilidade imediata, que produzem efeitos plenos tão logo entram em vigor; b) normas constitucionais de eficácia contida (ou redutível ou restringível) e aplicabilidade mediata, que muito embora tenham eficácia direta e aplicabilidade imediata quando da promulgação da CF, podem vir a ser restringidas pelo legislador infraconstitucional no futuro e c) normas constitucionais de eficácia limitada, que, por sua vez, podem ser: c.1) de princípio institutivo (ou organizativo) ou c.2) de princípio programático; C: correta. A hipótese é de norma de eficácia contida ou restringível, pois apesar de terem eficácia plena e aplicabilidade imediata, pode vir a ser restringida no futuro pelo legislador ("definidos em lei"); D: errada. As normas preceptivas são as normas cogentes, que possuem todos os elementos para sua aplicação, dirigidas aos cidadãos e ao juiz; E: errada. Normas de eficácia limitada não possuem aplicabilidade imediata. TM

Gabarito "C".

(Analista Judiciário – STJ – CESPE – 2015) No que concerne aos princípios fundamentais da República Federativa do Brasil e aos direitos fundamentais, julgue os próximos itens.

(1) O registro do sindicato no órgão competente é exigência constitucional que não se confunde com a autorização estatal para a fundação da entidade.

(2) Um cidadão detém, mais que o direito, o dever de opor-se à ordem que, emanada de autoridades públicas, se revele manifestamente ilegal.

(3) A garantia do mínimo existencial, que decorre da proteção constitucional à dignidade da pessoa humana, restringe a invocação da reserva do possível como óbice à concretização do acesso aos direitos sociais.

(4) A livre-iniciativa é princípio que subordina as normas de regulação do mercado e de defesa do consumidor.

(5) O princípio da unicidade, que veda a criação, na mesma base territorial, de mais de uma organização sindical representativa de mesma categoria profissional, não alcança entidades que, no âmbito de um mesmo município, mas em bairros distintos, representem mesma profissão.

1: Correta. Art. 8º, I, CF: Art. 8º: "É livre a associação profissional ou sindical, observado o seguinte: I – a lei não poderá exigir autorização do Estado para a fundação de sindicato, ressalvado o registro no órgão competente, vedadas ao Poder Público a interferência e a intervenção na organização sindical". **2:** Correta. De acordo com o princípio da legalidade (art. 37, *caput*, CF), a autoridade pública só pode agir onde a lei permite, enquanto que o cidadão pode fazer tudo aquilo que a lei não proíbe. Se a ordem é manifestamente ilegal, não foi observada a legalidade, surgindo o direito de não observância. **3:** Correta. O STF tem firme entendimento de que a reserva do possível não pode ser aplicada se comprometer o núcleo básico que qualifica o mínimo existencial ou para legitimar o inadimplemento de deveres estatais impostos ao Poder Público pela Constituição. **4:** Errada. A Constituição de 1988 é compromissória, sendo certo que a ordem econômica, ao mesmo tempo em que se encontra fundada na livre-iniciativa, deve respeitar o direito do consumidor. Art. 170, *caput* e V, CF. **5:** Errada. O art. 8º, II, CF, estabelece o princípio da unicidade sindical, estabelecendo o município como limite da base territorial: "é vedada a criação de mais de uma organização sindical, em qualquer grau, representativa de categoria profissional ou econômica, na mesma base territorial, que será definida pelos trabalhadores ou empregadores interessados, não podendo ser inferior à área de um Município". TM

Gabarito 1C, 2C, 3C, 4E, 5E

(Analista Jurídico – TCE/PR – 2016 – CESPE) À luz da jurisprudência do STF, assinale a opção correta acerca de *habeas corpus*.

(A) O *habeas corpus* é instrumento viável para a revisão de súmulas de tribunais se o teor da súmula atentar abstratamente contra o direito à liberdade de locomoção.

(B) A utilização do *habeas corpus* como mecanismo judicial para salvaguarda do direito à liberdade de locomoção é limitada no tempo, sujeitando-se a preclusão e decadência.

(C) A inadmissibilidade de impetração sucessiva de *habeas corpus*, ou seja, de apreciação de um segundo *habeas corpus* quando ainda não definitivamente julgado o anteriormente impetrado, é relativizada se tratar de ilegalidade flagrante e prontamente evidente.

(D) O *habeas corpus* é meio idôneo para impugnar ato de sequestro ou confisco de bens em processo criminal.

(E) O afastamento de cargo público é impugnável por *habeas corpus*.

A: incorreta. Segundo o STF, 'o *habeas corpus* não se presta à revisão, em tese, do teor de súmulas da jurisprudência dos tribunais [RHC 92.886 AgR, rel. min. Joaquim Barbosa, j. 21.09.2010, 2ª T, *DJE* de 22.10.2010.]. De acordo com art. 5º, LXVIII, da CF, conceder-se-á *habeas corpus* sempre que **alguém sofrer ou se achar ameaçado de sofrer violência ou coação em sua liberdade de locomoção**, por ilegalidade ou abuso de poder. Por meio do remédio é possível fazer controle concreto de constitucionalidade, não abstrato. Sendo assim, o teor de uma súmula que atente contra o direito à liberdade de locomoção não pode ser combatido, de forma abstrata, pelo *habeas corpus*; **B:** incorreta. A utilização do *habeas corpus* **não está sujeita à preclusão e decadência; C:** correta. Determina o próprio Supremo que "é pacífica a jurisprudência deste STF no sentido da inadmissibilidade de impetração sucessiva de *habeas corpus*, sem o julgamento definitivo do writ anteriormente impetrado. Tal jurisprudência **comporta relativização**, quando de logo avulta que o cerceio à liberdade de locomoção dos pacientes decorre de ilegalidade ou de abuso de poder" (inciso LXVIII do art. 5º da CF/1988) [HC 94.000, rel. min. Ayres Britto, j. 17.06.2008, 1ª T, *DJE* de 13.03.2009.]; **D:** incorreta. Duas importantes decisões do STF sobre o tema: 1ª - "O *habeas corpus*, garantia de liberdade de locomoção, não se presta para discutir confisco criminal de bem". [HC 99.619, rel. p/ o ac. min. Rosa Weber, j. 14.02.2012, 1ª T, *DJE* de 22.03.2012.], 2ª - O *habeas corpus* não é o meio adequado para impugnar ato alusivo a sequestro de bens móveis e imóveis bem como a bloqueio de valores. [HC 103.823, rel. min. Marco Aurélio, j. 03.04.2012, 1ª T, *DJE* de 26.04.2012.]; **E:** incorreta. O Supremo já decidiu, reiteradas vezes, que "**o afastamento ou a perda do cargo** de juiz federal **não são ofensas atacáveis por *habeas corpus***. [HC 99.829, rel. min. Gilmar Mendes, j. 27.09.2011, 2ª T, *DJE* de 21.11.2011.] = HC 110.537 AgR, rel. min. Roberto Barroso, j. 22.10.2013, 1ª T, *DJE* de 18.11.2013. *Vide*: HC 95.496, rel. min. Cezar Peluso, j. 10.03.2009, 2ª T, *DJE* de 17.04.2009. **TM**
Gabarito "C".

(Analista Judiciário – TRT/8ª – 2016 – CESPE) Acerca dos direitos e das garantias fundamentais previstos na CF, assinale a opção correta.

(A) É permitido ao preso provisório e ao maior de dezoito anos de idade internado ao tempo em que era adolescente alistar-se ou transferir o título de eleitor para o domicílio dos estabelecimentos penais e de internação onde se encontrem.

(B) A CF assegura personalidade jurídica aos partidos políticos, na forma da lei, além de estabelecer as sanções cabíveis no caso de indisciplina partidária, que podem ser tanto a advertência quanto a perda do mandato.

(C) Os direitos sociais assegurados à categoria dos trabalhadores domésticos incluem a proteção do mercado de trabalho da mulher, mediante incentivos específicos e piso salarial proporcional à extensão e à complexidade do trabalho, atendidas as condições estabelecidas em lei.

(D) Todos os direitos e as garantias expressos na CF foram expressamente editados como cláusula pétrea, constituindo rol taxativo, cuja ampliação depende de edição de emendas constitucionais.

(E) No que se refere aos direitos e garantias fundamentais elencados na CF, os estrangeiros residentes e não residentes no Brasil equiparam-se aos brasileiros.

A: correta. De acordo com o art. 15, III, da CF, apenas o preso com condenação criminal transitada em julgado e não integralmente cumprida pode ser impedido de votar. Assim, o preso provisório (aquele que, no dia da eleição, ainda aguarda decisão definitiva) e os adolescentes têm direito ao voto; **B:** incorreta. A primeira parte está correta (art. 17, § 2º, da CF), mas a CF não prevê as sanções cabíveis por indisciplina partidária. Ao contrário, ao dispor sobre os casos de perda do mandato (art. 55, CF), a Constituição não contempla a hipótese de indisciplina partidária; **C:** incorreta. Os direitos previstos no art. 7º, V e XX, CF ("piso salarial proporcional à extensão e à complexidade do trabalho" e "proteção do mercado de trabalho da mulher, mediante incentivos específicos, nos termos da lei") não são extensíveis aos trabalhadores domésticos. O rol dos direitos sociais aplicáveis aos trabalhadores domésticos está previsto no art. 7º, parágrafo único, CF; **D:** incorreta. Nem todo direito e garantia expresso na CF caracteriza-se como cláusula pétrea. São "cláusulas pétreas" da Constituição apenas as listadas no art. 60, § 4º, da CF. O legislador constituinte derivado não pode restringir o rol de cláusulas pétreas – que constitui, assim, um limite implícito ao poder de reforma da Constituição; **E:** incorreta. Embora o art. 5º, *caput*, da CF afirme que os direitos e garantias fundamentais aplicam-se aos brasileiros e aos "estrangeiros **residentes** no país", deve ser interpretado à luz do princípio da dignidade da pessoa humana, de modo que também aos estrangeiros **de passagem** pelo Brasil são garantidos direitos fundamentais. Embora essa seja a regra geral, a própria Constituição limitou o exercício de certos direitos e garantias fundamentais apenas a brasileiros, como no caso da ação popular, que só pode ser ajuizada por cidadãos brasileiros. Assim, não é correto falar em "equivalência". **TM**
Gabarito "A".

(Analista – Judiciário –TRE/PI – 2016 – CESPE) A respeito dos princípios fundamentais e dos direitos e das garantias fundamentais, assinale a opção correta.

(A) Por constituírem direitos relativos às pessoas naturais, os direitos e garantias fundamentais não são extensíveis às pessoas jurídicas.

(B) Enquanto os direitos civis e políticos se baseiam em abstenções por parte do Estado, os direitos sociais pressupõem prestações positivas do Estado.

(C) De acordo com o STF, um direito fundamental constitucionalmente previsto possui caráter absoluto e se sobrepõe a eventual interesse público.

(D) A adoção da Federação como forma de Estado pela CF é embasada na descentralização política e na soberania dos Estados-membros, que são capazes de se auto-organizar por meio de suas próprias constituições.

(E) Em relação aos direitos políticos, o mandado de segurança coletivo e o *habeas corpus* são formas de exercício direto da soberania popular, como previsto na CF.

A: incorreta. As pessoas jurídicas também possuem direitos e garantias fundamentais, por exemplo, direito à inviolabilidade de domicílio (art. 5º, XI, da CF), à liberdade de associação (art. 5º, XIX, da CF), dentre outros; **B:** correta. Diferentemente dos direitos de primeira geração (direitos civis e políticos fazem parte da primeira geração), os de segunda exigem uma conduta positiva do Estado, uma ação propriamente dita e, por conta disso, também são chamados de direitos positivos. Encontram-se assegurados, aqui, os chamados direitos sociais, ou seja, aqueles relacionados ao trabalho, à educação e à saúde; **C:** incorreta. Não há direito absoluto. Ainda que sejam considerados fundamentais, não são direitos absolutos. Uma das características desses direitos é a limitabilidade ou o caráter relativo. Significa que, na crise advinda do confronto entre dois ou mais direitos fundamentais, ambos terão de ceder. Além disso, o interesse público deve prevalecer sobre o privado; **D:** incorreta. Os Estados-membros não possuem soberania, mas autonomia. Dessa autonomia decorrem as capacidades de auto-organização, autogoverno e autoadministração. Apenas a República Federativa do Brasil é dotada de soberania, pois não se submete a regras jurídicas impostas por outros Estados; **E:** incorreta. O mandado de segurança coletivo e o *habeas corpus* não são considerados direitos políticos, mas remédios constitucionais fundamentados nos incisos LXX e LXVIII do art. 5º da CF. Por outro lado, as formas de exercício direto da soberania popular são as seguintes: plebiscito, referendo e iniciativa popular de leis. **TM**

(Analista – TRT/2ª – 2014 – FCC) Os direitos dos trabalhadores urbanos e rurais foram inscritos no título da Constituição Federal dedicado a enunciar os direitos e garantias fundamentais. Tal posicionamento sugere, sob certa perspectiva, a qualificação desses direitos como direitos fundamentais da pessoa humana. Nesse sentido, o constituinte acabou por estendê-los, em grande medida, a outras categorias de trabalhadores, a exemplo dos servidores públicos e dos trabalhadores domésticos. No caso dos servidores públicos, o texto constitucional determina a extensão, dentre outros, dos seguintes direitos:

(A) jornada de seis horas para o trabalho realizado em turnos ininterruptos de revezamento; proteção do mercado de trabalho da mulher, mediante incentivos específicos; e proteção do salário na forma da lei, constituindo crime sua retenção dolosa.

(B) jornada de seis horas para o trabalho realizado em turnos ininterruptos de revezamento; proibição de distinção entre trabalho manual, técnico e intelectual ou entre os profissionais respectivos; e assistência gratuita aos filhos e dependentes desde o nascimento até cinco anos de idade em creches e pré-escolas.

(C) remuneração do trabalho noturno superior à do diurno; proibição de distinção entre trabalho manual, técnico e intelectual ou entre os profissionais respectivos; e licença à gestante, sem prejuízo do emprego e do salário, com a duração de cento e vinte dias.

(D) garantia de salário, nunca inferior ao mínimo, para os que percebem remuneração variável; proteção em face da automação; e salário-família pago em razão do dependente do trabalhador de baixa renda.

(E) proteção do mercado de trabalho da mulher, mediante incentivos específicos; remuneração do trabalho noturno superior à do diurno; e salário-família pago em razão do dependente do trabalhador de baixa renda.

Determina o art. 39, § 3º, da CF, aplica-se aos servidores ocupantes de cargo público o disposto no art. 7º, IV (salário mínimo), VII (garantia de, pelo menos, salário mínimo aos que percebem remuneração variável),

VIII (décimo terceiro salário), IX **(remuneração do trabalho noturno superior à do diurno)**, XII **(salário-família pago em razão do dependente do trabalhador de baixa renda** nos termos da lei), XIII (duração do trabalho normal não superior a oito horas diárias e quarenta e quatro semanais), XV (repouso semanal remunerado, preferencialmente aos domingos), XVI (remuneração do serviço extraordinário superior, no mínimo, em cinquenta por cento à do normal), XVII (gozo de férias anuais remuneradas com, pelo menos, um terço a mais do que o salário normal), XVIII (licença à gestante), XIX (licença-paternidade), XX **(proteção do mercado de trabalho da mulher, mediante incentivos específicos**, nos termos da lei), XXII (redução dos riscos inerentes ao trabalho, por meio de normas de saúde, higiene e segurança) e XXX (proibição de diferença de salários, de exercício de funções e de critério de admissão por motivo de sexo, idade, cor ou estado civil), podendo a lei estabelecer requisitos diferenciados de admissão quando a natureza do cargo o exigir.

(Analista – TRT/10ª – 2013 – CESPE) Acerca dos princípios fundamentais expressos na Constituição Federal de 1988 (CF) e da aplicabilidade das normas constitucionais, julgue os itens a seguir.

(1) É exemplo de norma constitucional de eficácia contida o dispositivo da CF que estabelece como objetivo fundamental da República Federativa do Brasil a erradicação da pobreza e da marginalização.

(2) A dignidade da pessoa humana e o pluralismo político são princípios fundamentais da República Federativa do Brasil.

(3) Embora a Federação seja um dos princípios fundamentais da CF, nada impede que o direito de secessão seja introduzido no ordenamento jurídico brasileiro por meio de emenda constitucional.

(4) O salário mínimo e o décimo terceiro salário com base na remuneração integral são direitos dos trabalhadores domésticos.

(5) São assegurados aos servidores públicos a livre associação sindical e o direito de greve, cabendo à lei ordinária, no caso do direito de greve, estabelecer os termos e limites do seu exercício.

(6) O direito à liberdade de profissão é protegido pela CF, podendo a lei estabelecer qualificações para o seu exercício.

(7) Estará em conformidade com a CF lei que condicione o acesso ao Poder Judiciário ao esgotamento das vias administrativas, pois a CF autorizou a existência da jurisdição condicionada ou instância administrativa de cunho forçado.

1: incorreta. O dispositivo da Constituição Federal que estabelece como objetivo fundamental da República Federativa do Brasil a erradicação da pobreza e da marginalização (art. 3º, III, da CF) é exemplo de norma de eficácia *limitada* programática, pois traz em seu corpo programa a ser concretizado pelos governantes e órgãos estatais; **2:** correta. A dignidade da pessoa humana e o pluralismo político são *fundamentos* da República Federativa do Brasil (art. 1º, III e V, da CF); **3:** incorreta. Os princípios fundamentais da Constituição Federal estão previstos nos arts. 1º a 4º do Texto Maior. O *caput* do art. 1º da CF já trata da federação ao mencionar "República *Federativa* do Brasil". Sendo assim, a federação é tida como princípio fundamental. Além disso, é considerada cláusula pétrea, ou seja, não pode ser suprimida nem mesmo por emenda constitucional (art. 60, § 4º, I, da CF). Segundo Pedro Lenza, em sua obra **Curso de Direito Constitucional esquematizado**, 17. ed., São Paulo: Saraiva, 2013, p. 1.358, "a solidez do sistema está na consagração da ideia de indissolubilidade do vínculo federativo (inexistência do direito de secessão), havendo instrumentos de estabilização de eventual crise como, no caso, a intervenção federal (art. 34, I, da CF)". Tal entendimento é descrito no próprio art. 1º da CF o qual determina que a República Federativa do Brasil seja formada pela *união indissolúvel* dos Estados e Municípios e do Distrito Federal. Desse modo, o direito de secessão (de separação ou de retirada) não pode ser introduzido no ordenamento jurídico brasileiro nem por emenda constitucional; **4**: correta. É o que determina o parágrafo único do art. 7º da CF, com a redação dada pela EC 72/2013; **5**: correta. O art. 37, VI, da CF garante ao servidor público o direito à livre associação sindical. O inciso VII do mesmo dispositivo assegura o direito de greve desse servidor e determina que ele seja exercido nos termos e limites definidos em lei específica; **6**: correta. De fato, o art. 5º, XIII, da CF, que trata da liberdade de profissão, é considerado uma norma de eficácia contida, ou seja, a lei pode estabelecer qualificações para o seu exercício; **7**: incorreta. De acordo com o art. 5º, XXXV, da CF, a lei *não* excluirá da apreciação do Poder Judiciário lesão ou ameaça a direito. Ou seja, em regra, não há possibilidade da chamada jurisdição condicionada ou instância administrativa. Por outro lado, é importante lembrar que a Constituição Federal de 1988 excepcionou essa regra na hipótese da justiça desportiva ao mencionar no § 1º do art. 217 que o Poder Judiciário só admitirá ações relativas à disciplina e às competições desportivas após esgotarem-se as instâncias da Justiça Desportiva, regulada em lei.

Gabarito 1E, 2C, 3E, 4C, 5C, 6C, 7E

(Analista – TRT/10ª – 2013 – CESPE) À luz da Constituição Federal de 1988 (CF), julgue os itens a seguir, acerca dos direitos fundamentais.

(1) Considere que um indivíduo tenha sido denunciado por crime contra o patrimônio há mais de dez anos e que, em razão da quantidade de processos conclusos para sentença na vara criminal do município, ainda não tenha havido sentença em relação ao seu caso. Essa situação retrata hipótese de flagrante violação ao direito fundamental à duração razoável do processo, expressamente previsto na CF.

(2) A CF admite a prisão por dívida do responsável pelo inadimplemento voluntário e inescusável de obrigação alimentícia.

(3) A inviolabilidade do domicílio abrange qualquer compartimento habitado onde alguém exerce profissão ou atividades pessoais, podendo, por exemplo, ser um *trailer*, um barco ou um aposento de habitação coletiva.

(4) Efeito irradiante dos direitos fundamentais é o atributo que confere caráter eminentemente subjetivo a esses direitos, garantindo proteção do indivíduo contra o Estado.

1: correta. De acordo com o art. 5º, LXXVIII, da CF, a todos, no âmbito judicial e administrativo, são assegurados a *razoável duração do processo* e os meios que garantam a celeridade de sua tramitação. Fazendo valer esse princípio, há diversos julgados no STF mencionando o que não seria razoável como, por exemplo, o seguinte: "*Habeas Corpus*. Julgamento célere – CF, art. 5º, inc. LXXVIII. Demora não razoável. Constrangimento ilegal caracterizado. 1. A Constituição Federal, em seu art. 5º, inc. LXXVIII, preceitua que 'a todos, no âmbito judicial e administrativo, são assegurados a razoável duração do processo e os meios que garantam a celeridade de sua tramitação'. 2. *In casu*, o *writ* foi impetrado no STJ em 27.10.2010 e está concluso com parecer ministerial desde 30.11.2010, há mais de dois anos, impondo-se, por isso, acolher o argumento da não razoabilidade pela demora. 3. Ordem concedida para determinar ao Superior Tribunal de Justiça que apresente o feito em mesa na primeira sessão após a comunicação

desta decisão." (HC 108.416/RJ, 1ª T., j. 04.12.2012, rel. Min. Luiz Fux, *DJe* 18.12.2012; **2**: correta. É o que dispõe o art. 5º, LXVII, 1ª parte, da CF; **3**: correta. O termo domicílio deve ser interpretado de forma ampla. De acordo com a jurisprudência do Supremo, "para os fins da proteção jurídica a que se refere o art. 5º, XI, da CF, o conceito normativo de 'casa' revela-se abrangente e, por estender-se a qualquer aposento de habitação coletiva, desde que ocupado (CP, art. 150, § 4º, II), compreende, observada essa específica limitação espacial, os quartos de hotel". (RHC 90.376-2/RJ, 2ª T., j. 03.04.2007, rel. Min. Celso de Mello, *DJ* 18.05.2007). Tal garantia se estende também, por exemplo, aos compartimentos habitados onde alguém exerce a sua profissão, como escritórios, consultórios etc.; **4**: incorreta. Conforme explica Pedro Lenza, em **Curso de Direito Constitucional esquematizado**, 17. ed., São Paulo: Saraiva, 2013, p. 1.037, "a importante consequência da dimensão *objetiva* dos direitos fundamentais é a sua 'eficácia irradiante' (Daniel Sarmento), seja para o Legislativo ao elaborar a lei, seja para a Administração Pública ao 'governar', seja para o Judiciário ao resolver os eventuais conflitos".

Gabarito 1C, 2C, 3C, 4E

(Analista – TRT/10ª – 2013 – CESPE) Julgue os próximos itens, acerca dos direitos sociais previstos na Constituição Federal de 1988 (CF).

(1) O empregado filiado que vier a se aposentar perderá o direito de votar e de ser votado na organização sindical que integre.

(2) A criação de entidade sindical depende de autorização do órgão competente, podendo o poder público nela intervir quando houver comprovada violação de seus atos estatutários.

1: incorreta. Ao contrário, de acordo com o art. 8º, VII, da CF, o aposentado filiado tem direito a votar e ser votado nas organizações sindicais; **2**: incorreta. Conforme dispõe o art. 8º, I, da CF, a lei não poderá exigir autorização do Estado para a fundação de sindicato, ressalvado o registro no órgão competente, vedadas ao Poder Público a interferência e a intervenção na organização sindical.

Gabarito 1E, 2E

(Analista – TJ/AM – 2013 – FGV) Sobre o direito à propriedade, a Constituição consagra diversos dispositivos. Com relação às previsões da Lei Maior, assinale a afirmativa correta.

(A) A autoridade poderá usar de propriedade particular, no caso de iminente perigo público, mediante prévia e justa indenização em dinheiro ao proprietário.

(B) A impenhorabilidade da pequena propriedade rural, conforme definição em lei, para pagamento de débitos decorrentes de sua atividade produtiva, desde que trabalhada pela família.

(C) A propriedade imaterial dos autores de inventos industriais garante-lhes privilégio vitalício para sua utilização.

(D) A desapropriação de imóveis urbanos subutilizados ou não utilizados é sempre precedida de indenização justa e em dinheiro.

(E) A proteção constitucional ao direito de herança não abrange a sucessão de estrangeiros.

A: incorreta. De acordo com o art. 5º, XXV, da CF, no caso de iminente perigo público, a autoridade competente poderá usar de propriedade particular, assegurada ao proprietário *indenização ulterior (posterior)*, *se houver dano*; **B**: correta. De fato, o art. 5º, XXVI, da CF determina que a pequena propriedade rural, assim definida em lei, desde que trabalhada pela família, não será objeto de penhora para pagamento de débitos decorrentes de sua atividade produtiva, dispondo a lei sobre os meios de financiar o seu desenvolvimento; **C:** incorreta. Conforme dispõe o art. 5º, XXIX, da CF, a lei assegurará aos autores de inventos industriais privilégio *temporário* para sua utilização, bem como proteção às criações industriais, à propriedade das marcas, aos nomes de empresas e a outros signos distintivos, tendo em vista o interesse social e o desenvolvimento tecnológico e econômico do País; **D:** incorreta. De acordo com o art. 182, § 4º, da CF, "é facultado ao Poder Público municipal, mediante lei específica para área incluída no plano diretor, exigir, nos termos da lei federal, do proprietário do solo urbano não edificado, subutilizado ou não utilizado, que promova seu adequado aproveitamento, sob pena, sucessivamente, de: I - parcelamento ou edificação compulsórios; II - imposto sobre a propriedade predial e territorial urbana progressivo no tempo; III - *desapropriação com pagamento mediante títulos da dívida pública* de emissão previamente aprovada pelo Senado Federal, *com prazo de resgate de até dez anos, em parcelas anuais*, iguais e sucessivas, assegurados o valor real da indenização e os juros legais." Nessa hipótese de desapropriação, ao contrário do afirmado na alternativa, a indenização não é prévia; **E:** incorreta. O art. 5º, XXXI, da CF, determina que a sucessão de bens de estrangeiros situados no País será regulada pela lei brasileira em benefício do cônjuge ou dos filhos brasileiros, sempre que não lhes seja mais favorável a lei pessoal do *de cujus*.

Gabarito "B".

(Analista – TJ/AM – 2013 – FGV) Servidor público estadual pleiteia aposentadoria junto ao órgão no qual trabalhou durante todo o período como servidor. Seis meses depois, o requerimento é indeferido, e é negado o seu pedido de acesso ao processo administrativo.

Nessa hipótese, para ter acesso ao processo administrativo, o servidor deverá

(A) impetrar *habeas data*.

(B) impetrar *habeas corpus*.

(C) impetrar mandado de segurança.

(D) impetrar mandado de injunção.

(E) apresentar, com antecedência, recurso administrativo contra o indeferimento do pedido de vista.

A: incorreta. De acordo com o STF, não é cabível o *habeas data* (art. 5º, LXXII, da CF) para simples obtenção de vista de processo administrativo (AgRg no HD 90/DF, Pleno, j. 18.02.2012, rel. Min. Ellen Gracie, DJe 19.03.2012); **B:** incorreta. O *habeas corpus* protege a liberdade de locomoção (art. 5º, LXVIII, da CF); **C:** correta. O remédio a ser impetrado nessa hipótese é o mandado de segurança (art. 5º, LXIX, da CF); **D:** incorreta. O mandado de injunção é cabível na ausência de norma regulamentadora que inviabilize o exercício dos direitos e liberdades constitucionais e das prerrogativas inerentes à nacionalidade, à soberania e à cidadania (art. 5º, LXXI, da CF); **E:** incorreta. Não é necessária a apresentação do recurso administrativo para a impetração do mandado de segurança.

Gabarito "C".

(Analista – TJ/DFT – 2013 – CESPE) Julgue os itens subsecutivos, relativos aos direitos e deveres individuais e coletivos.

(1) Consideram-se ilícitas, inadmissíveis no processo penal, as provas que importem em violação de normas de direito material (Constituição ou leis), mas não de normas de direito processual.

(2) O mandado de segurança pode ser impetrado contra autoridade pública ou agente de pessoa jurídica no exercício de atribuições do poder público, como é o caso dos agentes de pessoas jurídicas privadas que executam, a qualquer título, atividades e serviços públicos.

1: correta. A doutrina, ao tratar das provas inadmissíveis no processo penal, menciona que estas são gênero do qual são espécies: as ilícitas e ilegítimas. As primeiras são as que violam normas de direito material, previstas tanto na Constituição Federal como nas leis (art. 157 do CPP). Já as segundas, ilegítimas, afrontam regras processuais; **2:** correta. De acordo com o art. 1º, § 1º, da Lei 12.016/2009 (Lei do MS, equiparam-se às autoridades, para os efeitos da Lei, os representantes ou órgãos de partidos políticos e os administradores de entidades autárquicas, bem como os dirigentes de pessoas jurídicas ou as pessoas naturais *no exercício de atribuições do poder público*, somente no que disser respeito a essas atribuições.

Gabarito 1C, 2C

2.1. Nacionalidade, Direitos Políticos e Partidos Políticos

(Analista – TRF/4 – FCC – 2019) Considere que determinada mulher, filha de mãe brasileira e pai estrangeiro, nascida em país cuja lei lhe reconhece nacionalidade originária e durante período em que sua mãe lá estava a serviço da República Federativa do Brasil, venha a residir no Brasil, depois de atingida a maioridade. Nessa hipótese, referida mulher

(A) é considerada brasileira nata, não podendo vir a ser extraditada, quaisquer que sejam as circunstâncias e a natureza do delito pelo qual o requeira Estado estrangeiro.

(B) não faz jus à nacionalidade originária brasileira, embora possa vir a ser naturalizada, após residir por quinze anos ininterruptos no Brasil e desde que não sofra condenação penal.

(C) será considerada brasileira naturalizada, podendo vir a ser autorizada sua extradição, mediante processo de competência originária do Supremo Tribunal Federal, em caso de comprovado envolvimento em tráfico ilícito de entorpecentes.

(D) é considerada estrangeira, condição em virtude da qual não será concedida sua extradição apenas por crime político ou de opinião.

(E) será considerada brasileira nata, desde que opte pela nacionalidade brasileira, mediante processo de competência da Justiça Federal.

A Constituição prevê que são brasileiros natos os nascidos no estrangeiro, de pai brasileiro ou mãe brasileira, desde que qualquer deles esteja a serviço da República Federativa do Brasil (art. 12, I, "b", da CF). Estabelece também que nenhum brasileiro será extraditado, salvo o naturalizado, em caso de crime comum, praticado antes da naturalização, ou de comprovado envolvimento em tráfico ilícito de entorpecentes e drogas afins (art. 5º, LI, da CF). Desse modo, referida mulher é considerada brasileira nata, não podendo vir a ser extraditada, quaisquer que sejam as circunstâncias e a natureza do delito pelo qual o requeira Estado estrangeiro. **AN**

Gabarito "A".

(Analista Judiciário – TJ/AL – 2018 – FGV) Jean, nacional francês residente no território brasileiro, procurou um advogado e solicitou que fosse esclarecido que direitos a ordem jurídica brasileira lhe assegurava, mais especificamente se possuía direitos fundamentais e direitos políticos.

À luz da sistemática constitucional, o advogado deve afirmar que Jean:

(A) possui direitos políticos e fundamentais idênticos aos dos brasileiros naturalizados;

(B) não possui direitos políticos e fundamentais de qualquer natureza;

(C) possui direitos fundamentais em extensão inferior aos dos brasileiros, mas não direitos políticos;

(D) possui direitos fundamentais idênticos aos dos brasileiros, mas direitos políticos inferiores;

(E) possui direitos políticos e fundamentais em extensão inferior aos dos brasileiros.

O *caput* do art. 5º da Constituição Federal garante aos brasileiros e aos estrangeiros residentes no País a inviolabilidade do direito à vida, à liberdade, à igualdade, à segurança e à propriedade. Apesar disso, alguns direitos se originam do vínculo do sujeito com o Estado (direitos do cidadão) e não são extensíveis aos estrangeiros, por exemplo: os estrangeiros podem ser extraditados (art. 5º, LI, da CF), não podem propor ação popular, não podem ocupar determinados cargos privativos de brasileiro nato (art. 12, § 3º, da CF) e não possuem direitos políticos (art. 14, §§ 2º e 4º, da CF). Assim, Jean possui direitos fundamentais em extensão inferior aos dos brasileiros, mas não possui direitos políticos. **AN**
Gabarito "C".

(Analista Judiciário – TRT/11 – FCC – 2017) Caio, brasileiro nato, é jogador de futebol profissional e foi contratado para jogar por um grande clube estrangeiro, cuja legislação o país impõe a naturalização de Caio como condição para a permanência em seu território, e, como queria continuar jogando nesse time, procedeu à naturalização. Caio

(A) perderá a nacionalidade brasileira enquanto permanecer em território estrangeiro, podendo readquiri-la assim que retornar ao Brasil.

(B) perderá a nacionalidade brasileira, tendo em vista que adquiriu outra nacionalidade.

(C) tornar-se-á brasileiro naturalizado automaticamente, em razão de ter adquirido outra nacionalidade.

(D) não perderá a nacionalidade brasileira apenas se comprovar que mantém vínculos com o Brasil, visitando-o periodicamente.

(E) não perderá a nacionalidade brasileira.

Art. 12, § 4º, II, "b", CF: Caio não perde a nacionalidade brasileira, pois a naturalização foi imposta como condição para a permanência no território. **TM**
Gabarito "E".

(Analista Judiciário – TRT/11 – FCC – 2017) Considere a seguinte situação hipotética: Jaime em seu segundo mandato como Governador de determinado Estado, está em dúvida se, nas próximas eleições, irá se candidatar novamente a Governador ou a Presidente da República. Com base apenas nas informações fornecidas, de acordo com a Constituição Federal, Jaime

(A) não poderá se candidatar à reeleição para Governador e, para concorrer ao cargo de Presidente da República, deverá renunciar ao seu atual mandato até quatro meses antes do pleito.

(B) não poderá se candidatar à reeleição para Governador e, para concorrer ao cargo de Presidente da República, deverá renunciar ao seu atual mandato até seis meses antes do pleito.

(C) poderá se candidatar à reeleição para Governador e, para concorrer ao cargo de Presidente da República, deverá renunciar ao seu atual mandato até seis meses antes do pleito.

(D) poderá se candidatar à reeleição para Governador e não há necessidade de renunciar ao seu atual mandato para concorrer ao cargo de Presidente da República.

(E) poderá se candidatar à reeleição para Governador e, para concorrer ao cargo de Presidente da República, deverá renunciar ao seu atual mandato até quatro meses antes do pleito.

Jaime está em seu segundo mandato como Governador, então não poderá se candidatar novamente ao cargo de governador porque a Constituição só permite uma reeleição sucessiva. Para concorrer para outro cargo, deve se desincompatibilizar seis meses antes do pleito. Ver art. 14, §§ 5º e 6º, CF. **TM**
Gabarito "B".

(Analista Judiciário – TRF/2 – Consulplan – 2017) "Ednaldo, servidor público federal, respondia a diversos processos no âmbito administrativo, penal e cível (por ato de improbidade administrativa) em razão de irregularidades praticadas no exercício funcional. Certo dia foi informado por seu advogado do risco de ter os direitos políticos suspensos, o que frustraria o seu objetivo de se candidatar a um mandato eletivo." À luz das informações fornecidas e da sistemática constitucional, assinale a alternativa correta.

(A) A suspensão dos direitos políticos restringe de forma menos intensa a cidadania que a inelegibilidade.

(B) A suspensão dos direitos políticos pode decorrer de decisões proferidas em todos os processos a que responde Ednaldo.

(C) A condenação por ato de improbidade administrativa somente acarretará a inelegibilidade, não a suspensão dos direitos políticos.

(D) Na hipótese de condenação criminal transitada em julgado, Ednaldo terá os direitos políticos suspensos enquanto durarem seus efeitos.

A: errada. A suspensão de direitos políticos torna a pessoa inelegível (art. 14, § 3º, II, CF); **B:** errada. Apenas das condenações criminais transitadas em julgado (art. 15, III, CF); **C:** errada. De acordo com o art. 15, V, CF, a condenação por improbidade implica suspensão de direitos políticos. A inelegibilidade é pena prevista na própria lei de improbidade; **D:** correta. Art. 15, III, CF. **TM**
Gabarito "D".

(Analista Judiciário – TRE/SP – FCC – 2017) Dentre os candidatos que pretendem disputar a eleição para Governador estão um prefeito municipal no exercício de seu segundo mandato consecutivo e um militar com mais de dez anos de serviço. Para que sejam elegíveis, de acordo com as normas constitucionais,

(A) ambos devem renunciar aos cargos que ocupam até seis meses antes do pleito.

(B) ambos devem renunciar aos cargos que ocupam até três meses antes do pleito.

(C) ambos devem afastar-se dos cargos que ocupam até seis meses antes do pleito, sendo que o militar, se eleito, passará automaticamente, no ato da diplomação, para a inatividade.

(D) o Prefeito deve renunciar ao mandato até seis meses antes do pleito, ao passo que o militar deve ser agregado pela autoridade superior e, se eleito, passará automaticamente, no ato da diplomação, para a inatividade.

(E) o Prefeito não precisará renunciar ao mandato, mas o militar deverá afastar-se da atividade e, se eleito, perderá o cargo no ato de sua diplomação.

O Prefeito não pode mais concorrer à reeleição, porque já está em seu Segundo mandato, podendo concorrer a outros cargos, desde que se desincompatibilize do cargo até seis meses antes do pleito (art. 14, §§ 5° e 6°, CF). O militar com mais de dez anos de serviço é afastado temporariamente do serviço ativo pela autoridade superior e, caso eleito, passa automaticamente para a reserva (art. 14, § 8°, II, CF). 🔳
Gabarito "D".

(Analista Judiciário – TRE/SP – FCC – 2017) A Constituição Federal estabelece casos de inelegibilidade por motivos de casamento, parentesco ou afinidade. Segundo essas regras constitucionais e à luz da jurisprudência do Supremo Tribunal Federal, é inelegível para o mandato de

(A) Deputado Estadual, o ex-cônjuge do Governador do mesmo Estado, quando a dissolução da sociedade ou do vínculo conjugal tiver ocorrido no curso do mandato, salvo se já titular de mandato eletivo e candidato à reeleição.

(B) Deputado Estadual, o cônjuge de Prefeito de Município do mesmo Estado.

(C) Deputado Estadual, o parente consanguíneo ou afim, até o terceiro grau, do Governador do mesmo Estado.

(D) Presidente da República, o cônjuge do Prefeito.

(E) Governador, o cônjuge de Deputado Estadual do mesmo Estado, salvo se já titular de mandato eletivo e candidato à reeleição.

A: correta. Art. 14, § 7°, CF e Súmula Vinculante 18/STF: "A dissolução da sociedade ou do vínculo conjugal, no curso do mandato, não afasta a inelegibilidade prevista no § 7° do artigo 14 da Constituição Federal"; **B:** errada, pois a base territorial de prefeito (município) é diversa da base territorial de deputado estadual (estado); **C:** errada. O art. 14, § 7°, CF, restringe a candidatura até o segundo grau, não havendo impedimento para os parentes de terceiro grau; **D:** errada. O impedimento do art. 14, § 7°, CF, refere-se a cargos na mesma base territorial do titular. A base territorial do prefeito (municipal) é diversa da base territorial do Presidente da República (nacional); **E:** errada. Somente são inelegíveis pela regra do art. 14, § 7°, o cônjuge, ex-cônjuge e parentes até o segundo grau (consanguíneos ou afins), do titular. 🔳
Gabarito "A".

(Analista Jurídico – TCE/PR – 2016 – CESPE) Com base na jurisprudência do STF, assinale a opção correta a respeito dos direitos políticos.

(A) O princípio da anterioridade da lei eleitoral subordina, inclusive, a incidência das hipóteses de inelegibilidade introduzidas por normas constitucionais originárias constantes da Constituição Federal de 1988.

(B) As condições de elegibilidade podem ser estabelecidas por simples lei ordinária federal, diferentemente das hipóteses de inelegibilidade, que são reservadas a lei complementar.

(C) É constitucional a exigência legal que, independentemente da identificação civil, condiciona o voto à apresentação, pelo eleitor, do título eleitoral.

(D) É dos estados a competência para legislar sobre condições específicas de elegibilidade dos juízes de paz.

(E) A filiação partidária como condição de elegibilidade não se estende aos juízes de paz.

A: incorreta. A anualidade da lei eleitoral (ou anterioridade eleitoral) encontra-se consagrada no art. 16 da CF e não subordina normas constitucionais originárias porque o poder constituinte **originário** é inicial, ilimitado, autônomo, incondicionado e soberano; **B:** correta. O art. 14, § 9°, CF, por constituir exceção, deve ser interpretado restritivamente. Assim, como a norma constitucional se refere apenas à exigência de lei complementar para a imposição de outros casos de inelegibilidades, mera lei ordinária poderia dispor sobre outras condições de elegibilidade; **C:** incorreta. O STF já reconheceu que impedir o eleitor com documento oficial de identidade com foto de votar, por não estar portando o título de eleitor, afronta a razoabilidade. Apenas a ausência de documento oficial com fotografia impede o exercício do direito de voto (ADI 4.467-MC, rel. min. Ellen Gracie, j. 30.09.2010, Pleno, *DJE* 01.06.2011); **D:** incorreta. O art. 14, § 3°, VI, "c", da CF estabelece a idade mínima de 21 anos para a elegibilidade dos juízes de paz. Por se tratar de matéria eleitoral, a competência legislativa é privativa da União (art. 22, I, "a", CF), embora não sob a forma de medidas provisórias (art. 62, § 1°, I, "a", CF); **E:** incorreta. Ver art. 98, II, CF. O STF já decidiu que a obrigatoriedade de filiação partidária para candidatos a juiz de paz (art. 14, 3°, da CF) decorre do sistema eleitoral. (ADI 2.938, rel. min. Eros Grau, j. 09.06.2005, Pleno, *DJ* de 09.12.2005).
Gabarito "B".

(Analista – Judiciário –TRE/PI – 2016 – CESPE) Assinale a opção correta acerca dos direitos e das garantias fundamentais.

(A) Deverão ser cassados os direitos políticos de parlamentar condenado por crime de corrupção em sentença criminal transitada em julgado.

(B) Lei que altere o processo eleitoral editada no mesmo ano de um pleito eletivo, ainda que em vigor, será aplicada no ano subsequente, conforme o princípio da anterioridade eleitoral.

(C) Gravação de conversa telefônica sem autorização judicial, registrada por um dos interlocutores, é considerada prova ilícita, ante o sigilo das comunicações telefônicas, constitucionalmente assegurado.

(D) A instauração de processo administrativo disciplinar contra servidor público para apuração de irregularidade funcional garante ao servidor o direito de impetrar *habeas corpus* para impedir o prosseguimento do processo administrativo.

(E) Estrangeiro de qualquer nacionalidade pode se candidatar a cargos eletivos, com exceção dos cargos para os quais se exige a condição de brasileiro nato.

A: incorreta. A Constituição **proíbe a cassação de direitos políticos**. Determina o *caput* do art. 15 da CF que é proibida a cassação de direitos políticos. O mesmo dispositivo autoriza apenas a perda e a suspensão desses direitos nas seguintes situações: I - cancelamento da naturalização por sentença transitada em julgado; II - incapacidade civil absoluta; III - condenação criminal transitada em julgado, enquanto durarem seus efeitos; IV - recusa de cumprir obrigação a todos imposta ou prestação alternativa, nos termos do art. 5°, VIII; e V - improbidade administrativa, nos termos do art. 37, § 4°. Vale lembrar que **a condenação criminal** transitada em julgado, enquanto durarem seus efeitos, **gera suspensão dos direitos políticos**; **B:** correta. O princípio da anterioridade ou anualidade eleitoral, previsto no art. 16 da CF, determina que a lei que alterar o processo eleitoral entrará em vigor na data de sua publicação, mas não se aplicará à eleição que ocorra até um ano da data de sua vigência; **C:** incorreta. O STF já decidiu (HC 75.338-RJ) que a gravação de conversa telefônica pode ser considerada como prova lícita, vejamos "Considera-se prova lícita a gravação telefônica feita por um dos interlocutores da conversa, sem o conhecimento do outro. Afastou-se o argumento de afronta ao art. 5°, XII da CF ("XII - é inviolável o sigilo ... das comunicações

telefônicas, salvo ... por ordem judicial, nas hipóteses e na forma que a lei estabelecer ...")", uma vez que esta garantia constitucional refere-se à interceptação de conversa telefônica feita por terceiros, o que não ocorre na hipótese. Com esse entendimento, o Tribunal, por maioria, indeferiu o pedido de *habeas corpus* em que se pretendia o trancamento da ação penal contra magistrado denunciado por crime de exploração de prestígio (CP, art. 357: "Solicitar ou receber dinheiro ou qualquer outra utilidade, a pretexto de influir em juiz, jurado, órgão do Ministério Público, funcionário de justiça, perito, tradutor, intérprete ou testemunha") com base em conversa telefônica gravada em secretária eletrônica pela própria pessoa objeto da proposta. Vencidos os Ministros Marco Aurélio e Celso de Mello, que deferiam a ordem". Vicente Paulo e Marcelo Alexandrino, em Direito Constitucional Descomplicado, 14ª Ed., p. 144, ensinam que "A **interceptação telefônica** é a captação de conversa feita por um terceiro, sem o conhecimento dos interlocutores, situação que depende, sempre, de ordem judicial prévia, por força do art. 5º, XII, da CF. Por exemplo: no curso de uma instrução processual penal, a pedido do MP, o magistrado autoriza a captação do conteúdo da conversa entre dois traficantes de drogas ilícitas, sem o conhecimento destes. A **escuta telefônica** é a captação de conversa feita por um terceiro, com o conhecimento de apenas um dos interlocutores. Por exemplo: João e Maria conversam e Pedro grava o conteúdo do diálogo, com o consentimento de Maria, mas sem que João saiba. A **gravação telefônica** é feita por um dos interlocutores do diálogo, sem o consentimento ou a ciência do outro. Por exemplo: Maria e João conversam e ela grava o conteúdo dessa conversa, sem que João saiba. A relevância de tal distinção é que a **escuta e a gravação telefônicas – por não constituírem interceptação telefônica em sentido estrito – não se sujeitam à inarredável necessidade de ordem judicial prévia e podem, a depender do caso concreto (situação de legítima defesa, por exemplo), ser utilizadas licitamente como prova no processo**" (grifos nossos); **D**: incorreta. Como no problema apresentado não há violação à liberdade de locomoção, o remédio não pode ser utilizado; **E**: incorreta. O **estrangeiro não pode se candidatar a cargos eletivos**. A nacionalidade brasileira é uma das condições de elegibilidade, conforme determina o art. 14, § 3º, I, da CF. Além disso, o estrangeiro é tratado na CF/88 como inalistável, ou seja, não pode fazer o alistamento eleitoral e exercer o direito de voto. Se não pode o menos, que é votar, também não poderá o mais, que é ser votado. Por fim, o alistamento eleitoral também é condição de elegibilidade, previsto no art. 14, § 3º, III, da CF, de modo que ambos os artigos fundamentam a impossibilidade do estrangeiro de se candidatar a cargos eletivos, quaisquer que sejam eles. **TM**
Gabarito "B".

(Analista – TRT/16ª – 2014 – FCC) Mirela, advogada, é casada com Pedro, Prefeito do Município "X" do Estado do Maranhão, não sendo titular de qualquer mandato eletivo. No curso do mandato de Pedro, Mirela e Pedro dissolvem o vínculo conjugal por meio de divórcio devidamente homologado pelo Poder Judiciário. Mirela pretende concorrer no próximo pleito municipal a um cargo eletivo no Município "X". Neste caso, Mirela

(A) poderá concorrer normalmente ao cargo de Vereadora, mas é inelegível para os cargos de Prefeita e Vice-Prefeita do Município.

(B) não poderá concorrer ao cargo eletivo, por ser inelegível, nos termos da Constituição Federal.

(C) poderá concorrer normalmente aos cargos de Prefeita, Vice-Prefeita ou Vereadora do Município, sem qualquer restrição.

(D) poderá concorrer normalmente aos cargos de Prefeita, Vice-Prefeita ou Vereadora do Município desde que a dissolução do vínculo conjugal tenha ocorrido há mais de seis meses antes do pleito.

(E) poderá concorrer apenas ao cargo de Vereadora do Município desde que a dissolução do vínculo conjugal tenha ocorrido há mais de seis meses antes do pleito, sendo inelegível para os cargos de Prefeita e Vice-Prefeita.

A: incorreta. Mirela não poderá concorrer no próximo pleito eleitoral, pois é inelegível. De acordo com o art. 14, § 7º, da CF, são **inelegíveis, no território de jurisdição do titular, o cônjuge** e os parentes consangüíneos ou afins, até o segundo grau ou por adoção, do Presidente da República, de Governador de Estado ou Território, do Distrito Federal, **de Prefeito** ou de quem os haja substituído dentro **dos seis meses anteriores ao pleito**, salvo se já titular de mandato eletivo e candidato à reeleição. Vale lembrar que a Súmula Vinculante nº 18 (STF) determina que **a dissolução da sociedade ou do vínculo conjugal**, no curso do mandato, **não afasta a inelegibilidade** prevista no § 7º do artigo 14 da Constituição Federal; **B**: correta. É o que determina o mencionado art. 14, § 7º, da CF e a Súmula Vinculante nº 18 (STF); **C e D**: incorretas. Como mencionado, Mirela é inelegível para o próximo pleito eleitoral, tanto para o cargo de Prefeita (ou Vice-Prefeita) como para o cargo de Vereadora.
Gabarito "B".

3. ORGANIZAÇÃO DO ESTADO

(Analista - TRF/4 - FCC - 2019) Será compatível com a Constituição Federal e a jurisprudência do Supremo Tribunal Federal a lei federal que

(A) autorize os Estados a legislar sobre questões específicas em matéria de proteção à infância e à juventude, desde que se trate de lei complementar.

(B) determine a realização de novas eleições para cargos majoritários simples, em casos de vacância por causas eleitorais de extinção do mandato.

(C) fixe tempo máximo de espera em fila para os usuários de serviços prestados por instituições financeiras e cartórios de registros públicos.

(D) fixe, para o valor das aposentadorias a serem concedidas pelos regimes próprios de previdência dos servidores de União, Estados, Distrito Federal e Municípios, o limite máximo estabelecido para os benefícios do regime geral de previdência social.

(E) regule a ocupação e a utilização da faixa de fronteira, assim considerada a faixa de até duzentos quilômetros de largura, fundamental para a defesa do território nacional.

A: incorreta, pois é competência **concorrente** da União, dos Estados e do Distrito Federal legislar sobre proteção à infância e à juventude (art. 24, XV, da CF), de modo que a competência da União limita-se a estabelecer normas gerais, a qual não exclui a competência suplementar dos Estados (art. 24, §§ 1º e 2º, da CF); **B**: correta, visto que o STF fixou a tese de que "*é constitucional legislação federal que estabeleça novas eleições para os cargos majoritários simples – isto é, Prefeitos de Municípios com menos de duzentos mil eleitores e Senadores da República – em casos de vacância por causas eleitorais*" (ADI 5619, Relator: Min. Roberto Barroso, Tribunal Pleno, julgado em 08/03/2018); **C**: incorreta, porque o STF entende que compete aos **municípios** fixar o tempo máximo de espera em fila dos usuários dos serviços prestados por cartórios de registros públicos e instituições bancárias, por ser assunto de interesse local (RE 397094, Relator: Min. Sepúlveda Pertence, Primeira Turma, julgado em 29/08/2006 e RE 610221, Relator: Min. Ellen Gracie, julgado em 27/08/2010); **D**: incorreta, porque compete à União, aos Estados, ao Distrito Federal e aos Municípios, desde que instituam regime de previdência complementar para os seus respectivos servidores titulares de cargo efetivo, fixar, para o valor das aposentadorias e pensões a serem concedidas pelo regime próprio de previdência social, o limite máximo estabelecido para os benefícios do regime geral de previdência social (art. 40, § 14, da CF). Desse modo, a lei federal somente pode atingir os servidores da União, e não os servidores dos demais entes federados; **E**: incorreta, pois a faixa de fronteira é definida como a faixa de até **cento e cinquenta quilômetros** de largura, ao longo das fronteiras terrestres, considerada fundamental para defesa do território nacional (art. 20, § 2º, da CF). **AN**

Gabarito "B".

(Analista - TJ/SC - FGV - 2018) Com o objetivo de ampliar a arrecadação e aprimorar as políticas públicas afetas aos direitos prestacionais, o Município Alfa editou a Lei n. 123/2018, disciplinando o funcionamento dos bingos no âmbito do seu território. Foram previstos os requisitos a serem atendidos para a concessão da licença de funcionamento e a parcela da arrecadação a ser transferida aos cofres públicos.

À luz da sistemática constitucional de divisão de competências legislativas, a Lei n. 123/2018 é:

(A) inconstitucional, pois compete concorrentemente à União e aos Estados legislar sobre bingos;

(B) constitucional, pois compete ao Município legislar sobre matérias de interesse local;

(C) constitucional, desde que a União tenha transferido aos Municípios competência legislativa;

(D) inconstitucional, pois compete privativamente à União legislar sobre bingos;

(E) constitucional, desde que observadas as normas gerais editadas pela União.

A Constituição estabelece a competência privativa da União para legislar sobre sistemas de consórcios e sorteios (art. 22, XX). E o STF fixou o entendimento de que é inconstitucional a lei ou ato normativo estadual ou distrital que disponha sobre sistemas de consórcios e sorteios, inclusive bingos e loterias (Súmula Vinculante 2). Assim, a Lei n. 123/2018, do Município Alfa, é inconstitucional, pois compete privativamente à União legislar sobre bingos. **AN**

Gabarito "D".

(Analista Judiciário - TJ/AL - 2018 - FGV) O Estado Alfa ingressou com ação judicial em face da União, postulando que fosse reconhecido que, entre os bens do Estado, figuravam as terras devolutas situadas em seu território, tidas como indispensáveis à defesa das fronteiras.

À luz da sistemática constitucional, o referido pedido deve ser julgado:

(A) procedente, pois todas as terras devolutas pertencem aos Estados;

(B) improcedente, pois todas as terras devolutas pertencem aos Municípios;

(C) procedente, pois somente as terras devolutas situadas em ilhas pertencem à União;

(D) improcedente, pois as terras devolutas indispensáveis à defesa das fronteiras pertencem à União;

(E) procedente, pois somente as terras devolutas situadas em capitais pertencem à União e aos Municípios.

A Constituição estabelece que são bens da União as terras devolutas indispensáveis à defesa das fronteiras, das fortificações e construções militares, das vias federais de comunicação e à preservação ambiental (art. 20, II, da CF). Logo, o referido pedido deve ser julgado improcedente. **AN**

Gabarito "D".

(Analista Judiciário – TRF/2 – Consulplan – 2017) Com o objetivo de descongestionar as turmas recursais dos juizados especiais cíveis, determinado Estado da Federação promulgou a Lei X, que instituiu a exigência de depósito prévio de 100% do valor da condenação para a interposição de recurso contra sentenças proferidas no âmbito dos juizados. À luz da divisão de competências legislativas estabelecida pela Constituição da República e da interpretação que lhe vem sendo dispensada pelo Supremo Tribunal Federal, é correto afirmar que a Lei X é:

(A) Inconstitucional, considerando que compete privativamente à União legislar sobre direito processual.

(B) Inconstitucional, pois os Estados não possuem competência legislativa para legislar sobre procedimento.

(C) Constitucional, desde que o Estado tenha observado os limites estabelecidos pelas normas gerais editadas pela União.

(D) Constitucional, tendo em vista que os Estados possuem competência concorrente com a União para legislar sobre procedimento e este último ente não tratou da matéria.

A lei é inconstitucional por ser competência privativa da União legislar sobre direito processual (art. 22, I, CF). Além disso, o STF já declarou a inconstitucionalidade de lei que previa igual exigência, haja vista que não prevista na lei sobre os juizados especiais cíveis e criminais (Lei 9.099/1995). **TM**

Gabarito "A".

(Analista Judiciário – TRE/SP – FCC – 2017) À luz da Constituição Federal e da jurisprudência do Supremo Tribunal Federal, considere:

I. Os Estados podem incorporar-se entre si, subdividir-se ou desmembrar-se para se anexarem a outros, ou formarem novos Estados ou Territórios Federais, mediante aprovação da população diretamente interessada, através de plebiscito, e do Congresso Nacional, por Emenda Constitucional.

II. A criação, a incorporação, a fusão e o desmembramento de Municípios far-se-ão por lei estadual, dentro do período determinado por Lei Complementar Federal, e dependerão de consulta prévia, mediante plebiscito, às populações dos Municípios envolvidos, após divulgação dos Estudos de Viabilidade Municipal, apresentados e publicados na forma da lei.

III. No caso de desmembramento de Município, é necessária tanto a consulta à população do território a ser desmembrado, quanto a do território remanescente.

IV. No caso de desmembramento de Estado, não é necessária a consulta à população do território remanescente, uma vez que a Constituição Federal exige apenas a consulta da população diretamente interessada.

Está correto o que consta APENAS em

(A) I e II.

(B) I e III.

(C) II e III.

(D) II e IV.

(E) III e IV.

I: errada. Não reflete o disposto no art. 18, § 3º, CF, que não trata da criação de território federal (territórios só podem ser regulados por lei complementar, como disposto no art. 18, § 2º, CF). Além disso, a fusão, incorporação e desmembramento de estados da federação é realizada por lei estadual, não por emenda à Constituição; **II:** correta. Art. 18, § 4º, CF; **III:** correta. O art. 18, § 4º, CF, refere-se à população interessada (na fusão, incorporação ou desmembramento), que se refere tanto à população da parcela do município que será desmembrado, quanto daquela que permanecerá no território do município; **IV:** errada. O art. 18, § 3º, CF, também exige consulta a população diretamente interessada, que envolve todos aqueles que serão afetados pela medida. TM

„Gabarito "C".

(Analista Judiciário – TJ/MT – UFMT – 2016) Sobre a União, assinale a afirmativa INCORRETA.

(A) É competência privativa da União legislar sobre normas gerais de licitação e contratação para as administrações públicas.

(B) É competência privativa da União legislar sobre a proteção do patrimônio histórico, cultural, turístico e paisagístico.

(C) É competência da União o planejamento e a promoção da defesa, de caráter permanente, contra calamidades públicas.

(D) É competência da União exercer a classificação indicativa de programas de rádio e de televisão.

A: correta. Art. 22, XXVII, CF; **B:** errada, devendo ser assinalada. A matéria é de competência concorrente (art. 24, VII, CF); **C:** correta. Art. 21, XVIII, CF; **D:** correta. Art. 21, XVI, CF. TM

„Gabarito "B".

(Analista Jurídico – TCE/PA – 2016 – CESPE) Acerca da organização do Estado, julgue os itens subsecutivos.

(1) Compete privativamente à União legislar sobre direito civil, comercial e financeiro.

(2) Os estados-membros, mediante lei ordinária específica, podem instituir regiões metropolitanas, constituídas por agrupamentos de municípios, para integrar a organização, o planejamento e a execução de funções públicas de interesse comum.

1: errada. A competência para legislar sobre direito **financeiro** é **concorrente**, conforme determina o art. 24, I, da CF; **2:** errada. Determina o § 3º do art. 25 da CF que os Estados poderão, **mediante lei complementar**, instituir regiões metropolitanas, aglomerações urbanas e microrregiões, constituídas por agrupamentos de municípios limítrofes, para integrar a organização, o planejamento e a execução de funções públicas de interesse comum. TM

„Gabarito "1E,2E".

(Analista Jurídico – TCE/PR – 2016 – CESPE) Com base na Constituição Federal de 1988 e na jurisprudência do STF, assinale a opção correta a respeito do concurso público.

(A) É incabível o controle judicial do resultado alcançado por avaliação psicológica em etapa eliminatória de concurso público, seja por conta da alta carga do exame, seja por força da presunção de legalidade dos atos administrativos ou, ainda, pela vedação à ingerência judicial no mérito administrativo.

(B) As etapas por que passa o concurso público devem ser exaustivamente detalhadas por lei em sentido formal e material.

(C) A competência legislativa para a regulamentação do acesso dos estrangeiros aos cargos públicos é dos estados-membros da Federação, e não da União.

(D) A demonstração do preenchimento da habilitação legal para ingresso em determinado cargo, aí incluídos o diploma em área de formação e o registro no órgão profissional competente, deve ser feita pelo candidato no momento de sua inscrição no concurso público.

(E) É no momento da posse que o candidato deve comprovar o cumprimento do requisito de idade mínima para o cargo, se houver.

A: incorreta. O STF já decidiu, com repercussão geral, que, além da necessidade de lei prevendo o exame como requisito para ingresso no serviço público, o exame psicotécnico depende de um grau mínimo de objetividade e de publicidade dos atos em que se desdobra (justamente para possibilitar o controle jurisdicional). Ver: AI 758.533-QO, rel. min. Gilmar Mendes, j. 23.06.2010, Pleno, *DJE* 13.08.2010); **B:** incorreta. "As etapas do concurso prescindem de disposição expressa em lei no sentido formal e material, sendo suficientes a previsão no edital e o nexo de causalidade consideradas as atribuições do cargo" (MS 30.177, rel. min. Marco Aurélio, j. 24.04.2012, 1ª T, *DJE* 17.05.2012); **C:** correta. Em razão de a norma do art. 37, I, da CF não constituir "matéria reservada à competência privativa da União, deve ser de iniciativa dos Estados--membros" (AI 590.663-AgR, rel. min. Eros Grau, j. 15.12.2009, 2ª. T, *DJE* 12.02.2010); **D:** incorreta. "A exigência de habilitação para o exercício do cargo objeto do certame dar-se-á no ato da posse e não da inscrição do concurso" (MS 26.668, MS 26.673 e MS 26.810, rel. min. Ricardo Lewandowski, j. 15.04.2009, Pleno, *DJE* 29.05.2009); **E:** incorreta. Apesar de ser no momento da posse, a lei estabeleceu idade mínima de 18 anos para investidura em cargos públicos, tornando errada a parte final da questão (art. 5º, V, da Lei 8.112/90). TM

„Gabarito "C".

(Analista Judiciário – TRT/8ª – 2016 – CESPE) A respeito da organização do Estado e da administração pública, assinale a opção correta.

(A) É proibida a adoção de requisitos e critérios diferenciados para a concessão de aposentadoria pelo regime de previdência de caráter contributivo e solidário, ainda que para proteger trabalhadores que exerçam atividades sob condições que prejudiquem a saúde ou a integridade física.

(B) A vedação de acumulação remunerada de cargos públicos aplica-se aos militares, independentemente da compatibilidade de horário e do tipo de atividade profissional exercida, de modo que o militar que tome posse em cargo civil deverá ser transferido para a reserva, nos termos da lei.

(C) A forma de federalismo adotada no Brasil é conhecida como federalismo de segregação e centrífugo, sendo os estados-membros dotados de autogoverno.

(D) Deve o presidente da República decretar a intervenção federal, entre outras hipóteses, quando dois estados tentarem incorporar-se entre si ou desmembrar-se, formando novos estados ou territórios federais.

(E) O prazo de prescrição para a pretensão de condenar réus pela prática de atos de improbidade administrativa que causem prejuízos ao erário é estabelecido pela CF.

A: incorreta. O § 4º do art. 40 da CF de fato determina a proibição da adoção de requisitos e critérios diferenciados para a concessão de aposentadoria aos abrangidos pelo regime de que trata este artigo.

Ocorre que o mesmo dispositivo, nos termos definidos em leis complementares, **ressalva algumas hipóteses**, quais sejam: os casos de servidores: portadores de deficiência, que exerçam atividades de risco e **cujas atividades sejam exercidas sob condições especiais que prejudiquem a saúde ou a integridade física**; **B**: incorreta. De acordo com o art. 142, III, da CF, **o militar da ativa que**, de acordo com a lei, **tomar posse em cargo, emprego ou função pública civil temporária, não eletiva**, ainda que da administração indireta, ressalvada a hipótese prevista no art. 37, inciso XVI, alínea "c", **ficará agregado ao respectivo quadro** e somente poderá, enquanto permanecer nessa situação, ser promovido por antiguidade, contando-se-lhe o tempo de serviço apenas para aquela promoção e transferência para a reserva, sendo depois de dois anos de afastamento, contínuos ou não, transferido para a reserva, nos termos da lei; **C**: correta. Pedro Lenza, em Direito Constitucional Esquematizado, 2015, p. 502, Ed. Saraiva, ensina que: "No **federalismo por agregação**, os Estados independentes ou soberanos resolvem abrir mão de parcela de sua soberania para agregar-se entre si e formar um novo Estado, agora, Federativo, passando a ser, entre si, autônomos. O modelo busca uma maior solidez, tendo em vista a indissolubilidade do vínculo federativo. Como exemplo, podemos citar a formação dos Estados Unidos, da Alemanha e da Suíça. Por sua vez, no **federalismo por desagregação (segregação)**, a Federação surge a partir de determinado Estado unitário que resolve descentralizar-se, 'em obediência a imperativos políticos (salvaguarda das liberdades) e de eficiência'. O **Brasil** é um exemplo de federalismo por desagregação, que surgiu a partir da proclamação da República, materializando-se, o novo modelo, na Constituição de 1891"; **D**: incorreta. Tal situação não configura hipótese de intervenção federal. Como a regra é a não intervenção, as hipóteses excepcionais vêm previstas em rol taxativo, previsto no art. 34 da CF. Além disso, conforme determina o § 3º do art. 18 da CF, **os Estados podem incorporar-se entre si**, subdividir-se ou desmembrar-se para se anexarem a outros, ou formarem novos Estados ou Territórios Federais, mediante aprovação da população diretamente interessada, através de plebiscito, e do Congresso Nacional, por lei complementar; **E**: incorreta. O prazo de prescrição para a pretensão de condenar réus pela prática de atos de improbidade administrativa que causem prejuízos ao erário, ao contrário do mencionado, **não é estabelecido pela CF**. O assunto é tratado no art. 23 da Lei 8.429/1992 (Lei de Improbidade Administrativa), o qual dispõe que as ações destinadas a levar a efeitos as sanções previstas nesta lei podem ser propostas: I - até cinco anos após o término do exercício de mandato, de cargo em comissão ou de função de confiança; II - dentro do prazo prescricional previsto em lei específica para faltas disciplinares puníveis com demissão a bem do serviço público, nos casos de exercício de cargo efetivo ou emprego; III - até cinco anos da data da apresentação à administração pública da prestação de contas final pelas entidades referidas no parágrafo único do art. 1ª desta Lei. TM

Gabarito "C".

(Analista – Judiciário –TRE/PI – 2016 – CESPE) Acerca das mudanças institucionais que afetaram diretamente a administração pública, como a criação de conselhos e organizações sociais, entre outras entidades, conforme a Constituição Federal de 1988 (CF), assinale a opção correta.

(A) Agências executivas como a Agência Nacional de Saúde Complementar (ANS), a Agência Nacional de Águas (ANA) e a Agência Nacional de Vigilância Sanitária (ANVISA) possuem atribuições de regulação e fiscalização, podendo exercer também atividades de controle econômico.

(B) As organizações sociais, cuja qualificação é concedida pelo Ministério do Desenvolvimento Social e Combate à Fome, são constituídas por pessoas jurídicas de direito público com a finalidade de atender assuntos que correspondam às relações entre o Estado e a sociedade.

(C) As organizações da sociedade civil de interesse público (OSCIP), cuja qualificação é concedida pelo Ministério da Justiça, são constituídas por pessoas jurídicas de direito privado, mediante termo de parceria com o poder público, e visam atender ao princípio da universalização dos serviços.

(D) As agências executivas são compostas por órgãos da administração pública direta que têm como finalidade executar atividades delegadas pelo poder público em função da comprovada capacidade de gestão estratégica nos dois anos de atuação anteriores à delegação.

(E) As agências reguladoras, compostas por autarquias e fundações, são vinculadas ao Poder Executivo e exercem atividades delegadas pelo poder público.

A: incorreta. As agências citadas são **reguladoras**, não **executivas**. As agências reguladoras são autônomas em relação às suas atividades--fim, às suas finalidades, enquanto que as agências executivas detêm maior autonomia em relação apenas às atividades-meio, ou seja, possuem um maior poder de gestão, conferido por meio dos contratos de gestão (art. 37, § 8º, da CF); **B**: incorreta. Podem ser qualificadas como organizações sociais as pessoas jurídicas de direito **privado, sem fins lucrativos**, cujas atividades sejam dirigidas ao ensino, à pesquisa científica, ao desenvolvimento tecnológico, à proteção e preservação do meio ambiente, à cultura e à saúde (art. 1º da Lei 9.637/1998). Além disso, o art. 2º, II, da mesma lei estabelece como "organização social" o "Ministro ou titular de órgão supervisor ou regulador da área de atividade correspondente ao seu objeto social"; **C**: correta. Arts. 3º, 4º, 5º e 9º, da Lei 9.790/1999; **D**: incorreta. A qualificação de agência executiva é conferida apenas aos órgãos e entidades da Administração Pública **Indireta** (art. 1º do Decreto 2.487/1998); **E**: incorreta. As agências reguladoras, nacionais e estaduais, foram qualificadas por suas leis instituidoras como "**autarquias especiais**" (não havendo caso de fundação). TM

Gabarito "C".

(Analista – TRT/3ª – 2015 – FCC) O Governador de determinado Estado da Federação encaminhou à Assembleia Legislativa projeto de Lei disciplinando procedimentos em matéria processual, bem como regulamentando a atuação da Defensoria Pública do Estado em juízo em defesa de pessoas com menos recursos financeiros. A matéria versada na proposta

(A) insere-se na competência legislativa concorrente entre União e Estados, podendo ser objeto de projeto de lei de iniciativa legislativa do Governador, respeitadas as normas gerais editadas pela União.

(B) relativamente à atuação da Defensoria Pública Estadual em juízo insere-se na competência legislativa reservada aos Estados, visto que não cabe à União, nem aos Municípios tratarem do assunto, mas os procedimentos em matéria processual devem ser disciplinados nos regimentos internos dos Tribunais e não em lei.

(C) relativamente à atuação da Defensoria Pública Estadual em juízo insere-se na competência legislativa reservada aos Estados, mas a disciplina de procedimentos em matéria processual insere-se na competência legislativa privativa da União, podendo ser objeto de Lei Estadual apenas se houver delegação de competência por meio de Lei Complementar.

(D) relativamente à atuação da Defensoria Pública Estadual em juízo insere-se na competência legislativa reservada aos Estados, mas a disciplina de procedimentos em matéria processual insere-se na competência legislativa concorrente entre União e Estados, devendo, portanto, esse aspecto da proposta observar as normas gerais editadas pela União.

(E) insere-se na competência legislativa reservada aos Estados, visto que não cabe à União, nem aos Municípios tratarem do assunto, podendo ser objeto de projeto de lei de iniciativa legislativa do Governador.

A: correta. De acordo com o art. 24, XI e XIII, da CF, compete à União, aos Estados e ao Distrito Federal, dentre outros assuntos, legislar **concorrentemente** sobre procedimentos em matéria processual (XI) e Defensoria Pública (XIII). O § 1º do mesmo dispositivo ensina que no tocante à legislação concorrente, a competência da União limitar-se-á a estabelecer **normas gerais; B:** incorreta. Como mencionado, a competência para legislar sobre a atuação da Defensoria Pública também é concorrente (art. 24, XIII, da CF); **C, D e E:** incorretas. Ambos os assuntos são da competência concorrente (art. 24, XI e XIII, da CF). BV

Gabarito "A".

(Analista – TRT/2ª – 2014 – FCC) Considere as seguintes afirmativas:

I. É inconstitucional lei estadual que institui dever a supermercados e estabelecimentos assemelhados de expor, num mesmo local ou gôndola, os produtos alimentícios especialmente elaborados sem o uso de glúten como medida protetiva aos portadores de doença celíaca, pois trata-se de matéria sujeita à competência privativa dos Municípios para legislar sobre assuntos de interesse local.

II. A autonomia política dos Estados-membros alcança a competência legislativa privativa para conferir ao Defensor Público-Geral do Estado estatura administrativa de Secretário de Estado, submetendo sua nomeação à livre escolha do Governador.

III. A autonomia política dos Estados-membros não alcança a competência legislativa para instituir comissão estadual voltada a autorizar, monitorar e fiscalizar a pesquisa, e demais atividades relacionadas ao setor nuclear, de modo a assegurar que suas aplicações garantam a saúde, o bem-estar e a segurança da população, bem como, a preservação do meio ambiente.

Está correto o que consta APENAS em

(A) III.

(B) I e III.

(C) I.

(D) II.

(E) II e III.

I: incorreto. A lei é constitucional, pois a competência para legislar sobre tais assuntos é **concorrente**. De acordo com o art. 24 da CF, compete à União, aos Estados e ao Distrito Federal legislar concorrentemente sobre a **responsabilidade por dano ao consumidor** (inciso VIII) a **defesa da saúde** (inciso XII). De acordo com o STF (ADI nº 2.730): "... A natureza das disposições concernentes a incentivos fiscais e determinação para que os supermercados e hipermercados concentrem em um mesmo local ou gôndola todos os produtos alimentícios elaborados sem a utilização de glúten não interferem na função administrativa do Poder Executivo local. Além disso "... A forma de apresentação dos produtos elaborados sem a utilização de glúten está relacionada com a competência concorrente dos Estado para legislar sobre consumo, proteção e defesa da saúde. Art. 24, inc. V e XII, da Constituição da República"; II: incorreta. Conforme determina o STF (ADI nº 2.903): "A mera equiparação de altos servidores públicos estaduais, como o Defensor

Público-Geral do Estado, a Secretário de Estado, com equivalência de tratamento, só se compreende pelo fato de tais agentes públicos, destinatários de referida equiparação, **não ostentarem, eles próprios, a condição jurídico-administrativa de Secretário de Estado.** – Consequente inocorrência do alegado cerceamento do poder de livre escolha, pelo governador do Estado, dos seus secretários estaduais, eis que o Defensor Público-Geral local – por constituir cargo privativo de membro da carreira – não é, efetivamente, não obstante essa equivalência funcional, Secretário de Estado"; **III: correta.** Determina o art. 21, XXIII, da CF que **compete à União explorar os serviços e instalações nucleares de qualquer natureza e exercer monopólio estatal sobre a pesquisa, a lavra, o enriquecimento e reprocessamento, a industrialização e o comércio de minérios nucleares e seus derivados,** atendidos os seguintes princípios e condições: a) toda atividade nuclear em território nacional somente será admitida para fins pacíficos e mediante aprovação do Congresso Nacional, b) sob regime de permissão, são autorizadas a comercialização e a utilização de radioisótopos para a pesquisa e usos médicos, agrícolas e industriais, c) sob regime de permissão, são autorizadas a produção, comercialização e utilização de radioisótopos de meia-vida igual ou inferior a duas horas, d) a responsabilidade civil por danos nucleares independe da existência de culpa;

Gabarito "A".

(Analista – TRT/10ª – 2013 – CESPE) Com referência à organização político-administrativa brasileira, julgue os próximos itens.

(1) Os estados possuem competência legislativa suplementar em matéria de direito do trabalho, observadas as normas gerais estabelecidas pela União.

(2) Por ser competência administrativa comum a todos os entes federados, pode o município de Ouro Preto organizar, manter e executar a inspeção do trabalho.

1: incorreta. A competência para legislar sobre Direito do Trabalho é privativa da União (art. 22, I, da CF); 2: incorreta. A competência para manter e executar a inspeção do trabalho é exclusiva da União, portanto indelegável (art. 21, XXIV, da CF).

Gabarito 1E, 2E

(Analista – TJDFT – 2013 – CESPE) Com relação ao Estado federal brasileiro, julgue os itens a seguir.

(1) Apesar de a floresta amazônica, a mata atlântica, a Serra do Mar, o pantanal mato-grossense e a zona costeira serem patrimônios nacionais, não se consideram bens públicos os imóveis particulares existentes nessas áreas.

(2) São símbolos do Estado federal brasileiro a bandeira, o hino, as armas e o selo nacionais, podendo os estados-membros, o Distrito Federal (DF) e os municípios adotar símbolos próprios.

1: correta. De fato, o art. 225, § 4º, da CF determina que a Floresta Amazônica brasileira, a Mata Atlântica, a Serra do Mar, o Pantanal Mato-Grossense e a Zona Costeira são considerados patrimônio nacional. Além disso, o STF já decidiu que "o preceito consubstanciado no art. 225, § 4º, da Carta da República, *além de não haver convertido em bens públicos os imóveis particulares abrangidos pelas florestas e pelas matas nele referidas (Mata Atlântica, Serra do Mar, Floresta Amazônica brasileira)*, também não impede a utilização, pelos próprios particulares, dos recursos naturais existentes naquelas áreas que estejam sujeitas ao domínio privado, desde que observadas as prescrições legais e respeitadas as condições necessárias à preservação ambiental. A ordem constitucional dispensa tutela efetiva ao direito de propriedade (CF, art. 5º, XXII). Essa proteção outorgada pela Lei Fundamental da República estende-se, na abrangência normativa de sua incidência tutelar, ao reconhecimento, em favor do *dominus*, da garantia de compensação financeira, sempre que o Estado, mediante atividade que lhe seja juridicamente imputável, atingir o direito de propriedade em seu conteúdo econômico, ainda que o imóvel particular afetado pela ação do Poder Público esteja localizado em qualquer das áreas referidas no art. 225, § 4º, da Constituição. Direito ao meio ambiente ecologicamente equilibrado: a consagração constitucional de um típico direito de terceira geração (CF, art. 225, *caput*)." (STF, RE 134.297-8/SP, j. 13.06.1995, rel. Min. Celso de Mello, *DJ* 22.09.1995.); **2:** correta. De acordo com o art. 13, § 1º, da CF, são símbolos da República Federativa do Brasil a bandeira, o hino, as armas e o selo nacionais. O § 2º do mesmo dispositivo determina que a possibilidade dos Estados, do Distrito Federal e dos Municípios terem símbolos próprios.

Gabarito 1C, 2C

3.1. Administração Pública e Servidores Públicos

(Analista - TRT/15 - FCC - 2018) A Constituição Federal contém normas em matéria de fixação de remuneração no âmbito da iniciativa privada e no âmbito da Administração pública. De acordo com essas regras e com a jurisprudência do Supremo Tribunal Federal,

(A) apenas o salário mínimo pode ser adotado pela lei como índice para a revisão geral anual da remuneração e do subsídio dos servidores públicos.

(B) a remuneração paga a empregado público de empresa pública federal, ainda que a empresa não receba recursos financeiros públicos para pagamento com despesas de pessoal ou de custeio em geral, não pode ser superior ao valor dos subsídios pagos aos Ministros do Supremo Tribunal Federal.

(C) os vencimentos dos cargos do Poder Legislativo e do Poder Judiciário deverão ser iguais aos pagos pelo Poder Executivo.

(D) a remuneração dos servidores públicos titulares de cargos públicos somente pode ser fixada por lei específica.

(E) o recebimento de valores pelo empregado a título de participação nos lucros ou resultados integra sua remuneração para todos os fins.

A: incorreta, pois é vedada a vinculação do salário mínimo para qualquer fim (art. 7º, IV, parte final, da CF). Além disso, a Súmula Vinculante 4 do STF preconiza que, salvo nos casos previstos na Constituição, o salário mínimo não pode ser usado como indexador de base de cálculo de vantagem de servidor público ou de empregado, nem ser substituído por decisão judicial; **B:** incorreta, visto que o teto remuneratório só se aplica às empresas públicas e às sociedades de economia mista, e suas subsidiárias, que receberem recursos da União, dos Estados, do Distrito Federal ou dos Municípios para pagamento de despesas de pessoal ou de custeio em geral (art. 37, § 9º, da CF); **C:** incorreta, porque os vencimentos dos cargos do Poder Legislativo e do Poder Judiciário **não poderão ser superiores** aos pagos pelo Poder Executivo (art. 37, XII, da CF); **D:** correta, de acordo com o art. 37, X, da CF; **E:** incorreta, porque a Constituição assegura a participação nos lucros ou resultados, desvinculada da remuneração (art. 7º, XI, da CF). AN

Gabarito "D"

(Analista - Área Administrativa - TRT1 - 2018 - AOCP) De acordo com o que dispõe a Constituição Federal, informe se é (V) ou falso (F) o que se afirma a seguir e assinale a alternativa com a sequência correta.

( ) A Constituição Federal prevê que a lei reservará percentual dos cargos e empregos públicos para as pessoas portadoras de deficiência e definirá os critérios de sua admissão.

( ) É vedada a vinculação ou equiparação de quaisquer espécies remuneratórias para o efeito de remuneração de pessoal do serviço público.

( ) O subsídio e os vencimentos dos ocupantes de cargos e empregos públicos são absolutamente irredutíveis.

( ) Os acréscimos pecuniários percebidos por servidor público serão computados para fins de concessão de acréscimos ulteriores.

(A) F – V – F – V.

(B) V – F – V – F.

(C) V – V – F – F.

(D) F – V – V – F.

(E) V – V – F – V.

I: verdadeiro, conforme o art. 37, VIII, da CF; **II:** verdadeiro, conforme o art. 37, XIII, da CF; **III:** falso, pois o subsídio e os vencimentos dos ocupantes de cargos e empregos públicos são irredutíveis, ressalvadas situações excepcionais previstas no texto constitucional (art. 37, XV, da CF); **IV:** falso, já que os acréscimos pecuniários percebidos por servidor público **não** serão computados nem acumulados para fins de concessão de acréscimos ulteriores (art. 37, XIV, da CF). AN

Gabarito "C".

(Analista - Área Administrativa - TRT1 - 2018 - AOCP) João é servidor público do TRT e está no exercício de mandato eletivo. Tendo essa situação hipotética em vista e considerando apenas o que dispõe a Constituição Federal, assinale a alternativa correta.

(A) Se João ocupar mandato eletivo federal, será afastado do cargo, sendo-lhe facultado optar pela sua remuneração.

(B) Caso João esteja investido no mandato de Prefeito, havendo compatibilidade de horários, perceberá as vantagens de seu cargo, sem prejuízo da remuneração do cargo eletivo.

(C) Investido no mandato de Prefeito, João será afastado do cargo, sendo-lhe facultado optar pela sua remuneração.

(D) Na hipótese de João ocupar mandato eletivo distrital, havendo compatibilidade de horários, perceberá as vantagens de seu cargo, sem prejuízo da remuneração do cargo eletivo.

(E) Sendo João investido no mandato de Vereador, será afastado do cargo sem direito à remuneração.

A: incorreta, pois se for investido em mandato eletivo federal, estadual ou distrital, o servidor apenas ficará afastado de seu cargo, emprego ou função (art. 38, I, da CF); **B:** incorreta, pois se for investido no mandato de Prefeito, o servidor será afastado do cargo, emprego ou função, sendo-lhe facultado optar pela sua remuneração (art. 38, II, da CF); **C:** correta, nos termos do art. 38, II, da CF; **D:** incorreta, pois se for investido em mandato eletivo federal, estadual ou distrital, o servidor ficará afastado de seu cargo, emprego ou função (art. 38, I, da CF); **E:** incorreta, pois se for investido no mandato de Vereador, havendo compatibilidade de horários, perceberá as vantagens de seu cargo, emprego ou função, sem prejuízo da remuneração do cargo eletivo, e, não havendo compatibilidade, será afastado do cargo, emprego ou função, sendo-lhe facultado optar pela sua remuneração (art. 38, III, da CF). AN

Gabarito "C".

(Analista Judiciário - TJ/AL - 2018 - FGV) João, após sucessivas tentativas, não logrou êxito em ser aprovado em concurso público. No entanto, como Pedro, seu amigo, foi eleito e tomou posse no cargo de Prefeito Municipal, João veio a ser nomeado para função de confiança junto a uma secretaria municipal.

Por entender que a nomeação foi irregular, o Ministério Público ingressou com ação judicial para que tal fosse reconhecido.

À luz da sistemática constitucional, a ação ajuizada pelo Ministério Público, observados os demais requisitos exigidos:

(A) não deve ser acolhida, pois, apesar de as funções de confiança serem privativas dos titulares de cargos de provimento efetivo, o Ministério Público não pode propor a ação;

(B) deve ser acolhida, pois as funções de confiança são privativas dos titulares de cargos de provimento efetivo e o Ministério Público pode propor a ação;

(C) não deve ser acolhida, pois as funções de confiança não são privativas dos titulares de cargos de provimento efetivo, embora o Ministério Público pudesse propor a ação;

(D) deve ser acolhida, pois não podem existir funções de confiança no plano estadual e o Ministério Público pode propor a ação;

(E) não deve ser acolhida, pois as funções de confiança não são privativas dos titulares de cargos de provimento efetivo e o Ministério Público não pode propor a ação.

As funções de confiança devem ser exercidas exclusivamente por servidores ocupantes de cargo efetivo; já os cargos em comissão são de livre nomeação e exoneração, podendo ser preenchidos por servidores de carreira nos casos, condições e percentuais mínimos previstos em lei. Em ambos os casos, destinam-se apenas às atribuições de direção, chefia e assessoramento (art. 37, V, da CF). É função institucional do Ministério Público promover o inquérito civil e a ação civil pública para a proteção do patrimônio público e social (art. 129, III, da CF). Assim, a ação judicial deve ser acolhida, pois as funções de confiança são privativas (exclusivas, nos termos da Constituição) dos titulares de cargos de provimento efetivo e o Ministério Público pode propor a ação. **AN**
Gabarito "B".

(Analista Judiciário – TRE/SP – FCC – 2017) Dois servidores públicos titulares de cargos efetivos de médico foram eleitos Deputado Federal e Deputado Estadual. Nas eleições municipais, foram eleitos Prefeito e Vereador servidores públicos titulares de cargos efetivos de professor universitário.

No exercício dos respectivos mandatos,

(A) todos devem exonerar-se dos respectivos cargos públicos, sob pena de perderem o mandato por decisão proferida pelas respectivas Casas Legislativas e, no caso do Prefeito, por decisão proferida pelo Tribunal de Justiça.

(B) todos devem ser afastados dos respectivos cargos públicos, sendo que seu tempo de serviço será contado para todos os efeitos legais, exceto para promoção por merecimento, enquanto durar o mandato.

(C) os Deputados devem ser afastados dos cargos de médico, ao passo que o Prefeito e o Vereador, havendo compatibilidade de horários, perceberão as

vantagens de seu cargo público efetivo, sem prejuízo da remuneração do cargo eletivo, e, não havendo compatibilidade, serão afastados do cargo público efetivo, podendo optar pela sua remuneração.

(D) o Prefeito deve ser afastado do cargo público efetivo enquanto durar o mandato, mas os Deputados e o Vereador, havendo compatibilidade de horários, perceberão as vantagens de seu cargo público efetivo, sem prejuízo da remuneração do cargo eletivo, e, não havendo compatibilidade, serão afastados do cargo público efetivo, podendo optar pela sua remuneração.

(E) os Deputados e o Prefeito devem ser afastados do cargo público efetivo, mas o Vereador, havendo compatibilidade de horários, perceberá as vantagens de seu cargo público efetivo, sem prejuízo da remuneração do cargo eletivo, e, não havendo compatibilidade, será afastado do cargo público efetivo, podendo optar pela sua remuneração.

Os servidores públicos que passam a exercer cargos eletivos são regidos pelas regras do art. 38 da CF. No caso, serão afastados dos cargos efetivos aqueles eleitos para os cargos de Prefeito e Deputado (art. 38, I e II, CF) e, se o servidor eleito vereador tiver compatibilidade de horário, pode exercer os dois cargos e receber ambas as remunerações (do cargo efetivo e do cargo eletivo) (art. 38, III, CF). Se o servidor-vereador não tiver compatibilidade de horário, deve optar por uma das remunerações, como na hipótese de servidores eleitos para o cargo de Prefeito (art. 38, III, CF). **TM**
Gabarito "E".

(Analista Judiciário – TRE/PE – CESPE – 2017) O servidor público titular de cargo efetivo de determinada autarquia federal que passe a exercer mandato de deputado estadual

(A) ficará afastado do cargo efetivo e receberá apenas a remuneração do cargo eletivo.

(B) ficará afastado do cargo efetivo, podendo optar pela remuneração do cargo efetivo ou do cargo eletivo.

(C) poderá desempenhar os dois cargos se houver compatibilidade de horários, caso em que perceberá as vantagens do cargo efetivo, sem prejuízo da remuneração do cargo eletivo, independentemente de submissão ao teto remuneratório.

(D) poderá desempenhar os dois cargos mesmo se houver incompatibilidade de horários, caso em que perceberá as vantagens do cargo efetivo, sem prejuízo da remuneração do cargo eletivo, observado o teto remuneratório.

(E) poderá ou não se licenciar do cargo efetivo, mas, caso não se licencie, perceberá apenas a remuneração do cargo efetivo.

A: correta. Art. 38, I, CF; **B: errada.** Como ficará afastado de seu cargo, não pode optar pela remuneração do cargo efetivo, devendo perceber a remuneração do cargo eletivo (art. 38, I, CF); **C: errada.** Apenas se eleito para o cargo de Vereador o servidor pode receber as duas remunerações, se houver compatibilidade de horário (art. 38, III, CF). A regra não se estende para a hipótese de servidor eleito para o cargo de deputado estadual, que será afastado (art. 38, I, CF); **D: errada.** Só pode desempenhar os dois cargos se (i) eleito para o cargo de vereador (não de deputado estadual) e (ii) se houver compatibilidade de horário (art. 38, III, CF); **E: errada.** Deverá ser afastado do cargo, não lhe sendo dada opção pela licença ou não (art. 38, I, CF). **TM**
Gabarito "A".

(Analista Judiciário – TRT/20 – FCC – 2016) Feliciano é servidor público federal do Tribunal Regional do Trabalho da 20ª Região. Nestas últimas eleições municipais, Feliciano foi eleito vereador da cidade X. Neste caso, de acordo com a Constituição Federal, considerando que há compatibilidade de horário entre os dois cargos, Feliciano

(A) não será afastado de seu cargo no Tribunal Regional do Trabalho da 20ª Região, mas deverá optar em receber apenas uma das duas remunerações.

(B) será obrigatoriamente afastado de seu cargo no Tribunal Regional do Trabalho da 20º Região e receberá a remuneração do cargo de eleição.

(C) será obrigatoriamente afastado do cargo no Tribunal Regional do Trabalho da 20ª Região sendo-lhe, facultado optar pela sua remuneração.

(D) não será afastado de seu cargo no Tribunal Regional do Trabalho da 20ª Região e perceberá as vantagens de seu cargo, sem prejuízo da remuneração do cargo eletivo.

(E) não será afastado de seu cargo no Tribunal Regional do Trabalho da 20ª Região, mas deverá obrigatoriamente receber a remuneração do cargo eletivo.

Como há compatibilidade de horário e como se trata do cargo de vereador, Feliciano não será afastado do cargo efetivo e pode receber tanto a remuneração do cargo efetivo, como a do cargo eletivo (art. 38, III, CF). TM
Gabarito "D".

(Analista Judiciário – TJ/PI – FGV – 2015) Prefeito Municipal nomeou sua esposa para o exercício de cargo em comissão de Assessor de seu gabinete, violando o verbete de Súmula Vinculante n. 13, do Supremo Tribunal. Como se sabe, a Administração não pode atuar com vistas a beneficiar (ou prejudicar) pessoas determinadas, uma vez que é sempre o interesse público que tem que nortear o seu comportamento, razão pela qual a conduta do Prefeito violou diretamente o princípio constitucional expresso do art. 37, *caput*, da Constituição da República da:

(A) publicidade;

(B) presunção de veracidade;

(C) competitividade;

(D) autotutela;

(E) impessoalidade.

O STF já decidiu que o nepotismo viola os princípios da moralidade e da impessoalidade previstos no art. 37 da CF. Súmula Vinculante 13/ STF: "A nomeação de cônjuge, companheiro ou parente em linha reta, colateral ou por afinidade, até o terceiro grau, inclusive, da autoridade nomeante ou de servidor da mesma pessoa jurídica investido em cargo de direção, chefia ou assessoramento, para o exercício de cargo em comissão ou de confiança ou, ainda, de função gratificada na administração pública direta e indireta em qualquer dos poderes da União, dos Estados, do Distrito Federal e dos Municípios, compreendido o ajuste mediante designações recíprocas, viola a Constituição Federal". TM
Gabarito "E".

(Analista Judiciário – TJ/PI – FGV – 2015) Sobre a obrigatoriedade de aprovação em prévio concurso público para exercício de função em cargo público, extrai-se do texto constitucional que:

(A) todos os cargos efetivos atualmente somente podem ser preenchidos por candidato aprovado em concurso

público de provas ou de provas e títulos, de acordo com a natureza e a complexidade do cargo;

(B) as funções de confiança são exercidas por pessoas não concursadas e por servidores de carreira nos casos, condições e percentuais mínimos previstos em lei, e destinam-se apenas às atribuições de direção, chefia e assessoramento;

(C) os cargos em comissão são preenchidos, em sua integralidade, por servidores de carreira ocupantes de cargos efetivos, e destinam-se apenas às atribuições de direção, chefia e assessoramento;

(D) a investidura em cargo ou emprego público depende de aprovação prévia em concurso público de provas ou de títulos, de acordo com a natureza, a remuneração e a complexidade do cargo ou emprego;

(E) não obstante a regra geral seja a exigência de aprovação em concurso público, há casos em que a própria Constituição se auto excepciona, como o chamado quinto constitucional na composição dos Tribunais do Poder Judiciário.

A: errada. A regra do concurso público (art. 37, II, CF) não se aplica aos cargos efetivos de Ministro do Supremo Tribunal Federal e ao "quinto" dos tribunais, por exemplo; **B:** errada. Não reflete o disposto no art. 37, V, CF: "as funções de confiança, exercidas exclusivamente por servidores ocupantes de cargo efetivo, e os cargos em comissão, a serem preenchidos por servidores de carreira nos casos, condições e percentuais mínimos previstos em lei, destinam-se apenas às atribuições de direção, chefia e assessoramento"; **C:** errada. Os cargos em comissão são exercidos por servidores e por não servidores, na proporção prevista em lei (art. 37, V, CF); **D:** errada. A investidura em cargos em comissão não depende de aprovação em prévio concurso público (art. 37, II, CF); **E:** correta. Ver arts. 94; 107, I; 111-A, I e 115, todos da CF. Lembrem-se que, no caso do Superior Tribunal de Justiça, trata-se de "terço" constitucional (art. 104, parágrafo único, I e II, CF). TM
Gabarito "E".

(Analista Judiciário – TJ/PI – FGV – 2015) Ricardo foi aprovado em concurso público e tomou posse no cargo de cientista de determinado ente da Administração Pública indireta. À luz da sistemática constitucional, é correto afirmar que ele, preenchidos os requisitos exigidos pela ordem jurídica:

(A) não pode tomar posse em outro cargo público, de modo a acumular ambos os cargos;

(B) pode tomar posse em um cargo técnico, de modo a acumular ambos os cargos;

(C) não pode tomar posse em outro cargo público, de modo a acumular ambos, salvo se o outro cargo for da área de saúde;

(D) somente pode acumular cargos públicos se o novo cargo em que tomar posse for de professor;

(E) pode tomar posse em outro cargo científico, de modo a acumular ambos.

O art. 37, XVI, CF, traz as hipóteses permitidas de acumulação de cargos públicos, desde que haja compatibilidade de horários. No caso, Ricardo foi aprovado para um cargo científico, de modo que pode tomar posse em outro cargo de professor, havendo compatibilidade de horários (art. 37, XVI, "b", CF). TM
Gabarito "D".

(Analista – TRT/3ª – 2015 – FCC) Considere as seguintes afirmações sobre os direitos assegurados aos servidores públicos e empregados:

I. É vedada a dispensa do empregado sindicalizado a partir do registro da candidatura a cargo de direção ou representação sindical e, se eleito, ainda que suplente, até um ano após o final do mandato, salvo se cometer falta grave nos termos da lei.

II. É garantida a utilização do salário mínimo como indexador de base de cálculo de vantagem de servidor público ou de empregado, desde que determinada por lei.

III. O teto remuneratório previsto na Constituição Federal para os servidores titulares de cargos públicos não se aplica aos empregados públicos, ainda que contratados por empresas públicas ou sociedades de economia mista que recebam recursos da União, dos Estados, do Distrito Federal ou dos Municípios para pagamento de despesas de pessoal ou de custeio em geral.

IV. Em que pese a Constituição Federal assegurar aos servidores públicos o direito de greve, o exercício regular desse direito depende da edição de lei federal tratando da matéria, não podendo ser garantido por decisão proferida pelo Supremo Tribunal Federal em mandado de injunção.

Está correto o que consta APENAS em

(A) II e III.

(B) I e III.

(C) II e IV.

(D) I.

(E) IV.

I: correto. De acordo com o art. 8º, VIII, da CF, é proibida a dispensa do empregado sindicalizado a partir do registro da candidatura a cargo de direção ou representação sindical e, se eleito, ainda que suplente, até um ano após o final do mandato, salvo se cometer falta grave nos termos da lei; **II**; incorreta. Conforme determina o Art. 7º, IV, da CF, é considerado direito dos trabalhadores urbanos e rurais, além de outros que visem à melhoria de sua condição social, o salário mínimo, fixado em lei, nacionalmente unificado, capaz de atender a suas necessidades vitais básicas e às de sua família com moradia, alimentação, educação, saúde, lazer, vestuário, higiene, transporte e previdência social, com reajustes periódicos que lhe preservem o poder aquisitivo, **sendo vedada sua vinculação para qualquer fim**; **III**: incorreta. De acordo com o art. 97, XI, da VF, **a remuneração e o subsídio** dos ocupantes de cargos, funções e empregos públicos da administração direta, autárquica e fundacional, dos membros de qualquer dos Poderes da União, dos Estados, do Distrito Federal e dos Municípios, dos detentores de mandato eletivo e dos demais agentes políticos e os proventos, pensões ou outra espécie remuneratória, percebidos cumulativamente ou não, incluídas as vantagens pessoais ou de qualquer outra natureza, **não poderão exceder** o subsídio mensal, em espécie, dos Ministros do Supremo Tribunal Federal, aplicando-se como limite, nos Municípios, o subsídio do Prefeito, e nos Estados e no Distrito Federal, o subsídio mensal do Governador no âmbito do Poder Executivo, o subsídio dos Deputados Estaduais e Distritais no âmbito do Poder Legislativo e o subsídio dos Desembargadores do Tribunal de Justiça, limitado a noventa inteiros e vinte e cinco centésimos por cento do subsídio mensal, em espécie, dos Ministros do Supremo Tribunal Federal, no âmbito do Poder Judiciário, aplicável este limite aos membros do Ministério Público, aos Procuradores e aos Defensores Públicos. O § 9º do mesmo disposto informa que tal regra **aplica-se às empresas públicas e às sociedades de economia mista, e suas subsidiárias, que receberem recursos da União**, dos Estados, do Distrito Federal ou dos Municípios

para pagamento de despesas de pessoal ou de custeio em geral; **IV**: incorreto. Ao contrário do mencionado, o STF, após decisão dada em sede de mandado de injunção (Mandados de Injunção 670, 708 e 712), reconheceu que os servidores públicos podem fazer greve, sem que haja a edição de lei específica, se valendo, por analogia, da lei de greve da iniciativa privada (Lei n. 7.783/1989). **BV**
Gabarito "D".

(Analista – TRT/10ª – 2013 – CESPE) No que concerne ao regime constitucional da administração pública, julgue os itens seguintes.

(1) O ressarcimento ao erário e a suspensão dos direitos políticos são penas aplicáveis aos servidores públicos que cometerem atos de improbidade administrativa.

(2) A CF autoriza a acumulação remunerada de dois cargos de técnico-administrativo, desde que haja compatibilidade de horários e seja observado o teto constitucional da remuneração do serviço público.

1: correta. De acordo com o art. 37, § 4º, da CF, os atos de improbidade administrativa importarão em *suspensão dos direitos políticos*, a perda da função pública, a indisponibilidade dos bens e o *ressarcimento ao erário*, na forma e gradação previstas em lei, sem prejuízo da ação penal cabível; **2:** incorreta. Conforme dispõe o art. 37, XVI, da CF, é proibida a acumulação remunerada de cargos públicos, exceto, quando houver compatibilidade de horários, observado em qualquer caso o teto remuneratório: a) de dois cargos de professor, b) de *um cargo de professor com outro técnico ou científico*, c) a de dois cargos ou empregos privativos de profissionais de saúde, com profissões regulamentadas.
Gabarito 1C, 2E

4. ORGANIZAÇÃO DOS PODERES

4.1. Poder Legislativo

(Analista - TJ/SC - FGV - 2018) A Comissão de Orçamento da Assembleia Legislativa de determinado Estado convocou o Governador e o Secretário de Estado de Fazenda, para que prestassem informações sobre questões ligadas à arrecadação tributária e à projeção de gastos para o próximo exercício financeiro.

Considerando a sistemática constitucional afeta ao funcionamento das comissões parlamentares e ao princípio da simetria, a referida convocação:

(A) se harmoniza à Constituição tanto em relação ao Governador como ao Secretário de Estado, caso aprovada pelo plenário;

(B) se harmoniza à Constituição tanto em relação ao Governador como ao Secretário de Estado;

(C) destoa da Constituição tanto em relação ao Governador como ao Secretário de Estado;

(D) somente se harmoniza à Constituição em relação ao Secretário de Estado;

(E) somente se harmoniza à Constituição em relação ao Governador.

A Constituição Federal prevê que a Câmara dos Deputados e o Senado Federal, ou qualquer de suas Comissões, poderão convocar Ministro de Estado ou quaisquer titulares de órgãos diretamente subordinados à Presidência da República para prestarem, pessoalmente, informações sobre assunto previamente determinado, importando crime de responsabilidade a ausência sem justificação adequada (art. 50 da CF).

Adicionalmente, preconiza que as comissões, em razão da matéria de sua competência, poderão convocar <u>Ministros de Estado para prestar informações sobre assuntos inerentes a suas atribuições</u> (art. 58, § 2°, III, da CF). Nota-se que o modelo constitucional federal não prevê a convocação do Chefe do Poder Executivo (Presidente da República) em respeito ao princípio da separação dos poderes. Logo, considerando esse modelo constitucional e o princípio da simetria (art. 25 da CF), a Comissão de Orçamento da Assembleia Legislativa somente poderia convocar o Secretário de Estado de Fazenda ou quaisquer outros titulares de órgãos subordinados ao Chefe do Poder Executivo estadual, mas não poderia convocar o Governador. **AN**

Gabarito "D".

(Analista Judiciário – TRF/2 – Consulplan – 2017) "Um grupo de vinte e cinco senadores apresentou proposta de emenda constitucional, buscando alterar as regras do regime previdenciário dos servidores que se encontram na ativa e, ainda, não preencheram os requisitos para a aposentadoria, de modo a ampliar a idade mínima e o tempo de contribuição. A proposta, que foi apresentada no momento em que a região nordeste do País era atingida por calamidade de grandes proporções na natureza, foi aprovada pelas duas Casas do Congresso Nacional, em dois turnos de votação, por três quintos dos votos dos respectivos membros, sendo, ao final, promulgada." À luz da sistemática estabelecida pela Constituição da República, é correto afirmar que a Emenda Constitucional que foi promulgada é:

(A) Formalmente inconstitucional, em razão do vício de iniciativa.

(B) Materialmente inconstitucional, por afronta aos limites materiais de reforma.

(C) Formalmente inconstitucional, por afronta aos limites circunstanciais de reforma.

(D) Formalmente inconstitucional, por inobservância do número mínimo de votos para aprovação.

A: correta. Para apresentar proposta de emenda à Constituição é necessária a assinatura de, no mínimo, um terço dos membros da Câmara dos Deputados ou do Senado Federal (art. 60, I, CF). No caso, como a proposta teve início no Senado, seriam necessários 27 Senadores (um terço de 81 membros do Senado Federal). Como apenas 25 a subscreveram, a proposta é formalmente inconstitucional por vício de iniciativa; **B:** errada. Não há afronta aos limites materiais de reforma da Constituição, as chamadas "cláusulas pétreas" previstas no art. 60, § 4°, CF; **C:** errada. Os limites circunstanciais ao poder de reforma estão previstos no art. 60, § 1°, CF. Em não havendo intervenção federal, estado de defesa e estado de sítio, não estão presentes quaisquer circunstâncias que impedem a aprovação de emendas à Constituição (calamidades públicas não são hipóteses previstas no dispositivo constitucional); **D:** errada. O problema não está no número de votos para aprovação, já que seguiu o rito previsto no art. 60, § 2°, CF (foi aprovada pelas duas Casas, em dois turnos de votação, por três quintos dos votos dos respectivos membros). A inconstitucionalidade formal está na iniciativa, já que a proposta não foi apresentada por um terço dos membros do Senado Federal. **TM**

Gabarito "A".

(Analista Judiciário – TRT/8ª – 2016 – CESPE) Acerca da organização dos poderes, assinale a opção correta.

(A) O Senado Federal é composto de representantes dos estados e do Distrito Federal, eleitos pelo princípio proporcional para mandato de oito anos.

(B) As comissões parlamentares de inquérito possuem poderes de investigação próprios das autoridades

judiciais e só podem ser criadas pela Câmara dos Deputados e pelo Senado Federal, em conjunto.

(C) Compete ao Senado Federal fiscalizar as contas das empresas supranacionais de cujo capital social a União participe de forma direta, nos termos do tratado constitutivo.

(D) Apenas o vice-presidente da República e o ministro da Justiça devem obrigatoriamente compor tanto o Conselho da República quanto o Conselho de Defesa Nacional, devendo os presidentes da Câmara dos Deputados e do Senado Federal participar da composição de apenas um dos dois.

(E) A CF adota o sistema de freios e contrapesos ou de controle do poder pelo poder ao dispor que, embora independentes, os poderes são harmônicos entre si. O princípio da separação dos poderes é cláusula pétrea.

A: incorreta. Determina o art. Art. 46, *caput* e § 1°, da CF que o Senado Federal compõe-se de representantes dos Estados e do Distrito Federal, eleitos segundo o **princípio majoritário**. Cada Estado e o Distrito Federal elegerão três Senadores, com mandato de oito anos; **B:** incorreta. As CPIs podem ser criadas separadamente também. O § 3° do art. 58 da CF determina que as comissões parlamentares de inquérito, que terão poderes de investigação próprios das autoridades judiciais, além de outros previstos nos regimentos das respectivas Casas, **serão criadas pela Câmara dos Deputados e pelo Senado Federal, em conjunto ou separadamente**, mediante requerimento de um terço de seus membros, para a apuração de fato determinado e por prazo certo, sendo suas conclusões, se for o caso, encaminhadas ao Ministério Público, para que promova a responsabilidade civil ou criminal dos infratores; **C:** incorreta. Tal atribuição é do Congresso Nacional, não do Senado Federal. De acordo com o art. 71, V, da CF, o controle externo, a cargo do Congresso Nacional, será exercido com o auxílio do Tribunal de Contas da União, ao qual compete, dentre outras atribuições, fiscalizar as contas nacionais das empresas supranacionais de cujo capital social a União participe, de forma direta ou indireta, nos termos do tratado constitutivo; **D:** incorreta. Os presidentes da Câmara dos Deputados e do Senado Federal, ao contrário do mencionado, participam da composição dos dois conselhos. É o que determina os arts. 89, II e III, e 91, II e III, ambos da CF; **E:** correta. Determina o art. 2° da CF que são Poderes da União, independentes e **harmônicos** entre si, o Legislativo, o Executivo e o Judiciário. Além disso, o § 4° do art. 60 da CF, ao tratar das cláusulas pétreas, faz menção, no inciso III, à **separação dos Poderes**. **TM**

Gabarito "E".

(Analista – TJ/DFT – 2013 – CESPE) Acerca do processo legislativo e das comissões parlamentares de inquérito, julgue os itens que se seguem.

(1) As comissões parlamentares de inquérito podem ser criadas pela Câmara dos Deputados e pelo Senado Federal, mediante proposta de um terço de seus membros, ficando sua instalação condicionada à aprovação do plenário da Casa respectiva, por maioria absoluta.

(2) A matéria constante de projeto de lei rejeitado no Congresso Nacional só pode ser objeto de novo projeto, na mesma legislatura, mediante proposta assinada pela maioria absoluta dos membros de qualquer uma das Casas.

1: incorreta. Para a instalação da CPI não há necessidade de aprovação do plenário da Casa respectiva. De acordo com o art. 58, § 3°, da CF, as comissões parlamentares de inquérito, que terão poderes de investigação próprios das autoridades judiciais, além de outros previstos nos regimentos das respectivas Casas, serão criadas pela Câmara dos Deputados e pelo Senado Federal, em conjunto ou separadamente, mediante requerimento de um terço de seus membros, para a apuração de fato determinado e por prazo certo, sendo suas conclusões, se for o caso, encaminhadas ao Ministério Público, para que promova a responsabilidade civil ou criminal dos infratores; **2:** incorreta. Conforme determina o *caput* do art. 67 da CF, a matéria constante de projeto de lei rejeitado somente poderá constituir objeto de novo projeto, *na mesma sessão legislativa*, mediante proposta da maioria absoluta dos membros de qualquer das Casas do Congresso Nacional. Vale lembrar que a legislatura tem duração de quatro anos (art. 44, parágrafo único, da CF) e a sessão legislativa corresponde ao período que vai de 2 de fevereiro a 17 de julho e de 1º de agosto a 22 de dezembro (art. 57, *caput*, da CF).

(Analista – TRT/10ª – 2013 – CESPE) Considerando, por mera hipótese, que um deputado federal apresentasse projeto de lei ordinária dispondo sobre a organização da Defensoria Pública da União (DPU) e que tal proposição, depois de aprovada na Câmara dos Deputados e no Senado Federal, fosse encaminhada à sanção do presidente da República, julgue os itens que se seguem:

(1) Se considerasse o projeto em apreço inconstitucional, o presidente da República poderia vetá-lo, exercendo, nesse caso, controle preventivo de constitucionalidade.

(2) As leis que disponham sobre a organização da DPU são de iniciativa privativa do presidente da República, de modo que o projeto de lei em questão seria inconstitucional por vício formal subjetivo.

1: correta. De fato, conforme dispõe o art. 66, § 1º, da CF, o Presidente pode vetar o projeto por razão de inconstitucionalidade (veto jurídico) e, ao fazer isso, exerce controle prévio de constitucionalidade; **2:** correta. O art. 61, § 1º, da CF trata dos assuntos cujas leis são de iniciativa privativa do Presidente da República. As normas sobre organização da Defensoria Pública da União constam desse rol.

Gabarito 1C, 2C

4.1.1. Processo Legislativo

(Analista – TJ/SC – FGV – 2018) Após solicitação do Presidente da República, o Congresso Nacional editou decreto legislativo delegando, ao referido agente, competência para editar a lei orçamentária anual, cujo teor seria o mais adequado à superação da situação de crise econômica, devendo observar os balizamentos estabelecidos pela lei de diretrizes orçamentárias.

Considerando os balizamentos a serem observados no processo legislativo, a referida narrativa:

(A) apresenta irregularidades, pois, apesar de a delegação de competência ser possível, ela deve ser feita mediante resolução e não pode ter por objeto o orçamento;

(B) não apresenta irregularidades, já que o Congresso Nacional pode delegar suas competências legislativas, exceptuando apenas aquelas reservadas à lei complementar;

(C) apresenta uma única irregularidade, pois, apesar de a delegação ser possível, ela não pode ser feita mediante decreto legislativo;

(D) apresenta uma única irregularidade, pois, apesar de a delegação ser possível, ela não pode ter por objeto o orçamento;

(E) apresenta uma irregularidade estrutural, já que o Congresso Nacional não pode delegar a sua competência legislativa.

De acordo com o art. 68 da Constituição Federal, as leis delegadas serão elaboradas pelo Presidente da República, que deverá solicitar a delegação ao Congresso Nacional, a qual se dará mediante **resolução do Congresso Nacional**. Não serão objeto de delegação os atos de competência exclusiva do Congresso Nacional, os de competência privativa da Câmara dos Deputados ou do Senado Federal, a matéria reservada a lei complementar, nem a legislação sobre: organização do Poder Judiciário e do Ministério Público, a carreira e a garantia de seus membros; nacionalidade, cidadania, direitos individuais, políticos e eleitorais; **planos plurianuais, diretrizes orçamentárias e orçamentos** (art. 68, § 1º, da CF). Assim, a referida delegação apresenta irregularidades, pois, apesar de a delegação de competência ser possível, ela deve ser feita mediante resolução e não pode ter por objeto o orçamento.

Gabarito "A"

(Analista Judiciário – TRE/SP – FCC – 2017) Um Estado que tenha cinquenta representantes na Câmara dos Deputados deverá eleger para sua Assembleia Legislativa:

(A) cento e cinquenta Deputados.

(B) setenta Deputados.

(C) noventa e quatro Deputados.

(D) setenta e quatro Deputados.

(E) cinquenta Deputados.

De acordo com o art. 27 da CF, o número de Deputados da Assembleia Legislativa corresponderá ao triplo da representação do Estado na Câmara dos Deputados e, atingido o número de trinta e seis, será acrescido de tantos quantos forem os Deputados Federais acima de doze". Ou seja, até 12 deputados federais, o cálculo é direto: 12 x 3 = 36. Se o Estado possuir mais de doze deputados federais, cada deputado federal equivale a um estadual. Então, se o Estado tem 50 deputados federais, aos 36 deputados estaduais a que se refere o art. 27 da CF se somam mais 38 (diferença entre 50 e 12). Logo, o Estado terá 74 deputados estaduais.

Gabarito "D"

(Analista Judiciário – TRE/SP – FCC – 2017) Com o desfecho das eleições municipais e a posse dos novos Prefeitos, dois parlamentares do Estado "X" assumiram cargos junto a Poderes Executivos locais, após o que suas funções legislativas passaram a ser exercidas por seus respectivos suplentes. Um deles era Deputado Federal, que assumiu o cargo de Secretário de Prefeitura da capital de seu Estado. O outro era Senador, que foi nomeado Secretário de Prefeitura de outro município do mesmo Estado "X". Paralelamente, um outro Senador representante do mesmo Estado "X" veio a falecer, não havendo, todavia, suplente para que sua vaga fosse preenchida. Considerando que esses fatos ocorreram no primeiro mês da segunda metade do mandato de cada um dos parlamentares e levando-se em conta o texto da Constituição Federal, considere:

I. o Deputado Federal não perderá o mandato ao assumir o cargo de Secretário.

II. o Senador não perderá o mandato ao assumir o cargo de Secretário.

III. a vaga do Senador falecido deve ser preenchida mediante nova eleição.

Está correto o que consta em

(A) I, II e III.

(B) I e II, apenas.

(C) I e III, apenas.

(D) I, apenas.

(E) II e III, apenas.

I: correta. Art. 56, I, CF; **II:** errada. O art. 56, I, CF refere-se apenas a prefeitura de capital. Como o Senador assumiu cargo de secretário de prefeitura de outro município do Estado "X", não está abrangido pela permissão do art. 56, I, CF e perderá o mandato; **III:** correta. Os Senadores são eleitos com dois suplentes (art. 46, § 3º, CF). Como no caso não havia mais suplentes e os fatos ocorreram no primeiro mês da segunda metade do mandato, incide a regra do art. 56, § 2º, CF. **TM**

Gabarito "C".

(Analista Judiciário – TJ/PI – FGV – 2015) Determinada proposta de emenda constitucional foi subscrita por quatorze Assembleias Legislativas, manifestando-se, cada uma delas, pela maioria absoluta dos seus membros. Essa proposta foi aprovada, durante situação de calamidade pública, em cada Casa do Congresso Nacional, em dois turnos de votação, pelos votos de exatos três quintos dos respectivos membros presentes à sessão, sendo certo que apenas dez por cento dos parlamentares faltaram à votação. Por fim, a emenda constitucional foi promulgada. À luz da sistemática instituída pela Constituição da República Federativa do Brasil, é correto afirmar que essa emenda constitucional é inconstitucional:

(A) apenas por apresentar um vício de iniciativa;

(B) apenas por não ter sido aprovada pelo quórum exigido;

(C) por afrontar um limite circunstancial de reforma e por não ter sido aprovada pelo quórum exigido;

(D) apenas por afrontar um limite circunstancial de reforma;

(E) por apresentar vício de iniciativa e afrontar um limite circunstancial de reforma.

A: errada. Não há vício de iniciativa porque foi proposta por mais da metade das assembleias legislativas das unidades da Federação (art. 60, III, CF); **B:** correta. Não foi observado o quórum de três quintos dos membros de cada Casa do Congresso Nacional (e não dos membros presentes à sessão). Ver art. 60, § 2º, CF; **C:** errada. Calamidade pública não configura limite circunstancial ao poder de reforma da Constituição, na forma do art. 60, § 1º, CF. O quórum foi desrespeitado, como já explicitado na alternativa "b"; **D:** errada. Ver art. 60, § 1º, CF; **E:** errada. Ver comentários às alternativas "a" e "c". **TM**

Gabarito "B".

4.1.2. Fiscalização Contábil, Financeira e Orçamentária

(Analista - TRT1 - 2018 - AOCP) O Tribunal Regional do Trabalho, como órgão integrante do Poder Público Federal, está sujeito à fiscalização contábil, financeira, orçamentária, operacional e patrimonial exercida pelo Tribunal de Contas da União. Levando em consideração as disposições constitucionais acerca desse assunto, assinale a alternativa correta.

(A) As decisões do Tribunal de Contas da União de que resulte imputação de débito ou multa terão eficácia de título executivo.

(B) O controle externo, a cargo do Senado, será exercido com o auxílio do Tribunal de Contas da União.

(C) Compete à Câmara dos Deputados aplicar aos responsáveis, em caso de ilegalidade de despesa ou irregularidade de contas, as sanções previstas em lei, que estabelecerá, entre outras cominações, multa proporcional ao dano causado ao erário.

(D) O Tribunal de Contas da União encaminhará ao Congresso Nacional, bimestral e anualmente, relatório de suas atividades.

(E) O Tribunal de Contas da União, integrado por onze Ministros, tem sede no Distrito Federal, quadro próprio de pessoal e jurisdição em todo o território nacional.

A: correta, nos termos do art. 71, § 3º, da CF; **B:** incorreta, pois o controle externo, a cargo do **Congresso Nacional**, será exercido com o auxílio do Tribunal de Contas da União (art. 71, *caput*, da CF); **C:** incorreta, porque compete ao **Tribunal de Contas da União** aplicar aos responsáveis, em caso de ilegalidade de despesa ou irregularidade de contas, as sanções previstas em lei, que estabelecerá, entre outras cominações, multa proporcional ao dano causado ao erário (art. 71, VIII, da CF); **D:** incorreta, pois o TCU encaminhará ao Congresso Nacional, **trimestral** e anualmente, relatório de suas atividades (art. 71, § 4º, da CF); **E:** incorreta, já que o Tribunal de Contas da União é integrado por **nove Ministros**, tem sede no Distrito Federal, quadro próprio de pessoal e jurisdição em todo o território nacional (art. 73, *caput*, da CF). **AN**

Gabarito "A".

(Analista – TRT/24ª – 2011 – FCC) A fiscalização contábil, financeira, orçamentária, operacional e patrimonial da União e das entidades da administração direta e indireta, quanto à legalidade, legitimidade, economicidade, aplicação das subvenções e renúncia de receitas, será exercida, mediante controle externo, pelo

(A) Ministro da Justiça.

(B) Advogado Geral da União.

(C) Chefe da Casa Civil.

(D) Supremo Tribunal Federal.

(E) Congresso Nacional.

Conforme o art. 70, *caput*, da CF, a fiscalização contábil, financeira, orçamentária, operacional e patrimonial da União e das entidades da administração direta e indireta, quanto à legalidade, legitimidade, economicidade, aplicação das subvenções e renúncia de receitas, será exercida pelo Congresso Nacional, mediante controle externo, e pelo sistema de controle interno de cada Poder.

Gabarito "E".

(Analista – TRT/23ª – 2011 – FCC) A empresa JJPTO Ltda. firmou contrato administrativo com a União, após participar de processo de licitação fraudulento do qual saiu vencedora, para o fornecimento de cartuchos de tintas para as impressoras das repartições públicas. Segundo a Constituição Federal, no caso desse contrato, o ato de sustação será adotado

(A) diretamente pelo Congresso Nacional, que solicitará, de imediato, ao Poder Executivo as medidas cabíveis.

(B) pelo Tribunal de Contas da União, mediante controle interno, que solicitará, de imediato, ao Congresso Nacional as medidas cabíveis.

(C) pelo Tribunal de Contas da União, mediante controle externo, que, após prestar informações ao Poder Executivo, solicitará ao Congresso Nacional as medidas cabíveis.

(D) diretamente pelo Tribunal de Contas da União, que, após prestar informações ao Poder Executivo, solicitará ao Poder Judiciário as medidas cabíveis.

(E) diretamente pelo Tribunal de Contas da União, que, após prestar informações ao Poder Legislativo, solicitará ao Poder Judiciário as medidas cabíveis.

De acordo com o art. 71, § 1º, da CF, o controle externo é realizado pelo Congresso Nacional com o auxílio do Tribunal de Contas da União e, na hipótese de contrato, o ato de sustação será adotado diretamente pelo Congresso Nacional, que solicitará, de imediato, ao Poder Executivo as medidas cabíveis.
Gabarito "A".

(Analista – TRT/14ª – 2011 – FCC) No tocante ao Tribunal de Contas da União, é correto afirmar que:

(A) No caso de contrato, o ato de sustação será adotado diretamente pelo Congresso Nacional, que solicitará, de imediato, ao Poder Executivo as medidas cabíveis.

(B) O auditor, quando em substituição a Ministro não terá as mesmas garantias e impedimentos do titular.

(C) É integrado por onze Ministros, jurisdição em todo o território nacional, quadro próprio de pessoal e jurisdição em todo o território nacional.

(D) As decisões do Tribunal de que resulte imputação de débito ou multa deverão ser submetidas ao crivo do Congresso Nacional em sessão legislativa por ambas as Casas, sendo que a decisão do Senado Federal terá eficácia de título executivo.

(E) O Tribunal encaminhará ao Congresso Nacional, semestralmente, relatório de suas atividades.

A: correta (art. 71,§ 1º, da CF); **B:** incorreta. Ao contrário, o auditor nesse caso tem as mesmas garantias e impedimentos do titular (art. 73, §4º, da CF); **C:** incorreta. O Tribunal de Contas da União - TCU é integrado por nove e não onze ministros (art. 73, *caput*, da CF); **D:** incorreta. Tais decisões têm eficácia de título executivo e não precisam ser submetidas ao crivo do Congresso Nacional (art. 71, § 3º, da CF); **E:** incorreta. O Tribunal encaminha o relatório de suas atividades ao Congresso Nacional trimestral e anualmente.
Gabarito "A".

4.2. Poder Executivo

(Analista - TRT1 - 2018 - AOCP) De acordo com o que dispõe a Constituição Federal, assinale a alternativa que NÃO representa uma das atribuições do Presidente da República.

(A) Convocar e presidir o Conselho da República e o Conselho de Defesa Nacional.

(B) Nomear os magistrados, nos casos previstos na Constituição, e o Advogado-Geral da União.

(C) Celebrar tratados, convenções e atos internacionais, sujeitos a referendo do Congresso Nacional.

(D) Comutar penas, com audiência, se necessário, dos órgãos instituídos em lei.

(E) Prestar, anualmente, ao Congresso Nacional, dentro de cento e vinte dias após a abertura da sessão legislativa, as contas referentes ao exercício anterior.

A, B, C e D: incorretas, pois são atribuições do Presidente da República, conforme, respectivamente, os incisos XVIII, XVI, VIII e XII do art. 84 da CF; **E:** correta, porque compete privativamente ao Presidente da República prestar, anualmente, ao Congresso Nacional, dentro de **sessenta dias** após a abertura da sessão legislativa, as contas referentes ao exercício anterior (art. 84, XXIV, da CF). **AN**
Gabarito "E".

(Analista – TRT/16ª – 2014 – FCC) É competência privativa do Presidente da República, de acordo com a Constituição Federal, prestar,

(A) anualmente, ao Congresso Nacional, dentro de noventa dias após abertura da sessão legislativa, as contas referentes ao exercício anterior.

(B) trimestralmente, ao Congresso Nacional, as contas referentes ao seu mandato.

(C) anualmente, ao Congresso Nacional, dentro de até trinta dias após a abertura da sessão legislativa, as contas referentes ao exercício anterior.

(D) semestralmente, ao Congresso Nacional, as contas referentes ao seu mandato.

(E) anualmente, ao Congresso Nacional, dentro de sessenta dias após a abertura da sessão legislativa, as contas referentes ao exercício anterior.

A: incorreta. A prestação de contas referentes ao exercício anterior deve ser feita anualmente, mas dentro **sessenta dias** após a abertura da sessão legislativa. De acordo com o art. 84, XXIV, da CF, o Presidente da República, de fato, deve prestar, anualmente, ao Congresso Nacional, dentro de sessenta dias após a abertura da sessão legislativa, as contas referentes ao exercício anterior; **B:** incorreta. A prestação de contas é feita **anualmente**; **C:** incorreta. Como mencionado, a prestação de contas referentes ao exercício anterior deve ser feita anualmente, mas dentro **sessenta dias** após a abertura da sessão legislativa; **D:** incorreta. A prestação de contas não é feita semestralmente, mas **anualmente**, conforme já mencionado; **E:** correta. É o que determina o art. 84, XXIV, da CF.
Gabarito "E".

(Analista – TJ/AM – 2013 – FGV) As alternativas a seguir apresentam atribuições do Presidente da República, **à exceção de uma**. Assinale-a.

(A) A escolha de dois terços dos Ministros do Tribunal de Contas da União.

(B) O veto a projetos de lei de iniciativa popular.

(C) Dispor, mediante decreto, sobre a extinção de cargos públicos vagos.

(D) Decretar intervenção federal.

(E) A celebração de tratados internacionais que disponham em sentido contrário à legislação vigente.

A: correta. O art. 73, § 2º, I e II, da CF, determina que os Ministros do Tribunal de Contas da União sejam escolhidos: I - um terço pelo Presidente da República, com aprovação do Senado Federal, sendo dois alternadamente dentre auditores e membros do Ministério Público junto ao Tribunal, indicados em lista tríplice pelo Tribunal, segundo os critérios de antiguidade e merecimento e II - *dois terços pelo Congresso Nacional*; **B:** incorreta. Vetar projetos de lei é atribuição do Presidente da República, conforme determina o art. 84, V, da CF; **C:** incorreta. Também é atribuição do Presidente, conforme determina o art. 84, VI, "b", da CF, dispor, mediante decreto, sobre a extinção de cargos públicos vagos; **D:** incorreta. De acordo com o art. 84, X, da CF, o Presidente da República é quem decreta a intervenção federal; **E:** incorreta. Conforme dispõe o art. 84, VII, da CF, compete privativamente ao Presidente da República celebrar tratados, convenções e atos internacionais, sujeitos a referendo do Congresso Nacional.
Gabarito "A".

(Analista – TJ/DFT – 2013 – CESPE) Considerando as disposições constitucionais a respeito do Poder Executivo, julgue os itens seguintes.

(1) A perda de mandato do presidente e do vice-presidente da República somente ocorrerá nas hipóteses de

cassação, em virtude de decisão do Senado, por crime de responsabilidade, ou de declaração de vacância feita pelo Congresso Nacional.

(2) O presidente da República pode solicitar urgência para a apreciação de projetos de sua iniciativa, hipótese em que a Câmara dos Deputados e o Senado Federal terão, sucessivamente, quarenta e cinco dias para se manifestar sobre a proposição, sob pena de trancamento da pauta, salvo no que diz respeito às deliberações com prazo constitucional determinado.

1: incorreta. O Presidente da República também está sujeito à perda do mandado caso o Supremo Tribunal Federal o condene pela prática de crime comum (art. 102, I, "b", da CF); **2:** correta. De acordo com o art. 64, § 1º, da CF, o Presidente da República poderá solicitar urgência para apreciação de projetos de sua iniciativa. O § 2º do mesmo dispositivo determina que se, no caso do § 1º, a Câmara dos Deputados e o Senado Federal não se manifestarem sobre a proposição, cada qual sucessivamente, *em até quarenta e cinco dias*, sobrestar-se-ão todas as demais deliberações legislativas da respectiva Casa, com exceção das que tenham prazo constitucional determinado, até que se ultime a votação.
Gabarito 1E, 2C

4.3. Poder Judiciário

(Analista - TRT/15 - FCC - 2018) Considere a seguinte situação:

I. Lei de certo Estado da Federação cria, no Quadro de Pessoal do Tribunal de Justiça, cargos públicos em comissão, de livre nomeação e exoneração, para o exercício de atribuições administrativas diversas das funções de direção, chefia e assessoramento.

II. Ao apreciar a regularidade de determinados atos administrativos praticados por Tribunal de Justiça com fundamento na referida lei estadual, o Conselho Nacional de Justiça, por decisão tomada por maioria absoluta de votos, afasta a aplicação da lei, por considerá-la inconstitucional.

III. No mesmo julgamento, por decisão tomada por maioria absoluta de votos, o Conselho Nacional de Justiça determina ao Tribunal de Justiça a adoção de providências para a exoneração dos servidores comissionados nomeados e empossados com base em lei inconstitucional.

É compatível com a Constituição Federal e com a jurisprudência do Supremo Tribunal Federal o que consta de

(A) I, II e III.

(B) I e II, apenas.

(C) III, apenas.

(D) I, apenas.

(E) II e III, apenas.

I: incorreta, pois as funções de confiança, exercidas exclusivamente por servidores ocupantes de cargo efetivo, e os cargos em comissão, a serem preenchidos por servidores de carreira nos casos, condições e percentuais mínimos previstos em lei, destinam-se apenas às atribuições de direção, chefia e assessoramento (art. 37, V, da CF); **II:** correta, pois, de acordo com o entendimento do STF, "*insere-se entre as competências constitucionalmente atribuídas ao Conselho Nacional de Justiça a possibilidade de afastar, por inconstitucionalidade, a aplicação de lei aproveitada como base de ato administrativo objeto de controle, determinando aos órgãos submetidos a seu espaço de influência a observância desse entendimento, por ato expresso e formal tomado pela maioria absoluta dos membros do Conselho*" (Pet 4656, Relator: Min. Cármen Lúcia, Tribunal Pleno, julgado em 19/12/2016); **III:** correta,

de acordo com a jurisprudência do CNJ: "*Pedido julgado procedente para anular o ato da Presidência do TJPA (...) que efetivou, de forma irregular, servidores que adentraram sem concurso público no âmbito daquele Tribunal, determinando ainda que o Tribunal de Justiça do Estado do Pará: a) se abstenha de estabilizar servidores contratados precariamente, sem a feitura de concurso público: b) promova, no prazo de 180 (cento e oitenta) dias o distrato e desligamento de todos os servidores irregularmente admitidos sem concurso público, após a Constituição Federal de 1988, em observância ao artigo 37, II e IX da CF, facultando ao requerido o aproveitamento dos mesmos em cargos comissionados de direção e assessoramento, desde que preencham os requisitos legais para tanto e dentro dos limites estabelecidos pela Resolução nº 88 do CNJ; salvo os servidores aposentados, aqueles que tenham implementado o direito à aposentadoria até esta data, observando a legislação vigente à época da implementação, e naqueles casos em que exista processo judicial em trâmite acerca da matéria; c) apresente, no prazo de 180 (cento e oitenta) dias, projeto de reestruturação de seu quadro de servidores, promovendo assim o imediato aproveitamento dos candidatos aprovados no concurso público nº 002/2009, de 26/01/2009, dentro do número de vagas ofertados no edital, procedendo à nomeação de acordo com a ordem de classificação nas vagas que vierem a abrir em razão do desligamento dos servidores irregulares; d) em relação aos servidores exclusivamente comissionados e os servidores requisitados de outros órgãos da administração pública e colocados à disposição do Tribunal de Justiça, com ou sem ônus, deve-se obedecer aos parâmetros definidos na Resolução nº 88 do CNJ, artigos 2º e 3º.*" (CNJ - PP - Pedido de Providências - Conselheiro - 0006377-02.2009.2.00.0000 - Rel. Jefferson Luis Kravchychyn - 110ª Sessão - j. 17/08/2010). AN
Gabarito "E".

(Analista - Área Administrativa - TRT1 - 2018 - AOCP) O Conselho Nacional de Justiça é um órgão que compõe o Poder Judiciário e tem, dentre suas atribuições, o controle da atuação administrativa e financeira do Tribunal Regional do Trabalho e do cumprimento dos deveres funcionais dos juízes. De acordo com o que dispõe expressamente a Constituição Federal, assinale a alternativa que apresenta apenas alguns dos membros que compõem o Conselho Nacional de Justiça.

(A) Três membros do Ministério Público dos Estados e um desembargador de Tribunal de Justiça, indicado pelo Supremo Tribunal Federal.

(B) Dois advogados, indicados pelo Conselho Federal da Ordem dos Advogados do Brasil, e um juiz de Tribunal Regional Federal, indicado pelo respectivo tribunal.

(C) Um desembargador de Tribunal de Justiça, indicado pelo respectivo tribunal, e um juiz federal, indicado pelo Supremo Tribunal Federal.

(D) O Procurador-Geral da República e dois cidadãos, de notável saber jurídico e reputação ilibada, indicados pelo Senado Federal.

(E) Um juiz de Tribunal Regional Federal, indicado pelo Superior Tribunal de Justiça, e um juiz de Tribunal Regional do Trabalho, indicado pelo Tribunal Superior do Trabalho.

O art. 103-B prevê que o Conselho Nacional de Justiça é composto por quinze membros com mandato de dois anos, admitida uma recondução, sendo: o Presidente do Supremo Tribunal Federal; um Ministro do Superior Tribunal de Justiça, indicado pelo respectivo tribunal; um Ministro do Tribunal Superior do Trabalho, indicado pelo respectivo tribunal; um desembargador de Tribunal de Justiça, indicado pelo Supremo Tribunal Federal; um juiz estadual, indicado pelo Supremo Tribunal Federal; um juiz de Tribunal Regional Federal, indicado pelo

Superior Tribunal de Justiça; um juiz federal, indicado pelo Superior Tribunal de Justiça; um juiz de Tribunal Regional do Trabalho, indicado pelo Tribunal Superior do Trabalho; um juiz do trabalho, indicado pelo Tribunal Superior do Trabalho; um membro do Ministério Público do Trabalho; um membro do Ministério Público da União, indicado pelo Procurador-Geral da República; um membro do Ministério Público estadual, escolhido pelo Procurador-Geral da República dentre os nomes indicados pelo órgão competente de cada instituição estadual; dois advogados, indicados pelo Conselho Federal da Ordem dos Advogados do Brasil; dois cidadãos, de notável saber jurídico e reputação ilibada, indicados um pela Câmara dos Deputados e outro pelo Senado Federal. AN

Gabarito "E"

(Analista - TRT1 - 2018 - AOCP) Acerca do Superior Tribunal de Justiça, informe se é verdadeiro (V) ou falso (F) o que se afirma a seguir e assinale a alternativa com a sequência correta.

( ) É competência do Superior Tribunal de Justiça processar e julgar, originariamente, o habeas corpus quando o paciente for membro do Ministério Público Estadual.

( ) O Superior Tribunal de Justiça é composto por trinta e três membros, sendo que, destes, dois terços devem ser escolhidos dentre juízes dos Tribunais Regionais Federais e um terço dentre desembargadores dos Tribunais de Justiça, indicados em lista tríplice elaborada pelo próprio Tribunal.

( ) É competência do Superior Tribunal de Justiça processar e julgar, originariamente, o habeas corpus quando o paciente for Comandante da Marinha.

(A) F – V – F.

(B) V – V – F.

(C) F – F – V.

(D) F – F – F.

(E) V – V – V.

I: falso, pois é competência dos Tribunais de Justiça processar e julgar, originariamente, o habeas corpus quando o paciente for e julgar o Ministério Público Estadual, com fulcro no art. 96, III, da CF – que atribui aos Tribunais de Justiça a competência para julgar os membros do Ministério Público nos crimes comuns; II: falso, porque o Superior Tribunal de Justiça é composto por, no mínimo, trinta e três Ministros, sendo que um terço deve ser escolhido entre juízes dos Tribunais Regionais Federais, um terço entre desembargadores dos Tribunais de Justiça, ambos indicados em lista tríplice elaborada pelo próprio Tribunal, e um terço entre advogados e membros do Ministério Público, alternadamente, indicados em lista sêxtupla pelos órgãos de representação das respectivas classes (art. 104 da CF); III: falso, pois é competência do Supremo Tribunal Federal processar e julgar, originariamente, o habeas corpus quando o paciente for o Comandante da Marinha (art. 102, I, "d", da CF). ATENÇÃO: compete ao Superior Tribunal de Justiça processar e julgar, originariamente, o habeas corpus quando o coator for o Comandante da Marinha (art. 105, I, "c", da CF). AN

Gabarito "D"

(Analista - TRT1 - 2018 - AOCP) No exercício da atividade de Analista Judiciário, lida-se diariamente com questões acerca da competência, atribuições e características do Poder Judiciário. Nesse sentido, assinale a alternativa correta, de acordo com o que dispõe a Constituição Federal.

(A) Complete privativamente ao Supremo Tribunal Federal a alteração do número de membros dos tribunais inferiores.

(B) Complete privativamente ao Supremo Tribunal Federal organizar as secretarias e serviços auxiliares dos tribunais inferiores e os dos juízos que lhes forem vinculados, velando pelo exercício da atividade correcional respectiva.

(C) Ao Poder Judiciário é assegurada autonomia administrativa e financeira.

(D) Aos juízes é vedado exercer outro cargo ou função, salvo se estiver em disponibilidade.

(E) São órgãos do Poder Judiciário: o Supremo Tribunal Federal, os Tribunais Regionais do Trabalho e o Ministério Público.

A: incorreta, pois compete privativamente ao Supremo Tribunal Federal, aos Tribunais Superiores e aos Tribunais de Justiça propor ao Poder Legislativo respectivo a alteração do número de membros dos tribunais inferiores (art. 96, II, "a", da CF); B: incorreta, porque compete privativamente aos tribunais organizar suas secretarias e serviços auxiliares e os dos juízos que lhes forem vinculados, velando pelo exercício da atividade correcional respectiva (art. 96, I, "b", da CF); C: correta, nos termos do art. 99, caput, da CF; D: incorreta, visto que aos juízes é vedado exercer, ainda que em disponibilidade, outro cargo ou função, salvo uma exceção (art. 95, parágrafo único, I, da CF); E: incorreta, porque são órgãos do Poder Judiciário: o Supremo Tribunal Federal; o Conselho Nacional de Justiça; o Superior Tribunal de Justiça; o Tribunal Superior do Trabalho; os Tribunais Regionais Federais e Juízes Federais; os Tribunais e Juízes do Trabalho; os Tribunais e Juízes Eleitorais; os Tribunais e Juízes Militares; os Tribunais e Juízes dos Estados e do Distrito Federal e Territórios (art. 92 da CF). AN

Gabarito "C"

(Analista - TJ/SC - FGV - 2018) A sociedade empresária HH ingressou com ação judicial para discutir a exigibilidade de crédito tributário, sendo intimada, pelo juízo, a promover o depósito prévio do valor objeto de discussão, o qual seria requisito de admissibilidade para o prosseguimento da demanda.

Por entender que essa determinação afrontaria a ordem consitucional e a interpretação que lhe vem sendo dispensada pelo Supremo Tribunal Federal, solicitou que o seu advogado adotasse a medida mais adequada à solução célere da questão, de modo a evitar que a dúvida persistisse por longos anos até ser definitivamente julgada pela última instância competente.

O advogado ingressou, corretamente, com:

(A) mandado de segurança perante o Superior Tribunal de Justiça;

(B) recurso extraordinário perante o Supremo Tribunal Federal;

(C) recurso especial perante o Superior Tribunal de Justiça;

(D) reclamação perante o Superior Tribunal de Justiça;

(E) reclamação perante o Supremo Tribunal Federal.

O STF, por meio da Súmula Vinculante 28, fixou entendimento no sentido de que é inconstitucional a exigência de depósito prévio como requisito de admissibilidade de ação judicial na qual se pretenda discutir a exigibilidade de crédito tributário. Depois de editada uma súmula vinculante pelo Plenário do STF, seu comando vincula ou subordina todas as autoridades judiciárias e administrativas do País e, no caso de seu descumprimento, a parte poderá ajuizar Reclamação diretamente ao STF, conforme estabelece o art. 103-A, § 3º, da CF. Logo, considerando que a decisão judicial contrariou súmula vinculante, o advogado deve ingressar com reclamação perante o STF, por ser a medida mais adequada à solução célere da questão. AN

Gabarito "E"

(Analista - TJ/SC - FGV - 2018) João, Juiz de Direito de entrância intermediária, concorreu à promoção por antiguidade. Embora fosse o mais antigo entre os concorrentes, o seu nome foi recusado pelo tribunal.

Considerando a sistemática constitucional de promoção por antiguidade, o tribunal:

(A) pode recusar o mais antigo pelo voto fundamentado de dois terços dos seus membros, observados os demais requisitos;

(B) pode recusar o mais antigo pela unanimidade dos seus membros, observado o contraditório e a ampla defesa;

(C) pode recusar o mais antigo pela maioria dos seus membros, em razão de condenação em processo administrativo;

(D) pode recusar o mais antigo, estando sua decisão sujeita ao referendo do Conselho Nacional de Justiça;

(E) não pode recusar o mais antigo, que possui direito subjetivo à nomeação.

Na promoção por antiguidade, o tribunal somente poderá recusar o juiz mais antigo pelo voto fundamentado de **dois terços** de seus membros, conforme procedimento próprio, e assegurada ampla defesa, repetindo-se a votação até fixar-se a indicação (art. 93, II, "d", da CF). ᴬᴺ
˙„∀‟ oʇɹɐqɐ⅁

(Analista Judiciário - TJ/AL - 2018 - FGV) A Câmara Cível do Tribunal de Justiça do Estado Gama reconheceu, incidentalmente, pela unanimidade dos seus membros, a inconstitucionalidade da Lei Federal X, e deixou de aplicá-la no julgamento do recurso de apelação submetido à sua apreciação.

À luz da sistemática constitucional e considerando ter sido esse o primeiro acórdão proferido pelo Poder Judiciário brasileiro reconhecendo a inconstitucionalidade da Lei Federal X, o procedimento adotado pela Câmara está:

(A) certo, pois a inconstitucionalidade ainda não tinha sido reconhecida por nenhum órgão do Poder Judiciário;

(B) certo, pois a inconstitucionalidade foi reconhecida pela unanimidade dos desembargadores que a integram;

(C) errado, pois os órgãos do Tribunal de Justiça somente podem reconhecer a inconstitucionalidade de leis estaduais ou municipais;

(D) errado, pois a inconstitucionalidade deve ser reconhecida pela maioria absoluta dos membros do Tribunal ou do respectivo Órgão Especial;

(E) errado, pois o processo deveria ter sido suspenso até que o Supremo Tribunal Federal se pronunciasse sobre a inconstitucionalidade.

O art. 97 da CF consagra a cláusula de reserva de plenário, segundo a qual somente pelo voto da maioria absoluta de seus membros ou dos membros do respectivo órgão especial poderão os tribunais declarar a inconstitucionalidade de lei ou ato normativo do Poder Público. De acordo com o entendimento do STF, "*viola o dispositivo constitucional [art. 97] o acórdão proferido por órgão fracionário, que declara a inconstitucionalidade de lei, ainda que parcial, sem que haja declaração anterior proferida por órgão especial ou plenário.*" (RE 544246, Relator: Min. Sepúlveda Pertence, Primeira Turma, julgado em 15/05/2007). Assim, o procedimento adotado pela Câmara está errado, pois a inconstitucionalidade deve ser reconhecida pela maioria absoluta dos membros do Tribunal ou do respectivo Órgão Especial. ᴬᴺ
˙„ᗡ‟ oʇɹɐqɐ⅁

(Analista Judiciário - TJ/AL - 2018 - FGV) O Juiz de Direito da Comarca Alfa proferiu sentença nitidamente contrária ao teor de súmula vinculante.

À luz da sistemática constitucional, o meio adequado para cassar a referida sentença, com a consequente determinação de que outra seja proferida, é:

(A) o recurso extraordinário ao Supremo Tribunal Federal;

(B) o recurso especial ao Superior Tribunal de Justiça;

(C) o recurso ordinário ao Superior Tribunal de Justiça;

(D) o recurso ordinário ao Supremo Tribunal Federal;

(E) a reclamação ao Supremo Tribunal Federal.

Segundo o art. 103-A, § 3º, da CF, do ato administrativo ou decisão judicial que contrariar a súmula aplicável ou que indevidamente a aplicar, caberá <u>reclamação ao Supremo Tribunal Federal</u> que, julgando-a procedente, anulará o ato administrativo ou cassará a decisão judicial reclamada, e determinará que outra seja proferida com ou sem a aplicação da súmula, conforme o caso. ᴬᴺ
˙„Ǝ‟ oʇɹɐqɐ⅁

(Analista Judiciário - TJ/AL - 2018 - FGV) João, em petição dirigida ao Conselho Nacional de Justiça, solicitou que fossem aplicadas sanções administrativas a um Defensor Público que, de acordo com a sua narrativa, teria se negado a atendê-lo, o que fez com que o seu direito se extinguisse.

À luz da sistemática constitucional, o Conselho Nacional de Justiça:

(A) deve receber a petição de João, mas somente pode recomendar que o Defensor Público venha a atendê-lo;

(B) não deve receber a petição de João, pois a Defensoria Pública não está sujeita à sua fiscalização;

(C) deve receber a petição de João, podendo punir o Defensor Público e determinar que venha a atendê-lo;

(D) não deve receber a petição de João, pois as instâncias administrativas locais não foram previamente exauridas;

(E) deve receber a petição de João, mas não punir o Defensor Público por conduta praticada fora do processo judicial.

O Conselho Nacional de Justiça exerce o controle da atuação administrativa e financeira do Poder Judiciário e do cumprimento dos deveres funcionais dos juízes, cabendo-lhe, entre outras atribuições, receber e conhecer das reclamações contra <u>membros ou órgãos do Poder Judiciário, inclusive contra seus serviços auxiliares</u>, serventias e órgãos prestadores de serviços notariais e de registro que atuem por delegação do poder público ou oficializados (art. 103-B, § 4º, III, da CF). A Defensoria Pública é instituição permanente, essencial à função jurisdicional do Estado, que não faz parte do Poder Judiciário (art. 134 da CF). Logo, o Conselho Nacional de Justiça não deve receber a petição de João, pois a Defensoria Pública não está sujeita à sua fiscalização. ᴬᴺ
˙„ᗺ‟ oʇɹɐqɐ⅁

(Analista - MPU - CESPE - 2018) No que se refere ao Poder Judiciário e ao Conselho Nacional de Justiça (CNJ), julgue os próximos itens.

(1) O CNJ exerce a supervisão orçamentária da justiça federal de primeiro e de segundo graus.

(2) Compete ao Supremo Tribunal Federal processar e julgar, originariamente, ações contra o CNJ.

(3) Nos casos de crime cometido por magistrados contra a administração pública ou de abuso de autoridade, cabe ao CNJ representar ao Ministério Público.

1: errado, pois cabe ao **Conselho da Justiça Federal** exercer a supervisão administrativa e orçamentária da Justiça Federal de primeiro e segundo graus, como órgão central do sistema e com poderes correicionais, cujas decisões terão caráter vinculante (art. 105, parágrafo único, II, da CF); **2:** certo, conforme o art. 102, inciso I, alínea "r", da CF; **3:** certo, de acordo com o art. 103-B, § 4°, inciso IV, da CF. **AN**

Gabarito 1E, 2C, 3C

(Analista Judiciário – TRT/24 – FCC – 2017) De acordo com a Constituição Federal, ao Poder Judiciário é assegurada autonomia administrativa e financeira, sendo que os tribunais elaborarão suas propostas orçamentárias dentro dos limites estipulados conjuntamente com os demais Poderes na lei de diretrizes orçamentárias. Se essas propostas orçamentárias forem encaminhadas em desacordo com os limites estipulados pela Constituição Federal, o Poder Executivo

(A) devolverá a proposta para o Poder Judiciário para revisão e adequação no prazo máximo de sessenta dias.

(B) devolverá a proposta para o Poder Judiciário para revisão e adequação no prazo máximo de trinta dias.

(C) procederá aos ajustes necessários para fins de consolidação da proposta orçamentária anual.

(D) encaminhará a proposta para o Tribunal de Contas da União que deverá tomar as medidas corretivas e proceder aos ajustes necessários para fins de consolidação da proposta orçamentária anual no prazo máximo de noventa dias.

(E) devolverá a proposta para o Poder Judiciário para revisão e adequação no prazo máximo de noventa dias.

Art. 99, *caput* e §§ 1° e 3°, CF. **TM**
Gabarito "C".

(Analista Judiciário – TRT/24 – FCC – 2017) De acordo com a Constituição Federal, o Supremo Tribunal Federal poderá, de ofício ou por provocação, mediante decisão de dois terços dos seus membros, após reiteradas decisões sobre matéria constitucional, aprovar súmula que, a partir de sua publicação na imprensa oficial, terá efeito vinculante em relação aos demais órgãos do Poder Judiciário e à Administração pública direta e indireta, nas esferas federal, estadual e municipal. Sem prejuízo do que vier a ser estabelecido em lei, a aprovação

(A) de súmula poderá ser provocada por qualquer cidadão, sendo vedado a provocação para revisão ou cancelamento que são atos exclusivos de ofício do Supremo Tribunal Federal.

(B) ou revisão de súmula poderá ser provocada por aqueles que podem propor a ação direta de inconstitucionalidade, sendo vedado a provocação para cancelamento que é ato exclusivo de ofício do Supremo Tribunal Federal.

(C) ou revisão de súmula poderá ser provocada por qualquer cidadão, sendo vedado a provocação para cancelamento que é ato exclusivo de ofício do Supremo Tribunal Federal.

(D) revisão ou cancelamento de súmula poderá ser provocada por aqueles que podem propor a ação direta de inconstitucionalidade.

(E) de súmula poderá ser provocada por aqueles que podem propor a ação direta de inconstitucionalidade,

sendo vedado a provocação para revisão ou cancelamento que são atos exclusivos de ofício do Supremo Tribunal Federal.

Art. 103-A, § 2°, CF. **TM**
Gabarito "D".

(Analista Judiciário – TRT/24 – FCC – 2017) Sandoval, estudante de direito, está preparando um seminário sobre os Tribunais Superiores e a Constituição Federal brasileira. Assim, verificando a Carta Magna, no tocante ao Superior Tribunal de Justiça, constatou que é composto por

(A) no mínimo trinta e três Ministros, sendo dois terços dentre Desembargadores dos Tribunais de Justiça, indicados em lista tríplice elaborada pelo próprio Tribunal.

(B) Ministros que serão nomeados pelo Presidente da República, dentre brasileiros com mais de trinta anos e menos de sessenta e cinco anos, de notável saber jurídico e reputação ilibada, depois de aprovada a escolha pela maioria absoluta do Senado Federal.

(C) Ministros que serão nomeados pelo Presidente da República, dentre brasileiros com mais de trinta anos e menos de sessenta e cinco anos, de notável saber jurídico e reputação ilibada, depois de aprovada a escolha por dois terços do Congresso Nacional.

(D) no mínimo trinta e três Ministros, sendo um terço dentre Desembargadores dos Tribunais de Justiça, indicados em lista tríplice elaborada pelo próprio Tribunal.

(E) no mínimo onze Ministros, sendo um terço dentre Juízes dos Tribunais Regionais Federais e um terço dentre Desembargadores dos Tribunais de Justiça, indicados em lista tríplice elaborada pelo próprio Tribunal.

Art. 104, *caput* e parágrafo único, CF. Notem que para o STJ não há quinto, mas terço constitucional (art. 104, parágrafo único, II, CF). **TM**
Gabarito "D".

(Analista Judiciário – TRT/11 – FCC – 2017) Considere as situações abaixo.

I. Propositura, pelo Procurador-Geral da República, de ação com a finalidade de que determinada lei federal seja declarada inconstitucional (ação direta de inconstitucionalidade).

II. Impetração de mandado de segurança contra ato de Ministro de Estado.

III. Impetração de *habeas data* contra ato do Comandante da Marinha.

Compete ao Supremo Tribunal Federal processar e julgar, originariamente, o que consta em

(A) II e III, apenas

(B) I e II, apenas.

(C) I e III, apenas.

(D) I, apenas.

(E) I, II e III.

I: correta. Art. 102, I, "a" e art. 103, VI, ambos da CF; **II:** errada. A competência para julgar MS contra ato de Ministro de Estado é do STJ, não do STF (art. 105, I, "b", CF); **III:** errada. A competência é do STJ, não do STF (art. 105, I, "b", CF). **TM**
Gabarito "D".

(**Analista Judiciário – TRT/11 – FCC – 2017**) Considere as situações abaixo.

I. Samuel é Governador de determinado Estado e deve ser processado por crime comum.

II. Demétrio impetrou mandado de segurança contra ato de Frederico, que é juiz federal.

III. Tadeu é desembargador do Tribunal de Justiça de determinado Estado e deve ser processado por crime de responsabilidade.

A competência para processar e julgar, originariamente, as ações acima apontadas, cabe ao

(A) Superior Tribunal de Justiça; ao Tribunal Regional Federal da Região correspondente; e ao Superior Tribunal de Justiça, respectivamente.

(B) Supremo Tribunal Federal; ao Tribunal Regional Federal da Região correspondente; e ao Tribunal de Justiça que Tadeu integra, respectivamente.

(C) Supremo Tribunal Federal; ao Tribunal Regional Federal da Região correspondente; e ao Supremo Tribunal Federal, respectivamente.

(D) Superior Tribunal de Justiça nas três situações.

(E) Supremo Tribunal Federal; ao Superior Tribunal de Justiça; e ao Tribunal Regional Federal da Região correspondente, respectivamente.

A competência para julgar governadores de estado por crimes comuns é do STJ (art. 105, I, "a", CF); a competência para julgar mandado de segurança contra juiz federal é do TRF correspondente (art. 108, I, "c", CF); a competência para julgar desembargadores por crimes de responsabilidade é do STJ (art. 105, I, "a", CF). **TM**

Gabarito "A".

(**Analista Judiciário – TJ/MT – UFMT – 2016**) No que diz respeito ao Poder Judiciário, assinale a afirmativa correta.

(A) Ao juiz é vedado o exercício da advocacia no juízo ou tribunal do qual se afastou antes de transcorridos dois anos do afastamento do cargo por aposentadoria ou exoneração.

(B) Ao juiz é vedado o exercício de outro cargo ou função, ainda que em disponibilidade, salvo as de magistério e as atividades político-partidárias.

(C) Os atos de remoção, disponibilidade e aposentadoria do juiz por interesse público se fundarão em decisão por maioria simples do respectivo tribunal, assegurada ampla defesa.

(D) As decisões administrativas dos tribunais serão motivadas, em sessão pública, sendo as disciplinares por maioria absoluta dos respectivos membros.

A: errada. Os juízes não podem exercer a advocacia no juízo ou tribunal do qual se afastaram antes de decorridos *três* anos do afastamento do cargo por aposentadoria ou exoneração (art. 95, parágrafo único, V, CF); **B:** errada. Aos juízes é vedado exercer, ainda que em disponibilidade, outro cargo ou função, salvo *uma* de magistério, além de não poderem dedicarem-se à atividade político-partidária (art. 95, parágrafo único, I e III, CF); **C:** errada. Os atos de remoção, disponibilidade e aposentadoria do juiz, por interesse público, dependem do voto da *maioria absoluta* dos membros do respectivo tribunal (art. 93, VIII, CF); **D:** correta. Redação do art. 93, X, CF. **TM**

Gabarito "D".

(**Analista Judiciário – TRT/20 – FCC – 2016**) De acordo com a Constituição Federal, a competência para processar e julgar, originariamente, a ação contra o Conselho Nacional do Ministério Público; a ação em que todos os membros da magistratura sejam direta ou indiretamente interessados e a ação em que mais da metade dos membros do tribunal de origem estejam impedidos ou sejam direta ou indiretamente interessados é do

(A) Superior Tribunal de Justiça, nas três ações.

(B) Supremo Tribunal Federal, nas três ações.

(C) Supremo Tribunal Federal, Supremo Tribunal Federal e Superior Tribunal de Justiça, respectivamente.

(D) Superior Tribunal de Justiça, Supremo Tribunal Federal e Supremo Tribunal Federal respectivamente.

(E) Supremo Tribunal Federal, Superior Tribunal de Justiça e Supremo Tribunal Federal, respectivamente.

Art. 102, I, "r" e art. 102, I, "n", CF. **TM**

Gabarito "B".

(**Analista Judiciário – TRT/20 – FCC – 2016**) Com relação ao Tribunal Superior do Trabalho e aos Tribunais Regionais do Trabalho, considere:

I. O Tribunal Superior do Trabalho compor-se-á de vinte e sete Ministros, nomeados pelo Presidente da República após aprovação pela maioria absoluta do Senado Federal.

II. Funcionará junto ao Tribunal Superior do Trabalho a Escola Nacional de Formação e Aperfeiçoamento de Magistrados do Trabalho, cabendo-lhe, dentre outras funções, regulamentar os cursos oficiais para o ingresso e promoção na carreira.

III. Funcionará junto ao Tribunal Superior do Trabalho o Conselho Superior da Justiça do Trabalho, cabendo-lhe exercer, na forma da lei, a supervisão administrativa, orçamentária, financeira e patrimonial da Justiça do Trabalho de primeiro e segundo graus, como órgão central do sistema, cujas decisões terão efeito vinculante.

IV. Os Tribunais Regionais do Trabalho não poderão funcionar descentralizadamente, sendo a constituição de Câmaras regionais vedada pela Carta Magna em respeito ao princípio da unicidade.

Segundo a Constituição Federal, está correto o que se afirma APENAS em

(A) I e II.

(B) II, III e IV.

(C) I, II e IV.

(D) I, II e III.

(E) I, III e IV.

I: correta. Art. 111-A, CF; **II:** correta. Art. 111-A, § 2º, I, CF; **III:** correta. Art. 111-A, § 2º, II, CF; **IV:** errada. O art. 115, § 2º, CF, garante a possibilidade de os TRTs funcionarem descentralizadamente, constituindo Câmaras regionais, a fim de assegurar o pleno acesso do jurisdicionado à justiça em todas as fases do processo. **TM**

Gabarito "D".

(**Analista Judiciário – TJ/PI – FGV – 2015**) Apesar de os Juízes de Direito possuírem a garantia constitucional da inamovibilidade, é possível determinar a sua remoção compulsória em situações excepcionais, o que ocorre quando demonstrado que sua permanência é prejudicial ao interesse público. A esse respeito, é correto afirmar que o processo de remoção compulsória:

(A) somente pode ser iniciado por proposta do Presidente do Tribunal de Justiça;

(B) exige prova pré-constituída, não havendo espaço para dilação probatória;

(C) decorre de ato prejudicial ao interesse público, como o vício de embriaguez;

(D) não pode ser instaurado pelo fato de o Juiz estar sendo ameaçado em sua segurança pessoal;

(E) pode ser antecedido de sindicância, da alçada do Tribunal Pleno, para apurar situações prejudiciais ao interesse público.

A remoção compulsória é pena disciplinar prevista no Estatuto da Magistratura (art. 42, III, LC 35/1979) e na Resolução CNJ 135/2011 (art. 3º, III). **A:** errada. Art. 13 da Resolução CNJ 135/2011: "O processo administrativo disciplinar poderá ter início, em qualquer caso, por determinação do Conselho Nacional de Justiça, acolhendo proposta do Corregedor Nacional ou deliberação do seu Plenário, ou por determinação do Pleno ou Órgão Especial, mediante proposta do Corregedor, no caso de magistrado, de primeiro grau, ou ainda por proposta do Presidente do Tribunal respectivo, nas demais ocorrências"; **B:** errada. As provas serão produzidas na fase instrutória do processo disciplinar (art. 18 da Resolução CNJ 135/2011); **C:** correta. Art. 45, I, da LC 35/1979 e art. 5º da Resolução CNJ 135/2011; **D:** errada. É o interesse público que determina ou não a instauração de processo administrativo de remoção compulsória de juiz; **E:** errada. O art. 8º, parágrafo único, da Resolução CNJ 135/2011 deixa claro que pode haver sindicância prévia: "Se da apuração em qualquer procedimento ou processo administrativo resultar a verificação de falta ou infração atribuída a magistrado, será determinada, pela autoridade competente, a instauração de sindicância ou proposta, diretamente, ao Tribunal, a instauração de processo administrativo disciplinar, observado, neste caso, o art. 14, *caput*, desta Resolução". **TM**

Gabarito "C".

(Analista Judiciário – STJ – CESPE – 2015) Julgue os itens seguintes, a respeito do Conselho Nacional de Justiça (CNJ) e do STJ, com fundamento na Constituição Federal de 1988.

(1) Compete, originariamente, ao STJ julgar mandados de segurança contra atos do Superior Tribunal de Justiça Desportiva.

(2) O controle administrativo exercido pelo CNJ é subsidiário e pressupõe prévia atuação pelos tribunais ordinários.

(3) O controle interno exercido pelo CNJ não alcança atos de conteúdo jurisdicional emanados de tribunais.

1: Errada. A competência originária do STJ para julgar mandado de segurança restringe-se aos atos de Ministro de Estado, dos Comandantes da Marinha, do Exército e da Aeronáutica ou do próprio Tribunal (art. 105, I, "b", CF). **2:** Errada. O controle do CNJ independe da atuação prévia dos tribunais originários (art. 103-B, § 4º, II, CF). **3:** Correta. Esse é o entendimento firmado pelo STF (Ver MS 33570, Rel. Min. Celso de Mello). **TM**

Gabarito 1E, 2E, 3C.

(Analista Jurídico – TCE/PR – 2016 – CESPE) De acordo com a jurisprudência do STF, assinale a opção correta acerca da regra do quinto constitucional.

(A) Não afrontará o princípio da simetria a norma que, presente em Constituição estadual, imponha a sabatina, pela assembleia legislativa do estado, do candidato escolhido pelo Poder Executivo a partir de lista tríplice para preenchimento de vaga em tribunal de justiça destinada ao quinto constitucional.

(B) A inobservância, pelo tribunal, da regra do quinto constitucional para preenchimento de sua composição provoca a nulidade de seus julgamentos, por força do princípio do juiz natural.

(C) O juiz de tribunal regional eleitoral ocupante de vaga destinada à advocacia estará impedido de concorrer ao quinto constitucional para preenchimento de vaga no tribunal de justiça de estado também destinada à advocacia.

(D) Os tribunais de justiça possuem a prerrogativa de, fundamentada e objetivamente, devolver a lista sêxtupla encaminhada pela Ordem dos Advogados do Brasil para preenchimento de vaga destinada à advocacia quando faltar a algum dos indicados requisito constitucional para a investidura.

(E) O quinto constitucional que destina parcela das vagas de um tribunal à advocacia não se estende aos tribunais regionais do trabalho.

A: incorreta. De acordo com o Supremo: "**Conflita com a CF** norma da Carta do Estado que junge à aprovação da Assembleia Legislativa a escolha de candidato à vaga do quinto em Tribunal" [ADI 4.150, rel. min. Marco Aurélio, j. 25.02.2015, P, *DJE* de 19.03.2015]; **B:** incorreta. O STF entende de modo diverso: "O quinto constitucional previsto para o provimento de lugares em Tribunal, quando eventualmente não observado, não **gera nulidade do julgado**, máxime em razão da ilegitimidade da parte para questionar os critérios de preenchimento das vagas nos órgãos do Judiciário, mercê da incidência do princípio *pas de nullité sans grief*, consagrado no art. 499 do CPPM (...)" [RE 484.388, rel. p/ o ac. min. Luiz Fux, j. 13.10.2011, P, *DJE* de 13.03.2012]; **C:** incorreta. Ao contrário do mencionado, o STF entende que: "Os cargos de juiz do TRE, assim como o de desembargador do TJ, possuem os mesmos requisitos para o respectivo preenchimento, a saber: notório saber jurídico e idoneidade moral. Dessa forma, se o impetrante preenchia o requisito para atuar no TRE, **nada impede que assuma o cargo no TJ local**. Não há, na legislação vigente, nenhum impedimento a que ocupante do cargo de juiz no TRE na vaga destinada aos advogados no TRE concorra ao cargo de desembargador pelo quinto constitucional no TJ." (MS 32.491, rel. min. Ricardo Lewandowski, julgamento em 19.08.2014, Segunda Turma, *DJE* de 10.10.2014); **D:** correta. É o que entende a Suprema Corte: "Composição do Tribunal de Justiça do Estado de São Paulo. (...) A devolução da lista apresentada pela OAB com clara indicação dos motivos que a suportaram **não viola** decisão desta Suprema Corte que, expressamente, ressalvou essa possibilidade "à falta de requisito constitucional para a investidura, desde que fundada a recusa em razões objetivas, declinadas na motivação da deliberação do órgão competente do colegiado judiciário" (MS 25.624/SP, Rel. Min. Sepúlveda Pertence, *DJ* de 19.12.2006).[Rcl 5.413, rel. min. Menezes Direito, j. 10.04.2008, P, *DJE* de 23.05.2008.]; **E:** incorreta. O STF já decidiu que: "Com a promulgação da EC 45/2004, deu-se a **extensão, aos tribunais do trabalho, da regra do "quinto"** constante do art. 94 da Carta Federal" [ADI 3.490, rel. min. Marco Aurélio, j. 19.12.2005, P, *DJ* de 07.04.2006.] (grifos nossos). **TM**

Gabarito "D".

(Analista – TRT/3ª – 2015 – FCC) Em uma reclamação trabalhista, o reclamado interpôs recurso contra a sentença de procedência, arguindo em sede recursal a inconstitucionalidade de súmula vinculante editada pelo Supremo Tribunal Federal e que fora invocada na sentença. Nessa situação, a inconstitucionalidade da súmula

(A) não poderá ser declarada, sequer incidentalmente, pelo Tribunal Regional do Trabalho, uma vez que súmula vinculante não é ato normativo passível de ser declarado inconstitucional por aquele Tribunal.

(B) poderá ser declarada, incidentalmente, pela maioria absoluta dos membros do Tribunal Regional do Trabalho ou de seu órgão especial, desde que concomitantemente o Tribunal aprove o encaminhamento de proposta de cancelamento ou de revisão da súmula vinculante.

(C) poderá ser declarada, incidentalmente, pela maioria absoluta dos membros do Tribunal Regional do Trabalho ou de seu órgão especial, independentemente da aprovação do encaminhamento de proposta de cancelamento ou de revisão da súmula vinculante.

(D) não poderá ser declarada, sequer incidentalmente, pelo Tribunal Regional do Trabalho, uma vez que falta à Justiça do Trabalho competência para realizar o controle de constitucionalidade das leis e atos do Poder Público.

(E) poderá ser declarada, incidentalmente, pelo órgão fracionário do Tribunal Regional do Trabalho, uma vez que nenhum ato do Poder Público é imune ao controle de constitucionalidade.

Pedro Lenza, em Direito Constitucional Esquematizado, 19ª Edição, 2015, Saraiva, p. 348, ensina que: "... **tendo em vista o fato de a súmula não ser marcada pela generalidade e abstração,** diferentemente do que acontece com as leis, **não se pode aceitar a técnica do controle de constitucionalidade de súmula, mesmo no caso de súmula vinculante.** O que existe é um procedimento de revisão pelo qual se poderá cancelar a súmula. O cancelamento desta significará a não mais aplicação do entendimento que vigorava. Nesse caso, naturalmente, a nova posição produzirá as suas consequências a partir do novo entendimento, vinculando os demais órgãos do Poder Judiciário e a Administração Pública direta e indireta, nas esferas federal, estadual e municipal". Sendo assim, a inconstitucionalidade da súmula vinculante editada pelo STF não poderá ser declarada, sequer incidentalmente, pelo Tribunal Regional do Trabalho, uma vez que ela não é ato normativo passível de ser declarado inconstitucional por aquele Tribunal. 📖
Gabarito "A".

(Analista – TRT/16ª – 2014 – FCC) Sávio, Deputado Estadual do Maranhão, pretende ajuizar *habeas data* contra ato do Ministro da Economia. A competência para processar e julgar o *habeas data* que será ajuizado por Sávio será do

(A) Supremo Tribunal Federal.
(B) Superior Tribunal de Justiça.
(C) Tribunal de Justiça do Estado do Maranhão.
(D) Tribunal Regional Federal da 1ª Região.
(E) Tribunal de Justiça de Brasília.

De acordo com o art. 105, I, "b", da CF, compete ao **Superior Tribunal de Justiça** processar e julgar, originariamente os mandados de segurança e os habeas data **contra ato de Ministro de Estado,** dos Comandantes da Marinha, do Exército e da Aeronáutica ou do próprio Tribunal.
Gabarito "B".

(Analista – TRT/16ª – 2014 – FCC) Um determinado Banco Privado do País ajuizou ação de interdito proibitório para que seus clientes e funcionários tenham acesso às agências bancárias em decorrência de movimento grevista de bancários que realizam "piquete" nas portas das agências no Estado do Maranhão. Neste caso, a competência para processar e julgar a demanda é

(A) da Justiça do Trabalho.
(B) da Justiça Comum Estadual de 1º grau.
(C) originária do Tribunal Regional Federal da 5ª Região.
(D) originária do Tribunal Regional Federal da 1ª Região.

(E) originária do Tribunal de Justiça do Estado do Maranhão.

Conforme determina o art. 114, II, da CF, **compete à Justiça do Trabalho processar e julgar as ações que envolvam exercício do direito de greve.**
Gabarito "A".

(Analista – TRT/2ª – 2014 – FCC) O julgamento do Vice-Presidente do Tribunal Regional do Trabalho por crime de responsabilidade em virtude de conduta praticada no período em que exercia, por substituição, a Presidência do Tribunal

(A) somente é cabível no caso de haver expressa autorização do Conselho Nacional de Justiça ou da maioria absoluta dos membros do próprio Tribunal Regional do Trabalho integrado pelo acusado.

(B) cabe originariamente ao Tribunal Superior do Trabalho em face de denúncia oferecida pelo Ministério Público do Trabalho.

(C) cabe originariamente ao Superior Tribunal de Justiça em face de denúncia oferecida pelo Ministério Público Federal.

(D) somente é cabível caso a infração seja enquadrada como improbidade administrativa, pois a responsabilização político-administrativa decorrente do regime dos crimes de responsabilidade é aplicável apenas aos agentes políticos expressamente designados no texto constitucional.

(E) cabe originariamente ao Supremo Tribunal Federal em face de denúncia oferecida pelo Procurador-Geral da República.

Conforme determina o art. 105, I, "a", da CF, **compete ao Superior Tribunal de Justiça processar e julgar,** originariamente nos crimes comuns, os Governadores dos Estados e do Distrito Federal, e, nestes **e nos de responsabilidade, os desembargadores** dos Tribunais de Justiça dos Estados e do Distrito Federal, os membros dos Tribunais de Contas dos Estados e do Distrito Federal, os dos Tribunais Regionais Federais, **dos Tribunais** Regionais Eleitorais e **do Trabalho,** os membros dos Conselhos ou Tribunais de Contas dos Municípios e os do Ministério Público da União que oficiem perante tribunais.
Gabarito "C".

(Analista – TJ/DFT – 2013 – CESPE) No que concerne ao Poder Judiciário, julgue o item subsequente.

(1) A atuação do Conselho Nacional de Justiça concentra-se no controle da atuação administrativa e financeira do Poder Judiciário e do cumprimento dos deveres funcionais dos juízes, além de outras atribuições que lhe forem conferidas pelo Estatuto da Magistratura.

1: correta. De fato, o art. 103-B, § 4º, da CF, determina que compete ao Conselho o controle da atuação administrativa e financeira do Poder Judiciário e do cumprimento dos deveres funcionais dos juízes, cabendo-lhe, além de outras atribuições que lhe forem conferidas pelo Estatuto da Magistratura.
Gabarito 1C

(Analista – TRT/10ª – 2013 – CESPE) No que se refere aos poderes da República, julgue os itens seguintes.

(1) O Conselho Nacional de Justiça não é órgão do Poder Judiciário, mas sim ente autônomo cuja função é exercer o controle externo de todos os órgãos que integram o Poder Judiciário.

(2) Compete ao Supremo Tribunal Federal (STF) julgar originariamente, por crime comum, o presidente da República, o vice-presidente, os membros do Congresso Nacional, os governadores de estado e do Distrito Federal, seus próprios ministros e o procurador-geral da República.

(3) Considere que um conselheiro do tribunal de contas de determinado Estado da Federação tenha praticado crime comum e tenha sido denunciado pelo Ministério Público. Nesse caso, o conselheiro será julgado originariamente pelo Superior Tribunal de Justiça.

(4) Caso o presidente da República edite decreto que exorbite do poder regulamentar, o Congresso Nacional pode sustar o ato normativo, sem que isso implique em violação ao princípio da separação dos poderes.

1: incorreta. Ao contrário, o Conselho Nacional de justiça é órgão do Poder Judiciário (art. 92, I-A, da CF). Além disso, o controle realizado pelo CNJ é interno. O externo é realizado pelo Tribunal de Contas da União, órgão auxiliar do Poder Legislativo; **2:** incorreta. Os *governadores de estado e do Distrito Federal são julgados pelo Superior Tribunal de Justiça* (art. 105, I, "a", da CF). Os demais, de fato, são julgados pelo Supremo Tribunal Federal (art. 102, I, "b", da CF); **3:** correta (art. 105, I, "a", da CF); **4:** correta (art. 49, V, da CF).

Gabarito 1E, 2E, 3C, 4C

(Analista – TRT/10ª – 2013 – CESPE) Julgue o item a seguir, relativo ao Poder Judiciário.

(1) Procurador do trabalho indicado em lista sêxtupla, com quarenta anos de idade e mais de dez anos de efetivo exercício no cargo, pode ser nomeado pelo presidente da República para integrar determinado tribunal regional do trabalho.

1: correta. De acordo com a regra do quinto constitucional, esse Procurador pode ser nomeado pelo Presidente da República para integrar o Tribunal Regional do Trabalho. Determina o art. 94 da CF que um quinto dos lugares dos Tribunais Regionais Federais, dos Tribunais dos Estados, e do Distrito Federal e Territórios será composto de *membros, do Ministério Público*, com *mais de dez anos de carreira*, e de advogados de notório saber jurídico e de reputação ilibada, com mais de dez anos de efetiva atividade profissional, indicados em lista sêxtupla pelos órgãos de representação das respectivas classes. O parágrafo único do mesmo dispositivo ensina que recebidas as indicações, o tribunal formará lista tríplice, enviando-a ao *Poder Executivo*, que, nos vinte dias subsequentes, *escolherá* um de seus integrantes para nomeação.

Gabarito 1C

(Analista – TJ/AM – 2013 – FGV) A competência para apreciar litígios envolvendo o particular e a entidade de previdência complementar fechada, patrocinada pelo seu empregador, é

(A) da Justiça comum dos Estados.

(B) da Justiça do Trabalho.

(C) da Justiça Federal.

(D) das Câmaras de Conciliação Prévia.

(E) Originária do Superior Tribunal de Justiça.

De acordo com o art. 202, § 2º, da CF, as contribuições do empregador, os benefícios e as condições contratuais previstas nos estatutos, regulamentos e planos de benefícios das entidades de previdência privada *não integram o contrato de trabalho* dos participantes, assim como, à exceção dos benefícios concedidos, não integram a remuneração dos participantes, nos termos da lei. Com base nesse dispositivo, o STF entende que: "(...) *A relação entre o associado e a entidade de previ-*

dência privada não é trabalhista. Ela está disciplinada no regulamento das instituições. (...) Desse modo, a competência não pode ser definida levando-se em consideração o contrato de trabalho já extinto com a ex-empregadora. Assim, entendo que *compete à Justiça comum o julgamento da presente causa,* tendo em vista a inexistência de relação trabalhista entre o beneficiário e a entidade fechada de previdência complementar. O surgimento de eventual controvérsia terá natureza cível, não trabalhista. (...) tendo em vista a infinidade de causas ora em tramitação, desde já proponho aos colegas (...) que os efeitos da decisão com repercussão geral sejam limitados aos processos nos quais já haja sentença de mérito até o presente momento. Entendo ser absolutamente necessária tal medida, pois, conforme consignei acima, a matéria nunca foi tratada de forma uniforme nesta Corte. É necessário obviar que muitos processos já julgados pela Justiça Trabalhista tenham que ser encaminhados à Justiça comum a fim de serem novamente sentenciados. O necessário retrocesso às primeiras fases processuais acarretaria inegável dano à celeridade processual, estabelecida no art. 5º, LXXVIII, e à eficiência, prevista no *caput* do art. 37, ambos da CF, além de insuportável prejuízo aos interessados. Além disso, os sistemas processuais trabalhista e civil não guardam identidade procedimental, o que tornaria ainda mais complexa a simples remessa dos autos à Justiça comum." (RE 586.453/SE, Plenário, j. 20.02.2013, rel. p/ o acórdão Min. Dias Toffoli, voto da min. Ellen Gracie, *DJe* 06.06.2013, com repercussão geral).

Gabarito "A"

(Analista – TJ/AM – 2013 – FGV) Acerca das competências do Supremo Tribunal Federal, assinale a afirmativa correta.

(A) É competente para a homologação das sentenças estrangeiras, uma vez que é o Tribunal que julga as questões internacionais do país.

(B) Cabe recurso extraordinário quando a decisão recorrida, em única ou última instância, julgar válida lei local contestada em face de lei infraconstitucional federal.

(C) Nem mesmo por Emenda à Constituição podem ser alteradas as hipótese de competência do STF, por significar violação à separação dos poderes.

(D) Pode ser criada nova hipótese de competência do Supremo Tribunal Federal por lei complementar.

(E) Compete ao Supremo processar e julgar as ações contra o Conselho Nacional de Justiça, mas não contra o Conselho Nacional do Ministério Público.

A: incorreta. De acordo com o art. 105, I, "i", da CF, a homologação de sentenças estrangeiras e a concessão de *exequatur* às cartas rogatórias é da competência do Superior Tribunal de Justiça; **B:** correta. É o que determina o art. 102, III, "d", da CF; **C:** incorreta. As competências do STF podem ser alteradas por emenda constitucional. Um exemplo se deu com a EC 45/2004 (Reforma do Poder Judiciário) que, dentre outros regras, passou a atribuição de homologar sentença estrangeira que era do STF para o STJ; **D:** incorreta. Somente normas constitucionais podem tratar do assunto; **E:** incorreta. Conforme dispõe o art. 102, I, "r", da CF, é da competência do STF o processo e julgamento das as ações contra o Conselho Nacional de Justiça e *contra o Conselho Nacional do Ministério Público*.

Gabarito "B"

4.4. Controle de Constitucionalidade

(Analista - TRF/4 - FCC - 2019) Em consonância com o sistema de controle de constitucionalidade albergado pelo ordenamento brasileiro, caberá

(A) arguição de descumprimento de preceito fundamental, perante o Supremo Tribunal Federal, em face de lei estadual promulgada com teor idêntico ao de outra anteriormente declarada inconstitucional em sede de controle concentrado.

(B) reclamação, perante o Supremo Tribunal Federal, em face de lei federal promulgada com teor contrário ao de súmula vinculante vigente.

(C) concessão de medida cautelar, em sede de ação direta de inconstitucionalidade, com produção, salvo entendimento contrário do Tribunal, de eficácia retroativa e aplicação da legislação anterior acaso existente.

(D) decisão de órgão fracionário de Tribunal que, sem prévia submissão ao respectivo Plenário ou Órgão Especial, afaste a incidência de lei com fundamento em jurisprudência consolidada em súmula do Supremo Tribunal Federal.

(E) recurso extraordinário, presumida a existência de repercussão geral, em face de acórdão que tenha reconhecido a constitucionalidade de tratado ou lei federal.

A: incorreta, porque caberá **ação declaratória de inconstitucionalidade** (ADI) em face de leis estaduais editadas na vigência da Constituição de 1988, e não arguição de descumprimento de preceito fundamental, a qual é regida pelo princípio da subsidiariedade, isto é, a admissibilidade desta ação constitucional pressupõe a inexistência de qualquer outro meio juridicamente apto a sanar, com efetividade real, o estado de lesividade do ato impugnado (art. 4º, § 1º, da Lei 9.882/1999). Ademais, a eficácia geral e o efeito vinculante de decisão, proferida pelo STF, em ação direta de constitucionalidade ou de inconstitucionalidade de lei ou ato normativo federal, só atingem os demais órgãos do Poder Judiciário e todos os do Poder Executivo, não alcançando o legislador, que pode editar nova lei com idêntico conteúdo normativo, sem ofender a autoridade daquela decisão (Rcl 2617 AgR, Relator: Min. Cezar Peluso, Tribunal Pleno, julgado em 23/02/2005); **B:** incorreta, porque não cabe reclamação em face de lei, mas apenas em face de ato administrativo e decisão judicial (art. 103-A, § 3º, da CF). Ademais, as súmulas têm efeito vinculante em relação aos demais órgãos do Poder Judiciário e à Administração Pública direta e indireta, não vinculando o Poder Legislativo (art. 103-A, *caput*, da CF); **C:** incorreta, pois, em regra, a medida cautelar em sede de ação direta de inconstitucionalidade será concedida com efeito *ex nunc* (sem eficácia retroativa), salvo se o Tribunal entender que deva conceder-lhe eficácia retroativa (art. 11, § 1º, da Lei 9.868/1999); **D:** correta, nos termos do art. 949, parágrafo único, do CPC e da jurisprudência do STF: "*A jurisprudência pacífica desta Corte, agora reafirmada em sede de repercussão geral, entende que é desnecessária a submissão de demanda judicial à regra da reserva de plenário na hipótese em que a decisão judicial estiver fundada em jurisprudência do Plenário do STF ou em súmula deste Tribunal, nos termos dos arts. 97 da CF e 481, parágrafo único, do CPC.*" (ARE 914.045 RG, Rel. Min. Edson Fachin, j. 15-10-2015, Pleno, DJE de 19-11-2015, Tema 856.); **E:** incorreta, porque cabe recurso extraordinário, presumida a existência de repercussão geral, em face de acórdão que tenha reconhecido a **inconstitucionalidade** de tratado ou de lei federal (art. 102, III, "b", da CF c/c art. 1.035, § 3º, III, do CPC). **AN**
Gabarito "D".

(Analista - TRT/15 - FCC - 2018) No sistema de controle de constitucionalidade das leis e atos normativos acolhido pelo direito brasileiro, à luz da interpretação que lhe dá a jurisprudência do Supremo Tribunal Federal,

(A) é inadmissível ação direta de inconstitucionalidade contra ato normativo que ofenda o texto constitucional apenas de forma indireta e reflexa.

(B) as decisões proferidas pelos Tribunais de Contas que reconheçam a inconstitucionalidade de lei produzem eficácia contra todos e efeito vinculante, relativamente

aos demais órgãos do Poder Judiciário e à Administração pública direta e indireta, nas esferas federal, estadual e municipal.

(C) é cabível o ajuizamento de ação direta de inconstitucionalidade contra súmula vinculante editada pelo Supremo Tribunal Federal.

(D) cabe ao Congresso Nacional, por maioria absoluta dos votos de seus membros, suspender, no todo ou em parte, lei declarada inconstitucional por decisão definitiva do Supremo Tribunal Federal proferida em ação direta de inconstitucionalidade.

(E) é inadmissível o exercício do controle incidental de inconstitucionalidade pelo Superior Tribunal de Justiça, ainda que realizado nas causas de sua competência originária.

A: correta, pois a jurisprudência do STF não reconhece a possibilidade de controle concentrado de constitucionalidade de atos que consubstanciem mera ofensa reflexa à Constituição, tais como atos regulamentares (ADPF 169 AgR, Relator: Min. Ricardo Lewandowski, Tribunal Pleno, julgado em 19/09/2013); **B:** incorreta, porque as decisões definitivas de mérito proferidas pelo **Supremo Tribunal Federal**, nas ações diretas de inconstitucionalidade e nas ações declaratórias de constitucionalidade, produzirão eficácia contra todos e efeito vinculante, relativamente aos demais órgãos do Poder Judiciário e à administração pública direta e indireta, nas esferas federal, estadual e municipal (art. 102, § 2º, da CF). Segundo a jurisprudência do STF, "*a Constituição Federal não permite ao Conselho Nacional de Justiça, tampouco ao Tribunal de Contas da União, o exercício do controle difuso de constitucionalidade, pois representaria usurpação de função jurisdicional, invasão à competência exclusiva do Supremo Tribunal Federal e desrespeito ao Poder Legislativo*" (MS 35836 MC, Relator: Min. Alexandre de Moraes, julgado em 13/08/2018); **C:** incorreta, visto que súmula não está sujeita à jurisdição constitucional concentrada por não apresentar as características de ato normativo (STF, ADI 594, Relator: Min. Carlos Velloso, Tribunal Pleno, julgado em 19/02/1992). De acordo com a jurisprudência do STF: "*O enunciado da Súmula desta Corte, indicado como ato lesivo aos preceitos fundamentais, não consubstancia ato do poder público, porém tão somente a expressão de entendimentos reiterados seus. À arguição foi negado seguimento. Os enunciados são passíveis de revisão paulatina. A arguição de descumprimento de preceito fundamental não é adequada a essa finalidade.*" (ADPF 80 AgR, Relator: Min. Eros Grau, Tribunal Pleno, julgado em 12/06/2006); **D:** incorreta, pois compete privativamente ao **Senado Federal** suspender a execução, no todo ou em parte, de lei declarada inconstitucional por decisão definitiva do Supremo Tribunal Federal (art. 52, X, da CF); **E:** incorreta, uma vez que o controle de constitucionalidade de leis e atos normativos pode ser realizado incidentalmente, no curso de uma demanda concreta, por qualquer juiz ou tribunal. A isso dá-se o nome de controle difuso e incidental. **AN**
Gabarito "A".

(Analista - TJ/SC - FGV - 2018) A Lei federal n. W3/2018 introduziu profundas alterações no regime jurídico dos servidores públicos federais, daí resultando prejuízos para um grupo de cinquenta servidores espalhados pelo território nacional, que teve o seu direito adquirido violado.

Ao tomar conhecimento do ocorrido, a associação nacional da categoria ingressou com arguição de descumprimento de preceito fundamental, na qual requeria que fosse reconhecida a inconstitucionalidade parcial da Lei federal W3/2018 e que as perdas de cada um dos servidores fossem recompostas pela União.

Em relação ao uso da arguição de descumprimento de preceito fundamental, no caso concreto, ele é:

(A) incabível, apenas na parte em que é postulado o reconhecimento da inconstitucionalidade da lei;

(B) incabível, por não estar presente a subsidiariedade e por ser direcionada a situações individuais e concretas;

(C) cabível, já que foi violado um preceito fundamental, com a correlata afronta à esfera jurídica individual;

(D) incabível, pelo fato de a associação nacional não ter legitimidade para ingressar com a arguição;

(E) cabível, já que foi violado um preceito fundamental e as lesões assumiram proporção nacional.

A arguição de descumprimento de preceito fundamental (ADPF) é instrumento de controle abstrato de constitucionalidade de normas, nos termos do art. 102, § 1º, da Constituição, que não pode ser utilizado para a solução de casos concretos, nem tampouco para desbordar dos caminhos recursais ordinários ou outras medidas processuais para afrontar atos tidos como ilegais ou abusivos. Ademais, a ADPF é regida pelo princípio da subsidiariedade, previsto no art. 4º, § 1º, da Lei 9.882/99, a significar que a admissibilidade desta ação constitucional pressupõe a inexistência de qualquer outro meio juridicamente idôneo apto a sanar, com efetividade real, o estado de lesividade do ato impugnado (Cf. ADPF 145, Min. Ricardo Lewandowski, decisão monocrática, julgamento em 2/2/2009). Em face disso, o uso da arguição de descumprimento de preceito fundamental, no caso concreto, é incabível, por não estar presente a subsidiariedade e por ser direcionada a situações individuais e concretas. **AN**
„Gabarito "B".

(Analista Judiciário - TJ/AL - 2018 - FGV) O Governador do Estado Alfa, ao tomar conhecimento de que o Supremo Tribunal Federal declarara a inconstitucionalidade da Lei X do referido Estado, decidiu ajuizar ações diretas de inconstitucionalidade contra leis semelhantes, de outros Estados da federação, de teor praticamente idêntico, embora não tivessem qualquer correlação com o Estado Alfa. As ações foram ajuizadas perante o Supremo Tribunal Federal.

À luz da sistemática constitucional, o Governador do Estado Alfa:

(A) não tem legitimidade para ajuizar ações diretas de inconstitucionalidade perante o Supremo Tribunal Federal;

(B) tem legitimidade universal para ajuizar ações diretas de inconstitucionalidade perante o Supremo Tribunal Federal;

(C) deveria demonstrar a relevância da matéria para o Estado Alfa para que sua legitimidade fosse reconhecida;

(D) somente tem legitimidade para ajuizar ações diretas de inconstitucionalidade contra leis do Estado Alfa;

(E) deveria ter sido autorizado pela Assembleia Legislativa do Estado Alfa a ajuizar as ações diretas.

O Governador de Estado ou do Distrito Federal possui legitimidade ativa para propor as ações de controle abstrato de constitucionalidade (art. 103, V, da CF), desde que demonstre a pertinência temática, isto é, demonstre que o conteúdo debatido na ação de controle de constitucionalidade tem ligação com os interesses do seu Estado ou da sua população. Segundo a jurisprudência do STF, "em se tratando de impugnação a diploma normativo a envolver outras Unidades da Federação, o Governador há de demonstrar a pertinência temática, ou seja, a repercussão do ato considerados os interesses do Estado." (ADI 2747, Relator: Min. Marco Aurélio, Tribunal Pleno, julgado em 16/05/2007). Em outro julgado, o STF estabelece: "lei editada pelo Governo do Estado de São Paulo. Ação direta de inconstitucionalidade

proposta pelo governador do Estado de Goiás. Amianto crisotila. Restrições à sua comercialização imposta pela legislação paulista, com evidentes reflexos na economia de Goiás, Estado onde está localizada a maior reserva natural do minério. Legitimidade ativa do governador de Goiás para iniciar o processo de controle concentrado de constitucionalidade e pertinência temática." (ADI 2656, Relator: Min. Maurício Corrêa, Tribunal Pleno, julgado em 08/05/2003). Logo, o Governador do Estado Alfa deveria demonstrar a relevância da matéria para o Estado Alfa para que sua legitimidade fosse reconhecida. **AN**
„Gabarito "C".

(Analista Judiciário – TRT/24 – FCC – 2017) De acordo com a Constituição Federal, o Procurador-Geral da República deverá ser previamente ouvido nas ações

(A) diretas de inconstitucionalidade e nas causas que envolvam conflitos entre a União e os Estados, a União e o Distrito Federal, ou entre uns e outros, sendo desnecessária a sua oitiva nos demais processos de competência do Supremo Tribunal Federal.

(B) diretas de inconstitucionalidade e nas ações contra o Conselho Nacional de Justiça e contra o Conselho Nacional do Ministério Público, sendo desnecessária a sua oitiva nos demais processos de competência do Supremo Tribunal Federal.

(C) declaratórias de inconstitucionalidade e nas ações contra o Conselho Nacional de Justiça e contra o Conselho Nacional do Ministério Público, sendo desnecessária a sua oitiva nos demais processos de competência do Supremo Tribunal Federal.

(D) declaratórias de inconstitucionalidade e nas causas que envolvam conflitos entre a União e os Estados, a União e o Distrito Federal, ou entre uns e outros, sendo desnecessária a sua oitiva nos demais processos de competência do Supremo Tribunal Federal.

(E) de inconstitucionalidade e em todos os processos de competência do Supremo Tribunal Federal.

Art. 103, § 1º, CF: "O Procurador-Geral da República deverá ser previamente ouvido nas ações de inconstitucionalidade e em todos os processos de competência do Supremo Tribunal Federal". **TM**
„Gabarito "E".

(Analista Judiciário – TRE/PE – CESPE – 2017) No que se refere à ação de descumprimento de preceito fundamental (ADPF) como instrumento de impugnação de norma pela via abstrata e à sua legitimidade ativa, assinale a opção correta de acordo com o entendimento jurisprudencial e doutrinário sobre a matéria.

(A) Se o ato normativo impugnado repercute sobre a esfera jurídica de toda uma categoria profissional, é ilegítima a impugnação da norma pela via abstrata por associação representativa de apenas uma parte dos membros dessa categoria.

(B) O advogado-geral da União tem legitimidade universal para ajuizar ADPF.

(C) Segundo o STF, o chefe do Poder Executivo municipal tem legitimidade para ajuizar ADPF perante o tribunal de justiça do estado onde se localize o município.

(D) O cidadão interessado pode propor ADPF, cabendo ao ministro relator decidir sobre sua legitimidade para propô-la.

(E) Qualquer partido político com estatuto registrado no TSE pode propor ADPF.

A: correta. O Supremo Tribunal Federal não tem admitido a legitimidade ativa (para ADIN, ADC ou ADPF) de associação que representa apenas fração ou parcela da categoria profissional, quando o ato impugnado repercute sobre a esfera jurídica de toda uma classe; **B:** errada. O AGU não possui legitimidade para propor ADI nem ADPF, não se encontra no rol de legitimados ativos das ações de controle abstrato (art. 103 da CF e art. 2º, I, da Lei 9.882/1999). Sua função é de curador da constitucionalidade das normas (art. 103, § 3º, CF); **C:** errada. Não existe ADPF perante tribunais de justiça. Além disso, os legitimados para propor ADPF são os mesmos legitimados para propor ADIn (art. 2º, I, da Lei 9.882/1999), sendo certo que o Prefeito não está incluído no rol previsto pelo art. 103 da CF; **D:** errada. O cidadão não pode propor ADPF. Os legitimados para propor ADPF são os mesmos da ADI (art. 2º, I, da Lei 9.882/1999 c/c art. 103, CF); **E:** errada. Ver art. 2º, I, da Lei 9.882/1999 c/c art. 103, CF. TM

Gabarito "A".

(Analista Judiciário – TRT/20 – FCC – 2016) No tocante à Ação Direta de Inconstitucionalidade, é correto afirmar:

(A) O Conselho Federal da Ordem dos Advogados do Brasil não é detentor de legitimidade ativa para a propositura de Ação Direta de Inconstitucionalidade.

(B) O preâmbulo da Constituição Federal pode ser usado como paradigma para o controle de constitucionalidade.

(C) Partido político não é detentor de legitimidade ativa para a propositura de Ação Direta de Inconstitucionalidade, independentemente de possuir ou não representação no Congresso Nacional.

(D) A mesa do Congresso Nacional possui legitimidade ativa para a propositura de Ação Direta de Inconstitucionalidade.

(E) Normas constitucionais do Ato de Disposições Constitucionais Transitórias – ADCT que tiveram sua eficácia exaurida não podem ser usadas como paradigma para o controle de constitucionalidade.

A: errada. O Conselho Federal da OAB é legitimado ativo da ADI (art. 103, VII, CF); **B:** errada. Embora o preâmbulo traga princípios que norteiam a interpretação da CF, não tem força normativa, não cria direitos e obrigações e não pode ser utilizado como parâmetro para eventual declaração de inconstitucionalidade. Além disso, o STF já definiu que o preâmbulo não constitui norma de reprodução obrigatória pelas Constituições dos estados-membros (ADI 2076/AC, Rel. Min. Carlos Velloso); **C:** errada. Partido político com representação no Congresso Nacional é legitimado ativo da ADI (art. 103, VIII, CF); **D:** errada. Apenas a mesa do Senado Federal e a mesa da Câmara dos Deputados podem propor ação direta de inconstitucionalidade (ou ação declaratória de constitucionalidade), na forma do art. 103, II e III, CF. A mesa do Congresso Nacional é órgão distinto da Mesa do Senado Federal e da Mesa da Câmara dos Deputados e não se encontra listada no rol do art. 103 da CF; **E:** correta. As disposições constitucionais transitórias possuem o mesmo grau de eficácia das demais normas constitucionais e são consideradas disposições cogentes. Entretanto, o ADCT (Ato das Disposições Constitucionais Transitórias) é composto de regras criadas para executarem um determinado papel que, sendo cumprido, passam a não ter mais utilidade. É por esse motivo que tais normas são conhecidas como de eficácia esgotada ou exaurida e, nessa qualidade, não podem ser usadas como paradigma para o controle de constitucionalidade. Do contrário, se a norma do ADCT não tiver se exaurido, poderia ser utilizada como parâmetro para o controle de constitucionalidade, por ser norma constitucional e ter força normativa. TM

Gabarito "E".

(Analista Judiciário – TJ/PI – FGV – 2015) Em setembro de 1988, foi promulgada determinada lei estadual que disciplinou certos aspectos relacionados à preservação do meio ambiente. Alguns setores representativos da doutrina e da jurisprudência consideraram que a lei, por destoar da Constituição promulgada em 5 de outubro de 1988, não fora por ela recepcionada. À luz da sistemática constitucional, a compatibilidade dessa lei com a Constituição vigente pode ser analisada, pelo Supremo Tribunal Federal, no exercício de sua competência originária, desde que observados os requisitos previstos na ordem jurídica, com:

(A) o ajuizamento da ação direta de inconstitucionalidade;

(B) o ajuizamento da ação declaratória de constitucionalidade;

(C) a interposição de recurso extraordinário;

(D) o uso da ação de descumprimento de preceito fundamental;

(E) o uso da reclamação.

Em sede de controle concentrado de constitucionalidade (no exercício da competência originária do STF), somente a ADPF pode ter por objeto normas pré-constitucionais ou anteriores à Constituição de 1988 (art. 1º, parágrafo único, I, da Lei 9.882/1999). Não cabe ADI para questionar normas anteriores à CF, reclamação só é cabível nas hipóteses constitucionais (preservação de sua competência e garantia da autoridade de suas decisões) e recurso extraordinário não é exemplo de competência originária do STF. TM

Gabarito "D".

(Analista Jurídico – TCE/PR – 2016 – CESPE) Conforme o entendimento do Supremo Tribunal Federal (STF), é cabível a arguição de descumprimento de preceito fundamental

(A) contra súmula do STF.

(B) contra proposta de emenda à Constituição Federal de 1988.

(C) para desconstituir coisa julgada material oriunda de decisão judicial já transitada em julgado.

(D) contra normas secundárias regulamentares — como, por exemplo, decretos presidenciais — vulneradoras de preceito fundamental.

(E) para revisar, alterar ou cancelar súmula vinculante do STF.

A: incorreta. Súmula não pode ser objeto de controle concentrado de constitucionalidade (ADI – Ação Direta de Inconstitucionalidade, ADC – Ação Declaratória de Constitucionalidade e ADPF – Arguição de Descumprimento de Preceito Fundamental), pois não é dotada de abstração e generalidade; **B:** incorreta. A ADPF é uma ação subsidiária (art. 4º, § 1º, da Lei nº 9.868/1999), portanto só pode ser proposta quando não houver qualquer outro meio eficaz para sanar a lesividade. A PEC (proposta de emenda à Constituição) pode ser questionada por meio de ADI; **C:** incorreta. A ADPF faz parte do controle abstrato de constitucionalidade. Sendo assim, os comandos abstratos e genéricos da norma é que são analisados. Não há discussão de caso concreto, não tem por finalidade desconstituir coisa julgada; **D:** correta. A jurisprudência do STF firmou-se no sentido de que "a arguição de descumprimento de preceito fundamental é, via de regra, meio inidôneo para processar questões controvertidas derivadas de normas secundárias e de caráter tipicamente regulamentar" [ADPF 210 AgR, rel. min. Teori Zavascki, j. 6-6-2013, P, DJE de 21-6-2013]; **E:** incorreta. Segundo o STF: "A arguição de descumprimento de preceito fundamental não é a via adequada para se obter a interpretação, a revisão ou o cancelamento de súmula

vinculante." (ADPF 147-AgR, rel. min. Cármen Lúcia, julgamento em 24.03.2011, Plenário, *DJE* de 08.04.2011). Vide: ADPF 80-AgR, rel. min. Eros Grau, julgamento em 12.06.2006, Plenário, *DJ* de 10.08.2006. **TM**
Gabarito "D".

(Analista Judiciário – TRT/8ª – 2016 – CESPE) Com base no disposto na CF, assinale a opção correta a respeito de controle de constitucionalidade.

(A) Entre os legitimados universais para a propositura de ação direta de inconstitucionalidade inclui-se o governador de estado, e entre os legitimados especiais inclui-se o presidente da República.

(B) É possível o controle abstrato de constitucionalidade de leis ou atos normativos municipais em face da lei orgânica municipal.

(C) A sanção presidencial a projeto de lei não supre vícios de iniciativa, padecendo de vício formal a lei sancionada, a ser declarado por meio de ação judicial própria.

(D) Na apreciação do controle de constitucionalidade em grau de recurso, os autos devem ser remetidos ao relator da Câmara Julgadora do Tribunal, que poderá monocraticamente declarar a inconstitucionalidade da lei.

(E) Os efeitos da declaração de inconstitucionalidade em controle de constitucionalidade difuso no âmbito do tribunal de justiça são *erga omnes* e *ex nunc*, como o são os efeitos de declaração de inconstitucionalidade de lei em controle difuso no âmbito do STF.

A: incorreta. O **governador é legitimado especial**, ou seja, precisa demonstrar pertinência temática (o conteúdo do ato deve ser pertinente aos interesses do legitimado, com a finalidade institucional, sob pena de carência da ação) ao propor as ações do controle concentrado (ADI – Ação Direta de Inconstitucionalidade, ADC – Ação Declaratória de Constitucionalidade e ADPF – Arguição de Descumprimento de Preceito Fundamental). Por outro lado, **o Presidente da República é considerado legitimado universal**, ou seja, não precisa demonstrar pertinência temática, pode impugnar qualquer norma. Vale lembrar que o art. 103 da CF traz os legitimados e o STF faz divisão em universais e especiais. Devem vir acompanhadas de tal requisito as ações propostas pelos seguintes legitimados: a Mesa de Assembleia Legislativa ou da Câmara Legislativa do Distrito Federal (inciso IV do art. 103 da CF); o Governador de Estado ou do Distrito Federal (inciso V do art. 103 da CF); e confederação sindical ou entidade de classe de âmbito nacional (inciso IX do art. 103 da CF); **B:** incorreta. **Não existe previsão constitucional** nesse sentido. Segundo o STF: "Tendo em vista que o controle abstrato de lei ou ato normativo municipal somente é admitido em face da constituição estadual, perante o tribunal de justiça (CF, art. 125, § 2º), a Turma manteve acórdão do Tribunal de Justiça do Estado de São Paulo que julgara prefeito carecedor da ação direta de inconstitucionalidade interposta contra lei municipal em face da lei orgânica do mesmo município. Precedente citado: ADIn (AgRg) 1.268-MG (*DJU* de 20.10.95). RE 175.087-SP, rel. Min. Néri da Silveira, 19.3.2002. (RE-175087). Além disso, a Suprema Corte já decidiu que "Em se tratando de lei municipal, o controle de constitucionalidade se faz pelo sistema difuso – e não concentrado –, ou seja, apenas no julgamento de casos concretos, com eficácia *inter partes*, e não *erga omnes*, quando confrontado o ato normativo local com a CF. O controle de constitucionalidade concentrado, nesse caso, somente será possível, em face da Constituição dos Estados, se ocorrer a hipótese prevista no § 2º do art. 125 da CF.[ADI 209, rel. min. Sydney Sanches, j. 20.05.1998, P, *DJ* de 11.09.1998.]= ADI 5.089 AgRg, rel. min. Celso de Mello, j. 16.10.2014, P, *DJE* de 06.02.2015. Por fim,

é oportuno lembrar que, de acordo com o STF, a lei orgânica do DF "tem força e autoridade equivalente a um verdadeiro estatuto constitucional, podendo ser equiparada às Constituições promulgadas pelos Estados-Membros, como assentado no julgamento que deferiu a medida cautelar nesta ação direta". [ADI 980, rel. min. Menezes Direito, j. 06.03.2008, P, *DJE* de 01.8.2008.]; **C:** correta. De fato, vício de iniciativa não é convalidado por posterior sanção presidencial. O STF já decidiu reiteradas vezes que "**A sanção do projeto de lei não convalida o vício de inconstitucionalidade** resultante da usurpação do poder de iniciativa. A ulterior aquiescência do chefe do Poder Executivo, mediante sanção do projeto de lei, ainda quando dele seja a prerrogativa usurpada, não tem o condão de sanar o vício radical da inconstitucionalidade. Insubsistência da Súmula 5/STF. [ADI 2.867, rel. min. Celso de Mello, j. 03.12.2003, P, *DJ* de 09.02.2007.] = ADI 2.305, rel. min. Cezar Peluso, j. 30.06.2011, P, *DJE* de 05.08.2011; **D:** incorreta. A declaração de inconstitucionalidade **não pode ser dada monocraticamente**, deve ser respeitada a denominada **cláusula de reserva de plenário**, prevista no art. 97 da CF. De acordo com tal norma, somente pelo voto da maioria absoluta de seus membros ou dos membros do respectivo órgão especial poderão os tribunais declarar a inconstitucionalidade de lei ou ato normativo do Poder Público; **E:** incorreta. Os efeitos da declaração de inconstitucionalidade em **controle difuso** no âmbito do tribunal de justiça, assim como os da declaração de inconstitucionalidade de lei em **controle difuso** no âmbito do STF, ao contrário do mencionado, são, em regra, *inter partes* (entre as partes do processo) e *ex tunc* (retroativos). **TM**
Gabarito "C".

(Analista – TRE/GO – 2015 – CESPE) Com base no disposto na Constituição Federal e na jurisprudência do Supremo Tribunal Federal, julgue o item a seguir, referente a controle de constitucionalidade.

(1) Por afrontar diretamente disposição constitucional, lei estadual recente, que estabeleça requisitos mais simplificados para a regularização de empresas de pequeno porte constituídas sob as leis brasileiras e com sede e administração no país pode ser impugnada perante o Supremo Tribunal Federal por meio de arguição de descumprimento de preceito fundamental.

1: errado. A lei estadual mencionada somente poderia ser impugnada por ADPF (Arguição de Descumprimento de Preceito Fundamental) se não existisse outro meio eficaz para resolver o problema. Determina o art. 4º, § 1º, da Lei nº 9.868/99, não será admitida arguição de descumprimento de preceito fundamental quando houver qualquer outro meio eficaz de sanar a lesividade. No problema proposto é possível o questionamento da lei por meio de ADI (Ação Direta de Inconstitucionalidade). **BV**
Gabarito 1E

(Analista – TJ/AM – 2013 – FGV) O controle judicial da constitucionalidade das leis ganhou notável espaço com a Constituição de 1988, uma vez que ela ampliou o rol de legitimados e as formas de controle.

A respeito do tema *controle de constitucionalidade*, assinale a afirmativa correta.

(A) Não há inconstitucionalidade formal superveniente, de modo que se consideram recepcionadas leis ordinárias anteriores à Constituição que disponham sobre matérias que, desde a Carta de 1988, são reservadas à lei complementar.

(B) As leis do período do regime militar, que dispõem em sentido hoje incompatível com a Constituição, podem ser objeto de controle de constitucionalidade, por meio de ação direta de inconstitucionalidade.

(C) A improcedência da ação declaratória de constitucionalidade não equivale à declaração de inconstitucionalidade em sede de ação direta, uma vez que não possui eficácia contra todos e efeitos vinculantes.

(D) O controle concentrado e por via principal da inconstitucionalidade por omissão dá-se por meio da ação direta de inconstitucionalidade por omissão e do mandado de injunção.

(E) O vício de iniciativa no processo legislativo não enseja o controle de constitucionalidade da norma, porque a ofensa à Constituição dá-se de forma reflexa.

A: correta. De fato, o Supremo não adota a teoria da inconstitucionalidade superveniente. As normas editadas antes da vigência da Constituição Federal de 1988 que não se mostrem de acordo com o texto não são recepcionadas ou meramente "revogadas". Nesse caso, utilizam-se as regras relativas ao direito intertemporal, em especial as atinentes ao fenômeno da recepção; **B:** incorreta. As leis do período do regime militar, por terem sido editadas antes da Constituição Federal de 1988, só podem ser questionadas, em sede de controle de constitucionalidade, pela via da arguição de descumprimento de preceito fundamental ou pelo controle difuso; **C:** incorreta. O art. 24 da Lei 9.868/1999 trata do caráter dúplice ou ambivalente da ADI (Ação Direita de Inconstitucionalidade) e da e da ADC (Ação Declaratória de Constitucionalidade) mencionando que proclamada a constitucionalidade, julgar-se-á improcedente a ação direta ou procedente eventual ação declaratória; e, proclamada a inconstitucionalidade, julgar-se-á procedente a ação direta ou improcedente eventual ação declaratória. Ambas possuem, em regra, efeitos *erga omnes* (contra todos), vinculantes e *ex tunc* (retroativos); **D:** incorreta. O controle concentrado, também chamado de principal, da inconstitucionalidade por omissão só é feito pela ADI por omissão. O mandado de injunção, embora também combata o vício de inconstitucionalidade por omissão, é exemplo de controle difuso ou incidental; **E:** incorreta. O vício de iniciativa no processo legislativo enseja controle de constitucionalidade, pois nesse caso há inconstitucionalidade formal.

Gabarito "A".

4.5. Funções Essenciais à Justiça

(Analista - TRT1 - 2018 - AOCP) O Ministério Público do Trabalho, órgão bastante atuante junto à Justiça do Trabalho, está sujeito ao controle da atuação administrativa e financeira exercido pelo Conselho Nacional do Ministério Público. Acerca do exposto, de acordo com o que dispõe a Constituição Federal, assinale a alternativa correta.

(A) O Conselho Nacional do Ministério Público compõe-se de doze membros nomeados pelo Presidente da República.

(B) O Presidente do Conselho Federal da Ordem dos Advogados do Brasil oficiará junto ao Conselho Nacional do Ministério Público.

(C) Os mandatos dos membros do Conselho Nacional do Ministério Público terão duração de três anos, admitida uma recondução.

(D) Compete ao Procurador-Geral da União presidir o Conselho Nacional do Ministério Público.

(E) O Conselho Nacional do Ministério Público será composto, dentre outros membros, de três advogados, indicados pelo Conselho Federal da Ordem dos Advogados do Brasil.

A: incorreta, visto que o Conselho Nacional do Ministério Público compõe-se de **quatorze** membros nomeados pelo Presidente da

República (art. 130-A, *caput*, da CF); **B:** correta, nos termos do art. 130-A, § 4º, da CF; **C:** incorreta, já que os mandatos dos membros do Conselho Nacional do Ministério Público terão duração de **dois anos**, admitida uma recondução (art. 130-A, *caput*, da CF); **D:** incorreta, pois compete ao **Procurador-Geral da República** presidir o Conselho Nacional do Ministério Público (art. 130-A, I, da CF); **E:** incorreta, visto que o CNMP será composto, dentre outros membros, de **dois** advogados, indicados pelo Conselho Federal da Ordem dos Advogados do Brasil (art. 130-A, V, da CF). AN

Gabarito "B".

(Analista - TJ/SC - FGV - 2018) Determinado Estado da federação celebrou acordo de regime tributário especial com certo contribuinte, o qual acarretou a exponencial redução do crédito tributário inicialmente devido. Ao tomar conhecimento dos fatos, o Ministério Público ajuizou ação civil pública para anular o acordo com base no argumento de que seria ilegal.

À luz da sistemática constitucional, o Ministério Público:

(A) tem legitimidade para ajuizar a ação, devendo zelar pela aplicação da lei tributária, ainda que a favor do contribuinte;

(B) não tem legitimidade para ajuizar a ação, pois não pode substituir-se ao Estado na defesa do patrimônio público;

(C) não tem legitimidade para ajuizar a ação, pois integra o Estado, ente que celebrou o acordo;

(D) não tem legitimidade para ajuizar a ação, pois não pode atuar em matéria tributária;

(E) tem legitimidade para ajuizar a ação visando à defesa do patrimônio público.

O Ministério Público tem legitimidade para ajuizar ação civil pública visando à defesa do patrimônio público (erário), com fundamento no art. 129, III, da CF. Nesse sentido, a jurisprudência do STF entende: "*I - O TARE não diz respeito apenas a interesses individuais, mas alcança interesses metaindividuais, pois o ajuste pode, em tese, ser lesivo ao patrimônio público. II - A Constituição Federal estabeleceu, no art. 129, III, que é função institucional do Ministério Público, dentre outras, 'promover o inquérito e a ação civil pública, para a proteção do patrimônio público e social, do meio ambiente e de outros interesses difusos e coletivos'. Precedentes. III - O Parquet tem legitimidade para propor ação civil pública com o objetivo de anular Termo de Acordo de Regime Especial - TARE, em face da legitimação ad causam que o texto constitucional lhe confere para defender o erário. IV - Não se aplica à hipótese o parágrafo único do artigo 1º da Lei 7.347/1985. (...)*" (RE 576155, Relator: Min. Ricardo Lewandowski, Tribunal Pleno, julgado em 12/08/2010, Repercussão Geral). AN

Gabarito "E".

(Analista - MPU - CESPE - 2018) No que concerne aos membros da Defensoria Pública, julgue os itens subsequentes.

(1) A Constituição Federal de 1988 estendeu aos defensores públicos a garantia de inamovibilidade, originalmente concedida aos magistrados.

(2) Aos advogados públicos serão concedidos vencimentos fixos, acrescidos ou não de gratificação.

1: certo, de acordo com o art. 134, § 1º, da CF; **2:** errado, pois os advogados públicos serão remunerados na forma de subsídio, vedado o acréscimo de qualquer gratificação ou adicional (art. 135 c/c art. 39, § 4º, da CF). AN

Gabarito 1C, 2E.

(Analista Judiciário – TRE/PE – CESPE – 2017) No que concerne ao Ministério Público Eleitoral (MPE), assinale a opção correta de acordo com o entendimento do STF.

(A) O MPE é um ramo do Ministério Público, possui estrutura própria e tem como chefe o procurador regional eleitoral.

(B) O MPE só pode investigar suspeita de crime eleitoral após determinação da justiça eleitoral.

(C) A designação, por procurador regional eleitoral, que é membro do Ministério Público Federal, de membro do Ministério Público local para promotor eleitoral não afronta a autonomia administrativa do Ministério Público estadual.

(D) Enquanto exercer a função de promotor eleitoral, o membro do Ministério Público ficará afastado de sua função institucional de promotor de justiça.

(E) O procurador-geral da República não detém a prerrogativa de iniciar projetos de lei que versem sobre a organização e as atribuições do MPE.

A: errada. O MPE não é ramo do Ministério Público. De acordo com o art. 128 da CF, o Ministério Público abrange o Ministério Público da União (que compreende o Ministério Público Federal, o Ministério Público do Trabalho, o Ministério Público Militar e o Ministério Público do Distrito Federal e Territórios) e os Ministérios Públicos dos Estados; **B:** errada. O MPE tem autonomia para investigar crimes eleitorais, independentemente de determinação da justiça eleitoral; **C:** correta. Entendimento do STF ao julgar a ADI 3802, Rel. Min. Dias Toffoli: "o fato de o promotor eleitoral (membro do ministério público estadual) ser designado pelo procurador regional eleitoral (membro do MPF) não viola a autonomia administrativa do ministério público estadual. Apesar de haver a participação do ministério público dos estados na composição do Ministério Público Eleitoral – cumulando o membro da instituição as duas funções –, ambas não se confundem, haja vista possuírem conjuntos diversos de atribuições, cada qual na esfera delimitada pela Constituição Federal e pelos demais atos normativos de regência. A subordinação hierárquico-administrativa – não funcional – do promotor eleitoral é estabelecida em relação ao procurador regional eleitoral, e não em relação ao procurador-geral de justiça. Ante tal fato, nada mais lógico que o ato formal de "designação" do promotor eleitoral seja feito pelo superior na função eleitoral, e não pelo superior nas funções comuns"; **D:** errada. As funções são exercidas cumulativamente; **E:** errada. Ver STF, ADI 3802, Rel. Min. Dias Toffoli: "Detém o Procurador-Geral da República, de acordo com o art. 128, § 5º, da Constituição Federal, a prerrogativa, ao lado daquela já atribuída ao chefe do Poder Executivo (art. 61, § 1º, II, d, CF), de iniciativa dos projetos legislativos que versem sobre a organização e as atribuições do Ministério Público Eleitoral, do qual é chefe, atuando como seu procurador-geral". **TM**
Gabarito "C"

(Analista Judiciário – TJ/MT – UFMT – 2016) Sobre as funções essenciais à Justiça, de acordo com a Constituição Federal, considere as afirmativas.

I. A destituição do Procurador-Geral da República por iniciativa do Presidente da República deve ser precedida de decisão de maioria absoluta do Senado Federal.

II. O Advogado-Geral da União tem seu ingresso nas carreiras iniciais mediante aprovação em concurso público de provas e títulos.

III. São princípios institucionais do Ministério Público: a unidade, a indivisibilidade e a independência funcional.

IV. É função institucional do Ministério Público: a defesa extrajudicial dos direitos e interesses indígenas.

Está correto o que se afirma em

(A) I, II e III.

(B) II, III e IV.

(C) I e III, apenas.

(D) IV, apenas.

I: correta. Art. 128, § 2º, CF; **II:** errada. O cargo de Advogado-Geral da União (chefe da Advocacia-Geral da União) é de livre nomeação do Presidente da República (art. 131, § 1º, CF), mas os membros das carreiras da AGU ingressam por concurso público; **III:** correta. Art. 127, § 1º, CF; **IV:** errada. É função institucional do Ministério Público defender *judicialmente* os direitos e interesses das populações indígenas (art. 129, V, CF). **TM**
Gabarito "C"

(Analista – Judiciário –TRE/PI – 2016 – CESPE) Acerca dos Poderes da República e das funções essenciais à justiça, assinale a opção correta.

(A) Em razão do princípio da separação dos poderes, a súmula vinculante editada pelo STF é efetiva apenas para os órgãos do Poder Judiciário.

(B) Eventual conflito de competência entre um tribunal regional eleitoral e um tribunal regional federal deverá ser revolvido pelo STF.

(C) A Advocacia-Geral da União, por ser órgão do Poder Executivo, não detém competência para representar judicialmente o Poder Judiciário.

(D) De acordo com o STF, as comissões parlamentares de inquérito possuem poderes de investigação próprios das autoridades judiciais, mas não têm competência para determinar a interceptação telefônica.

(E) Convalida o vício de iniciativa a sanção presidencial a projeto de lei de autoria de senador acerca de matéria de iniciativa privativa do presidente da República.

A: incorreta. De acordo com *caput* do art. 103-A da CF, a súmula vinculante terá efeito em relação aos órgãos do Poder Judiciário **e à administração pública direta e indireta, nas esferas federal, estadual e municipal.** Vale lembrar que a súmula não vincula a função legislativa, ainda que exercida de forma atípica; **B:** incorreta. A competência para o julgamento do conflito entre um tribunal regional eleitoral e um tribunal regional federal é resolvida pelo Superior Tribunal de Justiça, conforme determina o art. 105, I, "d", da CF; **C:** incorreta. Determina o *caput* do art. 131 da CF que a **Advocacia-Geral da União** é a instituição que, diretamente ou através de órgão vinculado, **representa a União**, judicial e extrajudicialmente, cabendo-lhe, nos termos da lei complementar que dispuser sobre sua organização e funcionamento, as atividades de consultoria e assessoramento jurídico do Poder Executivo. Sendo assim, a AGU detém competência para atuar perante o Poder Judiciário; **D:** correta. De fato as comissões parlamentares de inquérito - CPIs detém funções típicas das autoridades judiciais, mas há algumas exceções, assuntos que estão acobertados pela cláusula de reserva jurisdicional, ou seja, só podem ser efetivados por ordem judicial. Por exemplo: a CPI não pode determinar a interceptação telefônica, pois, segundo o art. 5º, XII, da CF, somente para fins de investigação criminal ou instrução processual penal é que poderá haver tal diligência. Ressalta-se que o acesso às contas telefônicas (dados telefônicos) não se confunde com quebra de comunicação telefônica (que é a interceptação ou escuta). A primeira se inclui nos poderes da CPI, já a segunda é acobertada pela cláusula de reserva de jurisdição e, portanto, não cabe à CPI determiná-la. De acordo com o § 3º do art. 58 da CF, as CPIs, que terão **poderes de investigação próprios das autoridades judiciais**, além de outros previstos nos regimentos das respectivas Casas, serão criadas pela Câmara dos Deputados

e pelo Senado Federal, em conjunto ou separadamente, mediante requerimento de um terço de seus membros, para a apuração de fato determinado e por prazo certo, sendo suas conclusões, se for o caso, encaminhadas ao Ministério Público, para que promova a responsabilidade civil ou criminal dos infratores; **E:** incorreta. O vício de iniciativa não é convalidado por posterior sanção presidencial. O STF já decidiu reiteradas vezes que "**A sanção do projeto de lei não convalida o vício de inconstitucionalidade** resultante da usurpação do poder de iniciativa. A ulterior aquiescência do chefe do Poder Executivo, mediante sanção do projeto de lei, ainda quando dele seja a prerrogativa usurpada, não tem o condão de sanar o vício radical da inconstitucionalidade. Insubsistência da Súmula 5/ STF" [ADI 2.867, rel. min. Celso de Mello, j. 03.12.2003, P, *DJ* de 09.02.2007.] = ADI 2.305, rel. min. Cezar Peluso, j. 30.06.2011, P, *DJE* de 05.08.2011.
Gabarito "D".

(Analista – TRT/16ª – 2014 – FCC) Xisto, Procurador de Justiça do Estado do Maranhão, é nomeado pelo Presidente da República Conselheiro do Conselho Nacional do Ministério Público, após ter o seu nome aprovado pela maioria absoluta do Senado Federal. Para ser escolhido Corregedor Nacional, Xisto deverá

(A) ser eleito, em votação secreta, dentre os membros do Ministério Público que integram o Conselho, vedada a recondução.

(B) ser eleito, em votação aberta, dentre os membros do Ministério Público que integram o Conselho, permitida uma recondução.

(C) necessariamente ser o conselheiro com mais idade integrante do Conselho, com exceção do Procurador-Geral da República, que preside o Conselho Nacional do Ministério Público.

(D) ser eleito, em votação secreta, dentre os membros do Ministério Público que integram o Conselho, permitida uma recondução.

(E) ser indicado, obrigatoriamente pelo Procurador-Geral da República, Presidente do Conselho Nacional do Ministério Público, para posteriormente ser nomeado pelo Presidente da República.

A: correta. De acordo com o art. 130-A, § 3º, da CF, o Conselho escolherá, em **votação secreta**, um **Corregedor nacional**, **dentre os membros do Ministério Público que o integram**, **vedada a recondução**, competindo-lhe, além das atribuições que lhe forem conferidas pela lei, as seguintes: I receber reclamações e denúncias, de qualquer interessado, relativas aos membros do Ministério Público e dos seus serviços auxiliares; II exercer funções executivas do Conselho, de inspeção e correição geral; III requisitar e designar membros do Ministério Público, delegando-lhes atribuições, e requisitar servidores de órgãos do Ministério Público; **B:** incorreta. Como mencionado, a votação é secreta; **C:** incorreta. Não há essa regra prevista no texto constitucional; **D:** incorreta. É vedada a recondução; **E:** incorreta. Mais uma vez, não há essa regra prevista no texto constitucional.
Gabarito "A".

(Analista – TRT/10ª – 2013 – CESPE) A respeito das funções essenciais à justiça, julgue o item subsequente.

(1) A CF considera, de modo expresso, que o advogado é indispensável à administração da justiça.

1: correta. De acordo com o art. 133, *caput*, da CF O advogado é *indispensável à administração da justiça*, sendo inviolável por seus atos e manifestações no exercício da profissão, nos limites da lei.
Gabarito 1C

5. DEFESA DO ESTADO E DAS INSTITUIÇÕES DEMOCRÁTICAS

(Analista – TRT/10ª – 2013 – CESPE) Julgue os itens seguintes, a respeito do estado de defesa e do estado de sítio.

(1) O estado de sítio é medida mais branda de defesa do Estado e das instituições democráticas e, diferentemente do estado de defesa, não exige autorização prévia do Congresso Nacional para que possa ser decretado pelo presidente da República.

(2) O Congresso Nacional deixará de funcionar enquanto vigorar o estado de defesa.

(3) O estado de defesa e o estado de sítio são medidas excepcionais previstas no texto constitucional e visam à restauração da ordem em momentos de crise.

1: incorreta. O *estado de defesa* (art. 136 da CF) é mais brando que o de sítio e serve para preservar ou prontamente restabelecer, em locais restritos e determinados, a ordem pública ou a paz social ameaçadas por grave e iminente instabilidade institucional ou atingidas por calamidades de grandes proporções na natureza. *Não há necessidade de prévia autorização do Congresso Nacional para a sua decretação.* O *estado de sítio* (art. 137 da CF), ao contrário, *depende de autorização* do Congresso para a sua decretação (art. 137, parágrafo único, da CF). É cabível nas hipóteses de comoção grave de repercussão nacional, ineficácia do estado de defesa, declaração de estado de guerra ou resposta a agressão estrangeira armada; **2:** incorreta. De acordo com o art. 138, § 3º, da CF, o Congresso Nacional *permanecerá em funcionamento* até o término das medidas coercitivas; **3:** correta. Os estados de exceção (estado de sítio e de defesa) configuram situações de anormalidade institucional, momentos de crise em que o próprio texto constitucional autoriza que o Estado adote medidas de repressão, limitando algumas garantias fundamentais.
Gabarito 1E, 2E, 3C

(Analista – TRT/20ª – 2011 – FCC) No caso de comoção grave de repercussão nacional, o Presidente da República pode solicitar ao Congresso Nacional autorização para decretar o estado de sítio mediante prévia oitiva do

(A) Procurador-Geral da República.

(B) Conselho Nacional de Justiça e do Ministério da Defesa.

(C) Conselho Nacional de Justiça e do Congresso Nacional.

(D) Conselho da República e do Conselho de Defesa Nacional.

(E) Senado Federal.

As hipóteses de cabimento da decretação do estado de sítio estão previstas nos incs. I e II do art. 137 da CF e são: comoção grave de repercussão nacional ou ocorrência de fatos que comprovem a ineficácia de medida tomada durante o estado de defesa e declaração de estado de guerra ou resposta a agressão armada estrangeira. Nas duas hipóteses o Presidente da República, antes de solicitar ao Congresso Nacional autorização para a decretação do estado de sítio, ouve o Conselho da República e o de Defesa Nacional.
Gabarito "D".

6. TRIBUTAÇÃO E ORÇAMENTO

(Analista - TRF/4 - FCC - 2019) À luz da disciplina constitucional do processo de elaboração de leis orçamentárias,

(A) as emendas ao projeto de lei do orçamento anual serão apresentadas e apreciadas perante a Comissão mista permanente de Deputados e Senadores responsável por exercer o acompanhamento e a fiscalização da execução orçamentária.

(B) o projeto de lei de diretrizes orçamentárias será acompanhado de demonstrativo regionalizado do efeito, sobre as receitas e despesas, decorrente de isenções, anistias, remissões, subsídios e benefícios de natureza financeira, tributária e creditícia.

(C) o Presidente da República poderá propor modificação nos projetos de lei relativos ao plano plurianual, às diretrizes orçamentárias e ao orçamento anual, desde que não iniciada a votação do projeto respectivo, na Comissão mista parlamentar permanente.

(D) as emendas individuais ao projeto de lei orçamentária serão aprovadas no limite de 1,2% da receita corrente líquida prevista no projeto encaminhado pelo Poder Executivo, sendo que metade deste percentual será destinada a ações de desenvolvimento e manutenção do ensino.

(E) os recursos que, em decorrência de veto ao projeto de lei orçamentária anual, ficarem sem despesas correspondentes poderão ser utilizados, conforme o caso, mediante créditos especiais ou suplementares, com prévia e específica autorização legislativa.

A: incorreta, pois as emendas serão apresentadas na Comissão mista, que sobre elas emitirá parecer, e apreciadas pelo Plenário das duas Casas do Congresso Nacional (art. 166, § 2º, da CF); **B:** incorreta, pois o **projeto de lei orçamentária** será acompanhado de demonstrativo regionalizado do efeito, sobre as receitas e despesas, decorrente de isenções, anistias, remissões, subsídios e benefícios de natureza financeira, tributária e creditícia (art. 165, § 6º, da CF); **C:** incorreta, porque o Presidente da República poderá enviar mensagem ao Congresso Nacional para propor modificação nos projetos de lei relativos ao plano plurianual, às diretrizes orçamentárias e ao orçamento anual, enquanto não iniciada a votação, na Comissão mista, da parte cuja alteração é proposta (art. 166, § 5º, da CF); **D:** incorreta, já que as emendas individuais ao projeto de lei orçamentária serão aprovadas no limite de 1,2% da receita corrente líquida prevista no projeto encaminhado pelo Poder Executivo, sendo que a metade deste percentual será destinada a **ações e serviços públicos de saúde** (art. 166, § 9º, da CF); **E:** correta, de acordo com o art. 166, § 8º, da CF. **AN**
Gabarito "E".

(Analista – TRE/GO – 2015 – CESPE) No que se refere às normas constitucionais relativas ao Sistema Tributário Nacional, julgue o próximo item.

(1) De acordo com o princípio constitucional da capacidade contributiva, sempre que possível, os impostos terão caráter pessoal e serão graduados segundo a capacidade econômica do contribuinte.

1: correto. De acordo com o art. 145, § 1º, da CF, **sempre que possível, os impostos terão caráter pessoal e serão graduados segundo a capacidade econômica do contribuinte**, facultado à administração tributária, especialmente para conferir efetividade a esses objetivos, identificar, respeitados os direitos individuais e nos termos da lei, o patrimônio, os rendimentos e as atividades econômicas do contribuinte. **BV**
Gabarito 1C

(Analista – TRT/23ª – 2011 – FCC) O Banco Ouro S/A, sediado no Município de Bragança Paulista, Estado de São Paulo, iniciou operação de natureza financeira, concedendo crédito ao Banco Níquel S/A, cuja sede está estabelecida no Município de Niterói, Estado do Rio de Janeiro. Segundo a Constituição Federal, a fiscalização dessa operação de

natureza financeira é de competência

(A) do Município de Bragança Paulista.

(B) do Estado de São Paulo.

(C) do Estado do Rio de Janeiro.

(D) da União.

(E) do Município de Niterói.

A fiscalização dessa operação financeira cabe à União. Segundo a Constituição, o IOF – Imposto sobre operações financeiras – é da competência da União e está relacionado às operações de crédito, câmbio, seguro e relativas a títulos e valores mobiliários (art. 153, V, da CF).
Gabarito "D".

7. ORDEM ECONÔMICA E FINANCEIRA

(Analista – TRT/20ª – 2011 – FCC) Como agente normativo e regulador da atividade econômica, o Estado exercerá, na forma da lei,

(A) em regra, a exploração da atividade econômica, sendo determinante ao setor privado.

(B) o planejamento, sendo determinante para o setor privado.

(C) a fiscalização, sendo determinante para o setor privado.

(D) as funções de fiscalização, incentivo e planejamento, sendo este determinante para o setor público e indicativo para o setor privado.

(E) a fiscalização intensiva sobre o setor privado, assumindo, em regra, a exploração direta da atividade econômica.

Conforme o art. 174, *caput*, da CF, o Estado exercerá, como agente normativo e regulador da atividade econômica, na forma da lei, as funções de fiscalização, incentivo e planejamento, sendo este determinante para o setor público e indicativo para o setor privado.
Gabarito "D".

(Analista – TRE/AC – 2010 – FCC) Em relação à política agrícola e fundiária e da reforma agrária, analise:

I. A pequena e média propriedade rural, assim definida em lei, ainda que seu proprietário não possua outra, também é suscetível de desapropriação para fins de reforma agrária.

II. O decreto que declarar o imóvel como de interesse social, para fins de reforma agrária, autoriza a União a propor a ação de desapropriação.

III. O título de domínio e a concessão de uso aos beneficiários da distribuição de imóveis rurais pela reforma agrária serão conferidos ao homem ou à mulher, ou a ambos, independentemente do estado civil, nos termos e condições previstos em lei.

Está correto o que se afirma APENAS em

(A) II e III.

(B) I e III.

(C) III.

(D) II.

(E) I.

I: incorreta, pois não reflete o disposto no art. 185, I, da CF; **II:** correta. Art. 184, § 2º, da CF; **III:** correta. Art. 183, § 1º, da CF.
Gabarito "A".

(Analista – TRE/AL – 2010 – FCC) No tocante aos princípios gerais da atividade econômica, considere as seguintes assertivas:

I. A lei disciplinará, com base no interesse do Presidente da República, os investimentos de capital estrangeiro, incentivará os reinvestimentos e regulará a remessa de lucros.

II. A lei estabelecerá as diretrizes e bases do planejamento do desenvolvimento nacional equilibrado, o qual incorporará e compatibilizará os planos nacionais e regionais de desenvolvimento.

III. A lei apoiará e estimulará o cooperativismo e outras formas de associativismo.

IV. O Estado impedirá a organização da atividade garimpeira em cooperativas, mesmo não havendo risco ao meio ambiente.

Está correto o que se afirma APENAS em

(A) I e II.

(B) I, II e IV.

(C) II e III.

(D) II, III e IV.

(E) III e IV.

I: incorreta, pois não reflete o disposto no art. 172 da CF; **II:** correta. Art. 174, § 1º, da CF; **III:** correta. Art. 174, § 2º, da CF; **IV:** incorreta, pois não reflete o disposto no art. 174, § 3º, da CF.
Gabarito "C".

(Analista – TRE/AL – 2010 – FCC) Com relação à política de desenvolvimento urbano, é correto afirmar que a propriedade urbana cumpre sua função social quando atende às exigências fundamentais de ordenação da cidade expressas

(A) no Plano Diretor.

(B) nos critérios do chefe do Executivo.

(C) nas diretrizes do Governador do Estado.

(D) nas Portarias Ministeriais.

(E) nas resoluções dos respectivos Tribunais de Contas.

Art. 182, § 2º, da CF.
Gabarito "A".

(Analista – TRE/AL – 2010 – FCC) O sistema financeiro nacional, estruturado de forma a promover o desenvolvimento equilibrado do País e a servir aos interesses da coletividade, em todas as partes que o compõem, abrangendo as cooperativas de crédito, será regulado por

(A) Leis Ordinárias.

(B) Leis Complementares.

(C) Leis Delegadas.

(D) Medidas Provisórias.

(E) Resoluções.

Art. 192 da CF.
Gabarito "B".

(Analista – TRE/AL – 2010 – FCC) No tocante à Política Agrícola e Fundiária e à Reforma Agrária é INCORRETO afirmar que:

(A) A política agrícola será planejada e executada levando em conta apenas os instrumentos creditícios e fiscais, os preços compatíveis com os custos de produção e a garantia de comercialização.

(B) São insuscetíveis de desapropriação para fins de reforma agrária a pequena e média propriedade rural,

assim definida em lei, desde que seu proprietário não possua outra e a propriedade produtiva.

(C) A função social é cumprida quando a propriedade rural atende, simultaneamente, segundo critérios e graus de exigência estabelecidos em lei, os requisitos, além de outros previstos na Constituição Federal, de aproveitamento racional e adequado.

(D) A função social é cumprida quando a propriedade rural atende, simultaneamente, segundo critérios e graus de exigência estabelecidos em lei, os requisitos, além de outros previstos na Constituição Federal, de utilização adequada dos recursos naturais disponíveis e preservação do meio ambiente.

(E) A política agrícola será planejada e executada na forma da lei, com a participação efetiva do setor de produção, envolvendo produtores e trabalhadores rurais, bem como dos setores de comercialização, de armazenamento e de transportes.

A: incorreta, pois não reflete o disposto no art. 187, *caput*, I a VIII, da CF; **B:** correta. Art. 185, I, da CF; **C** e **D:** corretas. Art. 186, I a IV, da CF; **E:** correta. Art. 187, *caput*, da CF.
Gabarito "A".

8. ORDEM SOCIAL

(Analista – TJ/AM – 2013 – FGV) Com relação às previsões constitucionais sobre ciência e tecnologia (Artigos 218 e 219), assinale a afirmativa correta.

(A) Trata-se de normas programáticas que não trazem qualquer dispositivo autoaplicável para os Estados.

(B) União, Estados, Distrito Federal e municípios somente podem vincular parcela de sua receita orçamentária a entidades públicas de fomento ao ensino e à pesquisa científica e tecnológica até o limite definido em lei complementar.

(C) A pesquisa tecnológica voltar-se-á preponderantemente para a solução dos problemas regionais, uma vez que a Constituição prioriza o desenvolvimento igualitário de todas as regiões.

(D) Dos entes federativos, apenas a União pode vincular parcela de sua receita orçamentária a entidades públicas de fomento ao ensino e à pesquisa científica e tecnológica.

(E) A Constituição prevê o estímulo à autonomia tecnológica do país, o que dá amparo às leis que prevejam benefícios para as empresas que invistam em pesquisa e criação de tecnologia.

A: incorreta. Há dispositivos autoaplicáveis como, por exemplo, o art. 218, § 5º, da CF; **B:** incorreta. De acordo com o § 5º do art. 218 da CF, é facultado aos Estados e ao Distrito Federal vincular parcela de sua receita orçamentária a entidades públicas de fomento ao ensino e à pesquisa científica e tecnológica; **C:** incorreta. O art. 218, § 2º, da CF, determina que a pesquisa tecnológica voltar-se-á preponderantemente para a solução dos *problemas brasileiros* e para o desenvolvimento do sistema produtivo *nacional e regional*; **D:** incorreta. Como mencionado, *os Estados e o Distrito Federal* têm a faculdade de vincular de sua receita orçamentária a entidades públicas de fomento ao ensino e à pesquisa científica e tecnológica; **E:** correta. O § 4º do art. 218 da CF determina que a lei *apoiará e estimulará as empresas que invistam em pesquisa, criação de tecnologia* adequada ao País, formação e aperfeiçoamento de seus recursos humanos e que pratiquem sistemas de remuneração que assegurem ao empregado, desvinculada do salário, participação nos ganhos econômicos resultantes da produtividade de seu trabalho.

Gabarito "E".

(Analista – TJ/AM – 2013 – FGV) Com relação ao Regime Geral de Previdência Social, de caráter contributivo e filiação obrigatória, assinale a afirmativa correta.

(A) É assegurada a aposentadoria, neste regime, após trinta anos de contribuição, para os homens e vinte e cinco para as mulheres, independente da idade.

(B) Exige-se, para a concessão da aposentadoria, que o trabalhador tenha o tempo de contribuição e a idade mínima previstos na Constituição.

(C) É garantido que os benefícios de aposentadoria concedidos aos trabalhadores rurais podem ser inferiores a um salário mínimo se eles não tiverem contribuído por todo o tempo necessário à obtenção do benefício em valor integral.

(D) É vedada a filiação ao regime geral de previdência social, como segurado facultativo, de pessoa participante de regime próprio de previdência, embora ela possa ser contribuinte obrigatória de ambos os regimes, caso exerça duas atividades simultaneamente.

(E) Incumbe ao próprio empregador continuar pagando os salários dos seus trabalhadores que se encontrem doentes, por todo o tempo necessário ao seu restabelecimento, uma vez que a situação de doença não é amparada pelo regime geral de previdência social.

A: incorreta. De acordo com o art. 201, § 7º, da CF, a aposentadoria no regime geral de previdência social é assegurada aos *homens*, após *trinta e cinco anos* de contribuição, e as *mulheres* após *trinta anos* de contribuição; **B:** incorreta. Os requisitos não são cumulativos; **C:** incorreta. O § 2º do art. 201 da CF determina que *nenhum benefício que substitua o salário de contribuição ou o rendimento* do trabalho do segurado terá valor mensal *inferior ao salário mínimo*; **D:** correta. É o que determina o art. 201, § 5º, da CF; **E:** incorreta. O empregador pagará apenas os *primeiros 15 (quinze) dias* de afastamento. O art. 60, § 3º, da Lei 8.213/1991 determina que durante os primeiros quinze dias consecutivos ao do afastamento da atividade por motivo de doença, incumbirá à empresa pagar ao segurado empregado o seu salário integral.

Gabarito "D".

(Analista – TRE/AL – 2010 – FCC) A seguridade social compreende um conjunto integrado de ações de iniciativa dos Poderes Públicos e da sociedade, destinadas a assegurar os direitos relativos à saúde, à previdência e à assistência social, sendo que compete ao Poder Público, nos termos da lei, organizar a seguridade social, com base, dentre outros, nos seguintes objetivos:

(A) heterogeneidade na forma de participação no custeio.

(B) diversidade de formas e dos benefícios e dos serviços às populações urbanas e rurais.

(C) redução gradativa do valor dos benefícios.

(D) universalidade da cobertura e do atendimento.

(E) igualdade da base de financiamento.

Art. 194, parágrafo único, I a VII, da CF.

Gabarito "D".

9. QUESTÕES COMBINADAS

(Analista - TRT/15 - FCC - 2018) Sindicato de servidores públicos estaduais de determinada categoria, em funcionamento há menos de um ano, pretende propor mandado de segurança para afastar a aplicação de edital de concurso público de promoção de servidores titulares de cargos públicos efetivos, por entender que os critérios de promoção adotados pela Administração pública violam princípios constitucionais. De acordo com as normas constitucionais, o sindicato

(A) tem legitimidade para propor mandado de segurança coletivo perante a Justiça do Trabalho, competente para julgar a matéria.

(B) tem legitimidade para propor mandado de segurança coletivo perante a Justiça Estadual, competente para julgar a matéria.

(C) não tem legitimidade para propor mandado de segurança coletivo, por faltar-lhe o requisito de tempo mínimo de funcionamento, mas os servidores públicos prejudicados pelo edital poderão impetrar mandado de segurança individual perante a Justiça do Trabalho, competente para julgar a matéria.

(D) não tem legitimidade para propor mandado de segurança coletivo, assegurado apenas às entidades de classe e às associações, mas os servidores públicos prejudicados pelo edital poderão impetrar mandado de segurança individual perante a Justiça Estadual, competente para julgar a matéria.

(E) tem legitimidade para propor mandado de segurança individual perante a Justiça do Trabalho, competente para julgar a matéria.

De acordo a Constituição de 1988, o mandado de segurança coletivo pode ser impetrado: a) por partido político com representação no Congresso Nacional; b) por organização sindical; c) por entidade de classe; ou d) por associação legalmente constituída e em funcionamento há pelo menos um ano, em defesa dos interesses de seus membros ou associados (art. 5º, LXX). Assim, a legitimidade do sindicato para a impetração de mandado de segurança coletivo independe da comprovação de um ano de constituição e funcionamento (STF, RE 198919, Relator: Min. Ilmar Galvão, Primeira Turma, julgado em 15/06/1999). Ademais, compete à Justiça comum julgar as ações de servidores contra o Poder Público, conforme entendimento do STF: "*Competência. Justiça do Trabalho. Incompetência reconhecida. Causas entre o poder público e seus servidores estatutários. Ações que não se reputam oriundas de relação de trabalho. Conceito estrito dessa relação. Feitos da competência da Justiça comum. Interpretação do art. 114, I, da CF, introduzido pela EC 45/2004. Precedentes. Liminar deferida para excluir outra interpretação. (...) O disposto no art. 114, I, da CF não abrange as causas instauradas entre o poder público e servidor que lhe seja vinculado por relação jurídico-estatutária.*" (ADI 3395 MC, Relator: Min. Cezar Peluso, Tribunal Pleno, julgado em 05/04/2006). Logo, o sindicato tem legitimidade para propor mandado de segurança coletivo perante a Justiça Estadual, competente para julgar a matéria. **AN**

Gabarito "B".

(Analista Jurídico –TCE/PA – 2016 – CESPE) No que se refere aos direitos e garantias fundamentais e a outros temas relacionados ao direito constitucional, julgue os próximos itens.

(1) É do Supremo Tribunal Federal a competência para o processo e o julgamento de mandado de injunção coletivo apontando ausência de norma regulamentadora a cargo do Tribunal de Contas da União (TCU) ajuizado por associação de classe devidamente constituída.

(2) Como o *habeas data* não pode ser utilizado por pessoa jurídica, deve ser reconhecida a ilegitimidade ativa na hipótese de pessoa jurídica ajuizar *habeas data* para obter informações de seu interesse constante de dados de determinada entidade governamental.

(3) Considere que, em procedimento de controle administrativo, o Conselho Nacional de Justiça (CNJ) tenha rejeitado pedido do interessado de reconhecimento da ilegalidade de ato praticado por tribunal de justiça e que, inconformado, o interessado tenha impetrado mandado de segurança contra o CNJ no Supremo Tribunal Federal (STF). Nessa situação, conforme o entendimento do STF, a decisão negativa do CNJ não está sujeita a revisão por meio de mandado de segurança impetrado diretamente na Suprema Corte.

1: correta. A competência, de fato, é do STF, conforme determina o art. 102, I, *q*, da CF. Determina tal dispositivo que compete ao Supremo Tribunal Federal o processo e julgamento, de forma originária, do mandado de injunção, **quando a elaboração da norma** regulamentadora **for atribuição** do Presidente da República, do Congresso Nacional, da Câmara dos Deputados, do Senado Federal, das Mesas de uma dessas Casas Legislativas, **do Tribunal de Contas da União**, de um dos Tribunais Superiores, ou do próprio Supremo Tribunal Federal. Além disso, de acordo com o art. 12, III, da Lei 13.300, de 23 de junho de 2016 (Lei do Mandado de Injunção), o mandado de injunção coletivo pode ser promovido por organização sindical, **entidade de classe ou associação legalmente constituída** e em funcionamento há pelo menos 1 (um) ano, para assegurar o exercício de direitos, liberdades e prerrogativas em favor da totalidade ou de parte de seus membros ou associados, na forma de seus estatutos e desde que pertinentes a suas finalidades, dispensada, para tanto, autorização especial; **2:** errada. Ao contrário do mencionado, o *habeas data* **pode ser impetrado por pessoa jurídica**; **3:** correta. O STF, no julgamento do MS 26676 DF, já decidiu que "**as deliberações negativas do Conselho Nacional de Justiça não estão sujeitas a revisão por meio de mandado de segurança impetrado diretamente no Supremo Tribunal Federal**. II - Para o reconhecimento de eventual nulidade, ainda que absoluta, faz-se necessária a demonstração do prejuízo efetivamente sofrido. III - Mandado de segurança conhecido em parte e, nessa extensão, denegada a ordem" (grifos nossos). 🔳

Gabarito 1C, 2E, 3C

(Analista Jurídico –TCE/PA – 2016 – CESPE) No que se refere aos poderes da República e ao Tribunal de Contas da União, julgue os itens subsequentes.

(1) Em decorrência das prerrogativas da autonomia e do autogoverno, o TCU detém iniciativa reservada para instaurar processo legislativo destinado a alterar sua organização e funcionamento, sendo formalmente inconstitucional lei de iniciativa parlamentar que disponha sobre a referida matéria.

(2) Segundo o STF, configura hipótese de inconstitucionalidade formal, por vício de iniciativa, a edição de lei de iniciativa parlamentar que estabeleça atribuições para órgãos da administração pública.

1: correta. De acordo com o STF: "Conforme reconhecido pela Constituição de 1988 e por esta Suprema Corte, **gozam as Cortes de Contas do país das prerrogativas da autonomia e do autogoverno, o que inclui, essencialmente, a iniciativa reservada para instaurar processo legislativo que pretenda alterar sua organização e seu funcionamento**,

como resulta da interpretação sistemática dos arts. 73, 75 e 96, II, *d*, da CF (...).[ADI 4.418 MC, rel. min. Dias Toffoli, j. 06.10.2010, P, *DJE* de 15.06.2011.] Vide: ADI 1.994, rel. min. Eros Grau, j. 24.05.2006, P, *DJ* de 08.09.2006 (grifos nossos); **2:** correta. Determina o STF que "**É indispensável a iniciativa do chefe do Poder Executivo** (mediante projeto de lei ou mesmo, após a EC 32/2001, por meio de decreto) **na elaboração de normas que de alguma forma remodelem as atribuições de órgão pertencente à estrutura administrativa** de determinada unidade da Federação.[ADI 3.254, rel. min. Ellen Gracie, j. 16.11.2005, P, *DJ* de 02.12.2005.] (grifos nossos). 🔳

Gabarito 1C, 2C

(Analista Jurídico – TCE/PR – 2016 – CESPE) No que concerne ao mandado de segurança, à reclamação e às ações popular, civil pública e de improbidade administrativa, assinale a opção correta de acordo com a legislação e com a jurisprudência dos tribunais superiores.

(A) O cabimento do mandado de segurança depende da presença de direito líquido e certo e, portanto, esse instrumento será inadequado quando a matéria de direito, objeto da ação, for controvertida.

(B) O Superior Tribunal de Justiça possui competência originária para julgar ação popular quando no polo passivo da demanda figurar ministro de Estado.

(C) O Superior Tribunal de Justiça reconhece o direito à propositura de ação de improbidade exclusivamente contra particular, nos casos em que não se possa identificar agente público autor do ato de improbidade.

(D) A reclamação é a medida que poderá ser utilizada para garantir a observância do caráter vinculante de decisão proferida nos incidentes de resolução de demandas repetitivas e de assunção de competência.

(E) O Supremo Tribunal Federal consagrou o entendimento no sentido da indispensabilidade da observância do princípio do contraditório no inquérito civil que fundamente o ajuizamento de ação civil pública.

A: incorreta. Embora a expressão seja "direito líquido e certo", o que deve ser comprovado de plano é o fato. Será dotado de certeza e liquidez aquele fato que contenha prova pré-constituída. Por exemplo, o portador do vírus HIV, que possui um laudo médico confirmando a existência da doença – AIDS –, tem direito líquido e certo a receber a medicação do governo para se manter vivo. Por outro lado, **a controvérsia sobre matéria de direito**, conforme determina a Súmula 625 do STF, **não impede concessão de mandado de segurança**; **B:** incorreta. O STJ não detém competência para julgar ação popular. O entendimento do STF é de que "A competência para julgar ação popular contra ato de qualquer autoridade, até mesmo do presidente da República, é, via de regra, **do juízo competente de primeiro grau**. [AO 859 QO, rel. p/ o ac. min. Maurício Corrêa, j. 11.10.2001, P, *DJ* de 01.08.2003.]; **c:** incorreta. A ação de improbidade administrativa **não pode ser proposta apenas em relação a particulares**. Segundo o STJ: "os particulares não podem ser responsabilizados com base na LIA [Lei de improbidade Administrativa] sem que figure no polo passivo um agente público responsável pelo ato questionado, o que não impede, contudo, o eventual ajuizamento de Ação Civil Pública comum para obter o ressarcimento do Erário" (REsp 896.044/PA, Rel. Min. Herman Benjamin, Segunda Turma, julgado em 16.09.2010, *DJe* 19.04.2011); **D:** correta. Determina o art. 988, IV, do CPC, alterado pela Lei nº 13.256, de 2016, que caberá reclamação da parte interessada ou do Ministério Público, dentre outras hipóteses, para garantir a observância de acórdão proferido em julgamento de incidente de resolução de demandas repetitivas ou de incidente de assunção de competência; **E:** incorreta. Ao contrário do mencionado, de acordo com o STF: "AGRAVO DE INSTRUMENTO. ADMINISTRATIVO. AÇÃO

CIVIL PÚBLICA. DEFESA DO PATRIMÔNIO PÚBLICO. LEGITIMIDADE DO MINISTÉRIO PÚBLICO. **DESNECESSIDADE DE OBSERVÂNCIA, NO INQUÉRITO CIVIL, DOS PRINCÍPIOS DO CONTRADITÓRIO E DA AMPLA DEFESA**. PRECEDENTES. AGRAVO AO QUAL SE NEGA SEGUIMENTO" (STF – AI: 790829 RS, Relator: Min. CÁRMEN LÚCIA, Data de Julgamento: 13.06.2011, Data de Publicação: *DJe*-121 DIVULG 24.06.2011 PUBLIC 27.06.2011) (grifos nossos). TM

Gabarito "D".

(**Analista – Judiciário –TRE/PI – 2016 – CESPE**) A respeito do controle de constitucionalidade, das finanças públicas e da ordem econômica financeira, assinale a opção correta.

(A) De acordo com a CF, a realização de licitação para a prestação de serviços públicos é obrigatória sob o regime de concessão, mas dispensável no caso de permissão.

(B) Em razão da sua natureza meramente administrativa, o TCU não poderá exercer o controle de constitucionalidade incidental de uma lei ou de atos do poder público quando do julgamento de seus processos.

(C) A decisão em sede de ADI, apesar de sua eficácia contra todos e de seu efeito vinculante, não atinge o Poder Legislativo em sua função típica.

(D) Lei Orgânica municipal que receba emenda com previsão para obrigação vedada expressamente pela CF,

em razão da pertinência temática, poderá ser objeto de ADI perante o STF.

(E) Ainda que tenha vedado a possibilidade de abertura de crédito extraordinário por medida provisória para atender despesas imprevisíveis e urgentes, a CF previu a possibilidade de tramitação legislativa em regime de urgência.

A: incorreta. De acordo com o *caput* do art. 175 da CF, incumbe ao Poder Público, na forma da lei, diretamente ou sob regime de concessão ou permissão, **sempre por meio de licitação**, a prestação de serviços públicos; **B:** incorreta. Determina a Súmula 347 do STF que o Tribunal de Contas, no exercício de suas atribuições, **pode apreciar a constitucionalidade das leis e dos atos do Poder Público**; **C:** correta. O **efeito vinculante não atinge o Poder Legislativo** na sua função típica, pois, caso contrário, haveria uma petrificação no sistema e as decisões do Supremo, que fossem dotadas de efeito vinculante, impediriam o exercício da função típica do legislativo; **D:** incorreta. Lei de natureza municipal não pode ser questionada no STF por meio de ADI. De acordo com art. 102, I, *a*, da CF, é da competência do Supremo Tribunal Federal o processo e julgamento, de forma originária, da ação direta de inconstitucionalidade **de lei ou ato normativo** federal ou estadual e a ação declaratória de constitucionalidade de lei ou ato normativo federal; **E:** incorreta. Ao contrário do mencionado, **a CF admite a abertura de crédito extraordinário por meio de medida provisória**, conforme determina os arts. 62, § 1º, I, *d*, e 167, § 3º, ambos da CF. TM

Gabarito "C".

11. DIREITO PENAL

Eduardo Dompieri e Arthur Trigueiros

1. CONCEITO, FONTES, PRINCÍPIOS E APLICAÇÃO DA LEI NO TEMPO E NO ESPAÇO

(Analista Judiciário - TJ/AL - 2018 - FGV) No dia 02.01.2018, Jéssica, nascida em 03.01.2000, realiza disparos de arma de fogo contra Ana, sua inimiga, em Santa Luzia do Norte, mas terceiros que presenciaram os fatos socorrem Ana e a levam para o hospital em Maceió. Após três dias internada, Ana vem a falecer, ainda no hospital, em virtude exclusivamente das lesões causadas pelos disparos de Jéssica.

Com base na situação narrada, é correto afirmar que Jéssica:

(A) não poderá ser responsabilizada criminalmente, já que o Código Penal adota a Teoria da Atividade para definir o momento do crime e a Teoria da Ubiquidade para definir o lugar;

(B) poderá ser responsabilizada criminalmente, já que o Código Penal adota a Teoria do Resultado para definir o momento do crime e a Teoria da Atividade para definir o lugar;

(C) poderá ser responsabilizada criminalmente, já que o Código Penal adota a Teoria da Ubiquidade para definir o momento do crime e a Teoria da Atividade para definir o lugar;

(D) não poderá ser responsabilizada criminalmente, já que o Código Penal adota a Teoria da Atividade para definir o momento do crime e apenas a Teoria do Resultado para definir o lugar;

(E) poderá ser responsabilizada criminalmente, já que o Código Penal adota a Teoria do Resultado para definir o momento do crime e a Teoria da Ubiquidade para definir o lugar.

Segundo consta do enunciado, Jéssica, um dia antes de atingir a maioridade, investiu contra sua inimiga Ana, alvejando-a com disparos de arma de fogo. Socorrida por pessoas que a tudo assistiram, Ana permanece hospitalizada por três dias e, não resistindo aos ferimentos provocados por Jéssica, vem a falecer. Temos, portanto, que a conduta levada a efeito por Jéssica (disparos de arma de fogo) verificou-se ao tempo em que ela ainda era inimputável (17 anos); posteriormente, quando já contava com 18 anos, a vítima contra a qual Jéssica investiu vem a falecer (o resultado foi produzido quando ela já era maior). A questão que aqui se coloca é saber se Jéssica deve ser responsabilizada na qualidade de imputável ou como inimputável. Para os efeitos do ECA (Estatuto da Criança e do Adolescente), deve ser considerada a idade do adolescente à data da conduta (ação ou omissão). Assim, se a prática da conduta se deu a poucos dias de o adolescente atingir a maioridade (o disparo de uma arma de fogo) e o resultado foi produzido quando o agente completou 18 anos (morte da vítima), valerá, aqui, a data do fato e não a do resultado, de forma que o agente ficará sujeito a uma medida socioeducativa, isto é, não responderá criminalmente. Incorporou-se, portanto, a teoria da atividade, consagrada no art. 4º do Código Penal,

segundo a qual se considera praticado o crime no momento da ação ou omissão (conduta), ainda que outro seja o do resultado. É o que estabelece o art. 104, parágrafo único, do ECA. Aplicando tal regra ao caso narrado no enunciado, forçoso concluir que Jéssica deve ser responsabilizada como menor (cometeu ato infracional), sujeitando-se, portanto, à imposição de medidas socioeducativas. Ademais disso, em matéria de lugar do crime, o legislador adotou, no CP, a teoria mista ou da ubiquidade, segundo a qual se considera praticado o crime no lugar onde ocorreu a ação ou omissão, no todo ou em parte, bem como onde se produziu ou deveria produzir-se o resultado (art. 6º do CP). **ED** Gabarito "A".

(Analista Jurídico - TRF5 - FCC - 2017) Sobre a aplicação da lei penal, é correto afirmar que

(A) o Código Penal adotou o princípio da territorialidade, em relação à aplicação da lei penal no espaço. Tal princípio é absoluto, não admitindo qualquer exceção.

(B) transitada em julgado a sentença condenatória, compete ao Juízo do Conhecimento a aplicação da lei mais benigna.

(C) a lei aplicável para os crimes permanentes será aquela vigente quando se iniciou a conduta criminosa do agente.

(D) quando a *abolitio criminis* se verificar depois do trânsito em julgado da sentença penal condenatória, extinguir-se-ão todos os efeitos penais e extrapenais da condenação.

(E) a lei excepcional ou temporária, embora decorrido o período de sua duração ou cessadas as circunstâncias que a determinaram, aplica-se ao fato praticado durante a sua vigência.

A: incorreta (art. 5º, *caput*, do CP), pois houve a adoção, pelo Brasil, do princípio da territorialidade temperada. Assim, como regra, aos crimes cometidos em território nacional, aplicar-se-á a lei brasileira, sem prejuízo, contudo, das convenções, tratados e regras de direito internacional que disponham em sentido contrário. Em outras palavras, o postulado da territorialidade, dado que comporta exceção, não é absoluto, como afirmado na assertiva; **B:** incorreta. Segundo disposto no art. 66, I, da LEP e entendimento firmado na Súmula 611, do STF, com o advento do trânsito em julgado da sentença condenatória, a aplicação da lei mais benigna caberá ao juízo da execução; caberia ao juízo processante (de conhecimento) se a lei penal mais favorável ao agente entrasse em vigor no curso da instrução e antes do trânsito em julgado; se tal ocorrer em grau de recurso, ao tribunal competente caberá o reconhecimento da *lex mitior*; **C:** incorreta. Segundo entendimento firmado na Súmula 711 do STF, "A lei penal mais grave aplica-se ao crime continuado ou ao crime permanente, se a sua vigência é anterior à cessação da continuidade ou da permanência". Cabe relembrar que *crime permanente* é aquele cuja consumação se protrai no tempo por vontade do agente. Exemplo sempre lembrado pela doutrina é o crime de *sequestro e cárcere privado*, capitulado no art. 148 do CP, em que a consumação se opera no momento em que a vítima é privada de sua liberdade. Essa consumação, que teve início com a privação da liberdade da vítima, prolongar-se-á no tempo. Por tudo isso, a lei aplicável para os crimes

permanentes será aquela vigente ao tempo da cessação da permanência, e não por ocasião de seu início; **D**: incorreta. A chamada *abolitio criminis* corresponde à situação em que a lei nova deixa de considerar infração penal determinado fato até então tido como tal. Em outras palavras, a lei nova exclui do âmbito de incidência do Direito Penal um fato que, sob a égide da lei anterior, era considerado criminoso. Sua previsão está no art. 2°, *caput*, do CP e o seu reconhecimento leva à extinção da punibilidade (art. 107, III, CP). Alcança a execução (condenação com trânsito em julgado) e os efeitos penais da sentença condenatória; subsistem, entretanto, os efeitos extrapenais da condenação, tal como a obrigação de reparar o dano causado pelo delito. Exemplo é o que se deu com o adultério, que, então previsto no art. 240 do CP, deixou de ser considerado crime com o advento da Lei 11.106/2005; **E**: correta, pois corresponde ao que estabelece o art. 3° do CP. No que toca às leis de vigência temporária (tanto as temporárias quanto as excepcionais), estas são consideradas *ultra-ativas* e *autorrevogáveis*. Quer-se com isso dizer que tudo o que ocorrer na vigência de uma lei temporária ou excepcional será por ela regido, mesmo que não mais esteja em vigor, pois, se assim não fosse, nenhuma eficácia teria. Não se aplica às leis de vigência temporária, assim, o princípio da retroatividade benéfica. **ED**
Gabarito "E".

(Analista – STF – 2013 – CESPE) Acerca dos princípios gerais que norteiam o direito penal, das teorias do crime e dos institutos da Parte Geral do Código Penal brasileiro, julgue os itens a seguir.

(1) Considere que Manoel, penalmente imputável, tenha sequestrado uma criança com o intuito de receber certa quantia como resgate. Um mês depois, estando a vítima ainda em cativeiro, nova lei entrou em vigor, prevendo pena mais severa para o delito. Nessa situação, a lei mais gravosa não incidirá sobre a conduta de Manoel.

(2) A teoria finalista adota o conceito clássico de ação, entendida como mero impulso mecânico, dissociado de qualquer conteúdo da vontade.

(3) Considerando o disposto no Código Penal brasileiro, quanto à matéria do erro, é correto afirmar que, em regra, o erro de proibição recai sobre a consciência da ilicitude do fato, ao passo que o erro de tipo incide sobre os elementos constitutivos do tipo legal do crime.

1: errada. Sendo a extorsão mediante sequestro – art. 159, CP crime permanente, em que a consumação se prolonga no tempo por vontade do agente, a sucessão de leis penais no tempo enseja a aplicação da lei vigente enquanto não cessado o comportamento ilícito, ainda que se trate de lei mais gravosa. É esse o entendimento firmado na Súmula n. 711 do STF: "A lei penal mais grave aplica-se ao crime continuado ou ao crime permanente, se a sua vigência é anterior à cessação da continuidade ou permanência"; **2**: incorreta. A assertiva se refere, em verdade, à chamada teoria causal (naturalística ou clássica), em relação à qual a conduta deve ser entendida como um comportamento humano voluntário, positivo ou negativo, apto a produzir modificação no mundo exterior. Já para a teoria finalista, a conduta corresponde a um comportamento humano, consciente e voluntário, dirigido, como o próprio nome sugere, a uma finalidade, a um propósito; **3**: correta. O *erro de proibição*, denominação concebida pela doutrina, é chamado, pelo Código Penal, de erro sobre a ilicitude do fato (art. 21, CP). Uma vez reconhecido, exclui a culpabilidade (art. 21, *caput*, CP), desde que escusável; se inescusável, constituirá causa de redução de pena. O erro de tipo, por sua vez, tem por objeto os elementos constitutivos do tipo penal, gerando a exclusão do dolo e, em consequência, da tipicidade penal (art. 20, *caput*, CP). **ED**
Gabarito 1E, 2E, 3C.

(Analista – TRT/8ª – 2010 – FCC) José, brasileiro, cometeu crime de peculato, apropriando-se de valores da embaixada brasileira no Japão, onde trabalhava como funcionário público. Em tal situação,

(A) somente se aplica a lei brasileira se José não tiver sido absolvido no Japão, por sentença definitiva.

(B) somente se aplica a lei brasileira se José não tiver sido processado pelo mesmo fato no Japão.

(C) aplica-se a lei brasileira, independentemente da existência de processo no Japão e de entrada do agente no território nacional.

(D) a aplicação da lei brasileira independe da existência de processo no Japão, mas está condicionada à entrada do agente no território nacional.

(E) aplica-se a lei brasileira somente se for mais favorável ao agente do que a lei japonesa.

Pela disciplina estabelecida no art. 7°, I, *b*, do Código Penal, embora cometido no estrangeiro, o crime praticado por José ficará sujeito à lei penal brasileira, ainda que absolvido ou condenado no Japão. Estamos diante da incidência extraterritorial da lei penal brasileira, que, em face do bem jurídico tutelado, opera-se de forma incondicionada. Para que fique claro, portanto, este dispositivo do Código Penal contempla hipótese de extraterritorialidade incondicionada. A lei brasileira, aqui, será aplicada ao crime cometido no estrangeiro contra o patrimônio ou a fé pública da Administração Pública por quem está a seu serviço independente de qualquer condição. **ED**
Gabarito "C".

(Analista – TRT/8ª – 2010 – FCC) João cometeu um crime para o qual a lei vigente na época do fato previa pena de reclusão. Posteriormente, lei nova estabeleceu somente a sanção pecuniária para o delito cometido por João. Nesse caso,

(A) a aplicação da lei nova depende da expressa concordância do Ministério Público.

(B) aplica-se a lei nova somente se a sentença condenatória ainda não tiver transitado em julgado.

(C) não se aplica a lei nova, em razão do princípio da irretroatividade das leis penais.

(D) aplica-se a lei nova, mesmo que a sentença condenatória já tiver transitado em julgado.

(E) a aplicação da lei nova, se tiver havido condenação, depende do reconhecimento do bom comportamento carcerário do condenado.

A: incorreta, visto que a aplicação da lei nova mais favorável prescinde de anuência do Ministério Público, é dizer, a retroação da lei mais benéfica não está condicionada à concordância do MP; **B**: incorreta, já que a lei nova mais benéfica, em consonância com a disciplina estabelecida no art. 2°, parágrafo único, do CP, poderá abarcar fatos anteriores já decididos por sentença condenatória passada em julgado; **C**: incorreta, dado que a lei penal nova mais benéfica é portadora tanto de retroatividade quanto de ultratividade – art. 5°, XL, da CF; **D**: correta, pois a assertiva está em consonância com o disposto no art. 2°, parágrafo único, do CP; **E**: incorreta; a aplicação da lei nova, ainda que tenha havido condenação ou mesmo trânsito em julgado, não está condicionada ao bom comportamento do réu/condenado. Inexiste, pois, essa imposição. **ED**
Gabarito "D".

(Analista – TRE/BA – 2010 - CESPE) Em relação ao direito penal e à remição da pena, julgue o próximo item.

(1) Para a doutrina e jurisprudência majoritária, o princípio da insignificância, quando possível sua aplicação, exclui o crime, afastando a antijuridicidade.

1: assertiva incorreta, visto que a incidência do princípio da insignificância (delito de bagatela) constitui causa supralegal de exclusão da *tipicidade* material. Não há, portanto, repercussão no campo da *antijuridicidade* (ilicitude). **ED**
Gabarito 1E

(Analista – TRE/CE – 2012 – FCC) NÃO é uma das condições necessárias dentre aquelas estabelecidas pelo Código Penal para aplicação da lei brasileira, ao crime cometido no estrangeiro praticado por brasileiro:

(A) entrar o agente no território nacional no prazo máximo de dois anos após o crime.

(B) ser o fato punível também no país onde foi praticado.

(C) estar o crime incluído entre aqueles pelos quais a lei brasileira autoriza a extradição.

(D) não ter sido o agente absolvido no estrangeiro.

(E) não ter sido o agente perdoado no estrangeiro.

A: incorreta (devendo ser assinalada), pois o art. 7°, § 2°, *a*, do CP não fixou prazo para o ingresso do agente no território nacional; **B:** correta, sendo a condição prevista no art. 7°, § 2°, *b*, do CP; **C:** correta, sendo a condição contemplada no art. 7°, § 2°, *c*, do CP; **D:** correta, sendo a condição prevista no art. 7°, § 2°, *d*, do CP; **E:** correta, sendo a condição prevista no art. 7°, § 2°, *e*, do CP. **ED**
Gabarito "A"

(Analista – TRE/RJ – 2012 – CESPE) A respeito de institutos diversos de direito penal, julgue os itens a seguir.

(1) Nos casos de delitos contra o patrimônio praticados sem violência ou grave ameaça à pessoa, a aplicação do princípio da insignificância é admitida pelo Superior Tribunal de Justiça, mesmo que existam condições pessoais desfavoráveis, tais como maus antecedentes, reincidência ou ações penais em curso.

(2) Segundo a jurisprudência do Superior Tribunal de Justiça, é inidônea a utilização do critério do número de infrações penais praticadas para calcular o percentual de aumento da pena fundado no crime continuado.

1: correta. O fato de o réu ser reincidente ou ainda portador de maus antecedentes criminais não obsta a aplicação do princípio da insignificância, cujo reconhecimento está condicionado à existência de outros requisitos. Nesse sentido: STF, RE 514.531/RS, 2.ª T., j. 21.10.2008, rel. Min. Joaquim Barbosa, *DJ* 06.03.2009; STJ, HC 221.913/SP, 6.ª T., j. 14.02.2012, rel. Min. Og Fernandes, *DJ* 21.03.2012. Mais recentemente, o plenário do STF, em julgamento conjunto de três HCs, adotou o entendimento no sentido de que a incidência ou não do postulado da insignificância em favor de agentes reincidentes ou com maus antecedentes autores de crimes patrimoniais desprovidos de violência ou grave ameaça deve ser aferida caso a caso. *Vide* HCs 123.108, 123.533 e 123.734; **2:** incorreta. De fato, o aumento de pena será determinado pelo número de crimes: quanto maior o número de infrações, maior deve ser o aumento. Nesse sentido: STJ, HC 234.861/SP, 5.ª T., j. 02.10.2012, rel. Min. Jorge Mussi, *DJ* 09.10.2012. **ED**
Gabarito 1C, 2E

(Analista – TRF/3ª Região – 2014 – FCC) Dentre as ideias estruturantes ou princípios abaixo, todos especialmente importantes ao direito penal brasileiro, NÃO tem expressa e literal disposição constitucional o da

(A) legalidade.

(B) proporcionalidade.

(C) individualização.

(D) pessoalidade.

(E) dignidade humana.

A: incorreta. O *princípio da legalidade, estrita legalidade* ou *reserva legal,* que está contemplado, de forma expressa, nos arts. 1° do CP e 5°, XXXIX, da CF, estabelece que os tipos penais só podem ser concebidos por lei em sentido estrito, ficando afastada, assim, a possibilidade de a lei penal ser criada por outras formas legislativas que não a lei em sentido formal, como, por exemplo, a *medida provisória* (art. 62, § 1°, I, *b*, da CF); **B:** correta (deve ser assinalada), na medida em que este princípio, embora tenha aplicação no âmbito do direito penal, não encontra previsão expressa e literal no texto da Constituição Federal. Cuida-se, portanto, de princípio implícito; **C:** incorreta. Princípio explícito previsto nos arts. 5°, XLVI, da CF e 59 do CP; **D:** incorreta. O *princípio da pessoalidade* ou *personalidade* ou *da responsabilidade pessoal,* que encontra previsão expressa no art. 5°, XLV, CF, prescreve que a pena não pode passar da pessoa do delinquente, podendo, entretanto, a obrigação de reparar o dano e a decretação de perdimento de bens ser, nos termos da lei, estendidas aos sucessores e contra eles executadas até o limite do valor do patrimônio transferido; **E:** incorreta, já que se trata de princípio contemplado, de forma expressa, no art. 1°, III, da CF. **ED**
Gabarito "B".

(Analista – TRF/4ª – 2010 – FCC) No que se refere à aplicação da lei penal, de acordo com o Código Penal, é certo que:

(A) a homologação de sentença estrangeira para obrigar o condenado à reparação do dano, quando da aplicação de lei brasileira produz na espécie as mesmas consequências, depende de pedido da parte interessada.

(B) a lei excepcional ou temporária, embora decorrido o período de sua duração ou cessadas as circunstâncias que a determinaram, não se aplica ao fato praticado durante sua vigência.

(C) a lei posterior, que de qualquer modo favorecer o agente, aplica-se aos fatos anteriores, salvo se decididos por sentença condenatória transitada em julgado.

(D) ficam sujeitos à lei brasileira, embora cometidos no estrangeiro, os crimes contra a vida ou a liberdade do Presidente ou do Vice-Presidente da República.

(E) a pena cumprida no estrangeiro é computada na pena imposta no Brasil pelo mesmo crime, quando diversas, ou nela é atenuada, quando idênticas.

A: correta, dado que em consonância com o art. 9°, I e parágrafo único, *a*, do CP; **B:** incorreta. Estabelece o art. 3° do CP que a lei temporária ou excepcional, embora decorrido o período de duração ou cessadas as circunstâncias que a determinaram, aplica-se, sim, ao fato praticado durante sua vigência. São *leis, portanto,* ultrativas e autorrevogáveis. Assertiva, dessa forma, incompatível com o teor do dispositivo; **C:** incorreta, na medida em que a lei posterior, que de qualquer modo favorecer o agente (*lex mitior*), aplica-se aos fatos anteriores, mesmo que estes tenham sido decididos por sentença condenatória passada em julgado – art. 2°, parágrafo único, do CP; **D:** incorreta, porquanto o art. 7°, I, *a*, do CP somente faz alusão a crimes contra a vida ou a liberdade do Presidente da República; **E:** incorreta (art. 8° do CP). **ED**
Gabarito "A".

(Analista – TJ/AM – 2013 – FGV) No tocante aos princípios constitucionais orientadores do estudo da Teoria do Crime, assinale a afirmativa **incorreta**.

(A) O *princípio da intervenção mínima* abrange os princípios da subsidiariedade e da fragmentariedade.

(B) O *princípio da dignidade humana* atua como uma espécie de "superprincípio", devendo toda norma jurídica nele se escorar.

(C) O *princípio da adequação social* serve de base de interpretação da norma, além de orientar o legislador para eventual revogação do tipo penal.

(D) O *princípio da insignificância* autoriza o afastamento da tipicidade material.

(E) O *princípio da alteridade* permite a punição do agente por conduta sem condições de atingir direito de terceiros.

A: correta. É do princípio da intervenção mínima, ao qual se submete o Direito Penal, que este deve interferir o mínimo possível na vida do indivíduo. Com isso, deve-se, tão somente em último caso, recorrer a este ramo do direito com o fito de solucionar conflitos surgidos em sociedade. Desta feita, se determinadas condutas podem ser contidas por meio de outros mecanismos de controle, deve-se evitar o Direito Penal, reservando-o àqueles comportamentos efetivamente nocivos. Pelo princípio da fragmentariedade, a lei penal constitui, por força do postulado da intervenção mínima, uma pequena parcela (fragmento) do ordenamento jurídico. Isso porque somente se deve lançar mão desse ramo do direito diante da ineficácia ou inexistência de outros instrumentos de controle social menos traumáticos (subsidiariedade); **B:** correta. Segundo o magistério de Cleber Rogério Masson, no artigo intitulado *Prescrição Penal como Direito Fundamental: Correlação Lógica entre Limites Estatais ao Direito de Punir e a Dignidade da Pessoa Humana*, "A análise do texto constitucional revela que a dignidade da pessoa humana não é um simples princípio. Muito mais do que isso, constitui-se em fundamento, e, por corolário, em valor supremo e fundante da República, da Federação, do País, da Democracia e do Direito. Portanto, não é apenas um princípio da ordem jurídica, mas o é também da ordem política, social, econômica e cultural. Daí a sua natureza de valor supremo, porque está na base de toda a vida nacional" (MIRANDA, Jorge; SILVA, Marco Antonio Marques da (coordenação). *Tratado Luso-Brasileiro da Dignidade Humana*. São Paulo: Quartier Latin, 2008. p. 815); **C:** correta. Segundo o postulado da adequação social, cujo conteúdo é dirigido tanto ao aplicador/intérprete da norma quanto ao legislador, não se pode reputar criminosa a conduta tolerada pela sociedade, ainda que corresponda a uma descrição típica. É dizer, embora formalmente típica, porque subsumida num tipo penal, carece de tipicidade material, porquanto em sintonia com a realidade social em vigor. A sociedade se mostra, nessas hipóteses, indiferente ante a prática da conduta, como é o caso da tatuagem. Também são exemplos: a circuncisão praticada na religião judaica; o furo na orelha para colocação de brinco etc.; **D:** correta. O princípio da insignificância, cuja aplicação é amplamente reconhecida pela jurisprudência, afasta, de fato, a tipicidade material da conduta. São requisitos necessários à sua incidência: mínima ofensividade da conduta; nenhuma periculosidade social da ação; reduzido grau de reprovabilidade do comportamento; e inexpressividade da lesão jurídica provocada (STF, HC 98.152-MG, 2ª T., rel. Min. Celso de Mello, 19.05.09); **E:** incorreta (devendo ser assinalada). É do princípio da alteridade que a conduta há de transcender a esfera individual do agente e atingir interesse alheio. Em outras palavras, ninguém será punido por ter feito mal a si mesmo. É por essa razão que não se punem a autolesão e a tentativa de suicídio. **ED**
Gabarito "E"

(Analista – TJ/AM – 2013 – FGV) No tocante à *aplicação da lei penal*, assinale a afirmativa **incorreta**.

(A) Lei penal extrativa é aquela que produz efeitos fora de seu período de vigência, podendo ser ultrativa ou retroativa.

(B) A *abolitio criminis* é causa de extinção da punibilidade.

(C) A *novatio legis in mellius* é retroativa, salvo quando já houve o trânsito em julgado da decisão condenatória respectiva.

(D) Em se tratado de crime permanente, aplica-se a lei vigente no momento em que cessou a permanência, ainda que se trate de lei penal mais gravosa.

(E) No caso de *abolitio criminis*, cessam os efeitos penais do fato praticado, persistindo os civis.

A: correta. A extratividade, fenômeno segundo o qual a lei opera efeitos fora de seu período de vigência, é gênero, do qual são espécies a ultratividade e a retroatividade. Por ultratividade se deve entender o fenômeno em que a norma jurídica é aplicada a fato ocorrido depois de sua revogação (os efeitos da lei são projetados para o futuro); já pela retroatividade, a norma jurídica tem incidência a fato verificado antes de iniciada a sua vigência. Deve ficar claro que, à luz do princípio do *tempus regit actum*, a lei deve disciplinar os fatos ocorridos sob a sua vigência. Em princípio, pois, não deve alcançar fatos verificados antes nem depois de a lei entrar em vigor. Sucede que, em determinadas situações, a incidência da lei penal poderá se dar de forma retroativa ou ultrativa; **B:** correta. De fato, a *abolitio criminis*, a teor do que estabelece o art. 107, III, do CP, é causa extintiva da punibilidade, em que a lei posterior deixa de considerar crime fato que antes era tipificado como tal (art. 2º, *caput*, do CP). Como consequência, ficam afastados o delito e também todos os seus reflexos penais; os efeitos civis, no entanto, subsistem; **C:** incorreta (devendo ser assinalada), visto que a lei penal nova mais favorável ao agente (*novatio legis in mellius*) alcançará o fato já decidido por sentença condenatória com trânsito em julgado. Tal é o que se extrai do art. 2º, parágrafo único, do CP; **D:** correta, pois corresponde ao entendimento firmado na Súmula 711 do STF: "A lei penal mais grave aplica-se ao crime continuado ou ao crime permanente, se a sua vigência é anterior à cessação da continuidade ou da permanência"; **E:** correta. Diante da ocorrência de *abolitio criminis*, ficam afastados, conforme se depreende do art. 2º, *caput*, parte final, do CP, os efeitos penais da sentença condenatória, remanescendo, no entanto, os efeitos civis. **ED**
Gabarito "C".

(Analista – TJ/AM – 2013 – FGV) Com relação à *lei penal no espaço*, assinale a afirmativa **incorreta**.

(A) A legislação penal brasileira adota o princípio da territorialidade absoluta.

(B) Aplica-se a lei penal brasileira aos crimes praticados em aeronave pública brasileira ainda que esteja em território estrangeiro.

(C) As embaixadas estrangeiras não são consideradas território estrangeiro, aplicando-se a lei brasileira nos crimes praticados no seu interior, salvo quando o autor for agente diplomático ou possua imunidade diplomática.

(D) São princípios empregados para solucionar a regra da extraterritorialidade: personalidade ou nacionalidade, domicílio, defesa, justiça universal, representação ou da bandeira.

(E) Para fins de Direito Penal, o conceito de território não se restringe à área limitada pelas fronteiras brasileiras.

A: incorreta (devendo ser assinalada), visto que, no que toca à lei penal no espaço, o CP adotou, em seu art. 5º, a territorialidade temperada (não a absoluta). Isso significa que, aos crimes perpetrados em território brasileiro, será aplicada a lei local, ressalvadas as convenções, tratados e regras de direito internacional; **B:** correta, dado que as embarcações e aeronaves públicas são consideradas, para os efeitos penais, extensão do território nacional; há de incidir, aos crimes praticados nas suas dependências, a lei penal brasileira (princípio da territorialidade – art. 5º, § 1º, CP); **C:** correta, pois, de fato, as sedes diplomáticas não são consideradas extensão do território estrangeiro, aplicando-se, bem por isso, a lei penal nacional aos crimes ali praticados; **D:** correta. Pelo princípio da

personalidade ou nacionalidade (art. 7º, II, *b*, do CP), deve ser aplicada a lei do país de origem do agente. Neste caso, a incidência da lei brasileira depende da conjugação das condições indicadas no art. 7º, § 2º, do CP; pelo princípio da defesa (ou proteção), a incidência extraterritorial da lei nacional leva em conta a nacionalidade do bem jurídico violado; pelo princípio da justiça universal, a lei nacional tem incidência no âmbito dos crimes previstos em tratados ou convenções subscritos pelo Brasil. São exemplos a tortura e o tráfico de drogas. Cuida-se de extraterritorialidade condicionada (art. 7º, II, *a*, e § 2º, do CP); por fim, enuncia o princípio da representação ou da bandeira que, sendo o crime praticado a bordo de aeronave ou navio brasileiro, mercante ou de propriedade privada, em território estrangeiro, o foro competente para o julgamento, desde que o governo do país estrangeiro não tenha interesse na punição do agente, é o da bandeira da aeronave ou do navio (Brasil). É a hipótese contida no art. 7º, II, *c*, do CP; **E:** correta, nos termos do art. 5º, § 1º, do CP. 🔲
Gabarito "A".

(Analista – MPU – 2010 – CESPE) Julgue o próximo item, relativo ao direito penal.

(1) De acordo com entendimento jurisprudencial, não se aplica o princípio da insignificância aos crimes ambientais, ainda que a conduta do agente se revista da mínima ofensividade e inexista periculosidade social na ação, visto que, nesse caso, o bem jurídico tutelado pertence a toda coletividade, sendo, portanto, indisponível.

1: incorreta. É que tanto o STF quanto o STJ acolhem a possibilidade de incidência do princípio da insignificância no contexto dos crimes ambientais. Conferir: "AÇÃO PENAL. Crime ambiental. Pescador flagrado com doze camarões e rede de pesca, em desacordo com a Portaria 84/02, do IBAMA. Art. 34, parágrafo único, II, da Lei nº 9.605/98. *Rei furtivae* de valor insignificante. Periculosidade não considerável do agente. Crime de bagatela. Caracterização. Aplicação do princípio da insignificância. Atipicidade reconhecida. Absolvição decretada. HC concedido para esse fim. Voto vencido. Verificada a objetiva insignificância jurídica do ato tido por delituoso, à luz das suas circunstâncias, deve o réu, em recurso ou *habeas corpus*, ser absolvido por atipicidade do comportamento" (STF, HC 112563, Relator: Min. RICARDO LEWANDOWSKI, Relator p/ Acórdão: Min. CEZAR PELUSO, Segunda Turma, julgado em 21.08.2012). No mesmo sentido, o STJ: "1. Esta Corte Superior de Justiça e o Supremo Tribunal Federal reconhecem a atipicidade material de determinadas condutas praticadas em detrimento do meio ambiente, desde que verificada a mínima ofensividade da conduta do agente, a ausência de periculosidade social da ação, o reduzido grau de reprovabilidade do comportamento e a inexpressividade da lesão jurídica provocada. Precedentes. 2. Hipótese em que os recorridos foram denunciados pela pesca em período proibido, com utilização de vara e molinete, tendo sido apreendidos com ínfima quantidade extraída da fauna aquática, de maneira que não causaram perturbação no ecossistema a ponto de reclamar a incidência do Direito Penal, sendo, portanto, imperioso o reconhecimento da atipicidade da conduta perpetrada, devendo ser ressaltado que os recorridos não possuem antecedentes criminais. 3. Recurso desprovido" (REsp 1743980/MG, Rel. Ministro Jorge Mussi, Quinta Turma, julgado em 04/09/2018, DJe 12/09/2018). 🔲
Gabarito 1E

2. CLASSIFICAÇÃO DOS CRIMES, FATO TÍPICO E TIPO PENAL

(Analista - TJ/SC - FGV - 2018) Durante uma discussão entre Carla e Luana, que eram amigas, Carla desfere, com intenção de causar lesão leve, um tapa na face de Luana, que a havia ofendido. Ocorre que, de maneira totalmente surpreendente, Luana vem a falecer no dia seguinte, em virtude do tapa recebido e da lesão causada, pois rompeu-se um desconhecido coágulo sanguíneo na cabeça, mesmo diante do fraco golpe. Na semana seguinte, a família de Luana, revoltada, procura a Delegacia, narra o ocorrido e afirma ter interesse em ver Carla processada criminalmente.

Confirmados os fatos, assim como a intenção de Carla, o Ministério Público poderá imputar a Carla a prática do(s) crime(s) de:

(A) lesão corporal leve dolosa e homicídio culposo;

(B) lesão corporal seguida de morte;

(C) lesão corporal leve;

(D) homicídio doloso;

(E) homicídio culposo.

Carla deverá ser responsabilizada pelo crime que quis praticar: lesão corporal de natureza leve (art. 129, *caput*, CP). O rompimento do coágulo sanguíneo existente na cabeça de Luana constitui causa preexistente relativamente independente. O enunciado não deixa dúvidas de que a agressora não tinha conhecimento da existência desta causa preexistente. Não é o caso de imputar a Carla o crime de lesão corporal seguida de morte, delito preterdoloso, já que a morte de Luana, tal como ocorreu, era absolutamente imprevisível. Como bem sabemos, no crime de lesão corporal seguida de morte, o resultado letal deve ocorrer a título de culpa. Da mesma forma, não é o caso de atribuir a Carla o cometimento do crime de homicídio culposo, já que o resultado morte não era previsível. A previsibilidade objetiva constitui requisito do delito culposo. Menos ainda é o caso de imputar a Carla o crime de homicídio doloso, pois, pelo que consta do enunciado, em momento algum ela desejou a morte da vítima. Seu intento era tão somente lesioná-la. 🔲
Gabarito "C".

(Analista Judiciário – TRE/PE – CESPE – 2017) De acordo com os principais teóricos do direito penal, a teoria da imputação objetiva se refere especificamente à

(A) culpabilidade.

(B) antijuridicidade.

(C) tipicidade material.

(D) relação de causalidade.

(E) punibilidade.

Para a teoria da *imputação objetiva*, desenvolvida, em 1970, por Claus Roxin, não basta a *tipicidade formal*, que corresponde à perfeita adequação do fato concreto à descrição típica contida na norma. É imprescindível ainda a chamada *tipicidade material*. É dizer, a responsabilização do agente não pode condicionar-se tão somente à causalidade natural. O crime, portanto, não pode ser analisado apenas do ponto de vista da causalidade material; é também necessário que a causalidade seja analisada sob o aspecto normativo. Assim, presente a tipicidade formal, só há que se falar em responsabilização quando a conduta criar, para o bem protegido, uma situação de perigo juridicamente proibida. Uma vez adotada a teoria da imputação objetiva, a relação de causalidade somente se estabelecerá se superadas as seguintes fases: análise do *tipo objetivo* (causalidade, criação de um risco proibido e realização do risco no resultado); análise do *tipo subjetivo, representado pelo dolo ou culpa.* 🔲
Gabarito "D".

(Analista Jurídico – TCE/PR – 2016 – CESPE) Considerando a relação de causalidade prevista no Código Penal, assinale a opção correta.

(A) As causas supervenientes relativamente independentes possuem relação de causalidade com a conduta do sujeito e não excluem a imputação do resultado.

(B) As causas preexistentes relativamente independentes não possuem relação de causalidade com a conduta do sujeito e excluem a imputação do resultado.

(C) As causas preexistentes absolutamente independentes possuem relação de causalidade com a conduta do sujeito e não excluem o nexo causal.

(D) As causas concomitantes relativamente independentes não possuem relação de causalidade com a conduta do sujeito e não excluem a imputação do resultado.

(E) As causas concomitantes absolutamente independentes não possuem relação de causalidade com a conduta do sujeito e excluem o nexo causal.

A: incorreta. As causas supervenientes relativamente independentes excluem, sim, a imputação, desde que sejam aptas, por si sós, a produzir o resultado; os fatos anteriores, no entanto, serão imputados a quem os praticou (art. 13, § 1°, do CP). Exemplo clássico e sempre lembrado pela doutrina é aquele em que a vítima de tentativa de homicídio é socorrida e levada ao hospital e, ali estando, vem a falecer, não em razão dos ferimentos que experimentou, mas por conta de incêndio ocorrido na enfermaria do hospital. Este evento (incêndio) do qual decorreu a morte da vítima constitui causa superveniente relativamente independente que, por si só, gerou o resultado. O nexo causal, nos termos do art. 13, § 1°, do CP, é interrompido (há imprevisibilidade). O agente, por isso, responderá por homicídio na forma tentada (e não na modalidade consumada). Perceba que, neste caso, estamos a falar de causa *relativamente* independente porque, não fosse a tentativa de homicídio, o ofendido não seria, por óbvio, hospitalizado e não seria, por consequência, vítima do incêndio que produziu, de fato, a sua morte; **B:** incorreta. A chamada causa preexistente relativamente independente, como o nome sugere, existe previamente à conduta do agente. Exemplo clássico: "A", agindo com *animus necandi* em relação a "B", contra este desfere golpe de facão em região não letal; no entanto, por ser portador de hemofilia, "B" tem seu quadro agravado e, por conta disso, vem a falecer. Neste caso, o resultado naturalístico (morte), porque querido por "A", a este será imputado, respondendo por homicídio consumado. Veja que, se excluirmos a conduta de "A" (golpe de facão), o resultado morte não teria ocorrido. Daí falar-se em causa *relativamente independente*; **C:** incorreta. No comentário anterior, a causa, que preexistia à conduta do agente, era, como já dissemos, *relativamente* independente, ou seja, originou-se da conduta do sujeito ativo; agora, na assertiva "C", a causa, também preexistente, é *absolutamente* independente. Isso quer dizer que a causa preexistente é absolutamente desvinculada da conduta do agente, não se originando nesta. O resultado teria ocorrido de qualquer forma, ainda que excluíssemos a conduta do agente. Exemplo: "B" é vítima de disparos de arma de fogo efetuados por "A", que desejava a sua morte, o que de fato vem a ocorrer. Depois disso, constata-se, no exame necroscópico, que o resultado naturalístico adveio não dos disparos que vitimaram "B", mas de veneno neste aplicado antes da conduta de "A" (causa preexistente). Perceba que a morte teria ocorrido de qualquer forma. Neste caso, imputam-se ao agente tão somente os atos que praticou, e não o resultado naturalístico (morte). Há quebra, portanto, do nexo de causalidade. "A", assim, responderá por tentativa de homicídio; **D:** incorreta. Concomitante é a causa que ocorre de forma simultânea à conduta do agente. A solução, neste caso, é idêntica àquela dada à causa preexistente relativamente independente: o resultado naturalístico deve ser imputado ao agente; **E:** correta. Tal como se dá nas causas preexistentes absolutamente independentes (alternativa "C"), o resultado, no contexto das causas absolutamente independentes *concomitantes* à conduta do agente, não poderá ser imputado ao sujeito ativo, que responderá tão somente pelos atos que praticou. **ED**

(Analista – TJ/AM – 2013 – FGV) Paulo, querendo matar Lúcia, vem a jogá-la da janela do apartamento do casal. A vítima na queda não vem a falecer, apesar de sofrer lesões graves, tendo caído na área do apartamento térreo do prédio. Naquele local, vem a ser atacada por um cão raivoso que lhe causa diversas outras lesões que foram a causa de sua morte. De acordo com o caso apresentado e as lições acerca da teoria do crime, assinale a afirmativa correta.

(A) Paulo deverá responder por homicídio consumado, porque realizado o resultado por ele desejado desde o início.

(B) Paulo deverá responder por lesão corporal grave, em razão da quebra do nexo causal entre a sua conduta e o resultado morte.

(C) Paulo deverá responder por homicídio culposo, porque previsível que a queda por ele operada poderia causar a morte da vítima.

(D) Paulo deverá responder por tentativa de homicídio por força do surgimento de causa superveniente relativamente independente que, por si só, causou o resultado.

(E) Paulo deverá responde por tentativa de homicídio, por força do surgimento de causa superveniente absolutamente independente.

O ataque animal de que foi vítima Lúcia, depois de ter sido lançada de seu apartamento por Paulo, constitui causa superveniente relativamente independente que, por si só, gerou o resultado. O nexo causal, neste caso, nos termos do art. 13, § 1°, do CP, é interrompido (há imprevisibilidade). Paulo, por isso, responderá por homicídio na forma tentada. De se ver que o CP acolheu, em seu art. 13, *caput*, como regra, a chamada teoria da *conditio sine qua non*, que estabelece que causa é tudo aquilo sem a qual o resultado não teria ocorrido. Esta teoria, no entanto, não tem incidência no âmbito das causas supervenientes relativamente independentes que por si só gerem o resultado, dado que, como já dissemos, há um rompimento do nexo causal, não sendo o caso, portanto, de atribuir ao agente o resultado final (morte decorrente do ataque de animal). **ED**

(Analista – TRT/8ª – 2010 – FCC) Tendo em conta o tipo penal do crime de homicídio (art. 121 do Código Penal: "Matar alguém"), a mãe que intencionalmente deixa de amamentar a criança, causando-lhe a morte por inanição, pratica um:

(A) crime culposo.

(B) crime omissivo.

(C) crime sem resultado.

(D) crime comissivo por omissão.

(E) fato penalmente atípico.

A responsabilidade do agente, no chamado *crime comissivo por omissão* ou *omissivo impróprio (omissivo impuro)*, surge porque este deixou de evitar o resultado que podia ou devia ter evitado. Sua obrigação está consubstanciada no art. 13, § 2°, do CP. Assim, a mãe que propositadamente deixa de amamentar seu filho que, em razão disso, vem a morrer, deve ser responsabilizada por homicídio doloso, na medida em que seu dever de agir está contemplado na regra inserta no art. 13, § 2°, do CP. No mais, esta modalidade de crime omissivo não deve ser confundida com o *crime omissivo próprio* ou *puro*. Neste, o tipo penal cuidou de descrever a omissão. Exemplo sempre lembrado deste crime é a omissão de socorro (art. 135, CP). Aqui, o legislador tratou de descrever a omissão. Esta modalidade de crime se perfaz pela mera abstenção do agente, independente de qualquer resultado posterior. Não é admitida, ademais, a tentativa; o crime omissivo impróprio, ao contrário, comporta o *conatus*. **ED**

Gabarito "D".

(Analista – TRE/BA – 2010 – CESPE) Com relação ao crime e aos seus elementos, julgue o próximo item.

(1) A coação física irresistível afasta a tipicidade, excluindo o crime.

1: correta. Falta, na *coação física irresistível* (*vis absoluta*), voluntarie-dade no ato do agente, que tem eliminada, em razão dela, a conduta e, por conseguinte, o próprio crime. A coação irresistível aludida no art. 22, primeira parte, do CP é a moral (*vis compulsiva*), apta a excluir a culpabilidade do agente, visto que não lhe é razoável exigir outra conduta no caso concreto. O sujeito, aqui, é importante que se diga, conserva um resquício de liberdade, o que não acontece na coação física irresistível. Desse modo, em face da ameaça insuportável, não pode ser exigido do coato que resista de forma heroica. **ED**

Gabarito 1C

(Analista – TRE/RS – 2010 – FCC) Se a lei não exige nenhum resultado material ou naturalístico, contentando-se com a ação ou omissão do agente, a infração penal é classi-ficada, quanto ao resultado, como:

(A) de mera conduta.

(B) formal.

(C) de perigo.

(D) de ação única.

(E) simples.

Crimes de mera conduta são aqueles que se consumam no exato instante em que esta é praticada. A lei, neste caso, não faz qualquer menção a resultado naturalístico; já os *crimes materiais* são aqueles em que a lei descreve uma ação e um resultado naturalístico, sendo imprescindível a ocorrência deste para a consumação do crime. A não ocorrência do resultado, portanto, faz com que o delito permaneça na esfera da tentativa; já os *crimes formais*, a exemplo dos materiais, também descrevem uma conduta e um resultado, mas, diferentemente, este não é exigido para a consumação do delito. É também chamado de crime de consumação antecipada ou de resultado cortado. Impende aqui ressaltar que, no caso dos delitos formais, a prática do resultado descrito no tipo configura o chamado *exaurimento* (desdobramento típico). **ED**

Gabarito "A".

(Analista – TJ/AM – 2013 – FGV) A doutrina costuma classificar os crimes de acordo com suas características, gravidade, *modus operandi*, resultado, etc. Diante desta classificação doutrinária, assinale a afirmativa correta.

(A) Nos *crimes materiais* o tipo descreve uma conduta e um resultado, não exigindo que este se produza para sua consumação.

(B) Nos *crimes formais* o tipo descreve apenas uma con-duta, não fazendo qualquer referência ao resultado, que não existe no campo naturalístico.

(C) Nos *crimes de perigo concreto*, a consumação apenas reclama a prática da conduta proibida.

(D) Nos *crimes permanentes* a consumação se protrai no tempo enquanto desejar o agente.

(E) Nos *crimes a prazo* a lei exige 30 dias para a sua consumação.

A e B: incorretas. Crimes materiais são aqueles em que o tipo penal contempla uma ação e um resultado naturalístico, sendo imprescindível

a ocorrência deste para a consumação do crime. A não ocorrência do resultado, nesta modalidade de crime, faz com que o delito permaneça na esfera na tentativa; já os crimes formais, a exemplo dos materiais, também descrevem uma conduta e um resultado, mas, diferentemente, este não é exigido para a consumação do delito. São também chamados, por isso, de crime de consumação antecipada ou de resultado cortado. Impende aqui ressaltar que, no caso dos delitos formais, a concretização do resultado descrito no tipo configura o chamado exaurimento (des-dobramento típico), desnecessário, insisto, à consumação do delito; crimes de mera conduta, por sua vez, são aqueles que se consumam no exato instante em que esta é praticada. A lei, neste caso, não faz qualquer menção ao resultado naturalístico, que, bem por isso, é impos-sível de ocorrer. Perceba que a assertiva "A" contempla o conceito de crime formal, ao passo que a proposição "B" corresponde à definição do crime de mera conduta; **C:** incorreta, já que, nessa modalidade de crime, exige-se mais do que a prática da conduta proibida; impõe-se também que a conduta exponha o bem jurídico à situação de perigo concreto, efetivo, sob pena de atipicidade da conduta; **D:** correta. Nos chamados crimes permanentes, a consumação se protrai no tempo por vontade do agente. É exemplo o crime de ocultação de cadáver na forma "ocultar", em que a sua consumação se prolonga no tempo, con-dicionada à vontade do sujeito. Outro exemplo, este sempre lembrado pela doutrina, é o crime de sequestro e cárcere privado, previsto no art. 148 do CP. Neste caso, a consumação, que se dá no exato instante em que a vítima tem tolhida a sua liberdade de ir e vir, se prolonga, por vontade do agente, enquanto o ofendido estiver sob o seu poder; **E:** incorreta. Crime a prazo é aquele cuja consumação está condicionada ao transcurso de um interregno designado no tipo penal. É o caso do delito tipificado no art. 169, II, do CP, cuja consumação somente se opera depois de transcorrido o prazo de 15 (quinze) dias para que o agente, que encontrou a coisa perdida, promova a sua devolução ao proprietário/possuidor. **ED**

Gabarito "D".

3. CRIMES DOLOSOS, CULPOSOS E PRETERDOLOSOS; ERRO DE TIPO, DE PROIBIÇÃO E DEMAIS ERROS

(Analista - TJ/SC - FGV - 2018) Flavio, pretendendo matar seu pai Leonel, de 59 anos, realiza disparos de arma de fogo contra homem que estava na varanda da residência do genitor, causando a morte deste. Flavio, então, deixa o local satisfeito, por acreditar ter concluído seu intento delitivo, mas vem a descobrir que matara um amigo de seu pai, Vitor, de 70 anos, que, de costas, era com ele parecido.

A Flavio poderá ser imputada a prática do crime de homicídio doloso, com erro:

(A) sobre a pessoa, considerando a agravante de crime contra ascendente, mas não a causa de aumento em razão da idade da vítima;

(B) sobre a pessoa, considerando a causa de aumento em razão da idade da vítima, mas não a agravante de crime contra ascendente;

(C) de execução, considerando a agravante de crime contra ascendente, mas não a causa de aumento em razão da idade da vítima;

(D) de execução, considerando a agravante de crime contra ascendente e a causa de aumento em razão da idade da vítima;

(E) de execução, considerando a causa de aumento da idade da vítima, mas não a agravante de crime contra ascendente.

Flavio, que pretendia matar seu pai, Leonel, atira, em ledo engano, contra outra pessoa, pensando tratar-se de seu genitor, vítima contra a qual queria, desde o início, investir. Flávio incorreu em erro sobre a pessoa: queria atingir "A", mas, por equívoco, acaba por atingir "B". Neste caso, à luz do que dispõe o art. 20, § 3º, do CP, devem-se levar em consideração as condições ou qualidades pessoais da vítima que o agente pretendia atingir (pai), e não as daquela que efetivamente foi atingida (amigo do pai). Dessa forma, no caso acima narrado, as condições que devem ser levadas em conta são as do pai de Flávio, porquanto era esta vítima que ele queria atingir. Bem por isso, deverá ser considerada a agravante de crime contra ascendente, e desconsiderada a causa de aumento em razão da idade da vítima. **ED**

Gabarito "A".

(Analista – TRE/AL – 2010 – FCC) A dispara seu revólver e mata **B**, acreditando tratar-se de um animal. A respeito dessa hipótese é correto afirmar que se trata de:

(A) fato típico, pois o dolo abrangeu todos os elementos objetivos do tipo.

(B) erro de proibição, que exclui a culpabilidade.

(C) erro de proibição, que gera apenas a diminuição da pena, posto que inescusável.

(D) erro de tipo, que exclui o dolo e a culpa, se escusável.

(E) erro quanto à existência de excludente de ilicitude (descriminante putativa).

Neste caso, é possível vislumbrar duas situações. Se "A", ao efetuar o disparo contra "B", supondo tratar-se de um animal, em vista das circunstâncias do caso, agir de forma açodada, sem a devida cautela e cuidado, incidirá em *erro de tipo vencível* – art. 20, *caput*, segunda parte, do CP. O dolo, de toda sorte, ficará excluído, já que "A" não desejava o resultado letal, mas, em razão de sua falta de cautela, responderá por crime culposo, desde que previsto em lei. É possível ainda que, ao alvejar "B", "A" tenha se cercado de todos os cuidados necessários. Fala-se, aqui, em *erro de tipo invencível*, apto a excluir o dolo e a culpa – art. 20, *caput*, primeira parte, do CP. **ED**

Gabarito "D".

(Analista – TRE/AL – 2010 – FCC) Considere as assertivas abaixo.

I. Há dolo eventual quando o agente, embora prevendo o resultado, não quer que ele ocorra nem assume o risco de produzi-lo.

II. Há culpa inconsciente quando, embora previsível o resultado, o agente não o prevê por descuido, desatenção ou desinteresse.

III. No crime preterdoloso, a conduta inicial é dolosa, mas o resultado dela advindo é culposo.

IV. Em todos os crimes contra o patrimônio, reparado o dano ou restituída a coisa, até o recebimento da denúncia ou da queixa, por ato voluntário do agente, a pena será reduzida de um a dois terços.

Está correto o que se afirma APENAS em:

(A) I, II e III.

(B) I, III e IV.

(C) I e IV.

(D) II e III.

(E) II e IV.

I: incorreta. No *dolo eventual* (art. 18, I, segunda parte, CP), a conduta do agente não é dirigida ao resultado, como no dolo direto, mas o sujeito, com a sua postura, revela grande indiferença em relação ao resultado. Ele, de fato, não almeja o resultado, mas assume, sim, o risco de produzi-lo; II: a alternativa está correta. Neste caso, embora o resultado lesivo seja previsível, o agente não o prevê; na *culpa cons-*

ciente, ao contrário, o agente, embora tenha a previsão do resultado, espera, sinceramente, que ele não ocorra. O sujeito, diante do caso concreto, confia em sua habilidade; **III:** correta. A combinação entre o *dolo* (no precedente) e a *culpa* (no consequente) é essencial para a existência do chamado *crime preterdoloso*, que constitui uma das espécies dos chamados *crimes qualificados pelo resultado*; **IV:** incorreta. O instituto do *arrependimento posterior*, presente no art. 16 do CP, somente terá incidência nos crimes cometidos sem violência ou grave ameaça à pessoa. **ED**

Gabarito "D".

(Analista – TRE/AM – 2010 – FCC) Quando o agente não quer diretamente a realização do tipo, mas a aceita como possível, ou até provável, assumindo o risco da produção do resultado, há:

(A) dolo eventual.

(B) preterdolo.

(C) dolo direto de segundo grau.

(D) dolo imediato.

(E) dolo mediato.

No *dolo eventual*, a postura do agente em relação ao resultado é de indiferença. Sua vontade não está dirigida à obtenção do resultado. Ele, em verdade, deseja outra coisa, mas, prevendo a possibilidade de o resultado ocorrer, revela-se indiferente e dá sequência à sua empreitada, assumindo o risco de causá-lo. Ele não o deseja, mas se acontecer, aconteceu. O dolo eventual não deve ser confundido com a *culpa consciente*. Nesta, embora o agente tenha a previsão do resultado ofensivo, espera, sinceramente, que ele não ocorra. Ele confia em sua destreza para evitar a ofensa ao bem jurídico. Temos, no *crime preterdoloso*, um antecedente doloso e um consequente culposo, necessariamente. No mais, *dolo direto de segundo grau, indireto* ou *mediato* é o que se refere às consequências secundárias, decorrentes dos meios escolhidos pelo autor para a prática da conduta, ao passo que *dolo direto de primeiro grau* ou *imediato* é aquele que diz respeito ao objetivo principal almejado pelo agente. **ED**

Gabarito "A".

(Analista – TRE/MT – 2010 – CESPE) A respeito de erro de tipo e erro de proibição, assinale a opção correta.

(A) O erro sobre elemento constitutivo do tipo legal de crime exclui o dolo e a culpa, podendo o agente, no entanto, responder civilmente pelos danos eventualmente ocasionados.

(B) Com relação à disciplina das descriminantes putativas, é isento de pena quem, por erro plenamente justificado pelas circunstâncias, supõe situação de fato que, se existisse, tornaria a ação legítima, mas essa isenção de pena não ocorre se o erro derivar de culpa e o fato for punível como crime culposo.

(C) O erro quanto à pessoa contra a qual o crime é praticado não isenta de pena e, nesse caso, não se consideram, para fins de aplicação da pena e definição do tipo, as condições ou qualidades da pessoa contra quem o agente queria praticar o crime, mas sim as da vítima real.

(D) A depender das circunstâncias pessoais do autor do crime, o desconhecimento da lei pode ser escusado.

(E) O erro sobre a ilicitude do fato, se inevitável, exclui o dolo; se evitável, constitui causa de isenção da pena.

A: incorreta, pois o erro sobre elemento constitutivo do tipo legal de crime (erro de tipo) gera sempre o afastamento do dolo, mas permite a punição por crime culposo, desde que previsto em lei – art. 20, *caput*,

do CP; **B:** assertiva correta, visto que em consonância com a redação do art. 20, § 1º, do CP; **C:** incorreta, pois, ao contrário, neste caso são levadas em consideração, segundo estabelece o art. 20, § 3º, do CP, as condições ou qualidades da pessoa contra quem o agente queria praticar o crime; **D:** incorreta, pois o art. 21, *caput*, do CP consagra o *princípio da inescusabilidade do desconhecimento da lei*, isto é, a ninguém é dado o direito de alegar que não conhece a lei; **E:** incorreta, pois o erro sobre a ilicitude do fato (erro de proibição), se inevitável, isenta de pena; se evitável, constitui causa de diminuição de pena (um sexto a um terço) – art. 21, *caput*, do CP. O erro sobre a ilicitude exclui a culpabilidade, desde que escusável. **ED**
Gabarito "B".

4. TENTATIVA, CONSUMAÇÃO, DESISTÊNCIA, ARREPENDIMENTO E CRIME IMPOSSÍVEL

(Analista – TRE/AP – 2011 – FCC) Paulo abordou a vítima Pedro em via pública e, mediante grave ameaça com emprego de arma de fogo, anunciou o assalto e exigiu a entrega da carteira com dinheiro. No momento em que Pedro retirava a carteira do bolso para entregar para Paulo este resolveu ir embora espontaneamente sem subtrair a *res*. Trata-se de hipótese típica de:

(A) arrependimento eficaz.

(B) desistência voluntária.

(C) tentativa.

(D) arrependimento posterior.

(E) crime impossível.

Na *desistência voluntária* – art. 15, primeira parte, do CP –, o agente, podendo chegar até a consumação do crime, acha por bem interromper sua execução, isto é, o sujeito ativo muda de ideia e desiste de consumar o delito. Foi o que se passou com Paulo. Ele deu início à execução do crime de roubo, já que empregou grave ameaça contra Pedro com o propósito de subtrair-lhe bens, e, após, de forma espontânea (basta a voluntariedade), desistiu da empreitada e evadiu-se do local. A tentativa do crime de roubo fica afastada, pois, para a sua configuração, seria necessário que a consumação não tivesse ocorrido por circunstâncias *alheias* à vontade do agente. Aqui, o crime não se consumou por circunstâncias *relacionadas* à vontade do agente. É importante aqui fazer um esclarecimento: o crime narrado no enunciado não teria atingido seu momento consumativo ainda que se considerasse como tal o da subtração da *res*. Vale dizer, permanecia, de qualquer maneira, na esfera da tentativa. Digo isso porque, hodiernamente, os Tribunais superiores consolidaram o entendimento segundo o qual o momento consumativo do crime de roubo (e também o do furto) é o do apossamento do bem, independentemente da inversão tranquila da posse. A esse respeito: STF, 1ª T., HC 92.450-DF, Rel. Min. Ricardo Lewandowski, j. 16.9.08. Tal entendimento encontra-se consolidado na Súmula 582, do STJ. **ED**
Gabarito "B".

(Analista – TRE/BA – 2010 – CESPE) Com relação ao crime e aos seus elementos, julgue o próximo item.

(1) O exaurimento de um crime pressupõe a ocorrência de sua consumação.

1: correta. O *exaurimento*, que consiste no desdobramento típico de uma infração penal, somente se verifica após a consumação desta. Esses fatos posteriores à consumação – registre-se – têm repercussão na valoração do delito praticado. Exemplo sempre lembrado nos manuais de direito penal é a *obtenção de vantagem ilícita* na *extorsão*. Cuida-se de crime (formal) em que a consumação se opera no momento em que a vítima, constrangida, faz o que lhe foi imposto pelo agente ou ainda deixa de fazer o que este determinou que ela não fizesse. A obtenção, por parte do sujeito ativo, da vantagem exigida constitui

mero exaurimento, isto é, desdobramento típico do delito previsto no art. 158 do CP. Este é o teor da Súmula 96 do STJ, que preceitua que "o crime de extorsão consuma-se independentemente da obtenção da vantagem indevida". **ED**
Gabarito 1C.

(Analista – TRE/BA – 2010 – CESPE) Acerca do *iter criminis* e do crime, julgue o item seguinte.

(1) Os atos de cogitação materialmente não concretizados são impuníveis em quaisquer hipóteses.

1: correta. A cogitação, que constitui a primeira fase do *iter criminis* – a fase interna –, é a idealização, isto é, o momento em que o sujeito tem a ideia de levar a efeito a conduta criminosa. Esta etapa não comporta punição. **ED**
Gabarito 1C.

(Analista – TRE/BA – 2010 – CESPE) Acerca do *iter criminis* e do crime, julgue o item seguinte.

(1) No crime impossível, jamais ocorre consumação, enquanto no crime putativo tanto pode ocorrer seu exaurimento quanto sua consumação.

1: incorreta. É correto afirmar-se que no *crime impossível* – art. 17, CP – a conduta do agente não tem o condão de conduzir o delito à consumação, seja pela ineficácia absoluta do meio, seja pela impropriedade absoluta do objeto. *Vide* Súmula 145 do STF, que estabelece outra modalidade de crime impossível: *flagrante preparado* ou *provocado*. No que toca ao *crime putativo*, a situação não é diferente, ou seja, não há que se falar em consumação tampouco em exaurimento de um crime que somente existe no imaginário do sujeito. **ED**
Gabarito 1E.

(Analista – TJ/CE – 2013 – CESPE) A respeito da inimputabilidade penal, do erro, da desistência voluntária, do arrependimento eficaz, do crime impossível e da relevância da omissão, assinale a opção correta.

(A) Crime impossível e delito putativo são considerados pela doutrina como expressões sinônimas.

(B) Aquele que causa um acidente e, sem justo motivo, deixa de socorrer a vítima, que falece no local, comete crime de omissão de socorro.

(C) De acordo com o entendimento do STJ, aquele que pratica um crime no mesmo dia em que tenha completado dezoito anos é considerado inimputável.

(D) Aquele que porta carteira nacional de habilitação falsa, acreditando ser ela um documento legítimo, não pratica o delito de uso de documento falso, uma vez que incide em erro de tipo acidental.

(E) O agente que tenha desistido voluntariamente de prosseguir na execução ou, mesmo depois de tê-la esgotado, atue no sentido de evitar a produção do resultado, não poderá ser beneficiado com os institutos da desistência voluntária e do arrependimento eficaz caso o resultado venha a ocorrer.

A: incorreta, dado que não se confundem *crime impossível* e *delito putativo*. Neste, também chamado *imaginário*, a ilicitude do comportamento existe tão somente na cabeça do agente. Sua conduta, em verdade, não é criminosa. Difere, portanto, do crime impossível, em que o agente, querendo praticar determinado crime, não alcança a sua consumação por ineficácia absoluta do meio empregado ou por impropriedade absoluta do objeto. Note que, neste último caso, não há, por parte do agente, erro quanto à ilicitude de sua conduta. Há, isto sim, impossibilidade de atingir-se o resultado que ele, agente, almejara; **B:** incorreta. O causador de acidente de trânsito do qual resulta a morte da vítima deverá ser responsabilizado pelo crime de homicídio culposo de trânsito com o aumento de pena pela omissão de socorro (art. 302, § 1°, III, do CTB), e não pelo crime de omissão de socorro do art. 135 do CP, pelo qual responderá aquele que, não sendo o causador do acidente tampouco nele houver se envolvido, podendo prestar socorro, deixar de fazê-lo; **C**: incorreta. Cessa a inimputabilidade por menoridade e tem lugar a imputabilidade no primeiro instante do dia do aniversário, não importando o horário em que o agente nasceu. Conferir: "RECURSO ESPECIAL. CRIME COMETIDO NO DIA EM QUE O AGENTE COMPLETOU 18 ANOS. IMPUTABILIDADE. 1. É imputável o agente que cometeu o delito no dia em que completou 18 anos, a despeito de ter nascido em fração de hora inferior ao exato momento do crime. 2. Recurso conhecido e provido" (REsp 199700364615, Hamilton Carvalhido, STJ, 6ª T., DJ 05.06.2000); **D**: incorreta, já que se trata, na verdade, de erro de tipo essencial (e não acidental), apto a afastar o dolo do agente, que agiu sem saber que a carteira de habilitação que portava era falsa (art. 20, CP); **E**: correta. Com efeito, o reconhecimento dos institutos previstos no art. 15 do CP (desistência voluntária e arrependimento eficaz) pressupõe que as intervenções tenham de fato evitado a produção do resultado outrora querido pelo agente; se assim não for, o agente, embora tenha desistido de concretizar seu intento inicial, será responsabilizado pelo resultado. Assim, se o agente, querendo, num primeiro momento, a morte da vítima, e, posteriormente, uma vez iniciada a execução do crime, desiste e passa a agir para evitá-la, será responsabilizado pelo crime de homicídio doloso se a sua intervenção não lograr evitar o resultado letal. **ED** Gabarito "E".

(Analista – MPU – 2010 – CESPE) Julgue o próximo item, relativo ao direito penal.

(1) No sistema penal brasileiro, o arrependimento posterior, a desistência voluntária e o arrependimento eficaz são causas obrigatórias de diminuição de pena, previstas na parte geral do Código Penal, exigindo-se, para sua incidência, que o fato delituoso tenha sido cometido sem violência ou grave ameaça à pessoa.

1: incorreta. O art. 15 do CP, que cuida da *desistência voluntária* e do *arrependimento eficaz*, dispõe que o agente que, voluntariamente, desiste de prosseguir na execução do crime (desistência voluntária) ou impede que o resultado se produza (arrependimento eficaz) responde tão somente pelos atos até então praticados. O dispositivo não exige que o crime seja cometido sem violência ou grave ameaça à pessoa. Já o *arrependimento posterior* (art. 16, CP) constitui uma causa obrigatória de redução de pena que somente tem incidência nos crimes cometidos sem violência ou grave ameaça contra a pessoa. **ED** Gabarito 1E

Determinado agente, insatisfeito com as diversas brigas que tinha com seu vizinho, resolve matá-lo. Ao ver seu desafeto passando pela rua, pega sua arma, que estava em situação regular e contava com apenas uma bala, e atira, vindo a atingi-lo na barriga. Lembrando-se que o vizinho era pai de duas crianças, arrepende-se de seu ato e leva a vítima ao hospital. O médico, diante do pronto atendimento e rápida cirurgia, salva a vida da vítima.

(Analista – MP/MS – 2013 – FGV) Diante da situação acima, o membro do Ministério Público deve

(A) denunciar o agente pelo crime de lesão corporal, pois o arrependimento posterior no caso impede que o agente responda pelo resultado pretendido inicialmente.

(B) denunciar o agente pelo crime de lesão corporal, pois houve arrependimento eficaz.

(C) denunciar o agente pelo crime de lesão corporal, pois houve desistência voluntária.

(D) denunciar o agente pelo crime de tentativa de homicídio, tendo em vista que o resultado pretendido inicialmente não foi obtido.

(E) requerer o arquivamento, diante da atipicidade da conduta.

A: incorreta. O *arrependimento posterior*, disciplinado no art. 16 do CP, pressupõe, diferentemente da *desistência voluntária* e do *arrependimento eficaz*, que o crime já tenha atingido sua consumação. No caso descrito no enunciado, o crime, por iniciativa do agente, não se consumou. Mais: mesmo que tivesse se consumado, ainda assim não poderia o agente beneficiar-se do arrependimento posterior, já que se exige, ao reconhecimento desta causa de diminuição de pena, que o crime não tenha sido praticado mediante violência ou grave ameaça; **B**: correta. O agente, determinado a dar cabo da vida de seu vizinho e desafeto, desfere contra ele um tiro de arma de fogo, que é atingido em região vital (barriga). Logo em seguida, o atirador se arrepende do que acabara de fazer e passa agir para evitar que o resultado *morte* (inicialmente por ele desejado) ocorresse, providenciando para que a vítima fosse socorrida ao hospital. Por conta dessa intervenção, a vítima é salva. Neste caso, em vista do que estabelece o art. 15, segunda parte, do CP, o agente deverá responder tão somente pelos atos que praticou: a lesão corporal; **C**: incorreta. Não é hipótese de *desistência voluntária*. É que, nesta modalidade de tentativa abandonada, exige-se que o agente não tenha esgotado os meios executórios, pois só assim ele poderá *desistir* de prosseguir na execução. No caso aqui retratado, o agente esgotou os meios de que dispunha para alcançar o resultado: depois de disparar o único tiro de que dispunha, nada mais havia a ser feito. Não houve, portanto, interrupção voluntária do *iter criminis*, requisito necessário ao reconhecimento da *desistência voluntária*. O agente, ao contrário, já tendo realizado tudo que julgava necessário à consumação, agiu para que o resultado não se produzisse. Enfim, na desistência voluntária, o agente, arrependido, desiste de dar sequência à execução; no arrependimento eficaz, o agente, depois de realizar tudo que podia para alcançar o resultado, arrepende-se e passa para evitá-lo. Pressupõe, portanto, uma ação, um fazer; **D**: incorreta. Tanto a desistência voluntária quanto o arrependimento eficaz afastam a ocorrência do crime tentado. Isso porque a ausência de consumação se dá por iniciativa do agente, e não por circunstâncias alheias à sua vontade (pressuposto da tentativa); **E**: incorreta. A teor do art. 15 do CP, ao agente deverá ser imputada a prática dos atos anteriores; neste caso, a lesão corporal. **ED** Gabarito "B".

5. ANTIJURIDICIDADE E CAUSAS EXCLUDENTES

No Direito Penal brasileiro, prevalece no âmbito doutrinário e jurisprudencial a adoção da teoria tripartida do fato criminoso, ou seja, crime é a conduta típica, ilícita e culpável. Nem toda conduta típica será ilícita, tendo em vista que existem causas de exclusão da ilicitude.

(Analista – MP/MS – 2013 – FGV) As alternativas a seguir apresentam causas que excluem a ilicitude, de acordo com o Código Penal, **à exceção de uma**. Assinale-a.

(A) Legítima Defesa.

(B) Obediência hierárquica.

(C) Estrito cumprimento de dever legal.

(D) Exercício regular de direito.

(E) Estado de necessidade.

A: incorreta. As *circunstâncias objetivas* se comunicam, *desde que todos delas tenham conhecimento, inclusive o partícipe* (art. 30, CP); **B:** incorreta. Em regra, as circunstâncias e condições de caráter pessoal, por força do que dispõe o art. 30 do CP, não podem comunicar-se aos coautores e partícipes. Sucede que o mesmo dispositivo, na sua parte final, estabelece que essas circunstâncias e condições de caráter pessoal, quando elementares do crime, devem ser transmitidas aos coautores e partícipes, desde que estes tenham conhecimento disso. Assim, se o crime de peculato é praticado, em concurso (coautoria ou participação), por dois agentes, um dos quais funcionário público, o coautor ou partícipe que não integra os quadros da Administração deverá, juntamente com o *intraneus*, responder pelo crime do art. 312 do CP. É dizer, a condição de caráter pessoal, por ser elementar do crime, comunica-se ao partícipe e ao coautor; **C:** incorreta. Somente não serão puníveis, em regra, se o crime não chegar, ao menos, a ser tentado (art. 31, CP); **D:** correta. A regra contida no art. 29, § 1º, do CP tem aplicação, em princípio, a todos os crimes, não somente aos delitos contra a vida; **E:** incorreta. Trata-se da cooperação dolosamente distinta (art. 29, § 2º, do CP). Neste caso, a pena do crime menos grave somente será aumentada na hipótese do resultado mais grave ser previsível.

Gabarito "D"

(Analista – TRE/AL – 2010 – FCC) Um funcionário público e outra pessoa, estranha à Administração, praticam, em concurso, a subtração de bem público. A respeito dessa hipótese é correto afirmar:

(A) O funcionário público responde por peculato-furto e, o coautor, por furto.

(B) A condição de funcionário público, sendo pessoal e elementar do delito, transmite-se ao coautor.

(C) Apenas o funcionário público responde pelo crime de peculato, pois não se admite a responsabilidade objetiva.

(D) Ambos respondem pelo delito de peculato, sendo obrigatória a redução da pena em relação ao coautor que não apresenta a condição pessoal de funcionário público.

(E) O funcionário público responde pelo crime de peculato doloso, enquanto o coautor responde por peculato culposo, pois concorreu para o delito de outrem.

No peculato-furto pode haver coautoria ou ainda participação de pessoas desprovidas da qualidade de funcionário público (art. 30 do CP), desde que o *intraneus* se valha de sua condição para efetuar a subtração, a teor do art. 312, § 1º, do CP.

Gabarito "B"

(Analista – TRE/CE – 2012 – FCC) José, João e Mario praticam um determinado delito. Contudo, José, um dos concorrentes, queria participar de delito menos grave daquele cometido pelos agentes. Neste caso, para José, será aplicada a pena do crime:

(A) menos grave, aumentada de 1/6 a 2/3, independentemente da previsibilidade do resultado mais grave.

(B) mais grave diminuída de 1/6 a 1/3.

(C) mais grave em qualquer hipótese.

(D) menos grave, que será aumentada até metade, na hipótese de ter sido previsível o resultado mais grave.

(E) menos grave, em qualquer hipótese, sem nenhuma majoração ou redução.

Estabelece o art. 29, § 2º, do CP que, se algum dos agentes quis participar de crime menos grave, a ele será aplicada a pena deste; essa pena, no entanto, será aumentada até metade, no caso de o resultado mais grave ser previsível. É a chamada *cooperação dolosamente distinta*.

Gabarito "D"

A: a legítima defesa constitui hipótese de causa excludente da ilicitude (antijuridicidade) – art. 23, II, do CP; **B:** alternativa a ser assinalada. A obediência hierárquica (e também a coação moral irresistível) constitui hipótese de exclusão da culpabilidade (art. 22, CP), e não da ilicitude; **C:** causa de exclusão da ilicitude prevista no art. 23, III, do CP; **D:** causa de exclusão da ilicitude prevista no art. 23, III, do CP; **E:** causa de exclusão da ilicitude prevista no art. 23, I, do CP.

Gabarito "B"

6. CONCURSO DE PESSOAS

(Analista - TJ/MA - 2019 – FCC) Segundo o Código Penal brasileiro, bem como o entendimento dos Tribunais Superiores, sobre o concurso de pessoas,

(A) se a participação no crime for de menor importância, isenta o agente da pena.

(B) a pena imposta aos autores do crime será a mesma, independentemente de um dos concorrentes participar de crime menos grave.

(C) não se comunicam as circunstâncias e as condições de caráter pessoal, ainda quando elementares do crime.

(D) o ajuste, a determinação ou instigação e o auxílio, salvo disposição expressa em contrário, não são puníveis, se o crime não chega a ser consumado.

(E) para caracterizar o concurso, basta que duas ou mais pessoas concorram para a prática delituosa, não sendo necessária a identificação dos coautores.

A: incorreta, uma vez que, sendo a participação, no concurso de pessoas, de menor importância, a pena, a teor do disposto no art. 29, § 1º, do CP, será diminuída de um sexto a um terço. Não há, portanto, que se falar em isenção de pena neste caso; **B:** incorreta. Isso porque, se um dos concorrentes desejar participar de crime menos grave, a ele será aplicada a pena correspondente a este (delito menos grave), tal como estabelece o art. 29, § 2º, do CP. Agora, se o resultado mais grave for previsível, a pena (do delito menos grave) será aumentada até a metade; **C:** incorreta. A teor do art. 30 do CP, as condições e circunstâncias de caráter pessoal de fato não se comunicam, salvo quando elementares do crime; **D:** incorreta. Somente não serão puníveis se o crime não chegar, ao menos, a ser tentado (e não consumado, como consta da assertiva). É o que estabelece o art. 31 do CP; **E:** correta. De fato, a identificação do concorrente não constitui pressuposto ao reconhecimento do concurso de pessoas.

Gabarito "E"

(Analista Judiciário – TRE/PI – CESPE – 2016) A respeito do concurso de pessoas, assinale a opção correta.

(A) As circunstâncias objetivas se comunicam, mesmo que o partícipe delas não tenha conhecimento.

(B) Em se tratando de peculato, crime próprio de funcionário público, não é possível a coautoria de um particular, dada a absoluta incomunicabilidade da circunstância elementar do crime.

(C) A determinação, o ajuste ou instigação e o auxílio não são puníveis.

(D) Tratando-se de crimes contra a vida, se a participação for de menor importância, a pena aplicada poderá ser diminuída de um sexto a um terço.

(E) No caso de um dos concorrentes optar por participar de crime menos grave, a ele será aplicada a pena referente a este crime, que deverá ser aumentada mesmo na hipótese de não ter sido previsível o resultado mais grave.

(Analista – TRE/TO – 2011 – FCC) No concurso de pessoas,

(A) a instigação e o auxílio, em qualquer hipótese, são puníveis mesmo que o crime não ocorra.

(B) se a participação for de menor importância, a pena pode ser diminuída de metade.

(C) quem, de qualquer modo, concorre para o crime incide nas penas a este cominadas, na medida de sua culpabilidade.

(D) se algum dos concorrentes quis participar de crime menos grave, ser-lhe-á aplicada a pena do crime cometido, reduzida de um a dois terços.

(E) as circunstâncias e as condições de caráter pessoal se comunicam, sejam, ou não, elementares do crime.

A: incorreta. Estabelece o art. 31 do CP que "o ajuste, a determinação ou instigação e o auxílio, salvo disposição expressa em contrário, não são puníveis, se o crime não chega, pelo menos, a ser tentado". São os casos de impunibilidade; **B:** assertiva incorreta, pois, se se tratar de participação de menor importância, a pena, a teor do disposto no art. 29, § 1º, do CP, será diminuída de um sexto a um terço; **C:** assertiva correta, pois reflete o contido no art. 29, *caput*, do CP; **D:** incorreta. Se algum dos concorrentes quis participar de delito menos grave, a ele será aplicada a pena deste, conforme estabelece o art. 29, § 2º, primeira parte, do CP; se, entretanto, o resultado mais gravoso lhe era previsível, a pena então será aumentada até metade, nos temos do mesmo art. 29, § 2º, segunda parte, do CP. É a chamada *cooperação dolosamente distinta;* **E:** incorreta. Em vista da disciplina estabelecida no art. 30 do CP, as circunstâncias e as condições de caráter pessoal não se comunicam, salvo quando elementares do crime. **ED** Gabarito "C".

7. CULPABILIDADE E CAUSAS EXCLUDENTES

(Analista Judiciário – TRE/PE – CESPE – 2017) Um dos elementos da culpabilidade, a imputabilidade será excluída no caso de o agente atuar sob o estado de embriaguez completa

(A) intencional.

(B) fortuita.

(C) culposa.

(D) preordenada.

(E) voluntária.

Somente é apta a excluir a imputabilidade penal a embriaguez acidental proveniente de caso fortuito ou força maior (desde que completa) – art. 28, § 1º, CP; a embriaguez culposa (e também a voluntária), ainda que completa, não leva à exclusão da imputabilidade –art. 28, II, do CP, o mesmo ocorrendo com a embriaguez *preordenada*, a qual, aliás, funciona como agravante genérica, de acordo com o art. 61, II, *l*, do CP. **ED** Gabarito "B".

(Analista – TRE/AP – 2011 – FCC) Exclui a imputabilidade penal, nos termos preconizados pelo Código Penal,

(A) a embriaguez voluntária pelo álcool ou substância de efeitos análogos.

(B) a emoção e a paixão.

(C) a embriaguez culposa pelo álcool ou substância de efeitos análogos.

(D) se o agente, em virtude de perturbação de saúde mental ou por desenvolvimento mental incompleto ou retardado, não era inteiramente capaz de entender o caráter ilícito do fato ou de determinar-se de acordo com esse entendimento.

(E) a embriaguez completa proveniente de caso fortuito ou força maior, se o agente era, ao tempo da ação ou da omissão, inteiramente incapaz de entender o caráter ilícito do fato ou de determinar-se de acordo com esse entendimento.

A: proposição incorreta, visto que a embriaguez voluntária pelo álcool ou substância de efeitos análogos, nos termos do art. 28, II, do CP, não exclui a imputabilidade penal; **B:** incorreta, pois a emoção e a paixão não excluem a imputabilidade penal, conforme preceitua o art. 28, I, do CP. Todavia, constitui circunstância atenuante o fato de o agente ter cometido o crime sob influência de violenta emoção, provocada por ato injusto da vítima (art. 65, III, *c*, do CP); **C:** incorreta, pois a *embriaguez culposa* não gera a exclusão da imputabilidade, nos moldes do art. 28, II, do CP; **D:** incorreta, nos termos do art. 26, parágrafo único, do CP (causa de diminuição de pena aplicável ao semi-imputável); **E:** correta. Nos termos do art. 28, § 1º, do CP, a embriaguez completa proveniente de caso fortuito ou força maior exclui a imputabilidade, desde que o agente, por conta dela, fique totalmente incapacitado de entender o caráter ilícito do fato ou de determinar-se conforme tal entendimento. **ED** Gabarito "E".

(Analista – TRE/TO – 2011 – FCC) De acordo com o Código Penal brasileiro, são penalmente inimputáveis:

(A) os menores de dezoito anos.

(B) os maiores de dezoito e menores de 21 anos.

(C) os que praticam fato definido como crime em estado de violenta emoção.

(D) os que praticam fato definido como crime em estado de embriaguez, sendo esta voluntária ou culposa.

(E) os maiores de setenta anos.

Art. 27 do CP. Adotamos, quanto aos menores de 18 anos, o critério biológico, que presume que estes são inteiramente incapazes de entender o caráter ilícito do fato e de determinar-se de acordo com esse entendimento. Trata-se de uma presunção absoluta. No mais, a imputabilidade dessas pessoas encontra previsão no art. 228 da CF/1988. **ED** Gabarito "A".

(Analista – TRE/BA – 2010 – CESPE) Com relação ao crime e aos seus elementos, julgue o próximo item.

(1) A imputabilidade penal é um dos elementos que constituem a culpabilidade e não integra a tipicidade.

1: correta. A *culpabilidade* é integrada por três elementos, a saber: potencial consciência da ilicitude; exigibilidade de conduta diversa; e imputabilidade. Esta não faz parte, portanto, da *tipicidade*, e sim da *culpabilidade*. **ED** Gabarito 1C

(Analista – TRE/MG – 2012 – CONSULPLAN) O agente pode cometer o crime embriagado, consumir bebida alcoólica para praticá-lo ou, no momento do fato, estar embriagado involuntariamente. É correto afirmar que, para o Direito Penal, a embriaguez preordenada traz a seguinte consequência:

(A) exclui a imputabilidade.

(B) constitui causa atenuante.

(C) exclui a culpabilidade se completa.

(D) constitui causa agravante genérica.

(E) é uma causa de exclusão da ilicitude.

A chamada embriaguez preordenada, que é aquela em que o agente, propositadamente, se embriaga com o propósito de encorajar-se e, dessa forma, cometer o crime, constitui a circunstância agravante prevista no art. 61, II, "I", do CP. É hipótese de incidência da teoria da *actio libera in causa*. Somente a embriaguez nas condições estabelecidas no art. 28, § 1º, do CP terá o condão de excluir a imputabilidade do agente (embriaguez completa proveniente de caso fortuito ou força maior que haja levado o agente à total incapacidade de entender o caráter ilícito do fato ou de determinar-se de acordo com tal entendimento); se a incapacidade de entendimento for parcial, a pena será reduzida de um a dois terços, na forma estatuída no art. 28, § 2º, do CP. **ED**

Gabarito "D".

(Analista – TJ/AM – 2013 – FGV) Observada a doutrina majoritária brasileira no estudo da teoria do crime, analise as afirmativas a seguir.

I. O fato típico é composto da conduta humana dolosa ou culposa, resultado, nexo causal e tipicidade.

II. A força irresistível, o movimento reflexo e a coação moral irresistível, são hipóteses de ausência de conduta.

III. A força física absoluta que exclui a conduta pode ser proveniente da natureza ou da ação de um terceiro.

Assinale:

(A) se somente a afirmativa I estiver correta.

(B) se somente a afirmativa II estiver correta.

(C) se somente as afirmativas I e II estiverem corretas.

(D) se somente as afirmativas I e III estiverem corretas.

(E) se todas as afirmativas estiverem corretas.

I: correta. Para a teoria finalista, adotada pelo Código Penal, crime é um fato típico e antijurídico (concepção bipartida). O fato típico, por sua vez, contempla os seguintes elementos: conduta (dolosa ou culposa); tipicidade; nexo causal; e resultado; **II:** incorreta. Na força irresistível e no movimento reflexo, a ação do agente é desprovida de voluntariedade; se não há voluntariedade, inexiste conduta e, por consequência, crime; até aqui a alternativa está correta. A incorreção reside na afirmação de que inexiste conduta na hipótese de o agente agir sob coação moral irresistível (art. 22, CP). É que a coação moral irresistível (*vis compulsiva*) afasta a culpabilidade por inexigibilidade de conduta diversa, mantendo íntegros, porém, o fato típico e a ilicitude. Não constitui, bem por isso, hipótese de ausência de conduta, elemento integrante do fato típico. Para a concepção bipartida, há crime, já que presentes os seus elementos: fato típico e antijuridicidade. Cuidado: a coação física irresistível (*vis absoluta*), porque afeta a voluntariedade do comportamento humano, afasta a conduta e, por conseguinte, o próprio fato típico. Não há, neste caso, crime; **III:** correta. São as hipóteses de caso fortuito e força maior, que excluem a conduta e, por conseguinte, o fato típico. Não há que se falar, neste caso, em crime. **ED**

Gabarito "D".

8. PENAS E MEDIDAS DE SEGURANÇA

(Analista - TJ/SC - FGV - 2018) Juarez, 72 anos de idade, primário e de bons antecedentes, em situação de desespero, praticou um crime de roubo simples, não restando o delito consumado por circunstâncias alheias à vontade do agente. Considerando as circunstâncias do fato e o *iter criminis* percorrido, foi aplicada pena de 2 anos e 8 meses de reclusão.

Considerando as informações narradas, no momento da aplicação da pena:

(A) não poderá ser reconhecida a substituição da pena privativa de liberdade por restritiva de direitos e nem suspensão condicional da pena, mas poderá ser fixado regime aberto, apesar de o crime envolver violência ou grave ameaça à pessoa;

(B) não poderá ser reconhecida a substituição da pena privativa de liberdade por restritiva de direitos e nem suspensão condicional da pena, mas caberá concessão, imediata, de prisão albergue domiciliar;

(C) poderá ser substituída a pena privativa de liberdade por duas restritivas de direito e, em caso de descumprimento, a pena deve ser cumprida em regime inicial aberto;

(D) poderá ser substituída a pena privativa de liberdade por duas restritivas de direito e, em caso de descumprimento, a pena deve ser cumprida em regime inicial semiaberto;

(E) não poderá ser substituída a pena privativa de liberdade por restritiva de direitos, mas caberá suspensão condicional da pena.

Não cabe a substituição da pena privativa de liberdade por restritiva de direitos. Com efeito, a despeito de a pena aplicada (2 anos e 8 meses de reclusão) ser inferior a 4 anos, o crime pelo qual foi condenado Juarez (art. 157, *caput*, do CP) tem como meio de execução o emprego de violência ou grave ameaça, o que afasta a incidência do benefício da substituição, tal como dispõe o art. 44, I, do CP. Poderá ser concedido a Juarez o *sursis* etário (suspensão condicional da pena), previsto no art. 77, § 2º, do CP, já que conta com mais de 70 anos e a pena que lhe foi impingida não é superior a 4 anos, estando presentes os demais requisitos. Quanto ao regime inicial de cumprimento da pena, será o aberto, conforme estabelece o art. 33, § 2º, c, do CP, já que se trata de condenado não reincidente cuja pena aplicada não é superior a 4 anos. **ED**

Gabarito "E".

(Analista Judiciário – TRF/2 – Consulplan – 2017) Sobre aplicação da pena, assinale a alternativa INCORRETA.

(A) O desconhecimento da lei é uma causa atenuante.

(B) A incidência da circunstância atenuante não pode conduzir à redução da pena abaixo do mínimo legal.

(C) É circunstância que sempre atenua a pena ter o agente cometido o crime em estado de embriaguez preordenada.

(D) No concurso de agravantes e atenuantes, a pena deve aproximar-se do limite indicado pelas circunstâncias preponderantes, entendendo-se como tais as que resultam dos motivos determinantes do crime, da personalidade do agente e da reincidência.

A: correta. Cuida-se, de fato, da circunstância atenuante prevista no art. 65, II, do CP; **B:** correta. Isso porque, segundo orientação jurisprudencial atualmente em vigor, consubstanciada na Súmula 231 do STJ, não se admite que a consideração das circunstâncias atenuantes leve a pena abaixo do mínimo legal. Bem por isso, se o magistrado, no primeiro estágio do sistema trifásico, estabelecer a pena-base no mínimo legal, não poderá, na segunda fase, ao levar em conta circunstância atenuante, reduzir a pena aquém do mínimo cominado. Tal somente poderá ocorrer na terceira etapa de fixação da pena, quando então o juiz levará em conta as causas de diminuição de pena; **C:** incorreta, na medida em que a embriaguez preordenada constitui hipótese de circunstância agravante (e não atenuante!), tal como estabelece o art. 61, II, *l*, do CP; **D:** correta. De fato, no concurso de circunstâncias atenuantes e agravantes, de acordo com o que dispõe o art. 67 do CP, a pena deve aproximar-se do limite indicado pelas circunstâncias preponderantes, assim consideradas aquelas que resultam dos motivos determinantes do crime, da personalidade do agente e da reincidência. **ED**

Gabarito "C".

(Analista – Judiciário –TRE/PI – 2016 – CESPE) Assinale a opção correta, no que se refere ao concurso de crimes.

(A) Não se admite a suspensão condicional do processo se a soma da pena mínima com o aumento mínimo de um sexto for superior a um ano.

(B) Não se aplica a continuidade delitiva quando os delitos atingirem bens jurídicos personalíssimos de pessoas diversas, segundo o entendimento do Supremo Tribunal Federal.

(C) O Supremo Tribunal Federal admite a continuidade delitiva entre os crimes de furto e roubo.

(D) Configura-se concurso material a ação única lesiva ao patrimônio de diversas pessoas.

(E) Conforme o entendimento do Superior Tribunal de Justiça, não se aplica o princípio da consunção entre os crimes de falsidade e estelionato, por se tratar de caso de aplicação do concurso formal.

A: correta, já que retrata o entendimento sufragado nas Súmulas 723, do STF, e 243, do STJ; **B:** incorreta. Conferir, nesse sentido, o seguinte julgado do STF: "Nos termos da atual jurisprudência do STF, formada após a Reforma Penal de 1984 (art. 71, parágrafo único, do CP), a circunstância de os delitos praticados atingirem bens jurídicos personalíssimos de pessoas diversas não impede a continuação delitiva (...)" (HC 81579, Relator(a): Min. ILMAR GALVÃO, Primeira Turma, julgado em 19.02.2002, DJ 05.04.2002); **C:** incorreta. Nesse sentido: "A pretensão defensiva esbarra em vários pronunciamentos do Supremo Tribunal Federal. Pronunciamentos no sentido da impossibilidade do reconhecimento do fenômeno da continuidade delitiva (art. 71 do Código Penal) entre os delitos de roubo e de furto" (HC 96984, Relator(a): Min. AYRES BRITTO, Segunda Turma, julgado em 05.10.2010); **D:** incorreta, na medida em que o concurso material pressupõe que o agente mediante mais de uma ação ou omissão, pratique dois ou mais crimes (art. 69 do CP); **E:** incorreta, uma vez que contraria o entendimento consolidado na Súmula 17, do STJ: *Quando o falso se exaure no estelionato, sem mais potencialidade lesiva, é por este absorvido.* ED
Gabarito "A".

(Analista – TRE/AP – 2011 – FCC) Quando o agente, mediante uma só ação ou omissão dolosa, pratica dois ou mais crimes, idênticos ou não, e os crimes concorrentes resultam de desígnios autônomos, haverá:

(A) concurso formal, aplicando-se a mais grave das penas cabíveis ou, se iguais, somente uma delas, mas aumentada, em qualquer caso, de um sexto até metade.

(B) crime continuado, podendo o juiz, considerando a culpabilidade, os antecedentes, a conduta social e a personalidade do agente, bem como os motivos e as circunstâncias, aumentar a pena de um só dos crimes, se idênticas, ou a mais grave, se diversas, até o triplo.

(C) concurso material, aplicando-se cumulativamente as penas privativas de liberdade para cada delito.

(D) concurso formal, aplicando-se cumulativamente as penas privativas de liberdade cominadas para cada delito.

(E) crime continuado, aplicando-se a pena de um só dos crimes, se idênticas, ou a mais grave, se diversas, aumentada, em qualquer caso, de um sexto a dois terços.

Nos termos do art. 70 do CP, o concurso formal poderá ser *próprio* (perfeito) ou *impróprio* (imperfeito). No primeiro caso (primeira parte do *caput*), temos que o agente, por meio de uma única ação ou omissão (um só comportamento), pratica dois ou mais crimes, idênticos ou não, com *unidade de desígnio*; já no *concurso formal impróprio* ou

imperfeito (segunda parte do *caput*), a situação é diferente. Aqui, a conduta única decorre de desígnios autônomos, vale dizer, o agente, no seu atuar, deseja os resultados produzidos. É o caso aqui tratado. Como consequência, as penas serão somadas, aplicando-se o critério ou sistema do *cúmulo material*. No concurso formal perfeito, diferentemente, se as penas previstas forem idênticas, aplica-se somente uma; se diferentes, aplica-se a maior, acrescida, em qualquer caso, de um sexto até metade (sistema da exasperação). ED
Gabarito "D".

(Analista – TRE/AC – 2010 – FCC) A reparação do dano causado ou a devolução do produto do ilícito, pelo condenado por crime contra a administração pública, constitui:

(A) condição para a progressão de regime do cumprimento da pena.

(B) causa de extinção de punibilidade.

(C) causa de redução da pena.

(D) motivo para perdão judicial.

(E) descriminante genérica.

O § 4º do art. 33 do CP, inserido pela Lei 10.763/2003, estabelece que o condenado por delito contra a Administração Pública somente fará jus à progressão de regime se proceder à reparação do dano causado ou à devolução do produto do crime perpetrado, com os acréscimos legais. ED
Gabarito "A".

(Analista – TRE/AC – 2010 – FCC) NÃO é circunstância agravante obrigatória, prevista no Código Penal brasileiro, ter o agente cometido o crime:

(A) contra cônjuge.

(B) em ocasião de desgraça particular do ofendido.

(C) contra adolescente.

(D) prevalecendo-se de relações domésticas.

(E) com violação de dever inerente à profissão.

As circunstâncias contidas nas alternativas acima estão listadas no art. 61 do CP, que trata das chamadas *agravantes genéricas*, exceção feita à circunstância presente na letra "C", não contemplada no rol do dispositivo em questão. ED
Gabarito "C".

(Analista – TRE/PR – 2012 – FCC) Tício amarrou dois inimigos juntos num poste e os matou com um único disparo. Nesse caso, houve:

(A) crime continuado, aplicando-se a pena de um dos crimes aumentada de dois terços até o dobro.

(B) crime continuado, aplicando-se as penas de um dos crimes aumentada de um sexto a dois terços.

(C) concurso formal próprio, aplicando-se as penas de um dos crimes, aumentada de um sexto até a metade.

(D) concurso formal impróprio e as penas aplicam-se cumulativamente.

(E) concurso formal próprio, aplicando-se as penas de um dos crimes aumentada até o triplo.

Pelo que é afirmado no enunciado, Tício agiu com o propósito de matar seus dois inimigos (pluralidade de desígnios). Como os resultados advieram de uma única conduta por ele levada a efeito (um único disparo de arma de fogo), tem-se que está configurada hipótese de *concurso formal impróprio* (ou imperfeito), razão pela qual as penas serão aplicadas cumulativamente. É o que estabelece o art. 70, *caput*, 2ª parte, do CP. ED
Gabarito "D".

(Analista –TRE/RS – 2010 – FCC) A pena de interdição temporária de direitos NÃO inclui:

(A) proibição do exercício de mandato eletivo.

(B) suspensão de autorização ou de habilitação para dirigir veículo.

(C) proibição do exercício de profissão, atividade ou ofício que dependam de habilitação especial, de licença ou autorização do poder público.

(D) proibição de frequentar determinados lugares.

(E) proibição de se ausentar da casa de albergado aos sábados e domingos.

A: correta (art. 47, I, do CP); **B:** correta (art. 47, III, do CP); **C:** correta (art. 47, II, do CP); **D:** correta (art. 47, IV, do CP); **E:** assertiva incorreta (devendo ser assinalada), pois esta proibição não se encontra inserida no rol do art. 47 do CP. **ED**
Gabarito "E".

(Analista –TRE/SP – 2012 – FCC) Considere as seguintes situações hipotéticas de cidadãos processados pela Justiça Pública:

I. José, não reincidente, é condenado a cumprir pena de 04 anos de reclusão por crime de denunciação caluniosa e poderá iniciar o cumprimento da pena em regime aberto.

II. Paulo é condenado a cumprir pena de 02 anos de reclusão por crime de coação no curso do processo, e tem sua pena privativa de liberdade substituída por uma pena restritiva de direitos e por multa.

III. Murilo registra condenação anterior por crime de falso testemunho e está sendo processado por crime de peculato. Nesse caso, não poderá ter a sua pena privativa de liberdade substituída pela restritiva de direitos, por expressa vedação legal.

De acordo com o Código Penal, está correto o que consta APENAS em:

(A) I.

(B) II.

(C) III.

(D) I e II.

(E) II e III.

I: correta, pois o réu primário, condenado a pena igual ou inferior a quatro anos, poderá iniciar o cumprimento da reprimenda no regime aberto (art. 33, § 2º, c, do CP); **II:** incorreta, pois não cabe, aqui, a substituição da pena privativa de liberdade por restritiva de direitos porque a prática do crime em que incorreu Paulo (art. 344, do CP) pressupõe o emprego de violência ou grave ameaça (art. 44, I, do CP); **III:** incorreta, pois a substituição, neste caso, é, em regra, vedada (art. 44, II, do CP). Entretanto, poderá ela operar-se se estiverem presentes os requisitos a que alude o art. 44, § 3º, do CP, a saber: a substituição há de ser *socialmente recomendável* e o réu não pode ser reincidente na prática do mesmo crime (reincidência específica). **ED**
Gabarito "A".

(Analista –TRE/TO – 2011 – FCC) Nos termos do Código Penal, é efeito automático da condenação, não sendo necessário ser declarado na sentença:

(A) A inabilitação para dirigir veículo, quando utilizado como meio para a prática de crime doloso.

(B) A perda de cargo, função pública ou mandato eletivo quando for aplicada pena privativa de liberdade por tempo superior a quatro anos em qualquer crime, salvo nos crimes praticados com abuso de poder ou violação de dever para com a Administração Pública.

(C) A perda de cargo, função pública ou mandato eletivo, quando aplicada pena privativa de liberdade por tempo igual ou superior a um ano, nos crimes praticados com abuso de poder ou violação de dever para com a Administração Pública.

(D) Tornar certa a obrigação de indenizar o dano causado pelo crime.

(E) A incapacidade para o exercício do pátrio poder, tutela ou curatela, nos crimes dolosos, sujeitos à pena de reclusão, cometidos contra filho, tutelado ou curatelado.

A: incorreta. A inabilitação para dirigir veículo, quando utilizado como meio para a prática de crime doloso, constitui efeito *específico* da condenação. Isso quer dizer que, em vista do que dispõe o art. 92, parágrafo único, do CP, este efeito da condenação, previsto no art. 92, III, do CP, por não ser automático, pressupõe que o juiz o pronuncie na sentença. Para facilitar a compreensão deste tema, cabe um esclarecimento. Os efeitos da condenação contemplados no art. 91 do CP são *automáticos* (genéricos). Significa dizer que é desnecessário o pronunciamento do juiz, a esse respeito, na sentença. Já o art. 92 do CP trata dos efeitos da condenação *não automáticos* (específicos), que, por essa razão, somente podem incidir se o juiz, na sentença condenatória, declará--los de forma motivada, justificando-os; **B:** assertiva incorreta, pois, conforme estabelecido no art. 92, I, *a*, do CP, para a perda de cargo, neste caso, basta que a pena privativa de liberdade aplicada seja igual ou superior a um ano (crimes praticados com abuso de poder ou violação de dever para com a Administração Pública). Além disso, cuida-se de efeito *específico* da condenação, visto que contemplado no rol do art. 92 do CP; **C:** incorreta. Da mesma forma, trata-se de efeito *específico* da condenação (não automático), que deve, por conta disso, ser declarado e motivado na sentença condenatória (art. 92, parágrafo único, do CP); **D:** assertiva correta, visto que contempla hipótese de efeito *genérico* (automático) da condenação (art. 91, I, do CP). Aqui, o magistrado está dispensado de proceder à declaração e motivação deste efeito na sentença condenatória; **E:** incorreta, pois constitui, a teor do art. 92, II, do CP, hipótese de efeito *não automático* da condenação. Registre-se, por oportuno, que a Lei 13.715/2018, alterando a redação do precitado art. 92, II, do CP, impõe como efeito da condenação a incapacidade para o exercício do poder familiar, da tutela ou da curatela nos crimes dolosos sujeitos à pena de reclusão cometidos não somente contra filho ou filha, mas também contra outrem igualmente titular do mesmo poder familiar, ou contra tutelado ou curatelado. **ED**
Gabarito "D".

(Analista – TRE/TO – 2011 – FCC) Sobre as penas privativas de liberdade previstas no Código Penal brasileiro, é correto afirmar:

(A) No regime fechado, se o condenado trabalhar durante o dia ficará dispensado do isolamento noturno.

(B) Considera-se regime semiaberto a execução da pena em casa de albergado ou estabelecimento adequado.

(C) A pena de reclusão deve ser cumprida em regime fechado, semiaberto ou aberto.

(D) No regime fechado é proibido o trabalho externo em qualquer serviço.

(E) No regime semiaberto o condenado deverá trabalhar, frequentar curso ou exercer outra atividade autorizada, fora do estabelecimento e sem vigilância, permanecendo recolhido durante o período noturno e nos dias de folga.

A: assertiva incorreta, nos termos do art. 34, § 1º, do CP; **B:** incorreta, visto que se considera, a teor do art. 33, § 1º, *b*, do CP, *regime semiaberto* a execução da pena em colônia agrícola, industrial ou estabelecimento similar. Em casa de albergado ou em estabelecimento adequado será cumprida a pena no *regime aberto* – art. 33, § 1°, *c*, do CP; **C:** proposição correta, visto que em consonância com o disposto no art. 33, *caput*, primeira parte, do CP; **D:** incorreta, visto que, no regime fechado, o trabalho externo é admissível, desde que em serviços ou obras públicas – art. 34, § 3°, do CP; **E:** assertiva incorreta, visto que se refere às regras do *regime aberto* (art. 36, § 1°, do CP). **ED**

Gabarito "C".

(Analista – TJ/CE – 2013 – CESPE) A respeito da aplicação das penas, das medidas de segurança e dos benefícios penais do condenado, assinale a opção correta.

(A) De acordo com o Código Penal, réu primário condenado à pena de dois anos de reclusão pelo crime de furto qualificado consumado não pode se beneficiar da suspensão condicional da pena.

(B) O cometimento de crime doloso anteriormente à concessão do benefício do livramento condicional não enseja a revogação do benefício.

(C) A medida de segurança, por não possuir natureza de sanção penal, não se sujeita a prazo prescricional.

(D) De acordo com a jurisprudência do STJ, na dosimetria da pena, os fatos posteriores ao crime em julgamento não podem ser utilizados para configurar reincidência, mas podem servir de fundamento para valorar negativamente a culpabilidade, a personalidade e a conduta social do réu.

(E) A reabilitação do condenado poderá ser requerida após a decorrência do prazo de cinco anos, contado do dia em que for extinta, de qualquer modo, a pena ou terminar sua execução, computando-se o período de prova da suspensão e o do livramento condicional.

A: correta, dado o que estabelece o art. 77, III, do CP; **B:** incorreta (art. 86, II, do CP); **C:** incorreta. A medida de segurança, por constituir, ao lado da pena, espécie do gênero *sanção penal*, sujeita-se, sim, à prescrição. Sua função é a de prevenir crimes que possam ser cometidos pelo sujeito considerado perigoso; **D:** incorreta. Nesse sentido: "(...) No cálculo da pena-base, é impossível a consideração de condenação transitada em julgado correspondente a fato posterior ao narrado na denúncia para valorar negativamente os maus antecedentes, a personalidade ou a conduta social do agente. Já a condenação por fato anterior ao delito que aqui se julga, mas com trânsito em julgado posterior, pode ser utilizada como circunstância judicial negativa, a título de antecedente criminal (...)" (HC 201101444858, Marco Aurélio Bellizze, STJ, 5ª T., *DJE* 16.09.2013); **E:** incorreta, já que não reflete o disposto no art. 94 do CP. **ED**

Gabarito "A".

Diante das falhas do sistema penitenciário atual, o Direito Penal moderno vem buscando evitar o encarceramento, em especial através da previsão de medidas alternativas à pena privativa de liberdade.

(Analista – MP/MS – 2013 – FGV) A esse respeito, assinale a afirmativa correta.

(A) São hipóteses de penas restritivas de direito a prestação pecuniária, perda de bens e valores, prestação de serviço à comunidade ou a entidades públicas, interdição temporária de direitos e limitação de fim de semana.

(B) Poderá a pena privativa de liberdade inferior a 4 anos ser substituída pela restritiva de direito se o réu for tecnicamente primário, mas não será admitida a

substituição em nenhuma hipótese de réu reincidente.

(C) De acordo com o Código Penal, a pena privativa de liberdade inferior a 6 meses poderá ser substituída por apenas uma restritiva de direitos, inclusive prestação de serviços à comunidade.

(D) A pena restritiva de direito converte-se em privativa de liberdade quando ocorrer o descumprimento injustificado da restrição imposta, não sendo deduzido o tempo de pena cumprido da restritiva de direitos.

(E) Em qualquer hipótese, sobrevindo condenação a pena privativa de liberdade, por outro crime, a pena restritiva de direito deverá ser convertida em privativa de liberdade.

A: correta, pois contempla o rol de penas restritivas de direitos presente no art. 43 do CP; **B:** incorreta. Primeiro porque, para beneficiar-se da substituição, a pena aplicada ao agente deve ser *igual* ou inferior a quatro anos (*não seja superior a quatro anos* – art. 44, I, do CP); em segundo lugar, porque, embora a substituição, neste caso, seja, em regra, vedada – art. 44, II, poderá ela operar-se se estiverem presentes os requisitos a que alude o art. 44, § 3°, do CP, a saber: a substituição há de ser *socialmente recomendável*; e o réu não pode ser reincidente na prática do mesmo crime (reincidência específica); **C:** incorreta, nos termos do art. 46, *caput*, do CP, que estabelece que a prestação de serviços à comunidade ou a entidades públicas é aplicável às condenações superiores a seis meses de privação de liberdade; **D:** incorreta, uma vez que, na hipótese de conversão, será deduzido o tempo cumprido da pena restritiva de direitos (art. 44, § 4°, do CP); **E:** incorreta, pois não corresponde à regra disposta no art. 44, § 5°, do CP. **ED**

Gabarito "A".

(Analista – MP/MS – 2013 – FGV) Sobre o *instituto do livramento condicional*, assinale a afirmativa incorreta.

(A) A obtenção do livramento condicional nos casos de condenação por crimes hediondos exige, como requisito temporal, o cumprimento de mais de dois terços da pena pelo condenado primário e mais de três quintos para o condenado reincidente na prática de crimes desta natureza.

(B) Tem como requisito temporal, em regra, o cumprimento de um terço da pena se o condenado não for reincidente em crime doloso e tiver bons antecedentes.

(C) As penas que correspondem às infrações diversas devem somar-se para efeito de livramento.

(D) Se o liberado for condenado irrecorrivelmente, por crime ou contravenção, à pena que não seja privativa de liberdade, poderá o juiz revogar o livramento.

(E) A revogação será obrigatória se o liberado vem a ser condenado à pena privativa de liberdade, em sentença irrecorrível, por crime cometido durante vigência do benefício.

A: incorreta, devendo ser assinalada, dado que o reincidente em crime hediondo ou equiparado não faz jus ao livramento condicional; somente poderá obtê-lo o não reincidente em crimes dessa natureza depois de cumprir mais de 2/3 (dois terços) da pena – art. 83, V, do CP; **B:** correta, pois reflete a regra do art. 83, I, do CP; **C:** correta, pois corresponde à regra presente no art. 84 do CP; **D:** correta, nos termos do art. 87, segunda parte, do CP; **E:** correta, nos termos do art. 86, I, do CP. **ED**

Gabarito "A".

9. AÇÃO PENAL

(Analista – TRF/3ª – 2007 – FCC) No crime complexo, a ação penal é:

(A) pública incondicionada, se qualquer dos crimes componentes do tipo deva ser apurado por iniciativa do Ministério Público.

(B) pública condicionada, mesmo que qualquer dos crimes componentes do tipo deva ser apurado por iniciativa do Ministério Público, desde que em relação a outro ou outros a sua ação dependa de representação.

(C) pública incondicionada em relação aos crimes componentes do tipo que são dessa natureza e privada ou pública condicionada em relação a outro ou outros que sejam de iniciativa privada ou sujeito a representação.

(D) pública ou privada, dependendo de acordo entre o Ministério Público e o ofendido ou seu representante legal.

(E) privada, se um dos crimes componentes do tipo for dessa natureza, mesmo que outro ou outros devam ser apurados por iniciativa do Ministério Público.

A resposta deve ser extraída do art. 101 do CP, que assim dispõe: "quando a lei considera como elemento ou circunstâncias do tipo legal fatos que, por si mesmos, constituem crimes, cabe ação pública em relação àquele, desde que, em relação a qualquer destes, se deva proceder por iniciativa do Ministério Público". ED
Gabarito "A".

10. EXTINÇÃO DA PUNIBILIDADE – PRESCRIÇÃO

(Analista - TRF/4 - FCC - 2019) Sobre a extinção da punibilidade, nos termos preconizados pelo Código Penal, é correto afirmar:

(A) A prescrição da pena de multa ocorrerá no prazo de 2 anos quando ela for cumulativamente cominada com a pena privativa de liberdade.

(B) Nos crimes conexos, a extinção da punibilidade de um deles não impede, quanto aos outros, a agravação da pena resultante da conexão.

(C) A sentença que conceder o perdão judicial será considerada para fins de reincidência.

(D) São reduzidos pela metade os prazos de prescrição quando o criminoso era, ao tempo do crime, menor de 21 (vinte e um) anos ou, na data da sentença, maior de 60 (sessenta) anos.

(E) A prescrição, depois da sentença condenatória com trânsito em julgado para a acusação, regula-se pela pena aplicada, e poderá ter por termo inicial data anterior à da denúncia ou queixa.

A: incorreta. Diferentemente do que se afirma na alternativa, a prescrição da pena de multa, sendo ela alternativa ou cumulativamente cominada com a pena privativa de liberdade, ocorrerá no mesmo prazo estabelecido para esta, nos termos do art. 114, II, CP; agora, se a pena de multa for a única cominada ou aplicada, aí sim a prescrição ocorrerá no interregno de dois anos (art. 114, I, CP); **B:** correta. Tal como afirmando nesta alternativa, nos crimes conexos, a extinção da punibilidade de um deles não impede, quanto aos outros, a agravação

da pena resultante da conexão. É o que estabelece o art. 108 do CP; **C:** incorreta, pois não reflete o que estabelece o art. 120 do CP, segundo o qual *a sentença que conceder perdão judicial não será considerada para efeitos de reincidência*; **D:** incorreta, pois não corresponde ao que estabelece o art. 115 do CP, segundo o qual a redução somente alcançará, além do menor de 21 anos, o maior de *70 anos*, e não *de 60*, como constou na assertiva; **E:** incorreta, pois contraria o que estabelece o art. 110, § 1º, do CP. ED
Gabarito "B".

(Analista Judiciário - TJ/AL - 2018 - FGV) De maneira geral, a doutrina define prescrição como a perda do direito do Estado de punir ou de executar determinada pena em razão da inércia estatal com o decurso do tempo. Tradicionalmente, o instituto é classificado em prescrição da pretensão punitiva e prescrição da pretensão executória.

Sobre essa causa de extinção da punibilidade, é correto afirmar que:

(A) a idade do réu, seja qual for, não é relevante para fins de definição do prazo prescricional;

(B) o oferecimento da denúncia é a primeira causa de interrupção do prazo prescricional;

(C) a reincidência do agente é relevante para a definição do prazo prescricional da pretensão executória, mas não do prazo da prescrição da pretensão punitiva pela pena em abstrato;

(D) o reconhecimento da prescrição, seja da pretensão punitiva seja da pretensão executória, afasta todos os efeitos penais e extrapenais da condenação;

(E) o prazo prescricional se inicia, no crime de bigamia, na data da constituição do segundo casamento, ainda que o fato se torne conhecido para terceiros em outro momento.

A: incorreta, na medida em que a menoridade relativa e a senilidade constituem fatores que conduzem à redução da metade do lapso prescricional, conforme estabelece o art. 115 do CP; **B:** incorreta. Isso porque a primeira causa de interrupção do prazo prescricional é o *recebimento* da denúncia, e não o seu *oferecimento* (art. 117, I, CP); **C:** correta, já que a reincidência constitui marco interruptivo da pretensão executória (art. 117, VI, do CP), não havendo repercussão no contexto da prescrição da pretensão punitiva. Tal entendimento encontra-se consolidado na Súmula 220, do STJ, que tem o seguinte verbete: "A reincidência não influi no prazo da prescrição da pretensão punitiva"; **D:** incorreta. O reconhecimento da prescrição da pretensão punitiva, por ocorrer antes de a sentença transitar em julgado, afasta todos os efeitos de eventual sentença condenatória (penais e extrapenais). Diferentemente, a prescrição da pretensão executória somente alcança o efeito principal da condenação, isto é, a pena imposta. Remanescem, pois, os efeitos secundários da condenação, como a reincidência, a obrigação de reparar o dano etc. Na jurisprudência: "A Corte Especial deste Superior Tribunal de Justiça, por ocasião do julgamento da APn 688/RO, pacificou o entendimento de que a extinção da punibilidade do agente, pelo reconhecimento da prescrição da pretensão punitiva, anula os efeitos penais e extrapenais da condenação, afastando o interesse na interposição de recurso" (AgRg no REsp 1517471/RS, Rel. Ministra Maria Thereza De Assis Moura, Sexta Turma, julgado em 03/04/2018, DJe 09/04/2018); **E:** incorreta, pois contraria o disposto no art. 111, IV, do CP, segundo o qual, nos crimes de bigamia e nos de falsificação ou alteração de assentamento de registro civil, a prescrição tem como marco inicial a data em que o fato se tornou conhecido. ED
Gabarito "C".

(Analista Judiciário – TRE/SP – FCC – 2017) Paulo, quando tinha 20 anos de idade, após ser abordado em uma blitz da polícia rodoviária federal na Rodovia Presidente Dutra, no dia 1º de Junho de 2010, oferece R$ 1.000,00, em dinheiro, para o policial responsável pela abordagem para não ser autuado por excesso de velocidade. Paulo é conduzido ao Distrito Policial, preso em flagrante, e acaba beneficiado pela Justiça sendo colocado em liberdade após pagamento de fiança. Encerrado o inquérito Policial, a denúncia em desfavor de Paulo, pelo crime de corrupção ativa, é recebida no dia 15 de Julho de 2014. O processo tramita regularmente e Paulo é condenado a cumprir pena de 2 anos de reclusão, em regime inicial aberto, por sentença publicada em 14 de Agosto de 2016. A sentença transita em julgado. Ricardo, advogado de Paulo, postula ao Magistrado competente para a execução da sentença o reconhecimento da prescrição. Neste caso, de acordo com o Código Penal, a prescrição da pretensão punitiva estatal ocorre em

(A) 8 anos e a pena cominada ao réu, Paulo, não está prescrita, cabendo a ele cumprir regularmente sua pena.

(B) 4 anos e a pena cominada ao réu, Paulo, não está prescrita, cabendo a ele cumprir regularmente sua pena.

(C) 3 anos e a pena cominada ao réu, Paulo, está prescrita em decorrência do decurso do prazo superior a 3 anos entre a data do crime e do recebimento da denúncia.

(D) 4 anos e a pena cominada ao réu, Paulo, está prescrita em decorrência do decurso do prazo entre a data do crime e do recebimento da denúncia.

(E) 2 anos e a pena cominada ao réu, Paulo, está prescrita em decorrência do decurso do prazo entre a data do recebimento da denúncia e a publicação da sentença condenatória.

No caso narrado no enunciado, deve o candidato, antes de mais nada, atentar-se para o fato de que, ao tempo em que o crime foi praticado, Paulo ainda não contava com 21 anos, razão pela qual deve-se aplicar a regra contida no art. 115 do CP, que estabelece que a prescrição, neste caso, é reduzida pela metade. Pois bem. Pelo crime que praticou (corrupção ativa), Paulo foi condenado ao cumprimento da pena de 2 anos de reclusão, que, nos termos do art. 109, V, do CP, prescreverá em 4 (quatro) anos, interregno este que, pela razão que acima expusemos, será reduzido de metade, chegando, então, ao prazo prescricional definitivo de 2 anos. Considerando que entre o recebimento da denúncia (15 de julho de 2014) e a publicação da sentença (14 de agosto de 2016) transcorreu prazo superior a 2 (dois) anos, operou-se a prescrição da pretensão punitiva (retroativa). **ED**

Gabarito "E."

(Analista Judiciário – TRE/PE – CESPE – 2017) O prazo prescricional da pretensão punitiva

(A) será calculado sobre o total da pena aplicada a todos os crimes praticados após a incidência do acréscimo, se se tratar de concurso formal imperfeito.

(B) será calculado sobre o total correspondente à soma das penas de todos os crimes praticados, se se tratar de crime continuado.

(C) será calculado sobre o total correspondente à soma de todas as penas dos crimes praticados, se se tratar de concurso material.

(D) será calculado isoladamente em cada crime praticado, desconsiderando-se o acréscimo decorrente do concurso, se se tratar de concurso formal perfeito.

(E) será calculado isoladamente em cada um dos crimes praticados, computando-se o acréscimo decorrente da continuidade, se se tratar de crime continuado.

A: incorreta, na medida em que, no concurso formal impróprio, a prescrição será calculada com base na pena de cada delito, isoladamente, tal como estabelece o art. 119, CP. Vide Súmula 497, do STF; **B:** incorreta. No caso do crime continuado, deve-se considerar, de forma isolada, cada delito (art. 119, CP); **C:** incorreta. Da mesma forma que nas demais, cada delito do concurso material tem a sua prescrição calculada de forma isolada e individual. É dizer, não se pode proceder ao somatório (art. 119, CP); **D:** correta. A prescrição será calculada em relação à pena do crime mais grave, utilizada como base para incidir o acréscimo, desconsiderando-se o acréscimo decorrente do concurso (art. 119, CP); **E:** incorreta (art. 119, CP). Vide Súmula 497 do STF. **ED**

Gabarito "D."

(Analista – TRE/SP – 2012 – FCC) Rubens está sendo processado por crime de peculato, praticado no dia 03 de fevereiro de 2008, quando tinha 20 anos de idade. A denúncia foi recebida no dia 05 de junho de 2008. Por sentença judicial, publicada no Diário Oficial no dia 10 de novembro de 2011, Rubens foi condenado a cumprir pena de 02 (dois) anos e 06 (seis) meses de reclusão, em regime inicial aberto, e ao pagamento de 10 (dez) dias-multa. A pena privativa de liberdade aplicada pelo Magistrado foi substituída, na forma do artigo 44, do Código Penal, por uma pena restritiva de direitos de prestação de serviços à comunidade, pelo prazo da pena privativa de liberdade aplicada, e por 10 (dez) dias-multa, no valor unitário mínimo. A sentença transitou em julgado no dia 1º de janeiro de 2012. Nesse caso, após o trânsito em julgado, a prescrição para as penalidades aplicadas ao réu verifica-se no prazo de:

(A) 02 anos para a pena privativa de liberdade e para as multas.

(B) 08 anos para a pena privativa de liberdade e 02 anos para as multas.

(C) 04 anos para a pena privativa de liberdade e para as multas.

(D) 04 anos para a pena privativa de liberdade e 02 anos para as multas.

(E) 08 anos para a pena privativa de liberdade e para as multas.

Dado que a condenação, tanto para a acusação quanto para a defesa, tornou-se definitiva (operou-se o trânsito em julgado), terão incidência, aqui, as regras da *prescrição da pretensão executória*. Assim sendo, o prazo prescricional levará em conta a pena concretamente aplicada, que, neste caso, é de dois anos e seis meses de reclusão, além da pena de multa. É o que estabelece o art. 110, *caput*, do CP. O fato de o juiz ter procedido à substituição da pena privativa de liberdade por restritivas de direito em nada altera o cálculo do prazo prescricional, dado o que dispõe o art. 109, parágrafo único, do CP. O prazo prescricional será extraído com base nas regras estampadas no art. 109 do CP. Dessa forma, tendo a pena sido fixada em dois anos e seis meses, chegaremos ao interregno de oito anos (art. 109, IV, do CP), prazo esse que, por força do art. 115 do CP, será reduzido de metade, o que corresponde a quatro anos. No que toca à pena de multa, a prescrição obedecerá ao mesmo prazo (art. 114, II, do CP). **ED**

Gabarito "C."

(Analista – TRF/4ª – 2010 – FCC) O curso da prescrição NÃO é interrompido:

(A) pela reincidência.

(B) pelo recebimento da denúncia.

(C) pela publicação da sentença absolutória recorrível.

(D) pela decisão confirmatória da pronúncia.

(E) pelo início ou continuação do cumprimento da pena.

A assertiva "C" não está contemplada no rol do art. 117 do CP; as demais estão. Constituem, pois, hipótese de interrupção do lapso prescricional. **ED**
„Gabarito "C".

José, funcionário público, no dia 10.10.2008, apropriou-se de dinheiro recebido de terceiro por erro, no exercício do cargo. Tendo em vista que contava com 19 anos completos, foi instaurado inquérito policial para apurar a ocorrência da infração. A investigação foi recebida pelo membro do Ministério Público em 11.10.2012, onde ficou constatado que há indícios de autoria e materialidade na prática do crime de peculato mediante erro de outrem, que tem prevista a pena de reclusão de 1 a 4 anos e multa.

(Analista – MP/MS – 2013 – FGV) Com relação à situação acima, é correto afirmar que:

(A) o *parquet* deve oferecer denúncia pela prática do crime de peculato mediante erro de outrem, indicando obrigatoriamente todas as atenuantes e agravantes que entenda presente na hipótese fática.

(B) o *parquet* deve requerer ao juiz a extinção da punibilidade pela prescrição pela pena ideal, tendo em vista que, sendo o réu primário, provavelmente haverá prescrição com base na pena posteriormente aplicada.

(C) o parquet deve requerer ao juiz o arquivamento com base na extinção da punibilidade pela prescrição da pretensão punitiva pela pena em abstrato.

(D) o *parquet* deve oferecer denúncia pela prática do crime de peculato mediante erro de outrem, sem necessidade de indicar todas as agravantes e atenuantes aplicáveis ao caso concreto.

(E) o *parquet* deve requerer ao juiz o arquivamento com base na extinção da punibilidade pela prescrição de pretensão executória.

É caso de arquivamento dos autos de inquérito. Considerando a pena máxima aplicada ao crime do qual é acusado José, que, segundo estabelece o art. 109, IV, do CP, é de 8 anos, temos que a prescrição dar-se-ia no dia 09.10.2016. Neste caso, ainda não se teria atingido a prescrição. Sucede que, pelo fato de João contar com 19 anos à data da prática do crime, menor, portanto, de 21 anos, o prazo prescricional, a teor do art. 115 do CP, será reduzido de metade, chegando-se, assim, ao interrego de 4 anos. A prescrição, neste caso, dar-se-á no dia 09.10.2012. Portanto, resta ao MP requerer ao juiz o arquivamento dos autos, já que se operou a extinção da punibilidade pela prescrição – art. 107, IV, do CP. **ED**
„Gabarito "C".

11. CRIMES CONTRA A PESSOA E CONTRA O PATRIMÔNIO

(Analista - TJ/MA - 2019 - FCC) Segundo o Código Penal brasileiro, bem como o entendimento dos Tribunais Superiores, sobre os crimes contra o patrimônio,

(A) tanto o crime de roubo quanto o de furto, para a sua consumação, não precisam que a posse da coisa furtada ou roubada seja mansa, pacífica ou desvigiada.

(B) o ato de constranger alguém, mediante violência ou grave ameaça, e com o intuito de obter para si ou para outrem indevida vantagem econômica, a fazer, tolerar que se faça ou deixar de fazer alguma coisa, constitui, em tese, o crime de roubo qualificado.

(C) apropriar-se de coisa alheia móvel, de que tem a posse ou a detenção, configura, em tese, o crime de furto de coisa comum.

(D) no caso do agente que praticar o crime de furto contra o cônjuge, na constância da sociedade conjugal, o juiz poderá substituir a pena de reclusão pela de detenção, diminuí-la de um a dois terços, ou aplicar somente a pena de multa.

(E) no crime de estelionato, não é possível que o sujeito passivo seja pessoa jurídica de direito público, já que somente pessoas físicas podem ser sujeitos passivos desse crime.

A: correta. De fato, em regressão garantista, os tribunais superiores consolidaram o entendimento segundo o qual o crime de roubo se consuma com a mera inversão da posse do bem mediante emprego de violência ou grave ameaça, independente da posse mansa, pacífica e desvigiada da coisa pelo agente. *Vide*, nesse sentido: STF, HC 96.696, Rel. Min. Ricardo Lewandowski. Confirmando esse entendimento, o STJ editou a Súmula 582: "Consuma-se o crime de roubo com a inversão da posse do bem mediante emprego de violência ou grave ameaça, ainda que por breve tempo e em seguida à perseguição imediata ao agente e recuperação da coisa roubada, sendo prescindível a posse mansa e pacífica ou desvigiada. De igual forma, a consumação do crime de furto é alcançada com a simples posse, ainda que efêmera, do bem subtraído, sendo dispensável que esta se dê de forma mansa e pacífica, sendo também prescindível que o objeto material saia da esfera de vigilância do sujeito passivo; **B:** incorreta, na medida em que a assertiva corresponde à descrição típica do crime de extorsão (art. 158 do CP), que constitui, é importante que se diga, modalidade de crime contra o patrimônio que guarda bastante similitude com o delito de roubo, este previsto no art. 157 do CP. *Grosso modo*, a diferença mais marcante entre esses crimes reside na prescindibilidade ou não do comportamento da vítima. Em outras palavras, temos que, no roubo, o agente alcança a vantagem patrimonial independentemente da participação do ofendido; já na extorsão, diferentemente, impõe-se a participação da vítima. Segundo Guilherme de Souza Nucci, "a diferença concentra-se no fato de a extorsão exigir a participação ativa da vítima fazendo alguma coisa, tolerando que se faça ou deixando de fazer algo em virtude da ameaça ou da violência sofrida. Enquanto no roubo o agente atua sem a participação da vítima, na extorsão o ofendido colabora ativamente com o autor da infração penal (…)" (*Código Penal Comentado*, 18ª ed. Forense, 2017. p. 1015); **C:** incorreta. Isso porque a assertiva contém a descrição típica do delito de apropriação indébita, capitulado no art. 168 do CP. Neste crime, o agente toma como sua coisa pertencente a outrem. O sujeito ativo tem a posse ou a detenção da coisa, na qual ingressou de forma legítima, e, posteriormente, passa a portar-se como se dono fosse, recusando a sua devolução. A característica marcante deste delito, portanto, é o abuso de confiança. No furto, quer o do art. 155 do CP, quer o do art. 156 do CP (furto de coisa comum), pressupõe-se a subtração do bem, isto é, o agente ingressa na posse do objeto de forma ilegítima, clandestina; **D:** incorreta. O caso narrado no enunciado (furto contra o cônjuge na constância da sociedade conjugal) configura hipótese de isenção de pena (art. 181, I, do CP); **E:** incorreta, já que a pessoa jurídica, mesmo a de direito público, pode figurar como sujeito passivo do delito de estelionato, bastando que sofra prejuízo patrimonial em decorrência da fraude empregada.
„Gabarito "A".

(Analista - TRF/4 - FCC - 2019) Rômulo e José combinaram durante uma festa a prática de um roubo contra determinada farmácia durante a madrugada. Saindo da festa, os dois rumaram no carro de José para o estabelecimento comercial vítima e lá praticaram o roubo, subtraindo todo o dinheiro que havia no caixa. Para o roubo Rômulo utilizou uma arma de brinquedo, enquanto José empregou um revólver calibre 38, devidamente municiado. Quando os dois roubadores estavam saindo da farmácia com o produto do roubo, o segurança do estabelecimento, Pedro, resolveu reagir e, neste momento, José efetuou contra ele três disparos de arma de fogo, ferindo-o gravemente na região do abdômen. Pedro foi socorrido no hospital mais próximo e sobreviveu aos ferimentos. Naquela mesma noite Rômulo e José foram presos pela polícia, que conseguiu recuperar a res furtiva e apreender as armas utilizadas (simulacro e revólver calibre 38). Neste caso,

(A) Rômulo e José responderão por crime de tentativa de latrocínio.

(B) José responderá por crime de tentativa de latrocínio, enquanto Rômulo por roubo qualificado pelo concurso de agentes.

(C) José responderá por crime de tentativa de latrocínio, enquanto Rômulo por roubo duplamente qualificado pelo concurso de agentes e emprego de arma de fogo.

(D) Rômulo e José responderão por crime de roubo duplamente qualificado pelo concurso de agentes e emprego de arma de fogo, bem como pelo crime de tentativa de homicídio contra a vítima Pedro.

(E) José responderá por crime de roubo duplamente qualificado pelo concurso de agentes e emprego de arma de fogo, bem como pelo crime de tentativa de homicídio contra a vítima Pedro, enquanto Rômulo responderá por crime de roubo qualificado pelo concurso de agentes.

Em caso de subtração consumada (ou tentada) e morte tentada, não há dúvidas de que o agente deverá responder por tentativa de latrocínio. É a conclusão que se tira da leitura da Súmula 610 do STF, para a qual há latrocínio quando o homicídio se consuma, ainda que não realize o agente a subtração de bens da vítima. Como se pode ver, a consumação, no latrocínio, está atrelada ao resultado morte, ainda que a subtração não tenha sido implementada. Dessa forma, forçoso concluir que, no caso narrado no enunciado, em que a subtração se consumou mas o resultado morte não ocorreu por circunstâncias alheias à vontade dos agentes, o crime a ser imputado é o latrocínio, na forma tentada (art. 157, § 3º, II, c/c o art. 14, II, todos do CP). Havendo, no latrocínio (consumado ou tentado), concurso de agentes, todos os envolvidos, em princípio, respondem pelo crime, ainda que somente um dos agentes tenha matado ou tentado matar a vítima, salvo se restar provado que um deles quis participar de delito menos grave. No caso acima narrado, tendo em conta a adoção da teoria monista, ambos devem responder por latrocínio tentado, ainda que somente José tenha efetuado os disparos de arma de fogo contra o segurança. **ED**

Gabarito "A".

(Analista Judiciário - TJ/AL - 2018 - FGV) Com muitos processos conclusos para sentença, juiz de determinada Vara Criminal solicita que seu secretário analise uma ação penal em que se imputa a Jorge a prática de crime de roubo majorado, em fase de sentença, fazendo resumo dos fatos e destacando os aspectos relevantes para fins de aplicação da pena. Nos autos do processo consta que o denunciado i) tinha 20 anos na data dos fatos; ii) possuía condenação cujo trânsito em julgado ocorreu antes da prática do delito ora julgado; iii) confessou os fatos durante seu interrogatório; iv) empregou arma branca e agiu em concurso de agentes com outro indivíduo não identificado quando da subtração da coisa alheia.

Com base nos dados acima descritos, o secretário deverá destacar, em seu resumo, de acordo com a jurisprudência dos Tribunais Superiores, que:

(A) existem duas atenuantes da pena, logo a pena intermediária poderá ser aplicada abaixo do mínimo penal;

(B) existem duas causas de aumento de pena, de modo que a pena poderá ser aumentada em patamar acima do mínimo previsto em razão apenas da quantidade de majorantes;

(C) não devem ser reconhecidas causas de aumento, já que não houve emprego de arma de fogo e o coautor não foi identificado;

(D) poderá haver compensação da agravante da reincidência com a atenuante da menoridade relativa ou atenuante da confissão espontânea;

(E) não deve ser reconhecida a causa de aumento do emprego de arma, mas deve a pena ser majorada em razão do concurso de agentes.

A: incorreta, pois, nos termos da Súmula 231 do STJ, *a incidência da circunstância atenuante não pode conduzir à redução da pena abaixo do mínimo legal*; **B**: incorreta. Nos termos da Súmula 443 do STJ, *o aumento na terceira fase de aplicação da pena no crime de roubo circunstanciado exige fundamentação concreta, não sendo suficiente para a sua exasperação a mera indicação do número de majorantes*; **C**: incorreta. Com o advento da Lei 13.654/2018, o art. 157, § 2º, I, do CP, que impunha aumento de pena no caso de a violência ou ameaça, no crime de roubo, ser exercida com emprego de *arma*, foi revogado. Em relação à incidência desta causa de aumento, a jurisprudência havia consolidado o entendimento segundo o qual o termo *arma* tem acepção ampla, ou seja, estão inseridas no seu conceito tanto as armas *próprias*, como, por excelência, a de fogo, quanto as *impróprias* (faca, punhal, foice etc.). Pois bem. Além de revogar o dispositivo acima, esta mesma lei promoveu a inclusão da mesma causa de aumento de pena (emprego de arma) no § 2º-A, I, do CP. Até aí, nenhum problema. Como bem sabemos, o deslocamento de determinado comportamento típico de um para outro dispositivo, por força da regra da continuidade típico-normativa, não tem o condão de descriminalizar a conduta. Sucede que a Lei 13.654/2018, ao deslocar esta causa de aumento do art. 157, § 2º, I, do CP para o art. 157, § 2º-A, I, também do CP, limitou o alcance do termo *arma*, já que passou a referir-se tão somente à arma de *fogo*, do que se conclui que somente incorrerá nesta causa de aumento o agente que se valer, para a prática do roubo, de arma de fogo (revólver, pistola, fuzil etc.); doravante, portanto, se o agente utilizar, para o cometimento deste delito, arma branca, o roubo será simples, já que, repita-se, a nova redação do dispositivo especificou que tipo de arma é apta a configurar o aumento: arma de fogo. Outro detalhe: pela redação anterior, o agente que fizesse uso de arma (de fogo ou branca) estaria sujeito a um aumento de pena da ordem de um terço até metade; a partir de agora, se utilizar arma (necessariamente de fogo), sujeitar-se-á a um incremento da ordem de dois terços. Desnecessário dizer que tal inovação não poderá retroagir e atingir fatos ocorridos antes da entrada em vigor desta lei, já que constitui *lex gravior*. De outro lado, essa mesma norma que excluiu a arma que não seja de fogo deverá retroagir para beneficiar o agente (*novatio legis in mellius*) que praticou o crime de roubo com emprego de arma branca antes de ela entrar em vigor. Pois bem. Ao que parece, o examinador não levou em consideração esta modificação legislativa. Pela legislação anterior, o emprego de arma branca configurava causa de aumento (art. 157, § 2º, I, CP). Seja como for, a alternativa estaria errada de qualquer maneira, na medida em que o fato de o comparsa não haver sido identificado não elide o reconhecimento da causa de aumento prevista no art. 157, § 2º, II, do CP. Em resumo, temos que, pela legislação anterior (antes de a Lei 13.654/2018 haver revogado o art. 157, § 2º, I, do CP e incluído o art. 157, § 2-A, I, do CP), o emprego de arma branca tinha que ser reconhecido como causa de aumento no roubo. Neste caso, a assertiva conteria dois erros. Se levarmos em consideração a legislação atual, a primeira parte da assertiva, que se refere ao emprego de arma, estaria correta; a segunda parte, que se refere ao concurso de agentes, está errada de qualquer forma, já que a não identificação do comparsa não obsta, antes ou mesmo depois da referida legislação, o reconhecimento da causa de aumento; **D:** correta. O STJ consolidou o entendimento segundo o qual é possível a compensação da reincidência com a confissão. Confira-se: "Agravo regimental no *habeas corpus*. Roubo majorado. 1. Dosimetria da pena. Confissão. Reincidência. Concurso. Compensação. Cabimento. Precedente da terceira seção do STJ. 2. Presença de majorantes. Fixação da fração de aumento acima do mínimo legal. Critério meramente matemático. Súmula 443 do STJ. Flagrante ilegalidade. 3. Agravo regimental desprovido. 1. Esta Corte Superior pacificou entendimento, quando do julgamento do EREsp nº 1.154.752/RS pela Terceira Seção, de que a agravante da reincidência pode ser compensada com a atenuante da confissão espontânea, devendo o julgador atentar para as singularidades do caso concreto. 2. A Eg. Quinta Turma deste Colendo STJ firmou orientação no sentido da possibilidade da compensação total quando o réu possui uma só condenação transitada em julgado, como na hipótese. (...)" (STJ, AgRg no HC 211528/RJ, 5ª Turma, j. 18.02.2014, rel. Min. Moura Ribeiro, *DJe* 21.02.2014). De igual forma, é admitida a compensação entre a reincidência e a menoridade; **E:** incorreta, tendo em conta que o examinador não levou em consideração a alteração legislativa promovida pela Lei 13.654/2018. Se tivesse levado, a assertiva estaria correta, pelas razões que já expusemos acima. **ED**

Gabarito "D".

(Analista Judiciário – TRT/8ª – 2016 – CESPE) No dia vinte e oito de junho de 2014, por volta de dezenove horas, na sala de espera de um posto de saúde, Paulo aguardava atendimento e exasperou-se com a demora. A funcionária Márcia, de cor negra, pediu-lhe calma, dizendo que o médico lhe atenderia brevemente, mas Paulo retrucou, exaltado: "— Chama logo o doutor, sua negrinha à toa!". Sentindo-se insultada pelos impropérios proferidos, Márcia, constrangida, chorou diante de mais de trinta pessoas que ali estavam esperando atendimento.

Considerando a situação hipotética apresentada, assinale a opção correta, considerando a jurisprudência do Superior Tribunal de Justiça.

(A) A conduta de Paulo tipifica-se como crime de injúria com elementos referentes à raça e à cor, de modo que a ação penal deve ser procedida por iniciativa do Ministério Público, mediante simples representação da ofendida.

(B) Eventual representação de Márcia só terá validade caso preencha todos os requisitos legais e seja reduzida a termo em formulário próprio, conforme modelo aprovado pelos órgãos do Poder Judiciário.

(C) Dado que a pretensão punitiva contra crime de injúria qualificada pelo preconceito racial é realizada mediante ação penal pública condicionada à representação, eventual pedido de explicação feito por Márcia suspenderia o prazo decadencial para sua propositura.

(D) O fato de Paulo ter se exasperado diante da atitude de Márcia, que lhe pediu para ter calma, configurou

retorsão imediata, cabendo, portanto, o perdão judicial com extinção da punibilidade.

(E) A conduta de Paulo tipifica-se como crime de racismo e, portanto, a pretensão punitiva não está sujeita à prescrição ou à decadência, haja vista a ofensa ao princípio da dignidade humana.

A: correta. De fato, Paulo, ao xingar Márcia de "negrinha à toa", cometeu o crime de injúria racial, na medida em que a ofensa proferida por Paulo à honra subjetiva de Márcia fez referência à cor de sua pele. Cuida-se do crime capitulado no art. 140, § 3º, do CP. Oportuno proceder à distinção deste crime do de racismo, este previsto no art. 20 da Lei 7.716/1989, dado que são frequentemente confundidos. Tal como ocorre com o crime de injúria simples, a injúria qualificada em razão da utilização de elementos relativos à cor da pele pressupõe que a ofensa seja dirigida a pessoa determinada ou, ao menos, a um grupo determinado de pessoas. Já no delito de racismo, diferentemente, a ofensa não é só dirigida à vítima concreta, mas também e sobretudo a todas as pessoas, no caso do enunciado, negras. Pressupõe, assim, uma espécie de segregação social em razão da cor da pele. A ação penal, no crime praticado por Paulo (injúria qualificada pelo preconceito de cor), é, tal como consta da alternativa, pública condicionada à representação. Antes, a ação penal, neste crime, era de iniciativa privativa do ofendido. Esta mudança se deu por força da Lei 12.033/2009, que modificou a redação do parágrafo único do art. 145 do CP; **B:** incorreta. A representação (art. 39, *caput* e §§ 1º e 2º, do CPP) não tem rigor formal. Os tribunais, inclusive o STF, já se manifestaram nesse sentido. É suficiente que a vítima demonstre de forma inequívoca a intenção de ver processado o ofensor; **C:** incorreta. O pedido de explicações (art. 144 do CP) somente tem incidência no campo da ação penal privativa do ofendido, a quem cabe formular tal pedido. Ademais, tal providência não tem o condão de suspender o prazo decadencial à propositura da queixa-crime; **D:** incorreta. A retorsão imediata pressupõe que o ofensor (no caso Paulo) revide a ofensa proferida inicialmente pelo ofendido (no caso Márcia), o que não ocorreu, já que Márcia se limitou a pedir a Paulo que mantivesse a calma; **E:** incorreta. *Vide* comentário à alternativa "A". **ED**

Gabarito "A".

(Analista – TRT/8ª – 2010 – FCC) Jeremias aproximou-se de um veículo parado no semáforo e, embora não portasse qualquer arma, mas fazendo gestos de que estaria armado, subtraiu a carteira do motorista, contendo dinheiro e documentos. Jeremias responderá por crime de:

(A) roubo qualificado pelo emprego de arma.

(B) furto simples.

(C) furto qualificado.

(D) roubo simples.

(E) apropriação indébita.

No caso do roubo, crime em que incorreu Jeremias (uma vez que empregou grave ameaça consistente na realização de gestos de que estaria armado), a simples menção a tal circunstância (de estar armado) não é suficiente a caracterizar a causa de aumento do art. 157, § 2º, I, do CP. Trata-se, portanto, de roubo simples. *Vide* STF, *RT* 696/434, 646/376. **ED**

Gabarito "D".

(Analista – TRT/8ª – 2010 – FCC) No crime de homicídio,

(A) não há incompatibilidade na coexistência de circunstâncias objetivas que qualificam o crime e as que o tornam privilegiado.

(B) há incompatibilidade na coexistência de quaisquer circunstâncias que qualificam o crime e as que o tornam privilegiado.

(C) não há incompatibilidade na coexistência de circunstâncias subjetivas que qualificam o crime e as que o tornam privilegiado.

(D) há incompatibilidade na coexistência de duas ou mais qualificadoras, ainda que objetivas.

(E) não há incompatibilidade na coexistência de duas qualificadoras de natureza subjetiva.

Haverá compatibilidade desde que a qualificadora seja de *caráter objetivo*. Isso se dá porque as hipóteses legais de privilégio são de *caráter subjetivo*, incompatíveis, portanto, com as qualificadoras de *caráter subjetivo*, aquelas ligadas ao motivo do crime (motivo torpe e fútil). Sendo possível compatibilizar alguma circunstância objetiva que qualifica o crime com alguma causa de diminuição de pena contemplada no art. 121, § 1º, do CP (privilégio), estaremos diante do que a doutrina convencionou chamar de *homicídio qualificado-privilegiado (também chamado homicídio híbrido)*. De outro lado, se houver mais de uma qualificadora, uma deverá ser empregada para qualificar o crime e as outras deverão atuar como agravantes genéricas. *Vide*, a esse respeito, Informativo 230 do STF – HC 80.771-MS. Em sentido contrário já decidiu o STJ (*RT* 754/577), reconhecendo que, na hipótese de incidência de duas qualificadoras, em vez de atuar como agravante genérica, deverá ser tomada como circunstância judicial do art. 59 do CP. Não se admite a coexistência de duas qualificadoras de natureza subjetiva (TJSP, *RT* 657/282). Ademais, constitui entendimento doutrinário e jurisprudencial majoritário o fato de o homicídio qualificado-privilegiado não ser considerado delito hediondo. ED
Gabarito "A".

(Analista – TRT/8ª – 2010 – FCC) Pedro, a pedido de José que desejava suicidar-se, efetua disparo de arma de fogo contra o mesmo, causando-lhe a morte. Pedro:

(A) responderá por homicídio doloso.

(B) responderá por auxílio doloso ao suicídio.

(C) não responderá por nenhum delito.

(D) responderá por homicídio culposo.

(E) responderá por auxílio culposo ao suicídio.

Com efeito, Pedro será responsabilizado por *homicídio doloso*. É que o auxílio material, no crime de *participação em suicídio* (art. 122, CP), deve ter caráter acessório, secundário. Assim, se a conduta do agente não for secundária (como é o caso em que o agente fornece à vítima uma arma, uma corda etc.), mas for a causa direta, efetiva da morte da vítima, como é o caso do enunciado, estaremos diante de hipótese de homicídio, já que o agente, atendendo a pedido da vítima, efetuou disparos contra esta. O agente não emprestou a arma para que a vítima desse cabo de sua vida (auxílio material – participação em suicídio). Ele próprio se encarregou de, a pedido da vítima, efetuar os disparos (causa direta, efetiva). A ele, portanto, será imputado o crime de homicídio doloso. ED
Gabarito "A".

(Analista – TRT/8ª – 2010 – FCC) Paulo postou-se em frente a um restaurante e apresentou-se como manobrista a um freguês que chegou para jantar. Entregou-lhe um papel com um número e recebeu deste as chaves do veículo, do qual se apossou, fugindo do local. Paulo responderá por crime de:

(A) apropriação indébita.

(B) estelionato.

(C) furto qualificado pela fraude.

(D) furto simples.

(E) furto com abuso de confiança.

De fato, cuida-se do crime capitulado no art. 171, *caput*, do CP, na medida em que a vítima, envolvida pelo "golpe" aplicado por Paulo, entregou-lhe as chaves do veículo. O crime do art. 155 do CP – furto – pressupõe subtração, fato que não ocorreu na hipótese descrita no enunciado. Já na apropriação indébita – art. 168 do CP –, inexiste subtração ou mesmo fraude. O agente, depois de adquirir a posse da coisa, passa a agir como se dono dela fosse. Ocorre, a rigor, uma inversão da posse. ED
Gabarito "B".

(Analista – TRE/AC – 2010 – FCC) Considere as hipóteses:

I. O agente deixa de prestar imediato socorro à vítima.

II. O delito é resultado da inobservância de regra técnica de profissão.

III. O crime é praticado contra pessoa menor de 14 anos ou maior de 60 anos.

IV. O agente foge para evitar prisão em flagrante.

V. O agente encontrava-se em estado de embriaguez preordenada.

De acordo com o Código Penal brasileiro, é qualificado o homicídio culposo nas hipóteses:

(A) I, II e III.

(B) I, II e IV.

(C) I, II e V.

(D) II, III e V.

(E) III e IV.

Se o homicídio for culposo – art. 121, § 3º, CP, à pena incidirá um aumento de um terço nas seguintes situações: se o crime resulta de inobservância de regra técnica de profissão, arte ou ofício; se o agente deixa de prestar imediato socorro à vítima, não procura diminuir as consequências do seu ato, ou foge para evitar prisão em flagrante – art. 121, § 4º, primeira parte, CP (situação contemplada nas assertivas I, II e IV – corretas). De outro lado, se se tratar de homicídio doloso, a pena é aumentada de um terço se o crime é praticado contra pessoa menor de 14 anos ou maior de 60 anos – art. 121, § 4º, segunda parte, CP (situação contemplada na assertiva III – errada, portanto). Por fim, o fato de o agente encontrar-se em estado de embriaguez preordenada constitui circunstância agravante, conforme preleciona o art. 61, II, *l*, do CP (situação contemplada na assertiva V – errada, portanto). ED
Gabarito "B".

(Analista – TRE/AC – 2010 – FCC) Poderá ser concedido perdão judicial para o autor do crime de injúria no caso de:

(A) não ter resultado lesão corporal da injúria real.

(B) ter sido a ofensa irrogada em juízo, na discussão da causa, pela parte ou por seu procurador.

(C) ter sido a opinião desfavorável emitida em crítica literária, artística ou científica.

(D) ter sido o conceito desfavorável emitido por funcionário público, em apreciação ou informação prestada no cumprimento de dever do ofício.

(E) ter o ofendido, de forma reprovável, provocado diretamente a ofensa.

Art. 140, § 1º, I, do CP. ED
Gabarito "E".

(Analista – TRE/AC – 2010 – FCC) Sobre o crime de extorsão mediante sequestro, é INCORRETO afirmar que:

(A) seu objeto jurídico é o patrimônio e, indiretamente, a liberdade individual e a incolumidade pessoal.

(B) se trata de crime permanente.

(C) aquele que participou do delito, caso preste informações que facilitem a libertação do sequestrado, terá sua pena reduzida.

(D) se trata de crime material, que se consuma quando o agente obtém a vantagem econômica exigida.

(E) se trata de crime formal que admite tentativa.

A: assertiva correta. O crime do art. 159 do CP está inserto no Título II da Parte Especial do Código Penal, "Dos Crimes contra o Patrimônio". Tutela-se, assim, o patrimônio, diretamente, a liberdade individual e a incolumidade pessoal, estas de forma indireta; **B:** correta, pois é *delito permanente*, na medida em que o seu momento consumativo se prolonga no tempo por vontade do agente; **C:** correta. Proposição em consonância com o disposto no art. 159, § 4º, do CP; **D** e **E:** cuida-se de *crime formal*, de *consumação antecipada* ou de *resultado cortado*, visto que a obtenção da vantagem econômica não é exigida para a consumação do delito, bastando, para tanto, a privação da liberdade da vítima. O recebimento do resgate, neste caso, constitui mero exaurimento. Se este fosse necessário à consumação do crime – não é o caso –, tratar-se-ia de *crime material*. A assertiva "D" está incorreta (devendo ser assinalada), visto que considera o crime em questão *material*; já a alternativa "E" está correta, já que considera este crime *formal*. A tentativa é admissível. ED
Gabarito "D".

(Analista – TRE/AP – 2011 – FCC) Considere as seguintes assertivas com relação aos crimes contra o patrimônio, de acordo com o Código Penal:

I. É isento de pena quem comete crime de furto em prejuízo de ascendente com 60 anos de idade.

II. Somente se procede mediante representação, se o agente pratica crime de estelionato em prejuízo de irmão.

III. É isento de pena quem comete crime de extorsão contra cônjuge na constância da sociedade conjugal.

Está correto que se afirma SOMENTE em

(A) II.

(B) I e II.

(C) I e III.

(D) II e III.

(E) III.

I: incorreta, pois é isento de pena, nos termos do art. 181, II, do CP, aquele que comete delito contra o patrimônio em detrimento, entre outros, de ascendente, não se aplicando tal imunidade, segundo estabelece o art. 183, III, do CP, se o crime é praticado contra pessoa com idade igual ou superior a 60 anos; **II:** assertiva correta, visto que em consonância com o estabelecido no art. 182, II, do CP; **III:** incorreta, pois é isento de pena, nos termos do art. 181, I, do CP, aquele que comete delito contra o patrimônio em detrimento, entre outros, de cônjuge, não se aplicando tal imunidade, segundo estabelece o art. 183, I, do CP, se o crime é de roubo ou de extorsão, ou, em geral, quando haja emprego de grave ameaça ou violência contra a pessoa. ED
Gabarito "A".

(Analista – TRE/BA – 2010 – CESPE) A droga, ou conjunto de drogas, usada no golpe conhecido como boa-noite, Cinderela, se colocada em bebidas e ingerida, pode deixar a pessoa semi ou completamente inconsciente, funcionando, normalmente, como um potente sonífero. Considerando, por hipótese, que Carlos tenha posto essa substância entorpecente na bebida de Maria e esta tenha entrado em sono profundo, julgue o item a seguir.

(1) Carlos praticará o crime de roubo se, valendo-se do sono de Maria, intencionalmente subtrair-lhe, em seguida, seus pertences.

1: correta. A conduta de Carlos de fato está tipificada no art. 157, *caput*, do CP, já que ofereceu bebida com tranquilizante a Maria com o propósito de nela provocar uma condição de passividade e, desse modo, reduzir-lhe a resistência com o fito de subtrair seus pertences. Nesse sentido: STJ, REsp. 1059943-SP, 5ª T., rel. Min. Arnaldo Esteves Lima, j. 21.5.09. ED
Gabarito 1C

(Analista – TRE/GO – 2008 – CESPE) Com relação aos crimes contra o patrimônio, assinale a opção correta.

(A) É circunstância que qualifica o crime de furto a prática do delito mediante o concurso de duas ou mais pessoas.

(B) O furto de coisa comum submete-se à ação penal pública incondicionada.

(C) Pratica crime de furto o agente que subtrai coisa alheia móvel, com *animus furandi*, depois de haver reduzido à impossibilidade de resistência da vítima, haja vista não ter empregado, para a subtração, violência ou grave ameaça, que são elementares do crime de roubo.

(D) No crime de extorsão mediante sequestro, praticado em concurso de agentes, o concorrente que o denunciar à autoridade terá sua pena reduzida, ainda que a delação não facilite a libertação do sequestrado.

A: correta, pois a qualificadora está presente no art. 155, § 4º, IV, do CP; **B:** incorreta, pois a ação penal, no crime de *furto de coisa comum* (art. 156, CP), é pública condicionada à representação de pelo menos uma das vítimas, conforme determina o art. 156, § 1º, do CP; **C:** incorreta, pois o agente que subtrai coisa alheia móvel depois de haver reduzido a vítima à impossibilidade de resistência comete o crime do art. 157 do CP – *roubo*; **D:** incorreta (art. 159, § 4º, do CP). ED
Gabarito "A".

(Analista – TRF/4ª – 2010 – FCC) Considere as seguintes assertivas sobre os crimes contra a honra:

I. No crime de injúria, o juiz pode deixar de aplicar a pena quando o ofendido, de forma reprovável, provocou diretamente a injúria.

II. Admite-se a prova da verdade no crime de calúnia se o fato é imputado a chefe de governo estrangeiro.

III. No crime de difamação, a exceção da verdade somente se admite se o ofendido é funcionário público e a ofensa é relativa ao exercício de suas funções.

IV. As penas cominadas aos crimes de calúnia, difamação e injúria aumentam-se de um terço se qualquer dos crimes é cometido contra pessoa maior de 60 (sessenta) anos ou portadora de deficiência.

De acordo com o Código Penal, está correto o que consta APENAS em:

(A) II e III.

(B) I, II e IV.

(C) I e III.

(D) II, III e IV.

(E) I e IV.

I: assertiva correta, nos termos do art. 140, § 1º, I, do CP; **II:** assertiva incorreta, de acordo com o art. 138, § 3º, II, do CP; **III:** correta, nos termos do art. 139, parágrafo único, do CP; **IV:** assertiva incorreta, em vista do que dispõe o art. 141, IV, do CP. ED
Gabarito "C".

(Analista – TJ/AM – 2013 – FGV) João teve apreendido seu veículo pela financeira por falta de pagamento. Não podendo ficar sem o carro para o cumprimento de suas atividades diárias, resolve certa noite se dirigir a um restaurante conhecido da cidade e, fingindo ser manobrista, recebe do proprietário a respectiva chave e, em seguida, desaparece com o carro sendo o fato registrado pelo lesado na delegacia da área.

Dias depois, o fato é descoberto e o carro recuperado, não sofrendo o lesado qualquer prejuízo patrimonial. A conduta de João tipifica o crime de:

(A) furto mediante fraude.

(B) estelionato.

(C) apropriação indébita.

(D) furto tentado.

(E) estelionato tentado.

A questão exige que o candidato saiba a distinção entre os crimes de furto mediante fraude, estelionato e apropriação indébita, que, a depender do caso concreto, é bastante tênue. A solução deve ser extraída do significado que é conferido à ação nuclear de cada delito. Vejamos. No crime capitulado no art. 171 do CP (estelionato), a vítima, ludibriada, induzida em erro pelo agente, a este entrega o objeto material do delito. No caso retratado no enunciado, o proprietário do veículo somente fez a sua entrega a João porque, induzido em erro por este, pensou tratar-se do manobrista. Depois de adquirir a posse do veículo, passou a agir como se dono dele fosse. Ocorre, a rigor, uma inversão da posse. Importante notar que não houve subtração do bem, razão pela qual não há que se falar na prática do crime de furto mediante fraude, em que o engodo é empregado com o fito de viabilizar a subtração do bem. Aqui não houve subtração, já que o veículo foi entregue a João pelo proprietário. Da mesma forma, não houve crime de apropriação indébita – art. 168, CP –, visto que, neste, o dolo é subsequente à posse; no estelionato é antecedente. Ademais disso, os outros requisitos do crime do art. 171 do CP se fazem presentes, a saber: emprego de ardil ou outro meio fraudulento; obtenção de vantagem ilícita; e prejuízo alheio. **ED**
Gabarito "B".

12. CRIMES CONTRA A FÉ PÚBLICA, A ADMINISTRAÇÃO PÚBLICA E AS FINANÇAS PÚBLICAS

(Analista - TJ/MA - 2019 - FCC) O funcionário público que

(A) patrocinar, direta ou indiretamente, interesse privado perante a administração pública, valendo-se da qualidade de funcionário, pratica, em tese, o crime de advocacia administrativa.

(B) solicitar ou receber, para si ou para outrem, direta ou indiretamente, ainda que fora da função ou antes de assumi-la, mas em razão dela, vantagem indevida, ou aceitar promessa de tal vantagem, pratica, em tese, o crime de corrupção ativa.

(C) retardar ou deixar de praticar, indevidamente, ato de ofício, ou praticá-lo contra disposição expressa de lei, para satisfazer interesse ou sentimento pessoal, pratica, em tese, o crime de condescendência criminosa.

(D) deixar, por indulgência, de responsabilizar subordinado que cometeu infração no exercício do cargo ou, quando lhe falte competência, não levar o fato ao conhecimento da autoridade competente, pratica, em tese, o crime de condescendência criminosa.

(E) se apropriar de dinheiro, valor ou qualquer outro bem móvel, público ou particular, de que tem a posse em razão do cargo, ou desviá-lo, em proveito próprio ou alheio, pratica, em tese, o crime de concussão.

A: correta. O crime de advocacia administrativa, tipificado no art. 321 do CP, pressupõe que o funcionário público, valendo-se dessa qualidade, patrocine, direta ou indiretamente, interesse privado perante a Administração Pública. Apesar do nome, não se exige que o sujeito ativo seja *advogado*. Cuida-se, isto sim, como já dito, de delito praticado por funcionário público (é crime próprio) que, valendo-se do cargo que ocupa, defende interesse privado de terceiro perante a Administração; **B:** incorreta, na medida em que a descrição típica contida na proposição corresponde ao delito de corrupção passiva (art. 317, CP), que constitui, *grosso modo*, a ação do funcionário público corrupto. Neste crime, o *intraneus* solicita, recebe ou aceita promessa de receber vantagem que não lhe é devida. Trata-se, como se pode ver, de delito próprio, já que o tipo penal impõe uma qualidade especial ao sujeito ativo, qual seja, a de ser funcionário público; já a corrupção ativa (art. 333, CP) refere-se à ação do corruptor, que oferece ou promete vantagem indevida a funcionário público para que este pratique, retarde ou deixe de praticar ato de ofício. Cuida-se de crime comum, já que pode ser praticado por qualquer pessoa. Tanto é assim que está inserido no capítulo *dos crimes praticados por particular contra a administração em geral*; **C:** incorreta. Trata-se do crime de prevaricação (art. 319, CP), que consiste na conduta do funcionário público (delito próprio, portanto) que, de forma indevida, retarda ou deixa de praticar ato de ofício, ou ainda o pratica em desconformidade com o que a lei estabelece, com vistas a satisfazer interesse ou sentimento pessoal; **D:** incorreta, segundo a organizadora. Esta alternativa, a nosso ver, deve ser considerada correta, já que a descrição típica nela contida corresponde ao delito de condescendência criminosa (art. 320, CP); **E:** incorreta. Trata-se do crime de peculato (art. 312, *caput*, do CP), e não o de concussão (art. 316, CP), que pressupõe que o funcionário público exija, para si ou para outrem, direta ou indiretamente, ainda que fora da função ou antes de assumi-la, mas em razão dela, vantagem indevida.
Gabarito "A".

(Analista Jurídico - TRF5 - FCC - 2017) Não é considerado funcionário público, ainda que por extensão, para os efeitos penais o

(A) funcionário atuante em empresa contratada para prestar serviço atípico para a Administração pública.

(B) servidor temporário.

(C) servidor ocupante em cargos por comissão.

(D) empregado público contratado sob o regime da CLT.

(E) cidadão nomeado para compor as mesas receptoras de votos e de justificativas no dia das eleições.

A assertiva a ser assinalada é a "A", já que não é considerado funcionário público, para os fins penais, aquele que atua em empresa contratada para prestar serviço *atípico* para a Administração pública. É que, segundo reza o art. 327, § 1º, do CP, somente será equiparado a funcionário público, para efeitos penais, aquele que trabalha para empresa prestadora de serviço contratada para a execução de atividade *típica* (e não atípica) da Administração Pública. **ED**
Gabarito "A".

(Analista Judiciário – TRE/SP – FCC – 2017) Maurício, funcionário do gabinete do Vereador Tício em um determinado município paulista, ocupante de cargo em comissão, recebe a quantia em dinheiro público de R$ 2.000,00 para custear uma viagem na qual representaria o Vereador Tício em um encontro nacional marcado para a cidade de Brasília. Contudo, Maurício se apropria do numerário e não comparece ao compromisso oficial, viajando para o Estado de Mato Grosso do Sul com a família, passando alguns dias em um hotel na cidade de Bonito. Maurício cometeu, no caso hipotético apresentado, crime de

(A) corrupção passiva, sujeito à pena de reclusão de dois a doze anos, e multa, aumentada da terça parte por ser ocupante de cargo em comissão.

(B) corrupção passiva, sujeito à pena de reclusão de dois a doze anos, e multa, sem qualquer majoração.

(C) peculato, sujeito à pena de reclusão de dois a doze anos, e multa, sem qualquer majoração.

(D) peculato, sujeito à pena de reclusão de dois a doze anos, e multa, aumentada da terça parte por ser ocupante de cargo em comissão.

(E) prevaricação, sujeito à pena de detenção de 3 meses a 1 ano.

Não é o caso de imputar a Maurício a prática do crime de corrupção passiva, que consiste na conduta do funcionário público que solicita, recebe ou aceita promessa de vantagem indevida (art. 317, CP). O mesmo se diga em relação ao delito de prevaricação, que restará configurado na hipótese de o funcionário, movido pelo propósito de satisfazer interesse ou sentimento pessoal, retardar ou deixar de praticar, de forma indevida, ato de ofício, ou ainda praticá-lo em desconformidade com o que estabelece a lei (art. 319, CP). Resta, assim, o crime de peculato (art. 312, CP), no qual incorreu Maurício, que, conforme relata o enunciado, apropriou-se (agiu como se dono fosse) de numerário que lhe foi entregue para o fim de custear viagem na qual deveria representar, na qualidade de funcionário público e em compromisso oficial, o vereador Tício. Em vez disso, agindo como se dono fosse do valor em questão, viajou em férias com a família. Estará sujeito, portanto, à pena prevista para o delito de peculato (2 a 12 anos de reclusão e multa), à qual deverá incidir o aumento correspondente à terça parte pelo fato de Maurício ser ocupante de cargo em comissão, tal como impõe o art. 327, § 2º, do CP. **ED**

Gabarito "D".

(Analista Judiciário – TRE/SP – FCC – 2017) À luz do Código Penal, sobre a falsidade documental nos crimes contra a fé pública,

(A) a falsificação de um documento emanado de sociedade de economia mista federal caracteriza o crime de falsificação de documento público.

(B) equipara-se a documento público para caracterização do crime de falsificação de documento público o cartão de crédito ou débito.

(C) se o autor do crime de falsificação de selo ou sinal público é funcionário público e comete o crime prevalecendo-se do cargo, a pena é aumentada de um terço.

(D) aquele que faz inserir na Carteira de Trabalho e Previdência Social do empregado declaração falsa ou diversa da que deveria ter constado estará sujeito às penas cominadas ao crime de falsidade ideológica.

(E) o médico que dá, no exercício de sua função, atestado falso com o fim lucrativo estará sujeito à pena privativa de liberdade cominada ao delito de falsidade de atestado médico aumentada de metade.

A: correta. O documento emanado de sociedade de economia mista, que se insere no conceito de entidade paraestatal, equipara-se, para os fins penais, a documento *público* (art. 297, § 2º, CP); **B:** incorreta, na medida em que o cartão de crédito ou débito equivale, para o fim de configurar o crime de falsificação, a documento particular (e não público!), incorrendo o agente nas penas do crime previsto no art. 298,

parágrafo único, do CP (falsificação de cartão), dispositivo inserido por meio da Lei 12.737/2012; **C:** incorreta, uma vez que o aumento de pena, neste caso, será de sexta parte (e não de um terço!). É o que estabelece o art. 296, § 2º, do CP; **D:** incorreta. Quem assim agir será responsabilizado pelo crime do art. 297, § 3º, II, do CP (falsificação de documento público); **E:** incorreta. É que, se o crime de falsificação de atestado médico for cometido com o fim de lucro, além da pena privativa de liberdade, será também aplicada a de multa (art. 302, parágrafo único, CP). **ED**

Gabarito "A".

(Analista Judiciário – TRE/PE – CESPE – 2017) Acerca do crime de assunção de obrigação no último ano do mandato ou legislatura, assinale a opção correta.

(A) Tal crime classifica-se como crime de mão própria, exigindo-se, para sua tipificação, atuação pessoal e direta do agente, razão pela qual não se admite coautoria ou participação.

(B) É típica a conduta do agente que autoriza a assunção de obrigação nos dois últimos quadrimestres do último ano do mandato caso reste parcela a ser paga no exercício seguinte, ainda que haja contrapartida suficiente de disponibilidade de caixa.

(C) O sujeito ativo desse crime é o funcionário público competente para ordenar ou autorizar a assunção de obrigação, podendo ser inclusive diretor de fundos, autarquias, fundações e empresas estatais dependentes.

(D) O tipo penal em questão prevê as modalidades dolosa e culposa, podendo o comportamento do agente ser comissivo, omissivo próprio ou impróprio.

(E) Por se tratar de crime de menor potencial ofensivo, admite-se a transação penal, mas, como a conduta do agente ofende a moralidade e a probidade administrativa, há vedação expressa à concessão de suspensão condicional da pena.

A: incorreta. Cuida-se de crime *próprio* (e não de *mão própria*!), uma vez que, a despeito de exigir uma qualidade especial do sujeito ativo (funcionário público com atribuição para ordenar ou autorizar a assunção de obrigação), prescindível, à configuração deste crime (art. 359-C, CP), a atuação pessoal e direta do agente; **B:** incorreta. Se houver contrapartida suficiente para fazer frente à parcela a ser paga no exercício seguinte, não haverá o crime do art. 359-C do CP; **C:** correta. O conceito de funcionário público deve ser extraído do art. 327 do CP; **D:** incorreta. O elemento subjetivo é representado pelo dolo. Não há previsão de modalidade culposa. Além disso, a conduta descrita no tipo penal pode ser comissiva ou, excepcionalmente, omissiva imprópria. Não é admitida a omissão própria; **E:** incorreta. Não se trata de infração de menor potencial ofensivo, uma vez que a pena máxima cominada a este delito corresponde a quatro anos de reclusão, superior, portanto, ao limite estabelecido no art. 61 da Lei 9.099/1995, que considera como infração de menor potencial ofensivo, além das contravenções penais, os crimes cuja pena máxima cominada não seja superior a dois anos. Descabe, dessa forma, a transação penal, cuja incidência é restrita a tais infrações. De outro lado, não há vedação expressa à suspensão condicional da pena (arts. 77 e seguintes do CP). **ED**

Gabarito "C".

(Analista Judiciário – TRE/SP – FCC – 2017) O Delegado de Polícia de um determinado município paulista recebe a notícia de um crime de roubo que vitimou Alfredo, que teve seu veículo subtraído por um agente mediante grave ameaça, com emprego de arma de fogo. Durante o trâmite do Inquérito Policial apura-se que Joaquim foi o autor do crime, o qual tem a sua prisão preventiva decretada. Ainda na fase policial, Fabíola, a pedido de Joaquim, comparece na Delegacia de Polícia para prestar depoimento e alega que Joaquim, seu amigo, estava em sua companhia no momento do crime. Encerrado o Inquérito Policial o Ministério Público denuncia Joaquim pelo crime de roubo, denúncia esta recebida pelo Magistrado competente. Fabíola não é encontrada para prestar depoimento em juízo sob o crivo do contraditório, mesmo arrolada pela Defesa de Joaquim. Ao final do processo Joaquim é condenado pelo crime de roubo em primeira instância e, posteriormente, é instaurada ação penal contra Fabíola por crime de falso testemunho. Durante o trâmite do recurso interposto por Joaquim contra a sentença que o condenou por crime de roubo, e da ação penal instaurada por falso testemunho contra Fabíola, esta resolve se retratar, afirmando que Joaquim não estava com ela no dia do crime. No caso hipotético apresentado, na esteira do Código Penal, Fabíola

(A) não cometeu crime de falso testemunho, pois prestou depoimento falso apenas durante o trâmite do Inquérito Policial.

(B) será regularmente processada pelo crime de falso testemunho e estará sujeita à pena cominada ao delito, sem qualquer causa de redução de pena.

(C) não poderá ser punida por crime de falso testemunho, pois se retratou antes da sentença proferida nos autos da ação penal instaurada por falto testemunho.

(D) será regularmente processada pelo crime de falso testemunho e estará sujeita à pena cominada ao delito no Código Penal, reduzida de 1/3.

(E) será regularmente processada pelo crime de falso testemunho e estará sujeita à pena cominada ao delito no Código Penal, reduzida de 1/6.

O crime de falso testemunho, que vem definido no art. 342 do CP, pode ser praticado em *processo judicial* ou *administrativo*, em *inquérito policial* e também em *juízo arbitral*. Ocorrendo no curso das investigações do inquérito policial, pouco importa se o depoimento falso será ou não renovado em juízo, agora sob o crivo do contraditório. Uma vez concluído, no curso do inquérito, o depoimento da testemunha que faltou com a verdade, o crime do art. 342 do CP estará consumado. É delito, portanto, formal, na medida em que dispensa, à sua consumação, a produção de resultado naturalístico. Deve ser excluída, assim, a assertiva "A", segundo a qual não haveria a prática do crime de falso testemunho porquanto o depoimento foi prestado em sede de inquérito. O segundo ponto a ser analisado diz respeito à ocorrência ou não da retratação como causa extintiva da punibilidade (arts. 107, VI, e 342, § 2º, do CP). No caso narrado no enunciado, a retratação foi realizada durante o trâmite do recurso interposto por Joaquim contra a sentença que o condenou pelo cometimento do crime de roubo. Ou seja, após a prolação da sentença em cujo processo foi prestado o falso testemunho. Consta também que, quando da retratação, já estava em curso a ação penal instaurada para apuração deste delito. Pois bem. Segundo estabelece o art. 342, § 2º, do CP, a retratação somente terá o condão de levar à extinção da punibilidade se ocorrer antes da sentença no processo em que o depoimento falso foi prestado, e não no processo instaurado para apurar sua ocorrência. Dessa forma e em conclusão, Fabíola deverá ser responsabilizada pelo cometimento do crime de falso testemunho (art. 342, CP). Não há previsão de causa de diminuição de pena a incidir neste caso. Correta, assim, a assertiva "B". **ED**

(Analista Judiciário – TRT/8ª – 2016 – CESPE) Acerca dos crimes contra a fé pública e dos crimes praticados por associações ou organizações criminosas, assinale a opção correta.

(A) Aquele que falsifica documento para, em seguida, usá-lo em procedimento subsequente comete os crimes de falsificação de documento e de uso de documento falso, haja vista a presença de dolos distintos e autônomos em relação a cada conduta praticada.

(B) A falsidade ideológica é configurada pelo dolo genérico de se omitir, em documento público ou particular, declaração que dele devia constar, ou nele inserir ou fazer inserir declaração falsa ou diversa da que devia ser escrita, mesmo que não enseje proveito ilícito ou prejuízo a terceiros.

(C) A estabilidade e a permanência nas relações entre os agentes reunidos em conjugação de esforços para a prática reiterada de crimes são essenciais para que se configure a associação criminosa, diferenciando-se essa do simples concurso eventual de pessoas para realizaram uma ação criminosa.

(D) A associação criminosa, denominação atual do antigo crime de quadrilha ou bando, por ser crime material, só se realiza quando mais de três pessoas se reúnem, em caráter estável e permanente, para o cometimento de crimes, consumando-se com a prática efetiva de um delito.

(E) A conduta de se colocar em circulação uma única cédula falsa, no valor de cinquenta reais, não pode ser reputada como algo que efetivamente perturba o convívio social, sendo admissível enquadrá-la como materialmente atípica pela incidência do princípio da insignificância.

A: incorreta. Embora não haja consenso na doutrina e na jurisprudência, prevalece hoje o entendimento no sentido de que o agente que falsifica documento e, ato contínuo, dele faz uso somente responde pelo crime de falsificação, sendo o seu uso reputado *post factum* não punível. Nessa ótica: "O uso dos papéis falsificados, quando praticado pelo próprio autor da falsificação, configura *post factum* não punível, mero exaurimento do *crimen falsi*, respondendo o falsário, em tal hipótese, pelo delito de falsificação de documento público (CP, art. 297) ou, conforme o caso, pelo crime de falsificação de documento particular (CP, art. 298)" (STF, 2ª T., HC 84.533-MG, rel. Min. Celso de Mello, j. 14.09.2004); **B:** incorreta. No contexto da falsidade ideológica, exige-se, à configuração deste delito, o chamado *elemento subjetivo específico*, assim entendido o especial fim do agente de prejudicar direito, criar obrigação ou alterar a verdade sobre fato juridicamente relevante; **C:** correta. De fato, para a configuração do crime de *associação criminosa*, que, antes do advento da Lei 12.850/2013, denominava-se *quadrilha ou bando*, é indispensável a existência de vínculo associativo estável e permanente entre os agentes que a compõem. Em assim sendo, a reunião de agentes com o fim de praticar um crime específico configura, em tese, mero concurso eventual de pessoas (art. 29, CP), e não associação criminosa (art. 288, CP); **D:** incorreta. Cuida-se de crime formal (e não material), cuja consumação se dá, por isso, se dá com a associação, de forma estável, de três ou mais pessoas, ainda que não venham a cometer delito algum; **E:** incorreta. No STF: "MOEDA FALSA – INSIGNIFICÂNCIA – AFASTAMENTO. Descabe cogitar da insignificância do ato praticado uma vez imputado o crime de circulação de moeda falsa" (HC 126.285, Relator(a): Min. MARCO AURÉLIO, Primeira Turma, julgado em 13.09.2016). **ED**

(Analista Jurídico –TCE/PA – 2016 – CESPE) Com base no Código Penal e na jurisprudência dos tribunais superiores, julgue os itens a seguir, a respeito dos crimes contra a administração pública.

(1) O crime de ordenação de despesa não autorizada é de natureza material, consumando-se no momento em que a despesa é efetuada.

(2) O agente público que ordena despesa sem o conhecimento de que tal despesa não era autorizada por lei incide em erro de proibição.

1: incorreta, visto que o crime de ordenação de despesa não autorizada (art. 359-D, CP) é de natureza formal (e não material). Isso porque a sua consumação não está condicionada à produção de resultado naturalístico, consistente na realização da despesa; **2:** incorreta. Ensina Cezar Roberto Bitencourt, ao tratar do crime do art. 359-D do CP, que "o eventual desconhecimento da inexistência de autorização legal caracteriza erro de tipo, que exclui o dolo e, por extensão, a tipicidade (art. 20, *caput*)" (*Código Penal Comentado*, 7. ed., Saraiva, p. 405) **ED**

GABARITO 1E, 2E

(Analista Jurídico – TCE/PR – 2016 – CESPE) No que se refere ao crime de peculato, assinale a opção correta com base na jurisprudência do Superior Tribunal de Justiça (STJ).

(A) A reparação do dano pelo funcionário público antes do recebimento da denúncia exclui a configuração do crime de peculato doloso.

(B) A qualidade de funcionário público do sujeito ativo é elementar do crime de peculato, a qual não se comunica a coautores e partícipes estranhos ao serviço público.

(C) A circunstância de o sujeito ativo ser funcionário público ocupante de cargo de elevada responsabilidade justifica a majoração da pena-base aplicada em decorrência da condenação pela prática do crime de peculato.

(D) A consumação do crime de peculato-apropriação ocorre com a posse mansa e pacífica do objeto material pelo funcionário público.

(E) A consumação do crime de peculato-desvio ocorre no momento em que o funcionário público obtém a vantagem indevida com o desvio do dinheiro, ou outro bem móvel, em proveito próprio ou de terceiro.

A: incorreta. No contexto do peculato *doloso*, a reparação do dano levada a efeito por ato voluntário do agente até o recebimento da denúncia constitui causa de diminuição de pena de um a dois terços, conforme estabelece o art. 16 do CP (arrependimento posterior); de ver-se que, se o peculato for *culposo* (não é esse o caso da assertiva), a reparação do dano, se precedente ao trânsito em julgado da sentença penal condenatória, dá azo à extinção da punibilidade (art. 312, § 3º, CP); **B:** incorreta. A despeito de o crime de peculato (art. 312, CP) ser considerado próprio, ou seja, exigir, como elementar do delito, a qualidade de funcionário público, nada obsta que o particular, no concurso de pessoas, figure como coautor ou partícipe no mesmo crime, desde que, é claro, o *extraneus* tenha ciência da condição de funcionário público de seu comparsa; **C:** correta. Com efeito, o STJ tem entendido que o fato de o funcionário público ser ocupante de cargo de elevada responsabilidade justifica a majoração da pena-base aplicada em razão de condenação pelo cometimento do crime de peculato. Cuidado: esse incremento na reprimenda, que incide na pena-base (primeira fase), não pode ser confundido com a causa de aumento de pena (terceira fase) prevista

no art. 327, § 2º, do CP; **D:** incorreta, uma vez que a consumação do *peculato-apropriação* (art. 312, *caput*, 1ª parte, do CP) se dá no exato instante em que o agente passa a se comportar como se dono fosse da coisa, isto é, quando ele, funcionário, inverte o ânimo que tem sobre o objeto do delito, seja dinheiro, valor ou qualquer outro bem móvel; **E:** incorreta. Opera-se a consumação no *peculato-desvio* (art. 312, *caput*, 2ª parte, do CP) no momento em que o funcionário dá à destinação diversa à coisa, sendo desnecessária a obtenção da vantagem visada. **ED**

Gabarito "C"

(Analista Jurídico – TCE/PR – 2016 – CESPE) À luz da jurisprudência do STJ, assinale a opção correta, no que se refere aos crimes contra administração pública.

(A) O crime de corrupção ativa se consuma com a realização da promessa ou apenas com a oferta de vantagem indevida.

(B) O crime de concussão se consuma com o recebimento das vantagens exigidas indevidamente, sendo mero exaurimento a utilização de tais vantagens.

(C) O funcionário público que se utiliza de violência ou grave ameaça para obter vantagem indevida em razão de sua função comete o crime de concussão.

(D) Em razão da incidência do princípio da bilateralidade nos crimes de corrupção passiva e ativa, a comprovação de um deles pressupõe a do outro.

(E) Para a configuração do crime de corrupção passiva, é prescindível a existência de nexo de causalidade entre a conduta do funcionário público e a realização de ato funcional de sua competência.

A: correta. De fato, a corrupção ativa (art. 333 do Código Penal) é delito formal, cujo momento consumativo, bem por isso, se opera no exato instante em que o agente *oferece* ou *promete* vantagem indevida, independentemente de efetivo prejuízo para a administração, consistente na aceitação da oferta ou mesmo da promessa. **B:** incorreta. visto que o crime de concussão, sendo formal, se consuma com a mera *exigência*, isto é, com a imposição do pagamento indevido, não sendo necessário que se concretize o recebimento da vantagem, que, se porventura ocorrer, configurará mero *exaurimento*; **C:** incorreta. O funcionário que se vale de violência ou grave ameaça para obter vantagem indevida em razão de sua função comete, em tese, o crime de extorsão (art. 158, CP), e não o de concussão; **D:** incorreta. Isso porque o crime de corrupção passiva. De outro lado, se o particular oferece ao funcionário vantagem indevida e este a recusa, há somente o cometimento do crime de corrupção ativa por parte do particular. É claro que, se o funcionário aceitar a promessa formulada pelo particular, haverá dois crimes: corrupção ativa pelo particular e passiva pelo funcionário; **E:** incorreta. Conferir: "(...) Para a configuração do crime previsto no artigo 317 do Código Penal exige-se que a solicitação, o recebimento ou a promessa de vantagem se faça pelo funcionário público em razão do exercício de sua função, ainda que fora dela ou antes de seu início, mostrando-se indispensável, desse modo, a existência de nexo de causalidade entre a conduta do servidor e a realização de ato funcional de sua competência (...)" (HC 135.142/MS, Rel. Ministro JORGE MUSSI, QUINTA TURMA, julgado em 10.08.2010, *DJe* 04.10.2010). **ED**

Gabarito "A"

(Analista – Judiciário –TRE/PI – 2016 – CESPE) Com relação aos crimes contra a administração pública, assinale a opção correta.

(A) O detentor de cargo em comissão não é equiparado a funcionário público para fins penais.

(B) A exigência, por funcionário público no exercício da função, de vantagem indevida, configura crime de corrupção ativa.

(C) Caso os autores de crime contra a administração pública sejam ocupantes de função de direção de órgão da administração direta, as penas a eles impostas serão aumentadas em um terço.

(D) Tratando-se de crime de peculato culposo, a reparação do dano após o trânsito em julgado de sentença penal condenatória ocasiona a extinção da punibilidade do autor.

(E) Não configura crime o fato de o funcionário deixar de praticar ato de ofício a pedido de outrem se, com isso, ele não obtiver vantagem patrimonial.

A: incorreta, segundo a organizadora. Na verdade, o detentor de cargo em comissão é considerado funcionário público para feitos penais (art. 327, *caput*, do CP), e não por equiparação (art. 327, § 1º, do CP). Ademais, o detentor de cargo em comissão será mais severamente punido, na forma do art. 327, § 2º, do CP, que estabelece causa de aumento de pena; **B:** incorreta. A conduta do funcionário público consistente em *exigir*, no exercício da função pública, vantagem indevida configura o crime de *concussão* (art. 316, *caput*, CP). A corrupção ativa (art. 333, CP) consiste na conduta do particular que oferece ou promete vantagem indevida a funcionário público com o fim de determiná-lo a praticar, omitir ou retardar ato de ofício. Cuida-se, portanto, de crime comum, já que não se exige do sujeito ativo nenhuma qualidade especial; **C:** correta, pois corresponde ao disposto no art. 327, § 2º, do CP; **D:** incorreta, uma vez que a reparação do dano, no peculato culposo, sendo posterior ao trânsito em julgado de sentença penal condenatória, determinará a redução de metade da pena imposta (art. 312, § 3º, parte final, do CP). A extinção da punibilidade somente será alcançada, no peculato culposo, se a reparação do dano se der antes do trânsito em julgado de sentença penal condenatória (art. 312, § 3º, primeira parte, do CP); **E:** incorreta. Neste caso, o funcionário incorrerá nas penas do crime do art. 317, § 2º, do CP (corrupção passiva privilegiada). **ED**
Gabarito "C"

(Analista Judiciário – TRT/8ª – 2016 – CESPE) Considerando a jurisprudência do Superior Tribunal de Justiça relativamente a crimes contra a administração pública e de lavagem de dinheiro, assinale a opção correta.

(A) A conduta pautada no oferecimento de propina a policiais militares com o objetivo de safar-se de prisão em flagrante insere-se no âmbito da autodefesa, de modo que não deve ser tipificada como crime de corrupção ativa.

(B) No crime de lavagem ou ocultação de bens, direitos e valores, para se tipificar a conduta praticada, é necessário que os bens, direitos ou valores provenham de crime anterior e que o agente já tenha sido condenado judicialmente pelo crime previamente cometido.

(C) O agente não integrante dos quadros da administração pública não pode ser sujeito ativo do crime de concussão.

(D) A perda do cargo público, quando a pena privativa de liberdade for estabelecida em tempo inferior a quatro anos, apenas pode ser decretada como efeito da condenação quando o crime for cometido com abuso de poder ou com violação de dever para com a administração pública.

(E) A conduta no crime de corrupção ativa, por se tratar de crime material, apenas deve ser tipificada caso haja o efetivo pagamento de propina ao servidor público, mesmo que o agente não tenha obtido a vantagem pretendida.

A: incorreta. Aquele que oferece vantagem indevida a policiais militares para se ver livre de prisão em flagrante incorre nas penas do crime de corrupção ativa (art. 333, CP), não havendo que se falar, aqui, no exercício de autodefesa. Conferir o seguinte julgado do STF, do qual, ao que parece, foi extraída a proposição: "(…) Revela-se totalmente inconcebível a tese sustentada na impetração, no sentido de que o oferecimento de propina a policiais militares, com vistas a evitar a prisão em flagrante, caracterizaria autodefesa, excluindo a prática do delito de corrupção ativa, uma vez que tal garantia não pode ser invocada para fins de legitimar práticas criminosas. Precedente do STF (…)" (HC 249.086/SP, Rel. Ministro JORGE MUSSI, QUINTA TURMA, julgado em 09.09.2014, *DJe* 15.09.2014); **B:** incorreta. É despicienda, para a tipificação do crime de lavagem de dinheiro, a condenação do agente pelo cometimento da infração penal (crime e contravenção penal) antecedente. Segundo reza o art. 2º, II, da Lei 9.613/1998, "o processo e julgamento dos crimes previstos nesta Lei: II - independem do processo e julgamento das infrações penais antecedentes, ainda que praticados em outro país (…)". Basta, pois, a existência de prova de que a infração penal antecedente ocorreu (materialidade da infração); **C:** incorreta. A qualidade de "funcionário público" constitui elementar do crime de concussão. Estabelece o art. 30 do CP que as elementares se comunicam aos partícipes, desde que sejam de conhecimento destes. Assim, se o crime de concussão é praticado por um funcionário em concurso com quem não integra os quadros do funcionalismo, ambos responderão pelo crime do art. 316, *caput*, do CP. É dizer, a condição de caráter pessoal, por ser elementar do crime, comunica-se ao coautor e ao partícipe; **D:** correta. No que toca à perda do cargo, função pública ou mandato eletivo como efeito secundário de natureza extrapenal da condenação, há duas situações a considerar: se a pena privativa de liberdade aplicada for superior a quatro anos, é de rigor a perda do cargo, função ou mandato eletivo, pouco importando, neste caso, se a conduta do funcionário foi praticada com abuso de poder ou com violação de dever inerente à função pública (art. 92, I, "b", do CP); agora, se a pena privativa de liberdade aplicada for inferior a quatro (é o caso desta assertiva), a perda do cargo, função pública ou mandato eletivo do agente somente se dará se este houver agido, na prática criminosa, com abuso de poder ou violação de deveres para com a Administração Pública (art. 92, I, "a", do CP). Nas duas hipóteses, cuida-se de efeito não automático da condenação, exigindo, portanto, declaração motivada na sentença (art. 92, parágrafo único, do CP); **E:** incorreta, na medida em que se trata de crime *formal* (e não *material*), em que a consumação se opera no momento em que a oferta ou promessa chega ao conhecimento do funcionário público; a entrega da propina, portanto, se houver, não é necessária à concretização do tipo penal. **ED**
Gabarito "D"

(Analista – TRT/8ª – 2010 – FCC) Paulo é funcionário público e trabalhava num cartório. Seu amigo Lauro estava desempregado. De comum acordo, ambos falsificaram um alvará judicial e se apropriaram de valores recolhidos a título de depósito judicial. Nesse caso, Lauro responderá por crime de:

(A) furto qualificado.

(B) furto simples.

(C) peculato.

(D) apropriação indébita.

(E) estelionato.

De fato, Lauro e Paulo devem ser responsabilizados por *peculato doloso*. Embora Lauro não seja funcionário público, esta condição, por ser elementar do crime, a ele se comunica, devendo, portanto, assim como Paulo, responder pelo crime do art. 312, *caput*, do Código Penal, nos exatos termos do art. 30 do CP (circunstâncias incomunicáveis). **ED**
"C." Gabarito

(Analista – TRE/AL – 2010 – FCC) Sobre a denunciação caluniosa é correto afirmar:

(A) A pena é diminuída de metade se a imputação é de prática de crime de menor potencial ofensivo.

(B) Consiste em provocar a ação de autoridade, comunicando-lhe a ocorrência de crime ou de contravenção que sabe não se ter verificado.

(C) As penas aumentam-se de um sexto a um terço se, em razão da denunciação falsa, a pessoa injustamente acusada vem a ser condenada por sentença transitada em julgado.

(D) O fato deixa de ser punível se, antes da sentença no processo que tramita contra a pessoa injustamente acusada, o agente se retrata ou declara a verdade.

(E) A pena é aumentada de sexta parte se o agente se serve de anonimato.

A: assertiva incorreta, já que o art. 339 do CP não contempla essa causa de diminuição de pena; **B:** incorreta, pois a redação da alternativa "B" corresponde ao tipo penal do art. 340 do CP – *comunicação falsa de crime ou de contravenção*; **C:** incorreta, pois essa causa de aumento não está contemplada no dispositivo; **D:** incorreta, pois é causa extintiva da punibilidade que alcança o crime de falso testemunho ou falsa perícia, conforme art. 342, § 2º, do CP. Assertiva incorreta; **E:** correta. A assertiva está em consonância com o disposto no art. 339, § 1º, do CP. **ED**
"E." Gabarito

(Analista – TRE/AP – 2011 – FCC) No tocante aos crimes contra a Administração Pública, o funcionário que retarda ato de ofício, com infração de dever funcional, cedendo a pedido ou influência de outrem, comete crime de:

(A) Prevaricação.

(B) Peculato.

(C) Concussão.

(D) Excesso de Exação.

(E) Corrupção Passiva.

Art. 317, § 2º, do CP. Trata-se de modalidade privilegiada de corrupção passiva. **ED**
"E." Gabarito

(Analista – TRE/AP – 2011 – FCC) De acordo com o Código Penal NÃO é causa de extinção da punibilidade a:

(A) reparação do dano posterior à sentença irrecorrível no crime de peculato culposo.

(B) morte do agente.

(C) anistia.

(D) prescrição.

(E) retroatividade de lei que não mais considera o fato como criminoso.

No peculato culposo – art. 312, § 2º, do CP, a reparação do dano somente extingue a punibilidade se for anterior à sentença irrecorrível; se, no entanto, lhe é posterior, reduz de metade a pena imposta, conforme prescreve o art. 312, § 3º, do CP. **ED**
"A." Gabarito

(Analista – TRE/AM – 2010 – FCC) Considere as hipóteses abaixo.

I. Uma pessoa que não exerce função pública auxilia um funcionário público na subtração de bem móvel pertencente à Administração.

II. O agente induz o executor do furto a cometê-lo de manhã, entretanto o executor decide praticá-lo durante o repouso noturno.

É correto afirmar que na:

(A) hipótese I, o funcionário público responderá por peculato e a pessoa que o auxiliou responderá por peculato mediante erro de outrem.

(B) hipótese I, a pessoa que não exerce função pública responderá por peculato culposo, por ter concorrido, culposamente, para o crime de outrem.

(C) hipótese I, a pessoa que não exerce função pública responderá apenas por furto e, não, por peculato-furto, se desconhecer a qualidade de funcionário público do coautor.

(D) hipótese II, o agente que induziu o executor do furto responderá por furto qualificado pelo repouso noturno, pois as condições de caráter pessoal, quando elementares do crime, sempre se comunicam.

(E) hipótese II, ambos terão a pena aumentada de um terço.

Desde que o particular que prestou auxílio ao funcionário público tenha conhecimento desta condição, ambos devem responder pelo crime de peculato-furto, tendo em conta que "ser funcionário público" constitui elementar do crime do art. 312, § 1º, do CP, e por essa razão comunica-se ao partícipe e coautor – art. 30, CP. **ED**
"C." Gabarito

(Analista – TRE/CE – 2012 – FCC) Pedro, menor de dezessete anos, comete um ato infracional equiparado a crime de roubo contra um supermercado, empreendendo fuga logo em seguida. José, seu melhor amigo, de 22 anos de idade, deixa Pedro ingressar em sua residência e ali permanecer por alguns dias, impedindo a ação da Polícia. Neste caso, José:

(A) cometeu crime de tráfico de influência.

(B) cometeu crime de favorecimento pessoal.

(C) não cometeu nenhum crime.

(D) cometeu crime de favorecimento real.

(E) cometeu crime de fraude processual.

É atípico o comportamento daquele que auxilia autor de ato infracional a ocultar-se da polícia, visto que a conduta praticada pelo menor (ato infracional equiparado ao crime de roubo) não pode ser entendida como "crime apenado com reclusão", não restando configurado o crime de favorecimento pessoal, previsto no art. 348 do CP. **ED**
"C." Gabarito

(Analista – TRE/CE – 2012 – FCC) Manoel e Reinaldo, funcionários de uma copiadora, utilizavam carimbos de autenticação pertencentes a um determinado Ofício de Notas e Protestos da comarca de Aracaju, fornecidos pelo próprio Tabelião, em cópias de documentos, encaminhando-as posteriormente ao cartório para aposição de assinaturas por escreventes autorizados. Manoel e Reinaldo praticaram, em tese, crime de:

(A) exercício funcional ilegalmente antecipado ou prolongado.

(B) usurpação de função pública.

(C) advocacia administrativa.

(D) corrupção ativa.

(E) tráfico de influência.

A: incorreta (art. 324 do CP); **B:** correta (art. 328 do CP); **C:** incorreta (art. 321 do CP); **D:** incorreta (art. 333 do CP); **E:** incorreta (art. 332 do CP). ED

Gabarito "B".

(Analista – TREMG – 2012 – CONSULPLAN) No município "X", o funcionário Mévio ocupava cargo em comissão na Prefeitura. No entanto, foi exonerado *ex officio*, pelo prefeito, mediante mera publicação no Diário Oficial, a qual não chegou ao conhecimento do servidor, que chegou a praticar diversos atos de ofício. Considerando que não havia autorização para a prática dos citados atos, é correto afirmar que Mévio:

(A) praticou o crime de prevaricação (Art. 319 do Código Penal).

(B) praticou o ato amparado por uma causa excludente da culpabilidade.

(C) praticou o crime de exercício funcional ilegalmente prolongado (Art. 324 do Código Penal).

(D) se estivesse em gozo de férias e praticasse atos de ofício, teria cometido o crime de exercício funcional ilegalmente prolongado (Art. 324 do Código Penal).

(E) não praticou crime, pois o fato é atípico. Para que cometesse o crime de exercício funcional ilegalmente prolongado, ele deveria ter conhecimento real de sua exoneração.

A prática do crime previsto no art. 324 do CP (exercício funcional ilegalmente antecipado ou prolongado) pressupõe que o agente aja imbuído do propósito de permanecer no exercício de função pública depois de oficialmente exonerado (dolo). ED

Gabarito "E".

(Analista – TRE/PR – 2012 – FCC) João foi parado numa estrada porque dirigia em excesso de velocidade. Ao ser abordado pelo policial, ofereceu-lhe a quantia de R$ 100,00 para que relevasse a multa. Nisso, uma viatura policial chegou ao local e João, em vista disso, antes que o policial tivesse se manifestado a respeito da aceitação ou não da oferta, dela desistiu, dizendo-lhe para lavrar a autuação. Nesse caso, João:

(A) não cometeu nenhum delito porque o fato é penalmente atípico.

(B) não cometeu nenhum crime, porque houve desistência voluntária.

(C) cometeu crime de corrupção passiva na forma tentada.

(D) não cometeu nenhum delito porque houve arrependimento eficaz.

(E) cometeu crime de corrupção ativa na forma consumada.

João cometeu o crime previsto no art. 333 do CP – corrupção ativa consumada. Trata-se de delito formal, cujo *momento consumativo* se opera no exato instante em que o agente *oferece* vantagem indevida ao policial, independentemente da produção do resultado naturalístico previsto no tipo penal (recebimento da vantagem). Se porventura o policial tivesse aceitado a oferta feita por João, incorreria nas penas do crime previsto no art. 317 do CP – corrupção passiva. ED

Gabarito "E".

(Analista – TRE/PR – 2012 – FCC) No que concerne aos crimes praticados contra a Administração em geral, é correto afirmar:

(A) O crime de resistência só se consuma se, em razão da violência ou grave ameaça, o ato legal não vier a ser executado.

(B) A reintrodução no país de produtos de fabricação nacional destinados exclusivamente à exportação e de venda proibida no Brasil, constitui crime de contrabando.

(C) O crime de desacato admite a forma culposa quando o agente estiver no exercício de suas funções.

(D) O crime de corrupção passiva admite a forma culposa quando cometido através de interposta pessoa.

A: incorreta. O crime de resistência (art. 329 do CP) é formal, pois a sua consumação não está condicionada à produção de resultado naturalístico (não execução do ato contra o qual se insurgiu o agente). A consumação se dá, portanto, em momento anterior, com o emprego de violência ou ameaça; **B:** correta. *Vide*, nesse sentido: TRF – 1.ª Região, *RT* 755/735, e art. 334-A do CP, introduzido pela Lei 13.008/2014; **C:** incorreta, pois inexiste previsão de desacato culposo e, salvo os casos expressos em lei, ninguém pode ser punido por fato previsto como crime, senão quando o pratica dolosamente (parágrafo único do art. 18 do CP); **D:** incorreta, pois a corrupção passiva também não comporta a modalidade culposa, e, conforme esclarecido anteriormente, salvo os casos expressos em lei, ninguém pode ser punido por fato previsto como crime, senão quando o pratica dolosamente (art. 18, parágrafo único, do CP). ED

Gabarito "B".

(Analista – TRE/RS – 2010 – FCC) Constitui forma qualificada do crime de violação de sigilo funcional:

(A) quebrar o sigilo fiscal ou bancário, fornecendo, ilegalmente, dados referentes a contribuintes, correntistas e investidores.

(B) utilizar-se, indevidamente, do acesso restrito a sistema de informações da Administração Pública.

(C) permitir, mediante empréstimo de senha, o acesso de pessoas não autorizadas a banco de dados da Administração Pública.

(D) revelar o conteúdo de proposta de concorrência pública, ou facilitar-lhe a revelação.

(E) revelar fato de que tem ciência em razão do cargo e que deva permanecer em segredo, resultando da ação dano à Administração Pública.

Art. 325, § 2º, do CP. ED

Gabarito "E".

(Analista – TRE/RS – 2010 – FCC) Quanto ao crime de exercício arbitrário das próprias razões, somente se procede mediante queixa se:

(A) cometido por ascendente, descendente, cônjuge ou irmão da vítima.

(B) não há emprego de violência.

(C) cometido para satisfazer pretensão legítima.

(D) visa a recuperar coisa própria que se acha em poder de terceiro por determinação judicial.

(E) não há dano ao patrimônio público.

Art. 345, parágrafo único, do CP. ED

Gabarito "B".

(Analista – TRE/RS – 2010 – FCC) A pena para o crime de contrabando ou descaminho, previsto no Código Penal, é aplicada em dobro se:

(A) praticada navegação de cabotagem.

(B) o agente vende mercadoria de procedência estrangeira que introduziu clandestinamente no País.

(C) praticado em transporte aéreo.

(D) o agente adquire mercadoria de procedência estrangeira, desacompanhada de documentação legal.

(E) o agente oculta mercadoria de procedência estrangeira acompanhada de documentos que sabe serem falsos.

Art. 334, § 3º, do CP. ED
Gabarito "C".

(Analista – TRE/TO – 2011 – FCC) Arrebatamento de preso é classificado como crime:

(A) contra a fé pública.

(B) contra a administração da Justiça.

(C) de abuso de autoridade.

(D) praticado por particular contra a administração em geral.

(E) praticado por funcionário público contra a administração em geral.

O crime de arrebatamento de preso, previsto no art. 353 do CP, integra o Capítulo III (Dos Crimes Contra a Administração da Justiça) do Título XI (Dos Crimes contra a Administração Pública). ED
Gabarito "B".

(Analista – TRE/BA – 2010 – CESPE) Francisco, renomado advogado eleitoral, em audiência, induziu a testemunha José a fazer afirmação falsa em processo judicial, instruindo-o a prestar depoimento inverídico, com o fim de obter prova destinada a produzir efeito em ação penal em curso. Com base nessa situação hipotética, julgue o item que se segue.

(1) Segundo os tribunais superiores, não se admite a participação de Francisco no crime de falso testemunho, por se tratar de crime de mão própria, isto é, somente José pode ser seu sujeito ativo.

1: incorreta. A assertiva não procede, tendo em conta que, embora se trate de crime de mão própria, é perfeitamente possível o concurso de pessoas na modalidade *participação*, uma vez que nada obsta que o advogado induza ou instigue a testemunha a mentir em juízo ou na polícia. A esse respeito: STF, RHC 81.327-SP, 1ª T., rel. Min. Ellen Gracie, DJ 05.04.2002. ED
Gabarito 1E.

(Analista – TRE/MG – 2012 – CONSULPLAN) Marque a alternativa que NÃO descreve um crime contra a Administração Pública (praticado por funcionário público contra a Administração em Geral, praticado por particular contra a Administração em Geral ou praticado contra a Administração da Justiça).

(A) Particular, desobedece à ordem legal de servidor público.

(B) Particular, perante autoridade, acusa-se de crime inexistente.

(C) Particular, sozinho, subtrai, para si, bem de repartição pública.

(D) Funcionário público deixa de praticar, indevidamente, ato de ofício, para satisfazer interesse pessoal.

(E) Funcionário público apropria-se de dinheiro público que, no exercício do cargo, recebeu por erro de outrem.

A: incorreta. A assertiva contempla a descrição típica do delito de desobediência, previsto no art. 330 do CP, que é crime praticado por particular contra a administração em geral (Capítulo II do Título XI da Parte Especial do Código Penal). Perceba que os crimes previstos neste capítulo são denominados comuns, já que não impõem ao sujeito ativo nenhuma qualidade especial, isto é, podem ser praticados por qualquer pessoa, como ocorre com a grande maioria dos crimes, tanto os previstos no Código Penal quanto aqueles contidos em leis especiais; **B:** incorreta. Isso porque a proposição contém a descrição típica do crime previsto no art. 341 do CP (autoacusação falsa), que constitui delito contra a administração da Justiça. É, assim como o crime de desobediência, delito comum; **C:** correta. É que a conduta do particular que, sem a colaboração de funcionário público, subtrai, para si, bem de repartição pública incorre no crime de furto (art. 155, CP), delito contra o patrimônio previsto no art. 155 do CP; **D:** incorreta, uma vez que a descrição corresponde ao crime do art. 319 do CP (prevaricação), que é delito cujo bem jurídico sob tutela é a administração pública. Mais precisamente, crime praticado por funcionário público contra a administração em geral. É crime próprio, na medida em que o tipo penal exige do sujeito ativo uma característica específica, qual seja, a de ser funcionário público; **E:** incorreta. Cuida-se do crime de peculato mediante erro de outrem (art. 313, CP), que é próprio do funcionário público. ED
Gabarito "C".

(Analista – TRF/4ª – 2010 – FCC) Mário falsificou, em parte, testamento particular. Neste caso, Mário:

(A) não cometeu crime tipificado no Código Penal Brasileiro.

(B) cometeu crime de falsificação de documento particular.

(C) cometeu crime de supressão de documento.

(D) cometeu crime de falsidade ideológica.

(E) cometeu crime de falsificação de documento público.

O crime praticado por Mário está capitulado no art. 297, § 2º, do CP. É que, para fins penais, equipara-se a documento público, dentre outros, o *testamento particular*. ED
Gabarito "E".

(Analista – TRF/4ª – 2010 – FCC) No que se refere ao crime de corrupção passiva, é correto afirmar:

(A) Por se tratar de crime material, exige a ocorrência do resultado pretendido pelo agente para a consumação.

(B) É possível a participação de particular no delito, face à comunicabilidade das condições de caráter pessoal, elementares do crime.

(C) A pena é aumentada em metade se, em consequência da vantagem ou promessa, o funcionário retarda ou deixa de praticar qualquer ato de ofício ou o pratica infringindo dever funcional.

(D) Não se caracteriza a infração penal se o agente solicitar a vantagem indevida em razão da função pública antes de assumi-la.

A: incorreta. Trata-se de crime formal, em que a consumação se opera no instante em que é praticada qualquer das condutas típicas, independente da ocorrência do resultado perseguido pelo agente. O resultado naturalístico, se ocorrer, constituirá mero exaurimento; **B:** correta, pois a assertiva está em consonância com o disposto no art. 30 do CP; **C:** incorreta, pois o § 1º do art. 317 impõe, para este caso, um aumento de pena da ordem de um terço, e não de metade, como consta da assertiva; **D**: incorreta, pois é necessário que o agente aja em razão da função pública, ainda que fora dela ou antes de assumi-la. ED

Gabarito "B".

(Analista – TRF/4ª – 2010 – FCC) Paulo auxilia seu irmão, autor de crime a que é cominada pena de reclusão, a subtrair-se à ação de autoridade pública. Nesse caso, Paulo:

(A) comete crime de favorecimento pessoal, com redução da pena aplicada em metade.

(B) fica isento de pena.

(C) comete crime de favorecimento real.

(D) comete crime de fraude processual.

(E) comete crime de favorecimento real, com redução da pena aplicada em metade.

Não se pune o agente do favorecimento pessoal quando este for ascendente, descendente, cônjuge ou irmão do criminoso. Trata-se da escusa absolutória prevista no art. 348, § 2º, do CP. ED

Gabarito "B".

13. CRIMES DA LEI DE DROGAS

(Analista Judiciário - TJ/AL - 2018 - FGV) Luiz, primário e de bons antecedentes, sem qualquer envolvimento pretérito com crime, não mais aguentando ver seu filho chorar e pedir a compra de um videogame que todos os colegas da escola tinham, aceita transportar, mediante recebimento de valores, por solicitação de seu cunhado, 30g de maconha para determinado endereço de município vizinho ao que residia, no mesmo Estado da Federação. Durante o transporte, antes mesmo de ultrapassar o limite do município em que residia, vem a ser preso em flagrante. Durante a instrução, todos os fatos acima narrados são confirmados, inclusive a intenção de transportar as drogas para outro município.

Considerando apenas as informações expostas, no momento da sentença:

(A) poderá Luiz ser absolvido em razão da excludente da culpabilidade da inexigibilidade de conduta diversa;

(B) poderá ser aplicada a causa de diminuição do tráfico privilegiado, inclusive sendo possível a substituição da pena privativa de liberdade por restritiva de direitos;

(C) não poderá ser aplicada a causa de diminuição de pena do tráfico privilegiado, já que incompatível com a causa de aumento do tráfico intermunicipal, que deve ser reconhecida;

(D) não poderá ser reconhecida a causa de aumento do tráfico intermunicipal prevista na Lei nº 11.343/06, pois não houve efetiva transposição da fronteira, mas poderá ser reconhecida a causa de diminuição do tráfico privilegiado;

(E) poderão ser reconhecidas a causa de aumento do tráfico intermunicipal, ainda que não tenha sido ultrapassada a fronteira do município, e a causa de diminuição do tráfico privilegiado.

A: incorreta. A *inexigibilidade de conduta diversa* constitui um dos elementos da culpabilidade. Funda-se no princípio de que somente devem ser punidas as condutas que podem ser evitadas. Dessa forma, se, no caso concreto, não era possível exigir do agente conduta diferente da que adotou, ficará excluída a sua culpabilidade. Não é este o caso do

enunciado. Com efeito, Luiz, por maior e mais nobre que fosse a sua vontade de ver o desejo de seu filho atendido, tinha como escolher trilhar outro caminho no lugar de ingressar no mundo do crime; **B**: correta. Pela narrativa contida no enunciado, possível concluir pela existência dos requisitos necessários ao reconhecimento da causa de diminuição de pena do art. 33, § 4º, da Lei 11.343/2006, a saber: ser o réu primário; ostentar bons antecedentes; não se dedicar a atividades criminosas; e não ser membro de facção criminosa. A substituição da pena privativa de liberdade por restritiva de direitos era vedada, a teor do art. 33, § 4º, da Lei de Drogas, para o crime de tráfico. Sucede que o STF, no julgamento do HC 97.256/RS, declarou, incidentalmente, a inconstitucionalidade dessa vedação. Posteriormente, o Senado Federal, por meio da Resolução 5/2012, suspendeu a execução da expressão "vedada a conversão em penas restritivas de direito", presente no art. 33, § 4º, da Lei 11.343/2006. Portanto, nada impede, atualmente, que o juiz autorize a substituição da pena privativa de liberdade por restritiva de direitos no crime de tráfico bem assim a fixação de regime aberto, desde que preenchidos os requisitos legais; **C**: incorreta. O fato de o tráfico ser efetuado entre municípios de um mesmo estado da federação (tráfico intermunicipal) não constitui causa de aumento de pena. O que há é o aumento de pena na hipótese de o tráfico ser internacional (art. 40, I, da Lei 11.343/2006) ou interestadual (art. 40, V, da Lei 11.343/2006); **D** e **E**: incorretas. Vide comentário anterior. ED

Gabarito "B".

(Analista - TJ/SC - FGV - 2018) Em inovação legislativa, a Lei nº 11.343/06, em seu art. 33, § 4º, trouxe a figura do tráfico privilegiado, em especial para mitigar a severa punição do tráfico de drogas para o chamado "traficante de primeira viagem".

Sobre as previsões da Lei nº 11.343/06 sobre o tema e de acordo com a jurisprudência dos Tribunais Superiores, é correto afirmar que:

(A) a condenação por tráfico, ainda que privilegiado e com pena inferior a 4 anos, não permite a substituição da pena privativa de liberdade por restritiva de direitos;

(B) o benefício do tráfico privilegiado poderá ser aplicado ainda que o agente seja, também, condenado pelo crime de associação para o tráfico;

(C) a quantidade de drogas poderá ser considerada no momento da aplicação da pena base, mas não a natureza do material apreendido;

(D) o regime inicial de cumprimento de pena, diante do tráfico privilegiado, deverá ser necessariamente o fechado;

(E) o tráfico privilegiado poderá ser reconhecido mesmo diante da figura do tráfico majorado.

A: incorreta. A substituição da pena privativa de liberdade por restritiva de direitos era vedada, a teor do art. 33, § 4º, da Lei de Drogas, para o crime de tráfico. O STF, ao julgar o HC 97.256/RS, declarou, incidentalmente, a inconstitucionalidade dessa vedação. Posteriormente, o Senado Federal, por meio da Resolução 5/2012, suspendeu a execução da expressão "vedada a conversão em penas restritivas de direito", presente no art. 33, § 4º, da Lei 11.343/2006. Portanto, nada impede, atualmente, que o juiz autorize a substituição da pena privativa de liberdade por restritiva de direitos no crime de tráfico bem assim a fixação de regime aberto, desde que preenchidos os requisitos legais; **B**: incorreta. A condenação simultânea pelo cometimento dos crimes de associação para o tráfico (art. 35, Lei 11.343/2006) e tráfico de drogas elide o reconhecimento do privilégio contido no art. 33, § 4º, Lei 11.343/2006, porquanto resta evidenciada, neste caso, a dedicação do agente a atividades criminosas ou a sua participação em organização criminosa. Nesse sentido: "(...) Além disso, tem-se que a condenação pelo crime de associação para o tráfico, por si só, já tem o condão de inviabilizar a aplicação do redutor

previsto no art. 33, § 4º, da Lei Antidrogas, pois essa circunstância impede que o agente preencha os requisitos legais para a aplicação da minorante" (AgInt no AREsp 1290627/SP, Rel. Ministro Ribeiro Dantas, Quinta Turma, julgado em 24/09/2019, DJe 30/09/2019); **C**: incorreta, pois contraria o disposto no art. 42 da Lei de Drogas, que dispõe que o magistrado levará em conta, na fixação das penas, com preponderância sobre o art. 59 do CP, a natureza e a quantidade da substância aprendida; **D**: incorreta. Ao julgar o HC 111.840/ES, em 2012, o STF declarou a inconstitucionalidade incidental da obrigatoriedade do regime inicialmente fechado previsto para os crimes hediondos e assemelhados. Conferir: "O STF, no julgamento do HC n. 111.840/ES, declarou inconstitucionalidade do § 1º do art. 2º da Lei n. 8.072/90, com a redação que lhe foi dada pela Lei n. 11.464/07, afastando, dessa forma, a obrigatoriedade do regime inicial fechado para os condenados por crimes hediondos e equiparados. Assim, o regime prisional deverá ser fixado em obediência ao que dispõe o art. 33, §§ 2º e 3º, e art. 59, ambos do Código Penal – CP" (HC 515.261/SP, Rel. Ministro Joel Ilan Paciornik, Quinta Turma, julgado em 25/06/2019, DJe 05/08/2019)."; **E**: correta. De fato, podem coexistir o tráfico privilegiado (art. 33, § 4º, da Lei 11.343/2006) com o majorado (art. 40, Lei 11.343/2006).
Gabarito "E".

14. OUTROS CRIMES DA LEGISLAÇÃO EXTRAVAGANTE

(Analista - TJ/MA - 2019 – FCC) Segundo o que dispõe a legislação nacional acerca dos crimes hediondos (Lei n. 8.072/1990),

(A) o feminicídio não consta do rol dos crimes hediondos.

(B) o crime de favorecimento da prostituição ou de outra forma de exploração sexual de criança ou adolescente ou de vulnerável é hediondo.

(C) o crime de corrupção é definido como hediondo de acordo com o ordenamento jurídico.

(D) o delito de exposição a perigo embarcação ou aeronave, própria ou alheia, ou praticar qualquer ato tendente a impedir ou dificultar navegação marítima, fluvial ou aérea é hediondo, conforme o Código Penal.

(E) o crime de lesão corporal dolosa, em nenhuma de suas modalidades, é, para efeito da lei brasileira, hediondo.

A: incorreta. É que o feminicídio, que constitui modalidade de homicídio qualificado (art. 121, § 2º, VI, do CP), é considerado delito hediondo, nos termos do art. 1º, I, da Lei 8.072/1990 (Crimes Hediondos); **B**: correta, já que se trata de delito inserido no rol dos crimes hediondos (art. 1º, VIII, da Lei 8.072/1990); **C**: incorreta, já que o delito de corrupção (ativa ou passiva) não integra o rol dos crimes hediondos, definidos no art. 1º da Lei 8.072/1990; **D**: incorreta, uma vez que não integra o rol dos crimes hediondos, definidos no art. 1º da Lei 8.072/1990; **E**: incorreta, na medida em que o crime de lesão corporal dolosa, desde de natureza gravíssima (art. 129, § 2º, do CP), bem como o delito de lesão corporal seguida de morte (art. 129, § 3º, do CP), quando praticados contra agente estatal integrante do sistema de segurança pública, são considerados hediondos (art. 1º, I-A, da Lei 8.072/1990).
Gabarito "B".

(Analista - TRF/4 - FCC - 2019) Ricardo, Prefeito Municipal do município "X", juntamente com Rodolfo, o Secretário Municipal da Cultura, contrataram a empresa "YY" para uma obra na cidade, sem realizar o procedimento licitatório, fora das hipóteses de dispensa ou inexigibilidade de licitação previstas pela Lei no 8.666/1993. A empresa "YY", através de seu diretor presidente Caio, atuou juntamente com o Prefeito Ricardo e o Secretário

Rodolfo, seus amigos, para a assinatura do contrato, independentemente do certame licitatório, beneficiando-se evidentemente da contratação. Após regular investigação, Ricardo e Rodolfo foram indiciados pela polícia por infração ao artigo 89, da Lei n. 8.666/1993 (Art. 89. Dispensar ou inexigir licitação fora das hipóteses previstas em lei, ou deixar de observar as formalidades pertinentes à dispensa ou à inexigibilidade: Pena – detenção, de 3 (três) a 5 (cinco) anos, e multa).

No caso hipotético apresentado, Caio, Diretor Presidente da empresa "YY", beneficiária do contrato administrativo celebrado com o Poder Público, cometeu

(A) apenas infração administrativa e estará sujeito, assim como a empresa, à rescisão imediata do contrato e às sanções administrativas de advertência e declaração de inidoneidade para licitar ou contratar com a Administração Pública enquanto perdurarem os motivos determinantes da punição.

(B) apenas infração administrativa e estará sujeito, assim como a empresa, à rescisão imediata do contrato e às sanções administrativas de multa e suspensão temporária de participação em licitação e impedimento de contratar com a Administração, por prazo não superior a 1 (um) ano.

(C) crime e estará sujeito às penas previstas para o crime descrito no artigo 89, da Lei n. 8.666/1993, com redução de 1/3 (um terço) a 2/3 (dois terços), pelo fato de ser a empresa beneficiária, e não ter responsabilidade pela realização do procedimento licitatório.

(D) crime e também estará sujeito às penas previstas para o crime descrito no artigo 89, da Lei n. 8.666/1993.

(E) apenas infração administrativa e estará sujeito, assim como a empresa, à rescisão imediata do contrato e às sanções administrativas de advertência e suspensão temporária de participação em licitação e impedimento de contratar com a Administração, por prazo não superior a 3 (três) anos.

Caio, que atuou juntamente com o Prefeito Ricardo e o Secretário Rodolfo, seus amigos, para a assinatura do contrato sem o necessário certame licitatório, disso se beneficiando, incorrerá na figura específica para o contratado prevista no art. 89, parágrafo único, da Lei 8.666/1993. Ainda que não houvesse tal dispositivo legal (parágrafo único), mesmo assim o contratado, neste caso Caio, que se beneficiou da fraude licitatória operada em conjunto com os agentes públicos, seria responsabilizado na qualidade de partícipe do mesmo crime praticado por Ricardo e Rodolfo (art. 89, *caput*, Lei 8.666/1993). ED
Gabarito "D".

(Analista - TJ/SC - FGV - 2018) Em cumprimento de mandado de busca e apreensão no local de trabalho de João, que era um estabelecimento comercial de sua propriedade e de sociedade em que figurava como administrador e principal sócio, foram apreendidas duas armas de fogo, de calibre permitido, com numeração aparente, devidamente municiadas. João esclareceu que tinha as armas para defesa pessoal, apesar de não possuir autorização e nem registro das mesmas.

Diante disso, foi denunciado pela prática de dois crimes de porte de arma de fogo de uso permitido (art. 14 da Lei nº 10.826/03), em concurso material.

No momento de aplicar a sentença, o juiz deverá reconhecer que:

(A) ocorreram dois crimes de posse de arma de fogo de uso permitido (art. 12 da Lei nº 10.826/03) em concurso material;

(B) ocorreram dois crimes de posse de arma de fogo de uso permitido (art. 12 da Lei nº 10.826/03) em concurso formal;

(C) ocorreram dois crimes de porte de arma de fogo de uso permitido em concurso formal;

(D) ocorreu crime único de porte de arma de fogo de uso permitido, afastando-se o concurso de delitos;

(E) ocorreu crime único de posse de arma de fogo de uso permitido (art. 12, Lei nº 10.826/03), afastando-se o concurso de delitos.

Desde que no mesmo contexto fático, deve ser reconhecido crime único. Nesse sentido: "A jurisprudência desta Corte consolidou-se no sentido da existência de um delito único quando apreendidas mais de uma arma, munição, acessório ou explosivo em posse do mesmo agente, dentro do mesmo contexto fático, não havendo que se falar em concurso material ou formal entre as condutas, pois se vislumbra uma só lesão de um mesmo bem tutelado" (HC 362.157/RJ, Rel. Ministro Reynaldo Soares Da Fonseca, Quinta Turma, julgado em 18/05/2017, DJe 23/05/2017). 🔲 Gabarito "E".

(Analista Jurídico –TCE/PA – 2016 – CESPE) Com base no disposto na Lei n.º 1.079/1950, no Decreto-lei n.º 201/1967 e na jurisprudência dos tribunais superiores, julgue os seguintes itens.

(1) É coautor de crime de responsabilidade praticado por prefeitos o vereador que se utiliza indevidamente de veículo do município cedido pelo prefeito e se envolve em sinistro, causando considerável prejuízo ao erário público.

(2) O cometimento de crime de responsabilidade de prefeito consistente em deixar de cumprir ordem judicial individualizada e diretamente a ele dirigida depende da presença de dolo preordenado revelador de desprezo institucional para com a administração da justiça.

(3) Inexiste crime de responsabilidade se o acusado, no momento do oferecimento da denúncia, não mais exerce o cargo que exercia quando cometeu ilícito previsto na Lei n.º 1.079/1950, mesmo que permaneça no exercício de outra função pública.

1: incorreta. Quanto à possibilidade de o vereador figurar como coautor nos crimes definidos no art. 1º do Decreto-lei 201/1967, conferir o julgado do STF: "(...) 3. *In casu*, o paciente, prefeito municipal, foi denunciado pela suposta prática do crime de responsabilidade descrito no art. 1º, inc. II, do decreto-lei 201/1967, por ceder, para uso indevido de vereador de sua base de sustentação, veículo do município, que restou sinistrado, causando considerável prejuízo ao erário. 4. A alegação de ausência de autoria, objetivando o trancamento da ação penal, demanda aprofundado reexame de fatos e provas, insuscetível em *habeas corpus*. 5. A ausência de denúncia de suposto coautor, matéria inerente à prova, não revela *prima facie* violação do princípio da indisponibilidade da ação penal. 6. O princípio da indisponibilidade da ação penal não se aplica na hipótese de crime próprio, por isso que o sujeito ativo do crime de responsabilidade é o prefeito ou quem, em virtude de substituição, nomeação ou indicação, esteja no exercício das funções de chefe do Executivo Municipal. Os delitos referidos no art. 1º do Dec.-lei 201/67 só podem ser cometidos por prefeito, em razão do exercício do cargo ou por quem, temporária ou definitivamente, lhe faça as vezes. Assim, o presidente da Câmara Municipal, ou os vereadores, ou qualquer servidor do Município não podem ser sujeito ativo

de nenhum daqueles crimes, a não ser como co-partícipe (Leis Penais Especiais e sua Interpretação Jurisprudencial, coordenação Alberto Silva Franco e Rui Stocco, 7ª ed. revista, atualizada e ampliada, São Paulo: Ed. Revista dos Tribunais, 2002, p. 2.690)" (RHC 107675, Relator(a): Min. LUIZ FUX, Primeira Turma, julgado em 27.09.2011); **2:** correta. Segundo o STF, "para a perfectibilização do tipo penal do artigo 1º, XIV, segunda parte, do Decreto-Lei 201/67 exige-se dolo preordenado em descumprir uma ordem judicial individualizada e diretamente dirigida ao Prefeito, a revelar menoscabo e desprezo institucional para com a administração da justiça. 2. Conduta dolosa que não se configura no caso concreto, uma vez inexistente prova da cientificação do Prefeito quanto à ordem alegadamente descumprida, seja pessoalmente ou por outros meios inequívocos (...)" (AP 555, Relator(a): Min. ROSA WEBER, Primeira Turma, julgado em 06.10.2015); **3:** correta, pois reflete o que estabelece o art. 15 da Lei 1.079/1950. 🔲 Gabarito 1E, 2C, 3C

(Analista Jurídico – TCE/PR – 2016 – CESPE) No que se refere ao acordo de leniência no caso de prática de atos ilícitos previstos na Lei n.º 12.846/2013, assinale a opção correta.

(A) A celebração do acordo de leniência interrompe o prazo prescricional dos atos ilícitos previstos na Lei n.º 12.846/2013.

(B) A celebração do acordo de leniência poderá reduzir em até dois terços o valor a ser pago a título de reparação dos danos causados pela pessoa jurídica responsável pelo ato ilícito.

(C) A propositura e a celebração desse tipo de acordo são de competência exclusiva do Ministério Público no âmbito do inquérito civil ou durante o processamento de ação civil pública.

(D) Tal acordo poderá ser celebrado com a pessoa jurídica que aceitar cooperar plenamente com a apuração do ato ilícito, ainda que ela não tenha admitido a sua participação na infração investigada.

(E) A rejeição da proposta de acordo de leniência pela pessoa jurídica investigada implicará a confissão e o reconhecimento da prática do ato ilícito em apuração.

A: correta, pois em conformidade com o teor do art. 16, § 9º, da Lei 12.846/2013; **B:** incorreta, pois não reflete o que estabelece o art. 16, §§ 2º e 3º, da Lei 12.846/2013; **C:** incorreta, pois não reflete o que estabelece o art. 16, § 10, da Lei 12.846/2013; **D:** incorreta, pois não reflete o que estabelece o art. 16, § 1º, III, da Lei 12.846/2013; **E:** incorreta, pois não reflete o que estabelece o art. 16, § 7º, da Lei 12.846/2013. 🔲 Gabarito "A".

(Analista Jurídico – TCE/PR – 2016 – CESPE) De acordo com o Decreto-lei n.º 201/1967 e a jurisprudência dos tribunais superiores, assinale a opção correta.

(A) O prazo prescricional referente à pena de perda do cargo decorrente de condenação definitiva de prefeito por crime de responsabilidade previsto no Decreto-lei n.º 201/1967 é distinto do prazo prescricional previsto para a pena privativa de liberdade aplicada ao condenado pelo mesmo crime.

(B) Para a configuração de crime de responsabilidade previsto no Decreto-lei n.º 201/1967, é imprescindível que o desvio de rendas públicas tenha ocorrido em proveito do próprio prefeito.

(C) É imprescindível a autorização da respectiva câmara municipal para o julgamento, perante o Poder Judiciário, dos acusados da prática dos crimes de responsabilidade previstos no Decreto-lei n.º 201/1967.

(D) O prefeito que emprega rendas públicas em proveito próprio para a realização de propagandas autopromocionais comete o crime de peculato-uso.

A: correta. Na jurisprudência do STJ: "(...) As penas de perda do cargo e de inabilitação para o exercício de cargo ou função pública, previstas no art. 1.º, § 2.º, do Decreto-Lei n.º 201/67, são autônomas em relação à pena privativa de liberdade, sendo distintos os prazos prescricionais" (REsp 945.828/PR, Rel. Ministra LAURITA VAZ, QUINTA TURMA, julgado em 28.09.2010, *DJe* 18.10.2010); **B:** incorreta, uma vez que o crime de responsabilidade consistente em desviar bens ou rendas públicas, previsto no art. 1º, I, do Decreto-lei 201/1967, configura-se ainda que a conduta praticada seja *em proveito alheio*; **C:** incorreta, pois não retrata o que estabelece o art. 1º, *caput*, do Decreto-lei 201/1967: o julgamento, perante o Poder Judiciário, dos acusados da prática dos crimes de responsabilidade previstos no Decreto-lei 201/1967 não está condicionado à autorização da respectiva câmara municipal; **D:** incorreta. Segundo o STF, "o emprego de rendas públicas em proveito próprio, com realização de propagandas autopromocionais, não caracteriza o peculato-uso, cuja atipicidade é reconhecida pela doutrina e pela jurisprudência, mas no qual não há intuito de apropriação e que somente se caracteriza quando estão envolvidos bens fungíveis (...)" (AP 432, Relator(a): Min. LUIZ FUX, Tribunal Pleno, julgado em 10.10.2013). ED

Gabarito "A".

(Analista Judiciário – TRT/8ª – 2016 – CESPE) Com relação às regras da hermenêutica penal, conforme a interpretação do Superior Tribunal de Justiça e do Supremo Tribunal Federal, assinale a opção correta.

(A) A responsabilidade da sociedade empresarial e dos sócios pelo ilícito penal ambiental é objetiva, bastando, para que sejam devidas as sanções, provar o dano produzido ao meio ambiente.

(B) Para a responsabilização penal da pessoa jurídica nos crimes contra o meio ambiente, é imprescindível a imputação concomitante da pessoa física que agiu em nome da empresa ou em seu benefício, porque a culpa e o dolo somente podem ser atribuídos à pessoa física.

(C) O crime de embriaguez ao volante, previsto no Código de Trânsito Brasileiro, classifica-se como crime de perigo concreto, de modo que, para tipificar a conduta, é obrigatória a prova de que o motorista estava colocando em risco a incolumidade física de outras pessoas.

(D) Quanto ao crime de abuso de autoridade, configura-se atípica a conduta do juiz que determina que o preso, ainda que esse não ofereça riscos, seja mantido algemado durante a audiência de instrução e julgamento, já que lhe cabe prevenir eventual tentativa de fuga.

(E) Embora previsto na Convenção de Palermo, o tipo penal do crime de organização criminosa só foi definitivamente incorporado ao ordenamento jurídico brasileiro com a publicação de legislação penal extravagante, razão por que apenas as condutas praticadas em momento posterior ao início do vigor da lei podem ser enquadradas nesse tipo penal.

A: incorreta, já que a responsabilidade, no campo penal, é sempre *subjetiva*; **B:** incorreta. No STF: "1. O art. 225, § 3º, da Constituição Federal não condiciona a responsabilização penal da pessoa jurídica por crimes ambientais à simultânea persecução dos agentes da pessoa física em tese responsável no âmbito da empresa. A norma constitucional não impõe a necessária dupla imputação. 2. As organizações corporativas complexas da atualidade se caracterizam pela descentralização

e distribuição de atribuições e responsabilidades, sendo inerentes, a esta realidade, as dificuldades para imputar o fato ilícito a uma pessoa concreta. 3. Condicionar a aplicação do art. 225, §3º, da Carta Política a uma concreta imputação também a pessoa física implica indevida restrição da norma constitucional, expressa a intenção do constituinte originário não apenas de ampliar o alcance das sanções penais, mas também de evitar a impunidade pelos crimes ambientais frente às imensas dificuldades de individualização dos responsáveis internamente às corporações, além de reforçar a tutela do bem jurídico ambiental. 4. A identificação dos setores e agentes internos da empresa determinantes da produção do fato ilícito tem relevância e deve ser buscada no caso concreto como forma de esclarecer se esses indivíduos ou órgãos atuaram ou deliberaram no exercício regular de suas atribuições internas à sociedade, e ainda para verificar se a atuação se deu no interesse ou em benefício da entidade coletiva. Tal esclarecimento, relevante para fins de imputar determinado delito à pessoa jurídica, não se confunde, todavia, com subordinar a responsabilização da pessoa jurídica à responsabilização conjunta e cumulativa das pessoas físicas envolvidas. Em não raras oportunidades, as responsabilidades internas pelo fato estarão diluídas ou parcializadas de tal modo que não permitirão a imputação de responsabilidade penal individual. 5. Recurso Extraordinário parcialmente conhecido e, na parte conhecida, provido" (RE 548181, Relator(a): Min. ROSA WEBER, Primeira Turma, julgado em 06.08.2013). Na mesma esteira, o STJ: "1. Conforme orientação da 1ª Turma do STF, "O art. 225, § 3º, da Constituição Federal não condiciona a responsabilização penal da pessoa jurídica por crimes ambientais à simultânea persecução penal da pessoa física em tese responsável no âmbito da empresa. A norma constitucional não impõe a necessária dupla imputação." (RE 548181, Relatora Min. ROSA WEBER, Primeira Turma, julgado em 6/8/2013, acórdão eletrônico *DJe*-213, divulg. 29.10.2014, public. 30.10.2014). 2. Tem-se, assim, que é possível a responsabilização penal da pessoa jurídica por delitos ambientais independentemente da responsabilização concomitante da pessoa física que agia em seu nome. Precedentes desta Corte. 3. A personalidade fictícia atribuída à pessoa jurídica não pode servir de artifício para a prática de condutas espúrias por parte das pessoas naturais responsáveis pela sua condução. 4. Recurso ordinário a que se nega provimento" (RMS 39.173/BA, Rel. Ministro REYNALDO SOARES DA FONSECA, QUINTA TURMA, julgado em 06.08.2015, *DJe* 13.08.2015); **C:** incorreta. O crime de embriaguez ao volante, previsto no art. 306 da Lei 9.503/1997 (Código de Trânsito Brasileiro), é de perigo abstrato, o que implica dizer que não se exige, à sua consumação, a demonstração de efetiva potencialidade lesiva da conduta. Nesse sentido: "O crime de embriaguez ao volante é de perigo abstrato, dispensando-se a demonstração da efetiva potencialidade lesiva da conduta daquele que conduz veículo em via pública com capacidade psicomotora alterada em razão da influência de álcool ou de outra substância psicoativa que determine dependência (...)" (RHC 58.893/MG, Rel. Ministro JORGE MUSSI, QUINTA TURMA, julgado em 21.05.2015, *DJe* 28/05/2015); **D:** incorreta. *Vide* Súmula Vinculante 11; **E:** correta. Conferir: "RECURSO ORDINÁRIO EM "HABEAS CORPUS" – LAVAGEM DE DINHEIRO – ORGANIZAÇÃO CRIMINOSA – INFRAÇÃO PENAL ANTECEDENTE – QUADRILHA (ATUALMENTE DESIGNADA "ASSOCIAÇÃO CRIMINOSA") – CONDUTAS PRATICADAS ENTRE 1998 E 1999, MOMENTO QUE PRECEDEU A EDIÇÃO DA LEI Nº 12.683/2012 E DA LEI Nº 12.850/2013 – IMPOSSIBILIDADE CONSTITUCIONAL DE SUPRIR-SE A AUSÊNCIA DE TIPIFICAÇÃO DO DELITO DE ORGANIZAÇÃO CRIMINOSA, COMO INFRAÇÃO PENAL ANTECEDENTE, PELA INVOCAÇÃO DA CONVENÇÃO DE PALERMO – INCIDÊNCIA, NO CASO, DO POSTULADO DA RESERVA CONSTITUCIONAL ABSOLUTA DE LEI EM SENTIDO FORMAL (CF, art. 5º, inciso XXXIX) – DOUTRINA – PRECEDENTES – INADMISSIBILIDADE, DE OUTRO LADO, DE CONSIDERAR-SE O CRIME DE FORMAÇÃO DE QUADRILHA COMO EQUIPARÁVEL AO DELITO DE ORGANIZAÇÃO CRIMINOSA PARA EFEITO DE REPRESSÃO ESTATAL AO CRIME DE LAVAGEM DE DINHEIRO COMETIDO ANTES DO ADVENTO DA LEI Nº 12.683/2012 E DA LEI Nº 12.850/2013 – RECURSO DE

AGRAVO IMPROVIDO – Em matéria penal, prevalece o dogma da reserva constitucional de lei em sentido formal, pois a Constituição da República somente admite a lei interna como única fonte formal e direta de regras de direito penal, a significar, portanto, que as cláusulas de tipificação e de cominação penais, para efeito de repressão estatal, subsumem-se ao âmbito das normas domésticas de direito penal incriminador, regendo-se, em consequência, pelo postulado da reserva de Parlamento. Doutrina. Precedentes (STF). As convenções internacionais, como a Convenção de Palermo, não se qualificam, constitucionalmente, como fonte formal direta legitimadora da regulação normativa concernente à tipificação de crimes e à cominação de sanções penais" (RHC 121835 AgR, Relator(a): Min. CELSO DE MELLO, Segunda Turma, julgado em 13.10.2015). **ED**
Gabarito "E".

(Analista Judiciário – TJ/MT – UFMT – 2016) Em relação aos crimes de tortura, marque V para as afirmativas que correspondam ao tipo de crime descrito e F àquelas que não correspondem.

( ) Constranger alguém com emprego de violência ou grave ameaça, causando-lhe sofrimento físico ou mental, para provocar ação ou omissão de natureza criminosa.

( ) Submeter alguém, sob sua guarda, poder ou autoridade, com emprego de violência ou grave ameaça, a intenso sofrimento físico ou mental, como forma de aplicar castigo pessoal ou medida de caráter preventivo.

( ) Constranger alguém com emprego de violência ou grave ameaça, causando-lhe sofrimento físico ou mental, em razão de discriminação racial ou religiosa.

( ) Constranger alguém com emprego de violência ou grave ameaça, causando-lhe sofrimento físico ou mental, com o fim de obter informação, declaração ou confissão da vítima ou de terceira pessoa.

Assinale a sequência correta.

(A) V, V, V, V
(B) F, V, F, V
(C) F, F, F, F
(D) V, F, V, F

1ª assertiva: verdadeira (crime previsto no art. 1º, I, *b*, da Lei 9.455/1997); **2ª assertiva:** verdadeira (crime previsto no art. 1º, II, da Lei 9.455/1997); **3ª assertiva:** verdadeira (crime previsto no art. 1º, I, *c*, da Lei 9.455/1997); **4ª assertiva:** verdadeira (crime previsto no art. 1º, I, *a*, da Lei 9.455/1997). **ED**
Gabarito "A".

(Analista Judiciário – TJ/MT – UFMT – 2016) Em relação ao conceito de organização criminosa, disposto na Lei nº 12.850/2013, assinale a afirmativa correta.

(A) Considera-se organização criminosa a associação de 2 (duas) ou mais pessoas estruturalmente ordenada e caracterizada pela divisão de tarefas, ainda que informalmente, com objetivo de obter, direta ou indiretamente, vantagem de qualquer natureza, mediante a prática de infrações penais cujas penas máximas sejam superiores a 4 (quatro) anos, ou que sejam de caráter transnacional.

(B) Considera-se organização criminosa a associação de 2 (duas) ou mais pessoas estruturalmente ordenada e caracterizada pela divisão de tarefas, ainda que informalmente, com objetivo de obter, direta

ou indiretamente, vantagem de qualquer natureza, mediante a prática de infrações penais cujas penas máximas sejam superiores a 2 (dois) anos, ou que sejam de caráter transnacional.

(C) Considera-se organização criminosa a associação de 4 (quatro) ou mais pessoas estruturalmente ordenada e caracterizada pela divisão de tarefas, ainda que informalmente, com objetivo de obter, direta ou indiretamente, vantagem de qualquer natureza, mediante a prática de infrações penais cujas penas máximas sejam superiores a 2 (dois) anos, ou que sejam de caráter transnacional.

(D) Considera-se organização criminosa a associação de 4 (quatro) ou mais pessoas estruturalmente ordenada e caracterizada pela divisão de tarefas, ainda que informalmente, com objetivo de obter, direta ou indiretamente, vantagem de qualquer natureza, mediante a prática de infrações penais cujas penas máximas sejam superiores a 4 (quatro) anos, ou que sejam de caráter transnacional.

Está correta a assertiva "D", uma vez que corresponde à redação do art. 1º, § 1º, da Lei 12.850/2013, que contempla o atual conceito de *organização criminosa*. **ED**
Gabarito "D".

(Analista Judiciário – TJ/MT – UFMT – 2016) Sobre a interceptação telefônica, segundo a Lei nº 9.296/1996, assinale a afirmativa INCORRETA.

(A) Não será admitida interceptação telefônica quando a prova puder ser feita por outros meios disponíveis.

(B) Será admitida interceptação telefônica quando houver indícios razoáveis de autoria ou participação em infração penal.

(C) A interceptação telefônica poderá ser determinada pelo juiz, de ofício ou a requerimento da autoridade policial na investigação criminal.

(D) A interceptação telefônica poderá ser determinada pelo juiz, de ofício ou a requerimento do Ministério Público na investigação criminal.

A: correta (art. 2º, II, da Lei 9.296/1996); **B:** correta (art. 2º, I, da Lei 9.296/1996); **C:** correta (art. 3º, *caput* e I, da Lei 9.296/1996). Além disso, a interceptação também poderá ser determinada (sempre pelo magistrado) a requerimento do MP, quer durante a investigação criminal, quer no curso da ação penal (art. 3º, II, da Lei 9.296/1996); **D:** correta. Vide comentário anterior. Como se pode ver, as assertivas estão todas corretas, sendo hipótese, portanto, de anulação da questão. **ED**
Gabarito "Anulada".

(Analista – STF – 2013 – CESPE) No que se refere às condutas tipificadas como crimes em leis penais extravagantes, julgue os itens seguintes.

(1) Independentemente da pena prevista, aos crimes praticados contra a mulher em situação de violência doméstica não se aplica as disposições da Lei dos Juizados Especiais Criminais.

(2) Equipara-se à figura delitiva do tráfico ilícito de substância entorpecente a conduta daquele que oferece droga, sem objetivo de lucro, a pessoa de seu relacionamento para juntos a consumirem.

1: correta. De fato, os crimes (e também as contravenções) praticados com violência doméstica contra a mulher não se submetem à disciplina da Lei 9.099/1995, conforme estabelece o art. 41 da Lei 11.340/2006 (Maria da Penha), cuja constitucionalidade, outrora questionada, foi confirmada pelos tribunais superiores. Conferir: "Violência doméstica – Art. 41 da Lei 11.340/06 – Alcance. O preceito do artigo 41 da Lei 11.340/06 alcança toda e qualquer prática delituosa contra a mulher, até mesmo quando consubstancia contravenção penal, como é a relativa a vias de fato. Violência doméstica – Artigo 41 da Lei 11.340/06 – Afastamento da Lei 9.099/95 – Constitucionalidade. Ante a opção político-normativa prevista no art. 98, inciso I, e a proteção versada no art. 226, § 8º, ambos da Constituição Federal, surge harmônico com esta última o afastamento peremptório da Lei nº 9.099/95 – mediante o artigo 41 da Lei 11.340/2006 – no processo-crime a revelar violência contra a mulher" (HC 106212, Marco Aurélio, STF); **2:** errada. A assertiva contempla a hipótese descrita no art. 33, § 3º, da Lei 11.343/2006 (Drogas). É a chamada *cessão gratuita*, que traz os seguintes requisitos: eventualidade no oferecimento da droga; ausência de objetivo de lucro; intenção de consumir a droga em conjunto; e oferecimento da droga a pessoa do relacionamento do agente. É crime de menor potencial ofensivo. ED

Gabarito 1C, 2E

(Analista – TRF/3ª Região – 2014 – FCC) *Não se tipifica crime material contra a ordem tributária, previsto no art. 1º, incisos I a IV, da Lei 8.137/90, antes do lançamento definitivo do tributo.*

O enunciado da Súmula Vinculante 24 do STF, citado acima, mais diretamente implica que

(A) o erro sobre elemento do tipo penal exclui o dolo.

(B) reduz-se a pena quando, até o recebimento da denúncia, o agente de crime cometido sem violência ou grave ameaça reparar o dano ou restituir a coisa.

(C) a prescrição começa a correr do dia em que o crime se consumou.

(D) o erro inevitável sobre a ilicitude do fato isenta de pena.

(E) a confissão espontânea da autoria do crime atenua a pena.

Conferir: "*HABEAS CORPUS*. DELITO CONTRA A ORDEM TRIBUTÁRIA. SONEGAÇÃO FISCAL. PROCEDIMENTO ADMINISTRATIVO-TRIBUTÁRIO AINDA EM CURSO. AJUIZAMENTO PREMATURO, PELO MINISTÉRIO PÚBLICO, DA AÇÃO PENAL. IMPOSSIBILIDADE. AUSÊNCIA DE JUSTA CAUSA PARA A VÁLIDA INSTAURAÇÃO DA "PERSECUTIO CRIMINIS". INVALIDAÇÃO DO PROCESSO PENAL DE CONHECIMENTO DESDE O OFERECIMENTO DA DENÚNCIA, INCLUSIVE. PEDIDO DEFERIDO. Tratando-se dos delitos contra a ordem tributária, tipificados no art. 1º da Lei nº 8.137/90, a instauração da concernente persecução penal depende da existência de decisão definitiva, proferida em sede de procedimento administrativo, na qual se haja reconhecido a exigibilidade do crédito tributário ("an debeatur"), além de definido o respectivo valor ("quantum debeatur"), sob pena de, em inocorrendo essa condição objetiva de punibilidade, não se legitimar, por ausência de tipicidade penal, a válida formulação de denúncia pelo Ministério Público. Precedentes. - Enquanto não se constituir, definitivamente, em sede administrativa, o crédito tributário, não se terá por caracterizado, no plano da tipicidade penal, o crime contra a ordem tributária, tal como previsto no art. 1º da Lei nº 8.137/90. Em consequência, e por ainda não se achar configurada a própria criminalidade da conduta do agente, sequer é lícito cogitar-se da fluência da prescrição penal, que somente se iniciará com a consumação do delito (CP, art. 111, I). Precedentes" (HC 84092, CELSO DE MELLO, STF). ED

Gabarito "C"

15. TEMAS COMBINADOS DE DIREITO PENAL

(Analista - MPU - CESPE - 2018) Cada um dos itens a seguir apresenta uma situação hipotética seguida de uma assertiva a ser julgada, a respeito da aplicação e da interpretação da lei penal, do concurso de pessoas e da culpabilidade.

(1) Um indivíduo, penalmente imputável, em continuidade delitiva, foi flagrado por autoridade policial no decorrer da prática criminosa de furtar sinal de TV a cabo. Nessa situação, de acordo com o atual entendimento do Supremo Tribunal Federal, aplica-se a analogia ao caso concreto, no sentido de imputar ao agente a conduta típica do crime de furto de energia elétrica.

(2) Joaquim, penalmente imputável, praticou, sob absoluta e irresistível coação física, crime de extrema gravidade e hediondez. Nessa situação, Joaquim não é passível de punição, porquanto a coação física, desde que absoluta, é causa excludente da culpabilidade.

(3) João e Manoel, penalmente imputáveis, decidiram matar Francisco. Sem que um soubesse da intenção do outro, João e Manoel se posicionaram de tocaia e, concomitantemente, atiraram na direção da vítima, que veio a falecer em decorrência de um dos disparos. Não foi possível determinar de qual arma foi deflagrado o projétil que atingiu fatalmente Francisco. Nessa situação, João e Manoel responderão pelo crime de homicídio na forma tentada.

1: incorreta. Não constitui furto de energia a subtração de sinal de TV a cabo, consoante já decidido pelo Supremo Tribunal Federal. Conferir: "(...) O sinal de TV a cabo não é energia, e assim, não pode ser objeto material do delito previsto no art. 155, § 3º, do Código Penal. Daí a impossibilidade de se equiparar o desvio de sinal de TV a cabo ao delito descrito no referido dispositivo. Ademais, na esfera penal não se admite a aplicação da analogia para suprir lacunas, de modo a se criar penalidade não mencionada na lei (analogia *in malam partem*), sob pena de violação ao princípio constitucional da estrita legalidade. Precedentes. Ordem concedida" (HC 97261, Relator(a): Min. Joaquim Barbosa, Segunda Turma, julgado em 12.04.2011, *DJ*e-081 divulg 02.05.2011). Cuidado: este entendimento não é compartilhado pelo STJ, para o qual o sinal de TV a cabo pode ser equiparado a energia elétrica para o fim de incidir o art. 155, § 3º, do CP. Nesse sentido: "(...) Assim não fosse, tomando-se por base apenas os fatos relatados na inicial do *mandamus* impetrado na origem e no aresto objurgado, não se constata qualquer ilegalidade passível de ser remediada por este Sodalício, pois o sinal de TV a cabo pode ser equiparado à energia elétrica para fins de incidência do artigo 155, § 3º, do Código Penal. Doutrina. Precedentes" (RHC 30.847/RJ, Rel. Ministro Jorge Mussi, Quinta Turma, julgado em 20/08/2013, DJe 04/09/2013); **2:** incorreta. A coação física irresistível, por afetar a vontade, elimina a conduta, que é o primeiro elemento do fato típico. Portanto, se alguém for coagido fisicamente, de forma irresistível, a praticar uma infração penal, sequer terá praticado fato típico. Não se confunde a coação física irresistível com a coação moral irresistível. Esta sim afasta a culpabilidade, ante a inexigibilidade de conduta diversa, respondendo apenas o coator pela infração praticada pelo coagido (art. 22 do CP); **3:** correta. Na *autoria colateral*, os agentes, sem que um conheça a intenção do outro, dirigem sua conduta, de forma simultânea, para a prática do mesmo crime. Por inexistir liame subjetivo entre eles, não há que se falar em *coautoria* ou *participação*. Apurando-se qual dos agentes deu causa ao resultado, este será responsabilizado pelo crime consumado; o outro, pelo crime na forma tentada. Não sendo possível, na autoria colateral, identificar qual dos agentes deu causa ao resultado, estaremos diante, então, da chamada *autoria incerta* (hipótese do enunciado). Neste caso, a melhor solução recomenda que ambos respondam pelo crime na forma tentada, já que não foi possível apurar-se quem foi o responsável pelo resultado. ED

Gabarito 1E, 2E, 3C

(Analista - MPU - CESPE - 2018) Com relação aos crimes em espécie, julgue os itens que se seguem, considerando o entendimento firmado pelos tribunais superiores e a doutrina majoritária.

(1) Situação hipotética: João, penalmente imputável, dominado por violenta emoção após injusta provocação de José, ateou fogo nas vestes do provocador, que veio a falecer em decorrência das graves queimaduras sofridas. Assertiva: Nessa situação, João responderá por homicídio na forma privilegiada-qualificada, sendo possível a concorrência de circunstâncias que, ao mesmo tempo, atenuam e agravam a pena.

(2) Situação hipotética: Um indivíduo, penalmente imputável, ameaçou com arma de fogo um adolescente e subtraiu-lhe todos os pertences, incluindo-se valores e objetos pessoais. O autor foi preso logo depois, em flagrante delito, todavia, quando da abordagem policial, já não mais portava a arma utilizada no roubo. Assertiva: Nessa situação, o agente responderá pelo roubo na forma simples, sendo indispensável a apreensão da arma de fogo pela autoridade policial para a caracterização da correspondente majorante do crime.

(3) No crime de peculato, o proveito a que se refere o tipo penal pode ser tanto material quanto moral, consumando-se o delito mesmo que a vantagem auferida pelo agente não seja de natureza econômica.

(4) Nos crimes de falsidade documental, considera-se documento particular todo aquele não compreendido como público, ou a este equiparado, e que, em razão de sua natureza ou relevância, seja objeto da tutela penal — como cartão de crédito, por exemplo.

1: certa. As causas de diminuição de pena previstas no art. 121, § 1º, do CP (homicídio privilegiado), por serem de ordem *subjetiva*, ou seja, por estarem jungidas à motivação do crime, somente são compatíveis com as qualificadoras de ordem *objetiva* (aquelas não ligadas à motivação do crime). É o caso do homicídio privilegiado praticado por meio de fogo. Nesse caso, é perfeitamente possível a coexistência do privilégio contido no art. 121, § 1º, do CP com a qualificadora do art. 121, § 2º, III, do CP (meio cruel), já que esta é de ordem objetiva, isto é, não está ligada à motivação do crime, mas a sua forma de execução. É o chamado homicídio qualificado-privilegiado. Agora, se a qualificadora for de ordem *subjetiva*, como é o *motivo torpe*, não há que se falar em compatibilidade entre esta e a figura privilegiada; **2:** errada. Segundo entendimento jurisprudencial hoje prevalente, não há necessidade, à incidência da majorante prevista no art. 157, § 2º-A, I, CP, de apreensão da arma e submissão desta a exame pericial, quando a sua utilização resultar comprovada por outros meios de prova. Em outras palavras, a não apreensão da arma de fogo empregada no crime de roubo não é motivo bastante a afastar a incidência da causa de aumento do art. 157, § 2º-A, I, do CP. Conferir, nesse sentido: STJ, HC 127.661/SP, 5ª T., j. 14.05.2009, rel. Min. Laurita Vaz, *DJe* 08.06.2009; no mesmo sentido: STF, HC 125769-SP, 2ª T., 24.03.2015, rel. Dias Toffoli; **3:** certa. O proveito, no peculato, pode ser tanto material quanto moral; **4:** correta. Considera-se público o documento elaborado por funcionário público no exercício de suas funções; particular, por sua vez, é todo documento que não se encaixa no conceito de público ou público

por equiparação. O cartão de crédito/débito, embora não seja, na sua essência, documento, é equiparado, para fins penais, a documento particular (art. 298, parágrafo único, CP). ED

Gabarito 1C, 2E, 3C, 4C

(Analista Judiciário - TJ/AL - 2018 - FGV) Valter, 30 anos, foi denunciado pela prática de crime de estupro de vulnerável (Art. 217-A, § 1º do CP – pena: 8 a 15 anos de reclusão) e corrupção de menores (Art. 244-B, Lei nº 8.069/90 – pena: 1 a 4 anos de reclusão) em concurso formal de delitos, pois, segundo consta da denúncia, na companhia de seu sobrinho de 16 anos, teria praticado conjunção carnal com vítima de 22 anos que possuía deficiência mental e não podia oferecer resistência. Consta do procedimento a informação de que o adolescente responderia a outra ação socioeducativa pela suposta prática de ato infracional. Os fatos são integralmente confirmados durante a instrução, de modo que o Ministério Público requer a condenação nos termos da denúncia. A defesa, porém, requer a absolvição do crime de corrupção de menores e aplicação da pena mínima do estupro.

Considerando as informações narradas e que não há circunstância a justificar a aplicação da pena de qualquer dos crimes, em caso de condenação, acima do mínimo legal, no momento da sentença:

(A) não deverá ser reconhecida a corrupção de menores, diante do passado infracional do adolescente, afastando-se o concurso de crimes;

(B) deverá ser reconhecida a corrupção de menores, não havendo, porém, quaisquer consequências na aplicação da pena, já que o crime de estupro é mais grave;

(C) não deverá ser reconhecida a corrupção de menores, que resta configurada quando o agente pratica crime com menor de 14 anos, afastando-se o concurso de crimes;

(D) deverá ser reconhecida a corrupção de menores e, aplicando- se a pena mínima do crime de estupro de vulnerável, diante do concurso formal, deverá, no caso, ser aplicada a regra da exasperação;

(E) deverá ser reconhecida a corrupção de menores e, aplicando- se a pena mínima do crime de estupro de vulnerável, diante do concurso formal, deverá, no caso, ser aplicada a regra da cumulação de penas.

Pelo relato apresentado no enunciado, parece não haver qualquer dúvida de que tio e sobrinho cometeram o crime de estupro de vulnerável, uma vez que praticaram conjunção carnal com vítima de 22 anos que, pelo fato de ser deficiente mental, não podia oferecer resistência. A questão que aqui se coloca é saber se Valter, na hipótese narrada no enunciado, praticou o crime de corrupção de menores (art. 244-B, Lei 8.069/1990), já que, segundo consta, o adolescente responde a outra ação socioeducativa pela prática de ato infracional, o que, em princípio, o tornaria corrompido. No que concerne a este crime, delito atualmente previsto no 244-B do ECA, é prevalente o entendimento segundo o qual se trata de crime *formal*. O fato é que há, tanto na doutrina quanto na jurisprudência, duas correntes quanto ao momento consumativo do crime de corrupção de menores. Para parte da doutrina e também para o STJ, o crime em questão é *formal*, consumando-se independentemente da efetiva corrupção da vítima. Nesse sentido: "(...) A Terceira Seção do Superior Tribunal de Justiça, ao apreciar o Recurso Especial 1.127.954/ DF, representativo de controvérsia, pacificou seu entendimento no sentido de que o crime de corrupção de menores – antes previsto no art. 1º da Lei 2.252/1954, e hoje inscrito no art. 244-B do Estatuto da

Criança e do Adolescente – é delito formal, não exigindo, para sua configuração, prova de que o inimputável tenha sido corrompido, bastando que tenha participado da prática delituosa" (AgRg no REsp 1371397/DF, 6ª T., j. 04.06.2013, rel. Min. Assusete Magalhães, *DJe* 17.06.2013). Consolidando tal entendimento, o STJ editou a Súmula 500, a seguir transcrita: "A configuração do crime previsto no art. 244-B do Estatuto da Criança e do Adolescente independe da prova da efetiva corrupção do menor, por se tratar de delito formal". Uma segunda corrente sustenta que o crime do art. 244-B do ECA é *material*, sendo imprescindível, à sua consumação, a ocorrência do resultado naturalístico, isto é, a efetiva corrupção do menor. Dessa forma, forçoso concluir que Valter cometeu os crimes de estupro de vulnerável e corrupção de menores, pouco importando o fato de seu sobrinho já ostentar anotações pela prática de outros atos infracionais. A segunda questão que se coloca é quanto ao tipo de concurso formal que deve ser reconhecido. Considerando que as penas dos crimes em que incorreu Valter deverão ser aplicadas no patamar mínimo, há de incidir a regra da cumulação material das penas, tal como estabelece o art. 70, parágrafo único, do CP, e não a exasperação da pena (art. 70, *caput*, primeira parte, CP), uma vez que mais benéfico ao agente. Este é o chamado concurso formal próprio ou imperfeito, caracterizado pela presença de desígnios autônomos, as penas deverão ser somadas, adotando-se o critério do cúmulo material. Em qualquer hipótese, como se pode ver, impõe-se a somatória das penas. ED

Gabarito "E".

(Analista Judiciário – TRT/8ª – 2016 – CESPE) Assinale a opção correta, considerando a lei e a jurisprudência dos tribunais superiores.

(A) A conduta de vender ou expor à venda CDs ou DVDs contendo gravações de músicas, filmes ou shows não configura crime de violação de direito autoral, por ser prática amplamente tolerada e estimulada pela procura dos consumidores desses produtos.

(B) Na aplicação dos princípios da insignificância e da lesividade, as condutas que produzam um grau mínimo de resultado lesivo devem ser desconsideradas como delitos e, portanto, não enseja a aplicação de sanções penais aos seus agentes.

(C) O uso de revólver de brinquedo no crime de roubo justifica a incidência da majorante prevista no Código Penal, por intimidar a vítima e desestimular sua reação.

(D) A idade da vítima é um dado irrelevante na dosimetria da pena do crime de homicídio doloso.

(E) Para a configuração dos crimes contra a honra, exige-se somente o dolo genérico, desconsiderando-se a existência de intenção, por parte do agente, de ofender a honra da vítima.

A: incorreta. Segundo enuncia o princípio da *adequação social,* não se pode reputar criminosa a conduta tolerada pela sociedade, ainda que corresponda a uma descrição típica. É dizer, embora formalmente típica, porque subsumida num tipo penal, carece de tipicidade material, porquanto em sintonia com a realidade social em vigor. A aplicação deste postulado no contexto da conduta descrita encontra-se rechaçada pelo STJ, quando da edição da Súmula 502: "Presentes a materialidade e a autoria, afigura-se típica, em relação ao crime previsto no art. 184, § 2º, do CP, a conduta de expor à venda CDs e DVDs piratas". **B:** correta, de acordo com a organizadora. Segundo pensamos, a assertiva contempla tão somente um dos vetores cuja existência é necessária ao reconhecimento do princípio da insignificância. Com efeito, segundo entendimento consolidado no STF, a incidência do princípio da insignificância está condicionada ao reconhecimento

conjugado dos seguintes vetores: i) mínima ofensividade da conduta do agente; ii) nenhuma periculosidade social da ação; iii) reduzido grau de reprovabilidade do comportamento; iv) inexpressividade da lesão jurídica provocada; **C:** incorreta. Hodiernamente, é tranquilo o entendimento dos tribunais superiores no sentido de que o emprego de arma de brinquedo, no contexto do crime de roubo, não autoriza o reconhecimento da causa de aumento prevista no art. 157, § 2º, I, do CP. Lembremos que a Súmula 174 do STJ, que consolidava o entendimento pela incidência da majorante em casos assim, foi cancelada em 24 de outubro de 2001, apontando, portanto, mudança de posicionamento; **D:** incorreta, pois contraria o disposto no art. 121, § 4º, 2ª parte, do CP: "(...) sendo doloso o homicídio, a pena é aumentada de 1/3 (um terço) se o crime é praticado contra pessoa menor de 14 (quatorze) ou maior de 60 (sessenta) anos"; **E:** incorreta. Embora não haja consenso acerca deste tema, é fato que, para a maior parte da doutrina e da jurisprudência, exige-se, à configuração dos crimes contra a honra, a presença do elemento subjetivo do tipo específico, que é o dolo específico de ofender a honra da vítima. Conferir a lição de Guilherme de Souza Nucci, ao tratar do elemento subjetivo do tipo no contexto dos crimes de calúnia, difamação e injúria: "(...) pune-se o crime quando o agente agir dolosamente. Não há a forma culposa. Entretanto, exige-se, majoritariamente (doutrina e jurisprudência), o elemento subjetivo do tipo específico, que é a especial intenção de ofender, magoar, macular a honra alheia. Este elemento intencional está implícito no tipo" (*Código Penal Comentado*, 13ª ed. São Paulo: RT, 2013. p. 716). ED

Gabarito "B".

(Analista Judiciário – TRT/8ª – 2016 – CESPE) No tocante à interpretação dos crimes de perigo abstrato e dos crimes contra a organização do trabalho, contra a administração pública e contra a dignidade sexual, consoante a jurisprudência dos tribunais superiores, assinale a opção correta.

(A) Por se tratar de delito de perigo abstrato, o abandono de incapaz dispensa a prova do efetivo risco de dano à saúde da vítima.

(B) O crime de porte ilegal de arma de fogo, classificado como delito de perigo abstrato, não dispensa a prova pericial para estabelecer a sua eficiência na realização de disparos, necessária para demonstrar o risco potencial à incolumidade física das pessoas.

(C) O agente que não é funcionário público não pode figurar como sujeito ativo do crime de peculato.

(D) No crime de aliciamento para o fim de emigração, pune-se a conduta de recrutar trabalhadores, mediante fraude, com o fim de levá-los para território estrangeiro, como forma de se garantir a proteção à organização do trabalho.

(E) Para a caracterização do crime de concussão, a conduta do servidor público deve consistir na exigência de vantagem indevida, necessariamente em dinheiro, para si ou para outrem, em razão da função que o servidor exerce.

A: incorreta. O crime do art. 133 do CP (abandono de incapaz) é, ao contrário do afirmado, de perigo *concreto*, em que se exige a efetiva demonstração de que a vítima foi exposta a situação de risco; **B:** incorreta. Nesse sentido, conferir: "(...) O crime de porte ilegal de arma de fogo é de perigo abstrato, sendo prescindíveis, para o reconhecimento da materialidade delitiva, a realização de perícia para atestar a potencialidade lesiva do artefato ou a constatação de seu efetivo municiamento" (STJ, REsp 1511416/RS, Rel. Ministro ROGERIO SCHIETTI CRUZ, SEXTA TURMA, julgado em 03.05.2016, *DJe* 12.05.2016). Na mesma ótica: "(...) Consoante a jurisprudência desta Terceira Seção, consolidada no julgamento do EResp n. 1.005.300/RS, tratando-se de crime de perigo abstrato, é prescindível a realização de laudo pericial para atestar a potencialidade da arma apreendida e, por conseguinte, caracterizar o crime de porte ilegal de arma de fogo" (STJ, HC 268.658/RS, Rel. Ministro NEFI CORDEIRO, SEXTA TURMA, julgado em 12.04.2016, *DJe* 22.04.2016); **C:** incorreta. É certo que o crime de peculato (art. 312, CP), por ser próprio, somente pode ser praticado pelo funcionário público. Entretanto, nada obsta que o particular figure como sujeito ativo deste crime, desde que pratique qualquer das ações descritas no tipo em coautoria ou participação com o *intraneus*; **D:** correta. A assertiva corresponde à descrição típica do crime do art. 206 do CP, que integra o Título IV (Crimes contra a Organização do Trabalho); **E:** incorreta. Isso porque a vantagem indevida, no crime de concussão, não se restringe a dinheiro. Há autores (Damásio de Jesus, Nelson Hungria e Magalhães Noronha) que entendem que a vantagem, neste caso, deve ter natureza patrimonial (aqui incluído o dinheiro); para outros (Guilherme de Souza Nucci e Julio Fabbrini Mirabete, entre outros), a vantagem indevida pode ser de qualquer espécie, não só de conotação patrimonial. Por exemplo: favor sexual. **ED**

Gabarito "D".

(Analista Judiciário –TRE/PI – 2016 – CESPE) Acerca dos crimes em espécie, assinale a opção correta.

(A) Em se tratando de crime ambiental, não se admite a incidência do princípio da insignificância.

(B) A apreensão de arma de fogo na posse do autor dias após o cometimento de crime de roubo não constitui crime autônomo, sendo fato impunível.

(C) A nulidade do exame pericial na arma de fogo descaracteriza o crime de porte ilegal, mesmo diante de conjunto probatório idôneo, conforme entendimento do Supremo Tribunal Federal.

(D) O particular não pode responder pela prática do crime de abuso de autoridade, nem mesmo como partícipe.

(E) Conforme o entendimento do Supremo Tribunal Federal, é possível a condenação de pessoa jurídica pela prática de crime ambiental, mesmo que absolvidas as pessoas físicas ocupantes de cargos de presidência ou direção.

A: incorreta. Tanto o STF quanto o STJ acolhem a possibilidade de incidência do princípio da insignificância no contexto dos crimes ambientais. Conferir: "AÇÃO PENAL. Crime ambiental. Pescador flagrado com doze camarões e rede de pesca, em desacordo com a Portaria 84/02, do IBAMA. Art. 34, parágrafo único, II, da Lei nº 9.605/98. *Rei furtivae* de valor insignificante. Periculosidade não considerável do agente. Crime de bagatela. Caracterização. Aplicação do princípio da insignificância. Atipicidade reconhecida. Absolvição decretada. HC concedido para esse fim. Voto vencido. Verificada a objetiva insignificância jurídica do ato tido por delituoso, à luz das suas circunstâncias, deve o réu, em recurso ou *habeas corpus*, ser absolvido por atipicidade do comportamento" (STF, HC 112563, Relator(a): Min. RICARDO LEWANDOWSKI, Relator(a) p/ Acórdão: Min. CEZAR PELUSO, Segunda Turma, julgado em 21.08.2012); **B:** incorreta. Nesse sentido: "(...) 1. Caso no qual o acusado foi preso portando ilegalmente arma de fogo, usada também em crime de roubo três dias antes. Condutas autônomas, com violação de diferentes bens jurídicos em cada uma delas. 2. Inocorrente o esgotamento do dano social no crime de roubo, ante a violação posterior da incolumidade pública pelo porte ilegal de arma de fogo, não há falar em aplicação do princípio da consunção. 3. Recurso desprovido" (RHC 106067, Relator(a): Min. ROSA WEBER, Primeira Turma, julgado em 26.06.2012); **C:** incorreta. Conferir: "*Habeas corpus*. Posse ilegal de arma de fogo. Verificação de nulidade de exame pericial inviável na via do *habeas corpus*. Impossibilidade de dilação probatória. Eventual nulidade do exame pericial na arma

de fogo não descaracteriza o delito previsto no art. 14, *caput*, da Lei nº 10.826/03. Precedentes. 1. A alegada nulidade do exame pericial, em virtude de ter sido realizado por policiais que atuaram nos autos do inquérito e sem a qualificação necessária à realização de tais exames, em total desacordo com a regra prevista no art. 159, § 1º, do Código de Processo Penal, não pode ser verificada na via estreita do *habeas corpus*, pois essa análise demandaria reexame do conjunto probatório. 2. Eventual nulidade do exame pericial na arma de fogo não descaracteriza o delito previsto no art. 14, *caput*, da Lei nº 10.826/03 quando existir um conjunto probatório que permita ao julgador formar convicção no sentido da existência do crime imputado ao paciente, bem como da autoria do fato. 3. *Habeas corpus* denegado" (HC 96921, Relator(a): Min. MARCO AURÉLIO, Relator(a) p/ Acórdão: Min. DIAS TOFFOLI, Primeira Turma, julgado em 14.09.2010); **D:** incorreta. Tal como se dá no contexto dos crimes praticados por funcionário público previstos no Código Penal, os crimes de abuso de autoridade admitem, sim, que o particular figure como sujeito ativo (coautor ou partícipe), desde que em concurso com o *intraneus* (art. 30, CP); **E:** correta. No STF: "1. O art. 225, § 3º, da Constituição Federal não condiciona a responsabilização penal da pessoa jurídica por crimes ambientais à simultânea persecução penal da pessoa física em tese responsável no âmbito da empresa. A norma constitucional não impõe a necessária dupla imputação. 2. As organizações corporativas complexas da atualidade se caracterizam pela descentralização e distribuição de atribuições e responsabilidades, sendo inerentes, a esta realidade, as dificuldades para imputar o fato ilícito a uma pessoa concreta. 3. Condicionar a aplicação do art. 225, §3º, da Carta Política a uma concreta imputação também à pessoa física implica indevida restrição da norma constitucional, expressa a intenção do constituinte originário não apenas de ampliar o alcance das sanções penais, mas também de evitar a impunidade pelos crimes ambientais frente às imensas dificuldades de individualização dos responsáveis internamente às corporações, além de reforçar a tutela do bem jurídico ambiental. 4. A identificação dos setores e agentes internos da empresa determinantes da produção do fato ilícito tem relevância e deve ser buscada no caso concreto como forma de esclarecer se esses indivíduos ou órgãos atuaram ou deliberaram no exercício regular de suas atribuições internas à sociedade, e ainda para verificar se a atuação se deu no interesse ou em benefício da entidade coletiva. Tal esclarecimento, relevante para fins de imputar determinado delito à pessoa jurídica, não se confunde, todavia, com subordinar a responsabilização da pessoa jurídica à responsabilização conjunta e cumulativa das pessoas físicas envolvidas. Em não raras oportunidades, as responsabilidades internas pelo fato estarão diluídas ou parcializadas de tal modo que não permitirão a imputação de responsabilidade penal individual. 5. Recurso Extraordinário parcialmente conhecido e, na parte conhecida, provido" (RE 548181, Relator(a): Min. ROSA WEBER, Primeira Turma, julgado em 06/08/2013, ACÓRDÃO ELETRÔNICO DJe-213 DIVULG 29-10-2014 PUBLIC 30-10-2014). Na mesma esteira, o STJ: "1. Conforme orientação da 1ª Turma do STF, "O art. 225, § 3º, da Constituição Federal não condiciona a responsabilização penal da pessoa jurídica por crimes ambientais à simultânea persecução penal da pessoa física em tese responsável no âmbito da empresa. A norma constitucional não impõe a necessária dupla imputação." (RE 548181, Relatora Min. ROSA WEBER, Primeira Turma, julgado em 06.08.2013, acórdão eletrônico *DJe*-213, divulg. 29/10/2014, public. 30.10.2014). 2. Tem-se, assim, que é possível a responsabilização penal da pessoa jurídica por delitos ambientais independentemente da responsabilização concomitante da pessoa física que agia em seu nome. Precedentes desta Corte. 3. A personalidade fictícia atribuída à pessoa jurídica não pode servir de artifício para a prática de condutas espúrias por parte das pessoas naturais responsáveis pela sua condução. 4. Recurso ordinário a que se nega provimento" (RMS 39.173/BA, Rel. Ministro REYNALDO SOARES DA FONSECA, QUINTA TURMA, julgado em 06.08.2015, *DJe* 13.08.2015).**ED**

Gabarito "E".

(Analista – STF – 2013 – CESPE) Julgue os itens subsecutivos, a respeito dos crimes previstos na Parte Especial do Código Penal.

(1) Considere que José, penalmente imputável, tenha fornecido abrigo para que o seu irmão Alfredo, autor de crime de homicídio, se escondesse e evitasse a ação da autoridade policial. Nessa situação, a conduta de José é isenta de pena em face de seu parentesco com Alfredo.

(2) Considere que Armando, penalmente imputável, no dia 25/3/2013, mediante grave ameaça, tenha constrangido Maria, de dezesseis anos de idade, à prática de conjunção carnal e ato libidinoso diverso, no mesmo cenário fático. Nessa situação, Armando responderá por dois delitos – estupro e atentado violento ao pudor – em concurso material, devendo ser condenado a pena equivalente à soma das sanções previstas para cada um desses crimes.

1: correta. À primeira vista, a conduta levada a efeito por José se enquadra no tipo penal do art. 348 do CP, que define o crime de *favorecimento pessoal*, já que este forneceu abrigo ao seu irmão, Alfredo, autor de crime de homicídio, com o fim de homiziá-lo e, dessa forma, evitar a ação da autoridade policial. Sucede que, em razão do grau de parentesco existente entre os dois (são irmãos), configurada está a causa de isenção de pena (escusa absolutória) presente no art. 348, § 2º, do CP; assim, nenhuma responsabilidade penal recairá sobre José; **2**: incorreta. Os tribunais, até a edição da Lei 12.015/2009, tinham como consolidado o entendimento segundo o qual, quando o *atentado violento ao pudor* não constituísse meio natural para a prática do *estupro*, caracterizado estaria o concurso material de crimes: STJ, HC 102.362-SP, 5ª T., Rel. Min. Felix Fischer, j. 18.11.2008. Com a Lei 12.015/2009, que promoveu uma série de mudanças na disciplina dos crimes sexuais, o estupro – art. 213 do CP –, que incriminava tão somente a conjunção carnal realizada com mulher, mediante violência ou grave ameaça, passou a incorporar, também, a conduta antes contida no art. 214 do CP – dispositivo hoje revogado (art. 7º da Lei 12.015/2009). Dito de outro modo, constitui estupro, na sua nova forma, toda modalidade de violência sexual levada a efeito para qualquer fim libidinoso, incluída, por óbvio, a conjunção carnal. Dessa forma, o crime do art. 213 do CP, com a mudança implementada pela Lei 12.015/2009, passou a comportar, além da conduta consubstanciada na conjunção carnal violenta, contra homem ou mulher, também o comportamento consistente em obrigar alguém a praticar ou permitir que com o sujeito ativo se pratique outro ato libidinoso que não a conjunção carnal. Criou-se, assim, um tipo misto alternativo, razão pela qual a prática, por exemplo, de *sexo oral* e *conjunção carnal* no mesmo contexto fático implica o cometimento de crime único. Incide, no caso, o *princípio da alternatividade*. Nesse sentido, o seguinte julgado do STJ: "Com a superveniência da Lei 12.015/2009, a conduta do crime de atentado violento ao pudor, anteriormente prevista no art. 214 do Código Penal, foi inserida naquela no art. 213, constituindo, assim, quando praticadas contra a mesma vítima e num mesmo contexto fático, crime único de estupro" (AgRg no REsp 1127455-AC, 6ª T., rel. Min. Sebastião Reis Júnior, 28.08.2012). **ED**

Gabarito 1C, 2E

(Analista – TRE/GO – 2015 – CESPE) No que concerne à lei penal no tempo, tentativa, crimes omissivos, arrependimento posterior e crime impossível, julgue os itens a seguir.

(1) Configura-se tentativa incruenta no caso de o agente não conseguir atingir a pessoa ou a coisa contra a qual deveria recair sua conduta.

(2) A mãe que, apressada para fazer compras, esquecer o filho recém-nascido dentro de um veículo responderá pela prática de homicídio doloso no caso de o bebê morrer por sufocamento dentro do veículo fechado,

uma vez que ela, na qualidade de agente garantidora, possui a obrigação legal de cuidado, proteção e vigilância da criança.

(3) De acordo com a teoria subjetiva, aquele que se utilizar de uma arma de brinquedo para ceifar a vida de outrem mediante disparos, não logrando êxito em seu desiderato, responderá pelo delito de tentativa de homicídio.

(4) A revogação expressa de um tipo penal incriminador conduz a *abolitio criminis*, ainda que seus elementos passem a integrar outro tipo penal, criado pela norma revogadora.

1: correta. Denomina-se tentativa incruenta (ou branca) aquela segundo a qual o agente, iniciada a execução do crime, não consegue alcançar a consumação por circunstâncias alheias à sua vontade, sequer conseguindo atingir a pessoa ou a coisa contra a qual deveria recair sua conduta. Contrapõe-se à tentativa cruenta (ou vermelha), assim considerada quando o agente, embora consiga atingir a pessoa ou coisa sobre a qual deveria recair sua conduta, não alcança a consumação por circunstâncias alheias à sua vontade. Em suma, em qualquer uma delas, o agente não consegue alcançar a consumação. A distinção reside no fato de a pessoa ou coisa sobre a qual recai a conduta do agente ser atingida (tentativa cruenta ou vermelha) ou não (tentativa incruenta ou branca); **2**: errada. O fato de a mãe esquecer seu filho recém-nascido dentro de um veículo fechado, que vem a morrer por sufocamento, caracteriza homicídio culposo. A culpa decorre, no caso apresentado, da pressa da mãe, que, negligente, foi às compras e esqueceu o filho no carro. Na espécie, não estamos diante de um crime omissivo impróprio (ou comissivo por omissão), no qual se aplica o disposto no art. 13, § 2º, do CP, que pressupõe o agente, podendo e devendo agir para impedir o resultado, nada faz, decorrendo de sua omissão o resultado querido ou previsível; **3**: correta. De acordo com a teoria subjetiva, aplicável ao crime impossível (art. 17 do CP), leva-se em consideração a intenção do agente, materializada por sua conduta, não importando se os meios por ele empregados ou o objeto do crime tinham idoneidade ou não para a produção de determinado resultado. Assim, no caso apresentado na assertiva, se o agente quiser matar a vítima com uma arma de brinquedo, ainda que esta seja absolutamente inidônea para o alcance do resultado almejado, responderá por tentativa de homicídio. Para a teoria subjetiva, o que se leva em consideração, repita-se, é a vontade do agente, que responderá, em qualquer caso, por tentativa. Frise-se que nosso CP adotou a teoria objetiva temperada (ou intermediária), segundo a qual o crime impossível somente se caracterizará se o meio empregado ou o objeto material do crime forem absolutamente inidôneos para produzir o resultado almejado, caso em que nem mesmo a tentativa estará caracterizada. Daí falar-se, também, em tentativa impossível (ou tentativa inidônea, tentativa inadequada ou quase crime); **4**: errada. A mera revogação de um tipo penal (denominada de revogação formal) não produz *abolitio criminis*, sendo indispensável que o comportamento criminoso nele veiculado também seja revogado (revogação material). Exemplo de inocorrência de *abolitio criminis* se deu com o crime de atentado violento ao pudor. A Lei 12.015/2009 revogou expressamente o art. 214 do CP. Todavia, o comportamento criminoso veiculado em referido tipo penal foi "transferido" para o art. 213 do CP (estupro). Portanto, embora com outro nome (atualmente, estupro), o "antigo" atentado violento ao pudor continua a existir. Ocorreu, aqui, o fenômeno denominado continuidade normativo-típica. **AT**

Gabarito 1C, 2E, 3C, 4E

(Analista – TRE/GO – 2015 – CESPE) Julgue os itens seguintes, a respeito de concurso de pessoas, tipicidade, ilicitude, culpabilidade e fixação da pena.

(1) É possível que réu primário portador de circunstâncias judiciais desfavoráveis condenado à pena de quatro anos de reclusão inicie o cumprimento da reprimenda em regime semiaberto.

(2) Caso um indivíduo obtenha de um amigo, por empréstimo, uma arma de fogo, dando-lhe ciência de sua intenção de utilizá-la para matar outrem, o amigo que emprestar a arma será considerado partícipe do homicídio se o referido indivíduo cometer o crime pretendido, ainda que este não utilize tal arma para fazê-lo e que o amigo não o estimule a praticá-lo.

(3) Aquele que for fisicamente coagido, de forma irresistível, a praticar uma infração penal cometerá fato típico e ilícito, porém não culpável.

1: correta. As circunstâncias judiciais previstas no art. 59 do CP devem ser levadas em consideração para a fixação do regime inicial de cumprimento de pena (art. 33, § 3º, do CP). Assim, nada obstante a aplicação de uma pena de quatro anos de reclusão enseje a fixação de regime inicial aberto (art. 33, § 2º, "c", do CP), desde que o réu seja primário, a existência de circunstâncias judiciais desfavoráveis poderá autorizar a escolha de regime inicial mais gravoso (no caso, semiaberto). Tal decorre, inclusive, da Súmula 719 do STF, segundo a qual a imposição de regime mais severo do que a pena aplicada permitir exige motivação idônea; **2:** errada. O concurso de pessoas exige a conjugação de alguns requisitos (cumulativos), quais sejam: a) pluralidade de agentes (mínimo de duas pessoas); b) unidade de infração penal (todos os agentes devem concorrer para uma mesma infração penal); c) liame subjetivo ou vínculo psicológico (todos os agentes devem ter o mesmo propósito, aderindo uns à vontade dos outros); e d) relevância causal (o comportamento de cada um dos agentes deve ser relevante para a produção do resultado). No caso relatado na assertiva, ainda que o agente que emprestou a arma ao amigo estivesse ciente da intenção deste de utilizá-la para matar alguém, não tendo ela sido utilizada para o homicídio, e não tendo o executor material do crime sido instigado a cometê-lo, inexistirá a relevância causal, necessária ao reconhecimento do concurso de pessoas. Assim, aquele que emprestou a arma não poderá ser considerado partícipe, cujo comportamento acessório pressupõe o induzimento (criação de ideia criminosa inexistente na mente do agente), a instigação (reforço de ideia criminosa já existente na mente do agente) ou o auxílio (ajuda material para a prática do crime); **3:** errada. A coação física irresistível, por afetar a vontade, elimina a conduta, que é o primeiro elemento do fato típico. Portanto, se alguém for coagido fisicamente, de forma irresistível, a praticar uma infração penal, sequer terá praticado fato típico. Não se confunde a coação física irresistível com a coação moral irresistível. Esta sim afasta a culpabilidade, ante a inexigibilidade de conduta diversa, respondendo apenas o coator pela infração praticada pelo coagido (art. 22 do CP). **AT**

Gabarito 1C, 2E, 3E

(Analista – TRE/GO – 2015 – CESPE) No que se refere aos crimes contra o patrimônio, contra a dignidade sexual e contra a fé e a administração públicas, julgue os itens que se seguem.

(1) Cometerá o crime de extorsão o servidor público que, em razão do cargo e mediante grave ameaça, exigir para si vantagem econômica.

(2) Praticará o crime de estelionato aquele que obtiver para si vantagem ilícita, em prejuízo de incapaz, mantendo-o em erro, mediante fraude.

(3) Cometerá o crime de estupro a mulher que constranger homem, mediante grave ameaça, a com ela praticar conjunção carnal.

(4) Cometerá o delito de falsidade ideológica o médico que emitir atestado declarando, falsamente, que determinado paciente está acometido por enfermidade.

1: correta. De fato, se um servidor público, ainda que em razão do cargo, exige para si vantagem econômica, empregando grave ameaça,

responderá pelo crime de extorsão (art. 158 do CP), e não por concussão (art. 316 do CP). Nesta, o funcionário público, valendo-se de sua condição, exige, para si ou para outrem, vantagem indevida, impondo à vítima, ainda que de forma velada, um temor decorrente da própria autoridade que possui (*metus publicae potestatis*); **2:** errada. Cometerá o crime de abuso de incapazes (art. 173 do CP) aquele que abusar, em proveito próprio ou alheio, de necessidade, paixão ou inexperiência de menor, ou da alienação ou debilidade mental de outrem, induzindo qualquer deles à prática de ato suscetível de produzir efeito jurídico, em prejuízo próprio ou de terceiro; **3:** correta. À luz da nova redação dada ao art. 213 do CP pela Lei 12.015/2009, pratica estupro qualquer pessoa (homem ou mulher) que constranger alguém, mediante violência ou grave ameaça, a ter conjunção carnal, ou a praticar ou permitir que com ele se pratique outro ato libidinoso. Assim, se uma mulher, mediante grave ameaça, obrigar um homem a com ela praticar conjunção carnal (coito vaginal), terá praticado estupro; **4:** errada. Dar o médico, no exercício de sua profissão, atestado falso, caracteriza o crime do art. 302 do CP. Muito embora esse comportamento caracterize verdadeira falsidade ideológica, cuidou o legislador de criar um crime específico para o médico. **AT**

Gabarito 1C, 2E, 3C, 4E

(Analista – TRE/MT – 2010 – CESPE) Quanto à parte geral do Código Penal, assinale a opção correta.

(A) A ineficácia do meio e a impropriedade do objeto, sejam tais circunstâncias relativas ou absolutas, configuram crime impossível e, portanto, tornam impunível a tentativa.

(B) Pode alegar estado de necessidade quem tem o dever legal de enfrentar o perigo, desde que demonstre que praticou o fato para salvar de perigo atual direito próprio cujo sacrifício, nas circunstâncias, não era razoável exigir-se.

(C) O ajuste, a determinação ou a instigação e o auxílio, salvo disposição expressa em contrário, não são puníveis, se o crime não chega, pelo menos, a ser tentado.

(D) É isento de pena o agente que, por embriaguez completa, proveniente de caso fortuito ou força maior, era, ao tempo da ação ou da omissão, inteira ou parcialmente incapaz de entender o caráter ilícito do fato ou de se determinar de acordo com esse entendimento.

(E) As circunstâncias e as condições de caráter pessoal não se comunicam ao corréu quando forem elementares do crime.

A: incorreta, na medida em que, por imposição do art. 17 do CP, a ineficácia do meio e a impropriedade do objeto devem ser, para configurar o crime impossível, *absolutas*. Porque, se relativas forem, o crime pode, em princípio, chegar à consumação; **B:** incorreta, pois aquele a quem incumbe o dever legal de enfrentar o perigo não pode invocar a excludente do estado de necessidade. É o teor do art. 24, § 1º, do CP; **C:** correta, pois em consonância com a redação do art. 31 do CP; **D:** incorreta, dado que o art. 28, § 1º, do CP somente contempla a *incapacidade total* como resultado da embriaguez completa decorrente de caso fortuito ou força maior; se se tratar de incapacidade parcial, o agente não fará jus à isenção de pena; **E:** incorreta, visto que a assertiva não corresponde ao que preleciona o art. 30 do CP. **ED**

Gabarito "C"

(Analista – TRE/MT – 2010 – CESPE) Acerca da parte geral do direito penal, assinale a opção correta.

(A) A lei excepcional ou temporária aplica-se aos fatos praticados durante a sua vigência, salvo quando decorrido o período de sua duração ou cessadas as circunstâncias que a determinaram.

(B) Com relação ao lugar do crime, aplica-se a teoria da atividade, considerando-se praticado o crime no lugar em que ocorreu a ação ou omissão, não onde se produziu ou deveria se produzir o resultado.

(C) A superveniência de causa relativamente independente exclui a imputação quando, por si só, produziu o resultado; os fatos anteriores, entretanto, imputam-se a quem os praticou.

(D) Presentes os pressupostos legais da configuração do arrependimento eficaz, o efeito será a redução da pena de um terço a dois terços.

(E) O Código Penal, em sua parte geral, estabelece, como regra, a possibilidade de o sujeito ativo do crime responder por crime culposo quando a lei não prevê a punição a título doloso, sem necessidade de previsão expressa do tipo culposo na parte especial.

A: incorreta, pois as leis de vigência temporária (leis temporárias e leis excepcionais) são ultra-ativas. Significa, portanto, dizer que tudo o que ocorrer na vigência de uma lei temporária ou excepcional será por ela regido, ainda que a sua vigência tenha cessado. É o que impõe o art. 3º do CP; **B:** incorreta, pois, no que pertine ao *local do crime*, o Código Penal acolheu, em seu art. 6º, a teoria *mista* ou da *ubiquidade*, segundo a qual é considerado local do crime tanto o da conduta quanto o do resultado; **C:** correta (art. 13, § 1º, do CP); **D:** incorreta, visto que, preenchidos os requisitos contidos no art. 15, segunda parte, do CP, o agente responderá tão somente pelos atos praticados. O *arrependimento eficaz* tem natureza jurídica de *excludente de tipicidade*, o que também se aplica à *desistência voluntária* – art. 15, primeira parte, do CP; **E:** incorreta. O art. 18, parágrafo único, do CP estabelece a chamada *excepcionalidade do crime culposo*. A prática de crime culposo somente poderá ser atribuída ao agente se houver previsão nesse sentido. **ED**
Gabarito "C".

(Analista – TRE/MT – 2010 – CESPE) Com relação à parte geral do Código Penal, assinale a opção correta.

(A) Se o fato é cometido em estrita obediência à ordem, não manifestamente ilegal, de superior hierárquico, são puníveis o autor da ordem e o agente que agiu em obediência hierárquica, havendo, em relação a este, causa de redução da pena.

(B) Agindo o sujeito ativo em legítima defesa, havendo excesso em sua conduta, ele somente responderá pelo excesso se o praticar de forma dolosa, não havendo a previsão de responsabilidade pelo excesso culposo.

(C) Em caso de concurso de crimes, a aplicação da pena de multa seguirá a regra de aplicação da pena privativa de liberdade, procedendo-se ao cúmulo material ou à aplicação de pena mais grave, quando idênticas.

(D) A reincidência em crime culposo não impede a aplicação da suspensão da pena, desde que presentes os demais requisitos legais.

A: incorreta. Neste caso, pune-se tão somente o autor da ordem – art. 22 do CP (opera-se, em relação ao subordinado, a exclusão da culpabilidade); se a ordem, no entanto, for manifestamente ilegal, responderão pelo crime o seu autor e o agente que agiu em obediência hierárquica; **B:** incorreta, pois o excesso, nas excludentes de ilicitude, pode ser doloso ou culposo, conforme dispõe o art. 23, parágrafo único, do CP; **C:** incorreta (art. 72 do CP); **D:** assertiva correta, já que somente a reincidência em crime doloso obsta a concessão do *sursis*, segundo estabelece o art. 77, I, do CP. **ED**
Gabarito "D".

(Analista – TJ/CE – 2013 – CESPE) Acerca do arrependimento posterior, da culpa, dos crimes qualificados pelo resultado, das excludentes de ilicitude e das excludentes de culpabilidade, assinale a opção correta.

(A) Todo crime qualificado pelo resultado é um crime preterdoloso.

(B) A coação física irresistível é capaz de excluir a culpabilidade pelo cometimento de um crime.

(C) Para a doutrina majoritária, aquele que, para salvar-se de perigo iminente, sacrifica direito de outrem não atua em estado de necessidade.

(D) O instituto do arrependimento posterior pode ser aplicado ao crime de lesão corporal culposa.

(E) O direito penal admite a compensação de culpas.

A: incorreta. Isso porque nem todo *crime qualificado pelo resultado* pode ser considerado *preterdoloso*; mas todo *delito preterdoloso* é *qualificado pelo resultado*, já que se trata de uma de suas espécies. Em outras palavras, *crime preterdoloso* é espécie do gênero *crime qualificado pelo resultado*. Considera-se *preterdoloso* o crime em que o agente, agindo com dolo na conduta antecedente, vai além e acaba por produzir um resultado agravador não desejado (culpa no consequente). Além do delito *preterdoloso*, o crime qualificado pelo resultado pode resultar de outras situações, a saber: dolo na conduta antecedente e dolo na conduta consequente; conduta antecedente culposa e resultado agravador doloso; e conduta antecedente culposa e consequente também culposo; **B:** incorreta. A coação física irresistível (*vis absoluta*), a que faz menção esta alternativa, porque afeta a voluntariedade do comportamento humano, afasta a conduta e, por conseguinte, o próprio fato típico. Não há crime. A coação moral irresistível (*vis compulsiva*), por sua vez, afasta a culpabilidade por inexigibilidade de conduta diversa, mantendo íntegros, porém, o fato típico e a ilicitude; **C:** incorreta. Conquanto o art. 24 do CP somente contemple, como requisito necessário ao reconhecimento da excludente do estado de necessidade, o perigo *atual*, é certo que na doutrina prevalece o entendimento segundo o qual o perigo *iminente* (aquele que está prestes a ocorrer) é também apto a configurar esta excludente de antijuridicidade; **D:** correta, na medida em que se admite, sim, a incidência do arrependimento posterior (art. 16, CP) diante da prática de crimes culposos, como é o caso da lesão corporal culposa; **E:** incorreta. É consolidado na doutrina o entendimento segundo o qual inexiste, no direito penal, compensação de culpas, isto é, uma conduta culposa não anula a outra. **ED**
Gabarito "D".

(Analista – TJ/CE – 2013 – CESPE) Com relação ao excesso punível, aos crimes contra a dignidade sexual, aos crimes contra o sentimento religioso e o respeito aos mortos, aos crimes contra a família e aos crimes contra a administração pública, assinale a opção correta.

(A) No crime de bigamia, a data do fato constitui o termo inicial do prazo prescricional.

(B) Comete o crime de concussão o empregado de empresa pública que, utilizando-se de grave ameaça, exige para si vantagem econômica.

(C) Ao contrário do que ocorria com a Parte Geral do Código Penal de 1940, o Código Penal atual não prevê, expressamente, a aplicabilidade das regras de excesso punível às quatro causas de exclusão de ilicitude.

(D) No estupro de vulnerável, a presunção de violência é absoluta, segundo a jurisprudência do STJ, sendo irrelevante a aquiescência do menor ou mesmo o fato de já ter mantido relações sexuais anteriormente.

(E) As cinzas humanas não podem ser objeto material do crime de vilipêndio a cadáver.

A: incorreta, já que, por expressa disposição do art. 111, IV, do CP, o termo inicial do lapso prescricional corresponde, no crime de bigamia, à data em que o fato se tornou conhecido; **B:** incorreta, pois a configuração do crime de concussão (art. 316, CP) pressupõe que o funcionário se valha, para o seu cometimento, de sua função para alcançar a vantagem indevida; **C:** incorreta. É claro o art. 23, parágrafo único, do CP ao estabelecer, quando se refere às causas de exclusão da ilicitude, que "o agente, em qualquer das hipóteses deste artigo, responderá pelo excesso doloso ou culposo"; **D:** correta. Nessa perspectiva, conferir: "Penal e processo penal. Agravo regimental no agravo em recurso especial. Estupro de vulnerável. Presunção de violência. Continuidade delitiva. Percentual máximo de aumento proporcional ao número de infrações. Acórdão estadual em harmonia com a jurisprudência desta corte superior. Agravo desprovido. A jurisprudência deste Tribunal é firme no sentido de "a presunção de violência nos crimes contra os costumes cometidos contra menores de 14 anos, prevista na antiga redação do art. 224, alínea a, do Código Penal, possui caráter absoluto, pois constitui critério objetivo para se verificar a ausência de condições de anuir com o ato sexual. Não pode, por isso, ser relativizada diante de situações como de um inválido consentimento da vítima; eventual experiência sexual anterior; tampouco o relacionamento amoroso entre o agente e a vítima" (REsp 1.152.864/SC, Rel. Ministra Laurita Vaz, 3ª Seção, *DJe* 01.04.2014). É firme a jurisprudência dos Tribunais Superiores no sentido de que o aumento operado em face da continuidade deve levar em conta o número de infrações cometidas. Incide o enunciado n. 83/STJ quando a decisão proferida pelo Tribunal de origem encontra-se em harmonia com a jurisprudência desta Corte. Agravo regimental desprovido" (AGARESP 201401707335, Ericson Maranho (Desembargador convocado do TJ/SP) – 6ª TURMA, DJE 03/11/2014). Consolidando tal entendimento, o STJ editou a Súmula n. 593: "O crime de estupro de vulnerável se configura com a conjunção carnal ou prática de ato libidinoso com menor de 14 anos, sendo irrelevante eventual consentimento da vítima para a prática do ato, sua experiência sexual anterior ou existência de relacionamento amoroso com o agente". Mais recentemente, a Lei 13.718/2018, ao inserir o § 5º no art. 217-A do CP, consagra o entendimento adotado pela Súmula 593, do STJ, no sentido de que o consentimento e a experiência sexual anterior são irrelevantes à configuração do crime de estupro de vulnerável; **E:** incorreta, na medida em que, por expressa disposição do art. 211 do CP, o crime de vilipêndio a cadáver tem como objeto jurídico, além do próprio cadáver, também as suas cinzas. ED
Gabarito "D".

(Analista – TJ/CE – 2013 – CESPE) A respeito dos crimes contra o patrimônio, dos crimes contra a fé pública, da Lei de Crimes Hediondos, da Lei Maria da Penha e da Lei Antidrogas, assinale a opção correta.

(A) A pena privativa de liberdade imposta a um condenado primário, portador de bons antecedentes, sentenciado à pena de três anos de reclusão por tráfico ilícito de substâncias entorpecentes, não pode ser substituída por restritiva de direitos.

(B) Crime de lesão corporal leve praticado em contexto de violência doméstica contra a mulher é de ação penal pública condicionada à representação da ofendida.

(C) Um réu reincidente, condenado à pena de dez anos de reclusão em regime fechado pelo crime de estupro simples, somente poderá progredir de regime depois de cumpridos seis anos de pena.

(D) Aquele que adultera fotocópia não autenticada comete o crime de falsidade ideológica.

(E) Aquele que, à noite, subtrai coisa alheia móvel de residência desabitada pratica o crime de furto simples, sem causa de aumento de pena.

A: incorreta. A substituição da pena privativa de liberdade por restritiva de direitos era vedada, a teor do art. 33, § 4º, da Lei de Drogas, para o crime de tráfico. Sucede que o STF, no julgamento do HC 97.256/RS, declarou, incidentalmente, a inconstitucionalidade dessa vedação. Posteriormente, o Senado Federal, por meio da Resolução nº 5/2012, suspendeu a execução da expressão "vedada a conversão em penas restritivas de direito", presente no art. 33, § 4º, da Lei 11.343/2006. Portanto, nada impede, atualmente, que o juiz autorize a substituição da pena privativa de liberdade por restritiva de direitos no crime de tráfico bem assim a fixação de regime aberto, desde que preenchidos os requisitos legais. Nesse sentido, conferir a ementa a seguir, em que se reconheceu a inconstitucionalidade da vedação em questão, sob o pretexto de que tal implicaria violação ao postulado da individualização da pena: "*Habeas corpus*. Tráfico de drogas. Art. 44 da Lei 11.343/2006: Impossibilidade de conversão da pena privativa de liberdade em pena restritiva de direitos. Declaração incidental de inconstitucionalidade. Ofensa à garantia constitucional da individualização da pena (inciso XLVI do ART. 5º da CF/88). Ordem parcialmente concedida. 1. O processo de individualização da pena é um caminhar no rumo da personalização da resposta punitiva do Estado, desenvolvendo-se em três momentos individuados e complementares: o legislativo, o judicial e o executivo. Logo, a lei comum não tem a força de subtrair do juiz sentenciante o poder-dever de impor ao delinquente a sanção criminal que a ele, juiz, afigurar-se como expressão de um concreto balanceamento ou de uma empírica ponderação de circunstâncias objetivas com protagonizações subjetivas do fato-tipo. Implicando essa ponderação em concreto a opção jurídico-positiva pela prevalência do razoável sobre o racional; ditada pelo permanente esforço do julgador para conciliar segurança jurídica e justiça material. 2. No momento sentencial da dosimetria da pena, o juiz sentenciante se movimenta com ineliminável discricionariedade entre aplicar a pena de privação ou de restrição da liberdade do condenado e uma outra que já não tenha por objeto esse bem jurídico maior da liberdade física do sentenciado. Pelo que é vedado subtrair da instância julgadora a possibilidade de se movimentar com certa discricionariedade nos quadrantes da alternatividade sancionatória. 3. As penas restritivas de direitos são, em essência, uma alternativa aos efeitos certamente traumáticos, estigmatizantes e onerosos do cárcere. Não é à toa que todas elas são comumente chamadas de penas alternativas, pois essa é mesmo a sua natureza: constituir-se num substitutivo ao encarceramento e suas sequelas. E o fato é que a pena privativa de liberdade corporal não é a única a cumprir a função retributivo-ressocializadora ou restritivo-preventiva da sanção penal. As demais penas também são vocacionadas para esse geminado papel da retribuição-prevenção-ressocialização, e ninguém melhor do que o juiz natural da causa para saber, no caso concreto, qual o tipo alternativo de reprimenda é suficiente para castigar e, ao mesmo tempo, recuperar socialmente o apenado, prevenindo comportamentos do gênero. 4. No plano dos tratados e convenções internacionais, aprovados e promulgados pelo Estado brasileiro, é conferido tratamento diferenciado ao tráfico ilícito de entorpecentes que se caracterize pelo seu menor potencial ofensivo. Tratamento diferenciado, esse, para possibilitar alternativas ao encarceramento. É o caso da Convenção Contra o Tráfico Ilícito de Entorpecentes e de Substâncias Psicotrópicas, incorporada ao direito interno pelo Decreto 154, de 26 de junho de 1991. Norma supralegal de hierarquia intermediária, portanto, que autoriza cada Estado soberano a adotar norma comum interna que viabilize a aplicação da pena substitutiva (a restritiva de direitos) no aludido crime de tráfico ilícito de entorpecentes. 5. Ordem parcialmente concedida tão-somente para remover o óbice da parte final do art. 44 da Lei 11.343/2006, assim como da expressão análoga "vedada a conversão em penas restritivas de direitos", constante do § 4º do art. 33 do mesmo diploma legal. Declaração incidental de inconstitucionalidade, com efeito *ex nunc*, da proibição de substituição da pena privativa de liberdade pela pena

restritiva de direitos; determinando-se ao Juízo da execução penal que faça a avaliação das condições objetivas e subjetivas da convolação em causa, na concreta situação do paciente" (HC 97256, AYRES BRITTO, STF); **B:** incorreta (art. 16 da Lei 11.340/2006). É que o STF, ao julgar a ADIN nº 4.424, de 09.02.2012, entendeu ser incondicionada a ação penal em caso de crime de lesão corporal praticado contra a mulher no ambiente doméstico. A atuação do MP, nesses casos, portanto, prescinde da anuência da vítima, entendimento esse consagrado na Súmula n. 542, do STJ; **C:** correta (art. 2º, § 2º, da Lei 8.072/1990). No campo dos crimes hediondos, como é o caso do estupro simples (art. 1º, V, da Lei de Crimes Hediondos), se primário o condenado, fará jus à progressão de regime depois de cumprir 2/5 da pena; em se tratando de apenado reincidente, deverá cumprir 3/5 da sanção imposta. Assim, se a pena aplicada é de 10 anos, o condenado pela prática de estupro, se reincidente, deverá permanecer, no regime mais severo, seis anos, o que corresponde a 3/5 da pena. Trata-se de modificação introduzida pela Lei 11.464/07, que pôs fim à celeuma existente a respeito da matéria; **D:** incorreta, já que a fotocópia não autenticada não pode ser considerada como documento; **E:** incorreta. Embora se trate de tema polêmico, prevalece o entendimento, tanto na doutrina quanto na jurisprudência, de que a causa de aumento de pena prevista no art. 155, § 1º, do CP (furto noturno) também se aplica a estabelecimentos comerciais e residências não habitadas. Conferir: "*Habeas corpus*. Art. 155, § 1.º, do Código penal. Delito cometido em estabelecimento comercial. Aplicação da causa especial de aumento do crime cometido durante o repouso noturno. Possibilidade. *Habeas corpus* denegado. 1. Incide a majorante prevista no § 1.º do art. 155 do Código Penal, quando o crime é cometido durante a madrugada, horário no qual a vigilância da vítima é menos eficiente e seu patrimônio mais vulnerável, o que ocorre inclusive para estabelecimentos comerciais. 2. A causa especial de aumento de pena do furto cometido durante o repouso noturno pode se configurar mesmo quando o crime é cometido em estabelecimento comercial ou residência desabitada, sendo indiferente o fato de a vítima estar, ou não, efetivamente repousando. 3. Precedentes do Superior Tribunal de Justiça. 4. *Habeas corpus* denegado" (HC 201002163390, Laurita Vaz, STJ – 5ª TURMA, *DJE* 26.06.2012). **ED**
Gabarito "C".

(**Analista – TJDFT – 2013 – CESPE**) Em 18/2/2011, às 21 horas, na cidade X, João, que planejara detalhadamente toda a empreitada criminosa, Pedro, Jerônimo e Paulo, de forma livre e consciente, em unidade de desígnios com o adolescente José, que já havia sido processado por atos infracionais, decidiram subtrair para o grupo uma geladeira, um fogão, um botijão de gás e um micro-ondas, pertencentes a Lúcia, que não estava em casa naquele momento. Enquanto João e Pedro permaneceram na rua, dando cobertura à ação criminosa, Paulo, Jerônimo e José entraram na residência, tendo pulado um pequeno muro e utilizado grampos para abrir a porta da casa. Antes da subtração dos bens, Jerônimo, arrependido, evadiu-se do local e chamou a polícia. Ainda assim, Paulo e José se apossaram de todos os bens referidos e fugiram antes da chegada da polícia. Dias depois, o grupo foi preso, mas os bens não foram encontrados. Na delegacia, verificou-se que João, Pedro e Paulo já haviam sido condenados anteriormente pelo crime de estelionato, mas a sentença não havia transitado em julgado e que Jerônimo tinha sido condenado, em sentença transitada em julgado, por contravenção penal.

Com base na situação hipotética apresentada, julgue os itens de 1 a 7.

(**1**) Como o crime foi executado por Paulo e por José, menor de idade, e, por isso, inimputável, não incidirá a qualificadora do concurso de pessoas.

(**2**) Tendo sido a subtração dos objetos praticada na companhia de menor de dezoito anos de idade, João, Pedro e Paulo praticaram o crime de furto qualificado em concurso formal com o delito de corrupção de menores, ainda que José já houvesse praticado outros delitos à data do crime.

(**3**) O fato de o crime ter sido praticado durante o repouso noturno não implicará aumento de pena, uma vez que a vítima não estava repousando em sua residência no momento da ação criminosa.

(**4**) Dada a utilização de grampos para a abertura da porta da residência da vítima, incidirá, no caso concreto, a qualificadora do emprego de chave falsa.

(**5**) Jerônimo, por ter desistido voluntariamente da execução do crime, responderá pelo crime de violação de domicílio, e não pelo delito de furto.

(**6**) Jerônimo não pode ser considerado reincidente.

(**7**) O fato de os bens subtraídos não terem sido recuperados não justifica, no caso de condenação dos agentes, o aumento da pena-base a título de valoração negativa da circunstância judicial das consequências do crime, por constituir aspecto ínsito ao tipo penal de furto.

1: incorreta. Ainda que um dos coautores/partícipes seja inimputável, incidirá, mesmo assim, a qualificadora presente no art. 155, § 4º, IV, do CP (concurso de duas ou mais pessoas). Ademais, segundo a melhor doutrina, pouco importa, à configuração desta qualificadora, que o apoio prestado se dê na forma de coautoria ou participação. Conferir, nesse sentido, a lição de Guilherme de Souza Nucci: "(...) O apoio prestado, seja como coautor, seja como partícipe, segundo entendemos, pode servir para configurar a figura do inciso IV. O agente que furta uma casa, enquanto o comparsa, na rua, vigia o local, está praticando um furto qualificado. Inexiste, na lei, qualquer obrigatoriedade para que o concurso se dê exclusivamente na forma de coautoria (quem pratica o núcleo do tipo, executando o crime), podendo configurar-se na forma de participação (auxílio a quem pratica a ação de subtrair)" (*Código Penal Comentado*, 13ª ed. São Paulo: RT, 2013. p. 801); **2:** correta. Conferir: "Habeas corpus. Roubo majorado e corrupção de menores. Alegação de constrangimento ilegal. Pleito pelo reconhecimento do concurso formal entre os crimes de roubo majorado e corrupção de menores. Possibilidade. Precedentes. Ordem concedida de ofício. 1. São necessárias para a configuração do concurso formal de crimes (art. 70, primeira parte, do Código Penal) a unidade de ação e a ausência de desígnios autônomos para os delitos praticados. 2. Deve ser reconhecida, na hipótese, a existência do concurso formal entre os crimes de roubo e corrupção de menores, vez que o paciente, com uma única conduta, praticou os dois delitos. 3. Habeas corpus não conhecido, por ser substitutivo do recurso cabível. Ordem concedida, de ofício, para reconhecer a existência de concurso formal entre os delitos de roubo circunstanciado e corrupção de menores, redimensionando a pena para 6 (seis) anos, 2 (dois) meses e 20 (vinte) dias de reclusão, mantidos os demais termos da condenação" (HC 201200009371, Campos Marques (Desembargador convocado do TJ/PR) – Quinta Turma, *DJE* 09.11.2012); **3:** incorreta. Embora se trate de tema polêmico, prevalece o entendimento, tanto na doutrina quanto na jurisprudência, de que a causa de aumento de pena prevista no art. 155, § 1º, do CP (furto noturno) também se aplica a estabelecimentos comerciais e residências não habitadas. Conferir: "*Habeas corpus*. Art. 155, § 1.º, do Código penal. Delito cometido em estabelecimento comercial. Aplicação da causa especial de aumento do crime cometido durante o repouso noturno. Possibilidade. *Habeas corpus* denegado. 1. Incide a majorante prevista no § 1.º do art. 155 do Código Penal, quando o crime é cometido durante a madrugada, horário no qual a vigilância da vítima é menos eficiente e seu patrimônio mais vulnerável, o que ocorre inclusive para estabelecimentos comerciais. 2. A causa especial de aumento de pena do furto cometido durante o repouso noturno pode se configurar mesmo quando o crime é cometido em estabelecimento comercial ou residência desabitada, sendo indiferente o fato de a vítima estar, ou não, efetivamente repousando. 3. Precedentes do Superior Tribunal de Justiça. 4. Habeas corpus denegado" (HC 201002163390, Laurita Vaz, STJ – 5ª TURMA, DJE 26/06/2012); **4:** correta, pois não há a necessidade de que o instrumento empregado tenha o formato de chave. Cuidado: é pacífico, na jurisprudência e na doutrina, o entendimento segundo o qual não deve ser considerada como falsa a chave verdadeira utilizada de forma clandestina. Conferir: STJ, 5ª T., HC 101495-MG, rel. Min. Napoleão Nunes Maia Filho, 19.06.2008; **5:** correta. Se considerarmos que a desistência de Jerônimo se deu após o crime de furto ter a sua execução iniciada, ele fará jus ao benefício previsto no art. 15, primeira parte, do CP (desistência voluntária), respondendo tão somente pelos atos que praticou (violação de domicílio); **6:** correta. Da aplicação conjugada dos arts. 63 do CP e 7º da Lei das Contravenções Penais, temos que a reincidência ocorrerá nos seguintes casos: a) crime (antes) + crime (depois); b) contravenção (antes) + contravenção (depois); e c) crime (antes) + contravenção (depois). Não se admite, por falta de amparo legal, contravenção (antes) + crime (depois); **7:** correta. Conferir: "(...) Ocorre que a não recuperação de parte do produto do crime não pode justificar o aumento da pena-base a título de consequência do crime por se tratar de aspecto subsumido ao próprio tipo penal de roubo" (STJ, HC 82.533-DF, rel. Min. Arnaldo Esteves Lima, 22.04.2008). **ED**

Gabarito 1E, 2C, 3E, 4C, 5C, 6C, 7C

(Analista – TJ/DFT – 2013 – CESPE) Em 15/10/2005, nas dependências do banco Y, Carlos, com o objetivo de prejudicar direitos da instituição financeira, preencheu e assinou declaração falsa na qual se autodenominava Maurício. No mesmo dia, foi até outra agência do mesmo banco e, agindo da mesma forma, declarou falsamente chamar-se Alexandre. Em 1/5/2010, Carlos foi denunciado, tendo a denúncia sido recebida em 24/5/2010. Após o devido processo legal, em sentença proferida em 23/8/2012, o acusado foi condenado a um ano e dois meses de reclusão, em regime inicialmente aberto, e ao pagamento de doze dias-multa, no valor unitário mínimo legal. A pena privativa de liberdade foi substituída por uma pena restritiva de direitos e multa. O MP não apelou da sentença condenatória.

Com relação à situação hipotética acima, julgue os itens seguintes.

(1) O pagamento da pena de multa deverá ser revertido à instituição financeira lesada pelo delito.

(2) Ao preencher e assinar declarações adotando nome falso, Carlos praticou o crime de falsidade ideológica.

(3) As ações de Carlos configuram crime continuado, visto que as condições de tempo, lugar e modo de execução foram as mesmas em ambos os casos, tendo a ação subsequente dado continuidade à primeira.

(4) O juiz deveria ter substituído a pena privativa de liberdade por duas penas restritivas, de direitos e multa, e não por apenas uma, já que Carlos foi condenado a pena superior a um ano.

1: incorreta. Não devemos confundir a pena de multa prevista no art. 49 do CP com a pena de prestação pecuniária, modalidade de pena restritiva de direitos (art. 45, § 1º, do CP). A pena de multa, a que faz referência o enunciado, deverá ser destinada ao fundo penitenciário, conforme estabelece o *caput* do art. 49 do CP; já a prestação pecuniária do art. 45, § 1º, do CP será destinada à vítima da infração penal, a seus dependentes, ou a entidade pública ou privada com destinação social; **2:** correta. Com a conduta consistente em preencher e assinar declarações adotando nome falso, com o fim de prejudicar direitos da instituição financeira, Carlos incorreu no crime do art. 299 do CP (falsidade ideológica); **3:** correta, pois a conduta de Carlos contempla todos os requisitos contidos no art. 71 do CP (crime continuado); **4:** incorreta, pois não reflete o disposto no art. 44, § 2º, do CP. **ED**

Gabarito 1E, 2C, 3C, 4E

12. Direito Processual Penal

Eduardo Dompieri

1. FONTES, PRINCÍPIOS GERAIS, EFICÁCIA DA LEI PROCESSUAL NO TEMPO E NO ESPAÇO E INTERPRETAÇÃO

(Analista – STM – 2011 – CESPE) Julgue os itens que se seguem, referentes ao direito processual penal.

(1) De acordo com doutrina e a jurisprudência, os princípios da ampla defesa e da plenitude de defesa são sinônimos, visto que ambos têm por escopo assegurar ao acusado o acesso aos instrumentos normativos hábeis ao exercício da defesa.

(2) Entende-se por devido processo legal a garantia do acusado de não ser privado de sua liberdade em um processo que seguiu a forma estabelecida na lei; desse princípio deriva o fato de o descumprimento de qualquer formalidade pelo juiz ensejar a nulidade absoluta do processo, por ofensa a esse princípio.

(3) Os efeitos causados pelo princípio constitucional da presunção de inocência no ordenamento jurídico nacional incluem a inversão, no processo penal, do ônus da prova para o acusador.

(4) Na CF, constam, expressamente, dispositivos sobre a inadmissibilidade de provas ilícitas por derivação.

1: incorreta. As defesas *ampla* e *plena* não devem ser confundidas. Esta constitui princípio informador do Tribunal do Júri (art. 5°, XXXVIII, *a*, da CF/1988). Vai além, pois, da defesa ampla, impondo ao defensor o encargo de atuar, na defesa de seu representado, da forma mais completa possível, contrapondo-se, com proficiência, a todos os argumentos trazidos pela acusação; **2:** incorreta. O devido processo penal está consagrado no art. 5°, LIV, da CF/1988. Prescreve o *princípio do prejuízo*, consagrado no art. 563 do CPP, que, em se tratando de *nulidade relativa*, em que o prejuízo não é presumido, é necessário, para se decretar a nulidade do ato, verificar se o mesmo gerou efeitos prejudiciais; **3:** correta, visto que, no campo do ônus da prova, que constitui uma das faces deste princípio presente no art. 5°, LVII, da CF/1988, o ônus de provar a culpa do réu é de fato ao acusação. A propósito, tal incumbência já consta do art. 156, *caput*, do CPP; **4:** incorreta. O texto da Constituição somente faz referência às *provas ilícitas*, nos seguintes termos: "são inadmissíveis, no processo, as provas obtidas por meios ilícitos" (art. 5°, LVI). Embora a Constituição Federal de 1988 não faça menção à chamada *prova ilícita por derivação*, o art. 157, § 1°, do CPP se encarregou de fazê-lo. Assim, a prova derivada da ilícita deve ser defenestrada do processo, não podendo, dessa forma, contribuir para a formação da convicção do julgador. Adotou-se, aqui, a *teoria norte-americana dos frutos da árvore envenenada*. De ver-se, todavia, que o Código de Processo Penal, neste mesmo dispositivo, previu duas exceções, a saber: quando não evidenciado o nexo de causalidade entre a prova primária e a secundária; e quando as derivadas (prova secundária) puderem ser obtidas por uma fonte independente das primeiras (prova primária).

(Analista – TJ/AP – 2010) Marque a alternativa correta. A lei processual penal

(A) aplicar-se-á desde logo, mas todos os atos praticados sob a vigência da lei anterior deverão ser repetidos;

(B) não poderá ser aplicada desde logo, devendo aguardar a conclusão do processo iniciado sob a vigência da lei anterior;

(C) não poderá ser aplicada desde logo, devendo aguardar 30 (trinta) dias após a publicação da lei para entrar em vigor;

(D) aplicar-se-á desde logo, sem prejuízo da validade dos atos realizados sob a vigência da lei anterior.

Conforme estabelece o art. 2° do CPP, a lei processual penal terá aplicação imediata, preservando-se os atos realizados sob o império da lei anterior. Há, entretanto, normas processuais penais que possuem natureza mista, híbrida, isto é, são dotadas de conteúdo processual e material ao mesmo tempo. Nesse caso, deverá prevalecer, em detrimento do regramento estabelecido no art. 2° do CPP, as normas contidas no art. 5°, XL, da CF/1988 e art. 2°, parágrafo único, do CP. Em se tratando de norma mais favorável ao réu, deverá retroagir em seu benefício; se prejudicial a lei nova, aplica-se a lei já revogada.

2. INQUÉRITO POLICIAL E OUTRAS FORMAS DE INVESTIGAÇÃO

(Analista – MPU – CESPE – 2018) Em relação a inquérito policial, ação penal e competência, julgue os próximos itens, de acordo com o entendimento da doutrina majoritária e dos tribunais superiores.

(1) Denúncia anônima sobre fato grave de necessária repressão imediata é suficiente para embasar, por si só, a instauração de inquérito policial para rápida formulação de pedido de quebra de sigilo e de interceptação telefônica.

(2) É de seis meses o prazo para que o ministro da Justiça requeira a instauração de inquérito policial em crime de ação penal pública condicionada. Findo esse prazo, opera-se a decadência do direito de ação.

(3) Havendo a prática de contravenção penal contra bens e serviços da União em conexão probatória com crime de competência da justiça federal, opera-se a separação dos processos, cabendo à justiça estadual processar e julgar a contravenção penal.

1: errada. A denúncia anônima (também chamada de *apócrifa* ou *inqualificada*), segundo tem entendido a jurisprudência, não é apta, por si só, a autorizar a instauração de inquérito policial, dando início à persecução penal, ainda que tenha como objeto fato grave de necessária repressão imediata. Antes disso, a autoridade policial deverá fazer uma averiguação prévia a fim de verificar a procedência da denúncia apócrifa, para, depois disso, determinar, se for o caso, a instauração de inquérito. Nesse sentido: "(...) *a autoridade policial,*

ao receber uma denúncia anônima, deve antes realizar diligências preliminares para averiguar se os fatos narrados nessa 'denúncia' são materialmente verdadeiros, para, só então, iniciar as investigações" (STF, HC 95.244, 1ª T., rel. Min. Dias Toffoli, DJE de 29.04.2010). No mesmo sentido: *" 1. Elementos dos autos que evidenciam não ter havido investigação preliminar para corroborar o que exposto em denúncia anônima. O Supremo Tribunal Federal assentou ser possível a deflagração da persecução penal pela chamada denúncia anônima, desde que esta seja seguida de diligências realizadas para averiguar os fatos nela noticiados antes da instauração do inquérito policial. Precedente. 2. A interceptação telefônica é subsidiária e excepcional, só podendo ser determinada quando não houver outro meio para se apurar os fatos tidos por criminosos, nos termos do art. 2º, inc. II, da Lei n. 9.296/1996. Precedente. 3. Ordem concedida para se declarar a ilicitude das provas produzidas pelas interceptações telefônicas, em razão da ilegalidade das autorizações, e a nulidade das decisões judiciais que as decretaram amparadas apenas da interceptação das decisões judiciais que as decretaram amparadas apenas na denúncia anônima, sem investigação preliminar"* (HC 108147, Relator(a): Min. Cármen Lúcia, Segunda Turma, julgado em 11.12.2012, Processo Eletrônico *DJe*-022 Divulg 31.01.2013 Public 01.02.2013); **2:** errada, dado que o CPP não fixa prazo. Assim sendo, a instauração do IP pode ser requerida e a requisição poderá ser oferecida enquanto não estiver extinta a punibilidade pela prescrição. Ensina Guilherme de Souza Nucci que, *diante do silêncio da lei, a qualquer tempo, enquanto não estiver extinta a punibilidade do agente (como pode ocorrer com o evento da prescrição), pode o Ministro da Justiça encaminhar a requisição ao Ministério Público* (**Código de Processo Penal Comentado**, 17ª ed., p. 131); **3:** certa, dado que o art. 109, IV, primeira parte, da CF afasta a competência da Justiça Federal para o processamento e julgamento das contravenções penais, mesmo que praticadas em detrimento de bens, serviços ou interesse da União ou de suas entidades autárquicas ou empresas públicas, entendimento esse consagrado na Súmula nº 38, STJ: "Compete à Justiça Estadual Comum, na vigência da Constituição de 1988, o processo por contravenção penal, ainda que praticada em detrimento de bens, serviços ou interesse da União ou de suas entidades". Assim sendo, é de rigor, na hipótese desta alternativa, a separação dos processos. **ED**
Gabarito 1E, 2E, 3C

(Analista Judiciário – TRF/2 – Consulplan – 2017) 'Fulano de Tal' foi preso em flagrante delito por crime afeto à justiça comum estadual. Comunicado da prisão, o juiz de direito converteu a prisão em flagrante em prisão preventiva. Nesta hipótese, o inquérito policial deverá ser concluído em _____ dias, a partir da _____." Assinale a alternativa que completa correta e sequencialmente a afirmativa anterior.

(A) 10 / prisão

(B) 15 / prisão

(C) 10 / instauração

(D) 15 / instauração

O art. 10, *caput*, do CPP estabelece o prazo *geral* de 30 dias para conclusão do inquérito, quando o indiciado não estiver preso; se preso estiver, o inquérito deve terminar em 10 dias (é este o caso referido no enunciado). Tal prazo tem como termo inicial a data em que foi efetivada a prisão (captura), quer em flagrante, quer por força de custódia preventiva. É importante que se diga que, na Justiça Federal, se o indicado estiver preso, o prazo para conclusão do inquérito é de 15 dias, podendo haver uma prorrogação por igual período, conforme dispõe o art. 66 da Lei 5.010/1966; se solto, o inquérito deve ser concluído em 30 dias, em consonância com o disposto no art. 10, *caput*, do CPP. Há outras leis especiais, além desta, que estabelecem prazos diferenciados para a ultimação das investigações.
Gabarito "A".

(Analista – TRE/GO – 2015 – CESPE) Após a realização de inquérito policial iniciado mediante requerimento da vítima, Marcos foi indiciado pela autoridade policial pela prática do crime de furto qualificado por arrombamento.

Nessa situação hipotética, de acordo com o disposto no Código de Processo Penal e na atual jurisprudência do Superior Tribunal de Justiça acerca de inquérito policial,

(1) o Ministério Público pode requerer ao juiz a devolução do inquérito à autoridade policial, se necessária a realização de nova diligência imprescindível ao oferecimento da denúncia, como, por exemplo, de laudo pericial do local arrombado.

(2) embora fosse possível a instauração do inquérito mediante requisição do juiz, somente a autoridade policial poderia indiciar Marcos como o autor do delito.

(3) o prazo legal para que o delegado de polícia termine o inquérito policial é de trinta dias, se Marcos estiver solto, ou de dez dias, se preso preventivamente pelo juiz, contado esse prazo, em ambos os casos, da data da portaria de instauração.

1: correta. De fato, nos termos do art. 16 do CPP, somente terá lugar a devolução dos autos de inquérito à autoridade policial para diligências imprescindíveis à formação da chamada *opinio delicti*; **2:** correta. De fato, nos crimes de ação penal pública, como é o caso do furto, a instauração do inquérito policial pode dar-se de várias formas, entre as quais por meio de requisição do juiz de direito (art. 5º, II, CPP). Também é verdade que o indiciamento constitui providência privativa da autoridade policial. É o que estabelece o art. 2º, § 6º, da Lei 12.830/2013, que contempla regras sobre a investigação criminal conduzida pelo delegado de polícia. Quanto a isso, conferir o magistério de Guilherme de Souza Nucci: "Requisição de indiciamento: cuida-se de procedimento equivocado, pois indiciamento é ato exclusivo da autoridade policial, que forma o seu convencimento sobre a autoria do crime, elegendo, formalmente, o suspeito de sua prática. Assim, não cabe ao promotor ou ao juiz exigir, através de requisição, que alguém seja indiciado pela autoridade policial, porque seria o mesmo que demandar à força que o presidente do inquérito conclua ser aquele o autor do delito (...)" (*Código de Processo Penal Comentado*, 12ªed., p. 101); **3:** incorreta, na medida em que, estando o investigado preso, o prazo de 10 dias para a conclusão do inquérito policial tem como termo inicial a data em que se efetivou a sua prisão (art. 10, *caput*, do CPP).
Gabarito 1C, 2C, 3E

(Analista – TRE/AL – 2010 – FCC) No que diz respeito ao inquérito policial é INCORRETO afirmar:

(A) É sempre essencial ao oferecimento da denúncia ou da queixa.

(B) Deve terminar no prazo de 30 dias, quando o indiciado estiver solto.

(C) Não poderá ser arquivado por determinação da autoridade policial.

(D) Nos crimes em que a ação pública depender de representação, não poderá sem ela ser iniciado.

(E) Se o fato for de difícil elucidação, e o indiciado estiver solto, a autoridade poderá requerer ao juiz a devolução dos autos, para diligências.

A: incorreta, devendo ser assinalada. O inquérito policial não é essencial, imprescindível ao oferecimento da queixa ou denúncia (arts. 12 e 46, § 1º, do CPP), desde que o titular da ação penal disponha de elementos suficientes para ajuizá-la; se não dispuser de tais elementos, deverão eles ser reunidos por meio de inquérito policial; **B:** correta. O art. 10, *caput*, do CPP estabelece o prazo geral de trinta dias para conclusão do inquérito, quando o indiciado não estiver preso; se preso estiver, o inquérito deve terminar em dez dias. Na Justiça Federal, se o indicado estiver preso, o prazo para conclusão do inquérito é de quinze dias, podendo haver uma prorrogação por igual período, conforme dispõe o art. 66 da Lei 5.010/1966; **C:** correta. A autoridade policial não está credenciada a determinar o arquivamento dos autos de inquérito policial (art. 17 do CPP); somente podendo fazê-lo o juiz, desde que a requerimento do Ministério Público (arts. 18 e 28 do CPP); **D:** correta. Reza o art. 5º, § 4º, do CPP que o inquérito não poderá ser instaurado, nos crimes de ação penal pública condicionada, sem o oferecimento da representação; **E:** correta, pois em conformidade com o que estabelece o art. 10, § 3º, do CPP.

Gabarito "A".

(Analista – TRE/AP – 2011 – FCC) No que concerne ao Inquérito Policial, de acordo com o Código de Processo Penal, é correto afirmar que:

(A) Do despacho que indeferir o requerimento do ofendido de abertura de inquérito caberá recurso administrativo ao Juiz Corregedor da Comarca.

(B) Para verificar a possibilidade de haver a infração sido praticada de determinado modo, a autoridade policial poderá proceder à reprodução simulada dos fatos, ainda que esta contrarie a moralidade ou a ordem pública.

(C) O inquérito, nos crimes em que a ação pública depender de representação, não poderá sem ela ser iniciado.

(D) A autoridade policial poderá mandar arquivar autos de inquérito em situações excepcionais previstas em lei.

(E) A incomunicabilidade do indiciado dependerá sempre de despacho nos autos e somente será permitida quando o interesse da sociedade ou a conveniência da investigação o exigir.

A: incorreta, visto que, nos termos do art. 5º, § 2º, do CPP, do despacho da autoridade policial que indeferir o requerimento de abertura de inquérito formulado pela vítima, caberá recurso ao chefe de Polícia; **B:** incorreta. É bem verdade que a autoridade policial, a fim de verificar, com exatidão, como se deu a prática da infração penal, poderá proceder à reprodução simulada dos fatos (reconstituição do crime), desde que, em conformidade com o estabelecido no art. 7º do CPP, não contrarie, ao realizá-la, a moralidade ou a ordem pública. Assertiva, portanto, incorreta; **C:** correta, já que, em vista do que dispõe o art. 5º, § 4º, do CPP, o inquérito, na ação penal pública condicionada, não poderá ser instaurado sem o oferecimento da *representação* por parte do ofendido, o que constitui *condição de procedibilidade*; **D:** incorreta. É vedado à autoridade policial determinar o arquivamento de autos de inquérito policial, conforme reza o art. 17 do CPP; somente poderá fazê-lo o magistrado a requerimento do Ministério Público – arts. 18 e 28 do CPP. A lei, neste caso, não faz ressalvas; **E:** incorreta. Embora a maioria da doutrina entenda que a incomunicabilidade do indiciado no inquérito policial, prevista no art. 21 do CPP, esteja revogada, porquanto incompatível com a atual ordem constitucional, há autores que pensam de forma diferente. Fato é que, para aqueles que sustentam a sua incompatibilidade à Constituição Federal de 1988 (Guilherme de Souza Nucci, Damásio E. de Jesus, Vicente Greco Filho, entre outros), se a incomunicabilidade do preso não pode ser decretada durante o Estado de Defesa – art. 136, § 3º, IV, da CF/1988, que constitui um *período de anormalidade*, com muito mais razão não haveria por que decretar a incomunicabilidade do indiciado em pleno período de normalidade.

Gabarito "C".

(Analista – TRE/PR – 2012 – FCC) O inquérito policial

(A) poderá ser instaurado mesmo se não houver nenhuma suspeita quanto à autoria do delito.

(B) não poderá ser instaurado por requisição do Ministério Público.

(C) só poderá ser instaurado para apurar crimes de ação pública.

(D) pode ser arquivado pelo Delegado Geral de Polícia.

(E) poderá ser iniciado nos crimes de ação penal pública condicionada sem a representação do ofendido.

A: correta. Ainda que inexistam elementos que permitam, desde logo, apontar a autoria da infração penal, a instauração do inquérito policial é de rigor, visto que se presta justamente a apurar a prática do fato criminoso e a respectiva autoria; **B:** incorreta. A requisição do Ministério Público constitui uma das formas de instauração do inquérito policial (art. 5º, II, do CPP); **C:** incorreta. O inquérito se presta a apurar crimes cuja ação penal seja pública (condicionada ou incondicionada) ou privada. Neste último caso, a sua instauração está condicionada ao requerimento de quem tenha legitimidade para a ação penal respectiva – art. 5º, § 5º, do CPP; **D:** incorreta, dado que em nenhuma hipótese a autoridade policial poderá determinar o arquivamento dos autos de inquérito policial – art. 17 do CPP; **E:** incorreta, visto que, sem a representação do ofendido, o inquérito policial, nos crimes a ela condicionados, não poderá ser iniciado.

Gabarito "A".

(Analista – TRE/BA – 2010 – CESPE) Julgue o item que se segue, relativo a inquérito policial (IP) e prisão temporária.

(1) A autoridade que preside o IP assegurará o sigilo necessário à elucidação do fato ou exigido pelo interesse da sociedade. Dessa forma, o advogado do indiciado não terá acesso ao IP quando a autoridade competente declarar seu caráter sigiloso.

O inquérito policial é, em vista do que dispõe o art. 20 do CPP, sigiloso. Ocorre que, a teor do art. 7º, XIV, da Lei 8.906/1994 (Estatuto da Advocacia), constitui direito do advogado, entre outros: "examinar, em qualquer instituição responsável por conduzir investigação, mesmo sem procuração, autos de flagrante e de investigações de qualquer natureza, findos ou em andamento, ainda que conclusos à autoridade, podendo copiar peças e tomar apontamentos, em meio físico ou digital". Sobre este tema, o STF editou a Súmula Vinculante nº 14, a seguir transcrita: "É direito do defensor, no interesse do representado, ter acesso amplo aos elementos de prova que, já documentados em procedimento investigatório realizado por órgão com competência de polícia judiciária, digam respeito ao exercício do direito de defesa".

Gabarito 1E.

(Analista – TRE/MT – 2010 – CESPE) Com base no Código de Processo Penal, assinale a opção correta a respeito de inquérito policial, ação penal e competência.

(A) Qualquer pessoa do povo que tiver conhecimento da existência de crime de ação penal pública poderá comunicar o fato à autoridade policial, a qual fica obrigada a instaurar o inquérito respectivo.

(B) Nas ações penais públicas condicionadas à representação, o inquérito policial pode ser instaurado sem representação do ofendido ou de seu representante legal, desde que a parte se comprometa a juntar a representação antes da apresentação do relatório final.

(C) O Ministério Público não poderá repudiar ação penal privada subsidiária da pública e, em seu lugar, oferecer denúncia substitutiva.

(D) A competência é, de regra, determinada pelo lugar em que se consumar a infração, ou, no caso de tentativa, pelo lugar em que for praticado o último ato de execução.

(E) Não sendo conhecido o lugar da infração, a competência regular-se-á pelo domicílio ou residência da vítima.

A: incorreta. Trata-se da chamada *delatio criminis*. Antes de determinar a instauração de inquérito policial, o delegado de polícia deverá verificar a procedência das informações que chegaram ao seu conhecimento – art. 5º, § 3º, do CPP; **B:** incorreta. O inquérito, neste caso, não poderá ser iniciado sem a representação. É o que prescreve o art. 5º, § 4º, do CPP; **C:** incorreta. É lícito ao Ministério Público, nos termos do art. 29 do CPP, repudiar a ação penal privada subsidiária da pública e, em seu lugar, oferecer denúncia substitutiva; **D:** correta, pois em conformidade com a regra disposta no art. 70, *caput*, do CPP; **E:** incorreta. Neste caso, a competência será regulada pelo domicílio ou residência do *réu*, não da *vítima* – art. 72, *caput*, do CPP.

Gabarito "D".

(Técnico – TRF/1ª – 2011 – FCC) Arquivado o inquérito policial por despacho do juiz, a requerimento do Ministério Público, a ação penal

(A) só poderá ser instaurada com base em novas provas.

(B) só poderá ser instaurada se o pedido de arquivamento do Ministério Público tiver se baseado em prova falsa.

(C) não poderá mais ser instaurada por ter se exaurido a atividade de acusação.

(D) não poderá mais ser instaurada, pois implicaria revisão prejudicial ao acusado.

(E) só poderá ser instaurada se houver requisição do Procurador-Geral de Justiça.

Uma vez ordenado o arquivamento do inquérito policial pelo juiz de direito, por falta de base para a denúncia, nada obsta que a autoridade policial proceda a novas pesquisas, desde que de outras provas tenha conhecimento, independente de autorização judicial – art. 18 do CPP. Isso porque a decisão que determina o arquivamento do inquérito policial não gera, em regra, coisa julgada material. Registre-se, no entanto, que as "outras provas" a que faz alusão o art. 18 do CPP devem ser entendidas como *provas substancialmente novas*, ou seja, aquelas que até então não eram de conhecimento das autoridades. Veja, a propósito, o teor da Súmula nº 524 do STF: "Arquivado o inquérito policial, por despacho do juiz, a requerimento do Promotor de Justiça, não pode a ação penal ser iniciada, sem novas provas". Agora, se o arquivamento do inquérito se der por ausência de tipicidade, a decisão, neste caso, tem efeito preclusivo, é dizer, produz coisa julgada material, impedindo, dessa forma, o desarquivamento do inquérito. A esse respeito, *Informativo STF 375*.

Gabarito "A".

(Analista – TJ/CE – 2013 – CESPE) Acerca de inquérito policial (IP), assinale a opção correta. Nesse sentido, considere que a sigla MP, sempre que empregada, se refere ao Ministério Público.

(A) Ainda que o MP possua provas suficientes para instauração da ação penal, o IP não poderá ser dispensado.

(B) O MP, que é o *dominus litis*, pode determinar a abertura de IPs, requisitar esclarecimentos e diligências investigatórias, bem como assumir a presidência do IP.

(C) A elaboração de laudo pericial na fase do IP sem prévio oferecimento de quesitos pela defesa ofende o

princípio da ampla defesa quando somente tenha sido dada oportunidade de manifestação e oferecimento de quesitos após sua juntada.

(D) O arquivamento do IP pode ser realizado pela autoridade policial, quando houver requerimento do MP, com sua concordância.

(E) Caso o MP requeira o arquivamento de IP com fundamento na atipicidade do fato, a decisão que determinar o arquivamento com base nesse fundamento, ainda que seja emanada de juiz absolutamente incompetente, impedirá a instauração de processo que tenha por objeto o mesmo episódio.

A: incorreta. Isso porque o inquérito policial, segundo doutrina e jurisprudência unânimes, não constitui fase obrigatória e imprescindível da persecução penal. Pode o membro do MP, pois, dele abrir mão e ajuizar, de forma direta, a ação penal, desde que, é claro, disponha de elementos de informação suficientes ao seu exercício (da ação penal). É o que se infere do art. 12 do CPP; **B:** incorreta. Pode o MP, é verdade, requisitar à autoridade policial a abertura de inquérito (art. 5º, II, do CPP), bem como, ao final das investigações do inquérito policial, promover o retorno dos autos ao delegado de polícia para a realização de diligências investigatórias imprescindíveis ao exercício da ação penal (art. 16, CPP). Agora, não poderá o representante do *parquet*, ainda que seja o *dominus litis*, assumir a presidência do inquérito policial, atribuição exclusiva do delegado de polícia (art. 2º, § 1º, Lei 12.830/2013); poderá, isto sim, presidir apuração de fato criminoso por meio de inquérito *criminal*, mas não *policial*; **C:** incorreta. Como bem sabemos, as perícias em geral constituem prova *não repetível*, que, embora sejam, em regra, realizadas no curso das investigações, serão submetidas, na etapa processual, ao chamado contraditório diferido (posterior). Não há ofensa, pois, ao postulado da ampla defesa o fato de o laudo, no curso das investigações, ser elaborado sem prévio oferecimento de quesitos pela defesa; **D:** incorreta, dado que é vedado ao delegado de polícia, sob qualquer pretexto, promover o arquivamento de autos de inquérito policial; tal providência somente poderá ser determinada, a requerimento do MP, pelo juiz de direito (art. 17 do CPP); **E:** correta. Uma vez ordenado o arquivamento do inquérito policial pelo juiz de direito, por falta de base para a denúncia, nada obsta que a autoridade policial proceda a novas pesquisas, desde que de outras provas tenha conhecimento – art. 18 do CPP. Isso porque a decisão que determina o arquivamento do inquérito policial não gera, em regra, coisa julgada material. Agora, se o arquivamento do inquérito se der por ausência de tipicidade (é o caso narrado na proposição), a decisão, neste caso, ainda que tomada por juízo incompetente, tem efeito preclusivo, é dizer, produz coisa julgada material, impedindo, dessa forma, o desarquivamento do inquérito. A esse respeito, conferir: "Habeas corpus: cabimento. É da jurisprudência do Tribunal que não impedem a impetração de *habeas corpus* a admissibilidade de recurso ordinário ou extraordinário da decisão impugnada, nem a efetiva interposição deles. II - Inquérito policial: arquivamento com base na atipicidade do fato: eficácia de coisa julgada material. A decisão que determina o arquivamento do inquérito policial, quando fundado o pedido do Ministério Público em que o fato nele apurado não constitui crime, mais que preclusão, produz coisa julgada material, que – ainda quando emanada a decisão de juiz absolutamente incompetente -, impede a instauração de processo que tenha por objeto o mesmo episódio. Precedentes: HC 80.560, 1ª T., 20.02.01, Pertence, RTJ 179/755; Inq 1538, Pl., 08.08.01, Pertence, RTJ 178/1090; Inq-QO 2044, Pl., 29.09.04, Pertence, DJ 28.10.04; HC 75.907, 1ª T., 11.11.97, Pertence, DJ 9.4.99; HC 80.263, Pl., 20.2.03, Galvão, RTJ 186/1040" (HC 83346, Sepúlveda Pertence, STF).

Gabarito "E".

(Analista – TJ/AP – 2010 – FCC) Marque a alternativa correta. Nos crimes de ação pública,

(A) o inquérito policial só pode ser iniciado de ofício;

(B) a autoridade policial, logo que tiver conhecimento da prática da infração penal, deverá dirigir-se ao local, providenciando para que não se alterem o estado de conservação das coisas, até a chegada dos peritos criminais;

(C) a requisição do Ministério Público para a instauração do inquérito policial dispensa a narração do fato, com todas as suas circunstâncias;

(D) o inquérito policial só pode ser iniciado mediante requisição do Ministério Público.

A e **D:** incorretas. O art. 5º do CPP estabelece as formas pelas quais, nos crimes de ação penal pública, o inquérito policial poderá ser iniciado, a saber: de ofício; por requisição do juiz de direito; por requisição do Ministério Público; e por meio de requerimento do ofendido. Poderá, ainda, ser iniciado por meio de auto de prisão em flagrante – arts. 301 e seguintes do CPP; **B:** correta. O art. 6º do CPP lista as providências que devem ser tomadas pela autoridade policial logo que tiver conhecimento da prática de infração penal, dentre as quais está o contido na assertiva, que corresponde ao inc. I do dispositivo; **C:** incorreta. Apesar de o art. 5º, § 1º, do CPP fazer menção tão somente ao requerimento, deve-se aplicá-lo, por analogia, à requisição. Assim, a requisição do Ministério Público e do juiz conterá a narração do fato com todas as suas circunstâncias, além dos demais requisitos contidos no dispositivo (individualização e testemunhas).
Gabarito "B".

(Técnico – TJ/SC – 2010 – TJ/SC) No que se refere ao início do inquérito policial, é correto afirmar:

(A) Somente pode se dar de ofício.

(B) O Ministério Público somente pode requerê-lo com autorização judicial.

(C) Nos crimes de ação privada, pode se dar por iniciativa do Ministério Público.

(D) A autoridade judiciária não pode requisitá-la.

(E) Pode se dar mediante requerimento do ofendido.

A: incorreta. São formas de instauração do inquérito policial: de ofício (art. 5º, I, do CPP); mediante requisição do juiz (art. 5º, II, 1ª parte, do CPP); mediante requisição do Ministério Público (art. 5º, II, 1ª parte, do CPP); em razão de requerimento do ofendido (art. 5º, II, 2ª parte, do CPP); e por meio de auto de prisão em flagrante; **B:** incorreta. O Ministério Público está credenciado, a teor do art. 5º, II, 1ª parte, do CPP, a requisitar a instauração de inquérito policial, independente de autorização judicial. Trata-se de *ordem*, razão pela qual não pode o delegado, neste caso, deixar de proceder à instauração do inquérito; **C:** incorreta. Nos crimes em que a ação for de iniciativa privada, a instauração do inquérito deve ser precedida de requerimento formulado por quem tiver qualidade para a propositura da ação respectiva; **D:** incorreta. A autoridade judiciária pode, sim, requisitar instauração de inquérito policial – art. 5º, II, 1ª parte, do CPP. Cuida-se, igualmente, de ordem; **E:** correta, nos termos do art. 5º, II, 2ª parte, do CPP.
Gabarito "E".

(FGV – 2015) No dia 01.04.2014, Natália recebeu cinco facadas em seu abdômen, golpes estes que foram a causa eficiente de sua morte. Para investigar a autoria do delito, foi instaurado inquérito policial e foram realizadas diversas diligências, dentre as quais se destacam a oitiva dos familiares e amigos da vítima e exame pericial no local. Mesmo após todas essas medidas, não foi possível obter indícios suficientes de autoria, razão pela

qual o inquérito policial foi arquivado pela autoridade judiciária por falta de justa causa, em 06.10.2014, após manifestação nesse sentido da autoridade policial e do Ministério Público. Ocorre que, em 05.01.2015, a mãe de Natália encontrou, entre os bens da filha que ainda guardava, uma carta escrita por Bruno, ex-namorado de Natália, em 30.03.2014, em que ele afirmava que ela teria 24 horas para retomar o relacionamento amoroso ou deveria arcar com as consequências. A referida carta foi encaminhada para a autoridade policial. Nesse caso,

(A) nada poderá ser feito, pois o arquivamento do inquérito policial fez coisa julgada material.

(B) a carta escrita por Bruno pode ser considerada prova nova e justificar o desarquivamento do inquérito pela autoridade competente.

(C) nada poderá ser feito, pois a carta escrita antes do arquivamento não pode ser considerada prova nova.

(D) pela falta de justa causa, o arquivamento poderia ter sido determinado diretamente pela autoridade policial, independentemente de manifestação do Ministério Público ou do juiz.

Uma vez ordenado o arquivamento do inquérito policial pelo juiz de direito, por falta de base para a denúncia, nada obsta que a autoridade policial proceda a novas pesquisas, desde que de outras provas tenha conhecimento, independente de autorização judicial – art. 18 do CPP. Isso porque a decisão que determina o arquivamento do inquérito policial não gera, em regra, coisa julgada material. Registre-se, no entanto, que as "outras provas" a que faz alusão o art. 18 do CPP devem ser entendidas como *provas substancialmente novas*, ou seja, aquelas que até então não eram de conhecimento das autoridades. É bem esse o caso da carta encontrada pela mãe da vítima, que dá conta de ameaça proferida por Bruno contra Natália. Veja, a propósito, o teor da Súmula 524 do STF: "Arquivado o inquérito policial, por despacho do juiz, a requerimento do Promotor de Justiça, não pode a ação penal ser iniciada, sem novas provas". É importante que se diga que, se o arquivamento do inquérito se der por ausência de tipicidade, a decisão, neste caso, tem efeito preclusivo, é dizer, produz coisa julgada material, impedindo, dessa forma, o desarquivamento do inquérito. A esse respeito, *Informativo STF* 375. No caso narrado no enunciado, o arquivamento se deu por falta de indícios de autoria, o que não corresponde, por óbvio, a ausência de tipicidade. As investigações, portanto, podem (e devem!) ser retomadas.
Gabarito "B".

(FGV – 2015) O inquérito policial pode ser definido como um procedimento investigatório prévio, cuja principal finalidade é a obtenção de indícios para que o titular da ação penal possa propô-la contra o suposto autor da infração penal.

Sobre o tema, assinale a afirmativa correta.

(A) A exigência de indícios de autoria e materialidade para oferecimento de denúncia torna o inquérito policial um procedimento indispensável.

(B) O despacho que indeferir o requerimento de abertura de inquérito policial é irrecorrível.

(C) O inquérito policial é inquisitivo, logo o defensor não poderá ter acesso aos elementos informativos que nele constem, ainda que já documentados.

(D) A autoridade policial, ainda que convencida da inexistência do crime, não poderá mandar arquivar os autos do inquérito já instaurado.

A: incorreta. O inquérito policial constitui instrumento de investigação cuja presença, tanto nos delitos em que ação penal é publica quanto naqueles em que é privativa do ofendido, não é indispensável, essencial ao oferecimento da denúncia ou queixa, desde que a inicial contenha elementos suficientes (existência do crime e indícios suficientes de autoria) ao exercício da ação penal. O inquérito, assim, não constitui fase obrigatória da persecução penal; **B:** incorreta, haja vista que do despacho que indeferir o requerimento de abertura de IP cabe, sim, recurso para o chefe de Polícia (art. 5º, § 2º, CPP); **C:** incorreta. Ainda que se trate de procedimento inquisitivo, o defensor tem amplo acesso aos elementos de informação reunidos no inquérito policial. O inquérito policial é, em vista do que dispõe o art. 20 do CPP, *sigiloso*. Ocorre que, a teor do art. 7º, XIV, da Lei 8.906/1994 (Estatuto da Advocacia), constitui direito do advogado, entre outros: "examinar, em qualquer instituição responsável por conduzir investigação, mesmo sem procuração, autos de flagrante e de investigações de qualquer natureza, findos ou em andamento, ainda que conclusos à autoridade, podendo copiar peças e tomar apontamentos, em meio físico ou digital". Sobre este tema, a propósito, o STF editou a Súmula Vinculante 14, a seguir transcrita: "É direito do defensor, no interesse do representado, ter acesso amplo aos elementos de prova que, já documentados em procedimento investigatório realizado por órgão com competência de polícia judiciária, digam respeito ao exercício do direito de defesa"; **D:** correta. A autoridade policial, mesmo que convencida da inexistência do crime, não está credenciada a promover o arquivamento de autos de inquérito policial (art. 17, CPP), o que somente poderá ser feito, a requerimento do MP, pelo juiz de direito (art. 18, CPP).

Gabarito "D".

3. AÇÃO PENAL E AÇÃO CIVIL *EX DELICTO*

(Analista Judiciário – TJ/AL – 2018 – FGV) Foi instaurado inquérito policial para apurar a suposta prática de crime de estelionato, figurando Valéria como vítima e Júlio César como indiciado. Após a realização de diversas diligências e a apresentação de relatório conclusivo por parte da autoridade policial, o Ministério Público analisou os elementos informativos e encaminhou ao Judiciário promoção de arquivamento, entendendo pela inexistência de justa causa. Ao tomar conhecimento, Valéria fica revoltada com a conduta do órgão ministerial, pois está convicta de que Júlio César seria o autor do delito. Diante disso, apresenta queixa, iniciando ação penal privada subsidiária da pública.

Quando iniciada a análise da ação penal privada subsidiária da pública, deverá o órgão do Poder Judiciário competente:

(A) receber a inicial acusatória e, caso o ofendido deixe de promover o andamento do processo por 30 dias seguidos, deverá ser reconhecida a perempção;

(B) não receber a inicial acusatória, tendo em vista que não houve omissão do Ministério Público a justificar a ação penal privada subsidiária da pública;

(C) receber a inicial acusatória, passando o ofendido a figurar como parte do processo, não podendo o Ministério Público aditar a queixa oferecida;

(D) receber a inicial acusatória, podendo o Ministério Público oferecer denúncia substitutiva da queixa, fornecer elementos de prova e interpor recursos;

(E) não receber a inicial acusatória, pois não há previsão do instituto da ação penal privada subsidiária da pública na Constituição da República de 1988, não sendo a previsão do Código de Processo Penal recepcionada.

Um dos temas mais recorrentes em provas de concursos públicos é a chamada ação penal privada subsidiária da pública, em especial o pressuposto ao seu ajuizamento. Segundo posicionamento doutrinário e jurisprudencial pacífico, a propositura da ação penal privada subsidiária da pública, à luz do que estabelecem os arts. 5º, LIX, da CF, 100, § 3º, do CP e 29 do CPP, tem como pressuposto a ocorrência de desídia do membro do Ministério Público, que deixa de promover a ação penal dentro do prazo estabelecido em lei. Bem por isso, não há que se falar nesta modalidade de ação privada na hipótese de o representante do MP requerer o arquivamento dos autos de inquérito policial, e bem assim quando requerer o retorno dos autos de inquérito à Delegacia de Polícia para a realização de diligências complementares. Não há, nestes dois casos, inércia por parte do representante do *parquet*. Conferir o magistério de Guilherme de Souza Nucci: "(...) é inaceitável que o ofendido, porque o inquérito foi arquivado, a requerimento do Ministério Público, ingresse com ação penal privada subsidiária da pública. A titularidade da ação penal não é, nesse caso, da vítima e a ação privada, nos termos do art. 29, somente é admissível quando o órgão acusatório estatal deixa de intentar a ação penal, no prazo legal, mas não quando age, pedindo o arquivamento. Há, pois, diferença substancial entre não agir e manifestar-se pelo arquivamento, por crer inexistir fundamento para a ação penal" (*Código de Processo Penal Comentado*, 17ª ed., p. 146). Na jurisprudência: "1. A comprovação inequívoca da inércia do Ministério Público é requisito essencial para justificar o ajuizamento da ação penal privada subsidiária da pública. 2. O pedido de arquivamento do feito, formulado pelo Ministério Público, titular da ação penal, não pode ser discutido, senão acolhido. Precedentes do STF e do STJ. 3. Agravo regimental não provido" (STJ – AgRg na APn: 557 DF 2008/0269543-6, Relator: Ministra NANCY ANDRIGHI, Data de Julgamento: 06.10.2010, CE – CORTE ESPECIAL, Data de Publicação 09.11.2010). ▣

Gabarito "B".

(Analista – TJ/SC – FGV – 2018) O Código de Processo Penal prevê uma série de institutos aplicáveis às ações penais de natureza privada.

Sobre tais institutos, é correto afirmar que:

(A) a renúncia ao exercício do direito de queixa ocorre antes do oferecimento da inicial acusatória, mas deverá ser expressa, seja através de declaração do ofendido seja por procurador com poderes especiais;

(B) o perdão do ofendido oferecido a um dos querelados poderá a todos aproveitar, podendo, porém, ser recusado pelo beneficiário, ocasião em que não produzirá efeitos em relação a quem recusou;

(C) a renúncia ao exercício do direito de queixa ocorre após o oferecimento da inicial acusatória, gerando extinção da punibilidade em relação a todos os querelados;

(D) a decadência ocorrerá se o ofendido não oferecer queixa no prazo de 06 meses a contar da data dos fatos, sendo irrelevante a data da descoberta da autoria;

(E) a perempção ocorre quando o querelante deixa de comparecer a atos processuais para os quais foi intimado, ainda que de maneira justificada.

A: incorreta. A *renúncia, que comporta tanto a modalidade expressa quanto a tácita e consiste na desistência, por parte da vítima, em processar seu agressor*, ocorre sempre antes do início da ação penal (antes do recebimento da queixa), conforme arts. 57 do CPP e 104 do CP; **B:** correta. O *perdão* constitui ato por meio do qual o querelante desiste de prosseguir na ação penal privada. Portanto, pressupõe-se que a ação penal tenha se iniciado. Ao contrário da *renúncia*, somente produzirá efeitos, com a extinção da punibilidade, em relação ao querelado que o aceitar. Trata-se, portanto, de ato bilateral, na forma estatuída no art. 51 do CPP. A *renúncia*, diferentemente, é ato unilateral, uma vez que, para produzir efeitos, não depende de aceitação do autor do crime; **C:** incorreta, na medida em que, conforme já ponderado acima, a renúncia somente terá lugar antes do início da ação penal; **D:** incorreta, já que o marco inicial, na contatem do prazo decadencial, é representado pelo dia em que o ofendido vem a saber quem é o seu ofensor (art. 38, *caput*, do CPP); **E:** incorreta, pois contraria o disposto no art. 60, III, do CPP, que estabelece que somente a ausência injustificada poderá dar azo à configuração da perempção. ED

Gabarito "B".

(Analista Judiciário – TRF/2 – Consulplan – 2017) Sobre os temas queixa, perdão e renúncia, assinale a alternativa INCOR-RETA.

(A) A renúncia ao exercício do direito de queixa, em relação a um dos autores do crime, a todos se estenderá.

(B) O perdão concedido a um dos querelados aproveitará a todos, produzindo efeito em relação ao que o recusar.

(C) A queixa contra qualquer dos autores do crime obrigará ao processo de todos, e o Ministério Público velará pela sua indivisibilidade.

(D) A queixa, ainda quando a ação penal for privativa do ofendido, poderá ser aditada pelo Ministério Público, a quem caberá intervir em todos os termos subsequentes do processo.

A: correta. A renúncia ao exercício do direito de queixa, em relação a um dos autores do crime, será, de fato, estendida aos demais. É o que estabelece o art. 49 do CPP; **B:** incorreta (a ser assinalada). O *perdão* constitui ato por meio do qual o querelante desiste de prosseguir na ação penal privada. Ao contrário da *renúncia*, somente produzirá efeitos, com a extinção da punibilidade, em relação ao querelado que o aceitar. Trata-se, portanto, de ato bilateral, na forma estatuída no art. 51 do CPP; **C:** correta. Pelo postulado da *indivisibilidade*, consagrado no art. 48 do CPP, que rege a ação penal privada, a ser exercida por meio de queixa, não é dado ao ofendido escolher contra quem a ação será ajuizada. É dizer: ou processa todos os autores identificados ou não processa nenhum (ou desiste da ação contra todos ou não desiste); **D:** correta, pois, de fato, a queixa, ainda quando a ação penal for privativa do ofendido, poderá ser aditada pelo Ministério Público, a quem caberá intervir em todos os termos do processo, nos moldes do art. 45 do CPP.

Gabarito "B".

(Analista Judiciário – TJ/MT – UFMT – 2016) Sobre a ação civil, assinale a afirmativa INCORRETA.

(A) A ação de ressarcimento de danos poderá ser proposta no juízo cível contra o autor do crime e, se for o caso, contra o responsável civil.

(B) A decisão que julgar extinta a punibilidade não impedirá a propositura da ação civil.

(C) O despacho de arquivamento do inquérito não impedirá a propositura da ação civil.

(D) Intentada a ação penal, o juiz da ação civil não poderá suspender o curso desta até o julgamento definitivo daquela.

A: correta, pois corresponde ao que dispõe o art. 64, *caput*, do CPP; **B:** correta, uma vez que retrata o disposto no art. 67, II, do CPP; **C:** correta, pois em conformidade com o teor do art. 67, I, do CPP; **D:** incorreta, pois não reflete o que estabelecem os arts. 64, parágrafo único, do CPP e 315 do NCPC.

Gabarito "D".

(Analista – TRE/AL – 2010 – FCC) O princípio segundo o qual a queixa deve abranger todos os autores, coautores e partícipes do fato criminoso, desde que identificados, é denominado princípio da

(A) não discricionariedade.

(B) obrigatoriedade.

(C) indivisibilidade.

(D) intranscendência.

(E) indisponibilidade.

O *princípio da indivisibilidade* da ação penal privada está consagrado no art. 48 do CPP. Embora não haja disposição expressa de lei, tal *postulado, segundo pensamos*, é também aplicável à ação penal pública. Não nos parece razoável que o Ministério Público possa escolher contra quem a demanda será promovida. Entretanto, o STF não compartilha desse entendimento. Para a nossa Corte Suprema, a indivisibilidade não tem incidência no âmbito da ação penal pública (somente na ação privada). Sustenta o STF que a divisibilidade da ação penal pública reside no fato de o Ministério Público ter a liberdade de não ofertar a denúncia contra alguns autores de crime contra os quais ainda não haja elementos suficientes; assim que reunidos esses elementos, a denúncia será aditada. Assim, a ação deixa de ser indivisível pelo simples fato de a denúncia comportar aditamento posterior. Com a devida vênia, a indivisibilidade, a nosso ver, consiste na impossibilidade de o membro do Ministério Público escolher contra quem a denúncia será oferecida. Se houver elementos, a ação deverá ser promovida contra todos.

Gabarito "C".

(Analista – TRE/AP – 2011 – FCC) Considere as seguintes assertivas sobre as espécies de ação penal, de acordo com o Código de Processo Penal:

I. Na ação penal privada, comparecendo mais de uma pessoa com direito de queixa, terá preferência o descendente e, em seguida, pela ordem, o cônjuge e o ascendente, podendo, entretanto, qualquer delas prosseguir na ação, caso o querelante desista da instância ou a abandone.

II. Seja qual for o crime, quando praticado em detrimento do patrimônio ou interesse da União, a ação penal será pública.

III. Na ação penal pública condicionada, o direito de representação poderá ser exercido, pessoalmente ou por procurador com poderes especiais, mediante declaração, escrita ou oral, feita ao juiz, ao órgão do Ministério Público, ou à autoridade policial.

Está correto o que se afirma SOMENTE em

(A) I e II.

(B) II.

(C) I.

(D) II e III.

(E) I e III.

I: incorreta. Em obediência ao estabelecido no art. 36 do CPP, comparecendo mais de uma pessoa com direito de queixa, a preferência será do cônjuge, seguido pelo parente mais próximo na ordem estabelecida no art. 31 do CPP (ascendente, descendente e irmão). Estes, em caso de abandono ou desistência por parte do querelante, têm o direito de prosseguir na ação; **II:** correta, visto que em conformidade com o teor do art. 24, § 2º, do CPP; **III:** correta, visto que em conformidade com o teor do art. 39, *caput*, do CPP.

Gabarito "D".

(Analista – TRE/RS – 2010 – FCC) A penalidade imposta ao querelante, ou aos seus sucessores, em virtude do desinteresse em prosseguir na ação penal privada, denomina-se

(A) decadência.

(B) prescrição da pretensão punitiva.

(C) prescrição da pretensão executória.

(D) perempção.

(E) preclusão.

A perempção (art. 107, IV, do CP), instituto exclusivo da ação penal privada, constitui uma sanção aplicada ao querelante que deixa de promover o bom andamento processual, mostrando-se negligente e desidioso. Suas hipóteses estão listadas no art. 60 do CPP.
„ᗡ„ oʇᴉɹɐqɐƃ

(TRF/1ª – 2011 – FCC) A ação penal privada exclusiva tem início por meio de

(A) denúncia do Ministério Público, independentemente de qualquer manifestação do ofendido.

(B) queixa-crime ajuizada pelo ofendido ou por quem tenha qualidade para representá-lo.

(C) denúncia do Ministério Público condicionada à representação do ofendido ou de quem tenha qualidade para representá-lo.

(D) portaria do Juiz de Direito baseada em prévia representação do Ministério Público.

(E) queixa formulada pessoalmente pelo ofendido à autoridade policial competente.

Queixa ou queixa-crime é a peça inaugural da ação penal privada; na ação penal pública, ainda que condicionada à representação, a peça inicial é a denúncia, a ser ofertada pelo Ministério Público, seu titular.
„ᗺ„ oʇᴉɹɐqɐƃ

(Técnico – TRF/1ª – 2011 – FCC) A respeito do perdão, considere:

I. O perdão concedido a um dos querelados não aproveitará aos demais, por se tratar de liberalidade que deve ser interpretada restritivamente.

II. O perdão pode ser concedido até o trânsito em julgado da sentença condenatória.

III. O perdão poderá ser aceito por procurador com poderes especiais.

Está correto o que se afirma SOMENTE em:

(A) II e III.

(B) I e II.

(C) I e III.

(D) I.

(E) II.

I: incorreta, visto que, nos termos do art. 51 do CPP, o *perdão* concedido a um dos querelados a todos aproveita, mas somente produzirá o efeito de extinguir a punibilidade em relação àquele que o aceitar (ato bilateral); **II:** correta. De fato, o perdão, instituto exclusivo da ação penal privada, tem lugar após o início da ação penal e até o trânsito em julgado da sentença condenatória; **III:** correta, nos termos do art. 55 do CPP.
„∀„ oʇᴉɹɐqɐƃ

(Analista – TRF/4ª – 2010 – FCC) O prazo para oferecimento da denúncia, estando o réu preso, contado da data em que o órgão do Ministério Público receber os autos do inquérito policial, será de

(A) 10 (dez) dias.

(B) 03 (três) dias.

(C) 08 (oito) dias.

(D) 05 (cinco) dias.

(E) 15 (quinze) dias.

Em vista da disciplina estabelecida no art. 46, *caput*, do CPP, o prazo para oferecimento da denúncia, se solto estiver o réu, é de quinze dias; se estiver preso, o prazo de que dispõe o Ministério Público para ofertar a denúncia é de cinco dias.
„ᗡ„ oʇᴉɹɐqɐƃ

(Analista – TRF/4ª – 2010 – FCC) No que se refere à ação penal, de acordo com o Código de Processo Penal, é correto afirmar:

(A) Nos casos em que somente se procede mediante queixa, considerar-se-á perempta a ação penal quando, iniciada esta, o querelante deixar de promover o andamento do processo durante 60 dias seguidos.

(B) A queixa na ação penal privativa do ofendido não poderá ser aditada pelo Ministério Público.

(C) A representação será irretratável após o encerramento do inquérito policial.

(D) A aceitação do perdão fora do processo não poderá ser feita por procurador com poderes especiais.

(E) Seja qual for o crime, quando praticado em detrimento do patrimônio ou interesse da União, Estado e Município, a ação penal será pública.

A: incorreta, pois, em vista do disposto no art. 60, I, do CPP, será considerada *perempta* a ação quando, após seu início, o querelante deixar de promover o andamento do processo durante 30 dias seguidos. A *perempção*, que só tem cabimento na ação penal privada, constitui uma sanção impingida ao querelante que se mostra desidioso na condução do processo; **B:** incorreta, tendo em conta que a queixa poderá, sim, dado o que estabelece o art. 45 do CPP, ser aditada pelo Ministério Público; **C:** incorreta, visto que a representação será irretratável *depois* de oferecida a denúncia: art. 25 do CPP e art. 102 do CP; **D:** incorreta, pois em desacordo com o teor do art. 59 do CPP; **E:** correta, eis que em conformidade com o disposto no art. 24, § 2º, do CPP.
„Ǝ„ oʇᴉɹɐqɐƃ

(Analista – TREMG – 2012 – CONSULPLAN) Quanto à Ação Penal Privada Subsidiária da Pública, marque V para as afirmativas verdadeiras e F para as falsas.

( ) Tem-se admitido a propositura da ação penal privada subsidiária da pública, em caso de arquivamento do inquérito policial.

( ) Ajuizada a ação subsidiária, o Ministério Público não poderá retomar a ação como parte principal.

( ) Oferecida a queixa subsidiária, o Ministério Público poderá repudiá-la e oferecer denúncia substitutiva.

( ) Admite-se a ação penal privada subsidiária da pública tanto em crimes de ação penal pública incondicionada, quanto em crimes de ação penal pública condicionada à representação do ofendido.

A sequência está correta em

(A) V, V, V, F

(B) V, F, V, F

(C) V, F, F, V

(D) F, F, V, V

(E) F, V, F, V

1ª assertiva: incorreta, visto que em desconformidade com posicionamento doutrinário e jurisprudencial dominante. Com efeito, dado que a propositura da ação penal privada subsidiária pressupõe a ocorrência de inação, desídia do membro do Ministério Público, não terá cabimento tal modalidade de ação privativa do ofendido na hipótese de o representante do *parquet* promover o arquivamento dos autos de inquérito policial. Conferir: *Recurso recebido como agravo regimental. Crimes de prevaricação e de condescendência criminosa. Ação penal privada subsidiária da pública. Inércia do Ministério Público Federal não caracterizada. Manifestação do parquet. Falta de justa causa por ausência de indícios quanto à materialidade e à autoria. Arquivamento.* – Na linha da jurisprudência desta Corte, a viabilizada da ação penal privada subsidiária da pública depende da efetiva inércia do Ministério Público, o que não ocorre no caso em debate. – Manifestando-se o Ministério Público Federal pela ausência de indícios de materialidade e de autoria, não há como prosseguir com o presente feito, relativo aos crimes de prevaricação e de condescendência criminosa (artigos 319 e 310 do CPC), sendo obrigatório o arquivamento do processo. Precedentes. Agravo regimental improvido. Procedimento criminal arquivado." (STJ, Pet na APN 699/MT, 2012/0072560-8, Corte Especial, j. 01.08.2012, rel. Min. Cesar Asfor Rocha, *DJe* 13.08.2012); **2ª assertiva:** incorreta. No âmbito da ação penal privada subsidiária, o ofendido ou seu representante legal dispõe do prazo decadencial de seis meses para oferecer a queixa-crime, a contar do dia em que tem fim o prazo para o oferecimento da denúncia (art. 38, parte final, do CPP), ao qual, é importante que se diga, não se submete o Ministério Público, que poderá, a qualquer tempo, desde que antes da prescrição, recobrar a ação e oferecer a denúncia; **3ª assertiva:** correta. Intentada a ação penal privada subsidiária, caberá ao Ministério Público, nos moldes do que prescreve o art. 29 do CPP, "(...) aditar a queixa, repudiá-la e oferecer denúncia substitutiva, intervir em todos os termos do processo, fornecer elementos de prova, interpor recurso e, a todo tempo, no caso de negligência do querelante, retomar a ação como parte principal"; **4ª assertiva:** correta. A ação penal privada subsidiária terá lugar tanto no âmbito da ação penal pública incondicionada quanto no da condicionada à representação do ofendido.

(**Analista – TJ/AM – 2013 – FGV**) Com relação à *ação penal privada*, assinale a afirmativa correta.

(A) O direito de ação na inércia voluntária do ofendido, pode ser exercido por seu cônjuge ou descendente.

(B) Na ação penal privada vigora o princípio da indisponibilidade.

(C) Na ação penal privada não se aplica o perdão da vítima como forma de extinção da punibilidade.

(D) Na ação penal privada vigora o princípio da indivisibilidade.

(E) São modalidades: exclusivamente privada, personalíssima, subsidiária da pública e condicionada à requisição do Ministro da Justiça.

A: incorreta. Somente caberá ao *cônjuge* ou ao *descendente* (e também ao *ascendente* e *irmão*) o oferecimento da queixa ou o prosseguimento da ação já em curso na hipótese de morte do ofendido ou quando declarado ausente por decisão judicial, nos termos do art. 31 do CPP. Dado que a ação penal privada é informada pelos *princípios da oportunidade* (ou conveniência) e *disponibilidade*, é conferida ao ofendido a prerrogativa de deixar de ajuizar a queixa (renúncia) e, no curso da ação, desistir de dar-lhe prosseguimento (perdão); **B:** incorreta, visto que, como já dito, a ação penal privativa do ofendido é regida pelo *princípio da disponibilidade*, segundo o qual pode o seu titular desistir de prosseguir na demanda por ele ajuizada. O *princípio da indisponibilidade* – art. 42 do CPP – é exclusivo da ação penal pública; **C:** incorreta. Pelo contrário, o perdão do ofendido somente terá incidência no âmbito da ação penal de iniciativa privativa do ofendido. É importante que se

diga que o perdão, diferentemente da renúncia, somente produzirá o efeito de extinguir a punibilidade se aceito for pelo querelado (art. 107, VI, do CP); **D:** correta (art. 48 do CPP, que proclama o *princípio da indivisibilidade da ação penal privada*). Embora não haja disposição expressa de lei, entendemos que o *princípio da indivisibilidade* é também aplicável à ação penal pública, uma vez que o promotor de justiça tem o dever de promover a ação penal contra todos os agentes identificados que cometeram a infração penal; **E:** incorreta. A ação penal condicionada à requisição do Ministro da Justiça constitui, ao lado da ação penal condicionada à representação do ofendido, modalidade de ação penal pública (art. 24, *caput*, do CPP). Detém legitimidade para o seu ajuizamento, portanto, o Ministério Público.

(**Analista – TJ/CE – 2013 – CESPE**) No que se refere à ação penal, assinale a opção correta.

(A) Arquivado o IP, por decisão judicial, a pedido do MP, permite-se o ajuizamento da ação penal privada subsidiária pública quando a vítima se sentir lesada pela violação de seus direitos.

(B) Feita proposta de suspensão condicional do processo pelo MP, o acusado deverá declarar imediatamente se a aceita ou não, pois não lhe é permitido postergar tal manifestação para momento ulterior ao recebimento da denúncia.

(C) A desistência da ação penal privada somente poderá ocorrer até a prolação da sentença condenatória.

(D) O perdão concedido a um dos querelados aproveitará a todos, mesmo que haja recusa de um deles, não produzindo efeitos somente em relação a este.

(E) A representação, condição de procedibilidade da ação penal pública condicionada, exige formalidade, não podendo ser suprida pela simples manifestação expressa da vítima ou de seu representante.

A: incorreta. A *ação penal privada subsidiária da pública*, que será intentada pelo ofendido ou seu representante legal, somente terá lugar na hipótese de o membro do Ministério Público revelar-se desidioso, omisso, deixando de cumprir o prazo fixado em lei para a propositura da ação penal pública (art. 29 do CPP). O pedido de arquivamento do inquérito formulado pelo MP não pode ser interpretado como desídia, uma vez que o representante do *parquet*, após examinar os autos de inquérito, agiu e adotou uma das medidas legais postas à sua disposição. Na jurisprudência do STJ: "recurso especial. Direito Processual Penal. Usurpação de função pública. Violação de sigilo funcional. Prevaricação. Concussão e tortura. Recurso especial fundado na alínea "c" do permissivo Constitucional. Dissídio jurisprudencial. Não demonstrado e não comprovado. Arquivado o inquérito, a requerimento do ministério público, no prazo legal. Ação penal privada subsidiária da pública. Legitimidade ativa do ofendido. Inocorrência. Recurso parcialmente conhecido e improvido. 1. A divergência jurisprudencial, autorizativa do recurso especial interposto, com fundamento na alínea "c" do inciso III do artigo 105 da Constituição Federal, requisita comprovação e demonstração, esta, em qualquer caso, com a transcrição dos trechos dos acórdãos que configurem o dissídio, mencionando-se as circunstâncias que identifiquem ou assemelhem os casos confrontados, não se oferecendo, como bastante, a simples transcrição de ementas ou votos. 2. Postulado o arquivamento do inquérito policial, não há falar em inércia do Ministério Público e, consequentemente, em ação penal privada subsidiária da pública. Precedentes do STF e do STJ. 3. A regra do artigo 29 do Código de Processo Penal não tem incidência na hipótese do artigo 28 do mesmo diploma legal, relativamente ao Chefe do Ministério Público Federal. 4. Recurso parcialmente conhecido e improvido" (RESP 200200624875, Hamilton Carvalhido, 6ª T.URMA, *DJE* de 22/04/2008); **B:** incorreta. Conferir: "*habeas corpus*. Impetração

originária. Substituição ao recurso ordinário. Impossibilidade. Respeito ao sistema recursal previsto na carta magna. Não conhecimento. 1. A Primeira Turma do Supremo Tribunal Federal, buscando dar efetividade às normas previstas na Constituição Federal e na Lei 8.038/1990, passou a não mais admitir o manejo do *habeas corpus* originário em substituição ao recurso ordinário cabível, entendimento que deve ser adotado por este Superior Tribunal de Justiça, a fim de que seja restabelecida a organicidade da prestação jurisdicional que envolve a tutela do direito de locomoção. 2. Tratando-se de *writ* impetrado antes da alteração do entendimento jurisprudencial, o alegado constrangimento ilegal será enfrentado para que se analise a possibilidade de eventual concessão de *habeas corpus* de ofício. Crime ambiental (artigo 39, combinado com o artigo 40, ambos da Lei 9.605/1998). Oferecimento da proposta de suspensão condicional do processo antes da apresentação de resposta à acusação. Ilegalidade. Necessidade de interpretação do artigo 89 da Lei 9.099/1995 à luz das modificações trazidas pela Lei 11.719/2008. Constrangimento ilegal evidenciado. Concessão da ordem de ofício. 1. Embora o artigo 89 da Lei 9.099/1995 estabeleça que a proposta de suspensão condicional do processo deve ser feita no momento do oferecimento da denúncia, tal dispositivo deve ser compatibilizado com as modificações promovidas no procedimento comum ordinário pela Lei 11.719/2008. 2. Diante da possibilidade de absolvição sumária, mostra-se desarrazoado admitir que a suspensão condicional do processo seja oferecida ao denunciado antes da análise de sua resposta à acusação, na qual pode veicular teses que, se acatadas, podem encerrar a ação penal. 3. Não se pode exigir que o acusado aceite a suspensão condicional do processo antes mesmo que suas alegações de inépcia da denúncia, de falta de justa causa para a persecução penal, ou de questões que possam ensejar a sua absolvição sumária sejam devidamente examinadas e refutadas pelo magistrado singular. 4. Ademais, revela-se extremamente prejudicial ao réu o entendimento de que a suspensão condicional do processo deve ser ofertada antes mesmo do exame da sua resposta à acusação, pois seria obrigado a decidir sobre a aceitação do benefício sem que a própria viabilidade da continuidade da ação penal seja verificada. 5. *Habeas corpus* não conhecido. Ordem concedida de ofício para determinar ao Juízo singular que analise as questões suscitadas pela defesa na resposta à acusação antes de propor ao paciente o benefício da suspensão condicional do processo" (HC 201200745068, Jorge Mussi, STJ, 5ª T.urma, *DJE* de 29.10.2013); **C:** incorreta. Ajuizada a ação penal privada, poderá o querelante dela desistir, valendo-se do perdão ou da peremção, até o trânsito em julgado da decisão condenatória (art. 106, § 2°, CP); **D:** correta. O *perdão* constitui ato por meio do qual o querelante desiste de prosseguir na ação penal privada. Ao contrário da *renúncia*, somente produzirá efeitos, com a extinção da punibilidade, em relação ao querelado que o aceitar. Trata-se, portanto, de ato bilateral, na forma estatuída no art. 51 do CPP; **E:** incorreta, já que a jurisprudência firmou entendimento no sentido de que a *representação*, condição de procedibilidade ao exercício da ação penal pública condicionada, não exige rigor formal, sendo suficiente que o ofendido ou seu representante demonstre, de forma inequívoca, seu desejo em ver processado o ofensor.
Gabarito "D".

(Analista – TJ/AP – 2010) Marque a alternativa correta. A ação penal,

(A) nos crimes de ação pública, será promovida por denúncia do Ministério Público;

(B) nas contravenções penais, será iniciada com o auto de prisão em flagrante ou por meio de portaria expedida pela autoridade judiciária ou policial;

(C) nos crimes de ação de iniciativa privada, será promovida por denúncia do ofendido ou seu representante legal;

(D) nos crimes de ação pública condicionada, depende de representação do Ministro da Justiça.

A: correta, nos termos do art. 24, *caput*, primeira parte, do CPP; **B:** incorreta. O art. 26 do CPP, que permitia o início da ação penal por meio de portaria da autoridade judiciária ou policial, bem assim pela lavratura do auto de prisão em flagrante, não foi recepcionado pela Constituição Federal de 1988, que conferiu legitimidade privativa ao Ministério Público para promover a ação penal – art. 129, I, da CF/1988; **C:** incorreta. Neste caso, a ação será promovida por queixa do ofendido ou de quem tenha qualidade para representá-lo; a denúncia, ofertada pelo Ministério Público, constitui a peça inicial da ação penal pública, condicionada ou incondicionada; **D:** incorreta. Nos crimes de ação pública condicionada, esta será intentada por denúncia do Ministério Público, mas dependerá, sempre que a lei exigir, de requisição do Ministro da Justiça ou de representação do ofendido ou de seu representante legal – art. 24, *caput*, do CPP.
Gabarito "A".

(Analista – TJ/AP – 2010) Marque a alternativa correta. Nos crimes em que somente se procede mediante queixa, considerar-se-á perempta a ação penal

(A) quando, iniciada esta, o querelante deixar de promover o andamento do processo durante 60 (sessenta) dias seguidos;

(B) quando, falecendo o querelante, não comparecer em juízo, para prosseguir no processo, dentro do prazo de 30 (trinta) dias, o cônjuge do morto;

(C) quando, sendo o querelante pessoa jurídica, esta se extinguir sem deixar sucessor;

(D) quando o querelante formular pedido de condenação nas alegações finais.

A: incorreta. Não corresponde ao que prescreve o art. 60, I, do CPP, que estabelece o prazo de 30 dias durante os quais o querelante deve deixar de dar andamento ao processo; **B:** incorreta. O art. 60, II, do CPP estabelece o prazo de 60 dias; **C:** correta. Assertiva em consonância com o disposto no art. 60, IV, do CPP; **D:** incorreta. Pela disciplina estabelecida no art. 60, III, do CPP, a peremção ocorrerá quando o querelante *deixar* de formular pedido de condenação nas alegações finais.
Gabarito "C".

As *ações penais* podem ser classificadas como públicas incondicionadas, públicas condicionadas à representação ou à requisição do Ministro da Justiça ou ação penal privada.

(Analista – MP/MS – 2013 – FGV) A respeito dessas modalidades, assinale a afirmativa correta.

(A) A representação feita pelo ofendido é retratável até o momento do recebimento da denúncia.

(B) Seja qual for o crime, quando praticado em detrimento do patrimônio ou interesse da União, Estado ou Município, a ação penal será pública.

(C) O direito de representação não possui uma forma predeterminada, podendo ser exercido mediante declaração pessoal do ofendido ou de procurador com poderes gerais, de maneira escrita ou oral, feita ao juiz, ao órgão do Ministério Público ou à autoridade policial.

(D) No caso de morte do ofendido, se a ação penal de natureza privada não for classificada como personalíssima, o direito de oferecer queixa ou prosseguir na ação passará ao cônjuge, companheiro, ascendentes e descendentes, mas não ao irmão.

(E) O perdão independe de aceitação do querelado, tácita ou expressa.

A: é incorreto afirmar-se que a retratação pode se dar até o *recebimento* da denúncia. Isso porque, a teor do que estabelece o art. 25 do CPP, terá lugar a retratação até o *oferecimento* da denúncia; depois disso, portanto, ela passa a ser irretratável, o que inclui a fase de recebimento da inicial; **B:** correta, pois retrata a regra presente no art. 24, § 2º, do CPP; **C:** incorreta. É verdade que a representação, segundo doutrina e jurisprudência pacíficas, não depende de fórmula sacramental prescrita em lei, sendo suficiente que o ofendido manifeste, de forma inequívoca, seu desejo em ver processado seu ofensor. Também é fato que a representação comporta as formas *escrita* e *verbal*, conforme prescreve o art. 39 do CPP, que também estabelece que esta condição de procedibilidade pode ser dirigida ao magistrado, ao promotor ou à autoridade policial. Até aqui, a proposição está correta. Está incorreta, no entanto, quando afirma que o direito de representação pode ser exercido por procurador com poderes gerais. É que, por força do que dispõe o art. 39, *caput*, do CPP, impõe-se que a representação, quando não oferecida pessoalmente pelo ofendido, o seja por procurador que detenha poderes especiais para tanto; **D:** incorreta, pois, no caso de morte do ofendido, a representação, condição objetiva de punibilidade, será exercida pelo cônjuge, ascendente, descendente ou irmão (inclusive), na forma estatuída no art. 31 do CPP; agora, se se tratar de ação penal privada personalíssima, a morte do ofendido, único que dispõe de legitimidade para o exercício desta modalidade de ação, levará, inevitavelmente, à extinção da punibilidade do ofensor; **E:** incorreta. Sendo ato bilateral, o perdão só gera a extinção da punibilidade se for aceito pelo querelado – art. 51 do CPP e art. 105 do CP.

Gabarito "B".

(FGV – 2015) Carlos foi indiciado pela prática de um crime de lesão corporal grave, que teria como vítima Jorge. Após o prazo de 30 dias, a autoridade policial elaborou relatório conclusivo e encaminhou o procedimento para o Ministério Público. O promotor com atribuição concluiu que não existiam indícios de autoria e materialidade, razão pela qual requereu o arquivamento. Inconformado com a manifestação, Jorge contratou advogado e propôs ação penal privada subsidiária da pública. Nesse caso, é correto afirmar que

(A) caso a queixa seja recebida, o Ministério Público não poderá aditá-la ou interpor recurso no curso do processo.

(B) caso a queixa seja recebida, havendo negligência do querelante, deverá ser reconhecida a perempção.

(C) a queixa proposta deve ser rejeitada pelo magistrado, pois não houve inércia do Ministério Público.

(D) a queixa proposta deve ser rejeitada pelo magistrado, tendo em vista que o instituto da ação penal privada subsidiária da pública não foi recepcionado pela Constituição Federal.

Segundo posicionamento doutrinário e jurisprudencial pacífico, a propositura da ação penal privada subsidiária da pública tem como pressuposto a ocorrência de desídia do membro do Ministério Público, deixando de promover a ação penal dentro do prazo estabelecido em lei. Bem por isso, não há que se falar nesta modalidade de ação privada na hipótese de o representante do MP requerer o arquivamento dos autos de inquérito policial, e bem assim quando requerer o retorno dos autos de inquérito à Delegacia de Polícia para a realização de diligências complementares. Não há, nestes dois casos, inércia por parte do representante do *parquet*. Conferir o magistério de Guilherme de Souza Nucci: "(...) é inaceitável que o ofendido, porque o inquérito foi arquivado, a requerimento do Ministério Público, ingresse com ação penal privada subsidiária da pública. A titularidade da ação penal não é, nesse caso, da vítima e a ação privada, nos termos do art. 29, somente é admissível quando o órgão acusatório estatal deixa de intentar a ação penal, no prazo legal, mas não quando age, pedindo o arquivamento. Há, pois,

diferença substancial entre não agir e manifestar-se pelo arquivamento, por crer inexistir fundamento para a ação penal" (*Código de Processo Penal Comentado*, 12ª ed., p. 153).

Gabarito "C".

4. JURISDIÇÃO E COMPETÊNCIA; CONEXÃO E CONTINÊNCIA

(Analista – TJ/MA – 2019 – FCC) Sobre a competência no processo penal é correto afirmar:

(A) Será determinada, de regra, pelo domicílio ou residência do réu.

(B) É vedado ao Tribunal do Júri o julgamento de crimes patrimoniais.

(C) Será determinada pela conexão quando a prova de uma infração influir na prova de outra.

(D) No concurso entre a jurisdição comum e a militar, prevalece a última para o processamento conjunto e unitário.

(E) É determinada pela continência quando houver mais de um juiz igualmente competente para o caso.

A: incorreta. No processo penal, a competência, tal como estabelece o art. 70, *caput*, do CPP, será determinada, em regra, pelo local em que se deu a consumação do delito ou, no caso de tentativa, no lugar em que foi praticado o derradeiro ato de execução. A residência ou domicílio do réu somente constituirá critério de fixação de competência na hipótese de não ser conhecido o lugar da infração. Perceba que este último critério tem caráter supletivo (subsidiário), ou seja, somente se lançará mão dele quando for totalmente desconhecido o lugar da infração (art. 72, *caput*, do CPP); **B:** incorreta. Como é sabido, ao Tribunal do Júri cabe o julgamento dos crimes dolosos contra a vida (arts. 5º, XXXVIII, da CF e 74, § 1º, do CPP). Sucede que, se houver conexão ou continência entre um crime doloso contra a vida e um delito comum, cuja competência não seja do Júri, caberá a este o julgamento conjunto (art. 78, I, do CP). Em outras palavras, o Júri exerce *vis attractiva* em relação aos delitos de competência do juízo comum que tenham conexão ou continência com delitos dolosos contra a vida. Dessa forma, caberá ao Tribunal Popular julgar, por exemplo, um crime de homicídio doloso conexo com um delito de estupro; ou ainda um delito de homicídio doloso conexo com um crime patrimonial; **C:** correta, já que se trata da hipótese de conexão prevista no art. 76, III, do CP; **D:** incorreta. Havendo conexão entre jurisdição comum e militar, impõe-se a separação dos julgamentos (art. 79, I, CPP); **E:** incorreta. Havendo mais de um juiz igualmente competente para o caso, o critério a ser adotado para determinar a competência é o da distribuição, isto é, é feito um sorteio para estabelecer qual o juiz que atuará no feito (art. 75, CPP).

Gabarito "C".

(Analista – TRF/4 – FCC – 2019) Analise o seguinte caso hipotético:

Xisto cometeu crime de corrupção ativa ao oferecer dinheiro a um auditor fiscal da Receita Federal para que sua empresa, situada na cidade de Florianópolis, não fosse autuada por sonegação de tributos federais, no mês de Agosto de 2018. Após o crime, Xisto foi eleito, no último pleito, para o mandato de Deputado Estadual, pelo estado de Santa Catarina, tomando posse neste ano de 2019.

Neste caso, a competência para processar e julgar Xisto será

(A) do Tribunal de Justiça do Estado de Santa Catarina.

(B) do Tribunal Regional Federal da 4ª Região.

(C) do Superior Tribunal de Justiça.

(D) do Supremo Tribunal Federal.

(E) de uma das varas federais de Florianópolis, com competência criminal.

Não há dúvidas de que o crime em que incorreu Xisto é de competência da Justiça Federal, porquanto praticado contra um auditor fiscal da Receita Federal no pleno exercício de suas funções. A questão que aqui se coloca é acerca da incidência ou não, neste caso, do foro por prerrogativa de função, já que, no ano seguinte ao cometimento delitivo, Xisto tomou posse como deputado estadual, o que, em tese, determina a competência do Tribunal Regional da respectiva Região (já que se trata de crime federal). Sucede que, no dia 3 de maio de 2018, o Plenário do STF, por maioria de votos, decidiu que o foro por prerrogativa de função de que gozam parlamentares federais (senadores e deputados) se aplica tão somente a infrações penais cometidas no exercício do cargo e em razão das funções a ele relacionadas. Tal decisão foi tomada no julgamento de questão de ordem da ação penal 937, cujo relator é o ministro Luís Roberto Barroso. Com isso, se o crime imputado a senador ou deputado federal é cometido antes da diplomação, o julgamento caberá ao juízo de primeira instância; se for cometido no curso do mandado mas nenhuma relação tiver com o seu exercício, o julgamento também caberá ao juiz de primeira instância (por exemplo: homicídio; roubo; embriaguez ao volante); agora, sendo o delito cometido durante o mandato e havendo relação entre ele e o desempenho da função parlamentar (corrupção passiva, por exemplo), o julgamento deverá realizar-se perante o STF. Uma das primeiras questões que surgiu, entre tantas outras, é se este entendimento que restringe o foro por prerrogativa de função se aplica para outras hipóteses de foro privilegiado ou apenas para os deputados federais e senadores. Segundo o STF, em decisão tomada no julgamento do Inq 4703 QO/DF, ocorrido em 12/06/2018 e da relatoria do ministro Luiz Fux, tal restrição imposta ao foro privilegiado vale também para ministros de Estado. O STJ, por sua vez, ao enfrentar a questão, tendo por base a decisão do STF na AP 937, decidiu que a restrição do foro deve alcançar governadores e conselheiros dos Tribunais de Contas estaduais (AP 866 e AP 857). Lembremos que o art. 105, I, "a", da CF/88 estabelece que compete ao STJ julgar os crimes praticados por governadores de Estado e por conselheiros dos Tribunais de Contas dos Estados. No que concerne aos prefeitos, ainda não há consenso. Há tribunais que, em face da nova interpretação conferida pelo STF ao foro por prerrogativa de função, remeteram os processos contra o chefe do executivo municipal para julgamento pela 1ª instância. Outra questão que está em aberto é se o julgamento de magistrados (juízes, desembargadores e ministros de tribunais superiores) deve se dar pela primeira instância ou não, na hipótese de o crime não ter qualquer conexão com o exercício do cargo. ⬛ Gabarito "E".

(Analista – TRF/4 – FCC – 2019) Considere os seguintes fatos criminosos:

I. Paulo é acusado de crime de furto tentado, na forma simples, de equipamentos de informática pertencentes à Petrobrás, com pena prevista de 01 a 04 anos de reclusão e multa, com a redução de 1/3 a 2/3 pelo crime tentado.

II. Rodrigo, funcionário público federal, abandona o cargo que ocupa na cidade de Porto Alegre-RS, fora dos casos permitidos em lei, causando em decorrência deste fato prejuízo público, infringindo o tipo penal do artigo 323, § 1º, do Código Penal, com pena prevista de detenção, de 3 meses a 1 ano, e multa.

III. Ronaldo é acusado de crime de desacato contra policial federal no Aeroporto de Guarulhos (artigo 331, do Código Penal), com pena prevista de 6 meses a 2 anos de detenção, ou multa.

IV. Xisto, durante um procedimento licitatório promovido por empresa pública federal, devassa o sigilo de proposta apresentada, infringindo o tipo penal previsto no artigo 94, da Lei n. 8.666/1993, com pena prevista de 02 a 03 anos de detenção e multa.

É competente o Juizado Especial Federal Criminal para processamento e julgamento dos delitos indicados em

(A) I, II e III, apenas.

(B) II e III, apenas.

(C) I, II e IV, apenas.

(D) I, III e IV, apenas.

(E) I, II, III e IV.

I: incorreta. O julgamento deve se dar pela Justiça Estadual, levando-se em conta que o crime foi praticado contra a Petrobras, sociedade de economia mista federal. A solução deve ser extraída da Súmula 42 do STJ: "Compete à Justiça comum estadual processar e julgar as causas cíveis em que é parte sociedade de economia mista e os crimes praticados em seu detrimento". Além disso, subtraindo um terço da pena máxima cominada ao furto simples, que é de quatro anos, chega-se a 2 anos e 8 meses, superior ao limite estabelecido no art. 61 da Lei 9.099/1995, que corresponde a 2 anos; **II:** correta. Será competente para o julgamento o Juizado Especial Federal Criminal. Isso porque se trata de delito praticado por funcionário público federal contra a Administração Federal; além do que, a pena máxima cominada ao crime é inferior a 2 anos, limite que define a competência do Juizado Especial, tal como estabelecem os arts. 2º, caput, da Lei 10.259/2001 e 61 da Lei 9.099/1995; **III:** correta, tendo em conta o que foi ponderado no comentário anterior; **IV:** incorreta. Trata-se de crime cuja pena máxima cominada é superior a 2 anos, o que afasta a competência do Juizado Especial (arts. 2º, caput, da Lei 10.259/2001 e 61 da Lei 9.099/1995). ⬛ Gabarito "B".

(Analista Judiciário – TJ/AL – 2018 – FGV) Desembargador do Tribunal de Justiça do Estado de São Paulo ofereceu queixa-crime em face de João, perante Vara Criminal da Comarca de Maceió, imputando-lhe a prática do crime de calúnia com causa de aumento, já que João teria lhe imputado, nesta comarca, falsamente, fato definido como crime de ação penal pública, para demonstrar que o crime efetivamente foi praticado pelo Desembargador, na presença de diversas pessoas. Ao tomar conhecimento da queixa, João, querelado, apresenta exceção da verdade, que é recebida e processada pelo órgão competente.

Considerando apenas as informações narradas no enunciado, o julgamento da exceção da verdade será de competência do(a):

(A) Supremo Tribunal Federal;

(B) Superior Tribunal de Justiça;

(C) Tribunal de Justiça do Estado de São Paulo;

(D) Tribunal de Justiça do Estado de Alagoas;

(E) Vara Criminal da Comarca de Maceió.

Segundo estabelece o art. 85 do CPP, nos crimes contra a honra que comportam exceção da verdade, na hipótese de esta ser ajuizada em face de querelante que goze de foro por prerrogativa de função, como é o caso de desembargador, o julgamento da exceção caberá ao Tribunal, neste caso o STJ, e não ao juízo de primeira instância no qual tramita a ação. Tão logo seja julgada a exceção pelo tribunal no qual o querelante goza de foro especial, os autos são devolvidos ao juízo de origem, no qual o feito terá prosseguimento. Ou seja, caberá ao tribunal, neste caso o STJ, tão somente a apreciação e julgamento da exceção. Importante que se diga, ademais, que o julgamento pela instância superior se restringe à exceção da verdade no contexto do crime de calúnia. Não alcança, portanto, a exceção da verdade no delito de difamação. 🔲

(Analista – TJ/SC – FGV – 2018) Vânia, analista judiciária que trabalhava com a juíza do Tribunal do Júri do Tribunal de Justiça de Florianópolis, recebeu, para análise, duas ações penais logo após o oferecimento da denúncia por parte do Ministério Público. Na primeira, imputava-se o crime de infanticídio à Defensora Pública Estadual Ana, que teria praticado o fato em Florianópolis. Na segunda, imputava-se o crime de homicídio doloso qualificado ao juiz de direito Tício, delito esse que seria relacionado ao cargo. Tício atuava junto ao Tribunal de Justiça de Santa Catarina, na Comarca de Blumenau/SC, mas o fato teria ocorrido no Paraná. Ao receber os procedimentos, Vânia verifica que a Constituição Estadual do Estado de Santa Catarina prevê foro por prerrogativa de função aos Defensores Públicos do Estado, que devem ser julgados pelo Tribunal de Justiça de Santa Catarina.

Com base na situação hipotética narrada, ao analisar o procedimento, Vânia deveria verificar que o juízo em que atuava:

(A) não era competente para processar ambas as ações penais, pois deveria a denúncia em desfavor de Ana ser oferecida perante o Tribunal de Justiça de Santa Catarina, e a denúncia em desfavor de Tício, perante o Tribunal de Justiça do Paraná;

(B) era competente para processamento da ação penal em desfavor de Ana, mas não em desfavor de Tício, que deveria ter sido denunciado perante o Tribunal de Justiça de Santa Catarina;

(C) era competente para processamento da ação penal em desfavor de Ana, mas não em desfavor de Tício, que deveria ter sido denunciado perante o Tribunal de Justiça do Paraná;

(D) não era competente para processar ambas as ações penais, pois deveriam as denúncias ser oferecidas perante o Tribunal de Justiça do Estado de Santa Catarina;

(E) era competente para processar as duas ações penais propostas em desfavor de Ana e Tício.

No caso da defensora pública, à qual se imputa o cometimento do crime de infanticídio (crime contra a vida previsto no art. 123 do CP), fato este ocorrido em Florianópolis, a solução, no que concerne à competência para o seu julgamento, deve ser extraída da Súmula Vinculante 45, a seguir transcrita: "A competência constitucional do Tribunal do Júri prevalece sobre o foro por prerrogativa de função estabelecido exclusivamente pela Constituição estadual". Devemos ter em mente que, ainda que não houvesse tal entendimento (firmado por meio da Súmula Vinculante 45), a competência, tendo em conta o teor da decisão tomada no julgamento de questão de ordem da ação penal 937, pelo STF, que restringiu o alcance do foro especial, seria, da mesma forma, do Tribunal Popular (da comarca de Florianópolis). Mesmo porque o crime pelo qual foi denunciada nenhuma relação tem com o cargo que ocupa. Já no que se refere ao magistrado, denunciado pela prática do delito de homicídio doloso qualificado, a despeito do entendimento firmado pelo STF no julgamento da ação penal 937, deverá ser processado pelo tribunal ao qual está vinculado (Tribunal de Justiça de Santa Catarina), ainda que o delito tenha ocorrido em outra unidade da Federação. 🔲

(Analista Jurídico – TRF5 – FCC – 2017) Em relação à competência e processamento dos crimes de falsidade documental, tipificados no Capítulo III, do Código Penal, e, ainda, considerando o que dispõem as Súmulas do Supremo Tribunal Federal e Superior Tribunal de Justiça acerca do tema, é correto afirmar que:

(A) Compete à Justiça Federal o processo e julgamento dos crimes de falsificação e uso de documento falso relativo a estabelecimento particular de ensino.

(B) A competência para processar e julgar o crime de uso de documento falso é firmada em razão da entidade ou órgão ao qual foi apresentado o documento público, não importando a qualificação do órgão expedidor.

(C) Compete à Justiça Estadual comum processar e julgar civil denunciado pelos crimes de falsificação e de uso de documento falso quando se tratar de falsificação da Caderneta de Inscrição e Registro – CIR ou de Carteira de Habilitação de Amador – CHA, ainda que expedidas pela Marinha do Brasil.

(D) Compete à Justiça Federal processar e julgar o crime de falsa anotação na Carteira de Trabalho e Previdência Social, atribuído à empresa privada.

(E) É possível a suspensão condicional do processo, prevista na Lei n° 9.099/1995 (Juizado Especial Criminal), para o crime de falsidade ideológica, ainda, que o agente seja funcionário público e cometa o crime prevalecendo-se do cargo.

A: incorreta, dado que a competência, neste caso, é da Justiça estadual, conforme entendimento sufragado na Súmula 104, do STJ; **B:** correta. A solução desta assertiva deve ser extraída da Súmula 546, do STJ: "A competência para processar e julgar o crime de uso de documento falso é firmada em razão da entidade ou órgão ao qual foi apresentado o documento público, não importando a qualificação do órgão expedidor". Ou seja, pouco importa, aqui, o fato de o órgão expedidor do documento falso ser estadual. O critério a ser utilizado para o fim de determinar a Justiça competente é o da entidade ou órgão ao qual o documento foi apresentado; **C:** incorreta, uma vez que a competência, conforme Súmula Vinculante 36, é da Justiça Federal, e não da estadual; **D:** incorreta, pois contraria o entendimento firmado na Súmula 62, do STJ; **E:** incorreta. É que o aumento de pena decorrente do fato de o crime do art. 299 do CP ser praticado por funcionário público que se prevalece de suas funções afasta a incidência da suspensão condicional do processo, permitida nas infrações penais cuja pena mínima cominada não seja superior a um ano (art. 89, Lei 9.099/1995). Vide Súmulas 243, do STJ, e 723, do STF. 🔲

(Analista Judiciário – TRE/PI – CESPE – 2016) Com relação a jurisdição e competência, assinale a opção correta.

(A) Prefeito municipal do estado do Rio Grande do Sul que cometa o delito de porte ilegal de arma em cidade do estado de São Paulo será processado e julgado pelo Tribunal de Justiça do Estado de São Paulo.

(B) Caso parlamentar federal cometa crimes de licitações fraudulentas e obras superfaturadas, apurados por inquérito civil durante o exercício funcional, o foro por prerrogativa de função persistirá mesmo após o encerramento do mandato, pois o STF assegura tal prerrogativa nos casos de crimes de improbidade administrativa.

(C) Parlamentar estadual que cometa crime contra bens e interesses da União deverá ser processado e julgado pelo tribunal de justiça com jurisdição no local do delito.

(D) Prefeito municipal que cometa homicídio doloso será processado e julgado pelo tribunal de justiça local, e não pelo tribunal do júri.

(E) Ocorrerá a separação de processos quando um parlamentar federal praticar homicídio doloso em concurso com outro parlamentar estadual, pois, no caso deste, o foro especial é estabelecido pela Constituição estadual.

Antes de analisar cada alternativa, cabem algumas observações a respeito do foro por prerrogativa de função, considerando mudança de entendimento acerca deste tema no STF. No dia 3 de maio de 2018, o Plenário do STF, por maioria de votos, decidiu que o foro por prerrogativa de função de que gozam parlamentares federais (senadores e deputados) se aplica tão somente a infrações penais cometidas no exercício do cargo e em razão das funções a ele relacionadas. Tal decisão foi tomada no julgamento de questão de ordem da ação penal 937, cujo relator é o ministro Luís Roberto Barroso. Com isso, se o crime imputado a senador ou deputado federal é cometido antes da diplomação, o julgamento caberá ao juízo de primeira instância; se for cometido no curso do mandato mas nenhuma relação tiver com o seu exercício, o julgamento também caberá ao juiz de primeira instância (por exemplo: homicídio; roubo; embriaguez ao volante); agora, sendo o delito cometido durante o mandato e havendo relação entre ele e o desempenho da função parlamentar (corrupção passiva, por exemplo), o julgamento deverá realizar-se perante o STF. Uma das primeiras questões que surgiu, entre tantas outras, é se este entendimento que restringe o foro por prerrogativa de função se aplica para outras hipóteses de foro privilegiado ou apenas para os deputados federais e senadores. Segundo o STF, em decisão tomada no julgamento do Inq 4703 QO/DF, ocorrido em 12/06/2018 e da relatoria do ministro Luiz Fux, tal restrição imposta ao foro privilegiado vale também para ministros de Estado. O STJ, por sua vez, ao enfrentar a questão, tendo por base a decisão do STF na AP 937, decidiu que a restrição do foro deve alcançar governadores e conselheiros dos Tribunais de Contas estaduais (AP 866 e AP 857). Lembremos que o art. 105, I, "a", da CF/88 estabelece que compete ao STJ julgar os crimes praticados por governadores de Estado e por conselheiros dos Tribunais de Contas dos Estados. No que concerne aos prefeitos, ainda não há consenso. Há tribunais que, em face da nova interpretação conferida pelo STF ao foro por prerrogativa de função, remeteram os processos contra o chefe do executivo municipal para julgamento pela 1ª instância. Mais recentemente, o STJ, por meio de seu Pleno, ao julgar, em 21/11/2018, a QO na AP 878, fixou a tese de que o entendimento firmado no STF a respeito da restrição imposta ao foro por prerrogativa de função não se aplica a desembargador, que, ainda que o crime praticado nenhuma relação tenha com o exercício do cargo, deverá ser julgado pelo STJ, ou seja, o precedente do STF não se aplica a todos os casos de foro por prerrogativa de função. Dito isso, passemos à resolução de cada alternativa. **A:** incorreta. O prefeito municipal que comete crime comum em outro estado da federação será julgado pelo Tribunal de Justiça do Estado ao qual pertence o município no qual ele exerce seu cargo. No STJ: *1. No caso, o Interessado, prefeito do Município de Rafael Fernandes/RN, foi autuado em flagrante-delito em ocasião em que portava um revólver calibre 38 sem autorização ou registro, em rodovia no Município de Salgueiro/PE. O Tribunal de Justiça do Estado do Rio Grande do Norte, posteriormente, expediu alvará de soltura. O Tribunal de Justiça do Estado de Pernambuco, então, suscitou o presente conflito, sob o fundamento de que a Corte potiguar não tinha jurisdição sobre crime comum ocorrido em município pernambucano. 2. O Poder Constituinte, ao criar a prerrogativa prevista no art. 29, inciso X, da Constituição da República, previu que o julgamento dos Prefeitos, em razão do cometimento de crimes comuns, ocorre perante o Tribunal de Justiça. 3. A razão teleológica dessa regra é a de que, devido ao relevo da função de um Prefeito, e o interesse que isso gera ao Estado em que localizado o Município, a apreciação da conduta deve se dar pelo Tribunal de Justiça da respectiva unidade da Federação. 4. Ora, a Constituição é clara ao prever como um dos preceitos que regem o Município o "julgamento do Prefeito perante o Tribunal de Justiça". Ressalte-se:*

está escrito no inciso X do Art. 29 da Carta Magna "perante o Tribunal de Justiça", e não "perante Tribunal de Justiça". O artigo definido que consta na referida redação, conferida pelo Constituinte, determina sentido à norma que não pode ser ignorado pelo aplicador da Lei, impedindo a interpretação de que se utilizou a Corte Suscitante. (CC 120.848/PE, Rel. Ministra LAURITA VAZ, TERCEIRA SEÇÃO, julgado em 14.03.2012, DJe 27.03.2012); **B:** incorreta. Por se tratar de ação de natureza civil, a improbidade administrativa tramitará no juízo de primeira instância. Não há que se falar, neste caso, em foro por prerrogativa de função, aplicável às ações de natureza penal; **C:** incorreta. Sendo federal o crime praticado pelo parlamentar, o julgamento caberá ao TRF da respectiva região (e não ao TJ). Conferir: *A Constituição de 1988, ao definir o rol de matérias da competência da Justiça Federal, incluiu os crimes praticados contra o sistema financeiro e a ordem econômico-financeira, nos casos determinados por lei. Se a denúncia imputa ao paciente a prática de crimes previstos na Lei n 7.492/86, diploma legal que definiu os crimes contra o Sistema Financeiro Nacional, a ação penal deve ser processada e julgada pela Justiça Federal, como expressamente previsto no seu art. 26, sendo despiciendo o debate sobre a existência ou não de lesão a bens, serviços ou interesses da União Federal. Encontrando-se o paciente no exercício do mandato de deputado estadual, titular de prerrogativa de foro, a ação penal deve ter curso no Tribunal Regional Federal com jurisdição no lugar do delito.* (HC 14.131/PR, Rel. Ministro VICENTE LEAL, SEXTA TURMA, julgado em 16.11.2000, DJ 04.12.2000, p. 111); **D:** correta. Tanto o foro por prerrogativa de função quanto o Tribunal do Júri estão contemplados na Constituição Federal. Jurisprudência e doutrina são unânimes em afirmar que, neste caso, prevalece o foro por prerrogativa de função. Assim, o prefeito municipal, porque tem foro especial previsto na CF (art. 29, X), ainda que tenha cometido um crime doloso contra a vida, será julgado pelo Tribunal de Justiça ao qual está vinculado. Consolidando tal entendimento, foi editada a Súmula 721 do STF, cujo teor foi reproduzido na Súmula Vinculante 45: "A competência constitucional do Tribunal do Júri prevalece sobre o foro por prerrogativa de função estabelecido exclusivamente pela Constituição estadual"; **E:** ambas as prerrogativas estão contempladas na CF, sendo certo que a do deputado estadual é extraída por simetria.

Gabarito "D".

(Analista Judiciário – TRE/PE – CESPE – 2017) Em ano sem eleições, João, durante crise de ciúmes, destruiu o título de eleitor de sua esposa, Maria, para causar-lhe transtornos e dificultar que ela obtivesse passaporte. Após queixa de Maria, foi instaurado inquérito policial para a apuração de crime.

Nessa situação hipotética, de acordo com a atual jurisprudência dos tribunais superiores, eventual ação penal deverá ser proposta na

(A) justiça estadual, por se tratar de crime de destruição de documento público.

(B) justiça federal ou justiça eleitoral, por aplicação da regra da prevenção.

(C) justiça federal, por se tratar de crime de destruição de documento público federal.

(D) justiça estadual, por não estar o crime vinculado a pleito eleitoral.

(E) justiça eleitoral, por se tratar de crime de destruição de documento relativo à eleição.

Conferir: "A simples existência, no Código Eleitoral, de descrição formal de conduta típica não se traduz, *incontinenti*, em crime eleitoral, sendo necessário, também, que se configure o conteúdo material de tal crime. 2. Sob o aspecto material, deve a conduta atentar contra a liberdade de exercício dos direitos políticos, vulnerando a regularidade do processo eleitoral e a legitimidade da vontade popular. Ou seja, a par da existência do tipo penal eleitoral específico, faz-se necessária, para sua configuração, a existência de violação do bem jurídico que a norma

visa tutelar, intrinsecamente ligado aos valores referentes à liberdade do exercício do voto, a regularidade do processo eleitoral e à preservação do modelo democrático. 3. A destruição de título eleitoral da vítima, despida de qualquer vinculação com pleitos eleitorais e com o intuito, tão somente, de impedir a identificação pessoal, não atrai a competência da Justiça Eleitoral. 4. Conflito conhecido para declarar a competência do Juízo Federal da Vara de Execuções Fiscais e Criminal de Caxias do Sul – SJ/RS, ora suscitante" (CC 127.101/RS, Rel. Ministro Rogerio Schietti Cruz, Terceira Seção, julgado em 11.02.2015, *DJe* 20.02.2015).
Gabarito "C".

(Analista Judiciário – TRF/2 – Consulplan – 2017) Sobre o tema Competência Penal da Justiça Federal, assinale a alternativa INCORRETA.

(A) Compete à Justiça Federal processar e julgar crime de falso testemunho cometido no processo trabalhista.

(B) Compete à Justiça Federal processar e julgar os crimes praticados em detrimento das sociedades de economia mista.

(C) Compete à Justiça Federal processar e julgar os crimes praticados contra funcionário público federal, quando relacionados com o exercício da função.

(D) Compete à Justiça Estadual Comum, na vigência da Constituição de 1988, o processo por contravenção penal, ainda que praticada em detrimento de bens, serviços ou interesse da União ou de suas entidades.

A: correta. De fato, é da competência da Justiça Federal (e não da Estadual) o processamento e julgamento do crime de falso testemunho praticado em processo trabalhista (Súmula n. 165, STJ); **B:** incorreta (a ser assinalada), pois contraria o entendimento firmado na Súmula n. 42 do STJ: "Compete à Justiça Comum Estadual processar e julgar as causas cíveis em que é parte sociedade de economia mista e os crimes praticados em seu detrimento"; **C:** correta, uma vez que reflete o entendimento firmado na Súmula n. 147 do STJ: que a seguir se transcreve: "Compete à Justiça Federal processar e julgar os crimes praticados contra funcionário público federal, quando relacionados com o exercício da função"; **D:** correta. O art. 109, IV, primeira parte, da CF afasta a competência da Justiça Federal para o processamento e julgamento das contravenções penais, mesmo as praticadas em detrimento de bens, serviços ou interesse da União ou de suas entidades autárquicas ou empresas públicas. É o que estabelece a Súmula n. 38, STJ: "Compete à Justiça Estadual Comum, na vigência da Constituição de 1988, o processo por contravenção penal, ainda que praticada em detrimento de bens, serviços ou interesse da União ou de suas entidades".
Gabarito "B".

(Analista Judiciário – TRE/SP – FCC – 2017) Xisto, policial militar rodoviário no exercício da função, resolve em um único dia de trabalho praticar três crimes de corrupção passiva, utilizando para tanto o mesmo *modus operandi*, solicitando dinheiro de condutores de veículos para não fazer a autuação administrativa pelo excesso de velocidade. O primeiro crime é praticado às 09h na cidade de Guarulhos. O segundo é praticado às 12h na cidade de Mogi das Cruzes. E o terceiro é praticado às 14h na cidade de Jacareí, onde Xisto é preso em flagrante por policiais civis, prisão esta analisada e mantida pelo Magistrado competente daquela comarca. Xisto é denunciado pelo Ministério Público da comarca de Jacareí pelos três crimes de corrupção passiva. Sobre o caso hipotético apresentado e à luz do Código de Processo Penal, a competência da comarca de Jacareí foi determinada

(A) por conexão.

(B) por continência.

(C) por prevenção.

(D) pela prerrogativa de função.

(E) pelo lugar da infração.

O enunciado descreve típica hipótese de *crime continuado*, em que o agente, por meio de duas ou mais condutas, pratica dois ou mais crimes da mesma espécie e, pelas condições de tempo, lugar, maneira de execução e outras semelhanças, devem as condutas subsequentes ser entendidas como continuação da primeira (art. 71 do CP). Sendo assim, por força do que dispõe o art. 71 do CPP, considerando que as condutas foram desenvolvidas em lugares diversos, cada qual sujeita a um foro diferente, a competência para o julgamento de todas firmar-se-á pela *prevenção*, cabendo o julgamento ao juiz que houver antecedido os demais na prática de algum ato do processo ou mesmo anterior a este, neste caso representado pela decretação da prisão preventiva, determinada pelo magistrado de Jacareí, comarca em que deverá o processo, portanto, tramitar (art. 83, CPP).
Gabarito "C".

(Analista – TRE/AP – 2011 – FCC) Analise as seguintes assertivas sobre a competência, de acordo com o Código de Processo Penal:

I. A competência será, de regra, determinada pelo lugar em que se consumar a infração, ou, no caso de tentativa, pelo lugar em que for praticado o último ato de execução.

II. Quando o último ato de execução for praticado fora do território nacional, será competente o juiz do lugar em que o crime, embora parcialmente, tenha produzido ou devia produzir seu resultado.

III. A competência será determinada pela continência quando a prova de uma infração ou de qualquer de suas circunstâncias elementares influir na prova de outra infração.

Está correto o que se afirma SOMENTE em

(A) I e II.

(B) I e III.

(C) II e III.

(D) I.

(E) III.

I: correta. O Código de Processo Penal adotou, em seu art. 70, *caput*, a *teoria do resultado*, segundo a qual se considera competente para o julgamento da infração penal o foro do local onde se deu a sua consumação; se se tratar de crime tentado, a competência será firmada em razão do local em que ocorreu o último ato de execução; **II:** correta, nos termos do art. 70, § 2º, do CPP. É hipótese de crime à distância ou de espaço máximo (aquele cuja conduta é realizada em um país e o resultado é produzido em outro), sendo o caso, portanto, de se aplicar o teor do art. 6º do CP (teoria da ubiquidade); **III:** incorreta, pois a alternativa descreve uma das hipóteses de conexão (art. 76, III, do CPP). As hipóteses de continência estão contempladas no art. 77 do CPP.
Gabarito "A".

(Analista – TRE/CE – 2012 – FCC) Sobre a competência, de acordo com o Código de Processo Penal, analise as assertivas abaixo.

I. Tratando-se de infração permanente, praticada em território de duas ou mais jurisdições, a competência será determinada pelo lugar em que for praticado o último ato de execução.

II. Quando incerto o limite territorial entre duas ou mais jurisdições, a competência firmar-se-á pela prevenção.

III. Não sendo conhecido o lugar da infração, a competência regular-se-á pelo domicílio ou residência do réu.

IV. Nos casos de exclusiva ação privada, o querelante não poderá preferir o foro de domicílio ou de residência do réu se conhecido o lugar da infração.

Está correto o que se afirma APENAS em

(A) I e IV.

(B) II e IV.

(C) III e IV.

(D) II e III.

(E) I e II.

I: incorreta. Em vista do que dispõe o art. 71 do CPP, tratando-se de crime continuado ou permanente, em que a ação tenha se desenvolvido em território de mais de uma jurisdição, a competência para o processamento e julgamento firmar-se-á pela prevenção; II: correta, nos termos do art. 70, § 3º, do CPP; III: correta, pois em consonância com o que estabelece o art. 72, *caput*, do CPP; IV: incorreta, dado que, em casos assim, o querelante poderá, sim, preferir o foro do domicílio ou residência do réu, mesmo que conhecido o lugar da infração – art. 73 do CPP.
Gabarito "D".

(Analista – TRE/PR – 2012 – FCC) A respeito da competência, considere:

I. O foro competente do caso de tentativa é o do local em que o delito iria se consumar.

II. Não sendo conhecido o lugar da infração, a competência regular-se-á pelo domicílio ou residência do réu.

III. A competência será determinada pela conexão e implicará reunião dos processos, mesmo que um ou alguns deles já tenham sido julgados.

Está correto o que se afirma APENAS em

(A) I.

(B) II.

(C) I e II.

(D) I e III.

(E) II e III.

I: incorreta, pois, no caso de tentativa, será competente o foro do local em que foi praticado o derradeiro ato executório – art. 70, *caput*, 2.ª parte, do CPP; II: correta, nos termos do art. 72, *caput*, do CPP; III: incorreta, pois contraria o disposto na Súmula 235 do STJ, a seguir transcrita: "A conexão não determina a reunião dos processos, se um deles já foi julgado".
Gabarito "B".

(Analista – TRE/TO – 2011 – FCC) Na hipótese de crime cuja execução tenha sido iniciada no território nacional, mas a consumação tenha ocorrido fora dele, a competência será determinada

(A) pelo lugar onde ocorreu a consumação.

(B) pelo lugar em que tiver sido praticado, no Brasil, o último ato de execução.

(C) pelo lugar em que tiver sido praticado, no Brasil, o primeiro ato de execução.

(D) pela prevenção.

(E) pela residência ou domicílio do réu.

Incidirá, aqui, a *teoria da ubiquidade*, consagrada no art. 6º do CP e aplicável aos chamados *crimes à distância* ou *de espaço máximo*, que

são aqueles em que a execução se inicia em um país e a consumação se opera em outro. Com base no que dispõe o art. 70, § 1º, do CPP, a competência, no Brasil, será firmada pelo lugar em que tiver sido praticado o último ato de execução.
Gabarito "B".

(Analista – TRF/4ª – 2010 – FCC) Compete ao Superior Tribunal de Justiça processar e julgar originariamente, nos crimes comuns,

(A) os membros dos Tribunais Regionais Federais.

(B) o Procurador-Geral da República.

(C) os Ministros de Estado.

(D) os membros do Tribunal de Contas da União.

(E) os chefes de missão diplomática de caráter permanente.

A: correta, nos termos do art. 105, I, *a*, da CF/1988; B: incorreta (art. 102, I, *e*, da CF/1988); C, D e E: incorretas (art. 102, I, *c*, da CF/1988).
Gabarito "A".

(Analista – TJ/AP – 2010 – TJ/AP) Marque a alternativa correta. A competência jurisdicional

(A) será, de regra, determinada pelo lugar onde ocorrer a maior quantidade de crimes;

(B) regular-se-á pelo lugar da infração, quando o réu tiver mais de uma residência;

(C) será, de regra, determinada pelo lugar em que se consumou a infração;

(D) regular-se-á pela prevenção, quando o domicílio do réu não for conhecido.

O Código de Processo Penal adotou, em seu art. 70, *caput*, a teoria do resultado, segundo a qual se considera competente para o julgamento da infração penal o foro do local onde se deu a sua consumação.
Gabarito "C".

(Analista – TJ/CE – 2013 – CESPE) Assinale a opção correta em relação a competência, conexão e continência.

(A) Na determinação da competência por conexão ou continência, quando houver concurso entre a jurisdição comum e a especial, prevalecerá aquela.

(B) A junção dos processos, em decorrência de conexão ou continência, é absoluta.

(C) A competência será determinada pela conexão quando duas ou mais pessoas forem acusadas pela mesma infração.

(D) Caso um deputado federal cometa um crime de corrupção e seu comparsa, um delito doloso contra a vida, ambos serão processados e julgados perante o STF.

(E) Se um deputado federal cometer um crime doloso contra a vida, ele terá de ser julgado pelo STF, em detrimento do tribunal do júri.

A: incorreta. No concurso entre a jurisdição comum e a especial, há de prevalecer esta última – art. 78, IV, do CPP; B: incorreta, na medida em que o art. 79 do CPP estabelece exceções à regra que determina a união de processos no âmbito da conexão; C: incorreta, uma vez que a assertiva contempla hipótese de continência (e não de conexão) – art. 77, I, do CPP; D: incorreta. Segundo entendimento firmado na Súmula n. 704 do STF: "Não viola as garantias do juiz natural, da ampla defesa e do devido processo legal a atração por continência ou conexão do processo do corréu ao foro por prerrogativa de função de um dos denunciados". A incorreção da assertiva reside no fato de que nem sempre se verificará o julgamento conjunto (regra do foro prevalente), dado que, em se tratando de crime doloso contra a vida, é de rigor o desmembramento do feito, com o julgamento do deputado federal pelo STF e do corréu sem foro privilegiado pelo tribunal do júri, já que se trata de foros garantidos pela CF; **E**: correta. É que a jurisprudência consolidou o entendimento segundo o qual, na hipótese de ambas as competências (no caso, Júri e prerrogativa de função) estarem contempladas na Constituição Federal, deverá prevalecer a competência em razão da prerrogativa de função. É o que se infere da leitura da Súmula nº 721, do STF, cujo teor foi reproduzido na Súmula Vinculante 45. Importante dizer que o foro por prerrogativa de função deve ser analisado à luz da decisão tomada pelo STF no julgamento de questão de ordem da ação penal 937, que lhe conferiu nova interpretação, restringindo sobremaneira o seu alcance. Gabarito "E".

A competência em matéria penal, condicionando o exercício da jurisdição, representa um conjunto de regras que asseguram a eficácia do princípio da imparcialidade e, em especial, do juiz natural.

(Analista – MP/MS – 2013 – FGV) Sobre esse tema, assinale a afirmativa correta.

(A) Mesmo quando conhecido o local da infração, nos casos de exclusiva ação privada, o querelante poderá preferir o foro de sua residência ou domicílio.

(B) Quando houver conexão entre crime federal e estadual, a consequência necessária será a cisão dos processos, com julgamento na Justiça Federal e Estadual, respectivamente.

(C) Qualquer que seja o crime cometido, cabe ao Tribunal de Justiça julgar os juízes estaduais, do Distrito Federal e dos Territórios.

(D) A competência constitucional do Tribunal do Júri prevalece sobre o foro por prerrogativa de função, estabelecido "exclusivamente" pela Constituição estadual.

(E) O membro do Ministério Público estadual vinculado ao Tribunal de Justiça do Mato Grosso do Sul que cometer crime doloso contra a vida será julgado perante o Tribunal do Júri deste estado, qualquer que seja o local da infração, diante da previsão de foro por prerrogativa de função.

A: incorreta. Ainda que conhecido o lugar da infração, o querelante, na ação penal privada exclusiva, poderá preferir o foro de domicílio ou da residência do *réu* – art. 73 do CPP; **B**: incorreta, já que em desconformidade com o entendimento sufragado na Súmula n. 122 do STJ: "Compete à Justiça Federal o processo e julgamento unificado dos crimes conexos de competência federal e estadual, não se aplicando a regra do art. 78, II, *a*, do Código de Processo Penal"; **C**: incorreta, na medida em que a competência para julgar juízes de direito (e também promotores de justiça) em exercício de função eleitoral é do Tribunal Regional Eleitoral, e não do Tribunal de Justiça (art. 96, III, da CF); **D**: correta, nos termos da Súmula 721 do STF, cujo teor foi reproduzido na Súmula Vinculante n. 45, a seguir transcrita: "A competência constitucional do Tribunal do Júri prevalece sobre o foro por prerrogativa de função estabelecido exclusivamente pela Constituição estadual"; **E**: incorreta. Prevalece, neste caso, a competência do foro por prerrogativa de função, devendo o membro do MP ser julgado pelo Tribunal de Justiça de seu Estado. Gabarito "D".

(FGV – 2015) Durante 35 anos, Ricardo exerceu a função de juiz de direito junto ao Tribunal de Justiça de Minas Gerais. Contudo, no ano de 2012, decidiu se aposentar e passou a morar em Florianópolis, Santa Catarina. No dia 22.01.2015, travou uma discussão com seu vizinho

e acabou por ser autor de um crime de lesão corporal seguida de morte, consumado na cidade em que reside. Oferecida a denúncia, de acordo com a jurisprudência majoritária dos Tribunais Superiores, será competente para julgar Ricardo

(A) o Tribunal de Justiça do Estado de Minas Gerais.

(B) uma das Varas Criminais de Florianópolis.

(C) o Tribunal de Justiça de Santa Catarina.

(D) o Tribunal do Júri de Florianópolis.

A teor da Súmula n. 451, do STF, a competência por prerrogativa de função não deve ter incidência depois de cessado o exercício funcional. No caso narrado no enunciado, o juiz de direito, porque aposentado ao tempo em que praticou o crime acima narrado, não mais faz jus a ser julgado pelo Tribunal de Justiça do Estado em que era magistrado, seu juízo natural somente se ainda não tivesse aposentado. Nunca é demais lembrar que a Súmula n. 394, do STF, que assegurava a autoridade à prerrogativa de foro mesmo depois de cessado o exercício de cargo ou mandato, foi cancelada pelo Pleno do próprio tribunal. Conferir, a esse respeito, a seguinte ementa, que, embora se refira a membro do MP, tem aplicação no âmbito da magistratura: "*HABEAS CORPUS* LIBERATÓRIO. TORTURA CONTRA CRIANÇA EM CONTINUIDADE DELITIVA. PROCURADORA DE JUSTIÇA APOSENTADA. INEXISTÊNCIA DE PRIVILÉGIO DE FORO. SÚMULA 451/STF. COMPETÊNCIA DO JUIZ CRIMINAL E NÃO DO JUIZADO ESPECIAL DE VIOLÊNCIA DOMÉSTICA E FAMILIAR CONTRA A MULHER. CRIME COMETIDO EM RAZÃO DA CONDIÇÃO DE CRIANÇA DA VÍTIMA. PEDIDO DE LIBERDADE PROVISÓRIA PREJUDICADO. SUPERVENIÊNCIA DA SENTENÇA E DO ACÓRDÃO CONFIRMATÓRIO DA CONDENAÇÃO. NOVOS TÍTULOS APTOS A SUSTENTAR A CUSTÓDIA, CUJOS FUNDAMENTOS NÃO FORAM IMPUGNADOS NA INICIAL. PRECEDENTES DA 3ª SEÇÃO DESTA CORTE. PARECER DO MPF PELA DENEGAÇÃO DA ORDEM. HC PARCIALMENTE CONHECIDO E, NESSA EXTENSÃO, DENEGADA A ORDEM. 1. A competência especial por prerrogativa de função não se estende ao crime cometido após a cessação definitiva do exercício funcional. Súmula 451/STF. 2. Ressai dos fatos narrados na denúncia que a paciente tinha a guarda provisória e precária da vítima e a submeteu a intolerável e intenso sofrimento psicológico e físico ao praticar, em continuidade delitiva, diversas agressões verbais e violência física, de forma a caracterizar o crime de tortura descrito no art. 1º, inciso II, combinado com o § 4º, inciso II da Lei 9.455/1997. 3. O fato de a menor agredida ser do sexo feminino não possui qualquer influência no delito praticado pela paciente, pois foi a condição de criança que levou a acusada a praticá-lo. Caso a vítima fosse homem, a conduta não deixaria de existir, pois o fundamental para a acusada era a incapacidade de resistência da vítima diante das agressões físicas e mentais praticadas. Destarte, se o delito não tem razão no fato de a vítima ser do gênero mulher, não há falar em competência do Juizado Especial de Violência Doméstica e Familiar. 4. Ao que se tem das informações colhidas no endereço eletrônico do TJRJ, foi proferida a sentença condenatória e julgado o recurso de Apelação defensivo. Nesses casos, esta Corte tem entendido pela prejudicialidade da análise do decreto prisional, uma vez que há novos títulos a amparar a custódia cautelar, cujos fundamentos se desconhece e não foram impugnados na inicial deste HC. 5. Parecer do MPF pela denegação da ordem. 6. HC parcialmente conhecido e, nessa extensão, denegada a ordem" (HC 172.784/RJ, Rel. Ministro NAPOLEÃO NUNES MAIA FILHO, QUINTA TURMA, julgado em 03.02.2011, *DJe* 21.02.2011). Gabarito "B".

(FGV – 2015) Juan da Silva foi autor de uma contravenção penal, em detrimento dos interesses da Caixa Econômica Federal, empresa pública. Praticou, ainda, outra contravenção em conexão, dessa vez em detrimento dos bens do Banco do Brasil, sociedade de economia mista.

Dessa forma, para julgá-lo será competente

(A) a Justiça Estadual, pelas duas infrações.

(B) a Justiça Federal, no caso da contravenção praticada em detrimento da Caixa Econômica Federal, e Justiça Estadual, no caso da infração em detrimento do Banco do Brasil.

(C) a Justiça Federal, pelas duas infrações.

(D) a Justiça Federal, no caso de contravenção praticada em detrimento do Banco do Brasil, e Justiça Estadual pela infração em detrimento da Caixa Econômica Federal.

A assertiva a ser assinalada como correta é a "A", dado que o art. 109, IV, primeira parte, da CF afasta a competência da Justiça Federal para o processamento e julgamento das contravenções penais, mesmo que praticadas em detrimento de bens, serviços ou interesse da União ou de suas entidades autárquicas ou empresas públicas. Nesse sentido o Súmula 38, STJ: "Compete à Justiça Estadual Comum, na vigência da Constituição de 1988, o processo por contravenção penal, ainda que praticada em detrimento de bens, serviços ou interesse da União ou de suas entidades". Conferir: "Agravo regimental no conflito negativo de competência. Contravenções penais. Ilícitos que devem ser processados e julgados perante o juízo comum estadual, ainda que ocorridos em face de bens, serviços ou interesse da união ou de suas entidades. Súmula 38 desta corte. Configuração de conexão probatória entre contravenção e crime, este de competência da justiça comum federal. Impossibilidade, até nesse caso, de atração da jurisdição federal. Regras processuais infraconstitucionais que não se sobrepõem ao dispositivo de extração constitucional que veda o julgamento de contravenções pela justiça federal (art. 109, IV, da constituição da república). Declaração da competência do juízo de direito do juizado especial cível da comarca de Florianópolis/SC para o julgamento da contravenção penal prevista no art. 68, do Decreto-lei 3.688, de 3 de outubro de 1941. Agravo desprovido. 1. É entendimento pacificado por esta Corte o de que as contravenções penais são julgadas pela Justiça Comum Estadual, mesmo se cometidas em detrimento de bens, serviços ou interesses da União ou de suas entidades. Súmula 38 desta Corte. 2. Até mesmo no caso de conexão probatória entre contravenção penal e crime de competência da Justiça Comum Federal, aquela deverá ser julgada na Justiça Comum Estadual. Nessa hipótese, não incide o entendimento de que compete à Justiça Federal processar e julgar, unificadamente, os crimes conexos de competência federal e estadual (súmula 122 desta Corte), pois tal determinação, de índole legal, não pode se sobrepor ao dispositivo de extração constitucional que veda o julgamento de contravenções por Juiz Federal (art. 109, IV, da Constituição da República). Precedentes. 3. Agravo regimental desprovido. Mantida a decisão em que declarada a competência do Juízo de Direito do Juizado Especial Cível da Comarca de Florianópolis/SC para o julgamento da contravenção penal prevista no art. 68, do Decreto-Lei 3.688, de 3 de outubro de 1941" (AGRCC 201102172177, Laurita Vaz, STJ, 3ª Seção, *DJE* 07.03.2012).
Gabarito "A".

5. QUESTÕES E PROCESSOS INCIDENTES

(Analista – TRF/4 – FCC – 2019) Sobre o sequestro de bens imóveis adquiridos pelo indiciado com os proventos do crime, como medida assecuratória, de acordo com o que estabelece o Código de Processo Penal, é CORRETO afirmar:

(A) Efetivado o sequestro e autuado em apartado, não se admitirão embargos de terceiro.

(B) Não caberá o sequestro dos bens imóveis, adquiridos pelo indiciado com os proventos da infração, se já tiverem sido transferidos a terceiro.

(C) O sequestro será levantado se o réu for absolvido em primeiro grau de jurisdição, ainda que pendente de análise o recurso de apelação interposto pelo Ministério Público.

(D) O sequestro será levantado se a ação penal não for intentada no prazo de 60 dias, contado da data em que ficar concluída a diligência.

(E) O juiz, de ofício ou a requerimento do ofendido, só poderá ordenar o sequestro depois de oferecida a denúncia ou queixa.

A: incorreta. Assim dispõe o art. 129 do CPP: *o sequestro autuar-se-á em apartado e admitirá embargos de terceiro*; **B:** incorreta, pois contraria o disposto no art. 125 do CPP, que estabelece que terá lugar o sequestro dos bens imóveis adquiridos pelo indiciado com os proventos de infração, *ainda que já tenham sido transferidos a terceiro*; **C:** incorreta, pois não corresponde ao que estabelece o art. 131, III, do CPP, que impõe tenha a decisão de absolvição passado em julgado; **D:** correta, pois constitui hipótese de levantamento do sequestro (art. 131, I, CPP); **E:** incorreta, pois, à luz do que estabelece o art. 127 do CPP, o sequestro pode ser determinado (sempre pelo juiz) no curso do processo ou ainda antes de oferecida a denúncia ou queixa. ED
Gabarito "D".

(Analista – TRE/AC – 2010 – FCC) Entendendo não ser o Juiz que recebeu a denúncia competente para a causa, a defesa arguiu exceção de incompetência, tendo sido aberta vista dos autos ao Ministério Público, que concordou com a excipiente. Se o Juiz rejeitar a exceção,

(A) poderá o Ministério Público exigir a remessa dos autos ao Juiz competente, se tratar-se de incompetência absoluta.

(B) continuará no feito, não cabendo recurso da decisão do Juiz que se dá por competente.

(C) prosseguirá no feito, mas deverá suscitar conflito negativo de competência.

(D) poderá o Ministério Público interpor recurso em sentido estrito.

(E) caberá recurso de apelação, com efeito devolutivo.

Se o magistrado julgar procedente a exceção oposta, cuidará para que os autos do processo sejam remetidos ao juiz que reputar competente; desta decisão cabe recurso em sentido estrito, nos exatos termos do art. 581, III, do CPP. Se, no entanto, o juiz rejeitar a exceção oposta, desta decisão não cabe qualquer recurso, sendo possível, entretanto, a impetração de *habeas corpus*, desde que a ilegalidade seja patente. A exceção de incompetência de juízo está disciplinada nos arts. 108 e 109 do CPP.
Gabarito "B".

(Analista – TRE/AL – 2010 – FCC) Suscitada questão prejudicial obrigatória, poderá ter como consequência:

(A) a suspensão do curso da ação penal até a solução da controvérsia sobre o estado das pessoas no Juízo Cível, por sentença transitada em julgado.

(B) a interposição de recurso em sentido estrito, caso seja denegada a suspensão do curso da ação penal.

(C) a suspensão do curso do inquérito policial e da ação penal, vedada a produção de prova.

(D) a suspensão da ação penal por prazo determinado, que poderá ser razoavelmente prorrogado, se a demora não for imputável à parte.

(E) a suspensão do processo e, tratando-se de ação penal pública ou privada, a intervenção do Ministério Público na causa civil, para o fim de promover-lhe o rápido andamento.

Prevista no art. 92 do CPP, *obrigatória* é a questão prejudicial que necessariamente enseja a suspensão do processo, sendo tão somente suficiente que o magistrado do juízo criminal a repute séria e fundada. Aqui, o juiz deverá determinar a paralisação do feito até que o juízo cível emita sua manifestação. Envolvem questões atinentes à própria existência do crime. Preleciona o art. 116, I, do CP que o curso da prescrição ficará suspenso. Já na questão prejudicial *facultativa*, contida no art. 93 do CPP, o magistrado tem a faculdade, não a obrigação, de suspender o processo. São questões que não envolvem o estado das pessoas. Gabarito "A".

(Analista – TRF/3ª Região – 2014 – FCC) Exceção de suspeição de magistrado deve ser julgada procedente quando o juiz

(A) permitiu, antes do recebimento da denúncia, dilação de prazo para conclusão do inquérito policial.

(B) prolatou sentença em feito desmembrado.

(C) já proferiu, em outros processos, decisões desfavoráveis ao excipiente.

(D) não acolheu pretensão do excipiente em relação à suposta parcialidade da Procuradora da República.

(E) for acionista de sociedade interessada no processo.

A: incorreta, uma vez que não se enquadra em nenhuma das hipóteses de suspeição previstas no art. 254 do CPP; **B:** incorreta, uma vez que não se enquadra em nenhuma das hipóteses de suspeição previstas no art. 254 do CPP; **C:** incorreta, uma vez que não se enquadra em nenhuma das hipóteses de suspeição previstas no art. 254 do CPP; **D:** incorreta, uma vez que não se enquadra em nenhuma das hipóteses de suspeição previstas no art. 254 do CPP; **E:** correta, na medida em que corresponde à hipótese de suspeição contida no art. 254, VI, do CPP. Gabarito "E".

(Analista – TRF/4ª – 2010 – FCC) O Juiz dar-se-á por suspeito, e, se não o fizer, poderá ser recusado por qualquer das partes

(A) se for sócio, acionista ou administrador de sociedade interessada no processo.

(B) quando estiver funcionado no processo como juiz de outra instância, pronunciando-se, de fato ou de direito, sobre a questão.

(C) se ele próprio houver servido como testemunha no processo.

(D) se tiver funcionado no processo seu parente, consanguíneo ou afim, em linha reta ou colateral até o terceiro grau, inclusive, como autoridade policial.

(E) quando seu cônjuge for diretamente interessado no feito.

A: correta, pois é hipótese de suspeição contemplada no art. 254, VI, do CPP; **B:** incorreta, pois é hipótese de impedimento – art. 252, III, do CPP; **C:** incorreta, pois é hipótese de impedimento – art. 252, II, do CPP; **D:** incorreta, pois é hipótese de impedimento – art. 252, I, do CPP; **E:** incorreta, pois é hipótese de impedimento – art. 252, IV, do CPP. Gabarito "A".

(Analista – TJ/AM – 2013 – FGV) Sobre a *busca e apreensão*, assinale a afirmativa **incorreta**.

(A) A busca domiciliar não poderá ser determinada de ofício pelo juiz, dependendo de requerimento de qualquer das partes.

(B) A busca domiciliar será executada de dia, podendo se realizar à noite se consentido pelo morador.

(C) No caso de o morador não autorizar a realização da busca legalmente determinada, o executor da ordem poderá arrombar a porta e forçar a entrada.

(D) A busca em mulher será feita por outra mulher, se não importar retardamento ou prejuízo da diligência.

(E) O executor da busca, quando o morador estiver ausente, fica autorizado a arrombar a porta, devendo a diligência ser assistida por qualquer vizinho presente.

A: incorreta, devendo ser assinalada, dado que o art. 242 do CPP confere ao magistrado a prerrogativa de determinar de ofício a busca domiciliar; **B:** correta, pois reflete o disposto no art. 245, *caput*, do CPP; **C:** correta, pois reflete o disposto no art. 245, § 2º, do CPP; **D:** correta, pois reflete o disposto no art. 249 do CPP; **E:** correta, pois reflete o disposto no art. 245, § 4º, do CPP. Gabarito "A".

(Analista – TJ/AP – 2010) Marque a alternativa correta. O sequestro

(A) somente pode recair sobre bens imóveis, adquiridos pelo indiciado com os proventos da infração, desde que não tenham sido transferidos a terceiro;

(B) dependerá da existência de indícios veementes da proveniência ilícita dos bens;

(C) não pode ser solicitado ao juiz pela autoridade policial;

(D) tramitará nos autos da ação penal e não admitirá embargos de terceiros.

A: incorreta, visto que em desacordo com o art. 125 do CPP; **B:** correta, nos termos do art. 126 do CPP; **C:** incorreta, pois a autoridade policial pode representar ao juiz para que este decrete o sequestro de bens, nos termos do art. 127 do CPP; **D:** incorreta. A assertiva contraria o disposto no art. 129 do CPP, já que o sequestro deve ser autuado em apartado e comporta embargos de terceiro. Gabarito "B".

(Analista – TJ/AP – 2010) Marque a alternativa correta. O incidente

(A) de falsidade de documento, cuja arguição seja feita por procurador, exige poderes especiais;

(B) de falsidade de documento será autuado nos próprios autos da ação penal e, em seguida, o juiz ouvirá a parte contrária, que, no prazo de 3 (três) dias, oferecerá resposta;

(C) de insanidade mental do acusado só pode ser requerido pelo juiz, de ofício;

(D) de insanidade mental do acusado não suspende o curso do processo principal.

A: correta, pois em conformidade com o que prescreve o art. 146 do CPP; **B:** incorreta, nos termos do art. 145, I, do CPP; **C:** incorreta, nos termos do art. 149, *caput* e § 1º, do CPP; **D:** incorreta, nos termos do art. 149, § 2º, do CPP. Gabarito "A".

(FGV – 2015) Melinda Cunha foi denunciada pela prática do crime de bigamia. Ocorre que existe ação em curso no juízo cível onde se discute a validade do primeiro casamento celebrado pela denunciada. Entendendo o magistrado penal que a existência da infração penal depende da solução da controvérsia no juízo cível e que esta é séria e fundada, estaremos diante de

(A) prejudicial obrigatória, o que levará à suspensão do processo criminal e do prazo prescricional.

(B) prejudicial facultativa, podendo o magistrado suspender o processo por, no máximo, 06 meses.

(C) prejudicial obrigatória, o que levará à suspensão do processo criminal, mas não do curso do prazo prescricional.

(D) prejudicial facultativa, podendo o magistrado suspender o processo por, no máximo, 01 ano.

A discussão acerca da validade do primeiro casamento, no contexto do crime de bigamia, constitui questão prejudicial séria e fundada, que implicará a suspensão obrigatória do processo criminal, na forma estatuída no art. 92 do CP. Imagine a situação em que o agente, depois de condenado, no juízo criminal, pelo cometimento do crime de bigamia, veja anulado, no juízo civil, um de seus casamentos. Ademais disso, por força do que dispõe o art. 116, I, do CP, o curso da prescrição permanecerá suspenso até que o processo principal seja retomado. Gabarito "A".

6. PROVA

(Analista – MPU – CESPE – 2018) Em cada um dos itens a seguir é apresentada uma situação hipotética seguida de uma assertiva a ser julgada em consonância com a doutrina majoritária e com o entendimento dos tribunais superiores acerca de provas no processo penal, prisão e liberdade provisória e *habeas corpus*.

(1) Um indivíduo penalmente imputável ameaça, ardilosa e reiteradamente, determinada pessoa mediante ligações telefônicas de número não identificado, prometendo-lhe graves malefícios e provocando-lhe intenso temor. Nessa situação, é cabível o deferimento de pedido de interceptação telefônica formulado pela autoridade policial competente, para a formação de prova da autoria e da materialidade do delito.

(2) Um cidadão penalmente imputável foi preso em flagrante delito pela prática de crime hediondo. Nessa situação, é vedada a concessão de fiança ao autuado, mas não será proibido o deferimento de liberdade provisória.

(3) Um indivíduo penalmente imputável apresentou-se espontaneamente a autoridade policial depois de ter cometido um crime. Nessa situação, a apresentação espontânea não impede a decretação da prisão preventiva nos casos em que a lei a autoriza.

(4) Um cidadão foi indiciado por supostamente ter praticado crime contra a administração pública. O próprio indiciado, que não possui formação universitária, impetrou habeas corpus por meio de carta manuscrita. Nessa situação, é incabível o *habeas corpus*, devido à falta de capacidade postulatória do impetrante.

(5) No curso de um processo criminal, antes do interrogatório, foi noticiada a morte do réu no momento da oitiva das testemunhas de defesa e de acusação. Nessa situação, para que seja declarada extinta a punibilidade, a morte do réu não poderá ser demonstrada com base apenas na prova testemunhal.

1: errada. A apuração do fato narrado na assertiva não comporta a decretação de interceptação telefônica. Isso porque o crime de ameaça prevê pena de detenção, e o art. 2º, III, da Lei 9.296/1996 não admite interceptação telefônica se o fato constituir infração penal punida, no máximo, com detenção; **2:** correta. Nos crimes hediondos e assemelhados, como é o caso do tráfico de drogas, o art. 5º, XLIII, da Constituição Federal veda tão somente a concessão de *fiança*. Com o advento da Lei 11.464/2007, que modificou a redação do art. 2º da Lei de Crimes

Hediondos, cuja redação original vedava a concessão de fiança e liberdade provisória, passou a ser possível a sua concessão sem fiança, já que foi extraída do dispositivo (art. 2º, II, da Lei 8.072/1990). Mais recentemente, a Lei 12.403/2011 promoveu uma série de inovações no âmbito da prisão e da liberdade provisória, entre elas alterou a redação do art. 323 do CPP, que passou a prever que os crimes hediondos e os delitos a eles equiparados (tráfico de drogas, tortura e terrorismo) são inafiançáveis. Pois bem, tal prescrição é inquestionável, já que em perfeita harmonia com o texto da CF/1988 (art. 5º, XLIII). A questão que se coloca, todavia, é saber se a liberdade provisória sem fiança pode ser aplicada aos crimes hediondos e assemelhados. A despeito de haver divergências, notadamente na jurisprudência, entendemos, s.m.j., que a CF/88 proibiu tão somente a liberdade provisória com fiança. Se quisesse de fato proibir a liberdade provisória sem fiança, teria por certo feito menção a ela. Não o fez. Logo, a liberdade provisória vedada nos crimes hediondos e equiparados é somente a com fiança; **3:** correta. O fato de a Lei 12.403/2011 ter operado a revogação do art. 317 do CPP (apresentação espontânea do acusado) não impede que se decrete a custódia preventiva do acusado que se apresente espontaneamente, desde que presentes os requisitos autorizadores dessa medida cautelar; **4:** errada, na medida em que o *habeas corpus*, no que se refere à sua impetração, não exige habilitação técnica, podendo tal atribuição ser conferida a qualquer pessoa – art. 654, *caput*, do CPP. Assim, pode o próprio paciente, tenha ele ou não curso universitário, impetrar, ainda que de forma manuscrita, ordem de HC; **5:** certa, pois em conformidade com o art. 62 do CPP. ED

Gabarito 1E, 2C, 3C, 4E, 5C

(Analista Judiciário – TJ/AL – 2018 – FGV) Carlos conduzia seu veículo automotor de maneira tranquila, quando foi parado em uma operação que verificava a condução de veículo automotor em via pública sob a influência de álcool. Apesar de estar totalmente consciente de seus atos, Carlos havia ingerido 07 (sete) latas de cerveja, razão pela qual temia que o teste do "bafômetro" identificasse percentual acima do permitido em lei.

De acordo com a jurisprudência majoritária dos Tribunais Superiores, Carlos:

(A) não é obrigado a realizar o exame, que exige um comportamento positivo seu, respeitando-se a regra de que ninguém é obrigado a produzir prova contra si, diferentemente do que ocorreria se fosse necessária apenas cooperação passiva;

(B) é obrigado a realizar o exame, tendo em vista que esse é indispensável para a configuração do tipo, sempre podendo o resultado ser utilizado como meio de prova;

(C) não é obrigado a realizar o exame, pois ninguém é obrigado a produzir prova contra si, seja através de cooperação ativa seja com cooperação passiva, como no caso de ato de reconhecimento de pessoa;

(D) é obrigado a realizar o exame, ainda que este seja desnecessário para a configuração do tipo, que pode ser demonstrado por outros meios de prova;

(E) é obrigado a realizar o exame, mas seu resultado poderá ou não ser utilizado como meio de prova de acordo com a vontade de Carlos, já que ninguém é obrigado a produzir prova contra si.

O princípio do "nemo tenetur se detegere" (ninguém é obrigado a produzir prova contra si mesmo) engloba o direito do acusado de não ser obrigado a praticar qualquer comportamento ativo, mas não inclui comportamentos passivos, como, por exemplo, sujeitar-se ao reconhecimento pessoal. Em outras palavras, quando a produção da prova que se pretende obter implicar um comportamento positivo do investigado/acusado (bafômetro, reconstituição de crime, exame grafotécnico, entre outros), é de rigor o seu consentimento. Agora, na hipótese de o investigado/acusado ser mero objeto de verificação, sem que sua cooperação implique um comportamento positivo, como ocorre no reconhecimento pessoal, não lhe é lícito recusar-se, podendo, em último caso, ser compelido a tal. **ED**

Gabarito "A".

(Analista Judiciário – TJ/AL – 2018 – FGV) Tadeu figura como acusado em ação penal em que se investiga a prática do crime de tráfico de drogas, respondendo ao processo na condição de preso. Entendendo existir fundada suspeita de que Tadeu integre organização criminosa e que haveria risco de fuga em seu deslocamento, para prevenir a segurança pública, o magistrado determinou, de ofício, a realização do interrogatório do réu por videoconferência. Tadeu, então, indaga seu advogado sobre a validade da decisão.

Com base nas informações expostas, o advogado de Tadeu deverá esclarecer que:

(A) o interrogatório por videoconferência, atualmente, é a regra no processo penal, respeitando-se a garantia da ordem pública;

(B) o interrogatório por videoconferência não é admitido pela legislação penal, em respeito ao direito de presença, mas tão só a oitiva de testemunhas sem a presença do acusado;

(C) o interrogatório por videoconferência poderia ser determinado em decisão fundamentada do juiz após requerimento das partes, mas não de ofício;

(D) as partes deverão ser intimadas da decisão que determinar o interrogatório por videoconferência com antecedência mínima de 10 dias;

(E) a decisão que determinar a realização de interrogatório por videoconferência poderá ser impugnada através de recurso em sentido estrito no prazo de 05 dias.

A: incorreta. Ao contrário do afirmado, o interrogatório por videoconferência constitui, atualmente, providência de caráter excepcional, da qual o juiz somente poderá lançar mão diante da presença de uma das hipóteses elencadas no art. 185, § 2°, do CPP; **B:** incorreta, já que o art. 185, § 2°, do CPP prevê a possibilidade de o interrogatório do réu preso ser realizado por meio de sistema de videoconferência, sem que isso implique violação a garantias constitucionais, desde que, como já dissemos, tal providência seja fundamentada em uma das hipóteses legais; **C:** incorreta, já que tal providência pode ser determinada de ofício pelo juiz, tal como estabelece o art. 185, § 2°, do CPP; **D:** correta, pois em conformidade com o art. 185, § 3°, do CPP; **E:** incorreta. Não há previsão de recurso. Contra a decisão que determinar a realização de interrogatório por videoconferência fora dos parâmetros estabelecidos em lei poderá ser impetrado *habeas corpus*. **ED**

Gabarito "D".

(Analista – TJ/SC – FGV – 2018) Em determinada data, Glaucia ingressou em estabelecimento comercial, após arrombar a fechadura da porta, para subtrair diversos bens. Descobertos os fatos, foi denunciada pelo crime de furto qualificado pelo rompimento de obstáculo.

Considerando que a infração deixou vestígios, o reconhecimento da qualificadora:

(A) poderia ser obtido a partir da produção de provas de qualquer natureza, tendo em vista que adotado pelo Direito Processual Penal brasileiro o princípio do livre convencimento motivado;

(B) dependeria de laudo pericial direto e, ainda que tivessem desaparecido os vestígios, o exame indireto não seria suficiente;

(C) exigiria exame de corpo de delito, que poderia ser direto ou indireto, ainda que realizado por um perito, mas a confissão não seria suficiente;

(D) dependeria de realização de exame pericial, que poderia, porém, ser suprido pela confissão do réu;

(E) exigiria realização de exame pericial, exame esse que deveria ser realizado por dois peritos oficiais.

Segundo estabelece o art. 158 do CPP, nas infrações que deixam vestígios, é de rigor a realização do exame de corpo de delito, direto ou indireto, cuja falta, no entanto, não pode ser suprida pela confissão do acusado. Diante do desaparecimento dos vestígios do delito, deve-se recorrer à fórmula contida no art. 167 do CPP, que autoriza que, neste caso, a prova testemunhal poderá suprir tal ausência. Supondo, por exemplo, que o agente, no furto qualificado pelo rompimento de obstáculo, faça desaparecer os vestígios do crime, com o fim de dificultar a sua identificação, poderá a prova da qualificadora ser produzida por meio do depoimento de testemunhas. No mais, a redação anterior do art. 159 do CPP estabelecia que a perícia fosse realizada por *dois* profissionais. Atualmente, com a modificação a que foi submetido este dispositivo (pela Lei 11.690/2008), a perícia será levada a efeito por *um* perito oficial portador de diploma de curso superior. À falta deste, determina o § 1° do art. 159 que o exame seja feito por duas pessoas idôneas, detentoras de diploma de curso superior preferencialmente na área específica, dentre aquelas que tiverem habilitação técnica relacionada com a natureza do exame. **ED**

Gabarito "C".

(Analista Jurídico – TRF5 – FCC – 2017) No que tange às disposições relativas às provas no Código de Processo Penal, é correto afirmar:

(A) Não sendo possível o exame de corpo de delito, por haverem desaparecido os vestígios, o acusado deverá ser absolvido, não sendo permitido a prova testemunhal para suprir-lhe a falta.

(B) Ainda que a infração penal deixe vestígios, havendo confissão do acusado, dispensável a realização do exame de corpo de delito.

(C) A autópsia será feita em, no máximo, seis horas depois do óbito, salvo se os peritos, pela evidência dos sinais de morte, julgarem que possa ser feita depois daquele prazo, o que declararão no auto.

(D) Em caso de lesões corporais, se o primeiro exame pericial tiver sido incompleto, proceder-se-á a exame complementar por determinação da autoridade policial ou judiciária, de ofício, ou a requerimento do Ministério Público, do ofendido ou do acusado, ou de seu defensor.

(E) Em razão de seu caráter técnico e vinculatório, o juiz ficará adstrito ao laudo pericial produzido, não podendo rejeitá-lo.

A: incorreta. É certo que o exame de corpo de delito, nas infrações que deixam vestígios, é indispensável – art. 158 do CPP. Agora, se estes vestígios, por qualquer razão, se perderem, nosso ordenamento jurídico admite que a prova testemunhal supra essa ausência – art. 167 do CPP. A confissão, no entanto, por expressa disposição do art. 158 do CPP, não poderá ser utilizada para esse fim. Quanto ao exame de corpo de delito, é importante que se diga que a Lei 13.721/2018 inseriu no art. 158 do CPP um parágrafo único, segundo o qual dar-se-á prioridade à realização do exame de corpo de delito quando se tratar de crime que envolva: I – violência doméstica e familiar contra

mulher; II – violência contra criança, adolescente, idoso ou pessoa com deficiência; **B:** incorreta, dado que a confissão, como já dito, não poderá ser utilizada para o fim de suprir o exame de corpo de delito (art. 158, CPP); **C:** incorreta, já que o exame necroscópico deve ser realizado pelo menos 6 horas depois do óbito (e não em até seis horas, como consta da assertiva), ressalvada a hipótese em que os peritos, em razão da evidência dos sinais de morte, chegarem à conclusão de que o exame pode ser realizado em prazo menor, e não em prazo maior (art. 162, caput, do CPP); **D:** correta, pois corresponde à redação do art. 168, *caput*, do CPP; **E:** incorreta. O juiz, fazendo uso da prerrogativa que lhe confere o art. 182 do CPP, poderá aceitar ou rejeitar o laudo, no todo ou em parte. É dizer, o magistrado não ficará vinculado ao laudo. 🔲
Gabarito "D".

(Analista Judiciário – TRE/SP – FCC – 2017) Manoel está cumprindo pena em penitenciária paulista de segurança máxima, na cidade de Presidente Bernardes, após ser condenado por quatro crimes de homicídio. Na cidade e comarca de São Paulo é instaurada uma nova ação penal contra Manoel por crime de coação no curso do processo. Havendo fundada suspeita de que o réu, Manoel, integra organização criminosa e que poderá fugir durante o deslocamento entre as cidades de Presidente Bernardes e São Paulo, o Magistrado competente, por decisão fundamentada, e em caráter excepcional, assegurando ao réu a entrevista prévia com seu advogado e o acompanhamento da audiência una de instrução, poderá,

(A) de ofício, ou, a requerimento das partes, realizar o interrogatório de Manoel por sistema de videoconferência, intimando as partes com, pelo menos, 10 dias de antecedência.

(B) se houver requerimento das partes, apenas, realizar o interrogatório de Manoel por sistema de videoconferência, intimando as partes com, pelo menos, 10 dias de antecedência.

(C) de ofício, ou, a requerimento das partes, realizar o interrogatório de Manoel por sistema de videoconferência, intimando as partes com, pelo menos, 5 dias de antecedência.

(D) se houver requerimento das partes, apenas, realizar o interrogatório de Manoel por sistema de videoconferência, intimando as partes com, pelo menos, 5 dias de antecedência.

(E) de ofício, ou, a requerimento das partes, realizar o interrogatório de Manoel por sistema de videoconferência, intimando as partes com, pelo menos, 7 dias de antecedência.

A solução desta questão deve ser extraída do art. 185, § 2º, do CPP, que estabelece as hipóteses em que poderá o juiz recorrer à videoconferência para realizar o interrogatório do réu preso. Antes de mais nada, é importante entender que este recurso somente pode ser utilizado em situações excepcionais, entre as quais aquela narrada no enunciado: fundada suspeita de que o réu, Manoel, integra organização criminosa e que poderá fugir durante o deslocamento entre as cidades de Presidente Bernardes e São Paulo. Neste caso, poderá o juiz, sempre por decisão fundamentada, quer de ofício, quer a pedido das partes, determinar que o interrogatório seja realizado por sistema de videoconferência, decisão da qual as partes deverão ser intimadas com 10 dias de antecedência (art. 185, § 3º, do CPP).
Gabarito "A".

(Analista – TRE/GO – 2015 – CESPE) Considerando que, em audiência de instrução e julgamento à qual compareceu a mãe do acusado como testemunha de acusação arrolada

pelo Ministério Público, a defesa tenha, imediatamente, suscitado questão de ordem requerendo ao juiz que não tomasse seu depoimento por notório impedimento, julgue o próximo item conforme as normas previstas no Código de Processo Penal sobre provas.

(1) Nessa situação, o juiz deve indeferir a questão de ordem suscitada pela defesa, mas deve informar à mãe do réu que ela pode abster-se de depor e que, mesmo que tenha interesse emprestar seu depoimento, não estará compromissada a dizer a verdade.

1: correta. De uma forma geral, sobre todos recai o dever de servir como testemunha, comparecendo em juízo quando convocado e prestando seu depoimento. Cuida-se, portanto, de um dever imposto por lei, que, se descumprido, pode levar à responsabilização da testemunha por crime de falso testemunho (art. 342, CP). A exceção a essa regra atinge as pessoas elencadas no art. 206 do CPP, que podem, por isso, recusar-se a depor. Entre eles está a mãe do acusado, à qual é conferida a prerrogativa de negar-se a prestar depoimento; por se tratar de uma faculdade (e não de proibição), nada impede que a genitora do réu preste seu testemunho, mas, neste caso, sobre ela não recairá a obrigação de dizer a verdade; será ouvida, bem por isso, na qualidade de informante; assim, se mentir, não será processada por crime de falso testemunho. O art. 206 do CPP estabelece que, em uma única hipótese, as pessoas ali mencionadas não podem recusar-se a depor: quando não for possível, de qualquer outra forma, produzir a prova do fato ou de suas circunstâncias, hipótese em que, ainda assim, não se deferirá o dever de dizer a verdade.
Gabarito 1C

(Analista – TRE/TO – 2011 – FCC) Quanto ao exame de corpo de delito e às perícias em geral, de acordo com o Código de Processo Penal:

(A) O laudo pericial será elaborado no prazo máximo de cinco dias, podendo este prazo ser prorrogado por igual período, a requerimento do Ministério Público.

(B) Os exames de corpo de delito serão feitos por dois peritos oficiais.

(C) Se a infração deixar vestígios, a ausência do exame de corpo de delito pode ser suprida pela confissão do acusado.

(D) Ao assistente de acusação, ao ofendido, ao querelante e ao acusado é facultada a indicação de assistente técnico.

(E) Os peritos não oficiais ficarão dispensados de compromisso se forem especialistas na matéria objeto da perícia e tiverem prestado compromisso em entidade de classe.

A: incorreta. O laudo pericial, a teor do que dispõe o art. 160, parágrafo único, do CPP, será elaborado dentro do prazo de *dez dias*, podendo este interregno ser prorrogado em casos excepcionais a requerimento do perito; **B:** incorreta. A redação anterior do art. 159 do CPP estabelecia que a perícia fosse realizada por *dois* profissionais. Atualmente, com a modificação implementada na redação do dispositivo pela Lei 11.690/2008, a perícia será levada a efeito por *um* perito oficial portador de diploma de curso superior. À falta deste, determina o § 1º do art. 159 do CPP que o exame seja feito por duas pessoas idôneas, detentoras de diploma de curso superior preferencialmente na área específica, dentre aquelas que tiverem habilitação técnica relacionada com a natureza do exame; **C:** incorreta. Sempre que a infração deixar vestígios, é indispensável o exame de corpo de delito (exame de verificação da existência do crime); não sendo possível essa verificação, em razão do desaparecimento dos vestígios do delito, a *prova testemunhal* poderá suprir tal falta; a *confissão*, em hipótese alguma (arts. 158 e 167, do

CPP); **D:** correta, visto que em consonância com o disposto no art. 159, § 3º, do CPP; **E:** incorreta, nos termos do art. 159, § 2º, do CPP.
Gabarito "D".

(Analista – TRE/RJ – 2012 – CESPE) A respeito das provas e das normas procedimentais para os processos perante o Superior Tribunal de Justiça e o Supremo Tribunal Federal, julgue o item abaixo.

(1) O firme e coeso depoimento da vítima é suficiente para comprovar o emprego de arma de fogo pelo réu no delito de roubo.

1: correta. A jurisprudência do STF (e também do STJ) aponta pela desnecessidade de apreensão da arma e respectiva perícia para a configuração da majorante prevista no art. 157, § 2º, I, do CP, podendo tal falta ser suprida por outros meios de prova, tais como as declarações do ofendido e depoimentos de testemunhas. Nesse sentido: "HABEAS CORPUS. PENAL. ROUBO CIRCUNSTANCIADO (EMPREGO DE ARMA BRANCA). AUSÊNCIA DE APREENSÃO E PERÍCIA DA ARMA. DISPENSABILIDADE PARA A CARACTERIZAÇÃO DA CAUSA ESPECIAL DE AUMENTO QUANDO PROVADA A SUA UTILIZAÇÃO POR OUTROS MEIOS. 1. Esta Corte entende que é dispensável a apreensão da arma ou a realização do exame pericial para a caracterização da causa de aumento prevista no art. 157, § 2º, inciso I, do Código Penal, mormente em se tratando de um estilete, de potencialidade lesiva presumida, quando existem outros elementos probatórios que levam a concluir pela sua efetiva utilização no crime. Precedentes. 2. Ordem denegada" (HC 127.661/SP, Rel. Ministra LAURITA VAZ, QUINTA TURMA, julgado em 14.05.2009, *DJe* 08.06.2009)
Gabarito 1C.

(Analista – TRE/SP – 2012 – FCC) Analise as seguintes situações sobre as testemunhas, de acordo com o Código do Processo Penal:

I. Tício, padre de uma paróquia na cidade de São Paulo, mantém contato, no exercício de sua atividade religiosa, com uma determinada pessoa que lhe conta com detalhes, em função da fé no confessionário, que presenciou um delito de homicídio na porta da sua casa, praticado contra um vizinho. Tício poderá figurar como testemunha, mas está proibido de prestar depoimento em juízo, salvo se quiser e for desobrigado pela parte interessada.

II. O Presidente do Superior Tribunal de Justiça é arrolado como testemunha em um processo crime que tramita em uma das Varas Criminais da Comarca de São Paulo. Neste caso, ele será inquirido em local, dia e hora previamente ajustados com o juiz do processo, podendo optar, também, pela prestação de depoimento por escrito, caso em que as perguntas, formuladas pelas partes, lhes serão transmitidas por ofício.

III. Em regular audiência de instrução e julgamento está sendo ouvida testemunha arrolada pela acusação. O juiz não poderá indeferir perguntas formuladas pelo advogado do réu, mesmo se não tiverem relação com o processo.

Está correto o que consta SOMENTE em

(A) I.

(B) II.

(C) I e II.

(D) I e III.

(E) II e III.

I: correta. As pessoas listadas no art. 207 do CPP estão em regra proibidas de prestar depoimento. Trata-se de uma imposição legal, e não mera faculdade; poderão, todavia, fazê-lo se a parte que lhe confiou o segredo desobrigá-la e a autorizar a depor. Assertiva, portanto, correta; **II:** incorreta. Somente têm a faculdade de optar pela prestação de depoimento escrito o Presidente e o Vice-Presidente da República, bem assim os Presidentes do Senado Federal, da Câmara dos Deputados e do Supremo Tribunal Federal – art. 221, § 1º, do CPP; **III:** incorreta, pois o juiz pode, sim, indeferir as perguntas que puderem induzir a resposta, não tiverem relação com a causa ou importarem na repetição de outra já respondida – art. 212, *caput*, do CPP.
Gabarito "A".

(Analista – TJ/CE – 2013 – CESPE) Assinale a opção correta no que diz respeito às provas no processo penal.

(A) É vedada a realização de interrogatório por videoconferência, por ferir o direito de autodefesa do acusado.

(B) A confissão feita perante a autoridade policial não será passível de retratação em juízo caso tenha sido assegurado ao acusado o direito ao contraditório e à ampla defesa mediante o acompanhamento de um advogado.

(C) Admite-se a oitiva de corréu na qualidade de testemunha, de informante, ou mesmo de colaborador ou delator, atualmente conhecida como delação premiada.

(D) O cônjuge separado não se pode recusar a prestar depoimento na condição de testemunha sobre o suposto cometimento de um delito pelo ex-marido, devendo assumir o compromisso de dizer a verdade.

(E) Haja vista que o interrogatório judicial é meio de defesa do réu, o desrespeito a essa franquia individual, resultante da arbitrária recusa em lhe permitir a formulação de reperguntas aos demais corréus constituirá causa geradora de nulidade absoluta.

A: incorreta. Embora constitua exceção, assim considerado pela lei processual penal (art. 185, § 2º, do CPP), a realização de interrogatório por sistema de videoconferência não ofende o princípio da autodefesa. De toda sorte, é importante que se diga que o emprego deste recurso tecnológico, por impossibilitar uma aproximação física entre julgador e acusado, tem gerado, desde o seu nascedouro, polêmica na doutrina e na jurisprudência; **B:** incorreta, na medida em que a confissão, a teor do art. 200 do CPP, é passível de retratação a qualquer tempo. Mesmo porque, conforme é sabido, a confissão extrajudicial, porque não realizada sob o crivo do contraditório e ampla defesa, ainda que acompanhada por advogado, deve ser considerada tão somente como *indício* (meio de prova indireto). Não pode, por isso, ser utilizada, por si só, para dar suporte a decreto condenatório. Deve, isto sim, ser cotejada com as demais provas produzidas em juízo (art. 197, CPP); **C:** incorreta. Embora o corréu possa ser ouvido como delator ou colaborador, é certo que é incorreto afirmar-se que ele poderá funcionar como testemunha, na medida em que não se pode conferir-lhe o dever de dizer a verdade. Nesse sentido: "Recurso ordinário em *habeas corpus*. Estelionato (artigo 171 do Código Penal). Alegado cerceamento de defesa. Indeferimento do pedido de oitiva de corréu como testemunha. Impossibilidade. Constrangimento ilegal não caracterizado. 1. Ao magistrado é facultado o indeferimento, de forma fundamentada, do requerimento de produção de provas que julgar protelatórias, irrelevantes ou impertinentes, devendo a sua imprescindibilidade ser devidamente justificada pela parte. Doutrina. Precedentes do STJ e do STF. 2. No caso dos autos, a defesa pretendeu a oitiva de corréu que aceitou a proposta de suspensão condicional do processo como testemunha, o que foi indeferido pela togada responsável pelo feito. 3. O corréu, por não ter o dever de falar a verdade e por não prestar compromisso, não pode servir como testemunha, o que afasta o constrangimento ilegal de que estaria sendo vítima a recorrente. Doutrina. Precedentes. 4. Recurso improvido" (RHC 201302786058, Jorge Mussi, STJ, 5.ª T.URMA, *DJE* de 02.10.2013); **D**: incorreta, pois o cônjuge, mesmo que separado, poderá recusar-se a prestar depoimento em desfavor de seu ex-marido (art. 206, CPP – onde se lê *desquitado* deve se ler *separado*); **E**: correta. Conferir: "Processo penal. *Habeas corpus*. Interrogatório. Direito da defesa de corréu realizar reperguntas. Possibilidade desde que respeitado o direito de permanecer em silêncio e à não incriminação. Relaxamento da prisão. Constrangimento indevido. Ordem concedida em parte. 1. Embora o interrogatório mantenha seu escopo eminentemente como meio de defesa, quando envolve a acusação ou participação de outro denunciado, cria a possibilidade à defesa do litisconsorte passivo realizar reperguntas, assegurando a ampla defesa e a participação ativa do acusado no interrogatório dos corréus. 2. Não há que se confundir, nessa situação, o corréu com testemunha, pois o interrogado não estará obrigado a responder as perguntas dos demais envolvidos, preservado o direito de permanecer em silêncio e de não produzir provas contra si. Precedentes desta Turma e do Supremo Tribunal Federal. 3. A anulação dos interrogatórios não gera o direito automático ao relaxamento da prisão, não existindo nos autos elementos suficientes à caracterização de excesso de prazo que justifique a revogação da custódia cautelar, pois se trata de ação complexa em que se apura a atuação de estruturada quadrilha responsável pelo tráfico de diversos tipos de drogas e com vários envolvidos. 4. *Habeas corpus* concedido em parte para determinar a renovação dos interrogatórios dos acusados, assegurando o direito das defesas dos corréus realizarem reperguntas, resguardado o direito dos interrogados à não auto-incriminação e ao de permanecer em silêncio, mantidos os demais atos da instrução" (HC 201000267009, Haroldo Rodrigues (Desembargador convocado do TJ/CE, STJ, 6ª T.URMA, *DJE* de 16.08.2010).

Gabarito "E".

(Analista – TJ/AP – 2010) Marque a alternativa correta. A prova

(A) produzida no Inquérito Policial é suficiente para fundamentar sentença condenatória contra o acusado;

(B) ilícita é admitida na hipótese de crimes hediondos;

(C) pericial feita em outra comarca depende de expedição de carta precatória e a nomeação dos peritos far-se-á no juízo deprecante;

(D) da alegação incumbirá a quem a fizer.

A: incorreta. A assertiva está em desconformidade com o que prescreve o art. 155, *caput*, do CPP, visto que é defeso ao juiz fundamentar sua decisão exclusivamente nos elementos de prova produzidos em inquérito policial. Este dispositivo somente retratou posicionamento consagrado na doutrina e na jurisprudência; **B**: incorreta. O art. 157 do CPP aplica-se também aos crimes hediondos; **C**: incorreta, visto que em desconformidade com o art. 177 do CPP; **D**: correta, pois a assertiva está em conformidade com o disposto no art. 156, *caput*, do CPP.

Gabarito "D".

(Analista – MPU – 2010 – CESPE) Acerca das prisões cautelares e da liberdade provisória, julgue o item subsequente.

(1) No tocante aos sistemas de apreciação das provas, é correto afirmar que ainda existe no ordenamento jurídico brasileiro procedimento em que o julgador decide pelo sistema da íntima convicção, não se impondo o dever constitucional de motivar a decisão proferida.

1: correta. Adotamos, como regra, o sistema da persuasão racional ou livre convencimento motivado, em que o magistrado decidirá com base no seu livre convencimento, devendo, todavia, fundamentar sua decisão (art. 93, IX, da CF/1988). Pelo sistema da prova legal, o juiz fica adstrito ao valor atribuído à prova pelo legislador. Já o sistema da

íntima convicção é o que vige no Tribunal do Júri, no qual o jurado não motiva seu voto. Nem poderia.

Gabarito 1C

O juiz formará sua convicção pela livre apreciação da prova. Todas as provas são relativas, não ficando o magistrado subordinado a nenhum critério apriorístico no apurar, através dela, a verdade.

(Analista – MP/MS – 2013 – FGV) Sobre o *direito probatório*, de acordo com o Código de Processo Penal, assinale a afirmativa correta.

(A) É papel da testemunha sempre expor seus conhecimentos sobre os fatos, além de suas apreciações pessoais.

(B) A expedição de carta precatória para oitiva de testemunha suspende a instrução criminal.

(C) O juiz, ao verificar que a veracidade do depoimento da testemunha pode ficar comprometido pela presença do réu, causando humilhação, temor ou sério constrangimento à testemunha, determinará a retirada do réu, independente de qualquer medida anterior.

(D) Desde a reforma do Código de Processo Penal realizada pela Lei n. 11.690/2008, o interrogatório do réu no procedimento ordinário passou a ser feito pelo sistema *cross examination*, ou seja, primeiro as partes devem formular as perguntas ao réu. Ao magistrado cabe a complementação, formulando perguntas que entenda pertinente.

(E) O ofendido, quando devidamente intimado para prestar declarações sobre as circunstâncias da infração, pode ser conduzido à presença da autoridade, se deixar de comparecer sem justo motivo.

A: incorreta, já que o juiz somente autorizará a testemunha a fazer apreciações de ordem subjetiva quando estas forem inseparáveis da narrativa do fato (art. 213 do CPP); **B**: incorreta, uma vez que contraria a regra presente no art. 222, § 1º, do CPP, que estabelece que a instrução criminal não é suspensa; **C**: incorreta, visto que, neste caso, caberá ao juiz, antes de determinar a retirada do réu da sala de audiências, procurar proceder à inquirição por videoconferência; não sendo isso possível, aí sim o juiz providenciará a retirada do acusado. Além disso, estas providências e suas justificativas devem constar do termo de audiência. É o que estabelece o art. 217 do CPP; **D**: incorreta, já que o sistema denominado *cross examination*, em que as perguntas são formuladas, pelas partes, diretamente, sem a intermediação do juiz, somente se aplica ao depoimento das testemunhas. No interrogatório, vige o sistema *presidencialista*, em que as perguntas das partes, ao final da oitiva do acusado pelo magistrado, serão formuladas por este; **E**: correta, pois reflete o disposto no art. 201, § 1º, do CPP.

Gabarito "E".

7. PRISÃO, MEDIDAS CAUTELARES E LIBERDADE PROVISÓRIA

(Analista Judiciário – TJ/AL – 2018 – FGV) Carla foi presa em flagrante pela prática de crime de estelionato (pena: 1 a 5 anos de reclusão e multa), sendo verificado na Delegacia que ela teria diversas condenações definitivas pela prática de crimes da mesma natureza. Encaminhada para audiência de custódia, após manifestação do Ministério Público, foi a prisão em flagrante convertida em preventiva. Com o oferecimento da denúncia, foi realizado laudo pericial em que os peritos concluíram pela semi-imputabilidade da acusada, bem como o risco de reiteração delitiva. Foi, ainda, constatado que Carla encontrava-se com três meses de gravidez.

Considerando as informações narradas e as previsões do Código de Processo Penal sobre o tema "Prisões e Medidas Cautelares", é correto afirmar que:

(A) a autoridade policial poderia ter arbitrado fiança em sede policial;

(B) as medidas cautelares alternativas dependem de requerimento das partes, não podendo ser aplicadas de ofício, sob pena de violação do princípio da inércia;

(C) a prisão domiciliar em substituição à prisão preventiva poderá ser aplicada pelo magistrado, apesar de Carla ainda estar no terceiro mês de gestação;

(D) o magistrado poderá substituir a prisão preventiva pela medida cautelar de internação provisória, tendo em vista que há laudo constatando a semi-imputabilidade e o risco de reiteração;

(E) a prisão preventiva decretada deve ser relaxada, uma vez que o ato "audiência de custódia" não está previsto no código de Processo Penal, não admitindo o Supremo Tribunal Federal sua realização.

A: incorreta. Não poderia o delegado ter arbitrado fiança em favor de Carla, na medida em que, à luz do que dispõe o art. 322, *caput*, do CPP, a autoridade policial somente está credenciada a conceder fiança nos casos de infração penal cuja pena máxima cominada não seja superior a 4 anos. A pena máxima cominada ao estelionato é de 5 anos; **B:** incorreta. No que toca à oportunidade para decretação das medidas cautelares alternativas, aplica-se a mesma regra prevista para a prisão preventiva (art. 311, CPP). Assim, por força do disposto no art. 282, § 2º, do CPP, as medidas cautelares diversas da prisão podem ser decretadas de ofício pelo juiz, desde que no curso da ação penal. Se ainda na fase de investigação, a decretação, que sempre caberá ao juiz de direito, somente poderá se dar mediante representação da autoridade policial ou a requerimento do MP; **C:** correta. O juiz poderá, em vista do que estabelece o art. 318 do CPP, substituir a prisão preventiva pela domiciliar nas seguintes hipóteses: agente que contar com mais de 80 (oitenta) anos (inciso I); agente extremamente debilitado por motivo de doença grave (inciso II); quando o agente for imprescindível aos cuidados de pessoa com menos de 6 (seis) anos ou com deficiência (inciso III); quando se tratar de gestante (inciso IV – cuja redação foi alterada pela Lei 13.257/2016); quando se tratar de mulher com filho de até 12 anos de idade incompletos (inciso V – cuja redação foi determinada pela Lei 13.257/2016); homem, caso seja o único responsável pelos cuidados do filho de até 12 anos de idade incompletos (inciso VI – cuja redação foi determinada pela Lei 13.257/2016). São várias as situações, portanto, em que a substituição será autorizada. Perceba que o caso de Carla está inserido no art. 318, IV, do CPP, segundo o qual a substituição poderá ser realizada independente do mês de gestação em que se encontre a presa. Basta, portanto, que a mulher esteja grávida. Quanto a esse tema, importante tecer algumas ponderações, tendo em vista o advento da Lei 13.769/2018, que, entre outras coisas, inseriu no CPP o art. 318-A, que estabelece a substituição da prisão preventiva por prisão domiciliar da mulher gestante, mãe ou responsável por crianças ou pessoas com deficiência. Além disso, disciplina o regime de cumprimento de pena privativa de liberdade de condenadas na mesma situação, com alteração da Lei de Crimes Hediondos e da Lei de Execução Penal. Como bem sabemos, a 2ª turma do STF, ao julgar o HC coletivo 143.641, assegurou a conversão da prisão preventiva em domiciliar a todas as presas provisórias do país que sejam gestantes, puérperas ou mães de crianças e deficientes sob sua guarda. Perceba, dessa forma, que o legislador, ao inserir o art. 318-A do CPP, nada mais fez do que contemplar, no

texto legal, o entendimento consolidado no *habeas corpus* coletivo a que fizemos referência. Também em consonância com o que ficou decidido no julgamento do HC, o legislador impôs dois requisitos: que não tenha sido cometido crime com grave ameaça ou violência contra a pessoa; que não tenha sido cometido contra o filho ou dependente. O art. 318-B, também inserido por meio da Lei 13.769/2018, prevê a possibilidade de aplicação concomitante da prisão domiciliar e das medidas alternativas previstas no art. 319 do CPP, na esteira do decidido no HC 143.641. Para além da inserção desses dois dispositivos legais no CPP, a Lei 13.769/2018 promoveu alterações na LEP. Perceba, pois, que os arts. 318, 318-A e 318-B tratam da concessão da prisão domiciliar no contexto da prisão preventiva, que constitui modalidade de prisão provisória. Pressupõe-se, aqui, portanto, ausência de condenação definitiva. Após o trânsito em julgado da condenação, a prisão domiciliar passa a ser disciplinada, como não poderia deixar de ser, pela LEP. Neste caso, temos que a Lei 13.769/2018 inseriu no art. 112 da LEP o § 3º, que estabelece fração diferenciada de cumprimento de pena para que a mulher, nas condições a que fizemos referência, possa alcançar o regime mais brando (a fração necessária, que antes era de um sexto, passou para um oitavo). Para tanto, a reeducanda deve reunir quatro requisitos cumulativos, além de ter cumprido um oitavo da pena que lhe foi imposta. Também incluído pela Lei 13.769/2018, o § 4º do art. 112 da LEP estabelece que a prática de novo crime doloso ou falta grave acarretará a revogação do benefício. Por fim, também foi modificada a Lei de Crimes Hediondos, com a alteração, pela Lei 13.769/2018, do art. 2º, § 2º, que agora estabelece que a progressão, nesses crimes, se se tratar de mulher grávida, mãe ou responsável por criança ou pessoa com deficiência, obedecerá ao que estabelecem os §§ 3º e 4º do art. 112 da LEP. Em outras palavras, institui-se, no que concerne aos crimes hediondos e equiparados, regra específica de progressão no caso de o beneficiário encontrar-se em uma das condições acima; **D:** incorreta, uma vez que a internação provisória, prevista no art. 319, VII, do CPP, pressupõe que o crime imputado ao agente tenha sido cometido com violência ou grave ameaça, não sendo este o caso do estelionato, delito cuja prática é atribuído a Carla; **E:** incorreta. Embora a audiência de custódia não esteja contemplada, de forma expressa, no Código de Processo penal e na CF/1988, a Convenção Americana sobre Direitos Humanos (Pacto de San José da Costa Rica), incorporada ao ordenamento jurídico brasileiro, em seu art. 7º (5), assim estabelece: Toda pessoa presa, detida ou retida deve ser conduzida, sem demora, à presença de um juiz ou outra autoridade autorizada por lei a exercer funções judiciais (...)". O Conselho Nacional de Justiça, em parceria com o Tribunal de Justiça de São Paulo e também com o Ministério da Justiça, lançou e implementou o projeto "audiência de custódia", cujo propósito é assegurar ao preso o direito de ser apresentado, de forma rápida, a um juiz de direito, ao qual caberá analisar, entre outros aspectos, a legalidade da prisão em flagrante e também a necessidade de a mesma ser convertida em prisão preventiva. Mais recentemente, o CNJ, por meio da Resolução 213/2015, disciplinou as audiências de custódia em todo o território nacional. Quanto à manifestação, do STF, sobre a constitucionalidade da audiência de custódia, vide ADI 5.240. ▢

Gabarito "C".

(Analista – TJ/SC – FGV – 2018) Durante investigação pela prática de crime hediondo, após receber os autos, o Ministério Público requer ao Poder Judiciário devolução do inquérito à Delegacia pelo prazo de 30 dias para prosseguir nas investigações, atendendo à única solicitação apresentada pela autoridade policial. O juiz, contudo, decide decretar a prisão preventiva de José e a prisão temporária de Maria, dois dos indiciados no procedimento. Os dois presos procuram seus advogados, esclarecendo que ambos têm 30 anos, são primários, Maria não tem filhos e José tem um filho de 9 anos, dividindo o sustento do menino com a mãe da criança.

O advogado de Maria e José deverá esclarecer que:

(A) a prisão de Maria é ilegal e a de José é legal, havendo previsão de substituição da prisão preventiva por domiciliar no caso de José em razão da idade de seu filho;

(B) a prisão de Maria é ilegal e a de José é legal, não havendo previsão de substituição da prisão preventiva por domiciliar no caso de José em razão da idade de seu filho;

(C) a prisão de ambos os indiciados é legal, havendo previsão de substituição da prisão preventiva por domiciliar no caso de José em razão da idade de seu filho;

(D) a prisão de Maria é legal e a de José ilegal;

(E) a prisão de ambos os indiciados é ilegal.

As duas prisões, porque decretadas de ofício pelo magistrado, devem ser consideradas ilegais. Devemos ter em mente, antes de mais nada, que, na hipótese acima narrada, tanto a prisão temporária quanto a preventiva foram decretadas no curso das investigações do inquérito policial. Não havia, até aquele momento, ação penal em curso. Tratemos, por primeiro, da iniciativa para a decretação da custódia temporária, tema bastante recorrente em concursos públicos em geral. Caberá ao juiz decretar esta modalidade de prisão provisória, e somente poderá fazê-lo a requerimento do MP ou em face de representação da autoridade policial. Ou seja, é imprescindível que haja provocação do MP ou do delegado. No caso acima narrado, o juiz a decretou de ofício, o que está em desacordo com o que estabelecem os art. arts. 1º, I, e 2º, *caput*, da Lei 7.960/1989. No caso da prisão preventiva, o juiz poderá agir de ofício, decretando esta modalidade de custódia provisória, desde que na fase de instrução processual (ação penal); durante o inquérito policial, é-lhe vedado atuar sem provocação. Assim, caberá ao delegado de polícia e ao MP (e também ao querelante) requerer a decretação da prisão preventiva. No caso acima narrado, ainda não há ação penal instaurada, de forma que não poderia o juiz decretar a custódia preventiva de ofício. Repito: somente poderá fazê-lo (de ofício) no curso da instrução processual. ED

Gabarito "E".

(Analista Judiciário – TRF/2 – Consulplan – 2017) Poderá o juiz substituir a prisão preventiva pela domiciliar quando o agente for:

(A) Maior de 70 anos.

(B) Imprescindível aos cuidados de pessoa menor de 7 anos de idade.

(C) Gestante, apenas a partir do 7º mês de gravidez ou sendo esta de alto risco.

(D) Homem, caso seja o único responsável pelos cuidados do filho de até doze anos de idade incompletos.

A prisão domiciliar, é bom que se diga, não está inserida no âmbito das medidas cautelares diversas da prisão (art. 319, CPP). Cuida-se, isto sim, de prisão preventiva que deverá ser cumprida no domicílio do investigado/acusado, desde que, é claro, este esteja em uma das situações previstas no art. 318 do CPP (com redação alterada por força da Lei 13.257/2016): maior de 80 anos (e não de 70, tal como consta da assertiva "A", que está incorreta, portanto); extremamente debilitado por motivo de doença grave; imprescindível aos cuidados especiais de pessoa menor de 6 anos de idade ou com deficiência (e não de 7 anos, como consta da alternativa "B", incorreta, portanto); gestante (em qualquer mês da gravidez, e não somente a partir do 7º mês, como consta da assertiva "C", também incorreta; mulher com filho de até 12 (doze) anos de idade incompletos; homem, caso seja o único responsável pelos cuidados do filho de até 12 (doze) anos de idade incompletos (hipótese que corresponde à assertiva "D", que está correta e deve, portanto, ser assinalada).

Gabarito "D".

(Analista Judiciário – TJ/MT – UFMT – 2016) A respeito da prisão temporária, disposta na Lei nº 7.960, de 21 de dezembro de 1989, assinale a afirmativa INCORRETA.

(A) O juiz poderá, de ofício ou a requerimento do Ministério Público e do advogado, determinar que o preso seja submetido a exame de corpo de delito.

(B) O juiz poderá, de ofício ou a requerimento do Ministério Público e do advogado, solicitar informações e esclarecimentos da autoridade policial.

(C) Caberá prisão temporária quando o indicado tiver residência fixa.

(D) Caberá prisão temporária por crimes contra o sistema financeiro.

A: correta (art. 2º, § 3º, da Lei 7.960/1989); **B:** correta (art. 2º, § 3º, da Lei 7.960/1989); **C:** correta. Ainda que o investigado tenha residência fixa, mesmo assim poderá a prisão temporária ser decretada em seu desfavor. Isso porque os incisos I e II, este último que trata da hipótese de decretação da custódia temporária quando o investigado não tiver residência fixa ou não fornecer elementos necessários ao esclarecimento de sua identidade, são alternativos, devendo combinar com a exigência imposta pelo inciso III, todos do art. 1º da Lei 7.960/1989. Ou seja, a prisão temporária será decretada se estiverem presentes os requisitos contemplados nos incisos I e III ou II e III. Se a decretação se der com base nos incisos I e III, pouco importa se o investigado tem ou não residência fixa; **D:** correta (art. 1º, III, *o*, da Lei 7.960/1989). A questão, pelo fato de não conter alternativa incorreta, foi anulada.

Gabarito "Anulada".

(Analista – STF – 2013 – CESPE) Acerca da prisão preventiva, julgue o item a seguir.

(1) A prisão preventiva subsidiária por descumprimento de medida cautelar anteriormente imposta somente poderá ser decretada para os crimes dolosos punidos com pena máxima privativa de liberdade superior a quatro anos, observados os demais requisitos normativos.

1: incorreta. A chamada prisão preventiva *substitutiva* ou *subsidiária*, assim entendida aquela imposta por descumprimento das medidas cautelares contempladas no art. 319 do CPP, não se sujeita, por força do que estabelecem os arts. 282, § 4º, e 312, parágrafo único, ambos do CPP, à limitação prevista no art. 313, I, do CPP, segundo o qual a custódia preventiva não poderá ser decretada nos crimes dolosos cuja pena máxima cominada não seja superior a quatro anos. É importante que se diga que, embora a prisão preventiva, neste caso, seja, em princípio, possível, o seu decreto somente poderá se dar diante da impossibilidade de proceder-se à substituição da medida imposta por outra mais adequada ou a sua cumulação com a medida anterior impingida. Se, ainda assim, a nova medida (em substituição ou por cumulação) mostrar-se insuficiente, aí, sim, poderá o juiz recorrer à derradeira alternativa, decretando a prisão preventiva. É o que se extrai do art. 282, § 4º, do CPP. Como se vê, a tônica introduzida pela Lei de Reforma n. 12.403/2011 é evitar a todo custo a segregação cautelar, à qual somente poderá se recorrer em último caso.

Gabarito 1E

(Analista – TRE/AC – 2010 – FCC) O documento entregue ao conduzido após a lavratura do auto de prisão em flagrante, assinado pela autoridade policial e contendo o motivo da prisão, o nome do condutor e das testemunhas, denomina-se

(A) termo circunstanciado.

(B) auto de prisão em flagrante.

(C) nota de culpa.

(D) carta de guia.

(E) boletim de ocorrência.

É por meio da nota de culpa que a autoridade policial leva ao conhecimento do preso o motivo de sua prisão, o nome da pessoa que o prendeu e o das testemunhas que a tudo assistiram. É imprescindível que este documento chegue às mãos do preso dentro do prazo de 24 horas, a contar da sua prisão em flagrante, conforme determina o art. 306, § 2°, do CPP. A violação a tal formalidade acarretará o relaxamento da prisão em flagrante.
Gabarito "C".

(Analista – TRE/CE – 2012 – FCC) José, primário, de bons antecedentes e regularmente identificado, está sendo investigado em regular inquérito policial, acusado de praticar crime de contrabando na forma simples, punido com reclusão de um a quatro anos. Nesse caso,

(A) o Juiz poderá aplicar de ofício a José, durante a fase investigatória, uma das medidas cautelares substitutivas da prisão preventiva, desde que presentes os pressupostos legais para tanto.

(B) o Juiz poderá decretar, de ofício, durante a fase investigatória, presentes os requisitos legais, a prisão preventiva de José.

(C) havendo prisão em flagrante e tratando-se de crime inafiançável, o juiz não poderá conceder a José liberdade provisória.

(D) havendo prisão em flagrante, a Autoridade Policial não poderá arbitrar a fiança ao réu, cabendo exclusivamente ao Magistrado fixá-la.

(E) o Juiz, em regra, não poderá decretar a prisão preventiva de José.

Antes de analisar as alternativas, vale a observação de que, com o advento da Lei 13.008/2014 (posterior, portanto, à elaboração desta questão), que introduziu, no Código Penal, o art. 334-A, a pena para o crime de contrabando, que antes era de 1 a 4 anos de reclusão, passou para 2 a 5 anos de reclusão. Com isso, atualmente não é dado ao delegado de polícia, em razão dessa alteração legislativa, estabelecer fiança ao autor desse delito. Importante dizer que a pena para o crime de descaminho, previsto no art. 334 do CP, permanece a mesma, ou seja, 1 a 4 anos de reclusão. Levamos em conta, para a resolução desta questão, a legislação vigente à época de aplicação da prova. Pois bem, dito isso, passemos à análise das assertivas. **A:** incorreta, dado que o magistrado somente poderá agir de ofício, na decretação das medidas cautelares diversas da prisão, no curso da ação penal. Na fase investigatória, a medida cautelar somente poderá ser decretada a requerimento do Ministério Público ou por representação da autoridade policial – art. 282, § 2°, do CPP; **B:** incorreta. Aqui não é diferente. Por força da Lei 12.403/2011, a redação do art. 311 do CPP foi modificada. A prisão preventiva continua a ser decretada em qualquer fase da investigação policial ou do processo penal, mas o juiz, que antes podia determiná-la de ofício também na fase de inquérito, somente poderá fazê-lo, a partir de agora, no curso da ação penal. É dizer, para que a custódia preventiva seja decretada no curso da investigação, é necessário que haja provocação da autoridade policial, mediante representação, ou do Ministério Público, por meio de requerimento. Atenção: a prisão temporária destinada a viabilizar investigações de crimes graves somente pode ser decretada na fase de inquérito. Aqui, nada mudou; **C:** incorreta. Nada obsta que o juiz, ao receber o auto de prisão em flagrante pela prática de crime inafiançável, conceda ao indiciado a liberdade provisória sem fiança; **D:** incorreta. Outra novidade trazida pela Lei 12.403/2011 é que a autoridade policial pode, agora, arbitrar fiança em qualquer infração penal cuja pena máxima cominada não seja superior a quatro anos (reclusão ou detenção). Pela redação anterior do art. 322 do CPP, o dele-

---

gado somente estava credenciado a arbitrar fiança nas contravenções e nos crimes apenados com detenção; **E:** correta. Pela novel redação do art. 313 do CPP, a prisão preventiva somente terá lugar diante da prática de crime doloso punido com pena privativa de liberdade máxima superior a quatro anos. Esta é a regra. As exceções estão contempladas nos incisos II e III do mesmo dispositivo (reincidente em crime doloso e violência doméstica). Assertiva correta, portanto.
Gabarito "E".

(Analista – TRE/TO – 2011 – FCC) De acordo com o Código de Processo Penal, serão recolhidos a quartéis ou a prisão especial, à disposição da autoridade competente, quando sujeitos a prisão antes de condenação definitiva, dentre outros,

(A) os filhos de magistrados.

(B) os estudantes universitários.

(C) os cidadãos inscritos no "Livro de Mérito".

(D) os vereadores, exceto os de cidade com menos de cem mil habitantes.

(E) os estrangeiros.

Art. 295, IV, do CPP.
Gabarito "C".

(Analista – TRE/BA – 2010 – CESPE) Julgue o item que se segue, relativo a inquérito policial (IP) e prisão temporária.

(1) A prisão temporária pode ser decretada pelo juiz ou pelo delegado condutor das investigações.

A custódia temporária, em face do que dispõe o art. 2°, *caput*, da Lei 7.960/1989, somente pode ser decretada por juiz de direito, que o fará diante de representação formulada pela autoridade policial ou de requerimento do Ministério Público. É defeso ao juiz, na prisão temporária, determinar a custódia de ofício.
Gabarito 1E

(Analista – TJ/AM – 2013 – FGV) As alternativas a seguir apresentam *medidas cautelares* diversas da prisão, **à exceção de uma**. Assinale-a.

(A) Monitoramento eletrônico.

(B) Limitação de final de semana, devendo o acusado permanecer, aos sábados e domingos, por cinco horas diárias, em casa de albergado ou outro estabelecimento adequado.

(C) Fiança nos crimes que a admitem.

(D) Comparecimento periódico em juízo, no prazo e nas condições fixadas pelo juiz, para informar e justificar atividades.

(E) Proibição de acesso ou frequência a determinados lugares.

A: correta. Medida cautelar prevista no art. 319, IX, do CPP; **B:** incorreta, devendo ser assinalada, visto que a proposição contempla modalidade de pena restritiva de direitos prevista nos arts. 43, VI, e 48 do CP; **C:** correta. Medida cautelar prevista no art. 319, VIII, do CPP; **D:** correta. Medida cautelar prevista no art. 319, I, do CPP; **E:** correta. Medida cautelar prevista no art. 319, II, do CPP.
Gabarito "B".

(Analista – TJ/AM – 2013 – FGV) Quando o agente é perseguido logo após a infração, em situação que faça presumir ser o autor do fato, configura hipótese de flagrante

(A) próprio.

(B) impróprio ou quase flagrante.

(C) presumido.

(D) esperado.

(E) prorrogado.

A assertiva descreve hipótese de *flagrante impróprio, imperfeito* ou *quase-flagrante*, modalidade em que o sujeito, logo em seguida à prática criminosa, é perseguido e, depois disso, preso (art. 302, III, CPP). Não deve ser confundido com o chamado *flagrante ficto* ou *presumido* (art. 302, IV, CPP), no qual o agente é encontrado logo depois do crime na posse de instrumentos, armas, objetos ou papéis, em circunstâncias que revelem ser ele o autor da infração penal. Como se pode ver, inexiste, nesta forma de flagrante, o elemento *perseguição*, indispensável no *quase-flagrante*. Difere, da mesma forma, do *flagrante próprio, real* ou *verdadeiro* (art. 302, I e II, do CPP), que é aquele em que o agente é surpreendido no exato instante em que comete a infração ou quando acaba de cometê-la. Denomina-se *esperado* o flagrante em que a polícia aguarda o momento de agir. Constitui hipótese viável de flagrante porquanto, aqui, inexiste induzimento ou instigação (como ocorre no flagrante provocado), mas mero monitoramento, acompanhamento. *Prorrogado* é o flagrante em que a lei, em determinadas situações, permite que a polícia retarde o momento da prisão para possibilitar uma melhor colheita da prova. Exemplo é a *ação controlada*, nos casos de organização criminosa, que atualmente se encontra disciplinada pelos arts. 8º e 9º da Lei 12.850/2013, que revogou, na íntegra, a Lei 9.034/1995 (art. 26 da Lei 12.850/2013).
Gabarito "B".

(Analista – TRE/MG – 2012 – CONSULPLAN) Sobre o tema Prisão, Medidas Cautelares e Liberdade Provisória, marque a alternativa correta.

(A) Tício, assistente da acusação, não tem legitimidade para requerer a decretação de prisão preventiva do acusado no processo penal.

(B) Tício, maior de 80 anos de idade, comete um crime e tem prisão preventiva decretada contra si. Pode o juiz substituí-la por prisão domiciliar.

(C) Tício comete um crime de homicídio simples, não hediondo, e pode ter sua prisão temporária decretada pelo prazo de 30 dias, prorrogáveis por mais 30.

(D) Tício comete um crime apenado com reclusão e é preso em flagrante delito. A autoridade policial não pode arbitrar fiança, pois só poderia fazê-la em relação às infrações apenadas com detenção.

(E) Tício comete um crime doloso contra a vida. Ele não poderá ter decretada a monitoração eletrônica como medida cautelar diversa da prisão, pois não existe tal medida no processo penal brasileiro.

A: incorreta, dado que, a partir da entrada em vigor da Lei de Reforma 12.403/2011, que conferiu à prisão cautelar nova conformação normativa, passou-se a admitir que o pleito de prisão preventiva fosse formulado pelo assistente de acusação (art. 311 do CPP); B: correta, pois reflete o que estabelece o art. 318, I, do CPP; C: incorreta. Por não ser considerado hediondo (salvo na hipótese de ser praticado em atividade típica de grupo de extermínio – art. 1º, I, da Lei 8.072/1990 – Crimes Hediondos), o prazo de prisão temporária, no crime de homicídio simples, será de *cinco* dias, prorrogável por igual período, nos termos do art. 2º, *caput*, da Lei 7.960/1989 (Prisão Temporária); D: incorreta. Com a reforma implementada pela Lei 12.403/2011 no âmbito da prisão e da liberdade provisória, a autoridade policial, agora, pode arbitrar fiança em qualquer infração penal cuja pena máxima cominada não seja superior a quatro anos (reclusão ou detenção). Pela redação anterior do art. 322 do CPP, o delegado somente estava credenciado a arbitrar fiança nas contravenções e nos crimes apenados com detenção. Assertiva, portanto, incorreta; E: incorreta. Dadas as modificações introduzidas,

no campo da prisão provisória, pela Lei 12.403/2011, a *monitoração eletrônica* passou a constituir modalidade de medida cautelar alternativa à prisão processual (art. 319, IX, do CPP).
Gabarito "B".

Em 2011, a Lei n. 12.403 trouxe uma série de inovações no tratamento conferido pelo Código de Processo Penal às prisões cautelares. Ademais, uma grande novidade foi a previsão detalhada de medidas cautelares típicas diversas da prisão que poderão ser aplicadas pelo magistrado.

(Analista – MP/MS – 2013 – FGV) Sobre o tema *prisão e medidas cautelares*, assinale a afirmativa correta.

(A) A prisão preventiva pode ser decretada em qualquer fase do processo penal ou investigação policial, sempre de ofício ou a requerimento do Ministério Público, do assistente de acusação ou do querelante, ou por representação da autoridade policial.

(B) De acordo com a jurisprudência amplamente majoritária do Superior Tribunal de Justiça, tanto o flagrante esperado quanto o flagrante preparado são ilegais.

(C) A medida cautelar de internação provisória poderá ser decretada nos crimes praticados com violência ou grave ameaça, quando os peritos concluírem ser inimputável ou semi-imputável o acusado, desde que haja risco de reiteração.

(D) O juiz poderá substituir a prisão preventiva pela domiciliar, de acordo com o Código de Processo Penal, sempre que o agente for maior de 65 anos.

(E) A prisão temporária será decretada pelo juiz pelo prazo máximo de 10 dias, prorrogável por igual período no caso de extrema e comprovada necessidade.

A: incorreta, dado que, com as modificações operadas pela Lei 12.403/2011 no campo da prisão processual, o juiz, que antes podia determinar a custódia preventiva de ofício em qualquer fase da persecução penal, agora somente poderá fazê-lo no curso da ação penal; assim, a prisão preventiva, no decorrer da investigação, somente será decretada (sempre pelo juiz) a requerimento do MP, do querelante ou do assistente, ou por representação da autoridade policial, conforme estabelece o art. 311 do CPP; B: incorreta. Segundo doutrina e jurisprudência pacíficas, não há ilegalidade no chamado *flagrante esperado*, em que a polícia, uma vez comunicada, aguarda a ocorrência do crime, não exercendo qualquer tipo de controle sobre a ação do agente; inexiste, neste caso, intervenção policial que leve o agente à prática delituosa. É, por isso, hipótese viável de prisão em flagrante. Não deve ser confundido com o *flagrante preparado*. Este restará configurado sempre que o agente provocador levar alguém a praticar uma infração penal. Está-se aqui diante de uma modalidade de crime impossível (art. 17 do CP), consubstanciada na Súmula n. 145 do STF; C: correta, nos termos do art. 319, VII, do CPP; D: incorreta, uma vez que tal substituição somente é possível se o agente contar com mais de oitenta anos (e não sessenta e cinco), nos termos do art. 318 do CPP (inciso I), que estabelece outras hipóteses em que é possível a substituição, a saber: agente extremamente debilitado por motivo de doença grave (inciso II); quando o agente for imprescindível aos cuidados de pessoa com menos de 6 (seis) anos ou com deficiência (inciso III); quando se tratar de gestante (inciso IV – cuja redação foi alterada pela Lei 13.257/2016); mulher com filho de até 12 anos de idade incompletos (inciso V – cuja redação foi determinada pela Lei 13.257/2016); homem, caso seja o único responsável pelos cuidados do filho de até 12 anos de idade incompletos (inciso VI – cuja redação foi determinada pela Lei 13.257/2016); E: incorreta, uma vez que esta modalidade de prisão provisória terá o prazo de cinco dias, prorrogável por igual período em caso de extrema e comprovada necessidade, nos termos do art. 2º, *caput*, da Lei 7.960/89. Em se tratando, no entanto, de crime hediondo ou a ele equiparado (tortura, tráfico de drogas e terrorismo), a custódia temporária será decretada por *até* trinta dias, prorrogável por igual período em caso de extrema e comprovada necessidade, em consonância com o disposto no art. 2º, § 4º, da Lei 8.072/90 (Crimes Hediondos).

Gabarito "C".

(FGV – 2015) A prisão temporária pode ser definida como uma medida cautelar restritiva, decretada por tempo determinado, destinada a possibilitar as investigações de certos crimes considerados pelo legislador como graves, antes da propositura da ação penal. Sobre o tema, assinale a afirmativa correta.

(A) Assim como a prisão preventiva, pode ser decretada de ofício pelo juiz, após requerimento do Ministério Público ou representação da autoridade policial.

(B) Sendo o crime investigado hediondo, o prazo poderá ser fixado em, no máximo, 15 dias, prorrogáveis uma vez pelo mesmo período.

(C) Findo o prazo da temporária sem prorrogação, o preso deve ser imediatamente solto.

(D) O preso, em razão de prisão temporária, poderá ficar detido no mesmo local em que se encontram os presos provisórios ou os condenados definitivos.

A assertiva a ser assinalada como correta é a "C". No curso do inquérito, tanto a prisão temporária quanto a preventiva não podem ser decretadas de ofício; quanto à custódia preventiva, cabe decretação de ofício tão somente na instrução processual (art. 311, CPP); no que toca à prisão temporária, sua decretação somente pode realizar-se no curso das investigações e mediante representação da autoridade policial ou a requerimento do MP (art. 2º da Lei 7.960/1989); não pode ser decretada de ofício. Em resumo, somente comporta decretação de ofício a prisão preventiva no curso da ação penal. Se o crime for hediondo ou assemelhado, o prazo de prisão temporária será de *trinta* dias, prorrogável por mais trinta, também em caso de comprovada e extrema necessidade. É o teor do art. 2º, § 4º, da Lei 8.072/1990 (Crimes Hediondos). Diz-se que a ordem de prisão temporária contém o chamado "comando implícito de soltura" porquanto, passados os 5 dias de custódia, o investigado deverá ser imediatamente posto em liberdade pela autoridade policial, sem a necessidade de alvará de soltura a ser expedido pelo juiz que decretou a prisão. Evidente que permanecerá custodiado o investigado que contra si for prorrogada a prisão temporária ou mesmo expedido mandado de prisão preventiva. É o que estabelece o art. 2º, § 7º, da Lei 7.960/1989. Por fim, os presos temporários devem permanecer separados dos demais (art. 3º da Lei 7.960/1989).

Gabarito "C".

8. SUJEITOS PROCESSUAIS, CITAÇÃO, INTIMAÇÃO E PRAZOS

(Analista – TJ/MA – 2019 – FCC) Conforme dispõe o Código de Processo Penal brasileiro, a citação

(A) da vítima completará a formação do processo.

(B) será por edital, caso o réu esteja preso.

(C) será dispensada, caso o réu resida em área de risco.

(D) salvo agendamento por hora certa, a da vítima e a da testemunha, ocorrerão por edital.

(E) do militar far-se-á por intermédio do chefe do respectivo serviço.

A: incorreta. A formação do processo restará aperfeiçoada com a citação do *acusado* (e não da *vítima*), conforme art. 363, *caput*, do

CPP. Vale lembrar que a citação constitui ato processual cuja finalidade é levar ao conhecimento do réu o teor da acusação que contra ele foi formalizada, bem como cientificá-lo do prazo de que dispõe para oferecer sua defesa, por meio de resposta escrita (art. 396, CPP); **B:** incorreta. Se preso estiver o réu, sua citação far-se-á pessoalmente, nos termos do art. 360 do CPP, isto é, será realizada por mandado a ser cumprido por oficial de Justiça; **C:** incorreta. Ainda que o réu resida em área de risco, sua citação será de rigor; **D:** incorreta, já que se trata de hipótese não prevista em lei; **E:** correta, pois reflete o disposto no art. 358 do CPP.

Gabarito "E".

(Analista – TRE/AP – 2011 – FCC) No que concerne ao acusado e seu defensor, nos termos preconizados pelo Código de Processo Penal, é correto afirmar:

(A) A impossibilidade de identificação do acusado com o seu verdadeiro nome ou outros qualificativos retardará a ação penal, ainda que certa a identidade física.

(B) A constituição de defensor dependerá de instrumento de mandato, ainda que o acusado o indicar por ocasião do interrogatório.

(C) Incumbe ao defensor provar o impedimento em até 24 horas da abertura da audiência e, não o fazendo, o juiz não determinará o adiamento de ato algum do processo, devendo nomear defensor substituto, ainda que provisoriamente ou só para o efeito do ato.

(D) Se o acusado não o tiver, ser-lhe-á nomeado defensor pelo juiz, ressalvado o seu direito de, até a prolação da sentença de primeiro grau, nomear outro de sua confiança, ou a si mesmo defender-se, caso tenha habilitação.

(E) O defensor não poderá abandonar o processo senão por motivo imperioso, comunicado previamente o juiz, sob pena de multa de 10 (dez) a 100 (cem) salários mínimos, sem prejuízo das demais sanções cabíveis.

A: incorreta (art. 259, 1ª parte, do CPP); **B:** incorreta (art. 266, CPP); **C:** incorreta (art. 265, § 2º, do CPP); **D:** incorreta (art. 263, *caput*, do CPP); **E:** correta, nos termos do art. 265, *caput*, do CPP.

Gabarito "E".

(Analista – TRE/TO – 2011 – FCC) De acordo com o Código de Processo Penal brasileiro, ao juiz

(A) é permitido atuar no processo em que parente afim, na linha colateral, em terceiro grau, seja parte.

(B) não é vedado exercer a jurisdição no processo, mesmo que tenha funcionado como juiz em outra instância, pronunciando-se de fato ou de direito sobre a questão.

(C) não é vedado atuar no processo em que for amigo íntimo de qualquer das partes.

(D) é permitido atuar no processo em que parente afim, na linha direta, em segundo grau, não sendo parte, tenha interesse direto no feito.

(E) cabe prover a regularidade do processo, bem como manter a ordem dos respectivos atos.

A: incorreta, pois constitui hipótese de impedimento contemplada no art. 252, IV, do CPP; **B:** incorreta, pois constitui hipótese de impedimento contemplada no art. 252, III, do CPP; **C:** incorreta, pois constitui hipótese de suspeição contemplada no art. 254, I, primeira parte, do CPP; **D:** incorreta, pois constitui hipótese de impedimento contemplada no art. 252, IV, do CPP; **E:** correta, conforme estatuído no art. 251 do CPP.

Gabarito "E".

(Analista – TJ/CE – 2013 – CESPE) Assinale a opção correta com relação a prazos processuais, citações e intimações.

(A) A expedição de carta rogatória para citação de réu no exterior não suspende o curso da prescrição até o seu cumprimento.

(B) No caso de réu preso na mesma unidade da Federação em que o juiz exerça a sua jurisdição, a citação poderá ser feita por edital caso haja rebelião no presídio.

(C) O comparecimento espontâneo do réu e a respectiva constituição de patrono para exercer sua defesa não serão suficientes para sanar eventual irregularidade na citação, devendo esta ser novamente realizada, assim como todos os demais atos processuais subsequentes.

(D) Os prazos processuais contam-se da juntada aos autos do mandado ou de carta precatória ou de ordem.

(E) Somente quando houver comprovação de prejuízo é que será declarada a nulidade do processo criminal por falta de intimação da expedição de precatória para inquirição de testemunha.

A: incorreta. Em vista do que estabelece o art. 368 do CPP, estando o acusado no estrangeiro, em local conhecido, será citado por carta *rogatória*, devendo ser suspenso o curso do prazo prescricional até o seu cumprimento; **B**: incorreta, uma vez que contraria o entendimento firmado na Súmula n. 351, do STF: "É nula a citação por edital de réu preso na mesma unidade da Federação em que o juiz exerce a sua jurisdição"; **C**: incorreta, pois não reflete a regra presente no art. 570 do CPP; **D**: incorreta, pois contraria o entendimento sufragado na Súmula n. 710 do STF, que estabelece que, no processo penal, os prazos serão contados da data em que ocorreu a intimação, e não do dia em que se deu a juntada do mandado ou da carta precatória aos autos; **E**: correta, uma vez a alternativa contempla hipótese de nulidade *relativa*, cujo reconhecimento está condicionado à demonstração de prejuízo (art. 563, CPP). Nesse sentido a Súmula n. 155 do STF: "É relativa a nulidade do processo criminal por falta de intimação da expedição de precatória para inquirição de testemunha".
Gabarito "E".

(Escrevente – TJ/SP – 2011 – VUNESP) Se por ocasião do interrogatório o acusado indica seu defensor (advogado), o qual não traz por escrito o instrumento de mandato (procuração),

(A) deverá o juiz nomear defensor público ao acusado.

(B) referida constituição é válida, não sendo necessária outra providência de regularização.

(C) deverá o advogado providenciar a juntada do instrumento de mandato no próximo ato processual que realizar.

(D) deverá o juiz conceder prazo de 2 (dois) dias, a fim de que a representação processual seja regularizada.

(E) deverá o juiz declarar o acusado indefeso, intimando--o a indicar por escrito novo defensor no prazo de 2 (dois) dias.

É do art. 266 do CPP que a constituição de defensor independerá de instrumento de mandato se a indicação, feita pelo réu, se der por ocasião do interrogatório.
Gabarito "B".

(Escrevente – TJ/SP – 2011 – VUNESP) Estabelece o art. 366 do CPP que o acusado citado por edital que não comparece nem nomeia defensor

(A) será declarado revel, com consequente nomeação de defensor dativo, o qual acompanhará o procedimento até seu final.

(B) será declarado revel, admitindo-se verdadeiros os fatos articulados na denúncia ou queixa.

(C) terá, obrigatoriamente, decretada prisão preventiva em seu desfavor.

(D) terá o processo e o curso do prazo prescricional suspensos.

(E) será intimado por hora certa.

Na hipótese de o réu não ser encontrado, deverá o juiz determinar a sua citação por edital, depois de esgotados os meios disponíveis para a sua localização. Se o réu, depois de citado por edital, não comparecer tampouco constituir defensor, o processo e o prazo prescricional ficarão, em vista da disciplina estabelecida no art. 366 do CPP, suspensos. Quanto ao período durante o qual o prazo prescricional deverá permanecer suspenso, prevalece o entendimento de que tal deverá ocorrer pelo interregno correspondente ao prazo máximo em abstrato previsto para o crime narrado na peça acusatória. A esse respeito, Súmulas 415 e 455 do STJ.
Gabarito "D".

(Escrevente – TJ/SP – 2011 – VUNESP) Considere as seguintes assertivas:

I. a suspeição não poderá ser declarada nem reconhecida, quando a parte injuriar o juiz ou de propósito der motivo para criá-la;

II. nos juízos coletivos, não poderão servir no mesmo processo os juízes que forem entre si parentes, consanguíneos ou afins, em linha reta ou colateral até o terceiro grau, inclusive;

III. o juiz dar-se-á por suspeito, e, se não o fizer, poderá ser recusado por qualquer das partes, se ele, seu cônjuge, ascendente ou descendente, estiver respondendo a processo por fato análogo, sobre cujo caráter criminoso haja controvérsia.

É correto o que se afirma em

(A) III, apenas.

(B) I e II, apenas.

(C) I e III, apenas.

(D) II e III, apenas.

(E) I, II e III.

I: correta, pois a assertiva corresponde exatamente ao teor do art. 256 do CPP; **II**: correta, pois a assertiva corresponde exatamente ao teor do art. 253 do CPP; **III**: correta, pois a assertiva corresponde exatamente ao teor do art. 254, II, do CPP.
Gabarito "E".

O Ministério Público é instituição permanente, essencial à função jurisdicional do Estado, incumbindo-lhe a defesa da ordem jurídica, do regime democrático e dos interesses sociais e individuais indisponíveis (Art. 127 da Constituição).

(Analista – MP/MS – 2013 – FGV) A esse respeito, analise as afirmativas a seguir.

I. Os órgãos do Ministério Público não funcionarão nos processos em que o juiz ou qualquer das partes for seu cônjuge, ou parente, consanguíneo ou afim, em linha reta ou colateral, até o terceiro grau, inclusive, e a eles se estendem, no que lhes for aplicável, as prescrições relativas à suspeição e aos impedimentos dos juízes.

II. A participação de membro do Ministério Público na fase investigatória criminal não acarreta impedimento ou suspeição para o oferecimento da denúncia.

III. No caso de ação penal privada subsidiária da pública, cabe ao Ministério Público aditar a queixa, repudiá-la e oferecer denúncia substitutiva, interpor recurso e, no caso de negligência do querelante e desde que haja sua concordância, retomar a ação penal como parte principal.

Assinale:

(A) se somente a afirmativa I estiver correta.

(B) se somente a afirmativa II estiver correta.

(C) se somente a afirmativa III estiver correta.

(D) se somente as afirmativas I e II estiverem corretas.

(E) se todas as afirmativas estiverem corretas.

I: correta, pois corresponde à redação do art. 258 do CPP; II: correta, pois reflete o entendimento firmado na Súmula n. 234, STJ: "A participação de membro do Ministério Público na fase investigatória criminal não acarreta seu impedimento ou suspeição para o oferecimento da denúncia"; III: incorreta, uma vez que a retomada da titularidade da ação privada subsidiária pelo MP, na hipótese de negligência do querelante, prescinde da concordância deste (art. 29, CPP).

Gabarito "D".

9. PROCESSO E PROCEDIMENTOS; SENTENÇA E COISA JULGADA

(Analista Judiciário – TJ/AL – 2018 – FGV) David, reincidente, foi denunciado pela prática de crime de furto qualificado. No curso da instrução, uma testemunha afirma que David tinha a posse regular e anterior daquele bem que teria sido subtraído, razão pela qual o Ministério Público, ao final da produção probatória, adita a denúncia, altera os fatos narrados e imputa ao réu a prática do crime de apropriação indébita. Após ratificação das provas, o Ministério Público apresentou alegações finais, requerendo a condenação do réu nas sanções do delito de apropriação indébita. O magistrado, porém, ao analisar as provas, conclui que, na verdade, o crime praticado foi de furto qualificado, conforme descrito na denúncia antes do aditamento.

Diante da hipótese narrada, o juiz, de imediato:

(A) poderá condenar o réu pela prática do crime de furto qualificado, aplicando o instituto da *mutatio libelli*;

(B) poderá condenar o réu pela prática do crime de furto qualificado, aplicando o instituto da *emendatio libelli*;

(C) não poderá condenar o réu pela prática do crime de furto qualificado, pois o Ministério Público aditou a denúncia, de modo que ocorreu *mutatio libelli*;

(D) não poderá condenar o réu pela prática do crime de furto qualificado, pois o Ministério Público aditou a denúncia, de modo que ocorreu *emendatio libelli*;

(E) poderá encaminhar os autos ao Ministério Público, determinando que ele realize aditamento da denúncia no prazo de 05 dias, sob pena de conferir nova capitulação jurídica.

O acusado, no processo penal, defende-se dos fatos a ele imputados, e não da definição jurídica que é atribuída ao crime na peça acusatória, denúncia ou queixa. Pouco importa, pois, a classificação legal operada pelo titular da ação penal na exordial. É nesse sentido que reza o art. 383 do CPP (*emendatio libelli*). Note que o fato, na *emendatio libelli*, permanece inalterado, sem prejuízo, por isso mesmo, para a defesa. A mudança, aqui, incide na classificação

da conduta, levada a efeito pela acusação, no ato da propositura da ação, e retificada pelo juiz, de ofício, no momento da sentença. Diferentemente do que se dá na *emendatio libelli*, em que é alterada tão somente a capitulação legal atribuída pelo titular da ação, na *mutatio libelli* os fatos são objeto de alteração no curso da instrução, razão por que é de rigor que o juiz determine a notificação do MP para que este proceda ao aditamento da denúncia, com manifestação da defesa e oportunidade para que as partes produzam provas, respeitando-se, dessa forma, o contraditório. Este, portanto, é o cenário da *mutatio libelli*, presente no art. 384 do CPP. Pois bem. Na hipótese narrada no enunciado, é evidente que houve alteração no quadro probatório. Isso porque o depoimento da testemunha ouvida no curso da instrução alterou os fatos narrados na inicial, ensejando nova capitulação jurídica. É caso de *mutatio libelli*, em que se impõe as providências previstas no art. 384 do CPP. Houve, portanto, segundo o enunciado, aditamento da denúncia em razão da *mutatio libelli*. Neste caso, deve prevalecer a narrativa referente ao fato novo (superveniente), sendo vedado ao juiz condenar o acusado com base no fato originário (art. 384, § 4°, parte final). ED

Gabarito "C".

(Analista – Judiciário –TRE/PI – 2016 – CESPE) Assinale a opção correta a respeito dos procedimentos penais.

(A) Nos termos da Lei n.º 8.038/1990, o relator não poderá decidir sozinho quanto ao recebimento ou à rejeição da exordial, impondo-se ao tribunal, de forma colegiada, deliberar a esse respeito.

(B) Tratando-se do procedimento ordinário, expirado o prazo para o oferecimento da defesa inicial, opera-se a preclusão temporal.

(C) Em se tratando do procedimento sumaríssimo, não é necessário que a sentença contenha relatório, sendo também prescindível a motivação, devido à celeridade de seus atos processuais.

(D) Não será aplicado o procedimento sumaríssimo da lei dos juizados especiais criminais na hipótese de alta complexidade da causa, caso em que o juiz deverá encaminhar os autos ao juiz comum para a adoção do procedimento comum ordinário.

A: correta, pois reflete o disposto no art. 6° da Lei 8.038/1990; **B:** incorreta. Não há que se falar, no processo penal, em preclusão temporal. A falta de resposta à acusação dentro do prazo estabelecido em lei impõe ao juiz a obrigação de nomear defensor ao acusado, que atuará, a partir daí, na sua defesa; **C:** incorreta, visto que, no rito sumaríssimo, afeto às infrações penais de menor potencial ofensivo, somente o relatório (e não a motivação), ao contrário do que se verifica nos ritos ordinário e sumário, é dispensável, em conformidade com o art. 81, § 3°, da Lei 9.099/1995 e em homenagem à informalidade, à economia processual e à celeridade, princípios informadores do Juizado Especial Criminal; **D:** incorreta. Nesta hipótese, o procedimento a ser adotado é o *sumário*, e não o *ordinário* (art. 538, CPP).

Gabarito "A".

(Analista – Judiciário –TRE/PI – 2016 – CESPE) Acerca dos procedimentos, no juízo singular, dos crimes de responsabilidade dos funcionários públicos, dos crimes de calúnia e injúria e dos crimes contra a propriedade imaterial, assinale a opção correta.

(A) Em se tratando de procedimentos dos crimes contra a propriedade imaterial, se a infração deixar vestígios, a queixa será instruída com a perícia realizada, admitindo-se o suprimento por outro meio de prova caso a perícia não possa ser realizada ou os vestígios desapareçam.

(B) O procedimento de apuração dos crimes contra a propriedade imaterial independe da natureza da ação penal, pois esses crimes são de ação penal pública incondicionada.

(C) Os procedimentos dos crimes contra honra relativos aos processos e julgamentos dos crimes de calúnia e de injúria são inaplicáveis aos crimes de difamação por falta de previsão legal.

(D) O rito previsto para o procedimento dos crimes contra honra é idêntico ao previsto para o procedimento comum ordinário, agregando-se, apenas, a audiência de tentativa de conciliação e a possibilidade de serem deduzidas, em determinados casos, as exceções da verdade e notoriedade do fato.

(E) De acordo com o CPP, o procedimento dos crimes funcionais aplica-se a todos os crimes funcionais afiançáveis e inafiançáveis.

A: incorreta, uma vez que contraria o disposto no art. 525 do CPP. Por força desse dispositivo, o exame de corpo de delito constitui condição especial de procedibilidade ao ajuizamento da ação penal. A sua ausência, portanto, implica rejeição da queixa; **B:** incorreta (art. 186 do CP); **C:** incorreta. Embora o art. 519 do CPP, que cuida do processo e julgamento dos crimes contra a honra, somente faça menção à injúria e calúnia, esse procedimento também é aplicável ao crime de difamação. Atualmente, o processo dos crimes contra a honra (calúnia, difamação e injúria) segue as regras estabelecidas para o procedimento sumaríssimo (Lei 9.099/1995), já que se trata de infrações de menor potencial ofensivo, exceção feita à injúria racial, cuja pena máxima cominada é de 3 anos, fora, portanto, do âmbito do procedimento da Lei 9.099/1995; **D:** correta (arts. 520 a 523 do CPP); **E:** incorreta (art. 514, CPP).
„Gabarito "D".

(Analista – STF – 2013 – CESPE) Acerca da *emendatio libelli* e de outros importantes institutos do processo penal, julgue os itens subsequentes.

(1) O STF sumulou o entendimento no sentido da impossibilidade da *mutatio libelli* em segundo grau de jurisdição, o qual se mantém válido, a despeito das modificações nas normas processuais sobre a matéria, uma vez que os princípios da proibição da *reformatio in pejus*, da ampla defesa e da congruência da sentença penal, entre outros, vedam o aditamento à denúncia e a inclusão de fato novo após a sentença de primeiro grau.

(2) Ao apreciar recurso interposto pela defesa contra decisão condenatória de primeiro grau, o tribunal pode atribuir ao fato uma classificação penal diversa da constante da denúncia ou da queixa, sem alterar a descrição fática da inicial acusatória nem aumentar a pena imposta ao recorrente, ainda que da nova tipificação possa resultar pena maior do que a fixada na sentença.

1: correta. Embora a Súmula n. 453, do STF, que veda a incidência da *mutatio libelli* em segundo grau de jurisdição, seja anterior à Lei 11.719/2008, que alterou a redação, entre outros, do art. 384 do CPP, dando nova conformação jurídica à *mutatio libelli*, o entendimento nela (súmula) firmado continua a ser aplicado; **2:** correta. A despeito de a *mutatio libelli* não ter incidência no âmbito do julgamento dos recursos (Súmula n. 453, do STF), o mesmo não se diga em relação à *emendatio libelli*, que poderá ser aplicada pelos tribunais em grau de recurso, desde que, é claro, seja observado o princípio que veda a *reformatio in pejus* (art. 617, CPP). Em outras palavras, não terá lugar a inovação na capitulação jurídica atribuída à conduta do recorrente que

implique agravamento na pena a ele imposta pelo juízo *a quo*. Cabe, aqui, distinguir os fenômenos em estudo. No campo da *emendatio libelli*, o fato descrito pela acusação na peça inicial permanece inalterado, sem prejuízo, por isso mesmo, para a defesa. A mudança, aqui, incide na classificação da conduta, levada a efeito pela acusação, no ato da propositura da ação, e retificada pelo juiz, de ofício, no momento da sentença, sendo desnecessário, em vista disso, ouvir a esse respeito o defensor. Na *mutatio libelli*, diferentemente, temos que a prova colhida na instrução aponta para uma nova definição jurídica do fato, diversa daquela contida na inicial. Por força do que estabelece o art. 383 do CPP, com a redação que lhe conferiu a Lei de Reforma n. 11.719/08, impõe-se o aditamento da exordial pelo órgão acusatório, ainda que a nova capitulação jurídica implique aplicação de pena igual ou menos grave.
„Gabarito 1C, 2C

(Analista – STF – 2013 – CESPE) Tendo em vista variados temas para o processo penal, julgue os itens seguintes.

(1) No processo de competência do tribunal do júri, a absolvição sumária imprópria deve ser anulada, por ofensa aos princípios do juiz natural, da ampla defesa e do devido processo legal, se o advogado do réu, além de defender a inimputabilidade do acusado, sustentar outras teses defensivas. Essa afirmativa é válida ainda que a inimputabilidade já tenha sido devidamente comprovada na instrução probatória realizada na primeira fase do procedimento.

(2) No processo penal, as decisões interlocutórias simples proferidas por juiz singular são, em regra, irrecorríveis, como é o caso da decisão de recebimento da denúncia ou da queixa. As decisões interlocutórias mistas, terminativas ou não terminativas são recorríveis por meio de recurso em sentido estrito, mas irrecorríveis por apelação, como é o caso da decisão de impronúncia.

1: correta. Conferir: "Processo penal. *Habeas corpus*. Homicídio tentado. Inimputabilidade. Absolvição sumária e submissão à medida de segurança. Alegação de causa excludente de ilicitude. Legítima defesa. Competência do conselho de sentença. Constrangimento ilegal configurado. Ordem concedida. 1. A absolvição sumária por inimputabilidade do acusado constitui sentença absolutória imprópria, a qual impõe a aplicação de medida de segurança, razão por que ao magistrado incumbe proceder à análise da pretensão executiva, apurando-se a materialidade e autoria delitiva, de forma a justificar a imposição da medida preventiva. 2. Reconhecida a existência do crime e a inimputabilidade do autor, tem-se presente causa excludente de culpabilidade, incumbindo ao juízo sumariante, em regra, a aplicação da medida de segurança. 3. "Em regra, o *meritum causae* nos processos de competência do júri é examinado pelo juízo leigo. Excepciona-se tal postulado, por exemplo, quando da absolvição sumária, ocasião em que o juiz togado não leva a conhecimento do júri ação penal em que, desde logo, se identifica a necessidade de absolvição. Precluindo a pronúncia, deve a matéria da inimputabilidade ser examinada pelo conselho de sentença, mormente, se existe tese defensiva diversa, como a da legítima defesa" (HC 73.201/DF). 4. Havendo tese defensiva relativa à excludente de ilicitude prevista no art. 23 do Código Penal (legítima defesa), não deve subsistir a sentença que absolveu sumariamente o paciente e aplicou-lhe medida de segurança, em face de sua inimputabilidade, por ser esta tese mais gravosa que aquela outra. 5. Ordem concedida para anular o processo a partir da sentença que absolveu sumariamente o paciente para que outra seja proferida, a fim de que seja analisada a tese da legítima defesa exposta nas alegações finais" (STJ, HC 200800217224, Arnaldo Esteves Lima, QUINTA TURMA, *DJE* de 02.08.2010); **2:** incorreta. Com o advento da Lei 11.689/08, que modificou os arts 416 e 581, IV, do CPP, a decisão de impronúncia, que antes comportava *recurso em sentido estrito*, passou a ser combatida por meio de *recurso de apelação*.
„Gabarito 1C, 2E

(Analista – TRE/AP – 2011 – FCC) Sobre a sentença é correto afirmar que:

(A) O juiz, ao proferir a sentença condenatória, não poderá fixar em favor do ofendido valor mínimo para reparação dos danos causados pela infração, devendo a discussão ser dirimida no juízo cível.

(B) Qualquer das partes poderá, no prazo de cinco dias, pedir ao juiz que declare a sentença, sempre que nela houver obscuridade, ambiguidade, contradição ou omissão.

(C) O juiz, sem modificar a descrição do fato contida na denúncia ou queixa, poderá atribuir-lhe definição jurídica diversa, desde que, em consequência, não tenha de aplicar pena mais grave.

(D) Nos crimes de ação pública, o juiz poderá proferir sentença condenatória, ainda que o Ministério Público tenha opinado pela absolvição, bem como reconhecer agravantes, embora nenhuma tenha sido alegada.

(E) Havendo aditamento da denúncia, cada parte poderá arrolar até cinco testemunhas, no prazo de 5 (cinco) dias, ficando o juiz, na sentença, adstrito aos termos do aditamento.

A: incorreta, pois contraria o disposto no art. 387, IV, do CPP; **B:** incorreta, visto que as partes contam com o prazo de dois dias para opor embargos de declaração (art. 382 do CPP); **C:** incorreta, visto que o juiz, na hipótese de *emendatio libelli*, poderá atribuir definição jurídica diversa, ainda que, para tanto, tenha que aplicar pena mais grave (art. 383, *caput*, do CPP); **D:** correta, nos termos do art. 385 do CPP; **E:** incorreta, pois em desacordo com o prescrito no art. 384, § 4º, do CPP, que estabelece que cada parte poderá arrolar até três testemunhas.
Gabarito "D".

(Analista – TRE/AP – 2011 – FCC) Nos crimes afiançáveis de responsabilidade dos funcionários públicos, estando a denúncia ou queixa em devida forma, o juiz mandará autuá-la e ordenará a notificação do acusado, para responder por escrito, dentro do prazo de

(A) cinco dias.

(B) dez dias.

(C) quinze dias.

(D) trinta dias.

(E) vinte dias.

Este prazo está contemplado no art. 514 do CPP. *Vide*, a esse respeito, a Súmula 330 do STJ.
Gabarito "C".

(Analista – TRF/4ª – 2010 – FCC) No que se refere à sentença, de acordo com o Código de Processo Penal, é certo que:

(A) O juiz, sem modificar a descrição do fato contida na denúncia ou queixa, poderá atribuir-lhe definição jurídica diversa, ainda que, em consequência, tenha de aplicar pena mais grave.

(B) O querelante ou o assistente será intimado da sentença, pessoalmente ou na pessoa de seu advogado; mas, se nenhum deles for encontrado no lugar da sede do juízo, a intimação será feita mediante edital com o prazo de 30 dias, afixado no lugar de costume.

(C) Havendo aditamento, cada parte poderá arrolar até 2 (duas) testemunhas, no prazo de 5 (cinco) dias, ficando o juiz, na sentença, adstrito aos termos do aditamento.

(D) Nos crimes de ação pública, o juiz poderá proferir sentença condenatória, ainda que o Ministério Público tenha opinado pela absolvição, mas não poderá reconhecer agravantes que não foram alegadas.

(E) Qualquer das partes poderá, no prazo de 5 (cinco) dias, pedir ao juiz que declare a sentença, sempre que nela houver obscuridade, ambiguidade, contradição ou omissão.

A: correta, pois em conformidade com o que estabelece o art. 383, *caput*, do CPP (*emendatio libelli*). O acusado se defende dos fatos articulados na inicial, e não de sua capitulação; **B:** incorreta. A assertiva está em desacordo com o disposto no art. 391 do CPP; **C:** incorreta, visto que o art. 384, § 4º, do CPP estabelece que as partes poderão arrolar até três testemunhas; **D:** incorreta. A assertiva está em desacordo com o teor do art. 385 do CPP, já que poderá o juiz, neste caso, reconhecer agravantes, ainda que nenhuma tenha sido alegada; **E:** incorreta. Os embargos de declaração – art. 382, CPP – devem ser apresentados no prazo de dois dias.
Gabarito "A".

(Analista – TJ/CE – 2013 – CESPE) Com relação ao tribunal do júri, assinale a opção correta.

(A) Não há previsão de recurso acerca da admissibilidade ou não do desaforamento, admitindo-se a possibilidade de impetração de mandado de segurança.

(B) Se um secretário de Estado, com foro por prerrogativa de função estabelecido pela Constituição estadual, cometer um crime doloso contra a vida, ele terá de ser julgado pelo tribunal do júri.

(C) A audiência da defesa é prescindível para o desaforamento de processo da competência do tribunal júri.

(D) O desaforamento pode ocorrer na pendência de recurso contra a decisão de pronúncia, de tal modo que o pronunciamento pela instância superior dar-se-á após a remessa dos autos para a outra jurisdição.

(E) O desaforamento não pode ser decretado simplesmente para se assegurar a segurança pessoal do réu, sendo imprescindível que exista dúvida sobre a imparcialidade do júri ou que o interesse da ordem pública o reclame.

A: incorreta. Em que pese a decisão que determina ou não o desaforamento ser irrecorrível, é possível, em princípio, a impetração de *habeas corpus* (e não de mandado de segurança); **B:** correta, uma vez que corresponde ao entendimento firmado na Súmula nº 721 do STF, cujo teor foi reproduzido na Súmula Vinculante n. 45, a seguir transcrita: "A competência constitucional do Tribunal do Júri prevalece sobre o foro por prerrogativa de função estabelecido exclusivamente pela Constituição estadual"; **C:** incorreta, pois não corresponde ao entendimento firmado na Súmula n. 712, do STF: "É nula a decisão que determina o desaforamento de processo da competência do júri sem audiência da defesa"; **D:** incorreta, na medida em que não reflete a norma presente no art. 427, § 4º, do CPP; **E:** incorreta, pois contraria o disposto no art. 427, *caput*, do CPP, segundo o qual o desaforamento pode se dar quando houver dúvida acerca da segurança pessoal do acusado.
Gabarito "B".

(Analista – TJ/AP – 2010 – TJ/AP) Marque a alternativa correta. A denúncia ou queixa será rejeitada quando

(A) estiver provada a inexistência do fato;

(B) não houver prova da existência do fato;

(C) faltar justa causa para o exercício da ação penal;

(D) não existir prova de ter o réu concorrido para a infração penal.

As hipóteses de rejeição da denúncia ou queixa estão listadas no art. 395 do CPP. A assertiva "C" está correta, visto que corresponde à hipótese do art. 395, III, do CPP. As demais assertivas estão incorretas, já que não estão contempladas no dispositivo; estão, sim, inseridas no art. 386 do CPP, que cuida dos casos em que o réu deve ser absolvido.

Gabarito "C"

(Analista – TJ/AP – 2010 – TJ/AP) Marque a alternativa correta. Na audiência de instrução e julgamento do procedimento ordinário

(A) a ser realizada no prazo máximo de 60 (sessenta) dias, proceder-se-á à tomada de declarações do ofendido, à inquirição das testemunhas arroladas pela acusação e pela defesa, aos esclarecimentos dos peritos, às acareações e ao reconhecimento de pessoas e coisas, interrogando-se, em seguida, o acusado;

(B) a ser realizada no prazo máximo de 30 (trinta) dias, proceder-se-á à tomada de declarações do ofendido, à inquirição das testemunhas arroladas pela acusação e pela defesa, aos esclarecimentos dos peritos, às acareações e ao reconhecimento de pessoas e coisas, interrogando-se, em seguida, o acusado;

(C) a ser realizada no prazo máximo de 60 (sessenta) dias, proceder-se-á ao interrogatório do acusado, à tomada de declarações do ofendido, à inquirição das testemunhas arroladas pela acusação e pela defesa, aos esclarecimentos dos peritos, às acareações e ao reconhecimento de pessoas e coisas;

(D) a ser realizada no prazo máximo de 30 (trinta) dias, proceder-se-á ao interrogatório do acusado, à tomada de declarações do ofendido, à inquirição das testemunhas arroladas pela acusação e pela defesa, aos esclarecimentos dos peritos, às acareações e ao reconhecimento de pessoas e coisas.

Por força das modificações implementadas pela Lei 11.719/2008, que alterou diversos dispositivos do Código de Processo Penal, entre os quais o seu art. 400, a instrução, que antes tinha como providência inicial o interrogatório do acusado, passou a ser uma, impondo, além disso, nova sequência de atos, todos realizados em uma única audiência. Nesta (art. 400 do CPP – ordinário; art. 531 do CPP – sumário), deve-se ouvir, em primeiro lugar, o ofendido; depois, ouvem-se as testemunhas de acusação e, em seguida, as de defesa. Após, vêm os esclarecimentos dos peritos e as acareações. Em seguida, procede-se ao reconhecimento de pessoas e coisas. Finalmente, interroga-se o acusado.

Gabarito "A"

(Escrevente – TJ/SP – 2011 – VUNESP) Considere os seguintes crimes: peculato (CP, art. 312, *caput*), pena de reclusão de dois a doze anos e multa; prevaricação (CP, art. 319), pena de detenção de três meses a um ano e multa; comunicação falsa de crime ou contravenção (CP, art. 340), pena de detenção de um a seis meses ou multa.

Assinale a alternativa que, respectivamente, traz a espécie do rito procedimental adotado (CPP, art. 394 e Lei 9.099/1995, art. 61) para o processo e julgamento de cada um dos três crimes citados. Considere que os crimes serão isoladamente processados.

(A) Ordinário; sumaríssimo; sumaríssimo.

(B) Ordinário; ordinário; sumaríssimo.

(C) Ordinário; sumário; sumaríssimo.

(D) Sumário; sumário; sumaríssimo.

(E) Sumário; sumário; sumário.

O crime de peculato (art. 312, *caput*, do CP) será processado e julgado segundo as regras do procedimento comum ordinário, já que a sanção máxima cominada a este crime é superior a quatro anos de pena privativa de liberdade; já os crimes de prevaricação (art. 319 do CP) e comunicação falsa de crime ou contravenção (art. 340 do CP) serão processados segundo as regras estabelecidas para o procedimento sumaríssimo (Lei 9.099/1995), visto que se trata, em razão da pena cominada, de infrações penais de menor potencial ofensivo (crimes cuja pena máxima não seja superior a dois anos bem como as contravenções penais).

Gabarito "A"

(Escrevente – TJ/SP – 2010 VUNESP) Assinale a alternativa correta com relação à regra instituída pelo Código de Processo Penal no que concerne aos procedimentos comuns.

(A) O *sumaríssimo* é adotado para os réus maiores de 70 (setenta) anos.

(B) O *sumário* é adotado para as infrações penais de menor potencial ofensivo.

(C) O *sumário* é adotado quando o réu estiver preso, ou quando estiver presente outro motivo que justifique o desenvolvimento célere dos atos processuais.

(D) O *sumaríssimo* é adotado quando o crime objeto da ação penal tiver sanção máxima cominada igual ou inferior a 4 (quatro) anos de pena privativa de liberdade.

(E) O *ordinário* é adotado quando o crime objeto da ação penal tiver sanção máxima cominada igual ou superior a 4 (quatro) anos de pena privativa de liberdade.

A: incorreta, visto que o *sumaríssimo* é o rito do procedimento comum voltado para o processamento das infrações penais de menor potencial ofensivo (Lei 9.099/1995), conforme estabelece o art. 394, § 1º, III, do CPP; **B:** incorreta, pois o rito do procedimento comum a ser adotado para o processamento das infrações penais de menor potencial ofensivo é o sumaríssimo (art. 394, § 1º, III, do CPP). O rito *sumário* será adotado quando o crime a ser julgado tiver sanção máxima cominada inferior a quatro anos; **C:** incorreta. O fato de o réu encontrar-se preso enquanto aguarda o julgamento não constitui fator determinante do procedimento/rito a ser adotado. Tal circunstância terá influência, isto sim, nos prazos da instrução; **D:** incorreta. Como já dito, o *sumaríssimo* é o rito do procedimento comum voltado para o processamento das infrações penais de menor potencial ofensivo; **E:** correta, pois em consonância com o disposto no art. 394, § 1º, I, do CPP.

Gabarito "E"

10. NULIDADES

(Analista – STF – 2013 – CESPE) A respeito de nulidade, julgue o item seguinte.

(1) O tribunal *ad quem* não poderá reconhecer de ofício a nulidade da sentença absolutória de primeiro grau proferida por juiz incompetente, contra a qual tenha o Ministério Público interposto recurso, sem, no entanto, alegar o vício de incompetência absoluta.

1: correta, já que em conformidade com o entendimento firmado na Súmula n. 160 do STF. Conferir: "*Habeas corpus*. Paciente absolvido em primeira instância. Preliminar de incompetência, não suscitada na apelação do ministério público, acolhida de ofício pelo tribunal, por tratar-se de nulidade absoluta. Alegação de que a sentença absolutória transitou em julgado em tudo aquilo que não foi objeto do recurso do *parquet*. Pretensão de aplicação da súmula 160/STF, com a manutenção da absolvição diante da impossibilidade de haver nova decisão mais gra-

vosa ao réu. O Tribunal, ao julgar apelação do Ministério Público contra sentença absolutória, não pode acolher nulidade – ainda que absoluta -, não veiculada no recurso da acusação. Interpretação da Súmula 160/STF que não faz distinção entre nulidade absoluta e relativa. Os atos praticados por órgão jurisdicional constitucionalmente incompetente são atos nulos e não inexistentes, já que proferidos por juiz regularmente investido de jurisdição, que, como se sabe, é una. Assim, a nulidade decorrente de sentença prolatada com vício de incompetência de juízo precisa ser declarada e, embora não possua o alcance das decisões válidas, pode produzir efeitos. Precedentes. A incorporação do princípio do ne bis in idem ao ordenamento jurídico pátrio, ainda que sem o caráter de preceito constitucional, vem, na realidade, complementar o rol dos direitos e garantias individuais já previstos pela Constituição Federal, cuja interpretação sistemática leva à conclusão de que a Lei Maior impõe a prevalência do direito à liberdade em detrimento do dever de acusar. Nesse contexto, princípios como o do devido processo legal e o do juízo natural somente podem ser invocados em favor do réu e nunca em seu prejuízo. Por isso, estando o Tribunal, quando do julgamento da apelação, adstrito ao exame da matéria impugnada pelo recorrente, não pode invocar questão prejudicial ao réu não veiculada no referido recurso, ainda que se trate de nulidade absoluta, decorrente da incompetência do juízo. *Habeas corpus* deferido em parte para que, afastada a incompetência, seja julgada a apelação em seu mérito" (HC 80263, Ilmar Galvão, STF).
Gabarito 1C.

(Analista – TRE/AP – 2011 – FCC) No processo penal, especificamente sobre as nulidades, é correto afirmar:

(A) Ocorrerá nulidade no caso de comparecimento de quinze jurados para constituição do júri.

(B) Não será declarada a nulidade de ato processual que não houver influído na apuração da verdade substancial ou na decisão da causa.

(C) As omissões da denúncia ou da queixa poderão ser supridas a todo o tempo, até cinco dias antes da audiência de instrução designada.

(D) A nulidade por ilegitimidade do representante da parte não poderá ser sanada, ensejando a renovação de todos os atos processuais praticados.

A: incorreta (art. 564, III, *i*, do CPP); **B:** correta, visto que em conformidade com o disposto no art. 566 do CPP; **C:** incorreta (art. 567 do CPP); **D:** incorreta (art. 568 do CPP).
Gabarito "B".

(Analista – TJ/AM – 2013 – FGV) Sobre as *nulidades no processo penal*, assinale a afirmativa **incorreta**.

(A) Nenhum ato será declarado nulo, se da nulidade não resultar prejuízo para a acusação ou para a defesa.

(B) Nenhuma das partes poderá arguir a nulidade a que haja dado causa, ou para qual tenha concorrido, ou referente à formalidade cuja observância só à parte contrária interesse.

(C) Não será declarada a nulidade de ato processual que não houver influído na apuração da verdade substancial ou na decisão da causa.

(D) A incompetência do juízo anula somente os atos decisórios.

(E) A falta do exame de corpo de delito nos crimes que deixam vestígios é causa de nulidade, não admitindo que seja sanada de qualquer forma.

A: correta. Em se tratando de *nulidade relativa*, em que o prejuízo não é presumido, é necessário, para se decretar a nulidade do ato, verificar se o mesmo gerou efeitos prejudiciais. É o *princípio do prejuízo*, consagrado no art. 563 do CPP. *Vide* Súmula 523 do STF; **B:** correta, pois em con-

formidade com o disposto no art. 565 do CPP, que enuncia o *princípio do interesse da parte*, cuja incidência é restrita às nulidades relativas; **C:** correta. Nos termos do que estabelece o art. 566 do CPP, se determinado ato processual, cuja prática se deu em desacordo com as formalidades impostas pela lei, for irrelevante para se chegar à verdade substancial, não será declarada a sua nulidade; **D:** correta, pois reflete o disposto no art. 567 do CPP. Neste caso, o processo, uma vez declarada a nulidade, será remetido ao juiz que detém competência para o seu julgamento; **E:** incorreta, devendo ser assinalada, dado que o art. 564, III, *b*, do CPP faz uma ressalva. É fato que o exame de corpo de delito, direto ou indireto, nas infrações que deixam vestígios, é indispensável – art. 158 do CPP. Agora, se estes vestígios, por qualquer razão, se perderem, nosso ordenamento jurídico admite que a *prova testemunhal* supra essa ausência – art. 167 do CPP. A confissão, no entanto, por expressa disposição do art. 158 do CPP, não poderá ser utilizada para esse fim.
Gabarito "E".

11. RECURSOS

(Analista – TJ/MA – 2019 – FCC) O recurso em sentido estrito é cabível em face de

(A) acórdão que denegar recurso extraordinário.

(B) deferimento de livramento condicional ou de remição de pena.

(C) sentença penal condenatória por crime patrimonial.

(D) sentença que pronuncie o réu.

(E) despacho do Delegado de Polícia que determinar a acareação.

A: incorreta. Uma vez denegado o recurso extraordinário, caberá a interposição de agravo, nos termos do art. 1.042 do NCPC; **B:** incorreta, já que tal decisão desafia agravo em execução (art. 197, LEP); **C:** incorreta. É hipótese de interposição de recurso de apelação (art. 593, I, CPP); **D:** correta. De fato, a decisão de pronúncia desafia recurso em sentido estrito (art. 581, IV, do CPP); **E:** incorreta, já que contra o despacho da autoridade policial que determina a acareação não cabe recurso.
Gabarito "D".

(Analista Judiciário – TJ/AL – 2018 – FGV) Na mesma data, o juiz presidente do Tribunal do Júri publicou três decisões em processos distintos em que se apurava a prática de crimes dolosos contra a vida: na primeira, onde Romeu figurava como denunciado, foi proferida decisão de impronúncia, tendo em vista que o juiz entendeu não haver indícios suficientes de autoria; na segunda, onde Otelo figurava como acusado, foi proferida sentença de absolvição sumária, entendendo o magistrado restar provada a inexistência do fato; na terceira, figurando William como réu, houve decisão de pronúncia.

Intimado, o advogado de William demonstrou seu inconformismo com a decisão. Por sua vez, o Ministério Público também optou por recorrer das decisões de absolvição sumária e impronúncia.

Considerando as situações narradas, o advogado de William deverá apresentar:

(A) recurso em sentido estrito, enquanto o Ministério Público deve apresentar apelação contra a decisão de absolvição sumária de Otelo e recurso em sentido estrito contra a decisão de impronúncia de Romeu;

(B) recurso em sentido estrito, enquanto o Ministério Público deve apresentar recurso em sentido estrito contra a decisão de absolvição sumária de Otelo e apelação contra a decisão de impronúncia de Romeu;

(C) recurso de apelação, enquanto o Ministério Público deve apresentar apelação contra a decisão de absolvição sumária de Otelo e recurso em sentido estrito contra a decisão de impronúncia de Romeu;

(D) recurso de apelação, assim como o Ministério Público, que deve apresentar recursos de apelação contra as decisões de absolvição sumária de Otelo e de impronúncia de Romeu;

(E) recurso em sentido estrito, enquanto o Ministério Público deve apresentar recursos de apelação contra as decisões de absolvição sumária de Otelo e de impronúncia de Romeu.

Com o advento da Lei 11.689/2008, que modificou os arts. 416 e 581, IV e VI, do CPP, a decisão de *impronúncia* e *absolvição sumária*, que antes comportava *recurso em sentido estrito*, passou a ser combatida por meio de *recurso de apelação*. A pronúncia, por sua vez, continua a ser impugnada por meio de *recurso em sentido estrito*, nos termos do art. 581, IV, do CPP. **ED**
Gabarito "E".

(Analista – TJ/SC – FGV – 2018) Após regular reconhecimento de falta grave, o juiz da Vara de Execuções Penais determinou a regressão de regime de cumprimento de pena, a perda de 1/3 dos dias remidos e o reinício da contagem do prazo para concessão de indulto.

Da decisão do juiz, caberá:

(A) recurso em sentido estrito, pois não cabe reinício da contagem do prazo para concessão de indulto, apesar de ser admitida perda de parte dos dias remidos e regressão de regime;

(B) agravo, pois não cabe, em razão do reconhecimento de falta grave, regressão de regime, em que pese seja admitida perda de parte dos dias remidos e reinício do prazo do indulto;

(C) agravo, pois não cabe reinício da contagem do prazo para concessão de indulto, apesar de ser admitida perda de parte dos dias remidos e regressão de regime;

(D) recurso em sentido estrito, tendo em vista que não se admite perda de parte dos dias remidos e nem reinício da contagem do prazo para concessão de indulto;

(E) agravo, tendo em vista que não se admite perda de parte dos dias remidos e nem reinício da contagem do prazo para concessão de indulto.

É o caso de interposição de recurso de agravo em execução, nos termos do art. 197 da LEP, por meio do qual deverá ser combatida a decisão que estabeleceu o reinício da contagem do prazo para concessão de indulto. É este o entendimento firmado por meio da Súmula 535, do STJ. Já a perda de parte dos dias remidos, na hipótese de cometimento de falta grave, está prevista no art. 127 da LEP, que estabelece que o juiz poderá, em casos assim, revogar até um terço do tempo remido. No que toca à falta grave, o seu cometimento implica, entre outras consequências, a regressão de regime de cumprimento de pena, tal como previsto no art. 118, I, da LEP. **ED**
Gabarito "C".

(Analista Jurídico – TRF5 – FCC – 2017) Com relação à disciplina relativa aos recursos no Processo Penal,

(A) o Ministério Público poderá desistir de recurso que haja interposto.

(B) caberá apelação no prazo de 15 (quinze) dias das sentenças definitivas de condenação ou absolvição proferidas por juiz singular.

(C) no caso de concurso de agentes, a decisão do recurso interposto por um dos réus, se fundado em motivos que não sejam de caráter exclusivamente pessoal, aproveitará aos outros.

(D) a apelação da sentença absolutória, por possuir efeito suspensivo, impedirá que o réu seja posto imediatamente em liberdade.

(E) em razão do princípio da ampla defesa, é possível a interposição de recurso, ainda que a parte não tenha interesse na reforma ou modificação da decisão.

A: incorreta. Nada obsta que o MP renuncie ao direito de recorrer; o que não se admite é que o órgão acusador, depois de interpor o recurso, desista de dar-lhe seguimento. É o que estabelece o art. 576 do CPP, que enuncia o princípio da indisponibilidade. De igual forma e com base nesse mesmo princípio, não é dado ao MP desistir da ação que haja proposto (art. 42, CPP); **B:** incorreta, dado que a apelação, neste caso, deverá ser interposta no prazo de cinco dias (e não de 15), conforme estabelece o art. 593, I, do CPP; **C:** correta. Estabelece o art. 580 do CPP que o corréu que não recorreu da sentença será beneficiado pelo recurso interposto pelo outro corréu, desde que este seja fundado em motivo que não seja de caráter exclusivamente pessoal. É o chamado efeito extensivo dos recursos; **D:** incorreta, pois contraria o disposto no art. 596 do CPP, que estabelece que a apelação da sentença absolutória não impedirá que o réu seja posto imediatamente em liberdade. Ou seja, a sentença absolutória possui efeito meramente devolutivo. Isso porque não seria razoável que o juiz, após reconhecer a inocência do réu, mantivesse a sua prisão cautelar, aguardando o julgamento do recurso interposto contra o decreto absolutório; **E:** incorreta. É vedado à parte interpor recurso, provocando o reexame da matéria por instância superior, quando não tiver interesse na modificação da decisão. É dizer, a modificação da decisão deverá trazer à parte algum benefício; caso contrário, não poderá recorrer por falta de pressuposto subjetivo (art. 577, parágrafo único, do CPP). **ED**
Gabarito "C".

(Analista Judiciário – TRE/PE – CESPE – 2017) Com relação à apelação criminal, assinale a opção correta.

(A) O julgamento de apelação por órgão fracionário de tribunal composto majoritariamente por juízes de primeiro grau convocados viola o princípio constitucional do juiz natural.

(B) O efeito devolutivo amplo permite ao tribunal competente, no julgamento de apelação exclusiva da defesa, agravar a situação do condenado.

(C) Em razão da preclusão, a apresentação extemporânea das razões impede o conhecimento do recurso de apelação tempestivamente interposto.

(D) O efeito devolutivo da apelação contra decisões do tribunal do júri é adstrito aos fundamentos nela presentes.

(E) A renúncia ao direito de apelar manifestada pelo réu impede o conhecimento de eventual recurso de apelação já interposto pelo seu defensor.

A: incorreta. No sentido de que não há violação ao postulado do juiz natural, conferir: "Processual penal. *Habeas corpus*. Roubo. Apelação julgada por Câmara composta majoritariamente por juízes convocados. Princípio do juiz natural. Ordem denegada. 1. Não viola o princípio do Juiz natural o julgamento de apelação por órgão colegiado presidido por Desembargador, sendo os demais integrantes Juízes convocados. Precedente do Plenário do STF. 2. *Habeas Corpus* extinto sem resolução de mérito" (HC 101473, Relator(a): Min. Marco Aurélio, Relator(a) p/ Acórdão: Min. Roberto Barroso, Primeira Turma, julgado em 16.02.2016, Acórdão Eletrônico DJe-117 Divulg 07.06.2016 Public

08.06.2016); **B:** incorreta. É vedada, no processo penal, a chamada *reformatio in pejus*, ou seja, não é dado ao Tribunal, nos casos em que houver recurso exclusivo da defesa, reformar, para pior, a decisão proferida pelo juízo *a quo*. Em outras palavras, a situação do réu não pode sofrer qualquer piora no Tribunal caso somente ele recorra da decisão (art. 617, CPP); **C:** incorreta. Conferir: "Esta Corte já sedimentou a orientação no sentido de que, apresentado o termo de apelação dentro do prazo legal, a apresentação extemporânea das razões recursais constitui mera irregularidade, que não prejudica a apreciação do recurso. Precedentes. II – O entendimento adotado pelo tribunal regional, que deixou de conhecer da apelação em função da extemporaneidade das razões recursais, configura flagrante constrangimento ilegal, apto a justificar a superação do enunciado da Súmula 691 deste Tribunal e, por conseguinte, a concessão da ordem. III – Ordem concedida para determinar ao Tribunal Regional Federal da 1ª Região que, afastada a preliminar de intempestividade, prossiga no julgamento da apelação interposta pelo ora paciente" (HC 112355, Relator(a): Min. Ricardo Lewandowski, Segunda Turma, julgado em 26.06.2012, Processo Eletrônico *DJe*-181 Divulg 13.09.2012 Public 14.09.2012); **D:** correta, pois reflete o entendimento sufragado na Súmula 713 do STF: *O efeito devolutivo da apelação contra decisões do júri é adstrito aos fundamentos da sua interposição*; **E:** incorreta, uma vez que contraria o entendimento firmado na Súmula n. 705: *A renúncia do réu ao direito de apelação, manifestada sem a assistência do defensor, não impede o conhecimento da apelação por este interposta.*
Gabarito "D".

(Analista Judiciário – TRE/SP – FCC – 2017) Sobre o recurso de apelação à luz do Código de Processo Penal,

(A) a apelação de sentença condenatória, em regra, não terá efeito suspensivo.

(B) é vedado ao apelante arrazoar o recurso de apelação na superior instância.

(C) havendo assistente de acusação este arrazoará o recurso de apelação, no prazo de cinco dias após o Ministério Público.

(D) quando cabível a apelação, se a parte pretender recorrer somente de parte da decisão, poderá usar o recurso em sentido estrito.

(E) a renúncia do réu ao direito de apelação, manifestada sem a assistência do defensor, não impede o conhecimento da apelação por este interposta.

A: incorreta. Diferentemente do que ocorre com a sentença *absolutória*, que tem somente efeito devolutivo, a sentença *condenatória* tem, em regra, efeito *suspensivo*, tal como estabelece o art. 597 do CPP; **B:** incorreta, na medida em que o art. 600, § 4º, do CPP confere ao apelante a prerrogativa de arrazoar o recurso de apelação na instância superior; **C:** incorreta. Se houver assistente, este arrazoará o recurso de apelação no prazo de 3 dias (e não de 5), sempre após o MP (art. 600, § 1º, CPP); **D:** incorreta, uma vez que o art. 593, § 4º, do CPP veda que, nesta hipótese, o recorrente se valha do recurso em sentido estrito, impondo-se-lhe que interponha recurso de apelação; **E:** correta, pois em consonância com o entendimento firmado na Súmula n. 705, "a renúncia do réu ao direito de apelação, manifestada sem a assistência do defensor, não impede o conhecimento da apelação por este interposta".
Gabarito "E".

(Analista – TRE/GO – 2015 – CESPE) Célio, réu primário e de bons antecedentes, foi condenado em primeira instância à pena de vinte e dois anos de reclusão em regime fechado pela prática do crime de latrocínio tentado, o que motivou o advogado do réu a se preparar para interpor apelação. O juiz que emitiu a sentença decretou também a prisão preventiva de Célio, que havia respondido ao processo em liberdade. No entanto, a polícia, que tentava cumprir

o mandado de prisão emitido pelo juiz, não conseguiu encontrar o réu condenado.

Considerando as normas previstas no Código de Processo Penal a respeito de prazos e recursos, julgue o item a seguir, referente à situação hipotética apresentada.

(1) O advogado de Célio tem cinco dias para apelar da sentença, prazo no qual devem ser também oferecidas as razões recursais ao juízo de primeira instância ou ao tribunal competente.

1: incorreta. O prazo de cinco dias, previsto no art. 593, *caput*, do CPP, refere-se à apresentação, no juízo *a quo*, da petição de interposição do recurso de apelação, cujas razões serão então apresentadas, desde que recebido o recurso, no prazo de oito dias, no próprio juízo prolator da sentença recorrida ou no tribunal que julgará o recurso (art. 600, *caput*, do CPP), o que ficará a critério do recorrente.
Gabarito 1E

(Analista – TRE/AC – 2010 – FCC) O prazo para interposição de recurso das decisões proferidas na sessão do Júri, onde estão presentes as partes processuais e o réu, começa a fluir

(A) da data em que se esgotar o prazo do edital.

(B) da juntada do mandado de intimação ou da precatória aos autos.

(C) da intimação pessoal das partes, advogados e Ministério Público.

(D) do dia em que a parte manifestar, nos autos, ciência inequívoca da sentença.

(E) da data da sessão, após a leitura da sentença.

De fato, o recurso interposto contra a sentença prolatada na sessão do Júri tem como termo inicial do prazo a data em que se deu a leitura da decisão em plenário, conforme art. 798, § 5º, *b*, do CPP. *Vide*, a esse respeito: STJ, HC 92.484/SP, 6ª T., j. 05.08.2010, rel. Min. Maria Thereza de Assis Moura, *DJe* 23.08.2010.
Gabarito "E".

(Analista – TRE/CE – 2012 – FCC) Xisto é denunciado pelo Ministério Público por crimes de peculato e prevaricação. Após a autuação, o Magistrado competente, em decisão fundamentada, recebe parcialmente a denúncia. Contra esta decisão caberá

(A) Apelação, no prazo de quinze dias.

(B) Apelação, no prazo de oito dias.

(C) Recurso em Sentido Estrito, no prazo de oito dias.

(D) Apelação, no prazo de cinco dias.

(E) Recurso em Sentido Estrito, no prazo de cinco dias.

A decisão do magistrado que recebe, em parte, a inicial acusatória desafia recurso em sentido estrito – nos termos do art. 581, I, do CPP. O art. 586 do CPP estabelece o prazo de cinco dias para a interposição deste recurso. Cuidado: na hipótese prevista no inciso XIV do art. 581 do CPP (decisão que incluir jurado na lista geral ou desta o excluir), o recurso em sentido estrito será interposto no prazo de *20 dias* (art. 586, parágrafo único, do CPP).
Gabarito "E".

(Analista – TRE/SP – 2012 – FCC) Paulo, Juiz de uma determinada comarca do Estado de São Paulo, prolatou uma decisão contra a qual cabe recurso em sentido estrito. Uma das partes interpôs o recurso no prazo legal, apresentando as suas razões e a parte contrária, por sua vez, as contrarrazões, posteriormente. Apresentadas as contrarrazões, os autos foram remetidos a Paulo que exerceu o juízo de retratação e reformou a decisão impugnada. Neste caso, a parte contrária

(A) não poderá recorrer de qualquer forma da nova decisão.

(B) poderá recorrer da nova decisão por simples petição, se couber recurso, não sendo mais lícito ao juízo modificá-la.

(C) poderá recorrer da nova decisão por petição nos autos, se couber recurso, com abertura de novos prazos para razões e contrarrazões, sendo lícito ao juízo modificá-la novamente.

(D) poderá recorrer da nova decisão por simples petição, se couber recurso, sendo lícito ao juízo modificá-la novamente.

(E) poderá recorrer da nova decisão por petição nos autos, se couber recurso, com abertura de novos prazos para razões e contrarrazões, não sendo mais lícito ao juízo modificá-la.

Art. 589, parágrafo único, do CPP.
Gabarito "B".

(Analista – TRF/3ª Região – 2014 – FCC) Antônio está preso e foi condenado pela prática do delito de tráfico de entorpecentes. Ao ser intimado da decisão condenatória, assinou termo de renúncia ao direito de recorrer. O defensor legalmente constituído, porém, interpôs apelação. Diante disso,

(A) deve prevalecer a vontade do réu em não recorrer.

(B) deve ser processada a apelação.

(C) a apelação só deve ser processada depois de intimado novamente o réu, para ficar ciente de que seu defensor apelou da decisão condenatória.

(D) o advogado deve ser destituído, porque agiu em dissonância à vontade do réu.

(E) somente deve ser processada a apelação se a renúncia do acusado for anterior à interposição feita pelo advogado.

Neste caso, deve-se processor o recurso interposto pelo defensor constituído, em obediência ao entendimento firmado na Súmula n. 705, do STF: "A renúncia do réu ao direito de apelação, manifestada sem a assistência do defensor, não impede o conhecimento da apelação por este interposta".
Gabarito "B".

(Analista – TRE/MG – 2012 – CONSULPLAN) Considere as seguintes situações-problema ocorridas no procedimento ordinário do Processo Penal.

I. Mévio foi condenado pela prática de corrupção ativa e interpôs apelação, mas o MM. Juiz de Direito, em despacho, julgou-a deserta.

II. O MM. Juiz Federal ordenou a suspensão do processo penal, em virtude da questão prejudicial.

III. O MM. Juiz de Direito absolveu sumariamente o réu no procedimento do Tribunal do Júri.

IV. O MM. Juiz de Direito impronunciou o réu no procedimento do Tribunal do Júri.

Contra as decisões acima descritas, são cabíveis os seguintes recursos, respectivamente,

(A) agravo / recurso em sentido estrito / recurso em sentido estrito / apelação.

(B) recurso em sentido estrito / recurso em sentido estrito / apelação / apelação.

(C) recurso em sentido estrito / apelação / recurso em sentido estrito / apelação.

(D) apelação / apelação / recurso em sentido estrito / recurso em sentido estrito.

(E) apelação / recurso em sentido estrito / apelação / recurso em sentido estrito.

I: a assertiva contempla hipótese de interposição de *recurso em sentido estrito*, na forma estatuída no art. 581, XV, do CPP; II: a assertiva contempla hipótese de interposição de *recurso em sentido estrito*, na forma estatuída no art. 581, XVI, do CPP; III: a assertiva contempla hipótese de interposição de *recurso de apelação*, na forma estatuída no art. 416 do CPP; IV: a assertiva contempla hipótese de interposição de *recurso de apelação*, na forma estatuída no art. 416 do CPP.
Gabarito "B".

(Analista – TJ/AM – 2013 – FGV) Sobre os *recursos* em geral, assinale a afirmativa correta.

(A) Não há no Código de Processo Penal vigente a possibilidade de recurso de ofício pelo juiz.

(B) Terceira pessoa, ainda que não tenha interesse direto na decisão, pode recorrer na busca do incremento da pena.

(C) Ainda que intempestividade tenha sido causada por erro ou omissão dos funcionários da justiça, com base no princípio da segurança jurídica, o recurso nesta condição não poderá ser admitido.

(D) Salvo a hipótese de má-fé, a parte não será prejudicada pela interposição de um recurso por outro.

A: incorreta. Regra geral, a interposição dos recursos fica a critério da parte que se vê prejudicada pela decisão judicial (voluntariedade dos recursos – art. 574 do CPP). Há casos, porém, em que o próprio juiz deve recorrer da sua decisão, ainda que a parte não tenha interposto recurso. Este é o chamado recurso de ofício ou reexame necessário. São exemplos: sentença que concede *habeas corpus* (art. 574, I, do CPP) e sentença que absolve sumariamente o acusado (art. 574, II, do CPP); B: incorreta, pois não reflete o disposto no art. 577, parágrafo único, do CPP; C: incorreta, dado o que estabelece o art. 575 do CPP; D: correta, pois corresponde ao que estabelece o art. 579 do CPP (princípio da fungibilidade recursal); E: incorreta. À exceção do protesto por novo júri, suprimido do Código de Processo Penal pela Lei 11.689/2008, que revogou seus arts. 607 e 608, os demais recursos têm previsão no Código de Processo Penal.
Gabarito "D".

(Analista – TJ/ES – 2011 – CESPE) Acerca de nulidades e recursos, julgue o item subsecutivo.

(1) Caberá recurso em sentido estrito contra a sentença que pronunciar o réu e recurso de apelação contra a sentença que o impronuncie.

1: correta (arts. 581, IV, e 416 do CPP).
Gabarito 1C.

(Escrevente – TJ/SP – 2011 – VUNESP) Considere as seguintes assertivas:

I. o Ministério Público poderá desistir de recurso que haja interposto;

II. não se admitirá recurso da parte que não tiver interesse na reforma ou modificação da decisão;

III. salvo a hipótese de má-fé, a parte não será prejudicada pela interposição de um recurso por outro.

De acordo com o CPP em suas *disposições gerais* sobre os recursos (arts. 574 a 580), é correto apenas o que se afirma em

(A) II.

(B) III.

(C) I e II.

(D) I e III.

(E) II e III.

I: incorreta. É vedado ao Ministério Público, em vista do que preconiza o postulado da indisponibilidade, desistir da ação penal que haja proposto (art. 42 do CPP), bem assim do recurso que haja interposto (art. 576 do CPP); **II**: correta, visto que em conformidade com o que preceitua o art. 577, parágrafo único, do CPP; **III**: correta, visto que em conformidade com o que preceitua o art. 579, *caput*, do CPP.

Gabarito "E".

(FGV – 2015) Marcelo foi denunciado pela prática de um crime de furto. Entendendo que não haveria justa causa, antes mesmo de citar o acusado, o magistrado não recebeu a denúncia. Diante disso, o Ministério Público interpôs o recurso adequado. Analisando a hipótese, é correto afirmar que

(A) o recurso apresentado pelo Ministério Público foi de apelação.

(B) apesar de ainda não ter sido citado, Marcelo deve ser intimado para apresentar contrarrazões ao recurso, sob pena de nulidade.

(C) mantida a decisão do magistrado pelo Tribunal, não poderá o Ministério Público oferecer nova denúncia pelo mesmo fato, ainda que surjam provas novas.

(D) antes da rejeição da denúncia, deveria o magistrado ter citado o réu para apresentar resposta à acusação.

Está correto o que se afirma na alternativa "B", porquanto em conformidade com o entendimento firmado na Súmula 707, STF: "Constitui nulidade a falta de intimação do denunciado para oferecer contrarrazões ao recurso interposto da rejeição da denúncia, não a suprimindo a nomeação de defensor dativo".

Gabarito "B".

(FGV – 2015) Após regular instrução processual, Flávio foi condenado pela prática do crime de tráfico ilícito de entorpecentes a uma pena privativa de liberdade de cinco anos de reclusão, a ser cumprida em regime inicial fechado, e 500 dias-multa. Intimado da sentença, sem assistência da defesa técnica, Flávio renunciou ao direito de recorrer, pois havia confessado a prática delitiva. Rafael, advogado de Flávio, porém, interpôs recurso de apelação dentro do prazo legal, buscando a mudança do regime de pena. Neste caso, é correto dizer que o recurso apresentado por Rafael

(A) não poderá ser conhecido, pois houve renúncia por parte de Flávio, mas nada impede que o Tribunal, de ofício, melhore a situação do acusado.

(B) deverá ser conhecido, pois não é admissível a renúncia ao direito de recorrer, no âmbito do processo penal.

(C) não poderá ser conhecido, pois a renúncia expressa de Flávio não pode ser retratada, não podendo o Tribunal, de ofício, alterar a decisão do magistrado.

(D) deverá ser conhecido, pois a renúncia foi manifestada sem assistência do defensor.

A solução para esta questão deve ser extraída da Súmula 705: "A renúncia do réu ao direito de apelação, manifestada sem a assistência do defensor, não impede o conhecimento da apelação por este interposta".

Gabarito "D".

12. *HABEAS CORPUS* E REVISÃO CRIMINAL

(Analista – TJ/SC – FGV – 2018) Mário, condenado definitivamente pela prática de crime de furto qualificado, após o cumprimento da pena, apresenta revisão criminal, sem assistência de advogado, sob o argumento de que a decisão se baseou em documento comprovadamente falso.

O analista judiciário, ao receber e analisar o pedido de revisão, deverá concluir que a medida:

(A) é cabível, e eventual absolvição imporá o reestabelecimento de todos os direitos perdidos em razão da condenação;

(B) não é cabível, uma vez que não mais persiste o interesse diante do cumprimento integral da pena imposta;

(C) não é cabível, tendo em vista que a falsidade de prova testemunhal não é fundamento idôneo a justificá-la;

(D) não é cabível, tendo em vista que Mário não estava representado por advogado legalmente habilitado;

(E) é cabível, admitindo, durante o processamento da revisão, a produção de todos os meios de prova.

A: correta, pois reflete o que dispõe o art. 627 do CPP; **B**: incorreta. Transitada em julgado a sentença penal condenatória, a revisão pode ser requerida a qualquer tempo, antes ou depois de extinta a pena (art. 622, *caput*, do CPP). Ensina Guilherme de Souza Nucci, ao discorrer sobre a revisão criminal após o cumprimento da pena, que: "é admissível, tendo em vista o nítido interesse do condenado em obter um decreto absolutório, que pode livrá-lo do incômodo antecedente criminal (...)" (*Código de Processo Penal Comentado*, 17ª ed., p. 1446); **c**: incorreta, uma vez que contraria o disposto no art. 621, II, do CPP; **D**: incorreta, pois contraria o disposto no art. 623 do CPP, que estabelece que a revisão poderá ser pedida pelo próprio réu ou por procurador legalmente habilitado ou, no caso de morte do condenado, pelo cônjuge, ascendente, descendente ou irmão. Admite-se, pois, que o próprio condenado ajuíze a ação revisional, ainda que não se faça representar por advogado; **E**: incorreta, já que, para a obtenção de prova nova, é de rigor o ajuizamento da chamada *justificação criminal*, cujo propósito é servir de base para futura e eventual revisão criminal a ser proposta. Conferir: "O pleito do recorrente não se insere dentre as hipóteses taxativas do art. 621 do Código de Processo Penal. De fato, concluiu-se que a pretensão aqui formulada, na verdade, pretende a reanálise do mérito da ação principal, já transitada em julgado, providência que não se coaduna com o instituto da revisão criminal. As testemunhas listadas no rol do pedido de justificação criminal já haviam sido ouvidas no curso da instrução criminal, de modo que o pedido de reinquirição não se amolda ao conceito de prova nova, exigido para o conhecimento da revisão criminal, conforme o art. 621, inciso III, do Código de Processo Penal. 3. A justificação criminal se destina à obtenção de provas novas com o objetivo de subsidiar revisão criminal, não sendo o meio jurídico adequado para nova oitiva de testemunhas cujos depoimentos já tiverem sido colhidos no curso da ação penal que se busca anular" (RHC 101.478/RJ, Rel. Ministro Reynaldo Soares Da Fonseca, Quinta Turma, julgado em 19/03/2019, DJe 09/04/2019). ED

Gabarito "A".

(Analista Judiciário – TRE/PE – CESPE – 2017) O *habeas corpus* é cabível

(A) para discutir excessivo valor exigido a título de alimentos em decisão que tenha decretado a prisão civil do devedor.

(B) em favor de pessoa jurídica, pois tem como objetivo fazer cessar todo e qualquer constrangimento ilegal.

(C) contra a aplicação de pena de multa em sentença penal condenatória, pois a pena pecuniária pode ser convertida em prisão.

(D) para afastar pena acessória de perda de cargo público imposta em sentença penal condenatória.

(E) em casos de flagrante ilegalidade da prisão civil por dívida de alimentos.

A: incorreta. A conferir: "O *habeas corpus* não é a via adequada para o exame aprofundado de provas a fim de averiguar a condição econômica do devedor, a necessidade do credor dos alimentos e o eventual excesso do valor dos alimentos. Precedentes. 2. O pagamento apenas parcial dos valores devidos a título de alimentos não afasta a possibilidade de decretação da prisão civil do devedor conforme já reiteradamente decidido pelo STJ. 3. Ordem denegada" (HC 245.804/MS, Rel. Ministra Maria Isabel Gallotti, Quarta Turma, julgado em 12.11.2013, *DJe* 26.11.2013); **B:** incorreta. Embora possa figurar como impetrante, a pessoa jurídica não pode ser paciente no *habeas corpus*, dado que este se presta a proteger, direta ou indiretamente, a liberdade de locomoção; **C:** incorreta. Segundo a Súmula n. 693 do STF: "Não cabe *habeas corpus* contra decisão condenatória à pena de multa, ou relativo ao processo em curso por infração penal a que a pena pecuniária seja a única cominada". Mesmo porque, com a alteração implementada pela Lei 9.268/1996, que modificou a redação do art. 51 do Código Penal, fica vedada a conversão da pena de multa em prisão; **D:** incorreta. Não cabe, já que o HC somente será utilizado quando houver lesão ou ameaça de lesão à liberdade de locomoção (art. 647, CPP); **E:** correta. Caberá HC, já que aqui está em jogo a liberdade de locomoção.
Gabarito "E".

(Analista – Judiciário –TRE/PI – 2016 – CESPE) Considerando as disposições legais e jurisprudenciais sobre o *habeas corpus*, assinale a opção correta.

(A) Na qualidade de titulares de seus cargos, o delegado de polícia, o promotor de justiça e o juiz de direito podem impetrar *habeas corpus* em favor de terceiros.

(B) Conforme a lei e a jurisprudência, não se admite liminar em *habeas corpus*, ainda que presentes o *fumus boni iuris* e o *periculum in mora*.

(C) É inadmissível a reiteração de pedido de *habeas corpus*, ainda que haja novos fatos, não analisados no pedido anterior.

(D) É indispensável, sob pena de nulidade, a manifestação do Ministério Público no procedimento de *habeas corpus* impetrado perante juiz de direito.

(E) Qualquer pessoa, quer se trate de brasileiro, quer de estrangeiro não residente no país, pode impetrar *habeas corpus*, devendo o *writ* ser redigido em português.

A: incorreta. O juiz, embora possa conceder de ofício ordem de *habeas corpus*, não poderá, nessa qualidade, impetrar essa ação constitucional; o delegado de polícia, na qualidade de titular de seu cargo, também não poderá impetrar HC; já o Ministério Público, por expressa previsão contida no art. 654, *caput*, do CPP, poderá fazê-lo. Agora, desde que tal não se dê em razão do cargo, tanto o magistrado quanto a autoridade policial poderão impetrar *habeas corpus*; **B:** incorreta. Em que pese não

---

haver expressa previsão legal a autorizar a concessão de liminar em *habeas corpus*, é pacífico na jurisprudência tal possibilidade, desde que a medida se revele urgente e estejam presentes o *fumus boni juris* e o *periculum in mora*; **C:** incorreta. A jurisprudência firmou entendimento no sentido de que somente é vedada a reiteração de pedido de *habeas corpus* se a segunda impetração vier desacompanhada de qualquer fato novo; **D:** incorreta. O fato é que não há previsão legal que imponha, em sede de *habeas corpus* que tramita em primeira instância, a intervenção do MP, que deverá, no entanto, ser intimado da decisão que conceder ou denegar a ordem; **E:** correta. De fato, a legitimidade ativa no HC é ampla, podendo impetrá-lo qualquer pessoa (art. 654, *caput*, do CPP), aqui incluídos o estrangeiro, o analfabeto, a pessoa jurídica, entre outros. Também é certo que a impetração há de ser redigida em língua portuguesa.
Gabarito "E".

(Analista – STJ – 2008 – CESPE) Julgue os seguintes itens, que versam acerca de *habeas corpus* e das relações jurisdicionais com autoridade estrangeira.

(1) O STJ entende possível o recebimento de *habeas corpus* como substitutivo de revisão criminal, quando a ilegalidade for manifesta e não for necessário o revolvimento de matéria fático-probatória.

(2) A alegação de ausência do estado de flagrância é matéria de ordem pública e, por versar diretamente sobre o direito de liberdade, ainda que não tenha sido objeto de análise pelo tribunal *a quo*, pode ser analisada pelo STJ.

1: correta. Nesse sentido, o julgado seguinte: "PROCESSUAL PENAL. *HABEAS CORPUS*. ART. 121, § 2º, I, III E IV, ART. 211 (DUAS VEZES), ART. 180, § 1º, E ART. 288, PARÁGRAFO ÚNICO, TODOS DO CP. *HABEAS CORPUS* SUBSTITUTIVO DE REVISÃO CRIMINAL. POSSIBILIDADE. I – O recebimento do *habeas corpus* como substitutivo de revisão criminal é viável tão somente quando a ilegalidade for manifesta e não seja necessário o revolvimento de matéria fático-probatória (Precedentes). II – Dessa forma, havendo possibilidade de lesão ao direito de locomoção do paciente, pode o e. Tribunal *a quo* conhecer do *habeas corpus* impetrado na origem, como substituto de revisão criminal, para análise, como entender de direito, das questões levantadas na impetração, que não exijam o revolvimento de prova. III – Assim, no caso, deve o e. Tribunal de origem examinar as questões levantadas no writ referentes à dosimetria da pena (matéria de direito). Contudo, não merece censura a decisão prolatada pelo e. Tribunal de origem em que não conheceu do *mandamus* na parte em que se buscava a revisão da condenação do paciente pelos crimes conexos. Isso porque é inegável que, neste caso, o exame do material probatório revelar-se-ia indispensável, posto que não há como se afastar uma condenação com base na alegação de falta de justa causa sem que se verifique em que elementos probatórios se apoia o juízo condenatório. Ordem parcialmente concedida" (STJ, HC 102.139/PA, 5ª T., j. 17.06.2008, rel. Min. Felix Fischer, *DJe* 18.08.2008); **2:** incorreta. A alegação de ausência do estado de flagrância, para ser apreciada pelo STJ, há de ter sido objeto de análise pelo tribunal *a quo*, sob pena de configurar indevida supressão de instância. Conferir: "*HABEAS CORPUS*. PRISÃO EM FLAGRANTE. HOMICÍDIO DUPLAMENTE QUALIFICADO, POSSE ILEGAL DE ARMA DE FOGO DE USO PERMITIDO E VIOLÊNCIA DOMÉSTICA. ALEGAÇÃO DE AUSÊNCIA DO ESTADO DE FLAGRÂNCIA. MATÉRIA NÃO EXAMINADA NO TRIBUNAL *A QUO*. SUPRESSÃO DE INSTÂNCIA. INDEFERIMENTO DO PEDIDO DE LIBERDADE PROVISÓRIA. AUSÊNCIA DE JUSTIFICATIVA IDÔNEA AMPARADA EM FATOS CONCRETOS. CONSTRANGIMENTO ILEGAL EVIDENCIADO. PRECEDENTES DO STJ E DO STF. ORDEM PARCIALMENTE CONHECIDA E, NESTA PARTE, CONCEDIDA, EM CONSONÂNCIA COM O PARECER MINISTERIAL. 1. A alegação de ausência do estado de flagrância não foi objeto de análise pelo acórdão impugnado, o que inviabiliza o exame da matéria por esta Corte, sob pena de indevida supressão de instância. 2. É fora de dúvida que a manutenção da prisão cautelar, assim entendida aquela que antecede a condenação transitada em julgado, há de explicitar a necessidade da medida, indicando os motivos que a tornam indispensável, dentre os elencados no art. 312 do CPP, como, aliás, impõe o art. 315 do mesmo Código. 3. Como se verifica da decisão que indeferiu o pedido de liberdade provisória do paciente, confirmada pela Corte Estadual, manteve-se a segregação do acusado sob o argumento de que era necessária, mas sem apontar, objetivamente, as razões pelas quais se mostra indispensável o seu encarceramento provisório, limitando--se a repetir os dizeres do art. 312 do CPP. 4. Ordem parcialmente conhecida e, nesta parte, concedida, em consonância com o parecer do MPF, mas apenas e somente para deferir o pedido de liberdade provisória ao paciente, se por outro motivo não estiver preso, sem prejuízo de nova decretação, com base em fundamentação concreta." (STJ, HC 98.882/RJ, 5ª T., j. 26.06.2008, rel. Ministro Napoleão Nunes Maia Filho, *DJe* 04.08.2008).

Gabarito 1C, 2E

(Analista – TRE/SP – 2012 – FCC) Sobre o *habeas corpus* e seu processo, de acordo com o Código de Processo Penal, considere:

I. A competência para processar e julgar, originalmente, o *habeas corpus*, cuja autoridade coatora for um Secretário de Estado, é do Tribunal de Justiça do respectivo Estado.

II. A utilização do *habeas corpus* é assegurada ao agente que responde processo por infração penal, a que a pena pecuniária seja a única cominada ou contra decisão condenatória a pena de multa.

III. José, Juiz de Direito de uma determinada comarca do Estado de São Paulo, recebeu, após regular distribuição, um *habeas corpus* questionando uma ordem dada por um Delegado de Polícia da cidade. Após requisitar informações, tomou conhecimento de que a ordem foi ratificada por Pedro, outro Juiz de Direito da mesma comarca, para o qual o Inquérito Policial foi distribuído. Neste caso, cessa de imediato a competência do Magistrado José, para quem foi distribuído o *habeas corpus*, conhecer do *writ*.

Está correto o que consta APENAS em

(A) I.

(B) III.

(C) I e II.

(D) I e III.

(E) II e III.

I: correta, nos termos do disposto no art. 650, II, do CPP; II: incorreta, pois contraria o contido na Súmula 693 do STF: "Não cabe *habeas corpus* contra decisão condenatória a pena de multa, ou relativo a processo em curso por infração penal a que a pena pecuniária seja a única cominada"; III: correta, pois reflete o disposto no art. 650, § 1º, do CPP.

Gabarito "D".

(Analista – TJ/CE – 2013 – CESPE) No que se refere ao *habeas corpus*, assinale a opção correta.

(A) A superveniência da sentença condenatória não prejudica o *habeas corpus* quando esse tenha por objeto o decreto de prisão preventiva.

(B) O *habeas corpus* constitui remédio processual utilizado para promover a análise da prova penal.

(C) O *habeas corpus* é o instrumento constitucional adequado para restabelecer os direitos políticos.

(D) É cabível *habeas corpus* contra decisão condenatória a pena de multa, ou relativo a processo em curso por infração penal a que a pena pecuniária seja a única cominada.

(E) Não cabe *habeas corpus* originário para o tribunal pleno de decisão de turma, ou do plenário, proferida em *habeas corpus* ou no respectivo recurso.

A: incorreta. Conferir: "*Habeas corpus*. Manutenção de prisão em flagrante. Superveniência de sentença condenatória. Novo título prisional. Pedido julgado prejudicado. A superveniência de sentença condenatória que constitui novo título prisional prejudica o *habeas corpus* que ataca unicamente o indeferimento de pedido de liberdade provisória formulado pelo paciente, que havia sido preso em flagrante. *Habeas corpus* julgado prejudicado" (HC 96555, Joaquim Barbosa, STF); **B**: incorreta. Isso porque é consagrado na doutrina e jurisprudência o entendimento segundo o qual, por constituir medida urgente, o *habeas corpus* é incompatível com um exame mais detalhado das provas que integram os autos. Nessa ótica, conferir a jurisprudência do STJ: "*Habeas corpus*. Execução penal. Progressão de regime. Preenchimento do requisito subjetivo. Análise aprofundada da conduta carcerária do apenado. Via inadequada. Ordem denegada. 1. O habeas corpus, conforme reiterada jurisprudência desta Corte Superior de Justiça, presta-se a sanar coação ou ameaça ao direito de locomoção, possuindo âmbito de cognição restrito às hipóteses de ilegalidade evidente, em que não se faz necessária a análise de provas. 2. Hipótese em que o Magistrado da execução procedeu a uma detalhada análise do mérito do condenado, das faltas disciplinares por ele cometidas, e entendeu incabível a progressão de regime, pela falta do requisito subjetivo. Trata-se de matéria de fato, não de direito, e a inversão do decidido depende de um exame amplo e profundo da conduta carcerária do apenado. Irrepreensível, portanto, o aresto que negou provimento ao agravo em execução. 3. Ordem denegada" (HC 201201024725, Maria Thereza de Assis Moura, STJ, 6ª T.URMA, *DJE* de 27.08.2012); **C**: incorreta, na medida em que o *habeas corpus* se presta tão somente a combater ilegalidade ou abuso de poder voltado à constrição imposta à liberdade de ir e vir, o que nenhuma relação tem com a perda/suspensão de direitos políticos; **D**: incorreta, pois contraria o contido na Súmula 693 do STF: "Não cabe *habeas corpus* contra decisão condenatória a pena de multa, ou relativo a processo em curso por infração penal a que a pena pecuniária seja a única cominada"; **E**: correta. Nesse sentido: "*Habeas corpus*. Decisão de ministro relator do supremo tribunal federal. Não cabimento. Súmula 606. Decisão impugnável por meio de agravo interno, e não através de outra impetração. *Habeas corpus* não conhecido. 1. Esta Corte firmou a orientação do não cabimento de *habeas corpus* contra ato de Ministro Relator ou contra decisão colegiada de Turma ou do Plenário do próprio Tribunal, independentemente de tal decisão haver sido proferida em sede de *habeas corpus* ou proferida em sede de recursos em geral (Súmula 606). 2. É legítima a decisão monocrática de Relator que nega seguimento a *habeas corpus* manifestamente inadmissível, por expressa permissão do art. 38 da Lei 8.038/1990 e do art. 21, § 1º, do RISTF. O caminho natural e adequado para, nesses casos, provocar a manifestação do colegiado é o agravo interno (art. 39 da Lei 8.038/1990 e art. 317 do RISTF), e não outro habeas corpus. 3. *Habeas corpus* não conhecido" (HC 97009, Marco Aurélio, STF).

Gabarito "E".

13. LEGISLAÇÃO EXTRAVAGANTE E TEMAS COMBINADOS

(Analista Judiciário – TJ/AL – 2018 – FGV) A Lei n. 12.850, publicada em 02 de agosto de 2013, trouxe uma série de inovações legislativas ao disciplinar sobre a definição do crime de organização criminosa e sobre investigação penal e meios de obtenção de provas. Um dos institutos previstos na lei mais controvertidos e estudados pela doutrina e jurisprudência é o da colaboração premiada.

De acordo com as previsões dessa lei, é correto afirmar que:

(A) o juiz não poderá recusar homologação à proposta que não atender aos requisitos legais, ou adequá-la ao caso concreto;

(B) o colaborador, nos depoimentos que prestar, renunciará, na presença da defesa técnica, ao direito ao silêncio e estará sujeito ao compromisso legal de dizer a verdade;

(C) as declarações do colaborador, como meio de obtenção de prova que são, poderão servir como fundamento único para justificar uma condenação;

(D) a colaboração premiada poderá ser realizada posteriormente à sentença, podendo ser acordada redução da pena em até 2/3 ou concessão de livramento condicional independentemente da pena cumprida;

(E) a negociação do acordo de colaboração premiada, em respeito aos princípios da ampla defesa e paridade de armas, contará com a participação do acusado, de seu defensor, do Ministério Público e do juiz competente para julgamento.

A: incorreta, pois contraria o disposto no art. 4º, § 8º, da Lei 12.850/2013, que estabelece que é dado ao juiz, sim, recusar homologação à proposta que não atender aos requisitos legais, ou adequá-la ao caso concreto; **B:** correta, porque corresponde ao que estabelece o art. 4º, § 14, da Lei 12.850/2013; **C:** incorreta, pois não reflete o disposto no art. 4º, § 16, da Lei 12.850/2013; **D:** incorreta, pois contraria o disposto no art. 4º, § 5º, da Lei 12.850/2013; **E:** incorreta, pois contraria o disposto no art. 4º, § 6º, da Lei 12.850/2013, que veda a participação do juiz na negociação do acordo de colaboração premiada. ED
Gabarito "B".

(Analista Judiciário – TJ/AL – 2018 – FGV) A Lei nº 7.210/84 trata da matéria Execução Penal, afastando-se, assim, a maioria das previsões sobre o tema trazidas pelo Código de Processo Penal.

Sobre as previsões da Lei de Execução Penal e a jurisprudência majoritária dos Tribunais Superiores sobre o tema, é correto afirmar que:

(A) a execução penal é procedimento administrativo, de modo que não está sujeita ao princípio da legalidade;

(B) a prática de falta grave permite ao magistrado a revogação de todos os dias de pena remidos;

(C) o recurso de agravo é o cabível contra as decisões da execução, admitindo ao juízo *a quo* o exercício do juízo de retratação;

(D) a regressão de regime cautelar, diante da prática de novo crime doloso, nunca será admitida;

(E) a prática de falta grave interrompe o prazo de contagem do livramento condicional.

A: incorreta. No que concerne à natureza jurídica da execução penal, conferir a lição de Guilherme de Souza Nucci: "cuida-se de atividade jurisdicional, voltada a tornar efetiva a pretensão punitiva do Estado, em associação à atividade administrativa, fornecedora dos meios materiais para tanto" (*Leis penais e processuais penais comentadas*, volume II, Ed. Forense, p. 157, 2014). Ada Pellegrini Grinover, de forma semelhante, enxerga, na execução penal, uma atividade complexa, que se desenvolve tanto no plano jurisdicional quanto no administrativo; **B:** incorreta. Em vista das alterações implementadas na LEP pela Lei 12.433/11, estabeleceu-se, no caso de cometimento de falta grave, uma proporção máxima em relação à qual poderá se

dar a perda dos dias remidos. Assim, diante da prática de falta grave, poderá o juiz, em vista da nova redação do art. 127 da LEP, revogar no máximo 1/3 do tempo remido, devendo a contagem recomeçar a partir da data da infração disciplinar. Antes disso, o condenado perdia os dias remidos na sua totalidade; **C:** correta. De fato, tal como estabelece o art. 197 da LEP, as decisões proferidas em sede de execução penal comportam a interposição do recurso de agravo, cujo rito a ser seguido é o do recurso em sentido estrito, que prevê, em seu art. 589, *caput*, do CPP, o efeito regressivo (possibilidade de o juiz retratar-se); **D:** incorreta, pois não corresponde ao que estabelece o art. 118, I, da LEP, que prevê a possibilidade de o reeducando, diante do cometimento de fato definido como crime doloso, regredir de regime de cumprimento de pena; **E:** incorreta, pois contraria o entendimento sedimentado na Súmula 441, do STJ: *A falta grave não interrompe o prazo para a obtenção de livramento condicional*. ED
Gabarito "C".

(Analista – TJ/SC – FGV – 2018) Lauro foi denunciado pela prática do crime de lesão corporal leve praticada no contexto de violência doméstica e familiar contra a mulher (art. 129, § 9º, CP – pena: 3 meses a 3 anos de reclusão). Antes do recebimento da denúncia, veio a ser denunciado em outra ação penal, dessa vez pelo crime de ameaça, também praticado no contexto da Lei nº 11.340/06, após a vítima ter comparecido à Delegacia, narrado o ato e afirmado que desejava ver Lauro processado, nos termos exigidos pelo Código Penal para responsabilização criminal, pleiteando medidas de urgência. Após o oferecimento das denúncias, mas antes do recebimento, a companheira de Lauro, Joana, suposta vítima, comparece ao cartório do Juizado de Violência Doméstica e Familiar contra a Mulher, informando não mais ter interesse em ver Lauro responsabilizado criminalmente pelos fatos.

Diante da informação de Joana, o servidor poderá esclarecer que a vontade da vítima:

(A) não poderá ensejar retratação da representação em relação a ambos os delitos, tendo em vista que, por serem praticados em contexto de violência doméstica e familiar contra a mulher, a responsabilização penal independe da vontade da ofendida;

(B) poderá justificar a retratação da representação em relação a ambos os delitos, mas tal retratação deverá ocorrer em audiência especial, na presença do magistrado, ouvido o Ministério Público;

(C) não poderá ensejar retratação da representação em relação a ambos os delitos, tendo em vista que, ainda que a vontade da ofendida possa ser relevante, já houve oferecimento das denúncias;

(D) poderá justificar retratação da representação em relação ao crime de ameaça, observadas as exigências legais em audiência especial, mas não do crime de lesão corporal;

(E) poderá justificar a retratação da representação em relação a ambos os delitos, sendo válida, para tanto, mera declaração da ofendida nos autos.

O entendimento do STF que estabeleceu a natureza incondicionada da ação penal, tomado em controle concentrado de constitucionalidade (ADIn 4.424), somente se aplica aos crimes de lesão corporal, independente de sua extensão, praticados contra a mulher no ambiente doméstico. Tal entendimento encontra-se consagrado na Súmula 542, do STJ: "A ação penal relativa ao crime de lesão corporal resultante de violência doméstica contra a mulher é pública incondicionada". Este entendimento não se aplica, todavia, ao crime de ameaça (de que foi vítima Joana), na medida em que o MP, para ajuizar a ação penal, depende da manifestação de vontade da ofendida, materializada por meio da representação. Neste caso, poderá a ofendida, desde que em audiência especialmente designada para esse fim e até o recebimento da denúncia, renunciar à representação formulada (art. 16 da Lei 11.340/2006). ED

Gabarito "D".

(Analista Judiciário – TRE/PE – CESPE – 2017) Conforme a Lei nº 9.099/1995 e o entendimento dos tribunais superiores, a suspensão condicional do processo

(A) não será aplicável em caso de infrações penais cometidas em concurso formal, quando a pena mínima cominada resultante da incidência da majorante for inferior a um ano.

(B) será aplicável em caso de infrações penais cometidas em concurso formal, quando a pena mínima cominada resultante da incidência da majorante for superior a um ano, mas não ultrapassar dois anos.

(C) não será aplicável em caso de infrações penais cometidas em concurso material, quando a pena mínima cominada resultante do somatório for igual a um ano.

(D) não será aplicável em caso de infrações penais cometidas em continuidade delitiva, quando a pena mínima cominada resultante da incidência da majorante for superior a um ano.

(E) será aplicável em caso de infrações penais cometidas em concurso material, quando a pena mínima cominada resultante do somatório for igual ou inferior a dois anos.

A solução desta questão deve ser extraída das Súmulas: 243, do STJ: *O benefício da suspensão do processo não é aplicável em relação às infrações penais cometidas em concurso material, concurso formal ou continuidade delitiva, quando a pena mínima cominada , seja pelo somatório, seja pela incidência da majorante, ultrapassar o limite de 1 (um) ano*; e 723, do STF: *Não se admite a suspensão condicional do processo por crime continuado, se a soma da pena mínima da infração mais grave com o aumento mínimo de um sexto for superior a um ano.*

Gabarito "D".

(Analista Judiciário – TRE/SP – FCC – 2017) Nos termos preconizados pelas Leis nº 9.099/1995 e nº 10.259/2001, que regulam os Juizados Especiais Criminais, considere:

I. A homologação da transação penal prevista no artigo 76 da Lei nº 9.099/1995 não faz coisa julgada material e, descumpridas suas cláusulas, retoma-se a situação anterior, possibilitando-se ao Ministério Público a continuidade da persecução penal mediante oferecimento de denúncia ou requisição de inquérito policial.

II. O Ministério Público poderá oferecer proposta de transação penal a Ricardo, primário e de bons antecedentes, acusado de cometer crime eleitoral previsto no artigo 39, da Lei nº 9.507/1997, ao ser surpreendido realizando propaganda de boca de urna no último pleito, crime este punível com detenção de 6 meses a 1 ano e multa.

III. O Ministério Público não poderá oferecer proposta de transação penal a Rodolfo, primário e de bons antecedentes, e acusado de cometer crime de usurpação de função pública, previsto no artigo 328, do Código Penal, que prevê pena de detenção de 3 meses a 2 anos e multa.

Está correto o que consta APENAS em

(A) II e III

(B) II.

(C) I e III.

(D) I e II.

(E) I.

I: correta, pois corresponde à redação da Súmula Vinculante 35: "A homologação da transação penal prevista no artigo 76 da Lei 9.099/1995 não faz coisa julgada material e, descumpridas suas cláusulas, retoma-se o *status quo ante*, possibilitando-se ao Ministério Público a continuidade da persecução penal mediante oferecimento de denúncia ou requisição de inquérito policial"; **II:** correta. Na hipótese narrada, cabe ao MP, de fato, oferecer proposta de transação penal, tal como autoriza o art. 76 da Lei 9.099/1995, que tem incidência no contexto das infrações penais de menor potencial ofensivo, assim considerados as contravenções penais e os crimes aos quais a lei preveja pena privativa de liberdade máxima não superior a 2 anos, cumulada ou não com multa (art. 61, Lei 9.099/1995). O crime em que incorreu Ricardo tem pena privativa de liberdade máxima correspondente a *um ano*; **III:** incorreta, dado o que foi ponderado no comentário anterior: sendo a pena máxima privativa de liberdade não superior a 2 anos (é o caso narrado), impõe-se ao MP a formulação de transação penal.

Gabarito "D".

(Analista Judiciário – TRF/2 – Consulplan – 2017) "A progressão de regime, no caso dos condenados por crimes hediondos dar-se-á após o cumprimento de _____ da pena, se o apenado for primário; e de _____, se reincidente." Assinale a alternativa que completa correta e sequencialmente a afirmativa anterior.

(A) 1/3 / 2/3

(B) 1/4 / 2/5

(C) 1/6 / 1/2

(D) 2/5 / 3/5

Se o crime é hediondo (como é o caso, por exemplo, do estupro, latrocínio, homicídio qualificado e, mais recentemente, a posse ou porte ilegal de arma de fogo de uso restrito – art. 16 da Lei 10.826/2003) ou a ele assemelhado (tráfico de drogas, terrorismo e tortura), a progressão de regime, por imposição do art. 2º, § 2º, da Lei 8.072/1990, dar-se-á nos seguintes moldes: sendo o apenado primário, a progressão ocorrerá após o cumprimento de dois quintos da pena; se reincidente, depois de cumpridos três quintos. É importante que se diga que, se a prática do crime hediondo ou assemelhado for anterior à entrada em vigor da Lei 11.464/2007, que alterou, na Lei de Crimes Hediondos, o lapso exigido para a progressão de regime, deverá incidir, quanto aos condenados por crimes dessa natureza, a regência do art. 112 da LEP, que impõe, como condição para progressão de regime, o cumprimento de *um sexto* da pena no regime anterior, além de bom comportamento carcerário. Este entendimento está contemplado na Súmula 471 do STJ.

Gabarito "D".

(Analista – TRE/GO – 2015 – CESPE) Camila foi presa em flagrante delito pela suposta prática de tráfico de drogas. Após ser citada da ação penal, manifestou interesse em ser assistida pela defensoria pública.

Com relação a essa situação hipotética, julgue o próximo item, com base na jurisprudência do Superior Tribunal de Justiça e nas disposições do Código de Processo Penal.

(1) Devido à gravidade do delito de que Camila é acusada, o juiz que receber o auto de prisão em flagrante está legalmente impedido de, de ofício, conceder-lhe liberdade provisória ou aplicar-lhe medidas cautelares.

1: incorreta. O Pleno do STF, em controle difuso, reconheceu a inconstitucionalidade da parte do art. 44 da Lei de Drogas que proibia a concessão de liberdade provisória nos crimes de tráfico (HC 104.339/SP, Pleno, rel. Min. Gilmar Mendes, 10.05.2012). Com isso, pode-se afirmar que aos investigados/acusados de crime de tráfico pode ser concedida, de ofício, liberdade provisória sem fiança. De igual modo, pode o juiz, também de ofício, assim que comunicado da prisão em flagrante, aplicar as medidas cautelares elencadas no art. 319 do CPP. Gabarito 1E

(Analista – TRE/GO – 2015 – CESPE) Tendo recebido denúncia feita pelo Ministério Público contra José pela prática do delito de roubo circunstanciado devido ao emprego de arma de fogo e ao concurso de agentes, o juiz determinou a citação pessoal do acusado no endereço residencial constante nos autos. O oficial de justiça, por não ter localizado José, certificou que ele se encontrava em local incerto e não sabido.

Considerando as disposições do Código de Processo Penal, julgue os itens que se seguem, tendo como referência a situação hipotética apresentada.

(1) Suponha que José tenha constituído advogado. Nessa situação, a intimação do advogado deve, em regra, ser realizada por publicação no órgão incumbido da publicidade dos atos judiciais e deve incluir o nome do acusado.

(2) O juiz deve determinar a citação de José por edital e decretar a sua prisão preventiva ainda que este tenha constituído advogado.

1: correta, uma vez que retrata a regra presente no art. 370, § 1º, do CPP: "A intimação do defensor constituído, do advogado do querelante e do assistente far-se-á por publicação no órgão incumbido da publicidade dos atos judiciais da comarca, incluindo, sob pena de nulidade, o nome do acusado"; **2:** incorreta. A prisão preventiva, porque anterior ao trânsito em julgado da sentença condenatória, deve ser utilizada com parcimônia, somente podendo o juiz dela lançar mão quando revelar-se absolutamente imprescindível ao processo, o que há de ser aferido por meio do art. 312 do CPP, que estabelece os fundamentos desta modalidade de custódia cautelar. À vista disso, o mero fato de o acusado não ser localizado pelo oficial de Justiça não pode servir de fundamento para a decretação da prisão preventiva, que deve – repita-se – ser determinada somente quando necessária. A citação por edital tem como pressuposto o esgotamento de todas as possibilidades de localização do réu. Não encontrado em seu endereço residencial, o juiz deve adotar a cautela de verificar a existência de outros endereços, fazendo expedir, quando necessário, ofícios para tentativa de localização (se, por exemplo, é advogado, ao respectivo órgão de classe, que, neste caso, é a OAB). Se, depois disso, o paradeiro do réu permanecer desconhecido, procede-se à citação por edital. Gabarito 1C, 2E

(Analista – TRE/AL – 2010 – FCC) No que diz respeito à suspensão condicional do processo é correto afirmar:

(A) Poderá ser revogada se, no curso do prazo, o beneficiário não efetuar, sem motivo justificado, a reparação do dano.

(B) Aceita a proposta, será suspenso o processo por até dois anos, submetendo o acusado às condições impostas pelo Juiz.

(C) Expirado o prazo sem revogação, o Juiz declarará extinta a pena.

(D) Será revogada se o acusado, no curso do prazo, descumprir a condição de comparecimento pessoal e obrigatório a juízo, mensalmente, para informar e justificar suas atividades.

(E) Poderá ser proposta em relação aos crimes em que a pena mínima cominada for igual ou inferior a um ano, atendidos outros requisitos.

A: incorreta. Trata-se de revogação obrigatória – art. 89, § 3º, da Lei 9.099/1995; **B:** incorreta. O processo será suspenso pelo período de dois a quatro anos – art. 89, *caput*, da Lei 9.099/1995; **C:** incorreta. Expirado o prazo sem revogação, o juiz declarará extinta a punibilidade; **D:** incorreta. Constitui revogação facultativa, nos termos do art. 89, § 4º, da Lei 9.099/1995; **E:** correta, pois a assertiva está em consonância com a redação do art. 89, *caput*, da Lei 9.099/1995. Gabarito "E".

(Analista – TRE/AL – 2010 – FCC) Sobre o Juizado Especial Federal Criminal é INCORRETO afirmar:

(A) Será instalado por decisão do Tribunal Regional Federal.

(B) Na reunião de processos da competência daquele juizado perante o juízo comum, decorrente da aplicação da regra de conexão, não será admitida a composição dos danos civis.

(C) A designação dos juízes das Turmas Recursais obedecerá aos critérios de antiguidade e merecimento.

(D) O juiz federal poderá determinar o funcionamento daquele juizado em caráter itinerante.

(E) Compete-lhe processar e julgar os feitos de competência da Justiça Federal relativos às infrações de menor potencial ofensivo.

A: correta, pois a assertiva está em consonância com o teor do art. 18, *caput*, primeira parte, da Lei 10.259/2001; **B:** incorreta, devendo ser assinalada, vez que a assertiva está em desconformidade com o art. 2º, parágrafo único, da Lei 10.259/2001; **C:** correta, à época do concurso. A assertiva corresponde à redação do art. 21, § 2º, da Lei 10.259/2001, antes de ser revogado pela Lei 12.665/2012; **D:** correta, nos termos do art. 22, parágrafo único, da Lei 10.259/2001; **E:** correta, nos termos do art. 2º, *caput*, da Lei 10.259/2001. Gabarito "B".

(Analista – TRE/AP – 2011 – FCC) No que se refere à suspensão do processo prevista no artigo 89, da Lei nº 9.099/1995, é INCORRETO afirmar que

(A) a suspensão será revogada se, no curso do prazo, o beneficiário vier a ser processado por outro crime.

(B) além das condições obrigatórias estabelecidas por lei o Juiz poderá especificar outras condições a que fica subordinada a suspensão, desde que adequadas ao fato e à situação pessoal do acusado.

(C) a decisão judicial que homologa a suspensão condicional do processo interrompe a prescrição e, durante o prazo de suspensão do processo, não correrá a prescrição.

(D) expirado o prazo de suspensão do processo, sem revogação, o Juiz declarará extinta a punibilidade.

(E) a suspensão poderá ser revogada se o acusado vier a ser processado, no curso do prazo, por contravenção, ou descumprir qualquer outra condição imposta.

A: correta, visto que de acordo com o estabelecido no art. 89, § 3º, primeira parte, da Lei 9.099/1995; **B:** correta, visto que de acordo com o estabelecido no art. 89, § 2º, da Lei 9.099/1995; **C:** incorreta,

devendo ser assinalada, pois a assertiva está em desacordo com o que reza o art. 89, § 6º, da Lei 9.099/1995; **D:** correta, visto que de acordo com o estabelecido no art. 89, § 5º, da Lei 9.099/1995; **E:** correta, visto que de acordo com o estabelecido no art. 89, § 4º, da Lei 9.099/1995.
Gabarito "C".

(Analista – TRE/BA – 2010 – CESPE) Em relação ao direito penal e à remição da pena, julgue o próximo item.

(1) A remição da pena por meio do estudo vem sendo aceita pelo Superior Tribunal de Justiça, por não considerá-la violação ao princípio da legalidade. A competência para concedê-la será do juízo da execução.

1: correta. Ao tempo em que esta questão foi elaborada, a LEP (arts. 126 e seguintes) não contemplava a remição pelo estudo, somente pelo trabalho. A despeito disso, é bom frisar que os tribunais superiores vinham firmando posicionamento no sentido de estender tal possibilidade para a remição pelo estudo, inclusive com a edição, pelo STJ, da Súmula 341. Pois bem. Atendendo aos anseios da jurisprudência, foi editada a Lei 12.433/2011, que instituiu e disciplinou, finalmente, a remição pelo estudo, alterando o dispositivo da LEP que rege o tema (art. 126). Hoje, portanto, a remição se opera tanto pelo trabalho quanto pelo estudo, nos moldes do dispositivo supracitado. A competência para declarar os dias remidos é do juízo da execução, conforme reza o art. 126, § 8º, da Lei 7.210/1984 (Execução Penal).
Gabarito 1C

(Analista – TRE/MT – 2010 – CESPE) Acerca de prisões e provas, assinale a opção correta.

(A) A prisão temporária pode ser decretada de ofício pelo juiz, pelo prazo improrrogável de cinco dias, presentes as condições legais.

(B) A apresentação espontânea do acusado à autoridade não impede a decretação da prisão preventiva nos casos em que a lei a autoriza.

(C) Não se admite a decretação da prisão preventiva nos crimes dolosos punidos com detenção.

(D) O juiz não pode fundamentar a sentença condenatória em elementos informativos colhidos no inquérito policial, ainda que se trate de provas cautelares, não repetíveis ou antecipadas.

(E) A prova da alegação incumbe a quem a fizer, não sendo admitido que o juiz determine provas de ofício, pois tal atitude ofende o sistema acusatório puro, adotado pelo CPP.

A: incorreta. A prisão temporária não pode ser decretada de ofício pelo juiz, que deverá determiná-la diante da representação formulada pela autoridade policial ou de requerimento do Ministério Público – art. 2º, *caput*, da Lei 7.960/1989. No mais, esta modalidade de prisão provisória terá o prazo de cinco dias, prorrogável por igual período em caso de extrema e comprovada necessidade, nos termos do art. 2º, *caput*, da Lei 7.960/1989. Em se tratando, no entanto, de crime hediondo ou a ele equiparado (tortura, tráfico de drogas e terrorismo), a custódia temporária será decretada por *até* trinta dias, prorrogável por igual período em caso de extrema e comprovada necessidade, em consonância com o disposto no art. 2º, § 4º, da Lei 8.072/1990 (Crimes Hediondos); **B:** correta. O art. 317 do CPP, que previa a apresentação espontânea do acusado, foi alterado pela Lei 12.403/2011. A despeito disso, a apresentação espontânea do acusado não elide a possibilidade de o juiz decretar-lhe a prisão preventiva, desde que presentes os requisitos legais; **C:** incorreta. A Lei 12.403/2011 alterou sobremaneira o regramento da prisão preventiva, dando-lhe nova conformação normativa, em especial no que toca aos seus

requisitos. A nova redação do art. 313 do CPP estabelece as condições de admissibilidade da custódia preventiva, a saber: nos crimes dolosos punidos com pena privativa de liberdade máxima superior a quatro anos (não mais importa se o crime é apenado com reclusão ou detenção); se tiver sido condenado por outro crime doloso, em sentença com trânsito em julgado; se o crime envolver violência doméstica e familiar contra a mulher, criança, adolescente, idoso, enfermo ou pessoa com deficiência, para garantir a execução das medidas preventivas de urgência; e também quando houver dúvida sobre a identidade civil da pessoa ou quando esta não fornecer elementos suficientes para esclarecê-la. Não terá lugar a prisão preventiva nos crimes culposos tampouco nas contravenções penais; **D:** incorreta (art. 155, *caput*, do CPP); **E:** incorreta. Nada obsta que o magistrado, fazendo uso da prerrogativa que lhe confere o art. 156, II, do CPP, com o propósito de esclarecer dúvida acerca de ponto relevante, determine, no curso da instrução ou antes de proferir sentença, de ofício e em caráter supletivo, diligências com o fito de se atingir a verdade real. Tal prerrogativa pode, inclusive, ser exercida antes de iniciada ação penal – art. 156, I, do CPP. O Código de Processo Penal não acolheu o sistema acusatório puro, já que o inquérito policial é sigiloso e, ademais, nele não vigoram o contraditório e a ampla defesa.
Gabarito "B".

(Analista – TRE/MT – 2010 – CESPE) No que concerne à ação penal, às provas, à prisão, à liberdade provisória e às citações, assinale a opção correta.

(A) O MP poderá desistir da ação penal, desde que verifique estarem ausentes os pressupostos relativos à justa causa.

(B) A renúncia ao exercício do direito de queixa é ato personalíssimo e, como tal, não se estende a todos os autores do crime, quando formulada somente em relação a um deles.

(C) Diferentemente do que ocorre no processo civil, no processo penal, em o caso de perícia, não há a previsão, no Código de Processo Penal (CPP), de formulação de quesitos e indicação de assistente técnico pelas partes.

(D) A autoridade policial somente poderá conceder fiança ao indiciado preso em flagrante nos casos de infração punida com detenção; nos demais casos, a fiança dependerá de ordem judicial.

(E) Se o acusado, citado por edital, não comparecer, nem constituir advogado, ficarão suspensos o processo e o curso do prazo prescricional, podendo o juiz determinar a produção antecipada das provas consideradas urgentes e, se for o caso, decretar prisão preventiva.

A: incorreta. A ação penal pública é indisponível, na medida em que, uma vez proposta, é defeso ao Ministério Público dela desistir, nos exatos termos do art. 42 do CPP; **B:** incorreta. Art. 49 do CPP; **C:** incorreta. Art. 159, § 3º, do CPP; **D:** incorreta. Art. 322 do CPP; **E:** correta, pois a assertiva corresponde à redação do art. 366 do CPP. *Vide*, a esse respeito, a Súmula 415 do STJ, que trata do período durante o qual deve durar a suspensão do prazo prescricional.
Gabarito "E".

(Analista – TRE/SP – 2012 – FCC) Moacir foi conduzido ao Distrito Policial acusado de praticar crime de desacato, pois teria xingado um Policial Militar quando foi abordado em uma operação bloqueio da "Lei Seca" na cidade de São Paulo. Foi lavrado o respectivo Termo Circunstanciado e encaminhado ao Fórum local. Moacir ostenta vasta folha de antecedentes criminais e não fazia jus a qualquer benefício legal.

O Ministério Público ofereceu, então, denúncia contra Moacir, acusando-o de praticar o delito em questão (desacato).

Designada audiência de instrução, debates e julgamento, o acusado foi regularmente citado e compareceu ao ato acompanhado de seu advogado. Iniciado o ato processual, o Magistrado concedeu a palavra ao advogado de Moacir para responder aos termos da denúncia. Em seguida, o Magistrado, em decisão fundamentada, rejeitou a denúncia apresentada pelo Ministério Público. Contra essa decisão

(A) não caberá recurso.

(B) caberá apelação, no prazo de três dias, que será julgada por turma composta de três Juízes em exercício no primeiro grau de jurisdição, reunidos na sede do Juizado.

(C) caberá apelação, no prazo de cinco dias, que será julgada por turma composta de três Juízes em exercício no primeiro grau de jurisdição, reunidos na sede do Juizado.

(D) caberá apelação, no prazo de dez dias, que será julgada por turma composta de três Juízes em exercício no primeiro grau de jurisdição, reunidos na sede do Juizado.

(E) caberá apelação, no prazo de quinze dias, que será julgada por turma composta de três Juízes em exercício no primeiro grau de jurisdição, reunidos na sede do Juizado.

O art. 82, *caput* e § 1º, da Lei 9.099/1995 estabelece que da decisão que rejeitar a denúncia ou a queixa caberá recurso de apelação, a ser interposto, por petição escrita, no prazo de dez dias, da qual deverão constar as razões e o pedido. O julgamento deste recurso caberá a uma turma composta de três juízes em exercício no primeiro grau de jurisdição, reunidos na sede do Juizado.
Gabarito "D".

(Analista – TJ/DFT – 2013 – CESPE) No que se refere à competência, sujeitos processuais, provas, medidas cautelares e recursos, julgue os itens a seguir.

(1) O assistente de acusação poderá intervir na ação penal pública em qualquer tempo, desde que não haja trânsito em julgado da sentença.

(2) Presentes os requisitos para a concessão da liberdade provisória, não se mostra viável condicionar a soltura do paciente ao recolhimento de fiança, caso ele não tenha condições de arcar com tais custos.

(3) Cabe recurso em sentido estrito contra decisão do magistrado de primeira instância que indefira absolvição sumária pleiteada na resposta à acusação.

(4) O querelante pode escolher ajuizar queixa-crime no foro do domicílio do réu, ainda que conhecido o lugar da infração.

1: correta. O assistente será admitido a partir do recebimento da denúncia e até o trânsito em julgado da sentença condenatória. É o que estabelece o art. 269 do CPP; 2: correta, pois em conformidade com o disposto nos arts. 325, § 1º, I, e 350, ambos do CPP; 3: incorreta. A decisão denegatória de absolvição sumária não está contemplada no rol do art. 581 do CPP, que estabelece as hipóteses de cabimento do recurso em sentido estrito; 4: correta. Ainda que conhecido o lugar da infração, o querelante, na ação penal privada exclusiva, poderá preferir o foro do domicílio ou da residência do réu – art. 73 do CPP. Assertiva, portanto, correta.
Gabarito 1C, 2C, 3E, 4C

(Analista – TJ/ES – 2011 – CESPE) Julgue os próximos itens, relativos ao processo penal.

(1) O exame de corpo de delito bem como outras perícias devem ser realizados por dois peritos oficiais, portadores de diploma de curso superior; na falta desses peritos, o exame deverá ser realizado por duas pessoas idôneas, portadoras de diploma de curso superior, preferencialmente em área específica.

(2) O princípio da obrigatoriedade é mitigado em infrações de menor potencial ofensivo, uma vez que, nesses casos, há possibilidade de oferta de transação penal.

(3) Via de regra, em crimes de atribuição da polícia civil estadual, caso o indiciado esteja preso, o prazo para a conclusão do inquérito será de quinze dias, podendo ser prorrogado; e caso o agente esteja solto, o prazo para a conclusão do inquérito será de trinta dias, podendo, também, ser prorrogado.

(4) Caso diversas infrações sejam praticadas por diversas pessoas, umas contra as outras, configurar-se-á conexão intersubjetiva por reciprocidade.

1: incorreta. A redação anterior do art. 159 do CPP estabelecia que a perícia fosse realizada por *dois* profissionais. Atualmente, com a modificação implementada na redação do dispositivo pela Lei 11.690/2008, a perícia será levada a efeito por *um* perito oficial portador de diploma de curso superior. À falta deste, determina o § 1º do art. 159 que o exame seja feito por duas pessoas idôneas, detentoras de diploma de curso superior preferencialmente na área específica, dentre aquelas que tiverem habilitação técnica relacionada com a natureza do exame; 2: incorreta (art. 76 da Lei 9.099/1995); 3: incorreta. O prazo a que se refere o art. 10, *caput*, do CPP (10 dias), dentro do qual o inquérito deve ser concluído, se preso estiver o indiciado, não comporta dilação; admitirá dilação tão somente o prazo de 30 dias em que deverá terminar o inquérito caso o indiciado esteja solto (art. 10, § 3º, do CPP); 4: correta. Art. 76, I, do CPP.
Gabarito 1E, 2E, 3E, 4C

(Analista – MPU – 2010 – CESPE) Acerca das prisões cautelares e da liberdade provisória, julgue o item subsequente.

(1) Tratando-se de crimes de menor potencial ofensivo para os quais não haja previsão de pena privativa de liberdade, em hipótese alguma se imporá a prisão em flagrante ao autor da infração.

1: correta. Reza o art. 69, parágrafo único, da Lei 9.099/1995 que, após a lavratura do termo circunstanciado (art. 69, *caput*, da Lei 9.099/1995), se porventura o autor do fato recusar-se a assumir o compromisso de comparecer ao Juizado Especial, assim que intimado para tanto, a ele se imporá prisão em flagrante.
Gabarito 1C

(FGV – 2015) Scott procurou um advogado, pois tinha a intenção de ingressar com queixa-crime contra dois vizinhos que vinham lhe injuriando constantemente. Narrados os fatos e conferida procuração com poderes especiais, o patrono da vítima ingressou com a ação penal no Juizado Especial Criminal, órgão efetivamente competente, contudo o magistrado rejeitou a queixa apresentada. Dessa decisão do magistrado caberá

(A) recurso em sentido estrito, no prazo de 05 dias.

(B) pelação, no prazo de 05 dias.

(C) recurso em sentido estrito, no prazo de 02 dias.

(D) apelação, no prazo de 10 dias.

Está correta a assertiva "D", já que em consonância com o que estabelece o art. 82, *caput* e § 1º, da Lei 9.099/1995, segundo o qual, no âmbito do Juizado Especial, a decisão que rejeita a queixa (e também a denúncia) desafia recurso de apelação, que deverá ser interposto no prazo de dez dias.
Gabarito "D".

13. Direito Civil

Ana Paula Garcia, Gabriela Rodrigues, Márcio Alexandre Pereira e Gustavo Nicolau

1. LINDB

(Analista Judiciário – TRT/20 – FCC – 2016) Maria trabalhou durante o tempo previsto, em legislação pertinente, para pedir sua aposentação. Não obstante, optou por continuar trabalhando, deixando de formular pedido de concessão do benefício. Caso lei nova altere as regras para a aposentação, Maria

- **(A)** poderá alegar direito adquirido ao benefício, mas este se regerá pela lei nova, a qual tem efeito imediato.
- **(B)** poderá alegar direito adquirido ao benefício, que será regido pela lei revogada.
- **(C)** será atingida pela lei nova, pois possui mera expectativa de direito ao benefício.
- **(D)** será atingida pela lei nova, pois possui mera faculdade jurídica de requerer o benefício.
- **(E)** poderá alegar direito adquirido ao benefício, mas este se regerá pela lei nova, a qual tem efeito retroativo.

Maria preencheu todos os requisitos necessários para exercer plenamente o seu direito, o que a coloca no *status* de direito adquirido (Lei de Introdução, art. 6º, §2º) protegida, portanto, de eventual nova lei. Nesse caso, quando vier a solicitar a aposentadoria, a aposentadoria de Maria deverá seguir as regras da lei revogada. GN
Gabarito "B".

(Analista Judiciário – TRE/SP – FCC – 2017) André adquiriu um terreno onde pretendia construir uma fábrica de tintas. Na época da aquisição, não havia lei impedindo esta atividade na região em que se localizava o terreno. Passado o tempo, porém, antes de André iniciar qualquer construção, sobreveio lei impedindo o desenvolvimento de atividades industriais naquela área, por razões ambientais. A lei tem efeito

- **(A)** imediato e atinge André, que não tem direito adquirido ao regime jurídico anterior a seu advento.
- **(B)** retroativo e atinge André, por tratar de questão de ordem pública.
- **(C)** imediato, mas não atinge André, que possui direito adquirido ao regime jurídico anterior a seu advento.
- **(D)** retroativo, mas não atinge André, que possui direito adquirido ao regime jurídico anterior a seu advento.
- **(E)** retroativo mas não atinge André, por tratar de direito disponível.

De acordo com o art. 6º da Lei de Introdução, "A Lei em vigor terá efeito imediato e geral, respeitados o ato jurídico perfeito, o direito adquirido e a coisa julgada". No caso em tela, André tinha direito adquirido apenas em relação à propriedade em si, a qual é e continuará sendo dele. Restrições e limitações ao direito de propriedade não se encontram na esfera de aquisição prévia de direito. Logo, ele permanece proprietário sem, contudo, poder dar o destino que imaginava ao bem. GN
Gabarito "A".

(Analista – Judiciário –TRE/PI – 2016 – CESPE) O aplicador do direito, ao estender o preceito legal aos casos não compreendidos em seu dispositivo, vale-se da

- **(A)** interpretação teleológica.
- **(B)** socialidade da lei.
- **(C)** interpretação extensiva.
- **(D)** analogia.
- **(E)** interpretação sistemática.

A: incorreta, pois a interpretação teleológica busca extrair o significado da lei levando em consideração a sua finalidade, o seu objetivo; **B:** incorreta, pois a socialidade visa trazer uma aplicação da lei segundo o melhor interesse da sociedade. Ex.: função social da propriedade e dos contratos; **C:** incorreta, pois a interpretação extensiva é uma compreensão da lei de forma expandida, ampliada; **D:** correta, pois a analogia é utilizada justamente quando não há lei que trate de uma determinada situação. Assim, aplica-se outra lei que regulamenta situação semelhante; **E:** incorreta, pois, pela interpretação sistemática, busca-se a compreensão da lei a partir do ordenamento jurídico de que esta seja parte, relacionando-a com outras. GN
Gabarito "D".

(Analista Judiciário – TRT/8ª – 2016 – CESPE) Assinale a opção correta, em relação à classificação e à eficácia das leis no tempo e no espaço.

- **(A)** Quanto à eficácia da lei no espaço, no Brasil se adota o princípio da territorialidade moderada, que permite, em alguns casos, que lei estrangeira seja aplicada dentro de território brasileiro.
- **(B)** De acordo com a Lei de Introdução às Normas do Direito Brasileiro (LINDB), em regra, a lei revogada é restaurada quando a lei revogadora perde a vigência.
- **(C)** Por ser o direito civil ramo do direito privado, impera o princípio da autonomia de vontade, de forma que as partes podem, de comum acordo, afastar a imperatividade das leis denominadas cogentes.
- **(D)** A lei entra em vigor somente depois de transcorrido o prazo da *vacatio legis*, e não com sua publicação em órgão oficial.
- **(E)** Dado o princípio da continuidade, a lei terá vigência enquanto outra não a modificar ou revogar, podendo a revogação ocorrer pela derrogação, que é a supressão integral da lei, ou pela ab-rogação, quando a supressão é apenas parcial.

A: correta, pois a lei estrangeira pode ser aplicada no Brasil em casos específicos. É o que ocorre, por exemplo, com pessoa que deixa bens no Brasil, mas que tinha domicílio no exterior. Para tais casos, o juiz deverá aplicar a lei do domicílio do *de cujus* (LI, art. 10, e CF, art. 5º, XXXI). O próprio CPC (art. 376) prevê a hipótese de aplicação de lei estrangeira; **B:** incorreta, pois a chamada repristinação depende de expressa previsão da lei que revogou a lei revogadora (LI, art. 2º, § 3º); **C:** incorreta, pois as leis cogentes não podem ser afastadas por acordo entre as partes. É o caso, por exemplo, dos deveres conjugais (CC, art. 1.566) ou das obrigações decorrentes do poder familiar (CC, art. 1.630); **D:**incorreta, pois pode haver leis que não tenham *vacatio legis*. Nesse caso, entram em vigor no dia de sua publicação no Diário Oficial (LI, art. 1°); **E:** incorreta, pois a derrogação é a revogação parcial, ao passo que a ab-rogação é a revogação integral da lei. GN

Gabarito "A".

(Analista – TJ/AM – 2013 – FGV) Considerando os conceitos de vigência, validade e eficácia, assinale a afirmativa **incorreta**.

(A) A norma, durante o período da *vacatio legis*, apesar de válida, ainda não é vigente

(B) A norma pode ter eficácia, apesar de não ter validade, nem vigência.

(C) A norma revogada deixa apenas de ter vigência e eficácia.

(D) A norma de eficácia limitada, apesar de possuir eficácia jurídica, não possui plena eficácia técnica.

(E) A norma possui eficácia social quando presentes as condições fáticas necessárias para o seu cumprimento.

A questão traz ao candidato a necessidade de domínio de três conceitos fundamentais: validade, vigência e eficácia da norma. Para Tercio Sampaio, a definição de validade, vigência e eficácia das normas jurídicas são essas respectivamente: a primeira, é uma qualidade da norma que designa sua pertinência ao ordenamento, por terem sido obedecidas as condições formais e materiais de sua produção e consequente integração no sistema. A segunda, conceitua como uma qualidade da norma que diz respeito ao tempo de validade, ao período que vai do momento em que ela entra em vigor (passa a ter força vinculante) até o momento em que é revogada, ou em que se esgota o prazo prescrito para sua duração. E a terceira, sendo uma qualidade da norma que se refere à possibilidade de produção concreta de efeitos, porque estão presentes as condições fáticas exigíveis para sua observância, espontânea ou imposta, ou para a satisfação dos objetivos visados (efetividade ou eficácia social), ou porque estão presentes as condições técnico-normativas exigíveis para sua aplicação (eficácia técnica). E ainda conceitua no seu rol dogmático do ordenamento o *vigor*, em que advoga ser uma qualidade da norma que diz respeito a sua força vinculante, isto é, à impossibilidade de os sujeitos subtraírem-se a seu império, independentemente da verificação de sua vigência ou de sua eficácia (Introdução ao Estudo do Direito, p. 203). Portanto, temos o seguinte: **A:** correta, pois o período de *vacatio legis* justamente serve para retardar o início de vigência da norma, para que os jurisdicionados possam se adaptar às novas regras; **B:** correta, pois como verificado na explicação supra, ainda que a norma não tenha validade (por não seguir os padrões formais e materiais para sua elaboração) ou vigência é possível que ela tenha eficácia social, por exemplo; **C:** incorreta (devendo ser assinalada), pois a norma revogada também perde sua validade, sob o ponto de vista de sua aplicabilidade; **D:** correta, pois a norma de eficácia limitada não possui plena eficácia técnica, haja vista não estarem presentes as condições técnico-normativas exigíveis para sua aplicação; **E:** correta, pois reflete quase que literalmente o conceito de eficácia social descrito acima. AG

Gabarito "C".

(Analista – TRT/16ª – 2014 – FCC) Uma lei foi elaborada, promulgada e publicada. Por não conter disposição em contrário, entrará em vigor 45 dias depois de oficialmente publicada, data que cairá no dia 18 de abril, feriado (sexta-feira da paixão de Cristo); dia 19 de abril é sábado; dia 20 de abril é domingo; dia 21 de abril é feriado (Tiradentes). Essa lei entrará em vigor no dia

(A) 19 de abril.

(B) 21 de abril.

(C) 20 de abril.

(D) 22 de abril.

(E) 18 de abril.

Nos termos da LC 95/1998, art. 8, § 1°, diz que: "A contagem do prazo para entrada em vigor das leis que estabeleçam período de vacância far-se-á com a inclusão da data da publicação e do último dia do prazo, entrando em vigor no dia subsequente à sua consumação integral. MP

Gabarito "E".

2. GERAL

2.1. Pessoas naturais

(Analista Judiciário – TRF/2 – Consulplan – 2017) Acerca das pessoas naturais, analise as afirmativas que seguem:

I. A pessoa com deficiência poderá testemunhar em igualdade de condições com as demais pessoas.

II. São absolutamente incapazes aqueles que, por causa permanente, não puderem exprimir sua vontade.

III. São incapazes, relativamente a certos atos ou à maneira de os exercer, os ébrios habituais, os viciados em tóxico e os que, por deficiência mental, tenham o discernimento reduzido.

Estão corretas as afirmativas:

(A) I, apenas.

(B) I e II, apenas.

(C) II e III, apenas.

(D) I, II, III.

I: correta, pois de acordo com o disposto no art. 228, §2°, do Código Civil; **II:** incorreta, pois apenas o menor de dezesseis anos é absolutamente incapaz (CC, art. 3°). A pessoa que não pode exprimir sua vontade é apenas relativamente incapaz (CC, art. 4°, III); **III:** incorreta, pois os que tenham "discernimento reduzido" não são considerados relativamente incapazes (CC, art.4°). GN

Gabarito "A".

(Analista – STF – 2013 – CESPE) Acerca das pessoas naturais, julgue os próximos itens.

(1) É característica dos direitos da personalidade a sua oponibilidade erga omnes.

(2) A sentença que declara a ausência da pessoa natural deve ser submetida a registro público.

1: correta, pois esses direitos geram deveres de abstenção de cada um de nós, inclusive do Estado; **2:** correta, nos termos art. 29, VI da Lei 6.015/73. GR

Gabarito 1C, 2C.

(Analista - TRT/15 - FCC - 2018) Em relação à capacidade, considerando o que dispõe o Código Civil,

(A) por disposição expressa, a personalidade civil da pessoa começa com sua concepção.

(B) são absolutamente incapazes aqueles que, por causa transitória ou permanente, como o estado de coma, não puderem exprimir sua vontade.

(C) entre outras hipóteses, cessará, para os menores, a incapacidade, pela concessão dos pais, ou de um deles na falta do outro, mediante instrumento público, independentemente de homologação judicial, ou por sentença do juiz, ouvido o tutor, se o menor tiver dezesseis anos completos.

(D) a comoriência, isto é, a morte de duas ou mais pessoas na mesma ocasião, resolve-se na presunção de que a mais velha morreu primeiro, se não for possível provar quem faleceu em primeiro lugar.

(E) a morte presumida exige sempre a decretação da ausência, que se dá quando a lei autoriza a abertura de sucessão definitiva.

A: incorreta, pois a personalidade civil da pessoa começa do nascimento com vida (art. 2° CC); **B**: incorreta, pois aqueles que, por causa transitória ou permanente, como o estado de coma, não puderem exprimir sua vontade são considerados relativamente incapazes (art. 4°, III CC); **C**: correta, pois trata-se da emancipação voluntária e legal, prevista no art. 5°, parágrafo único, I, CC; **D**: incorreta, pois se dois ou mais indivíduos falecerem na mesma ocasião, não se podendo averiguar se algum dos comorientes precedeu aos outros, presumir-se-ão simultaneamente mortos (art. 8°, CC); **E**: incorreta, pois a morte pode ser declarada presumida, sem decretação de ausência se for extremamente provável a morte de quem estava em perigo de vida ou se alguém, desaparecido em campanha ou feito prisioneiro, não for encontrado até dois anos após o término da guerra (art. 7°, CC). GR

Gabarito "C".

2.2. Pessoas jurídicas

(Analista Judiciário – Área Judiciária – TRT12 – 2013 – FCC) No tocante às pessoas jurídicas:

(A) começa a existência legal das pessoas jurídicas de direito privado com o início efetivo de suas atividades ao público.

(B) de direito público interno são civilmente responsáveis por atos dos seus agentes que, nessa qualidade, causem danos a terceiros, ressalvado direito regressivo contra os causadores do dano, se houver por parte destes culpa ou dolo.

(C) a criação, a organização, a estruturação interna e o funcionamento das instituições religiosas é condicional, por ser laico o Estado brasileiro, que deverá autorizar ou não seu reconhecimento e registro.

(D) os partidos políticos são pessoas jurídicas de direito público interno.

(E) as autarquias e as associações públicas são pessoas jurídicas de direito privado.

A: incorreta, pois começa a existência legal das pessoas jurídicas de direito privado *com a inscrição do ato constitutivo no respectivo registro*, precedida, quando necessário, de autorização ou aprovação do Poder Executivo, averbando-se no registro todas as alterações por que passar o ato constitutivo (art. 45 do CC); **B**: correta, (art. 43 do CC); **C**: incorreta, pois o Estado não deve interferir na estruturação interna das instituições religiosas, nem tampouco necessita autorizar o seu funcionamento e registro. Neste sentido, é vedado ao Estado estabelecer cultos religiosos ou igrejas, subvenciná-los, embaraçar-lhes o funcionamento ou manter com eles ou seus representantes relações de dependência ou aliança, ressalvada, na forma da lei, a colaboração de interesse público (art. 19, I da CF); **D**: incorreta, pois os partidos políticos são pessoas jurídicas de direito privado (art. 44, V do CC); **E**: incorreta, pois as autarquias, inclusive as associações públicas São pessoas jurídicas de direito público interno (art. 41, IV do CC). GR

Gabarito "B".

(Analista – TRT/11ª – 2012 – FCC) Considere as seguintes assertivas a respeito das Associações:

I. A convocação dos órgãos deliberativos far-se-á na forma do estatuto, garantido a 1/5 (um quinto) dos associados o direito de promovê-la.

II. Constituem-se as associações pela união de pessoas que se organizem para fins não econômicos. Não há, entre os associados, direitos e obrigações recíprocos.

III. O modo de constituição e de funcionamento dos órgãos deliberativos não são obrigatórios no conteúdo do estatuto das associações.

IV. A qualidade de associado é intransmissível, se o estatuto não dispuser o contrário.

De acordo com o Código Civil brasileiro está correto o que se afirma APENAS em

(A) I, II e III.

(B) I, II e IV.

(C) I e IV.

(D) II, III e IV.

(E) II e IV.

I: correta (art. 60 do CC); **II**: correta (art. 53 do CC); **III**: incorreta, pois são obrigatórios sob pena de nulidade (art. 54, V, do CC); **IV**: correta (art. 56, *caput* do CC. AG

Gabarito "B".

(Analista – TRT/1ª – 2012 – FCC) A Fundação Juju foi regularmente criada para atuar no benefício de crianças carentes e está em plena atividade na cidade do Rio de Janeiro. Uma das pessoas competentes para gerir e representar a Fundação Juju pretende alterar o seu estatuto. Para tanto, a alteração não pode contrariar o fim da Fundação e, além disso, deverá ser deliberada

(A) pela maioria absoluta dos competentes para gerir e representar a fundação e aprovada pelo órgão do Ministério Público, com possibilidade de suprimento judicial caso este denegue a aprovação.

(B) por dois terços dos competentes para gerir e representar a fundação e aprovada pelo órgão do Ministério Público, com possibilidade de suprimento judicial caso este denegue a aprovação.

(C) pela maioria simples dos competentes para gerir e representar a fundação e homologada pelo Juiz competente, após aprovação pelo Ministério Público.

(D) pela maioria absoluta dos competentes para gerir e representar a fundação e homologada pelo Juiz competente, após aprovação do Ministério Público.

(E) por todas as pessoas competentes para gerir e representar a fundação e homologada pelo Juiz competente, após aprovação do Ministério Público.

A: incorreta, pois o quórum de aprovação é dois terços dos competentes para gerir a fundação, e não a maioria absoluta (art. 67, I do CC); **B**: correta, com fulcro no art. 67, I e III do CC; **C, D e E**: incorretas, pois o quórum é de dois terços e a aprovação se dá pelo órgão do Ministério Público, independentemente de homologação pelo juiz. Note que o juiz apenas participará do procedimento se o órgão do Ministério Público denegar a aprovação e o interessado requerer ao magistrado que a supra. AG

Gabarito "B".

(Analista - TRT1 - 2018 - AOCP) Caio pretende constituir em seu nome uma empresa de comércio de calçados. Ana pretende constituir em seu nome uma igreja de sua religião para propagar sua fé. Fernanda pretende criar um partido político. Diante do intuito de cada um dos sujeitos fictícios deste enunciado e considerando os ditames da legislação civil, assinale a alternativa correta.

(A) O partido político de Fernanda não será classificado como pessoa jurídica de direito privado, em razão de os partidos políticos serem tratados apenas em legislação específica e não serem regulamentados pelo Código Civil de 2002.

(B) A constituição da igreja de Ana não estará sujeita ao regime das pessoas jurídicas de direito privado, tendo-se em vista tratar-se de instituição religiosa, que é regulamentada pelo clero, que goza de normativa própria para tanto.

(C) Os partidos políticos são definidos como "sui generis", ou seja, de aspecto próprio, singular ou inclassificável, não se enquadrando, portanto, nem como pessoa jurídica de direito público nem como pessoa jurídica de direito privado.

(D) Caso a empresa de Caio possua administração coletiva, seu contrato social não pode definir o modo de tomada de decisões que não seja pela maioria de votos presentes.

(E) Constituída a empresa de comércio de calçados de Caio, em caso de desvio de finalidade ou em caso de confusão patrimonial, pode o juiz decidir que os efeitos de certas e determinadas relações de obrigações sejam estendidos aos bens particulares dos administradores ou sócios da pessoa jurídica.

A: incorreta, pois os partidos políticos são considerados pessoas jurídicas de direito privado, nos termos do art. 44, V CC; **B:** incorreta, pois as organizações religiosas são consideradas pessoas jurídicas de direito privado, consoante art. 44, IV CC. É livre a sua criação, organização, estruturação interna e o funcionamento, sendo vedado ao poder público negar-lhes reconhecimento ou registro dos atos constitutivos e necessários ao seu funcionamento (art. 44, § 1°, CC); **C:** incorreta, pois os partidos políticos têm natureza de pessoa jurídica de direito privado, nos termos do art. 44, V, CC; **D:** incorreta, pois o contrato social pode dispor de modo diverso (art. 48, parte final, CC); **E:** correta, pois trata-se da desconsideração da personalidade jurídica, com fundamento no art. 50, *caput*, CC. **GR**
Gabarito "E."

2.3. Direitos da personalidade

Uma família viajava de navio do Brasil para a Europa e, no curso da viagem, o navio naufragou, tendo morrido os quatro integrantes dessa família. Não foi possível identificar o integrante da família que morreu primeiro. Robson era o mais velho, Marcos, o mais novo, e João, maior de sessenta e cinco anos de idade. Rogério estava doente, em estágio terminal de sua vida.

(Analista – TJ/CE – 2013 – CESPE) Nessa situação hipotética, com base no disposto no Código Civil, dada a impossibilidade de constatar quem morreu primeiro, presume-se que

(A) Rogério morreu primeiro, por estar em estágio terminal da vida.

(B) João morreu primeiro, por ser maior de sessenta e cinco anos de idade.

(C) Robson morreu primeiro, por ser o mais velho.

(D) todos morreram simultaneamente.

(E) Marcos morreu primeiro.

Tendo em vista que não foi possível constatar a ordem do falecimento, a Lei traz a presunção de todos morreram simultaneamente (art. 8° do CC). Não faz nenhuma diferença saber a idade ou a condição de vida da pessoa antes da morte. **GR**
Gabarito "D."

(Analista – TRT/9 – 2012 – FCC) No tocante aos direitos da personalidade,

(A) nenhuma pessoa pode ser constrangida a submeter-se, com risco de vida, a tratamento médico ou intervenção cirúrgica.

(B) é irrevogável o ato de disposição gratuita do próprio corpo, no todo ou em parte, para depois da morte.

(C) a ameaça ou a lesão a eles não se estendem aos mortos, por serem personalíssimas.

(D) como regra geral, os direitos da personalidade são passíveis de livre transmissão e renúncia.

(E) é sempre possível a comercialização de partes do próprio corpo, se com a disposição não houver diminuição permanente da integridade física do doador.

A: correta, nos termos do art. 15 do CC; **B:** incorreta, pois o ato de disposição do próprio corpo é revogável a qualquer tempo (art. 14, parágrafo único do CC); **C:** incorreta, pois a ameaça ou a lesão a direito da personalidade se estende aos mortos, sendo cabível a reparação por perdas e danos. Serão legitimados para requerê-la cônjuge sobrevivente, ou qualquer parente em linha reta, ou colateral até o quarto grau (art. 12, parágrafo único, do CC); **D:** incorreta, pois as partes do próprio corpo não podem ser comercializadas, mas apenas doadas com fins científicos ou altruísticos (art. 14, *caput* do CC). **AG**
Gabarito "A."

(Analista – TRE/PR – 2012 – FCC) Considere as seguintes disposições legais:

I. A validade do negócio jurídico requer forma prescrita ou não defesa em lei.

II. A validade da declaração de vontade não dependerá de forma especial, senão quando a lei expressamente a exigir.

É correto afirmar que

(A) as duas disposições se acham em vigor.

(B) nenhuma das disposições se acha em vigor.

(C) apenas a primeira disposição se acha em vigor.

(D) apenas a segunda disposição se acha em vigor.

(E) as duas disposições apenas parcialmente se acham em vigor.

I: correta, nos termos do art. 104, III, do CC; **II:** correta, nos termos do art. 107 do CC. **AG**
Gabarito "A."

(Analista – TRE/MT – 2010 – CESPE) Quanto aos direitos da personalidade, assinale a opção correta.

(A) O direito à integridade física é um direito da personalidade absolutamente indisponível, que, por isso, não admite temperamentos.

(B) Quando há violação dos direitos da personalidade, deve-se pedir indenização por perdas e danos, não sendo possível propositura de ação que faça cessar a lesão.

(C) O ordenamento legal brasileiro não outorga proteção ao pseudônimo.

(D) Os direitos da personalidade, via de regra, são intransmissíveis, ou seja, não podem ser transferidos à esfera jurídica de outrem.

(E) A disposição gratuita do próprio corpo, no todo ou em parte, para depois da morte, com fins científicos ou altruísticos, é perfeitamente válida e não admite posterior revogação.

A: incorreta (art. 13 do CC); **B:** incorreta (art. 12, *caput*, do CC); **C:** incorreta (art. 19 do CC); **D:** correta (art. 11 do CC); **E:** incorreta, pois o ato de disposição pode ser livremente revogado a qualquer tempo (art. 14, parágrafo único, do CC). AG

Gabarito "D".

(Analista - TRT1 - 2018 - AOCP) Em relação à integridade psicofísica, assinale a alternativa correta.

(A) A lesão à integridade psicofísica não pode ser objeto de reparação indenizatória, visto não enquadrar-se em qualquer classificação de bens tutelados pelo ordenamento jurídico civil.

(B) A legislação civil veda ato de disposição do próprio corpo quando importar em diminuição permanente da integridade física, salvo por exigência médica.

(C) É vedada a manifesta disposição do próprio corpo, mesmo que gratuita ou posterior à morte.

(D) Mesmo diante da inexistência de consentimento, a existência de risco de vida não pode ser considerada como fator impeditivo para realização de tratamento médico ou intervenção cirúrgica, visto que o risco de vida é considerado inerente à prática de atos de tratamento ou cirurgia.

(E) A mera ameaça à integridade psicofísica não configura condição para requerimento de tutela inibitória.

A: incorreta, pois tanto o corpo, como a integridade física e psíquica do ser humano são tutelados pelo ordenamento jurídico, sendo sua disposição limitada apenas para fins específicos (art. 13 CC). A violação a este direito é passível de ação indenizatória (art. 12, *caput* CC); **B:** correta, nos termos do art. 13 CC. O ato de dispor do próprio corpo apenas pode se dar por necessidades médicas; **C:** incorreta, pois é válida, com objetivo científico, ou altruístico, a disposição gratuita do próprio corpo, no todo ou em parte, para depois da morte (art. 14 CC); **D:** incorreta, pois ninguém pode ser constrangido a submeter-se, com risco de vida, a tratamento médico ou a intervenção cirúrgica (art. 15 CC); **E:** incorreta, pois a mera ameaça já configura condição para requerimento da tutela inibitória (art. 12 CC). GR

Gabarito "B".

2.4. Domicílio

(Analista – TRT/2ª – 2014 – FCC) José Silva possui residências em São Paulo, onde vive nove meses por ano em razão de suas atividades profissionais, bem como em Trancoso, na Bahia, e em São Joaquim, Santa Catarina, onde alternadamente vive nas férias de verão e inverno. São seus domicílios

(A) qualquer uma dessas residências, em São Paulo, Trancoso ou São Joaquim.

(B) apenas a residência que José Silva escolher, expressamente, comunicando formalmente as pessoas com quem se relacione.

(C) apenas a residência em que José Silva se encontrar no momento, excluídas as demais no período correspondente.

(D) apenas São Paulo, por passar a maior parte do ano nessa cidade.

(E) apenas São Paulo, por se tratar do local de suas atividades profissionais.

Domicílio é a sede jurídica da pessoa, onde ela responde por suas obrigações civis. O Código Civil no art. 70, dispõe que domicílio é o lugar onde a pessoa estabelece a sua residência com ânimo definitivo. O conceito de domicílio é formado por dois elementos: objetivo (residência) e

subjetivo (ânimo definitivo, é a vontade de ser encontrado). É possível a pluralidade domiciliar, conforme prevê o art. 71 do CC, "Se, porém, a pessoa natural tiver diversas residências, onde, alternativamente, viva, considerar-se-á domicílio seu qualquer delas". E ainda, o art. 72 do CC preceitua que o exercício da profissão em lugares diversos gera a pluralidade domiciliar (domicílio profissional). Lembre-se, quanto às espécies, domicílio pode ser legal ou necessário (decorre da lei, as hipóteses estão no art. 76 do CC) e voluntário (fixado livremente). MP

Gabarito "A".

(Analista – TRT/1ª – 2012 – FCC) Sobre o domicílio, de acordo com o Código Civil, é INCORRETO afirmar:

(A) O militar do Exército tem por domicílio, em regra, a sede do comando a que se encontrar imediatamente subordinado.

(B) A pessoa jurídica de direito privado, possuindo diversos estabelecimentos em lugares diferentes, cada um deles será considerado domicílio para os atos nele praticados.

(C) O Agente Diplomático do Brasil que, citado no estrangeiro, alegar extraterritorialidade sem designar onde tem, no país, o seu domicílio, poderá ser demandado no Distrito Federal ou no último ponto do território brasileiro onde o teve.

(D) Se a administração de pessoa jurídica de direito privado tiver sede no estrangeiro, haver-se-á por domicílio da pessoa jurídica, no tocante às obrigações contraídas por cada uma das suas agências, o lugar do estabelecimento situado no Brasil, a que ela corresponder.

(E) O domicílio do marítimo é necessário e é considerado o lugar onde o navio estiver matriculado.

A: incorreta (devendo ser assinalada), pois o domicílio do militar do Exército é o local onde servir (art. 76, parágrafo único, do CC); **B:** correta (art. 75, § 1º, do CC); **C:** correta (art. 77 do CC); **D:** correta (art. 75, § 2º, do CC); **E:** correta (art. 76, parágrafo único, do CC). AG

Gabarito "A".

(Analista - TRF/4 - FCC - 2019) Acerca do domicílio, considere:

I. A União tem domicílio múltiplo, no Distrito Federal e na Capital de todos os Estados da Federação onde houver procuradoria em funcionamento.

II. Mesmo tendo a pessoa jurídica diversos estabelecimentos em lugares diferentes, apenas o lugar da sua sede é considerado seu domicílio.

III. O servidor público tem domicílio necessário.

IV. Se a pessoa natural exercitar profissão em lugares diversos, terá domicílio apenas no lugar onde se concentrar sua principal atividade.

V. A pessoa natural que não tenha residência habitual considera-se domiciliada no lugar onde for encontrada.

Está correto o que consta APENAS de

(A) I e II.

(B) I e III.

(C) II e IV.

(D) III e V.

(E) IV e V.

I: incorreta, pois o domicílio da União é exclusivamente o Distrito Federal (art. 75, I, CC); II: incorreta, pois em se tratado de pessoa jurídica considera-se seu domicílio o lugar onde funcionarem as respectivas diretorias e administrações, ou onde elegerem domicílio especial no seu estatuto ou atos constitutivos (art. 75, IV, CC); **III:** correta (art. 76, *caput*, CC); **IV:** incorreta, pois se a pessoa exercitar profissão em lugares diversos, cada um deles constituirá domicílio para as relações que lhe corresponderem (art. 72, parágrafo único, CC); **V:** correta (art. 73 CC). Logo, a alternativa a ser assinalada é a letra D. GR

„ᗡ‟ oʇᴉɹɐqɐƃ

2.5. Bens

(Analista Judiciário – TRT/8ª – 2016 – CESPE) Com referência aos bens, assinale a opção correta.

(A) As benfeitorias úteis são aquelas indispensáveis à conservação do bem ou para evitar sua deterioração, acarretando ao mero possuidor que as realize o direito à indenização e retenção dobem principal.

(B) Um bem divisível por natureza não pode ser considerado indivisível pela simples vontade das partes, devendo tal indivisibilidade ser determinada por lei.

(C) O direito à sucessão aberta é considerado bem imóvel, ainda que todos os bens deixados pelo falecido sejam móveis.

(D) Bens infungíveis são aqueles cujo uso importa sua destruição.

(E) Os frutos são as utilidades que não se reproduzem periodicamente; por isso, se os frutos são retirados da coisa, a sua quantidade diminui.

A: incorreta, pois as benfeitorias úteis são aquelas que aumentam ou facilitam o uso do bem (CC, art. 96, § 2°); **B:** incorreta, pois a vontade das partes também pode determinar que o bem, naturalmente divisível, seja considerado indivisível (CC, art. 88); **C:** correta, pois o que é considerado bem imóvel é o direito em si, não importando os bens que compõem a herança (CC, art. 80, II); **D:** incorreta, pois a definição dada refere-se aos bens consumíveis (CC, art. 86); **E:** incorreta, pois os frutos se renovam periodicamente e sua retirada não implica diminuição do principal. Exemplos: juros, aluguel, safra etc. (CC, art. 95). GN

„Ɔ‟ oʇᴉɹɐqɐƃ

(Analista Judiciário – Área Judiciária – TRT12 – 2013 – FCC) Em relação aos bens:

(A) pertenças são bens que constituem partes integrantes de outros bens móveis ou imóveis, para incremento de sua utilidade.

(B) são móveis os materiais provisoriamente separados de um prédio, para nele se reempregarem.

(C) infungíveis são os bens móveis que podem substituir- se por outros da mesma espécie, qualidade e quantidade.

(D) não perdem o caráter de bens imóveis as edificações que, separadas do solo, mas conservando sua unidade, forem removidas para outro local.

(E) as benfeitorias podem ser principais, acessórias, singulares e coletivas.

A: incorreta, pois são pertenças os bens que, *não constituindo* partes integrantes, se destinam, de modo duradouro, ao uso, ao serviço ou ao aformoseamento de outro (art. 93 do CC); **B:** incorreta, pois referidos bens não perdem o caráter de imóveis (art. 81, II do CC); **C:** incorreta, pois esse é o conceito de bem fungível (art. 85 do CC); **D:** correta (art. 81, I do CC); **E:** incorreta, pois as benfeitorias podem ser úteis, necessárias ou voluptuárias (art. 96, *caput*, do CC). GR

„ᗡ‟ oʇᴉɹɐqɐƃ

(Analista – TRT/11ª – 2012 – FCC) Um fundo de comércio, uma biblioteca e um rebanho são uma universalidade de

(A) direito, direito e de fato, respectivamente.

(B) direito.

(C) fato.

(D) fato, fato e de direito, respectivamente.

(E) fato, direito e de direito, respectivamente.

A alternativa correta é a assertiva "C", pois em conformidade com o art. 90 do CC, *in verbis* "*Constitui universalidade de fato a pluralidade de bens singulares que, pertinentes à mesma pessoa, tenham destinação unitária. Parágrafo único. Os bens que formam essa universalidade podem ser objeto de relações jurídicas próprias*". Neste passo, tanto o fundo de comércio, como a biblioteca, como o rebanho têm destinação unitária, pois podem ser comercializados como um todo, sendo que os bens que os compõem também podem ser objeto de relações jurídicas individuais. AG

„Ɔ‟ oʇᴉɹɐqɐƃ

(Analista - TRT/15 - FCC - 2018) Em relação aos bens,

(A) consideram-se como benfeitorias mesmo os melhoramentos ou acréscimos sobrevindos ao bem sem a intervenção do proprietário, possuidor ou detentor.

(B) os naturalmente divisíveis podem tornar-se indivisíveis somente por vontade das partes.

(C) os negócios jurídicos que dizem respeito ao bem principal como regra abrangem as pertenças, salvo as exceções legais.

(D) os materiais destinados a alguma construção, enquanto não forem empregados, conservam sua qualidade de móveis; readquirem essa qualidade os provenientes da demolição de algum prédio.

(E) são consumíveis os bens móveis que podem substituir--se por outros da mesma espécie, qualidade e quantidade.

A: incorreta, pois não se consideram benfeitorias os melhoramentos ou acréscimos sobrevindos ao bem sem a intervenção do proprietário, possuidor ou detentor (art. 97 CC); **B:** incorreta, pois os bens naturalmente divisíveis podem tornar-se indivisíveis por determinação da lei ou por vontade das partes (art. 88 CC); **C:** incorreta, pois os negócios jurídicos que dizem respeito ao bem principal não abrangem as pertenças, salvo se o contrário resultar da lei, da manifestação de vontade, ou das circunstâncias do caso (art. 94 CC); **D:** correta (art. 84 CC); **E:** incorreta, pois são consumíveis os bens móveis cujo uso importa destruição imediata da própria substância, sendo também considerados tais os destinados à alienação (art. 86 CC). GR

„ᗡ‟ oʇᴉɹɐqɐƃ

2.6. Fatos jurídicos

(Analista Judiciário – TRE/PE – CESPE – 2017) Com relação a negócios jurídicos, prescrição e provas, assinale a opção correta à luz do Código Civil e da jurisprudência do STJ.

(A) A pretensão condenatória decorrente da declaração de nulidade de cláusula contratual que preveja reajuste em plano de saúde prescreve em três anos.

(B) A prova exclusivamente testemunhal é admitida somente para negócios jurídicos cujo valor não ultrapasse o décuplo do maior salário mínimo vigente no país ao tempo que forem celebrados.

(C) A presunção é inferida a partir de um fato jurídico indireto e, por essa razão, não consta no rol dos meios de prova do Código Civil.

(D) Nas declarações de vontade, prevalece o sentido literal da linguagem em detrimento da intenção nelas consubstanciada.

(E) A validade do negócio jurídico pode subordinar-se, se convencionado pelas partes, a evento futuro e incerto, mediante condição.

A: correta, pois o STJ fixou entendimento no sentido de que: "Cuidando-se de pretensão de nulidade de cláusula de reajuste prevista em contrato de plano ou seguro de assistência à saúde ainda vigente, com a consequente repetição do indébito, a ação ajuizada está fundada no enriquecimento sem causa e, por isso, o prazo prescricional é o trienal de que trata o art. 206, §3º, IV, do Código Civil de 2002". (REsp 1360969/RS, Rel. Ministro Marco Buzzi, Rel. p/ Acórdão Ministro Marco Aurélio Bellizze, Segunda Seção, julgado em 10/08/2016, DJe19/09/2016); **B**: incorreta, pois tal regra limitativa foi revogada pelo CPC de 2015. Atualmente prevalece a regra segundo a qual, "qualquer que seja o valor do negócio jurídico, a prova testemunhal é admissível como subsidiária ou complementar da prova por escrito" (CC, art. 227, parágrafo único); **C**: incorreta, pois a presunção é uma das provas estabelecidas pelo rol do art. 212 do Código Civil; **D**: incorreta, pois o art. 112 do Código Civil é expresso em afirmar que "Nas declarações de vontade se atenderá mais à intenção nelas consubstanciada do que ao sentido literal da linguagem"; E: incorreta, pois a condição (evento futuro e incerto) refere-se apenas à eficácia do negócio jurídico e não à sua validade. **GN**
Gabarito "A".

2.6.1. Condição, termo e encargo

(Analista – TRT/23ª – 2011 – FCC) Num negócio jurídico, a parte a quem aproveitaria o seu implemento, forçou maliciosamente a ocorrência de condição. Nesse caso,

(A) reputa-se verificada a condição.

(B) considera-se não implementada a condição.

(C) o negócio jurídico é nulo para todos os efeitos legais.

(D) o negócio jurídico é anulável.

(E) a verificação da condição será retardada em 90 dias.

Art. 129 do CC. Faz todo sentido essa solução, pois se alguém forçou maliciosamente uma condição que o aproveita, nada mais justo que se repute não verificada a condição. **AG**
Gabarito "B".

(Analista – TRT/24ª – 2011 – FCC) A condição

(A) maliciosamente levada a efeito por aquele a quem aproveita o seu implemento considera-se não verificada.

(B) resolutiva, enquanto não se realizar, impede a eficácia do negócio jurídico, não podendo ser exercido, desde a conclusão deste, o direito por ele estabelecido.

(C) que sujeitar o efeito do negócio jurídico ao puro arbítrio de uma das partes, em geral, é válida, em decorrência do princípio da liberdade de contratar.

(D) cujo implemento for maliciosamente obstado pela parte a quem favorecer não se reputa verificada quanto aos efeitos jurídicos.

(E) suspensiva impede que o titular do direito eventual pratique atos destinados a conservá-lo.

A: correta (art. 129 do CC); **B:** incorreta, pois é o contrário, ou seja, se for resolutiva a condição, enquanto esta se não realizar, vigorará o negócio jurídico, podendo exercer-se desde a conclusão deste o direito por ele estabelecido; **C:** incorreta, pois essas condições são defesas, proibidas (art. 122 do CC); **D:** incorreta, pois, nesse caso, a condição reputa-se verificada (art. 129 do CC); **E:** incorreta, pois, mesmo sus-

pensa a condição, o titular do direito eventual está autorizado pela lei a conservar o seu direito (art. 130 do CC). **AG**
Gabarito "A".

(Analista – TRF/4ª – 2010 – FCC) Considere as seguintes assertivas a respeito da Condição, do Termo e do Encargo:

I. Considera-se condição a cláusula que, derivando exclusivamente da vontade das partes, subordina o efeito do negócio jurídico a evento futuro e certo.

II. Se for resolutiva a condição, enquanto esta se não realizar, vigorará o negócio jurídico, podendo exercer-se desde a conclusão deste o direito por ele estabelecido.

III. O termo inicial suspende o exercício, mas não a aquisição do direito.

IV. Em regra, o encargo suspende a aquisição e o exercício do direito.

De acordo com o Código Civil, está correto o que consta APENAS em

(A) I e III.

(B) I, II e III.

(C) II, III e IV.

(D) II e III.

(E) II e IV.

I: incorreta, pois considera-se condição a cláusula que, derivando exclusivamente da vontade das partes, subordina o efeito do negócio jurídico a evento futuro e **incerto** (art. 121 do CC); **II:** correta (art. 127 do CC); **III:** correta (art. 131 do CC); **IV:** incorreta, pois o encargo não suspende a aquisição nem o exercício do direito, salvo quando expressamente imposto no negócio jurídico, pelo disponente, como condição suspensiva (art. 136 do CC). **AG**
Gabarito "D".

(Analista - TRT1 - 2018 - AOCP) Referente aos temas Negócio Jurídico, Condição e Termo, assinale a alternativa correta.

(A) Tem-se por termo o acontecimento futuro e incerto que subordina a eficácia do negócio jurídico.

(B) Apesar de subordinarem a eficácia do negócio jurídico, tanto o termo quanto a condição não possuem o condão de suspender a exigibilidade de título executivo extrajudicial.

(C) A existência de apenas condições contraditórias ou incompreensíveis não são suficientes para invalidar o negócio jurídico.

(D) Diante de condição suspensiva ou resolutiva, o direito eventual não é passível de atos de conservação praticados por aquele que o detém, sendo possível tal prática apenas por aquele que possui a obrigação de transferência do direito, em razão de ainda não tê-lo transferido.

(E) Os negócios jurídicos entre vivos que não possuam prazo estipulado podem ser exequíveis desde logo.

A: incorreta, pois o termo constitui-se em evento futuro e certo (art. 131 CC); **B:** incorreta, pois é possível que a exigibilidade do título executivo extrajudicial dependa do cumprimento de termo ou condição. A Lei não restringe sua aplicação apenas a negócios jurídicos (arts. 121 e 131 CC); **C:** incorreta, pois condições contraditórias ou incompatíveis invalidam os negócios jurídicos que lhe são subordinados (art. 123, III CC); **D:** incorreta, pois diante de condição suspensiva ou resolutiva, o direito eventual é passível de atos de conservação praticados por aquele que o detém (art. 130 CC); **E:** correta, nos termos do art. 134 CC. A exceção se dá apenas se a execução tiver de ser feita em lugar diverso ou depender de tempo. **GR**
Gabarito "E".

2.6.2. Defeitos do negócio jurídico

(Analista – Judiciário –TRE/PI – 2016 – CESPE)A remissão de dívida que leve o devedor à insolvência configura

(A) abuso de direito.

(B) má-fé.

(C) fraude contra credores.

(D) dolo.

(E) lesão.

A: incorreta, pois o abuso de direito é o exercício de um direito que ultrapassa os limites da boa-fé, bons costumes, fim social e fim econômico (CC, art. 187). Ótimo exemplo foi dado pelo STJ (REsp 811690/RR) ao concluir que houve abuso de direito da concessionária de energia elétrica que cortou o fornecimento do consumidor em virtude de débito inferior a R$ 1,00; **B:** incorreta, pois má-fé é a ciência de um vício que macula o negócio; **C:** correta, pois perdoar uma dívida equivale, na prática, a doar um valor para alguém. Se uma pessoa está devendo, ela não pode perdoar valores dos quais ela é credora, pois isso prejudica os seus próprios credores. Assim, por exemplo, "A" não pode perdoar o valor que "B" lhe deve se, ele próprio ("A"), está devendo para "C" e não tem como pagar (CC, art. 158); **D:** incorreta, pois o dolo é o vício do consentimento que se configura pelo artifício malicioso que conduz uma pessoa a praticar negócio que jamais praticaria se estivesse consciente do engano (CC, art. 145); **E:** incorreta, pois na lesão uma pessoa, sob premente necessidade, ou por inexperiência, se obriga a prestação manifestamente desproporcional ao valor da prestação oposta (CC, art. 157). **GN**

Gabarito "C".

(Analista – TRT/3ª – 2015 – FCC) Marcela permutou um televisor avariado com um celular avariado de Marina. Ambas sabiam que os respectivos bens estavam deteriorados e ambas esconderam tal circunstância uma da outra buscando tirar vantagem na transação. Julgando-se prejudicada, Marina ajuizou ação contra Marcela requerendo a invalidação do negócio e indenização. O juiz deverá

(A) desacolher ambos os pedidos, pois, se as duas partes procedem com dolo, nenhuma pode alegá-lo para anular o negócio nem reclamar indenização.

(B) acolher apenas o pedido de invalidação do negócio, pois esta pode ser reconhecida inclusive de ofício.

(C) acolher apenas o pedido de indenização, em razão do princípio que veda o enriquecimento sem causa.

(D) acolher ambos os pedidos, pois o dolo de uma parte não anula o da outra.

(E) acolher apenas o pedido de invalidação, desde que formulado no prazo decadencial de quatro anos da celebração do negócio.

Dolo é todo artifício malicioso que induz alguém a praticar um negócio jurídico prejudicial ou para obter vantagem para si ou para outrem. Em regra, o dolo será anulável nos termos do art. 178, II, CC. O Código prevê uma exceção quanto ao dolo bilateral ou recíproco (quando as partes agem com dolo). Neste caso, não se anula o negócio, nem haverá indenização por perdas e danos, conforme prevê o art. 150 do CC: 'Se ambas as partes procederem com dolo, nenhuma pode alegá-lo para anular o negócio, ou reclamar indenização". Assim, a fim de resguardar a boa-fé nas relações contratuais, não há o que se proteger se ambas as partes tinham a intenção de prejudicar a outra, há uma compensação, pois ninguém pode se beneficiar pela própria torpeza – *nemo auditur propriam turpitudinem allegans*. **MP**

Gabarito "A".

(Analista –TRT/2ª – 2014 – FCC) Robinho foi ao shopping com a intenção de comprar um relógio de ouro, para combinar com suas inúmeras correntes do mesmo metal. De pouca cultura, adquiriu um relógio folheado a ouro, apenas, que tentou devolver mas a loja não aceitou, alegando terem vendido exatamente o que Robinho pediu e não terem agido de má-fé. Se Robinho procurar a solução judicialmente, seu advogado deverá pleitear a

(A) nulidade do negócio jurídico, por embasamento em falso motivo.

(B) ineficácia do negócio jurídico, por erro incidental e abusividade do funcionário da loja ré.

(C) anulação do negócio jurídico, alegando lesão por inexperiência.

(D) nulidade do negócio jurídico, por erro essencial quanto ao objeto principal da relação jurídica.

(E) anulação do negócio jurídico, alegando erro substancial no tocante a uma qualidade essencial do relógio adquirido.

A: incorreta, pois motivo é a ideia, a razão que leva ao negócio, em regra, o erro quanto ao fim colimado (falso motivo) não vicia o negócio, a não ser quando nele figurar expressamente, figurando-o como sua razão determinante (art. 140 do CC), porém, neste caso tornaria o negócio anulável e não nulo; **B:** incorreta, pois erro incidental é aquele que se opõe ao substancial, visto que se refere a circunstâncias de menor importância, de qualidades secundárias ao objeto, que não geram o efetivo prejuízo; **C:** incorreta, porque na lesão é o prejuízo resultante da desproporção entre as prestações de um contrato, no momento da sua celebração, determinada pela premente necessidade ou inexperiência de uma das partes (art. 157 do CC); **D:** incorreta, pois erro não torna o negócio nulo, mas sim anulável nos termos do art. 178 do CC; **E:** correta, visto que erro substancial é o erro sobre circunstâncias e aspectos relevantes do negócio, de modo que o sujeito não realizaria o negócio se conhecesse da realidade. O sujeito só realizou o negócio porque pensou que o relógio fosse de ouro, é o erro que diz respeito à qualidade essencial do objeto (*error in substantia*), previsto no art. art. 139, I, do CC. É anulável nos termos do art. 178, II, do CC. **MP**

Gabarito "E".

(Analista –TRT/11ª – 2012 – FCC) Em um negócio jurídico uma parte pensa que a outra parte está doando um bem quando na verdade o bem está sendo oferecido à venda. Neste caso, ocorreu

(A) *error in negotio* tratando-se de erro substancial que poderá anular o negócio jurídico.

(B) *error in corpore* tratando-se de erro substancial que poderá anular o negócio jurídico.

(C) erro acidental que não anula o negócio jurídico, devendo as partes adequá-los à situação real.

(D) erro acidental que anula o negócio jurídico, não cabendo perdas e danos à parte prejudicada.

(E) *error juris* tratando de erro substancial que poderá anular o negócio jurídico.

A: correta, pois, de fato trata-se de erro substancial, considerando que diz respeito à natureza do negócio (doação X compra e venda). Assim, nos termos do arts. 138 e 139, I do CC, o negócio jurídico é anulável; **B:** incorreta, pois o erro *in corpore* diz respeito ao erro sobre o objeto do negócio, o que não é o caso; **C** e **D:** incorreta, pois não se trata de hipótese de erro acidental, mas sim erro essencial, consoante expressa disposição de Lei (art. 139, I do CC). Ademais, apenas para constar, o erro acidental não anula o negócio jurídico, mas apenas dá direito a indenização por perdas e danos; **E:** incorreta, pois muito embora o erro de direito também seja caso de anulação do negócio jurídico, ele não está presente no caso em testilha (art. 139, III do CC). AG

Gabarito "A"

(Analista – TRT/1ª – 2012 – FCC) Sobre os defeitos dos negócios jurídicos, de acordo com o Código Civil brasileiro, considere:

I. A coação sempre vicia o ato, ainda que exercida por terceiro, e se a parte prejudicada com a anulação do ato não soube da coação exercida por terceiro, só este responde por perdas e danos.

II. Tratando-se de negócios gratuitos, a anulação por fraude contra credores dispensa que o estado de insolvência do devedor seja conhecido por qualquer uma das partes, mas no caso de contrato oneroso do devedor insolvente é necessário, para a anulação, que a insolvência seja notória ou houver motivo para que ela seja conhecida do outro contratante.

III. O dolo do representante legal ou convencional de uma das partes só obriga o representado a responder civilmente até a importância do proveito que teve.

Está correto o que se afirma APENAS em

(A) I e II.

(B) I e III.

(C) II.

(D) II e III.

(E) III.

I: incorreta, pois vicia o negócio jurídico a coação exercida por terceiro apenas se a parte que dela se aproveite tivesse ou devesse ter conhecimento do ato (art. 154 do CC). Quanto a segunda parte da assertiva, não há reparos a serem feitos, nos termos do art. 155 do CC; **II:** correta (arts. 158 e 159 do CC); **III:** incorreta, pois havendo dolo do representante convencional, o representado responderá solidariamente com ele por perdas e danos e não apenas no limite do proveito que teve (art. 149 do CC). AG

Gabarito "C"

2.6.3 *Interpretação do negócio jurídico*

(Analista – TRT9 – 2012 – FCC) Em relação à interpretação do negócio jurídico, é correto afirmar que

(A) quaisquer negócios jurídicos onerosos interpretam-se estritamente.

(B) na vontade declarada atender-se-á mais à intenção das partes do que à literalidade da linguagem.

(C) a renúncia interpreta-se ampliativamente.

(D) o silêncio da parte importa sempre anuência ao que foi requerido pela outra parte.

(E) como regra geral, não subsiste a manifestação da vontade se o seu autor houver feito a reserva mental de não querer o que manifestou.

A: incorreta, pois quando o legislador usa a palavra "quaisquer" é possível substituí-la pela palavra "todos", então a assertiva traz que "todo contrato oneroso interpreta-se estritamente", o que não reflete a verdade. O Código Civil traz regra expressa quanto à interpretação estrita apenas no que se refere aos contratos jurídicos gratuitos (benéficos) e à renúncia (art. 114 do CC); **B:** correta, pois reproduz o art. 112 do CC; **C:** incorreta, pois a renúncia interpreta-se estritamente (art. 114 do CC); **D:** incorreta, pois o silêncio da parte apenas importa anuência quando as circunstâncias ou os usos o autorizarem, e não for necessária a declaração de vontade expressa (art. 111 do CC); **E:** incorreta, pois

a regra é de que subsiste a manifestação de vontade, ainda que o seu autor haja feito a reserva mental de não querer o que manifestou, salvo se dela o destinatário tinha conhecimento. Afinal se o destinatário tinha conhecimento, caso a lei mantivesse válida a manifestação de vontade, estaria prestigiando a sua má-fé (art. 110 do CC). AG

Gabarito "B".

(Analista – TRT/10ª – 2013 – CESPE) Julgue os itens que se seguem, a respeito da interpretação da legislação e dos atos e negócios jurídicos.

(1) Atualmente o direito brasileiro é adepto à aplicação dos danos punitivos (*punitive damages*) a fim de evitar a causação de danos aos consumidores por falta de zelo do fornecedor.

(2) Considere que Cláudio tenha adquirido de Pedro um apartamento, cuja venda fora anunciada por este em jornal, e que, em razão dessa venda, Pedro tenha ficado sem patrimônio para garantir o pagamento de suas dívidas. Nessa situação, o negócio jurídico celebrado entre ambos é passível de anulação por fraude contra credores em face da presunção de má-fé de Pedro.

1: Certa, pois verificada a ocorrência do dano, o fornecedor tem o dever de repará-lo. No caso do Código de Defesa do Consumidor, em regra, a responsabilidade é objetiva (arts. 12 e 18 do CDC). No que tange à responsabilidade pelo Código Civil, os artigos fundamentais que justificam a assertiva são o arts. 186 c.c 927; **2:** Certa. A assertiva traz vários pontos a serem analisados. De proêmio é possível notar que houve um contrato de compra e venda de imóveis, logo temos um negócio jurídico oneroso. Neste passo, os negócios jurídicos onerosos podem ser anuláveis por fraude contra credores se presentes duas condições alternativas: quando a insolvência do devedor for notória ou houver motivo para ser conhecida do outro contratante. A notoriedade da insolvência geralmente vem à tona pela simples obtenção de certidões do distribuidor obtidas pelo adquirente que refletem a situação delicada que muitas vezes se encontra o alienante. Assim, é dever do comprador diligente munir-se dessas informações antes de comprar o imóvel, sob pena de ter o negócio jurídico anulado pelos credores prejudicados (art. 159 do CC). AG

Gabarito 1C, 2C

(Analista – TJ/CE – 2013 – CESPE) Acerca de pessoas naturais e negócio jurídico, assinale a opção correta à luz do Código Civil e da doutrina de referência.

(A) Na concretização do negócio jurídico, o silêncio não tem consequência concreta a favor das partes.

(B) Todas as pessoas naturais, por possuírem capacidade de direito, podem praticar, por si próprias, a generalidade dos atos da vida civil.

(C) Considera-se termo a cláusula que, derivando exclusivamente da vontade das partes, subordina o efeito do negócio jurídico a evento futuro e incerto.

(D) Os negócios jurídicos devem ser interpretados conforme a boa- fé e os usos do lugar de sua celebração.

(E) Se, da declaração de vontade, for detectado o falso motivo, o negócio jurídico será sempre anulado.

A: incorreta, pois o silencio gera repercussão no negócio jurídico, de maneira que importa anuência, quando as circunstâncias ou os usos o autorizarem, e não for necessária a declaração de vontade expressa (art. 111 do CC); **B:** incorreta, pois prática de atos da vida civil tem a ver com a capacidade de fato, de modo que aquele que possui capacidade plena pode praticá-los livremente, contudo aqueles que não a possuem necessitam de representação ou assistência para a sua validade (art. 104, I do CC); **C:** incorreta, pois este é o conceito de condição (art. 121 do CC). No "termo", os efeitos do negócio jurídico ficam subordinados a um evento futuro e *certo*, em que já há a aquisição do direito, ficando suspenso apenas o seu exercício (art. 131 do CC); **D:** correta (art. 113 do CC); **E:** incorreta, pois o falso motivo só vicia a declaração de vontade quando expresso como razão determinante (art. 140 do CC). [GR]

Gabarito "D".

(Analista Judiciário – Área Judiciária – TRT12 – 2013 – FCC) Acerca dos negócios jurídicos:

(A) nas declarações de vontade importa considerar e fazer prevalecer apenas o sentido literal da linguagem.

(B) os negócios jurídicos benéficos e a renúncia interpretam-se ampliativamente.

(C) a manifestação de vontade subsiste ainda que o seu autor haja feito a reserva mental de não querer o que manifestou, salvo se dela o destinatário tinha conhecimento.

(D) se forem eles celebrados com a cláusula de não valer sem instrumento público, este passa a ser incidental e secundário ao ato.

(E) o silêncio de uma parte importa sempre anuência à vontade declarada pela outra parte.

A: incorreta, pois nas declarações de vontade se atenderá mais à *intenção nelas consubstanciada* do que ao sentido literal da linguagem (art. 112 do CC); **B:** incorreta, pois os negócios jurídicos benéficos e a renúncia interpretam-se *estritamente* (art. 114 do CC); **C:** correta (art. 110 do CC); **D:** incorreta, pois o negócio jurídico celebrado com a cláusula de não valer sem instrumento público, *este é da substância do ato* (art. 109 do CC); **E:** incorreta, pois o silêncio importa anuência, quando as circunstâncias ou os usos o autorizarem, e não for necessária a declaração de vontade expressa (art. 111 do CC). [GR]

Gabarito "C".

2.6.4. Invalidade do negócio jurídico

(Analista Judiciário – TRE/SP – FCC – 2017) Para se furtar à legislação eleitoral, Paulo transferiu para si patrimônio da empresa na qual é sócio. Na sequência, simulou doar o dinheiro a candidato, pela pessoa física. Na verdade, porém, foi a empresa quem realizou, de fato, a doação. O negócio simulado é

(A) válido, se atender à forma prescrita em lei e não prejudicar direito de terceiros.

(B) nulo, matéria cognoscível de ofício, não se sujeitando a declaração de nulidade a prazo de decadência ou de prescrição.

(C) anulável, dependendo, a sua invalidação, de provocação da parte, sujeita a prazo decadencial de quatro anos.

(D) anulável, matéria cognoscível de ofício e não sujeita a prazo de decadência ou de prescrição.

(E) nulo, dependendo a sua invalidação de provocação da parte, sujeita a prazo decadencial de quatro anos.

A simulação ocorre sempre que a declaração de vontade não corresponde aos fatos concretos ocorridos no mundo fenomênico. No caso apresentado, o que realmente ocorreu foi uma doação da empresa para o candidato a cargo público. Paulo apareceu apenas como doador, com o objetivo de se furtar a aplicação da lei. Nesse caso, não há dúvidas, o ato simulado é nulo de pleno direito (CC, art. 167) e – nessa condição – é cognoscível de ofício (CC, art. 168, parágrafo único), não havendo prazo para seu reconhecimento (CC, art. 169). [GN]

Gabarito "B".

(Analista Judiciário – TRT/24 – FCC – 2017) À luz do Código Civil, NÃO é nulo o negócio jurídico celebrado entre duas partes quando

(A) for preterida alguma solenidade que a lei considere essencial para a sua validade.

(B) o motivo determinante, comum a ambas as partes, for ilícito.

(C) tiver por objetivo fraudar lei imperativa.

(D) for indeterminável o seu objeto.

(E) houver vício resultante de coação.

A: incorreta, pois para tal ausência de solenidade, há previsão expressa de nulidade absoluta no art. 166, V, do Código Civil; **B:** incorreta, pois tal previsão de nulidade absoluta encontra respaldo no art. 166, III, do CC; **C:** incorreta, pois a intenção de fraudar lei imperativa gera nulidade absoluta do negócio jurídico (CC, art. 166, VI); **D:** incorreta, pois o art. 166, II estabelece tal hipótese como causa de nulidade absoluta; **E:** correta, pois a coação – assim como os demais vícios do consentimento – gera apenas anulabilidade do negócio jurídico (CC, art. 171, II). [GN]

Gabarito "E".

(Analista – TRT/3ª – 2015 – FCC) Pedro comprou, por valor inferior ao de mercado, rara e valiosa coleção de selos pertencente a Lucas, que tinha 14 anos e não foi representado quando da celebração do negócio. Passados alguns meses e não entregue o bem, Pedro procurou Lucas oferecendo-lhe suplementação do preço, a fim de que as partes ratificassem o ato. A pretendida ratificação

(A) não poderá ocorrer, salvo se Lucas for assistido quando da confirmação.

(B) poderá ocorrer, pois os negócios anuláveis podem ser confirmados pela vontade das partes.

(C) deverá ocorrer, em prestígio ao princípio da conservação dos contratos.

(D) não poderá ocorrer, porque o negócio jurídico nulo não é suscetível de confirmação.

(E) poderá ocorrer apenas pelo juiz, depois da intervenção do Ministério Público.

A: Errada, pois a questão trata de negócio jurídico firmado por pessoa absolutamente incapaz, nos termos do art. 3º do CC, assim, para exercerem pessoalmente os seus direitos civis, devem ser representadas por seus pais, tutor ou curador. O que não se confunde com a incapacidade relativa, onde os atos civis só poderão ser exercidos mediante assistência do representante legal (art. 4º do CC); **B:** Errada, uma vez que se trata de negócio jurídico nulo previsto no art. 166 do CC, e não de negócio jurídico anulável previsto no art. 171 do CC, passível de ratificação; **C:** Errada, pois o princípio da conservação dos negócios jurídicos previsto no art. 170 do CC diz que o negócio jurídico nulo poderá ser convertido se desde que: a) contenha os requisitos substanciais e formais de outro; b) que as partes quereriam o outro contrato, se tivessem tido conhecimento da nulidade; **D:** Correta. O negócio jurídico será nulo quando não preencher os requisitos de validade ou não for praticado de acordo com a lei, de acordo com o art. 166, I, do CC, o negócio jurídico será nulo quando realizado por pessoa absolutamente incapaz (art. 3º do CC). Dessa forma, ao contrário dos anuláveis, os negócios jurídicos nulos não podem ser ratificados e, tampouco, convalescem pelo decurso do tempo, nos termos do art. 169 do mesmo diploma legal: "O negócio jurídico nulo não é suscetível de confirmação, nem convalesce pelo decurso do tempo"; **E:** Errada, pois o que poderá ser alegado pelo Juiz é a nulidade, de acordo com o parágrafo único do art. 168 do CC, uma vez que o negócio jurídico nulo não podem ser ratificado (art. 169). [MP]

Gabarito "D".

(Analista – TJ/DFT – 2013 – CESPE) A respeito de fatos jurídicos, julgue os itens a seguir.

(1) Considere que Alfredo, com o objetivo de vender imóvel de sua propriedade, tenha firmado, a título gratuito, contrato de mandato com Mário. Nessa situação hipotética, a partir da formalização do contrato, Alfredo não poderá impedir a realização do negócio, salvo se ficar demonstrada a incapacidade civil de Mário.

(2) Considere que Roberto, com o objetivo de fraudar seus credores, tenha alienado seus bens a Flávio. Nessa situação, o prazo decadencial para que esse negócio seja anulado será contado do dia em que os credores tiverem ciência da alienação dos bens.

(3) Considere que Cláudio tenha vendido seu veículo, por R$ 35.000,00, à sua irmã Matilde. Nessa situação hipotética, o negócio jurídico é classificado como aquisição por ato *inter vivos*, derivada, bilateral, a título oneroso e consensual.

1: incorreto, pois existem outras formas de se extinguir o contrato de mandato, além da incapacidade das partes, consoante expressa previsão do art. 682 do CC. Assim, a comprovação da incapacidade civil de Mário não é a única forma de Alfredo conseguir impedir a realização do negócio; **2:** incorreto, pois o termo inicial da contagem do prazo é o dia em que se realizou o negócio jurídico (art. 178, II do CC); **3:** correta, pois não se tratou de uma aquisição mortis causa, foi derivada na medida em que não foi uma aquisição originária de propriedade, isto é, a primeira aquisição do veículo, bilateral, pois houve reciprocidade de obrigações para ambas as partes (pagar o preço e entregar o carro), a título oneroso, pois há vantagem patrimonial para ambos os contratantes, e consensual, pois se aperfeiçoou com a mera manifestação de vontade. **AG**

Gabarito 1E, 2E, 3C

(Analista – TRE/MG – 2012 – CONSULPLAN) O art. 104 do Código Civil estabelece que a validade do negócio jurídico requer agente capaz, objeto lícito, possível, determinado ou determinável e forma prescrita ou não defesa em lei. A falta ou o defeito de qualquer desses requisitos leva à invalidade do negócio jurídico. A respeito do tema, assinale a alternativa correta.

(A) Se o dolo, um dos defeitos do negócio jurídico que causa sua anulabilidade, for do representante legal ou convencional de uma das partes, só está obrigado a responder civilmente até a importância do proveito que teve.

(B) É anulável o negócio jurídico simulado, mas subsistirá o que se dissimulou, se válido for na substância e na forma. Também é anulável o negócio jurídico viciado por erro, dolo, coação, estado de perigo, lesão ou fraude contra credores, e o prejudicado tem o prazo decadencial de dois anos para pugnar pela sua anulação.

(C) Os negócios de transmissão gratuita de bens ou remissão de dívida, se os praticar o devedor já insolvente, ou por eles reduzido à insolvência, desde que não o ignore, poderão ser anulados pelos credores quirografários, como lesivos dos seus direitos, sendo que igual direito assiste aos credores cuja garantia se tornar insuficiente.

(D) Respeitada a intenção das partes, a invalidade parcial de um negócio jurídico não o prejudicará na parte válida, se esta for separável. Além disso, a invalidade da obrigação principal implica a das obrigações acessórias, mas a destas não induz a da obrigação principal, exceto em caso de nulidade, em que o vício em uma das obrigações, principal ou acessória, contamina todas as demais.

(E) A validade da declaração de vontade não dependerá de forma especial, senão quando a lei expressamente a exigir, como no caso dos negócios jurídicos que visem à constituição, transferência, modificação ou renúncia de direitos reais sobre imóveis de valor superior a trinta vezes o maior salário mínimo vigente no País, em que, não dispondo a lei em contrário, a escritura pública é essencial à sua validade.

A: incorreta, na medida em que se o dolo for do representante convencional, o representado responderá solidariamente com ele por perdas e danos (art. a149 do CC); **B:** incorreta, pois o negócio jurídico simulado é nulo, e não anulável (art. 167 do CC); **C:** incorreta, trata-se de hipótese de fraude contra credores em negócio jurídico gratuito Assim, ainda que o terceiro ignore o estado de insolvência do devedor, a Lei autoriza sua anulação (art. 158 do CC); **D:** incorreta, pois a invalidade da obrigação acessória não induz a da obrigação principal e o Código Civil não traz exceção a essa regra (art. 184 do CC); **E:** correta, pois reproduz o disposto nos artigos 107 e 108 do CC, porém apenas fora de ordem, o que não altera o sentido da norma. **AG**

Gabarito "E".

(Analista - TRF/4 - FCC - 2019) Comete abuso de direito o titular de um direito que, ao exercê-lo, excede manifestamente os limites impostos pelo seu fim econômico ou social, pela boa-fé ou pelos bons costumes. Para o Código Civil, o abuso de direito constitui ato

(A) lícito, mas que dá causa ao dever de indenizar.

(B) lícito, mas que não produz efeitos.

(C) ilícito, que dá causa ao dever de indenizar.

(D) ilícito, mas que não dá causa ao dever de indenizar.

(E) ilícito, porém plenamente válido e eficaz.

A: incorreta, pois a Lei expressamente afirma que o abuso de direito é ato ilícito (art. 187 CC); **B:** incorreta, pois o ato é ilícito (art. 187 CC). A análise de eficácia apenas se aplica quando tratamos de negócios jurídicos ou atos jurídicos lícitos (art. 104 a 184 CC que traz disposições sobre os negócios jurídicos e art. 185, que trata dos atos jurídicos lícitos). Não há que se analisar existência, validade e eficácia de um ato ilícito, pois ele já é viciado em sua origem, em sua essência; **C:** correta (art. 187 CC); **D:** incorreta, pois a Lei determina o dever de indenizar (art. 187 CC); **E:** incorreta, pois não há que se falar em análise de validade e eficácia de ato ilícito, conforme já explicado na alternativa B. **GR**

Gabarito "C".

(Analista Judiciário - TJ/AL - 2018 - FGV) Por meio de instrumento particular, Maria e Carlos pactuaram a venda de um imóvel pelo preço de R$ 200.000,00. Na ocasião da assinatura do contrato, Carlos, comprador, imitiu-se na posse do bem. Ao levar o pacto para registro no ofício de imóveis, o tabelionato comunicou a Carlos que se recusaria a praticar o ato, visto que o negócio jurídico padecia de invalidade.

Diante dessa situação, é correto afirmar que:

(A) a recusa do tabelionato é indevida, visto que a eventual irregularidade pode ser sanada e o negócio confirmado pelas partes;

(B) o negócio jurídico é inexistente e, portanto, Carlos deverá devolver o imóvel a Maria, contra o reembolso das benfeitorias úteis;

(C) a recusa do cartório é devida e as disposições do instrumento subscrito pelas partes são inválidas;

(D) a compra e venda desejada pelas partes é válida, apesar da nulidade do instrumento que a previu;

(E) o negócio jurídico produz efeitos de promessa de compra e venda e deve ser assim registrado, ainda que as partes não tenham previsto eventual irregularidade no pacto.

A: incorreta, pois a recusa é devida, com fundamento nos arts. 166, IV, CC e art. 108 CC. A compra e venda de imóvel neste valor apenas pode ser feita por meio de escritura pública. Quando a forma exigida em lei não é respeitada, o negócio jurídico é nulo; **B:** incorreta, pois o negócio jurídico atende os requisitos do plano de existência, isto é, partes, objeto e forma. O vício está no plano da validade (art. 166, IV, CC) e não da existência; **C:** correta, pois o tabelionato de fato não poderia registar o contrato, uma vez que não atende os requisitos previstos em Lei (art. 108 CC); **D:** incorreta, pois a compra e venda é nula, nos termos do art. 166, IV, CC. Não é possível que um contrato seja válido e nulo ao mesmo tempo; **E:** incorreta, pois o negócio jurídico nulo não produz nenhum efeito (art. 169 CC). Não é suscetível de confirmação, convalidação e eventual sentença que reconhece a nulidade tem efeito *ex tunc*. **GR**
Gabarito "C".

2.6.5. Atos ilícitos

(Analista – TRT/16ª – 2014 – FCC) A respeito dos atos jurídicos lícitos e ilícitos, considere:

I. Constitui ato ilícito a destruição da coisa alheia a fim de remover perigo iminente.

II. Não comete ato ilícito o titular de um direito que, ao exercê-lo, excede manifestamente os limites impostos pelos bons costumes.

III. Aquele que, por ação ou omissão voluntária, violar direito e causar dano a outrem, ainda que exclusivamente moral, comete ato ilícito.

Está correto o que se afirma APENAS em

(A) II e III.

(B) I e II.

(C) I e III.

(D) III.

(E) I.

I. Errada, pois nos termos do art. 188, II, do CC, age em estado de necessidade aquele que, destrói a propriedade alheia, para salvar a si ou a terceiro de perigo grave e iminente, liberando-se da obrigação de indenizar; **II:** Errada, pois de acordo com o art. 187 do CC, denomina-se abuso de direito, o extravasamento de conduta que extrapole os limites, dentro do âmbito do direito, que cause prejuízo ao próximo, gerando o dever de indenizar; **III:** Certa, pois, trata-se da responsabilidade civil, responsabilidade contratual e extracontratual, se o agente, por ação ou omissão, com ou sem intenção de prejudicar, mas acarreta prejuízo a outrem, comete ato ilícito, passível de indenização. **MP**
Gabarito "D".

(Analista – TJ/ES – 2011 – CESPE) Julgue o seguinte item.

(1) Cometerá ato ilícito por abuso de direito o motorista de ambulância que, trafegando em situação de emergência e, portanto, com a sirene ligada, ultrapassar semáforo fechado e abalroar veículo de particular que, sem justificativa, deixe de lhe dar passagem.

1: o ato ilícito tradicional está previsto no art. 186 do CC, tratando-se de conduta culposa ou dolosa que causa um dano a alguém; já o ato ilícito por abuso de direito está previsto no art. 187 do CC, tratando-se do exercício de um direito, de forma abusiva. No caso, o motorista da ambulância NÃO cometerá ato ilícito, pois não houve, na descrição dos fatos, qualquer abuso de direito. A ambulância estava em situação de emergência e com a sirene ligada, e no exercício regular de um direito. **AG**
Gabarito 1E

2.7. Prescrição e decadência

(Analista Jurídico - TRF5 - FCC - 2017) Em janeiro de 2010, acidente de trânsito culposamente provocado por Ricardo causou danos materiais a Tereza, pessoa maior e capaz. Dois anos depois do acidente, em janeiro de 2012, Tereza promoveu em face de Ricardo protesto interruptivo da prescrição. Dois anos depois, em janeiro de 2014, promoveu novo protesto. Dois anos mais tarde, em janeiro de 2016, ajuizou contra Ricardo ação pleiteando indenização por conta do acidente. Nesse caso, considerando que prescreve em três anos a pretensão de reparação civil, conclui-se que

(A) ao tempo do ajuizamento da ação, a pretensão não estava prescrita.

(B) a prescrição ocorreu no ano de 2015, podendo ser pronunciada de ofício pelo juiz.

(C) a prescrição ocorreu no ano de 2015, não podendo ser pronunciada de ofício pelo juiz.

(D) ao tempo do segundo protesto, já se havia consumado a prescrição, que poderá ser pronunciada de ofício pelo juiz.

(E) ao tempo do segundo protesto, já se havia consumado a prescrição, que não poderá ser pronunciada de ofício pelo juiz.

Consoante art. 202, II CC, a prescrição por protesto apenas poderá ocorrer uma vez. Assim, considerando que em 2012 Tereza exerceu este direito, a prescrição começou a correr do zero novamente (art. 202, parágrafo único). Sendo o prazo de três anos, a pretensão prescreveu em 2015, podendo tranquilamente ser pronunciada de ofício pelo juiz. **GR**
Gabarito "B".

(Analista Jurídico - TRT2 - FCC - 2018) A empresa "X", fabricante de peças automotivas, contrata o engenheiro de segurança do trabalho Ricardo para atuar como assistente em uma reclamação trabalhista movida por três funcionários demitidos da empresa. As partes assinam contrato e estabelecem a remuneração pelos serviços que serão prestados. Ricardo conclui o seu trabalho e apresenta o laudo para o qual foi contratado. Contudo, a empresa "X" deixa de pagar os honorários contratados, no importe de R$ 8.000,00. Neste caso, concluído o trabalho e inadimplida a obrigação, a pretensão de Ricardo para cobrança dos seus honorários prescreve em:

(A) 5 anos.

(B) 1 ano.

(C) 3 anos.

(D) 10 anos.

(E) 4 anos.

Art. 206, §5º , II CC. **GR**
Gabarito "A".

(Analista Judiciário – TRT/20 – FCC –2016) X e Y, maiores e capazes, mantêm relação contratual e estipularam que, no caso de uma das partes se acidentar, o prazo prescricional, para a pretensão de reparação civil, seria ampliado de três para cinco anos. Passados dois anos, as partes aditaram o contrato para o fim de renunciarem antecipadamente ao prazo de prescrição. Ocorrido o acidente, a vítima aguardou quatro anos para então ajuizar ação de reparação civil. A pretensão

(A) não está prescrita, porque o Código Civil admite a renúncia antecipada à prescrição, desde que feita de maneira expressa.

(B) está prescrita, porque os prazos de prescrição não podem ser alterados por acordos das partes, nem pode ocorrer renúncia antecipada à prescrição, devendo a parte a quem aproveita alegá-la em preliminar de contestação, sob pena de preclusão.

(C) não está prescrita, porque os prazos de prescrição podem ser alterados por acordo das partes.

(D) está prescrita, porque os prazos de prescrição não podem ser alterados por acordo das partes, nem pode ocorrer renúncia antecipada à prescrição, podendo a parte a quem aproveita alegá-la em qualquer grau de jurisdição.

(E) está prescrita, porque os prazos de prescrição não podem ser alterados por acordo das partes, nem pode ocorrer renúncia antecipada à prescrição, devendo a parte a quem aproveita alegá-la até a sentença, sob pena de preclusão.

X e Y celebraram duas cláusulas contratuais consideradas inválidas pelo Código Civil. A primeira foi a alteração do prazo prescricional de três para cinco anos, o que é proibido pelo art. 192 do Código Civil. A segunda foi a renúncia antecipada ao benefício da prescrição, a qual também é proibida. Vale a menção de que a renúncia à prescrição é admitida, desde que seja feita após a consumação do prazo (CC, art. 191). Logo, o prazo de prescrição continuou sendo de três anos a contar do acidente. Como a vítima aguardou quatro anos para ajuizar a ação de reparação civil, sua pretensão está prescrita. **GN**
Gabarito "D".

(Analista – TRT/3ª – 2015 – FCC) Durante a constância do casamento, Lourenço emprestou para sua mulher, Bianca, a quantia de R$ 10.000,00, que deveria ser devolvida em um ano. Passados mais de dez anos sem que a dívida houvesse sido paga, o casal se divorciou. Passados dois anos e meio da decretação do divórcio, Lourenço ajuizou ação de cobrança contra Bianca, que, em contestação, alegou decadência, requerendo a extinção do processo com resolução de mérito. Tal como formulada, a alegação de Bianca

(A) improcede, pois se aplicam à decadência as normas que impedem a prescrição e não se passaram mais de quatro anos da decretação do divórcio.

(B) procede, pois, salvo disposição em contrário, não se aplicam à decadência as normas que impedem a prescrição.

(C) improcede, pois o prazo para cobrança da dívida tem natureza prescricional, mas o juiz deverá decretar a prescrição de ofício, pois se passaram mais de dez anos da realização do negócio.

(D) procede, pois, embora se apliquem à decadência as normas que impedem a prescrição, passaram-se mais de dois anos da decretação do divórcio.

(E) improcede, pois o prazo para cobrança da dívida tem natureza prescricional e não corre durante a constância da sociedade conjugal, além de não ter se ultimado, depois da decretação do divórcio.

A: Errada, uma vez que contraria o disposto no art. 207 do CC; **B:** Errada, pois no caso em tela, aplica-se o prazo especial de prescrição previsto no art. 206, § 5º, I, do CC, de 5 anos, bem como a regra de impedimento e suspensão da prescrição, prevista no art. 197, I, do CC. Portanto, não se aplicará o disposto no art. 207 do mesmo diploma legal, uma vez que o prazo para a cobrança da dívida tem natureza prescricional; **C:** Errada, pois contraria os arts. 206, § 5º, I e 197, I, ambos do CC; **D:** Errada, pois viola o previsto no art. 207 do CC; **E:** Correta, de acordo com o disposto no art.197, I, do CC, não corre a prescrição entre os cônjuges, na constância da sociedade conjugal, ou seja, é causa suspensiva da prescrição que faz cessar, temporariamente seu curso. Dessa forma, extinta a sociedade conjugal com o divórcio (art. 1.571, IV, do CC), fica superada a causa suspensiva da prescrição, retomando o seu curso normal, computando o tempo anteriormente decorrido, se existiu. Nesse caso, o prazo prescricional é quinquenal, isto é, prescreve em 5 anos, nos moldes do art. 206, § 5º, I, do mesmo dispositivo legal. **MP**
Gabarito "E".

(Analista – TRT/1ª – 2012 – FCC) A empresa Y, que atua no ramo de cosméticos, situada na cidade do Rio de Janeiro, tem administração coletiva exercida pelos seus dez sócios, nos termos preconizados pelo seu Estatuto Social. Em uma reunião de diretoria, a maioria dos presentes decide tomar uma decisão para o futuro da empresa que contraria o estatuto social e a lei. Neste caso, para Manoel, um dos sócios, inconformado com a decisão tomada pela diretoria da empresa, o direito de anular esta decisão decairá, de acordo com o CC, em

(A) três anos.

(B) um ano.

(C) dois anos.

(D) quatro anos.

(E) cinco anos.

A alternativa correta é a assertiva "A", conforme art. 206, § 3º, VII, a, do CC. **AG**
Gabarito "A".

(Analista – TRT/1ª – 2012 – FCC) Miguel ajuizou ação de indenização contra Mauro, julgada procedente. Antes de transitar em julgado a sentença, quando ainda tramitava recurso de apelação, Mauro e Miguel resolveram assinar um termo, aumentando em um ano o prazo prescricional para cobrança das despesas desembolsadas pelas partes no curso do litígio. Mantida a sentença pelo E. Tribunal de Justiça do Estado do Rio de Janeiro, para cobrança das despesas despendidas em juízo do vencido Mauro, Miguel terá, a partir do trânsito em julgado, o prazo prescricional, de acordo com o CC, de

(A) 6 anos.

(B) 5 anos.

(C) 3 anos.

(D) 1 ano.

(E) 2 anos.

A alternativa correta é a assertiva "B". De início é importante ressaltar que os prazos de prescrição não podem ser alterados pela vontade das partes, consoante art. 192 do CC. Logo, esse acordo feito entre

Mauro e Miguel é inválido. Neste passo, o prazo para a cobrança das despesas judiciais pelo vencedor em face do vencido é de cinco anos, nos termos do art. 206, § 5º, III, do CC. **AG**

Gabarito "B".

(Analista – STF – 2013 – CESPE) Em relação aos negócios jurídicos e à decadência, julgue os itens subsequentes.

(1) É válida a renúncia à decadência legal.

(2) A renúncia deve ser interpretada restritivamente, ao passo que os negócios jurídicos benéficos merecem interpretação extensiva.

1: incorreta, pois é nula a renúncia à decadência fixada em lei (art. 209 do CC); **2**: incorreta, pois tanto os negócios jurídicos benéficos como a renúncia interpretam-se estritamente (art. 114 do CC). **AG**

Gabarito 1E, 2E.

(Analista – TRF/3ª Região – 2014 – FCC) Considere as seguintes situações hipotéticas:

I. Minerva empresto R$ 10.000,00 para sua amiga Glaucia, uma vez que a mesma necessitava saldar despesas hospitalares de seu filho. As amigas celebraram confissão de dívida assinada por duas testemunhas idôneas, dívida esta não saldada por Glaucia.

II. Lurdes Maria é contadora. No ano de 2012, Lurdes prestou seus serviços profissionais para a Família Silva, elaborando as declarações de imposto de renda do Sr. e Sra. Silva, bem como de seus dois filhos, cobrando pelos serviços o valor de quatro salários mínimos. A família Silva não efetuou o pagamento dos serviços de Lurdes Maria.

III. Hortência alugou seu conjunto comercial para Amanda que está lhe devendo R$ 20.000,00 pelo não pagamento do aluguel referente aos últimos quatro meses.

Nestes casos, de acordo com o Código Civil brasileiro, em regra, prescreverá em cinco anos, APENAS

(A) as pretensões de Minerva e Hortência.

(B) as pretensões de Lurdes Maria e Hortência.

(C) as pretensões de Minerva e Lurdes Maria.

(D) a pretensão de Minerva.

(E) a pretensão de Hortência.

I: correta, pois prescreve em cinco anos a pretensão de cobrança de dívidas líquidas constantes de instrumento público ou particular (art. 206, § 5º, I do CC); **II:** correta, pois prescreve em cinco anos a pretensão dos profissionais liberais em geral (art. 206, §5º, II do CC); **III:** incorreta, pois prescreve em três anos a pretensão relativa a aluguéis de prédios urbanos ou rústicos (art. 206, § 3º, I do CC). **MP**

Gabarito "C".

(Analista – TRE/CE – 2012 – FCC) Considere:

I. A pretensão de cobrança de dívidas líquidas constantes de instrumento público ou particular.

II. A pretensão dos profissionais liberais em geral, procuradores judiciais, curadores e professores pelos seus honorários.

III. A pretensão do vencedor para haver do vencido o que despendeu em juízo.

IV. A pretensão dos hospedeiros para o pagamento da hospedagem.

De acordo com o Código Civil brasileiro, prescreve em cinco anos as pretensões indicadas APENAS em

(A) II e IV.

(B) II, III e IV.

(C) I, II e III.

(D) I e III.

(E) I e IV.

I: correta, pois prescreve em cinco anos, de acordo com o disposto no art. 206, § 5º, I, do CC; **II:** correta, pois prescreve em cinco anos, de acordo com o disposto no art. 206, § 5º, II, do CC; **III:** correta, pois prescreve em cinco anos, de acordo com o disposto no art. 206, § 5º, III, do CC; **IV:** incorreta, pois prescreve em um ano, de acordo com o disposto no art. 206, § 1º, I, do CC. **AG**

Gabarito "C".

(Analista - TRT/15 - FCC - 2018) Em relação à prescrição, considere:

I. A suspensão da prescrição em favor de um dos credores solidários é personalíssima e não beneficia os demais nem nenhuma hipótese.

II. A prescrição pode ser alegada em qualquer grau de jurisdição, pela parte a quem aproveita.

III. A prescrição ocorre em dez anos, quando a lei não lhe haja fixado prazo menor.

IV. A prescrição iniciada contra uma pessoa cessa em relação ao seu sucessor.

Está correto o que consta APENAS de

(A) I e IV.

(B) I, II e III.

(C) II, III e IV.

(D) I, III e IV.

(E) II e III.

I: incorreta, pois a suspensão da prescrição em favor de um dos credores solidários aproveita aos outros se a obrigação for indivisível (art. 201 CC); **II:** correta (art. 193 CC); **III:** correta (art. 205 CC); **IV:** incorreta, pois a prescrição iniciada contra uma pessoa continua a correr contra o seu sucessor (art. 196 CC). Portanto, a alternativa a ser assinalada é a letra E. **GR**

Gabarito "E".

3. OBRIGAÇÕES

(Analista Judiciário – TRT/20 – FCC – 2016) Carlos vendeu um cavalo a Cláudio, por R$ 1.000,00. Antes da entrega, porém, o cavalo faleceu de causas naturais, sem que Carlos tenha tido culpa. Com a morte do cavalo, sem culpa de Carlos, a obrigação

(A) resolve-se para ambas as partes, tendo Carlos direito a perdas e danos.

(B) resolve-se para Carlos, devendo Cláudio pagar o preço, de R$ 1.000,00, porém não perdas e danos.

(C) não se resolve para nenhuma das partes, devendo Carlos entregar cavalo de características semelhantes a Cláudio, enquanto este deverá pagar o preço, de R$1.000,00.

(D) resolve-se para ambas as partes, tendo Cláudio direito a perdas e danos.

(E) resolve-se para ambas as partes, sem direito a perdas e danos.

O caso apresentado na questão encaixa-se com perfeição na previsão do art. 234 do Código Civil. Ocorreu perda do objeto obrigacional (que é uma coisa certa e determinada) sem culpa do devedor, antes da entrega. Nesse caso a solução legal é simples: a obrigação se resolve para ambas as partes, não havendo direito a perdas e danos. Repare que quem sofreu o prejuízo foi Carlos (o dono do bem até o momento da entrega), o qual não receberá nenhum valor pelo bem e – se já houvesse recebido – teria que devolvê-lo. Isso cumpre a milenar regra segundo a qual: *resperit domino.* **GN**

Gabarito "E".

(Analista Judiciário – TRT/11 – FCC – 2017) Nas obrigações solidárias:

(A) Se o devedor exonerar expressamente da solidariedade um ou mais devedores, não mais subsistirá a dos demais.

(B) A obrigação solidária não pode ser pura e simples para um dos cocredores ou codevedores, e condicional, ou a prazo ou pagável em local diferente, para outro.

(C) Convertendo-se a prestação em perdas e danos, não mais subsiste a solidariedade.

(D) A propositura de ação pelo credor contra um ou alguns dos devedores solidários implicará em renúncia da solidariedade.

(E) Cada um dos credores solidários tem direito a exigir do devedor o cumprimento da prestação por inteiro.

A: incorreta, pois "Se o credor exonerar da solidariedade um ou mais devedores, subsistirá a dos demais" (CC, art. 282, parágrafo único); **B:** incorreta, pois "a obrigação solidária pode ser pura e simples para um dos cocredores ou codevedores, e condicional, ou a prazo, ou pagável em lugar diferente, para o outro" (CC, art. 266); **C:** incorreta, pois a solidariedade é um vínculo entre as diversas partes de um mesmo polo obrigacional (diversos credores ou diversos devedores). Tal vínculo não guarda nenhuma relação com o objeto da dívida. Logo, "convertendo-se a prestação em perdas e danos, subsiste, para todos os efeitos, a solidariedade" (CC, art. 271); **D:** incorreta, pois tal propositura contra um ou alguns dos devedores não representa renúncia do direito material da solidariedade (CC, art. 275, parágrafo único); **E:** correta, pois esta é a principal regra da solidariedade ativa, ou seja, qualquer credor pode cobrar a obrigação integral do devedor (CC, art. 267). Mas a solidariedade ativa vai além disso. Paga bem o devedor que pagar toda a dívida a apenas um dos credores solidários (CC, art. 269). **GN**

Gabarito "E".

(Analista Judiciário - TJ/AL - 2018 - FGV) Em 31 de janeiro de 2018, Renato, avisado por amigos, acessou sua rede social e verificou que Felipe, seu desafeto, dirigiu-lhe palavras de baixo calão, desonrando-o, mediante postagem pública ocorrida em 22 de janeiro de 2018. Em 05 de fevereiro do mesmo ano, Felipe recebe notificação de Renato, solicitando que fosse apagada a mensagem desonrosa. Ante a inércia de Felipe, Renato ajuíza, em 09 de março de 2018, ação pleiteando a retirada da mensagem, bem como a condenação de Felipe ao pagamento de indenização pelos danos morais sofridos.

A mora da obrigação de indenizar é verificada:

(A) em 31 de janeiro de 2018;

(B) em 22 de janeiro de 2018;

(C) quando do trânsito em julgado da sentença;

(D) em 05 de fevereiro de 2018;

(E) em 09 de março de 2018.

O caso em tela trata-se de responsabilidade civil extracontratual com fundamento nos arts. 186 e 927 do CC. A constituição em mora neste caso específico independe de qualquer ato que o ofendido venha a

tomar, isto é, independe de notificação. A mora constitui-se a partir da prática do evento danoso, isto é, 22 de janeiro de 2018, consoante art. 398 CC que prevê: "Nas obrigações provenientes de ato ilícito, considera-se o devedor em mora, desde que o praticou". Logo, a alternativa correta é a letra B. **GR**

Gabarito "B".

3.1. Introdução, classificação e modalidades das obrigações

(Analista – Judiciário –TRE/PI – 2016 – CESPE) Se toda obrigação se tornar inválida pela perda do objeto em razão de a prestação principal padecer de impossibilidade originária,haverá uma obrigação

(A) solidária.

(B) indivisível.

(C) alternativa.

(D) modal.

(E) facultativa.

A: incorreta, pois a característica principal da solidariedade é a responsabilidade integral de todos os devedores (solidariedade passiva) ou a prerrogativa de todos os credores de cobrar tudo (solidariedade ativa); **B:** incorreta, pois a perda do objeto indivisível converte a obrigação em perdas e danos, tornando-a divisível (CC, art. 263); **C:** incorreta pois, nessa espécie de obrigação, a impossibilidade da prestação principal faz concentrar a obrigação na prestação remanescente. É a chamada "concentração involuntária" (CC, art. 253); **D:** incorreta, pois a obrigação modal é aquela que apresenta um encargo, um ônus. Ex.: doo meu sítio com a obrigação de você construir uma capela (CC, art. 136); **E:** correta, pois, a rigor, a obrigação facultativa apresenta um só objeto. Caso ele pereça, extingue-se a obrigação. A sua característica marcante, todavia, é que, no momento de sua execução, o devedor tem a prerrogativa de cumprir a obrigação de forma diversa. Um exemplo desta obrigação ocorre no contrato estimatório (CC, art. 534). **GN**

Gabarito "E".

(Analista Judiciário –TRT/8ª – 2016 – CESPE) Com relação ao direito das obrigações, assinale a opção correta.

(A) Tratando-se de obrigação com objeto indivisível e pluralidade de credores, presume-se a solidariedade ativa.

(B) Dada a natureza da obrigação, a exoneração, pelo credor, da solidariedade a um dos devedores, aproveitará aos demais.

(C) Em se tratando de obrigação solidária, ainda que somente um dos devedores seja o culpado pela impossibilidade de seu cumprimento, todos os demais continuam obrigados ao pagamento do valor equivalente.

(D) Se a obrigação *intuitu personae* se tornar impossível, ainda que não haja culpa das partes, haverá conversão em perdas e danos em favor do credor.

(E) Havendo impossibilidade de cumprimento, por culpa do devedor, de apenas uma das obrigações alternativas, ao credor restará ficar com a obrigação que subsistiu, independentemente de caber a ele a escolha.

A: incorreta, pois o enunciado confunde indivisibilidade do objeto com solidariedade entre os credores. É correto afirmar que, em objeto indivisível, qualquer credor pode cobrar toda a dívida, mas isso não equipara a situação à solidariedade ativa, a qual traz outras consequências; **B:** incorreta, pois o credor pode exonerar um ou alguns dos devedores, mantendo a solidariedade entre os demais (CC, art. 282, parágrafo único); **C:** correta, mas vale a ressalva de que, pelas perdas e danos decorrentes da culpa, somente o culpado responde (CC, art. 279); **D:** incorreta, pois nessa hipótese a obrigação é considerada extinta (CC, art. 248); **E:** incorreta, pois, se a escolha cabia ao credor, ele poderá optar entre a obrigação remanescente e o valor da outra, com perdas e danos (CC, art. 255). **GN**

Gabarito "C".

(Analista – TJ/CE – 2013 – CESPE) Rebeca, obrigada por três débitos da mesma natureza a Joana, pretende indicar a qual deles oferecerá pagamento, já que todos os débitos são líquidos e vencidos.

Nessa situação hipotética, Rebeca deverá valer-se da

(A) imputação do pagamento.

(B) dação em pagamento.

(C) compensação.

(D) sub-rogação legal.

(E) sub-rogação convencional

A: correta, pois a imputação do pagamento é a indicação ou determinação da dívida a ser quitada quando uma pessoa obrigada por dois ou mais débitos, líquidos e vencidos, da mesma natureza e com o mesmo credor só pode pagar um deles (art. 352 do CC); **B:** incorreta, pois a dação em pagamento é o acordo de vontades por meio do qual o credor aceita receber prestação diversa da que lhe é devida (art. 356 do CC); **C:** incorreta, pois a compensação é a extinção das obrigações entre duas pessoas que são, ao mesmo tempo, credora e devedora uma da outra (art. 368 do CC); **D** e **E:** incorretas, pois sub-rogação é a operação pela qual a dívida se transfere a terceiro que a pagou, com todos os seus acessórios (art. 349 do CC). A sub-rogação legal é a que opera de pleno direito e a convencional é a que decorre da vontade das partes. **GR**

Gabarito "A".

Após ter sido cobrado extrajudicialmente por José, em face de dívida que tinha com este, Mário realizou o pagamento ao credor. Logo em seguida, Mário descobriu que, na data em que realizou o pagamento, a dívida já havia prescrito.

(Analista – TJ/CE – 2013 – CESPE) Com referência a essa situação hipotética, assinale a opção correta com base no Código Civil.

(A) José deverá restituir somente metade do valor pago por Mário, uma vez que deve ser reconhecida a responsabilidade concorrente pelo fato.

(B) José não deverá restituir o valor a Mário, visto que não se pode repetir o que se pagou para solver dívida prescrita, ou cumprir obrigação judicialmente inexigível.

(C) José deverá restituir integralmente o valor a Mário, já que recebeu o que não lhe era devido, tendo sido indevido o pagamento feito por Mário. O valor da dívida não deverá ser atualizado monetariamente, não devendo incidir sobre ele juros legais.

(D) José deverá restituir o valor a Mário, uma vez que se locupletou ilicitamente, recebendo o que não lhe era devido. O valor da dívida deverá ser atualizado monetariamente, não incidindo sobre ele acréscimo de juros legais.

(E) José deverá restituir o valor a Mário, visto que recebeu o que não lhe era devido. O valor da dívida deverá corresponder ao dobro do valor devido.

A: incorreta, pois José não é obrigado a restituir nenhum valor a Mário, por tratar-se de obrigação natural; **B:** correta, pois nenhum valor deve

ser restituído, haja vista que a obrigação não foi extinta, muito embora estivesse prescrita. Este é um típico caso de obrigação natural, em que o débito existe, muito embora não seja mais exigível; **C:** incorreta, pois o pagamento era devido, logo José não precisa restituir nenhum valor; **D:** incorreta, pois não há falar-se em locupletamento, pois o valor pago era devido; **E:** incorreta, pois nada deverá ser devolvido. **GR**

Gabarito "B".

(Analista – TJ/AM – 2013 – FGV) Carlos e Andréa estão obrigados a entregar um cavalo da espécie Manga Larga Marchador a Manoel. Porém, na véspera da entrega, Carlos, por descuido, deixa o portão aberto, o cavalo foge e tenta atravessar um rio próximo à propriedade, morrendo afogado.

Considerando o contexto fático narrado, analise as afirmativas a seguir.

I. A obrigação deixa de ser indivisível, pois houve conversão da prestação originária.

II. Andréa e Carlos estão obrigados ao pagamento de suas cotas e das perdas e danos.

III. Manoel pode escolher o devedor a ser acionado para requerer o ressarcimento em perdas e danos, pois há pluralidade de credores.

Assinale:

(A) se somente a afirmativa III estiver correta.

(B) se somente as afirmativas I e III estiverem corretas.

(C) se somente a afirmativa II estiver correta.

(D) se somente as afirmativas I e II estiverem corretas.

(E) se somente a afirmativa I estiver correta.

I: correta. Trata-se de obrigação de entrega de coisa indivisível, cujo perecimento do objeto se deu por culpa de um dos devedores. Nesta hipótese, o Código Civil prevê que o devedor responderá pelo valor equivalente mais perdas e danos (art. 234, parte final). Ao indicar que o devedor responderá pelo "valor equivalente", já nota-se que houve a conversão da prestação originária (de um cavalo para dinheiro), o que torna a obrigação divisível. Neste passo, importante mencionar o artigo 263, *caput*, do CC, o que prevê: "Perde a qualidade de indivisível a obrigação que se resolver em perdas e danos"; **II:** incorreta, pois a culpa pela morte do cavalo foi apenas de Carlos. Assim, Andréa responderá apenas pelo valor de sua cota (considerando que a obrigação tornou-se divisível), e Carlos pelo valor de suas cotas somadas às perdas e danos (art. 263, § 2º, do CC); **III:** incorreta, pois as perdas e danos apenas podem ser exigidas de Carlos, pois ele foi o culpado pelo perecimento do objeto. É importante ter em mente que há dois elementos distintos: o valor equivalente da prestação e as perdas e danos. No que tange ao valor equivalente da prestação (isto é, o preço do cavalo na data da morte), Andréa é responsável pela metade e Carlos pela outra metade. Além dessa parte, Carlos ainda responderá pelas perdas e danos, pois elas vêm em caráter de sanção por ele ter agido com culpa. Assim, Manoel apenas poderá exigi-las deste devedor (art. 234 do CC e art. 263, § 2º do CC). Por fim, ressalte-se que o caso em tela retrata a pluralidade de devedores e não de credores. **AG**

Gabarito "E".

(Analista – TJ/AM – 2013 – FGV) Pedro está obrigado a dar uma vaca leiteira, avaliada em R$ 50.000,00, a dois credores, Maria e João. Maria remite a dívida e João exige a entrega do animal.

Considerando o contexto fático narrado, analise as afirmativas a seguir.

I. Por se tratar de obrigação indivisível, Maria não poderia remitir a dívida sem a anuência de João.

II. João somente poderá exigir a entrega da vaca se pagar R$ 25.000,00 a Pedro.

III. A remissão de parte da dívida realizada por Maria tem o condão de acarretar a extinção da obrigação da entrega da vaca a João.

Assinale:

(A) se somente a afirmativa I estiver correta.

(B) se somente a afirmativa II estiver correta.

(C) se somente a afirmativa III estiver correta.

(D) se somente as afirmativas I e II estiverem corretas.

(E) se somente as afirmativas II e III estiverem corretas.

I: incorreta, pois muito embora a obrigação seja indivisível, Maria pode remitir a dívida independentemente da anuência de João (art. 262, *caput*, do CC); **II:** correta, pois remitida a dívida por um dos credores, a obrigação ainda persiste com relação aos demais, sendo que estes apenas poderão exigi-la após o pagamento do valor de sua cota, descontada a cota remitida. Portanto, João deverá pagar os R$ 25.000,00 para poder exigir a entrega da vaca de Pedro; **III:** incorreta, pois e remissão perpetrada por Maria se dá apenas no que tange à sua cota. Com relação a João a dívida continua plenamente exigível na sua devida proporção (art. 262, *caput*, do CC). 🅰🅶

Gabarito "B".

(Analista – TRT/11ª – 2012 – FCC) Considere as seguintes assertivas a respeito da obrigação de dar coisa certa e da obrigação de dar coisa incerta:

I. Até a tradição pertence ao devedor a coisa, com os seus melhoramentos e acrescidos, pelos quais poderá exigir aumento no preço. Os frutos percebidos são do devedor, cabendo ao credor os pendentes.

II. Em regra, a obrigação de dar coisa certa abrange os acessórios dela embora não mencionados.

III. Antes da escolha, não poderá o devedor alegar perda ou deterioração da coisa, ainda que por força maior ou caso fortuito.

IV. A coisa incerta será indicada, ao menos, pelo gênero. Nas coisas determinadas pelo gênero, em regra, a escolha pertence ao credor.

De acordo com o Código Civil brasileiro está correto o que se afirma APENAS em

(A) I, II e III.

(B) I, II e IV.

(C) I e III.

(D) II, III e IV.

(E) II e IV.

I: correta (art. 237 do CC); **II:** correta (art. 233 do CC); **III:** correta (at. 246 do CC); **IV:** incorreta, pois a coisa incerta será indicada, ao menos, pelo gênero e pela quantidade. Nas coisas determinadas pelo gênero e pela quantidade, em regra, a escolha pertence ao devedor, se o contrário não resultar do título da obrigação (art. 244 do CC). 🅰🅶

Gabarito "A".

(Analista - TJ/SC - FGV - 2018) Ricardo, artista plástico, recebe em sua galeria Jaqueline, colecionadora de artes plásticas. Encantada com duas peças de Ricardo, denominadas Dida e Jute, Jaqueline as reserva, obrigando-se a retornar no dia seguinte para escolher uma delas e realizar o pagamento da eleita. Na data marcada, Jaqueline informa que gostaria de adquirir Dida. Contudo, Ricardo responde que apenas restou Jute, visto que Dida foi por ele vendida na noite anterior.

Diante dessa situação, Jaqueline:

(A) deverá adquirir Jute, visto que já a havia reservado;

(B) poderá exigir perdas e danos em relação a Dida;

(C) deverá pagar Jute, pois Dida se perdeu sem culpa de Ricardo;

(D) resolverá o pacto estabelecido com Ricardo, sem perdas e danos;

(E) deverá escolher outra peça, ainda que não seja Jute.

A: incorreta, pois no ato da reserva ficou claro que Jaqueline iria levar uma ou outra. Temos uma obrigação de entregar coisa certa, cuja faculdade de escolha cabia a credora. Uma vez que a possibilidade de escolha se perdeu por culpa do devedor, Jaqueline não pode ser obrigada a ficar com o quadro, ainda que seja mais valioso (art. 313 CC); **B:** correta, pois Dida se perdeu por culpa de Ricardo, afinal, ele intencionalmente vendeu a peça. Assim, Jaqueline pode exigir dele o valor equivalente mais perdas e danos (art. 234 CC, parte final); **C:** incorreta, pois Dida se perdeu com culpa de Ricardo. Logo, Jaqueline não tem o dever de pagar nada, mas sim o direito de receber (art. 235 CC); **D:** incorreta, pois Jaqueline tem o direito ao valor equivalente à peça mais perdas e danos; **E:** incorreta, pois ela não tem dever algum de escolher outra peça. Na verdade, tem o direito de exigir o valor equivalente de Dida mais perdas e danos (art. 234 CC). 🅶🆁

Gabarito "B".

3.2. Transmissão das obrigações

(Analista – TJ/AM – 2013 – FGV) Maria emprestou R$ 5.000,00 para Cláudia. Uma semana antes do vencimento da obrigação, Cláudia procura Maria propondo que o pagamento seja feito por meio de uma cessão do crédito a alimentos que ela possui com José (pai de Cláudia), avaliado em R$ 20.000,00.

A partir da situação hipotética, assinale a afirmativa correta.

(A) Não é possível a cessão de créditos, pois o direito a alimentos é incessível por expressa vedação legal.

(B) Não é possível a cessão de créditos, pois o valor devido por Maria é menor do que o crédito que ela tem com José.

(C) Somente será possível a cessão de créditos, caso José concorde com a substituição da credora.

(D) Somente será possível a cessão de créditos após o vencimento da dívida, por expressa determinação legal.

(E) Somente será possível a cessão de créditos, caso Maria tenha alguma relação de parentesco com José.

A assertiva correta é a alternativa "A", pois a lei veda expressamente a possibilidade de cessão do crédito alimentar (art. 1.707 do CC). Daí, todas as demais alternativas ficam automaticamente excluídas. 🅰🅶

Gabarito "A".

(Analista – TJ/ES – 2011 – CESPE) Julgue o seguinte item.

(1) O crédito é um direito que pode ser cedido pelo seu titular (credor). Entretanto, a cessão de crédito, em regra, dependerá da anuência tanto do cessionário quanto do devedor.

1: incorreta, pois a cessão de crédito não depende da anuência do devedor, mas tão somente da notificação deste acerca da cessão efetuada (art. 290 do CC). 🅰🅶

Gabarito 1E

3.3. Adimplemento e extinção das obrigações

(Analista Judiciário – TRE/PE – CESPE – 2017) Assinale a opção correta no que se refere ao adimplemento das obrigações.

(A) O pagamento feito por terceiro ao credor não obriga o reembolso pelo devedor, se este tiver ciência da prescrição da pretensão do credor e se opuser ao adimplemento.

(B) Caso haja dúvida quanto ao fato de o terceiro ter efetuado pagamento em nome próprio ou do devedor, presume-se que o tenha feito em nome do devedor.

(C) Embora a quitação seja um direito subjetivo do devedor, ele não pode reter o pagamento como forma de compelir o credor a fornecer-lhe o recibo.

(D) Caso sejam designados dois ou mais lugares para o pagamento, a escolha do local para efetuá-lo caberá ao devedor, em exceção à regra geral de que o pagamento seja efetuado no domicílio do credor.

(E) O terceiro não interessado que paga a dívida, em nome próprio, se sub-roga nos direitos do credor.

A: correta, pois "O pagamento feito por terceiro, com desconhecimento ou oposição do devedor, não obriga a reembolsar aquele que pagou, se o devedor tinha meios para ilidir a ação" (CC, art. 306); B: incorreta, pois não existe tal presunção no Código Civil; C: incorreta, pois: "O devedor que paga tem direito a quitação regular, e pode reter o pagamento, enquanto não lhe seja dada" (CC, art. 319); D: incorreta, pois nessa hipótese a escolha cabe ao credor (CC, art. 327, parágrafo único); E: incorreta, pois o terceiro não interessado tem apenas direito de regresso simples, o qual não se confunde com a sub-rogação. Apenas o terceiro interessado tem sub-rogação nos direitos do credor (CC, art. 305). **GN**
Gabarito "A".

(Analista Judiciário – TRF/2 – Consulplan – 2017) Conforme leciona o doutrinador Humberto Dalla Bernardinade Pinho: "a ação de consignação em pagamento é um instituto criado pelo direito processual apenas para regular o procedimento de eficácia liberatória do pagamento sem que haja, necessariamente, a transferência do bem ao credor, tanto que o pagamento por consignação é regulado nos Arts. 334 a 345 do Código Civil." Sobre o mencionado procedimento especial previsto pelo Novo Código de Processo Civil de 2015, assinale a alternativa INCORRETA.

(A) A consignação será requerida no lugar do pagamento, cessando para o devedor, à data do depósito, os juros e os riscos, salvo se a demanda for julgada improcedente.

(B) Na contestação da ação de consignação em pagamento, o réu poderá alegar que o depósito não é integral, mas tal alegação somente será admissível se ele indicar o montante que entende devido.

(C) Conforme entendimento do Superior Tribunal de Justiça, diante do rito especial previsto para a ação de consignação e pagamento, torna-se inviável a cumulação do pedido consignatório com outros pedidos no mesmo processo.

(D) São também legitimados a propor a ação de consignação em pagamento, nos casos previstos em lei, o terceiro juridicamente interessado na extinção da dívida e o terceiro não interessado que aja em nome e à conta do devedor.

A: correta, pois de plena conformidade com o estabelecido pelo artigo 540 do Código de Processo Civil, B: correta, pois a assertiva reproduz o disposto no art. 544, parágrafo único do Código de Processo Civil; C: incorreta, pois o STJ já pacificou o entendimento segundo o qual "se admite a cumulação dos pedidos de revisão de cláusulas do contrato e de consignação em pagamento das parcelas tidas como devidas por força do mesmo negócio jurídico e de que quando o autor cumula pedidos que possuem procedimentos judiciais diversos, implicitamente requer o emprego do procedimento ordinário" (REsp616.357/PE, Rel. Ministro Carlos Alberto Menezes Direito, Terceira Turma, julgado em 07/06/2005, DJ 22/08/2005, p.263); D: correta, pois de acordo com o permissivo legal do art. 539 do CPC. **GN**
Gabarito "C".

(Analista Judiciário – TRT/8ª – 2016 – CESPE) Em cada uma das seguintes opções, é apresentada uma situação hipotética seguida de uma assertiva a ser julgada acerca de institutos relacionados ao adimplemento e à extinção das obrigações. Assinale a opção que apresenta a assertiva correta.

(A) César, que deve a Caio a quantia correspondente a R$ 1.000,passa por situação de dificuldade financeira, razão por que Caio resolveu perdoar-lhe a dívida. Nessa situação, a remissão,que tem o único objetivo de extinguir a dívida, independe da aceitação de César.

(B) Márcio contraiu duas dívidas com Joana, nos valores de R$ 300 e R$ 150, com vencimento, respectivamente, em20/12/2015 e em 5/1/2016; em 10/1/2016, Márcio entregou a Joana R$ 150, mas não indicou qual dívida desejava saldar.Joana tampouco apontou qual dívida estava sendo quitada.Nessa situação, presume-se que o pagamento refere-se à dívida vencida em 5/1/2016, já que o valor entregue importa em sua quitação integral.

(C) João contraiu obrigação, tornando-se devedor de Pedro, mas nada foi estabelecido quanto ao local do efetivo cumprimento da obrigação. Nessa situação, considera-se o local de cumprimento a casa do credor, uma vez que, na ausência de estipulação do local de pagamento, se presume que a dívida é portável (*portable*).

(D) Mário, estando obrigado a pagar R$ 50.000 a Paulo,ofereceu-lhe, na data do pagamento, um veículo para solver a dívida, o que foi aceito por Paulo, que, após receber o veículo,teve que entregá-lo a um terceiro em decorrência de uma ação de evicção. Nessa situação, como Paulo foi evicto da coisa recebida em pagamento, será restabelecida a obrigação primitiva.

(E) Ana tem uma dívida já prescrita no valor de R$ 300 com Maria, que, por sua vez, deve a quantia de R$ 500, vencida recentemente, a Ana. Nessa situação, ainda que sem a concordância de Ana, Maria poderá compensar as dívidas e pagar a Ana apenas R$ 200, porquanto, embora prescrita, a dívida de Ana ainda existe e é denominada obrigação moral.

A: incorreta, pois o perdão (remissão) da dívida pelo credor depende de aceitação do devedor (CC, art. 385); B: incorreta, pois, se não houve indicação (imputação) de qual dívida estava sendo quitada, nem pelo credor, nem pelo devedor, a lei imputa na mais antiga (CC, art. 355); C: incorreta, pois, como regra geral, o lugar do pagamento é o domicílio do devedor (CC, art. 327); D: correta. O enunciado traz hipótese de dação em pagamento e posterior evicção, ou seja, o credor aceita a coisa em pagamento e posteriormente a perde, pois terceiro demonstrou ser o verdadeiro dono da *res*. Nesse caso, a solução dada pela lei é exatamente o restabelecimento da obrigação primitiva (CC, art. 359);

E: incorreta, pois não se efetua compensação quando uma das dívidas já está prescrita (CC, art. 190). GN

Gabarito "D".

(Analista Jurídico – TCE/PR – 2016 – CESPE) Carlos se obrigou a entregar a Roberto um automóvel fabricado em 1970, mas, diante da dificuldade de adimplemento, ficou acordada a substituição da obrigação pela entrega de um veículo zero km fabricado no corrente ano.

Nessa situação hipotética, de acordo com o Código Civil, ocorreu uma

(A) compensação.

(B) novação.

(C) sub-rogação convencional.

(D) transação.

(E) remissão.

A: incorreta, pois a compensação exige créditos recíprocos, o que não está presente na hipótese (CC, art. 368); **B:** correta, pois se extinguiu a primeira obrigação (*de entregar automóvel fabricado em 1970*) visando criar uma nova obrigação (*entregar veículo zero km fabricado no corrente ano*). Tal novação alterou o objeto obrigacional, assim levando o nome de novação objetiva (CC, art. 360); **c:** incorreta, pois a sub-rogação convencional exige a substituição do sujeito ativo nas hipóteses do art. 347 do Código Civil; **D:** incorreta, pois não houve prevenção de litígios por concessões recíprocas (CC, art. 840); **E:** incorreta, pois a remissão é o perdão da dívida por parte do credor (CC, art. 385). GN

Gabarito "B".

(Analista – TRT/11ª – 2012 – FCC) De acordo com o Código Civil brasileiro, o pagamento feito de boa-fé ao credor putativo é

(A) inválido, desde que seja arguida a nulidade no prazo decadencial de dois anos contados do pagamento.

(B) válido, exceto se provado depois que não era credor.

(C) inválido em qualquer hipótese podendo ser arguida a qualquer momento.

(D) válido, ainda provado depois que não era credor.

(E) inválido, desde que seja arguida a nulidade no prazo decadencial de um ano contado do pagamento.

A assertiva correta é a alternativa "D", na medida em que o pagamento feito ao credor putativo é válido, ainda provado depois que não era o credor (art. 309 do CC). AG

Gabarito "D".

(Analista – TRE/CE – 2012 – FCC) No tocante ao adimplemento e extinção das obrigações, segundo o Código Civil brasileiro, é certo que

(A) é lícito convencionar o aumento progressivo de prestações sucessivas.

(B) sendo a quitação do capital sem reserva dos juros, estes não se presumem pagos.

(C) a entrega do título ao devedor, em regra, não firma a presunção do pagamento.

(D) em regra, quando o pagamento for em quotas periódicas, a quitação da última não estabelece a presunção de estarem solvidas as anteriores.

(E) o devedor que paga tem direito a quitação regular, mas não pode reter o pagamento, enquanto não lhe seja dada.

A: correta, nos termos do art. 316 do CC; **B:** incorreta, pois nesse caso os juros presumem-se pagos, nos termos do art. 323 do CC; **C:** incorreta, pois a entrega do título ao devedor firma a presunção do pagamento, nos termos do art. 324 do CC; **D:** incorreta, pois quando o pagamento for em quotas periódicas, a quitação da última estabelece, até prova em contrário, a presunção de estarem solvidas as anteriores, nos termos do art. 322 do CC; **E:** incorreta, pois o devedor que paga tem direito a quitação regular, e pode reter o pagamento, enquanto não lhe seja dada, nos termos do art. 319 do CC. AG

Gabarito "A".

3.4. Inadimplemento das obrigações

(Analista – TJ/PR – 2009 - TJ/PR) A mora *ex re*

(A) é mora do devedor e se não houver estipulação de termo certo para a execução da relação obrigacional será imprescindível que o credor tome certas providências para constituir o devedor em mora.

(B) é mora do devedor, decorrente de lei, resultando do próprio fato do descumprimento da obrigação, independendo, portanto, de provocação do credor.

(C) é modalidade de mora do credor.

(D) é aquela a que não se aplica a regra *dies interpellat pro homoine*, ou seja, a de que o termo interpela em lugar do credor, pois a *lex* ou *dies* assumirão o papel de intimação.

(E) é a injusta recusa de aceitar o adimplemento da obrigação no tempo, lugar e forma devidos.

Prevista no art. 397 do CC, a norma cuida da mora automática, ou mora *ex re*, vale dizer, encontra-se na própria coisa (*in re ipsa*), independendo de notificação ou interpelação para constituir-se o devedor em mora. O só fato do inadimplemento constitui o devedor, automaticamente, em mora. AG

Gabarito "B".

(Analista - TRT1 - 2018 - AOCP) Tício, empreiteiro, realizou contrato de prestação de serviços com Mévio. O instrumento contratual dispunha a obrigação de Tício em construir um muro, no prazo de 5 (cinco) dias, em volta de todo o terreno onde se encontra construída a casa de Mévio. O contrato previa que a contraprestação pelo serviço realizado seria o pagamento, em dinheiro, de Mévio para Tício, no valor R$ 10.000,00 (dez mil reais) no prazo de 10 (dez) dias após concluída toda a construção, sob pena de 10% de multa sobre o valor do serviço. Restou acordado, ainda, que Mévio forneceria os materiais necessários para a conclusão da obra. Diante das situações hipotéticas a seguir, assinale a alternativa que condiz com o disposto na legislação civil.

(A) Caso Mévio não cumpra com sua obrigação, os ônus do não cumprimento incluem: multa contratual, correção/atualização monetária e juros remuneratórios.

(B) Se Tício não cumprir com sua obrigação no prazo contratual e a prestação se tornar inútil a Mévio em razão de contratação de outro profissional para tanto, poderá Mévio rejeitar a prestação e cancelar o contrato, o que lhe impedirá de requerer que as perdas e danos que eventualmente tenha sofrido sejam satisfeitas.

(C) Caso Mévio pratique ato que impeça Tício de realizar os serviços no prazo estipulado, este não incorrerá em mora e poderá, ainda, requisitar em juízo o que eventualmente possa ter efetivamente deixado de lucrar.

(D) Em caso de a obrigação pelo fornecimento dos materiais não constar estipulada no contrato, a obrigação será sempre do empreiteiro, por assim decorrer do disposto na legislação civil sobre o contrato de empreitada.

(E) Em razão da vinculação pessoal e especificidade da produção técnica, apenas o empreiteiro que elabora o projeto pode executá-lo, evitando assim divergências interpretativas, sendo que, em caso de necessidade de execução por outro profissional empreiteiro, outro projeto deve ser elaborado.

A: incorreta, pois caso Mévio não cumpra com sua obrigação deverá arcar com os prejuízos a que sua mora der causa, mais juros moratórios, atualização dos valores monetários segundo índices oficiais regularmente estabelecidos, e honorários de advogado (art. 395, *caput*, CC). Importante ressaltar que não se trata de juros remuneratórios, pois estes consistem no ressarcimento pelo uso consentido de capital pertencente a outra pessoa, visando reparar as perdas e danos decorrentes dos lucros cessantes que o credor experimentou, em razão da privação de seu capital. Já os juros moratórios são aqueles que decorrem de um pagamento que se faz em desacordo à data, modo ou forma previstos, pois entende-se que se descumpriu uma obrigação (arts. 406 e 407 CC); **B:** incorreta, pois se a prestação se tornar inútil por culpa de Tício, Mévio pode rejeitar a prestação, cancelar o contrato e exigir a satisfação das perdas e danos (art. 395, parágrafo único, CC); **C:** correta, nos termos dos arts. 396 e 402 parte final CC. A mora não ocorre para Tício, pois o inadimplemento na hipótese em questão se deu por culpa de Mévio. Logo, Tício não poderá ser prejudicado; **D:** incorreta, pois a obrigação de fornecer os materiais não se presume; resulta da lei ou da vontade das partes (art. 610, § 1º, CC); **E:** incorreta, pois o contrato para elaboração de um projeto não implica a obrigação de executá-lo, ou de fiscalizar-lhe a execução (art. 610, § 2º CC). Logo, não necessariamente o empreiteiro que faz o projeto é aquele que a realiza. **GR**
Gabarito "C".

3.5. Atos unilaterais, preferências e privilégios creditórios

(Oficial de Justiça – TJ/SC – 2010 - TJ/PR) Nos moldes do Código Civil, NÃO constitui um privilégio geral sobre os bens do devedor:

(A) Crédito por despesas de salvamento da coisa.

(B) Crédito por despesas de funeral do devedor.

(C) Crédito pelos salários dos empregados domésticos do devedor nos seus derradeiros seis meses de vida.

(D) Crédito decorrente de impostos devidos à Fazenda Pública no ano corrente e anterior.

(E) Crédito por custas judiciais.

A: correta, trata-se de privilégio especial sobre a coisa salvada (art. 964, II, do CC); **B a E:** incorretas, são hipóteses de privilégio geral sobre os bens do devedor (art. 965 do CC). **AG**
Gabarito "A".

3.6. Enriquecimento sem causa

(Analista – TRT/24ª – 2011 – FCC) A respeito do enriquecimento sem causa, considere:

I. Aquele que, sem justa causa, se enriquecer à custa de outrem, será obrigado a restituir o indevidamente auferido, pelo valor da data em que ocorreu o enriquecimento.

II. Se o enriquecimento tiver por objeto coisa determinada, quem a recebeu é obrigado a restituí-la, e, se a coisa não mais subsistir, a restituição se fará pelo valor do bem da época em que ocorreu o enriquecimento.

III. A restituição do indevidamente auferido será devida quando a causa que justificou o enriquecimento deixou de existir.

Está correto o que consta APENAS em

(A) II e III.

(B) I e II.

(C) I e III.

(D) III.

(E) II.

I: incorreta, pois será obrigado a restituir o indevidamente auferido, *com atualização monetária* (art. 884 do CC); **II:** incorreta, pois a restituição se fará pelo valor do bem *na época em que foi exigido* (art. 884, parágrafo único, do CC); **III:** correta (art. 885 do CC). **AG**
Gabarito "D".

4. CONTRATOS

4.1. Teoria geral dos contratos

(Analista Judiciário – TJ/MT – UFMT – 2016) Considerando o disposto no Código Civil vigente no que diz respeito aos contratos, é correto afirmar:

(A) A coisa recebida em virtude de contrato comutativo não pode ser enjeitada por defeitos ocultos que lhe diminuam o valor.

(B) O contrato preliminar pode ser desfeitos e o estipulante não der execução ao pactuado, não cabendo perdas e danos.

(C) O evicto tem direito à restituição integral das quantias que pagou, salvo estipulação em contrário.

(D) Nos contratos bilaterais, qualquer dos contratantes pode exigir o cumprimento do outro antes de cumprida a sua obrigação.

A: incorreta, pois a regra prevista no art. 441 do Código Civil é rigorosamente inversa. "A coisa recebida em virtude de contrato comutativo pode ser enjeitada por vícios ou defeitos ocultos, que a tornem imprópria ao uso a que é destinada, ou lhe diminuam o valor"; **B:** incorreta, pois nessa hipótese é admitido o pedido de perdas e danos (CC, art. 465); **C:** correta, pois – como regra – o evicto faz jus ao recebimento integral do que pagou. O próprio Código Civil (art. 448) admite a cláusula contratual que reforça, atenua ou exclui a garantia contra a evicção; **D:** incorreta, pois nenhum dos contratantes pode exigir o cumprimento do outro antes de cumprida a sua própria obrigação (CC, art. 476). **GN**
Gabarito "C".

4.1.1. Disposições preliminares

(Analista Judiciário – TRT/24 – FCC – 2017) À luz do Código Civil, no que concerne aos contratos em geral,

(A) havendo estipulação em favor de terceiro, se ao terceiro, em favor de quem se fez o contrato, se deixar o direito de reclamar-lhe a execução, poderá o estipulante exonerar o devedor.

(B) encaminhada uma proposta de contrato pelo proponente, a aceitação fora do prazo, com adições, restrições, ou modificações, não importará nova proposta.

(C) o contrato preliminar deve conter todos os requisitos essenciais ao contrato a ser celebrado, observando inclusive a sua forma.

(D) as partes podem, por cláusula expressa, reforçar ou diminuir a responsabilidade pela evicção, mas jamais exclui-la.

(E) a proposta feita sem prazo por telefone deixa de ser obrigatória se não foi imediatamente aceita.

A: incorreta, pois o estipulante não tem o direito de exonerar o devedor (CC, art. 437); **B:** incorreta, pois tais medidas acarretam nova proposta (CC, art. 431); **C:** incorreta, pois o contrato preliminar deve conter todos os requisitos essenciais ao contrato a ser celebrado, exceto no que se refere à forma; **D:** incorreta, pois o Código Civil admite a cláusula que exclui a responsabilidade pela evicção (CC, art. 448); **E:** correta, pois de acordo com a previsão do CC, art. 428, I. GN
Gabarito "E".

(Analista Jurídico – TCE/PR – 2016 – CESPE) Acerca da disciplina dos contratos no Código Civil, assinale a opção correta.

(A) Se coisa recebida em virtude de contrato comutativo for enjeitada por defeito oculto que lhe diminua o valor, o alienante terá de restituir o que receber, acrescido de perdas e danos, ainda que desconheça o vício.

(B) A ausência de fixação de preço em determinado contrato de compra e venda de material de construção tornaria nulo o referido contrato.

(C) Decretada judicialmente a nulidade de um contrato por ter a prestação do devedor se tornado excessivamente onerosa, a sentença terá efeito a partir de sua publicação.

(D) Sob pena de nulidade, o contrato preliminar deve observar a mesma forma prescrita em lei para a celebração do contrato definitivo.

(E) Aprovado o projeto, é lícito ao proprietário da obra introduzir modificações de pequena monta sem anuência do autor, ainda que a execução tenha sido confiada a terceiro por contrato de empreitada.

A: incorreta, pois, na hipótese de vício redibitório, só haverá direito a pleitear perdas e danos caso o alienante tivesse ciência do vício (CC, art. 443); **B:** incorreta, pois, na "*venda sem fixação de preço ou de critérios para a sua determinação, [...] entende-se que as partes se sujeitaram ao preço corrente nas vendas habituais do vendedor*" (CC, art. 488); **C:** incorreta, pois nesse caso os efeitos da sentença retroagem até a data da citação (CC, art. 478); **D:** incorreta, pois o contrato preliminar deve conter todos os requisitos essenciais ao contrato a ser celebrado, salvo no que se refere à forma; **E:** correta, pois o art. 621, parágrafo único, do Código Civil admite as: "*alterações de pouca monta*". GN
Gabarito "E".

(Analista – STF – 2013 – CESPE) A respeito dos contratos, julgue o item seguinte.

(1) A teoria do substancial adimplemento visa impedir o uso desequilibrado, pelo credor, do direito de resolução, preterindo desfazimentos desnecessários em prol da preservação do acordado, com vistas à realização de princípios como o da boa-fé objetiva e o da função social dos contratos.

Correta, pois por meio dessa teoria visa-se preservar o contrato que já foi substancialmente adimplido. Neste passo, havendo adimplemento

substancial da avença, as perdas e danos deverão equitativas à parcela não atendida, respeitando-se sempre a razoabilidade. Neste contexto, cita-se o Enunciado n. 361 JDC/CJF: O adimplemento substancial decorre dos princípios gerais contratuais, de modo a fazer preponderar a função social do contrato e o princípio da boa-fé objetiva, balizando a aplicação do art. 475. GR
Gabarito 1C.

(Analista – TJ/AM – 2013 – FGV) A respeito dos contratos, analise as afirmativas a seguir.

I. O direito positivo brasileiro prevê a liberdade de forma para realização dos contratos, por expressa previsão legal.

II. Nos negócios jurídicos *ad probationem*, a forma é considerada requisito de validade, podendo o negócio ser considerado inválido.

III. A regra da liberdade de forma só admite exceções expressamente previstas em lei.

Assinale:

(A) se somente a afirmativa III estiver correta.

(B) se somente as afirmativas I e III estiverem corretas.

(C) se somente a afirmativa II estiver correta.

(D) se somente as afirmativas II e III estiverem corretas.

(E) se somente a afirmativa I estiver correta.

I e III: corretas (art. 107 do CC); II: incorreta, pois nos negócios jurídicos *ad probationem a forma é importante apenas para efeito de prova. Já nos negócios jurídicos ad solemnitatem*, a forma é considerada requisito de validade sob pena de nulidade, ex.: art. 108 do CC. AG
Gabarito "B".

4.1.2. Formação dos contratos

(Analista – TRF/3ª Região – 2014 – FCC) Em determinado contrato, o fiador renunciou expressamente ao benefício de ordem. O credor está executando o contrato em razão da dívida não paga requerendo a penhora de imóvel de propriedade do fiador, apesar do devedor ser proprietário de diversos imóveis. Neste caso,

(A) a renúncia ao benefício de ordem é lícita e permitida pelo Código Civil brasileiro.

(B) a renúncia ao benefício de ordem é nula, uma vez que o fiador possui o direito de exigir, até contestação da lide, que seja executado, primeiramente, os bens do devedor.

(C) a renúncia ao benefício de ordem é anulável, uma vez que o fiador possui o direito de exigir, até contestação da lide, que seja executado, primeiramente, os bens do devedor.

(D) o fiador somente possui o direito de exigir que sejam executados, primeiramente, os bens do devedor se houver bens sitos no mesmo município em que tramita a execução, livres e desembargados.

(E) o fiador somente possui o direito de exigir que sejam executados, primeiramente, os bens do devedor se houver bens sitos no mesmo município na qual foi celebrado o contrato de locação, livres e desembargados.

A: correta (art. 828, I, do CC); **B** e **C:** incorretas, pois a renúncia ao benefício de ordem é válida, desde que expressamente manifestada. Ademais, o enunciado não relatava nenhum tipo de vício no que tange a exteriorização da vontade em renunciar. Assim, os bens do fiador podem ser diretamente atingidos (art. 828, I, do CC); D e E: incorretas, pois o fiador apenas tem esse direito se não houver renunciado ao benefício de ordem (art. 827, parágrafo único do CC). Se houve renúncia, é irrelevante saber se os bens do locatário estão localizados no município onde tramita e execução ou onde foi celebrado o contrato. **MP**

Gabarito "A".

4.1.3. Vícios redibitórios

(Analista – TRT/14ª – 2011 – FCC) Se a coisa recebida em virtude de contrato comutativo apresentar defeitos ocultos que a tornem imprópria ao uso a que é destinada ou lhe diminuam o valor,

(A) o alienante sabendo do vício ou defeito da coisa, deverá devolver ao comprador o dobro do que recebeu e o dobro das perdas e danos.

(B) o alienante desconhecendo o vício ou defeito da coisa, deverá devolver ao comprador o valor recebido, as despesas do contrato, além de perdas e danos.

(C) o adquirente decai do direito de obter a redibição ou abatimento no preço, no prazo de um ano, se a coisa for imóvel, contado da entrega efetiva.

(D) a responsabilidade do alienante não subsiste se a coisa perecer em seu poder por vício oculto já existente ao tempo da tradição.

(E) o prazo para o adquirente obter a redibição ou abatimento no preço conta-se da alienação, ficando reduzido a um terço se já estava na posse da coisa.

A: incorreta, pois o alienante, sabendo do vício da coisa, restituirá o que recebeu e pagará perdas e danos (art. 443 do CC); **B:** incorreta, pois o alienante, não sabendo do vício da coisa, estará sujeito à redibição do contrato (extinção deste, com devolução do valor pago, mais despesas do contrato) ou a ter de fazer um abatimento no preço da coisa (arts. 441 e 442 do CC); **C:** correta (art. 445 do CC); **D:** incorreta, pois a responsabilidade subsiste sim nesse caso (art. 444 do CC); **E:** incorreta, pois fica reduzido à metade nesse caso (art. 445, *caput* do CC). **AG**

Gabarito "C".

(Analista – TRT/20ª – 2011 – FCC) Tício vendeu uma coleção de livros jurídicos a Cícero, sendo que, três meses depois, o comprador descobriu que um dos livros apresentava defeito oculto e estava em branco. Nesse caso, Cícero

(A) não poderá rejeitar a coleção porque já foi ultrapassado o prazo máximo de trinta dias da data da celebração do contrato.

(B) poderá rejeitar a coleção e reclamar abatimento no preço.

(C) só poderá rejeitar a coleção se o alienante conhecia o vício e não avisou o comprador no ato da venda.

(D) não poderá rejeitar a coleção, porque o defeito oculto de uma das coisas vendidas em conjunto não autoriza a rejeição de todas.

(E) poderá rejeitar a coleção e pleitear indenização por perdas e danos.

A: incorreta, pois quando o vício, por sua natureza, for daqueles que só podem ser conhecido mais tarde, o prazo contar-se-á do momento em que o comprador dele tiver ciência, até o prazo máximo de 180 dias, em se tratando de bem móvel (art. 445, § 1º, do CC); **B:** incorreta, porque se deve escolher uma coisa *ou* outra (arts. 441 e 442 do CC); **C:** incorreta, pois o fato do alienante saber do vício

não é necessário para a configuração dos direitos do comprador, tratando-se de mera situação de agravamento da situação do alienante, que terá, também, de arcar com perdas e danos (art. 443 do CC); **D:** correta, não sendo razoável que haja a rejeição de tudo, sob pena de abuso de direito; **E:** incorreta, pois as perdas e danos só são devidas se o alienante sabe do vício da coisa, circunstância não relatada no enunciado da questão. **AG**

Gabarito "D".

4.1.4. Evicção

(Analista – TJ/SE – 2009 – FCC) A respeito dos contratos em geral, é correto que

(A) o que estipula em favor de terceiro não pode exigir o cumprimento da obrigação.

(B) se o contrato tiver por objeto a herança de pessoa viva, deverá, obrigatoriamente, ser feito por instrumento público.

(C) podem as partes, por cláusula expressa, reforçar, diminuir ou excluir a responsabilidade pela evicção.

(D) pode o adquirente demandar pela evicção mesmo sabendo que a coisa era alheia ou litigiosa.

(E) é vedado às partes celebrar contratos atípicos, ainda que observadas as normas gerais fixadas no Código Civil.

A: incorreta (art. 436 do CC); **B:** incorreta (art. 426 do CC); **C:** correta (art. 448 do CC); **D:** incorreta (art. 457 do CC); **E:** incorreta (art. 425 do CC). **AG**

Gabarito "C".

4.1.5. Classificação dos contratos

(Analista – TRE/AC – 2010 – FCC) Considere as seguintes assertivas a respeito do contrato aleatório:

I. Se o contrato for aleatório, por dizer respeito a coisas ou fatos futuros, cujo risco de não virem a existir um dos contratantes assuma, terá o outro direito de receber integralmente o que lhe foi prometido, desde que de sua parte não tenha havido dolo ou culpa, exceto se nada do avençado venha a existir.

II. Se for aleatório o contrato, por se referir a coisas existentes, mas expostas a risco, assumido pelo adquirente, terá igualmente direito o alienante a todo o preço, posto que a coisa já não existisse, em parte ou de todo, no dia do contrato.

III. Se for aleatório, por serem objeto dele coisas futuras, tomando o adquirente a si o risco de virem a existir em qualquer quantidade, terá também direito o alienante a todo o preço, desde que de sua parte não tiver concorrido culpa, ainda que a coisa venha a existir em quantidade inferior à esperada.

De acordo com o Código Civil brasileiro, está correto o que se afirma APENAS em

(A) I.

(B) I e II.

(C) I e III.

(D) II.

(E) II e III.

I: incorreta, pois se o contrato for aleatório, por dizer respeito a coisas ou fatos futuros, cujo risco de não virem a existir um dos contratantes assuma, terá o outro direito de receber integralmente o que lhe foi

prometido, desde que de sua parte não tenha havido dolo ou culpa, **ainda que nada do avençado venha a existir** (art. 458 do CC); **II**: correta (art. 460 do CC); **III**: correta (art. 459, *caput*, do CC). AG
Gabarito "E".

(Analista – TJ/ES – 2011 – CESPE) Julgue o seguinte item.

(1) Os negócios jurídicos bilaterais são onerosos, pois ambas as partes auferem benefícios. Nesse sentido, é correto afirmar que a exceção de contrato não cumprido é aplicável a todo negócio jurídico oneroso.

1: incorreta, pois a classificação dos negócios em unilaterais e bilaterais leva em conta critério do número de vontades necessárias para a formação do contrato; quando, para a formação deste, faz-se necessário apenas uma vontade (ex.: testamento), o negócio é unilateral; ao contrário, o negócio pode ser bilateral (duas vontades) ou plurilateral (mais de duas vontades); uma doação sem encargo, por exemplo, é negócio jurídico bilateral, pois é necessária a emissão de duas declarações de vontade para a formação desse contrato; porém, na doação sem encargo apenas uma das partes aufere benefício, o que demonstra a incorreção da afirmação; já classificação dos contratos em unilaterais e bilaterais leva em conta outro critério, qual seja, quais partes têm obrigações; o contrato é unilateral quando apenas uma das partes têm obrigações, e bilateral, quando ambas as têm; a exceção de contrato não cumprido só se aplica a contratos bilaterais, não havendo relação com o negócio jurídico oneroso ou não. AG
Gabarito 1E.

4.1.6. Extinção dos contratos

João, mediante contrato firmado, prestava assistência técnica de computadores à empresa de Mário. João e Mário, por mútuo consenso, resolveram por fim à relação contratual.

(Analista – TJ/CE – 2013 – CESPE) Nessa situação hipotética, considerando o que dispõe a doutrina majoritária sobre a matéria, caracterizou-se a

(A) resolução bilateral do contrato.
(B) revogação do contrato.
(C) anulação do contrato.
(D) inexistência contratual.
(E) resilição bilateral do contrato.

A: incorreta, pois por meio da resolução ocorre a extinção do contrato por inexecução contratual ou onerosidade excessiva. Em ambos os casos, não há falar-se em vontade das partes; **B:** incorreta, pois a revogação advém da resilição unilateral do contrato, em que um dos contratantes não mais deseja continuar com a avença; **C:** incorreta, pois a anulação do contrato se dá por meio de uma decisão desconstitutiva do Poder judiciário, com efeitos "ex nunc"; **D:** incorreta, pois o contrato existe, vez que possui agente, objeto, forma, vontade e fim negocial; **E:** correta, pois resilição unilateral é a extinção do contrato pela vontade de ambos os contratantes. O elemento essencial diferenciador com a resolução é a vontade. GR
Gabarito "E".

Ricardo comprou uma motocicleta de Manoel, firmando contrato em que não constava nenhuma cláusula expressa sobre a evicção. Após um mês de uso, a motocicleta foi apreendida por um oficial de justiça, que foi à casa de Ricardo cumprir mandado judicial de busca e apreensão fruto de ação judicial. Instado por Ricardo, Manoel declarou desconhecer a ação judicial que originou o referido mandado, alegando que adquiriu a motocicleta de terceiro.

(Analista – TJ/CE – 2013 – CESPE) Considerando essa situação hipotética e o disposto no Código Civil, assinale a opção correta.

(A) Manoel responderá pelo dano somente se for comprovada a sua má-fé.
(B) Ricardo não terá direito à indenização pela perda do veículo, em razão da liberdade de contratar.
(C) Manoel não responderá pelo dano experimentado por Ricardo, haja vista que inexiste medida judicial aplicável a essa situação.
(D) Ricardo deverá demandar judicialmente Manoel, que responderá pela evicção.
(E) Manoel não responderá pelo dano experimentado por Ricardo, porque não tinha conhecimento da ação judicial e do mandado.

A: incorreta, pois Manoel responderá pela evicção, independentemente doa boa ou má-fé, haja vista que não havia no contrato nenhuma cláusula expressa excluindo a garantia (art. 447 do CC); **B:** incorreta, pois a Lei garante a Ricardo o direito de ser indenizado por Manoel, no que tange à restituição integral do preço além de outros itens previstos no art. 450 do CC; **C:** incorreta, pois Ricardo pode ingressar com medida judicial contra Manoel, a fim de ser indenizado (art. 456, *caput*, e art. 450 do CC); **D:** correta, pois o ajuizamento de ação reparatória é plenamente cabível (art. 447 do CC); **E:** incorreta, pois o desconhecimento da ação e do mandado não excluem a responsabilidade de Manoel. Tais vícios apenas têm o condão de prejudicar o ato processual (art. 214, *caput*, do CPC), mas não de invalidar o direito material. GR
Gabarito "D".

4.2. Contratos em espécie

4.2.1. Compra e venda

(Analista Jurídico - TRT2 - FCC - 2018) Sobre o contrato de compra e venda, nos termos estabelecidos pelo Código Civil, é correto afirmar:

(A) Não pode um condômino em coisa indivisível vender a sua parte a estranhos, se outro consorte a quiser, tanto por tanto. O condômino, a quem não se der conhecimento da venda, poderá, depositando o preço, haver para si a parte vendida a estranhos, se o requerer no prazo máximo de noventa dias, sob pena de decadência.
(B) É anulável a venda de descendente a ascendente, salvo se os outros descendentes e o cônjuge do alienante, independentemente do regime de bens do casamento, expressamente houverem consentido.
(C) É lícita a compra e venda entre cônjuges com relação a bens excluídos da comunhão.
(D) A fixação do preço não pode ser deixada ao arbítrio de terceiro, que os contratantes logo designarem ou prometerem designar, havendo expressa vedação legal nesse sentido.
(E) Nas coisas vendidas conjuntamente, o defeito oculto de uma autoriza a rejeição de todas.

A: incorreta, pois o prazo é de 180 dias, e não de 90 dias (art. 504, *caput* CC); **B:** incorreta, pois é anulável a venda de *ascendente a descendente*, salvo se os outros descendentes e o cônjuge do alienante expressamente houverem consentido. Dispensa-se o consentimento do cônjuge apenas se o regime de bens for o da separação obrigatória (art. 496 CC); **C:** correta, art. 499 CC; **D:** incorreta, pois o art. 485 CC prevê que a fixação do preço *pode* ser deixada ao arbítrio de terceiro, que os contratantes logo designarem ou prometerem designar; E: incorreta, pois nas coisas vendidas conjuntamente, o defeito oculto de uma *não autoriza* a rejeição de todas (art. 503 CC). **GR**

Gabarito "C".

(Analista Judiciário – TRT/11 – FCC –2017) Paulo vendeu um automóvel para Pedro, reservando para si a propriedade até que o preço esteja integralmente pago. Tal modalidade de compra e venda denomina-se

(A) venda sujeita a preferência.

(B) venda a contento.

(C) venda sobre documentos.

(D) retrovenda.

(E) venda com reserva de domínio.

A: incorreta, pois a venda sujeita a preferência impõe ao comprador de um bem a obrigação de– na hipótese de querer vender– oferecer ao vendedor pelo mesmo preço e pelas mesmas condições (CC, art. 513); **B**: incorreta, pois a venda a contento só se aperfeiçoará depois que o possível comprador manifestar seu agrado em relação ao bem adquirido (CC, art. 509); **C**: incorreta, pois na venda sobre documentos a tradição da coisa é substituída pela entrega do seu título representativo e dos outros documentos exigidos pelo contrato (CC, art. 529); **D**: incorreta, pois a retrovenda é a cláusula que autoriza o vendedor de um bem a recomprá-lo do comprador pelo mesmo preço além do reembolso das demais despesas (CC, art. 505); **E**: correta, pois na venda com reserva de domínio, o vendedor reserva para si a propriedade, até que o preço esteja integralmente pago (CC, art. 521). **GN**

Gabarito "E".

(Analista Judiciário – TRT/24 – FCC – 2017) Sobre o contrato de compra e venda, nos termos estabelecidos pelo Código Civil, é correto afirmar:

(A) O prazo para exercer o direito de preferência ou preempção não poderá exceder a cinco anos, se a coisa for imóvel.

(B) É anulável a venda de ascendente a descendente sem o consentimento dos outros descendentes e do cônjuge do alienante, independentemente do regime de bens estabelecido para o casamento.

(C) Não pode um condômino em coisa indivisível vender a sua parte a estranhos, se outro consorte a quiser, tanto portanto, observadas as regras estabelecidas pela legislação em vigor.

(D) No contrato de compra e venda com reserva de domínio o vendedor poderá executar a cláusula de reserva de domínio independentemente de constituir o devedor em mora, mediante protesto ou interpelação judicial.

(E) É vedada a fixação pelas partes do preço da coisa à taxa de mercado ou de bolsa em certo e determinado dia e lugar.

A: incorreta, pois tal prazo é de dois anos (CC, art. 513 parágrafo único); **B**: incorreta, pois na venda de ascendente a descendente, a lei dispensa o consentimento do cônjuge quando o regime for o da separação obrigatória de bens (CC, art. 496); **C**: correta, pois a lei de fato estipula tal limitação ao condômino que pretenda vender sua parte ideal (CC, art. 504); **D**: incorreta, pois "o vendedor somente poderá executar a cláusula de reserva de domínio após constituir o comprador em mora, mediante protesto do título ou interpelação judicial" (CC, art. 525); **E**: incorreta, pois tal fixação é admitida pelo art. 486 do Código Civil. **GN**

Gabarito "C".

(Analista – TRT/2ª – 2014 – FCC) Considere as afirmativas relativas à compra e venda:

I. Nulo é o contrato de compra e venda, quando se deixa ao arbítrio exclusivo de uma das partes, a fixação do preço.

II. Salvo cláusula em contrário, ficarão as despesas de escritura e registro a cargo do vendedor, e a cargo do comprador as da tradição.

III. Até o momento da tradição, os riscos da coisa correm por conta do comprador, e os do preço por conta do vendedor.

IV. Não sendo a venda a crédito, o vendedor não é obrigado a entregar a coisa antes de receber o preço.

Está correto o que consta em

(A) III e IV, apenas.

(B) I, II, III e IV.

(C) I e IV, apenas.

(D) II e III, apenas.

(E) I e II, apenas.

I: Correto, de acordo com o art. 489 do CC. A lei proíbe a estipulação arbitrária do preço por um dos contratantes, pois fere a consensualidade do contrato, que deve ser aperfeiçoado por disposição comum de vontades recíprocas; **II**: incorreto, pois viola o art. 490 do CC, visto que não existindo convenção pelos contratantes atinente às despesas do negócio, as de escritura e registro são de responsabilidade do comprador adquirente; **III**: incorreto, afronta o art. 492 do CC, "Até o momento da tradição, os riscos da coisa correm por conta do vendedor, e os do preço por conta do comprador"; **IV**: Correto, de acordo com o texto expresso do art. 491 do CC. Vale dizer, na compra e venda à vista, a entrega da coisa está condicionada ao pagamento imediato do preço. O cumprimento das prestações deve ser recíproco. **MP**

Gabarito "C".

(Analista – TRT/16ª – 2014 – FCC) A respeito da compra e venda, é correto afirmar:

(A) É lícita a compra e venda entre cônjuges, com relação a bens excluídos da comunhão.

(B) Nas coisas vendidas conjuntamente, o defeito oculto de uma autoriza a rejeição de todas.

(C) As despesas com a tradição da coisa móvel correrão por conta do comprador.

(D) Nas vendas a crédito, o vendedor não é obrigado a entregar a coisa antes de receber o preço.

(E) A tradição da coisa vendida, na falta de estipulação em contrário, dar-se-á no domicílio do comprador.

A: Correta, pois de acordo com o art. 499 do CC, é permitida a venda de um cônjuge ao outro, apenas com relação aos bens excluídos da comunhão. Os bens excluídos do regime da comunhão de bens são os relacionados no art. 1.668 do mesmo dispositivo legal; **B**: Errada, pois cuida-se de vício redibitório, que é o vício oculto que incide sobre a coisa tornando-a imprópria ao uso a que se destina ou diminuindo seu valor, em coisas vendidas em conjunto, conforme a interpretação de Agostinho Alvin, o artigo refere-se "... às coisas singulares, ainda que vendidas na mesma ocasião e por um preço só", por exemplo, 200 livros da mesma edição (ALVIM, 1961, p. 112); **C**: Errada, pois as despesas com a tradição ocorrem por conta do vendedor, na falta de estipulação em contrário; **D**: Errada, pois é uma exceção ao princípio do *exceptio tio non adimpleti contractus*, segundo o qual poderia o vendedor reter a coisa até que receba o preço, em caso da venda ter sido à vista, entretanto, nos casos de venda a crédito, a entrega da coisa ocorre antes do pagamento do preço, nos moldes do art. 491 do CC; **E:** Errada, pois o art. 493 do CC diz que: "A tradição da coisa vendida, na falta de estipulação expressa, dar-se-á no lugar onde ela se encontrava, ao tempo da venda". **MP**

Gabarito "A".

(Analista – TRT9 – 2012 – FCC) Quanto à compra e venda,

(A) o preço da coisa deve ser fixado sempre em dinheiro, vedado que se o estabeleça à taxa de mercado ou de bolsa, em certo e determinado dia e lugar.

(B) só pode ter por objeto coisa atual, vedada a transação sobre coisas futuras.

(C) uma vez estabelecida, automaticamente transfere o domínio da coisa ao comprador, que se obriga ao pagamento do preço em dinheiro.

(D) é válido o contrato se for deixada ao arbítrio exclusivo de uma das partes a fixação do apreço, desde que as partes sejam maiores e capazes.

(E) quando pura, o contrato respectivo considerar-se-á consumado, obrigatório e perfeito, desde que as partes acordarem no objeto e no preço.

A: incorreta, pois o art. 486 do CC prevê expressamente que também se poderá deixar a fixação do preço à taxa de mercado ou de bolsa, em certo e determinado dia e lugar; **B:** incorreta, haja vista que não há impedimento de que a transação verse sobre coisas futuras (art. 483 do CC), hipótese em que teremos uma compra e venda de natureza aleatória, regulamentada entre os artigos 458/461 do CC; **C:** incorreta, pois pelo contrato de compra e venda uma das partes se obriga a transferir o objeto (logo, não há transferência automática do domínio) ao comprador, que se obriga ao pagamento do preço em dinheiro (art. 481 do CC); **D:** incorreta, pois é nulo o contrato de compra e venda, quando se deixa ao arbítrio exclusivo de uma das partes a fixação do preço (art. 489 do CC); **E:** correta (art. 482 do CC). **AG**

Gabarito "E".

(Analista – TRT/11ª – 2012 – FCC) Mario, é solteiro, possui três filhos maiores e uma neta também maior. Mario pretende vender uma de suas casas de praia para sua neta. Neste caso, Mário

(A) poderá celebrar contrato de compra e venda com sua neta, mas precisará do consentimento dos seus filhos, com exceção do pai da menina.

(B) poderá celebrar contrato de compra e venda com sua neta, mas precisará do consentimento de todos os seus filhos.

(C) poderá celebrar contrato de compra e venda com sua neta, independentemente do consentimento dos seus filhos.

(D) não poderá celebrar contrato de compra e venda com sua neta, independentemente do consentimento de seus filhos, tendo em vista expressa vedação legal.

(E) poderá celebrar contrato de compra e venda com sua neta, mas precisará apenas do consentimento do filho que é o pai da menina.

Considerando que as partes são maiores e capazes e que a questão não menciona se o bem padece de alguma cláusula restritiva de alienação (inalienabilidade, por exemplo); é perfeitamente possível que a compra e venda seja realizada, desde que com o consentimento de todos os demais descendentes, sob pena de anulabilidade (art. 496, *caput*, do CC). **AG**

Gabarito "B".

(Analista - TRF/4 - FCC - 2019) Patrícia e Beatriz celebraram contrato de compra e venda de um automóvel usado, convencionando que o preço seria fixado por Fernando, o qual, por sua vez, recusou a incumbência. Nesse caso, o contrato

(A) é nulo de pleno direito, pois é vedado atribuir a terceiro a fixação do preço em contrato de compra e venda.

(B) é nulo de pleno direito, pois só se admite atribuir a terceiro a fixação do preço em contratos de compra e venda de coisas fungíveis.

(C) era válido por ocasião da celebração, mas a recusa de Fernando o tornou inválido.

(D) é válido, mas ficará sem efeito por conta da recusa de Fernando, salvo se Patrícia e Beatriz designarem outra pessoa para fixar o preço.

(E) é juridicamente inexistente, pois é vedado atribuir a terceiro a fixação do preço em contrato de compra e venda.

A: incorreta, pois a lei permite que as partes atribuam a terceiro a fixação do preço em contrato de compra e venda (art.485, 1ª parte CC); **B:** incorreta, pois a Lei não faz a restrição de ser apenas em coisas fungíveis (art. 485 CC); **C:** incorreta, pois a recusa de Fernando repercute nos efeitos do contrato e não no campo da validade (art. 485, 2ª parte CC); **D:** correta, pois a recusa de Fernando repercute no campo da eficácia. O contrato ficará sem efeito até que as partes indiquem outra pessoa para fixar o preço (art. 485 CC); **E:** incorreta, pois o contrato é existente e válido. A Lei permite a fixação de preço por terceiros em contrato de compra e venda. (art. 485 CC). **GR**

Gabarito "D".

4.2.2. Doação

(Analista – TRE/AP – 2011 – FCC) João é casado com Maria, com a qual possui dois filhos, Tício e Tobias. Maria, Tobias e Tício descobriram que João doou um bem particular seu para sua amante, Bárbara, com quem possui um relacionamento amoroso. Esta doação poderá ser anulada

(A) por Maria, Tobias e Tício, até seis meses depois de dissolvida a sociedade conjugal.

(B) apenas por Maria, até dois anos depois de dissolvida a sociedade conjugal.

(C) por Maria, Tobias e Tício, até cinco anos depois de dissolvida a sociedade conjugal.

(D) apenas por Tício e Tobias, até cinco anos depois de dissolvida a sociedade conjugal.

(E) por Maria, Tobias e Tício, até dois anos depois de dissolvida a sociedade conjugal.

A doação do cônjuge adúltero ao seu cúmplice pode ser anulada pelo outro cônjuge, ou por seus herdeiros necessários, até dois anos depois de dissolvida a sociedade conjugal (art. 550 do CC). **AG**

Gabarito "E".

(Analista – TRE/SP – 2012 – FCC) Minotauro, empresário milionário, celebrou contrato de doação com seu amigo de infância Aquiles. Através do referido contrato Minotauro doou para Aquiles uma pequena propriedade imóvel, onde ele pudesse organizar seu comitê eleitoral, já que pretende se candidatar nas próximas eleições municipais. O contrato de doação, em regra, é

(A) oneroso, bilateral e solene.

(B) gratuito, bilateral e de natureza real.

(C) gratuito, unilateral e de natureza real.

(D) gratuito, bilateral e de caráter pessoal.

(E) gratuito, unilateral e de caráter pessoal.

A alternativa E está correta pela definição de contrato de doação, que é um contrato gratuito (que apenas uma das partes aufere benefício ou vantagem), unilateral (que cria obrigação unicamente para uma das partes) e de caráter pessoal (celebrados em razão das qualidades pessoais do donatário). **AG**

Gabarito "E".

(Analista – TRE/TO – 2011 – FCC) Na doação não sujeita a encargo, se o doador fixar prazo ao donatário para declarar se aceita ou não a liberalidade e este, ciente do prazo, não a fizer,

(A) deverá o doador celebrar aditivo contratual e notificar por escrito o donatário para que se manifeste dentro de trinta dias.

(B) entender-se-á que aceitou.

(C) entender-se-á que não aceitou.

(D) deverá o doador notificar por escrito o donatário para que se manifeste no prazo improrrogável de 24 horas.

(E) deverá o doador notificar por escrito o donatário para que se manifeste no prazo improrrogável de 48 horas.

O doador pode fixar prazo ao donatário, para declarar se aceita ou não a liberalidade. Desde que o donatário, ciente do prazo, não faça, dentro dele, a declaração, entender-se-á que aceitou, se a doação não for sujeita a encargo (art. 539 do CC). **AG**

Gabarito "B".

(Analista - TJ/SC - FGV - 2018) Paulo e Mônica, pais de Rubens e Carolina, decidem presentear a filha com um de seus imóveis, o que fazem mediante escritura de doação, sem a participação de Rubens.

No caso, esse contrato:

(A) não surte efeito em relação a Rubens, visto que dele não participou;

(B) é nulo, pois Rubens deveria ter subscrito como interveniente anuente;

(C) é inexistente, pois viola o princípio da solidariedade familiar;

(D) deve ser ratificado por Rubens para ganhar eficácia;

(E) é válido, ainda que não tenha contado com a anuência de Rubens.

A: incorreta, pois a doação é válida e eficaz, inclusive com relação a Rubens. Sua participação neste ato é dispensável, pois a lei permite que haja doação de ascendente para descendente, o que será considerado antecipação da legítima (art. 544 CC); **B:** incorreta, pois essa doação não requer a anuência de Rubens (art. 544 CC); **C:** incorreta, pois não há que se falar em vício no campo da existência nem da validade, pois todos os requisitos estão preenchidos, quais sejam: partes maiores e capazes, objeto lícito, possível e determinável e forma prescrita ou não defesa em lei (art. 166 CC); **D:** incorreta, pois o contrato não necessita da ratificação de Rubens para gerar efeitos, pois já plenamente existente, válido e eficaz (art. 544 CC); **E:** correta, nos termos no art. 544 CC. **GR**

Gabarito "E".

4.2.3. Locação

(Analista Judiciário – TRF/2 – Consulplan – 2017) "João, proprietário de uma casa situada na cidade de Belo Horizonte, celebra um contrato de locação do referido imóvel residencial urbano com Mário, o qual figura na relação jurídica na qualidade de locatário. Posteriormente, durante a vigência do contrato, a queda de um raio atinge o quadro de distribuição de energia elétrica da casa, ensejando um incêndio que destrói completamente o imóvel." Conforme as regras contidas no Código Civil de 2002, assinale a alternativa correta.

(A) Ainda que se trate de caso fortuito ou força maior, João poderá pleitear de Mário, que estava na posse do bem, os valores referentes aos aluguéis vencidos e não pagos até o evento danoso, resolvendo-se o contrato locatício.

(B) Aplicar-se-á a máxima da *res perit domino*, ou seja, a coisa perece para o dono. Como Mário encontrava-se na posse direta do bem, deverá suportar os ônus resultantes da destruição da casa, ressarcindo todos os prejuízos suportados por João.

(C) Cuida-se de hipótese de solidariedade legal entre o locador e o locatário, de modo que ambos deverão responder, na mesma medida, pelas perdas e danos resultantes do desastre natural. Saliente-se que Mário poderá descontar do montante devido os valores já pagos a título de aluguel.

(D) João, na qualidade de proprietário e locador do imóvel, não poderia pleitear de Mário um novo imóvel ou seu valor correspondente, mas, com base nos princípios da solidariedade, da eticidade e da boa- fé objetiva que regem o Direito Civil contemporâneo, deverá ser ressarcido a título de perdas e danos pelos prejuízos sofridos.

A: correta, pois os valores já vencidos constituem direito adquirido do locador do imóvel e não guardam relação com o fato danoso superveniente; **B:** incorreta, pois o dono é João e a máxima *res perit domino* não se aplica ao possuidor; **C:** incorreta, pois a destruição do imóvel sem culpa das partes gera obrigação exclusiva ao dono do imóvel, aplicando-se o princípio *res perit domino*; **D:** incorreta, pois tais princípios não justificam a transferência de responsabilidade do dono para o locatário, ainda que parcialmente. **GN**

Gabarito "A".

(Analista Judiciário – TRT/11 – FCC – 2017) No que concerne ao contrato de locação de coisas, considere:

I. Benfeitorias necessárias feitas com expresso consentimento do locador.

II. Benfeitorias necessárias feitas sem expresso consentimento do locador.

III. Benfeitorias úteis feitas com expresso consentimento do locador.

IV. Benfeitorias úteis feitas sem expresso consentimento do locador.

Salvo disposição em contrário, o locatário goza do direito de retenção APENAS em

(A) I, III e IV.

(B) III e IV.

(C) I e III.

(D) I, II e III.

(E) II, III e IV.

No caso de locação de coisas, o locatário goza do direito de retenção das benfeitorias necessárias (com ou sem consentimento do locador) e também no caso de benfeitorias úteis, desde que estas tenham sido feitas" com expresso consentimento do locador" (CC, art. 578). **GN**
Gabarito "D".

(Analista – TRT/20ª – 2011 – FCC) De acordo com o Código Civil brasileiro, no contrato de locação de coisas

(A) a locação por tempo determinado não cessa de pleno direito findo o prazo estipulado, exigindo que o locatário seja notificado.

(B) se o locatário empregar a coisa em uso diverso do ajustado, ou do a que se destina, poderá o locador, além de rescindir o contrato, exigir perdas e danos.

(C) a locação por tempo determinado cessa de pleno direito se ocorrer a morte do locador ou do locatário.

(D) se, findo o prazo, o locatário continuar na posse da coisa alugada, sem oposição do locador, presumir-se-á prorrogada a locação pelo mesmo aluguel e pelo mesmo prazo.

(E) em se tratando de imóvel alienado durante a locação, o locador só poderá despejar o locatário e reaver o imóvel observado o prazo de trinta dias após a notificação.

A: incorreta, pois cessa de pleno direito, não dependendo de notificação ou aviso (art. 573 do CC); **B:** correta (art. 570 do CC); **C:** incorreta, pois, nesse caso, a locação transfere-se aos herdeiros do locador ou locatário por prazo determinado (art. 577 do CC); **D:** incorreta, pois se presumirá prorrogada a locação pelo mesmo aluguel, mas sem o prazo determinado (art. 574 do CC); **E:** incorreta, pois o novo locador só terá direito de despejar o locatório antes do prazo se do contrato de locação não constar cláusula de vigência, e não constar registro; além disso, cumprido o requisito, o locatário observará prazo de 90 dias, e não de 30 dias (art. 576, *caput* e § 2º, do CC). **AG**
Gabarito "B".

4.2.4. Prestação de serviço

(Analista – TRT/11ª – 2012 – FCC) No que concerne a prestação de serviços regida pelo Código Civil brasileiro, sem aprazimento da outra parte, aquele a quem os serviços são prestados

(A) poderá transferir a outrem o direito aos serviços ajustados, desde que haja prévia comunicação para a outra parte com antecedência mínima de 30 dias.

(B) poderá transferir a outrem o direito aos serviços ajustados, bem como o prestador de serviços, poderá dar substituto que os preste.

(C) poderá transferir a outrem o direito aos serviços ajustados, mas não poderá o prestador de serviços dar substituto que os preste.

(D) poderá transferir a outrem o direito aos serviços ajustados, desde que haja prévia comunicação da outra parte com antecedência mínima de 90 dias.

(E) não poderá transferir a outrem o direito aos serviços ajustados e não poderá dar substituto que os preste.

A alternativa correta é a assertiva "E", na medida em que reproduz a redação do art. 605 do CC, *in verbis*: "Nem aquele a quem os serviços são prestados, poderá transferir a outrem o direito aos serviços ajustados, nem o prestador de serviços, sem aprazimento da outra parte, dar substituto que os preste." Daí verifica-se que todas as demais alternativas automaticamente restam excluídas. **AG**
Gabarito "E".

(Analista – TRE/TO – 2011 – FCC) O contrato de prestação de serviços regulado pelo Código Civil brasileiro, quando qualquer uma das partes não souber ler, nem escrever o instrumento

(A) deverá obrigatoriamente ser celebrado em cartório através de documento público assinado na presença de duas testemunhas.

(B) poderá ser assinado a rogo e subscrito por duas testemunhas.

(C) deverá ser assinado por um terceiro, maior e capaz, designado pelo analfabeto, na presença de três testemunhas.

(D) deverá ser assinado por um terceiro, maior e capaz e submetido à homologação judicial.

(E) deverá obrigatoriamente ser celebrado com assistência de familiar do analfabeto na presença de duas testemunhas, com posterior registro do documento em cartório.

Art. 595 do CC. **AG**
Gabarito "B".

4.2.5. Empreitada

(Analista Jurídico - TRT2 - FCC - 2018) Josué, proprietário de um terreno na cidade de Itaquaquecetuba/SP, firmou contrato de empreitada com o empreiteiro Manoel, envolvendo trabalho e materiais, para construção de um imóvel comercial no local. No curso da obra o arquiteto contratado pelo dono da obra Josué, com a anuência deste, apresenta diversas modificações substanciais, desproporcionais ao projeto originalmente aprovado para o contrato celebrado entre as partes. Neste caso, se Josué exigir que as modificações sejam realizadas pelo empreiteiro Manoel, nos termos estabelecidos pelo Código Civil,

(A) Manoel somente poderá suspender a obra caso notifique previamente Josué com antecedência mínima de 90 dias.

(B) Manoel poderá suspender a obra apenas no caso de Josué não arcar com o acréscimo do preço.

(C) estará extinto automaticamente o contrato de empreitada, independentemente da manifestação das partes, diante da alteração do projeto por iniciativa exclusiva de Josué.

(D) Manoel não poderá suspender a obra e nem exigir acréscimo no preço.

(E) Manoel poderá suspender a obra ainda que Josué arque com o acréscimo do preço.

Considerando que houve mudanças substanciais já tendo sido o contrato de empreitada firmado, Manoel pode suspender a obra ainda que Josué arque com o acréscimo do preço, nos termos do que prevê o art. 625, III, CC: *se as modificações exigidas pelo dono da obra, por seu vulto e natureza, forem desproporcionais ao projeto aprovado, ainda que o dono se disponha a arcar com o acréscimo de preço*. Portanto, a alternativa correta é a letra E. **GR**
Gabarito "E".

(Analista Judiciário – TRT/11 – FCC – 2017) No contrato de empreitada,

(A) o contrato para elaboração de um projeto implica a obrigação de executá-lo.

(B) presume-se a obrigação de fornecer materiais por parte do empreiteiro.

(C) o empreiteiro é obrigado a pagar os materiais que recebeu, se por imperícia ou negligência os inutilizar.

(D) o contrato para elaboração de um projeto implica a obrigação de fiscalizar a sua execução.

(E) a morte de qualquer das partes implica sempre a sua extinção.

A: incorreta, pois o "contrato para elaboração de um projeto não implica a obrigação de executá-lo" (CC, art. 610 §2°); **B:** incorreta, pois a obrigação de fornecer os materiais não se presume, resulta da lei ou da vontade das partes (CC, art. 610 §1°); **C:** correta, pois de pleno acordo com a previsão do art. 617 do Código Civil; **D:** incorreta, pois o contrato para elaboração de um projeto não implica a obrigação de fiscalizar sua execução (CC, art. 610 §2°); **E:** incorreta, pois a morte de qualquer das partes não extingue o contrato de empreitada (CC, art. 626). **GN**
Gabarito "C".

(Analista Judiciário – TRT/24 – FCC – 2017) Ricardo, empreiteiro, firmou contrato de empreitada com Rodrigo, envolvendo fornecimento de mão de obra e materiais para construção de uma casa com cinco dormitórios em condomínio fechado na cidade de São Paulo. A obra transcorreu de forma regular e o imóvel foi entregue ao contratante Rodrigo. À luz do Código Civil, com a entrega da obra, Ricardo responderá pela solidez e segurança do trabalho, assim em razão dos materiais, como o solo, durante o prazo irredutível de

(A) 10 anos, decaindo deste direito assegurado ao dono da obra, se Rodrigo não propuser a ação nos 180 dias seguintes ao aparecimento do vício ou defeito.

(B) 5 anos, decaindo deste direito assegurado ao dono da obra, se Rodrigo não propuser a ação nos 180 dias seguintes ao aparecimento do vício ou defeito.

(C) 5 anos, decaindo deste direito assegurado ao dono da obra, se Rodrigo não propuser a ação nos 90 dias seguintes ao aparecimento do vício ou defeito.

(D) 15 anos, decaindo deste direito assegurado ao dono da obra, se Rodrigo não propuser a ação nos 90 dias seguintes ao aparecimento do vício ou defeito.

(E) 10 anos, decaindo deste direito assegurado ao dono da obra, se Rodrigo não propuser a ação nos 90 dias seguintes ao aparecimento do vício ou defeito.

A questão diz respeito a um contrato de empreitada que envolve fornecimento de mão de obra e material para a construção. Nessa hipótese, o Código Civil (art. 618) estabelece que o empreiteiro responderá por cinco anos pela solidez e segurança do trabalho. Contudo, existe um prazo adicional nesse caso. Uma vez constatado o vício ou defeito, o dono da obra deverá propor a ação no prazo decadencial de 180 dias. **GN**
Gabarito "B".

(Analista – TRT/16ª – 2014 – FCC) Lucius, através de contrato de empreitada com preço global certo e ajustado no respectivo instrumento, contratou o empreiteiro Petrus para reformar a sua residência. Durante a reforma, o preço de mercado dos materiais sofreu redução de 12% do preço global convencionado. Nesse caso, o preço global convencionado, a pedido do dono da obra,

(A) poderá ser revisto, para que se lhe assegure a diferença apurada.

(B) não poderá ser revisto, porque o contrato faz lei entre as partes.

(C) só poderá ser revisto, se a redução ocorrida no mercado for superior a 20%.

(D) só poderia ser revisto se a redução ocorrida no mercado fosse do preço da mão de obra.

(E) só comporta redução se o preço do material e também da mão de obra for superior a 30%.

De acordo com o art. 620 do CC, "Se ocorrer diminuição no preço do material ou da mão de obra superior a 1/10 (um décimo) do preço global convencionado, poderá este ser revisto, a pedido do dono da obra, para que lhe assegure a diferença apurada". O referido artigo visa estabelecer um reequilíbrio econômico do contrato, obstando o enriquecimento sem causa se a mudança no valor ensejar excessiva vantagem para o empreiteiro. **MP**
Gabarito "A".

4.2.6. Mandato

(Analista Jurídico - TRT2 - FCC - 2018) Xisto, residente no Canadá, firma com Bruno contrato de mandato outorgando a este a necessária procuração para a administração de alguns negócios da família no Brasil. Outorgada a procuração ao mandatário, e concretizado o mandato, nos termos estabelecidos pelo Código Civil,

(A) ciente o mandatário do falecimento de Xisto, ele não deve concluir o negócio já começado, ainda que haja perigo na demora.

(B) se Bruno exceder os poderes do mandato será considerado mero gestor de negócios, enquanto o mandante lhe não ratificar os atos.

(C) o mandatário não tem direito de retenção sobre coisa de que tenha a posse em virtude do mandato no caso de não pagamento, pelo mandante, daquilo que despendeu durante o desempenho do encargo.

(D) no caso de Bruno contrariar as instruções do mandante Xisto, sem extrapolar os limites do mandato, o mandante não ficará obrigado para com aqueles com quem o seu procurador contratou.

(E) o mandante é obrigado a pagar ao mandatário a remuneração ajustada e as despesas da execução do mandato, ainda que o negócio não surta o efeito esperado por culpa do mandatário.

A: incorreta, pois ciente da morte do mandante, o mandatário *deve* concluir o negócio já começado, se houver perigo na demora (art. 674 CC); **B:** correta (art. 665 CC); **C:** incorreta, pois o mandatário tem o direito de reter, do objeto da operação que lhe foi cometida o quanto baste para pagamento de tudo que lhe for devido em consequência do mandato (art. 664 CC); **D:** incorreta, pois ainda que o mandatário contrarie as instruções do mandante, se não exceder os limites do mandato, ficará o mandante obrigado para com aqueles com quem o seu procurador contratou; mas terá contra este ação pelas perdas e danos resultantes da inobservância das instruções (art. 679 CC); **E:** incorreta, pois se o negócio não surtir o efeito esperado por culpa do mandatário, o mandante não é obrigado a pagar (art. 676 CC). **GR**
Gabarito "B".

(Analista – Judiciário –TRE/PI – 2016 – CESPE) Pedro, em razão de ter mudado de cidade, concedeu a seu amigo Carlos, que tem dezesseis anos de idade, poderes para, em seu nome, praticar os atos necessários à venda de um imóvel. Considerando essa situação hipotética, assinale a opção correta.

(A) Caso Carlos desatenda a alguma instrução, Pedro se desobriga a cumprir o contrato.

(B) Para que o contrato se aperfeiçoe, Carlos deverá aceitar expressamente.

(C) Caso Pedro venha a falecer, Carlos poderá agir no interesse dos herdeiros, se houver.

(D) O fato de Carlos ter dezesseis anos não torna anulável o contrato.

(E) Por ser ato *intuitu personae*, é vedado a Carlos substabelecer.

A: incorreta, pois o mandante é obrigado a satisfazer todas as obrigações contraídas pelo mandatário, na conformidade do mandato conferido (CC, art. 675); **B:** incorreta, pois "a aceitação do mandato pode ser tácita, e resulta do começo de execução" (CC, art. 659); **C:** incorreta, pois a morte do mandante extingue o contrato de mandato (CC, art. 682); **D:** correta, pois a lei admite mandatário a partir dos dezesseis anos (CC, art. 666); **E:** incorreta, pois o substabelecimento é permitido pela lei, salvo expressa vedação no contrato de mandato. **GN**
Gabarito "D".

(Analista Judiciário – Área Judiciária – TRT/12 – 2013 – FCC) Relativos ao mandato, considere:

I. A outorga do mandato está sujeita à forma exigida por lei para o ato a ser praticado. Admite-se mandato verbal mesmo que o ato deva ser celebrado por escrito, dado o caráter não solene do contrato.

II. A aceitação do mandato pode ser tácita, e resulta do começo de execução.

III. O maior de dezesseis e menor de dezoito anos não emancipado pode ser mandatário, mas o mandante não tem ação contra ele senão de conformidade com as regras gerais, aplicáveis às obrigações contraídas por menores.

Está correto o que consta em

(A) II, apenas.

(B) I e II, apenas.

(C) I e III, apenas.

(D) II e III, apenas.

(E) I, II e III.

I: incorreta, pois A outorga do mandato está sujeita à forma exigida por lei para o ato a ser praticado. *Não se admite* mandato verbal quando o ato deva ser celebrado por escrito (art. 657 do CC); **II:** correta (art. 659 do CC); **III:** correta (art. 666 do CC). **GR**
Gabarito "D".

(Analista – TRT/8ª – 2010 – FCC) No contrato de mandato, o mandante não está obrigado a

(A) adiantar ao mandatário as despesas necessárias à execução do mandato, devendo ressarci-las posteriormente.

(B) pagar ao mandatário as despesas da execução do mandato se o negócio, sem culpa do mandatário, não surtiu o esperado efeito.

(C) ressarcir ao mandatário as perdas que este sofrer com a execução do mandato, se tiverem resultado de culpa sua ou de excesso de poderes.

(D) pagar ao mandatário a remuneração ajustada se o negócio, sem culpa do mandatário, não surtiu o esperado efeito.

(E) pagar ao mandatário os juros das somas adiantadas pelo mandatário para a execução do mandato, desde a data do desembolso.

A: incorreta (art. 675 do CC); **B:** incorreta (art. 676 do CC); **C:** correta, (art. 676 do CC); **D:** incorreta (art. 676 do CC); **E:** incorreta (art. 677 do CC). **AG**
Gabarito "C".

(Analista – TRE/AP – 2011 – FCC) Terceiro sem mandato

(A) pode adquirir a posse, dependendo esta aquisição de ratificação do mandante.

(B) não pode adquirir a posse, por expressa disposição legal existente no Código Civil brasileiro.

(C) pode adquirir a posse, independentemente de ratificação do mandante.

(D) pode adquirir a posse, independentemente de ratificação do mandante, desde que tenha figurado na qualidade de mandatário em, no mínimo, cinco negócios anteriores.

(E) pode adquirir a posse, independentemente de ratificação do mandante, se esta se der pelo prazo máximo de três meses.

Art. 1.205, II, do CC. **AG**
Gabarito "A".

(Analista - TRF/4 - FCC - 2019) Por meio de escritura pública, André outorgou a Beatriz mandato para que, em seu nome, ela pudesse celebrar contratos. A escritura foi omissa quanto à possibilidade de substabelecer (não a autorizava, nem a vedava expressamente). Ainda assim, por meio de instrumento particular, Beatriz substabeleceu os poderes que a ela tinham sido outorgados a Carlos, que praticou atos em nome de André. Nesse caso,

(A) o substabelecimento é inválido, pois exigia, necessariamente, a mesma forma do mandato (instrumento público); além disso, Beatriz responderá, perante André, pelos atos praticados por Carlos, independentemente de culpa deste.

(B) o substabelecimento é inválido, pois a possibilidade de substabelecer não foi prevista na escritura pública de mandato; além disso, Beatriz responderá, perante André, por eventuais atos culposos praticados por Carlos.

(C) o substabelecimento é válido, sendo que Beatriz responderá, perante André, por eventuais atos culposos praticados por Carlos.

(D) o substabelecimento é válido, sendo que Beatriz não responderá, perante André, por eventuais atos culposos praticados por Carlos.

(E) o substabelecimento é válido, sendo que Beatriz responderá, perante André, pelos atos praticados por Carlos, independentemente de culpa deste.

A: incorreta, pois o substabelecimento é válido, porque ainda quando se outorgue mandato por instrumento público, é possível substabelecer-se mediante instrumento particular. Ademais, Beatriz apenas responderá pelos atos que o substabelecido praticar culposamente (art. 667, § 4º, CC); **B:** incorreta, pois a lei prevê a hipótese de a procuração ser omissa quanto a possibilidade de substabelecimento. Neste caso, a consequência é que o procurador será responsável se o substabelecido proceder culposamente (art. 667, § 4º CC). Não está previsto que o substabelecimento será inválido; **C:** correta, nos termos do art. 667, § 4º CC; **D:** incorreta, pois Beatriz responderá perante André, por eventuais atos culposos praticados por Carlos (art. 667, § 4º CC); **E:** incorreta, pois Beatriz apenas responderá perante André pelos atos praticados com culpa por Carlos (art. 667, § 4º CC). **GR**
Gabarito "C".

4.2.7. Seguro

(Analista – TRE/AP – 2011 – FCC) No caso de sinistro parcial, salvo disposição em contrário, o seguro de um interesse por menos do que valha

(A) acarreta a redução proporcional da indenização.

(B) não gera qualquer redução ou amortização da indenização devida.

(C) acarreta a redução legal e prefixada de, no máximo, 10% da indenização.

(D) acarreta a redução legal e prefixada de, no máximo, 15% da indenização.

(E) acarreta a redução legal e prefixada de, no máximo, 50% da indenização.

Art. 783 do CC. AG
"A". otinabaG

(Analista – TRE/TO – 2011 – FCC) Em regra, no seguro de dano, a transferência do contrato a terceiro com a alienação ou cessão do interesse segurado é

(A) admitida, sendo que se o instrumento contratual é nominativo, a transferência produz efeitos em relação ao segurador após dez dias úteis da efetivação da transferência, sendo desnecessário aviso escrito.

(B) vedada pelo Código Civil brasileiro em atenção aos princípios da transparência e da boa-fé objetiva.

(C) admitida, sendo que, se o instrumento contratual é nominativo, a transferência produz efeitos em relação ao segurador imediatamente, sendo desnecessário aviso escrito.

(D) admitida, sendo que a apólice ou o bilhete à ordem se transfere por endosso em branco.

(E) admitida, sendo que a apólice ou o bilhete à ordem só se transfere por endosso em preto, datado e assinado pelo endossante e pelo endossatário.

Art. 785, *caput* e § 2º, do CC. AG
"E". otinabaG

4.2.8. Fiança

(Analista Judiciário – TRE/SP – FCC – 2017) A respeito da fiança, considere:

I. Pode ser estipulada na forma verbal, desde que na presença de, ao menos, duas testemunhas.

II. Pode ser estipulada ainda que contra a vontade do devedor.

III. Não pode ser de valor inferior ao da obrigação principal.

IV. Não admite interpretação extensiva.

Está correto o que consta APENAS em

(A) II e IV.

(B) II e III.

(C) I e IV.

(D) I e II.

(E) I e III

I: incorreta, pois o Código Civil exige a forma escrita (art. 819); II: correta. O contrato de fiança é estabelecido entre o credor e o fiador. O devedor não é parte contratual e– como não há prejuízo para ele– o Código dispensa sua anuência (CC, art. 820); III: incorreta, pois a

fiança pode ser estabelecida em valor igual ou inferior à dívida (CC, art. 823); IV: correta, pois de acordo com a regra interpretativa do art. 819 do CC. GN
"A". otinabaG

(Analista – TJ/ES – 2011 – CESPE) Julgue o seguinte item.

(1) Em face de sua natureza benéfica, o contrato de fiança deve ser interpretado estritamente.

1: correto (arts. 114 e 819 do CC). AG
1C otinabaG

(Oficial de Justiça – TJ/SC – 2010 - TJ/SC) No âmbito do direito civil, o contrato pelo qual uma pessoa garante ao credor uma obrigação assumida pelo devedor caso este não a cumpra, denomina-se:

(A) Seguro.

(B) Aval.

(C) Mandato.

(D) Fiança.

(E) Gestão de negócios.

Art. 818 do CC. AG
"D". otinabaG

4.2.9. CONTRATOS COMBINADOS

(Analista Judiciário – TRT/8ª – 2016 – CESPE) A respeito dos contratos, assinale a opção correta.

(A) O doador pode fixar cláusula de reversão, pela qual o bem doado volta ao seu patrimônio se ele sobreviver ao donatário.

(B) A pessoa que se tornar fiadora de devedor declarado insolvente poderá invocar o benefício de ordem quando for cobrada pela dívida antes do devedor principal.

(C) A outorga de mandato por meio de instrumento público desautoriza o substabelecimento mediante instrumento particular.

(D) Tratando-se de contrato consensual, considera-se concluído o comodato no momento do acordo de vontades.

(E) Em caso de descumprimento de acordo que previa o direito de preferência na venda de um imóvel, a parte preterida terá o direito de desfazer o negócio sobre o qual tinha prelação.

A: correta, pois a cláusula de reversão tem exatamente esse objetivo, ou seja, fazer o bem voltar ao doador caso ele sobreviva ao donatário (CC, art. 547). Trata-se, a rigor, de uma cláusula resolutiva expressa inserida no contrato de doação; **B:** incorreta, pois o benefício de ordem não pode ser oposto se o devedor principal for insolvente ou falido (CC, art. 828, III); **C:** incorreta, pois o que determina a forma do mandato e também do substabelecimento é a forma exigida para o negócio principal (CC, art. 657); **D:** incorreta, pois o comodato é um perfeito exemplo de contrato real, a saber, aquele que só se perfaz com a efetiva entrega do bem; **E:** incorreta, pois, nessa hipótese, a parte preterida só terá direito a perdas e danos (CC, art. 518). GN
"A". otinabaG

5. RESPONSABILIDADE CIVIL

(Analista Judiciário – TRT/20 – FCC – 2016) Gabriel, pessoa menor de 16 anos, lançou pedras no veículo de Rogério, causando-lhe danos materiais. No momento do ato ilícito, Gabriel estava sob a autoridade e companhia de seu pai, Arnaldo. Rogério ajuizou ação contra Arnaldo, que

(A) responde objetivamente pelo ato de Gabriel e não tem direito de regresso contra o filho, que é pessoa absolutamente incapaz.

(B) responde subjetivamente pelo ato de Gabriel e tem direito de regresso contra o filho, que é pessoa relativamente incapaz.

(C) não responde pelo ato de Gabriel, tendo em vista que a responsabilidade civil é pessoal e intransferível.

(D) responde objetivamente pelo ato de Gabriel e tem direito de regresso contra o filho, que deverá ressarci-lo quando atingir a maioridade civil.

(E) responde subjetivamente pelo ato de Gabriel e não tem direito de regresso contra o filho, que é pessoa absolutamente incapaz.

A questão envolve interessante hipótese de ato ilícito praticado por pessoa menor de dezoito anos de idade. Nesse caso, o Código Civil imputa a responsabilidade objetiva aos pais. Significa que o pai de Gabriel não poderá alegar que educou seu filho muito bem ou que vigiou seu filho cuidadosamente, pois não se discute a culpa dos pais. Ainda nessa situação, depois que Gabriel pagar a indenização, ele não terá ação regressiva contra seu filho, mesmo depois que esse tenha completado dezoito anos de idade (CC, art. 932, I combinado com 934). A lei entendeu que não apenas a responsabilidade, mas também a dívida em si deve recair sobre os pais. **GN**
Gabarito "A".

(Analista Judiciário – TRE/PE – CESPE – 2017) Quando caminhava pelo acostamento de uma via pública, Francisco foi atropelado por veículo de propriedade de uma locadora de veículos conduzido por Pedro. Em razão do acidente, Francisco sofreu fratura do fêmur e ficou internado por um mês. As lesões por ele sofridas geraram debilidade permanente, que o impedem de trabalhar, e cicatrizes na perna, que lhe causam constrangimento.

Nessa situação hipotética, conforme a legislação aplicável e a jurisprudência dos tribunais superiores,

(A) Francisco não pode cumular pedido de compensação por danos morais e estéticos, porquanto os danos estéticos estão incluídos nos danos morais.

(B) se Francisco não comprovar o valor auferido por seu trabalho, o juiz poderá determinar que a eventual indenização arbitrada seja paga de uma só vez, mesmo contra a vontade da vítima.

(C) a locadora de veículos e Pedro são solidariamente responsáveis pelos danos causados a Francisco.

(D) caso Francisco viesse a óbito, cessariam seus direitos da personalidade e seus pais não poderiam pleitear perdas e danos.

(E) a debilidade permanente causada a Francisco pode dar causa ao pagamento de pensão alimentícia pela causadora do dano, no valor de no máximo um salário mínimo, até ele completar sessenta e cinco anos de idade.

A: incorreta, pois o STJ concluiu que "É lícita a cumulação das indenizações por dano moral e por dano estético decorrentes de um mesmo fato, desde que passíveis de identificação autônoma" (AgIntnoAREsp 1026481/ES, Rel. Ministro Ricardo Villas Bôas Cueva, Terceira Turma, julgado em 02/05/2017, DJe 08/05/2017); **B**: incorreta, pois o paga-

mento de uma só vez não é destinado a essa hipótese (CC, art. 950, parágrafo único); **C**: correta, pois "A empresa locadora de veículos responde, civil e solidariamente como locatário, pelos danos por este causados a terceiro, no uso do carro locado" (Súmula n.492/STF); **D**: incorreta, pois "Em se tratando de morto,terá legitimação para requerer a medida prevista neste artigo o cônjuge sobrevivente, ou qualquer parente em linha reta, ou colateral até o quarto grau" (CC, art. 12 parágrafo único); **E**: incorreta, pois não há na lei a tal limitação de um salário mínimo. **GN**
Gabarito "C".

(Analista Judiciário - TJ/AL - 2018 - FGV) Alessandra, ao passar ao lado do prédio em que se encontra estabelecido o Condomínio do Edifício Praia Bonita, é atingida por um carrinho de brinquedo, proveniente do alto da edificação. Ao olhar para cima, vê crianças saindo da janela do apartamento 502, mas não pode afirmar ao certo de onde veio o objeto.

Nessas circunstâncias, responde pelos danos sofridos por Alessandra:

(A) o síndico do condomínio;

(B) o morador do apartamento 502;

(C) o responsável pelas crianças do apartamento 502;

(D) ninguém, pois inimputáveis os prováveis autores do dano;

(E) o condomínio.

A: incorreta, pois não é possível atribuir responsabilidade individual ao síndico por falta de previsão legal. O CC prevê no art. 938 que aquele que habitar prédio, ou parte dele, responde pelo dano proveniente das coisas que dele caírem ou forem lançadas em lugar indevido. Contudo, não havendo identificação de quem tenha lançado o objeto, nem a Lei nem a jurisprudência imputa a responsabilidade ao síndico; **B**: incorreta, pois a responsabilidade apenas poderia ser imputada ao morador da unidade 502 se for comprovado o nexo entre a conduta e o dano (art. 186 e 927 CC); **C**: incorreta, pois não existem provas de que as crianças tenham lançado o objeto, logo, não há que se imputar culpa aos seus responsáveis. Eles apenas teriam o dever de indenizar se ficasse provado o nexo entre a ação das crianças e o dano (art. art. 186 e 927 CC); **D**: incorreta, pois a inimputabilidade dos supostos autores não exime o dever dos pais de indenizar (art. 932, I, CC). Porém, ressalte-se que no caso em tela, os pais não serão responsabilizados por falta de nexo causal entre o dano e a conduta; **E**: correta, pois nos termos art. 938 CC "aquele que habitar prédio, ou parte dele, responde pelo dano proveniente das coisas que dele caírem ou forem lançadas em lugar indevido". Contudo, quando a indicação precisa do morador responsável se mostra inviável, ao condomínio incumbirá a reparação de danos – materiais e extrapatrimoniais – causados à vítima, a fim de se evitar a falta de tutela de seu direito subjetivo. A doutrina majoritária entende que sendo a responsabilidade *effusis et dejectis* de natureza objetiva, a geração do dever de indenizar prescinde da comprovação de dolo ou culpa, sendo suficiente a ocorrência e prova do evento danoso e do prejuízo daí decorrente. Conforme as valiosas lições do doutrinador civilista Sílvio de Salvo Venosa: *"Toda comunidade condominial responde pelo dano, podendo o condomínio ingressar com ação regressiva contra o causador direto. (...) Ao habitar um condomínio, o morador assume o risco de conviver nessa comunhão. Trata-se de mais um encargo da vida contemporânea. Ademais, essa solução encontrada pela jurisprudência atende à tendência moderna de pulverizar a responsabilidade no seio da sociedade para número amplo de pessoas, a fim de permitir sempre que possível a reparação do prejuízo* (VENOSA, Sílvio de Salvo. Direito Civil. 7ª ed. São Paulo: Atlas, 2007, p. 108). **GR**
Gabarito "E".

5.1. Dever de indenizar

(Analista Judiciário – TRT/8ª – 2016 – CESPE) A respeito da responsabilidade civil, assinale a opção correta.

(A) Conforme o entendimento sumulado do STJ, a indenização em decorrência de publicação não autorizada de imagem de pessoa, com fins econômicos ou comerciais, depende da comprovação do prejuízo.

(B) A pessoa lesada não terá direito à indenização quando os danos que lhe foram causados decorrerem de conduta praticada em estado de necessidade, ainda que ela não seja responsável pelo perigo.

(C) Em decorrência da própria condição de incapacidade, o menor incapaz não pode responder pelos prejuízos que causar a terceiros.

(D) A sentença criminal que absolve o réu, por qualquer dos fundamentos previstos em lei, impede o reexame dos mesmos fatos para fins de responsabilização civil.

(E) De acordo com o entendimento sumulado do STF, presume-se a culpa do empregador pelos atos culposos de seus prepostos e empregados.

A: incorreta, pois a Súmula 403 do STJ determina que: "*Independe de prova do prejuízo a indenização pela publicação não autorizada de imagem de pessoa com fins econômicos ou comerciais*"; **B:** incorreta, pois a vítima do dano terá direito a indenização, quando ela não for responsável pelo perigo criado (CC, arts. 188 e 930); **C:** incorreta, pois, com requisitos específicos, existe previsão de responsabilidade direta do patrimônio do incapaz (CC, art. 928); **D:** incorreta, pois apenas duas hipóteses impedem tal reexame, a saber, existência do fato e negativa de autoria (CC, art. 935); **E:** a banca do exame considerou esta alternativa como correta. De fato, a Súmula 341 do STF, do ano de 1963, apresenta a seguinte redação: "*É presumida a culpa do patrão ou comitente pelo ato culposo do empregado ou preposto*". Ocorre que tal entendimento foi superado pelo art. 933 do Código Civil, que mudou a sistemática para a responsabilização objetiva, não se discutindo mais a culpa do empregador. **GN** Gabarito "E".

(Analista Jurídico – TCE/PR – 2016 – CESPE) Com relação à responsabilidade civil à luz do Código Civil, assinale a opção correta.

(A) Por filiar-se à teoria do risco, o Código Civil estabelece como regra a responsabilidade objetiva, a qual prescinde da demonstração da culpa.

(B) Os pais exonerar-se-ão da obrigação de reparar dano causado pelo filho se provarem não ter havido negligência da parte deles.

(C) A escola terá direito de regresso contra o aluno, caso seja obrigada a indenizar prejuízo por ele causado a terceiros.

(D) Provado o vínculo de subordinação, o empregador responderá pelos danos causados pelo empregado a terceiros, por culpa *in eligendo*.

(E) Para que se possa exigir a restituição de pessoa que recebeu gratuitamente o produto de um crime para o qual não tenha concorrido, deve-se comprovar eventual vantagem econômica auferida.

A: incorreta, pois nosso sistema adotou a responsabilidade subjetiva como regra. A responsabilidade objetiva (aquela que não depende de comprovação de culpa) será aplicada para os casos especificados em lei e para as atividades de risco (CC, art. 927, parágrafo único); **B:** incorreta, pois a responsabilidade dos pais pelos atos ilícitos praticados pelo filho

menor é objetiva. Assim, não se discute a culpa dos pais (CC, art. 933); **C:** correta, pois a escola é apenas a responsável pela indenização. O verdadeiro devedor é o aluno (ou seus pais, caso seja incapaz). Nesses casos, assegura-se direito de regresso (CC, art. 934); **D:** incorreta, pois a responsabilidade do empregador é objetiva, ou seja, não depende da demonstração de sua culpa (CC, art. 933); **E:** incorreta, pois o art. 932, V, do Código Civil não exige tal comprovação. **GN** Gabarito "C".

(Analista Jurídico –TCE/PA – 2016 – CESPE) Determinada associação civil ajuizou ação indenizatória em face de uma sociedade empresária jornalística, com o intuito de receber indenização por danos materiais e morais decorrentes de publicação de reportagem com informações falsas, cujo único objetivo era macular a imagem e a credibilidade da associação civil, conforme ficou provado no processo.

Considerando essa situação hipotética, julgue os itens que se seguem.

(1) Na situação em apreço, para fixar o valor da condenação pelos danos materiais, o juiz deve considerar os denominados danos hipotéticos ou eventuais, pois, ainda que não tenha sido comprovado efetivo prejuízo material, presume-se que a conduta ilícita causou lesão à associação.

(2) A proteção dos direitos da personalidade positivada no Código Civil é aplicável, na medida do possível, à associação civil autora, que sofre dano moral em caso de grave violação a sua imagem e honra objetiva.

1: incorreta, pois a indenização mede-se pela extensão do dano (CC, art. 944). A indenização pelo dano material depende da comprovação do prejuízo sofrido; **2:** correta, pois, obedecendo aos limites e à natureza da pessoa jurídica, esta também pode ser vítima de danos morais (STJ, súmula 227). **GN** Gabarito 1E, 2C.

(Analista – TRT/3ª – 2015 – FCC) Saulo foi condenado criminalmente, por decisão transitada em julgado, em razão de lesões corporais causadas em Anderson, tendo sido reconhecidos, dentre outros elementos, a existência do fato e seu autor. Se Anderson ajuizar ação na esfera civil, Saulo

(A) poderá questionar a existência do fato e sua autoria independentemente de qualquer requisito, tendo em vista que a responsabilidade civil é independente da criminal.

(B) poderá questionar a existência do fato e sua autoria desde que, no juízo cível, apresente provas novas.

(C) não poderá questionar a existência do fato nem sua autoria.

(D) poderá questionar apenas a autoria do fato e desde que, no juízo cível, apresente provas novas.

(E) poderá questionar apenas a existência do fato e desde que, no juízo cível, apresente provas novas.

De acordo com o art. 935 do CC, "A responsabilidade civil é independente da criminal, não se podendo questionar mais sobre a existência do fato, ou sobre que seja o seu autor, quando estas questões se acharem decididas no juízo criminal". Todas as demais alternativas viola o mencionado art. 935 do CC. Lembre-se, em nosso direito vigora o princípio da independência da responsabilidade civil em relação à criminal. O art. 64 do CPP diz que a reparação de dano pode ser proposta independentemente do procedimento criminal. Mas se a sentença criminal reconhecer o fato e a autoria, a justiça civil não poderá questionar tais matérias. Assim, transitada em julgado a sentença condenatória, pode os interessados promover-lhe a execução, no juízo cível, para o efeito da reparação do dano, o ofendido, seu representante legal ou seus herdeiros (art. 63 do CPP). Lembre-se: sentença penal condenatória faz coisa julgada no cível, sentença penal absolutória que reconhece a inexistência do fato ou da autoria fazem coisa julgada no cível, de outro lado, sentença penal absolutória que se fundamenta em falta de provas não faz coisa julgada no juízo cível. MP

Gabarito "C".

(Analista – TRT/11ª – 2012 – FCC) Carla é viúva e possui três filhos, Adão, Eva e Eduardo. Adão tem quinze anos; Eva tem dezessete; Eduardo tem 21 anos e é excepcional, sem desenvolvimento mental completo. Todos os filhos quando estavam jogando bola no quintal da residência quebraram duas janelas, uma mesa, cinco vasos e uma estátua muito valiosa da casa vizinha. Carla ressarciu o dano. Neste caso, Carla

(A) só poderá reaver o que pagou de Eva.

(B) poderá reaver o que pagou de todos os filhos.

(C) não poderá reaver o que pagou de nenhum dos filhos.

(D) só poderá reaver o que pagou de Eva e Eduardo.

(E) só poderá reaver o que pagou de Adão e Eduardo.

Considerando que todos os causadores dos danos são descendentes de Carla, sendo que Adão é absolutamente incapaz, Eva e Eduardo relativamente incapazes, sua genitora não poderá reaver o que pagou de nenhum dos filhos, nos termos do art. 934 do CC. AG

Gabarito "C".

(Analista – TRT/10ª – 2013 – CESPE) No que concerne à obrigações e à responsabilidade civil, julgue os próximos itens.

(1) Conforme jurisprudência do Superior Tribunal de Justiça, a responsabilidade do empregador por acidente de trabalho é subjetiva e fundada em presunção relativa de culpa de sua parte, de forma que a ele cabe o ônus da prova quanto à existência de alguma causa excludente de sua responsabilidade.

(2) Subsistindo apenas uma das prestações, a obrigação alternativa transforma-se em simples, já que o credor terá perdido o direito de escolha.

1: Certa, pois trata-se de hipótese da aplicação de culpa presumida ao empregador, isto é, inverte-se o ônus probatório cabendo a ele demonstrar que agiu de acordo com os ditames legais. Neste espeque, encarta-se recente julgado do STJ: "Agravo regimental em recurso especial. Processo civil e trabalho. Acidente de trabalho. Responsabilidade subjetiva do empregador. Culpa presumida. Inversão do ônus da prova. Momento processual. Prequestionamento. Ausência. Sumulas 282 E 356 DO STF. 1. Nos acidentes de trabalho, cabe ao empregador comprovar o cumprimento das obrigações legais de preservação da integridade física do trabalhador e respeito à normas de segurança e medicina do trabalho. Precedente específico. 2. Não se conhece do recurso especial quando a decisão recorrida deixa de se manifestar acerca da questão federal suscitada. 3. Agravo regimental não provido (Processo: AgRg no REsp 856791 RS 2006/0131618-0; Relator: Ministro Paulo de Tarso Sanseverino; Julgamento: 19/05/2011; Órgão julgador: Terceira Turma; Publicação: DJe 26/05/2011); **2:** Errada, na medida em que a segunda parte da assertiva está incorreta. Neste passo, em regra, nas obrigações alternativas a escolha cabe ao devedor (art. 252, *caput*, do CC). A primeira parte da assertiva não encontra problemas, pois de acordo com o art. 253 do CC. AG

Gabarito: 1C, 2E

(Analista – TRT/10ª – 2013 – CESPE) Julgue os itens de 1 a 6, relativos ao direito obrigacional e à responsabilidade civil.

(1) Se houver no contrato cláusula que exclua a responsabilidade de indenizar ao cocontratante, ter-se-á, nesse caso, a denominada cláusula de irresponsabilidade.

(2) Se uma empresa farmacêutica colocar à venda um novo medicamento para prevenir diabetes, mas esse produto ainda estiver em teste, ter-se-á, nesse caso, um exemplo de responsabilidade objetiva fundada na teoria risco-proveito.

(3) Em situações excepcionais elencadas em dispositivo do Código Civil, é possível que o credor de uma obrigação de alimentos ceda o seu crédito a terceiro.

(4) Se uma criança com onze anos de idade for vítima de atropelamento com resultado morte, seus pais poderão ingressar com ação de indenização por danos morais sob o argumento da configuração de hipótese de dano em ricochete.

(5) Se o indivíduo A receber do indivíduo B, mediante contrato estimatório, duas dúzias de bordados, esses bens não poderão ser penhorados pelos credores de A, salvo se o preço já houver sido pago integralmente.

(6) A *supressio* ocorre quando um contratante que violou uma norma jurídica aproveita-se da situação criada pela violação.

1: certa, na medida em cláusula de irresponsabilidade, também chamada cláusula de não indenizar exclui previa e bilateralmente a obrigação. Segundo Silvio Venosa "trata-se da cláusula pela qual uma das partes contratantes declara que não será responsável por danos emergentes do contrato, seu inadimplemento total ou parcial (Silvio Venosa. Direito Civil. 3. ed., p. 51). **2:** certa (art. 927, parágrafo único e art. 931 do CC); **3:** errada, pois o crédito alimentar em nenhuma hipótese é passível de cessão (art. 1.707 do CC); **4:** certa, na medida em que o sofrimento, a dor e o trauma provocados pela morte de um ente querido podem gerar o dever de indenizar. Assim tem entendido o Superior Tribunal de Justiça ao julgar pedidos de reparação feitos por parentes ou pessoas que mantenham fortes vínculos afetivos com a vítima. Vide REsp 1.208.949; **5:** certa (art. 536 do CC); **6:** errada, pois consoante ensina o professor Flávio Tartuce (Direito Civil. 4. ed. São Paulo: Método. vol. 3, p. 126/127), a *supressio* (Verwirkung), significa a supressão, por renúncia tácita, de um direito ou de uma posição jurídica, pelo seu não exercício com o passar dos tempos. O seu sentido pode ser notado pela leitura do art. 330 do CC, que adota o conceito, eis que "o pagamento reiteradamente feito em outro local faz presumir renúncia do credor relativamente ao previsto no contrato." AG

Gabarito: 1C, 2C, 3E, 4C, 5C, 6E

(Analista – TRE/SP – 2012 – FCC) Platão, prefeito da cidade "Magnífica", está sendo demandado judicialmente pela empresa de publicidade X em R$ 50.000,00 pelos serviços prestados durante a campanha eleitoral. Ocorre que Platão já efetuou o pagamento da quantia mencionada na data aprazada pelas partes. De acordo com o Código Civil brasileiro, salvo se houver prescrição, a empresa de publicidade X, em razão da demanda de dívida já paga, ficará obrigada a pagar a Platão

(A) R$ 25.000,00.

(B) R$ 50.000,00.

(C) R$ 75.000,00.

(D) R$ 100.000,00.

(E) R$ 125.000,00.

De acordo com o disposto no art. 940 do CC, aquele que demandar por dívida já paga ficará obrigado a pagar ao devedor o dobro do que houver cobrado, no caso, R$ 100.000,00. **AG**

"Gabarito "D".

(Analista - TJ/SC - FGV - 2018) O Shopping Center ABC oferece serviço de transporte (ônibus) para clientes, entre a praça principal da cidade e o centro comercial, sem deles nada cobrar. Joana, cliente, ao utilizar o ônibus, sofreu lesão física quando o veículo se desgovernou em razão do estouro repentino do pneu.

Acerca de tal fato, o ABC:

(A) responde subjetivamente, pelo que, diante da força maior, não deve indenizar Joana;

(B) não tem responsabilidade, visto se tratar de transporte na modalidade gratuita;

(C) deve indenizar Joana, pois responde objetivamente, não afastada por hipótese de fortuito interno;

(D) indenizará Joana, desde que ela demonstre negligência na manutenção do veículo;

(E) não responderá pelos danos de Joana, visto se tratar de hipótese de fortuito externo.

A: incorreta, pois na situação em tela existe uma relação de consumo. O shopping como fornecedor e Joana como consumidora. Por mais que o transporte seja num primeiro momento gratuito, para o shopping existe um ganho. Não diretamente em pecúnia, afinal, o valor da passagem não é cobrado. Mas o fornecedor se beneficia de forma indireta pelas compras que Joana faz no estabelecimento. Sendo assim, aplica-se o art. 14 do CDC que atribui responsabilidade objetiva ao fornecedor que responde pelos defeitos na prestação do serviço. A força maior não se constitui em excludente da responsabilidade (art. 14, §3º CC); **B:** incorreta, pois ainda que seja transporte na modalidade gratuita, existe um ganho indireto do shopping, o que consequentemente lhe atribui o dever de indenizar (art. 14 CDC); **C:** correta, pois o shopping como fornecedor tem o dever de prestar os serviços de modo a não causar dano aos seus consumidores. Considerando que houve defeito na prestação de serviço do qual ele era responsável (o fornecimento de transporte gratuito), logo deve indenizar (art. 14 CDC). As excludentes de responsabilidade estão previstas no § 3º do art. 14 CDC, são elas: provar que o defeito inexiste ou provar culpa exclusiva do consumidor. O fortuito interno não exclui a responsabilidade; **D:** incorreta, pois Joana não tem a obrigação de demonstrar a negligência na manutenção do veículo, uma vez que a responsabilidade do shopping é objetiva, isto é responde independentemente de culpa (art. 14 CDC); **E:** incorreta, pois houve um fato, um dano e nexo entre esses dois elementos. Por se tratar de relação de consumo na prestação de serviço, o fornecedor assume o risco tanto de fortuitos internos como externos. Logo, terá de indenizar (art. 14 CDC). **GR**

"Gabarito "C".

(Analista - TRT1 - 2018 - AOCP) Pedro, trabalhador, é funcionário da empresa Y. Em determinada eventualidade, visando evitar um incêndio, Pedro destruiu um painel de energia responsável pela distribuição de energia elétrica na empresa, arremessando-o para longe por três vezes e atingindo um veículo estacionado em via pública, de propriedade de Jonas. De acordo com as disposições da legislação civil, sobre o tema responsabilidade civil, assinale a alternativa INCORRETA.

(A) Considerando que Jonas estivesse dentro do veículo, com seu consequente falecimento em razão do praticado por Pedro, o direito de exigir a reparação será transmitido aos herdeiros de Jonas.

(B) Em eventual ação judicial indenizatória manejada pelo proprietário do veículo, poderá a empresa Y ser condenada na reparação pelos danos materiais, visto que é ela civilmente responsável por seus empregados, serviçais e prepostos, no exercício do trabalho que lhes competir, ou em razão dele.

(C) Em eventual ação judicial indenizatória manejada pelo proprietário do veículo, em que conste no polo passivo a empresa e Pedro, verificada a situação específica de inexistência de culpa da empresa empregadora, não poderá ela ser responsabilizada pelo ato praticado por Pedro.

(D) Caso reste consignado que Pedro praticou ato dentro dos limites necessários, visando à remoção de perigo iminente, mesmo diante da destruição da coisa alheia, tal ato não será tratado como ilícito, mas sim como legítimo.

(E) No caso da alternativa "D", caso a prática do ato exceda manifestamente os limites impostos para seu fim, poderá, sim, ser tratado como ato ilícito o montante excedente.

A: correta, não devendo ser assinalada. Nos termos do art. 943 CC, o direito de exigir reparação e a obrigação de prestá-la transmitem-se com a herança; **B:** correta, não devendo ser assinalada. Prevê o art. 932, III, CC que o empregador é responsável por seus empregados, serviçais e prepostos, no exercício do trabalho que lhes competir, ou em razão dele; **C:** incorreta, devendo ser assinalada. Ainda que não haja culpa de sua parte, responderá ela pelos atos praticados pelos terceiros causadores do dano (art. 933 CC); D: correta, não devendo ser assinalada. O ato será considerado como legítimo, nos termos do art. 188, II, e parágrafo único CC; **E:** correta, não devendo ser assinalada. O excesso dos limites no exercício de um direito torna o ato ilícito, nos termos do art. 187 CC. **GR**

"Gabarito "C".

(Analista - TRT/15 - FCC - 2018) Rogério, de 14 anos, briga na escola com Filipe, da mesma idade, e lhe quebra o braço, causando-lhe prejuízo de R$ 2.000,00 nas despesas médicas e de hospital. Fica provado que Filipe não deu causa à briga, razão pela qual seu pai, representando-o, quer receber o valor dos danos. Nessas circunstâncias, Rogério,

(A) ainda que devidamente representado, não responderá pelo prejuízo, porque o fato envolveu duas pessoas absolutamente incapazes, sem discernimento para entenderem o caráter ilícito de sua conduta, equiparando-se o evento a caso fortuito ou força maior.

(B) por ser absolutamente incapaz, não responderá em nenhuma hipótese pelo prejuízo causado, o que se restringe a pessoas maiores ou relativamente incapazes, caso em que haverá solidariedade com seus responsáveis legais.

(C) apesar de absolutamente incapaz, responde exclusiva e diretamente pelo prejuízo causado, por se tratar de conduta dolosa e não culposa, sendo irrelevante a condição financeira de seus responsáveis legais; no entanto, não pode ser privado de meios suficientes à sua subsistência.

(D) apesar de absolutamente incapaz, responderá pelo prejuízo que causou, se as pessoas que respondem por ele não tiverem obrigação de fazê-lo ou não dispuserem de meios suficientes; nesse caso, a indenização deverá ser equitativa e não terá lugar se privar do necessário o incapaz ou as pessoas que dele dependam.

(E) em qualquer hipótese, responderá pelo prejuízo se seus responsáveis legais não tiverem meios para indenizar a vítima, sem limitação quanto à extensão da indenização pela natureza ilícita de sua conduta.

A: incorreta, pois o fato de ser incapaz não o exime da responsabilidade de reparar o dano. Neste caso Rogério poderá ser acionado representado por seu pai, pois a Lei prevê que são também responsáveis pela reparação civil os pais, pelos filhos menores que estiverem sob sua autoridade (art. 932, I, CC); **B:** incorreta, pois o fato de ser absolutamente incapaz não o exonera do dever de reparar o dano. A reparação do dano não se restringe a pessoas maiores ou relativamente incapazes. Rogério será acionado nos moldes do art. 932, I, CC e ainda pode ser obrigado a reparar exclusivamente o dano se as pessoas por ele responsáveis não tiverem obrigação de fazê-lo ou não dispuserem de meios suficientes (art. 928 CC); **C:** incorreta, pois por ser absolutamente incapaz seu pai também é responsável pela reparação (arts. 932, I e 933 CC). Rogério apenas responderá exclusivamente se as pessoas por ele responsáveis não tiverem obrigação de fazê-lo ou não dispuserem de meios suficientes (art. 928 CC). Logo, é relevante saber a condição financeira dos pais; **D:** correta, nos termos do art. 928 CC; **E:** incorreta, pois apenas responderá pelos prejuízos se os seus responsáveis legais não tiverem obrigação de fazê-lo ou não dispuserem de meios suficientes. A indenização será equitativa, não terá lugar se privar do necessário o incapaz ou as pessoas que dele dependem (art. 928 CC). **GR**
Gabarito "D".

5.2. *Quantum* indenizatório

(Analista – TRT/11ª – 2012 – FCC) De acordo com o Código Civil brasileiro, no caso de homicídio, a indenização consiste, sem excluir outras reparações, no pagamento

(A) das despesas com o tratamento da vítima, seu funeral e o luto da família, bem como na prestação de alimentos às pessoas a quem o morto os devia, levando-se em conta a duração provável da vida da vítima.

(B) apenas das despesas com o tratamento da vítima, bem como na prestação de alimentos às pessoas a quem o morto os devia, levando-se em conta a duração provável da vida da vítima.

(C) das despesas com seu funeral e o luto da família, bem como na prestação de alimentos às pessoas a quem o morto os devia, pelo período máximo de dois anos.

(D) das despesas com seu funeral e o luto da família, bem como na prestação de alimentos às pessoas a quem o morto os devia, pelo período máximo de cinco anos.

(E) das despesas com o tratamento da vítima, seu funeral e o luto da família, bem como na prestação de alimentos às pessoas a quem o morto os devia pelo período máximo de dez anos.

A: correta (art. 948, I e II do CC); **B:** incorreta, na medida em que exclui as despesas com funeral e luto da família; **C e D:** incorretas, pois excluem as despesas com tratamento da vítima e limita o tempo de prestação de alimentos às pessoas a quem o morto os devia; **E:** incorreta, pois limita o tempo de prestação de alimentos às pessoas a quem o morto os devia. **AG**
Gabarito "A".

(Analista – TRT/20ª – 2011 – FCC) No que concerne à responsabilidade civil é INCORRETO afirmar que a indenização

(A) no caso de lesão ou outra ofensa à saúde consistirá no pagamento das despesas do tratamento e dos lucros cessantes até o fim da convalescença, além de algum outro prejuízo que o ofendido prove haver sofrido.

(B) poderá ser reduzida, equitativamente, pelo juiz se houver excessiva desproporção entre a gravidade da culpa e o dano.

(C) será fixada tendo em conta a gravidade da culpa da vítima em confronto com a do autor do dano se a vítima tiver concorrido culposamente para o evento danoso.

(D) por ofensa à liberdade pessoal, se o ofendido não puder provar prejuízo, será fixada equitativamente pelo juiz, na conformidade das circunstâncias do caso.

(E) consistirá, havendo usurpação ou esbulho do alheio, se a restituição da coisa não for possível, na restituição do equivalente, estimado pelo valor de afeição, ainda que este se avantaje ao seu preço ordinário.

A: correto (art. 949 do CC); **B:** correto (art. 944, parágrafo único, do CC); **C:** correto (art. 945 do CC); **D:** correto (art. 954 c/c com art. 953, ambos do CC); **E:** incorreto, devendo ser assinalada, pois estimar-se-á ela pelo seu preço ordinário e pelo de afeição, contanto que este *não* se avantaje àquele (art. 952, parágrafo único, do CC). **AG**
Gabarito "E".

6. DIREITO DE EMPRESA

(Oficial de Justiça – TJ/SC - 2010 - TJ/SC) A intransferibilidade das quotas do capital a terceiros estranhos à sociedade, ainda que, por herança, é uma característica de que forma societária:

(A) Anônima.

(B) Comandita por ações.

(C) Limitada.

(D) Cooperativa.

(E) Comandita simples.

Art. 1.094, IV, do CC. **AG**
Gabarito "D".

(Oficial de Justiça – TJ/SC - 2010 - TJ/SC) Segundo o disposto no Código Civil, NÃO configura causa de dissolução da sociedade:

(A) Vencimento do prazo de duração.

(B) Morte de sócio.

(C) Deliberação dos sócios por maioria absoluta nas sociedades de prazo indeterminado.

(D) Extinção da autorização legal para funcionar.

(E) Anulação de sua constituição.

As hipóteses de dissolução da sociedade vêm previstas no art. 1.033 do CC. Neste passo, dentre as alternativas elencadas, a única hipótese que não consta no rol do dispositivo é a letra "b", morte de sócio. Portanto, esta é a alternativa a ser assinalada. Entretanto, é importante lembrar que, caso a morte do sócio acarrete a falta de pluralidade de sócios e esta situação não for reconstituída no prazo de 180 dias, ocorrerá a dissolução da sociedade com fundamento no art. 1033, IV do CC. **AG**
Gabarito "B".

7. COISAS

(Analista Jurídico - TRF5 - FCC - 2017) Considere as proposições abaixo acerca da hipoteca.

I. É valida a cláusula que proíbe ao proprietário alienar imóvel hipotecado.

II. Só aquele que pode alienar poderá hipotecar, mas a propriedade superveniente torna eficaz, desde o registro, a hipoteca estabelecida por quem não era dono.

III. A coisa comum a dois ou mais proprietários não pode ser dada em garantia real, na sua totalidade, sem o consentimento de todos, mas cada um pode individualmente dar em garantia real a parte que tiver, independentemente da concordância dos demais.

IV. Somente bens imóveis podem ser objeto de hipoteca.

V. O dono do imóvel hipotecado não pode constituir outra hipoteca sobre ele, salvo se houver concordância do titular do crédito garantido pela primeira hipoteca.

Está correto o que se afirma APENAS em

(A) I e IV.

(B) I e V.

(C) II e III.

(D) II e V.

(E) III e IV.

I: incorreta. Art. 1.475, parágrafo único, pois a cláusula é nula; II: correta. Art. 1420 CC, *caput* e §1º; III: correta. Art. 1.420, § 2º; IV: incorreta, pois podem ser objeto de hipoteca todos os bens e diretos elencados no art. 1.473 CC, inclusive navios e aeronaves, que por natureza são bens móveis, porém, a lei considera-os imóveis, justamente por esses bens gozarem de características que somente os direitos reais possuem; V: incorreta, pois prevê o art. 1.476 CC que o dono do imóvel hipotecado *pode* constituir outra hipoteca sobre ele, mediante novo título, em favor do mesmo ou de outro credor. **GR**
Gabarito "C".

(Analista Jurídico - TRT2 - FCC - 2018) Sobre o penhor, a anticrese e a hipoteca, nos termos preconizados pelo Código Civil, é INCORRETO afirmar:

(A) Os sucessores do devedor não podem remir parcialmente o penhor ou a hipoteca na proporção dos seus quinhões; qualquer deles, porém, pode fazê-lo no todo.

(B) A propriedade superveniente torna eficazes, desde o registro, as garantias reais estabelecidas por quem não era dono.

(C) O pagamento de uma ou mais prestações da dívida não importa exoneração correspondente da garantia, ainda que esta compreenda vários bens, salvo disposição expressa no título ou na quitação.

(D) O dono do imóvel hipotecado não pode constituir outra hipoteca sobre ele, mediante novo título, em favor do mesmo credor.

(E) O credor hipotecário e o pignoratício têm o direito de excutir a coisa hipotecada ou empenhada, e preferir, no pagamento, a outros credores, observada, quanto à hipoteca, a prioridade no registro.

A: correta, nos termos do art. 1.429, *caput* CC; B: correta, nos termos do art. 1.420, §. 1º CC; C: correta, conforme art. 1.421 CC; D: incorreta, devendo ser assinalada, pois o dono do imóvel hipotecado *pode* constituir outra hipoteca sobre ele, mediante novo título, em favor do mesmo credor (art. 1.476 CC); E: correta, consoante art. 1.422 CC. **GR**
Gabarito "D".

(Analista Judiciário – TRT/20 – FCC – 2016) Considere as proposições abaixo, acerca do penhor, da hipoteca e da anticrese:

I. As garantias reais estabelecidas por quem não é dono tornam-se eficazes, desde o registro, com a propriedade superveniente.

II. A coisa comum a dois ou mais proprietários pode ser dada em garantia real, na sua totalidade, sem o consentimento de todos.

III. Em regra, o pagamento de uma ou mais prestações da dívida importa exoneração correspondente da garantia.

IV. A dívida garantida por penhor, hipoteca ou anticrese considera-se vencida se o devedor cair em insolvência ou falir.

Está correto o que se afirma APENAS em

(A) I e IV.

(B) III e IV.

(C) I e III.

(D) II e IV.

(E) III.

I: correta, pois de acordo com a previsão estabelecida pelo art. 1.420, §1º, do Código Civil; II: incorreta, pois não se admite tal concessão. Contudo, "cada um pode individualmente dar em garantia real a parte que tiver" (CC, art. 1.420, §2º); III: incorreta, pois "O pagamento de uma ou mais prestações da dívida não importa exoneração correspondente da garantia" (CC, art. 1.421); IV: correta, pois de acordo com a previsão estabelecida pelo art. 1.425, II, do Código Civil. **GN**
Gabarito "A".

(Analista Judiciário – TJ/MT – UFMT – 2016) No que diz respeito à aquisição por acessão, marque V para as assertivas verdadeiras e F para as falsas.

(   ) Aquele que semeia em terreno alheio perde, em proveito do proprietário, as sementes e plantas, não tendo direito à indenização se procedeu de boa-fé.

(   ) O terreno aluvial formado em frente a prédios de proprietários distintos será dividido entre eles proporcionalmente à antiga margem.

(   ) As ilhas que se formarem pelo desdobramento de um novo braço do rio pertencem aos proprietários dos terrenos à custa dos quais se constituíram.

(   ) Os acréscimos formados imperceptivelmente por aterros naturais ao longo das margens das correntes de águas não pertencem aos donos dos terrenos marginais.

Assinale a sequência correta.

(A) F, V, V, F

(B) F, F, V, V

(C) V, F, F, V

(D) V, V, F, F

I: Falsa, pois nesse caso há direito à indenização (CC, art. 1.255); II: Verdadeira, pois de acordo com a previsão do art. 1.250, parágrafo único do Código Civil; III: Verdadeira, pois de pleno acordo com a previsão do art. 1.249, III, do CC; IV: Falsa, pois nessa hipótese, chamada de aluvião, tais acréscimos pertencem aos donos dos terrenos marginais (CC, art. 1.250). **GN**
Gabarito "A".

(Analista Judiciário – TJ/MT – UFMT – 2016) Sobre a posse e seus efeitos, assinale a afirmativa INCORRETA.

(A) O possuidor de má-fé tem direito, enquanto ela durar, aos frutos percebidos.

(B) O possuidor de boa-fé não responde por deterioração da coisa que não der causa.

(C) O possuidor de má-fé será ressarcido somente pelas benfeitorias necessárias.

(D) O possuidor de boa-fé será indenizado pelas benfeitorias necessárias e úteis.

A: incorreta, pois tal direito é assegurado apenas ao possuidor de boa-fé (CC, art. 1.214); **B:** correta, pois de acordo com a previsão do art. 1.217 do Código Civil; **C:** correta, pois de acordo com a regra estabelecida pelo art. 1.220 do Código Civil; **D:** correta, pois de acordo com a regra estabelecida pelo art. 1.219 do Código Civil. GN
Gabarito "A".

(Analista Judiciário – TRT/11 – FCC – 2017) A respeito do penhor, da hipoteca e da anticrese, é correto afirmar que

(A) os sucessores do devedor podem remir parcialmente o penhor ou a hipoteca na proporção dos seus quinhões.

(B) é nula a cláusula que autoriza o credor pignoratício, anticrético ou hipotecário a ficar com o objeto da garantia, se a dívida não for paga no vencimento.

(C) é válida a cláusula que proíbe ao proprietário alienar o imóvel hipotecado.

(D) o dono do imóvel hipotecado não pode constituir outra hipoteca sobre ele, mediante novo título, em favor de outro credor.

(E) cada um dos coproprietários não pode dar em garantia real a parte que tiver da coisa comum sem o consentimento de todos.

A: incorreta, pois "Os sucessores do devedor não podem remir parcialmente o penhor ou a hipoteca na proporção dos seus quinhões". Todavia, qualquer deles pode fazê-lo no todo (CC, art. 1.429); **B:** correta, pois o chamado *pacto comissório* é proibido pela lei (CC, art. 1.428); **C:** incorreta, pois tal cláusula é nula (CC, art. 1.475); **D:** incorreta, pois tal constituição é admitida (CC, art. 1.476); **E:**incorreta, pois cada um deles pode "**individualmente dar em garantia real a parte que tiver**" **(CC, art. 1.420 §2°).** GN
Gabarito "B".

(Analista Judiciário – TRT/24 – FCC – 2017) Sobre a hipoteca, de acordo com o Código Civil, é correto afirmar:

(A) Não é nula a cláusula que autoriza o credor hipotecário a ficar com o objeto da garantia, se a dívida não for paga no vencimento.

(B) Desapropriado o bem dado em garantia hipotecária pelo devedor a dívida estará, em regra, vencida.

(C) Os sucessores do devedor podem remir parcialmente a hipoteca na proporção dos seus quinhões.

(D) A propriedade superficiária não pode ser objeto de hipoteca.

(E) As partes poderão convencionar em contrato cláusula proibindo o proprietário de alienar o imóvel hipotecado.

A: incorreta, pois tal cláusula é denominada *pacto comissório* e é nula de pleno direito não somente para o caso de hipoteca, mas também para o caso de penhor e anticrese (CC, art. 1.428); **B:** correta. O Código Civil estipula que a desapropriação do bem dado em garantia gera o vencimento da dívida. Neste caso, deverá ser depositada a parte do preço que for necessária para o pagamento integral do credor (CC, art. 1.425, V); **C:** incorreta, pois os sucessores não podem remir parcialmente o penhor ou hipoteca. Qualquer deles, porém, pode fazê-lo no todo (CC, art. 1.429); **D:** incorreta, pois a propriedade superficiária pode ser objeto de hipoteca (CC, art. 1.473, X); **E:** incorreta, pois tal cláusula é nula de pleno direito (CC, art. 1.475). Como é um direito

real, a hipoteca continua gravando o bem, não importando quem seja o dono. GN
Gabarito "B".

(Analista – TRT/2ª – 2014 – FCC) Após pagar um terço de empréstimo garantido por hipoteca de seu imóvel, Bento Francisco procura aliená-lo a Kelly Joyce, mas ao notificar o credor hipotecário – o banco que lhe emprestou o dinheiro – este não consente com a venda, alegando haver no contrato cláusula que a proíbe expressamente. O posicionamento do banco credor é

(A) juridicamente equivocado, já que a lei civil prevê ser nula a cláusula que proíbe ao proprietário alienar imóvel hipotecado.

(B) juridicamente equivocado, pois, embora não se possa alienar a coisa antes de pago um determinado montante, a partir de um terço do pagamento do empréstimo já é possível vender o imóvel dado em garantia hipotecária.

(C) válido juridicamente, pois a alienação do imóvel só é possível pelo tomador do empréstimo após o pagamento de dois terços da dívida.

(D) válido juridicamente, já que o contrato faz lei entre as partes e Bento Francisco o celebrou livre e espontaneamente.

(E) juridicamente equivocado, por ser anulável o contrato, dada a abusividade da cláusula proibitiva de alienação.

Viola o art. 1.475 do CC, "É nula a cláusula que proíbe ao proprietário alienar o imóvel hipotecado". Hipoteca é o direito real de garantia que tem por objeto bens imóveis, navio ou avião pertencentes ao devedor ou a terceiro e que, embora não entregues ao credor, asseguram-lhe, preferencialmente, o recebimento de seu crédito. Não é possível estabelecer cláusula que proíba o proprietário de alienar o imóvel 'do, porém, é permitido convencionar o vencimento do crédito hipotecário, se o imóvel for alienado (parágrafo único do art. 1.475 do CC). Lembre-se, por ser direito real, a hipoteca deve ser registrada no cartório do lugar do imóvel, conforme prevê o art. 1.492 do CC. MP
Gabarito "A".

(Analista – TRF/3ª Região – 2014 – FCC) Considere as seguintes hipóteses:

I. Mariana, por onze anos, sem interrupção e nem oposição, possui, como sua, uma casa de 300 metros quadrados, tendo estabelecido no referido imóvel sua moradia habitual, realizando obras de conservação e ampliação da casa.

II. Gleison não é proprietário de imóvel urbano ou rural, mas possui, como sua, uma casa de 150 metros quadrados por sete anos ininterruptos e sem oposição utilizando-a como sua moradia.

III. Benício, proprietário de um terreno rural de 10 hectares, possui, como sua, uma casa de 70 metros quadrados, por oito anos ininterruptamente e sem oposição, utilizando-a como sua moradia.

De acordo com o Código Civil brasileiro, em razão da posse, poderá adquirir a propriedade dos imóveis acima mencionados

(A) Mariana, apenas.

(B) Mariana e Gleison, apenas.

(C) Gleison, apenas.

(D) Mariana, Gleison e Benício.

(E) Gleison e Benício, apenas.

I: correta, pois trata-se de caso de usucapião extraordinária previsto no art. 1.238 parágrafo único do CC, em que a aquisição se dá após 10 anos de posse mansa, pacífica e ininterrupta, haja vista Mariana ter utilizado o local para moradia habitual e ter realizado obras de caráter produtivo; **II:** correta, pois trata-se de caso de usucapião especial urbana, em que adquire-se a propriedade aquele que, não sendo possuidor de outro imóvel urbano ou rural, ocupa área urbana de até duzentos e cinquenta metros quadrados, por cinco anos ininterruptos e sem oposição, utilizando-a para sua moradia ou de sua família (art. 1.240, *caput*, do CC); **III:** incorreta, pois Benício não poderá usucapir a casa pela modalidade de usucapião especial urbana, pois é proprietário de outro imóvel rural (art. 1.239 do CC). Ademais, não é possível a aplicação de nenhuma outra modalidade de usucapião. **MP**

Gabarito "B".

(Analista – TJ/CE – 2013 – CESPE) No que se refere à posse, assinale a opção correta.

(A) Configura-se constituto-possessório quando o proprietário da coisa aliena esse direito e permanece na posse direta da coisa, de modo possuidor direto defender a sua posse contra o indireto o que aquele que possuía em seu próprio nome, passa a possuir em nome de outrem.

(B) A posse do imóvel não faz presumir a das coisas móveis que nele estiverem.

(C) A posse violenta ou clandestina é injusta, e a obtida a título precário pode ser considerada justa.

(D) O possuidor indireto é aquele que, achando-se em relação de dependência para com outro, conserva a posse em nome deste e em cumprimento de ordens ou de instruções suas.

(E) Dada a existência de relação de subordinação, o possuidor direto de um bem não pode defender a sua posse contra o possuidor indireto desse mesmo bem.

A: correta, pois o **constituto-possessório**, *que é aquela situação em que um possuidor em nome próprio passa a possuí-la em nome de outro, adquirindo a posse indireta da coisa*. É o caso do dono que vende a coisa e passa a nela ficar como locatário ou comodatário. Sobre o assunto, cita-se Enunciado n. 77 JDC/CJF: *A posse das coisas móveis e imóveis também pode ser transmitida pelo constituto possessório*. **B:** incorreta, pois a posse do imóvel *faz* presumir, até prova contrária, a das coisas móveis que nele estiverem (art. 1.209 do CC); **C:** incorreta, pois tanto a posse violenta, como a clandestina, como a precária são injustas (art. 1.299 do CC); **D:** incorreta, pois este é o conceito de detentor (art. 1.198 "caput" do CC). Posse indireta é aquela exercida por quem cedeu, temporariamente, o uso ou o gozo da coisa a outra pessoa; **E:** incorreta, pois o possuidor direto defender a sua posse contra o indireto, não existindo tal relação de subordinação (art. 1.197 do CC). **GR**

Gabarito "A".

(Analista Judiciário – Área Judiciária – TRT/12 – 2013 – FCC) No que tange ao penhor:

(A) são credores pignoratícios, desde que contratado desse modo, os hospedeiros, ou fornecedores de pousada ou alimento, sobre as bagagens, móveis, joias ou dinheiro que os seus consumidores ou fregueses tiverem consigo nas respectivas casas ou estabelecimentos, pelas despesas ou consumo que aí tiverem feito.

(B) no penhor rural, industrial, mercantil e de veículos, as coisas empenhadas são transferidas ao credor, que as deve guardar e conservar.

(C) não podem ser objeto de penhor agrícola os animais do serviço ordinário de estabelecimento agrícola, nem as colheitas pendentes ou em vias de formação.

(D) podem ser objeto de penhor direitos, suscetíveis de cessão, sobre coisas móveis ou imóveis, com registro em Títulos e Documentos ou no Registro Imobiliário, conforme o caso.

(E) constitui-se o penhor, como regra geral, pela transferência efetiva da posse que, em garantia do débito ao credor ou a quem o represente, faz o devedor, ou alguém por ele, de uma coisa móvel, suscetível de alienação.

A: incorreta, pois tais pessoas são credores pignoratícios independentemente de convenção (art. 1.647 "caput" do CC); **B:** incorreta, pois no penhor rural, industrial, mercantil e de veículos, as coisas empenhadas *continuam em poder do devedor*, que as deve guardar e conservar (art. 1.431, parágrafo único do CC); **C:** incorreta, pois tais itens *podem* ser objeto de penhor agrícola (art. 1.442, V e II do CC); **D:** incorreta, pois não podem ser objeto de penhor os direitos suscetíveis de cessão sobre coisas imóveis (art. 1.451 do CC); **E:** correta (art. 1.431 do CC). **GR**

Gabarito "E".

(Analista – TRT/10ª – 2013 – CESPE) Com relação aos direitos reais, julgue os itens subsecutivos.

(1) A depreciação do bem imóvel dado em garantia pelo devedor causada pela falta de conservação acarreta, por si só, o vencimento antecipado do débito.

(2) Na promessa de compra e venda de imóvel não loteado, pode-se inserir cláusula de arrependimento, contudo o exercício do direito de retratação só será cabível antes do pagamento total do preço.

1: errada, na medida em que para que ocorra o vencimento antecipado do débito, a depreciação ou deterioração do bem devem ser tamanhas que desfalquem a garantia, e o devedor intimado, não a reforce ou a substitua (art. 1.425, I do CC); **2:** certa, consoante trecho de artigo do professor Nelson Rosenvald: "O Código Civil incorre no mesmo equívoco de antigas decisões do Supremo Tribunal Federal que interpretando literalmente o artigo 22 do Decreto-Lei 58/1937 entendiam que somente era possível a adjudicação compulsória se o compromisso de compra e venda estivesse registrado (Marco Aurélio Bezerra de Melo. Direito das Coisas. Lúmen Juris. 2002. p. 278.). O art. 1.417 do Código Civil enfatiza que o direito real à aquisição só se formará quando, não obstante registrada, contenha a promessa de compra e venda a cláusula de arrependimento. Cuida-se de direito potestativo que confere ao promissário comprador a opção de resilir unilateralmente (art. 473, CC) o negócio jurídico, mediante a denúncia notificada a outra parte, impondo-se a devolução integral das quantias pagas. Há de se observar que o direito de arrependimento foi proscrito do compromisso de compra e venda de lotes rurais e urbanos, sendo de essência a sua irretratabilidade. Pela Súmula 166 do STF, "é inadmissível o arrependimento do compromisso de compra e venda ao regime do Decreto-Lei 58". Igual entendimento se extrai da leitura do art. 25 da Lei 6.766/1979. Assim, não há possibilidade de inserção de cláusula de arrependimento, tanto nos contratos que envolvam lotes rurais (Decreto-Lei 58/1937) quanto nos que pertinem a lotes urbanos (Lei 6.766/1979). A vedação é de ordem pública, sendo plenamente justificável pela própria dinâmica dos contratos que envolvem loteamentos. Se fosse possível a retratação, o comprimente vendedor poderia livremente praticar a especulação imobiliária com a seguida venda e recompra de lotes por preços bem superiores aos obtidos nas transações anteriores. Pela dicção do novo Código Civil, somente para os imóveis não loteados resta ainda possibilidade de arrependimento, mediante cláusula expressa no contrato, desde que não pago totalmente o preço. Caso contrário, entende-se que houve decadência ao exercício do direito potestativo de arrependimento, uma vez que haveria uma lesão à boa-fé do promissário comprador que adimpliu suas obrigações e flagrante abuso do direito por parte do promitente vendedor" (ROSENVALD, Nelson. A Promessa de compra e venda no Código Civil de 2002. Disponível em: [www.flaviotartuce.adv.br/artigosc/ROSENVALD_COMPRA.doc]. Acesso em: 07.10.2013]. **AG**

Gabarito 1E, 2C

(Analista – TRE/CE – 2012 – FCC) Com relação à Posse, considere:

I. As benfeitorias não se compensam com os danos, e só obrigam ao ressarcimento se, ao tempo da evicção, ainda existirem.

II. O possuidor pode intentar a ação de esbulho, ou a de indenização, contra o terceiro, que recebeu a coisa esbulhada sabendo que o era.

III. Ao possuidor de má-fé serão ressarcidos somente as benfeitorias necessárias.

IV. O possuidor de boa-fé tem direito, enquanto ela durar, aos frutos percebidos.

De acordo com o Código Civil brasileiro, está correto o que se afirma APENAS em

(A) II e IV.

(B) I, II e III.

(C) I e III.

(D) III e IV.

(E) II, III e IV.

I: incorreta, pois, de acordo com o disposto no art. 454 do CC, se as benfeitorias abonadas ao que sofreu a evicção tiverem sido feitas pelo alienante, o valor delas será levado em conta na restituição devida. Além disso, o Código não estabelece que só obrigará ao ressarcimento se, ao tempo da evicção, ainda existirem; **II:** correta, nos termos do art. 1.212 do CC; **III:** correta, nos termos do art. 1.220 do CC; **IV:** correta, nos termos do art. 1.214, *caput*, do CC. AG
Gabarito "E."

(Analista Judiciário - TJ/AL - 2018 - FGV) A Associação dos Amantes do Turismo (AAT) recebeu, a título de usufruto instituído pelo associado Jorge, um imóvel de sua propriedade. As partes convencionaram, no título de instituição, que o usufruto seria pelo prazo de vinte anos. Decorridos dez anos da instituição, os associados, sem a participação de Jorge, que morrera há dois anos, deliberaram, em assembleia, ceder gratuitamente o usufruto do imóvel à Associação de Agentes de Viagem (AAV), em reconhecimento a serviços recebidos pela AAT.

A cessão, feita sem prazo determinado, é considerada:

(A) válida, pois, consolidada a propriedade com a morte de Jorge, a AAT poderia destinar o bem da forma que lhe aprouvesse;

(B) inválida, pois a cessão gratuita do usufruto dependeria da autorização de Jorge;

(C) válida e vigerá até o término do prazo previsto no ato de instituição do usufruto por Jorge;

(D) ineficaz, pois o instituto do usufruto não permite cessão gratuita;

(E) válida e vigerá por trinta anos a partir da instituição do usufruto por Jorge.

A: incorreta, pois a morte de Jorge não consolida a propriedade nas mãos do usufrutuário, isto é, o usufruto continua existindo. O que extingue o usufruto é a morte do usufrutuário, e não da do nu-proprietário (art. 1.410, I, CC). A cessão do direito ao usufruto poderia ser feita pelos demais associados, nos termos do art. 1.393 CC, mas por direitos inerentes ao usufruto e não à propriedade; **B:** incorreta, pois a cessão gratuita do exercício do usufruto é válida, independentemente da anuência de Jorge. Ao ceder o exercício do usufruto, o usufrutuário está cedendo a percepção dos frutos advindos da coisa (direito pessoal) mantendo consigo o direito real que é intransferível a terceiros (art. 1.393 CC); **C:** correta, pois a cessão é válida (art. 1.393 CC) e vigerá até o término do prazo instituído (art. 1.410, II, CC); **D:** incorreta,

pois o instituto do usufruto admite cessão gratuita (art. 1.393 CC); **E:** incorreta, pois no caso em tela vigerá pelo prazo que foi determinado expressamente na instituição, isto é, vinte anos. Se não houvesse sido instituído prazo, daí o máximo seria trinta anos (art. 1.410, III, CC). GR
Gabarito "C."

(Analista - TJ/SC - FGV - 2018) Gabriel era empregado caseiro do imóvel de praia de José Luiz, localizado no Balneário Camboriú. Após o falecimento de José Luiz, nenhum familiar se apresenta a Gabriel, que, embora demitido pelo inventariante do espólio de José Luiz, mantém-se no imóvel, cuidando dele como se seu fosse. Após dois anos do falecimento do ex-empregador e a realização de diversas benfeitorias para a manutenção do imóvel às suas expensas, Gabriel é surpreendido, ao retornar de um rápido passeio, com a ocupação do imóvel por sobrinhos de José Luiz, dizendo-se proprietários do bem.

Diante dessa situação, Gabriel:

(A) nada poderá fazer, pois os sobrinhos agiram mediante legítimo desforço possessório;

(B) poderá pleitear indenização pelas benfeitorias, mas não a posse, já que era mero detentor;

(C) não faz jus a indenização por benfeitorias e tampouco a reaver a posse, visto que esta era exercida de má-fé;

(D) pode se valer do imediato desforço possessório moderado para reaver, por autotutela, a posse;

(E) deve receber o valor das benfeitorias realizadas em dobro, por conta da posse de boa-fé.

A: incorreta, pois a Lei garante o direito de posse à Gabriel. Ainda que seja possuidor de má-fé, prevê o art. 1.210, §2º CC que não obsta à manutenção ou reintegração na posse a alegação de propriedade, ou de outro direito sobre a coisa. Logo, ele tem o direito se ser mantido na posse sem ser molestado; **B:** incorreta, pois Gabriel deixou de ser detentor assim que foi demitido pelo inventariante. A partir daquele momento o seu *animus* passou a ser outro, pois optou por se manter da posse, ainda que de má-fé. Sendo assim, poderá ser indenizado apenas pelas benfeitorias necessárias (art. 1.220 CC); **C:** incorreta, pois tem o direito de reaver a posse (art. 1.210, *caput* e §1º). O fato de estar de má-fé não lhe tira esse direito, mas apenas lhe impõe algumas restrições, sendo que uma delas é a de ser apenas ressarcido pelas benfeitorias necessárias (art. 1.220 CC); **D:** correta, pois a posse lhe pertence, e por conta disso tem o direito de ser mantido nela em caso de turbação, restituído no de esbulho, e segurado de violência iminente (art. 1.210 CC), podendo inclusive valer-se do desforço imediato para reavê-la; **E:** incorreta, pois trata-se de posse de má-fé, o que lhe confere o direito apenas de ser ressarcido as benfeitorias necessárias (art. 1.220 CC). GR
Gabarito "D."

8. FAMÍLIA

(Analista Judiciário – TRE/PE – CESPE – 2017) A respeito do direito das famílias, assinale a opção correta.

(A) O ato jurídico da adoção depende da efetiva assistência do poder público e de sentença constitutiva, ressalvados os casos de maiores de dezoito anos de idade, que independem de sentença.

(B) O reconhecimento de filhos havidos fora do casamento pode ser feito por manifestação direta e expressa perante o juiz.

(C) Não se admite a alteração do regime de bens no curso do matrimônio.

(D) A obrigação de prestar alimentos não é transmitida aos herdeiros do devedor.

(E) O bem de família pode ser instituído mediante qualquer instrumento que evidencie a vontade da entidade familiar de destacar parte de seu patrimônio.

A: incorreta, pois mesmo nesses casos é exigida sentença judicial (CC, art. 1.619); **B:** correta, pois de acordo com a forma prevista pelo art.1º, IV, da Lei 8.560/1992; **C:** incorreta, pois tal alteração é admitida mediante autorização judicial (CC, art. 1.639 §2º); **D:** incorreta, pois tal transmissão aos herdeiros é prevista pela lei civil (CC, art. 1.700); **E:** incorreta, pois a lei exige escritura pública ou testamento (CC, art. 1.711). **GN**
Gabarito "B"

(Analista – TRT/10ª – 2013 – CESPE) Julgue o item abaixo, relativo ao casamento civil.

(1) O Código Civil adotou o critério biopsicológico com relação à idade núbil; assim, para a mulher e o homem poderem casar é necessário que tenham completado, respectivamente, dezesseis e dezoito anos de idade.

A assertiva está errada, uma vez que a Constituição Federal adotou o princípio da igualdade entre homens e mulheres, conforme disposto no art. 5º, I. Em harmonia com mencionada norma, o Código Civil não faz distinção de gênero quanto a idade núbil para o casamento, de modo que tanto o homem como a mulher podem se casar a partir dos 16 anos de idade, exigindo-se autorização de ambos os pais, ou de seus representantes legais, enquanto não atingida a maioridade civil (art. 1.517, *caput*, do CC). **AG**
Gabarito 1E

(Analista - TJ/SC - FGV - 2018) Marta e Rodrigo, ambos com 40 anos, pretendem contrair matrimônio. Com esse objetivo, dirigem-se ao cartório de notas e solicitam a elaboração de pacto antenupcial, por meio do qual desejam estipular que apenas os bens adquiridos após cinco anos de casamento sejam comunicados. Quanto aos bens adquiridos antes do referido termo, deverão observar o regime da separação total.

Na hipótese, essas disposições:

(A) são nulas, pois se trata de fraude ao regime legal;

(B) são válidas, visto ser livre convencionar o regime de bens;

(C) devem ser interpretadas unicamente como regime de separação de bens;

(D) podem ser objeto de conversão e adaptadas ao regime da comunhão parcial;

(E) são válidas, desde que nenhum bem seja adquirido nos primeiros cinco anos.

A: incorreta, pois é lícito aos nubentes, antes de celebrado o casamento, estipular, quanto aos seus bens, o que lhes aprouver (art. 1.639 CC); **B:** correta, pois considerando que o casal não se enquadra nos casos de regime de separação legal (art. 1.641 CC), podem convencionar o que desejarem com relação aos seus bens (art. 1.639 CC); **C:** incorreta, pois não há que se falar em regime de separação de bens, pois tais hipóteses não se configuram (art. 1.641 CC); **D:** incorreta, pois a alteração do regime de bens se dá apenas por autorização judicial em pedido motivado de ambos os cônjuges, apurada a procedência das razões invocadas e ressalvados os direitos de terceiros (art. 1.639, § 2º CC); E: incorreta, pois as disposições são totalmente válidas e eles podem adquirir bens nos primeiros 5 anos, o que resultará para esse período a aplicação do regime de separação total de bens, conforme convencionado (art. 1.639 CC). **GR**
Gabarito "B"

9. SUCESSÕES

(Analista – TJ/AM – 2013 – FGV) A respeito da *abertura da sucessão* e da *aceitação da herança*, assinale a afirmativa **incorreta**.

(A) Caso o herdeiro seja casado, a aceitação de herança independe da anuência do seu cônjuge.

(B) Opera-se a transmissão imediata da propriedade, da posse dos bens e das dívidas do *de cujus*, no momento da abertura da sucessão, independentemente da vontade e do conhecimento dos herdeiros.

(C) O período entre a abertura da sucessão e a aceitação da herança é denominado delação.

(D) O direito de aceitar ou renunciar à herança tem natureza de direito subjetivo.

(E) O direito positivo brasileiro veda, expressamente, ao sucessor por um mesmo e único título, a aceitação parcial da herança.

A: correta, haja vista que o direito que o herdeiro possui de aceitar ou não a herança trata-se se um direito personalismo, o deve ser exercido independentemente de termo, ou condição (art. 1.808 do CC; **B:** correta, na medida em que a assertiva reflete o princípio de saisine, elencado na norma do art. 1.784 do CC; **C:** correta, consoante preceitua Maria Helena Diniz: "A doutrina faz uso da expressão delação para identificar o momento em que, aberta a sucessão, o patrimônio do falecido ficaria à disposição dos herdeiros(...). A delação geralmente coincide com a abertura da sucessão, consistindo no oferecimento da herança à pessoa que possa adquiri-la, encarado sob o aspecto da acessibilidade" (Manual das Sucessões; RT: 2008, p. 98); **D:** incorreta, devendo ser assinalada. Direito subjetivo é a faculdade conferida ao indivíduo de fazer valer o seu interesse apoiando-se nas normas de direito objetivo. Por sua vez, o direito objetivo nada mais é do que o conjunto de normas vigentes no país numa determinada época. Assim, o direito de aceitar ou renunciar a herança é fruto do direito objetivo. A fim de que não restem dúvidas, temos exemplo de direito subjetivo no livro das sucessões no art. 1.807 do CC; E: correta, pois não se pode aceitar ou renunciar a herança em parte (art. 1.808 do CC). **AG**
Gabarito "D"

(Analista – TRT/10ª – 2013 – CESPE) No que concerne à sucessão no direito civil, julgue os itens subsequentes.

(1) A ofensa física é uma das causas que autorizam a deserdação, não sendo necessário que haja condenação criminal ou que a condenação criminal seja grave ou gravíssima.

(2) No caso de legado alternativo, se o legatário falecer antes de ter realizado a opção, o exercício desse direito passará aos seus herdeiros.

(3) Caso ocorra a premoriência do legatário, o legado deverá ser transmitido aos seus herdeiros.

(4) Considere a seguinte situação hipotética. Jorge, filho de Paulo, este recém-falecido, providenciou o velório, tendo cuidado de toda a parte burocrática para a realização do enterro de seu pai. Nessa situação hipotética, os atos praticados por Jorge caracterizaram a sua aceitação da herança dos bens de seu pai.

(5) Com o falecimento do autor da herança, esta se transmite de forma definitiva aos seus herdeiros independentemente da abertura da sucessão e da existência de testamento.

1: certa, nos termos dos arts. 1.962, I e 1.963, I do CC, sendo que o Código Civil não faz distinção quanto à natureza da condenação criminal;

2: correta (art. 1.933 do CC); **3:** errada, pois a premoriência do legatário é causa de caducidade do legado (art. 1.939, V do CC); **4:** errada, pois não exprimem aceitação de herança os atos oficiosos, como o funeral do finado, os meramente conservatórios, ou os de administração e guarda provisória (art. 1.805, § 1º do CC); **E:** incorreta, pois, não obstante a existência de testamento seja dispensável, é imprescindível a abertura da sucessão para que haja a transmissão dos bens (art. 1.784 do CC). AG

Gabarito 1C, 2C, 3E, 4E, 5E

(Analista – TRT/10ª – 2013 – CESPE) No que concerne ao direito de família e ao direito das sucessões, julgue os itens subsequentes.

(1) O direito ao usufruto vidual é relativo, visto que sua efetivação se sujeita à demonstração pelo cônjuge sobrevivente de sua situação financeira precária.

(2) O único bem imóvel residencial do devedor é penhorável, desde que esteja desocupado.

1: errada, pois o art.1.831 do CC é enfático ao prever que: "Ao cônjuge sobrevivente, qualquer que seja o regime de bens, será assegurado, sem prejuízo da participação que lhe caiba na herança, o direito real de habitação relativamente ao imóvel destinado à residência da família, desde que seja o único daquela natureza a inventariar". Ainda que o imóvel não se comunique com o cônjuge sobrevivente, em razão do regime de casamento ou por fazer parte do patrimônio particular do cônjuge falecido, o direito de habitação resulta dos princípios de proteção da família, e não de uma relação patrimonial. Por isso mesmo, esse direito de habitação do cônjuge, chamado pela doutrina de usufruto vidual, existe e é juridicamente assegurado independentemente do seu registro no cartório de imóveis ou da situação financeira do cônjuge supérstite. **2:** certa, pois a impenhorabilidade do bem de família apenas se dá se referido imóvel for utilizado como domicílio da entidade familiar, isto é, desde que as pessoas nele residam, pois a Lei visa proteger as pessoas e não o bem propriamente dito (art. 1º, Lei 8.009/1990). Objetiva-se garantir o direito à moradia. A partir do momento em que o bem não é habitado, não há nenhum impedimento para a sua constrição. AG

Gabarito 1E, 2C

(Analista – TJ/SE – 2009 – FCC) Na sucessão legítima, no que concerne ao direito de representação, é INCORRETO afirmar que

(A) os representantes só podem herdar, como tais, o que herdaria o representado, se vivo fosse.

(B) na linha transversal, somente se dá o direito de representação em favor dos filhos de irmãos do falecido, quando com irmãos deste concorrerem.

(C) o renunciante à herança de uma pessoa poderá representá-la na sucessão de outra.

(D) o direito de representação dá-se na linha reta ascendente e descendente.

(E) o quinhão do representado partir-se-á por igual entre os representantes.

A: correta (art. 1.851 do CC); **B:** correta (art. 1.853 do CC); **C:** correta (art. 1.856 do CC); **D:** incorreta, devendo ser assinalada, (art. 1.852 do CC); **E:** correta (art. 1.855 do CC). AG

Gabarito "D".

(Analista – TJ/ES – 2011 – CESPE) Julgue o seguinte item.

(1) No que tange à capacidade para suceder, é correto afirmar que, com a abertura da sucessão, a herança se transmite imediatamente aos herdeiros, que passam a ser titulares de direitos adquiridos, aplicando-se a lei vigente à época da morte do autor da herança.

1: correta (arts. 1.784 e 1.787 do CC). AG

Gabarito 1C

(Analista Judiciário - TJ/AL - 2018 - FGV) Janaína, divorciada e mãe de três filhos maiores, estabelece união homoafetiva com Jurema, sem, contudo, regulamentar a relação por escrito. Ao longo do período de convivência, Janaína adquiriu pequeno apartamento, onde estabeleceu residência com sua companheira.

Diante do recente falecimento de Janaína, aos 58 anos, que apenas deixou o imóvel em que residia, Jurema fará jus:

(A) à meação do bem e ao direito real de habitação sobre o referido bem;

(B) a um sétimo do apartamento;

(C) à meação e a um quarto do imóvel;

(D) a um quarto do imóvel e ao direito real de habitação sobre o referido bem;

(E) à meação, a mais um quarto do imóvel e ao direito de habitação sobre o referido bem.

A: correta. Primeiramente insta destacar que o STF, por meio dos Recursos Extraordinários 646.721 e 878.694 reconheceu de forma incidental a inconstitucionalidade do art. 1.790 do CC/2002 e declarou o direito da companheira participar da herança de sua consorte em conformidade com o regime jurídico estabelecido no art. 1.829 do Código Civil de 2002. Ademais a ADI 4.277 prevê a igualdade de direitos no caso de uniões estáveis heterossexuais e homoafetivas. Traçado este pano de fundo, verifica-se que no caso em tela aplica-se os mesmos direitos do cônjuge. Considerando que o enunciado não mencionou expressamente o regime de bens que foi eleito nesta união estável, aplica-se o regime da comunhão parcial de bens (art. 1.725 CC). Assim, quanto à sucessão aplica-se a regra do art. 1.829, I, CC, isto é, haverá direito de meação à companheira sobrevivente e ela terá direito real de habitação (art. 1.832 CC); **B:** incorreta, pois Jurema tem direto a metade do apartamento por direito de meação (art. 1.829, I, CC); **C:** incorreta, pois Jurema apenas tem direito a sua meação. Ela apenas herdaria se Janaína tivesse deixado bens particulares. Como não deixou não tem direito à herança (art. 1.829, I, parte final); **D:** incorreta, pois tem direito a metade do imóvel pela meação (art. 1.829, I, CC); **E:** incorreta, pois não há que se falar em direito a mais um quarto do imóvel, pois ela não tem direito a herança, mas somente a meação (art. 1.829, I, CC). GR

Gabarito "A".

10. TEMAS COMBINADOS

(Analista Judiciário – TRE/PE – CESPE – 2017) A empresa Bebidas Bom Preço Ltda. celebrou com uma empresa de alimentos, por prazo determinado, contrato de comodato cujo objeto era o empréstimo de um *freezer*. Era dever da comodatária armazenar somente produtos adquiridos da comodante.

Nessa situação hipotética, conforme a legislação aplicável ao caso e o entendimento doutrinário sobre o tema,

(A) por ter natureza pessoal, o contrato de comodato não se estenderá no caso de sucessão empresarial da empresa comodatária.

(B) a comodante não poderá suspender o uso da coisa antes do término do prazo do contrato, ainda que demonstre necessidade imprevista e urgente.

(C) o negócio jurídico perfez-se com a assinatura do contrato.

(D) a empresa comodatária pode cobrar da empresa comodante as despesas referentes ao uso e ao gozo da coisa emprestada.

(E) a cláusula de exclusividade acerca dos produtos que devem ficar armazenados no *freezer* não poderia ter sido estipulada.

A: correta, pois "a transferência importa a sub-rogação do adquirente nos contratos estipulados para exploração do estabelecimento, se não tiverem caráter pessoal" (CC, art. 1.148); **B:** incorreta, pois o Código Civil admite a suspensão do uso em caso de "necessidade imprevista e urgente" (CC, art. 581); **C:** incorreta, pois o contrato de comodato é considerado contrato real, ou seja, só se perfaz com a efetiva entrega do bem; **D:** incorreta, pois "o comodatário não poderá jamais recobrar do comodante as despesas feitas com o uso e gozo da coisa emprestada" (CC, art. 548); **E:** incorreta, pois trata-se de cláusula lícita e que impõe obrigação de não fazer. GN
Gabarito "A".

(Analista Judiciário – TRT/24 – FCC – 2017) A empresa X, sediada na cidade de São Paulo capital, é integralmente extinta após regular liquidação em dezembro de 2016. Rodolfo, ex-sócio da empresa, desligado desde o ano de 2014, pretende receber uma dívida de R$ 500.000,00 dos sócios da empresa extinta. Neste caso, o prazo prescricional para Rodolfo exercer a sua pretensão, nos termos preconizados pelo Código Civil, contado o prazo da publicação da ata de encerramento da liquidação da sociedade, será de

(A) 2 anos.

(B) 1 ano.

(C) 10 anos.

(D) 5 anos.

(E) 3 anos.

O art. 206 §1°, V, do Código Civil estabelece o prazo prescricional de um ano para os credores cobrarem os "sócios ou acionistas, contado o prazo da publicação da ata de encerramento da liquidação da sociedade". GN
Gabarito "B".

(Analista Judiciário – TRT/8ª – 2016 – CESPE) A respeito da pessoa natural e da pessoa jurídica, assinale a opção correta.

(A) São considerados absolutamente incapazes os menores de dezesseis anos de idade, os pródigos e aqueles que, mesmo por causa transitória, não puderem exprimir sua vontade.

(B) A dotação especial de bens livres do instituidor para a criação da fundação só tem validade se feita por escritura pública, sendo vedada a sua instituição mediante testamento.

(C) Os partidos políticos, assim como os municípios e a União, são pessoas jurídicas de direito público interno.

(D) Ao permitir que o nascituro pleiteie alimentos ao suposto pai, por meio de ação judicial, a lei reconheceu-lhe personalidade jurídica.

(E) No caso de um tutor pretender adquirir para si bens do tutelado, é correto afirmar que aquele tem capacidade para a prática desse negócio jurídico, mas carece de legitimação para realizar tal aquisição.

A: incorreta, pois apenas os menores de dezesseis anos são absolutamente incapazes (CC, art. 3°); **B:** incorreta, pois o testamento também é forma adequada para a criação da fundação (CC, art. 62); **C:** incorreta,

pois os partidos políticos são pessoas jurídicas de direito privado (CC, art. 44); **D:** incorreta, pois somente aquele que já nasceu com vida é que possui a personalidade jurídica. Isso não impede o nascituro de titularizar direitos subjetivos (CC, art. 2°); **E:** correta. A legitimação é uma capacidade extra, que a lei exige de certas pessoas para a prática de determinados atos. Um ótimo exemplo é justamente o do tutor, que, apesar de capaz, não pode adquirir bens do tutelado, sob pena de nulidade (CC, art. 497). GN
Gabarito "E".

(Analista Jurídico – TCE/PR – 2016 – CESPE) A respeito da interpretação das leis, de pessoas físicas e jurídicas e de bens, assinale a opção correta.

(A) O menor, ao completar dezesseis anos de idade, adquire capacidade de direito, ainda que não tenha sido emancipado.

(B) A pessoa que viva alternadamente em mais de uma residência terá como domicílio aquela em que passe a maior parte do tempo.

(C) Caso a administração de uma associação seja exercida de modo coletivo, suas decisões terão de ser tomadas pela maioria absoluta.

(D) Um parque estadual poderá ser submetido à ordem especial de fruição mediante a cobrança para ingresso de pessoas.

(E) Pelo método sistemático, interpreta-se a norma a partir do ordenamento jurídico de que esta seja parte, relacionando-a, direta ou indiretamente, com outras de mesmo objeto.

A: incorreta, pois a capacidade de direito é adquirida no nascimento com vida (CC, art. 2°); **B:** incorreta, pois nesse caso qualquer uma delas poderá ser considerada seu domicílio (CC, art. 71); **C:** incorreta, pois o Código Civil (art. 48) exige apenas maioria dos presentes; **D:** incorreta, pois o "*uso comum dos bens públicos pode ser gratuito ou retribuído*" (CC, art. 103); **E:** correta, pois o enunciado bem conceitua o método sistemático de interpretação. Interpreta-se um dispositivo conforme o sistema jurídico no qual está inserido. GN
Gabarito "E".

(Analista Jurídico – TCE/PR – 2016 – CESPE) A respeito da disciplina do negócio jurídico no Código Civil, assinale a opção correta.

(A) Em ação que vise à discussão de cláusulas contratuais, o juiz deverá, de ofício, declarar a nulidade do negócio caso verifique que o devedor foi coagido a contratar.

(B) Um contrato de compra e venda de imóvel que for realizado sem escritura pública poderá ser convertido em promessa de compra e venda.

(C) Caso o juiz decrete a nulidade de obrigação que uma pessoa pagou a um incapaz, ficará afastada a possibilidade de o devedor reclamar o que pagou ao credor incapaz, independentemente de este ter ou não se beneficiado do negócio.

(D) Se um dos declarantes ocultar sua verdadeira intenção quanto aos efeitos jurídicos do negócio, este será inexistente por ausência de manifestação qualificada.

(E) O silêncio de uma das partes quanto ao negócio jurídico proposto não tem o condão de criar vínculo, sendo necessária declaração de vontade expressa.

A: incorreta, pois a coação é um vício do consentimento e, como tal, gera a anulabilidade do negócio jurídico, a qual não se pronuncia de ofício pelo juiz (CC, arts. 151; 171 e 177); **B:** correta, pois o que se afirma na assertiva se enquadra perfeitamente na hipótese de conversão do negócio jurídico nulo (CC, art. 170), que permite, a partir de um negócio nulo, criar um negócio válido, desde que a forma usada seja adequada e também que seja possível concluir que a intenção das partes seria essa, caso houvessem previsto a nulidade; **C:** incorreta, pois o pagamento feito ao incapaz de quitar é valido em uma hipótese: se provado que o pagamento reverteu em favor do incapaz (CC, art. 310); **D:** incorreta, pois, nessa hipótese, denominada "reserva mental", a manifestação de vontade subsiste, exceto se o destinatário soubesse da verdadeira intenção do declarante (CC, art. 110); **E:** incorreta, pois "*O silêncio importa anuência, quando as circunstâncias ou os usos o autorizarem, e não for necessária a declaração de vontade expressa*" (CC, art. 111). 🔲

Gabarito "B".

(**Analista Jurídico –TCE/PA – 2016 – CESPE**) No que diz respeito às normas jurídicas, à prescrição, aos negócios jurídicos e à personalidade jurídica, julgue os itens a seguir.

(1) As partes contratantes podem, de comum acordo, alterar os prazos prescricionais referentes a pretensões de direitos disponíveis e, nessa hipótese, a prescrição terá natureza convencional.

(2) Em observância ao princípio da conservação contratual, caso ocorra o vício do consentimento denominado lesão, a parte lesionada pode optar pela revisão judicial do negócio jurídico, ao invés de pleitear sua anulação.

(3) De acordo com o Código Civil, o encerramento irregular de determinada sociedade empresária é, por si só, causa suficiente para a desconsideração da personalidade jurídica.

(4) É possível que lei de vigência permanente deixe de ser aplicada em razão do desuso, situação em que o ordenamento jurídico pátrio admite aplicação dos costumes de forma contrária àquela prevista na lei revogada pelo desuso.

1: incorreta, pois "*os prazos de prescrição não podem ser alterados por acordo das partes*" (CC, art. 192). Caso fosse possível alteração de prazos prescricionais, a segurança jurídica (objetivo maior do instituto da prescrição) estaria seriamente ameaçada; **2:** correta, pois o Código Civil prevê expressamente a possibilidade de conservação do negócio viciado pela lesão, desde que a parte favorecida aceite a diminuição do proveito obtido (CC, art. 157, § 2º). O Enunciado 148 do CJF determina a aplicação de tal instituto ao estado de perigo; **3:** incorreta, pois a desconsideração da personalidade jurídica é instituto excepcional e que somente pode ser aplicado nas restritas hipóteses legais, como, por exemplo, o art. 50 do Código Civil e o art. 28 do Código de Defesa do Consumidor. O mero encerramento irregular não é causa para a desconsideração; **4:** incorreta, pois o desuso não é causa de revogação da lei. Segundo o art. 2º da LI, a lei só se revoga por outra lei. 🔲

Gabarito 1E, 2C, 3E, 4E.

(**Analista – TRE/GO – 2015 – CESPE**) Julgue os próximos itens, referentes à interpretação da lei, aos direitos da personalidade, à validade dos negócios jurídicos e à prova.

(1) Considere a seguinte situação hipotética. Carlos, maior e capaz, celebrou com Rafael, menor de dezessete anos de idade, contrato pelo qual se comprometeu a realizar reparos na casa onde Rafael reside. Nessa situação, Carlos poderá pleitear a anulação do contrato com base na incapacidade de Rafael.

(2) Considere a seguinte situação hipotética. Durante o trâmite de uma ação judicial, João confessou fatos

relevantes para a resolução do conflito. Posteriormente, João informou ao juiz da causa ter-se arrependido da confissão e solicitado a revogação do ato. Nessa situação, caberá ao juiz indeferir o pedido de João com base no caráter irrevogável da confissão.

(3) No âmbito contratual, o princípio geral da boa-fé objetiva permite interpretação extensiva dos pactos firmados, e é aplicado inclusive no que diz respeito a relações pré-contratuais, o que garante a validade de normas de conduta implícitas.

(4) Considere a seguinte situação hipotética. Ricardo e Andrea adquiriram imóvel residencial de uma construtora que prometeu a entrega do bem em janeiro de 2013. Entretanto, o imóvel foi entregue somente em fevereiro de 2014, o que obrigou o casal a residir na casa de parentes por um ano. Nessa situação, os adquirentes fazem jus a indenização por danos morais em razão do atraso na entrega do imóvel.

1: Errada, pois nos termos do art. 181 do CC, trata-se de ato negocial inválido realizado por incapaz, uma exceção às regras da invalidade do negócio jurídico. O ato será nulo se celebrado por absolutamente incapaz, podendo qualquer interessado pedir a nulidade do ato negocial, até mesmo o juiz de ofício, e será anulável se celebrado por relativamente incapaz, cabendo ao incapaz pleitear a anulabilidade do negócio, e não aquele que com ele contratou. Além disso, terá que provar que o proveito do negócio jurídico reverteu em benefício do incapaz, ou seja, para obter a devolução do *quantum* pago ao menor, a parte contrária deverá demonstrar que o incapaz veio a se enriquecer em virtude do negócio nulo ou anulável; **2:** Correta, pois nos termos do art. 214 do CC, em princípio, a confissão é irrevogável, uma vez que se trata de ato íntimo e próprio do confitente. No entanto, se a confissão decorrer de erro, dolo ou coação poderá ser anulada; **3:** Correta, nos moldes do art. 422 do CC, é possível extrair os seguintes princípios: princípio da boa-fé nos contratos, a boa-fé objetiva e a proibição de comportamento contraditório (*venire contra factum proprium*). Dispõe que, em princípio, as partes devem guardar a boa-fé tanto na fase pré-contratual, como durante a execução do contrato e, ainda, pós eficácia das obrigações, bem como , a cláusula geral de boa-fé objetiva obriga as partes a não agirem em contradição, antes, durante e após a execução do contrato, é um dever de conduta de cada um dos contratantes; **4:** Errada, pois a jurisprudência (v. AgRg no AREsp 570.086/PE, Rel. Ministro Ricardo Villas Bôas Cueva, 3.ª T., j. 20.10.2015, *DJe* 27.10.2015) entende que o mero descumprimento contratual, em regra , não dá ensejo a danos morais, uma vez que não se mostra capaz de consubstanciar lesão a personalidade, de forma que frustração do atraso da entrega do imóvel não constitui fato capaz de gerar o abalo psicológico. 🔲

Gabarito 1E, 2C, 3C, 4E.

(**Analista –TRE/GO – 2015 – CESPE**) A respeito de aspectos diversos do direito civil brasileiro, cada um dos próximos itens apresenta uma situação hipotética, seguida de assertiva a ser julgada.

(1) Márcia, casada com Tito e proprietária de grande fortuna, faleceu por causas naturais. Nessa situação, Tito poderá administrar a herança até que um inventariante seja nomeado pelo juiz.

(2) Carla, com vinte e um anos de idade, sofreu lesões físicas em decorrência de acidente provocado por condutor de veículo oficial. Nessa situação, o prazo prescricional a ser observado por Carla para o ajuizamento de eventual ação de indenização por danos materiais começou a correr a partir da data do acidente.

(3) Antônio e Viviane, casados entre si, possuem juntos dois imóveis de valor aproximadamente similar. Nessa situação, é vedado ao casal instituir um desses imóveis como bem de família voluntário.

1: Correta, pois cuida-se da figura do Administrador provisório, que é toda e qualquer pessoa que esteja na administração e posse da herança, representando o espólio ativa e passivamente até a nomeação de um inventariante pelo juiz, nos termos do art. 1.797, I, do CC. O presente artigo relaciona as pessoas que podem assumir esse encargo; **2:** Correta, pois de acordo com o art. 206, § 3º, V, do CC, o prazo prescricional para se buscar a reparação de danos materiais experimentados por acidente de trânsito é de 3 anos a contar da data do evento lesivo; **3:** Anulada, uma vez que bem de família voluntário é aquele constituído por ato voluntário do proprietário, e instituído por escritura pública devidamente registrada, e para a sua constituição se faz necessário o preenchimento de três requisitos, quais sejam: a) deve se tratar de patrimônio próprio do instituidor, nos termos do art. 1.711 do CC; b) a destinação do bem de família deve ser a moradia da família, arts. 1.712 e 1.717 do CC; e c) solvabilidade do instituidor, a fim de evitar fraude contra credores, uma vez que o bem de família é inalienável e impenhorável. **MP**

Gabarito 1C, 2C, 3 anulada

(Analista – TRE/GO – 2015 – CESPE) A respeito da posse, da propriedade, da hipoteca e da responsabilidade civil, julgue os itens seguintes.

(1) A hipoteca legal, que consiste em um favor concedido pela lei a certas pessoas, difere da hipoteca convencional por não depender de registro para ter eficácia *erga omnes*.

(2) Em uma ação de indenização, o juiz pode, ao fixar o montante a ser pago pelo autor do dano, levar em consideração eventual conduta culposa da vítima.

(3) Se, mediante esbulho, João tirar de Carlos a posse sobre um imóvel rural, João não terá, nessa situação hipotética, posse exclusiva, mas posse nova, haja vista que, nesse caso, a precariedade não se convalida.

1: Errada, pois tanto a hipoteca legal, (art. 1.489 do CC) que é aquela que não se origina de contrato, mas constituída nos casos em que a lei define, como a convencional, ou voluntária, que é fruto de negócio jurídico bilateral de direito real, rege o princípio da autonomia privada, e tem por fim assegurar a execução de uma obrigação, ambas dependem de registro para a constituição regular e, portanto, a eficácia *erga omnes* do vínculo só se constitui após registro (art. 1.492 do CC); **2:** Correta. A regra é que a fixação do valor da indenização mede-se pela extensão do dano, nos termos do art. 944 do CC. Nesse caso, trata-se de culpa concorrente ou culpa recíproca, prevista no art. 945 do CC, trata-se, portanto, de imputação de culpa à vítima, que também concorreu para o evento danoso; **3:** Errada, pois trata-se de posse violenta, que não se confunde com posse precária, ambas tornam a posse injusta, de acordo com o disposto no art. 1.200 do CC. Posse violenta é aquela obtida por ato de violência no início de seu exercício, por exemplo, no

caso de esbulho quando o possuidor é retirado total ou parcialmente de sua posse. A posse violenta se convalida quando cessada a violência. Por outro lado, posse precária é aquela em que o possuidor se compromete a devolver a coisa, em razão de contrato, ou por qualquer outro negócio jurídico, ou seja, há obrigação de restituição da coisa e o possuidor não a restitui quebrando o dever de confiança. O vício ocorre a partir do momento da recusa em devolver, por exemplo, após o término do contrato de locação o locatário permanece na posse do imóvel contra a vontade do locador; dessa forma, essa precariedade não se convalida. **MP**

Gabarito 1E, 2C, 3E

(Analista - MPU - CESPE - 2018) A respeito de interpretação de lei, pessoas jurídicas e naturais, negócio jurídico, prescrição, adimplemento de obrigações e responsabilidade civil, julgue os itens a seguir.

(1) Na interpretação sistemática de lei, o intérprete busca o sentido da norma em consonância com as que inspiram o mesmo ramo do direito.

(2) Com a dissolução da pessoa jurídica, a personalidade desse ente não desaparece, mas subsiste até que a liquidação seja concluída.

(3) Negócio jurídico simulado por interposição de pessoa, por ocultação da verdade ou por falsidade de data será considerado nulo.

(4) Se houver capacidade legal e manifestação expressa por escrito, será válida a renúncia prévia da prescrição.

(5) Para a imputação do pagamento, os débitos devem ser relativos a coisas fungíveis entre si e consistir em obrigações líquidas e vencidas.

(6) Situação hipotética: Um indivíduo embriagado transportava em seu carro um passageiro, por simples cortesia, quando, por descuido, colidiu de frente com uma árvore às margens da pista. Assertiva: A embriaguez do motorista não atrai a responsabilidade pela reparação de eventuais danos materiais causados ao passageiro, posto que o transporte por simples cortesia é ato gratuito.

1: correta, pois a interpretação sistemática visa coordenar a lei interpretada com todo o ordenamento jurídico, notadamente para constatar a função que ela exerce; **2:** correta (art. 51, *caput* CC); **3:** correta (art. 167, *caput* CC); **4:** incorreta, pois a renúncia da prescrição apenas é válida depois que ele se consumar. Não á válida a renúncia prévia da prescrição (art. 191 CC); **5:** correta (art. 352 CC); **6:** incorreta, pois apesar de as normas do contrato de transporte não se aplicarem ao transporte feito gratuitamente por amizade ou cortesia (art. 736, *caput* CC), a responsabilidade por danos materiais se aplica com fundamento nos art. 186 e 927, *caput* CC. **GR**

Gabarito 1C, 2C, 3C, 4E, 5C, 6E

14. DIREITO PROCESSUAL CIVIL

Luiz Dellore

1. PRINCÍPIOS DO PROCESSO CIVIL

(Analista - TRF/4 - FCC - 2019) Renato ajuizou ação de cobrança contra Paulo, julgada procedente em primeiro grau. No julgamento do recurso de apelação interposto pelo réu, o Tribunal pronunciou a prescrição de ofício, sem conceder às partes a oportunidade de se manifestarem sobre essa matéria, que não havia sido previamente ventilada no processo. De acordo com o que está disposto no Código de Processo Civil, o acórdão que decidiu o recurso de apelação é

(A) nulo, pois a prescrição não pode ser pronunciada de ofício.

(B) válido, pois a prescrição é matéria que pode ser apreciada de ofício, circunstância que dispensa prévia manifestação das partes.

(C) válido, pois, quando reconhecida em segundo grau de jurisdição, a prescrição pode ser pronunciada de ofício sem que antes seja dada oportunidade às partes de se manifestarem sobre ela.

(D) nulo, pois o juiz não poderá decidir com base em fundamento acerca do qual não se tenha dado às partes oportunidade de se manifestarem, nem mesmo em segundo grau de jurisdição, ainda que se trate de matéria pronunciável de ofício.

(E) nulo, pois o Tribunal não pode decidir com base em fundamento que não foi ventilado em primeiro grau de jurisdição, em virtude da preclusão.

A: incorreta, pois é possível o reconhecimento da prescrição de ofício (CPC, art. 487, II); **B:** incorreta, considerando que, mesmo sendo matéria passível de ser reconhecida de ofício, deve ser oportunizada prévia manifestação das partes, considerando o princípio da vedação de decisão surpresa (CPC, arts. 10 e 487, parágrafo único); **C:** incorreta, porque igualmente pelo princípio da vedação de decisão surpresa, ainda que reconhecida em 2º grau, deve ser aberta possibilidade de prévia manifestação das partes (CPC, arts. 10 e 487, parágrafo único); **D:** correta, em virtude do princípio da vedação de decisão surpresa (CPC, arts. 10 e 487, parágrafo único); **E:** incorreta, já que como prescrição é matéria de ordem pública, não ocorre preclusão (CPC, art. 487, II). **LD** *Gabarito "D".*

(Analista Judiciário – TRE/PE – CESPE – 2017) Acerca das normas processuais civis, assinale a opção correta.

(A) O juiz não pode decidir com base em fundamento a respeito do qual não tenha sido dada oportunidade de manifestação às partes, ressalvado o caso de matéria que deva decidir de ofício.

(B) Os juízes e tribunais terão de, inexoravelmente, atender à ordem cronológica de conclusão para proferir sentença ou decisão.

(C) A boa-fé processual objetiva, que não se aplica ao juiz, prevê que as partes no processo tenham um comportamento probo e leal.

(D) O modelo cooperativo, que atende à nova ordem do processo civil no Estado constitucional, propõe que o juiz seja assimétrico no decidir e na condução do processo.

(E) O contraditório substancial tem por escopo propiciar às partes a ciência dos atos processuais, bem como possibilitar que elas influenciem na formação da convicção do julgador.

A: Incorreta, pois o princípio da vedação de decisões surpresa (NCPC, art. 10) também se aplica aos casos em que o juiz deva decidir de ofício; **B:** Incorreta, pois a previsão de julgamento em ordem cronológica deve ser utilizada *preferencialmente*, e não obrigatoriamente (NCPC, art. 12, com a redação da Lei 13.256/2016); **C:** Incorreta, porque a boa-fé e cooperação se aplicam a todos os participantes do processo, inclusive o juiz (NCPC, arts 5º e 6º); **D:** Incorreta, pois a cooperação não significa que o juiz deva atuar em prol de uma das partes, ainda que seja hipossuficiente (NCPC, art. 6º); **E:** Correta, pois o *contraditório efetivo*, que segundo a doutrina é o previsto no NCPC (arts. 9º e 489, § 1º, entre outros), prevê não só a informação e manifestação (binômio, entendimento à luz do CPC anterior), mas sim a informação + manifestação + possibilidade de influenciar o julgador (trinômio). **LD** *Gabarito "E".*

2. JURISDIÇÃO E COMPETÊNCIA

(Analista Jurídico - TRT2 - FCC - 2018) Sobre a competência, nos termos preconizados pelo Código de Processo Civil, é correto afirmar:

(A) Após a consumação da citação do réu a cláusula de eleição de foro, se abusiva, pode ser reputada ineficaz pelo juiz, que determinará a remessa dos autos ao juízo do foro do domicílio do réu.

(B) Tramitando uma ação de recuperação judicial perante a justiça estadual, havendo intervenção nos autos de uma empresa pública federal como terceiro interveniente, os autos serão encaminhados imediatamente ao juízo federal competente.

(C) Quando o réu não tiver domicílio ou residência no Brasil, a ação será proposta, em regra, no foro do domicílio do autor, e, se este também residir fora do Brasil, a ação será proposta obrigatoriamente em Brasília, na capital federal.

(D) A ação possessória imobiliária será proposta, em regra, no foro de situação da coisa, mas o autor pode optar por demandar no foro do domicílio do réu.

(E) Quando houver continência e a ação continente tiver sido proposta anteriormente, no processo relativo à ação contida será proferida sentença sem resolução de mérito, caso contrário, as ações serão necessariamente reunidas.

A: Incorreta, pois a ineficácia da cláusula de eleição de foro pode ser declarada de ofício pelo juiz, em momento *anterior* à citação (NCPC, art. 63, §3º). B: Incorreta, porque as ações de recuperação judicial, falência e insolvência civil são exceções à regra de atração da competência da Justiça Federal quando há intervenção da União, de suas empresas públicas, entidades autárquicas e fundações. Portanto, em uma ação de RJ, caso haja intervenção de uma empresa pública federal (como Caixa Econômica Federal ou Correios), o processo permanecerá tramitando perante a Justiça Estadual (CF, art. 109, I; NCPC, 45, I). C: Incorreta, porque em relação às ações fundadas em direito pessoal ou em direito real sobre bem móvel, se o autor e o réu residirem fora do Brasil, a ação poderá ser proposta em qualquer foro (NCPC, art. 46, §3º). D: Incorreta, considerando que a ação possessória deve ser proposta perante o juízo do foro da situação da coisa, sendo hipótese em que não se admite foro de eleição ou no domicílio do réu (NCPC, art. 47, §2º). E: Correta (NCPC, art. 57). **LD**

Gabarito "E".

(Analista Judiciário – TRT/24 – FCC – 2017) Sobre a competência interna, de acordo com o Código de Processo Civil, é correto afirmar:

(A) Prorrogar-se-á a competência relativa se o réu não alegar a incompetência em preliminar de contestação.

(B) A ação possessória imobiliária será proposta no foro de situação da coisa, podendo o autor, contudo, optar pelo foro do domicílio do réu ou de eleição.

(C) Tramitando processo de recuperação judicial na Justiça Estadual, os autos serão remetidos ao juízo federal competente no caso de intervenção de uma determinada empresa pública federal.

(D) O foro da Capital do Estado é competente para as causas em que seja autora a União.

(E) A citação válida torna prevento o juízo e, ainda quando ordenada por juiz incompetente, constitui em mora o devedor e interrompe a prescrição.

A: Correta, pois se não houver alegação de incompetência relativa em preliminar de contestação, há a preclusão – e, portanto, o juiz relativamente incompetente passa a ser relativamente competente (NCPC, art. 65); **B:** Incorreta, pois nesse caso não há possibilidade de opção por foro (NCPC, art. 47, § 1º); **C:** Incorreta, porque recuperação judicial sempre tramita na Justiça Estadual, mesmo que haja crédito de empresa pública federal – trata-se de exceção prevista no art. 109, I, parte final, da CF; **D:** incorreta, pois nesse caso competente é o foro do domicílio do réu (NCPC, art. 51); **E:** Incorreta, pois apenas a interrupção da prescrição é que se verifica quando a citação for determinada por juiz incompetente (NCPC, art. 240, § 1º). **LD**

Gabarito "A".

(Analista Judiciário – TRF/2 – Consulplan – 2017) O Novo Código de Processo Civil de 2015, Lei Federal 13.105, trouxe consideráveis aprofundamentos em relação à cooperação jurídica internacional e aos instrumentos que a viabilizam. Sobre o tema proposto, assinale a alternativa correta.

(A) O auxílio direto é via útil ao órgão estrangeiro interessado para requerer quaisquer medidas judiciais ou extrajudiciais não proibidas pela lei brasileira.

(B) Não poderá ser objeto de auxílio direto a obtenção e prestação de informações sobre o ordenamento jurídico e sobre processos administrativos ou jurisdicionais findos ou em curso.

(C) Apenas quando houver prévio tratado de cooperação jurídica bilateral celebrado entre o Brasil e o país requerente será possível a prática de atos de cooperação jurídica internacional em território nacional.

(D) O Superior Tribunal de Justiça, no juízo de delibação da carta rogatória, pode rever o mérito do pronun-

ciamento judicial estrangeiro para adequá-lo com as normas fundamentais que regem o Estado brasileiro.

A: Correta (NCPC, art. 30, III); **B:** Incorreta, pois há previsão de auxílio direito para isso (NCPC, art. 30, I); **C:** Incorreta, pois não se refere apenas a tratado (NCPC, art. 30, *caput*); **D:** Incorreta, pois o auxílio direto pode ser administrativo e, se demandar atividade jurisdicional, será efetivado pelo juízo federal (NCPC, art. 34). **LD**

Gabarito "A".

3. PARTES, PROCURADORES, MINISTÉRIO PÚBLICO E JUIZ

(Analista Judiciário - TJ/AL - 2018 - FGV) No tocante à alienação de coisa litigiosa, por ato entre vivos e a título particular, é correto afirmar que:

(A) pode dar azo à substituição processual, do alienante pelo adquirente, caso assim consinta a parte contrária;

(B) o adquirente poderá intervir no processo como assistente simples;

(C) não altera a legitimidade dos litigantes, ressalvada a hipótese de consentimento da parte contrária;

(D) os limites subjetivos da coisa julgada material não alcançam o adquirente, se este não tiver participado do processo;

(E) o alienante deverá promover a denunciação da lide em relação ao adquirente.

A: incorreta, pois a hipótese é de sucessão processual e não de substituição processual (CPC, art. 109, § 1º); **B:** incorreta, porque o adquirente poderá intervir como assistente litisconsorcial e não assistente simples (CPC, art. 109, § 2º); **C:** correta, ainda que inicialmente não haja a troca de legitimidade, é possível a sucessão do alienante se houver prévio consentimento da parte contrária (CPC, art. 109, § 1º); **D:** incorreta, considerando que os efeitos da sentença se estendem ao adquirente por expressa previsão legal (CPC, art. 109, § 3º); **E:** incorreta, tendo em vista não se tratar de hipótese de ação de regresso (CPC, art. 125). **LD**

Gabarito "C".

(Analista Jurídico - TRT2 - FCC - 2018) Sobre as partes e os procuradores, quanto às despesas, honorários advocatícios e multas, nos termos preconizados pelo Código de Processo Civil, é correto afirmar:

(A) Se o réu reconhecer a procedência do pedido e, simultaneamente, cumprir integralmente a prestação reconhecida, os honorários serão reduzidos pela metade.

(B) Na sentença, havendo sucumbência recíproca, o magistrado deverá compensar os honorários advocatícios entre os procuradores das partes litigantes, determinando, ainda, o rateio das custas e despesas processuais.

(C) Fixados os honorários advocatícios em quantia certa pelo Magistrado na sentença, os juros moratórios incidirão a partir da data da publicação da sentença.

(D) Se um estrangeiro, sem possuir bens imóveis no Brasil, for réu em uma ação indenizatória e apresentar reconvenção no prazo legal, deverá prestar caução suficiente ao pagamento das custas e dos honorários de advogado da parte contrária.

(E) Os honorários sucumbenciais, quando omitidos em decisão transitada em julgado, não poderão ser cobrados em execução ou em ação autônoma.

A: Correta (NCPC, art. 90, §4°). B: Incorreta, pois o NCPC expressamente vedou a compensação dos honorários advocatícios em caso de sucumbência parcial (NCPC, art. 85, §14), de modo que superada a Súmula 306/STJ – apesar de ainda não ter sido formalmente revogada. C: Incorreta, porque nesse caso os juros moratórios deverão incidir a partir do trânsito em julgado da decisão (NCPC, art. 85, §16). D: Incorreta, pois não é exigível caução de estrangeiro quando da reconvenção (NCPC, art. 83, §1°, III). E: Incorreta, porque com o NCPC passou a ser possível ajuizar ação autônoma para definir e cobrar honorários advocatícios não fixados em anterior decisão não transitada em julgado (NCPC, art. 85, §18), de modo que superada a Súmula 453/STJ – apesar de ainda não ter sido formalmente revogada. **LD**

Gabarito "A".

(Analista Judiciário – TRT/11 – FCC – 2017) A respeito dos honorários advocatícios, é correto afirmar que

(A) os honorários advocatícios não podem exceder 5% do valor da condenação, nas causas em que a Fazenda Pública for parte.

(B) os honorários fixados na sentença não podem ser cumulados com os honorários arbitrados na fase recursal.

(C) não são devidos honorários no cumprimento de sentença contra a Fazenda Pública que enseje a expedição de precatório, desde que não tenha sido impugnada.

(D) não são devidos honorários advocatícios no cumprimento provisório de sentença.

(E) não são devidos honorários advocatícios nos casos de perda de objeto.

A: Incorreta, pois o teto contra a Fazenda é de 20%, tal qual em relação aos particulares – mas há um escalonamento (NCPC, art. 85, § 3°, I); B: Incorreta, pois uma das novidades do NCPC é, exatamente, a previsão de sucumbência recursal (NCPC, art. 85, § 11); C: Correta, sendo essa a expressa previsão legal (NCPC, art. 85, § 7°); D: Incorreta, pois o NCPC prevê honorários exatamente nessa hipótese (NCPC, art. 85, § 1°). E: Incorreta (NCPC, art. 85, § 10). **LD**

Gabarito "C".

(Analista Judiciário – TRE/SP – FCC – 2017) Acerca dos impedimentos e suspeições do juiz, segundo o novo Código de Processo Civil, considere:

I. Há suspeição do juiz quando promover ação contra a parte ou seu advogado.

II. Há impedimento do juiz que for amigo íntimo ou inimigo de qualquer das partes ou de seus advogados.

III. Há impedimento do juiz quando qualquer das partes for sua credora ou devedora, de seu cônjuge ou companheiro ou de parentes destes, em linha reta até o terceiro grau, inclusive.

IV. Há impedimento do juiz no processo em que figure como parte cliente do escritório de advocacia de seu cônjuge, companheiro ou parente, consanguíneo ou afim, em linha reta ou colateral, até o terceiro grau, inclusive.

V. Há suspeição do juiz interessado no julgamento do processo em favor de qualquer das partes.

Está correto o que consta APENAS em

(A) I e III.

(B) I e II.

(C) II e IV.

(D) III e V.

(E) IV e V.

I: Incorreta, pois essa é uma situação objetiva e, portanto, de impedimento (NCPC, art. 144, IX); II: Incorreta, porque esse caso (situação subjetiva) é de suspeição e não impedimento (NCPC, art. 145, I); III: Incorreta, pois essa também é situação de suspeição (NCPC, art. 145, III); IV: Correta, sendo essa uma das novidades do Código a respeito do tema (NCPC, art. 144, VIII); V: Correta (NCPC, art. 145, IV). **LD**

Gabarito "E".

(Analista Judiciário –TRE/PI – 2016 – CESPE) A respeito da atuação do Ministério Público (MP), do advogado e do juiz e da competência do órgão jurisdicionado, assinale a opção correta.

(A) A suspeição e o impedimento do juiz podem ser arguidos em qualquer tempo ou grau de jurisdição, ou até mesmo após o trânsito em julgado da sentença, mediante ação rescisória.

(B) A competência para processar e julgar ação reivindicatória de bens imóveis situados em dois ou mais municípios é fixada pela prevenção entre os municípios em que o bem estiver situado.

(C) A parte que não seja advogado poderá postular em causa própria perante a justiça comum, mas com atuação limitada ao primeiro grau de jurisdição, caso na localidade não haja advogados ou se os ali existentes se recusarem a fazê-lo ou se encontrarem impedidos para tal.

(D) Nas ações referentes ao estado e à capacidade das pessoas propostas pelo MP, a falta de intervenção deste como fiscal da lei provocará a nulidade do processo.

(E) A incompetência em razão da matéria e da pessoa pode ser conhecida e declarada de ofício, mas a incompetência em razão do lugar e da hierarquia só pode ser declarada mediante provocação da parte interessada.

A: incorreta, pois a ação rescisória só poderá ser ajuizada no caso de impedimento (art. 966, II, NCPC); B: correta, conforme se depreende do art. 60, NCPC; C: incorreta, já que a parte só poderá postular em causa própria quando possuir habilitação legal (art. 103, parágrafo único, NCPC) – essa previsão existia no Código anterior, mas não foi repetida no NCPC; D: incorreta, pois o MP não precisa intervir como fiscal da lei nas ações em que é parte; E: incorreta. Somente a incompetência absoluta, dentre a qual está incluída aquela em razão da hierarquia, pode ser declarada de ofício pelo juiz (arts. 64, § 1°, e 337, § 5°, NCPC). **LD**

Gabarito "B".

(Analista Jurídico – TCE/PR – 2016 – CESPE) Em razão do não pagamento de tributos e da consequente inscrição do contribuinte em dívida ativa, determinado município pretende acionar judicialmente esse contribuinte inadimplente. Nessa situação,

(A) caso venha a ser ajuizada a ação, haverá obrigatoriedade de participação do Ministério Público no processo como fiscal da ordem jurídica.

(B) proposta a ação, o réu inadimplente, quando for eventualmente citado, poderá requerer gratuidade de justiça, mas a concessão dessa gratuidade não afastará definitivamente a responsabilidade do requerente quanto a despesas processuais e honorários advocatícios no processo.

(C) o Ministério Público poderá exercer a representação judicial do município, caso esse ente federativo não possua órgão oficial próprio de representação.

(D) para receber seu crédito, o município deverá propor ação de conhecimento, com pedido condenatório, no domicílio do réu.

(E) se, proposta a ação, surgir a necessidade de nomeação de curador especial para o réu, essa função deverá ser exercida pelo Ministério Público.

A: incorreta, pois a hipótese não se encontra dentre aquelas que contam com a participação do MP, sendo que o simples fato de haver participação da Fazenda Pública não impõe, por si só, a intervenção do MP (parágrafo único do art. 178, NCPC); **B**: correta, porque a concessão de gratuidade não afasta a responsabilidade do beneficiário pelas despesas processuais e pelos honorários advocatícios decorrentes de sua sucumbência (art. 98, §§2° e 3°, NCPC); **C**: incorreta, pois a representação judicial do município incumbe à Advocacia Pública, nos termos do art. 182, NCPC; **D**: incorreta, pois o município deverá propor execução fiscal, de acordo com a Lei 6.830/1980; **E**: incorreta, pois a curadoria é encargo da Defensoria Pública (art. 72, parágrafo único, NCPC). **LD**
Gabarito "B".

4. PRAZOS E ATOS PROCESSUAIS

(Analista - TRT/15 - FCC - 2018) No tocante à citação,

(A) verificando que o citando é mentalmente incapaz, o oficial de justiça procederá ao ato de citação, descrevendo e certificando minuciosamente a ocorrência, para que o juiz determine laudo médico que comprove a incapacidade.

(B) com exceção das microempresas, das cooperativas e das sociedades de responsabilidade limitada, as empresas públicas e privadas são obrigadas a manter cadastro nos sistemas de processo em autos eletrônicos, para efeito de recebimento de citações e intimações, as quais serão efetuadas preferencialmente por esse meio.

(C) será pessoal, podendo, no entanto, ser feita na pessoa do representante legal ou do procurador do réu, do executado ou do interessado.

(D) não se procederá ao ato citatório de doente, em nenhuma hipótese, enquanto for grave o seu estado.

(E) será feita por edital quando o oficial de justiça suspeitar por fortes evidências de ocultação por parte do citando.

A: incorreta, pois nesse caso o oficial não deve proceder à citação, mas somente informar a situação ao juiz (CPC, art. 245); **B**: incorreta, porque a dispensa desse cadastro existe apenas para as microempresas e as empresas de pequeno porte (CPC, art. 246, § 1°); **C**: correta, conforme expressa previsão legal (CPC, art. 242); **D**: incorreta, tendo em vista que o Código ressalva as situações em que há possibilidade de perecimento do direito (CPC, art. 244, IV); **E**: incorreta, porque se houver suspeita de ocultação, a citação será realizada por hora certa. **LD**
Gabarito "C".

(Analista - TRT/15 - FCC - 2018) A respeito das intimações, considere:

I. É obrigatório aos advogados promover a intimação da outra parte por meio do correio, juntando aos autos, a seguir, cópia do ofício de intimação e do aviso de recebimento; frustrada a intimação postal, proceder-se-á ao ato por meio do Diário Oficial eletrônico.

II. Em qualquer hipótese, o juiz determinará de ofício as intimações em processos pendentes.

III. A intimação será feita pessoalmente ou por hora certa, inexistindo porém a intimação por edital, modo que é restrito à citação e aos atos notariais extrajudiciais.

IV. A intimação da União, dos Estados, do Distrito Federal, dos Municípios e de suas respectivas autarquias e fundações de direito público será realizada perante o órgão de Advocacia Pública responsável por sua representação judicial.

V. A retirada dos autos do cartório ou da secretaria em carga pelo advogado, por pessoa credenciada a pedido do advogado ou da sociedade de advogados, pela Advocacia Pública, pela Defensoria Pública ou pelo Ministério Público implicará intimação de qualquer decisão contida no processo retirado, ainda que pendente de publicação.

Está correto o que consta APENAS de

(A) II, IV e V.

(B) IV e V.

(C) I, II e III.

(D) II e V.

(E) I, III e IV.

I: errada, considerando que a intimação da outra parte pelo próprio advogado é uma faculdade, conferida pelo CPC, a fim de conferir celeridade ao processo, e não uma obrigação (CPC, art. 269, § 1°); **II**: errada, pois o Código ressalva a previsão de disposições em sentido contrário (CPC, art. 271); **III**: errada, tendo em vista ser possível a intimação por edital (CPC, art. 275, § 2°); **IV**: correta, conforme expressão disposição legal (CPC, art. 269, § 3°); **V**: correta, considerando que a vista dos autos, antes da publicação do ato, implica na tomada de ciência pela parte (CPC, art. 272, § 6°). **LD**
Gabarito "B".

(Analista Judiciário – TRF/2 – Consulplan – 2017) Dentre as diversas alterações promovidas pelo Novo Código de Processo Civil de 2015 (Lei Federal 13.105), merece destaque a regulamentação do benefício da gratuidade de justiça. Sobre o tema proposto, analise as afirmativas a seguir.

I. A gratuidade de justiça poderá ser concedida à pessoa natural ou jurídica, nacional ou estrangeira, que comprove insuficiência de recursos para pagar as custas, as despesas processuais e os honorários advocatícios, na forma da lei.

II. A depender do caso concreto, o juiz poderá conceder ao requerente o parcelamento das despesas processuais que o beneficiário tiver que antecipar no curso do procedimento.

III. A concessão da gratuidade de justiça afasta a responsabilidade do beneficiário pelas despesas processuais e pelos honorários advocatícios decorrentes de sua sucumbência.

Estão corretas as afirmativas

(A) I, II e III.

(B) I e II, apenas.

(C) I e III, apenas.

(D) II e III, apenas.

I: Correta para a banca. Porém, o enunciado não reproduz na íntegra o art. 98 do NCPC, que não faz menção a "comprovar insuficiência" – sendo que apenas a PJ precisa comprovar a insuficiência de recursos, pois há presunção quanto à PF. Assim, a alternativa deveria ser considerada incorreta, mas não foi; **II**: Correta, sendo essa uma das inovações do NCPC quanto à gratuidade (art. 98, § 6°); **III**: Incorreta, pois as custas e os honorários seguem devidos (NCPC, art. 98, §§ 2° e 3°). **LD**
Gabarito "B".

(Analista Judiciário – TRF/2 – Consulplan – 2017) Diante das inovações trazidas pela Lei Federal 13.105/15, se ficar provado, durante o curso de um processo judicial, o abuso do direito de defesa por parte do réu, poderá ser adotada a seguinte providência pelo juiz da causa:

(A) O réu que proceda com abuso do direito de defesa será equiparado ao revel. Assim, presumir-se-ão verdadeiras as alegações de fato formuladas pelo autor e o juiz julgará antecipadamente o pedido, proferindo sentença com resolução do mérito.

(B) Independentemente da demonstração de perigo de dano ou de risco ao resultado útil do processo, poderá conceder tutela de evidência amparando o pleito do autor da causa. Idêntica solução deve ser adotada se presente o manifesto caráter protelatório da parte.

(C) O abuso de direito de defesa configura ato atentatório à dignidade da justiça, não sendo passível de enfrentamento pela via da tutela provisória. Deve o juiz, neste caso, aplicar ao responsável multa de até vinte por cento do valor da causa, de acordo com a gravidade da conduta.

(D) Será concedida a tutela antecipada em caráter antecedente, ainda que não haja demonstração de perigo de dano ou de risco ao resultado útil do processo. Contra tal decisão interlocutória poderá ser interposto, no prazo de quinze dias, o recurso de agravo de instrumento.

A: Incorreta, pois não há previsão legal nesse sentido; **B:** Correta, sendo essa hipótese de tutela de evidência como sanção (NCPC, art. 311, I); **C:** Incorreta, considerando o exposto na alternativa "B"; **D:** Incorreta, pois tutela antecipada depende de situação de perigo, sendo que apenas a tutela de evidência independe de situação de urgência. 🔲

Gabarito "B".

(Analista Judiciário – TRT/24 – FCC – 2017) À luz do Código de Processo Civil, sobre os prazos, é correto afirmar:

(A) Nos processos em autos eletrônicos, a juntada de petições não ocorrerá de forma automática e dependerá de ato de serventuário da justiça.

(B) O prazo para o juiz prolatar sentença é de 15 dias, prorrogáveis por mais dez dias havendo motivo justificável.

(C) Em regra, considera-se o dia do começo do prazo o dia útil seguinte à consulta ao teor da citação ou da intimação ou ao término do prazo para que a consulta se dê, quando a citação ou a intimação for eletrônica.

(D) Nos processos físicos, os litisconsortes que tiverem diferentes procuradores, ainda que do mesmo escritório de advocacia, terão prazos contados em dobro para todas as suas manifestações, em qualquer juízo ou tribunal, independentemente de requerimento.

(E) É lícito ao juiz reduzir em caráter excepcional algum prazo peremptório independentemente de anuência das partes.

A: Incorreta, porque em processos eletrônicos as petições devem ser juntadas automaticamente (NCPC, art. 228, § 2º); **B:** Incorreta, pois o prazo para proferir sentença é de 30 dias (NCPC, art. 226, III), prorrogável por igual período se houver motivo justificável (NCPC, art. 227); **C:** Correta, conforme previsão legal (NCPC, art. 231, V); **D:** Incorreta, pois só há prazo em dobro, no processo físico, se os litisconsortes

tiverem advogados distintos de escritórios distintos (NCPC, art. 229); **E:** Incorreto, pois é lícito ao juiz aumentar os prazos, não reduzir (NCPC, art. 139,VI). 🔲

Gabarito "C".

5. LITISCONSÓRCIO E INTERVENÇÃO DE TERCEIROS

(Analista - TRF/4 - FCC - 2019) Tereza ajuizou ação de indenização contra a empresa "XPTO Comércio de Produtos de Informática Ltda". Ainda na fase instrutória do processo, requereu a instauração de incidente de desconsideração da personalidade jurídica. Nesse caso, o juiz deverá

(A) indeferir liminarmente o pedido, pois a instauração de incidente de desconsideração da personalidade jurídica só é cabível na fase de cumprimento de sentença.

(B) deferir o pedido, suspendendo o processo, desde que o requerimento tenha demonstrado o preenchimento dos pressupostos legais específicos para a desconsideração da personalidade jurídica.

(C) indeferir liminarmente o pedido, pois, na fase de conhecimento, a desconsideração da personalidade jurídica deve ser necessariamente requerida na petição inicial, dispensando a instauração do incidente.

(D) deferir o pedido, sem suspender o processo, desde que o requerimento tenha demonstrado o preenchimento dos pressupostos legais específicos para a desconsideração da personalidade jurídica.

(E) deferir o pedido, mas somente se ficar demonstrado perigo da demora, por risco de dilapidação de bens, que justifique a instauração do incidente antes da fase de cumprimento de sentença.

A: incorreta, porque a instauração do IDPJ é possível em qualquer fase do processo de conhecimento, do cumprimento de sentença e da execução (CPC, art. 134); **B:** correta, sendo essa a previsão legal (CPC, art. 134, §§ 3º e 4º); **C:** incorreta, porque é possível que o pedido de instauração do IDPJ seja incidental (ou seja, posterior à inicial), suspendendo-se a tramitação do processo principal (CPC, art. 134, §§ 2º e 3º); **D:** incorreta, pois o pedido incidental suspende a tramitação do processo principal (CPC, art. 134, §§ 2º e 3º); **E:** incorreta, considerando que a instauração do incidente independe da existência de perigo na demora (CPC, art. 133 e ss.). 🔲

Gabarito "B".

(Analista - TJ/SC - FGV - 2018) No que concerne à denunciação da lide, é correto afirmar que:

(A) é modalidade voluntária de intervenção de terceiros;

(B) pode ser provocada pela iniciativa do réu, mas não pela do autor;

(C) visa a corrigir o vício de ilegitimidade *ad causam* no polo passivo da lide;

(D) se o denunciante for vitorioso na demanda principal, a sua ação de denunciação não terá o mérito apreciado pelo juiz;

(E) pode haver várias denunciações num processo, para ensejar a pacificação de todas as relações jurídicas controvertidas.

A: incorreta, pois a denunciação da lide é modalidade de intervenção provocada (CPC, art. 125); **B:** incorreta, porque pode ser provocada por qualquer das partes, conforme expressa previsão legal (CPC, arts.

125 e 127); **C**: incorreta, pois esse é objetivo da substituição do polo passivo, a ser feita em contestação (CPC, arts. 338 e 339); **D**: correta, considerando que há uma relação de prejudicialidade entre a demanda original e a introduzida pela denunciação da lide (CPC, art. 129, parágrafo único); **E**: incorreta, pois se admite uma única denunciação sucessiva, conforme expressa previsão legal, para evitar morosidade (CPC, art. 125, §2º). 🔳

Gabarito "D".

(Analista - TJ/SC - FGV - 2018) Um credor celebrou contrato de mútuo com dois devedores solidários, que não cumpriram o dever de pagar o valor devido na data estipulada. Nesse cenário, o credor intentou ação de cobrança do valor total da dívida, em face de apenas um devedor.

O outro devedor, que não integrou a lide originária, pode:

(A) oferecer o incidente de desconsideração da personalidade jurídica inversa do réu, para que os bens de eventual sociedade sejam trazidos ao processo;

(B) peticionar nos autos, requerendo seu ingresso como assistente simples, uma vez que é juridicamente interessado;

(C) peticionar nos autos, requerendo seu ingresso como réu, formando um litisconsórcio passivo superveniente;

(D) ser denunciado à lide pelo autor ou pelo réu originário, formando um litisconsórcio ativo ou passivo, respectivamente;

(E) ser chamado ao processo pelo réu originário, formando um litisconsórcio passivo ulterior.

A: incorreta, pois não se está debatendo PJ nesse momento e, além disso, o codevedor não se valeria do IDPJ para acionar o outro codevedor; **B**: incorreta, pois seu ingresso não poderia ser como assistente simples e sim litisconsorcial, já que a relação jurídica (o débito) é com o credor, e não com o suposto assistido, de modo que a assistência seria a litisconsorcial (CPC, arts. 121 e 124); **C**: incorreta, pois não há previsão legal de "ingresso como réu", mas sim como assistente; **D**: incorreta, pois no caso de solidariedade não se usa a denunciação, que é usada para hipóteses de ação de regresso (CPC, art. 125); **E**: correta, pois quando se está diante de devedores solidários (não havendo necessidade de ação de regresso), a intervenção é o chamamento ao processo (CPC, art. 130, III). 🔳

Gabarito "E".

(Analista Jurídico - TRT2 - FCC - 2018) Manoela ajuizou ação de cobrança contra Suzana, objetivando o recebimento da quantia de R$ 18.000,00 decorrente de um serviço de assessoria prestado durante o ano de 2017. Recebida a inicial e determinada a citação da ré, a contestação é apresentada no prazo legal, com arguição preliminar de ilegitimidade de parte passiva e impugnação integral ao pleito inicial no mérito. Neste caso, nos termos estabelecidos pelo Código de Processo Civil,

(A) o juiz facultará ao autor, em 15 dias, a alteração da petição inicial para substituição do réu, realizada a substituição, o autor reembolsará as despesas e pagará os honorários ao procurador do réu excluído, que serão fixados, em regra, entre três e cinco por cento do valor da causa.

(B) não é admitida a substituição do réu após a consumação da citação, cabendo ao juiz extinguir o processo sem resolver o mérito no caso de acolhimento da preliminar arguida.

(C) o juiz facultará ao autor, em 15 dias, a alteração da petição inicial para substituição do réu e, realizada a substituição, o autor não reembolsará as despesas processuais e também não pagará honorários ao procurador do réu excluído.

(D) o juiz facultará ao autor, em 5 dias, a alteração da petição inicial para substituição do réu e, realizada a substituição, o autor reembolsará as despesas e pagará os honorários ao procurador do réu excluído, que serão fixados, em regra, entre três e cinco por cento do valor da causa.

(E) o juiz facultará ao autor, em 5 dias, a alteração da petição inicial para substituição do réu e, realizada a substituição, o autor não reembolsará as despesas e também não pagará os honorários ao procurador do réu excluído.

A: Correta (NCPC, art. 338, "caput" e parágrafo único). B: Incorreta, porque a sistemática do NCPC busca oportunizar às partes que corrijam os vícios sanáveis, em prestígio ao princípio da primazia do mérito (NCPC, arts. 4º, 139, IX, 317 e 338). C: Incorreta, haja vista existir previsão expressa quanto à necessidade de reembolso das despesas processuais e do pagamento de honorários ao procurador do réu excluído (NCPC, art. 338, parágrafo único). D: Incorreta, porque ao autor será concedido prazo de 15 dias para emenda da petição inicial (NCPC, art. 338, "caput"). E: Incorreta, porque (i) o prazo concedido para emenda da inicial é de 15 dias, e (ii) o autor deverá reembolsar o réu excluído pelas despesas processuais adiantadas e deverá pagar os honorários ao seu procurador (NCPC, art. 338, "caput" e parágrafo único). 🔳

Gabarito "A".

(Analista Jurídico - TRT2 - FCC - 2018) Sobre a intervenção de terceiros no Código de Processo Civil, é correto afirmar:

(A) Na assistência simples sendo revel o assistido, o assistente não será considerado seu substituto processual.

(B) A decisão do Magistrado que admitir uma entidade especializada, com representatividade adequada como amicus curiae, pode ser objeto de recurso de agravo de instrumento.

(C) Havendo denunciação da lide, se o denunciante for vencedor na ação principal, a ação de denunciação não terá o seu pedido examinado, sem prejuízo da condenação do denunciante ao pagamento das verbas de sucumbência em favor do denunciado.

(D) Instaurado o incidente de desconsideração da personalidade jurídica, o sócio ou a pessoa jurídica será citado para manifestar-se e requerer as provas cabíveis no prazo de 10 dias.

(E) Admitido o assistente simples a parte principal não pode renunciar ao direito sobre o que se funda a ação.

A: Incorreta, porque o Código expressamente aponta que, no caso de revelia ou omissão do assistido, o assistente será considerado seu substituto processual (NCPC, art. 121, parágrafo único). B: Incorreta, pois a decisão que admite o ingresso do *amicus curiae* é irrecorrível (NCPC, art. 138). C: Correta (NCPC, art. 129, parágrafo único). D: Incorreta, uma vez que o prazo concedido para manifestação do terceiro é de 15 dias (NCPC, art. 135). E: Incorreta, porque o assistente simples atua como auxiliar do assistido e não como parte, razão pela qual sua admissão não impede que o assistido renuncie ao direito sobre o qual se funda a ação (NCPC, art. 122).

Gabarito "C".

(Analista Judiciário – TRE/SP – FCC – 2017) O incidente de desconsideração da personalidade jurídica, disciplinado pelo novo Código de Processo Civil,

(A) pode ser instaurado de ofício.

(B) é cabível no cumprimento de sentença, mas não na execução fundada em título executivo extrajudicial.

(C) não suspende o processo se instaurado na fase de cumprimento de sentença.

(D) é resolvido por sentença.

(E) é cabível em todas as fases do processo de conhecimento.

A: Incorreta, sempre dependendo de provocação da parte ou MP (NCPC, art. 133); **B:** Incorreta, pois também cabe no caso de execução (NCPC, art. 134); **C:** Incorreta, pois a regra é a suspensão do processo com a instauração do IDPJ (NCPC, art. 134, § 3º); **D:** Incorreta, pois a decisão é, em regra, por interlocutória (NCPC, art. 136); **E:** Correta, como visto no item "B" (NCPC, art. 134). 🔟
Gabarito "E".

(Analista Judiciário – TRT/24 – FCC – 2017) Sobre a intervenção de terceiros, nos termos preconizados pelo Código de Processo Civil,

(A) na denunciação da lide, se o denunciante for vencedor, a ação de denunciação não terá o seu pedido examinado, sem prejuízo da condenação do denunciante ao pagamento das verbas de sucumbência em favor do denunciado.

(B) a assistência do terceiro juridicamente interessado é admitida em qualquer procedimento até a prolação da sentença de primeiro grau.

(C) na denunciação da lide, feita a denunciação pelo réu, se o denunciado for revel, o denunciante não pode deixar de prosseguir com sua defesa, eventualmente oferecida.

(D) a assistência simples obsta que a parte principal transija sobre direitos controvertidos.

(E) a decisão do juiz que solicita ou admite a participação de pessoa jurídica como *amicus curiae* em demanda com repercussão social da controvérsia pode ser impugnada por meio de agravo de instrumento.

A: Correta, existindo previsão, no NCPC, exatamente nesse sentido (art. 129, p.u.); **B:** Incorreta, pois a assistência é admitida mesmo em grau recursal (NCPC, art. 119, p.u.); **C:** Incorreta, pois o NCPC permite exatamente essa conduta do denunciante (art. 128, II); **D:** Incorreta, pois a assistência simples não permite ingerência do assistente quanto aos atos do assistido (NCPC, art. 122); **E:** Incorreta, porque a legislação afirma que a decisão relativa à admissão do *amicus curiae* é irrecorrível (art. 138). 🔟
Gabarito "A".

(Analista Judiciário – TRF/2 – Consulplan – 2017) Embora já consagrado no direito brasileiro, o instituto da desconsideração da personalidade jurídica passou a receber o devido tratamento processual a partir das previsões contidas na Lei Federal 13.105/15. Considerando as novas regras trazidas pelo Código de Processo Civil de 2015, assinale a alternativa correta.

(A) A desconsideração da personalidade jurídica pode ser determinada *ex officio* pelo órgão julgador, não dependendo de pedido da parte ou do Ministério Público.

(B) Não obstante ser exemplo de intervenção de terceiro, admite-se a instauração do incidente de desconsideração da personalidade jurídica no âmbito dos Juizados Especiais Cíveis.

(C) Para não causar embaraços à instrução processual, o incidente de desconsideração da personalidade jurídica será admitido até a fase de saneamento e organização do processo.

(D) Admite-se o pedido de desconsideração da personalidade jurídica formulado na petição inicial, hipótese em que será instaurado o incidente perante o mesmo juízo competente para o conhecimento da ação principal.

A: Incorreta, porque descabe desconsideração de ofício (NCPC, art. 133); **B:** Correta (NCPC, art. 1.062); **C:** Incorreta, pois cabe o IDPJ em todas as fases do processo, inclusive no cumprimento de sentença (NCPC, art. 134), **D:** Incorreta. Ainda que caiba pleitear a desconsideração na inicial, nesse caso não haverá a instauração do incidente (NCPC, art. 134, § 2º). 🔟
Gabarito "B".

(Analista Jurídico – TCE/PR – 2016 – CESPE) Maria e Fernanda são servidoras de determinado órgão público e, em litisconsórcio ativo, propuseram demanda judicial para a obtenção de vantagem pecuniária supostamente devida em razão do cargo que cada uma delas ocupa.

Nessa situação hipotética, tem-se um litisconsórcio classificado como

(A) facultativo e comum.

(B) facultativo e unitário.

(C) multitudinário.

(D) necessário e comum.

(E) necessário e unitário.

A hipótese é de litisconsórcio facultativo e comum. *Facultativo* porque as servidoras poderiam ajuizar ações distintas e autônomas, sendo certo que a eficácia da sentença não dependeria da formação do litisconsórcio; ou seja, há mera conexão entre as causas, o que permite o ajuizamento de uma única demanda (art. 113, II, NCPC). *Comum* porque, no caso, o juiz não precisa decidir de modo uniforme para as litisconsortes, notadamente porquanto deverá considerar a situação fática e jurídica circundante a cada uma delas. 🔟
Gabarito "A".

6. PRESSUPOSTOS PROCESSUAIS E CONDIÇÕES DA AÇÃO

(Analista - TRF/4 - FCC - 2019) Em regra, o autor, brasileiro ou estrangeiro, que residir fora do Brasil ou deixar de residir no país ao longo da tramitação de processo deverá prestar caução suficiente ao pagamento das custas e dos honorários de advogado da parte contrária nas ações que propuser, se não tiver no Brasil bens imóveis que lhes assegurem o pagamento. Porém, de acordo com o Código de Processo Civil, não se exigirá essa caução quando houver dispensa prevista em acordo ou tratado internacional de que o Brasil faz parte, bem como

(A) na ação cautelar, nas ações fundadas em direito indisponível e no cumprimento de sentença.

(B) na reconvenção, na ação cautelar e nas ações que versarem sobre direito real.

(C) no cumprimento de sentença, na execução fundada em título extrajudicial e nas ações que versarem sobre direito real.

(D) na reconvenção, no cumprimento de sentença e nas ações fundadas em direito indisponível.

(E) na reconvenção, no cumprimento de sentença e na execução fundada em título extrajudicial.

A: incorreta, pois não há dispensa da caução para a ação cautelar (que em verdade deixa de existir no Código de 2015 de forma autônoma) ou para as ações fundadas em direito indisponível (CPC, art. 83, II e III); **B:** incorreta, tendo em vista que, com exceção da reconvenção, exige-se caução para a propositura das ações mencionadas (CPC, art. 83, II e III); **C:** incorreta, pois não há dispensa da caução para as ações fundadas em direito real (CPC, art. 83, II e III); **D:** incorreta, pois não há dispensa da caução para as ações fundadas em direito indisponível (CPC, art. 83, II e III); **E:** correta, sendo esses os casos previstos em lei (CPC, art. 83, II e III). [LD]
„Ǝ„ oʇµɐqɐ9

7. FORMAÇÃO, SUSPENSÃO E EXTINÇÃO DO PROCESSO

(Analista - TRT/15 - FCC - 2018) Em relação à formação, suspensão e extinção do processo,

(A) durante a suspensão do processo é defesa a realização de qualquer ato processual, sem exceção, para proteção do princípio da isonomia.

(B) considera-se proposta a ação quando a petição inicial for despachada pelo juiz, mas seus efeitos dependem quanto ao réu de sua citação válida.

(C) se o conhecimento do mérito depender de verificação da existência de fato delituoso, o juiz deve determinar a suspensão do processo até que a justiça criminal se pronuncie; nesse caso, a ação penal deve ser proposta em até seis meses, sob pena de cessação dos efeitos da suspensão.

(D) a extinção do processo sem resolução do mérito, por vício processual, dar-se-á de imediato; já a extinção com resolução de mérito dar-se-á somente por sentença, observados o contraditório e a ampla defesa.

(E) suspende-se o processo pela admissão de incidente de resolução de demandas repetitivas.

A: incorreta, pois é permitida a prática de atos urgentes durante a suspensão do processo, a fim de evitar dano irreparável à parte – salvo nos casos de arguição de impedimento ou suspeição do juiz (CPC, art. 314); **B:** incorreta, considerando que o CPC fixou o momento do protocolo da inicial como marco da propositura da ação (CPC, art. 312); **C:** incorreta, pois nesse caso o prazo para propositura da ação penal é de 3 meses (CPC, art. 315, § 1º); **D:** incorreta, considerando que deve ser oportunizada a correção do vício processual sanável pela parte, em prestígio ao princípio da primazia da resolução do mérito (CPC, art. 317); **E:** correta, sendo um dos casos previstos no art. 313 do Código, dispositivo que reúne as principais hipóteses de suspensão (CPC, art. 313, IV e 982, I). [LD]
„Ǝ„ oʇµɐqɐ9

(Analista Judiciário – TRF/2 – Consulplan – 2017) Com base nas hipóteses legais que autorizam a suspensão do processo, conforme previsto no Novo Código de Processo Civil de 2015 (Lei Federal 13.105), analise as afirmativas a seguir.

I. O processo poderá ser suspenso por convenção das partes por prazo não superior a seis meses.

II. A arguição de impedimento ou de suspeição não autoriza a suspensão do processo.

III. Se o conhecimento do mérito depender de verificação da existência de fato delituoso, o juiz pode determinar a suspensão do processo até que se pronuncie a justiça criminal.

Estão corretas as afirmativas

(A) I, II e III.

(B) I e II, apenas.

(C) I e III, apenas.

(D) II e III, apenas.

I: Correta (NCPC, art. 313, § 4º); **II:** Incorreta, sendo esse um dos casos de suspensão (NCPC, art. 313, III); **III:** Correta, sendo esse um dos casos mais frequentes de suspensão (NCPC, art. 315). [LD]
„Ɔ„ oʇµɐqɐ9

(Analista Judiciário – TRT/20 – FCC – 2016) Renato ajuizou ação de cobrança contra Henrique. Apresentada contestação, Renato requereu a desistência da ação. O pedido

(A) depende da aceitação de Henrique e pode ser formulado até a sentença, que, se homologar a desistência, resolverá o mérito.

(B) independe da aceitação de Henrique e pode ser formulado apenas se a causa versar sobre direitos disponíveis. Se o juiz homologar a desistência, a sentença resolverá o mérito.

(C) depende da aceitação de Henrique e pode ser formulado apenas se tiver havido instrução. Se o juiz homologar a desistência, a sentença não resolverá o mérito.

(D) independe da aceitação de Henrique e pode ser formulado até a sentença, que, se homologar a desistência, não resolverá o mérito.

(E) depende da aceitação de Henrique e pode ser formulado até a sentença, que, se homologar a desistência, não resolverá o mérito.

Uma vez apresentada a contestação, não é mais possível a desistência da ação sem que haja concordância do réu (NCPC, art. 485, § 4º). Por sua vez, a desistência, que importa extinção sem mérito, somente pode ser apresentada até a sentença (NCPC, art. 485, § 5º). Assim, a alternativa correta é a "E". [LD]
„Ǝ„ oʇµɐqɐ9

8. TUTELA PROVISÓRIA

(Analista Judiciário - TJ/AL - 2018 - FGV) No que se refere às tutelas provisórias, é correto afirmar que:

(A) as deferidas contra o Poder Público somente podem ter a eficácia suspensa com o manejo do recurso cabível;

(B) têm natureza cautelar, na hipótese de concessão de alimentos provisórios;

(C) a tutela de urgência, caso tenha natureza antecipatória, pode ser deferida em caráter incidental, mas não antecedente;

(D) caso deferida, a tutela de urgência acautelatória não pode ser modificada ou revogada;

(E) são impugnáveis, caso concedidas pelo juízo de primeira instância, pelo recurso de agravo de instrumento.

A: incorreta, considerando que as tutelas provisórias deferidas contra a Fazenda podem ter sua eficácia suspensa por meio do pedido de suspensão de liminar, de segurança ou de sentença (SLS), instrumentos que não têm natureza recursal (Lei 8.437, art. 4º); **B:** incorreta, tendo em vista que a concessão de alimentos provisórios é tutela provisória de urgência de natureza satisfativa (antecipação de tutela), pois há o efetivo recebimento dos alimentos (Lei 5.478/68, art. 4º); **C:** incorreta, porque a tutela de urgência pode ser deferida em caráter incidental ou antecedente (CPC, art. 294, parágrafo único); **D:** incorreta, pois as tutelas provisórias podem ser revogadas ou modificadas a qualquer tempo (CPC, art. 296); **E:** correta, conforme previsão expressa no rol do art. 1.015, sendo o agravo de instrumento de tutela provisória o melhor exemplo do rol de cabimento do agravo de instrumento (CPC, art. 1.015, I). 🔲
„Gabarito "E".

(Analista Judiciário – TRE/SP – FCC – 2017) Ao disciplinar a tutela provisória, o novo Código de Processo Civil estabelece que

(A) a tutela de urgência não poderá ser concedida sem justificação prévia, salvo se prestada caução idônea, caso em que poderá ser concedida liminarmente.

(B) a tutela antecipada requerida em caráter antecedente torna-se estável se da decisão que a conceder não for interposto o respectivo recurso, caso em que o processo será extinto.

(C) para a concessão da tutela de evidência, exige-se, dentre outros requisitos, a demonstração de perigo de dano ou de risco ao resultado útil do processo.

(D) efetivada a tutela cautelar requerida em caráter antecedente, o pedido principal terá de ser formulado pelo autor no prazo de 15 dias, em ação própria, cujos autos deverão ser apensados aos do pedido cautelar.

(E) é vedada, em qualquer caso, a concessão liminar de tutela de evidência, antes da oitiva da parte contrária.

A: Incorreta, pois a audiência de justificação prévia e a caução podem acontecer ou não, a critério do juiz (NCPC, art. 300, §§ 1º e 2º); **B:** Correta, sendo a estabilização da tutela antecipada uma das grandes novidades do NCPC (art. 304); **C:** Incorreta, pois a tutela de evidência se diferencia da tutela de urgência exatamente pela desnecessidade de perigo de dano (urgência) para sua concessão (NCPC, art. 311); **D:** Incorreta, porque o prazo para ajuizamento do pedido principal, após a efetivação da tutela cautelar, é de 30 dias – e será formulado nos próprios autos, não de forma separada (NCPC, art. 308); **E:** Incorreta, pois a legislação prevê a concessão de tutela de evidência liminarmente, em duas hipóteses (NCPC, art. 311, parágrafo único). 🔲
„Gabarito "B".

(Analista Judiciário – TRT/11 – FCC – 2017) A tutela de urgência, presentes os demais requisitos legais,

(A) só pode ser concedida após justificação prévia e sempre com caução.

(B) pode ser concedida quando houver perigo de dano, ou o risco ao resultado útil do processo.

(C) será concedida quando houver perigo de irreversibilidade dos efeitos da decisão.

(D) não pode ser efetivada através de arrolamento de bens, quando for de natureza cautelar.

(E) só pode ser concedida se o requerente oferecer caução real ou fidejussória idônea.

A: Incorreta, pois a caução e audiência de justificação prévia ficam a critério do juiz, de modo que não são obrigatórias (NCPC, art. 300, §§

1º e 2º); **B:** Correta, sendo essa a nomenclatura prevista em lei para a urgência (NCPC, art. 300, *caput*); **C:** Incorreta, porque a previsão legal é exatamente a vedação de concessão quando há perigo de irreversibilidade (NCPC, art. 300, § 3º); **D:** Incorreta, pois uma das 4 cautelares mencionadas é exatamente o arrolamento de bens (NCPC, art. 301); **E:** Incorreta, considerando o exposto na alternativa "A". 🔲
„Gabarito "B".

(Analista Jurídico –TCE/PA – 2016 – CESPE) Julgue os itens a seguir, referentes à tutela provisória e aos meios de impugnação das decisões judiciais conforme o novo Código de Processo Civil.

(1) Caso determinado ente da Federação interponha reclamação constitucional no STF para garantir a observância de súmula vinculante supostamente violada em decisão judicial, ao despachar a petição inicial, o relator da reclamação poderá determinar a suspensão do processo ou do ato impugnado, devendo requisitar informações da autoridade que tiver praticado o ato, além de determinar a citação do beneficiário da decisão impugnada para contestar.

(2) A denominada tutela provisória não pode ter natureza satisfativa, uma vez que essa modalidade de tutela jurisdicional se presta unicamente a assegurar a futura eficácia de tutela definitiva, resguardando direito a ser satisfeito.

(3) Se o recurso principal for conhecido, mas não for provido pelo tribunal, o recurso adesivo deverá ser considerado manifestamente prejudicado porque, conforme determinado pela legislação, se subordina ao recurso interposto de forma independente.

1: correta, nos termos do art. 989, incisos II e III, NCPC; **2:** incorreta. No NCPC, a tutela provisória é gênero, no qual existem duas espécies (tutela e urgência e tutela de evidência). A tutela provisória de urgência se subdivide em cautelar (para resguardar) e antecipada (para satisfazer – art. 300, § 3º); **3:** incorreta, pois a subordinação do recurso adesivo ao principal restringe-se à hipótese de inadmissibilidade ou desistência deste último (art. 997, §2º, III, NCPC). 🔲
GABARITO 1C, 2E, 3E.

9. PROCESSO DE CONHECIMENTO

9.1. PETIÇÃO INICIAL

(Analista - TJ/SC - FGV - 2018) Credor de obrigação contratual, já vencida e não paga, ajuizou ação em que se limitou a pleitear a declaração da existência de seu direito de crédito.

Ao apreciar a petição inicial, deverá o órgão jurisdicional:

(A) indeferi-la, dada a falta de interesse de agir;

(B) indeferi-la, dada a impossibilidade jurídica do pedido;

(C) indeferi-la, dada a sua inépcia formal;

(D) determinar que o autor a emende no prazo legal;

(E) proceder ao juízo positivo de admissibilidade da demanda.

A: incorreta, pois se verifica o interesse na simples declaração da existência do direito de crédito (CPC, art. 19, I); **B:** incorreta, já que o pedido de cobrança de dívida é juridicamente possível (lembrando que a possibilidade jurídica do pedido não mais integra as condições da ação no CPC/15); **C:** incorreta, pois além de não haver vício formal na inicial, deveria se dar ao autor a oportunidade de corrigir o vício sanável antes do indeferimento da inicial (CPC, art. 321); **D:** incorreta, considerando não haver vício formal a ser corrigido, já que a pretensão do autor pode se limitar à declaração de existência de uma relação jurídica (CPC, art. 19, I); **E:** correta, já que possível o pedido apenas declaratório (CPC, art. 19, I) e, assim, o juiz deverá determinar a citação do réu (CPC, art. 334). 🔳

Gabarito "E".

(Analista - TJ/SC - FGV - 2018) João propôs uma demanda indenizatória em face de José, cumulando os pedidos de ressarcimento de dano material de dez mil reais e de reparação de dano moral de cinquenta mil reais. Após a audiência de conciliação infrutífera, José reconheceu a procedência do pedido de ressarcimento de dano material, pois realmente causou o prejuízo afirmado por João. Todavia, entendeu que não assistia direito a qualquer reparação de dano moral. Nesse sentido, protestou pela produção de prova oral para provar suas alegações. O juiz, em julgamento antecipado parcial do mérito, julgou procedente o referido pedido de dano material, uma vez que este se mostrou incontroverso, e determinou a produção de prova oral em relação ao pedido de reparação de dano moral alegado.

Nesse cenário, é correto afirmar que:

(A) a cumulação de pedidos no caso é sucessiva, uma vez que é lícita e não há vínculo prejudicial entre os pedidos;

(B) a decisão que reconheceu o dano material não é impugnável imediatamente, devendo-se aguardar a decisão final de mérito;

(C) a decisão em relação ao dano material é impugnável por apelação, já que se trata de resolução do mérito deste pedido;

(D) é possível o enfrentamento do mérito integral, podendo ser concedida a antecipação de tutela do pedido referido de dano material;

(E) a decisão que julgou procedente o pedido de ressarcimento de dano material é impugnável por agravo de instrumento, no prazo de 15 dias úteis.

A: incorreta, considerando que, no caso, a cumulação de pedidos é simples e não sucessiva (pedido sucessivo é aquele em que o acolhimento de um pedido depende do acolhimento do outro); **B e C:** incorretas, pois a decisão parcial de mérito é impugnável via agravo de instrumento (CPC, arts. 356, § 5º e 1.015, II); **D:** incorreta, tendo em vista que a devolução da matéria ao Tribunal estará limitada à parcela do mérito decidida (CPC, art. 356); **E:** correta, pois a decisão parcial de mérito é impugnável por agravo de instrumento (CPC, arts. 356, § 5º e 1.015, II) e somente envolverá aquela parcela do pedido. 🔳

Gabarito "E".

9.2. DEFESA DO RÉU

(Analista Judiciário - TJ/AL - 2018 - FGV) João propõe ação em face de José e requer o benefício da gratuidade de justiça. Manifesta desinteresse na realização da audiência de conciliação ou mediação. O réu é citado e intimado para o comparecimento à audiência de mediação que não obstante fora designada. O réu peticiona no sentido também do desinteresse da realização dessa audiência e acosta aos autos sua contestação.

O réu, irresignado com a concessão de gratuidade de justiça ao autor, que ao seu sentir, teria condições de arcar com esta verba, deverá:

(A) interpor agravo de instrumento diretamente ao Tribunal de Justiça e requerer que o relator atribua efeito suspensivo ao processo;

(B) interpor reclamação, uma vez que o julgador praticou ato de ofício usurpando a competência do tribunal, que é quem deve conceder ou não a gratuidade;

(C) interpor apelação imediatamente, uma vez que essa decisão interlocutória não é passível de recorribilidade imediata pelo agravo de instrumento;

(D) aguardar a prolação da sentença e, simultaneamente à interposição da apelação, deve interpor o agravo de instrumento contra a referida decisão;

(E) arguir na preliminar da contestação apresentada, a indevida concessão do benefício da gratuidade de justiça concedida.

A: incorreta, pois (i) inicialmente necessário discutir isso na contestação e (ii) o cabimento do AI é restrito à decisão que rejeitar o pedido de concessão de gratuidade ou acolher o pedido de sua revogação – e não à decisão que mantém a gratuidade (CPC, art. 1.015, V); **B:** incorreta, tendo em vista que não é hipótese de reclamação (pois cabe recurso para isso – seja o agravo ou, ao final do processo em 1º grau, apelação) e a concessão da gratuidade pode se dar em qualquer grau de jurisdição (CPC, art. 99); **C:** incorreta, pois apenas as sentenças são impugnáveis via apelação (CPC, art. 1.009); **D:** incorreta, considerando não ser possível interpor os dois recursos ao mesmo tempo – princípio da unirrecorribilidade; **E:** correta, pois após a concessão da gratuidade, inicialmente deve-se debater isso perante o próprio juiz, e o momento para isso é a contestação, em preliminar (CPC, art. 337, XIII) e, somente após a decisão acerca dessa impugnação, se for rejeitada, é que será possível recorrer (se revogada a gratuidade, via AI; se mantida a gratuidade, via preliminar de apelação – CPC, art. 1.009, § 1º e 1.015, V). 🔳

Gabarito "E".

(Analista Jurídico - TRT2 - FCC - 2018) Mateus ajuizou ação de indenização por danos morais e materiais contra Moisés, manifestando expressamente, na própria inicial, o desinteresse na composição consensual. Ao receber a peça inicial, que preenche todos os requisitos legais, o Magistrado designa audiência de conciliação e determina a citação do réu com pelo menos 20 dias da data agendada para o ato processual. Após ser citado e intimado para comparecer à audiência conciliatória designada, Moisés protocola, por meio do seu advogado, petição manifestando expressamente desinteresse na composição amigável. Nesse caso, o réu Moisés poderá oferecer contestação no prazo de 15 dias, cujo termo inicial será a data

(A) da intimação do réu da decisão do Magistrado que deferiu o pedido de cancelamento da audiência.

(B) da juntada do novo mandado de citação, necessário para a lide em questão diante do cancelamento da audiência conciliatória.

(C) da audiência conciliatória designada, de caráter obrigatório, que não será cancelada mesmo com os pedidos veiculados pelas partes.

(D) do protocolo da sua petição postulando o cancelamento da audiência conciliatória.

(E) da nova citação do réu, após o deferimento do pedido de cancelamento da audiência.

A: Incorreta, considerando que o termo inicial para contagem será a data do protocolo do pedido de cancelamento da audiência de conciliação (NCPC, art. 335, II). B: Incorreta, pois não haverá nova citação, tendo

em vista que o réu já integra a relação processual (NCPC, art. 335, II). C: Incorreta, porque a audiência de conciliação ou mediação não será realizada caso autor e réu manifestem desinteresse na autocomposição (NCPC, art. 334, §4º, I). D: Correta, conforme exposto em "A" (NCPC, art. 335, II). E: Incorreta, pois não haverá nova citação, como exposto em "B" (NCPC, art. 335, II). [LD]
„D. oµɐqɐ⅁

9.3. PROVAS

(Analista - TRF/4 - FCC - 2019) Acerca da produção antecipada de provas, considere:

I. A produção antecipada de provas é admitida, entre outras hipóteses, nos casos em que o prévio conhecimento dos fatos possa justificar ou evitar o ajuizamento de ação.
II. O juízo estadual tem competência para produção antecipada de prova requerida em face da União se, na localidade, não houver vara federal.
III. A produção antecipada de provas previne a competência do juízo para a ação que venha a ser proposta.
IV. Ao final do procedimento da produção antecipada de provas, caberá ao juiz se pronunciar sobre a ocorrência ou a inocorrência do fato, mas não sobre as respectivas consequências jurídicas.
V. O procedimento da produção antecipada de prova admite defesa sempre que possuir caráter contencioso.

Está correto o que consta APENAS de

(A) I e II.

(B) I e III.

(C) II e IV.

(D) III e V.

(E) IV e V.

I: correta, sendo essa uma inovação do Código atual (CPC, art. 381, III); **II:** correta (CPC, art. 381, § 4º); **III:** errada, porque a produção antecipada de provas não torna o juízo prevento para a futura ação que vier a ser proposta (CPC, art. 381, § 3º); **IV:** errada, considerando que o juiz não se pronunciará sobre a ocorrência ou inocorrência do fato ou sobre as respectivas consequências jurídicas (CPC, art. 382, § 2º); **V:** errada, já que, em regra, não se admite defesa ou recurso, salvo contra a decisão que indeferir totalmente a produção da prova pleiteada (CPC, art. 382, § 4º). [LD])
„A. oµɐqɐ⅁

(Analista Judiciário - TJ/AL - 2018 - FGV) João promoveu, em março de 2015, quando ainda vigente o CPC de 1973, ação de cobrança em face de Antônio. Em outubro de 2015, foi requerida pelas partes a produção de prova oral no processo, o que foi deferido pelo juiz no mesmo mês.

Para que se colha o depoimento dessas testemunhas, por ocasião da audiência de instrução e julgamento, designada para junho de 2018:

(A) o juiz interrogará as testemunhas sobre os fatos articulados, na forma do sistema presidencialista, colhendo o julgador de forma pessoal e diretamente a prova;

(B) as perguntas serão formuladas pelas partes diretamente à testemunha, começando pela que a arrolou, não admitindo o juiz aquelas que puderem induzir a resposta;

(C) as perguntas serão formuladas pelas partes diretamente à testemunha, não podendo o julgador intervir na pergunta ou inadmitir qualquer delas;

(D) a prova oral será inadmitida no processo, uma vez que com a entrada em vigor da nova legislação processual, essa fase de instrução já estava superada;

(E) as perguntas serão formuladas pelas partes diretamente à testemunha, só podendo o juiz inquirir a testemunha depois da inquirição feita pelas partes.

A questão envolve direito intertemporal. Prevê o art. 1.046 do CPC que "suas disposições se aplicarão desde logo aos processos pendentes". No caso, porém, como a prova foi requerida e deferida no âmbito do CPC anterior, entendeu a banca que a produção de prova deveria ser realizada conforme o Código antigo, com as reperguntas das partes e a condução pelo juiz (como no CPC 1973), não pelos advogados (como no CPC 2015). A questão é objeto de polêmica. [LD]
„A. oµɐqɐ⅁

(Analista Judiciário - TJ/AL - 2018 - FGV) Na instrução de uma demanda judicial que tramita na comarca de Maceió, foi requerida pela parte autora a oitiva de uma testemunha que tem domicílio em área territorial que pertence à comarca de Porto Calvo. Ocorre que expedida a carta precatória para a referida oitiva, percebeu o juízo deprecado que a testemunha residia na área abrangida pela comarca de Maragogi.

Nesse cenário, deverá o juízo de Porto Calvo:

(A) cumprir a carta, pelo princípio da tempestividade dos atos processuais;

(B) devolver a carta ao juízo de Maceió, para que lá seja encaminhada ao juízo de Maragogi;

(C) remeter a carta ao juízo de Maragogi, em face do seu caráter itinerante;

(D) suscitar conflito de competência ao Tribunal de Justiça para que este decida qual o juízo competente;

(E) devolver a carta ao juízo de Maceió para que este suscite o conflito de competência.

A: incorreta, considerando que o domicílio da testemunha está fora de sua competência territorial, devendo a carta ser remetida ao juízo competente diretamente pelo juízo deprecado (CPC, art. 262); **B:** incorreta, porque a devolução da carta ao juízo deprecante ofenderia o princípio da economia dos atos processuais, desconsiderando o caráter itinerante da carta precatória (CPC, art. 262); **C:** correta, existindo na lei a previsão de a carta ser itinerante e por isso atender aos princípios da economia e celeridade (CPC, art. 262); **D** e **E:** incorretas, pois não há conflito de competência entre os dois juízos (CPC, art. 262). [LD]
„C. oµɐqɐ⅁

(Analista Judiciário – TRE/PE – CESPE – 2017) No que se refere às provas no processo civil, assinale a opção correta.

(A) Foi adotado o sistema do livre convencimento puro na valoração das provas pelo juiz.

(B) O ônus da prova incumbirá à parte que produziu o documento, quando for contestada a autenticidade deste.

(C) Devido ao fato de os indivíduos com menos de dezesseis anos de idade serem incapazes para depor, o juiz não pode admitir que eles deponham.

(D) É permitido ao advogado requerer o depoimento pessoal da parte que esteja sob o seu patrocínio.

(E) São admitidos os meios típicos e atípicos para a prova dos fatos em juízo, ainda que tais meios sejam moralmente ilegítimos.

A: Incorreta, pois o NCPC prevê o livre convencimento *motivado* (NCPC, art. 371 – dispositivo que, inclusive, não faz mais menção a "livre"); **B:** Correta (NCPC, art. 429, II); **C:** Incorreta, pois o juiz pode ouvi-los como informantes, ou seja, sem prestar compromisso de dizer a verdade (NCPC, art. 447, § 4º); **D:** Incorreta, pois só é possível que a parte contrária peça o depoimento pessoal, pois o objetivo dessa prova é a confissão (NCPC, art. 385); **E:** Incorreta, pois somente se admitem as provas moralmente legítimas (NCPC, art. 369). LD

Gabarito "B".

(Analista Judiciário – TRT/20 – FCC – 2016) Considere as proposições abaixo, acerca da prova pericial.

I. O perito não está sujeito às causas de suspeição e impedimento, por não ser parte no processo.

II. O juiz poderá autorizar o pagamento da integralidade dos honorários antes do início dos trabalhos.

III. Os assistentes técnicos não estão sujeitos a impedimento ou suspeição.

IV. O juiz poderá dispensar prova pericial quando as partes, na inicial e na contestação, apresentarem, sobre as questões de fato, pareceres técnicos ou documentos elucidativos que considerar suficientes.

Está correto o que se afirma APENAS em

(A) II e III.

(B) I e II.

(C) III e IV.

(D) I e IV.

(E) I.

I: Incorreta, pois o perito, por também ter de ser imparcial, está sujeito a suspeição e impedimento (NCPC, art. 465, § 1º, I); **II** Incorreta, pois metade dos honorários periciais devem ser pagos somente após o término dos trabalhos do perito – com a apresentação do laudo e eventuais esclarecimentos (NCPC, art. 465, § 4º); **III:** Correta, porque os assistentes são de confiança e escolha das partes, não sendo sujeitos imparciais (NCPC, art. 466, § 1º); **IV:** Correta (NCPC, art. 472). LD

Gabarito "C".

(Analista Judiciário – TRT/8ª – 2016 – CESPE) Com base nas normas processuais relativas às provas no processo civil, assinale a opção correta.

(A) **Situação hipotética:** José propôs ação anulatória de infração de trânsito, alegando que ele e seu veículo não estavam no local da autuação na hora indicada na multa. **Assertiva:** Nessa situação, o réu terá o ônus de comprovar o fato contrário ao alegado por José, haja vista que não se pode exigir do autor a prova de fato negativo.

(B) A testemunha submetida ao regime da legislação trabalhista não pode sofrer, por ter comparecido à audiência, perda de salário ou desconto no tempo de serviço, podendo, ainda, qualquer testemunha requerer o pagamento da despesa realizada para ir à audiência.

(C) **Situação hipotética:** Em 2009, Rafael ajuizou ação indenizatória contra Marcos. Durante a instrução processual, a testemunha inquirida faleceu, três meses depois da inquisição. Em 2011, Luana acionou Marcos em ação que versava sobre o mesmo fato. **Assertiva:** Nessa situação, a utilização, no processo proposto por Luana, da prova testemunhal do processo ajuizado por Rafael é manifestamente ilegítima.

(D) Viola norma expressa do CPC — que determina que a instrução probatória será feita de acordo com o

princípio dispositivo — o magistrado que determina de ofício a exibição de documento que estava com o réu.

(E) Caso, durante a produção de prova pericial em processo judicial, as partes solicitem prorrogação do prazo legal de cinco dias para indicar assistente técnico e formular quesitos, o juiz deve rejeitar o pedido, dada a natureza peremptória de qualquer prazo legal.

A: incorreta, pois o ônus da prova, neste caso, incumbe ao autor, conforme art. 373, I, NCPC; ademais, em se tratando de ato administrativo (imposição de multa por infração de trânsito), subsiste presunção legal de veracidade em favor da Administração Pública, de modo que cabe ao particular o ônus de afastar referida presunção; **B:** correto (arts. 462 e 463, NCPC); **C:** incorreta, pois o Código prevê a prova emprestada (art. 372, NCPC); **D:** incorreta, pois há expressa previsão legal nesse sentido (art. 421, NCPC); **E:** incorreta, pois isso é permitido, nos termos do art. 191, NCPC, segundo o qual podem o juiz e as partes, de comum acordo, fixarem calendário para a prática de determinados atos processuais. LD

Gabarito "B".

10. SENTENÇA, COISA JULGADA E AÇÃO RESCISÓRIA

(Analista Judiciário - TJ/AL - 2018 - FGV) Quanto à ação rescisória, é correto afirmar que:

(A) o prazo para o seu ajuizamento é de dois anos, a fluir da data da prolação da decisão rescindenda;

(B) o Ministério Público não tem legitimidade para ajuizá-la;

(C) é cabível para impugnar decisão que, embora sem ser de mérito, impeça a admissibilidade do recurso correspondente;

(D) é exigível do autor o depósito de 5% sobre o valor da causa, ainda que se trate de beneficiário da gratuidade de justiça;

(E) não é admissível a concessão de tutela provisória.

A: incorreta, pois o prazo de 2 anos é contado a partir do trânsito em julgado da última decisão proferida no processo (CPC, art. 975); **B:** incorreta, por expressa previsão legal em sentido contrário (CPC, art. 967, III); **C:** correta, pois essa é das hipóteses em que o atual CPC permite para AR, mesmo não sendo uma efetiva decisão de mérito (CPC, art. 966, §2º); **D:** incorreta, porque a caução é dispensada para os beneficiários da gratuidade de justiça (CPC, art. 968, § 1º); **E:** incorreto, porque é possível a concessão de tutela provisória em ação rescisória, obstando o cumprimento da decisão rescindenda (CPC, art. 969). LD

Gabarito "C".

(Analista – TRT/11ª – 2012 – FCC) Numa ação ordinária, o autor não se conformou com a decisão final de mérito transitada em julgado, por entender que a mesma violou literal disposição de lei. Nesse caso, para ajuizar ação rescisória,

(A) não é necessário que tenham sido esgotados todos os recursos contra a decisão rescindenda.

(B) é possível reexaminar a prova produzida no processo originário para verificar a eventual violação.

(C) deve demonstrar que a decisão se baseou em orientação controvertida nos tribunais.

(D) é necessário que tenha prequestionado a questão no processo originário.

(E) não é necessário que sejam apontados os dispositivos supostamente violados pela decisão.

A: correto, pois não há previsão legal nesse sentido (e, também, súmula 514 do STF); **B:** incorreto - a violação a dispositivo de lei se refere a artigo aplicado na decisão, mas não à apreciação da prova.; **C:** incorreto. Não é necessário demonstrar a divergência entre tribunais para o cabimento da medida - isso é requisito do REsp; **D:** incorreto já que o prequestionamento não é requisito para o uso da rescisória, mas sim para o REsp e RE; **E:** caso se aponte AR por violação de dispositivo legal, necessário que exista a indicação, na causa de pedir, de qual é o dispositivo legal violado (art. 966, V, NCPC). * Atenção: no NCPC não há mais rito ordinário ou sumário, mas somente procedimento comum. 🔲
Gabarito "A".

(Analista – TRT/10ª – 2013 – CESPE) Acerca de coisa julgada, liquidação de sentença e tutela específica das obrigações de fazer, julgue os itens seguintes.

(1) Embora a tutela específica nas obrigações de fazer seja um direito subjetivo do credor, este não poderá, ante o inadimplemento do devedor, ajuizar ação em que pleiteie a conversão da obrigação em prestação pecuniária.

(2) Sentença que julgar procedente o pedido deduzido em ação popular fará coisa julgada material erga omnes. No entanto, a que julgar o pedido improcedente não fará coisa julgada substancial, haja vista que, nesse caso, prevalecerá o interesse coletivo, podendo qualquer cidadão propor novamente a ação, desde que fundamentada com novas provas.

(3) Na liquidação de sentença prolatada em processo de desapropriação, se incluirão a correção monetária e os juros moratórios, ainda que a decisão judicial seja omissa em relação a eles, o mesmo não ocorrendo quanto às despesas judiciais.

1: incorreto, pois o credor poderá optar pelas perdas e danos consoante se depreende do artigo 499 do NCPC (o que não será necessário o ajuizamento de nova ação, bastando que se faça a liquidação incidente no mesmo processo); **2:** Incorreto. É o que se denomina coisa julgada *secundum eventum litis* (art. 18 da Lei 4.717/1965), contudo a improcedência que acarreta na não formação da coisa julgada material é apenas a decorrente de insuficiência de provas (coisa julgada *secundum eventum probationis*); **3:** correto. Quanto aos juros e atualização monetária está correto, pois constituem modalidades de pedido implícito (art. 322, § 2º, NCPC). Quanto às custas, por ter previsão em Lei (art. 30, do Dec. Lei 3.365/1941: "Art. 30. As custas serão pagas pelo autor se o réu aceitar o preço oferecido; em caso contrário, pelo vencido, ou em proporção, na forma da lei".) também podem ser incluídas na liquidação. 🔲
Gabarito 1E, 2E, 3C.

(Analista – TJ/ES – 2011 – CESPE) Acerca da sentença e da coisa julgada, julgue o próximo item.

(1) Pode o juiz, desde que devidamente fundamentado, condenar o réu em objeto diverso do que lhe foi demandado.

O juiz, ao sentenciar, aprecia o pedido formulado pela parte (art. 141 do NCPC). 🔲
Gabarito 1E

11. TEORIA GERAL DOS RECURSOS

(Analista - TJ/SC - FGV - 2018) Pedro ajuizou ação indenizatória em face de sociedade de economia mista estadual, pleiteando a condenação desta a lhe pagar verba correspondente a mil salários mínimos. Finda a fase instrutória, o juiz julgou parcialmente procedente o pedido, condenando a ré a pagar ao autor a verba equivalente a setecentos salários mínimos. Inconformada, a sociedade de economia mista interpôs recurso de apelação, pugnando pela reforma integral do julgado, vindo Pedro a fazer o mesmo, embora por meio de apelo adesivo, em que postulou a majoração da verba indenizatória. Ocorre que, na sequência, a ré desistiu de sua apelação.

Nesse contexto:

(A) o recurso da ré não deverá ser conhecido, embora deva sê-lo o de Pedro;

(B) o recurso de Pedro não deverá ser conhecido, embora deva sê-lo o da ré;

(C) ambos os recursos deverão ser conhecidos;

(D) nenhum dos recursos deverá ser conhecido, operando-se o imediato trânsito em julgado da sentença;

(E) nenhum dos recursos deverá ser conhecido, impondo-se a subida dos autos ao tribunal, mercê do reexame necessário.

A: incorreta, porque o conhecimento do recurso adesivo de Pedro está condicionado ao conhecimento do recurso principal (CPC, art. 997, § 2º, III); **B:** incorreta, já que a ré desistiu de sua apelação (CPC, art. 998); **C:** incorreta, tendo em vista que a desistência do recurso pela ré impede o conhecimento do recurso adesivo (CPC, art. 997, § 2º, III); **D:** correta, já que o recurso adesivo está subordinado ao principal (CPC, art. 997, § 2º, III); **E:** incorreta, pois a sentença proferida contra sociedade de economia mista não está sujeita ao reexame necessário (CPC, art. 496). 🔲
Gabarito "D".

(Analista Judiciário – TRT/11 – FCC – 2017) A respeito dos recursos, é correto afirmar:

(A) os embargos de declaração têm efeito suspensivo e, em alguns casos, têm efeito interrupto dos prazos recursais.

(B) a renúncia do direito de recorrer depende a anuência da outra parte.

(C) cabe agravo de instrumento dos despachos.

(D) o recorrente só poderá desistir do recurso com a anuência do recorrido e dos litisconsortes.

(E) cabe agravo de instrumento da decisão que julgar o incidente de desconsideração da personalidade jurídica.

A: Incorreta, pois o correto é o inverso: sempre interrompe e, excepcionalmente, podem ter efeito suspensivo (NCPC, art. 1.026, *caput* e § 1º); **B:** Incorreta, pois renúncia independe de anuência (NCPC, art. 999); **C:** Incorreta, pois despachos são irrecorríveis (NCPC, art. 1.001); **D:** Incorreta, pois desistência independe de anuência (NCPC, art. 998); **E:** Correta, sendo esse um dos casos previstos no rol de cabimento do agravo (NCPC, art. 1.015, IV). 🔲
Gabarito "E".

(Analista Judiciário – TRT/24 – FCC – 2017) Renato ajuizou ação indenizatória contra Moisés que tramitou por meio eletrônico em uma das varas cíveis da comarca de São Paulo. Após o regular processamento a ação é julgada improcedente pelo Magistrado competente. Inconformado, Renato apresenta recurso de apelação sem, contudo, recolher qualquer valor a título de preparo. Neste caso, de acordo com o Código de Processo Civil, o juiz deverá

(A) intimar Renato, na pessoa de seu advogado, para realizar o recolhimento do valor do preparo e do porte de remessa e de retorno, sob pena de deserção.

(B) aplicar imediatamente a pena de deserção a Renato.

(C) intimar Renato, na pessoa de seu advogado, para realizar o recolhimento em dobro do valor do preparo e do porte de remessa e de retorno, sob pena de deserção.

(D) intimar Renato, na pessoa de seu advogado, para realizar o recolhimento em dobro do valor do preparo, exclusivamente, sob pena de deserção.

(E) intimar Renato, na pessoa de seu advogado, para realizar o recolhimento do valor do preparo, exclusivamente, sob pena de deserção.

No âmbito do NCPC, a apelação não é mais objeto de admissibilidade na origem (art. 1.010, § 3º), mas somente no destino. Além disso, no NCPC, se não houver recolhimento de preparo, antes da deserção a parte deverá ser intimada a recolher as custas, em dobro (art. 1.007, § 4º). **A:** Incorreta, pois o juiz não faz mais a admissibilidade da apelação; **B:** Incorreta, pois o juiz não faz a admissibilidade e descabe a deserção de plano; **C:** Incorreta, pois o juiz não faz mais a admissibilidade da apelação; **D:** Correta para a banca, considerando a previsão de recolhimento em dobro – porém, não está correta a previsão de que isso seria feito pelo juiz, como aponta o enunciado (assim, a pergunta deveria ter sido anulada); **E:** Incorreta, pois deveria haver o recolhimento em dobro. **LD**
Gabarito "D".

(Analista – TJ/DFT – 2013 – CESPE) No que se refere a provas e recursos, julgue os itens subsequentes.

(1) A parte que, no prazo legal, apresentar recurso autônomo poderá, também, interpor recurso adesivo.

(2) O recorrente poderá, a qualquer tempo, sem a anuência do recorrido ou dos litisconsortes, desistir do recurso.

(3) Estarão legalmente impedidas de depor como testemunhas pessoas cegas e surdas quando a ciência do fato depender dos sentidos que lhes faltam.

1: incorreto, pois é pressuposto do recurso adesivo a conformação inicial com o julgado. Faltaria interesse recursal para o segundo recurso; **2:** correto conforme artigo 998 do NCPC; **3:** incorreto, pois a despeito da impossibilidade de prestar depoimento, não se trata de impedimento, mas de incapacidade, conforme art. 447, § 1º, IV do NCPC. **LD**
Gabarito 1E, 2C, 3E

12. RECURSOS EM ESPÉCIE

(Analista Judiciário - TJ/AL - 2018 - FGV) O recurso cabível para se impugnar decisão interlocutória proferida em processo de execução é:

(A) o agravo de instrumento;

(B) o agravo retido;

(C) a apelação;

(D) a rescisória;

(E) nenhum, pois se trata de provimento irrecorrível.

A: correta, considerando que todas as decisões interlocutórias proferidas no processo de execução são impugnáveis via AI (CPC, art. 1.015, parágrafo único); **B:** errada, já que o agravo retido não foi mantido no novo código (o que antes era impugnado via retido agora é via preliminar de apelação – CPC, art. 1.009, § 1º); **C:** errada, pois apenas a decisão que extingue a execução (sentença) é impugnável via apelação (CPC, 203, § 1º e 1.009); **D:** errada, tendo em vista que a rescisória é cabível para combater decisões de mérito transitadas em julgado (CPC, art. 966); **E:** errada, pois todas as decisões interlocutórias proferidas no processo executivo são recorríveis via AI (CPC, art. 1.015, parágrafo único). **LD**
Gabarito "A".

(Analista Judiciário - TJ/AL - 2018 - FGV) Três supostos servidores do Tribunal de Justiça de Alagoas pedem em face do Estado o pagamento de parcela estipendial que entendem devida, e que ainda não receberam, e protestam por prova oral para comprovar seus direitos. Em resposta, o Estado afirma a ilegitimidade de um dos autores e, no mérito, infirma a pretensão deduzida, pois a categoria funcional desses autores não teria o direito à referida verba. Em decisão de saneamento e organização do processo, o juiz exclui o autor do processo, que teve sua legitimidade questionada, e indefere a produção de prova oral para os demais, por entender ser essa espécie de prova desnecessária para o julgamento da causa.

Nessa situação, é possível a interposição de:

(A) agravo de instrumento contra a decisão de exclusão do litisconsorte e do indeferimento da prova oral;

(B) agravo de instrumento contra a decisão de exclusão do litisconsorte e pedido de esclarecimentos em relação ao indeferimento da prova oral;

(C) apelação contra a decisão de exclusão do litisconsorte e agravo de instrumento contra a decisão que indeferiu a prova oral;

(D) apelação contra decisão de exclusão do litisconsorte e pedido de esclarecimentos em relação ao indeferimento da prova;

(E) apelação contra a decisão de exclusão do litisconsorte e contra a decisão que indeferiu a prova oral.

A: incorreta, porque a decisão que indefere a prova oral não é impugnável via AI, por não estar no rol previsto no Código (CPC, art. 1.015); **B:** correta, conforme expressa previsão legal (CPC, arts. 1.015, VII e 357, §1º); **C:** incorreta, pois não cabe apelação contra decisão interlocutória e, além disso, a decisão que indefere a prova oral não é impugnável via AI (CPC, art. 1.015); **D:** incorreta quanto à 1ª afirmação, já que o recurso cabível seria o AI (CPC, art. 1.015, VII); **E:** incorreta, tendo em vista que não cabe apelação contra decisão interlocutória (CPC, art. 1.009). **LD**
Gabarito "B".

(Analista Jurídico - TRT2 - FCC - 2018) Considere a seguinte situação hipotética:

No ano de 2015, a Terceira Turma do Superior Tribunal de Justiça julgou um importante tema de direito privado em sede de recurso especial envolvendo contratos bancários. Neste ano de 2018 houve alteração na composição da referida Turma, com a saída de três dos cinco Ministros e a posse de três novos Ministros. No mês de Abril do corrente ano, a mesma Terceira Turma do Superior Tribunal de Justiça, quando do julgamento de outro recurso especial, divergiu do julgamento anterior proferido no ano de 2015, quando da análise da mesma questão de mérito envolvendo contratos bancários. Neste caso, nos termos estabelecidos pelo Código de Processo Civil, a parte interessada poderá interpor

(A) agravo regimental.

(B) embargos de divergência.

(C) embargos infringentes.

(D) mandado de segurança.

(E) reclamação.

A questão trata da possibilidade de oposição de recurso em face de decisões colegiadas proferidas em sede de recurso especial ou de recurso extraordinário, a fim de uniformizar a jurisprudência sobre determinada matéria no âmbito dos órgãos fracionários dos Tribunais Superiores

(STJ e STF). O caso narrado possibilita a oposição dos embargos de divergência diante da alteração substancial da composição da Turma, o que passou a ser permitido pelo Novo Código (NCPC, art. 1.043, §3º). Vale destacar que agravo regimental (na nomenclatura do NCPC, agravo interno) só é cabível de decisão monocrática e que no NCPC não mais existem embargos infringentes (substituídos pelo julgamento estendido do art. 942). Assim, a alternativa correta é a "B". 🔲

(Analista Judiciário – TRT/8ª – 2016 – CESPE) Determinado indivíduo propôs ação judicial contra empresa pública federal, pelo procedimento ordinário, requerendo o pagamento no valor de R$ 200.000. O juiz proferiu sentença acolhendo o pedido relativo a R$ 100.000 e, quanto aos outros valores objeto da cobrança, reconheceu de ofício a existência de prescrição.

Considerando essa situação hipotética, assinale a opção correta.

(A) No julgamento de apelação interposta contra a sentença, caso o tribunal verifique a ocorrência de nulidade sanável no processo, deverá obrigatoriamente determinar o retorno dos autos ao juízo que prolatou a sentença.

(B) Eventual recurso de apelação interposto pelo autor da ação pode ser provido monocraticamente, pelo relator, caso a sentença esteja em manifesto confronto com súmula de tribunal superior.

(C) A sentença é nula de pleno direito porque, conforme o CPC, é vedado ao magistrado reconhecer de ofício a prescrição.

(D) A sentença que condenou a empresa pública está sujeita ao reexame necessário e somente produzirá efeitos depois de confirmada pelo tribunal.

(E) Se somente a empresa pública apelar da sentença, o tribunal poderá aumentar o valor da indenização caso entenda, pela prova dos autos, não ter havido prescrição.

A: incorreta, pois, verificada a ocorrência de nulidade sanável, o relator determinará a realização ou renovação do ato processual, o que poderá ser feito no próprio Tribunal, sem necessidade de remessa dos autos à origem (art. 938, §1º, NCPC); **B**: correta, conforme previsão do art. 932, V, "a", NCPC; **C**: incorreta, pois a prescrição pode ser reconhecida de ofício (art. 487, II, NCPC); **D**: incorreta, pois o reexame necessário restringe-se à União, Estados, DF, Municípios e suas autarquias e fundações de direito público, sendo certo que o art. 496, I, NCPC não faz menção às empresas públicas; **E**: incorreto, considerando a vedação da "reformatio in pejus" (art. 1013). 🔲

(Analista Jurídico – TCE/PR – 2016 – CESPE) Rafael ajuizou ação, pelo procedimento comum, contra determinado ente federativo, pedindo anulação de decisão de tribunal de contas. Durante a instrução processual, o juiz indeferiu pedido de juntada superveniente de documento feito por Rafael.

Nessa situação hipotética, a decisão que indeferiu o requerimento de juntada de documento feito pelo autor

(A) será irrecorrível, mas poderá ser impugnada por mandado de segurança.

(B) poderá ser objeto de agravo de instrumento que terá de ser interposto diretamente no tribunal.

(C) poderá ser objeto de agravo retido, sob pena de preclusão da decisão interlocutória.

(D) poderá ser objeto de recurso em apelação ou contrarrazões de apelação.

(E) não poderá ser impugnada por recurso nem por ação autônoma de impugnação.

A questão envolve a recorribilidade no NCPC. No caso, apesar de se tratar de decisão interlocutória, não há previsão no rol do art. 1.015 do NCPC de recurso de agravo de instrumento contra essa decisão. Assim, como não mais existe agravo retido, pelo Código, essa decisão deverá ser impugnada em *preliminar de apelação* ou de contrarrazões de apelação (§ 1º do art. 1.009). Assim, pela letra da lei é essa a resposta. De qualquer forma, há na doutrina quem sustente que essa decisão, por envolver prova, deveria ser objeto de imediata impugnação – o que poderia se dar via agravo (interpretação extensiva do art. 1.015) ou por MS (já que irrecorrível). A Cespe, ao menos por ora, está seguindo a letra da lei. 🔲

13. EXECUÇÃO E EMBARGOS DO DEVEDOR

(Analista - TRT/15 - FCC - 2018) Em relação à execução por quantia certa,

(A) o exequente poderá obter certidão de que a execução foi admitida pelo juiz, com identificação das partes e do valor da causa, para fins de averbação no registro de imóveis, de veículos ou de outros bens sujeitos a penhora, arresto ou indisponibilidade.

(B) ao despachar a inicial, o juiz fixará, de plano, os honorários advocatícios de 15%, a serem pagos pelo executado, reduzindo-se esse valor a 5% em caso de pagamento integral no prazo de três dias.

(C) o executado será intimado para pagar a dívida em três dias, ou nomear bens suficientes à satisfação do crédito.

(D) se o oficial de justiça não encontrar o executado, devolverá o mandado em cartório, que intimará o exequente para indicar bens à penhora.

(E) no prazo para oferecimento de embargos à execução, impreterivelmente, poderá o executado remir a execução pagando o débito com os encargos e acréscimos legais.

A: correta, conforme expressa disposição legal (CPC, art. 828); **B**: incorreta, pois os honorários serão fixados em 10%, reduzindo para 5% em caso de pagamento (CPC, art. 827); **C**: incorreta, tendo em vista que o executado será citado (e não intimado) para pagar em 3 dias (CPC, art. 829); **D**: incorreta, pois caso não localizado o executado e existindo bens, o oficial de justiça deve arrestar tantos bens quanto bastante para garantir a execução (CPC, art. 830); **E**: incorreta, porque o executado poderá remir a execução (pagar o débito) até a alienação ou adjudicação de seus bens (CPC, art. 826). 🔲

(Analista - TRT1 - 2018 - AOCP) De acordo com o Código de Processo Civil de 2015, em relação ao Processo de Execução, assinale a alternativa correta.

(A) Em que pese a característica de devedor, este não estará obrigado a arcar com as consequências da mora como juros e atualização monetária, tendo-se em vista que a mora é um assunto de direito material e não processual, não podendo, portanto, ser trazido à tona em procedimento executório.

(B) A execução deve suprir a necessidade do credor, visando ao adimplemento, sempre da maneira mais completa possível, independentemente das consequências que resultem ao devedor/executado.

(C) No processo de conhecimento, oferecida a contestação, não é possível ao autor alterar o pedido ou desistir da ação sem o consentimento do réu. De outra monta, desconsiderando a existência de embargos à execução, no processo de execução, ocorre uma maleabilidade desta regra processual de base, sendo que o credor poderá desistir de toda a execução, de parte dela ou até mesmo de determinados atos executivos.

(D) A execução deve propiciar ao exequente exatamente aquilo que obteria com o adimplemento voluntário do devedor, ou seja, exatamente o que consta no título, não sendo, portanto, cabível a substituição por perdas e danos nos casos de impossibilidade de entrega de coisa ou recusa da prestação de fazer ou não fazer.

(E) São exemplos de atos expropriatórios: penhora, arresto, exibição de documentos, busca e apreensão, imissão de posse.

A: incorreta, pois o processo de execução busca não só o principal, mas também os acessórios, decorrentes da mora (CPC, art. 798, parágrafo único); **B:** incorreta, considerando a existência do princípio da menor onerosidade do executado (CPC, art. 805); **C:** correta, pois a execução é fundada no interesse exclusivo do exequente (CPC, art. 775) – mas vale destacar que, caso houvesse a oposição de embargos e a matéria ventilada não fosse unicamente processual, a desistência dependeria da concordância do executado. **D:** incorreta, porque é plenamente possível a conversão em perdas e danos (CPC, arts. 809, 816 e 823); **E:** incorreta, considerando que os atos expropriatórios são a adjudicação, a alienação e a apropriação de frutos e rendimento da empresa e de outros bens (CPC, art. 825). 🔲
Gabarito "C."

(Analista Judiciário – TRE/PI – CESPE – 2016) Assinale a opção correta relativamente ao cumprimento de sentença e ao processo de execução de título executivo extrajudicial.

(A) Situação hipotética: Contra a sentença que julgou procedente o pedido formulado pelo requerente e confirmou os efeitos da antecipação da tutela, o requerido interpôs recurso de apelação. Assertiva: Nessa situação, o requerente poderá requerer a execução provisória do julgado, e os autos do processo não poderão subir ao tribunal para análise do apelo, enquanto não for liquidada a sentença.

(B) Situação hipotética: Transitada em julgado a sentença condenatória de pagar quantia certa, o executado foi intimado para cumprir a obrigação no prazo de dez dias, embora já tivesse cumprido a obrigação imposta pela sentença. Assertiva: Nessa situação, o executado deverá oferecer embargos do devedor com o objetivo de desconstituir a pretensão executiva.

(C) Em ação de execução por quantia certa, caso o devedor não cumpra a obrigação, o juiz poderá mandar intimar o executado para, caso existam bens disponíveis, indicar quais são e onde se encontram, sob pena de se caracterizar ato atentatório à dignidade da justiça e sujeitar o executado ao pagamento de multa que será revertida em favor do exequente.

(D) Em ação de execução de título executivo extrajudicial na qual o devedor ofereça embargos à execução no prazo legal, objetivando desconstituir a pretensão executiva, caso haja indícios do cumprimento da obrigação, o juiz poderá, de ofício, conceder efeito suspensivo aos embargos.

(E) Situação hipotética: Proposta ação de execução de título executivo extrajudicial, o executado opôs embargos com o objetivo de desconstituir totalmente a pretensão executiva em função de uma dação em pagamento. Assertiva: Nessa situação, se acolher o pedido formulado nos embargos, o juiz deverá proferir sentença nos autos da ação executiva, na qual deve julgar improcedente a pretensão executiva e extinguir o feito com resolução de mérito.

A: Incorreta. Ainda que seja possível o cumprimento de sentença provisório, os autos subirão ao tribunal e a liquidação de sentença ocorrerá na origem – por meio de cópias, se o processo for físico (NCPC, art. 522, parágrafo único); **B:** Incorreta, pois o prazo para pagamento é de 15 dias (NCPC, art. 523); **C:** Correta (NCPC, art. 774, V); **D:** Incorreta, pois o efeito suspensivo dos embargos depende de pedido do embargante (NCPC, art. 919, § 1º); **E:** Incorreta, pois a decisão quanto ao mérito se dará nos embargos. 🔲
Gabarito "C."

(Analista Judiciário – TRT/8ª – 2016 – CESPE) Antônio ajuizou contra Pedro execução civil de título extrajudicial no valor de R$ 300.000. Para garantia do juízo, foi penhorado bem imóvel pertencente a Pedro e sua esposa, Maria. Apesar de não ser parte da execução, Maria foi intimada da penhora, conforme determinado pela legislação processual.

Nessa situação hipotética, caso deseje tomar medida judicial com a única finalidade de proteger sua meação referente ao bem penhorado, Maria deve

(A) aguardar o término da execução e, oportunamente, ingressar com ação de nulidade da sentença.

(B) impetrar mandado de segurança, porque o CPC não prevê qualquer outro mecanismo para sua defesa.

(C) ingressar no processo como assistente simples de Pedro, demonstrando seu interesse no feito.

(D) se valer da modalidade de intervenção de terceiros denominada oposição.

(E) oferecer embargos de terceiro, que serão analisados pelo mesmo juízo que determinou a penhora.

A situação narrada no enunciado envolve a constrição de meação, típica situação para utilização de embargos de terceiro (art. 674, § 2º, I, NCPC). 🔲
Gabarito "E."

(Analista Judiciário – TRT/8ª – 2016 – CESPE) Assinale a opção correta acerca da liquidação de sentença e da execução no processo civil.

(A) O ajuizamento de ação rescisória pelo executado suspende automaticamente o cumprimento da sentença ou do acórdão que seja objeto do pedido da referida ação autônoma de impugnação.

(B) Os atos executórios tratados pelo CPC não possuem natureza jurisdicional, motivo pelo qual não há necessidade de observância ao princípio do contraditório no processo de execução.

(C) Se o autor ou outro qualquer cidadão não promover os atos executórios no prazo legal na execução de sentença de procedência em ação popular, o juiz determinará a extinção anômala do processo.

(D) A parte pode dar início à liquidação antes do trânsito em julgado da sentença condenatória genérica, haja vista que a denominada liquidação provisória de sentença é permitida pela legislação processual.

(E) O compromisso de ajustamento de conduta firmado entre o Ministério Público e o responsável por violação a direito coletivo não possui eficácia executória, mas é documento hábil à propositura de ação monitória.

A: incorreta, pois a suspensão não é automática e depende da concessão de tutela provisória (art. 969, NCPC); **B:** incorreta. Os atos executórios possuem natureza jurisdicional, de modo que a observância ao princípio do contraditório é essencial – inclusive porque na execução é possível a perda de bens (CF, art. 5º, LIV e LV); **C:** incorreta, pois, neste caso, o Ministério Público ficará encarregado de promover a execução (art. 16 da Lei 4.717/1965), sem que haja extinção do processo; **D:** correta, conforme previsão do art. 512 do NCPC; **E:** incorreta, pois o TAC possui eficácia executiva, tratando-se de título executivo extrajudicial (§ 6º do art. 5º da Lei 7.347/1985). 🔲

Gabarito "D".

14. CUMPRIMENTO DE SENTENÇA E IMPUGNAÇÃO

(Analista - TRT1 - 2018 - AOCP) Preencha as lacunas e assinale a alternativa correta.

Para o Novo Código de Processo Civil, são exemplos de títulos executivos judiciais_____ e _____, não se enquadrando na mesma classificação _____ e _____.

(A) decisão homologatória de autocomposição extrajudicial / sentença arbitral / o crédito decorrente de foro laudêmio / o contrato de seguro de vida em caso de morte

(B) certidão de dívida ativa formal / certidão de partilha / a sentença arbitral / a nota promissória

(C) sentença penal condenatória / instrumento de transação referendado pelo ministério público / warrant / cheque

(D) sentença estrangeira homologada / decisão interlocutória / o acordo referendado pelo MP / a sentença arbitral

(E) escritura pública / certidão expedida por serventia notarial / a letra de câmbio formal / a certidão de partilha

---

A: correta (CPC, arts. 515, III e VII e 784, VI e VII); **B:** incorreta, pois a CDA é título executivo extrajudicial e a sentença arbitral é título executivo judicial (CPC, arts. 515, VII e 784, IX); **C:** incorreta, considerando que o instrumento de transação referendado pelo MP tem natureza de título executivo extrajudicial (CPC, art. 784, IV); **D:** incorreta, tendo em vista que as decisões interlocutórias, por si só, não constituem título executivo judicial e, além disso, a sentença arbitral constitui título executivo judicial (CPC, art. 515, VII); **E:** incorreta, pois a escritura pública, a certidão expedida por serventia notarial e a letra de câmbio são títulos executivos extrajudiciais e, de outro lado, a certidão de partilha é título executivo judicial (CPC, arts. 515, IV e 784, I, II e XI). 🔲

Gabarito "A".

(Analista - TRT1 - 2018 - AOCP) Marlene ajuizou ação de indenização por danos morais contra Salete, sendo que seu pedido foi julgado procedente, condenando a ré em dez mil reais. Transitada em julgado a sentença, Salete não realizou o pagamento, mesmo diante de intimação solicitada por Marlene para que viesse a cumprir sua obrigação definida em sentença. Diante da inadimplência,

Marlene requereu a instauração da fase de cumprimento de sentença visando forçar o cumprimento da obrigação definida pelo título judicial. De acordo com o Código de Processo Civil de 2015, quanto ao procedimento de Cumprimento de Sentença Por Quantia Certa, assinale a alternativa correta.

(A) Caso Salete realize impugnação ao cumprimento de sentença manejado por Marlene, não poderá ela se valer de pedido de suspensão do cumprimento de sentença, visto que o Código de Processo Civil de 2015 veda tal possibilidade.

(B) Caso Salete realize impugnação ao cumprimento de sentença manejado por Marlene, limitando sua alegação a excesso de execução sem apresentar memória de cálculo do valor que entende devido, sua impugnação sofrerá rejeição liminar.

(C) Para que possa Marlene manejar seu cumprimento de sentença, poderá ela realizar a mera alegação do valor que se entende devido, sendo tal ato suficiente para basear o pedido de instauração do cumprimento de sentença de pagamento de quantia, cabendo ao alegado devedor discutir o valor, caso equivocado.

(D) Caso Salete verifique a possibilidade e interesse de manejo de impugnação ao cumprimento de sentença, será ela obrigada a realizar a garantia do juízo, sendo aceitas tanto a caução quanto eventual penhora já realizada nos autos.

(E) Caso Salete verifique a possibilidade e interesse de manejo de impugnação ao cumprimento de sentença, terá ela o prazo de 15 (quinze) dias para tanto, contados da intimação para cumprir a sentença.

A: incorreta, pois é possível a atribuição de efeito suspensivo à impugnação desde que garantido o juízo e demonstrado o risco de dano grave de difícil ou incerta reparação com o prosseguimento da execução (CPC, art. 525, §6º); **B:** correta, pois o Código determina que haja a indicação do valor no caso de excesso, sob pena de indeferimento liminar (CPC, art. 525, §§ 4º e 5º); **C:** incorreta, considerando que é dever da impugnante apresentar o demonstrativo discriminado de seu cálculo, sob pena de indeferimento liminar da impugnação (CPC, art. 525, §§ 4º e 5º); **D:** incorreta, pois a garantia do juízo é exigida apenas para a atribuição de efeito suspensivo à impugnação (CPC, art. 525); **E:** incorreta, já que o prazo para apresentar impugnação será contado a partir do término do prazo de 15 dias para pagamento voluntário – 15 + 15 (CPC, art. 525). 🔲

Gabarito "B".

(Analista Judiciário – TRT/20 – FCC – 2016) Acerca do cumprimento de sentença que reconhece o dever de pagar quantia, é correto afirmar:

(A) Inicia-se de ofício ou a requerimento do exequente.

(B) Não poderá ser promovido em face do fiador, do coobrigado ou do corresponsável que não tiver participado da fase de conhecimento.

(C) O devedor deve ser intimado sempre pessoalmente.

(D) Será efetuado na primeira instância, em regra, ainda que a causa seja de competência originária de tribunal.

(E) As questões relativas à validade do procedimento e dos atos executivos subsequentes não poderão ser arguidas nos próprios autos, devendo ser objeto de ação autônoma.

A: Incorreta, pois o cumprimento de sentença não se inicia de ofício (NCPC, art. 523); **B:** Correta, pois, em regra, cabe o cumprimento contra quem estiver no título executivo judicial (NCPC, art. 513, § 5º); **C:** Incorreta, pois cabe a intimação do devedor por diversas formas (NCPC, art. 513, § 2º), de modo que somente será intimado pessoalmente de forma residual; **D:** Incorreta, pois o cumprimento de sentença ocorrerá no tribunal nos casos de competência originária de tribunal (NCPC, art. 516, I); **E:** Incorreta, exatamente porque serão apresentadas nos próprios autos (NCPC, art. 518). 🔲

Gabarito "B".

(Analista – Judiciário –TRE/PI – 2016 – CESPE) Assinale a opção correta relativamente ao cumprimento de sentença e ao processo de execução de título executivo extrajudicial.

(A) Situação hipotética: Contra a sentença que julgou procedente o pedido formulado pelo requerente e confirmou os efeitos da antecipação da tutela, o requerido interpôs recurso de apelação. **Assertiva:** Nessa situação, o requerente poderá requerer a execução provisória do julgado, e os autos do processo não poderão subir ao tribunal para análise do apelo, enquanto não for liquidada a sentença.

(B) Situação hipotética: Transitada em julgado a sentença condenatória de pagar quantia certa, o executado foi intimado para cumprir a obrigação no prazo de dez dias, embora já tivesse cumprido a obrigação imposta pela sentença. **Assertiva:** Nessa situação, o executado deverá oferecer embargos do devedor com o objetivo de desconstituir a pretensão executiva.

(C) Em ação de execução por quantia certa, caso o devedor não cumpra a obrigação, o juiz poderá mandar intimar o executado para, caso existam bens disponíveis, indicar quais são e onde se encontram, sob pena de se caracterizar ato atentatório à dignidade da justiça e sujeitar o executado ao pagamento de multa que será revertida em favor do exequente.

(D) Em ação de execução de título executivo extrajudicial na qual o devedor ofereça embargos à execução no prazo legal, objetivando desconstituir a pretensão executiva, caso haja indícios do cumprimento da obrigação, o juiz poderá, de ofício, conceder efeito suspensivo aos embargos.

(E) Situação hipotética: Proposta ação de execução de título executivo extrajudicial, o executado opôs embargos com o objetivo de desconstituir totalmente a pretensão executiva em função de uma dação em pagamento. **Assertiva:** Nessa situação, se acolher o pedido formulado nos embargos, o juiz deverá proferir sentença nos autos da ação executiva, na qual deve julgar improcedente a pretensão executiva e extinguir o feito com resolução de mérito.

A: incorreta. A sentença que confirma *tutela antecipada* não terá efeito suspensivo (art. 1.012, § 1º, V, NCPC), sendo possível o cumprimento provisório da sentença (art. 520, NCPC). Contudo, os autos principais serão remetidos ao Tribunal para análise do recurso (art. 1.010, § 3º, NCPC), sendo que o cumprimento provisório da sentença será requerido por petição dirigida ao juízo competente (art. 522, NCPC); **B:** incorreta. O prazo de pagamento é de 15 dias (art. 523, NCPC); além disso, em se tratando de cumprimento de sentença, o instrumento a ser utilizado pelo devedor é a impugnação, e não embargos (art. 525, NCPC); **C:** correto (art. 774, V, NCPC); **D:** incorreta, porquanto a concessão de efeito suspensivo aos embargos depende de requerimento e só será deferida se a execução já estiver

garantida por penhora, depósito ou caução suficientes (art. 919, § 1º, NCPC); **E:** incorreta, pois a sentença deverá ser proferida nos próprios embargos (art. 920, III, NCPC), que, vale dizer, possuem natureza de ação e devem ser oferecidos em autos apartados (art. 914, § 1º, NCPC). 🔲

Gabarito "C".

(Analista – TRT/11ª – 2012 – FCC) Numa ação, o réu não foi citado regularmente, mas, mesmo assim, apresentou contestação e atuou em todas as fases do processo, até o trânsito em julgado da decisão final. Nesse caso, na fase do cumprimento da sentença,

(A) poderá apresentar impugnação fundada na invalidade de citação.

(B) poderá apresentar impugnação fundada na inexistência de citação, por tratar-se de ato processual indispensável à regularidade do processo.

(C) só poderá apresentar impugnação fundada na inexistência de citação se demonstrar que se encontrava em local conhecido e poderia ter sido citado, mas não o foi.

(D) não poderá apresentar impugnação fundada na inexistência de citação.

(E) só poderá apresentar impugnação fundada na inexistência ou invalidade da citação se demonstrar que não foram esgotados os meios para a sua localização.

A: incorreto pelo princípio da instrumentalidade das formas (art. 239, § 1º, e 277 do NCPC); **B:** incorreto pelo princípio da instrumentalidade das formas (art. 239, § 1º, e 277 do NCPC); **C:** incorreto pelo princípio da instrumentalidade das formas (art. 239, § 1º, e 277 do NCPC); **D:** correto, pois o comparecimento espontâneo do réu supre a necessidade de citação (art. 239, § 1º, e 277 do NCPC); **E:** incorreto pelo princípio da instrumentalidade das formas (art. 239, § 1º, e 277 do NCPC). 🔲

Gabarito "D".

15. PROCEDIMENTOS ESPECIAIS NO CPC

(Analista - TRT1 - 2018 - AOCP) Mateus realizou um contrato escrito para compra de um veículo de propriedade de Gabriel, no qual aquele pagaria a este o valor de dez mil reais pelo bem, no prazo de trinta dias da entrega, em dinheiro e diretamente na residência de Gabriel. Ocorre que Gabriel encontrava-se de mudança e, na pressa de perfectibilizar o negócio, realizou a entrega do bem, porém não informou seu novo endereço. Diante da impossibilidade de realizar o pagamento conforme disposição contratual, Mateus buscou a tutela jurisdicional estatal para se ver livre de sua obrigação, depositando o valor em juízo. De acordo com o Código de Processo Civil de 2015, em sede de Ação de Consignação em Pagamento, em relação à defesa do réu, assinale a alternativa correta.

(A) Poderá alegar, diante de inexistência de tentativa de consignação em pagamento extrajudicial por parte do autor, que estará este eivado pela falta de interesse de agir.

(B) Poderá alegar a inexigibilidade do título ou inexequibilidade da obrigação.

(C) Poderá solicitar a condenação do autor em perdas e danos e indenização de frutos, com base na mora no pagamento.

(D) Poderá alegar que foi justa a recusa, o depósito não se efetuou no prazo ou no lugar do pagamento, ou o depósito não é integral.

(E) Poderá requerer a revisão do contrato ou negócio jurídico celebrado.

A: incorreta, pois a consignação extrajudicial é uma faculdade do devedor e não constitui uma etapa prévia para a propositura da consignação judicial (CPC, art. 539, § 1°); **B:** incorreta, já que essas alegações sequer fariam sentido, considerando que o réu, na ação de consignação, é o credor da obrigação (CPC, art. 544); **C:** incorreta, considerando que o objetivo da consignação é justamente livrar o devedor dos efeitos da mora (CPC, art. 540); **D:** correta, sendo essas justificativas plausíveis para o não recebimento do valor (CPC, art. 544); **E:** incorreta, pois a cognição da ação de consignação é restrita, ficando o réu adstrito às matérias de defesa previstas no rol do art. 544 do CPC. [D]
Gabarito "D".

(Analista - TRT1 - 2018 - AOCP) De acordo com o Código de Processo Civil de 2015, quanto à Ação de Embargos de Terceiro, assinale a alternativa INCORRETA.

(A) Essa modalidade de ação presta-se ao livramento de constrição de patrimônio de terceiro não envolvido com a lide principal.

(B) Essa modalidade de ação viabiliza proteção possessória ou dominial em relação à sua função.

(C) Essa modalidade de ação é cabível diante de gravame judicial e atos administrativos.

(D) Contra os embargos do credor com garantia real, o embargado somente poderá alegar que: o devedor comum é insolvente; o título é nulo ou não obriga a terceiro; outra é a coisa dada em garantia.

(E) A sentença de procedência determinará o desfazimento da constrição, determinará ordem de manutenção/reintegração de posse, levantamento da caução, se houver, e declarará o domínio.

A: correta, sendo essa a finalidade dos embargos de terceiro (CPC, art. 674); **B:** correta, pois cabem embargos de terceiro fundado na posse ou propriedade – possuidor ou senhor (CPC, arts. 674, § 1° e 677); **C:** incorreta, devendo esta ser assinalada. Isso porque a oposição de embargos de terceiro não é a medida cabível contra ato administrativo, sendo necessária a existência de constrição judicial (CPC, art. 674); **D:** correta, conforme expressa previsão legal (CPC, art. 680); **E:** correta, sendo essa a previsão legal (CPC, art. 681). [D]
Gabarito "C".

(Analista Judiciário – TRT/20 – FCC – 2016) Joana ajuizou ação de reintegração de posse contra Pietra. A ação tem como objeto um imóvel. Tal ação deverá ser proposta no foro

(A) do domicílio dos réus, cujo juízo tem competência absoluta.

(B) do domicílio dos réus, cujo juízo tem competência relativa.

(C) da situação do imóvel, cujo juízo tem competência absoluta.

(D) do domicílio dos autores, cujo juízo tem competência relativa.

(E) da situação do imóvel, cujo juízo tem competência relativa.

Tratando-se de direito real, a competência é a do foro do local do imóvel (NCPC, art. 47). E, ainda que seja uma questão territorial, nesse caso não é possível foro de eleição, sendo que o Código é expresso ao apontar que se trata de competência absoluta (NCPC, art. 47, § 2°). Assim, a alternativa correta é a "C". [D]
Gabarito "C".

(Analista – TRT/11ª – 2012 – FCC) Sobre a ação monitória, é correto afirmar que NÃO

(A) pode a inicial fundar-se em mais de uma prova escrita sem eficácia de título executivo.

(B) pode a inicial ter por base nem fax, nem mensagem eletrônica *(e-mail)*.

(C) cabe citação por edital.

(D) é admissível a citação por hora certa.

(E) depende de prévia segurança do juízo a oposição de embargos pelo réu.

A: incorreta, pois não há óbice para que a monitória seja instruída com mais de uma prova escrita; **B:** incorreta, pois a exigência da lei é prova escrita sem eficácia executiva, logo, fax ou *e-mail* são hábeis a instruir a ação monitória; **C e D:** incorretas, pois cabe citação por qualquer modalidade (art. 700, § 7o do NCPC); **E:** correta, pois os embargos à monitória independem de prévia segurança do juízo (art. 702 do NCPC). [D]
Gabarito "E".

16. PROCEDIMENTOS ESPECIAIS DE LEGISLAÇÃO EXTRAVAGANTE

(Analista Judiciário - TJ/AL - 2018 - FGV) Quanto ao procedimento do mandado de segurança, é correto afirmar que:

(A) a sentença concessiva da ordem não pode dar azo à instauração de execução por quantia certa;

(B) é admissível o ingresso de litisconsorte ativo, depois de o juiz deferir a liminar;

(C) a eficácia condenatória da sentença concessiva da ordem retroage à data da edição do ato administrativo impugnado;

(D) a autoridade impetrada tem legitimidade para interpor recursos;

(E) o acórdão denegatório da ordem, nas hipóteses de competência originária dos tribunais, poderá ser impugnado por recurso extraordinário ou especial.

A: incorreta, pois a ordem concessiva de MS é de natureza mandamental (busca determinar que o réu cumpra uma ordem) e não para se buscar a condenação ao pagamento de quantia (nesse sentido, a Súmula 269/STF: "O mandado de segurança não é substitutivo de ação de cobrança"); **B:** incorreta, já que o ingresso do litisconsorte ativo não será admitido após o despacho da petição inicial (Lei 12.016/09, art. 10, § 2°); **C:** incorreta, considerando que os efeitos devem retroagir à data do ajuizamento do MS (Lei 12.016/09, art. 14, § 4° e STF, Súmula 271/STF: "Concessão de mandado de segurança não produz efeitos patrimoniais em relação a período pretérito, os quais devem ser reclamados administrativamente ou pela via judicial própria."); **D:** correta, pois a Lei do MS conferiu legitimidade recursal à autoridade coatora (Lei 12.016/09, art. 14, § 2°); **E:** incorreta, tendo em vista que o acórdão denegatório da ordem, em casos de competência originária, é recorrível via ROC – recurso ordinário constitucional (Lei 12.016/09, art. 18 e CPC, art. 1.027). [D]
Gabarito "D".

(Analista - TJ/SC - FGV - 2018) A medida judicial em que, de acordo com a legislação de regência, a pessoa jurídica de direito público, depois de integrada à lide, pode se abster de contestar, e até aderir ao pleito autoral, é:

(A) ação direta de inconstitucionalidade;

(B) mandado de segurança;

(C) mandado de injunção;

(D) *habeas data*;

(E) ação popular.

A questão trata de uma particularidade do procedimento especial da ação popular, em razão dos interesses defendidos, que possibilita à pessoa jurídica de direito público abster-se de contestar a ação ou mesmo atuar ao lado do autor (integrando o polo ativo como litisconsorte), pautando sua conduta pela utilidade ao interesse público envolvido (Lei 4.717/65, art. 6º, § 3º). **LD**
Gabarito "E".

(Analista Judiciário – TRT/11 – FCC – 2017) Na execução fiscal, o executado poderá oferecer embargos

(A) no prazo de 15 dias, contados da data do oferecimento da garantia da execução.

(B) independentemente de seguro o juízo através da garantia da execução.

(C) no prazo de 15 dias, contados da citação para pagamento do débito.

(D) no prazo de 30 dias, contados do depósito, da juntada da prova da fiança bancária ou do seguro garantia ou da intimação da penhora.

(E) no prazo de 15 dias, contados da juntada aos autos do comprovante do depósito.

A: Incorreta, pois o prazo é de 30 dias (Lei 6.830/1980, art. 16); B: Incorreta, pois os embargos dependem da garantia do juízo (Lei 6.830/1980, art. 16, incisos); C: Incorreta, pois o prazo é a partir da garantia do juízo; D: Correta (Lei 6.830/1980, art. 16, incisos); E: Incorreta, considerando o exposto nas alternativas anteriores. **LD**
Gabarito "D".

(Analista Judiciário – TRT/11 – FCC – 2017) A respeito da ação popular, considere:

I. Pode ser proposta por pessoa jurídica.

II. Na defesa do patrimônio público caberá a suspensão liminar do ato lesivo impugnado.

III. O prazo prescricional é de 5 anos.

Está correto o que se afirma APENAS em

(A) II e III.

(B) I e II.

(C) I e III.

(D) I.

(E) II.

I: Incorreta, pois somente o cidadão é legitimidade ativo (Lei 4.717/1965, art. 1º, *caput* e § 3º); II: Correta (Lei 4.717/1965, art. 5º, § 4º); III: Correta (Lei 4.717/1965, art. 21). **LD**
Gabarito "A".

(Analista Judiciário – TRE/PE – CESPE – 2017) Acerca dos aspectos processuais das ações coletivas, assinale a opção correta.

(A) Em ação civil pública, fará coisa julgada *erga omnes* a sentença cujo pedido tiver sido julgado improcedente por insuficiência de provas.

(B) O processamento e o julgamento das ações civis públicas competem ao juízo do domicílio do causador do dano.

(C) Em ação de improbidade administrativa, é facultado ao Ministério Público agir no processo como fiscal da lei, desde que ele não atue como parte.

(D) Partido político tem legitimidade para impetrar mandado de segurança coletivo, sem a necessidade de demonstrar representação no Congresso Nacional.

(E) A legitimidade para propor ação popular é do cidadão; se ele desistir da ação, poderá o Ministério Público promover o seu prosseguimento.

A: Incorreta, pois no caso de improcedência por falta de provas, é possível a repropositura se surgirem novas provas (Lei 7347/1985, art. 16); B: Incorreta, porque a competência é do local do dano – e considerada funcional, portanto absoluta (Lei 7347/1985, art. 2º); C: Incorreta, pois nesse caso é obrigatória a atuação do MP como fiscal da ordem jurídica (Lei 8.429/1992, art. 17, § 4º); D: Incorreta, pois a legitimidade é do partido que tenha representação no Congresso (Lei 12.016,2009, art. 21); E: Correta (Lei 4.717/1965, art. 9º). **LD**
Gabarito "E".

(Analista Judiciário – TJ/MT – UFMT – 2016) Conforme disposto na Lei 9.099/1995 sobre a resposta do réu, assinale a afirmativa INCORRETA.

(A) É lícito ao réu, na reconvenção, formular pedidos em seu favor, fundados nos mesmos fatos objetos da controvérsia.

(B) É lícito ao réu, na contestação oral ou escrita, abordar toda a matéria de defesa.

(C) Ao autor da ação é facultada a resposta do pedido do réu na própria audiência.

(D) Ao réu é vedada a arguição de suspeição ou impedimento do juiz na contestação, devendo confeccionar peça específica.

A: Incorreta, devendo esta ser assinalada. No âmbito do JEC, não há a reconvenção, mas sim pedido contraposto (Lei 9.099/1995, art. 31); B: Correta (Lei 9.099/1995, art. 30); C: Correta (Lei 9.099/1995, art. 31, parágrafo único); D: Correta (Lei 9.099/1995, art. 30). **LD**
Gabarito "A".

(Analista Judiciário – TRT/20 – FCC – 2016) Cabe mandado de segurança

(A) contra atos de gestão comercial praticados por administradores de empresa pública.

(B) contra decisão judicial contra a qual caiba recurso com efeito suspensivo.

(C) ainda que escoado o prazo prescricional de 120 dias.

(D) em caso de violação de direito líquido e certo por ato ilegal de dirigente de pessoa jurídica no exercício de atribuições do poder público, somente no que disser respeito a essas atribuições.

(E) somente se tiver havido violação de direito líquido e certo, não se admitindo que seja apresentado em caráter preventivo.

A: Incorreta, pois descabe MS contra ato de gestão comercial (Lei 12.016/2009, art. 1º, § 2º); B: Incorreta, pois descabe MS contra decisão que tenha recurso com efeito suspensivo (Lei 12.016/2009, art. 5º, II); C: Incorreta, pois o prazo de 120 dias é decadencial (Lei 12.016/2009, art. 23); D: Correta (Lei 12.016/2009, art. 1º, § 1º); E: Incorreta, pois cabe MS preventivo (Lei 12.016/2009, art. 1º – quando há menção a "justo receio" de sofrer ameaça). **LD**
Gabarito "D".

(Analista – TRE/CE – 2012 – FCC) Simoneta ajuizou ação de despejo para uso próprio em face de Gabriela perante o Juizado Especial Cível competente. A ação possui o valor da causa de R$ 18.000,00. Neste caso, de acordo com a

Lei n° 9.099/1995, o Juizado Especial Cível é

(A) competente para apreciar tal demanda, mas Simoneta deverá obrigatoriamente estar assistida por advogado.

(B) competente para apreciar tal demanda, sendo a assistência do advogado facultativa para Simoneta.

(C) incompetente para apreciar a demanda em razão do valor da causa extrapolar o limite permitido na referida lei.

(D) incompetente para apreciar tal demanda uma vez que qualquer ação de despejo está excluída do rol de ações previstas na referida lei.

(E) incompetente para apreciar tal demanda uma vez que apenas a ação de despejo para uso próprio está excluída do rol de ações previstas na referida lei.

O juizado especial cível afigura-se competente para o processamento e julgamento da causa (art. 3.°, III, da Lei 9.099/1995), mas Simoneta deverá ser obrigatoriamente assistida por advogado, em razão de o valor da demanda superar o patamar de vinte salários mínimos (art. 9.°, *caput*, da Lei 9.099/1995). **ID**

Gabarito "A".

(Analista – TRE/CE – 2012 – FCC) No tocante a Ação Civil Pública considere:

I. O Ministério Público poderá instaurar, sob sua presidência, inquérito civil, ou requisitar, de qualquer organismo público ou particular, certidões, informações, exames ou perícias, no prazo que assinalar, o qual não poderá ser inferior a 10 dias úteis.

II. Os autos do inquérito civil ou das peças de informação arquivadas serão remetidos, sob pena de se incorrer em falta grave, no prazo de 15 dias, ao Conselho Superior do Ministério Público.

III. A promoção de arquivamento dos autos do inquérito civil será submetida a exame e deliberação do Colégio dos Procuradores de Justiça, conforme dispuser o seu Regimento.

IV. Em regra, constitui crime, punido com pena de reclusão de 1 a 3 anos, mais multa, a recusa, o retardamento ou a omissão de dados técnicos indispensáveis à propositura da ação civil, quando requisitados pelo Ministério Público.

Está correto o que se afirma APENAS em

(A) I, II e IV.

(B) I e IV.

(C) I, II e III.

(D) III e IV.

(E) I e II.

I: correto (art. 8.°, § 1.°, da Lei 7.347/1985); **II:** incorreto. O prazo é de três dias (art. 9.°, § 1.°, da Lei 7.347/1985); **III:** incorreto. O órgão incumbido de examinar e deliberar sobre a promoção de arquivamento é o Conselho Superior do Ministério Público (art. 9.°, § 3.°, da Lei 7.347/1985); **IV:** correto (art. 10 da Lei 7.347/1985). **ID**

Gabarito "B".

(Analista – TRE/MG – 2012 – CONSULPLAN) O legislador constituinte estabeleceu, dentre as garantias fundamentais, que se concederá mandado de segurança para proteger direito líquido e certo quando o responsável pela ilegalidade ou abuso de poder for autoridade pública ou agente de pessoa jurídica no exercício do Poder Público, bem como previu a possibilidade de impetração de mandado

de segurança coletivo por partido político, organização sindical, entidade de classe ou associação, nos termos no texto constitucional. No ano de 2009, a Lei n° 12.016 revogou expressamente diversos textos legislativos infra-constitucionais, passando a disciplinar os mandados de segurança individual e coletivo. Com base na Lei n° 12.016, de 7 de agosto de 2009, e no entendimento do Superior Tribunal de Justiça, marque a alternativa correta.

(A) A sentença prolatada em mandado de segurança coletivo fará coisa julgada limitada aos membros do grupo ou categoria substituídos pelo impetrante.

(B) Da sentença que conceder o mandado de segurança caberá recurso de apelação e, caso o julgador denegue o mandado de segurança, o recurso cabível será o agravo de instrumento.

(C) A sentença que conceder a segurança estará sujeita ao duplo grau de jurisdição obrigatório e é cabível a condenação em honorários advocatícios nas ações de mandado de segurança.

(D) Não se concederá o mandado de segurança quando se tratar de decisão judicial transitada em julgado, mas se concederá contra a decisão judicial contra a qual caiba recurso com efeito suspensivo.

(E) A caducidade da medida liminar concedida, que ocorrerá quando o impetrante deixar de promover por mais de 10 dias úteis os atos que lhe cumprirem, será decretada a requerimento do Ministério Público, vedada a decretação *ex officio*.

A: correto de acordo com o art. 22 da Lei 12.016/09; **B:** incorreto. A sentença que denegar ou conceder o mandado caberá apelação (art. 14, da Lei 12.016/09); **C:** incorreto. A sentença está de fato sujeita ao duplo grau obrigatório (art. 14, § 1°, da Lei 12.016/09), mas não terá condenação em honorários (art. 25 da Lei 12.016/09); **D:** incorreto. O art. 5°, da Lei 12.016/09 não permite mandado de segurança contra decisão transitada em julgado (inciso III), nem contra decisão que caiba recurso judicial com efeito suspensivo (inciso II). **ID**

Gabarito "A".

17. TEMAS COMBINADOS

(Analista - MPU - CESPE - 2018) Com base nas normas que regem o processo civil, julgue os itens seguintes, acerca da função jurisdicional; do Ministério Público; de nulidades processuais; e de sentença.

(1) Na cooperação jurídica internacional, poderá ser prestado auxílio direto caso a medida requerida não decorra diretamente de decisão jurisdicional que, proferida por autoridade estrangeira, será submetida a juízo de delibação no Brasil.

(2) O Ministério Público será intimado a se manifestar em todas as causas em que a fazenda pública figurar em um dos polos, visto que essa hipótese é de interesse público e social.

(3) Em processo que envolva interesse de incapaz, tendo sido verificado que o *parquet* não foi intimado, o juiz decretará, de ofício, a nulidade do processo.

(4) A existência de convenção de arbitragem acarreta a extinção do processo sem resolução do mérito.

1: correta, sendo essa a previsão legal (CPC, art. 28); **2:** errada, considerando que a participação da Fazenda Pública não enseja, por si só, hipótese de intervenção do MP (CPC, art. 178, parágrafo único); **3:** errada, pois a decretação de nulidade dependerá da existência de prejuízo (CPC, arts. 279, § 2º e 282, § 1º); **4:** correta, lembrando que a existência de convenção de arbitragem deve ser alegada pelo réu (CPC, art. 485, VII). LD

Gabarito 1C, 2E, 3E, 4C

(Analista - MPU - CESPE - 2018) A respeito de mandado de segurança, ação civil pública, ação de improbidade administrativa e reclamação constitucional, julgue os itens que se seguem.

(1) De acordo com o Superior Tribunal de Justiça, compete à justiça federal processar e julgar mandado de segurança que envolva instituição de ensino superior particular, em razão do interesse da União.

(2) Depois de ajuizada ação de improbidade administrativa, se o juiz tiver verificado que o processo está em ordem, será determinada a notificação do requerido para apresentar manifestação por escrito.

(3) Conforme entendimento do Superior Tribunal de Justiça, em se tratando de direitos individuais disponíveis, o Ministério Público não detém legitimidade para propor ação, a não ser que exista lei específica que autorize tal atuação.

(4) Ainda que vise garantir a observância de súmula vinculante, o trânsito em julgado de decisão obsta o manejo de reclamação constitucional pela parte prejudicada.

1: correta, conforme entendimento pacificado pela 1ª Seção do STJ (STJ, Súmula 570 e REsp 1.344.771/PR, j. em 24/04/13); **2:** correta, conforme expressa previsão legal (Lei 8.429/92, art. 17, §7º), sendo que apenas após essa manifestação é que haverá a efetiva citação para contestação; **3:** alternativa anulada pela banca (mas há precedente da Seção de Direito Público do STJ nesse sentido: REsp 1.681.690/SP, Informativo 624); **4:** correta, conforme expressa disposição legal, de modo que por isso é necessário, além da reclamação, a interposição do recurso cabível para obstar o trânsito em julgado (CPC, art. 988, §5º, I). LD

Gabarito 1C, 2C, 3anulada, 4C

(Analista Judiciário – TRT/24 – FCC – 2017) No que concerne à Reclamação, na sistemática do Código de Processo Civil, e consoante entendimento jurisprudencial do Supremo Tribunal Federal e do Superior Tribunal de Justiça, é correto afirmar:

(A) O cabimento da reclamação proposta perante o Supremo Tribunal Federal para garantir a autoridade de decisão proferida sob a sistemática da repercussão geral está condicionado ao esgotamento da instância ordinária.

(B) É admissível a reclamação proposta após o trânsito em julgado da decisão reclamada.

(C) A inadmissibilidade ou o julgamento interposto contra a decisão proferida pelo órgão reclamado prejudica a reclamação.

(D) Ao despachar a reclamação, o relator, dentre outras providências, determinará a citação do beneficiário da decisão impugnada, que terá prazo de 10 dias para apresentar sua contestação.

(E) Não é permitido a qualquer interessado impugnar o pedido do reclamante.

A: Correta. Apesar de não existir exatamente essa previsão na legislação, a jurisprudência do STF está mais restritiva quanto ao

uso da reclamação (Rcl 24686, rel. Min. Teori Zavascki, julgamento em 28.10.2016, informativo 845/STF), ao interpretar o art. 988, § 5º, II do NCPC; **B:** Incorreta, por expressa previsão legal que veda a reclamação após o trânsito (NCPC, art. 988, § 5º, I); **C:** Incorreta, por expressa previsão legal em sentido inverso (NCPC, art. 988, § 6º); **D:** Incorreta, pois o prazo de contestação é de 15 dias (NCPC, art. 989, III); **E:** Incorreta, pois há expressa previsão legal em sentido inverso (NCPC, art. 990). LD

Gabarito "A".

(Analista Judiciário – TRE/PE – CESPE – 2017) A respeito dos poderes, deveres e responsabilidades do juiz e dos atos processuais, assinale a opção correta à luz do Código de Processo Civil (CPC).

(A) Não podem ocorrer durante as férias forenses citações, intimações e penhoras, ainda que haja autorização judicial.

(B) Na ausência de preceito legal ou prazo determinado pelo juiz, será de cinco dias úteis o prazo para a prática de ato processual a cargo da parte.

(C) O juiz pode dilatar e reduzir os prazos processuais, adequando-os às necessidades do conflito, de modo a conferir maior efetividade à tutela do direito.

(D) Pode o magistrado declarar-se suspeito no processo por razões de foro íntimo; contudo, para assim fazer, ele deve externar tais razões.

(E) O terceiro que demonstre interesse jurídico poderá requerer ao juiz certidão de inteiro teor da sentença, no caso de processo que tramite sob segredo de justiça.

A: Incorreta, pois esses atos podem ocorrer nesses períodos, independentemente de autorização judicial (NCPC, art. 212, § 2º); **B:** Correta (NCPC, art. 218, § 3º); **C:** Incorreta, pois o juiz pode aumentar, mas não reduzir, os prazos processuais (NCPC, art. 139, VI); **D:** Incorreta, pois *não é* necessário que o juiz indique as razões pelas quais é suspeito por motivo de foro íntimo (NCPC, art. 145, § 1º); **E:** Incorreta, pois não é do inteiro teor, mas do dispositivo (NCPC, art. 189, § 2º "O terceiro que demonstrar interesse jurídico pode requerer ao juiz *certidão do dispositivo da sentença*, bem como de inventário e de partilha resultantes de divórcio ou separação"). LD

Gabarito "B".

(Analista Judiciário – TRE/PE – CESPE – 2017) João e José, residentes em Recife – PE, foram vítimas de acidente automobilístico provocado por Pedro, maior e capaz, domiciliado em Olinda – PE. As vítimas impetraram ações indenizatórias individuais em 10/3/2016, ambas no juízo de Recife – PE.

Nessa situação hipotética,

(A) caso Pedro oponha incidente de exceção de incompetência relativa após a entrada em vigor do novo CPC, o juiz deverá declinar da competência.

(B) João e José poderiam optar por ingressar em litisconsórcio ativo e, nesse caso, seriam considerados como litigantes distintos em suas relações com Pedro.

(C) se as ações forem distribuídas para juízos distintos, os processos deverão ser reunidos em razão da existência de continência.

(D) ambos os processos devem seguir o rito ordinário, porquanto o procedimento sumário foi extinto no novo CPC.

(E) a citação de Pedro deve ocorrer por mandado, por meio de oficial de justiça.

A: Incorreta, pois não mais existe exceção de incompetência no NCPC – sendo que a forma de impugnar a incompetência relativa é a preliminar de contestação (NCPC, art. 64); **B:** Correta (NCPC, art. 117); **C:** Incorreta, pois a hipótese não é de continência, mas sim de conexão, considerando a mesma causa de pedir (NCPC, art. 55); **D:** Incorreta, porque no NCPC não há mais nem rito ordinário nem sumário, mas somente o procedimento comum (NCPC, art. 318); **E:** Incorreta, pois pode ocorrer a citação por correio, mas não há nada que impeça, nesse caso, essa forma de citação (NCP, art. 247). 🔳

Gabarito "B".

(Analista Judiciário – TRE/PI – CESPE – 2016) A respeito da resposta do réu, da instrução processual e da sentença, assinale a opção correta.

(A) Situação hipotética: Aberta a audiência de instrução, o juiz identificou que o advogado do autor havia peticionado demonstrando a sua impossibilidade de comparecer ao ato processual, pois estava acometido de grave enfermidade. **Assertiva:** Nessa situação, o juiz deverá colher o depoimento pessoal das partes e a oitiva das testemunhas e determinar a suspensão do processo até o final da convalescença do advogado.

(B) Situação hipotética: Em audiência de instrução, o réu requereu a juntada de documentos para fazer contraprova de fatos alegados em depoimento pessoal, mas o juiz indeferiu o requerimento por ter sido este feito intempestivamente. **Assertiva:** Nessa situação, não cabe recurso contra a decisão de indeferimento, mas o réu poderá suscitar tal fato em razões ou contrarrazões de eventual recurso de apelação.

(C) Na ação de obrigação de fazer cuja sentença julgar procedente o pedido do autor, poderá haver aplicação de multa para o caso de não cumprimento da obrigação no prazo especificado, sendo vedada em qualquer caso a conversão da obrigação específica em perdas e danos.

(D) Caso o réu, citado na forma da lei, não apresente contestação, e a causa verse sobre direito indisponível, o juiz deverá proferir sentença desde logo, julgando antecipadamente a lide.

(E) Deferida a contradita diante da suspeição ou do impedimento, e sendo estritamente necessário o depoimento da testemunha contraditada, o juiz ouvirá o depoimento desta, independentemente de compromisso, e atribuirá a tal depoimento o valor que possa merecer diante das demais provas colhidas.

A: Incorreta, pois a hipótese é de adiamento da audiência (NCPC, art. 362, II); **B:** Incorreta, porque a finalidade do depoimento pessoal é obter a confissão, contra o depoente (NCPC, art. 385); assim, descabe prova documental para opor ao depoimento pessoal; **C:** Incorreta, pois é possível a conversão em perdas e danos, se o autor requerer ou impossível a tutela específica (NCPC, art. 499); **D:** Incorreta, porque se o direito é indisponível, necessária a produção de prova (NCPC, art. 345, II); **E:** Correta, sendo essa a hipótese de oitiva de informante (NCPC, art. 447, §§ 4º e 5º c/c art. 457, § 2º). 🔳

Gabarito "E".

(Analista Judiciário – TRE/PI – CESPE – 2016) Tendo em vista que, em uma relação processual, o pronunciamento de mérito está condicionado ao cumprimento de algumas formalidades, tais como a atuação do órgão jurisdicional competente e o tempo dessa atuação, as condições da ação e os pressupostos processuais, assinale a opção correta.

(A) Transcorrido o prazo legal sem que o jurisdicionado ingresse em juízo para proteger seu direito, opera-se a preclusão do direito de ação.

(B) Quando a ação for considerada intransmissível por disposição legal, a morte de um dos sujeitos da relação processual provocará a extinção do processo sem resolução de mérito.

(C) Para não contrariar o princípio da inércia da jurisdição, segundo o qual a jurisdição deve ser provocada, é vedado ao juiz determinar, de ofício, a produção de provas.

(D) A jurisdição voluntária pode ser exercida extrajudicialmente em casos expressamente autorizados pelo ordenamento jurídico vigente, como nos casos de inventário ou divórcio extrajudiciais.

(E) O defeito ou a ausência de representação na relação processual provoca, por falta de uma das condições da ação, a extinção do processo sem resolução de mérito.

A: Incorreta, pois a hipótese narrada é de prescrição, não de preclusão; **B:** Correta, sendo exemplo típico a ação de divórcio (NCPC, art. 485, IX); **C:** Incorreta, porque existem os poderes instrutórios do juiz (NCPC, art. 370); **D:** Incorreta, pois inventário não é jurisdição voluntária, mas contenciosa – mas, vale destacar, é sim possível o inventário extrajudicial; **E:** Incorreta, pois a falta de representação é pressuposto processual e não condição da ação (NCPC, art. 485, IV e VI). 🔳

Gabarito "B".

(Analista Jurídico – TCE/PA – 2016 – CESPE) No que diz respeito às normas processuais, aos atos e negócios processuais e aos honorários de sucumbência, julgue os itens que se seguem, com base no disposto no novo Código de Processo Civil.

(1) As partes capazes podem, antes ou durante o processo, convencionar sobre os seus ônus, poderes, faculdades e deveres processuais, sendo sempre indispensável a homologação judicial para a validade do acordo processual.

(2) Em observância ao princípio da primazia da decisão de mérito, o magistrado deve conceder à parte oportunidade para, se possível, corrigir vício processual antes de proferir sentença terminativa.

(3) No que se refere à comunicação dos atos processuais, aplica-se às entidades da administração pública direta e indireta a obrigatoriedade de manter cadastro nos sistemas de processo em autos eletrônicos, para o recebimento de citações e intimações, que serão preferencialmente realizadas por meio eletrônico.

(4) A nulidade decorrente da falta de intervenção do Ministério Público como fiscal da ordem jurídica nos processos em que deveria atuar como tal somente pode ser decretada após a manifestação do membro do Ministério Público sobre a existência ou inexistência de prejuízo.

1: incorreta, pois não há necessidade de homologação judicial para o negócio jurídico processual, apenas havendo posterior controle de validade pelo juiz (art. 190, *caput* e parágrafo único, NCPC); **2:** correta, conforme art. 317 do NCPC; **3:** correta, nos termos do §1º do art. 246 do NCPC; **4:** correta, tratando-se de inovação prevista no NCPC, art. 279, §2º. 🔳

(Analista Jurídico – TCE/PR – 2016 – CESPE) Com referência ao processo, ao procedimento comum e à intervenção de terceiros, assinale a opção correta de acordo com o Código de Processo Civil (CPC).

(A) De acordo com o CPC, sentença é o pronunciamento do magistrado que, com ou sem resolução do mérito, extingue o processo em primeiro grau. Os demais atos decisórios do juiz singular possuem natureza interlocutória.

(B) A impugnação da parte principal ao requerimento de ingresso do assistente dá ensejo à suspensão do processo principal até que sobrevenha decisão do juiz quanto ao incidente processual relativo ao ingresso do assistente.

(C) No procedimento comum, a ausência injustificada do réu à audiência de conciliação acarreta a decretação de sua revelia e a consequente presunção de veracidade dos fatos alegados pelo autor na petição inicial.

(D) No procedimento comum, contestação e reconvenção devem ser apresentadas em uma única peça processual, ressalvada ao réu a possibilidade de apresentar reconvenção isoladamente caso não deseje contestar.

(E) O pedido de desconsideração da personalidade jurídica deve ser formulado no momento da propositura da ação, sendo vedado o ingresso superveniente do sócio no processo após a estabilização da demanda.

A: incorreta, pois, pelo NCPC, a sentença é o pronunciamento por meio do qual o juiz, com fundamento nos arts. 485 e 487, NCPC, põe fim à fase cognitiva do procedimento comum, bem como extingue a execução (art. 203, §1º); **B**: incorreto, pois a petição de ingresso de assistente não dá ensejo à suspensão do processo (art. 120, parágrafo único, NCPC); **C**: incorreto. De acordo com o §8º do art. 334 do NCPC, o não comparecimento injustificado do autor ou do réu à audiência de conciliação é considerado ato atentatório à dignidade da justiça e será sancionado com multa de até dois por cento da vantagem econômica pretendida ou do valor da causa, revertida em favor da União ou do Estado; **D**: correto, conforme se afere do art. 343, *caput* e § 6º, NCPC; **E**: incorreto, pois o pedido pode ser realizado em todas as fases do processo (art. 134, NCPC). 🔲
Gabarito "D".

(Analista Judiciário – TRT/8ª – 2016 – CESPE) De acordo com as normas previstas no Código de Processo Civil (CPC), assinale a opção correta acerca do processo e do procedimento.

(A) A pessoa casada necessita do consentimento de seu cônjuge para propor ação de consignação em pagamento referente a contrato de alienação fiduciária de automóvel.

(B) A procuração geral para o foro pode ser outorgada por instrumento particular, independentemente de reconhecimento de firma pela parte, e habilita o advogado a interpor recurso de apelação.

(C) O magistrado somente pode condenar o réu por litigância de má-fé se houver expresso requerimento da parte autora nesse sentido, sob pena de violação ao princípio da demanda.

(D) A questão preliminar é aquela cuja decisão influencia o teor da decisão do mérito como, por exemplo, a questão jurídica incidental referente à existência de relação de paternidade em uma ação de alimentos.

(E) Em decorrência do princípio da razoável duração de processo, o juiz possui a faculdade de prolatar sentença ilíquida, mesmo que o autor tenha formulado pedido certo e determinado.

A: incorreta, pois o consentimento só é necessário em ações que versem sobre direito real imobiliário (art. 73 do NCPC), o que não é o caso; **B**: correta, nos termos do art. 104 do NCPC; **C**: incorreta, pois a condenação em litigância de má-fé pode ser imposta de ofício pelo magistrado (art. 142 do NCPC); **D**: incorreto, pois a questão *preliminar*, de ordem processual, não influencia o mérito, mas eventualmente acarreta a própria extinção do processo, sem resolução do mérito (arts. 337 e 485 do NCPC). O exemplo narrado na alternativa se refere a questão *prejudicial* (§ 1ª do art. 503 do NCPC); **E**: no CPC/1973 havia vedação expressa a essa possibilidade (art. 459, parágrafo único). No NCPC, não houve a repetição expressa desse artigo. Mas a alternativa é incorreta considerando (i) a necessidade de congruência entre pedido e sentença (art. 492 do NCPC) e (ii) a Súmula 318/STJ ("Formulado pedido certo e determinado, somente o autor tem interesse recursal em arguir o vício da sentença ilíquida"), até o momento não revogada. A observar se haverá alguma mudança jurisprudencial. 🔲
Gabarito "B".

(Analista Judiciário – TRT/8ª – 2016 – CESPE) No que se refere à atuação dos sujeitos processuais e ao procedimento ordinário previsto no CPC, assinale a opção correta.

(A) Somente mediante expresso requerimento das partes é permitido ao juiz realizar o julgamento antecipado da lide, sob pena de violação ao princípio constitucional do devido processo legal.

(B) O réu revel, ainda que compareça extemporaneamente ao processo, não receberá intimações e ficará impedido de praticar atos processuais, inclusive, interpor recurso.

(C) De acordo com o CPC, a petição inicial será considerada inepta se a parte for manifestamente ilegítima ou se faltar ao autor o interesse em agir.

(D) O Ministério Público, atuando como parte ou como fiscal da lei, deve ser intimado de todos os atos do processo, além de poder produzir provas e ter legitimidade para interpor recurso.

(E) A decisão do juiz pelo indeferimento total da petição inicial possui natureza interlocutória e deve ser impugnada por intermédio do recurso de agravo de instrumento.

Atenção: no NCPC não mais existe um rito ordinário ou sumário, mas somente procedimento comum. **A**: incorreta, pois o julgamento antecipado independe de requerimento das partes, sendo possível quando o juiz verificar uma das hipóteses do art. 355 do NCPC; **B**: incorreta. A consequência da revelia é a presunção de veracidade em relação aos fatos alegados pelo autor (art. 344 do NCPC), mas o revel poderá intervir no processo em qualquer fase, recebendo-o no estado em que se encontrar (parágrafo único do art. 346 do NCPC); **C**: incorreta. Nos termos do § 1º do art. 330 do NCPC, a inépcia da inicial ocorre quando: (i) há ausência de pedido ou causa de pedir; (ii) o pedido é indeterminado, com ressalva quanto às hipóteses legais em que se permite a realização de pedido genérico; (iii) os fatos narrados não permitem conclusão lógica; e (iv) houver pedidos incompatíveis entre si; **D**: correta (art. 179 do NCPC); **E**: incorreta, pois a decisão de indeferimento da petição inicial possui natureza de sentença (art. 203, § 1º, c.c. art. 485, I, do NCPC) e deve ser impugnada por meio de apelação (art. 331 do NCPC). 🔲
Gabarito "D".

(Analista Judiciário – TRT/8ª – 2016 – CESPE) Pedro e Caio, domiciliados em Macapá – AP, foram vítimas de acidente automobilístico em uma rodovia. Supostamente, o acidente foi provocado por Rafael, domiciliado em Belém – PA. As vítimas propuseram, separadamente, ações de indenização contra Rafael na justiça comum de Macapá.

A respeito dessa situação hipotética, assinale a opção correta de acordo com disposições do CPC.

(A) Pedro e Caio poderiam ter optado por ingressar em litisconsórcio ativo, caso em que seriam considerados como litigantes distintos em suas relações com a parte adversa, por força do princípio da autonomia dos litisconsortes.

(B) Como a demanda indenizatória foi proposta na justiça comum, o processo deverá seguir necessariamente o procedimento ordinário, rito que viabiliza o contraditório e a ampla defesa ao réu nessa situação.

(C) A citação do réu deve ser feita necessariamente por oficial de justiça: o CPC veda a citação por via postal nas ações de ressarcimento por danos causados em acidente de veículo de via terrestre.

(D) Caso Rafael interponha oportunamente exceção de incompetência relativa, o juiz deve declinar de sua competência.

(E) Caso as ações sejam distribuídas para órgãos judicias distintos, os processos poderão ser posteriormente reunidos em razão da existência de continência.

Atenção: no NCPC não mais existe um rito ordinário ou sumário, mas somente procedimento comum; **A**: correta, porquanto a hipótese revela situação que permite a formação de litisconsórcio ativo, pois há afinidade de questões por ponto comum de fato (art. 113, III, do NCPC); **B**: incorreta, pois não há mais o rito ordinário, mas apenas o procedimento comum (art. 318). De qualquer forma, no CPC/1973 a hipótese era de utilização do rito sumário (art. 275, II, "d", CPC/73); **C**: incorreto, pois a regra é a citação por via postal (art. 246 do NCPC), sendo certo que a hipótese não se encontra em nenhuma das exceções previstas no art. 247 do NCPC; **D**: incorreto, pois a ação foi ajuizada no foro correto, conforme regra do art. 53, V, do NCPC. Ademais, incompetência relativa, no NCPC, é alegada em preliminar de contestação, não mais existindo exceção (art. 337, II); **E**: incorreta. Embora se possa aventar a possibilidade de reunião dos processos neste caso, o fundamento não seria de continência, mas de conexão. Há continência quando se tem identidade entre partes e causa de pedir, sendo que o pedido de uma das causas, por ser mais amplo, abrange o das demais (art. 56, NCPC); não é esse o caso. 🔲
Gabarito "A".

(Analista – Judiciário –TRE/PI – 2016 – CESPE) Tendo em vista que, em uma relação processual, o pronunciamento de mérito está condicionado ao cumprimento de algumas formalidades, tais como a atuação do órgão jurisdicional competente e o tempo dessa atuação, as condições da ação e os pressupostos processuais, assinale a opção correta.

(A) Transcorrido o prazo legal sem que o jurisdicionado ingresse em juízo para proteger seu direito, opera-se a preclusão do direito de ação.

(B) Quando a ação for considerada intransmissível por disposição legal, a morte de um dos sujeitos da relação processual provocará a extinção do processo sem resolução de mérito.

(C) Para não contrariar o princípio da inércia da jurisdição, segundo o qual a jurisdição deve ser provocada, é vedado ao juiz determinar, de ofício, a produção de provas.

(D) A jurisdição voluntária pode ser exercida extrajudicialmente em casos expressamente autorizados pelo ordenamento jurídico vigente, como nos casos de inventário ou divórcio extrajudiciais.

(E) O defeito ou a ausência de representação na relação processual provoca, por falta de uma das condições da ação, a extinção do processo sem resolução de mérito.

A: incorreta, pois o não ajuizamento da demanda importa, com o passar do tempo, na prescrição (art. 189, CC). Preclusão é a perda de uma faculdade processual; **B**: correta (art. 485, IX, NCPC); **C**: incorreta, pois o juiz pode determinar, de ofício, a produção das provas necessárias ao julgamento, considerando seus poderes instrutórios (art. 370, NCPC); **D**: incorreta. Divórcio e inventário são procedimentos que podem ser realizados de forma extrajudicial, se não houver conflito. Contudo, inventário é jurisdição contenciosa e não voluntária (art. 620, NCPC); **E**: incorreta, pois essa falha processual se refere a pressupostos processuais e não a condições da ação – que somente são legitimidade e interesse. 🔲
Gabarito "B".

(Analista – Judiciário –TRE/PI – 2016 – CESPE) Assinale a opção correta acerca dos atos processuais, da suspensão do processo e da resposta do réu.

(A) O ato do juiz que julga procedente a exceção de incompetência formulada pelo requerido é considerado uma sentença.

(B) Havendo autorização judicial expressa, qualquer ato processual poderá ser realizado fora do expediente forense ou em dias não úteis.

(C) Caso o requerido se encontre fora da sede do juízo, em outro estado da Federação, a citação pelo correio deverá ser realizada, necessariamente, via carta precatória.

(D) A arguição de suspeição e de impedimento do juiz provoca a suspensão do curso do processo, mas a arguição de incompetência só a provoca em caso de interposição de recurso contra a decisão que julga tal incidente.

(E) Nas citações realizadas por oficial de justiça, a falta da contrafé junto com o mandado de citação não vicia o ato processual nem provoca a nulidade do processo, se o réu apresentar contestação no prazo legal e não alegar esse defeito processual.

A: incorreta, pois, no NCPC, não existe mais a exceção de incompetência como um incidente autônomo, sendo certo que o tema passa a ser alegado em preliminar de contestação (arts. 64 e 337, II); **B**: incorreta, pois a possibilidade decorre de lei (art. 212, § 2º, NCPC), sendo desnecessária a autorização judicial; **C**: incorreta. A citação, neste caso, deverá ser realizada pelo correio por meio de carta registrada (arts. 247 e 248, § 1º, ambos do NCPC), sem necessidade de utilização da precatória – salvo por um dos casos em que é vedada a citação por correio; **D**: incorreta. No que tange à suspeição/impedimento, a alternativa está correta (art. 313, II, NCPC), de modo que esta não acontece de forma automática. Quanto à incompetência, não existe incidente, de modo que a matéria deve ser alegada em preliminar de contestação (art. 64, NCPC); **E**: correta. Nesse caso, aplica-se o princípio da instrumentalidade das formas (arts. 277 e 283, NCPC). 🔲
Gabarito "E".

15. DIREITO DO TRABALHO

Hermes Cramacon e Luiz Fabre

1. FONTES DO DIREITO DO TRABALHO

(Analista – TRT/16ª – 2014 – FCC) No tocante as fontes do Direito do Trabalho considere:

I. As fontes formais traduzem a exteriorização dos fatos por meio da regra jurídica.

II. São fontes formais do Direito do Trabalho as portarias ministeriais e a Constituição Federal brasileira.

III. A sentença normativa e as leis são fontes materiais autônomas.

Está correto o que se afirma APENAS em

(A) I e II.

(B) I e III.

(C) II e III.

(D) III.

(E) II.

I: correta, pois as fontes formais correspondem à norma jurídica já constituída, já positivada. Em outras palavras, representam a exteriorização dessas normas, ou seja, é a norma materializada. **II:** correta, pois a Constituição Federal e as portarias ministeriais constituem verdadeiras fontes formais, assim como a CLT. **III:** incorreta, pois a sentença normativa e s leis constituem fontes formais heterônomas, que decorrem da atividade normativa do Estado. Caracterizam-se pela participação de um agente externo (Estado) na elaboração da norma jurídica **HC**
Gabarito "A".

(Analista – TRT/6ª – 2012 – FCC) Com relação às Fontes do Direito do Trabalho, considere:

I. A Lei Ordinária que prevê disposições a respeito do 13º salário é uma fonte material autônoma.

II. As fontes heterônomas decorrem do exercício da autonomia privada, ou seja, sujeitos distintos do Estado possuem a faculdade de editar.

III. O contrato individual de emprego é uma fonte autônoma.

IV. A Convenção Coletiva de Trabalho é uma fonte autônoma.

Está correto o que se afirma APENAS em

(A) III e IV.

(B) I, II e III.

(C) I, II e IV.

(D) I e III.

(E) II e IV.

I: opção incorreta, pois as fontes materiais representam o momento pré-jurídico da norma, ou seja, a norma ainda não positivada. Representa a pressão exercida pelos trabalhadores contra o Estado buscando melhores condições de trabalho. As fontes materiais referem-se aos fatores sociais, econômicos, históricos, políticos e, ainda, filosóficos, que originam o direito, influenciando na criação da norma jurídica, como por exemplo, a greve. **II:** opção incorreta, pois as fontes formais heterônomas decorrem da atividade normativa do Estado. Caracterizam-se pela participação de um agente externo (Estado) na elaboração da

norma jurídica. São exemplos: a Constituição Federal, a CLT. **III:** opção correta, pois as fontes formais autônomas se caracterizam por serem formadas com a participação imediata dos próprios destinatários da norma jurídica. Aqui, eles participam diretamente no processo de sua elaboração sem a interferência do agente externo (Estado), como ocorre com o contrato individual de trabalho. **IV:** opção correta, veja comentário anterior. **HC/LF**
Gabarito "A".

2. PRINCÍPIOS

(Analista - TRT1 - 2018 - AOCP) No que diz respeito aos princípios do direito material do trabalho, assinale a alternativa INCORRETA.

(A) O direito comum é fonte subsidiária do direito do trabalho.

(B) Em razão da vigência do princípio da proteção no direito do trabalho, é correto afirmar que, em havendo a coexistência de dois regulamentos em determinada empresa, a opção do empregado por um deles tem efeito jurídico de renúncia às regras do sistema do outro.

(C) Em razão da vigência do princípio da proteção e da norma mais favorável no direito do trabalho, é correto afirmar que, em havendo a coexistência de dois regulamentos em determinada empresa, o empregado poderá aderir às regras mais benéficas de um ou de outro, não estando obrigado a fazer opção por apenas um deles.

(D) O princípio da aplicação da norma mais favorável é um desdobramento do princípio da proteção.

(E) O princípio da proteção pressupõe a proibição de alterações contratuais lesivas ao empregado, razão pela qual as cláusulas de regulamento de empresa que revoguem ou alterem vantagens deferidas anteriormente somente atingirão os trabalhadores admitidos após a revogação ou alteração respectiva.

A: correto, pois reflete a disposição do art. 8º, § 1º, da CLT. **B:** correto, pois reflete a disposição da súmula 51, II, do TST. **C:** incorreta, pois nos termos da súmula 51, II, do TST – Havendo a coexistência de dois regulamentos da empresa, a opção do empregado por um deles tem efeito jurídico de renúncia às regras do sistema do outro. **D:** correto, pois o *Princípio protetor que* tem por escopo atribuir uma proteção maior ao empregado, parte hipossuficiente da relação jurídica laboral incorpora outros 3 subprincípios, quais sejam: *In dubio pro operario*, aplicação da norma mais favorável e condição mais benéfica; **E:** correta, pois reflete a disposição da súmula 51, I, do TST.
Gabarito "C".

(Analista Jurídico - TRT2 - FCC - 2018) Acerca das fontes do Direito do Trabalho, considere:

I. As autoridades administrativas e a Justiça do Trabalho, na falta de disposições legais ou contratuais, decidirão, conforme o caso, apenas pela jurisprudência, por analogia, por equidade, pelo direito comparado e outros princípios e normas gerais de direito, admitindo-se, excepcionalmente, que um interesse de classe ou particular prevaleça sobre o interesse público.

II. Súmulas e outros enunciados de jurisprudência editados pelo Tribunal Superior do Trabalho e pelos Tribunais Regionais do Trabalho não poderão restringir direitos legalmente previstos nem criar obrigações que não estejam previstas em lei.

III. No exame de convenção coletiva ou acordo coletivo de trabalho, a Justiça do Trabalho, além de analisar a conformidade dos elementos essenciais do negócio jurídico (agente capaz, objeto lícito, possível, determinado ou determinável e forma prescrita ou não defesa em lei), poderá anular cláusulas coletivas com base em juízos de valor sobre o pactuado, balizando sua atuação pelo princípio da intervenção adequada na autonomia da vontade coletiva.

Está correto o que se afirma APENAS em

(A) I.

(B) II.

(C) II e III.

(D) I e III.

(E) I e II.

I: incorreta, pois, nos termos do art. 8º da CLT, não só a jurisprudência, mas também por analogia, por equidade e outros princípios e normas gerais de direito, principalmente do direito do trabalho, e, ainda, de acordo com os usos e costumes, o direito comparado. Ademais, de maneira que nenhum interesse de classe ou particular prevaleça sobre o interesse público; II: correta, pois reflete a disposição contida no art. 8º, § 2º, da CLT; III: incorreta, pois, nos termos do § 3º do art. 8º da CLT, no exame de convenção coletiva ou acordo coletivo de trabalho, a Justiça do Trabalho analisará exclusivamente a conformidade dos elementos essenciais do negócio jurídico, respeitado o disposto no art. 104 do Código Civil e balizará sua atuação pelo princípio da intervenção mínima na autonomia da vontade coletiva. **HC**
Gabarito "B".

(Analista Judiciário – TRT/24 – FCC – 2017) O advogado Hércules pretende fundamentar uma tese na petição inicial de reclamatória trabalhista utilizando o ditame segundo o qual, ainda que haja mudanças vertiginosas no aspecto de propriedade ou de alteração da estrutura jurídica da empresa, não pode haver afetação quanto ao contrato de trabalho já estabelecido. Tal valor está previsto no princípio de Direito do Trabalho denominado

(A) razoabilidade.

(B) disponibilidade subjetiva.

(C) responsabilidade solidária do empregador.

(D) asserção empresarial negativa.

(E) continuidade da relação de emprego.

"E" é a opção correta. Isso porque, o princípio da continuidade da relação de emprego tem por objetivo preservar o contrato de trabalho, presumindo a contratação por prazo indeterminado, sendo a exceção o contrato com prazo determinado. Nos termos do art. 448 da CLT, qualquer mudança na propriedade ou na estrutura jurídica da empresa não afetará os contratos de trabalho dos respectivos empregados. Da mesma forma, qualquer alteração na estrutura jurídica da empresa não afetará os direitos adquiridos por seus empregados (art. 10 da CLT). **HC**
Gabarito "E".

(Analista Judiciário – TRT/20 – FCC – 2016) A restrição à autonomia da vontade inerente ao contrato de trabalho, em contraponto à soberania da vontade contratual das partes que prevalece no Direito Civil, é tida como instrumento que assegura as garantias fundamentais do trabalhador, em face do desequilíbrio de poderes inerentes ao contrato de emprego, é expressão do princípio da

(A) autonomia privada coletiva.

(B) condição mais benéfica.

(C) primazia da realidade.

(D) imperatividade das normas trabalhistas.

(E) prevalência do negociado em face do legislado.

"D" é a opção correta. As normas trabalhistas são imperativas, ou seja, normas de ordem pública que não podem, em regra, ser afastadas pela simples vontade das partes. No contrato de trabalho há pouco espaço para a autonomia de vontade, diferente do direito civil. **HC**
Gabarito "D".

(Analista – TRT/11ª – 2012 – FCC) O Juiz do Trabalho pode privilegiar a situação de fato que ocorre na prática, devidamente comprovada, em detrimento dos documentos ou do rótulo *conferido à relação de direito material*. Tal assertiva, no Direito do Trabalho, refere-se ao princípio da

(A) irrenunciabilidade.

(B) intangibilidade salarial.

(C) continuidade.

(D) primazia da realidade.

(E) proteção.

A: opção incorreta, pois o princípio da irrenunciabilidade ensina que as normas trabalhistas, em geral, possuem caráter imperioso ou cogente, na medida em que são normas de ordem pública e, por sua vez, não podem ser modificadas pelo empregador. **B:** opção incorreta, pois o princípio da intangibilidade salarial, estampado no art. 462 da CLT, determina a proibição ao empregador de efetuar descontos no salário do empregado. **C:** opção incorreta, pois o princípio da continuidade tem por objetivo preservar o contrato de trabalho, presumindo a contratação por prazo indeterminado, sendo a exceção o contrato com prazo determinado. **D:** opção correta, pois a assertiva bem explica o princípio da primazia da realidade. **E:** opção incorreta, pois o princípio da proteção tem por escopo atribuir uma proteção maior ao empregado, parte hipossuficiente da relação jurídica laboral. Em outras palavras, visa a atenuar a desigualdade existente entre as partes do contrato de trabalho. **HC/LF**
Gabarito "D".

3. VÍNCULO EMPREGATÍCIO E CONTRATO DE TRABALHO

(Analista - Área Administrativa - TRT1 - 2018 - AOCP) Antônio foi admitido, com registro em CTPS, na função de entregador, na empresa Roupa Bonita Confecções Ltda. em 1 de dez. de 2017 e foi demitido, sem justa causa, em 30 de mar. de 2018. Cumpria horário das 8h às 18h. Não recebeu as verbas rescisórias e outros direitos trabalhistas. Os sócios da empregadora são Paulo e Pedro, os quais também são sócios da empresa Roupa Bonita Tecelagem Ltda. A qual fabrica e fornece os tecidos para a Roupa Bonita Confecções. Paulo e Pedro são sócios, também, da Livraria Boa Leitura Ltda. e Delícia Bolos e da Doces Finos Ltda. Dessa última empresa, fazem parte do quadro social, também, José e João. Ocorre que Antônio prestava serviços com registro em CTPS para a empresa Roupa Bonita Confecções Ltda., mas, diariamente, desde o início do pacto laboral, auxiliava o entregador da Roupa Bonita Tecelagem Ltda. das 18h15 às 20h15. Diante do exposto, assinale a alternativa que apresenta quais empresas são legítimas para integrar o polo passivo da reclamatória trabalhista ajuizada pelo ex-empregado, bem como com qual ou quais empresas este poderá ver declarado o vínculo empregatício.

(A) As empresas Roupa Bonita Confecções e Roupa Bonita Tecelagem serão responsáveis solidárias pelo crédito perseguido na reclamatória trabalhista. Nesse caso, Antônio terá direito à declaração de vínculo empregatício também em face da Roupa Bonita Tecelagem, pois o fato de que este, habitualmente, prestou serviços a essa empresa gerou a existência de um segundo contrato de trabalho, coexistente com o primeiro.

(B) As quatro empresas listadas no enunciado, tendo em vista que Pedro e Paulo integram o quadro social de todas, serão responsáveis solidárias pelo crédito perseguido na reclamatória trabalhista. Nesse caso, Antônio não terá direito à declaração de vínculo empregatício em face da Roupa Bonita Tecelagem.

(C) As empresas Roupa Bonita Confecções e Roupa Bonita Tecelagem serão responsáveis solidárias pelo crédito perseguido na reclamatória trabalhista. Todavia, Antônio não terá direito à declaração de vínculo empregatício em face da empresa Roupa Bonita Tecelagem, pois a prestação de serviços a mais de uma empresa do mesmo grupo econômico não caracteriza a coexistência de mais de um contrato de trabalho.

(D) As quatro empresas listadas no enunciado, tendo em vista que Pedro e Paulo integram o quadro social de todas. Nesse caso, Antônio terá direito à declaração de vínculo empregatício também em face da Roupa Bonita Tecelagem, pois o fato de que este, habitualmente, prestava serviços para essa empresa gerou a existência de um segundo contrato de trabalho.

(E) As empresas Roupa Bonita Confecções e Roupa Bonita Tecelagem e Livraria Boa Leitura serão responsáveis solidárias, tendo em vista que Pedro e Paulo integram o quadro social de todas. Nesse caso, Antônio não terá direito à declaração de vínculo empregatício também em face da Roupa Bonita Tecelagem, pois o fato de que este, habitualmente, prestava serviços para essa empresa gerou a existência de um segundo contrato de trabalho.

Nos termos da súmula 129 do TST a prestação de serviços a mais de uma empresa do mesmo grupo econômico, durante a mesma jornada de trabalho, não caracteriza a coexistência de mais de um contrato de trabalho, salvo ajuste em contrário. Nesse caso, há responsabilidade solidária, nos termos do art. 2º, § 2º, da CLT.
Gabarito "A".

(Analista Jurídico - TRT2 - FCC - 2018) Acerca do teletrabalho, de acordo com a legislação vigente,

(A) somente dependerão de previsão em contrato escrito as disposições relativas ao reembolso de despesas arcadas pelo empregado, podendo aquelas que dizem respeito à responsabilidade pela aquisição, manutenção ou fornecimento dos equipamentos tecnológicos e da infraestrutura necessária e adequada à prestação

do trabalho remoto ser negociadas por qualquer meio, inclusive verbalmente.

(B) considera-se teletrabalho a prestação de serviços realizada integralmente fora das dependências do empregador, com a utilização de tecnologias de informação e de comunicação, ainda que possa, por sua natureza, ser considerada como trabalho externo.

(C) o comparecimento às dependências do empregador para a realização de atividades específicas que exijam a presença do empregado no estabelecimento descaracteriza por completo o regime de teletrabalho.

(D) a prestação de serviços na modalidade de teletrabalho deverá constar expressamente do contrato individual de trabalho, que especificará as atividades que serão realizadas pelo empregado.

(E) o empregador, a seu exclusivo critério, poderá instruir os empregados, de maneira expressa, tácita, por escrito ou verbalmente, quanto às precauções a tomar a fim de evitar doenças e acidentes de trabalho.

A: incorreta, pois, nos termos do art. 75-D da CLT, as disposições relativas à responsabilidade pela aquisição, manutenção ou fornecimento dos equipamentos tecnológicos e da infraestrutura necessária e adequada à prestação do trabalho remoto, bem como ao reembolso de despesas arcadas pelo empregado, serão previstas em contrato escrito; B: incorreta, pois, nos termos do art. 75-B da CLT, considera-se teletrabalho a prestação de serviços preponderantemente fora das dependências do empregador, com a utilização de tecnologias de informação e de comunicação que, por sua natureza, não se constituam como trabalho externo; C: incorreta, pois, nos termos do parágrafo único do art. 75-B da CLT, o comparecimento às dependências do empregador para a realização de atividades específicas que exijam a presença do empregado no estabelecimento não descaracteriza o regime de teletrabalho; D: correta, pois reflete a disposição do art. 75-C da CLT; E: incorreta, pois nos termos do art. 75-E da CLT o empregador deverá instruir os empregados, de maneira expressa e ostensiva, quanto às precauções a tomar a fim de evitar doenças e acidentes de trabalho. **HC**
Gabarito "D".

(Analista - TRT2 - FCC - 2018) Considere as seguintes hipóteses:

I. Camila, irmã de Vânia, faleceu hoje em razão de complicações decorrentes de uma cirurgia estética.

II. Fernanda se casou hoje às 19:00 horas. A cerimônia está marcada na casa da família na cidade de Itapetininga.

III. Norberto pretende se alistar eleitor, nos termos da legislação pertinente.

IV. Sônia está grávida. Gilberto, seu marido, pretende acompanhar suas consultas médicas para possibilitar um contato próximo com seu filho.

Nesses casos, de acordo com a Consolidação das Leis do Trabalho, Vânia, Fernanda, Norberto e Gilberto poderão deixar de comparecer ao serviço, sem prejuízo do salário, respectivamente, por até

(A) três dias consecutivos, três dias consecutivos, dois dias consecutivos ou não, cinco dias.

(B) dois dias consecutivos, dois dias consecutivos, três dias consecutivos ou não, dois dias.

(C) dois dias consecutivos, três dias consecutivos, três dias consecutivos, três dias.

(D) três dias consecutivos, dois dias consecutivos, três dias consecutivos, três dias.

(E) dois dias consecutivos, três dias consecutivos, dois dias consecutivos ou não, dois dias.

"E" é a opção correta. Isso porque, pela morte de sua irmã, Vânia poderá se ausentar por dois dias consecutivos, art. 473, I, da CLT; Fernanda, por ter se casado poderá se ausentar por 3 dias consecutivos, art. 473, II, da CLT; Norberto, por se alistar como eleitor poderá se ausentar por até 2 (dois) dias consecutivos ou não, art. 473, V, da CLT; Gilberto para acompanhar consultas médicas e exames complementares durante o período de gravidez de sua esposa poderá se ausentar por 2 dias. **HC**
Gabarito "E".

(Analista - TRT2 - FCC - 2018) Considere as seguintes hipóteses:

I. Trabalho de 28 horas semanais, sem a possibilidade de horas suplementares semanais.

II. Trabalho de 30 horas semanais, com a possibilidade de horas suplementares semanais.

III. Trabalho de 25 horas semanais, com a possibilidade de acréscimo de até seis horas suplementares semanais.

IV. Trabalho de 27 horas semanais, com a possibilidade de acréscimo de até seis horas suplementares semanais.

De acordo com a Consolidação das Leis do Trabalho, consideram-se trabalho em regime de tempo parcial aqueles indicados APENAS em

(A) III e IV.
(B) I e II.
(C) I e III.
(D) I, II e IV.
(E) II, III e IV.

I: correta, pois no trabalho em regime de tempo parcial com 28 horas semanais não é permitida a prestação de serviço extraordinário; II: incorreta, pois no trabalho em regime de tempo parcial com 30 horas semanais não é permitida a prestação de serviço extraordinário; III: correta, pois no trabalho em regime de tempo parcial com 25 horas semanais permite-se acréscimo de até seis horas suplementares semanais; IV: incorreta, pois no trabalho em regime de tempo parcial com 27 horas semanais não é permitida a prestação de serviço extraordinário. Veja art. 58-A da CLT. **HC**
Gabarito "C".

(Analista Judiciário – TRT/24 – FCC – 2017) Atenas foi empregada da empresa Delta Operadora Cambial que é dirigida, administrada e controlada pela empresa Delta Empreendimentos S/A, situação esta que caracteriza a existência de grupo econômico para fins trabalhistas. Após dois anos de contrato de trabalho Atenas foi dispensada sem justa causa, mas não recebeu as verbas rescisórias devidas. Nessa situação, conforme previsão contida na Consolidação das Leis do Trabalho, a responsabilidade pelo pagamento será

(A) das empresas Delta Operadora Cambial e Delta Empreendimentos S/A de forma solidária.

(B) da empresa empregadora Delta Operadora Cambial e subsidiariamente da empresa controladora Delta Empreendimentos S/A.

(C) da empresa controladora Delta Empreendimentos S/A e subsidiariamente da empresa empregadora Delta Operadora Cambial.

(D) apenas da empresa Delta Operadora Cambial porque era a efetiva empregadora.

(E) apenas a empresa Delta Empreendimentos S/A porque é a principal, que dirige, administra e controla.

"A" é a opção correta. Isso porque, nos termos do art. 2º, § 2º, da CLT sempre que uma ou mais empresas, tendo, embora, cada uma delas, personalidade jurídica própria, estiverem sob a direção, controle ou administração de outra, ou ainda quando, mesmo guardando cada uma sua autonomia, integrem grupo econômico, serão responsáveis solidariamente pelas obrigações decorrentes da relação de emprego. Vale lembrar que, nos termos do § 3º do mesmo dispositivo legal não caracteriza grupo econômico a mera identidade de sócios, sendo necessárias, para a configuração do grupo, a demonstração do interesse integrado, a efetiva comunhão de interesses e a atuação conjunta das empresas dele integrantes. **HC**
Gabarito "A".

(Analista Judiciário – TRT/20 – FCC – 2016) A Consolidação das Leis do Trabalho elenca na combinação dos artigos 2º e 3º os requisitos fáticos e jurídicos da relação de emprego. Nesse sentido,

(A) tornando-se inviável a prestação pessoal do trabalho, no curso do contrato, por certo período, o empregado poderá se fazer substituir por outro trabalhador.

(B) um trabalhador urbano que preste serviço ao tomador com finalidade lucrativa, mesmo que por diversos meses seguidos, mas apenas em domingos ou finais de semana, configura-se como trabalhador eventual.

(C) considerando que nem todo trabalho é passível de mensuração econômica, não se pode estabelecer que a onerosidade constitui-se em um elemento fático-jurídico da relação de emprego.

(D) somente o empregador é que, indistintamente, pode ser pessoa física ou jurídica, com ou sem finalidade lucrativa, jamais o empregado.

(E) na hipótese de trabalhador intelectual, a subordinação está relacionada ao poder de direção do empregador, mantendo o empregado a autonomia da vontade sobre a atividade desempenhada, sem se reportar ao empregador.

A: opção incorreta, pois o requisito da pessoalidade indica que o empregado não pode ser substituído. **B:** opção incorreta, pois eventual é o trabalhador admitido numa empresa para determinado evento. Em outras palavras, é o trabalho realizado de maneira eventual, de curta duração, cujos serviços não coincidem com os fins normais da empresa. **C:** opção incorreta, pois a remuneração é um dos requisitos da relação de emprego. **D:** opção correta, pois o empregador pode ser pessoa jurídica (art. 2º da CLT) ou física (art. 2º, § 1º, da CLT) **E:** opção incorreta, pois o empregado não terá autonomia da vontade. **HC**
Gabarito "D".

(Analista Judiciário – TRT/8ª – 2016 – CESPE) Assinale a opção correta de acordo com a legislação vigente e a jurisprudência do TST.

(A) O conceito de grupo econômico, por pressupor a existência de duas ou mais empresas, é incompatível com a atividade e o meio rural.

(B) A prestação de serviços a mais de uma empresa do mesmo grupo econômico, durante a mesma jornada de trabalho, não caracteriza a coexistência de mais de um contrato de trabalho, salvo ajuste em contrário.

(C) Quando uma ou mais empresas com personalidades jurídicas próprias estiverem sob a direção, o controle ou a administração de outra, constituindo grupo industrial, comercial ou de qualquer outra atividade econômica, serão, para os efeitos da relação de emprego, subsidiariamente responsáveis a empresa principal e cada uma das subordinadas.

(D) Em qualquer caso de aquisição de empresa pertencente a grupo econômico, o sucessor sempre responde solidariamente por débitos trabalhistas de empresa não adquirida que pertença ao mesmo grupo de empresas.

(E) Na análise da existência de grupo econômico entre empresas, não se aplica a teoria da desconsideração da personalidade jurídica.

A: opção incorreta, pois nos termos do art. 2°, § 2°, da CLT sempre que uma ou mais empresas, tendo, embora, cada uma delas, personalidade jurídica própria, estiverem sob a direção, controle ou administração de outra, ou ainda quando, mesmo guardando cada uma sua autonomia, integrem grupo econômico, serão responsáveis solidariamente pelas obrigações decorrentes da relação de emprego. Vale lembrar que, em conformidade com o § 3° do mesmo dispositivo legal, não caracteriza grupo econômico a mera identidade de sócios, sendo necessárias, para a configuração do grupo, a demonstração do interesse integrado, a efetiva comunhão de interesses e a atuação conjunta das empresas dele integrantes.”; **B:** opção correta, pois a prestação de serviços a mais de uma empresa do mesmo grupo econômico, durante a mesma jornada de trabalho, não caracteriza a coexistência de mais de um contrato de trabalho, salvo ajuste em contrário, em conformidade com a Súmula 129 do TST; **C:** opção incorreta, pois, nos termos do art. 2°, § 2°, da CLT, que dá amparo à teoria do empregador único, a empresa principal e cada uma das subordinadas serão solidariamente responsáveis para os efeitos da relação de emprego; **D:** opção incorreta, pois, havendo aquisição de uma empresa pertencente ao mesmo grupo econômico, nos termos da Orientação Jurisprudencial 411 da SDI 1 do TST, o sucessor não responde solidariamente por débitos trabalhistas de empresa não adquirida, integrante do mesmo grupo econômico da empresa sucedida, quando, à época, a empresa devedora direta era solvente ou idônea economicamente, ressalvada a hipótese de má-fé ou fraude na sucessão; **E:** opção incorreta, pois, uma vez reconhecido o grupo econômico, não há óbice algum para não incidir a desconsideração da personalidade jurídica, que deverá ser aplicada, nos termos do art. 855-A da CLT, arts. 133 a 137 do CPC/2015 e art. 6° da IN 39 TST. **HC**
Gabarito "B".

(Analista – TRT/3ª – 2015 – FCC) O contrato de trabalho é

I. um contrato de direito público, devido à forte limitação sofrida pela autonomia da vontade na estipulação de seu conteúdo.
II. concluído, como regra, intuito personae em relação à pessoa do empregador.
III. um contrato sinalagmático.
IV. um contrato sucessivo. A relação jurídica de emprego é uma "relação de débito permanente", em que entra como elemento típico a continuidade, a duração.
V. um contrato consensual. A lei, via de regra, não exige forma especial para sua validade.

Considerando as proposições acima, está correto o que consta APENAS em

(A) III, IV e V.
(B) III e V.
(C) I, II e V.
(D) I, III e IV.
(E) I, II e IV.

I: incorreta, pois o contrato de trabalho é considerado um contrato de direito privado, tendo em vista a natureza jurídica privada dos sujeitos e interesses envolvidos. Ademais, as partes poderão pactuar as condições que irão reger o contrato. **II:** incorreta, pois é considerado *intuito personae* em relação ao empregado, na medida em que ele não pode fazer-se substituir por outro empregado. Trata-se do requisito da pessoalidade do contrato de trabalho. **III:** correta, pois o contrato de trabalho é do tipo sinalagmático, ou seja, gera obrigações para ambas as partes (empregado e empregador). **IV:** correta, pois as obrigações se sucedem continuamente no tempo, enquanto perdurar o contrato. **V:** correta, pois o contrato de trabalho pode ser pactuado livremente pelas partes, sem a necessidade de observância de formalidades. **HC**
Gabarito "A".

(Analista – TRT/3ª – 2015 – FCC) Maria, durante três anos, prestou serviços ao Clube de Mães Madalena Arraes, que é uma entidade sem fins lucrativos instituída para desenvolver atividades culturais e filantrópicas com a comunidade carente. Cumpria jornada de trabalho diário das 8 às 17 horas, com uma hora de intervalo para repouso e alimentação, devidamente controlada, e, enquanto estava trabalhando era obrigada a usar uniforme. Entregava relatórios semanais sobre as suas atividades e os resultados obtidos com as crianças e recebia mensalmente um valor fixo pelo trabalho prestado. Em relação à situação descrita,

(A) presentes as características da relação de emprego na relação mantida entre Maria e o Clube de Mães, deve ser reconhecido o vínculo de emprego entre as partes, não sendo óbice para tal reconhecimento o fato de o Clube de Mães ser entidade filantrópica sem finalidade lucrativa.

(B) embora presentes as características da relação de emprego, o fato de o Clube de Mães ser entidade filantrópica sem finalidade lucrativa impede o reconhecimento do vínculo de emprego entre as partes.

(C) somente seria possível o reconhecimento do vínculo de emprego entre as partes se presente a subordinação de Maria em relação ao Clube de Mães, o que não se verifica no presente caso.

(D) os serviços prestados à entidade sem fins lucrativos, desde que instituída para desenvolver atividades culturais e filantrópicas, não caracteriza vínculo de emprego, mas sim trabalho voluntário, sendo irrelevante estarem presentes as características da relação de emprego.

(E) a finalidade lucrativa do empregador e o recebimento de participação do trabalhador nesse lucro é essencial para a caracterização do vínculo de emprego.

A: correta, pois uma vez presentes os requisitos para a relação de emprego, quais sejam: subordinação, onerosidade, pessoalidade, pessoa física e habitualidade deve ser reconhecido o vínculo de emprego, ainda que o empregador seja entidade filantrópica sem fim lucrativo, art. 2°, § 1°, da CLT. **B:** incorreta, pois a entidade filantrópica sem fim lucrativo equipara-se a empregador, art. 2°, § 1°, da CLT. **C:** incorreta, pois se verifica o elemento da subordinação na medida em que Maria tinha jornada de trabalho controlada, era obrigada a usar uniforme e devia entregar relatórios semanais. **D:** incorreta, pois podemos notar no caso em estudo a presença de todos os elementos da relação de emprego capaz de reconhecer o vínculo empregatício. **E:** incorreta, pois a finalidade lucrativa não é elemento capaz de descaracterizar a relação de emprego. Veja art. 2°, § 1°, da CLT. **HC**
Gabarito "A".

(Analista – TRT/2ª – 2014 – FCC) Considere as assertivas:

I. As instituições beneficentes, para os efeitos da relação de emprego, são equiparadas ao empregador quando admitirem trabalhadores como empregados.

II. Não há solidariedade pelas obrigações trabalhistas entre as empresas de um grupo econômico quando cada qual é dotada de personalidade jurídica própria.

III. Embora o empregado doméstico não desempenhe atividade econômica, diversos direitos atribuídos aos trabalhadores urbanos são garantidos aos trabalhadores domésticos, como, por exemplo, férias, 13º salário, aviso-prévio.

IV. O trabalho temporário difere da relação de emprego por ser exercido sem subordinação e sem onerosidade.

V. O constituinte assegurou aos empregados rurais os mesmos direitos dos empregados urbanos.

Está correto o que consta APENAS em

(A) II, III e IV.

(B) III, IV e V.

(C) II e IV.

(D) I, II, III e IV.

(E) I, III e V.

I: correta, pois reflete o disposto no art. 2º, § 1º, da CLT. II: incorreta, pois nos termos do art. 2º, § 2º, da CLT há solidariedade solidária pelas obrigações trabalhistas as empresas de um grupo econômico quando cada qual é dotada de personalidade jurídica própria. III: correta, pois reflete o disposto no art. 7º, parágrafo único, da CF. Veja também a LC 150/2015. IV: incorreta, pois no trabalho temporário, regulado pela Lei 6.019/74, embora não haja o requisito da subordinação entre a empresa de trabalho temporário e a tomadora de serviços há onerosidade. V: correta, pois o disposto no art. 7º, *caput*, da CF, assegura igualdade entre os direitos assegurados aos empregados rurais e urbanos. HC
Gabarito "E".

(Analista – TRT/11ª – 2012 – FCC) A empresa Gama foi sucedida pela empresa Delta, ocupando o mesmo local, utilizando as mesmas instalações e fundo de comércio, assim como mantendo as mesmas atividades e empregados. Em relação aos contratos de trabalho dos empregados da empresa sucedida é correto afirmar que

(A) serão automaticamente extintos, fazendo surgir novas relações contratuais.

(B) as obrigações anteriores recairão sobre a empresa sucedida, e as posteriores sobre a sucessora.

(C) as cláusulas e condições estabelecidas no contrato de trabalho serão obrigatoriamente repactuadas entre os empregados e o novo empregador individual.

(D) a transferência de obrigações trabalhistas dependerá das condições em que a sucessão foi pactuada.

(E) os contratos se manterão inalterados e seguirão seu curso normal.

"E" é a opção correta, pois de acordo com os arts. 10 e 448 da CLT, qualquer alteração na estrutura jurídica da empresa não afetará os direitos adquiridos por seus empregados e não afetará os contratos de trabalho dos respectivos empregados. A legislação trabalhista, na defesa dos contratos de trabalho e visando à garantia do empregado, estabelece o princípio da continuidade do vínculo jurídico trabalhista, declarando que a alteração na estrutura jurídica e a sucessão de empresas em nada o afetarão o contrato de trabalho. Ademais, nos termos do art. 448-A da CLT caracterizada a sucessão empresarial

ou de empregadores prevista nos arts. 10 e 448 desta Consolidação, as obrigações trabalhistas, inclusive as contraídas à época em que os empregados trabalhavam para a empresa sucedida, são de responsabilidade do sucessor. A empresa sucedida responderá solidariamente com a sucessora quando ficar comprovada fraude na transferência, art. 448-A, parágrafo único, da CLT. HC/LF
Gabarito "E".

(Analista – TRT/11ª – 2012 – FCC) Em relação à duração do contrato individual de trabalho, é correto afirmar que o contrato por prazo determinado

(A) será lícito, seja qual for a sua finalidade.

(B) quando for prorrogado mais de uma vez passará a vigorar sem determinação de prazo.

(C) não prevê o pagamento de indenização caso seja rescindido sem justa causa de forma antecipada.

(D) poderá ser estipulado por prazo superior a dois anos, desde que o seu objeto dependa da realização de determinados acontecimentos.

(E) sob a forma de contrato de experiência não poderá ultrapassar noventa dias, podendo ser estipulado por três períodos de trinta dias cada um.

A: opção incorreta, pois a contratação com prazo determinado feita com base na CLT, só poderá ocorrer nas hipóteses previstas nas alíneas do § 2º do art. 443 da CLT. B: opção correta, pois reflete o disposto 451 da CLT. C: opção incorreta, pois a indenização em casos de rescisão antecipada está prevista nos arts. 479 e 480 da CLT. D: opção incorreta, pois nos termos do art. 445 da CLT o prazo não será superior a 2 (dois) anos. E: opção incorreta, pois embora não possa ultrapassar 90 dias (art. 445, parágrafo único, da CLT), somente poderá haver uma única prorrogação, nos termos do art. 451 da CLT. HC/LF
Gabarito "B".

(Analista – TRT/1ª – 2012 – FCC) Considere as proposições abaixo em relação ao contrato individual de trabalho.

I. Para fins de contratação, o empregador não exigirá do candidato a emprego comprovação de experiência prévia por tempo superior a seis meses no mesmo tipo de atividade.

II. O contrato por prazo determinado só será válido em se tratando de serviço transitório e contrato de experiência.

III. O contrato de trabalho por prazo determinado não poderá ser estipulado por mais de um ano.

IV. As relações contratuais de trabalho podem ser objeto de livre estipulação das partes interessadas.

Está correto o que se afirma APENAS em

(A) I e II.

(B) I e IV.

(C) II e III.

(D) III e IV.

(E) II e IV.

I: opção correta, pois reflete o disposto no art. 442-A da CLT. II: opção incorreta, pois nos termos do art. 443,§ 2º, da CLT admite-se contrato com prazo determinado em se tratando de: a) de serviço cuja natureza ou transitoriedade justifique a predeterminação do prazo; b) de atividades empresariais de caráter transitório e c) de contrato de experiência. III: opção incorreta, pois nos termos do art. 445 da CLT o contrato com prazo determinado não poderá exceder 2 anos, já o contrato de experiência, 90 dias. IV: opção correta, pois reflete a disposição contida no art. 444 da CLT. HC/LF
Gabarito "B".

(Analista – TRT/6ª – 2012 – FCC) Conforme previsão da Consolidação das Leis do Trabalho, em relação aos sujeitos do contrato de trabalho, é INCORRETO afirmar que

(A) será considerado empregado aquele que presta serviços de forma pessoal e natureza não eventual, mediante retribuição pecuniária e sob a dependência do empregador.

(B) as instituições de beneficência e os profissionais liberais que admitirem trabalhadores como empregados equiparam-se ao empregador.

(C) o tempo em que o empregado estiver à disposição do empregador, aguardando ordens de serviço, considera-se como de serviço efetivo, salvo disposição especial expressamente consignada.

(D) não se distingue entre o trabalho realizado no estabelecimento do empregador, o executado no domicílio do empregado e o realizado a distância, desde que estejam caracterizados os pressupostos da relação de emprego.

(E) não haverá distinções relativas à espécie de emprego e à condição de trabalhador, exceto quanto ao trabalho intelectual, técnico e manual, em razão das suas peculiaridades.

A: correto (arts. 2º e 3º da CLT); **B:** correto (art. 2º, § 1º, da CLT); **C:** correto (art. 4º da CLT); **D:** correto (art. 6º da CLT); **E:** incorreto (devendo ser assinalada), nos termos do art. 3º, parágrafo único, da CLT. **HC/LF**
Gabarito "E".

(Analista – TRT/6ª – 2012 – FCC) Nos termos previstos na Consolidação das Leis do Trabalho, o contrato

(A) individual de trabalho não pode ser acordado verbalmente.

(B) de experiência não poderá exceder o prazo de 90 (noventa) dias.

(C) individual será obrigatoriamente alterado, caso haja mudança na propriedade ou na estrutura jurídica da empresa.

(D) de trabalho por prazo determinado poderá ser estipulado por mais de 2 (dois) anos, havendo mútuo consentimento das partes.

(E) de trabalho por prazo determinado poderá ser prorrogado mais de uma vez, dentro do prazo máximo estipulado, sem que passe a vigorar sem determinação de prazo.

A: incorreto (art. 442, *caput*, da CLT); **B:** correto (art. 445, parágrafo único, da CLT); **C:** incorreto (arts. 10 e 448 da CLT); **D:** incorreto (art. 445, *caput*, da CLT); **E:** incorreto (art. 451 da CLT). **HC/LF**
Gabarito "B".

4. RELAÇÕES ESPECIAIS DE TRABALHO

4.1. Domésticos

(Analista – TRT/14ª – 2011 – FCC) Karina e Mariana residem no pensionato de Ester, local em que dormem e realizam as suas refeições, já que Gabriela, proprietária do pensionato, contratou Abigail para exercer as funções de cozinheira. Jaqueline reside em uma república estudantil que possui como funcionária Helena, responsável pela limpeza da república, além de cozinhar para os estudantes moradores. Abigail e Helena estão grávidas. Neste caso,

(A) somente Helena é empregada doméstica, mas ambas terão direito a estabilidade provisória decorrente da gestação.

(B) somente Abigail é empregada doméstica, mas ambas terão direito a estabilidade provisória decorrente da gestação.

(C) ambas são empregadas domésticas, mas não terão direito a estabilidade provisória decorrente da gestação.

(D) nenhuma das empregadas são domésticas, mas ambas terão direito a estabilidade provisória decorrente da gestação.

(E) ambas são empregadas domésticas e terão direito a estabilidade provisória decorrente da gestação.

Na medida em que Abigail exerce suas atividades de cozinheira para pensionistas no âmbito de um pensionato, conclui-se que os serviços por esta prestados possuem finalidade lucrativa, a afastar seu enquadramento à situação do art. 1º da LC 150/2015, tratando-se de uma empregada comum. Helena, diversamente, exerce serviços não inseridos em uma estrutura que visa ao lucro, tratando-se de empregada doméstica. Não obstante, ambas terão direito à garantia no emprego decorrente da gestação (Ato das Disposições Constitucionais Transitórias, art. 10, II, b, quanto a empregada comum e art. 25, parágrafo único, da LC 150/2015, quanto a doméstica). **HC/LF**
Gabarito "A".

4.2. Digitadores

(Analista – TRT/23ª – 2011 – FCC) Os digitadores

(A) equiparam-se aos trabalhadores nos serviços de mecanografia (datilografia, escrituração ou cálculo), razão pela qual têm direito a intervalos de descanso de 10 minutos a cada 90 minutos de trabalho consecutivo.

(B) não se equiparam aos trabalhadores nos serviços de mecanografia (datilografia, escrituração ou cálculo), tratando-se de categorias distintas com direitos distintos, não havendo qualquer analogia relacionada aos períodos de descanso.

(C) equiparam-se aos trabalhadores nos serviços de mecanografia (datilografia, escrituração ou cálculo), razão pela qual têm direito a intervalos de descanso de 5 minutos a cada 90 minutos de trabalho consecutivo.

(D) equiparam-se aos trabalhadores nos serviços de mecanografia (datilografia, escrituração ou cálculo), razão pela qual têm direito a intervalos de descanso de 15 minutos a cada 120 minutos de trabalho consecutivo.

(E) equiparam-se aos trabalhadores nos serviços de mecanografia (datilografia, escrituração ou cálculo), razão pela qual têm direito a intervalos de descanso de 15 minutos a cada 90 minutos de trabalho consecutivo.

Súmula 346 do TST e art. 72 da CLT. **HC/LF**
Gabarito "A".

4.3. Trabalho da Mulher

(Analista - TRT2 - FCC - 2018) De acordo com a Consolidação das Leis do Trabalho, à empregada que adotar ou obtiver guarda judicial para fins de adoção de criança ou adolescente será concedida licença-maternidade

(A) de 180 dias mediante apresentação da Certidão de Nascimento da criança e do termo judicial de guarda à adotante ou guardiã, sendo que a adoção ou guarda judicial conjunta ensejará a concessão de licença--maternidade a apenas um dos adotantes ou guardiães empregado ou empregada.

(B) de 120 dias mediante apresentação do termo judicial de guarda à adotante ou guardiã, sendo que a adoção ou guarda judicial conjunta ensejará a concessão de licença-maternidade aos dois adotantes ou guardiães empregado ou empregada.

(C) de 120 dias mediante apresentação do termo judicial de guarda à adotante ou guardiã, sendo que a adoção ou guarda judicial conjunta ensejará a concessão de licença-maternidade a apenas um dos adotantes ou guardiães empregado ou empregada.

(D) dependendo da idade da criança que poderá variar de 30 a 180 dias, independentemente da apresentação do termo judicial de guarda à adotante ou guardiã, sendo que a adoção ou guarda judicial conjunta ensejará a concessão de licença-maternidade a apenas um dos adotantes ou guardiães empregado ou empregada.

(E) dependendo da idade da criança que poderá variar de 30 a 180 dias, mediante a apresentação do termo judicial de guarda à adotante ou guardiã, sendo que a adoção ou guarda judicial conjunta ensejará a concessão de licença-maternidade aos dois adotantes ou guardiães empregado ou empregada.

"C" é a opção correta. Isso porque, nos termos do art. 392-A da CLT, à empregada que adotar ou obtiver guarda judicial para fins de adoção de criança ou adolescente será concedida licença-maternidade de 120 (cento e vinte) dias, sem prejuízo do emprego e do salário. HC
Gabarito "C".

(Analista Judiciário – TRT/8ª – 2016 – CESPE) De acordo com a Constituição Federal de 1988 (CF) e a jurisprudência do Tribunal Superior do Trabalho (TST), assinale a opção correta a respeito da estabilidade da gestante e da licença--maternidade.

(A) Se a admissão da gestante se deu mediante contrato de trabalho por prazo determinado, a empregada não tem direito à estabilidade provisória.

(B) Caso o empregador desconheça o estado gravídico da gestante, ela não terá direito à indenização decorrente da estabilidade após a cessação do auxílio-doença acidentário.

(C) A CF prevê duração de cento e oitenta dias para a licença gestante.

(D) Dada a garantia de emprego à gestante, ela pode ser reintegrada mesmo após dois anos da extinção do contrato de trabalho.

(E) Passado o período de estabilidade, garantem-se à gestante os salários e demais direitos correspondentes ao período de estabilidade, mas não a reintegração.

A: opção incorreta, pois a gestante possui estabilidade no emprego mesmo em contrato por prazo determinado, de acordo com a Súmula 244, III, TST; **B:** opção incorreta, pois o desconhecimento do estado gravídico pelo empregador não afasta o direito ao pagamento da indenização decorrente da estabilidade, de acordo com a Súmula 244, I, TST; **C:** opção incorreta, pois, nos termos do art. 7º, XVIII, o período de licença maternidade é de 120 dias. Vale lembrar que a licença maternidade poderá ser prorrogada por mais 60 dias, nos termos do art. 1º da Lei 11.770/2008. A prorrogação será garantida à empregada da pessoa jurídica que aderir ao programa Empresa Cidadã, desde

que a empregada a requeira até o final do primeiro mês após o parto, e concedida imediatamente após a fruição da licença-maternidade; **D:** opção incorreta, pois, nos termos do item II da Súmula 244 do TST, a garantia de emprego à gestante só autoriza a reintegração se esta se der durante o período de estabilidade. Caso contrário, a garantia restringe-se aos salários e demais direitos correspondentes ao período de estabilidade; **E:** opção correta, pois reflete o disposto na Súmula 244, II, do TST. HC
Gabarito "E".

(Analista – TRT/11ª – 2012 – FCC) Considerando as normas especiais de proteção ao trabalho da mulher, é INCORRETO afirmar que

(A) é vedado publicar ou fazer publicar anúncio de emprego no qual haja referência ao sexo, à idade, à cor ou situação familiar, salvo quando a natureza da atividade, pública e notoriamente, assim o exigir.

(B) é vedado exigir atestado ou exame, de qualquer natureza, para comprovação de esterilidade ou gravidez, na admissão ou permanência no emprego.

(C) ao empregador é vedado empregar a mulher em serviço que demande o emprego de força muscular superior a vinte quilos de trabalho contínuo, ou vinte e cinco quilos para o trabalho ocasional, salvo se exercida a atividade com aparelhos mecânicos.

(D) a empregada que adotar ou obtiver guarda judicial para fins de adoção de criança será concedida licença--maternidade condicionada à apresentação do termo judicial de guarda à adotante ou guardiã.

(E) em caso de aborto não criminoso, comprovado por atestado médico oficial, a mulher terá um repouso remunerado de quatro semanas, ficando-lhe assegurado o direito de retornar à função que ocupava antes do afastamento.

A: opção correta, pois reflete o disposto no art. 373-A, I, da CLT. **B:** opção correta, pois reflete o disposto no art. 373-A, IV, da CLT. **C:** opção correta, pois reflete o disposto no art. 390 da CLT. **D:** opção correta, pois reflete o disposto no art. 392-A da CLT. Importante destacar que nos termos do citado dispositivo a licença-maternidade será concedida à empregada que adotar ou obtiver guarda judicial para fins de adoção de criança ou adolescente.**E:** opção incorreta, devendo ser assinalada, pois de acordo com o art. 395 da CLT o período de descanso será de 2 semanas. HC/LF
Gabarito "E".

(Analista – TRT/6ª – 2012 – FCC) Branca Pink, empregada da empregada "T" obteve a guarda judicial da menor Soraya de 7 anos de idade para fins de adoção. Neste caso, segundo a Consolidação das Leis Trabalhista, Branca Pink

(A) terá direito a 60 dias de licença-maternidade.

(B) não terá direito à licença maternidade em razão da adoção e não da gestação.

(C) não terá direito à licença maternidade em razão da adoção de menor com mais de cinco anos de idade.

(D) terá direito a 120 dias de licença-maternidade.

(E) terá direito a 30 dias de licença-maternidade.

"D" é a resposta correta, pois reflete o disposto no art. 392-A da CLT. Note que a Lei 12.010/2009 revogou os parágrafos do art. 392-A da CLT que previa um período de licença-maternidade diferenciado de acordo com a idade da criança. HC/LF
Gabarito "D".

(Analista – TRT/1ª – 2012 – FCC) Considera-se como regras de proteção à maternidade, de acordo com a Consolidação das Leis do Trabalho:

(A) licença de cento e vinte dias, sem prejuízo do emprego e do salário, e estabilidade no emprego pelo período desde a confirmação da gravidez até cinco meses após o parto.

(B) licença de cento e vinte dias, sem prejuízo do emprego e do salário, e estabilidade no emprego pelo período desde a confirmação da gravidez até cento e oitenta dias após o parto.

(C) licença de cento e oitenta dias, sem prejuízo do emprego e do salário, e estabilidade no emprego pelo período desde a confirmação da gravidez até cento e vinte dias após o parto.

(D) licença de cinco meses, sem prejuízo do emprego e do salário, e estabilidade no emprego pelo período desde a confirmação da gravidez até cento e vinte dias após o parto.

(E) licença de cento e vinte dias, sem prejuízo do emprego e do salário e, apenas para as empregadas urbanas, estabilidade no emprego pelo período desde a confirmação da gravidez até cinco meses após o parto.

"A" é a opção correta, pois reflete o disposto no art. 7º, XVIII, da CF e art. 10, II, b, do ADCT. Vale lembrar que o art. 1º da Lei 11.770/2008 prevê a possibilidade de prorrogação do período de licença por mais 60 dias. **HC/LF**
Gabarito "A"

4.4. Trabalho do Menor, Aprendizagem e Estágio

(Analista - TRT/15 - FCC - 2018) O Estatuto da Criança e do Adolescente (Lei 8.069/1990) prevê normas relativas ao direito à profissionalização e à proteção no trabalho, entre as quais,

(A) ao adolescente empregado, aprendiz, em regime familiar de trabalho, aluno de escola técnica, assistido em entidade governamental ou não governamental, é vedado trabalho noturno, realizado entre as vinte horas de um dia e as cinco horas do dia seguinte.

(B) ao adolescente até dezesseis anos de idade é assegurada bolsa de aprendizagem, após o que, na condição de aprendiz, passa a receber salário.

(C) a formação técnico-profissional obedecerá aos seguintes princípios: garantia de acesso e frequência obrigatória ao ensino regular; atividade compatível com o desenvolvimento do adolescente; horário especial para o exercício das atividades.

(D) o programa social que tenha por base o trabalho educativo, sob responsabilidade de entidade governamental ou não governamental com fins lucrativos, deverá assegurar ao adolescente que dele participe condições de capacitação para o exercício de atividade regular remunerada.

(E) no trabalho educativo o adolescente não pode receber qualquer valor a título de remuneração pelo trabalho efetuado ou pela participação na venda dos produtos de seu trabalho, sob pena de desvirtuamento da finalidade e descaracterização do trabalho educativo.

A: incorreto, pois nos termos do art. 67, I, da Lei 8.069/1990, é vedado trabalho noturno, realizado entre as vinte e duas horas de um dia e as cinco horas do dia seguinte. **B:** incorreto, pois nos termos do art. 64 da Lei 8.069/1990 ao adolescente até quatorze anos de idade é assegurada bolsa de aprendizagem. **C:** correto, pois reflete a disposição do art. 63 e seus incisos, da Lei 8.069/1990. **D:** incorreto, pois nos termos do art. 68 da Lei 8.069/1990 o programa social que tenha por base o trabalho educativo, sob responsabilidade de entidade governamental ou não governamental sem fins lucrativos, deverá assegurar ao adolescente que dele participe condições de capacitação para o exercício de atividade regular remunerada. **E:** incorreto, pois nos termos do art. 68, § 2º, da Lei 8.069/1990 o adolescente pode ser remunerado, porém, a remuneração que o adolescente recebe pelo trabalho efetuado ou a participação na venda dos produtos de seu trabalho não desfigura o caráter educativo.
Gabarito "C"

(Analista - Área Administrativa - TRT1 - 2018 - AOCP) Guilherme tem 17 anos e possui ensino fundamental completo. De posse de sua CTPS e buscando seu primeiro emprego, apresentou currículo e fez entrevista na empresa Brinquedos e Cia Ltda., loja do comércio varejista de brinquedos, para preencher a vaga de auxiliar administrativo. A jornada de trabalho a ser cumprida é das 8h às 17h, com 1 hora de intervalo para repouso e alimentação, de segunda-feira a sexta-feira. Considerando as disposições legais aplicáveis à espécie, é correto afirmar que

(A) Guilherme poderá ser contratado, com a devida anotação em CTPS, para exercer a função disponibilizada, posto que é maior de 16 anos, podendo, nesse caso, assinar os recibos de pagamento bem como a rescisão do contrato de trabalho, se esta vier a ocorrer antes que ele complete 18 anos.

(B) Guilherme poderá ser contratado somente na condição de aprendiz, com a devida anotação do contrato em sua CTPS.

(C) Guilherme poderá ser contratado, com a devida anotação em CTPS, para exercer a função disponibilizada, posto que é maior de 16 anos, podendo, nesse caso, assinar os recibos de pagamento. É, ainda, permitida a prorrogação da jornada de trabalho por até mais 2 (duas) horas, independentemente de acréscimo salarial, desde que tal possibilidade seja prevista por convenção ou acordo coletivo de trabalho, devendo ser o excesso de horas em um dia compensado pela diminuição em outro, observado o limite máximo de 48 horas semanais.

(D) Guilherme poderá ser contratado, com a devida anotação em CTPS, para exercer a função disponibilizada, posto que é maior de 16 anos, podendo, nesse caso, assinar os recibos de pagamento. Não será permitida a prorrogação de jornada de trabalho, em qualquer hipótese.

(E) Guilherme poderá ser contratado, com a devida anotação em CTPS, para exercer a função disponibilizada, posto que é maior de 16 anos, podendo, nesse caso, assinar os recibos de pagamento. É, ainda, permitida a prorrogação da jornada de trabalho por até mais 2 (duas) horas, independentemente de acréscimo salarial, desde que haja autorização dos pais ou responsáveis e seja respeitado o horário das aulas.

Guilherme é considerado trabalhador menor (vide arts. 424 a 441 da CLT). O art. 7º, XXXIII, da CF proíbe o trabalho noturno, perigoso ou insalubre a menores de dezoito e de qualquer trabalho a menores de

dezesseis anos, salvo na condição de aprendiz, a partir de quatorze anos. Ao menor não será permitido o trabalho em locais e serviços perigosos ou insalubres e, também, em locais ou serviços prejudiciais à sua moralidade, art. 405 da CLT. Poderá prorrogar sua jornada de trabalho, nos termos do art. 413 da CLT, por até mais 2 (duas) horas, independentemente de acréscimo salarial, mediante convenção ou acordo coletivo, desde que o excesso de horas em um dia seja compensado pela diminuição em outro, de modo a ser observado o limite máximo de 44 (quarenta e quatro) horas semanais ou outro inferior legalmente fixado. Ao menor é lícito firmar recibo pelo pagamento dos salários. Porém, em se tratando de rescisão do contrato de trabalho, é vedado ao menor de 18 (dezoito) anos dar, sem assistência dos seus responsáveis legais, quitação ao empregador pelo recebimento da indenização que lhe for devida, art. 439 da CLT.
Gabarito "C".

(Analista – TRT/6ª – 2012 – FCC) Quanto ao trabalho do menor, nos termos da legislação trabalhista consolidada, é INCORRETO afirmar que

(A) não será permitido ao menor o trabalho nos locais e serviços perigosos ou insalubres, constantes de quadro para esse fim aprovado pela Secretaria de Segurança e Medicina do Trabalho.

(B) quando o menor de 18 (dezoito) anos for empregado em mais de um estabelecimento, as horas de trabalho de cada um serão totalizadas.

(C) é proibido qualquer trabalho a menores de dezesseis anos de idade, salvo na condição de aprendiz, a partir dos quatorze anos.

(D) é lícito ao menor firmar recibo pelo pagamento dos salários, bem como, tratando-se de rescisão do contrato de trabalho, dar quitação ao empregador pelo recebimento da indenização que lhe for devida, sem assistência dos seus responsáveis legais.

(E) se aplica ao menor a vedação do serviço que demande o emprego de força muscular superior a 20 (vinte) quilos para o trabalho contínuo, ou 25 (vinte e cinco) quilos para o trabalho ocasional; exceto em caso da remoção de material feita por impulsão ou tração de vagonetes sobre trilhos, de carros de mão ou quaisquer aparelhos mecânicos.

A: correto, nos termos do art. 7º, XXXIII, da CF e do art. 405, I, da CLT (v. art. 441 da CLT); **B:** correto (art. 414 da CLT); **C:** correto (art. 7º, XXXIII, da CF e art. 403 da CLT); **D:** incorreto (devendo ser assinalado), nos termos do art. 439 da CLT; **E:** correto (art. 405, § 5º c/c art. 390 da CLT). **HC/LF**
Gabarito "D".

5. TERCEIRIZAÇÃO E TRABALHO TEMPORÁRIO

(Analista Judiciário – TRT/24 – FCC – 2017) A empresa Ajax Produções contratou os serviços de dois operadores de som para atender à necessidade transitória de substituição de seu pessoal regular e permanente, optando pelo regime de trabalho temporário. Conforme legislação que regula o trabalho temporário,

(A) o contrato entre a empresa de trabalho temporário e a empresa tomadora ou cliente, com relação a um mesmo empregado, não poderá exceder de um ano, sujeito a apenas uma prorrogação por igual período.

(B) fica assegurada ao trabalhador temporário remuneração equivalente à percebida pelos empregados de mesma categoria da empresa tomadora ou cliente, calculada à base horária, garantida, em qualquer hipótese, a percepção do salário mínimo regional.

(C) entre a empresa de trabalho temporário e a empresa tomadora ou cliente deverá haver obrigatoriamente contrato escrito, mas entre a empresa de trabalho temporário e cada um dos assalariados colocados à disposição de uma empresa tomadora o contrato poderá ser verbal.

(D) no caso de falência da empresa de trabalho temporário, a empresa tomadora ou cliente é subsidiariamente responsável pela remuneração, indenização trabalhista e recolhimento das contribuições previdenciárias, no tocante ao tempo em que o trabalhador esteve sob suas ordens.

(E) a empresa de trabalho temporário poderá cobrar do trabalhador a importância máxima de 2% sobre o valor do primeiro salário a título de mediação, bem como efetuar os descontos previstos em Lei.

A: opção incorreta, pois nos termos do art. 10, § 1º, da Lei 6.019/1974 o contrato de trabalho temporário, com relação ao mesmo empregador, não poderá exceder ao prazo de cento e oitenta dias, consecutivos ou não. **B:** opção correta, pois reflete o disposto no art. 12, a, da Lei 6.019/1974. **C:** opção incorreta, pois nos termos do art. 11 da Lei 6.019/1974 o contrato de trabalho celebrado entre empresa de trabalho temporário e cada um dos assalariados colocados à disposição de uma empresa tomadora ou cliente será, obrigatoriamente, escrito e dele deverão constar, expressamente, os direitos conferidos aos trabalhadores. **D:** opção incorreta, pois nos termos do art. 16 da Lei 6.019/1974 no caso de falência da empresa de trabalho temporário, a empresa tomadora ou cliente é solidariamente responsável pelo recolhimento das contribuições previdenciárias, no tocante ao tempo em que o trabalhador esteve sob suas ordens, assim como em referência ao mesmo período, pela remuneração e indenização. **E:** opção incorreta, pois nos termos do art. 18 da Lei 6.019/1974 é vedado à empresa do trabalho temporário cobrar do trabalhador qualquer importância, mesmo a título de mediação, podendo apenas efetuar os descontos previstos em Lei. **HC**
Gabarito "B".

(Analista Judiciário – TRT/20 – FCC – 2016) A empresa Olimpos Metalúrgica decidiu terceirizar o setor de limpeza contratando os serviços de Atlas Limpadora que forneceu três faxineiras por um período de 10 meses. Após o término do contrato entre as empresas, as três faxineiras foram dispensadas pela empresa Atlas Limpadora, sem receber qualquer indenização rescisória, com 2 meses de salários em atraso e ausência do recolhimento do FGTS do período. Nessa situação, conforme entendimento sumulado pelo TST, sobre a responsabilidade da empresa Olimpos em relação aos direitos das faxineiras, pode-se afirmar que

(A) não haverá qualquer responsabilidade porque não eram empregadas da empresa Olimpos e a terceirização foi regular porque não era objeto de atividade-fim da tomadora.

(B) a responsabilidade será direta e exclusiva, com a formação do vínculo de emprego com a empresa Olimpos, porque a terceirização foi irregular.

(C) a responsabilidade será subsidiária em razão de terceirização regular, alcançando todos os direitos não cumpridos pela empresa empregadora no período.

(D) a responsabilidade será solidária em razão de terceirização irregular, alcançando todos os direitos não cumpridos pela empresa empregadora no período.

(E) a empresa Olimpos responderá de forma subsidiária porque a terceirização foi regular, mas fica restrita apenas a indenização rescisória em razão do rompimento contratual, porque os salários e o FGTS são de responsabilidade exclusiva da empregadora.

"C" é a opção correta. Nos termos do art. 5-A, § 5º, da Lei 6.019/1974, empresa contratante é subsidiariamente responsável pelas obrigações trabalhistas referentes ao período em que ocorrer a prestação de serviços, e o recolhimento das contribuições previdenciárias. HC

Gabarito "C".

(Analista – TRT/11ª – 2012 – FCC) O supermercado Delta terceirizou, de forma regular por meio de contrato, os serviços de vigilância junto à empresa Ajax Serviços. Houve inadimplência das obrigações trabalhistas em relação aos vigilantes. Nesta hipótese, o supermercado Delta

(A) poderá responder de forma solidária pelos débitos trabalhistas da empresa Ajax.

(B) não terá qualquer responsabilidade trabalhista visto que firmou contrato regular de terceirização com a prestadora Ajax.

(C) poderá responder de forma subsidiária ou solidária pelos débitos trabalhistas da empresa Ajax.

(D) poderá responder de forma subsidiária pelos débitos trabalhistas da empresa Ajax.

(E) poderá responder de forma solidária pelos débitos trabalhistas apenas em caso de falência da empresa Ajax.

"D" é a resposta correta. Isso porque trata-se de uma terceirização lícita, art. 4º-A da Lei 6.019/1974. Nessa hipótese, nos termos da súmula 331, item IV, do TST: "o inadimplemento das obrigações trabalhistas, por parte do empregador, implica a responsabilidade subsidiária do tomador dos serviços quanto àquelas obrigações, desde que haja participado da relação processual e conste também do título executivo judicial". HC/LF

Gabarito "D".

(Analista – TRT9 – 2012 – FCC) Em relação ao trabalho temporário, com fundamento na legislação aplicável, é correto afirmar:

(A) A empresa de trabalho temporário é a pessoa física ou jurídica, urbana ou rural, cuja atividade consiste em colocar à disposição de outras empresas, temporariamente, trabalhadores devidamente qualificados, por ela remunerados e assistidos.

(B) Será nula de pleno direito qualquer cláusula de reserva, proibindo a contratação do trabalhador pela empresa tomadora ou cliente ao fim do prazo em que tenha sido colocado à sua disposição pela empresa de trabalho temporário.

(C) O contrato entre a empresa de trabalho temporário e a empresa tomadora ou cliente, com relação a um mesmo empregado, não poderá exceder de seis meses, salvo mediante autorização do Ministério do Trabalho.

(D) O contrato de trabalho celebrado entre a empresa de trabalho temporário e cada um dos assalariados colocados à disposição da empresa tomadora ou cliente poderá ser celebrado verbalmente ou por escrito, sendo vedada a modalidade de contrato tácito.

(E) A jornada normal de trabalho do temporário não poderá exceder de 6 horas diárias, remuneradas as horas extras com adicional de 20% sobre o valor da hora normal.

A: opção incorreta, pois nos termos do art. 4º, da Lei 6.019/1974 empresa de trabalho temporário é a pessoa jurídica, devidamente registrada no Ministério do Trabalho, responsável pela colocação de trabalhadores à disposição de outras empresas temporariamente. **B:** opção correta, pois reflete o disposto no art. 11, parágrafo único, da Lei 6.019/1974. **C:** opção incorreta, pois nos termos do art. 10, § 1º, da Lei 6.019/1974 o contrato de trabalho temporário, com relação ao mesmo empregador, não poderá exceder ao prazo de cento e oitenta dias, consecutivos ou não. Vale dizer que, além desse prazo o contrato poderá ser prorrogado por até noventa dias, consecutivos ou não, quando comprovada a manutenção das condições que o ensejaram.**D:** opção incorreta, pois o contrato deverá ser obrigatoriamente escrito, nos termos do art. 11 da Lei 6.019/1974. **E:** opção incorreta, pois a jornada de trabalho será de 8 horas diárias e o adicional será de 50% sobre a hora normal, art. 7º, XVI, da CF. HC/LF

Gabarito "B".

6. JORNADA DE TRABALHO

(Analista - TRT/15 - FCC - 2018) Robson foi contratado pela empresa International Meal do Brasil Ltda. em regime de trabalho de tempo parcial, com duração de 20 horas semanais. Durante os últimos seis meses de trabalho, Robson fez 6 horas extras semanais. Robson requereu a seu empregador, 15 dias antes do término do período aquisitivo, a conversão de um terço do período de férias em abono pecuniário, o que foi recusado pelo empregador, sob a alegação de ser incabível o abono de férias nos contratos de trabalho em regime de tempo parcial. Em relação a essa situação,

(A) Robson não poderia ter feito horas extras, tendo em vista que as mesmas são vedadas nessa modalidade de contratação.

(B) as horas extras somente poderiam ter sido prestadas se a jornada semanal fosse de 26 horas.

(C) as horas extras deverão ser pagas com o acréscimo de 50% sobre o salário-hora normal, não havendo nessa modalidade de contratação a possibilidade de compensação.

(D) o abono de férias somente pode ser concedido, a requerimento do empregado, quando as férias tiverem duração de trinta dias, o que não ocorre no regime de trabalho de tempo parcial.

(E) é facultado ao empregado contratado sob regime de tempo parcial converter um terço do período de férias a que tiver direito em abono pecuniário.

Previsto no art. 58-A da CLT, o regime de tempo parcial é aquele cuja duração não exceda a 30 horas semanais, sem a possibilidade de horas suplementares semanais, ou, ainda, aquele cuja duração não exceda a 26 horas semanais, com a possibilidade de acréscimo de até seis horas suplementares semanais. Os empregados contratados por esse regime poderão converter um terço de suas férias em abono pecuniário, em conformidade com o art. 58-A, § 6º, da CLT.

Gabarito "E".

(Analista - Área Administrativa - TRT1 - 2018 - AOCP) Henrique foi contratado pela Loja de Conveniência Aki Tem Tudo, que funciona 24 horas, para exercer a função de atendente no horário das 21h de um dia às 6h do outro, com 1 hora de intervalo para repouso e alimentação. Diante dessa realidade contratual, é correto afirmar que

(A) Henrique terá direito ao pagamento do adicional noturno de 20% sobre o valor da hora normal, devendo ser considerada a hora reduzida de 52 minutos e 30 segundos, além de horas extras noturnas. É devido o adicional respectivo e a computação da hora reduzida das 22h até as 5h. O adicional noturno integrará a base de cálculo das horas extras prestadas em período noturno, vez que laboradas em condições de maior desgaste físico e mental. O adicional noturno, porque pago com habitualidade, integra o salário do empregado para todos os efeitos.

(B) Será devido a Henrique o pagamento do adicional noturno de 20% sobre o valor da hora normal, devendo ser considerada a hora reduzida de 52 minutos e 30 segundos, além de horas extras noturnas. É devido o adicional respectivo e a computação da hora reduzida das 22h até as 5h. O adicional noturno integrará a base de cálculo das horas extras prestadas em período noturno, vez que laboradas em condições de maior desgaste físico e mental. Adicional noturno e adicional horas extras, porque pagos com habitualidade, integram o salário do empregado para todos os efeitos.

(C) Henrique terá direito ao pagamento do adicional noturno de 20% sobre o valor da hora normal, devendo ser considerada a hora reduzida de 52 minutos e 30 segundos. É devido o adicional respectivo e a computação da hora reduzida das 22h até as 6h. É devida uma hora extra normal, sem considerar, para o cálculo respectivo, o adicional noturno. Adicional noturno e adicional horas extras, porque pagos com habitualidade, integram o salário do empregado para todos os efeitos.

(D) Será devido a Henrique o pagamento do adicional noturno de 20% sobre o valor da hora normal, devendo ser considerada a hora reduzida de 52 minutos e 30 segundos, além de horas extras noturnas. É devido o adicional respectivo e a computação da hora reduzida das 22h até as 6h. O adicional noturno integrará a base de cálculo das horas extras prestadas em período noturno, vez que laboradas em condições de maior desgaste físico e mental. Adicional noturno e adicional horas extras, porque pagos com habitualidade, integram o salário do empregado para todos os efeitos.

(E) Henrique terá direito ao pagamento do adicional noturno, de 20% sobre o valor da hora normal, devendo ser considerada a hora reduzida de 52 minutos e 30 segundos, além de horas extras noturnas. É devido o adicional respectivo e a computação da hora reduzida das 22h até as 6h. O adicional noturno não integrará a base de cálculo das horas extras. Adicional noturno e adicional horas extras, porque pagos com habitualidade, integram o salário do empregado para todos os efeitos.

Considera-se noturno, para os efeitos deste artigo, o trabalho executado entre as 22 horas de um dia e as 5 horas do dia seguinte,

art. 73, § 2º, da CLT. Tendo em vista que Henrique trabalhava das 21h de um dia às 6h do outro, ou seja, uma hora antes do início do período considerado como noturno e uma hora depois desse período, temos que não será considerado noturno o período das 21h às 22h. Porém, será considerado noturno aquele prestado além das 5h, ou seja, na jornada de trabalho de Henrique até às 6h. Nesse sentido, a súmula 60, II, do TST entende que cumprida integralmente a jornada no período noturno e prorrogada esta, devido é também o adicional quanto às horas prorrogadas. Exegese do art. 73, § 5º, da CLT. O trabalho noturno terá remuneração superior a do diurno e, para esse efeito, sua remuneração terá um acréscimo de 20 % (vinte por cento), pelo menos, sobre a hora diurna, art. 73, *caput*, da CLT. A hora do trabalho noturno será computada como de 52 minutos e 30 segundos, art. 73, § 1º, da CLT. Nos termos da súmula 60, I, do TST o adicional noturno, pago com habitualidade, integra o salário do empregado para todos os efeitos.

Gabarito "D".

(Analista - TRT2 - FCC - 2018) Valéria, empregada da empresa "R", está preocupada com as mudanças ocorridas na Consolidação das Leis do Trabalho, notadamente com o seu intervalo para repouso ou alimentação. Considerando que ela possui jornada de trabalho diária de cinco horas, o seu intervalo para repouso ou alimentação

(A) continua sendo obrigatório de, no mínimo, quinze minutos.

(B) continua sendo obrigatório de, no mínimo, trinta minutos.

(C) continua sendo obrigatório de, no mínimo, vinte minutos.

(D) passou a ser obrigatório de, no mínimo, uma hora.

(E) passou a ser obrigatório de, no mínimo, trinta minutos.

"A" é a opção correta. Isso porque, nos termos do art. 71, § 1º, da CLT quando a duração do trabalho ultrapassar 4 (quatro) horas e não exceder 6 (seis) horas, será obrigatório um intervalo de 15 (quinze) minutos. HC

Gabarito "A".

(Analista Judiciário – TRT/11 – FCC – 2017) Mário presta serviços como entregador de carnes no Frigorífico "ABC" Ltda e, numa sexta-feira no final do dia, teve que estender sua jornada de trabalho para descarregar a mercadoria do caminhão e colocá-la na câmara fria, sob pena de perda irreparável do produto, sendo considerado um serviço inadiável. Neste caso, de acordo com a Consolidação das Leis do Trabalho, a prestação de horas extras

(A) poderá ocorrer independentemente da existência de acordo ou contrato coletivo e deverá ser comunicado, dentro de dez dias, à autoridade competente em matéria de trabalho, ou, antes desse prazo, justificado no momento da fiscalização sem prejuízo dessa comunicação.

(B) não poderá ocorrer sem a existência de acordo ou contrato coletivo, devendo o empregador contratar prestadores de serviços para fazê-lo.

(C) poderá ocorrer independentemente da existência de acordo ou contrato coletivo, entretanto o adicional a ser pago é de no mínimo 100% sobre a hora normal de trabalho.

(D) não poderá ocorrer sem a existência de acordo ou contrato coletivo, podendo o empregador solicitar os serviços de Mário, que poderá ou não aceitar a prestação dos serviços, já que não é obrigada pelo contrato de trabalho a fazê-lo.

(E) poderá ocorrer independentemente da existência de acordo ou contrato coletivo e deverá ser comunicado, dentro de noventa dias, à autoridade competente em matéria de trabalho, ou, antes desse prazo, justificado no momento da fiscalização sem prejuízo dessa comunicação.

"A" é a opção correta. Nos termos do art. 61, § 1º, da CLT o excesso, nos casos deste artigo, pode ser exigido independentemente de convenção coletiva ou acordo coletivo de trabalho. HC

Gabarito "A".

(Analista – TRT/11ª – 2012 – FCC - adaptada) Conforme previsão legal e jurisprudência sumulada do TST, em relação aos períodos de repousos e suas consequências, é INCORRETO afirmar que

(A) poderão ser concedidas férias coletivas a todos os empregados de uma empresa ou de determinados estabelecimentos ou setores da empresa que poderão ser gozadas em dois períodos anuais desde que nenhum deles seja inferior a dez dias corridos.

(B) não terá direito a férias o empregado que, no curso do período aquisitivo, deixar o emprego e não for readmitido dentro de sessenta dias subsequentes à sua saída ou se afastar do serviço, com percepção de auxílio-doença por mais de seis meses, embora descontínuos.

(C) o limite mínimo de uma hora para repouso ou refeição poderá ser reduzido por ato do Ministério do Trabalho, ainda que os empregados estiverem sob regime de trabalho prorrogado a horas suplementares.

(D) entre duas jornadas de trabalho haverá um período mínimo de onze horas consecutivas para descanso.

A: opção correta, pois reflete o disposto no art. 139, *caput* e § 1º, da CLT. **B:** opção correta, pois reflete o disposto no art. 133, I, da CLT. **C:** opção incorreta, devendo ser assinalada, pois de acordo com a parte final do art. 71, § 3º, da CLT, não poderão os empregados estar sob regime de trabalho prorrogado a horas suplementares. **D:** opção correta, pois refere-se ao intervalo interjornada, previsto no art. 66 da CLT. HC/LF

Gabarito "C".

(Analista – TRT9 – 2012 – FCC) Em relação ao intervalo para repouso e alimentação, é INCORRETO afirmar:

(A) Em qualquer trabalho contínuo cuja duração exceda de seis horas, é obrigatória a concessão de um intervalo de no mínimo uma hora e, salvo acordo escrito ou contrato coletivo em contrário, de no máximo duas horas.

(B) Não excedendo de seis horas o trabalho, será obrigatório um intervalo de quinze minutos quando a duração ultrapassar de quatro horas.

(C) A não concessão do intervalo para repouso e alimentação implica em mera sanção administrativa, com imposição de multa ao empregador.

(D) Os intervalos para repouso e alimentação previstos na Consolidação das Leis do Trabalho não serão computados na duração do trabalho.

(E) O trabalho em horas extras pelos empregados impede a redução do intervalo dos mesmos para período inferior a uma hora.

A: opção correta, pois reflete o disposto no art. 71 da CLT. **B:** opção correta, pois reflete o disposto no art. 71, § 1º, da CLT. **C:** opção incor-

reta, a não concessão ou a concessão parcial do intervalo intrajornada mínimo, para repouso e alimentação, a empregados urbanos e rurais, implica o pagamento, de natureza indenizatória, apenas do período suprimido, com acréscimo de 50% (cinquenta por cento) sobre o valor da remuneração da hora normal de trabalho. (art. 71, § 4º, da CLT). **D:** opção correta, pois reflete o disposto no art. 71, § 2º, da CLT. **E:** opção correta, pois reflete o disposto no art. 71, § 3º, da CLT. HC/LF

Gabarito "C".

(Analista – TRT/1ª – 2012 – FCC) Em relação ao intervalo para repouso e alimentação é INCORRETO afirmar:

(A) Em qualquer trabalho que exceda de seis horas, será concedido intervalo para repouso e alimentação de, no mínimo, uma hora e, no máximo, duas horas.

(B) Não excedendo de seis horas o trabalho, será obrigatório um intervalo de quinze minutos.

(C) Quando o intervalo para repouso e alimentação não for concedido pelo empregador, este deverá remunerar o período correspondente com um acréscimo de no mínimo cinquenta por cento sobre o valor da remuneração da hora normal de trabalho.

(D) Quando o intervalo para repouso e alimentação não for concedido pelo empregador, este deverá remunerar o período correspondente com um acréscimo de no mínimo vinte por cento sobre o valor da remuneração da hora normal de trabalho.

(E) Os intervalos de descanso não serão computados na duração do trabalho.

A: opção correta, pois reflete o disposto no art. 71 da CLT. **B:** opção correta, pois reflete o disposto no art. 71, § 1º, da CLT. **C:** opção correta, pois nos termos do art. 71, § 4º da CLT a não concessão ou a concessão parcial do intervalo intrajornada mínimo, para repouso e alimentação, a empregados urbanos e rurais, implica o pagamento, de natureza indenizatória, apenas do período suprimido, com acréscimo de 50% (cinquenta por cento) sobre o valor da remuneração da hora normal de trabalho.. **D:** opção incorreta, devendo ser assinalada, pois nos termos do art. 71, § 4º, da CLT o adicional será de 50%. **E:** opção correta, pois reflete o disposto no art. 71, § 2º, da CLT. HC/LF

Gabarito "D".

(Analista – TRT/6ª – 2012 – FCC) Em relação à jornada de trabalho e períodos de descanso previstos na Consolidação das Leis do Trabalho, é correto afirmar que:

(A) Entre duas jornadas de trabalho haverá um período mínimo de onze horas consecutivas para descanso.

(B) Não serão descontadas nem computadas como jornada extraordinária as variações de horário no registro de ponto não excedentes de dez minutos, observado o limite máximo de vinte minutos diários.

(C) Em qualquer trabalho contínuo, cuja duração não exceda de seis horas, será obrigatório um intervalo para repouso ou alimentação de trinta minutos quando a duração ultrapassar quatro horas.

(D) Em qualquer trabalho contínuo, cuja duração exceda de seis horas, será obrigatório um intervalo para repouso ou alimentação de uma hora no mínimo, que poderá ser reduzido por acordo individual entre empregado e empregador.

(E) A duração normal do trabalho poderá ser acrescida de horas suplementares, em número não excedente de três por dia, mediante acordo escrito entre empregador e empregado, ou mediante contrato coletivo de trabalho.

A: correto (art. 66 da CLT); **B:** incorreto (art. 58, § 1º, da CLT e súmula 366 do TST); **C:** incorreto (art. 71, *caput* e § 1º, da CLT); **D:** incorreto (art. 71, § 3º, da CLT) Veja art. 611-A, III, da CLT; **E:** incorreto (art. 59 da CLT). HC/LF

Gabarito "A".

7. TRABALHO NOTURNO (INCLUSIVE, ADICIONAL NOTURNO)

(Analista – TRT/6ª – 2012 – FCC) Conforme previsão contida na Consolidação das Leis do Trabalho, para o trabalhador urbano considera-se noturno o trabalho executado entre as

(A) 21 (vinte e uma) horas de um dia e as 5 (cinco) horas do dia seguinte.

(B) 20 (vinte) horas de um dia e as 4 (quatro) horas do dia seguinte.

(C) 22 (vinte e duas) horas de um dia e as 5 (cinco) horas do dia seguinte.

(D) 20 (vinte) horas de um dia e as 5 (cinco) horas do dia seguinte.

(E) 21 (vinte e uma) horas de um dia e as 6 (seis) horas do dia seguinte.

Art. 73, § 2º, da CLT. HC/LF

Gabarito "C".

8. FÉRIAS

(Analista Jurídico - TRT2 - FCC - 2018) Carlos, Alessandra e Augusto trabalham na empresa Flor de Lótus Ltda. Luana, por sua vez, acabou de ser dispensada por justa causa. Carlos, trabalhou durante 7 meses e, em seguida, ausentou-se para a apresentação ao serviço militar obrigatório. Já Alessandra, no seu período aquisitivo, se ausentou injustificadamente por 8 dias. Augusto acabou de receber comunicação de concessão de férias. Nesses casos, de acordo com a legislação vigente e entendimento sumulado do TST, é correto o que se afirma em:

(A) Alessandra terá direito às férias, na proporção de 18 dias corridos.

(B) Não há proibição legal para que as férias de Augusto se iniciem imediatamente antes de feriados ou dia de descanso semanal remunerado.

(C) Augusto poderá entrar no gozo das férias antes de apresentar ao empregador a sua Carteira de Trabalho e Previdência Social, para que nela seja anotada a concessão das férias. Nesse caso, deverá apresentá-la para a devida anotação em até 15 dias após o término do período de férias e seu retorno ao trabalho.

(D) O tempo de trabalho anterior à apresentação de Carlos para o serviço militar obrigatório será computado no período aquisitivo, desde que ele compareça ao estabelecimento dentro de 120 dias da data em que se verificar a respectiva baixa.

(E) Luana não terá direito ao recebimento da remuneração das férias proporcionais.

A: incorreta, pois, como possui 8 faltas injustificadas, terá direito a 24 dias de férias; B: incorreta, pois, nos termos do art. 134, § 3º, da CLT, é vedado o início das férias no período de dois dias que antecede feriado ou dia de repouso semanal remunerado; C: incorreta, pois, nos termos

do art. 135, § 1º, da CLT, o empregado não poderá entrar no gozo das férias sem que apresente ao empregador sua Carteira de Trabalho e Previdência Social, para que nela seja anotada a respectiva concessão; D: incorreta, pois, nos termos do art. 132 da CLT, o tempo de trabalho anterior à apresentação do empregado para serviço militar obrigatório será computado no período aquisitivo, desde que ele compareça ao estabelecimento dentro de 90 (noventa) dias da data em que se verificar a respectiva baixa; E: correta, pois, nos termos da súmula 171 do TST, salvo na hipótese de dispensa do empregado por justa causa, a extinção do contrato de trabalho sujeita o empregador ao pagamento da remuneração das férias proporcionais, ainda que incompleto o período aquisitivo de 12 (doze) meses. HC

Gabarito "E".

(Analista - TRT2 - FCC - 2018) Considere a seguinte hipótese: Gabi é empregada da fábrica de velas "V", laborando de segunda a sexta-feira das 9:00 às 18:00 com uma hora para descanso intrajornada. Sua empregadora pretende conceder férias para Gabi no mês de outubro deste ano.

De acordo com a Consolidação das Leis do trabalho, é VEDADO o início das férias no período

(A) de dois dias que antecede feriado, apenas.

(B) que antecede o repouso semanal remunerado, apenas.

(C) de três dias que antecede feriado ou dia de repouso semanal remunerado.

(D) de dois dias que antecede feriado ou dia de repouso semanal remunerado.

(E) de cinco dias que antecede feriado ou dia de repouso semanal remunerado.

"D" é a opção correta. Isso porque, nos termos do art. 134, § 3º, da CLT, é vedado o início das férias no período de dois dias que antecede feriado ou dia de repouso semanal remunerado. HC

Gabarito "D".

(Analista Judiciário – TRT/24 – FCC – 2017) Durante o período aquisitivo das férias 2016/2017, Perseu ausentou-se do serviço por 1 dia para acompanhar filho de cinco anos em consulta médica, por 2 dias consecutivos em razão de falecimento do seu irmão e 2 dias realizando exame vestibular para ingresso em estabelecimento de ensino superior. Nessa situação hipotética, em relação ao referido período Perseu terá direito ao gozo de férias na seguinte proporção:

(A) 18 dias corridos.

(B) 20 dias corridos

(C) 30 dias corridos

(D) 24 dias corridos

(E) 25 dias corridos.

"C" é a opção correta. Isso porque, nos termos do art. 473, XI (por 1 (um) dia por ano para acompanhar filho de até 6 (seis) anos em consulta médica), I (até 2 (dois) dias consecutivos, em caso de falecimento do irmão) e VII (nos dias em que estiver comprovadamente realizando provas e exame vestibular para ingresso em estabelecimento de ensino superior) constituem motivos justificáveis de falta, o que não interferirá em seu período de férias disposto no art. 130 da CLT. HC

Gabarito "C".

(Analista Judiciário – TRT/11 – FCC – 2017) De acordo com o entendimento Sumulado do TST, as faltas ou ausências decorrentes de acidente do trabalho

(A) são consideradas para os efeitos de duração de férias e cálculo da gratificação natalina.

(B) não são consideradas para os efeitos de duração de férias, mas são consideradas para o cálculo da gratificação natalina.

(C) não são consideradas para os efeitos de duração de férias e cálculo da gratificação natalina.

(D) são consideradas para os efeitos de duração de férias, mas não são consideradas para o cálculo da gratificação natalina.

(E) são consideradas para os efeitos de duração de férias e cálculo da gratificação natalina de forma reduzida, limitando-se a quinze dias.

"C" é a opção correta. Nos termos da súmula 46 do TST as faltas ou ausências decorrentes de acidente do trabalho não são consideradas para os efeitos de duração de férias e cálculo da gratificação natalina. **HC**
Gabarito "C."

(Analista – TRT/10ª – 2013 – CESPE) Com base na CLT, julgue os próximos itens.

(1) No curso do período aquisitivo das férias, o empregado que tiver percebido do órgão previdenciário prestações de acidente de trabalho ou auxílio-doença por sete meses, ainda que descontínuos, não terá direito a férias.

---

1. Opção correta, pois reflete o disposto no art. 133, IV, da CLT. **HC/LF**
Gabarito 1C.

(Analista – TRT/16ª – 2014 – FCC) Considere as seguintes hipóteses:

I. Vilma deixou seu emprego, porém foi readmitida no quadragésimo quinto dia subsequente à sua saída.

II. Katia permaneceu em gozo de licença, com percepção de salários, por mais de 45 dias.

III. Manoela percebeu da Previdência Social prestações de acidente de trabalho por 45 dias contínuos.

IV. Berenice percebeu da Previdência Social prestações de auxílio-doença por 45 dias descontínuos.

Nestes casos, considerando que Vilma, Katia, Manoela e Berenice são empregadas da empresa XXX Ltda., de acordo com a Consolidação das Leis do Trabalho, terão direito a férias

(A) Vilma, Katia, Manoela e Berenice.

(B) Manoela e Berenice, apenas.

(C) Vilma, Manoela e Berenice, apenas.

(D) Katia e Manoela, apenas.

(E) Katia e Berenice, apenas.

Isso porque Vilma terá direito às férias. Somente perderia seu direito caso deixasse o emprego e não fosse readmitida depois de 60 dias, art. 133, I, CLT. Katia por ter permanecido em gozo de licença, com percepção de salários, por mais de 30 dias, perderá o direito às férias, art. 133, II, da CLT. Já Manoela que percebeu da Previdência Social prestações de acidente de trabalho por 45 dias contínuos fará jus às férias. Somente perderia tal direito caso o período fosse superior a 6 meses, art. 133, IV, da CLT. Da mesma forma e pelos mesmos fundamentos legais Berenice, que recebeu da Previdência Social prestações de auxílio-doença por 45 dias descontínuos terá direito às férias. **HC**
Gabarito "C."

(Analista – TRT/3ª – 2015 – FCC) Quanto à remuneração a ser paga no período de férias,

(A) o empregado não receberá salário, pois nesse período houve o afastamento do exercício de sua atividade laboral.

(B) no salário pago por tarefa, para fins de apuração do valor das férias, toma-se a média da produção no período aquisitivo, aplicando-se o valor da tarefa do mês imediatamente anterior à concessão das férias.

(C) para o salário pago por porcentagem, a remuneração das férias será apurada pela média do que foi percebido nos doze meses que precederem à concessão das férias.

(D) no salário pago por hora, com jornadas variáveis, a remuneração das férias será a média dos últimos seis meses, aplicando-se o valor do salário vigente na data da sua apuração.

(E) a parte do salário paga em utilidades não será computada no valor das férias.

A: incorreta, pois o período de férias é remunerado, em conformidade com os arts. 129 e 142 da CLT. Veja art. 7º, XVII, CF. **B:** incorreta, pois nos termos do art. 142, § 2º, da CLT no salário pago por tarefa terá por base a media da produção no período aquisitivo do direito a férias, aplicando-se o valor da remuneração da tarefa na data da concessão das férias. **C:** correta, pois reflete o disposto no art. 142, § 3º, da CLT. **D:** incorreta, pois no salário pago por hora apurar-se-á a média do período aquisitivo, aplicando-se o valor do salário na data da concessão das férias. **E:** incorreta, pois a parte do salário paga em utilidades será computada no valor das férias, nos termos do art. 142, § 4º, da CLT. **HC**
Gabarito "C."

(Analista – TRT/2ª – 2014 – FCC) Perderá o direito a férias o empregado que, no curso do período aquisitivo,

(A) deixar o emprego e não for readmitido nos 60 dias posteriores à sua saída.

(B) prestar serviço militar obrigatório por período superior a 6 meses.

(C) deixar de trabalhar, com percepção de salários, por mais de 60 dias, em virtude de paralisação parcial ou total dos serviços da empresa, desde que tal paralisação tenha decorrido de força maior.

(D) tiver percebido da Previdência Social prestações de acidente do trabalho ou de auxílio-doença por mais de 6 meses, desde que contínuos.

(E) usufruir de licença remunerada, qualquer que seja o período de duração da mesma.

A: correta, pois reflete o disposto no art. 133, I, CLT. **B:** incorreta, pois nos termos do art. 132 da CLT, a prestação de serviço militar obrigatório corresponde a uma hipótese de suspensão do contrato de trabalho, não sendo devidos salários pelo empregador. No entanto, alguns efeitos do contrato são mantidos, dentre eles o cômputo do tempo de trabalho anterior à apresentação do empregado para serviço militar obrigatório no período aquisitivo para apuração das férias, desde que ele compareça ao estabelecimento dentro de 90 (noventa) dias da data em que se verificar a respectiva baixa (art. 132 da CLT). **C:** incorreta, pois de acordo com o art. 133, III, da CLT o período de paralisação superior a 30 dias não necessita ter ocorrido por motivo de força maior. **D:** incorreta, pois nos termos do art. 133, IV, da CLT o citado período pode ser descontínuo. **E:** incorreta, pois nos termos do art. 133, II, da CLT perderá o direito de férias o empregado que permanecer em gozo de licença, com percepção de salários, por mais de 30 (trinta) dias. **HC**
Gabarito "A."

(Analista – TRT/6ª – 2012 – FCC) No lojinha "Xérox e companhia" trabalham desde 2008 apenas duas empregadas, Loira e Linda, que são, respectivamente, mãe e filha. De acordo com a Consolidação das Leis do Trabalho, Loira e Linda

(A) não terão direito de gozar férias no mesmo período, em razão do evidente prejuízo para o serviço.

(B) terão direito de gozar férias no mesmo período uma vez que são membros da mesma família.

(C) só terão direito de gozar férias no mesmo período quando completarem cinco anos de serviço para a mesma empresa.

(D) só terão direito de gozar férias no mesmo período se Linda for estudante de ensino médio ou superior.

(E) só terão direito de gozar férias no mesmo período se Loira possuir mais de sessenta anos de idade.

"A" é a opção correta. Isso porque o art. 136, § 1º, da CLT determina que os membros de uma família, que trabalharem no mesmo estabelecimento ou empresa, terão direito a gozar férias no mesmo período, se assim o desejarem e se disto não resultar prejuízo para o serviço. Por serem as duas únicas funcionárias da loja, o prejuízo é manifesto, o que impossibilita o gozo de férias no mesmo período. **HC/LF**

Gabarito "A".

(Analista – TRT/11ª – 2012 – FCC) O empregado, no período aquisitivo de férias, faltou quatro dias seguidos em razão de falecimento da sua mãe, oito dias seguidos para celebrar seu casamento e de lua de mel, dois dias para doação voluntária de sangue. No período concessivo respectivo, ele terá direito a usufruir de

(A) 24 dias de férias.

(B) 30 dias de férias.

(C) 18 dias de férias.

(D) 16 dias de férias.

(E) somente 15 dias de férias em razão do excesso de faltas.

Art. 130, II, da CLT c/c arts. 131, I, e 473, I, II e IV, da CLT. **HC/LF**

Gabarito "A".

9. REMUNERAÇÃO, SALÁRIO E DEMAIS VANTAGENS[1]

(Analista - Área Administrativa - TRT1 - 2018 - AOCP) José é funcionário do Bar e Petiscaria Hora Feliz Ltda. na função de garçom, com registro em CTPS. Recebe o salário previsto em convenção coletiva da categoria. Além disso, recebe gorjetas pagas espontaneamente pelos clientes. O estabelecimento ainda cobra dos clientes taxa de serviço, à razão de 10% dos itens consumidos, cujo valor é destinado à distribuição aos empregados. A empresa fornece, também, uniforme a todos os empregados, a ser utilizado no local de trabalho para a prestação do serviço. Diante do exposto, no que se refere à remuneração do empregado, é correto afirmar que

(A) tanto a importância dada pelos clientes espontaneamente a José quanto o valor cobrado pela empregadora a título de taxa de serviço são considerados gorjeta.

(B) o uniforme fornecido pela empresa a José integra sua remuneração.

(C) as gorjetas recebidas por José dos clientes não integram sua remuneração.

---
1 ATENÇÃO: Sobre Adicional de Insalubridade/Periculosidade, ver questões referentes a Medicina e Segurança no Trabalho

(D) somente é considerada gorjeta a importância dada pelos clientes espontaneamente a José.

(E) a taxa de serviço cobrada pelo estabelecimento, nos termos do enunciado, não integra a remuneração do empregado.

A: correto, pois nos termos do art. 457, § 3º, da CLT considera-se gorjeta não só a importância espontaneamente dada pelo cliente ao empregado, como também o valor cobrado pela empresa, como serviço ou adicional, a qualquer título, e destinado à distribuição aos empregados. **B:** incorreto, pois nos termos do art. 458, § 2º, I, da CLT não integra a remuneração. **C:** incorreto, pois nos termos do art. 457 da CLT compreendem-se na remuneração do empregado, para todos os efeitos legais, além do salário devido e pago diretamente pelo empregador, como contraprestação do serviço, as gorjetas que receber. **D:** incorreto, veja art. 457 da CLT. **E:** incorreto, pois a taxa de serviço é considerada gorjeta e, portanto, integra a remuneração do empregado, art. 457 da CLT.

Gabarito "A".

(Analista – TRT/3ª – 2015 – FCC) Sobre equiparação salarial, considere:

I. É viável a equiparação salarial entre reclamante e paradigma que prestam serviços ao mesmo empregador, mas em municípios diversos que não integram a mesma região metropolitana.

II. A cessão de empregados não exclui a equiparação salarial, embora exercida a função em órgão governamental estranho à cedente, se esta responder pelos salários do paradigma e do reclamante.

III. A equiparação salarial não é possível quando o desnível salarial decorre de decisão judicial que beneficiou o paradigma.

IV. Desde que preenchidos os requisitos previstos em lei, é possível a equiparação salarial de trabalho intelectual, que pode ser avaliado por sua perfeição técnica, cuja aferição terá critérios objetivos.

Está correto o que consta APENAS em

(A) II e IV.

(B) I e IV.

(C) I, II e III.

(D) III e IV.

(E) I e II.

I: incorreta, pois o art. 461 da CLT exige que empregado e paradigma trabalhem no mesmo estabelecimento. **II:** correta, pois reflete o entendimento disposto no item V da súmula 6 do TST. **III:** incorreta, pois de acordo com o item VI da súmula 6 do TST presentes os pressupostos do art. 461 da CLT, é irrelevante a circunstância de que o desnível salarial tenha origem em decisão judicial que beneficiou o paradigma. **IV:** correta, pois reflete o disposto na súmula 6, item VII, do TST. **HC**

Gabarito "A".

(Analista – TRT/16ª – 2014 – FCC) Jussara é empregada da empresa X exercendo o cargo de vendedora externa de produtos, visitando todos os dias diversos clientes, em suas residências, escritórios e consultórios. Para o desempenho de suas atividades, Jussara utiliza-se de um veículo fornecido pelo empregador. Considerando que Jussara, além de utilizar-se do veículo para a realização de seu trabalho também o faz em atividades particulares, neste caso, o veículo fornecido

(A) possui natureza salarial, incorporando-se na sua remuneração apenas para alguns efeitos.

(B) possui natureza salarial, incorporando-se na sua remuneração para todos os efeitos.

(C) não tem natureza salarial.

(D) somente não terá natureza salarial se a empresa fornecer o combustível como ajuda de custo.

(E) somente terá natureza salarial se utilizado com habitualidade e exclusivamente pela empregada.

Isso porque o veículo é utilizado como ferramenta de trabalho, ou seja, é usado PARA o desempenho de suas atividades laborais. Desta forma, ainda que o veículo seja utilizado em atividades particulares não será considerado salário *in natura*, nos termos da súmula 367, I, do TST. **HC**
Gabarito "C".

(Analista – TRT/11ª – 2012 – FCC) A empresa Gama Participações fornece a seu gerente João alguns benefícios, além do pagamento em dinheiro relativo ao salário. Das utilidades fornecidas pela empresa ao empregado sob a forma de benefícios, constituem salário *in natura*

(A) matrícula e mensalidade de curso universitário.

(B) vestuário utilizado no local de trabalho para a prestação de serviços.

(C) transporte destinado ao deslocamento para o trabalho e retorno.

(D) seguro de vida e acidentes pessoais.

(E) aluguel de apartamento decorrente do contrato ou do costume.

A: opção incorreta, pois não serão consideradas salário in natura, nos termos do art. 458, § 2º, II, da CLT. **B:** opção incorreta, pois o vestuário não será considerado salário in natura, nos termos do art. 458, § 2º, I, da CLT. **C:** opção incorreta, pois o transporte destinado ao deslocamento para o trabalho e retorno não será considerado salário in natura, nos termos do art. 458, § 2º, III, da CLT. **D:** opção incorreta, pois o seguro de vida e acidentes pessoais não será considerado salário in natura, nos termos do art. 458, § 2º, V, da CLT. **E:** opção correta, pois nos termos do art. 458, *caput*, da CLT a habitação fornecida por força do contrato de trabalho constitui salário in natura. **HC/LF**
Gabarito "E".

(Analista – TRT/10ª – 2013 – CESPE) Tendo em vista que o princípio da igualdade salarial no Brasil é garantia constitucional disciplinada pela Consolidação das Leis do Trabalho (CLT), julgue os itens a seguir, acerca da equiparação salarial.

(1) Para que se reconheça o quadro de carreira como excludente da equiparação, é imprescindível a sua homologação pelo Ministério do Trabalho e Emprego, excetuando-se as entidades de direito público da administração direta, autárquica e funcional, cujo quadro de carreira será aprovado por ato administrativo da autoridade competente.

---

1. Opção INCORRETA, pois nos termos do art. 461, § 2º, da CLT a equiparação salarial não prevalecerá quando o empregador tiver pessoal organizado em quadro de carreira ou adotar, por meio de norma interna da empresa ou de negociação coletiva, plano de cargos e salários, dispensada qualquer forma de homologação ou registro em órgão público. **HC/LF**
Gabarito 1E.

(Analista – TRT9 – 2012 – FCC) De acordo com a legislação aplicável, o 13º salário

(A) será pago entre os meses de fevereiro e outubro de cada ano.

(B) é um direito assegurado aos empregados urbanos, rurais, domésticos e não aos trabalhadores avulsos.

(C) será proporcional na extinção dos contratos a prazo, exceto os de safra, ainda que a relação de emprego haja findado antes de dezembro.

(D) será proporcional na cessação da relação de emprego resultante da aposentadoria do trabalhador, ainda que verificada antes de dezembro.

(E) deverá ser pago como antecipação na proporção de 40% a todos os empregados no mesmo mês.

A: opção incorreta, pois nos termos do art. 1º da Lei 4.749/1965 o 13º salário será pago até o dia 20 de dezembro de cada ano. Ademais, nos termos do art. 2º da mesma lei, entre os meses de fevereiro e novembro de cada ano, o empregador pagará, como adiantamento da gratificação referida no artigo precedente, de uma só vez, metade do salário recebido pelo respectivo empregado no mês anterior. **B:** opção incorreta, pois nos termos do art. 7º, XXXIV, da CF, também será devido ao avulso. **C:** opção incorreta, pois nos termos do art. 1º, § 3º, I, da Lei 4.090/1962 a gratificação será proporcional na extinção dos contratos a prazo, entre estes incluídos os de safra, ainda que a relação de emprego haja findado antes de dezembro. **D:** opção correta, pois reflete o disposto no art. 1º, § 3º, II, da Lei 4.090/1962. **E:** opção incorreta, pois nos termos do art. 2º da Lei 4.749/1965 o adiantamento corresponderá a metade do salário, sendo que o empregador não está obrigado a pagá-lo no mesmo mês a todos os empregados, em conformidade com o § 1º do mesmo dispositivo legal. **HC/LF**
Gabarito "D".

10. ALTERAÇÃO DO CONTRATO DE TRABALHO

(Analista - TRT1 - 2018 - AOCP) Plínio foi intimado, por carta com aviso de recebimento, para ser testemunha em uma audiência de instrução ação de despejo, designada para a data de 04 de jul. de 2018 às 13h30. Diante da questão fática, assinale a alternativa correta.

(A) Plínio poderá se ausentar do trabalho pelo tempo que se fizer necessário para estar em juízo, sem prejuízo do salário, pois o comparecimento perante a justiça, para depor como testemunha, caracteriza encargo público. Trata-se de hipótese de interrupção do contrato de trabalho.

(B) Ao empregador é facultado computar o período em que Plínio estará em juízo como 01 falta injustificada.

(C) Plínio poderá se ausentar do trabalho pelo tempo que se fizer necessário para estar em juízo sem prejuízo do salário, pois o comparecimento perante a justiça, para depor como testemunha, caracteriza encargo público. Trata-se de hipótese de suspensão do contrato de trabalho.

(D) Embora a audiência tenha sido designada em data e horário certos e determinados, Plínio poderá se ausentar do trabalho por 02 dias consecutivos, a iniciar-se no dia imediatamente anterior à audiência, a fim de consultar os autos e reunir-se com a parte que o intimou e seu procurador, sem prejuízo do salário, pois o comparecimento perante a justiça, para depor como testemunha, caracteriza encargo público. Trata-se de hipótese de interrupção do contrato de trabalho.

(E) Plínio não poderá se ausentar do trabalho para comparecer à audiência, devendo requerer a dispensa do encargo, tendo em vista que o regulamento interno da empresa veda o comparecimento de seus empregados em juízo a fim de prestar depoimento como testemunha.

Nos termos do art. 473, VIII, da CLT o empregado poderá deixar de comparecer ao serviço sem prejuízo do salário pelo tempo que se fizer necessário, quando tiver que comparecer a juízo. Trata-se de hipótese de interrupção de contrato de trabalho, na medida em que o período deve ser remunerado pelo empregador.

„A„ otinabaG

(Analista - TRT1 - 2018 – AOCP - adaptada) Em relação à sistemática de alteração do contrato de trabalho contida na legislação laboral, é correto afirmar que

(A) por *jus variandi* entende-se a faculdade do empregador de alterar unilateralmente as condições de trabalho do empregado com vistas a melhor organizar sua atividade empresarial. Diante disso, visando alcançar melhor produtividade, pode o empregador, por exemplo, dividir as férias do empregado em até 3 períodos iguais de 10 dias.

(B) não configura-se alteração unilateral lesiva, pelo empregador, a determinação para que o empregado volte ao cargo efetivo, anteriormente ocupado, deixando o exercício de função de confiança.

(C) a reversão ao cargo anterior garante ao empregado a incorporação da gratificação para aquele empregado que exerça por mais de 10 anos o cargo gratificado, em razão dos princípios da intangibilidade salarial e da estabilidade financeira.

(D) o empregador não poderá, pelo prazo de 18 meses, contado da data da demissão respectiva, alterar para a modalidade de contrato intermitente o contrato de trabalho do empregado detentor de contrato de trabalho por prazo indeterminado que for demitido até 31 de dezembro de 2020.

(E) ao empregador é vedado, em qualquer hipótese, sem a anuência do empregado, transferi-lo para localidade diversa da que foi originalmente contratado.

A: incorreto, pois embora a afirmação do enunciado acerca do que se entende por *jus variandi* esteja correta, as férias somente poderão ser fracionadas em 3 períodos se tiver a anuência do empregado, art. 134, § 1º, da CLT. **B:** correto, pois nos termos do art. 468, § 1º, da CLT não se considera alteração unilateral a determinação do empregador para que o respectivo empregado reverta ao cargo efetivo, anteriormente ocupado, deixando o exercício de função de confiança. **C:** incorreto, pois nos termos do art. 468, § 2º, da CLT a reversão ao cargo anterior, com ou sem justo motivo, não assegura ao empregado o direito à manutenção do pagamento da gratificação correspondente, que não será incorporada, independentemente do tempo de exercício da respectiva função. **D:** incorreto, o enunciado se refere ao texto do art. 452-G da CLT que havia sido inserido pela MP 808/2017. Como a referida MP não foi convertida em lei não existe tal direito. **E:** incorreto, pois as hipóteses em que são permitidas transferências sem anuência do empregado estão elencadas nos parágrafos do art. 469 da CLT, como por exemplo: empregados de cargos de confiança, extinção do estabelecimento em que o empregado trabalhar.

„B„ otinabaG

(Analista Jurídico - TRT2 - FCC - 2018) Mauro trabalha na sede da empresa Cristal Ltda, localizada em São Paulo, e ocupa o cargo de Gerente de Produtos, enquadrado como cargo de confiança. O setor em que Mauro trabalha será totalmente desativado e passará a ser desenvolvido na filial da empresa, localizada na cidade de Campinas, interior do Estado de São Paulo. Nesse caso, nos termos da lei trabalhista vigente e do entendimento sumulado do TST, é correto afirmar que a empresa Cristal Ltda

(A) poderá transferir Mauro e qualquer outro empregado da empresa, unilateralmente, pois a transferência de empregado para outra localidade diversa da que resultar o contrato sempre será permitida, ainda que não haja anuência do empregado.

(B) não poderá, apesar de Mauro exercer cargo de confiança, unilateralmente, transferi-lo para a cidade de Campinas, ainda que haja comprovação da necessidade do serviço, pois não houve extinção do estabelecimento.

(C) poderá transferir Mauro, unilateralmente, para a cidade de Campinas, visto que exerce cargo de confiança, desde que haja comprovação da necessidade do serviço.

(D) somente poderá transferir Mauro para a cidade de Campinas/SP, unilateralmente, se houver previsão explícita no contrato de trabalho.

(E) poderá transferir Mauro, unilateralmente, para a cidade de Campinas, pois exerce cargo de confiança, independentemente da comprovação da necessidade do serviço.

"C" é a opção correta. Isso porque, nos termos do art. 468, § 1º, da CLT, não se considera alteração unilateral a determinação do empregador para que o respectivo empregado reverta ao cargo efetivo, anteriormente ocupado, deixando o exercício de função de confiança. Importante lembrar que para a transferência do empregado, deverá o empregador comprovar a real necessidade do serviço. Nesse sentido, o TST editou a súmula 43, que presume abusiva a transferência sem comprovação da necessidade do serviço. Vale dizer, ainda, que essa alteração, com ou sem justo motivo, não assegura ao empregado o direito à manutenção do pagamento da gratificação correspondente, que não será incorporada, independentemente do tempo de exercício da respectiva função. **HC**

„C„ otinabaG

(Analista Jurídico - TRT2 - FCC - 2018) Acerca da suspensão e interrupção do contrato de trabalho, de acordo com a legislação vigente e entendimento sumulado do TST:

(A) o empregado poderá deixar de comparecer ao serviço sem prejuízo do salário por 1 dia por ano para acompanhar filho de até 5 anos em consulta médica ou exames complementares.

(B) para a proteção do emprego, o contrato de trabalho poderá ser suspenso, por um período improrrogável de 2 a 5 meses, para participação do empregado em curso ou programa de qualificação profissional oferecido pelo empregador, desde que haja concordância formal do empregado e independentemente de previsão em convenção ou acordo coletivo de trabalho.

(C) o afastamento do empregado em virtude das exigências do serviço militar, ou de outro encargo público, constituirá motivo para alteração ou rescisão do contrato de trabalho por parte do empregador, não se configurando hipótese de suspensão ou interrupção do contrato de trabalho.

(D) durante o período de suspensão contratual para participação em curso ou programa de qualificação profissional, o empregado não fará jus aos benefícios voluntariamente concedidos pelo empregador.

(E) assegura-se o direito à manutenção de plano de saúde ou de assistência médica oferecido pela empresa ao empregado, não obstante suspenso o contrato de trabalho em virtude de auxílio-doença acidentário ou de aposentadoria por invalidez.

A: incorreta, pois, nos termos do art. 473, XI, da CLT, o empregado poderá deixar de comparecer ao serviço sem prejuízo do salário por 1 (um) dia por ano para acompanhar filho de até 6 (seis) anos em consulta médica; B: incorreta, pois, nos termos do art. 476-A da CLT, o contrato de trabalho poderá ser suspenso, por um período de dois a cinco meses, para participação do empregado em curso ou programa de qualificação profissional oferecido pelo empregador, com duração equivalente à suspensão contratual, mediante previsão em convenção ou acordo coletivo de trabalho e aquiescência formal do empregado; C: incorreta, pois, nos termos do art. 472 da CLT, o afastamento do empregado em virtude das exigências do serviço militar, ou de outro encargo público, não constituirá motivo para alteração ou rescisão do contrato de trabalho por parte do empregador; D: incorreta, pois, nos termos do § 4º do art. 476-A da CLT, durante o período de suspensão contratual para participação em curso ou programa de qualificação profissional, o empregado fará jus aos benefícios voluntariamente concedidos pelo empregador; E: correta, pois, nos termos da súmula 440 do TST, assegura-se o direito à manutenção de plano de saúde ou de assistência médica oferecido pela empresa ao empregado, não obstante suspenso o contrato de trabalho em virtude de auxílio-doença acidentário ou de aposentadoria por invalidez. **HC**
Gabarito "E".

(Analista Judiciário – TRT/20 – FCC – 2016) Minerva foi admitida em 2010 para trabalhar como corretora para a empresa Gama Participações Imobiliárias S/A. Após dois anos, ela passou a exercer o cargo de confiança de gerente de corretores, em razão de afastamento por acidente de trabalho do gerente Dionísio, recebendo gratificação de função. Dezoito meses após essa substituição, Minerva foi revertida ao cargo efetivo ocupado anteriormente de corretora, deixando o exercício de função de confiança, em decorrência do retorno ao trabalho de Dionísio, deixando de receber a gratificação de função. Conforme previsão legal e sumulada do Tribunal Superior do Trabalho, em relação à Minerva, a hipótese apresentada:

(A) será considerada alteração unilateral prejudicial, o que implica em irregularidade, cabendo indenização prevista em lei no valor da gratificação de função que passa a ser incorporada ao seu salário.

(B) resultará em pagamento complementar, nunca inferior a 25% do seu salário normal, em razão de modificação contratual lesiva.

(C) somente será revestida de regularidade caso tenha havido anuência formal de Minerva, com participação do sindicato profissional.

(D) é regular porque não será considerada alteração unilateral a determinação do empregador para que o empregado reverta ao cargo efetivo, anteriormente ocupado, deixando o exercício de função de confiança, sem qualquer consequência pecuniária.

(E) somente será possível se decorrer da real necessidade de serviço, caracterizando alteração unilateral lícita e prevista em lei, mas incorporando 50% da gratificação de função para cada ano ou fração igual ou superior a seis meses do exercício da função de confiança.

"D" é a opção correta. Nos termos do art. 468, § 1º, da CLT não se considera alteração unilateral a determinação do empregador para que

o respectivo empregado reverta ao cargo efetivo, anteriormente ocupado, deixando o exercício de função de confiança. Vale dizer que, nos termos do § 2º do mesmo dispositivo legal essa alteração, com ou sem justo motivo, não assegura ao empregado o direito à manutenção do pagamento da gratificação correspondente, que não será incorporada, independentemente do tempo de exercício da respectiva função. **HC**
Gabarito "D".

(Analista Judiciário – TRT/8ª – 2016 – CESPE) No que se refere à alteração ou à extinção do contrato de emprego, assinale a opção correta.

(A) O adicional de transferência é devido na transferência provisória e na definitiva, sendo equivalente a, no mínimo, 25% dos salários que o empregado percebia na localidade de origem.

(B) Em caso de extinção do estabelecimento, é lícita a transferência do empregado, dado o princípio da continuidade da relação de emprego.

(C) As despesas resultantes da transferência que acarretem mudança de domicílio correm por conta do empregado.

(D) É lícita a rescisão por justa causa do contrato individual de trabalho ante a negativa do empregado à efetivação de qualquer alteração no contrato de trabalho proposta de forma unilateral pelo empregador.

(E) Constitui alteração unilateral ilícita a determinação do empregador para que o empregado deixe função de confiança e reverta a cargo efetivo anteriormente ocupado.

A: opção incorreta, pois o adicional de transferência de 25% descrito no § 3º do art. 469 da CLT somente será devido na transferência provisória; B: opção correta, pois, nos termos do art. 469, § 2º, da CLT, é lícita a transferência quando ocorrer extinção do estabelecimento em que trabalhar o empregado; C: opção incorreta, pois, nos termos do art. 470 da CLT, as despesas resultantes da transferência correrão por conta do empregador; D: opção incorreta, pois o empregador poderá alterar unilateralmente o contrato nas hipóteses previstas no art. 469, § 1º, CLT. São elas: a) empregados que exerçam cargos de confiança, isto é, aqueles que exerçam amplos poderes de mando, de modo a representarem a empresa nos atos de sua administração; b) empregados cujos contratos contenham cláusulas expressas prevendo essa possibilidade; c) nos casos em que a transferência decorra da própria natureza do serviço para o qual o empregado foi contratado; E: opção incorreta, pois, nos termos do art. 468, § 1º, da CLT, Não se considera alteração unilateral a determinação do empregador para que o respectivo empregado reverta ao cargo efetivo, anteriormente ocupado, deixando o exercício de função de confiança. Ademais, nos termos do § 2º do mesmo dispositivo legal essa alteração com ou sem justo motivo, não assegura ao empregado o direito à manutenção do pagamento da gratificação correspondente, que não será incorporada, independentemente do tempo de exercício da respectiva função. **HC**
Gabarito "B".

(Analista – TRT/3ª – 2015 – FCC) Relativamente às alterações do contrato de trabalho,

(A) é considerada alteração unilateral vedada por lei a determinação do empregador para que o empregado com mais de dez anos no exercício de função de confiança, reverta ao cargo efetivo anteriormente ocupado.

(B) o empregador pode, sem a anuência do empregado exercente de cargo de confiança, transferi-lo, com mudança de domicílio, para localidade diversa da que resultar do contrato de trabalho, independentemente de real necessidade de serviço.

(C) o adicional de 25% do salário do empregado é devido nas hipóteses de transferência provisória e definitiva.

(D) a extinção do estabelecimento não é causa de transferência do empregado, sendo obrigatória, nesse caso, a extinção do contrato de trabalho.

(E) o empregador pode, sem a anuência do empregado cujo contrato de trabalho tenha condição, implícita ou explícita de transferência, transferi-lo, com mudança de domicílio, para localidade diversa da que resultar do contrato, desde que haja real necessidade de serviço.

A: incorreta, nos termos do art. 468, § 1º, da CLT, Não se considera alteração unilateral a determinação do empregador para que o respectivo empregado reverta ao cargo efetivo, anteriormente ocupado, deixando o exercício de função de confiança. Ademais, nos termos do § 2º do mesmo dispositivo legal essa alteração com ou sem justo motivo, não assegura ao empregado o direito à manutenção do pagamento da gratificação correspondente, que não será incorporada, independentemente do tempo de exercício da respectiva função.. **B:** incorreta, pois nos termos da súmula 43 do TST presume-se abusiva a transferência sem comprovação da necessidade do serviço. **C:** incorreta, pois de acordo com o art. 469, § 2º, da CLT e OJ 113 da SDI 1 do TST somente na transferência provisória será devido o adicional de 25%. **D:** incorreta, pois se ocorrer a extinção do estabelecimento em que trabalhar o empregado, sua transferência será lícita, nos termos do art. 469, § 2º, da CLT. **E:** correta, pois refletem o entendimento do art. 469, § 1º, da CLT. HC
Gabarito "E."

(Analista – TRT/16ª – 2014 – FCC) Considere as seguintes hipóteses: A empresa "A" passa a exigir que seus empregados trabalhem de uniforme e a empresa "B" muda o maquinário da empresa para se adequar às modificações tecnológicas. Estes casos são exemplos de *jus variandi*

(A) extraordinário.

(B) ordinário.

(C) ordinário e extraordinário, respectivamente.

(D) extraordinário e ordinário, respectivamente.

(E) indireto e extraordinário, respectivamente.

Jus variandi ordinário é o direito conferido ao empregador de conduzir a prestação laboral de seus empregados, ajustando as circunstâncias e critérios de acordo com o seu interesse. Essas modificações dizem respeito aos aspectos não essenciais do contrato de trabalho e atua fora das cláusulas contratuais e/ou normas jurídicas. Já o *jus variandi* extraordinário, consiste na possibilidade que o empregador tem de modificar as condições de trabalho no âmbito de suas cláusulas contratuais e legais. Nesses casos, só é permitida a alteração se houver consentimento do empregado, que pode se dar por previsão contratual ou por autorização legal direta ou indireta. Assim, as alterações trazidas correspondem ao *jus variandi* ordinário do empregador. HC
Gabarito "B."

(Analista – TRT/11ª – 2012 – FCC) Após alguns anos de serviço prestado a empresa Seguradora Beta S/A o empregado Pedro passou a exercer função de confiança em razão da licença maternidade da empregada Joana. Seis meses após, Joana voltou ao trabalho e Pedro foi revertido ao cargo efetivo anteriormente ocupado, deixando o exercício da função de confiança. Tal situação

(A) não será considerada alteração unilateral.

(B) implica em pagamento suplementar, nunca inferior a 25% do salário do empregado Pedro.

(C) só será regular se houver anuência do empregado Pedro.

(D) só será possível se não resultar em prejuízo ao empregado Pedro.

(E) só será possível se resultar de real necessidade de serviço.

"A" é a resposta correta, pois nos termos do art. 468, § 1º, da CLT, Não se considera alteração unilateral a determinação do empregador para que o respectivo empregado reverta ao cargo efetivo, anteriormente ocupado, deixando o exercício de função de confiança. Ademais, nos termos do § 2º do mesmo dispositivo legal essa alteração com ou sem justo motivo, não assegura ao empregado o direito à manutenção do pagamento da gratificação correspondente, que não será incorporada, independentemente do tempo de exercício da respectiva função. HC/LF
Gabarito "A."

11. SUSPENSÃO E INTERRUPÇÃO DO CONTRATO DE TRABALHO

(Analista - TRT/15 - FCC - 2018) A empresa SMG Logística Ltda. concedeu férias à sua empregada Valéria, referentes ao período aquisitivo 2015/2016. Considerando que Valéria faltou ao trabalho 12 dias injustificadamente durante o período aquisitivo, que requereu abono de férias 20 dias antes do término do período aquisitivo e que as férias foram concedidas a partir de 01/03/2018, de acordo com a legislação aplicável, a empregada gozou

(A) 24 dias de férias, recebeu a remuneração das férias em dobro, além do abono de férias.

(B) 24 dias de férias, recebeu a remuneração das férias de forma simples, além do abono de férias.

(C) 30 dias de férias, recebeu a remuneração das férias em dobro, mas não recebeu o abono de férias, que foi requerido fora do prazo legal.

(D) 18 dias de férias, recebeu a remuneração das férias em dobro, além do abono de férias.

(E) 18 dias de férias, recebeu a remuneração das férias em dobro, mas não recebeu o abono de férias, que foi requerido fora do prazo legal.

Por ter faltado ao serviço 12 dias injustificadamente, nos termos do art. 130, II, da CLT, terá direito a 24 dias de férias. Receberá a remuneração em dobro das férias, pois foram concedidas após o prazo de período concessivo, art. 137 da CLT. Nos termos do art. 145 da CLT o pagamento da remuneração das férias e, se for o caso, o do abono pecuniário serão efetuados até 2 (dois) dias antes do início do respectivo período. Dentro dessa ideia, o TST editou a súmula 450 que ensina ser devido o pagamento em dobro da remuneração de férias, incluído o terço constitucional, com base no art. 137 da CLT, quando, ainda que gozadas na época própria, o empregador tenha descumprido o prazo previsto no art. 145 do mesmo diploma legal.
Gabarito "A."

(Analista - TRT/15 - FCC - 2018) Em relação ao descanso semanal remunerado, o TST adota entendimento pacífico no sentido de que

(A) ao empregado pracista não é devida a remuneração do repouso semanal.

(B) é reconhecido o direito ao acréscimo de 1/4 a título de repouso semanal, considerando-se para esse fim o mês de quatro semanas e meia, ao professor que recebe salário à base de hora-aula.

(C) o adicional de insalubridade já remunera os dias de repouso semanal e feriados.

(D) a concessão do intervalo para repouso semanal, descaracteriza o turno de revezamento com jornada de 6 horas.

(E) a majoração do valor do repouso semanal remunerado, em razão da integração das horas extras habitualmente prestadas, repercute no cálculo das férias, da gratificação natalina e do aviso prévio.

A: incorreta, pois nos termos da súmula 27 do TST É devida a remuneração do repouso semanal e dos dias feriados ao empregado comissionista, ainda que pracista. **B**: incorreta, pois nos termos da súmula 351 do TST o professor que recebe salário mensal à base de hora-aula tem direito ao acréscimo de 1/6 a título de repouso semanal remunerado, considerando-se para esse fim o mês de quatro semanas e meia. **C**: correto, pois nos termos da OJ 103 da SDI 1 do TST o adicional de insalubridade já remunera os dias de repouso semanal. **D**: incorreta, pois nos termos da súmula 360 do TST a interrupção do trabalho destinada a repouso e alimentação, dentro de cada turno, ou o intervalo para repouso semanal, não descaracteriza o turno de revezamento com jornada de 6 (seis) horas previsto no art. 7º, XIV, da CF/88. **E**: incorreto, pois nos termos da OJ 394 da SDI 1 do a majoração do valor do repouso semanal remunerado, em razão da integração das horas extras habitualmente prestadas, não repercute no cálculo das férias, da gratificação natalina, do aviso prévio e do FGTS, sob pena de caracterização de "bis in idem".
Gabarito "C".

(Analista - TRT1 - 2018 - AOCP) Tereza iniciou o contrato de trabalho, na função de secretária, na empresa Boa Viagem Turismo Ltda. em 12 de jan. de 2017, sendo que, no período aquisitivo de férias, faltou sem justificativa 2 vezes e, justificadamente, 4 vezes. Nesse caso, é correto afirmar que

(A) o termo final do período aquisitivo de férias da empregada é 12 de jan. de 2018, e ela terá direito a 30 dias corridos de descanso.

(B) o termo final do período aquisitivo de férias da empregada é 11 de jan. de 2018, e ela terá direito a 24 dias corridos de descanso.

(C) o termo final do período aquisitivo de férias da empregada é 12 de jan. de 2018, e ela terá direito a 24 dias corridos de descanso.

(D) o termo final do período aquisitivo de férias da empregada é 11 de jan. de 2018, e ela terá direito a 30 dias corridos de descanso.

(E) o termo final do período aquisitivo de férias da empregada é 11 de jan. de 2018, e ela terá direito a 18 dias corridos de descanso.

Nos termos do art. 130, I, da CLT terá direito a 30 dias corridos de férias. O término do período aquisitivo se dá no dia anterior ao início de outro período concessivo (data de admissão). Assim, como iniciou seu labor no dia 12 de janeiro de 2017, será esse o dia do início do seu período aquisitivo, período esse que terá como término o dia 11 de janeiro de 2018.
Gabarito "D".

(Analista - TRT1 - 2018 - AOCP) Plínio foi intimado, por carta com aviso de recebimento, para ser testemunha em uma audiência de instrução ação de despejo, designada para a data de 04 de jul. de 2018 às 13h30. Diante da questão fática, assinale a alternativa correta.

(A) Plínio poderá se ausentar do trabalho pelo tempo que se fizer necessário para estar em juízo, sem prejuízo do salário, pois o comparecimento perante a justiça,

para depor como testemunha, caracteriza encargo público. Trata-se de hipótese de interrupção do contrato de trabalho.

(B) Ao empregador é facultado computar o período em que Plínio estará em juízo como 01 falta injustificada.

(C) Plínio poderá se ausentar do trabalho pelo tempo que se fizer necessário para estar em juízo sem prejuízo do salário, pois o comparecimento perante a justiça, para depor como testemunha, caracteriza encargo público. Trata-se de hipótese de suspensão do contrato de trabalho.

(D) Embora a audiência tenha sido designada em data e horário certos e determinados, Plínio poderá se ausentar do trabalho por 02 dias consecutivos, a iniciar-se no dia imediatamente anterior à audiência, a fim de consultar os autos e reunir-se com a parte que o intimou e seu procurador, sem prejuízo do salário, pois o comparecimento perante a justiça, para depor como testemunha, caracteriza encargo público. Trata-se de hipótese de interrupção do contrato de trabalho.

(E) Plínio não poderá se ausentar do trabalho para comparecer à audiência, devendo requerer a dispensa do encargo, tendo em vista que o regulamento interno da empresa veda o comparecimento de seus empregados em juízo a fim de prestar depoimento como testemunha.

Nos termos do art. 473, VIII, da CLT o empregado poderá deixar de comparecer ao serviço sem prejuízo do salário pelo tempo que se fizer necessário, quando tiver que comparecer a juízo. Trata-se de hipótese de interrupção de contrato de trabalho, na medida em que o período deve ser remunerado pelo empregador.
Gabarito "A".

(FGV – 2015) Maria trabalha para a sociedade empresária Alfa S.A. como chefe de departamento. Então, é informada pelo empregador que será transferida de forma definitiva para uma nova unidade da empresa, localizada em outro estado da Federação. Para tanto, Maria, obrigatoriamente, terá de alterar o seu domicílio. Diante da situação retratada e do entendimento consolidado do TST, assinale a afirmativa correta.

(A) Maria receberá adicional de, no mínimo, 25%, mas tal valor, por ter natureza indenizatória, não será integrado ao salário para fim algum.

(B) A empregada não fará jus ao adicional de transferência porque a transferência é definitiva, o que afasta o direito.

(C) A obreira terá direito ao adicional de transferência, mas não à ajuda de custo, haja vista o caráter permanente da alteração.

(D) Maria receberá adicional de transferência de 25% do seu salário enquanto permanecer na outra localidade.

A: opção incorreta, pois somente a transferência provisória enseja pagamento de adicional de transferência, nos termos do art. 469, § 3º, da CLT e OJ 119 SDI 1 do TST. Veja. **B**: opção correta, pois reflete o entendimento disposto no art. 469, § 3º, da CLT que ensina ser devido o adicional de transferência de 25% somente enquanto durar a transferência, que nos leva a saber que se trata de uma transferência provisória. Nesse mesmo sentido ensina a OJ 119 da SDI 1 do TST. **C**: opção incorreta, pois se tratar de transferência definitiva a obreira não fará jus ao adicional de 25% que somente será devido na transferência provisória. Por outro lado, que seja na transferência provisória, seja na definitiva, o empregador deverá pagar um acréscimo ao salário do obreiro visando custear as despesas dessa transferência, na medida em que representam gastos por parte do obreiro, veja súmula 29 do TST. **D:** opção incorreta, pois embora a assertiva transcreva o § 3º do art. 469 da CLT que cuida da transferência provisória do empregado, o enunciado da questão trata de transferência definitiva, o que afasta o direito à percepção do adicional. **HC**

Gabarito "B".

(Analista – TRT/11ª – 2012 – FCC) Em relação à alteração, suspensão e interrupção do contrato de trabalho, é correto afirmar que

(A) o empregador não poderá, em nenhuma hipótese, transferir o empregado para localidade diversa da que resultar do contrato.

(B) o afastamento do empregado em virtude das exigências do serviço militar não será motivo para alteração ou rescisão do contrato de trabalho por parte do empregador.

(C) o empregado que for aposentado por invalidez não terá o contrato de trabalho suspenso, mas sim rescindido.

(D) os primeiros quinze dias de afastamento do empregado por acidente de trabalho são considerados como causa de suspensão do contrato de trabalho.

(E) é lícita a alteração unilateral das condições de trabalho por determinação do empregador para poder manter o desenvolvimento do seu empreendimento, ainda que tal modificação resulte prejuízo indireto ao empregado.

A: incorreto (art. 469, §§ 1º e 2º da CLT); **B:** correto (art. 472 da CLT); **C:** incorreto, pois a hipótese é de suspensão e não de extinção do contrato de trabalho, conforme se depreende do art. 475 da CLT e das Súmulas 160 e 440 do TST e da OJ 375 da SDI1 do TST; **D:** incorreto (art. 60, § 3º, da Lei 8.213/1991); **E:** incorreto (art. 468 da CLT). **HC/LF**

Gabarito "B".

12. RESCISÃO DO CONTRATO DE TRABALHO (INCLUSIVE, AVISO-PRÉVIO)

(Analista - Área Administrativa - TRT1 - 2018 - AOCP) Em relação à rescisão do contrato de trabalho, assinale a alternativa correta.

(A) A alteração do quadro societário da empregadora constituída por sociedade limitada constitui justa causa para empregado rescindir o contrato de trabalho.

(B) Em se tratando o empregador de empresa constituída por sociedade limitada, a morte de qualquer dos sócios quotistas constitui justa causa para o empregado rescindir o contrato de trabalho.

(C) A instauração de inquérito policial em face do empregado constitui justa causa para rescisão do contrato de trabalho pelo empregador.

(D) Em caso de culpa recíproca no ato que determinou a rescisão do contrato de trabalho, o tribunal de trabalho reduzirá em um terço a indenização que seria devida em caso de culpa exclusiva do empregador.

(E) A perda da habilitação ou dos requisitos estabelecidos em lei para o exercício da profissão em decorrência de conduta dolosa do empregado constitui justa causa para o empregador rescindir o contrato de trabalho.

A: incorreto, pois nos termos do art. 10 da CLT qualquer alteração na estrutura jurídica da empresa não afetará os direitos adquiridos por seus empregados. Ademais, a mudança na propriedade ou na estrutura jurídica da empresa não afetará os contratos de trabalho dos respectivos empregados, art. 448 da CLT. **B:** incorreto, pois nos termos do art. 483, § 2º, da CLT somente no caso de morte do empregador constituído em empresa individual, é facultado ao empregado rescindir o contrato de trabalho. **C:** incorreto, pois nos termos do art. 482, alínea d, da CLT a condenação criminal do empregado, passada em julgado, caso não tenha havido suspensão da execução da pena é motivo para demissão por justa causa do empregado. **D:** incorreto, pois nos termos do art. 484 da CLT havendo culpa recíproca no ato que determinou a rescisão do contrato de trabalho, o tribunal de trabalho reduzirá a indenização à que seria devida em caso de culpa exclusiva do empregador, por metade. **E:** correto, pois reflete a disposição do art. 482, alínea m, da CLT.

Gabarito "E".

(Analista - TRT1 - 2018 - AOCP) Felipe, vendedor há 03 anos na empresa Águia Dourada Automóveis Ltda., descumpriu, em data de 24 de abr. de 2018, a determinação da empresa de não fumar no interior do local de trabalho, dirigida a todos os empregados, os quais detinham pleno conhecimento da regra. Ainda, quando abordado pelo gerente geral, em particular e adequadamente, para que não mais repetisse a conduta, agrediu-o fisicamente, desferindo-lhe um soco no rosto e dirigindo-lhe palavras de baixo calão. Tais fatos foram presenciados por 6 funcionários da empresa. Assinale, diante da situação posta, a alternativa correta.

(A) À empresa é permitida a rescisão do contrato de trabalho por justo motivo em face de Felipe, devendo fazê-lo imediatamente, sendo que este não terá direito ao recebimento de qualquer valor.

(B) À empresa é permitida a rescisão do contrato do trabalho por justa causa, podendo fazê-lo no prazo de 60 dias a partir da data dos fatos.

(C) Felipe poderá ser demitido por justa causa, mas somente após a instalação de inquérito para apuração de falta grave, no prazo de 30 dias.

(D) É vedado à empresa demitir Felipe por justa causa, devendo aplicar-lhe tão somente suspensão disciplinar de 03 dias, quando então ele perderá a remuneração correspondente aos dias de suspensão e a do descanso semanal remunerado correspondente, pois se trata de falta injustificada.

(E) À empresa é permitida a rescisão do contrato de trabalho por justa causa. Nesse caso, Felipe não terá direito ao recebimento de férias proporcionais acrescidas de um terço e do décimo terceiro salário proporcional, tampouco à indenização sobre o saldo da conta vinculada do FGTS.

A: incorreto, pois o empregado receberá as seguintes verbas trabalhistas: saldo de salário; férias simples e vencidas + 1/3 constitucional, 13º salário integral e depósitos de FGTS de 8% sobre o salário. **B:** incorreto, pois a empresa deve punir imediatamente princípio da imediatidade) e não no prazo de 60 dias, sob pena de perdão tácito. **C:** incorreto, pois não há necessidade de ajuizamento de inquérito judicial para apuração de falta grave (art. 853 da CLT) que é feito somente para demissão de empregado detentor de estabilidade provisória/garantia de emprego, como por exemplo o dirigente sindical. **D:** incorreto, pois é permitido demitir o empregado por justa causa nos termos do art. 482, alínea j, da CLT. **E:** correto, pois é permitida a rescisão por justa causa, art. 482, alínea j, da CLT. Nas demissões por justa causa o empregado faz jus as seguintes verbas trabalhistas: saldo de salário; férias simples e

vencidas + 1/3 constitucional, 13º salário integral e depósitos de FGTS de 8% sobre o salário. Não há pagamento de férias proporcionais, nos termos da Súmula 171 do TST, tampouco o pagamento de 13º salário proporcional, em conformidade com o art. 3º da Lei 4.090/1962.
Gabarito "E".

(Analista Judiciário – TRT/24 – FCC – 2017) Diana frequentemente chegava atrasada no início de sua jornada de trabalho, atingia produção bem inferior àquela realizada pelos colegas de sua equipe, além de apresentar um número elevado de faltas injustificadas. Por tais razões, a empregada foi advertida, verbalmente e por escrito, além de receber suspensão disciplinar por 2 dias. Na situação apresentada, Diana cometeu falta grave que ensejaria a dispensa por justa causa na modalidade de

(A) incontinência de conduta.

(B) ato de insubordinação.

(C) atitude de indisciplina.

(D) ato de improbidade.

(E) desídia no desempenho das funções.

A: opção incorreta, pois *Incontinência de conduta:* comportamento desregrado ligado à vida sexual do obreiro, comportamento este que traz perturbações ao ambiente de trabalho, como, por exemplo, visitas a *sites* pornográficos na *internet*. B: opção incorreta, pois insubordinação consiste no descumprimento de ordens pessoais de serviço. C: opção incorreta, pois indisciplina consiste no descumprimento de ordens gerais de serviço. D: opção incorreta, pois improbidade revela mau caráter, maldade, desonestidade, má-fé, que cause prejuízo ou até risco à integridade do patrimônio do empregador, como, por exemplo, furto ou roubo de bens da empresa. E: opção correta, pois desídia no desempenho das funções: hipótese em que o empregado deixa de prestar o serviço com zelo, interesse, empenho, passando a laborar com negligência. HC
Gabarito "E".

(Analista Judiciário – TRT/24 – FCC – 2017) Em relação ao instituto jurídico do aviso-prévio, nos termos das normas contidas na Consolidação das Leis do Trabalho e da jurisprudência sumulada do Tribunal Superior do Trabalho,

(A) havendo aplicação da dispensa do empregado por justa causa em razão de desídia no desempenho de suas funções deverá ser concedido aviso-prévio.

(B) em caso de despedida indireta e rescisão por culpa recíproca não é devido o aviso-prévio.

(C) o pagamento relativo ao período de aviso-prévio trabalhado está sujeito à contribuição para o FGTS, o que não ocorre quando o mesmo for indenizado.

(D) o horário normal de trabalho do empregado, durante o prazo do aviso, será reduzido em duas horas diárias, sem prejuízo do salário integral, independentemente de quem tenha promovido a rescisão.

(E) é incorreto substituir o período que se reduz da jornada de trabalho, no aviso-prévio, pelo pagamento das horas correspondentes.

A: Opção incorreta, pois não há concessão de aviso-prévio em justa causa, nos termos do art. 487 da CLT. B: opção incorreta, pois é devido aviso-prévio na rescisão indireta, art. 487, § 4º, da CLT. C: opção incorreta, pois nos termos da súmula 305 do TST o pagamento relativo ao período de aviso-prévio, trabalhado ou não, está sujeito à contribuição para o FGTS. D: opção incorreta, pois nos termos do art. 488 da CLT o horário normal de trabalho do empregado, durante o prazo do aviso, e se a rescisão tiver sido promovida pelo empregador, será reduzido de 2

(duas) horas diárias, sem prejuízo do salário integral. E: opção correta, pois é ilegal substituir o período que se reduz da jornada de trabalho, no aviso-prévio, pelo pagamento das horas correspondentes. HC
Gabarito "E".

(Analista Judiciário – TRT/11 – FCC – 2017) A empresa de calçados Chão Azul Ltda. rescindiu o contrato de trabalho com justa causa da empregada Lívia que estava afastada do emprego gozando de auxílio doença previdenciário. Na última perícia médica Lívia teve alta do INSS, mas transcorridos cinquenta e cinco dias, ela não retornou ao trabalho e não justificou o motivo de não retornar. Neste caso, de acordo com entendimento sumulado do TST, a empresa

(A) agiu corretamente, uma vez que Lívia possuía o prazo de quinze dias após a cessação do benefício previdenciário para retornar ao trabalho ou justificar o motivo de não o fazer.

(B) agiu corretamente, uma vez que Lívia possuía o prazo de trinta dias após a cessação do benefício previdenciário para retornar ao trabalho ou justificar o motivo de não o fazer.

(C) não agiu corretamente, uma vez que Lívia possui o prazo de sessenta dias após a cessação do benefício previdenciário para retornar ao trabalho ou justificar o motivo de não o fazer, não havendo transcorrido, ainda este lapso temporal.

(D) não agiu corretamente, uma vez que Lívia possui o prazo de noventa dias após a cessação do benefício previdenciário para retornar ao trabalho ou justificar o motivo de não o fazer, não havendo transcorrido, ainda este lapso temporal.

(E) não agiu corretamente, neste caso, em razão do gozo do benefício previdenciário, independentemente do lapso temporal, não se configura a hipótese de abandono de emprego, sendo vedada a dispensa com justa causa.

"B" é a opção correta. Isso porque, nos termos da súmula 32 do TST entende presumir-se o abandono de emprego se o trabalhador não retornar ao serviço no prazo de 30 (trinta) dias após a cessação do benefício previdenciário nem justificar o motivo de não o fazer. O abandono de emprego é uma justa causa tipificada no art. 482, *i*, da CLT. HC
Gabarito "B".

(Analista Judiciário – TRT/20 – FCC – 2016) A notificação ou comunicação antecipada que uma das partes faz à outra manifestando a sua intenção em romper o contrato de trabalho é conceituada como aviso-prévio. Conforme previsão legal e sumulada pelo Tribunal Superior do Trabalho,

(A) é permitido por lei substituir o período que se reduz da jornada de trabalho, no aviso-prévio, pelo pagamento das horas correspondentes, desde que acrescida do adicional de horas extras em dobro.

(B) após a comunicação do aviso-prévio, a rescisão torna-se efetiva depois de expirado o respectivo prazo, mas, se a parte notificante reconsiderar o ato, antes de seu termo, a outra parte fica obrigada a aceitar a reconsideração.

(C) o empregado que, durante o prazo do aviso-prévio, cometer quaisquer das faltas consideradas pela lei como justa causa para a rescisão, perde o direito ao restante do respectivo prazo.

(D) a ocorrência de qualquer motivo de justa causa no decurso do prazo do aviso-prévio dado pelo empregador, retira do empregado qualquer direito às verbas rescisórias de natureza indenizatória.

(E) é devido o aviso-prévio na despedida indireta, mas nesse caso o valor das horas extraordinárias habituais não integrará o aviso-prévio indenizado.

A: opção incorreta, pois nos termos da súmula 230 do TST é ilegal substituir o período que se reduz da jornada de trabalho, no aviso-prévio, pelo pagamento das horas correspondentes. **B:** opção incorreta, pois nos termos do art. 489 da CLT dado o aviso-prévio, a rescisão torna-se efetiva depois de expirado o respectivo prazo, mas, se a parte notificante reconsiderar o ato, antes de seu termo, à outra parte é facultado aceitar ou não a reconsideração. **C:** opção correta, pois nos termos do art. 491 da CLT o empregado que, durante o prazo do aviso-prévio, cometer qualquer das faltas consideradas pela lei como justas para a rescisão, perde o direito ao restante do respectivo prazo. **D:** opção incorreta, pois nos termos da súmula 73 do TST a ocorrência de justa causa, salvo a de abandono de emprego, no decurso do prazo do aviso-prévio dado pelo empregador, retira do empregado qualquer direito às verbas rescisórias de natureza indenizatória. **E:** opção incorreta, pois nos termos do § 4º do art. 487 da CLT é devido o aviso-prévio na despedida indireta. Ademais, no § 5º do mesmo dispositivo ensina que O valor das horas extraordinárias habituais integra o aviso-prévio indenizado. **HC**
„Gabarito "C".

(Analista – TRT/3ª – 2015 – FCC) A solidariedade quanto ao cumprimento das obrigações trabalhistas exige

(A) a existência de empresas com a mesma personalidade jurídica.

(B) a existência de direção, controle ou administração de uma empresa em relação a outras, constituindo grupo industrial, comercial ou de qualquer atividade econômica, embora cada uma com personalidade jurídica própria.

(C) a existência de empresas com personalidade jurídica e direção diferentes, mas com unidade de objeto social.

(D) a existência de previsão nos contratos sociais das empresas, pois a lei civil dispõe que a solidariedade decorre da lei ou do contrato.

(E) acordo entre empregado e o empregador, não bastando a simples configuração de grupo de empregadores.

A: incorreta, pois para que haja solidariedade quanto aos cumprimentos das obrigações trabalhistas não se exige que as empresas tenham a mesma personalidade jurídica quando estiverem sob a direção, controle ou administração de outra. Vide art. 2º, § 2º, da CLT. **B:** correta, pois reflete o disposto no art. 2º, § 2º, da CLT. **C:** incorreta, pois embora a lei exija empresas com personalidade jurídica diferentes, controladas ou administradas por outra, cada uma delas poderá ter um objeto social distinto, desde que possua caráter econômico. **D:** incorreta, pois a solidariedade quanto ao cumprimento das obrigações trabalhistas possui previsão legal, expressamente disposta no art. 2º, § 2º, da CLT. Ademais, no presente caso não se aplica o Código Civil, nos termos do art. 8º, parágrafo único, da CLT. **E:** incorreta, pois independentemente de acordo ajustado entre as partes, uma vez configurado o grupo de empresas, art. 2º, § 2º, da CLT haverá responsabilidade solidária entre as empresas. **HC**
„Gabarito "B".

(Analista – TRT/3ª – 2015 – FCC) Empregador dispensa o empregado sem justa causa, dando aviso prévio ao mesmo. No 12º dia de cumprimento do aviso, o empregador

arrepende-se de ter dispensado o empregado e reconsidera seu ato. Essa reconsideração

(A) não gera qualquer efeito, pois em relação ao aviso prévio o legislador prevê que, depois de ter sido dado, não há qualquer possibilidade de arrependimento eficaz.

(B) gera efeitos imediatos, sendo certo que, no caso de aviso prévio indenizado, o empregado deve voltar imediatamente ao trabalho.

(C) não gera efeitos, pois já transcorridos mais de dez dias após a dispensa do empregado.

(D) gera efeitos, se a outra parte aceitar a reconsideração.

(E) não é possível, pois o aviso prévio é irrenunciável pelo empregado, não havendo que se falar em reconsideração do mesmo, sob pena de afronta a direito previsto em norma de ordem pública.

A: incorreta, pois nos termos do art. 489 da CLT é possível a retratação do aviso prévio. **B:** incorreta, pois é facultada à parte que recebeu a ordem de aviso prévio aceitar ou não a reconsideração. **C:** incorreta, pois a reconsideração do aviso prévio pode ocorrer até expirado seu período, que será de no mínimo 30 dias. **D:** correta, pois nos termos do art. 489 da CLT dado o aviso prévio, a rescisão torna-se efetiva depois de expirado o respectivo prazo, mas, se a parte notificante reconsiderar o ato, antes de seu termo, à outra parte é facultado aceitar ou não a reconsideração. Todavia, caso seja aceita a reconsideração ou continuando a prestação depois de expirado o prazo, o contrato continuará a vigorar, como se o aviso prévio não tivesse sido dado. **E:** incorreta, pois como estudamos é possível a reconsideração do aviso prévio. **HC**
„Gabarito "D".

(Analista – TRT/2ª – 2014 – FCC) Em relação às hipóteses de rescisão do contrato de trabalho por prazo indeterminado, considere:

I. O pedido de demissão caracteriza-se como ato de iniciativa do empregado, praticado com a intenção de extinguir o contrato.

II. Havendo culpa recíproca no ato que determinou a rescisão do contrato, será devida a mesma indenização que seria devida em caso de culpa exclusiva do empregador.

III. No caso de prática de falta grave pelo empregador, poderá o empregado pleitear a rescisão do seu contrato e o pagamento das respectivas indenizações, sendo-lhe facultado, em qualquer hipótese, permanecer ou não no serviço até final da decisão do processo.

IV. A morte do empregador pessoa física leva à extinção do contrato de trabalho, salvo se o empregado, por ocasião do falecimento do empregador, tiver mais de dez anos de serviço para o mesmo.

Está INCORRETO o que consta APENAS em

(A) I, II e IV.

(B) II, III e IV.

(C) II e III.

(D) I e IV.

(E) III e IV.

I: correta, pois o pedido de demissão que o empregado faz ao empregador é um ato de sua iniciativa que tem por objetivo colocar fim ao contrato de trabalho. **II:** incorreta, pois nos termos do art. 484 da CLT havendo culpa recíproca a indenização à que seria devida em caso de culpa exclusiva do empregador, será reduzida pela metade. **III:** incorreta, pois caso o empregado faça o pedido de rescisão indireta por justa causa do empregador, art. 483 da CLT, poderá permanecer no emprego se o empregador não cumprir as obrigações do contrato de trabalho ou se o empregador reduzir o seu trabalho, sendo este por peça ou tarefa, de forma a afetar sensivelmente a importância dos salários, em conformidade com o art. 483, § 3º, da CLT. **IV**: incorreta, pois nos termos do art. 483, § 2º, da CLT no caso de morte do empregador constituído em empresa individual, é facultado ao empregado rescindir o contrato de trabalho. 🔲

Gabarito "B".

(Analista – TRT/16ª – 2014 – FCC) Vera é empregada da empresa "S" Ltda. e recebe seu salário na base de tarefa. Ontem, Vera teve seu contrato de trabalho rescindido. Neste caso, para recebimento de seu aviso prévio indenizado, o cálculo será feito de acordo com

(A) a média dos últimos doze meses de serviço.

(B) a média dos últimos seis meses de serviço.

(C) a média dos últimos dois meses de serviço.

(D) o valor recebido no mês anterior ao mês da rescisão contratual.

(E) o valor recebido no mês anterior ao mês da rescisão contratual acrescido de 50%.

Nos termos do art. 487, § 3º, da CLT em se tratando de salário pago na base de tarefa, o cálculo, para os efeitos dos parágrafos anteriores, será feito de acordo com a média dos últimos 12 (doze) meses de serviço. 🔲

Gabarito "A".

(Analista – TRT/16ª – 2014 – FCC) Claudiomar, sócio-gerente da empresa "M" Ltda descobriu que Bruno, um de seus empregados do setor de montagem de peças, foi condenado em processo criminal pela prática do crime de estelionato qualificado. O referido processo encontra-se em fase de recurso e Bruno respondendo em liberdade. Neste caso, de acordo com a Consolidação das Leis do Trabalho, Claudiomar

(A) poderá rescindir imediatamente o contrato de Bruno por justa causa, havendo dispositivo legal expresso neste sentido, devendo notificar previamente o empregado.

(B) não poderá rescindir o contrato de Bruno por justa causa independentemente da aplicação de pena e do trânsito em julgado uma vez que não guarda qualquer relação com o contrato de trabalho.

(C) só poderá rescindir o contrato de Bruno por justa causa após o trânsito em julgado da sentença condenatória, caso não haja suspensão da execução da pena.

(D) só poderá rescindir o contrato de Bruno por justa causa após o trânsito em julgado da sentença condenatória e independentemente da ocorrência ou não de suspensão da execução da pena.

(E) poderá rescindir imediatamente o contrato de Bruno por justa causa, havendo dispositivo legal expresso neste sentido, independente de prévia notificação do empregado.

"C" é a resposta correta. Para a rescisão por justa causa, art. 482, *d*, da CLT exige-se a condenação do empregado, transitada em julgado, da qual decorra sua prisão, sem direito à suspensão da execução da pena. O que enseja a dispensa é a impossibilidade de comparecer ao trabalho. 🔲

Gabarito "C".

(Analista – TRT/9 – 2012 – FCC) Considerando as previsões da CLT sobre rescisão do contrato de trabalho, é INCORRETO afirmar:

(A) No caso de morte do empregador constituído em empresa individual, é facultado ao empregado rescindir o contrato de trabalho.

(B) No caso de paralisação temporária ou definitiva do trabalho, motivada por ato de autoridade municipal, estadual ou federal, ou pela promulgação de lei ou resolução que impossibilite a continuação da atividade, prevalecerá o pagamento da indenização, que ficará a cargo do governo responsável.

(C) Havendo culpa recíproca no ato que determinou a rescisão do contrato de trabalho, não há que se falar em recebimento de indenização.

(D) Nos contratos que tenham termo estipulado, o empregador que, sem justa causa, despedir o empregado, será obrigado a pagar-lhe, a título de indenização, e por metade, a remuneração a que teria direito até o término do contrato.

(E) Aos contratos por prazo determinado que contiverem cláusula assecuratória do direito recíproco de rescisão antes de expirado o termo ajustado, aplicam-se, caso seja exercido tal direito por qualquer das partes, os princípios que regem a rescisão dos contratos por prazo indeterminado.

A: opção correta, pois reflete o disposto no art. 483, § 2º, da CLT. **B:** opção correta, pois reflete o disposto no art. 486 da CLT. **C:** opção incorreta, devendo ser assinalada, pois nos termos do art. 484 da CLT havendo culpa recíproca no ato que determinou a rescisão do contrato de trabalho, o tribunal de trabalho reduzirá a indenização à que seria devida em caso de culpa exclusiva do empregador, por metade. **D:** opção correta, pois reflete o disposto no art. 479 da CLT. **E:** opção correta, pois reflete o disposto no art. 481 da CLT. 🔲

Gabarito "C".

(Analista – TRT/6ª – 2012 – FCC) Clodoaldo, empregado da empresa "VV" há cinco anos, forneceu informação falsa quanto às suas necessidades de deslocamento de sua residência para o seu local de trabalho, visando receber maiores vantagens a título de vale transporte. Neste caso, Clodoaldo

(A) praticou falta grave passível de rescisão de seu contrato de trabalho por justa causa, em razão da prática de ato de incontinência de conduta.

(B) praticou falta grave passível de rescisão de seu contrato de trabalho por justa causa, em razão da prática de ato de improbidade.

(C) praticou falta grave passível de rescisão de seu contrato de trabalho por justa causa, em razão da prática de ato de insubordinação.

(D) praticou falta grave passível de rescisão de seu contrato de trabalho por justa causa, em razão da prática de ato de indisciplina.

(E) não praticou falta grave passível de rescisão de seu contrato de trabalho, mas deverá receber punição disciplinar em razão da conduta descrita.

A: opção incorreta, pois a incontinência de conduta, art. 482, a, da CLT, aponta um comportamento desregrado ligado à vida sexual do obreiro, comportamento este que traz perturbações ao ambiente de trabalho. **B:** opção correta, pois o ato de improbidade, art. 482, a, da CLT, revela mau caráter, maldade, desonestidade, má-fé, por parte do empregado, que cause prejuízo ou até risco à integridade do patrimônio do empregador. **C:** opção incorreta, pois o ato de insubordinação, art. 482, h, da CLT consiste no descumprimento de ordens pessoais de serviço. **D:** opção incorreta, pois a indisciplina, art. 482, h, da CLT, consiste no descumprimento de ordens gerais de serviço. **E:** opção incorreta, pois o obreiro praticou falta grave tipificada no art. 482, a, da CLT. HC/LF

Gabarito "B".

(Analista – TRT/6ª – 2012 – FCC) Marius foi contratado por prazo indeterminado pela empresa Alfa Contabilidade Empresarial. Após onze meses de trabalho, recebeu um comunicado escrito da sua dispensa sem justa causa, com a determinação para trabalhar durante o período de aviso-prévio. Na presente situação, conforme legislação aplicável ao aviso-prévio, é correto afirmar:

(A) O horário normal de trabalho do empregado, durante o prazo do aviso, será reduzido de 1 (uma) hora diária, sem prejuízo do salário integral.

(B) É facultado ao empregado faltar ao serviço, sem prejuízo do salário integral, por 7 (sete) dias corridos.

(C) Dado o aviso-prévio, a rescisão torna-se efetiva depois de expirado o respectivo prazo, mas, se a parte notificante reconsiderar o ato, antes de seu termo, à outra parte é obrigada a aceitar a reconsideração.

(D) Mesmo que o empregado, durante o prazo do aviso-prévio, cometa qualquer das faltas consideradas pela lei como justas para a rescisão, ele não perde o direito ao restante do respectivo prazo.

(E) O reajuste salarial coletivo, determinado no curso do aviso-prévio, beneficia o empregado pré-avisado da despedida, salvo na hipótese de ter recebido antecipadamente os salários correspondentes ao período do aviso.

A: incorreto (art. 488, *caput*, da CLT); **B:** correto (art. 488, parágrafo único, da CLT); **C:** incorreto (art. 489 da CLT); **D:** incorreto (art. 491 da CLT – v. Súmula 73 do TST); **E:** incorreto (art. 487, § 6º, da CLT). HC/LF

Gabarito "B".

(Analista – TRT/11ª – 2012 – FCC) Diariamente e durante o horário de expediente, uma empregada expõe e vende produtos de higiene e beleza para seus colegas de trabalho, sem a permissão do seu empregador. Tal situação configura motivo para rescisão contratual por justa causa?

(A) Não, porque seria apenas motivo para advertência ou suspensão do empregado.

(B) Não, porque não há previsão legal para tal situação de rescisão por justa causa.

(C) Sim, porque o fato é grave, embora não esteja previsto em lei.

(D) Sim, porque o fato está tipificado em lei como justa causa para rescisão do contrato pelo empregador.

(E) Não, porque o fato não é tão grave e poderia apenas ensejar a rescisão sem justa causa.

Art. 482, *c*, da CLT. HC/LF

Gabarito "D".

13. ESTABILIDADE E GARANTIA NO EMPREGO

(Analista - TRT1 - 2018 - AOCP) Mariana foi admitida para exercer a função de recepcionista na empresa fabricante de produtos de limpeza Limpabem Ltda. em data de 12 de nov. de 2014. Em 13 de dez. de 2017, teve sua gravidez confirmada, com data provável do parto para 19 de jun. de 2018. Em data de 31 de jan. de 2018, foi demitida sem justa causa por iniciativa do empregador, sem, contudo, receber as verbas decorrentes da estabilidade gerada pela gravidez. A convenção coletiva de trabalho aplicável à categoria profissional à qual pertence Mariana estabelece que as empregadas gestantes, desde a gravidez até 60 dias após o término da licença-maternidade, têm estabilidade. Diante disso, é correto afirmar que

(A) Mariana somente será reintegrada à empresa se tal hipótese ocorrer no curso do período de estabilidade, compreendido desde a confirmação da gravidez até 60 dias após o término da licença-maternidade. Caso contrário, a garantia restringir-se-á aos salários e demais direitos correspondentes ao período de estabilidade.

(B) Mariana terá direito à reintegração ao emprego ou à indenização do período estabilitário, desde a gravidez até 60 dias após o término da licença-maternidade, caso haja comunicado seu estado gravídico ao empregador imediatamente após dele ter ciência.

(C) Mariana somente será reintegrada à empresa se tal hipótese ocorrer no curso do período de estabilidade, que é compreendido desde a confirmação da gravidez até cinco meses após o parto. Caso contrário, a garantia restringir-se-á aos salários e demais direitos correspondentes ao período de estabilidade.

(D) Mariana terá direito à reintegração ao emprego ou à indenização do período estabilitário, desde a confirmação da gravidez até cinco meses após o parto, caso haja comunicado seu estado gravídico ao empregador imediatamente após dele ter ciência.

(E) não é possível que a norma coletiva estenda a garantia de emprego à gestante, tendo em vista que a norma constitucional limita a estabilidade decorrente da gravidez a 5 meses após o parto.

Nos termos da súmula 244, II, do TST a garantia de emprego à gestante só autoriza a reintegração se esta se der durante o período de estabilidade. Do contrário, a garantia restringe-se aos salários e demais direitos correspondentes ao período de estabilidade. Importante lembrar que a Convenção Coletiva de Trabalho não pode contrariar direito previsto no art. 10, II, *b*, do ADCT.

Gabarito "C".

(Analista Jurídico - TRT2 - FCC - 2018) Carolina, Mariana e Antônio são empregados da empresa Viação Mar Azul Ltda. Carolina foi contratada por prazo determinado e descobriu que está grávida. Mariana, contratada por prazo determinado, recentemente sofreu um acidente de trabalho e encontra-se afastada de suas atividades profissionais. Antônio, por sua vez, contratado por prazo indeterminado, acaba de registrar sua candidatura a cargo de direção de entidade sindical. Neste caso, nos termos da lei trabalhista vigente e do entendimento sumulado do TST, é correto afirmar:

(A) O desconhecimento da empresa Viação Mar Azul Ltda. do estado gravídico de Carolina afasta o direito ao pagamento de indenização decorrente da estabilidade gestante, existente desde a comunicação da gravidez até cinco meses após o parto.

(B) Mariana goza da garantia provisória de emprego decorrente de acidente de trabalho.

(C) Carolina não tem direito à estabilidade provisória, existente desde a confirmação da gravidez até 5 meses após o parto, pois foi admitida mediante contrato por tempo determinado.

(D) Fica vedada a dispensa de Antônio, a partir do momento da data da eleição a cargo de direção de entidade sindical, até 1 ano após o final do seu mandato, exceto se fosse como suplente.

(E) Antônio teria direito à estabilidade, mesmo que o registro da candidatura a cargo de dirigente sindical tivesse sido realizado durante o período de aviso prévio, ainda que indenizado.

A: incorreta, pois, nos termos da súmula 244, I, do TST, o desconhecimento do estado gravídico pelo empregador não afasta o direito ao pagamento da indenização decorrente da estabilidade; B: correta, pois, nos termos do item III da súmula 378 do TST, o empregado submetido a contrato de trabalho por tempo determinado goza da garantia provisória de emprego decorrente de acidente de trabalho prevista no art. 118 da Lei 8.213/1991; C: incorreta, pois ainda que a empregada tenha sido contratada mediante contrato com prazo determinado há estabilidade provisória no emprego, de acordo com a súmula 244, III, do TST; D: incorreta, pois, nos termos do art. 8°, VIII, CF e art. 543, §3°, da CLT, é vedada a dispensa do empregado sindicalizado a partir do registro da candidatura a cargo de direção ou representação sindical e, se eleito, ainda que suplente, até um ano após o final do mandato, salvo se cometer falta grave; E: incorreta, pois, nos termos da súmula 369, V, do TST, o registro da candidatura do empregado a cargo de dirigente sindical durante o período de aviso prévio, ainda que indenizado, não lhe assegura a estabilidade. **HC**
Gabarito "B"

(Analista – TRT/10ª – 2013 – CESPE) Julgue os itens que se seguem, relativos a estabilidade e garantias provisórias de emprego.

(1) Segundo o Tribunal Superior do Trabalho (TST), o empregado de categoria diferenciada eleito dirigente sindical só gozará de estabilidade se exercer na empresa atividade pertinente à categoria profissional do sindicato para o qual tiver sido eleito dirigente.

(2) É vedada a dispensa dos membros de comissão de conciliação prévia até um ano após o final do mandato, salvo se cometerem falta, nos termos da lei.

1. Opção correta, pois nos termos da súmula 369, III, do TST, o empregado de categoria diferenciada eleito dirigente sindical só goza de estabilidade se exercer na empresa atividade pertinente à categoria profissional do sindicato para o qual foi eleito dirigente. **2.** Opção incorreta, pois nos termos do art. 625-B, § 1°, da CLT somente os representantes dos empregados membros da Comissão de Conciliação Prévia possuem a garantia de emprego. Ademais, o mesmo dispositivo legal ensina poderá ser dispensado caso cometa falta grave e não mera "falta" como consignada na assertiva o cometimento de falta grave. **HC/LF**
Gabarito 1C, 2E

(Analista – TRT/3ª – 2015 – FCC) Matheus trabalha na filial da empresa X, na cidade de Juiz de Fora. Em 24 de março de 2015 foi eleito membro da CIPA. Entretanto, no dia 28 de maio de 2015, o estabelecimento em que trabalhava foi extinto e ele foi dispensado sem justa causa. Em relação a essa situação,

(A) a dispensa é inválida, pois a estabilidade de membro eleito da CIPA tem por fundamento o interesse coletivo dos trabalhadores que representa.

(B) a dispensa é válida, sendo certo que a estabilidade do cipeiro não constitui vantagem pessoal, mas garantia para as atividades dos membros da CIPA, que somente tem razão de ser quando em atividade a empresa. Extinto o estabelecimento, não se verifica a despedida arbitrária.

(C) a dispensa é inválida, pois a estabilidade do cipeiro constitui vantagem pessoal que independe da atividade da empresa.

(D) havendo membro eleito da CIPA no estabelecimento, o mesmo não pode ser extinto, sob pena de afronta à garantia fundamental de permanência no emprego assegurada ao cipeiro.

(E) a dispensa é válida, mas a empresa terá que pagar ao empregado indenização equivalente ao período faltante para o término da estabilidade, pela metade.

"B" é a resposta correta. Em conformidade com o entendimento cristalizado na súmula 339, II, do TST a estabilidade provisória do cipeiro não constitui vantagem pessoal, mas garantia para as atividades dos membros da CIPA, que somente tem razão de ser quando em atividade a empresa. Extinto o estabelecimento, não se verifica a despedida arbitrária, sendo impossível a reintegração e indevida a indenização do período estabilitário. **HC**
Gabarito "B".

(Analista – TRT9 – 2012 – FCC) Em relação às estabilidades provisórias no emprego, considere as proposições:

I. A estabilidade é assegurada ao dirigente sindical eleito como titular e ao eleito como suplente.

II. A estabilidade da gestante estende-se desde a confirmação da gravidez até 6 meses após o parto.

III. A estabilidade do dirigente sindical vai desde o registro da candidatura até um ano após o término do mandato.

IV. O empregado eleito para o cargo de direção de comissões internas de prevenção de acidentes tem estabilidade desde a eleição até um ano após o término do mandato.

V. O empregado acidentado no trabalho tem garantida, pelo prazo mínimo de 12 meses, a manutenção do seu contrato de trabalho na empresa, após a cessação do auxílio-doença acidentário, independentemente de percepção de auxílio-acidente.

Está correto APENAS o que se afirma em

(A) I, III e V.

(B) II, III e IV.

(C) I, II e V.

(D) II, IV e V.

(E) I, II e III.

I: opção correta, pois reflete o disposto no art. 8°, VIII, da CF e art. 543, § 3°, da CLT. Veja súmula 369, II, do TST. **II:** opção incorreta, pois o período de estabilidade da empregada gestante é desde a confirmação da gravidez até 5 meses após o parto, os termos do art. 10, II, b, do ADCT. **III:** opção correta, pois reflete o disposto no art. 8°, VIII, da CF e art. 543, § 3°, da CLT. **IV:** opção incorreta, pois nos termos do art. 10, II, a, do ADCT a estabilidade é contada desde o registro de sua candidatura até um ano após o final de seu mandato. **V:** opção correta, pois reflete o disposto no art. 118 da Lei 8.213/1991. HC/LF

Gabarito "A".

14. FGTS

(Analista - TRT2 - FCC - 2018) De acordo com a Lei no 8.036/1990, o Conselho Curador estabelece normas e diretrizes que regem o Fundo de Garantia do Tempo de Serviço (FGTS). Representantes dos trabalhadores e dos empregadores

(A) fazem parte da composição deste Conselho Curador, sendo que terão mandato de dois anos, vedada a recondução, inclusive para os suplentes.

(B) fazem parte da composição deste Conselho Curador, sendo que terão mandato de dois anos, podendo ser reconduzidos uma única vez, inclusive os suplentes.

(C) não fazem parte da composição deste Conselho Curador, tratando-se de um órgão governamental que possui apenas integrantes indicados pela autoridade competente do Poder Executivo.

(D) não fazem parte da composição deste Conselho Curador, tratando-se de um órgão governamental que possui apenas integrantes indicados pelas autoridades competentes dos Poderes Executivo e Legislativo.

(E) fazem parte da composição deste Conselho Curador, sendo que terão mandato de três anos, vedada a recondução, inclusive para os suplentes.

"B" é a opção correta. Isso porque, nos termos do art. 3º da Lei 8.036/1990, o FGTS será regido por normas e diretrizes estabelecidas por um Conselho Curador, composto por representação de trabalhadores, empregadores e órgãos e entidades governamentais, na forma estabelecida pelo Poder Executivo. Ademais, nos termos do § 3º do mesmo dispositivo legal, o mandado será de 2 anos, podendo ser reconduzidos uma única vez. HC

Gabarito "B".

(Analista Judiciário – TRT/24 – FCC – 2017) Quanto ao Fundo de Garantia por Tempo de Serviço – FGTS, segundo ordenamento jurídico e jurisprudência sumulada do Tribunal Superior do Trabalho:

(A) A contribuição para o Fundo de Garantia do Tempo de Serviço incide sobre a remuneração mensal devida ao empregado, inclusive horas extras e adicionais, desde que habituais.

(B) É trintenária a prescrição do direito de reclamar contra a falta de recolhimento de contribuição para o FGTS, observado o prazo de cinco anos após o término do contrato.

(C) Quando ocorrer despedida por culpa recíproca ou força maior, reconhecida pela Justiça do Trabalho, o percentual da multa rescisória será reduzido para dez por cento.

(D) A prescrição da pretensão relativa às parcelas remuneratórias alcança o respectivo recolhimento da contribuição para o FGTS.

(E) A conta vinculada do trabalhador no FGTS poderá ser movimentada quando houver suspensão total do trabalho avulso por período igual ou superior a sessenta dias, comprovada por declaração do sindicato representativo da categoria profissional.

A: opção incorreta, pois nos termos da súmula 63 do TST a contribuição para o Fundo de Garantia do Tempo de Serviço incide sobre a remuneração mensal devida ao empregado, inclusive horas extras e adicionais eventuais, ainda que não habituais. **B:** opção incorreta, pois nos termos da súmula 362 a prescrição será quinquenal. **C:** opção incorreta, pois nos termos do art. 18, § 2º, da Lei 8.036/1990 quando ocorrer despedida por culpa recíproca ou força maior, reconhecida pela Justiça do Trabalho, o percentual da multa rescisória será de 20 (vinte) por cento. **D:** opção correta, pois a prescrição da pretensão relativa às parcelas remuneratórias alcança o respectivo recolhimento da contribuição para o FGTS. **E:** opção incorreta, pois nos termos do art. 20, X, da Lei 8.036/1990 a conta poderá ser movimentada em caso de suspensão total do trabalho avulso por período igual ou superior a 90 (noventa) dias, comprovada por declaração do sindicato representativo da categoria profissional. HC

Gabarito "D".

(Analista Judiciário – TRT/11 – FCC – 2017) Com relação ao FGTS, considere:

I. A equivalência entre os regimes do Fundo de Garantia do Tempo de Serviço e da estabilidade prevista na CLT é meramente jurídica e não econômica, sendo indevidos valores a título de reposição de diferenças.

II. O pagamento relativo ao período de aviso-prévio, trabalhado ou não, está sujeito à contribuição para o FGTS.

III. Caberá ao Conselho Curador do FGTS, na qualidade de agente operador, emitir Certificado de Regularidade do FGTS.

IV. Quando ocorrer rescisão do contrato de trabalho por culpa recíproca ou força maior reconhecida pela Justiça do Trabalho, o percentual devido relativo à multa pela rescisão será de 20%.

Está correto o que se afirma APENAS em

(A) I e II.

(B) I, II e III.

(C) II, III e IV.

(D) I, II e IV.

(E) III e IV.

I: correto. Nos termos da súmula 98, I, do TST A equivalência entre os regimes do Fundo de Garantia do Tempo de Serviço e da estabilidade prevista na CLT é meramente jurídica e não econômica, sendo indevidos valores a título de reposição de diferenças. **II:** correto. Nos termos da súmula 305 do TST O pagamento relativo ao período de aviso-prévio, trabalhado ou não, está sujeito a contribuição para o FGTS. **III:** incorreto. Nos termos do art. 7º, V, da Lei 8.036/1990 cabe à caixa Econômica Federal emitir Certificado de Regularidade do FGTS. **IV:** correto. Nos termos do art. 18, § 2º, da Lei 8.036/1990 quando ocorrer despedida por culpa recíproca ou força maior, reconhecida pela Justiça do Trabalho, o percentual relativo à multa pela rescisão será de 20 (vinte) por cento. HC

Gabarito "D".

(Analista – TRT/2ª – 2014 – FCC) Um trabalhador avulso teve seu trabalho suspenso de forma total pelo período de 90 dias, tendo sido tal suspensão comprovada por declaração do sindicato representativo da categoria profissional. Nesse caso, em relação ao FGTS, de acordo com a legislação aplicável, os valores depositados em sua conta vinculada

(A) não poderão ser sacados tendo em vista que o saque de FGTS do trabalhador avulso só ocorre por ocasião da aposentadoria do mesmo.

(B) poderão ser sacados, eis que preenchidos os requisitos legais para tanto.

(C) não poderão ser sacados, uma vez que a suspensão do trabalho não completou o período de 120 dias.

(D) só poderão ser sacados se a suspensão do trabalho for autorizada pelo Ministério do Trabalho.

(E) só poderão ser sacados se o trabalhador tiver completado 65 anos de idade.

A: incorreta, pois a Lei 8.036/90 trata de outras situações que o trabalhador avulso poderá sacar o FGTS. Veja art. 20 da Lei 8.036/90. Ademais, por força do art. 7º, XXXIV, da CF, o FGTS é um direito dos trabalhadores urbanos e rurais estendido aos trabalhadores avulsos. **B:** correta, pois os requisitos exigidos no art. 20, X, da Lei 8.036/90 foram atendidos. **C:** incorreta, pois o período de suspensão disposto no art. 20, X, da Lei 8.036/90 não é de 120 dias, mas de 90 dias. **D:** incorreta, pois a suspensão do trabalho não carece de autorização do Ministério do Trabalho, mas sim de declaração do sindicato representativo da categoria profissional. **E:** incorreta, pois nos termos do art. 20, XV, da Lei 8.036/90 a idade deve ser igual ou superior a 70 anos. HC
Gabarito "B".

(Analista – TRT9 – 2012 – FCC) Com fundamento na legislação aplicável ao FGTS, a conta vinculada do trabalhador NÃO poderá ser movimentada na hipótese de

(A) falecimento do trabalhador.

(B) dispensa indireta.

(C) culpa recíproca.

(D) aposentadoria concedida pela Previdência Social.

(E) pedido de demissão.

A: opção incorreta, pois poderá ser movimentada, nos termos do art. 20, IV, da Lei 8.036/1990. **B:** opção incorreta, pois poderá ser movimentada, nos termos do art. 20, I, da Lei 8.036/1990. **C:** opção incorreta, pois poderá ser movimentada, nos termos do art. 20, I, da Lei 8.036/1990. **D:** opção incorreta, pois poderá ser movimentada, nos termos do art. 20, III, da Lei 8.036/1990. **E:** opção correta, pois no pedido de demissão o empregado não poderá movimentar a conta do FGTS, na medida em que não consta no rol do art. 20 da Lei 8.036/1990. HC/LF
Gabarito "E".

15. MEDICINA E SEGURANÇA NO TRABALHO

(Analista - Área Administrativa - TRT1 - 2018 - AOCP) Em relação às atividades consideradas perigosas e o direito ao adicional de periculosidade, assinale a alternativa INCORRETA.

(A) O empregado exposto permanentemente ou que, de forma intermitente, sujeita-se a condições de risco, faz jus ao recebimento do adicional de periculosidade. O adicional de periculosidade é indevido tão somente quando o contato ou exposição a atividades ou operações perigosas ocorre eventualmente, ou seja, de forma fortuita, ou mesmo que seja habitual, ocorra por período de tempo muito reduzido.

(B) O empregado exposto permanentemente ou que, de forma intermitente ou eventual, assim considerada a fortuita, sujeita-se a condições de risco faz jus ao recebimento do adicional de periculosidade.

(C) O adicional de periculosidade legalmente estabelecido é de 30% sobre o salário do trabalhador, sem os acréscimos resultantes de gratificações, prêmios ou participações nos lucros da empresa e, quando pago com habitualidade, integra o salário do empregado para todos os efeitos.

(D) O trabalhador que desempenha suas funções em motocicleta, como os motoboys, tem direito ao recebimento do adicional de periculosidade.

(E) É inválida a cláusula de acordo ou convenção coletiva de trabalho fixando o adicional de periculosidade em percentual inferior ao estabelecido em lei, ainda que proporcional ao tempo de exposição ao risco.

A: correto, pois reflete a disposição da súmula 364, I, do TST. **B:** incorreto, pois a exposição eventual não confere a percepção do adicional de periculosidade, súmula 364, I, do TST. **C:** correto, pois reflete a disposição do art. 193, § 1º, da CLT. **D:** correto: pois consideradas perigosas as atividades de trabalhador em motocicleta, art. 193, § 4º, da CLT; **E:** correto: pois reflete a disposição da súmula 364, II, TST.
Gabarito "B".

(Analista - TRT2 - FCC - 2018) Segundo entendimento Sumulado do Tribunal Superior do Trabalho, o trabalho executado em condições insalubres, em caráter intermitente, só por essa circunstância,

(A) aumenta o respectivo adicional para 40%.

(B) afasta o direito à percepção do respectivo adicional.

(C) reduz o respectivo adicional para 10%.

(D) reduz o respectivo adicional para 20%.

(E) não afasta o direito à percepção do respectivo adicional.

"E" é a opção correta. Isso porque, nos termos da súmula 47 do TST, o trabalho executado em condições insalubres, em caráter intermitente, não afasta, só por essa circunstância, o direito à percepção do respectivo adicional. HC
Gabarito "E".

(Analista - TRT2 - FCC - 2018) Rosana e Marcela são empregadas da empresa "D". Apesar de trabalharem na mesma empresa, elas laboram em atividades consideradas insalubres, respectivamente, em grau médio e mínimo. No começo deste ano, Rosana e Marcela deram à luz seus filhos, Bernardo e Frederico, respectivamente, sendo que, coincidentemente, as empregadas devem retornar ao trabalho na próxima segunda-feira. Considerando que ambas estão amamentando seus filhos, de acordo com a Consolidação das Leis do Trabalho, sem prejuízo de sua remuneração, nessa situação:

(A) Incluído o valor do adicional de insalubridade, ambas as empregadas deverão afastar-se das atividades consideradas insalubres que exerciam quando apresentarem atestado de saúde, emitido por médico de confiança delas, recomendando o afastamento.

(B) Não incluso o valor do adicional de insalubridade, ambas as empregadas deverão afastar-se das atividades consideradas insalubres que exercem quando apresentarem atestado de saúde, emitido por médico de confiança delas, recomendando o afastamento.

(C) Incluído o valor do adicional de insalubridade, ambas as empregadas deverão afastar-se das atividades consideradas insalubres que exerciam independentemente de apresentarem qualquer atestado de saúde, tratando-se de um direito constitucionalmente garantido.

(D) Não incluso o valor do adicional de insalubridade, somente Rosana deverá afastar-se das atividades consideradas insalubres que exercia quando apresentar atestado de saúde, emitido por médico de sua confiança, recomendando o afastamento.

(E) Incluído o valor do adicional de insalubridade, somente Rosana deverá afastar-se das atividades consideradas insalubres que exercia independentemente de apresentar qualquer atestado de saúde, tratando-se de um direito constitucionalmente garantido.

"A" é a opção correta. Isso porque, nos termos do art. 394-A, III, da CLT, sem prejuízo de sua remuneração, nesta incluído o valor do adicional de insalubridade, a empregada deverá ser afastada de atividades consideradas insalubres em qualquer grau quando apresentar atestado de saúde, emitido por médico de confiança da mulher, que recomende o afastamento durante a lactação. **HC**

Gabarito "A".

(Analista Judiciário – TRT/11 – FCC – 2017) Carlos é empregado da empresa DCD Ltda. Ele recebe adicional de periculosidade em razão da atividade desenvolvida na empresa. Exatamente em razão desta atividade Carlos também é remunerado pelas horas que permanece de sobreaviso em sua residência, porém, na remuneração destas horas de sobreaviso a empresa paga sem a integração do adicional de periculosidade. Neste caso, de acordo com o entendimento Sumulado do TST, a empresa empregadora efetua o pagamento de forma

(A) incorreta se as horas de sobreaviso ultrapassam dez horas durante um mês, uma vez que, somente neste caso, haverá integração do adicional de periculosidade sobre as horas de sobreaviso.

(B) incorreta uma vez que a integração do adicional de periculosidade sobre as horas de sobreaviso é sempre devido, em razão da atividade desenvolvida pelo empregado.

(C) incorreta se as horas de sobreaviso ultrapassam quinze horas durante um mês, uma vez que, somente neste caso, haverá integração do adicional de periculosidade sobre as horas de sobreaviso.

(D) correta uma vez que Carlos não se encontra em condições de risco, razão pela qual é incabível a integração do adicional de periculosidade sobre as horas de sobreaviso.

(E) incorreta se as horas de sobreaviso ultrapassam vinte horas durante um mês, uma vez que, somente neste caso, haverá integração do adicional de periculosidade sobre as horas de sobreaviso.

"D" é a opção correta. Nos termos da súmula 132 do TST durante as horas de sobreaviso, o empregado não se encontra em condições de risco, razão pela qual é incabível a integração do adicional de periculosidade sobre as mencionadas horas. **HC**

Gabarito "D".

(Analista Judiciário – TRT/20 – FCC – 2016) Juno trabalhou por oito meses como vigilante bancário, exercendo atividades que, por sua natureza ou métodos de trabalho, implicavam risco acentuado pela exposição permanente a roubos ou outras espécies de violência física nas atividades profissionais de segurança patrimonial. Nessa situação, Juno fará jus a adicional de

(A) insalubridade no valor de 30% da remuneração global, incluindo os acréscimos decorrentes de gratificações e prêmios.

(B) periculosidade no importe de 10%, 20% ou 40% do salário mínimo, conforme o grau de risco da exposição verificado em perícia de engenheiro ou médico do trabalho.

(C) penosidade no importe de 10%, 20% ou 40% do salário básico, conforme o grau de risco da exposição verificado em perícia de engenheiro ou médico do trabalho.

(D) periculosidade no importe de 30% sobre o salário básico, mas sem descontar ou compensar deste adicional outros da mesma natureza eventualmente já concedidos ao vigilante por meio de acordo coletivo.

(E) periculosidade no valor de 30% sobre o salário sem os acréscimos resultantes de gratificações, prêmios ou participações nos lucros da empresa.

"E" é a opção correta. Nos termos do art. 193, II, da CLT são consideradas atividades ou operações perigosas, aquelas que, por sua natureza ou métodos de trabalho, impliquem risco acentuado em virtude de exposição permanente do trabalhador a roubos ou outras espécies de violência física nas atividades profissionais de segurança pessoal ou patrimonial. Assim, em conformidade com o § 1º do citado dispositivo, o trabalho em condições de periculosidade assegura ao empregado um adicional de 30% (trinta por cento) sobre o salário sem os acréscimos resultantes de gratificações, prêmios ou participações nos lucros da empresa. **HC**

Gabarito "E".

(Analista – TRT/3ª – 2015 – FCC) Daniel, empregado da Pizzaria Novo Sabor, trabalha como entregador de pizza, utilizando moto para tal finalidade. Em razão da condição de execução do trabalho, Daniel

(A) não tem direito de receber qualquer adicional de remuneração, pois seu trabalho não se caracteriza como atividade insalubre ou perigosa.

(B) não tem direito de receber qualquer adicional de remuneração, pois não trabalha com inflamáveis ou explosivos, as únicas situações que caracterizam condição perigosa de trabalho para fins de percepção do adicional respectivo.

(C) tem direito de receber adicional de insalubridade, pois o trabalho com moto é prejudicial para sua saúde.

(D) tem direito de receber adicional de insalubridade, mas somente em grau mínimo, mais adicional de periculosidade, calculado em razão do tempo em que se utiliza da moto na execução do trabalho.

(E) tem direito de receber adicional de periculosidade, por expressa previsão legal.

"E" é a opção correta. O § 4º ao art. 193 da CLT garante aos profissionais que utilizam a motocicleta para trabalhar com o transporte de passageiros e mercadorias, como os motoboys, mototaxistas, motofretistas e de serviço comunitário de rua, o direito ao adicional de periculosidade de 30% sobre seus salários, descontados os acréscimos resultantes de gratificações, prêmios ou participações nos lucros da empresa. Contudo, de acordo com o Anexo 5 da NR 16 do MTE algumas atividades NÃO são consideradas perigosas para efeitos da lei. São elas: a) a utilização de motocicleta ou motoneta exclusivamente no percurso da residência para o local de trabalho ou deste para aquela; b) as atividades em veículos que não necessitem de emplacamento ou que não exijam carteira nacional de habilitação para conduzi-los; c) as atividades em motocicleta ou motoneta em locais privados; d) as atividades com uso de motocicleta ou motoneta de forma eventual, assim considerado o fortuito, ou o que, sendo habitual, dá-se por tempo extremamente reduzido. **HC**

Gabarito "E".

(Analista – TRT/16ª – 2014 – FCC) Considere os seguintes itens:

I. Gratificações.

II. Prêmios.

III. Participações nos lucros da empresa.

Para o cálculo do adicional de periculosidade

(A) incidem as verbas indicadas apenas em II e III.

(B) incidem as verbas indicadas em I, II e III.

(C) incidem as verbas indicadas apenas em I e II.

(D) não incidem as verbas indicadas apenas em I e II.

(E) não incidem as verbas indicadas em I, II e III.

Nos termos do art. 193, § 1º, da CLT o trabalho em condições de periculosidade assegura ao empregado um adicional de 30% (trinta por cento) sobre o salário sem os acréscimos resultantes de gratificações, prêmios ou participações nos lucros da empresa. **HC**
Gabarito "E".

(Analista – TRT/9 – 2012 – FCC) Considere as proposições:

I. Atividades ou operações insalubres são aquelas que, por sua natureza, condições ou métodos de trabalho, exponham os empregados a agentes nocivos à saúde, acima dos limites de tolerância fixados em razão da natureza e da intensidade do agente e do tempo de exposição aos seus efeitos.

II. A eliminação ou neutralização da insalubridade ocorrerá com a adoção de medidas que conservem o ambiente de trabalho dentro dos limites de tolerância e com a utilização pelo trabalhador de EPI's que diminuam a intensidade do agente agressivo a limites de tolerância.

III. O trabalho em condições de periculosidade assegura ao empregado um adicional de 30% (trinta por cento) sobre o salário, com os acréscimos resultantes de gratificações, prêmios ou participações nos lucros da empresa.

IV. A caracterização e a classificação da insalubridade e da periculosidade far-se-ão através de perícias, ficando a primeira a cargo de Médico do Trabalho e a segunda a cargo de Engenheiro do Trabalho, registrado no Ministério do Trabalho.

V. O adicional de insalubridade e o adicional de periculosidade incorporam-se ao salário do empregado, não podendo deixar de ser pagos mesmo que tenha havido a cessação do risco à saúde ou a integridade física do mesmo.

Está correto APENAS o que se afirma em

(A) III, IV e V.

(B) II, III e V.

(C) I e II.

(D) II e IV.

(E) I, II e V.

I: opção correta, pois reflete o disposto no art. 189 da CLT. II: opção correta, pois reflete o disposto no art. 191, I e II, da CLT. III: opção incorreta, pois nos termos do art. 193, § 1º, da CLT o trabalho em condições de periculosidade assegura ao empregado um adicional de 30% (trinta por cento) sobre o salário sem os acréscimos resultantes de gratificações, prêmios ou participações nos lucros da empresa. IV: opção incorreta, pois nos termos do art. 195 da CLT a caracterização e a classificação da insalubridade e da periculosidade, far-se-ão através de perícia a cargo de Médico do Trabalho ou Engenheiro do Trabalho, registrados no Ministério do Trabalho. Veja também a súmula 448 do TST. V: opção incorreta, pois nos termos do art. 194 da CLT o direito do empregado ao adicional de insalubridade ou de periculosidade cessará com a eliminação do risco à sua saúde ou integridade física. **HC/LF**
Gabarito "C".

(Analista – TRT/6ª – 2012 – FCC) Carlus trabalha em um posto de abastecimento de combustíveis. Exerce as funções de frentista, cuja atividade principal é abastecer os veículos com combustível direto da bomba. Recebe salário base e vale refeição. Pelo exercício das suas funções, nos termos da legislação aplicável à matéria, Carlus faz jus ao pagamento do adicional de

(A) penosidade no valor correspondente a 40% sobre o salário mínimo.

(B) insalubridade no percentual de 10%, 20% ou 40% do salário mínimo.

(C) periculosidade no percentual de 30% do salário contratual.

(D) periculosidade no percentual 10%, 20% ou 40% do salário mínimo.

(E) penosidade no percentual de 30% do salário contratual.

"C" é a resposta correta, pois reflete o disposto no art. 193, I, e § 1º, da CLT. Nesse sentido, veja a súmula 39 do TST: " Os empregados que operam em bomba de gasolina têm direito ao adicional de periculosidade (Lei nº 2.573, de 15.08.1955)." **HC/LF**
Gabarito "C".

(Analista – TRT/6ª – 2012 – FCC) Afrodite trabalha em posto de revenda de combustível líquido, possuindo contato permanente com líquidos combustíveis. Neste caso, de acordo com a Consolidação das Leis do Trabalho, ela terá direito ao adicional de

(A) insalubridade correspondente a 25% sobre o seu salário base.

(B) periculosidade correspondente a 25% sobre o seu salário base.

(C) periculosidade correspondente a 20% sobre o seu salário base.

(D) insalubridade correspondente a 40, 20 ou 10% sobre o seu salário mínimo.

(E) periculosidade correspondente a 30% sobre o seu salário base.

"E" é a opção correta, pois reflete o disposto no art. 193, I, § 1º, da CLT. Sobre o tema veja a súmula 364, I, do TST: "ADICIONAL DE PERICULOSIDADE". EXPOSIÇÃO EVENTUAL, PERMANENTE E INTERMITENTE. I- Tem direito ao adicional de periculosidade o empregado exposto permanentemente ou que, de forma intermitente, sujeita-se a condições de risco. Indevido, apenas, quando o contato dá-se de forma eventual, assim considerado o fortuito, ou o que, sendo habitual, dá-se por tempo extremamente reduzido. **HC/LF**
Gabarito "E".

16. PRESCRIÇÃO E DECADÊNCIA

(Analista – TRT/1ª – 2012 – FCC) O prazo prescricional para reclamar créditos resultantes das relações de trabalho, conforme previsão legal e entendimento sumulado do TST, é de

(A) dois anos para os trabalhadores rurais, até o limite de cinco anos após a extinção do contrato de trabalho.

(B) cinco anos para os trabalhadores urbanos e rurais, até o limite de dois anos após a extinção do contrato de trabalho.

(C) dois anos para os trabalhadores urbanos e rurais, até o limite de cinco anos após a extinção do contrato de trabalho.

(D) trinta anos para reclamar contra o não recolhimento da contribuição para o FGTS.

(E) trinta anos para reclamar contra o não recolhimento da contribuição para o FGTS, observado o prazo de cinco anos após o término do contrato de trabalho.

"B" é a alternativa correta, pois reflete o disposto no art. 7º, XXIX, da CF e art. 11 da CLT. Veja também a súmula 308, I, do TST. HC/LF
Gabarito "B".

(Analista – TRT/6ª – 2012 – FCC) Analisando-se as normas legais relativas ao instituto da prescrição no Direito do Trabalho, é correto afirmar:

(A) Contra menores de 21 (vinte e um) anos não corre nenhum prazo de prescrição.

(B) O direito de ação quanto a créditos resultantes das relações de trabalho prescreve em três anos para contrato em vigor e encerrados.

(C) O direito de ação quanto a créditos resultantes das relações de trabalho prescreve em cinco anos após a extinção do contrato de trabalho.

(D) Não corre prazo de prescrição para as ações que tenham por objeto anotações para fins de prova junto à Previdência Social.

(E) A prescrição do direito de reclamar a concessão das férias ou o pagamento da respectiva remuneração será sempre contada da cessação do contrato de trabalho.

A: incorreto (art. 440 da CLT); **B e C:** incorretos (arts. 7º, XXIX, da CF e 11 da CLT); **D:** correto (art. 11, § 1º, da CLT); **E:** incorreto (art. 149 da CLT). HC/LF
Gabarito "D".

17. ORGANIZAÇÃO E LIBERDADE SINDICAL

(Analista – TRT/2ª – 2014 – FCC) São critérios previstos pelo ordenamento jurídico para formação, respectivamente, das categorias econômicas, profissionais e profissionais diferenciadas:

(A) Similitude de condições de vida oriunda da profissão ou trabalho em comum, em situação de emprego na mesma atividade econômica ou em atividades econômicas similares ou conexas; solidariedade de interesses econômicos dos que empreendem atividades idênticas, similares ou conexas; e exercício de profissões ou funções diferenciadas por força de estatuto profissional especial ou em consequência de condições de vida singulares.

(B) Homogeneidade de representação perante as autoridades administrativas, na defesa dos interesses econômicos; solidariedade de interesses e similitude de condições de vida decorrentes de estatuto profissional próprio; e exercício de profissões ou funções diferenciadas por força de estatuto profissional especial ou em consequência de condições de vida singulares.

(C) Solidariedade de interesses econômicos dos que empreendem atividades idênticas, similares ou conexas; similitude de condições de vida oriunda da profissão ou trabalho em comum, em situação de emprego na mesma atividade econômica ou em atividades econômicas similares ou conexas; e exercício de profissões ou funções diferenciadas por força de estatuto profissional especial ou em consequência de condições de vida singulares.

(D) Exercício de profissões ou funções diferenciadas por força de estatuto profissional especial ou em consequência de condições de vida singulares; similitude de condições de vida oriunda da profissão ou trabalho em comum, em situação de emprego na mesma atividade econômica ou em atividades econômicas similares ou conexas; e solidariedade de interesses econômicos dos que empreendem atividades idênticas, similares ou conexas.

(E) Solidariedade de interesses econômicos dos que empreendem atividades idênticas, similares ou conexas; exercício de profissões ou funções diferenciadas por força de estatuto profissional especial ou em consequência de condições de vida singulares; e similitude de condições de vida oriunda da profissão ou trabalho em comum, em situação de emprego na mesma atividade econômica ou em atividades econômicas similares ou conexas.

"C" é a correta, pois nos termos do art. 511, § 1º, da CLT a solidariedade de interesses econômicos dos que exploram atividades idênticas, similares ou conexas, constitui o vínculo social denominado categoria econômica. Já a categoria profissional, em conformidade com o § 2º do art. 511 da CLT é caracterizada pela semelhança de condições de vida oriunda da profissão ou trabalho em comum, em situação de emprego na mesma atividade econômica ou em atividades econômicas similares ou conexas. Por último, categoria profissional diferenciada é a que se forma dos empregados que exerçam profissões ou funções diferenciadas por força de estatuto profissional especial ou em consequência de condições de vida singulares. HC
Gabarito "C".

(Analista – TRT/10ª – 2013 – CESPE) Julgue os próximos itens, acerca dos direitos coletivos do trabalho.

(1) A diferença básica entre a convenção coletiva de trabalho e o acordo coletivo de trabalho traduz-se nos seus sujeitos, pois, enquanto na convenção coletiva os sujeitos são o sindicato profissional de um lado e uma ou mais empresas do outro, no acordo coletivo os sujeitos são o sindicato profissional de um lado e, de outro lado, o sindicato da categoria econômica.

(2) O chamado locaute, vedado pelo ordenamento jurídico brasileiro, significa a paralisação do trabalho ordenada pelo próprio empregador.

(3) As confederações são entidades sindicais de grau superior, de âmbito nacional, que, para terem tal *status*, devem ser constituídas por, no mínimo, cinco federações e ter sede em Brasília.

1. opção incorreta, pois no acordo coletivo os sujeitos são o sindicato profissional de um lado e uma ou mais empresas do outro, na convenção coletiva os sujeitos são o sindicato profissional de um lado e, de outro lado, o sindicato da categoria econômica, nos termos do art. 611, *caput*, e § 1º, da CLT. **2.** Opção correta, pois nos termos do art. 17 da Lei 7.783/1990 o lockout é proibido. **3.** Opção incorreta, pois nos termos do art. 535 da CLT as Confederações organizar-se-ão com o mínimo de 3 (três) federações e terão sede na Capital da República. HC/LF
Gabarito 1E, 2C, 3E.

(Analista – TRT9 – 2012 – FCC) A associação em sindicatos constitui um dos elementos decorrentes da liberdade sindical. O ordenamento jurídico brasileiro, no entanto, impõe a associação sindical a partir da formação de categorias, que podem ser:

(A) profissionais diferenciadas: aquelas formadas a partir da similitude de condições de vida oriunda da profissão ou trabalho em comum, em situação de emprego na mesma atividade econômica ou em atividades econômicas similares ou conexas.

(B) profissionais: aquelas formadas a partir da similitude de condições de vida oriunda da profissão ou trabalho em comum, em situação de emprego na mesma atividade econômica ou em atividades econômicas similares ou conexas.

(C) econômicas: aquelas formadas a partir da similitude de condições de vida dos trabalhadores, oriunda da profissão ou trabalho em comum dos mesmos, definindo, em consequência, a atividade econômica preponderante das empresas.

(D) econômicas: as que se formam a partir do exercício de profissões ou funções diferenciadas em relação aos demais empregados, definindo, em consequência, a atividade econômica preponderante das empresas.

(E) profissionais diferenciadas: as que se formam a partir da solidariedade de interesses econômicos dos trabalhadores que trabalham em atividades idênticas, similares ou conexas. similares ou conexas.

"B" é a opção correta, pois reflete o disposto no art. 511, § 2°, da CLT. Importante lembrar que nos termos do art. 511, § 3°, da CLT categoria profissional diferenciada é a que se forma dos empregados que exerçam profissões ou funções diferenciadas por força de estatuto profissional especial ou em consequência de condições de vida singulares. Já a similitude de condições de vida oriunda da profissão ou trabalho em comum, em situação de emprego na mesma atividade econômica ou em atividades econômicas similares ou conexas, compõe a categoria profissional, nos termos do § 2° do art. 511 da CLT. **HC/LF**
Gabarito "B".

(Analista – TRT/14ª – 2011 – FCC) Considere as seguintes assertivas:

I. As organizações de trabalhadores e de entidades patronais estão sujeitas à suspensão por via administrativa.

II. Os trabalhadores e as entidades patronais, sem distinção de qualquer espécie, têm o direito, sem autorização prévia, de constituírem organizações da sua escolha.

III. As organizações de trabalhadores e de entidades patronais têm o direito de elaborar os seus estatutos e regulamentos administrativos, mas devem submetê-los a registro em órgão público para a análise da legalidade e adequação aos interesses nacionais.

De acordo com a Convenção no 87 da Organização Internacional do Trabalho, está correto o que se afirma APENAS em

(A) I.

(B) II.

(C) III.

(D) I e II.

(E) II e III.

Observe-se, preliminarmente, que a Convenção n. 87 da OIT não foi ratificada pelo Brasil. **I:** errado, art. 4° da Conv. 87; **II:** certo, art. 2° da Conv. 87; **III:** errado, art. 3° da Conv. 87. **HC/LF**
Gabarito "B".

18. CONVENÇÕES E ACORDOS COLETIVOS DE TRABALHO

(Analista – TRT/3ª – 2015 – FCC) Em relação às normas coletivas,

(A) os efeitos de uma convenção coletiva de trabalho só alcançam os associados dos sindicatos convenentes.

(B) o acordo coletivo de trabalho é ajustado entre um grupo de empregados e uma ou mais empresas, à revelia dos sindicatos representativos das categorias profissional e econômica.

(C) o prazo de duração do acordo coletivo de trabalho é sempre menor do que o da convenção coletiva de trabalho.

(D) as convenções e os acordos coletivos de trabalho somente têm vigência após a homologação de seu conteúdo pelo Ministério do Trabalho.

(E) as convenções e os acordos coletivos de trabalho entrarão em vigor três dias após a data de entrega dos mesmos no Ministério do Trabalho.

A: incorreta, pois os efeitos de uma convenção coletiva de trabalho alcançam a categoria profissional e econômica representadas. Veja arts. 611 e 613, III, da CLT. **B:** incorreta, pois nos termos do art. 611, § 1°, da CLT acordo coletivo de trabalho é o ajuste celebrado entre o sindicato da categoria profissional com uma ou mais empresas da mesma categoria econômica. **C:** incorreta, pois nos termos do art. 614, § 3°, da CLT não será permitido estipular duração de convenção coletiva ou acordo coletivo de trabalho superior a dois anos, sendo vedada a ultratividade.. **D:** incorreta, pois entrarão em vigor 3 (três) dias após a data da sua entrega no Ministério do Trabalho e Emprego, art. 614, § 1°, CLT. **E:** correta, pois reflete o disposto no art. 614, § 1°, da CLT. **HC**
Gabarito "E".

(Analista – TRT/16ª – 2014 – FCC) No tocante às convenções e acordos coletivos de trabalho, considere:

I. O acordo coletivo de trabalho é o instrumento normativo que decorre da negociação coletiva, sendo firmado, em regra, pelo sindicato da categoria profissional com uma ou mais empresas.

II. O acordo coletivo não é fonte do Direito do Trabalho, uma vez que estabelece normas genéricas e abstratas.

III. A cláusula de convenção coletiva de trabalho que prevê multa ao sindicato que descumprir a convenção coletiva classifica-se em obrigacional.

IV. O prazo máximo de duração de convenção coletiva de trabalho são três anos, permitida uma única prorrogação desde que dentro deste período.

Está correto o que se afirma APENAS em

(A) II e IV.

(B) I, III e IV.

(C) I, II e III.

(D) I e III.

(E) II e III.

I: correta, pois reflete o disposto no art. 611, § 1°, da CLT. II: incorreta, pois o acordo coletivo é considerado fonte formal autônoma do direito do trabalho. III: correta, pois cláusula obrigacional é aquela que cria direitos e deveres às partes que participaram do acordo. Multa para

o sindicato que descumprir cláusulas desse acordo possui conteúdo obrigacional. **IV**: incorreta, pois nos termos do art. 614, § 3°, da CLT não será permitido estipular duração de convenção coletiva ou acordo coletivo de trabalho superior a dois anos, sendo vedada a ultratividade. **HC**
"Gabarito "D".

(Analista – TRT/11ª – 2012 – FCC - adaptada) Em relação ao direito coletivo do trabalho é correto afirmar que

(A) Convenção Coletiva de Trabalho é o acordo de caráter normativo, pelo qual dois ou mais Sindicatos representativos de categorias econômicas e profissionais estipulam condições de trabalho aplicáveis, no âmbito das respectivas representações, às relações individuais do trabalho.

(B) a solidariedade de interesses econômicos dos que empreendem atividades idênticas, similares ou conexas, constitui o vínculo social básico denominado categoria profissional diferenciada.

(C) somente os Sindicatos poderão celebrar convenções coletivas de trabalho para reger as relações das categorias a elas vinculadas, inorganizadas em Sindicatos, no âmbito de suas representações.

(D) as condições estabelecidas em Acordo Coletivo de Trabalho não prevalecerão sobre as estipuladas em Convenção Coletiva de Trabalho.

(E) não será permitido estipular duração de Convenção Coletiva de Trabalho ou Acordo Coletivo de Trabalho superior a um ano.

A: opção correta, pois reflete o disposto no art. 611 da CLT. **B:** opção incorreta, pois o conceito de categoria diferenciada vem disposto no art. 511, § 3°, da CLT. **C:** opção incorreta, pois nos termos do art. 611, § 2°, da CLT as Federações e, na falta desta, as Confederações representativas de categorias econômicas ou profissionais poderão celebrar convenções coletivas de trabalho para reger as relações das categorias a elas vinculadas. **D:** opção incorreta, pois nos termos do art. 620 da CLT as condições estabelecidas em acordo coletivo de trabalho sempre prevalecerão sobre as estipuladas em convenção coletiva de trabalho.. **E:** opção incorreta, pois nos termos do art. 614, § 3°, da CLT pois nos termos do art. 614, § 3°, da CLT não será permitido estipular duração de convenção coletiva ou acordo coletivo de trabalho superior a dois anos, sendo vedada a ultratividade. **HC/LF**
"Gabarito "A".

(Analista – TRT/1ª – 2012 – FCC) Em relação às normas coletivas de trabalho, é correto afirmar:

(A) Convenção Coletiva de Trabalho é o acordo de caráter normativo pelo qual se estipulam condições de trabalho aplicáveis, no âmbito da empresa ou das empresas acordantes, às respectivas relações de trabalho.

(B) Acordo Coletivo de Trabalho é o acordo de caráter normativo pelo qual se estipulam condições de trabalho aplicáveis, no âmbito das respectivas representações, às relações individuais de trabalho.

(C) O processo de prorrogação de Convenção ou Acordo será automático, desde que não haja manifestação expressa em sentido contrário da Assembleia Geral dos sindicatos convenentes.

(D) Não será permitido estipular duração de Convenção ou Acordo superior a quatro anos.

(E) Os sindicatos representativos de categorias econômicas ou profissionais e as empresas, inclusive as que não tenham representação sindical, quando provocados, não podem recusar-se à negociação coletiva.

A: opção incorreta, pois nos termos do art. 611 da CLT Convenção Coletiva de Trabalho é o acordo de caráter normativo, pelo qual dois ou mais Sindicatos representativos de categorias econômicas e profissionais estipulam condições de trabalho aplicáveis, no âmbito das respectivas representações, às relações individuais de trabalho. **B:** opção incorreta, pois nos termos do art. 611, § 1°, da CLT é facultado aos Sindicatos representativos de categorias profissionais celebrar Acordos Coletivos com uma ou mais empresas da correspondente categoria econômica, que estipulem condições de trabalho, aplicáveis no âmbito da empresa ou das acordantes respectivas relações de trabalho. **C:** opção incorreta, pois nos termos do art. 615 da CLT o processo de prorrogação ficará subordinado, em qualquer caso, à aprovação de Assembleia Geral dos Sindicatos conveninentes ou partes acordantes. **D:** opção incorreta, pois nos termos do art. 614, § 3°, da CLT não será permitido estipular duração de convenção coletiva ou acordo coletivo de trabalho superior a dois anos, sendo vedada a ultratividade.. **E:** opção correta, pois reflete o disposto no art. 616 da CLT. **HC/LF**
"Gabarito "E".

19. DIREITO DE GREVE

(Analista – TRT/11ª – 2012 – FCC) Nos serviços ou atividades essenciais, os sindicatos, os empregadores e os trabalhadores ficam obrigados, de comum acordo, a garantir, durante a greve, a prestação dos serviços indispensáveis ao atendimento das necessidades inadiáveis da comunidade. Nos termos da lei que assegura o exercício do direito de greve, NÃO são considerados serviços ou atividades essenciais:

(A) assistência médica e hospitalar.

(B) atividades escolares do ensino fundamental.

(C) guarda, uso e controle de substâncias radioativas, equipamentos e materiais nucleares.

(D) compensações bancárias.

(E) distribuição e comercialização de medicamentos e alimentos.

A: opção incorreta, pois é considerada atividade essencial nos termos do art. 10, II, da Lei 7.783/1989. **B:** opção correta, pois "atividades escolares do ensino fundamental" não consta no rol de atividades essenciais descritas no art. 10 da Lei 7.783/1989. **C:** opção incorreta, pois é considerada atividade essencial nos termos do art. 10, VIII, da Lei 7.783/1989. **D:** opção incorreta, pois é considerada atividade essencial nos termos do art. 10, XI, da Lei 7.783/1989. **E:** opção incorreta, pois é considerada atividade essencial nos termos do art. 10, III, da Lei 7.783/1989. **HC/LF**
"Gabarito "B".

(Analista – TRT/9 – 2012 – FCC) De acordo com o previsto na Lei n° 7.783/1989 (Lei de Greve), em relação à greve em serviços ou atividades essenciais, é INCORRETA a afirmação:

(A) São considerados serviços ou atividades essenciais, entre outros, transporte coletivo; captação e tratamento de esgoto e lixo; telecomunicações; processamento de dados ligados a serviços essenciais.

(B) Os sindicatos, os empregadores e os trabalhadores ficam obrigados de comum acordo, a garantir, durante a greve, a prestação dos serviços indispensáveis ao atendimento das necessidade inadiáveis da comunidade.

(C) São considerados serviços ou atividades essenciais, entre outros: assistência médica e hospitalar; funerário; controle de tráfego aéreo; compensação bancária.

(D) As entidades sindicais ou os trabalhadores, conforme o caso, ficam obrigados a comunicar a decisão aos empregadores e aos usuários com antecedência mínima de 48 horas da paralisação.

(E) São necessidades inadiáveis da comunidade aquelas que, não atendidas, coloquem em perigo iminente a sobrevivência, a saúde ou a segurança da população.

A: opção correta, pois reflete o disposto no art. 10, incisos V, VI, VII e IX, respectivamente, da Lei 7.783/1989. **B:** opção correta, pois reflete o disposto no art. 11 da Lei 7.783/1989. **C:** opção correta, pois reflete o disposto no art. 10, incisos II, IV, X e XI, respectivamente, da Lei 7.783/1989. **D:** opção incorreta, pois o art. 3º, parágrafo único, da Lei 7.783/1989 prevê o aviso-prévio da greve com antecedência mínima de 48 horas. Já para as atividades essenciais esse prazo é de 72 horas, nos termos do art. 13 da Lei 7.783/1989. **E:** opção correta, pois reflete o disposto no art. 11, parágrafo único, da Lei 7.783/1989. HC/LF

Gabarito "D".

(Analista – TRT/1ª – 2012 – FCC) Em relação ao direito de greve, é correto afirmar:

(A) Ao servidor público civil é garantido o exercício livre e amplo do direito de greve.

(B) É assegurado o direito de greve, competindo aos trabalhadores decidir sobre a sua extensão e fixar quais as atividades que serão consideradas como essenciais para fins de delimitação do movimento.

(C) Considera-se legítimo exercício do direito de greve a suspensão coletiva, temporária e total, de prestação pessoal de serviços a empregador.

(D) São assegurados aos grevistas, dentre outros direitos, o emprego de meios pacíficos tendentes a persuadir ou aliciar os trabalhadores a aderirem à greve, a arrecadação de fundos e a livre divulgação do movimento.

(E) Compete aos sindicatos a garantia, durante a greve, da prestação dos serviços indispensáveis ao atendimento das necessidades inadiáveis da comunidade.

A: opção incorreta, pois nos termos do art. 37, VII, da CF o direito de greve é limitado nos termos da lei. Importante lembrar que até que sobrevenha regulamentação própria, aplica-se a Lei 7.783/1989 ao servidor público civil, veja julgamento de Mandados de Injunção 670, 708, 712 no STF. **B:** opção incorreta, pois as atividades essenciais estão elencadas no art. 10 da Lei 7.783/1989. **C:** opção incorreta, pois nos termos do art. 2º da Lei 7.783/1989 considera-se legítimo exercício do direito de greve a suspensão coletiva, temporária e pacífica, total ou parcial, de prestação pessoal de serviços a empregador. **D:** opção correta, pois reflete o disposto no art. 6º incisos I e II, da Lei 7.783/1989. **E:** opção incorreta, pois nos termos do art. 11 da Lei 7.783/1989 nos serviços ou atividades essenciais, os sindicatos, os empregadores e os trabalhadores ficam obrigados, de comum acordo, a garantir, durante a greve, a prestação dos serviços indispensáveis ao atendimento das necessidades inadiáveis da comunidade. HC/LF

Gabarito "D".

20. COMISSÃO DE CONCILIAÇÃO PRÉVIA

(Analista – TRT/6ª – 2012 – FCC) Em se tratando de Comissões de Conciliação Prévia – CCP, conforme determina a legislação trabalhista, é correto afirmar:

(A) As empresas e os sindicatos podem instituir Comissões de Conciliação Prévia, de composição paritária, com representantes dos empregados e dos empregadores, não se admitindo a sua constituição por grupo de empresas ou em caráter intersindical.

(B) Caso exista, na mesma localidade e para a mesma categoria, Comissão de empresa e Comissão sindical, o interessado deverá submeter a sua demanda perante a sindical.

(C) O mandato dos membros da CCP, titulares e suplentes, é de dois anos, permitida duas reconduções.

(D) É vedada a dispensa dos membros da CCP, titulares e suplentes, até seis meses após o final do mandato, salvo se cometerem falta grave, nos termos da lei.

(E) Aceita a conciliação, será lavrado termo assinado pelo empregado, pelo empregador ou seu preposto e pelos membros da Comissão, sendo que o termo de conciliação é título executivo extrajudicial.

A: incorreto (art. 625-A, parágrafo único, da CLT); **B:** incorreto (art. 625-D, § 4º, da CLT); **C:** incorreto (art. 625-B, III, da CLT); **D:** incorreto (art. 625-B, § 1º, da CLT); **E:** correto (art. 625-E da CLT). HC/LF

Gabarito "E".

21. QUESTÕES COMBINADAS

(Analista - TRT/15 - FCC - 2018) Marinela trabalhou como professora em um Colégio no período de 15/03/2015 a 30/11/2016, quando foi dispensada sem justa causa sob a alegação de necessidade de diminuição de custo. Foi recontratada pelo mesmo Colégio em 03/03/2017, para exercício das mesmas funções, mas com salário reduzido em 20%, em razão da redução da carga horária imposta pelo empregador, sem que tenha havido diminuição do número de alunos da escola. Tendo sido novamente dispensada em 30/11/2017, pretende ingressar em juízo para, pleiteando a unicidade contratual, requerer as diferenças decorrentes da redução salarial, bem como os respectivos reflexos e, ainda, em relação ao primeiro período de trabalho, o vale transporte que não foi concedido. Considerando as disposições legais e o entendimento pacífico do TST,

(A) em razão da unicidade contratual, que pode ser reconhecida pelo exíguo tempo entre a dispensa e a recontratação, a redução da carga horária do professor, sem que haja diminuição do número de alunos, constitui alteração contratual, sendo ilícita a redução salarial imposta.

(B) a redução da carga horária do professor sempre é possível, tratando-se de alteração contratual admitida pelo ordenamento jurídico, não importando haver unicidade contratual.

(C) não há que se falar no caso em unicidade contratual, tendo em vista que os contratos são distintos, definidos por ano letivo, o que implica em validade da redução da carga horária, não restando caracterizada redução salarial.

(D) a pretensão em relação ao vale transporte prescreve em 30/11/2018 e o pedido de diferenças salariais decorrentes da redução salarial imposta pelo empregador, e os consequentes reflexos, prescreve em 30/11/2019.

(E) em razão da unicidade contratual, as pretensões prescrevem em 30/11/2019, com exceção dos reflexos das diferenças salariais no FGTS, que prescrevem em 30/11/2022.

Nos termos da OJ 244 da SDI 1 do TST a redução da carga horária do professor, em virtude da diminuição do número de alunos, não constitui alteração contratual, uma vez que não implica redução do valor da hora-aula. A demissão seguida de recontratação em curto prazo pode ser tida como nula, o que caracterizaria a unicidade contratual. No entanto, com o cancelamento da súmula 20 do TST, julgados entendem a necessidade de se comprovar prejuízo ao empregado, como no caso em análise. (RR 492014-22.1998.5.03.5555)

Gabarito "A".

(Analista - TRT/15 - FCC - 2018) A contribuição para o PIS/PASEP será apurada mensalmente

(A) pelas pessoas jurídicas de direito privado e as que lhes são equiparadas pela legislação do imposto de renda, inclusive as empresas públicas e as sociedades de economia mista e suas subsidiárias, com base no faturamento anual.

(B) pelas pessoas jurídicas de direito público interno, com base no valor mensal das receitas correntes arrecadadas e das transferências correntes e de capital recebidas.

(C) e as sociedades cooperativas, além da contribuição sobre a folha de pagamento mensal, pagarão, também, a contribuição calculada com base no faturamento anual, em relação às receitas decorrentes de operações praticadas com não associados.

(D) e, para determinação da base de cálculo do PIS/PASEP, são incluídas, entre as receitas das autarquias, os recursos classificados como receitas do Tesouro Nacional nos Orçamentos Fiscal e da Seguridade Social da União.

(E) e, para determinação da base de cálculo do PIS/PASEP, são incluídas, entre as receitas das autarquias, os recursos derivados da distribuição das cotas tributárias do ente instituidor.

A: incorreta, pois nos termos do art. 2º, I, da Lei 9.715/1998, pelas pessoas jurídicas de direito privado e as que lhes são equiparadas pela legislação do imposto de renda, inclusive as empresas públicas e as sociedades de economia mista e suas subsidiárias, com base no faturamento do mês. **B:** correta, pois reflete a disposição contida no inciso art. 2º, III, da Lei 9.715/1998. **C:** incorreta, pois nos termos do § 1º do art. 2º, da Lei 9.715/1998 As sociedades cooperativas, além da contribuição sobre a folha de pagamento mensal, pagarão, também, a contribuição calculada na forma do inciso I, em relação às receitas decorrentes de operações praticadas com não associados. **D e E:** incorretas, pois nos termos do § 3º do art. 2º da Lei 9.715/1998 para determinação da base de cálculo, não se incluem, entre as receitas das autarquias, os recursos classificados como receitas do Tesouro Nacional nos Orçamentos Fiscal e da Seguridade Social da União.

Gabarito "B".

(Analista - Área Administrativa - TRT1 - 2018 - AOCP) No que se refere à licença-paternidade, assinale a alternativa correta.

(A) Ao empregado é garantido o direito de ausentar-se do trabalho por 3 dias consecutivos quando do nascimento do filho, no decorrer da primeira semana, sendo o período de licença irredutível. Tal direito é indisponível, não podendo ser alterado por legislação infraconstitucional, tampouco negociado pelas partes, individualmente ou através de acordos ou convenções coletivas de trabalho.

(B) O empregado tem direito de ausentar-se do trabalho por 5 dias úteis, alternados ou corridos, à sua escolha,

no decorrer do primeiro mês de nascimento do filho. Tal direito é indisponível e a quantidade de dias de licença é irredutível.

(C) O empregado poderá deixar de comparecer ao serviço por 5 dias consecutivos em caso de nascimento do filho, no decorrer da primeira semana. Contudo, tal direito pode ser reduzido ou até suprimido totalmente por acordos ou convenções coletivas de trabalho.

(D) É garantido ao empregado o direito de ausentar-se do trabalho por 5 dias consecutivos quando do nascimento do filho, no decorrer da primeira semana, sendo o período de licença irredutível. Tal direito é indisponível, não podendo ser alterado por legislação infraconstitucional, tampouco negociado pelas partes, individualmente ou através de acordos ou convenções coletivas de trabalho.

(E) Ao empregado é garantido o direito de ausentar-se do trabalho por 5 dias quando do nascimento do filho, no decorrer da primeira semana, sendo o período de licença irredutível. Todavia, o empregador poderá descontar do salário do trabalhador os dias correspondentes à licença, que serão equiparados a faltas injustificadas.

Nos termos do art. 10, § 1º, do ADCT, o prazo da licença-paternidade a que se refere o inciso é de cinco dias.

Gabarito "D".

(Analista - MPU - CESPE - 2018) A respeito de atividades perigosas ou insalubres, proteção ao trabalho do menor e convenções e acordos coletivos de trabalho, julgue os itens subsequentes, com base na CLT e no entendimento dos tribunais superiores.

(1) Empregado que opera bomba de gasolina tem direito ao adicional de periculosidade, equivalente a 30% do salário, em razão do risco da atividade desempenhada.

(2) Jovem empregado de dezessete anos de idade pode firmar recibo de pagamento de salário e dar quitação no termo de rescisão do seu contrato de trabalho, sem a assistência de seus responsáveis legais.

(3) À luz da CLT, em caso de divergência entre a lei e a convenção coletiva de trabalho no que se refere à participação dos empregados nos lucros da empresa, prevalecerá o entendimento firmado na convenção coletiva de trabalho.

1: correto, pois nos termos da súmula 39 do TST os empregados que operam em bomba de gasolina têm direito ao adicional de periculosidade de 30% sobre o salário sem os acréscimos resultantes de gratificações, prêmios ou participações nos lucros da empresa, na forma do art. 193, § 1º, da CLT. **2:** Errado, pois nos termos do art. 439 da CLT é lícito ao menor firmar recibo pelo pagamento dos salários. Tratando-se, porém, de rescisão do contrato de trabalho, é vedado ao menor de 18 (dezoito) anos dar, sem assistência dos seus responsáveis legais, quitação ao empregador pelo recebimento da indenização que lhe for devida. **3:** Correto, pois nos termos do art. 611-A, XV, da CLT a negociação coletiva prevalecerá sobre a lei.

Gabarito 1C, 2E, 3C.

(Analista - MPU - CESPE - 2018) À luz da Consolidação das Leis do Trabalho (CLT) e do entendimento dos tribunais superiores, julgue os itens a seguir, referentes a aspectos pertinentes ao contrato de trabalho.

(1) Policial militar que preste, em empresa privada, serviço de natureza contínua, de maneira subordinada e mediante o recebimento de salário, poderá ter o reconhecimento do vínculo de emprego com a empresa, independentemente de eventual penalidade disciplinar prevista em estatuto.

(2) Conforme a CLT, empregado que recebe gratificação de função há mais de dez anos perderá tal retribuição caso seja revertido ao cargo efetivo anteriormente ocupado.

(3) Na rescisão de contrato de trabalho por culpa recíproca, o empregado não tem direito ao recebimento de aviso prévio.

(4) A concessão apenas parcial do intervalo para alimentação e repouso gera para o empregador a obrigação de pagar ao empregado o valor correspondente ao intervalo integral acrescido de 50% do valor da remuneração da hora normal de trabalho.

(5) O empregado que ocasionalmente trabalhar no período das 20 h de um dia até às 8 h do dia seguinte terá direito ao recebimento do adicional noturno, inclusive com relação às três últimas horas trabalhadas.

1. correto, pois nos termos da súmula 386 do TST preenchidos os requisitos do art. 3º da CLT, é legítimo o reconhecimento de relação de emprego entre policial militar e empresa privada, independentemente do eventual cabimento de penalidade disciplinar prevista no Estatuto do Policial Militar. **2.** Correto, pois nos termos do art. 468, § 2º, da CLT a reversão ao cargo efetivo não assegura ao empregado o direito à manutenção do pagamento da gratificação correspondente, que não será incorporada, independentemente do tempo de exercício da respectiva função. **3.** Errado, pois nos termos da súmula 14 do TST reconhecida a culpa recíproca na rescisão do contrato de trabalho (art. 484 da CLT), o empregado tem direito a 50% (cinquenta por cento) do valor do aviso-prévio, do décimo terceiro salário e das férias proporcionais. **4.** Errado, pois nos termos do art. 71, § 4º, da CLT a não concessão ou a concessão parcial do intervalo intrajornada mínimo, para repouso e alimentação, a empregados urbanos e rurais, implica o pagamento, de natureza indenizatória, apenas do período suprimido, com acréscimo de 50% (cinquenta por cento) sobre o valor da remuneração da hora normal de trabalho. **5.** Correto, pois nos termos do art. 71, § 5º, da CLT às prorrogações do trabalho noturno aplicam-se as regras do capítulo da duração de trabalho. O TST por meio da súmula 60, item II ensina que cumprida integralmente a jornada no período noturno e prorrogada esta, devido é também o adicional quanto às horas prorrogadas. Exegese do art. 73, § 5º, da CLT.
Gabarito 1C, 2C, 3E, 4E, 5C

(Analista Judiciário – TRT/24 – FCC – 2017) Sócrates foi aposentado por invalidez pelo INSS após ter trabalhado por dez anos na empresa Deuses Imortais. Em razão desse fato o plano de saúde do trabalhador foi cancelado pela empregadora uma vez que ela arcava integralmente com os respectivos custos. Nesta situação, conforme legislação aplicável e entendimento sumulado pelo Tribunal Superior do Trabalho,

(A) a opção pela manutenção do plano de saúde constitui uma faculdade da empregadora, mas não há obrigação legal neste sentido.

(B) há determinação legal para que a empregadora mantenha o plano de saúde pelo prazo mínimo de 12 meses, quando então ocorreria o término da estabilidade do trabalhador.

(C) o plano de saúde deve ser mantido pela empregadora porque o contrato de trabalho está suspenso diante da aposentadoria por invalidez.

(D) a empregadora atuou de forma correta uma vez que com a aposentadoria por invalidez houve a ruptura do contrato de trabalho, não ensejando mais nenhuma obrigação contratual.

(E) a aposentadoria por invalidez interrompe o contrato de trabalho pelo prazo de 24 meses, razão pela qual o plano de saúde deve ser mantido até o término deste prazo.

"C" é a opção correta. Nos termos da súmula 440 do TST Assegura-se o direito à manutenção de plano de saúde ou de assistência médica oferecido pela empresa ao empregado, não obstante suspenso o contrato de trabalho em virtude de auxílio-doença acidentário ou de aposentadoria por invalidez. HC
Gabarito "C".

(Analista Judiciário – TRT/11 – FCC – 2017) Considere as seguintes situações hipotéticas: Marta é empregada vendedora comissionista da loja X situada no interior do Shopping Y. Sua irmã, Gabriela, é vendedora comissionista pracista da fábrica de remédios Z. Nestes casos, de acordo com o entendimento Sumulado do TST, é devida a remuneração do repouso semanal

(A) e dos dias feriados apenas para Marta.

(B) e dos dias feriados apenas para Gabriela.

(C) para Marta e Gabriela e dos dias feriados apenas para Marta.

(D) para Marta e Gabriela, sendo que os feriados não são remunerados, tendo em vista que já recebem comissões pelas vendas efetuadas nestes dias.

(E) e dos dias feriados para Marta e Gabriela.

"E" é a opção correta. Isso porque, em conformidade com a súmula 27 do TST é devida a remuneração do repouso semanal e dos dias feriados ao empregado comissionista, ainda que pracista. HC
Gabarito "E".

(Analista Judiciário – TRT/20 – FCC – 2016) Considere:

I. Ulisses presta serviços por três meses para a empresa Ajax Estruturas S/A para suprir necessidade transitória de substituição do seu pessoal regular e permanente, por intermédio da empresa Delta Mão de Obra Ltda.

II. Isis trabalha na produção de uma peça teatral durante a temporada de oito meses no teatro municipal, com ajuste de pagamento por obra certa.

III. Hermes é psicoterapeuta e faz palestras e consultas em centro de apoio à criança com deficiência motora, realizando dois plantões semanais de doze horas cada um, com ajuste apenas do ressarcimento das despesas que comprovadamente realizou no desempenho de suas atividades.

A relação de trabalho apresentada no item I, II e III corresponde, respectivamente, a

(A) autônomo; eventual; avulso.

(B) terceirizado; avulso; autônomo.

(C) avulso; eventual; terceirizado.

(D) voluntário; aprendiz; autônomo.

(E) temporário; eventual; voluntário.

I: empregado temporário, entendido como aquele prestado por pessoa física contratada por uma empresa de trabalho temporário que a coloca à disposição de uma empresa tomadora de serviços, para atender à necessidade de substituição transitória de pessoal permanente ou à demanda complementar de serviços, art. 2º da Lei 6.019/1974. **II:** Eventual, entendido como o trabalhador admitido numa empresa para determinado evento. Em outras palavras, é o trabalho realizado de maneira eventual, de curta duração, cujos serviços não coincidem com os fins normais da empresa. O trabalhador eventual é vulgarmente chamado de "bico" ou "*freelancer*", laborando de maneira precária, na medida em que não se encontra presente o elemento habitualidade. **III:** Trabalho voluntário é aquele que exerce atividade não remunerada prestada por pessoa física a entidade pública de qualquer natureza ou a instituição privada de fins não lucrativos que tenha objetivos cívicos, culturais, educacionais, científicos, recreativos ou de assistência à pessoa, art. 1º da Lei 9.608/1998. HC

Gabarito "E".

(Analista – TRT/10ª – 2013 – CESPE) Julgue os itens seguintes, referentes ao contrato de emprego.

(1) O pagamento da remuneração de férias e o do abono pecuniário de férias deve ser efetuado até dois dias antes do início do respectivo período de gozo.

(2) Considere a seguinte situação hipotética. O empregador Jorge, imotivadamente, manifestou desejo de romper o vínculo empregatício e conceder aviso-prévio ao seu empregado Lauro, cuja remuneração é percebida quinzenalmente. Nessa situação hipotética, Lauro terá direito a optar pela redução do horário de trabalho em duas horas diárias ou a se ausentar do serviço por sete dias corridos, sem prejuízo do salário, durante o cumprimento do aviso-prévio.

(3) Considere a seguinte situação hipotética. Cinco meses depois de ser contratada pelo empregador Alfa, Maria engravidou. Quanto ela estava no terceiro mês de gravidez, Alfa, que não sabia dessa gravidez, manifestou o desejo de desfazer o vínculo empregatício com Maria. Nessa situação hipotética, e para casos a ela semelhantes, adotou-se como regra a chamada teoria objetiva, sendo relevante para a configuração da estabilidade provisória de Maria apenas a confirmação da gravidez por ela própria, pouco importando se Alfa tinha ou não conhecimento do estado gravídico da obreira.

(4) Se o término do contrato de trabalho se der em razão de ato faltoso praticado por ambas as partes do pacto de emprego, ter-se-á a denominada culpa recíproca, hipótese em que o empregado não fará jus ao décimo terceiro salário do ano em curso.

(5) É possível a movimentação da conta vinculada do trabalhador no FGTS no caso de despedida sem justa causa, inclusive a indireta, de culpa recíproca e de força maior.

(6) O contrato individual de trabalho pode ser acordado tácita ou expressamente, verbalmente ou por escrito e por prazo determinado ou indeterminado.

(7) O empregado pode se ausentar do trabalho, pelo tempo que se fizer necessário, quando tiver de comparecer em juízo e, nesse caso, haverá a suspensão das obrigações do contrato de trabalho.

1. Opção correta, pois reflete o disposto no art. 145 da CLT. Veja súmula 450 do TST. **2.** Opção correta, pois reflete o disposto no art. 488, parágrafo único, da CLT. **3.** Opção correta, pois a assertiva está

de acordo com o entendimento consubstanciado na súmula 244, I, do TST. **4.** Opção incorreta, pois havendo culpa recíproca o valor referente ao 13º salário será pago pela metade, veja súmula 14 do TST. **5.** Opção correta, pois reflete o disposto no art. 20, I, da Lei 8.036/1990. **6.** Opção correta, pois nos termos do art. 443 da CLT o contrato individual de trabalho poderá ser acordado tácita ou expressamente, verbalmente ou por escrito, por prazo determinado ou indeterminado, ou para prestação de trabalho intermitente. **7.** Opção incorreta, pois nos termos do art. 473, VIII, da CLT pelo tempo que se fizer necessário, quando tiver de comparecer em juízo, o empregado poderá deixar de comparecer ao trabalho, sem prejuízo dos salários. HC/LF

Gabarito 1C, 2C, 3C, 4E, 5C, 6C, 7E

(FGV – 2015) Lúcio é enfermeiro num hospital e, após cumprir seu expediente normal de 8 horas de serviço, tratando dos pacientes enfermos, recebe solicitação para prosseguir no trabalho, realizando hora extra. Lúcio se nega, afirmando que a prorrogação não foi autorizada pelo órgão competente do Ministério do Trabalho e do Emprego. Diante desse impasse e de acordo com a CLT, marque a afirmativa correta.

(A) Lúcio está errado, pois seu dever é de colaboração para com o empregador. A resistência injustificada à sobrejornada dá margem à ruptura por justa causa, por ato de insubordinação.

(B) Lúcio está correto, pois é pacífico e sumulado o entendimento de que nenhum empregado é obrigado a realizar horas extras.

(C) Lúcio está errado, pois a legislação em vigor não exige que eventual realização de hora extra seja antecedida de qualquer autorização de órgão governamental.

(D) Lúcio está correto, pois, tratando-se de atividade insalubre, a prorrogação de jornada precisa ser previamente autorizada pela autoridade competente.

A: opção incorreta, pois a resistência de Lúcia encontra amparo legal, não dando ensejo à justa causa do empregado por ato de insubordinação prevista no art. 482, *h*, da CLT. **B:** opção incorreta, pois embora Lúcio esteja correto, não há entendimento sumulado determinando que nenhum empregado é obrigado ou não à prestar horas extras. A prestação de horas suplementares depende de acordo escrito entre empregado e empregador ou mediante acordo ou convenção coletiva de trabalho, art. 59 da CLT. Por se tratar de prorrogação de jornada de trabalho em atividade insalubre, a súmula 349 do TST foi cancelada. **C:** opção incorreta, pois viola diretamente o disposto no art. 60 da CLT. Veja súmula 85, VI, TST. **D:** opção correta, pois nos termos do art. 60 da CLT, é necessária a licença prévia das autoridades competentes em matéria de higiene do trabalho para que qualquer tipo prorrogação na jornada de trabalho nas atividades insalubres. Veja súmula 85, VI, TST. HC

Gabarito "D".

(FGV – 2015) Henrique é técnico de segurança do trabalho da sociedade empresária ALFA e irá aproveitar 20 dias de férias, pois decidiu converter 10 dias de férias em dinheiro. No seu lugar, assumindo de forma plena as tarefas, ficará Vítor, seu melhor assistente e subordinado. Nesse caso, durante o período de férias e de acordo com o entendimento do TST,

(A) Vítor não receberá o mesmo salário, porque a substituição é eventual, por apenas 20 dias.

(B) Vítor terá direito ao mesmo salário de Henrique, pois a substituição não é eventual.

(C) Vítor terá direito ao seu salário e ao de Henrique, porque há acúmulo de funções.

(D) a situação retratada é ilegal, tratando-se de desvio de função, vedado pelo ordenamento jurídico

---

A: opção incorreta, pois no caso em tela não se trata de uma substituição eventual, entendida como aquela feita por um período curtíssimo de tempo. Em se tratando de substituição no período de férias, o TST entende ser substituição provisória, ainda que somente por 20 dias, termos da súmula 159, I, do TST. **B:** opção correta, pois reflete o entendimento disposto na Súmula 159, I, do TST. **C:** opção incorreta, pois não há acumulo de funções, sendo que Vitor fará jus somente A percepção do mesmo salário de Henrique. **D:** opção incorreta, pois se encaixa dentro do poder de direção do empregador, sendo que o art. 450 da CLT e a súmula 159 do TST disciplinam a situação apontada na questão. **HC**

Gabarito "B".

(FGV – 2015) Determinado empregado foi contratado para criar e desenvolver programas de software, criando novas soluções para as demandas dos clientes do seu empregador. Em sua atividade normal, esse empregado inventou um programa original, muito útil e prático, para que os empresários controlassem à distância seus estoques, o que possibilitou um aumento nas vendas.

Diante da situação retratada, assinale a afirmativa correta.

(A) O empregado terá direito, conforme a Lei, a uma participação sobre o lucro obtido nessas vendas.

(B) A Lei é omissa a esse respeito, de modo que, caso não haja consenso entre as partes, será necessário o ajuizamento de ação trabalhista para resolver o impasse.

(C) Todo o lucro obtido pelo invento será do empregado.

(D) O empregado terá direito apenas ao seu salário normal, exceto se o seu contrato de trabalho tiver previsão de participação no lucro do seu invento.

A: opção incorreta, pois nesse tipo de contrato de trabalho a lei não prevê participação do empregado nos lucros obtidos na venda da invenção o empregado fará jus somente ao salário pactuado, que somente será devida se houver previsão contratual, art. 88 e § 1º da Lei 9.279/1996. **B:** opção incorreta, pois a hipótese é regulada pela Lei 9.279/1996 que dispõe sobre a propriedade industrial, especificamente nos arts. 88 a 93 da citada lei. **C:** opção incorreta, pois nesse tipo de contrato, a retribuição pelo trabalho limita-se ao salário ajustado, nos termos do art. 88, § 1º, da Lei 9.279/1996. **D:** opção correta, pois de acordo com o art. 88 da Lei 9.279/1996 a invenção e o modelo de utilidade pertencem exclusivamente ao empregador quando decorrerem de contrato de trabalho que tenha por objeto a pesquisa ou a atividade inventiva ou que resulte da natureza dos serviços para os quais foi o empregado contratado, não prevendo a lei participação nos lucros. Assim, salvo disposição contratual em outro sentido, a retribuição pelo trabalho limita-se ao salário ajustado, nos termos do § 1º do art. 88 da Lei 9.279/1996. **HC**

Gabarito "D".

16. Direito Processual do Trabalho

Hermes Cramacon e Luiz Fabre

1. JUSTIÇA DO TRABALHO E MINISTÉRIO PÚBLICO DO TRABALHO

(Analista – TRT1 – 2018 – AOCP) Em relação à organização do Ministério Público do Trabalho, é correto afirmar que

(A) incumbe aos procuradores do Trabalho de Segunda Categoria recorrer das decisões dos juízes e Tribunais do Trabalho, nos casos previstos em lei.

(B) incumbe aos procuradores de Primeira Categoria exarar parecer nos processos de competências dos Tribunais Regionais.

(C) o Procurador-Geral do Trabalho é o chefe do Ministério Público do Trabalho e será nomeado pelo Procurador-Geral da República dentre integrantes da instituição com mais de 35 anos de idade e de 5 anos na carreira.

(D) o Procurador-Geral do Trabalho é o chefe do Ministério Público do Trabalho e será nomeado pelo Procurador-Geral da República dentre integrantes da instituição com mais de 35 anos de idade e de 10 anos na carreira.

(E) os procuradores de Segunda Categoria poderão substituir os Procuradores de Primeira Categoria em seus impedimentos, licenças e férias, mas não farão jus ao recebimento dos vencimentos correspondentes ao cargo do substituído no período correspondente.

A: incorreta, pois nos termos do art. 8°, IV, do Decreto 40.359/1956 (Regulamento do Ministério Público da União junto a Justiça do Trabalho) tal atribuição pertence ao Aos Procuradores de Primeira Categoria. **B:** incorreta, pois nos termos do art. 9°, III, do Decreto 40.359/1956 tal atribuição pertence ao aos Procuradores de Segunda Categoria. **C:** correto, pois reflete as disposições do art. 6° do Decreto 40.359/1956 e art. 88 da LC 75/93. **D:** incorreto, pois nos termos do art. 88 da LC 75/93 o tempo de carreira é de 5 anos. **E:** incorreto, pois nos termos do art. 12 do Decreto 40.359/1956 os Procuradores de primeira categoria substituir-se-ão mutuamente ou pelos de segunda, em seus impedimentos, licenças e férias, através de ato designativo do Procurador Geral, desde que não seja nomeado substituto. HC

„Gabarito "C".

(Analista Judiciário – TRT/20 – FCC – 2016) A Constituição Federal expressamente prevê regras que organizam a estrutura da Justiça do Trabalho, e tratam da sua competência. Conforme tal regramento,

(A) os juízes dos Tribunais Regionais do Trabalho, oriundos da magistratura da carreira, que comporão o Tribunal Superior do Trabalho serão indicados pelos próprios Regionais, alternativamente, e escolhidos pelo Congresso Nacional.

(B) os Tribunais Regionais do Trabalho instalarão a justiça itinerante, com a realização de audiência e demais funções de atividade jurisdicional, nos limites territoriais da respectiva jurisdição, servindo-se de equipamentos públicos e comunitários.

(C) haverá pelo menos um Tribunal Regional do Trabalho em cada Estado e no Distrito Federal, e a lei instituirá as Varas do Trabalho, podendo, nas comarcas onde não forem instituídas, atribuir sua jurisdição a Vara do Trabalho mais próxima.

(D) os mandados de segurança, *habeas corpus* e *habeas data,* quando o ato questionado envolver matéria sujeita à jurisdição da Justiça do Trabalho serão julgados e processados na Justiça Federal, por se tratar de remédios jurídicos de natureza constitucional.

(E) os Tribunais Regionais do Trabalho compõem-se de, no mínimo, nove juízes, que serão recrutados na respectiva região, e nomeados pelo Presidente do Tribunal Superior do Trabalho dentre brasileiros com mais de trinta e menos de sessenta e cinco anos.

A: opção incorreta, pois os juízes dos TRTs oriundos da magistratura da carreira que compõem o TST serão indicados pelo próprio TST, art. 111-A, II, CF. **B:** opção correta, pois reflete a disposição do art. 115, § 1°, da CF. **C:** opção incorreta, pois nos termos do art. 112 da CF a competência será do juiz de direito. **D:** opção incorreta, pois nos termos do art. 114, IV, da CF a competência será da justiça do trabalho. **E:** opção incorreta, pois nos termos do art. 115 da CF os Tribunais Regionais do Trabalho compõem-se de, no mínimo, sete juízes, recrutados, quando possível, na respectiva região, e nomeados pelo Presidente da República dentre brasileiros com mais de trinta e menos de sessenta e cinco anos. HC

„Gabarito "B".

(Analista Judiciário – TRT/20 – FCC – 2016) O Ministério Público da União, organizado por Lei Complementar, é instituição permanente, essencial à função jurisdicional do Estado, compreendendo em sua estrutura o Ministério Público do Trabalho. Sobre a organização desse último, é correto afirmar que

(A) os Procuradores Regionais do Trabalho poderão atuar tanto nos Tribunais Regionais do Trabalho quanto nas Varas do Trabalho, de forma residual.

(B) o chefe do Ministério Público do Trabalho é o Procurador-Geral da República indicado em lista tríplice pelos seus pares e nomeado pelo Congresso Nacional.

(C) dentre os órgãos do Ministério Público do Trabalho estão o Colégio de Procuradores do Trabalho, a Câmara de Coordenação e Revisão do Ministério Público do Trabalho e a Corregedoria do Ministério Público do Trabalho.

(D) os Subprocuradores-Gerais do Trabalho serão designados para oficiar junto ao Tribunal Regional do Trabalho da 10ª Região – Distrito Federal, com sede em Brasília.

(E) o Conselho Superior do Ministério Público do Trabalho será composto pelo Procurador-Geral do Trabalho, o Vice- Procurador-Geral do Trabalho, quatro Subprocuradores-Gerais do Trabalho e quatro procuradores regionais do trabalho, todos eleitos pelos seus pares.

A: opção incorreta, pois nos termos do art. 110 da LC 75/1993 os Procuradores Regionais do Trabalho serão designados para oficiar junto aos Tribunais Regionais do Trabalho e não nas Varas do Trabalho. **B:** opção incorreta, pois nos termos do art. 87 da LC 75/1993 o Procurador-Geral do Trabalho é o Chefe do Ministério Público do Trabalho. **C:** opção correta, pois o art. 85 da LC 75/1993, respectivamente nos incisos II, IV e V aponta como órgãos do MPT. **D:** opção incorreta, pois os termos do art. 107 da LC 75/1993 os Subprocuradores-Gerais do Trabalho serão designados para oficiar junto ao Tribunal Superior do Trabalho e nos ofícios na Câmara de Coordenação e Revisão. **E:** opção incorreta, pois nos termos do art. 95 da LC 75/1993 o Conselho Superior do Ministério Público do Trabalho será composto por: a) Procurador-Geral do Trabalho e o Vice-Procurador-Geral do Trabalho, que o integram como membros natos; b) quatro Subprocuradores-Gerais do Trabalho, eleitos para um mandato de dois anos, pelo Colégio de Procuradores do Trabalho, mediante voto plurinominal, facultativo e secreto, permitida uma reeleição e c) quatro Subprocuradores-Gerais do Trabalho, eleitos para um mandato de dois anos, por seus pares, mediante voto plurinominal, facultativo e secreto, permitida uma reeleição. **HC**
Gabarito "C."

(Analista – TRT/3ª – 2015 – FCC) Em relação às Varas do Trabalho e aos Tribunais Regionais do Trabalho,

(A) a lei criará Varas da Justiça do Trabalho, podendo, nas comarcas não abrangidas por sua jurisdição, atribuí-la aos Juízes de Direito, com Recurso para o respectivo Tribunal Regional do Trabalho.

(B) a lei criará Varas da Justiça do Trabalho, não podendo, nas comarcas não abrangidas por sua jurisdição, atribuí-la aos Juízes de Direito, com Recurso para o respectivo Tribunal Regional do Trabalho.

(C) a lei criará Varas da Justiça do Trabalho, podendo, nas comarcas não abrangidas por sua jurisdição, atribuí-la aos Juízes de Direito, com Recurso para o respectivo Tribunal de Justiça.

(D) há, atualmente, no Brasil, 22 Tribunais Regionais do Trabalho, sendo um em cada Estado, exceto no Estado de São Paulo que possui dois Tribunais Regionais do Trabalho.

(E) compete aos Tribunais Regionais do Trabalho, julgar os recursos ordinários interpostos em face das decisões das Varas e também, originariamente, as ações envolvendo relação de trabalho.

A: correta, pois reflete o disposto no art. 112 da CF. **B:** incorreta, pois nos termos do art. 112 da CF nas comarcas onde não houver vara do Trabalho, atribuir a competência para o juiz de direito. **C:** incorreta, pois nos termos do art. 112 da CF os recursos serão dirigidos ao Tribunal Regional do Trabalho (TRT) local e não ao Tribunal de Justiça. **D:** incorreta, pois os Tribunais Regionais do Trabalho constituem a 2ª Instância da Justiça do Trabalho. Atualmente são 24 (vinte e quatro) Tribunais Regionais, que estão distribuídos pelo território nacional. O estado de São Paulo possui dois Tribunais Regionais do Trabalho: o da 2ª Região, sediado na capital do estado e o da 15ª Região, com sede em Campinas. **E:** incorreta, pois as ações envolvendo relação de trabalho são de competência das Varas do Trabalho. **HC**
Gabarito "A".

(Analista – TRT/3ª – 2015 – FCC) Em relação à competência e às formas de atuação, compete ao Ministério Público do Trabalho

(A) promover ação civil pública no âmbito da Justiça do Trabalho, para defesa de interesses individuais e coletivos, quando desrespeitados os direitos sociais constitucionalmente garantidos.

(B) promover ação civil pública no âmbito da Justiça do Trabalho, para defesa de interesses coletivos, quando desrespeitados os direitos sociais constitucionalmente garantidos.

(C) promover ação civil pública no âmbito da Justiça Comum, para defesa de interesses coletivos, quando desrespeitados os direitos sociais constitucionalmente garantidos.

(D) promover ação civil pública no âmbito da Justiça do Trabalho, para defesa de interesses individuais e coletivos, quando desrespeitadas as normas previstas na Consolidação das Leis do Trabalho.

(E) instaurar instância em caso de greve, desde que provocado pelo sindicato patronal.

A: incorreta, pois o Ministério Público do Trabalho não possui competência para a defesa de interesses individuais, nos termos do art. 83 da LC 75/93. **B:** correta, pois reflete o disposto no art. 83, III, da LC 75/93. **C:** incorreta, pois nos termos do art. 83, III, da LC 75/93 a competência será para promover a ação civil pública no âmbito da Justiça do Trabalho. **D:** incorreta, pois nos termos do art. 83, III, da LC 75/93 o Ministério Público do Trabalho não possui competência para a defesa de interesses individuais. Ademais, devem ser desrespeitados os direitos sociais constitucionais garantidos. **E:** incorreta, pois nos termos do art. 83, VIII, da LC 75/93 a competência será para o Ministério Público do Trabalho instaurar instância em caso de greve, quando a defesa da ordem jurídica ou o interesse público assim o exigir. **HC**
Gabarito "B".

(Analista – TRT/9 – 2012 – FCC) Conforme normas legais aplicáveis à organização da Justiça do Trabalho, incluindo o Tribunal Superior do Trabalho, os Tribunais Regionais do Trabalho e as Varas do Trabalho, é correto afirmar que

(A) o Conselho Superior da Justiça do Trabalho funcionará junto ao Tribunal Superior do Trabalho, cabendo-lhe exercer, na forma da lei, a supervisão administrativa, orçamentária, financeira e patrimonial da Justiça do Trabalho de primeiro e segundo graus, como órgão central do sistema, cujas decisões terão efeito vinculante.

(B) o Tribunal Superior do Trabalho compor-se-á de 17 Ministros, togados e vitalícios, escolhidos dentre brasileiros com mais de 35 e menos de 60 anos, nomeados pelo Presidente da República, após aprovação pelo Congresso Nacional.

(C) dentre os Ministros do Tribunal Superior do Trabalho, 11 serão escolhidos dentre juízes dos Tribunais Regionais do Trabalho, integrantes da carreira da magistratura trabalhista, três dentre advogados e três dentre membros do Ministério Público do Trabalho.

(D) em cada Estado e no Distrito Federal haverá pelo menos um Tribunal Regional do Trabalho, e a lei instituirá as Varas do Trabalho, podendo, nas comarcas onde não forem instituídas, atribuir sua jurisdição aos juízes de direito, sendo que nesse caso os recursos são julgados diretamente pelo Tribunal Superior do Trabalho.

(E) os Tribunais Regionais do Trabalho compõem-se de, no mínimo, 11 juízes, recrutados, quando possível, na respectiva região, e nomeados pelo Presidente do Tribunal Superior do Trabalho dentre brasileiros com mais de 30 e menos de 65 anos.

A: assertiva correta, pois reflete o disposto no art. 111-A, § 2º, II, da CF; **B:** assertiva incorreta, pois o TST será composto por de vinte e sete Ministros, escolhidos dentre brasileiros com mais de trinta e cinco anos e menos de sessenta e cinco anos, de notável saber jurídico e reputação ilibada, nomeados pelo Presidente da República após aprovação pela maioria absoluta do Senado Federal (art. 111-A, caput, da CF); **C:** assertiva incorreta, pois nos termos dos incisos I e II do art. 111-A da CF um quinto dos Ministros, ou seja, 6 Ministros serão escolhidos dentre advogados com mais de dez anos de efetiva atividade profissional e membros do Ministério Público do Trabalho com mais de dez anos de efetivo exercício, observado o disposto no art. 94 da CF e os demais Ministros, ou seja, 21 Ministros dentre juízes dos Tribunais Regionais do Trabalho, oriundos da magistratura da carreira, indicados pelo próprio Tribunal Superior; **D:** assertiva incorreta, pois nos termos do art. 112 da CF os recursos serão dirigidos ao respectivo Tribunal Regional do Trabalho; **E:** assertiva incorreta, pois os Tribunais Regionais do Trabalho serão compostos por, no mínimo, sete juízes, recrutados, quando possível, na respectiva região, e nomeados pelo Presidente da República dentre brasileiros com mais de trinta e menos de sessenta e cinco anos, nos termos do que dispõe o caput do art. 115 da CF. **HC/LF**
Gabarito "A".

(Analista – TRT/6ª – 2012 – FCC) Quanto aos serviços auxiliares da Justiça do Trabalho, é INCORRETO afirmar:

(A) Compete à secretaria das Varas do Trabalho o recebimento, a autuação, o andamento, a guarda e a conservação dos processos e outros papéis que lhe forem encaminhados.

(B) Nas localidades em que existir mais de uma Vara do Trabalho compete ao distribuidor a distribuição, pela ordem rigorosa de entrada, e sucessivamente a cada Vara, dos feitos que, para esse fim, lhe forem apresentados pelos interessados.

(C) Compete à secretaria das Varas do Trabalho a realização das penhoras e demais diligências processuais.

(D) Na falta ou impedimento do Oficial de Justiça ou Oficial de Justiça Avaliador, o Juiz poderá atribuir a realização do ato a qualquer serventuário.

(E) No caso de avaliação, terá o Oficial de Justiça Avaliador, para cumprimento do ato, o prazo de 15 (quinze) dias.

A: assertiva correta (art. 711, *a*, da CLT); **B:** assertiva correta (arts. 713 e 714, *a*, da CLT); **C:** assertiva correta (art. 711, *h*, da CLT); **D:** assertiva correta (art. 721, § 5º, da CLT); **E:** assertiva incorreta, devendo ser assinalada, pois o prazo para o Oficial de Justiça Avaliador concluir a avaliação é de 10 dias, conforme preceitua o art. 721, § 3º, da CLT, c/c o art. 888 da CLT. **HC/LF**
Gabarito "E".

2. TEORIA GERAL E PRINCÍPIOS DO PROCESSO DO TRABALHO

(Analista – TRT/16ª – 2014 – FCC) No tocante ao Procedimento Sumaríssimo, dispõe o artigo 852-D da CLT que: *O juiz dirigirá o processo com liberdade para determinar as provas a serem produzidas, considerado o ônus probatório de cada litigante, podendo limitar ou excluir as que considerar excessivas, impertinentes ou protelatórias, bem como para apreciá-las e dar especial valor às regras de experiência comum ou técnica.* Neste caso, está presente o Princípio

(A) da Imediatidade.

(B) Dispositivo.

(C) da Identidade física do juiz.

(D) Inquisitivo.

(E) do Juiz natural.

A: incorreta, pois o princípio da imediatidade é peculiar do direito material do trabalho e ensina que tão logo seja cometida a falta pelo empregado, deverá o empregador agir e punir seu empregado, sob pena de se caracterizar o perdão tácito, ou seja, não poderá o empregador punir em momento posterior. **B:** incorreta, pois o princípio do dispositivo disposto no art. 2º do CPC/2015 ensina que: "o processo começa por iniciativa da parte e se desenvolve por impulso oficial, salvo as exceções previstas em lei.". **C:** incorreta, pois o princípio da identidade física do juiz estava previsto no art. 132 do CPC/1973 não está previsto no CPC/2015. Esse princípio determinava que o magistrado que presidiu e concluiu a instrução probatória ficava vinculado ao processo, devendo, assim, ser o prolator da sentença. **D:** correta, pois o princípio inquisitivo ou do impulso oficial está consagrado no art. 2º CPC/2015 e ensina que o processo começa por iniciativa da parte, mas se desenvolve por impulso oficial. **E:** incorreta, pois do juiz natural ensina que nenhum litígio será julgado sem prévia existência legal de determinado juízo, ou seja, não poderão ser criados Tribunais de Exceção, feitos para julgar determinadas causas. Todos têm o direito de serem julgados por juiz competente e pré-constituído na forma da lei. Veja art. 5º, XXXVII e LIII, CF. **HC**
Gabarito "D".

(Analista – TRT/9 – 2012 – FCC) A legislação processual do trabalho regulamenta o trâmite de dissídios individuais, criando regras sobre a forma de reclamação e a notificação do reclamado. Segundo tais normas, a reclamação

(A) recebida e protocolada será remetida a segunda via da petição ao reclamado, notificando-o ao mesmo tempo, para comparecer à audiência de julgamento, que será a primeira desimpedida, depois de 48 horas.

(B) será, preliminarmente, sujeita à distribuição nas localidades em que houver apenas uma Vara do Trabalho.

(C) poderá ser apresentada pelos empregados e empregadores, pessoalmente, ou por seus representantes e pelos sindicatos de classe.

(D) será feita por notificação via oficial de justiça, não sendo admitida a notificação por edital nos processos que tramitam pelo rito ordinário.

(E) poderá ser acumulada num só processo com outros, quando houver identidade de matéria, desde que sejam empregados da mesma profissão e região metropolitana.

A: assertiva incorreta, pois nos termos do art. 841, *caput*, da CLT a audiência deverá ser feita depois de 5 dias; **B:** assertiva incorreta, pois nos termos do art. 838 da CLT nas localidades em que houver mais de uma Vara do Trabalho a reclamação será preliminarmente sujeita à distribuição; **C:** assertiva correta, pois reflete o disposto no art. 839, a, da CLT; **D:** assertiva incorreta, pois, nos termos do § 1º do art. 841 da CLT, a notificação será feita em registro postal com franquia, sendo que, se o reclamado criar embaraços ao seu recebimento ou não for encontrado, far-se-á a notificação por edital, inserto no jornal oficial ou no que publicar o expediente forense, ou, na falta, afixado na sede do Juízo; **E:** assertiva incorreta, pois nos termos do art. 842 da CLT poderá haver a acumulação de ações nos casos de empregados da mesma empresa ou estabelecimento. **HC/LF**
Gabarito "C".

(Analista – TRT/9 – 2012 – FCC) Dentre os princípios norteadores do Processo do Trabalho estão a oralidade e a concentração dos atos em audiência. Nessa seara, conforme previsão legal,

(A) o depoimento das partes e testemunhas que não souberem falar a língua nacional será feito por meio de intérprete nomeado pelo juiz e as despesas correrão por conta da parte vencida no processo.

(B) se, até 30 minutos após a hora marcada, o Juiz não houver comparecido, os presentes poderão retirar-se, devendo o ocorrido constar do livro de registro das audiências.

(C) o Juiz manterá a ordem nas audiências, mas não poderá mandar retirar do recinto os assistentes que a perturbarem em razão da publicidade das audiências na Justiça do Trabalho, sendo que nesse caso deverá adiar a sessão.

(D) as audiências dos órgãos da Justiça do Trabalho serão públicas e realizar-se-ão em dias úteis previamente fixados, entre 8 e 18 horas, não podendo ultrapassar 5 horas seguidas, salvo quando houver matéria urgente.

(E) as audiências dos órgãos da Justiça do Trabalho serão públicas e realizar-se-ão na sede do Juízo ou Tribunal não podendo ser designado outro local para a realização das audiências.

A: assertiva incorreta, pois embora nos termos do art. 819 da CLT o depoimento da parte ou da testemunha que não souber falar português seja feita por intérprete nomeado pelo juiz, de acordo com o § 2º do mesmo dispositivo, as despesas correrão por conta da parte a que interessar o depoimento; **B:** assertiva incorreta, pois, nos termos do art. 815, parágrafo único, da CLT, o período é de 15 (quinze) minutos; **C:** assertiva incorreta, pois, nos termos do art. 816 da CLT, o Juiz poderá mandar retirar do recinto os assistentes que a perturbarem; **D:** assertiva correta, pois reflete os exatos termos do disposto no art. 813 da CLT; **E:** assertiva incorreta, pois em casos especiais, nos termos do art. 813, § 1º, da CLT, poderá ser designado outro local para a realização das audiências, mediante edital afixado na sede do Juízo ou Tribunal, com a antecedência mínima de 24 (vinte e quatro) horas. **HC/LF**
Gabarito "D".

(**Analista – TRT/1ª – 2012 – FCC**) Considerando-se os princípios gerais do processo aplicáveis ao processo judiciário trabalhista é correto afirmar:

(A) A irrecorribilidade das decisões interlocutórias é um dos aspectos da oralidade, plenamente identificado no processo trabalhista.

(B) Não se aplica o princípio da concentração dos atos processuais em audiência, como ocorre no processo comum.

(C) Não há omissão das normas processuais na Consolidação das Leis do Trabalho que justifique a aplicação subsidiária do processo comum.

(D) Havendo omissão das normas processuais na Consolidação das Leis do Trabalho fica a critério de cada Juiz a aplicação do direito processual comum, cujo critério para adoção é a concordância das partes.

(E) A execução trabalhista poderá ser promovida apenas pelas partes interessadas, não havendo o impulso oficial ex officio pelo próprio Juiz competente.

A: assertiva correta. O processo do trabalho se distingue do processo comum por ter acolhido, em sua magnitude, o princípio da oralidade representado, de um lado, pela concentração dos atos processuais, e de outro, pela irrecorribilidade imediata das decisões interlocutórias, que está expressa no art. 893, § 1º, da CLT; **B:** assertiva incorreta, pois, como informado na resposta à assertiva anterior, aplica-se o princípio da concentração dos atos, como se observa pela redação dos arts. 843

a 850 da CLT; **C:** assertiva incorreta, pois existem diversas omissões nas normas processuais, e nessas hipóteses deveremos aplicar a regra esculpida no art. 769 da CLT. No mesmo sentido art. 15 CPC/2015; **D:** assertiva incorreta, pois nos termos do art. 769 da CLT, nos casos de omissão o operador do Direito aplicará o direito processual comum, exceto naquilo em que for incompatível com as normas processuais trabalhistas, independente da concordância das partes; **E:** assertiva incorreta, pois, nos termos do art. 878 da CLT, execução será promovida pelas partes, permitida a execução de ofício pelo juiz ou pelo Presidente do Tribunal apenas nos casos em que as partes não estiverem representadas por advogado. **HC/LF**
Gabarito "A".

3. PRESCRIÇÃO E DECADÊNCIA

(**Analista – TRT/8ª – 2010 – FCC**) Tobias foi contratado pela empresa Rosa para trabalhar como operário em 01 Fevereiro de 1999. Em 01 Junho de 2009 Tobias foi dispensado por justa causa baseada em ato de improbidade. Tobias ingressou com a competente reclamação trabalhista no dia 27 de Julho de 2010. Neste caso, a reclamação trabalhista

(A) não está prescrita, porém Tobias somente poderá requerer seus direitos trabalhistas dos cinco anos anteriores a data da propositura da ação.

(B) está prescrita de acordo com as normas preconizadas na Consolidação das Leis do Trabalho e na Constituição Federal brasileira.

(C) não está prescrita, porém Tobias somente poderá requerer seus direitos trabalhistas dos cinco anos anteriores a data de sua dispensa.

(D) não está prescrita, porém Tobias somente poderá requerer seus direitos trabalhistas dos dois anos anteriores a data de sua dispensa.

(E) não está prescrita e Tobias poderá requerer seus direitos trabalhistas de todo o período contratual.

Arts. 7º, XXIX, da CF, 11 da CLT e súmula 308, I, do TST. **HC/LF**
Gabarito "A".

4. COMPETÊNCIA

(**Analista – TRT/15 – FCC – 2018**) A arguição de incompetência territorial no processo do trabalho se dará por meio da apresentação de exceção de incompetência, que tem regras definidas em lei, entre as quais,

(A) apresentada a exceção, os autos serão imediatamente conclusos ao juiz, que intimará o reclamante e, se existentes, os litisconsortes, para manifestação no prazo comum de 5 dias.

(B) entendendo necessária produção de prova oral, o juízo ouvirá as testemunhas do excipiente na própria audiência, julgando a exceção em seguida.

(C) sua apresentação será feita no prazo de 10 dias a contar da notificação, antes da audiência e em peça que sinalize a existência desta exceção.

(D) sua apresentação deve ocorrer juntamente com a contestação, em peça apartada, devendo ser analisada e decidida pelo juiz de plano, em audiência.

(E) protocolada a petição, o processo será interrompido e não se realizará a audiência até que se decida a exceção.

A: correto, pois reflete a disposição do art. 800, § 2°, da CLT. **B:** incorreta, pois nos termos do art. 800, § 3°, da CLT se entender necessária a produção de prova oral, o juízo designará audiência, garantindo o direito de o excipiente e de suas testemunhas serem ouvidos, por carta precatória, no juízo que este houver indicado como competente. **C:** incorreta, pois nos termos do art. 800 da CLT sua apresentação será feita no prazo de 5 dias. **D:** incorreta, pois nos termos do art. 800 da CLT será apresentada no prazo de 5 dias a contar da notificação, antes da audiência e em peça que sinalize a existência desta exceção. **E:** incorreta, pois nos termos do art. 800, § 1°, da CLT o processo será suspenso. 🅷🅲

Gabarito "A".

(Analista – Área Administrativa – TRT1 – 2018 – AOCP) Em relação à competência da Justiça do Trabalho, assinale a alternativa INCORRETA.

(A) A Constituição Federal ampliou a competência da Justiça do Trabalho, atribuindo a esta poderes para dirimir conflitos decorrentes das relações de trabalho e não somente relações de emprego.

(B) À Justiça do Trabalho compete processar e julgar as ações que envolvam representação sindical entre sindicatos, entre sindicatos e trabalhadores e entre sindicatos e empregadores.

(C) A Justiça do Trabalho é competente para processar e julgar mandados de segurança, *habeas corpus* e *habeas data* quando o ato questionado envolver matéria sujeita à sua jurisdição.

(D) A Justiça do Trabalho é competente para processar e julgar ações de indenização por dano moral ou patrimonial, decorrentes da relação de trabalho.

(E) À Justiça do Trabalho compete processar e julgar as ações que envolvam representação sindical entre sindicatos, entre sindicatos e trabalhadores, entre sindicatos e empregadores e demandas de qualquer natureza entre empregadores que façam parte de um mesmo sindicato patronal.

A: correto, pois reflete a disposição do art. 114, I, da CF. (Vide ADI 3395) **B:** correto, pois reflete a disposição do art. 114, III, da CF. **C:** correto, pois reflete a disposição do art. 114, IV, da CF. (Vide ADI 3684 STF) **D:** correto, pois reflete a disposição do art. 114, VI, da CF. **E:** incorreto, pois embora a primeira parte da assertiva esteja correta (art. 114, III, CF) a Justiça do Trabalho não é competente para demandas de qualquer natureza, mas apenas relação de trabalho (art. 114, I, da CF). 🅷🅲

Gabarito "E".

(Analista – TRT1 – 2018 – AOCP) No que tange à exceção de incompetência territorial, no âmbito do processo trabalhista, assinale a alternativa correta.

(A) A Exceção de Incompetência territorial deverá ser apresentada como preliminar de contestação. Ao exceto será concedido prazo de 24 horas para manifestação respectiva, devendo a decisão ser proferida na primeira audiência ou sessão que se seguir.

(B) A exceção de incompetência territorial deverá ser apresentada em peça apartada que sinalize explicitamente a existência da exceção, antes da audiência no prazo de 5 dias, contados do recebimento da notificação pela reclamada. Protocolada a petição de exceção, ao exceto será concedido prazo de 24 horas para manifestação respectiva, devendo a decisão ser proferida na primeira audiência ou sessão que se seguir.

(C) A Exceção de Incompetência territorial deverá ser apresentada como preliminar de contestação. Ao exceto será concedido prazo de 24 horas para manifestação respectiva, devendo a decisão ser proferida no prazo de 5 dias.

(D) A exceção de incompetência territorial deverá ser apresentada em peça apartada que sinalize explicitamente a existência da exceção, antes da audiência, no prazo de 5 dias, contados do recebimento da notificação pela reclamada. Protocolada a petição de exceção, o processo será suspenso. O juiz intimará o exceto para manifestação no prazo de 5 dias. Da decisão que decidir a exceção de incompetência, caberá recurso ordinário no prazo de 8 dias.

(E) A exceção de incompetência territorial deverá ser apresentada em peça apartada que sinalize explicitamente a existência da exceção, antes da audiência, no prazo de 5 dias, contados do recebimento da notificação pela reclamada. Protocolada a petição de exceção, o processo será suspenso até que se decida o incidente.

Nos termos do art. 800 da CLT a exceção de incompetência territorial deverá ser apresentada no prazo de cinco dias a contar da notificação, antes da audiência e em peça que sinalize sua existência. Já o§ 1° do mesmo dispositivo legal ensina que protocolada a petição de exceção, até que esta seja decidida, o processo será suspenso e não se realizará a audiência inicial designada que se refere o art. 843 da CLT. 🅷🅲

Gabarito "E".

(Analista Judiciário – TRT/24 – FCC – 2017) Asclépio, residente e domiciliado em Manaus, participou de processo seletivo e foi contratado na cidade de Brasília, onde se localiza a sede da empresa Orfheu Informática S/A, para trabalhar como programador, na filial da empresa no Município de Campo Grande. No contrato de trabalho as partes convencionaram como foro de eleição a comarca de São Paulo. Após dois anos de contrato, Asclépio foi dispensado por justa causa sem receber nenhuma verba rescisória, retornando para Manaus. Não concordando com o motivo da sua rescisão, o trabalhador resolveu ajuizar reclamação trabalhista em face da sua ex-empregadora. Conforme a regra de competência territorial prevista na lei trabalhista a ação deverá ser proposta na Vara do Trabalho de

(A) Brasília, por ser a sede da empresa reclamada.

(B) Brasília, por ser o local da contratação.

(C) Manaus, local de seu domicílio.

(D) Campo Grande, local da prestação dos serviços.

(E) São Paulo, foro de eleição contratual.

"D" é a opção correta. Nos termos do art. 651 da CLT é competente o foro do local da prestação dos serviços. No entanto, de acordo com o art. 507-A da CLT nos contratos individuais de trabalho cuja remuneração seja superior a duas vezes o limite máximo estabelecido para os benefícios do Regime Geral de Previdência Social, poderá ser pactuada cláusula compromissória de arbitragem, desde que por iniciativa do empregado ou mediante a sua concordância expressa, nos termos previstos na Lei 9.307, de 23 de setembro de 199. 🅷🅲

Gabarito "D".

(Analista Judiciário – TRT/20 – FCC – 2016) Hera participou de processo seletivo e foi contratada como música instrumentista da Orquestra do Banco Ultra S/A, no

Município de Itabaiana/SE, onde tem o seu domicílio. No contrato de trabalho foi estipulado como foro de eleição para propositura de demanda trabalhista o Município de Aracaju/SE. O banco possui agências em todos estados do Brasil e a sua sede está localizada em Brasília/DF. Durante os oito meses em que foi empregada do Banco, Hera exerceu suas funções apenas no Município de Aracaju/SE. Caso decida ajuizar reclamação trabalhista em face de seu ex-empregador, deverá propor em

(A) Aracaju, porque foi o local da prestação dos serviços.

(B) Aracaju, por ser o foro de eleição previsto em contrato de trabalho.

(C) Itabaiana, porque é o foro do seu domicílio.

(D) Brasília, por estar situada a sede do Banco reclamado.

(E) Aracaju, Itabaiana ou Brasília, dependendo da sua própria conveniência como reclamante.

"A" é a opção correta. Nos termos do art. 651 da CLT a competência será do local de prestação de serviços. Vale dizer que, o art. 507-A da CLT nos contratos individuais de trabalho cuja remuneração seja superior a duas vezes o limite máximo estabelecido para os benefícios do Regime Geral de Previdência Social, poderá ser pactuada cláusula compromissória de arbitragem, desde que por iniciativa do empregado ou mediante a sua concordância expressa. **HC**

Gabarito "A".

(Analista Judiciário – TRT/8ª – 2016 – CESPE) Carlo, cidadão brasileiro domiciliado em Minas Gerais, veterinário e advogado, ex-empregado público de autarquia federal sediada unicamente em Brasília – DF, foi demitido sem justa causa em 27/1/2015, na capital federal, local onde os serviços foram prestados. Em 28/1/2016, Carlo propôs em juízo pedido de indenização no valor total de R$ 20.000, por entender que diversos de seus direitos trabalhistas haviam sido violados.

Nessa situação hipotética,

(A) ambas as partes estão imunes do pagamento de custas processuais.

(B) é obrigatória a adoção do rito processual sumaríssimo.

(C) a propositura da ação trabalhista foi extemporânea, em virtude do instituto da prescrição.

(D) caso não haja conciliação prévia, deve-se adotar a forma verbal para a reclamação trabalhista.

(E) o foro competente para apreciação da lide, em primeira instância, seria o Distrito Federal.

A: opção incorreta, pois a entidade autárquica está isenta do pagamento de custas, nos termos do art. 790-A, I, CLT. Já o reclamante Carlo não está isento do recolhimento de custas, se for o caso. A justiça gratuita será concedida à pessoa com insuficiência de recursos, nos termos do art. 98 do CPC/2015; **B:** opção incorreta, pois, nos termos do art. 852-A, parágrafo único, da CLT, estão excluídas do procedimento sumaríssimo as demandas em que é parte a Administração Pública direta, autárquica e fundacional; **C:** opção incorreta, pois o prazo prescricional de 2 anos disposto no art. 7º, XXIX, da CF e art. 11 da CLT foi respeitado; **D:** opção incorreta, pois a petição inicial poderá ser apresentada de forma escrita ou verbal, nos termos do art. 840 da CLT; **E:** opção correta, pois, nos termos do art. 651 da CLT, a competência para ajuizamento da reclamação trabalhista, em regra, é determinada pela localidade onde o empregado, reclamante ou reclamado prestar serviços ao empregador. **HC**

Gabarito "E".

(Analista – TRT/3ª – 2015 – FCC) Em relação à competência material da Justiça do Trabalho:

(A) As ações relativas às penalidades administrativas impostas aos empregadores pelos órgãos de fiscalização das relações de trabalho devem ser julgadas pela Justiça Federal, nos termos do artigo 109 da CF/88.

(B) Desde a promulgação da CF/88, a Justiça do Trabalho é competente para julgar ações impostas pelos órgãos de fiscalização, em matéria trabalhista, aos empregadores.

(C) A Emenda Constitucional n. 45/04, deu nova redação ao artigo 114 da CF/88, estabelecendo que cabe à Justiça do Trabalho processar e julgar as ações relativas às penalidades administrativas impostas aos empregadores pelos órgãos de fiscalização das relações de trabalho.

(D) Impõe multas administrativas ao empregador em processos trabalhistas, nos quais foi constatada a ocorrência de infração aos dispositivos da CLT.

(E) Não é competente, de ofício, para executar as contribuições previdenciárias das sentenças que proferir.

A: incorreta, pois nos termos do art. 114, VII, da CF a ação será de competência da Justiça do Trabalho. **B:** incorreta, pois a competência foi atribuída à Justiça do Trabalho por meio da EC 45/2004. **C:** correta, pois está de acordo com o art. 114, VII, da CF. **D:** incorreta, pois a multa não será imposta pela Justiça do Trabalho, mas sim pelos órgãos de fiscalização das relações de trabalho (Ministério do Trabalho e Emprego). **E:** incorreta, pois nos termos do art. 114, VIII, da CF a Justiça do Trabalho possui competência para de ofício, para executar as contribuições previdenciárias das sentenças que proferir. **HC**

Gabarito "C".

(Analista – TRT/2ª – 2014 – FCC) Compete à Justiça do Trabalho processar e julgar

I. as ações sobre representação sindical, entre sindicatos, entre sindicatos e trabalhadores e entre sindicatos e empregadores.

II. a ação em que todos os membros da magistratura sejam direta ou indiretamente interessados, e aquela em que mais da metade dos membros do tribunal de origem estejam impedidos ou sejam direta ou indiretamente interessados.

III. os conflitos e atribuições entre autoridades administrativas e judiciárias da União, ou entre autoridades judiciárias de um Estado e administrativas de outro ou do Distrito Federal, ou entre as deste e da União.

IV. as ações relativas às penalidades administrativas impostas aos empregadores pelos órgãos de fiscalização das relações de trabalho.

Está correto o que consta em

(A) I e IV, apenas.

(B) I, II, III e IV.

(C) I e III, apenas.

(D) I, apenas.

(E) II e IV, apenas.

I: correta, pois reflete o disposto no art. 114, III, CF. **II:** incorreta, pois nos termos do art. 102, I, *n*, da CF a ação é de competência do STF. **III:** incorreta, pois nos termos do art. 105, I, *g*, da CF a ação é de competência do STJ. **IV:** correta, pois reflete o disposto no art. 114, VII, da CF. **HC**

Gabarito "A".

(Analista – TRT/9 – 2012 – FCC) Athenas, residente na cidade de Apucarana, foi contratada em Londrina para trabalhar como secretária da Diretoria Comercial da Empresa de Turismo Semideuses Ltda., cuja matriz está sediada em Cascavel. Após dois anos de contrato prestado na filial da empresa em Curitiba, foi dispensada, embora tenha avisado o seu empregador que estava grávida. Athenas decidiu ajuizar ação reclamatória trabalhista postulando a sua reintegração por estabilidade de gestante. No presente caso, a Vara do Trabalho competente para processar e julgar a demanda é a do município de

(A) Cascavel, em razão de ser a matriz da empresa empregadora que é ré na ação.

(B) Curitiba, porque nesse caso a comarca competente é a Capital do Estado.

(C) Apucarana, por ser o local da residência da trabalhadora.

(D) Curitiba, por ser o local da prestação dos serviços.

(E) Londrina, porque foi o local da contratação da trabalhadora.

"D" é a assertiva correta, pois, nos termos do art. 651 da CLT, a competência será determinada pelo local da prestação de serviço. **HC/LF**
Gabarito "D".

(Analista – TRT/1ª – 2012 – FCC) Minerva, domiciliada no município de Duque de Caxias, foi contratada no município de Resende para trabalhar na empresa Olimpo Empreendimentos. Durante todo o contrato de trabalho trabalhou no município de Friburgo, sede da sua empregadora. Após três anos de labor, Minerva foi dispensada. Para receber as verbas rescisórias que não foram pagas, a comarca competente para o ajuizamento de reclamação trabalhista é a do município de

(A) Resende, porque é o local onde foi firmado o contrato de trabalho.

(B) Friburgo, porque é o local da prestação dos serviços da trabalhadora.

(C) Duque de Caxias, porque é o local do domicílio da reclamante.

(D) Rio de Janeiro, porque, além de ser a Capital do Estado, é a sede do Tribunal Regional do Trabalho da 1a Região.

(E) Duque de Caxias, Resende ou Friburgo, pois não há regra na CLT? Consolidação das Leis do Trabalho regulando a competência territorial.

"B" é a assertiva correta, pois nos termos do art. 651 da CLT a competência será determinada pelo local da prestação de serviço. **HC/LF**
Gabarito "B".

(Analista – TRT/11ª – 2012 – FCC) O trabalhador firmou contrato de trabalho com a empresa no município "Alfa" para prestar serviços no município "Beta". A empresa possui sua sede e domicílio no município "Gama". Após ser dispensado o trabalhador, que reside no município "Delta", resolve ajuizar ação reclamatória trabalhista para receber seus haveres rescisórios. Neste caso, de acordo com a CLT, deverá ajuizar a reclamatória no município

(A) "Alfa" porque foi o local onde da celebração do contrato.

(B) "Delta" porque é o domicílio do trabalhador reclamante.

(C) "Gama" porque é o domicílio da empresa reclamada.

(D) "Alfa" ou "Delta" porque o trabalhador poderá optar pelo local da celebração do contrato ou pelo seu domicílio.

(E) "Beta" porque foi o local da prestação dos serviços.

Nos termos do art. 651 da CLT a competência será determinada pelo local da prestação de serviço. **HC/LF**
Gabarito "E".

5. CUSTAS, EMOLUMENTOS E HONORÁRIOS

(Analista – Área Administrativa – TRT1 – 2018 – AOCP) No que se refere às custas no âmbito da Justiça do Trabalho, é INCORRETO afirmar que

(A) as custas serão calculadas sobre o valor da causa quando houver condenação.

(B) são isentos do pagamento de custas: a União; os Estados; o Distrito Federal; os Municípios e respectivas autarquias e fundações públicas federais, estaduais ou municipais que não explorem atividade econômica; o Ministério Público do Trabalho; os beneficiários de justiça gratuita.

(C) as custas serão calculadas sobre o valor da causa quando houver extinção do processo sem julgamento do mérito.

(D) as custas se destinam a remunerar os gastos do erário e não à garantia do juízo.

(e) nas ações de qualquer natureza, de competência da Justiça do Trabalho, bem como nas demandas propostas perante a Justiça Estadual, no exercício da jurisdição trabalhista, as custas relativas ao processo de conhecimento incidirão à base de 2%, observado o valor mínimo de R$ 10,64 e o máximo de quatro vezes o limite máximo dos benefícios do Regime Geral de Previdência Social.

A: incorreto, pois nos termos do art. 789, I, da CLT quando houver acordo ou condenação, as custas serão calculadas sobre esse valor, ou seja, do acordo ou condenação e não sobre o valor da causa. **B:** correta, pois reflete a disposição do art. 790-A, *caput* e incisos I e II, da CLT. **C:** correto, pois reflete a disposição do art. 789, II, da CLT. **D:** correto, pois as custas servem para recompor os gastos com o erário. Já a garantia do juízo é feita pelo depósito recursal, art. 899 e parágrafos, da CLT; **E:** correta, pois reflete a disposição do art. 789 da CLT. **HC**
Gabarito "A".

(Analista Judiciário – TRT/24 – FCC – 2017) Em audiência realizada no curso da ação trabalhista movida por Perseu em face da empresa Cavalo de Troia Empreendimentos, após terem sido ouvidas as partes, o Juiz apresentou proposta conciliatória que foi aceita pelas partes. Entretanto, nada foi ajustado sobre custas. Conforme normas contidas na Consolidação das Leis do Trabalho, as custas processuais

(A) ficarão a cargo da reclamada, em razão do princípio da hipossuficiência do trabalhador.

(B) serão de responsabilidade do reclamante que irá se beneficiar com proveito econômico do acordo.

(C) serão dispensadas pela União nos casos de conciliação em processo trabalhista.

(D) caberão em partes iguais aos litigantes, sempre que houver acordo, se de outra forma não for convencionado.

(E) serão atribuídas sempre à reclamada, uma vez que o acordo implica em confissão de dívida.

"D" é a opção correta. Nos termos do art. 789, § 3º, da CLT sempre que houver acordo, se de outra forma não for convencionado, o pagamento das custas caberá em partes iguais aos litigantes. HC

Gabarito "D".

(Analista Judiciário – TRT/11 – FCC – 2017) No tocante às custas, considere:

I. A parte vencedora na primeira instância, se vencida na segunda, está obrigada, independentemente de intimação, a pagar as custas fixadas na sentença originária, das quais ficara isenta a parte então vencida.

II. No caso de inversão do ônus da sucumbência em segundo grau, sem acréscimo ou atualização do valor das custas e se estas já foram devidamente recolhidas, caberá um novo pagamento pela parte vencida, ao recorrer.

III. Não caracteriza deserção a hipótese em que, acrescido o valor da condenação, não houve fixação ou cálculo do valor devido a título de custas e tampouco intimação da parte para o preparo do recurso, devendo ser as custas pagas ao final.

IV. Não há reembolso das custas à parte vencedora mesmo na hipótese em que a parte vencida for pessoa isenta do seu pagamento, nos termos previstos na Consolidação das Leis do Trabalho.

Está correto o que se afirma APENAS em

(A) II e III.

(B) I e III.

(C) I, II e IV.

(D) II, III e IV.

(E) I e IV.

I: opção correta. Nos termos da súmula 25, I, do TST a parte vencedora na primeira instância, se vencida na segunda, está obrigada, independentemente de intimação, a pagar as custas fixadas na sentença originária, das quais ficara isenta a parte então vencida. **II:** incorreta. Em conformidade com a súmula 25, II, do TST no caso de inversão do ônus da sucumbência em segundo grau, sem acréscimo ou atualização do valor das custas e se estas já foram devidamente recolhidas, descabe um novo pagamento pela parte vencida, ao recorrer. Deverá ao final, se sucumbente, reembolsar a quantia. **III:** correto. A súmula 25, III, do TST ensina que não caracteriza deserção a hipótese em que, acrescido o valor da condenação, não houve fixação ou cálculo do valor devido a título de custas e tampouco intimação da parte para o preparo do recurso, devendo ser as custas pagas ao final. **IV:** opção incorreta. O item IV da súmula 25 do TST ensina que o reembolso das custas à parte vencedora faz-se necessário mesmo na hipótese em que a parte vencida for pessoa isenta do seu pagamento, nos termos do art. 790-A, parágrafo único, da CLT. HC

Gabarito "B".

(Analista – TRT/3ª – 2015 – FCC) No Processo do Trabalho, na fase de conhecimento, as custas serão sempre pagas

(A) no momento da proposição da ação e incidirão no percentual de 2% sobre o valor atribuído à causa.

(B) ao final do processo e incidirão no percentual de 2% sobre o valor da causa, em caso de procedência ou procedência em parte do pedido, e sobre o valor do acordo, em caso de conciliação.

(C) ao final do processo e incidirão no percentual de 2% sobre o valor da condenação, em caso de procedência

e procedência em parte do pedido, e sobre o valor do acordo, em caso de conciliação.

(D) ao final do processo e incidirão no percentual de 5% sobre o valor da condenação, em caso de procedência, procedência em parte do pedido e sobre o valor do acordo, em caso de conciliação.

(E) ao final do processo e incidirão no percentual de 5% sobre o valor da condenação, apurado em liquidação de sentença, em caso de procedência, procedência em parte do pedido, e sobre o valor do acordo, em caso de conciliação.

Nos dissídios individuais, ainda que propostos perante a Justiça Estadual no exercício da jurisdição trabalhista (art. 112 da CF), as custas relativas ao processo de conhecimento sempre serão no importe de 2% (dois por cento) e serão calculadas da seguinte maneira: **A:** Em caso de acordo ou condenação, as custas serão calculadas sobre o respectivo valor. Vale lembrar que, sempre que houver acordo, o pagamento das custas caberá em partes iguais aos litigantes se outra forma não for convencionado; **B:** caso o processo seja extinto sem julgamento do mérito ou julgado totalmente improcedente, as custas serão calculadas sobre o valor da causa; **C:** Nas ações declaratórias e constitutivas, também serão calculadas sobre o valor da causa; **D:** Para as ações que o valor da condenação for indeterminado, deverá o magistrado fixar um valor. As custas serão pagas pelo vencido após o trânsito em julgado da decisão. No caso de recurso, serão pagas e comprovado o recolhimento dentro do prazo recursal, em conformidade com a súmula 245 do TST. HC

Gabarito "C".

(Analista – TRT/16ª – 2014 – FCC) Em determinada reclamação trabalhista o Conselho Regional de Medicina do Estado do Maranhão – CRM-MA foi condenado em R$ 11.000,00 relativo a danos morais sofridos por ex-empregado. O CRM-MA pretende interpor recurso ordinário. Neste caso, no tocante às custas processuais, estas

(A) serão devidas no importe de R$ 220,00.

(B) serão indevidas uma vez que o CRM-MA é isento do recolhimento de custas processuais.

(C) serão devidas no importe de R$ 110,00.

(D) serão devidas no importe de R$ 330,00.

(E) somente serão devidas a final e dependerão do valor da condenação após o trânsito em julgado da demanda.

As custas relativas ao processo de conhecimento sempre serão no importe de 2% (dois por cento) e serão calculadas da seguinte maneira: **A:** Em caso de acordo ou condenação, as custas serão calculadas sobre o respectivo valor. As custas serão pagas pelo vencido após o trânsito em julgado da decisão. No caso de recurso, serão pagas e comprovado o recolhimento dentro do prazo recursal, em conformidade com a súmula 245 do TST. Importante lembrar que as entidades fiscalizadoras do exercício profissional, como por exemplo: CRM, OAB, CREA etc. não estão isentas do pagamento de custas, nos termos do art. 790-A, parágrafo único, da CLT. HC

Gabarito "A".

(Analista – TRT/6ª – 2012 – FCC) Rafus ajuizou reclamação trabalhista em face da sua empregadora a empresa Alfa & Beta Comunicações, pleiteando o pagamento de verbas rescisórias. Houve a determinação de ser emendada a petição inicial no prazo de 10 dias. Tal determinação não foi cumprida, razão pela qual ocorreu a extinção do processo sem resolução ou julgamento do mérito. Nesta situação, sobre as custas

(A) relativas ao processo de conhecimento incidirão à base de 1% e serão calculadas sobre o valor da causa.

(B) relativas ao processo de conhecimento incidirão à base de 1% observado o mínimo legal e serão calculadas sobre o valor arbitrado pelo juiz.

(C) relativas ao processo de conhecimento incidirão à base de 2% e serão calculadas sobre o valor estimado da condenação da ação.

(D) relativas ao processo de conhecimento incidirão à base de 2% observado o mínimo legal e serão calculadas sobre o valor da causa.

(E) haverá isenção do pagamento em razão da não apreciação do mérito da ação.

Art. 789, II, da CLT. **HC/LF**
„Ɑ„ oʇᴉɹɐqɐפ

(Analista – TRT/9ª – 2010 – FCC) Na reclamação trabalhista X, a autarquia municipal Flor foi vencida e condenada em primeira instância ao pagamento do valor líquido de R$ 70.000,00. Na reclamação trabalhista Y, a fundação pública federal Terra, que não explora atividade econômica, também foi vencida e condenada em primeira instância ao pagamento do valor líquido de R$ 90.000,00. Nestes casos, de acordo com a Consolidação das Leis do Trabalho,

(A) somente a autarquia municipal Flor é isenta do pagamento de custas, devendo a fundação pública federal Terra depositar R$ 900,00, a título de custas, para interposição de recurso ordinário.

(B) somente a autarquia municipal Flor é isenta do pagamento de custas, devendo a fundação pública federal Terra depositar R$ 1.800,00, a título de custas, para interposição de recurso ordinário.

(C) somente a fundação pública federal Terra é isenta do pagamento de custas, devendo a autarquia municipal Flor depositar R$ 1.400,00, a título de custas, para interposição de recurso ordinário.

(D) tanto a autarquia municipal Flor como a fundação pública federal Terra são isentas do pagamento de custas.

(E) não há isenção de custas, devendo a autarquia municipal Flor depositar R$ 1.400,00 e a fundação pública federal Terra depositar R$ 1.800,00, a título de custas, para interposição dos respectivos recursos ordinários.

Art. 790-A, I, da CLT. **HC/LF**
„Ɑ„ oʇᴉɹɐqɐפ

6. PARTES, ADVOGADOS, REPRESENTAÇÃO

(Analista Judiciário – TRT/24 – FCC – 2017) Analisando o normativo previsto na Consolidação das Leis do Trabalho quanto à nomeação de advogado com poderes para o foro em geral na Justiça do Trabalho,

(A) dá-se pela juntada prévia de instrumento de procuração, com firma devidamente reconhecida.

(B) a nomeação poderá ser efetivada mediante simples registro em ata de audiência, a requerimento verbal do advogado interessado, com anuência da parte representada.

(C) apenas o trabalhador poderá reclamar sem a presença de advogado, uma vez que o princípio do *jus postulandi* somente se aplica à parte hipossuficiente.

(D) o advogado pode atuar sem que lhe sejam exigidos poderes outorgados pela parte, em razão da previsão legal do *jus postulandi*.

(E) nos dissídios coletivos é obrigatória aos interessados a assistência por advogado constituído necessariamente por instrumento de mandato, com firma devidamente reconhecida.

A: opção incorreta, pois a CLT não prevê regra específica para a juntada prévia de procuração aos autos da reclamação trabalhista. Sobre o tema veja súmula 383 do TST. **B:** opção correta, pois nos termos do art. 791, § 3º, da CLT a constituição de procurador com poderes para o foro em geral poderá ser efetivada, mediante simples registro em ata de audiência, a requerimento verbal do advogado interessado, com anuência da parte representada. **C:** opção incorreta, pois nos termos do art. 791 da CLT empregado e empregador poderão fazer uso do *jus postulandi*. **D:** opção incorreta, pois somente as partes podem fazer uso do *jus postulandi*. Para o que o advogado possa atuar em nome da parte, é necessária a procuração, art. 104 do CPC/2015. **E:** opção incorreta, pois nos termos do art. 791, § 2º, da CLT nos dissídios coletivos é facultada aos interessados a assistência por advogado. **HC**
„Ԑ„ oʇᴉɹɐqɐפ

(Analista Judiciário – TRT/20 – FCC – 2016) Vênus atuou durante 6 anos como preposta da Cia de Bebidas Fonte de Amor. Por força da crise econômica foi dispensada sem receber alguns direitos trabalhistas. Em razão de sua experiência, ingressou com reclamação trabalhista de forma verbal, sem constituir advogado. Conforme súmula do Tribunal Superior do Trabalho e dispositivo processual trabalhista, a capacidade postulatória de Vênus em relação a essa reclamatória

(A) está restrita a fase de conhecimento na Vara do Trabalho.

(B) limita-se às Varas do Trabalho e aos Tribunais Regionais do Trabalho, não alcançando a fase executória.

(C) limita-se às Varas do Trabalho e aos Tribunais Regionais do Trabalho, não alcançando os recursos de competência do Tribunal Superior do Trabalho.

(D) é ilimitada quanto a fase processual, bem como em relação à instância, alcançando inclusive o Tribunal Superior do Trabalho, porque a lei permite o acompanhamento das reclamações até o final.

(E) está restrita à fase de conhecimento, incluindo recursos em todas as instâncias trabalhistas, Varas do Trabalho, Tribunais Regionais do Trabalho e Tribunal Superior do Trabalho, mas não envolve a fase de execução.

"C" é a opção correta, pois nos termos da súmula 425 do TST o *jus postulandi* das partes, estabelecido no art. 791 da CLT, limita-se às Varas do Trabalho e aos Tribunais Regionais do Trabalho, não alcançando a ação rescisória, a ação cautelar, o mandado de segurança e os recursos de competência do Tribunal Superior do Trabalho. **HC**
„Ɔ„ oʇᴉɹɐqɐפ

(Analista – TRT/1ª – 2012 – FCC) Hermes manteve contrato de trabalho com a empresa Gama Transportadora de Cargas por três anos, sendo dispensado por justa causa, sem receber nenhuma verba rescisória. Procurou a Vara do Trabalho do município para ajuizar reclamação trabalhista. Conforme previsão contida na Consolidação das Leis do Trabalho e jurisprudência atual e sumulada pelo TST, Hermes

(A) deve necessariamente constituir advogado para a propositura da reclamação trabalhista.

(B) pode postular sem a necessidade de advogado em todas as instâncias da Justiça do Trabalho.

(C) pode propor a reclamação trabalhista sem constituir advogado, apenas na primeira instância.

(D) não precisa constituir advogado para atuar em todas instâncias da Justiça do Trabalho, desde que esteja assistido pelo Sindicato da Categoria Profissional.

(E) pode reclamar pessoalmente perante a Justiça do Trabalho, limitando-se às Varas do Trabalho e aos Tribunais Regionais do Trabalho.

A assertiva "E" é a correta, pois nos termos do art. 791 da CLT trata do jus postulandi na Justiça do Trabalho reclamar pessoalmente perante a Justiça do Trabalho e acompanhar as suas reclamações até o final. No entanto, de acordo com a Súmula 425 do TST: "O jus postulandi das partes, estabelecido no art. 791 da CLT, limita-se às Varas do Trabalho e aos Tribunais Regionais do Trabalho, não alcançando a ação rescisória, a ação cautelar, o mandado de segurança e os recursos de competência do Tribunal Superior do Trabalho". HC/LF
Gabarito "E."

(Analista – TRT/14ª – 2011 – FCC) A procuração *apud acta* é o mandato

(A) para fins genéricos com permissão expressa para substabelecer.

(B) para fins genéricos que veda expressamente o substabelecimento.

(C) com vigência previamente estipulada.

(D) passado a advogado dativo para fins específicos e determinados logo após a intimação da reclamada.

(E) passado em audiência perante o Juiz do Trabalho.

"E" é a resposta correta. Também denominado mandato tácito, está previsto no art. 791, § 3º, da CLT. HC/LF
Gabarito "E."

7. NULIDADES

(Analista Judiciário – TRT/24 – FCC – 2017) Urano ingressou com reclamatória trabalhista pretendendo receber adicional de periculosidade e horas extras em face da empresa que trabalha. Na audiência UNA designada foi requerida a prova técnica pericial e a oitiva de testemunhas por carta precatória. O juiz deferiu apenas a realização da prova pericial, encerrando a instrução processual e designando julgamento. Inconformado, o patrono de Urano pode alegar nulidade processual

(A) em qualquer fase do processo, por se tratar de nulidade fundada em incompetência de foro.

(B) apenas em grau de recurso, por se tratar de nulidade fundada em incompetência de prerrogativa.

(C) em qualquer momento do processo, quando arguida por quem lhe tiver dado causa.

(D) no prazo de cinco dias após a realização da audiência, por meio de agravo de instrumento.

(E) à primeira vez em que tiver de falar em audiência ou nos autos, em razão do princípio da preclusão.

"E" é a opção correta. Isso porque, por conta da irrecorribilidade imediata das decisões interlocutórias, prevista no art. 893, § 1º, da

CLT a decisão no caso em análise é irrecorrível de imediato, razão pela qual, nos termos do art. 795 da CLT, a parte deverá fazer o protesto antipreclusivo devendo arguir a nulidade à primeira vez em que tiverem de falar em audiência ou nos autos. HC
Gabarito "E."

(Analista Judiciário – TRT/20 – FCC – 2016) Na reclamação trabalhista movida pelo empregado Záfiro em face da empresa Olimpo S/A houve procedência parcial em sentença. A reclamada interpôs recurso, mas por equívoco do Juízo não houve intimação do reclamante para apresentar contrarrazões. O recurso teve seu provimento negado. No caso, quanto à teoria das nulidades processuais, conforme previsão contida no texto consolidado,

(A) caberia arguição pela reclamada da nulidade processual visto que não foi cumprido ato processual essencial.

(B) deveria ser declarada a nulidade de ofício, que alcançaria todos os atos decisórios.

(C) não poderia ser declarada nulidade de ofício por não ser absoluta, mas caso fosse arguida por quaisquer das partes seria acolhida com anulação dos atos decisórios.

(D) a nulidade não seria declarada porque não houve prejuízo à parte que não foi intimada para apresentar contrarrazões do recurso.

(E) deveria ser declarada a nulidade por provocação da reclamada apenas em eventual ação rescisória a ser movida.

"D" é a opção correta, pois nos termos do art. 794 da CLT nos processos sujeitos à apreciação da Justiça do Trabalho só haverá nulidade quando resultar dos atos inquinados manifesto prejuízo às partes litigantes. HC
Gabarito "D."

(Analista Judiciário – TRT/8ª – 2016 – CESPE) Acerca das nulidades e exceções aplicáveis ao processo do trabalho, assinale a opção correta.

(A) O pronunciamento da nulidade depende do consentimento da parte que lhe tiver dado causa.

(B) Pronunciada determinada nulidade, deverá ser declarada, consequentemente, a nulidade de todos os demais atos processuais.

(C) Na justiça do trabalho, admitem-se exceções apenas em matéria de defesa quanto ao mérito.

(D) O juiz da causa é obrigado a dar-se por suspeito nas situações em que o autor da ação for de sua íntima relação pessoal.

(E) A nulidade do processo judicial deve ser declarada em juízo de admissibilidade pela secretaria judicial à qual a ação trabalhista for distribuída.

A: opção incorreta, pois, nos termos do art. 795 da CLT, as nulidades não serão declaradas senão mediante provocação de quaisquer das partes, as quais deverão argui-las na primeira oportunidade em que tiverem de falar em audiência ou nos autos; **B:** opção incorreta, pois, nos termos do art. 281 do CPC/2015, anulado o ato, consideram-se de nenhum efeito todos os subsequentes que dele dependam, todavia, a nulidade de uma parte do ato não prejudicará as outras que dela sejam independentes. Nesse mesmo sentido, determina o art. 797 da CLT que o juiz ou Tribunal que pronunciar a nulidade declarará os atos a que ela se estende; **C:** opção incorreta, pois, nos termos do art. 799 da CLT, as exceções de incompetência territorial, suspeição e impedimento serão opostas com suspensão do feito; **D:** opção correta, pois reflete

o disposto no art. 801, *b*, da CLT; **E:** opção incorreta, pois a nulidade será declarada por um juiz ou pelo Tribunal, nunca pela secretaria. **HC**
Gabarito "D".

(Analista – TRT/3ª – 2015 – FCC) Em relação à sentença no Processo do Trabalho, a decisão

(A) *citra* ou *infra petita* é a que decide além do pedido, ou seja, defere verbas além das postuladas na inicial.

(B) *ultra petita* contém julgamento fora do pedido, ou seja, o provimento jurisdicional sobre o pedido é diverso do postulado.

(C) *extra petita* é a que decide aquém do pedido, contendo omissão do julgado.

(D) *citra* ou *infra petita* ocorre quando, por exemplo, o reclamante pede horas extras, adicional de insalubridade e danos morais, mas a sentença não aprecia o pedido de horas extras.

(E) *ultra petita* ocorre quando, por exemplo, o reclamante postula horas extras e a sentença defere horas pela não concessão de intervalo intrajornada.

Sentença ***extra petita*** é aquela em que juiz concede algo distinto do que foi pedido na petição inicial. Por sua vez, a **sentença *ultra petita*** é aquela em que o juiz ultrapassa o que foi pedido, ou seja, vai além dos limites do pedido. Já a **sentença *infra* ou *citra petita*** é aquela em que o magistrado concede menos do pedido. **HC**
Gabarito "D".

(Analista – TRT/11ª – 2012 – FCC) Nos processos sujeitos à apreciação da Justiça do Trabalho, a nulidade

(A) não poderá ser declarada mediante provocação das partes, mas apenas se arguida ex officio pelo Juiz.

(B) será pronunciada ainda quando arguida por quem lhe tiver dado causa.

(C) só será declarada quando resultar dos atos inquinados manifesto prejuízo às partes litigantes.

(D) após declarada não prejudicará senão os atos anteriores ou posteriores que dele dependam, ou sejam consequência.

(E) será sempre pronunciada, mesmo que seja possível suprir-se a falta ou repetir-se o ato.

A: assertiva incorreta, pois, nos termos do art. 795, *caput*, da CLT, as nulidades não serão declaradas senão mediante provocação das partes; **B:** assertiva incorreta, pois, nos termos do art. 796, b, da CLT, a nulidade não será declarada quando for arguida por quem lhe tiver dado causa; **C:** assertiva correta, pois reflete o disposto no art. 794 da CLT; **D:** assertiva incorreta, pois, nos termos do art. 798 da CLT, a nulidade do ato não prejudicará senão os posteriores que dele dependam ou sejam consequência; **E:** assertiva incorreta, pois a nulidade não será pronunciada quando for possível suprir-se a falta ou repetir-se o ato, nos termos do art. 796, a, da CLT. **HC/LF**
Gabarito "C".

(Analista – TRT/1ª – 2012 – FCC) Zeus, funcionário de uma empresa pública com contrato regido pelas normas da CLT – Consolidação das Leis do Trabalho – ajuizou reclamação trabalhista em face da empresa para reclamar o pagamento de gratificação denominada "sexta-parte" e as suas integrações. A ação foi distribuída na 1ª Vara do Trabalho da cidade do Rio de Janeiro. O advogado de Zeus informou-lhe que o Juiz Titular daquela Vara, em outros processos análogos, rejeitou o referido pedido. Para que o processo não fosse julgado por aquele Juiz,

Zeus deliberadamente ofendeu o magistrado em audiência, inclusive ameaçando-o de morte. Conforme norma expressa da CLT, na presente situação está configurada a suspeição do Juiz?

(A) Sim, por configurar o interesse na causa por parte do Juiz.

(B) Não, porque não é caso de parentesco por consanguinidade até o terceiro grau civil.

(C) Sim, pelo risco da manutenção de sua integridade física.

(D) Não, porque o litigante procurou de propósito o motivo de que se originaria a suspeição.

(E) Não, por não haver previsão na CLT de que a inimizade pessoal possa gerar suspeição do Juiz.

A assertiva "D" é a opção correta, pois, nos termos do parágrafo único, parte final do art. 801 da CLT, a suspensão não será admitida sempre que o recusante/empregado procurou de propósito o motivo de que ela se originou. **HC/LF**
Gabarito "D".

(Analista – TRT/6ª – 2012 – FCC) Nos processos sujeitos à apreciação da Justiça do Trabalho, em relação à matéria de nulidades, é correto afirmar que:

(A) As nulidades somente serão declaradas se forem arguidas em recurso de revista ao TST.

(B) A nulidade do ato não prejudicará senão os posteriores que dele dependam ou sejam consequência.

(C) O juiz ou Tribunal que pronunciar a nulidade não precisa declarar os atos a que se estende.

(D) Ainda que seja possível repetir-se o ato, a nulidade será pronunciada.

(E) Ainda que dos atos inquinados não resulte manifesto prejuízo às partes, a nulidade deverá ser declarada de ofício pelo juiz.

A: assertiva incorreta (art. 795, caput, da CLT); **B:** assertiva correta (art. 798 da CLT); **C:** assertiva incorreta (art. 797 da CLT); **D:** assertiva incorreta (art. 796, a, da CLT); **E:** assertiva incorreta (art. 794 da CLT). **HC/LF**
Gabarito "B".

(Analista – TRT/14ª – 2011 – FCC) Foi afixado na sede do juízo e publicado no jornal local, com antecedência de dez dias, edital com dia, hora e local em que ocorrerá leilão de apartamento penhorado em um processo. Neste caso, o ato é

(A) anulável tendo em vista disposição expressa neste sentido na Consolidação das Leis do Trabalho, podendo tal nulidade ser alegada apenas pela parte prejudicada.

(B) válido desde que este edital forneça prazo de trinta dias para a manifestação expressa de credores quirografários e com garantia real.

(C) anulável tendo em vista disposição expressa neste sentido na Consolidação das Leis do Trabalho, podendo tal nulidade ser alegada apenas pelo Ministério Público do Trabalho.

(D) válido e eficaz tendo em vista que todas as formalidades legais foram devidamente respeitadas.

(E) nulo por desatender formalidade legal prevista na Consolidação das Leis do Trabalho.

A irregularidade em questão decorre da inobservância do prazo prescrito pelo art. 888, *caput*, da CLT, de afixação e publicação do edital com antecedência mínima de 20 dias. Tal prazo de antecedência mínima é norma de ordem pública, cogente, referente ao interesse público vertido na melhor divulgação do leilão para que interessados compareçam e possam otimizar os lances. Ademais, tal prazo, ainda, é uma garantia ao executado, que poderá contar com tal período para amealhar capital a fim de remir a execução, no que a questão passa a se referir ao princípio do devido processo legal. Portanto, em que pese a maior flexibilidade das nulidades processuais trabalhistas em relação às nulidades do processo comum, entendemos que o vício em questão é insanável e diz com nulidade absoluta, assim aquela que é ditada por fins de interesse público, não tendo as partes poder de disposição deste interesse. **HC/LF**

Gabarito "E".

(Analista – TRT/14ª – 2011 – FCC) Com relação às nulidades, o princípio da transcendência é aquele que prevê que

(A) a nulidade de uma parte do ato prejudicará as outras, mesmo que dela sejam independentes.

(B) só haverá nulidade nos processos sujeitos à apreciação da Justiça do Trabalho quando resultar dos atos inquinados manifesto prejuízo às partes litigantes.

(C) deverão ser declaradas *ex officio* as nulidades fundadas em incompetência de foro, sendo considerados nulos os atos decisórios.

(D) o juiz, quando a lei prescrever determinada forma, sem cominação de nulidade, considerará válido o ato se, realizado de outro modo, lhe alcançar a finalidade.

(E) anulado o ato reputam-se de nenhum efeito todos os subsequentes, que dele dependam.

A: trata-se de assertiva incorreta (art. 798 da CLT), com a invocação deturpada do princípio da utilidade; **B:** assertiva correta, uma vez que se trata do princípio do prejuízo ou da transcendência (art. 794 da CLT), inspirado na expressão francesa *pas de nullité sans grief*; **C:** a assertiva está incorreta (art. 795, § 1º, da CLT), mas não se trata de regra decorrente do princípio da transcendência. É importante se observar que a expressão "foro", aqui tratada, se refere a hipóteses de incompetência absoluta (incompetência funcional, material etc.), não dizendo respeito a incompetência territorial (*ratione loci*), que é hipótese de incompetência relativa, não pronunciável de ofício e sujeita à regra de prorrogação de competência caso a parte não oponha exceção de incompetência por ocasião da defesa; **D:** assertiva incorreta, pois a assertiva trata-se do princípio da instrumentalidade das formas (arts. 188 e 277 CPC/2015); **E:** assertiva incorreta, pois se trata do princípio da causalidade ou consequencialidade, segundo o qual só os atos que não sejam consequência do ato considerado nulo, desde que dele não dependam, poderão ser aproveitados (art. 281 CPC/2015). V. arts. 64, § 1 e 282 CPC/2015, e 797 da CLT. **HC/LF**

Gabarito "B".

8. PROVAS

(Analista – Área Administrativa – TRT1 – 2018 – AOCP) Relativamente à distribuição do ônus da prova, assinale a alternativa correta.

(A) Vige, na sistemática de distribuição do ônus da probante no processo do trabalho, a distribuição dinâmica ônus da prova, prevista originariamente no CPC de 2015 (art. 373, § 1º). Assim, nos casos previstos em lei ou diante de peculiaridades da causa relacionadas à impossibilidade ou à excessiva dificuldade de cumprir o encargo probatório ou, ainda, à maior facilidade

de obtenção da prova do fato contrário, poderá o juízo atribuir o ônus da prova de modo diverso.

(B) O juízo poderá atribuir o ônus da prova de modo diverso, desde que o faça por decisão fundamentada, o que deverá ser feito na audiência de conciliação, tendo a parte reclamada apresentado contestação escrita.

(C) A decisão que atribuir o ônus da prova de modo diverso será proferida na abertura da audiência de instrução, não sendo permitido, por tal motivo, o adiamento da audiência respectiva.

(D) O juízo poderá atribuir o ônus da prova de modo diverso, desde que o faça por decisão fundamentada, o que deverá ser feito na abertura da audiência de instrução, não sendo possível à parte à qual o encargo probatório foi transferido desincumbir-se de tal ônus.

(E) No direito do trabalho, a prova das alegações incumbe à parte que às fizer, sendo irrelevante se uma das partes apresenta impossibilidade ou excessiva dificuldade de cumprir seu encargo probatório.

A regra da distribuição dinâmica ônus da prova está prevista no art. 818, § 1º, da CLT que ensina que nos casos previstos em lei ou diante de peculiaridades da causa relacionadas à impossibilidade ou à excessiva dificuldade de cumprir o encargo nos termos deste artigo ou à maior facilidade de obtenção da prova do fato contrário, poderá o juízo atribuir o ônus da prova de modo diverso, desde que o faça por decisão fundamentada, caso em que deverá dar à parte a oportunidade de se desincumbir do ônus que lhe foi atribuído. **HC**

Gabarito "A".

(Analista Judiciário – TRT/8ª – 2016 – CESPE) Em relação às provas no processo do trabalho e à aplicação subsidiária do Código de Processo Civil (CPC), assinale a opção correta.

(A) É admissível o testemunho de surdo-mudo por meio de intérprete nomeado pela parte interessada no depoimento, ficando as custas do intérprete a cargo da justiça do trabalho.

(B) É permitido à testemunha recusar-se a depor.

(C) No processo do trabalho, admite-se o testemunho de pessoa na condição de simples informante, o que significa que ela não precisa prestar compromisso.

(D) Não se admite como testemunha o estrangeiro que residir no país, mas não falar a língua portuguesa.

(E) No processo do trabalho, em consequência da aplicação subsidiária do CPC, a regra geral é que a parte requerida detém o ônus da prova.

A: opção incorreta, pois, nos termos do art. 819, § 1º, da CLT, o intérprete será nomeado pelo juiz; **B:** opção incorreta, pois, nos termos do art. 448 do CPC/2015, a testemunha não é obrigada a depor sobre fatos que lhe acarretem grave dano, bem como ao seu cônjuge ou companheiro e aos seus parentes consanguíneos ou afins, em linha reta ou colateral, até o terceiro grau ou a cujo respeito, por estado ou profissão, deva guardar sigilo. Veja também o art. 463 do CPC/2015, que ensina que o depoimento prestado pela testemunha em juízo é considerado serviço público; **C:** opção correta, pois, nos termos do art. 829 da CLT, a testemunha que for parente até o terceiro grau civil, amigo íntimo ou inimigo de qualquer das partes não prestará compromisso, e seu depoimento valerá como simples informação; **D:** opção incorreta, pois, nos termos do art. 819 da CLT, o depoimento das partes e testemunhas que não souberem falar a língua nacional será feito por meio de intérprete nomeado pelo juiz; **E:** opção incorreta, pois, nos termos do art. 818 da CLT e art. 373 do CPC/2015 o ônus da prova incumbe ao autor/reclamante, quanto ao fato constitutivo de seu direito, e ao réu/reclamado, quanto à existência de fato impeditivo, modificativo ou extintivo do direito do autor. HC

Gabarito "C".

(Analista – TRT/3ª – 2015 – FCC) Em relação à prova documental no Processo do Trabalho,

(A) o pagamento de salário deverá ser efetuado contra recibo, assinado pelo empregado; em se tratando de analfabeto, deve ser assinado por seu representante legal.

(B) terá força de recibo o comprovante de depósito em conta bancária, aberta para esse fim em nome do empregado, com o consentimento deste, em estabelecimento de crédito próximo ao local de trabalho.

(C) terá força de recibo o comprovante de depósito em conta bancária, aberta para esse fim em nome do empregado, independentemente do consentimento deste, em estabelecimento de crédito definido pelo empregador.

(D) no recibo de pagamento é possível adotar o denominado "salário complessivo", que engloba o pagamento de todas as parcelas em uma única, indiscriminadamente.

(E) na esfera trabalhista, em razão do princípio da primazia da realidade, prevalece o entendimento de que o recibo de pagamento pode ser escrito, verbal ou tácito, podendo a empresa comprovar o pagamento dos salários por todos os meios de prova em direito admitidos.

A: incorreta, pois nos termos do art. 464 da CLT o pagamento do salário deverá ser efetuado contra recibo, assinado pelo empregado; em se tratando de analfabeto, mediante sua impressão digital, ou, não sendo esta possível, a seu rogo. **B:** correta, pois reflete o disposto no art. 464, parágrafo único, da CLT. **C:** incorreta, pois nos termos do art. 464, parágrafo único, da CLT será necessário o consentimento do empregado. Ademais, deverá o estabelecimento bancário ser próximo ao local de trabalho. **D:** incorreta, pois não se admite o salário complessivo, nos termos da súmula 91 do TST. **E:** incorreta, pois não se admite a comprovação tácita de pagamento. As formas legais relacionadas a prova documental do pagamento dos salários estão dispostas no art. 464 da CLT. Com relação aos menores de idade ver art. 439 da CLT. HC

Gabarito "B".

(Analista – TRT/16ª – 2014 – FCC) As testemunhas que prestam depoimento segundo os fatos que tiveram notícias são testemunhas

(A) originárias.

(B) oculares.

(C) auriculares.

(D) referidas.

(E) instrumentárias.

A: incorreta, pois testemunhas originárias são aquelas indicadas pelas partes. **B:** incorreta, pois testemunhas oculares são aquelas que presenciaram os fatos. **C:** correta, pois as testemunhas auriculares são aquelas que têm conhecimento do fato apenas por ouvir dizer. **D:** incorreta, pois testemunhas referidas são aquelas mencionadas por outras testemunhas em suas declarações. **E:** incorreta, pois testemunhas instrumentárias são aqueles que asseguram com a sua presença e assinatura, a verdade dos atos jurídicos, colaborando na formação da prova literal pré-constituída. HC

Gabarito "C".

(Analista – TRT/11ª – 2012 – FCC) Carlos, analista judiciário do TRT, é arrolado como testemunha do autor em uma ação reclamatória trabalhista em que deverá depor em horário normal de seu expediente.

Nesta situação, Carlos deverá

(A) ser conduzido por oficial de justiça à audiência marcada.

(B) comparecer espontaneamente à audiência designada.

(C) ser ouvido na sua própria repartição.

(D) prestar seu depoimento por escrito para posterior juntada aos autos.

(E) ser requisitado ao chefe da repartição para comparecer à audiência marcada.

A assertiva "E" é a opção correta, pois regra geral em conformidade com o art. 825 da CLT as testemunhas comparecerão a audiência independentemente de notificação ou intimação. Porém, se a testemunha for funcionário civil ou militar, e tiver de depor em hora de serviço, será requisitada ao chefe da repartição para comparecer à audiência marcada, nos termos do art. 823 da CLT. HC/LF

Gabarito "E".

(Analista – TRT/9 – 2012 – FCC) Em todo processo judicial, o conjunto probatório é fundamental para a solução do litígio. A Consolidação das Leis do Trabalho possui regras específicas sobre as provas judiciais, sendo assim,

(A) as testemunhas não poderão sofrer qualquer desconto pelas faltas ao serviço, ocasionadas pelo seu comparecimento para depor, quando devidamente arroladas ou convocadas.

(B) as testemunhas comparecerão à audiência independentemente de notificação ou intimação, sendo que as que não comparecerem não serão ouvidas, ainda que seja requerido pela parte a intimação das ausentes.

(C) o juiz nomeará perito em caso de haver matéria técnica, não sendo facultado às partes indicação de assistentes técnicos em razão da celeridade processual que deve ser aplicada ao Processo do Trabalho.

(D) apenas a testemunha que for parente até o segundo grau civil ou amigo íntimo de qualquer das partes, não prestará compromisso, e seu depoimento valerá como simples informação.

(E) o documento oferecido para prova só será aceito se estiver no original ou em certidão autêntica, não podendo ser declarado autêntico pelo próprio advogado, diante da sua parcialidade.

A: assertiva correta, pois reflete os exatos termos do disposto no art. 822 da CLT; **B:** assertiva incorreta, pois embora conste do art. 825 da CLT que as testemunhas comparecerão independentemente de notificação ou intimação, determina o parágrafo único do mesmo dispositivo legal que as testemunhas que não comparecerem serão intimadas, ex officio ou a requerimento da parte, ficando sujeitas à condução coercitiva, além das penalidades do art. 730 da CLT, caso, sem motivo justificado, não atendam à intimação; **C:** assertiva incorreta, pois nos termos do art. 826 da CLT é facultado a cada uma das partes apresentar um perito ou técnico, sendo que nos termos do art. 3º da Lei 5.584/1970 os exames periciais serão realizados por perito único designado pelo Juiz, que fixará o prazo para entrega do laudo e, em conformidade com o parágrafo único do referido artigo, será permitido a cada parte a indicação de um assistente, cuja laudo terá que ser apresentado no mesmo prazo assinado para o perito, sob pena de ser desentranhado dos autos; **D:** assertiva incorreta, pois nos termos do art. 829 da CLT a testemunha que for parente até o terceiro grau civil, o amigo íntimo ou o inimigo de qualquer das partes não prestará compromisso; **E:** assertiva incorreta, pois em conformidade com o art. 830 da CLT o documento em cópia oferecido para prova poderá ser declarado autêntico pelo próprio advogado, sob sua responsabilidade pessoal. HC/LF

Gabarito "A".

(Analista – TRT/1ª – 2012 – FCC) Atenas, em dezembro de 2012, ajuizou reclamação trabalhista em face da sua empregadora Celestial Cosméticos e Perfumes S/A postulando apenas uma indenização por ofensas e danos morais, no valor que foi atribuído à causa de R$ 6.220,00 (seis mil duzentos e vinte reais), equivalentes a 10 salários mínimos na época da propositura da ação. Para comprovar suas alegações, conforme previsão legal, a quantidade máxima de testemunhas que Atenas poderá indicar é de

(A) três.

(B) cinco.

(C) duas.

(D) quatro.

(E) seis.

A assertiva "C" é a opção correta, pois, nos termos do art. 852-A da CLT, as ações cujo valor da causa não superar 40 salários mínimos ficarão submetidos ao procedimento sumaríssimo. Nesse procedimento, de acordo com o art. 852-H, § 2º, da CLT cada parte poderá levar até duas testemunhas. HC/LF

Gabarito "C".

(Analista – TRT/6ª – 2012 – FCC) O número máximo de testemunhas admitido em lei para cada uma das partes nos dissídios individuais trabalhistas nos procedimentos ordinário, sumaríssimo e inquérito para apuração de falta grave, respectivamente, é de

(A) duas, três e quatro.

(B) três, duas e seis.

(C) três, três e três.

(D) cinco, três e seis.

(E) cinco, três e cinco.

Arts. 821 e 852-H, § 2º, da CLT. HC/LF

Gabarito "B".

(Analista – TRT/11ª – 2012 – FCC) Em relação à prova testemunhal no processo do trabalho, é correto afirmar que

(A) no caso de inquérito para apuração de falta grave, cada uma das partes não poderá indicar mais de três testemunhas.

(B) no procedimento sumaríssimo, só será deferida intimação de testemunha que, comprovadamente convidada, deixar de comparecer.

(C) a testemunha que for parente até o quarto grau civil, não prestará compromisso, e seu depoimento valerá como simples informação.

(D) a testemunha que não souber falar a língua nacional não será ouvida, devendo ser substituída por outra testemunha.

(E) a testemunha poderá sofrer desconto salarial proporcional ao tempo do seu depoimento quando for arrolada pela parte, mas não poderá sofrer qualquer desconto quando foi convocada pelo juiz.

A: assertiva incorreta, pois cada uma das partes poderá indicar até seis testemunhas (art. 821 da CLT); **B:** assertiva correta (art. 852-H, § 3º, da

CLT); **C:** assertiva incorreta, pois o parente até o terceiro grau civil não prestará compromisso (art. 829 da CLT); **D:** assertiva incorreta, pois o depoimento da testemunha que não souber falar a língua nacional será feito por meio de intérprete nomeado pelo juiz (art. 819, caput, da CLT); **E:** assertiva incorreta, pois, quando devidamente arrolada pela parte ou convocada pelo juiz, a testemunha não poderá sofrer qualquer desconto pela falta ao serviço (art. 822 da CLT). HC/LF

Gabarito "B".

9. PROCEDIMENTO (INCLUSIVE, ATOS PROCESSUAIS)

(Analista – TRT/15 – FCC – 2018) Evandro ajuizou reclamação trabalhista em face da sua empregadora, empresa Hora Certa Entregas Ltda., e da tomadora dos serviços, empresa Crepom Distribuidora de Produtos de Papelaria Ltda. Na audiência una designada comparecem o reclamante e a empresa Crepom, segunda reclamada, que, representada por preposto que não é seu empregado, apresenta defesa. Nesse caso,

(A) a audiência será redesignada para outra data, tendo em vista a ausência da primeira reclamada, que foi a empregadora do reclamante e é quem pode trazer as provas aos autos.

(B) será decretada a revelia da primeira reclamada, que será considerada confessa quanto à matéria de fato.

(C) será decretada a revelia de ambas as reclamadas, que serão consideradas confessas quanto à matéria de fato, a primeira em razão do não comparecimento e a segunda por estar representada por preposto não empregado.

(D) a primeira reclamada será considerada revel, e a segunda, embora não seja revel, será considerada confessa quanto à matéria de fato em razão de estar representada por preposto não empregado.

(E) a primeira reclamada, embora revel, não será considerada confessa quanto à matéria de fato tendo em vista que a segunda reclamada contestou a ação e, em relação à segunda reclamada, o fato de o preposto não ser empregado não gerará revelia nem confissão.

Tendo em vista que a segunda reclamada contestou a ação, à primeira reclamada, ainda que revel por não ter comparecido à audiência, não serão aplicados os efeitos da revelia, na forma do art. 844, § 4º, I, da CLT. Em relação a segunda reclamada, o fato de o preposto não ser empregado não gerará revelia nem confissão, na forma do art. 843, § 3º, da CLT. HC

Gabarito "E".

(Analista – Área Administrativa – TRT1 – 2018 – AOCP) Rita ingressou com reclamação em face da empresa Padaria Pão Quentinho Ltda., pleiteando o pagamento de horas extraordinárias e diferenças salariais para o piso da categoria estabelecido em instrumento normativo. Apresentou pedido certo e quantitativamente determinado, indicando como valor da causa o importe de R$ 11.500,00. Diante de tais considerações, é correto afirmar que

(A) a sentença nesse processo, da qual deverá constar relatório, fundamentação e dispositivo, mencionará os elementos de convicção do juízo, com resumo dos fatos relevantes ocorridos em audiência.

(B) a audiência será, obrigatoriamente, una, sendo permitida a oitiva de até duas testemunhas para cada parte, mas a reclamante terá o prazo de 05 dias para se manifestar acerca da contestação e documentos.

(C) todos os incidentes e exceções que possam interferir no prosseguimento da audiência e do processo serão decididos por ocasião da sentença, em razão da natureza célere dessa modalidade de rito processual, ao fito de se evitar intercorrências na realização da audiência, que deve ser uma.

(D) todas as provas serão produzidas na audiência de instrução e julgamento, desde que requeridas previamente.

(E) vigora, no caso em análise, o Princípio Dispositivo, posto que o magistrado possui liberdade para ordenar a produção das provas que julgar pertinentes, para excluir ou limitar as que julgar impertinentes, excessivas ou protelatórias, bem como para apreciá-las e dar especial valor às regras de experiência comum ou técnica.

A: incorreto, pois nos termos do art. 852-I da CLT a sentença mencionará os elementos de convicção do juízo, com resumo dos fatos relevantes ocorridos em audiência, dispensado o relatório. **B:** incorreto, pois embora a audiência seja una (art. 852-C da CLT, sendo permitida a oitiva de até duas testemunhas (art. 852-H, § 2º, da CLT) sobre os documentos apresentados por uma das partes manifestar-se-á imediatamente a parte contrária, sem interrupção da audiência, salvo absoluta impossibilidade, a critério do juiz, art. 852-H, § 1º, da CLT. **C:** incorreto, pois nos termos do art. 852-G da CLT serão decididas, de plano, todos os incidentes e exceções que possam interferir no prosseguimento da audiência e do processo. As demais questões serão decididas na sentença. **D:** incorreto, pois nos termos do art. 852-H, da CLT todas as provas serão produzidas na audiência de instrução e julgamento, ainda que não requeridas previamente. **E:** correto, pois nos termos do art. 852-D da CLT o juiz dirigirá o processo com liberdade para determinar as provas a serem produzidas, considerado o ônus probatório de cada litigante, podendo limitar ou excluir as que considerar excessivas, impertinentes ou protelatórias, bem como para apreciá-las e dar especial valor às regras de experiência comum ou técnica. **HC**
Gabarito "E".

(Analista Judiciário – TRT/24 – FCC – 2017) A empresa Minerva & Atena Cia do Saber foi acionada em reclamatória trabalhista e recebeu a notificação da sentença por oficial de justiça em um sábado. Segundo as regras da Consolidação das Leis do Trabalho e a jurisprudência sumulada do Tribunal Superior de Trabalho, para recurso, considerando não haver feriado naquele mês, o início do prazo e o início da contagem, serão, respectivamente,

(A) na segunda-feira.

(B) segunda-feira e terça-feira

(C) no sábado.

(D) sábado e segunda-feira.

(E) sábado e terça-feira.

"B" é a resposta correta. Nos termos da súmula 262 do TST intimada ou notificada a parte no sábado, o início do prazo se dará no primeiro dia útil imediato e a contagem, no subsequente. **HC**
Gabarito "B".

(Analista Judiciário – TRT/24 – FCC – 2017) A empresa Mutilados Produtos Hospitalares foi acionada em reclamação trabalhista movida por seu ex-empregado Thor. Em audiência inaugural, não havendo possibilidade de acordo, o Juiz recebeu a defesa da reclamada e adiou a audiência para

instrução em razão da ausência de uma testemunha convidada pelo reclamante. Na audiência de instrução em prosseguimento, compareceram apenas o reclamante com seu advogado e o advogado da reclamada, visto que o seu cliente se esqueceu da audiência e não enviou preposto. Nessa situação,

(A) aplica-se a confissão à parte que, expressamente intimada com aquela cominação, não comparecer à audiência em prosseguimento, na qual deveria depor.

(B) deve ser designada outra audiência porque o adiamento da primeira audiência decorreu de interesse do reclamante, em observância aos princípios do contraditório e da ampla defesa.

(C) o não comparecimento do reclamado importa revelia, além de confissão quanto à matéria de fato, devendo ser marcado o julgamento.

(D) não se aplica a confissão à parte que não comparecer à audiência em prosseguimento, na qual deveria depor, caso seu advogado compareça e, tendo conhecimento dos fatos, atue como preposto da empresa, cujas declarações obrigarão o proponente.

(E) se o juiz entender que não é necessário o interrogatório da reclamada não será aplicada a confissão ficta requerida pela parte contrária, ainda que a reclamada tenha sido expressamente intimada com aquela cominação.

"A" é a opção correta. Em conformidade com a súmula 74, I, do TST aplica-se a confissão à parte que, expressamente intimada com aquela cominação, não comparecer à audiência em prosseguimento, na qual deveria depor. **HC**
Gabarito "A".

(Analista Judiciário – TRT/20 – FCC – 2016) Considerando que o processo pode ser entendido como uma sequência ordenada de atos que devem seguir procedimentos e prazos previstos em lei, no Processo Judiciário do Trabalho, segundo normas contidas na Consolidação das Leis do Trabalho e entendimentos sumulados do Tribunal Superior do Trabalho,

(A) intimada ou notificada a parte no sábado, o início do prazo se dará no primeiro dia útil imediato e, a contagem, no subsequente, e os prazos que se vencerem em sábado, domingo ou feriado, terminarão no primeiro dia útil seguinte.

(B) em qualquer situação a penhora poderá realizar-se em domingo ou dia de feriado, não havendo necessidade de urgência ou determinação legal expressa.

(C) quando a intimação tiver lugar na sexta-feira, ou a publicação com efeito de intimação for feita nesse dia, o prazo judicial será contado, a partir deste dia porque se trata de dia útil forense.

(D) presume-se recebida a notificação vinte e quatro horas depois de sua postagem; o seu não recebimento ou a entrega após o decurso desse prazo constitui ônus de prova do destinatário.

(E) o prazo decadencial para ajuizamento de ação rescisória quando expira em feriado, final de semana ou em dia em que não houver expediente forense, não se prorroga até o primeiro dia útil, imediatamente subsequente.

A: opção correta, pois a súmula 262, I, do TST determina que intimada ou notificada a parte no sábado, o início do prazo se dará no primeiro dia útil imediato e a contagem, no subsequente. **B:** opção incorreta, pois nos termos do art. 770, parágrafo único, da CLT a penhora poderá realizar-se em domingo ou dia feriado, mediante autorização expressa do juiz. **C:** opção incorreta, pois nos termos da súmula 1 do TST quando a intimação tiver lugar na sexta-feira, ou a publicação com efeito de intimação for feita nesse dia, o prazo judicial será contado da segunda-feira imediata, inclusive, salvo se não houver expediente, caso em que fluirá no dia útil que se seguir. **D:** opção incorreta, pois nos termos da súmula 16 do TST presume-se recebida a notificação 48 (quarenta e oito) horas depois de sua postagem. O seu não recebimento ou a entrega após o decurso desse prazo constitui ônus de prova do destinatário. **E:** opção incorreta, pois nos termos do item IX da súmula 100 do TST prorroga-se até o primeiro dia útil, imediatamente subsequente, o prazo decadencial para ajuizamento de ação rescisória quando expira em férias forenses, feriados, finais de semana ou em dia em que não houver expediente forense. Aplicação do art. 775 da CLT. **HC**

Gabarito "A".

(Analista Judiciário – TRT/8ª – 2016 – CESPE) O advogado público Arnaldo, representando João, ex-empregado da instituição X, propôs ação trabalhista contra tal instituição mediante processo judicial eletrônico. A petição inicial foi distribuída diretamente, em formato digital, sem a intervenção da respectiva secretaria ou cartório judicial. O representante legal da referida instituição recebeu a citação válida no prazo legal.

A respeito dessa situação hipotética, assinale a opção correta.

(A) É obrigação da instituição exigir o recebimento da citação em mídia impressa.

(B) O patrono da causa não consta no rol daqueles que se podem valer da utilização do processo eletrônico judicial.

(C) O representante legal da instituição deve apresentar contrarrazões no prazo de expediente do respectivo órgão judiciário.

(D) Não há óbice à utilização do processo judicial eletrônico nessa situação.

(E) O advogado da instituição poderá alegar, em contestação, a nulidade da citação por vício na distribuição.

A: opção incorreta, pois, nos termos do art. 9º da Lei 11.419/2006, no processo eletrônico, todas as citações, intimações e notificações, inclusive da Fazenda Pública, serão feitas por meio eletrônico; **B:** opção incorreta, pois, nos termos do art. 10 da Lei 11.419/2006, a distribuição da petição inicial e a juntada da contestação, dos recursos e das petições em geral, todos em formato digital, nos autos de processo eletrônico, podem ser feitas diretamente pelos advogados públicos e privados; **C:** opção incorreta, pois, nos termos do art. 10, § 1º, CLT, sempre que o ato processual tiver de ser praticado em determinado prazo, por meio de petição eletrônica, serão considerados tempestivos os efetivados até as 24 (vinte e quatro) horas do último dia; **D:** opção correta, pois, de fato, não há óbice à utilização de processo eletrônico. Veja art.10 da Lei 11.419/2006; **E:** opção incorreta, pois não há vício na distribuição, tendo em vista que foi observada a regra disposta no art. 10 da Lei 11.419/2006. **HC**

Gabarito "D".

(Analista – TRT/3ª – 2015 – FCC) Em relação à audiência trabalhista e à presença das partes na audiência:

(A) A CLT exige o comparecimento pessoal das partes em audiência, não podendo o empregador fazer-se substituir por outra pessoa que não o representante legal da empresa.

(B) Ao empregador é facultado fazer-se substituir pelo gerente, ou qualquer outro preposto que tenha conhecimento do fato, e cujas declarações obrigarão o preponente.

(C) O reclamante poderá fazer-se substituir, em audiência, por qualquer pessoa, desde que outorgue poderes para tanto, através de procuração por instrumento público.

(D) O não comparecimento do reclamante à audiência importa em improcedência da ação.

(E) O não comparecimento da reclamada à audiência importa em arquivamento da reclamação.

A: incorreta, pois nos termos do art. 843, § 1º, da CLT o empregador poderá fazer-se substituir pelo gerente, ou qualquer outro preposto que tenha conhecimento do fato, e cujas declarações obrigarão o proponente. Vale dizer que, nos termos do § 3º do mesmo dispositivo legal que o preposto não precisa ser empregado da parte reclamada.. **B:** correta, pois reflete o disposto no art. 843, § 1º, da CLT. **C:** incorreta, pois independentemente da presença dos advogados as partes (reclamante e reclamado) devem comparecer na audiência. Contudo, nos termos do art. 843, § 2º, da CLT se por doença ou qualquer outro motivo poderoso, devidamente comprovado, não for possível ao empregado comparecer pessoalmente, poderá fazer-se representar por outro empregado que pertença à mesma profissão, ou pelo seu sindicato. **D:** incorreta, pois nos termos do art. 844 da CLT o não comparecimento do reclamante importará no arquivamento da reclamação. **E:** incorreta, pois nos termos do art. 844 da CLT o não comparecimento da reclamada na audiência importará na aplicação dos efeitos da revelia a confissão ficta. Importante destacar que, nos termos do § 5º do art. 844 da CLT ainda que ausente o reclamado, presente o advogado na audiência, serão aceitos a contestação e os documentos eventualmente apresentados. **HC**

Gabarito "B".

(Analista – TRT/3ª – 2015 – FCC) Em relação ao procedimento sumaríssimo:

(A) As testemunhas, até o máximo de duas para cada parte, comparecerão à audiência de instrução e julgamento independentemente de intimação.

(B) As testemunhas, até o máximo de três para cada parte, comparecerão à audiência de instrução e julgamento independentemente de intimação.

(C) As testemunhas, até o máximo de três para cada parte, comparecerão à audiência de instrução e julgamento mediante intimação.

(D) Sobre os documentos apresentados por uma das partes, manifestar-se-á, no prazo de 5 dias, a parte contrária.

(E) A testemunha que não comparecer à audiência será intimada, determinando o Juiz sua imediata condução coercitiva.

A: correta, pois reflete o disposto no art. 852-H, § 2º, da CLT. **B:** incorreta, pois nos termos do art. 852-H, § 2º, da CLT o número máximo de testemunhas no procedimento sumaríssimo é de duas. Esse número é elevado para três nas causas submetidas ao procedimento ordinário. **C:** incorreta, pois nos termos do art. 852-H, § 2º, da CLT o número máximo é de duas testemunhas que comparecerão independentemente de intimação. **D:** incorreta, pois nos termos do art. 852-H, § 1º, da CLT sobre os documentos apresentados por uma das partes manifestar-se-á imediatamente a parte contrária, sem interrupção da audiência, salvo absoluta impossibilidade, a critério do juiz. **E:** incorreta, pois nos termos do art. 852-H, § 3º, da CLT somente será deferida intimação de testemunha que, comprovadamente convidada, deixar de comparecer. Não comparecendo a testemunha intimada, o juiz poderá determinar sua imediata condução coercitiva. **HC**

Gabarito "A".

(Analista – TRT/16ª – 2014 – FCC) Carolina ajuizou reclamação trabalhista em face de sua ex-empregadora a empresa "V" Ltda. dando à causa o valor de R$ 15.000,00. A referida reclamação foi julgada procedente e a empresa "V" Ltda. interpôs recurso ordinário. Neste caso, no referido recurso, o parecer do Ministério Público será

(A) escrito, tendo este o prazo de sessenta dias após a distribuição do recurso para enviar o referido parecer diretamente ao relator.

(B) escrito, tendo este o prazo de trinta dias após a distribuição do recurso para enviar o referido parecer diretamente ao relator.

(C) oral na sessão de julgamento, se este entender necessário, sendo registrado na certidão de julgamento.

(D) oral na sessão de julgamento, sendo obrigatório o comparecimento de seu representante em todos os julgamentos, em razão do *munus* público que desempenha.

(E) escrito, tendo este o prazo de vinte dias após a distribuição do recurso para enviar o referido parecer diretamente ao relator.

Tendo em vista o valor da causa ser inferior a 40 salários mínimos a ação será submetida ao procedimento sumaríssimo, arts. 852-A a 852-I da CLT. Com relação ao recurso ordinário interposto contra a sentença proferida no procedimento sumaríssimo determina o art. 895, § 1º, III, da CLT que terá parecer oral do representante do Ministério Público presente à sessão de julgamento, se este entender necessário o parecer, com registro na certidão. Ademais, determina o § 4º do mesmo dispositivo legal que terá acórdão consistente unicamente na certidão de julgamento, com a indicação suficiente do processo e parte dispositiva, e das razões de decidir do voto prevalente. Se a sentença for confirmada pelos próprios fundamentos, a certidão de julgamento, registrando tal circunstância, servirá de acórdão. **HC**

Gabarito "C".

(Analista – TRT/11ª – 2012 – FCC) Em relação ao procedimento sumaríssimo na Justiça do Trabalho, é INCORRETO afirmar que

(A) não se fará citação por edital, incumbindo ao autor a correta indicação do nome e do endereço do reclamado.

(B) o pedido deverá ser certo ou determinado e indicará o valor correspondente.

(C) as demandas em que é parte a administração pública direta, autárquica e fundacional também podem se submeter ao procedimento sumaríssimo, se o valor pleiteado não exceder a quarenta vezes o salário mínimo.

(D) as testemunhas, até no máximo de duas para cada parte, comparecerão à audiência de instrução e julgamento independentemente de intimação.

(E) só será deferida intimação de testemunha que, comprovadamente convidada, deixar de comparecer.

A: assertiva correta, pois reflete o disposto no art. 852-B, II, da CLT; **B:** assertiva correta, pois reflete o disposto no art. 852-B, I, da CLT; **C:** assertiva incorreta, devendo esta assertiva ser assinalada, pois, nos termos do art. 852-A, parágrafo único, da CLT, estão excluídas do procedimento sumaríssimo as demandas em que é parte a Administração Pública direta, autárquica e fundacional; **D:** assertiva correta, pois reflete o disposto no art. 852-H, § 2º, da CLT; **E:** assertiva correta, pois reflete o disposto no art. 852-H, § 3º, da CLT. **HC/LF**

Gabarito "C".

(Analista – TRT/11ª – 2012 – FCC) Em se tratando de reclamada pessoa jurídica de direito privado, entre o ajuizamento da reclamação trabalhista e a data designada para audiência, há que existir um interregno mínimo de

(A) 5 dias.

(B) 10 dias.

(C) 15 dias.

(D) 20 dias.

(E) 48 horas.

A assertiva "A" é a opção correta, pois nos termos o art. 841 da CLT: "Recebida e protocolada a reclamação, o escrivão ou secretário, dentro de 48 (quarenta e oito) horas, remeterá a segunda via da petição, ou do termo, ao reclamado, notificando-o ao mesmo tempo, para comparecer à audiência do julgamento, que será a primeira desimpedida, depois de 5 (cinco) dias". **HC/LF**

Gabarito "A".

(Analista – TRT/11ª – 2012 – FCC) No processo do trabalho, o Juiz deverá propor a conciliação

(A) somente quando o valor da causa o permitir.

(B) somente quando houver requerimento das partes.

(C) após a apresentação da defesa e ao término da instrução processual.

(D) na abertura da audiência, antes da apresentação de defesa e renovadas após as razões finais.

(E) após a oitiva das partes e quando do encerramento da instrução processual.

A assertiva "D" é a opção correta, pois aberta a audiência o Juiz deverá propor a conciliação, nos termos do que dispõe o art. 846 da CLT, e deverá renovar a proposta após a apresentação de razões finais, nos termos do art. 850 da CLT. Vale dizer que nos termos do art. 764 da CLT a conciliação pode ser buscada em qualquer fase processual. **HC/LF**

Gabarito "D".

(Analista – TRT/10ª – 2013 – CESPE) Acerca de procedimento ordinário, julgue os itens subsecutivos.

(1) Nas causas sujeitas ao procedimento ordinário, não é admitido recurso de revista contra decisão proferida em grau de recurso ordinário que viole direta e literalmente dispositivo constitucional.

(2) No rito ordinário, o juiz somente tem a obrigação de propor a conciliação por ocasião da abertura da audiência, podendo usar dos meios adequados de persuasão para a solução conciliatória do litígio, em qualquer fase da audiência.

1: assertiva incorreta, pois nos termos do art. 896, c, da CLT será possível a interposição de recurso de revista; **2:** assertiva incorreta, pois a conciliação também deverá ter buscada após a apresentação de eventuais razões finais, nos termos do art. 850 da CLT. **HC/LF**

Gabarito 1E, 2E.

(Analista – TRT/9 – 2012 – FCC) Em se tratando de dissídio individual, a norma processual trabalhista prevê, como regra, a realização de audiência UNA, ou seja, em um determinado ato processual será realizada a tentativa de conciliação, a instrução processual e o julgamento. Nesse sentido,

(A) terminada a defesa, seguir-se-á a instrução do processo, sendo ouvidas as testemunhas, os peritos e os técnicos, se houver, e após será efetuado o interrogatório dos litigantes.

(B) caso o reclamante não compareça na audiência inaugural, mesmo presente seu advogado, deverá necessariamente ser adiada a sessão.

(C) é facultado ao empregador fazer-se substituir pelo gerente, ou qualquer outro preposto que tenha conhecimento do fato, mas cujas declarações não obrigarão o proponente.

(D) aberta a audiência, o Juiz proporá a conciliação, sendo que se não houver acordo, o reclamado poderá apresentar defesa oral no tempo máximo de 10 (dez) minutos.

(E) deverão estar presentes o reclamante e o reclamado na audiência de julgamento, independentemente do comparecimento de seus representantes.

A: assertiva incorreta, pois, nos termos do art. 848 da CLT, terminada a defesa seguir-se-á a instrução podendo o juiz interrogar os litigantes e, a seguir, nos termos do § 2º do mesmo dispositivo serão ouvidas as testemunhas, os peritos e os técnicos, se houver; **B:** assertiva incorreta, pois caso o reclamante não compareça na audiência inaugural a reclamação será arquivada, nos termos do art. 844 da CLT; **C:** assertiva incorreta, pois nos termos do art. 843, § 1º, da CLT as declarações obrigarão o proponente; **D:** assertiva incorreta, pois, nos termos do art. 847 da CLT, a defesa poderá ser apresentada em até 20 minutos; **E:** assertiva correta, pois reflete o disposto no art. 843 da CLT. **HC/LF**
Gabarito "E".

(Analista – TRT/9 – 2012 – FCC) Hidra pretende ajuizar uma reclamatória trabalhista em face da sua empregadora Matrix S/A, postulando o pagamento de horas extraordinárias, totalizando o valor equivalente a 10 (dez) salários mínimos à época do ajuizamento da ação. Nesse caso, o procedimento processual que deve tramitar a reclamatória trabalhista e a quantidade máxima de testemunhas que cada parte pode indicar, respectivamente, é

(A) ordinário e três testemunhas.

(B) sumaríssimo e duas testemunhas.

(C) inquérito judicial e seis testemunhas.

(D) ordinário e cinco testemunhas.

(E) sumaríssimo e três testemunhas.

A assertiva "B" é a opção correta, pois, nos termos do art. 852-A da CLT, os dissídios individuais cujo valor não exceda a quarenta vezes o salário mínimo vigente na data do ajuizamento da reclamação ficam submetidos ao procedimento sumaríssimo e de acordo com o § 2º do art. 852-H da CLT cada parte poderá levar no máximo 2 testemunhas. **HC/LF**
Gabarito "B".

10. EXECUÇÃO

(Analista – Área Administrativa – TRT1 – 2018 – AOCP) Orlando, empregado doméstico devidamente representado no processo por procurador constituído, obteve sentença de parcial procedência em reclamatória trabalhista ajuizada perante a Justiça do Trabalho em face de Eustáquio, a qual transitou em julgado em 26 de mar. de 2018. Liquidada a sentença, obteve-se o importe total de R$ 35.500,00, aí incluso principal, encargos, custas, contribuições previdenciárias e honorários. Diante do exposto, no que se refere à execução dos créditos perseguidos na reclamatória em análise, assinale a alternativa correta.

(A) Garantida a execução ou penhorados os bens, terá o executado 8 dias úteis para oposição de embargos à execução.

(B) O mandado de citação deverá conter, obrigatoriamente, a decisão exequenda.

(C) Os embargos e as impugnações à liquidação apresentadas pelos credores trabalhista e previdenciário serão julgados separadamente.

(D) Garantida a execução ou penhorados os bens, terá o executado 15 dias úteis para oposição de embargos à execução.

(E) A citação do executado poderá ser feita por carta com aviso de recebimento. Se o executado, procurado por duas vezes no período de 48 horas, não for encontrado, far-se-á citação por edital, publicado no jornal oficial ou, na falta deste, afixado na sede do Juízo, durante 5 dias.

A: incorreto, pois nos termos do art. 884 da CLT o prazo é de 5 dias1. **B:** correto, pois nos termos do art. 880, § 1º, da CLT o mandado de citação deverá conter a decisão exequenda ou o termo de acordo não cumprido. **C:** incorreto, pois nos termos do art. 884, § 4º, da CLT serão julgados na mesma sentença os embargos e as impugnações à liquidação apresentadas pelos credores trabalhista e previdenciário. **D:** incorreto, pois nos termos do art. 884 da CLT o prazo é de 5 dias. **E:** incorreto, pois nos termos do art. 880, § 2º, da CLT a citação será feita pelos oficiais de diligência. Ademais, se o executado, procurado por 2 (duas) vezes no espaço de 48 (quarenta e oito) horas, não for encontrado, far-se-á citação por edital, publicado no jornal oficial ou, na falta deste, afixado na sede da Junta ou Juízo, durante 5 (cinco) dias, art. 880, § 3º, da CLT. **HC**
Gabarito "B".

(Analista – TRT/15 – FCC – 2018) Em reclamação trabalhista na qual foi proferida sentença ilíquida, o juiz determinou que o reclamante apresentasse os cálculos de liquidação, com indicação da contribuição previdenciária incidente. Após apresentação dos cálculos pelo reclamante, o juiz concedeu prazo de 10 dias para o reclamado apresentar seus cálculos. Diante da divergência entre os valores apresentados pelas partes, o juiz nomeou perito contábil para elaboração da conta de liquidação. Entendendo corretos os cálculos elaborados pelo perito, o juiz homologou os mesmos e determinou a citação do executado para pagamento do crédito em 48 horas, sob pena de execução. Considerando as disposições legais, o juiz

(A) agiu corretamente, porque as contas foram elaboradas por perito contábil, não sendo necessário dar vistas às partes, até porque as mesmas já apresentaram seus cálculos.

(B) não agiu corretamente, porque deveria obrigatoriamente conferir vista dos cálculos às partes, no prazo sucessivo de 8 dias para impugnação fundamentada com a indicação dos itens e valores objeto da discordância, sob pena de preclusão.

(C) agiu corretamente, por ter amplo poder de direção e controle do processo, estando sua decisão amparada por norma cogente, que o autoriza expressamente a agir desse modo.

(D) não agiu corretamente, porque deveria obrigatoriamente conferir vista dos cálculos às partes, no prazo comum de 8 dias para impugnação fundamentada com a indicação dos itens e valores objeto da discordância, sob pena de preclusão.

---

1. Nos termos do art. 775 da CLT os prazos processuais serão contados em dias úteis.

(E) agiu corretamente, pois tem a faculdade de conferir vista dos cálculos às partes, no prazo de 8 dias para impugnação fundamentada com a indicação dos itens e valores objeto da discordância, sob pena de preclusão, mas não obrigação de fazê-lo.

Nos termos do art. 879, § 2º, da CLT elaborada a conta e tornada líquida, o juízo deverá abrir às partes prazo comum de oito dias para impugnação fundamentada com a indicação dos itens e valores objeto da discordância, sob pena de preclusão. Assim, tendo em vista a obrigatoriedade na abertura de prazo, o Juiz não agiu corretamente **HC**
Gabarito "D".

(Analista – TRT/16ª – 2014 – FCC) Considere as seguintes assertivas a respeito da praça, leilão e da arrematação:

I. Concluída a avaliação, seguir-se-á a arrematação, que será anunciada por edital afixado na sede do juízo ou tribunal e publicado no jornal local, se houver, com a antecedência de quinze dias.

II. O sinal para garantir o lance é de 50% sobre o seu valor.

III. O arrematante terá cinco dias para pagar o preço da arrematação, prazo este contado do dia da praça.

IV. Se o arrematante, ou seu fiador, não pagar no prazo legal o preço da arrematação, perderá, em benefício da execução, o sinal que foi dado, voltando à praça os bens executados.

De acordo com a Consolidação das Leis do Trabalho está correto o que se afirma APENAS em

(A) I e IV.
(B) II.
(C) I e III.
(D) II e IV.
(E) IV.

I: incorreta, pois nos termos do art. 888 da CLT, a arrematação será anunciada com antecedência de 20 (vinte dias). II: incorreta, pois nos termos do art. 888, § 2º, da CLT o sinal será de 20%. III: incorreta, pois nos termos do § 4º do art. 888 da CLT o prazo é de 24 (vinte e quatro) horas. IV: correta, pois reflete o disposto no art. 888, § 4º, da CLT. **HC**
Gabarito "E".

(Analista – TRT/11ª – 2012 – FCC) Em relação à execução por prestações sucessivas, por tempo indeterminado, é correto afirmar que

(A) não há previsão de execução por prestações sucessivas no processo do trabalho.

(B) a execução compreenderá inicialmente as prestações devidas até a data do ingresso na execução.

(C) a execução por prestações sucessivas no processo do trabalho obedece aos parâmetros estabelecidos no CPC, aplicável subsidiariamente ao processo do trabalho.

(D) a execução pelo não pagamento de uma prestação compreenderá as que lhe sucederem.

(E) a execução compreenderá apenas as prestações devidas após o ingresso na execução.

A: assertiva incorreta, pois os arts. 890 até o 892 da CLT tratam do tema (Seção V – Da execução por prestações sucessivas); B: assertiva correta, pois reflete o disposto no art. 892 da CLT; C: assertiva incorreta, pois a execução para pagamento de prestações sucessivas far-se-á com observância das normas constantes na própria CLT, arts. 890 a 892; D: assertiva incorreta, pois, nos termos do art. 891 da CLT, as prestações sucessivas por tempo determinado (e não indeterminado),

a execução pelo não pagamento de uma prestação compreenderá as que lhe sucederem; **E**: assertiva incorreta, pois, nos termos do art. 892 da CLT, a execução compreenderá inicialmente as prestações devidas até a data do ingresso na execução e, posteriormente, a demais. **HC/LF**
Gabarito "B".

(Analista – TRT/9 – 2012 – FCC) A fase de execução no processo trabalhista possui regramentos próprios e típicos, conforme previsões contidas na Consolidação das Leis do Trabalho, sendo correto afirmar sobre essa fase que

(A) a matéria de defesa nos embargos do executado será restrita às alegações de cumprimento da decisão ou do acordo, quitação ou prescrição da divida, não cabendo produção de prova testemunhal.

(B) requerida a execução, o Juiz mandará expedir mandado de citação do executado para que faça o pagamento em 15 (quinze) dias ou garanta a execução, sob pena de penhora.

(C) o executado que não pagar a importância reclamada poderá nomear bens à penhora, não havendo qualquer ordem preferencial a ser observada.

(D) garantida a execução ou penhorados os bens, terá a empresa executada 5 (cinco) dias para apresentar embargos, cabendo igual prazo ao exequente para impugnação.

(E) serão julgados em sentenças distintas os embargos e as impugnações à liquidação apresentadas pelos credores trabalhista e previdenciário, para possibilitar recursos parciais.

A: assertiva incorreta, pois é permitida a prova testemunhal. Veja art. 884, § 2º, e art. 886, ambos da CLT; **B**: assertiva incorreta, pois o pagamento deverá ser feito no prazo de 48 horas, nos termos do art. 880 da CLT; **C**: assertiva incorreta, pois deverá ser observada a ordem preferencial estabelecida no art. 835 CPC/2015, em conformidade com o art. 882 da CLT; **D**: assertiva correta, pois reflete o disposto no art. 884 da CLT; **E**: assertiva incorreta, pois, nos termos do art. 884, § 4º, da CLT, os embargos e as impugnações à liquidação serão julgados na mesma sentença. **HC/LF**
Gabarito "D".

(Analista – TRT/6ª – 2012 – FCC) Em se tratando de embargos à execução e impugnação à sentença no processo do trabalho, é correto afirmar:

(A) É vedada a dilação probatória nos embargos à execução.

(B) Não é necessária a garantia do juízo ou penhora de bens para apresentação de embargos à execução.

(C) O prazo do executado para apresentar embargos à execução é de 5 (cinco) dias, cabendo igual prazo ao exequente para impugnação.

(D) A matéria da defesa dos embargos é ampla, podendo rediscutir as bases do título executivo judicial.

A: assertiva incorreta, tendo em vista que, se na defesa tiverem sido arroladas testemunhas, poderá o Juiz ou o Presidente do Tribunal, caso julgue necessários seus depoimentos, marcar audiência para produção das provas (art. 884, § 2º, da CLT); **B**: assertiva incorreta, pois é o oposto, sendo necessária a garantia do juízo ou a penhora de bens (art. 884, *caput*, da CLT); **C**: assertiva correta (art. 884, *caput*, da CLT); **D**: assertiva incorreta, pois a matéria de defesa é restrita às alegações de cumprimento da decisão ou do acordo, quitação ou prescrição da dívida (art. 884, § 1º, da CLT). **HC/LF**
Gabarito "C".

(Analista – TRT/6ª – 2012 – FCC – adaptada) A empresa Alfa, executada em ação trabalhista, foi citada "para pagar o débito ou garantir a execução, sob pena de penhora". Nesta situação, em relação à nomeação de bens à penhora, deve-se observar

(A) a ordem preferencial estabelecida no art. 835 do Código Processual Civil.

(B) as disposições contidas na legislação do Imposto de Renda.

(C) o interesse ou conveniência do executado.

(D) a preferência por bens imóveis sobre os demais.

(E) que indicação do exequente, independente de ordem preferencial.

Nos termos do art. 882 da CLT o executado que não pagar a importância reclamada poderá garantir a execução mediante depósito da quantia correspondente, atualizada e acrescida das despesas processuais, apresentação de seguro-garantia judicial ou nomeação de bens à penhora, observada a ordem preferencial estabelecida no art. 835 do CPC/2015. HC/LF
Gabarito "A".

(Analista – TRT/14ª – 2011 – FCC) Bruna ajuizou reclamação trabalhista em face de sua empregadora doméstica, Vanessa. A reclamação foi julgada procedente e Vanessa condenada a pagar a Bruna a quantia de R$ 15.000,00. Na fase de execução de sentença, Vanessa pretende nomear bens a penhora, tendo em vista que está sem recursos financeiros no momento para saldar a dívida. Considerando que Vanessa é proprietária de um terreno; de um veículo; de pedras e metais preciosos; de títulos da dívida pública da União e de sete geladeiras, de acordo com a ordem de preferência estabelecida na legislação processual, dentre os bens de Vanessa, obedecendo a ordem legal, ela deverá nomear

(A) o veículo.

(B) os títulos da dívida pública da União.

(C) as pedras e metais preciosos.

(D) as geladeiras.

(E) o terreno.

Art. 882 da CLT c/c art. 835, II, CPC/2015. HC/LF
Gabarito "B".

(Analista – TRT/14ª – 2011 – FCC) Da decisão que aprecia os embargos à execução caberá

(A) agravo de petição, não havendo pagamento de custas para a sua interposição.

(B) agravo de petição, devendo o agravante efetuar o prévio recolhimento das custas processuais conforme tabela do Tribunal Superior do Trabalho publicada no Diário Oficial da União, sob pena de deserção do recurso.

(C) agravo de petição, devendo o agravante efetuar o prévio recolhimento das custas processuais conforme previsto no Regimento Interno do Tribunal Regional do Trabalho competente, sob pena de deserção do recurso.

(D) agravo de instrumento, não havendo pagamento de custas para a sua interposição.

(E) embargos, devendo o agravante efetuar o prévio recolhimento das custas processuais conforme tabela do Tribunal Superior do Trabalho publicada no Diário Oficial da União, sob pena de deserção do recurso.

Art. 897, *a*, da CLT, sendo que as custas na execução são pagas apenas ao final (art. 789-A da CLT). HC/LF
Gabarito "A".

(Analista – TRT/20ª – 2011 – FCC) Considere:

I. O seguro de vida.

II. Bens móveis necessários ou úteis ao exercício de qualquer profissão.

III. 20 salários mínimos depositados em caderneta de poupança.

IV. Aparelho de ar-condicionado e aparelhos eletroeletrônicos sofisticados.

Em regra, são absolutamente impenhoráveis os bens indicados APENAS em

(A) I e II.

(B) II e III.

(C) I, II e III.

(D) II e IV.

(E) II, III e IV.

I: assertiva correta (art. 833, VI, CPC/2015); **II:** assertiva correta (art. 833, V, CPC/2015); **III:** assertiva correta (art. 833, X, CPC/2015); **IV:** assertiva incorreta (art. 833, II, CPC/2015). HC/LF
Gabarito "C".

(Analista – TRT/20ª – 2011 – FCC) Flávia arrematou um veículo modelo X, ano 2007, placa Y em hasta pública decorrente de execução de reclamação trabalhista da empresa XYZ. O veículo foi arrematado por R$ 10.000,00. De acordo com a Consolidação das Leis do Trabalho, Flávia deverá garantir um sinal de

(A) R$ 2.000,00 e depositar o restante em 24 horas.

(B) R$ 2.000,00 e depositar o restante em 48 horas.

(C) R$ 5.000,00 e depositar o restante em 24 horas.

(D) R$ 5.000,00 e depositar o restante em 48 horas.

(E) R$ 1.000,00 e depositar o restante em 24 horas.

Art. 888, §§ 2º e 4º, da CLT. HC/LF
Gabarito "A".

(FGV – 2015) No bojo de uma execução trabalhista, a sociedade empresária executada apresentou uma exceção de pré-executividade, alegando não ter sido citada para a fase de conhecimento. Em razão disso, requereu a nulidade de todo o processo, desde a citação inicial. O juiz conferiu vista à parte contrária para manifestação e, em seguida, determinou a conclusão dos autos. Após analisar as razões da parte e as provas produzidas, convenceu-se de que a alegação da sociedade empresária era correta e, assim, anulou todo o feito desde o início. Diante desse quadro, assinale a afirmativa correta.

(A) Contra essa decisão caberá agravo de petição.

(B) Trata-se de decisão interlocutória e, portanto, não passível de recurso imediato.

(C) Caberá a interposição de recurso ordinário.

(D) Caberá a interposição de agravo de instrumento.

A: correta, pois nos termos do art. 897, *a*, da CLT agravo de petição é o recurso cabível contra as decisões do juiz da fase de execução. **B:** incorreta, pois não se trata de decisão interlocutória, mas sim uma sentença, cujo conceito está disposto no art. 203, § 1º, do CPC/2015 **C:** incorreta, pois não é cabível o recurso ordinário, recurso cabível de decisões terminativas ou definitivas da vara do Trabalho, no processo

de conhecimento, art. 895 da CLT. **D:** incorreta pois o agravo de instrumento é o recurso cabível contra as decisões que não admitirem recurso, nos termos do art. 897, *b*, da CLT. **HC**
Gabarito "A".

(FGV – 2015) A sociedade empresária Beta S.A. teve a falência decretada durante a tramitação de uma reclamação trabalhista, fato devidamente informado ao juízo. Depois de julgado procedente em parte o pedido de diferenças de horas extras e de parcelas rescisórias, nenhuma das partes recorreu da sentença, que transitou em julgado dessa forma. Teve, então, início a execução, com a apresentação dos cálculos pelo autor e posterior homologação pelo juiz. Diante da situação, assinale a afirmativa correta.

(A) Há equívoco, pois, a partir da decretação da falência, a ação trabalhista passa a ser da competência do juízo falimentar, que deve proferir a sentença.

(B) O pagamento do valor homologado deverá ser feito no juízo da falência, que é universal.

(C) A execução será feita diretamente na Justiça do Trabalho, porque o título executivo foi criado pelo Juiz do Trabalho.

(D) Essa é a única hipótese de competência concorrente, ou seja, poderá ser executado tanto na Justiça do Trabalho quanto na Justiça comum.

A: incorreta, pois o processo em face da massa falida tramitará na Justiça do Trabalho até a fixação do crédito do reclamante em definitivo (julgamento final da liquidação de sentença). Após deverá ser expedida certidão para habilitação no juízo falimentar. **B:** correta, pois reflete o entendimento disposto no art. 6º, § 2º, da Lei 11.101/2005. **C:** incorreta, pois em razão do disposto no art. 6º, § 2º, da Lei 11.101/2005 a execução não poderá ser efetivada a Justiça do Trabalho, mas sim perante o juízo universal da falência. **D:** incorreta, pois como estudamos não se trata de competência concorrente, devendo a parte interessada requerer a execução no juízo falimentar universal. **HC**
Gabarito "B".

11. EMBARGOS DE TERCEIRO

(Analista – TRT/8ª – 2010 – FCC) Gabriela adquiriu uma fazenda na Cidade do Sol através de instrumento particular de compra e venda. Após alguns dias descobriu que a fazenda adquirida havia sido arrematada em leilão judicial em razão de dívida trabalhista do ex-proprietário. Neste caso, Gabriela

(A) não poderá interpor Embargos de Terceiros, tendo em vista que o bem já foi arrematado em leilão.

(B) poderá interpor Embargos de Terceiros até cinco dias depois da arrematação, mas sempre antes da assinatura da respectiva carta.

(C) poderá interpor Embargos de Terceiros até dez dias depois da arrematação, mas sempre antes da assinatura da respectiva carta.

(D) poderá interpor Embargos de Terceiros até cinco dias depois da arrematação, independentemente da assinatura da respectiva carta.

(E) poderá interpor Embargos de Terceiros até dez dias depois da arrematação, independentemente da assinatura da respectiva carta.

Art. 675 CPC/2015. **HC/LF**
Gabarito "B".

12. COISA JULGADA E AÇÃO RESCISÓRIA

(Analista – TRT/15 – FCC – 2018) O TST adota diversos entendimentos pacificados sobre a ação rescisória no processo do trabalho, entre os quais,

(A) é cabível pedido formulado em ação rescisória por violação literal de lei, ainda que a decisão rescindenda esteja baseada em texto legal infraconstitucional de interpretação controvertida nos Tribunais.

(B) havendo recurso parcial no processo principal, o trânsito em julgado dá-se em momentos e em tribunais diferentes, contando-se o prazo decadencial para a ação rescisória do trânsito em julgado de cada decisão, salvo se o recurso tratar de preliminar ou prejudicial que possa tornar insubsistente a decisão recorrida, hipótese em que flui a decadência a partir do trânsito em julgado da decisão que julgar o recurso parcial.

(C) o prazo de decadência, na ação rescisória, tem início e é contado do dia em que se verifica trânsito em julgado da última decisão proferida na causa, seja de mérito ou não.

(D) para efeito de ação rescisória, não se considera pronunciada explicitamente a matéria tratada na sentença quando, examinando remessa de ofício, o Tribunal simplesmente a confirma.

(E) a não apresentação de contestação na ação rescisória produz revelia, com o consequente efeito de confissão.

A: incorreta, pois nos termos da súmula 83, I, do TST não procede pedido formulado na ação rescisória por violação literal de lei se a decisão rescindenda estiver baseada em texto legal infraconstitucional de interpretação controvertida nos Tribunais. **B:** correta, pois reflete a disposição da súmula 100, II, do TST. **C:** incorreta, pois nos termos da súmula 100, I, do TST o prazo de decadência, na ação rescisória, conta-se do dia imediatamente subsequente ao trânsito em julgado da última decisão proferida na causa, seja de mérito ou não. **D:** incorreta, pois nos termos da súmula 298, III, do TST para efeito de ação rescisória, considera-se pronunciada explicitamente a matéria tratada na sentença quando, examinando remessa de ofício, o Tribunal simplesmente a confirma. **E:** incorreta, pois nos termos da súmula 398 do TST na ação rescisória, o que se ataca é a decisão, ato oficial do Estado, acobertado pelo manto da coisa julgada. Assim, e considerando que a coisa julgada envolve questão de ordem pública, a revelia não produz confissão na ação rescisória. **HC**
Gabarito "B".

(Analista Judiciário – TRT/11 – FCC – 2017) No tocante à Ação Rescisória, considere:

I. Havendo recurso ordinário em sede de rescisória, o depósito recursal só é exigível quando for julgado procedente o pedido e imposta condenação em pecúnia, devendo este ser efetuado no prazo recursal, no limite e nos termos da legislação vigente, sob pena de deserção.

II. Não procede pedido formulado na ação rescisória por violação literal de lei se a decisão rescindenda estiver baseada em texto legal infraconstitucional de interpretação controvertida nos Tribunais.

III. O marco divisor quanto a ser, ou não, controvertida, nos Tribunais, a interpretação dos dispositivos legais citados na ação rescisória é a data da inclusão, na Orientação Jurisprudencial do TST, da matéria discutida.

IV. É absoluta a exigência de pronunciamento explícito na ação rescisória, ainda que esta tenha por fundamento violação de dispositivo de lei. Assim, não é prescindível o pronunciamento explícito quando o vício nasce no próprio julgamento, como se dá com a sentença "extra, cita e ultra petita".

De acordo com o entendimento Sumulado do TST, está correto o que se afirma APENAS em

(A) II e III.

(B) I, II e IV.

(C) I, III e IV.

(D) I e II.

(E) I, II e III.

I: correta. A súmula 99 do TST ensina que havendo recurso ordinário em sede de rescisória, o depósito recursal só é exigível quando for julgado procedente o pedido e imposta condenação em pecúnia, devendo este ser efetuado no prazo recursal, no limite e nos termos da legislação vigente, sob pena de deserção. **II: correta.** A súmula 83, I, do TST determina que não procede pedido formulado na ação rescisória por violação literal de lei se a decisão rescindenda estiver baseada em texto legal infraconstitucional de interpretação controvertida nos Tribunais. **III: correta.** O item II da súmula 83 do TST determina que o marco divisor quanto a ser, ou não, controvertida, nos Tribunais, a interpretação dos dispositivos legais citados na ação rescisória é a data da inclusão, na Orientação Jurisprudencial do TST, da matéria discutida. **IV: incorreta.** A súmula 298, V, do TST determina que não é absoluta a exigência de pronunciamento explícito na ação rescisória, ainda que esta tenha por fundamento violação de dispositivo de lei. Assim, prescindível o pronunciamento explícito quando o vício nasce no próprio julgamento, como se dá com a sentença "extra, cita e ultra petita". HC
Gabarito "E."

13. INQUÉRITO PARA APURAÇÃO DE FALTA GRAVE

(Analista – TRT1 – 2018 – AOCP) Fernando, funcionário da montadora de veículos WMW S/A, é dirigente sindical e incorreu em falta grave. A empregadora, prontamente, suspendeu o empregado, deixando de pagar-lhe salários a partir daí. Pretende a empregadora demitir Fernando. Em relação ao regramento aplicável à espécie para dispensa do empregado, assinale a alternativa correta.

(A) A empresa WMW S/A deverá proceder à instauração de inquérito para apuração da falta para dispensa do empregado perante a Justiça do Trabalho, apresentando reclamação escrita perante a Vara do Trabalho ou Juízo de Direito no prazo prescricional de 2 anos.

(B) A empresa WMW S/A deverá proceder à instauração de inquérito para apuração da falta para dispensa do empregado perante a Justiça do Trabalho, apresentando reclamação escrita perante a Vara do Trabalho ou Juízo de Direito dentro de 30 dias contados da data da suspensão do empregado, podendo ouvir, para provar os fatos alegados, até 6 testemunhas.

(C) Ainda que reconhecida a estabilidade do empregado, se provado o cometimento da falta grave e julgado procedente o inquérito, este não terá direito ao pagamento dos salários não pagos até a data de instalação do inquérito.

(D) A empresa WMW S/A deverá proceder à instauração de inquérito para apuração da falta para dispensa do

empregado perante a Justiça do Trabalho, apresentando reclamação escrita perante a Vara do Trabalho ou Juízo de Direito dentro de 15 dias contados da data da suspensão do empregado, podendo ouvir, para provar os fatos alegados, até 6 testemunhas.

(E) A empresa deverá apresentar reclamação escrita perante a Vara do Trabalho ou Juízo de Direito dentro de 30 dias contados da data da suspensão do empregado, podendo ouvir, para provar os fatos alegados, até 3 testemunhas.

Nos termos do art. 853 da CLT para a instauração do inquérito para apuração de falta grave contra empregado garantido com estabilidade, o empregador apresentará reclamação por escrito à Vara do Trabalho ou Juízo de Direito (na hipótese do art. 112 da CF), dentro de 30 (trinta) dias, contados da data da suspensão do empregado. Nesse procedimento, o art. 821 da CLT determina que cada uma das partes não poderá indicar mais de 6 (seis) testemunhas. HC
Gabarito "B."

(Analista – TRT/24ª – 2011 – FCC) João, representante suplente dos empregados, membro de Comissão de Conciliação Prévia, foi suspenso por cinco dias em razão da prática de falta grave passível de demissão por justa causa. Neste caso, seu empregador

(A) poderá dispensar João após o término da pena de suspensão aplicada, tendo em vista que o membro suplente de Comissão de Conciliação Prévia não possui estabilidade.

(B) poderá dispensar João imediatamente, tendo em vista que o membro suplente de Comissão de Conciliação Prévia não possui estabilidade.

(C) deverá ajuizar reclamação escrita ou verbal a fim de instaurar inquérito para apuração de falta grave perante uma das Varas do Trabalho, dentro de quinze dias, contados da data da suspensão de João.

(D) deverá ajuizar reclamação escrita a fim de instaurar inquérito para apuração de falta grave perante uma das Varas do Trabalho, dentro de trinta dias, contados da data da suspensão de João.

(E) deverá ajuizar reclamação escrita a fim de instaurar inquérito para apuração de falta grave perante o Tribunal Regional do Trabalho competente, dentro de sessenta dias, contados da data da suspensão de João.

Art. 853 da CLT. Cumpre mencionar, contudo, que não é pacífica, na doutrina, como Mauro Schiavi, Manual de Direito Processual do Trabalho, 2ª ed. – são Paulo: LTr, 2009, pág. 951 a exigibilidade do inquérito judicial para a despedida de membro de Comissão de Conciliação Prévia. Por outro lado, é pacífica a obrigatoriedade do inquérito (instrumento que surgiu como condicionante à despedida do trabalhador beneficiado pela estabilidade decenal) para a dispensa do dirigente sindical estável (Súmula 379 do TST: "O dirigente sindical somente poderá ser dispensado por falta grave mediante a apuração em inquérito judicial, inteligência dos arts. 494 e 543, § 3º, da CLT"). HC/LF
Gabarito "D."

14. MANDADO DE SEGURANÇA

(Analista – TRT/20ª – 2011 – FCC) Considere as seguintes assertivas a respeito do mandado de segurança:

I. O *jus postulandi* das partes, estabelecido na CLT, alcança o mandado de segurança de competência do Tribunal Superior do Trabalho.

II. No caso de tutela antecipada concedida antes da sentença, caberá a impetração do mandado de segurança, em face da inexistência de recurso próprio.

III. Em regra, a antecipação da tutela concedida na sentença comporta impugnação pela via do mandado de segurança.

De acordo com o entendimento Sumulado do Tribunal Superior do Trabalho está correto o que se afirma APENAS em

(A) I e II.

(B) I e III.

(C) II.

(D) II e III.

(E) III.

I: assertiva incorreta (Súmula 425 do TST: "O jus postulandi das partes, estabelecido no art. 791 da CLT, limita-se às Varas do Trabalho e aos Tribunais Regionais do Trabalho, não alcançando a ação rescisória, a ação cautelar, o mandado de segurança e os recursos de competência do Tribunal Superior do Trabalho"); **II:** assertiva correta (Súmula 414, II, do TST: "II – No caso da tutela antecipada (ou liminar) ser concedida antes da sentença, cabe a impetração do mandado de segurança, em face da inexistência de recurso próprio"); **III:** assertiva incorreta (Súmula 414, I, do TST: "I – A antecipação da tutela concedida na sentença não comporta impugnação pela via do mandado de segurança, por ser impugnável mediante recurso ordinário. A ação cautelar é o meio próprio para se obter efeito suspensivo a recurso"). **HC/LF**

Gabarito "C".

(Analista – TRT/24ª – 2011 – FCC) Considere as seguintes assertivas a respeito do Mandado de Segurança:

I. Não há direito líquido e certo à execução definitiva na pendência de Recurso Extraordinário, ou de Agravo de Instrumento visando a destrancá-lo.

II. Ajuizados Embargos de Terceiro para pleitear a desconstituição da penhora, é incabível a interposição de mandado de segurança com a mesma finalidade.

III. Constitui direito líquido e certo passível de ser tutelado através de Mandado de Segurança a negativa do juiz em homologar acordo entre as partes litigantes.

IV. É incabível a impetração de mandado de segurança contra ato judicial que, de ofício, arbitrou novo valor à causa, acarretando a majoração das custas processuais.

Está correto o que consta APENAS em

(A) III e IV.

(B) I e II.

(C) I, II e IV.

(D) I, II e III.

(E) II, III e IV.

I: assertiva correta (OJ 56 da SDI-2 do TST: "Não há direito líquido e certo à execução definitiva na pendência de recurso extraordinário, ou de agravo de instrumento visando a destrancá-lo"); **II:** assertiva correta (OJ 54 da SDI-2 do TST: " Ajuizados embargos de terceiro (art. 674 CPC/2015) para pleitear a desconstituição da penhora, é incabível a interposição de mandado de segurança com a mesma finalidade"); **III:** assertiva incorreta (Súmula 418 do TST: "A homologação de acordo constitui faculdade do juiz, inexistindo direito líquido e certo tutelável pela via do mandado de segurança."); **IV:** assertiva correta (OJ 88 da SDI-2 do TST: "Incabível a impetração de mandado de segurança contra ato judicial que, de ofício, arbitrou novo valor à causa, acarretando a majoração das custas processuais, uma vez que cabia à parte, após recolher as custas, calculadas com base no valor dado à causa na inicial,

interpor recurso ordinário e, posteriormente, agravo de instrumento no caso de o recurso ser considerado deserto"). **HC/LF**

Gabarito "C".

15. DEMANDAS COLETIVAS (DISSÍDIO COLETIVO, AÇÃO CIVIL PÚBLICA, AÇÃO DE CUMPRIMENTO)

(Analista – TRT/23ª – 2011 – FCC) Segundo a Consolidação das Leis do Trabalho, a decisão sobre novas condições de trabalho poderá também ser estendida a todos os empregados da mesma categoria profissional compreendida na jurisdição do Tribunal por solicitação, dentre outros, de

(A) 1 ou mais empregadores.

(B) no mínimo dois sindicatos de empregados.

(C) no mínimo três sindicatos de empregadores.

(D) no mínimo dez empregadores.

(E) no mínimo cinco sindicatos de empregadores.

Art. 869 da CLT. **HC/LF**

Gabarito "A".

16. RECURSOS

(Analista – TRT/15 – FCC – 2018) Considerando as disposições previstas pela CLT sobre o incidente de julgamento dos recursos de revista repetitivos,

(A) a decisão firmada em julgamento de recursos repetitivos poderá ser revista quando se alterar a situação econômica, social, jurídica ou política, caso em que será respeitada a segurança jurídica das relações firmadas sob a égide da decisão anterior, bem como a coisa julgada.

(B) nos casos em que se demonstrar que a situação de fato ou de direito é distinta daquelas presentes no processo julgado sob o rito dos recursos repetitivos, a decisão firmada em recurso repetitivo não será aplicada.

(C) o Presidente do TST oficiará os Presidentes dos TRTs para que suspendam os recursos interpostos em casos semelhantes aos afetados como recursos repetitivos, até o pronunciamento final e definitivo do STF.

(D) a competência para julgar o incidente de julgamento de recursos de revista repetitivos originado de questão afetada pelo Presidente do TST é do Tribunal Pleno.

(E) após a publicação do acórdão do TST que julgar o incidente de recursos de revista repetitivos, os recursos de revista sobrestados na origem cujos acórdãos recorridos coincidirem com a orientação a respeito no TST serão extintos sem julgamento do mérito.

A: incorreta, pois nos termos do art. 896-C, § 17, da CLT caberá revisão da decisão firmada em julgamento de recursos repetitivos quando se alterar a situação econômica, social ou jurídica, caso em que será respeitada a segurança jurídica (apenas) das relações firmadas sob a égide da decisão anterior, podendo o TST modular os efeitos da decisão que a tenha alterado. **B:** correta, pois reflete a disposição do art. 896-C, § 16, da CLT. **C:** incorreta, pois nos termos do art. 896-C, § 15, da CLT a expedição de ofícios é uma faculdade do Presidente do TST. **D:** incorreta, pois nos termos do art. 896-C da CLT a competência será da Seção Especializada em Dissídios Individuais ou ao Tribunal Pleno. **E:** incorreta, pois nos termos do art. 896-C, § 11, inciso I, da CLT terão seguimento denegado. **HC**

Gabarito "B".

(Analista – TRT/15 – FCC – 2018) De acordo com a Instrução Normativa n. 40/2016, do TST, que dispõe sobre o cabimento de agravo de instrumento em caso de admissibilidade parcial de recurso de revista no Tribunal Regional do Trabalho,

(A) admitido apenas parcialmente o recurso de revista, constitui ônus da parte impugnar, mediante agravo de instrumento, a integralidade da decisão denegatória, sob pena de preclusão.

(B) se houver omissão no juízo de admissibilidade do recurso de revista quanto a um ou mais temas, é ônus da parte, para fins de prequestionamento necessário, interpor embargos de declaração para o órgão prolator da decisão embargada supri-la, sob pena de preclusão.

(C) incorre em nulidade a decisão regional que se abstiver de exercer controle de admissibilidade sobre qualquer tema objeto de recurso de revista, não obstante interpostos embargos de declaração, por cerceamento de defesa.

(D) faculta-se ao Ministro Relator, por decisão irrecorrível, determinar a restituição do agravo de instrumento ao Presidente do TRT de origem para que complemente o juízo de admissibilidade, desde que interpostos embargos de declaração.

(E) a recusa do Presidente do TRT a emitir juízo de admissibilidade sobre qualquer tema do recurso de revista é atacável pela via do mandado de segurança.

A: incorreto, pois nos termos do art. 1º, caput, da IN 40/2016 do TST apenas o capítulo denegatório da decisão, deve ser impugnado sob pena de preclusão. **B:** incorreta, pois nos termos do art. 1º, § 1º, da IN 40/2016 do TST se houver omissão no juízo de admissibilidade do recurso de revista quanto a um ou mais temas, é ônus da parte interpor embargos de declaração para o órgão prolator da decisão embargada supri-la (CPC, art. 1.024, § 2º), sob pena de preclusão. (sem fim de prequestionamento) **C:** incorreta, pois nos termos do art. 1º, § 2º, da IN 40/2016 do TST incorre em nulidade a decisão regional que se abstiver de exercer controle de admissibilidade sobre qualquer tema objeto de recurso de revista, não obstante interpostos embargos de declaração (CF/88, art. 93, inciso IX e § 1º do art. 489 do CPC de 2015) (não por cerceamento de defesa). **D:** correta, pois reflete a disposição do § 4º do art. 1º da IN 40/2016 do TST. **E:** incorreta, pois não é atacável via mandado de segurança, mas sim agravo de instrumento, art. 1º, § 3º, da IN 40/2016 do TST. **HC**
Gabarito "D".

(Analista – TRT1 – 2018 – AOCP) Relativamente aos recursos na esfera trabalhista, assinale a alternativa INCORRETA.

(A) O efeito devolutivo em profundidade do recurso ordinário, que se extrai do § 1º do art. 1.013 do CPC de 2015 (art. 515, § 1º, do CPC de 1973), implica em transferir ao Tribunal a apreciação dos fundamentos, da inicial ou da defesa, não examinados pela sentença, ainda que não renovados em contrarrazões, desde que relativos ao capítulo impugnado.

(B) Cabe recurso ordinário para a instância superior, no prazo de 8 dias, nos dissídios individuais e coletivos, das decisões definitivas ou terminativas dos Tribunais Regionais, em processos de sua competência originária.

(C) No que diz respeito ao efeito devolutivo em profundidade do recurso ordinário, se a causa estiver madura, cabe ao tribunal, ao julgar o recurso ordinário, decidir desde logo o mérito da causa, nos termos do § 3º do

---

art. 1.013 do CPC de 2015, inclusive quando constatar a omissão da sentença no exame de um dos pedidos.

(D) Será admitido recurso de revista, nas causas sujeitas ao procedimento sumaríssimo, nas seguintes hipóteses, apenas: contrariedade à súmula de jurisprudência uniforme do Tribunal Superior do Trabalho ou à súmula vinculante do Supremo Tribunal Federal e por violação direta da Constituição Federal.

(E) Cabe recurso ordinário para a instância superior, no prazo de 8 dias, nos dissídios coletivos, das decisões definitivas ou terminativas dos Tribunais Regionais, em processos de sua competência originária.

A: correto, pois reflete a disposição da súmula 393, I, do TST. **B:** correto, pois reflete a disposição do art. 895, II, da CLT. **C:** correto, pois reflete a disposição da súmula 393, II, do TST. **D:** correto, pois reflete a disposição do art. 896, § 9º, da CLT. **E:** incorreto, pois nos termos do art. 895, II, da CLT tanto nos dissídios coletivos como nos dissídios individuais caberá a interposição do recurso ordinário das decisões definitivas ou terminativas dos Tribunais Regionais, em processos de sua competência originária. **HC**
Gabarito "E".

(Analista Judiciário – TRT/24 – FCC – 2017) Adonis ingressou com reclamação trabalhista no Município de Campo Grande, sendo distribuída para a 2ª Vara do Trabalho. Na audiência UNA a reclamada apresentou exceção de incompetência em razão do lugar, que foi acolhida com a remessa dos autos a uma das Varas do Trabalho de Cuiabá. Em relação à referida decisão,

(A) caberá agravo de instrumento.

(B) não caberá recurso, por se tratar de decisão interlocutória.

(C) caberá mandado de segurança.

(D) caberá reclamação correcional.

(E) caberá recurso ordinário.

A: opção incorreta, pois nos termos do art. 897, *b*, da CLT o agravo de instrumento é o recurso apto a destrancar recurso que teve seu seguimento negado. **B:** opção incorreta, pois embora seja uma decisão interlocutória, a decisão se classifica como decisão interlocutória terminativa de feito, o que nos termos da súmula 214, *c*, do TST desafia a interposição de recurso ordinário. **C:** opção incorreta, pois mandado de segurança será cabível para defesa de violação de direito líquido e certo da parte. Veja Lei 12.016/2009. **D:** opção incorreta, pois reclamação correicional disposta no art. 682, XI, segunda parte e art. 709, I, da CLT objetiva atacar atos judiciais atentatórios ao bom andamento processual. **E:** opção correta. A decisão que acata a exceção de incompetência territorial de Campo Grande – Mato Grosso do Sul, pertencente ao TRT da 24ª Região e remete os autos a TRT de Cuiabá – Mato Grasso, pertencente ao TRT da 23ª Região é recorrível por meio de recurso ordinário, em conformidade com o entendimento disposto na súmula 214, *c*, do TST. sobre o procedimento a ser adotado pela exceção de incompetência relativa, ver art. 800 e seus parágrafos, da CLT. **HC**
Gabarito "E".

(Analista Judiciário – TRT/11 – FCC – 2017) Em determinado processo trabalhista a ata da audiência de julgamento (art. 851, § 2º, da CLT) foi juntada ao processo após 24 horas da referida audiência. Neste caso, o prazo para recurso será contado

(A) da data da juntada aos autos da sentença.

(B) da data em que a parte receber a intimação da sentença via Diário Oficial Eletrônico.

(C) da data da audiência.

(D) da data em que a parte receber pessoalmente a intimação da sentença.

(E) após transcorridas 48 horas da data da audiência.

"C" é a opção correta. O art. 852 da CLT ensina que da decisão serão os litigantes notificados, pessoalmente, ou por seu representante, na própria audiência. HC

Gabarito "C".

(Analista Judiciário – TRT/11 – FCC – 2017) Em face da decisão X proferida pelo Tribunal Regional do Trabalho da 11ª Região, em execução de sentença nos autos da reclamação trabalhista movida por Maria contra a empresa Z Ltda, cujo pedido seria o reconhecimento de vínculo de emprego

(A) caberá Embargos de Declaração no prazo de oito dias.

(B) caberá Recurso de Revista, no prazo de oito dias, em qualquer hipótese.

(C) não caberá Recurso de Revista, salvo na hipótese de ofensa direta e literal de norma da Constituição Federal.

(D) não caberá Recurso de Revista, com exceção somente da hipótese de ofensa a súmula de jurisprudência uniforme do Tribunal Superior do Trabalho.

(E) não caberá Recurso de Revista, exceto na hipótese de ofensa a súmula vinculante do Supremo Tribunal Federal.

"C" é a opção correta. Contra a decisão proferida pelo TRT (acórdão) na fase de execução de sentença somente será admitido recurso de revista na hipótese de ofensa direta e literal de norma da Constituição Federal. HC

Gabarito "C".

(Analista Judiciário – TRT/11 – FCC – 2017) As empresas A e B foram condenadas solidariamente na reclamação trabalhista Z pretendendo ambas as empresas interpor Recurso Ordinário. A empresa A interpôs Recurso Ordinário no quinto dia do prazo recursal e depositou o valor do depósito recursal de forma integral. Neste caso, o depósito recursal

(A) efetuado pela empresa A não aproveita a empresa B, em nenhuma hipótese, uma vez que o depósito recursal possui caráter personalíssimo.

(B) efetuado pela empresa A aproveita a empresa B, exceto se aquela pleiteia sua exclusão da lide.

(C) efetuado pela empresa A aproveita a empresa B, exceto se as empresas possuírem procuradores distintos.

(D) é devido na proporção de 50% para cada empresa, sendo que o depósito integral da empresa A, não exime a empresa B de efetuar o depósito da sua parte, podendo a empresa A requerer o levantamento da parte que depositou a maior.

(E) é devido na proporção de 50% para cada empresa, sendo que o depósito integral da empresa A, exime a empresa B de efetuar o depósito da sua parte.

"B" é a opção correta. Nos termos da súmula 128, III, do TST havendo condenação solidária de duas ou mais empresas, o depósito recursal efetuado por uma delas aproveita as demais, quando a empresa que efetuou o depósito não pleiteia sua exclusão da lide. HC

Gabarito "B".

(Analista Judiciário – TRT/20 – FCC – 2016) Em matéria recursal no Processo Judiciário do Trabalho, conforme normas da Consolidação das Leis do Trabalho,

(A) a interposição de recurso para o Supremo Tribunal Federal de decisão da Justiça do Trabalho que contrarie a Constituição Federal prejudicará a execução do julgado, que deverá ficar suspensa.

(B) no Tribunal Superior do Trabalho cabem embargos, no prazo de cinco dias de decisão unânime de julgamento que homologar conciliação em dissídios coletivos que excedam a competência territorial dos Tribunais Regionais do Trabalho.

(C) o Ministro Relator denegará seguimento aos embargos no Tribunal Superior do Trabalho nas hipóteses de intempestividade e deserção, não cabendo recurso de tal decisão.

(D) o agravo de instrumento interposto contra o despacho que não receber agravo de petição suspenderá a execução da sentença até o seu julgamento final, diante do princípio da segurança jurídica.

(E) quando o recurso de revista tempestivo contiver defeito formal que não se repute grave, o Tribunal Superior do Trabalho poderá desconsiderar o vício ou mandar saná-lo, julgando o mérito.

A: opção incorreta, pois o recurso extraordinário não tem efeito suspensivo. O art. 893, § 2º, da CLT ensina que A interposição de recurso para o Supremo Tribunal Federal não prejudicará a execução do julgado. **B:** opção incorreta, pois nos termos do art. 894 da CLT o prazo é de 8 dias. **C:** opção incorreta, pois nos termos do art. 894, § 4º a decisão poderá ser recorrida via agravo. **D:** opção incorreta, pois nos termos do art. 897, § 2º, da CLT o agravo de instrumento interposto contra o despacho que não receber agravo de petição não suspende a execução da sentença. **E:** opção correta, pois nos termos do art. 896, § 11, da CLT Quando o recurso tempestivo contiver defeito formal que não se repute grave, o Tribunal Superior do Trabalho poderá desconsiderar o vício ou mandar saná-lo, julgando o mérito. HC

Gabarito "E".

(Analista Judiciário – TRT/8ª – 2016 – CESPE) No que se refere aos recursos no processo trabalhista, aos seus respectivos prazos e ao Ministério Público do Trabalho (MPT), assinale a opção correta.

(A) O chefe do MPT deve ser nomeado pelo presidente da República entre os nomes constantes de lista tríplice encaminhada pelo Congresso Nacional.

(B) O procurador-geral do trabalho subordina-se ao chefe do MPT.

(C) Os recursos aos tribunais superiores são uniformes e devem ser interpostos no prazo de até cinco dias úteis, a contar do recebimento da intimação da parte.

(D) O agravo de instrumento, instrumento cabível para recorrer das decisões do juiz monocrático adotadas nos procedimentos de execução, deve ser interposto no prazo de até quinze dias.

(E) Em se tratando de recurso ordinário em procedimento sumaríssimo, é admissível parecer oral do representante do MPT durante a sessão de julgamento.

A: opção incorreta, pois, nos termos do art. 88 da LC 75/93, o Procurador-Geral do Trabalho será nomeado pelo Procurador-Geral da República, dentre integrantes da instituição com mais de trinta e cinco anos de idade e cinco anos na carreira, integrante de lista tríplice escolhida mediante voto plurinominal, facultativo e secreto, pelo Colégio de Procuradores para um mandato de dois anos, permitida uma recondução, observado o mesmo processo. Caso não haja número suficiente de candidatos com mais de cinco anos na carreira, poderá concorrer à lista tríplice quem contar mais de dois anos na carreira; **B:** opção incorreta, pois, nos termos do art. 87 da LC 75/93, o Procurador-Geral do Trabalho é o chefe do Ministério Público do Trabalho; **C:** opção incorreta, pois, em regra, os prazos serão de 8 dias, nos termos do art. 6º da Lei 5.584/70. São exceções à regra: embargos de declaração (5 dias), nos termos do art. 1.023 do CPC/2015; e recurso extraordinário (15 dias), nos termos do art. 1.003, § 5º, CPC/2015; **D:** opção incorreta, pois o agravo de instrumento será interposto contra as decisões que denegarem a interposição de recursos, feito no 1º juízo de admissibilidade (art. 897, *b*, CLT), devendo ser interposto no prazo de 8 dias; **E:** opção correta, pois, nos termos do art. 895, § 1º, III, CLT, nas ações sujeitas ao procedimento sumaríssimo, o recurso ordinário terá parecer oral do representante do Ministério Público presente à sessão de julgamento, se este entender que assim é necessário, com registro na certidão. **HC**

Gabarito "E".

(Analista – TRT/3ª – 2015 – FCC) Em relação à execução provisória os recursos serão interpostos por simples petição e terão efeito meramente

(A) suspensivo, salvo as exceções previstas em lei, permitida a execução provisória até a penhora.

(B) suspensivo, salvo as exceções previstas em lei, permitida a execução definitiva.

(C) devolutivo, salvo as exceções previstas em lei, permitida a execução definitiva.

(D) meramente suspensivo, salvo as exceções previstas em lei, permitida a execução provisória até o leilão e a praça.

(E) devolutivo, salvo as exceções previstas em lei, permitida a execução provisória até a penhora.

"E" é a opção correta. De acordo com o art. 899 da CLT os recursos serão interpostos por simples petição e terão efeito meramente devolutivo, salvo as exceções previstas em lei, permitida a execução provisória até a penhora. Como exceção à regra podemos indicar a possibilidade de efeito suspensivo ao recurso ordinário interposto em dissídio coletivo, em conformidade com o art. 14 da Lei 10.192/2001. Da mesma forma, poderá ser atribuído efeito suspensivo às decisões das Turmas dos Tribunais do Trabalho no julgamento de processos coletivos, em conformidade com o art. 9º da Lei 7.701/1988. Por último, a jurisprudência admite nas hipóteses em que a execução provisória possa acarretar prejuízos irreparáveis, a propositura de ação cautelar inominada a ser distribuída perante o TRT competente, nos termos da súmula 414, I, do TST. **HC**

Gabarito "E".

(Analista – TRT/16ª – 2014 – FCC) A legitimidade para recorrer e o depósito prévio trabalhista são pressupostos recursais

(A) subjetivo e objetivo, respectivamente.

(B) objetivo e subjetivo, respectivamente.

(C) subjetivos.

(D) objetivos.

(E) objetivo e legal, respectivamente.

São pressupostos recursais intrínsecos ou subjetivos: capacidade, legitimidade e interesse. São pressupostos recursais extrínsecos ou objetivos: recorribilidade do ato, representação, adequação, tempestividade e preparo (custas e depósito recursal). **HC**

Gabarito "A".

(Analista – TRT/16ª – 2014 – FCC) Considere as seguintes hipóteses:

I. O autor renunciou ao direito sobre o qual se funda a ação.

II. A petição inicial foi indeferida uma vez que inepta.

III. O reclamante não compareceu à audiência e o processo foi arquivado.

IV. O juiz acolhe alegação de litispendência.

Caberá recurso ordinário nas hipóteses

(A) III e IV, apenas.

(B) I, II e III, apenas.

(C) I, II, III e IV.

(D) I, II e IV, apenas.

(E) II e III, apenas.

I: correta, pois determina o art. 895, I da CLT que contra as sentenças terminativas (sem resolução do mérito, art. 485 CPC/2015) e definitivas (com resolução do mérito, art. 487 CPC/2015) caberá a interposição de recurso ordinário. A sentença que homologa a renúncia é uma decisão definitiva, pois extingue o processo com resolução do mérito, art. art. 487, III, c, CPC/2015, portanto impugnável via reurso ordinário, art. 895, I, CLT. **II:** correta, pois a sentença que indefere a petição inicial por ser inepta é uma decisão terminativa de feito, art. art. 485, I, CPC/2015, portanto impugnável via reurso ordinário, art. 895, I, CLT. **III:** correta, pois a sentença que determinou o arquivamento dos autos por não comparecimento do reclamante é uma decisão terminativa de feito, pois não resolve o mérito da questão, art. 485, III, CPC/2015, portanto impugnável via reurso ordinário, art. 895, I, CLT. **IV:** correta, pois a sentença que acolhe a litispendência é uma decisão terminativa, pois não resolve o mérito da questão, art. 485, V, CPC/2015, portanto impugnável via reurso ordinário, art. 895, I, CLT. **HC**

Gabarito "C".

(Analista – TRT/16ª – 2014 – FCC) Gabriel, proprietário de diversos imóveis, teve um terreno penhorado por uma dívida trabalhista da qual não é devedor e não faz ou fez parte da relação processual. Neste caso, Gabriel interpôs embargos de terceiro. Assim, considerando que os referidos embargos já se encontram em grau recursal, da decisão proferida pelo Tribunal Regional do Trabalho competente

(A) caberá recurso de revista, no prazo de 8 dias, em todas as hipóteses previstas expressamente na Consolidação das Leis do Trabalho.

(B) não caberá recurso de revista em qualquer hipótese.

(C) não caberá recurso de revista, salvo apenas na hipótese de ofensa direta e literal de norma da Constituição Federal.

(D) não caberá recurso de revista, salvo na hipótese de interpretação diversa de mesmo dispositivo de lei federal a Súmula de Jurisprudência Uniforme do Tribunal Superior do Trabalho.

(E) não caberá recurso de revista, salvo na hipótese de interpretação diversa de mesmo dispositivo de lei federal ou estadual, da que lhe houver dado outro Tribunal Regional do Trabalho.

A: incorreta, pois na fase de execução a interposição do recurso de revista está restrito às hipóteses tratadas nos § 2º do art. 896 da CLT. As hipóteses previstas nas alíneas do art. 896 não são cabíveis na fase de execução. **B:** incorreta, pois caberá a interposição de recurso de revista, por força do art. 896, § 2º, da CF. **C:** correta, pois nos termos do art. 896, § 2º, da CLT das decisões proferidas pelos Tribunais Regionais do Trabalho ou por suas Turmas, em execução de sentença, inclusive em processo incidente de embargos de terceiro,

não caberá Recurso de Revista, salvo na hipótese de ofensa direta e literal de norma da Constituição Federal. **D:** incorreta, pois na fase de execução não caberá recurso de revista previsto na alínea *a* do art. 896 da CLT, ou seja, por divergência na interpretação de lei ou súmula do TST. A interposição do recurso de revista na fase de execução está restrita às hipóteses tratadas nos § 2º do art. 896 da CLT. **E:** incorreta, pois na fase de execução não caberá recurso de revista previsto na alínea *a* e *b* do art. 896 da CLT, ou seja, por interpretação diversa de mesmo dispositivo de lei federal ou estadual, da que lhe houver dado outro Tribunal Regional do Trabalho. A interposição do recurso de revista na fase de execução está restrita às hipóteses tratadas no § 2º do art. 896 da CLT. **HC**
Gabarito "C".

(Analista – TRT/11ª – 2012 – FCC) A empresa Tetra, durante a execução definitiva de um processo em que é parte, teve parte de seus bens penhorados. A executada interpôs embargos à execução por não concordar com os cálculos do exequente, os quais foram homologados. O juiz da execução, decidindo os embargos, deles não conheceu, em razão de considerá-los intempestivos. Dessa decisão caberá

(A) recurso de revista.

(B) recurso ordinário.

(C) embargos declaratórios.

(D) agravo de instrumento.

(E) agravo de petição.

A assertiva "E" é a opção correta, pois, nos termos do art. 897, a, da CLT, das decisões proferidas na fase de execução caberá agravo de petição. **HC/LF**
Gabarito "E".

(Analista – TRT/11ª – 2012 – FCC) Sobre a matéria recursal no Processo do Trabalho é correto afirmar que

(A) cabe recurso ordinário para a instância superior das decisões definitivas ou terminativas dos Tribunais Regionais, em processos de sua competência originária, no prazo de oito dias, quer nos dissídios individuais, quer nos dissídios coletivos.

(B) no Tribunal Superior do Trabalho cabem embargos, no prazo de oito dias, das decisões das Turmas que divergirem entre si, ou das decisões proferidas pela Seção de Dissídios Individuais, ainda que a decisão recorrida estiver em consonância com súmula ou orientação Jurisprudencial do Tribunal Superior do Trabalho ou do Supremo Tribunal Federal.

(C) o recurso de revista, sempre dotado de efeitos devolutivo e suspensivo, será apresentado ao Presidente do Tribunal recorrido, que poderá recebê-lo ou denegá--lo, fundamentando em qualquer caso, a decisão.

(D) das decisões proferidas pelos Tribunais Regionais do Trabalho ou por suas Turmas em execução de sentença inclusive em processo incidente de embargos de terceiro, sempre caberá recurso de revista.

(E) o agravo de instrumento interposto contra o despacho que não receber agravo de petição suspende a execução da sentença.

A: assertiva correta, pois reflete o disposto no art. 895, II, da CLT; **B:** assertiva incorreta, pois se a decisão recorrida estiver em consonância com súmula ou orientação jurisprudencial do Tribunal Superior do Trabalho ou súmula vinculante do Supremo Tribunal Federal, não caberá recurso, nos termos do art. 894, II, da CLT; **C:** assertiva incorreta, pois o

recurso de revista é dotado, apenas, de efeito devolutivo, nos termos do art. 896, § 1º, da CLT; **D:** assertiva incorreta, pois na fase de execução de sentença, nos termos do art. 896, § 2º, da CLT, somente caberá recurso de revista por ofensa direta e literal de norma da Constituição Federal. Veja também o § 10 do mesmo dispositivo legal; **E:** assertiva incorreta, pois nos termos do art. 897, § 2º, da CLT o agravo de instrumento interposto contra o despacho que não receber agravo de petição não suspende a execução da sentença. **HC/LF**
Gabarito "A".

(Analista – TRT/1ª – 2012 – FCC) Sobre os recursos no Processo do Trabalho, conforme previsão legal é correto afirmar:

(A) O Agravo de Instrumento é o recurso cabível para questionar as decisões interlocutórias, devendo ser interposto no prazo de 8 (oito) dias.

(B) No Tribunal Superior do Trabalho cabem Embargos, no prazo de 8 (oito) dias das decisões das Turmas que divergirem entre si, ou das decisões proferidas pela Seção de Dissídios Individuais, ainda que a decisão recorrida esteja em consonância com súmula ou orientação jurisprudencial do próprio TST.

(C) Cabe Recurso Ordinário para a instância superior das decisões definitivas ou terminativas dos Tribunais Regionais, em processos de sua competência originária, no prazo de 15 (quinze) dias, quer nos dissídios individuais, quer nos dissídios coletivos.

(D) O Recurso de Revista, interposto em 10 (dez) dias, dotado dos efeitos suspensivo e devolutivo, será apresentado ao Presidente do Tribunal recorrido, que poderá recebê-lo ou denegá-lo, fundamentando, em qualquer caso, a decisão.

(E) O Agravo de Petição só será recebido quando o agravante delimitar, justificadamente, as matérias e os valores impugnados, permitida a execução imediata da parte remanescente até o final, nos próprios autos ou por carta de sentença.

A: assertiva incorreta, pois nos termos do art. 897, b, da CLT caberá o agravo de instrumento dos despachos que denegarem a interposição de recursos; **B:** assertiva incorreta, pois nos termos do art. 894, II, da CLT se a decisão recorrida estiver em consonância com súmula ou orientação jurisprudencial do Tribunal Superior do Trabalho ou súmula vinculante do Supremo Tribunal Federal não caberá o recurso de embargos; **C:** assertiva incorreta, pois nos termos do art. 895, II, da CLT o prazo para a interposição do recurso ordinário das decisões definitivas ou terminativas dos Tribunais Regionais é de 8 (oito) dias; **D:** assertiva incorreta, pois o recurso de revista será recebido somente no efeito devolutivo, nos termos do art. 896, § 1º, da CLT. Ademais, o prazo para sua interposição é de 8 (oito) dias. **HC/LF**
Gabarito "E".

17. QUESTÕES COMBINADAS

(Analista – TRT/15 – FCC – 2018) Considerando a exigência legal de fundamentação das decisões judiciais, de acordo com as previsões da Instrução Normativa n. 39/2016 do TST, consideram-se "precedentes", para fins de fundamentação das decisões no processo do trabalho,

(A) as teses jurídicas prevalecentes no TST, fixadas a partir de decisões oriundas de recursos de pelo menos metade dos TRTs.

(B) as decisões do STF em ações diretas de constitucionalidade.

(C) os entendimentos firmados em incidentes de resolução de demandas repetitivas, mas não os adotados em incidentes de assunção de competência.

(D) as decisões do plenário, do Órgão Especial ou de seção especializada competente para uniformizar a jurisprudência do tribunal a que o juiz estiver vinculado ou do TST.

(E) as teses jurídicas prevalecentes em TRTs, desde que não conflitantes com entendimentos pacificados pelo TST através das Súmulas, não se considerando, porém, para esse fim os entendimentos adotados nas Orientações Jurisprudenciais.

Nos termos do art. 15, I, da IN 39/2016 do TST considera-se "precedente" apenas: a) acórdão proferido pelo Supremo Tribunal Federal ou pelo Tribunal Superior do Trabalho em julgamento de recursos repetitivos (CLT, art. 896-B; CPC, art. 1.046, § 4º); b) entendimento firmado em incidente de resolução de demandas repetitivas ou de assunção de competência; c) decisão do Supremo Tribunal Federal em controle concentrado de constitucionalidade; d) tese jurídica prevalecente em Tribunal Regional do Trabalho e não conflitante com súmula ou orientação jurisprudencial do Tribunal Superior do Trabalho (CLT, art. 896, § 6º); e) decisão do plenário, do órgão especial ou de seção especializada competente para uniformizar a jurisprudência do tribunal a que o juiz estiver vinculado ou do Tribunal Superior do Trabalho. O inciso II do mesmo dispositivo ensina que para os fins do art. 489, § 1º, incisos V e VI do CPC, considerar-se-ão unicamente os precedentes referidos no item anterior, súmulas do Supremo Tribunal Federal, orientação jurisprudencial e súmula do Tribunal Superior do Trabalho, súmula de Tribunal Regional do Trabalho não conflitante com súmula ou orientação jurisprudencial do TST, que contenham explícita referência aos fundamentos determinantes da decisão (*ratio decidendi*) HC
Gabarito "D".

(Analista – MPU – CESPE – 2018) Acerca de procedimentos nos dissídios individuais e coletivos e de recursos no processo trabalhista, julgue os próximos itens, à luz da CLT e da jurisprudência dos tribunais superiores.

(1) No processo trabalhista, serão devidos honorários de sucumbência ao advogado, ainda que ele tenha atuado em causa própria.

(2) O termo de conciliação realizado em audiência equivale a uma decisão judicial e, por isso, é passível de recurso.

(3) O relator do recurso de revista poderá, por decisão monocrática, denegar seguimento ao recurso com irregularidade de representação.

(4) A Procuradoria da Justiça do Trabalho tem legitimidade para recorrer de decisão que, proferida em dissídio coletivo, afete empresa de serviço público.

(5) A partir da reforma trabalhista de 2017, os empregadores domésticos e as microempresas tornaram-se isentos do pagamento de depósito recursal.

(6) Na ausência de seus representantes legais, menor de dezoito anos de idade pode ser representado pela Procuradoria da Justiça do Trabalho ou pelo Ministério Público estadual para a propositura de reclamação trabalhista.

1: correto, pois reflete a disposição do art. 791-A da CLT. 2: incorreta, pois nos termos do art. 831, parágrafo único, da CLT no caso de conciliação, o termo que for lavrado valerá como decisão irrecorrível, salvo para a Previdência Social quanto às contribuições

que lhe forem devidas. 3: correto, pois reflete a disposição do art. 896, § 14, da CLT. 4: correto, pois reflete a disposição do art. 898 da CLT. 5: incorreto, pois nos termos do art. 899, § 10, da CLT são isentos do depósito recursal os beneficiários da justiça gratuita, as entidades filantrópicas e as empresas em recuperação judicial. 6: correto, pois nos termos do art. 793 da CLT a reclamação trabalhista do menor de 18 anos será feita por seus representantes legais e, na falta destes, pela Procuradoria da Justiça do Trabalho, pelo sindicato, pelo Ministério Público estadual ou curador nomeado em juízo. HC
Gabarito 1C, 2E, 3C, 4C, 5E, 6C

(Analista Judiciário – TRT/24 – FCC – 2017) A empresa Gregos e Troianos Ltda. possui nos seus quadros um empregado que exerce o cargo de dirigente sindical no sindicato que representa a categoria profissional dos empregados. Referido empregado foi surpreendido embriagado no ambiente de trabalho e a empresa o suspendeu, pretendendo dispensar o mesmo por justa causa. Nessa hipótese, a empresa deverá

(A) comunicar o sindicato da categoria no prazo de 5 dias para o mesmo instaurar inquérito para apuração dos fatos.

(B) marcar a homologação da rescisão do empregado perante o Ministério do Trabalho, o qual deverá notificar o sindicato da categoria para tomar ciência da rescisão contratual de seu dirigente.

(C) propor inquérito para apuração de falta grave perante a Vara do Trabalho competente, no prazo de 30 dias da suspensão do empregado.

(D) ajuizar inquérito civil perante o Ministério Público do Trabalho para apuração dos fatos, para que a dispensa possa ter legitimidade.

(E) ajuizar inquérito para apuração de falta grave perante o Tribunal Regional do Trabalho no prazo de 60 dias da suspensão do empregado.

"C" é a opção correta. Nos termos do art. 8º, VIII, da CF e art. 543, § 3º, da CLT o dirigente sindical possui garantia de emprego a partir do registro de sua candidatura a cargo de dirigente sindical e, se eleito, ainda como suplente, até 1 (um) ano após o fim do mandato, salvo se cometer falta grave, devidamente apurada por inquérito judicial para apuração de falta grave. Nessa linha, no prazo decadencial de 30 dias deverá o empregador ajuizar inquérito judicial para apuração de falta grave, nos termos do art. 853 da CLT, a contar da suspensão do empregado. HC
Gabarito "C".

(Analista Judiciário – TRT/8ª – 2016 – CESPE) Considerando o disposto na legislação trabalhista sobre embargos à execução, revelia e confissão, dissídios coletivos e competência do Tribunal Superior do Trabalho (TST), assinale a opção correta.

(A) O TST é competente para julgar originariamente os dissídios coletivos de categorias profissionais representadas por entidades de classe.

(B) A oposição de embargos à execução independe da garantia ou penhora de bens.

(C) No processo do trabalho, torna-se inexigível o título judicial declarado inconstitucional em decorrência de lei ou ato normativo.

(D) Nos casos em que o reclamado não comparecer à audiência, o processo deverá ficar suspenso até o reclamante demonstrar não haver concorrido para a ausência da parte requerida.

(E) Na audiência designada para a prolação de decisão, deverão comparecer as partes pessoalmente, não se admitindo outorga de poderes; no caso de revelia, poderá a parte presente requerer a nulidade do processo.

A: opção incorreta, pois a competência será do TRT para os dissídios coletivos de âmbito regional, ligados ao território sobre o qual o TRT possui jurisdição, nos termos do art. 678, I, *a*, da CLT e art. 6º da Lei 7.701/88. No entanto, serão de competência do TST os dissídios coletivos de âmbito suprarregional, ou seja, que abranjam mais de um Estado ou se forem de âmbito nacional, isto é, na hipótese de se tratar de uma categoria representativa de todo País; **B:** opção incorreta, pois, nos termos do art. 884 da CLT, é necessária a garantia do juízo para apresentação de embargos à execução. Não se aplica a regra disposta no art. 914 do CPC/2015; **C:** opção correta, pois reflete o disposto no art. 884, § 5º, CLT; **D:** opção incorreta, pois, nos termos do art. 844 da CLT, o não comparecimento do reclamado importa revelia, além de confissão quanto à matéria de fato; **E:** opção incorreta, pois, na audiência em prosseguimento de prolação de sentença, as partes não precisam estar presentes. Nesse sentido, veja Súmula 9, do TST. HC
Gabarito "C".

(Analista Judiciário – TRT/20 – FCC – 2016) Zeus ajuizou reclamação trabalhista em face de seu empregador que tramita pelo rito sumaríssimo, convidando verbalmente as suas testemunhas. Ocorre que, na audiência designada, as testemunhas não compareceram e não houve nenhuma comprovação sobre o convite feito às mesmas. No caso,

(A) as testemunhas deverão ser intimadas em razão do princípio da busca da verdade real, impondo-se o adiamento da audiência.

(B) a audiência prosseguirá porque somente será deferida intimação de testemunha que, comprovadamente convidada, deixar de comparecer.

(C) a audiência será adiada para outra data e as testemunhas deverão comparecer espontaneamente, sob pena de pagamento de multa, além da preclusão da prova.

(D) no rito sumaríssimo não cabe condução coercitiva de testemunhas ou adiamento de audiência por tal motivo, mas para garantir a paridade de tratamento, deverá o juiz encerrar a instrução processual sem ouvir testemunhas da reclamada.

(E) as testemunhas deverão ser conduzidas coercitivamente uma vez que não se pode tolerar o descumprimento do dever cívico de colaboração com a Justiça.

"B" é a opção correta. Nos termos do art. 852-H, § 2º, da CLT as testemunhas, até o máximo de duas para cada parte, comparecerão à audiência de instrução e julgamento independentemente de intimação. Contudo, em conformidade com o § 3º do mesmo dispositivo legal, somente será deferida intimação de testemunha que, comprovadamente convidada, deixar de comparecer. Não comparecendo a testemunha intimada, o juiz poderá determinar sua imediata condução coercitiva. HC
Gabarito "B".

(Analista – TRT/2ª – 2014 – FCC) Relativamente ao rito sumaríssimo é correto afirmar:

(A) Formulando o autor pedido ilíquido ou genérico, não será admitida a emenda da inicial, competindo ao magistrado extinguir liminarmente o processo sem exame do mérito.

(B) O recurso será imediatamente distribuído, uma vez recebido no Tribunal, devendo o relator liberá-lo no prazo máximo de quinze dias, e a Secretaria do Tri-

bunal ou Turma colocá-lo, imediatamente, em pauta para julgamento, sem revisor.

(C) Será facultado às partes a oitiva de até três testemunhas, que comparecerão à audiência de instrução e julgamento independentemente de intimação.

(D) É aplicável aos dissídios individuais e coletivos, desde que o valor da causa seja igual ou inferior a 40 (quarenta) salários mínimos.

(E) É incabível para ações contra a Administração pública direta, autárquica e fundacional, bem como contra as empresas públicas e sociedades de economia mista.

A: correta, pois nos termos do art. 852-B, I, da CLT no procedimento sumaríssimo é um requisito o pedido certo ou determinado com a indicação do valor correspondente, o que impede a emenda da petição inicial. Não atendido o requisito pelo autor o juiz deverá arquivar a reclamação trabalhista, art. 852-B, § 1º, da CLT. **B:** incorreta, pois nos termos do art. 895, § 1º, II, da CLT o prazo para o relator liberar o recurso é de 10 dias. **C:** incorreta, pois nos termos do art. 852-H, § 2º, da CLT o limite máximo de testemunhas é de duas por parte. **D:** incorreta, pois nos termos do art. 852-A da CLT somente dissídios individuais serão submetidos ao procedimento sumaríssimo e nunca os dissídios coletivos. **E:** incorreta, pois nos termos do art. 852-A da CLT somente estão excluídas do procedimento sumaríssimo as demandas em que é parte a Administração Pública direta, autárquica e fundacional, as sociedades de economia mista poderão figurar no procedimento sumaríssimo. HC
Gabarito "A".

(FGV – 2015) José é empregado da sociedade empresária Bicicletas Ltda. Necessitando de dinheiro, ele vendeu seu automóvel para seu patrão, sócio da sociedade empresária. Para sua surpresa, foi dispensado imotivadamente 4 meses depois. Para garantir o pagamento de horas extras trabalhadas e não pagas, Jonas ajuizou ação trabalhista contra a sociedade empresária Bicicletas Ltda. A defesa da ré aduziu que não devia nenhuma hora extra a Jonas, pois o automóvel vendido ao sócio da ré apresentou defeito no motor, o que gerou prejuízo enorme para ele, razão pela qual tudo deveria ser compensado. Diante disso, assinale a afirmativa correta.

(A) Descabe a condenação em horas extras, dado o prejuízo causado, tendo em vista a vedação ao enriquecimento sem causa.

(B) Descabe a arguição de compensação de qualquer natureza na Justiça do Trabalho, pois contrária ao princípio de proteção ao hipossuficiente.

(C) Descabe a compensação, porque a dívida imputada a José não é trabalhista, devidas assim as horas extras na integralidade.

(D) Cabe a compensação, desde que arguida em ação própria.

A: incorreta, pois a condenação em horas extras será devida, independente do prejuízo causado ao empregador pela venda do automóvel. **B:** incorreta, pois a compensação é permitida no processo do trabalho, art. 477, § 5º, da CLT, porém para serem compensadas as dívidas devem possuir natureza trabalhista. O negócio jurídico avençado (compra e venda de automóvel) possui natureza civil, portanto não pode ser compensada em um processo trabalhista, em conformidade com a súmula 18 do TST. **C:** correta, pois a dívida imputada a José é de natureza civil, não podendo ser compensada na Justiça do Trabalho, nos termos da súmula 18 do TST. **D:** incorreta, pois a compensação, quando cabível, deve ser arguida em contestação, nos termos da Súmula 48 do TST. HC
Gabarito "C".

(FGV – 2015) Jairo requereu adicional de periculosidade em ação trabalhista movida em face de seu empregador. A gratuidade de justiça foi deferida e o perito realizou o laudo para receber ao final da demanda, tudo nos termos e nas limitações de valores fixados pelo Conselho Superior da Justiça do Trabalho. Contudo, não foi constatada atividade em situação que ensejasse o pagamento do adicional pretendido.

Diante disso, assinale a afirmativa correta.

(A) A União fica responsável pelo pagamento dos honorários periciais.

(B) Como Jairo é beneficiário da gratuidade de justiça, está isento do pagamento de custas; logo, não poderá custear os honorários do perito, que ficam dispensados.

(C) A parte ré fica responsável pelo custeio da perícia, face à inversão do ônus da prova pela hipossuficiência do empregado.

(D) Jairo deverá custear os honorários parceladamente ou compensá-los com o que vier a receber no restante da demanda.

A: correta, pois reflete o entendimento disposto na Súmula 457 do TST que ensina que a União é responsável pelo pagamento dos honorários de perito quando a parte sucumbente no objeto da perícia for beneficiária da assistência judiciária gratuita, observado o procedimento disposto nos arts. 1º, 2º e 5º da Resolução 66/2010 do Conselho Superior da Justiça do Trabalho – CSJT. **B:** incorreta, pois os honorários periciais não serão dispensados, como vimos a responsabilidade será da União. **C:** opção incorreta, pois como a parte ré não foi sucumbente no objeto da perícia, não poderá ser responsável por seu pagamento. Veja art. 790-B da CLT. **D:** incorreta, pois a responsabilidade pelo pagamento pertence a União, nos termos da Súmula 457 do TST. **HC**

Gabarito "A"

(FGV – 2015) Julgado dissídio coletivo entre uma categoria profissional e a patronal, em que foram concedidas algumas vantagens econômicas à categoria dos empregados, estas não foram cumpridas de imediato pela empresa Alfa Ltda.. Diante disso, o sindicato profissional decidiu ajuizar ação de cumprimento em face da empresa. Sobre o caso apresentado, assinale a afirmativa correta.

(A) Deverá aguardar o trânsito em julgado da decisão, para ajuizar a referida ação.

(B) Poderá ajuizar a ação, pois o trânsito em julgado da sentença normativa é dispensável.

(C) Não juntada a certidão de trânsito em julgado da sentença normativa, o feito será extinto sem resolução de mérito.

(D) Incabível a ação de cumprimento, no caso.

De acordo com o entendimento consubstanciado na súmula 246, o TST entende ser dispensável o trânsito em julgado da sentença normativa para a propositura da ação de cumprimento. **HC**

Gabarito "B"

ANOTAÇÕES